坚持走中国特色自主创新道路，大力实施科教兴国战略、人力强国战略、知识产权战略。

胡锦涛

在中共中央政治局第九次集体学习时的讲话

2009年11月29日

要大幅度提升知识产权的创造、运用、保护和管理能力，为建设创新型国家提供有力支撑。

温家宝

在首都科技界《让科技引领中国可持续发展》大会上的讲话

2009年11月23日

认真贯彻《国家知识产权战略纲要》，大力推进商标战略实施。

周伯华

二〇〇九年十一月十日

2009年10月16日，国务院总理温家宝亲切接见第十届中国西部国际博览会各主办单位负责人。图为温家宝总理与周伯华局长亲切握手。

2009年1月20日，国家工商行政管理总局局长周伯华陪同中共中央政治局委员、国务院副总理王岐山赴河北廊坊考察调研。图为王岐山副总理在廊坊市禾丰农贸市场视察。

2009年11月5日，国家工商行政管理总局商标局驻中关村国家自主创新示范区办事处、北京市工商局中关村国家自主创新示范区分局在中关村科技园正式成立。中共中央政治局委员、北京市委书记刘淇（左二）与总局局长周伯华（右二）、北京市市长郭金龙（右一）、国家工商总局副局长刘玉亭（左一）出席揭牌仪式。

2009年7月2日，首届全国中学生商标知识竞赛、地理标志征文活动在北京人民大会堂举行了颁奖大会，全国政协副主席厉无畏（中）、国家工商总局副局长付双建（右二）、中华商标协会会长李建中（左二）、中华商标协会秘书长刘燕（右一）、副秘书长任刚（左一）出席了会议。

2009年11月9日到11日，以"实施商标战略，建设创新型国家"为主题的2009（第三届）中国商标节在青岛成功举行，第十届全国人大常委会副委员长蒋正华（左三）、国家工商行政管理总局副局长付双建（左四）、中华商标协会会长李建中（左一）、山东省委常委、副省长王军民（左二）、青岛市市长夏耕（左五）、世界知识产权组织总干事代表古恰迪尼（左六）共同按下启动按钮。

2009年7月23日，周伯华局长在全国工商系统贯彻落实《国家知识产权战略纲要》大力推进商标战略实施工作会议上作重要讲话。

2009年3月30日，国家工商行政管理总局周伯华局长会见世界知识产权组织总干事弗朗西斯·高锐一行。

2009年12月17日，中国农产品商标和地理标志工作成果展览在国家工商行政管理总局机关举办。总局领导周伯华（左二）、付双建（左一）、王东峰（左三）、钟攸平（左四）、石见元（左五）等率总局机关有关司局负责人参观了展览。

2009年10月16日，国家工商行政管理总局局长周伯华参观在四川成都举办的第十届中国西部国际博览会贵州茅台酒股份有限公司参展展台。

2009年11月30日至12月1日，国家工商总局和世界知识产权组织在重庆共同举办了“亚太地区地理标志国际研讨会”。

2009年10月18日，国家工商行政管理总局在北京召开了中国加入马德里商标国际注册体系20周年座谈会。国家工商总局副局长付双建到会并发表重要讲话。

2009年3月30日，由世界知识产权组织和中国国家知识产权局、国家工商行政管理总局、国家版权局等单位主办的“世界知识产权组织跨区域知识产权高级论坛”在北京开幕。国家工商行政管理总局副局长付双建（左一）、世界知识产权组织总干事高锐（左二）、国家知识产权局局长田力普（左三）、国家版权局副局长阎晓宏（右一）在会上握手祝贺。

2009年4月25日，中华商标协会会长李建中在“2009年中外企业知识产权高层论坛”开幕式上讲话。

2009年12月16日，商标局李建昌局长会见世界知识产权组织非洲局赫曼·查特克局长一行，并陪同代表团参观地理标志工作展。

2009年4月21日，正值第九个“世界知识产权日”宣传周期间，国务院新闻办公室联合国家知识产权局、国家工商总局、国家版权局就“2008年中国知识产权保护状况”举行新闻发布会。工商总局商标局李建昌局长接受中外媒体采访。

2009年11月19日至22日，“全国工商行政管理系统商标战略暨世博会标志保护培训班”在上海中国浦东干部学院举办。

2009年9月16日，商标局召开国家工商总局商标局2009年商标注册申请审查突破百万总结大会。

2009年11月13日，商标局赵刚副局长会见台湾海峡两岸商务协调会参访团。

2009年11月9日，商标局吕志华副局长会见日本特许厅审查业务部部长桥本正洋一行。

2009年7月2日，商标局副巡视员郭连连会见日本三重县松阪市市长中山光茂一行。

商标评审委员会于2009年7月16日至17日在京召开商标评审与行政诉讼业务研讨会，商标评审委员会主任许瑞表（中）、副主任侯丽叶、陈卓出席会议并与北京市相关法院的同志进行了交流。

2009年4月22日，商标评审委员会副主任侯丽叶在北京会见欧盟内部市场协调局伍博·德·博爱局长一行。

商标评审委员会于2009年6月2日在北京召开专家研讨会。

2009年8月24日至26日，“中国企业走向世界”商标战略经验交流会在天津举行。图为中华商标协会秘书长刘燕作主题演讲。

中华商标协会成立十五周年纪念合影

2009年4月25日，中华商标协会副秘书长任刚主持由中华商标协会主办的“商标国际保护与发展论坛”。

2009年5月15日至24日，以中华商标协会副秘书长刘烨为团长的中华商标协会代表团一行20人赴美国西雅图参加国际商标协会第131届年会，开展商标领域国际交流活动。

最高人民法院启动2009年全国知识产权宣传周活动新闻发布会，奚晓明副院长（中）讲话。

2009年4月24日，海关总署党组副书记副署长李克农在北京举办的“中国知识产权高层论坛”上发表讲话。

2009年3月3日，商务部国际贸易谈判副代表（副部级）崇泉出席商务部首次在德国汉诺威国际信息及通讯技术博览会(CeBIT)上设立的“中国参展企业知识产权服务站”揭幕仪式。

2009年4月24日，“中国知识产权高层论坛”在北京举办，公安部经济犯罪侦查局局长孟庆丰参加高层论坛并致辞。

上海市工商行政执法人员检查世博标志使用情况。

湖南省长沙市工商局对人造板市场展开专项检查，重点打击商标侵权、经营假冒伪劣产品等行为。图为工商执法人员正在检查人造板的商标标志。

天津市工商局和平分局与天津一家酒厂联手，开展酒产品真伪识别培训、竞赛活动，为深入开展国庆、中秋市场酒类制品专项整治奠定坚实基础。

根据江苏省工商局的统一部署，南京市工商局白下分局近日开展著名商标企业专项检查行动，着重检查著名商标企业的商标使用、管理情况，对企业提供商标保护、使用等方面的咨询服务。

福建省建宁县工商局干部深入种植园，指导帮助农民做好猕猴桃订单销售、商标注册等事宜。

山东省青岛市开发区工商局香江路工商所执法人员对辖区七大超市、商场经营的羽绒服和保暖内衣进行专项检查，重点检查商品品牌、进货渠道、质量凭证等。

2010

中国商标年鉴

CHINA TRADEMARK YEARBOOK

中国工商出版社

2010年12月

责任编辑：傅伟光　董云竹

图书在版编目（CIP）数据

2010 中国商标年鉴 / 中华商标协会编著. –北京：中国工商出版社，2010.11

ISBN 978–7–80215–360–8

I. ①2… II. ①中… III. ①商标–工作–中国–2010–年鉴 IV. ①F760.5–54

中国版本图书馆 CIP 数据核字（2010）第 208720 号

书名/2010 中国商标年鉴

编著者/中华商标协会

出版·发行/中国工商出版社

经销/新华书店

印刷/北京赛迪印刷有限公司

开本/889 毫米×1194 毫米　1/16　**印张**/67.75　**字数**/1526 千字

版本/2010 年 12 月第 1 版　2010 年 12 月第 1 次印刷

社址/北京市丰台区花乡育芳园东里 23 号（100070）

电话/（010）63730074，83670785　**电子邮箱**/zggscbs@263.net

书号：ISBN 978–7–80215–360–8/F·707

定价：280 元

编辑说明

一、《2010中国商标年鉴》是经国家工商行政管理总局批准，总局商标局、商标评审委员会与中华商标协会共同组织编纂，由中国工商出版社出版的大型文献资料。

二、2010年《中国商标年鉴》主要栏目有：领导讲话、专稿、法律法规、行政规章及规范性文件、司法解释及相关文件、商标局工作概况、商标行政执法典型案例、商标评审委员会工作概况、商标评审典型案例、反垄断与反不正当竞争执法局商标保护工作概况、中华商标协会工作概况、人民法院商标保护工作概况、人民检察院商标保护工作概况、公安机关商标保护工作概况、海关商标保护工作概况、各省、自治区、直辖市商标管理工作概况、中国驰名商标名录、中国已注册和初步审定地理标志名录、全国工商行政管理系统贯彻落实《国家知识产权战略纲要》大力推进商标战略实施工作会议专栏、全国工商行政管理系统商标工作先进集体和先进个人名单、商标信息、09新闻、国外资讯、文章选编、附录等。

三、领导讲话选登了周伯华局长、付双建副局长在2009年出席的有关会议、论坛上的讲话。

四、商标局工作概况选编的内容是商标局、商标评审委员会编辑的《中国商标战略年度发展报告》。收录在《中国商标年鉴》时，内容有删减，结构也做了调整。

五、商标行政执法典型案例、商标评审委员会工作概况、商标评审典型案例、反垄断与反不正当竞争执法局商标保护工作概况、中华商标协会工作概况、人民法院商标保护工作概况、人民检察院商标保护工作概况、公安机关商标保护工作概况、海关商标保护工作概况的稿件由上述各单位提供。

六、各省、自治区、直辖市商标管理工作概况的稿件由商标局提供，刊登时按行政区划为序。

七、全国工商行政管理系统贯彻落实《国家知识产权战略纲要》大力推进商标战略实施工作会议专栏的文章和全国工商行政管理系统商标工作先进集体和先进个人名单来自该会议文件汇编。

八、商标信息、09 新闻和国外资讯选编的内容是集纳了 2009 年相关报刊、官方网站发表的信息。

九、《中国商标年鉴》的出版发行得到了国家工商行政管理总局办公厅、商标局、商标评审委员会、反垄断与反不正当竞争执法局、国际合作司等部门的大力支持，最高人民法院知识产权庭、最高人民检察院侦查监督厅、公安部经济犯罪侦查局、商务部条法司、海关总署政策法规司知识产权处给予了大力帮助。各省、自治区、直辖市、计划单列市、副省级市的工商行政管理局及中国工商出版社对《中国商标年鉴》出版发行也给予了支持、帮助，在此一并致谢。

十、封面题签：朱庆凯。

由于水平有限，难免有疏漏、缺憾之处，敬请广大读者批评指正，以期提高《中国商标年鉴》的质量。

2010 年《中国商标年鉴》编辑委员会名单

黄家华　安徽省工商局副局长
祝贤林　浙江省工商局副局长
沈庆中　江西省工商局副局长
潘崇奎　福建省工商局副局长
杜新增　河南省工商局副局长
王庆新　湖北省工商局副局长
周森保　湖南省工商局副局长
姜海平　广东省工商局副局长
张　虹　广西壮族自治区工商局副局长
夏文亮　海南省工商局副局长
陈文渝　重庆市工商局副局长
沈　健　四川省工商局副局长
赵　健　云南省工商局副局长
罗保林　贵州省工商局副局长
晋美次仁　西藏自治区工商局副局长
赵　宏　陕西省工商局副局长
黄共卫　甘肃省工商局纪检组长
王　峰　宁夏回族自治区工商局副局长
韩有林　青海省工商局副局长
李建军　新疆维吾尔自治区工商局副局长
于喜寿　大连市工商局副局长
吕国湘　宁波市工商局副局长
吴新成　厦门市工商局副局长
孙利太　青岛市工商局副局长
王有明　深圳市市场监督管理局副局长
吴红艳　深圳市市场监督管理局副局长
王伟民　沈阳市工商局副局长
张意海　长春市工商局副局长
姜一鸣　哈尔滨市工商局副局长
谭海清　南京市工商局副局长
李　江　杭州市工商局副局长
赵志强　济南市工商局副局长
苑治平　武汉市工商局副局长
刘　勇　广州市工商局副局长

冯　林　云南省工商局商标处处长
陈红美　贵州省工商局商标局局长
肖　斌　西藏自治区工商局商广处处长
徐君峰　陕西省工商局商广处处长
张衡山　甘肃省工商局商广处副处长
樊胜邦　宁夏回族自治区工商局商广处处长
马秀梅　青海省工商局商广处处长
白　明　新疆维吾尔自治区工商局商标处处长
于公安　大连市工商局商标处处长
王维克　宁波市工商局商标处处长
李加明　厦门市工商局商标处处长
王　颖　青岛市工商局商标处处长
龚复兴　深圳市知识产权促进处处长
王志伟　沈阳市工商局商标处处长
李　军　长春市工商局商标处处长
王瑞凤　哈尔滨市工商局商标处处长
时建国　南京市工商局商标处处长
汪晓敏　杭州市工商局商标处处长
侯吉广　济南市工商局商标处处长
周　平　武汉市工商局商标处处长
梁小平　广州市工商局商标处处长
邹　昆　成都市工商局商标处处长
李玉华　西安市工商局商标处处长

特邀编委： 万慧达知识产权代理有限公司
上海专利商标事务所有限公司
牧童集团有限公司

主　编　张燕宾
责　编　朱小燕

目 录

法律法规

行政规章及规范性文件

工商总局

司法解释及相关文件

商标局工作概况

商标行政执法典型案例

商标评审委员会工作概况

商标评审典型案例

反垄断与反不正当竞争执法局商标保护工作概况

中华商标协会工作概况

人民法院商标保护工作概况

人民检察院商标保护工作概况

公安机关商标保护工作概况

商务部商标保护工作概况

海关商标保护工作概况

全国工商行政管理系统商标工作先进集体和先进个人名单

文章选编

附　录

领导讲话

（3~30）

认真贯彻落实国家知识产权战略纲要 大力推进商标战略实施

——在全国工商行政管理系统贯彻落实《国家知识产权战略纲要》大力推进商标战略实施工作会议上的讲话

国家工商行政管理总局局长 周伯华

(2009年7月23日)

全国工商行政管理系统贯彻落实《国家知识产权战略纲要》、大力推进商标战略实施工作会议今天开幕了。这次会议是总局党组决定召开的，是全面推进商标战略实施的一次极为重要会议，也是工商行政管理系统商标工作发展进程中的一次空前盛会，具有重大而深远的意义。会议的主要任务是：深入学习实践科学发展观，认真贯彻落实党中央、国务院实施知识产权战略的重大决策部署，回顾总结近年来全国工商行政管理系统的商标工作，交流经验，表彰先进。深刻分析商标工作面临的新形势，安排部署实施商标战略的各项工作，提高认识，统一思想，开拓创新，大力推进商标战略的实施，为建设创新型国家、促进经济社会又好又快发展做出新的贡献。

这次会议在吉林召开，得到了吉林省委、省政府的高度重视和大力支持。刚才，省政府领导作了重要讲话，通报了全省经济社会发展情况，肯定了吉林省工商行政管理工作取得的显著成绩，充分体现了省委、省政府对工商行政管理工作的重视和关心。吉林省委、省政府高度重视商标工作，将实施商标战略列入政府“十一五”发展规划之中，以品牌带动区域经济发展，成立培育认定驰名商标、著名商标推进组，出台鼓励政策，创新激励机制，初步形成了政府指导、部门联动、企业操作、社会参与、整体推进的实施商标战略格局。吉林省委、省政府每年划拨专款3000万作为商标战略发展基金，四次颁发驰名商标，省委书记王珉同志都亲自出席。今年7月17号，吉林省委书记、省长、省人大主持工作的副主任、省政协主席四大班子一把手都到省工商局举行全省驰名商标授牌和实施商标战略大会，场面感人。所以总局把这次会议放到吉林召开，希望各省市工商局的同志们，要把吉林省委、省政府对商标工作的重视，对实施商标战略所采取的好的措施，要很好地向所在的省委、省政府汇报。吉林省工商局在省委、省政府的正确领导下，认真落实总局的工作部署，深入学习实践科学发展观，努力做到“四个统一”，充分发挥工商行政管理职能作用，坚持一手抓服务，积极指导企业运用商标战略做大做强；一手抓监管，严厉打击商标侵权假冒行为。在此，我代表总局党组，对吉林省委、省政府对工商行政管理事业的高度重视和大力支持，表示诚挚的感谢！对这次会上受到表彰的先进单位、先进个人表示热烈的祝贺！

这次会议我们还邀请了国家知识产权战略实施工作部际联席会议部分成员单位的代表到会指导，在此，我代表总局党组，对各部门的大力支持表示衷心的感谢！

这次会上，双建同志将代表总局党组，对商标工作进行总结回顾，安排部署实施商标战略的各项工作，希望同志们认真贯彻落实。下面，我讲几点意见。

一、工商行政管理系统商标工作取得了显著成绩，为促进经济社会又好又快发展作出了重要贡献

改革开放以来，特别是近几年来，全国工商行政管理系统坚持以邓小平理论和“三个代表”重要思想为指导，深入学习实践科学发展观，充分发挥商标注册和管理职能作用，认真落实国家知识产权战略，大力推进商标战略的实施，为促进经济社会发展做出了积极贡献。

（一）适应社会主义市场经济监管的商标法律制度、管理体制、管理理论和人才队伍基本建立，为进一步开创商标工作新局面奠定了坚实基础。

1.基本建立了既符合国际规则、又具有中国特色的商标法律制度。1982 年 8 月，我国颁布了《商标法》，这是改革开放以来我国颁布实施的第一部知识产权法律。经过 30 多年的不懈努力，我国已形成了以《商标法》、《商标法实施条例》为根本，以《特殊标志管理条例》、《驰名商标认定和保护规定》、《集体商标、证明商标注册和管理办法》等一系列配套法规规章为补充，涵盖商标注册、运用、保护和管理各个方面，既符合国际规则又具有中国特色的现代商标法律体系。现行有效的商标法律有 1 部、行政法规有 5 部、行政规章有 8 部、司法解释有 7 件，以及各地制定的若干地方性商标法规、规章，另外，我国还加入了《保护工业产权巴黎公约》、《与贸易有关的知识产权协定》等 6 个商标国际公约，为我国商标事业的发展和商标战略的实施提供了坚实的法律保障。

2.基本建立了适应社会主义市场经济监管的商标注册和管理体制机制。经过多年的探索实践，我国创立了具有中国特色的行政保护和司法保护“两条途径、协调运作”的商标专用权保护“双轨制”。确立了工商行政管理系统商标注册和管理在社会主义市场经济条件下的职能定位，形成了集中注册、分级管理的商标注册和管理体制，建立了驰名商标、著名商标、地理标志保护等一系列行之有效的管理机制，商标注册和管理体制机制日臻完善。

3.基本建立了适应社会主义市场经济监管的商标注册和管理理论。我们坚持以科学发展观为指导，认真研究商标基础理论，总结商标工作经验和规律，按照“四个统一”的要求，提出了“一个依靠、四个借助”、“三五目标”及“两个转变”的商标工作指导方针。紧紧围绕使我国商标注册、运用、保护、管理达到国际先进水平的战略目标，加快商标管理理论研究，为商标事业的长远发展夯实理论基础。

4.基本建立了适应社会主义市场经济监管的商标注册和管理人才队伍。在党中央、国务院和各地党委、政府的关心重视下，商标注册和管理队伍不断发展壮大，人员整体素质明显提高。截至 2008 年底，全国商标注册和管理工作人员有 14,353 人，其中大专以上学历的占 86.13%。总局商标工作人员有 953 人，其中大专以上学历的占 90.98 %。通过坚持不懈强化教育培训，大力加强党风廉政建设，商标注册和管理工作队伍的政治素质明显提高，业务能力明显增强，工作作风明显改进，执法形象明显改善，在人民群众心目中的地位不断提升。

此外，商标注册和管理基础建设不断加强，自动化程度显著提高。顺利实现了从依靠手工翻阅纸质卡片到利用计算机进行商标审查检索和查询、从手工抄写商标档案到商标注册流程无纸化办公的转变，实现了“网上查询”、“网上公告”和商标代理组织“网上申请”，商标注册和管理工作的质量和效率大幅提高。我国是目前世界上开通商标注册信息网上查询系统的20多个国家之一，标志着我国商标注册和管理自动化系统已进入世界先进国家行列，商标工作政务公开程度和社会服务水平迈上了一个新的台阶。经国家批准的新的商标档案业务用房建设工程正在抓紧进行，将为我国商标事业达到国际先进水平奠定坚实的物质基础。

（二）商标注册申请量迅猛增长，我国已成为商标大国。

自1979年恢复商标全国统一注册以来，随着改革开放的深入进行和我国经济的快速发展，我国的商标事业得到了突飞猛进的发展。商标注册年申请量由1980年的2.6万件增长到2006年的76.6万件。自2002年至2008年，我国商标注册申请量已连续7年位居世界第一。截至今年6月30日，我国的商标注册申请累计总量已达677万件，有效注册商标总量240万件，居世界第一位。今年上半年在面临国际金融危机的严峻形势下，全国的商标注册申请量仍保持较大幅度增长，比去年同期增长了7.7%，达到38万件。我国已经连续四年成为马德里联盟商标国际注册被指定最多的国家。国内企业通过商标局提出的国际注册申请已经连续四年居马德里联盟第八位，居发展中国家第一位。这不仅反映了我国经济的发展和开放的扩大，也标志着我国已成为世界商标大国。

随着商标注册申请量大幅增长，由于审查人员明显不足，导致商标注册申请、评审案件严重积压，商标审查和评审周期大大延长，国内外对此反映强烈。2007年，总局党组决定，将解决商标注册、评审案件积压问题列为总局事关大局、涉及长远的八项重点工作之首，提出了“一个依靠”（依靠商标局和商标评审委的领导班子和全体干部）、“四个借助”（借助全国工商系统力量，借助商标代理机构力量，借助社会力量，借助现代信息化手段）及“更新观念，创新机制，依法办事，加强廉政，提高效率”的总体改革思路，明确了“三年解决积压、五年达到国际水平”的“三五目标”（即：2008年完成商标审查70万件、评审审理1.9万件，商标审查周期由36个月缩短到30个月;2009年完成商标审查130万件、评审审理3.1万件，商标审查周期由30个月缩短到19个月;2010年完成商标审查140万件、评审审理3.1万件，商标审查周期由19个月缩短到12个月）。总局党组与商标局、商评委采取签订责任书、增加审查处室、招聘辅助人员、完善激励机制、加强绩效管理等重大措施，解决商标审查和评审积压问题取得突破性进展。2008年，商标局共审查商标75万件，裁定异议案件1.1万件；商评委共审理商标评审案件3.03万件，均超额完成当年任务。今年上半年，已审查商标注册申请72万件，裁定异议案件1.09万件，审理商标评审案件1.76万件，均已超额实现时间过半、任务过半，商标注册审查量相当于以前两年零五个月的工作量，不仅为圆满完成今年130万件的审查任务打下了坚实的基础，也进一步坚定了全面实现“三五目标”的必胜信心。

（三）商标已成为促进我国经济发展的重要推动力，为建设创新型国家、促进经济社会又好又快发展发挥了重要作用。

1.随着我国注册商标总量的大幅上升，商标日益成为企业的重要竞争力和政府拉动经济的重要抓手。作为企业的重要无形资产和重要竞争力，正确使用商标、维护商标信誉、培育驰名商标已成为越来越多企业的共识，一批在国内驰名、在国际市场有一定影响力的商标脱颖而出，大大提升了企业的市场竞争力。各地党委、政府高度重视商标工作，紧密结合本地实际，大力推进以注册、运用、保护和管理为核心的商标工作，为促进经济增长方式转变、培育和壮大优势产业、扩大对外开放、建设创新型国家，起到了积极的推动作用。

2.各级工商行政管理机关切实加大对商标专用权的保护力度，营造了良好的经济发展环境。

一是加大执法力度，维护公平竞争的市场秩序。近年来，各级工商行政管理机关充分发挥职能作用，严厉打击商标侵权假冒行为，为维护公平竞争的市场秩序作出了积极贡献。2000 年至 2009 年上半年，各级工商行政管理机关共查处各类商标违法案件 43.36 万件，罚款累计 26.26 亿元。2008 年，全国工商行政管理机关出色完成了奥林匹克标志专有权保护工作，为北京奥运会的成功举办营造了良好的知识产权保护环境，受到了国内外的广泛赞扬，国际奥委会北京奥运会协调委员会主席维尔布鲁根先生和国际奥委会法律部主任霍华德.斯图普先生分别写来感谢信，总局通报表彰了 100 个奥林匹克标志保护先进集体和 207 名先进个人。2009 年 6 月 2 日，日本汽车工业协会和日本汽车零部件工业协会带领所属 26 家会员企业专程拜访总局并赠送牌匾表示感谢。二是积极推进“四个转变”，努力探索遏制商标侵权假冒行为的长效监管机制。各级工商行政管理机关进一步探索在全国大中城市推广“商标授权经营制度”的可行性，对成规模商品批发零售市场进行规范化商标监管；加强内设机构、业务条线的密切配合，实行执法联动；建立了覆盖全国的商标行政执法区域协作网络；密切加强与公安、海关、法院等有关部门的沟通与协作，形成执法合力。三是整顿商标代理服务市场，规范商标代理行业发展。各级工商行政管理机关依法整治商标代理市场秩序，加强对代理行为的监管，进一步规范商标代理行为。中华商标协会成立商标代理分会，积极开展行业自律，促进代理行业健康有序发展。

3.积极开展商标权质权登记，帮助企业拓宽融资渠道。各级工商行政管理机关创造性地开展企业帮扶工作，积极支持企业将商标与金融等手段紧密结合，实现商标无形资产的资本化运作，切实帮助企业解决融资难问题。自 2006 年至今，总局商标局已办结 418 件商标权质押登记申请，帮助企业融资 238 亿元。

4.引导企业实施商标“走出去”战略，在应对国际金融危机中发挥了重要作用。受国际金融危机影响，国内企业的商标国际注册申请和国外企业的国际注册领土延伸申请均比去年同期有所下降。面对此种情况，我们采取多项措施积极应对：一是加强马德里国际注册宣传培训工作，提高我国企业的商标国际注册意识，鼓励知名企业国外商标注册。二是指定专人监控国际注册情况，及时向国际局申报，6 月份国际申请已有所回升。三是加大海外商标维权力度。今年初，收到我国驻加拿大多伦多总领事馆反映我国多家知名企业名称和标识在加拿大被恶意申请抢注商标的函后，总局立即采取措施，协助我国企业维护在海外的合法权益。近年来，中华商标协会先后举办了“中国企业走向世界商标战略经验交流会”、“中国商标海外维权研讨会”等，指导企业运用商标战略走向国际市场，帮助维护我国企业在海外的合法商标权益。

5.充分发挥商标信息作用，为政府决策和社会公众提供信息服务。一是组织编写了《中国商标战略年度发展报告（2008）》，在新闻媒体、政府网络、各有关部门发布、发放，用全面的事实和翔实的数据，系统介绍商标工作取得的成绩，展示商标战略发展动态，展望商标战略实施规划，进一步指导和促进地方商标工作。二是通过中国商标网，及时公开商标信息。2008 年，中国商标网点击量达 17.5 亿次；今年上半年，点击量达 11.86 亿次。三是首次通报了全国省、地、县三级行政区域商标注册数、商标国际注册数、驰名商标数、地理标志数、查处商标侵权案件数等五项商标主要统计数据，为各地推动商标战略实施提供了有价值的数据。

6.切实做好农产品商标和地理标志工作，服务“三农”取得明显成效。各地工商行政管理机关认真落实十七届三中全会“加大农产品注册商标和地理标志保护力度”的决定，积极运用农产品商标和地理标志促进农村发展、农民增收。截至今年 6 月底，我国已核准注册农产品商标 66.5 万件，注册地理标志 622 件。“商标富农”工作机制逐步完善，“一所一标”、“一所多标”等工作措施为促进社会主义新农村建设发挥了积极作用。

7.完善了驰名商标、著名商标认定制度，加大了对驰名商标、著名商标的保护力度。一是进一步完善了驰名商标认定制度。今年，总局以应对金融危机、促进经济平稳较快发展为目的，以提高认定质量、防范廉政风险和监管风险为重点，以“公开透明，接受监督”为原则，制定了《驰名商标认定工作细则》，使驰名商标认定和保护工作更加公开、透明和规范。二是加大了驰名商标认定和保护工作力度，优化了创新发展环境。为积极应对金融危机，为企业创新发展创造良好条件，各级工商行政管理机关进一步加大了驰名、著名商标认定和保护力度。今年上半年，总局在商标管理、商标异议、商标争议案件中共认定驰名商标390件，截至目前，总局共认定驰名商标1，624件。全国已有30个省、自治区、直辖市以地方性法规、规章等形式确立了对著名商标的认定和保护。截至今年3月底，各地已认定著名商标21,111件。

在充分肯定成绩的同时，我们也要清醒地看到，商标工作还存在一些问题。主要表现在：一是商标注册数量虽多，但“含金量”不高，缺少国际知名商标。从商标注册申请量和有效注册商标总量看，我国位居世界前列，但与美国、日本、欧盟等发达国家和地区相比，我国企业商标的消费者认知度还不广，附加值还不高，竞争力也不强。我们虽已成为“商标大国”，但还不是“商标强国”。二是商标注册总量虽多，但市场主体平均拥有商标数量较少，社会商标意识亟待提高。截至2009年6月底，我国共有各类市场主体4011.89万户，平均每17户才拥有一件注册商标，亟需提高企业和消费者的商标意识。三是商标国际注册数量与我国经济贸易发展的速度很不相称，企业实施商标“走出去”战略的力度亟待加大。我国出口企业产品使用自主商标的还比较少，“定牌加工”的还比较多，知名企业和老字号企业商标在海外被抢注的案件时有发生，我国企业通过马德里联盟商标国际注册体系到国外申请注册商标总量仅8，985件，这与我国经济总量位居世界第三还很不相称。这些问题的存在，说明加强商标注册保护工作、推进商标战略实施的重要性和紧迫性，任重道远，需加倍努力。

今天召开全国性的商标工作会议意义深远。在商标工作领域，无论是在工作数量还是工作质量的提升上都有极大的发展空间。我国目前17家企业平均才有一件商标，企业生产的很多都是无牌产品，大多采取定牌加工的方式，实际上是帮别人生产的贴牌产品，这种情况非常普遍。各大商场卖的很多衬衣都是我国生产，贴外国牌子的。如，日本人生产的T恤是按中国人的体型设计的，各种型号都有，年轻人很喜欢。我问过深圳一家外贸加工的老板，一件衬衣卖到两三千元，实际成本与市场上四五百元的衬衣质量是完全一样的，一样的加工一样的生产，只是加了一个外国牌子，马上就卖到两三千元。昨天，王珉书记给我们上了很重要的一课，吉林是一个资源大省，但是商场里吉林本地的产品不到10%，贴牌产品返回销售的占到30%~40%。我们是商标大国，但不是商标强国。我举几个例子，茅台酒是中国驰名商标，但是只是在大使馆在华人圈子中有名，洋人很少有人喝茅台的。中国瓷器举世闻名，中国china的意思就是瓷器，但是高档瓷器，像工艺瓷在日本，美术瓷在德国。我曾到中国瓷都景德镇去考察，那里的瓷器法兰瓷也是中国台湾的一个老板研发的，当然，这也算是中国的产品。所以我们做商标工作的同志们是国家知识产权战略中一支重要的队伍，我们不能只是忙于注册、登记、保护，而要去宣传培养我们自己的驰名商标。只有主动地为当地经济又好又快的发展服务，为企业服务，严格执法，保护驰名商标，我们工商才有权威和地位。这两句话对工商队伍很重要。我们60多万工商队伍，商标队伍一万多人，要依法保护商标专用权，依法保护驰名商标，商标队伍就有权威。商标工作者只有尽职尽责，全心全意地服务于企业创新性发展，服务于城市的创新性发展，服务于地方的创新性发展，我们工商队伍就会像吉林的工商队伍一样才有地位。四次驰名商标授牌，四次省委书记都出席，这是很难得的。

同志们，中国要培养有国际竞争力的驰名商标，我们的工作质量和工作数量上有极大的发展空间，商标工作大有作为。

二、深刻认识贯彻落实《国家知识产权战略纲要》、大力推进商标战略实施的深远意义和重要作用，进一步增强做好商标工作的使命感和责任感

党中央、国务院高度重视知识产权保护工作。胡锦涛总书记在党的十七大报告中强调：要“提高自主创新能力，建设创新型国家”，积极“实施知识产权战略”。2008 年 6 月 5 日，国务院颁布了《国家知识产权战略纲要》。2009 年 3 月 5 日，温家宝总理在政府工作报告中提出：“要继续实施科教兴国战略、人才强国战略和知识产权战略”。这充分表明，党中央、国务院已把知识产权战略与科教兴国战略、人才强国战略一样，摆在了促进经济又好又快发展、建设创新型国家中的重要战略地位。

为贯彻落实《国家知识产权战略纲要》，经国务院批准，建立了由 28 个部门组成的国家知识产权战略实施工作部际联席会议制度，10 多个部门制定了落实《国家知识产权战略纲要》的实施意见和工作方案，13 个省、市出台了地方知识产权战略纲要，有力地促进了国家知识产权战略的实施。

商标战略是国家知识产权战略的重要组成部分，总局作为国家知识产权战略实施工作部际联席会议的重要成员单位，作为负责全国商标注册和管理工作的主要职能部门，在贯彻落实《国家知识产权战略纲要》中肩负着重要责任。《国家知识产权战略纲要》发布后，总局党组高度重视，成立了由总局主要负责同志和分管负责同志任正副组长，18 个司（局）和直属单位主要负责同志为成员的总局商标战略实施领导小组，出台了《关于贯彻落实〈国家知识产权战略纲要〉，大力推进商标战略实施的意见》，起草了《关于商标工作五年达到国际水平的总体规划》等配套文件，为落实《国家知识产权战略纲要》、推进商标战略的实施，做了大量卓有成效的工作。

贯彻落实《国家知识产权战略纲要》、大力推进商标战略的实施，是工商行政管理机关服务国家经济发展大局的一项重要任务。各级工商行政管理机关要充分认识其深远意义和重要作用，进一步增强使命感和责任感，不断提高贯彻落实《国家知识产权战略纲要》及《实施意见》的自觉性。

（一）实施商标战略，是落实国家知识产权战略的迫切需要。

现代经济的竞争是知识产权的竞争，随着知识经济和经济全球化的深入发展，知识产权日益成为国家发展的战略性资源和国际竞争力的核心要素，成为建设创新型国家的重要支撑。商标作为知识产权的重要组成部分，直接关系到生产者、经营者和消费者的切身利益，是企业自主创新能力和其他知识产权的重要载体。商标战略既是国家知识产权战略的重要组成内容，也是知识产权中最有可能率先取得突破的方面。各级工商行政管理机关要深刻认识肩负的历史使命和重要责任，充分发挥职能作用，大力推进商标战略的实施。

（二）实施商标战略，是促进经济社会又好又快发展的有效手段。

商标工作是最直接体现工商行政管理机关服务经济社会发展的工作之一。大力实施商标战略，对于促进经济社会发展有着重要的意义。一是有利于推动自主创新能力的提高。建设创新型国家，必须切实保护创新者利益。商标是企业自主创新能力的重要载体，企业创新能力越强，产品质量越高，商标的知名度和信誉度也就越高，企业的市场竞争能力也就越强。实施商标战略，加强商标行政保护，既保护了商标信誉，保护了创新利益，又可以在培育我国自主品牌和国际知名商标方面起到有力的推动作用。二是有利于增强企业的核心竞争力。商标战略是以提升企业商标注册、运用、保护和管理能力为目标的国家战略。通过实施商标战略，积极促进企业经营管理模式的转变，引导企业增加自主品牌的拥有量，提升企业运用商标参与市场竞争的能力，对于促进我国企业“走出去”参与国际竞争将发挥十分重要的作用。三是有利于服务社会主义新农村建设。通过实施商标战略，充分发挥农产品商标和地理标志在促进农业发展、农民增收中的积极作用，对于促进农业产业结构调整，增加农产品附加值，加快推进社会主义新农村建设，具有十分重要的意

义。四是有利于促进区域经济协调发展。通过实施商标战略，形成以商标为主导的区域特色经济，有利于促进区域经济协调发展。总之，商标战略作为一项保增长、扩内需、调结构、强民生的重大举措，在当前国际金融危机的形势下，更加显现其对促进企业发展、扩大市场消费的重要作用。事实充分证明，拥有自主知识产权和自主品牌的优势企业，在金融危机中已经显现出较强的抗冲击力，呈现出良好的发展态势。

（三）实施商标战略，是依法履行商标监管职责、营造良好发展环境的必然要求。

《国家知识产权战略纲要》把保护商标权人和消费者合法权益、维护公平竞争的市场秩序作为一项重要任务。商标行政执法是工商行政管理机关的一项重要职责，加大商标行政执法力度，依法保护商标专用权，维护生产者、经营者和消费者合法权益，既是工商行政管理机关履行监管职责的基本任务，也是实施商标战略的必然要求。

三、以《实施意见》为纲，以落实“三五目标”为重点，大力推进商标战略的实施，努力实现由商标大国向商标强国的转变

《实施意见》以科学发展观为指导，紧密联系当前经济社会发展实际，对商标工作的未来发展作出科学设想和中长期规划，是全国工商行政管理系统贯彻落实《国家知识产权战略纲要》、推进商标战略实施的纲领性文件。我们要坚持以《实施意见》为纲，以落实“三五目标”为重点，大力推进商标战略的实施，切实提高企业的商标注册、运用、保护和管理能力，充分发挥商标在促进经济社会发展、建设创新型国家中的重要作用，努力实现由商标大国向商标强国的转变。

（一）努力实现商标战略的奋斗目标。

《实施意见》对商标发展战略目标作出了具体规划，即到2020年，把我国建设成为商标注册和管理达到国际先进水平的国家：商标法治环境进一步完善，商标意识深入人心，市场主体注册、运用、保护和管理商标的能力显著增强，企业创新成果和合法权益得到有效保护，商标战略对经济发展、文化繁荣和社会建设的促进作用充分显现。

1.通过实施商标战略，进一步提高全社会的商标意识。大力加强商标知识和商标法制宣传，使全社会更加关注商标保护，各级政府更加重视商标工作；尊重劳动、尊重知识、崇尚创新、诚信守法的商标保护社会环境、文化环境、法治环境逐步形成；商标促进经济发展的作用明显提升。

2.通过实施商标战略，商标数量持续增长。切实增强企业商标意识，促进商标注册申请量持续增长。积极引导企业增加自主商标拥有量，逐步实现与我国总体经济规模相适应，与我国的对外贸易地位相适应。

3.通过实施商标战略，进一步强化商标注册和管理能力，充分发挥工商行政管理机关维护市场秩序的重要作用。进一步提高服务水平，加快商标审查、商标案件评审进度，使商标审查、评审周期达到国际先进水平。强化商标行政执法，使商标权保护状况明显改善，商标使用行为更加规范，侵犯注册商标专用权行为显著减少，商标在构建统一、开放、竞争、有序的现代市场体系中发挥更加重要的作用。

4.通过实施商标战略，切实提高注册商标质量，全面提升注册商标的生命力和竞争力。积极促进企业商标管理制度进一步健全，运用商标参与市场竞争的能力明显提升。大力培育、发展一批驰名、著名商标，努力使商标成为更多企业的重要竞争力，成为国家综合实力的重要组成部分。

5.通过实施商标战略，支持鼓励更多的企业走向世界，积极参与国际市场竞争。加强我国企业马德里国际注册的宣传和培训，加快国际商标的审查和转报，提高国际商标注册的数量和质量，使拥有自主商标的出口产品和服务大幅提升，商标成为我国企业实施“走出去”战略的有力支撑。

6.通过实施商标战略，加强商标国际交流与合作，努力使我国的商标工作达到国际先进水平。大力拓展同世界知识产权组织等国际组织、与我国经贸关系密切国家的交流与合作，积极参与商标国际规则的制定，维护我国企业的海外商标权益，扩大我国在商标领域的国际影响，努力使我国的商标工作达到国际先进水平。

（二）全面完成实施商标战略的各项任务。

1.稳步推进《商标法》的修订工作，积极完善配套法规规章。1982年制定并经两次修改的《商标法》，在加强商标注册、运用、保护和管理，促进经济社会发展中发挥了重要作用，但随着形势的变化，有的内容已不能适应我国市场经济发展的需要，加快修订《商标法》显得十分迫切和必要。从2003年开始，总局积极开展了《商标法》修订的有关工作。在认真调研、深入论证、广泛征求意见的基础上，2008年5月，总局召开《商标法》修改专题研讨会，确定了适应形势发展和商标战略需要，简化和完善商标确权程序，进一步加大商标专用权和地理标志保护力度，加强商标代理监管，为中外商标申请人提供更好服务，努力使商标法达到国际水平的修改目标。目前已形成《商标法（修订稿）》，正在再次征求国内外有关单位的意见，争取尽快上报国务院审议。同时，《商标法实施条例》、《商标代理管理条例》等配套法规规章的修改、制定工作也正在着手进行。各地工商行政管理机关要积极配合地方立法部门，加强商标地方法规规章建设，共同为实施商标战略、促进经济社会又好又快发展，提供坚实的法律制度保障。

2.立足基本职能，创新监管模式，全面提升商标注册、管理、运用和保护能力。

——全面提升商标注册能力。一是加强商标注册管理，提高审查效率，缩短审查周期，确保审查质量。到2010年底，彻底解决商标注册申请严重积压问题，商标审查周期缩短至12个月之内，商标审查工作达到国际水平。二是进一步完善公正、高效、科学的商标评审制度。借鉴国外先进经验，逐步理顺商标评审工作体制机制，全面提升商标评审效率与质量，充分保障商标权人和社会公众的合法权益。三是按照国家完善公务员分类管理制度的总体要求，建立完善适应商标战略实施需要的商标审查人员和商标评审人员管理制度。进一步完善商标审查、评审工作激励机制。

——全面提升商标运用能力。一是着力推进商标市场化运作。积极引导企业加强商标使用许可力度，提高商标的市场认知度，防止无形资产闲置，商标价值进一步延伸。支持和鼓励企业利用商标出质、出资，充分发掘商标权的市场价值，发挥无形资产的融资功能。二是充分发挥农产品商标和地理标志在服务“三农”和统筹城乡、区域发展中的推动作用。积极引导、支持农业生产、经营者运用农产品商标和地理标志增产增收，将资源优势转化为品牌优势和市场竞争优势，发展农业产业化经营，促进农产品加工业结构升级，推进农业结构战略性调整。三是充分发挥商标协会的作用。积极引导企业运用商标战略，提升商标知名度，提高企业运用商标的能力。四是重视发挥展会经济的作用。引导和鼓励企业利用各种展会、交易会，发挥展会资源的集合、联动效应，提高商标的市场竞争力，促使其价值和效益的最大实现。

——全面提升商标保护能力。一是指导企业主动自觉维护自身商标权益，增强商标保护意识，建立完善商标发展保护机制，创新商标保护技术手段，不断提高企业自主商标发展保护能力。二是不断加大商标侵权假冒行为打击力度。健全有效工作机制，严厉打击商标侵权假冒行为，认真做好上海世博会和广州亚运会知识产权保护工作。三是加强沟通与协作。积极配合司法机关，做好涉嫌商标犯罪案件移送工作。加强与其他知识产权部门的沟通与协作，形成打击商标侵权的合力。

——全面提升商标管理能力。一是引导企业加大对商标管理的投入。引导企业培养、引进商标专业人才，加大商标研发力度，提升商标附加值，充分利用商标权发展和保护自己。二是加大对基层商标工作的扶持、指导和监督。加强商标数据开发利用，为地方实施商标战略提供更多的信息支持。进一步规范商标行政执法，提高办案效率和质量。加强沟通与协调，做好大要案件的查办工作。三是加强商标审查、商标异议、商标评审及驰名商标认定等工作制度建设。进一步明晰工作职责，细化工作标准，规范工作程序，提高工作效率，形成权责一致、分工合理、决策科学、监督有力的管理体制。四是继续发挥行业协会的优势，加强对商标代理机构的监管。进一步引导和规范商标代理机构加强自律，提升服务水平，促进商标代理服务市场健康有序发展。

3.积极培育我国自主国际知名商标，充分发挥商标在建立创新型国家中的重要作用。一是在商标注册、运用、保护和管理等各个环节，充分运用各种政策措施，引导、支持和激励企业成为商标使用、自我管理与保护的主体。分类指导和支持市场主体实施商标战略，充分发挥商标在市场经济中的作用，提升企业市场竞争力。创新使用驰名、著名商标制度，积极培育我国自主国际知名商标。二是适应农业结构战略性调整的需要，继续推动商标工作向农村延伸。适应发展农业产业化经营、促进农产品加工业结构升级的需要，扶持发展龙头企业，积极培育知名商标。加大农产品注册商标和地理标志保护力度，支持发展绿色食品和有机食品，充分发挥农产品商标和地理标志在服务“三农”中的推动作用。要抓紧筹备今年11月在重庆召开的亚太地区地理标志国际研讨会。三是深入开展实施商标战略示范城市、示范企业工作。跟踪调查、全程评测，积极发挥示范作用，认真总结推广先进经验。

4.积极应对经济全球化发展，鼓励、支持我国企业实施商标“走出去”战略。一是加强马德里国际注册宣传、培训和咨询。选择国际注册较多的省市，有步骤地开设培训班，帮助企业丰富商标国际注册知识。加强国外商标法律研究，更好地为企业提供商标国际注册法律咨询与服务。二是根据我国实施对外开放和“走出去”战略的要求，指导更多的企业进行商标国际注册，鼓励企业在国外创建有影响力的民族品牌，不断提升企业品牌形象。三是加强与我国驻外使领馆的沟通与交流，多方面收集企业海外注册和维权信息，建立专门的商标国际注册及保护数据库，为企业海外维权提供全面的信息服务。

5.努力拓展国际交流合作的广度和深度，不断提高我国在商标领域的国际地位。继续加强与世界知识产权组织、世贸组织、亚太经合组织等国际组织的交流与合作，不断巩固与美日欧等国家、地区及港澳台地区的工作机制，积极争取与非洲、拉丁美洲地区建立合作关系，进一步拓展商标国际交流与合作的渠道。重点开展以下工作：一是学习、借鉴国外商标主管机关在立法、执法等方面的有益经验，不断提高我国商标注册、保护、运用和管理工作水平。昨天，我给世界知识产权总干事高锐写信，请他对《商标法》修改稿提出修改意见。二是大力宣传我国的商标法律制度和做法，正确引导舆论，让国际社会充分了解我国对商标专用权保护的态度、决心以及取得的显著成就，树立我国政府有效保护商标专用权的良好形象。三是积极参与或主办在商标领域有重大影响的国际会议，不断增加国际话语权，积极参与制定商标国际规则，扩大我国在商标领域的影响力。四是逐步构建与有关国家和地区商标主管机关及商标审判机关的快速反应机制，及时就商标领域的重大事件进行沟通，增进了解，减少摩擦，为我国对外贸易和经济发展创造良好的国际商标保护环境。

6.加快商标管理与公共服务信息化建设。一是积极开发“电子商标注册簿”，完善商标电子档案系统，充分利用商标数据库，更大发挥商标数据作用，为各地实施商标战略、促进经济社会发展服务。二是积极推进商标注册与管理自动化系统三期工程建设，充分利用计算机技术提高商标注册效能。三是积极完善商标网上申请系统、商标网上查询系统和商标网上公告系统，充分利用现代网络技术服务商标申请人和社会公众。四是积极推进中国商标网外文网站建设，加大国际宣传力度。

7.进一步加强商标战略宣传力度，提高全社会商标意识。积极开展“商标进企业”、“商标进农村”、“商标进社区”等宣传活动。以知识产权宣传周、《国家知识产权战略纲要》发布纪念日为契机，积极采取新闻发布会、论坛、研讨会等多种形式，充分利用报纸、电台、网络等多种媒体，大张旗鼓地开展商标战略宣传活动，切实提高全社会商标意识，努力形成重视注册商标、精心培育商标、主动运用商标、自觉保护商标的良好氛围。大力弘扬以尊重和保护商标专用权为荣、以侵权假冒为耻的道德观念，增强消费者自觉抵制假冒伪劣商品的意识。

四、加强组织领导，密切协作配合，扎实有效推进商标战略的实施

贯彻落实《国家知识产权战略纲要》、大力推进商标战略的实施，是一项艰巨的任务和长期的工作，事关大局，涉及长远，必须加强组织领导，密切协作配合，确保取得实效。

（一）加强组织领导，建立健全实施商标战略的体制机制。

总局已成立商标战略实施领导小组，全面负责商标战略实施的组织领导工作。领导小组的主要职责是，统筹规划商标战略的实施工作，研究制定商标战略实施意见以及年度实施方案，指导、督促、检查有关政策措施落实情况，协调解决商标战略实施过程中的重大问题，在人、财、物上充分保障商标战略的实施。各省、自治区、直辖市工商局都要结合本地实际，建立领导机构，落实各项要求，扎实有效地开展商标战略实施工作。各地商标战略领导机构及其办事机构，要报总局商标战略实施领导小组办公室。

（二）密切协作配合，积极推进商标战略的全方位实施。

1.按照部际联席会议要求，加强部际沟通协调。2008 年 11 月，国务院建立了实施国家知识产权战略部际联席会议制度，下发了《实施国家知识产权战略纲要任务分工》。总局及时制定下发了《国家工商总局实施国家知识产权战略纲要任务分工》，将《国家知识产权战略纲要》80 项任务分工中涉及总局的 40 项任务，逐项分解到了各司局和直属单位。我们要切实加强与部际联席会议成员单位的沟通协调，整体推进国家知识产权战略的实施。

2.加强总局内部各司局的协作配合。总局《实施意见》任务分工中明确的任务，涉及到总局 18 个司（局）和直属单位。各单位要在总局商标战略实施领导小组的统一指挥下，切实履行职责，做好工作。牵头单位要主动承担任务，协办单位要积极协助配合，领导小组办公室要做好上传下达、沟通协调的工作，充分发挥作用，圆满完成各项任务。

3.加强总局与各地方局的沟通联络。一是建立工作情况通报制度，及时总结推广先进经验。二是加强全国商标信息化建设，建立业务信息互联互通、信息数据共享共用的商标信息网络系统。三是积极开展实施商标战略试点示范工作。今年，总局将在各省（自治区、直辖市）确定一个城市和一家企业作为国家商标战略实施示范城市和示范企业，通过发挥先进典型的指导和示范作用，辐射和带动全局。各地要认真做好试点示范城市、企业的推荐培育工作。

4.积极推动制定地区和行业商标战略。各级工商行政管理机关要为本级政府当好参谋，密切配合各地制定适合本地经济社会发展要求的商标战略。积极推动行业主管部门和行业协会的品牌发展规划工作。大力支持产业振兴规划中的品牌建设工作。

（三）切实加强自身建设，不断提高实施商标战略的能力和水平。

一是加强培训，全面提升商标战略组织实施工作水平。2009 年–2010 年，总局将分三批对全系统地市以上工商局分管局长进行商标战略全员培训，各地也要积极开展商标战略培训工作。二是加强对商标工作人员的教育、培养和管理，不断提高实施商标战略、做好商标工作的能力和水平。注重选拔招聘高素质人才从事商标工作，更好地推动商标战略的实施。鉴于商标工作专业性较强，各级工商行政管理机关要保持商标工作人员的稳定。三是加强基础设施建设，为全面实施商标战略提供物质支撑和保障。

同志们，贯彻落实《国家知识产权战略纲要》、大力推进商标战略的实施，是摆在我们面前光荣而艰巨的任务，工商行政管理机关肩负的责任十分重大。我们要在以胡锦涛同志为总书记的党中央坚强领导下，在各有关部门的大力支持下，开拓进取，勤奋工作，狠抓落实，务求实效，扎实推进商标战略的实施，为促进经济社会又好又快发展作出新的贡献，以优异的成绩迎接新中国成立六十周年！

在第九个世界知识产权日即将来临之际发表讲话

站在新起点 再创新辉煌

国家工商行政管理总局局长 周伯华

(2009 年 4 月 24 日)

2008 年是中国发展史上极不平凡的一年，是中国工商行政管理发展史上令人难忘的一年，也是中国商标事业发展史上具有里程碑意义的一年。6 月 5 日，国务院颁布了《国家知识产权战略纲要》。11 月 29 日，胡锦涛总书记在主持十七届中央政治局第九次集体学习时强调，要“坚持走中国特色自主创新道路，大力实施科教兴国战略、人才强国战略、知识产权战略”。为统筹协调知识产权战略推进工作，国务院批准建立了由国家知识产权局、国家工商总局等 28 个部委组成的国家知识产权战略实施工作部际联席会议制度。中国商标事业发展迎来前所未有的良好机遇。

2008 年，全国各级工商行政管理机关认真落实党中央、国务院的部署，积极学习贯彻《国家知识产权战略纲要》，以促进科学发展为主线，大力推进商标战略实施，商标注册与管理工作取得明显成效。充分认识贯彻《国家知识产权战略纲要》的重大意义，认真研究起草《关于贯彻落实〈国家知识产权战略纲要〉，大力推进商标战略实施的意见》。将加快商标审查和评审作为总局关系全局、涉及长远的“八件大事”之首抓紧抓好，明确了“三年解决商标审查和评审积压，五年达到国际水平”的“三五目标”任务，在“班子坚强、领导有力，队伍过硬、奋发工作”的基础上，通过制定各项具体措施并狠抓落实，在解决商标审查和评审周期过长问题上取得了有效突破，实现了商标注册审查量和商标评审案件审理量多年来首次超过当年申请量。以保护奥林匹克标志专有权为重点，强化商标行政执法工作，为奥运会的成功举办创造了良好的知识产权保护环境。《商标法》的修改、运用农产品商标和地理标志促进农村发展、驰名商标的认定和保护、商标领域的国际交流与合作等工作也取得新进展，为维护良好的市场秩序、服务经济平稳较快发展作出了新的贡献。

今年是新中国成立 60 周年，也是推进“十一五”规划顺利实施的关键一年。3 月 5 日，温家宝总理在十一届全国人大二次会议上所作的政府工作报告中强调要“提高知识产权创造、运用、保护和管理水平”。全国各级工商行政管理机关推进商标战略实施、促进经济平稳较快发展的任务十分繁重，责任尤为重大。我们要认真贯彻党的十七大、十七届三中全会、中央经济工作会议和十一届全国人大二次会议精神，紧紧围绕落实中央“保增长、扩内需、调结构”的政策措施，建设高素质的队伍，运用高科技的手段，实现高效能的监管，达到高质量的服务，着力推进监管领域、监管方式、监管方法和监管手段的转变，充分发挥工商行政管理职能作用，加大商标战略实施力度，进一步提高商标注册工作能力，进一步提高商标执法能力，进一步提高运用商标应对国际金融危机、促进科学发展的能力，千方百计促进经济平稳较快发展，尽职尽责维护公平公正的市场秩序。

第九个世界知识产权日即将来临，国家工商总局编纂了《中国商标战略年度发展报告》，力争用充足的事实和翔实的数据客观记述我国商标领域的最新进展和取得的突出成绩，以期为地方各级党委、政府决策提供参考，增强全社会的商标保护和创新意识，以更好地为促进经济社会发展服务。

周伯华局长致世界知识产权组织总干事弗朗西斯·高锐的贺信

尊敬的高锐总干事：

很高兴地告知您，今年是中国加入商标国际注册马德里体系20周年，中国国家工商行政管理总局将组织开展座谈会、专题宣传等一系列纪念活动，以更好地宣传推动马德里体系。

1989年7月4日，中国政府向世界知识产权组织递交了《商标国际注册马德里协定》加入书。1989年10月4日，该协定正式对中国生效，中国从此成为世界知识产权组织商标国际注册马德里体系的正式成员，国家工商行政管理总局商标局开始办理商标国际注册有关事宜。1995年12月1日，中国政府又加入了《商标国际注册马德里协定有关议定书》。令人高兴的是，中国的加入时间与议定书的生效时间相同。

20年来，通过世界知识产权组织的卓越工作，商标国际注册马德里体系不断发展完善，成员不断增加，其便捷、高效性已广为商标申请人、企业界所认识，在国际经贸中发挥着越来越重要的作用。

20年来，中国在马德里商标国际注册工作方面取得了显著进展。截至2009年8月底，中国受理商标国际注册领土延伸申请累计141，353件（一标多类）；国内企业或者个人通过国家工商行政管理总局商标局提出的商标国际注册申请累计9，701件（一标多类）。马德里商标国际注册体系已成为外国企业在中国寻求商标保护和中国企业在外国寻求商标保护的重要途径。

在此，我谨代表中国国家工商行政管理总局，对马德里体系的发展表示祝贺，对世界知识产权组织的辛勤工作和取得的显著成绩表示赞赏。同时，中国国家工商行政管理总局将一如既往地支持世界知识产权组织的工作，支持马德里体系在中国及世界各地的推广宣传工作。

最后，祝马德里商标国际注册体系不断完善、发展壮大，为商标的国际保护提供更多的便利。

顺致敬意！

您真诚的周伯华

2009年10月9日

在全国工商行政管理系统贯彻落实《国家知识产权战略纲要》大力推进商标战略实施工作会议上的讲话

国家工商行政管理总局副局长 付双建

(2009年8月17日)

全国工商行政管理系统贯彻落实《国家知识产权战略纲要》、大力推进商标战略实施工作会议，在与会同志们的共同努力下，即将圆满结束。总局党组对这次会议非常重视，周伯华局长亲临会议并作了重要讲话，我们要认真学习、深入领会、坚决贯彻、全面落实。

会上通报表彰了447个商标工作先进单位和300名先进个人，希望全系统商标战线上的同志们，以先进典型为榜样，进一步加大工作力度，创新工作方法，在今后工作中做出更大的成绩。会上8个单位介绍交流了做好商标工作、实施商标战略的经验和做法，有很好的借鉴作用。昨天下午和今天上午，与会同志认真学习讨论了周伯华局长的重要讲话及实施商标战略的配套文件，提出了很好的建议和意见，对这些意见和建议，我们回去要好好地梳理、汇总。会议期间各地代表还参观了“庆祝中华人民共和国成立六十周年，贯彻落实《国家知识产权战略纲要》，大力推进商标战略实施主题展览”，比较直观、全面地了解全国各地实施商标战略所做的工作和所取得的成绩，这也是对我们全国商标工作的一个集中展示。与会同志一致认为，这次会议非常及时，十分重要。会议主题鲜明、内容丰富、方向明确、措施具体，会议开得很成功，达到了预期的目的。大家讨论时讲，“没想到这么隆重，没想到这么高的规格，也没想到有这么多有价值的资料。”这是对会议客观、公正、很高的评价，说明会议的准备是充分的、会议是成功的。这次会议是全国商标战线的一次动员会议、鼓劲会议、具有里程碑意义的会议，对于各地贯彻落实《国家知识产权战略纲要》，大力推进商标战略实施具有重要的指导作用。下面，我结合商标工作讲几点意见。

一、认真回顾总结近年来商标工作取得的显著成绩

全国工商行政管理系统坚决贯彻落实党中央、国务院的部署，按照总局党组提出的“四个统一”要求，深入学习实践科学发展观，大力加强“四

化建设”，积极推进“四个转变”，全面实现“四高目标”，加大商标监管服务和执法力度，创新和完善商标发展服务机制，各项工作成绩显著，为经济社会发展做出了重要贡献。

（一）修订法律法规，法律和制度体系建设取得新成果

《商标法》第三次修改工作自2003年底启动以来，已经过几年意见收集、调研和论证。2008年5月，周伯华局长亲自主持会议，就修法重大原则问题统一思想，确定了修法目标，即简化和完善程序；方便商标申请人；加大商标专用权和地理标志保护力度；加强商标代理机构监管；解决驰名商标有关问题以及努力使商标法达到国际水平。目前，《商标法修改稿》经周局长亲自主持修订后，已再次送国内外105个单位、专家征求意见。商标局会同商标评审委员会制订了《驰名商标认定工作细则》、开展了修改《驰名商标认定和保护规定》的论证等工作。同时，商标局草拟了《商标代理条例（草案）》，拟定对商标代理机构和代理人进行资格限定、行为约束及加强信用分类监管的立法思路，制定并实施了《商标审查质量管理暂行办法》等，商标法律、法规正在逐步完善。

地方性商标法规、规章的制定呈现新亮点。2008年4月，深圳市人大常委会审议通过了《深圳市经济特区加强知识产权保护工作若干规定》，这是全国第一个以立法形式出台的对知识产权综合性保护的地方性法规。目前全国已有30个省、自治区、直辖市以地方性法规、政府规章、规范性文件的形式确立了对著名商标的认定和保护，其中河北、吉林、浙江、安徽、四川、甘肃以人大法规形式确立，16个省份以政府规章形式确立，8个省份以工商局规范性文件形式确立。

（二）创新机制，优化环境，商标行政执法保护工作取得新突破

近年来，全国工商系统认真贯彻落实国务院加大知识产权保护力度的部署，紧紧围绕周伯华局长“加强商标行政保护工作”的指示精神，充分发挥职能作用，严厉打击商标侵权假冒行为，积极探索遏制商标侵权假冒行为的长效监管机制，逐步完善商标行政保护制度和工作机制，为促进经济社会又好又快发展做出了重要贡献。2000年至2009年上半年，全国各级工商行政管理机关共查处各类商标违法案件43.36万件，罚款累计26.26亿元。同时，各级工商行政管理机关进一步加大驰名商标的认定和保护工作。截至目前，总局通过认定驰名商标已对1624件商标给予扩大保护。

1. 突出重点，继续推进执法专项行动。近年来，各地工商机关按照总局的统一部署，在开展保护注册商标专用权专项整治行动的基础上，继续开展以食品、药品商标、驰名商标、地理标志、涉外商标案件为重点的专项行动，查处了一批有影响力的案件，成绩喜人。

2008年，全国工商系统依据《奥林匹克标志保护条例》，按照总局《保护奥林匹克标志专有权行动方案》的部署和安排，深入开展保护奥林匹克标志专有权专项行动，为第二十九届北京奥运会的顺利召开做出了积极贡献。北京、上海、天津、青岛、沈阳和秦皇岛等奥运会举办城市的工商行政管理机关，采取多种有效措施，严厉打击各种侵犯奥林匹克标志专有权的行为，工作非常出色。国际奥委会北京奥运会协调委员会主席维尔布鲁根先生和国际奥委会法律部主任霍华德.斯图普先生分别致函，感谢全国工商行政管理机关在保护奥林匹克标志专有权工作方面所做出的卓越成绩。总局对此给予了充分肯定，通报表彰了100个先进集体和207名先进个人。

2. 创新思路，探索遏制商标侵权假冒行为的长效监管机制。总局商标局在认真研究总结各地经验的基础上，进一步探索在全国大中城市推广“商标授权经营制度”的可行性，拟制订《商标授权经营管理办法》，对成规模商品批发零售市场进行规范化商标监管。北京市不断提高市场主办单位作为第一责任人的知识产权保护意识，实施商标监管与市场管理相互衔接、办案和规范市场秩序有机结合的工作方针；扎实做好“争创无假冒商标示范商场”工作；初步建立了对经营主体（商户）商标分类分级的信用监管制度，深化了“商标授权经营制度”的落实。上海市继续深入推

进市场禁售商标工作，加大对涉外高知名度商标的保护力度。同时，大力推行防范售假的市场进场经营合同。目前全市已有145家市场的21311户经营户签订了示范合同。

3. 强化服务手段，提高管理效能。一是在与有关部门联合颁布《展会知识产权保护办法》的基础上，切实加强展会商标管理和保护。广东省在展会知识产权保护中，确定了分级管理和属地管理相结合的工作原则，及时处理商标侵权投诉事宜，为确保良好的展会交易秩序发挥了积极作用。重庆、湖北、吉林等地在展会中全面实行驻场管理制度，严格审查参展商品商标注册和商标授权许可，并对展会中出现的侵权商品进行了严肃处理，获得广泛好评。二是进一步完善建立商标执法联系点和维护商标专用权企业联系点，加强与商标权利人沟通机制。浙江省发挥知名商标品牌保护联络网作用，及时开展对商标侵权案件新情况、新问题的研究，适时与权利人联手组织专项打假。三是加强对中介服务机构的管理和引导。商标局采取督查督办、停止受理网上申请业务、公开通报等措施，促进代理机构进一步提高服务水平。中华商标协会组建商标代理分会，加强商标代理行业的管理和自律。广东省开展了商标代理机构市场秩序专项整顿，促进了代理行业的健康有序发展，取得了良好的社会效果。

4. 整合资源，不断健全执法协作机制。总局商标局进一步加强与最高人民检察院、公安部在打击商标犯罪工作中的协作与配合，在与公安部联合发布《关于在打击侵犯商标权犯罪工作中加强衔接配合的试行规定》的基础上，对《关于公安机关管辖的刑事案件立案追诉标准的规定（二）(征求意见稿)》、《关于办理侵犯知识产权刑事案件适用法律若干问题的意见（征求意见稿)》中有关商标问题进行沟通。各地建立了各具特色的工商系统内部及与其他部门间的执法联络机制。截至目前，全国已建立7个区域性商标行政执法协作网络，进一步增强了执法效能。江苏省工商局密切加强与公安、海关等部门的沟通协作，与国外有关部门建立定期的信息交换机制，为进一步开展商标国际保护提供了便利。

5. 加强能力建设，切实提高商标执法水平。天津市通过开展对全员岗位练兵比武竞赛活动，提高了工商队伍的商标执法水平；宁夏回族自治区全面推行商标指导员制度和商标“四书两卡”制度；山东省采取“走出去”、“请进来”等各种形式，开展商标管理业务培训，提高了商标管理人员的办案能力；新疆维吾尔自治区及时向基层通报商标侵权信息，积极探索建立案件移交、指导、督办机制，强化了对基层办案工作的指导力度。

（三）丰富工作抓手，关注各类市场主体，推动商标创造和运用能力再上新水平

1. 发展农产品商标和地理标志，为社会主义新农村服务。现行《商标法》确立了我国以商标法律为基础保护地理标志的法律制度。2007年1月，总局发布了地理标志产品专用标志，制订了《地理标志产品专用标志管理办法》。2008年4月，总局在陕西召开了全国工商行政管理系统“一所一标”工作现场会，有力地提高了全系统及地方政府对农产品商标、地理标志工作推动当地经济发展和农民增收方面所发挥重要作用的认识。目前，商标局共核准注册农产品注册商标已达66.5万件、地理标志622件，为促进社会主义新农村建设发挥了积极作用。

各地工商机关进一步推进以农产品商标和地理标志为核心的“商标富农”工作机制，为支持“三农”做出了积极贡献。陕西省创造性地开展了“一所一标”工作，成功运用“龙头企业+商标+农户”的模式，指导帮助涉农企业开展订单化、产业化、品牌化经营，转变农业增长方式，把“商标富农”落到实处，进一步推动了地方品牌经济发展；安徽、青海、山西、吉林、云南推进“一所多标”、“一村一品”等活动，促进当地形成了一批富有特色的农产品商标品牌；河北省编印了《河北省农产品商标和地理标志工作经验材料汇编》，进一步推动了农产品商标和地理标志注册工作；西藏自治区立足高原特点，特色农牧业、土特产品商标培育工作进一步深化；广西壮族自治区工商局下发了《关于在工商行政管理工作中严格执行党和国家民族政策有关问题的通知》，开展

农产品商标和地理标志培育发展工作，促进了民族地区的特色经济发展；海南、江西、甘肃、贵州等地全面深入基层宣传，开展地理标志产品调研，为进一步服务“三农”奠定坚实基础。

2. 拓展商标价值实现渠道，探索商标投融资机制。自 2006 年至今，商标局已办结 418 件注册商标专用权质押登记申请，帮助企业融资 238 亿元。各地工商机关相继出台支持企业发展的措施。福建省在全国率先制定出台《福建省商标专用权质押贷款工作指导意见》，2008 年有 20 家企业运用驰名、著名、知名商标专用权质押获得贷款达 8,933 万元。吉林省规定组建股份有限公司以“中国驰名商标”、“吉林省著名商标”作价出资，不受出资比例限制。辽宁省开展了驰名商标价值评估工作。浙江省、安徽省和青岛市相继出台了有关商标专用权质押贷款的规定。上述措施对企业应对国际金融危机，盘活无形资产，拓宽融资渠道起到了积极作用。

3. 结合实际，突出重点，积极推进著名商标培育工作。各地工商机关积极推进著名商标培育认定工作。截至 2008 年年底，各地著名商标数量达 21111 件。安徽、河南、北京大力开展驰名、著名商标回访管理，将商标发展纳入动态管理。湖南省选择了 800 家商标品牌创新型企业，进行跟踪指导和服务。吉林省出台激励政策，将驰名商标、著名商标、地理标志商品列入政府采购目录，在同等条件下优先采购，优先考虑赋予企业自营进出口经营权。四川、天津、山东、辽宁根据不同企业情况进行分类指导，鼓励符合条件的企业加大著名商标的培育。

（四）积极建立企业海外商标维权机制，进一步推进商标服务体系建设

近年来，总局商标局进一步加强与相关国家商标注册主管机关沟通，协助众多企业解决商标在国外被抢注的问题。中华商标协会发起组建了中国知名商标保护促进联盟，为应对海外知识产权风险提供了有力的平台。深圳市商标保护预警及服务系统 2008 年发出商标国际申请预警通知 763 件，为企业采取应对措施提供了有效指引。

（五）加强信息公开、推动商标文化建设取得新成效

全国工商行政管理机关以颁布《国家知识产权战略纲要》、4.26 知识产权宣传周、商标战略实施、北京奥运会召开、纪念改革开放 30 年和纪念中华人民共和国成立 60 周年等为重点，开展了针对性强、声势浩大的宣传活动，增强了全社会的商标保护和创新意识。总局商标局、商评委编写了《中国商标战略年度发展报告（2008）》，精心组织 4.26 知识产权宣传周的各项活动，发布典型案例，使社会各界对商标战略有了更深的了解。中华商标协会开展了“首届全国中学生商标知识竞赛、地理标志征文系列活动”，进一步普及了商标知识，取得了良好的社会效果。内蒙古自治区编辑出版《内蒙古驰名、著名商标年鉴》，使之成为商标领域的重要资料和品牌宣传的重要工具；浙江省公布十大品牌创新先锋、品牌建设十大案例，品牌创新十大举措；青海省协调青海日报和青海电视台开设“商标、品牌、发展”专栏，并成功举办青海品牌上海推介会。

（六）加强统筹协调，落实政策措施，进一步完善贯彻落实《国家知识产权战略纲要》工作机制

2008 年 6 月 5 日，《国家知识产权战略纲要》正式颁布实施，经国务院批准，建立了国家知识产权战略实施工作部际联席会议制度，从机制上保障《纲要》的贯彻落实。今年 6 月 2 日，总局发布了《贯彻落实<国家知识产权战略纲要>推进商标战略实施的意见》，对从现在至 2020 年商标战略的指导思想、战略目标和战略任务做了规划，提出了具体目标任务。总局成立了商标战略实施领导小组，全面负责商标战略实施的组织领导工作，负责《纲要》80 项分工任务中由总局负责的 40 项任务的落实，从制度上确保战略实施工作。以上措施为进一步推进商标战略实施打下了坚实基础。

各地认真贯彻落实《纲要》，纷纷颁布实施地方知识产权战略，出台各种有利政策措施，为全面推进商标战略的实施提供了强有力的支持。重庆市出台了区县（自治县）经济建设和社会发展考核指标体系，将商标工作纳入地方党政班子考

核；浙江省出台了《关于进一步推进品牌国际化建设的若干意见》，将品牌基地建设作为地方产业升级的有力推进器，着力提高企业商标知识产权的运用能力；青海省政府印发了《青海省进一步推进品牌战略实施意见》，设立青海省品牌建设发展专项资金，为商标战略的实施提供了强有力的支持；上海市对《上海知识产权发展纲要》进行中期评估，制订《上海市自主品牌建设资金管理办法》，推动了商标工作的制度化和规范化；广东省形成了《实施广东知识产权战略有关商标发展的建议》调研报告，进一步提升了商标工作的管理能力。江苏、河南、四川、湖南、黑龙江等地都出台了进一步推动商标发展、实施商标战略的意见、建议或方案，整体推进各地商标工作。

以上成绩的取得，凝结了全国工商行政管理系统商标工作者的辛勤汗水，在此，我代表国家工商总局对大家为商标事业所付出的心血和努力表示崇高的敬意和衷心的感谢！

二、当前和今后一定时期需要认真抓好的几项工作

（一）确保实现“三年解决商标审查、评审积压，五年使商标工作达到国际水平”的工作目标

按照党的十七大精神和“十一五”规划目标，为更加充分、有效地利用商标资源促进社会经济更好更快地发展，形成一批拥有自主知名商标、国际竞争力较强的优势企业，国家工商总局站在历史的高度，充分借鉴各国商标工作的有益经验，紧密结合我国国情，在工商行政管理系统“四个统一”理论指引下，适时提出了“三年解决商标审查、评审积压，五年使商标工作达到国际水平”的工作目标。

1. 确保完成三年解决商标审查、评审积压的任务。

“三年任务”是经济社会发展对工商系统商标工作的基本要求，事关工商的形象和声誉。总局高度重视，采取了一系列措施，前一年半，解决商标审查、评审积压取得了显著成绩。后一年半，任务将更加艰巨，需要同志们加倍努力。

一是商标局、商评委要继续把解决商标审查、评审案件积压问题作为首要任务。充分发挥增设处室的功能及招聘的400名审查和评审辅助人员的作用，完善审查和评审工作机制，优化工作流程，提高工作效率和质量，今年完成审查130万件，打好攻坚年这一仗，明年完成140万件审查任务，取得决定性胜利，把商标审查周期压缩到12个月以内，案件评审也要压缩到24个月以内。

二是地方工商局要加强对商标代理行为的监管。要建立和完善商标代理组织信息数据库，建立工商系统内部上下联动、快速高效的代理监管信息交流和工作联系机制，对商标代理组织实施信用分类监管，对本辖区商标代理市场进行集中清理、整顿。严格依法查处各种非法代理行为，进一步规范商标代理市场秩序，减少商标恶意申请、恶意异议、恶意转让等行为。最近，总局要出台一个加强商标代理组织监管的文件，各地要认真贯彻落实。

三是进一步转变职能，充分发挥和支持商标代理行业协会的作用，规范商标代理市场秩序，实施行业自律管理，探索建立新形势下商标代理行业管理的新机制。

2. 实现商标工作五年达到国际水平的目标。

一是充分认识商标工作五年达到国际水平的重要性和紧迫性。商标工作五年达到国际水平，是总局党组在正确分析商标工作发展形势，紧密结合全国经济社会发展对商标工作提出的新要求；是充分履行工商职能，为积极推进商标战略实施制订的近期工作目标；是继完成三年任务基础上确定的新的奋斗目标；是在巩固已有工作成果、继续发扬成绩，面向世界、面向未来，由商标大国走向商标强国的阶段发展目标；也是我们这代商标人积极努力实现，并孜孜追求的价值目标。因此我们一定要充分认识到其重要性和紧迫性。《总体规划》在充分征求大家和各方面的意见后，经总局党组研究，尽快出台。对实现商标工作五年达到国际水平的目标，我们一定要充满信心。

二是切实抓好《总体规划》的实施。《总体规划》涵盖了商标工作的方方面面，不仅有规划目标，也有具体措施。文件正式下发后，各地、各相关司局要认真学习、贯彻落实。要在认真分

析本地商标工作形势的基础上，制定符合本地实际的规划或方案，同时将规划确定的目标进行分解细化，落实到每个年度和具体部门。要加大规划实施的力度，定期分析发展态势，调度督促目标进展，解决存在的困难问题，总局将视情况对规划的实施情况进行督导。

三是整体把握、搞好结合，确保《总体规划》顺利推进。实施《总体规划》是商标工作一项新任务，是贯彻落实《国家知识产权纲要》，大力推进商标战略实施的近期目标，也是实现全国工商工作会议确定全年任务的重要举措，同时也是抓好当前各项工作的组成部分，因此要有机地结合起来，也就是把实施《总体规划》和推进商标战略实施结合起来、和完成全年目标任务结合起来、和做好当前各项工作结合起来，做到在结合中实施、在实施中更好地推进。

（二）全面推进《关于贯彻落实〈国家知识产权战略纲要〉，大力推进商标战略的实施意见》的贯彻落实

《国家知识产权战略纲要》下发后，总局先后三次召开实施商标战略研讨会，积极征求了国家知识产权战略实施工作部际联席会议成员单位、地方党委政府、工商系统、专家学者、企业和消费者等各方面的意见，并对反馈意见作了认真梳理和吸纳。2009 年 6 月 2 日，总局发布《关于贯彻落实〈国家知识产权战略纲要〉，大力推进商标战略的实施意见》。这是传统知识产权商标、专利、版权三个主管部门中第一个正式发布的实施意见。现在推出商标战略实施意见是非常有底气的，是贯彻《纲要》的重要体现。为更好地贯彻落实《实施意见》，要做好以下工作。

1.深刻领会《实施意见》的重要意义

《实施意见》是全国工商系统贯彻落实《纲要》，实施商标战略的纲领性文件，是对商标工作未来发展做出的科学设想和中长期规划。一定要从国家战略的高度，从国家经济发展方式转变和产业结构调整的高度，从促进经济又好又快发展的高度，立足工商本职和使命，充分认识商标战略的重要性，把思想认识统一到《纲要》和《实施意见》上来，将各项商标战略任务和战略举措落到实处。

2.各地要制定商标战略实施规划

一是要突出地方特色。要根据区域经济发展的不同，因地制宜，结合产业布局的差异，对商标工作的任务重点加以区分，全面推进。二是要注重阶段性。商标战略着眼于 2020 年，是未来 12 年的中长期规划。在战略分期上，按照国民经济和社会发展五年规划时段，将战略实施总体上分为三期，2009 至 2010 年为第一阶段、2011-2015 年为第二阶段、2016-2020 年为第三阶段，分别对各期重点任务和措施进行了部署。地方规划也要分期推进，重点突出。三是要与国家大政方针相衔接。要关注国家经济社会发展的热点，体现国家最新经济、科技、文化等政策。要切实解决地方经济社会发展中的制约性问题，真正实现想政府所想，解企业之难。把商标战略的实施真正融入到地方的经济社会发展之中。

3.抓好商标战略实施工作

一是加强宣传培训。2009 年至 2010 年，总局将分三批对省、市（地）级工商局分管局长进行集中培训，系统辅导《实施意见》，统一思想，提高商标战略组织实施工作水平。制订印发《商标战略宣传工作方案》，组织《实施意见》宣讲，继续做好《中国商标战略年度发展报告》发布工作。各地要制定专门的学习、培训和宣传计划。二是加强组织领导。各地要成立商标战略实施领导机构，加强与总局实施商标战略领导小组的工作联系，要真正把系统的各业务条线紧密结合起来，形成实施商标战略的合力。三是抓好贯彻落实。各地要提出落实《实施意见》的具体要求，做好示范城市、示范企业的选择，完善示范机制，及时总结经验并大力推广。

（三）进一步发挥商标的功能，应对国际金融危机，保持经济平稳较快发展

今年上半年 GDP 增长为 7.1%，这说明国际金融危机仍对我国经济发展造成很大影响。党中央、国务院采取一系列措施，取得积极成效。综合分析主要经济数据，当前的经济形势是：企稳回升，但基础尚不稳固，态势还不稳定，格局还不平衡。全国各级工商行政管理机关要把思想和

行动进一步统一到党中央、国务院的决策和部署上来，进一步提高贯彻落实《国家知识产权战略纲要》，大力推进商标战略实施的重要性和紧迫性的认识，不断提高发展意识和服务意识，转变商标监管理念、创新商标监管机制、完善商标监管手段、提高商标监管能力，为应对国际金融危机做出更大的贡献。

1. 指导企业实施商标战略，提升企业的自主创新能力、市场竞争力和抵御经济风险能力。商标在应对金融危机中完全可以有所作为，或者说是大有可为。一是引导和推动市场主体在经济活动中注册和使用商标。指导企业在开展经营活动前进行商标信息检索，积极防范法律风险。二是大力提高企业管理和保护商标的水平。鼓励和帮助企业建立商标价值评估、商标信息检索统计和商标重大事项预警等制度，提高自我维权意识和应对商标突发事件、解决商标纠纷的能力。引导和帮助有条件的企业设立专门知识产权管理部门。三是全力提升企业自主商标意识，加强商标运用能力和参与竞争的能力，以商标整合企业的技术、管理、营销等优势，形成自身的核心竞争力。引导企业改进竞争模式，加强技术创新，提高产品质量和服务质量，丰富商标内涵，增加商标附加值，提高商标知名度，培育驰名商标。积极搭建交流平台，开展面向企业的商标管理经验交流和宣传培训。四是妥善处理商标纠纷，通过行政指导、沟通协调、行政决定解决好企业间商标权益纷争，尽可能做到案结企和，最大程度利用商标资源和商标价值。

2. 通过许可、质押等方式实现商标权的市场价值，以商标为资产纽带走集约化经营之路。进一步规范商标许可和质押贷款行为，培育和促进知识产权融资机制的形成，推进知识产权在资本方面的运营和市场化运作。完善商标专用权许可备案和质押登记程序，为企业进行商标权质押贷款提供便利，形成多元化的投融资渠道，进一步协助企业应对国际金融危机，实现平稳发展。各地要结合本地实际，积极与金融机构等相关部门进行沟通，支持企业获得各方面的支持。

3. 大力实施商标“走出去”战略，扩大企业的国际市场份额，增强国际竞争力。积极参与世界贸易组织、世界知识产权组织、亚太经济合作组织等国际组织在知识产权领域的各项活动，积极参与国际规则制定，应对各项贸易审议，树立我国保护知识产权的良好形象，为我国经济发展创造良好的国际环境。加强对企业进行商标马德里国际注册的宣传培训工作，提高国内申请人商标国际注册意识和长远战略眼光，引导和鼓励企业国外商标注册，指导和鼓励企业依据当地法律、利用国际规则维护在国外的商标权益；创新海外商标维权机制，积极收集中国企业海外维权情况信息，支持企业海外维权。

（四）强化农产品商标和地理标志工作，促进“三农”发展

1.加强指导，进一步推动农产品商标和地理标志申请注册工作。各地工商机关要对辖区内农林牧副产品商标拥有和使用情况进行调研普查，因地制宜，制定本地区农产品商标和地理标志的发展规划和推进措施。总结推广典型经验，引导和鼓励农民、涉农企业及有关协会，组织注册、使用农产品商标和地理标志。商标局要继续运用地理标志绿色通道，加快地理标志注册速度。今年初步实现地理标志申请12个月内审查结案。

2.精心培育，努力提高农产品商标和地理标志的知名度和市场竞争力。要重点引导以农业资源为依托的企业树立商标意识，利用农产品商标和地理标志的品质和声誉提高市场竞争力，加快培育农产品驰名商标。要抓紧筹备好今年11月在重庆召开的亚太地区地理标志国际研讨会。

3.完善机制，进一步发挥农产品商标和地理标志促进农民增收、农业增效、农村发展的作用。要推广“公司+商标+农户”的新型农村经营模式和“一所一标”工作的经验，促进农民增收、农业增效，解决农业人口就业的“商标富农”机制，增加农产品附加值，提高农民进入市场的组织化程度。要进一步加大农产品商标、地理标志使用和保护力度，适时开展规范使用和专项整治行动，切实保护农民利益。

（五）加大驰名、著名商标的认定和保护，积极促进经济发展方式转变

一是要指导企业努力培育著名、驰名商标。一方面要引导企业加大对商标管理的投入，加强对商标的研发，注重商标和产品的有机结合，提高商标的使用效用，提升商标在市场和消费者中的认知度和美誉度。另一方面要根据本地产业的实际特点，有针对性地实施分类培育引导措施，建立培育梯队。二是进一步完善和健全驰名商标、著名商标认定和保护制度。抓紧修改《驰名商标认定和保护规定》，进一步规范驰名商标申报、认定程序，明确驰名商标保护的具体条件和范围等，更好的维护权利人的合法权益。同时，要研究驰名商标的退出机制，建立一个动态的驰名商标管理模式。各地要做好驰名商标推荐的把关工作，同时要结合本地的实际情况，积极推进和完善地方有关著名商标工作的立法立规，进一步规范和指导地方著名商标评审和管理工作。三是要以驰名、著名商标企业为龙头，引导企业重组和优化产品结构、产业结构，促进经济结构调整和经济增长方式转变。要引导鼓励企业加大驰名、著名商标的使用许可力度，提高商标的市场影响力；要进一步规范商标质押贷款的行为，引导企业利用驰名商标、著名商标出质、出资，发挥无形资产的融资功能，提升商标的市场化程度。四是继续加大驰名、著名商标保护的力度。充分发挥商标行政执法网络健全、程序简便、快捷高效的优势，将驰名、著名商标作为日常监管和专项整治的重点予以保护。五是各地工商行政管理机关要抓紧筹备组织驰名商标企业参加第十届成都西博会，抓紧完成驰名商标馆的布展工作。

（六）进一步做好世博会标志的保护工作

2010 年 5 月 1 日至 10 月 31 日在上海举办的世博会是我国首次举办的注册类（即综合类）世界博览会，届时将有 200 多个国家和国际组织参加，是继北京奥运会之后的又一个世界盛会。党中央、国务院高度重视上海世博会，胡锦涛总书记指出，要举全国之力，集世界智慧，把上海世博会办成一届成功、精彩、难忘的世博会，并强调办好上海世博会对于妥善应对国际金融危机冲击、促进世界经济复苏将发挥积极作用。国务院于 2004 年 10 月 20 日公布《世界博览会标志保护条例》，规定由工商行政管理部门负责世界博览会标志的保护工作。做好世博会标志的保护工作是工商系统的重要职责。

一是加大宣传力度，切实做好培训工作。要充分利用现有媒体和资源，大张旗鼓地宣传有关世博会标志使用和保护的法律法规，进一步提高全社会的世博会标志保护意识。尤其要把世博会标志专有权以及相关注册商标专用权的保护工作作为重要的宣传部分。总局商标局将在 10 月举办针对各省、自治区、直辖市及计划单列市工商系统商标部门负责人的世博会标志专有权保护的执法培训，集中研究世博会标志执法实践中的重点、难点问题。各地要进一步加强对《世界博览会标志保护条例》的研读，准确理解和适用法律法规，结合地方实际，组织各种形式的培训，特别是要使基层一线的执法人员熟悉世博会标志法律知识，为世博会标志保护工作提供保障。

二是进一步加强沟通与协作，完善机制建设。今年 6 月 26 日，总局下发了《国家工商行政管理总局服务 2010 年上海世博会举办工作方案》，成立了总局服务世博会的组织领导机构，建立了相关工作制度，明确了主要任务和分工。7 月 16 日，国家工商总局周伯华局长和上海市韩正市长在上海签署了国家工商总局与上海市政府《关于共同推进中国 2010 年上海世博会举办工作的合作协议》，协议的签署进一步密切了上海市政府和国家工商总局的联系，建立了互动渠道，进一步完善了相关工作机制。各地要大力支持和配合上海市工商局的工作，加强与上海市工商局和上海世博会事务协调局的沟通协作，及时了解掌握世博会标志权利许可状况、参展国家（组织、地区）的官方标志和相关商标以及赞助商的商标情况。加强与公安、海关等有关部门的沟通协作，做好行政处罚与追究刑事责任的衔接。加强上下级及系统内各部门间的协调配合，形成打击合力。

三是要集中开展专项整治行动，加大行政保护力度。总局近期将下发《保护世界博览会标志专有权行动方案》，拟用一年半时间在全国开展保护世博会标志专有权的专项行动，进一步提高全社会世博会标志保护意识，严厉打击各种侵犯世博会标志的行为。各地要根据总局的总体部署，紧密结合世博会前和世博会期间的实际情况，在2009年8月至2010年底期间，集中开展保护世博会标志专有权的专项整治，为成功举办上海世博会营造和谐有序的市场环境。

此外，各地要重点做好2010年广州亚运会和南京争办2014年青奥会商标专用权的保护工作，为广州亚运会的召开和南京青奥会的争办营造良好的市场环境。

第三届中国商标节将于11月9日至12日在山东青岛举办，届时将举办中国商标年会、商标大赛、驰（著）名农产品商标和地理标志展览等活动。各地工商部门要积极配合中华商标协会组织参与相关活动，做好各项工作。

三、认真贯彻落实好会议精神

（一）充分认识此次会议召开的重要意义

这次会议是贯彻落实《国家知识产权战略纲要》，大力推进商标战略实施进入整体推进、加快发展新阶段召开的一次动员会、部署会，对于应对国际金融危机、促进经济平稳较快发展，具有重大而深远的意义。周局长的讲话是这次会议的核心和纲领，周局长的讲话高度概括总结了商标工作取得的显著成绩，深刻分析了商标工作面临的形势和任务，全面阐述了推进商标战略实施重要而深远的意义，明确提出了推进商标战略实施的具体要求，是当前和今后一个时期商标工作的重要指导方针和需要遵循的基本纲领。对于我们进一步做好商标工作具有重要的指导意义和强大的推动作用。各级工商行政管理机关要把贯彻落实《国家知识产权战略纲要》，大力推进商标战略实施工作置于落实科学发展观、构建和谐社会的大格局中思考、研究和部署。

（二）要汇报传达好此次会议精神

近年来，各地党委、政府对商标工作高度重视，纷纷将商标战略作为拉动经济发展的一个重要手段。与会代表回去后，要及时地向地方党委、政府、局党组汇报会议精神，向干部职工传达会议精神，要把各级商标工作人员的思想认识统一到这次会议精神上来，统一到周伯华局长讲话精神上来，增强在新形势下做好商标工作的使命感和责任感。

（三）要切实抓好会议精神的贯彻落实

各地要根据周局长讲话精神，按照会议部署的工作任务，结合各自实际，制定全面推进本地实施商标战略的方案。将会议确定的整体思路、工作方向、目标任务部署到今后的工作计划中，进一步明确各地推动实施商标战略的工作任务和思路。要对各项任务分解细化，具体明确到每一项工作的完成时限、标准要求、分管领导和责任人。参加会议的各地工商局要于8月20日前将学习传达贯彻这次会议的情况和采取的措施报总局商标战略实施领导小组办公室。

同志们，我国商标事业正处在历史上最好的发展时期，建设创新型国家是我们的光荣使命，是人民赋予我们的历史责任。商标工作空间无限、大有作为。让我们以这次会议为契机，进一步统一思想，提高认识，以科学发展观统领商标事业发展全局，进一步把握发展规律、创新发展理念，不断提高管理水平，认真贯彻落实《国家知识产权战略纲要》，全面推进商标战略的实施，开创商标工作的新局面，为经济社会更好更快发展，为建设创新型国家作出更大的贡献。

加强马德里商标国际注册工作 为实施“走出去”战略提供有力支撑

——在“中国加入马德里商标国际注册体系20周年座谈会”上的讲话

国家工商行政管理总局副局长 付双建

（2009年10月18日）

1989年10月4日，我国成为马德里商标国际注册体系的正式成员，开始办理马德里商标国际注册有关事宜，为我国商标申请人在国外取得商标保护和外国申请人在我国取得商标保护提供了一条便捷的途径。20年来，中国在马德里商标国际注册方面取得了显著的成绩，为我国对外贸易的不断扩大和我国企业实施“走出去”战略提供了有力支撑。今天，我们在这里召开这个座谈会，回顾马德里商标国际注册在中国的20年实践，总结相关经验，以更有效地促进我国商标的国际保护，为我国企业实施“走出去”战略提供更加有力的支撑，促进我国经济社会更好更快发展。

一、我国实施马德里商标国际注册体系取得了显著成绩，为实施“走出去”战略做出了重要贡献

（一）高瞻远瞩，适时加入《商标国际注册马德里协定》

《马德里协定》是世界知识产权组织管理的多边国际条约，1891年4月14日签订于西班牙的马德里。经过反复论证，各方面达成了共识，认为《马德里协定》具有“使用一种语言、提交一次申请、缴纳一次费用”的特点，适合中国改革开放的需要，可以为商标申请人提供低成本、高效率、易操作的商标国外注册途径，加入协定将有助于进一步促进我国的对外贸易，符合我国对外开放的大政方针。经国务院批准，1989年7月4日，我国向世界知识产权组织递交了中华人民共和国加入《马德里协定》的通知书，同年10月4日，《马德里协定》对中国生效，中国成为《马德里协定》的第28个成员国。《马德里协定》也成为我国加入的第一个程序性知识产权国际条约。

（二）马德里商标国际注册在中国取得了令人瞩目的成就

20年来，我国已经基本建立了比较成熟的马德里商标国际注册机制，基本建立了一支业务熟练、本领过硬的马德里商标国际注册队伍，马德里商标国际注册的知识得到了一定程度的普及，中国的马德里商标国际注册事业取得了举世瞩目的成绩。

1.与我国有关的马德里商标国际注册申请量持续增长

1990年，国家工商局收到指定中国的领土延伸申请2048件，收到中国企业提交的马德里商标国际注册申请40件。而在2008年，国家工商总局收到的指定中国的领土延伸申请达到了17829件，中国企业申请马德里商标国际注册1574件。2005年至2008年，中国连续4年成为马德里商标国际注册体系中被指定领土延伸最多的国家，中国企业提出的马德里国际商标注册申请量也连续4年排名第八，是该体系中申请量最大的发展

中国家。截至2009年9月30日，国际局有效马德里国际注册商标领土延伸指定中国的申请为13.99万件（一标多类），在中国受到保护的累计为11.04万件（一标多类）；国际局收到中国企业提出的有效马德里商标国际注册申请为9477件（一标多类）,有效注册量为9306件（一标多类）。为鼓励先进，切实加强马德里商标国际注册工作。国家工商总局决定根据商标局的统计认定马德里商标国际注册十强企业及推动企业马德里商标国际注册的先进省级工商局，予以通报表彰。

2.切实推动企业利用马德里系统实施“走出去”战略

改革开放以来，中国企业在利用商标 “走出去”方面取得了一定成果。具体表现为：一是国际注册商标数量逐步增加，拥有自主商标的出口产品和服务所占对外贸易份额大幅提升。在金融危机影响下的2008年，中国企业的马德里商标国际注册申请仍达到1574件，比2007年增长8%。二是企业品牌的国际竞争力增强。2008年，中国移动、海尔、联想、中国工商银行、中国石油、中国国际航空、清华同方等15个中国内地品牌进入世界品牌500强。在轻工、纺织、机械制造等领域，一大批知名品牌脱颖而出，国际竞争力逐步增强。三是一些国内知名品牌逐步走向国际市场。一批知名品牌企业通过在海外设厂、开展并购、联合经营等方式，把产品和品牌打入国际市场，并不断提高海外市场占有率，扩大品牌的影响力。

3.加入《马德里议定书》，推动马德里商标国际注册体系的发展

1989年6月27日，世界知识产权组织在马德里主持通过了《马德里议定书》，既是《马德里协定》的发展，又是与《马德里协定》平行并存的一套制度，在某些条款上突破了《马德里协定》的规定，更加灵活，更加有利于商标的保护，给各成员国商标主管机关和申请人带来更多的方便。但是，直到1995年11月，议定书仅有3个国家加入，未能生效。

中国对《马德里议定书》给予了高度关注，先后派出多个代表团参加关于《马德里议定书》的工作组会议，并参与起草了《马德里协定和议定书共同实施细则》。1995年，中国政府向世界知识产权组织递交了加入书，于同年12月1日成为《马德里议定书》的第四个缔约方。中国的加入使《马德里议定书》开始生效。

生效后的议定书显示了强大的生命力，吸引了越来越多的国家加入，使马德里体系的成员从议定书生效前的43个增加到目前的84个，其中《马德里议定书》缔约方就有79个。

4.切实加强涉外商标保护力度，探索建立海外商标维权机制

一是加大力度查处侵犯涉外商标注册人权益案件。2006年至2008年全国各级工商行政管理机关共查处涉外商标违法案件31114件，占查处全部案件总数的19.76%，其中商标侵权案件30087件，占涉外违法案件总数的96.7%。罚款43434万元，收缴和消除商标标识328万件，收缴专门用于商标侵权的模具印版等工具5357件。今年上半年查处涉外案件4197件，占查处商标总量的22.55%。

二是积极建立与国外权利人沟通机制。就涉外商标专用权保护和执法过程中遇到的有关问题及时进行沟通，协助相关权利人进行维权。浙江省工商局建立了知名商标品牌保护联络网，定期召开会议，吸收企业成为联络网成员，现场受理权利人举报投诉案件，积极与权利人联手开展对商标监管新问题的研究和保护知名商标专用权专项行动，取得了良好的社会效果，得到了各界的好评。上海市工商局召开了涉外商标商品真伪鉴别培训会，对日本贸易振兴机构旗下的会员单位本田、丰田、佳能、卡西欧、欧姆龙等11家涉外商标权利人的6位代表作了识别真假商标商品的培训讲解，并对真伪商标商品进行了现场展示说明。培训内容具有较强的针对性和实用性，取得了良好的培训效果。

三是加大海外商标维权力度，密切关注我国知名企业的商标在国外被抢注问题，及时采取有效措施帮助解决，取得了良好的效果。2009年1月14日，驻多伦多总领事馆来函，通报了我大量机构、公司的商标名称和标识在加拿大被恶意抢

注一事。商标局收到来函后立即研究案情，制定了及时有效的应对方案，对该案进行了认真妥善的处理。

中国对马德里商标国际注册体系发展的贡献得到了世界知识产权组织的赞赏，多次邀请中国代表在马德里国际商标注册培训班授课，推荐其他发展中国家代表到中国国家工商总局商标局考察。

（三）中国实施马德里商标国际注册体系离不开领导的重视和各方面支持

马德里商标国际注册体系之所以在我国实施顺利并取得显著成就，其主要原因是：

1.各部门高度重视，准备工作充分

外交部以及中国驻日内瓦联合国使团，对中国加入马德里协定以及加入后的实施一直关心和支持。加入前反复论证，以国家利益为标准，认真权衡利弊得失；在决定加入后，认真做好马德里商标国际注册在中国实施的准备工作；在加入后的实施过程中，不断建立健全相关机制，确保马德里商标国际注册在中国的实施取得最佳效果。

国家工商局为加入《马德里协定》进行了认真的准备。一是 1985 年，中国成为《保护工业产权巴黎公约》的成员国，这是加入《马德里协定》的一个先决条件。二是 1988 年，完成了将商品的国内分类向国际分类即尼斯分类的转换，为具体实施《马德里协定》铺平了道路。三是根据我国法律的规定和马德里系统的要求制定了马德里国际注册的各项制度和工作流程。

2.不断完善国内立法，使国内注册制度与国际注册制度顺利衔接

从中国加入马德里系统开始，《马德里协定》和《马德里议定书》与我国商标法律制度的衔接就成为需要妥善解决的首要问题。为此，国家工商局于 1989 年 9 月 22 日发布了《关于申请马德里商标国际注册办法》，使马德里商标国际注册在中国的实施具有操作性。此后，随着中国《商标法》的修订和《马德里协定》、《马德里议定书》及其《共同实施细则》的修改，国家工商总局多次完善马德里商标国际注册国内实施办法，使其与我国的商标法律制度衔接问题得到妥善解决，保证了马德里商标国际注册在我国得以顺利实施。

3.加强马德里商标国际注册的宣传和培训

为使国内企业和商标代理人认识到利用马德里商标国际注册体系进行商标国际保护的优越性，了解马德里商标国际注册的办理程序，国家工商总局在国内各地采取培训班、研讨会等多种形式对马德里商标国际注册进行了宣传和培训。同时，我们还在中国商标网上公布了办理马德里商标国际注册申请的基本程序和注意事项，并及时提供最新的申请表格、成员国名单以及收费标准。

4.加强商标领域的国际合作与交流，努力借鉴成功经验

国家工商总局重视与世界知识产权组织合作，积极推动马德里商标国际注册的发展，推动商标领域的国际合作与交流，促进商标的国际保护。积极参与世界知识产权组织举办的马德里系统的各项活动，不断与世界知识产权组织及其他缔约方商标主管机关开展合作，交流信息，增进相互了解，借鉴成功经验，使我国的马德里商标国际注册工作少走弯路。

虽然我们做了大量的工作，取得了显著的成绩，但当前我国在利用商标实施“走出去”战略方面仍存在一些不足，具体表现在：一是商标国际注册数量与我国经济总量及外经贸规模不相称。20 年来，通过马德里商标国际注册系统到我国申请注册的海外商标总量已达 13.99 万件（一标多类），而我国企业通过该系统到外国申请注册的商标总数只有 9477 件（一标多类），与我国 1000 万户企业、3000 万户个体户的市场主体规模相比，与我国世界第三大经济体、第二大货物出口国的地位相比明显不相称。二是国际知名商标少，竞争力不强。从商标注册申请量、审查量和有效注册商标总量看，我国位居世界前列，是商标大国，但缺少国际知名商标，还不是商标强国。2008 年在世界品牌 500 强中国只有 15 席。三是对商标权利的国际保护重视不够，造成一些知名商标在国外被抢注或侵权。一些知名企业和老字号企业商标在海外被抢注的案件时有发生。自 1989 年我国加入《马德里协定》起到今年 10 月 4 日为止，在马德里系统内，申请国际注册最多的国内企业只

有十几件（一标多类）。而国外申请最多的公司申请量为两千多件（一标多类）。中外企业国际注册的申请数量相差近200倍。这说明我国企业的商标运用能力仍有待提高，这也是造成商标在国外被抢注的重要原因之一。

二、大力推进商标战略实施，进一步加强马德里商标国际注册工作，为实施“走出去”战略提供有力支撑

（一）企业要坚定实施“走出去”战略，争创国际知名商标

实施“走出去”战略，是中国企业提高国际竞争力的必由之路。可以学习借鉴国际先进技术和管理经验，增强技术实力，提高国际竞争力；可以通过改变出口产品的结构，推动国内产业结构升级和优化；可以有效规避种种贸易壁垒，避免不必要的贸易磨擦。

商标作为知识产权重要组成部分，同时又是其他知识产权的载体和标志，与生产者、经营者、消费者密切相关，因此商标的国际保护是企业在实施“走出去”战略时应优先考虑的问题。只有商标先行，在海外取得商标保护，商品才能在海外安全销售；只有商标在海外得到保护，围绕商标进行的宣传营销才有保障；只有商标在海外得到保护，商标才能做大做强，成为驰名商标。因此，企业实施走出去战略，第一步就是将商标在国外取得法律保护。

为此，我希望企业要做到以下几点：

1.要高度重视商标海外注册工作

商标的地域性决定了中国企业要想在国外取得商标保护，就必须根据当地国家或者地区的法律，通过履行一定的程序取得商标权，这样才能受到保护。注册是有效保护的前提。否则商标一旦在国外被抢注，不论最终结果如何，都将增加企业的经营成本，延缓其产品占据市场的时间，降低市场份额。所以，我国的企业特别是知名企业、老字号一定要未雨绸缪，提前到准备销售商品的国家进行商标注册。要参与国际市场竞争，商标注册要先行，要增强商标的前瞻意识，才会在市场拓展中少走弯路。

2.实施商标战略，创立国际知名商标

中国的企业和产品要走向世界，就要实施商标战略，重视商标的国际保护，努力创立国际知名商标，以此提高开拓市场的能力。要积极培育自主商标，彻底扭转过度依靠低附加值的定牌加工的局面；增强打造自主商标的意识和信心，坚定地走创国际知名商标之路；不断提高国际化管理水平，扩大商标知名度和国际影响力，以此提升产品附加值，增强参与国际竞争的能力。

当前的国际金融危机对世界经济造成了很大冲击，很多国际知名企业效益下滑，开始收缩战线。与此同时，在国外获得商标保护所需的费用也相应有所下降。我们要把握机遇，积极进行科技创新，尽快提高品牌价值和国际竞争力，大力拓展国际市场，加快实施走出去的步伐。

3.切实加强商标海外主动维权工作

要有海外商标主动维权的意识，一旦面对商标纠纷和恶意抢注行为，企业要勇于面对，积极运用法律武器来维护自己在国外的合法权益，不能为一时的忍让而失去了在海外的市场份额。

改革开放以来，中国知名企业的商标在海外被抢注，被侵权的事件屡有发生。我在这里举几个例子：全聚德公司1994年以十倍价钱从抢注者手中买回在香港被抢注的“全聚德”商标；“狗不理”商标在日本被抢注一案至今未解决，为此狗不理公司失去了在日本的市场；同样被抢注商标的还有“六必居”、“同仁堂”、“桂发祥”等等。而在今年4月份，“王致和”历时820天打赢了中国老字号海外维权第一案，开了一个好头，给遭受商标侵权之苦的中国企业带来启示，那就是企业要有更强的商标注册意识和维权意识，在遇到海外商标侵权时，要运用法律手段维护自己的权益，还要敢于到海外打官司。

（二）各级工商行政管理部门要实施商标战略，支持鼓励企业走向世界

作为国家商标主管机关，一直以来，国家工商总局都在倡导和支持中国企业实施商标“走出去”战略。2008年6月，国务院颁布《国家知识产权战略纲要》（以下简称《纲要》），国家工商总局提出全面贯彻落实《纲要》要求，积极推进

商标战略实施，出台了《关于贯彻落实<国家知识产权战略纲要>，大力推进商标战略实施的意见》，引导和鼓励企业实施“走出去”战略，支持企业提高对外开放水平，鼓励更多的企业走向世界，积极参与国际竞争，把建立企业商标海外保护机制、加强马德里商标国际注册体系的运用作为实施商标战略的一项重要内容来抓。

今后，各级工商行政管理机关要继续大力支持企业运用商标实施“走出去”战略，不断增强企业的国际竞争力。

第一，要努力拓展国际交流合作的广度和深度，不断提高我国在商标领域的国际地位。积极参与世界贸易组织、世界知识产权组织、亚太经济合作组织等国际组织在知识产权领域的各项活动，增加国际话语权，积极参与国际规则制定，应对各项贸易审议，树立我国保护知识产权的良好形象，为我国经济发展创造良好的国际环境。

第二，加强马德里商标国际注册宣传、培训和咨询，积极培育我国自主国际知名商标，充分发挥商标在建设创新型国家中的重要作用。对商标国际注册业务进行全面的普及教育，形成商标国际注册宣传培训长效机制。选择出口贸易较多的省市，有步骤地开设培训班，帮助企业丰富商标国际注册知识。加强国外商标法律研究，更好地为企业提供商标国际注册法律咨询与服务。提高国内申请人商标国际注册意识和长远战略眼光，根据我国实施对外开放和“走出去”战略的要求，引导、鼓励、指导更多的企业进行商标国际注册，鼓励企业在国外创建有影响力的中国商标。

第三，加强与商务部、驻外使领馆等相关部门和机构的交流与合作，多方面收集企业海外注册和维权信息，建立商标国际注册和维权数据库，为企业海外维权提供全面的信息服务。指导、鼓励和支持企业依据当地法律、利用国际规则维护在国外的商标权益，建立健全企业海外商标维权机制，为企业在海外商标维权及时提供指导和帮助。

第四，逐步构建与有关国家和地区商标主管机关及司法机关的快速沟通机制，及时就商标领域的重大事件进行沟通，增进了解，减少摩擦，努力在国际上维护我国企业的合法商标权益。

第五，完善商标国际注册统计程序，使统计数据能够准确反映各项指标，为商标国际注册和保护工作的深入开展提供科学的参考依据。

近期，国家工商总局准备下发《关于加强马德里商标国际注册工作 建立商标海外维权机制的指导意见》，请各地工商行政管理机关提高认识，加强领导，并指导企业抓好贯彻落实。

回顾过去，展望未来，我们坚信，马德里商标国际注册体系将继续为更多的中国企业实施“走出去”战略提供有力支持，为企业开拓和发展国际市场立下头功。国家工商总局有信心全面贯彻落实《纲要》要求，积极推进商标战略实施，高效利用马德里系统，有效加强商标国际保护，打造中国的国际知名商标，努力争取早日实现从商标大国到商标强国的转变，促进我国经济社会更快更好发展！

携手推进亚太地区地理标志合作与发展

——在亚太地区地理标志国际研讨会开幕式上的致辞

国家工商行政管理总局副局长 付双建

(2009 年 11 月 30 日)

今年是中华人民共和国成立六十周年。在这个特殊背景下，由中华人民共和国国家工商行政管理总局和世界知识产权组织联合举办的“亚太地区地理标志国际研讨会”今天在中国重庆市开幕，相信此次会议将会给大家留下深刻记忆。在此，我谨代表中华人民共和国国家工商行政管理总局向出席研讨会的各位来宾、各位代表表示热烈的欢迎！同时借此机会，向为举办此次会议提供大力支持的重庆市委、市政府表示衷心的感谢！向关心、支持中国商标事业发展的世界知识产权组织和各位朋友表示衷心的感谢！

改革开放以来，中国社会经济发展取得了巨大成就的同时，商标事业也走过了一个伟大的历程，实现了历史性的跨越。截至 2009 年 10 月，中国商标注册累计申请量为 706.3 万件，累计注册量为 403.4 万件，截至 2009 年 9 月有效注册商标量为 316.3 万件，取得了商标注册申请量、商标注册申请审查量、有效注册商标量世界第一的显著成绩，已成为世界第一商标大国。

地理标志是知识产权的重要保护对象，《与贸易有关的知识产权协定》将地理标志列入知识产权范畴。1994 年 12 月，中国国家工商行政管理总局依据《商标法》、《商标法实施细则》制定颁布了《集体商标、证明商标注册和管理办法》，决定以证明商标形式注册保护地理标志，并于 1995 年 3 月 1 日正式受理地理标志注册申请；2001 年 10 月，我国根据“入世”承诺，在新修订的《商标法》中明确将地理标志纳入商标法律管理范围；2002 年 8 月，国务院新制订颁布的《商标法实施条例》规定，以集体商标、证明商标形式注册保护地理标志。依据上述法律规定，国家工商总局于 2003 年 4 月发布了新的《集体商标、证明商标注册和管理办法》，对地理标志作了更加具体的规定。至此，一个以《商标法》为依据，又有配套法规、规章和行政执法实践的地理标志法律体系在中国得以建立和完善。截至目前，我国已累计受理地理标志注册申请 1200 余件，其中国外申请 46 件；有 735 件地理标志获得了注册或初步审定，其中国外 32 件。

中国政府高度重视农民、农业和农村问题，将解决“三农”问题作为当前及今后一段时期工作的重中之重。近年来，中国国家工商行政管理总局在认真研究落实党中央、国务院关于解决“三农”问题的重大决策的基础上，按照科学发展观来全面规划商标事业的发展，贯彻落实《国家知识产权战略纲要》，大力推进商标战略实施，将以农产品商标和地理标志工作为核心内容的“商标富农”工作机制作为解决“三农”问题、促进社会主义新农村建设的切入点，各级工商机关加大农产品商标和地理标志注册、指导运用与保护工作力度，推广“公司+商标（地理标志）+农户”农村生产经营模式，在促进农民增收、农业发展、农村稳定方面取得了显著成效。

随着经济全球化与国际交流的进一步深入，商标和地理标志保护工作亦日趋国际化，并逐渐成为国际上研究的热点问题。世界知识产权组织为促进各国商标工作的国际合作与交流，开展了卓有成效的工作，得到了国际社会的广泛赞誉。自中国 1980 年加入世界知识产权组织（WIPO）以来，国家工商行政管理总局与世界知识产权组织一直保持着良好的合作关系，并积极参与国际商标和地理标志国际事务及交流活动。我局愿意与世界知识产权组织以及亚太地区各国继续保持和发展这种良好的合作关系，通过知识产权专家互访、高层论坛等形式分享各自的成功经验。

我们相信，此次亚太地区国际地理标志研讨会的成功举办，将有助于加深亚太地区各国相互了解和借鉴地理标志保护制度和保护经验，充分认识地理标志对促进经济和贸易发展的重要作用，提高利用商标和地理标志促进经济发展的水平，让我们携手共进，为推进亚太地区乃至世界地理标志保护工作的发展做出积极的贡献！

最后，祝“亚太地区地理标志国际研讨会”取得圆满成功！祝世界知识产权组织和各国的来宾在中国工作顺利、生活愉快！

专　稿

(33~63)

国务院关于扶持和促进中医药事业发展的若干意见

国发〔2009〕22号

（2009年4月21日）

各省、自治区、直辖市人民政府，国务院各部委、各直属机构：

中医药（民族医药）是我国各族人民在几千年生产生活实践和与疾病做斗争中逐步形成并不断丰富发展的医学科学，为中华民族繁衍昌盛做出了重要贡献，对世界文明进步产生了积极影响。新中国成立特别是改革开放以来，党中央、国务院高度重视中医药工作，中医药事业取得了显著成就。但也要清醒地看到，当前中医药事业发展还面临不少问题，不能适应人民群众日益增长的健康需求。《中共中央 国务院关于深化医药卫生体制改革的意见》（中发〔2009〕6号）提出，要坚持中西医并重的方针，充分发挥中医药作用。为进一步扶持和促进中医药事业发展，落实医药卫生体制改革任务，现提出以下意见：

一、充分认识扶持和促进中医药事业发展的重要性和紧迫性

长期以来，中医药和西医药互相补充、协调发展，共同担负着维护和增进人民健康的任务，这是我国医药卫生事业的重要特征和显著优势。中医药临床疗效确切、预防保健作用独特、治疗方式灵活、费用比较低廉，特别是随着健康观念变化和医学模式转变，中医药越来越显示出独特优势。中医药作为中华民族的瑰宝，蕴含着丰富的哲学思想和人文精神，是我国文化软实力的重要体现。扶持和促进中医药事业发展，对于深化医药卫生体制改革、提高人民群众健康水平、弘扬中华文化、促进经济发展和社会和谐，都具有十分重要的意义。

随着经济全球化、科技进步和现代医学的快速发展，我国中医药发展环境发生了深刻变化，面临许多新情况、新问题。中医药特色优势逐渐淡化，服务领域趋于萎缩；老中医药专家很多学术思想和经验得不到传承，一些特色诊疗技术、方法濒临失传，中医药理论和技术方法创新不足；中医中药发展不协调，野生中药资源破坏严重；中医药发展基础条件差，人才匮乏。各地区、各有关部门要充分认识扶持和促进中医药事业发展的重要性和紧迫性，采取有效措施，全面加强中医药工作，开创中医药事业持续健康发展新局面。

二、发展中医药事业的指导思想和基本原则

（一）指导思想。坚持以邓小平理论和“三个代表”重要思想为指导，全面贯彻落实科学发展观，把满足人民群众对中医药服务的需求作为中医药工作的出发点。遵循中医药发展规律，保持和发扬中医药特色优势，推动继承与创新，丰富和发展中医药理论与实践，促进中医中药协调发展，为提高全民健康水平服务。

（二）基本原则。坚持中西医并重，把中医药与西医药摆在同等重要的位置；坚持继承与创新的辩证统一，既要保持特色优势又要积极利用现代科技；坚持中医与西医相互取长补短、发挥各自优势，促进中西医结合；坚持统筹兼顾，推进中医药医疗、保健、科研、教育、产业、文化全面发展；坚持发挥政府扶持作用，动员各方面力

量共同促进中医药事业发展。

三、发展中医医疗和预防保健服务

（一）加强中医医疗服务体系建设。县级以上地方人民政府要在区域卫生规划中合理规划和配置中医医疗机构（包括中西医结合和民族医医疗机构）。大力加强综合医院、乡镇卫生院和社区卫生服务中心的中医科室建设，积极发展社区卫生服务站、村卫生室的中医药服务。在其他医疗卫生机构中积极推广使用中医药适宜技术。通过中央和地方共同努力，进一步加大公立中医医院的改造建设力度，有条件的县以上综合医院和乡镇卫生院、社区卫生服务中心都要设置中医科和中药房，配备中医药专业技术人员、基本中医诊疗设备和必备中药，基本实现每个社区卫生服务站、村卫生室都能够提供中医药服务。加强中医医疗机构服务能力建设，研究制订中医诊疗常规、出入院标准、用药指南、临床诊疗路径、医疗服务质量评价标准等技术标准和规范，促进中医医疗机构因病施治、规范诊疗、合理用药，提高医疗服务质量。培育、培养一批名院、名科、名医。推动中医药进乡村、进社区、进家庭。

积极促进非公立中医医疗机构发展，形成投资主体多元化、投资方式多样化的办医格局。鼓励有资质的中医专业技术人员特别是名老中医开办中医诊所或个体行医，允许符合条件的药品零售企业举办中医坐堂医诊所。非公立中医医疗机构在医保定点、科研立项、职称评定和继续教育等方面，与公立中医医疗机构享受同等待遇，对其在服务准入、监督管理等方面一视同仁。

（二）积极发展中医预防保健服务。充分发挥中医预防保健特色优势，将中医药服务纳入公共卫生服务项目，在疾病预防与控制中积极运用中医药方法和技术。推动中医医院和基层医疗卫生机构开展中医预防保健服务。鼓励社会力量投资兴办中医预防保健服务机构。制定中医预防保健服务机构、人员准入条件和服务规范，加强引导和管理。

四、推进中医药继承与创新

（一）做好中医药继承工作。开展中医药古籍普查登记，建立综合信息数据库和珍贵古籍名录，加强整理、出版、研究和利用。整理历代医家医案，研究其学术思想、技术方法和诊疗经验，总结中医药学重大学术创新规律。依托现有中医药机构设立一批当代名老中医药专家学术研究室，系统研究其学术思想、临证经验和技术专长。整理研究传统中药制药技术和经验，形成技术规范。挖掘整理民间医药知识和技术，加以总结和利用。

（二）加快中医药科技进步与创新。建立符合中医药特点的科技创新体系、评价体系和管理体制，改革和创新项目组织管理模式，整合中医药科技资源。推进中医药科研基地特别是国家和省级中医临床研究基地建设。支持中医药科技创新，开展中医药基础理论、诊疗技术、疗效评价等系统研究，推动中药新药和中医诊疗仪器、设备的研制开发，加强重大疾病的联合攻关和常见病、多发病、慢性病的中医药防治研究。推行中医药科研课题立项、科技成果评审同行评议制度。

五、加强中医药人才队伍建设

（一）改革中医药院校教育。根据经济社会发展和中医药事业需要，规划发展中医药院校教育。调整中医药高等教育结构和规模，坚持以中医药专业为主体，按照中医药人才成长规律施教，强化中医药基础理论教学和基本实践技能培养。选择部分高等中医药院校进行中医临床类本科生招生与培养改革试点。加强中医药职业教育，加快技能型人才培养。国家支持建设一批中医药重点学科、专业和课程，重点建设一批中医临床教学基地。

（二）完善中医药师承和继续教育制度。总结中医药师承教育经验，制订师承教育标准和相关政策措施，探索不同层次、不同类型的师承教育模式，丰富中医药人才培养方式和途径。落实名老中医药专家学术经验继承人培养与专业学位授予相衔接的政策。妥善解决取得执业资格的师承人员在职称评定和岗位聘用等方面的相关问题。完善中医药继续教育制度，健全继续教育网络。

（三）加快中医药基层人才和技术骨干的培养。制订切实可行的实施方案，积极探索定向为农村培养中医药人才的措施。鼓励基层中医药人员参加学历教育以及符合条件的中医执业医师带徒培训。探索中医执业医师多点执业的办法和形式。将农村具有中医药一技之长的人员纳入乡村医生管理。制订实施中医药学科带头人和技术骨干培养计划，造就新一代中医药领军人才和一大批中青年名中医。鼓励西医师学习中医，培养一批中西医结合人才。开展面向基层医生的中医药基本知识与适宜技术培训。

（四）完善中医药人才考核评价制度。制订体现中医药特点的中医药专业技术人员水平能力评价标准，改进和完善卫生专业技术人员资格考试中的中医药专业考试方法和标准。建立国家中医药专业人员职业资格证书制度，开展中医药行业特有工种技能鉴定工作。建立政府表彰和社会褒奖相结合的中医药人才激励机制。

六、提升中药产业发展水平

（一）促进中药资源可持续发展。加强对中药资源的保护、研究开发和合理利用。开展全国中药资源普查，加强中药资源监测和信息网络建设。保护药用野生动植物资源，加快种质资源库建设，在药用野生动植物资源集中分布区建设保护区，建立一批繁育基地，加强珍稀濒危品种保护、繁育和替代品研究，促进资源恢复与增长。结合农业结构调整，建设道地药材良种繁育体系和中药材种植规范化、规模化生产基地，开展技术培训和示范推广。合理调控、依法监管中药原材料出口。

（二）建设现代中药工业和商业体系。加强中药产业发展的统筹规划，制定有利于中药产业发展的优惠政策。组织实施现代中药高技术产业化项目，加大支持力度。鼓励中药企业优势资源整合，建设现代中药产业制造基地、物流基地，打造一批知名中药生产、流通企业。加大对中药行业驰名商标、著名商标的扶持与保护力度。优化中药产品出口结构，提高中药出口产品附加值，扶持中药企业开拓国际市场。

（三）加强中药管理。完善中药注册管理，充分体现中药特点，着力提高中药新药的质量和临床疗效。推进实施中药材生产质量管理规范，加强对中药饮片生产质量和中药材、中药饮片流通监管。加强对医疗机构使用中药饮片和配制中药制剂的管理，鼓励和支持医疗机构研制和应用特色中药制剂。

七、加快民族医药发展

加强民族医医疗机构服务能力建设，改善就医条件，满足民族医药服务需求。加强民族医药教育，重视人才队伍建设，提高民族医药人员素质。完善民族医药从业人员准入制度。加强民族医药继承和科研工作，支持重要民族医药文献的校勘、注释和出版，开展民族医特色诊疗技术、单验方等整理研究，筛选推广一批民族医药适宜技术。建设民族药研发基地，促进民族医药产业发展。

八、繁荣发展中医药文化

将中医药文化建设纳入国家文化发展规划。加强中医药文物、古迹保护，做好中医药非物质文化遗产保护传承工作，加大对列入国家级非物质文化遗产名录项目的保护力度，为国家级非物质文化遗产中医药项目代表性传承人创造良好传习条件。推进中医药机构文化建设，弘扬行业传统职业道德。开展中医药科学文化普及教育，加强宣传教育基地建设。加强中医药文化资源开发利用，打造中医药文化品牌。加强舆论引导，营造全社会尊重、保护中医药传统知识和关心、支持中医药事业发展的良好氛围。

九、推动中医药走向世界

积极参与相关国际组织开展的传统医药活动，进一步开展与外国政府间的中医药交流合作，扶持有条件的中医药企业、医疗机构、科研院所和高等院校开展对外交流合作。完善相关政策，积极拓展中医药服务贸易。在我国对外援助、政府合作项目中增加中医药项目。加强中医药知识和文化对外宣传，促进国际传播。

十、完善中医药事业发展保障措施

（一）加强对中医药工作的组织领导。根据国民经济和社会发展总体规划和医疗卫生事业、医药产业发展要求，编制实施国家中医药中长期发展专项规划。充分发挥中医药工作部际协调机制作用，加强对中医药工作的统筹协调。地方各级人民政府要切实加强对中医药工作的领导，及时研究解决中医药事业发展中的问题，认真落实各项政策措施。

（二）加大对中医药事业投入。各级政府要逐步增加投入，重点支持开展中医药特色服务、公立中医医院基础设施建设、重点学科和重点专科建设以及中医药人才培养。落实政府对公立中医医院投入倾斜政策，研究制订有利于公立中医医院发挥中医药特色优势的具体补助办法。完善相关财政补助政策，鼓励基层医疗卫生机构提供中医药适宜技术与服务。制定优惠政策，鼓励企事业单位、社会团体和个人捐资支持中医药事业。合理确定中医医疗服务收费项目和价格，充分体现服务成本和技术劳务价值。

（三）医疗保障政策和基本药物政策要鼓励中医药服务的提供和使用。将符合条件的中医医疗机构纳入城镇职工基本医疗保险、城镇居民基本医疗保险和新型农村合作医疗的定点机构范围，将符合条件的中医诊疗项目、中药品种和医疗机构中药制剂纳入报销范围。按照中西药并重原则，合理确定国家基本药物目录中的中药品种，基本药物的供应保障、价格制定、临床应用、报销比例要充分考虑中药特点，鼓励使用中药。

（四）加强中医药法制建设和知识产权保护。积极推进中医药立法进程，完善法律法规。加强中医药知识产权保护和利用，完善中医药专利审查标准和中药品种保护制度，研究制订中医药传统知识保护名录，逐步建立中医药传统知识专门保护制度。加强中药道地药材原产地保护工作，将道地药材优势转化为知识产权优势。

（五）加强中医药行业管理。加强中医药行业统一规划，按照中医药自身特点和规律管理中医药。推进中医药信息化建设，建立健全综合统计制度。推进中医药标准化建设，建立标准体系，推动我国中医药标准向国际标准转化。严格中医药执法监督，严厉打击假冒中医名义非法行医、发布虚假违法中医中药广告以及制售假冒伪劣中药行为。加强地方中医药管理机构建设，强化管理职能，提高管理水平。

国务院关于进一步促进中小企业发展的若干意见

国发〔2009〕36号

（2009年9月19日）

各省、自治区、直辖市人民政府，国务院各部委、各直属机构：

中小企业是我国国民经济和社会发展的重要力量，促进中小企业发展，是保持国民经济平稳较快发展的重要基础，是关系民生和社会稳定的重大战略任务。受国际金融危机冲击，去年下半年以来，我国中小企业生产经营困难。中央及时出台相关政策措施，加大财税、信贷等扶持力度，改善中小企业经营环境，中小企业生产经营出现了积极变化，但发展形势依然严峻。主要表现在：融资难、担保难问题依然突出，部分扶持政策尚未落实到位，企业负担重，市场需求不足，产能过剩，经济效益大幅下降，亏损加大等。必须采取更加积极有效的政策措施，帮助中小企业克服困难，转变发展方式，实现又好又快发展。现就进一步促进中小企业发展提出以下意见：

一、进一步营造有利于中小企业发展的良好环境

（一）完善中小企业政策法律体系。落实扶持中小企业发展的政策措施，清理不利于中小企业发展的法律法规和规章制度。深化垄断行业改革，扩大市场准入范围，降低准入门槛，进一步营造公开、公平的市场环境。加快制定融资性担保管理办法，修订《贷款通则》，修订中小企业划型标准，明确对小型企业的扶持政策。

（二）完善政府采购支持中小企业的有关制度。制定政府采购扶持中小企业发展的具体办法，提高采购中小企业货物、工程和服务的比例。进一步提高政府采购信息发布透明度，完善政府公共服务外包制度，为中小企业创造更多的参与机会。

（三）加强对中小企业的权益保护。组织开展对中小企业相关法律和政策特别是金融、财税政策贯彻落实情况的监督检查，发挥新闻舆论和社会监督的作用，加强政策效果评价。坚持依法行政，保护中小企业及其职工的合法权益。

（四）构建和谐劳动关系。采取切实有效措施，加大对劳动密集型中小企业的支持，鼓励中小企业不裁员、少裁员，稳定和增加就业岗位。对中小企业吸纳困难人员就业、签订劳动合同并缴纳社会保险费的，在相应期限内给予基本养老保险补贴、基本医疗保险补贴、失业保险补贴。对受金融危机影响较大的困难中小企业，将阶段性缓缴社会保险费或降低费率政策执行期延长至2010年底，并按规定给予一定期限的社会保险补贴或岗位补贴、在岗培训补贴等。中小企业可与职工就工资、工时、劳动定额进行协商，符合条件的，可向当地人力资源社会保障部门申请实行综合计算工时和不定时工作制。

二、切实缓解中小企业融资困难

（五）全面落实支持小企业发展的金融政策。完善小企业信贷考核体系，提高小企业贷款呆账核销效率，建立完善信贷人员尽职免责机制。鼓励建立小企业贷款风险补偿基金，对金融机构发放小企业贷款按增量给予适度补助，对小企业不良贷款损失给予适度风险补偿。

（六）加强和改善对中小企业的金融服务。国

有商业银行和股份制银行都要建立小企业金融服务专营机构，完善中小企业授信业务制度，逐步提高中小企业中长期贷款的规模和比重。提高贷款审批效率，创新金融产品和服务方式。完善财产抵押制度和贷款抵押物认定办法，采取动产、应收账款、仓单、股权和知识产权质押等方式，缓解中小企业贷款抵质押不足的矛盾。对商业银行开展中小企业信贷业务实行差异化的监管政策。建立和完善中小企业金融服务体系。加快研究鼓励民间资本参与发起设立村镇银行、贷款公司等股份制金融机构的办法；积极支持民间资本以投资入股的方式，参与农村信用社改制为农村商业（合作）银行、城市信用社改制为城市商业银行以及城市商业银行的增资扩股。支持、规范发展小额贷款公司，鼓励有条件的小额贷款公司转为村镇银行。

（七）进一步拓宽中小企业融资渠道。加快创业板市场建设，完善中小企业上市育成机制，扩大中小企业上市规模，增加直接融资。完善创业投资和融资租赁政策，大力发展创业投资和融资租赁企业。鼓励有关部门和地方政府设立创业投资引导基金，引导社会资金设立主要支持中小企业的创业投资企业，积极发展股权投资基金。发挥融资租赁、典当、信托等融资方式在中小企业融资中的作用。稳步扩大中小企业集合债券和短期融资券的发行规模，积极培育和规范发展产权交易市场，为中小企业产权和股权交易提供服务。

（八）完善中小企业信用担保体系。设立包括中央、地方财政出资和企业联合组建的多层次中小企业融资担保基金和担保机构。各级财政要加大支持力度，综合运用资本注入、风险补偿和奖励补助等多种方式，提高担保机构对中小企业的融资担保能力。落实好对符合条件的中小企业信用担保机构免征营业税、准备金提取和代偿损失税前扣除的政策。国土资源、住房城乡建设、金融、工商等部门要为中小企业和担保机构开展抵押物和出质的登记、确权、转让等提供优质服务。加强对融资性担保机构的监管，引导其规范发展。鼓励保险机构积极开发为中小企业服务的保险产品。

（九）发挥信用信息服务在中小企业融资中的作用。推进中小企业信用制度建设，建立和完善中小企业信用信息征集机制和评价体系，提高中小企业的融资信用等级。完善个人和企业征信系统，为中小企业融资提供方便快速的查询服务。构建守信受益、失信惩戒的信用约束机制，增强中小企业信用意识。

三、加大对中小企业的财税扶持力度

（十）加大财政资金支持力度。逐步扩大中央财政预算扶持中小企业发展的专项资金规模，重点支持中小企业技术创新、结构调整、节能减排、开拓市场、扩大就业，以及改善对中小企业的公共服务。加快设立国家中小企业发展基金，发挥财政资金的引导作用，带动社会资金支持中小企业发展。地方财政也要加大对中小企业的支持力度。

（十一）落实和完善税收优惠政策。国家运用税收政策促进中小企业发展，具体政策由财政部、税务总局会同有关部门研究制定。为有效应对国际金融危机，扶持中小企业发展，自2010年1月1日至2010年12月31日，对年应纳税所得额低于3万元（含3万元）的小型微利企业，其所得减按50%计入应纳税所得额，按20%的税率缴纳企业所得税。中小企业投资国家鼓励类项目，除《国内投资项目不予免税的进口商品目录》所列商品外，所需的进口自用设备以及按照合同随设备进口的技术及配套件、备件，免征进口关税。中小企业缴纳城镇土地使用税确有困难的，可按有关规定向省级财税部门或省级人民政府提出减免税申请。中小企业因有特殊困难不能按期纳税的，可依法申请在三个月内延期缴纳。

（十二）进一步减轻中小企业社会负担。凡未按规定权限和程序批准的行政事业性收费项目和政府性基金项目，均一律取消。全面清理整顿涉及中小企业的收费，重点是行政许可和强制准入的中介服务收费、具有垄断性的经营服务收费，能免则免，能减则减，能缓则缓。严格执行收费项目公示制度，公开前置性审批项目、程序和收费标准，严禁地方和部门越权设立行政事业性收费项目，不得擅自将行政事业性收费转为经营服务性收费。进一步规范执收行为，全面实行中小企业缴费登记卡制度，设立各级政府中小企业负

担举报电话。健全各级政府中小企业负担监督制度，严肃查处乱收费、乱罚款及各种摊派行为。任何部门和单位不得通过强制中小企业购买产品、接受指定服务等手段牟利。严格执行税收征收管理法律法规，不得违规向中小企业提前征税或者摊派税款。

四、加快中小企业技术进步和结构调整

（十三）支持中小企业提高技术创新能力和产品质量。支持中小企业加大研发投入，开发先进适用的技术、工艺和设备，研制适销对路的新产品，提高产品质量。加强产学研联合和资源整合，加强知识产权保护，重点在轻工、纺织、电子等行业推进品牌建设，引导和支持中小企业创建自主品牌。支持中华老字号等传统优势中小企业申请商标注册，保护商标专用权，鼓励挖掘、保护、改造民间特色传统工艺，提升特色产业。

（十四）支持中小企业加快技术改造。按照重点产业调整和振兴规划要求，支持中小企业采用新技术、新工艺、新设备、新材料进行技术改造。中央预算内技术改造专项投资中，要安排中小企业技术改造资金，地方政府也要安排中小企业技术改造专项资金。中小企业的固定资产由于技术进步原因需加速折旧的，可按规定缩短折旧年限或者采取加速折旧的方法。

（十五）推进中小企业节能减排和清洁生产。促进重点节能减排技术和高效节能环保产品、设备在中小企业的推广应用。按照发展循环经济的要求，鼓励中小企业间资源循环利用。鼓励专业服务机构为中小企业提供合同能源管理、节能设备租赁等服务。充分发挥市场机制作用，综合运用金融、环保、土地、产业政策等手段，依法淘汰中小企业中的落后技术、工艺、设备和产品，防止落后产能异地转移。严格控制过剩产能和“两高一资”行业盲目发展。对纳入环境保护、节能节水企业所得税优惠目录的投资项目，按规定给予企业所得税优惠。

（十六）提高企业协作配套水平。鼓励中小企业与大型企业开展多种形式的经济技术合作，建立稳定的供应、生产、销售等协作关系。鼓励大型企业通过专业分工、服务外包、订单生产等方式，加强与中小企业的协作配套，积极向中小企业提供技术、人才、设备、资金支持，及时支付货款和服务费用。

（十七）引导中小企业集聚发展。按照布局合理、特色鲜明、用地集约、生态环保的原则，支持培育一批重点示范产业集群。加强产业集群环境建设，改善产业集聚条件，完善服务功能，壮大龙头骨干企业，延长产业链，提高专业化协作水平。鼓励东部地区先进的中小企业通过收购、兼并、重组、联营等多种形式，加强与中西部地区中小企业的合作，实现产业有序转移。

（十八）加快发展生产性服务业。鼓励支持中小企业在科技研发、工业设计、技术咨询、信息服务、现代物流等生产性服务业领域发展。积极促进中小企业在软件开发、服务外包、网络动漫、广告创意、电子商务等新兴领域拓展，扩大就业渠道，培育新的经济增长点。

五、支持中小企业开拓市场

（十九）支持引导中小企业积极开拓国内市场。支持符合条件的中小企业参与家电、农机、汽车摩托车下乡和家电、汽车“以旧换新”等业务。中小企业专项资金、技术改造资金等要重点支持销售渠道稳定、市场占有率高的中小企业。采取财政补助、降低展费标准等方式，支持中小企业参加各类展览展销活动。支持建立各类中小企业产品技术展示中心，办好中国国际中小企业博览会等展览展销活动。鼓励电信、网络运营企业以及新闻媒体积极发布市场信息，帮助中小企业宣传产品，开拓市场。

（二十）支持中小企业开拓国际市场。进一步落实出口退税等支持政策，研究完善稳定外需、促进外贸发展的相关政策措施，稳定和开拓国际市场。充分发挥中小企业国际市场开拓资金和出口信用保险的作用，加大优惠出口信贷对中小企业的支持力度。鼓励支持有条件的中小企业到境外开展并购等投资业务，收购技术和品牌，带动产品和服务出口。

（二十一）支持中小企业提高自身市场开拓能

力。引导中小企业加强市场分析预测，把握市场机遇，增强质量、品牌和营销意识，改善售后服务，提高市场竞争力。提升和改造商贸流通业，推广连锁经营、特许经营等现代经营方式和新型业态，帮助和鼓励中小企业采用电子商务，降低市场开拓成本。支持餐饮、旅游、休闲、家政、物业、社区服务等行业拓展服务领域，创新服务方式，促进扩大消费。

六、努力改进对中小企业的服务

（二十二）加快推进中小企业服务体系建设。加强统筹规划，完善服务网络和服务设施，积极培育各级中小企业综合服务机构。通过资格认定、业务委托、奖励等方式，发挥工商联以及行业协会（商会）和综合服务机构的作用，引导和带动专业服务机构的发展。建立和完善财政补助机制，支持服务机构开展信息、培训、技术、创业、质量检验、企业管理等服务。

（二十三）加快中小企业公共服务基础设施建设。通过引导社会投资、财政资金支持等多种方式，重点支持在轻工、纺织、电子信息等领域建设一批产品研发、检验检测、技术推广等公共服务平台。支持小企业创业基地建设，改善创业和发展环境。鼓励高等院校、科研院所、企业技术中心开放科技资源，开展共性关键技术研究，提高服务中小企业的水平。完善中小企业信息服务网络，加快发展政策解读、技术推广、人才交流、业务培训和市场营销等重点信息服务。

（二十四）完善政府对中小企业的服务。深化行政审批制度改革，全面清理并进一步减少、合并行政审批事项，实现审批内容、标准和程序的公开化、规范化。投资、工商、税务、质检、环保等部门要简化程序、缩短时限、提高效率，为中小企业设立、生产经营等提供便捷服务。地方各级政府在制定和实施土地利用总体规划和年度计划时，要统筹考虑中小企业投资项目用地需求，合理安排用地指标。

七、提高中小企业经营管理水平

（二十五）引导和支持中小企业加强管理。支持培育中小企业管理咨询机构，开展管理咨询活动。引导中小企业加强基础管理，强化营销和风险管理，完善治理结构，推进管理创新，提高经营管理水平。督促中小企业苦练内功、降本增效，严格遵守安全、环保、质量、卫生、劳动保障等法律法规，诚实守信经营，履行社会责任。

（二十六）大力开展对中小企业各类人员的培训。实施中小企业银河培训工程，加大财政支持力度，充分发挥行业协会（商会）、中小企业培训机构的作用，广泛采用网络技术等手段，开展政策法规、企业管理、市场营销、专业技能、客户服务等各类培训。高度重视对企业经营管理者的培训，在3年内选择100万家成长型中小企业，对其经营管理者实施全面培训。

（二十七）加快推进中小企业信息化。继续实施中小企业信息化推进工程，加快推进重点区域中小企业信息化试点，引导中小企业利用信息技术提高研发、管理、制造和服务水平，提高市场营销和售后服务能力。鼓励信息技术企业开发和搭建行业应用平台，为中小企业信息化提供软硬件工具、项目外包、工业设计等社会化服务。

八、加强对中小企业工作的领导

（二十八）加强指导协调。成立国务院促进中小企业发展工作领导小组，加强对中小企业工作的统筹规划、组织领导和政策协调，领导小组办公室设在工业和信息化部。各地可根据工作需要，建立相应的组织机构和工作机制。

（二十九）建立中小企业统计监测制度。统计部门要建立和完善对中小企业的分类统计、监测、分析和发布制度，加强对规模以下企业的统计分析工作。有关部门要及时向社会公开发布发展规划、产业政策、行业动态等信息，逐步建立中小企业市场监测、风险防范和预警机制。

促进中小企业健康发展既是一项长期战略任务，也是当前保增长、扩内需、调结构、促发展、惠民生的紧迫任务。各地区、各有关部门要进一步提高认识，统一思想，结合实际，尽快制定贯彻本意见的具体办法，并切实抓好落实。

2009年中国知识产权保护状况

2009年是中国国家知识产权战略实施全面启动和夯实基础的关键一年，中国政府紧紧围绕经济建设这一中心任务，全力抵御国际金融危机，大力实施国家知识产权战略，扎实推进知识产权保护各项工作，取得阶段性成果。知识产权立法工作取得新进展，制度体系更为完善；知识产权审批登记能力显著增强，实现新突破；知识产权行政执法水平提升，部门合作开创新局面；知识产权司法保护主渠道作用更为凸显，各项工作迈上新台阶；知识产权体制机制建设更为深化，取得新成绩；知识产权宣传工作富有成效，再上新水平；知识产权培训工作继续推进，呈现新面貌；知识产权国际交流合作持续深入，获得新发展。

一、知识产权立法工作取得新进展

2009年，一系列知识产权法律法规和规章根据现实需要进行了制定和修改，中国知识产权立法工作取得新进展。

2009年10月1日，第三次修改后的《专利法》开始施行。修改后的《专利法》提高了授予专利权的条件，完善了强制许可制度，加强了对专利权的保护，有利于中国进一步推动创新型国家建设。2009年12月30日，《关于修改〈中华人民共和国专利法实施细则〉的决定（草案）》审议通过，修改后的《专利法实施细则》于2010年2月1日起施行。《专利行政执法办法》、《专利实施强制许可办法》等相关部门规章均及时跟进。

2009年，《商标法》第三次修改工作持续推进，已形成《商标法（修订送审稿）》报送国务院。同时，《商标法实施条例》、《商标代理条例》等配套法规的修改、制定工作随之推进；《国家工商行政管理总局驰名商标认定工作细则》及《国家工商行政管理总局商标局审理驰名商标认定案件工作规范意见》的制定完成，也使得驰名商标认定制度进一步完善。

2009年，《著作权法》有关条文的修订工作启动；国家版权局修订颁发了《著作权行政处罚实施办法》，并积极推动《教材法定许可付酬标准》、《著作权质押合同登记办法》、《著作权合同登记和备案管理办法》等行政规章和规范性文件的起草工作。

2009年11月10日，国务院公布了《广播电台电视台播放录音制品支付报酬暂行办法》，该《办法》兼顾了权利人与使用者等各方利益，解决了长期以来广播电视组织使用录音制品缺乏付酬标准依据的问题，并于2010年1月1日起施行。

2009年，为了简化知识产权海关保护程序，进一步明确权利人以及收发货人的权利和义务，海关总署在广泛征求权利人和地方海关的意见后，完成了《知识产权海关保护条例实施办法》的修订工作，该《办法》于2009年3月3日公布，7月1日起实施。

2009年12月26日，全国人大常委会审议并通过《中华人民共和国侵权责任法》，明确将著作权、专利权、商标专用权等纳入民事主体合法权益的保护范围内，补充和完善了知识产权保护的法律体系。

2009年，最高人民法院发布多项司法解释和规范性文件，进一步明确了有关案件的裁判规则。2009年4月21日，发布《最高人民法院关于当前经济形势下知识产权审判服务大局若干问题的意见》，强调指出："在当前经济形势下，知识产权司法保护只能加强和提升，不能削弱和放松"，同时明确和完善了一系列知识产权司法政策，在国内产生了广泛、积极的影响；4 月 23 日，发布《最高人民法院关于在审理侵犯商标权等民事纠纷案件中保护驰名商标应用法律若干问题的解释》，进一步规范了驰名商标的司法认定和保护工作，澄清了社会关注的驰名商标司法认定的条件和范围等问题；12 月 28 日，发布《最高人民法院关于审理侵犯专利权纠纷案件应用法律若干问题的解释》，规范了专利权利要求的解释规则，准确确定了专利权保护范围，明确了专利侵权判定标准，对于保障修改后的《专利法》的正确贯彻实施，做好专利案件审理工作，积极推进自主创新具有重要指导意义。

二、知识产权审批登记工作取得新突破

2009 年，中国知识产权审批登记工作在金融危机之中逆势而上，在多个方面取得新突破。中国专利申请持续快速增长，2009 年国家知识产权局共受理专利申请 976686 件，同比增长 17.9%；其中国内申请 877611 件，占总量的 89.9%，同比增长 22.4%；国外来华申请 99075 件，占总量的 10.1%，同比下降 10.9%。截至 2009 年底，中国累计受理专利申请 5822661 件，其中国内 4898473 件，占 84.1%，国外 924188 件，占 15.9%。2009 年，国家知识产权局共授权专利 581992 件，同比增长 41.2%。其中国内授权 501786 件，占总量的 86.2%，同比增长 42.4%；国外授权 80206 件，占总量的 13.8%，同比增长 34.6%。授权专利中，发明专利授权国内所占比重同比上升 1.2 个百分点，达到 50.9%，首次超过国外所占比重。

截至 2009 年底，国家知识产权局累计授权专利 3083260 件；其中国内 2644571 件，占 85.8%，国外 438689 件，占 14.2%。

2009 年全年受理复审请求 9195 件，比 2008 年增加 4835 件，同比增长 111%；复审请求结案共 6697 件。受理无效宣告请求 2247 件，比 2008 年增加 209 件，同比增长 10%；无效宣告请求结案 2310 件。

三种专利处理能力显著增强，审查结案量在 2009 年继续高速增长。其中完成发明实质审查 194850 件，同比增长 32.7%；完成实用新型专利审查 262648 件，同比增长 28.3%；完成外观设计专利审查 388905 件，与上一年相比增长显著，增幅达到 80.1%。专利审批和复审无效周期基本保持稳定。三种专利全流程顺畅无积压。发明专利实审审查周期为 25.8 个月；实用新型专利审查周期缩短为 5.8 个月；外观设计专利审查周期大幅缩短，由上一年度的 9.5 个月减至 5.5 个月。复审无效周期 7.4 个月。专利审查质量的正确性、一致性和时间性指标均达到历史最高水平。

2009 年全年收到集成电路布图设计登记申请 817 件，予以公告并发出证书 655 件。自 2001 年 10 月 1 日《集成电路布图设计保护条例》实施以来，共收到集成电路布图设计登记申请 3368 件，予以登记公告并发出证书共计 2957 件。

作为《专利合作条约》受理局，国家知识产权局 2009 年共受理国际申请 8000 件，同比增长 31.6%。自 1994 年起累计受理国际申请 32881 件。

2009 年，国家工商行政管理总局商标局（以下简称"商标局"）加快商标审查取得了历史性突破，审查量突破百万大关，2009 年商标申请量突破 80 万件，创历史最高。

商标局全年共受理商标注册申请 830447 件，同比增长 18.96%，超过历史最高水平（76.63 万件，2006 年）6.42 万件，连续 8 年位居世界第一；共审查商标注册申请 1414736 件，同比增长 88.69%，相当于加快审查前近五年的工作量，审查周期为 17 个月；共受理异议申请案件 39436 件，同比增长 56.24%，共裁定商标异议案件 25020 件，同比增长 127.60%。截至 2009 年底，中国有效注册商标量为 3404534 件，位居世界第一。

2009 年，中国共受理通过世界知识产权组织国际局提交的马德里商标国际注册领土延伸申请 13267 件（一标多类），国内申请人通过商标局提出的马德里商标国际注册申请 1346 件（一标多类）。截至 2009 年底，世界知识产权组织国际局

有效马德里商标国际注册领土延伸指定中国的申请为 142830 件（一标多类），连续 5 年位居世界第一；世界知识产权组织国际局收到中国企业通过商标局提出的马德里商标国际注册申请为 9721 件（一标多类），连续 5 年位列世界十强之一，在发展中国家排名第一。

同时，商标局加大农产品商标和地理标志的注册和保护力度，2009 年，共核准注册农产品商标 14.2 万件，总数达 74.98 万件，地理标志 240 件，总数达 771 件，其中，近两年注册的地理标志数相当于过去 15 年的 1.56 倍。共核准特殊标志登记 751 件，特殊标志登记延期 17 件，官方标志登记 3 件，第 29 届奥组委奥林匹克标志备案转为国际奥委会奥林匹克备案 177 件，世界博览会标志备案 19 件。

2009 年，商标局共受理商标续展注册申请 55804 件，办理 58731 件；受理变更商标注册事项申请 96576 件，办理 106058 件；受理商标转让申请 64517 件，办理 66808 件；受理商标使用许可合同备案申请 17447 件，办理 17733 件。

2009 年，国家版权局加强基础建设，提高版权公共服务水平，极大地提高了版权登记备案工作效率。特别是开展推进软件正版化工作以来，计算机软件登记实现较大增长。2009 年各类申请软件登记总量为 70965 件，同比增长 49.75%，实现软件销售收入从 2006 年的 4800 亿元增长到 2009 年底的近 9000 亿元；其中，软件著作权登记量为 67912 件，同比增长 48.6%，占软件登记总量的 95.7%，相当于 2007 年和 2008 年登记量的总和；软件著作权转让和专有许可合同登记 182 件，同比增长 26.38%；变更或补充登记 2752 件，同比增长 91.64%；计算机软件著作权质押合同登记 119 件，同比增长 9.17%。

2009 年，知识产权权利人在海关总署申请办理海关知识产权保护备案数量持续快速增长。海关总署全年共审核通过备案 3002 项，其中核准专利权 731 项，商标专用权 2146 项，著作权 125 项，年度核准备案总量首次突破 3000 项。自 1995 年实施知识产权海关备案制度以来，海关总署共核准备案知识产权 19038 项。同时，“知识产权海关保护备案申请系统”正在升级改造。

2009 年，农业部和林业局持续推进植物新品种保护。2009 年，农业部受理国内外品种权申请 992 件，较 2008 年 868 件增长了 14%，创历史新高，其中外国人申请 104 件，较 2008 年增长 12%。年申请量居国际植物新品种保护联盟成员第四位，仅次于欧盟、美国和日本。通过优化品种权申请审查和测试流程，审批效率大大提高，授予品种权达到 1119 件，较 2008 年提高了 145%。截至 2009 年 12 月 31 日，国内外植物新品种权申请累计达 6555 件，已结案 3407 件，授予品种权 2595 件。受理公示农产品地理标志登记申请 244 件，颁发了 185 份农产品地理标志登记证书。截至 2009 年底，林业局共受理国外植物新品种权申请176 件，已授权 90 件，授权率达到 51%。

三、知识产权行政执法工作开创新局面

2009 年，中国知识产权行政执法各相关部门结合自身职能，严格依法执法，开创了知识产权行政执法新局面。

2009 年，国家知识产权局先后制定印发了《关于近期知识产权局系统执法工作安排的通知》、《2009 年度“雷雨”、“天网”知识产权执法专项行动方案》等文件，对本系统执法工作进行统一部署，指导推进各项重点执法工作的开展。

国家知识产权局全系统深入开展“雷雨”、“天网”行动和各具地方特色的执法专项行动，大大遏制了群体侵权、反复侵权行为与专利诈骗行为的发生，提高了大型展会等环节知识产权执法与维权工作成效，震慑了违法分子，大大增强了权利人、创新主体和消费者的信心，对营造创新与发展的良好环境发挥了重要作用。

2009 年，全国各地方知识产权局共受理专利侵权纠纷案件 937 件，受理其他专利纠纷案件 26 件。查处假冒他人专利案件 30 件，查处冒充专利案件 548 件。共出动执法人员13240 人次，检查商业场所 6013 次，检查商品 1322521 件，向公安等部门移交案件 9 件，接受其他部门移交案件 9 件，跨部门执法协作 533 次，跨地区执法协作 204 次。

2009 年，全国各级工商行政管理机关查处各类商标违法案件总计 51044 件，其中商标一般违法案件 7448 件，商标侵权假冒案件 43596 件；查处商标涉外案件 10461 件；共收缴和消除违法商标标识 1353.4 万件；移送司法机关涉嫌商标犯罪案件 92 件，犯罪嫌疑人 109 人。

国家工商行政管理总局高度重视中国企业海外维权工作，针对中国企业商标在有关国家被恶意抢注的情况，通过外交努力，妥善予以解决。

2009 年，在开展第五次全国范围的打击网络侵权盗版专项治理行动中，各级版权管理部门通过约谈、网络实时监控、实地检查、签订责任书等多种形式，加强对在各地区有影响的互联网企业和网站的监管，有效规范网络版权秩序；版权、公安、电信三部门继续发挥网络专项治理协作机制的作用，坚决打击网络影视、网络文学、网络游戏等领域侵权盗版行为。各地共查办网络侵权案件 541 件，关闭非法网站 362 个，罚款 128 万余元，没收服务器 154 台，向司法机关移送 24 起涉嫌构成刑事犯罪的重大案件。在专项行动中，各地重点打击了存在淫秽色情、非法违禁和侵权盗版内容的网站，查处 40 多个侵权内容与淫秽色情、非法违禁内容并存的非法网站，占到关闭网站总量的 12%。由版权行政管理部门立案查处并移送司法机关依法审判的全国第一起打击大规模网络软件盗版行为的成功刑事案例“番茄花园软件盗版案” 在国内外引起积极反响，对网络侵权盗版行为产生了巨大的震慑作用。

国家版权局联合全国“扫黄打非” 办公室、文化部和教育部出台《关于加强图书馆著作权保护工作的通知》，切实加强图书馆著作权保护工作，提高了我国图书馆的版权管理和版权保护水平。面对不断增长的监管业务量，全国海关在有限的人力物力条件下，合理配置执法资源，充分运用风险管理理念，查获进出口侵权货物案件大幅增长。2009 年，全国海关共采取知识产权保护措施 67051 次，实际扣留侵权嫌疑货物 65810 批，与 2008 年相比，分别增长了 4.1 倍和 4.9 倍，实际扣留侵权货物 2.8 亿件，价值 4.5 亿元人民币。在海关总署统一部署下，全国海关有针对性地开展执法专项行动，提高执法效率。2009 年 6~12 月，海关总署在全国范围内开展了为期 7 个月的“邮递和快件渠道保护知识产权专项行动”，针对境内不法分子利用邮递和快件渠道，化整为零，大肆出口侵权商品的行为，监管部门采取有效措施，加强对出境邮递物品和快件的实际监管，对寄往高风险国家和地区的邮包或者快件，适当提高查验比例，在条件允许的情况下实行 100%过机查验，简化对侵权邮包和快件的扣留程序以及案件的调查和处理程序。在专项行动期间，全国海关在邮递和快件渠道共扣留侵权物品 37918 批次，涉及侵权商品 261.29 万件，货值 6166.27 万元人民币。同时，全国各级海关采取各种措施加大对国内企业自主知识产权的保护力度，涌现出一批如拱北海关组织开展的保护自主知识产权“春风”行动等富有特色的专项行动。

文化部先后印发了《关于开展文化市场集中整治行动的通知》、《关于开展 2010 年元旦、春节期间文化市场专项整治行动的通知》、《关于加强和改进网络音乐内容审查工作的通知》、《关于加强网络游戏虚拟货币管理工作的通知》等文件，相继部署了净化社会文化环境、动漫市场整治、打击非法网络音乐经营单位、网络游戏虚拟货币市场整治等专项行动，把知识产权保护工作作为重要工作内容进行部署，加大了对各类侵权盗版违法行为的打击力度。

2009 年，全国文化行政部门和文化市场综合执法机构共出动执法人员 8419363 人次；责令经营单位整改 297360 家次；受理举报 62805 件，立案调查 72857 件，移交案件 3692 件，办结案件 65049 件；警告经营单位 179923 家次，罚款 18257 万余元，责令停业整顿经营单位 37731 家次，吊销许可证 6632 家，没收违法所得 2317623 元，没收非法物品、工具器械等各类物品共 52382645 件。

农业部加大打击侵犯品种权行为的力度，通过抓重点、抓督查、抓大案，创新品种权行政执法方法，加强对种子生产基地的监管，从源头上治理侵权假冒行为；加强对重点授权品种的保护，指导甘肃省农业厅在制种基地对全国推广面积最大的玉米品种“郑单958”开展执法，查处侵权行为。各地农业部门积极行动，先后查处了侵犯水稻、甘蓝等作物品种权案件20余起。

四、知识产权司法保护工作迈上新台阶

2009年，全国各级人民法院以高度的大局意识和责任意识，加大知识产权司法保护力度，知识产权案件审判工作迈上新台阶。

知识产权民事案件数量继续保持高速增长的势头。2009年全国地方法院共新收和审结知识产权民事一审案件30626件和30509件，分别比上年增长25.49%和29.73%。其中，新收专利案件4422件，比上年增长8.54%；商标案件6906件，比上年增长10.80%；著作权案件15302件，比上年增长39.73%；技术合同案件747件，比上年增长19.9%；不正当竞争案件1282件，比上年增长8.19%，其他知识产权案件1967件，比上年增长46.97%。全年共审结涉外知识产权民事一审案件1361件，比上年增长19.49%；审结涉港澳台知识产权民事一审案件353件，比上年增长56.89%。

2009年，最高人民法院新收和审结知识产权民事案件243件和336件，其中新收申请再审案件176件，审结263件。

知识产权民事案件的审判质量和效率不断提高。全国地方法院知识产权民事案件一审结案率从2008年的81.73%上升到2009年的85.04%，上诉率从2008年的49.32%下降到2009年的48.82%，再审率从2008年的0.44%下降到2009年的0.33%。知识产权诉讼调解效果显著，2009年全国地方法院知识产权民事一审案件平均调解撤诉率达到61.08%，同比上升5.22个百分点。最高人民法院知识产权庭的结案率从2008年的55.93%上升到2009年的88.64%，提高了32.71个百分点。

在知识产权的刑事司法保护方面，人民法院加大对涉及知识产权侵权的犯罪行为的打击力度，严厉打击了各类知识产权犯罪行为。2009年全国地方法院共审结涉及知识产权侵权的刑事案件3660件，比上年上升10.04%；判决发生法律效力5836人，比上年上升8.31%，其中有罪判决5832人，比上年上升8.28%。在审结案件中，以侵犯知识产权犯罪判决的案件1007件，生效判决人数1605人，同比分别上升1.1%和下降3.14%；以生产、销售伪劣商品犯罪（涉及侵犯知识产权）判处案件646件，生效判决人数1114人；以非法经营罪（涉及侵犯知识产权）判处的案件1973件，生效判决人数3076人；以其他犯罪判处的涉及侵犯知识产权的案件34件，生效判决人数41人。

人民法院认真履行行政审判职责，依法监督和支持行政机关依法行政。2009年全国地方法院新收和审结一审知识产权行政案件2072件和1971件，分别比上年增长92.92%和90.99%。其中，新收专利案件688件，比上年上升19.03%；商标案件1376件，同比上升184.3%；著作权案件4件，同比下降42.86%；其他案件4件。

2009年，最高人民法院新收和审结知识产权行政案件54件和56件。

2009年，全国检察机关采取切实措施，加大知识产权保护力度。一是依法履行批捕、起诉等职能，重点打击侵犯知识产权犯罪。2009年，全国检察机关共受理提请批准逮捕涉及侵犯知识产权犯罪案件1492件2667人，比上年同期的1407件2565人分别3660件，比上年上升10.04%；判决发生法律效力5836人，比上年上升8.31%，其中有罪判决5832人，比上年上升8.28%。在审结案件中，以侵犯知识产权犯罪判决的案件1007件，生效判决人数1605人，同比分别上升1.1%和下降3.14%；以生产、销售伪劣商品犯罪（涉及侵犯知识产权）判处案件646件，生效判决人数1114人；以非法经营罪（涉及侵犯知识产权）判处的案件1973件，生效判决人数3076人；以其他犯罪判处的涉及侵犯知识产权的案件34件，生效判决人数41人。

人民法院认真履行行政审判职责，依法监督和支持行政机关依法行政。2009年全国地方法院新收和审结一审知识产权行政案件2072件和1971件，分别比上年增长92.92%和90.99%。其中，新收专利案件688件，比上年上升19.03%；商标案件1376件，同比上升184.3%；著作权案件4件，同比下降42.86%；其他案件4件。

2009年，最高人民法院新收和审结知识产权行政案件54件和56件。

2009年，全国检察机关采取切实措施，加大知识产权保护力度。一是依法履行批捕、起诉等职能，重点打击侵犯知识产权犯罪。2009年，全国检察机关共受理提请批准逮捕涉及侵犯知识产权犯罪案件1492件2667人，比上年同期的1407件2565人分别上升6.0%和3.9%；批捕1256件2119人，比上年同期的1210件2107人分别上升3.8%和0.5%。共受理移送审查起诉涉及侵犯知识产权犯罪案件1931件3518人，比上年同期的1770件3482人分别上升9.0%和1.0%；起诉1535件2695人，比上年同期的1432件2697人分别上升7.1%和下降0.07%。二是充分发挥法律监督职能，切实纠正对侵犯知识产权犯罪打击不力的现象。加强了对行政执法机关抄送的侵犯知识产权案件《行政处罚决定书》副本的审查工作，对涉嫌侵犯知识产权犯罪的及时提出移送公安机关的建议，并监督公安机关立案侦查；注意发现和掌握侵犯知识产权违法犯罪背后的国家工作人员职务犯罪线索，对于涉嫌构成犯罪的坚决依法查办，2009年，全国检察机关共监督公安机关立案侦查侵犯知识产权犯罪案件22件。检察机关共立案侦查徇私舞弊不移交刑事案件的职务犯罪案件85件119人。

公安机关严厉打击侵犯知识产权犯罪，取得了较好的法律效果和社会效果。2009年，全国公安机关共破获侵犯知识产权犯罪案件1624起，涉案总金额近10.38亿元人民币，抓获犯罪嫌疑人2649人。另有一批侵犯知识产权犯罪案件被按照生产、销售伪劣产品罪和非法经营罪定罪处罚。公安部对侵犯知识产权犯罪始终保持严打高压态势，以“深挖窝点、摧毁网络、缉捕主犯”为督办导向，选择了一批重点目标案件进行全程督导协调，成功打掉一批长期盘踞各地的造假贩假犯罪团伙和组织网络，有力推进了打击侵犯知识产权犯罪工作深入开展；积极支持上海、山东两地公安机关开展“鹰眼二号”等围绕“世博会”和“全运会”知识产权保护的专项行动，加强对侵犯“全运会”和“世博会”商标标识专用权和街头贩卖假冒盗版商品等犯罪活动的打击防范，成功破获假冒“世博会”吉祥物“海宝”雕塑案等一批大要案件，有力维护了中国的国际形象。会同相关部门针对重点领域组织开展联合执法行动，在与国家版权局、工信部联合开展的“打击网络侵权盗版专项治理行动”中，侦破了一批大要案件，关闭了一批非法网站，掀起了互联网上打击侵权盗版活动的高潮。

五、知识产权执法体制机制建设取得新成绩

2009年，知识产权各相关部门加强协调配合，完善管理，不断深化体制机制建设，取得了新成绩。

2009年，国家知识产权局与有关部门的沟通协作进一步强化，跨部门执法协作机制不断完善。联合国家知识产权战略实施工作部际联席会议28家成员单位共同发布《2009年中国保护知识产权行动计划》；联合商务部等8部委印发《关于加强企业境外参展知识产权工作的通知》；联合公安部、海关总署、国家工商行政管理总局、国家版权局等8部门发出《关于开展2010年世博会知识产权保护专项行动的通知》，通过专项行动，进一步加强世博会知识产权保护工作；组织公安部等10部委及相关地方部门召开“知识产权执法经验交流会”，就中国知识产权执法工作进行深入探讨。

知识产权维权援助公益服务电话“12330”于2009年“4·26”期间顺利开通，各知识产权维权援助中心的工作有序开展，成效与影响不断扩大。截至2009年底，共批复设立了61家维权援助中心。

国家知识产权局启动“5·26”工程与全国专利保护重点联系机制建设工作，促进了本系统执法能力建设，提升了本系统执法工作水平，2009年，共有41个地方知识产权局纳入“5·26”工程，26家单位被列为全国专利保护重点联系基地。

2009年，国家版权局扎实推进企业软件正版化工作，取得阶段性成效。大型企业的正版软件使用率明显提高，目前已有两批共10399家企业列入年度完成使用正版软件的阶段性目标，其中，9254家企业完成自查自纠，受检企业均已基本完成使用正版软件工作目标；完成了第二批“全国

软件正版化工作示范单位”评选工作，评选出254家示范单位，较第一批示范单位同比增加52%。

国家版权局颁布了《创建版权保护示范城市、示范园区、示范单位管理办法》，大力推进版权保护示范工作、发挥示范单位引导作用，促进版权产业发展；批准成立了中国电影著作权协会，形成了包括音乐、音像、文字、摄影、电影等比较完备的著作权集体管理组织架构，进一步完善集体管理制度建设，促进版权作品的有序传播。

海关总署与公安部继续贯彻两部门于2006年3月联合下发的《关于加强知识产权执法协作的暂行规定》，深化部门执法合作，2009年10月，海关总署与公安部联合举办“海关和公安机关加强知识产权刑事执法协作研讨会”，邀请权利人代表参加，就加强知识产权保护行政执法和刑事执法衔接的有关问题进行研究讨论，并决定进一步加强相互协作配合，形成打击侵权合力。

农业部继续在山东等22个省（自治区、直辖市）开展农业植物品种权执法试点工作，加大执法力度，探索跨区协作执法、重大案件联合办理机制，建立了与工商、公安、知识产权和司法等部门的协作联动机制，共同开展打击侵犯品种权的违法行为，维护了种子市场秩序，保护了品种权人和广大农民利益。

林业局为了加强植物新品种行政执法工作，专门成立了执法管理处，具体负责行政执法工作。

2009年，公安部继续会同国家知识产权局、国家工商行政管理总局、海关总署、国家版权局等知识产权行政执法各相关部门不断深化已有协作机制的落实工作，着重在相互提供专业意见、重大案件指导协调等方面进行有益尝试；积极倡导各地公安机关主动加强与企业的联系沟通，提供侵权预警服务，收集掌握犯罪线索；协调浙江、贵州、四川等地公安机关试点推行了“服务企业五项措施”、“知识产权刑事保护重点联系企业机制”等措施，及时了解、帮助解决企业在知识产权保护中遇到的困难，得到了企业的支持和拥护。

2009年，人民法院知识产权审判体制和工作机制得到重要发展和完善。专利商标等授权确权案件审理分工问题得到圆满解决。最高人民法院审判委员会于2009年6月22日讨论通过了《最高人民法院关于专利、商标等授权确权类知识产权行政案件审理分工的规定》，将涉及专利、商标、集成电路布图设计和植物新品种等授权确权类知识产权一、二审和再审案件统一交由北京市有关中级人民法院、北京市高级人民法院和最高人民法院知识产权审判庭审理，结束了自2002年以来该类案件由有关法院知识产权审判庭和行政审判庭分别受理的历史。

2009年，由知识产权审判庭统一受理知识产权民事、行政和刑事案件的试点工作（以下简称“三审合一”试点）进一步推开，最高人民法院对地方人民法院开展的“三审合一”试点进行了专题调研，截至12月底，全国已有5个高级人民法院、44个中级人民法院和29个基层人民法院开展了相关试点。

2009年，最高人民法院在继续坚持技术类案件指定管辖制度、严格控制新增专利案件管辖权的中级人民法院数量的同时，适当增加指定了具有一般知识产权案件管辖权的基层法院，同时根据各地实际需要，积极推动开展跨区管辖工作，知识产权审判管辖制度得到进一步完善。截至2009年底，具有专利、植物新品种、集成电路布图设计案件和涉及驰名商标认定案件管辖权的中级法院数量分别达到75个、41个、46个和41个，可以审理一般知识产权民事案件的基层法院已经达到92个。

2009年，为进一步加大对侵犯知识产权犯罪的打击力度，检察机关积极推动“两法衔接”工作，特别是推动各地充分运用高科技手段，建立“网上衔接，信息共享”机制，经过检察机关与有关部门的大力推动，建立“网上衔接，信息共享”机制工作已有了很大进展，有效地促进了对知识产权的刑事司法保护，较好地防止了知识产权保护领域中“以罚代刑”情况的发生。

六、知识产权宣传工作再上新水平

2009年，知识产权各相关部门围绕自身中心工作，把握“世界知识产权日”等时间节点及有关重要活动，创新手段和形式，提升宣传水平，营造了良好的知识产权保护环境。

国家知识产权局在宣传工作方面紧紧围绕实施知识产权战略、推进知识产权文化建设等工作重点，认真策划、组织和实施了系列宣传活动。

“4·26”世界知识产权日前后，国家知识产权局牵头24个部委开展了以“文化·战略·发展”为主题的“2009年全国知识产权宣传周”活动。期间，联合国家工商行政管理总局、国家版权局和国务院新闻办公室召开“2008年中国知识产权保护状况”新闻发布会；联合公安部、海关总署举办以“挑战·合作·发展”为主题的中国知识产权高层论坛以及以“走近知识产权”为主题的国家知识产权局第四届开放日活动等。

国家知识产权局围绕新中国成立60周年、《国家知识战略纲要》颁布实施一周年等重要时间节点，组织开展有针对性的宣传活动；组织中央及地方主流媒体对“第三届中国专利周”、“第二届知识产权与城市发展论坛”、“全国外商机构保护知识产权座谈会”等重要活动进行宣传报道；策划“知识产权、竞争未来”主题采访活动，与中央电视台合作拍摄知识产权系列电视片———《危险的短板》，反响良好；编辑出版了《影响中国的100个知识产权案例》和《历史的抉择 伟大的实践———国家知识产权局成立30周年纪念文集》。

国家工商行政管理总局围绕商标战略实施，加大宣传，使商标战略意识深入人心。2009年，举办并参与了“2009年全国知识产权宣传周”、“全国工商系统商标战略工作会议”、“中国驰名商标展”、“中国加入马德里商标国际注册体系20周年座谈会”等一系列商标战略宣传活动；2009年11月9~11日，在中国青岛举办了以“实施商标战略，建设创新型国家”为主题的第三届中国商标节，3000余位来自国内外知识产权保护相关政府机构、代理组织以及众多驰名、著名商标拥有企业的代表和有关专家学者，参加了商标节期间的一系列丰富多彩的活动；首次编辑出版了《中国商标战略年度发展报告（2008）》，发布了“2008年保护国内外企业注册商标专用权典型案例”和“2008年涉嫌假冒注册商标犯罪案件移送典型案例”，为实施商标战略提供重要商标信息和数据。

国家版权局坚持以4·26“全国知识产权宣传周”和重大节庆活动为平台，提高宣传活动的层次和水平。围绕4·26“全国知识产权宣传周”，与中央电视台合作举办主题为“版权在我身边，版权创造财富”的大型文艺晚会；联合全国“扫黄打非”办公室、中央电视台共同启动“绿书签行动2009———拒绝盗版，从我做起”活动；举办“全国青少年版权保护读书活动暨版权保护知识竞赛”，提高青少年自觉抵制侵权盗版的法律意识；先后在第十六届“北京国际图书博览会”和“第六十一届法兰克福书展”上设立版权宣传服务站，并在“国际图书博览会”和“第二届国际版权贸易博览会”上分别举办了“版权保护在中国”及“版权创造价值，版本见证历史”展览等，展示中国版权保护所取得的成就；首次编辑出版《中国版权年鉴》，系统介绍了中国现代版权制度的发展历程。

全国海关根据当前的经济形势和各自关区的特点，开展了有针对性的知识产权保护宣传工作。在2009年4·26“全国知识产权保护宣传周”期间，全国海关重点介绍海关知识产权保护的法律法规，为广大权利人和社会各界答疑解惑，帮助权利人更快地适应修订后的《知识产权海关保护条例实施办法》；发布了《2008年中国海关知识产权保护状况》白皮书；评选并公布了“2008年中国海关保护知识产权十佳案例”，取得了良好的社会效应。

农业部积极开展宣传活动，举办“第三届全国农业知识产权论坛”；充分利用电视、广播、报刊杂志、网站等媒体以及人民群众喜闻乐见的形式，主动传播农业知识产权知识，发挥舆论宣传导向作用；普及了农业知识产权相关知识，提升了农业知识产权意识和认知度，优化了创新环境。

2009年4月23日，由农业部、国家林业局、国家知识产权局三部委联合举办的“中国实施《植物新品种保护条例》和加入国际植物新品种保护联盟十周年”以及“植物新品种保护国际研讨会”等一系列庆祝活动在北京举行，表彰为植物新品种保护事业做出贡献的先进集体和个人，营造全社会重视和支持植物新品种保护的良好氛围。

国家林业局在“第七届全国花卉博览会” 上举办了植物新品种保护展览，通过法律法规宣传、授权品种展示、声像资料播放等多种形式，宣传林业植物新品种保护，强化公众保护意识。

公安部始终坚持将宣传教育作为一项先导性、基础性工作措施，不断丰富宣传的内容和形式。会同国家知识产权局成功举办“中国知识产权高层论坛”，提出“让人民群众成为抵制假冒盗版主力军” 的主题口号，受到广泛关注；会同国家知识产权局等部门联合下发通知，要求各地公安机关充分发挥积极性和主动性，加强对本地宣传工作的组织领导。春节前后及4·26“全国知识产权宣传周”期间，各地公安机关组织民警与公众进行面对面的讲解、交流，宣传有关知识产权保护的法律、政策，揭示假冒侵权犯罪活动的巨大危害。

最高人民法院积极发挥典型判例示范效应和指引作用。在4·26“全国知识产权宣传周” 期间，发布了“2008年中国知识产权司法保护10大案件”，同时公布了50件典型案件，并首度发布了《最高人民法院知识产权案件年度报告(2008)》；开展了网络著作权、音像制品侵权损害赔偿、反垄断民事诉讼专题调研。

2009年4月9日，最高人民法院发出《关于在全国法院开展知识产权审判“优化自主创新司法环境” 年度主题活动的通知》，在全国法院开展了知识产权审判“优化自主创新司法环境” 年度主题活动。各地法院纷纷制定活动实施方案，分阶段贯彻落实，在深入贯彻国家知识产权战略，充分发挥知识产权司法保护主导作用；做好专利案件审判工作，着力培育科技创新能力和拓展创新空间；切实维护商标信誉，推动形成自主品牌；着力改善贸易和投资环境，积极推动对外开放水平的提高等方面，均取得了重要进展。

最高人民检察院重视打击侵犯知识产权犯罪宣传工作。在《检察日报》、正义网及其他媒体上刊登《“两法” 衔接，步向体制建设阶段》、《刑事立案监督范围的扩展与触角的延伸》等多篇专题文章，介绍检察机关贯彻落实《国家知识产权战略纲要》的情况及在打击侵犯知识产权违法犯罪行为方面发挥的作用，及时宣传检察机关保护知识产权的工作情况、典型案例等。

七、知识产权培训工作呈现新面貌

2009年，知识产权培训工作继续推进，人才队伍建设呈现新面貌。

国家知识产权局继续大力实施“百千万知识产权人才工程”，建立高素质的知识产权专业人才队伍；积极探索与地方及高校联合开展知识产权教育培训模式，整合资源，建立知识产权人才培养基地；启动知识产权人才“十二五” 专项规划编制工作，制定知识产权人才库工作方案，加强人才队伍建设。

各地知识产权局围绕实施知识产权战略，以行业企业为重点，共举办各类培训项目3000多期，共计培训60万多人次，提高了企事业单位知识产权创造、管理、运用和保护水平和能力。

国家工商行政管理总局加强商标战略培训，制定了《全国工商系统省市局长商标战略培训班培训方案》，分批对全系统地市以上工商局分管局长进行商标战略全员培训。2009年11月，在上海市举办“全国工商系统商标战略暨世博会标志保护培训班”，培训各级工商干部240人，是全国工商系统商标战线规模最大的一次培训班，也是将商标战略和世博会标志保护两项工作的有机结合和培训方式的有益尝试。

2009年，国家版权局在党政领导干部、版权管理执法人员和企事业管理人员版权培训方面取得新突破。与中组部联合举办了“国家版权工作专题研究班”，对来自全国各地主管版权工作的相关领导进行了培训；针对基层版权执法人员，在山东、江西、内蒙等地举办了三期“全国基层版权执法培训班”，增强了基层执法人员做好工作的信心和能力；2009年6月、9月，企业使用正版软件部际联席会议办公室分别在北京、深圳与国资委联合举办“中央企业软件正版化培训班”，培训各企业软件正版化工作人员近800人。

海关总署高度重视自身能力建设，通过开展理论研究及研讨等途径，在海关系统内培养知识产权保护方面的专家；通过举办“邮递和快件渠道保护知识产权专项行动执法培训班”、“中法知识产权海关保护培训班”的形式，对一线执法关员提供有关培训，提高执法能力，使海关知识产权保护工作日益专业化。

公安部深入开展业务培训教育，大力加强队伍专业化建设。2009 年 5 月，编辑、印发了《经济犯罪案例选编（三）——侵犯知识产权犯罪》一书，直接面向一线指挥员、侦查员，突出办理侵犯知识产权犯罪案件的侦查流程和证据要求，为各地执法实务和规范化建设提供了有力指导和帮助；7 月，在湖北省举办了“全国公安机关知识产权刑事执法培训班”，邀请中央部委、科研院校、国外相关执法机构的专家学者进行授课，全国省级和有关地市级公安机关经侦、治安、网安部门的分管总队长、支队长和业务骨干等 130 人参加培训，系统学习了现行法律理解与适用、假冒商标识别与认定、侵犯知识产权犯罪案件的侦查指挥等方面的知识。

最高人民法院高度重视对知识产权法官的培养以及专业知识和审判技能的强化训练。2009 年以来，修改和充实了知识产权审判专业培训内容，重点加强中、基层法院知识产权审判人员的业务培训。8 月，在国家法官学院举办了“全国法院知识产权审判新问题研修班”，对来自中、基层法院的 240 余名知识产权审判人员进行了培训。

最高人民检察院加强了办理知识产权犯罪案件的培训工作。2009 年 4 月，在江苏省举办了“知识产权培训班暨行政执法与刑事司法衔接工作现场经验交流会”，邀请公安部、海关总署、商务部等单位有关负责同志及专家、学者与会，讲授了侵犯知识产权犯罪的发展趋势及办案中存在的主要问题、对策等，并请有关检察机关介绍推动建立“网上衔接，信息共享”机制、开展行政执法机关与刑事司法衔接工作特别是移送涉嫌侵犯知识产权犯罪案件的经验，对加大对侵犯知识产权犯罪的打击力度、推动“两法衔接”工作起到了积极作用。2009 年 6 月，举办了“第一期机关干部培训班”，并邀请国家知识产权局有关领导专题讲授了国家知识产权战略的相关情况。

八、知识产权国际合作交流获得新发展

2009 年，知识产权领域的双边和多边合作机制进一步完善，合作方式和范围进一步拓展，合作层次进一步提升，国际合作交流获得了新发展。

国家知识产权局继续组织协调相关部门积极参与知识产权国际事务谈判与磋商，深化了与世界知识产权组织等国际组织以及其他国家和地区在知识产权方面的合作，促进了中国知识产权领域国际合作的全面发展。

3 月，世界知识产权组织新任总干事高锐出席由世界知识产权组织与国家知识产权局、国家工商行政管理总局和国家版权局合办的“世界知识产权组织跨区域知识产权高级论坛”以及“世界知识产权组织非正式圆桌会议”。期间，王岐山副总理出席了开幕式，温家宝总理亲切会见高锐一行并就知识产权问题作了重要阐述，田力普局长与高锐举行正式会谈，就中国专利金奖、《专利合作条约》高级巡回研讨班、世博会相关活动等重大双边合作问题达成共识。

6 月，在国家知识产权局、国家工商行政管理总局、国家版权局及我驻日内瓦使团的共同关注和积极努力下，中国提名候选人王彬颖女士在世界知识产权组织协调委员会第六十次会议上成功当选世界知识产权组织副总干事。

10 月 25 日，田力普局长代表中国政府签署了《中国-东盟知识产权领域合作谅解备忘录》，国务院总理温家宝与东盟成员国领导人出席了签字仪式。

2009 年，国家工商行政管理总局积极开展一系列商标领域多边及双边交流合作项目。派员参加多次多边会议和双边谈判；加强与美、日、欧等国家、地区商标主管机构的交流合作；与欧盟、韩国、法国、日本和越南等多国或地区商标主管机关签订了以商标领域合作为主要内容的合作谅解备忘录；参加在新加坡举行的“第 28 次亚太经合组织知识产权专家组会议”；参加国际商标协会第 131 届年会、中加商标交流会；与日本特许厅在京召开“中日商标局长第七次会谈”；继续推进中欧二期知识产权合作项目，组织实施“中欧商

标注册对比研究”。

2009年11月30日至12月1日，国家工商行政管理总局与世界知识产权组织在重庆举办了“亚太地区地理标志研讨会”，交流探讨利用地理标志促进农村经济发展的经验和做法。来自世界知识产权组织、泰国、南非等国际组织和国家商标主管机关以及中国相关部门的代表和专家共200多人参加了会议。会议期间，还举办了“中国农产品商标和地理标志工作成果展览”等活动。

2009年，国家版权局紧紧围绕坚持对外开放、拓展对外经贸关系这一大局开展版权国际交流与合作工作。妥善处理世界贸易组织有关版权问题，配合有关部门认真做好在世界贸易组织美诉我知识产权争端案的应对工作，圆满完成了世界贸易组织对我第8次过渡性审议工作以及两年一次的政策性审议的准备工作。积极拓展与世界知识产权组织的合作领域，在世界知识产权组织有关民间文艺、发展与知识产权、版权与相关权等重大议题上，反映中国政府的有关立场。推进版权多双边合作，积极应对亚太经合组织框架下有关版权问题的挑战；积极参与中美战略与经济对话和中欧知识产权对话，妥善处理中美、中欧、中日等重要版权双边关系；积极参与中挪、中哥自由贸易区谈判和中巴、中俄经贸分委会知识产权工作组会议工作，加强与东盟国家在版权领域的合作。

中国海关不断深化与其他国家和地区海关在知识产权执法情报交换、执法培训、执法经验和人员交流等方面的合作。2009年1月温家宝总理访问欧盟总部期间，《中欧海关关于加强知识产权海关保护合作的行动计划》顺利签署，中欧双方海关成立了知识产权工作组和专家组，系统地开展双方的执法合作。此外，中国海关巩固与美国海关在《关于加强知识产权边境执法协作的备忘录》方面的成果，继续加强与日本、韩国海关在《零假冒计划》框架内的合作，在开展情报交流、趋势分析、案件协查等工作方面已积累了比较丰富的经验。

2009年，农业部举办了“东盟10国植物新品种保护培训班”，积极参加国际植物新品种保护联盟系列会议和国际规则制定，完成了国际植物新品种保护联盟谷子等测试指南的研制，成功举办了“国际植物新品种保护联盟第43届蔬菜技术工作组会议”、“中德植物新品种保护国际研讨会”，提升了中国在国际植物新品种保护事务中的作用。

2009年4月，农业部、国家林业局、国家知识产权局共同举办了“东亚植物新品种保护论坛第二次会议及植物新品种保护国际研讨会”，来自多个国家及相关国际组织、研究机构、企业的代表参加了此次会议。

2009年，公安部充分利用中国政府与欧盟全面实施知识产权保护合作的机遇，积极加入中欧知识产权合作项目并与欧方制定了该项目下的具体合作实施计划，现已在执法交流、培训教育等方面取得实质性进展；先后与美国国土安全部、联邦调查局，英国打击严重及有组织犯罪调查局，法国内政部等外国执法机构就“夏至案件”等案件在协助调查取证、通报犯罪线索、提供司法协助等方面进行了务实的交流与合作；在中美、中巴商贸联委会，中美执法联合联络小组，中欧、中日知识产权工作组，中英执法年度会晤等双边机制以及国际刑警组织等多边框架下，多次参加、组织出访活动，接待、参加国外政府部门和执法机构来访、会晤，在对外交往过程中，积极宣传我公安机关保护知识产权工作成就。

2009年，最高人民法院组织召开了知识产权司法保护国际研讨会等会议，组织“欧盟竞争法考察团”出访英、比、德、卢四国，与美国司法部、美国联邦贸易委员会合作举办“中美反垄断民事诉讼问题研讨班”，进一步深化了知识产权审判理论研究，有效促进了裁判标准的细化和统一。

最高人民检察院注重加强与知识产权国际组织和有关国家的交流合作，有力地配合了对外知识产权谈判工作。2009年以来，先后派员参加中欧、中瑞、中巴、中日知识产权工作组，中美商贸联委会，世界贸易组织对华贸易政策审议，世贸组织知识产权理事会对话过渡性审议、中国贸易政策报告等相关工作；积极参与中欧知识产权二期合作项目，应欧洲专利局的邀请，最高人民检察院侦查监督厅和有关省市院侦查监督处长组成中国检察官代表团，赴德国、荷兰、丹麦，对三国有关部门的知识产权保护工作进行了考察学习。

2009年中国保护知识产权行动计划

一、知识产权法制建设工作计划

（一）起草、制订、修订部分专利保护法律法规

1.做好《专利法实施条例》的修改工作。

2.完成专利审查指南和操作规程的适应性修订。

3.做好《专利代理条例》和专利代理管理的相关部门规章、规范性文件的修改工作。

4.加快出台《国家标准涉及专利的（暂行）规定》。

5.适时出版《中药发明专利审查标准指南》。

（二）起草、制订、修订部分商标、版权保护有关法律法规

1.加快《商标法》的修改，适时启动《商标法实施条例》的修改工作。

2.研究制订《商标代理条例》。

3.修改《驰名商标认定和保护规定》，进一步完善驰名商标认定和保护制度。

4.推进《民间文学艺术著作权保护条例》的修改及制订实施，研究《作品自愿登记管理办法》、《教科书法定许可付酬办法》的修改及制订实施。

（三）起草、制订、修订其他知识产权法律、法规和规章

1.完成对《〈知识产权海关保护条例〉实施办法》的修订工作。

2.积极推进《反不正当竞争法》修订工作，完善有关商业秘密保护的规定。

3.研究起草商业秘密保护指导规则。

4.研究制订劳动合同法配套规章，指导企业依法与劳动者签订竞业限制协议。

5.研究制订《生物遗传资源管理条例》。

6.制订《中国生物多样性保护战略与行动计划》，加强遗传资源及相关传统知识的保护。

7.推进《中华人民共和国非物质文化遗产保护法》的立法进程。

8.开展修订《植物新品种保护条例》的调研工作。

9.发布《植物品种命名规则》。

10.研究制订《文化生态保护区命名与管理暂行办法》。

11.制订《药品标准管理办法》，完善药品标准管理体系。

12.推进落实《关于促进自主创新成果产业化的若干政策》。

13.继续推动《促进科技成果转化法》及其相关实施细则的修订研究工作，进一步规范和保障科技成果及其知识产权的实施、转化和产业化。

14.加快《人类遗传资源管理条例》研究起草工作，依法完善我国人类遗传资源保护、开发和利用制度，构建合理的遗传资源获取与利益分享机制。

（四）起草、制订知识产权司法解释

1.完成《关于在审理侵犯商标权等民事纠纷案件中保护驰名商标应用法律若干问题的解释》。

2.启动专利侵权判定标准的司法解释起草工作，并提请最高人民法院审判委员会讨论。

3.启动反垄断民事诉讼程序问题的司法解释

起草工作，并在年内发布实施。

二、知识产权执法工作计划

（一）开展专项行动

1.组织协调开展全国性的知识产权执法专项行动。

2.开展以打击专利侵权假冒行为为重点的“雷雨”执法专项行动。

3.开展以打击专利诈骗行为为重点的“天网”执法专项了行动。

4.部署新中国成立60周年大庆文化市场整治行动，保护知识产权，维护市场秩序。

5.开展动漫市场专项整治行动，重点打击动漫市场侵权盗版行为。

6.开展2009年打击网络侵权盗版专项治理行动。

7.进一步推进企业软件正版化工作，继续做好第二批软件正版化示范单位评选工作。

8.组织农资、建材、食品、家电下乡产品等专项执法检查，严厉查处违反有关质量和知识产权法律法规的侵权行为。

9.加强网上“扫黄打非”工作，开展打击侵权盗版专项行动，净化互联网文化环境。

（二）加强日常执法

1.以保护涉农商标、食品商标、药品商标、驰名商标、涉外商标为重点，继续加大商标行政执法力度，严厉打击商标侵权假冒行为。

2.进一步规范和加强涉嫌商标犯罪案件的移送工作。

3.在全国大中城市推广“商标授权经营制度”，对成规模商品批发零售市场进行规范化商标监管。

4.依据《世界博览会标志保护条例》，加大对世界博览会标志的保护力度。

5.进一步完善版权行政执法中的举报、协查、通报、统计和备案等制度，执行好《打击侵权盗版举报、查处奖励暂行办法》，激励举报和查办侵权盗版案件有功人员。

6.加强对伪造产地、伪造或者冒用厂名厂址等违法侵权行为的日常执法检查，打击伪造或者冒用质量标志等违法行为，着力查处一批大案要案。

7.加强对授权品种生产许可证发放的管理和事后监督，打击无证和“套牌”生产、销售行为。

8.加强对农产品市场的监督检查，打击伪造、冒用农产品地理标志行为。

9.强化植物新品种保护执法，及时查处植物新品种侵权和假冒等违法行为。

10.在口岸进出口环节加大自主知识产权保护力度，严厉打击侵权产品非法进出口等违法行为，保护权利人合法权益，促进我国自主品牌企业开拓国际市场。

11.打击盗版接收、传播广播电视节目的行为。

12.加强知识产权滥用的研究，针对滥用知识产权行为，加强与外国相关政府部门的沟通和交涉。

三、知识产权审判工作计划

1.积极推动各地法院开展设置统一受理知识产权民事、行政和刑事案件的专门知识产权法庭的探索和试点。

2.尽快研究解决由北京市有关法院知识产权法庭统一受理专利和商标授权确权案件的问题。

3.统筹规划和适当调整知识产权案件审判管辖体制，继续从严掌握对专利等技术类案件的指定管辖制度，探索建立基层法院跨区域管辖著作权、商标、不正当竞争和知识产权合同等一般知识产权案件的制度。

4.在最高人民法院、高级法院、受理知识产权民事案件较多的中级法院和指定受理知识产权民事案件的基层法院设立独立的知识产权审判庭，其他中级法院设置统一审理知识产权民事案件的合议庭。

5.推动专利和商标授权确权程序的简化和完善。

6.召开第二次全国法院专利审判工作座谈会，根据修订后的专利法明确相关专利审判原则和政策。

7.召开全国法院知识产权审判工作座谈会，

总结审判经验，统一司法政策，推动国家知识产权战略的贯彻实施。

四、知识产权机制建设工作计划

（一）部门协作和区域互动的工作机制建设

1.继续完善国家知识产权战略实施工作部际联席会议制度，加大部际知识产权战略实施工作的统筹协调力度。

2.出台加强知识产权工作，实施知识产权战略，促进长江三角洲地区改革开放和经济社会发展的若干意见，加强长三角地区知识产权合作机制建设。

3.建立知识产权合作机制，开展行业知识产权试点工作。

4.加强知识产权维权援助工作，完善维权援助工作机制，加强维权援助中心建设。

5.选择一批政府部门、司法机关、研发机构、中介机构、教育机构和市场主体，作为专利保护的重点联系单位，建立全国专利保护重点联系机制。

6.启动以区域专利保护试点工作为主要内容的“5?26”工程。

7.积极推动行政执法与刑事司法机关之间建立“网上衔接，信息共享”机制。

8.制订和施行《公安机关办理侵犯知识产权犯罪案件工作指引》，统一法律认识，规范办案制度。

9.按照《关于建立协作配合机制共同加强知识产权保护工作的通知》要求，加强督导、检查和总结奖惩，进一步完善知识产权行政、刑事保护工作制度。

10.坚决打击侵犯商业秘密的不正当竞争行为，建立有效的侵犯商业秘密刑事案件移送制度。

11.加强与受假冒侵权危害较为严重的企业和重点行业协会的联系，发挥企业和行业协会的作用，提高执法打假的针对性和有效性。

12.加强和完善版权与公安、电信部门的协调机制，建立快速有效的打击互联网盗版的协作机制。

13.加强公安机关与海关之间的沟通协作，进一步完善打击跨国侵犯知识产权犯罪的部门协作机制。

（二）加强部门知识产权管理

1.大力实施知识产权强县工程。

2.了解社会对专利审查工作的多样化需求，进一步调整专利审查质量管理的重点和方向，完善外部质量反馈机制和审查质量评价体系。

3.协调解决品种名称与商标保护冲突的问题。

4.进一步建立健全包括传统知识和民间文艺在内的非物质文化遗产保护制度，继续推动非物质文化遗产名录体系建设，加强对传承人的保护，部署第三批国家级非物质文化遗产名录申报工作。

5.实施“国家昆曲艺术抢救、保护和扶持工程”、“全国重点京剧院团扶持工程”，鼓励民族传统文化作品的创作。

6.制定推行药品质量主控文档制度，加强对企业核心秘密的保护。

7.继续实施中医药传统知识特殊保护政策试点项目。

8.完善地理标志保护产品体系建设，构建以质量技术要求为核心，以地方标准为基础的综合标准体系，力争完成40%的地理标志产品的综合标准。

9.加强与企业的协作联系沟通，共同开展打击防范、执法培训、信息沟通和宣传教育等合作，以提升国内企业的知识产权保护意识，推进企业自主创新。

10.加强广播影视领域知识产权状况调研，加强广播影视知识产权、新媒体知识产权保护体制机制和广播影视数字版权保护技术研究，推进影视创意产业发展，发展视听新媒体。

五、知识产权宣传工作计划

（一）宣传方向

1.报道各地区、各部门落实中央要求，推进知识产权战略实施工作的新思路、新措施、新成效，宣传一批保护知识产权的先进典型。

2.将知识产权宣传列入纪念新中国成立60周年的宣传计划中。

3.重点跟踪一批自主创新能力强、知识产权工作基础好的中央企业，通过对口交流、会议研讨和媒体宣传等多种方式，及时总结和推广中央企业加强知识产权工作的经验和做法。

4.把知识产权法律法规纳入2009年度全国法制宣传计划，在全社会深入开展知识产权法律法规宣传教育。

5.发挥好广播影视大众媒体宣传优势，积极开展有关知识产权的宣传工作。

（二）开展大型宣传活动

1.组织2009年全国知识产权宣传周活动。

2.启动中国知识产权文化建设工程。

3.面向地方政府和企业，宣传和贯彻标准制定中有关专利的处置原则，指导我国企业自主创新技术形成国家标准，积极参与国际标准的制订工作。

4.举办“2009中国商标节”，发布《中国商标战略发展报告》。

5.加大商标行政执法案件公布力度，鼓励和推动地方工商局公布更多的商标行政执法典型案例，进一步增强商标案件查处工作的透明度。

6.开展“版权保护在中国”——新中国成立60周年版权保护大型系列宣传活动。

7.积极推动版权示范城市、示范单位和示范基地的创建和评选工作，树立版权保护优秀典型，推广版权保护先进经验，促进版权相关产业发展。

8.组织“文化遗产日”系列活动，加大非物质文化遗产宣传力度。

9.认真贯彻落实“五五”普法规划，把知识产权法律法规作为“法律六进”等主题法制宣传教育活动的重要内容。

10.组织中国植物新品种保护制度实施十周年纪念活动，表彰为中国植物新品种保护事业做出贡献的品种权人。

11.加大宣传力度，提高企业和劳动者法律意识和法制观念，使企业自觉履行有关法律条款，增强劳动者保守商业秘密观念。

12.面向大中小学生和城市社区，深入开展“拒绝盗版，从我做起”活动。

（三）举办论坛、交流会和制作、发布宣传材料

1.举办“中国知识产权高层论坛”。

2.举办全国外商知识产权保护座谈会。

3.举办2009医药知识产权论坛和药品试验数据保护国际研讨会。

4.继续参加“2009海峡两岸商标论坛”。

5.发布《中国知识产权保护状况白皮书》。

6.编写《中国高校知识产权年度报告》。

7.发布《最高人民法院知识产权案件审判年度报告（2008）》以及2008年中国知识产权司法保护十大案例。

六、知识产权培训教育工作计划

（一）知识产权执法、司法人员培训

1.有针对性地开展基层公安民警知识产权执法培训教育活动。积极与国外有关部门和机构联合举办知识产权刑事执法人员培训班，提升处理跨国、跨境知识产权犯罪案件的能力和水平。

2.联合知识产权权利人开展对海关一线执法人员的培训活动，提高关员查获侵权货物能力。

3.开展对负责海关案件调查和审理人员的培训和指导，提高办案人员对疑难案件的处理能力。

4.积极利用“中国—欧盟知识产权保护项目(二期)”等平台，加强商标执法队伍培训。

5.开展对基层版权执法人员的培训和指导，提高版权执法人员在新技术条件下的执法能力。

6.充实知识产权法官队伍，充实审判业务骨干和专业人才，完善审判队伍的专业结构。

7.强化知识产权审判业务培训，适时修改、补充知识产权审判专业培训大纲，重点加强基层基础建设，举办专门的基层法院知识产权审判人员培训班。

8.加大检察机关培训工作中的知识产权内容，与中国—欧盟知识产权保护项目（二期）共同举办知识产权培训活动。

（二）知识产权普及教育

1.继续推进义务教育课程标准的修订工作，力争将有关知识产权内容纳入《思想品德课程标准》。

2.针对科技管理人员、参与国家科技计划实施的科技人员以及企业家的不同需求，全面开展

知识产权知识培训和实务辅导。

3.开展对工业企业的“应对标准与知识产权问题”培训。

4.加强对领导干部、公务员、青少年、企业经营管理人员等重点对象的知识产权法律法规宣传教育。

5.按照《公务员培训规定（试行）》要求，进一步加强公务员知识产权培训。

6.组织开展中医药行业从业人员知识产权培训、医药卫生行业科技重大专项知识产权培训、医药企事业单位和地方药品监管人员知识产权培训。

7.将知识产权法律法规列入广播影视系统公务员课程，组织广播影视系统知识产权培训班。

8.开展对版权权利人、版权使用者和中心城市分管市长及全国各省（区、市）、中心城市版权局局长的版权培训活动，对公众的著作权集体管理知识的培训普及活动。

9.继续实施高素质知识产权律师人才队伍建设规划，加强知识产权培训工作，不断提高律师知识产权申请和纠纷处置服务能力及涉外知识产权参与能力。

10.加强对知识产权司法鉴定人的培训工作，加大岗前和转岗培训力度。

11.开展全国版权代理人培训活动，培养版权交易人才，为建立规范我国版权代理机构和版权代理人资格的科学机制打好基础。

七、知识产权国际交流合作计划

（一）国际交流合作机制建设

1.建立和完善知识产权对外信息沟通交流机制，进一步加强与世界知识产权组织等国际组织的合作。

2.继续保持和发展在知识产权领域已建立的双边、多边合作机制，通过多种形式拓展交流与合作的方式和范围，提升交流与合作的层次。

3.加强与国外执法机构及国际刑警组织等国际组织的沟通协作，开展联合执法行动。

4.继续通过中美、中欧、中瑞（士）、中俄之间对话机制、专门的知识产权工作组以及日本知识产权官民联合访华团等其他渠道，加强知识产权交流与合作。

（二）国际交流合作活动

1.与世界知识产权组织共同举办跨区域国际知识产权高级论坛。

2.继续推动世界知识产权组织与香港特区合作，协助特区政府办好地区研讨会。

3.密切跟踪、深入研究金融危机有关形势变化及对知识产权领域合作的影响。

4.与世界知识产权组织在专利信息和专利文献传播领域开展合作，落实中国与美日欧在合作协议中有关信息和基础资源方面的内容。

5.加强与国际标准化组织和发达国家标准制定组织的沟通，参与 ISO“专利评估工作组”的工作和 IEC、ITU 的标准化活动。

6.进一步加强在商标、商业秘密及知识产权有关的反不正当竞争领域的国际交流与合作，积极扩展合作的广度和深度，认真实施合作框架下的项目活动。

7.做好世界贸易组织对华贸易政策审议和对华过渡性审议涉及的有关版权保护工作。

8.积极参与世界知识产权组织有关民间文艺国际保护问题的磋商，促进建立有国际约束力的民间文艺国际保护规则。

9.继续处理世界贸易组织知识产权理事会、亚太经合组织知识产权专家组的相关工作，参与国际组织知识产权议程。继续参与自贸区谈判中的知识产权议题谈判工作。继续做好世界贸易组织知识产权争端案的相关工作。

10.继续认真执行《中美海关关于加强知识产权执法合作备忘录》、《中日韩三国海关保护知识产权行动计划》，做好落实《中欧海关保护知识产权行动计划》的相关工作。

11.组织《生物多样性公约》有关“遗传资源获取与惠益分享国际制度”的国际谈判。

12.举办东亚植物新品种保护论坛第二次会议和国际植物新品种保护联盟第 42 届蔬菜技术工作组会议，做好东亚植物新品种保护论坛轮值秘书处工作。

13.积极推动国内影视传媒企业与国外优势企

业开展影视产品专利技术的研发与应用。

14.举办中欧网络著作权司法保护国际研讨会和知识产权司法保护国际研讨会。

八、推进企业知识产权保护工作计划

1.深化知识产权试点示范工作，着力推进企事业知识产权战略试点，启动自主知识产权优势企业培育促进工程。

2.按照九部委《关于加强企业境外参展知识产权工作的通知》要求，继续做好企业出境参展知识产权工作。

3.积极组织开展商标试点、示范工作，加强对各地制定和实施商标战略工作的指导，建立企业联系点，全程评测试点企业商标战略实施情况。

4.推进实施《知识产权海外维权机制实施方案》，建设知识产权海外维权网站和专家库，组织编写知识产权海外维权相关报告。

5.探索在知名展会现场设立中国企业知识产权服务站，提高我参展企业知识产权意识和纠纷处理能力。

6.指导中央企业切实做好涉外知识产权侵权和法律诉讼的防范工作，切实防止企业海外投资、跨国并购、国际项目合作、工程承包以及劳务合作等环节的知识产权流失。

7.继续开展创新型企业试点，把提升企业知识产权创造、运用、保护和管理能力作为重要内容，把获取更多知识产权作为重要考核评价标准，引导企业实施知识产权战略。

九、为权利人提供服务工作计划

(一) 提高知识产权公共服务水平

1.提高面向社会和公众的专利文献服务水平，加强知识产权陈列馆、专利展示厅和专利文献馆建设，建好网络“专利文献咨询台”，为客户提供高质量的检索、翻译和咨询服务。

2.完成中国专利电子审批系统建设，加强专利数据深加工工作，推进中国专利检索与服务系统建设。

3.启动建设包括国家专利数据中心、区域专利信息服务中心以及地方专利信息网点在内的三级专利信息公共骨干网络。

4.建立国家知识产权专家库、高层次知识产权人才信息库等人才库，推进各省（区、市）建立省级知识产权人才库，同时建立专业人才信息网络平台。

5.完善商标审查工作机制，优化工作流程，提高商标审查效率和质量，确保完成2009年审查130万件商标注册申请，商标审查周期由30个月缩短到19个月的任务。

6.继续遏制商标恶意申请、恶意异议、恶意转让等影响商标注册工作、损害当事人商标权益的行为，努力维护良好的商标注册秩序。

7.完善和扩大商标网上申请系统和商标网上查询系统，为中外申请人提供更为便捷的服务。

8.组织运行国家版权监管平台一期工程，启动版权监管平台二期工程有关工作，充分利用版权监管平台的技术优势，提高打击侵权盗版行为的效率。

9.深入研究合同登记、作品登记、质押登记等问题，推进相关规定尽快出台，促进版权产业有序发展。

10.通过为国家科技重大专项提供知识产权信息服务，带动一批专业化的知识产权信息服务机构发展，培养一批知识产权信息服务专业化人才。

11.推动建立关于科技重大专项、国家科技计划进展情况与相应专利信息跟踪分析的信息通报制度。

12.开展对工业行业重点领域的知识产权信息跟踪和预警工作机制研究，定期发布重点行业和领域的专利预警信息。

13.针对工业和信息化重点行业、重点领域，建立专利信息数据库，满足工业行业企业检索和利用知识产权信息的基本需求。

14.加快植物新品种保护信息平台建设，促进申请、审查、测试、授权和信息披露的数字化。

15.积极挖掘农产品地理标志产品，建立农产品地理标志基础信息库。

16.完善药品注册相关专利信息平台。

(二) 发展知识产权中介服务

1.继续推进知识产权资产评估促进工程，实施地方知识产权资产评估推进计划。

2.继续加强商标代理秩序的监管，创新监管方式，建立商标代理组织信用数据库。

3.构建版权社会服务体系，进一步支持版权行业协会和版权中介组织的发展，大力扶持著作权集体管理组织制度建设，加强对著作权集体管理组织的监督，构建作品使用的正常渠道。

4.完善知识产权法律服务体系，拓展知识产权法律服务工作领域，改进服务方式，更好地发挥法律服务在知识产权创造、运用、保护和管理等方面的职能作用。

5.加强对律师从事知识产权法律服务的指导工作，完善、强化管理措施，充分发挥行业自律作用，保障律师知识产权法律服务工作规范、有序开展。

6.加强协调，就专利代理、商标代理等知识产权业务领域建立相关的律师代理制度进行调研，提出工作措施。

7.鼓励引导知识产权司法鉴定机构申请实验室或检查机构认可，推动知识产权司法鉴定机构的规范化建设，研究制订知识产权司法鉴定分类规范，争取将知识产权司法鉴定纳入统一管理,为知识产权诉讼提供技术支撑。

8.规范社会中介组织和行业协会，充分发挥其保护商业秘密的社会职能。

9.推进广播电视知识产权保护协会（或广播电视版权集体管理组织）组建工作，将电影版权保护协会转为著作权集体管理组织。

国务院反垄断委员会关于相关市场界定的指南

（2009年5月24日）

第一章 总 则

第一条 指南的目的和依据

为了给相关市场界定提供指导，提高国务院反垄断执法机构执法工作的透明度，根据《中华人民共和国反垄断法》（以下称《反垄断法》），制定本指南。

第二条 界定相关市场的作用

任何竞争行为（包括具有或可能具有排除、限制竞争效果的行为）均发生在一定的市场范围内。界定相关市场就是明确经营者竞争的市场范围。在禁止经营者达成垄断协议、禁止经营者滥用市场支配地位、控制具有或者可能具有排除、限制竞争效果的经营者集中等反垄断执法工作中，均可能涉及相关市场的界定问题。

科学合理地界定相关市场，对识别竞争者和潜在竞争者、判定经营者市场份额和市场集中度、认定经营者的市场地位、分析经营者的行为对市场竞争的影响、判断经营者行为是否违法以及在违法情况下需承担的法律责任等关键问题，具有重要的作用。因此，相关市场的界定通常是对竞争行为进行分析的起点，是反垄断执法工作的重要步骤。

第三条 相关市场的含义

相关市场是指经营者在一定时期内就特定商品或者服务（以下统称商品）进行竞争的商品范围和地域范围。在反垄断执法实践中，通常需要界定相关商品市场和相关地域市场。

相关商品市场，是根据商品的特性、用途及价格等因素，由需求者认为具有较为紧密替代关系的一组或一类商品所构成的市场。这些商品表现出较强的竞争关系，在反垄断执法中可以作为经营者进行竞争的商品范围。

相关地域市场，是指需求者获取具有较为紧密替代关系的商品的地理区域。这些地域表现出较强的竞争关系，在反垄断执法中可以作为经营者进行竞争的地域范围。

当生产周期、使用期限、季节性、流行时尚性或知识产权保护期限等已构成商品不可忽视的特征时，界定相关市场还应考虑时间性。

在技术贸易、许可协议等涉及知识产权的反垄断执法工作中，可能还需要界定相关技术市场，考虑知识产权、创新等因素的影响。

第二章 界定相关市场的基本依据

第四条 替代性分析

在反垄断执法实践中，相关市场范围的大小主要取决于商品（地域）的可替代程度。

在市场竞争中对经营者行为构成直接和有效竞争约束的，是市场里存在需求者认为具有较强替代关系的商品或能够提供这些商品的地域，因此，界定相关市场主要从需求者角度进行需求替代分析。当供给替代对经营者行为产生的竞争约束类似于需求替代时，也应考虑供给替代。

第五条 需求替代

需求替代是根据需求者对商品功能用途的需求、质量的认可、价格的接受以及获取的难易程度等因素，从需求者的角度确定不同商品之间的替代程度。

原则上，从需求者角度来看，商品之间的替代程度越高，竞争关系就越强，就越可能属于同一相关市场。

第六条 供给替代

供给替代是根据其他经营者改造生产设施的投入、承担的风险、进入目标市场的时间等因素，从经营者的角度确定不同商品之间的替代程度。

原则上，其他经营者生产设施改造的投入越少，承担的额外风险越小，提供紧密替代商品越迅速，则供给替代程度就越高，界定相关市场尤其在识别相关市场参与者时就应考虑供给替代。

第三章 界定相关市场的一般方法

第七条 界定相关市场的方法概述

界定相关市场的方法不是唯一的。在反垄断执法实践中，根据实际情况，可能使用不同的方法。界定相关市场时，可以基于商品的特征、用途、价格等因素进行需求替代分析，必要时进行供给替代分析。在经营者竞争的市场范围不够清晰或不易确定时，可以按照“假定垄断者测试”的分析思路（具体见第十条）来界定相关市场。

反垄断执法机构鼓励经营者根据案件具体情况运用客观、真实的数据，借助经济学分析方法来界定相关市场。

无论采用何种方法界定相关市场，都要始终把握商品满足消费者需求的基本属性，并以此作为对相关市场界定中出现明显偏差时进行校正的依据。

第八条 界定相关商品市场考虑的主要因素

从需求替代角度界定相关商品市场，可以考虑的因素包括但不限于以下各方面：

（一）需求者因商品价格或其他竞争因素变化，转向或考虑转向购买其他商品的证据。

（二）商品的外形、特性、质量和技术特点等总体特征和用途。商品可能在特征上表现出某些差异，但需求者仍可以基于商品相同或相似的用途将其视为紧密替代品。

（三）商品之间的价格差异。通常情况下，替代性较强的商品价格比较接近，而且在价格变化时表现出同向变化趋势。在分析价格时，应排除与竞争无关的因素引起价格变化的情况。

（四）商品的销售渠道。销售渠道不同的商品面对的需求者可能不同，相互之间难以构成竞争关系，则成为相关商品的可能性较小。

（五）其他重要因素。如，需求者偏好或需求者对商品的依赖程度；可能阻碍大量需求者转向某些紧密替代商品的障碍、风险和成本；是否存在区别定价等。

从供给角度界定相关商品市场，一般考虑的因素包括：其他经营者对商品价格等竞争因素的变化做出反应的证据；其他经营者的生产流程和工艺，转产的难易程度，转产需要的时间，转产的额外费用和风险，转产后所提供商品的市场竞争力，营销渠道等。

任何因素在界定相关商品市场时的作用都不是绝对的，可以根据案件的不同情况有所侧重。

第九条 界定相关地域市场考虑的主要因素

从需求替代角度界定相关地域市场，可以考虑的因素包括但不限于以下各方面：

（一）需求者因商品价格或其他竞争因素变化，转向或考虑转向其他地域购买商品的证据。

（二）商品的运输成本和运输特征。相对于商品价格来说，运输成本越高，相关地域市场的范围越小，如水泥等商品；商品的运输特征也决定了商品的销售地域，如需要管道运输的工业气体等商品。

（三）多数需求者选择商品的实际区域和主要经营者商品的销售分布。

（四）地域间的贸易壁垒，包括关税、地方性法规、环保因素、技术因素等。如关税相对商品的价格来说比较高时，则相关地域市场很可能是一个区域性市场。

（五）其他重要因素。如，特定区域需求者偏好；商品运进和运出该地域的数量。

从供给角度界定相关地域市场时，一般考虑的因素包括：其他地域的经营者对商品价格等竞争因素的变化做出反应的证据；其他地域的经营者供应或销售相关商品的即时性和可行性，如将订单转向其他地域经营者的转换成本等。

第四章 关于假定垄断者测试分析思路的说明

第十条 假定垄断者测试的基本思路

假定垄断者测试是界定相关市场的一种分析思路，可以帮助解决相关市场界定中可能出现的不确定性，目前为各国和地区制定反垄断指南时普遍采用。依据这种思路，人们可以借助经济学工具分析所获取的相关数据，确定假定垄断者可以将价格维持在高于竞争价格水平的最小商品集合和地域范围，从而界定相关市场。

假定垄断者测试一般先界定相关商品市场。首先从反垄断审查关注的经营者提供的商品（目标商品）开始考虑，假设该经营者是以利润最大化为经营目标的垄断者（假定垄断者），那么要分析的问题是，在其他商品的销售条件保持不变的情况下，假定垄断者能否持久地（一般为 1 年）小幅（一般为 5%~10%）提高目标商品的价格。目标商品涨价会导致需求者转向购买具有紧密替代关系的其他商品，从而引起假定垄断者销售量下降。如果目标商品涨价后，即使假定垄断者销售量下降，但其仍然有利可图，则目标商品就构成相关商品市场。

如果涨价引起需求者转向具有紧密替代关系的其他商品，使假定垄断者的涨价行为无利可图，则需要把该替代商品增加到相关商品市场中，该替代商品与目标商品形成商品集合。接下来分析如果该商品集合涨价，假定垄断者是否仍有利可图。如果答案是肯定的，那么该商品集合就构成相关商品市场；否则还需要继续进行上述分析过程。

随着商品集合越来越大，集合内商品与集合外商品的替代性越来越小，最终会出现某一商品集合，假定垄断者可以通过涨价实现盈利，由此便界定出相关商品市场。

界定相关地域市场与界定相关商品市场的思路相同。首先从反垄断审查关注的经营者经营活动的地域（目标地域）开始，要分析的问题是，在其他地域的销售条件不变的情况下，假定垄断者对目标地域内的相关商品进行持久（一般为 1 年）小幅涨价（一般为 5%~10%）是否有利可图。如果答案是肯定的，目标地域就构成相关地域市场；如果其他地域市场的强烈替代使得涨价无利可图，就需要扩大地域范围，直到涨价最终有利可图，该地域就是相关地域市场。

第十一条 假定垄断者测试的几个实际问题

原则上，在使用假定垄断者测试界定相关市场时，选取的基准价格应为充分竞争的当前市场价格。但在滥用市场支配地位、共谋行为和已经存在共谋行为的经营者集中案件中，当前价格明显偏离竞争价格，选择当前价格作为基准价格会使相关市场界定的结果不合理。在此情况下，应该对当前价格进行调整，使用更具有竞争性的价格。

此外，一般情况下，价格上涨幅度为 5%~10%，但在执法实践中，可以根据案件涉及行业的不同情况，对价格小幅上涨的幅度进行分析确定。

在经营者小幅提价时，并不是所有需求者（或地域）的替代反应都是相同的。在替代反应不同的情况下，可以对不同需求者群体（或地域）进行不同幅度的测试。此时，相关市场界定还需要考虑需求者群体和特定地域的情况。

国资委关于加强中央企业知识产权工作的指导意见

国资发法规〔2009〕100号

（2009年4月22日）

各中央企业：

为深入贯彻落实科学发展观，加强中央企业知识产权工作，按照国务院公布的《国家知识产权战略纲要》的总体部署，现就中央企业知识产权工作提出以下意见：

一、充分认识加强中央企业知识产权工作的重要意义

当前国际金融危机继续蔓延，对我国实体经济的影响不断加深，特别是一些劳动密集型、纯加工型、缺乏核心技术和自主知识产权的企业面临严重冲击和困难，中央企业也面临着市场疲软、出口下降、增长放缓等严峻挑战。为贯彻落实党中央、国务院有关"保增长、扩内需、调结构"的总体要求，积极应对国际金融危机，中央企业要把知识产权工作作为"转危为机"的重要手段，主动进行技术、产品转型升级，努力打造知名品牌，掌握具有自主知识产权的核心技术，增强中央企业核心竞争能力和抵御各类风险能力，实现可持续发展。

二、中央企业加强知识产权工作的指导思想与总体要求

中央企业加强知识产权工作的指导思想是：按照贯彻《国家知识产权战略纲要》的有关要求，以科学发展观为指导，积极应对国际金融危机，全面实施企业知识产权战略，提高企业自主创新能力，坚持企业知识产权工作与企业改革、机制创新相结合，与结构调整、产业升级相结合，与企业开拓市场、经营发展相结合，与技术创新、提升自主开发能力相结合，努力打造一批拥有自主知识产权和知名品牌、熟练运用知识产权制度、国际竞争力较强的大公司大集团。

中央企业加强知识产权工作的总体要求是：紧紧围绕"一个核心，三条主线"，即以研究制定企业知识产权战略为核心，以拥有核心技术的自主知识产权、打造中央企业知名品牌、争取国际标准的话语权为知识产权工作开展的主线，充分运用"企业知识产权战略和管理指南"研究成果，大力提升中央企业知识产权创造、应用、管理和保护的能力与水平，增强企业国际竞争力。

三、全面启动中央企业知识产权战略研究制定工作

中央企业要将企业知识产权战略的研究制定放在企业知识产权工作的首位。要按照《国家知识产权战略纲要》的要求，结合本企业改革发展的实际，针对有关重点领域、重要产业的知识产权特点和发展趋势，抓紧制定和完善本企业的知识产权战略。所有中央企业要结合主业明确本企业知识产权工作的目标和任务，53家大型中央企业和其他具备条件的中央企业要在2009年底前制定并开始实施本企业知识产权战略。中央企业制定实施企业知识产权战略的有关情况要及时向国资委反馈。

四、加大企业知识产权创造和应用力度，推进中央企业在关键领域、核心技术上拥有自主知识产权

中央企业要突出知识产权创造的重点，充分发挥中央企业科研机构具有的学科比较配套、设施比较齐备、科技人员比较集中的优势，着力于在重点领域的重大关键技术项目实现重点突破。要用好国家近期出台的一系列有关钢铁、汽车、

轻工、石化等产业调整和振兴规划的各项优惠政策，加大对科研开发的投入，促进相关产业的优化升级。要充分运用知识产权法律制度，加强创新成果的知识产权确权工作，进一步将发明专利申请作为企业专利申请的重点，安排一定的经费用于专利申请、维持和实施。要努力提高企业核心技术领域的专利实施率，鼓励知识产权成果的资本化运作，重视开展专利、商标以及非专利技术等的转让和许可，推进知识产权成果的广泛应用。将知识产权的拥有量和实施效益作为衡量企业科技进步和经营管理水平的重要依据，并将其作为科技人员、经营管理人员绩效考核、职称评定、职级晋升的重要指标。

五、适应国内外市场竞争需要，加快打造中央企业知名品牌

中央企业近年来快速健康发展的良好态势，为打造中央企业知名品牌创造了条件。中央企业一定要结合知识产权工作，树立强烈的品牌意识。要加强企业知识产权战略与品牌战略的有机结合和相互促进。通过自主知识产权的创造与应用打造企业的知名品牌，通过自主知识产权的保护与管理维护并提升知名品牌的价值。要立足国际竞争，通过持续创新和长期维护，努力将知名品牌推向国际，逐步改变一些企业单纯贴牌生产的局面。要围绕企业品牌法律地位的确立，及时、规范地进行商标、商号的注册和企业商誉的保护，充分运用法律武器保护品牌成果。

六、推进知识产权成果运用与标准制订相结合，努力争取国际标准的话语权

知识产权与标准相结合已经成为各国大公司大集团占领市场的重要手段。争取国际标准的话语权，是中央企业打造具有国际竞争力的大公司大集团的重要途径。中央企业在加速知识产权成果产业化的同时，要高度重视将重大专利成果纳入技术标准的工作，积极与有关行业部门沟通，争取将企业标准上升为行业标准和国家标准。同时，中央企业作为我国行业排头兵，要进一步加强国际交流与合作，主动参与国际行业标准的制订，努力将我国优势领域拥有自主知识产权的核心技术上升为国际标准，谋求企业更大发展空间。

七、建立健全中央企业知识产权管理与保护的工作机制和制度

要立足于知识产权管理与保护，抓紧建立和完善企业知识产权综合管理制度，逐步推动知识产权由下属企业分散管理向集团集中管理转变。要在中央企业集团层面尽快明确知识产权工作综合协调机构，进一步增强集团知识产权工作的管控能力。建立健全对自主创新的激励机制，探索知识产权的收益分配制度，在知识产权转让、转化获得收益时，对职务发明人与团队及其他做出重要贡献人员依法予以适当奖励和报酬。要进一步加强知识产权人才队伍建设，加快培养一批懂技术、懂法律、懂外语，能进行知识产权分析且能熟悉运用有关国际规则的复合型人才。要针对企业知识产权的不同类型，分别建立符合企业实际情况的专利、商标、著作权和商业秘密等专项管理办法。要抓紧完善企业知识产权管理的各项制度，提高知识产权管理的信息化水平，探索建立知识产权信息检索制度、运营管理制度、侵权预警制度等。要进一步加大企业知识产权保护力度，积极防范在企业对外并购、改制重组过程中的知识产权流失。要认真贯彻落实《中华人民共和国劳动合同法》，防止因员工“跳槽”引发知识产权纠纷。

进一步加强企业知识产权工作，是当前中央企业调整优化结构、增强核心竞争力的一项重要举措。按照《中央企业负责人经营业绩考核暂行办法》的有关规定，国资委将继续落实对在自主创新（包括自主知识产权）等方面取得突出成绩的企业负责人设立单项特别奖，积极指导和推动中央企业把自主创新和知识产权工作纳入企业内部的业绩考核。同时结合中央企业知识产权战略制定工作，大力推动“企业知识产权战略和管理指南”专题研究成果的贯彻实施，促进中央企业之间的经验交流与合作。加强对中央企业知识产权工作的监督检查，继续做好对企业专利成果申报和授权情况的统计通报，及时选择一批自主创新能力强、知识产权工作基础好的中央企业进行宣传和推广。依法协调好中央企业知识产权法律纠纷，为中央企业深化知识产权工作营造良好的政策法律环境。

法 律 法 规

(67~72)

中华人民共和国侵权责任法

（2009年12月26日第十一届全国人民代表大会常务委员会第十二次会议通过）

第一章 一般规定

第一条 【立法宗旨】 为保护民事主体的合法权益，明确侵权责任，预防并制裁侵权行为，促进社会和谐稳定，制定本法。

第二条 【适用范围】 侵害民事权益，应当依照本法承担侵权责任。

本法所称民事权益，包括生命权、健康权、姓名权、名誉权、荣誉权、肖像权、隐私权、婚姻自主权、监护权、所有权、用益物权、担保物权、著作权、专利权、商标专用权、发现权、股权、继承权等人身、财产权益。

第三条 【被侵权人的请求权】 被侵权人有权请求侵权人承担侵权责任。

第四条 【侵权责任优先】 侵权人因同一行为应当承担行政责任或者刑事责任的，不影响依法承担侵权责任。

因同一行为应当承担侵权责任和行政责任、刑事责任，侵权人的财产不足以支付的，先承担侵权责任。

第五条 【侵权责任法和其他法律的关系】 其他法律对侵权责任另有特别规定的，依照其规定。

第二章 责任构成和责任方式

第六条 【过错责任原则和过错推定】 行为人因过错侵害他人民事权益，应当承担侵权责任。

根据法律规定推定行为人有过错，行为人不能证明自己没有过错的，应当承担侵权责任。

第七条 【无过错责任原则】 行为人损害他人民事权益，不论行为人有无过错，法律规定应当承担侵权责任的，依照其规定。

第八条 【共同侵权行为】 二人以上共同实施侵权行为，造成他人损害的，应当承担连带责任。

第九条 【教唆、帮助他人实施侵权行为】 教唆、帮助他人实施侵权行为的，应当与行为人承担连带责任。

教唆、帮助无民事行为能力人、限制民事行为能力人实施侵权行为的，应当承担侵权责任；该无民事行为能力人、限制民事行为能力人的监护人未尽到监护责任的，应当承担相应的责任。

第十条 【共同危险行为】 二人以上实施危及他人人身、财产安全的行为，其中一人或者数人的行为造成他人损害，能够确定具体侵权人的，由侵权人承担责任；不能确定具体侵权人的，行为人承担连带责任。

第十一条 【无意思联络但承担连带责任的分别侵权行为】 二人以上分别实施侵权行为造成同一损害，每个人的侵权行为都足以造成全部损害的，行为人承担连带责任。

第十二条 【无意思联络承担按份责任的分别侵权行为】 二人以上分别实施侵权行为造成同一损害，能够确定责任大小的，各自承担相应的责任；难以确定责任大小的，平均承担赔偿责任。

第十三条 【被侵权人对连带责任的主张形式】 法律规定承担连带责任的，被侵权人有权请求部分或者全部连带责任人承担责任。

第十四条 【连带责任人内部的责任分担】

连带责任人根据各自责任大小确定相应的赔偿数额；难以确定责任大小的，平均承担赔偿责任。

支付超出自己赔偿数额的连带责任人，有权向其他连带责任人追偿。

第十五条 【承担侵权责任的方式】 承担侵权责任的方式主要有：

（一）停止侵害；

（二）排除妨碍；

（三）消除危险；

（四）返还财产；

（五）恢复原状；

（六）赔偿损失；

（七）赔礼道歉；

（八）消除影响、恢复名誉。

以上承担侵权责任的方式，可以单独适用，也可以合并适用。

第十六条 【人身损害赔偿】 侵害他人造成人身损害的，应当赔偿医疗费、护理费、交通费等为治疗和康复支出的合理费用，以及因误工减少的收入。造成残疾的，还应当赔偿残疾生活辅助具费和残疾赔偿金。造成死亡的，还应当赔偿丧葬费和死亡赔偿金。

第十七条 【以相同数额确定死亡赔偿金】 因同一侵权行为造成多人死亡的，可以以相同数额确定死亡赔偿金。

第十八条 【被侵权人死亡或者合并、分立时请求权人的确定】 被侵权人死亡的，其近亲属有权请求侵权人承担侵权责任。被侵权人为单位，该单位分立、合并的，承继权利的单位有权请求侵权人承担侵权责任。

被侵权人死亡的，支付被侵权人医疗费、丧葬费等合理费用的人有权请求侵权人赔偿费用，但侵权人已支付该费用的除外。

第十九条 【财产损失计算】 侵害他人财产的，财产损失按照损失发生时的市场价格或者其他方式计算。

第二十条 【侵害人身权益造成财产损失的赔偿】 侵害他人人身权益造成财产损失的，按照被侵权人因此受到的损失赔偿；被侵权人的损失难以确定，侵权人因此获得利益的，按照其获得的利益赔偿；侵权人因此获得的利益难以确定，被侵权人和侵权人就赔偿数额协商不一致，向人民法院提起诉讼的，由人民法院根据实际情况确定赔偿数额。

第二十一条 侵权行为危及他人人身、财产安全的，被侵权人可以请求侵权人承担停止侵害、排除妨碍、消除危险等侵权责任。

第二十二条 侵害他人人身权益，造成他人严重精神损害的，被侵权人可以请求精神损害赔偿。

第二十三条 因防止、制止他人民事权益被侵害而使自己受到损害的，由侵权人承担责任。侵权人逃逸或者无力承担责任，被侵权人请求补偿的，受益人应当给予适当补偿。

第二十四条 受害人和行为人对损害的发生都没有过错的，可以根据实际情况，由双方分担损失。

第二十五条 损害发生后，当事人可以协商赔偿费用的支付方式。协商不一致的，赔偿费用应当一次性支付；一次性支付确有困难的，可以分期支付，但应当提供相应的担保。

第三章 不承担责任和减轻责任的情形

第二十六条 被侵权人对损害的发生也有过错的，可以减轻侵权人的责任。

第二十七条 损害是因受害人故意造成的，行为人不承担责任。

第二十八条 损害是因第三人造成的，第三人应当承担侵权责任。

第二十九条 因不可抗力造成他人损害的，不承担责任。法律另有规定的，依照其规定。

第三十条 因正当防卫造成损害的，不承担责任。正当防卫超过必要的限度，造成不应有的损害的，正当防卫人应当承担适当的责任。

第三十一条 因紧急避险造成损害的，由引起险情发生的人承担责任。如果危险是由自然原因引起的，紧急避险人不承担责任或者给予适当补偿。紧急避险采取措施不当或者超过必要的限度，造成不应有的损害的，紧急避险人应当承担适当的责任。

第四章　关于责任主体的特殊规定

第三十二条　无民事行为能力人、限制民事行为能力人造成他人损害的，由监护人承担侵权责任。监护人尽到监护责任的，可以减轻其侵权责任。

有财产的无民事行为能力人、限制民事行为能力人造成他人损害的，从本人财产中支付赔偿费用。不足部分，由监护人赔偿。

第三十三条　完全民事行为能力人对自己的行为暂时没有意识或者失去控制造成他人损害有过错的，应当承担侵权责任；没有过错的，根据行为人的经济状况对受害人适当补偿。

完全民事行为能力人因醉酒、滥用麻醉药品或者精神药品对自己的行为暂时没有意识或者失去控制造成他人损害的，应当承担侵权责任。

第三十四条　用人单位的工作人员因执行工作任务造成他人损害的，由用人单位承担侵权责任。

劳务派遣期间，被派遣的工作人员因执行工作任务造成他人损害的，由接受劳务派遣的用工单位承担侵权责任；劳务派遣单位有过错的，承担相应的补充责任。

第三十五条　个人之间形成劳务关系，提供劳务一方因劳务造成他人损害的，由接受劳务一方承担侵权责任。提供劳务一方因劳务自己受到损害的，根据双方各自的过错承担相应的责任。

第三十六条　网络用户、网络服务提供者利用网络侵害他人民事权益的，应当承担侵权责任。

网络用户利用网络服务实施侵权行为的，被侵权人有权通知网络服务提供者采取删除、屏蔽、断开链接等必要措施。网络服务提供者接到通知后未及时采取必要措施的，对损害的扩大部分与该网络用户承担连带责任。

网络服务提供者知道网络用户利用其网络服务侵害他人民事权益，未采取必要措施的，与该网络用户承担连带责任。

第三十七条　宾馆、商场、银行、车站、娱乐场所等公共场所的管理人或者群众性活动的组织者，未尽到安全保障义务，造成他人损害的，应当承担侵权责任。

因第三人的行为造成他人损害的，由第三人承担侵权责任；管理人或者组织者未尽到安全保障义务的，承担相应的补充责任。

第三十八条　无民事行为能力人在幼儿园、学校或者其他教育机构学习、生活期间受到人身损害的，幼儿园、学校或者其他教育机构应当承担责任，但能够证明尽到教育、管理职责的，不承担责任。

第三十九条　限制民事行为能力人在学校或者其他教育机构学习、生活期间受到人身损害，学校或者其他教育机构未尽到教育、管理职责的，应当承担责任。

第四十条　无民事行为能力人或者限制民事行为能力人在幼儿园、学校或者其他教育机构学习、生活期间，受到幼儿园、学校或者其他教育机构以外的人员人身损害的，由侵权人承担侵权责任；幼儿园、学校或者其他教育机构未尽到管理职责的，承担相应的补充责任。

第五章　产品责任

第四十一条　因产品存在缺陷造成他人损害的，生产者应当承担侵权责任。

第四十二条　因销售者的过错使产品存在缺陷，造成他人损害的，销售者应当承担侵权责任。

销售者不能指明缺陷产品的生产者也不能指明缺陷产品的供货者的，销售者应当承担侵权责任。

第四十三条　因产品存在缺陷造成损害的，被侵权人可以向产品的生产者请求赔偿，也可以向产品的销售者请求赔偿。

产品缺陷由生产者造成的，销售者赔偿后，有权向生产者追偿。

因销售者的过错使产品存在缺陷的，生产者赔偿后，有权向销售者追偿。

第四十四条　因运输者、仓储者等第三人的过错使产品存在缺陷，造成他人损害的，产品的生产者、销售者赔偿后，有权向第三人追偿。

第四十五条　因产品缺陷危及他人人身、财产安全的，被侵权人有权请求生产者、销售者承担排除妨碍、消除危险等侵权责任。

第四十六条 产品投入流通后发现存在缺陷的，生产者、销售者应当及时采取警示、召回等补救措施。未及时采取补救措施或者补救措施不力造成损害的，应当承担侵权责任。

第四十七条 明知产品存在缺陷仍然生产、销售，造成他人死亡或者健康严重损害的，被侵权人有权请求相应的惩罚性赔偿。

第六章 机动车交通事故责任

第四十八条 机动车发生交通事故造成损害的，依照道路交通安全法的有关规定承担赔偿责任。

第四十九条 因租赁、借用等情形机动车所有人与使用人不是同一人时，发生交通事故后属于该机动车一方责任的，由保险公司在机动车强制保险责任限额范围内予以赔偿。不足部分，由机动车使用人承担赔偿责任；机动车所有人对损害的发生有过错的，承担相应的赔偿责任。

第五十条 当事人之间已经以买卖等方式转让并交付机动车但未办理所有权转移登记，发生交通事故后属于该机动车一方责任的，由保险公司在机动车强制保险责任限额范围内予以赔偿。不足部分，由受让人承担赔偿责任。

第五十一条 以买卖等方式转让拼装或者已达到报废标准的机动车，发生交通事故造成损害的，由转让人和受让人承担连带责任。

第五十二条 盗窃、抢劫或者抢夺的机动车发生交通事故造成损害的，由盗窃人、抢劫人或者抢夺人承担赔偿责任。保险公司在机动车强制保险责任限额范围内垫付抢救费用的，有权向交通事故责任人追偿。

第五十三条 机动车驾驶人发生交通事故后逃逸，该机动车参加强制保险的，由保险公司在机动车强制保险责任限额范围内予以赔偿；机动车不明或者该机动车未参加强制保险，需要支付被侵权人人身伤亡的抢救、丧葬等费用的，由道路交通事故社会救助基金垫付。道路交通事故社会救助基金垫付后，其管理机构有权向交通事故责任人追偿。

第七章 医疗损害责任

第五十四条 患者在诊疗活动中受到损害，医疗机构及其医务人员有过错的，由医疗机构承担赔偿责任。

第五十五条 医务人员在诊疗活动中应当向患者说明病情和医疗措施。需要实施手术、特殊检查、特殊治疗的，医务人员应当及时向患者说明医疗风险、替代医疗方案等情况，并取得其书面同意；不宜向患者说明的，应当向患者的近亲属说明，并取得其书面同意。

医务人员未尽到前款义务，造成患者损害的，医疗机构应当承担赔偿责任。

第五十六条 因抢救生命垂危的患者等紧急情况，不能取得患者或者其近亲属意见的，经医疗机构负责人或者授权的负责人批准，可以立即实施相应的医疗措施。

第五十七条 医务人员在诊疗活动中未尽到与当时的医疗水平相应的诊疗义务，造成患者损害的，医疗机构应当承担赔偿责任。

第五十八条 患者有损害，因下列情形之一的，推定医疗机构有过错：

（一）违反法律、行政法规、规章以及其他有关诊疗规范的规定；

（二）隐匿或者拒绝提供与纠纷有关的病历资料；

（三）伪造、篡改或者销毁病历资料。

第五十九条 因药品、消毒药剂、医疗器械的缺陷，或者输入不合格的血液造成患者损害的，患者可以向生产者或者血液提供机构请求赔偿，也可以向医疗机构请求赔偿。患者向医疗机构请求赔偿的，医疗机构赔偿后，有权向负有责任的生产者或者血液提供机构追偿。

第六十条 患者有损害，因下列情形之一的，医疗机构不承担赔偿责任：

（一）患者或者其近亲属不配合医疗机构进行符合诊疗规范的诊疗；

（二）医务人员在抢救生命垂危的患者等紧急情况下已经尽到合理诊疗义务；

（三）限于当时的医疗水平难以诊疗。

前款第一项情形中，医疗机构及其医务人员也有过错的，应当承担相应的赔偿责任。

第六十一条 医疗机构及其医务人员应当按照规定填写并妥善保管住院志、医嘱单、检验报告、手术及麻醉记录、病理资料、护理记录、医疗费用等病历资料。

患者要求查阅、复制前款规定的病历资料的，医疗机构应当提供。

第六十二条 医疗机构及其医务人员应当对患者的隐私保密。泄露患者隐私或者未经患者同意公开其病历资料，造成患者损害的，应当承担侵权责任。

第六十三条 医疗机构及其医务人员不得违反诊疗规范实施不必要的检查。

第六十四条 医疗机构及其医务人员的合法权益受法律保护。干扰医疗秩序，妨害医务人员工作、生活的，应当依法承担法律责任。

第八章　环境污染责任

第六十五条 因污染环境造成损害的，污染者应当承担侵权责任。

第六十六条 因污染环境发生纠纷，污染者应当就法律规定的不承担责任或者减轻责任的情形及其行为与损害之间不存在因果关系承担举证责任。

第六十七条 两个以上污染者污染环境，污染者承担责任的大小，根据污染物的种类、排放量等因素确定。

第六十八条 因第三人的过错污染环境造成损害的，被侵权人可以向污染者请求赔偿，也可以向第三人请求赔偿。污染者赔偿后，有权向第三人追偿。

第九章　高度危险责任

第六十九条 从事高度危险作业造成他人损害的，应当承担侵权责任。

第七十条 民用核设施发生核事故造成他人损害的，民用核设施的经营者应当承担侵权责任，但能够证明损害是因战争等情形或者受害人故意造成的，不承担责任。

第七十一条 民用航空器造成他人损害的，民用航空器的经营者应当承担侵权责任，但能够证明损害是因受害人故意造成的，不承担责任。

第七十二条 占有或者使用易燃、易爆、剧毒、放射性等高度危险物造成他人损害的，占有人或者使用人应当承担侵权责任，但能够证明损害是因受害人故意或者不可抗力造成的，不承担责任。被侵权人对损害的发生有重大过失的，可以减轻占有人或者使用人的责任。

第七十三条 从事高空、高压、地下挖掘活动或者使用高速轨道运输工具造成他人损害的，经营者应当承担侵权责任，但能够证明损害是因受害人故意或者不可抗力造成的，不承担责任。被侵权人对损害的发生有过失的，可以减轻经营者的责任。

第七十四条 遗失、抛弃高度危险物造成他人损害的，由所有人承担侵权责任。所有人将高度危险物交由他人管理的，由管理人承担侵权责任；所有人有过错的，与管理人承担连带责任。

第七十五条 非法占有高度危险物造成他人损害的，由非法占有人承担侵权责任。所有人、管理人不能证明对防止他人非法占有尽到高度注意义务的，与非法占有人承担连带责任。

第七十六条 未经许可进入高度危险活动区域或者高度危险物存放区域受到损害，管理人已经采取安全措施并尽到警示义务的，可以减轻或者不承担责任。

第七十七条 承担高度危险责任，法律规定赔偿限额的，依照其规定。

第十章　饲养动物损害责任

第七十八条 饲养的动物造成他人损害的，动物饲养人或者管理人应当承担侵权责任，但能够证明损害是因被侵权人故意或者重大过失造成的，可以不承担或者减轻责任。

第七十九条 违反管理规定，未对动物采取安全措施造成他人损害的，动物饲养人或者管理人应当承担侵权责任。

第八十条 禁止饲养的烈性犬等危险动物造

成他人损害的，动物饲养人或者管理人应当承担侵权责任。

第八十一条 动物园的动物造成他人损害的，动物园应当承担侵权责任，但能够证明尽到管理职责的，不承担责任。

第八十二条 遗弃、逃逸的动物在遗弃、逃逸期间造成他人损害的，由原动物饲养人或者管理人承担侵权责任。

第八十三条 因第三人的过错致使动物造成他人损害的，被侵权人可以向动物饲养人或者管理人请求赔偿，也可以向第三人请求赔偿。动物饲养人或者管理人赔偿后，有权向第三人追偿。

第八十四条 饲养动物应当遵守法律，尊重社会公德，不得妨害他人生活。

第十一章 物件损害责任

第八十五条 建筑物、构筑物或者其他设施及其搁置物、悬挂物发生脱落、坠落造成他人损害，所有人、管理人或者使用人不能证明自己没有过错的，应当承担侵权责任。所有人、管理人或者使用人赔偿后，有其他责任人的，有权向其他责任人追偿。

第八十六条 建筑物、构筑物或者其他设施倒塌造成他人损害的，由建设单位与施工单位承担连带责任。建设单位、施工单位赔偿后，有其他责任人的，有权向其他责任人追偿。

因其他责任人的原因，建筑物、构筑物或者其他设施倒塌造成他人损害的，由其他责任人承担侵权责任。

第八十七条 从建筑物中抛掷物品或者从建筑物上坠落的物品造成他人损害，难以确定具体侵权人的，除能够证明自己不是侵权人的外，由可能加害的建筑物使用人给予补偿。

第八十八条 堆放物倒塌造成他人损害，堆放人不能证明自己没有过错的，应当承担侵权责任。

第八十九条 在公共道路上堆放、倾倒、遗撒妨碍通行的物品造成他人损害的，有关单位或者个人应当承担侵权责任。

第九十条 因林木折断造成他人损害，林木的所有人或者管理人不能证明自己没有过错的，应当承担侵权责任。

第九十一条 在公共场所或者道路上挖坑、修缮安装地下设施等，没有设置明显标志和采取安全措施造成他人损害的，施工人应当承担侵权责任。

窨井等地下设施造成他人损害，管理人不能证明尽到管理职责的，应当承担侵权责任。

第十二章 附 则

第九十二条 本法自 2010 年 7 月 1 日起施行。

行政规章及规范性文件

(75~143)

关于在第16类“报纸、期刊、杂志(期刊)、新闻刊物”四种商品上申请注册商标注意事项的通知

商标综字〔2009〕第39号

商标申请人、各商标代理机构：

《中华人民共和国商标法》第十条对不得作为商标使用的标志作出了明确的规定。但在第16类“报纸、期刊、杂志（期刊）、新闻刊物”四种商品上申请注册的商标，其整体是国家出版行政部门批准的报纸、期刊、杂志名称的，可以初步审定。因此，商标申请人在第16类“报纸、期刊、杂志（期刊）、新闻刊物”四种商品上申请注册商标的，除按照商标注册申请的有关规定提交材料外，还应注意以下事项：

一、申请注册的商标属于以下情形之一的，商标申请人应当向商标局提交国家出版行政部门核发的报纸、期刊出版许可证（复印件）：

（一）同我国的国家名称相同或者近似的，以及同中央国家机关所在地特定地点的名称或者标志性建筑物的名称相同的；

（二）由县级以上行政区划的地名构成，或者含有县级以上行政区划的地名的；

（三）属于《中华人民共和国商标法》第十条规定的其他情形，商标局需核对国家出版行政部门核发的报纸、期刊出版许可证的。

二、商标申请人提交的报纸、期刊出版许可证(复印件)应当符合以下要求：

（一）商标申请人名义应与所提交的报纸、期刊出版许可证上显示的持有人名义一致。

（二）商标申请人申请注册的商标名称应与所提交的报纸、期刊出版许可证上显示的国家出版行政部门批准使用的报纸、期刊名称相同。

三、商标申请人可以通过以下两种途径提交报纸、期刊出版许可证（复印件）：

（一）在提出商标注册申请时提交。商标申请人可在提出商标注册申请时将报纸、期刊出版许可证（复印件）与商标注册申请材料一并提交到商标局。

（二）在商标注册补正程序中提交。我局在商标审查过程中，将依法向未在提出商标注册申请的同时提交有效的报纸、期刊出版许可证（复印件）的相关商标申请人发出《商标补正通知书》。商标申请人在收到此类《商标补正通知书》后，应在规定时限内通过补正回文程序提交报纸、期刊出版许可证（复印件）。

特此通知。

商标局

二○○九年二月十七日

关于印发国家工商总局实施国家知识产权战略纲要任务分工的通知

工商办字〔2009〕74号

各省、自治区、直辖市、计划单列市及副省级市工商局，总局各司局、直属事业单位：

2008年6月5日，国务院发布了《国家知识产权战略纲要》（以下简称《纲要》）。全面实施《纲要》，对于提高我国自主创新能力、建设创新型国家、转变经济发展方式、应对当前国际金融危机、促进经济又好又快发展，都具有十分重要的意义。为推进《纲要》实施工作，经国务院批准，2008年12月12日，国务院办公厅印发了《实施国家知识产权战略纲要任务分工》。

根据上述文件精神以及总局各司局及所属事业单位职责，经研究，对《实施国家知识产权战略任务分工》中由国家工商总局牵头或协办的40项任务提出了分工意见，制定了《国家工商总局实施国家知识产权战略纲要任务分工》，现印发给你们，请认真贯彻执行。

各责任单位、各地区要提高认识，加强领导，明确责任，相互支持，密切配合，狠抓落实，确保圆满完成涉及工商行政管理部门的各项国家知识产权战略任务，为提高我国自主创新能力、建设创新型国家以及转变经济发展方式、促进经济又好又快发展做出更大的贡献。

国家工商行政管理总局

二○○九年四月九日

国家工商总局实施国家知识产权战略纲要任务分工

为切实推进国家知识产权战略实施，根据国务院办公厅《实施国家知识产权战略纲要任务分工》（国办发〔2008〕127号）的有关要求，现对涉及国家工商总局的各项任务作如下分工：

一、关于战略重点

（一）完善知识产权制度。

1. 及时修订《商标法》，适时做好地理标志的立法工作，完善反不正当竞争等法律法规中有关知识产权的规定。（法规司、商标局、商评委、反垄断与反不正当竞争执法局）

2. 加强行政执法体系建设，提高执法效率和水平，强化公共服务。（商标局、人事司、法规司、商评委、反垄断与反不正当竞争执法局）

3. 建立重大科技项目的知识产权工作机制，以知识产权的获取和保护为重点开展全程跟踪服

务。（商标局、商评委、中华商标协会）

4. 健全与对外贸易有关的知识产权政策，建立和完善对外贸易领域知识产权管理体制、预警应急机制、海外维权机制和争端解决机制。（法规司、商标局、商评委、国际合作司、反垄断与反不正当竞争执法局、中华商标协会）

（二）促进知识产权创造和运用。

5. 促进自主创新成果的知识产权化、商品化、产业化，引导企业采取知识产权转让、许可、质押等方式实现知识产权的市场价值。（商标局、中华商标协会）

6. 选择若干重点技术领域，形成一批核心自主知识产权和技术标准。鼓励群众性发明创造和文化创新。促进优秀文化产品的创作。（商标局、商评委、宣传中心、中华商标协会）

（三）防止知识产权滥用。

7. 制定相关法律法规，合理界定知识产权的界限，防止知识产权滥用，维护公平竞争的市场秩序和公众合法权益。（法规司、商标局、商评委、反垄断与反不正当竞争执法局）

（四）培育知识产权文化。

8. 在精神文明创建活动和国家普法教育中增加有关知识产权的内容。广泛开展知识产权普及性教育。（商标局、法规司、商评委、反垄断与反不正当竞争执法局、宣传中心、中华商标协会）

二、关于专项任务

（一）商标。

9. 切实保护商标权人和消费者的合法权益。加强执法能力建设，严厉打击假冒等侵权行为，维护公平竞争的市场秩序。（商标局、商评委、反垄断与反不正当竞争执法局、消费者权益保护局、中华商标协会）

10. 支持企业实施商标战略，在经济活动中使用自主商标。引导企业丰富商标内涵，增加商标附加值，提高商标知名度，形成驰名商标。鼓励企业进行国际商标注册，维护商标权益，参与国际竞争。（商标局、商评委、国际合作司、中华商标协会）

11. 充分发挥商标在农业产业化中的作用。积极推动市场主体注册和使用商标，促进农产品质量提高，保证食品安全，提高农产品附加值，增强市场竞争力。（商标局、商评委）

12. 加强商标管理。提高商标审查效率，缩短审查周期，保证审查质量。（商标局、商评委、人事司、办公厅）

13. 尊重市场规律，切实解决驰名商标、著名商标、知名商品的认定和保护等问题。（商标局、商评委、中华商标协会）

（二）商业秘密。

14. 引导市场主体依法建立商业秘密管理制度。依法打击窃取他人商业秘密的行为。（反垄断与反不正当竞争执法局）

（三）特定领域知识产权。

15. 完善地理标志保护制度。建立健全地理标志的技术标准体系、质量保证体系与检测体系。普查地理标志资源，扶持地理标志产品，促进具有地方特色的自然、人文资源优势转化为现实生产力。（法规司、商标局、商评委、食品监管司、中华商标协会）

16. 建立健全传统知识保护制度。扶持传统知识的整理和传承，促进传统知识发展。（法规司、商标局、商评委、中华商标协会）

三、关于战略举措

（一）提升知识产权创造能力。

17. 引导企业在研究开发立项及开展经营活动前进行知识产权信息检索。支持企业通过原始创新、集成创新和引进消化吸收再创新，形成自主知识产权，提高把创新成果转变为知识产权的能力。支持企业等市场主体在境外取得知识产权。支持企业打造知名品牌。（商标局、商评委、中华商标协会）

（二）鼓励知识产权转化运用。

18. 建立知识产权价值评估、统计和财务核算制度。（商标局、商评委、中华商标协会）

19. 制订知识产权信息检索和重大事项预警等制度。（法规司、商标局、商评委、国际合作司、中华商标协会）

20. 完善对外合作知识产权管理制度。（商标局、商评委、法规司、国际合作司）

（三）提高知识产权执法水平。

21. 改革商标确权程序，研究商标评审机构向准司法机构转变的问题。（商标局、商评委、法规司）

22. 对反复侵权、群体性侵权以及大规模假冒、盗版等行为，有计划、有重点地开展知识产权保护专项行动。（商标局、商评委、反垄断与反不正当竞争执法局）

23. 加大行政执法机关向刑事司法机关移送知识产权刑事案件和刑事司法机关受理知识产权刑事案件的力度。（商标局、反垄断与反不正当竞争执法局）

（四）加强知识产权行政管理。

24. 制定并实施地区和行业知识产权战略。（商标局、商评委、反垄断与反不正当竞争执法局、中华商标协会）

25. 建立健全重大经济活动知识产权审议制度。扶持符合经济社会发展需要的自主知识产权创造与产业化项目。（商标局、商评委、反垄断与反不正当竞争执法局、企业注册局、外商投资企业注册局、个体司、中国个协）

26. 充实知识产权管理队伍，加强业务培训，提高人员素质。（人事司、商标局、商评委、反垄断与反不正当竞争执法局、中华商标协会、总局行政学院）

27. 完善知识产权审查及登记制度，加强能力建设，优化程序，提高效率，降低行政成本，提高知识产权公共服务水平。（商标局、商评委）

28. 构建国家基础知识产权信息公共服务平台。建设高质量的商标基础信息库，加快开发适合我国检索方式与习惯的通用检索系统。（商标局、商评委、信息中心）

29. 建立知识产权预警应急机制。发布重点领域的知识产权发展态势报告，对可能发生的涉及面广、影响大的知识产权纠纷、争端和突发事件，制订预案，妥善应对，控制和减轻损害。（商标局、商评委、国际合作司、中华商标协会）

（五）发展知识产权中介服务。

30. 完善知识产权中介服务管理，加强行业自律，建立诚信信息管理、信用评价和失信惩戒等诚信管理制度。（商标局、商评委、中华商标协会）

31. 规范知识产权评估工作，提高评估公信度。（商标局、商评委、中华商标协会）

32. 建立知识产权中介服务执业培训制度，加强中介服务职业培训，规范执业资质管理。明确知识产权代理人等中介服务人员执业范围，研究建立相关律师代理制度。完善国际知识产权中介服务体系。大力提升中介组织涉外知识产权申请和纠纷处置服务能力及国际知识产权事务参与能力。（商标局、商评委、国际合作司、中华商标协会）

33. 充分发挥行业协会的作用，支持行业协会开展知识产权工作，促进知识产权信息交流，组织共同维权。加强政府对行业协会知识产权工作的监督指导。（中华商标协会、商标局）

（六）加强知识产权人才队伍建设。

34. 建立部门协调机制，统筹规划知识产权人才队伍建设。加快建设国家和省级知识产权人才库和专业人才信息网络平台。（商标局、人事司、商评委、反垄断与反不正当竞争执法局、中华商标协会）

35. 大规模培养各级各类知识产权专业人才，重点培养企业急需的知识产权管理和中介服务人才。（商标局、人事司、总局行政学院、商评委、反垄断与反不正当竞争执法局、中华商标协会）

36. 制定培训规划，广泛开展对党政领导干部、公务员、企事业单位管理人员、专业技术人员、文学艺术创作人员、教师等的知识产权培训。（商标局、人事司、总局行政学院、商评委、反垄断与反不正当竞争执法局、中华商标协会）

（七）推进知识产权文化建设。

37. 建立政府主导、新闻媒体支撑、社会公众广泛参与的知识产权宣传工作体系。完善协调机制，制定相关政策和工作计划，推动知识产权的宣传普及和知识产权文化建设。（办公厅、宣传中心、商标局、法规司、商评委、反垄断与反不正当竞争执法局、总局行政学院、中华商标协

会）

（八）扩大知识产权对外交流合作。

38. 建立和完善知识产权对外信息沟通交流机制。（国际合作司、商标局、商评委、反垄断与反不正当竞争执法局、中华商标协会）

39. 加强国际和区域知识产权信息资源及基础设施建设与利用的交流合作。（国际合作司、商标局、商标评审委、反垄断与反不正当竞争执法局、信息中心）

40. 积极参与国际知识产权秩序的构建，有效参与国际组织有关议程。（国际合作司、商标局、商评委、反垄断与反不正当竞争执法局、中华商标协会）

上述各项任务分工，排在第一位的单位为牵头单位。

驰名商标认定工作细则

工商标字〔2009〕81号

（2009年4月21日）

第一章 总 则

第一条 为推进商标战略的实施，规范驰名商标的认定工作，促进驰名商标认定工作进一步制度化、规范化、程序化、法治化，切实维护商标权人的合法权益，健全知识产权保护体系，优化创新环境，促进经济社会又好又快发展，根据《中华人民共和国商标法》、《中华人民共和国商标法实施条例》、《驰名商标认定和保护规定》和《国家工商行政管理总局主要职责内设机构和人员编制规定》，制定本细则。

第二条 本细则中的驰名商标认定是指商标局、商标评审委员会依照《商标法》、《商标法实施条例》、《驰名商标认定和保护规定》、《商标评审规则》以及国家工商行政管理总局《各司（厅、局、室）主要职责内设机构和人员编制规定》的有关规定认定驰名商标。

第三条 驰名商标认定工作的目的是加大商标权保护力度，引导企业实施商标战略，使用自主商标，丰富商标内涵，重视商标知识产权创新和保护，提高商标知名度，形成一批拥有自主知识产权和知名品牌、国际竞争力较强的优势企业，促进企业和经济社会发展，推动创新型国家建设。

第四条 商标局、商标评审委员会应严格、准确、依法开展驰名商标认定工作，正确引导舆论宣传，促进驰名商标认定和保护制度的健康发展，支持帮助企业合理实施商标战略。

商标局应指导各地工商行政管理部门在驰名商标认定申请工作中严格把关，确保申请材料内容真实、准确。

第五条 商标局、商标评审委员会成立驰名商标认定委员会，其成员包括商标局、商标评审委员会的局长、主任、副局长、副主任、巡视员、副巡视员，局长、主任为主任委员。

第六条 商标局、商标评审委员会承办处依本细则进行驰名商标认定申请材料的受理、整理和审查工作；商标局局长办公会、商标评审委员会委务会依本细则进行驰名商标认定中的审定工作；驰名商标认定委员会依本细则进行驰名商标认定中的复审工作；国家工商行政管理总局局长办公会对驰名商标认定委员会拟认定的驰名商标予以核审。

第二章 驰名商标认定申请的审查、审定

第一节 驰名商标认定应考虑的因素、证据材料

第七条 认定驰名商标应当根据《商标法》第十四条的规定，考虑下列各项因素，但并不以该商标必须满足下列全部因素为前提：

（一）相关公众对该商标的知晓程度；

（二）该商标使用的持续时间；

（三）该商标的任何宣传工作的持续时间、程度和地理范围；

（四）该商标作为驰名商标受保护的记录；

（五）该商标驰名的其他因素。

第八条 认定驰名商标应当根据《驰名商标认定和保护规定》第三条的规定，审查下列证明商标驰名的证据材料：

（一）证明相关公众对该商标知晓程度的有关材料；

（二）证明该商标使用持续时间的有关材料，包括该商标使用、注册的历史和范围的有关材料；

（三）证明该商标的任何宣传工作的持续时间、程度和地理范围的有关材料，包括广告宣传和促销活动的方式、地域范围、宣传媒体的种类以及广告投放量等有关材料；

（四）证明该商标作为驰名商标受保护记录的有关材料，包括该商标曾在中国或者其他国家和地区作为驰名商标受保护的有关材料；

（五）证明该商标驰名的其他证据材料，包括使用该商标的主要商品近三年的产量、销售量、销售收入、利税、销售区域等有关材料。

第二节　商标管理程序中的审查

第九条　对经省级工商行政管理机关依《驰名商标认定和保护规定》上报的驰名商标认定申请的案件材料及证明商标驰名的证据材料，商标局实行收文和办文分开制度，由商标局综合处负责收文，有关承办处负责材料整理，建立登记簿登记。

对在商标管理中提出的驰名商标认定申请，申请人提交补充证据材料的，有关承办处在相关申请提交商标局局长办公会之前可将补充材料内容纳入申请材料予以整理。

第十条　承办处可以就商标的显著性和驰名程度等技术性问题征求有关处室或有关部门的意见。

承办处认为确有必要时，可以向地方工商行政管理部门了解有关情况。

第十一条　对于在商标管理中提出的驰名商标认定申请，由承办处处长主持召开处务会讨论并提出初步意见。处务会的参加人员不得少于全处人员的三分之二。会议应做记录。

第十二条　经处务会讨论，形成符合驰名商标条件或不符合驰名商标条件的初步意见，由处长报分管副局长。分管副局长提交商标局局长办公会讨论。

第三节　商标异议程序中的审查

第十三条　对于在商标异议（含国际注册程序中的商标异议）程序中提出的驰名商标认定申请，按照《商标法》、《商标法实施条例》和《驰名商标认定和保护规定》的规定，原则上根据商标异议的申请时间顺序进行审理。

第十四条　承办人员对驰名商标的证明材料进行整理，经合议组讨论后报处务会讨论。承办处的处长主持召开处务会议，处务会的参加人员不得少于全处人员的三分之二。会议应做记录。

第十五条　经处务会讨论，形成证据材料充足且该异议案件确需依《商标法》第十三条裁定的意见或证据不足、该异议案件不需要依《商标法》第十三条裁定的意见，由处长报分管副局长。分管副局长提交商标局局长办公会讨论。

第四节　商标异议复审、商标争议程序中的审查

第十六条　对在商标异议复审、商标争议程序中提出的驰名商标认定申请，商标评审委员会按照《商标法》、《商标法实施条例》、《驰名商标认定和保护规定》和《商标评审规则》的规定进行审理。

第十七条　商标评审委员会对涉及驰名商标认定的案件应由案件承办处组成合议组进行审理。

合议组由商标评审人员三人以上的单数组成，案件承办处处长必须担任合议组成员。合议组审理涉及驰名商标认定的案件，实行少数服从多数的原则。

第十八条　合议组经审理认为基本符合驰名商标条件的，由处长报分管副主任。分管副主任经研究认为基本符合驰名商标条件的，报经主任同意后，提交商标评审委员会委务会讨论。

第十九条　主任同意将涉及驰名商标认定案件提交委务会讨论的，案件承办人应当及时将相关材料送交综合处。综合处应当在委务会召开三天之前，将相关材料复印并送交参加委务会的人员。

第五节　审　定

第二十条　商标局讨论驰名商标认定案件的局长办公会由局长、副局长、巡视员、副巡视员组成，承办处处长列席。

第二十一条　商标评审委员会讨论驰名商标认定案件的委务会由主任、巡视员、副主任、副巡视员、各处处长组成。

第二十二条　商标局局长办公会就商标局分

管副局长提交的意见进行研究审定，认为符合驰名商标条件的提出拟认定的意见；认为不符合驰名商标条件的，退回承办处按有关程序办理。其中，对于商标异议程序中提出的驰名商标认定申请，商标局局长办公会认为证据不足或该异议案件不需要依《商标法》第十三条裁定的，承办处按一般的异议案件处理；对于商标管理程序中提出的驰名商标认定申请，商标局局长办公会认为不符合驰名商标条件的，承办处按照公文办理程序发文退回申请，并将申请材料一并退回。

商标评审委员会委务会就分管副主任提交的意见进行研究审定，认为符合驰名商标条件的提出拟认定的意见；认为不符合驰名商标条件的，退回承办处按有关程序办理。商标评审委员会委务会的参加人员不得少于应到人员的三分之二。

商标局局长办公会或商标评审委员会委务会形成意见后，及时报驰名商标认定委员会研究。

第三章　复审与核审

第二十三条　驰名商标认定委员会按照《商标法》、《商标法实施条例》、《驰名商标认定和保护规定》和《商标评审规则》的规定对商标局、商标评审委员会提交的驰名商标审定意见进行研究复审，并及时将经复审拟认定的驰名商标，报总局局长办公会议核审。经复审拟退回的，退回商标局或商标评审委员会按照有关程序处理。

驰名商标认定委员会召开上述复审会议时，参加人员不得少于应到人员的三分之二。

第二十四条　根据总局的核审意见，商标局、商标评审委员会应当按照各自的公文办理程序作出批复或裁定，并及时向社会公布认定的驰名商标。

第二十五条　商标局和商标评审委员会在作出商标异议裁定、商标异议复审裁定、商标争议裁定后，应将有关驰名商标认定的材料与商标异议、商标异议复审、商标争议案件材料一并归档。

商标局在商标管理程序中作出有关认定驰名商标的批复后，应将该有关材料立卷归档。驰名商标认定的材料应一案一卷，保留期限为三年。

第二十六条　对于商标管理程序中提出的驰名商标认定申请，在复审、核审程序中认为不符合驰名商标条件的，一律作退回处理，由总局分管副局长核审。根据总局领导的核审意见，商标局按照公文办理程序发文退回申请，并将申请材料一并退回。

第四章　监督与法律责任

第二十七条　商标局局长办公会、商标评审委员会委务会研究驰名商标认定时，中央纪委、监察部驻国家工商行政管理总局纪检组、监察局派员进行监督。

驰名商标认定委员会召开复审会议时，中央纪委、监察部驻国家工商行政管理总局纪检组、监察局派员监督，中华商标协会派代表列席会议。

第二十八条　商标局、商标评审委员会应将驰名商标的认定工作列为廉政风险点，建立健全监督检查制度，加强风险点管理。

第二十九条　驰名商标认定审查期间，任何单位、个人均可向商标局、商标评审委员会反映情况，提出意见。驰名商标权利主张者、利害关系人及其代理人就相关驰名商标认定申请的来访，由商标局综合处或商标评审委员会综合处接待。商标局综合处或商标评审委员会综合处应及时将反映的情况书面反馈有关承办处。

第三十条　从事驰名商标认定工作的人员要严格遵守工作纪律，不得泄露驰名商标认定工作中的保密事项和按照相关要求不应公开的情况。

第三十一条　驰名商标认定工作以及从事认定工作的人员要严格遵守廉洁自律的有关规定，要严格遵守《商标法》、《工商行政管理部门商标注册、管理和评审工作守则》等有关规定。

对于违法、违纪行为，要依照有关规定，追究相关当事人的责任。

第五章　附　则

第三十二条　本细则由国家工商行政管理总局负责解释。

第三十三条　本细则自发布之日起施行。

关于印发《关于贯彻落实〈国家知识产权战略纲要〉大力推进商标战略实施的意见》的通知

工商标字〔2009〕108号

各省、自治区、直辖市、计划单列市及副省级市工商局，总局各司、厅、局，各直属单位：

《关于贯彻落实〈国家知识产权战略纲要〉 大力推进商标战略实施的意见》已经总局局务会讨论通过，现印发给你们，请认真组织实施。

国家工商行政管理总局

二〇〇九年六月二日

关于贯彻落实《国家知识产权战略纲要》大力推进商标战略实施的意见

2008年6月5日，国务院发布了《国家知识产权战略纲要》，决定实施国家知识产权战略。商标战略是国家知识产权战略的重要组成部分。改革开放以来，我国已基本建立了适应社会主义市场经济监管的商标注册和管理体制机制，基本建立了适应社会主义市场经济监管的商标干部队伍，使商标事业得到快速发展，商标注册、运用、保护和管理的能力逐步提高，促进了经济社会又好又快发展。

为贯彻和落实《国家知识产权战略纲要》，大力推进商标战略的实施，明确各项商标战略任务，充分发挥商标促进经济社会又好又快发展的重要作用，制定本意见。

一、商标战略指导思想

以邓小平理论和“三个代表”重要思想为指导，深入贯彻落实科学发展观，努力做到行政监管与促进发展、服务大局、维护权益、依法行政相统一，完善商标法律制度，积极服务市场主体，提高企业商标注册、运用、保护、管理能力，充分发挥商标在建设社会主义市场经济中的作用，为建设创新型国家提供有力支撑，促进国民经济又好又快发展。

二、商标战略目标

到2020年，把我国建设成为商标注册、运用、保护和管理水平达到国际先进水平的国家。

商标法治环境进一步完善，商标意识深入人心，市场主体注册、运用、保护和管理商标的能力显著增强，企业创新成果和合法权益得到有效保护，商标战略对经济发展、文化繁荣和社会建设的促进作用充分显现。具体目标是：

（一）商标保护制度更加完善。商标法律法规体系健全，与我国经济社会发展需要相适应的商标行政管理体制和运行机制确立。商标注册申请快捷方便，注册审查及评审科学高效，商标注册管理体制达到国际先进水平。商标权保护状况明显改善，商标使用行为更加规范，侵犯注册商标专用权行为显著减少。商标在构建统一、开放、竞争、有序的现代市场体系中发挥重要作用。

（二）企业自主商标拥有量进一步增加。我国企业国内和国际商标注册数量稳步增长。国内注册商标总量与我国总体经济规模相适应，市场主体拥有注册商标数量进一步增加；国际注册商标数量与我国的对外贸易地位相适应，拥有自主商标的出口产品和服务所占对外贸易份额大幅提升。商标成为我国企业参与市场竞争和实施“走出去”战略的有力支撑。

（三）企业管理和运用商标的能力明显增强。企业商标管理制度进一步健全，对维护商标权益的投入大幅度增加，运用商标参与市场竞争的能力明显提升，商标成为更多企业的核心竞争力和提高经济效益的重要因素，进而成为国家核心竞争力和综合实力的重要组成部分。通过“商标富农”、“商标兴企”发展品牌特色经济，成为我国转变经济发展方式、统筹城乡区域发展的重要手段。培育、发展一大批在国内外市场占有率高的知名商标。

（四）全社会的商标意识普遍提高。各级政府高度重视商标工作，尊重劳动、尊重知识、崇尚创新、诚信守法的知识产权文化逐步形成，符合社会主义市场经济特色的商标文化基本建立。知识产权意识深入人心，自觉抵制假货的健康消费理念进一步增强。商标知识日益普及，各类商标专业人才队伍得到大力发展。尊重和保护商标的社会环境、文化环境、法治环境日臻完善。

三、商标战略任务

（一）全面完善商标法律法规体系。

加强商标法制建设。推动立法立规进程，加紧修改《商标法》，缩短商标注册审查周期，完善商标确权程序，防范恶意申请，加大商标保护力度，防止商标权滥用。进一步完善地理标志保护法律制度。研究商标评审机构向准司法机构转变问题。及时制定与修订与商标法相配套的法律法规，解决商标注册和行政执法中遇到的实际问题。提高商标立法质量。加强商标立法前瞻性研究，充分反映社会各界诉求。增强立法透明度，拓宽企业、社会中介组织和社会公众参与立法的渠道，使修改后的商标法既符合我国国情，又与我国承诺履行的国际义务相一致。

（二）大力推进全方位商标政策体系构建。

强化商标在经济和社会政策中的作用。大力支持各级政府和有关部门以商标为抓手推动行业、地方经济发展，制定和实施相关经济社会发展政策。推动制定和实施地区和行业商标战略。推进自主创新与自主商标培育工作。针对不同地区发展特点，完善商标扶持政策，培育地区特色经济，促进区域经济协调发展。积极配合产业政策、区域政策、科技政策、贸易政策等与商标战略的有效衔接。支持建立健全重大经济活动知识产权审议制度。支持建立重大科技项目的知识产权工作机制，开展商标权获取和保护全程跟踪服务。促进形成核心自主知识产权，通过商标有效保护创新成果。支持在对外贸易中加强商标管理，建立和完善国际争端协调解决机制。

（三）创新和完善商标注册管理体制机制。

1.加强对商标注册与管理工作的统一领导。适应商标战略实施的需要，进一步深化商标行政管理体制改革，形成权责一致、分工合理、决策科学、执行顺畅、监督有力的商标行政管理体制。

2.加强商标注册管理，提高商标审查效率，缩短审查周期，保证审查质量。完善商标审查、审理、备案登记、撤销及公告制度。完善商标审查质量管理体制，提升依法审查商标水平。适应国际国内商标注册申请发展需要，到2010年底，彻底解决商标注册申请量大幅增长造成的积压问题，商标审查周期控制在12个月之内。力争在2012年，商标工作达到国际水平。按照国家完善公务员分类管理制度的总体要求，建立和完善适应实施商标战略需要的商标审查人员管理制度。进一步完善商标审查工作激励机制。

3.进一步完善公正、高效、科学的商标评审制度。充分借鉴国外的先进经验，逐步理顺商标评审工作体制机制，全面提升商标评审效率与质量，提高在商标确权领域解决纠纷和化解矛盾的能力，充分保障商标权人和社会公众的合法权益。按照国家完善公务员分类管理制度的总体要求，建立和完善适应实施商标战略需要的商标评审人员管理制度。进一步完善商标评审工作激励机制。

4.加强行政执法体系建设，健全商标执法管理体制。努力推动各级政府树立商标意识，加强商标保护，营造良好的市场监管执法环境，加快统一、开放、竞争、有序的全国大市场的形成。各级工商行政管理机关根据商标工作需要，设立商标管理机构，配备相应人员。充实商标行政执法力量，形成一支稳定、高效的商标行政执法队伍。加大商标办案指导力度，建立更为快捷的侵权案件批复机制和办案信息沟通机制。完善区域联合执法与协作制度，形成打击商标侵权假冒行为的合力，增强执法协作效能。建立预警应急机制，加强对涉及面广、影响大的商标纠纷、争端和突发事件的应对和处理。

（四）分类指导和支持市场主体实施商标战略。

1.引导和推动市场主体在经济活动中使用和注册商标。指导企业在开展经营活动前进行商标信息检索，积极防范风险。

2.大力提高企业管理和保护商标的水平。鼓励和帮助企业建立商标价值评估、统计制度，制定商标信息检索和重大事项预警等制度，完善对外合作商标管理制度，提高自我维权的意识和应对商标纠纷的能力。引导和帮助有条件的企业设立商标管理部门。

3.推进企业实施商标战略。全面提升企业创立自主品牌意识，加强商标运用和应对竞争的能力，以商标整合企业的技术、管理、营销等优势，形成自身的核心竞争力。引导企业改进竞争模式，加强技术创新，提高产品质量和服务质量，丰富商标内涵，增加商标附加值，提高商标知名度，创立知名品牌。支持企业以商标权许可、质押等方式开展经营活动，充分开发利用商标权的市场价值。

4.引导和鼓励企业实施“走出去”战略。支持企业提高对外开放水平，积极参与国际竞争。大力宣传、普及商标国际注册知识，引导企业在国际贸易中使用自主商标，积极进行商标国际注册，逐步提高自主商标商品出口比例。鼓励企业积极应对海外商标纠纷，运用当地法律和国际规则制止海外商标抢注行为和商标侵权假冒行为。畅通海外维权投诉和救助渠道。

5.积极搭建交流平台，开展面向企业的商标管理经验交流和宣传培训，分类指导各类企业。大力扶持符合经济社会发展需要的自主知识产权创造与产业化项目。研究制定企业品牌培育制度，规范企业商标注册、运用、保护、管理工作。深入开展各类商标试点、示范工作。建立试点追踪调查体制，全程评测试点企业商标战略实施情况。鼓励商标管理和运用水平较高的企业积极发挥示范作用，总结推广先进经验。

（五）加大对商标权利人和消费者合法权益的保护。

1.加大商标行政执法力度，严厉打击假冒等侵权行为，维护公平竞争的市场秩序，切实保护商标权人和消费者的合法权益。有计划、有重点地开展商标保护专项行动，集中打击严重侵权、群体性侵权以及大规模假冒等影响大的商标侵权行为。加大农资商标保护力度。加强展会知识产权保护。切实解决企业字号与商标的权利冲突。创新日常监管方式，建立和完善长效监管机制。将商标侵权信息纳入我国社会信用体系。

2.充分发挥行政机关在解决商标纠纷中的作用。完善商标侵权投诉渠道，规范立案标准和程序。加强对案件的督查工作，切实保障举报人各项合法权益。充分利用调解机制，保障权利人合法权益，化解社会矛盾,维护社会稳定。

3.建立和完善行政执法机关之间、行政执法机关和司法机关之间的联系配合机制。加强与海关等行政机关的执法协作，形成协调统一的商标行政保护体制。加大对侵犯注册商标专用权犯罪行为的刑事案件移送力度。加强与公安机关以及司法机关之间的协作，进一步规范和完善涉嫌商标犯罪案件移送工作制度，提高案件移送工作效率，有效遏制侵犯注册商标专用权的犯罪行为。

4.加大驰名商标保护力度。在商标注册、评审和管理工作中严格依法认定和保护驰名商标，保护驰名商标企业合法权益。

（六）充分发挥农产品商标和地理标志在统筹城乡发展、区域发展中的推动作用。

1.深入开展“商标富农”工作。加强对农民、农村经济组织和涉农企业的商标法律宣传，积极引导农林产品商标、农林业服务商标以及地理标志证明商标、集体商标的注册，提高农林产品附加值，增强市场竞争力。大力推进有机农产品、环境友好型农产品商标注册，促进提高农林产品质量，保障食品安全。大力推行“公司+商标（地理标志）+农户”产业化经营模式，进一步提高农民进入市场的组织化程度，充分发挥商标在农林业现代化、产业化、规模化中的作用。及时总结推广各地“商标富农”工作经验。

2.加大涉农商标和地理标志注册、运用与保护工作的力度，支持具有经济潜力的涉农商标及地理标志产品及时进行商标注册。加快农林产品商标和地理标志注册工作。切实履行行政监管职能，督促证明商标所有人认真履行管理义务，加强对地理标志产品专用标志使用情况的检查，维护地理标志产品市场信誉，促进具有地方特色的自然、人文资源转化为现实生产力，促进区域经济发展。

（七）规范发展社会中介服务体系。

1.加强对商标代理组织和代理人的行政监督管理。抓紧制定《商标代理条例》。建立商标代理组织、代理人信用记录、信用等级评价和失信惩戒等监管制度。

2.建立健全商标代理行业自律制度。制定商标代理行业自律规范，发挥自我管理、自我约束作用。加强对行业自律管理的行政监督。加强对商标代理人业务和职业道德培训，提高代理人素质。支持开展商标代理行业国际合作与交流，提升商标代理人办理涉外商标申请和处理涉外商标纠纷能力。

3.支持行业协会开展商标工作。充分发挥各行业协会的优势，促进行业商标信息交流，维护行业和组织成员的正当合法商标权益。加强对行业协会商标工作的监督指导。

4.培育和发展市场化商标信息中介服务。鼓励社会资金投资商标信息化建设，满足不同层次商标信息需求。鼓励企业参与商标信息增值性开发利用。支持建设规范的网上商标交易平台，加强引导和监管。

5.规范商标价值评估工作。与评估行业主管部门和行业协会加强沟通和交流，研究制定商标价值评估指导意见，推动出台商标价值评估操作规范，提高评估公信度。

（八）加快商标注册管理与公共服务信息化建设。

1.全面提高商标注册与管理信息化水平。采用计算机成熟主流技术，完善商标注册管理自动化系统，保障系统安全运行。建立适应商标行政管理工作发展需求的决策支持系统和信息统计系统。建设全国商标监管信息发布交流平台。进一步完善适合我国检索方式与检索习惯的商标检索系统，探索实现商标图形自动检索。继续实施第三期自动化项目工程，进一步提高“无纸化办公”水平，完善商标注册电子申请技术，提高电子申请比例。

2.大力完善信息化公共服务平台。在“网上查询、网上公告、网上申请、网上缴费”的基础上，全面提升“中国商标网”的窗口作用，健全注册信息和工作信息发布，为国内外公众提供更广泛的服务。完善咨询服务应答机制。支持和推动国家基础知识产权信息公共服务平台的构建。建设完整、高质量的商标、地理标志等数据中心。指导和支持各地区、各有关行业建设符合自身需要的商标信息库。建立商标史料馆。

3.提升商标行政管理工作的透明度，增强全社会对商标注册和保护工作的了解。按年度制定和发布《商标战略发展报告》，及时公布商标战略实施情况。建立健全商标执法机关和企业、社会公众之间畅通的沟通和交流渠道。

(九) 加大商标宣传教育力度。

1.加强商标宣传，提高全社会商标意识，推进知识产权文化建设。建立政府主导、主管部门负责、新闻媒体支持、社会公众广泛参与的商标宣传工作体系。注重发挥新闻媒体的作用，开展生动活泼的商标宣传工作，大力弘扬以创新为荣、剽窃为耻，以诚实守信为荣、假冒欺骗为耻的道德观念。积极倡导消费者树立自觉抵制假冒伪劣产品的意识。加大商标普法教育力度。加大对外宣传力度，树立我国有力保护商标的良好国际形象。

2.广泛开展商标普及型教育。支持高等院校有关专业开设相关商标课程，开展商标研究。在中小学开展树立商标意识的宣传活动。

(十) 大力培养各类商标专业人才。

1.制定培训规划，将商标法律知识列入党政领导干部、公务员，企事业单位、农业产业化组织管理人员、专业技术人员等的培训内容。

2.推动建立商标人才培养基地。充分发挥国家工商总局行政学院作用，加强商标工作人员培训。积极利用高校和研究机构的教学力量，加强商标审查员和各级行政管理人员的在职培训。大力培训一线执法人员，形成轮训制度。推动商标司法机构、商标行政执法机关、高校商标教学研究机构、商标法律服务机构、企业商标管理部门之间加大工作交流，互通情况，促进共同提高。

3.建立部门协调机制，统筹规划商标人才队伍建设。加快建设国家和各省商标人才库和专业人才信息网络平台。大力推进商标领域专业人才交流。

(十一) 扩大商标国际交流与合作。

1.加强商标领域的对外交流合作。根据我国经济社会发展阶段，明确发展目标，制定切合实际的交流政策，解决自身发展中的问题。建立和完善商标对外信息沟通交流机制。充分利用世界知识产权组织、世界贸易组织、亚太经合组织、自由贸易区协定以及其他双边经贸和知识产权交流合作机制，建立与我国有贸易关系的国家之间畅通的双边和多边商标交流渠道。大力推进商标专业人员对外培训交流。积极参与国际商标领域的秩序构建，参与制定和修订商标国际规则，参与国际组织有关议程，扩大我国在商标领域的国际影响，维护我国的声誉和权益。

2.建立企业海外商标维权投诉协调机制。充分发挥各级政府及有关主管部门职能，发挥商标中介组织、行业协会优势，建立有效的争端维权信息联络机制。充分利用多边、双边商标领域合作机制、商标主管机关商洽等形式，保护我国企业在国外的合法商标权益，为我国对外贸易和经济发展创造良好的国际环境。

四、组织实施

(一) 战略阶段规划。

为保证在2020年全面实现各项商标战略目标，将战略任务进行统一规划和总体部署，按照国民经济和社会发展五年规划时段，将战略实施总体上分为三个阶段：

第一阶段：2009-2010年 在对各项任务进行分解，确定实施具体步骤的基础上，完成工作任务分工部署，确立各项战略实施体制机制，全面启动各项任务的落实。重点一是修改、完善商标法，二是探索和建立各项实施工作体制机制，三是确保商标审查2010年解决积压任务的实现，四是建立完善的地理标志保护制度，五是大力开展战略实施宣传，六是规范商标代理服务行业。战略实施取得初步成效。

第二阶段：2011-2015年 根据国民经济和社会发展十二五规划，在工作取得阶段性成果，总结前期经验的基础上，重点推进以下内容，一是大力提高企业商标运用、保护、管理能力，二是进一步普及公众宣传教育，三是完善商标审查、评审人员管理制度，四是提升信息化水平，五是完善法律法规。上述任务务求取得实质性突破。

第三阶段：2016-2020年 根据地区、行业发展情况，分类指导，综合平衡，提高完善。全面实现各项战略目标。

各战略分阶段内，制定年度实施方案，每年末总结评估年度实施情况。

（二）组织领导。

1.国家工商总局成立商标战略实施领导小组，全面负责商标战略实施的组织领导工作。总局局长任领导小组组长，主管副局长任副组长，总局各有关司局、直属事业单位负责人为领导小组成员。领导小组下设办公室，商标局承担办公室职能，商标局局长任办公室主任。

2.商标战略实施领导小组主要职责为：统筹规划商标战略实施工作，研究制定和调整商标战略实施意见以及年度实施方案；指导、督促、检查有关政策措施落实情况；协调解决商标战略实施过程中的重大问题；研究协调与商标战略实施工作有关的其他重要事项。

（三）责任分工。

各有关部门的责任分工由商标战略实施领导小组确定。各省、自治区、直辖市工商行政管理局结合本地区特点和实际情况，自行制定或推动本地政府制定区域商标战略，落实总局各项工作要求，有效开展实施工作。

（四）经费保障。

建立商标战略实施经费专项预算和拨付制度。保障战略实施工作的各项经费。

关于成立国家工商行政管理总局商标战略实施领导小组的通知

工商标字〔2009〕120号

各省、自治区、直辖市、计划单列市及副省级市工商局，总局各司、厅、局，各直属单位：

为加强商标战略实施工作的组织领导，根据《关于贯彻落实〈国家知识产权战略纲要〉大力推进商标战略实施的意见》（以下简称“实施意见”）的要求，总局决定成立商标战略实施领导小组，全面负责商标战略实施的组织领导工作。现将领导小组成员名单通知如下：

组　长：周伯华　国家工商行政管理总局党组书记、局长

副组长：付双建　国家工商行政管理总局党组成员、副局长

成　员：

滕佳材　国家工商行政管理总局办公厅主任

张　辉　国家工商行政管理总局法规司司长

宁望鲁　国家工商行政管理总局反垄断与反不正当竞争执法局局长

孙文序　国家工商行政管理总局消费者权益保护局局长

王晋杰　国家工商行政管理总局市场规范管理司司长

刘俊臣　国家工商行政管理总局食品流通监督管理司司长

郭志斌　国家工商行政管理总局企业注册局局长

何训班　国家工商行政管理总局外商投资企业注册局局长

潘海民　国家工商行政管理总局个体私营经济监督管理司副司长

刘上国　国家工商行政管理总局人事司司长

安青虎　国家工商行政管理总局国际合作司司长

李建昌　国家工商行政管理总局商标局局长

许瑞表　国家工商行政管理总局商标评审委员会主任

田云鹏　国家工商行政管理总局行政学院常务副院长

周石平　国家工商行政管理总局经济信息中心主任

严志辉　国家工商行政管理总局宣传中心主任

刘　燕　中华商标协会秘书长

刘小平　中国个体劳动者协会秘书长

领导小组办公室设在商标局，负责日常工作，办公室主任由李建昌同志兼任。

各地工商行政管理机关要根据实施意见的要求，成立相应的领导小组和工作班子，建立由主要领导亲自抓、分管领导具体抓、各有关职能部门共同参与的工作机制和责任机制，切实做好商标战略实施工作。

国家工商行政管理总局

二○○九年六月十六日

关于印发《〈关于贯彻落实国家知识产权战略纲要大力推进商标战略实施的意见〉的任务分工》的通知

工商标字〔2009〕142号

各省、自治区、直辖市及计划单列市、副省级市工商局，总局各司、厅、局，各直属单位：

为进一步贯彻落实《国家知识产权战略纲要》，大力推进商标战略实施，国家工商行政管理总局于2009年6月2日发布了《关于贯彻落实〈国家知识产权战略纲要〉大力推进商标战略实施的意见》（以下简称《实施意见》）。深入贯彻落实《实施意见》，对于增强全社会商标意识，提高市场主体商标注册、运用、保护和管理能力，提高我国自主商标国际影响力，充分发挥商标在建设社会主义市场经济中的作用，促进我国经济持续平稳较快发展具有重要意义。

根据上述文件精神以及总局所属司局级单位职责，经研究，对《实施意见》提出了任务分工意见，现印发给你们，请认真贯彻执行。

各责任单位、各地区要深入学习领会《实施意见》，准确把握任务分工，认真履行职责；要加强领导、密切配合、相互支持，确保圆满完成《实施意见》的各项战略任务，为提高我国自主创新能力、建设创新型国家，促进经济又好又快发展做出更大的贡献。

国家工商行政管理总局

二〇〇九年七月十四日

《关于贯彻落实〈国家知识产权战略纲要〉大力推进商标战略实施的意见》的任务分工

为贯彻落实《国家知识产权战略纲要》，大力推进商标战略实施，国家工商行政管理总局于2009年6月2日发布了《关于贯彻落实〈国家知识产权战略纲要〉大力推进商标战略实施的意见》（以下简称《实施意见》）。根据总局各司、厅、局，各直属单位职能，现对《实施意见》中各项商标战略任务作如下分工：

一、关于全面完善商标法律法规体系

1. 加强商标法制建设。推动立法立规进程，加紧修改《商标法》。及时制定与修订与商标法相配套的法律法规。（法规司、商标局、商评委）

2. 加强商标立法前瞻性研究。增强立法透明度。（法规司、商标局、商评委、中华商标协会）

二、关于大力推进全方位商标政策体系构建

3. 大力支持各级政府和有关部门以商标为抓手推动行业、地方经济发展，制定和实施相关经济社会发展政策。（商标局、商评委、中华商标协会）

4. 推动制定和实施地区和行业商标战略。（商标局、商评委、中华商标协会）

5. 推进自主创新与自主商标培育工作。（商标局、商评委、中华商标协会）

6. 针对不同地区发展特点，完善商标扶持政策，培育地区特色经济，促进区域经济协调发展。（商标局、商评委、中华商标协会）

7. 积极配合产业政策、区域政策、科技政策、贸易政策等与商标战略的有效衔接。（商标局、商评委、中华商标协会）

8. 支持建立健全重大经济活动知识产权审议制度。（商标局、商评委、中华商标协会）

9. 支持建立重大科技项目的知识产权工作机制，开展商标权获取和保护全程跟踪服务。（商标局、商评委、中华商标协会）

10. 促进形成核心自主知识产权，通过商标有效保护创新成果。（商标局、商评委、中华商标协会）

11. 支持在对外贸易中加强商标管理，建立和完善国际争端协调解决机制。（商标局、商评委、国际合作司、中华商标协会）

三、关于创新和完善商标注册管理体制机制

12. 加强对商标注册与管理工作的统一领导。适应商标战略实施的需要，进一步深化商标行政管理体制改革，形成权责一致、分工合理、决策科学、执行顺畅、监督有力的商标行政管理体制。（商标局、商评委、人事司）

13. 加强商标注册管理，提高商标审查效率，缩短审查周期，保证审查质量。完善商标审查、审理、备案登记、撤销及公告制度。完善商标审查质量管理体制，提升依法审查商标水平。适应国际国内商标注册申请发展需要，到2010年底，彻底解决商标注册申请量大幅增长造成的积压问题，商标审查周期控制在12个月之内。（商标局、人事司）

14. 力争在2012年，商标工作达到国际水平。（商标局、商评委、国际合作司、信息中心）

15. 按照国家完善公务员分类管理制度的总体要求，建立和完善适应实施商标战略需要的商标审查人员管理制度。进一步完善商标审查工作激励机制。（商标局、人事司、办公厅）

16. 进一步完善公正、高效、科学的商标评审制度。充分借鉴国外的先进经验，逐步理顺商标评审工作体制机制，全面提升商标评审效率与质量，提高在商标确权领域解决纠纷和化解矛盾的能力，充分保障商标权人和社会公众的合法权益。（商评委、人事司）

17. 按照国家完善公务员分类管理制度的总体要求，建立和完善适应实施商标战略需要的商标评审人员管理制度。进一步完善商标评审工作激励机制。（商评委、人事司、办公厅）

18. 加强行政执法体系建设，健全商标执法管理体制。（商标局、法规司、人事司）

19. 努力推动各级政府树立商标意识，加强商标保护，营造良好的市场监管执法环境，加快统一、开放、竞争、有序的全国大市场的形成。（商标局、反垄断与反不正当执法局）

20. 各级工商行政管理机关根据商标工作需要，设立商标管理机构，配备相应人员。充实商标行政执法力量，形成一支稳定、高效的商标行政执法队伍。（人事司、商标局、商评委）

21. 加大商标办案指导力度，建立更为快捷的侵权案件批复机制和办案信息沟通机制。（商标局）

22. 完善区域联合执法与协作制度，形成打击商标侵权假冒行为的合力，增强执法协作效能。（商标局、反垄断与反不正当竞争执法局、）

23. 建立预警应急机制，加强对涉及面广、影响大的商标纠纷、争端和突发事件的应对和处理。（商标局、商评委、国际合作司、法规司、办公厅、反垄断与反不正当竞争执法局、中华商标协会）

四、关于分类指导和支持市场主体实施商标战略

24. 引导和推动市场主体在经济活动中使用和

注册商标。指导企业在开展经营活动前进行商标信息检索，积极防范风险。（商标局、中华商标协会）

25. 大力提高企业管理和保护商标的水平。鼓励和帮助企业建立商标价值评估、统计制度，制定商标信息检索和重大事项预警等制度，完善对外合作商标管理制度，提高自我维权的意识和应对商标纠纷的能力。引导和帮助有条件的企业设立商标管理部门。（商标局、中华商标协会）

26. 推进企业实施商标战略。全面提升企业创立自主品牌意识，加强商标运用和应对竞争的能力，以商标整合企业的技术、管理、营销等优势，形成自身的核心竞争力。引导企业改进竞争模式，加强技术创新，提高产品质量和服务质量，丰富商标内涵，增加商标附加值，提高商标知名度，创立知名品牌。支持企业以商标权许可、质押等方式开展经营活动，充分开发利用商标权的市场价值。（商标局、中华商标协会）

27. 引导和鼓励企业实施“走出去”战略。支持企业提高对外开放水平，积极参与国际竞争。大力宣传、普及商标国际注册知识，引导企业在国际贸易中使用自主商标，积极进行商标国际注册，逐步提高自主商标商品出口比例。鼓励企业积极应对海外商标纠纷，运用当地法律和国际规则制止海外商标抢注行为和商标侵权假冒行为。畅通海外维权投诉和救助渠道。（商标局、商评委、法规司、国际合作司、中华商标协会）

28. 积极搭建交流平台，开展面向企业的商标管理经验交流和宣传培训，分类指导各类企业。大力扶持符合经济社会发展需要的自主知识产权创造与产业化项目。（商标局、商评委、国际合作司、外资局、个体司、中华商标协会、中国个协）

29. 研究制定企业品牌培育制度，规范企业商标注册、运用、保护、管理工作。（商标局、中华商标协会）

30. 深入开展各类商标试点、示范工作。建立试点追踪调查体制，全程评测试点企业商标战略实施情况。鼓励商标管理和运用水平较高的企业积极发挥示范作用，总结推广先进经验。（商标局、中华商标协会）

五、关于加大对商标权利人和消费者合法权益的保护

31. 加大商标行政执法力度。严厉打击假冒等侵权行为，维护公平竞争的市场秩序，切实保护商标权人和消费者的合法权益。（商标局、反垄断与反不正当竞争执法局、食品流通监督管理司、消保局）

32. 有计划、有重点地开展商标保护专项行动，集中打击严重侵权、群体性侵权以及大规模假冒等影响大的商标侵权行为。（商标局、反垄断与反不正当竞争执法局）

33. 加大农资商标保护力度。（商标局、反垄断与反不正当竞争执法局、市场司）

34. 加强展会知识产权保护。（商标局）

35. 切实解决企业字号与商标的权利冲突。（商标局、商评委、反垄断与反不正当竞争执法局、企业局、外资局、个体司、法规司）

36. 创新日常监管方式，建立和完善长效监管机制。（商标局）

37. 将商标侵权信息纳入我国社会信用体系。（商标局、反垄断与反不正当竞争执法局、企业局、外资局、食品流通监督管理司、消保局、信息中心、中华商标协会）

38. 充分发挥行政机关在解决商标纠纷中的作用。完善商标侵权投诉渠道，规范立案标准和程序。加强对案件的督查工作，切实保障举报人各项合法权益。充分利用调解机制，保障权利人合法权益，化解社会矛盾，维护社会稳定。（商标局、商评委、反垄断与反不正当竞争执法局）

39. 建立和完善行政执法机关之间、行政执法机关和司法机关之间的联系配合机制。（商标局、反垄断与反不正当竞争执法局）

40. 加大对侵犯注册商标专用权犯罪行为的刑事案件移送力度。（商标局、反垄断与反不正当竞争执法局）

41. 加大驰名商标保护力度。在商标注册、评审和管理工作中严格依法认定和保护驰名商标，保护驰名商标企业合法权益。（商标局、商评委）

六、关于充分发挥农产品商标和地理标志在统筹城乡发展、区域发展中的推动作用

42. 深入开展“商标富农”工作。加强对农

民、农村经济组织和涉农企业的商标法律宣传。（商标局、市场司、宣传中心、中华商标协会）

43. 积极引导农林产品商标、农林业服务商标以及地理标志证明商标、集体商标的注册，支持具有经济潜力的农林商标及地理标志产品及时进行商标注册，提高农林产品附加值，增强市场竞争力。（商标局）

44. 大力推行“公司+商标（地理标志）+农户”产业化经营模式，进一步提高农民进入市场的组织化程度，充分发挥商标在农林业现代化、产业化、规模化中的作用。及时总结推广各地“商标富农”工作经验。（商标局、宣传中心）

45. 加快农林产品商标和地理标志注册工作。（商标局）

46. 切实履行行政监管职能，督促证明商标所有人认真履行管理义务，加强对地理标志产品专用标志使用情况的检查，维护地理标志产品市场信誉，促进具有地方特色的自然、人文资源转化为现实生产力，促进区域经济发展。（商标局）

七、关于规范发展社会中介服务体系

47. 加强对商标代理组织和代理人的行政监督管理。抓紧制定《商标代理条例》。建立商标代理组织、代理人信用记录、信用等级评价和失信惩戒等监管制度。（商标局、法规司、企业局、信息中心、中华商标协会）

48. 建立健全商标代理行业自律制度。制定商标代理行业自律规范，发挥自我管理、自我约束作用。加强对行业自律管理的行政监督。加强对商标代理人业务和职业道德培训，提高代理人素质。支持开展商标代理行业国际合作与交流，提升商标代理人办理涉外商标申请和处理涉外商标纠纷能力。（中华商标协会、商标局、商评委）

49. 支持行业协会开展商标工作。充分发挥各行业协会的优势，促进行业商标信息交流，维护行业和组织成员的正当合法商标权益。加强对行业协会商标工作的监督指导。（商标局、商评委、中华商标协会）

50. 培育和发展市场化商标信息中介服务。鼓励社会资金投资商标信息化建设，满足不同层次商标信息需求。鼓励企业参与商标信息增值性开发利用。支持建设规范的网上商标交易平台，加强引导和监管。（商标局、信息中心）

51. 规范商标价值评估工作。与评估行业主管部门和行业协会加强沟通和交流，研究制定商标价值评估指导意见，推动出台商标价值评估操作规范，提高评估公信度。（商标局、中华商标协会）

八、关于加快商标注册管理与公共服务信息化建设

52. 全面提高商标注册与管理信息化水平。采用计算机成熟主流技术，完善商标注册管理自动化系统，保障系统安全运行。建立适应商标行政管理工作发展需求的决策支持系统和信息统计系统。（商标局、商评委、信息中心）

53. 建设全国商标监管信息发布交流平台。（商标局、商评委、信息中心）

54. 进一步完善适合我国检索方式与检索习惯的商标检索系统，探索实现商标图形自动检索。（商标局、信息中心）

55. 继续实施第三期自动化项目工程，进一步提高“无纸化办公”水平，完善商标注册电子申请技术，提高电子申请比例。（商标局、商评委、信息中心）

56. 大力完善信息化公共服务平台。在“网上查询、网上公告、网上申请、网上缴费”的基础上，全面提升“中国商标网”的窗口作用，健全注册信息和工作信息发布，为国内外公众提供更广泛的服务。（商标局、商评委、信息中心）

57. 完善咨询服务应答机制。（商标局、商评委、办公厅）

58. 支持和推动国家基础知识产权信息公共服务平台的构建。（商标局、商评委、信息中心）

59. 建设完整、高质量的商标、地理标志等数据中心。指导和支持各地区、各有关行业建设符合自身需要的商标信息库。（商标局、商评委、信息中心）

60. 建立商标史料馆。（商标局、商评委、办公厅、宣传中心）

61. 提升商标行政管理工作的透明度，增强全社会对商标注册和保护工作的了解。按年度制定和发布《商标战略发展报告》，及时公布商标战略实施情况。（商标局、商评委、宣传中心）

62. 建立健全商标执法机关和企业、社会公众之间畅通的沟通和交流渠道。（商标局、商评委、中华商标协会）

九、关于加大商标宣传教育力度

63. 加强商标宣传，提高全社会商标意识，推进知识产权文化建设。建立政府主导、主管部门负责、新闻媒体支持、社会公众广泛参与的商标宣传工作体系。注重发挥新闻媒体的作用，开展生动活泼的商标宣传工作，大力弘扬以创新为荣、剽窃为耻，以诚实守信为荣、假冒欺骗为耻的道德观念。（商标局、商评委、宣传中心、办公厅、法规司、中华商标协会）

64. 积极倡导消费者树立自觉抵制假冒伪劣产品的意识。（商标局、宣传中心、消保局）

65. 加大商标普法教育力度。（法规司、商标局、商评委、宣传中心、中华商标协会）

66. 加大对外宣传力度，树立我国有力保护商标的良好国际形象。（国际合作司、商标局、商评委、宣传中心、中华商标协会）

67. 广泛开展商标普及型教育。支持高等院校有关专业开设相关商标课程，开展商标研究。（商标局、人事司、行政学院、商评委、中华商标协会）

68. 在中小学开展树立商标意识的宣传活动。（商标局、商评委、中华商标协会、宣传中心）

十、关于大力培养各类商标专业人才

69. 制定培训规划，将商标法律知识列入党政领导干部、公务员，企事业单位、农业产业化组织管理人员、专业技术人员等的培训内容。（商标局、商评委、中华商标协会、行政学院）

70. 推动建立商标人才培养基地。充分发挥国家工商总局行政学院作用，加强商标工作人员培训。大力培训一线执法人员，形成轮训制度。建立部门协调机制，统筹规划商标人才队伍建设。加快建设国家和各省商标人才库和专业人才信息网络平台。大力推进商标领域专业人才交流。（人事司、行政学院、商标局、商评委、中华商标协会）

71. 积极利用高校和研究机构的教学力量，加强商标审查员和各级行政管理人员的在职培训。（商标局、商评委、人事司）

72. 推动商标司法机构、商标行政执法机关、高校商标教学研究机构、商标法律服务机构、企业商标管理部门之间加大工作交流，互通情况，促进共同提高。（商标局、商评委、中华商标协会、法规司）

十一、关于扩大商标国际交流与合作

73. 加强商标领域的对外交流合作。根据我国经济社会发展阶段，明确发展目标，制定切合实际的交流政策，解决自身发展中的问题。建立和完善商标对外信息沟通交流机制。（国际合作司、商标局、商评委、中华商标协会）

74. 充分利用世界知识产权组织、世界贸易组织、亚太经合组织、自由贸易区协定以及其他双边经贸和知识产权交流合作机制，建立与我国有贸易关系的国家之间畅通的双边和多边商标交流渠道。（国际合作司、商标局、商评委）

75. 大力推进商标专业人员对外培训交流。（国际合作司、商标局、商评委、人事司、中华商标协会）

76. 积极参与国际商标领域的秩序构建，参与制定和修订商标国际规则，参与国际组织有关议程，扩大我国在商标领域的国际影响，维护我国的声誉和权益。（国际合作司、法规司、商标局、商评委、中华商标协会）

77. 建立企业海外商标维权投诉协调机制。充分发挥各级政府及有关主管部门职能，发挥商标中介组织、行业协会优势，建立有效的争端维权信息联络机制。充分利用多边、双边商标领域合作机制、商标主管机关商洽等形式，保护我国企业在国外的合法商标权益，为我国对外贸易和经济发展创造良好的国际环境。（国际合作司、商标局、商评委、中华商标协会）

上述各项任务分工，排在第一位的单位为牵头单位。

关于印发《关于开展国家商标战略实施示范城市(区)、示范企业工作的指导意见》的通知

工商标字〔2009〕155号

各省、自治区、直辖市及计划单列市、副省级市工商行政管理局，总局各司、厅、局，各直属单位：

为贯彻落实《国家知识产权战略纲要》，完成《关于贯彻落实〈国家知识产权战略纲要〉大力推进商标战略实施的意见》中提出的“深入开展各类商标试点、示范工作”的工作任务，现印发《关于开展国家商标战略实施示范城市（区）、示范企业工作的指导意见》，请认真组织实施。

国家工商行政管理总局

二〇〇九年八月十日

关于开展国家商标战略实施示范城市(区)、示范企业工作的指导意见

2008年6月5日，国务院颁布了《国家知识产权战略纲要》（以下简称《纲要》）。为贯彻落实《纲要》提出的各项商标战略任务，我局颁布了《关于贯彻落实〈国家知识产权战略纲要〉大力推进商标战略实施的意见》（以下简称《实施意见》）。贯彻落实《纲要》、大力推进商标战略的实施，是工商行政管理机关服务国家经济发展大局的一项重要任务。《纲要》及《实施意见》中均明确提出要“深入开展各类知识产权（商标）试点、示范工作。”为此，我局决定开展国家商标战略实施示范城市（区）及示范企业工作，并提出如下指导意见：

一、示范工作的指导思想和工作原则

（一）指导思想

商标战略实施示范工作以邓小平理论和“三个代表”重要思想为指导，按照党的十七大精神和“十一五”规划目标的要求，深入贯彻落实科学发展观，按照《纲要》和《实施意见》的要求，改革创新商标工作机制，坚持监管与发展、监管与服务、监管与维权、监管与执法“四个统一”，推动各地区、企业结合实际，紧紧围绕商标的注册、运用、保护和管理，提升商标经济内涵，实施商标战略。在此基础上，树立典型,总结经验,形成一批拥有自主知识产权和知名品牌、国际竞争力较强的优势企业，充分、有效地利用商标战略

促进国民经济稳定较快发展和和谐社会建设。

（二）工作原则

1.类型全面，层次清晰。

考虑到我国区域经济发展差异、产业结构分布不均衡，示范工作应统筹安排，兼顾不同类型的城市、企业，形成省—市—县—乡区域衔接及大—中—小企业结合的商标战略实施梯队，促进各类地区、企业提高自主创新能力、增强核心竞争力。

2.突出特点，分类指导。

示范工作应着力于指导示范城市（区）、示范企业结合实际情况，突出自身优势，因地制宜，探索新思路、实践新方法，制定独具特色、行之有效的商标战略实施规划。通过实施商标战略，形成以商标为主导的区域特色经济，培育一批自主知名商标。

3.以点带面，全面推广。

示范工作应以示范城市（区）、示范企业为典范，充分发挥典型带动作用，及时总结经验教训，推广先进经验，形成互相促进、共同提高的商标战略实施新局面。

二、示范工作的组织领导

国家工商行政管理总局商标战略实施领导小组（以下简称“领导小组”）负责国家商标战略实施示范城市（区）、示范企业工作的全面推进并对重大问题做出决策。领导小组日常工作由领导小组办公室负责，具体包括：组织起草相关文件、审核确定示范城市（区）和示范企业、总结推广示范经验、撰写示范工作报告、组织开展宣传培训和筹备表彰等具体工作。各省工商行政管理局负责对本辖区示范城市（区）、示范企业进行推荐，对日常工作进行指导。

三、申报条件、程序

（一）申报条件

1.申请国家商标战略实施示范城市（区）应具备以下条件：

（1）政府重视商标工作，并将其纳入重要工作议程。

（2）工商行政管理机构积极推动制定、实施本地区商标战略并设有专门的商标管理机构。

（3）近三年年均商标申请量、注册量位居该省(含自治区、直辖市，下同)同类城市（区）前列。

（4）辖区内被国家工商行政管理总局商标局、商评委认定保护的驰名商标数量位居该省同类城市（区）前列。

（5）重视注册商标保护工作，近三年年均查处商标侵权案件数量位居该省同类城市（区）前列。

（6）加强商标代理行业的规范和管理，推动商标代理行业自律。

（7）商标战略实施工作卓有成效，拥有较为突出的地方特点和发展潜力，具有示范效应。

2.申请国家商标战略实施示范企业应当具备以下条件：

（1）在中华人民共和国领域内依法登记注册。

（2）拥有自主注册商标，且该商标已经被国家工商行政管理总局商标局、商评委认定为驰名商标。

（3）在全国范围内或本行业具有一定的代表性和产业特色。

（4）企业产品或服务的技术水平、质量、市场占有率和企业经济效益在全国同行业中位于前列，具有一定的国际竞争力，且拥有自主商标的产品、服务销售额占企业总销售额80%以上。

（5）企业高度重视商标工作，具有比较完善的商标知识产权管理制度，大型企业要有商标或知识产权管理部门，中小型企业要有专职的商标或知识产权工作人员。

（6）近三年内无侵犯他人商标或知识产权记录。

（7）积极实施商标战略并取得明显效益，商标工作形成特色，具有示范效应。

（二）申报程序

1.发布通知。领导小组发布申报通知，布置申报具体工作。各省工商行政管理局按照通知要求组织和指导本辖区内城市（区）、企业做好申报工作。

2.城市（区）、企业申报。申报国家商标战略实施示范城市（区）、示范企业须如实填写《国家商标战略实施示范城市（区）申请表》或《国家商标战略实施示范企业申请表》并按要求提交其他相关材料，报送所在地省工商行政管理局。

3.筛选推荐。各省工商行政管理局根据本地申报情况，对申报城市（区）、企业进行考察筛选，拟定推荐名单，在规定的时间内上报领导小组办公室。

4.审核确定。领导小组依照规定的审核标准，根据各省推荐意见，确定示范城市（区）、示范企业名单并向社会公布。

5.颁发证书、铭牌。

四、对示范城市（区）、示范企业商标工作的总体要求

（一）对示范城市（区）商标工作的要求

1.认真贯彻落实《纲要》及《实施意见》。

示范城市（区）要将贯彻落实《纲要》及《实施意见》作为本地政府工作的重要组成部分，大力推进本地区商标战略实施，充分发挥商标对促进地区经济发展、培育地区特色经济的促进作用。

2.完善商标法律、政策体系。

示范城市（区）应强化商标在经济、文化和社会政策中的导向作用，完善商标扶持政策。具备立法条件的示范城市（区），可研究制定符合本地实际的地方性法规。

3.加强商标管理队伍建设。

示范城市（区）工商行政管理机构应根据商标工作需要，设立商标管理机构，配备相应工作人员，充实商标行政执法力量，形成一支素质高、能力强的商标行政管理队伍。

4.规范商标代理行业管理。

示范城市（区）应积极培育、发展、规范商标代理组织，加强商标代理行业监管，支持商标代理行业自律，积极推动商标代理行业诚信体系建设。

5.引导和支持企业实施商标战略。

示范城市（区）应根据本地产业特色，结合企业具体情况，对企业实施商标战略予以指导和帮助，支持企业创立自主品牌，形成核心竞争力；加大对驰名、著名商标企业的扶持力度，以驰名、著名商标企业为龙头，实现产业整体水平的飞跃。

6.加大对商标权利人和消费者合法权益的保护。

示范城市（区）应支持工商行政管理机关加大商标行政执法力度，提高执法水平，加强部门之间工作的衔接配合，形成打击假冒侵权行为的长效监管机制；指导、帮助企业进行海外商标注册和维权;为权利人及消费者建立便捷、有效的侵权投诉渠道；充分发挥商标行政执法区域协作机制的作用,防止地方保护主义。

7.充分发挥农产品商标和地理标志在统筹城乡发展、区域发展中的推动作用。

示范城市（区）应加强对农民和涉农企业的商标宣传，提高农民和涉农企业的商标意识。积极推广“公司+商标+农户”的新型农业经营模式，切实发挥商标在促进农村发展、增加农民收入、加快农业产业化经营中的作用。

8.加大商标宣传教育力度，提高全社会商标意识。

示范城市（区）要建立政府主导、工商行政管理部门负责、新闻媒体支持、社会公众广泛参与的商标宣传工作体系。大力弘扬以诚实守信为荣、假冒欺骗为耻的道德观念，积极倡导消费者树立自觉抵制假冒伪劣产品的意识。

（二）对示范企业商标工作的要求

1.积极探索企业商标战略实施的新举措、新做法，充分发挥示范企业的典型作用，宣传先进经验。

2.积极参与国家商标战略实施的宣传和培训工作。

3.积极配合工商行政管理机关做好商标战略实施的调研工作，对商标法律、法规及政策征求意见按要求认真作出回复。

4.就企业实施商标战略的热点难点问题积极提交政策性建议。

5.企业商标权发生重大事项变更的，应及时将有关情况通报领导小组办公室。

五、示范工作的实施和管理

（一）示范期限

被确定为国家商标战略实施示范城市（区）、示范企业的，示范期为自示范名单确定之日起三年，期满后可申请继续示范。

（二）示范数量

国家商标战略实施示范城市（区）、示范企业申报工作每年开展一次，具体数量和分布在每年通知中予以明确。

（三）扶持政策

1.对被确定为国家商标战略实施示范城市（区）的，给予以下扶持措施：（1）开展面对示范城市（区）的商标战略实施培训和交流活动。

（2）利用国家工商行政管理总局和商标局网站为示范城市（区）进行宣传。

（3）为示范城市（区）提供有关商标注册信息的统计服务，为其实施商标战略提供参考。

（4）指导和支持示范城市（区）开展“商标富农”工作。引导示范城市（区）有关市场主体依法申请注册地理标志证明商标和农产品商标，及时审查示范城市（区）的地理标志证明商标。

（5）加大对示范城市（区）民间文化、民俗、自然景观等名称的商标注册和保护力度。

（6）支持和帮助示范城市（区）外向型企业解决商标在境外被抢注问题。

（7）对示范城市（区）申请认定驰名商标的案件依法及时办理。

（8）建立示范城市（区）间打击商标侵权行政执法信息共享、联动和协调机制。

（9）建立与示范城市（区）工商行政管理机关工作联系的快速通道。

2.对被确定为国家商标战略实施示范企业的，给予以下扶持措施：

（1）对示范企业实施商标战略予以重点指导和帮助。

（2）在商标法律、法规及政策制定过程中，征求示范企业的意见。

（3）为示范企业提供更多的咨询服务，并针对示范企业在商标专用权保护工作中存在的困难和问题，提出意见和建议。

（4）对示范企业反映的重大疑难案件，视情况组织协调有关部门进行处理。

（5）为示范企业商标海外维权提供咨询服务和帮助。

（6）组织示范企业参加国内外商标交流合作、业务培训和考察活动。

（7）向示范企业发送《商标通讯》、《中华商标》、《中国工商报》等材料。

（8）优先将示范企业作为商标局商标注册“网上申请”的试点单位。

（9）鼓励示范企业以商标许可、质押等方式开展经营活动，充分实现企业商标价值。

（四）工作检查和总结

1.工作检查

商标战略实施领导小组每年对国家商标战略实施示范城市（区）、示范企业进行考评，并进行不定期抽查。

（1）对示范城市（区）的检查内容包括：完善商标法律法规体系的情况；推进全方位商标政策体系构建及市政府定期研究、部署、检查商标战略实施工作的情况；加强商标管理与服务队伍建设的情况，对辖区内商标代理组织的监管情况；引导和支持企业实施商标战略的情况，企业商标海外注册及维权情况；对商标权利人和消费者合法权益的保护情况；商标申请注册数、驰名商标数、地理标志数、马德里商标国际注册数、查处侵权案件数等的增长情况；商标行政执法情况；农产品商标和地理标志的注册保护情况；商标宣传教育情况等。

（2）对示范企业的检查内容包括：探索企业商标战略实施新举措的情况；参与国家商标战略实施宣传和培训工作的情况；配合工商行政管理机关做好商标战略实施调研以及对商标法律、法规、政策征求意见做出回复的情况；就企业实施商标战略的热点难点问题提交政策性建议的情况；企业商标申请注册数、国际注册数的变化情况；企业商标在国外被抢注和维权情况；企业商标在国内遭受侵权和维权情况；企业商标开发利用情况等。

经检查，对不符合本意见要求的示范城市（区）、示范企业，要求其限期整改。整改后仍未能达到有关要求的，取消其示范资格，并向社会公布。

2.工作总结

领导小组每年召开示范工作会议，系统总结示范城市（区）、企业经验。对成绩突出的示范城市（区)、示范企业及所在地工商行政管理机关进行表扬；针对有代表性的热点、难点问题进行研讨，对示范工作形成指导性意见，向各地推广。

（五）对示范城市（区)、示范企业的监督

1.示范城市（区)、示范企业有下列情况之一的，停止其示范工作，并向社会公布。

（1）经查实在申报过程中弄虚作假的;

（2）违反《中华人民共和国商标法》、《中华人民共和国商标法实施条例》及其他法律法规，情节严重的;

（3）其他不符合示范城市（区)、示范企业要求的。

2.示范城市（区)、示范企业示范期届满未再申请的，其示范工作自行停止。

六、其他

各地可参考《关于开展国家商标战略实施示范城市（区)、示范企业工作的指导意见》，积极开展当地的商标战略实施示范工作。

关于印发《保护世界博览会标志专有权行动方案》的通知

工商标字〔2009〕160 号

各省、自治区、直辖市及计划单列市、副省级市工商行政管理局：

中国 2010 年上海世博会将于 2010 年 5 月 1 日至 2010 年 10 月 31 日在上海举行，这是我国首次举办的注册类（即综合类）世界博览会。依法保护世界博览会标志专有权，是工商行政管理机关的法定职责。为加强世界博览会标志保护工作，保障世界博览会标志权利人的合法权益，为上海世博会的顺利举办营造良好的社会环境，总局决定从 2009 年 8 月至 2010 年年底，在全国开展保护世界博览会标志专有权行动。现将《保护世界博览会标志专有权行动方案》印发给你们，请结合本地实际，认真贯彻执行。在世博会举办前夕和举办过程中，总局将对部分地区世博会标志保护工作开展情况进行督查。

国家工商行政管理总局
二〇〇九年八月十三日

保护世界博览会标志专有权行动方案

为认真贯彻落实《世界博览会标志保护条例》，切实加强世界博览会标志（以下简称“世博会标志”）专有权以及相关注册商标专用权的保护工作，为中国 2010 年上海世界博览会（以下简称“上海世博会”）的顺利举办营造良好的知识产权保护环境，全国工商行政管理机关用一年半左右的时间开展保护世博会标志专有权行动。现提出如下方案：

一、工作目标

以“城市，让生活更美好”为主题的上海世博会将于 2010 年 5 月 1 日至 10 月 31 日在上海举行，这是我国首次举办的注册类（即综合类）世界博览会。依法保护世博会标志是工商行政管理部门的职责。此次博览会参展国家多，参展企业层次高，持续时间较长，要保护的对象种类多，全国各级工商行政管理机关要全力以赴保护世博会标志专有权，为上海世博会的顺利召开创造良好的社会环境。通过开展保护世界博览会标志专有权行动要达到的目标是：深化对世博会标志及其保护工作的认识，进一步提高全社会的世博会标志保护意识；准确理解和适用法律法规，严厉打击各种侵犯世博会标志的行为；加强沟通和协调，实现对世博会标志使用行为的全方位监管。

二、主要任务

（一）集中整治行动

保护世博会标志专有权行动从 2009 年 8 月开始，至 2010 年底结束。各地根据实际情况在

2009年10月、2010年4月和2010年8月分别进行三次集中整治行动，在产品生产领域、商品流通领域和商标印制领域全面检查世博会标志使用情况，严厉打击非法使用世博会标志、销售侵犯世博会标志商品和非法印制世博会标志的行为。

1.集中整治行动的重点时段为上海世博会结束倒计时一周年、世博会开始前的一个月和世博会举办期间的中间月份（分别为2009年10月、2010年4月和2010年8月）。

2.集中整治行动的重点地区为：上海、上海周边城市（南京、苏州、无锡、扬州、杭州、宁波、绍兴、嘉兴）以及全国各大中旅游城市。

重点地区工商行政管理部门要密切联系世博会举办、中外参展商和旅游者相对集中的客观实际，周密部署、重点突出、依法履职，切实做好保护世博会标志专有权行动。同时要注意做好紧急预案并积极探索重大活动中应急处理机制，应对好突发事件。要形成以上海为核心、长三角地区为重点、覆盖全国的世博会标志以及相关注册商标专用权保护网络。

3.集中整治行动的重点环节是世博会纪念品生产领域、商品流通领域和商标印制领域。各地要根据本地区实际情况，制定切实可行的清查、检查和查处方案，保证目标清晰，任务具体，责任到人。

4.集中整治行动的重点检查商品主要为带有世博会标志的纪念币、纪念章、毛绒玩具、服装、鞋帽、文具等为广大世博会参与者、爱好者、游客和普通消费者喜爱且易产生世博会标志侵权行为的旺销商品。

5.集中整治行动的重点市场主要为各风景名胜旅游区旅游纪念品市场、中外公众所熟知的商品批发零售市场、城乡结合部、城镇小商品集散地及学校周边地区的小商品批发、交易市场等。

6.加强对广告、网络等媒介中使用世博会标志行为的监管。禁止经营者利用世界博览会等名义对商品或服务进行虚假宣传、发布违法广告。

（二）培训

为保证全国各级工商行政管理机关依职权主动查处侵犯世博会标志专有权案件工作的顺利实施，商标局于2009年10月，在上海举办各省、自治区、直辖市及计划单列市、副省级市和部分重点城市工商机关商标管理部门负责人世博会标志专有权保护执法培训。培训班暨座谈会将集中研究世博会标志执法实践中的重点、难点和热点问题，总结保护世博会专有权行动方案的贯彻落实情况，研讨世博会标志案件定性和法律适用等议题，还将邀请上海世博局人员就世博会标志权利状况、商业运作情况、参展国家（组织、地区）的官方标志检验印记以及赞助商的商标情况对参会执法人员进行培训。

各省、自治区、直辖市及计划单列市、副省级市工商部门要根据在上海的培训内容，逐级开展本地区的执法培训工作，并在今年年底完成本地区世博会标志专有权以及相关注册商标专用权保护工作的执法培训工作。

（三）宣传

随着世博会的临近，全社会对世博会标志的关注会越来越广泛、越来越集中。要充分利用现有媒体和资源，大张旗鼓地宣传有关世博会标志使用和保护的法律法规，进一步提高全社会的世博会标志保护意识。

1. 2010年“4·26知识产权宣传周”，要把世博会标志专有权以及相关注册商标专用权的保护工作作为重要组成部分，广泛散发与世博会标志及其保护工作有关的宣传材料，达到既扩大上海世博会的影响，又提高全社会保护世博会专有权的意识。

2.利用各种媒体及时报道世博会标志保护工作所取得的成绩，宣传各级工商行政管理机关保护世博会标志的做法和经验。

3.加强对各类市场主体世博会标志专有权以及相关注册商标专用权的保护工作的宣传教育工作，通过先期宣传教育达到告知、警示的作用，减少案件的发生，提高执法效率。

三、工作要求

世博会标志保护工作既关系到中国在世界的形象，也关系到工商行政管理队伍在中国的形象。各级工商行政管理部门应当以高度的政治责任感和使命感，全力以赴做好世博会标志保护工作。

（一）坚持保护世博会标志和保护与世博会相关的注册商标专用权相结合。世博会标志专有权保护行动以保护世博会标志为主。为营造良好的知识产权保护环境，保证上海世博会的顺利召开，与世博会相关的注册商标也是工商机关保护的重点。

一是世博会标志是保护世界博览会标志专有权行动的核心保护对象。各级工商行政管理部门要加强对世博会标志权利状况的了解，深刻领会《世界博览会标志保护条例》的精神，主动、准确地进行执法。二是世博会参展国家（组织、地区）的官方标志检验印记、赞助商的商标也是行动的重点保护对象。各级工商部门要加强对世博会运营状况等知识的了解，增强执法的敏锐性，对涉及世博会的投诉要及时妥善处理。三是由于参展的人员多、时间长，各地参展人员到全国各地考察、旅游的机会较多，各地工商机关要加强对各著名旅游景点和批发零售市场的整治力度，切实保护商标专用权，保护消费者利益。

（二）坚持集中整治行动和日常监管相结合。此次保护世界博览会标志专有权行动，各地根据实际情况要组织三次集中整治行动，整治的重点是世界博览会纪念品的主要生产地、商品集散地、批发市场和大、中型商业销售市场以及著名旅游景点等地。由于世博会持续的时间较长，集中整治行动不可能覆盖整个展会期间。各地工商部门要把世博会标志保护融入日常监管过程中，发现侵犯世博会标志行为的，依职权主动查处，决不姑息。

（三）坚持行政处罚和行政指导相结合，加强对市场主体、市场主办方的教育引导，提高其依法经营意识。对经销侵权商品屡教不改的摊贩、商场柜台承租商，坚决依法予以取缔；对包庇纵容承租商销售侵权商品的市场主办单位，依法追究侵权责任。

（四）加强协调配合，形成整治合力。各级工商行政管理机关商标管理部门要在集中整治行动中做好牵头、协调工作，充分发挥公平交易、消费者权益保护、市场监管等部门的作用，加强配合，形成打击合力。

（五）加强与上海世博局的沟通与协作，及时了解世博会标志权利状况、商业运作情况、参展国家（组织、地区）的官方标志检验印记以及赞助商的商标情况，确保执法行动及时、准确、高效。

（六）加强与公安、海关等有关部门的沟通与协作，做好行政处罚与追究刑事责任的衔接。在案件查办过程中要追根溯源，追查窝点，扩大案件成果。对构成商标犯罪的，要移送公安机关追究刑事责任。

（七）加强信息沟通。在执法过程中，各地要及时报告工作进展情况，对于需要跨地区查办的大案、要案线索，可随时提出协查意见。

各地务必求真务实，深入执法一线，及时了解和掌控保护世博会标志专有权行动开展情况，省级工商行政管理局要做好阶段性整治工作总结，并上报总局商标局。在世博会举办前夕和举办过程中，总局将派员对部分地区世博会标志保护工作开展情况进行督查，解决问题，总结经验，扩大成果。

关于印发《注册商标专用权质权登记程序规定》的通知

工商标字〔2009〕182号

为充分发挥商标专用权无形资产的价值，促进经济发展，根据《物权法》、《担保法》、《商标法》和《商标法实施条例》的有关规定，国家工商行政管理总局制定了《注册商标专用权质权登记程序规定》。现印发给你们，请遵照执行。

国家工商行政管理总局
二〇〇九年九月十日

注册商标专用权质权登记程序规定

第一条 为充分发挥商标专用权无形资产的价值，促进经济发展，根据《物权法》、《担保法》、《商标法》和《商标法实施条例》的有关规定，制定本程序规定。国家工商行政管理总局商标局负责办理注册商标专用权质权登记。

第二条 自然人、法人或者其他组织以其注册商标专用权出质的，出质人与质权人应当订立书面合同，并向商标局办理质权登记。质权登记申请应由质权人和出质人共同提出。质权人和出质人可以直接向商标局申请，也可以委托商标代理机构代理。在中国没有经常居所或者营业所的外国人或者外国企业应当委托代理机构办理。

第三条 办理注册商标专用权质权登记，出质人应当将在相同或者类似商品/服务上注册的相同或者近似商标一并办理质权登记。质权合同和质权登记申请书中应当载明出质的商标注册号。

第四条 申请注册商标专用权质权登记的，应提交下列文件：

（一）申请人签字或者盖章的《商标专用权质权登记申请书》；

（二）出质人、质权人的主体资格证明或者自然人身份证明复印件；

（三）主合同和注册商标专用权质权合同；

（四）直接办理的，应当提交授权委托书以及被委托人的身份证明；委托商标代理机构办理的，应当提交商标代理委托书；

（五）出质注册商标的注册证复印件；

（六）出质商标专用权的价值评估报告。如果质权人和出质人双方已就出质商标专用权的价值达成一致意见并提交了相关书面认可文件，申请人可不再提交；

（七）其他需要提供的材料。

上述文件为外文的，应当同时提交其中文译文。中文译文应当由翻译单位和翻译人员签字盖章确认。

第五条 注册商标专用权质权合同一般包括以下内容：

（一）出质人、质权人的姓名（名称）及住址；

（二）被担保的债权种类、数额；

（三）债务人履行债务的期限；

（四）出质注册商标的清单（列明注册商标的注册号、类别及专用期）；

（五）担保的范围；

（六）当事人约定的其他事项。

第六条 申请登记书件齐备、符合规定的，商标局予以受理。受理日期即为登记日期。商标局自登记之日起5个工作日内向双方当事人发放《商标专用权质权登记证》。

《商标专用权质权登记证》应当载明下列内容：出质人和质权人的名称（姓名）、出质商标注册号、被担保的债权数额、质权登记期限、质权登记日期。

第七条 质权登记申请不符合本办法第二条、第三条、第四条、第五条规定的，商标局应当通知申请人，并允许其在30日内补正。申请人逾期不补正或者补正不符合要求的，视为其放弃该质权登记申请，商标局应书面通知申请人。

第八条 有下列情形之一的，商标局不予登记：

（一）出质人名称与商标局档案所记载的名称不一致，且不能提供相关证明证实其为注册商标权利人的；

（二）合同的签订违反法律法规强制性规定的；

（三）商标专用权已经被撤销、被注销或者有效期满未续展的；

（四）商标专用权已被人民法院查封、冻结的；

（五）其他不符合出质条件的。

第九条 质权登记后，有下列情形之一的，商标局应当撤销登记：

（一）发现有属于本办法第八条所列情形之一的；

（二）质权合同无效或者被撤销；

（三）出质的注册商标因法定程序丧失专用权的；

（四）提交虚假证明文件或者以其他欺骗手段取得商标专用权质权登记的。

第十条 质权人或出质人的名称（姓名）更改，以及质权合同担保的主债权数额变更的，当事人可以凭下列文件申请办理变更登记：

（一）申请人签字或者盖章的《商标专用权质权登记事项变更申请书》；

（二）出质人、质权人的主体资格证明或者自然人身份证明复印件；

（三）有关登记事项变更的协议或相关证明文件；

（四）原《商标专用权质权登记证》；

（五）授权委托书、被委托人的身份证明或者商标代理委托书；

（六）其他有关文件。

出质人名称（姓名）发生变更的，还应按照《商标法实施条例》的规定在商标局办理变更注册人名义申请。

第十一条 因被担保的主合同履行期限延长、主债权未能按期实现等原因需要延长质权登记期限的，质权人和出质人双方应当在质权登记期限到期前，持以下文件申请办理延期登记：

（一）申请人签字或者盖章的《商标专用权质权登记期限延期申请书》；

（二）出质人、质权人的主体资格证明或者自然人身份证明复印件；

（三）当事人双方签署的延期协议；

（四）原《商标专用权质权登记证》；

（五）授权委托书、被委托人的身份证明或者商标代理委托书；

（六）其他有关文件。

第十二条 办理质权登记事项变更申请或者质权登记期限延期申请后，由商标局在原《商标专用权质权登记证》上加注发还，或者重新核发《商标专用权质权登记证》。

第十三条 商标专用权质权登记需要注销的，质权人和出质人双方可以持下列文件办理注销申请：

（一）申请人签字或者盖章的《商标专用权质权登记注销申请书》；

（二）出质人、质权人的主体资格证明或者自然人身份证明复印件；

（三）当事人双方签署的解除质权登记协议或合同履行完毕凭证；

（四）原《商标专用权质权登记证》；

（五）授权委托书、被委托人的身份证明或者商标代理委托书；

（六）其他有关文件。

质权登记期限届满后，该质权登记自动失效。

第十四条 《商标专用权质权登记证》遗失的，可以向商标局申请补发。

第十五条 商标局设立质权登记簿，供相关公众查阅。

第十六条 反担保及最高额质权适用本规定。

第十七条 本规定自2009年11月1日起施行。本规定施行之日起原《商标专用权质押登记程序》（国家工商行政管理局工商标字［1997］第127号）废止。

附件：

1.商标专用权质权登记申请书（略）

2.商标专用权质权登记事项变更申请书（略）

3.商标专用权质权登记期限延期申请书（略）

4.商标专用权质权登记注销申请书（略）

5.商标专用权质权登记证补发申请书（略）

关于开展2009年国家商标战略实施示范城市(区)、示范企业工作的通知

工商标字〔2009〕198号

各省、自治区、直辖市及计划单列市、副省级市工商行政管理局、市场监督管理局：

根据《关于贯彻落实〈国家知识产权战略纲要〉，大力推进商标战略实施的意见》和《关于开展国家商标战略实施示范城市（区）、示范企业工作的指导意见》（以下简称《指导意见》）的有关规定，国家工商行政管理总局商标战略实施领导小组（以下简称“总局领导小组”）拟于即日起启动2009年国家商标战略实施示范城市（区）、示范企业工作。现将有关事项通知如下：

一、时间安排

（一）城市（区）、企业申报：2009年10月20日至11月30日；

（二）初审推荐：2009年12月1日~31日；

（三）审核确定：2010年1月1日~31日。

二、申报程序

（一）城市（区）、企业申报。

申报国家商标战略实施示范城市（区）、示范企业须如实填写《国家商标战略实施示范城市（区）申请表》（附件1）或《国家商标战略实施示范企业申请表》（附件2），并按要求提交商标战略实施示范报告（5000字以内）及其它相关材料，报送所在地省（含自治区、直辖市，下同）工商行政管理局。相关表格可在总局网站（www.saic.gov.cn）下载。

（二）初审推荐。

各省工商行政管理局根据《指导意见》规定的申报条件和要求,结合本地申报情况,对申报城市（区）、企业进行考察筛选,拟定推荐名单〔每省推荐一个示范城市（区）、一家示范企业〕,并于2009年12月31日前上报总局领导小组办公室。

（三）审核确定。

总局领导小组依照《指导意见》规定的申报条件和要求，根据各省推荐名单，确定示范城市（区）、示范企业名单并向社会公布。

（四）颁发证书、铭牌。

三、申报要求

（一）坚持公开、公平、公正原则，严格履行程序，自觉接受社会监督。

（二）坚持推荐条件，严格把好推荐关，确保推荐质量，切实做到好中选优。

（三）各申报城市（区）、企业不得提供虚假材料。经发现提供虚假材料的，一律取消申报资格。

四、上报材料

各省工商行政管理局上报总局领导小组的材料包括：

（一）省工商行政管理局出具的推荐函；

（二）《国家商标战略实施示范城市（区）申

请表》、《国家商标战略实施示范企业申请表》一式3份及电子版；

（三）商标战略实施示范城市报告、示范企业报告一式3份及电子版。

联系单位：国家工商行政管理总局商标局质量管理处

联 系 人：谷卿、夏珺

电子邮箱：guqing@saic.gov.cn

xiajun@saic.gov.cn

联系电话：010-88651754 88651746

传真电话：010-68050256

国家工商行政管理总局

二○○九年十月十二日

附件1：国家商标战略实施示范城市（区）申请表（略）

附件2：国家商标战略实施示范企业申请表（略）

关于进一步促进个体私营经济发展的若干意见

工商个字〔2009〕208 号

各省、自治区、直辖市及计划单列市、副省级市工商局、市场监督管理局：

个体私营经济是我国社会主义市场经济的重要组成部分，是推动经济社会发展的重要力量，对扩大就业、拉动内需具有重要意义。去年国际金融危机爆发以来，党中央国务院为促进个体私营企业生产经营发展，及时出台了一系列政策措施。为贯彻落实《国务院关于进一步促进中小企业发展的若干意见》（国发〔2009〕36 号），现就工商行政管理机关发挥职能作用，进一步促进个体私营经济又好又快发展，提出如下意见：

一、鼓励私营企业做大、做强、做活。除国家明令禁止的外，凡允许国有和外资企业进入的投资领域，一律对个体私营企业开放。按照“增加总量、扩大规模、鼓励先进、淘汰落后”的要求，重点支持符合国家产业政策、具有竞争优势的私营企业，通过兼并、重组等方式，组建跨行业、跨地区经营的大型企业集团。支持服务业私营企业开展连锁经营，实现规模化、集约化发展。要通过走访、调研等多种方式，加强与个体私营企业的联系，明确服务重点和方向。各地工商机关要充分发挥工商登记信息资源优势，向社会发布个体私营经济发展动态信息，对个体私营企业投资创业进行提示、预警，引导个体私营企业确定有利的投资发展方向。

二、立足职能，积极配合相关部门，切实帮助个体私营企业解决融资难问题。积极开展动产抵押、股权质押和注册商标专用权质押登记，总结经验，完善相关工作机制，指导个体私营企业利用抵押、质押担保进行融资；允许股权出资，为个体私营企业进一步拓宽融资渠道；稳妥推动民间资本创办小额贷款公司，为金融机构提供个体私营企业的工商注册和抵押登记、出质登记信息查询服务，支持建立面向个体私营企业的金融服务体系和信用担保体系。

三、积极探索，促进农民专业合作社加快发展，大力培育和发展农村经纪人。本着依法、自愿、有偿和进退自由的原则，在不改变土地集体所有性质、不改变土地用途、不损害农民土地承包权益的前提下，允许农民以土地承包经营权出资设立农民专业合作社。配合有关部门，探索农民专业合作社开展资金互助、信用合作。支持农民专业合作社跨地域、跨所有制、跨行业开展经营和提供服务。利用信息化手段提升农民专业合作社登记服务质量，加强法律法规宣传，做好政策咨询，严格执行农民专业合作社登记不收费的规定。引导农民专业合作社实施商标战略，加强农副土特产品的商标注册，提高农产品附加值，增强市场竞争力。实施合同帮农，引导农民专业合作社发展“订单农业”，减少农业生产风险。支持农民专业合作社与高等学校、科研院所开展多种形式技术合作促进产学研、农科教结合，加快农业科技成果转化。对农村经纪人开展经纪、合同、商标等业务培训，指导农村经纪人提高经纪水平和服务技能，充分发挥其桥梁和纽带作用，促进农产品流通、农业产业结构调整和农民增收。

四、发挥职能作用，促进社会信用体系建设。在企业、个体工商户和市场信用分类监管基础上，大力推进全国各类市场主体工商登记管理信息动态数据库建设。各地工商机关要积极开发面向社会公众的信息查询服务功能，努力推动与其他部门相关市场主体信用信息的互联共享，为社会信用体系建设提供市场主体的基础信息。要发挥工商行政管理职能作用，鼓励个体私营企业“守合同重信用”，引导个体私营企业增强履行社会诚信责任的意识。

五、积极配合有关部门研究对中小企业标准进行科学界定和细分。要结合修订《城乡个体工商户管理暂行条例》，根据不同行业、不同规模个体私营企业的特点，研究制订针对“微型企业”的扶持措施。鼓励、引导经营规模较大的个体工商户升级为企业，进一步提高经营管理水平和市场竞争能力。开展查处取缔无照经营工作要坚持“突出重点、区别对待、堵疏结合、分类规范”的方针，重在指导经营者合法开展经营活动。要充分发挥社区在安排临时就业、规范摊贩经营方面的积极作用。

六、多措并举，大力推进“以创业带动就业”。要指导各级个私协会，积极组织各种形式的就业洽谈会、招聘见面会，通过举办“自主创业我先行”全国高校大学毕业生创业系列报告会、召开创业带就业动员会、举办座谈会、街头宣传咨询等形式现场解答疑问，通过先富带后富、“一帮一”、“一带一”等活动，积极帮助高校毕业生自主创业。要认真落实《“三年百万”高校毕业生就业见习计划》，引导优秀人才进入个体私营经济领域发展。要认真贯彻促进就业优惠政策，鼓励、引导返乡农民工、下岗失业人员、复员退伍军人、高校毕业生、残疾人等自主创业，为其申请登记注册个体工商户、私营企业提供免费的开业指导以及相关政策、法规和信息咨询服务。并严格按照《就业促进法》的规定，对符合政策规定的创业人员 3 年内免收登记类和证照类等有关行政事业性收费。

七、切实维护公平竞争的市场秩序，为个体私营经济发展提供良好市场环境。加大对个体私营企业的字号名称、注册商标和商业秘密的保护力度，维护个体私营企业的合法权益。严厉打击制售假冒伪劣商品、虚假广告、不正当竞争等违法违规行为，保护合法经营，维护正常的市场秩序，促进个体私营经济健康发展。

八、依法规范行政管理，提高监管执法水平，坚决制止“三乱”现象。加强行政指导，充分发挥行政执法“预防、警示、教育”的功能。对个体私营企业违法行为情节轻微、当事人积极采取措施补救、没有产生危害后果的，以教育整改为主，依法从轻、减轻或者免除对其经济处罚。对于生产经营暂时出现困难的个体工商户、私营企业，在年检验照等方面要予以支持。严禁利用年检验照进行乱摊派、乱收费、乱罚款和搭车收费。

九、充分发挥各级个体劳动者协会和私营企业协会作用，努力为个体私营企业排忧解难。要围绕“服务会员”的宗旨，通过维权保障、宣传教育、培训学习、经贸交流、公益活动等多种举措开展服务，积极搭建个体私营经济与政府沟通、了解供求信息、经营管理培训、人才引进的平台。引导个体私营企业“爱国敬业、诚实劳动、依法经营、乐于奉献”。

国家工商行政管理总局

二〇〇九年十月二十一日

国家工商行政管理总局关于认定“马德里商标国际注册十强企业”的通报

工商标字〔2009〕210 号

安琪酵母股份有限公司、红云红河烟草（集团）有限公司、上海证券交易所、海马投资集团有限公司、珠海格力电器集团有限公司、中国建银投资有限责任公司、中国中化集团公司、中兴通讯股份有限公司、长城汽车股份有限公司、华为技术有限公司：

1989 年 10 月 4 日，我国正式加入《商标国际注册马德里协定》。20 年来，我国企业积极利用马德里商标国际注册体系省力、省钱、省时的优势，根据自身壮大发展和开拓海外市场的需要，积极布局海外商标注册，有步骤、有重点地构筑商标海外保护圈。一大批知名品牌脱颖而出、蜚声海内外，海外市场占有率不断提高，国际竞争力逐步增强。2005 年至 2008 年，我国连续 4 年成为马德里商标国际注册体系中被指定领土延伸最多的国家，我国企业提出的马德里国际商标注册申请量也连续 4 年排名第八，是该体系中申请量最大的发展中国家。商标国际注册量的迅猛增长和自主品牌价值的日益提升，推动了我国对外贸易增长方式的转变和对外贸易的健康发展，有力地促进了我国经济社会又好又快发展。

为进一步推动马德里商标国际注册工作，国家工商行政管理总局根据掌握的企业马德里商标国际注册数量，认定安琪酵母股份有限公司、红云红河烟草（集团）有限责任公司、上海证券交易所、海马投资集团有限公司、珠海格力电器集团有限公司、中国建银投资有限责任公司、中国中化集团公司、中兴通讯股份有限公司、长城汽车股份有限公司、华为技术有限公司为“马德里商标国际注册十强企业”，并授牌鼓励。

希望上述单位发扬成绩，再接再厉，在今后的工作中取得更大的成绩。

特此通报。

国家工商行政管理总局

二〇〇九年十月二十三日

国家工商总局商标局关于在中关村国家自主创新示范区设立办事处的通告

为贯彻落实《国家知识产权战略纲要》，大力推进商标战略实施，国家工商行政管理总局按照《国务院关于同意支持中关村科技园建设国家自主创新示范区的批复》精神，根据中关村科技园区建设国家自主创新示范区的实际需要，本着先行先试、改革创新的原则，决定设立中华人民共和国国家工商行政管理总局商标局驻中关村国家自主创新示范区办事处（以下简称办事处）。办事处已于2009年11月5日揭牌，11月6日正式对外办公。现将有关事宜通告如下：

一、办事处办公地址、联系方式及对外办公时间

（一）地址：北京市海淀区倒座庙9号，北京市工商行政管理局海淀分局二楼注册大厅；邮政编码：100080。

（二）咨询电话：82690863转35、36、24，82691395。

（三）办公时间：上午8:30—12:00；下午1:30—5:00。

二、办事处主要职责

（一）开展商标法律、政策宣传，落实商标战略任务，负责促进中关村国家自主创新示范区商标战略实施协调工作。

（二）依法受理中关村国家自主创新示范区自然人、法人和其他组织的商标注册申请，承担对中关村国家自主创新示范区内市场主体的商标注册、变更、转让、续展、补正、注销及特殊标志登记、官方标志备案等申请文件进行形式审查和受理工作。

（三）提供商标法律咨询服务，承担中关村国家自主创新示范区内市场主体的商标事宜咨询工作。

三、办事处积极推进中关村示范区实施商标战略的主要措施

（一）在中关村示范区设立商标注册的办事机构。在中关村示范区设立国家工商行政管理总局商标局驻中关村示范区商标注册办事处。办事处开展有关商标注册申请受理及高新产业商标战略研究、商标咨询、服务等工作。

（二）支持商标无形资产资本化运作。积极支持具有商标品牌优势的企业依法以商标质押获得贷款，实现商标无形资产资本化运作。在商标质权人和出质人协商同意的情况下，可免于提交出质商标专用权价值评估报告。

（三）设立商标事务处理快速通道。对中关村示范区内具有自主创新、自主知识产权的高新技术企业申请注册商标以及注册商标争议的案件，经北京市工商行政管理局签署意见后，符合提前审查和审理条件的，可加快办理。

（四）加强对示范区商标境外注册工作的指导。鼓励和支持示范区企业到境外申请注册商标，支持示范区开展对出口型企业商标国际注册的培训，增强出口型企业在境外注册商标的意识，提高出口型企业运用国际规则参与国际市场竞争和保护自己合法权益的能力。

（五）支持培育驰名商标。重视和支持示范区企业驰名商标的培育，扶持、发展一批有潜力、有市场竞争力、有较高知名度的商标，培育一批国际知名品牌。建立驰名商标协调保护机制，依法加大对示范区内驰名商标的保护力度。

四、办理业务注意事项

申请人请按要求填写申请表格，相关书式及注意事项请到我局网站下载。网址：http://sbj.saic.gov.cn。

办事处将切实履行职责，依法行政，文明服务，竭诚为示范区企业在商标领域提供良好服务，用实际行动支持中关村示范区推进自主创新，实现科学发展。

特此通告。

国家工商行政管理总局商标局

二〇〇九年十一月五日

国家工商行政管理总局第46号令

《商标代理管理办法》已经中华人民共和国国家工商行政管理总局局务会议审议通过，现予公布，自公布之日起施行。

局长　周伯华
二〇〇九年十一月十一日

商标代理管理办法

第一条　为维护商标代理秩序，保障委托人及商标代理组织的合法权益，根据《中华人民共和国商标法》及《中华人民共和国商标法实施条例》，制定本办法。

第二条　本办法所称商标代理是指商标代理组织接受委托人的委托，以委托人的名义办理商标注册申请及其他有关商标事宜。

本办法所称商标代理组织是指接受委托人的委托，以委托人的名义办理商标注册申请或者其他商标事宜的法律服务机构。

本办法所称商标代理人是指在商标代理组织中执业的工作人员。

第三条　国务院工商行政管理部门依法对全国商标代理组织和商标代理人的代理行为进行管理和监督。

县级以上工商行政管理部门依法对本辖区的商标代理组织和商标代理人的代理行为进行管理和监督。

第四条　申请设立商标代理组织的，申请人向所在地县级以上工商行政管理部门申请登记，领取《企业法人营业执照》或者《营业执照》。

第五条　商标代理组织不得委托其他单位和个人从事商标代办活动，并不得为从事上述活动提供任何便利。

第六条　商标代理组织可以接受委托人委托，指定商标代理人办理下列代理业务：

（一）代理商标注册申请、变更、续展、转让、异议、撤销、评审、侵权投诉等有关事项；

（二）提供商标法律咨询，担任商标法律顾问；

（三）代理其他有关商标事务。

商标代理人办理的商标注册申请书等文件，应当由商标代理人签字并加盖商标代理组织印章。

第七条　商标代理组织不得接受同一商标案件中双方当事人的委托。

第八条　商标代理人应当遵守法律，恪守职业道德和执业纪律，依法开展商标代理业务，及时准确地为委托人提供良好的商标代理服务，认真维护委托人的合法权益。

第九条 商标代理人应当符合以下条件：

（一）具有完全的民事行为能力；

（二）熟悉商标法和相关法律、法规，具备商标代理专业知识；

（三）在商标代理组织中执业。

第十条 商标代理人不得同时在两个以上的商标代理组织执业。

第十一条 商标代理人应当为委托人保守商业秘密，未经委托人同意，不得把未经公开的代理事项泄露给其他机构和个人。

第十二条 在明知委托人的委托事宜出于恶意或者其行为违反国家法律或者具有欺诈性的情况下，商标代理人应当拒绝接受委托。

第十三条 商标代理组织有下列行为之一的，由其所在地或者行为地县级以上工商行政管理部门予以警告或者处以一万元以下罚款；有违法所得的，处以违法所得额三倍以下，但最高不超过三万元罚款：

（一）与第三方串通，损害委托人合法权益的；

（二）违反本办法第五条、第七条规定的；

（三）损害国家和社会公共利益或者其他代理组织合法权益的；

（四）从事其他非法活动的。

第十四条 商标代理人有下列行为之一的，由其所在地或者

行为地县级以上工商行政管理部门予以警告或者处以一万元以下罚款：

（一）私自接受委托，向委托人收取费用，收受委托人财物的；

（二）隐瞒事实，提供虚假证据，或者威胁、诱导他人隐瞒事实，提供虚假证据的；

（三）违反本办法第十条、第十一条、第十二条规定的；

（四）有其他违法行为的。

第十五条 未经工商行政管理部门登记即从事商标代理活动或者用欺骗手段取得登记的组织，由所在地县级以上工商行政管理部门依照有关企业登记管理的法律、法规处罚。

第十六条 被处罚的商标代理组织及商标代理人对工商行政管理部门的行政处罚不服的，可以依照《行政复议法》的规定申请复议；也可以直接向人民法院依法提起诉讼。

第十七条 本办法由国家工商行政管理总局负责解释。

第十八条 本办法自公布之日起施行。

关于印发《国家工商行政管理总局关于商标工作达到国际水平的规划（2008年至2012年）》的通知

工商标字〔2009〕231号

各省、自治区、直辖市及计划单列市、副省级市工商行政管理局、市场监督管理局，总局各司（厅、局）、各直属单位：

《国家工商行政管理总局关于商标工作达到国际水平的规划（2008年至2012年）》已经国家工商行政管理总局局务会讨论通过，现印发给你们，请认真组织实施。

国家工商行政管理总局

二〇〇九年十一月二十五日

国家工商行政管理总局关于商标工作达到国际水平的规划（2008年至2012年）

商标作为区别商品或服务来源的标志，是商品经济的产物，在现代经济社会发展中的作用越来越突出。当前，我国正处在新的历史起点上，大力开发和利用商标资源，对于转变经济发展方式，缓解资源环境约束，建设创新型国家，提升国家核心竞争力，满足人民群众日益增长的物质文化生活需要，具有重大战略意义。

改革开放以来，我国的商标工作得到了快速发展，基本建立了既符合国际规则、又具有中国特色的商标法律制度，基本建立了适应社会主义市场经济监管的商标注册和管理体制机制，基本建立了适应社会主义市场经济监管的商标注册和管理理论，基本建立了适应社会主义市场经济监管的商标注册和管理人才队伍，取得了商标注册申请量世界第一、商标注册申请审查量世界第一、有效注册商标量世界第一的显著成绩，成为世界第一商标大国。

为深入贯彻落实《国家知识产权战略纲要》，大力推进商标战略实施，更加充分、有效地利用商标资源促进社会经济更好更快发展，形成一批拥有驰名商标、国际竞争力较强的优势企业，实现我国由商标大国向商标强国的转变，2008 年初，国家工商总局明确提出了商标注册与管理工作要实现“三五目标”的工作思路，即三年（2008 年至 2010 年）解决商标注册审查及评审积压、五年（2008 年至 2012 年）使商标工作达到国际水平。

2008 年，国家工商总局商标局共受理商标注册申请 69.8 万件，审查商标注册申请 75 万件，8 年以来首次实现商标注册审查量超过当年的商标注册申请量。2009 年，我国商标注册审查量于 9 月 15 日突破百万大关，达到100.5 万件，并带动商标注册申请量创历史最高，预计全年将达 80 万件。“三五目标”实施两年来，解决商标审查和评审积压问题取得历史性突破，从根本上扭转了商标工作的被动局面，获得了国内外广泛关注和一致好评。为进一步明确未来三年商标工作的方向和具体任务，确保 2012 年使商标工作达到国际水平，制定本规划。

一、指导思想

以邓小平理论和“三个代表”重要思想为指导，深入学习实践科学发展观，贯彻落实《国家知识产权战略纲要》，大力推进商标战略实施，从我国国情出发，全面总结我国商标工作取得的成就，充分借鉴国际上先进国家和地区的有益经验，坚持“监管与发展、监管与服务、监管与维权、监管与执法”的“四个统一”，进一步加强基础设施建设，完善商标法律法规，提高商标审查、评审质量和效率，加大商标保护力度，深化商标信息公开工作，提升社会公众服务水平，全面推动商标注册、管理和保护工作，力争到 2012 年使我国商标事业在保持自身特色的基础上达到国际水平。

二、基本原则

——坚持立足当前与谋划长远相结合

从商标工作发展的全局出发，既要着眼长远，加强基础建设，创新体制机制，完善法律制度体系，又要兼顾当前，着力解决实际工作中存在的突出问题。

——坚持统筹规划与突出重点相结合

从商标工作发展的现状出发，既要注重整体规划，明确商标工作达到国际水平的具体目标和基本框架，又要注重分清主次，先后有序，有条不紊地开展各项工作。

——坚持权利保护与服务大局相结合

从商标工作发展的本质出发，既要保护商标专用权，维护商标权利人的合法权益，也要维护社会公众的正当权益，服务经济社会发展大局。

——坚持求真务实与创新发展相结合

从商标工作发展的规律出发，既要以事实为依据，以务实的态度总结经验、发现问题，也要以创新为指导，大胆拓展思路，开创商标工作的新局面。

——坚持以我为主与国际合作相结合

从商标工作发展的趋势出发，既要立足国情，认识到商标工作与国外先进国家存在的差距，也要以我为主，有选择地吸收国外商标事业的先进经验和成熟做法。

三、规划目标

——完善现行商标法制，建立先进、完备的法律制度。以科学发展观统领全局，充分利用当前国际上先进的立法技术和理念，充分吸收其他国家成熟的制度设计，结合我国国情，修改《商标法》和与之配套的法规、行政规章和规范性文件，使我国的商标法律制度能够适应我国市场经济发展和保护知识产权的新形势。

——创新商标工作机制，实现商标工作的可持续发展。以制度化、规范化、程序化、法治化为指导，从商标注册、管理和保护的各个环节入手，更新工作理念，拓展工作职能，规范工作方式，转变工作作风，建立与经济社会发展相适应的商标工作长效机制。

——提升商标注册、管理和保护能力，全面提高公众服务水平。进一步完善商标确权机制，建立数量与质量并重的商标审查和评审长效工作机制，确保商标注册审查周期控制在 10 个月以内、商标异议裁定和评审审理周期控制在 20 个月以内，不断提高商标审查和评审质量；创新商标注册管理工作体制机制，为实施商标战略提供制度化保障；加大商标专用权保护力度，充分发挥我国行政保护与司法保护“双轨制”的独特优势。

——提高驰名商标认定和保护水平，促进企业创新发展。引导企业主动培育和认定驰名、著名商标，利用驰名、著名商标吸纳、聚集、组织社会资源，重组并优化产品结构、产业结构，拉动国内外消费增长，促进经济结构调整和经济增长方式转变，形成一批商标国际竞争力较强的优势企业。

——全面推进商标基础设施和信息化建设。在努力建设具有国际水平硬件设施的基础上，进一步提高商标工作的信息化水平和透明度，用高科技的手段实现高效能的商标注册和管理，全面拓展商标电子政务的广度和深度，确保商标注册电子申请比例达到全部商标注册申请的 85%，逐步实现无纸化办公和商标注册申请的电子互动。

——培育一支专业、稳定、多层次的商标干部队伍。根据“四高目标”的要求，以加强人力资源建设为基础，以加强党风廉政建设、风险点管理为保证，建设一支政治上过硬、业务上过硬、作风上过硬的高素质商标干部队伍。

四、实施措施

（一）加快立法进程，进一步完善商标法律制度

抓紧《商标法》的第三次修改工作。认真研究解决社会经济发展给商标法律制度所带来的突出问题，完善适应我国经济发展的商标工作机制和体制，进一步促进我国商标事业的繁荣发展，为我国经济可持续发展创造良好的商标法制环境，使《商标法》在简化和完善程序、方便商标申请人、加大商标专用权保护力度、加强商标代理机构监管、解决驰名商标有关问题等方面发挥更积极的作用。

抓紧《商标代理条例》的立法工作。探索建立健全商标代理行业协会自律制度；创新监管方式，考虑建立信用评价体系以实现对代理组织的动态监管；加强对商标代理人培训，提高代理人办理各类商标业务和处理纠纷的能力。

抓紧制定、修改与《商标法》配套的各类行政法规、规章及规范性文件。在《商标法》修订后，要尽快出台与之配套的《商标法实施条例》；适时对集体商标、证明商标、特殊标志等现行规章进行修改；适时针对商标注册、管理和保护出台规范性文件。

（二）建立完整、高效的商标审查和评审工作机制

建立商标注册审查员轮岗制度，使其熟悉商标审查工作的全部流程，达到一专多能、全程审查的国际水准，从根本上提高审查员的工作效率和专业素质；适时引入一标多类、申请分割、审查意见书等制度；建立并完善商标审查、复核、审核的三级审查工作机制。

适时推行开庭审理，设立案件审理委员会负责讨论复杂疑难和有重大社会影响案件，设立合议组负责审理双方当事人的案件，设立独任评审员负责审理驳回复审案件；增加当事人和解程序，在驳回复审案件中采取同意书制度，鼓励复审申请人征得在先商标所有人同意；在双方当事人案件进入实质审理程序之前，给予当事人一定的协商期限。

（三）保持合理、稳定的商标审查和评审周期

对商标注册申请发展的趋势进行研究和预测。深入研究分析我国市场经济发展的总体形势及市场主体类型、数量的变化情况，准确了解新形势下我国经济发展对商标审查和评审的具体需要，对商标注册和评审申请量进行科学、合理的预测，并根据预测情况统筹安排商标审查和评审力量。

加快商标审查和评审速度，缩短商标审查和评审周期。在坚持商标审查和评审绩效机制的基础上，进一步充实、调整、加强商标审查和评审一线力量，细化审查和评审流程中各个环节所需要的时限，确保将商标注册审查周期控制在 10 个月以内、商标异议裁定和评审审理周期控制在 20 个月以内。

（四）完善商标审查和评审质量管理体系

积极探索参照 ISO9001 体系,通过对商标审查和评审各个环节进行全面控制，建立完整的商标

审查和评审质量管理体系。强化商标审查和评审质量管理，提高全员质量意识，加大商标工作信息公开的力度、为社会公众提供更加优质的服务、为商标权利人提供更加有力的保护，提高社会公众对商标审查和评审工作的满意度。

全面确定商标审查和评审各个岗位的工作职责，确立质量目标，形成质量手册。在商标申请受理、注册审查、异议裁定和评审案件审理等业务流程中全面实施质量监控，制定相应的质检标准，并将质检标准、质检结果定期向社会公开；根据业务性质及人员水平，形成科学合理的确定抽检（查）范围和抽检（查）比例的工作规程；加强廉政风险管理，对商标审查和评审的各个岗位和相关人员施以有效监督、严格责任；将商标审查质量抽检合格率提高到99%以上，评审裁决被起诉量与裁决总量的比例控制在5%以内，商标行政诉讼的胜诉率保持在85%以上。

（五）进一步加强商标行政执法

明确行政职能，加强执法力量。进一步明确职能，健全执法机构，充实基层执法力量，各级工商行政管理机关要做到商标监管与发展、与服务、与维权、与执法的统一，切实保护中外商标权人的合法权益，努力营造公平竞争的市场环境和公众放心的消费环境。

统一执法标准，提高执法水平。进一步统一商标行政执法法律适用标准，加强商标行政执法人员对法律知识、业务知识的理解和把握，切实规范执法程序，提高执法水平。密切与公安、海关、版权、专利等其他部门的协作配合，加强沟通和联系，形成执法合力，完善跨部门商标执法协作机制。

增强服务意识，加强行政指导。树立正确的执法理念，充分发挥行政指导的积极作用，加强对商标行政执法机关的指导及与商标权利人的联系，鼓励企业建立维护商标权益的机构，健全商标权自我维护网络，构建以自我保护为主体、行政和司法保护相结合、社会公众广泛参与的商标权益保护体系。

（六）加强农产品商标和地理标志的注册和保护

加强农产品商标和地理标志审查工作。继续坚持并完善地理标志注册申请单独排队、提前审查的“绿色通道”，使之进一步制度化、规范化、程序化和法治化。推行地理标志工作政务公开、信息公开，继续将地理标志注册申请材料目录、范本以及已注册地理标志名录等信息在国家工商总局官方网站上予以公布。

加大农产品商标和地理标志注册、管理与保护工作的力度，积极引导农产品商标和地理标志证明商标、集体商标的注册，大力推行“公司+商标（地理标志）+农户”产业化经营模式，进一步提高农民进入市场的组织化程度，充分发挥商标在农业现代化、产业化、规模化中的作用。及时总结推广各地“商标富农”工作经验。

（七）加强驰名商标、著名商标的认定和保护

启动驰名商标、著名商标的有关立法工作。从完善认定程序、细化认定标准、明确部门职责、强化事后监管的角度，修改《驰名商标认定和保护规定》，全面完善驰名商标认定工作，确立驰名商标的认定和退出机制；将著名商标认定和保护纳入《商标法》的范畴，按照公开透明、接受监督的原则，进一步统一认定标准、规范认定程序、完善监督体系，积极指导全国各地制定著名商标认定规则和程序，使地方工商行政管理机关的著名商标认定和保护工作尽快做到有法可依。

大力开展驰名商标、著名商标的培育和发展工作。要进一步加强向企业普及驰名商标、著名商标申报渠道和程序的宣传工作，并结合实际制定驰名商标、著名商标培育和发展规划，按照“培育一批、扶持一批、推荐一批”的原则，有针对性地采取培育引导措施，建立起衔接紧、后劲足、实力强的驰名商标、著名商标创建梯队，保证重点目标重点培育、重点突破，形成环环紧扣、层层递进的创建格局和工作态势，发挥行业协会的作用，做好驰名商标、著名商标的发展和培育的基础工作。

继续强化对驰名商标、著名商标保护力度。在日常监管和专项整治中将驰名商标、著名商标作为重点予以保护，通过打击商标侵权行为及宣传工作，使公众广泛了解驰名商标扩大保护的法

律意义，从根本上有效保护商标权利人的合法权利，切实维护消费者的合法权益，进而有力地保障公平竞争、统一有序的市场经济秩序。

切实加强对驰名商标、著名商标的公益宣传。通过媒体公益广告、社会公众宣传等形式，调动行业协会积极性，向全社会普及驰名商标、著名商标的相关知识，切实提高国内外消费者对驰名商标、著名商标产品和服务的认可和信任，充分发挥驰名商标、著名商标对产品和服务的指示性作用。

（八）不断加强商标人力资源的建设和管理

积极探索适应商标审查和评审工作特点的干部管理机制和辅助人员管理机制。努力推进商标审查、评审人员队伍专业化建设，稳定商标审查、评审人员队伍，提高商标审查、评审效率；努力健全完善商标审查、评审绩效考核评价机制，把考核结果作为干部选拔任用、培养教育、管理监督、激励约束的重要依据；根据公务员管理的有关规定，积极探索研究建立奖惩机制和责任追究机制。

进一步充实基层商标行政执法力量。要加强队伍建设，尤其需要从机构设置、人员配备和财政支持方面加强基层行政执法队伍建设；要大量充实基层商标执法部门的力量，注意选拔和配备熟悉商标工作的干部，形成一支稳定、精干、高效的商标基层执法队伍，切实提高执法效能。

建立有利于商标工作人员成长的培训机制。加强对商标工作基础理论和现实商标业务的前瞻性研究，在此过程中逐步建立一支高素质的专业干部队伍；充分发挥国家工商总局行政学院作用，加强商标工作人员培训；加强同知识产权审判机构、高校商标教学研究机构、商标法律服务机构、企业商标管理部门之间工作交流，提高商标工作人员对法律的理解和适用能力；加快建设国家和省级商标人才库和专业人才信息网络平台；建立商标工作人员与地方商标行政执法人员双向短期挂职交流制度；积极组织商标工作人员赴国外培训。

（九）全面推进商标工作信息化建设进程

继续加强“中国商标网”的建设，充分发挥“中国商标网”作为商标政府信息公开第一平台的作用。及时发布和更新有关的商标信息，保证网上信息及时、准确、完整、真实；实现网上公告、网上查询、网上申请和网上付费，确保商标注册电子申请比例达到全部商标注册申请的85%；逐步将网上申请业务种类由目前只接受部分商标注册申请扩展到变更、转让、异议、评审等业务类型；逐步实现与世界知识产权组织国际局、商标注册申请人及后续业务申请人的双向电子互动，全面提高商标注册、管理与保护自动化水平。

建立高度智能化的商标审查和评审系统。努力实现商品分类的标准化和智能化，为扩大网上申请的范围和幅度创造条件；深入研究包括商标图像识别在内的更先进和效率更高的商标审查相关算法；建立以驳回复审网上申请为主要内容的评审服务系统；建立以提高效率和保证质量为目标的商标评审辅助系统，即建立商标评审流程管理系统、实现评审案件审理程序信息化、建立评审案件审理参照体系（典型案例库）、建立评审裁文分类库。

适时研发工商系统内部商标业务专网。实现商标数据库和企业名称数据库的连接整合；建立覆盖全国的商标案件数据库；构建商标申请人、代理人信用信息数据库；建立定牌企业的自行申报及网上公布系统；建立工商系统内部商标综合、办案文件的办公流程；建立与商标相关的法律文件数据库。

加强商标档案馆信息化、数字化建设。用现代信息技术手段和科学管理方法，解决商标纸质档案和电子档案的安全存放问题，建立以电子为主、纸件为辅的准确、完备的商标档案系统，实现商标档案管理手段现代化、档案资源信息化和档案利用科学化。

（十）大力提高为政府、企业和社会公众服务的水平

深化政务公开，提升服务水平。进一步增强信息公开责任意识，充实总局商标政务信息窗口的服务内容、完善服务形式、提高服务水平；研究分析并依法发布权威商标信息，为政府、企业和社会公众提供更好的信息服务；进一步推进基

层商标执法政务公开建设，结合信息化要求，积极推进商标行政执法文书网上公开试点进程。

进一步规范商标咨询服务。提高专职接听咨询电话工作人员的服务意识和业务能力，逐步建立更加完善的对外服务应答机制，并就公众咨询频率较高的问题整理成书面答复口径在网上公布，进一步方便社会公众。

积极开展商标权质权登记，帮助企业拓宽融资渠道。各级工商行政管理机关要创造性地开展企业帮扶工作，积极支持企业将商标与金融等手段紧密结合，实现商标无形资产的资本化运作，切实帮助企业解决融资难问题。

（十一）积极开展商标文化建设

努力营造尊重和保护商标权的良好氛围。充分发挥报刊、广播、电视等传统媒体的作用，拓展网络等宣传新渠道，强化宣传教育，推动全社会树立商标意识，正确引导舆论，加大执法成果的正面宣传，全面树立我国政府保护商标专用权的良好形象，进一步提高我国市场对外资的吸引力，充分提振企业运用商标发展壮大的信心。

广泛开展商标普及教育。推动建立商标人才培养基地，支持高等学校开设相关商标课程，开展商标研究，将商标教育纳入高校学生素质教育体系。配合制定、实施全国中小学知识产权普及教育计划，将商标内容纳入中小学教育课程体系。重点培养企业急需的商标管理和中介服务人才。

建立商标博物馆，加强研究和宣传工作。征集、典藏各种珍贵商标文献及典型商标，大力丰富商标博物馆的馆藏内容；积极创造条件，引导商标专业人员研究商标档案的历史、文化、经济和法律价值；定期举办商标专题展览，并向社会公众开放。

（十二）不断加强商标国际交流与合作

努力拓展国际交流合作的广度和深度，不断提高我国在商标领域的国际地位。继续加强与世界知识产权组织等国际组织及有关国家（地区）商标主管机关的交流与合作，参与制订与修订商标国际规则和国际组织有关议程，参与国际商标领域秩序构建，增强我国在国际商标领域谈判的话语权，从根本上维护我国国家利益；充分利用多、双边商标领域合作机制等形式，保护我国企业在国外的合法商标权益，为我国对外贸易和经济发展创造良好的商标保护国际环境。

积极应对经济全球化发展，鼓励、支持我国企业实施商标“走出去”战略。加强商标国际注册的宣传、培训和指导工作，全面及时掌握商标海外注册与保护的基本情况和信息；培养建立熟知商标国际法律制度的人才队伍，增强国内申请人商标国际注册意识，切实提高国内企业海外商标注册数量，支持企业在海外不断提升中国商标的形象；充分发挥政府及主管部门职能作用，发挥行业协会优势，调动企业主动维权的积极性，建立有效的商标海外维权和预警机制。

关于因异议复审、诉讼等原因尚未获准注册但已经超过商标有效期的商标续展问题的通知

根据《商标法》第三十四条的规定，被异议的商标经裁定异议不能成立而核准注册的，商标注册申请人取得商标专用权的时间自初审公告三个月期满之日起计算。第三十八条规定，注册商标有效期满，需要继续使用的，应当在期满前六个月内申请续展注册；在此期间未能提出申请的，可以给予六个月的宽展期。宽展期满仍未提出申请的，注销其注册商标。根据上述规定，申请人有下列情况之一的，可以按以下规定办理续展：

一、尚处在异议、异议复审、异议复审诉讼中的商标，已到商标续展期的，可以在有效期期满前六个月内申请续展；在此期间未能提出申请的，可以给予六个月的宽展期。

二、尚处在异议、异议复审、异议复审诉讼中的商标已经超过商标有效期的，可以在本通知发布之日起一年内申请续展注册。

对于上述两种情况，我局将根据异议、异议复审或诉讼的最终结果决定是否核准续展，如商标最终被不予核准注册，我局将对续展申请不予核准，申请费用可以办理退还。

三、本通知发布之前，已经异议、异议复审或者诉讼最终被核准注册的商标，在裁定或判决生效时已经超过有效期的，可以在本通知发布之日起一年内申请续展注册。

最终被核准注册的商标在上述期间内均未提出续展的，注销其注册商标。

二〇〇九年一月二十日

关于依法妥善处理违规商标注册网上申请有关问题的通知

商标综字〔2009〕第126号

各商标代理组织：

《商标网上申请试用办法》及《商标注册网上申请流程》（商标综字 [2009] 第30号）等涉及商标网上申请的有关规定已经由国家工商行政管理总局商标局公布，并自2009年1月20日起施行。

根据《商标网上申请试用办法》第八条、第十二条第二款和《商标注册网上申请流程》的规定，在目前商标网上申请试用期内，不得提交第八条所列情形的商标注册网上申请，例如以自然人名义作为商标申请人的商标注册申请、肖像商标注册申请等。同时，成功提交商标注册网上申请后，应当按照《商标注册网上申请流程》的要求，在规定时间内提交与网上申请内容完全一致的纸质申请书件。

但是，近来，我局发现部分商标代理组织未严格遵守上述有关规定，违规提交了商标注册网上申请件，或没有在规定期限内提交纸质申请书件，或未提交符合要求的纸质申请书件，严重地损害了相关商标申请人的权益，影响了商标局审查工作效率。对此，我局将按照《商标网上申请试用办法》等有关规定进行如下处理：

一、违规提交了《商标网上申请试用办法》第八条所列情形的商标注册申请的，根据《商标网上申请试用办法》第十七条、第十八条的规定，自本通知发出之日起，我局将暂停其代理商标网上申请业务。相关申请人应当在5月31日前提交符合《商标网上申请试用办法》相关规定的证明文件。未能按期提交符合要求的证明文件的，视为放弃该商标注册申请，并视具体情况停止其代理商标网上申请业务。今后，对此类情况，我局将不再给予补正和进行通知。

二、未在规定期限内提交纸质申请书件的，或提交的纸质申请书件不符合《商标注册网上申请流程》规定的，或网上申请书件存在其他违规情形的，相关申请人应当在5月31日前提交符合要求的纸质申请书件。递交前述纸质申请书件时，应当单独制作清单并在清单上注明“补寄”字样。

三、自6月1日起，逾期未提交纸质申请书的，或提交的纸质申请书不符合要求的，根据《商标网上申请试用办法》第十七条、第十八条的规定，我局将暂停或停止其代理商标网上申请业务。对此类情况，我局将不再进行通知。

国家工商行政管理总局商标局

二〇〇九年五月七日

关于印发《申请转让商标有关问题的规定》的通知

商标综字〔2009〕205号

各省、自治区、直辖市及计划单列市、副省级市工商行政管理局：

为了规范商标转让行为，减少商标转让争议，避免虚假转让行为，根据《中华人民共和国商标法》、《中华人民共和国商标法实施条例》，经局务会研究，制定了《关于申请转让商标有关问题的规定》。现予印发，请贯彻执行。

国家工商行政管理总局商标局

二〇〇九年七月三十日

关于申请转让商标有关问题的规定

为了规范商标转让行为，减少商标转让争议，避免虚假转让行为，根据《中华人民共和国商标法》、《中华人民共和国商标法实施条例》，制定本规定。

一、在办理转让商标申请手续时，除应当按照有关规定提交《转让申请/注册商标申请书》等材料外，还应当提供能够证明转、受让双方主体资格的加盖公章的有效证件复印件。

商标局对上述证件的真实性、有效性产生怀疑的，可以要求提供有关证明文件或经过公证的复印件，对于在国外形成的文件可以要求提供经公证、认证的复印件，对于在港、澳、台地区形成的文件可以要求履行相关证明手续。

二、申请人提供的转让申请材料中有外文文件的，应当同时提交其中文译文。中文译文应当由申请人或代理组织签字盖章确认。

三、商标局对转让商标申请进行形式审查后，对于符合有关规定的，向受让人发送《转让申请受理通知书》，同时向国内（港、澳、台除外）转让人发送《转让申请受理通知书》。

四、商标权利人发现其商标未经同意被他人申请转让并向商标局提出书面反映的，或者商标局对转让的真实性产生怀疑的，商标局可以向受让人发出补正通知书，要求其书面说明有关情况，必要时可以要求提供经公证的转让协议或经公证的转让人同意转让的声明，或者其他证明文件。

五、商标权利人或利害关系人对商标转让存在异议，要求商标局中止审查的，应当提出书面申请，并提供有关司法机关的立案证明或其他证明文件。商标局依据该申请可以中止对转让商标申请的审查程序。

六、商标权利人发现其商标未经同意已经被他人转让的，可以向人民法院提起民事诉讼。商标局依据人民法院的裁判对该商标转让作出决定。

七、转让注册商标的，受让人自公告之日起享有商标专用权。受让人在取得商标专用权之后才能提出再次转让申请。转让商标申请权的，受让人在取得核准转让通知书之后才能提出再次转让申请。

八、本规定自2009年8月10日起施行。

中华人民共和国工业和信息化部第 9 号令

软件产品管理办法

《软件产品管理办法》已经 2009 年 2 月 4 日中华人民共和国工业和信息化部第 6 次部务会议审议通过，现予公布，自 2009 年 4 月 10 日起施行。原中华人民共和国信息产业部 2000 年 10 月 27 日发布的《软件产品管理办法》（中华人民共和国信息产业部令第 5 号）同时废止。

部长 李毅中

二 OO 九年三月五日

软件产品管理办法

第一章 总则

第一条 为了加强软件产品管理，促进我国软件产业发展，根据国家有关法律、行政法规和国务院《鼓励软件产业和集成电路产业发展的若干政策》（以下简称《产业政策》），制定本办法。

第二条 中华人民共和国境内的软件产品（含国产软件和进口软件）经营与管理活动，适用本办法。

单位或者个人自己开发并自用的软件以及委托他人开发的自用专用软件不适用本办法。

第三条 本办法所称的软件产品，是指向用户提供的计算机软件、信息系统或者设备中嵌入的软件或者在提供计算机信息系统集成、应用服务等技术服务时提供的计算机软件。

本办法所称的国产软件，是指在我国境内开发生产的软件产品。

本办法所称的进口软件，是指在我国境外开发，以各种形式在我国生产、经营的软件产品。

第四条 软件产品的开发、生产、销售、进出口等活动应当遵守我国有关法律、法规和标准规范。任何单位和个人不得开发、生产、销售、进出口含有下列内容的软件产品：

（一）侵犯他人知识产权的。

（二）含有计算机病毒的。

（三）可能危害计算机系统安全的。

（四）不符合我国软件标准规范的。

（五）含有法律、行政法规等禁止的内容的。

第五条 中华人民共和国工业和信息化部（以下称工业和信息化部）负责全国软件产品的管理。其主要职责是：

（一） 制定并发布软件产品测试标准和规范。

（二） 对省、自治区、直辖市及计划单列市软件产业主管部门登记的软件产品进行备案。

（三） 指导、监督、检查全国的软件产品管理工作。

（四） 指导并监督软件产品检测机构，按照我国软件产品的标准规范和软件产品的测试标准及规范，进行符合性检测。

（五） 制定全国统一的软件产品登记号码体系、制作软件产品登记证书。

（六） 发布软件产品登记公示。

第六条 省、自治区、直辖市及计划单列市软件产业主管部门依法负责本行政区域内软件产品的登记、报备和管理工作。

第二章 软件产品的登记和备案

第七条 软件产品实行登记和备案制度。

符合本办法规定并经登记和备案的国产软件产品，可以享受《产业政策》规定的有关鼓励政策。

第八条 国产软件产品应当由该软件产品的开发、生产单位申请登记和备案，并提交下列材料：

（一） 软件产品登记申请表。

（二） 企业法人营业执照副本和复印件。

（三） 软件产品样品。

（四） 软件产品在我国境内开发及申请单位拥有知识产权的有效证明。

（五） 软件检测机构出具的检测证明材料。

（六） 其他需要出具的材料。

第九条 进口软件中在我国境内进行本地化开发、生产的产品，其在我国境内开发的部分，由著作权人和原开发单位提供在我国境内开发的证明材料，并按照本办法第八条的规定提交相关登记备案材料，经登记备案后可以享受《产业政策》规定的有关鼓励政策。

第十条 进口软件产品的登记备案，由负责进口的单位提交下列材料：

（一） 软件产品登记申请表。

（二） 申请单位营业执照副本复印件。

（三） 软件产品样品。

（四） 软件产品著作权人授权在中国经营的证明材料。

（五） 软件检测机构出具的检测证明材料。

（六） 软件产品符合国家软件进口程序的材料。

第十一条 省、自治区、直辖市及计划单列市软件产业主管部门委托所在地的软件产品登记机构，负责软件产品登记申请的受理和审查。

省、自治区、直辖市及计划单列市软件产品登记机构对本办法第八条、第十条所列的申请材料进行审查。经审查，申请材料齐全的，送省、自治区、直辖市及计划单列市软件产业主管部门核报工业和信息化部备案。工业和信息化部应当在指定媒体上对报备的软件产品进行公示；公示7个工作日无异议的，由省、自治区、直辖市及计划单列市软件产业主管部门核发软件产品登记号和软件产品登记证书。

软件产品登记的有效期为5年，有效期届满前可以申请延续。

第三章 软件产品的生产

第十二条 在我国境内生产软件产品应当遵守我国的法律规定，符合我国技术标准、规范和本办法的规定。

第十三条 软件产品生产单位所生产的软件产品应当是本单位享有著作权或者经过著作权人或者其他权利人许可其生产的软件。

第十四条 软件产品生产单位应当对其生产的软件进行内容检查。

第十五条 软件产品的开发生产应当遵守法律、法规的规定，符合国家的有关技术和安全标准。

第十六条 提供给用户的软件产品的外包装上，应当标明该软件的名称、版本号、软件著作权人、软件产品登记号、软件生产单位（进口单位）和单位地址、生产日期。

第十七条 提供给用户的软件产品（包括进口的和在国内生产的国外软件产品），应当配有完备的中文说明书、使用手册等说明文件，并在产品上或者说明文件等书面文件中注明提供技术服务的单位、内容和方式。

第四章　软件产品的销售

第十八条　软件产品的开发、生产单位可以直接经营销售其软件产品。

第十九条　以代理方式进行软件产品销售的，代理方（软件产品销售单位）与被代理方（软件产品开发或者生产单位）之间、总代理与分代理之间应当签订书面代理合同。代理合同中应当明确规定代理权限、区域、期限、技术服务以及工业和信息化部规定的其他内容。

代理方应当在其经营场所的显著位置悬挂代理资格证书。代理资格证书应当包括代理权限、代理期限、区域、代理级别等内容。代理方在对外宣传、广告中应当如实表达上述内容。

第二十条　以许可证贸易形式经营软件产品的，软件产品经营单位应当与生产单位签订书面许可合同。软件产品经营单位在销售软件产品时，应当告知用户阅读许可证协议，并要求用户在阅读后做出是否同意的表示。

第二十一条　软件产品经营单位销售的软件产品应当符合本办法第四条的规定，并以书面或者文档的形式告知用户提供技术服务的单位、服务内容、服务方式和费用。没有注明提供服务的单位的，视为软件产品销售单位提供有关技术服务。没有注明额外收取服务费的，视为软件产品价格包含服务费。

第二十二条　软件产品的测试版应当明确标出并免费提供，不得进行营利性销售。

第五章　监督管理

第二十三条　工业和信息化部会同国家有关部门对全国软件产品的开发、生产、销售、进出口等活动进行监督检查。

各级软件产业主管部门会同当地有关主管部门对本行政区域内软件产品的开发、生产、销售、进出口等活动进行监督检查。

第二十四条　已登记的软件产品含有本办法第四条所列内容或者以内容虚假的登记备案材料骗取软件产品登记的，省、自治区、直辖市及计划单列市软件产业主管部门应当撤销该软件的登记号、登记证书。已经享受的税收优惠等应当予以追回，由省、自治区、直辖市及计划单列市软件产业主管部门报工业和信息化部。工业和信息化部给予警告，并予以公布。

软件产品不符合我国技术标准、规范和本办法规定，或者有证据证明其不能满足使用要求以及与生产单位标称或者承诺的功能不相符的，由省、自治区、直辖市及计划单列市软件产业主管部门报工业和信息化部。工业和信息化部会同有关部门依法对该软件产品的生产单位进行处罚。

第六章　附则

第二十五条　本办法自 2009 年 4 月 10 日起施行。2000 年 10 月 27 日发布的《软件产品管理办法》（中华人民共和国信息产业部令第 5 号）同时废止。

关于做好参加德国汉诺威“国际信息及通信技术博览会”知识产权保护工作有关事宜的通知

国际信息及通信技术博览会中国组展单位及参展企业：

2009年3月3日至8日，国际信息及通信技术博览会（CeBIT）将在德国汉诺威举行。

近年来，我国部分企业在境外参展中不断遭遇知识产权纠纷，发生了多起展品被查抄甚至人员被扣押事件。为进一步加强企业境外参展知识产权保护工作，保护我参展企业的人身财产安全，现就有关事项通知如下：

一、商务部将会同贸促会在此次博览会期间设立“中国参展企业知识产权服务站”（位于19馆B01-80），聘请欧洲专家免费为我参展企业提供知识产权咨询等公共服务。届时，商务部领导和欧委会、德国经济部高官将出席服务站揭牌仪式，并召开新闻发布会。

二、各组展单位和参展企业要高度重视知识产权问题，在参展前和参展过程中，认真对展品、样本和宣传品等做好自查自纠工作，避免在博览会上侵犯他人知识产权。在过去参展中出现过知识产权问题的企业，尤其要从严把关，慎重选择展品，防止再次发生知识产权纠纷。

三、各企业要树立维权意识，注意保护自己的知识产权。对易发生知识产权纠纷的展品、自己拥有专利或商标的产品，各企业要备齐有关知识产权权利的证明材料，以维护自身的合法权益。

四、参展期间如遇到知识产权纠纷，请及时向我设立的服务站进行咨询或请求协助。各组展单位和参展企业应依照当地法律，积极配合处理，避免出现因过激行为导致人员被扣押事件。

五、对在参展期间发生影响恶劣的知识产权事件的企业，将按有关规定予以严肃处理。

预祝各参展企业此次参展取得积极成果！

特此通知。

商务部条法司

商务部外贸司

贸促会展览管理办公室

二〇〇九年二月

关于推进国际知名品牌培育工作的指导意见

商贸发〔2009〕150 号

改革开放以来，我国对外贸易持续快速增长，贸易大国地位日益巩固。同时，自主知识产权缺乏，商品附加值偏低，增长质量不高等矛盾十分突出，特别是国际知名品牌匮乏，成为相当时期内制约我国外贸发展的重要因素。为进一步做好国际知名品牌培育工作，现提出如下指导意见：

一、统一认识，坚定信心，继续推进国际知名品牌培育工作

发达国家的经验和我国参与国际竞争的实践表明，培育一批国际知名品牌，是增强国际竞争力和综合国力的重要手段，是实现贸易大国向贸易强国转变的必由之路。

今后一段时期，要以邓小平理论和“三个代表”重要思想为指导，坚持科学发展观，全面落实党的十七大和《国民经济和社会发展第十一个五年规划纲要》关于加快培育跨国公司和国际知名品牌的精神，以市场为导向、企业为主体、政府鼓励引导为原则，完善培育国际知名品牌的政策体系和工作机制；以提供普遍公共服务为手段、营造培育环境为依托，坚持不懈地推进企业创建国际知名品牌，全面提高我国企业的国际竞争力。

二、突出重点，抓好企业，夯实国际知名品牌培育工作的基础

企业要充分发挥国际知名品牌创建工作主体作用，着眼当前、立足长远，充分认识品牌在开拓市场、提高效益、增强竞争力等方面的重要作用，制定切实可行的品牌发展规划。要借鉴发达国家企业的成功经验，加大研发设计设入，增强自主研发创新能力，增加产品技术含量和附加值，提高加工制造水平，保证产品质量和安全。要做好商标注册、质量管理体系认证、环境体系认证工作。要利用现代流通手段，创新营销模式，开拓营销渠道，建立销售网络，完善售后服务。要全面提高综合素质，注重履行社会责任，加强诚信体系建设，尊重和保护知识产权，为创建国际知名品牌奠定坚实基础。

三、积极鼓励，加强引导，支持企业做好国际知名品牌创建工作

国务院相关部门和地方各级相关部分在不违反我国际协定义务的原则下，对推进国际知名品牌建设的企业给予支持。支持企业提高研发设计能力，建立公共研发设计平台，在信息、人才等方面向企业提供帮助，提高企业核心竞争力。引导企业创新对外投资和合作方式，开展国际化经营，逐步建立国际化的研发、生产、销售和服务体系。鼓励企业“走出去”，到境外加工、生产、组装品牌产品，为创建国际知名品牌提供海外平台。

支持企业开发国内市场，引导企业以品牌为纽带进行资产重组和企业并购，在企业并购重组中，注重保护和培育国际知名品牌。大力发展品牌连锁、专卖店、专业店等符合现代流通发展趋势的新型流通组织形式，建立多层次的品牌销售渠道，创建生产、流通、服务等各类国际知名品牌。积极向国内商业机构推荐被国际市场认可的

国际知名品牌，支持品牌产品到国内知名商业企业中销售。鼓励银行、保险等商业机构按照市场原则对国际知名品牌企业给予支持。

四、改善服务、齐抓共促，营造国际知名品牌发展的良好环境

国务院各相关部门和地方各级相关部门要营造良好法律和经营环境，为企业创建国际知名品牌提供有利条件。加大知识产权保护力度，将国际知名品牌列为保护知识产权专项行动的一项重要内容，开展有针对性的宣传普及工作，为企业提供法律援助。积极研究品牌商品进出口统计分析方法，对国际知名品牌产品提供通关便利。

各驻外商务机构要对驻在国市场、产业等情况深入调研，及时准确提供国际市场信息，利用各种渠道宣传推介中国品牌产品。

行业中介组织要充分发挥协调、指导和服务作用，确定本行业国际知名品牌培育工作重点，了解发达国家品牌创建、成长、保护的经验和做法，广泛开展信息、咨询、交流、培训等各类促进活动，及时向政府反映企业的意见和建议，努力加快业内企业国际知名品牌培育工作的进程。

充分发挥新闻媒体作用，加大对国际知名品牌培育工作的宣传力度，营造争创、发展和保护国际知名品牌的社会舆论氛围。宣传企业在增强研发设计能力、提高商品质量、完善销售服务、履行社会责任等方面的好做法、好经验，鼓励消费者使用品牌商品，不断提高我国商品的国际知名度。

社会各界发挥自各优势，齐抓共促，形成合力，提高全社会品牌意识，普及品牌知识，开展品牌研究，共同促进国际知名品牌培育工作的广泛开展。

五、加强领导，统筹规划，建立健全国际知名品牌培育机制

商务部会同发展改革委、财政部、科技部、海关总署、税务总局、工商总局、质检总局等部门共同指导国际知名品牌培育工作。各地政府相关部门要结合区域经济特点和发展状况，建立、健全和完善政府、行业、企业之间的沟通协调机制，制定本地区国际知名品牌发展规划和不违反我国国际协定义务的扶持政策，把推进国际知名品牌培育工作作为一项战略任务，长期、持续、深入地抓实抓好。各行业组织结合行业现状和发展趋势，引领业内企业创建国内知名品牌，为政府支持引导国际知名品牌培育工作发挥桥梁和纽带作用。

各部门、各地区、各行业要认真贯彻党的十七大精神，统一认识，密切配合，继续共同推进我国国际知名品牌的培育工作，不断提升我国企业和产品的国际竞争力。

关于加快我国商业街建设与发展的指导意见

商商贸发〔2009〕158号

各省、自治区、直辖市、计划单列市、新疆生产建设兵团、各省会城市商务主管部门：

近年来，随着我国城市化进程的加快和消费结构的升级，商业街建设发展迅速，对于创新消费模式、促进消费升级、拉动经济增长发挥了积极作用。由于商业街发展缺少规划行业标准和有效政策引导，一些地方存在无序化建设和特色不鲜明等问题。为深入贯彻《国务院办公厅关于搞活流通扩大消费的意见》（国办发〔2008〕134号），积极应对当前国际金融危机，引导和扩大消费，挖掘消费新热点，推动各地商业街走特色化发展之路，现提出以下指导意见。

一、指导思想和发展目标

（一）指导思想：推动商业街的建设与发展，要认真贯彻落实科学发展观，坚持以人为本、突出特色；坚持科学规划和分类指导；坚持规范化管理、优质化服务。通过合理布局、优化环境、提升服务，切实发挥商业街在引导消费、拉动经济增长方面的作用，促进我国经济和社会又好又快发展。

（二）发展目标：争取利用2—3年时间，在全国形成定位准确、特色鲜明、消费便捷、服务优秀的商业街网络体系。培育一批集聚效应显著、文化底蕴深厚、建筑风格鲜明、基础设施完备、街区管理完善、拉动消费作用明显的商业街，使商业街成为促进中小商贸企业发展、弘扬商业文明、构建和谐社会的重要载体。

二、基本原则

（一）合理规划，科学定位。按照“提升现有商业街、创建特色商业街”的工作目标，因地制宜，明确商业街的布局定位、个性特色、业态规模和发展目标，做到理念创新、规划先行。商业街发展规划应当符合城市商业网点规划。

（二）挖掘内涵，强化特色。充分挖掘原有商业街的历史文化内涵，保护传统风貌的商业建筑，发挥商业街在商业特色、产业特色、地方特色和文化特色等方面的优势，强化商业街独特性和差异性的塑造。

（三）政府引导，市场运作。商业街的建设和发展，必须坚持“政府引导、协会配合、企业为主、市场运作”。政府充分发挥规划布局、政策支持、建设管理、优化环境、提供服务、督促检查等方面的主导作用。商业街协会组织要对商业街建设给予配合，鼓励国内外有实力的商业地产开发商和商业企业积极参与商业街建设。

三、主要任务

（一）制定发展规划，认真组织实施。各级商务主管部门要组织力量，对本地商业街建设情况进行深入调查。在充分调研的基础上，制定本地区商业街建设、改造和提升工作的总体规划和具体实施方案，确立发展目标和计划进度，提出对商业街建设的具体要求和措施，分步实施商业街的建设改造提升工作。

（二）制定行业标准，规范商业街建设。商务部将积极推动有关商业街行业标准的出台。各地商务主管部门也可根据本地区发展实际情况，制定地方标准，明确商业街的空间规模、业态特点、服务特色、配套设施等内容，依据标准进行规范化建设。

（三）调整功能布局，着力突出特色。各地要利用自身的区域优势、产业优势、历史文化优势和经济优势，打造一批各具特色的商业街。综合型商业街的培育，要注重把规模、经营、文化、特色、功能等要素进行整合，充分发挥购物、娱乐、旅游、商务、文化、休闲等多项功能为一体的商业街集聚作用；专业型商业街的培育，应强调特色化、专营化、规模化；对于新建商业街，要注重市场定位清晰和个性化设计，强调业态结构合理和服务功能互补，实现错位发展，集聚特色品牌。

（四）完善综合功能，健全配套设施。要以营造人居环境、构建和谐环境为出发点，完善商业街的综合服务功能。在满足购物需求的同时，增强商业街的休闲和旅游功能，充分发挥商业街的集聚效应，完善各种人性化、无障碍等公共服务设施，以体现对消费者的人文关怀。增强商业街及其周边区域的交通便利功能，营造舒适便利的消费环境。

四、工作要求

（一）加强领导，健全工作机制。商业街建设是一项复杂的社会系统工程，涉及众多行政管理和执法部门。各级商务主管部门是商业街建设的行业管理部门，要在当地政府的领导下，成立相应的组织协调机构，加强同规划、建设、财政、工商、税务、消防、交通、环保等部门的协作，形成长效机制。同时，要发挥商业街协会组织的桥梁纽带作用，形成全社会互联互动、协调配合的工作机制。

（二）深入调研，加强工作指导。各级商务主管部门要高度重视商业街建设工作，把加快商业街发展作为应对金融危机的有效手段。认真落实商务部关于商业街的年度统计工作，掌握建设进度，加强对城市商业街的调查研究；引导商家积极应对金融危机造成的影响，调整商品结构，创新经营方式，合理布局经营业态，为名品、名店进名街创造条件。

（三）创新模式，强化商业街管理。各级商务主管部门应结合本地实际，探索商业街管理的新模式。一是要制定科学完善、行之有效的管理规章，加强管理，完善服务，切实做到以诚信为本，以诚信待客。二是要协调处理好交通、环境卫生、公共设施、社会治安等影响商业街建设的问题，为顾客创造一个集商旅互动、休闲娱乐、文化观光为一体的和谐环境。三是要建设一支具有高素质、相对独立的综合管理队伍，做到权责统一、服务到位、管理到位、监管到位。

（四）政策扶持，多元化投入。各地商务部门要加大政策协调扶持力度，对重点培育的商业街加大资金投入。要扩大商业街建设资金的筹措途径，通过市场化运作，多渠道筹集建设资金，争取各方面的财力支持。

（五）扩大宣传，塑造品牌形象。组织制定商业街宣传推广计划，加大对商业街建设和发展工作的宣传力度。以各地重点培育的商业街为载体，利用节假日促销、大型展会等活动，通过主流新闻媒体、网站和电子商务平台，加大宣传推介力度，打造整体品牌形象，提高知名度和美誉度。

各地商务主管部门要充分认识商业街建设发展在扩大消费、拉动内需方面发挥的重要作用，统一认识，积极落实，分段实施，及时总结。对意见实施过程中出现的问题和情况，及时与商务部（商贸服务管理司）联系。

中华人民共和国商务部
二〇〇九年四月七日

农业部办公厅关于印发农业植物品种权执法专项行动检查的通知

农办科〔2009〕23号

各省、自治区、直辖市农业（农林、农牧）厅（委、局），新疆生产建设兵团农业局：

为贯彻实施国家知识产权战略，认真开展农产品质量安全整治和农产品质量安全执法年活动，发挥品种权执法在促进农业科技创新和规范种子市场经营秩序中的作用，我部决定从2009年4月7日起至6月7日集中开展为期两个月的农业植物品种权执法专项检查。现将专项检查方案印发给你们，请做好相关工作。

二○○九年四月二日

农业植物品种权执法专项检查方案

为打击侵犯品种权的行为，营造公平有序的种子市场竞争环境，切实保护品种权人和广大农民的利益，确保生产用种安全，根据《国家知识产权战略纲要》和《植物新品种保护条例》（以下简称《条例》）有关规定，制定本方案。

一、总体目标

贯彻实施国家知识产权战略，通过品种权执法专项检查，增强全社会的品种权意识，保护权利人、创新主体和广大农民利益，提升市场主体对植物新品种保护制度的信心。

二、工作重点

重点打击恶意、群体及反复侵犯他人品种权和将授权品种的种子套用其他品种名称（“伪”品种）销售的行为。以“4.26世界知识产权日”为契机，集中开展以“保护品种权、促进育种创新”为主题的宣传活动。

三、主要措施

（一）深入开展种子流通环节品种权执法检查。各地要选择侵权假冒案件多发区，以种子交易聚散地、种子交易会等为突破口，以权利人反应强烈、情节严重的案件为重点，加大执法工作力度，消除流通环节执法中的消极推诿现象，杜绝地方保护主义，重点打击将授权品种的种子套用其他品种名称（“伪”品种）销售的侵权行为，根据线索，及时检查涉嫌公司品种的真实性。充分发挥行政执法的特点和优势，保证办案的数量与质量，提高结案率。

（二）加强对生产源头监管。主要农作物种子生产基地的省（自治区、直辖市）要将种子生产环节作为品种权行政执法的重点。加强对种子生产许可证发放的管理，申请授权品种生产许可证的，申请人应当提供品种权人同意的证明，不能提供有关材料的，农业部门不予发放许可证；先期取得许可证的品种被授予品种权的，持证企业应主动与品种权人协商，未达成协议的品种权人可以请求发证机关收回许可证；强化对生产许可证发放后的监督，开展制种基地摸底排查工作，依法打击无证和“偷梁换柱”生产授权品种的行为；加强对授权品种种子收购秩序的管理，打击抢购套购授权品种种子行为，查清授权品种种子的市场流向，及时通知流入地的省级农业植物新品种保护管理部门。

（三）加大保护品种权宣传力度，强化品种权意识。各省级农业植物新品种保护管理部门要充分发挥舆论监督和宣传导向作用，利用广播、电视、网络、报刊和宣传手册等工具，以“4·26世界知识产权日”为契机，集中开展以“保护品种权、促进育种创新”为主题的宣传活动，及时报道典型案件，加大对侵犯品种权的单位或个人的曝光力度，震慑侵权假冒的单位或个人，营造有利于保护品种权的氛围，不断强化全社会的品种权保护意识。同时，要及时准确地提供相关新闻线索与素材，配合我部开展宣传工作，扩大专项检查的社会影响力，进一步增强社会各界对植物新品种保护制度的信心。

四、工作要求

（一）加强领导。各地要高度重视，精心组织，周密部署，制定方案，合理安排，明确责任，确保农业植物品种权执法专项检查工作落到实处，取得实效。我部将组织督察组对各省（自治区、直辖市）开展的专项检查进行监督指导。

（二）强化协作。各省级农业行政部门要加强协调，充分调动市（县）级农业部门的积极性，积极开展跨地区联合执法。加强与当地公安、工商和法院等有关部门的协调配合，及时沟通信息，充分发挥多部门整体联动执法的优势，形成工作合力。

（三）抓住重点。要根据当地的实际情况抓住重点，特别是抓住打击将授权品种的种子套用其他品种名称（“伪”品种）销售这个重点。各地农业执法部门可以选择以玉米、水稻等，采取DNA指纹图谱鉴定技术鉴别品种的真实性，及时准确地打击这种“伪”品种和侵权行为。

（四）规范执法。各地要组织学习《种子法》、《条例》《农业植物新品种权侵权案件处理规定》和《农业行政处罚程序规定》等，规范执法程序，严格执法文书制作。执法人员要严格遵守相关法律法规，如实记录调查结果，秉公办事，不徇私情，自觉树立廉洁自律形象。

（五）及时报送信息。省级农业行政主管部门要按规定时间及时报送专项检查结果，对于检查中发现的重大案件和突发事件要随时报告，便于我部及时了解情况，掌握动态。

五、时间安排

（一）动员部署（2009年4月7日--17日）。各省级植物新品种保护管理部门要高度重视，广泛动员，根据本通知制定印发切实可行的专项检查实施方案（应列出责任人和联系人及其联系方式），并报我部科技教育司。

（二）组织实施（2009年4月17日--6月7日）。各地植物新品种保护管理部门要认真积极组织开展专项检查，确保专项检查落到实处。

（三）总结经验（2009年6--7月）。各省级植物新品种保护管理部门要做好专项检查总结，并于2009年6月20日前将总结报送我部科技教育司。我部将根据实际情况及时全面总结，表扬先进，查找问题，推广经验。

六、联系方式

农业部科技教育司转基因生物安全与知识产权处

联 系 人：林祥明　孙俊立

联系电话：010-59193059　59193073

传真：010-59193072

电子邮箱：cq@agri.gov.cn

通讯地址：北京市朝阳区农展馆南里11号

邮编：100125

海关总署 第 183 号令

《中华人民共和国海关关于〈中华人民共和国知识产权海关保护条例〉的实施办法》已于 2009 年 2 月 17 日经海关总署署务会议审议通过，现予公布，自 2009 年 7 月 1 日起施行。2004 年 5 月 25 日海关总署令第 114 号公布的《中华人民共和国海关关于〈中华人民共和国知识产权海关保护条例〉的实施办法》同时废止。

署　长　盛光祖

二〇〇九年三月三日

中华人民共和国海关关于《中华人民共和国知识产权海关保护条例》的实施办法

第一章　总则

第一条　为了有效实施《中华人民共和国知识产权海关保护条例》（以下简称《条例》），根据《中华人民共和国海关法》以及其他法律、行政法规，制定本办法。

第二条　知识产权权利人请求海关采取知识产权保护措施或者向海关总署办理知识产权海关保护备案的，境内知识产权权利人可以直接或者委托境内代理人提出申请，境外知识产权权利人应当由其在境内设立的办事机构或者委托境内代理人提出申请。

知识产权权利人按照前款规定委托境内代理人提出申请的，应当出具规定格式的授权委托书。

第三条　知识产权权利人及其代理人（以下统称知识产权权利人）请求海关扣留即将进出口的侵权嫌疑货物的，应当根据本办法的有关规定向海关提出扣留侵权嫌疑货物的申请。

第四条　进出口货物的收发货人或者其代理人（以下统称收发货人）应当在合理的范围内了解其进出口货物的知识产权状况。海关要求申报进出口货物知识产权状况的，收发货人应当在海关规定的期限内向海关如实申报并提交有关证明文件。

第五条　知识产权权利人或者收发货人向海关提交的有关文件或者证据涉及商业秘密的，知识产权权利人或者收发货人应当向海关书面说明。

海关实施知识产权保护，应当保守有关当事人的商业秘密，但海关应当依法公开的信息除外。

第二章　知识产权备案

第六条　知识产权权利人向海关总署申请知识产权海关保护备案的，应当向海关总署提交申请书。申请书应当包括以下内容：

（一）知识产权权利人的名称或者姓名、注册地或者国籍、通信地址、联系人姓名、电话和传真号码、电子邮箱地址等。

（二）注册商标的名称、核定使用商品的类别和商品名称、商标图形、注册有效期、注册商标的转让、变更、续展情况等；作品的名称、创作完成的时间、作品的类别、作品图片、作品转让、变更情况等；专利权的名称、类型、申请日期、专利权转让、变更情况等。

（三）被许可人的名称、许可使用商品、许可期限等。

（四）知识产权权利人合法行使知识产权的货物的名称、产地、进出境地海关、进出口商、主要特征、价格等。

（五）已知的侵犯知识产权货物的制造商、进出口商、进出境地海关、主要特征、价格等。

知识产权权利人应当就其申请备案的每一项知识产权单独提交一份申请书。知识产权权利人申请国际注册商标备案的，应当就其申请的每一类商品单独提交一份申请书。

第七条 知识产权权利人向海关总署提交备案申请书，应当随附以下文件、证据：

（一）知识产权权利人个人身份证件的复印件、工商营业执照的复印件或者其他注册登记文件的复印件。

（二）国务院工商行政管理部门商标局签发的《商标注册证》的复印件。申请人经核准变更商标注册事项、续展商标注册、转让注册商标或者申请国际注册商标备案的，还应当提交国务院工商行政管理部门商标局出具的有关商标注册的证明；著作权登记部门签发的著作权自愿登记证明的复印件和经著作权登记部门认证的作品照片。申请人未进行著作权自愿登记的，提交可以证明申请人为著作权人的作品样品以及其他有关著作权的证据；国务院专利行政部门签发的专利证书的复印件。专利授权自公告之日起超过1年的，还应当提交国务院专利行政部门在申请人提出备案申请前6个月内出具的专利登记簿副本；申请实用新型专利或者外观设计专利备案的，还应当提交由国务院专利行政部门作出的专利权评价报告。

（三）知识产权权利人许可他人使用注册商标、作品或者实施专利，签订许可合同的，提供许可合同的复印件；未签订许可合同的，提交有关被许可人、许可范围和许可期间等情况的书面说明。

（四）知识产权权利人合法行使知识产权的货物及其包装的照片。

（五）已知的侵权货物进出口的证据。知识产权权利人与他人之间的侵权纠纷已经人民法院或者知识产权主管部门处理的，还应当提交有关法律文书的复印件。

（六）海关总署认为需要提交的其他文件或者证据。

知识产权权利人根据前款规定向海关总署提交的文件和证据应当齐全、真实和有效。有关文件和证据为外文的，应当另附中文译本。海关总署认为必要时，可以要求知识产权权利人提交有关文件或者证据的公证、认证文书。

第八条 知识产权权利人向海关总署申请办理知识产权海关保护备案或者在备案失效后重新向海关总署申请备案的，应当缴纳备案费。知识产权权利人应当将备案费通过银行汇至海关总署指定账号。海关总署收取备案费的，应当出具收据。备案费的收取标准由海关总署会同国家有关部门另行制定并予以公布。

知识产权权利人申请备案续展或者变更的，无需再缴纳备案费。

知识产权权利人在海关总署核准前撤回备案申请或者其备案申请被驳回的，海关总署应当退还备案费。已经海关总署核准的备案被海关总署注销、撤销或者因其他原因失效的，已缴纳的备案费不予退还。

第九条 知识产权海关保护备案自海关总署核准备案之日起生效，有效期为10年。自备案生效之日起知识产权的有效期不足10年的，备案的有效期以知识产权的有效期为准。

《条例》施行前经海关总署核准的备案或者核准续展的备案的有效期仍按原有效期计算。

第十条 在知识产权海关保护备案有效期届满前6个月内，知识产权权利人可以向海关总署提出续展备案的书面申请并随附有关文件。海关总署应当自收到全部续展申请文件之日起10个工作日内作出是否准予续展的决定，并书面通知知识产权权利人；不予续展的，应当说明理由。

续展备案的有效期自上一届备案有效期满次日起算，有效期为10年。知识产权的有效期自上一届备案有效期满次日起不足10年的，续展备案的有效期以知识产权的有效期为准。

第十一条 知识产权海关保护备案经海关总署核准后，按照本办法第六条向海关提交的申请书内容发生改变的，知识产权权利人应当自发生改变之日起30个工作日内向海关总署提出变更备案的申请并随附有关文件。

第十二条 知识产权在备案有效期届满前不再受法律、行政法规保护或者备案的知识产权发生转让的，原知识产权权利人应当自备案的知识产权不再受法律、行政法规保护或者转让生效之日起30个工作日内向海关总署提出注销知识产权海关保护备案的申请并随附有关文件。知识产权权利人在备案有效期内放弃备案的，可以向海关总署申请注销备案。

未依据本办法第十一条和本条前款规定向海关总署申请变更或者注销备案，给他人合法进出口造成严重影响的，海关总署可以主动或者根据有关利害关系人的申请注销有关知识产权的备案。

海关总署注销备案，应当书面通知有关知识产权权利人，知识产权海关保护备案自海关总署注销之日起失效。

第十三条 海关总署根据《条例》第九条的规定撤销知识产权海关保护备案的，应当书面通知知识产权权利人。

海关总署撤销备案的，知识产权权利人自备案被撤销之日起1年内就被撤销备案的知识产权再次申请备案的，海关总署可以不予受理。

第三章 依申请扣留

第十四条 知识产权权利人发现侵权嫌疑货物即将进出口并要求海关予以扣留的，应当根据《条例》第十三条的规定向货物进出境地海关提交申请书。有关知识产权未在海关总署备案的，知识产权权利人还应当随附本办法第七条第一款第（一）、（二）项规定的文件、证据。

知识产权权利人请求海关扣留侵权嫌疑货物，还应当向海关提交足以证明侵权事实明显存在的证据。知识产权权利人提交的证据，应当能够证明以下事实：

（一）请求海关扣留的货物即将进出口；

（二）在货物上未经许可使用了侵犯其商标专用权的商标标识、作品或者实施了其专利。

第十五条 知识产权权利人请求海关扣留侵权嫌疑货物，应当在海关规定的期限内向海关提供相当于货物价值的担保。

第十六条 知识产权权利人提出的申请不符合本办法第十四条的规定或者未按照本办法第十五条的规定提供担保的，海关应当驳回其申请并书面通知知识产权权利人。

第十七条 海关扣留侵权嫌疑货物的，应当将货物的名称、数量、价值、收发货人名称、申报进出口日期、海关扣留日期等情况书面通知知识产权权利人。

经海关同意，知识产权权利人可以查看海关扣留的货物。

第十八条 海关自扣留侵权嫌疑货物之日起20个工作日内，收到人民法院协助扣押有关货物书面通知的，应当予以协助；未收到人民法院协助扣押通知或者知识产权权利人要求海关放行有关货物的，海关应当放行货物。

第十九条 海关扣留侵权嫌疑货物的，应当将扣留侵权嫌疑货物的扣留凭单送达收发货人。

经海关同意，收发货人可以查看海关扣留的货物。

第二十条 收发货人根据《条例》第十九条的规定请求放行其被海关扣留的涉嫌侵犯专利权货物的，应当向海关提出书面申请并提供与货物等值的担保金。

收发货人请求海关放行涉嫌侵犯专利权货物，符合前款规定的，海关应当放行货物并书面通知知识产权权利人。

知识产权权利人就有关专利侵权纠纷向人民法院起诉的，应当在前款规定的海关书面通知送达之日起30个工作日内向海关提交人民法院受理案件通知书的复印件。

第四章 依职权调查处理

第二十一条 海关对进出口货物实施监管，发现进出口货物涉及在海关总署备案的知识产权且进出口商或者制造商使用有关知识产权的情况未在海关总署备案的，可以要求收发货人在规定期限内申报货物的知识产权状况和提交相关证明文件。

收发货人未按照前款规定申报货物知识产权状况、提交相关证明文件或者海关有理由认为货物涉嫌侵犯在海关总署备案的知识产权的，海关应当中止放行货物并书面通知知识产权权利人。

第二十二条 知识产权权利人应当在本办法第二十一条规定的海关书面通知送达之日起3个工作日内按照下列规定予以回复：

（一）认为有关货物侵犯其在海关总署备案的知识产权并要求海关予以扣留的，向海关提出扣留侵权嫌疑货物的书面申请并按照本办法第二十三条或者第二十四条的规定提供担保；

（二）认为有关货物未侵犯其在海关总署备案的知识产权或者不要求海关扣留侵权嫌疑货物的，向海关书面说明理由。

经海关同意，知识产权权利人可以查看有关货物。

第二十三条 知识产权权利人根据本办法第二十二条第一款第（一）项的规定请求海关扣留侵权嫌疑货物的，应当按照以下规定向海关提供担保：

（一）货物价值不足人民币2万元的，提供相当于货物价值的担保；

（二）货物价值为人民币2万至20万元的，提供相当于货物价值50%的担保，但担保金额不得少于人民币2万元；

（三）货物价值超过人民币20万元的，提供人民币10万元的担保。

知识产权权利人根据本办法第二十二条第一款第（一）项的规定请求海关扣留涉嫌侵犯商标专用权货物的，可以依据本办法第二十四条的规定向海关总署提供总担保。

第二十四条 在海关总署备案的商标专用权的知识产权权利人，经海关总署核准可以向海关总署提交银行或者非银行金融机构出具的保函，为其向海关申请商标专用权海关保护措施提供总担保。

总担保的担保金额应当相当于知识产权权利人上一年度向海关申请扣留侵权嫌疑货物后发生的仓储、保管和处置等费用之和；知识产权权利人上一年度未向海关申请扣留侵权嫌疑货物或者仓储、保管和处置等费用不足人民币20万元的，总担保的担保金额为人民币20万元。

自海关总署核准其使用总担保之日至当年12月31日，知识产权权利人根据《条例》第十六条的规定请求海关扣留涉嫌侵犯其已在海关总署备案的商标专用权的进出口货物的，无需另行提供担保，但知识产权权利人未按照《条例》第二十五条的规定支付有关费用或者未按照《条例》第二十九条的规定承担赔偿责任，海关总署向担保人发出履行担保责任通知的除外。

第二十五条 知识产权权利人根据本办法第二十二条第一款第（一）项的规定提出申请并根据本办法第二十三条、第二十四条的规定提供担保的，海关应当扣留侵权嫌疑货物并书面通知知识产权权利人；知识产权权利人未提出申请或者未提供担保的，海关应当放行货物。

第二十六条 海关扣留侵权嫌疑货物的，应当将扣留侵权嫌疑货物的扣留凭单送达收发货人。

经海关同意，收发货人可以查看海关扣留的货物。

第二十七条 海关扣留侵权嫌疑货物后，应当依法对侵权嫌疑货物以及其他有关情况进行调查。收发货人和知识产权权利人应当对海关调查予以配合，如实提供有关情况和证据。

海关对侵权嫌疑货物进行调查，可以请求有关知识产权主管部门提供咨询意见。

知识产权权利人与收发货人就海关扣留的侵权嫌疑货物达成协议，向海关提出书面申请并随附相关协议，要求海关解除扣留侵权嫌疑货物的，海关除认为涉嫌构成犯罪外，可以终止调查。

第二十八条 海关对扣留的侵权嫌疑货物进行调查，不能认定货物是否侵犯有关知识产权的，应当自扣留侵权嫌疑货物之日起30个工作日内书面通知知识产权权利人和收发货人。

海关不能认定货物是否侵犯有关专利权的，收发货人向海关提供相当于货物价值的担保后，可以请求海关放行货物。海关同意放行货物的，按照本办法第二十条第二款和第三款的规定办理。

第二十九条 对海关不能认定有关货物是否侵犯其知识产权的，知识产权权利人可以根据《条例》第二十三条的规定向人民法院申请采取责令停止侵权行为或者财产保全的措施。

海关自扣留侵权嫌疑货物之日起 50 个工作日内收到人民法院协助扣押有关货物书面通知的，应当予以协助；未收到人民法院协助扣押通知或者知识产权权利人要求海关放行有关货物的，海关应当放行货物。

第三十条 海关作出没收侵权货物决定的，应当将下列已知的情况书面通知知识产权权利人：

（一）侵权货物的名称和数量；

（二）收发货人名称；

（三）侵权货物申报进出口日期、海关扣留日期和处罚决定生效日期；

（四）侵权货物的启运地和指运地；

（五）海关可以提供的其他与侵权货物有关的情况。

人民法院或者知识产权主管部门处理有关当事人之间的侵权纠纷，需要海关协助调取与进出口货物有关的证据的，海关应当予以协助。

第三十一条 海关发现个人携带或者邮寄进出境的物品，涉嫌侵犯《条例》第二条规定的知识产权并超出自用、合理数量的，应当予以扣留，但旅客或者收寄件人向海关声明放弃并经海关同意的除外。

海关对侵权物品进行调查，知识产权权利人应当予以协助。进出境旅客或者进出境邮件的收寄件人认为海关扣留的物品未侵犯有关知识产权或者属于自用的，可以向海关书面说明有关情况并提供相关证据。

第三十二条 进出口货物或者进出境物品经海关调查认定侵犯知识产权，根据《条例》第二十七条第一款和第二十八条的规定应当由海关予以没收，但当事人无法查清的，自海关制发有关公告之日起满 3 个月后可由海关予以收缴。

进出口侵权行为有犯罪嫌疑的，海关应当依法移送公安机关。

第五章 货物处置和费用

第三十三条 对没收的侵权货物，海关应当按照下列规定处置：

（一）有关货物可以直接用于社会公益事业或者知识产权权利人有收购意愿的，将货物转交给有关公益机构用于社会公益事业或者有偿转让给知识产权权利人；

（二）有关货物不能按照第（一）项的规定处置且侵权特征能够消除的，在消除侵权特征后依法拍卖。拍卖货物所得款项上交国库；

（三）有关货物不能按照第（一）、（二）项规定处置的，应当予以销毁。

海关拍卖侵权货物，应当事先征求有关知识产权权利人的意见。海关销毁侵权货物，知识产权权利人应当提供必要的协助。有关公益机构将海关没收的侵权货物用于社会公益事业以及知识产权权利人接受海关委托销毁侵权货物的，海关应当进行必要的监督。

第三十四条 海关协助人民法院扣押侵权嫌疑货物或者放行被扣留货物的，知识产权权利人应当支付货物在海关扣留期间的仓储、保管和处置等费用。

海关没收侵权货物的，知识产权权利人应当按照货物在海关扣留后的实际存储时间支付仓储、保管和处置等费用。但海关自没收侵权货物的决定送达收发货人之日起 3 个月内不能完成货物处置，且非因收发货人申请行政复议、提起行政诉讼或者货物处置方面的其他特殊原因导致的，知识产权权利人不需支付 3 个月后的有关费用。

海关按照本办法第三十三条第一款第（二）项的规定拍卖侵权货物的，拍卖费用的支出按照有关规定办理。

第三十五条 知识产权权利人未按照本办法第三十四条的规定支付有关费用的，海关可以从知识产权权利人提交的担保金中扣除有关费用或者要求担保人履行担保义务。

海关没收侵权货物的，应当在货物处置完毕并结清有关费用后向知识产权权利人退还担保金或者解除担保人的担保责任。

海关协助人民法院扣押侵权嫌疑货物或者根据《条例》第二十四条第（一）、（二）、（四）项的规定放行被扣留货物的，收发货人可以就知识产权权利人提供的担保向人民法院申请财产保全。海关自协助人民法院扣押侵权嫌疑货物或者放行货物之日起20个工作日内，未收到人民法院就知识产权权利人提供的担保采取财产保全措施的协助执行通知的，海关应当向知识产权权利人退还担保金或者解除担保人的担保责任；收到人民法院协助执行通知的，海关应当协助执行。

第三十六条 海关根据《条例》第十九条的规定放行被扣留的涉嫌侵犯专利权的货物后，知识产权权利人按照本办法第二十条第三款的规定向海关提交人民法院受理案件通知书复印件的，海关应当根据人民法院的判决结果处理收发货人提交的担保金；知识产权权利人未提交人民法院受理案件通知书复印件的，海关应当退还收发货人提交的担保金。对知识产权权利人向海关提供的担保，收发货人可以向人民法院申请财产保全，海关未收到人民法院对知识产权权利人提供的担保采取财产保全措施的协助执行通知的，应当自处理收发货人提交的担保金之日起20个工作日后，向知识产权权利人退还担保金或者解除担保人的担保责任；收到人民法院协助执行通知的，海关应当协助执行。

第六章 附则

第三十七条 海关参照本办法对奥林匹克标志和世界博览会标志实施保护。

第三十八条 在本办法中，“担保”指担保金、银行或者非银行金融机构保函。

第三十九条 本办法中货物的价值由海关以该货物的成交价格为基础审查确定。成交价格不能确定的，货物价值由海关依法估定。

第四十条 本办法第十七条、二十一条、二十八条规定的海关书面通知可以采取直接、邮寄、传真或者其他方式送达。

第四十一条 本办法第二十条第三款和第二十二条第一款规定的期限自海关书面通知送达之日的次日起计算。期限的截止按照以下规定确定：

（一）知识产权权利人通过邮局或者银行向海关提交文件或者提供担保的，以期限到期日24时止；

（二）知识产权权利人当面向海关提交文件或者提供担保的，以期限到期日海关正常工作时间结束止。

第四十二条 知识产权权利人和收发货人根据本办法向海关提交有关文件复印件的，应当将复印件与文件原件进行核对。经核对无误后，应当在复印件上加注“与原件核对无误”字样并予以签章确认。

第四十三条 本办法自2009年7月1日起施行。2004年5月25日海关总署令第114号公布的《中华人民共和国海关关于〈中华人民共和国知识产权海关保护条例〉的实施办法》同时废止。

海关总署公告

2009 年第 24 号

关于中国 2010 年上海世界博览会志愿者标志、志愿者口号、组织者主要建筑名称以及官方活动名称海关保护备案

上海世界博览会事务协调局就中国 2010 年上海世界博览会志愿者标志、志愿者口号、组织者主要建筑名称以及官方活动名称向我署提出海关保护备案申请，我署已核准。现将备案情况公告如下：

权利人：上海世界博览会事务协调局

权利名称：上海世界博览会志愿者标志、志愿者口号、组织者主要建筑名称以及官方活动名称（见附件）。

进出口侵犯上述世界博览会标志专有权的货物的，海关将根据《世界博览会标志保护条例》以及相关法律法规予以查处。

特此公告。

附件：中国 2010 年上海世界博览会志愿者标志、志愿者口号、组织者主要建筑名称以及官方活动名称

二〇〇九年五月二十五日

中国 2010 年上海世界博览会志愿者标志、志愿者口号、组织者主要建筑名称以及官方活动名称

一、上海世界博览会志愿者标志

EXPO 2010 Volunteer

二、上海世界博览会志愿者主口号

（一）世界在你眼前，我们在你身边

At Your Service at EXPO

（二）世界在你眼前，我们在你身边

（三）At Your Service at EXPO

三、上海世界博览会志愿者副口号

（一）志在，愿在，我在

My Will, My Help, My Pleasure

（二）志在，愿在，我在

（三）My Will, My Help, My Pleasure

（四）2010，心在一起

2010, We're Together as One

（五）2010，心在一起

（六）2010，We're Together as One

（七）城市有我更可爱

Our City, Your Joy

（八）城市有我更可爱

海关总署公告

2009 年第 71 号

关于中国 2010 年上海世界博览会票务标志海关保护备案

上海世界博览会事务协调局就中国 2010 年上海世界博览会的票务标志向我署提出的海关保护备案申请，我署已核准。现将备案情况公告如下：

权利人：上海世界博览会事务协调局。

权利名称：上海世博会票务标志（见附件）。

进出口侵犯上述上海世博会标志专有权的货物的，海关将根据《世界博览会标志保护条例》以及相关法律法规予以查处。

特此公告。

附件：上海世博会票务标志

二○○九年十一月十日

知识产权局、外交部、工业和信息化部、司法部、商务部、
工商总局、版权局、新闻办、贸促会

关于加强企业境外参展知识产权工作的通知

国知发协字〔2009〕30号

各省、自治区、直辖市、计划单列市及新疆生产建设兵团知识产权局、外事办公室、工业和信息化主管部门、司法厅（局）、商务主管部门、工商局、版权局、新闻办、贸促分会：

近年来，随着对外开放的不断深入和“走出去”战略的实施，越来越多的企业到境外展会参展，向世界展示我国企业的产品和品牌、形象，对增强我国企业国际竞争力、扩大产品出口发挥了积极作用。同时，由于个别参展企业知识产权意识不强以及一些发达国家以知识产权执法为手段加强贸易保护等原因，我国企业在境外参展遭遇知识产权纠纷甚至被以涉嫌知识产权侵权名义查抄的现象时有发生，严重影响了我国产品的信誉，损害了我国企业和国家的形象。为加强企业境外参展知识产权管理工作，树立我国企业保护知识产权的良好形象，维护我国企业合法权益，促进我国产品出口平稳健康发展，经国务院同意，现将有关事项通知如下：

一、引导企业加强境外参展知识产权管理

行业主管部门、知识产权行政管理等有关部门（单位）要通过多种途径，引导企业增强知识产权意识和诚信守法意识；指导企业加强境外参展知识产权管理，了解展会所在国边境知识产权保护、展会知识产权保护等相关法律法规；督促企业加强境外参展产品知识产权的自我审核，对是否侵犯他人知识产权进行充分检索，降低境外参展知识产权纠纷风险。

二、指导组展单位加强对企业参展项目知识产权状况审查

出境参展管理、行业主管等有关部门（单位）要加强对组展单位的管理和服务，指导组展单位对参展企业展品的知识产权状况加强审核把关，要求企业慎重选择出境展品，做出相关承诺，避免境外参展发生知识产权纠纷。要指导组展单位建立境外参展企业知识产权相关情况信用档案，对信用记录不良的企业参加境外展会从严把关。

三、积极提供境外展会知识产权法律服务

知识产权行政管理等有关部门（单位）要根据企业申请，委托专业机构对出境展品进行知识产权风险评估，指导企业做好展前准备工作，备齐必要的证明文件。要组织进行境外展会知识产权预警监测，加强专业化知识产权文献数据库和信息平台建设，为有关行业提供知识产权公共信息服务。对易发生知识产权纠纷的境外展会，商务部门要会同司法行政部门、贸促会等有关部门（单位）组织或指导聘请熟悉境外展会知识产权业务的专家、律师提供现场法律服务，帮助和指导

参展企业妥善处理知识产权纠纷。

四、加强与境外展会主办方的沟通和协调

出境参展管理等有关部门（单位）要协助组展单位与知识产权纠纷多发的境外展会主办方建立沟通渠道，深入了解展会主办国知识产权法律法规和展会执法等情况，及时反映我国参展企业的要求。对易发生知识产权纠纷的展品，协助组展单位将有关知识产权权利证明文件、不侵犯知识产权鉴定等材料在参展前提交给展会主办方及其所在地法院，尽可能避免根据知识产权权利人单方面诉求而引发知识产权执法措施。要协助组展单位和参展企业制定知识产权纠纷应对预案，指导企业妥善应对知识产权纠纷，维护我国企业合法权益。

五、加大对知识产权滥用的对外交涉力度

商务部门要会同知识产权行政管理等有关部门（单位）充分利用知识产权双边磋商机制等渠道，针对境外展会滥用知识产权的行为，加强与展会所在国相关政府部门的沟通和交涉。同时，要加强与有关国家相关非政府组织的联系，及时掌握有关国家知识产权发展动态，研究制定符合我国实际的知识产权海外维权机制和争端解决机制。对经常发生知识产权滥用行为的展会，要委托相关机构发布预警信息，提示国内企业谨慎参展。

六、鼓励企业申请、注册和购买境外知识产权

知识产权行政管理等有关部门要采取多种有效措施，鼓励和协助企业在主要贸易目的国申请、注册和购买知识产权，指导国内企业做好知识产权分析工作，以合作共赢为目标，加强与境外企业的沟通和交流，增加知识产权交叉许可和合作机会，从源头上避免或减少知识产权纠纷。

七、引导企业建立知识产权合作机制

要充分发挥有关行业协会、知识产权专业机构的积极作用，引导企业建立知识产权合作机制，共享知识产权成果。加强行业协会在应对知识产权诉讼中的组织作用，集中行业力量共同应对知识产权纠纷，降低风险，分摊成本；统筹利用国内企业、研究机构等有关方面知识产权资源，增强集体谈判优势，提高企业应对涉外知识产权纠纷的能力。

八、加大对企业知识产权管理能力的培训

出境参展管理以及司法、知识产权行政管理等有关部门（单位）要通过多种方式组织专家、律师对参展企业进行针对性培训，增强企业预防和应对知识产权纠纷的能力。力争用两年左右时间，将我境外参展重点企业轮训一遍。要组织收集整理国内外知识产权纠纷典型案例，结合世界知名展会知识产权法律法规和相关规定，编写通俗易懂的宣传资料，向参展企业免费发放。

九、积极宣传我国知识产权保护成就

知识产权行政管理、商务和贸促会等有关部门（单位）要选择我国出口行业中具有自主知识产权的龙头企业加强正面宣传，树立我国企业的良好形象。要协助宣传、外事部门以多种形式和渠道大力宣传我国在知识产权保护立法、执法、打击侵权犯罪等方面取得的成就。

十、加强对境外参展知识产权有关工作的统筹协调

知识产权行政管理部门要加强境外参展知识产权有关工作的统筹协调，组织研究应对境外知识产权纠纷突出问题，建立部门间信息通报和合作机制。要会同商务部门、贸促会等有关部门（单位）跟踪国际知识产权发展趋势，积极参与知识产权国际规则的制定；及时掌握企业遇到的知识产权问题，主动通报有关政策措施、境外展会的有关情况，积极主动为企业服务。

二〇〇九年二月十日

司法解释及相关文件

(147~164)

最高人民法院印发《关于贯彻实施国家知识产权战略若干问题的意见》的通知

法发〔2009〕16号

各省、自治区、直辖市高级人民法院，解放军军事法院，新疆维吾尔自治区高级人民法院生产建设兵团分院：

现将《最高人民法院关于贯彻实施国家知识产权战略若干问题的意见》印发给你们，请结合审判工作实际，认真贯彻执行。

二〇〇九年三月二十三日

最高人民法院《关于贯彻实施国家知识产权战略若干问题的意见》

党的十七大明确提出“实施知识产权战略”的要求。国务院于2008年6月5日发布了《国家知识产权战略纲要》（以下简称《纲要》），决定实施国家知识产权战略。贯彻落实国家知识产权战略，是摆在全国法院面前的一项长期而紧迫的重要任务。各级人民法院必须以邓小平理论和“三个代表”重要思想为指导，深入学习实践科学发展观，始终坚持“三个至上”指导思想，紧紧围绕“为大局服务、为人民司法”工作主题，全面加强知识产权司法保护体系建设，充分发挥司法保护知识产权的主导作用，为建设创新型国家和全面建设小康社会提供强有力的司法保障。现根据国家知识产权战略要求，结合人民法院知识产权司法保护工作实际，制定如下意见。

一、充分认识实施国家知识产权战略的重大意义，切实增强人民法院知识产权司法保护的责任感和使命感

1. 实施知识产权战略，是提高自主创新能力，建设创新型国家，促进国民经济又好又快发展，实现全面建成小康社会奋斗目标的重大战略抉择。提高自主创新能力，建设创新型国家，这是国家发展战略的核心，是提高综合国力的关键。实施知识产权战略，这是在改革开放新时期，党中央、国务院根据提高自主创新能力和建设创新型国家的需要作出的一项重大战略部署，是关系国家前

途和民族未来的大事。当前正在向实体经济蔓延的国际金融危机，更加突显了加强知识产权保护，提高自主创新能力，建设创新型国家的重要性。各级人民法院要从深入贯彻落实科学发展观的高度，从我国经济社会文化自身发展需求和知识经济发展迅速及经济全球化进程加快的角度，深刻领会知识产权战略是我国主动运用知识产权制度促进经济发展和社会进步的重要国家战略；要从有利于增强我国自主创新能力，有利于完善我国社会主义市场经济体制，有利于增强我国企业市场竞争力和提高国家核心竞争力，有利于扩大对外开放等方面，深刻领会实施知识产权战略是建设创新型国家的迫切需要，是转变经济发展方式的必由之路，是提高国家核心竞争力的关键举措；要从激励创造、有效运用、依法保护、科学管理四个方面，深刻领会实施国家知识产权战略的指导思想和基本精神。

2. 贯彻实施好国家知识产权战略，是人民法院服务大局的重要使命。为党和国家工作大局服务，是人民法院知识产权司法保护的重要出发点和立足点。各级人民法院要认清形势和明确任务，以高度的政治责任感和历史使命感，切实增强贯彻实施国家知识产权战略的自觉性和坚定性，紧紧依靠党委领导、人大监督、政府支持、政协以及社会各界的关心，抓住机遇、迎难而上，积极主动、开拓进取，加强组织领导、加大投入力度，有计划、分步骤，确保国家知识产权战略有关人民法院工作要求的贯彻落实和各项战略措施的顺利实施，使人民法院在实施国家知识产权战略进程中更加积极主动地发挥作用。

二、充分发挥司法保护知识产权的主导作用，切实保障创新型国家建设

3. 大力加强人民法院知识产权司法保护体系建设，切实发挥司法保护知识产权的主导作用。根据新形势新任务和我国知识产权保护的实际情况，《纲要》将“加强司法保护体系建设”、“发挥司法保护知识产权的主导作用”纳入国家知识产权战略重点。这是对我国司法在知识产权保护中职能作用的基本定位，也是从全局和国家发展战略的高度对我国知识产权司法保护工作提出的殷切期望和全新要求。人民法院贯彻实施国家知识产权战略，必须增强发挥司法保护知识产权主导作用的自觉性和主动性，以保障和促进创新型国家建设为基本目标，高度重视并全面加强知识产权审判工作，充分发挥各项知识产权审判的职能作用，切实加大知识产权司法保护力度，不断提高人民法院知识产权司法保护的整体效能，努力营造鼓励和引导创新的知识产权司法环境；必须大力解决影响和制约科学发展的突出问题，不断提高司法水平和司法效率，及时出台司法解释和司法政策，建立健全知识产权相关诉讼制度，大力完善知识产权司法保护制度；必须着力构建有利于科学发展、符合知识产权案件特点的审判体制和工作机制，全面优化知识产权审判资源配置，整体提升知识产权审判队伍素质，大幅度提升人民法院知识产权司法保护能力。

4. 充分发挥各项知识产权审判的职能作用，全面加强对各种知识产权的司法保护。以执法办案为第一要务，不断提高知识产权审判质量和效率，努力确保每一起案件都能够依法公正及时裁判并得到有效执行，增强知识产权司法保护的公信力和权威性，切实体现法院司法定分止争的终局作用，最大限度地维护人民群众的创新权益，实现知识产权领域的公平正义。充分运用刑事、民事和行政三种审判职能，大力发挥知识产权审判整体效能，对各种知识产权提供全面有效的司法保护。依法严惩各类侵犯知识产权犯罪，综合运用各种刑事制裁措施，充分发挥刑事审判惩治和预防知识产权犯罪的功能；依法调整涉及各种知识产权的民事法律关系，合理界定当事人权利义务，积极采取民事救济措施，充分发挥民事审判解决各种知识产权纠纷的主渠道作用；依法保护行政相对人的合法权益，监督和维护各相关行政主管机关依法履行各自职权范围内的知识产权行政执法和行政管理职责，充分发挥行政审判监督和支持知识产权行政执法保护的职能。

5. 综合运用知识产权司法救济手段，不断增强知识产权司法保护的有效性。依法确定当事人应当承担的各种法律责任，积极采取各种救济手

段，对知识产权进行全方位的有效保护。通过判决赔偿经济损失和责令停止侵权、消除影响和赔礼道歉等，对权利人予以物质的与精神的、金钱的与非金钱的综合救济；通过终审判决和诉前或诉中临时措施裁定等，对权利人予以现实的和临时的司法救济；通过判处罚金、没收财产和采取民事制裁措施等，剥夺侵权人再侵权的能力和消除再侵权危险。特别是要突出发挥损害赔偿在制裁侵权和救济权利中的作用，坚持全面赔偿原则，依法加大赔偿力度，加重恶意侵权、重复侵权、规模化侵权等严重侵权行为的赔偿责任，努力确保权利人获得足够的充分的损害赔偿，切实保障当事人合法权益的实现。

6. 及时明晰知识产权法律适用标准，有效发挥司法保护知识产权的导向作用。根据知识产权司法保护中的法律适用需求，认真总结审判实践经验，及时发布司法解释，统一司法尺度，为确保法律正确适用和有效保护知识产权及时提供操作性规范依据。深入调查研究，找准司法保护服务经济社会发展的结合点和着力点，通过各种行之有效的形式，明确司法政策，加强司法指导，积极引导经济社会文化发展。加快构建符合中国国情的知识产权司法案例指导制度，充分发挥指导性案例在规范自由裁量权行使、统一法律适用标准中的作用，减少裁量过程中的随意性。依法受理并妥善裁决各种复杂疑难和新类型知识产权纠纷，及时为企业和社会提供价值判断和行为指引，规范和促进新兴产业发展。强化知识产权裁判的说理性，充分公开裁判文书，实现审判全过程的公开，发挥司法裁判的教育和导向作用，促使当事人息诉止争，引导案外人自行解决类似矛盾纠纷。

7. 努力加强人民法院与其他司法机关和知识产权行政执法机关之间的协作配合，推动形成知识产权保护的整体合力。加强与公安、检察机关在知识产权刑事司法程序中的配合，依法受理和裁判知识产权刑事案件，切实加大刑事保护力度。加强与工商、版权、专利等行政主管部门在知识产权行政执法程序上的衔接，实现司法保护与行政保护的优势互补和良性互动。加强与知识产权、外事、商务、科技、信息产业、新闻、宣传等综合部门在知识产权保护工作中的沟通协调，扩大我国知识产权保护的影响力。

三、依法审理好各类知识产权案件，切实加大知识产权司法保护力度

8. 统筹兼顾各种重大关系，确保《纲要》提出的各项专项任务在人民法院系统的贯彻落实，实现知识产权审判全面协调可持续发展。一是处理好执行法律与服务大局的关系，既要坚持宪法和法律至上，履行法定职责，遵循司法规律、司法途径和司法方式，严格依法办案，做到公正司法，维护法律权威；又要强化大局意识和宏观思维，正确处理局部利益与全局利益的关系，努力实现办案法律效果与社会效果的有机统一，确保正确政治方向。二是处理好保护私权与维护公共利益的关系，既要强化私权保护意识和尊重私权保护规律，依法保护当事人的合法权益，通过保护私权实现激励创新的知识产权制度目标；又要合理界定知识产权的界限，服从法律为保护公共利益所设定的强制性规范，确保私权与公共利益的平衡，维护公共秩序。三是处理好依法保护与适度保护的关系，充分考虑和把握我国经济社会和科技文化发展状况，善于利用司法政策、自由裁量权和法律适用技术，使司法保护既合法，又适度；既能激励科技创新和经济发展，又有利于促进知识传播和运用；既能切实保护创新成果和创新权益，又能促进企业提高自主创新能力。四是处理好保护权利与防止滥用的关系，既要加大知识产权司法保护力度，严厉打击假冒、盗版等严重侵权行为，大力降低维权成本，大幅提高侵权代价，有效遏制侵权行为，切实保护权利人和消费者的合法权益，维护公平竞争的市场秩序；又要防止知识产权滥用，依法审查和支持在先权、先用权、现有技术、禁止反悔、合理使用等抗辩事由，制止垄断行为，依法受理和审查确认不侵权之诉和滥诉反赔之诉，规制滥用知识产权和诉讼程序打击竞争对手、排除和限制竞争、阻碍创新的行为，维护社会公众的合法权益。

9. 加强专利权司法保护，保障技术创新权益，

促进自主创新。从我国国情出发，以国家战略需求为导向，依法保护专利权，根据我国科技发展阶段和产业知识产权政策，确定合理的权利保护范围和强度，平衡好权利人、使用者和社会公众之间的利益格局，强化科技创新活动中的知识产权司法政策导向作用。加大对经济增长有重大突破性带动作用、具有自主知识产权的关键核心技术的保护力度，促进高技术产业与新兴产业发展，提升我国自主创新能力和增强国家核心竞争力。不断完善专利侵权判定标准，准确确定专利权保护范围，正确认定专利侵权行为，在依法保护专利权的同时，防止不适当地扩张专利权保护范围、压缩创新空间、损害创新能力和公共利益。严格专利权利要求的解释，充分尊重权利要求的公示和划界作用，妥善处理相同侵权与等同侵权的关系，适度从严把握等同侵权的适用条件，合理确定等同侵权的适用范围，防止等同侵权的过度适用。注重发挥人民陪审员、专家证人和专家咨询、技术鉴定的作用，通过多种途径和渠道有效解决专业技术事实认定问题。

10. 加强商标权司法保护，维护商标信誉，推动形成自主品牌。通过商标案件的审判，支持和引导企业实施商标战略，促使其在经营中积极、规范使用自主商标，促进自主品牌的形成和品牌经济的发展。严厉制裁商标假冒、恶意模仿等侵权行为，严格适用侵权法律责任，切实保障商标权人和消费者的利益，维护公平竞争的市场秩序。正确把握商标权的法律属性，根据商标用于区别商品或服务来源的核心功能，合理界定商标权的范围，根据商标的显著性程度、知名度大小等确定保护强度和范围，准确认定商标侵权判定中的商品类似、商标近似和误导性后果。正确把握驰名商标司法认定和保护的法律定位，坚持事实认定、个案认定、被动认定、因需认定等司法原则，依法慎重认定驰名商标，合理适度确定驰名商标跨类保护范围，强化有关案件的审判监督和业务指导。妥善处理商标权保护与特定产业发展的关系，既注重保护商标权，又有利于促进相关产业的升级和发展。依法受理并及时处理好涉及地理标志和奥林匹克标志、世界博览会标志、特殊标志等案件。

11. 加强著作权司法保护，维护著作权人合法权利，提升国家文化软实力。严厉制裁盗版、抄袭等侵犯著作权行为，加大侵权赔偿力度，提高全社会的版权保护意识。依法合理界定著作权保护与合理使用、法定许可的关系，平衡处理创作者、传播者和利用者之间的利益关系，确保私人权利与公共利益的平衡，保障人民基本文化权益。加强对新闻出版、广播影视、文学艺术、文化娱乐、广告设计、工艺美术、计算机软件、信息网络等领域的著作权案件审判，推动版权相关产业健康有序发展，推进文化创新，增强文化发展活力，繁荣文化市场。有效应对互联网等新技术发展对著作权保护的挑战，准确把握网络环境下著作权司法保护的尺度，妥善处理保护著作权与保障信息传播的关系，既要有利于网络新技术和新商业模式的开发和运用，促进信息传播，又要充分考虑网络侵权的特点和维权的困难，完善网络环境下的证据规则，有效保障著作权。加大对计算机软件的司法保护力度，帮助企业开拓市场，促进相关服务外包产业成长。

12. 加强商业秘密司法保护，保护企业权益和职工择业自由，保障商业信息安全与人才合理流动。依法制裁窃取和非法披露、使用他人商业秘密的行为，保护企业商业秘密权益，引导市场主体依法建立健全商业秘密管理制度。妥善处理保护商业秘密与自由择业、涉密者竞业限制与人才合理流动的关系，维护职工合法权益。根据商业秘密案件特点，合理分配当事人的举证责任，合理确定当事人和诉讼参与人的保密义务。注意保护被控侵权人对自己商业秘密的正当权益，防止原告滥用诉权获取他人商业秘密。

13. 加强植物新品种权司法保护，激励农业科技创新，促进农业发展。强化农业知识产权保护，依法保护植物新品种权和育种技术，加大对具有自主知识产权的重大农业科技成果和植物新品种的保护力度，合理调节资源提供者、育种者、生产者和经营者之间的利益关系，激励农业科技创新，推动现代农业经营方式的转变，促进农业发展，保护农民利益，维护农村稳定，保障社会主义新农村建设。准确掌握植物新品种侵权判定标准，以繁殖材料承载的性状特征确定品种权的保护范围，以生产、销售或者重复使用授权品种的繁殖材料为侵权行为方式。依法判定民事责任，保障权利人利益的实现，注重对农民合法权益的保护，通过育种者免责、农民免责等权利限制，合理平衡权利人与社会公众的利益关系；本着既要及时制止侵权和防止侵权物再扩散，又要避免资源浪费的原则，慎重适用销毁侵权物的民事责任。针对种子生产和销售的季节性特点，注意运用证据保全措施及时固定相关证据。

14. 加强特定领域知识产权司法保护，有效保护特种资源，维护我国特色优势。根据现有法律规则和立法精神，积极保护遗传资源、传统知识、民间文艺和其他一切非物质文化遗产，根据历史和现实，公平合理地协调和平衡在发掘、整理、传承、保护、开发和利用过程中各方主体的利益关系，保护提供者、持有者知情同意和惠益分享的正当权益，合理利用相关信息。加强对传统医药和传统工艺的保护，促进传统知识和民间文艺的发展，推动传统资源转化为现实生产力和市场竞争力，弘扬民族产业优势和地区特色经济优势。依法保护集成电路布图设计专有权，及时予以司法救济，促进集成电路产业发展。

15. 依法制止不正当竞争，规范市场竞争秩序，推动形成统一开放竞争有序的现代市场体系。审理好仿冒知名商品特有名称、包装、装潢和虚假宣传、商业诋毁等不正当竞争案件，积极受理涉及企业名称（商号）、商业外观、计算机网络域名等新类型知识产权案件，制止一切非诚信的仿冒搭车行为，避免市场混淆和误导公众，切实维护权利人和消费者的合法权益，确保诚信竞争和有序竞争，促进社会信用体系建设。依法积极受理涉及注册商标、企业名称等与在先权利冲突的民事纠纷，按照遵循诚实信用、维护公平竞争和保护在先权利等原则，妥善予以裁决。准确把握反不正当竞争法的立法精神和适用条件，既要与时俱进，对市场上新出现的竞争行为，适用反不正当竞争法的原则规定予以规范和调整；又要严格依法，对于法律未作特别规定的竞争行为，只有按照公认的商业标准和普遍认识能够认定违反反不正当竞争法的原则规定时，才可以认定为不正当竞争行为，防止因不适当扩大不正当竞争行为方式范围而妨碍自由、公平竞争。对于既不存在商业秘密、又不存在法定和约定竞业限制的竞争领域，不能简单地以利用或损害特定竞争优势为由，适用反不正当竞争法的原则规定认定构成不正当竞争。

16. 积极开展反垄断审判，保护市场公平竞争，维护消费者利益与社会公共利益。根据民事诉讼法和反垄断法规定的受理条件，依法受理当事人因垄断行为提起的民事诉讼。切实履行审判职责，妥善处理竞争政策与产业政策的关系，审理好涉及滥用知识产权的垄断案件以及其他各类垄断案件，制止垄断行为，鼓励公平竞争，提高引进外资质量，促进经济结构调整，维护国家经济运行健康有序。加强反垄断审判调查研究工作，认真总结审判经验，及时明确司法原则、裁判标准和操作程序。

17. 妥善处理知识产权合同纠纷，维护交易安全，促进智力成果创造运用。尊重当事人意思自治，维护合同的严肃性和有效性，严格合同解除条件，依法制裁违约行为。依法合理掌握权属纠纷诉讼时效，准确界定职务成果与非职务成果，既要有利于激发研发创作人创新积极性，又要有利于促进成果的转化实施。本着尽可能降低交易风险和减少交易成本的精神，依法界定在知识产权委托或合作创造、转让、许可、质押等环节形成的法律关系和利益分配及责任承担，促进自主创新成果的知识产权化、商品化、产业化、市场化。积极受理特许经营合同纠纷，妥善处理知识产权代理合同纠纷。

18. 认真审查知识产权诉前临时措施申请，及时慎重裁定，有效制止侵权。发挥诉前临时措施的及时救济功能，确保在法定时限内作出裁定并立即予以执行。对于商标和著作权侵权案件，尤其是假冒和盗版等显性侵权和故意侵权案件，注意积极采取诉前责令停止侵权措施。适度从严掌握认定侵权可能性的标准，原则上应当达到基本确信的程度，在专利案件尤其是发明和实用新型专利案件中，要审慎决定采取诉前责令停止侵权措施。对于当事人起诉时或诉讼中提出的临时措施申请，要迅速审查并及时裁定和执行。对于证据保全申请，重点考虑证据风险和申请人的取证能力，及时作出裁定。

19. 强化对知识产权授权确权行为的司法复审，依法审查授权条件，统一和完善授权审查标准。在事实认定和法律适用上对专利和商标等知识产权授权确权行政行为进行全面的合法性审查，既要给予行政主管机关对专业技术事实评判的适当尊重，又要对相关的实质性授权条件进行独立审查判断，切实依法全面履行司法复审的基本职责。加强与行政主管机关的工作协调与业务交流，促进审理和审查标准的统一与完善，提高相关案件的执法水平。努力提高审判效率，及时依法确认权利的有效性，保障权利维护和利益实现的时效性。

20. 加强知识产权行政司法保护，依法监督行政行为，支持依法行政。依法审理各类知识产权行政案件，在合法性审查中既要保护知识产权行政相对人的合法权益，又要维护知识产权行政管理秩序，依法支持行政机关制裁侵权行为，促进知识产权行政保护。行政机关申请强制执行行政处理决定，经审查符合执行条件的，应及时裁定并予以强制执行。

21. 加大知识产权刑事司法保护力度，依法严厉制裁侵犯知识产权犯罪行为，充分体现惩罚和震慑犯罪功能。依法受理知识产权刑事案件并及时作出裁判，切实加大对假冒注册商标和侵犯著作权犯罪行为的打击力度，在依法适用主刑的同时，加大罚金刑的适用与执行力度，并注意通过采取追缴违法所得、收缴犯罪工具、销毁侵权产品等措施，从经济上剥夺侵权人的再犯罪能力和条件。配合有关部门，针对反复侵权、群体性侵权以及大规模假冒、盗版等行为，有计划、有重点地开展知识产权保护专项行动，遏制假冒盗版现象。统一和规范侵犯知识产权犯罪案件适用刑罚的条件和标准，准确把握宽严相济的刑事政策。依法审理侵犯知识产权的刑事自诉案件，切实保障被害人的刑事自诉权利。

22. 加强知识产权审判监督，保障当事人申诉权，维护知识产权司法公正。既要充分维护正确生效裁判的既判力，又要让符合法定条件的案件及时进入再审，确保公正司法和维护法制统一。统一裁定再审的标准，以生效裁判确有错误作为上级法院和本院依职权启动再审的标准，以符合法定再审事由作为依当事人申请裁定再审的标准。通过及时、规范的听证程序和耐心细致的审查说服工作，尽可能使当事人服判息诉，尽可能降低多次申诉的比率。努力提高审查的质量和效率，对于经审查申请书、答辩意见等足以确定再审事由是否成立的，可以迳行裁定。

23. 加大知识产权案件执行力度，保障裁判权益及时实现，树立司法保护权威。健全知识产权案件强制执行机制，充分运用执行工作联动威慑机制，完善提级执行、指定执行、委托执行等措施，保证知识产权案件的切实执行，强化对诉前临时措施裁定的及时执行。对被执行人拒不履行停止侵权的生效裁判内容继续其原侵权行为的，除支持权利人依法追究其民事责任以外，积极协调公安、检察机关以拒不执行判决、裁定罪追究其刑事责任。

24. 依法开展涉外知识产权司法保护，保障对外开放，促进国际经贸合作。正确处理本国利益与他国利益的关系、对外关系与具体案件审理的关系、本国当事人与外国当事人的利益关系，始终坚持依法公正审判和平等保护原则，维护和提升我国司法良好的国际形象，优化经济发展外部环境。统筹国内国际两个大局，妥善处理与贸易有关的重大知识产权纠纷，既确保遵循相关国际公约及国际惯例，也始终维护国家利益和经济安全。注意从个案中发现知识产权工作的薄弱环节和管理漏洞，通过司法建议和裁判说明等形式，对行政管理提出改进建议，为行业和产业提供行为预警，提高企业应对知识产权纠纷的能力，延伸知识产权司法保护效果。

四、完善知识产权审判体制和工作机制，优化审判资源配置

25. 积极探索符合知识产权特点的审判组织模

式。按照《纲要》要求，研究设置统一受理知识产权民事、行政和刑事案件的专门知识产权审判庭，尽快统一专利和商标等知识产权授权确权案件的审理分工，优化知识产权审判资源配置，实现知识产权司法的统一高效。认真总结近年来一些地方法院开展的由一个审判庭统一受理知识产权民事、行政和刑事案件试点工作，以及采用扩大合议庭组成或知识产权民事法官参与知识产权刑事、行政案件审判的探索工作，深入调查研究，认真解决试点和探索工作中出现的问题，加强统一协调和工作指导，积极稳妥地加以推进。

26. 探索建立知识产权上诉法院。按照《纲要》要求，加强与相关部门的沟通、协调和配合，根据完善知识产权案件上诉机制的要求，深入研究建立知识产权上诉法院的可行性和必要性，积极探索有关改革路径和模式，努力实现知识产权确权程序与侵权诉讼程序的有效衔接，简化司法救济程序，提高裁判效率，保证司法统一。

27. 推动改革专利和商标确权授权程序。积极配合国家有关部门，以简化救济程序为目标，研究专利无效审理和商标评审机构向准司法机构转变的问题，积极推动相关法律规定的修订。

28. 健全知识产权多元纠纷解决机制。坚持“调解优先、调判结合”原则和“定分止争、案结事了”要求，加大知识产权案件调解力度，将调解贯穿于案件审理的全过程。高度重视在诉前临时措施案件和刑事自诉案件中的调解以及在知识产权行政案件中的协调，加强审判工作与人民调解、行政调解、仲裁等纠纷解决方式的衔接，积极支持调解和仲裁机构以及知识产权援助中心等发挥处理知识产权纠纷的作用，注意发挥行业协会、专业部门和专业人士等的沟通协商、参与调解的作用，扩大邀请协助调解的案件范围，努力提高诉讼调解率、和解撤诉率。

29. 加强知识产权司法保护宣传。采取各种形式大力宣传知识产权司法保护，提高全社会知识产权意识，推进知识产权文化建设。结合人民法院新闻发布制度，适时发布知识产权审判中的重要新闻和典型案例，努力做到“4·26”世界知识产权日司法保护宣传常态化。坚持审判公开和透明原则，严格按照有关规定和要求，将生效知识产权裁判文书及时上网公开。定期选择有影响的案例，邀请人大代表、政协委员、专家学者、行业协会和有关部门的代表、外国政府和国际组织驻华机构代表等代表性人士和社会公众等旁听庭审，增进司法公开，接受群众监督，扩大社会影响。

30. 扩大知识产权对外司法交流合作。建立和完善知识产权司法保护对外信息沟通交流机制，积极参与国际和区域知识产权交流与合作，拓展交流深度，加大宣传力度，加深世界各国对我国知识产权司法保护制度及保护状况的全面、客观了解。既要根据我国国情和发展需求开展知识产权司法保护，又要有针对性地学习借鉴吸收国外有益司法经验。

五、加强知识产权司法解释工作，完善知识产权诉讼制度

31. 及时制定知识产权司法解释。按照《纲要》要求，增强司法解释的针对性和及时性，针对审判实践存在的比较普遍和突出的法律适用问题，及时制定司法解释，明确司法原则和政策，统一司法标准，规范并细化自由裁量权的行使，完善知识产权诉讼制度。强化司法解释的科学性和实效性，深入开展调查研究，广泛听取和征求各方面的意见，注意发挥学术团体、研究机构以及中介组织的参与作用，共同为完善知识产权司法保护制度提供智力支持。近期发布关于驰名商标司法保护的司法解释，尽快出台关于专利侵权判断标准和反垄断民事诉讼程序的司法解释。

32. 建立健全知识产权相关诉讼制度。按照《纲要》要求，与有关部门协调配合，针对知识产权案件专业性强等特点，建立和完善司法鉴定、专家证人、技术调查等诉讼制度，鼓励有条件的法院在专利等技术性案件审判中积极探索开展技术调查的有效方式和具体做法。完善知识产权诉前临时措施制度，适时启动相关司法解释的起草工作。配合有关部门明确知识产权代理人的诉讼执业资质问题，推动有关部门研究建立相关律师代理制度。

33. 调整完善知识产权案件管辖制度。按照既方便法院审理和当事人诉讼，又充分满足科技创新和经济社会发展对知识产权审判新需求的原则，统筹规划知识产权审判管辖体制。继续坚持对专利、植物新品种和集成电路布图设计案件的指定管辖制度，严格控制新增专利案件管辖权的中级人民法院的数量；适度集中垄断案件和涉及驰名商标认定等特殊类型知识产权案件的管辖权；适当增加受理著作权、商标、不正当竞争和知识产权合同等一般知识产权案件的基层法院；经上级人民法院依法指定，具有一般知识产权案件管辖权的基层法院可以跨区域管辖同一上级人民法院辖区内的一般知识产权案件。

六、加强知识产权审判队伍建设，提高知识产权司法保护能力

34. 进一步健全知识产权审判机构。各级人民法院要根据担负的知识产权审判职责和任务的客观需要，本着立足现实、兼顾长远的原则精神，加强知识产权审判庭的机构设置、人员编制和内设机构配置。在中级以上法院和具有案件管辖权的基层法院普遍建立知识产权审判庭，暂不具备独立设庭的中级人民法院，也应当建立或指定专门负责审理知识产权案件的合议庭。

35. 大力充实知识产权审判队伍。采取切实有效措施，调整和充实知识产权法官队伍，提高知识产权法官队伍素质，强化审判和执行能力。注意从精通法律、外语基础较好、具有理工专业背景和一定审判经验的人员中选拔、培养知识产权法官，有效缓解案件持续增长与专业审判力量相对不足的矛盾。保持知识产权法官队伍的基本稳定，完善知识产权审判人才的专业结构，对于专业性和技术性较强的知识产权案件，尽可能由相对固定的合议庭和专业法官负责审理，重点培养一批社会认可度高的专业型、专家型知识产权法官。充分考虑知识产权审判和知识产权法官培养的规律，在工作量、业务考核等方面采用科学合理的业绩评价指标。积极开展与专利复审委员会等知识产权专业部门的人员和业务交流，鼓励东中西部法院之间开展各种形式的业务和人才交流。加大知识产权审判技能和专业知识培训力度，最高人民法院和各高级人民法院要制定长期培训规划，及时更新培训大纲，保证培训时间和质量，重点加大对中、基层法院和中西部地区法院知识产权审判人员的培训力度。

36. 高度重视知识产权法官队伍思想政治建设和廉政建设。强化知识产权审判人员的政治纪律和工作责任，进一步加强社会主义法治理念教育，使全体审判人员牢固树立“三个至上”指导思想，切实做到为民、务实、清廉。严格执行有关反腐倡廉的制度和要求，认真落实“五个严禁”的规定，每一位审判人员要时刻保持警惕，各级领导要切实负起责任，加强对关键环节的监督检查，规范司法行为，严惩违规行为，确保知识产权司法的公正和廉洁。积极发掘并大力宣传知识产权司法保护工作中的好经验、好做法、好人物、好事迹，树立人民法院和知识产权法官的良好形象。

最高人民法院印发《关于当前经济形势下知识产权审判服务大局若干问题的意见》的通知

法发〔2009〕23号

各省、自治区、直辖市高级人民法院，解放军军事法院，新疆维吾尔自治区高级人民法院生产建设兵团分院：

现将《最高人民法院关于当前经济形势下知识产权审判服务大局若干问题的意见》印发给你们，请结合审判工作实际，认真贯彻执行。

二〇〇九年四月二十一日

关于当前经济形势下知识产权审判服务大局若干问题的意见

当前，我国国民经济继续保持平稳较快发展，改革开放深入推进，社会事业加快发展，人民生活进一步改善，但同时也面临着严重的困难和挑战。为深入贯彻全国“两会”精神，落实国家知识产权战略，使知识产权审判更好地服务于有效应对国际金融危机冲击，促进经济平稳较快发展的大局，为“保增长、保民生、保稳定”作出更加积极的贡献，现就当前经济形势下人民法院做好知识产权审判工作的若干问题，提出如下意见：

一、立足实际，突出重点，努力增强知识产权审判服务大局的针对性和有效性

1. 充分认识知识产权保护对于促进经济平稳较快发展的重要性，切实增强服务大局的使命感。知识产权是国家科技创新能力和水平的集中体现，是国家发展的战略性资源，是提高国际竞争力的核心要素。现代经济竞争归根结底也是知识产权的竞争。加强知识产权保护，提高知识产权的创造、运用和管理水平，对于加快经济结构调整、转变发展方式、推进自主创新、深化改革、提高对外开放水平，从而保持经济平稳较快发展，都具有重要意义。历史经验表明，经济危机常常伴随着科技革命，科技革命又成为推动新一轮经济增长和繁荣的重要引擎。在当前经济形势下加强知识产权保护，对于有效推动科技创新和科技革命，为催生新兴产业、创造新的市场需求、培育

新的经济增长点和引领经济发展新方向，具有重大作用。

2. 高度关注国际国内经济形势变化对于知识产权审判的新需求，切实增强服务大局的针对性、有效性和主动性。当前经济形势对于知识产权审判提出了更新更高的要求和期待。知识产权司法保护只能加强和提升，不能削弱和放松。各级法院务必要增强危机意识、忧患意识、宏观意识和大局意识，更加注重拓展创新空间，促进培育自主知识产权、自主品牌和新的经济增长点，增强企业的市场竞争力，提高国家的核心竞争力；更加注重营造开放自由的贸易和投资环境，规范市场秩序，维护公平竞争，完善社会主义市场经济体制，大力推动诚信社会的建设，在应对挑战、化危为机中充分发挥知识产权审判的独特职能作用。

二、加大专利权保护力度，着力培育科技创新能力和拓展创新空间，积极推进自主创新

3. 以贯彻新修订的专利法为契机，高度重视专利审判工作，全面提高专利审判水平。以专利为核心的科技创新成果构成了企业和国家的核心竞争力，加强专利权保护对于科技进步和自主创新具有最直接、最重要的促进作用。各有关法院要以提高创新能力和建设创新型国家的责任感和使命感，高度重视专利案件的审理，把提高专利审判水平作为一项重点工作。要深刻领会和正确把握专利法立法宗旨和精神，加强调查研究，及时发现新情况，解决新问题，确保修订后的专利法的正确贯彻实施。

4. 准确把握专利司法政策，切实加强专利权保护。要从我国国情出发，根据我国科技发展阶段和产业知识产权政策，依法确定合理的专利司法保护范围和强度，既要使企业具有投资创新的动力，使个人具有创造热情，使社会富有创造活力，又不能使专利权成为阻碍技术进步、不正当打击竞争对手的工具；既能够充分调动、配置全社会的资本和技术资源，又能够加速技术信息的传播和利用。要正确适用专利侵权判定原则和方法，进一步总结审判经验，完善权利要求解释规则和侵权对比判定标准。正确解释发明和实用新型专利的权利要求，准确界定专利权保护范围，既不能简单地将专利权保护范围限于权利要求严格的字面含义，也不能将权利要求作为一种可以随意发挥的技术指导，应当从上述两种极端解释的中间立场出发，使权利要求的解释既能够为专利权人提供公平的保护，又能确保给予公众以合理的法律稳定性。凡写入独立权利要求的技术特征，均应纳入技术特征对比之列。对于权利人在专利授权确权程序中所做的实质性的放弃或者限制，在侵权诉讼中应当禁止反悔，不能将有关技术内容再纳入保护范围。严格等同侵权的适用条件，探索完善等同侵权的适用规则，防止不适当地扩张保护范围。依法认真审查各种不侵权抗辩事由和侵权责任抗辩事由，合理认定先用权，依法支持现有技术抗辩。

三、加强商业标识保护，积极推动品牌经济发展，规范市场秩序和维护公平竞争

5. 充分尊重知名品牌的市场价值，依法加强知名品牌保护。知名品牌凝聚了企业的竞争优势，是企业参与国内国际市场竞争的利器，代表着核心的经济竞争力，是企业和国家的战略性资产，也是引领市场消费方向的主要因素。人民法院要通过依法加强商标权保护和制止不正当竞争，为知名品牌的创立和发展提供和谐宽松的法律环境，促进品牌经济发展，刺激和创造消费需求，拉动经济增长，增强我国企业的国内和国际竞争力。

6. 完善商标司法政策，加强商标权保护，促进自主品牌的培育。正确把握商标权的专用权属性，合理界定权利范围，既确保合理利用商标资源，又维护公平竞争；既以核定使用的商品和核准使用的商标为基础，加强商标专用权核心领域的保护，又以市场混淆为指针，合理划定商标权的排斥范围，确保经营者之间在商标的使用上保持清晰的边界，使自主品牌的创立和发展具有足够的法律空间。未经商标注册人许可，在同一种商品上使用与其注册商标相同的商标的，除构成正当合理使用的情形外，认定侵权行为时不需要考虑混淆因素。认定商品类似和商标近似要考虑

请求保护的注册商标的显著程度和市场知名度，对于显著性越强和市场知名度越高的注册商标，给予其范围越宽和强度越大的保护，以激励市场竞争的优胜者，净化市场环境，遏制不正当搭车、模仿行为。

7. 妥善处理注册商标实际使用与民事责任承担的关系,使民事责任的承担有利于鼓励商标使用，激活商标资源，防止利用注册商标不正当地投机取巧。请求保护的注册商标未实际投入商业使用的，确定民事责任时可将责令停止侵权行为作为主要方式，在确定赔偿责任时可以酌情考虑未实际使用的事实，除为维权而支出的合理费用外，如果确无实际损失和其他损害，一般不根据被控侵权人的获利确定赔偿；注册人或者受让人并无实际使用意图，仅将注册商标作为索赔工具的，可以不予赔偿；注册商标已构成商标法规定的连续三年停止使用情形的，可以不支持其损害赔偿请求。

8. 加强驰名商标司法认定的审核监督，完善驰名商标司法保护制度，确保司法保护的权威性和公信力。严格把握驰名商标的认定范围和认定条件，严禁扩张认定范围和降低认定条件。凡商标是否驰名不是认定被诉侵权行为要件的情形，均不应认定商标是否驰名。凡能够在认定类似商品的范围内给予保护的注册商标，均无需认定驰名商标。对于确实符合法律要求的驰名商标，要加大保护力度，坚决制止贬损或者淡化驰名商标的侵权行为，依法维护驰名商标的品牌价值。认真贯彻《最高人民法院关于涉及驰名商标认定的民事纠纷案件管辖问题的通知》（法〔2009〕1号），凡通知下发以后不具有管辖权的法院受理的此类案件，均需移送有管辖权的法院审理；通知下发前受理、尚未审结的此类案件，要严格执行判前审核制度。各级法院均应加强已认定驰名商标的案件的评查和审判监督，对于伪造证据骗取驰名商标认定的案件，以及其他违法认定驰名商标的案件，均需通过审判监督程序予以纠正；当事人在涉及驰名商标认定的案件中有妨碍民事诉讼行为的，依法给予制裁。有管辖权的法院均应积极接受各有关方面对于驰名商标司法认定的监督，发现问题务必及时解决。有关驰名商标司法保护的司法解释颁布施行以后，各级法院要认真贯彻落实，使驰名商标司法保护更加规范化。

9. 加强商标授权确权案件的审判工作，正确处理保护商标权与维持市场秩序的关系。既要有效遏制不正当抢注他人在先商标行为，加强对于具有一定知名度的在先商标的保护，又要准确把握商标权的相对权属性，不能轻率地给予非驰名注册商标跨类保护。正确区分撤销注册商标的公权事由和私权事由，防止不适当地扩张撤销注册商标的范围，避免撤销注册商标的随意性。对于注册使用时间较长、已建立较高市场声誉和形成自身的相关公众群体的商标，不能轻率地予以撤销，在依法保护在先权利的同时，尊重相关公众已在客观上将相关商标区别开来的市场实际。要把握商标法有关保护在先权利与维护市场秩序相协调的立法精神，注重维护已经形成和稳定了的市场秩序，防止当事人假商标争议制度不正当地投机取巧和巧取豪夺，避免因轻率撤销已注册商标给企业正常经营造成重大困难。与他人著作权、企业名称权等在先财产权利相冲突的注册商标，因超过商标法规定的争议期限而不可撤销的，在先权利人仍可在诉讼时效期间内对其提起侵权的民事诉讼，但人民法院不再判决承担停止使用该注册商标的民事责任。

10. 妥善处理注册商标、企业名称与在先权利的冲突，依法制止“傍名牌”等不正当竞争行为。除注册商标之间的权利冲突民事纠纷外，对于涉及注册商标、企业名称与在先权利冲突的民事纠纷，包括被告实际使用中改变了注册商标或者超出核定使用的商品范围使用注册商标的纠纷，只要属于民事权益争议并符合民事诉讼法规定的受理条件，人民法院应予受理。凡被诉侵权商标在人民法院受理案件时尚未获得注册的，均不妨碍人民法院依法受理和审理；被诉侵权商标虽为注册商标，但被诉侵权行为是复制、摹仿、翻译在先驰名商标的案件，人民法院应当依法受理。

按照诚实信用、维护公平竞争和保护在先权利等原则，依法审理该类权利冲突案件。有工商登记等的合法形式，但实体上构成商标侵权或者不正当竞争的，依法认定构成商标侵权或者不正当竞争，既不需要以行政处理为前置条件，也不应因行政处理而中止诉讼。在中国境外取得的企业名称等商业标识，即便其取得程序符合境外的法律规定，但在中国境内的使用行为违反我国法律和扰乱我国市场经济秩序的，按照知识产权的独立性和地域性原则，依照我国法律认定其使用行为构成商标侵权或者不正当竞争。企业名称因突出使用而侵犯在先注册商标专用权的，依法按照商标侵权行为处理；企业名称未突出使用但其使用足以产生市场混淆、违反公平竞争的，依法按照不正当竞争处理。对于因历史原因造成的注册商标与企业名称的权利冲突，当事人不具有恶意的，应当视案件具体情况，在考虑历史因素和使用现状的基础上，公平合理地解决冲突，不宜简单地认定构成商标侵权或者不正当竞争；对于权属已经清晰的老字号等商业标识纠纷，要尊重历史和维护已形成的法律秩序。对于具有一定市场知名度、为相关公众所熟知、已实际具有商号作用的企业名称中的字号、企业或者企业名称的简称，视为企业名称并给予制止不正当竞争的保护。因使用企业名称而构成侵犯商标权的，可以根据案件具体情况判令停止使用，或者对该企业名称的使用方式、使用范围作出限制。因企业名称不正当使用他人具有较高知名度的注册商标，不论是否突出使用均难以避免产生市场混淆的，应当根据当事人的请求判决停止使用或者变更该企业名称。判决停止使用而当事人拒不执行的，要加大强制执行和相应的损害赔偿救济力度。

11. 加强不正当竞争和反垄断审判，统筹兼顾自由竞争与公平竞争的关系，积极促进市场结构完善和社会主义市场经济体制的健全。妥善处理专利、商标、著作权等知识产权专门法与反不正当竞争法的关系，反不正当竞争法补充性保护不能抵触专门法的立法政策，凡专门法已作穷尽规定的，原则上不再以反不正当竞争法作扩展保护。凡反不正当竞争法已在特别规定中作穷尽性保护的行为，一般不再按照原则规定扩展其保护范围；对于其未作特别规定的竞争行为，只有按照公认的商业标准和普遍认识能够认定违反原则规定时，才可以认定构成不正当竞争行为，防止因不适当地扩大不正当竞争范围而妨碍自由、公平竞争。妥善处理保护商业秘密与自由择业、涉密者竞业限制和人才合理流动的关系，维护劳动者正当就业、创业的合法权益。高度重视反垄断法的执行，依法审理好各类垄断纠纷案件，遏制垄断行为，维护公平竞争，为企业提供自由宽松的创业和发展环境。

四、完善知识产权诉讼制度，着力改善贸易和投资环境，积极推动对外开放水平的提高

12. 加强诉权保护，畅通诉讼渠道。依法加强诉权保护，凡符合受理条件的起诉均应及时受理；凡经权利人明确授权代为提起诉讼的律师，均可以权利人的名义提起诉讼，并考虑境外当事人维权的实际，不苛求境外权利人在起诉书上签章。结合知识产权审判实际，完善各种诉讼制度，简化救济程序，积极施行各项便民利民措施，增强司法救济的有效性。

13. 完善确认不侵权诉讼制度，遏制知识产权滥用行为，为贸易和投资提供安全宽松的司法环境。继续探索和完善知识产权领域的确认不侵权诉讼制度，充分发挥其维护投资和经营活动安全的作用。除知识产权权利人针对特定主体发出侵权警告且未在合理期限内依法提起诉讼，被警告人可以提起确认不侵权诉讼以外，正在实施或者准备实施投资建厂等经营活动的当事人，受到知识产权权利人以其他方式实施的有关侵犯专利权等的警告或威胁，主动请求该权利人确认其行为不构成侵权，且以合理的方式提供了确认所需的资料和信息，该权利人在合理期限内未作答复或者拒绝确认的，也可以提起确认不侵权诉讼。探索确认不侵犯商业秘密诉讼的审理问题，既保护原告的合法权益和投资安全，又防止原告滥用诉权获取他人商业秘密。

14. 严格把握法律条件，慎用诉前停止侵权措施。采取诉前停止侵权措施既要积极又要慎重，既要合理又要有效，要妥善处理有效制止侵权与维护企业正常经营的关系。诉前停止侵权主要适用于事实比较清楚、侵权易于判断的案件，适度

从严掌握认定侵权可能性的标准，应当达到基本确信的程度。在认定是否会对申请人造成难以弥补的损害时，应当重点考虑有关损害是否可以通过金钱赔偿予以弥补以及是否有可执行的合理预期。担保金额的确定既要合理又要有效，主要考虑禁令实施后对被申请人可能造成的损失，也可以参考申请人的索赔数额。严格审查被申请人的社会公共利益抗辩，一般只有在涉及公众健康、环保以及其他重大社会利益的情况下才予考虑。诉前停止侵权涉及当事人的重大经济利益和市场前景，要注意防止和规制当事人滥用有关权利。应考虑被诉企业的生存状态，防止采取措施不当使被诉企业生产经营陷入困境。特别是在专利侵权案件中，如果被申请人的行为不构成字面侵权，其行为还需要经进一步审理进行比较复杂的技术对比才能作出判定时，不宜裁定责令诉前停止侵犯专利权；在被申请人依法已经另案提出确认不侵权诉讼或者已就涉案专利提出无效宣告请求的情况下，要对被申请人主张的事实和理由进行审查，慎重裁定采取有关措施。根据案件进展情况，注意依法适时解除诉前停止侵权裁定。加强在诉前停止侵权措施申请错误时对受害人的救济，申请人未在法定期限内起诉或者已经实际构成申请错误，受害人提起损害赔偿诉讼的，应给予受害人应有的充分赔偿。对于为阻碍他人新产品上市等重大经营活动而恶意申请诉前停止侵权措施，致使他人的市场利益受到严重损害的情形，要注意给予受害人充分保护。

15. 充分发挥停止侵害的救济作用，妥善适用停止侵害责任，有效遏制侵权行为。根据当事人的诉讼请求、案件的具体情况和停止侵害的实际需要，可以明确责令当事人销毁制造侵权产品的专用材料、工具等，但采取销毁措施应当以确有必要为前提，与侵权行为的严重程度相当，且不能造成不必要的损失。如果停止有关行为会造成当事人之间的重大利益失衡，或者有悖社会公共利益，或者实际上无法执行，可以根据案件具体情况进行利益衡量，不判决停止行为，而采取更充分的赔偿或者经济补偿等替代性措施了断纠纷。权利人长期放任侵权、怠于维权，在其请求停止侵害时，倘若责令停止有关行为会在当事人之间造成较大的利益不平衡，可以审慎地考虑不再责令停止行为，但不影响依法给予合理的赔偿。

16. 增强损害赔偿的补偿、惩罚和威慑效果，降低维权成本，提高侵权代价。在确定损害赔偿时要善用证据规则，全面、客观地审核计算赔偿数额的证据，充分运用逻辑推理和日常生活经验，对有关证据的真实性、合法性和证明力进行综合审查判断，采取优势证据标准认定损害赔偿事实。积极引导当事人选用侵权受损或者侵权获利方法计算赔偿，尽可能避免简单适用法定赔偿方法。对于难以证明侵权受损或侵权获利的具体数额，但有证据证明前述数额明显超过法定赔偿最高限额的，应当综合全案的证据情况，在法定最高限额以上合理确定赔偿额。除法律另有规定外，在适用法定赔偿时，合理的维权成本应另行计赔。适用法定赔偿时要尽可能细化和具体说明各种实际考虑的酌定因素，使最终得出的赔偿结果合理可信。根据权利人的主张和被告无正当理由拒不提供所持证据的行为推定侵权获利的数额，要有合理的根据或者理由，所确定的数额要合情合理，具有充分的说服力。注意参照许可费计算赔偿时的可比性，充分考虑正常许可与侵权实施在实施方式、时间和规模等方面的区别，并体现侵权赔偿金适当高于正常许可费的精神。注意发挥审计、会计等专业人员辅助确定损害赔偿的作用，引导当事人借助专业人员帮助计算、说明和质证。积极探索知识产权损害赔偿专业评估问题，在条件成熟时适当引入由专业机构进行专门评估的损害赔偿认定机制。

17. 注意研究经济领域的知识产权新问题，积极促进科技兴贸基地和服务外包基地建设。加强科技兴贸基地和服务外包基地建设所涉及的知识产权保护问题的调查研究，有针对性地加强相关知识产权的司法保护，为促进科技兴贸基地和服务外包基地建设提供优良的司法环境。加大对信息、软件、医药、新材料、航空航天、精细化工等高新技术领域的知识产权保护力度，积极促进科技兴贸基地建设。引导高技术企业进一步增强自主创新能力，拥有自主知识产权，大力支持具有自主品牌和自主知识产权的高新技术产品出口，进一步提高出口产品国际市场竞争力。深入研究服务外包中的知识产权法律问题，促进服务外包基地建设。通过司法裁判引导服务外包企业树立知识产权保护意识，建立健全企业知识产权保护制度，提高外包服务的竞争力。

18. 完善有关加工贸易的司法政策，促进加工贸易健康发展。认真研究加工贸易中的知识产权保护问题，抓紧总结涉及加工贸易的知识产权案件的审判经验，解决其中存在的突出问题，完善司法保护政策，促进加工贸易的转型升级。妥善处理当前外贸“贴牌加工”中多发的商标侵权纠纷，对于构成商标侵权的情形，应当结合加工方是否尽到必要的审查注意义务，合理确定侵权责任的承担。

19. 坚持平等保护原则，坚决反对任何形式的保护主义。严格依法办案，平等保护本地与外地、本国与外国当事人的合法权益，坚决遏制地方保护和部门保护，促进国内市场的统一开放，完善投资环境和增强投资信心，提高国际声誉和树立良好形象，提高对外开放水平。统筹好国内国际两个大局，妥善处理与贸易有关的重大知识产权纠纷，积极服务于国内国际两个市场、两种资源的统筹利用，既确保遵循相关国际公约和国际惯例，促进国际经贸合作，又始终注意维护国家利益和经济安全，激励和促进自主创新，提升我国的知识产权综合能力和国际竞争力。正确处理对外关系与具体案件审理的关系，无论普通涉外案件还是引起国际关注的敏感性案件，都要严格依法办案，不能为盲目迎合片面的外部舆论而牺牲公正司法。

20. 加强同类案件和关联案件的协调指导，规范司法行为，维护法治统一。加强同类案件的调查研究和业务指导，加大司法解释力度，完善司法政策，积极推行典型案例指导制度，不断明确和完善法律适用标准。强化对法官行使自由裁量权的约束和规范机制，细化正当行使自由裁量权的标准。对于法律问题相同、裁判定性不一的案件，强化审级监督，充分发挥二审和再审的纠错功能。加强关联案件的协调指导力度，完善协调处理机制。对于涉及同一法律事实或者同一法律关系的关联案件，需要移送的，应当依照法律规定移送管辖和合并审理。健全关联案件审理法院之间的相互沟通制度和报请共同上级法院协调指导制度。在后受理的法院，应积极主动加强沟通并及时报请上级法院进行协调，避免作出相互矛盾的判决。

最高人民法院公告

《最高人民法院关于审理涉及驰名商标保护的民事纠纷案件应用法律若干问题的解释》已于2009年4月22日由最高人民法院审判委员会第1467次会议通过，现予公布，自2009年5月1日起施行。

二〇〇九年四月二十三日

最高人民法院关于审理涉及驰名商标保护的民事纠纷案件应用法律若干问题的解释

(2009年4月22日最高人民法院审判委员会第1467次会议通过)

法释〔2009〕3号

为在审理侵犯商标权等民事纠纷案件中依法保护驰名商标，根据《中华人民共和国商标法》、《中华人民共和国反不正当竞争法》、《中华人民共和国民事诉讼法》等有关法律规定，结合审判实际，制定本解释。

第一条 本解释所称驰名商标，是指在中国境内为相关公众广为知晓的商标。

第二条 在下列民事纠纷案件中，当事人以商标驰名作为事实根据，人民法院根据案件具体情况，认为确有必要的，对所涉商标是否驰名作出认定：

(一) 以违反商标法第十三条的规定为由，提起的侵犯商标权诉讼；

(二) 以企业名称与其驰名商标相同或者近似为由，提起的侵犯商标权或者不正当竞争诉讼；

(三) 符合本解释第六条规定的抗辩或者反诉的诉讼。

第三条 在下列民事纠纷案件中，人民法院对于所涉商标是否驰名不予审查：

(一) 被诉侵犯商标权或者不正当竞争行为的成立不以商标驰名为事实根据的；

(二) 被诉侵犯商标权或者不正当竞争行为因不具备法律规定的其他要件而不成立的。

原告以被告注册、使用的域名与其注册商标相同或者近似，并通过该域名进行相关商品交易的电子商务，足以造成相关公众误认为由，提起的侵权诉讼，按照前款第（一）项的规定处理。

第四条 人民法院认定商标是否驰名，应当以证明其驰名的事实为依据，综合考虑商标法第十四条规定的各项因素，但是根据案件具体情况无需考虑该条规定的全部因素即足以认定商标驰名的情形除外。

第五条 当事人主张商标驰名的，应当根据案件具体情况，提供下列证据，证明被诉侵犯商标权或者不正当竞争行为发生时，其商标已属驰名：

（一）使用该商标的商品的市场份额、销售区域、利税等；

（二）该商标的持续使用时间；

（三）该商标的宣传或者促销活动的方式、持续时间、程度、资金投入和地域范围；

（四）该商标曾被作为驰名商标受保护的记录；

（五）该商标享有的市场声誉；

（六）证明该商标已属驰名的其他事实。

前款所涉及的商标使用的时间、范围、方式等，包括其核准注册前持续使用的情形。

对于商标使用时间长短、行业排名、市场调查报告、市场价值评估报告、是否曾被认定为著名商标等证据，人民法院应当结合认定商标驰名的其他证据，客观、全面地进行审查。

第六条 原告以被诉商标的使用侵犯其注册商标专用权为由提起民事诉讼，被告以原告的注册商标复制、摹仿或者翻译其在先未注册驰名商标为由提出抗辩或者提起反诉的，应当对其在先未注册商标驰名的事实负举证责任。

第七条 被诉侵犯商标权或者不正当竞争行为发生前，曾被人民法院或者国务院工商行政管理部门认定驰名的商标，被告对该商标驰名的事实不持异议的，人民法院应当予以认定。被告提出异议的，原告仍应当对该商标驰名的事实负举证责任。

除本解释另有规定外，人民法院对于商标驰名的事实，不适用民事诉讼证据的自认规则。

第八条 对于在中国境内为社会公众广为知晓的商标，原告已提供其商标驰名的基本证据，或者被告不持异议的，人民法院对该商标驰名的事实予以认定。

第九条 足以使相关公众对使用驰名商标和被诉商标的商品来源产生误认，或者足以使相关公众认为使用驰名商标和被诉商标的经营者之间具有许可使用、关联企业关系等特定联系的，属于商标法第十三条第一款规定的“容易导致混淆”。

足以使相关公众认为被诉商标与驰名商标具有相当程度的联系，而减弱驰名商标的显著性、贬损驰名商标的市场声誉，或者不正当利用驰名商标的市场声誉的，属于商标法第十三条第二款规定的“误导公众，致使该驰名商标注册人的利益可能受到损害”。

第十条 原告请求禁止被告在不相类似商品上使用与原告驰名的注册商标相同或者近似的商标或者企业名称的，人民法院应当根据案件具体情况，综合考虑以下因素后作出裁判：

（一）该驰名商标的显著程度；

（二）该驰名商标在使用被诉商标或者企业名称的商品的相关公众中的知晓程度；

（三）使用驰名商标的商品与使用被诉商标或者企业名称的商品之间的关联程度；

（四）其他相关因素。

第十一条 被告使用的注册商标违反商标法第十三条的规定，复制、摹仿或者翻译原告驰名商标，构成侵犯商标权的，人民法院应当根据原告的请求，依法判决禁止被告使用该商标，但被告的注册商标有下列情形之一的，人民法院对原告的请求不予支持：

（一）已经超过商标法第四十一条第二款规定的请求撤销期限的；

（二）被告提出注册申请时，原告的商标并不驰名的。

第十二条 当事人请求保护的未注册驰名商标，属于商标法第十条、第十一条、第十二条规定不得作为商标使用或者注册情形的，人民法院不予支持。

第十三条 在涉及驰名商标保护的民事纠纷案件中，人民法院对于商标驰名的认定，仅作为案件事实和判决理由，不写入判决主文；以调解方式审结的，在调解书中对商标驰名的事实不予认定。

第十四条 本院以前有关司法解释与本解释不一致的，以本解释为准。

最高人民法院印发《关于专利、商标等授权确权类知识产权行政案件审理分工的规定》的通知

法发〔2009〕39号

各省、自治区、直辖市高级人民法院，解放军军事法院，新疆维吾尔自治区高级人民法院生产建设兵团分院：

现将《最高人民法院关于专利、商标等授权确权类知识产权行政案件审理分工的规定》印发给你们，请认真贯彻执行。

二〇〇九年六月二十六日

关于专利、商标等授权确权类知识产权行政案件审理分工的规定

（经2009年6月22日第1469次审判委员会讨论通过）

为贯彻落实《国家知识产权战略纲要》，完善知识产权审判体制，确保司法标准的统一，现就专利、商标等授权确权类知识产权行政案件的审理分工作如下规定：

第一条　下列一、二审案件由北京市有关中级人民法院、北京市高级人民法院和最高人民法院知识产权审判庭审理：

（一）不服国务院专利行政部门专利复审委员会作出的专利复审决定和无效决定的案件；

（二）不服国务院专利行政部门作出的实施专利强制许可决定和实施专利强制许可的使用费裁决的案件；

（三）不服国务院工商行政管理部门商标评审委员会作出的商标复审决定和裁定的案件；

（四）不服国务院知识产权行政部门作出的集成电路布图设计复审决定和撤销决定的案件；

（五）不服国务院知识产权行政部门作出的使用集成电路布图设计非自愿许可决定的案件和使用集成电路布图设计非自愿许可的报酬裁决的案件；

（六）不服国务院农业、林业行政部门植物新品种复审委员会作出的植物新品种复审决定、无效决定和更名决定的案件；

（七）不服国务院农业、林业行政部门作出的

实施植物新品种强制许可决定和实施植物新品种强制许可的使用费裁决的案件。

第二条　当事人对于人民法院就第一条所列案件作出的生效判决或者裁定不服，向上级人民法院申请再审的案件，由上级人民法院知识产权审判庭负责再审审查和审理。

第三条　由最高人民法院、北京市高级人民法院和北京市有关中级人民法院知识产权审判庭审理的上述案件，立案时统一使用“知行”字编号。

第四条　本规定自 2009 年 7 月 1 日起施行，最高人民法院于 2002 年 5 月 21 日作出的《关于专利法、商标法修改后专利、商标相关案件分工问题的批复》（法〔2002〕117 号）同时废止。

商标局工作概况

商标局2009年度工作总结报告

国家工商行政管理总局商标局局长　李建昌

(2010年2月)

同志们：

根据总局《关于做好2009年总局机关公务员和直属单位工作人员年度考核工作的通知》要求，我代表商标局领导班子做2009年度工作总结报告，请大家评议。

2009年是勤奋工作的一年、取得重要成果的一年、开创商标工作新局面的一年，是商标事业发展的最好一年，是不平凡的一年。在总局党组的正确领导下，在各司局、直属单位的支持帮助下，商标局领导班子深入学习实践科学发展观，按照全国工商行政管理工作会议部署和努力做到“四个统一”、加强“四化建设”、推进“四个转变”、实现“四高目标”的工作要求，团结带领全局同志，贯彻落实《国家知识产权战略纲要》，大力推进商标战略实施，以总局《实施意见》为纲，以实现“三五目标”和促进“两个转变”为重点，以加强班子队伍建设为基础，以加强党风廉政建设、风险点防范管理为保证，忠于职守、勤奋工作，努力开创商标工作新局面，为应对国际金融危机、建设创新型国家、服务经济平稳较快发展做出了显著成绩。2009年着重抓了以下工作。

一、以总局《实施意见》为纲，以落实“三五目标”为重点，充分发挥商标工作职能作用，做好各项工作

2008年6月5日，国务院颁布《国家知识产权战略纲要》，建立部际联席会议制度，提出了79项具体任务分工，其中涉及工商总局的有40项任务。商标是知识产权的重要组成部分，工商总局是商标注册和管理主管机关、实施商标战略重要职能部门、部际联席会议重要组成单位。2009年，在总局领导下，商标局领导班子带领全局同志，贯彻落实《国家知识产权战略》，大力推进商标战略实施，促进各项商标工作取得了显著成绩。得到总局的充分肯定，社会的高度赞扬，并在实施知识产权战略部际联席会议第二次联络员会议上作经验介绍发言，发言在《部际联席会议工作简报》上全文刊登。

(一) 商标审查工作取得重大突破。

商标局领导班子带领全局广大干部职工，坚定信心、勤奋工作，在保证商标审查质量的前提下，认真做好加快商标审查这一事关大局、涉及长远的头等大事，圆满超额完成2009年度任务。在2008年超额完成商标审查75万件、扭转了自2000年以来申请量大于审查量的被动局面后，2009年审查量突破百万大关、达141.47万件，相当于加快审查前近5年的工作量，是中国商标史乃至世界商标史的重要里程碑。申请量突破83万件、达历史最高水平。

1.超额完成2009年商标审查任务的四个阶段。

2009年是“三年解决积压”承前启后的一年，是最关键的一年，也是任务最重的一年。年初伊始，商标局就采取了切实有效的措施，确保任务、确保进度、确保质量。

截至6月底，共审查商标注册申请72万件，裁定商标异议案件1.09万件，均提前超额实现“时间过半，任务过半”。

9月15日，商标注册审查量突破百万大关，达100.5万件，是我国乃至世界商标史的重要里

程碑，引起国内外广泛关注和一致好评。总局向商标局发来贺信，举行新闻发布会；商标局召开总结大会，总局付双建副局长亲临大会祝贺并作重要讲话；世界知识产权组织、国际商标协会和欧盟、美国、日本、英国、德国等国家（地区）商标主管部门纷纷来函致贺；各大媒体竞相报道，广泛宣传商标工作取得的显著成绩和为促进经济社会又好又快发展所作出的重要贡献。这一切对商标局全体干部职工是极大的鼓励、极大的鞭策。

截至 11 月 30 日，共审查商标注册申请 130.06 万件，共裁定商标异议案件 2.27 万件，均提前一个月超额完成全年工作任务。

至 12 月 31 日，共审查商标注册申请 141.47 万件，超额 11.47 万件完成全年审查 130 万件任务，同比增长 88.69%，相当于加快审查前近五年的工作量，审查周期缩短到 17 个月；共裁定商标异议案件 2.5 万件，超额 3 千件完成全年裁定 2.2 万件任务，同比增长 127.6%。办理变更商标注册事项 10.6 万件，办理转让注册商标 6.68 万件，办理续展注册商标 5.87 万件，注销、撤销注册商标 6.83 万件，办理商标使用许可合同备案 1.77 万件；审查马德里领土延伸申请 4.64 万件，审查马德里国际注册后续申请 2.33 万件。2009 年组织了 6 次审查质量抽检，共抽检了 15468 件商标审查件，抽检合格率为 98.3%。值得强调的是，在国际金融危机引发世界其他国家商标注册申请量下滑的情况下，我国由于商标注册审查速度加快、商标注册周期缩短，成为商标注册申请量大幅上升的重要因素，2009 年商标注册申请量达 83.05 万件，同比增长 18.96%，超过历史最高水平 2006 年（76.63 万件）6.42 万件。

2.2009 年商标审查任务的圆满超额完成具有重要现实意义和历史意义。

2009 年商标审查任务的圆满超额完成，充分说明总局党组提出“三五目标”（三年解决商标审查积压、五年达到国际水平）的决策是正确的，总局领导提出“一个依靠”（依靠商标局和商标评审委的领导班子和全体干部）、“四个借助”（借助全国工商系统力量，借助商标代理机构力量，借助社会力量，借助现代信息化手段）、“更新观念，创新机制，依法办事，加强廉政，提高效率”的总体改革思路和“多措并举，远近结合，提高效率，注重质量”的重要指示是有力的，采取“签订《目标责任书》，切实加强思想、组织、班子、队伍和作风建设，强化绩效管理、深挖内部潜力，招聘 300 名商标审查辅助人员、充实审查力量，加强商标审查制度建设、完善商标审查质量管理，加强自动化建设、积极开发利用高科技手段”等一系列重要措施是行之有效的。

2009 年商标审查任务的圆满超额完成，为我们圆满完成三年任务、彻底解决积压，实现“三五目标”，锻炼培养了队伍、创出总结了经验、打下了坚实的基础、坚定了必胜的信心。

2009 年商标审查任务的圆满超额完成，更进一步确定了我国世界商标大国的地位。截至 2009 年年底，我国商标注册累计申请量为 722.25 万件，累计注册量为 427.88 万件，有效注册商标量为 340.45 万件，商标注册申请量、商标注册审查量、有效注册商标量均为世界第一。国外企业马德里商标国际注册申请为 14.28 万件（一标多类)，连续 5 年位居世界第一；中国企业马德里商标国际注册申请为 9721 件（一标多国多类），连续 5 年位列世界十强之一，在发展中国家排名第一。2009 年商标审查任务的圆满超额完成，更进一步确定了我国为世界第一商标大国的地位。为我们实施商标战略，促进经济社会又好又快发展，建设创新型国家，由商标大国向商标强国迈进创造了有利条件，打下了坚实的基础。

为此，总局周伯华局长、付双建副局长作出重要批示，这既是对商标局工作的充分肯定、高度赞扬，也是亲切关心、大力支持，更是鼓励鞭策并寄予厚望。中共中央办公厅、国务院办公厅编发的《昨日要情》于 2010 年 1 月 21 日刊登了“三个世界第一”的信息。世界知识产权组织总干事高锐在会见商标局领导时对我国商标事业发展、加快商标审查所取得的显著成绩给予高度评价、大加赞赏。

（二）商标战略实施初见成效。

1.制定实施意见、作出五年规划，成立领导小组，召开系统会议，全面部署商标战略实施。

（1）制定实施意见、作出五年规划，成立领导小组。一是2009年6月2日，总局发布《贯彻落实<国家知识产权战略纲要>大力推进商标战略实施的意见》，对从2009年至2020年商标战略的指导思想、战略目标和战略任务做了规划，提出了具体目标任务，是对我国当前和今后相当长一段时期内商标工作的总体谋划，是全国工商系统实施商标战略的纲领性文件。二是2009年11月25日，总局制定《关于商标工作达到国际水平的规划（2008年至2012年）》，对“三年（2008年至2010年）解决商标注册审查和评审积压、五年（2008年至2012年）使商标工作达到国际水平”作出具体规划，提出了12项具体措施。三是成立了由总局周伯华局长任组长、付双建副局长任副组长，18个司局和直属单位主要负责同志为成员的商标战略实施领导小组，并明确了分工，统一领导全国商标战略实施工作。我局作为领导小组办公室单位，负责商标战略各项工作的组织协调和具体实施工作。

（2）召开全系统会议，全面部署商标战略实施。2009年7月23日至24日在长春召开了全国工商行政管理系统贯彻落实《国家知识产权战略纲要》、大力推进商标战略实施工作会议，全面动员部署商标战略实施。总局周伯华局长作重要讲话，高度概括总结了商标工作取得的显著成绩，深刻分析了商标工作面临的形势和任务，全面阐述了推进商标战略实施重要而深远的意义，明确提出了推进商标战略实施的具体要求，是当前和今后一个时期商标工作的重要指导方针和基本纲领；付双建副局长围绕贯彻落实周伯华局长重要讲话精神，就当前和今后一段时期全力推进商标战略实施进行了动员和部署。会议讨论制定了5个商标战略实施配套文件，还参观了各地实施商标战略图片展览。这次会议是工商系统商标工作发展进程中的一次空前盛会，是促进我国由商标大国向商标强国迈进的具有里程碑意义的一次大会。

2.大力加强商标战略实施的宣传、培训和工作指导力度。

（1）广泛宣传，使商标战略意识深入人心。精心组织“4·26知识产权宣传周”等一系列商标战略宣传活动。参加了部际联席会议举办的14次知识产权战略宣传活动。答复19份全国人大代表议案、建议和政协委员提案。在中央新闻媒体及我局媒体发布近百篇商标稿件和8个专版，全国“两会”期间刊登专版。编发了12期《商标通讯》（月刊）和59期《商标工作动态》。出版发行了5本商标战略文件汇编，要求全系统认真学习领会、贯彻落实，并作为重要商标历史档案保存。

（2）加强培训，全面提升商标战略组织实施工作水平。制定了《全国工商系统省市局长商标战略培训班培训方案》，计划2009年至2010年分三批对全系统地市以上工商局分管局长进行商标战略全员培训。2009年11月，在上海市举办全国工商系统商标战略暨世博会标志保护培训班，培训各级工商干部240人。是全国工商系统商标战线规模最大的一次培训班，是将商标战略和世博会标志保护两项工作的有机结合和培训方式的有益尝试，为此，国际展览局秘书长文森特·冈萨雷斯·洛赛泰斯向总局周伯华局长发来贺信。

（3）加大对各地实施商标战略工作的指导力度。2009年，商标局领导先后赴20多个省（区、市）参加了地方举办的商标工作会议、论坛、培训班，指导、督促调研，切实抓好商标战略实施各项工作任务的落实。并到深圳总局行政学院为省、市、县级局长培训班授课，指导地方商标战略实施工作。全国已有24个省（区、市）成立了商标战略领导小组，其中天津、重庆、宁夏由政府分管领导任组长，广东、江苏正在筹备成立以政府领导为组长的商标战略领导小组；13个省（区、市）已印发了关于贯彻落实商标战略的文件，其中，天津、宁夏、陕西政府已经发文，甘肃、吉林、江苏、新疆拟由政府发文。

3.实施商标战略，支持区域经济协调发展。

（1）积极组织开展商标战略示范城市、示范企业工作。制定下发《关于开展国家商标战略实施示范城市（区）、示范企业工作的指导意见》和《关于开展2009年国家商标战略实施示范城市（区）、示范企业工作的通知》，正式启动商标战略示范城市、示范企业工作，通过树立典型，总结经验，形成一批拥有自主知识产权和知名品牌、国际竞争力较强的优势企业，充分、有效地利用商标战略促进国民经济平稳较快发展和和谐社会建设。各地对此高度重视，全国 31 个省（区、市）都已上报材料，共推荐示范城市（区）38 个，示范企业 35 个，商标局已研究提出意见报总局领导。

（2）贯彻落实国家区域发展战略，支持重点产业调整振兴实效明显。总局出台并实施了支持海峡西岸经济区、北京中关村国家自主创新示范区等 15 个包括实施商标战略的政策文件。参与了工业和信息化部牵头的《关于加快推进服装家纺自主品牌建设的指导意见》的联合发文工作。重点产业企业通过实施商标战略打造核心竞争力，依托商标形成竞争优势，积极运用商标制度特别是驰名商标来保护创新成果，促进产业机构调整和技术升级。

（3）成功举办实施商标战略活动。在第十届中国西部国际博览会上成功举办首届中国驰名商标展。召开了由政府部门、企业及社会有关方面代表参加的“中国加入马德里商标国际注册体系 20 周年座谈会”。与世界知识产权组织在重庆联合举办“亚太地区地理标志国际研讨会”。

（4）创新实施商标战略管理体制机制。设立总局商标局驻中关村国家自主创新示范区办事处，积极推进中关村示范区实施商标发展战略。该办事处是工商系统 1978 年恢复建制以来总局首个派出机构，是工商总局深入贯彻落实科学发展观，深化工商行政管理改革的重大举措。办事处 2009 年 11 月 5 日由中央政治局委员刘淇同志等北京市领导和周伯华局长等总局领导亲自揭牌，11 月 6 日即对外办公。截至 12 月 31 日，办事处共收到各类商标申请 1425 件、相当于商标局受理大厅收文量的 1/10 以上，接待了 100 余家示范区市场主体的商标事宜咨询，开展了 9 次商标法律、政策宣传活动，受到企业“设立商标办事处不仅同企业的距离近了，更重要的是政府同企业的心更近了”的高度评价。总局付双建副局长、北京市程红副市长近期又分别到办事处进行调研，听取工作汇报，对办事处的工作给予了高度评价，并提出要求、作出指示。

（三）其它各项工作取得显著成绩。

1.《商标法》第三次修订已报送送审稿。

自 2003 年起启动《商标法》第三次修改。近年来，周伯华局长亲自主持、付双建副局长亲自领导，总局其他各位领导大力支持，按照“适应形势发展和商标战略需要、简化和完善商标确权程序、进一步加大商标专用权和地理标志保护力度、加强商标代理监管、为中外商标申请人提供更好服务、努力使商标法达到国际水平”的修改目标，认真做好《商标法》的修改工作，形成《商标法（修订稿）》（送审稿）。11 月 10 日总局局务会议原则通过，11 月 18 日报送国务院法制办。同时，《商标法实施条例》、《商标代理条例》等配套法规规章的修改、起草制定工作也正在着手进行。

2.商标专用权保护工作成效显著，营造了良好的经济发展环境。

（1）商标专用权得到了强有力的保护。2009 年，全系统查处各类商标违法案件总计 51044 件，其中商标一般违法案件 7448 件，商标侵权假冒案件 43596 件；查处商标涉外案件 10461 件；共收缴和消除违法商标标识累计 38.52 万件；移送司法机关涉嫌商标犯罪案件 92 件，犯罪嫌疑人 109 人。6 月 2 日，日本汽车工业协会率其所属 26 家会员企业的知识产权部门负责人专程拜访我局并赠送牌匾表示感谢。

（2）完善了驰名商标认定制度，加大了对驰名商标的保护力度。一是制定了《国家工商行政管理总局驰名商标认定工作细则》及《国家工商行政管理总局商标局审理驰名商标认定案件工作规范意见》，使驰名商标认定和保护工作更加公开、透明和规范。二是 2009 年至 2010 年 1 月，商标局在商标管理、商标异议案件中，依法对 613 件商标进行驰名商标保护。截至目前，总局共对 2010 件商标通过驰名商标认定进行扩大保护。三是在第十届中国西部国际博览会上成功举办了首届中国驰名商标展。总局周伯华局长带领各有关司局和各省局领导视察展馆，明确指出中国驰名商标展展示了国家大力推进商标战略实施的决心，展示了工商部门认真做好商标管理工作、工商干部认真服务企业的面貌，展示了企业创新的风采，一炮打响，影响很大，收效很好。四川省委书记刘奇葆、省长蒋巨峰及各省（区、市）领导先后视察展馆，并给予了高度评价。

(3) 切实保护奥林匹克标志专有权和世界博览会标志专有权，认真做好特殊标志、官方标记的登记、备案和保护工作。核准了177件第29届奥林匹克运动会组织委员会奥林匹克标志备案转为国际奥委会奥林匹克标志备案。印发了《保护世界博览会标志专有权行动方案》，核准备案61件世博会标志，对上海世博局提交的229件普通商标及时审查、及时注册。2009年，全国工商机关共查处侵犯世博会标志案件92件，案值48万元，罚款75万元。登记751件特殊标志、特殊标志登记延期17件，备案3件官方标志。

(4) 加大对商标代理行业的监管，促进代理行业健康有序发展。按照总局《关于进一步规范商标代理市场秩序的通知》，受理并依法处理了对代理组织的投诉15件；2009年11月11日总局46号令公布了《商标代理管理办法》。截至12月31日，全国共有4637家商标代理组织，其中，2009年，新增商标代理组织备案730家，变更926家，注销8家。

3.加大农产品注册商标和地理标志保护力度，促进 “三农”发展取得明显成效。

认真落实十七届三中全会精神，按照《中央关于推进农村改革发展若干重大问题的决定》中“加大农产品注册商标和地理标志保护力度”的要求，大力支持“三农”。一是累计核准注册农产品商标74.98万件，核准注册和初步审定地理标志注册地理标志771件，其中，近两年注册的地理标志数相当于前15年的1.56倍。二是采取多种途径加大农产品商标、地理标志的宣传力度，积极派员为地方政府和地方工商局讲授地理标志知识，指导地方注册、运用、保护和管理地理标志，四川广元市元坝区委区政府领导专程来我局表示感谢，赠送牌匾。三是11月底总局与世界知识产权组织在重庆成功联合举办“亚太地区地理标志国际研讨会”，共有来自14个国家的20多名外国代表以及140多名国内代表参加了会议，受到世界知识产权组织和与会外宾的高度评价。四是在重庆和北京先后举办“中国农产品商标和地理标志工作成果展览”，受到以世界知识产权组织（WIPO）非洲局赫尔曼局长为团长的由26个非洲国家、2个非洲地区知识产权组织（ARIPO和OAPI）知识产权高级官员、专家组成的代表团的高度赞扬。总局周伯华局长同各位总局领导参观了展览，给予高度评价，对进一步作好农产品商标、地理标志工作，实施商标战略作出重要指示。

4.加强马德里商标国际注册工作，建立商标海外维权机制，大力指导企业实施商标“走出去”战略。

一是加强马德里商标国际注册工作，受理商标国际注册领土延伸申请13267件（一标多类），连续5年位居世界第一；国内申请人通过商标局提出的商标国际注册申请1346件（一标多类），连续5年位列世界十强之一，在发展中国家排名第一。二是高度重视我国企业商标海外维权工作。成功避免了我国“中国银行、中国铝业、新浪、搜狐、普洱茶”等52家企业名称作为商标在加拿大被恶意抢注，并及时向国务院报告。三是加强商标国际交流和合作。积极派员参加商标领域多边会议和双边谈判。加强与美日欧等国商标主管机构的交流合作。积极协助总局与多国商标主管机关签订了13个以商标领域为主要内容的战略合作谅解备忘录。共安排或参与接待来访团组37个，派遣出国38个团组46人次。四是成功召开中国加入马德里商标国际注册体系20周年座谈会。总局周伯华局长与世界知识产权组织弗朗西斯·高锐总干事互致贺信。付双建副局长出席会议并作重要讲话。通报表彰了全国工商行政管理系统10个“推动马德里商标国际注册先进单位”，认定了“马德里商标国际注册十强企业”。商标局代总局草拟了《关于加强马德里商标国际注册工作建立商标海外维权机制的指导意见》，以进一步促进企业运用商标实施“走出去”战略，不断增强企业的国际竞争力。

5.为社会、企业和全系统提供高效便捷的良好服务。

一是为政府决策和社会公众提供信息服务。首次发布全国3226个省、市、县的主要商标信息，编辑出版《中国商标战略年度发展报告(2008)》，发布“2008年保护国内外企业注册商标专用权典型案例”和“2008年涉嫌假冒注册商标犯罪案件移送典型案例”，为实施商标战略提供重要商标信息、数据和案例。二是利用高科技手段加强商标信息化建设。中国商标网全年点击量23.6亿次。实现了商标注册计算机检索、网上查询、网上公告、商标代理组织网上申请，2009年商标注册电子申请达36.3万件，占商标注册申请量的43.71%；积极推进实施总局办公自动化系统(OA)；认真筹备商标审查和审理自动化系统三期工程。三是积极开展商标权质权登记，帮助企业拓宽融资渠道。制定了《国家工商行政管理总局注册商标专用权质权登记程序规定》。全年共办结204件商标权质押登记申请，质押价值101.46亿元。

二、以进一步加强班子建设、队伍建设、作风建设为基础，以加强党风廉政建设为保证，不断提高商标局整体素质和工作水平

2009年，在总局党组的重视和领导下，商标局切实加强班子建设、队伍建设、作风建设和党风廉政建设，提高商标局整体素质和工作水平，进一步增强了商标局的凝聚力、向心力和战斗力，保证和促进各项工作顺利进行取得成绩。2009年12月4日，李建昌代表商标局在总局学习贯彻党的十七届四中全会精神经验交流会上发言，介绍了商标局学习落实四中全会精神，抓班子、带队伍，做好党建工作的作法。

(一) 继续深入学习实践科学发展观，扎实做好整改落实和“回头看”工作。

2009年，按照总局要求，商标局继续深入学习实践科学发展观，扎实做好深入学习实践科学发展观整改落实和“回头看”工作，明确整改项目，制定整改落实方案。明确整改落实时限、措施及责任分解，解决实际问题，把学习实践活动的成效转化为不断推进商标事业科学发展的强大动力。商标局学习实践活动的群众满意度测评满意率达97.96%。

(二) 进一步形成团结务实、勤政廉政的领导集体。

2009年商标局领导班子先后有6人，其中，瑞斌副局长专职负责商标档案业务用房的建设工作，赵刚副局长圆满结束2年挂职，8月正式回局工作，刘燕副局长、守义副局长提拔交流担任正司级领导。一年来，商标局领导班子克服了人员少、变动多，而又面临队伍大、任务重的诸多困难，各位局领导以身作则、勤奋工作，严于律己、廉洁奉公，既有明确分工，又相互支持、相互协作，在困难面前勇于进取，在责任面前敢于承担，切实实行民主集中制，不断完善各项制度，完善决策机制和决策程序，充分发扬民主，广泛听取意见，严格执行程序，决策的科学性不断增强，充分发挥了领导核心作用，进一步形成了一个既有统一意志，又有个人心情舒畅的团结务实、勤政廉政的领导集体。一年之内，班子有两名同志得以提拔既是组织的关心、同志们的帮助、本人的努力，也是对商标局领导班子的充分肯定和有力鞭策。

2009年9月，按照总局机关党委的安排和要求，商标局领导班子围绕“加强领导干部党性修养，树立和弘扬良好作风”主题，召开了2009年度商标局司局级党员领导干部民主生活会，共收集到意见和建议66条，对商标局领导班子建设、思想作风建设、商标工作和党风廉政建设等方面都给予了充分肯定和高度评价，对此我们深深认识到这是商标局全体同志对我们班子的支持和信任，更是对我们的鼓励和期望。与此同时也提出好的意见和建议，希望改进和提高的问题及不足。我们已将征求意见中大家所提的意见和建议，按照工作分工由各位局领导组织进行研究并提出解决意见，汇总后提交商标局局务会研究，有的意见和建议已报总局，以更好地抓好我局班子、队伍和作风建设，促进各项工作。

(三) 积极配合总局干部考察组、人事司做好司处级领导干部竞争上岗和交流工作，进一步加强商标局的局、处两级领导班子建设和队伍建设。

在2008年提拔41名司处级干部后，2009年

商标局又有72名同志得到提拔，占总局的一半，其中，2名正司级领导干部、1名副司级领导干部、10名正处级领导干部、29名副处级领导干部、9名调研员、21名副调研员。商标局还指定了4名主持工作人、14名协助主持工作人，在工作实践中锻炼、考验干部，同时也为今后进步提供了机会，形成商标局干部培养选拔的良性机制和成功经验。商标局的干部提拔充分体现了总局党组的关心重视，人事司、机关党委、纪检组监察局等单位的大力支持，体现了总局党组干部任免对商标局的倾斜。说明商标局在提拔干部问题上公开、公正、透明，体现了商标局的同志们讲党性、讲原则、讲纪律，讲支持、讲帮助、讲关心。做到了上者满意、未上者安心，既加强班子建设、促进工作、又使更多的同志肩负更重要的工作。

（四）切实加强商标局党建工作，充分发挥党组织战斗堡垒作用和党员先锋模范作用，为推动商标局各项工作提供坚强的政治保证和组织保证。

一是加强理论学习。坚持用中国特色社会主义理论武装党员、干部，保持坚定正确的政治方向，不断提高全局广大党员、干部的思想政治素质和思想理论水平。二是切实做好党员发展工作。2009年，发展了11名党员，批准15名预备党员按期转正，确定了11名发展对象和38名培养对象。三是通过扎实开展党建工作。充分发挥党组织战斗堡垒作用，商标局党组织的凝聚力、战斗力、创造力进一步增强；充分发挥党员先锋模范作用，党员队伍的模范作用取得明显成效，为推动商标局各项工作提供坚强的政治保证和组织保证。四是加强对工青妇组织的建设和领导。在商标局党委的领导下，商标局工会完成了换届选举，商标局团总支增设了3个以商标审查辅助人员为主的团支部，发挥了很好的作用。

（五）密切结合实际，深入推进机关作风建设。

一是进一步加强思想政治工作。要求全局同志进一步树立“三个意识”，即不推不拖、主体责任意识，不怕困难、勇挑重担的意识和勤奋工作、坚决完成任务的意识。充分调动商标局全体同志的工作积极性，全力以赴投入加快商标审查、推进商标战略实施各项工作，干部队伍作风进一步提高，得到了总局的高度肯定。二是狠抓工作纪律。加强对商标局干部和商标审查辅助人员的纪律教育，对违反工作纪律规定的人员进行严肃处理，使商标局的各项管理规章制度得以切实执行，用严明的工作纪律进一步促成良好工作作风的养成。三是积极组织开展丰富多彩的群众性文体活动，促进机关作风建设。先后举办了商标局迎新春团拜会、拔河比赛、乒乓球比赛、篮球比赛和“红歌会”汇演。在总局举办的一系列活动中取得优异成绩，庆“三八”拔河比赛勇夺冠军，总局“红歌会”比赛夺得一等奖2个、二等奖4个、三等奖2个、优胜奖1个、并荣获优秀组织奖。

（六）密切联系工作实际进一步加强党风廉政建设，努力做到为民、务实、清廉。

一是进一步做好廉政风险点防范管理工作。制定了《商标局廉政风险点防范管理工作方案（试行）》及《关于在全国商标管理机构开展廉政风险点防范管理的若干指导意见（试行）》。二是加强党风廉政教育。深入开展党的基本理论、基本路线、基本纲领、基本经验教育和社会主义核心价值体系教育，认真组织学习中央反腐倡廉重要文件，打牢廉洁从政的思想政治基础。三是认真执行处级领导干部任职诫勉谈话制度。今年商标局领导班子对新任命的处级领导干部进行集体谈话，要求他们首先要严格做到自身的廉洁自律，并要抓好所在处（部）的党风廉政建设和风险点管理。四是认真执行干部任职回避制度。按照总局的要求，在去年已做摸底调查的基础上，再次开展了商标局干部家属从业情况调查，以了解掌握新情况，加强对相关人员的廉洁自律教育。按照有关规定和总局的统一安排，今年我局有2名家属从事知识产权代理的干部交流到外司局任职。五是切实加强政务公开。制定并下发《商标局关于深化政务公开工作的实施意见》等一系列规章制度，采取多种形式抓好政务主动公开，妥善处理依申请公开，大力推进决策公开、推进行政权力公开透明运行，积极推进局务公开。2009年3月12日和11月6日，李建昌代表商标局两次在总局政务公开领导小组扩大会议交流发言。2009年，世界知识产权组织高锐总干事在视察商标注册受理大厅时，对商标局政府信息公开窗口工作和服务质量评价系统表示高度赞赏。付双建、王东峰副局长和石见元组长检查指导后也给予肯定和鼓励。六是高度重视信访工作。对信访中反映的涉及廉政问题，认真进行调查，坚决查处违法违纪行为；对于因当事人不满我局依法作出的裁定而恶意进行造谣、污蔑，甚至威胁我局审查员人身安全的恶性事件，旗帜鲜明地给予支持保护，采取有效措施，打击歪风邪气，树立正气，保护同志们的工作积极性。共接听答复咨询电话6.6万余个，接到处理各类群众来信2233件。共接待档案查询620余人次，复制商标档案材料以及回函答复6400余份。对来访、来电、来信坚持做到“事事有回复、件件有回音”。

2009年在总局党组领导和支持下，在各司局、直属单位的帮助协作下，商标局班子、队伍、作风建设取得显著成绩，涌现了一批先进典型，发挥了积极的示范带动作用。商标局审查五处和国际注册处被授予2008年度“中央国家机关青年文明号”的光荣称号，商标局团总支连续两年被授予“总局机关先进基层团组织”，1名青年干部被授予第八届“中央国家机关优秀青年”、2名青年干部被授予“第二届总局机关优秀青年”、6名团员被授予“总局机关优秀团员”、3名团干部被授予“总局机关优秀团干部”。8名干部代表总局参加了中央国家机关首都国庆60周年群众游行“依法治国”方阵，受到总局的通报表彰。

2009年，总局领导对商标工作取得的成绩作出批示、给予表扬，为历年之最，仅在《领导批示参阅》中刊登的总局领导同志有关商标工作的重要批示全年就达122件。总局发布加强商标工作文件为历年之最。总局举办的商标战略实施活动为历年之最。总局提拔商标干部为历年之最。各地出台实施商标战略的政策文件为历年之最。特别是2010年1月6日，总局付双建副局长在商标局《2009年商标审查任务完成情况的报告》上批示：“2009年商标审查和申请再创新高，实现了历史性的精彩跨越，可喜可贺可敬！向商标局的同志们表示由衷的感谢!!!”总局周伯华局长批示：“赞同双建同志批示。商标局按照总局党组的要求，目标任务明确、科学组织调度、落实具体措施，发挥政治工作优势，紧紧依靠全局同志，高质量、高水平完成了2009年商标注册审查和异议裁定工作任务，为实现‘三年解决商标审查积压、五年达到国际水平’目标奠定了坚实的基础。希望同志们在新的一年里，全面贯彻科学发展观，认真落实总局工作会议精神，坚定信心、开拓创新，为实现‘三·五’目标作出更大的贡献。向同志们表示崇高的敬意!”

在充分肯定成绩的同时，我们也要清醒地看到，我们还存在不少的差距和不足。主要表现在：一是由于商标注册申请量大幅增加，大大超过原先每年70万件左右的预测，为彻底解决积压任务增加了难度，任务更为艰巨。二是实施商标战略才初见成效，许多工作才刚刚起步。三是我国的商标注册申请量、有效商标注册量和世界知名商标等还不适应我国的市场主体数量、经济发展规模和发展速度，商标工作大有空间、大有作为、任重道远。这些问题的存在，说明我国虽然是“商标大国”，但还不是“商标强国”，充分表明加强商标注册保护工作、推进商标战略实施的重要性和紧迫性，使我国由商标大国早日发展为商标强国，需加倍努力。

从班子、队伍和党风廉政建设方面看：一是我们队伍大、人员多、年轻人多，特别是还有300名审查辅助人员，还有通达商标服务中心的党员队伍，以实现“三个过硬”为目标，抓好班子、队伍建设是一项长期任务、基础工作，丝毫不能松懈、时刻不能放松。二是我们手中均有一定权力，关系到商标注册申请人的切身利益，关系到企业的发展，我们时刻面临着监管风险和廉政风险，对此，要时刻牢记、警钟长鸣。三是要抓紧研究商标审查辅助人员问题。商标审查辅助人员为解决商标审查积压立下了汗马功劳，通过两来工作实践和学习成为一支既有商标理论知识，又有商标审查实践经验的专业人才队伍，安排好今后的工作，解决好他们的问题，既关系到“三五目标”的实现，又关系到实施商标战略的长期任务，对此，我们已向总局党组汇报，总局党组非常重视，已责成对此问题专题研究，我们要高度重视，积极配合抓好此项工作。

三、认真学习贯彻落实全国工商行政管理工作会议精神，坚定信心、开拓创新，更好地做好2010年的工作

2010年是商标战略的全面展开之年，实现“三五目标”的关键之年，解决商标审查积压的决胜之年。在总局党组的领导下，在各司局、直属单位的大力支持下，商标局领导班子带领全局同志，坚持以邓小平理论和“三个代表”重要思想为指导，努力学习贯彻党的十七大、十七届三中、四中全会和中央经济工作会议精神。按照全国工商行政管理工作会议和党风廉政会议要求，牢牢把握“四个只有”、做到“四个统一”、推进“四项建设”、实现“四高目标”。深入贯彻《国家知识产权战略纲要》，大力推进商标战略实施，为我国由商标大国向商标强国迈进，为努力实现经济平稳较快发展、加快经济发展方式转变、建设创新型国家作出新的、更大的贡献。

（一）高度重视，认真组织做好全国工商行政管理工作会议精神的传达学习和贯彻落实工作。

继续深入学习中国特色社会主义理论，全面贯彻落实科学发展观，认真组织干部职工学习会议精神，把国务院领导的重要指示精神和总局领导的重要讲话精神及时传达到每一位干部和商标审查辅助人员。抓紧做好2010年工商行政管理工作任务中涉及商标局的工作任务的分解落实工作，制定具体详细的实施方案，严格责任，支持协作，狠抓工作落实，确保圆满完成涉及商标局的各项工作任务。

（二）组织举办好商标局学习贯彻全国工商行政管理会议精神经验交流会。

为推动学习贯彻落实全国工商行政管理会议精神，交流经验、促进工作。我们把商标局领导班子述职和学习贯彻会议精神结合起来，把工作安排同落实会议精神结合起来，把述职大会同经验交流会结合起来。述职大会结束之后，安排审查部门、异议部门和综合部门的负责人代表、一般干部代表及辅助人员代表作大会经验交流发言，使全局干部职工更加全面、深刻地把握会议精神，特别是要着重加深对“四个只有”这一工商行政管理实践经验的科学总结，必须长期坚持的基本要求的理解，进一步激励大家做好新的一年工作的决心和信心，同时也藉此推进商标局学习型机关建设、文化建设、法制建设和基础建设，增强商标局干部职工的政治素质、业务素质和作风素质。

（三）深入贯彻落实全国工商行政管理工作会议精神，切实做好2010年各项工作。

要以国务院领导对工商行政管理工作提出的四个方面的重要指示为统领，牢牢把握周局长报告提出的“四个只有”的要求，进一步加强“四项建设”，大力推进商标战略实施，以“三五目标”为重点，确保《实施意见》第一阶段战略任务圆满完成，切实做好2010年各项工作。一是圆满完成到2010年彻底解决商标审查积压，商标审查周期缩短到1年之内的“三年任务”这一头等大事，进而稳步推进商标工作达到国际水平的“五年目标”。二是抓紧推进商标战略示范城市、示范企业工作，进一步加强商标战略的研究、宣传和培训工作，继续大力支持地方实施商标战略。三是积极配合《商标法》修改工作，为大力推进商标战略实施提供强有力的法律保障。四是探索完善商标监管体制机制，切实加大商标专用权保护力度，提高商标保护管理水平，树立公平公正的执法权威。五是继续加大农产品商标和地理标志的注册和保护力度，充分运用地理标志和农产品商标促进特色农业发展，为“三农”发展服务。六是贯彻落实总局《关于加强马德里商标国际注册工作建立商标海外维权机制的指导意见》，加大工作力度，为实施“走出去”战略提供更加有力的支撑。七是积极配合商标档案大楼建设，做好商标自动化三期工作，清理好商标数据库，管理好临时商标档案库房等基础工作，切实加强商标基础建设，积极开发利用高科技手段，为实施商标战略服务，促进商标事业发展。

（四）深入贯彻十七届四中全会精神，切实加强思想、组织、班子、队伍和作风建设，适应商

标事业发展的需要。

一是切实加强党的建设。召开商标局党员大会，补选商标局党委委员、副书记，以充实、加强商标局党委领导班子，充分发挥党组织战斗堡垒作用。认真组织各支部进行发展党员工作，认真做好入党积极分子队伍的培养教育工作，树立先进典型，充分发挥党员先锋模范作用。认真落实《商标局廉政风险点防范管理工作方案》，切实加强党风廉政工作，重点抓好风险点管理和教育。二是抓好班子、队伍建设。充实加强局处班子，充分发挥一岗双责、一职双管的作用。认真落实进一步从严管理干部的各项要求，加强政治上过硬、业务上过硬、作风上过硬的高素质干部队伍建设。坚持以人为本，切实解决2009年商标局党委民主生活会征求意见中反映比较集中的问题，调动发挥全体同志积极性。三是抓好思想作风建设。更加坚定地树立不推不拖、主体责任意识，不怕困难、勇挑重担的意识，勤奋工作、坚决完成任务的意识。积极组织好各项文体活动，展示商标局干部职工的良好精神面貌，进一步增强凝聚力和向心力。

总结商标局2009年的工作，充分说明总局党组关于商标工作的重大决策是正确、及时、卓有成效的。也充分说明商标局全体同志是一支勇挑重提、勤奋工作、特别能战斗的队伍。新的一年，商标局领导班子将以高度的使命感和责任感，在总局党组的坚强领导下，在各司局、直属单位的支持帮助下，团结带领800多名干部职工奋战“三年解决商标审查积压”的决胜之年，努力向“五年达到国际水平”的目标迈进，为我国早日由商标大国转变成为商标强国，为建设创新型国家、促进经济平稳较快发展，做好各项工作，发挥更大的作用，做出更大的贡献。

商标战略实施

2009年，国家工商总局始终坚持围绕服务经济社会发展大局，认真贯彻落实《国家知识产权战略纲要》，大力推进商标战略实施，在积极应对国际金融危机、促进科学发展中充分发挥职能作用，取得显著成效。

一、制定实施意见，作出五年规划，成立领导小组，召开系统会议，全面部署商标战略实施

（一）制定并发布了《关于贯彻落实〈国家知识产权战略纲要〉、大力推进商标战略实施的意见》（以下简称《实施意见》）。

《国家知识产权战略纲要》颁布后，国家工商总局立即着手制定《贯彻落实〈国家知识产权战略纲要〉、大力推进商标战略实施的意见》。经过深入开展调研，广泛征求意见，形成了《实施意见》第三次征求意见稿。

2009年3月，国家工商总局向国家知识产权战略实施工作部际联席会议各成员单位，各省（自治区、直辖市）及计划单列市、副省级市工商局以及总局有关司局、直属单位征求意见118条，经修订形成《实施意见〈送审稿〉》。6月2日，国家工商总局正式印发了《关于贯彻落实〈国家知识产权战略纲要〉、大力推进商标战略实施的意见》，对从2009年至2020年商标战略的指导思想、战略目标和战略任务做了规划，提出了具体目标任务，是对我国当前和今后相当长一段时期内商标工作的总体谋划，是全国工商系统实施商标战略的纲领性文件。

（二）建立了商标战略实施工作体制机制。

为加强商标战略实施工作的组织领导，根据《实施意见》的要求，2009年6月16日，国家工商总局印发了《关于成立国家工商行政管理总局商标战略实施领导小组的通知》，决定成立商标战略实施领导小组，全面负责商标战略实施的组织领导工作。总局周伯华局长任组长，付双建副局长任副组长。领导小组办公室设在商标局，负责日常工作，办公室主任由商标局李建昌局长兼任。

2009年8月11日，商标局李建昌局长代表国家工商总局参加了国家知识产权战略实施工作部际联席会议第二次联络员会议。这次会议是国务院颁布《国家知识产权战略纲要》、批准成立部际联席会议一年之后召开的一次重要会议，也是《2009年国家知识产权战略实施推进计划》上半年落实情况的总结会和下半年工作的部署会。会上，商标局代表国家工商总局作了经验介绍发言，充分体现了部际联席会议对商标战略实施工作所取得成绩的肯定。

为切实推进国家知识产权战略实施，将战略任务分解落实到国家工商总局的相关司局，根据《国务院办公厅关于印发实施国家知识产权战略纲要任务分工的通知》（国办发〔2008〕127号）的有关要求，国家工商总局于2009年4月9日印发了《关于印发国家工商总局实施国家知识产权战略纲要任务分工的通知》（工商办字〔2009〕74号）。根据国家工商总局各司、厅、局及各直属单位职能，总局对《实施意见》中各项商标战略任务作了分工。2009年7月14日，国家工商总局印发了《〈关于贯彻落实国家知识产权战略纲要、大力推进商标战略实施的意见〉的任务分工》。

（三）隆重召开了全国工商行政管理系统贯彻落实《国家知识产权战略纲要》大力推进商标战略实施工作会议。

2009年7月23日，国家工商总局在吉林省长春市召开了全国工商行政管理系统贯彻落实《国家知识产权战略纲要》大力推进商标战略实施工作会议。总局周伯华局长在会上作了题为《认真贯彻落实〈国家知识产权战略纲要〉大力推进商标战略实施》的纲领性讲话，高度概括总结了商标工作取得的显著成绩，深刻分析了商标工作面临的形势和任务，全面阐述了推进商标战略实施重要而深远的意义，明确提出了推进商标战略实施的具体要求，是当前和今后一个时期商标工作的重要指导方针和需要遵循的基本纲领；付双建副局长围绕贯彻落实周伯华局长重要讲话精神，就当前和今后一段时期全力推进商标战略实施进行了动员和部署。会议还讨论了一系列商标战略实施的有关配套文件；隆重表彰了全国工商行政管理系统447个商标工作先进集体和300名先进个人；各省级工商局及部分市、县级工商局、工商所以大会发言或书面材料形式交流各自在实施商标战略工作中好的经验和做法；举办了“庆祝中华人民共和国成立六十周年，贯彻落实《国家知识产权战略纲要》，大力推进商标战略实施主题展览”；发布了截至2009年6月30日的全国3226个省、市、县三级行政区域商标工作统计数据。

这次会议是全国工商行政管理系统贯彻落实《国家知识产权战略纲要》、全面推进商标战略实施的一次极为重要的会议，是工商行政管理系统商标工作发展进程中的一次空前盛会，是促进我国由商标大国向商标强国迈进的具有里程碑意义的会议，标志着商标工作进入了一个崭新的阶段。

（四）商标战略实施配套文件的制定和实施。

一是制定并发布《国家工商行政管理总局关于商标工作达到国际水平的规划（2008年至2012年）》。为落实《国家知识产权战略纲要》，推进商标战略实施，更加充分、有效地利用商标资源促进社会经济更好更快发展，形成一批拥有驰名商标、国际竞争力较强的优势企业，实现我国由商标大国向商标强国的转变，2008年初，国家工商总局明确提出了商标注册与管理工作要实现“三五目标”的工作思路。“三五目标”实施两年来，解决商标审查和评审积压问题取得历史性突破，从根本上扭转了商标工作的被动局面，获得了国内外广泛关注和一致好评。为进一步明确未来商标工作的方向和具体任务，确保2012年使商标工作达到国际水平，2009年11月25日，国家工商总局下发了《国家工商行政管理总局关于印发〈国家工商行政管理总局关于商标工作达到国际水平的规划（2008年至2012年）〉的通知》（工商标字〔2009〕231号）。

二是制定并下发《关于开展国家商标战略实施示范城市（区）、示范企业工作的指导意见》。贯彻落实《国家知识产权战略纲要》、大力推进商标战略的实施，是工商行政管理机关服务国家经济发展大局的一项重要任务，《国家知识产权战略纲要》及《实施意见》中均明确提出要“深入开展各类知识产权（商标）试点、示范工作。”为此，国家工商总局决定开展国家商标战略实施示范城市（区）及示范企业工作，并提出指导意见。2009年9月2日，国家工商总局印发《关于开展国家商标战略实施示范城市（区）、示范企业工作的指导意见》，根据指导意见的有关规定，于10月16日印发《关于开展2009年国家商标战略实施示范城市（区）、示范企业工作的通知》（工商标字〔2009〕198号），启动2009年国家商标战略实施示范城市（区）、示范企业工作，示范工作进入了实施阶段。

（五）大力支持中关村国家自主创新示范区实施商标战略。

按照《国务院关于同意支持中关村科技园区建设国家自主创新示范区的批复》以及《国家工商行政管理总局关于支持中关村科技园区建设国家自主创新示范区的意见》的精神，国家工商总局设立了国家工商行政管理总局商标局驻中关村国家自主创新示范区办事处（以下简称办事处），积极推进中关村示范区实施商标战略。总局周伯华局长指出，办事处是工商系统1978年恢复建制以来总局首个派出机构，是为经济社会科学发展服务的窗口，是保护知识产权、推进商标战略的窗口，是监管市场、维护市场有序发展的窗口，是总局政治上、业务上、作风上“三过硬”建设的窗口，是为人民服务、文明礼貌的窗口。

2009年11月5日，中共中央政治局委员、北京市委书记刘淇，中央委员、国家工商总局党组书记、局长周伯华，中央委员、北京市市委副书记、市长郭金龙，中纪委委员、国家工商总局党组副书记、副局长刘玉亭共同为办事处揭牌。11月6日，办事处正式对外办公。截至2009年12月31日，办事处共收到各类商标申请1425件，相当于同期商标局受理大厅收文量的1/10以上，接待了100余家示范区市场主体的商标事宜咨询，开展了9次商标法律、政策宣传活动，受到企业“设立商标办事处不仅同企业的距离近了，更重要的是政府同企业的心更近了”的高度评价。总局周伯华局长在办事处第2期《工作情况汇报》上批示：“总局商标局驻中关村国家自主创新示范区办事处的成立，是深入贯彻落实发展观，深化工商行政管理改革的重大举措。希望同志们牢记宗旨，切实为高新企业、高科技人才、自主创新企业做好优质服务工作，为红盾争光，为建设创新型国家多作贡献。”

二、大力加强商标战略实施宣传力度，组织了多次大型商标宣传活动，提升了全社会实施商标战略的意识

2009年，国家工商总局精心组织了“4·26知识产权宣传周”、“《国家知识产权战略纲要》颁布一周年暨《实施意见》颁布系列宣传活动”、“2009年商标注册申请审查突破百万新闻发布会”、“中国驰名商标展”、“中国加入马德里商标国际注册体系20周年座谈会”、“全国工商系统商标战略暨世博会标志保护培训班”、“亚太地区地理标志国际研讨会”等多个大型的全国性和国际性商标盛会。

积极参与国家知识产权战略实施工作部际联席会议有关成员单位和总局各司局、直属单位举办的14次知识产权战略宣传活动。一是在北京和贵阳等地参加了国家知识产权战略实施工作部际联席会议3次联络员会议。二是参加了由多个部委共同举办的3次新闻发布会，并就中国商标保护工作回答了记者提问。三是参加了8个不同类型的知识产权高层论坛并分别作了演讲，4次接受中央电视台等中央主要媒体的专访。

三、加大对各地实施商标战略工作的指导力度，商标战略实施工作初见成效

（一）加强商标战略培训，全面提升商标战略组织实施工作水平。

经充分征求意见，制定了《全国工商系统省市局长商标战略培训班培训方案》，计划2009年—2010年分三批对全系统地市以上工商局分管局长进行商标战略全员培训，以全面提升商标战略组织实施工作水平。11月19日至22日，在上海中国浦东干部学院召开“全国工商行政管理系统商标战略暨世博会标志保护培训班”，各地200多名工商干部参加培训。开展此次培训是贯彻落实长春商标工作会议，特别是周伯华局长重要讲话精神的重要举措，是落实国家工商总局和上海市政府合作协议、切实加强世博会标志保护的实际行动。

（二）加大对各地实施商标战略工作的指导力度，支持各省（自治区、直辖市）人民政府实施商标战略。

2009年7月，按照全国工商行政管理系统贯彻落实《国家知识产权战略纲要》、大力推进商标战略实施工作会议和总局领导重要讲话对商标战略实施工作的全面动员部署，各省、自治区、直辖市工商行政管理局认真贯彻落实《实施意见》，积极开展商标战略研究，纷纷成立了地方商标战略领导小组，制定出台了一系列贯彻落实《国家知识产权战略纲要》，推动地方商标战略实施的政策文件。商标局李建昌局长、赵刚副局长、吕志华副局长、郭连连副巡视员先后赴云南、北京、天津、新疆、四川、福建、黑龙江、江苏、安徽、江西、山西、上海、湖南、宁夏等地参加了地方举办的商标工作会议、论坛、培训班，指导、督促、调研，切实抓好商标战略实施各项工作任务的落实，并到深圳国家工商总局行政学院为各省局分管商标工作局长培训班、地（市）局长培训班和县级局长培训班进行3次授课，指导地方商标战略实施工作。

截至2009年底，全国三十一个省（自治区、直辖市）已有二十四个成立了商标战略领导小组，其中天津市、重庆市、宁夏自治区商标战略领导小组组长为分管工商工作的副市长、副主席，这标志着商标战略的实施已由部门行为上升为政府行为。北京、内蒙、辽宁、黑龙江、山西、上海、安徽、福建、江西、山东、河南、湖北、广西、海南、四川、贵州、云南、西藏、陕西、甘肃、青海二十一个省市领导小组组长均为省工商局局长。河北、吉林、江苏、浙江、湖南、广东、新疆七个省区工商局正在筹备成立商标战略领导小组，其中广东、江苏正在筹备成立以省级领导为组长的商标战略领导小组。

截至 2009 年底，天津、宁夏以市政府、自治区政府名义印发了关于贯彻落实商标战略的文件，北京、浙江、福建、重庆、四川、贵州、西藏、甘肃、青海、海南等十个省区市以省级工商局名义印发了关于贯彻落实商标战略的文件，其中甘肃拟将已由省工商局印发的文件经省政府批准后以省政府名义再次转发。其余十九个省、自治区、市均正在制定或准备制定有关贯彻落实商标战略的文件，其中吉林、江苏、陕西、新疆四个省区工商局已将文件初稿上报给省区政府，拟以省区政府名义印发。各地商标战略有以下两个特点：一是深刻领会落实《实施意见》，高度体现了《实施意见》的要求；二是紧密结合本地实际，助推地方特色经济发展。各地基本都能从本地区实际出发，根据本地区的社会经济发展水平和经济特色，结合地区经济发展规划，对商标战略的实施进行了认真研究，并做出相应部署。

四、2010 年商标战略实施展望

2010 年是商标战略第一阶段的终局之年，也是“十一五”规划的终局之年。按照战略规划安排，第一阶段在对各项任务进行分解，确定具体实施步骤的基础上，完成工作任务分工部署，确立各项战略实施体制机制，全面启动各项任务的落实。在 2010 年底需要完成的战略重点任务有：一是继续推动《商标法》的修改工作，二是建立和完善各项商标战略实施工作体制机制，三是确保商标审查 2010 年解决积压任务的全面完成，四是建立完善地理标志保护制度，五是进一步大力开展商标战略实施宣传，六是规范商标代理服务行业。商标战略实施在第一阶段要取得初步成效。

为迎接“十二五”的到来，制定好“十二五”规划是 2010 年工作的新要求。要按照《实施意见》以及《关于商标工作达到国际水平的规划(2008 年至 2012 年)》的要求，在工作取得阶段性成果、总结前期经验的基础上，结合当前的经济形势，开展深入细致的调查研究，做好“十二五”规划编制工作，为第二阶段商标战略实施的顺利开展和我国由商标大国发展为商标强国打下坚实的基础。

商标申请和注册

一、商标申请和注册基本情况

2009 年，商标局共受理商标注册申请 83.05 万件，同比增长 18.96%，超过历史最高水平 2006 年（76.63 万件）6.42 万件。在国际金融危机的严峻形势下，全球范围内商标注册申请量明显下滑，而我国由于经济回升向好，由于实施商标战略，全社会商标意识的提高，也由于商标注册审查速度加快、商标注册周期缩短，商标专用权得到有力保护，提升了商标注册申请人的信心，商标注册申请量大幅度上升，再创历史新高，连续八年居世界第一。

从申请商标指定使用的商品或服务类别看，申请量较大的类别依次为商标注册用商品和服务国际分类第 25 类、9 类、30 类、35 类和 11 类，分别为 82077 件、53919 件、50037 件、46353 件和 41519 件。国内申请量排名前五位的省（市）依次为广东省、浙江省、北京市、江苏省和上海市，申请量分别为 132573 件、99934 件、57801 件、49556 件和 41882 件，这五个省市的申请量之和占国内总申请量的 51.5%。申请量超过 40000 件的省份还有山东省和福建省，申请量分别为 41581 件、41124 件。外国来华申请量（包括马德里商标国际注册领土延伸申请）排名前 10 位的国家或地区依次是美国、日本、德国、英国、韩国、意大利、法国、瑞士、澳大利亚和新加坡，申请量分别为 19052 件、13340 件、8392 件、5659 件、

4122件、4061件、3920件、2765件、2477件和2129件，这10个国家或地区的申请量之和占外国在华申请量总数的74.3%。国际注册申请量排名前5位的省（市）分别是浙江省、广东省、福建省、江苏省、北京市，申请量分别为2483件、2102件、756件、740件、640件。

2009年，商标局受理商标续展注册申请55804件，受理商标异议申请39436件，受理变更商标注册事项申请96576件，受理商标转让申请64517件，受理商标注销、撤销申请13861件，受理商标使用许可合同备案申请17447件。

2009年，全国地理标志注册数量大幅上升，共核准注册和初步审定240件地理标志。截至2009年底，商标局累计核准注册农产品商标74.98万件，累计受理地理标志注册申请1200余件，其中国外申请48件；核准注册和初步审定地理标志771件，其中近两年注册的地理标志数量相当于前15年总数的1.56倍。

2009年，商标局共初步审定公告商标1066979件，核准注册商标837643件，驳回和部分驳回商标注册申请486801件，办理变更商标注册事项106058件，办理转让注册商标66808件，办理续展注册商标58731件，注销、撤销注册商标68282件，裁定商标异议案件25020件，办理商标使用许可合同备案17733件；审查马德里领土延伸申请46443件，审查马德里国际注册后续申请23272件。

二、商标审查工作取得重大突破

（一）圆满超额完成2009年商标审查任务。

2009年是“三年解决积压”承前启后的一年，是最关键的一年，也是任务最重的一年。年初伊始，商标局就切实采取有效措施，确保任务、确保进度、确保质量。

截至6月底，共审查商标注册申请72万件，裁定商标异议案件1.09万件，均提前超额实现“时间过半，任务过半”。

9月15日，商标注册审查量突破百万大关，达100.5万件，是我国乃至世界商标史的重要里程碑，引起国内外广泛关注和一致好评。总局向商标局发来贺信，举行新闻发布会；商标局召开总结大会，总局付双建副局长亲临大会祝贺并作重要讲话；世界知识产权组织、国际商标协会和欧盟、美国、日本、英国、德国等国家（地区）商标主管部门纷纷来函致贺；各大媒体竞相报道，广泛宣传商标工作取得的显著成绩和为促进经济社会又好又快发展所作出的重要贡献。

截至11月30日，共审查商标注册申请130.06万件，裁定商标异议案件2.27万件，均提前一个月超额完成全年工作任务。

至12月31日，共审查商标注册申请141.47万件，超额11.47万件完成全年审查130万件任务，同比增长88.69%，相当于加快审查前近五年的工作量，审查周期缩短到17个月；共裁定商标异议案件2.5万件，超额3千件完成全年裁定2.2万件任务，同比增长127.6%。2009年商标审查和异议裁定工作取得突破性进展，总局领导给予了充分肯定和高度评价。总局付双建副局长2010年1月6日在商标局《2009年商标审查任务完成情况的报告》上批示：“请伯华局长阅示。2009年商标审查和申请再创新高，实现了历史性的精彩跨越，可喜可贺可敬！向商标局的同志们表示由衷的感谢!!!”总局周伯华局长批示：“赞成双建同志批示。商标局按照总局党组的要求，目标任务明确、科学组织调度、落实具体措施，发挥政治工作优势，紧紧依靠全局同志，高质量、高水平完成了2009年商标注册审查和异议裁定工作任务，为实现‘三年解决商标审查积压、五年达到国际水平’目标奠定了坚实的基础。希望同志们在新的一年里，全面贯彻科学发展观，认真落实总局工作会议精神，坚定信心、开拓创新，为实现‘三五’目标做出更大的贡献。向同志们表示崇高的敬意！”在提高商标审查数量的同时，继续组织实施商标审查质量抽检工作，进一步提高商标审查质量。2009年组织了6次审查质量抽检，共抽检了15468件商标审查件，抽检合格率为98.3%。

（二）2009年商标审查任务的圆满超额完成意义重大。

2009年商标审查任务的圆满超额完成，充分说明总局党组提出“三五目标”（三年解决商标审查积压、五年达到国际水平）的决策是正确的，总局领导提出“一个依靠”（依靠商标局和商标评审委的领导班子和全体干部）、“四个借助”(借助全国工商系统力量，借助商标代理机构力量，借助社会力量，借助现代信息化手段）、“更新观念，创新机制，依法办事，加强廉政，提高效率”的总体改革思路和“多措并举，远近结合，提高效率，注重质量”的重要指示是有力的，采取“签订《目标责任书》，切实加强思想、组织、班子、队伍和作风建设，强化绩效管理、深挖内部潜力，招聘300名商标审查辅助人员、充实审查力量，加强商标审查制度建设、完善商标审查质量管理，加强自动化建设、积极开发利用高科技手段”等一系列重要措施是行之有效的。

2009年商标审查任务的圆满超额完成，为圆满完成彻底解决积压的三年任务，实现“三五目标”，锻炼培养了队伍、创出总结了经验，打下了坚实的基础、坚定了必胜的信心。

2009年商标审查任务的圆满超额完成，更进一步确定了我国世界商标大国的地位。截至2009年底，我国商标注册累计申请量为722.25万件，累计注册量为427.88万件，有效注册商标量为340.45万件，商标注册申请量、商标注册审查量、有效注册商标量均为世界第一。中共中央办公厅、国务院办公厅编发的《昨日要情》于2010年1月21日刊登了“三个世界第一”的信息。世界知识产权组织总干事高锐在会见商标局领导时对我国商标事业发展、加快商标审查所取得的显著成绩给予高度评价。2009年商标审查任务的圆满超额完成，为我们实施商标战略，促进经济社会又好又快发展，建设创新型国家，由商标大国发展为商标强国创造了有利条件，打下了坚实的基础。

三、马德里商标国际注册工作成绩突出

（一）积极采取措施加强马德里商标注册工作。

2009年上半年，受到国际金融危机的影响，商标国际注册申请量下挫，如何帮助企业在国际金融危机的背景下更好地实施“走出去”战略，使商标提升企业竞争力的作用得以更好凸显，成为马德里商标国际注册工作面临的首要问题。商标局组织对国内申请人国际注册情况进行了深入研究，提出了一系列改进工作的构想。总局领导对马德里商标国际注册工作非常重视，给予大力支持。总局周伯华局长在商标局提交的《六月份国际注册申请量分析》上作出批示：“前段做了大量工作，希望今后加大宣传，加强指导”。总局付双建副局长在听取了《关于建立国内企业商标海外保护机制、加强马德里国际注册宣传培训工作的研究报告》的汇报后当即指示：推进商标战略的实施，加强国际注册和海外维权工作要本着“高度重视、积极作为、完善机制、注重实效”的十六字方针进行。

遵照总局领导指示，商标局组织开展了旨在加强马德里国际注册的一系列工作。一是全面加强宣传工作。在《中国工商报》、《中华商标》等报纸杂志上组织发表了《金融危机下我国申请人如何进行马德里商标国际注册》、《马德里商标国际注册体系的发展带给中国企业的契机》、《商标国际注册的后续程序》等20多篇文章，大范围集中地对马德里体系进行了宣传。对“中国商标网”上的“马德里申请”栏目进行了充实，安排专人对国际注册信息进行整理并定期发布在网站上。印制了宣传手册，利用各种系统会议和培训的机会，向有关人员散发。二是有步骤有计划地开展培训工作。商标局选派有关人员分赴济南、武汉、温州、成都四地进行了马德里商标国际注册的宣讲培训工作，得到了地方工商局和企业的热烈响应，收到了良好效果。三是积极改进工作流程，为申请人提供更好的服务。对申请件的交接程序进行了研究，提出了改进措施，由向世界知识产权组织国际局每周报送一次改为即办即报，缩短了对申请件的审查时间。四是初步建立了“重点企业维权数据库”。不断收集维权信息，深入了解我国企业海外维权情况，为企业实施“走出去”战略积累经验、提供指导。

在国家工商总局的高度重视和关心下，2009年商标国际注册工作取得了明显成效。从2009年下半年开始，中国申请人提交的马德里商标国际

注册申请量触底反弹，申请量逐月攀升，2009 年下半年的申请量比上半年上升了 42.6%。截至 2009 年底，中国受理马德里商标国际注册领土延伸申请累计 142830 件（一标多类），年受理延伸申请量连续 5 年在马德里商标国际注册联盟成员中位居第一；国内企业或者个人通过国家工商总局商标局提出的商标国际注册申请累计 9721 件(一标多类)，年申请商标国际注册量连续 5 年排名世界第八，在发展中国家成员中排名第一。

（二）召开加入马德里商标国际注册体系 20 周年座谈会。

到 2009 年 10 月，我国正式加入《商标国际注册马德里协定》已 20 周年，值此之际，世界知识产权组织弗朗西斯·高锐总干事与总局周伯华局长互致贺信。周伯华局长充分肯定我国利用马德里商标国际注册体系所取得的显著成绩，对世界知识产权组织的辛勤工作和马德里商标国际注册体系不断完善、发展壮大表示赞赏。高锐总干事在贺信中对我国在过去 20 年间所取得的巨大成就向国家工商总局表示热烈祝贺，期待与国家工商总局继续在商标领域分享经验，加强合作。

为总结我国利用马德里商标国际注册体系获得商标国际保护的经验，推动企业更好地利用马德里体系实施“走出去”战略，国家工商总局于 10 月 18 日在北京召开了“中国加入马德里商标国际注册体系 20 周年座谈会”。会议宣读了周伯华局长和弗朗西斯·高锐总干事互致的贺信；回顾了我国加入马德里商标国际注册体系 20 年来的光辉历程，概括了 20 年来宝贵的工作经验，明确提出了贯彻落实《国家知识产权战略纲要》，大力推进商标战略实施，进一步加强马德里商标国际注册、加大海外商标维权力度的具体要求；向马德里商标国际注册十强企业及全国工商行政管理系统推动马德里商标国际注册先进单位颁发了奖牌；国家有关部委的代表、马德里商标国际注册十强企业的代表、推动马德里商标国际注册先进单位的代表和商标代理组织的代表在会上作了交流发言。

座谈会是贯彻落实《国家知识产权战略纲要》，大力推进商标战略实施的又一重要举措，标志着马德里商标国际注册工作进入了一个崭新阶段。这次会议必将有力推动马德里商标国际注册工作的进一步开展，建立健全海外商标维权机制，加快实施“走出去”战略，为企业应对国际金融危机冲击、增强企业核心竞争力起到积极作用。

商标行政执法

2009 年，全国各级工商行政管理机关认真贯彻国务院的有关部署和要求，在加强日常监管的同时积极开展专项行动，以保护注册商标专用权为核心，重点查处侵犯食品、药品、农产品商标、驰名商标、地理标志、涉外商标专用权的违法行为，有力地整顿和规范了市场经济秩序，为促进经济社会又好又快发展作出了重要贡献。同时，全国各级工商行政管理机关大力开展世博会标志保护行动，继续开展奥林匹克标志的后续保护工作，营造了良好的知识产权保护环境，赢得了国内外的一致好评。

一、大力开展世博会标志保护工作，为世博会营造良好的知识产权保护环境

2004 年 10 月 13 日，国务院公布《世界博览会标志保护条例》。2004 年 12 月 24 日，国家工商总局以第 19 号令发布了《世界博览会标志备案办法》，对世界博览会标志的备案做出规定。截至 2009 年底，国家工商总局已核准上海世博会事务协调局提交的 61 件世博会标志备案申请，对 45 件世博会特殊标志予以核准登记，对 229 件普通商标申请全部审查完毕。

随着世博会日益临近，为充分发挥工商行政管理职能作用，维护上海世博会期间良好的市场秩序，2009年6月26日，国家工商总局下发了《国家工商行政管理总局服务2010年上海世博会举办工作方案》（工商外企字〔2009〕126号），明确商标局的分工是进一步发挥商标注册和保护以及世博会标志备案和保护职能，扎实开展上海世博会的知识产权保护工作，为世博会营造良好的知识产权保护氛围。

2009年8月，国家工商总局印发了《保护世界博览会专有权行动方案》（工商标字〔2009〕160号），全国各级工商行政管理机关将用一年半的时间开展保护世博会标志专有权的专项行动，进一步提高全社会的世博会标志保护意识，严厉打击各种侵犯世博会标志的行为。

2009年9月10日，上海市工商局与上海世博局共同举办了上海市工商行政管理系统世博会标志保护工作培训大会，对上海市工商行政管理人员进行了培训和动员，也为全国开展保护世博会标志培训和执法行动提供了经验。

为提高全国工商行政管理人员保护世博会标志专有权的执法水平和能力，2009年11月19日至22日，国家工商总局商标局与上海市工商局、上海世博会事务协调局共同在上海举办全国工商行政管理系统商标战略暨世博会标志保护培训班，对全国31个省级工商局、15个副省级工商局和40多个地（市）级工商局商标管理部门负责人和业务骨干进行世博会标志保护培训。

11月20日下午，为了让公众及时准确了解世博会标志及其使用和保护状况，了解工商部门依法保护世博会标志取得的工作和成果，“中国2010年上海世博会世界博览会标志保护新闻发布会”在上海世博园世博大厦举行。国家工商总局商标局赵刚副局长、上海市工商局陈学军副局长、上海世博局陈先进副局长在新闻发布会上发言并回答了新华社、《中国知识产权报》、《东方早报》等媒体记者的提问。

近年来，各地工商行政管理机关查处了一批侵犯世博会标志专有权的行为。2009年，全国工商行政管理机关根据《世界博览会标志保护条例》共查处侵犯世博会标志案件92件，案值48万元，罚款75万元。

工商行政管理机关依法保护世博会标志专有权的行动受到了国内外各界的好评。国际展览局秘书长文森特·冈萨雷斯·洛塞泰斯给总局周伯华局长发来贺信，表示大力支持全国工商行政管理系统商标战略暨世博会标志保护培训班的举办，并对全国工商行政管理机关为世博会标志保护所做的卓越贡献表示感谢。

二、做好奥林匹克标志专有权保护行动的后续工作，继续开展奥标保护工作

2008年北京奥运会圆满结束，全国各级工商行政管理机关做出了积极贡献，赢得国内外各界的好评。2009年，国家工商总局下发了《关于表彰全国工商行政管理系统保护奥林匹克标志专有权先进集体、先进个人的通报》，通报表彰了在奥运会期间表现突出的北京市工商局商标监督管理处等100个先进集体和207名先进个人。同时，商标局对全国工商行政管理机关奥林匹克标志专有权保护工作进行了全面总结，并向各地方工商局下发了《关于下发〈全国工商行政管理机关奥林匹克标志专有权保护工作总结〉的通知》。2009年，商标局核准了177件第29届奥林匹克运动会组织委员会奥林匹克标志备案转为国际奥委会奥林匹克标志备案。

2009年，全国工商行政管理机关共查处违法使用奥林匹克标志案件156件，案值355万元，罚款116万元；查处侵犯奥林匹克标志专有权案件340件，案值277万元，罚款272万元。

三、加大商标案件行政执法指导力度

2009年，商标局对地方工商局有关重大、疑难商标案件的请示及时研究，依法作出批复，协调解决、查处、督办了“白象”、“蓝带”、“凤凰”、“三角”、“VJC”、“精武”、“蜜研”、“李白故里”等一批疑难案件，有力地保护了商标注册人的合法权益。

商标局努力探索建立和完善有效打击商标侵权行为的工作机制和从源头上遏制商标侵权行为发生的长效机制，指导地方工商行政管理机关加强展会商标权管理，积极支持地方工商行政管理

机关进一步加强商标执法区域协作，派人参加华东六省一市商标执法办案协作暨研讨会、西部商标行政保护协会会议、淮海经济区域商标保护会议等。

四、深入研究，加强与各部门的合作和交流

2009 年，商标局进一步研究商标和企业名称的冲突问题，就《关于解决商标与企业名称中若干问题的意见》（工商标字〔1999〕第 81 号）的修改问题与国家工商总局企业注册局充分交换意见。深入研究网络商品交易中涉及商品侵权相关问题，积极对《网络商品交易及服务监管暂行办法》的制定工作提出意见和建议。

2009 年，商标局对公安部拟出台的《关于办理侵犯知识产权刑事案件适用法律若干问题的意见（征求意见稿）》提出多项重要的意见，进一步交流并统一了国家工商总局和公安部在商标刑事案件适用法律问题方面的认识。

五、全国各级工商行政管理机关查处商标侵权违法案件基本情况

2009 年，全国各级工商行政管理机关查处各类商标违法案件 51044 件，其中查处一般违法案件 7448 件，商标侵权假冒案件 43596 件。在查处的各类商标违法案件中，查处涉外商标案件10461 件，共收缴和消除违法商标标识 1353.4 万件，向司法机关移送涉嫌商标犯罪案件 92 件，向司法机关移送商标犯罪嫌疑人 109 人。

从案件总数来看，2009 年查处的各类商标违法案件比 2008 年减少 9.87%。由于国家大力实施商标战略，全社会的商标意识明显增强，企业使用和保护商标的水平提高，同时各级商标监管部门坚持柔性执法和刚性执法相结合，教育与惩戒并重，服务经济发展大局，2009 年商标一般违法案件出现大幅减少，比 2008 年减少了 22.33%。

查处案件数量居前 10 位的省（市）是：浙江省 7233 件，广东省 4587 件，河南省 4059 件，福建省 3824 件，山东省 3725 件，上海市 2773 件，山西省 2328 件，安徽省 2247 件，江苏省 2026 件，河北省 1805 件。以上 10 个省（市）查处的商标违法案件共计 34607 件，占商标案件总数一半以上，达到 67.8%。

从注册商标使用违法行为看，查处“商品粗制滥造、以次充好、欺骗消费者的”案件 7 6 2 件，占注册商标使用管理案件的 67.43%，比去年略有增加；“自行改变注册商标的”案件 145 件，占 12.83%；“自行改变注册商标注册人名义、地址或其他注册事项的”案件 196 件，占 17.35%；“自行转让注册商标的”案件 27 件，占 2.39%。

从未注册商标使用违法行为看，查处的案件仍然以“冒充注册商标的”为主。共查处“冒充注册商标的”案件 3941 件，占未注册商标使用管理案件的 86.16%，与 2008 年基本持平；“商品粗制滥造、以次充好、欺骗消费者的”案件 527 件，占 11.52%；“违反《商标法》第六条规定的”案件和“违反《商标法》第十条规定的”案件均为 53 件，占 1.16%。

从商标侵权案件看，“销售侵犯注册商标专用权的商品的”案件仍是商标侵权案件的主要形式。在商标侵权案件中，共查处“销售侵犯注册商标专用权的商品的”案件 26191 件，占商标侵权案件总数的 75.64%，比 2008 年上升约 15 个百分点；“未经注册商标所有人的许可，在相同商品上使用与其注册商标近似的商标或在类似商品上使用与其注册商标相同或近似的商标的”案件 6653 件，占 19.21%；“在同一种或类似商品上，将与他人注册商标相同或近似的标志作为商品名称或者商品装潢使用，误导公众的”案件 924 件，占 2.67%。

从商标假冒案件看，全年共查处商标假冒案件 8971 件，比 2008 年略有下降。其中，“未经注册商标所有人的许可，在相同商品上使用与其注册商标相同的商标的”和“销售明知是假冒注册商标的商品的”是商标假冒案件的主要违法形式，这两类案件数分别为 3136 件和 4885 件，分别占商标假冒案件总数的 34.96%和 54.45%。

2009 年，全国各级工商行政管理机关共查处涉外商标违法案件 10461 件，比 2008 年减少 6.11%。从案件结构看，查处的涉外商标侵权假冒案件继续占据涉外商标案件的主体地位。共查处

涉外商标侵权假冒案件 10259 件，占涉外商标案件总数的 98.07%；查处涉外商标一般违法案件 202 件。

2009 年查处涉及商标违法的投诉案件数量继续在 1 万件以上，达到 13220 件，在查处的商标违法案件总数中占 25.9%。其中，一般违法投诉案件 1360 件，占投诉案件总数的 10.29 %；侵权假冒投诉案件 11860 件，占 89.71%；国内投诉案件 9488 件，占 71.77%；涉外投诉案件 3732 件，占 28.23%。

地理标志和农产品商标

2009 年，全国各级工商行政管理机关认真落实党的十七大和十七届三中、四中全会以及中央经济工作会议精神，践行科学发展观，按照中央“加大农产品注册商标和地理标志保护力度”的要求，运用以地理标志商标和农产品商标为核心的“商标富农”工作机制积极服务“三农”工作，在促进农村经济发展、增加农民收入、推动农村经济社会又好又快发展中发挥了积极作用。

一、完善地理标志商标和农产品商标审查工作机制，加强地理标志商标和农产品商标审查工作

国家工商总局商标局以科学发展观为指导，加强地理标志商标和农产品商标审查工作制度化、规范化、程序化、法治化建设。一是进一步规范涉农商标审查工作，在深入调研的基础上，研究起草了涉及农业植物品种名称的《农产品商标审查办法》，提高了审查工作质量水平。二是继续坚持对地理标志商标注册申请实行单独排队、提前审查的“绿色通道”制度，提高了地理标志商标审查速度。三是加大地理标志工作政务公开、信息公开的工作力度，将地理标志商标注册申请材料的样本、所需提交书件目录、申请说明以及已注册地理标志商标名录等信息在国家工商总局和商标局的官方网站上公布，方便申请人及社会公众了解和查阅。四是简化审查程序，将要求申请人必须提供省级行业主管部门出具相关证明改为可以提供省级行业主管部门相关证明，也可以提供县志、农业志、产品志等证明材料，大大便利了地理标志商标申请人。五是审查中增强服务意识，积极指导申请人查找和补正相关史料和申请材料。六是缩短审查周期，对地理标志商标申请在一年内做出审查结论，对符合条件的及时予以初步审定并公告。通过上述措施，提高了地理标志商标审查效率和注册速度。2009 年全年共注册和初步审定地理标志商标 240 件。仅 2008 年至 2009 年两年注册和初步审定地理标志商标 470 件，是前 15 年总量的 1.56 倍。截至 2009 年底，累计核准注册和初步审定地理标志商标 771 件，累计核准注册农产品商标 74.98 万件。

按照国务院西部大开发及支持地方区域经济发展战略部署和要求，国家工商总局商标局充分运用以地理标志商标和农产品商标为核心的“商标富农”机制支持西部地区经济及地方区域经济发展，形成特色农业产业，变地缘劣势为地缘优势。一是对青海、宁夏、四川等西部省区的地理标志商标注册申请予以优先审查；二是向西部地区积极宣传地理标志商标注册保护相关知识，引导地方行业协会将符合条件的地理标志及时进行注册保护；三是通过调研、培训等形式引导农民和涉农企业运用地理标志商标和农产品商标发展特色农业，促进当地农业经济发展。

二、大力推广运用“商标富农”机制促进农业发展

为深入贯彻中央 1 号文件精神、做好服务农民、农业、农村“三农”工作，国家工商总局及各级地方工商行政管理机关抓住地理标志商标和农产品商标注册、运用这一工作重点，将地理标志商标和农产品商标工作向农村延伸。商标局积极加强农产品商标理论研究，提出特色农产品商

标的概念和工作实施规划，以特色农业产品商标为主导开展“商标扶农”、“商标富农”工作。地方各级工商行政管理机关大力推广“公司+商标（地理标志）+农户”的新型农村经营模式，加快农业产业化经营，指导运用地理标志商标和农产品商标促进特色农业发展，以特色产业带动农业产业结构调整，变特色产品为致富产品，取得显著成效。地理标志商标在服务“三农”、促进社会主义新农村建设方面的作用，已为地方各级党委、政府所重视。从对81个种植类农产品地理标志商标调查样本看，2009年地理标志农产品的从业人员达到当地总人口的24.16%，地理标志农产品的价格比注册保护前平均增长87.69%，最高增长达500%；种植地理标志农产品的农民年均收入占其总收入的38.78%，比地理标志注册保护前平均增长75.39%，最高增长达5倍。四川中江县是受到地震灾害影响的典型丘陵农业大县，中药材种植有着悠久的历史，具有独特品质和发展优势。“中江丹参”、“中江白芍”地理标志注册成功后，种植面积和产值均大幅增长。目前，该县已注册的“中江丹参”、“中江白芍”、“中江挂面”三件地理标志产业的产值已占全县农业总产值的18.4%，直接为产区农户带来年均近2000元的收益，占产区农户全年人均总收入的59%。重庆市大足县的“大足黑山羊”注册为地理标志商标后，产值达到5000余万元，肉羊价格增长了3倍，种羊价格增长了4倍，羊肉价格从2005年的5-8元/公斤，增长到现在的20-40元/公斤。新疆维吾尔自治区的“吐鲁番葡萄”注册地理标志商标后，该地理标志农产品的从业人员达到36万人，占当地总人口的90%，每年出口产品达3000吨，价值900万元。地理标志商标注册和保护工作的开展，为推进社会主义新农村建设做出了积极贡献。

三、深入开展地理标志商标和农产品商标调研、培训工作

2009年，国家工商总局领导及商标局领导多次赴辽宁、浙江等地调研，深入田间地头、协会、企业，听取意见，总结经验，加大对各地地理标志商标和农产品商标注册申请、运用和保护工作的指导力度，宣传运用地理标志商标和农产品商标发展农村特色经济、增加农民收入的成功典型，引导农业生产者、经营者运用地理标志商标和农产品商标增产增收，促进农业发展。商标局与农业部等有关部门沟通，研究协调商标名称与农业植物品种名称冲突问题，积极保护涉农产品经营者和广大农民的利益。通过调研和指导，普及了地理标志商标和农产品商标知识，加强了与有关部门的联系沟通，提高了地理标志商标和农产品商标的注册申请质量，推动了地理标志商标和农产品商标的注册与管理工作。

2009年，商标局派员先后赴内蒙、天津、浙江及国家工商总局深圳行政学院授课，对各地工商干部、农业主管部门和涉农企业人员进行培训，普及地理标志商标和农产品商标法律知识，推广各地地理标志商标和农产品商标工作的成功经验，促进各地正确运用地理标志商标和农产品商标提高农产品质量，增加农产品附加值，增强市场竞争力。

四、加强地理标志商标和农产品商标宣传工作，使地理标志商标和农产品商标知识深入人心

国家工商总局商标局指导中华商标协会与中国中学生报合作举办了首届全国中学生安溪铁观音杯“商标离我们有多远”商标知识大赛和福鼎白茶杯“我身边的地理标志产品”地理标志征文系列活动。这是在广大中学生中普及商标法律知识，宣传地理标志，贯彻落实《国家知识产权战略纲要》的重要举措。全国近百万中学生积极参与此项活动，收回答卷及征文二十三万余份，使学生们拓宽了知识面，激发了学生们爱祖国、爱家乡的热情，取得了良好效果。与中国新闻社合作编印出版2009年《中国新闻?两会特刊》地理标志专辑，向“两会”代表及有关部委、地方领导、工商系统发放，宣传地理标志注册、保护工作及地理标志富农情况，引起了积极反响，使“地理标志”作为一种重要的商标知识产权深入人心，对地理标志知识产权保护工作产生深远影响。此外，在《当代中国》、《中国名牌》、《中国县域经济报》、《中国中学生报》等媒体上分别开设

“中国地理标志巡礼”、“走进中国地理标志”、“地理标志与县域经济”、“情系中国地理标志”专栏，针对不同读者群体，从历史传承、文化内涵、促进经济发展、工商部门服务“三农”工作、地理标志致富效果等不同角度、不同层面宣传地理标志，推广地理标志富农经验做法，在社会各界引起广泛反响。在国家工商总局及商标局网站上公布并实时更新已注册地理标志名录，增强了地理标志注册工作的透明度。

五、成功举办地理标志国际研讨会及成果展，加强国际间地理标志交流与合作

2009 年 11 月 31 日至 12 月 1 日，由国家工商总局和世界知识产权组织共同举办的亚太地区地理标志国际研讨会在重庆举行，共有来自 14 个国家的 20 多名外国代表以及 180 多名国内代表参加了会议。此次会议旨在加强地理标志国际合作与交流，共同探讨地理标志商标和农产品商标法律制度、地理标志商标和农产品商标注册、运用、保护以及促进农村经济社会发展的成功经验。通过此次研讨会，亚太地区各国相互了解和借鉴地理标志商标和农产品商标保护制度和保护经验，充分认识地理标志商标和农产品商标对促进经济和贸易发展的重要作用，提高利用地理标志商标和农产品商标促进经济发展的水平，携手推进亚太地区乃至世界地理标志保护工作。此次会议引起良好的社会反响。新华社、中国国际广播电台、《经济日报》、《中国日报》等众多媒体和中国政府网、新华网、人民网、新浪网等众多网站紧紧围绕工商部门大力推进商标战略实施，发挥地理标志服务“三农”、促进社会主义新农村建设，提升区域经济竞争力的积极作用，对会议情况作了广泛报道，扩大了会议影响，广泛宣传了加强地理标志和农产品商标注册、保护工作取得的显著成绩和为促进经济社会又好又快发展所作出的重要贡献。

研讨会期间，举办了“中国农产品商标和地理标志工作成果展览”，宣传了我国农产品商标和地理标志注册、运用和保护的显著成绩，得到与会代表的高度评价和一致赞誉。会后展览移至国家工商总局继续展出，总局周伯华局长同各位总局领导在北京参观了展览，给予高度评价，周伯华局长对进一步做好农产品商标、地理标志工作，实施商标战略作出重要指示，强调要继续加大地理标志和农产品商标工作力度，充分发挥地理标志和农产品商标强农、富农、惠农的重要作用，促进经济社会科学发展。

通过地理标志商标、农产品商标注册、运用、保护实践的国际探讨和交流，我国的地理标志法律制度及在运用地理标志促进发展方面取得的成绩为世界各国知晓，提高了我国在国际地理标志领域的话语权，也进一步促进了我国地理标志商标和农产品商标的注册和保护工作。

驰名商标与著名商标的认定和保护

一、驰名商标的认定和保护

2009 年，在国际金融危机蔓延、世界经济增长放缓的形势下，知识产权的重要作用日益凸现。加强驰名商标的认定和保护工作既是全面正确履行工商行政管理职能的必然要求，又是充分发挥商标知识产权重要作用的有效举措。

(一) 依法认定驰名商标。

2009 年，依照《商标法》、《商标法实施条例》、《驰名商标认定和保护规定》、《商标评审规则》的有关规定，国家工商总局商标局、商标评审委员会在商标管理、商标异议、商标异议复审和商标争议案件中，依法认定 390 件驰名商标并对其扩大保护。其中 370 件商标为中国内地企业所有，1 件为澳门特别行政区企业所有，19 件为外国企业所有（日本 8 件、美国 4 件、德国 2 件、英国 2 件、法国 1 件、瑞士 1 件、爱尔兰 1

件)。

（二）国家工商总局制定并发布《国家工商行政管理总局驰名商标认定工作细则》。

为贯彻落实《国家知识产权战略纲要》，大力推进商标战略的实施，促进驰名商标认定工作进一步制度化、规范化、程序化、法治化，国家工商总局依据《商标法》、《商标法实施条例》等法律法规，按照“公开透明，接受监督”的原则，以提高认定质量、防止监管风险和廉政风险为重点，制定并发布了《国家工商行政管理总局驰名商标认定工作细则》（以下称《细则》）。

《细则》分为总则、驰名商标认定申请的审查与审定、复审与核审、监督与法律责任、附则共五章。总则部分阐述了《细则》制定的法律及政策依据、《细则》所指驰名商标认定的外延、认定工作的目的、认定工作基本要求、认定委员会人员构成和参与认定相关工作的主体及分工；第二章详述了驰名商标认定工作中的审查和审定程序。为厘清行政认定驰名商标的不同途径和驰名商标认定申请的不同审查主体，分为“驰名商标认定应考虑的因素、证据材料”、“商标管理程序中的审查”、“商标异议程序中的审查”、“商标异议复审、商标争议程序中的审查”、“审定”共五节；第三章明确了驰名商标认定委员会开展驰名商标认定复审工作的具体规定、国家工商总局局长办公会对驰名商标认定委员会拟认定的驰名商标核审的规定、申请材料处理的具体制度和商标管理程序中特有的退回申请制度；第四章主要围绕监督、廉政建设、工作纪律及违纪处分三个方面进行了阐述；附则部分则规定了《细则》的解释主体和生效时间。

《细则》除完善和规范了认定工作程序外，更鲜明地体现出“构建监督体系”、“实现政务公开”的立法意图。在构建监督体系方面，《细则》规定了商标局局长办公会、商标评审委员会委务会研究驰名商标认定工作时，中央纪委、监察部驻国家工商总局纪检组、监察局派员进行监督；驰名商标认定委员会召开复审会议时，中央纪委、监察部驻国家工商总局纪检组、监察局派员监督，中华商标协会派代表列席会议，充分有效地发挥党纪监督、社会团体监督的作用。另外，《细则》还特别指出，商标局、商标评审委员会将驰名商标认定工作列为廉政风险点，建立健全监督检查制度。在实现政务公开方面，为了提高工作的透明度，促进依法行政，并充分发挥政府信息对人民群众、社会活动的服务作用，《细则》公开了包括认定工作的详细程序、参与认定相关工作的主体及分工、参与认定相关工作的商标局局长办公会、商标评审委员会委务会、驰名商标认定委员会的有关人员构成、认定考虑的因素及审查的证据材料、监督主体及方式等内容，并制定了公布制度，从而使驰名商标认定工作在更大程度上实现公开化，更有利于发挥其保护企业合法权益，促进经济发展的积极作用。

（三）商标局、商标评审委员会分别制定《审理涉及驰名商标认定案件工作规范意见》。

根据总局周伯华局长“要依法依规依程序办事，切实提高驰名商标的认定质量”的重要批示和付双建副局长“要进一步完善和健全驰名商标、著名商标认定和保护制度”的指示，商标局、商标评审委员会在总结以往工作经验的基础上，为贯彻好《国家工商行政管理总局驰名商标认定工作细则》，分别制定了《国家工商行政管理总局商标局审理驰名商标认定案件工作规范意见》和《国家工商行政管理总局商标评审委员会审理涉及驰名商标认定案件的工作规范意见》，以进一步明确审理要求，细化审理标准，规范审理程序，更加严格规范涉及驰名商标认定案件的审理工作。

（四）驰名商标保护力度进一步加大。

全国各级工商行政管理机关充分发挥职能作用，将加强驰名商标的保护作为商标战略实施的重要环节，把驰名商标作为日常监管和专项整治的重点予以保护，有效地保护了驰名商标权利人的合法权利，切实维护了消费者的合法权益，有力地保障了公平竞争、统一有序的市场经济秩序，改善了我国的投资环境，树立了我国保护知识产权的良好国际形象。

（五）中国驰名商标展在第十届西博会上成功举办

2009 年 10 月 16 日至 20 日，中国驰名商标展在四川成都第十届中国西部国际博览会主展馆盛大展出。本次展览由国家工商总局和四川省人民政府共同主办，由国家工商总局商标局、商标评审委员会和四川省工商局共同承办，集中宣传展示中国驰名商标保护以及中国驰名商标企业实施商标战略、促进经济又好又快发展的重大成果。

中国驰名商标展作为本届西博会的重要组成部分，展览面积达3500平方米。展览设主题馆和驰名商标企业展两大部分。中国驰名商标主题馆主题为“贯彻落实《国家知识产权战略纲要》，大力推进商标战略实施，促进西部经济发展，支持灾后重建”；驰名商标企业展展示企业商标战略实施和经营业绩等，共有73家企业参加了展览，这些驰名商标企业分布在全国29个省（自治区、直辖市），涉及食品饮料、药品、电子电器、化工、机械制造、纺织服装、医疗器械、建筑材料、餐饮服务等行业。

此次展览取得了巨大成功，引起社会各界的强烈反响，得到参会代表的高度赞扬和广泛肯定。总局周伯华局长带领各有关司局和各省局领导视察展馆，明确指出中国驰名商标展展示了国家大力推进商标战略实施的决心，展示了工商部门认真做好商标管理工作、工商干部认真服务企业的面貌，展示了企业创新的风采，一炮打响，影响很大，收效很好。四川省委书记刘奇葆、省长蒋巨峰及各省（自治区、直辖市）领导先后视察展馆，并给予了高度评价。参观人士纷纷表示，此次展览主题鲜明，内容丰富，形式多样，特点鲜明，影响广泛，充分展示了我国驰名商标认定和保护制度的演进历程和所取得的巨大成就，反映了驰名商标为促进地方经济发展、恢复四川灾后重建以及建设创新型国家所发挥的重要作用。

二、著名商标的认定和保护

（一）著名商标认定和保护的立法工作取得新进展。

为保证著名商标认定工作的规范化、制度化、程序化、法治化，确保著名商标认定公平、公正、公开，辽宁、吉林、上海、江苏、广东、贵州、新疆等省级工商行政管理部门通过建立配套制度，进一步细化认定标准、规范认定程序、完善监督体系。

2009年4月29日，宁夏回族自治区人民政府第34次常务会议讨论通过《宁夏回族自治区著名商标认定和保护办法》，并于4月30日以宁夏回族自治区人民政府令第15号予以公布，自2009年6月1日起施行。2009年12月11日，河南省人民政府第57次常务会议通过《河南省著名商标认定和保护办法》，并于12月28日以河南省政府令第129号予以公布，自2010年2月1日起施行。至此，全国31个省、自治区、直辖市均以地方性法规、政府规章、规范性文件等形式确立了对著名商标的认定和保护，其中有6个省份是由人大法规确立，18个省份是由政府规章确立，7个省份是由工商局规范性文件确立。

（二）各地依法开展著名商标认定工作。

2009年，全国省、自治区、直辖市工商行政管理部门依法共认定（或公布）著名商标8076件（含新认定和延续认定）。截至2009年底，全国有效的著名商标数量为25149件。

（三）各地大力推进著名商标的培育和保护工作。

北京市工商部门积极推进实施商标战略，激励企业提升商标意识，帮助企业在激烈的商业竞争中得到有效的法律保护，重点对现代服务业、高新技术产业、现代制造业等进行商标培育，有针对性地指导企业争创著名商标，取得了积极成果。

天津市工商局建立健全著名商标信息数据库，固定设备、固定专人进行管理；引导企业高度重视“商号、域名、商标”一体化注册工作，充分利用“商号、域名、商标”资源，拓展企业发展空间；制定《天津市商标专用权质押贷款实施指导意见》，为企业拓宽融资渠道。目前该市已有两户著名商标企业利用商标专用权质押各贷款人民币一千万元。

河北省工商部门除在日常监管工作中把保护著名商标专用权作为重点工作外，为切实解决商标和企业名称纠纷不断的问题，将全省驰名、著名商标全部录入工商业务系统软件数据库，与企业名称登记业务相关联，在名称预先核准时能够及时反映出有效驰名、著名商标信息，对不符合《商标法》和《河北省著名商标认定和保护条例》等规定的，一律不予核准，有效避免了省内的商标、企业名称纠纷，有力地保护了著名商标专用权。

山西省工商局坚持“重在培育、规范认定、梯级推进、分级负责”的商标培育思路，根据《山西省“十一五”商标发展规划》提出的推进“三大商标方阵”的目标，采取“两深入”、“三到位”、“四集中”的工作措施，加大宣传、帮助、引导、服务的力度，促进企业和农户进一步增强商标意识，增强培育和争创著名商标的主动性和积极性。

内蒙古自治区工商局从社会上不同行业、不同部门和不同大学聘请了不少于40人的专家、学者，组成了自治区著名商标认定委员会，认定时根据所涉及的行业邀请相关委员到会，以三分之二以上票数视为通过，并邀请纪检部门到会监督。在著名商标保护工作中，在自治区范围内与自治区著名商标相同或近似的企业字号一律不得核准使用。

吉林省工商局针对该省农业大省的客观实际，组织全省各级工商局对近年来全省农产品著名商标发展情况进行了调研，并形成《关于全省农产品著名商标发展现状的调查报告》。报告对吉林省农产品著名商标发展的主要特点、农产品著名商标持有人的主要组织形式、农产品著名商标的发展对促进农村和区域经济发展的作用进行了深入细致的分析，指出了现阶段存在的主要问题，提出了加快农产品商标发展的建议，为今后制订农产品著名商标的培育、保护以及农产品著名商标服务农业发展等方面工作措施提供科学参考。

上海市工商局一方面从政策入手，为著名商标发展提供环境保障，通过积极协调沟通市人大财经委、市政府法制办，组成上海市著名商标立法调研小组，先后赴湖北、福建等省进行调研考察，为进一步推进上海著名商标立法立规进程创造了良好条件。另一方面从执法入手，积极开展著名商标保护行动，通过进一步加强与华东六省一市工商部门协作，及时交换著名商标保护名单，开展跨地区著名商标执法保护联合行动，同时主动把上海市著名商标的保护扩大到企业字号、商品特有的名称、包装、装潢上。

江苏省工商局以实施商标战略和充分发挥商标促进经济发展的作用为工作中心，加强著名商标的培育、发展和保护工作，帮助支持具有品牌优势的企业拓宽融资渠道，全省全年实现商标专用权质押贷款资金10亿元。围绕支持地方主导产业和特色产业发展，认定了28个产业集群品牌培育基地，大力支持基地龙头企业，以商标为核心，发展品牌经济。

浙江省工商局积极引导企业进行商标评估，鼓励运用省著名商标等知识产权出资、融资。该局与人民银行杭州中心支行联合下发《浙江省商标专用权质押贷款暂行规定》，把推进商标专用权质押融资作为品牌进民企的突破口，积极引导省著名商标企业盘活无形资产，拓宽融资渠道。据统计，以省著（驰）名商标作质押，全省已有37家公司成功贷款合计7.45亿元。

福建省工商局为进一步鼓励、推动全省开展商标专用权质押贷款工作，对17家获得商标专用权质押贷款的企业，在实际使用已满三年、为相关公众所知晓、权属无争议、商品质量优良的前提下，对其申报商标优先认定为福建省著名商标。福建省通过召开驰著名商标保护工作座谈会，使商标监管人员、企业、商标中介机构互动商议助企维权事宜，取得了很好的成效，一批驰著名商标企业的合法商标权益在辖区内外得到有效维护。

湖南省工商局下发了《关于推进商标品牌发展战略，指导服务企业争创驰名著名商标和地理标志证明商标的实施意见》，明确了指导、服务企业争创驰名、著名商标和地理标志证明商标的目标、任务和具体工作要求，并在全省选择800家商标品牌创新型企业，进行跟踪指导、跟踪服务，得到了各级党委、政府和广大企业的广泛好评。

广东省工商局制定了《广东省工商行政管理局关于广东省著名商标认定和管理的实施细则》和《广东省著名商标评审委员会章程》，推进著名商标评审认定和管理工作的规范化、制度化、法制化建设；修订了《广东省企业冠省名登记管理办法》，将“持有驰名著名商标”作为企业冠省名、注册资本不受限制的条件之一，进一步扶持驰名著名商标企业做大做强。目前，该局已将驰名商标、广东省著名商标名称与企业名称登记数据库进行对接检索，加强了对驰名著名商标的保护。

西藏自治区工商局始终把培育著名商标工作放在重要位置，紧紧围绕“一产上水平、二产抓重点、三产大发展”的工作思路，立足西藏特点，加大对特色农牧业、民族手工业、土特产品商标的培育与发展。积极深入各大企业及旅游景点挖掘和培育商标，在培育和发展农畜、特色产品、高原绿色食（饮）品、旅游产品等商品商标、服务商标的基础上，注重挖掘和培育人文景观、自然景观、生物资源等证明商标，打造一批具有西藏特色、传统文化特点的商品商标，促进自治区经济快速发展。

青海省工商局坚持“择优择强，重点扶持”的原则，针对不同对象及时发放商标策略提示书，突出青海高原特色产业和产品，对商标知名度高、产品质量稳定、市场占有率高、发展前景广阔的企业商标，进行重点培育和扶持。

宁夏自治区工商局全面推行商标“指导员”制度、“五个员五步走”的工作新模式，建立驰名著名商标跨省打假新机制。为有效保护“中宁枸杞”地理标志驰名商标，自治区工商局协助中宁县政府前往中宁枸杞主销区成都、重庆、云南等省区走访重点市场，针对成都、重庆市场假冒侵权中宁枸杞现象，召开新闻发布会和座谈会，并与两省工商局签订商标保护框架协议，使中宁枸杞商标得到有效保护。

新疆自治区工商局制定并发布《自治区工商局推进企业商标战略发展措施》，确定了以特色林果业、石油化工、能源等五大产业为驰名著名商标培育发展重点，并从宣传保护、培育发展等方面提出加快推进企业商标战略实施、培育驰名著名商标的九项具体措施。同时制定了《自治区工商局 2009 年重点商标培育发展计划》，确定对 42 件优势企业商标进行重点培育和帮扶。自治区各地工商局结合当地实际，也相继制定发布了本地区《推进企业商标战略发展措施》和《重点商标培育发展计划》，在全疆范围内掀起了培育、保护驰名著名商标的工作热潮。

商标信息化建设

一、商标局信息化建设概况

国家工商总局高度重视信息化建设，提出“建设高素质的队伍、运用高科技的手段、实现高效能的监管、达到高质量的服务，努力实现‘四高目标’”。运用高科技的手段，就是要运用数字化、信息化、网络化等高科技手段，积极构建综合业务应用平台、公共服务平台和工商内部管理平台，不断提升监管服务水平。商标局深入贯彻落实国家工商总局的部署，高度重视利用现代信息技术不断提高商标注册与管理工作效能、政务公开透明度和社会服务水平。自 1994 年以来，按照“总体规划、分布实施”的原则，已经实施了一期工程、二期工程和三期工程之网上服务系统等商标信息化建设，初步建成了商标审查审理业务系统和商标网上服务系统。

15 年来，在国家工商总局领导的重视和关心下，经商标局和国家工商总局经济信息中心共同努力，我国的商标信息化建设取得了显著成效，并不断深入推进。

1994 年底，商标注册与管理自动化一期工程完成并投入运行，实现了运用计算机进行商标检索和查询的目标，开始了商标注册与管理的自动化进程。

2001 年底，商标注册与管理自动化二期工程完成并开始运行，实现了商标注册流程的无纸化审查，使得我国商标注册与管理的手段发生了质的变革。

2003 年，确定了商标注册与管理自动化三期工程的目标：实现“四个网上”（即网上公告、网上查询、网上申请和网上缴费）和“一个全面提高”（即全面提高商标工作自动化水平）。

2003年12月，商标局开始在“中国商标网”上滚动发布最新出版的12期处于异议期的《商标公告》；次年12月，商标局又开始在“中国商标网”上公告商标异议裁定书，实现了三期工程的第一个子目标“网上公告”。

2005年12月，商标局通过“中国商标网”免费向公众开通商标注册信息网上查询，任何人均可登录该网在线查询商标注册信息，实现了三期工程的第二个子目标“网上查询”。

2006年12月，商标注册网上申请系统开始试用。

2009年1月，商标局发布了《商标网上申请试用办法》，并向商标代理组织全面开通商标注册网上申请系统，实现了三期工程的第三个子目标“网上申请”。

目前，商标信息化工作瞄准国际水平，不断深入推进。

二、大力推进商标战略实施，进一步加强商标信息化建设

2009年，商标战略实施初见成效，加快商标审查取得关键性成果。围绕商标局的中心工作，商标信息化建设进一步加强，并取得了显著成绩。

（一）开发统计程序，为首次发布全国注册商标有效注册数据提供了基础。

为了推进商标战略实施，根据各级政府需要掌握本地区商标注册基本情况的要求，商标局开发了有效注册商标等统计软件，首次全面发布了省、市、县三级行政区划的注册商标主要统计数据，更好地促进了全国各级工商行政管理部门实施商标战略。

（二）加强统计和分析，为超额完成全年商标审查任务提供决策依据。

2009年，为实现“三年解决商标审查积压”关键年的目标，强化商标审查工作情况月度统计和分析，为超额完成全年商标审查任务提供了决策依据。尤其是在2009年6月，为实现“时间过半、任务过半”的工作目标，加强商标审查和异议工作量统计工作，有力地配合了“时间过半、任务过半”工作目标的顺利实现。

（三）完善网上服务系统软件，向所有商标代理组织开放商标注册网上申请，中国商标网电子政务水平大大提高。

2009年，商标局分批培训了1800多家商标代理组织，大大增加了网上申请试用范围。商标注册网上申请日均申请量由试用初期的不足100件猛增到2000余件。自2006年12月26日商标注册网上申请试用至2009年12月31日，商标注册网上申请量达45万件，其中2009年商标注册网上申请量达36.3万件，约占2009年度商标注册申请量（含纸件申请）的44%，是2008年商标注册网上申请量5.5万件的6.6倍。

“中国商标网”是商标局主办的政府网站，提供商标法律法规、商标注册指南、商标申请书式、重要商标新闻等商标工作信息，以及商标网上公告、商标网上查询、商标网上申请等服务。目前“中国商标网”已成为我国知识产权领域的重要门户网站，在对外宣传和服务社会方面发挥着日益重要的作用。随着商标局网上服务水平的提高，“中国商标网”的点击数迅速增长：2004年达1亿次，2005年达1.65亿次，2006年猛增至10.43亿次，2008年达17.5亿次，2009年增加到23.6亿次。这体现了中国商标网的服务水平和社会公众对商标知识产权的关注。

（四）瞄准国际水平，适应《商标法》新要求，积极筹备三期系统软件改造和建设工程。

经过了15年的建设，商标信息化系统已经拥有IBM、SUN等17台高可用服务器和1000多个终端用户，基本建成了对内服务的商标收文录入系统、商标审查审理系统、商标电子档案系统、商标规费电子财务系统和对外服务的商标网上公告系统、商标网上查询系统、商标网上申请系统和商标工作信息系统。为了进一步提高商标信息化水平和电子政务服务水平，以国际水平为目标，即将实施三期系统软件改造和建设工程，全面整合商标信息化各个子系统。目前，已经开展筹备工作。

商标法制

2009年，商标局认真学习实践科学发展观，按照全国工商行政管理工作会议部署，深入贯彻落实《国家知识产权战略纲要》，积极开展有关商标法律、法规和行政规章的修改和制订工作，严格依法做好商标行政诉讼案件的应诉工作，商标法制工作取得新的进展。

一、《商标法》修改工作取得新进展，商标法律体系不断完善

（一）稳步推进《商标法》的修改工作，为大力推进商标战略实施提供强有力的法律保障。

《商标法》第三次修改自2003年起启动。近年来，在总局周伯华局长亲自主持和领导、付双建副局长的直接指挥下，在总局其他司局的大力支持下，按照总局周伯华局长2009年2月2日关于要使修改后的《商标法》既符合我国国情，又同国际惯例、先进水平相衔接、相一致的指示精神，明确了“适应形势发展和实施商标战略需要、简化和完善商标确权程序，进一步加大商标专用权和地理标志保护力度，规范驰名商标认定与保护，加强对商标代理行为的监管，为中外商标申请人提供更好服务，努力使商标法达到国际水平”的修法目标。按照总局付双建副局长“开门立法，借助外力”指示精神，2009年3月底，针对修法出现的几个有争议的热点问题，商标局邀请知识产权领域较有影响的专家学者进行专题论证，并撰写论证报告。5月，在法规司指导下，商标局会同商标评审委员会、中华商标协会两次召开专家、学者、系统代表座谈会广泛征求商标代理机构、企业代表、有关地方工商局、法院系统以及有关专家、学者的意见和建议，形成《商标法（修订稿）》（征求意见稿）。6月至8月，会同法规司，将征求意见稿再次发送有关部委、商标代理组织、专家学者、企业代表、有关国家商标主管机关和商会、协会共105家征求修改意见。总局周伯华局长亲自给世界知识产权组织高锐总干事致函征求意见。共征集修改意见200多项，涉及征求意见稿59个条款。商标局对这些意见进行了归纳整理，经认真研究后充分吸收其中的合理意见，对征求意见稿再次进行修改，形成《商标法（修订稿）》（送审稿）。经11月10日国家工商总局局务会议通过后，于11月18日报送国务院法制办。

同时，《商标法实施条例》等配套法规规章的修改、起草制定工作也正在进行中。

（二）积极推动《商标代理条例》的立法进程。

2009年，国家工商总局将《商标代理条例》列入立法计划一档项目，经过认真调研和论证，明确立法思路，积极与国务院法制办进行沟通，形成了《商标代理条例》（草案）。目前，《商标代理条例》立法工作正有序推进。

针对商标代理行业出现的新问题和亟须加强监管的情况，国家工商总局组织修订《商标代理管理办法》并于2009年11月11日正式发布施行，进一步维护商标代理秩序，保障委托人及商标代理组织的合法权益。

二、进一步规范商标工作内部程序，建立健全商标法律法规体系

商标局以依法为商标申请人和权利人提供优质高效服务为宗旨，加强制度建设，确保商标工作运行良好有序。对商标代理人规范管理、商标转让、商标专用权质押、商标异议期限、商标执法案件法律适用等问题进行研究，完善了内部行政程序，进一步促进商标注册和管理工作。

为完善和规范驰名商标认定工作程序，使驰名商标认定工作进一步制度化、规范化、程序化、法治化，国家工商总局制定并发布了《国家工商行政管理总局驰名商标认定工作细则》（以下简称《细则》）。商标局、商标评审委员会根据《细则》的要求，分别制定了《国家工商行政管理总

局商标局审理驰名商标认定案件工作规范意见》和《国家工商行政管理总局商标评审委员会审理涉及驰名商标认定案件的工作规范意见》。

为适应经济社会发展的需要，按照《物权法》、《担保法》的有关规定，国家工商总局制定并发布了《注册商标专用权质权登记程序规定》，积极支持企业拓宽融资渠道，帮助企业实现商标无形资产的资本化运作。全年共办结204件商标权质押登记申请，质押价值101.46亿元。

国家工商总局商标局制定并颁布了《关于申请转让商标有关问题的规定》，进一步完善了商标转让程序，规范商标转让行为，有利于减少商标转让争议。

三、认真做好行政复议和行政诉讼等工作

为确保行政复议和行政诉讼案件办理工作的顺利进行，商标局制定并实施了《商标局行政复议及行政诉讼办文流程》,对规范诉讼和复议工作发挥重要作用。2009年共处理行政复议案件48件，行政诉讼一审、二审案件共计20件。

商标代理

2009年，我国商标事业进入前所未有的高速发展时期，商标代理行业也随之蓬勃发展，商标代理机构数量持续高速增长，商标代理业务的广度和深度不断拓宽，服务能力和质量不断提高，商标代理行政监管和行业自律水平明显提升，对促进我国商标事业的蓬勃发展发挥了重要作用。

一、商标代理机构的基本情况

截至2009年12月31日，我国商标代理机构总数为4637家，其中2009年新增商标代理机构730家，注销8家。

二、商标代理行政监管进一步加强，商标申请人权利得到有力维护

（一）积极推动《商标代理条例》的立法进程。

国家工商总局将《商标代理条例》列入2009年立法计划一档项目，并就是否恢复商标代理人资质问题进行了深入研究，研究制定规范商标代理行为的具体措施，拟定对商标代理机构和代理人进行资格限定、行为约束及加强信用分类监管等几个方面的立法思路，并与国务院法制办进行了沟通。根据上述思路，对《商标代理条例》进行了相应修改，形成了《商标代理条例》（草案）。目前，《商标代理条例》立法工作正有序推进。

（二）修改《商标代理管理办法》，商标代理行政监管能力明显提升。

为切实加强商标代理行政监管，国家工商总局修改了《商标代理管理办法》，放宽准入条件，下移监管权限，修改后的《商标代理管理办法》已于2009年11月11日正式发布，商标代理行政监管能力得到明显提升。

（三）创新商标代理行业监管方式，加大对商标代理违法违规行为的查处力度。

国家工商总局下发了《关于进一步规范商标代理市场秩序的通知》，在全系统部署商标代理市场监管工作，要求各级工商行政管理部门采取有效措施，加大对商标代理行业的监管，维护商标权人的合法权益。各地工商行政管理机关纷纷开展专项行动，加大对商标代理违法行为的查处力度，采取督查督办、在“中国商标网”公开通报、加强行业自律等措施，切实规范商标代理市场秩序。

（四）研究起草《商标代理信用信息管理办法》，探索建立商标代理组织信用评价体系。

国家工商总局商标局积极研究建立商标代理组织信用评价体系，在2008年工作的基础上，研究起草了《商标代理信用信息管理办法》，并征求了包括中华商标协会在内的总局有关司局及直属单位的意见，为进一步公开政务信息，加强企业信用监管奠定了坚实基础。

（五）统一标准，规范流程，商标代理组织备案管理制度进一步完善。

国家工商总局商标局对商标代理组织备案、

变更、注销工作制度进行了系统性整理和归纳，统一工作标准，规范工作流程，有效提高工作效率和服务水平。

（六）加强商标代理机构举报投诉管理，切实提高服务水平。

国家工商总局商标局逐步完善商标代理机构举报投诉管理制度，对涉及商标代理机构的投诉，由专人负责接待和处理。2009 年共受理并依法处理了对代理组织的投诉 15 件，服务水平有效提升。

三、商标代理行业自律进一步加强

（一）继续加强商标代理行业管理和自律，促进商标代理行业健康发展。

2009 年，中华商标协会商标代理分会新发展会员 87 家。截至 2009 年 12 月 31 日，商标代理分会共拥有会员 225 家。筹备成立了由代理分会会长、副会长牵头的行业发展、行业准入、行业服务和行业纪律等 4 个调研课题小组，召开了两次工作会议，就相关工作的进展情况和存在问题进行交流和讨论。

（二）继续加强商标代理人培训工作，有效提升行业整体素质和服务水平。

2009 年 7 月 11 日至 12 日，在北京举办了 2009 年全国商标代理人培训班，共培训来自全国 19 个省市 92 家商标代理机构的商标代理人 221 人。

（三）加强商标代理行业国际交流与合作。

在第三届中国商标节成功举办了中外商标代理机构合作发展峰会，促进商标代理行业国际交流与合作。

与港澳台交流和合作

2009 年，国家工商总局与港澳台知识产权机构进一步加强合作和交流，加强了对港澳台企业商标专用权的保护力度，切实维护了港澳台地区商标注册人的合法权益。

一、积极开展与港澳台地区的合作和交流

国家工商总局通过论坛、研讨会、磋商等形式，与港澳台商标主管部门建立沟通渠道，互通信息。2009 年，派员赴香港参加了香港知识产权署主办的“知识资本管理、知识资产管理及知识产权管理”地区研讨会，赴台湾参加了 2009 海峡两岸商标研讨会，并参加了在江苏省苏州市举办的“2009 年内地与香港、澳门特别行政区知识产权研讨会”。

11 月 13 日，商标局赵刚副局长会见了台湾海峡两岸商务协调会参访团一行，双方主要就商标审查机制以及进一步开展双边合作等问题进行了交流。

广东省工商局积极开展粤港知识产权领域的合作。7 月 16 日，参加了粤港保护知识产权合作专责小组第八次会议。与香港特区政府知识产权署、公司注册处就公司注册与注册商标的关系问题积极沟通交流，根据港方意见多次修改形成的调研报告《公司注册与注册商标的关系与现况》引起港方重视，香港《公司条例》在修订过程中，对相关内容予以吸收借鉴。

二、依法加大对港澳台地区商标的行政保护力度

国家工商总局积极引导台湾农产品生产者和经销商在大陆进行商标注册，加大涉台地理标志和农产品商标的保护力度，出台了《关于支持海峡西岸经济区建设的意见》，要求在商标审查、异议裁定和争议裁定中坚决制止以不正当手段抢先注册台湾农产品知名商标的行为；认真履行市场监管职责，依法保护台湾农产品商标专用权；依法认定驰名商标，加大对台湾农产品知名商标的保护力度。2009 年，商标局在商标管理案件中依法认定澳门大自然投资控股有限公司注册并使用在商品和服务国际分类第 19 类“地板”等商品上的“大自然”注册商标为驰名商标并对其扩大保护。

商标局还协调解决了台湾“85 度 C”、“台湾啤酒”、“Wish”珠宝商标以及台湾摩卡食品公司

"摩卡"商标等案件，指导港澳台企业依据商标法律维护自身合法权益。

福建省工商局强化涉台商标保护工作，2009年查处侵犯涉台商标专用权案件39起、罚款额达10.4万元。厦门、惠安、龙岩等地工商部门积极开展涉台商标行政指导工作，努力为台资品牌保驾护航，有力维护了台企商标权益，受到了台商和当地群众的高度赞扬。

国际交流与合作

2009年，国家工商总局在商标领域积极开展多边及双边交流合作，在不断巩固和加强与世界知识产权组织、国际商标协会等国际组织以及美国、日本、欧盟等国家和地区商标主管机关友好合作关系的基础上，努力拓宽对外交流与合作渠道，商标领域的交流与合作进一步加强，积极服务国内外商标权人，有力维护了国家和中外企业利益。

一、积极开展多边领域的交流与合作

（一）与世界知识产权组织（WIPO）的交流与合作。

2009年，国家工商总局商标局派员参加了世界知识产权组织商标、工业品外观设计和地理标志常设委员会（SCT）会议，世界知识产权组织里斯本体系（原产地名称）工作组会议，马德里体系商标国际注册法律发展工作组会议，知识产权与发展委员会(CDIP）会议，知识产权和公共政策问题大会，商标注册用商品和服务国际分类尼斯协定会议，并就商标申请中的产品和服务分类、商标信息技术发展、调动知识产权资源促进发展、商标国际注册马德里体系、地理标志、新型商标等知识产权议题进行了讨论。

2009年3月30日，世界知识产权组织总干事弗朗西斯·高锐先生访问总局，与周伯华局长进行会谈，商讨合作事宜。

9月22日至10月1日，国家工商总局王东峰副局长赴瑞士出席世界知识产权组织第38届大会。会议期间，王东峰副局长会见了世界知识产权组织总干事弗朗西斯·高锐先生，双方就商标注册与保护情况进行了交流。

2009年11月23日至26日，国家工商总局商标局局长李建昌赴瑞士日内瓦参加了商标、外观设计和地理标志常设委员会(SCT）第22次会议。会议期间，李建昌局长与世界知识产权组织高锐总干事进行了会谈。

2009年11月30日至12月1日，国家工商总局与世界知识产权组织在重庆举办了亚太地区地理标志研讨会，交流探讨利用地理标志促进农村经济发展的经验和做法。来自世界知识产权组织、南非、泰国等国际组织和国家商标主管机关以及我国相关部门的代表和专家共200多人参加了会议。研讨会期间，还举办了"中国农产品商标和地理标志工作成果展览"，组织实地参观考察了重庆市地理标志产品"涪陵榨菜"和"长寿沙田柚"的生产加工情况，受到世界知识产权组织副总干事王彬颖女士及与会代表的高度评价和赞誉。

世界知识产权组织（WIPO）非洲局赫尔曼局长率非洲国家26国高级官员和高级审查员代表团访问国家工商总局商标局，李建昌局长会见了代表团并陪同非洲客人参观了中国农产品商标和地理标志工作成果展。在参观过程中，国际友人盛赞中国农产品商标和地理标志的注册与保护促进农业发展成效显著，希望非洲国家可以向中国学习这些好的做法，希望中非之间将来加强交流，共同探讨如何更好地保护农产品商标和地理标志，使非洲国家从中国的做法和经验中受益。

2009年12月17至18日，世界知识产权组织商标、工业品外观设计和地理标志部门国际注册部门高级司长胡安·巴拉佐先生访问国家工商总局商标局，李建昌局长会见了巴拉佐先生，双方商讨了马德里商标国际注册体系电子通讯等事宜。

（二）与世界贸易组织（WTO）的交流与合作。

2009年，国家工商总局商标局认真研究了欧盟、美国、日本在世界贸易组织对华贸易政策审议中提出的大量对华问题单，并派员参加世界贸易组织知识产权（TRIPS）理事会例会及知识产权议题谈判特会，就地理标志保护范围扩大等议题进行谈判，积极维护我国的国家利益。

（三）与亚太经合组织（APEC）的交流与合作。

2009 年，国家工商总局商标局派员参加了亚太经合组织第二十八次、第二十九次知识产权专家组会议，并就会议有关提案进行了积极应对。

（四） 参加了美日欧商标三方会谈。

国家工商总局商标局李建昌局长参加了 2009 年 12 月在西班牙阿里坎特举办的第八次美日欧商标三方会谈，以观察员身份就商标审查质量管理及信息技术建设等问题同美欧日三方进行了交流，并在会议期间就双边合作问题与美欧日三方进行了商谈。

二、积极开展双边领域的交流与合作

2009 年，我国在商标领域开展的双边交往继续呈现活跃态势，先后与多个国家签订合作谅解备忘录，合作项目不断推进，增强了与有关国家和地区的友好合作关系。

国家工商总局与欧盟、韩国、法国、越南等国知识产权部门分别签署了以商标为主要内容的合作谅解备忘录，商标局为谅解备忘录的签署提供了实质性意见，标志着中国和这些国家在商标及相关领域正式建立了双边战略合作框架，商标领域的交流与合作进入定期化、规范化阶段。

中欧知识产权保护二期项目继续推进。欧洲内部市场协调局局长伍博·德·博爱先生访问商标局，就双边合作等有关问题交换意见。商标注册对比研究项目顺利结束，欧洲内部市场协调局代表团在该项目下对商标局商标注册程序进行了考察。中欧双方联合在华举办了欧共体商标和立体商标制度巡回研讨会。

此外，国家工商总局商标局派员访问了美国专利商标局、泰国智慧财产厅，赴欧盟总部进行了商标法律宣讲，参加了在挪威、俄罗斯、泰国、韩国、蒙古、意大利等国举办的知识产权谈判或研讨会。并接待了韩国、日本、古巴、越南、美国、泰国、菲律宾等国知识产权代表团或企业代表的来访，就商标法律制度、行政执法、地理标志保护、商标个案等进行交流。

2009 年，国家工商总局商标局派员分别参加了美国专利商标局“全球知识产权研究院”举行的地理标志培训、韩国特许厅与亚太经合组织联合开展的亚太经合组织知识产权信息负责人培训项目，以及日本特许厅委托日本海外技术者研修协会（AOTS）组织的培训。此外，商标局还选派工作人员赴欧洲内部市场协调局（OHIM）进行为期 5 个月的实习交流。

三、进一步加强与外国驻华使馆的工作联系

2009 年，国家工商总局商标局进一步加强与美国驻华使馆知识产权办公室、欧盟驻华代表团商标专员、日本贸易振兴机构北京代表处知识产权部等各国驻华知识产权部门的沟通和联系，积极促进双边交流和合作。在此基础上，商标局还加强了与韩国、希腊、意大利等国驻华使馆的联系，协调解决了一些重大商标案件，如伊朗“JAFFA”橙子商标案、印尼 PT Kedaung 集团商标被仿冒案件、希腊“FETA”和“APVITA”商标案、泰国“PATUM” 商标案等。

四、积极采取措施提升中国企业国际竞争力

2009 年，为保护我国企业在国外的合法商标权益、建立企业海外商标维权机制、为我国对外贸易和经济发展创造良好的国际商标保护环境，商标局积极进行调研，高度重视我国企业商标海外维权工作，成功避免了我国“中国银行”、“中国铝业”、“新浪”、“搜狐”、“普洱茶”等 52 件商标在加拿大被恶意抢注，并及时向国务院报告。另外，国家工商总局召开中国加入马德里商标国际注册体系 20 周年座谈会，组织制订《关于加强马德里商标国际注册工作建立商标海外维权机制的指导意见》，以进一步促进企业运用商标实施“走出去”战略，不断增强企业的国际竞争力。

商标宣传

2009年，全国各级工商行政管理机关广泛利用电视、广播、报刊、互联网等媒体，通过接受采访、展览、培训、座谈、现场咨询、发放宣传资料等多种形式，宣传普及商标法律和商标知识，并大力宣传我国商标行政保护制度和保护成果，使全社会的商标法律意识和商标法制观念进一步增强。

一、深入开展“2009年保护知识产权宣传周”活动

2009年4月20日至26日是《国家知识产权战略纲要》颁布后的第一个全国知识产权宣传周。国家工商总局及商标局抓住开展2009年全国知识产权宣传周的有利时机，以科学发展观为指导，及时颁布并认真贯彻《关于贯彻落实〈国家知识产权战略纲要〉、大力推进商标战略实施的意见》，大力推进商标战略的实施。

根据全国知识产权宣传周组委会《2009年全国知识产权宣传周活动方案》，国家工商总局制定了由商标局牵头，办公厅、反垄断及反不正当竞争执法局、商标评审委员会、宣传中心、中国工商报社和中华商标协会共同参与的《总局2009年保护知识产权宣传周活动方案》，并对全国工商行政管理部门宣传工作的开展进行了精心部署，要求各地以实施商标战略为中心，以商标领域的热点问题为重点，围绕消费者和企业感兴趣的问题，以群众喜闻乐见的形式，开展多种类、多层次、生动活泼的宣传工作。

国家工商总局及商标局有关负责同志先后参加了宣传周期间的新闻发布会、论坛等活动，有关部门全力以赴推动各项活动的顺利开展，取得了良好的效果。4月20日，国家工商总局付双建副局长赴国家体育场(鸟巢)参加全国知识产权宣传周活动组委会举办的“全国知识产权宣传周启动仪式”，商标局李建昌局长等陪同参加。4月22日，国家工商总局付双建副局长参加了中国工商报社举办的“坚定发展信心、实施商标战略——2009商标与发展高层论坛”，4月25日至26日参加了中华商标协会与中国经济报刊协会、中国知识产权研究会、中国版权协会、国际保护知识产权协会中国分会等5家单位共同主办的“知识产权创新发展与核心竞争力 2009中外企业知识产权高层论坛”，商标局王守义副局长陪同参加并发言。商标局李建昌局长先后参加了全国知识产权宣传周活动组委会举办的“全国知识产权宣传周新闻发布会”及国务院新闻办公室联合国家知识产权局、国家工商总局和国家版权局共同举办的“2008年中国知识产权保护状况”新闻发布会，分别就宣传周总体活动以及一年来商标工作的总体情况作了介绍并回答了记者的提问。4月24日，商标局应邀参加国家知识产权局与公安部、海关总署共同举办的主题为“挑战·合作·发展”的“中国知识产权高层论坛”，李建昌局长主持了该论坛的“知识产权战略与经济社会发展”主题，王守义副局长发表题为“贯彻落实《国家知识产权战略纲要》、大力推进商标战略实施”的演讲。商标局吕志华副局长代表商标局接受了中央电视台记者采访，重点介绍了近年来商标工作所取得的重大成就，并就商标局下一步工作中着力解决的主要问题以及解决措施回答了中央电视台记者的提问。商标局郭连连副巡视员参加了北京秀水街市场公司主办的“关注知识产权保护与消费转型——4·26秀水知识产权国际活动日”活动。4月24日，《中国工商报》推出“4·26商标权保护特刊”，刊登了该报记者对商标局李建昌局长就商标局在解决商标申请积压、保护注册商标专用权、推动商标战略实施方面所做的工作进行的专访；发布了“2008年保护国内企业注册商标专用权典型案例”、“2008年保护外国企业注册商标专用权典型案例”和“2008年涉嫌假冒注册商标犯罪案件移送典型案例”；并对《中国商标战略年度发展报告》概要，以及各地工商部门在保护注册商标专用权、地理标志富农和推动商标战略实施方面所做的工作进行了报道。

二、在成都西博会上成功举办了中国驰名商标展

2009 年 10 月 16 日，第十届中国西部国际博览会在四川省成都市世纪城国际会展中心揭幕，作为本届西博会重要组成部分的中国驰名商标展同时开展。

此次展览取得了巨大成功，引起了社会各界的强烈反响，得到参会代表的高度赞扬和广泛肯定。总局周伯华局长、四川省省委书记刘奇葆和四川省省长蒋巨峰视察了中国驰名商标展，对此次展览给予高度肯定和评价。其他参观人士纷纷表示，此次展览主题鲜明，内容丰富，形式多样，特点突出，影响广泛，充分展示了我国驰名商标认定和保护制度的发展历程和所取得的突出成就，反映了驰名商标为促进地方经济发展、恢复四川灾后重建以及建设创新型国家所发挥的重要作用，是目前为止以中国驰名商标为主题的全国规模最大的一次集中展示，开辟了历史先河。

三、举办了《庆祝中华人民共和国成立六十周年、贯彻落实〈国家知识产权战略纲要〉、大力推进商标战略实施》主题展览

2009 年 7 月 23 日至 24 日，全国工商行政管理系统贯彻落实《国家知识产权战略纲要》、大力推进商标战略实施工作会议在吉林省长春市隆重举行。作为会议的一项重要内容，商标局组织《庆祝中华人民共和国成立六十周年、贯彻落实〈国家知识产权战略纲要〉、大力推进商标战略实施》主题展览，全面反映了全国各级工商行政管理机关在贯彻国家知识产权战略纲要，大力实施商标战略方面的工作成果。总局周伯华局长在会议期间参观展览并给予充分肯定。全体会议代表参观展览后，一致给予了高度评价。

四、举行 2009 年商标注册申请审查突破百万新闻发布会

截至 2009 年 9 月 15 日，国家工商总局商标局 2009 年商标注册申请审查量已经达到100.5 万件，同比增长 153%，是我国商标史的重要里程碑，为新中国 60 华诞献上了一份厚礼。9 月 16 日，国家工商总局以《要情专报》的形式向国务院报告了商标注册申请年审查量突破百万大关这一历史性突破，向世界知识产权组织等国际组织和美国、欧盟、日本等主要发达国家（地区）的商标主管部门作了通报。

2009 年 9 月 16 日上午，国家工商总局举行 2009 年商标注册申请审查突破百万新闻发布会，共有近 30 家中央主要新闻媒体参加，商标局李建昌局长作为发布人就我国今年商标注册申请审查量于 9 月 15 日突破百万大关及总局近两年来加快商标审查的有关情况进行了通报，回答了记者的提问并接受了中央电视台的专访。

新闻发布会后，各大媒体竞相报道。中央电视台在当日的整点新闻和次日的《新闻联播》节目中进行了报道。《人民日报》在 9 月 17 日头版重要位置以《我国成为世界第一商标大国，今年审查量已逾 100 万件》为题进行了报道。《法制日报》、《经济日报》、《光明日报》、《中国青年报》、《经济参考报》、《新京报》、《中国工商报》、《中国消费者报》、中国政府网、新华网、人民网、中国新闻网、新浪网、搜狐网等进行了全面报道，广泛宣传了商标工作取得的显著成绩和为促进经济社会又好又快发展所做出的重要贡献，引起良好的社会反响。

五、继续加大商标网上宣传力度

根据《政府信息公开条例》的要求和国务院及国家工商总局的有关部署，商标局进一步加大了在“中国商标网”及“国家工商总局”网站上发布信息力度，2009 年全年主动在两网上公开政府信息 6427584 条（不重复计算）。其中，分别于 2009 年 1 月8 日在商标要文栏目公布了《商标网上申请试用办法》，于 4 月 24 日在驰名商标栏目公布了《国家工商行政管理总局驰名商标认定工作细则》，于 10 月 5 日在商标法律、法规栏目公布了《注册商标专用权质权登记程序规定》，于 11 月 13 日在商标法律、法规栏目公布了《商标代理管理办法》；在商标要闻栏目内公布了 166 条

重要政务信息；在商标公告栏目内发布了48期《商标公告》共计2143664条商标信息；在网上查询栏目内提供可查询商标信息4278805条；其它还包括发布商标代理机构信息4876条及各类商标申请办事指南信息70条。这些信息的及时详细发布，有利于商标申请人了解商标局工作流程，方便各类商标申请人到商标局办事；有利于全社会更好地了解我国商标领域发生的大事、要事及商标工作的新进展，让公众更加迅速、全面地了解我国商标事业的发展，进而使商标战略意识更加深入人心。

六、认真做好咨询电话的接听答复工作

为方便公众咨询有关政务信息，商标局进一步加强专职工作人员负责接听咨询电话工作。目前每天接听答复咨询电话近260个，全年接听答复咨询电话总数达到6.6万个以上。在工作中努力做到有话必接、耐心解答，并将申请人电话咨询中常见疑难问题进行梳理汇总后在网上向公众发布。咨询电话的接听答复较好地满足了广大群众了解有关商标政务信息的需求，同时促进了商标法律知识的宣传教育工作。

队伍建设

2009年，在国家工商总局党组的重视和领导下，商标局高度重视建设高素质的干部队伍，按照“政治上过硬、业务上过硬、作风上过硬”的“三个过硬”要求，以进一步加强班子建设、队伍建设、作风建设为基础，以加强党风廉政建设为保证，不断提高商标局整体素质和工作水平，进一步增强商标局干部职工队伍的凝聚力、向心力和战斗力，为推动商标局各项工作提供坚强的政治保证和组织保证。

一、贯彻落实党的十七届四中全会精神，切实加强商标局党建工作，为推动商标局各项工作提供坚强的政治保证和组织保证

一是2009年年初，按照总局要求，继续深入开展学习实践科学发展观活动，扎实做好深入学习实践科学发展观活动整改落实和“回头看”工作，明确整改项目，制定整改落实方案，明确整改落实时限、措施及责任分解，解决实际问题，把学习实践活动的成效转化为不断推进商标事业科学发展的强大动力。商标局学习实践活动的群众满意度测评满意率达97.96%。

二是加强理论学习。坚持用中国特色社会主义理论体系武装广大党员、干部，坚定正确的政治方向，不断提高全局广大党员、干部的思想政治素质和思想理论水平。全年选送9名干部参加了中央国家机关党校和总局党校班学习。

三是切实加强商标局党委班子建设。2009年初，为落实总局党组部署，进一步加强班子建设，商标局党委由成立时的11名委员增加到12名，同时增设了1名副书记，进一步加强了组织，强化了领导。

四是高度重视抓好党支部建设。2009年上半年干部选拔调整后，认真指导相关党支部做好改选、补选工作。在总局机关党委的支持和商标局党委的领导下，总局商标局驻中关村办事处成立仅5天就组建了党支部，确保做到商标局的工作机构设到哪里，商标局党组织和党的工作就覆盖到哪里，充分发挥党组织战斗堡垒作用和党员先锋模范作用，做好各项工作。

五是切实做好党员发展工作。2009年，商标局党委发展了11名预备党员，批准15名预备党员按期转正，确定了11名发展对象和38名培养对象，并在“七一”前夕隆重举行了入党宣誓仪式。进一步明确党员发展工作的重点，要求进一步加强对商标局非党员干部的工作，引导他们积极向党组织靠拢、积极要求进步。

六是加强对工青妇等群众组织的领导。在商标局党委的领导下，2009年，商标局工会完成了换届选举，商标局团总支增设了3个以商标审查辅助人员为主的团支部，在各项工作中充分发挥了工青妇组织的作用。

通过扎实开展党建工作，商标局党组织的凝聚力、战斗力、创造力进一步增强，党员队伍的教育管理取得明显成效，充分发挥了党组织的战斗堡垒作用和党员的先锋模范作用，为推动商标局各项工作提供坚强的政治保证和组织保证，推动各项商标工作不断取得新成绩，得到总局党组及总局机关党委的高度肯定。2009 年 12 月 4 日，商标局李建昌局长代表商标局在总局学习贯彻党的十七届四中全会精神经验交流会上发言，介绍了商标局学习落实四中全会精神，抓班子、带队伍，做好党建工作的作法。总局机关党委将商标局党委推进机关党建工作的情况和做法刊载在 2009 年第 13 期《情况交流》上。

二、进一步加强商标局的局、处两级领导班子建设和队伍建设

一是进一步形成了团结务实、勤政廉政善政的领导集体。2009 年商标局领导班子先后有 6 人，其中，姜瑞斌副局长专职负责商标档案业务用房的建设工作，赵刚副局长圆满结束 2 年挂职、8 月正式回局工作，刘燕副局长、王守义副局长提拔交流担任正司级领导。一年来，商标局领导班子克服了人员少、变动多，而又面临队伍大、任务重的诸多困难，各位局领导以身作则、勤奋工作，严于律己、廉洁奉公，既有明确分工，又相互支持、相互协作，在困难面前勇于进取，在责任面前敢于承担，切实实行民主集中制，不断完善各项制度，完善决策机制和决策程序，充分发扬民主，广泛听取意见，严格执行程序，决策的科学性不断增强，充分发挥了领导核心作用，进一步形成了一个既有统一意志、又有个人心情舒畅的团结务实、勤政廉政的领导集体。一年之内，班子有两名同志得以提拔既是组织的关心、同志们的帮助、本人的努力，也是对商标局领导班子的充分肯定和有力鞭策。

二是高质量地开好 2009 年度商标局司局级党员领导干部民主生活会。按照总局机关党委的安排和要求，商标局领导班子围绕“加强领导干部党性修养，树立和弘扬良好作风”主题，根据商标局实际制定工作方案，把十七届四中全会精神的学习贯彻作为民主生活会的重要内容，进一步提高对《中共中央关于加强和改进新形势下党的建设若干重大问题的决定》中“坚持和健全民主集中制，积极发扬党内民主”有关要求的理解，强化会前谈心并广泛征求群众意见。广大党员干部对商标局领导班子及各项工作给予了充分肯定和高度评价，就进一步改进和提高工作提出了意见和建议，为高质量开好民主生活会做了充分的准备。民主生活会上，商标局领导班子成员开诚布公，畅所欲言，对商标局领导班子给予了很高的评价，充分肯定了取得的成绩，对班子、个人存在的不足进行了深刻的剖析，开展了深刻的批评和自我批评，明确了今后的努力方向。民主生活会取得了显著成效。

三是认真贯彻执行中央《关于进一步从严管理干部的意见》，积极配合总局干部考察组、人事司做好司处级领导干部竞争上岗和交流工作。在 2008 年提拔 41 名司处级干部后，2009 年商标局又有 72 名同志得到提拔，占总局的一半。其中，2 名正司级领导干部、1 名副司级领导干部、10 名正处级领导干部、29 名副处级领导干部、9 名调研员、21 名副调研员。商标局还指定了 4 名主持工作人、14 名协助主持工作人，在工作实践中锻炼、考验干部，同时也为今后进步提供了机会，形成商标局干部培养选拔的良性机制和成功经验。商标局的干部提拔充分体现了总局党组的关心重视，人事司、机关党委、纪检组监察局等单位的大力支持，体现了总局党组干部任免对商标局的倾斜。说明商标局在提拔干部问题上公开、公正、透明，体现了商标局的同志们讲党性、讲原则、讲纪律，讲支持、讲帮助、讲关心。做到了上者满意、未上者安心，既加强班子建设、促进工作、又使更多的同志肩负更重要的工作。

三、密切结合实际，深入推进机关作风建设

一是进一步加强思想政治工作。要求全局同志进一步树立“三个意识”，即不推不拖、主体责任意识，不怕困难、勇挑重担的意识和勤奋工作、坚决完成任务的意识。充分调动商标局全体同志的工作积极性，全力以赴投入加快商标审查、推进商标战略实施各项工作，干部队伍作风进一步提高，得到了总局的高度肯定。

二是狠抓工作纪律。加强对商标局干部和商标审查辅助人员的纪律教育，对违反工作纪律规定的人员进行严肃处理，使商标局的各项管理规章制度得以切实执行，用严明的工作纪律进一步促成良好工作作风的养成。

三是积极组织开展丰富多彩的群众性文体活动，促进机关作风建设。先后举办了商标局迎新春团拜会、拔河比赛、乒乓球比赛、篮球比赛和“红歌会”汇演。在总局举办的一系列活动中取得优异成绩，庆“三八”拔河比赛勇夺冠军，总局“红歌会”比赛夺得一等奖2个、二等奖4个、三等奖2个、优胜奖1个、并荣获优秀组织奖。

四、密切联系工作实际，进一步加强党风廉政建设，努力做到为民、务实、清廉

商标局高度重视抓好党风廉政建设，严格落实党风廉政建设责任制，扎实推进教育、制度、监督并重的惩治和预防腐败体系建设，努力做到为民、务实、清廉，为推动商标局的各项工作提供有力的政治保障和纪律保证。

一是进一步深刻认识到加强党风廉政建设的重要性和紧迫性。商标局队伍大、处室多、人员多，工作性质是同企业直接打交道，关系到商标注册申请人的切身利益，关系到企业的发展和兴衰，而且现在仍然有商标申请审查积压和商标异议案件裁定积压，商标战略实施进入全面推进阶段，时刻面临着监管风险和廉政风险，加强商标局党风廉政建设的各项工作任务更加繁重。勤政促发展，廉政保平安。因此，抓好党风廉政建设是一项长期任务、基础工作，丝毫不能松懈、时刻不能放松，确保不出问题，为圆满完成“三五目标”、全面推进商标战略实施提供坚强保证。

二是重点抓好廉政风险点防范管理工作。制定了《商标局廉政风险点防范管理工作方案（试行）》及《关于在全国商标管理机构开展廉政风险点防范管理的若干指导意见（试行）》，切实加强了商标审查、商标异议、商标案件查处和依法认定保护驰名商标等工作中的廉政风险和监管风险防范。

三是进一步加强了商标政务公开工作。切实做好商标注册大厅和政府信息公开受理窗口工作，全年接听答复咨询电话6.6万余个，接到处理各类群众来信2233件，积极推进网上申请，中国商标网全年点击量达23.6亿次。

四是开展了商标局干部家属从业情况调查，以了解掌握新情况，加强对有直系亲属从事知识产权代理行业的相关人员的廉洁自律教育。按照有关规定和总局的统一部署，2009年安排2名家属从事知识产权代理工作的干部交流到外司局任职。

五是在坚决查处违法违纪行为的同时，对于因当事人不满我局依法作出的裁定而恶意进行造谣、污蔑，甚至威胁我局审查员人身安全的恶性事件，旗帜鲜明地给予支持保护，采取有效措施，打击歪风邪气，树立正气，保护同志们的工作积极性。

通过切实抓好党风廉政建设，商标局广大干部职工的廉政意识、自律意识和廉政风险防范意识普遍提高，有力地促进和保证了各项商标工作的开展，工作质量、工作效率大幅度提高，实现了商标注册申请量、商标注册审查量、有效注册商标量“三个世界第一”，得到了总局周伯华局长、付双建副局长等总局领导的充分肯定和高度赞扬。世界知识产权组织高锐总干事也对此高度评价、大加赞赏。

2009年在总局党组领导和支持下，在各司局、直属单位的帮助协作下，商标局班子、队伍、作风建设和党风廉政建设取得显著成绩，涌现了一批先进典型，发挥了积极的示范带动作用。商标局审查五处和国际注册处被授予2008年度“中央国家机关青年文明号”的光荣称号，商标局团总支连续两年被授予“总局机关先进基层团组织”，1名青年干部被授予第八届“中央国家机关优秀青年”、2名青年干部被授予“第二届总局机关优秀青年”、6名团员被授予“总局机关优秀团员”、3名团干部被授予“总局机关优秀团干部”。8名干部代表总局参加了中央国家机关首都国庆60周年群众游行“依法治国”方阵，受到总局的通报表彰。

2009 年商标大事记

1 月 7 日，国家工商总局付双建副局长会见了来访的日本特许厅厅长铃木隆史一行 6 人。

1 月 8 日，商标局李建昌局长、商评委许瑞表主任分别会见了日本特许厅厅长铃木隆史一行 6 人。分别就开展商标审查程序研讨会、地方工商行政执法研讨会及商标评审、复审案件受理和审理情况等内容进行了交流。

1 月 12 日，国家工商总局付双建副局长会见国际保护工业与艺术产权制造商联合会主席、法国 LVMH 公司集团秘书长马克·安托尼·雅麦先生一行。

1 月 12 日，国家知识产权战略实施工作部际联席会议第一次联络员全体会议在中国知识产权中心召开，中宣部等 28 个联席会议成员单位的联络员和工作联系人参加会议。商标局李建昌局长作为国家工商总局联络员参加会议。

1 月 20 日，由中华商标协会和中国中学生报社共同举办的“首届全国中学生商标知识竞赛、地理标志征文系列活动启动仪式暨新闻发布会”在北京人民大会堂召开。

1 月 22 日，国家工商总局付双建副局长会见英国知识产权局局长 Ian Fletcher 一行。

2 月 10 日，商标注册网上申请试用培训（北京）班在银龙苑宾馆正式开班，300 余家商标代理机构参加了培训，商标局吕志华副局长出席开班式并讲话。

2 月 12 日，国家工商总局付双建副局长会见了由日本经济产业省副大臣高士早苗女士率领的日本保护知识产权官民高层访华团。

2 月 28 日至 3 月 3 日，国家工商总局付双建副局长赴浙江省杭州市、金华市、义乌市、台州市和宁波市等地就驰名商标认定、地理标志管理和使用等有关情况及浙江省工商系统行政指导工作的开展情况进行调研。

3 月 2 日，商标局刘燕副局长会见了来访的欧洲内部市场协调局（OHIM）质量管理部部长 Juan、欧盟驻华代表团商标专员 Jesus 等一行四人，就“对比研究”项目及其目标进行了交流。

3 月 26 日至 27 日，全国工商行政管理系统落实十七届三中全会精神、服务农村改革发展经验交流会在江苏省苏州市召开。

3 月 30 日，世界知识产权组织跨区域知识产权高级论坛在京开幕，国务院副总理王岐山、世界知识产权组织总干事弗朗西斯·高锐、国家工商总局局长周伯华出席了开幕式，国家工商总局副局长付双建在论坛上作了主题发言。

3 月 30 日，国家工商总局周伯华局长会见了世界知识产权组织总干事弗朗西斯·高锐一行。

4 月 16 日，全国知识产权宣传周活动组委会在国家知识产权局举行“2009 年全国知识产权宣传周新闻发布会”。商标局李建昌局长出席发布会。

4 月 20 日，全国知识产权宣传周活动组委会在国家体育场（鸟巢）举行“2009 年全国知识产权宣传周启动仪式”，国家工商总局付双建副局长作为组委会副主任出席启动仪式，商标局李建昌局长陪同参加。2009 年知识产权宣传周活动主题是：文化·战略·发展，推进以“尊重知识、崇尚创新、诚信守法”为核心的知识产权文化建设，为国家知识产权战略实施营造良好的舆论氛围，促进我国知识产权事业又好又快发展。

4 月 21 日，国务院新闻办公室联合国家知识产权局、国家工商总局、国家版权局就“2008 年中国知识产权保护状况”举行新闻发布会。商标局李建昌局长按照总局领导批示代表国家工商总局出席新闻发布会并就商标方面知识产权保护工作回答了记者提问。

4 月 22 日，国家工商总局局长周伯华和欧盟驻华代表团大使赛日·安博共同出席《中华人民共和国国家工商行政管理总局和欧洲内部市场协调局（商标和外观设计）谅解备忘录》签署仪式，并进行友好会谈。国家工商总局副局长付双建与欧洲内部市场协调局局长伍博·德·博爱签署了谅解备忘录。

4月22日，中国工商报社举办“坚定发展信心、实施商标战略——2009商标与发展高层论坛”。国家工商总局付双建副局长出席论坛并致辞，商标局王守义副局长参加论坛并发言。

4月22日，商标局李建昌局长、商评委侯丽叶副主任分别会见了欧洲内部市场协调局局长伍博·德·博爱一行。

4月22日，商标评审委员会陈卓副主任主持了中欧知识产权保护项目（二期）活动之一的“中欧商标审查体系比较研讨会”。欧洲内部市场协调局伍博·德·博爱以及英国知识产权局、西班牙专利商标局的专家在会议上介绍了各自国家的商标体系，并就商标相对审查制度及经验进行了详细说明。

4月24日，国家工商总局与公安部、海关总署联合举办以“挑战·合作·发展”为主题的“中国知识产权高层论坛”，商标局李建昌局长出席论坛并主持了“国家知识产权战略与经济社会发展”主题，商标局王守义副局长以“贯彻落实《国家知识产权战略纲要》、大力推进商标战略实施”为题作了发言。

4月24日，中国商标网和《中国工商报》公布了由商标局、商标评审委员会编撰的《中国商标战略年度发展报告(2008)》。

4月25日至26日，中华商标协会与中国经济报刊协会、中国知识产权研究会、中国版权协会、国际保护知识产权协会中国分会等5家单位共同举办主题为“知识产权创新发展与核心竞争力”的“2009中外企业知识产权高层论坛”。国家工商总局付双建副局长出席论坛开幕式并致辞，商标局王守义副局长陪同付双建副局长参加开幕式并在“商标国际论坛”上发言。

4月28日下午，国务院副总理王岐山在国务院第四会议室召集外交部、发改委等部委召开第二次中欧经贸高层对话领导小组会议。商标局李建昌局长参加会议。

5月6日至7日，第二次中欧经贸高层对话在布鲁塞尔欧盟总部开幕，国务院副总理王岐山和欧盟贸易委员阿什顿共同主持了对话，商标局吕志华副局长随代表团参加对话。

5月12日至15日，中国商标协会、商标局分别在南京和杭州召开《商标法修改送审稿》（草稿）征求意见会，征求与会专家学者、地方工商系统、法院系统、商标代理机构以及知名企业代表对于《商标法》修改的建议和意见。

5月13日，国家工商总局与世界知识产权组织、法国工业产权局在上海共同举办“创新及其价值——商标声誉研讨会”，就如何选择商标、商标宣传和保护展开讨论。商标局王守义副局长参加会议，主持了会议第一个议题“如何选择商标”并致闭幕词。

5月15日至5月24日,中华商标协会刘烨副秘书长率中华商标协会代表团赴美国参加国际商标协会第131届年会，并成功举办三场“中国商标权保护论坛”；与加拿大知识产权协会在温哥华共同举办“中加商标交流会”。

5月21日，国家工商总局召开局务会，审议通过《关于贯彻落实〈国家知识产权战略纲要〉大力推进商标战略实施的意见》。

5月22日，国家工商总局付双建副局长会见了来访的中国欧盟商会主席伍德克先生，双方就加快商标审查进度、新《商标法》修订等问题进行了交流。

6月2日，国家工商总局正式印发《关于贯彻落实〈国家知识产权战略纲要〉大力推进商标战略实施的意见》

6月2日，国家工商总局付双建副局长会见来访的英国知识产权局首席执行官伊恩·福莱德一行，双方介绍了各自工作进展的最新情况并就如何在中英商标战略双边合作谅解备忘录框架之下的持续合作交换了意见。

6月2日，由国家知识产权战略实施工作部际联席会议办公室和经济日报社共同主办，以“全面实施国家知识产权战略，大力提升核心竞争力”为主题的纪念《国家知识产权战略纲要》颁布实施一周年座谈会在经济日报社召开，会议交流了一年来知识产权战略工作实施的情况并听取社会各界的意见和建议。

6月2日，日本汽车工业协会（JAMA）和日本汽车零部件工业协会（JAPIA）率其所属26家会员企业的知识产权部门负责人访问商标局，对中国地方各级工商行政管理机关公正严明执法，切实保护商标专用权，保护消费者生命安全，维护市场经济秩序，严厉打击汽车领域的商标侵权行为表示衷心感谢，并专门向国家工商总局赠送了2块“明察公断、执法公正”的牌匾。

6月3日，由中华商标协会、青岛市政府主办，商标局、商标评审委员会等部门作为支持单位的第三届中国商标节新闻发布会在人民大会堂召开。

6月5日，商标局李建昌局长接受中央电视台和中央人民广播电台的并机采访，介绍了日前出台的《关于贯彻落实〈国家知识产权战略纲要〉大力推进商标战略实施的意见》的有关情况，并就驰名商标和地理标志工作以及引导和鼓励企业实施“走出去”战略，积极帮助企业进行海外商标维权等回答了记者提问。

6月15日至16日，商标评审委员会许瑞表主任参加了世界知识产权组织在日内瓦召开的第61次协调委员会会议。

6月21日至30日，商标局郭连连副巡视员赴瑞士日内瓦参加世界知识产权组织召开的商标、外观设计和地理标志常设委员会(SCT)第21次会议。

6月21日至24日，中华商标协会刘燕秘书长以观察员身份赴日内瓦出席世界知识产权组织商标、外观设计和地理标志常设委员会（SCT）第21次会议。

6月26日，国家工商总局付双建副局长会见韩国特许厅长官高廷植一行，双方共同签署了《中华人民共和国国家工商行政管理总局和大韩民国特许厅战略合作谅解备忘录》。这标志着中韩在商标及与知识产权有关的反不正当竞争领域进行双边战略合作的基本框架正式建立。

7月2日，商标局吕志华副局长赴人民大会堂参加首届全国中学生商标知识竞赛、地理标志征文系列活动颁奖大会。

7月2日，商标局郭连连副巡视员会见了日本三重县松阪市市长中山光茂等一行10人，就“松阪牛”商标在华注册事宜进行了交流。

7月6日，世界知识产权组织副总干事王彬颖应邀来商标局与李建昌局长亲切座谈，商标局李建昌局长介绍了近年来中国商标工作情况并感谢王彬颖副总干事一直以来对中国商标工作的大力支持。

7月7日，国家工商总局周伯华局长会见了法国国家反仿冒委员会代表，预算、公共财务和公职部部长埃里克·沃斯一行，并签署了《中华人民共和国国家工商行政管理总局和法兰西共和国国家反仿冒委员会合作谅解备忘录》。

7月16日至17日，商标评审委员会许瑞表主任在京主持召开了商标评审与行政诉讼业务研讨会。北京市第一中级人民法院、国家工商总局法规司、商标局派员参加了会议。

7月23日至24日，全国工商行政管理系统贯彻落实《国家知识产权战略纲要》、大力推进商标战略实施工作会议在吉林省长春市召开。国家工商总局党组书记、局长周伯华出席会议并发表全国工商行政管理系统全面实施商标战略的纲领性讲话，总局党组成员、副局长付双建主持会议并围绕贯彻落实周伯华局长重要讲话精神，就当前和今后一段时期全力推进商标战略实施进行了动员和部署。吉林省委书记王珉，省委常委、副省长马俊清，省委常委、省委秘书长房俐会前同周伯华局长、付双建副局长就贯彻落实《国家知识产权战略纲要》、大力推进商标战略实施进行会谈，并交换了意见。省委常委、副省长马俊清参加会议并发表热情洋溢的贺词，国家知识产权战略实施工作部际联席会议部分成员单位的代表，总局商标战略实施领导小组成员单位18个司（局）、直属单位主要负责人，各省、自治区、直辖市及计划单列市、副省级市工商局分管局长、商标处处长，总局商标局领导及各处负责同志，吉林省各市（州）工商局局长及分管局长共200余人参加了会议。

8月11日，国家知识产权战略实施工作部际联席会议办公室在京组织召开部际联席会第二次联络员全体会议。会议总结了2009年上半年战略实施工作，听取了国资委、国家工商总局、高法院三个部门有关战略实施的经验介绍。商标局李建昌局长作为总局联络员参加会议，并代表总局作了发言。

8月20日，2009年中国商标节系列活动之一“2009年中国商标设计大赛”在中央电视台梅地亚中心召开新闻发布会和启动仪式，国家工商总局付双建副局长出席会议并作重要讲话。

8月24日至27日，商标局李建昌局长率团赴泰国曼谷参加由泰国智慧财产厅主办的“中国知识产权保护和马德里体系在华应用研讨会”，并就“中国商标注册保护”及“马德里国际注册体系在华应用”两个议题发言。

8月24日，国家工商总局付双建副局长会见日本经济产业省制造产业局局长平工奉文一行，双方共同举行《中华人民共和国国家工商行政管理总局和日本国经济产业省合作谅解备忘录》文本交换仪式。

8月24日至26日，中华商标协会在天津举办“中国企业走向世界商标战略经验交流会”。国家工商总局付双建副局长出席大会开幕式并作重要讲话。

8月25日，国家工商总局付双建副局长会见越南国家知识产权局陈越雄局长一行，双方共同签署了《中华人民共和国国家工商行政管理总局和越南社会主义共和国国家知识产权局商标及商标相关领域合作谅解备忘录》。这标志着中越在商标及相关领域正式建立了双边战略合作框架。

8月26日，2009（第三届）中国商标节的“消费者最喜爱的绿色商标调查”启动仪式新闻发布会在京召开。

8月31日，“中华商标协会成立十五周年座谈会”在北京召开。

9月2日，商标局李建昌局长赴山西太原出席由太原市委、市政府、太原市工商局主办的“2009晋商品牌文化发展高峰论坛”，并以“商标与品牌战略”为题作了主题演讲，重点介绍了我国的商标法律制度、管理体制和现状。

9月4日，商标评审委员会侯丽叶巡视员会见了国台办投诉协调局刘建中副局长一行。

9月7日、9日，商标局李建昌局长、商标评审委员会陈卓副主任分别会见了泰国智慧财产厅副厅长帕吉玛女士一行，双方就马德里商标国际注册体系、计算机自动化建设以及商标评审工作进行了交流。

9月16日，国家工商总局举行新闻发布会，向近30家主流新闻媒体发布总局2009年商标注册申请突破百万大关的消息。总局新闻发言人、办公厅滕佳材主任主持新闻发布会，商标局李建昌局长通报了新闻通稿并回答了部分媒体记者的提问，广泛宣传总局为加快商标审查所采取的措施、取得的成效及最新进展。

9月16日，商标局召开国家工商总局商标局2009年商标注册申请审查突破百万总结大会。总局付双建副局长出席会议并作重要讲话，商标局李建昌局长通报了商标局2009年商标注册申请审查量突破百万情况。

9月22日至10月1日，国家工商总局王东峰副局长赴瑞士出席世界知识产权组织第38届大会。会议期间，王东峰副局长会见了世界知识产权组织总干事弗朗西斯·高锐先生，双方就商标注册与保护情况进行了交流。

10月14日，商标评审委员会陈卓副主任会见了英国知识产权局商标署总监安德鲁·莱顿先生一行。

10月16日，第十届中国西部国际博览会暨第二届中国西部国际合作论坛在四川成都隆重开幕，作为本届西博会重要组成部分的中国驰名商标展同时开展。国家工商总局周伯华局长参加西博会开幕式并视察了中国驰名商标展。

10月18日，国家工商总局召开“中国加入马德里商标国际注册体系20周年座谈会”。总局付双建副局长出席大会并作重要讲话，商标局李建昌局长主持会议。

10月24日至27日，“第二届中国国际版权博览会”在北京奥林匹克中心区国家会议中心举办。商标局李建昌局长受邀出席开幕式及“国际版权论坛”，并参观了产业展览。

11月5日，国家工商总局商标局驻中关村国家自主创新示范区办事处正式成立，中央政治局委员、北京市委书记刘淇，北京市市长郭金龙，国家工商总局局长周伯华，副局长刘玉亭为办事处揭牌。北京市市委常委赵凤桐、副市长苟仲文、总局副局长王东峰、驻总局纪检组监察局组长石见元，总局相关司局负责同志及商标局全体局领导出席揭牌仪式。

11 月 9 日至 11 日，由中华商标协会主办的 2009（第三届）中国商标节在山东青岛国际会展中心开幕。

11 月 9 日，商标局吕志华副局长会见了日本特许厅审查业务部部长桥本正洋一行。双方主要就我国商标法律修改、加强商标领域的合作以及商标审查注册等方面的情况交换了意见。

11 月 13 日，商标局赵刚副局长会见了台湾海峡两岸商务协调会参访团一行，双方主要就商标审查机制以及进一步开展双边合作等问题进行了交流。

11 月 19 日至 22 日，全国工商行政管理系统商标战略暨世博会标志保护培训班在上海中国浦东干部学院举办。国家工商总局付双建副局长发表重要讲话。全国政协常委、上海市政协副主席、2010 年上海世博会执行委员会副主任周汉民到会致辞。国际展览局秘书长文森特·冈萨雷斯·洛赛泰斯先生专门向总局周伯华局长发来贺信。商标局李建昌局长主持了开班仪式并就推进商标战略实施和加强世博会标志专用权保护工作为培训班授课。共计 200 余人参加了本次培训。

11 月 23 日至 26 日，商标局李建昌局长赴瑞士日内瓦参加了商标、外观设计和地理标志常设委员会（SCT）第 22 次会议。会议期间，李建昌局长与世界知识产权组织总干事高锐、副总干事王彬颖及助理总干事鲁比奥分别进行了会谈，双方就我国解决商标审查积压所取得的成绩及马德里商标国际注册体系的推广工作交换了意见。

11 月 24 日，国家工商总局召开局务会，审议通过《国家工商行政管理总局关于商标工作达到国际水平的规划（2008 年至 2012 年）》。

11 月 24 日至 25 日，“2009 年内地与香港、澳门特别行政区知识产权研讨会”在江苏苏州举行。商标局赵刚副局长参加会议并介绍了中国商标领域的最新进展。

11 月 30 日至 12 月 1 日，国家工商总局和世界知识产权组织在重庆共同举办了亚太地区地理标志国际研讨会。总局付双建副局长、世界知识产权组织王彬颖副总干事、重庆市谢小军副市长分别致辞。商标局李建昌局长、重庆市局王元楷局长等 10 名中方代表，世界知识产权组织商标、工业设计和地理标志部标记与工业设计司代理司长马库斯·霍伯杰等 5 名外方代表发表了演讲。共计200 多名中外代表出席了研讨会。会议期间还举办了中国农产品商标和地理标志工作成果展览，组织实地参观考察了重庆市地理标志产品“涪陵榨菜”和“长寿沙田柚”的生产和加工情况。

12 月 2 日至 4 日，海南省政府在海口市举行商标战略实施工作会议，国家工商总局付双建副局长出席并发表重要讲话。会后，付双建副局长对海南省“商标富农”工作进行了调研。

12 月 9 日至 11 日，商标局李建昌局长赴西班牙阿里坎特参加第八届美日欧三方商标年会，中方作为观察员身份。

12 月 9 日，商标局赵刚副局长会见了来访的日本官民访华团。赵刚副局长介绍了中国商标战略实施情况，双方就商标专用权保护等问题交换了意见。

12 月 10 日，商标评审委员会侯丽叶巡视员会见了韩国特许审判院院长表载昊一行。

12 月 15 日，天津市召开“天津市贯彻落实《国家知识产权战略纲要》、大力推进商标战略实施暨驰名商标企业表彰大会”。总局付双建副局长出席大会并讲话。

12 月 16 日，李建昌局长会见了由世界知识产权组织非洲局赫尔曼·查特克局长率领的非洲 26 国高级官员和高级审查员代表团一行 32 人。李建昌局长就中国的商标法律制度和近期商标局工作所取得的显著成绩向代表团作了介绍。代表团成员参观了在总局机关展出的中国农产品商标和地理标志工作成果展览。代表团对我国近年来商标事业的快速发展和商标局近期所取得的瞩目成就表示十分赞赏，并希望非洲国家能够向中国学习成功经验，运用农产品商标和地理标志为经济发展作出更大的贡献。

12月17日，国家工商总局周伯华局长率总局付双建副局长、王东峰副局长、钟攸平副局长、纪检组监察局石见元组长参观了在总局机关举办的中国农产品商标和地理标志工作成果展览。

12月17日至18日，世界知识产权组织商标、工业品外观设计和地理标志部国际注册部门高级司长胡安先生一行对商标局进行了工作访问。商标局李建昌局长会见了代表团。代表团成员就马德里商标国际注册体系电子通讯工作与商标局国际注册处和计算机处进行了交流。

12月18日，商标局李建昌局长会见了来访的古巴知识产权局玛利亚·托瑞局长一行5人。李建昌局长介绍了商标局的工作职能及近期工作情况，并陪同代表团参观了中国农产品商标和地理标志工作成果展览。

12月21日，商标局李建昌局长与商标评审委员会侯丽叶巡视员共同主持召开驰名商标认定委员会会议，讨论商标局、商标评审委员会在商标管理、商标异议案件、商标异议复审、商标争议程序中拟认定396件商标为驰名商标的问题。

2009年12月，由商标局、商标评审委员会与中华商标协会共同组织编纂的2009年《中国商标年鉴》首次出版发行。

2009 年度商标申请和注册概况表

	国内	国际	马德里	合计
申请商标	741763	51966	36748	830477
续展申请	42397	10615	2792	55804
异议申请	26714	12537	185	39436
变更申请	72584	18259	5733	96576
转让申请	54081	7988	2448	64517
注销申请	4366		4299	13861
撤销申请	5196			
许可合同备案申请	17447			17447
注册商标	737228	68471	31944	837643
审定商标	895994		31941	927935
核驳商标	274839		10386	285225
部分核驳商标	197463		4113	201576
变更注册商标	98536		7522	106058
转让注册商标	63348		3460	66808
续展注册商标	55483		3248	58731
注销注册商标	60449		6217	68282
撤销注册商标	1616			
许可合同备案办理	17733			17733
补发商标注册证	4949			4949

2009年度各省、自治区、直辖市商标申请与注册统计表

省、自治区、直辖市	申请件数	注册件数	有效注册量	驰名商标	地理标志	中国申请人马德里注册
北京市	57801	52686	195023	82	7	640
天津市	8733	8234	36754	36	4	118
河北省	20012	21384	82200	69	15	159
山西省	5628	6741	24852	29	12	29
内蒙古自治区	6866	7327	25408	23	11	44
辽宁省	15963	16900	74345	63	22	156
吉林省	7126	8800	31961	29	21	42
黑龙江省	9675	11622	45869	21	9	88
上海市	41882	35855	143951	70	8	500
江苏省	49556	56517	218776	136	43	740
浙江省	99934	108815	382548	148	103	2483
安徽省	14848	14930	49375	29	18	173
福建省	41124	45352	157522	107	66	756
江西省	9830	11553	35455	24	29	54
山东省	41581	40993	157593	134	58	442
河南省	22395	23491	70554	35	17	87
湖北省	16840	15112	60844	32	25	154
湖南省	15777	16863	61750	62	32	103
广东省	132573	128175	504704	192	21	2102
广西壮族自治区	6455	6754	25902	15	17	61
海南省	2706	3763	14468	12	6	30
重庆市	15475	9627	34015	27	20	109
四川省	25362	27012	103773	60	52	241
贵州省	4646	3621	14928	10	10	14
云南省	12289	8537	29585	9	16	78
西藏自治区	352	513	1516	4	1	2
陕西省	13064	8362	35804	17	15	58
甘肃省	2041	3535	13322	7	24	6
青海省	1346	803	3481	10	12	0
宁夏回族自治区	1457	1423	5272	5	11	9
新疆维吾尔自治区	5452	6575	27808	9	32	40
香港特别行政区	21930	14175	65162	11	0	10
澳门特别行政区	368	300	1409	1	0	0
台湾省	10676	10878	66122	8	1	193
合计	741763	737228	2802051	1526	738	9721

说明：申请件数、注册件数指2009年的商标统计情况，其他指截至2009年底的统计情况

2009年度外国(地区)在华商标申请统计表

外国（地区）	外国（地区）申请件数	马德里申请件数	总计
阿尔巴尼亚	0	3	3
阿尔及利亚	8	0	8
阿富汗	16	0	16
阿根廷	104	0	104
阿联酋	244	0	244
阿曼	10	0	10
阿塞拜疆	38	94	132
埃及	57	38	95
埃塞俄比亚	0	162	162
爱尔兰	153	34	187
爱沙尼亚	5	0	5
安道尔	4	0	4
安哥拉	5	0	5
安奎拉	3	0	3
奥地利	84	690	774
澳大利亚	1088	1389	2477
巴巴多斯	39	2	41
巴哈马	47	0	47
巴基斯坦	43	0	43
巴拉圭	14	0	14
巴勒斯坦	4	0	4
巴林	1	0	1
巴拿马	38	0	38
巴西	217	0	217
白俄罗斯	7	8	15
百慕大	265	0	265
保加利亚	5	67	72
比荷卢	0	63	63
比利时	165	402	567
冰岛	52	52	104
波多黎各	4	0	4

（续上表）

外国（地区）	外国（地区）申请件数	马德里申请件数	总计
波兰	47	142	189
波斯尼亚-黑塞哥维亚	0	21	21
玻利维亚	3	0	3
伯利兹	8	0	8
布基纳法锁	1	0	1
丹麦	316	1335	1651
德国	2200	6192	8392
多哥	3	0	3
多米尼加共和国	2	0	2
俄罗斯	140	543	683
厄瓜多尔	1	0	1
法国	1706	2214	3920
法属波利尼西亚	6	0	6
菲律宾	46	0	46
斐济	1	0	1
芬兰	118	523	641
刚果民主共和国	4	0	4
哥伦比亚	40	0	40
哥斯达黎加	7	0	7
格鲁吉亚	0	10	10
古巴	1	0	1
哈萨克斯坦	8	25	33
韩国	3431	691	4122
荷兰	726	845	1571
荷属安的列斯群岛	188	48	236
吉尔吉斯斯坦	1	2	3
几内亚	3	0	3
加拿大	914	3	917
柬埔寨	3	0	3
捷克共和国	38	132	170
卡塔尔	17	0	17
开曼群岛	1077	0	1077
科特迪瓦	3	0	3
科威特	43	0	43
克罗地亚	0	26	26

（续上表）

外国（地区）	外国（地区）申请件数	马德里申请件数	总计
肯尼亚	20	1	21
库克群岛	8	0	8
拉托维亚	0	13	13
黎巴嫩	49	0	49
立陶宛	5	19	24
利比里亚	1	0	1
利比亚	17	0	17
列支敦士登	55	175	230
卢森堡	181	348	529
罗马尼亚	20	71	91
马恩岛	25	0	25
马耳他	22	24	46
马来西亚	759	0	759
马里	3	0	3
马绍尔群岛	20	0	20
毛里求斯	53	0	53
美国	14387	4665	19052
蒙古	8	0	8
孟加拉	11	0	11
秘鲁	8	0	8
缅甸	19	0	19
摩尔多瓦共和国	11	2	13
摩洛哥	25	10	35
摩纳哥	19	31	50
墨西哥	250	0	250
南非	202	0	202
尼泊尔	5	0	5
尼日尔	1	0	1
尼日利亚	59	0	59
挪威	72	626	698
葡萄牙	45	77	122
葡属马德拉岛	4	0	4
日本	10085	3255	13340
瑞典	414	1058	1472
瑞士	812	1953	2765

（续上表）

外国（地区）	外国（地区）申请件数	马德里申请件数	总计
塞尔维亚共和国	1	22	23
塞浦路斯	26	73	99
塞舌尔	60	0	60
沙特阿拉伯	113	0	113
圣马力诺	11	1	12
斯里兰卡	11	0	11
斯洛伐克	3	73	76
斯洛文尼亚	2	148	150
苏丹	1	1	2
塔吉克斯坦	1	0	1
泰国	266	0	266
坦桑尼亚	1	0	1
突尼斯	3	0	3
土耳其	63	993	1056
危地马拉	2	0	2
委内瑞拉	8	0	8
文莱	9	0	9
乌克兰	16	63	79
乌拉圭	12	0	12
乌兹别克斯坦	0	7	7
西班牙	683	782	1465
西萨摩亚	113	0	113
希腊	84	148	232
新加坡	1594	535	2129
新西兰	287	0	287
匈牙利	14	50	64
叙利亚	33	1	34
牙买加	25	0	25
亚美尼亚	2	1	3
也门共和国	23	0	23
伊拉克	127	0	127
伊朗	62	21	83
以色列	245	0	245
意大利	1368	2693	4061
印度	384	0	384

（续上表）

外国（地区）	外国（地区）申请件数	马德里申请件数	总计
印度尼西亚	183	0	183
英国	2618	3041	5659
英吉利海峡群岛	11	0	11
英属根西岛	4	0	4
英属维尔京群岛	1668	0	1668
英属西印度群岛	80	0	80
约旦	46	0	46
越南	55	8	63
英属泽西岛	2	0	2
直布罗陀	7	3	10
智利	142	0	142
合计	51966	36748	88714

2009年度外国(地区)在华商标注册统计表

外国（地区）	外国（地区）注册件数	马德里注册件数	总计
阿尔巴尼亚	0	3	3
阿富汗	4	0	4
阿根廷	110	0	110
阿联酋	254	14	268
阿曼	3	0	3
阿塞拜疆	11	37	48
埃及	8	12	20
埃塞俄比亚	4	0	4
爱尔兰	171	62	233
爱沙尼亚	1	33	34
安道尔	1	0	1
安哥拉	2	0	2
安奎拉	1	0	1
奥地利	207	597	804
澳大利亚	1150	728	1878
巴巴多斯	30	2	32
巴布亚新几内亚	2	0	2
巴哈马	89	5	94
巴基斯坦	20	0	20
巴拉圭	4	0	4
巴林	12	0	12
巴拿马	41	5	46
巴西	181	8	189
白俄罗斯	5	36	41
百慕大	178	7	185

（续上表）

外国（地区）	外国（地区）注册件数	马德里注册件数	总计
保加利亚	7	101	108
比荷卢	0	1944	1944
比利时	144	0	144
冰岛	24	114	138
波多黎各	12	0	12
波兰	102	181	283
伯利兹	6	4	10
丹麦	339	555	894
德国	3488	7197	10685
多哥	0	5	5
多米尼加共和国	2	1	3
俄罗斯	262	954	1216
法国	2148	3300	5448
法属波利尼西亚	17	0	17
菲律宾	127	0	127
斐济	3	0	3
芬兰	246	368	614
哥伦比亚	59	0	59
哥斯达黎加	6	0	6
格鲁吉亚	0	3	3
古巴	9	0	9
哈萨克斯坦	5	43	48
韩国	4233	185	4418
荷兰	1006	0	1006
荷属安的列斯群岛	45	3	48
洪都拉斯	1	0	1
吉尔吉斯斯坦	3	0	3
加拿大	1139	16	1155
柬埔寨	1	0	1
捷克共和国	83	204	287

(续上表)

外国(地区)	外国(地区)注册件数	马德里注册件数	总计
卡塔尔	6	0	6
开曼群岛	671	2	673
科威特	6	0	6
克罗地亚	0	8	8
肯尼亚	2	0	2
库克群岛	21	0	21
拉托维亚	3	30	33
黎巴嫩	28	1	29
立陶宛	1	20	21
利比亚	6	0	6
列支敦士登	101	250	351
卢森堡	169	0	169
罗马尼亚	22	65	87
马达加斯加	0	1	1
马恩岛	31	0	31
马耳他	7	4	11
马来西亚	579	7	586
马里	6	0	6
马绍尔群岛	13	0	13
毛里求斯	89	0	89
美国	21018	2436	23454
蒙古	3	3	6
孟加拉	3	0	3
秘鲁	9	0	9
缅甸	7	0	7
摩尔多瓦共和国	2	4	6
摩洛哥	10	31	41
摩纳哥	23	42	65
墨西哥	460	0	460
南非	210	0	210

（续上表）

外国（地区）	外国（地区）注册件数	马德里注册件数	总计
尼泊尔	2	0	2
尼日利亚	30	0	30
尼维斯岛	1	0	1
挪威	66	215	281
葡萄牙	49	103	152
葡属马德拉岛	1	0	1
日本	14119	1607	15726
瑞典	634	594	1228
瑞士	1111	2564	3675
塞尔维亚共和国	1	18	19
塞内加尔	1	0	1
塞浦路斯	62	60	122
塞舌尔	10	0	10
沙特阿拉伯	40	5	45
圣基茨和尼维斯联邦	1	0	1
圣马力诺	8	27	35
圣文森特	1	0	1
斯里兰卡	20	0	20
斯洛伐克	3	43	46
斯洛文尼亚	11	73	84
苏丹	0	1	1
苏里南	2	0	2
泰国	272	1	273
突尼斯	2	0	2
土耳其	80	435	515
瓦努阿图	2	0	2
危地马拉	9	0	9
委内瑞拉	51	0	51
文莱	11	0	11
乌克兰	44	62	106

（续上表）

外国（地区）	外国（地区）注册件数	马德里注册件数	总计
乌拉圭	2	0	2
乌兹别克斯坦	4	0	4
西班牙	945	794	1739
西萨摩亚	94	0	94
希腊	56	24	80
新加坡	1367	226	1593
新西兰	375	7	382
匈牙利	29	90	119
叙利亚	29	4	33
牙买加	5	0	5
也门共和国	9	0	9
伊拉克	6	0	6
伊朗	41	43	84
以色列	189	1	190
意大利	2571	3465	6036
印度	333	5	338
印度尼西亚	145	1	146
英国	3337	1765	5102
英吉利海峡群岛	17	0	17
英属根西岛	1	0	1
英属维尔京群岛	2352	30	2382
英属西印度群岛	231	0	231
约旦	18	0	18
越南	50	35	85
英属泽西岛	19	0	19
直布罗陀	19	15	34
智利	71	0	71
合计	68471	31944	100415

2009年度按类申请和注册商标统计表

	申请				注册			
类别	国内	国际	马德里	合计	国内	国际	马德里	合计
1	15614	1145	875	17634	16888	1956	884	19728
2	7586	438	282	8306	8839	700	284	9823
3	21557	2920	1397	25874	23785	3120	1258	28163
4	5032	379	259	5670	5477	577	337	6391
5	25882	2326	1331	29539	36472	3116	1391	40979
6	20066	1028	869	21963	18213	1633	774	20620
7	27100	2065	1478	30643	30624	2814	1358	34796
8	5360	570	414	6344	5637	636	379	6652
9	45387	5019	3513	53919	35961	5742	2868	44571
10	7190	1141	850	9181	7783	1496	782	10061
11	38809	1598	1112	41519	23555	1694	973	26222
12	16701	1140	938	18779	19826	1667	675	22168
13	1374	89	90	1553	1825	77	39	1941
14	10395	1025	858	12278	12726	1650	801	15177
15	1679	182	88	1949	2747	313	73	3133
16	16501	1740	1337	19578	20962	3014	1197	25173
17	7149	557	582	8288	7561	1085	561	9207
18	15348	1708	1181	18237	14933	2532	1086	18551
19	19802	591	536	20929	18603	973	513	20089
20	19390	931	771	21092	19519	1563	707	21789
21	13312	1179	665	15156	13845	1540	601	15986
22	2651	236	176	3063	3514	377	174	4065
23	2477	138	95	2710	3580	232	117	3929

（续上表）

	申请				注册			
类别	国内	国际	马德里	合计	国内	国际	马德里	合计
24	12474	851	572	13897	12919	1234	569	14722
25	76214	3875	1918	82007	88756	5622	1418	95796
26	4064	296	217	4577	5854	476	183	6513
27	3065	254	183	3502	3206	382	175	3763
28	11056	1323	901	13280	11851	2170	701	14722
29	32727	1177	551	34455	36388	1673	462	38523
30	47359	1927	751	50037	41813	2229	529	44571
31	19414	546	283	20243	20779	720	246	21745
32	15373	992	585	16950	13944	1116	424	15484
33	21703	1329	581	23613	14780	974	548	16302
34	2306	204	217	2727	4166	343	182	4691
35	41583	2718	2052	46353	27051	2527	1248	30826
36	9562	889	764	11215	8958	1097	608	10663
37	9602	735	983	11320	10372	1234	952	12558
38	5376	693	780	6849	5213	743	778	6734
39	7726	458	559	8743	8287	623	481	9391
40	5168	401	516	6085	5781	591	512	6884
41	17481	1795	1445	20721	15808	2061	1143	19012
42	14391	1578	1970	17939	13092	2089	1873	17054
43	26093	937	485	27515	23076	1286	359	24721
44	9497	554	406	10457	9894	621	372	10887
45	3167	289	332	3788	2365	153	349	2867
合计	741763	51966	36748	830477	737228	68471	31944	837643

1979-2009 年商标注册申请及核准注册商标统计表

	申请				核准注册			
年度	国内	国际	马德里	合计	国内	国际	马德里	合计
1979					27459	5130		32589
1980				26177	15348	1297		16645
1981				23004	15707	2049		17756
1982	17000	1565		18565	12385	4672		17057
1983	19120	1687		20807	4293	2278		6571
1984	26487	3077		29564	13252	1518		14770
1985	43445	5798		49243	19584	2084		21668
1986	45031	5939		50970	26993	5126		32119
1987	40014	4055		44069	27687	4454		32141
1988	41683	5866		47549	25448	3604		29052
1989	43202	5209		48411	31810	4625		36435
1990	50853	4371	2048	57272	25966	4036	1269	31271
1991	59124	5885	2595	67604	34501	3523	2306	40330
1992	79837	8367	2591	90795	42710	4198	1180	48088
1993	107758	21014	3551	132323	42668	3999	2059	48726
1994	117186	20238	5193	142617	47482	7803	3016	58301
1995	144610	21442	6094	172146	59895	12591	19380	91866
1996	122057	22615	7132	151804	101178	15843	11407	128428
1997	118577	21676	8502	148755	188047	24958	10033	223038
1998	129394	18252	10037	157683	80095	14137	13478	107710
1999	140620	18883	11212	170715	96139	13896	12366	122401
2000	181717	24623	16837	223177	129441	16327	12807	158575

（续上表）

	申请				核准注册			
年度	国内	国际	马德里	合计	国内	国际	马德里	合计
2001	229775	23234	17408	270417	167563	19017	16259	202839
2002	321034	37221	13681	371936	169904	23364	19265	212533
2003	405620	33912	12563	452095	206070	21188	15253	242511
2004	527591	44938	15396	587925	225394	25069	16156	266619
2005	593382	52166	18469	664017	218731	23792	16009	258532
2006	669276	56840	40203	766319	228814	25254	21573	275641
2007	604952	59714	43282	707948	215161	19159	29158	263478
2008	590525	60704	46890	698119	342498	31870	29101	403469
2009	741763	51966	36748	830477	737228	68471	31944	837643
合计	6211633	641257	320432	7222503	3579451	415332	284019	4278802

2009 年全国查处商标一般违法案件统计表

项目		案件总数（件）		其中:涉外案件数		立案查处案件数（件）								案值（万元）	罚款金额（万元）	收缴和消除商标标识（件）	销毁物品（件）
		合计	其中:投诉案件	合计	其中:投诉案件	小计	其中:投诉案件	案值5万元以下	案值5–10万元	案值10–30万元	案值30–100万元	案值100万元以上	罚款10万元以上				
合计		7448	1360	202	62	6930	1107	6541	182	103	58	46	30	43573	4716	385237	64667
注册商标使用的管理	自行改变注册商标的	145	73			125	55	116	1	3	1	4		806	*	*	*
	自行改变注册商标注册人名义、地址或其他注册事项的	196	52			161	38	159			2			204	*	*	*
	自行转让注册商标的	27	1			21	1	21						5	*	*	*
	商品粗制滥造、以次充好、欺骗消费者的	762	151	16	2	737	125	721	13	3			2	485	366	*	*
未注册商标使用的管理	冒充注册商标的	3941	696	143	50	3618	537	3350	114	70	47	37	22	38583	2517	*	*
	商品粗制滥造、以次充好、欺骗消费者的	527	185	27	5	475	175	429	33	12		1		828	260	*	*
	违反《商标法》第六条规定的	53	12			49	12	49						97	33	*	*
	违反《商标法》第十条规定的	53	2			51	2	51	51						28	*	*
商标使用许可合同的管理	违反《商标法》第四十条第一款规定的	83	11	3	3	83	11	81	1	1				64	96	*	*
	违反《商标法》第四十条第二款规定的	48	30			41	21	40	1					50	*	3997	3305
违反《商标法》第十三条规定的		69	24			66	24	63	2		1			137	*	7522	695
违反《商标印制管理办法》规定的		1332	88	13	2	1314	83	1279	16	14	2	3	5	1751	1193	355394	59384
违法使用地理标志的		30	1			30	1	30						3	13	24	416
违法使用地理标志产品专用标志的		6	3			5	3	5						12	3	650	230
违法使用特殊标志的		20	3			19	3	17			2			143	91	92	147
违法使用奥林匹克标志的		156	28			135	16	130	1		3	1	1	355	116	17558	490

2009 年全国查处商标侵权假冒案件统计表

项目		案件总数（件）		其中：涉外案件		立案查处案件（件）								案值(万元)	罚款金额(万元)	没收、销毁侵权商品（件）	没收、销毁侵权商标标识（件）	没收、销毁专门用于制造侵权商品和伪造注册商标标识的工具（件）	移送司法机关					
																			案件数			其中:涉外案件数		
		合计	其中：投诉案件	合计	其中：投诉案件	小计	其中：投诉案件	案值5万元以下	案值5–10万元	案值10–30万元	案值30–100万元	案值100万元以上	罚款10万元以上						合计(件)	其中：投诉案件	移送人数(人)	合计(件)	其中：投诉案件	移送人数(人)
合计		43596	11860	10259	3670	42030	11125	40503	932	353	106	36	226	57631	35839	17120184	13148785	3409	*	*	*	*	*	*
假冒商标	小计	8971	2311	2983	873	8512	2006	8274	137	76	18	7	43	10897	7009	3308291	2721958	1654	92	33	109	48	21	75
	未经注册商标所有人的许可，在相同商品上使用与其注册商标相同的商标的	3136	963	850	314	2925	810	2801	80	38	6		21	4925	3514	2168412	1053024	1451	39	14	43	25	8	32
	伪造、擅自制造他人注册商标标识或者销售伪造、擅自制造的注册商标标识的	950	180	160	43	909	142	900	8	1			2	728	596	148382	1004720	137	20	1	11	1		1
	销售明知是假冒注册商标的商品的	4885	1168	1973	516	4678	1054	4573	49	37	12	7	20	5243	2899	991497	664214	66	33	18	55	22	13	42
商标侵权	小计	34625	9549	7276	2797	33518	9120	32329	795	277	88	29	183	46735	28831	13811893	10426827	1755	*	*	*	*	*	*
	未经注册商标所有人的许可，在相同商品上使用与其注册商标近似的商标或在类似商品上使用与其注册商标相同或近似的商标的	6653	1808	2172	582	6373	1644	5936	298	95	32	12	68	15797	8932	6664562	7076110	749	*	*	*	*	*	*
	销售侵犯注册商标专用权的商品的	26191	7346	4960	2183	25417	7137	24743	444	162	51	17	103	29136	18425	6363835	1787237	892	*	*	*	*	*	*

项目		案件总数（件）		其中：涉外案件		立案查处案件（件）								案值(万元)	罚款金额(万元)	没收、销毁侵权商品（件）	没收、销毁侵权商标标识（件）	没收、销毁专门用于制造侵权商品和伪造注册商标标识的工具（件）	移送司法机关					
																			案件数			其中:涉外案件数		
		合计	其中：投诉案件	合计	其中：投诉案件	小计	其中：投诉案件	案值5万元以下	案值5–10万元	案值10–30万元	案值30–100万元	案值100万元以上	罚款10万元以上						合计（件）	其中：投诉案件	移送人数（人）	合计（件）	其中：投诉案件	移送人数（人）
合 计		43596	11860	10259	3670	42030	11126	40603	932	353	106	36	226	57631	35839	17120184	13148785	3409	*	*	*	*	*	*
商标侵权	销售侵犯注册商标专用权的商品的	26191	7346	4960	2183	25417	7137	24743	444	162	51	17	103	29136	18425	6363835	1787237	892	*	*	*	*	*	*
	在同一种或类似商品上，将与他人注册商标相同或近似的标志作为商品名称或者商品装潢使用，误导公众的	924	216	87	19	906	177	859	36	9	2		3	982	814	585685	745962	11	*	*	*	*	*	*
	“故意为侵犯他人注册商标专用权行为提供仓储、运输、邮寄、隐匿便利条件的”	44	5	11	1	44	5	44						58	41	19005	42909	1	*	*	*	*	*	*
	未经商标注册人同意更换其注册商标并将该更换商标的商品又投入市场的	31	14			31	13	27	4					52	31	8734			*	*	*	*	*	*
	给他人注册商标专用权造成其他损害的	306	74	26	10	302	73	291	5	5	1		4	336	227	41923	676404	66	*	*	*	*	*	*
	侵犯地理标志专用权的	27	13	9		27	13	27						41	7	194	200		*	*	*	*	*	*
	侵犯特殊标志所有权的	17	3	3		17	3	17						6	8	138			*	*	*	*	*	*
	侵犯奥林匹克标志专用权的	340	66	8	2	310	51	297	7	4	2		4	277	272	99876	97995	31	*	*	*	*	*	*
	侵犯世界博览会标志专用权的	92	4			91	4	88	1	2			1	48	75	27941	10	5	*	*	*	*		

2009年各省、自治区、直辖市查处商标一般违法案件统计表

地区	案件总数（件）	其中涉外案件数	案值（万元）	罚款金额（万元）
合计	7448	202	43573.38	4715.68
北京	19	0	581.43	45.7
天津	5	0	4.15	0.49
河北	642	24	1661.39	332.94
山西	584	12	96.57	131.6
内蒙古	138	0	57.29	51.36
辽宁	152	2	135.65	75.77
吉林	57	3	142.03	96.09
黑龙江	299	0	827.61	227.44
上海	68	1	12953.15	220.74
江苏	242	0	17979.86	572.13
浙江	888	6	3295.09	940.9
安徽	273	0	157.96	121.31
福建	418	73	324.62	194.16
江西	184	19	172.49	151.45
山东	530	9	570.96	252.78
河南	574	0	619.23	245.33
湖北	339	0	163.56	145.55
湖南	163	0	341.10	68.61
广东	348	7	1476.68	235.14
广西	41	0	28.41	7.43
海南	237	35	305.88	92.68
重庆	142	1	298.35	78.30
四川	295	0	293.52	96.37
贵州	165	1	230.69	44.00
云南	136	0	228.20	78.22
西藏	4	0	24.00	1.00
陕西	95	0	159.80	73.51
甘肃	65	9	14.76	22.37
青海	169	0	109.01	30.92
宁夏	18	0	9.45	2.28
新疆	158	0	310.49	79.11

2009 年各省、自治区、直辖市查处商标侵权假冒案件统计表

地区	案件总数（件）	其中涉外案件数	案值（万元）	罚款金额（万元）
合计	43596	10259	57631.32	35839.21
北京	1641	772	3560.01	3272.98
天津	425	25	317.94	167.93
河北	1163	6	1021	737.17
山西	1744	69	428.33	442.96
内蒙	228	0	142.65	124.78
辽宁	655	114	718.61	527.78
吉林	287	32	476.34	224.32
黑龙江	1011	0	915.38	501.97
上海	2705	1815	4026.7	1904.55
江苏	1784	98	7374.59	1375.69
浙江	6345	2945	14449.96	10976.38
安徽	1974	93	926.4	1031.91
福建	3406	790	1944.9	1635.43
江西	835	23	1096.81	523.43
山东	3195	348	1883.84	1664.65
河南	3485	79	2913.29	1507.84
湖北	1007	42	1110.34	607.78
湖南	572	1	2181.9	493.30
广东	4239	2699	5617.72	5065.31
广西	559	42	322.04	175.89
海南	382	56	335.55	234.46
重庆	624	49	1056.81	539.40
四川	1305	43	1444.44	799.15
贵州	653	4	472.63	222.92
云南	847	28	834.18	413.50
西藏	45	0	68.8	2.70
陕西	429	16	71.97	24.16
甘肃	544	13	292.14	165.76
青海	805	0	517.2	211.69
宁夏	89	8	35.03	29.16
新疆	613	49	1073.82	234.26

全国查处商标违法案件基本情况

(与 2008 年同期对比)

项　目		2009 年	2008 年	增减量	增长率（%）
案件数	合计（件）	51044	56634	–5590	–9.87
	1、一般违法案件	7448	9589	–2141	–22.33
	侵权假冒案件	43596	47045	–3449	–7.33
	2、国内	40583	45492	–4909	–10.79
	涉外	10461	11142	–681	–6.11
收缴和消除商标标识（件）		13534022	19630939	–6096917	–31.06
罚没金额（万元）		40555	46740	–6185	–13.23
案值（万元）		101205	135681	–34476	–25.41
移 送 司法机关	案件（件）	92	137	–45	–32.85
	人数（人）	109	145	–36	–24.83

1996-2009 年全国查处商标违法案件基本情况

单位：件、吨、万元

项目	一般违法			案件侵权假冒案件			
	案件数	处理情况		案件数	处理情况		
		收缴标识	罚款		收缴标识	收缴工具	罚款
1996	13849	160059652	2050	16209	281539577	5043	6053
1997	16706	79838077	2390	15321	159931704	4826	6244
1998	14216	81222994	2019	14736	323937005	19340	6535
1999	15368	72103697	2940	16949	134307482	4403	7669
2000	16239	76567502	4428	22001	153607455	10252	10069
2001	18350	111135273	7815	22813	138795152	14004	13190
2002	15566	73854341	7850	23539	78979514	14882	13561
2003	11001	26358972	4524	26488	58395994	15597	19639
2004	11680	2806903	4749	40171	36144891	280781	22088
2005	10305	4278873	5360	39107	46508620	18414	28870
2006	9320	2339095	5001	41214	28019264	2905	34787
2007	8004	766864	5320	42314	27400110	4201	36443
2008	9589	1124425	6160	47045	18506514	16773	40580
2009	7448	385237	4716	43596	13148785	3409	35839

2009年度各省、自治区、直辖市商标申请与注册统计表

地名		申请件数	注册件数	有效注册量	驰名商标	地理标志	中国申请人马德里注册
北京市	北京市	57801	52686	195023	82	7	640
	东城区	3778	2879	12232	12	0	46
	西城区	3518	4728	16683	10	0	103
	崇文区	1301	1240	4893	2	0	11
	宣武区	1798	1800	6813	8	0	32
	朝阳区	12756	11196	35726	7	0	138
	丰台区	3934	3364	11901	3	0	25
	石景山区	998	640	2463	0	0	7
	海淀区	14779	14114	51467	18	0	150
	门头沟区	550	470	3735	0	2	9
	房山区	1315	743	2825	0	1	1
	通州区	2847	1922	6215	3	0	15
	顺义区	1045	1426	4728	7	0	19
	昌平区	2004	1525	6572	3	0	15
	大兴区	3562	2105	8908	8	1	33
	怀柔区	718	735	3252	1	1	17
	平谷区	665	425	3009	0	1	4
	密云县	550	500	2428	0	1	2
	延庆县	228	244	994	0	0	4
天津市	天津市	8733	8234	36754	36	4	118
	和平区	403	454	2329	4	0	5
	河东区	469	552	1846	2	0	5
	河西区	544	615	2230	2	0	9
	南开区	800	815	3320	3	0	3
	河北区	269	380	1542	0	0	3
	红桥区	197	446	1273	0	0	5
	东丽区	648	354	1978	3	0	10

地名		申请件数	注册件数	有效注册量	驰名商标	地理标志	中国申请人马德里注册
天津市	西青区	513	672	2522	3	1	7
	津南区	350	272	1712	2	1	2
	北辰区	550	564	3478	5	0	10
	武清区	715	675	3332	1	0	8
	宝坻区	343	234	894	1	0	2
	蓟县	95	100	559	0	0	0
	宁河县	153	100	454	0	1	1
	静海县	376	296	1433	2	0	3
	高新区	149	273	1104	3	0	0
	开发区	217	388	1763	1	0	0
	滨海新区	679	488	1667	0	1	4
河北省	河北省	20012	21384	82200	69	15	159
石家庄市	石家庄市	5085	6133	21998	20	3	35
	长安区	298	266	785	3	0	0
	桥东区	336	340	709	2	0	0
	桥西区	287	252	839	2	0	0
	新华区	300	362	838	1	0	1
	裕华区	379	317	1027	0	0	0
	井陉矿区	2	3	16	0	0	0
	辛集市	288	200	1288	3	0	5
	藁城市	253	263	843	0	0	2
	晋州市	622	881	2481	1	0	2
	新乐市	103	207	996	0	0	1
	鹿泉市	101	74	523	0	0	0
	井陉县	22	17	209	1	0	0
	正定县	218	297	990	1	0	1
	栾城县	119	101	597	1	0	1
	行唐县	44	52	225	0	0	0
	灵寿县	44	30	125	0	0	0
	高邑县	38	35	197	1	0	1
	深泽县	75	73	299	1	0	0
	赞皇县	53	25	110	0	1	1
	无极县	143	111	338	0	0	0
	平山县	50	93	276	0	1	0
	元氏县	46	26	175	0	0	1
	赵县	63	115	312	1	1	1
	开发区	15	67	300	2	0	0
张家口市	张家口市	423	486	1904	3	1	3
	桥西区	16	36	149	0	0	0

地名		申请件数	注册件数	有效注册量	驰名商标	地理标志	中国申请人马德里注册
张家口市	桥东区	36	46	227	1	0	0
	宣化区	58	93	266	2	1	0
	下花园区	7	6	19	0	0	0
	宣化县	35	28	87	0	0	0
	张北县	27	17	65	0	0	0
	康保县	9	7	32	0	0	0
	沽源县	3	7	24	0	0	0
	尚义县	2	5	91	0	0	0
	蔚县	19	15	75	0	0	0
	阳原县	10	18	55	0	0	0
	怀安县	6	10	36	0	0	0
	万全县	24	17	70	0	0	0
	怀来县	78	64	298	0	0	0
	涿鹿县	42	83	204	0	0	0
	赤城县	12	5	17	0	0	0
	崇礼县	6	6	32	0	0	0
	高新区	17	5	16	0	0	0
	察北区	3	2	10	0	0	0
	塞北区	0	0	1	0	0	0
承德市	承德市	486	450	2070	1	2	2
	双桥区	72	92	217	1	0	0
	双滦区	25	14	47	0	0	0
	鹰手营子矿区	7	9	108	0	0	0
	承德县	42	41	237	0	0	0
	兴隆县	36	39	229	0	0	0
	平泉县	140	40	302	0	0	0
	滦平县	7	21	68	0	0	0
	隆化县	35	41	152	0	0	0
	丰宁满族自治县	20	21	103	0	0	0
	宽城满族自治县	22	14	59	0	2	0
	围场满族蒙古族自治县	40	36	150	0	0	0
秦皇岛市	秦皇岛市	1040	951	3505	6	0	7
	海港区	380	257	642	1	0	2
	山海关区	74	177	380	1	0	1
	北戴河区	51	28	252	1	0	0
	昌黎县	225	208	770	0	0	0
	抚宁县	50	60	267	1	0	1
	卢龙县	79	54	229	0	0	0

地名		申请件数	注册件数	有效注册量	驰名商标	地理标志	中国申请人马德里注册
秦皇岛市	青龙满族自治县	37	12	58	0	0	0
	开发区	6	26	347	2	0	0
唐山市	唐山市	1404	1636	6335	7	2	2
	路北区	191	246	821	0	0	1
	路南区	123	101	415	0	0	0
	古冶区	15	54	220	0	0	0
	开平区	41	60	246	1	0	3
	丰润区	208	158	626	1	0	0
	丰南区	45	52	393	1	0	1
	遵化市	87	149	611	1	0	3
	迁安市	131	89	329	0	0	0
	滦县	41	50	156	1	0	0
	滦南县	80	97	409	0	0	2
	乐亭县	43	57	216	0	0	0
	迁西县	21	79	179	1	1	2
	玉田县	150	194	851	0	1	1
	唐海县	10	18	92	0	0	0
	曹妃甸工业区	16	0	1	0	0	0
	南堡开发区	9	20	38	0	0	1
	汉沽管理区	2	3	6	0	0	0
	高新区	93	31	63	0	0	0
	海港开发区	2	2	13	0	0	0
	芦台开发区	16	16	49	1	0	0
廊坊市	廊坊市	1711	1769	7244	5	0	6
	广阳区	142	105	180	0	0	0
	安次区	124	78	328	0	0	2
	霸州市	328	350	1287	1	0	2
	三河市	153	224	721	2	0	0
	固安县	156	67	282	0	0	0
	永清县	37	62	178	0	0	0
	香河县	156	103	418	0	0	0
	大城县	201	165	910	0	0	0
	文安县	222	280	1101	0	0	0
	大厂回族自治县	38	32	203	1	0	0
	开发区	36	40	267	1	0	0
保定市	保定市	3554	3518	14450	10	3*	42
	新市区	121	189	403	4	0	0
	北市区	64	88	205	0	0	0
	南市区	54	91	224	0	0	0

地名		申请件数	注册件数	有效注册量	驰名商标	地理标志	中国申请人马德里注册
保定市	定州市	139	125	497	0	0	1
	涿州市	149	119	548	1	0	2
	安国市	59	44	253	0	0	0
	高碑店市	583	577	1550	0	0	2
	满城县	277	111	655	0	0	0
	清苑县	178	168	723	1	0	0
	易县	47	44	185	0	0	1
	徐水县	287	202	1127	1	0	5
	涞源县	25	14	44	0	0	0
	定兴县	73	105	376	1	0	2
	顺平县	28	21	78	0	0	0
	唐县	80	83	381	0	0	0
	望都县	63	30	118	0	0	0
	涞水县	20	22	194	0	0	2
	高阳县	289	296	1362	1	0	1
	安新县	181	204	668	0	1*	2
	雄县	122	122	460	0	1*	0
	容城县	91	147	643	0	0	0
	曲阳县	38	35	96	0	0	0
	阜平县	11	13	46	0	1	0
	博野县	51	45	314	0	0	0
	蠡县	189	137	588	1	0	2
沧州市	沧州市	1982	2344	8199	4	11*	9
	运河区	102	93	246	0	0	0
	新华区	122	73	194	0	0	0
	泊头市	115	151	460	1	2*	2
	任丘市	316	370	1374	1	1*	2
	黄骅市	101	129	650	0	1	0
	河间市	267	273	1187	0	1*	0
	沧县	233	215	600	0	2*	1
	青县	139	484	1026	1	1*	1
	东光县	76	54	237	0	0	0
	海兴县	26	15	96	0	0	0
	盐山县	49	81	202	0	1*	0
	肃宁县	101	94	391	1	0	0
	南皮县	71	30	159	0	1*	2
	吴桥县	22	17	105	0	0	0
	献县	115	109	403	0	1*	0
	孟村回族自治县	74	51	205	0	0	0

地名		申请件数	注册件数	有效注册量	驰名商标	地理标志	中国申请人马德里注册
衡水市	衡水市	880	1050	3945	2	0	16
	桃城区	68	87	294	1	0	0
	冀州市	97	75	547	1	0	1
	深州市	58	83	389	0	0	5
	枣强县	121	72	223	0	0	0
	武邑县	78	85	244	0	0	0
	武强县	46	29	279	0	0	1
	饶阳县	38	107	309	0	0	0
	安平县	104	91	347	0	0	3
	故城县	86	93	330	0	0	1
	景县	67	219	374	0	0	0
	阜城县	34	31	162	0	0	0
邢台市	邢台市	1996	2157	8131	6	0	7
	桥东区	69	92	281	1	0	0
	桥西区	43	100	247	1	0	1
	南宫市	92	60	198	0	1	0
	沙河市	24	84	410	1	0	0
	邢台县	47	72	264	0	0	0
	临城县	41	37	149	0	0	1
	内丘县	8	2	2	0	0	0
	柏乡县	16	8	50	0	0	0
	隆尧县	191	108	1073	2	0	0
	任县	121	123	478	0	0	1
	南和县	104	78	234	0	0	0
	宁晋县	318	600	1451	1	0	2
	巨鹿县	76	48	282	0	0	0
	新河县	20	37	106	0	0	0
	广宗县	74	47	173	0	0	0
	平乡县	193	197	1034	0	0	1
	威县	69	73	202	0	0	0
	清河县	272	186	721	0	0	0
	临西县	49	66	182	0	0	0
邯郸市	邯郸市	1483	1452	5605	5	0	8
	丛台区	151	74	214	0	0	0
	邯山区	65	126	309	0	0	0
	复兴区	17	49	152	1	0	0
	峰峰矿区	39	36	165	0	0	0
	武安市	83	64	363	0	0	1
	邯郸县	35	43	230	1	0	0

地名		申请件数	注册件数	有效注册量	驰名商标	地理标志	中国申请人马德里注册
邯郸市	临漳县	22	40	145	0	0	0
	成安县	45	18	82	0	0	0
	大名县	87	99	426	1	0	0
	涉县	10	22	92	0	0	0
	磁县	91	80	294	0	0	0
	肥乡县	18	13	74	0	0	0
	永年县	240	202	722	0	0	1
	邱县	57	47	207	0	0	0
	鸡泽县	48	36	156	0	0	0
	广平县	17	39	127	1	0	1
	馆陶县	88	68	220	0	0	0
	魏县	202	101	246	0	0	0
	曲周县	56	69	280	1	0	1
山西省	山西省	5628	6741	24852	29	12	29
太原市	太原市	1854	2161	8568	7	5*	12
	杏花岭区	274	291	692	2	0	2
	小店区	286	224	710	1	0	0
	迎泽区	323	305	901	0	0	0
	尖草坪区	77	118	286	1	0	0
	万柏林区	94	135	419	2	0	0
	晋源区	28	56	181	0	0	0
	古交市	14	15	76	0	0	0
	清徐县	111	116	652	1	3	3
	阳曲县	56	20	89	0	0	0
	娄烦县	20	6	28	0	0	0
大同市	大同市	368	529	1722	1	3*	0
	城区	29	64	193	1	0	0
	矿区	12	38	83	0	0	0
	南郊区	15	10	88	0	0	0
	新荣区	4	12	21	0	0	0
	阳高县	11	14	59	0	0	0
	天镇县	20	8	28	0	0	0
	广灵县	31	24	54	0	0	0
	灵丘县	11	33	68	0	0	0
	浑源县	12	9	54	0	0	0
	左云县	10	3	18	0	0	0
	大同县	17	10	26	0	1	0
朔州市	朔州市	139	92	375	0	1*	0
	朔城区	12	17	43	0	0	0

地名		申请件数	注册件数	有效注册量	驰名商标	地理标志	中国申请人马德里注册
朔州市	平鲁区	11	3	19	0	0	0
	山阴县	11	18	72	0	0	0
	应县	8	10	50	0	1	0
	右玉县	13	3	24	0	0	0
	怀仁县	58	20	99	0	0	0
阳泉市	阳泉市	141	197	506	1	2*	1
	城区	18	11	18	0	0	0
	矿区	11	26	42	0	0	0
	郊区	22	23	81	1	0	0
	平定县	30	57	112	0	0	0
	盂县	49	42	66	0	0	1
长治市	长治市	348	456	1643	4	0	0
	城区	21	38	72	1	0	0
	郊区	23	24	91	0	0	0
	潞城市	8	40	165	1	0	0
	长治县	22	59	137	0	0	0
	襄垣县	24	17	72	0	0	0
	屯留县	20	15	114	1	0	0
	平顺县	8	25	72	0	0	0
	黎城县	8	6	32	0	0	0
	壶关县	41	21	103	0	0	0
	长子县	14	18	75	0	0	0
	武乡县	13	11	49	0	0	0
	沁县	25	30	74	1	0	0
	沁源县	5	51	91	0	0	0
	高新区	1	3	10	0	0	0
晋城市	晋城市	315	308	1079	2	0	0
	城区	38	46	208	0	0	0
	高平市	60	50	185	0	0	0
	泽州县	60	52	116	1	0	0
	沁水县	17	11	72	0	0	0
	阳城县	54	68	210	1	0	0
	陵川县	30	35	74	0	0	0
忻州市	忻州市	232	249	900	0	2*	0
	忻府区	37	8	33	0	0	0
	原平市	26	25	72	0	0	0
	定襄县	61	20	146	0	2*	0
	五台县	11	53	78	0	0	0
	代县	11	9	80	0	0	0

地名		申请件数	注册件数	有效注册量	驰名商标	地理标志	中国申请人马德里注册
忻州市	繁峙县	11	15	56	0	0	0
	宁武县	7	7	23	0	0	0
	静乐县	1	5	20	0	0	0
	神池县	14	15	34	0	0	0
	五寨县	10	7	22	0	0	0
	岢岚县	3	4	28	0	0	0
	河曲县	5	14	35	0	0	0
	保德县	4	1	12	0	0	0
	偏关县	9	10	28	0	0	0
晋中市	晋中市	504	528	2244	4	4*	9
	榆次区	159	115	584	1	0	0
	介休市	30	26	139	0	0	0
	榆社县	10	18	48	0	0	0
	左权县	6	8	26	0	0	0
	和顺县	21	6	26	0	0	0
	昔阳县	34	32	72	1	0	0
	寿阳县	40	20	88	0	0	0
	太谷县	61	101	519	0	0	3
	祁县	26	75	250	1	1	2
	平遥县	65	86	317	1	1	3
	灵石县	18	20	89	0	0	0
临汾市	临汾市	319	675	1982	2	0	2
	尧都区	73	40	127	1	0	0
	侯马市	45	51	241	0	0	0
	霍州市	14	11	44	0	0	0
	曲沃县	17	39	89	0	0	0
	翼城县	11	15	73	0	0	0
	襄汾县	31	36	119	0	0	0
	洪洞县	21	95	227	1	0	1
	古县	14	5	22	0	0	0
	安泽县	13	6	22	0	0	0
	浮山县	6	10	42	0	0	0
	吉县	5	4	19	0	0	0
	乡宁县	18	14	59	0	0	0
	蒲县	6	12	62	0	0	0
	大宁县	1	2	13	0	0	0
	永和县	3	1	15	0	0	0
	隰县	6	7	30	0	0	0
	汾西县	3	12	25	0	0	0

地名		申请件数	注册件数	有效注册量	驰名商标	地理标志	中国申请人马德里注册
运城市	运城市	923	1041	3888	6	2	2
	盐湖区	133	83	164	2	0	0
	永济市	154	56	237	0	0	1
	河津市	39	56	158	0	0	0
	芮城县	31	90	265	0	0	0
	临猗县	113	132	400	3	0	2
	万荣县	41	53	178	0	0	0
	新绛县	43	35	195	0	0	0
	稷山县	34	44	186	0	2	0
	闻喜县	58	49	319	1	0	0
	夏县	36	45	128	0	0	0
	绛县	71	53	280	0	0	0
	平陆县	40	27	82	0	0	0
	垣曲县	10	13	57	0	0	0
吕梁市	吕梁市	472	543	2012	2	2*	2
	离石区	36	47	129	0	0	0
	孝义市	40	76	223	0	0	0
	汾阳市	161	172	621	2	2*	1
	文水县	48	87	335	0	0	0
	中阳县	18	4	21	0	0	0
	兴县	6	8	21	0	0	0
	临县	25	46	94	0	0	0
	方山县	8	34	137	0	0	0
	柳林县	14	14	53	0	1	0
	岚县	53	14	113	0	0	0
	交口县	6	7	42	0	0	0
	交城县	27	22	174	0	0	1
	石楼县	12	4	13	0	0	0
内蒙古自治区	内蒙古自治区	6866	7327	25408	23	11	44
呼和浩特市	呼和浩特市	2031	2186	7752	6	4	11
	新城区	335	418	1442	0	0	1
	回民区	240	226	732	0	0	0
	玉泉区	194	192	714	0	0	0
	赛罕区	255	190	572	1	0	0
	托克托县	37	64	127	0	1	0
	武川县	28	14	74	0	3	0
	和林格尔县	198	349	742	3	0	2
	清水河县	15	26	68	0	0	0
	土默特左旗	78	50	150	0	0	0

地名		申请件数	注册件数	有效注册量	驰名商标	地理标志	中国申请人马德里注册
呼和浩特市	呼和浩特市经济技术开发区	1	1	1	2	0	0
包头市	包头市	1040	1289	3913	5	1	14
	昆都仑区	50	117	379	1	0	3
	东河区	112	175	625	2	0	2
	青山区	298	209	661	0	0	2
	石拐区	14	10	24	0	0	0
	白云鄂博矿区	0	0	0	0	0	0
	九原区	80	125	385	0	0	0
	固阳县	32	23	61	0	0	0
	土默特右旗	58	52	144	0	0	0
	达尔罕茂明安联合旗	2	7	26	0	1	0
	包头稀土高新技术产业开发区	9	77	229	2	0	0
乌海市	乌海市	113	123	448	0	0	0
	海勃湾区	43	40	150	0	0	0
	海南区	6	20	59	0	0	0
	乌达区	61	52	199	0	0	0
赤峰市	赤峰市	542	679	2712	3	0	5
	红山区	113	223	767	0	0	0
	元宝山区	114	77	395	1	0	3
	松山区	38	53	209	0	0	0
	宁城县	78	53	347	1	0	1
	林西县	16	19	63	0	0	0
	阿鲁科尔沁旗	19	11	48	0	0	0
	巴林左旗	12	21	100	0	0	0
	巴林右旗	8	23	60	1	0	0
	克什克腾旗	23	24	61	0	0	0
	翁牛特旗	30	40	151	0	0	0
	喀喇沁旗	31	19	110	0	0	0
	敖汉旗	39	47	154	0	0	0
通辽市	通辽市	350	498	1671	2	2	0
	科尔沁区	69	148	309	1	0	0
	霍林郭勒市	66	18	69	0	0	0
	开鲁县	15	22	75	1	0	0
	库仑旗	1	0	0	0	1	0
	奈曼旗	41	30	98	0	0	0
	扎鲁特旗	17	16	66	0	1	0
	科尔沁左翼中旗	28	29	50	0	0	0

地名		申请件数	注册件数	有效注册量	驰名商标	地理标志	中国申请人马德里注册
通辽市	科尔沁左翼后旗	14	23	115	0	0	0
	通辽开发区	0	0	0	0	0	0
呼伦贝尔市	呼伦贝尔市	377	398	1354	1	1	3
	海拉尔区	87	105	353	0	0	2
	满洲里市	54	64	148	0	0	0
	扎兰屯市	60	45	160	1	0	0
	牙克石市	52	56	221	0	0	0
	根河市	15	15	93	0	0	1
	额尔古纳市	13	32	72	0	0	0
	阿荣旗	35	20	78	0	0	0
	新巴尔虎右旗	2	1	8	0	0	0
	新巴尔虎左旗	1	0	9	0	0	0
	陈巴尔虎旗	7	6	22	0	0	0
	鄂伦春自治旗	22	17	63	0	0	0
	鄂温克族自治旗	3	12	24	0	0	0
	莫力达瓦达斡尔族自治旗	15	5	31	0	0	0
鄂尔多斯市	鄂尔多斯市	1403	960	3049	3	0	9
	东胜区	997	690	2053	3	0	7
	达拉特旗	79	98	295	0	0	1
	准格尔旗	59	26	64	0	0	0
	鄂托克前旗	4	13	48	0	0	0
	鄂托克旗	39	27	143	0	0	0
	杭锦旗	31	28	57	0	0	0
	乌审旗	14	26	130	0	0	0
	伊金霍洛旗	53	12	52	0	0	0
乌兰察布市	乌兰察布市	216	300	1145	0	0	0
	集宁区	55	85	338	0	0	0
	丰镇市	14	15	44	0	0	0
	卓资县	11	19	147	0	0	0
	化德县	8	35	61	0	0	0
	商都县	10	18	99	0	0	0
	兴和县	12	22	77	0	0	0
	凉城县	11	21	84	0	0	0
	察哈尔右翼前旗	26	2	28	0	0	0
	察哈尔右翼中旗	7	17	38	0	0	0
	察哈尔右翼后旗	14	12	37	0	0	0
	四子王旗	19	15	48	0	0	0
巴彦淖尔市	巴彦淖尔市	302	551	1829	3	2	1
	临河区	159	323	974	2	0	0

地名		申请件数	注册件数	有效注册量	驰名商标	地理标志	中国申请人马德里注册
巴彦淖尔市	察哈尔右翼中旗	7	17	38	0	0	0
	察哈尔右翼后旗	14	12	37	0	0	0
	四子王旗	19	15	48	0	0	0
	巴彦淖尔市	302	551	1829	3	2	1
	临河区	159	323	974	2	0	0
	五原县	31	48	219	0	0	0
	磴口县	25	18	75	0	1	0
	乌拉特前旗	42	32	119	0	0	0
	乌拉特中旗	5	14	34	0	0	0
	乌拉特后旗	8	10	25	0	0	0
	杭锦后旗	26	88	336	1	0	1
兴安盟	兴安盟	163	128	453	0	0	0
	乌兰浩特市	84	73	285	0	0	0
	阿尔山市	21	16	48	0	0	0
	突泉县	14	11	33	0	0	0
	科尔沁右翼前旗	14	11	30	0	0	0
	科尔沁右翼中旗	9	12	27	0	0	0
	扎赉特旗	21	5	28	0	0	0
锡林郭勒盟	锡林郭勒盟	149	180	647	0	1	1
	锡林浩特市	49	70	233	0	0	0
	二连浩特市	11	5	19	0	0	1
	多伦县	0	10	21	0	0	0
	阿巴嘎旗	17	1	11	0	0	0
	苏尼特左旗	3	1	6	0	0	0
	苏尼特右旗	12	6	56	0	0	0
	东乌珠穆沁旗	3	6	22	0	0	0
	西乌珠穆沁旗	3	4	38	0	0	0
	太仆寺旗	23	41	81	0	0	0
	镶黄旗	9	8	15	0	0	0
	正镶白旗	5	10	77	0	0	0
	正蓝旗	8	11	29	0	0	0
	乌拉盖综合经济开发区	0	0	5	0	0	0
	黑城子示范区	2	0	2	0	0	0
阿拉善盟	阿拉善盟	56	51	151	0	0	0
	阿拉善左旗	32	46	126	0	0	0
	阿拉善右旗	1	1	7	0	0	0
	额济纳旗	5	0	6	0	0	0

地名		申请件数	注册件数	有效注册量	驰名商标	地理标志	中国申请人马德里注册
辽宁省	辽宁省	15963	16900	74345	63	22	156
沈阳市	沈阳市	6428	5811	27202	14	0	52
	沈河区	1030	1128	4440	0	0	10
	和平区	1014	971	4533	1	0	2
	大东区	414	567	2525	1	0	6
	皇姑区	388	619	2794	0	0	1
	铁西区	673	575	2436	3	0	4
	苏家屯区	253	239	1016	0	0	0
	东陵区	741	460	2354	2	0	6
	沈北新区	278	95	544	3	0	0
	于洪区	578	322	2435	4	0	1
	新民市	220	167	690	0	0	0
	辽中县	139	123	652	0	0	0
	康平县	67	14	71	0	0	0
	法库县	114	50	150	0	0	2
	浑南高新技术产业开发区	0	0	0	0	0	0
朝阳市	朝阳市	224	306	1208	1	0	1
	双塔区	39	79	237	0	0	0
	龙城区	34	38	141	1	0	1
	北票市	28	30	149	0	0	0
	凌源市	31	45	179	0	0	0
	朝阳县	11	16	46	0	0	0
	建平县	53	53	193	0	0	0
	喀喇沁左翼蒙古族自治县	19	15	79	0	0	0
	阜新市	244	262	939	1	0	0
	细河区	41	34	153	0	0	0
	海州区	56	65	233	0	0	0
	新邱区	21	7	32	0	0	0
	太平区	11	22	95	0	0	0
	清河门区	5	2	20	0	0	0
	彰武县	55	38	100	0	0	0
	阜新蒙古族自治县	31	36	127	1	0	0
铁岭市	铁岭市	398	434	1978	1	3	0
	银州区	87	85	474	0	0	0
	清河区	34	42	221	1	0	0
	调兵山市	21	36	136	0	0	0
	开原市	67	102	395	0	0	0

地名		申请件数	注册件数	有效注册量	驰名商标	地理标志	中国申请人马德里注册
铁岭市	铁岭县	48	61	232	0	0	0
	西丰县	62	29	141	0	0	0
	昌图县	59	64	300	0	0	0
抚顺市	抚顺市	502	485	2326	2	0	10
	顺城区	155	135	721	0	0	1
	新抚区	52	96	426	0	0	2
	东洲区	31	26	124	0	0	2
	望花区	70	120	408	0	0	0
	抚顺县	40	15	59	1	0	0
	新宾满族自治县	37	31	283	1	0	0
	清原满族自治县	78	38	143	0	0	0
本溪市	本溪市	194	279	1329	3	0	1
	平山区	45	47	228	0	0	1
	溪湖区	18	19	113	0	0	0
	明山区	34	79	396	0	0	0
	南芬区	5	7	31	0	0	0
	本溪满族自治县	25	28	126	1	0	0
	桓仁满族自治县	46	95	353	2	0	0
辽阳市	辽阳市	449	634	2409	2	0	4
	白塔区	98	130	467	1	0	0
	文圣区	30	46	187	0	0	0
	宏伟区	70	36	152	1	0	2
	弓长岭区	7	12	39	0	0	0
	太子河区	15	33	189	0	0	0
	灯塔市	125	198	703	0	0	0
	辽阳县	90	116	502	0	0	1
鞍山市	鞍山市	823	1384	6173	7	3	18
	铁东区	129	208	891	0	0	9
	铁西区	78	152	805	0	0	0
	立山区	41	113	381	0	0	0
	千山区	91	72	544	2	0	0
	海城市	358	681	2860	4	1	7
	台安县	49	55	173	0	0	0
	岫岩满族自治县	48	53	225	1	0	0
丹东市	丹东市	503	619	2676	2	3	5
	振兴区	147	213	876	1	0	3
	元宝区	58	104	378	0	0	0
	振安区	31	35	202	0	0	0
	凤城市	58	47	287	1	0	0

地名		申请件数	注册件数	有效注册量	驰名商标	地理标志	中国申请人马德里注册
丹东市	东港市	98	96	486	0	3	2
	宽甸满族自治县	57	41	176	0	0	0
大连市	大连市	4378	4408	18774	19	8	50
	西岗区	409	497	1949	1	0	1
	中山区	903	903	4000	3	0	8
	沙河口区	504	663	2568	1	0	5
	甘井子区	528	436	2129	2	0	4
	旅顺口区	113	110	515	1	1	1
	金州区	244	277	1138	5	2	0
	瓦房店市	171	162	854	1	1	1
	普兰店市	113	200	1163	4	0	9
	庄河市	101	155	623	1	2	0
	长海县	212	91	207	0	2	1
营口市	营口市	476	623	2928	5	2	4
	站前区	116	198	830	1	0	0
	西市区	42	54	267	2	0	2
	鲅鱼圈区	62	60	201	0	0	0
	老边区	22	38	215	0	0	0
	大石桥市	147	161	803	3	0	1
	盖州市	69	92	470	0	1	0
盘锦市	盘锦市	364	475	1780	2	1	1
	兴隆台区	151	199	726	2	0	0
	双台子区	36	47	285	0	0	0
	大洼县	95	116	344	0	0	0
	盘山县	55	63	231	0	0	0
锦州市	锦州市	362	503	2244	3	0	3
	太和区	50	55	338	0	0	0
	古塔区	40	64	453	1	0	0
	凌河区	70	143	451	1	0	0
	凌海市	50	63	224	0	0	1
	北镇市	66	64	250	0	0	0
	黑山县	53	46	153	1	0	1
	义县	12	29	103	0	0	0
葫芦岛市	葫芦岛市	297	378	1443	1	2	9
	龙港区	30	60	170	0	0	1
	连山区	58	66	276	0	0	0
	南票区	5	6	22	0	1	0
	兴城市	102	161	454	1	0	7
	绥中县	61	40	195	0	1	1
	建昌县	26	24	90	0	0	0

地名		申请件数	注册件数	有效注册量	驰名商标	地理标志	中国申请人马德里注册
吉林省	吉林省	7126	8800	31961	29	21	42
长春市	长春市	3088	3892	13690	11	3	22
	南关区	309	416	1260	1	0	2
	朝阳区	447	679	1823	3	0	1
	宽城区	296	380	1270	1	0	5
	二道区	163	233	683	2	0	0
	绿园区	405	277	967	3	0	1
	双阳区	121	118	324	1	1	0
	德惠市	83	112	472	0	0	1
	九台市	91	82	355	0	1	0
	榆树市	153	188	599	0	1	0
	农安县	169	165	409	0	0	0
	长春国家高新技术产业开发区	0	0	0	0	0	0
白城市	白城市	180	233	901	1	3	0
	洮北区	40	32	98	1	0	0
	大安市	35	20	75	0	0	0
	洮南市	29	66	262	0	2	0
	镇赉县	19	33	74	0	0	0
	通榆县	18	37	122	0	0	0
松原市	松原市	248	280	826	0	4	0
	宁江区	48	80	200	0	1	0
	扶余县	59	58	210	0	1	0
	长岭县	37	31	89	0	0	0
	乾安县	27	11	41	0	1	0
	前郭尔罗斯蒙古族自治县	49	49	165	0	1	0
吉林市	吉林市	1069	1655	5478	5	3*	6
	船营区	185	230	712	1	0	1
	龙潭区	97	210	515	0	0	1
	昌邑区	180	223	479	0	0	0
	丰满区	77	65	308	2	0	0
	磐石市	61	95	236	1	0	0
	蛟河市	73	139	410	1	1*	0
	桦甸市	84	125	359	0	1*	0

地名		申请件数	注册件数	有效注册量	驰名商标	地理标志	中国申请人马德里注册
吉林市	舒兰市	60	75	271	0	1	0
	永吉县	59	85	324	0	0	0
四平市	四平市	501	603	1992	1	0	2
	铁西区	71	84	326	0	0	1
	铁东区	47	79	256	1	0	0
	双辽市	28	30	106	0	0	0
	公主岭市	173	159	576	0	0	0
	梨树县	79	73	236	0	0	0
	伊通满族自治县	34	53	159	0	0	0
辽源市	辽源市	184	220	1296	0	1	0
	龙山区	55	56	394	0	0	0
	西安区	17	34	276	0	0	0
	东丰县	43	65	239	0	1	0
	东辽县	27	28	105	0	0	0
通化市	通化市	656	899	4027	6	9*	6
	东昌区	17	96	242	0	0	0
	二道江区	6	45	116	0	0	0
	梅河口市	208	238	1042	0	1	2
	集安市	64	47	193	1	5*	0
	通化县	57	43	256	5	1*	0
	辉南县	73	76	509	0	1*	0
	柳河县	94	102	563	0	1	0
白山市	白山市	326	367	1232	3	6*	1
	八道江区	49	77	163	2	0	0
	江源区	21	31	102	0	1*	0
	临江市	42	39	181	0	1*	0
	抚松县	117	126	407	1	2*	1
	靖宇县	22	40	123	0	1*	0
	长白朝鲜族自治县	11	25	49	0	1*	0
延边朝鲜族自治州	延边朝鲜族自治州	697	722	2582	2	5*	5
	延吉市	268	319	1127	1	0	3
	图们市	32	22	89	0	0	0
	敦化市	103	107	525	1	1*	0
	珲春市	64	87	275	0	1*	2
	龙井市	49	83	229	0	1	0
	和龙市	29	32	143	0	0	0
	汪清县	24	35	85	0	1*	0
	安图县	122	37	108	0	1*	0

地名		申请件数	注册件数	有效注册量	驰名商标	地理标志	中国申请人马德里注册
黑龙江省	黑龙江省	9675	11622	45869	21	9	88
哈尔滨市	哈尔滨市	4825	6096	24602	13	5	51
	松北区	101	41	76	0	0	0
	道里区	781	845	3244	2	0	10
	南岗区	1281	1995	7838	5	0	10
	道外区	728	771	3535	1	0	2
	香坊区	560	782	3333	3	0	14
	平房区	43	109	380	1	0	2
	呼兰区	75	84	352	0	0	1
	阿城区	144	122	587	0	0	0
	双城市	176	161	752	1	0	2
	尚志市	118	123	534	0	1	0
	五常市	182	179	732	0	2	3
	依兰县	46	48	172	0	0	0
	方正县	21	42	197	0	1	0
	宾县	58	80	290	0	0	1
	巴彦县	39	44	148	0	1	0
	木兰县	20	37	106	0	0	0
	通河县	20	11	97	0	0	0
	延寿县	53	45	259	0	0	0
齐齐哈尔市	齐齐哈尔市	808	908	3088	2	0	5
	建华区	90	115	337	0	0	0
	龙沙区	154	164	576	0	0	1
	铁锋区	73	95	315	0	0	0
	昂昂溪区	22	15	68	0	0	0
	富拉尔基区	24	53	259	0	0	0
	碾子山区	12	9	47	0	0	0
	梅里斯达斡尔族区	9	11	61	0	0	0
	讷河市	44	81	243	1	0	0
	龙江县	38	25	101	0	0	0
	依安县	36	46	186	0	0	1
	泰来县	19	23	79	0	0	0
	甘南县	103	28	121	0	0	0
	富裕县	28	36	106	0	0	0
	克山县	47	26	112	0	0	0
	克东县	84	91	215	1	0	0
	拜泉县	18	34	81	0	0	0
黑河市	黑河市	197	146	709	0	0	0

地名		申请件数	注册件数	有效注册量	驰名商标	地理标志	中国申请人马德里注册
黑河市	爱辉区	29	7	20	0	0	0
	北安市	26	28	171	0	0	0
	五大连池市	71	26	143	0	0	0
	嫩江县	33	27	139	0	0	0
	逊克县	9	8	29	0	0	0
	孙吴县	4	13	43	0	0	0
大庆市	大庆市	618	730	2976	1	0	7
	萨尔图区	126	172	511	0	0	0
	龙凤区	72	65	277	0	0	0
	让胡路区	112	195	783	0	0	0
	大同区	20	28	95	0	0	0
	红岗区	15	27	126	0	0	0
	肇州县	44	25	94	0	0	0
	肇源县	33	32	141	0	0	0
	林甸县	33	34	90	1	0	1
	杜尔伯特蒙古族自治县	31	39	123	0	0	0
	开发区	3	20	206	0	0	0
伊春市	伊春市	287	324	1188	0	0	2
	伊春区	54	84	304	0	0	0
	南岔区	8	33	79	0	0	0
	友好区	59	13	74	0	0	0
	西林区	4	8	24	0	0	0
	翠峦区	50	3	21	0	0	0
	新青区	8	9	19	0	0	0
	美溪区	15	11	32	0	0	0
	金山屯区	3	5	28	0	0	0
	五营区	8	14	50	0	0	1
	乌马河区	6	2	29	0	0	0
	汤旺河区	5	6	15	0	0	0
	带岭区	3	5	20	0	0	0
	乌伊岭区	3	0	4	0	0	0
	红星区	4	1	11	0	0	0
	上甘岭区	0	4	19	0	0	0
	铁力市	50	106	354	0	0	1
	嘉荫县	6	8	29	0	0	0
鹤岗市	鹤岗市	149	185	789	1	0	0
	向阳区	17	14	59	0	0	0
	兴山区	0	14	26	0	0	0

地名		申请件数	注册件数	有效注册量	驰名商标	地理标志	中国申请人马德里注册
鹤岗市	工农区	38	55	178	0	0	0
	南山区	11	13	64	0	0	0
	兴安区	9	3	35	0	0	0
	东山区	23	10	33	1	0	0
	萝北县	28	40	171	0	0	0
	绥滨县	9	14	129	0	0	0
佳木斯市	佳木斯市	514	745	2681	1	1	4
	前进区	57	123	317	0	0	1
	向阳区	53	88	221	0	0	2
	东风区	65	63	274	0	0	0
	郊区	71	204	617	1	0	0
	同江市	17	27	95	0	0	0
	富锦市	79	77	241	0	0	0
	桦南县	27	23	150	0	0	0
	桦川县	25	57	274	0	1	0
	汤原县	50	39	149	0	0	0
	抚远县	18	3	37	0	0	0
双鸭山市	双鸭山市	160	266	934	0	0	0
	尖山区	25	47	175	0	0	0
	岭东区	1	12	34	0	0	0
	四方台区	0	3	14	0	0	0
	宝山区	4	5	18	0	0	0
	集贤县	37	39	168	0	0	0
	友谊县	11	37	111	0	0	0
	宝清县	48	55	220	0	0	0
	饶河县	25	61	159	0	0	0
七台河市	七台河市	74	91	418	1	0	1
	桃山区	21	28	94	0	0	0
	新兴区	8	21	130	1	0	1
	茄子河区	17	4	30	0	0	0
	勃利县	27	30	135	0	0	0
鸡西市	鸡西市	227	397	1572	0	0	2
	鸡冠区	65	131	445	0	0	1
	恒山区	13	17	69	0	0	0
	滴道区	4	8	44	0	0	0
	梨树区	8	12	40	0	0	0

地名		申请件数	注册件数	有效注册量	驰名商标	地理标志	中国申请人马德里注册
鸡西市	城子河区	3	13	56	0	0	0
	麻山区	3	4	33	0	0	0
	虎林市	66	97	402	0	0	0
	密山市	39	74	317	0	0	0
	鸡东县	25	39	141	0	0	0
牡丹江市	牡丹江市	694	949	3476	0	1	11
	东安区	112	132	360	0	0	2
	爱民区	89	104	328	0	0	0
	阳明区	52	82	283	0	0	0
	西安区	109	134	383	0	0	0
	穆棱市	35	37	172	0	1	1
	绥芬河市	69	84	254	0	0	7
	海林市	79	95	474	0	0	0
	宁安市	65	131	403	0	0	0
	东宁县	35	22	118	0	0	0
	林口县	32	43	115	0	0	0
绥化市	绥化市	744	718	2775	2	2	5
	北林区	147	30	82	0	0	2
	安达市	61	63	352	1	0	0
	肇东市	103	118	474	0	0	0
	海伦市	128	69	251	0	0	3
	望奎县	33	42	149	0	0	0
	兰西县	50	70	200	1	1	0
	青冈县	15	25	94	0	0	0
	庆安县	57	78	342	0	1	0
	明水县	21	22	74	0	0	0
	绥棱县	63	43	158	0	0	0
大兴安岭地区	大兴安岭地区	118	107	527	0	0	0
	呼玛县	7	4	23	0	0	0
	塔河县	20	23	59	0	0	0
	漠河县	35	17	44	0	0	0
	加格达奇区	51	43	327	0	0	0
	松岭区	1	8	14	0	0	0
	新林区	1	6	27	0	0	0
	呼中区	2	0	11	0	0	0

地名		申请件数	注册件数	有效注册量	驰名商标	地理标志	中国申请人马德里注册
上海市	上海市	41882	35855	143951	70	8	500
	黄浦区	696	736	2580	12	0	6
	卢湾区	549	413	1732	2	0	3
	徐汇区	1417	759	1949	2	0	5
	长宁区	1007	1138	3477	2	0	8
	静安区	751	811	2551	6	0	1
	普陀区	1275	1158	3892	4	0	10
	闸北区	793	376	982	1	0	1
	虹口区	640	388	1197	2	0	5
	杨浦区	972	757	2929	5	0	9
	闵行区	3492	2602	9251	1	0	30
	宝山区	1310	752	3290	1	0	6
	嘉定区	3997	2227	10139	10	2	26
	浦东新区	6632	5228	20320	13	0	96
	金山区	3430	1254	5905	3	0	15
	松江区	2933	2336	10240	2	0	36
	青浦区	2392	2089	9415	2	0	21
	南汇区	1613	1050	4495	0	0	11
	奉贤区	2751	1371	5208	2	0	12
	崇明县	712	288	1286	0	6	4
江苏省	江苏省	49556	56517	218776	136	43	740
南京市	南京市	7051	7135	31899	13	3	119
	玄武区	598	724	2898	2	0	5
	白下区	831	741	2915	1	0	7
	秦淮区	278	312	1159	0	0	3
	建邺区	515	367	2015	3	0	3
	鼓楼区	874	886	3211	0	0	8
	下关区	250	353	2925	0	0	3
	浦口区	282	301	1457	1	0	1
	六合区	267	275	978	0	0	3
	栖霞区	355	160	975	3	0	0
	雨花台区	387	147	770	1	0	3
	江宁区	822	748	2879	1	0	8
	溧水县	191	164	703	0	0	1
	高淳县	182	209	939	1	0	1
徐州市	徐州市	2075	2055	7541	4	1	10

地名		申请件数	注册件数	有效注册量	驰名商标	地理标志	中国申请人马德里注册
徐州市	云龙区	30	21	61	0	0	0
	鼓楼区	17	11	33	1	0	0
	九里区	21	15	72	0	0	0
	贾汪区	72	43	192	0	0	0
	泉山区	43	52	80	0	0	0
	邳州市	208	206	731	0	1	1
	新沂市	156	171	617	1	0	0
	铜山县	241	192	808	1	0	2
	睢宁县	165	112	337	0	0	0
	沛县	162	153	537	0	0	0
	丰县	345	282	653	1	0	0
连云港	连云港	1320	1341	4331	1	0	1
	新浦区	352	457	1178	0	0	0
	连云区	34	74	278	0	0	0
	海州区	61	54	161	0	0	0
	赣榆县	164	111	493	0	0	0
	灌云县	111	143	450	0	0	0
	东海县	277	215	644	0	0	0
	灌南县	135	129	367	1	0	0
宿迁市	宿迁市	988	796	3199	3	0	8
	宿城区	153	72	305	2	0	0
	宿豫区	110	54	234	0	0	0
	沭阳县	310	176	596	0	0	0
	泗阳县	108	183	647	0	0	2
	泗洪县	160	144	864	1	0	4
淮安市	淮安市	1444	1118	4576	4	6	7
	清河区	54	85	222	0	0	0
	清浦区	67	64	210	0	0	0
	楚州区	161	93	352	0	0	0
	淮阴区	172	194	899	0	0	2
	金湖县	164	106	535	1	1	2
	盱眙县	314	146	528	2	1	2
	洪泽县	112	131	369	0	1	0
	涟水县	166	134	493	1	0	0
盐城市	盐城市	1969	2254	8857	7	7	15
	亭湖区	190	108	242	3	0	0

地名		申请件数	注册件数	有效注册量	驰名商标	地理标志	中国申请人马德里注册
盐城市	盐都区	208	150	664	0	0	1
	东台市	259	311	1166	1	2	2
	大丰市	212	289	1168	1	0	1
	射阳县	251	289	950	0	1	2
	阜宁县	198	180	675	0	1	1
	滨海县	101	116	381	0	1	0
	响水县	73	80	299	0	0	1
	建湖县	174	202	1040	2	2	3
扬州市	扬州市	3112	3841	13064	11	2	41
	维扬区	165	91	113	0	0	0
	广陵区	96	98	168	2	0	1
	邗江区	414	527	2061	6	0	1
	仪征市	184	191	893	1	0	2
	江都市	463	744	2713	1	0	14
	高邮市	316	430	1193	0	1	1
	宝应县	406	466	1258	1	1	4
泰州市	泰州市	1838	2270	9196	7	6	40
	海陵区	96	56	228	2	0	0
	高港区	85	42	122	0	0	0
	靖江市	399	662	2161	2	0	11
	泰兴市	292	525	1955	2	1	4
	姜堰市	277	280	1407	1	0	9
	兴化市	470	349	1356	0	5	2
南通市	南通市	3759	5596	18719	5	0	61
	崇川区	100	56	204	1	0	0
	港闸区	98	64	390	0	0	0
	海门市	614	1116	2913	0	0	3
	启东市	478	733	3124	2	0	17
	通州市	442	926	2870	1	0	10
	如皋市	469	700	1968	0	0	6
	如东县	316	744	2014	0	0	4
	海安县	356	457	1747	1	0	5
镇江市	镇江市	1899	2142	8882	11	3	35
	京口区	20	39	53	1	0	0
	润州区	15	13	55	1	0	0
	丹徒区	125	138	667	0	0	2

地名		申请件数	注册件数	有效注册量	驰名商标	地理标志	中国申请人马德里注册
镇江市	扬中市	175	274	1182	2	0	4
	丹阳市	953	1053	3908	5	0	12
	句容市	158	162	579	1	0	0
	新区	0	0	0	1	0	0
常州市	常州市	4456	4696	20642	16	5	83
	新北区	886	706	2714	2	0	9
	钟楼区	373	288	852	2	0	0
	天宁区	303	309	848	1	0	1
	戚墅堰区	55	62	224	0	0	0
	武进区	1691	1651	7980	7	1	22
	金坛市	368	348	1325	0	1	0
	溧阳市	426	414	1731	4	1	8
无锡市	无锡市	6779	9770	36717	20	6	148
	崇安区	53	43	69	1	0	0
	南长区	185	98	214	0	0	1
	北塘区	209	148	455	1	0	0
	滨湖区	224	193	843	0	0	4
	惠山区	248	433	1085	1	1	4
	锡山区	1074	1335	4706	3	2	13
	江阴市	2227	3172	11262	9	1	45
	宜兴市	1123	1366	5322	4	2	27
	无锡市新区	470	413	1366	1	0	0
苏州市	苏州市	11672	13546	50442	34	4	172
	金阊区	86	40	261	0	0	0
	沧浪区	89	79	220	0	0	0
	平江区	72	48	250	1	0	0
	虎丘区	46	63	322	0	0	0
	吴中区	1307	532	2694	1	1	7
	相城区	682	595	2103	2	0	4
	吴江市	725	852	3739	5	0	19
	昆山市	1882	1676	5302	6	1	22
	太仓市	671	659	2616	2	0	7
	常熟市	1947	3075	13779	11	0	34
	张家港市	1655	3060	9445	5	1	24
	新区	140	96	898	1	1	0
	苏州工业园区	0	0	0	0	0	0

地名		申请件数	注册件数	有效注册量	驰名商标	地理标志	中国申请人马德里注册
浙江省	浙江省	99934	108815	382548	148	103	2483
杭州市	杭州市	19422	18848	66290	32	19*	306
	拱墅区	1498	843	3182	2	0	10
	上城区	1095	1169	4241	5	0	14
	下城区	1759	1424	4545	1	0	13
	江干区	1691	1129	4222	2	0	21
	西湖区	3034	3118	8768	3	1*	13
	滨江区	1417	648	2061	2	1*	12
	余杭区	1471	1520	5800	3	3*	24
	萧山区	2672	2306	8789	8	2*	36
	临安市	532	476	1959	0	5*	9
	富阳市	742	634	2294	2	1*	8
	建德市	279	303	1025	2	2*	6
	桐庐县	302	262	1093	1	2*	3
	淳安县	206	201	752	1	2*	6
湖州市	湖州市	3058	2988	9434	8	4	66
	吴兴区	121	121	159	3	0	0
	南浔区	370	374	1057	2	1	0
	长兴县	942	690	1644	1	1	4
	德清县	448	467	1931	1	1	15
	安吉县	540	391	1188	1	1	19
嘉兴市	嘉兴市	6948	6340	18561	3	6	98
	南湖区	392	405	1113	1	2	2
	秀洲区	972	813	2103	0	0	4
	平湖市	408	413	1196	0	0	8
	海宁市	2079	1426	4568	1	0	14
	桐乡市	1133	1271	4115	1	1	16
	嘉善县	401	458	1678	0	3	18
	海盐县	825	770	1785	0	0	16
舟山市	舟山市	362	720	2647	1	15	9
	定海区	182	232	1160	1	1	3
	普陀区	104	192	627	0	3	2
	岱山县	26	70	176	0	0	0
	嵊泗县	3	13	68	0	1	0
宁波市	宁波市	12331	14011	48669	16	14	598

地名		申请件数	注册件数	有效注册量	驰名商标	地理标志	中国申请人马德里注册
宁波市	海曙区	1054	991	2692	2	0	10
	江东区	632	764	1730	1	0	17
	江北区	422	510	1254	0	0	15
	北仑区	704	726	1963	1	0	28
	镇海区	508	337	1250	0	0	28
	鄞州区	2003	1529	5364	4	1	64
	慈溪市	2665	3664	13468	2	2	170
	余姚市	1603	1813	6897	3	3	86
	奉化市	562	733	2961	2	1	25
	宁海县	512	869	2847	1	2	28
	象山县	282	316	1266	0	5	19
绍兴市	绍兴市	7693	6943	23336	34	12*	153
	越城区	365	613	1519	3	1*	5
	诸暨市	2962	2799	8432	14	1*	41
	上虞市	678	742	2615	7	1*	25
	嵊州市	794	745	3022	1	1*	10
	绍兴县	1542	1049	4137	6	1*	15
	新昌县	462	349	1387	2	4*	17
	镜湖新区	16	2	13	1	0	0
衢州市	衢州市	1452	1628	5095	4	6	30
	柯城区	115	166	383	3	0	1
	衢江区	184	186	589	0	1	1
	江山市	581	585	1496	0	1	3
	常山县	74	170	506	0	1	0
	开化县	127	139	588	0	1	3
	龙游县	180	182	859	1	2	12
金华市	金华市	13607	15425	49371	12	16*	229
	婺城区	210	398	1241	0	0	1
	金东区	328	401	1116	1	0	6
	兰溪市	432	459	2130	0	0	8
	永康市	3603	2964	7921	3	0	36
	义乌市	5147	7052	23046	6	0	82
	东阳市	1353	1895	5946	1	3*	26
	武义县	1027	537	1685	0	0	15
	浦江县	825	809	3023	1	0	34

地名		申请件数	注册件数	有效注册量	驰名商标	地理标志	中国申请人马德里注册
金华市	磐安县	127	125	533	0	8*	4
台州市	台州市	10926	14518	49937	14	14*	408
	椒江区	1061	1612	6692	4	0	22
	黄岩区	1342	2087	7278	0	4	29
	路桥区	1907	2750	9350	1	0	71
	临海市	1032	1346	4094	2	4	31
	温岭市	2620	3290	10738	3	1	89
	三门县	261	294	965	1	1	13
	天台县	805	604	1996	0	2*	17
	仙居县	225	593	1593	0	1	16
	玉环县	1406	1694	6150	3	1	66
温州市	温州市	19899	25099	100543	20	5	546
	鹿城区	1384	2412	8233	3	0	26
	龙湾区	1836	1508	6538	6	0	28
	瓯海区	2001	2266	9922	1	0	27
	瑞安市	3574	4194	18027	1	0	83
	乐清市	3162	4596	18002	5	1	73
	永嘉县	1773	3123	10826	4	0	43
	文成县	309	360	961	0	1	1
	平阳县	1130	1413	4942	0	0	11
	泰顺县	99	182	575	0	0	1
	洞头县	77	138	464	0	0	5
	苍南县	1332	1696	5002	0	3	11
丽水市	丽水市	1696	2591	7605	4	9	39
	莲都区	110	155	275	3	2	0
	龙泉市	255	308	805	0	1	2
	缙云县	302	445	1377	0	0	4
	青田县	180	402	1288	1	1	4
	云和县	77	93	194	0	0	2
	遂昌县	104	174	474	0	1	5
	松阳县	105	120	372	0	1	2
	庆元县	129	178	588	0	3	0
	景宁畲族自治县	71	46	161	0	0	3
安徽省	安徽省	14848	14930	49375	29	18	173
合肥市	合肥市	4108	3647	12245	10	1	96
	蜀山区	258	356	1095	3	0	13
	庐阳区	166	394	888	1	0	3

地名		申请件数	注册件数	有效注册量	驰名商标	地理标志	中国申请人马德里注册
合肥市	瑶海区	175	214	500	2	0	0
	包河区	164	248	576	0	0	1
	长丰县	98	83	318	0	1	0
	肥东县	245	124	414	0	0	1
	肥西县	191	215	593	2	0	0
	经济开发区	233	270	1053	2	0	0
宿州市	宿州市	515	558	1573	1	1	0
	桥区	65	15	28	0	0	0
	砀山县	72	91	225	0	1	0
	萧县	76	89	280	1	0	0
	灵璧县	72	146	248	0	0	0
	泗县	72	33	104	0	0	0
淮北市	淮北市	281	322	1313	1	0	1
	相山区	76	77	217	1	0	1
	杜集区	7	18	64	0	0	0
	烈山区	18	34	104	0	0	0
	濉溪县	64	82	369	0	0	0
阜阳市	阜阳市	1048	999	3434	0	1	2
	颍州区	113	92	280	0	0	0
	颍东区	66	45	96	0	0	0
	颍泉区	113	67	145	0	0	0
	界首市	137	123	488	0	0	0
	临泉县	133	140	379	0	0	1
	太和县	164	222	743	0	1	1
	阜南县	142	107	298	0	0	0
	颍上县	65	58	175	0	0	0
亳州市	亳州市	1065	922	3792	2	0	3
	谯城区	346	290	838	1	0	0
	涡阳县	200	221	1243	1	0	0
	蒙城县	92	86	289	0	0	0
	利辛县	124	100	215	0	0	0
蚌埠市	蚌埠市	550	661	2185	0	1	5
	蚌山区	26	9	13	0	0	0
	龙子湖区	21	8	11	0	0	0
	禹会区	29	9	12	0	0	0

地名		申请件数	注册件数	有效注册量	驰名商标	地理标志	中国申请人马德里注册
蚌埠市	淮上区	20	19	32	0	0	0
	怀远县	135	136	429	0	1	0
	固镇县	62	62	172	0	0	0
	五河县	43	181	304	0	0	0
淮南市	淮南市	218	285	1098	0	0	0
	田家庵区	44	71	215	0	0	0
	大通区	14	23	58	0	0	0
	谢家集区	25	12	48	0	0	0
	八公山区	11	11	61	0	0	0
	潘集区	19	19	52	0	0	0
	凤台县	44	71	197	0	0	0
滁州市	滁州市	899	1024	3478	1	1	4
	琅琊区	45	116	247	0	0	0
	南谯区	23	39	82	0	0	0
	明光市	56	64	255	0	1	0
	天长市	303	242	1032	0	0	0
	来安县	98	72	250	0	0	0
	全椒县	57	109	356	1	0	0
	定远县	69	122	334	0	0	0
	凤阳县	61	151	329	0	0	0
马鞍山市	马鞍山市	248	350	1091	0	0	11
	花山区	54	64	156	0	0	0
	雨山区	40	90	194	0	0	0
	金家庄区	21	23	63	0	0	0
	当涂县	113	124	353	0	0	2
芜湖市	芜湖市	914	966	2916	2	0	0
	镜湖区	57	206	490	1	0	0
	弋江区	47	53	124	0	0	0
	三山区	36	23	60	0	0	0
	鸠江区	48	56	102	0	0	0
	芜湖县	94	80	271	0	0	0
	繁昌县	98	121	321	0	0	0
	南陵县	107	69	208	0	1	0
	开发区	19	9	12	1	0	0
铜陵市	铜陵市	206	170	635	1	0	5

地名		申请件数	注册件数	有效注册量	驰名商标	地理标志	中国申请人马德里注册
铜陵市	铜官山区	30	51	101	0	0	0
	狮子山区	15	4	31	0	0	0
	郊区	33	3	21	0	0	0
	铜陵县	60	65	156	1	0	0
安庆市	安庆市	1424	1315	3606	4	2	8
	大观区	34	62	109	0	0	0
	迎江区	47	45	125	0	0	0
	宜秀区	62	41	90	0	0	0
	桐城市	331	270	700	3	1	4
	怀宁县	177	194	506	0	0	0
	枞阳县	104	101	238	0	0	0
	潜山县	116	127	370	1	0	0
	太湖县	101	88	236	0	0	0
	宿松县	105	109	246	0	0	0
	望江县	66	61	177	0	0	0
	岳西县	65	90	221	0	1	1
黄山市	黄山市	378	441	1338	0	2	2
	屯溪区	82	79	336	0	0	1
	黄山区	70	71	166	0	1	0
	徽州区	39	37	151	0	0	0
	歙县	68	98	284	0	0	1
	休宁县	37	57	153	0	0	0
	黟县	17	33	78	0	0	0
	祁门县	42	38	119	0	1	0
六安市	六安市	864	891	2684	1	8*	3
	金安区	62	55	112	0	0	0
	裕安区	88	42	96	1	2	0
	寿县	99	115	290	0	1*	2
	霍邱县	141	158	378	0	0	0
	舒城县	162	136	500	0	2*	0
	金寨县	94	66	215	0	1*	0
	霍山县	72	61	317	0	2*	0
巢湖市	巢湖市	811	1179	3566	1	0	2
	居巢区	51	34	80	1	0	0
	庐江县	203	247	625	0	0	2
	无为县	185	301	760	0	0	0
	含山县	84	80	264	0	0	0

地名		申请件数	注册件数	有效注册量	驰名商标	地理标志	中国申请人马德里注册
巢湖市	和县	242	376	1233	0	0	0
池州市	池州市	352	474	1497	0	3*	5
	贵池区	63	188	469	0	1*	1
	东至县	101	68	258	0	1	0
	石台县	26	70	252	0	0	1
	青阳县	76	90	319	0	1*	1
宣城市	宣城市	566	681	2473	5	2*	9
	宣州区	83	134	428	1	0	0
	宁国市	133	134	575	3	1	2
	郎溪县	43	48	186	0	0	0
	广德县	121	156	519	0	0	2
	泾县	73	80	282	1	0	2
	旌德县	17	31	136	0	0	0
	绩溪县	50	55	178	0	0	0
福建省	福建省	41124	45352	157522	107	66	756
福州市	福州市	6740	7616	28308	10	4	129
	鼓楼区	1684	1580	4830	1	0	24
	台江区	699	837	2745	2	0	3
	仓山区	941	653	2522	1	0	19
	马尾区	197	148	685	2	0	3
	晋安区	860	632	2320	2	0	5
	福清市	599	1018	3221	2	0	18
	长乐市	288	441	1774	0	0	4
	闽侯县	312	393	1254	0	0	11
	连江县	383	463	1055	0	0	1
	罗源县	41	40	235	0	0	0
	闽清县	141	182	615	0	0	0
	永泰县	67	111	302	0	2	0
	平潭县	39	69	211	0	0	0
南平市	南平市	1701	1329	4187	4	9	12
	延平区	103	232	426	2	0	0
	邵武市	78	99	377	0	1	0
	武夷山市	737	233	707	0	2	1
	建瓯市	150	140	450	0	1	3
	建阳市	102	95	401	1	0	2
	顺昌县	59	77	256	0	0	0
	浦城县	82	115	283	0	0	0
	光泽县	31	71	219	1	0	0

地名		申请件数	注册件数	有效注册量	驰名商标	地理标志	中国申请人马德里注册
南平市	松溪县	93	58	148	0	1	0
	政和县	102	49	161	0	4	0
三明市	三明市	699	970	3390	3	5	6
	梅列区	87	81	330	0	0	0
	三元区	78	92	376	0	0	0
	永安市	107	188	654	2	1	2
	明溪县	37	33	109	0	1	0
	清流县	18	37	97	0	0	0
	宁化县	39	97	203	0	0	0
	大田县	49	81	213	0	0	0
	尤溪县	72	119	252	0	2	0
	沙县	92	103	376	0	0	0
	将乐县	33	31	140	0	0	0
	泰宁县	26	35	108	0	0	0
	建宁县	48	47	271	1	1	4
莆田市	莆田市	1905	2373	6973	9	4	9
	城厢区	556	472	1649	2	0	1
	涵江区	311	392	1243	3	0	1
	荔城区	358	665	1908	1	0	1
	秀屿区	238	274	642	0	1	2
	仙游县	405	448	1135	3	1	0
泉州市	泉州市	16055	19742	71251	39	8	369
	丰泽区	1269	1125	3037	1	0	24
	鲤城区	968	954	3133	3	0	9
	洛江区	404	463	1146	0	0	5
	泉港区	149	143	309	0	0	1
	石狮市	1741	3333	14057	7	0	74
	晋江市	5028	7946	30309	17	0	159
	南安市	2973	2593	8936	6	0	24
	惠安县	1001	946	2817	2	0	16
	安溪县	1388	1071	3042	1	2	6
	永春县	199	200	644	0	3	0
	德化县	186	121	364	2	3	5
	金门县	0	2	6	0	0	0

地名		申请件数	注册件数	有效注册量	驰名商标	地理标志	中国申请人马德里注册
厦门市	厦门市	7664	7307	24762	25	0	180
	思明区	3204	2677	7245	8	0	17
	海沧区	253	456	2001	1	0	21
	湖里区	1914	1406	4325	4	0	19
	集美区	587	577	1817	3	0	13
	同安区	772	571	2121	6	0	6
	翔安区	280	193	598	3	0	3
漳州市	漳州市	2707	3197	9548	7	10	33
	芗城区	519	771	1856	3	0	0
	龙文区	179	121	494	0	0	0
	龙海市	612	761	1920	0	0	4
	云霄县	110	80	249	0	0	0
	漳浦县	230	215	649	1	0	2
	诏安县	48	101	288	0	1	1
	长泰县	81	87	335	0	0	1
	东山县	57	46	168	0	0	0
	南靖县	138	247	590	2	1	1
	平和县	206	153	465	1	1	1
	华安县	122	59	174	0	0	1
龙岩市	龙岩市	1263	1659	4387	4	8	5
	新罗区	391	503	1463	2	1	0
	漳平市	123	79	305	0	1	1
	长汀县	196	169	485	0	0	1
	永定县	104	125	353	0	0	0
	上杭县	56	392	583	1	0	1
	武平县	130	158	303	0	2	0
	连城县	79	74	274	1	4	0
宁德市	宁德市	1632	1487	5121	6	18	13
	蕉城区	99	79	256	0	2	0
	福安市	622	385	1375	3	2	8
	福鼎市	367	322	1117	1	7	3
	寿宁县	85	70	219	0	0	0
	霞浦县	128	149	500	0	2	0
	柘荣县	55	73	277	1	1	1
	屏南县	38	26	200	0	0	0
	古田县	119	216	771	1	4	0
	周宁县	60	71	137	0	0	0

地名		申请件数	注册件数	有效注册量	驰名商标	地理标志	中国申请人马德里注册
江西省	江西省	9830	11553	35455	24	29	54
南昌市	南昌市	2398	3075	10613	9	0	21
	东湖区	138	282	749	0	0	0
	西湖区	217	344	945	0	0	1
	青云谱区	94	144	405	1	0	0
	湾里区	27	35	140	0	0	0
	青山湖区	160	295	795	0	0	1
	南昌县	245	226	851	2	0	0
	新建县	185	170	521	1	0	0
	安义县	105	91	187	0	0	0
	进贤县	145	219	805	1	0	1
	国家高新技术开发区	96	259	766	4	0	0
九江市	九江市	975	1014	3005	1	3	4
	浔阳区	48	111	309	0	0	1
	庐山区	45	131	459	0	1	0
	瑞昌市	45	48	123	0	1	0
	九江县	31	71	156	0	0	0
	武宁县	58	44	136	0	0	0
	修水县	136	109	277	0	1	0
	永修县	43	118	299	0	0	0
	德安县	23	49	119	0	0	0
	星子县	39	34	115	0	0	0
	都昌县	91	71	170	0	0	1
	湖口县	47	40	88	0	0	0
	彭泽县	203	50	154	0	0	0
	共青城	90	59	231	1	0	0
景德镇市	景德镇市	339	269	915	3	6	5
	昌江区	14	2	16	0	0	0
	珠山区	39	56	153	3	0	0
	乐平市	52	73	188	0	0	0
	浮梁县	49	33	138	0	1	1
鹰潭市	鹰潭市	242	275	1245	2	0	3
	月湖区	40	71	289	1	0	3
	贵溪市	61	49	339	1	0	0
	余江县	57	96	249	0	0	0
新余市	新余市	195	230	670	0	0	3
	渝水区	66	62	153	0	0	0
	分宜县	30	79	183	0	0	0

地名		申请件数	注册件数	有效注册量	驰名商标	地理标志	中国申请人马德里注册
萍乡市	萍乡市	234	392	1472	1	1	0
	安源区	32	83	315	1	0	0
	湘东区	24	42	143	0	0	0
	莲花县	43	69	215	0	0	0
	上栗县	43	51	151	0	1	0
	芦溪县	37	52	174	0	0	0
赣州市	赣州市	1727	1766	4322	0	5	5
	章贡区	167	216	385	0	0	1
	瑞金市	164	101	203	0	0	0
	南康市	372	239	423	0	1	0
	赣县	102	103	209	0	0	0
	信丰县	64	75	223	0	1	0
	大余县	41	47	130	0	0	0
	上犹县	63	51	143	0	0	0
	崇义县	35	39	91	0	0	0
	安远县	25	40	97	0	0	0
	龙南县	20	43	119	0	0	0
	定南县	41	16	44	0	0	0
	全南县	20	33	74	0	0	0
	宁都县	107	120	275	0	1	0
	于都县	146	141	340	0	0	2
	兴国县	107	151	487	0	0	0
	会昌县	31	31	77	0	0	0
	寻乌县	29	21	56	0	1	0
	石城县	52	58	120	0	0	0
上饶市	上饶市	952	1296	3780	4	3	0
	信州区	85	86	268	1	0	0
	德兴市	37	132	314	0	0	0
	上饶县	122	101	343	0	0	0
	广丰县	130	166	640	1	0	0
	玉山县	108	142	327	1	0	0
	铅山县	55	129	235	0	0	0
	横峰县	20	33	103	0	0	0
	弋阳县	43	54	186	0	2	0
	余干县	41	49	167	0	0	0
	鄱阳县	121	157	297	0	0	0
	万年县	49	22	101	1	0	0
	婺源县	101	110	390	0	1	0

地名		申请件数	注册件数	有效注册量	驰名商标	地理标志	中国申请人马德里注册
抚州市	抚州市	607	662	1925	1	3	1
	临川区	125	168	454	0	0	1
	南城县	53	66	151	0	0	0
	黎川县	44	42	123	0	0	0
	南丰县	38	59	175	1	1	0
	崇仁县	25	45	103	0	1	0
	乐安县	29	27	102	0	0	0
	宜黄县	15	16	124	0	0	0
	金溪县	72	35	96	0	0	0
	资溪县	26	21	76	0	0	0
	东乡县	94	99	293	0	0	0
	广昌县	28	30	73	0	1	0
宜春市	宜春市	1120	1737	4717	2	2	8
	袁州区	69	77	184	0	0	0
	丰城市	129	147	346	0	0	0
	樟树市	289	732	1745	2	0	1
	奉新县	59	91	277	0	0	2
	高安市	218	257	560	0	0	0
	万载县	59	82	272	0	1	0
	上高县	59	67	305	0	0	1
	宜丰县	83	79	229	0	0	3
	靖安县	37	49	131	0	1	0
	铜鼓县	19	40	136	0	0	1
吉安市	吉安市	810	924	2895	1	6	4
	吉州区	65	59	154	0	0	0
	青原区	34	22	60	0	0	0
	井冈山市	67	71	284	0	0	0
	吉安县	33	50	221	0	0	0
	吉水县	49	58	177	0	0	0
	峡江县	18	26	106	0	0	0
	新干县	99	109	293	0	0	0
	永丰县	163	208	600	0	2	1
	泰和县	84	68	249	1	1	0
	遂川县	45	71	185	0	1	0
	万安县	29	33	95	0	1	0
	安福县	53	49	153	0	1	0
	永新县	42	63	144	0	0	0

地名		申请件数	注册件数	有效注册量	驰名商标	地理标志	中国申请人马德里注册
山东省	山东省	41581	40993	157593	134	58	442
济南市	济南市	4930	5791	21266	11	3	50
	市中区	444	655	2181	2	0	3
	历下区	832	805	2577	3	0	3
	槐荫区	393	387	1203	1	0	4
	天桥区	565	654	1898	0	0	0
	历城区	766	631	2334	0	0	1
	长清区	178	141	620	1	0	0
	章丘市	374	335	1023	1	1	2
	平阴县	121	93	460	1	1	1
	济阳县	109	91	265	0	1	0
	商河县	78	78	215	0	0	0
	高新区	313	138	449	2	0	0
聊城市	聊城市	2002	1710	5826	6	2	7
	东昌府区	233	233	504	2	0	0
	临清市	335	308	781	0	0	0
	阳谷县	266	213	790	1	0	2
	莘县	213	188	581	0	2	0
	茌平县	168	142	454	0	0	0
	东阿县	132	134	434	1	0	1
	冠县	177	143	484	1	0	0
	高唐县	166	124	457	1	0	2
德州市	德州市	1829	1823	5530	8	3	22
	德城区	347	415	1072	3	0	3
	乐陵市	193	175	543	2	1	6
	禹城市	219	170	590	2	0	4
	陵县	134	87	352	0	0	2
	平原县	88	88	292	0	0	0
	夏津县	136	135	361	0	0	1
	武城县	116	92	312	0	1	1
	齐河县	93	100	311	0	0	0
	临邑县	79	82	274	0	0	2
	宁津县	141	114	328	0	0	0
	庆云县	82	72	190	1	0	0
东营市	东营市	1059	1081	4002	1	0	21
	东营区	227	282	1093	0	0	3
	河口区	27	66	358	0	0	0
	垦利县	137	159	382	0	0	4

地名		申请件数	注册件数	有效注册量	驰名商标	地理标志	中国申请人马德里注册
东营市	利津县	45	48	192	0	0	1
	广饶县	352	332	1129	1	0	7
淄博市	淄博市	2181	2867	13042	20	6	33
	张店区	404	685	2857	7	0	1
	淄川区	459	519	1943	5	1	2
	博山区	180	186	1368	1	2	4
	临淄区	264	356	1791	1	0	3
	周村区	251	338	1238	3	0	5
	桓台县	121	184	950	1	0	1
	高青县	117	62	305	0	1	1
	沂源县	111	266	1255	2	1	5
潍坊市	潍坊市	3772	3723	13447	12	5	41
	奎文区	268	342	1068	2	0	1
	潍城区	265	270	1250	1	0	5
	寒亭区	75	90	334	1	0	0
	坊子区	108	90	349	1	0	1
	安丘市	303	239	820	0	1	0
	昌邑市	130	154	557	1	2	0
	高密市	425	351	1149	0	0	1
	青州市	350	570	1866	0	2	2
	诸城市	272	304	1419	4	0	4
	寿光市	627	448	1509	2	0	5
	临朐县	324	211	731	0	0	2
	昌乐县	201	231	651	0	0	0
烟台市	烟台市	3122	3215	14696	16	14	46
	莱山区	122	145	681	0	0	0
	芝罘区	808	923	3281	4	0	7
	福山区	110	82	514	0	0	0
	牟平区	136	130	723	0	0	1
	栖霞市	104	100	374	0	1	1
	海阳市	168	137	429	0	1	0
	龙口市	265	326	1973	6	0	6
	莱阳市	177	213	1081	2	1	4
	莱州市	184	209	1012	2	3	2
	蓬莱市	345	339	1466	1	0	4
	招远市	229	157	904	1	0	8
	长岛县	27	17	76	0	6	0
威海市	威海市	1056	1304	5413	12	6	46

地名		申请件数	注册件数	有效注册量	驰名商标	地理标志	中国申请人马德里注册
威海市	环翠区	106	242	798	7	0	1
	荣成市	146	208	948	4	2	10
	乳山市	81	174	463	0	2	3
	文登市	232	191	821	1	0	8
青岛市	青岛市	7688	6841	26844	21	4	103
	市南区	1533	1414	4546	2	0	10
	市北区	574	698	2868	3	0	3
	四方区	330	276	1298	1	0	2
	黄岛区	43	95	354	2	0	1
	崂山区	726	436	1644	3	2	1
	城阳区	806	699	2367	5	0	10
	李沧区	342	261	1222	0	0	2
	胶州市	501	405	1280	0	1	0
	即墨市	812	752	2931	4	0	6
	平度市	461	347	1371	1	1	5
	胶南市	373	324	1116	0	0	3
	莱西市	371	182	735	0	0	2
日照市	日照市	674	870	3190	1	1	4
	东港区	106	120	305	1	1	2
	岚山区	55	108	209	0	0	0
	五莲县	85	92	307	0	0	0
	莒县	153	220	987	0	0	0
临沂市	临沂市	4803	4697	16828	11	3	26
	兰山区	1253	1272	3486	2	0	1
	罗庄区	404	356	1176	1	0	1
	河东区	691	732	2358	2	0	2
	郯城县	216	195	731	0	1	0
	苍山县	208	160	538	1	1	2
	莒南县	270	215	826	0	0	0
	沂水县	350	386	1483	1	0	2
	蒙阴县	91	83	639	2	0	0
	平邑县	265	250	952	0	1	2
	费县	191	134	455	0	0	2
	沂南县	236	259	675	0	0	0
	临沭县	341	202	587	3	0	2
枣庄市	枣庄市	1187	1003	3680	2	3	5
	薛城区	75	84	282	0	0	0
	市中区	226	203	835	0	0	0

<table>
<tr><th colspan="2">地名</th><th>申请件数</th><th>注册件数</th><th>有效注册量</th><th>驰名商标</th><th>地理标志</th><th>中国申请人马德里注册</th></tr>
<tr><td rowspan="4">枣庄市</td><td>峄城区</td><td>72</td><td>128</td><td>223</td><td>0</td><td>1</td><td>1</td></tr>
<tr><td>台儿庄区</td><td>179</td><td>34</td><td>139</td><td>0</td><td>0</td><td>0</td></tr>
<tr><td>山亭区</td><td>143</td><td>104</td><td>460</td><td>1</td><td>1</td><td>0</td></tr>
<tr><td>滕州市</td><td>439</td><td>383</td><td>1441</td><td>1</td><td>1</td><td>3</td></tr>
<tr><td rowspan="13">济宁市</td><td>济宁市</td><td>1760</td><td>1787</td><td>7303</td><td>5</td><td>3</td><td>22</td></tr>
<tr><td>市中区</td><td>187</td><td>251</td><td>783</td><td>2</td><td>0</td><td>2</td></tr>
<tr><td>任城区</td><td>136</td><td>150</td><td>405</td><td>2</td><td>0</td><td>1</td></tr>
<tr><td>曲阜市</td><td>131</td><td>160</td><td>821</td><td>1</td><td>0</td><td>1</td></tr>
<tr><td>兖州市</td><td>146</td><td>186</td><td>584</td><td>0</td><td>0</td><td>0</td></tr>
<tr><td>邹城市</td><td>151</td><td>148</td><td>720</td><td>0</td><td>0</td><td>1</td></tr>
<tr><td>微山县</td><td>53</td><td>74</td><td>301</td><td>0</td><td>0</td><td>1</td></tr>
<tr><td>鱼台县</td><td>49</td><td>62</td><td>347</td><td>0</td><td>1</td><td>1</td></tr>
<tr><td>金乡县</td><td>135</td><td>81</td><td>211</td><td>0</td><td>1</td><td>0</td></tr>
<tr><td>嘉祥县</td><td>153</td><td>132</td><td>530</td><td>0</td><td>0</td><td>2</td></tr>
<tr><td>汶上县</td><td>75</td><td>62</td><td>197</td><td>0</td><td>1</td><td>0</td></tr>
<tr><td>泗水县</td><td>86</td><td>68</td><td>316</td><td>0</td><td>0</td><td>1</td></tr>
<tr><td>梁山县</td><td>166</td><td>167</td><td>585</td><td>0</td><td>0</td><td>0</td></tr>
<tr><td rowspan="7">泰安市</td><td>泰安市</td><td>1595</td><td>1493</td><td>5619</td><td>3</td><td>1</td><td>8</td></tr>
<tr><td>泰山区</td><td>263</td><td>344</td><td>981</td><td>1</td><td>0</td><td>2</td></tr>
<tr><td>岱岳区</td><td>198</td><td>134</td><td>590</td><td>0</td><td>0</td><td>1</td></tr>
<tr><td>新泰市</td><td>199</td><td>204</td><td>688</td><td>1</td><td>0</td><td>0</td></tr>
<tr><td>肥城市</td><td>239</td><td>190</td><td>743</td><td>0</td><td>1</td><td>0</td></tr>
<tr><td>宁阳县</td><td>109</td><td>191</td><td>643</td><td>0</td><td>0</td><td>1</td></tr>
<tr><td>东平县</td><td>154</td><td>111</td><td>358</td><td>1</td><td>0</td><td>0</td></tr>
<tr><td rowspan="3">莱芜市</td><td>莱芜市</td><td>363</td><td>280</td><td>1232</td><td>1</td><td>2</td><td>2</td></tr>
<tr><td>莱城区</td><td>218</td><td>168</td><td>632</td><td>1</td><td>1</td><td>0</td></tr>
<tr><td>钢城区</td><td>26</td><td>35</td><td>129</td><td>0</td><td>0</td><td>1</td></tr>
<tr><td rowspan="8">滨州市</td><td>滨州市</td><td>1186</td><td>1132</td><td>3565</td><td>3</td><td>2</td><td>4</td></tr>
<tr><td>滨城区</td><td>136</td><td>76</td><td>254</td><td>2</td><td>0</td><td>0</td></tr>
<tr><td>惠民县</td><td>70</td><td>59</td><td>249</td><td>0</td><td>0</td><td>0</td></tr>
<tr><td>阳信县</td><td>64</td><td>24</td><td>114</td><td>0</td><td>1</td><td>1</td></tr>
<tr><td>无棣县</td><td>60</td><td>49</td><td>285</td><td>0</td><td>0</td><td>1</td></tr>
<tr><td>沾化县</td><td>133</td><td>55</td><td>224</td><td>0</td><td>1</td><td>0</td></tr>
<tr><td>博兴县</td><td>259</td><td>455</td><td>987</td><td>0</td><td>0</td><td>1</td></tr>
<tr><td>邹平县</td><td>253</td><td>260</td><td>870</td><td>1</td><td>0</td><td>1</td></tr>
<tr><td rowspan="3">菏泽市</td><td>菏泽市</td><td>1270</td><td>1187</td><td>4416</td><td>1</td><td>0</td><td>2</td></tr>
<tr><td>牡丹区</td><td>169</td><td>104</td><td>247</td><td>0</td><td>0</td><td>0</td></tr>
<tr><td>曹县</td><td>173</td><td>211</td><td>606</td><td>0</td><td>0</td><td>1</td></tr>
</table>

地名		申请件数	注册件数	有效注册量	驰名商标	地理标志	中国申请人马德里注册
	定陶县	64	46	238	0	0	0
	成武县	69	47	193	0	0	1
	单县	152	154	420	0	0	0
	巨野县	89	78	353	0	0	0
	郓城县	143	151	601	0	0	0
	鄄城县	56	70	252	0	0	0
	东明县	46	40	236	1	0	0
河南省	河南省	22395	23491	70554	35	17	87
郑州市	郑州市	7858	8432	24324	6	4	26
	中原区	445	658	1571	1	0	0
	二七区	739	693	1629	0	0	1
	管城回族区	839	649	1630	1	0	0
	金水区	2481	2143	4813	1	0	3
	上街区	26	76	206	0	0	0
	惠济区	226	219	429	1	0	0
	新郑市	392	412	1274	1	4	1
	登封市	158	193	503	1	0	2
	新密市	147	182	710	0	0	0
	巩义市	140	212	670	0	0	1
	荥阳市	135	166	654	0	0	3
	中牟县	191	146	408	0	0	0
	郑州国家高新技术产业开发区	0	0	0	0	0	0
三门峡市	三门峡市	223	286	1050	0	0	0
	湖滨区	25	63	144	0	0	0
	义马市	7	17	52	0	0	0
	灵宝市	59	78	276	0	0	0
	渑池县	52	52	254	0	0	0
	陕县	13	8	39	0	0	0
	卢氏县	19	16	86	0	0	0
洛阳市	洛阳市	1427	1542	5169	4	1	21
	西工区	201	226	733	0	0	2
	老城区	56	39	159	0	0	0
	河回族区	17	28	76	0	0	0
	涧西区	151	313	714	2	0	1
	吉利区	10	13	53	0	0	0
	洛龙区	139	117	387	1	0	0
	偃师市	290	132	581	1	1	1

地名		申请件数	注册件数	有效注册量	驰名商标	地理标志	中国申请人马德里注册
洛阳市	孟津县	39	37	189	0	0	0
	新安县	69	72	201	0	0	0
	栾川县	13	36	106	0	0	0
	嵩县	29	26	78	0	0	0
	汝阳县	71	81	227	0	0	0
	宜阳县	41	44	124	0	0	0
	洛宁县	14	29	51	0	0	0
	伊川县	62	68	240	0	0	0
焦作市	焦作市	1083	1022	3071	1	4	3
	解放区	84	65	222	0	0	0
	山阳区	27	58	128	0	0	0
	中站区	11	26	73	0	0	0
	马村区	4	12	37	0	0	0
	孟州市	73	146	327	1	0	0
	沁阳市	126	73	242	0	0	0
	修武县	188	121	256	0	0	0
	博爱县	90	88	308	0	0	0
	武陟县	154	166	442	0	0	0
	温县	152	108	440	0	0	0
新乡市	新乡市	1484	1743	5181	1	1	11
	卫滨区	51	168	278	0	0	0
	红旗区	43	77	215	0	0	0
	凤泉区	18	29	123	0	0	2
	牧野区	73	82	210	1	0	0
	卫辉市	42	71	201	0	0	0
	辉县市	168	180	690	0	0	0
	新乡县	68	79	311	0	0	0
	获嘉县	93	76	235	0	0	0
	原阳县	62	86	245	0	1	0
	延津县	58	69	165	0	0	0
	封丘县	98	70	344	0	0	0
	长垣县	415	555	969	0	0	2
鹤壁市	鹤壁市	256	319	931	1	0	0
	淇滨区	67	47	125	0	0	0
	山城区	24	26	108	0	0	0
	鹤山区	8	14	19	0	0	0
	浚县	95	108	252	0	0	0
	淇县	47	97	243	1	0	0

地名		申请件数	注册件数	有效注册量	驰名商标	地理标志	中国申请人马德里注册
安阳市	安阳市	987	1009	3352	0	0	0
	北关区	182	195	446	0	0	0
	文峰区	111	125	261	0	0	0
	殷都区	70	44	68	0	0	0
	龙安区	12	30	41	0	0	0
	林州市	73	70	324	0	0	0
	安阳县	86	84	276	0	0	0
	汤阴县	88	43	193	0	0	0
	滑县	194	123	405	0	0	0
	内黄县	71	66	251	0	0	0
濮阳市	濮阳市	475	453	1511	1	1	3
	华龙区	20	11	16	0	0	0
	清丰县	27	45	172	0	0	0
	南乐县	44	58	157	0	0	0
	范县	51	38	93	0	0	0
	台前县	71	49	116	0	1	0
	高新区	5	3	10	1	0	0
	濮阳县	90	87	264	0	0	2
开封市	开封市	567	816	2265	0	0	0
	鼓楼区	38	47	94	0	0	0
	龙亭区	23	67	87	0	0	0
	顺河回族区	17	59	121	0	0	0
	禹王台区	8	27	73	0	0	0
	金明区	35	40	126	0	0	0
	杞县	78	52	132	0	0	0
	通许县	49	51	124	0	0	0
	尉氏县	108	143	434	0	0	0
	开封县	39	69	182	0	0	0
	兰考县	57	52	149	0	0	0
商丘市	商丘市	1294	1134	3592	0	0	0
	梁园区	184	166	389	0	0	0
	睢阳区	160	135	333	0	0	0
	永城市	202	147	453	0	0	0
	虞城县	186	139	480	0	0	0
	民权县	90	95	287	0	0	0
	宁陵县	47	64	196	0	0	0
	睢县	58	37	121	0	0	0
	夏邑县	136	112	344	0	0	0

地名		申请件数	注册件数	有效注册量	驰名商标	地理标志	中国申请人马德里注册
商丘市	柘城县	59	80	217	0	0	0
许昌市	许昌市	842	869	2700	4	1	7
	魏都区	57	95	211	1	0	0
	禹州市	146	172	494	0	1	1
	长葛市	145	248	759	2	0	2
	许昌县	118	100	385	1	0	1
	鄢陵县	81	59	161	0	0	0
	襄城县	89	56	172	0	0	0
漯河市	漯河市	618	575	2191	4	0	2
	郾城区	78	69	267	0	0	0
	源汇区	111	99	218	3	0	0
	召陵区	57	32	47	0	0	0
	舞阳县	65	44	138	0	0	0
	临颍县	104	63	409	1	0	0
平顶山市	平顶山市	592	764	1930	1	0	4
	新华区	67	76	158	0	0	0
	卫东区	23	123	200	0	0	0
	湛河区	25	86	140	1	0	0
	石龙区	1	1	4	0	0	0
	舞钢市	16	18	85	0	0	0
	汝州市	90	108	281	0	0	2
	宝丰县	33	26	75	0	0	0
	叶县	51	102	193	0	0	0
	鲁山县	57	54	168	0	0	0
	郏县	61	82	177	0	0	0
南阳市	南阳市	1354	1395	4344	3	2	2
	卧龙区	86	148	312	0	0	0
	宛城区	95	103	221	0	0	0
	邓州市	123	104	274	0	0	0
	南召县	34	36	176	0	0	0
	方城县	65	48	118	0	0	0
	西峡县	66	91	432	3	1	0
	镇平县	139	97	234	0	0	1
	内乡县	40	52	145	0	0	0
	淅川县	33	71	209	0	0	0
	社旗县	39	44	140	0	0	0
	唐河县	89	55	157	0	0	0

地名		申请件数	注册件数	有效注册量	驰名商标	地理标志	中国申请人马德里注册
南阳市	新野县	60	64	169	0	0	0
	桐柏县	120	89	243	0	1	0
信阳市	信阳市	1023	950	2610	3	3	1
	河区	100	47	112	0	0	0
	平桥区	53	78	232	1	0	0
	息县	56	36	105	0	0	0
	淮滨县	33	56	106	0	0	0
	潢川县	71	83	207	1	0	1
	光山县	64	63	174	0	0	0
	固始县	309	185	524	0	2	0
	商城县	168	125	368	0	0	0
	罗山县	58	58	143	0	0	0
	新县	26	106	236	1	0	0
周口市	周口市	1276	1319	3495	5	0	3
	川汇区	70	29	51	0	0	0
	项城市	116	171	527	1	0	2
	扶沟县	61	52	150	0	0	0
	西华县	81	92	250	0	0	0
	商水县	72	74	160	0	0	0
	太康县	185	132	326	0	0	0
	鹿邑县	91	207	501	1	0	0
	郸城县	80	123	301	1	0	1
	淮阳县	166	139	320	0	0	0
	沈丘县	217	135	369	1	0	0
	黄泛区	1	0	3	1	0	0
驻马店市	驻马店市	730	897	2435	1	0	2
	驿城区	66	77	145	1	0	0
	确山县	38	54	144	0	0	0
	泌阳县	44	62	118	0	0	0
	遂平县	49	64	147	0	0	0
	西平县	85	78	220	0	0	0
	上蔡县	72	78	188	0	0	0
	汝南县	64	72	149	0	0	0
	平舆县	62	111	184	0	0	0
	新蔡县	54	48	120	0	0	0
	正阳县	42	52	138	0	0	0
济源市	济源市	194	233	686	0	0	2

地名		申请件数	注册件数	有效注册量	驰名商标	地理标志	中国申请人马德里注册
湖北省	湖北省	16840	15112	60844	32	25	154
武汉市	武汉市	9458	7468	33226	11	3	69
	江岸区	937	735	3363	1	0	8
	江汉区	1107	1191	4655	0	0	7
	口区	983	589	2110	0	0	9
	汉阳区	437	476	1846	5	0	3
	武昌区	1038	1021	4081	0	0	7
	青山区	146	106	749	1	0	3
	洪山区	1301	917	5131	2	1	15
	东西湖区	1036	576	2060	0	0	2
	汉南区	111	71	228	0	0	0
	蔡甸区	165	134	425	2	1	1
	江夏区	384	140	507	0	0	0
	黄陂区	361	231	901	0	0	1
	新洲区	126	125	322	0	0	0
十堰市	十堰市	364	496	2208	1	2	8
	茅箭区	29	71	170	0	0	0
	张湾区	47	47	208	1	0	6
	丹江口市	33	60	373	0	0	0
	郧县	16	26	125	0	0	0
	竹山县	11	18	69	0	0	0
	房县	29	18	79	0	2	0
	郧西县	24	26	66	0	0	0
	竹溪县	16	7	64	0	0	0
襄樊市	襄樊市	795	685	3337	2	0	0
	襄城区	94	72	215	1	0	0
	樊城区	116	124	245	0	0	0
	襄阳区	60	72	316	0	0	0
	老河口市	48	60	175	0	0	0
	枣阳市	126	93	401	0	0	0
	宜城市	47	36	181	0	0	0
	南漳县	61	24	95	0	0	0
	谷城县	62	33	164	1	0	0
	保康县	15	35	74	0	0	0
荆门市	荆门市	396	358	1566	1	0	1
	东宝区	30	54	187	1	0	0
	掇刀区	51	24	111	0	0	0

地名		申请件数	注册件数	有效注册量	驰名商标	地理标志	中国申请人马德里注册
荆门市	钟祥市	108	115	387	0	0	0
	沙洋县	63	46	204	0	0	0
	京山县	118	87	308	0	2	0
孝感市	孝感市	731	842	3012	2	3	4
	孝南区	113	131	373	0	0	0
	应城市	85	94	350	0	0	0
	安陆市	74	113	397	0	0	0
	汉川市	241	247	798	1	1	3
	孝昌县	52	24	73	0	0	0
	大悟县	21	91	221	0	1	0
	云梦县	68	85	411	1	0	0
黄冈市	黄冈市	575	669	2188	0	3	9
	黄州区	38	63	192	0	0	2
	麻城市	50	71	234	0	1	0
	武穴市	72	116	311	0	0	0
	红安县	30	26	161	0	0	0
	罗田县	44	35	110	0	0	0
	英山县	30	38	120	0	1	0
	浠水县	68	63	153	0	0	0
	蕲春县	115	135	567	0	1	5
	黄梅县	86	68	210	0	0	0
	团风县	31	14	37	0	0	0
鄂州市	鄂州市	226	146	662	2	4	2
	鄂城区	43	70	250	1	0	1
	梁子湖区	27	21	48	0	0	0
	华容区	10	9	30	1	0	0
黄石市	黄石市	352	396	1625	2	0	13
	下陆区	9	14	49	0	0	0
	黄石港区	38	65	179	1	0	0
	西塞山区	27	23	68	0	0	0
	铁山区	6	14	76	1	0	1
	大冶市	91	140	508	0	0	6
	阳新县	90	51	181	0	0	0
咸宁市	咸宁市	377	433	1506	2	0	3
	咸安区	73	58	144	0	0	0
	赤壁市	73	60	236	1	0	0
	嘉鱼县	41	56	238	1	0	1

地名		申请件数	注册件数	有效注册量	驰名商标	地理标志	中国申请人马德里注册
咸宁市	通城县	51	99	326	0	0	1
	崇阳县	53	36	136	0	0	0
	通山县	39	41	128	0	0	0
荆州市	荆州市	954	1011	3282	1	2	3
	沙市区	171	197	779	0	0	3
	荆州区	141	125	346	1	0	0
	石首市	68	97	310	0	0	0
	洪湖市	95	173	483	0	0	0
	松滋市	70	103	343	0	0	0
	江陵县	35	27	98	0	0	0
	公安县	113	98	311	0	0	0
	监利县	131	143	420	0	0	0
宜昌市	宜昌市	849	935	3078	7	6	38
	西陵区	52	111	288	0	0	0
	伍家岗区	12	37	80	1	0	0
	点军区	14	21	45	0	0	0
	亭区	5	10	41	1	0	0
	夷陵区	110	142	524	1	0	1
	枝江市	74	123	387	1	1	2
	宜都市	62	82	253	0	2	2
	当阳市	46	40	181	0	0	0
	远安县	128	15	96	1	0	0
	兴山县	16	8	30	1	1	1
	秭归县	30	21	72	0	1	0
	长阳土家族自治县	45	29	86	0	0	0
	五峰土家族自治县	56	30	121	1	0	0
随州市	随州市	317	487	1216	1	0	1
	曾都区	142	38	109	1	0	0
	广水市	63	76	325	0	0	1
仙桃市	仙桃市	336	286	910	0	1	1
天门市	天门市	212	277	739	0	0	1
潜江市	潜江市	130	108	447	0	0	0
神农架林区	神农架林区	9	56	173	0	0	0
恩施土家族苗族自治州	恩施土家族苗族自治区	426	448	1429	0	2	1
恩施土家族苗族自治州	恩施市	115	99	335	0	2	0

地名		申请件数	注册件数	有效注册量	驰名商标	地理标志	中国申请人马德里注册
恩施土家族苗族自治州	利川市	55	67	283	0	0	0
	建始县	54	95	195	0	0	0
	巴东县	101	33	172	0	0	0
	宣恩县	28	51	120	0	0	0
	咸丰县	24	42	88	0	0	0
	来凤县	12	26	66	0	0	0
	鹤峰县	37	35	170	0	0	1
湖南省	湖南省	15777	16863	61750	62	32	103
长沙市	长沙市	6550	6717	26582	26	3	64
	岳麓区	489	316	1115	2	0	0
	芙蓉区	1229	1088	3503	8	0	5
	天心区	498	403	1450	0	0	3
	开福区	551	449	1422	3	0	0
	雨花区	1134	726	3490	1	0	6
	浏阳市	544	999	3468	1	3	9
	长沙县	260	266	860	3	0	0
	望城县	187	310	926	0	0	3
	宁乡县	290	309	1086	3	0	0
	高新区	3	10	84	3	0	0
	经济开发区	67	81	303	2	0	0
张家界市	张家界市	101	175	630	0	1	2
	永定区	50	74	241	0	0	0
	武陵源区	15	16	115	0	0	0
	慈利县	14	35	105	0	0	0
	桑植县	12	13	48	0	0	0
常德市	常德市	785	857	3167	4	3	3
	武陵区	72	134	357	1	0	0
	鼎城区	82	96	283	0	0	0
	津市市	51	29	169	1	0	0
	安乡县	91	100	283	0	0	0
	汉寿县	72	71	180	0	0	0
	澧县	126	107	453	0	0	0
	临澧县	32	31	143	0	0	1
	桃源县	70	100	227	0	1	0
	石门县	51	65	310	0	2	0
	德山开发区	56	51	173	2	0	0
益阳市	益阳市	859	907	2950	1	4	0

地名		申请件数	注册件数	有效注册量	驰名商标	地理标志	中国申请人马德里注册
益阳市	赫山区	128	150	455	0	0	5
	资阳区	63	73	190	0	0	0
	沅江市	130	152	479	0	1	0
	南县	166	237	624	1	0	1
	桃江县	69	97	346	0	0	0
	安化县	77	101	333	0	3	0
岳阳市	岳阳市	987	1293	4378	8	1	3
	岳阳楼区	159	237	481	2	0	0
	君山区	36	31	103	1	0	0
	云溪区	59	103	535	1	0	0
	汨罗市	90	59	232	1	0	0
	临湘市	68	134	263	0	0	0
	岳阳县	64	72	293	0	0	0
	华容县	113	101	263	0	0	0
	湘阴县	145	193	491	2	0	3
	平江县	127	213	577	0	0	0
	屈原区	0	0	0	1	0	0
株洲市	株洲市	800	1185	4881	9	1	16
	天元区	144	134	425	4	0	2
	荷塘区	123	144	528	2	0	1
	芦淞区	124	135	475	0	0	1
	石峰区	66	81	466	2	0	0
	醴陵市	112	136	620	1	0	8
	株洲县	66	58	203	0	0	0
	攸县	67	114	421	0	1	0
	茶陵县	40	47	181	0	0	0
	炎陵县	18	21	59	0	0	0
湘潭市	湘潭市	937	1252	4769	5	1	3
	岳塘区	67	276	663	3	0	0
	雨湖区	143	165	578	0	0	0
	湘乡市	140	94	319	0	0	0
	韶山市	450	443	1554	1	0	0
	湘潭县	102	169	684	1	1	0
衡阳市	衡阳市	777	965	3238	1	1	2
	蒸湘区	59	74	220	0	0	0
	雁峰区	74	84	305	1	0	0
	珠晖区	60	83	271	0	0	0

地名		申请件数	注册件数	有效注册量	驰名商标	地理标志	中国申请人马德里注册
衡阳市	石鼓区	97	106	376	0	0	0
	南岳区	10	20	157	0	0	0
	常宁市	42	40	113	0	1	0
	耒阳市	83	98	242	0	0	1
	衡阳县	102	142	406	0	0	1
	衡南县	52	100	223	0	0	0
	衡山县	29	56	171	0	0	0
	衡东县	53	70	253	0	0	0
	祁东县	69	74	256	0	0	0
郴州市	郴州市	506	564	1762	2	3	0
	北湖区	68	62	178	0	0	0
	苏仙区	38	26	154	1	0	0
	资兴市	59	34	131	0	0	0
	桂阳县	53	44	102	0	1	0
	永兴县	67	62	139	0	1	0
	宜章县	52	129	267	0	1	0
	嘉禾县	43	40	165	0	0	0
	临武县	32	11	61	1	0	0
	汝城县	22	33	80	0	0	0
	桂东县	10	13	38	0	0	0
	安仁县	20	20	47	0	0	0
永州市	永州市	521	560	1541	1	3	2
	冷水滩区	81	60	199	0	0	0
	零陵区	54	69	206	0	0	0
	东安县	34	54	131	0	1	0
	道县	81	39	105	0	0	0
	宁远县	32	54	106	0	0	0
	江永县	11	16	62	0	2	0
	蓝山县	29	14	77	0	0	0
	新田县	84	69	150	0	0	0
	双牌县	11	25	53	0	0	0
	祁阳县	82	123	284	1	0	0
	江华瑶族自治县	17	19	59	0	0	0
邵阳市	邵阳市	1502	1464	4085	1	5	0
	大祥区	67	86	222	0	0	0
	双清区	89	48	126	0	0	0
	北塔区	18	13	50	0	0	0
	武冈市	58	64	173	0	3	0

地名		申请件数	注册件数	有效注册量	驰名商标	地理标志	中国申请人马德里注册
邵阳市	邵东县	561	489	1279	0	0	0
	邵阳县	287	285	687	0	0	0
	新邵县	118	130	328	0	0	0
	隆回县	114	140	330	0	2	0
	洞口县	51	34	173	0	0	0
	绥宁县	17	23	58	0	0	0
	新宁县	28	35	173	0	0	0
	城步苗族自治县	14	27	87	1	0	0
怀化市	怀化市	361	366	1211	0	2	0
	鹤城区	67	34	96	0	0	0
	洪江市	20	59	148	0	0	0
	沅陵县	28	39	99	0	0	0
	辰溪县	11	9	59	0	0	0
	溆浦县	20	35	110	0	0	0
	中方县	13	15	42	0	0	0
	会同县	7	6	12	0	0	0
	麻阳苗族自治县	96	27	52	0	1	0
	新晃侗族自治县	3	12	58	0	0	0
	芷江侗族自治县	25	15	50	0	1	0
	靖州苗族侗族自治县	3	12	38	0	0	0
	通道侗族自治县	14	9	23	0	0	0
娄底市	娄底市	537	559	1840	2	0	1
	娄星区	67	83	164	1	0	0
	冷水江市	49	42	180	1	0	0
	涟源市	75	110	311	0	0	0
	双峰县	98	136	450	0	0	0
	新化县	83	84	281	0	0	0
湘西土家族苗族自治州	湘西土家族苗族自治州	218	237	1105	2	4	2
	吉首市	83	89	451	1	0	0
	泸溪县	8	8	32	0	1	0
	凤凰县	47	64	249	0	0	0
	花垣县	12	7	57	1	0	2
	保靖县	7	13	49	0	0	0
	古丈县	10	11	50	0	1	0
	永顺县	21	17	78	0	0	0
	龙山县	24	28	133	0	2	0

地名		申请件数	注册件数	有效注册量	驰名商标	地理标志	中国申请人马德里注册
广东省	广东省	132573	128175	504704	192	22	2102
广州市	广州市	33476	32486	132874	21	0	602
	越秀区	5162	2610	6680	2	0	24
	荔湾区	1649	1517	5110	6	0	28
	海珠区	2580	2399	7281	4	0	19
	天河区	8442	5171	16794	4	0	46
	白云区	6145	3766	13236	5	0	69
	黄埔区	313	374	1403	1	0	4
	番禺区	3227	3213	12443	4	0	62
	花都区	1549	1268	5010	3	0	30
	南沙区	119	32	174	0	0	0
	萝岗区	266	551	2313	0	0	2
	增城市	987	1488	7009	2	0	49
	从化市	400	333	1518	0	0	4
清远市	清远市	653	700	2237	2	2	4
	清城区	103	126	306	2	0	0
	英德市	238	138	338	0	0	0
	连州市	39	34	145	0	0	0
	佛冈县	48	40	145	0	0	0
	阳山县	34	38	128	0	0	1
	清新县	81	112	400	0	0	1
	连山壮族瑶族自治县	4	26	60	0	0	0
	连南瑶族自治县	22	33	81	0	0	0
韶关市	韶关市	516	607	1970	1	1	2
	浈江区	86	63	168	0	0	0
	武江区	32	74	166	0	0	0
	曲江区	53	140	400	0	0	0
	乐昌市	48	62	305	0	0	0
	南雄市	54	42	128	0	0	0
	始兴县	20	29	86	0	0	0
	仁化县	67	25	76	0	0	0
	翁源县	42	53	150	1	1	0
	新丰县	28	36	100	0	0	0
	乳源瑶族自治县	23	22	78	0	0	0
河源市	河源市	617	731	2230	0	0	1
	源城区	88	145	383	0	0	0
	紫金县	81	145	504	0	0	0

地名		申请件数	注册件数	有效注册量	驰名商标	地理标志	中国申请人马德里注册
河源市	龙川县	100	164	387	0	0	0
	连平县	53	44	153	0	0	0
	和平县	33	41	158	0	0	0
	东源县	101	131	390	0	0	0
梅州市	梅州市	984	1348	4129	1	0	2
	梅江区	79	103	215	0	0	0
	兴宁市	183	219	666	0	0	0
	梅县	124	188	822	1	0	0
	大埔县	113	129	462	0	0	0
	丰顺县	83	138	396	0	0	1
	五华县	167	172	464	0	0	0
	平远县	98	207	330	0	0	0
	蕉岭县	57	38	152	0	0	0
潮州市	潮州市	3733	3209	12047	4	2	110
	湘桥区	193	89	131	0	0	3
	潮安县	2687	2063	7773	2	1	5
	饶平县	320	293	1003	0	0	10
	枫溪区	258	78	199	2	0	7
汕头市	汕头市	10418	12002	47743	13	0	154
	金平区	429	126	571	0	0	0
	濠江区	117	45	378	1	0	0
	龙湖区	797	383	1811	2	0	10
	潮阳区	1975	4334	16523	0	0	48
	潮南区	4092	1566	7466	6	0	24
	澄海区	1722	1582	6148	4	0	16
	南澳县	12	27	99	0	0	0
揭阳市	揭阳市	6537	9121	25750	5	0	26
	榕城区	952	1212	3633	0	0	0
	普宁市	3514	5898	14871	2	0	13
	揭东县	845	866	2725	3	0	2
	揭西县	572	561	1798	0	0	0
	惠来县	286	318	863	0	0	1
汕尾市	汕尾市	1246	2078	7537	2	0	11
	城区	80	265	668	0	0	0
	陆丰市	325	416	1467	0	0	1
	海丰县	684	1179	4534	1	0	7
	陆河县	45	82	254	0	0	0

地名		申请件数	注册件数	有效注册量	驰名商标	地理标志	中国申请人马德里注册
汕尾市	红海湾经济开发区	32	74	195	1	0	0
惠州市	惠州市	2515	3095	11296	3	1	25
	惠城区	347	545	1334	3	0	1
	惠阳区	259	336	1114	0	0	1
	博罗县	463	322	1396	0	0	1
	惠东县	332	954	3161	0	0	5
	龙门县	146	112	387	0	0	0
东莞市	东莞市	9865	8940	31061	16	0	134
深圳市	深圳市	27335	25209	96257	43	1	450
	福田区	7962	7102	27368	7	0	88
	罗湖区	4955	4321	16491	11	0	38
	南山区	4630	5163	19502	15	0	112
	宝安区	5967	4156	15254	7	0	65
	龙岗区	3245	2753	10091	2	0	46
	盐田区	310	224	576	1	0	1
珠海市	珠海市	2669	2729	12043	5	0	67
	香洲区	534	928	3572	5	0	9
	斗门区	147	186	796	0	0	3
	金湾区	147	179	503	0	0	4
中山市	中山市	7792	6413	32705	17	0	160
江门市	江门市	3181	3496	13314	7	1	62
	蓬江区	492	453	1176	1	0	2
	江海区	209	142	518	1	0	1
	新会区	590	760	2876	2	1	7
	恩平市	196	232	1035	0	0	5
	台山市	217	218	911	0	0	3
	开平市	520	408	1874	3	0	4
	鹤山市	387	405	1619	0	0	9
佛山市	佛山市	13460	12253	56701	34	5	231
	禅城区	2511	1428	3623	12	0	14
	南海区	4132	3478	15224	7	0	64
	顺德区	5590	5197	26096	14	0	70
	三水区	426	510	2147	1	2	13
	高明区	411	377	1431	0	0	4
肇庆市	肇庆市	1024	1249	4370	2	5	6

地名		申请件数	注册件数	有效注册量	驰名商标	地理标志	中国申请人马德里注册
肇庆市	端州区	93	127	348	2	0	2
	鼎湖区	114	119	353	0	0	0
	高要市	364	374	1258	0	0	1
	四会市	126	128	500	0	2	0
	广宁县	65	100	288	0	0	0
	怀集县	79	73	179	0	0	1
	封开县	24	34	115	0	1	0
	德庆县	47	40	199	0	2	0
云浮市	云浮市	371	476	1665	1	2	5
	云城区	56	33	111	0	0	0
	罗定市	106	217	740	0	0	0
	云安县	22	14	60	0	0	0
	新兴县	85	141	510	1	1	3
	郁南县	45	66	205	0	1	2
阳江市	阳江市	850	884	3901	4	1	32
	江城区	215	251	992	1	0	2
	阳春市	161	190	706	1	0	2
	阳西县	58	104	314	1	0	1
	阳东县	282	181	1025	1	1	9
茂名市	茂名市	1099	1411	4097	1	1	2
	茂南区	130	134	293	0	0	0
	茂港区	161	81	210	0	0	0
	化州市	211	195	562	0	0	0
	信宜市	80	92	321	0	1	0
	高州市	176	263	771	0	0	1
	电白县	170	432	989	1	0	0
湛江市	湛江市	1668	1753	6427	2	0	15
	赤坎区	96	157	765	0	0	2
	霞山区	212	216	829	0	0	0
	坡头区	55	57	269	0	0	1
	麻章区	111	77	280	1	0	2
	吴川市	220	370	910	0	0	0
	廉江市	530	448	1497	1	0	1
	雷州市	213	191	751	0	0	1
	遂溪县	65	73	281	0	0	0
	徐闻县	40	37	136	0	0	0
	经济技术开发区	0	0	0	0	0	0

地名		申请件数	注册件数	有效注册量	驰名商标	地理标志	中国申请人马德里注册
广西壮族自治区	广西壮族自治区	6455	6754	25902	15	17	61
南宁市	南宁市	2149	2287	8253	2	1	8
	青秀区	135	152	366	1	0	0
	兴宁区	25	50	130	0	0	0
	江南区	68	174	451	0	0	0
	西乡塘区	65	115	290	1	0	0
	良庆区	12	42	130	0	0	0
	邕宁区	16	59	323	0	0	0
	武鸣县	44	38	194	0	0	0
	横县	43	56	242	0	1	2
	宾阳县	69	67	237	0	0	0
	上林县	13	20	45	0	0	0
	隆安县	16	15	47	0	0	0
	马山县	17	10	37	0	0	0
桂林市	桂林市	956	1165	4615	2	6	13
	象山区	78	87	205	1	0	0
	叠彩区	46	100	170	0	0	0
	秀峰区	31	53	137	0	0	0
	七星区	75	78	311	1	0	1
	雁山区	2	6	41	0	0	0
	阳朔县	31	54	157	0	1	0
	临桂县	55	47	192	0	0	0
	灵川县	77	43	210	0	0	0
	全州县	50	62	145	0	0	0
	兴安县	78	62	225	0	0	0
	永福县	14	25	94	0	1	0
	灌阳县	10	10	43	0	0	0
	资源县	16	15	43	0	0	0
	平乐县	25	12	82	0	0	0
	荔浦县	104	92	414	0	1	0
	龙胜各族自治县	12	18	75	0	0	0
	恭城瑶族自治县	7	16	44	0	3	0
柳州市	柳州市	605	647	3043	4	1	17
	柳北区	30	44	199	1	0	0
	城中区	17	24	56	1	0	0
	鱼峰区	31	37	110	0	0	0

地名		申请件数	注册件数	有效注册量	驰名商标	地理标志	中国申请人马德里注册
	柳南区	35	56	112	2	0	0
	柳江县	56	94	356	0	0	0
	柳城县	17	13	43	0	0	0
	鹿寨县	32	37	169	0	0	0
	融安县	16	12	46	0	1	0
	三江侗族自治县	19	4	29	0	0	0
	融水苗族自治县	15	12	50	0	0	0
梧州市	梧州市	320	331	1442	2	0	9
	长洲区	16	3	13	1	0	0
	万秀区	20	15	44	1	0	0
	蝶山区	8	14	45	0	0	0
	岑溪市	44	39	122	0	0	0
	苍梧县	25	29	115	0	0	0
	藤县	47	32	95	0	0	0
	蒙山县	21	15	40	0	0	0
贵港市	贵港市	456	432	1384	1	0	5
	港北区	28	38	84	0	0	0
	港南区	37	61	104	0	0	1
	覃塘区	37	32	54	0	0	0
	桂平市	118	123	418	1	0	2
	平南县	164	125	407	0	0	1
玉林市	玉林市	685	861	2841	1	0	7
	玉州区	199	197	346	1	0	0
	北流市	113	92	534	0	0	1
	兴业县	44	70	200	0	0	0
	容县	87	61	368	0	0	0
	陆川县	64	47	194	0	0	0
	博白县	51	101	271	0	0	0
钦州市	钦州市	163	142	696	0	0	0
	钦南区	16	6	32	0	0	0
	钦北区	11	21	41	0	0	0
	灵山县	34	38	156	0	0	0
	浦北县	46	26	148	0	0	0
北海市	北海市	190	282	1136	2	0	2
	海城区	22	52	177	1	0	0
	银海区	1	4	24	1	0	0
	铁山港区	5	4	17	0	0	0

地名		申请件数	注册件数	有效注册量	驰名商标	地理标志	中国申请人马德里注册
北海市	合浦县	26	42	215	0	0	0
防城港市	防城港市	98	86	320	0	0	0
	港口区	42	25	53	0	0	0
	防城区	8	9	32	0	0	0
	东兴市	43	37	75	0	0	0
	上思县	3	7	49	0	0	0
崇左市	崇左市	134	113	367	0	0	0
	江州区	9	4	10	0	0	0
	凭祥市	38	37	73	0	0	0
	扶绥县	26	17	55	0	0	0
	大新县	23	23	88	0	0	0
	天等县	7	7	34	0	0	0
	宁明县	10	12	34	0	0	0
	龙州县	4	6	42	0	0	0
百色市	百色市	169	99	490	0	2	0
	右江区	12	5	11	0	0	0
	田阳县	35	10	51	0	2	0
	田东县	29	10	41	0	0	0
	平果县	15	10	106	0	0	0
	德保县	2	7	27	0	0	0
	靖西县	4	10	37	0	0	0
	那坡县	5	4	25	0	0	0
	凌云县	4	6	18	0	0	0
	乐业县	5	3	17	0	0	0
	西林县	7	3	14	0	0	0
	田林县	13	2	24	0	0	0
	隆林各族自治县	1	1	12	0	0	0
河池市	河池市	315	158	634	0	6	0
	金城江区	7	5	13	0	0	0
	宜州市	27	39	102	0	0	0
	南丹县	19	12	47	0	4	0
	天峨县	1	6	17	0	0	0
	凤山县	31	15	74	0	0	0
	东兰县	7	12	34	0	1	0
	巴马瑶族自治县	155	12	41	0	1	0
	都安瑶族自治县	10	8	45	0	0	0
	大化瑶族自治县	10	9	35	0	0	0

地名		申请件数	注册件数	有效注册量	驰名商标	地理标志	中国申请人马德里注册
河池市	罗城仫佬族自治县	20	15	40	0	0	0
	环江毛南族自治县	16	5	31	0	0	0
来宾市	来宾市	68	88	299	0	0	0
	兴宾区	18	5	26	0	0	0
	合山市	5	9	23	0	0	0
	象州县	9	11	49	0	0	0
	武宣县	6	21	54	0	0	0
	忻城县	4	6	21	0	0	0
	金秀瑶族自治县	16	13	38	0	0	0
贺州市	贺州市	81	84	342	1	1	0
	八步区	38	18	91	1	0	0
	昭平县	18	13	60	0	0	0
	钟山县	12	14	46	0	0	0
	富川瑶族自治县	4	4	32	0	1	0
海南省	海南省	2706	3763	14468	12	6	30
海口市	海口市	1638	2762	10952	10	0	28
	龙华区	119	133	663	7	0	0
	秀英区	59	137	576	0	0	0
	琼山区	75	115	571	0	0	1
	美兰区	83	165	364	3	0	2
三亚市	三亚市	290	292	670	0	0	0
文昌市	文昌市	71	71	316	0	1	0
琼海市	琼海市	78	86	544	0	0	0
万宁市	万宁市	162	32	148	0	0	0
五指山市	五指山市	40	35	99	0	0	0
东方市	东方市	11	26	128	1	0	0
儋州市	儋州市	37	51	146	0	0	0
临高县	临高县	14	18	37	0	2	0
澄迈县	澄迈县	110	64	348	1	0	2
定安县	定安县	32	22	66	0	0	0
屯昌县	屯昌县	4	10	51	0	1	0
昌江黎族自治县	昌江黎族自治县	27	9	26	0	0	0
白沙黎族自治县	白沙黎族自治县	49	78	179	0	0	0
琼中黎族苗族自治县	琼中黎族苗族自治县	9	22	78	0	1	0

地名		申请件数	注册件数	有效注册量	驰名商标	地理标志	中国申请人马德里注册
陵水黎族自治县	陵水黎族自治县	10	12	39	0	0	0
保亭黎族苗族自治县	保亭黎族苗族自治县	17	24	51	0	0	0
乐东黎族自治县	乐东黎族自治县	19	28	67	0	1	0
南沙群岛	南沙群岛	0	0	0	0	0	0
西南中沙群岛办事处	西南中沙群岛办事处	0	0	0	0	0	0
西沙群岛	西沙群岛	0	0	0	0	0	0
重庆市	重庆市	15475	9627	34015	27	20	109
	渝中区	1343	1346	4357	1	0	7
	大渡口区	422	148	686	0	0	5
	江北区	1087	643	2174	5	0	11
	沙坪坝区	1004	607	2948	3	0	16
	九龙坡区	1762	1183	4213	6	0	15
	南岸区	1058	744	2834	1	0	6
	北碚区	576	253	1032	0	0	2
	万盛区	67	44	160	0	0	0
	双桥区	41	5	38	0	0	0
	渝北区	1612	864	2555	2	0	1
	巴南区	644	325	1187	1	0	6
	万州区	374	525	1417	3	1	7
	涪陵区	431	157	1110	2	3	3
	黔江区	89	19	137	0	0	0
	长寿区	240	123	413	1	1	0
	江津区	269	178	578	1	0	2
	合川区	409	234	690	0	1	0
	永川区	387	165	561	0	1	0
	南川区	146	49	151	0	0	0
	綦江县	176	101	262	0	0	0
	潼南县	129	93	240	0	0	0
	铜梁县	204	86	299	0	0	0
	大足县	201	133	465	0	1	1
	荣昌县	206	222	571	0	1	0
	璧山县	289	210	849	0	0	2
	垫江县	144	64	194	0	0	0
	武隆县	74	26	90	0	2	0

地名		申请件数	注册件数	有效注册量	驰名商标	地理标志	中国申请人马德里注册
重庆市	丰都县	139	56	184	0	2	1
	城口县	33	15	44	0	1	1
	梁平县	187	104	299	0	1	0
	开县	270	166	444	0	1	1
	巫溪县	46	20	68	0	0	0
	巫山县	51	18	49	0	0	1
	奉节县	88	47	207	0	1	0
	云阳县	109	99	214	0	0	0
	忠县	121	72	172	0	0	0
	石柱土家族自治县	70	37	145	0	1	0
	彭水苗族土家族自治县	51	9	43	0	0	0
	酉阳土家族苗族自治县	91	18	53	0	1	0
	秀山土家族苗族自治县	67	22	60	0	1	0
	高新技术开发区	18	30	187	1	0	0
	经济技术开发区	116	75	207	1	0	0
四川省	四川省	25362	27012	103773	60	52	241
成都市	成都市	13855	15059	58016	28	7	144
	青羊区	959	1209	3640	3	0	1
	锦江区	860	858	2243	0	0	5
	金牛区	1200	1160	4860	4	0	7
	武侯区	2153	1900	5506	7	0	17
	成华区	526	491	1451	2	0	1
	龙泉驿区	330	345	1570	3	1	3
	青白江区	121	180	661	1	0	3
	新都区	751	667	2362	2	1	2
	温江区	412	405	1235	0	0	2
	都江堰市	174	381	1638	0	0	0
	彭州市	194	193	859	0	0	2
	邛崃市	312	202	2002	0	0	7
	崇州市	372	437	1238	2	0	2
	金堂县	213	132	349	0	0	0
	双流县	827	638	2102	1	0	7
	郫县	504	354	1507	3	5	6
	大邑县	266	154	948	0	0	0
	蒲江县	99	67	429	0	0	0
	新津县	190	212	1059	0	0	3
广元市	广元市	254	288	874	0	3	0

地名		申请件数	注册件数	有效注册量	驰名商标	地理标志	中国申请人马德里注册
广元市	利州区	50	94	244	0	0	0
	元坝区	25	19	45	0	1	0
	朝天区	7	6	17	0	0	0
	旺苍县	18	49	107	0	0	0
	青川县	19	23	79	0	1	0
	剑阁县	31	34	122	0	0	0
	苍溪县	43	49	125	0	1	0
绵阳市	绵阳市	1467	1224	4817	2	3	16
	涪城区	233	188	542	2	0	0
	游仙区	92	71	347	0	0	1
	江油市	239	76	474	0	0	1
	三台县	95	102	318	0	1	0
	盐亭县	27	123	261	0	0	0
	安县	217	256	786	0	0	2
	梓潼县	23	46	220	0	0	0
	北川羌族自治县	62	22	77	0	1	0
	平武县	20	59	136	0	3	0
德阳市	德阳市	915	1066	4930	5	3	23
	旌阳区	71	87	346	2	0	0
	什邡市	184	192	814	0	0	0
	广汉市	158	215	1171	1	0	4
	绵竹市	231	248	1403	2	0	12
	罗江县	31	27	136	0	0	0
	中江县	83	114	310	0	3	2
南充市	南充市	1015	1107	2870	1	1	0
	顺庆区	96	211	417	0	0	0
	高坪区	64	88	308	0	0	0
	嘉陵区	73	62	215	0	0	0
	阆中市	327	211	506	1	0	0
	南部县	198	134	351	0	0	0
	营山县	47	61	147	0	1	0
	蓬安县	39	81	184	0	0	0
	仪陇县	64	102	232	0	0	0
	西充县	80	66	201	0	0	0
广安市	广安市	526	550	1403	0	0	0
	广安区	250	260	535	0	0	0
	华蓥市	52	70	179	0	0	0

地名		申请件数	注册件数	有效注册量	驰名商标	地理标志	中国申请人马德里注册
广安市	岳池县	80	88	222	0	0	0
	武胜县	56	51	171	0	0	0
	邻水县	71	71	247	0	0	0
遂宁市	遂宁市	502	842	2634	5	2	4
	船山区	42	178	483	2	0	0
	安居区	61	26	49	0	0	0
	蓬溪县	49	45	144	0	0	0
	射洪县	165	479	1444	3	0	3
	大英县	44	30	108	0	0	0
内江市	内江市	368	526	2042	0	1	2
	市中区	72	84	391	0	0	1
	东兴区	61	95	245	0	0	0
	威远县	45	37	220	0	0	0
	资中县	76	110	375	0	0	0
	隆昌县	101	158	624	0	1	0
乐山市	乐山市	684	768	2683	2	1	4
	市中区	134	239	594	0	0	0
	沙湾区	13	21	82	0	0	0
	五通桥区	48	82	272	0	0	0
	金口河区	3	7	26	0	0	0
	峨眉山市	230	153	517	1	0	2
	犍为县	22	56	199	0	0	2
	井研县	38	50	171	0	0	0
	夹江县	109	93	358	0	0	0
	沐川县	15	11	78	1	0	0
	峨边彝族自治县	6	11	64	0	0	0
	马边彝族自治县	13	16	53	0	1	0
自贡市	自贡市	428	572	2037	4	0	8
	自流井区	79	63	215	0	0	0
	大安区	56	88	251	3	0	4
	贡井区	43	27	120	0	0	0
	沿滩区	30	26	124	0	0	0
	荣县	68	80	391	0	0	0
	富顺县	101	165	597	1	0	0
泸州市	泸州市	828	743	3815	4	1	13
	江阳区	190	180	857	2	0	0
	纳溪区	29	73	219	1	0	1

地名		申请件数	注册件数	有效注册量	驰名商标	地理标志	中国申请人马德里注册
泸州市	龙马潭区	125	93	396	0	0	0
	泸县	166	122	491	0	0	0
	合江县	68	61	233	0	1	0
	叙永县	24	26	115	0	0	0
	古蔺县	76	65	217	1	0	4
宜宾市	宜宾市	625	734	3692	4	5	12
	翠屏区	120	113	379	4	0	0
	宜宾县	85	53	278	0	0	2
	南溪县	46	48	204	0	1	0
	江安县	48	41	162	0	0	0
	长宁县	32	31	127	0	0	0
	高县	49	27	125	0	0	0
	筠连县	25	49	182	0	1	0
	珙县	25	24	78	0	0	0
	兴文县	31	26	104	0	0	0
	屏山县	14	11	42	0	1	0
攀枝花市	攀枝花市	466	329	1271	0	0	1
	东区	133	68	228	0	0	0
	西区	189	157	553	0	0	0
	仁和区	71	39	162	0	0	0
	米易县	15	16	56	0	0	0
	盐边县	46	25	92	0	0	1
巴中市	巴中市	222	253	879	1	7	1
	巴州区	71	47	122	0	1	0
	通江县	38	56	170	0	1	0
	南江县	40	47	176	0	5	0
	平昌县	57	62	237	1	0	0
达州市	达州市	540	587	1532	0	5	0
	通川区	108	129	279	0	0	0
	万源市	36	56	150	0	3	0
	达县	104	79	261	0	0	0
	宣汉县	57	53	145	0	0	0
	开江县	40	56	119	0	0	0
	大竹县	76	72	216	0	0	0
	渠县	105	129	309	0	1	0
资阳市	资阳市	638	833	2513	3	1	6
	雁江区	90	139	282	1	0	0

地名		申请件数	注册件数	有效注册量	驰名商标	地理标志	中国申请人马德里注册
资阳市	简阳市	316	388	1207	2	0	4
	乐至县	78	64	233	0	0	0
	安岳县	133	181	531	0	1	0
眉山市	眉山市	996	840	2963	1	2	4
	东坡区	283	276	773	1	0	0
	仁寿县	160	150	427	0	1	0
	彭山县	65	54	358	0	0	0
	洪雅县	87	48	215	0	0	0
	丹棱县	44	42	118	0	0	0
	青神县	52	52	171	0	1	1
雅安市	雅安市	269	330	1281	0	3	0
	雨城区	48	124	212	0	1	0
	名山县	84	65	310	0	1	0
	荥经县	23	11	61	0	0	0
	汉源县	36	19	89	0	1	0
	石棉县	21	4	51	0	0	0
	天全县	11	12	65	0	0	0
	芦山县	9	24	51	0	0	0
	宝兴县	13	5	50	0	0	0
阿坝藏族羌族自治州	阿坝藏族羌族自治州	169	279	1057	0	4	1
	马尔康县	4	18	48	0	0	0
	汶川县	41	62	240	0	0	0
	理县	23	25	126	0	1	0
	茂县	21	25	53	0	0	0
	松潘县	5	40	124	0	0	0
	九寨沟县	11	20	218	0	0	1
	金川县	2	11	32	0	1	0
	小金县	45	5	40	0	0	0
	黑水县	3	39	72	0	0	0
	壤塘县	1	5	5	0	0	0
	阿坝县	4	4	11	0	0	0
	若尔盖县	6	6	14	0	2	0
	红原县	3	16	69	0	0	0
甘孜藏族自治州	甘孜藏族自治州	120	121	636	0	0	1
	康定县	29	29	243	0	0	0

地名		申请件数	注册件数	有效注册量	驰名商标	地理标志	中国申请人马德里注册
甘孜藏族自治州	泸定县	16	8	48	0	0	0
	丹巴县	3	17	59	0	0	0
	九龙县	3	5	33	0	0	0
	雅江县	0	0	38	0	0	0
	道孚县	2	2	17	0	0	0
	炉霍县	0	13	14	0	0	0
	甘孜县	8	1	4	0	0	0
	新龙县	1	3	10	0	0	0
	德格县	4	1	8	0	0	0
	白玉县	4	13	62	0	0	0
	石渠县	0	4	11	0	0	1
	色达县	1	4	13	0	0	0
	理塘县	21	1	7	0	0	0
	巴塘县	1	4	8	0	0	0
	乡城县	6	6	28	0	0	0
	稻城县	1	9	28	0	0	0
	得荣县	2	0	3	0	0	0
凉山彝族自治州	凉山彝族自治州	288	315	1181	0	4	1
	西昌市	193	188	596	0	0	0
	盐源县	8	4	23	0	0	0
	德昌县	12	12	40	0	0	0
	会理县	22	10	69	0	1	0
	会东县	8	8	27	0	0	0
	宁南县	3	12	35	0	0	0
	普格县	0	30	180	0	0	1
	布拖县	5	5	48	0	0	0
	金阳县	4	6	18	0	1	0
	昭觉县	0	4	16	0	0	0
	喜德县	1	2	12	0	0	0
	冕宁县	7	8	40	0	0	0
	越西县	4	6	22	0	0	0
	甘洛县	10	7	14	0	1	0
	美姑县	0	0	7	0	0	0
	雷波县	8	3	12	0	0	0
	木里藏族自治县	0	5	8	0	0	0

地名		申请件数	注册件数	有效注册量	驰名商标	地理标志	中国申请人马德里注册
贵州省	贵州省	4646	3621	14928	10	10	14
贵阳市	贵阳市	1743	1648	7423	5	0	12
	乌当区	62	120	610	0	0	0
	南明区	337	231	659	1	0	0
	云岩区	489	354	881	2	0	0
	花溪区	120	200	658	1	0	0
	白云区	49	43	211	1	0	1
	小河区	95	66	273	0	0	2
	清镇市	45	76	231	0	0	0
	开阳县	16	20	67	0	0	0
	修文县	33	27	124	0	0	0
	息烽县	29	30	76	0	0	0
六盘水市	六盘水市	177	264	510	0	0	0
	钟山区	20	80	163	0	0	0
	盘县	91	45	86	0	0	0
	六枝特区	12	43	89	0	0	0
	水城县	39	14	43	0	0	0
遵义市	遵义市	1222	588	3088	4	3	1
	汇川区	109	15	46	0	0	0
	红花岗区	183	74	231	0	0	0
	赤水市	27	13	57	1	0	0
	仁怀市	434	129	1163	3	0	0
	遵义县	47	66	254	0	2	0
	桐梓县	24	22	90	0	0	0
	绥阳县	19	20	64	0	0	0
	正安县	26	4	29	0	0	0
	凤冈县	29	3	25	0	0	0
	湄潭县	35	38	134	0	1	0
	余庆县	19	13	46	0	0	0
	习水县	141	47	212	0	0	0
	道真仡佬族苗族自治县	4	5	24	0	0	0
	务川仡佬族苗族自治县	5	10	28	0	0	0
安顺市	安顺市	348	248	828	0	1	1

地名		申请件数	注册件数	有效注册量	驰名商标	地理标志	中国申请人马德里注册
安顺市	西秀区	76	35	94	0	0	0
	平坝县	123	49	208	0	1	0
	普定县	15	12	43	0	0	0
	关岭布依族苗族自治县	10	13	36	0	0	0
	镇宁布依族苗族自治县	27	29	78	0	0	0
	紫云苗族布依族自治县	8	10	15	0	0	0
毕节地区	毕节地区	195	183	529	0	1	0
	毕节市	56	41	149	0	0	0
	大方县	13	23	65	0	0	0
	黔西县	32	17	56	0	0	0
	金沙县	31	33	103	0	0	0
	织金县	21	38	53	0	0	0
	纳雍县	8	7	20	0	0	0
	赫章县	15	16	54	0	0	0
	威宁彝族回族苗族自治县	19	8	28	0	1	0
铜仁地区	铜仁地区	235	122	395	0	1	0
	铜仁市	82	27	115	0	0	0
	江口县	9	7	21	0	0	0
	石阡县	35	8	29	0	0	0
	思南县	18	11	44	0	0	0
	德江县	7	9	21	0	0	0
	玉屏侗族自治县	16	10	45	0	1	0
	印江土家族苗族自治县	20	12	35	0	0	0
	沿河土家族自治县	24	13	40	0	0	0
	松桃苗族自治县	7	14	29	0	0	0
	万山特区	17	8	13	0	0	0
黔东南苗族侗族自治州	黔东南苗族侗族自治州	247	148	643	0	2	0
	凯里市	71	69	245	0	0	0
	黄平县	12	5	41	0	0	0
	施秉县	3	4	28	0	0	0
	三穗县	1	6	18	0	1	0

地名		申请件数	注册件数	有效注册量	驰名商标	地理标志	中国申请人马德里注册
黔东南苗族侗族自治州	镇远县	32	12	82	0	0	0
	岑巩县	4	7	13	0	0	0
	天柱县	12	4	37	0	0	0
	锦屏县	13	4	13	0	0	0
	剑河县	9	4	18	0	0	0
	台江县	12	1	10	0	0	0
	黎平县	7	7	38	0	0	0
	榕江县	7	4	19	0	0	0
	从江县	40	7	16	0	1	0
	雷山县	17	5	34	0	0	0
	麻江县	2	1	9	0	0	0
	丹寨县	4	7	19	0	0	0
黔南布依族苗族自治州	黔南布依族苗族自治州	212	231	809	1	1	0
	都匀市	24	56	237	0	1	0
	福泉市	23	16	45	1	0	0
	荔波县	15	8	18	0	0	0
	贵定县	31	31	108	0	0	0
	瓮安县	27	15	44	0	0	0
	独山县	11	9	50	0	0	0
	平塘县	3	7	19	0	0	0
	罗甸县	5	41	85	0	0	0
	长顺县	13	2	17	0	0	0
	龙里县	14	22	69	0	0	0
	惠水县	18	21	93	0	0	0
	三都水族自治县	28	3	23	0	0	0
黔西南布依族苗族自治州	黔西南布依族苗族自治州	162	133	529	0	0	0
	兴义市	91	81	372	0	0	0
	兴仁县	30	10	32	0	0	0
	普安县	6	3	9	0	0	0
	晴隆县	11	3	18	0	0	0
	贞丰县	10	12	32	0	0	0
	望谟县	3	10	18	0	1	0
	册亨县	1	5	13	0	0	0
	安龙县	10	9	32	0	0	0

地名		申请件数	注册件数	有效注册量	驰名商标	地理标志	中国申请人马德里注册
云南省	云南省	12289	8537	29585	9	16	78
昆明市	昆明市	6706	5098	17076	5	2*	45
	盘龙区	385	308	764	0	0	0
	五华区	297	475	1263	1	0	2
	官渡区	674	441	1297	0	1*	0
	西山区	422	258	763	2	0	1
	东川区	43	68	125	0	0	0
	安宁市	93	56	258	0	0	0
	呈贡县	200	73	435	1	1	1
	晋宁县	128	65	232	0	0	0
	富民县	47	13	66	0	0	0
	宜良县	230	47	212	0	0	0
	嵩明县	52	56	172	0	0	0
	石林彝族自治县	53	48	161	0	0	0
	禄劝彝族苗族自治县	31	29	72	0	0	0
	寻甸回族彝族自治县	47	28	97	0	0	0
	高新技术开发区	261	170	575	1	0	0
曲靖市	曲靖市	580	379	1258	2	6	2
	麒麟区	71	84	212	0	0	0
	宣威市	110	37	154	1	2	0
	马龙县	14	12	46	0	0	0
	沾益县	67	12	76	1	0	0
	富源县	90	32	77	0	2	0
	罗平县	29	20	81	0	2	0
	师宗县	27	35	83	0	0	0
	陆良县	59	27	136	0	0	0
	会泽县	45	42	122	0	0	0
玉溪市	玉溪市	543	398	2588	1	1*	14
	红塔区	285	138	1228	1	0	14
	江川县	27	30	123	0	0	0
	澄江县	8	14	106	0	0	0
	通海县	85	66	316	0	0	0
	华宁县	11	16	57	0	0	0
	易门县	19	13	58	0	0	0
	峨山彝族自治县	18	6	42	0	0	0
	新平彝族傣族自治县	19	18	70	0	1*	0

地名		申请件数	注册件数	有效注册量	驰名商标	地理标志	中国申请人马德里注册
玉溪市	元江哈尼族彝族傣族自治县	23	8	87	0	0	0
保山市	保山市	633	252	786	0	1*	0
	隆阳区	204	76	131	0	1*	0
	施甸县	58	17	48	0	0	0
	腾冲县	223	71	273	0	0	0
	龙陵县	117	11	71	0	0	0
	昌宁县	18	11	64	0	0	0
昭通市	昭通市	255	113	462	0	2	0
	昭阳区	75	32	96	0	0	0
	鲁甸县	31	12	48	0	0	0
	巧家县	29	6	17	0	0	0
	盐津县	13	5	20	0	0	0
	大关县	5	6	15	0	0	0
	永善县	15	5	21	0	0	0
	绥江县	7	5	17	0	0	0
	镇雄县	43	7	28	0	0	0
	彝良县	10	4	34	0	0	0
	威信县	7	2	12	0	0	0
	水富县	12	6	45	0	0	0
丽江市	丽江市	325	261	683	0	0	0
	古城区	208	179	330	0	0	0
	永胜县	52	33	95	0	0	0
	华坪县	21	6	25	0	0	0
	玉龙纳西族自治县	30	13	50	0	0	0
	宁蒗彝族自治县	5	4	28	0	0	0
普洱市	普洱市	239	323	794	0	2*	0
	思茅区	73	35	81	0	0	0
	宁洱哈尼族彝族自治县	22	31	62	0	1*	0
	墨江哈尼族自治县	26	18	54	0	1	0
	景东彝族自治县	9	16	59	0	0	0
	景谷傣族彝族自治县	37	31	85	0	0	0

地名		申请件数	注册件数	有效注册量	驰名商标	地理标志	中国申请人马德里注册
普洱市	镇沅彝族哈尼族拉祜族自治县	10	15	32	0	0	0
	江城哈尼族彝族自治县	8	18	51	0	0	0
	孟连傣族拉祜族佤族自治县	5	11	36	0	0	0
	澜沧拉祜族自治县	36	43	77	0	0	0
	西盟佤族自治县	4	0	4	0	0	0
临沧市	临沧市	234	246	708	0	1*	1
	临翔区	48	24	44	0	1*	0
	凤庆县	21	19	71	0	0	0
	云县	65	48	207	0	0	1
	永德县	19	15	63	0	0	0
	镇康县	7	0	13	0	0	0
	双江拉祜族佤族布朗族傣族自治县	40	41	95	0	0	0
	耿马傣族佤族自治县	20	9	40	0	0	0
	沧源佤族自治县	5	16	43	0	0	0
德宏傣族景颇族自治州	德宏傣族景颇族自治州	281	133	554	0	1*	1
	潞西市	110	49	146	0	1*	0
	瑞丽市	115	57	256	0	0	0
	梁河县	16	4	30	0	0	0
	盈江县	18	12	71	0	0	0
	陇川县	19	10	43	0	0	0
怒江傈僳族自治州	怒江傈僳族自治州	37	16	84	0	0	0
	泸水县	16	10	37	0	0	0
	福贡县	0	2	4	0	0	0
	贡山独龙族怒族自治县	7	0	10	0	0	0
	兰坪白族普米族自治县	13	1	26	0	0	0
迪庆藏族自治州	迪庆藏族自治州	204	117	301	0	0	1
	香格里拉县	187	114	278	0	0	0
	德钦县	7	0	3	0	0	0
	维西傈僳族自治县	9	2	14	0	0	0

地名		申请件数	注册件数	有效注册量	驰名商标	地理标志	中国申请人马德里注册
大理白族自治州	大理白族自治州	447	279	991	0	2*	3
	大理市	161	147	473	0	0	0
大理白族自治州	祥云县	40	25	71	0	0	0
	宾川县	55	8	51	0	0	0
	弥渡县	25	8	47	0	0	0
	永平县	24	16	49	0	0	0
	云龙县	7	0	23	0	1	0
	洱源县	33	23	106	0	0	0
	剑川县	8	3	17	0	0	0
	鹤庆县	45	10	37	0	0	0
	漾濞彝族自治县	9	2	21	0	0	0
	南涧彝族自治县	18	27	59	0	1*	0
	巍山彝族回族自治县	16	9	34	0	0	0
楚雄彝族自治州	楚雄彝族自治州	310	125	699	0	2*	5
	楚雄市	123	49	225	0	1*	3
	双柏县	8	1	16	0	0	0
	牟定县	12	8	38	0	0	0
	南华县	29	21	105	0	0	0
	姚安县	18	9	38	0	0	0
	大姚县	24	11	62	0	1	0
	永仁县	12	1	11	0	0	0
	元谋县	29	6	42	0	0	0
	武定县	18	5	53	0	0	0
	禄丰县	36	14	92	0	0	0
红河哈尼族彝族自治州	红河哈尼族彝族自治州	773	256	1215	1	3*	4
	蒙自县	216	50	176	0	2	0
	个旧市	121	45	278	1	0	2
	开远市	52	26	139	0	0	1
	绿春县	13	6	16	0	1*	0
	建水县	53	18	111	0	0	0
	石屏县	32	20	64	0	0	0
	弥勒县	59	48	239	0	0	0
	泸西县	106	17	75	0	0	0
	元阳县	55	11	38	0	0	0

地名		申请件数	注册件数	有效注册量	驰名商标	地理标志	中国申请人马德里注册
红河哈尼族彝族自治州	红河县	39	5	28	0	0	0
	金平苗族瑶族傣族自治县	13	6	15	0	0	0
	河口瑶族自治县	6	2	18	0	0	0
	屏边苗族自治县	6	2	17	0	0	0
文山壮族苗族自治州	文山壮族苗族自治州	249	130	455	0	2*	0
	文山县	34	52	167	0	1*	0
	砚山县	40	11	72	0	0	0
	西畴县	7	2	16	0	0	0
	麻栗坡县	10	4	21	0	0	0
	马关县	10	13	43	0	0	0
	丘北县	91	17	37	0	0	0
	广南县	18	27	63	0	0	0
	富宁县	37	4	32	0	0	0
西双版纳傣族自治州	西双版纳傣族自治州	237	502	876	0	1*	2
	景洪市	153	209	438	0	1*	1
	勐海县	69	223	298	0	0	1
	勐腊县	11	57	118	0	0	0
西藏自治区	西藏自治区	352	513	1516	4	1	2
拉萨市	拉萨市	244	402	1179	4	0	2
	城关区	1	8	11	2	0	0
	林周县	1	0	1	0	0	0
	当雄县	0	6	6	0	0	1
	尼木县	1	2	3	0	0	0
	曲水县	5	6	10	0	0	0
	堆龙德庆县	6	21	58	1	0	0
	达孜县	1	3	17	0	0	0
	墨竹工卡县	1	2	9	0	0	0
	经济技术开发区	3	3	20	1	0	0
那曲地区	那曲地区	9	4	11	0	0	0
	那曲县	2	1	1	0	0	0
	嘉黎县	0	0	4	0	0	0
	比如县	1	0	0	0	0	0
	聂荣县	0	0	0	0	0	0
	安多县	0	0	0	0	0	0

地名		申请件数	注册件数	有效注册量	驰名商标	地理标志	中国申请人马德里注册
那曲地区	申扎县	0	1	1	0	0	0
	索县	2	0	0	0	0	0
	班戈县	0	0	1	0	0	0
	巴青县	1	0	0	0	0	0
	尼玛县	1	1	1	0	0	0
昌都地区	昌都地区	7	6	27	0	0	0
	昌都县	1	1	9	0	0	0
	江达县	2	4	11	0	0	0
	贡觉县	4	0	1	0	0	0
	类乌齐县	0	0	0	0	0	0
	丁青县	0	0	0	0	0	0
	察雅县	0	0	0	0	0	0
	八宿县	0	0	0	0	0	0
	左贡县	0	0	1	0	0	0
	芒康县	0	1	4	0	0	0
	洛隆县	0	0	0	0	0	0
	边坝县	0	0	0	0	0	0
林芝地区	林芝地区	18	32	87	0	1	0
	林芝县	0	10	21	0	0	0
	工布江达县	2	1	6	0	0	0
	米林县	0	7	20	0	0	0
	墨脱县	1	0	0	0	0	0
	波密县	5	5	7	0	1	0
	察隅县	0	8	14	0	0	0
	朗县	3	1	7	0	0	0
山南地区	山南地区	10	30	65	0	0	0
	乃东县	0	8	16	0	0	0
	扎囊县	1	4	6	0	0	0
	贡嘎县	4	4	9	0	0	0
	桑日县	0	0	0	0	0	0
	琼结县	0	0	3	0	0	0
	曲松县	0	6	6	0	0	0
	措美县	0	0	0	0	0	0
	洛扎县	1	0	0	0	0	0

地名		申请件数	注册件数	有效注册量	驰名商标	地理标志	中国申请人马德里注册
山南地区	加查县	0	1	2	0	0	0
	隆子县	0	4	4	0	0	0
	错那县	4	0	0	0	0	0
	浪卡子县	0	1	1	0	0	0
日喀则地区	日喀则地区	43	13	80	0	0	0
	日喀则市	11	4	47	0	0	0
	南木林县	2	1	5	0	0	0
	江孜县	1	2	7	0	0	0
	定日县	11	0	0	0	0	0
	萨迦县	4	0	0	0	0	0
	拉孜县	2	1	1	0	0	0
	昂仁县	0	0	1	0	0	0
	谢通门县	0	0	0	0	0	0
	白朗县	3	0	2	0	0	0
	仁布县	3	1	1	0	0	0
	康马县	1	0	0	0	0	0
	定结县	2	0	0	0	0	0
	仲巴县	0	1	1	0	0	0
	亚东县	2	0	0	0	0	0
	吉隆县	0	2	2	0	0	0
	聂拉木县	1	1	11	0	0	0
	萨嘎县	0	0	1	0	0	0
	岗巴县	0	0	1	0	0	0
阿里地区	阿里地区	13	2	9	0	0	0
	噶尔县	1	1	2	0	0	0
	普兰县	0	1	1	0	0	0
	札达县	0	0	0	0	0	0
	日土县	0	0	0	0	0	0
	革吉县	0	0	0	0	0	0
	改则县	0	0	0	0	0	0
	措勤县	0	0	0	0	0	0

地名		申请件数	注册件数	有效注册量	驰名商标	地理标志	中国申请人马德里注册
陕西省	陕西省	13064	8362	35804	17	15	58
西安市	西安市	8972	5278	23078	11	1	40
	未央区	544	276	1068	1	0	0
	莲湖区	546	341	1069	2	0	0
	新城区	465	229	782	1	0	2
	碑林区	498	385	1064	0	0	2
	灞桥区	106	196	505	0	0	0
	雁塔区	872	339	1263	0	0	1
	阎良区	49	34	146	1	0	0
	临潼区	124	78	398	3	1	0
	长安区	403	311	1336	0	0	0
	蓝田县	20	43	163	0	0	0
	周至县	72	73	230	0	0	0
	户县	84	98	430	0	0	0
	高新技术产业开发区	2863	673	2945	2	0	0
	经济技术开发区	267	153	672	1	0	0
	曲江新区	76	30	43	0	0	0
	灞生态区	49	113	114	0	0	0
	阎良国家航空高技术产业基地	0	0	0	0	0	0
	西安航天科技产业基地	19	1	8	0	0	0
	高陵县	25	16	64	0	0	0
延安市	延安市	226	172	630	0	3	0
	宝塔区	31	40	150	0	0	0
	延长县	7	3	12	0	0	0
	延川县	45	57	81	0	1	0
	子长县	2	3	4	0	0	0
	安塞县	9	6	28	0	0	0
	志丹县	4	6	18	0	0	0
	吴起县	0	6	23	0	0	0
	甘泉县	19	7	30	0	1	0
	富县	2	5	18	0	0	0
	洛川县	27	3	89	0	1	0
	宜川县	16	3	11	0	0	0
	黄龙县	4	2	10	0	0	0

地名		申请件数	注册件数	有效注册量	驰名商标	地理标志	中国申请人马德里注册
延安市	黄陵县	6	1	22	0	0	0
铜川市	铜川市	107	69	304	0	0	0
	耀州区	30	22	108	0	0	0
	宜君县	5	1	24	0	0	0
	王益区	29	31	55	0	0	0
	印台区	17	8	28	0	0	0
渭南市	渭南市	765	526	1877	0	1	0
	临渭区	93	68	237	0	0	0
	华阴市	83	21	125	0	0	0
	韩城市	97	34	106	0	1	0
	华县	27	27	71	0	0	0
	潼关县	4	16	41	0	0	0
	大荔县	73	46	166	0	0	0
	蒲城县	111	67	236	0	0	0
	澄城县	40	28	109	0	0	0
	白水县	29	20	58	0	0	0
	合阳县	28	19	68	0	0	0
	富平县	80	103	299	0	0	0
咸阳市	咸阳市	782	781	3532	0	0	7
	秦都区	72	141	446	0	0	0
	杨陵区	13	33	93	0	0	0
	渭城区	46	99	214	0	0	0
	兴平市	86	41	192	0	0	0
	三原县	110	78	253	0	0	0
	泾阳县	59	32	162	0	0	1
	乾县	24	21	74	0	0	0
	礼泉县	27	31	90	0	0	0
	永寿县	7	6	30	0	0	0
	彬县	11	4	42	0	0	0
	长武县	5	4	22	0	0	0
	旬邑县	9	5	33	0	0	0
	淳化县	17	6	31	0	0	0
	武功县	29	35	141	0	0	0
宝鸡市	宝鸡市	756	533	2439	5	1	8
	金台区	82	61	170	2	0	0
	渭滨区	99	120	287	1	0	0

地名		申请件数	注册件数	有效注册量	驰名商标	地理标志	中国申请人马德里注册
宝鸡市	陈仓区	52	52	219	0	0	0
	凤翔县	42	44	224	1	0	0
	岐山县	50	25	173	1	0	0
	扶风县	30	20	119	0	0	0
	眉县	55	26	194	0	0	0
	陇县	45	17	68	0	0	0
	千阳县	13	3	11	0	0	0
	麟游县	4	2	23	0	0	0
	凤县	29	21	64	0	1	0
	太白县	181	64	364	0	0	0
汉中市	汉中市	427	314	1360	0	5	3
	汉台区	76	53	297	0	0	0
	南郑县	76	41	160	0	0	1
	城固县	51	43	223	0	2	0
	洋县	36	51	127	0	0	0
	西乡县	49	38	133	0	1	0
	勉县	38	28	132	0	0	0
	宁强县	25	15	62	0	1	0
	略阳县	15	6	37	0	1	0
	镇巴县	8	7	19	0	0	0
	留坝县	27	2	12	0	0	0
	佛坪县	1	4	10	0	0	0
榆林市	榆林市	469	338	994	0	3	0
	榆阳区	105	29	114	0	0	0
	神木县	70	33	109	0	0	0
	府谷县	27	13	42	0	0	0
	横山县	25	17	35	0	0	0
	靖边县	42	21	50	0	0	0
	定边县	38	16	60	0	0	0
	绥德县	36	25	73	0	0	0
	米脂县	28	73	151	0	1	0
	佳县	16	6	23	0	2	0
	吴堡县	6	3	12	0	0	0
	清涧县	22	18	46	0	0	0
	子洲县	17	5	11	0	0	0
安康市	安康市	211	125	448	0	1	0

地名		申请件数	注册件数	有效注册量	驰名商标	地理标志	中国申请人马德里注册
安康市	汉滨区	70	19	41	0	0	0
	汉阴县	11	17	38	0	0	0
	石泉县	14	9	25	0	0	0
	宁陕县	5	3	8	0	0	0
	紫阳县	17	9	36	0	1	0
	岚皋县	15	8	17	0	0	0
	平利县	20	9	40	0	0	0
	镇坪县	5	1	7	0	0	0
	旬阳县	18	10	45	0	0	0
	白河县	10	3	8	0	0	0
商洛市	商洛市	177	108	374	0	0	0
	商州区	16	16	50	0	0	0
	洛南县	29	10	44	0	0	0
	丹凤县	17	13	40	0	0	0
	商南县	37	6	37	0	0	0
	山阳县	34	30	85	0	0	0
	镇安县	23	14	48	0	0	0
	柞水县	21	16	52	0	0	0
杨凌农业高新技术产业示范区	杨凌农业高新技术产业示范区	106	161	712	1	0	0
甘肃省	甘肃省	2041	3535	13322	7	24	6
兰州市	兰州市	876	1890	7000	2	2	4
	城关区	569	1237	3701	1	0	1
	七里河区	115	289	1061	1	1	1
	西固区	48	85	452	0	0	0
	安宁区	45	97	366	0	0	0
	红古区	17	11	39	0	0	0
	永登县	8	15	133	0	1	0
	皋兰县	9	8	56	0	0	0
	榆中县	31	52	222	0	0	0
嘉峪关市	嘉峪关市	47	58	231	0	0	0
金昌市	金昌市	22	42	252	1	0	1
	金川区	6	24	75	1	0	0
	永昌县	11	17	66	0	0	0
白银市	白银市	157	150	605	0	1	0

地名		申请件数	注册件数	有效注册量	驰名商标	地理标志	中国申请人马德里注册
白银市	白银区	13	32	161	0	0	0
	平川区	7	8	39	0	0	0
	靖远县	20	37	113	0	1	0
	会宁县	62	16	43	0	0	0
	景泰县	42	27	181	0	0	0
天水市	天水市	127	221	1112	4	1	0
	秦州区	28	99	360	2	0	0
	麦积区	39	44	211	2	0	0
	清水县	6	8	21	0	0	0
	秦安县	21	16	176	0	1	0
	甘谷县	6	22	69	0	0	0
	武山县	8	10	30	0	0	0
	张家川回族自治县	3	2	6	0	0	0
武威市	武威市	52	174	655	0	1	0
	凉州区	37	25	128	0	0	0
	民勤县	12	13	58	0	1	0
	古浪县	0	10	31	0	0	0
	天祝藏族自治县	2	6	38	0	0	0
酒泉市	酒泉市	84	188	566	0	0	1
	肃州区	31	20	75	0	0	0
	玉门市	10	6	85	0	0	0
	敦煌市	13	96	147	0	0	0
	金塔县	1	13	42	0	0	0
	瓜州县	10	1	13	0	0	0
	肃北蒙古族自治县	0	1	2	0	0	0
	阿克塞哈萨克族自治县	1	1	9	0	0	0
张掖市	张掖市	112	159	674	0	1	0
	甘州区	57	16	63	0	0	0
	民乐县	15	39	143	0	0	0
	临泽县	3	11	55	0	1	0
	高台县	14	11	57	0	0	0
	山丹县	8	18	79	0	0	0
	肃南裕固族自治县	3	4	17	0	0	0
庆阳市	庆阳市	150	112	494	0	0	0
	西峰区	31	34	131	0	0	0
	庆城县	7	6	37	0	0	0

地名		申请件数	注册件数	有效注册量	驰名商标	地理标志	中国申请人马德里注册
庆阳市	环县	6	6	30	0	0	0
	华池县	8	3	16	0	0	0
	合水县	1	5	20	0	0	0
	正宁县	6	2	20	0	0	0
	宁县	82	45	172	0	0	0
	镇原县	9	10	42	0	0	0
平凉市	平凉市	77	131	386	0	6	0
	崆峒区	32	27	55	0	0	0
	泾川县	5	8	30	0	0	0
	灵台县	2	37	62	0	0	0
	崇信县	3	0	3	0	0	0
	华亭县	4	11	34	0	3	0
	庄浪县	3	4	12	0	0	0
	静宁县	8	15	64	0	0	0
定西市	定西市	102	105	459	0	6	0
	安定区	20	21	56	0	1	0
	通渭县	5	5	33	0	0	0
	临洮县	13	19	97	0	1	0
	漳县	2	2	17	0	0	0
	岷县	12	17	43	0	1	0
	渭源县	3	4	28	0	1	0
	陇西县	46	18	81	0	2	0
陇南市	陇南市	162	91	394	0	2	0
	武都区	38	22	121	0	1	0
	成县	6	8	45	0	0	0
	宕昌县	3	7	20	0	0	0
	康县	15	4	42	0	1	0
	文县	19	20	60	0	0	0
	西和县	9	1	23	0	0	0
	礼县	4	13	22	0	0	0
	两当县	3	1	8	0	0	0
	徽县	63	14	51	0	0	0
临夏回族自治州	临夏回族自治州	89	119	362	0	4	0
	临夏市	39	47	162	0	0	0
	临夏县	6	6	36	0	0	0

地名		申请件数	注册件数	有效注册量	驰名商标	地理标志	中国申请人马德里注册
临夏回族自治州	康乐县	9	11	28	0	0	0
	永靖县	7	26	51	0	2	0
	广河县	10	7	25	0	0	0
	和政县	8	9	22	0	1	0
	东乡族自治县	8	9	25	0	1	0
	积石山保安族东乡族撒拉族自治县	2	4	12	0	0	0
甘南藏族自治州	甘南藏族自治州	37	91	343	0	0	0
	合作市	11	12	54	0	0	0
	临潭县	4	19	47	0	0	0
	卓尼县	2	7	24	0	0	0
	舟曲县	5	2	7	0	0	0
	迭部县	0	1	102	0	0	0
	玛曲县	7	8	18	0	0	0
	碌曲县	0	34	34	0	0	0
	夏河县	8	8	55	0	0	0
青海省	青海省	1346	803	3481	10	12	0
西宁市	西宁市	803	554	2488	3	3	0
	城中区	121	58	223	0	0	0
	城东区	120	77	260	0	0	0
	城西区	48	161	392	1	0	0
	城北区	59	29	106	2	0	0
	大通回族土族自治县	38	12	63	0	1	0
	湟源县	55	15	46	0	2	0
	湟中县	40	17	179	0	0	0
海东地区	海东地区	178	57	322	3	5	0
	平安县	48	8	35	0	0	0
	乐都县	37	11	56	0	1	0
	民和回族土族自治县	10	9	46	0	0	0
	互助土族自治县	33	8	61	1	2	0
	化隆回族自治县	33	5	31	0	0	0
	循化撒拉族自治县	17	16	92	2	2	0
海北藏族自治州	海北藏族自治州	35	16	90	0	2	0
	海晏县	3	5	21	0	0	0

地名		申请件数	注册件数	有效注册量	驰名商标	地理标志	中国申请人马德里注册
海北藏族自治州	祁连县	3	3	20	0	1	0
	刚察县	5	1	16	0	0	0
	门源回族自治县	19	6	19	0	1	0
海南藏族自治州	海南藏族自治州	34	19	77	0	1	0
	共和县	19	6	38	0	0	0
	同德县	7	2	6	0	0	0
	贵德县	3	8	22	0	1	0
	兴海县	2	1	3	0	0	0
	贵南县	2	2	4	0	0	0
黄南藏族自治州	黄南藏族自治州	54	8	25	0	0	0
	同仁县	37	1	13	0	0	0
	尖扎县	5	1	2	0	0	0
	泽库县	9	3	5	0	0	0
	河南蒙古族自治县	3	3	4	0	0	0
果洛藏族自治州	果洛藏族自治州	12	6	123	0	0	0
	玛沁县	3	4	9	0	0	0
	班玛县	2	0	0	0	0	0
	甘德县	1	0	0	0	0	0
	达日县	0	0	0	0	0	0
	久治县	2	0	5	0	0	0
	玛多县	4	2	3	0	0	0
玉树藏族自治州	玉树藏族自治州	49	24	73	1	1	0
	玉树县	21	11	48	1	0	0
	杂多县	10	0	0	0	0	0
	称多县	0	6	10	0	0	0
	治多县	10	3	3	0	0	0
	囊谦县	8	1	1	0	0	0
	曲麻莱县	0	3	6	0	0	0
海西蒙古族藏族自治州	海西蒙古族藏族自治州	125	88	277	1	0	0
	德令哈市	16	6	32	0	0	0
	格尔木市	85	55	175	1	0	0
	乌兰县	7	0	9	0	0	0

地名		申请件数	注册件数	有效注册量	驰名商标	地理标志	中国申请人马德里注册
海西蒙古族藏族自治州	都兰县	5	5	11	0	0	0
	天峻县	0	6	11	0	0	0
	冷湖行政委员会	1	6	11	0	0	0
	茫崖行政委员会	10	6	17	0	0	0
	大柴旦行政委员会	1	3	7	0	0	0
西宁（国家级）经济开发区	西宁（国家级）经济开发区	17	11	67	2	0	0
	南川工业园区	13	10	66	1	0	0
	青海生物科技产业园区	0	0	0	1	0	0
	和田市	79	92	301	0	0	0
	和田县	42	17	37	0	0	0
	墨玉县	74	61	126	0	0	0
	皮山县	16	18	58	0	0	0
	洛浦县	22	9	30	0	0	0
	策勒县	0	2	25	0	0	0
	于田县	7	15	54	0	0	0
	民丰县	0	2	7	0	0	0
吐鲁番地区	吐鲁番地区	233	92	616	0	2	0
	吐鲁番市	192	47	244	0	0	0
	鄯善县	20	26	276	0	0	0
	托克逊县	21	19	91	0	0	0
哈密地区	哈密地区	58	128	534	0	2	0
	哈密市	48	114	482	0	0	0
	伊吾县	0	1	5	0	0	0
	巴里坤哈萨克自治县	8	12	42	0	0	0
克孜勒苏柯尔克孜自治州	克孜勒苏柯尔克孜自治州	87	72	212	0	1	0
	阿图什市	59	57	151	0	1	0
	阿克陶县	4	0	16	0	0	0
	阿合奇县	2	0	6	0	0	0
	乌恰县	17	10	28	0	0	0
博尔塔拉蒙古自治州	博尔塔拉蒙古自治州	117	95	685	0	1	0
	博乐市	74	42	504	0	0	0
	精河县	23	19	58	0	1	0

地名		申请件数	注册件数	有效注册量	驰名商标	地理标志	中国申请人马德里注册
	温泉县	19	34	108	0	0	0
昌吉回族自治州	昌吉回族自治州	334	584	2664	2	2	10
	昌吉市	150	299	1585	1	0	0
	阜康市	39	79	232	0	0	0
	呼图壁县	22	31	165	0	0	0
	玛纳斯县	34	28	262	1	0	2
	奇台县	44	93	259	0	0	1
	吉木萨尔县	29	39	98	0	2	0
	木垒哈萨克自治县	16	13	51	0	0	0
巴音郭楞蒙古自治州	巴音郭楞蒙古自治州	332	613	1993	1	8	1
	库尔勒市	220	411	1270	1	1	0
	轮台县	7	20	82	0	1	0
	尉犁县	7	27	67	0	0	0
	若羌县	10	12	69	0	2	0
宁夏回族自治区	宁夏回族自治区	1457	1423	5272	5	11	9
银川市	银川市	901	784	3119	2	1	6
	兴庆区	253	207	352	0	0	0
	金凤区	76	28	92	0	0	1
	西夏区	48	30	98	1	0	0
	灵武市	121	35	90	1	1	0
	永宁县	61	39	234	0	0	0
	贺兰县	27	36	128	0	0	0
	银川高新技术产业开发区	0	0	0	0	0	0
石嘴山市	石嘴山市	67	155	367	0	1	3
	大武口区	17	61	106	0	0	0
	惠农区	18	16	52	0	0	2
	平罗县	28	60	134	0	0	0
吴忠市	吴忠市	196	153	508	2	4	0
	利通区	30	36	143	1	0	0
	青铜峡市	46	44	171	1	0	0
	盐池县	25	11	31	0	3	0
	同心县	29	12	20	0	1	0

地名		申请件数	注册件数	有效注册量	驰名商标	地理标志	中国申请人马德里注册
固原市	固原市	80	76	184	0	3	0
	原州区	32	13	28	0	0	0
	西吉县	6	14	20	0	1	0
	隆德县	13	2	14	0	0	0
	泾源县	7	2	7	0	0	0
	彭阳县	15	30	37	0	2	0
中卫市	中卫市	158	242	1049	1	2	0
	沙坡头区	18	5	7	0	0	0
	中宁县	64	41	114	1	2	0
	海原县	14	5	10	0	0	0
新疆维吾尔自治区	新疆维吾尔自治区	5452	6575	27808	9	32	40
乌鲁木齐市	乌鲁木齐市	2014	2881	12164	3	0	22
	天山区	359	62	312	0	0	0
	沙依巴克区	162	16	40	0	0	0
	新市区	96	17	69	1	0	0
	水磨沟区	160	9	39	0	0	0
	头屯河区	88	49	197	0	0	0
	达坂城区	10	8	24	0	0	0
	米东区	79	101	499	0	0	0
	乌鲁木齐县	25	42	211	0	0	0
	高新技术开发区	0	0	0	2	0	0
克拉玛依市	克拉玛依市	150	90	806	0	0	0
	克拉玛依区	14	8	25	0	0	0
	独山子区	5	8	166	0	0	0
	白碱滩区	3	6	74	0	0	0
	乌尔禾区	7	0	49	0	0	0
石河子市	石河子市	95	142	847	2	0	3
阿拉尔市	阿拉尔市	13	1	7	0	0	0
图木舒克市	图木舒克市	3	10	12	0	0	0
五家渠市	五家渠市	54	17	138	0	0	0
喀什地区	喀什地区	455	429	1427	0	0	0
	喀什市	257	236	768	0	0	0
	疏附县	14	22	97	0	0	0
	疏勒县	23	13	52	0	0	0
	英吉沙县	13	17	98	0	0	0

地名		申请件数	注册件数	有效注册量	驰名商标	地理标志	中国申请人马德里注册
喀什地区	泽普县	7	7	25	0	0	0
	莎车县	27	33	99	0	0	0
	叶城县	14	24	54	0	0	0
	麦盖提县	6	3	17	0	0	0
	岳普湖县	5	9	33	0	0	0
	伽师县	26	23	40	0	0	0
	巴楚县	46	35	98	0	0	0
	塔什库尔干塔吉克自治县	17	7	44	0	0	0
阿克苏地区	阿克苏地区	287	466	1227	0	14	0
	阿克苏市	68	187	463	0	0	0
	温宿县	23	68	121	0	0	0
	库车县	50	53	174	0	6	0
	沙雅县	17	19	64	0	0	0
	新和县	25	26	93	0	1	0
	拜城县	18	16	41	0	0	0
	乌什县	10	17	38	0	0	0
	阿瓦提县	63	67	191	0	2	0
	柯坪县	6	11	30	0	0	0
和田地区	和田地区	240	217	644	0	1	0
	和田市	79	92	301	0	0	0
	和田县	42	17	37	0	0	0
	墨玉县	74	61	126	0	0	0
	皮山县	16	18	58	0	0	0
	洛浦县	22	9	30	0	0	0
	策勒县	0	2	25	0	0	0
	于田县	7	15	54	0	0	0
	民丰县	0	2	7	0	0	0
吐鲁番地区	吐鲁番地区	233	92	616	0	2	0
	吐鲁番市	192	47	244	0	0	0
	鄯善县	20	26	276	0	0	0
	托克逊县	21	19	91	0	0	0
哈密地区	哈密地区	58	128	534	0	2	0
	哈密市	48	114	482	0	0	0
	伊吾县	0	1	5	0	0	0

地名		申请件数	注册件数	有效注册量	驰名商标	地理标志	中国申请人马德里注册
	巴里坤哈萨克自治县	8	12	42	0	0	0
克孜勒苏柯尔克孜自治州	克孜勒苏柯尔克孜自治州	87	72	212	0	1	0
	阿图什市	59	57	151	0	1	0
	阿克陶县	4	0	16	0	0	0
	阿合奇县	2	0	6	0	0	0
	乌恰县	17	10	28	0	0	0
博尔塔拉蒙古自治州	博尔塔拉蒙古自治州	117	95	685	0	1	0
	博乐市	74	42	504	0	0	0
	精河县	23	19	58	0	1	0
	温泉县	19	34	108	0	0	0
昌吉回族自治州	昌吉回族自治州	334	584	2664	2	2	10
	昌吉市	150	299	1585	1	0	0
	阜康市	39	79	232	0	0	0
	呼图壁县	22	31	165	0	0	0
	玛纳斯县	34	28	262	1	0	2
	奇台县	44	93	259	0	0	1
	吉木萨尔县	29	39	98	0	2	0
	木垒哈萨克自治县	16	13	51	0	0	0
巴音郭楞蒙古自治州	巴音郭楞蒙古自治州	332	613	1993	1	8	1
	库尔勒市	220	411	1270	1	1	0
	轮台县	7	20	82	0	1	0
	尉犁县	7	27	67	0	0	0
	若羌县	10	12	69	0	2	0
	且末县	7	4	21	0	0	0
	和静县	26	54	217	0	0	0
	和硕县	10	10	46	0	0	1
	博湖县	11	24	76	0	0	0
	焉耆回族自治县	34	39	118	0	4	0
伊犁哈萨克自治州	伊犁哈萨克自治州	433	327	1726	1	0	4
	伊宁市	169	138	777	0	0	3
	奎屯市	45	46	233	0	0	0
	伊宁县	23	26	87	0	0	0

地名		申请件数	注册件数	有效注册量	驰名商标	地理标志	中国申请人马德里注册
伊犁哈萨克自治州	霍城县	55	33	188	0	0	1
	巩留县	12	6	34	0	0	0
	新源县	45	31	253	1	0	0
	昭苏县	14	1	18	0	0	0
	特克斯县	22	14	26	0	0	0
	尼勒克县	9	13	54	0	0	0
	察布查尔锡伯自治县	33	17	48	0	0	0
塔城地区	塔城地区	121	137	616	0	1	0
	塔城市	12	22	121	0	0	0
	乌苏市	46	37	130	0	0	0
	额敏县	19	20	115	0	0	0
	沙湾县	17	21	112	0	0	0
	托里县	16	10	52	0	0	0
	裕民县	2	13	49	0	1	0
	和布克赛尔蒙古自治县	9	13	35	0	0	0
阿勒泰地区	阿勒泰地区	146	82	332	0	0	0
	阿勒泰市	45	29	98	0	0	0
	布尔津县	17	11	85	0	0	0
	富蕴县	44	8	17	0	0	0
	福海县	12	6	42	0	0	0
	哈巴河县	13	8	41	0	0	0
	青河县	10	15	33	0	0	0
	吉木乃县	2	4	11	0	0	0
香港特别行政区	香港特别行政区	21930	14175	65162	11	0	10
澳门特别行政区	澳门特别行政区	368	300	1409	1	0	0
台湾省	台湾省	10676	10878	66122	8	1	193

说明：申请件数、注册件数指2009年当年商标统计情况，其他指截至2009年底统计情况

注：加“*”为地理标志跨地（市）、县（区）行政区划

商标行政执法典型案例

（329~340）

2009 年工商行政管理机关
保护外国企业注册商标专用权典型案例

一、保护“SANYO”注册商标专用权案

2009 年 6 月初，浙江省湖州市工商行政管理局南浔分局接三洋电机株式会社代理人北京 XX 知识产权有限公司投诉，称浙江 XXXX 电梯有限公司制造出口的电梯侵犯了三洋电机株式会社的注册商标专用权。经查实，浙江 XXXX 电梯有限公司自 2007 年以来，分别与无锡 XX 电梯扶梯有限公司和香港三洋电梯扶梯有限公司（SANYO ELEVATORS AND ESCALATORS CO.,LIMITED）签订《电梯配套设备定作合同》，将其制造的电梯用于出口。其中当事人签订的《电梯配套设备定作合同》中有六份合同涉及在垂直电梯的操纵箱表面分别使用“SANYO ELEVATORS &AND ESCALATORS”和“SANYO ELEVATORS AND ESCALATORS CO.LIMITED”标牌，合计电梯为六台，总计销售货款为 655344 元，且已全部货款二清。湖州市工商行政管理局南浔分局于 2009 年 7 月 20 日对当事人涉嫌商标侵权行为予以立案并开展调查。经调查，当事人使用上述标牌未经“SANYO”注册商标专用权人授权，上述商品均为侵犯“SANYO”注册商标专用权商品。

经查，使用在电梯等商品上的“SANYO”商标，是三洋电机株式会社的注册商标，商标注册号为第 1128994 号，其注册商标专用权受法律保护。

湖州市工商行政管理局南浔分局认为，当事人擅自生产侵犯注册商标专用权的商标，其行为属于《中华人民共和国商标法》第五十二条规定的侵犯注册商标专用权的行为。根据《中华人民共和国商标法》第五十三条和《中华人民共和国商标法实施条例》第五十二条第一款第（五）项的规定，湖州市工商行政管理局南浔分局于 2009 年 11 月 11 日对当事人作出如下处罚：1、责令当事人立即停止侵权行为；2、罚款人民币 35 万元整，上缴国库。

二、保护“ERICSSON”、“[图形]”注册商标专用权案

当事人陈 XX 未经工商行政管理部门核准登记并领取营业执照，以“东莞市 XX 电子有限公司”等名义开展经营业务（对当事人无照经营行为已另案处理），自 2008 年 4 月至 2008 年 7 月在其生产的手机半成品、手机元件（手机后壳）、手机元件（手机前壳）和手机元件（手机中间边壳）等商品上使用与“ERICSSON”和“[图形]”商标近似的商标。2008 年 7 月 18 日，广东省东莞市工商行政管理局当场查获，并查封扣押了涉嫌侵权的手机半成品 765 部、手机元件（手机后壳）1796 个、手机元件（手机前壳）1932 个和手机元件（手机中间边壳）20129 个。由于上述商品尚未加工完成及出货，其非法经营额无法计算。经调查，陈 XX 使用上述商标未经权利人授权，上

述商品均为侵犯“ERICSSON”和“ ”注册商标专用权商品。

经查，使用在数据通讯装置和仪器等商品上的“ERICSSON”和“ ”商标，分别是爱立信有限公司和索尼爱立信移动通讯有限公司的注册商标，注册号分别为第3124287号和第3127716号，其注册商标专用权受法律保护。

东莞市工商行政管理局认为，当事人擅自生产侵犯注册商标专用权的商品，其行为属于《中华人民共和国商标法》第五十二条第一款第（一）项规定的侵犯注册商标专用权的行为。根据《中华人民共和国商标法》第五十三条和《中华人民共和国商标法实施条例》第五十二条的规定，东莞市工商行政管理局于2009年8月7日对当事人作出如下处罚：1、责令当事人立即停止侵犯注册商标专用权行为；2、没收并销毁当事人生产的侵犯注册商标专用权的手机半成品765部、手机元件（手机后壳）1796个、手机元件（手机前壳）1932个和手机元件（手机中间边壳）20129个；3、罚款人民币10万元整。

三、保护“ ”注册商标专用权案

武汉市硚口区XX体育用品商行于2007年8月10日至2009年1月5日通过电话订货的方式购进带有“ ”商标标识的篮球2700个，进价14元/个，合计购货金额37800元。尔后当事人在其经营场所对外进行销售，共销售2580个篮球，售价16元/个，合计销售金额41280元。湖北省武汉市工商行政管理局硚口分局依法对其尚未销毁的120个涉嫌商标侵权的篮球予以查封扣押。经鉴定，上述商品均为假冒“ ”注册商标商品。

经查，使用在篮球等商品上的“ ”商标,是美商NBA产物股份有限公司的注册商标，商标注册号为第658808号，其注册商标专用权受法律保护。

武汉市工商行政管理局硚口分局认为，当事人擅自销售侵犯注册商标专用权的商品，其行为属于《中华人民共和国商标法》第五十二条第（二）项规定的侵犯注册商标专用权的行为。根据《中华人民共和国商标法》第五十三条和《中华人民共和国商标法实施条例》第五十二条的规定，武汉市工商行政管理局硚口分局于2009年6月5日对当事人作出如下处罚：1、责令立即停止商标侵权行为；2、没收查扣的商标侵权篮球120个；3、罚款人民币10万元整。

四、保护“ ”注册商标专用权案

2009年5月21日，江苏省无锡市工商行政管理局接举报对无锡XXX微电子有限公司进行检查时，发现该公司生产的标有“ ”商标的晶体管73万只，且其激光打标机系统内存有含“ ”图形的打标图样。由于“ ”与ST微电子公司核准注册的第1562248号“ ”商标近似，涉嫌侵犯他人注册商标专用权，无锡市工商行政管理局遂于2009年5月21日立案，并对当事人生产的73万只使用“ ”商标的晶体管和150只使用“ ”商标的包装盒予以封存扣押。经查实，2008年6月，当事人生产标有“ ”商标的晶体管20万只，并全部销售给深圳市XXX电子有限公司，获销售款104250元。2009年4月，该公司接到国外XX电子进出口有限公司的订单，定购标有“ ”商标的多种型号晶体管90万只，订单金额144500元。双方未签订书面合同，该公司未收取定金。至案发时止，该公司已生产标有“ ”商标的各种型号晶体管73万只，因国外公司取消订单，上述晶体管尚未售出，货值115200元。以上非法经营额共计219450元。

经查，使用在半导体器件、微型电路等商品上的“ ”商标，是ST微电子有限公司（美国）的注册商标，商标注册号为第1562248号，其注册商标专用权受法律保护。

无锡市工商行政管理局认为，当事人擅自生产销售侵犯注册商标专用权的商品，其行为属于《中华人民共和国商标法》第五十二条第（一）项规定的侵犯注册商标专用权的行为。根据《中华人民共和国商标法》第五十三条和《中华人民共和国商标法实施条例》第五十二条的规定，无锡市工商行政管理局于2009年7月3日对当事人作出如下处罚：1、责令立即停止商标侵权行为；2、没收使用“ST”商标的晶体管73万只、没收使用“ST”商标的包装盒150只；3、罚款人民币219450万元。

五、保护“LV”注册商标专用权案

2009年7月7日，北京市工商行政管理局西城分局接举报对天意新商城个体工商户刘X的摊位进行检查时发现，刘X于2009年7月初从广州市场购进一批涉嫌侵犯“LV”注册商标专用权的包进行销售。至案发时止，剩余500个未售出。当事人经营未记账，经调查无法计算当事人进货数量和销售数量，非法经营额无法计算。

经查，使用在手提包、（肩）挎包、旅行包等商品上的“LV”商标，是路易威登马利蒂（法国）的注册商标，商标注册号为第241081号，其注册商标专用权受法律保护。

北京市工商行政管理局西城分局认为，当事人擅自销售侵犯注册商标专用权的商品，其行为属于《中华人民共和国商标法》第五十二条第（二）项规定的侵犯注册商标专用权的行为。根据《中华人民共和国商标法》第五十三条和《中华人民共和国商标法实施条例》第五十二条的规定，北京市工商行政管理局西城分局于2009年8月31日对当事人作出如下处罚：1、责令立即停止商标侵权行为；2、没收侵犯“LV”注册商标专用权的包500个；3、罚款人民币10万元。

六、保护“IZUMI”、“MOTOX”注册商标专用权案

2008年12月11日，江苏省无锡市工商行政管理局经检支队接举报对无锡市XX机械有限公司进行检查时发现，当事人生产涉嫌侵犯“IZUMI”注册商标专用权的水泵产品26台，已销售涉嫌侵犯“MORTOX”注册商标专用权的发电机产品28台。无锡市工商行政管理局遂于2008年12月11日立案，并依法对当事人生产的26台涉嫌侵犯“IZUMI”注册商标专用权的水泵产品予以封存扣押。经查实，2008年11月，加拿大XXX贸易有限公司从该公司订购涉嫌侵犯“IZUMI”注册商标专用权的水泵26台，每台单价87美元；涉嫌侵犯“MORTOX”注册商标专用权的发电机28台，每台单价195美元。至案发时止，28台发电机已经售出，26台水泵尚未售出。以上非法经营额共计55212.30元。

经查，使用在泵（机器）等商品上的“IZUMI”商标，是泉精器制作所（日本）的注册商标，商标注册号为第1095963号。使用在发电机等商品上的“MOTOX”商标，是弗兰德蒂宾根有限责任公司（德国）的注册商标，商标注册号为第1023295号，上述注册商标专用权受法律保护。

无锡市工商行政管理局认为，当事人擅自生产销售侵犯注册商标专用权的商品，其行为属于《中华人民共和国商标法》第五十二条第（一）项规定的侵犯注册商标专用权的行为。根据《中华人民共和国商标法》第五十三条和《中华人民共和国商标法实施条例》第五十二条的规定，无锡市工商行政管理局于2009年2月20日对当事人作出如下处罚：1、责令立即停止商标侵权行为；2、没收侵犯“IZUMI”注册商标专用权的26台水泵；3、罚款人民币10万元。

七、保护“芝华士”、“皇家礼炮”等注册商标专用权案

2009年7月29日，安徽省淮北市工商行政管理局接举报对淮北市XXXXX俱乐部进行检查时发现，该俱乐部库存待售“黑牌”酒21瓶、“杰克丹尼”酒3瓶、“芝华士”酒17瓶、“皇家礼炮”酒8瓶、“百龄坛”酒14瓶、“名士马爹利”酒2瓶、“绝对”伏特加酒24瓶。经英国国际洋酒协会有限公司广州代表处鉴定，上述产品均为侵犯注册商标专用权的产品，上述产品市场价为43880元。淮北市工商行政管理局对上述产品依法查扣。

经查，使用在威士忌酒、含酒精饮料等商品上的“黑牌”商标，是黛尔吉奥品牌有限公司的注册商标，商标注册号为第1077708号。使用在威士忌酒、含酒精饮料等商品上的“杰克丹尼”商标，是杰克丹尼持有人有限公司的注册商标，注册号为第1711147号。使用在威士忌酒、含酒

精饮料等商品上的“芝华士”商标、“皇家礼炮”商标，是芝华士兄弟（美洲）有限公司的注册商标，注册号为第1122912号、第1122979号。使用在威士忌酒、含酒精饮料等商品上的“百龄坛”商标，是联合多梅克白酒和葡萄酒有限公司的注册商标，注册号为第3230516号。使用在威士忌酒、含酒精饮料等商品上的“名士马爹利”商标，是马爹利股份有限公司的注册商标，注册号为第1743862号。使用在伏特加酒商品上的“绝对”商标，是V&S·文&斯布瑞托有限公司的注册商标，注册号为第1466538号。上述注册商标专用权受法律保护。

淮北市工商行政管理局认为，当事人擅自销售侵犯注册商标专用权的商品，其行为属于《中华人民共和国商标法》第五十二条第（二）项规定的侵犯注册商标专用权的行为。根据《中华人民共和国商标法》第五十三条和《中华人民共和国商标法实施条例》第五十二条的规定，淮北市工商行政管理局于2009年8月19日对当事人作出如下处罚：1、责令立即停止商标侵权行为；2、没收2009年7月29日扣押的当事人待售侵权洋酒；3、罚款人民币9万元。

八、保护“adidas”和“ ”注册商标专用权案

北京市工商行政管理局丰台分局在进行日常检查时，在丰台区某地下室内，查获一批涉嫌侵犯“adidas”和“ ”注册商标专用权的短袖运动衫。经查实，当事人张XX在2009年3月至2009年4月21日期间，先后两次从广州XX市场以每套8元的价格，购进涉嫌侵犯“adidas”和“ ”注册商标专用权的短袖运动衫2500件，以每件18元的价格销售400件，销售金额7200元；剩余2100件尚未销售，价值37800元。非法经营额共计45000元。

经查，使用在运动衫等商品上的“adidas”商标和使用在服装等商品上的“ ”商标是阿迪达斯有限公司（德国）的注册商标，注册号为第3336263号和第1489454号。以上注册商标专用权受法律保护。

北京市工商行政管理局丰台分局认为，当事人张XX销售侵犯他人注册商标专用权商品的行为，属于《中华人民共和国商标法》第五十二条第（二）项所规定的侵犯注册商标专用权行为。根据《中华人民共和国商标法》第五十三条和《中华人民共和国商标法实施条例》第五十二条的规定，北京市工商行政管理局丰台分局于2009年5月13日对当事人张XX作出行政处罚：1、责令立即停止侵权行为；2、没收侵权商品短袖运动衫2100件；3、罚款人民币13.5万元。

九、保护“BOSS”注册商标专用权案

2009年5月5日，江苏省连云港工商行政管理局新浦分局根据投诉对当事人连云港市XX商贸有限公司男装分公司的店铺进行检查，发现当事人销售的服装涉嫌侵犯投诉人的商标专用权，遂立案调查。经查明，当事人于2007年4月至2009年4月从杭州XX服饰有限公司购入一批带有“BOSS FALANBOSS”标识的服饰对外销售，已销售的服饰获利3500元，剩余367件尚未售出，非法经营额为38738元；此外，当事人还销售带有“BNICKBOSS BNICKBOSS”商标标识的服饰共96件，非法经营额为10011元。上述两种服饰，均未经“BOSS”商标持有人许可，非法经营额共计52249元。

经查，使用在服装等商品上的“BOSS”商标是德国雨果博斯商标管理有限公司（德国）的注册商标，注册号为第257001号，其注册商标专用权受法律保护。

连云港工商行政管理局新浦分局认为，连云港市XX商贸有限公司男装分公司销售侵犯他人注册商标专用权商品的行为，属于《中华人民共和国商标法》第五十二条第（二）项所规定的侵犯注册商标专用权行为。根据《中华人民共和国商标法》第五十三条和《中华人民共和国商标法实施条例》第五十二条的规定，连云港工商行政管理局新浦分局于2009年6月8日对连云港市XX商贸有限公司男装分公司作出行政处罚：1、责令停止侵权行为；2、没收侵权商品“BOSS FALANBOSS”服饰367件、“BNICKBOSS

BNICKBOSS”服饰96件；3、罚款12万元。

十、保护“ ”、“ ”注册商标专用权案

2009年8月，浙江省温州市工商行政管理局瓯海工商分局三溪工商所执法人员依法对温州市鹿城XX贸易有限公司设在郭溪镇的仓库进行检查，现场查获涉嫌侵犯“ ”注册商标专用权的天然乳胶430桶，另有涉嫌侵犯“ ”注册商标专用权的桶盖（大）1955个，涉嫌侵犯“ ”注册商标专用权的桶盖（小）1955个。执法人员当场对上述涉嫌侵权商品予以查封扣押。经查明，当事人自2009年7月起，在仓库现场将其从海南和泰国购进的散装天然乳胶，分装到桶身涉嫌侵犯“ ”注册商标专用权的乳胶桶内进行销售。其中，从海南散装购进的天然乳胶经营额是863870元，从泰国散装购进的天然乳胶经营额204488元。此外，由于被扣留的430桶天然乳胶是容易变质物品，储存时间不宜过长，当事人于2009年8月20日申请先行处理，工商局委托拍卖行予以拍卖处理，拍卖款703121.7元。

经查，使用在乳胶（天然胶）等商品上的“ ”商标和“ ”商标，是吴广修(泰国）的注册商标，注册号分别为第1449645号和第1449646号，上述注册商标专用权受法律保护。

温州市工商行政管理局瓯海工商分局认为，温州市鹿城XX贸易有限公司销售侵犯他人注册商标专用权商品的行为，属于《中华人民共和国商标法》第五十二条第（二）项所规定的侵犯注册商标专用权行为。根据《中华人民共和国商标法》第五十三条和《中华人民共和国商标法实施条例》第五十二条的规定，温州市工商行政管理局瓯海工商分局于2009年12月17日对温州市鹿城XX贸易有限公司作出行政处罚：1、责令停止侵权行为；2、没收侵权的桶盖共计3910个；3、罚款人民币80万元。

2009 年工商行政管理机关保护国内企业注册商标专用权典型案例

一、保护“ ”注册商标专用权案

2009 年 3 月 26 日，广东省佛山市顺德区工商行政管理局执法人员在对位于顺德区北滘镇西滘工业开发区的佛山市顺德区 XXX 电器有限公司进行检查时发现，现场有 60 名工人在从事电风扇制造工作，有外包装箱带有与“ ”商标近似的商标,以及该公司厂名、厂址，产品上带有与“ ”商标近似的商标字样的电风扇 2990 台（其中型号为 FS-40 落地扇 780 台、型号为 KYT-25 转页扇 2210 台）。经查实，该公司自 2008 年 3 月至 2009 年 3 月期间，共制造了带有与“ ”商标近似商标的电风扇 2990 台，货值 91000 元，尚未销售。佛山市顺德区工商行政管理局依法对查获的涉嫌侵权商品予以扣押封存。

经查，使用在电风扇等商品上的“ ”商标，是广州美的电器股份有限公司的注册商标，商标注册号为第 1503283 号，其注册商标专用权受法律保护。

佛山市顺德区工商行政管理局认为，当事人擅自生产侵犯注册商标专用权的商品，其行为属于《中华人民共和国商标法》第五十二条第（一）项规定的侵犯注册商标专用权的行为。根据《中华人民共和国商标法》第五十三条和《中华人民共和国商标法实施条例》第五十二条的规定，佛山市顺德区工商行政管理局于 2009 年 5 月 5 日对当事人作出如下处罚：1、责令立即停止商标侵权行为；2、没收扣押在案带有与“ ”商标近似商标的电风扇 2990 台；3、罚款人民币 11 万元。

二、保护“ ”注册商标专用权案

2008 年 10 月 29 日，内蒙古自治区呼和浩特市工商行政管理局赛罕区分局在对呼和浩特市 XX 综合超市有限公司进行检查时发现，该公司于 2008 年 10 月 26 日从内蒙古 XXX 行销有限公司（已另案处理）购进标有“贵州茅台酒”字样的五星茅台 53 度 500ML 装白酒 177 瓶、新飞天茅台 53 度 500ML 装白酒 1 瓶，共计 178 瓶，进货价 116888 元。至被查获时为止，当事人尚未销售。呼和浩特市工商行政管理局赛罕区分局依照法律有关规定，对涉嫌侵权商品予以查封扣押，并经“ ”商标注册人中国贵州茅台酒厂有限责任公司鉴定，所扣商品均系侵犯“ ”注册商标专用权的商品。

经查，使用在酒商品上的“ ”商标，是中国贵州茅台酒厂有限责任公司的注册商标，商标注册号为第 284526 号，其注册商标专用权受法律保护。

呼和浩特市工商行政管理局赛罕区分局认为，当事人销售侵犯他人注册商标专用权的商品，其行为属于《中华人民共和国商标法》第五十二条第（二）项规定的侵犯注册商标专用权的行为。根据《中华人民共和国商标法》第五十三条和《中华人民共和国商标法实施条例》第五十二条的规定，呼和浩特市工商行政管理局于 2009 年 6 月 29 日对当事人作出如下处罚：1、责令立即停止商标侵权行为；2、没收并销毁侵犯“ ”注册商标专用权的商品5000ML茅台酒178瓶；3、罚款人民币131384元。

三、保护“ ”注册商标专用权案

2009年5月15日，福建省龙岩市新罗区工商行政管理局在与新罗区经贸委、区畜牧水产局等单位开展的联合执法工作中，发现位于新罗区小池镇XX村319国道边的一家屠宰场在未取得生猪定点屠宰证书的情况下，擅自从事生猪屠宰经营活动（已由新罗区经贸局立案查处），并涉嫌侵犯“ ”注册商标专用权。经查实，张XX和章XX自2008年6月22日开始，租赁场地、搭建厂房、修建冷库等，在没有取得《企业营业执照》和生猪定点屠宰证书的情况下，开始从事生猪屠宰和猪肉制品加工业务。自2008年11月至2009年3月，该二人又委托龙岩市新罗区XX编织袋加工厂、龙岩市新罗区XX纸箱厂、龙岩市XX包装制品有限公司等企业印制了带有“润乡”商标的塑料编织袋8700条、标有“润乡”商标的纸箱7352个，并使用上述纸箱和塑料编织袋包装其生产销售的生猪产品。截至案发时止，当事人共生产生猪制品79.349吨，其中生产的但尚未销售的用上述标有“润乡”商标的纸箱和塑料编织袋包装的生猪产品21.45吨。龙岩市新罗区工商行政管理局依法对现场发现的用上述标有“润乡”商标的纸箱和塑料编织袋包装的生猪产品21.45吨，以及标有“润乡”商标的纸箱6607个、塑料包装袋1475条进行了查封扣押。

经查，使用在猪肉食品、肉等商品上的第4104679号“ ”商标，是龙岩市食品公司的注册商标，其注册商标专用权受法律保护。

龙岩市新罗区工商行政管理局认为，当事人张XX和章XX擅自在其生产、销售的生猪产品上使用与第4104679号“ ”注册商标相近似的“润乡”商标，属于《中华人民共和国商标法》第五十二条第（一）项所规定的侵犯注册商标专用权行为。根据《中华人民共和国商标法》第五十三条和《中华人民共和国商标法实施条例》第五十二条的规定，龙岩市新罗区工商行政管理局于2009年11月16日对张XX和章XX作出行政处罚：1、责令当事人立即停止侵权行为；2、没收标有“润乡”商标的纸箱6607个、塑料编织袋6665条；3、没收带有“润乡”商标的生猪产品21.45吨；4、罚款人民币11.7万元。

四、保护“ ”注册商标专用权案

北京市工商行政管理局海淀分局在对北京XXX食品有限公司进行检查时发现，当事人于2005年6月为其销售的大米自行设计标有“百姓粮仓”牌“盘锦大米”字样的包装袋，正反两面均突出使用“盘锦大米”字样。当事人还委托他人制作了该包装袋的印版，并将印版交给雄县XX彩印有限公司，由其为当事人印制包装袋。至该案立案时，当事人以0.40元/个至1.29元/个不等的价格分批购进由雄县XX彩印有限公司印制的不同规格的包装袋共计165480个。当事人自2005年11月开始从北京XXXX农副产品批发市购入原料大米用前述包装袋分装后销售给北京、唐山、哈尔滨等地区的商场、超市及个体工商户。至立案时止，总销售金额为2576230.11元。同时在其经营场所查获未销售的“盘锦大米”价值6885.00元，尚未使用的包装袋23380个，已用于封装的包装袋340个，包装袋总价值14559.04元。当事人非法经营额共计2597674.15元。

经查，使用在大米商品上的“ ”商标，是盘锦市大米协会注册的证明商标，商标注册号为第3514579号，其注册商标专用权受法律保护。

北京市工商行政管理局海淀分局认为，当事人北京XXX食品有限公司在未经上述注册商标所有人许可的情况下，在相同商品上使用与“ ”注册商标近似的“盘锦大米”商标，其行为违反了《中华人民共和国商标法》第五十二条第（一）项之规定，构成了侵犯他人注册商标专用权的违法行为。根据《中华人民共和国商标法》第五十三条和《中华人民共和国商标法实施条例》第五十二条的规定，北京市工商行政管理局海淀分局于2009年4月20日对当事人作出如下处罚：1、责令当事人立即停止侵权行为；2、没收、销毁侵权的尚未使用的包装袋23380个、已用于封装的包装袋340个；3、没收、销毁用于印制侵权包装袋的印版10个；四、罚款人民币2597674.15元。

五、保护“PULANNA”注册商标专用权案

2009年2月2日，天津市工商行政管理局根

据投诉，对天津市 XXX 化妆品有限公司进行了检查。在检查中发现，当事人自 2008 年开始，在未经注册商标权利人许可的情况下，擅自生产标有放大、突出使用"PULANNA"的网址的化妆品共 40 种，总计 32561 瓶（袋）。其中，11 种商品按照当事人的宣传单标价计算，非法经营额为 584332 元；19 种商品没有标价，但按照当事人提供的《相近产品价格统计表》中的价格计算，非法经营额为 1231004 元；还有 10 种商品无法计算非法经营额。现场还发现了标有放大、突出使用"PULANNA"的网址的包装物 407618 个。执法机关依法对上述涉嫌侵权物品予以查封扣押。

经查，使用在化妆品、肥皂等商品上的第 1413209 号"PULANNA"商标，是天津市普兰娜天然植物化妆品集团有限公司的注册商标，其注册商标专用权受法律保护。

天津市工商行政管理局认为，天津市 XXX 化妆品有限公司擅自生产标有放大、突出使用"PULANNA"的网址的化妆品，属于《中华人民共和国商标法》第五十二条第（五）项和《中华人民共和国商标法实施条例》第五十条第（一）项所规定的侵犯注册商标专用权行为。根据《中华人民共和国商标法》第五十三条和《中华人民共和国商标法实施条例》第五十二条的规定，天津市工商行政管理局于 2009 年 7 月 6 日对天津市 XXX 化妆品有限公司作出行政处罚：1、责令当事人立即停止侵权行为；2、没收侵犯"PULANNA"注册商标专用权的化妆品 32561 瓶（袋）；3、没收侵犯"PULANNA"注册商标专用权的包装物 407618 个；4、罚款人民币 1865336 元。

六、保护"维维"、"黑牛"注册商标专用权案

2009 年 5 月 12 日，山东省临沂市沂水县工商行政管理局接沂水县公安局移送案件通知书。沂水县公安局认为犯罪嫌疑人杜 XX 涉嫌假冒注册商标行为，犯罪情节轻微，不必追究刑事责任，决定移交沂水县工商行政管理局处理。沂水县工商行政管理局遂立案调查。经查明，当事人杜 XX 自 2006 年开始多次购进标注"维维"、"黑牛"字样的机包豆奶粉 20.1 吨，同期购进标有"维维"或"黑牛"字样的豆奶粉包装袋分别为 10000 个和 28000 个左右，购进"维维"、"黑牛"豆奶粉包装箱 2000 个左右。购进上述机包粉及包装标识后，杜 XX 在家中生产加工标注"维维食品饮料股份有限公司"厂名、"维维"商标和标注"广州黑牛食品工业有限公司"厂名、"黑牛"商标的豆奶粉共计 2000 箱左右，加工后全部销售给西安市赵 X，经营额为 160000 元人民币。

经查，使用在豆奶粉、豆粉等商品上的"维维"商标，是维维集团股份有限公司的注册商标，商标注册号为第 1420552 号；使用在豆奶粉（以奶为主）等商品上的"黑牛"商标，是黑牛食品股份有限公司的注册商标，商标注册号为第 3731654 号。上述注册商标专用权受法律保护。

沂水县工商行政管理局认为，当事人杜 XX 在未经上述注册商标所有人许可的情况下，制售侵犯上述注册商标专用权的商品，其行为违反了《中华人民共和国商标法》第五十二条第（一）项之规定，构成了侵犯他人注册商标专用权的违法行为。根据《中华人民共和国商标法》第五十三条和《中华人民共和国商标法实施条例》第五十二条的规定，沂水县工商行政管理局于 2009 年 6 月 5 日对当事人作出如下处罚：1、责令当事人立即停止侵权行为；2、罚款人民币 160000 元。

七、保护"五洲丰"注册商标专用权案

北京市工商行政管理局平谷分局在对北京 XX 肥业有限公司检查时发现，当事人于 2008 年 11 月份分别委托北京市平谷 XX 复合肥料厂和北京 XX 塑料包装有限公司外加工"大化五洲丰"牌复合肥外包装袋。自 2009 年 2 月份开始当事人委托北京市平谷 XX 复合肥料厂加工各类"大化五洲丰"牌复合肥共计 247.75 吨，当事人分三次将其中总重达 240 吨的上述产品销售给辽宁 XX 农业资料有限公司，获经营额 477000 元，未售出化肥共 7.75 吨，非法经营额 15592.5 元，尚未使用外包装袋 500 条，非法经营额 1300 元。以上非法经营额共计 493892.5 元。北京市工商行政管理局平谷分局依法对查获的 7.75 吨涉嫌侵权的化肥予以查封扣押。

经查，使用在农业肥料、肥料、混合肥料、化学肥料等商品上的"五洲丰"商标，是烟台五洲施得富肥料有限公司的注册商标，商标注册号为第 1901616 号，其注册商标专用权受法律保护。

北京市工商行政管理局平谷分局认为，当事人北京 XX 肥业有限公司在未经上述注册商标所有人许可的情况下，在相同商品上使用与"五洲丰"

注册商标近似的“大化五洲丰”商标，其行为违反了《中华人民共和国商标法》第五十二条第（一）项之规定，构成了侵犯他人注册商标专用权的违法行为。根据《中华人民共和国商标法》第五十三条和《中华人民共和国商标法实施条例》第五十二条的规定，北京市工商行政管理局平谷分局于2009年6月24日对当事人作出如下处罚：1、责令当事人立即停止侵权行为；2、罚款人民币490000元；3、没收侵权的“大化五洲丰”牌复合肥7.75吨及外包装袋500条。

八、保护“ ”注册商标专用权案

当事人吴XX于2007年12月2日从南京某地购进标有“大白兔”字样的三种规格奶糖400箱，进货金额合计115800元，在常熟市XX副食品商店进行对外销售。至2008年1月14日苏州市常熟工商行政管理局执法人员查获时止，当事人销售“大白兔”奶糖260箱，销售金额合计76725元。尚未销售的库存奶糖140箱。经上述注册商标的权利人冠生园（集团）有限公司鉴定，上述库存奶糖属于侵犯注册商标专用权商品。

经查，使用在奶糖商品上的“ ”商标，是冠生园（集团）有限公司的注册商标，商标注册证号为第202241号，其注册商标专用权受法律保护。

苏州市常熟工商行政管理局认为，当事人吴XX擅自销售侵犯注册商标专用权商品的行为属于《中华人民共和国商标法》第五十二条第（二）项规定的侵犯注册商标专用权的行为。根据《中华人民共和国商标法》第五十三条和《中华人民共和国商标法实施条例》第五十二条的规定，苏州市常熟工商行政管理局于2009年1月6日对当事人作出如下处罚：1、责令立即停止侵权行为；2、没收、销毁尚未销售的“大白兔”奶糖140箱；3、罚款人民币15万元。

九、保护“ ”注册商标专用权案

山东省青州市工商行政管理局执法人员在检查时发现，山东XXXXX房地产开发有限公司在其开发青州市XXXX商贸城D–3机电楼和综合楼的过程中，与孙X（已另案处理）签订了门窗安装承包合同，并指定窗户使用“南山”牌铝型材。孙X于2008年9月份开始安装，同年10月26日完成。山东XXXXX房地产开发有限公司付给孙X铝合金窗户款（含安装费）100640.75元。2008年11月17日被青州市工商行政管理局查获。经“ ”注册商标权利人山东南山铝业股份有限公司鉴定，该铝型材不是权利人生产的商品。

经查，使用在金属建筑材料等商品上的“ ”商标，是山东南山铝业股份有限公司的注册商标，商标注册号为第3267595号，其注册商标专用权受法律保护。

青州市工商行政管理局认为，当事人擅自销售侵犯注册商标专用权的商品，其行为属于《中华人民共和国商标法》第五十二条第（二）项规定的侵犯注册商标专用权的行为。根据《中华人民共和国商标法》第五十三条和《中华人民共和国商标法实施条例》第五十二条的规定，青州市工商行政管理局于2009年8月30日对当事人作出如下处罚：1、责令停止侵权行为；2、责令消除侵权商品上的商标标识；3、罚款人民币28万元。

十、保护“ ”注册商标专用权案

2009年3月19日，山东省东平县工商行政管理局执法人员根据山东天力车辆有限公司投诉，对当事人宋XX的经营场所进行检查时，发现涉嫌侵犯“ ”注册商标专用权的三轮汽车13辆，并当场予以查封扣押。经查明，该批三轮汽车是山东聊城XX重工有限公司（已另案处理）生产，总货值78240元。有证据证明，山东聊城XX重工有限公司无权使用“ ”商标，其生产的带有“ ”商标的三轮汽车是侵犯他人注册商标专用权的产品。

经查，使用在三轮农用运输车等商品上的“ ”商标，是山东天力车辆有限公司的注册商标，商标注册号为第1551528号，其注册商标专用权受法律保护。

东平县工商行政管理局认为，当事人擅自销售侵犯注册商标专用权的商品，其行为属于《中华人民共和国商标法》第五十二条第（二）项规定的侵犯注册商标专用权的行为。根据《中华人民共和国商标法》第五十三条和《中华人民共和国商标法实施条例》第五十二条的规定，东平县工商行政管理局于2009年7月16日对当事人作出如下处罚：1、责令停止侵权行为；2、没收侵犯注册商标专用权的三轮汽车13辆；3、罚款人民币10万元。

2009 年工商行政管理机关移送公安机关的十件典型商标案例

一、加工销售假冒“邦迪”注册商标商品案?

2009 年 1 月 19 日，浙江省青田县工商行政管理局根据举报，对当事人何 XX、朱 XX、陈 XX 所在的青田县祯埠乡 XX 村进行检查，查获了大量“邦迪”注册商标的创可贴。经鉴定，上述物品均为假冒“邦迪”注册商标商品。经查明，当事人未经工商部门登记注册并领取营业执照，擅自从 2008 年 2 月开始在青田县祯埠乡 XX 村从事假冒“邦迪”注册商标创可贴的加工销售，非法经营额 111456 元，违法所得 27696 元。

根据最高人民法院、最高人民检察院《关于办理侵犯知识产权刑事案件具体应用法律若干问题的解释》规定，当事人加工销售假冒注册商标商品已达到刑事追诉标准，浙江省青田县工商行政

二、销售假冒“拉芳 LaFanG”、“雨洁 Raclen”等注册商标商品案

2009 年 12 月 15 日，广东省中山市工商行政管理局黄圃分局在例行巡查中发现中山市黄圃镇某仓库存放有涉嫌假冒“拉芳 LaFanG”、“雨洁 Raclen”、“拉芳”注册商标的洗发露包装罐 70 箱（500 个/箱）及其包装纸箱 4120 个，当场予以查扣。根据送货司机交代，工商执法人员又查出中山市黄埔镇 XX 塑料厂未经授权擅自生产“拉芳”字样的塑料盖，并当场查扣“拉芳”大塑料盖 75840 个，小塑料盖 51840 个，生产“拉芳”塑料盖的模具 2 套。经商标权利人确认，上述查扣物品均为假冒注册商标商品。该塑料厂负责人刘 XX 假冒两种以上注册商标标识数量超过 1 万件。

根据最高人民法院、最高人民检察院《关于办理侵犯知识产权刑事案件具体应用法律若干问题的解释》规定，刘 XX 销售假冒注册商标商品已达到刑事追诉标准，中山市工商行政管理局黄圃分局将该案移送公安机关处理。

三、加工销售假冒“NIKE”等注册商标商品案

2009 年 3 月 24 日，北京市工商行政管理局朝阳分局和朝阳区公安分局根据投诉，对北京市朝阳区孙河乡 XXX 村 148 号进行了检查，发现当事人田 X 及其家庭成员，在没有办理营业执照的情况下，购进“TITLEIST”、“CALLAWAY”、“CLEVEAND”、“PING”、“NIKE”、“TAYLORMADE”等品牌半成品的球杆、球头、球杆把套再用切割机、磨杆机、烤箱等工具制作成成品杆，以每套 480-520 元的价格出售。朝阳区工商分局执法人员对侵权高尔夫球具实施了暂扣手续，共暂扣“TITLEIST”、“CALLAWAY”、“CLEVEAND”、“PING”、“NIKE”、“TAYLORMADE”等品牌的高尔夫球杆、球头、球杆把 743 支。经鉴定，上述物品均为假冒注册商标商品，案值 1086700 元。

根据最高人民法院、最高人民检察院《关于办理侵犯知识产权刑事案件具体应用法律若干问题的解释》规定，当事人加工销售假冒注册商标商品已达到刑事追诉标准，北京市工商局朝阳分

局将案件移送公安机关处理。

2009年11月23日，北京市朝阳区人民法院依法对该案件进行判决：被告人田X犯假冒注册商标罪，判处有期徒刑四年，罚金人民币一万元；被告人田XX犯假冒注册商标罪，判处有期徒刑三年，罚金人民币五千元；被告人徐XX犯假冒注册商标罪，判处有期徒刑一年六个月，缓刑一年六个月，罚金人民币二千元；被告人代XX犯假冒注册商标罪，判处有期徒刑一年六个月，缓刑一年六个月，罚金人民币二千元；被告人王XX犯假冒注册商标罪，判处有期徒刑一年，缓刑一年，罚金人民币二千元；被告人劳X犯假冒注册商标罪，判处有期徒刑一年，缓刑一年，罚金人民币二千元；被告人龙XX犯假冒注册商标罪，判处有期徒刑一年，缓刑一年，罚金人民币二千元；被告人田X假冒注册商标罪，判处有期徒刑一年，缓刑一年，罚金人民币二千元。

四、销售假冒“五粮液”、“茅台”等注册商标商品案

2009年3月31日，天津市工商行政管理局执法人员在市场巡查时发现，当事人田XX经营的商行库房中存放涉嫌侵犯注册商标专用权的五粮液、茅台、国窖、水井坊、剑南春等品牌白酒，案值12万余元。经鉴定，上述物品均为假冒注册商标的商品。

根据最高人民法院、最高人民检察院《关于办理侵犯知识产权刑事案件具体应用法律若干问题的解释》规定，当事人销售假冒注册商标商品已达到刑事追诉标准，天津市工商行政管理局将案件移送公安机关处理。

五、加工销售假冒“hp”注册商标商品案

2009年5月26日，北京市工商行政管理局海淀分局根据举报，对北京XXXX科技发展有限公司的销售柜台、办公室、库房进行检查，查获了大量涉嫌侵犯注册商标专用权的“hp”品牌打印机。后经商标权利人鉴定，上述商品均为假冒注册商标商品。经调查，当事人非法经营额达100多万元。

根据最高人民法院、最高人民检察院《关于办理侵犯知识产权刑事案件具体应用法律若干问题的解释》规定，当事人销售假冒注册商标商品已达到刑事追诉标准，海淀工商分局将案件移送公安机关处理。

2009年9月23日，海淀区人民法院公开对此案进行了庭审，判处北京XXXX科技发展有限公司法定代表人有期徒刑1年，公司判处罚金20万元，法定代表人个人判处罚金15万元。

六、销售假冒“水井坊”注册商标商品案

2009年4月10日，浙江省乐清市工商行政管理局根据举报，对当事人陈XX经营的乐清市虹桥XXX糖果经营部进行检查，发现标有“水井坊”字样的白酒68瓶。经鉴定，上述商品均为假冒注册商标商品。经查明，当事人从2009年1月开始从一送货上门者处以45元/瓶购进标注四川水井坊股份有限公司“水井坊”商标的白酒348瓶，计购货款15660元，然后以470元/瓶价格销售84瓶，销售额39480元；以500元/瓶价格销售186瓶，销售额91800元，合计销售额131280元。

根据最高人民法院、最高人民检察院《关于办理侵犯知识产权刑事案件具体应用法律若干问题的解释》，当事人销售假冒注册商标商品已达到刑事追诉标准，乐清市工商行政管理局将案件移送公安机关处理。

七、销售假冒“GUCCI”、“BURBERRY”、“MONTBLANC”等注册商标商品案

2009年3月24日，上海市工商行政管理局徐汇分局根据线索，对广元西路某经营场所进行检查，当场查获涉嫌假冒“GUCCI”、“BURBERRY”、“MONTBLANC”等注册商标的眼镜、手表和皮具共计485件。经查，该经营场所负责人为左XX、左YY，经商标权利人确认，上述查扣物品均为假冒注册商标的侵权商品。根据杭州淘宝网公司提供的网络交易记录，当事人累计销售各类假冒注册商标商品超过2500件，非法经营额达35万余元。

根据最高人民法院、最高人民检察院《关于

办理侵犯知识产权刑事案件具体应用法律若干问题的解释》规定，当事人销售假冒注册商标商品已达到刑事追诉标准，上海市工商行政管理局徐汇分局将该案移送公安机关处理。

2009年12月23日，上海市卢湾区人民法院以销售假冒注册商标的商品罪，分别判处左XX有期徒刑三年，宣告缓刑四年，处罚金人民币十七万元；左YY有期徒刑一年，宣告缓刑一年，处罚金人民币三万元。

八、销售假冒“OBALI”注册商标商品案

2009年1月21日，中山市工商行政管理局根据权利人投诉，对中山市西区某经营场所进行检查，查扣涉嫌假冒“OBALI”注册商标的各式洋酒共843瓶。经鉴定，上述商品均为假冒注册商标商品，货值达16.5190万元。

根据最高人民法院、最高人民检察院《关于办理侵犯知识产权刑事案件具体应用法律若干问题的解释》规定，该经营场所负责人张XX销售假冒注册商标商品已达到刑事追诉标准，中山市工商局将该案移送公安机关处理。

九、销售假冒“乌海二锅头”、“老银川”注册商标商品案

2009年1月14日，宁夏回族自治区罗平县工商行政管理局根据举报，对罗平县城关镇某出租屋进行检查，发现该屋放有大量涉嫌假冒“乌海二锅头”、“老银川”注册商标的白酒及商标标识。经查，该出租屋为叶XX租用来销售白酒，经商标权利人确认，上述查扣物品均为假冒注册商标的侵权商品，根据厂家提供的价格表计算，非法经营额达15万余元。

根据最高人民法院、最高人民检察院《关于办理侵犯知识产权刑事案件具体应用法律若干问题的解释》规定，当事人销售假冒注册商标商品已达到刑事追诉标准，平罗县工商行政管理局将该案移送公安机关处理。

十、销售假冒“LS”、“multi9”注册商标商品案

2009年3月17日，浙江省义乌市工商行政管理局江东分局根据举报，对当事人塔XX（埃及籍）租住的义乌市江东街道青口北区单元房进行检查，当场查扣涉嫌假冒“LS”、“multi9”注册商标的小型断路器商品680件（规格：1P,12只/盒,20盒/件），其中，标注“LS”的小型断路器有425件，标注“multi9”的小型断路器有255件。经鉴定，上述查扣物品均为假冒注册商标的商品。

根据最高人民法院、最高人民检察院《关于办理侵犯知识产权刑事案件具体应用法律若干问题的解释》规定，当事人涉嫌销售假冒注册商标商品已达到刑事追诉标准，浙江省义乌市工商行政管理局江东分局依法将案件移送公安机关处理。2009年7月中旬，金华市人民检察院以销售假冒注册商标商品罪依法批准逮捕塔XX。

商标评委审员会工作概况

(343~364)

2009年商标评审工作

2009年是解决商标评审案件积压、缩短案件审理周期的关键年。商标评审委员会以十七大精神为指导,以科学发展观统领商标评审工作，周密部署，突出重点，统筹兼顾，开拓创新，各项工作取得了重大进展，审理周期过长的局面得到根本性扭转，在案件审理数量和缩短案件审理周期上都取得了显著成效，为实现“三年解决案件积压，五年达到国际水平”的“三五目标”奠定了坚实基础。

一、紧扣目标任务,突出工作重点

2009年初，围绕国家工商总局党组下达的三年解决案件积压的目标任务，明确了2009年的中心任务和工作重点是加大办理复杂案件的力度，力争解决2006年6月底之前的案件，使案件积压状态发生根本性转变。为确保完成此项艰巨任务，新年伊始就及时调整办案力量的分配，正式审查员全部审理复杂案件，并将工作定额调整为90件(是2008年的1.5倍)。同时，对评审辅助人员工作安排进行适当调整，即择优从事复杂案件的审理，并适当提高工作定额。

二、解决案件积压、缩短审理周期成效显著

（一）深度挖潜，案件审结数量再创历史新高。2009年共审理商标评审案件37002件。其中，驳回复审案件28594件，与2008年全年审理的驳回复审案件数量（27073件）基本持平；复杂案件8408件，是2008年全年复杂案件审理总量（3214件）的2.62倍。审查员在应诉工作量成倍增加的情况下，加班加点，均超额完成工作任务，正式人员人均办理复杂案件数量达到139件，相当于工作定额的1.54倍，为顺利完成解决案件积压的目标任务做出了突出贡献。

（二）驳回复审案件积压已彻底解决，转入正常审理。除引证商标需等待确权的特殊情况外，驳回复审案件已全面推进到2009年7月申请的案件。至此，占申请总量80%的驳回复审案件积压问题已经得到彻底解决，转入正常审理。

（三）复杂案件积压得到根本性扭转，周期大幅缩短。复杂案件已开始审理2007年底申请的案件，使复杂案件积压周期由2008年初的13年缩短为2.5年，案件积压周期缩短了10年半，审理周期过长的局面得到根本性扭转。

三、积极参加商标评审案件的行政诉讼

随着评审案件裁决量，特别是涉及双方当事人复杂案件审结量的成倍增长，应诉工作量也相应大幅增加。全年共参加涉及评审裁决的行政诉讼1843件，相当于前五年应诉量的总和。其中一审应诉1346件，二审应诉465件，再审应诉32件。收到一审判决1222件，胜诉率为85.8%；收到二审判决416件，胜诉率为82.5%；收到再审判决22件，胜诉率为90.9%。

四、切实履行行政复议职能

2009年1月1日起，开始承担商标注册程序性争议的行政复议案件。为切实履行此项新增职

能，在深入调研基础上，制定了《商标评审委员会商标注册程序性争议行政复议工作制度》，为行政复议工作提供了制度保障。在复议工作中，以便民为民、依法复议为宗旨，创新沟通协调机制，努力做到“定纷止争、案结事了”，较好地维护了总局行政行为，保护了行政相对人的合法权益。全年共收到行政复议案件 98 件，其中自然人提起行政复议申请的 19 件，法人或其他组织提起复议申请的 79 件。全年共审结 84 件，维持商标局决定的 44 件，占 52.4%；经与商标局协调由其改变具体行政行为后申请人撤回行政复议申请的 30 件，占 35.7%；不受理复议申请 10 件，占 11.9%。

五、积极做好新申请商标评审案件的收文工作

随着商标审查量、异议裁定量的增长，新申请评审案件成倍增长，全年共收到新申请 57871 件，较 2008 年（26609 件）增长 217%，是 2006-2008 年三年评审案件量的总和。在人员和办公条件紧张的情况下，圆满完成了新申请评审案件的收文和形式审查工作。

2009 年的优异成绩是全体商标评审干部共同努力和默默付出的结果，得到了总局领导的高度赞扬和认可。付双建副局长在商评委提交的《2009 年完成工作量情况的汇报》上批示：“商评委在完成‘三五目标’中，实现了案件审理状态的根本性转变，成效同样精彩！虽然默默审案，但却阔步前行。向同志们表示诚挚的感谢！！！”。周伯华局长批示：“商评委按照总局党组要求，周密部署，统筹安排，开拓创新，奋发有为，在商标案件审理数量和缩短案件审理周期上成绩显著，为实现三年解决案件积压，五年达到国际水平的‘三五目标’奠定了坚实基础。希望同志们全面深入落实科学发展观，坚决完成和超额完成总局工作会议部署的任务，为全面高质量完成‘三五目标’多做贡献。向同志们致以新年崇高敬意！”。

六、积极研究商标评审达到国际水平的工作意见

国家工商总局党组下达的“三五目标”之一是“五年内商标评审达到国际水平”。围绕这一目标任务，进一步解放思想，积极探索，集思广益，形成了《关于商标评审五年达到国际水平的工作意见》并呈报总局领导。同时，派员参与国家工商总局《关于商标工作达到国际水平的规划（2008 年至 2012 年）》的制订，将商评委《工作意见》中完善法律制度、创新体制机制、提高信息化水平和加强干部队伍建设等核心内容融入总局的总体规划中，着力于使商标评审工作达到国际水平，构造商标评审工作的长效机制。

七、扎实开展和严格规范驰名商标认定工作

2009 年上半年，严格按照驰名商标认定程序开展工作，对涉及驰名商标认定的 206 件评审案件进行了审理，并在评审程序认定了 91 件驰名商标，同时积极配合总局《驰名商标认定工作细则》的出台开展宣传工作，为认定工作的顺利开展营造了良好的社会舆论氛围。

为进一步规范认定工作，本着公开透明、规范程序、细化标准、明确责任的原则，制订了《商标评审委员会审理涉及驰名商标认定案件的工作规范意见》，规范了《认定驰名商标审批表》的有关内容，并经总局领导批准后试行。

在认定工作中，坚决贯彻落实总局领导的有关重要指示精神，注重保护创新型企业、大中型企业，充分尊重地方政府的意见，加大对农产品商标和地理标志的保护力度，并首次在评审案件中认定“坦洋工夫”、“武夷山大红袍”、“建宁通心白莲 Jntxbl 及图”等地理标志为驰名商标，产生了良好的经济和社会效应。

八、信息化建设取得新进展

为进一步推进商标评审信息化系统建设，商评委成立了信息化工作小组，由侯丽叶巡视员担任组长，成员由兼职人员组成。小组明确组织领导、分工和时间进度，在较短的时间内完成了评审案件并案系统优化、增加了商标评审辅助组案件审签程序，并且在立足评审实践的基础上，现已初步形成包括评审案件收文子系统、评审案件受理子系统、评审案件审理子系统、评审案件发文子系统、评审案件网上申请子系统、评审案件统计子系统的“商标评审信息系统优化需求方案”，以满足信息中心商标系统自动化“三期”项目招投标的需要。

九、积极参加《商标法》修改工作

专门成立了《商标法》研究小组，由陈卓副主任担任组长，成员由专职和兼职人员组成，积极参加《商标法》修改工作。4月至5月期间，多次召开专门会议就规范自身行政自由裁量权的行使、加大制止商标恶意注册的力度、减少循环诉讼等问题开展研讨，如期完成了上述商标评审有关内容的修改方案，并配合商标局、法规司完成了《商标法》整体修改草案。

十、开展多渠道多层次的对外宣传和交流

（一）积极开展对外宣传。

借助《中国工商报》等媒体对解决商标评审案件解决积压取得的显著成果、商标评审程序中驰名商标认定工作等社会各界关注的问题开展宣传，为解决积压及驰名认定工作的顺利开展奠定了良好的社会舆论基础。

（二）与人民法院等有关部门开展积极有效的交流沟通。

2009年3月、6月、7月，分别以研讨会、专家咨询会、座谈会的形式就有关诉讼程序、“国字头”商标审查、评审案件法律适用等焦点难点问题与北京市有关法院、专家学者进行了沟通交流，会商咨询的成果有力地推动了诉讼效率的提高，收到了良好效果。

（三）不断扩大对外交流途径。

2009年共接待欧盟、美国、日本、韩国、意大利、英国、菲律宾等国家和地区代表团来访近20次。支持广大干部积极参加与欧盟、日本、韩国等国家和我国台湾、香港等地共同组织的知识产权国际研讨会。先后派员赴日本、澳大利亚、香港等国家和地区考察，学习商标审查理论与实务，为推进商标评审工作达到国际先进水平奠定良好的理论和实践基础。

展望2010年，商标评审案件申请量、应诉量将进一步增加，商标评审工作任务依然艰巨。商评委全体干部将进一步加强学习，深化认识，坚决贯彻落实总局领导的有关批示精神，再接再厉，坚持廉政建设和业务工作两手抓，继续完善体制、机制，调整力量部署，加强队伍建设，创造新业绩，更上一层楼，为实现“三五目标”作出新的更大贡献。

2009年度商标评审案件统计表

项目	案件类型	数量（件）
评审案件申请量	驳回商标注册申请复审	50572
	商标异议复审	5101
	注册商标争议	1838
	撤销注册商标复审	360
	总计	57871
评审案件裁决量	驳回商标注册申请复审	28594
	商标异议复审	3822
	注册商标争议	3989
	撤销注册商标复审	597
	总计	37002
参与行政诉讼	一审	1346
	二审	465
	再审	32
	总计	1843
行政复议	申请量	98
	结案量	84

2009 年商标评审案件行政诉讼情况汇总分析

一、基本情况

2009 年，商标评审委员会裁决商标评审案件 37002 件。当事人不服商标评审委员会裁决，向北京市第一中级人民法院提起行政诉讼的案件计 1346 件，占本年度商标评审案件裁决数量的 3.63%。2009 年，进入北京市高级人民法院二审程序的商标评审案件有 465 件。2009 年参加最高人民法院再审听证程序或应诉的案件有 32 件。

2009 年，我委共收到法院一审判决 1222 份，二审判决 416 份。在法院已审结的案件中，商标评审委员会行政诉讼全年总的胜诉率为 84.9%，其中一审和二审的胜诉率分别为 85.8%和 82.5%。

二、主要特点

（一）行政诉讼案件数量增长迅猛

2009 年商标评审委员会行政诉讼案件合计为 1843 件，其中一审案件 1346 件，二审 465 件，再审案件 32 件。与往年相比，行政诉讼案件数量增长迅猛，仅 2009 年一年的行政诉讼案件数量就相当于前五年的总和。行政诉讼案件迅速增加的主要原因在于商标评审委员会自 2008 年开始落实总局提出的“三年解决案件积压”的工作目标，采取了一系列措施提高案件审理速度，商标评审案件的审结量增加迅猛，因此也相应导致应诉数量同比例的增加。

（二）修改上诉原则，取得良好效果

在 2009 年以前，商标评审委员会对于行政诉讼败诉案件以不上诉为原则，上诉为例外，即只有关系到审理标准或在国内外有重大影响的案件才提出上诉。考虑到上诉是一种与法院沟通的有效方式，通过上诉可以使一、二审两级人民法院更加充分了解我委的观点，降低我委行政诉讼败诉比例，为此商标评审委员会改变了行政诉讼案件的上诉原则 ，即对于败诉案件以上诉为原则，不上诉为例外。通过一年的实践，上诉机制的转变取得良好效果，由于我委上诉，已有多件案件二审法院改变了一审法院的判决，维持了我委的行政裁决。

（三）应诉能力提高，诉讼案件胜诉率稳中有升

商标评审委员会在行政诉讼过程中，尊重司法权威，积极进行诉前准备，应诉人员严格依据法律规定提交答辩材料和证据，认真应对每一件行政诉讼案件。通过多年来行政诉讼的考验和磨练，我委审查员的法律专业素养和应诉能力都得到了极大的提升，可以说既是业务熟练的商标审查员也是合格的应诉人员，形成了通过参加行政诉讼促进商标评审案件审理水平提高的良好局面。与往年平均 80%的案件胜诉率相比，2009 年应诉案件总的胜诉率为 84.9%，呈现出稳中有升的态势，反应了我委依法行政能力的提高。与美国、欧盟等其他国家和地区的商标复审机关的胜诉率

（80%左右）相比较，我委在商标确权行政诉讼案件的胜诉率尚处于较高的水平。

（四）审慎利用再审程序解决典型疑难案件

在2009年我委向最高人民法院提出了六件再审申请，涉及到了新证据在诉讼中的采纳、类似商品的判断、著作权的认定、商标中包含有中国国家名称的认定等多个问题，均具有很强的典型性，对于我委今后处理类似案件有指导意义。

三、败诉情况分析

在2009年败诉的案件中，败诉原因主要有近似商标的判定、类似商品的判断、商标中包含有中国国家名称的准驳标准、著作权归属的认定、商标显著性的认定、可否予以驰名商标反淡化保护、法院在诉讼中采纳新证据以及案件审理程序等问题。以上原因中由于法院与我委在近似商标和类似商品的判定上存在分歧是导致我委败诉的首要原因。考虑到对近似商标和类似商品的判定具有的行政裁量的性质，故法院的认定与商标评审机关的认定结果不一致，也难以当然得出行政机关行政行为具有违法性的结论。司法认定与行政认定上的差异也是发达国家和地区商标复审机构败诉率在15%~20%之间的主要原因所在。现结合案例，对我委2009年败诉案件的情况作一汇总分析。

（一）近似商标和类似商品的判定

在2009年的败诉案件中，由于法院与我委在商标近似的认定上观点不一致而导致败诉的一审案件有63件，二审案件有22件，合计85件，占全部败诉案件的34%，我委与法院在商标近似认定上的分歧是占首位的败诉原因。

由于法院与我委在类似商品问题上意见相左而导致我委败诉的一审和二审案件合计有22件，占全部败诉案件的9%。

通过我委与法院多年的交流沟通，双方在近似商标和类似商品的认定标准在总体上应该是一致的，但在实践中却发生如此之多的分歧，其中原因值得研究。由于在商标法中对商标近似与类似商品的判定并无详细规定，因此商标审查员须依据相关的判定原则，根据个案情况，在参考多年来形成的审查惯例的基础上得出自己的最佳判断，这就使对于商标近似与类似商品的判定具有明显的行政裁量的性质。行政裁量的实质在于赋予行政机关和行政人员一定的判断和选择余地，在目前行政诉讼以行政行为的合法性为其审理对象的背景下，对于这种具有专业技术性和裁量性的行政行为，司法机关应保持适当的司法谦抑，给予商标评审机关的专业意见必要的尊重。此外，对涉及近似商标和类似商品的认定案件应不仅关注个案的胜负对错，更应继续探索从法律制度上予以完善解决的方法，使司法审查的深度和强度与具有专业性、技术性、裁量性的商标评审裁决行为达到妥当平衡。

（二）出现多件法院采纳当事人在行政诉讼程序中所提出的新证据导致我委败诉的案件

对于行政相对人仅在行政诉讼程序中所提出的新证据、新理由，而未在商标评审程序中提出的证据及理由，在行政诉讼中原则上是不应予以接纳的，这是由于行政相对人在行政诉讼程序中所提出的新证据、新理由不是商标评审机关作出行政裁定时所考虑的事实依据，而行政诉讼的审理范围是行政行为的合法性，人民法院如果接纳新证据、新理由，则无法对行政机关行政行为的合法性作出准确判断。这种理念也反映在最高人民法院制定的《关于行政诉讼证据若干问题的规定》第五十九条之中，依据该条规定："被告在行政程序中依照法定程序要求原告提供证据，原告依法应当提供而拒不提供，在诉讼程序中提供的证据，人民法院一般不予采纳。"司法机关依据以上规定，曾在多件商标确权行政诉讼案件中对新证据未以采信。较典型的案例如北京市高级人民法院审理的（2004）高行终字第67号"喜力"商标异议复审行政诉讼案，该案判决认为："我国行政诉讼法虽未禁止相对人在行政诉讼中提供新证据，但举证权利应当依法行使，不得滥用。行政相对人在行政程序中无正当理由未提交而在其后的行政诉讼程序中提交的新证据，人民法院一般不应采纳，否则会造成对行政机关的不合理要求，且违反行政诉讼中当事人诉讼地位平等的原则。"但在2009年我委败诉案件中，有10件案件由于法院采纳当事人在行政诉讼程序中所提出的新证据而导致败诉的，案件类型涉及到商标争议、商标异议复审、商标撤销复审。

在第 1042572 号“BMW”商标异议复审行政诉讼案件中，两审法院在行政诉讼程序中接纳了新证据、新理由，导致我委败诉。在该案中，原告在商标评审程序中仅以《商标法》第十三条为依据，主张被异议商标的注册损害了其在不同类别商品上在先注册的驰名商标的权益。我委经审理后认为原告在评审程序中所提交的证据不足以支持其有关驰名商标的理由，故决定对被异议商标核准注册。在行政诉讼程序中，原告提出了新的理由和证据，称其在类似商品上还存在其他在先注册的相同商标，因而被异议商标的注册违反了商标法第二十八条的规定。一审及二审法院认为：由于原告新提出的引证商标与被异议商标属于使用在类似商品上的近似商标，从节约诉讼资源，减少当事人诉累出发，对新证据可予以接纳，我委应依据新证据重新裁定，且判令我委依据新证据重新裁定也未超出行政诉讼的审理范围。此案两审判决在形式上接纳的是新证据，但实质上是接纳了当事人的新理由，且法院超越了其行政诉讼的审理范围限制，直接就对当事人的新理由是否成立作出了判断，这种作法不仅违背了行政诉讼法的立法宗旨，干预了行政职权，也对案件中的第三人有失公允。

（三）商标中包含有“中国”国家名称的准驳标准

在“中国劲酒”商标驳回复审案中，我委认为，“中国劲酒”商标中所包含的“中国”属于商标法第十条一款第（一）项所指的中国国家名称，依法不得注册。但一审及二审法院均认为申请商标虽包括中国，但与商标中有显著性的部分区别明显，“中国”仅起到表明商标申请人所属国别的作用，未违反商标法的规定上，可予以注册。此案关键问题是如何准确认定包含“中国”字样的商标是否属于商标法第十条一款（一）项所指的我国国家名称。考虑到我国企业名称登记管理的相关规定中，对于可以使用“中国”作为企业名称的规定非常严格，只限于少量特定主体才可以使用，所以如果在商标审查中对于“中国”注册标准过宽的话，会冲击企业名称管理的相关规定，我委的相关审查惯例应继续坚持，目前已向最高法院提出再审申请。

（四）著作权归属的认定

著作权属于《商标法》第三十一条所指的在先权利中的一种，因此判定著作权归属是我委在案件审理过程中常常会遇到的问题。著作权自作品创作完成自动产生，著作权属于作者，这是著作权权利归属的一般原则，在案件审理过程中，如何确认著作权主体还须结合证据规则和著作权的特点而定。按照举证责任分配的原则，案件中的请求人有责任提供证据证明自己是著作权权利主体。当事人对自己提出的请求加以证明，这一点是毫无疑问的，但是具体到著作权的权利归属问题，如何提供证据、证明到何种程度等则应当结合著作权的特点来确定证据规则。由于作者创作过程常常是在私密的环境下完成的，因此要求作者充分证明自己的创作过程，对作者而言有可能十分困难。正是基于作品创作的这个特点，我国著作权法对权利归属问题作了特别规定。著作权法第十一条第四款规定：“如无相反证明，在作品上署名的公民、法人或者其他组织为作者。”也就是说，如没有相反证据予以推翻，就可以推定在作品上署名的为作者。在这一基础上，最高人民法院《关于审理著作权民事纠纷案件适用法律若干问题的解释》第七条规定：当事人提供的涉及著作权的底稿、原件、合法出版物、著作权登记证书、认证机构出具的证明、取得权利的合同等，可以作为证据；在作品或者制品上署名的自然人、法人或者其他组织视为著作权、与著作权有关权益的权利人，但有相反证明的除外。以上这些证据规则贯彻了这样的理念：在著作权权利归属判定过程中，权利人仅需举出能证明自己是权利人的初步证据就达到了证明要求，就可以推定其为作者或者著作权人，而将否定权利人身份的责任推给对方。这些规定减轻了权利人在行使著作权时对自己身份的举证责任，也为商标评审机关判定权利人资格提供了参照依据。依据以上理念，我委曾在以往的部分案件中认为如果商标在先注册，如无相反证据则商标注册人可以推定为商标中独创性作品的著作权人，法院在以前的判决中也曾认可过我委的这种观点。如在第1207183号“上岛及图”商标争议行政诉讼案中，一审法院就认为：我国著作权法规定，著作权属于作者，如无相反证明，在作品上署名的公民、法人或者其他组织视为作者。“上岛图案”系以线条构成的包含“上岛”文字的具有审美意义的平面艺术造型，属于我国著作权法保护的美术作品。该图案由陈某于1986年11月25日在台湾注册为商标，在无相反证据的情况下，陈某应视为“上岛图案”的作者，对该作品享有著作权。

在1581252“老人城及图”、1497462 “老人城及图”、1107482 “老人城及图”二件商标争议案中，我委依据以上的权利归属认定思路，认为引证商标早于争议商标获得注册，该图形属于著作权法保护的对象，引证商标注册人对该作品享有著作权，进而裁定撤销争议商标的注册。一审法院维持了我委裁定，但二审法院认为，引证商标的授权公告本身不是著作权法意义上的署名，仅能证明其系商标权人而不能证明其系著作权人，并不必然表明注册商标图形作品著作权的归属，故我委认定引证商标注册人系著作权人属于认定事实有误。考虑到此案对于以后类似案件的审理有指导意义，目前我委已向最高法院提出再审申请，以便进一步明确著作权归属认定标准。

（争议商标）

（五）对驰名商标的反淡化保护

在确定驰名商标保护范围时，存在是否应考虑反淡化，以及如何把握商品或者服务的关联程度问题。《商标法》第十三条第二款规定：“就不相同或者不相类似商品申请注册的商标是复制、摹仿或者翻译他人已经在中国注册的驰名商标，误导公众，致使该驰名商标注册人的利益可能受到损害的，不予注册并禁止使用”，该条款是对驰名商标提供跨类扩大保护的法律依据。由于《商标审查和审理标准》规定我委适用商标法第十三条第二款对驰名商标进行跨类保护时，应当以存在误导的可能性为前提，因此在审理实务中我委很少适用商标淡化理论，对驰名商标提供反淡化的保护。

但在“联想 lianxiang 及图”商标异议复审案、“伊利 YILI”商标异议复审案、“东芝堂”商标争议案中，法院明确援引了商标淡化的理论，对驰名商标提供了反淡化的保护。例如，在“伊利YILI”案中，我委和法院均认可在先注册的“伊利”商标具有较高知名度。不过我委认为被异议商标指定使用的商品为水龙头等，而“伊利”商标主要使用在牛奶商品上，由于分属不同行业，加之“伊利”未与伊利公司形成唯一的对应关系，因此被异议商标的注册未违反《商标法》第十三条第二款规定。但法院则认为，《商标法》第十三条二款中所指的“致使该驰名商标注册人的利益可能受到损害”是指足以使相关公众认为他人商标与驰名商标具有相当程度的联系，而减弱驰名商标的显著性、贬损驰名商标的市场声誉，或者不正当利用驰名商标的市场声誉的情况,尽管两商标指定使用的商品没有关联之处，但“伊利YILI”商标实际上不正当的利用了伊利公司“伊利”驰名商标的声誉，将会减弱“伊利”商标的显著性。法院据此撤销了我委的行政裁决。又如，在“联想 Lianxiang”商标异议复审案中，我委认为引证商标“联想”虽然在计算机商品上有较高知名度，但被异议商标使用在服装等商品上，其与引证商标使用的商品存在较大区别，普通消费者一般不易认为使用被异议商标的服装来自于联想公司或与其有关联，故核准了被异议商标的注册。但一审法院在判决中认为：驰名商标的保护范围应与其知名度相关，即商标通过使用获得的知名度越大，其应获得的保护范围越大，与商标本身的独创性并无关联。因此在引证商标已构成驰名商标的前提下，即使该商标并非臆造商标，亦不能证明被异议商标在服装等商品上申请注册系出于巧合或者善意。在引证商标已构成驰名商标的前提下，被异议商标易使相关消费者误认为被异议商标与联想公司存在特定联系。法院据此撤销了我委的行政裁决。

另一方面，从今年收到的法院判决分析，法院不同的审判人员对商标淡化理论的适用条件也有不同观点。如在“忘不了”商标异议复审一案中，我委认为，引证商标“忘不了”已在非医用营养胶丸上成为相关公众广为知晓的驰名商标，被异议商标“忘不了”指定使用在猪用、鸡用饲料等商品上易导致相关公众产生错误联想，误导公众，致使驰名商标权利人的利益受到损害，故对被异议商标不予核准。但法院一审判决认为，虽然引证商标已为相关公众普遍知晓，但即使被认定为驰名商标，被异议商标指定使用的猪用、鸡用饲料等商品与引证商标使用的非医用营养胶丸商品从功能用途、消费群体、销售渠道等方面均存在明显差异，不足以使相关公众认为被异议商标与引证商标具有相当程度的联系，从而减弱引证商标的显著性、贬损引证商标的市场声誉。法院因而撤销了我委的行政裁定。

从以上案例中可以看出，虽然法院不同审判人员在适用商标淡化理论的要件上存在分歧，但支持商标淡化理论的趋势已很明显。司法机关的这一明显变化与最高人民法院在2009年公布实施的《关于审理涉及驰名商标保护的民事纠纷案件适用法律若干问题的解释》有关，依据该司法解释的规定，对于驰名商标提供司法保护时，可以将“减弱驰名商标的显著性、贬损驰名商标的市场声誉，或者不正当利用驰名商标的市场声誉的”视为一种损害的情形，因此该司法解释实际上认可了对驰名商标可以提供反淡化的保护。

商标淡化行为与传统的混淆侵权行为不同，它一般不会导致相关公众产生混淆误认，但却会损耗商标的显著性或污损商标的商誉，破坏其市场价值。大多数学者认为，商标淡化理论比传统的混淆理论对驰名商标提供的保护更加周全。在司法机关支持商标淡化理论的背景下，我委将来是否也可以适用商标淡化理论值得深入探讨，如引入反淡化理论，将直接关系到对于驰名商标保护水平的高低问题，必须考虑是否与我国经济发展水平相符。如在商标评审案件中有适用余地，则对于商标淡化的表现形式、认定原则、举证责任、证明标准等问题还需继续研究推敲，因为以上这些问题即使在商标淡化理论的发源地美国国内也存在着许多相互冲突的判例与理论学说。此外，还应意识到即使给予驰名商标反淡化的保护，驰名商标也不应该是一种“通吃一切”的垄断权，如果商标反淡化保护过于宽泛，就有可能被滥用妨碍自由竞争。

（六）案件审理程序问题

2009年败诉案件中，由于程序问题而导致败诉的案件数量有所抬头，其中程序问题主要涉及到了漏审当事人的评审请求；在未给予对方当事人答辩机会的前提下增加引证商标予以审查;采信超期举证的证据；在撤销复审程序中法院认为我委未审查当事人于商标局撤销程序中提交的证据；未告知当事人补充中文译本损害了当事人的程序利益;在我委知悉当事人注册地址将要变更的前提下未能保障当事人的答辩权利;争议期限的起算日计算错误等。商标评审程序属于一种行政裁决程序，具有明显的程序性特征，注重程序正义与程序保障是案件审理程序的基本要求，因此在审理过程应摒弃重实体轻程序的错误观点，避免由于程序不到位而影响整个案件审理质量，争取进一步降低和消除因程序问题而导致的败诉案件。

2009 年商标注册程序性争议行政复议工作概况

2009 年是商标评审委员会接替国家工商总局法规司承担商标注册程序性争议行政复议案件审理工作的第一年，在总局领导的重视支持下，商标评审委员会认真贯彻执行《行政复议法》及《行政复议法实施条例》，充分发挥行政复议层级监督作用，不断完善复议工作制度，积极解决行政争议化解社会矛盾，有效维护了当事人的合法权益。

一、出台《商标评审委员会商标注册程序性争议行政复议工作制度》

为了促进商标注册程序性争议行政复议（以下简称商标行政复议）工作的规范化，按照总局提出的“四化”建设要求，商标评审委员会制定了《商标评审委员会商标注册程序性争议行政复议工作制度》（以下简称《复议工作制度》）。《复议工作制度》第二条规定商标评审委员会受理的行政复议案件范围是：“公民、法人和其他组织认为，商标局在商标注册、变更、转让、续展、注销、撤销、异议等工作中做出的具体行政行为侵犯其合法权益，向国家工商行政管理总局提起的行政复议。《商标法》、《商标法实施条例》和《商标评审规则》第二条规定的商标评审案件不属于行政复议处理范围。”《复议工作制度》以《行政复议法》、《行政复议法实施条例》为依据，目前该制度共分为总则、申请与受理、审理与决定、附则，共四章二十八条，在具体制度设计方面贯彻了依法、便民、高效的理念，以便最大限度发挥行政复议制度所具有的救济和纠错的功能。

二、案件受理情况

截止 2009 年 12 月底商标评审委员会共收到行政复议申请 98 件，经审查决定受理的 88 件，其中已审结 74 件。在已结案的案件中决定维持的 44 件，经与商标局协调由其改变具体行政行为后申请人撤回复议申请而决定结案的 30 件。

（一）受理案件类型多样化

2009 年受理的商标行政复议案件涉及商标局作出的 16 种具体行政行为：

注册申请不予受理 23 件；异议申请不予受理 18 件；转让申请不予核准（含国际注册转让无效）16 件；续展不予核准 7 件；转让申请不予受理 6 件；撤销转让决定 3 件；因注册人终止注销商标申请不予核准 2 件；变更申请视为放弃 2 件；视为放弃商标注册申请通知书 2 件；变更申请不予核准 2 件；准予撤回商标注册申请通知书 2 件；注册申请无效 1 件；补正通知书 1 件；异议结案通知 1 件；续展申请不受理 1 件；异议答辩通知 1 件。

从受理的案件类型上分析，注册申请不予受理、异议申请不予受理、转让申请不予核准、转让申请不予受理、续展不予核准这五个类型的案件数量居高不下，占到受理案件总量的 77%，以上这些类型属于商标行政复议案件的热点。

（二）不予受理的原因单一

2009 年中有 10 件不予受理的商标行政复议案件，不予受理的原因均是由于当事人混淆了商标驳回复审申请与行政复议申请。依据《商标法》第三十二的规定，商标注册申请人如对商标局的驳回决定不服应向商标评审委员会提出复审申请，因此当事人不能径行提出行政复议申请。对于此类案件商标评审委员会在对行政复议案件不予受理的同时会通知当事人选择商标复审途径，以便保障当事人的救济权。

三、案件审理情况

（一）严格履行复议职能，确保复议工作质量

2009 年经审查决定受理的 88 件行政复议案件中，截止 12 月底已审结 74 件，审结率为 84%。按照《行政复议法》的规定，复议案件审理期限原则上只有 60 日，审理期限较短，但商评委所审结的 74 件案件全部在 60 日的审限内作出了复议决定，无一件延长审限。为了保证复议案件审理质量，商评委建立了复议案件领导把关机制，无论是案件受理或审理决定均需由案件承办人草拟意见后报处长、委领导审批，案件审理结论在委领导初核后，还需进一步报总局分管局长同意。

（二）平等对待双方当事人，公正审理行政复议案件

商标行政复议案件具有案件专业性强，与当事人财产权益息息相关的特点，加之在商标申请、变更、转让、续展等业务流程中还存在大量的行政惯例，因此相当数量的复议案件审理难度较大。商标评审委员会在审理过程中以事实和法律作为定案的标准，注意审查具体行政行为证据是否确凿、充分，主要事实是否查清，法律适用是否正确。考虑到行政管理相对人的弱势地位，在行政复议中突出了对相对人合法权益的保护及对行政权力的监督。另一方面，在注重保护行政管理相对人的利益的同时，还注重维护商标行政主管机关的威信和权威，保障商标行政管理秩序的正常运作。对于审理中遇到的疑难案件及时与商标局沟通观点，以保证真正掌握案情，作出准确定性。

（三）注意平衡合法性审查与合理性审查的关系

合法行政与合理行政都是依法行政的基本要求，对行政机关具体行政行为既进行合法性审查，又进行合理性审查，这是行政复议的特点和优势。因此，办理行政复议案件既要重视审查被申请的具体行政行为是否合法，对于合法的具体行政行为也要审查其是否适当。商标评审委员会对于合理性欠妥的行政行为不是简单化的撤销或维持，而是主动与被申请人沟通了解情况，提出我委的处理建议，使行政复议的双方当事人对争议有全面客观地认识，从而便于相互沟通和协商。在 2009 年，经与商标局沟通协调由其变更具体行政行为后，申请人撤销行政复议申请终止行政复议的案件有 30 件，这种处理模式既简化了案件审理程序，提高了行政复议效率，又促进了社会的和谐稳定。

（四）解放思想，树立行政复议工作必须适应并符合经济社会发展规律的理念

行政复议是解决行政争议、化解社会矛盾的法定机制，在解决行政争议、建设法治政府、构建和谐社会中起着重要作用。商标评审委员会树立行政复议工作围绕中心、服务大局的思想，以“案结事了”为追求目标，妥善处理各方面的利益关系，努力做到复议决定的法律效果与社会效果相统一，使行政复议工作适应并符合经济社会发展规律。

（五）主动应对新情况，研究并解决行政复议工作出现的新问题

商标评审委员会对于复议工作中出现的新问题，能够创新工作方法解决实际问题。例如，2009 年出现了一件无法送达行政复议决定书的案件，我委经与相关部门沟通协商后，采取了在《商标公告》上刊登公告的送达方式，这是首次采取公告送达的方式解决行政复议决定无法送达的问题。

四、商标行政复议工作下一步的打算

（一）加大商标行政复议工作的宣传力度

目前商标评审委员会既负责审理商标评审案件，也负责审理商标行政复议案件，但这两类案件在当事人主体、审理标准、审理对象、收费等诸多方面存在明显区别，两者不能相互替代。从2009年10件不予受理案件的原因上看，这10件全部是当事人未选择商标评审作为救济途径，而错误选择了行政复议作为救济途径，且相当数量的复议不予受理案件还是通过商标代理组织办理的。以上情况说明应进一步加大商标行政复议工作的宣传力度，使当事人特别是商标代理组织能够知晓商标评审与商标行政复议的区别，及时引导当事人选择正确的救济途径，以保障当事人的救济权的实现。

（二）加强行政复议后应诉情况的沟通

商标评审委员会作出复议决定后，对于商标评审委员会维持原具体行政行为的决定，当事人可以以商标局为被告继续提出行政诉讼。目前对行政复议结案后商标局的行政诉讼应诉情况及人民法院的判决情况，商标评审委员会还无法了解，这不利于行政复议机构掌握人民法院的观点，提高行政复议审理质量。今后需加强与商标局的沟通，建立行政复议后应诉情况的沟通反馈机制。

（三）涉外复议案件的受理条件值得进一步研究

商标行政复议案件中存在大量的涉外当事人提出复议申请的案件，但在《行政复议法》及《行政复议法实施条例》中均未规定涉外案件的受理条件，如何合理确定涉外当事人的主体资格是否符合受理条件一直是实务操作中有待明确的问题。目前商标评审委员会掌握的标准是当事人通过代理组织提交复议申请的，应提交委托授权书（外文的需附中文译本）、申请人主体资格证明文件或其他可以证明申请人有提出复议申请真实意思的文件，但以上材料不需公证认证。这个受理条件高于涉外商标评审案件的受理门槛，但又低于法院在诉讼中采用的受理门槛。与涉外商标评审案件受理条件相比，涉外行政复议案件需要提交申请人主体资格证明文件或其他可以证明申请人有提出复议申请真实意思的文件，这主要是考虑到行政复议无须收取任何费用，启动复议程序的经济成本是零，存在代理组织冒用国外当事人名义提起复议的可能，因此要求代理人提交相应文件可以保证当事人具有行政复议申请的真实意思表示。此外由于复议期限只有60日，如要求当事人去办理公证认证材料的话手续繁琐、耗时费力，因此与法院采用的涉外案件受理标准相比，商评委暂时还未要求当事人提交公证认证材料。从目前的案件受理情况看，以上标准基本上是符合行政复议实践需要的，但由于以上标准没有法律法规规章的明文规定，有时也会出现当事人不理解不配合的情况。总之，涉外案件的受理条件对于能否畅通受理渠道，保障当事人的复议权具有重要意义，因此采用何种受理标准较为妥当还值得进一步的研究。

中德商标法国际研讨会综述

2009年10月14日至15日，全国人大常委会法制工作委员会经济法室与德国技术合作公司在广西北海召开中德商标法国际研讨会，总局法规司、商标局和我委派代表与会。来自德国和欧盟的专家就侵犯商标权行为的处理、非传统商标的注册与保护、未注册商标的保护、申请商标注册与其他在先权利冲突、商标异议制度、商标无效制度、商标撤销制度和商标行政裁决的司法救济等八项议题进行了介绍，与会人员围绕上述问题进行了研讨。现综述如下：

一、关于侵犯商标权行为的种类、民事赔偿额的确定及刑事处罚

（一）侵犯商标权行为的种类。与我国商标法对侵权行为的种类加以列举不同，德国商标法和欧盟商标法并未详细列举侵权行为的种类，而是由法院在个案中依据《欧共体商标条例》第9条的规定，认定侵权行为是否成立。在商品包装、商业文件、互联网上以及进出口、存储等环节都可能构成侵犯商标权。

（二）民事赔偿额的确定。欧盟和德国商标法没有规定法定赔偿制度，而是在权利人因侵权所受损失、侵权人因侵权所得利益之外，规定了许可费类比的方式确定民事赔偿的数额。许可费通常是侵权人营业额的2-7%，如果侵犯的是驰名商标，许可费的比例提高至20%。

（三）侵犯商标权行为的刑事处罚。在欧盟，追究侵犯商标行为的刑事责任须具备三个条件：一是侵权人主观上为故意；二是侵权行为是在商业中发生；三是侵权行为达到一定的商业规模。对构成犯罪的，可以根据情节判处3个月至3年的有期徒刑、100欧元至10万欧元的罚金。

二、关于非传统商标的注册与保护

商标通过向消费者传递信息实现其最基本的区分商品来源的功能。一个商标是否能够被注册，不仅取决于是否具备上述功能，还受到注册技术的限制。根据欧盟和德国的注册体系，商标获得注册的前提条件是可以图示，而且这种图示是可以理解和可以接受的，并且具备客观性、稳定性和持续性。例如，对于颜色商标，简单的颜色样本作为颜色商标是不被接受的，因为颜色可能随时间而褪色，也不接受文字描述，但可以采用国际通行的色谱体系进行图示。在实践中，欧盟法院认为，颜色本身通常并不具备区分商品来源的功能，必须通过长期商业使用和广告宣传与具体的商品联系起来，从而成为一个商标。

德国专家认为，既然给予非传统商标注册，就必须为其提供保护和处理冲突，每增加一种新的非传统商标，就增加一种挑战，可以想见判断两种颜色、声音、触觉、气味是否相同或者近似往往是困难的。人类的技术虽然无限，但人类可识别的标识是有限的，非传统商标（如产品或者其包装的形状作为立体商标）过多的注册，不但不能鼓励创新，反而会压制创新。

三、关于未注册商标的保护

（一）德国商标注册取得的方式。一是共同体商标，即通过共同体商标注册体系注册的商标；二是国家注册，即在德国申请注册的商标；三是

国际注册商标，即通过马德里协定的国际注册并领土延伸至德国保护的商标。

（二）德国商标法保护的未注册商标和其他商业标志。一是保护《巴黎公约》第六条规定的驰名商标；二是在德国通过商业使用产生第二含义的未注册商标；三是字号、名称等公司的商业标志，对此类标志的保护不以产生第二含义为条件，只需进行商业使用即可；四是保护作品的标题；五是地理标志。

（三）对产生“第二含义”的未注册商标的保护。

1. 第二含义的判断。第二含义，是指商标已经投入商业使用，并在市场上有一定的出现频率，容易获取或者检索得到。在一起案件中，德国联邦最高法院认为，“第二含义”不以驰名为条件，只要知晓该商标的相关公众的比例并非微不足道即可。至于是否产生“第二含义”需要综合考虑使用该商标的商品的营业额、市场份额、广告等市场因素进行判断。

2. 保护范围。从商标和商品的角度出发，德国商标法对未注册商标的保护范围与注册商标相同，即可以禁止他人在相同或者类似商品上注册或者使用相同或者近似的商标。但是，在保护的地域范围上，注册商标的保护范围原则上及于德国全境，而产生第二含义的未注册商标的保护范围限于其第二含义所及的地域。如果在先使用商标所产生的含义是地方性的，商标所有人不能撤销在先注册的相同或者近似商标（非恶意注册），但可以且仅可在该地域内继续使用，并禁止在后注册商标在该地域内使用。

（四）关于恶意注册。依据德国商标法的规定，如果未注册商标没有通过使用产生第二含义，通常不能撤销在后注册商标，但是如果在后商标的申请注册行为存在恶意的除外。例如，一家企业在先使用了某个商标，其竞争对手在明知的情况下将该商标申请注册并向在先使用人发来律师函，要求其停止使用，这就属于典型的恶意，即使没有发函行为，也构成恶意。对于恶意的情形，法律没有具体的例举，需要法院进行个案判定。例如，一个商家在蛋糕商品上申请注册有 40-50 个含有“CAKE”的商标，但从未实际使用，也没有使用意图，其目的就在于垄断“CAKE”一词，最后法院认定为具有恶意。在涉及恶意注册的案件中，未注册商标所有人必须证明对方申请注册存在恶意，但恶意明显的，法院也可以直接认定。例如，德国奔驰公司在汽车上使用 E100、E200、E300、E400，相关公众称之为 E 级（E CLASS）车，某公司在后将“E CLASS”作为商标申请注册在汽车上，并要求奔驰公司停止使用。在此种情形下，奔驰公司无需举证，法院就可以直接认定该公司申请注册“E CLASS”商标构成恶意行为。

四、关于申请注册商标与外观设计、字号等在先权利冲突的解决

商标权与其他在先权利只是可能而非必然发生冲突，是否发生冲突需要进行个案判断。欧洲最高法院认为，判定是否构成权利冲突，特别要考虑权利设置的目的。例如，商标是区分商品来源的，字号是确定企业主体的，即使在同行业使用了完全相同的标识作为商标和字号，也不必然构成冲突，要视具体情况确定。依据德国商标法的规定，权利冲突的解决途径是向民事法院提出无效诉讼，而不是向德国专利商标局提出撤销申请。选择司法程序主要是因为涉及到其他在先权利的确定和是否构成冲突的判断，这超出了商标行政机构的专业性范围。

五、关于商标异议制度

（一）异议程序的设置。实行注册前异议最大的缺点是延长商标申请审查程序，不能及时取得商标权，优点是最大限度地确保商标权没有侵犯在先权利；实行注册后异议，可以加快审查注册程序，申请人可以尽快取得商标注册，并对抗在后的共同体商标，但缺点是取得的权利具有不稳定性。1995 年德国商标法修改时，基于快速、高效等考虑，将注册前的异议改为注册后的异议。

（二）异议理由的限制。由于欧盟和德国对商标注册申请的审查限于绝对理由，不依职权主动对申请商标与在先商标是否构成冲突的相对理由

进行审查。相对理由的问题交由异议程序解决，即由在先商标权利人提出异议。与欧盟商标法规定在先商标权利人及其被许可人都可以提出异议不同，德国商标法规定只有权利人自己可以提出异议。

（四）异议程序的审级。欧盟和德国商标异议程序的功能定位于对商标申请的相对理由审查，而非注册的审查，都有四个审级。在欧盟，商标异议案件首先由内部市场协调局的异议处审理，当事人不服的由内部市场协调局的上诉委员会审理，当事人仍然不服的，可以提起司法两审；在德国，商标异议案件由审查员审查并做出初步决定，当事人不服的可以申请由高级审查员进行复审，也可以向联邦专利法院直接起诉，司法实行两审终审。两者不同的是，德国专利商标局没有内设一个专门的复审机构。

（五）异议程序对商标使用要求。在商标异议案件中，商标申请人（被异议人）可以在先注册商标五年内没有使用作为抗辩，即如果异议是基于在先注册商标提出的，在异议申请时注册日期已经超过五年，在异议申请之日起前五年，在先商标注册人（异议人）没有实际使用其商标，则所提异议不能成立，由此可能形成两个商标并存注册的局面。

（六）异议程序中的“冷静期”。欧盟商标法规定有冷静期制度，德国商标法则无此制度。依据欧盟商标法的规定，异议案件当事人可以在冷静期内进行协商，没有协商或者协商不成的，才正式进入异议裁定程序。在欧盟，大约有20%的公告商标被提出异议，通过冷静期之后，大约只有7%的异议案件需要最终做出异议裁定。

（七）异议与无效的关系。依据欧盟商标法的规定，在异议期届满之后，在先商标权利人或者其被许可人还可以向内部市场协调局提出无效请求。而德国商标法则没有规定向德国专利商标局申请无效的程序，只能向民事法院提出无效诉讼。

六、关于商标无效(invalidation)制度

（一）提起商标无效的时限。依据德国商标法的规定，专利商标局可以基于绝对理由依职权宣告商标无效，但考虑到商标注册的时间越长，就越需要尊重既得权利，就越难挑战其效力，因此依职权宣告无效应该有时限，对以缺乏显著性为由宣告无效的时限是自注册之日起10年。对其他绝对理由宣告无效的时限为2年，这是因为无效的情形在2年之后就往往难以证明了。基于相对理由提出无效诉讼的时限，为自注册之日起5年。

（二）商标无效的法律后果。商标权被宣告无效即自始无效，但是商标权取得之后，围绕该商标权可能发生很多的经济活动（如已经履行的合同、已经执行的生效判决），形成了稳定的社会关系，如果因为商标被宣告无效，就将已经发生的经济活动和社会关系加以剥离将会产生大量的困难。为此，欧盟商标法对商标无效的溯及力作了例外规定，即无效的法律后果不溯及已经执行的终审判决和已经履行的合同，但商标注册人出于恶意的应当承担赔偿责任。此外，欧盟商标法也给各成员国的例外留出了空间，即虽然判决已执行或者合同已履行，但不返还会显失公平的，可以要求返还，或者可以依据不当得利的规定要求返还。

七、关于商标撤销(revocation/cancellation)制度

（一）商标撤销的事由。依据德国商标法的规定，任何人可以提起商标权撤销。撤销事由包括四种情形：一是连续五年未使用，如果商标注册人可能知道其商标将被提起撤销，而在撤销申请之日起前3个月开始使用，目的只是在于避免商标被撤销，此种使用通常被认为恶意使用，不构成抗辩理由；二是注册商标显著性淡化；三是商标注册人对商标作引人误解的使用；四是商标权主体资格丧失。撤销可以是全部撤销，也可以是部分撤销。

（二）商标撤销的途径。依据德国商标法的规定，撤销商标权的途径有两种：一是向德国专利商标局申请撤销。德国专利商标局将通知商标注册人，如果商标注册人在收到通知之日起2个月内没有提出反对撤销其商标的意见，该商标将被撤销。一旦商标注册人提出了反对意见，则德国

专利商标局通知撤销申请人，撤销申请人可以到民事法院提出撤销之诉。二是撤销申请人可以直接到民事法院提起撤销之诉。虽然向德国专利商标局提出撤销申请并非提起撤销之诉的必经程序，但由于该程序具有成本低、效率高的特点，还是有很多当事人选择先向德国专利商标局提出撤销申请。

（三）商标撤销的法律后果。商标权一旦被撤销，其效力自撤销申请之日起终止。撤销申请人可以请求将被撤销商标效力终止日提前至撤销申请日之前，但必须证明在撤销申请日之前，撤销事由就已经发生。

（四）未使用的例外。依据德国商标法实践，在因五年未使用导致撤销的案件中，商标权人可以提出正当理由的抗辩。例如，药品的生产需要经过主管部门的行政审批，因行政审批导致未使用，即构成正当理由，即使是商标权人在五年期限即将届满之前（如 4 年半）申请行政审批，最终获得批准，也构成未使用的正当理由。但是，商标权人故意拖延构成滥用商标权的除外。此外，如果准备使用商标行为仅仅属于企业内部行为，不构成使用；反之，如果准备使用行为不限于企业内部，而且后来有真正的使用，也可以作为未使用的例外。

（五）商标使用的认定。依据德国商标法实践，即使商标使用违反了其他法律规定，也构成商标使用，可以免于因未使用而被撤销。仍以药品生产须经行政审批为例，如果商标注册人在未经审批之前就使用了该商标，其使用行为固然是违法的，但商标使用行为仍然成立。因为，即使上述使用行为在客观上可能让人误认为药品有批文，但误认并非商标导致的。而且，对商标法和其他监管法律应当加以区分，使用违反其他法律规定由相应的法律调整，并不妨碍使用行为构成商标法意义上的使用。

八、关于对商标主管机构裁决不服的司法救济

（一）关于商标主管机构是否参加诉讼。依据欧盟商标法的规定，当事人对行政机构裁决不服可以向欧洲法院提起诉讼的理由只有四种，即缺乏职权、程序严重违反、违反法律和滥用职权，对欧洲法院判决不服的，还可以向欧洲高等法院上诉。在诉讼中，商标主管机构作为被告参加诉讼，相对理由的第三方作为第三人参加诉讼。欧洲法院一般采用书面审理的方式，商标主管机构无需出庭。至于商标主管机构应否作为被告参与诉讼，值得讨论。尤其是在双方当事人的商标诉讼中，法律要求商标主管机构居于采取客观立场，但事实上总是在帮助一方当事人。依据德国商标法的规定，德国专利商标局不参与诉讼，但涉及公共利益保护的，专利商标局局长可以要求介入，法院也可以此为由通知专利商标局长参加诉讼。

（二）关于司法审理。在欧盟实践中，法院可以将案件发回商标主管机构重审，也可以直接改判，欧盟内部市场协调局的裁决被法院维持的比例为 80%左右。在德国，商标驳回和异议案件的管辖法院是联邦专利法院，审理案件的法官通常是商标法专家，对案件进行全面审查，通常直接做出判断，而不是将案件发回专利商标局重审。对联邦专利法院判决不服的，可以上诉至最高法院，但上诉的理由限于法律问题，而且以联邦专利法院同意为前提，联邦专利法院同意上诉的案件比例约为 2–3%。最高法院认为，一审判决认为事实清楚的，可以直接改判；认为事实不清的，可以发回重审，发回重审的比例约占 50%，这是由最高法院倾向于给予更多商标注册的立场所导致的。

（撰稿：汪泽）

欧共体商标及立体商标制度巡回研讨会主要内容简述

2009 年 10 月 26 日至 30 日，作为中国–欧盟知识产权保护（二期）合作项目之一的欧共体商标及立体商标制度巡回研讨会在西安、广州、天津三地举办。欧盟内部市场协调局（OHIM）专家何塞先生和温克莫伦女士分别就欧共体商标体系和欧盟内部市场协调局的电子商务工具进行了介绍，并与三地的企业法律主管人员、商标代理组织代表和工商系统执法人员就如何在欧盟注册和更好地保护商标以及立体商标审查标准进行了交流。总局国际合作司、商标局、商标评审委员会派员参加了本次研讨会。现将会议与欧共体商标制度有关的主要内容简述如下：

一、关于欧共体商标体系

商标类型 欧共体商标由欧盟内部市场协调局根据欧共体商标条例进行注册。欧共体商标接受所有能用图形表示的标识，包括文字、图形、字母、数字、颜色和商品或其包装的外观构成的商标，与我国目前商标法规定不同的是，声音商标是可以接受的类型，只要申请商标能够用清晰的图像、线条或字符表示其特点（如乐谱或 MP3 文件，波形图不接受）。运动商标虽然原则上可以接受，但由于往往不能满足用图形清晰准确表示特点的要求，注册较为困难。气味商标已被明确排除在可注册商标以外，试图表示气味特点的化学公式、书面文字说明、气味样本或上述元素的组合均不属于可接受的范围。

审查程序 与我国目前审查程序最大的区别是，欧盟内部市场协调局对注册申请不进行在先商标权利冲突（相对理由）的审查，只进行显著性及禁用条款的绝对理由的审查。在审查之后，协调局将查询类似的在先欧共体商标，作为信息提供给申请人，申请人可以根据查询报告决定是否撤回或者修改商标注册申请。当申请商标通过审查被公告后，协调局将通知每个被查询报告引用的欧共体商标的权利人，以方便在先商标权利人提出异议，实现其监督权利。此外，如果申请人要求，协调局也查询是否有相近似的国内商标（收取一定费用），但同样不作为驳回注册的理由。

异议程序 由于欧盟内部市场协调局不依职权进行在先商标权利的审查，此类权利冲突将通过异议和撤销程序解决。在三个月的公告期内，在先权利人可以基于在先的欧盟权利（包括欧共体商标和欧共体的国内商标）请求不准予被异议商标注册。与我国商标法规定不同的是，欧盟内部市场协调局在异议阶段不接受以著作权或外观设计专利权为在先权利的异议理由，也不接受以恶意注册为由提出的异议，上述理由只能通过注册后的撤销程序解决。

撤销程序 欧盟内部市场协调局对已注册的欧共体商标可根据申请决定废除或无效。废除针对的是商标注册后从未使用、商标在使用中变为通用名称、商标在使用中变得具有欺骗性三种情况。无效可以基于相对理由和绝对理由提出，包括姓名权、个人肖像权、著作权、工业产权（如外观设计）以及恶意注册的理由。

欧盟专家在比较依职权引入在先权利的审查（即我国目前的审查方式）和依权利人申请在异议和撤销中解决权利冲突（即欧共体的审查方式）后，认为后一种方式的明显优点在于：1.避免因少数可能被提出异议的申请造成 100%的申请被延误；2.在当事人认为受到在后申请损害并提出申请的情况下才启动相应程序，避免浪费行政资源解决可能并不存在所谓的“冲突”；3.有利于鼓励权利人注重保护自己的商标权利，而非依赖商标注册机关；4.有利于鼓励双方以协商等灵活的方式解决冲突，达到使商标得以使用的结果。从目前统计来看，欧共体商标被提出异议的数量不超过总申请量的20%。

二、欧盟内部市场协调局对三维标志(立体商标)的审查

与我国目前对三维标志的审查相类似，欧盟内部市场协调局对三维图形的审查也包括商标显著性和功能性（类似于我国商标法第十一条和第十二条规定的内容）的审查。当然，违反公共秩序、道德准则和具有欺骗性的商标亦不能获得注册。在三维标志的审查中，因具有功能性驳回的案例极少，绝大部分集中于显著性审查。

（一）显著性审查

结合案例，欧盟专家总结了欧盟内部市场协调局对于三维标志显著性的判断标准：1、对三维图形并不采取比传统商标更严苛的审查标准，即对三维并不歧视对待；2、应结合指定的商品和服务性质判断；3、越接近商品外观的三维图形越不具有显著性，越偏离标准或行业通常外观的外观越可能被接受；4、在显著性的判断中更注重三维图形的整体印象和相关公众的识别习惯。最终标准是该三维图形是否作为“商品来源的标识”被公众所接受。

根据上述判断标准，以下三例被认为具有显著性：

图一

图二

图三

（图三的三维图形上分别有汉字“金”和字母“G”）

另案申请商标（图四）虽通过显著性审查，但被第三方基于在先权利提出异议，欧共体内部市场协调局裁定异议成立，现出于上诉阶段：

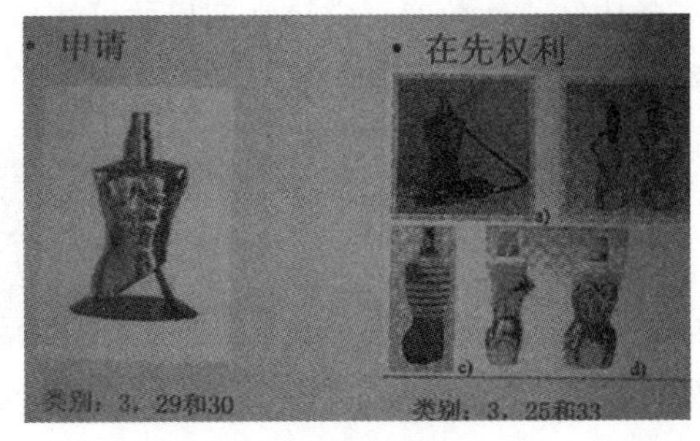

图四

根据上述判断标准，以下案例中三维标志被认为缺乏显著特征：

案例1：

指定商品：剪子

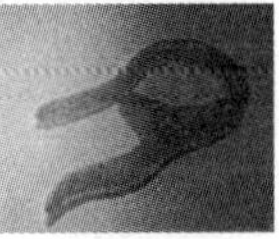

欧盟内部市场协调局认为，该三维形状仍属于剪子的通用和常见形状，不能使公众将其作为来源标识识别，缺乏显著特征。

案例2：

指定商品：镊子

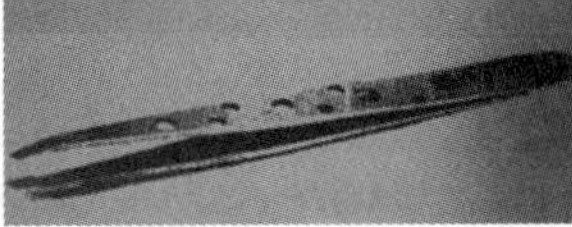

欧盟内部市场协调局认为，仅以镊子上的小洞不能构成基本外观的显著性改变，缺乏显著特征。

案例3：

指定商品：糕点

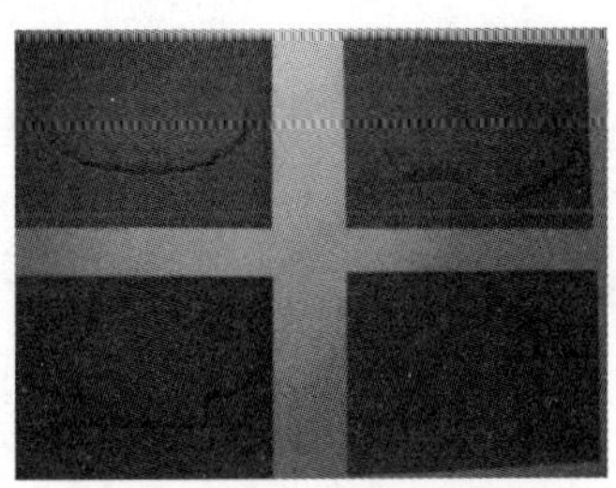

欧盟内部市场协调局认为，无论此种形状是否已经被竞争者使用，该贝壳状糕饼外观只是现有产品的变形。申请人所称的创新细节，即糕饼上的线条不足以将该外观显著区别于行业标准。

（二）功能性审查

关于三维标志的功能性审查，即三维标志是否仅由商品自身性质产生的形状、为获得技术效果而须有的商品形状或者使商品具有实质性价值的形状构成，欧盟专家提供了两件案例，并说明，

认定一件三维标志是为获得技术效果而必需或者使商品具有实质性价值在实践中较为困难，目前也没有更多的案例可供参考，欧盟审查员更多的还是选择从显著性角度否定该类商标的可注册性。

案例 1：乐高玩具插件

指定商品：第 28 类游戏玩具

欧盟内部市场协调局认为，该商标包含了为达到技术结果，即玩具拼插所必需的商品外观，即使该三维图形被申请人大量使用并产生了识别性，但因其具有功能性，并不能通过使用获得显著性而受到保护。

案例 2：牛仔裤膝盖部分的褶皱

指定使用在第 25 类服装商品

申请人并不要求保护牛仔裤整体，只要求保护其膝盖部位的褶皱设计。欧盟内部市场协调局认为，该褶皱设计的目的在于使牛仔裤整体更为漂亮以吸引消费者的购买，此类增加美观性的设计特点可在外观设计等领域寻求保护，不鼓励从商标角度给予保护。

（三）几点启示

从欧盟专家总结的审查标准和提供的案例看，与我们目前掌握的三维标志的审查标准没有本质上的差异，如在显著性的审查中，都注重结合三维标志所指定商品或服务的本身性质和所处的市场状态，注重相关公众对三维标志是否会从商标角度识别，即能否通过该标识辨识商品来源。当然，具体标准上也存在区别，如欧盟专家反复强调显著性应视三维标志的整体印象判断，不割裂三维标志和其上附加的文字或图形，即不因附加有显著性文字当然使三维标志获得注册，也不因本身三维标志缺乏显著性而无论构成要素、整体观感一律拒绝注册。相比较而言，单一要素审查标准简单，易于统一把握，但审查结论往往带有机械性；整体印象审查将三维标志视为组合商标的构成要素之一，结合三维标志本身，附加的其他要素，三维标志与附加要素结合后产生的整体视觉效果综合考虑，对商标显著性的判断似更符合商标整体认知的客观标准。欧盟内部市场协调局的审查方式对我们今后类似情况的审查有一定的借鉴作用，值得进一步探讨。

从研讨情况看，三维标志在欧共体虽早已进入商标领域，但如功能性的审查等一些难点问题目前未形成成熟的结论，显著性审查标准也在不断完善之中。我国市场区域广，商标申请总量大，值得研究的问题更加多样，对包括三维标志在内的商标审查标准不断交流、探讨和总结，无疑将有助于提高我国的商标审查水平，完善商标制度，更好地促进经济发展。

（撰稿：何敏）

WIPO 传统商标与非传统商标审查研讨会主要内容简述

2009 年 10 月 19 日至 23 日，由世界知识产权组织主办，澳大利亚知识产权局协办的传统商标与非传统商标高级审查研讨会在澳大利亚首都堪培拉举办。来自文莱、印尼、中国、日本、蒙古、韩国、新加坡等近 20 个国家和地区的 40 余名代表参加了本次研讨会。研讨会期间，各国代表分别就商标绝对理由审查、相对理由审查、非传统商标审查等领域的原则和实践进行了交流。总局商标局和商标评审委员会派员参加了此次研讨会并对我国商标审查的标准及实践作了介绍。鉴于正在修改的《商标法》修改意见稿中明确规定，我国将适时受理声音、气味、动态等非传统商标的申请，因此，对声音、气味等非传统商标的研究具有现实意义。现结合本次研讨会内容对非传统商标作一简要介绍。

一、非传统商标。非传统商标，又称新型商标，是相对于文字、图形、数字等可视性平面商标而言的。现在，国际上通常将立体商标（三维商标）、颜色商标、声音商标、动作商标、气味商标、触觉商标、全息图商标、位置商标等称为“非传统商标”。世界知识产权组织下设的商标、工业品外观设计和地理标志法律常设委员会（SCT）已就非传统商标问题在第十六届会议（2006 年 11 月 13 日至 17 日）至第十九届会议（2008 年 7 月 21 日至 25 日）上举行了多次讨论并在一些领域达成了一致意见。

（一）非传统商标保护的法律依据。《TRIPs 协议》第 15 条在可保护客体中明确规定“任何标记或标记的组合，只要能够将一企业的货物和服务区别于其他企业的货物或服务，即能够构成商标。”在该条最后一句话中特别强调，“各成员可以要求，作为注册的条件，这些标记应为视觉上可感知的。”也就是说，对于可视性的要求是选择性的，而非强制性的规定。

（二）各国对非传统商标的保护。现在，美国、澳大利亚、欧盟等发达国家或地区都对包括声音、气味等在内的非传统商标进行保护。在我国周边国家和地区中，日本、新加坡、中国香港、韩国等国家或地区商标法律中也有对声音、气味等非传统商标保护的规定。印度在 2003 年对其商标法进行修改后，也于 2008 年核准了其第一例声音商标注册申请——YAHOO 公司申请的“yodel”声音商标。需注意的是，非传统商标在各国商标申请总量中占的比例都比较低。例如，截止到 2009 年，新加坡申请注册的非传统商标中（见图一），立体商标为 716 件，颜色商标为 164 件，声音商标为 31 件，全息图商标为 6 件，动态商标为 4 件，气味商标甚至为 0 件。澳大利亚自 1996 年以来，商标总申请量为 623000 件，非传统商标总共 3015 件（见图二），其中，立体商标为 2050 件，颜色商标为 890 件，声音商标仅 75 件。

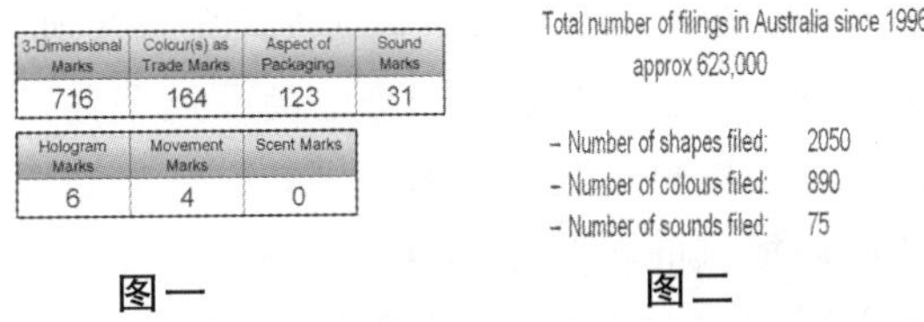

3-Dimensional Marks	Colour(s) as Trade Marks	Aspect of Packaging	Sound Marks
716	164	123	31

Hologram Marks	Movement Marks	Scent Marks
6	4	0

图一　　图二

（三）几种主要的非传统商标。根据可视性与否，可将非传统商标分为两类，一类为可视性，包括立体商标、颜色商标、位置商标、全息图商标等；另一类为非可视性，包括声音商标、气味商标、触觉商标、味觉商标等。

1. 立体商标（Shape or 3D Trademark）。各国对立体商标的审查原则基本与我国现行商标法规定的差别不大，主要是对商标的显著性和功能性进行审查。需要注意的是，对立体商标显著性的审查，应仅考虑三维标志本身指定使用在商品或服务上是否具有显著性，而不应过多考虑附加在三维标志上面的文字对显著性起到的作用。例如，图三中三维标志为一瓶子，瓶子的侧面有一红色的帽子造型。审查员认为，虽然瓶子本身缺乏显著性，但侧面添加的帽子形状的装置使三维标志整体具备了商标应有的显著特征。图四中三维标志为使用在宠物护理服务上的宠物拖车，审查员认为，该三维标志具有显著性。SCT 在“关于非传统商标的图样趋同领域工作报告”中认为，“对于立体商标的注册申请，图样足够清楚，显示商标一个视图的，即可给予申请日期。然而，主管局为进行审查，可以要求提供更多视图或一份对立体商标的说明。”

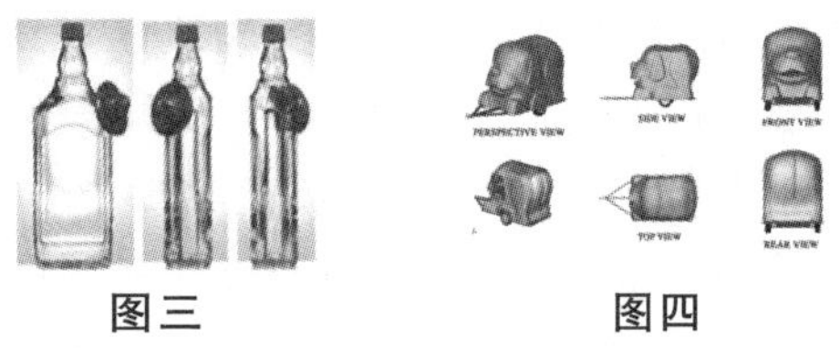

图三　　　图四

2. 颜色商标（Color Trademark）。我国现行《商标法》对颜色组合商标给予保护，而对于单一的颜色不给予保护。有些国家对单一的颜色也给予保护，例如，图六为在美国获准注册的一个单一颜色商标。需注意的是，对颜色商标的保护，不是对颜色色块的保护，颜色商标保护的是使用在商品或其包装物或服务场所上的颜色的无限延展性。颜色本身可以作为商标注册。在许多情况下，颜色仅仅在通过使用取得显著性后才能注册。但在某些情况下，颜色在用于特定商品或服务时具有内在显著性也可获得注册。例如，澳大利亚知识产权局提供的图五为车辆零配件服务站，该服务站由红、黄、白三种颜色组成。审查员认为，该颜色商标通过实际使用，消费者能够通过这种颜色组合判断服务来源，该商标具备显著性。SCT 在“关于非传统商标的图样趋同领域工作报告”中认为，“对于由颜色本身构成的商标或无描画轮廓的颜色组合的注册申请，主管局可以要求商标图样以颜色的纸件样本或者电子格式提供。主管局可以要求用颜色的普通名称指称颜色。此外，主管局还应规定申请人可以选择指明公认的颜色代码。主管局还可以要求提供一份关于颜色如何应用于商品或在服务中使用的书面说明。”

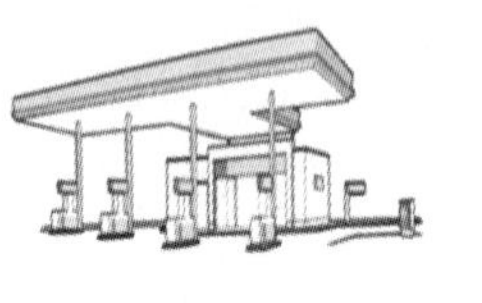

图五　　　图六

3. 声音商标（Sound Trademark）。1986 年，美国米高梅（MGM）公司的“狮子吼”声音商标（见图七）获准注册。1999 年，诺基亚公司（NOKIA）的标志性开机声音（见图八）在欧盟获准注册。跟立体商标、颜色商标不同，声音商标由于不能看见，所以对声音商标的限定性描述就显得尤为重要。SCT 在“关于非传统商标的图样趋同领域工作报告”中认为，“对于声音商标的注册申请，主管局可以要求商标图样为五线谱乐谱，或者为构成商标的声音的一段说明，或者为声音的一段模拟格式或数字格式的录音，或者为上述各项的任何组合。凡可以提交电子申请的，申请时可以提交电子文件。但在一些管辖区，可能只有五线乐谱才被视为能充分表现商标。”

图七　　　图八

4. 动态商标（Motion Trademark）。图九为诺基亚公司（NOKIA）公司的手机开机动态画面。该商标由四幅连续的动态画面组成，画面中，一只成人的手和一只小孩的手向同一个方向移动，最后两只手握在一起。该商标在欧盟及新加坡等国家已获准注册。图十为澳大利亚一获准注册的动态商标，该商标由外文“SYDANCEY”和“COMPANY”组成，其中，字母“D”、“N”、“A”、“C”上下移动不同的次数，组成“SYDNEY”和“DANCE”两个单词。SCT 在“关于非传统商标的图样趋同领域工作报告”中认为，“对于动作商标或多媒体商标的注册申请，商标图样可以由一组一旦连起来即能表现运动的静止图像构成。主管局可以要求申请书附具一份书面说明，对运动进行解释。或者，主管局可以要求提供所涉标志的一段模拟格式或数字格式的录像。凡可以提交电子申请的，申请时可以提交电子文件。”

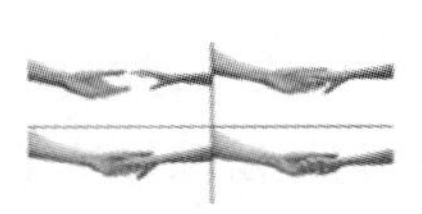

图九

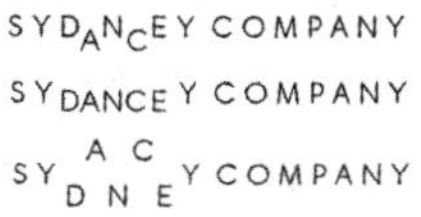

SYDANCEY COMPANY
SYDANCEY COMPANY
SYDANCEY COMPANY

图十

5. 全息图商标（Hologram Trademark）。全息图是一种三维图像，包含了被记录物体的尺寸、形状、亮度和对比度等信息。从三维物体上反射出来的光形成一个非常复杂的三维干涉模式。当用光照射全息图时，存储在干涉模式中的信息就会借助入射光再现由物体反射出来的原始光波波阵。图十一是在瑞士获准注册的一个全息图商标，图十二是在欧共体获准注册的一个全息图商标。SCT 在“关于非传统商标的图样趋同领域工作报告”中认为，“对于全息图商标注册申请，商标图样可以由所涉标志的一个记录完整全息效果的视图构成，必要时，也可以由全息图从多个不同角度的视图构成。主管局可以要求，单图或组图未准确表现全息图的，申请人应当附具一份对全息图商标的说明。”

图十一

图十二

6. 气味商标（Scent or Smell Trademark）。气味商标在各国获准注册的案例较少。澳大利亚迄今为止，仅有 8 件申请，其中，仅有一件获准注册，为指定使用在高尔夫用品上的“桉树植物油气味”的气味商标。美国在第 4 类金属切割液体商品上核准过“口香糖气味”的气味商标。

7. 味觉商标（Taste Trademark）。比荷卢在第 16 类商品上核准注册了含有“甘草味道”的味道商标。

8. 触觉商标（Texture or Feel Trademark）。图十三为一触觉商标，该商标由瓶状物和瓶状物外面天鹅绒手感的覆盖物组成。

值得注意的是，对于气味商标、味觉商标及触觉商标图样方面，SCT 至今未能找到趋同领域。一些国家认为，此种商标可以用一段说明来表现，而另一些国家认为，说明不能充分表现此种商标的特征。

图十三

9. 位置商标。位置商标指在商品的特定位置进行设计、装饰等而将该商品的特定位置申请注册为商标。图十四为瑞士核准注册的一位置商标，指定使用在第 25 类游泳裤商品上。从该图可以看出，位置商标保护的实际上是游泳裤两侧的设计，而不是游泳裤本身的设计。在一些国家的制度中，位置商标被视作其他商标类型，例如图形商标或立体商标的一个子集。SCT 在“关于非传统商标的图样趋同领域工作报告”中认为，“对于位置商标的注册申请，商标图样可以由商标的一个视图构成。不申请保护的内容可以要求用虚线表示。还可以在提供的图样不充分时，要求提供一份书面说明，解释商标相对于产品的位置。”

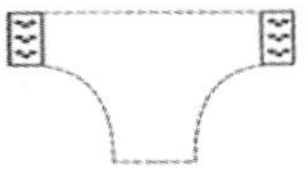

图十四

二、几点启示。

（一）非传统商标保护的必要性。随着经济的发展，企业用来识别商品和服务的标志种类已经超出了“传统”文字和图形商标的范围，近年来，随着竞争的加剧，传统的商标注册保护已经不能满足企业发展的需要，商标所有人对“非传统”商标如颜色、声音及气味等获取注册商标保护的愿望愈加强烈。而从现实来看，很多企业通过使用宣传，一些企业的非传统标识已经具备了商标的显著性，具有了产品或服务的指向性。例如，大家非常熟悉的中央电视台新闻联播节目开始时的背景音乐，就能够起到区分服务来源的作用。

（二）非传统商标显著性问题。非传统商标面临的首要问题就是显著性问题。实际上，无论是传统商标还是非传统商标，都应该具备商标的本质特征——商标的显著性。因此，在显著性问题上，应该采取“无歧视”原则。也就是说，只要能够起到区分商品或服务来源的作用，无论是传统商标还是非传统商标都应获准注册。

（三）非传统商标的可描述性。非传统商标与传统商标相比较，毕竟有自身的特点，这就要求在申请注册非传统商标时，需要附加提交一些文件来描述和界定非传统商标，如果不能描述和界定，则不能申请注册，因为，不能描述和界定就无法确定商标的保护范围。因此，在提交非传统商标申请注册时，必须同时提交相应的文件来描述和界定该商标。例如，声音可以作为商标注册，不应要求图形表示，但可以通过音乐符号或其他描述或通过准确复制声音的方法加以表示；气味可以作为商标注册，不应要求图形表示，但可以通过准确描述或复制气味的方法加以表示。比如，美国要求在申请注册声音商标时，须提供一份商标说明书，另外还要附上商标的音像标识。

总之，非传统商标具备商标的基本属性，同时又有自身的特点，只要把握住了商标的本质和商标注册的基本原则，结合非传统商标的自身特点，就能够处理好非传统商标的注册和保护工作。

（撰稿：李祥章）

商标评审典型案例

(367~401)

关于第1937814号“公爵王子·邦威及图”商标异议复审裁定书

商评字〔2009〕第24295号

申请人（原异议人）：美特斯邦威集团有限公司

委托代理人：温州兴业商标事务所有限公司

被申请人（原被异议人）：上海志彪实业有限公司

地址：上海市松江区茸北镇茸梅路91号

申请人因第1937814号“公爵王子·邦威及图”商标（以下称被异议商标）异议一案，不服商标局（2006）商标异字第02165号裁定，于2006年8月30日向我委申请复审。我委依法受理后，依据《商标评审规则》第二十四条的规定，组成合议组依法进行了审理，现已审理终结。

申请复审的主要理由：申请人在先注册了多个邦威、美特斯·邦威商标。被异议商标与申请人在先商标构成类似商品上的近似商标。申请人商标享有较高知名度，被异议商标是对申请人商标的复制、摹仿。被异议商标不具备区分商品来源的作用。依据《商标法》第二十八条、第三十一条、第十三条的规定请求不予被异议商标核准注册。

申请人向我委提交了以下主要证据：

1. 申请人企业概况。

2. 申请人“邦威”和“美特斯邦威”商标注册证书。

3. 申请人“邦威”和“美特斯邦威”及英文商标国际注册证书。

4. 申请人“邦威”和“美特斯邦威”在上海的公司登记及知名度。

5. 申请人“邦威”和“美特斯邦威”在上海、杭州的销售网络。

6. 申请人“邦威”和“美特斯邦威”产品荣誉。

7. 申请人“邦威”和“美特斯邦威”商标连续多届获得浙江省著名商标。

8. 申请人企业荣誉证书。

9. 申请人广告宣传情况。

10. 引证“歌迪法派”商标异议案例。

11. 申请人引证异议案例。

12. 申请人电子光盘证据。

我委向被申请人寄送的答辩通知被邮局退回，我委通过《商标公告》进行了公告送达，被申请人在规定期限内未予答辩。

我委经审理查明:被申请人于2001年7月9日申请注册被异议商标，指定使用在第25类鞋、帽子等商品上，经商标局审查后予以初步审定并公告。申请人在先在第25类商品上注册了多个“邦威”和“美特斯邦威”商标，其中包括第953300号邦威商标、第957265号美特斯·邦威商标（以下分别称引证商标一、二），上述商标经续展仍在有效期内。引证商标在服装等行业内已享有一定知名度。

我委认为，一、被异议商标“公爵王子·邦威”与引证商标一、二“邦威”、“美特斯·邦威”文字构成相近，其文字连接方式与引证商标二相同，加之引证商标在服装等相关行业内已享有一定知名度。二者同时在类似商品上使用容易使消费者误认为是系列商标，并因而对商品来源产生误认。被异议商标虽然还有字母部分，但依据中国消费者的认读习惯，一般会以商标的汉字部分为主要识别和呼叫对象。被异议商标与引证商标已构成使用在类似商品上的近似商标。鉴于申请人已在与被异议商标核定使用商品类似的商品类别上在先注册了系列商标，因此申请人复审理由属于《商标法》第二十八条调整的范围，不再适用《商标法》第十三条的规定进行评审。

二、申请人未就被异议商标侵犯了其《商标法》第三十一条所保护的在先权利进行举证。申请人在案证据不足以证明被异议商标本身用在指定使用商品上缺乏作为商标的显著调整，被异议商标未违反《商标法》第十一条的规定。

依据《商标法》第二十八条、第三十三条、第三十四条的规定，我委裁定如下：

被异议商标不予核准注册。

当事人如不服本裁定，可以自收到本裁定书之日起三十日内向北京市第一中级人民法院起诉，并在向人民法院递交起诉状的同时或者至迟 15 日内将该起诉状副本抄送或者另行书面告知我委。

合议组成员：韩秀花

李浩永

崔迎琪

注：本案未处于诉讼程序中。

涉案商标图案附于后页。

被异议商标：

引证商标一：

引证商标二：

美特斯·邦威

关于第1613460号“GODZILLUN及图”商标异议复审裁定书

商评字〔2009〕第04975号

申请人（原异议人）：东宝株式会社。

委托代理人：北京万慧达知识产权代理有限公司。

被申请人（原被异议人）：中山市沙溪镇汇信时装厂。

地址：广东中山市沙溪镇岐江公路岭后亨路段13号2楼。

申请人因第1613460号“GODZILLUN及图”商标（以下称被异议商标）异议一案，不服商标局（2004）商标异字第01282号裁定，于2004年9月8日向我委申请复审。我委依法受理后，依据《商标评审规则》第二十四条的规定，组成合议组依法进行了审理，现已审理终结。

申请人复审的主要理由：申请人“GODZILLA”商标世界知名，其形象也是申请人独创，申请人对其享有著作权，“GODZILLA”及其中文“哥斯拉”已成为某种专用名词。被异议商标明显是对申请人驰名商标以及形象的恶意模仿，依据《商标法》第十三条、第三十一条的规定，请不予核准被异议商标的注册。

申请人向我委提交了以下主要证据：

1. “GODZILLA”（哥斯拉）电影及其形象的有关宣传报道复印件和网页内容。

2. 申请人“GODZILLA”系列商标在世界各国的部分注册证复印件。

3. 申请人“GODZILLA”商标在中国第9类和第6类商品上注册证复印件。

被申请人在我委规定期限内未予答辩。

我委认为，申请人提供的证据资料可以证明申请人对“GODZILLA”（哥斯拉）形象拥有著作权，其系列电影在被异议商标申请注册（2000年6月28日）前已经公开上映并有一定影响，相关公众对其理应知晓。被异议商标图形部分为形态凶恶的站立状恐龙图案，与申请人创作的“GODZILLA”（哥斯拉）形象甚为相似。加之“GODZILLUN”与“GODZILLA”文字相近，被异议商标整体更易让相关公众将之认为是“GODZILLA”（哥斯拉）的形象描绘，被申请人注册该商标损害了申请人在先的著作权，即被异议商标已构成《商标法》第三十一条所指损害他人现有在先权利的情形。

申请人所提供证据不能证明在2000年6月28日被异议商标申请时，其" GODZILLA" 一词作为商标在我国的使用宣传已达驰名程度，因此被异议商标未构成《商标法》第十三条所指复制、摹仿他人驰名商标的情形。申请人未提供早于被异议商标注册申请日在第25类服装等商品上其" GODZILLA" 商标在我国使用或宣传的证据，因而无法认定其商标在上述商品上经使用已有一定影响，尚不能认定被异议商标构成《商标法》第三十一条所指抢注他人在先使用并有一定影响商标的情形。

综上，申请人所提异议复审理由部分成立。

依据《商标法》第三十一条、第三十三条和第三十四条的规定，我委裁定如下：

被异议商标不予核准注册。

当事人如不服本裁定，可以自收到本裁定书之日起三十日内向北京市第一中级人民法院起诉，并在向人民法院递交起诉状的同时或者至迟15日内将该起诉状副本抄送或者另行书面告知我委。

合议组成员：张世莉
徐晓建
马岩岩

2009年3月9日

注：未经诉讼。

第1613460号“GODZILLUN及图”商标

关于第3373939号“涟钢”商标异议复审裁定书

商评字〔2010〕第03925号

申请人（原被异议人）：蔡先明

委托代理人：长沙市弘铭商标事务所

被申请人（原异议人）：涟源钢铁集团有限公司及湖南华菱管线股份有限公司涟钢事业部

委托代理人：湖南汇信商标代理有限公司

申请人因第3373939号“涟钢”商标（以下称被异议商标）异议一案，不服商标局（2004）商标异字第01311号裁定，于2004年9月13日向我委申请复审。我委依法受理后，依据《商标评审规则》第二十四条的规定，组成合议组依法进行了审理，现已审理终结。

申请人复审称：1、在被异议商标申请注册前，被申请人从未将“涟钢”作为商标使用，被申请人使用在其生产的钢铁上的商标为双菱图形。被申请人将“涟钢”使用在其产品标牌上也仅仅是作为企业的“简称”或“缩写”使用，而不是作为商标使用。2、“涟钢”是被申请人企业名称的简称，但在湖南涟源，与钢铁有关的生产和销售企业有很多个，它们也可简称为“涟钢”。3、企业的简称不是企业的名称权，“涟钢”不是被申请人的企业名称权，因此，被异议商标的注册未损害被申请人的在先企业名称权。综上，被异议商标的注册既没有侵犯被申请人的商标权，也没有侵犯被申请人的企业名称权，被异议商标的注册应当予以核准。

申请人向我委提交了以下主要证据：

1. 涟源市铸钢厂、涟源市蓝田鑫辉带肋钢筋冷轧厂、涟源市涟水钢材物资供应站的门面照片，用以证明涟源其它企业的企业名称也可简称为“涟钢”。

被申请人答辩称：1. 被申请人为湖南省6家特大型工业企业和国家重点支持发展的300家企业之一。被申请人涟源钢铁集团有限公司，自建厂至今已有四十多年的历史，其间名称几经变更，但名称中始终包含“涟源钢铁”四个字。2. “涟钢”作为被申请人企业名称的简称使用已有几十年的历史，该称呼也早已被相关部门、广大企业和消费者普遍接受。被申请人的下属分支机构及十多家子公司的企业名称也均冠以“涟钢”字号。3. “涟钢”也是被申请人多年使用并具有较高社会知名度的重要商标。被申请人的钢铁产品上除标注双菱图形外亦在显著位置标注醒目的“涟钢”两字。被申请人亦在产品包装、广告、企业信笺、商事文书上大量使用“涟钢”商标。长期以来，公众习惯称被申请人的产品为“涟钢”钢材，“涟钢”客观上已成为被申请人的产品商标。经过几十年的使用，“涟钢”商标已具有很高的知名度，为相关公众普遍知晓。4. 申请人列举的涟源市几家企业从未简称过“涟钢”，申请人也没有证据证明它们简称涟钢。综上，被异议商标侵犯了被申请人的在先企业名称权，同时构成以不正当手段抢先注册被申请人已经使用并有一定影响的商标的行为，违反《商标法》第三十一条的规定，其注册应不予核准。

被申请人向我委提交了以下主要证据：

1. 被申请人所获各项荣誉证书及行业排名的证据材料，用以证明被申请人企业的知名度。

2. 被申请人提交以下证据用以证明在被异议商标申请注册前被申请人企业名称已被简称为“涟钢”：

《娄底市志》、1958年被申请人工作总结、领导题词数份、湖南省政府文件数份、1999 年 11 月新华网、2000 年 7 月 31 日《人民日报》、2000 年 3 月 3 日《湖南日报》、2000 年 3 月 16 日《湖南工人报》、2000 年–2002 年《中国冶金报》十余份。上述证据中均对被申请人或其前身称呼为“涟钢”。

另外，被申请人提交了其子公司：涟钢机械设备制造有限公司、涟钢汽车运输有限公司、涟钢建筑安装有限公司、涟钢钎钢有限公司、涟钢进出口公司、涟钢设计研究院、涟钢电气有限公司、涟钢冶金耐火材料有限公司等十五家企业的营业执照复印件。上述企业的成立日期均在争议商标申请注册前，企业名称均含有“涟钢”。

3. 被申请人提交以下证据用以证明“涟钢”为其在先使用并有一定影响的商标：

被申请人钢材产品标牌、户外广告发布照片、产品销售合同、广告发布合同、被申请人客户中国长江三峡工程开发总公司等出具证人证言等。

4. 涟源市涟水钢材物资供应站、涟源市蓝田鑫辉带肋钢筋冷轧厂、涟源市铸钢厂等出具的证人证言，称“涟钢”为涟源钢铁集团有限公司的简称，自己从未简称过“涟钢”。另外，涟源市工商局出具证明：在涟源市内，公众所称“涟钢”系专指涟源钢铁集团有限公司。

我委认为，本案有以下焦点问题：

一、被异议商标的注册是否损害被申请人的在先企业名称权，违反《商标法》第三十一条的规定，应当不予核准。

我委认为，我国《商标法》第三十一条规定“申请商标注册不得损害他人现有的在先权利”，本条所规定的在先权利包括企业名称权。“损害他人企业名称权”指将与他人使用并有一定影响的企业名称相同或相近的文字注册为商标，易导致相关公众混淆，可能损害企业名称权人利益的情况。本案被申请人涟源钢铁集团有限公司为依法成立的企业法人，依法就其企业名称享有企业名称权。被申请人提交的证据 2、4 证明被申请人及其前身的企业名称在被异议商标申请注册前已被政府机构、相关公众及新闻媒体等简称为“涟钢”。申请人亦承认“涟钢”为被申请人企业名称的简称。虽然申请人主张其它企业亦可简称为“涟钢”，但被申请人提交的证据 4 中申请人所列举的企业均否认自己简称为“涟钢”，申请人对此未提交其它相反证据。因此，对申请人的该项主张我委不予支持。综上，可以认定“涟钢”为相关公众、企业、新闻媒体等对被申请人企业名称的简称，被申请人作为我国钢铁生厂大型企业，在钢材等生产领域内具有较高的知名度。被异议商标“涟钢”指定使用在钢条、钢板等商品上，相关公众极易将其与被申请人的企业名称相联系，从而导致混淆、误认，损害被申请人的利益。因此，被异议商标的注册损害了被申请人的在先企业名称权，依法不予核准注册。

二、被异议商标的注册是否构成“抢先注册他人已经使用并有一定影响的商标”的行为，依据《商标法》第三十一条后半段的规定，应当不予核准。

我委认为， 被申请人提交的证据 3 证明被申请人在其产品标牌、户外广告、销售合同、广告合同等上明显使用“涟钢”二字，相关消费者也以“涟钢”作为被申请人钢材等产品的识别标志。因此，“涟钢”在被申请人的实际使用中已具备商标的识别功能，为被申请人已经使用并有一定影响的未注册商标。被异议商标与被申请人未注册商标“涟钢”相同，被异议商标指定使用的商品与被申请人未注册商标使用的商品属于类似商品。被异议商标的注册已构成抢先注册他人已经使用并有一定影响的商标的行为，违反了《商标法》第三十一条后半段的规定，依法不予核准。

综上所述，申请人所提异议复审理由不成立。

依据《中华人民共和国商标法》第三十一条、第三十三条、第三十四条的规定，我委裁定如下：

第 3373939 号“涟钢”商标不予核准注册。

当事人如不服本裁定，可以自收到本裁定书之日起三十日内向北京市第一中级人民法院起诉，并在向人民法院递交起诉状的同时或者至迟 15 日内将该起诉状副本抄送或者另行书面告知我委。

合议组成员：马岩岩
张　静
张世莉

2009 年 3 月 23 日

关于第1805802号“乐锅”商标异议复审裁定书

商评字〔2009〕第23476号

申请人（原被异议人）：冠氵乏有限公司。

委托代理人：隆天国际知识产权代理有限公司。

被申请人（原异议人）：意大利拉歌诗蒂娜股份有限公司。

委托代理人：永新专利商标代理有限公司。

申请人因第1805802号"乐锅"商标（以下称被异议商标）异议一案，不服商标局（2006）商标异字第02809号裁定，于2006年10月8日向我委申请复审。我委依法受理后，依据《商标评审规则》第二十四条的规定，组成合议组依法进行了审理，现已审理终结。

申请人复审的主要理由：申请人与被申请人的代理协议所载明的商标为"LAGOSTINA"商标，被申请人的商标权利仅限于"LAGOSTINA"商标，并不及于被异议商标。被异议商标为申请人所独创，并享有著作权，与被申请人商标也没有关联。综上，被申请人异议理由不成立，请求核准被异议商标的注册申请。

被申请人答辩的主要理由：一、被申请人成立于1901年，是世界著名的压力锅及其他家用烹调器具生产商。自1977年起，申请人即成为被申请人"LAGOSTINA"锅具在台湾地区的代理商。1999年，申请人在香港和北京设立办事处，将被申请人的"LAGOSTINA"锅具销往香港和中国大陆。目前，被申请人已在中国大陆申请注册了"拉歌史蒂娜"等商标。

二、申请人在台湾地区已经抢注了被申请人的"LAGOSTINA"商标及其对应的中文商标"乐锅史蒂娜"、"拉歌史蒂娜"、"史蒂娜"，但在被申请人的要求下，已转让给被申请人。申请人常常将被申请人的"LAGOSTINA"商标与其中文简称"乐锅"、被申请人的国籍（意大利）、被申请人的中文商标"拉歌史蒂娜"、被申请人的创立时间（1901年）及被申请人的其他标志性图案、文字一并使用。足以证明"乐锅"已经成为被申请人"LAGOSTINA"商标及其中文商标"乐锅史蒂娜"的简称，该商标权利应归属被申请人。

综上，申请人作为被申请人的代理商，违反诚实信用原则，抢注被申请人的商标。其行为已经违反了《商标法》第十五条、第四十一条关于禁止以其他不正当手段抢注他人商标的规定。请求不予核准被异议商标的注册申请。

被申请人向我委提交了以下主要证据：1、被申请人介绍材料复印件；2、申请人与被申请人签署的代理协议复印件；3、申请人与被申请人之间销售帐单、来往信函等复印件；4、申请人产品宣传材料复印件；5、被申请人商标注册材料复印件；6、被申请人在香港、中国大陆的销售帐单及产品介绍材料复印件。

我委经审理查明:1、被异议商标由申请人于2000年9月4日申请注册，2002年3月14日初步审定公告。指定使用商品为"成套的烹饪锅"等。

2. 被申请人的第1449855号"拉歌史蒂娜"商标，1999年6月15日由拉歌诗蒂娜股份有限公司申请注册,2000年9月28日核准注册。核定使用商品为"平底盘"等。2001年1月7日，注册人名义变更为被申请人。

被申请人的第1389887号"娜蒂史歌拉"商

标，1998 年 10 月 26 日由娜蒂史歌拉股份有限公司申请注册,2000 年 4 月 28 日核准注册。核定使用商品为" 平底盘" 等。2001 年 1 月 7 日，注册人名义变更为被申请人。

被申请人的第 1776091 号“拉歌史蒂娜”商标，2000 年 12 月 12 日由被申请人申请注册,2002 年 5 月 28 日核准注册。核定使用商品为" 勺 (餐具)" 等。

被申请人的第 1800972 号“LAGO”商标，2001 年 5 月 9 日由被申请人申请注册,2002 年 7 月 7 日核准注册。核定使用商品为" 非贵重金属压力锅" 等。

3. 申请人于 1980 年 4 月 1 日在台湾地区申请注册了“乐锅史蒂娜”等商标，指定使用在厨房用具及餐具等商品上。后转让至被申请人。

4. 申请人提供的证据 2 显示，1981 年 9 月 16 日，被申请人与申请人签署代理协议，授予申请人台湾地区独家代理权。2000 年 1 月 1 日，被申请人与申请人签署代理协议，授予申请人中国大陆和香港的独家代理权。申请人作为被申请人的代理商，代理销售被申请人“LAGOSTINA（拉歌史蒂娜)”牌压力锅。申请人也在商业宣传、销售中将“乐锅”与被申请人的“LAGOSTINA（拉歌史蒂娜)”商标等同时使用。

上述事实由商标档案、被申请人提供的证据及当事人陈述为证。

我委认为，一、根据已经查明的事实，在被异议商标申请日前，申请人与被申请人之间已经成立代理关系。申请人在商业宣传中常常将“乐锅”与被申请人的“LAGOSTINA（拉歌史蒂娜)”商标等同时使用，致使“乐锅”已经与被申请人之间产生了紧密联系，已经成为被申请人“LAGOSTINA”、“拉歌史蒂娜”商标对应的中文简称。“乐锅”商标申请注册的权利应归于被申请人。申请人作为被申请人的代理商，在明知" 乐锅" 为被申请人商标的情况下，恶意抢注被申请人商标，其行为已经构成《商标法》第十五条所指的情形。被异议商标的申请注册已经违反了《商标法》第十五条的规定。

二、鉴于被异议商标的申请注册已经违反了《商标法》第十五条的规定，不再适用《商标法》第四十一条关于禁止以其他不正当手段抢注他人商标的规定进行评审。

依据《商标法》第十五条、第三十三条、第三十四条的规定，我委裁定如下：

被异议商标不予核准注册。

当事人如不服本裁定，可以自收到本裁定书之日起三十日内向北京市第一中级人民法院起诉，并在向人民法院递交起诉状的同时或者至迟 15 日内将该起诉状副本抄送或者另行书面告知我委。

合议组：崔迎琪
徐建宏
李浩永

2009 年 8 月 31 日

被异议商标图样：

注：当事人在法定期限内未起诉，该裁定现已生效。

第 1905003 号“力咖”商标争议裁定书

商评字〔2009〕第 21413 号

申请人：长沙加加食品集团有限公司。

委托代理人：长沙市集佳知识产权咨询有限公司。

被申请人：湖南省长沙富贵洗涤用品有限公司。

地址：湖南宁乡县白马开发区白马北路。

申请人于 2006 年 4 月 29 日对被申请人注册的第 1905003 号“力咖”商标（以下称争议商标）提出撤销注册申请。我委依法受理。依据《商标评审规则》第二十四条规定，我委组成合议组依法进行了审理，现已审理终结。

申请人的主要理由：第一、申请人是全国酿造酱油示范企业，生产的“加加”牌酱油质量优异，社会认可度高，是“国家免检产品”和“国家食品工业重点产品”。“加加”商标经广泛使用已享有较高的声誉和知名度，曾被授予“国家酱油质量放心品牌”和“湖南省著名商标”等荣誉称号，在申请人多年悉心经营和大力宣传下，“加加”商标已成为相关公众广泛知晓的驰名商标。被申请人在非类似商品上注册的争议商标“力咖”与“加加”商标外形近似，已构成对申请人驰名商标的恶意模仿，争议商标违反了《商标法》第十三条第二款的规定，应当予以撤销。第二、被申请人与申请人同属长沙市企业，地理位置毗邻，应当知晓引证商标是申请人使用在先的具有较高知名度和影响力的商标，其注册争议商标的行为也构成了《商标法》第三十一条所指的以不正当手段抢注他人商标的情形。综上，为保护申请人合法利益免遭损害，请求撤销争议商标的注册。

申请人向我委提交了以下主要证据（均为复印件）：

1. 第 1321453 号“加加”商标注册证和争议商标档案信息；

2. 申请人企业法人营业执照、申请人所获荣誉证明；

3. 2001 年至 2003 年申请人销售收入与税收情况证明（由湖南省宁乡县国税局与地税局出具）；

4. 2001 年至 2004 年申请人在全国各地电视台发布广告的信息一览表（申请人自制材料）、部分广告费专用发票；

5. “加加”商标为“湖南省著名商标”证书、“加加”牌酿造酱油产品为“湖南省名牌产品”等证书；

6. 工商部门打击假冒、仿冒申请人“加加”酱油及侵犯“加加”商标专用权行为的相关文件、被申请人实际使用“力咖”商标的宣传页、反映被申请人产品造成市场混淆的一封消费者投诉信以及（2005）长中民三初字第 9 号民事判决书。

被申请人答辩的主要理由，被申请人生产洗衣粉、洗洁精等日化用品，自 2002 年开始使用争议商标“力咖”。而申请人是一家生产调味品的专业公司，其“加加”商标使用在酱油、味精等产品上。“力咖”与“加加”读音差别明显，外观易于识别，且指定商品相差较大，并存于市场不会发生混淆误认。争议商标申请注册时，申请人的生产规模有限，其“加加”商标尚未达到驰名商标所要求的知名度和声誉，因此申请人认为被申请人恶意抄袭模仿其驰名商标的主张缺乏事实依据，请求不予支持。争议商标的注册符合《商标法》规定，应当予以维持。

被申请人向我委提交了以下主要证据：1. 申请人味精的包装袋原物，用以证明申请人在指定商品上使用的商标为“加加 JIAJIA 及图”；2. 被申请人企业法人营业执照复印件；3. 争议商标注册证明复印件。

申请人补充提交了商标局2006年认定“加加 JIAJIA 及图”商标为驰名商标的批复以及“加加”牌酱油2006年认定为“中国名牌产品”的证书，进一步证明申请人商标及产品的知名度。

我委经审理查明：申请人于1998年5月21日提出“加加”商标注册申请，于1999年10月7日核准注册在第30类酱油、醋、调味品、酱菜（调味品）、佐料（调味品）、味精和耗油上，注册号1321453。

被申请人于2001年6月1日提出争议商标的注册申请，于2002年8月21日核准注册在第3类洗衣用浆粉和清洁制剂上。

我委认为：虽然争议商标“力咖”无明确含义，其字体与构词结构与申请人在先使用的“加加”商标十分近似，争议商标与申请人商标的注册人位于同一地区，被申请人注册争议商标存在抄袭摹仿之嫌，并且申请人“加加 JIAJIA 及图”商标曾于2006年被商标局认定为酱油商品上的驰名商标，但是，根据个案审查原则，申请人仍应在本案中举证证明其商标在争议商标申请注册日（即2001年6月1日）之前具有较高知名度和良好声誉的事实。根据申请人提交的企业经营状况、广告宣传、所获荣誉等方面的书面材料，我委认为，上述证据尚不足以证明在争议商标申请注册之前，其“加加”商标经使用已为中国相关公众广泛知晓并享有较高声誉，因此，申请人请求认定其商标为驰名商标的主张我委不予支持。又鉴于争议商标与申请人商标指定使用商品缺乏关联性，故不能认定争议商标的注册和使用会误导公众，致使申请人的利益可能受到损害，争议商标的注册因而没有违反《商标法》第十三条第二款的规定。申请人也未能提供证据证明在争议商标申请注册之前，其已在与第3类洗衣用浆粉、清洁制剂等相同类似商品上在先使用了“加加”商标并使其产生一定影响，因此被申请人注册争议商标的行为亦不属于《商标法》第三十一条所指的以不正当手段抢注他人未注册商标之情形。综上，申请人撤销理由不成立。

依据《商标法》第四十三条的规定，我委裁定如下：

争议商标予以维持。

当事人如不服本裁定，可以自收到本裁定书之日起三十日内向北京市第一中级人民法院起诉，并在向人民法院递交起诉状的同时或者至迟15日内将该起诉状副本抄送或者另行书面告知我委。

合议组成员：王　超
　　　　　　韩秀花
　　　　　　安　蕾

注：本案未处于诉讼程序。
涉案商标图案附于后页。

争议商标：

引证商标：

第 4010068 好“温和桥 WEN HE QIAO”商标争议裁定书

商评字〔2009〕第 21410 号

申请人：费县金源酒业有限公司。（原申请人：山东温和股份有限公司）

委托代理人：临沂市天勤商标事务所。

被申请人：张玉梅 372831550227422。

地址：山东省费县米田乡可乐庄村。

原申请人于 2006 年 4 月 28 日对被申请人注册的第 4010068 号“温和桥 WEN HE QIAO”商标（以下称争议商标）提出撤销注册申请。我委依法受理。在本案审理期间，申请人提交声明称原申请人的“温和缘及图”商标已转让给申请人，请求继续参加后续评审程序，我委经审查予以认可。依据《商标评审规则》第二十四条规定，我委组成合议组依法进行了审理，现已审理终结。

原申请人的主要理由，原申请人是中国白酒工业百强企业，其产品和使用的“温和”商标均享有良好的声誉。被申请人张玉梅系原申请人的退休职工，对其产品和使用商标十分了解。被申请人注册争议商标存在明显恶意，有借原申请人所创知名度，欺瞒消费者并从中牟利的企图。争议商标与原申请人注册的“温和缘及图”商标（以下称引证商标）构成近似商标，双方商标在消费对象和销售渠道完全相同的情况下，并存于市场容易造成商品来源的误认，构成了《商标法》第二十八条所指的情形。此外，“温和”还是原申请人使用的企业名称，该字号已在当地享有很高的知名度，争议商标同样侵犯了其在先商号权，应当依据《商标法》第三十一条的相关规定撤销争议商标的注册。

原申请人向我委提交了以下主要证据：

1. 原申请人的企业法人营业执照副本及公司荣誉证书、该企业“温和牌”白酒产品被授予“山东名牌称号”和“山东名牌产品”的荣誉证书、该企业“温和”牌商标被评为“山东省著名商标”的证书；

2. 山东省费县社会劳动保险事业处开具的证明、温和集团企业职工退休审批表，用以证明被申请人与原申请人的关系；

3. 引证商标注册证明和争议商标初审公告页。

被申请人在我委规定期限内未予答辩。

我委经审理查明：原申请人于 2002 年 2 月 8 日提出引证商标的注册申请，于 2003 年 3 月 14 日取得商标专用权，指定使用商品为第 33 类酒（饮料）、葡萄酒、含水果的酒精饮料等，注册号 3092894。该商标经商标局核准转让至申请人所有，转让事实刊登在第 1052 期《商标公告》上。申请人同时还受让注册了第 305036 号“温和 WH 及图”商标，该商标由山东省费县酒厂于 1987 年 12 月 20 日获准注册在第 33 类酒商品上，并经原申请人使用具有较高的知名度。

被申请人于 2004 年 4 月 12 日提出争议商标的注册申请，指定使用在第 33 类酒（饮料）、葡萄酒、樱桃酒、含水果的酒精饮料等商品上。

我委认为：第一、申请人受让注册的第 305036 号“温和 WH 及图”商标经使用已在酒商品上建立了较高的知名度，争议商标与引证商标的构成文字均包含“温和”二字，两者含义上的区别并不明显，且被申请人与引证商标注册人均位于山东省费县，原申请人提交的有关被申请人张玉梅系其退休职工的书面证据材料可以证明被申请人应当知晓“温和 WH 及图”商标和引证商标由原申请人在先使用和注册的事实，因此，综合考虑以上因素，我委认为，争议商标使用在相同类似商品上易被消费者误认为申请人的系列商标，具有产生商品来源误认的可能性，其与引证商标已构成《商标法》第二十八条所指的相同类似商品上的近似商标。第二、申请人未提交相关证据证明其与原申请人之间存在利害关系，因此其不具备依据《商标法》第四十一条第二款规定裁定撤销争议商标注册的主体资格。我委对原申请人称争议商标违反《商标法》第三十一条有关保护在先商号权规定的主张不予评述。

综上，申请人撤销理由成立。

依据《商标法》第二十八条、第四十一条第三款和第四十三条的规定，我委裁定如下：

争议商标予以撤销。

当事人如不服本裁定，可以自收到本裁定书之日起三十日内向北京市第一中级人民法院起诉，并在向人民法院递交起诉状的同时或者至迟 15 日内将该起诉状副本抄送或者另行书面告知我委。

合议组成员：王　超
韩秀花
安　蕾

注：本案未处于诉讼程序中。涉案商标图案附于后页。

争议商标：

引证商标一：

引证商标二：

关于第1158509号“凡士林特效润肤霜 Vaseline Intensive Care 及图”商标争议裁定书

商评字〔2009〕第01296号

申请人：上海家化联合股份有限公司

地址：上海市保定路527号

被申请人：联合利华有限公司

委托代理人：北京天平专利商标代理有限公司

申请人于2001年11月19日对被申请人注册的第1158509号“凡士林特效润肤霜 Vaseline Intensive Care 及图”商标（以下称争议商标）提出撤销注册申请。我委依法受理。依据《商标评审规则》第二十四条规定，我委组成合议组依法进行了审理，现已审理终结。

申请人的主要理由：凡士林（vaseline）是一种白色或黄色的油脂状石油产品，由于具有无色无臭、化学惰性、半固体状、亲油性、粘附性好等特点，已成为化妆品生产的主要原料之一，被广泛用作护发膏霜、头发调理产品、润肤产品和头腊等的基质。“凡士林”已作为原料的通用名称被化妆品行业的同行认知，不再具备商标的显著特征。争议商标直接表示了化妆品的主要原料和名称，违反了修改前《商标法》第八条第6款之规定，请求将其撤销。

被申请人答辩的主要理由：

1.“凡士林 VASELINE”商标是被申请人使用在护肤产品上的世界驰名商标，在世界各地已经注册多年。“VASELINE”商标在中国注册已有20年，而“VASELINE”与“凡士林”有对应上的唯一性，因此中英文组合商标“凡士林 VASELINE”也应当维持注册。

2. 被申请人的“凡士林 VASELINE”护肤产品在中国已广泛使用，“凡士林 VASELINE”商标被消费者认知为被申请人的专属品牌，完全可以起到指示商品来源的区别功能，不可能被认为是商品原料名称或指示其他产品特性。

3.“凡士林 VASELINE”商标注册后，已被国家工商总局认定为全国重点保护商标。这说明，工商总局根据被申请人的商标注册、保护和使用的具体情况，已经认同了被申请人对该商标的专用权。

4.“VASELINE”商标在世界上的几乎所有国家都是合法有效的注册商标，从未被弱化；在中国已注册十余件，且注册已有20年，没有被弱化。“凡士林”是“VASELINE”唯一对应的中文商标，在“VASELINE”商标不可动摇的情况下，“凡士林 VASELINE”商标也是不容否定的。

5.“凡士林 VASELINE”商标系被申请人独创，一贯用作商标，却被少数人以讹传讹，误传为石化原料，某些书籍也进行不负责任的登载。申请人提交的《日用化工原料手册》和《辞海》未明确指出“凡士林 VASELINE”是商品名称，这些书籍的编辑者也非商标专家，因此不能由“凡士林 VASELINE”被录入书籍的事实判定该商标已弱化为商品名称，该事实反而说明该商标是知名度广的驰名商标。申请人提交的《中国海关进出口税则》形成时间为2001年，晚于争议商标的申请注册时间，更晚于被申请人“VASELINE”商标的最早注册时间1983年，因此不能证明被申请人商标申请和注册时的情况。

6. 在第3类商品上，被申请人一直独家使用

"凡士林 VASELINE"商标，并已经在中国的很多地方严厉打击了制售假冒和侵权的"凡士林 VASELINE"产品的行为，打假行动获得了各地工商机关和司法机关的全力配合。

综上，请求维持争议商标注册。

我委经审理查明：

争议商标由被申请人于 1996 年 7 月 15 日申请注册，1998 年 3 月 14 日获准注册，核定使用在第 3 类润肤霜商品上。该商标经续展，现专用权期限至 2018 年 3 月 13 日。

我委认为，申请人以修改前《商标法》第八条第六款作为法律依据，以争议商标直接表示指定使用商品的主要原料和名称为由，请求将其撤销。根据《商标评审规则》第五十九条的规定，我委现依据现行《商标法》第十一条的相关规定对该评审理由进行审理。本案的焦点问题包括：1、"凡士林 Vaseline"是否为争议商标核定使用的润肤霜商品的通用名称或主要原料；2、争议商标是否经使用已取得显著特征。

关于第一个焦点问题，我委认为，争议商标"凡士林特效润肤霜 Vaseline Intensive Care 及图"核定使用在润肤霜商品上，"润肤霜"是核定使用商品的通用名称，是商标的非显著部分。"Intensive Care"意为"强效护理"，与"特效"一词经常被经营者用以描述润肤霜商品的质量特点，核定使用在润肤霜商品上缺乏显著性。"凡士林"是英文单词"Vaseline"的固定音译。根据申请人提交的由中国轻工业出版社出版的《日用化工原料手册》相关页次（复印件），凡士林（Vaseline）是石油的成分之一，可用作护发膏霜、唇膏、眼影膏的基质。根据申请人提交的由上海辞书出版社出版的《辞海》1989 年版缩印本相关页次（复印件），凡士林（Vaseline）是一种石油产品，可用作化妆品原料。申请人认为上述书籍系属出版单位不负责任的登载，或有违事实，但申请人并未对上述刊物中的所谓错误主张权利并予以纠正。1999 年再版的《辞海》中，对"凡士林（Vaseline)"的解释仍与 1989 年版的相同。据此，不能否定行业中仍存在将"凡士林 Vaseline"作为润肤霜产品主要原料的情形。

关于第二个焦点问题，我委认为，根据被申请人提交的由商标局编制的《全国重点保护商标名录》相关页次（复印件），被申请人使用在化妆用品上的"凡士林 Vaseline"商标在 1999 年 4 月被商标局列为全国重点保护商标。据此可以认定，"凡士林 Vaseline"商标经被申请人在化妆用品上的使用已取得了显著特征。争议商标中的"凡士林 Vaseline"虽然直接描述了润肤霜的主要原料，但经过被申请人的使用，已经取得了显著特征，能够起到区别产品来源的作用，因此争议商标应予维持注册。

综上，申请人撤销理由不成立。

依据《中华人民共和国商标法》第四十三条的规定，我委裁定如下：

争议商标予以维持。

当事人如不服本裁定，可以自收到本裁定书之日起三十日内向北京市第一中级人民法院起诉，并在向人民法院递交起诉状的同时或者至迟 15 日内将该起诉状副本抄送或者另行书面告知我委。

合议组成员：郭维维
曲红阳
尤丽丽

2009 年 2 月 9 日

争议商标图样

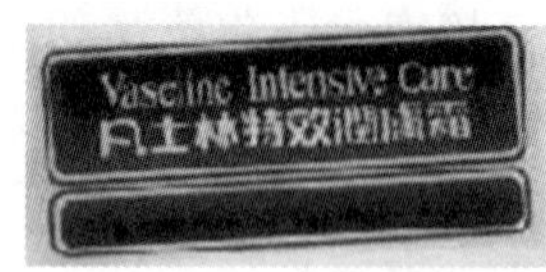

上述裁定作出后当事人未提起诉讼

关于第3230123号“好孩子及图形”商标争议裁定书

商评字〔2009〕第17690号

申请人：好孩子儿童用品有限公司。

委托代理人：苏州创元专利商标事务所有限公司。

被申请人：胡旭强。

地址：浙江省乐清市虹桥镇黎明村。

申请人于2005年8月15日对被申请人注册的第3230123号“好孩子”商标（以下称争议商标）提出撤销注册申请。我委依法受理。依据《商标评审规则》第二十四条规定，我委组成合议组依法进行了审理，现已审理终结。

申请人的主要理由，一、申请人使用在第12类商品上的第523715号“好孩子HAOHAIZI及图”商标、第672357号“好孩子及图”商标通过申请人长期广泛的广告宣传、销售，已在全国范围甚至世界范围具有较高的知名度、较深远的影响力，相关公众对“好孩子及图”商标的知晓程度较高。因此，申请人的“好孩子及图”商标于1999年12月29日被国家工商行政管理局商标局认定为中国驰名商标。

二、争议商标的申请注册日期为2002年7月2日，此时，申请人的“好孩子及图”商标已被评为中国驰名商标。争议商标的存在，必然使消费者认为标有争议商标的商品与申请人存在某种联系，造成消费者的混淆，导致消费者的误认误购，显然构成了不正当竞争，极大的损害了申请人的利益。如：第1915775号“好孩子”商标的所有人东莞市寮步通达电子厂产品质量不合格事件，就使申请人的驰名商标“好孩子及图”蒙受不白之冤，名誉受到极大的损害，造成了恶劣的社会影响。

综上，请求商标评审委员会撤销争议商标注册。

为支持其主张，申请人向我委提交了以下主要证据：

1. 第523715号“好孩子HAOHAIZI及图”商标和第672357号“好孩子及图”商标的注册证、名义变更证明、转让证明、续展证明复印件，用以证明申请人的含“好孩子”文字商标注册情况。

2. 国家工商行政管理局商标局《关于认定“好孩子”商标为驰名商标的通知》复印件，用以证明申请人的“好孩子及图”商标于1999年12月29日被认定为驰名商标。

3. 1994年12月，江苏省计划与经济委员会颁发的《江苏名牌产品证书》等多项荣誉证书复印件，用以证明申请人的“好孩子及图”商标具有较高知名度。

4. 中国海外经济合作总公司出具的《赠送物品清单》复印件、国家统计局等单位出具的销量证明复印件，用以证明申请人的“好孩子及图”商标的使用情况。

5. 人民网及湖南在线网的下载网页，用以证明第1915775号“好孩子”商标的使用损害了申请人的利益。

被申请人在我委规定期限内未予答辩。

我委经审理查明：一、争议商标由被申请人于2002年7月2日向商标局提出注册申请，指定使用于第9类与电视机连用的游戏机等商品上，该商标于2004年2月21日经商标局核准注册。

二、申请人的第523715号“好孩子HAOHAIZI及图”商标、第672357号“好孩子及图”商标分别由昆山县信艺模具厂、昆山市好孩子童车厂于1989年8月18日和1992年10月16日向商标局提出注册申请，指定使用在第12类儿童车等商品上，并分别于1990年7月10日、

1994年1月7日经商标局核准注册。经商标局核准名义变更、转让及续展后，两商标权专用期分别至2010年7月9日、2014年1月6日，其所有人均为好孩子儿童用品有限公司，即本案申请人。

以上事实有申请人提供的证据1及商标档案在案佐证。

三、申请人的“好孩子”牌童车所获荣誉情况：1999年12月29日，“好孩子及图”商标被国家工商行政管理局商标局认定为使用在童车商品上的驰名商标；1994年12月，好孩子牌童车被江苏省名牌产品认定委员会认定为“’94江苏名牌产品”；1997年11月，好孩子牌童车被江苏省名牌产品认定委员会认定为“1997年江苏名牌产品”；1998年2月，第672357号“好孩子及图”商标被江苏省工商行政管理局审定为江苏省著名商标；1991年4月，好孩子牌多功能童车被北京国际博览会组织委员会评为“第二届北京国际博览会金奖”；1999年11月，好孩子牌童车被江苏省名牌产品认定委员会认定为“1999年江苏名牌产品”；2001年10月15日，第672357号“好孩子及图”商标被江苏省工商行政管理局审定为江苏省著名商标。

四、申请人的“好孩子及图”商标的使用情况：1993年度至1995年度、1997年度至2001年度“好孩子”牌童车在同类产品中的市场销量名列第一；1996年10月，中国海外经济合作总公司受外交部、外经贸部委托在承办李鹏总理访问拉美赠送礼品的任务中，选用“好孩子”牌童车作为礼品。

以上事实有申请人提交的证据2-4在案佐证。

经合议组合议，我委认为，本案的焦点可归纳为：争议商标的申请注册是否构成对申请人已经驰名的“好孩子及图”商标的复制、摹仿，构成了《商标法》第十三条第二款所指的情形。

《商标法》第十三条第二款规定，就不相同或不类似商品申请注册的商标是复制、摹仿或者翻译他人已经在中国注册的驰名商标，误导公众，致使该驰名商标注册人的利益可能受到损害的，不予注册并禁止使用。本案中，我委查明事实表明，在争议商标申请注册日前，申请人的“好孩子及图”商标在儿童车商品上，经过长期使用，已在中国消费者中享有较高知名度，为相关公众所知晓，并于1999年12月29日被国家工商行政管理局商标局认定为使用在儿童车商品上的驰名商标。

虽然申请人的“好孩子及图”商标具有较高知名度，争议商标“好孩子”与申请人的“好孩子及图”商标显著识别标识之一的“好孩子”文字相同。但争议商标核定使用的电视机等商品与申请人“好孩子及图”商标核定使用的儿童车等商品，在功能、用途、生产工艺等方面区别明显，上述商品所属行业跨类较大。争议商标使用在电视机等商品上，不会引起消费者对商品的来源产生误认，进而损害申请人的利益。此外，“好孩子”文字，属于日常生活用语，独创性弱。以此作商标难谓是对他人商标的复制、摹仿。综上，争议商标的申请注册未构成《商标法》第十三条第二款所指的情形。

综上，申请人撤销理由不成立。

依据《中华人民共和国商标法》》第四十三条的规定，我委裁定如下：

争议商标予以维持。

当事人如不服本裁定，可以自收到本裁定书之日起三十日内向北京市第一中级人民法院起诉，并在向人民法院递交起诉状的同时或者至迟15日内将该起诉状副本抄送或者另行书面告知我委。

合议组成员：徐莹
董云
张亚军

2009年7月27日

附商标图样：

好孩子

争议商标：

引证商标1：好孩子 HAOHAIZIE

引证商标2：

诉讼信息：［2009］一中知行初字第2275号行政判决书维持被诉裁定

［2010］高行终字第709号行政判决书维持原判

关于第3644059号“黄花城长城”商标争议裁定书

商评字〔2009〕第23057号

申请人：北京黄花城长城旅游开发有限责任公司。

地址：北京市怀柔区九渡河镇西水峪村。

委托代理人：北京方韬知识产权代理有限公司。

被申请人：田雨。

地址：北京市怀柔区黄坎乡花木村。

申请人于2005年6月24日对被申请人注册的第3644059号“黄花城长城HUANGHUACHENGCHANGCHENG及图”商标(以下称争议商标)提出撤销注册申请，我委依法受理。依据《商标评审规则》第二十四条规定，我委组成合议组依法进行了审理，现已审理终结。

申请人主要理由：1. 2002年11月，怀柔区委、区政府召开专门会议决定建设黄花城长城生态旅游景区，并授权北京市公联有限公司组建专门的项目管理公司进行筹资、建设和运营工作。2003年2月，北京公联公路联络线有限公司与北京公联投资公司联合投资组建的申请人公司正式成立并投入运营。申请人对黄花城长城景区进行了积极的宣传与开发，使该景区迅速成为一座集餐饮娱乐、旅游观光、自然资源与历史文物保护为一体的大型旅游度假区，更使得“黄花城长城”成为申请人名下的知名品牌和商标。需要指出的是，“黄花城长城”虽然是从景区名称演化出的商标，但其商标属性并不仅仅限于旅游这一服务项目上，而是与景区内提供的商品和其他服务紧密相连。被申请人作为怀柔区的自然人，明知“黄花城长城”是怀柔区重点开发项目以及综合性旅游商标，其注册争议商标的行为明显带有欺骗性和不正当性。被申请人并非黄花城长城的开发运营者，却在黄花城长城景区内及周边地区经营“黄花城长城”牌的商品，显然会引起消费者混淆。因此，争议商标已经构成《商标法》第四十一条第一款所指的以欺骗或其他不正当手段取得注册的情形，依法应予撤销。2. 争议商标的注册将干扰怀柔区经济、社会发展的正常秩序，违反了《商标法》第十条第一款第（八）项的规定。3. 争议商标指定使用商品与申请人在先使用的“黄花城商标”指定使用商品/服务关系极为密切，由于申请人商标系涵盖多类旅游服务及商品的未注册知名商标，因此，争议商标系对申请人商标的恶意抢注，违反了《商标法》第三十一条的相关规定。4. 申请人对“黄花城长城”享有在先商号权，争议商标的注册侵犯了申请人的合法在先权利。5. 被申请人的行为违背了诚实信用原则，依据《民法通则》第四条、《反不正当竞争法》第二条、第五条的规定，被申请人的商标注册行为已构成不正当竞争，依法应予制止。综上，争议商标的注册应予撤销。

申请人向我委提交了以下主要证据：1. 申请人营业执照副本复印件。2. 怀柔区政府关于开发黄花城长城旅游风景区的会议纪要。3. 怀柔区政府和北京市公联公路联络线有限责任公司签订的关于联合开发黄花城长城旅游风景区的协议。4. 人民网对黄花城长城的介绍。5. 各类搜索网站显示的对申请人和黄花城长城的介绍。6. 申请人为宣传黄花城长城而签订的部分广告合同复印件。7. 怀柔区政府关于申请撤销第 3644059 号争议商标的函。8. 申请人的各种游览项目及相关门票。

被申请人主要答辩理由：1. “黄花城长城”具有双重含义。第一层次的含义是作为国家文物古迹的古长城的一部分，第二层次的含义是该文字本身所指代的地理名称。在文物古迹的意义上，黄花城长城的所有权人应为国家，黄花城长城生态旅游风景区作为旅游开发项目，与作为古迹的黄花城长城并无关系。因此，怀柔区政府或争议人无权主张对黄花城长城的垄断性权利。另一方面，作为地理名称的黄花城长城不属于《商标法》禁止注册的对象。2. “黄花城长城”既非申请人的注册商标，也非申请人使用在先并有一定影响的未注册商标，申请人对“黄花城长城”不享有任何商标意义上的在先权利。尽管申请人企业名称中含有“黄花城长城”字样，但争议商标的注册并未对申请人所享有的商号权造成损害或妨碍。申请人反复强调“黄花城长城”是其知名标志及无形资产，缺乏法律和事实依据。因此，争议商标的注册并没有违反《商标法》第三十一条的规定。3. 被申请人在注册争议商标过程中并没有使用任何欺骗或其他不正当手段。同时被申请人具有真实使用意图，争议商标被核准注册后已投入实际使用。因此，争议商标的注册并没有违反《商标法》第四十一条第一款的相关规定。4. 申请人称争议商标的注册造成了恶劣影响并无事实依据，争议商标并没有违反《商标法》第十条第一款第（八）项的规定。5. 申请人提交的证据 7 是对被申请人合法经营活动的非法行政干预，其中所阐述的撤销理由均不能成立。综上，请维持争议商标的注册。

被申请人向我委提交了以下证据：1. 怀柔县志对黄花城长城历史由来的介绍。2. 人民网对黄花城长城的介绍。3. 部分网站对黄花城长城保护现状的介绍材料。4. 申请人以及申请人股东的公司章程。5. 其他使用“黄花城长城”作为企业名称的公司的企业登记信息。6. 被申请人企业的相关证件。7. 争议商标实际使用的照片及商标许可使用合同备案申请书。

针对被申请人的答辩理由及证据材料，申请人提出如下新质证意见：1. 申请人对黄花城长城景区进行了实际的开发、管理和宣传，可以代表黄花城长城生态旅游风景区。2. 被申请人在第 29 类、第 32 类、第 39 类、第 41 类和第 43 类共计 5 个类别上同时申请注册了“黄花城长城”商标，其作为一个自然人，根本没有能力同时在这 5 个类别的商品与服务上使用系争商标，这也证明其注册行为具有主观恶意。3. 被申请人提交的证据中，除证据 1 外的其他证据的真实性均值得怀疑，不具有相应的证明力。

申请人向我委补充提交了证据 9–11：9. 载有申请人股东变更事项的公司股东会决议以及修改后的申请人公司章程。10. 申请人公司管理人员及工作人员花名册。11. 申请人对景区进行投资的部分发票。

我委经审理查明：

1. 争议商标由被申请人于 2003 年 7 月 23 日申请注册，指定使用在第 29 类猪肉食品等商品上，该商标于 2005 年 2 月 28 日被核准注册，注册号 3644059。

2. 在争议商标申请日前，申请人未在第 29 类商品上注册任何商标。

3. 2002 年 11 月 21 日，怀柔区人民政府就开发黄花城长城生态旅游景区事宜召开会议，会议决定由北京市公联有限责任公司负责组建项目管理公司，作为景区开发具体工作的法人实体。2003 年 2 月 27 日，北京市公联有限责任公司作为大股东投资设立了本案申请人。2004 年 5 月 10 日，怀柔区人民政府与北京市公联有限责任公司签订了联合开发框架协议。

我委认为，本案焦点问题可以归纳为以下四个：第一，被申请人在争议商标注册过程中是否使用了欺骗或其他不正当手段。第二，争议商标的注册是否会产生不良影响。第三，争议商标是否是对申请人在先使用并有一定影响商标的抢注。第四，争议商标的注册是否侵犯了申请人的在先商号权。

关于焦点问题一：首先，黄花城长城作为长城遗址的一部分，属于物质文化遗产的范畴，理应得到所在地政府的保护。在不破坏这一物质文化遗产的前提下，对其进行适当的商业开发并无不可。但这种商业开发，因其以赢利为目的，与对物质文化遗产的保护不能混为一谈。因此，申请人作为黄花城长城景区的商业开发者，要么通过对未注册商标的使用获得法律有限度的保护，要么依法进行注册取得商标专用权，除此以外，申请人并不能当然地获得以景区名称为内容且涵盖多个类别的商标专用权。其次，作为物质文化遗产的黄花城长城，其所有权应归属于国家。至于该文化遗产的名称，因其所指代的对象可能带给人一种美好的联想，从而将其用作商标可能给商事主体带来一定的商业利益，从这一角度而言，本案中的景区名称用作商标与汉语中那些指代美好事物的词汇用作商标在本质上并无不同，因此，景区名称作为一种可注册的商标资源，具有一定的公共属性，不宜由某些主体享有垄断性的特殊权利，景区开发者与其他商事主体均应通过使用或注册获取相应的商标权益。综上，尚不能认定被申请人在注册争议商标的过程中使用了欺骗或其他不正当手段。

关于焦点问题二：《商标法》第十条第一款第（八）项所指的“不良影响”通常是指有违公序良俗的情形，申请人所称的经济、社会秩序虽然可以看作一种公共秩序，但“黄花城长城”这一景区名称的商标权并非由某些主体所专有已如前所述，而且没有证据表明争议商标的注册会使上述的秩序受到侵害，因此，对于申请人的第二项撤销理由，我委不予支持。

关于焦点问题三：申请人提交的证据1–证据5、证据7以及证据9–证据10与其商标使用情况无关；证据6中的广告合同签订时间均晚于争议商标申请日，而且与第29类商品毫无关联；证据8未显示形成时间，但根据申请人提交的证据1–证据5可以推定其形成时间应晚于争议商标申请日，而且该证据所涉及的使用项目与第29类商品亦无关联；申请人提交的证据11系其投资过程中所产生的发票，发票的形成时间也晚于争议商标申请日，不能用于证明其商标使用情况。综上，申请人提交的证据不能证明在争议商标申请日前其已在先使用了“黄花城长城”商标，因此，尚不能认定争议商标的注册违反了《商标法》第三十一条的相关规定。

关于焦点问题四：依目的解释，《商标法》第三十一条对在先商号权的保护应具备以下要件，即在先登记或使用的字号具有一定知名度、他人将该字号申请注册为商标容易导致相关消费者混淆。本案中，尽管申请人的成立时间早于争议商标申请日，但没有证据表明申请人在先登记的商号已具有一定知名度，而且在争议商标申请日前申请人并未在第29类商品或与其密切相关的商品或服务上使用“黄花城长城”商标，因此，尚不能认定争议商标的注册及使用易引起消费者混淆。综上所述，申请人关于争议商标的注册侵犯其在先商号权的主张缺乏事实依据，我委不予支持。

此外，鉴于《商标法》对违反诚信原则的不当注册行为已有详细规定，本案无需适用《民法通则》以及《反不正当竞争法》的规定，因此，对申请人第五项撤销理由，我委不予支持。同时，争议商标的实际使用情况以及申请人公司股东变化情况均与本案无直接关联，对双方当事人据此提出的主张以及相关证据材料，我委不予评述。

综上，申请人撤销理由不成立。

依据《中华人民共和国商标法》第四十三条的规定，我委裁定如下：

争议商标的注册予以维持。

当事人如不服本裁定，可以自收到本裁定书之日起三十日内向北京市第一中级人民法院起诉，并在向人民法院递交起诉状的同时或者至迟15日内将该起诉状副本抄送或者另行书面告知我委。

合议组成员：孙明娟
乔烨宏
郭京平

2009年8月31日

争议商标图样：

关于第 1703200 号“乐家老铺”商标争议裁定书

商评字〔2009〕第 15245 号

申请人：中国北京同仁堂 (集团) 有限责任公司。

委托代理人：北京市捷诚信通知识产权代理有限公司。

被申请人：南京同仁堂药业有限责任公司。

委托代理人：南京金陵商标事务所。

申请人于 2002 年 3 月 22 日对第 1703200 号“乐家老铺”商标（以下称争议商标）提出撤销注册申请。我委依法受理。依据《商标评审规则》第二十四条规定，我委组成合议组依法进行了审理，现已审理终结。

申请人主要理由：同仁堂自古由乐家人所开，因此也称为“乐家老铺”。经过几百年的经营和发展，同仁堂已成为我国中医药行业的脊梁，享誉世界。由于同仁堂自古是“只此一家，别无分号”，因此，只有申请人才可称为“乐家老铺”。被申请人成立伊始，仅是作为北京同仁堂的门市，负责经销北京同仁堂制售的药品，并不具备加工制作药品的能力。1949 年 3 月，北京同仁堂不再给南京同仁堂共给半产品药，南京同仁堂所需药品均由宏仁堂供应。因此，被申请人不是“乐家老铺”名称的合法继承者，其“同仁堂”称号只是历史遗留问题。争议商标的注册会使消费者将其与申请人联系起来，从而对产品来源造成混淆，并可能损害申请人的声誉。综上，争议商标的注册违反了《商标法》第三十一条及第四十一条第一款的规定，应予撤销。

申请人向我委提交了以下主要证据：1. 公私合营期间同仁堂使用“乐家老铺”字号的图片。2. 由乐詠西题字的乐氏北平同仁堂门面图片。3. 同仁堂老职工关于南京同仁堂情况的座谈纪要。4. 商标局关于给予“同仁堂”以驰名商标特别保护的文件。

被申请人主要答辩理由：南京同仁堂系由乐氏家族共同投资设立的，与“乐家老铺”具有不可分割的历史渊源。南京同仁堂经过近百年的发展，已具有相当高的知名度，对继承发展“乐家老铺”具有不可抹煞的历史贡献。早在 1991 年 2 月 28 日，南京同仁堂就在第 5 类中成药等商品上注册了“乐家老铺及图”商标，该商标通过长期宣传和使用已为广大消费者所熟知。需要指出的是，虽然“乐家老铺”和“同仁堂”有着悠久的历史渊源，但就商标本身而言，二者不能等同。申请人“同仁堂”商标作为驰名商标，其保护范围不能扩展到“乐家老铺”商标上。综上，争议商标的注册应予维持。

被申请人提交了以下主要证据：1. 1946 年 12 月南京市政府社会局颁给南京同仁堂的营业登记证。2. 总号京都同仁堂与分号南京同仁堂往来信函 2 份。3. 南京同仁堂公私合营的相关文件。4. 被申请人及其产品所获荣誉证书。5. 部分报刊对被申请人的报道。

针对被申请人的答辩，申请人补充了以下质证意见：1. 尽管南京同仁堂作为“乐家老铺分号”的合法地位无可厚非，但“乐家老铺”作为乐氏家族的共同历史遗产，如果允许被申请人将其注册为商标，必然会导致申请人以及其他乐家老铺分号不能继续使用。2. 随着展现同仁堂发展史的电视剧在全国的播出，“同仁堂”和“乐家老铺”的关系已为消费者知晓，即“乐家老铺”指的就是“同仁堂”，因此，被申请人的注册行为应属无效的民事行为。3. 被申请人的行为构成了对“乐家老铺”商标的抢注，违反了《商标法》第三十一条的规定。

申请人补充提交了以下主要证据：a、同仁堂历史图片资料复印件。b、乐松生先生《北京同仁堂的回顾与展望》第146、156页复印件。

我委经审理查明：

1. 争议商标由被申请人于2000年12月7日申请注册，指定使用在第30类非医用营养液等商品上，注册号1703200。

2. 被申请人曾于1991年2月28日在第5类中成药品等商品上获准注册了第544185号“乐家老铺及图”商标，该商标经续展仍在专用权期限内。

我委认为，根据双方当事人的理由及证据，本案焦点问题可以归纳如下：1. 争议商标的注册是否构成《商标法》第三十一条所指的“以不正当手段抢先注册他人已经使用并有一定影响的商标”之情形。2. 争议商标的注册是否构成《商标法》第四十一条第一款所指的“以欺骗或其他不正当手段取得注册”的情形。

关于第一个焦点问题：申请人提交的证据1系复印件，难以辨别出其中含有“乐家老铺”字样，即便确如申请人所说的其使用“乐家老铺”作为字号，仅凭一张图片也不能证明申请人在先使用的“乐家老铺”已具有一定影响；申请人提交的其他证据亦不能证明在争议商标注册日前其已在第30类非医用营养液等商品上将“乐家老铺”作为商标使用。因此，本案未能完备《商标法》第三十一条相关规定的适用要件，申请人第一项撤销理由不成立。

关于第二个焦点问题：首先，申请人自成立伊始就以“同仁堂”的名义进行经营，同时，根据申请人在质证意见中提交的b可知，乐氏家族四大房在全国各地开设的分号也均使用“某某堂”作为字号，也就是说，没有证据显示乐氏家族曾大规模的使用“乐家老铺”作为商标或字号，从而不能认定在“乐家老铺”四个字上已附着了一定的商誉。被申请人作为乐家老铺分号（这一点申请人在质证意见中也予以承认），有资格在生产经营活动中使用“乐家老铺”，在“乐家老铺”并无附着一定商誉且没有其他人将其注册为商标的情况下，被申请人将“乐家老铺”注册为商标的行为并无不当。其次，被申请人早在1991年就在第5类中成药等商品上注册了“乐家老铺及图”商标，截止到本案申请日前，被申请人使用“乐家老铺及图”商标已长达十余年，没有证据表明消费者将该商标与申请人的“同仁堂”商标相混淆，同样也没有证据表明在“乐家老铺”商标被注册前，消费者已熟知“同仁堂”与“乐家老铺”之间的关系。因此，对申请人“同仁堂”商标的保护范围不能及于“乐家老铺”商标。综上所述，不能认定被申请人在争议商标注册过程中使用了欺骗或其他不正当手段。

依据《中华人民共和国商标法》第四十三条的规定，我委裁定如下：

争议商标予以维持。

当事人如不服本裁定，可以自收到本裁定书之日起三十日内向北京市第一中级人民法院起诉，并在向人民法院递交起诉状的同时或者至迟15日内将该起诉状副本抄送或者另行书面告知我委。

合议组成员：孙明娟
郭京平
乔烨宏

2009年6月1日

附商标图样：

诉讼信息：［2009］一中行初字第1863号行政判决书对被诉裁定予以维持，该判决已生效。

关于第 3672081 号"水立方 SHUILIFANG"商标争议裁定书

商评字〔2009〕第 29312 号

申请人：北京国家游泳中心有限责任公司

委托代理人：北京天驰知识产权代理有限公司

被申请人：周晓扬

地址：广东省潮阳市区峡山镇峡山广汕公路峡山路段 140 号 32 户

申请人于 2007 年 9 日 17 日对被申请人注册的第 3672081 号"水立方 SHUILIFANG"商标提出争议裁定申请，依据《商标评审规则》第二十四条规定，我委组成合议组依法进行了审理，现已审理终结。

申请人提出争议的主要理由：申请人由北京市国有资产经营有限责任公司成立，是"水立方"的唯一经营、管理机构。"水立方"是申请人独创的臆造词，已经与 2008 年北京奥运会标志性奥运场馆国家游泳中心形成特定的、唯一的联系，成为奥运场馆名称和未注册商标，由被申请人注册和使用，必然会欺骗、误导消费者，产生不良影响，违反了《商标法》第十条第一款第（八）项规定。2003 年初国家游泳中心设计方案包括"水立方"，在北京公开展示，2003 年 7 月 28 日"水立方"被正式确定为国家游泳中心实施方案，对于这一历史性事件，中央、各地方电视台、网站等众多媒体进行了宣传报道，被申请人在申请争议商标前，不可能不知晓"水立方"这一名称，因此是典型的恶意抢注行为。综上，争议商标应予以撤销。

我委将争议答辩通知书邮寄送达被申请人，被邮局退回后，又进行了公告送达。被申请人未在规定期限内答辩。

我委经审理查明：

争议商标由被申请人于 2003 年 8 月 13 日提出注册申请，并于 2005 年 11 月 7 日经商标局核准注册于第 3 类肥皂、洗发液等商品上。

我委认为，本案争议焦点可归结为争议商标是否构成《商标法》第十条第一款第（八）项所指的具有不良影响之情形。"水立方"是 2008 年北京奥运会标志性建筑物——国家游泳中心的名称，这一事实已为中国消费者广为知晓。被申请人将"水立方"注册为商标，易使消费者将其标示商品与奥运场馆国家游泳中心相联系，认为该商品为奥运会指定商品或与奥运会有某种关联，从而发生对产源的误认，进而产生不良影响。因此，争议商标已构成《商标法》第十条第一款第（八）项所指的具有不良影响之情形。

申请人还主张被申请人恶意抢注其商标，但其并未提交证据证明其在争议商标申请注册前将"水立方"作为商标进行商业使用，故上述主张不成立。

依据《商标法》第十条第一款第（八）项、第四十一条第一款、第四十三条的规定，我委裁定如下：

争议商标予以撤销。

当事人如不服本裁定，可以自收到本裁定书之日起三十日内向北京市第一中级人民法院起诉，并依《商标评审规则》第三十五条第一款规定，在向人民法院递交起诉状的同时或者至迟 15 日内将该起诉状副本抄送或者另行书面告知我委。

合议组成员：黄　丽
张月梅
涂嘉文

2009 年 11 月 2 日

争议商标图样：

注：2010 年 5 月 14 日，北京一中院作出（2010）一中知行初字第 922 号判决书，维持该裁定。

关于第1684206号“玉兰OLAY及图”商标争议裁定书

商评字〔2009〕第03260号

申请人：天津市玉兰日用化妆品有限公司。

委托代理人：天津才智专利商标代理有限公司。

被申请人：宝洁公司。

委托代理人：中原信达知识产权代理有限责任公司。

申请人于2004年4月9日对被申请人注册的第1684206号“玉兰OLAY及图”商标（以下称争议商标）提出争议裁定申请，我委依法受理。依据《商标评审规则》第二十四条的规定，我委组成合议组依法进行了审理，现已审理终结。

申请人提出争议的主要理由：争议商标指定使用的“液体粉底、粉底、化妆底霜、护肤用化妆剂、润肤凝胶、皮肤增白制剂、美容面膜、肤色调色剂、皮肤清洁制剂、化妆用收敛剂、眼膜、眼霜、眼部化妆制剂、眼部保养用凝胶”商品与申请人注册的第138013号“玉兰YULAN及图”商标（以下称引证商标）核定使用商品在实际市场环境中属于类似商品，两商标的主体特征和显著特征突出的都是相同汉字“玉兰”，二者构成使用在类似商品上的近似商标。引证商标的商品“玉兰冷烫精”是名牌产品，深受消费者喜爱，两者在实际使用中会造成消费者的混淆和误认。申请人请求依据《中华人民共和国商标法》（以下简称《商标法》）第三十一条、第四十一条第三款、《商标法实施条例》第二十九条的规定以及我国商标法申请在先原则和公平原则，撤销争议商标在“液体粉底、粉底、化妆底霜、护肤用化妆剂、润肤凝胶、皮肤增白制剂、美容面膜、肤色调色剂、皮肤清洁制剂、化妆用收敛剂、眼膜、眼霜、眼部化妆制剂、眼部保养用凝胶”商品上的注册。

申请人向我委提交了以下主要证据：

1. 天津市和平区公证处（2005）津和证经字第2308、2309、2310号公证书复印件；

2. 包头市东河区老薛美容美发用品店、西安市新爱美容美发用品商店、郑州市理发用品商品、乌鲁木齐市金帆美容美发批发站为经销商复印件；

3. 与引证商标相关的报纸报道材料复印件。

被申请人答辩的主要理由：争议商标中，英文部分“OLAY”是一个无含义的创造词，汉字部分是其相应的中文音译。两商标除汉字部分外，还各有完全不同的英文、拼音以及图案相互区别，且这些区别性元素均在商标的整体构成中居于显著地位，两商标未构成近似商标。申请商标指定使用商品与引证商标核定使用商品在实际的市场环境中不属于类似商品，两商标未构成使用在类似商品上的近似商标。被申请人在第3类上注册了多个“OLAY玉兰（油）”系列商标，通过多年的使用宣传和精心维护，这些商标已经成为护肤洗洁用品上的知名品牌，在中国市场上享有盛誉。被申请人“OLAY玉兰”品牌的市场知名度和显著性已经无可辩驳的证明争议商标与引证商标在实际使用中不会造成消费者的混淆和误认。综上，请求维持争议商标。

被申请人向我委提交了以下主要证据：

1. 被申请人其他商标注册、转让证明复印件；

2. AC尼尔森公司在中国报纸上发布的报告内容复印件；

3.《现代服装》、《信息时报》、《名牌时报》等媒体相关报道剪页复印件；

4. 国家工商局召开的保护“玉兰”商标的案件协调会会议纪要及“全国重点商标保护名录”复印件；

5. 商标局相关异议裁定复印件。

我委经审理查明：

1. 争议商标由宝洁公司于2000年4月3日提出注册申请，经商标局核准注册于第3类浴液、润唇膏、护唇用品、液体粉底、粉底、化妆底霜、护肤用化妆剂、润肤凝胶、皮肤增白制剂、美容面膜、肤色调色剂、皮肤清洁制剂、化妆用收敛剂、眼膜、眼霜、眼部化妆制剂、眼部保养用凝胶、按摩用霜、肥皂、牙膏、化妆品商品上。其商标专用权期限自2001年12月21日起至2011年12月20日止。

2. 引证商标由申请人于1980年4月26日提出注册申请，经商标局核准注册在第3类冷烫精（单一商品）商品上。该商标经续展有效期至2013年2月28日。

我委认为：本案争议焦点可归结为争议商标与引证商标是否构成使用在类似商品上的近似商标。判定两商标是否构成使用在类似商品上的近似商标应当考虑相关公众有无混淆的可能性。而判定两商标有无混淆的可能性，应综合考虑两商标所使用商品的类似性、两商标标志的近似性、两商标标志的独创性、两商标的知名度及其他因素，如已经实际使用的情况下，两商标的使用方式的类似性、有无实际混淆发生等。本案中，争议商标与引证商标均为图文组合商标，其中争议商标由中文“玉兰”、英文“OLAY”及图形组成，引证商标由中文“玉兰”及图形组成。两商标虽含有相同的中文部分“玉兰”，但争议商标英文部分为无含义的臆造词，图形部分为一简单线条构成的女士头像，两部分均具有较强的独创性和显著性，而引证商标图形部分由一朵玉兰花构成，两商标整体构成要素、外观差异较大。被申请人提交的“全国重点商标保护名录”等证据表明被申请人“玉兰”、“OLAY”系列商标在指定使用商品上具有较高知名度。且被申请人的“OLAY”、“玉兰”系列商标早在1982年、1993年就已在第3类0306类似群商品上分别获准注册，与引证商标并存使用多年，申请人亦未提交相关证据证明二者共存已导致相关公众产生混淆误认。综上，虽然争议商标指定使用的“液体粉底、粉底、化妆底霜、护肤用化妆剂、润肤凝胶、皮肤增白制剂、美容面膜、肤色调色剂、皮肤清洁制剂、化妆用收敛剂、眼膜、眼霜、眼部化妆制剂、眼部保养用凝胶”商品与引证商标核定使用的商品属于类似商品，但二者在实际使用中，相关公众施以一般注意力不致产生混淆误认，未构成使用在类似商品上的近似商标。故申请人关于争议商标违反了《商标法》第四十一条第三款及《商标法实施条例》第二十九条的理由不成立。此外，申请人关于被申请人注册行为违反了《商标法》第三十一条的理由因无相关证据支持，故我委不予支持。

依据《商标法》第四十三条的规定，我委裁定如下：

争议商标予以维持。

当事人如不服本裁定，可以自收到本裁定书之日起三十日内向北京市第一中级人民法院起诉，并在向人民法院递交起诉状的同时或者至迟十五日内将该起诉状副本抄送或者另行书面告知我委。

合议组成员：马金英
王　婷
张　欢

2009年3月2日

争议商标图样：

引证商标图样：

注：当事人在法定期限内未起诉，该裁定现已生效。

关于第 3902418 号"千年御河"商标争议裁定书

商评字〔2009〕第 15545 号

申请人：沧州市制酒厂

地址：河北沧州市解放东路 2 号

被申请人： 李涛

委托代理人：北京鑫泽信宜知识产权代理有限公司

申请人于 2008 年 10 月 14 日对被申请人注册的第 3902418 号"千年御河"商标（以下称争议商标）提出撤销注册申请。我委依法受理。依据《商标评审规则》第二十四条规定，我委组成合议组依法进行了审理，现已审理终结。

申请人的主要理由：申请人建于 1947 年，是全国五百家最大饮料制造企业之一。1983 年申请人在白酒商品上获准注册了第 178444 号"御河春 YUHECHUN 及图"商标（以下称引证商标）。自上个世纪八十年代起，引证商标屡获殊荣，曾获河北省著名商标、河北名酒、香港食品博览会金奖、全国首届食品博览会金奖、全国酒类质量大赛银杯奖等称号。2000 年，申请人推出"御河春"牌"御河老酒"，经过广泛宣传和销售，"御河老酒"商标虽未注册但已经是知名商品。被申请人恶意注册与"御河春"、"御河老酒"非常近似的争议商标，违反了《中华人民共和国商标法》（以下称《商标法》）第九条、第二十八条、第三十一条的规定。请求撤销争议商标注册。

申请人向我委提交了以下主要证据：

1. 申请人简介、营业执照、生产许可证、卫生许可证、企业代码证复印件及纳税证明。

2. 争议商标与"御河老酒"外包装照片、引证商标与争议商标的比较说明书。

3. （2008）沧民初字第 00070 号民事判决书、（2008）冀民三终字第 88 号民事判决。

4. 河北华狮会计师事务所出具的申请人"御河老酒"系列产品 2000 至 2007 年度销售情况审计报告。

5. "御河春"商标及其系列产品获奖证书公证件，包括：1989 年、1996 年、1999 年、2003 年河北省著名商标证书；1997 年、2000 年、2007 年河北省名牌产品证书；2004 年、2006 年、2008 年中国优质产品证书；2000–2008 年质量保证证书；1997 年河北轻工名牌产品证书；1996 年、2002 年河北轻工畅销品牌荣誉证书；1992 年我最喜爱的河北十大名酒获奖证书；1987 年河北省优质产品证书；1985 年部级优质白酒证书；1985 年河北省轻工系统酒类大赛名酒证书等。

6. 河北省优质名牌白酒 2006 年、2007 年排行榜。

7. 《河北日报》、《燕赵都市报》等部分报纸广告及报道复印件。

8. "御河老酒"外观设计证明、外包装设计专利证书复印件。

被申请人答辩的主要理由：1. 争议商标与引证商标区别很大。2. 引证商标不是驰名商标，申请人的许多证据都是 2005 年以后的。外观专利取得于 2007 年，被申请人不可能于 2004 年恶意注册争议商标。3. 申请人提供的法院判决在当事人、案由、结论方面都与本案不同。请求维持争议商标注册。

我委经审理查明：争议商标由被申请人于2004年2月申请注册在白酒、葡萄酒商品上，2005年11月被核准注册。引证商标在白酒商品上于1983年获准注册。

我委认为：1. 关于争议商标与引证商标是否构成使用在同一种或类似商品上的近似商标。引证商标由“御河春”及拼音和图形构成，对相关公众而言，“御河春”是引证商标的主要认读部分，其中“春”是酒类商品上的较为常见的文字，显著性较弱，因此“御河”是引证商标的显著识别部分。在争议商标申请注册之前，引证商标已获得河北省著名商标、河北省名牌产品等称号，在相关公众中具有一定的知名度。争议商标中“千年”为“御河”的修饰词，“御河”亦为争议商标的显著识别部分。争议商标使用在与具有一定知名度的引证商标相同或类似的商品上，易使相关公众认为争议商标是引证商标的系列商标从而对商品来源产生混淆误认。因此两商标已构成使用在同一种或类似商品上的近似商标，争议商标的注册违反了《商标法》第二十八条的规定。

2. 关于争议商标的注册是否违反《商标法》第三十一条的规定。申请人的证据4表明，“御河老酒”系列产品通过沧州市酒类销售中心对外销售，在2001年至2004年度的销售金额依次达到了81.8万元、214.5万元、924.3万元、2595.7万元。依此可以认定在争议商标申请注册之前，申请人已经使用“御河老酒”商标，并且通过较大规模的销售，使其成为在相关公众中具有一定影响的商标。争议商标与引证商标的显著识别部分均为“御河”，使用的商品类似。因此被申请人注册争议商标的行为已构成《商标法》第三十一条所指“以不正当手段抢先注册他人已经使用并有一定影响的商标”的行为。

依据《中华人民共和国商标法》第二十八条、第三十一条和第四十一条、第四十三条的规定，我委裁定如下：

争议商标予以撤销。

当事人如不服本裁定，可以自收到本裁定书之日起三十日内向北京市第一中级人民法院起诉，并在向人民法院递交起诉状的同时或者至迟十五日内将该起诉状副本抄送或者另行书面告知我委。

合议组成员：赵春雷
　　　　　　田益民
　　　　　　吴新华

2009年7月6日

争议商标图样

千年御河

本案经北京市第一中级人民法院和北京市高级人民法院两审判决，维持我委裁定。

关于第1395595号“辛普森Simpson”商标争议裁定书

商评字〔2009〕第23951号

申请人：辛普森塔科马纸业有限公司。

委托代理人：永新专利商标代理有限公司。

被申请人：上海欣泰企业发展有限公司。

委托代理人：北京中正联合商标事务所有限公司。

申请人于2004年11月29日对被申请人注册的第1395595号“辛普森Simpson”商标（以下称争议商标）提出撤销注册申请。我委依法受理。依据《商标评审规则》第二十四条规定，我委组成合议组依法进行了审理，现已审理终结。

申请人的主要理由，申请人的母公司辛普森投资公司成立于1890年，早在1958年辛普森投资公司就已在美国专利局注册了“Simpson”商标（纸类商品）。“辛普森Simpson”为“Simpson”商标在中国使用的形式。争议商标的原注册人上海兴安纸业有限责任公司（以下简称“上海兴安”）和本案被申请人均为申请人“辛普森Simpson”产品在中国的经销商，二者与申请人均形成了销售代理关系。上海兴安在未经申请人许可的情况下，将申请人的“辛普森Simpson”商标申请注册，被申请人在明知争议商标实际权利归属的情况下，购买争议商标，并作为向申请人要求产品经销权的条件，违背了作为代理人所应尽的忠实义务，违反了《商标法》第十五条的规定。同时被申请人的行为也构成《商标法》第三十一条规定的“以不正当手段抢先注册他人已经使用并有一定影响的商标”之情形。综上，请求依据《商标法》第十五条、第三十一条和第四十一条第二款的规定，撤销争议商标。

申请人向我委提交了以下主要证据：

1. 美国华盛顿州州政府出具的申请人公司登记证明及翻译；

2. “Simpson”商标美国注册证明；

3. “Simpson”商标域外注册证复印件及中文翻译；

4. 1998-2004年纸产品和纸浆产品的出口量统计表；

5. 申请人产品上使用的标签；

6. 申请人参加SuperCorrExpo展览会使用各种会务服务的发票；

7. 申请人参加展会的照片；

8. 产品宣传页；

9. “Simpson”产品宣传费用统计表；

10. 申请人香港子公司注册的商业登记证；

11. 申请人向EVERWEALTH PAPER INDUSTRY发出的关于“Simpson”产品中国上海到岸价的报价表；

12. 申请人与WOODLINK公司于2002年的传真；

13. 申请人出具的证明CELLMARK INC为其产品代理商的证明；

14. 申请人与被申请人之间就“Simpson”商标的来往信函；

15. 申请人通过CELLMARK INC向被申请人销售“Simpson”产品的发票和装运单据（时间在争议商标申请注册之后）；

16. 被申请人网站页面。

被申请人答辩的主要理由，在中国申请人在第16类商品上对“SIMPSON”商标不享有在先权利，而且争议商标“辛普森 Simpson”与申请人未注册商标“SIMPSON”在音、形、义上均不近似，两个商标不构成近似商标。申请人提交的证据1–3为“SIMPSON”商标在其他国家的申请注册情况，不能代表在我国申请注册，因此，不能凭此主张在先权利；证据4为单方证据，在真实性和客观性上欠缺；证据6–8均为外文证据，未提交中文翻译，视为未提交；证据9因形成于域外，且无公证机关予以证明，因此不应采信；证据14中，申请人曲解事实，对信件的内容断章取义，从双方信函上看，申请人与被申请人往来信函的时间和被申请人申请代理申请人产品的时间均为2004年11月，而争议商标的注册时间为1998年，由此可见，被申请人在争议商标申请时与申请人不存在代理关系；证据15中的发票和装运单据显示的时间均为2004年7月，晚于争议商标的申请日1998年，当时双方并未存在往来贸易关系，即使几年后双方进行了贸易往来，也与本案无关。申请人提交的网站摘要属于电子信息的纸件化，没有经过公证，没有满足证据真实性的要求。综上，请求维持争议商标的注册。

被申请人向我委提交了以下主要证据：

1. 被申请人生产的纸类产品样本；

2. 申请人生产的纸类产品样本；

3. 被申请人的广告宣传费用单据和合同；

4. 申请人与被申请人的来往信函。

我委将被申请人的答辩书副本送交申请人，申请人证据交换回文称，争议商标与申请人未在中国注册的“Simpson”已构成类似商品上的近似商标，争议商标虽已注册但其侵犯了申请人的在先权利，违反了《商标法》第三十一条、第十五条的规定，应予撤销。证据1–3的域外商标注册证，并非要在中国主张在先商标注册的专用权，仅是要证明申请人是“Simpson”商标的真实所有人，“Simpson”商标具有较长的使用历史，争议商标是对“Simpson”商标的恶意抢注；证据4的所有数据均经过审计核查，能够证明标有“Simpson”商标的产品的销售范围和连续销售时间；证据6–8中的图片即能证明“Simpson”商标的使用情况，未翻译的内容与本案无关；证据9中数据为真实的财务统计数据，申请人可以提供经过审计的数据；申请人与被申请人提供的信件印证了这样的事实，即上海兴安（争议商标原注册人）早在1995年就与申请人有业务往来，而争议商标申请时间为1998年，因此，上海兴安完全了解“Simpson”商标的情况，争议商标是对申请人商标的抢注，违反了《商标法》第十五条的规定。被申请人在其网站上表明其代理经销的品牌有美国“Simpson”，被申请人显然清楚“Simpson”商标归属于申请人，并知晓该商标在纸制品行业中的地位，而从上海市工商局保留的工商登记档案可以看出，上海兴安与被申请人有着密切的联系，因此，被申请人受让争议商标具有明显的恶意。综上，请求依据《商标法》第十五条、第三十一条、第四十一条第二款的规定撤销争议商标的注册。

申请人向我委补充提交了下列主要证据：

17. 经公证的被申请人网页内容；

18. 上海兴安章程原件及《营业执照》复印件；

19. 关于上海兴安的《核发企业法人营业执照通知单》和吊销营业执照的《行政处罚决定书》；

20. 被申请人工商登记资料。

为进一步查明案件事实，我委将申请人的证据交换材料寄送被申请人，被申请人在规定的期限内未予答辩。

我委经审理查明：

一、争议商标由上海兴安（争议商标原注册人）于1998年12月17日向商标局提出注册申请，指定使用在第16类卡纸板、牛皮纸板、铜版纸、牛皮纸、包装纸商品上，经核准注册，有效期至2010年5月13日。2000年9月8日，争议商标转让上海欣泰企业发展有限公司名下，即本案被申请人。

二、申请人在中国销售“Simpson”纸制品的情况

在中国申请人产品的销售，最初是通过委托WELLTON国际纤维公司作为代理，该公司后更

名为 WOODLINK FIBER CORPORATION。2002 年 3 月，申请人又授权美国 CELLAMRK INC 在中国经销其“SIMPSON”牌纸制产品。以上事实由申请人自述，并有被申请人与申请人之间于 2004 年 10 月间的书信往来（即申请人提供的证据 14，被申请人提供的证据 4）以及申请人提供的证据 12、13 在案佐证。

三、争议商标的原注册人、被申请人的情况

上海兴安纸业有限公司成立于 1995 年，曹无畏（身份证号码：230103481209003）为法定代表人，该公司由于没有参加 2000 年年检被上海市工商局吊销营业执照。而被申请人——上海欣泰企业发展有限公司成立于 1999 年 11 月，曹无畏为该公司职工。以上事实有申请人提供的补充证据 18-20 在案佐证。

四、申请人与被申请人经贸往来关系

被申请人于 2004 年 10 月间与申请人有过书信往来，下列事实由被申请人自述：90 年代初，上海兴安（争议商标原申请人）从国内工厂、瑞典、俄罗斯、芬兰、阿根廷、南非等地的工厂采购卷筒牛皮纸，经过加工，以平张纸的形式销售。上海兴安向国家工商局申请了“辛普森 Simpson”商标。由于国产牛皮纸抗拉强度差，所以从 1995 年开始通过 WELLTON 国际纤维公司以国产纸为样本从申请人处定制与国产纸颜色一致的亚洲黄牛皮纸，并开始在中国市场加工销售，经过多年经营，该商标在中国市场有了一定的知名度和产品市场，被申请人从上海兴安购买了“辛普森 Simpson”商标及在中国的相关业务，成为“辛普森 Simpson”商标在中国的所有人。

五、与本案有关的其他事实

1. 在被申请人的网站主页上多处出现“美国 SIMPSON 公司各色牛皮纸”、“美国辛普森白牛皮纸”、“美国辛普森黄牛皮纸”等字样。以上事实有申请人提供的补充证据 17 在案佐证。

2. 被申请人表示愿意将争议商标转让给申请人，或许可申请人使用，或成为申请人在中国的独家代理商。以上事实有申请人提供的证据 14 中，被申请人 2004 年 11 月 1 日写给申请人的信件在案佐证。

我委认为，本案的焦点问题为：一、争议商标是否构成了《商标法》第三十一条规定的“以不正当手段抢先注册他人已经使用并有一定影响的商标”的情形。二、争议商标的注册是否违反了《商标法》第十五条的规定，即代理人未经授权抢注被代理人商标的情形。

关于焦点问题一，申请人称“Simpson”商标是其使用在先并有一定影响的商标。我委认为，本案中申请人提供的证据 2、3 仅能证明“Simpson”商标在域外的注册情况，无法证明其在我国的实际使用情况；证据 4《1998-2004 年纸产品和纸浆产品的出口量统计表》为单方证据，没有相关合同、发票相佐，我委不予采信；证据 5 的产品使用标签未体现使用时间和范围；证据 6-9 为域外使用证据，无法证明“Simpson”商标在我国的实际使用情况；证据 10 为申请人香港子公司注册的商业登记证，未体现“Simpson”商标的使用情况；证据 11 仅为申请人向 EVERWEALTH PAPER INDUSTRY 发出的关于“Simpson”产品中国上海到岸价的报价表，申请人未提供其向该公司实际销售“Simpson”产品的有关证明。综上，依据申请人提供的在案证据，我委尚难以认定申请人的“Simpson”商标在争议商标申请前，已经成为在先使用在纸类商品上并具有一定影响的未注册商标，因此，申请人的此项主张不能成立。争议商标的注册未构成《商标法》第三十一条所指的“以不正当手段抢先注册他人已经使用并有一定影响的商标”的情形。

关于焦点问题二，我国《商标法》第十五条的内容源于《保护工业产权巴黎公约》第六条之七的规定，因此在对代理关系进行界定时，应当结合该条的立法目的，即制止代理人违反诚实信用原则的恶意抢注行为，进行解释。该条所述的代理人包括基于商事业务往来而可以知悉被代理人商标的经销商。由查明事实部分可知，上海兴安从 1995 年开始通过 WELLTON 国际纤维公司从申请人处定制亚洲黄牛皮纸，并开始在中国市场加工销售。1998 年 12 月 17 日，上海兴安向商标局提出争议商标的注册申请，经核准注册。由此可见，上海兴安在争议商标申请注册之前，已经是申请人在国内的经销商，而其仍于1998年在卡纸板、牛皮纸板等商品上申请注册了与申请人“Simpson”商标几近相同的争议商标“辛普森Simpson”，已经构成对被代理人，即本案申请人合法权益的损害。2000年9月8日，争议商标转让本案被申请人名下。上海兴安与被申请人在人员构成上存在交叉关系，因此，可以推定被申请人对于上海兴安不当注册争议商标的情况知晓，而且被申请人在受让争议商标之后，通过美国CELLAMRK INC继续向申请人购买其“Simpson”产品，并在网站宣传中多处使用“美国SIMPSON公司各色牛皮纸”等字样，并想成为申请人在中国的独家代理，可见其受让争议商标在主观上具有恶意，故撤销争议商标的注册，符合《商标法》第十五条禁止代理人未经授权以自己的名义将被代理人的商标进行注册的立法宗旨。

综上所述，申请人关于争议商标的注册违反《商标法》第十五条的规定的主张成立，争议商标应予以撤销。

依据《中华人民共和国商标法》第十五条、第四十一条第二款和第四十三条的规定，我委裁定如下：

争议商标注册予以撤销。

当事人如不服本裁定，可以自收到本裁定书之日起三十日内向北京市第一中级人民法院起诉。依修订后的《商标评审规则》第三十五条第一款规定，当事人在向人民法院递交起诉状的同时或者至迟15日内将该起诉状副本抄送或者另行书面告知我委。

合议组成员：曲红阳
郭维维
尤丽丽

2009年9月7日

未进入诉讼程序

Simpson 辛普森

第 570376“陈香及图”撤销注册不当商标裁定书

商评字〔2009〕第 29563 号

申请人：泸州老窖股份有限公司。

委托代理人：北京律诚同业知识产权代理有限公司。

被申请人：山东兰陵企业（集团）总公司。

地址：山东省临沂市沂蒙路 426 号。

申请人于 2002 年 3 月 29 日对被申请人注册在第 33 类酒商品上的第 570376 号“陈香及图”商标（以下称争议商标）提出撤销注册申请。我委依法受理后，依据《商标评审规则》第二十四条规定，组成合议组依法进行了审理，现已审理终结。

申请人的主要理由：一、“陈香”是白酒所共有的本质属性，属于通用名称。二、“陈香”二字表示了白酒的质量特性。三、“陈香”商标中的麦穗图案表示了白酒的原料特性。

综上，争议商标不具有显著性，其注册违反了《商标法》第九条申请注册的商标应当有显著性，便于识别和第十一条有关通用名称、表示质量、原料特性的标志不得作为商标注册的规定，请求依法撤销其注册。

申请人为支持其主张，向我委提交的证据为被申请人起诉申请人的“民事诉状”及山东省临沂市中级人民法院至德州市旭日副食品有限公司的“应诉通知书”的复印件。

被申请人答辩的主要理由：一、被申请人是争议商标的合法所有人。被申请人为集团公司，争议商标于 1998 年 8 月、12 月先后转让的山东平邑酒厂和山东兰陵陈香酒业股份有限公司都是被申请人成员公司，且 1999 年已统一转让并归属于被申请人所有。二、“陈香”是被申请人早在 1991 年已获得有十多年注册历史的商标，经连续广泛使用，已家喻户晓，具有很高知名度和良好的声誉，成为被申请人的著名品牌和企业形象标志，2001 年成为全国 22 个“中国白酒著名创新品牌”之一，通过巨额广告宣传更增强了其知名度，争议商标已经具备了不可否认的商标显著性，并非如申请人认为的是白酒行业的通用名称或表示了白酒的质量特点。通用名称的判定只能依照法定标准经法定机构认定。另外，一般商业宣传及广告中也不直接用“陈香”形容酒的质量，商评委做出的（1990）第 1018 号、（1999）第 3521 号、（2000）第 13 号、（2001）第 4465 号终局裁定已经否定了申请人前述之观点。三、争议商标中的图案只是装潢设计中常用的艺术花边，申请人认为该图案表示了白酒原料特性，纯属无稽之谈。四、申请人申请撤销争议商标的动机是使其对“陈香”商标侵权行为合法化。

综上，争议商标的注册具有有效性和显著性，请求维持其注册。

被申请人为支持其主张，向我委提交的主要证据如下：

1. 争议商标三次核准转让证明和续展证明及被申请人企业法人营业执照；

2. 我委商评字（1999）第 3521 号、（2000）第 13 号及（2001）第 4465 号终局裁定书；

3. GB/T15115109-94 中华人民共和国《白酒工业术语》标准；

4. 中国酿酒工业协会出具的证明函及被申请人所附说明；

5. 国家工商行政管理文件工商消字 [1999] 第 104 号《关于公布全国工商行政管理部门与企业联手打假维权企业名单的通知》及所附名单；

6. 临沂市工商行政管理经济监督检查所《关于保护名牌立即查处仿冒知名商品“陈香”商标及特有名称、包装、装潢的通知》；

7. 中国方圆标志认证委员会颁发“兰陵陈香酒”产品质量认证证书；

8. 中国食品工业协会颁发给被申请人的“中国白酒著名创新品牌”证书；

9. 被申请人起诉申请人侵权的“民事诉状”及山东省临沂市中级人民法院至被申请人的“受理案件通知书”的复印件；

10. 全国酿酒行业信息--2001 年全国酿酒行业产量最大企业排行榜及 2000 年全国白酒产量 1 万吨以上企业名单。

以上证据均为复印件。

申请人针对被申请人答辩的主要质证意见：一、被申请人提交的证据无效或不能证明“陈香”经过使用取得显著特征，并便于识别。二、“陈香”用于存放较久的酒类产品上，仅仅直接表示了产品的特点，违反了商标法第 11 条的规定；而用于非存放较久的酒类商品上又将欺骗消费者，引起误认的不良影响，违反商标法第 10 条的规定，应予撤销。三、申请人“泸州”商标 1991 年被认定为驰名商标，申请人的“泸州陈香”、“泸州老窖陈香”商标通过驰名部分起到了区分产源的作用，不会与“陈香”混淆。

申请人向我委补充提交了《中国驰名商标、省（自治区、直辖市）著名商标名录》封面及带有“泸州老窖”商标的封页复印件。

经审理查明：

1. 争议商标由江西会昌酒厂于 1989 年 8 月 21 日向商标局提出申请注册，核准注册时间为 1991 年 10 月 30 日，该商标经三次转让，现商标权人为本案被申请人，该商标已续展注册，有效期至 2011 年 10 月 29 日。

2. 被申请人于 1999 年 9 月 13 日申请的第 2024205 号“陈香及图”商标已于 2003 年 4 月 7 日获准注册。

3. 争议商标曾先后于 1999 年 12 月 22 日、2000 年 3 月 15 日经我委商评字（1999）第 3521 号《“陈香”商标注册不当终局裁定书》、商评字（2000）第 13 号《“陈香”商标注册不当终局裁定书》裁定维持注册。

以上事实有被申请人提交的在案证据及相关商标档案在案佐证。

本案已经证据交换和申请人质证，申请人对被申请人提交的证据材料复印件的法律效力没有提出质疑，我委予以采信。

根据双方当事人陈述的理由、提交的证据及查明的事实，我委认为，本案焦点问题有三：

第一，“陈香”是否为酒类商品的通用名称。中请人认为“陈香”是白酒所共有的本质属性，属于通用名称，但并未提供相关证据证明其主张。被申请人提交的证据 3《白酒工业术语》GB/T15109-94 标准，系 1995 年 2 月 1 日正式颁布实施的中华人民共和国国家标准白酒工业术语标准，该标准虽将“酱香、浓香、清香、米香、凤香、串香”等带有“香”字的词汇收录为白酒行业专业术语，但并未将“陈香”一词列入其中；被申请人证据 4 中国酿酒工业协会亦证明，“我国酒类的各种规范和标准中均未将‘陈香’列为酒类产品的通用名称。在行业管理中，‘陈香’一词不能作为反映酒类生产工艺、标准、产品类型及整体品质的术语词汇。”前述证据表明，“陈香”一词并不属于争议商标指定使用的酒商品所属行业通用名称，虽然有的企业在酒商品上也在使用“陈香”一词，但由此并不能证明“陈香”一词已构成酒类商品所属行业中的通用名称，争议商标的注册未违反《商标法》第十一条第一款第（一）项之规定。

第二，争议商标中的“陈香”及图形是否仅仅直接表示了酒商品的质量、原料等特点。目前在市场上，常用来表示酒的质量特点的词有清亮透明、回味芳香、醇香浓郁、清香醇和、绵柔醇厚、清芳甘润、味长回甜等，尚无证据证明“陈香”一词已成为酒类行业用以表示酒商品质量特点的词语；而白酒的原料通常为高粱、大米等，并无证据证明争议商标中的图案已成为人们约定俗成的用以表示白酒原料特性的图形，申请人认为争议商标中的“陈香”一词表示了陈年老酒的质量特性，麦穗图案表示了白酒的原料特性之主张，缺乏证据支持，不能成立，争议商标的注册未构成《商标法》第十一条第一款第（二）项所指情形。

第三，争议商标作为使用于酒商品上的商标，是否具有显著性，便于消费者识别。争议商标自核准注册至今已近二十年之久，被申请人证据8中国食品工业协会于2001年10月授予被申请人生产的兰陵陈香牌兰陵陈香酒“中国白酒著名创新品牌”证书，被申请人证据10表明，被申请人酒产品年产量2000年已达到110965吨，在当年全国白酒产量1万吨以上企业名单中及2001年全国酿酒行业产量最大企业排行榜中均位居第3名，申请人的“兰陵陈香”已为沪市挂牌交易的上市公司名称，进一步加强了被申请人“陈香”商标的知名度和显著特征，上述证据证明，“陈香”作为指定使用于酒商品上的商标，可以起到区别商品来源的作用，具有商标应有的显著特征，便于消费者识别，也未与申请人在先取得的“泸州老窖”商标等合法权利相冲突。因此，争议商标的注册既不属于《商标法》第十一条第一款第（三）项所指情形，也未违反第九条之规定。

此外，“陈香”与申请人所指的“存放较久的酒”不具有必然的直接关联性，目前也无证据证明“陈香”一词作为使用于酒商品上的商标，会产生欺骗误导消费者或其他不良影响，争议商标不属于《商标法》第十条第一款第（七）、（八）项所指不得作为商标使用的标志。

依据《中华人民共和国商标法》第四十三条的规定，我委裁定如下：

争议商标的注册予以维持。

当事人如不服本裁定，可以自收到本裁定书之日起三十日内向北京市第一中级人民法院起诉，并在向人民法院递交起诉状的同时或者至迟15日内将该起诉状副本抄送或者另行书面告知我委。

合议组成员：朱锦毅

马　静

王讯陶

争议商标

争议商标注册号：570376；

裁定做出时间：2009年11月2日

第1513079"国梁GuoLiang及图"撤销注册不当商标裁定书

商评字〔2009〕第05723号

申请人：辽宁国球体育用品有限公司。

地址：辽宁沈阳市沈河区青年大街127号。

委托代理人：辽宁立达商标事务所有限公司。

地址：辽宁省沈阳市皇姑区崇山中路55号。

被申请人：盐城奥瑞德体育用品有限公司。

地址：江苏盐都县新区福才。

委托代理人：盐城纵横商标事务所。

地址：江苏省盐城市人民南路17号附一号。

申请人于2001年7月30日对第1513079号"国梁GuoLiang及图"商标（以下称争议商标）提出撤销注册申请。我委依法受理。依据《商标评审规则》第二十四条规定，我委组成合议组依法进行了审理，现已审理终结。

申请人的主要理由：申请人受刘国梁先生的全权委托，开发刘国梁系列体育产品。除刘国梁或受刘国梁委托者可以申请注册"刘国梁"商标(尤其是在乒乓球台、乒乓球拍等商品上)，其他任何人均不可使用和注册与其相同或近似的商标。争议商标"国梁"是借刘国梁的名声推销自己产品的侵权行为，是一种欺骗误导消费者的行为。综上，请求撤销争议商标的注册。

被申请人答辩称：争议商标完全取义于"国家之栋梁"的含义，其注册完全正当。"国梁"乒乓球拍以其质量获得市场知名度，国梁牌乒乓球板已在中国乒协注册。综上，申请人认为"国梁"就是"刘国梁"，是完全不负责任的说法，请求维持争议商标的注册。

我委经审理查明：争议商标于1999年12月3日申请，2001年1月28日核准注册，指定使用在第28类乒乓球台等商品上。

我委认为：申请人称受刘国梁先生的全权委托，开发刘国梁系列体育产品，但并未提供相关证据加以证明，同时，也没有证据表明，本案争议系刘国梁先生本人委托申请人提出。但是，"刘国梁"先生是我国著名的乒乓球运动员，将"国梁"商标申请注册在乒乓球台、乒乓球拍等体育用品类商品上，"国梁"所指向的姓名的含义，已明显强于其所谓"国家之栋梁"的含义，因此，争议商标极易误导相关公众，使相关公众误认为指定商品与刘国梁先生存在某种联系，从而产生不良影响。故争议商标的申请注册违反《商标法》第十条第一款第（8）项的规定。

依据《商标法》第十条第一款第（8）项、第四十三条的规定，我委裁定如下：

第1513079号"国梁GuoLiang及图"商标予以撤销。

当事人如不服本裁定，可以自收到本裁定书之日起三十日内向北京市第一中级人民法院起诉，并在向人民法院递交起诉状的同时或者至迟15日内将该起诉状副本抄送或者另行书面告知我委。

合议组成员：张红华

朱锦毅

马　静

2009年3月23日

反垄断与反不正当竞争执法局商标保护工作概况

(405~416)

在部署查处傍名牌不正当竞争案件工作会议上的讲话

反垄断与反不正当竞争执法局副局长　柳文福

（2009 年 5 月 19 日）

我们这次会议是经总局领导批准召开的，主要任务是进一步贯彻落实全国工商行政管理工作会议关于深入开展打击“傍名牌”执法工作的要求，按照总局领导的重要指示精神和 2009 年竞争执法工作要点，督促指导各地工商机关继续推进打击“傍名牌”工作，并对部分“傍名牌”不正当竞争大要案件的查处工作进行部署。

近年来，一些单位和个人擅自将他人的知名字号或者商标登记注册为企业名称中的字号，并以多种方式在市场上使用，恶意制造误认、混淆，进行“傍名牌”不正当竞争。这种行为违背了诚实信用原则，对市场经济秩序危害极大，已经成为当今社会的一大公害。各级工商机关从自身职能出发，积极采取措施，查处了一批“傍名牌”不正当竞争案件，取得了一定成效。但从目前情况看，由于多种原因，“傍名牌”行为并没有从根本上得到遏止，反而有愈演愈烈之势，社会各界对此反映强烈。因此，总局将打击“傍名牌”工作确定为今年竞争执法工作三项重点任务之一，各地工商机关要积极行动起来，以查处大要案件为重点，大力推动打击“傍名牌”工作的深入开展，为进一步落实中央关于建设创新型国家、实施知识产权战略的重要部署贡献力量。

下面，我就做好这项工作谈几点意见，供大家参考。

一、进一步统一思想，提高认识，深刻理解打击“傍名牌”工作的重要社会意义和现实意义

质量和创新是企业乃至国家发展的不竭动力，诚实信用是经营者在市场竞争中应当恪守的最基本的道德准则。“傍名牌”不正当竞争行为违背市场经济的基本原则，不仅损害了经营者和消费者的合法权益，而且严重破坏了社会主义市场经济秩序，已成为搭便车、投机取巧、食人而肥的代表词，是一种典型的不正当竞争行为，它不仅严重侵害经营者和消费者的合法权益，扰乱公平竞争的市场秩序，而且也极大地损坏了我国的国际形象。工商机关作为负责市场监督管理和有关行政执法工作的政府部门，肩负着依法查处不正当竞争行为、积极维护公平竞争的市场秩序、保护广大经营者和消费者合法权益的重要职责。特别是在当前较为严峻的经济形势下，“傍名牌”等侵权仿冒行为的不断增加，使不少已经饱受国际金融危机影响的企业又雪上加霜。在这种时候，我们各级工商机关更要充分认识到“傍名牌”行为对经济社会的巨大危害，切实履行职责，急企业所急、想企业所想，认真开展打假扶优工作，为各类市场主体健康发展提供良好的市场环境。

二、正确把握“傍名牌”行为本质，进一步加大查办案件工作力度

“傍名牌”不正当竞争行为虽然表现形式复杂，但实质上就是利用企业名称注册制度和商标注册制度存在的差异，恶意制造权利冲突，以表面合法的形式，达到非法的目的，实际上已经构成不正当竞争。各地工商机关要认真领会《反不正当竞争法》的立法本意和精神实质，正确把握“傍名牌”行为的本质特点，综合运用《反不正当竞争法》、《商标法》、《企业名称登记管理规定》等法律法规，并参考有关司法解释的精神，依法调查处理“傍名牌”案件。

各地工商机关在查处“傍名牌”不正当竞争行为时，要严格遵循诚实信用、维护公平竞争、保护在先权利等法律原则。对于未经权利人许可，擅自将他人的知名字号或者商标登记注册为企业名称的，虽然具有工商登记注册的合法形式，但在实际使用中造成市场混淆的，其实质上已经构成不正当竞争或者商标侵权行为，工商机关应当区分具体案情分别适用《反不正当竞争法》或者《商标法》定性处理：

（一）对于将与他人注册商标相同或者相近似的文字作为企业的字号在相同或者类似商品上突出使用，构成假冒他人注册商标、侵犯他人注册商标专用权的，应当依照《反不正当竞争法》第五条第（一）项或者《商标法》第五十二条的规定认定处理；

（二）对于擅自使用含有与他人知名字号相同或者近似的字号的企业名称，包括以合同、协议、委托加工、授权使用、监制等名义进行使用，造成市场混淆的，应当依照《反不正当竞争法》第五条第（三）项的规定认定处理；

（三）对于简化使用企业名称，构成对商品的产地、生产者等作引人误解的虚假表示或者虚假宣传的，应当依照《反不正当竞争法》第五条第（四）项或者第九条的规定认定处理。

此外，各地工商机关在查处“傍名牌”不正当竞争案件过程中，对当事人同时存在的仿冒知名商品特有的名称、包装、装潢以及侵犯商业秘密等其他违反工商行政管理法律法规的行为，应当一并调查处理，并依法予以并罚。

为确保打击“傍名牌”工作打出声势，取得实效。总局在近期收到的企业投诉中，选择了几起性质较为恶劣、影响范围广、具有典型性的不正当竞争案件作为督办案件，在这次会上进行部署。这些案件是：杭州娃哈哈集团有限公司投诉案、珠海格力电器股份有限公司投诉案、万利达集团有限公司投诉案、日本三洋电机株式会社投诉案、宁波方太厨具有限公司投诉案、意大利费列罗公司投诉案。与案件有关的材料已经发到了各位手上，下一步，大家要严格依照相关法律规定，按照本次会议精神，认真部署总局督办案件的调查处理工作，对那些严重危害公平竞争市场秩序的不法企业，要依法严肃处理，做到从快从严从重。

三、积极发挥职能作用，扎扎实实做好打击“傍名牌”工作

各地工商机关要切实把思想统一到中央对当前经济工作部署的大局上来，统一到总局对落实相关工作的要求上来，坚定服务经济社会发展、服从国家整体利益的立场态度，扎扎实实做好打击“傍名牌”工作，为有效应对国际金融危机冲击，促进经济平稳较快发展，落实“保增长、保民生、保稳定”的重大决策，作出更加积极的贡献，在应对挑战、化危为机中充分发挥竞争执法的独特职能作用。

（一）因地制宜，做好本地区案件查处工作

由于“傍名牌”案件的复杂性和特殊性，各地的具体情况千差万别。各地工商机关要结合本地实际情况，制定工作计划，作出工作部署，组织开展专项执法行动。在认真做好总局督办案件查处工作的同时，可以选择一批在本地区影响较大、危害较严重、案情较典型的案件进行重点查处。各地在工作开展过程中，应当注意及时受理企业投诉，逐步建立起“傍名牌”案件受理、调查、处理的全过程工作机制，将这项工作纳入到常态工作中去，依法维护广大守法企业的合法权益。

（二）严厉查处涉及“三农”的“傍名牌”不

正当竞争行为

开展“家电下乡”等启动农村消费市场的活动，是党中央、国务院积极应对国际金融危机、保增长扩内需调结构的一项重要举措，更是保障农村社会稳定、促进农业较快发展、提高农民生活水平的一大创举。而当前，一些“傍名牌”家电产品已流入农村市场，严重损害了农民消费者的合法权益。各级工商机关要充分发挥职能作用，进一步加强农村市场监管力度，严厉查处涉及“三农”的“傍名牌”不正当竞争案件，特别加大对“家电下乡”活动中生产销售假冒仿冒家电产品的查处力度，严肃处理坑农害农行为，确保中央惠农政策的落实。

（三）强化部门配合，加强信息沟通与反馈

各地工商机关在开展打击“傍名牌”工作中，要注意加强竞争执法、经济检查、企业登记、商标广告监督等职能部门之间的沟通与交流，充分发挥工商机关整体优势，对“傍名牌”行为进行综合治理。同时，要实现上下联动，左右互动。上级机关要加强办案指导与检查，下级机关对工作开展中遇到的问题要及时上报、请示；各地工商机关之间要加强横向交流与配合，及时对跨省区案件进行查处。各省工商机关竞争执法部门要在本次会议结束三个月后，将本地区工作开展情况以及重点案件查办情况汇总上报总局反垄断与反不正当竞争执法局。在工作开展和案件查处过程中遇到阻力和困难的，也要及时请示汇报，总局反垄断与反不正当竞争执法局将认真研究，给予必要的指导和支持，并适时派员对各地工作进行检查监督。

（四）正确把握法律政策界限，妥善处理不正当竞争案件

当前，随着国际金融危机的持续蔓延和深化，其对实体经济的冲击日益显现，不少企业，特别是一些中小企业由于自身规模小、融资能力差、抵御风险能力不足等原因，往往出现了较为严重的经营困难。各级工商机关要进一步端正执法思想，按照中央“保增长、保民生、保稳定”的要求，切实增强服务意识，牢固树立执法为民思想，积极为企业渡过难关出谋划策、保驾护航。在执法过程中，各级工商机关既要严格做到“执法如山”，严厉惩处各种性质恶劣、危害程度大、严重侵犯人民群众切身利益的不正当竞争行为；更要注意掌握法律政策界限，对于情节较轻、危害程度较小、当事人能够主动消除危害后果的不正当竞争案件，要依法从轻减轻行政处罚。各地要充分发挥行政执法以教育规范为主，行政处罚为辅的功能，广泛运用行政指导、行政建议等柔性行政措施，做到少处罚多规范、少责难多指导，为落实宏观调控政策、发挥市场配置资源基础性作用、促进经济社会又好又快发展服务。特别是在停收“两费”后，要坚决杜绝“全员办案”、执法就是罚款、盲目追求罚没款数量等不良倾向，进一步树立工商机关公正执法、廉洁执法、文明执法的良好形象。

竞争执法和经济检查部门是工商机关查办各类经济违法案件的主力军，历史实践也多次证明，我们这支队伍是一支特别能吃苦、特别能战斗的生力军。大家要从积极应对国际金融危机、贯彻落实国家知识产权战略的高度出发，切实增强打击“傍名牌”工作的使命感和责任感，深刻认识到做好打击“傍名牌”工作，不仅是我们依法履行市场监管职能的具体体现，更是在实际工作中落实“四个统一”、实现“四高目标”、深入学习实践科学发展观的重要举措。各级工商机关竞争执法和经济检查部门，要按照总局的部署和要求，迅速行动，扎实采取有效措施，积极稳妥地调查处理好每一件“傍名牌”案件，确保各项任务落到实处、取得实效。

查处大要案 遏制“傍名牌”

2009 年，全国共查处商标领域不正当竞争案件 5168 件，案值 13940 万元。

2009 年，竞争执法局进一步贯彻落实全国工商行政管理工作会议关于深入开展打击“傍名牌”执法工作的要求,督促指导各地工商机关继续推进打击“傍名牌”工作,并对部分“傍名牌”不正当竞争大要案件的查处工作进行了部署。各地工商机关按照总局要求,结合当地实际情况,以查处总局督办案件为重点,积极开展专项执法行动,严厉查处“傍名牌”不正当竞争行为,取得了阶段性成效。

部署案件 形成合力

2009 年 5 月，竞争执法局专门在河北石家庄召开了部署查处傍名牌不正当竞争案件工作会议，选择了娃哈哈、万利达、格力电器、意大利费列罗等六起具有典型性的不正当竞争案件作为重点督办案件。同时，对举报至总局的案件，只要合乎总局督办的要求，一律采取挂牌督办的形式部署涉案地工商机关进行查处。专项执法行动期间，竞争执法局派员到上海等地督办案件，对案件的查处工作起到了推动作用。一段时间以来，专项行动已经取得了阶段性成果，对娃哈哈举报的 59 家涉嫌侵权企业根据不同情况分别做了相应处理，没收娃哈哈系列产品 2 万余件，各类违法标识 113.5 万张、纸箱 6 万多个，涉案 180 多万。其他企业举报的违法侵权行为也受到了相应的处理。专项行动受到了合法企业的一致好评。

2009 年以来，竞争执法局将组织、指导各级竞争执法机关严厉查处涉及“三农”的“傍名牌”不正当竞争案件作为重点，特别是加大对“家电下乡”活动中生产销售假冒仿冒家电产品的查处力度，严肃处理坑农害农行为，确保中央惠农政策的落实。

各地响应 积极行动

各地工商机关积极响应总局号召，为切实做好总局部署案件的查处工作，分别采取召开专项工作会议、下发文件通知等方式，组织动员执法力量，积极开展执法行动。浙江省工商局专门召开案件交办会，要求全省各级工商部门从思想上高度重视此次专项行动，从而维护公平竞争的市场秩序、保护广大经营者和消费者合法权益。河南省工商局及时下发了《关于认真贯彻落实国家工商总局安排部署集中查处“傍名牌”等不正当竞争案件的通知》，要求全省各级工商机关立即组织对辖区市场进行清查，重点查处名单中所列的涉嫌侵权企业生产的有关商品，并及时依法采取有关措施。

各地工商机关都主动与投诉企业联系，认真梳理案件线索，组织专门人员对总局督办案件进行调查处理。河北省工商局从自身实际出发，结合总局督办案件，于 7 月 10 日在全省范围内开展了为期三个月的夏季饮品市场专项整治行动，进一步加大了对仿冒、傍名牌行为的打击力度。山东省工商局出动执法人员 6300 人次，检查各类企业、经营户 10000 余户、各类商场市场 760 个，立案查处各类“傍名牌”案件 360 起，其中涉及总局督办案件的 14 起。云南省工商局在执法行动期间，出动执法人员 11513 人次，检查经营户 25658 户，查处案件 308 件，罚没金额 123.63 万元，依法保护了“贵州茅台”、“娃哈哈”、“格力”、“万利达”、“三洋”、“东芝”等近 40 种知名品牌商品。各地工商机关开展的工作，受到了企业的一致好评。杭州娃哈哈集团有限公司专门致函我局，对各级工商机关在此次专项执法中所付出的努力和汗水表示衷心感谢。

佛山市某电梯有限公司侵犯注册商标专用权案

一、基本案情

2009年6月，国家工商总局竞争执法局部署查办一批“傍名牌”大要案件。专项行动中，广东省佛山市工商局根据投诉人三洋电机株式会社、三洋电机（中国）有限公司的投诉资料，对佛山市某电梯有限公司（以下简称：当事人）在未经许可的情况下，擅自在其生产销售的电梯产品及相关文书上使用“SANYO”、“三洋电梯”字样，侵犯商标注册人合法权益的不正当竞争行为进行了依法查处。

经查明：当事人从2008年2月起在其生产销售的电梯商品上使用了“KUAISU SANYO”标识。从2008年3月2日起，在其对外派发的公司董事长及总经理名片上使用了“KuaisuSANYO 快速三洋”标识。从2008年3月27日起，在其经营场所悬挂的广告牌上使用了“KUAISU SANYO”标识。从2008年9月25日起，在对外派发的企业产品宣传画册上使用了“Kuaisu SANYO 快速三洋”标识。上述标识中的“KUAISU SANYO”标识，是由“K”、“U”、“A”、“I”、“S”、“U”和“S”、“A”、“N”、“Y”、“O”红色的大写英文字母组成；“KUAISU”文字字体较小，“SANYO”文字则字体较大。标识“Kuaisu SANYO 快速三洋”是由红色长方形内标注白色的英文文字与中文文字构成的组合标识。该标识上半部分是“Kuaisu SANYO”英文文字词组，其中的“SANYO”文字略为放大；下半部分是“快速三洋”中文文字词组。标识“KuaisuSANYO 快速三洋”也是由英文文字与中文文字构成的组合标识。在标识组合的上半部分是红色的“Kuaisu SANYO”英文文字词组，其中的“SANYO”文字略为放大；下半部分是红色的“快速三洋”中文文字词组。上述标识中的“KUAISU”文字经查对《现代汉语词典》，是中文“快速”的汉语拼音。

截至2009年6月26日被佛山市工商局查获时止，当事人共生产销售带有“KUAISU SANYO”标识的电梯28台，其中销售给珠海市宏凯电梯有限公司1台，郑州广天机电工程技术有限公司2台，珠海广天电梯有限公司1台，惠州市惠城区水口民盛客家酒楼1台，深圳市中菱电梯有限公司3台，佛山市汇景厨具工程有限公司1台，深圳市广菱电梯有限公司3台，深圳市舒菱电梯工程有限公司销售分公司11台、厦门市通菱电梯工程有限公司1台、珠海市安达电梯有限公司2台、潮州市宗金科技有限公司2台，销售额共2533747元。委托印制标注有“KUAISU SANYO”标识的电梯铭牌和电梯控制柜铭牌各300个，现库存电梯铭牌188个，电梯控制柜铭牌177个。委托印制标注有“Kuaisu SANYO 快速三洋”标识的企业产品宣传画册10000本，其中介绍客梯的画册5000本，介绍货梯的画册5000本，现分别库存215本和103本。委托印制标注有“KuaisuSANYO 快速三洋”标识的名片1000张，已经全部派发。

另查明一：《商标注册证》第1128994号“SANYO 三洋”商标，是注册人三洋电机株式会社于1997年11月21日经国家工商行政管理总局商标局（以下简称：商标局）核准注册的商标，注册有效期限自公元1997年11月21日至2007年11月20日止，核定使用商品第7类：电梯等。上述商标注册人于2007年7月31日经商标局核准续展注册有效期自2007年11月21日至2017年11月20日。该商标是一个由中、英文字组合构成的商标，上半部分是“S”、“A”、“N”、“Y”、“O”五个黑体英文大写字母组成的文字，其中的字母“N”作了艺术化的造型；下半部分是“三”、

"洋"两个黑体中文组成的词组。《商标注册证》第4655135号"SANYO"商标，是注册人三洋电机株式会社于2008年2月28日经商标局核准注册的商标，注册有效期限自公元2008年2月28日至2018年2月27日，核定使用商品第7类：升降机；升降装置；移动楼梯（滚梯）；升降设备等。上述商标是由"S"、"A"、"N"、"Y"、"O"五个大写英文字母组成的文字，其中的字母"N"作了艺术化的造型。经查对《牛津高阶英汉双解词典》和相关的《英汉字典》，上述字母组成的"SANYO"文字没有含义。《商标注册证》第4842935号""商标，是注册人三洋电机株式会社于2008年7月14日经商标局核准注册，注册有效期限自公元2008年7月14日至2018年7月13日，核定使用商品第7类：升降机；升降装置；移动楼梯等。该商标分别由"三"、"洋"两个黑体中文字组成。经查对相关《新华字典》，由"三洋"两个文字组成的词组没有具体含义。

另查明二：根据商标局《类似商品和服务区分表》的表述，"电梯"即升降机。根据《现代汉语词典》的表述，"电梯"的含义是"用电做动力的升降装置，用来载人或载物"。"升降机"的含义是"由动力机械吊着的箱状装置构成，用来载运人或货物作垂直运动的机械，多用于建筑行业"。"快速"的含义是"速度非常快的；迅速的"。

另查明三：当事人派发的企业产品宣传画册中"企业简介"的内容如下："位于中国改革开放前沿重地珠江三角洲的佛山市某电梯有限公司是国内成立较早的电梯生产企业，也是国内较早研制成功微机控制交流调速乘客电梯的企业，并荣获1993年广东省科学技术进步奖。公司占地面积两万余平方米，其中绿化面积约一万平方米，拥有各类进口生产、检测设备，年生产力1500台。公司生产并销售安装的电梯遍布国内各大城市，并有部分产品出口国外。公司在引进日本先进的电梯控制技术的基础上以高素质的科技人才为依托，不断研发，产品涵盖乘客电梯、载货电梯及杂物电梯等系列产品。"，其中对于"荣获1993年广东省科学技术进步奖"、"公司占地面积两万余平方米"、"公司生产并销售安装的电梯遍布国内各大城市，并有部分产品出口国外"、"公司在引进日本先进的电梯控制技术的基础上"等内容，当事人表示无法提供材料证明上述内容的真实性。

二、法律适用

依照《中华人民共和国反不正当竞争法》第五条第（一）项、第二十一条的相关规定，当事人构成假冒他人注册商标的不正当竞争行为，转致适用《中华人民共和国商标法》进行处理。依照《中华人民共和国商标法》第五十三条和《中华人民共和国商标法实施条例》第五十二条规定。鉴于当事人在本案发生后能够主动地配合执法机关调查案件，对自己所犯的违法行为表示深刻的反醒，主动将悬挂于经营场所的广告牌拆除，停止派发印有上述标识的企业产品宣传画册，主动改正违法行为，佛山市工商局决定在责令当事人立即停止侵犯注册商标专用权行为同时，作出以下处罚：1.没收当事人侵犯注册商标专用权的企业产品宣传画册（客梯）215本，企业产品宣传画册（货梯）103本，电梯铭牌188个，电梯控制柜铭牌177个。2.处以罚款400000.00元。

依照《中华人民共和国反不正当竞争法》第二十四条第一款"经营者利用广告或者其他方法，对商品作引人误解的虚假宣传的，监督检查部门应当责令停止违法行为，消除影响，可以根据情节处以一万元以上二十万元以下的罚款"的规定，鉴于当事人的虚假宣传违法行为不具备法定从轻、减轻情节，佛山市工商局决定责令当事人立即停止虚假宣传的违法行为，消除影响，并处以罚款100000元。

三、案件评析

（一）三洋电机株式会社是"SANYO 三洋"、"三洋"和"SANYO"商标的注册人，在经商标局核准注册后即在其核定使用的电梯、升降装置、移动楼梯等商品上合法取得该注册商标的专用权，受国家法律的保护。任何人在未经其许可的情况下不得擅自在相同或类似商品上对其注册商标作相同或近似的使用。三洋电机株式会社在获得上述商标专用权后，通过大量的广告宣传和对使用上述注册商标商品的高质量要求，使其商标在社会和相关公众中建立了良好的印象，获得了很高的知名度。上述商标由于其没有具体的含义，不与任何商品和服务相联系，因而其显著性突出，即使是在没有指出具体商品或服务的情况下，也能使相关公众与三洋电机株式会社生产的商品相联系。当事人生产的电梯与三洋电机株式会社《商标注册证》上核定的电梯、升降机是同一种商品。当事人在其生产销售的电梯商品上通过各种组合形式使用三洋电机株式会社注册商标文字标志是没有合法依据的。

根据《中华人民共和国商标法实施条例》第三条规定："商标法和本条例所称商标的使用，包括将商标用于商品、商品包装或者容器以及商品交易文书上，或者将商标用于广告宣传、展览以及其他商业活动中。"当事人在其生产销售的电梯商品以及悬挂的广告牌、派发的企业产品宣传画册和公司负责人名片上使用"KUAISU SANYO"、"Kuaisu SANYO 快速三洋"和"KuaisuSANYO 快速三洋"标识符合上述规定的情形，具有将"KUAISU SANYO"、"Kuaisu SANYO 快速三洋"和"KuaisuSANYO 快速三洋"标识作为企业商标使用的违法行为。上述商标中，"KUAISU"文字是中文"快速"一词的拼音。"KUAISU"和"快速"文字是一个形容词，根据《现代汉语词典》的表述，该词的含义是"速度非常快的，迅速的"，是一个通用的词语，在当事人使用标识组词中是反映了电梯商品所具有的内在性能，不具备区别商品来源的作用。而"SANYO"和"三洋"则是三洋电机株式会社的注册商标的文字。由于标识中组合使用的"SANYO"和"三洋"文字不具有任何含义，不以任何商品或服务相联系，因而其作为区别商品来源作用的商标使用显著性突出。虽然"三洋"文字是当事人企业名称的一部分，但"三洋"的汉语拼音为"SANYANG"，而非"SANYO"；"三"、"洋"的英文翻译是"Three"和"Ocean"，亦非"SANYO"。根据《企业名称登记管理规定实施办法》第三十七、三十九条的规定，当事人在使用企业名称时应当正确使用并遵循诚实信用原则，当事人在其生产的电梯商品和企业宣传中使用"KUAISU SANYO"、"Kuaisu SANYO 快速三洋"和"KuaisuSANYO 快速三洋"标识，并对三洋电机株式会社注册商标的"SANYO"和"三洋"文字作放大或突出的使用，容易使相关公众产生识别错误，误认为该商品是三洋电机株式会社生产的商品或是当事人与三洋电机株式会社共同开发的具有"快速"性能的电梯商品。因此，当事人对上述标识的使用违反了有关法律的规定，其标识的使用是对三洋电机株式会社注册商标的近似使用。当事人利用三洋电机株式会社注册商标在相关公众中的良好声誉，在市场中制造混淆，从而非法地争夺市场交易机会。当事人的行为违背自愿、平等、公平、诚实信用的原则和公认的商业道德，主观恶意明显，违反《中华人民共和国反不正当竞争法》相关规定，应转致适用《中华人民共和国商标法》进行处罚。

《商标法》第五十二条第（一）项规定："未经商标注册人的许可，在同一种商品或者类似商品上使用与其注册商标相同或者近似的商标的"属侵犯注册商标专用权行为。当事人未经三洋电机株式会社的许可，在同一种商品上使用与其注册商标近似商标的行为，符合上述规定，构成侵犯注册商标专用权行为。当事人生产、销售带有"KUAISU SANYO"标识的电梯共 28 台，销售额共 2533747 元。《最高人民法院、最高人民检察院关于办理侵犯知识产权刑事案件具体应用法律若干问题的解释》（法释 [2004] 19 号）第十二条规定："本解释所称'非法经营数额'，是指行为人在实施侵犯知识产权行为过程中，制造、储存、运输、销售侵权产品的价值。已销售的侵权产品的价值，按照实际销售的价格计算。制造、储存、运输和未销售的侵权产品的价值，按照标价或者已经查清的侵权产品的实际销售平均价格计算。侵权产品没有标价或者无法查清其实际销售价格的，按照被侵权产品的市场中间价格计算"，在没有其他法律法规进一步明确规定的情况下，应参照确认当事人的非法经营额为涉嫌侵权商品销售额共计金额 2533747 元。

（二）当事人在企业产品宣传画册上刊载的

“荣获1993年广东省科学技术进步奖”、“公司占地面积两万余平方米”、“公司生产并销售安装的电梯遍布国内各大城市，并有部分产品出口国外”、“公司在引进日本先进的电梯控制技术的基础上”等内容的文字，是对产品的信誉、生产规模、技术水平、产品质量等进行没有依据的宣传，其行为违背了自愿、平等、公平、诚实信用的原则和公认的商业道德。根据《中华人民共和国反不正当竞争法》第九条第一款规定：“经营者不得利用广告或者其他方法，对商品的质量、制作成分、性能、用途、生产者、有效期限、产地等作引人误解的虚假宣传。”，当事人的行为是对商品质量和生产者等作引人误解的虚假宣传的不正当竞争行为。

（三）本案在查明当事人涉嫌侵权的事实的基础上，着重对当事人使用涉嫌侵权商标是否有合法依据进行论述说理。通过对商标注册人商标的含义以及当事人使用涉嫌侵权商标的组成部分的含义进行分析，说明当事人使用商标并没有合法的依据。当事人没有合法依据而使用涉嫌侵权商标，其侵权故意明显。当事人的目的是通过使用涉嫌侵权商标不正当地争夺市场而牟取非法利益，因而构成商标侵权的不正当竞争行为。

田某经销侵犯他人注册商标专用权商品案

一、基本案情

2009年3月19日，甘肃省武威市工商局经检分局根据河南省尉氏县中原橡胶有限公司举报，对位于武威市凉州区北关西路某齿轮总汇负责人田某的经营部进行了现场检查，并立案进行查处。

经查，当事人田某于2008年11月份从金昌市王某处购进注册商标为“久龙”牌、生产地为河南省尉氏县橡胶工业路49号、执行标准为GBH1171-96的108个品种A、B两个规格的三角带6502条，在自己的经销部中销售。至案发之日已销售上述三角带45条，剩余的6457条被市工商局依法扣留，以上108个品种A、B两个规格三角带共计6502条，按厂价含税价格计算共计货值金额为37084元，所扣的商品经抽取样品，委托河南省尉氏县中原橡胶有限公司进行鉴定，被判定为假冒该公司注册商标“久龙”产品。

二、法律适用

当事人田某行为，违反了《反不正当竞争法》第五条第（一）项规定，构成假冒他人的注册商标的不正当竞争行为。根据《商标法》第五十三条、《商标法实施条例》第五十二条之规定，武威市工商局对当事人作出了责令停止侵权行为、没收侵犯注册商标专用权的“久龙牌”三角带6457条、罚款37084元的行政处罚。

三、案例分析

本案是一起典型的假冒他人注册商标行为，本案中查获的这批“久龙”牌三角带所使用的商标与河南省尉氏县中原橡胶有限公司生产的“久龙”牌三角带注册商标完全相同，而且所使用的商品种类也与“久龙”牌注册商标所核定的商品种类完全相同。此案的成功查处，严厉打击了违法行为，依法保护了企业的注册商标专用权。

甘肃省庆阳市某县农机局侵犯他人注册商标专用权案

一、基本案情

2009年6月8日，甘肃省庆阳市某县工商局经济检查分局根据群众举报，对某县农机局经销涉嫌假冒他人注册商标专用权的农机具的行为进行了现场检查，发现在该局库房内存放有“科丰”牌4G—25型斜挂式收割机，涉嫌侵犯桂林高新区科丰机械有限责任公司生产的同型号“科丰”牌收割机专用权，遂于6月9日立案调查。

经查，2009年6月5日，当事人某县农机局从兰州精益机械制造有限责任公司购进100台“科丰”牌4G—25型斜挂式收割机，于6月6日送往某县，委托某县农机局向农户代为发放，并代收购机户自筹的购机款。该批收割机的包装箱整体为绿色，箱体左上方显著位置标有“科丰”文字及图案组合商标，正上方标有“国家火炬计划项目名牌产品”、“通过质量管理体系ISO9001:2000认证”、“2001年中国国际博览会名牌产品”等字样，下方标示的厂名：桂林高新区科丰机械有限责任公司，厂址：桂林市七星区辰山路。其汽油机、手把、硬轴上无任何标识，且附带的使用说明书字迹模糊。该包装与桂林高新区科丰机械有限责任公司生产的“科丰”牌4G—25型斜挂式收割机外包装所标注的内容完全相同。2009年6月16日，经桂林高新区科丰机械有限责任公司鉴定，认定上述产品系假冒本公司的名称、地址、商标、包装的产品。截止案发之日，当事人共购进100台，销售了76台，每台进价900元，销价1450元。

二、法律适用

当事人的行为违反了《反不正当竞争法》第五条第（一）、（二）、（三）项，构成假冒他人注册商标、厂名、厂址、包装、装潢的不正当竞争行为。依据《反不正当竞争法》第二十一条第一、二款，《商标法》第五十三条，《商标法实施条例》第五十二条及《产品质量法》第五十三条之规定，某县工商局对当事人作出了停止侵权行为，没收侵权商品100台并处罚款90000元的行政处罚。

三、案例分析

这是一起典型的“傍名牌”案件，“科丰”文字及图案的组合商标为桂林高新区科丰机械有限责任公司持有的注册商标，并且使用在该公司生产的“科丰”牌4G-25型斜挂式收割机上。该收割机曾被中国国际农业博览会认定为名牌产品、科学技术火炬高技术产品开发中心批准为国家级火炬计划项目，且在市场上有一定的知名度。当事人经销的产品足以造成消费者的误认，损害了他人的合法权益，应当依法严厉查处。

兰州某化工厂销售侵犯注册商标专用权油品案

一、基本案情

2010 年 4 月 7 日,兰州市工商局公平交易分局执法人员在检查兰州润滑油市场时发现，兰州某化工厂销往宁夏固原的一批“昆仑”牌抗磨液压油涉嫌侵犯注册商标专用权,现场查扣中桶“昆仑”牌天工抗磨液压油 59 桶，L-HM46 大桶“昆仑”抗磨液压油 4 桶，L-HM68 大桶“昆仑”抗磨液压油 2 桶,总计 65 桶，并立案调查。

经查，2010 年 4 月初，有一宁夏固原的个体经营者,向兰州某化工厂提出需购置“昆仑”牌抗磨液压油，随后，兰州某化工厂从兰州天泰油品市场内一不知名的个人手中以每桶 110 元的价格购置 HM46 中桶“昆仑”牌天工抗磨液压油 59 桶，计货款 6490 元，以每桶 1430 元的价格购置 L-HM46 大桶“昆仑”抗磨液压油 4 桶，计货款 5720 元，每桶 1430 元价格购 L-HM68 大桶“昆仑”抗磨液压油 2 桶，计货款 2860 元，总计全部购货款 15070 元，货款已全部付清，兰州某化工厂未索要购货发票和凭证。经中国石油天然气股份有限公司兰州润滑油厂鉴别，以上油品不是该厂生产的油品。

二、法律适用

当事人的行为属《反不正当竞争法》第五条第（一）项规定的“假冒他人注册商标”的行为,侵犯了中国石油天然气股份有限公司“昆仑”及图形注册商标专用权。分局依法对兰州某化工厂作出了罚款 50000 元的处罚。

三、案例分析

（一）当事人的行为是否构成销售侵犯注册商标专用权油品的行为。兰州某化工厂作为生产企业，并未得到“昆仑”及图形注册商标的使用许可，其从兰州天泰油品市场内购进“昆仑”抗磨液压油时，并未查看其经销商是否具有销售“昆仑”抗磨液压油的资格，是否能提供相关的进货手续和证明材料，便以低于市场销售价格很多的价钱购进了 HM-46 (16L) 中桶“昆仑”牌抗磨液压油 59 桶，L-HM46 (170kg) 大桶“昆仑”牌抗磨液压油 4 桶，L-HM68 (170kg) 大桶“昆仑”牌抗磨液压油 2 桶，总计 65 桶。经中国石油天然气股份有限公司兰州润滑油厂鉴别，以上油品均不是该厂生产。其产品外包装上均标有“昆仑”及图形注册商标，构成销售侵犯注册商标专用权商品的行为。

（二）投诉方中国石油天然气股份有限公司兰州润滑油厂是否具有投诉资格。经调查取证,中国石油天然气集团公司、中石油天然气股份有限公司及中国石油天然气股份有限公司润滑油分公司是“昆仑”商标的共同持有人 (证号:第 3278210 号)。商标持有人之一的中国石油天然气股份有限公司润滑油分公司,授权中国石油天然气股份有限公司兰州润滑油厂使用“昆仑”商标及图形，其销售的产品上均标有中国石油天然气股份有限公司兰州润滑油厂的厂名及“昆仑”和花瓣图形，其生产商中国石油天然气股份有限公司兰州润滑油厂应具有举报销售该厂产品的权利。为慎重起见，分局执法人员专门请商标持有人中国石油天然气股份有限公司润滑油分公司出具证明，其销售的产品为侵犯其注册商标专用权的产品。

广州市白云区红梦化妆品厂假冒注册商标不正当竞争案

一、基本案情

根据莱雅公司投诉，2009年2月26日，广东省工商局依法对位于广州市白云区石井夏茅第十五社工业区的广州市白云区红梦化妆品厂（以下简称“当事人”）的生产经营场所及租用仓库进行检查，现场查获当事人生产、销售的涉嫌侵犯他人注册商标专用权的“L’ORVÉL”和“KÉRVSTASE”品牌洗发、护发产品一批，具体为：“L’ORVÉL”（中文标为“卡尼尔洗（护）发素”）567箱（每箱6罐，每罐4750ml），“L’ORVÉL”（中文标为“卡尼尔生化烫”）115盒(每盒2支，每支120ml)，“L’ORVÉL”（中文标为“卡尼尔发脱色无尘漂粉”）69罐（每罐500g），“L’ORVÉL”染发膏（无中文标识）684盒（每盒100ml），“KÉRVSTASE”（中文标为“卡丝生化烫”）120盒（每盒2支，每支120ml），“KÉRVSTASE”染发膏770盒（每盒100ml）。

使用在国际分类第3类的化妆品、洗发剂等商品的第148647号注册商标 L'ORÉAL 和使用在国际分类第3类的化妆品、头发制剂等商品的第148658号注册商标“KERASTASE”是莱雅公司依法注册，有效期限至2011年7月29日，享有专用权。

经调查，当事人在其生产销售的洗发、护发、染发、烫发等美发产品上所使用的“L’ORVÉL”和“KÉRVSTASE”商标，并非注册商标，与法国莱雅公司的“L'ORÉAL”和“KERASTASE”注册商标相近似，足以使消费者造成混淆和误认。上述被办案单位依法扣押的产品总价值为27356元，有“产品价格一览表”、“收款收据”等证明。

二、法律适用

广东省工商局认定，当事人未经商标注册人的许可，在同类商品上使用与权利人注册商标近似的商标，造成市场混淆，构成不正当竞争行为，根据《中华人民共和国反不正当竞争法》第五条第（一）项、第二十一条，以及《中华人民共和国商标法》第五十三条、《中华人民共和国商标法实施条例》第五十二条的有关规定，对当事人作如下处罚：

（一）责令立即停止侵权行为；

（二）没收、销毁被扣押的侵权商品；

（三）处非法经营额3倍以下罚款，即罚款40000元。

三、案件评析

本案的查办重点在二个方面：一是当事人使用的商标与权利人注册商标是否近似的认定。当事人辩称自己使用的“L’ORVÉL”和“KÉRVSTASE”标识是请他人设计的，不知权利人的 L'ORÉAL 和“KERASTASE”商标是注册商标，而且其产品的规格是大容量的，不在市场上销售给消费者，专供发廊使用，价格也非常便宜，发廊的专业人员是能区分权利人的产品的，不会造成误认和混淆。办案人员认为当事人的“L’ORVÉL”和“KÉRVSTASE”商标与权利人的 L'ORÉAL 和“KERASTASE”商标是近似的，表现在：(1) 字体相同；(2)“L’ORVÉL”与“L’ORÉAL”都由6个大写字母组成，其中5个字母完全相同，只是权利人商标中的A被换为V，并被调至字母前；而“KÉRVSTASE”与“KERASTASE”都由9个字母组成，其中8个字母完全相同，只是当事人商标中的字母 A 被换为 V；（3）当事人的“L’ ORVÉL”与权利人的“L’ ORÉAL”都在 L 和 O 中间使用上撇的符号，并且都使用了带上撇的?，使整体外观更为近似，而当事人的“KÉRVSTASE”与权利人的“KERASTASE”都在首字 K 采用较大的字号，整体外观也更为近似。由此足以造成混淆误认，最终损害权利人的利益，构成不正当竞争。

二是非法经营的计算问题。因为非法经营额是确定处罚额度的依据，该案查到的证据只有部分销售收据，没有账册、合同、发票等相关证据。对此有二种意见，第一种认为，当事人只有口述证明，没有相关采购生产原料的发票、合同、法定账册等证据证明，也没有已经销售上述商品的数量、金额等有关发票、合同证明，没有直接的财务相关凭证，市场上也没有权利人同样规格的产品进行价格比照，所以无法核算当事人具体的非法经营额。应适用《中华人民共和国商标法实施条例》第五十二条“非法经营额无法计算的，罚款数额为 10 万元以下”的规定进行处罚。第二种意见认为应该对已查到的部分收据进行核查，因为这是现场的第一手证据，能真实地反映产品的销售价格，并可由此核算出经营额，处罚时有参照依据，使处罚更恰当。最终办案单位采纳了第二种意见。

中华商标协会
工 作 概 况

(419~441)

实施商标战略　创立驰名商标

——在“2009中外知识产权高层论坛”上的讲话

中华商标协会会长　李建中

今天是第九个世界知识产权日。今天论坛的主题定为“知识产权创新发展与核心竞争力”。这一课题的讨论在当前国际经济风云纷繁复杂、知识产权已经被提起到国家战略高度的情形下，显得尤为迫切而意义重要。下面，我将围绕这一主题，谈谈对当前实施商标战略、打造驰名商标的一些看法。

一、大力发展知识产权、实施商标战略是当前我们重要的历史使命

去年6月5日，国务院颁布《国家知识产权战略纲要》，从国家总体发展的战略高度，提出了完善知识产权制度，营造知识产权良好环境，大幅提升我国知识产权创造、运用、保护和管理能力的总体指导思想，及到2020年把我国建设成为知识产权创造、运用、保护和管理水平较高的国家的战略目标，提出了九项战略措施并明确了商标工作的专项任务。国家知识产权战略的启动实施是中国知识产权发展史上的一个新的重要的里程碑，具有非同一般的意义。《纲要》提升了商标战略在国家战略中的地位，对商标战略的实施具有巨大的推动作用，也为商标战略实施构建了一个良好的平台。

商标作为传统的三大知识产权之一，是知识产权中生命力最持久，与人民的生产、生活最直接相关的知识产权，商标战略是知识产权战略的重要组成部分。《国家知识产权战略纲要》明确了4项商标专项任务，一是切实保护商标权人和消费者的合法权益。加强执法能力建设，严厉打击假冒等侵权行为，维护公平竞争的市场秩序。二是支持企业实施商标战略，在经济活动中使用自主商标。引导企业丰富商标内涵，增加商标附加值，提高商标知名度，形成驰名商标。鼓励企业进行国际商标注册，维护商标权益，参与国际竞争。三是充分发挥商标在农业产业化中的作用。积极推动市场主体注册和使用商标，促进农产品质量提高，保证食品安全，提高农产品附加值，增强市场竞争力。四是加强商标管理。提高商标审查效率，缩短审查周期，保证审查质量。尊重市场规律，切实解决驰名商标、著名商标、知名商品、名牌产品、优秀品牌的认定等问题。

在这样的新形势和新任务下，贯彻落实《国家知识产权战略纲要》，按照科学发展观的要求大力推进商标战略实施，对促进经济社会又好又快发展具有极为重要的作用。

首先，推进商标战略，是转变经济发展方式的重要切入点。当前在我国大部分地区，发展方式粗放的问题依然突出，要改变过去“高投入、高消耗、高排放、低效率”的粗放型增长方式，坚定不移地走科学发展的路子，转变经济发展方式，努力提高发展的质量和效益。实施商标战略，发展品牌经济，主要依靠的是研发、技术、管理、质量和企业文化，走的是提高自主创新能力、提高产品质量、提高生产要素使用效益的发展道路，实施商标战略，创立驰名商标的过程，就是企业不断提高发展质量、转变发展方式的过程。只有通过加快实施商标战略，着力培育和壮大一批拥有自主知识产权的优势品牌、国际竞争力较强的

优势企业和优势产业，才能逐渐走出一条“品牌产品—品牌企业—品牌产业—品牌经济—品牌城市”的品牌发展之路。

第二，推进商标战略，是提高企业核心竞争力的有效手段。商标作为一种重要的知识产权，是品牌的核心所在，体现了企业不断发展的创新成果，是企业核心竞争力的重要组成部分。有研究表明，在市场份额的分割中，20%的强势品牌占有80%的市场份额，20%拥有驰名商标的企业为社会提供80%的经济贡献，充分证明了驰名商标蕴含的强大市场竞争力。商标是企业产品品质、管理水平、商业信誉、服务质量的外在表现；商标也是企业的无形资产，是企业核心竞争力和商业信誉的重要载体，是企业参与市场竞争的锐利武器。从世界500强企业的发展来看，都是依靠成功的实施商标战略，不断提升企业的核心竞争力，获得了持续的发展。因此，企业只有进一步增强商标意识，树立“没有品牌的企业是危险的企业，没有品牌的市场是脆弱的市场，没有品牌的竞争是无力的竞争”的理念，积极实施商标战略，通过培育品牌来提高企业的核心竞争力，才能在市场中做大做强。

第三，推进商标战略也已经为衡量一个地区、一个企业发展水平和综合竞争力的一个重要标志，在地方经济和区域经济发展中发挥着越来越重要的作用。沿海发达省市通过实施商标战略，品牌经济、品牌城市迅速崛起，成为促进地方经济发展的重要助推器，由此形成了一批具有特色品牌优势的地区。用商标战略带动了一个行业、一个地区的发展。当前，以驰名商标为代表的品牌经济已经形成一种强势经济和主导经济。无论是东部沿海发达省区，还是经济发展较快的中西部省区，都很重视品牌经济的发展，重视发挥品牌在提高企业竞争力和开拓市场方面的重要作用。

二、打造驰名商标是国家发展和民族振兴的必由之路

众所周知，驰名商标是《商标法》对商标权延伸保护的法律武器，是对企业产品质量、内部管理、市场营销、经济效益乃至社会信誉的认可。驰名商标不是一项荣誉，但是它的形成，集中体现了企业的现实生产力、综合竞争力和前瞻发展力，对于企业来说是一笔重要的无形资产和宝贵财富。当前，国家之间的竞争，更多地表现为经济实力的竞争和国际知名品牌的竞争，而一个国家的经济实力，也可以从其拥有的驰名商标的数量和质量上反映出来。企业创立驰名商标的过程也是企业从地区走向全国，从国内走向国际的重要过程，是我国企业实施“走出去”战略的重要保障。被认定为驰名的商标会依法受到比普通注册商标更加有力的保护，有关国际公约和协议都规定成员国对驰名商标给予特殊保护。如果企业的商标是驰名商标，若发现它在其他成员国被抢注，就可以通过有关途径依法争取回自己的商标权，维护自己在先的驰名商标权利，避免失去已经占领的市场，遭受重大的损失。

因此，培育和创建国际驰名商标，丰富商标内涵，增加商标附加值，是国家发展和民族振兴的必由之路。企业应该充分认识中国驰名商标对企业发展至关重要的作用，勇于争创中国驰名商标。培育、扶持和创建中国驰名商标作为实施商标战略的龙头，必将在今后成为我国推进商标战略工作的重中之重。

三、发挥行业协会优势，为创立驰名商标作出贡献

驰名商标战略的实施是一项庞大的社会工程、复杂的系统工程和长期的历史工程。因此，政府、企业、社会中介组织、媒体以及广大公众在商标战略的实施过程中都负有义不容辞的责任。

中华商标协会是由享有盛誉的企业和各界商标界人士组成的全国性、专业性的社团组织。其职责是团结全体会员，增强全社会的商标意识，依法维护会员的商标权益，协助会员创立驰名商标，依法维护会员的商标权益，促进经济和社会的发展繁荣。经过十余年的发展，中华商标协会已经初具规模。在其影响和带动下，目前全国省级商标协会已有17个，各副省级市、地级市商标协会已发展到15个，还有一批区、县也成立了商标协会，工作范围基本覆盖了全国主要经济发达

省份和城市。商标协会已经成为我国市场经济生活中的一支重要社会力量，越来越充分地发挥着政府和企业间的桥梁、纽带作用。

为深入贯彻落实《国家知识产权战略纲要》，切实指导和协助会员企业培育驰名商标，创立国际知名品牌，今年年中华商标协会制定了《五年内达到国际先进水平的发展规划》，将紧密结合科学发展观，解放思想，重点通过以下几项措施，努力在会员服务、商标法律宣传、代理市场行业管理、中国商标节筹办、商标国际交流与合作等方面达到国际先进水平，为企业争创驰名商标、提高全社会的商标意识起到积极的作用。

1. 进一步贯彻落实《国家知识产权战略纲要》，切实指导和协助会员企业培育驰名商标，为创立我国自己的国际知名品牌而奋斗。“世界未来竞争就是知识产权竞争”已经成为当今世界的共识。发展民族自主品牌，实施品牌战略，弘扬民族文化，帮助企业实施“走出去”战略，是我们每个商标工作者义不容辞的责任。为此，中华商标协会将根据企业需求，组织协调地方工商行政管理部门查处侵犯企业注册商标专用权的商标侵权案件，支持企业依法维护自己的商标权益。通过研讨会、培训班、论坛等多种形式，从技术创新、市场定期位、商标设计、商标管理、商标运用、商标推广、商标国际化和商标保护等方面，指导企业制定发展规划，建立健全各项商标制度和工作机制，保障创建驰名商标活动有计划、有步骤进行。

2. 以会员为本，发挥服务功能，激发协会工作活力。协会的特点之一就是它的服务性，这是它立足社会、获得生存与发展的主要手段。从协会的服务形式看，服务具有多样性，可以利用人才、知识的优势，开展咨询、评估、培训等；从协会的服务范围看，具有广泛性，可以打破行业、部门、系统界线举办研讨会、展览、开展信息交流等，还可直接参与会员的商标活动，直接为发展经济服务；从协会的服务性质看，服务具有同一性，协会的工作职责一是为政府服务，二是为会员服务，归根结底都是为经济建设服务。中华商标协会将积极地为政府、为社会分忧，积极参与创建和谐经济社会，起到服务国家、服务社会的作用，不断拓宽服务领域，通过开展各种活动，使会员从中受益，以优质服务求信誉，以诚信服务求发展。

3. 进一步提高全社会的商标意识。在快速发展的中国经济大潮中，不可避免的会出现一些泥沙俱下、鱼龙混杂的现象，恶意抢注、无序竞争的事件屡屡发生，迫切要求我们共同努力，从三个层次上提高全社会的商标意识：一是一般商标意识，这一层次的主要任务是宣传、普及商标知识，让不知商标为何物的人们知道商标、认识商标，让更多的人了解商标、走进商标。其核心是做好普及工作；二是商标法律意识，这一层次的任务是要使了解商标的人们掌握商标，使更多的人正确地注册商标、使用商标、经营商标。其核心是倡导诚实守信；三是商标战略意识，让更多的人懂得商标战略，自主创新，保护自主知识产权，合理合法地参与世界经济的公平竞争。其核心是做好规范经营、公平竞争工作。

在今后五年里，协会将继续办好《中华商标》杂志、《会员通讯》、《代理分会通讯》及中华商标网；同时，进一步加强与新闻媒体的沟通与合作，通过开办专栏、特刊、知识竞赛、论坛和境外专刊等灵活多样的形式，配合政府部门，协助企业，把提高全社会商标意识的工作落到实处。

4. 加强商标领域的国际交流与合作。一是要针对国际商标界共同关注的商标热点问题，进行充分的研讨和交流。近年来，中华商标协会频繁开展同国际商标界的交流与合作,为推动我国商标事业的发展,作出了大量工作；二是要开展多层次、多渠道、多领域的国际合作，充分发挥协会WIPO观察员的作用，了解国际商标法律的最新动态，发挥在国际商标组织中的话语权，使我国经济迅速融入国际大市场。三是要构建支持自主知名品牌“走出去”的平台。协会将在今后继续组织团队参加美国国际商标年会、并不断扩大与欧盟、日本等商标国际组织已有的交流与合作，为那些急需走出国门参与全球范围经济竞争的优秀民族品牌企业构建一个宣传品牌、展示品牌、保护品牌的国际平台；四是深化海峡两岸商标交流与合作。根据协会与海峡两岸商务协调会的协议，将定期举办海峡两岸商标研讨会，共同推动两岸商标事业的发展。

5. 加强探索和创新，办好“中国商标年会”和“中国商标节”。今后，中华商标协会将在以往中国商标年会和中国商标节的成功基础上，进一步创新形式，丰富内容，借鉴其他社团组织成熟的商业运作模式，引进市场机制，构建探讨商标法律、弘扬商标文化、宣传品牌战略的重要舞台。同时，使“中国商标节”真正成为具有国际影响力的商标盛会。

时不我待、只争朝夕。面对我国大力发展知识产权产业、鼓励企业自主创新这一难得的历史机遇，中华商标协会将在今后的工作中一如既往地发挥政府和企业间的桥梁和纽带作用，促进会员企业创立驰名商标，做大做强，走向世界；充分利用协会的专业人才和社会资源优势，充分发挥协调职能，在加强企业商标战略建设、促进经济崛起方面做出应有的贡献。

依法维护会员权益 积极发挥桥梁作用

——纪念中华商标协会成立十五周年

中华商标协会秘书长　刘　燕

十五年前的9月9日，中华商标协会在国家工商总局领导和关怀下，在北京人民大会堂召开了成立大会。全国人大常委会委员长乔石、国务院副总理李岚清、国务委员宋健为中华商标协会成立题词。薄一波同志担任名誉会长，原国务委员张劲夫以及吕东、袁宝华、邹瑜、曾宪梓任顾问。时任国家工商局局长、党组书记刘敏学任会长，商标局常务副局长李必达兼任秘书长。中共中央书记处书记、中央政法委书记、最高人民法院院长任建新出席大会并做重要讲话。世界知识产权组织副总干事居尔舒先生代表总干事鲍格胥博士致辞。人民日报、经济日报、中国日报等媒体进行了报道。经济日报在头版发表了薄一波同志《语重心长话商标》一文，其中谈到“名牌靠创，而不是靠什么人封，企业都应该有自己的拳头产品，有自己的名牌”，至今记忆犹新。

十五年来，在国家局、总局领导、刘会长、李会长的直接领导和各届正副秘书长、全体工作人员的辛勤工作下，协会坚持办会宗旨，依法维护会员的商标权益，各项工作稳步推进，较好地发挥了政府和企业之间的桥梁和纽带作用，在国内外知识产权领域产生了一定的影响。下面就十五年来协会的主要工作进行一下回顾:

一、积极开展活动，宣传商标法律法规

一是积极普及了商标知识。2000年至2003年，与中国贸促会等单位共同成功举办了三届“中国商标知识大赛”，在中央电视台举办了“点击商标”、“以标为证”节目和商标知识大赛等活动；2004年，与中国社会科学院知识产权中心共同举办了“纪念中国商标制度100周年商标发展论坛”；同年，还参加了“全国行业协会成就汇报展览会”，首次向社会展示“中国商标发展成就”；2005年和2007年分别在广东省深圳市和湖南省长沙市成功举办了两届“中国商标节”，在国内外产生了积极影响；今年上半年，与商标局、中国中学生报等部门共同举办“首届全国中学生地理标志征文及商标知识大赛”活动。党和国家领导人王光英、程思远、蒋正华、罗豪才、郝建秀、厉无畏等领导分别出席了上述活动。

二是积极推动了《商标法》的完善和实施。2003年由我会和商标局、商标评审委员会共同承办了总局在北京召开的“纪念《商标法》实施二十周年座谈会”，李东生副局长到会并做了主题发言。2007年我会承办了由全国人大财经委、全国人大法工委、最高人民法院、国务院法制办和国家工商行政管理总局主办的“纪念《商标法》颁布25周年座谈会”。全国人大常委会副委员长乌云齐木格出席，总局周伯华局长做重要讲话。

三是成功举办了“中国商标年会”和专题论坛。自2005年以来，成功举办了四届“中国商标年会”。2005年，我会主办的“中国商标海外维权研讨会”在北京成功召开。会议邀请政府官员、商标专家和新闻媒体就西门子在海外抢注海信、厦门东林电子等7家中国企业商标及知识产权保护等问题进行了深入剖析，为保护中国企业的商标权益提供了理论支持。

四是加强了商标法律的宣传工作。《中华商

标》杂志编辑部自2002年正式改为杂志社。从办刊思路、内容和版面安排上进行了改进，增加了有关商标案例、企业名牌建设、法院传真、经典创建等内容。

《会员通讯》充分发挥其优势及时传递商标信息和会员商标管理经验，定期公布协会工作动态和工作预告。

"中华商标网"自2002年开通以来，运用先进的网络技术宣传商标法律法规、商标信息及协会工作动态，逐步建立起一套比较完善的商标现代化信息体系。去年底，网站日均点击率为812次，居全球120万位次；今年截止到目前，网站日均点击率为1836次，居全球73.48万位次，提高了近50万位次。

经国家工商总局批准，2008年我会与商标局、商评委决定共同编辑出版《中国商标年鉴》，首版年鉴将总结三十年来我国商标工作重要法律法规文献资料、典型案例和理论成果。

自2002年起出版了七卷《中华商标协会年度工作报告》和八卷《中国商标报告》。

二、深入研究商标理论

十五年来，围绕中国商标事业和企业商标管理工作中的突出问题，深入开展调查研究。

一是积极开展了商标理论研究。多次邀请司法部门、行政机关、企业及学术界专家学者进行商标理论研究；为配合中国加入世界贸易组织，2001年在北京举办了"中国企业品牌战略研讨会"，宣讲入世后我国企业面临的形势及对策。

二是配合、参与了商标法律法规的修订。协会多次接受政府部门的委托，召开各种形式的研讨会，就《商标法》和《商标评审规则》等相关法律的修订进行专题研究，广泛听取有关专家学者、企业及商标代理组织对《商标法》的意见和建议。

三是对商标代理现状进行了调研。为落实总局提出的加强商标代理行业管理的要求，多次召开商标代理组织座谈会，讨论商标代理行业的发展和有关立法问题；邀请国务院法制办、总局法规司和商标局组成考察团前往西班牙、德国就商标代理工作进行考察访问；倡议开展了"诚信承诺，推动商标代理行业自律活动"。制定了《商标代理诚信自律公约》；代总局起草了加强商标代理组织管理的相关文件。

三、加强对会员商标工作的指导

十五年来，协会坚持"会员为本、服务兴会"的理念，较好地发挥了在商标领域中的优势和为会员服务的职能。

一是指导企业商标管理工作。多次分门别类地举办企业商标战略研讨会。开展了"关于企业商标在国外被抢注情况"的调查，召开了"保护企业商标专用权座谈会"；举办了"驰名商标与商标自我保护论坛"等；针对企业商标维权中出现的问题，多次召开个案分析研讨会；协助企业解决商标被抢注问题，及时向政府部门反映情况。

二是组织会员交流商标维权经验。配合《商标法》的实施，多次举办"商标法律务实培训班"、"企业商标管理高级人才培训班"、"《反不正当竞争法》实务培训班"等各种类型的培训班和"2008中国旅游城市'一城一标'商标（品牌）研讨会"等活动。

2006年在山东省青岛市、2007年在江苏省无锡市、今年在天津市分别举办了三届"中国企业走向世界商标战略经验交流会"。采取了专家演讲、企业现身说法与实地考察相结合的方式，探索了交流商标管理和维权经验的新模式，受到与会代表好评。

三是提供商标法律咨询、商标监测服务。中企商标鉴定中心为企业提供咨询服务，共受理各类知识产权鉴定及咨询案件80余件；2005年11月，针对有人在美国、欧盟、德国等官方网上申请注册"NOT MADE IN CHINA"（非中国制造）商标问题，协会委托副会长单位、北京中北知识产权代理有限公司利用国际会议，向美国专利商标局提出交涉，并先后向欧盟商标局和德国专利商标局提出异议和撤销其注册商标的申请。2008年4月该商标在上述地区被成功撤销。

四、加强对商标代理机构的管理和协调

根据总局指示，积极筹备成立中华商标协会

商标代理分会。2008年11月18日，召开了中华商标协会商标代理分会成立暨第一届会员代表大会。分会自成立以来,积极发展新会员;成立了行业发展、行业准入、行业服务和行业纪律4个调研课题小组；举办了2009全国商标代理人培训班，200多人踊跃参加，受到代理机构的欢迎。

五、动员会员支持灾区建设

四川省汶川地区发生强烈地震之后，我会迅速行动起来。向灾区会员发出慰问信；免收其2008年会费；及时发布支援抗震救灾工作的信息；向各地商标协会和广大会员发出《关于支持地震灾区恢复重建工作倡议书》；派专人赴有关省市直接参与“西博会”招商工作。

秘书处全体工作人员踊跃为灾区捐款，全体党员还以“特殊党费”的形式向灾区捐款；广大会员发扬“一方有难、八方支援”的精神，全力支援灾区抗震救灾工作，踊跃为灾区人民奉献爱心。

六、加强与港澳台地区的商标交流与合作

一是积极开展了海峡两岸商标领域的交流。

四次组团赴台参访。1999年刘敏学会长率团赴台参访，举办了两岸知识产权实务比较研讨会。2004年曹中强秘书长率团赴台湾、金门参访，开创了两岸交流史上的第一次。2007年总局李东生副局长率团，这是总局领导第一次率总局有关部门以民间身份参访。2009年付双建副局长率团赴台参访，亲自颁发“台湾啤酒”商标注册证，受到了台湾工商界的高度赞赏，为两岸经贸发展做出了巨大贡献。

2006年5月22日，我会与海峡两岸商务协调会在北京举行了“合作协议签字仪式”；2006年及2008年，由我会主办的“首届海峡两岸商标品牌论坛”和“第三届海峡两岸商标研府会”分别在厦门市和成都市成功举办；于2007年和2009年在台北举办了“海峡两岸商标研讨会”；协会充分发挥作为民间社团组织在沟通两岸商标领域合作、协调解决两岸商标保护方面具有的特殊优势。协助商标局、商评委解决台湾金门酒业股份有限公司“金门”、“日月潭”、“阿里山茶”商标等多个商标纠纷问题。

二是积极开展了与香港地区的商标交流与合作。协会三次赴香港参加“最佳创建品牌企业奖(大中华区）颁奖典礼”及研讨会；2008年2月，首次组织培训团赴香港学习考察。

七、加强国际领域的商标合作与交流

一是积极参与了商标领域的国际事务。2005年，在世界知识产权组织SCT第十四次会议上，中华商标协会成为观察员。协会派员参加了该委员会的4次会议；与世界知识产权组织合作，举办了“商标保护与马德里国际注册体系专题讲座”。派员出席了世界知识产权组织（WIPO）在新加坡举行的修订《商标法条约》外交会议。两位会长刘敏学、李建中分别率团访问世界知识产权组织。

二是加强了商标领域的国际合作与交流。

与法国商标组织的合作。1999年，会长刘敏学与法国国际保护工业与艺术产权制造商联合会在北京签订了备忘录；2002年，在北京共同举办了“立体商标及颜色组合商标注册与保护培训班”；2002年至2005年，协会代表团三次应邀赴法国考察访问。

与美国、国际商标协会等组织的合作。协会多次对美国专利商标局进行考察；自1999年开始，应国际商标协会（INTA）的邀请，每年组团参加该协会年会。今年5月,协会组团赴美国参加INTA第131届年会。期间，成功举办了三场“中国商标权保护论坛”，介绍了中国商标行政及司法保护情况；首次与加拿大知识产权局商标部门负责人进行了工作会谈，与加拿大知识产权协会在温哥华共同举办了“中加商标交流会”；与国际商标协会多次在北京共同举办商标国际交流活动。

与日本商标组织的合作。2002年，与日本弁理士会签署了合作备忘录；2002年至2006年，中华商标协会代表团四次赴日访问，与日本特许厅及日本民间知识产权社团组织多次共同组织研讨会。自2003年起，我会五次组团赴日本，参加“商标注册审查与评审”培训，近150名会员与法官参加了培训；2006年，与日本海外技术者研修

协会在北京共同举办了“漫画、卡通人物造型业务开发及知识产权讲座”。

与欧洲内部市场协调局的合作。2007 年，与欧洲内部市场协调局签订了双方谅解备忘录。双方多次举办“欧共体商标国际研讨会”等交流活动。

另外，协会与英国、澳大利亚、韩国、泰国等国家知识产权管理部门和民间组织也保持着良好关系，并进行了互访。

2009 年(第三届)中国商标节筹备情况(略)

没有历史就没有发展，没有昔日老领导、老同志的艰苦努力、卓越奉献，就没有协会辉煌的今天和更加璀璨的明天。在此，我再一次衷心感谢所有的老领导、老同志们、感谢协会的全体同事们。

《国家知识产权战略实施纲要》已于 2008 年 6 月颁布实施。我国商标事业迎来了前所未有的大好时期。目前，协会已顺利完成新老交替，15 周年的纪念日将是我们中华商标协会在老领导、老同志们打下的良好基础上，迈向更高目标的新起点。我们要珍惜和传承过去协会的好经验、好作风，以科学发展为主题，充分发挥协会职能，为落实国家知识产权战略纲要、促进经济又好又快发展做出更大的贡献。

中华商标协会2009年工作总结

2009年是新中国成立60周年大庆之年，是推进“十一五”规划顺利实施、应对国际金融危机的严重冲击、维护改革发展稳定大局的关键一年。一年来，我会在总局党组的直接领导下，以科学发展观为指导，认真学习贯彻《国家知识产权战略纲要》（简称《纲要》）和总局《关于贯彻落实〈国家知识产权战略纲要〉推进商标战略实施的意见》（简称《实施意见》），充分发挥协会职能作用，更新发展理念，增强自主创新能力，不断拓展新的工作领域，提升协会的影响力和竞争力。通过搞好“两项重点工作”，抓好“两个服务”，密切“两个联系”，发挥“两个优势”，做好“两个交流”，加强“两个建设”，推动协会工作迈上新台阶。

一、深刻认识贯彻《纲要》和《实施意见》的重要意义，大力推进商标战略的实施

（一）认真开展《纲要》和《实施意见》学习

2009年是我国全面实施知识产权战略的第一年。为了全面领会国家知识产权战略和商标战略及其重要意义，协会秘书处制订了专题学习计划，系统地学习了《全国工商行政管理系统贯彻落实〈国家知识产权战略纲要〉大力推进商标战略实施工作会议》精神和总局领导的重要讲话，多次展开交流讨论，并请商标局有关人员讲课。通过学习，大家提高了认识，增强了贯彻落实《纲要》和《实施意见》的自觉性。在提高认识、反复讨论的基础上，制定了《关于中华商标协会工作五年达到国际先进水平的发展规划》。

（二）积极宣传《纲要》和《实施意见》

为配合世界知识产权日的宣传活动，我会与中国经济报刊协会、中国知识产权研究会、中国版权协会、国际保护知识产权协会中国分会于4月下旬共同主办了以知识产权创新发展与核心竞争力为主题的“2009中外企业知识产权高层论坛”。期间，由我会承办的“商标国际论坛”受到了社会各界的广泛关注和高度评价。我们还通过《中华商标网》、《中华商标》杂志、《会员通讯》开展了广泛、系统的宣传工作。

二、搞好“两项重点工作”

（一）全力做好“2009（第三届）中国商标节”的组织筹备工作，搭建商标交流平台

在青岛市人民政府的大力配合下，在商标局、商标评审委员会和山东省工商局、青岛市工商局的大力支持下，我们集中精力抓好“2009（第三届）中国商标节”的各项筹备组织工作，召开了“第三届中国商标节新闻发布会”和地方工商系统协调会。11月9日至11日在青岛市举办“2009（第三届）中国商标节”宣传了新中国成立60年来中国商标事业的成就，围绕《纲要》和《实施意见》，举办了商标年会、驰（著）名商标和地理标志博览会、文艺晚会等活动，还对商标战略优秀论文、商标设计大赛、60华诞商标60盛典、消费者最喜爱的绿色商标调查活动、商标战略创新领军人物推荐等活动进行颁奖。

（二）加强对商标代理分会的领导，支持开展商标代理行业自律工作

中华商标协会商标代理分会成立一年来，我会支持代理分会密切配合商标主管部门，积极开展工作。如积极发展新会员；成立了行业发展、行业准入、行业服务和行业自律等调研课题小组；就拟发的《关于进一步规范商标代理市场秩序的通知》召开座谈会征求意见，进行研究；组织了北京、青岛、南京和广州四地的商标注册网上申请试用培训的会务工作；召开了座谈会，邀请商标局、商评委就商标许可备案及评审案件中工作的原则、标准等内容与参会人员进行了座谈；举办了“2009 全国商标代理人培训班”；编辑了 10 期代理分会《会员通讯》；举办了“商标代理组织抗辩胜诉案例暨颁奖活动”及“中外商标代理组织合作发展峰会”。

三、抓好“两个服务”

（一）引导企业实施商标“走出去”战略，积极应对金融危机

为使我国企业在国际金融危机形势下，采取积极有效的应对措施，正确实施商标战略，在国际市场上取得更大发展，我会在天津市工商局的大力支持下，于 8 月下旬在天津举办了“‘中国企业走向世界’商标战略经验交流会”。总局领导非常重视，付双建副局长亲自出席会议并发表重要讲话。会议还邀请商标法律专家讲课，企业现身说法，并到天津天士力集团等 8 家企业进行实地考察，会议形式灵活，实例生动，得到了与会人员的肯定。

（二）积极协助政府做好《商标法》修改工作

根据总局立法计划，由商标局主办、我会承办的《商标法修改送审稿》（草稿）征求意见会于 5 月中旬在江苏省南京市召开。座谈会邀请了多名专家、学者、商标代理机构和优秀企业家参会。与会人员提出了许多积极建议，会议紧凑、效率高、反响好。

（三）努力为会员服务，做好会员发展和管理工作。继续免费为会员提供法律咨询服务，解答法律和商标管理问题；免费为会员进行商标监测；为会员提供商标信息服务，每月向会员发送《中华商标》、《会员通讯》等刊物，在协会刊物和“中华商标网”上宣传会员发展和商标管理经验；向会员公布 2008 年商标代理相关据数，便于会员掌握情况。

2008 年发展新会员 20 余家，在“中华商标网”设立的“新会员展示”专栏和在《中华商标》杂志上设立的 “商标专用权保护声明”专栏上对新会员的主商标进行宣传；完成了《会员管理工作分析报告》；加强了会员的基本管理；组织会员参加知识产权培训等活动；做好会费缴纳工作。

四、密切“两个联系”

加强与地方工商系统和商标协会的联系，研究合作机制。召开了商标节协调会，广泛听取了各地意见和建议；邀请计划单列市和副省级商标协会加入中华商标协会；11 月上旬召开了“2009 商标协会秘书长联席会”，交流工作经验，研究中华商标协会与地方商标协会建立合作机制。

与其他行业专业协会合作，拓宽商标服务渠道。与中国涂料工业协会签订商标战略合作框架协议，以开展涂料企业培训、为涂料行业制定商标战略规划、为涂料企业提供商标咨询服务等形式开展合作；与机电产品进出口商会、纺织品进出口商会加强沟通，为机电及纺织品企业应对国内外知识产权纠纷出谋划策。

五、发挥“两个优势”

一年来，我会积极发挥自身的人才优势和宣传优势，宣传商标法律法规，为提高全社会尊重知识产权和保护商标权的意识做出努力。

（一）向中学生宣传商标法律，培养懂法律尊重知识产权的新型人才。由我会主办、《中国中学生报》承办的“首届中国中学生地理标志征文及商标知识大赛”在总局直接领导和商标局、商评委的大力支持下，取得了圆满成功。该活动由“商标离我们有多远商标知识大赛”、“我身边的地理标志征文大赛”两部分组成。活动通过征文的形式，鼓励中学生讲述与地理标志有关的故事，分享家乡致富的经验，学习商标法律知识和地理标志常识。该活动得到了全国各地上百万名中学生的热情参与，大赛组委会收到征文来稿和竞赛

回卷20余万份，评出各级奖项2000多个。该活动受到有关方面领导的充分肯定，也收到了很好的社会效果。“第二届全国中学生商标知识竞赛、地理标志征文系列活动”正在进行中。

（二）办好《中华商标》杂志和《会员通讯》，搞好网站建设

《中华商标》杂志在金融危机形势下对商标与品牌的作用和如何在金融危机下规避定牌加工中可能存在的法律风险进行探讨；设立了“商标路”、“经典创建”、“打假维权”、“商标兴农”、“海外知识产权组织介绍”、“经典案件分析”等专栏，报道了企业维权和各地工商一线的执法成果及海外商标维权、国际注册等情况，受到广大读者的肯定和欢迎；《会员通讯》和“中华商标网”及时宣传《纲要》、《实施意见》和商标法律法规，传递商标信息。加大了对商标案例和商标理论等内容的探讨，指导会员加强商标管理。按时发布协会工作预告和工作动态，使会员了解协会工作情况。

（三）发挥人才优势，探讨解决商标疑难问题

多次召开专家会就商标疑难案件进行研讨。中企商标鉴定中心完成商标鉴定案件十余件。针对台湾慈济慈善事业基金会的“慈济“商标在大陆遇到的被侵权问题，中心多次组织专家会诊，并和商标局和商评委进行沟通和研究，提出了解决方案，得到了该机构的认可。通过高质量的服务，该机构已成为首家入会的台湾知名机构；多次派专家参加国家知识产权相关部门组织的研讨会，参加地方商标活动进行指导。

六、加强“两个合作”

（一）加强与港澳台地区的商标交流与合作

1、进一步加强与台湾地区的商标交流。以付双建副局长为团长的中华商标协会代表团于6月中旬赴台参加“2009海峡两岸商标研讨会”，海峡两岸商标主管部门代表和专业人士就双方关注的问题进行了研讨；参加了台方主办的“工商企业商标保护座谈会”，宣传大陆商标法体系，解答台湾企业代表提出的问题；共同举办了“两岸商标业务交流座谈会”。围绕两岸商标热点问题探讨了解决途径；访问了佛教慈济慈善事业基金会总部，考察了台湾企业。双方表示要促进两岸商标领域制度性、机制性的交往。代表团此行受到了岛内外媒体的广泛关注，在报导中给予了广泛赞誉。

9月，协会在北京盛情接待了海峡两岸商务协调会代表团。此次商标节，海峡两岸商务协调会组织了10人团参会，这是商标节史上的第一次。

2、建立与澳门地区商标部门的联系

派人参加澳门国际贸易投资展览会，首次与澳门地区商标组织建立了工作联系。

（二）加强商标领域的国际交流与合作

1、借助国际商标协会年会的平台，积极开展“中国商标权保护”宣传。5月中旬，中华商标协会代表团出席了国际商标协会（INTA）第131届年会，借助此次年会的平台，宣传了中国商标法律制度，成功举办了三场“中国商标权保护论坛”。代表团的三位主讲嘉宾分别介绍了中国商标行政司法保护和反假冒的有关情况，和与会者进行了交流。来自世界六十多个国家的政府商标管理部门官员、企业代表、律师和商标代理人约350人出席了论坛。此次论坛的成功举办，得到了与会人员的广泛认同。国际商标协会派代表参会，并在年会的简报上进行了报导。

代表团与加拿大知识产权协会在温哥华共同举办了“中加商标交流会”，这是我会首次在加拿大宣传中国商标法律制度和中华商标协会。代表团考察了加拿大商标管理保护情况和加拿大知识产权协会工作情况，就中加商标保护等问题与加方进行了交流和探讨。

2、参加世界知识产权组织专题国际会议。6月下旬协会以观察员身份赴日内瓦参加了世界知识产权组织商标、地理标志和外观设计常设委员会第21次会议。对及时掌握和了解国际商标界动态、加强与世界各国（地区）商标界的交流起到了积极作用。

七、深入开展学习实践科学发展观活动“回头看”工作，加强理事会秘书处建设

（一）深入开展学习实践科学发展观活动“回

头看”工作。根据总局党组的部署，结合协会工作实际，开展了学习实践整改落实后续工作，制定了《中华商标协会学习实践科学发展观整改落实方案》，并逐项落实。

（二）顺利完成了协会秘书处领导班子新老交替工作。今年初，刘燕同志被总局党组提名担任中华商标协会秘书长，秘书处根据《章程》规定，完成了相关的组织程序。

（三）加强理事会建设。11 月上旬，召开了会长办公会，汇报并讨论了 2010 年工作设想，国家工商总局副局长付双建做重要讲话。召开了中华商标协会第二届第六次理事会，审议通过了《中华商标协会第二届第五次理事会工作报告》和《中华商标协会第二届第五次理事会财务报告》；听取了《中华商标协会 2010 年工作设想》；听取了“2009（第三届）中国商标节”工作报告；增补了常务理事和理事；国家工商总局付双建副局长做重要讲话。

（四）召开了“中华商标协会成立十五周年座谈会”。会议总结回顾了协会十五年的成长历程，探讨了今后的努力方向和工作目标。付双建副局长对协会的发展提出了殷切希望和更高的要求。

（五）不断加强秘书处队伍建设。年初，秘书处提出“内强素质，外树形象”的工作要求，注重培养和吸收优秀人才；建立和完善制度；制订了协会三定工作方案；深入开展廉政教育，排查廉政风险点，有针对性地制定了防范措施；制定了压缩三项经费支出的具体措施，提高了资金的使用效益；建立和完善防治“小金库”的长效机制。

（六）做好商标史及协会工作的档案和编辑工作。完成了《中华商标协会史志》的修改上报工作；完成了《中华商标协会 2008 年度工作报告》的编辑和发行工作；《中国商标年鉴》已完成了稿件征集和向社会广泛收集专业资料的工作，现正在编辑中，将于年底出版发行。

在充分肯定 2009 年工作成绩的时候，我们也要清醒地看到协会工作还存在许多不足有待于改进。一是对在落实《纲要》和《实施意见》过程中商标协会的任务和职能等问题有待于进行深入研究，拓展新的工作领域；二是商标理论研究仍然是我们工作中的薄弱环节，需要进一步挖掘专家资源，提高研究成果的质量；三是为政府和会员服务的领域比较窄，服务水平还有待进一步提高，会员队伍还需要不断壮大。总之，我们的任务还很艰巨，需要不断创新，做出更大的努力。

2009中外企业知识产权高层论坛召开

为迎接2009年“4·26知识产权日”的到来，4月25日，由中国知识产权研究会、中华商标协会、中国版权协会、国际保护知识产权协会中国分会、中国经济报刊协会等单位联合主办的“2009中外企业知识产权高层论坛”在京举行，论坛的主题包括国家实施知识产权战略的现状和未来展望、如何以知识产权战略应对国际金融危机、实施知识产权战略促进产业升级与转型等。国家知识产权局局长田力普、国家工商行政管理总局副局长付双建、中华商标协会会长李建中等出席了论坛开幕式。

付双建商标在开幕式致词中指出，商标战略是知识产权战略不可或缺的组成部分。在传统的三大知识产权中，商标是生命力最持久，与人民生产、生活最直接相关的知识产权，是市场经济中最重要的知识产权，是企业的核心竞争力。此次金融危机爆发以来，随着国内外经济形势的不断恶化，我国的外贸出口额持续大幅下滑，众多外向型企业尤其是缺乏知识产权武器的中小企业遭受严重冲击，步履维艰。历史一再证明，每当危机到来，只有那些掌握了核心知识产权、拥有强势品牌的企业才能立于不败之地，并且化挑战为机遇，占领市场的制高点。他强调，作为商标注册和管理的主管部门，近30年来，国家工商行政管理总局紧紧围绕党和国家的中心工作任务，努力提高商标注册和管理水平，为社会主义市场经济建设做出了重要贡献。据他介绍，为贯彻落实《国家知识产权纲要》，国家工商总局正在积极制定推进《纲要》实施的意见。在《意见》中提出目标，到2020年，要把我国建设成为商标注册、运用、保护和管理水平较高的国家。

田力普在开幕式致词中指出，从是否申请专利和专利申请的数量可以看出企业知识产权意识，同时专利申请的授权情况能反映出企业创新的质量、创新的水平；更重要的是专利的有效数量，这体现出企业创新成果、企业知识产权的市场化水平、市场价值和产业化程度。他强调，自主知识产权能有效帮助企业应对金融危机影响，能够为企业长远发展服务。这三个方面都要关注，要使企业通过自主知识产权的创造、运用、保护，形成自己的核心竞争力。

本次论坛为期两天，包括“国家知识产权战略”主论坛和“知识产权与商标国际”、“知识产权与版权保护”两个分论坛，邀请了欧美日等发达国家和地区的知识产权界人士就国外知识产权保护作经验介绍、案例分析，并组织专家针对当前经济形势下的一些热点问题，如我国企业如何利用知识产权提高竞争力、如何建立品牌战略、如何实施知识产权的开发，以及如何有效遏制侵犯商标权、专利权、版权等一系列问题进行了深入探讨。来自各级知识产权管理部门、企业界、知识产权中介服务机构等的代表400余人参加了论坛。

“2009(第三届)中国商标节”在青岛成功举行

拥有青岛啤酒、海尔、海信、双星等中国乃至国际知名品牌的青岛是我国当之无愧的“品牌之都”。11 月 9 日至 11 日，以“实施商标战略、建设创新型国家”为主题的 2009（第三届）中国商标节在这里成功举行。在为期三天的展会期间，3000 余位来自全国各地以及海外的知识产权政府部门、国际组织、学术界、代理机构以及众多驰名、著名商标企业的代表，参加了 2009 中国商标年会、驰（著）名农产品商标、地理标志展销会暨企业商标文化博览会、商标管理工作 60 年成就展、消费者最喜爱的绿色商标调查、商标设计大赛等一系列丰富多彩的活动。作为我国商标及知识产权领域影响最广、水平最高、规模最大的商标盛会，2009（第三届）中国商标节经国家工商行政管理总局批准，由中华商标协会、青岛市人民政府共同主办；国家工商总局商标局、商标评审委员会、山东省工商局提供支持；中企商标发展中心、青岛市工商局、青岛市会展业发展办公室承办。

11 月 9 日上午，商标节在青岛国际会展中心举行了盛大的开幕式。第十届全国人大常委会副委员长蒋正华，国家工商行政管理总局副局长付双建，山东省委常委、副省长王军民，中华商标协会会长李建中、青岛市市长夏耕、世界知识产权组织总干事代表古恰迪尼等出席开幕式。应邀出席开幕式的还有国家工商行政管理总局、国家新闻出版总署、国家知识产权局、最高人民法院等国家部委的领导以及来自世界知识产权组织、国际商标协会、欧盟、美国、日本、韩国等 20 多个国家和地区商标机构组织的嘉宾。开幕式由中华商标协会秘书长刘燕主持，在付双建和王军民分别致开幕辞后，蒋正华宣布商标节开幕，并与付双建、王军民、李建中、夏耕、古恰迪尼共同按下启动按钮，金色的彩带顿时冲天而起，漫空飞舞。

付双建在开幕式致辞中高度肯定商标节的举办和组织工作，他说，2009 商标节的举办，是中国商标事业发展新里程的一个缩影，是中国商标领域日益国际化、专业化的一个交流与展示平台，是中国商标影响力不断增长的一个新亮点。商标节的举办将促进全社会形成有利于保护知识产权和推动自主创新的良好氛围，同时，也向全世界传递了一个明确的信息：中国政府将坚定不移地保护知识产权、以国家战略的高度不遗余力地实施商标战略。付双建指出，中国的经济正在融入世界经济的海洋，本届商标节也是属于全世界的一次品牌盛会。2009 中国商标节将在认真总结此前两届商标节成功经验的基础上，使内容更加丰富多彩，形式更加新颖活泼，活动更加贴近群众，将对进一步加强商标意识，加强商标保护，促进和谐发展起到巨大的推动作用。

王军民在致辞中说，商标作为一种知识产权，是企业重要的无形资产，更是一种重要的战略资源，随着国内外市场竞争的加剧，实施商标战略已经成为政府和企业的共同选择。本届商标节对于增强全社会商标意识，提高企业运用商标能力，推动自主创新、结构调整和经济发展方式转变具有重要意义。他表示，山东省委省政府近年来把实施商标战略作为应对国际金融危机的重要措施，取得显著成效。目前全省有效注册商标达到13.6万件，拥有国家工商总局认定的中国驰名商标134件，地理标志证明商标34件，总数居全国前列。本届商标节将推动山东省商标工作再上新台阶，为转方式、调结构，打造山东半岛蓝色经济区，建设经济文化强省做出新的贡献。

开幕式之前，蒋正华等领导参观了驰（著）名农产品商标、地理标志展销会暨企业商标文化博览会。近万平米的展厅内，来自全国各地的知名品牌商品琳琅满目，展览形式多姿多彩，吸引人们频频驻足观看。在农产品商标展区，蒋正华对特色农产品表现出了极大兴趣，他拿起展台上一米多长的章丘大葱与参展单位代表亲切交谈，当得知注册了地理标志证明商标的章丘大葱售价高达普通大葱价格的数倍，当地农民靠此走上致富路时，他连连点头称赞。本届商标节国内各地企业纷纷踊跃报名参展，山东、江苏、广东、浙江、甘肃、青岛、成都等省市的商标协会更是积极组织当地优秀企业，统一组团参展参会，并布置了各具特色的展台，交流商机，展示风采。记者采访了几位前来参观展览的青岛市民，他们表示，自己平时就很喜欢这些地方特产，但苦于市场上鱼目混珠，总怕买到假货，现在有了这样的展览，不仅学习了商标知识，而且能够买到正宗的产品，买得放心、称心。

9日下午，本届商标节的重头戏、2009商标年会主论坛“实施商标战略，建立创新型国家高峰论坛”在会展中心召开。中华商标协会会长李建中、世界知识产权组织总干事代表古恰迪尼致辞，国家工商总局副局长付双建作了论坛主旨演讲。

付双建在演讲中指出，我国商标事业正处于历史上最好的发展时期，商标工作空间无限，大有作为。使中国由商标大国走向商标强国，是我国商标人努力实现并孜孜以求的奋斗目标。付双建说：“实施商标战略意义重大，是转变发展方式、提高企业核心竞争力、做强做大企业的客观要求。积极实施商标战略，培育自主品牌，依靠品牌开拓市场，将成为企业应对国际金融危机、走向振兴之路的必然选择。”他指出，只有推进商标战略实施，全面提高工商机关保护、管理商标的能力，才能保护商标权利人的合法权益和劳动成果，提高商标权利人培育自主品牌和争创驰名商标的积极性，实现建设创新型国家、全面建设小康社会的宏伟目标。

李建中在致辞中说，本届商标年会的主题定为“实施商标战略，建设创新型国家”，既适应了当前经济转型时期商标事业发展的需要，也在一定程度上反映了我国当前商标工作的重点。据他介绍，除主论坛外，此次年会还针对当前一些热点问题，设立了“商标战略与县域经济发展高峰论坛”、“中外商标代理组织合作发展峰会”、“欧盟商标法律动态论坛”、“商标典型判例评析论坛”、“农产品商标与地理标志论坛”、“国际商标法律动态论坛”等六个分论坛，为进一步传递国际商标法律发展的最新信息和动态，大力推动商标战略的实施，促进政府、企业、国际组织的交流与合作搭建广阔的平台，为引导我国企业实施国际商标战略，融入国际市场，参与国际竞争与合作，创立国际知名商标提供有效指导。

青岛市委常委、副市长秦敏、国务院法制办公室教科文卫司副司长刘晓霞、欧洲内部市场协调局知识产权诉讼司司长蒙塔图，中国法学会知识产权研究会会长吴汉东，以及参会企业代表青岛啤酒股份有限公司总经理孙明波、双星集团有限责任公司总裁汪海也先后在论坛上发表演讲，受到与会者的欢迎。

随后的两天里，商标年会的六大分论坛或依次展开，或同时进行，会议日程安排紧张有序，参会者依据自己的兴趣，各取所需，选择参加。论坛气氛热烈，台上台下互动积极，往往需要主持人再三重申会议时间，才不至于结束得太晚。

9日晚，在距海滨咫尺之遥的麒麟皇冠大酒店，“2009消费者最喜爱的绿色商标调查活动”颁奖晚会隆重举行，凤凰卫视著名主持人许戈辉主持了整场晚会。本次活动由中华商标协会和中国消费者报社共同主办，旨在倡导环保意识和绿色消费。当晚，活动组委会公布了消费者评选出的汽车、家电、服饰、饮料、化妆品、家具、卫生洁具、建筑材料、体育用品、地理标志产品等10个行业（或类别）的最喜爱的绿色商标，付双建、李建中、秦敏等领导为100位获奖者现场颁发了奖杯和证书。广汽本田副总经理郁俊代表获奖企业发表了“绿色宣言”。

10日晚，以“中国元素，国际潮流”为主题的“2009首届中国商标设计大赛”评选结果揭晓，6件银兔奖，30件铜兔奖花落各家（金兔奖空缺）。获奖者既有商标从业者，也有专业的美术设计人员，甚至有在校大学生。获奖者在接受主持人现场采访时表示：要让中国创造——不仅是中国制造，走向世界！本次大赛旨在进一步推动全社会对商标设计的关注和商标知识的普及，为中国商标设计水平的提高和商标设计专业化队伍的发展做出贡献。

11日晚，在美丽如帆的青岛奥林匹克帆船中心，2009第三届中国商标节颁奖晚会进行了告别演出。主办方中华商标协会与青岛市人民政府安排了精彩的歌舞表演等文艺节目，并现场揭晓了“2009商标战略创新领军人物”、“最具市场竞争力商标”、“商标战略优秀论文奖”等一系列奖项，来自全国300多家企业、知识产权机构以及政府、组织的代表出席了晚会。中国贵州茅台酒厂有限责任公司董事长袁仁国、上海家化联合股份有限公司董事长葛文耀、四川长虹电器股份有限公司董事长赵勇等60位知名企业家荣获中国商标战略创新领军人物称号，近百家知名企业代表上台领奖。晚会还特别向青岛市工商局颁发了“2009商标节杰出贡献奖”。中华商标协会秘书长刘燕在晚会上对本届商标节做了总结性致辞。

本届商标节共吸引了来自全国各地的政府机构、知识产权学术界、代理组织以及众多知名企业的代表3000余人，以及来自世界知识产权组织、国际商标协会、欧盟、美国、日本等20多个国家和地区、国际组织的90多位嘉宾参会，反映出商标节不仅在国内的影响力进一步增强，在国际上的影响也越来越大。中央电视台综合频道“新闻联播”播出了商标节开幕的消息，并在新闻频道播出了对“消费者最喜爱的绿色商标调查”、“娃哈哈中国商标设计大赛”活动的采访，中央人民广播电台、法制日报、新华社、新华网、人民网、新浪网等各大媒体也都对商标节有关新闻进行了报道，引起了社会各界广泛关注。

“消费者最喜爱的绿色商标”花开青岛

11月9日晚上，素有“品牌之都”美誉的青岛星光璀璨，“2009消费者最喜爱的绿色商标调查活动”颁奖晚会在灯火辉煌的会议大厅内如约上映。国家工商总局副局长付双建，青岛市委常委、副市长秦敏，中华商标协会会长李建中等领导出席了颁奖典礼。来自全国十大行业的百家知名品牌企业代表，捧起了100个铭刻着“2009消费者最喜爱的绿色商标”的绿色水晶杯，晶莹剔透的水晶杯凝聚了广大消费者的信任和喜爱。

颁奖晚会由凤凰卫视著名主持人许戈辉主持。会场两侧的大屏幕上，一枚枚为广大消费者熟悉喜爱的商标滚动放映。在晚会热烈的音乐声中，付双建、李建中、秦敏等领导步入了颁奖典礼现场，并在活动主办方特意制作的“绿色宣言”背板上挥毫签名。晚会上，活动组委会依次宣布了汽车、家电、服饰、饮料、化妆品、家具、卫生洁具、建筑材料、体育用品、地理标志产品等10个行业或类别的消费者最喜爱的绿色商标，并为100位获奖者颁发了奖杯和证书。

广汽本田副总经理郁俊代表获得“2009消费

者最喜爱的绿色商标”称号的百家企业，在典礼现场发表了“绿色宣言”。在宣言中承诺他们：“珍惜消费者的信任，牢记社会的嘱托，履行时代赋予的职责，用我们的实际行动，为我们的消费市场增添更多的绿色，为我们的经济社会发展增添更多的绿色，为我们的和谐社会建设和中华民族的伟大复兴增添更多的绿色!”

第三届中国商标节组委会秘书长刘燕特别代表商标节组委会向绿色商标调查活动主办方之一中国消费者报社颁发了2009 (第三届) 中国商标节最佳合作伙伴奖;向组委会合作伙伴——北京金证融通信息技术有限公司、新浪财经等颁发了特别贡献奖。

晚会现场还抽出了136份“热心消费者”奖——积极参与调查活动的136位消费者将在会后收到由著名家电企业LG集团提供的液晶电视机、微波炉、吸尘器和化妆品等精美奖品。

“2009消费者最喜爱的绿色商标调查”活动于今年8月26日正式启动，在两个多月的时间里，调查活动历经企业自主报名与消费者推荐、初选300晋200、复选200晋100和获选商标公示等阶段，500余万消费者采用报纸、手机短信、网上等方式投出了自己的“喜爱一票”。在“2009消费者最喜爱的绿色商标调查”的全过程中，由国家工商总局商标局、国家工商总局商标评审委员会、中国人民大学法学院、中国汽车流通协会、中国家电协会和中华商标协会等部门专家组成的专家评审团参与了全程评审、监督。在经过多轮“激烈竞争”之后，10个行业100个绿色商标最终花落百家。

2009商标设计大赛彰显中国风

经过45天的紧张评选， 96件优秀的商标设计作品最终从5000余件参赛作品中脱颖而出，分享了娃哈哈杯2009中国商标设计大赛银兔奖、铜兔奖和提名奖。11月10日晚，活动主办方中华商标协会以一台精彩的颁奖晚会，为获奖者颁奖，同时向社会各界展示了商标设计的独特魅力。

“中国元素、国际潮流”是本届娃哈哈杯2009中国商标设计大赛的主题。大赛旨在提升中国商标设计的创作水平，引导中国商标设计走向独创化、专业化和职业化道路，为企业提供丰富而独特的商标设计作品。为更好的宣扬中国元素的主题，气氛热烈的晚会大厅内，喜庆的中国红帷幕、动天的锣鼓与极具中国风的商标设计作品相映成辉。大厅两侧一座座代表着我国历史上最早的“白兔”商标的兔型奖杯正翘首待人。

晚会现场，活动组委会依次宣布了提名奖、铜兔奖获奖者和银兔大奖获奖名单，并为到场的获奖者颁发了奖杯和礼品。最终，来自北京的张若晴、青岛的王佳、江苏的崔士明等六人上台领取了本次比赛的最高荣誉银兔大奖。在舞台正中的大屏幕上，获奖作品“缘古人”商标以鲜红的中国印章造型和富有中国情结的“缘”字表达了对中国传统文化的传承和弘扬；另一获奖作品“水之源”商标则用极具动感的水滴图案显示了水的变化无穷和大自然的奇妙。这些或新颖活泼或诙谐幽默或富丽典雅的设计作品，不仅深深征服了众多专业评委，也博得了现场观众的阵阵掌声。此外，王鹰、解正兴等30人荣获铜兔奖；刘鑫、常艳丽等60人获得提名奖。

中华商标协会副秘书长任刚在晚会致辞说，本届商标设计大赛提高了社会各界对商标设计的重视，吸引了大量优秀的商标作品产生，为提升中国商标设计的创作水平，实现艺术与商业的共赢，达到创意与价值的完美融合，做出了有益的探索和成功的尝试，取得了圆满的成功。

任刚表示，提高我国商标设计的整体水平，使更多创意独特、设计新颖的商标进入国际市场，为企业创立国际驰名品牌创造基础，是一个长期的、坚持不懈的、艰难曲折的过程。希望娃哈哈杯 2009 首届中国商标设计大赛作为我国商标事业发展进程中的一次创举，为全社会开启了一个展示商标形象的窗口，为更多的好商标为企业所用开辟了一条崭新的途径。

据悉，该活动自 2009 年 8 月 20 日启动以来，得到了全社会的高度关注和众多设计师的踊跃参与。经过设计者自主报名、专家评选及社会公示等环节，活动组委会从与消费者密切相关的食品、饮料、化妆品、服装、IT 产品、文化用品等 6 大类别商品的 5000 多件参赛作品中，遴选出上述奖项。

2009 最具竞争力商标系列奖项揭晓

11 月 11 日晚，美丽如帆的青岛奥林比克帆船中心大剧场灯火辉煌、如梦如幻。乘着习习海风、伴着阵阵海浪，本届中国商标节的压轴大戏——2009 第三届中国商标节颁奖晚会隆重举行。主办方中华商标协会与青岛市人民政府用一台精心筹备的大型歌舞晚会，为本届商标节的参会者奉献了最后一道商标盛宴，也为历时三天的 2009 中国商标节的成功举办画上了圆满的句号。

作为 2009 中国商标节的重要活动，备受瞩目的 2009 商标战略创新领军人物、最具市场竞争力商标等一系列奖项在当晚纷纷揭晓。来自全国 300 多家企业、知识产权机构以及政府、组织等代表出席晚会，近百家知名企业代表上台领奖。

中华商标协会秘书长刘燕在晚会现场对 2009 中国商标节的举办做了总结性致辞。她介绍说，本届商标节共吸引了来自全国各地的政府机构、专家学者、代理组织以及众多企业的代表 3000 余人参加。来自世界知识产权组织、国际商标协会、欧盟、美国、日本等 20 多个国家和地区以及国际组织的嘉宾 90 多人参加本届商标节。这反映了此届商标节不仅在国内的影响力进一步增强，在国际上的影响也越来越大。

作为对国庆六十周年的献礼，共和国 60 华诞 60 商标系列活动“2009 最具竞争力商标”评选活动得到了社会各界的广泛参与。晚会现场，组委会分别宣布了 2009 商标战略创新领军人物、最具市场竞争力商品商标、最具市场竞争力服务商标、最具竞争力农产品商标、最具市场竞争力地理标志商标等五大奖项。颁奖典礼穿插在歌舞声中依次出炉，使整台晚会呈现出一派热烈而喜庆的气氛。最终，中国贵州茅台酒厂有限责任公司董事长袁仁国、上海家化联合股份有限公司董事长葛文耀、四川长虹电器股份有限公司董事长赵勇等 60 位知名企业家荣获中国商标领军人物称号。上海三联（集团）有限公司吴良才商标、中国全聚德（集团）股份有限公司全聚德商标等 60 件商标获得最具市场竞争力服务商标；冠生园（集团）有限公司冠生园商标、北京燕京啤酒集团公司燕京商标、上海家化联合股份有限公司六神商标等 60 枚商品商标得最具市场竞争力商品商标。最具竞争力农产品商标和最具市场竞争力地理标志商标分别被山东鲁花集团有限公司鲁花商标、大连韩伟企业集团有限公司咯咯哒商标以及天津市津南区农业技术推广服务中心小站稻商标、胶州市大白菜协会胶州大白菜商标等商标摘得。

此外，晚会现场还颁发了商标战略优秀论文奖等奖项。

规范鉴定程序 提高鉴定水平

——2009年中企商标鉴定中心工作迈上新台阶

中企商标鉴定中心（以下简称中心）在过去的一年里，在全体工作人员的共同努力之下，各项工作有条不紊。在扩展业务的同时，也进一步严格规范了鉴定程序。中心始终致力于向委托方提供高质量和权威性鉴定意见的工作理念，受到了广泛的好评。

2009年，中心共受理有关商标鉴定和商标法律论证的案件17件，其中有诸多涉及国内外知名品牌的疑难案件和具有一定社会反响的案件。如："王老吉"商标案、"九牧"商标案、"三得利黑乌龙茶"商标案等。其中，"九牧"商标案是商标鉴定案件中较为典型的商标使用是否超出核定商品范围的案例。2009年5月，我中心受北京润禾律师事务所委托，就有关当事人在生产销售"卫生洁具"、"挂件系列"商品的商业活动中使用九牧王图形商标，是否超出其核定使用商品范围；以及该有关当事人的"挂件系列"商品是否与九牧公司"九牧"系列注册商标核定使用的"卫浴洁具"商品构成类似商品问题进行鉴定。案件受理后，经中心组织专家进行论证后，形成一致意见，出具了《商标鉴定书》。据案件事后跟踪得知，中心出具的鉴定意见已被最高人民法院采纳。

中心经国家工商行政管理总局批准并登记注册，成立于2003年4月18日，隶属于中华商标协会，专业从事商标鉴定及相关知识产权法律咨询与服务，被最高人民法院和北京市高级人民法院列入司法鉴定机构名册。经北京市司法局批准，中心于2008年5月28日设立中企商标鉴定中心司法鉴定所。

中心设有专家委员会，由中国社会科学院、司法机关、商标行政主管部门、知名院校及知识产权研究机构等单位的专家学者组成。他们在我国法律界、知识产权界享有盛誉。中心主要业务有：接受人民法院、检察机关、公安机关的委托，就商标案件中涉及的商标专业性问题进行司法鉴定；接受商标行政执法部门和商标权利人的委托，就商标案件中涉及的商标专业问题进行法律论证、提供咨询及鉴定意见；开展商标法律服务、知识产权咨询、组织专家研讨会等。

服务对象：各级人民法院、公安机关、检察机关、商标行政执法部门、社会各有关单位、国内外企业及个人等。

当前，我国商标侵权、确权等各类案件逐年增多，需鉴定的疑难案件数量日益增加。我中心对受理的商标鉴定案件均严格依照鉴定程序，遵循诚信、公平、优质的服务原则，组织专家进行法律论证。经过多年鉴定实践，中心在我国商标鉴定领域获得了较高知名度和影响力。

浓浓两岸商标情

——中华商标协会代表团访问宝岛台湾记行

2009年6月14日至21日，应台湾海峡两岸商务协调会及台湾商业总会的邀请，由国家工商总局副局长付双建率领的中华商标协会代表团赴台湾参加了“2009年两岸商标研讨会”，并对台湾商标管理工作进行了考察。

代表团此行是中华商标协会与台湾海峡两岸商务协调会商标民间交流与合作的重要内容之一。多年来，两会保持着良好的合作关系，携手建立了两岸商标交流的桥梁，为促进两岸经济贸易发展做出了重要贡献。代表团成员有国务院台湾事务办公室、国家工商总局商标局、商标评审委员会、法规司、外资注册局、中华商标协会以及四川省工商局等部门的负责人及工作人员，共12人。

代表团抵达台北时，受到了台湾工商企业界代表的热烈欢迎。在隆重的招待晚宴上，台湾海峡两岸商务协调会张平沼会长发表了热情洋溢的欢迎词。他畅谈了自己从事两岸合作交流20年来走过的风雨历程，对如今取得丰硕的果实，心中无比感慨和欣慰。付局长在热烈的掌声中发表了致辞，他以“激动万分”和“心静如水”两个颇具深远意味的词向大家表达了此时此刻的心情。付局长说，“激动万分”是终于亲身踏上了祖国的宝岛台湾，实现了多年来心中的向往；而“心静如水”则是遇到了热情的朋友，胜似亲人，仿佛自己回到家一样，充分体现出两岸同胞一家亲，心中又感到无比平静。他相信，在两岸商标工作者的相互支持和共同努力下，此次访问交流一定能够取得圆满成功。

欢迎晚宴的气氛即热烈又隆重。宾主频频举杯，追忆两岸商标合作的历程，共祝未来取得更大发展。期间，付局长亲自将国家工商行政管理总局商标局颁发的“台湾啤酒”商标注册证交予台湾烟酒公司董事长韦伯韬先生。“台湾啤酒”商标早于10年前已向国家工商行政管理总局商标局提出了注册申请，由于该商标中使用的“台湾”为地名，依大陆商标法的规定不能注册与使用。海峡两岸商务协调会与中华商标协会进行了多次沟通，详细介绍了该商标使用的历史及在台湾地区所取得的显著性和知名度等情况，中华商标协会也进行了认真的调查并与商标局进行了积极的沟通协调工作，同时，向国务院台办反映了有关情况，商标局经过几年的调查工作，于2009年5月6日核准“台湾啤酒”商标予以注册。当韦伯韬董事长从付局长手中接过“台湾啤酒”商标注册证的那一刻，脸上激动的神情难以言表，他激动地说：“台湾啤酒商标来之不易，可谓十年磨一剑，其中凝结了海峡两岸相关部门的努力和心血。这一硕果不仅为台湾烟酒公司今后的发展创造了良好的基础，也极大鼓舞了台湾工商企业积极参与两岸经贸合作的信心，为海峡两岸经贸发展做出了巨大贡献！衷心感谢付局长为团长的中华商标协会代表团为台湾人民送来的这一珍贵的礼物！”为了抒发此刻的心情，韦董事长忘情地唱起了象征海峡两岸骨肉亲情的歌曲，这歌声感染了在座的每个人，将海峡两岸人民更紧密地牵系在一起。

海峡两岸商标研讨会取得圆满成功

6月15日上午，代表团参加了台方主办的2009年两岸商标研讨会。研讨会上，两岸商标专家围绕以下一系列议题发表了专题演讲。

一是商标注册、保护与仿冒查处。我方专家、中华商标协会副秘书长任刚就国家工商行政管理总局商标局商标审查的基本情况、大陆商标专用权保护情况、大陆商标保护体系及特点等进行了全面介绍，还介绍了台湾地区在大陆商标注册和保护情况，其中包括制止以不正当手段抢先注册台湾农产品商标行为及涉台商标侵权假冒案件查处情况等。台方专家介绍了台湾地区商标注册及保护的相关法律制度以及商标相关主管部门的构成、职能范围和工作程序等。

二是驰名商标的认定与保护。我方专家、商标局法律事务处副处长文学介绍了大陆驰名商标保护制度的建立、发展与逐步完善的概况，并阐述了现行法律、法规及部门规章对驰名商标认定的原则、程序及驰名商标保护成果，最后介绍了关于涉台驰名商标认定情况（目前，大陆认定商标注册人为台湾地区企业的驰名商标8件）。台方专家介绍了台湾地区驰名商标保护制度的立法沿革及相关具体规定和操作程序，并举例介绍了大陆“海尔”商标被认定为台湾地区驰名商标的情况。

三是商标识别性及使用证据的认定和采信。我方专家、商标评审委副主任侯丽叶从商标使用在商标法上的重要意义、商标使用的方式、使用类型及使用实质要件、商标使用证据的认定标准和商标使用认定应注意的问题等方面进行了较为全面的介绍。台方专家也从相应的角度介绍了台湾地区关于商标使用认定的有关规定。

此外，代表团参加了台湾商业总会主办的工商企业商标保护座谈会。一些台湾企业代表以及记者提出台湾商标在大陆的注册与保护、商标权与企业名称权的冲突、两岸含中华、中国、中央的商标相互重名以及台商在大陆遇到地方保护等问题，希望大陆方面予以协助解决。付双建团长指出，首先，两岸商标法律制度存在一定的差异性，大陆的法律在一些方面还有进一步完善的必要，我们正在通过修改《商标法》来进行改善；其次，企业反映的部分个案属于操作层面问题；最后，针对地方保护问题，工商总局已经采取了包括省级以下垂直管理等多项有力措施，同时，当事人要注意充分利用法律规定的程序来主张自己的权利。针对商标权与企业名称权的冲突问题，工商总局法规司张辉司长根据《商标法》与《反不正当竞争法》的相关规定并结合两法的修改工作，解答了企业的疑问。商标局法律处文学副处长就部分企业提出的个案问题从具体法律适用的角度进行了解答。

同时，两岸商标的专家举行了两岸商标业务交流座谈会。双方围绕建立两岸商标案件沟通机制、两岸商标专业人员考察交流、提供驰名、著名商标认定保护信息交流和互换以及研讨两岸商标案件，探讨解决途径等问题进行了交流。其中，两岸商标案件得到双方的高度重视，双方都提出希望对方商标主管部门予以关注的问题和需解决的相关案件探讨了解决途径，就保护两岸商标权人的合法权益达成了共识。

付双建团长会见台湾高层人士

中华商标协会代表团的此行受到了台湾方面高度的重视，并给与了很高的礼遇。

6月15日上午和下午，国民党荣誉主席连战和现任主席吴伯雄分别会见了付双建团长。我代表团成员、国务院台湾事务办公室投诉协调局刘建中副局长、工商总局台湾事务办公室张焕副主任以及台湾海峡两岸商务协调会张平沼会长、陈武刚副会长等参加了会见。

连战主席在他亲自创建的“两岸和平基金会”办公室会见付团长，他面带微笑，热情地与付团长握手问候。吴伯雄主席在“仲伯基金会”办公室与付团长进行了友好亲切的谈话。在会谈中，我代表团成员感受到两位主席的谦和、睿智、风趣的人格魅力。他们均很有兴趣地听取了付团长对工商职能和两岸商标领域交往情况的介绍。在谈话中两位主席表示，欢迎代表团来访，两岸商标领域交流很重要，是两岸经贸合作的重要组成部分，做好这方面的工作对企业的发展很有好处，并祝福代表团访问成功。

6月20日中午代表团返程前夕，台湾海峡交流基金会江丙坤董事长与付双建团长及代表团全体成员共进午餐，席间发表了简短讲话，并与付双建团长交流了促进两岸商标领域交流的想法。他提出，要促进两岸商标领域制度性、机制性的交往，在下半年陈江会谈中，要在两岸经济合作协议框架下加上商标领域交往的内容，以更好的发挥商标在促进经济发展中的作用。

调研和考察 交流和借鉴

研讨会结束以后，代表团分别赴台湾各地，对商标的管理工作进行调研考察。

6月17日，代表团来到花莲市，访问佛教慈济慈善事业基金会（以下简称为“慈济基金会”）的总部。慈济基金会的前身为1966年成立的佛教克难慈济功德会，后于1994年完成财团法人登记，目前已在全球三十九个国家或地区设有慈济分支会或联络处。慈济基金会从事了包括慈善、医疗、教育、人文、骨髓捐赠、环境保护、居住小区志工、国际赈灾等八项事业。从上世纪九十年代起，慈济基金会开始在大陆从事慈善活动，广泛开展了赈灾、扶贫、教育和骨髓捐赠等活动，在大陆享有较高的知名度。近年来，该基金会援助了缅甸飓风灾害、四川汶川大地震等重大自然灾害。2007年和2008年，该基金会荣获了国务院颁发的中华慈善奖。通过在慈济的调研考察，代表团对慈济基金会的历史发展和事业现状有了全面的了解，加深了对“慈济”商标纠纷案件的认识，有利于相关案件的依法、公正处理。

6月18日，代表团考察了阿里山高山茶地理标志产品产区。阿里山地区海拔在3000米以上，有茂密的森林和丰富的植被，由于其特殊的地理环境和气候，在海拔约1500米的地区，种植的茶叶品质最佳。代表团现场考察了阿里山高山茶的栽种、采摘和制作现场，团员们饶有兴趣地到茶山上采摘茶叶，亲身感受阿里山茶的生长环境和种植情况，领略到传说中阿里山秀美的自然风光。代表团还听取了当地专业人士对高山茶栽种、制作工艺的介绍。同时，通过台湾地区农业主管部门人员的讲解，对阿里山高山茶地理标志证明商标以及产销履历，农产品标章的注册、使用情况进行了全面的了解。代表团成员一致认为，台湾地区的相关管理制度对大陆地理标志的注册及管理工作可以起到借鉴作用。

6月19日，代表团参观了位于南投县的埔里酒厂。埔里酒厂为台湾烟酒公司的重要生产基地，研发生产介寿酒、陈绍、状元烧、状元红等特色酒品，并成立了台湾首座“酒文物馆”。代表团对酒厂的历史、主导产品的生产工艺和营销情况以及酒厂商标的注册保护情况进行了考察，尤其关注了酒厂生产“绍兴酒”及其系列产品的情况。台湾烟酒公司董事长韦伯韬先生特别为代表团安排了颇具台湾当地民族风情的晚宴。席间，代表团全体人员与台湾朋友共同跳起了高山族舞蹈，共唱“阿里山的姑娘”。在那一刻，大陆和台湾同胞骨肉相连的亲情感人肺腑，并深深融化在了每个人的心底。应台方邀请，付局长为此次考察台湾烟酒公司活动题词，名为“两岸商标情”。大家深深感到，小小的商标体现了海峡两岸同胞血脉相连的骨肉亲情，推进了两岸经贸交流合作的发展，为促进海峡繁荣增添了一笔浓浓的墨彩。

“收获颇多、感受颇深”

6月20日晚，中华商标协会代表团在台北市举行了答谢宴会。台湾海峡两岸商务协调会及台湾商业总会会长张平沼先生、副会长陈武刚先生等台湾地区工商企业界代表以及台湾地区商标注册管理部门的人员30余人应邀出席了宴会。付双建团长在致答谢辞时满怀深情地用“收获颇多、感受颇深”的词语，表达了代表团全体成员此次台湾之行的心情和体会。

关于“收获颇多”，付双建团长表示，第一，两岸商标研讨会取得了预期的效果。商标研讨会按照双方确定的议题进行了深入的研究和讨论，形成了共识。第二，更准确地把握了台湾工商业界在商标注册保护方面的需求。随着两岸经贸往来的不断发展，台湾企业在大陆的商标注册保护需求越来越强烈，同时，由于两岸曾经长期隔离的历史原因，台湾企业在大陆的商标注册保护也面临一些问题，包括商标抢注、商标权与企业名称权的冲突、商标注册过程中的程序问题等。代表团通过企业座谈会、实地走访考察等形式与台湾工商企业进行了广泛的接触，听取了企业的诉求，从而切实把握了它们在大陆进行商标注册保护所面临的问题和迫切要求。第三，为未来的工作规划提供了好的思路。要进一步解决两岸商标问题，除了对一些个案的关注之外，还要在工作思路上进行调整。应当重视研究工作，对两岸的商标法律制度进行比较，针对一些突出问题进行更深入的探讨。只有通过制度的改进，才能使个案问题得到更妥善便捷的处理。

关于“感受颇深”，他说，此行既是商标领域的一次成功交流，又是促进两岸同胞亲情之旅，既有两岸商标工作者同行之间的友情，也有“两岸一家亲”的亲情，更加深了代表团成员对宝岛台湾的热爱之情。台湾同胞对我们说：“虽然你们在那头，我们在这头，我们都是一家人。”千言万语，凡有利于两岸同胞的事业，我们都将以无比的勇气共努力。这种深厚的情谊将有利于两岸商标工作者继续加强合作，共同为两岸人民的福祉、为两岸关系的发展做出应有的贡献。

中华商标协会代表团此行受到了岛内外媒体的广泛关注，在报导中给予了广泛的赞誉，起到了良好的社会效果。

今后，中华商标协会将进一步拓展两岸商标领域的民间交流，加强对两岸商标问题的研究工作，拓展思路，寻找更有效、更完善的沟通和解决问题的途径，为推动两岸商标交流与合作发挥更大的作用。

（孙岩）

人民法院商标保护工作概况

(445~514)

加强知识产权司法保护　优化自主创新司法环境

——在全国法院开展知识产权审判“优化自主创新司法环境”年度主题活动新闻发布会上的讲话

最高人民法院副院长　奚晓明

（2009 年 4 月 20 日）

在“4·26”世界知识产权日即将到来之际，最高人民法院今天在这里召开新闻发布会，正式启动全国法院开展知识产权审判“优化自主创新司法环境”年度主题活动，同时也是根据《2009年全国知识产权宣传周活动方案》正式启动我院知识产权宣传周活动。下面，我主要就这项活动介绍一些情况。关于我院在知识产权宣传周活动期间的各项活动安排，由我院知识产权庭负责人孔祥俊来介绍。

一、开展知识产权审判“优化自主创新司法环境”年度主题活动的背景和目标

在全国法院开展知识产权审判“优化自主创新司法环境”年度主题活动，是根据今年全国法院深入开展的“人民法官为人民”年度主题实践活动的要求，在知识产权审判领域开展的一项主要活动。最高人民法院决定开展这项活动，主要是基于以下三个方面工作的考虑：

一是为了积极应对当前国际金融危机给我国实体经济造成的不利影响。当前，受国际金融危机影响，我国经济增速持续下滑，已成为影响全局的主要矛盾；自主创新能力不强、消费需求不足等长期制约我国经济健康发展的体制性、结构性矛盾依然存在，有的还很突出；市场秩序不规范，社会诚信体系不健全。激励自主创新，实现技术突破，打造知名品牌，掌握自主知识产权，是应对国际金融危机所带来的严峻挑战、化危为机的重要出路，人民法院知识产权司法保护工作对此具有不可替代的独特作用。国内外经济环境的重大变化，对于人民法院知识产权审判工作提出了新的需求和期待，也使知识产权审判工作面临着严峻的挑战和考验。

开展知识产权审判“优化自主创新司法环境”年度主题活动，是当前经济形势下人民法院知识产权审判工作服务大局的重要方面。各级法院在年度主题活动中，要通过采取科学合理的司法政策，加强知识产权司法保护，维护公平竞争的市场秩序，着力改善贸易和投资环境，注意增强企业的创新能力、市场竞争力和抗风险能力，为克服金融危机和“保增长、保民生、保稳定”的工作大局提供有力的司法保障。

二是为了全面落实好国家知识产权战略。去年 6 月国务院发布的《国家知识产权战略纲要》明确将“加强司法保护体系建设”、“发挥司法保护知识产权的主导作用”纳入国家知识产权战略重点，并从提高司法效率和司法水平、加大知识产权司法保护力度、完善知识产权审判体制、优化审判资源配置、加强知识产权司法解释、健全

知识产权审判机构、充实知识产权司法队伍等多方面，提出了一系列具体战略措施。人民法院在实施国家知识产权战略的进程中地位重要、责任重大。贯彻实施国家知识产权战略，是人民法院服务大局的一项重点工作，也是一项长期的重大历史任务。今年是国家知识产权战略全面贯彻实施的关键一年，做好今年的战略实施工作，对于今后一个时期人民法院实施国家知识产权战略，实现有关人民法院工作的战略目标，具有指标性意义。

开展知识产权审判“优化自主创新司法环境”年度主题活动，是推动各地法院全面贯彻落实国家知识产权战略的重要形式。各级法院在年度主题活动中，要通过采取切实可行的工作措施，有效解决当前知识产权司法保护工作中影响和制约自主创新的突出问题，不断完善知识产权司法保护制度，充分发挥司法保护知识产权的主导作用。

三是为了深入贯彻今年全国“两会”精神。在十一届全国人大第二次会议上，王胜俊院长所做的《最高人民法院工作报告》中，将知识产权审判工作作为去年人民法院工作的重点和亮点之一进行了报告，同时将“进一步强化措施，加大对知识产权的司法保护力度”作为人民法院2009年的工作重点之一。全国“两会”期间，代表和委员对于人民法院知识产权司法保护工作给予了积极评价，同时也寄予了很高的期望和要求，提出了许多很好的工作建议。这些建议主要包括：加大知识产权司法保护力度，解决知识产权领域的地方保护主义和域内域外保护不平衡问题；严厉打击制假行为，加大对民族品牌的保护力度，鼓励自主创新，切实解决知识产权案件取证难问题；研究进一步提高知识产权审判人员能力和水平的具体举措，等等。

开展知识产权审判“优化自主创新司法环境”年度主题活动，是深入贯彻今年全国“两会”有关“加大对知识产权的司法保护力度”精神的重要载体。各级法院在年度主题活动中，要通过公正高效的审判工作，不断提高知识产权司法保护水平，努力增强知识产权司法保护能力，切实加大知识产权司法保护力度，进一步打造有利于激励自主创新的司法环境，激发科技创新和自主品牌对催生新兴产业、创造社会需求、培养新的经济增长点的引领和推动作用。同时，要通过活动的深入开展，增强知识产权司法保护的社会认同度和国际影响力。

总之，开展知识产权审判“优化自主创新司法环境”年度主题活动，既是贯彻落实好国家知识产权战略和今年全国“两会”精神的具体体现，更是知识产权审判工作积极应对当前国际金融危机，使之更好地服务于党和国家工作大局的重要举措。

二、知识产权审判“优化自主创新司法环境”年度主题活动的重点内容

根据今年4月9日最高人民法院发出的《关于在全国法院开展知识产权审判“优化自主创新司法环境”年度主题活动的通知》，这次活动的重点内容包括以下八个方面：

（一）充分发挥知识产权审判职能，减弱和化解国际金融危机给我国经济社会带来的不利影响

为使知识产权审判更好地服务于经济平稳较快发展的大局，为“保增长、保民生、保稳定”作出更加积极的贡献，最高人民法院拟于本周全国知识产权宣传周活动期间发布《关于当前经济形势下知识产权审判工作服务大局若干问题的意见》，就当前经济形势下做好知识产权审判工作的若干问题提出指导性意见。

各地法院要高度重视当前经济形势下的知识产权审判工作，立足实际，突出重点，努力增强知识产权审判服务大局的针对性和有效性。要高度关注经济形势的发展变化，高度关注企业的生产经营状况，高度关注民生问题和社会稳定问题，注意研究金融危机给知识产权审判工作带来的新情况和新问题，就知识产权审判中反映出来的普遍性和动态性问题，深入开展调查研究，找准服务大局、促经济平稳较快发展的结合点，及时作出司法应对。各地法院可以结合本地具体情况，积极出台相关对策措施，切实把《意见》的具体要求贯彻到各项知识产权审判工作中。同时，各地法院要主动延伸司法服务职能，积极向有关部

门提出司法建议。

（二）深入贯彻实施国家知识产权战略，充分发挥司法保护知识产权的主导作用

为贯彻落实好国家知识产权战略有关人民法院工作的部署和要求，最高人民法院于今年3月23日正式发布了《最高人民法院关于贯彻实施国家知识产权战略若干问题的意见》，提出了36条贯彻实施国家知识产权战略的具体意见，涉及发挥司法保护知识产权主导作用的工作重点、司法政策、体制机制、司法解释和队伍建设等多个方面。

各地法院贯彻执行《意见》的过程中，要特别注意准确把握好各类知识产权案件的司法原则和司法政策，统筹兼顾处理好执行法律与服务大局、保护私权与维护公共利益、依法保护与适度保护、保护权利与防止滥用等各种重大关系，妥善解决各类知识产权纠纷。同时要以改革和完善知识产权审判体制与工作机制和加强知识产权审判队伍建设为重点，切实采取有效措施，为优化激励自主创新的司法环境提供可靠的体制保障和人才保障。各高级法院可以结合本地的具体情况，制定实施意见，把《意见》的要求落到实处。

（三）做好专利案件审理工作，促进科技创新

当前正在向实体经济蔓延的国际金融危机，更加突显了加强知识产权保护特别是专利权保护，提高自主创新能力，建设创新型国家的重要性。专利案件的审理工作对于激励自主创新具有直接的导向作用，各级法院要高度重视专利案件的审判工作，加大对经济增长有重大突破性带动作用、具有自主知识产权的关键核心技术的保护力度，促进高技术产业、新兴产业的发展和自主创新能力的提升。要做好专利法第三次修正案的贯彻实施工作，各级法院要注意组织知识产权法官加强学习，特别是要注意学习和领会专利法修正案关于明确共有专利权人之间的权利和义务、适度调整专利授权条件、赋予外观设计专利权人许诺销售权、强化专利侵权损害赔偿责任、增加诉前证据保全措施、完善专利强制实施许可制度、规定现有技术和现有设计抗辩事由、允许平行进口、增加药品和医疗器械的审批例外等新内容，保证立法精神在专利案件审判中得到正确落实。对于适用专利法修正案中遇到的新情况和新问题，要注意深入开展调查研究，及时总结经验，适时提出司法对策，并随时层报最高人民法院。

目前最高人民法院正在起草关于专利侵权判定标准的司法解释，并拟在年内适时召开第二次全国法院专利审判工作座谈会，不断完善专利司法政策，进一步激励自主创新。

（四）做好商标案件的审理工作，促进品牌经济发展

各级法院要通过商标案件的审理，切实维护商标信誉，推动形成自主品牌。要加强商标权保护，加大对自主品牌的司法保护力度，依法严厉制裁假冒商标、恶意模仿等商标侵权行为，为品牌经济的形成和发展创造良好的市场竞争环境。要不断完善商标司法政策，正确把握商标权的法律属性，根据商标用于区别商品或服务来源的核心功能、商标的显著性程度和知名度大小等，合理界定商标权的保护范围和保护强度。

要进一步规范驰名商标的司法认定和保护，严格贯彻今年初最高人民法院发出的《关于涉及驰名商标认定的民事纠纷案件管辖问题的通知》和《关于进一步建立健全驰名商标司法保护制度有关问题的通知》，规范驰名商标司法行为，认真开展相关案件的评查。各地法院要充分领会有关文件精神，严格执行有关规定，切实把好驰名商标案件的受理关和认定关，确保案件质量和社会效果。

近期，最高人民法院还将公布《关于审理涉及驰名商标保护的民事纠纷案件应用法律若干问题的解释》，进一步明确有关驰名商标案件的司法原则和裁判标准。

（五）审理好垄断案件和不正当竞争案件，营造有利于公平竞争的市场秩序

越是经济困难的情况下，越是要注意规范市场竞争秩序，为企业摆脱危机和发展壮大创造公平竞争和自由竞争的良性市场环境。各级法院要认真贯彻实施反垄断法和反不正当竞争法，规范市场竞争行为，加大对中小投资者利益的司法保护力度，确保各种所有制经济平等竞争、相互促

进。要及时受理和审慎处理垄断案件，正确认定和处理垄断行为，及时制止非法垄断，防止垄断行为限制市场竞争，挤压国内中小企业生存空间，通过司法行为促进创建健康的市场环境和有活力的市场结构，为激发经济活力和动力提供法律支持。要依法制止不正当竞争，制止一切非诚信的仿冒搭车行为，避免市场混淆和误导公众，切实维护权利人和消费者的合法权益，确保诚信竞争和有序竞争。

最高人民法院将在今年6月份召开反垄断民事诉讼问题研讨会，并将力争在年内尽快出台有关审理反垄断民事诉讼问题的司法解释，强化反垄断私人执行的可操作性，为反垄断法的有效实施奠定程序性规范基础。

（六）加强审判监督和工作指导，切实统一法律适用标准

要严格依法办案，平等保护本地当事人与外地当事人、国内当事人与外国当事人的合法权益，坚决反对各种形式的保护主义，确保对域内域外当事人的平等保护。

要进一步完善并严格执行知识产权案件的审判管辖制度，防止当事人利用制度漏洞“制造”管辖。要加大诉前证据保全措施和依职权调查取证的适用力度，切实解决知识产权案件取证难问题。要不断明确和完善法律适用标准，规范法官自由裁量权的行使，维护法律适用的统一。要加强审判监督，尤其要加强对法律适用标准不统一、当事人反映强烈的案件的审判监督，及时纠正错误裁判。要加强对关联案件的协调，认真贯彻执行关联案件的相互沟通制度和报请共同上级法院协调指导制度。各高级人民法院要加强对类似知识产权案件的研究协调，通过制定指导性文件、召开工作会议和发布典型案例等形式，在统一认识的基础上实现裁判尺度的基本统一。

（七）改革和完善知识产权审判体制和工作机制，为优化自主创新的司法环境提供体制保障

要按照《人民法院第三个五年改革纲要(2009-2013)》的要求，建立健全符合知识产权案件特点的审判体制和工作机制，在直辖市和知识产权案件较多的大中城市，探索设置统一受理知识产权案件的综合审判庭。最高人民法院拟在近期再选定一些条件较好的高、中级法院和基层法院开展相关试点和探索，计划于今年6月召开专门的座谈会，研究如何完善知识产权审判机制和优化审判资源配置问题，并拟在年内出台《关于人民法院设置统一受理知识产权民事、行政和刑事案件的专门知识产权法庭的实施意见》。同时，最高人民法院将在近期统一专利和商标授权确权案件的审理分工，明确有关案件统一由北京市高级人民法院和北京市第一中级人民法院知识产权审判庭审理，以确保有关案件执法标准的统一和有利于审判经验的积累。

各级法院要积极探索专利等技术性案件审判中的专业技术调查方式，通过人民陪审员、专家证人、专家咨询、技术鉴定等手段，认真解决专业技术事实认定问题。鼓励有关法院与国家知识产权局专利复审委员会等有关专业部门之间开展人员交流。同时，要积极探索健全知识产权多元纠纷解决机制，努力提高诉讼调解率、和解撤诉率。

（八）加强知识产权审判队伍建设，为优化自主创新的司法环境提供人才保障

各地法院要加强知识产权审判庭的机构设置、人员编制和内设机构配置，采取切实有效措施，调整和充实知识产权法官队伍。在中级以上法院和具有案件管辖权的基层法院普遍建立知识产权审判庭，暂不具备独立设庭的中级人民法院，也应当建立或指定专门负责审理知识产权案件的合议庭。

要进一步提高知识产权审判人员的能力和水平，注意选拔培养精通法律、外语基础较好、具有理工专业背景和一定审判经验的知识产权法官，有效缓解案件持续增长与专业审判力量相对不足的矛盾。要注意保持知识产权法官队伍的基本稳定，完善知识产权审判人才的专业结构。要高度重视知识产权法官队伍思想政治建设和廉政建设，强化知识产权审判人员的政治纪律和工作责任，确保知识产权司法的公正和廉洁。

要加大知识产权审判技能和专业知识培训力度，保证培训时间和质量，重点加大对中、基层

法院和中西部地区法院知识产权审判人员的培训力度。最高人民法院今年将举办3期知识产权审判专题培训班，分别就新的知识产权法律法规和司法解释、基层法院知识产权审判和反垄断民事诉讼等问题进行培训。

最后，我要向各位新闻界的朋友特别说明，这次年度主题活动是今年人民法院的工作重点之一，最高人民法院已经要求各级法院要把活动开展情况和知识产权司法保护工作作为明年向人大报告工作的重点内容之一，并要求各高、中级法院以及具有知识产权案件管辖权的基层法院都要结合本地实际情况，制定活动具体实施方案，围绕活动主题和重点内容，突出本地工作亮点和活动特色，分阶段贯彻落实。因此，本次年度主题活动将作为今年全年人民法院的宣传重点之一。活动的顺利进行和有效开展，需要媒体和新闻界的大力支持和积极配合。在此，我代表最高人民法院向各位记者、各位来宾以及所有新闻界的朋友们长期以来对于人民法院工作的关心、监督和支持表示衷心的感谢，也希望大家能够更加关注、深入跟踪和积极报道本次年度主题活动。

最高人民法院关于印发《中国法院知识产权司法保护状况(2009 年)》的通知

法〔2010〕176 号

各省、自治区、直辖市高级人民法院，解放军军事法院，新疆维吾尔自治区高级人民法院生产建设兵团分院：

为积极开展好 2010 年全国知识产权宣传周的活动，深入贯彻国家知识产权战略，进一步加大知识产权司法保护宣传的力度，充分展示人民法院知识产权司法保护工作的成就，努力营造有利于人民法院知识产权司法保护事业健康发展的良好氛围，我院决定发布《中国法院知识产权司法保护状况（2009 年)》。

《中国法院知识产权司法保护状况（2009 年)》全面回顾总结了人民法院 2009 年的知识产权司法保护工作，对改革开放 30 年以来的知识产权司法保护工作也进行了简要介绍，充分展示了我国知识产权司法保护所取得的成就，彰显了我国对知识产权进行保护的决心和信心。这是人民法院首度以年度保护状况的形式向社会全面公开介绍知识产权司法保护情况，是人民法院进一步加强知识产权司法保护工作的重要举措，是人民法院知识产权审判工作中的一件大事，也是人民法院今年的工作亮点之一。全国各级人民法院要以此为契机，站在服务党和国家工作大局的高度，站在深入贯彻实施国家知识产权战略的高度，站在推进创新型国家建设的高度，进一步提高对加强知识产权审判工作重要性和紧迫性的认识，切实发挥司法保护知识产权的主导作用，坚定信心、锐意进取、开拓创新、扎实工作，为不断开创知识产权司法保护工作新局面而努力。

特此通知。

二〇一〇年四月十六日

中国法院知识产权司法保护状况(2009 年)

前言

人民法院是国家的审判机关，依照宪法和法律，独立行使审判权，履行对知识产权进行司法保护的神圣职责。

伴随着中国改革开放的步伐，自上世纪 70 年代末 80 年代初中国知识产权事业起步以来，在党和国家的高度重视下，在全社会的大力支持下，在人民法院广大法官的共同努力下，中国法院的知识产权司法保护事业从无到有，由弱到强，不断发展，逐渐建立起了能够基本适应国家发展需要、履行国际条约义务、体系比较完整的中国特色社会主义知识产权司法保护制度，成为中国司法事业的重要组成部分。

——30年来，人民法院知识产权司法保护职能不断强化。人民法院通过行使民事、行政和刑事三种审判职能，对知识产权提供全方位司法保护。民事审判方面，自上世纪70年代末开始技术合同案件审判，80年代中期陆续开始商标、专利、著作权民事案件审判，90年代初期开始不正当竞争案件审判，人民法院依法受理和审结了大量知识产权民事案件。从1985年至2009年，人民法院共审结知识产权民事一审案件166408件。行政审判方面，自1985年专利法实施后人民法院开始受理以专利复审委员会为被告的专利行政案件以来，有关法院认真履行对涉及专利、商标等授权确权案件和知识产权行政执法案件的司法审查职责。从1985年至2009年，全国地方法院共审结知识产权行政一审案件6387件。刑事审判方面，1979年刑法颁布施行后人民法院据此对注册商标予以刑事司法保护，1997年刑法修订后对各类知识产权提供全面的刑事司法保护，不断加大知识产权的刑事司法保护力度，依法严惩假冒、盗版等严重侵犯知识产权犯罪。在2004年底最高人民法院和最高人民检察院联合发布关于办理侵犯知识产权刑事案件的司法解释以后，人民法院受理和审结的涉及知识产权侵权的刑事案件明显增加。从1997年至2009年，共审结知识产权刑事一审案件14509件。

——30年来，人民法院知识产权司法保护领域不断拓宽。人民法院受理的知识产权案件，90年代中期以前以技术合同案件为主，90年代中期以后至2002年期间专利案件最多，2002年以来著作权案件上升到第一位。在传统的著作权、专利、商标、不正当竞争和技术合同案件总体上继续保持快速增长的同时，知识产权司法保护不断扩展到网络著作权、计算机软件著作权、植物新品种、集成电路布图设计、民间文学艺术、地理标志、特殊标志、企业名称、网络域名、驰名商标司法认定、非物质文化遗产、特许经营和申请诉前临时措施、确认不侵权以及反垄断等全新领域，尤其是涉及网络著作权的案件近年来迅猛增加。目前，人民法院受理的案件已经覆盖到所有类型的知识产权与各种方式的市场竞争行为，涉及到知识产权的创造、运用、保护和管理的全过程。司法日益成为当事人解决知识产权纠纷的主渠道，以专利保护为例，权利人多数选择直接向人民法院提起民事诉讼来解决纠纷。

——30年来，人民法院知识产权司法保护水平不断提高。人民法院知识产权案件的审判质量和效率得到不断提高，知识产权民事案件一审结案率从2003年的75.35%上升到2009年的85.35%，上诉率从2003年的59.38%下降到2009年的48.82%，二审改判发回率从2003年的15.19%下降到2009年的6.00%，再审率从2003年的0.80%下降到2009年的0.33%。诉讼调解效果显著，近年来，全国法院知识产权民事一审案件平均调解撤诉率始终维持在50%之上。在涉外知识产权案件的审理中，人民法院坚持依法平等保护原则，依法平等保护中外当事人的合法权益，树立了良好的国际司法形象。司法保护的透明度不断增强，人民法院始终坚持审判公开原则，依法通过媒体、网络和出版物等形式及时向社会公开生效裁判和发布审判信息，最高人民法院于2006年3月10日正式开通“中国知识产权裁判文书网”，统一上网公开各级人民法院的生效知识产权裁判文书。

——30年来，人民法院知识产权司法保护力度不断加大。人民法院严格依法判令侵权人承担侵权责任，努力降低维权成本，加大侵权成本。在认定侵权成立的情况下，一般都会责令侵权人立即停止侵害，同时确保权利人获得足够的损害赔偿，依法适当减轻权利人的赔偿举证责任。例如，最高人民法院于2009年底终审的武汉晶源环境工程有限公司诉日本富士化水工业株式会社、华阳电业有限公司侵犯发明专利权纠纷案，判令二被告共同赔偿原告经济损失人民币5061.24万元（约合742万美元）。这是目前最高人民法院判决赔偿额最高的一起知识产权案件。人民法院积极慎重、合理有效地采取诉前临时措施，并注意依法运用民事制裁惩处侵权人。2002~2009年，全国地方法院共受理与知识产权有关的诉前临时禁令申请案件 808 件，裁定支持率达到 84.18%；受理诉前证据保全申请案件 1312 件，裁定支持率达到 93.72%；受理诉前财产保全申请案件 527 件，裁定支持率达到 96.04%。人民法院特别注重刑事制裁在保护知识产权中的作用，在依法适用主刑、规范缓刑适用的同时，加大罚金刑的适用与执行力度，积极采取追缴违法所得、收缴犯罪工具、销毁侵权产品、责令赔偿损失等措施，从经济上剥夺侵权人的再犯罪能力和条件

——30 年来，人民法院知识产权司法保护制度不断完善。自 1985 年以来，最高人民法院共制定了 41 件知识产权司法解释，其中现行有效的 29 件；出台了 40 多份具有普遍指导意义的司法指导性文件。特别是自 2000 年以来，根据入世和建设创新型国家的需要，最高人民法院进一步加大司法解释力度，制定了 25 件知识产权司法解释。这些司法解释和指导性文件的颁布实施，使得人民法院在审理知识产权案件的程序和实体上有了更加具体明确的依据，知识产权审判制度更加健全。知识产权案件管辖制度不断完善，为确保知识产权案件的审判质量，在对专利、植物新品种和集成电路布图设计案件自始实行指定管辖制度的同时，从 1998 年起将其他知识产权民事一审案件的管辖权也基本集中至中级人民法院，近年来又根据涉及著作权和商标等一般知识产权案件大幅上升的态势，积极探索指定部分基层人民法院审理一般知识产权民事案件。知识产权案件案由更加科学和全面，2008 年 4 月最高人民法院颁布施行新的《民事案件案由规定》，进一步将与知识产权和竞争法有关的民事案件案由集中统一予以规范。知识产权审判资源配置不断优化，上世纪 80 年代，著作权和工业产权民事案件分别由人民法院民事审判庭和经济审判庭负责，从 90 年代以来逐步统一由专门审判庭负责。近年来，一些地方法院还进行了由知识产权审判庭统一受理知识产权民事、行政和刑事案件试点工作，以及采用扩大合议庭组成或者民事法官参与知识产权刑事、行政案件审判的探索工作。

——30 年来，人民法院知识产权司法保护能力不断增强。人民法院的知识产权审判组织不断健全，队伍建设不断加强，专业化水平不断提升。1993 年 8 月，北京市高、中级人民法院在全国率先成立专门的知识产权审判庭，最高人民法院也于 1996 年 10 月成立知识产权审判庭。目前，各高级人民法院和多数中级人民法院以及所有具有知识产权民事案件管辖权的基层人民法院都设立了专门的知识产权审判庭，据截至 2008 年 10 月的统计，全国地方法院单设知识产权庭 298 个，专设知识产权合议庭 84 个，共有从事知识产权审判的法官 2126 人（截至目前全国地方普通法院共有 31 个高级人民法院、409 个中级人民法院和 3119 个基层人民法院）。人民法院普遍选配素质较高、经验丰富的法官从事知识产权审判；重视对知识产权法官的培训以及专业知识和审判技能的强化训练，知识产权法官的司法能力和专业水平不断提高；注重调查研究和坚持理论创新，坚持学习和注重研究成为知识产权法官的普遍追求和职业特点。

2009 年，伴随着人民共和国走过 60 年风雨历程，取得令世人瞩目成就的同时，人民法院的知识产权司法保护事业也取得了新进展。人民法院始终坚持以邓小平理论和“三个代表”重要思想为指导，深入贯彻落实科学发展观，紧紧围绕党和国家工作大局，全面贯彻落实国家知识产权战略，重视研究知识产权审判工作面临的新情况、新问题，突出工作重点，创新工作方式，集中力量办案，坚持统筹兼顾，加强监督指导，实现了知识产权审判工作的新发展、新突破。

2009 年，中国法官用智慧和汗水抒写了知识产权司法保护的又一新篇章。

一、依法公正高效审理知识产权案件，充分发挥司法保护知识产权的主导作用

2009 年，在知识产权案件数量增多、新类型案件增多、重大疑难案件增多、案件审理难度加大的情况下，人民法院始终坚持以执法办案为第一要务，充分发挥各项知识产权审判职能作用，依法保护知识产权，公正高效审理了各类知识产权案件。司法解决知识产权纠纷的主渠道作用更加凸显，知识产权司法保护越来越得到社会各界

和国内外的高度信赖和充分肯定。

（一）依法妥善审理知识产权民事案件，充分发挥民事审判在保护知识产权和激励自主创新中的主导作用

知识产权民事案件数量继续保持多年来快速增长的势头，案件增幅明显，远超过其他类型民商事案件的增幅。2009年，全国地方法院共新收和审结知识产权民事一审案件30626件和30509件，分别比上年增长25.49%和29.73%，新收一审案件诉讼标的总金额达到308495万元（约合45225万美元）。其中，新收专利案件4422件，比上年增长8.54%；商标案件6906件，比上年增长10.80%；著作权案件15302件，比上年增长39.73%；技术合同案件747件，比上年增长19.9%；不正当竞争案件1282件，比上年增长8.19%；其他知识产权案件1967件，比上年增长46.79%。全年共审结涉外知识产权民事一审案件1361件，比上年增长19.49%；共审结涉港澳台知识产权民事一审案件353件，比上年增长56.89%。全年共新收和审结知识产权民事二审案件5340件和5492件，分别比上年增长12.21%和16.88%；共新收和审结再审案件100件和107件，分别比上年下降1.96%和增长50.7%。此外，自2008年8月1日反垄断法实施以来至2009年底，全国地方法院共受理和审结垄断民事一审案件10件和6件。

2009年，最高人民法院共新收和审结知识产权民事案件297件和390件（含旧存）。其中，新收申请再审案件230件，审结319件（含旧存），切实履行了对全国法院知识产权审判的监督和指导职责。

在2009年人民法院审理的案件中，有一批社会关注度高、影响面广乃至于在国际上都有重大影响的案件。如正泰诉施耐德“小型断路器”实用新型专利案、江汉石油“牙轮钻头”商业秘密案、武汉晶源“烟气脱硫”方法专利案、宝马诉世纪宝马驰名商标案、“吴良材”商标及不正当竞争案、“鲁锦”商标与通用名称之争案、“道道通”导航电子地图著作权案、黄金假日诉携程机票预订不正当竞争案、“采乐”商标撤销行政诉讼案、“番茄花园”软件网络盗版案等。

案件的审判质量和效率不断提高。全国地方法院知识产权民事案件一审结案率从2008年的81.73%上升到2009年的85.04%，上诉率从2008年的49.32%下降到2009年的48.82%，再审率从2008年的0.44%下降到2009年的0.33%，上诉案件改判率从2008年的6.20%下降到2009年的6.00%。最高人民法院知识产权民事案件的结案率从2008年的55.93%上升到2009年的88.64%，提高了32.71个百分点。

充分发挥临时措施在保护知识产权中的特殊作用。2009年，全国地方法院共受理与知识产权有关的诉前临时禁令申请案件59件，裁定支持率达到85.42%；受理诉前证据保全申请案件237件，裁定支持率达到98.72%；受理诉前财产保全申请案件56件，裁定支持率达到100%。总体而言，人民法院对于适用临时措施保护知识产权的态度比较积极，裁定支持的比例较高。

（二）依法严惩侵犯知识产权犯罪，充分发挥刑事审判惩治和震慑侵犯知识产权犯罪的功能

人民法院充分发挥知识产权刑事司法保护的职能作用，依法运用各种刑事制裁措施，加大对涉及知识产权侵权犯罪行为的打击力度，严厉打击各类知识产权犯罪行为。2009年，全国地方法院共审结涉及知识产权侵权的刑事案件3660件，比上年上升10.04%；判决发生法律效力5836人，比上年上升8.31%，其中有罪判决5832人，比上年上升8.28%。在审结案件中，以侵犯知识产权犯罪判决的案件1007件，生效判决人数1605人，同比分别上升1.1%和下降3.14%；以生产、销售伪劣商品犯罪（涉及侵犯知识产权）判处案件646件，生效判决人数1114人；以非法经营罪（涉及侵犯知识产权）判处的案件1973件，生效判决人数3076人；以其他犯罪判处的涉及侵犯知识产权的案件34件，生效判决人数41人。一些案件的裁判在国内外产生了重大影响。如由江苏省苏州市虎丘区人民法院判决的成都共软网络科技有限公司与孙显忠、洪磊等犯侵犯著作权犯罪案（即“番茄花园”软件盗版案），是我国通过刑事司法途径打击大规模软件网络盗版行为的一起成功案例，该案给那些寄希望于通过盗版获取非

法利益的网站和其他侵权者给予了沉重打击，展示了我国严格履行国际公约，对国内外著作权人给予平等保护的良好形象。

（三）依法履行对知识产权行政行为的司法审查职责，充分发挥监督和支持知识产权行政执法保护的职能

人民法院切实发挥行政审判对知识产权行政行为的司法审查职能，监督和支持行政机关依法行政，保护知识产权行政相对人的合法权益，维护知识产权行政管理秩序，促进知识产权行政保护。2009 年全国地方法院共新收和审结一审知识产权行政案件 2072 件和 1971 件，分别比上年增长 92.92%和 90.99%。其中，新收专利案件 688 件，比上年上升 19.03%；商标案件 1376 件，同比上升 184.3%；著作权案件 4 件，同比下降 42.86%；其他案件 4 件。最高人民法院共新收和审结知识产权行政案件 54 件和 56 件（含旧存）。

知识产权行政案件主要是以国家知识产权局专利复审委员会和国家工商行政管理总局商标评审委员会为被告的授权确权类行政案件。2009 年，这类行政案件的增幅创历史新高，办案压力明显增大。据统计，北京市第一中级人民法院共新收和审结一审专利行政案件 626 件和 594 件，分别比上年增长 20.38%和 34.69%；北京市高级人民法院共新收和审结专利行政二审案件 361 件和 337 件，分别比上年增长 11.42%和 17.01%。北京市第一中级人民法院共新收和审结一审商标行政案件 1346 件和 1222 件，分别比上年增长 209.42%和 333.33%；北京市高级人民法院共新收和审结商标行政二审案件 465 件和 416 件，分别比上年增长 144.73%和 195.03%。

（四）加大知识产权案件调解力度，努力构建知识产权审判“大调解”格局

人民法院在运用裁判方式审判案件的同时，依法发挥调解这一“东方经验”的功能作用，将“调解优先、调判结合”工作原则贯穿于知识产权审判的全过程，在案结事了上下功夫。2009 年，人民法院调解水平不断提高，调解率不断上升，知识产权诉讼调解效果显著，全国地方法院知识产权民事一审案件平均调解撤诉率达到 61.08%，同比上升 5.22 个百分点。如，浙江省高级人民法院在审理正泰集团诉施耐德公司“小型断路器”实用新型专利侵权上诉案时，促使法国施耐德电气公司与正泰集团基于本案达成全球和解协议，不仅解决了双方长期在多国存在的多起知识产权争议，为双方创造了良性竞争的市场环境，也为双边关系的改善起到了积极作用。湖北省高级人民法院在审理江汉石油“牙轮钻头”商业秘密侵权案中，经过近五十次的耐心调解，双方终于就与本案以及相关的所有纠纷达成一揽子调解协议，当事人双方对此均十分满意，取得了良好的社会效果。最高人民法院在审理“好想你”商标行政纠纷案过程中，在河南省高级人民法院协助下，会同当地政府有关部门做耐心细致的调解工作，当事人最终达成和解并撤回了 4 个案件的再审申请，同时促成当事人之间 105 件商标争议和侵权案件的一并了结。人民法院积极创新调解方式，主动加强与有关部门的协作，不断完善诉讼与非诉相衔接的纠纷解决机制，从根本上化解矛盾纠纷。如，北京市高级人民法院于 11 月 3 日代表北京法院系统与中国互联网协会网络调解中心正式建立网络纠纷案件委托调解机制，社会反响积极。浙江、四川、广西等地高级人民法院分别出台了关于加强知识产权民事诉讼调解工作的指导意见，取得了较好效果。最高人民法院注重申请再审案件中的和解工作，对于当事人达成和解的，依当事人的请求，尝试在准予撤回再审申请的裁定中对和解协议的有关内容予以表述，并对原判的明显错误予以纠正。

（五）进一步落实公开审判制度，不断提高知识产权司法透明度

2009 年，人民法院在知识产权审判工作中，进一步落实公开审判的宪法原则，严格执行三大诉讼法有关程序公开的规定，积极按照最高人民法院《关于司法公开的六项规定》、《关于人民法院接受新闻媒体舆论监督的若干规定》和《关于加强人民法院审判公开工作的若干意见》的要求，扩大司法公开的范围，拓宽司法公开的渠道。在审判工作全过程落实公开审判，强化和规范对当事人依法告知的义务，切实保障当事人在知识产

权案件立案、审判、执行、审判监督等各个环节的知情权、参与权、表达权和监督权，自觉接受社会监督，维护了当事人的合法权益，促进了司法公正。充分发挥“中国知识产权裁判文书网”和地方法院网公开知识产权裁判文书的平台作用，完善文书上网的管理机制，及时更新信息，加大知识产权裁判文书上网的公开力度，截至2009年底，已经有34263份生效知识产权裁判文书通过“中国知识产权裁判文书网”公开。浙江省高级人民法院邀请外国政府和国际组织驻华机构代表和境内外媒体参加全省法院知识产权审判工作会议，进一步体现了知识产权审判的开放与透明。

二、积极服务经济社会发展大局，深入贯彻实施国家知识产权战略

人民法院知识产权审判工作与党和国家大局密切相关。2009年，人民法院紧紧围绕国家关于“保增长、保民生、保稳定”的战略决策，深入贯彻实施国家知识产权战略，全面加强知识产权司法保护体系建设，为建设创新型国家和全面建设小康社会提供了强有力的司法保障。

（一）采取有效措施，切实保障国家知识产权战略的贯彻实施

自党的十七大明确提出“实施知识产权战略”要求，国务院于2008年6月5日发布《国家知识产权战略纲要》，决定实施国家知识产权战略以来，人民法院高度重视国家知识产权战略的贯彻实施。最高人民法院为此专门成立了贯彻实施国家知识产权战略工作领导小组，并于2009年2月25日印发了《最高人民法院发布关于实施国家知识产权战略纲要任务分工》，分解落实了涉及人民法院工作的20项具体任务。2009年3月23日，最高人民法院发布《关于贯彻实施国家知识产权战略若干问题的意见》，该《意见》从充分认识实施国家知识产权战略的重大意义、充分发挥司法保护知识产权的主导作用、切实加大知识产权司法保护力度、完善知识产权审判体制和工作机制、优化审判资源配置、加强知识产权司法解释工作和加强知识产权审判队伍建设等方面，对人民法院贯彻落实《国家知识产权战略纲要》提出具体的工作要求，成为指导今后一个时期知识产权审判工作的纲领性文件，为人民法院贯彻落实国家知识产权战略奠定了基础。全国地方法院按照最高人民法院的部署和要求，结合本地的实际情况，积极采取切实可行的措施，国家知识产权战略在人民法院知识产权审判工作中切实得到了贯彻落实。天津、河北、上海、江苏、浙江、安徽、湖南、四川、甘肃、青海等地高级人民法院均出台了贯彻实施国家知识产权战略的指导性文件。

（二）积极应对国际金融危机，发挥知识产权司法保护的独特作用

为应对国际金融危机对我国实体经济造成的冲击，2009年1月，最高人民法院召开知识产权审判应对金融危机对实体经济的冲击暨服务外包法律论坛，研讨知识产权审判工作促进经济平稳较快发展的具体措施。4月，最高人民法院发布《关于当前经济形势下知识产权审判服务大局若干问题的意见》。该《意见》根据严峻复杂的国际国内经济形势对于知识产权审判提出的新要求新期待，从努力增强知识产权审判服务大局的针对性和有效性、加大专利权保护力度、加强商业标识保护、完善知识产权诉讼制度四个方面，明确和完善了当前经济形势下的一系列知识产权司法政策。特别是，该《意见》旗帜鲜明地指出，“在当前经济形势下，知识产权司法保护只能加强和提升，不能削弱和放松”，及时回应和澄清了当时社会上对于在国际金融危机形势下是否还要加强知识产权保护的争论。该《意见》不仅对人民法院的知识产权司法保护工作具有重要指导意义，也对企业和市场产生了积极的引导和规范作用，在国内外产生了重大影响，受到了国内学界业界和国际社会的普遍好评。全国地方法院纷纷采取相应措施，积极应对国际金融危机。如，江苏、安徽、广西等地高级人民法院出台专门指导意见，对进一步做好知识产权审判工作促进本地自主创新提出具体要求。浙江省高级人民法院联合工商、海关等部门专题研讨涉外定牌加工中的商标法律问题，推动企业从贴牌加工转向自主创新。福建省法院系统加强与公安、检察、工商、版权等知识产权保护职能部门间的沟通协调，促进形成司

法与行政执法的良性互动和保护合力。广东省高级人民法院通过多种渠道开展座谈，深入行业了解情况，积极研讨司法对策。

（三）完善知识产权审判体制和工作机制，大力加强知识产权审判体系建设

——明确专利、商标等授权确权类知识产权行政案件审理分工。2009 年 6 月 22 日，最高人民法院发布《关于专利、商标等授权确权类知识产权行政案件审理分工的规定》，要求自 2009 年 7 月 1 日起，将涉及专利、商标、集成电路布图设计和植物新品种等授权确权类知识产权一、二审和再审案件统一交由北京市有关中级人民法院、北京市高级人民法院和最高人民法院知识产权审判庭审理，结束了自 2002 年以来该类案件由有关法院知识产权审判庭和行政审判庭分别受理的历史。这是人民法院在贯彻实施国家知识产权战略背景下优化审判资源配置、及时有效地解决纠纷、确保统一裁判标准、发挥司法保护知识产权主导作用的一项重要举措。北京市有关法院切实落实《规定》的有关要求，及时调整审判力量，使此类案件的统一审理有了良好开端。

——推动由知识产权审判庭统一受理知识产权民事、行政和刑事案件的试点。按照《国家知识产权战略纲要》的有关要求，2009 年，最高人民法院对地方人民法院开展的知识产权审判庭统一受理知识产权民事、行政和刑事案件试点（简称“三审合一”试点）进行专题调研，批复同意江苏省高级人民法院、内蒙古自治区法院系统、河南省高级人民法院与所辖郑州、洛阳两个中级人民法院及天津市和平区人民法院开展“三审合一”试点。截至 2009 年底，全国已有 5 个高级人民法院、44 个中级人民法院和 29 个基层人民法院开展了相关试点。开展试点工作地区的高级人民法院纷纷出台规范性文件，规范和协调试点相关工作。

——调整和完善知识产权案件管辖布局。2009 年 5 月，最高人民法院发出《关于做好调整和完善知识产权案件管辖制度相关工作的通知》，要求地方法院在继续坚持技术类案件指定管辖制度，严格控制新增专利案件管辖权中级人民法院数量的同时，按照既方便当事人诉讼又方便法院审理原则，积极开展中、基层法院跨区管辖工作。最高人民法院指定浙江省义乌市人民法院试点管辖第一审实用新型和外观设计专利纠纷案件，指定哈尔滨市、齐齐哈尔市、宜昌市、襄樊市、厦门市、泉州市、包头市中级人民法院和新疆生产建设兵团农十二师、农八师中级人民法院跨地区受理专利纠纷案件。最高人民法院高度重视知识产权案件管辖布局的科学化、合理化和全国法院知识产权审判工作的均衡发展，注重充分发挥中、基层法院离当事人最近、便于诉讼的优势，大力加强中、基层法院知识产权司法保护能力建设。截至 2009 年底，经最高人民法院指定，具有专利、植物新品种、集成电路布图设计案件和涉及驰名商标认定案件管辖权的中级人民法院分别为 75 个、41 个、46 个和 41 个，可以审理一般知识产权民事案件的基层人民法院达到 92 个。

（四）开展知识产权审判“优化自主创新司法环境”年度主题活动，努力营造激励自主创新的司法环境

为解决当前知识产权司法保护工作中影响和制约自主创新的突出问题，加大知识产权司法保护力度，进一步打造有利于激励自主创新的司法环境，激发科技创新和自主品牌对催生新兴产业、创造社会需求、培养新的经济增长点的引领和推动作用，2009 年 4 月 9 日，最高人民法院发出《关于在全国法院开展知识产权审判“优化自主创新司法环境”年度主题活动的通知》，要求全国法院做好专利案件审理工作，促进科技创新；审理好垄断案件和不正当竞争案件，营造有利于公平竞争的市场秩序；做好商标案件的审理工作，促进品牌经济发展；加强审判监督和工作指导，切实统一法律适用标准。全国地方法院也积极制定活动实施方案，突出本地知识产权审判工作特色，分阶段加以贯彻落实。该项主题活动成为 2009 年人民法院的工作亮点和重点之一，在深入贯彻国家知识产权战略，充分发挥知识产权司法保护主导作用方面，均取得了重要进展。

（五）加强对上海世博会的知识产权司法应对，自觉履行知识产权司法保护职责

2010 年上海世博会是继 2008 年北京奥运会

之后，我国举办的又一次世界性盛会。人民法院充分认识上海世博会举办的重要意义，坚持能动司法，提高司法水平，为办成一届“成功、精彩、难忘”的世博会提供公正高效权威的知识产权司法保障。2009年，最高人民法院高度重视世博会的知识产权司法保护问题，采取积极措施，对世博会可能涉及的各类知识产权法律适用难题开展了前瞻性研究。作为世博会举办地的上海市三级法院，主动应对世博会对知识产权司法保护的需求，在依法妥善快速地解决一些涉世博知识产权纠纷的同时，注重延伸司法职能，全面服务和保障世博会。上海市浦东新区人民法院对首例涉世博知识产权刑事案件进行了网络庭审直播，依法认定被告人构成销售假冒注册商标的商品罪，判处被告单位上海长正物资有限公司罚金人民币18万元（约合2.64万美元），判处被告人谭天有期徒刑2年，罚金人民币10万元（约合1.47万美元），该案的裁判切实体现了人民法院对涉世博知识产权的司法保护力度。

（六）组织开展“知识产权宣传周”活动，提高社会公众的知识产权保护意识

最高人民法院积极开展“全国知识产权宣传周”活动，以“4.26”世界知识产权日前后为重点，组织全国法院开展了形式多样、内容丰富、范围广泛的宣传活动，通过召开新闻发布会、制定指导性文件、发布案件年度报告、公布典型案例、组织公开开庭、开展座谈研讨等多种方式，全方位、多角度展示中国法院知识产权司法保护的成就、状况和未来举措，注重以司法案例这一生动的“活法”引导社会公众提高知识产权保护意识，推动树立尊重知识、崇尚创新、诚信守法的知识产权文化。各地法院的活动各具特色。如，天津市高级人民法院召开法官与作家座谈会，山东省和湖北省高级人民法院召开由社会各界参加的知识产权司法保护座谈会，贵州省、甘肃省和青海省高级人民法院及西宁市中级人民法院的知识产权法官走上街头开展知识产权咨询公益活动，辽宁省高级人民法院和湖南省长沙市中级人民法院对知识产权案件庭审进行网络直播。中央主要新闻媒体、主要门户网站以及地方主要新闻媒体对人民法院在“知识产权宣传周”期间的活动进行了广泛深入持续的报道。

三、不断强化审判监督和业务指导，努力统一知识产权司法尺度

统一知识产权司法尺度，确保裁判标准的统一性，是建立公正高效权威知识产权司法保护制度的基本要求。2009年，人民法院通过加强审判监督和业务指导，努力维护知识产权司法统一。

（一）加强知识产权司法解释工作，统一裁判规则

最高人民法院一贯注意发挥司法解释在统一法律适用中的重要作用。2009年，在全国地方法院的积极配合和参与下，就专利侵权判定、驰名商标司法保护、反垄断民事诉讼、专利商标授权确权案件和网络著作权案件审判等问题开展司法解释和规范性文件的起草工作。4月22日，公布了《最高人民法院关于审理涉及驰名商标保护的民事纠纷案件应用法律若干问题的解释》，进一步明确了驰名商标的保护条件、标准和证据要求等，回应了社会较为关注的驰名商标保护问题，有力地促进了品牌经济的健康发展。12月28日，公布了《最高人民法院关于审理侵犯专利权纠纷案件应用法律若干问题的解释》，规范了专利权利要求的解释规则，明确了专利侵权判定标准，对于保障修改后的专利法的正确贯彻实施，做好专利侵权案件审理工作，积极推进自主创新，具有重要指导意义。在广泛调研的基础上，最高人民法院起草了《关于审理垄断民事纠纷案件适用法律若干问题的规定（初稿）》和《关于审理商标授权确权行政案件若干问题的意见（初稿）》，广泛、公开征求了各方面的意见，为下一步修改完善和公布实施奠定了基础。

（二）强化知识产权审判业务指导，确保法律正确实施

上级人民法院高度重视对下级人民法院的审判业务指导。2009年，最高人民法院和各高级人民法院注意通过司法文件、会议纪要和典型案例的裁判批复等形式，明确知识产权保护的具体司法原则和标准，及时解决了一些较为突出的审判

实践问题，特别注重出台具有普遍指导意义的司法文件。为确保驰名商标司法保护制度正确实施，解决在驰名商标司法认定过程中出现的问题，1月5日，最高人民法院下发了《关于涉及驰名商标认定民事纠纷案件管辖问题的通知》，将有关案件管辖权集中至省会市和计划单列市中级人民法院，有效地规范了驰名商标的司法认定工作，维护了知识产权司法保护的良好形象。为保障修改后的专利法正确贯彻实施，最高人民法院还发布了《关于学习贯彻修改后的专利法的通知》，明确了新旧专利法适用的衔接问题。为解决本地审判实践中遇到的问题，地方法院也普遍注重及时总结审判经验。如，北京市高级人民法院针对外观设计专利案件审理，浙江省、湖北省和云南省高级人民法院针对网络著作权侵权案件审理，广东省高级人民法院针对侵犯音像著作权案件审理，山西省和青海省高级人民法院针对涉及驰名商标认定案件审理，总结和提出了一些比较系统的指导性意见。各地法院还对有较大社会影响的关联和类似案件，注意及时沟通协调，统一案件审判标准，保证裁判结果的一致性，维护司法的权威性。

（三）积极发挥知识产权典型案例的示范效应，创新审判指导方式

最高人民法院在“4.26”世界知识产权日期间，发布了2008年中国知识产权司法保护10大案件，同时公布了50件典型案件，进一步宣传和弘扬了典型案件的示范效应和指导作用；首度发布《最高人民法院知识产权案件年度报告(2008)》，该年度报告汇集了从2008年度最高人民法院审结的184件案件中精选出来的23件典型案件的判理摘要，是最高人民法院历史上第一次对自身审理的典型案件的集中展示，是创新审判指导制度的一次全新尝试，对于及时总结审判经验，加强审判指导工作，促进知识产权法律适用标准的统一和完善起到了积极作用。地方法院也普遍注重对典型司法案例的收集整理、理论分析和编辑出版，指导审判实务。上海市高级人民法院编辑出版的《1994-2008上海知识产权裁判文书精选》（中英文对照本），受到国内外的好评。

（四）加强知识产权审判调查研究，提供理论基础支撑

人民法院始终坚持理论创新，不断丰富知识产权审判理论，重视知识产权司法保护工作的国际交流和学习，提升中国法院知识产权司法保护的国际影响力。2009年，人民法院富有成效地开展了一系列调研，取得了较为丰富的审判理论成果，形成了许多颇有价值的调研成果，并通过指导性文件和工作措施等形式实现成果转化。在地方法院的大力配合下，最高人民法院开展了网络著作权、音像制品侵权损害赔偿、反垄断民事诉讼等专题调研，组织召开了互联网著作权司法保护国际研讨会、反垄断民事诉讼课题研讨会、知识产权司法保护国际研讨会等会议，组织“欧盟竞争法考察团”出访了英、比、德、卢四国，与美国司法部和联邦贸易委员会合作举办了“中美反垄断民事诉讼问题研讨班”，创办了《知识产权审判动态》，这些调研活动进一步深化了知识产权审判理论研究，有效促进了裁判标准的细化和统一。1月8日，经最高人民法院批准，中国知识产权司法保护（苏州）调研基地在江苏省苏州市中级人民法院成立，为全国法院的知识产权司法保护研究提供基础支持。最高人民法院积极发挥中国法学会审判理论研究会知识产权审判理论专业委员会的理论平台作用，组织开展了各项研讨活动，并于4月19日在重庆市沙坪坝区人民法院成立了该委员会的知识产权审判研究基地。地方法院不断深化对审判规律的认识，根据当地实际和审判工作需要，积极主动地开展了许多重要课题的调研，取得了可喜的成果，为审判工作提供了重要的理论支持。人民法院还积极参与知识产权立法修法活动，组织专门力量参与商标法、反不正当竞争法、专利法实施细则、知识产权海关保护条例、民间文学艺术保护条例等法律法规的起草修订工作，努力提供建设性的意见和建议。鉴于中国法院和法官在知识产权司法保护方面做出的突出贡献，两名中国知识产权法官入选英国《知识产权管理》杂志评选的“2009年度全球最具影响力的50位知识产权人物”。

四、全面加强知识产权法官队伍建设，不断提高知识产权司法能力和水平

严格、公正、文明的知识产权司法需要一支高素质的法官队伍。2009 年，人民法院以开展“人民法官为人民”主题实践活动为载体，大力加强知识产权审判组织建设、业务能力建设和廉政建设，努力提高知识产权法官队伍整体素质，不断强化知识产权审判的组织保障和人才基础。

（一）着力夯实知识产权审判组织体系建设

2009 年，中国法院知识产权审判组织体系更加健全，中级以上法院普遍建立了知识产权审判专门机构，并注意从精通法律、外语基础较好、具有理工专业背景和一定审判经验的人员中选拔、培养知识产权专业法官，进一步完善知识产权审判队伍的专业结构。各级法院的立案、刑事审判、行政审判和执行等职能部门一般都指定了专门的合议庭或者法官负责知识产权案件的审查、审判、执行。2009 年，人民法院着力加强基层基础建设，进一步配齐配强审判力量，切实解决一些地方知识产权审判庭案多人少的问题。各地法院针对知识产权案件特点，精心选择、积极推荐相关领域专家担任人民陪审员，发挥他们在特殊案件审判中的专业优势和独特作用，天津市高级人民法院专门出台了《关于推进人民陪审员参加知识产权案件审判的意见》。最高人民法院和上海、江苏、浙江、广东、四川等地高级人民法院以及北京市第一、二中级人民法院继续开展与专利复审委员会等知识产权专门机构的人员交流。各地法院注意发挥技术专家在解决知识产权纠纷中的作用，上海市高级人民法院建立了知识产权审判技术专家库。

（二）大力加强知识产权审判业务能力建设

人民法院高度重视对知识产权法官的专业知识和审判技能的强化培训，有针对性地加强知识产权审判专门人才培养，重点针对当前知识产权审判热点、难点问题举办业务培训，加大对中西部法院和基层法院知识产权审判的支持力度，推动全国知识产权审判水平的整体提高。2009 年 8 月，最高人民法院在国家法官学院举办了全国法院知识产权审判新问题研修班，对来自中、基层法院的 240 余名知识产权审判人员进行了集中培训。北京、黑龙江、浙江、山东、湖北、湖南、广西、重庆等地高级人民法院也举办了类似培训班。

（三）高度重视知识产权法官队伍思想政治建设

2009 年，人民法院继续深化社会主义法治理念教育，教育广大知识产权法官牢固树立公正、廉洁、为民的司法核心价值观，自觉抵制各种腐朽思想和不良风气的侵蚀，不断提高知识产权法官的政治素质、业务素质和职业道德素质，确保公正廉洁司法。注意树立和宣传司法公正、司法为民的先进典型，发挥先进典型的激励、示范作用，努力培养知识产权法官亲民爱民为民的良好作风。11 月 17 日，最高人民法院作出了《关于授予孔祥俊等 45 名同志“全国审判业务专家”称号的决定》，6 名知识产权法官被授予“全国审判业务专家”称号，充分展示了中国知识产权法官的良好职业素养。

结束语

成绩属于过去，过去 30 年以及 2009 年的荣誉已经载入史册。

2010 年，国家知识产权战略实施将进入更为关键的时期。面对新形势、新任务、新挑战，人民法院将紧紧围绕确保国家关于加快经济发展方式转变、保持经济平稳较快发展战略部署的贯彻落实，始终坚持以执法办案为第一要务，进一步加大知识产权司法保护力度；继续深入贯彻实施国家知识产权战略，充分发挥司法保护知识产权的主导作用；积极推动知识产权领域司法改革，进一步完善知识产权审判体制和工作机制，不断提高知识产权司法保护能力和水平；进一步强化知识产权审判监督指导，加强知识产权法官队伍建设，为建设创新型国家和全面建设小康社会提供更加有力的知识产权司法保障！

最高人民法院关于印发 2009 年中国法院知识产权司法保护 10 大案件和 50 件典型案例的通知

法〔2010〕172 号

各省、自治区、直辖市高级人民法院，解放军军事法院，新疆维吾尔自治区高级人民法院生产建设兵团分院：

在过去一年中，全国法院审结了大量知识产权和竞争法领域的重大、复杂、疑难和新类型案件。为积极开展好 2010 年全国知识产权宣传周的活动，深入贯彻国家知识产权战略，进一步加大知识产权司法保护宣传的力度，充分展示人民法院知识产权司法保护工作的成就，努力营造有利于人民法院知识产权司法保护事业健康发展的良好氛围，经各高级人民法院推荐，并结合去年我院审理的知识产权案件情况，我院选定了 2009 年中国法院知识产权司法保护 10 大案件和 50 件典型案例。现将这些案件和典型案例名单印发给你们，供各级人民法院在知识产权审判工作中参考借鉴。

特此通知。

二〇一〇年四月十四日

2009 年中国法院知识产权司法保护 10 大案件和 50 件典型案例

2009 年中国法院知识产权司法保护 10 大案件

一、知识产权民事案件(8 件)

1. 正泰诉施耐德“小型断路器”实用新型专利案

正泰集团股份有限公司诉施耐德电气低压（天津）有限公司、宁波保税区斯达电气设备有限公司乐清分公司侵犯实用新型专利权纠纷上诉案〔浙江省高级人民法院（2007）浙民三终字第 276 号民事调解书〕

2. 江汉石油“牙轮钻头”商业秘密案

江汉石油钻头股份有限公司诉天津立林钻头

有限公司、幸发芬侵犯商业秘密纠纷上诉案〔湖北省高级人民法院（2009）鄂民三终字第30号民事调解书〕

3. 武汉晶源“烟气脱硫”方法专利案

武汉晶源环境工程有限公司诉日本富士化水工业株式会社、华阳电业有限公司侵犯发明专利权纠纷上诉案〔最高人民法院（2008）民三终字第8号民事判决书〕

4. 宝马诉世纪宝马驰名商标案

宝马股份公司诉深圳市世纪宝马服饰有限公司、傅献琴、家润多商业股份有限公司侵犯商标专用权及不正当竞争纠纷案〔湖南省高级人民法院（2009）湘高法民三初字第1号民事判决书〕

5. “吴良材”商标及不正当竞争案

上海三联（集团）有限公司、上海三联（集团）有限公司吴良材眼镜公司诉苏州市吴良材眼镜有限责任公司、苏州市吴良材眼镜有限责任公司观前店、吴林泉、周彩珍侵犯商标专用权及不正当竞争纠纷上诉案〔江苏省高级人民法院（2009）苏民三终字第0181号民事判决书〕

6. “鲁锦”商标及不正当竞争案

山东鲁锦实业有限公司诉鄄城县鲁锦工艺品有限责任公司、济宁礼之邦家纺有限公司侵犯商标专用权及不正当竞争纠纷上诉案〔山东省高级人民法院（2009）鲁民三终字第34号民事判决书〕

7. “道道通”导航电子地图著作权案

北京长地万方科技有限公司诉深圳市中佳讯科技有限公司、凯立德欣技术（深圳）有限公司、深圳市凯立德计算机系统技术有限公司、佛山市劲力汽车用品有限公司南海分公司侵犯著作权纠纷上诉案〔广东省高级人民法院（2008）粤高法民三终字第290号民事判决书〕

8. 黄金假日诉携程机票预订不正当竞争案

北京黄金假日旅行社有限公司诉携程计算机技术（上海）有限公司、上海携程商务有限公司、河北康辉国际航空服务有限公司、北京携程国际旅行社有限公司虚假宣传纠纷上诉案〔最高人民法院（2007）民三终字第2号民事判决书和（2007）民三终字第4号民事裁定书〕

二、知识产权行政案件(1件)

9. “采乐”商标撤销行政诉讼案

佛山市圣芳（联合）有限公司诉中华人民共和国国家工商行政管理总局商标评审委员会、第三人强生公司商标撤销行政纠纷再审案〔最高人民法院（2008）行提字第2号行政判决书〕

三、知识产权刑事案件(1件)

10. “番茄花园”软件网络盗版案

成都共软网络科技有限公司、孙显忠、张天平、洪磊、梁焯勇侵犯著作权罪案〔江苏省苏州市虎丘区人民法院（2009）虎知刑初字第0001号刑事判决书〕

2009年中国法院知识产权司法保护50件典型案例

一、知识产权民事案件(46件)

（一）专利侵权案件（5件）

1. OBE-工厂·翁玛赫特与鲍姆盖特纳有限公司诉浙江康华眼镜有限公司侵犯发明专利权纠纷申请再审案〔最高人民法院（2008）民申字第980号民事裁定书〕

2. 北京英特莱摩根热陶瓷纺织有限公司诉北京德源快捷门窗厂侵犯发明专利权纠纷上诉案〔北京市高级人民法院（2009）高民终字第4721号民事判决书〕

3. （日本）泉株式会社诉广州美视晶莹银幕有限公司、北京仁和世纪科技有限公司侵犯实用新型专利权纠纷上诉案〔北京市高级人民法院（2008）高民终字第941号民事判决书〕

4. 美国3M公司诉山东双球防护器材有限公司侵犯专利权纠纷上诉案〔山东省高级人民法院（2008）鲁民三终字第158号民事判决书〕

5. 王世昌、河北伟达建筑设计有限公司诉双鸭山市晨光房地产开发有限公司侵犯发明专利权纠纷上诉案〔黑龙江省高级人民法院（2009）黑知终字第41号民事判决书〕

(二)植物新品种侵权案件(1件)

6. 杨凌新西北种业有限公司诉陕西省泾阳县现代种业有限责任公司侵犯植物新品种权纠纷上诉案〔陕西省高级人民法院（2009）陕民三终字第42号民事判决书〕

（三）著作权侵权案件（11件）

7. 徐州市淮海戏剧王音像有限公司诉新沂电视台、第三人丁相宇、刘汉飞、张银侠侵犯著作权纠纷上诉案〔江苏省高级人民法院（2009）苏民三终字第0250号民事判决书〕

8. 上海地创网络技术有限公司、上海万格科学器材有限公司诉北京万户名媒科技有限公司、北京万户名媒科技有限公司上海分公司侵犯计算机软件著作权纠纷案〔上海市浦东新区人民法院（2008）浦民三（知）初字第453号民事判决书〕

9. 中国友谊出版公司诉浙江淘宝网络有限公司、杨海林侵犯著作权纠纷上诉案〔北京市第二中级人民法院（2009）二中民终字第15423号民事判决书〕

10. （美国）微软公司诉北京思创未来科技发展有限公司侵犯计算机软件著作权纠纷上诉案〔北京市高级人民法院（2009）高民终字第4462号民事判决书〕

11. 北京慈文影视制作有限公司诉中国网络通信集团公司海南省分公司侵犯著作权纠纷再审案〔最高人民法院（2009）民提字第17号民事判决书〕

12. 朱德庸诉辽宁东北网络台侵犯著作权纠纷案〔辽宁省沈阳市中级人民法院（2009）沈中民四初字第97号民事判决书〕

13. 北京网尚文化传播有限公司诉银川阳光无限网络有限公司侵犯著作财产权纠纷案〔宁夏回族自治区银川市中级人民法院（2009）银民知初字第41号民事判决书〕

14. 吴思欧等诉上海书画出版社、江苏省苏州市新华书店侵犯著作财产权纠纷上诉案〔江苏省高级人民法院（2009）苏民三终字第0101号民事判决书〕

15. 宋氏企业公司诉珠海出版社、上海新华传媒连锁有限公司侵犯著作财产权纠纷案〔上海市黄浦区人民法院（2007）黄民三（知）初字第75号民事判决书〕

16. 毕淑敏诉淮北市实验高级中学侵犯著作权纠纷上诉案〔安徽省高级人民法院（2009）皖民三终字第0014号民事判决书〕

17. 黄天源诉内蒙古大学出版社、广西壮族自治区外文书店侵犯著作权纠纷上诉案〔广西壮族自治区高级人民法院（2009）桂民三终字第48号民事判决书〕

（四）商标侵权案件（16件）

18. 山东泰和世纪投资有限公司、济南红河饮料制剂经营部诉云南城投置业股份有限公司侵犯商标专用权纠纷再审案〔最高人民法院（2008）民提字第52号民事判决书〕

19. 辉瑞有限公司、辉瑞制药有限公司诉上海东方制药有限公司破产清算组、北京健康新概念大药房有限公司、广州威尔曼药业有限公司不正当竞争、侵犯未注册驰名商标权纠纷申请再审案〔最高人民法院（2009）民申字第313号民事裁定书〕

20. 狗不理集团有限公司诉济南市大观园商场天丰园饭店侵犯商标专用权纠纷申请再审案〔最高人民法院（2008）民三监字第10-1号民事裁定书〕

21. 漳州片仔癀药业股份有限公司诉漳州市宏宁家化有限公司侵犯商标专用权纠纷申请再审案〔最高人民法院（2009）民申字第1310号民事裁定书〕

22. 四川滕王阁制药有限公司诉四川保宁制药有限公司侵犯商标专用权纠纷上诉案〔四川省高级人民法院（2009）川民终字第155号民事判决书〕

23. 福建省白沙消防工贸有限公司诉南安市白沙消防设备有限公司侵犯企业名称（商号）权及不正当竞争纠纷上诉案〔福建省高级人民法院（2008）闽民终字第514号民事判决书〕

24. 雪佛龙全球能源公司诉济南加德士润滑油有限公司、济南腾飞达石化有限责任公司不正当竞争及侵犯商标专用权纠纷上诉案〔山东省高级人民法院（2009）鲁民三终字第194号民事判决书〕

25. 路易威登马利蒂 (法国) 诉时间廊 (广东) 钟表有限公司、雄腾 (上海) 贸易有限公司、深圳市金光华商业有限公司侵犯商标专用权纠纷上诉案〔广东省高级人民法院（2008）粤高法民三终字第345号民事判决书〕

26. 江西蚂蚁物流有限公司、成都蚂蚁物流有限公司诉南昌市蚂蚁搬家服务有限公司侵犯商标专用权及不正当竞争纠纷上诉案〔江西省高级人民法院（2009）赣民三终字第20号民事判决书〕

27. 米其林集团总公司诉天津米其林电动自行车有限公司侵犯商标专用权纠纷案〔天津市第二中级人民法院（2008）二中民三初字第3号民事判决书〕

28. 王美燕诉浙江杭州市新华书店有限公司、广东中凯文化发展有限公司侵犯商标专用权纠纷上诉案〔浙江省高级人民法院（2009）浙知终字第98号民事判决书〕

29. 古丈茶业发展研究中心诉湖南省华茗茶业有限公司、湖南平和堂实业有限公司侵犯商标专用权纠纷案〔湖南省长沙市天心区人民法院（2008）天民初字第2500号民事判决书〕

30. 路易威登马利蒂（法国）诉林益仲、上海仲雯贸易有限公司、吴蓓雯侵犯商标专用权纠纷案〔上海市第一中级人民法院（2009）沪一中民五 (知) 初字第34号民事判决书〕

31. 卡地亚国际有限公司诉云南卡地亚婚纱摄影有限公司侵犯商标专用权及不正当竞争纠纷上诉案〔云南省高级人民法院（2009）云高民三终字第35号民事判决书〕

32. 陈国明诉海南省人民医院侵犯商标专用权纠纷上诉案〔海南省高级人民法院（2009）琼民三终字第25号民事判决书〕

33. 中国贵州茅台酒厂有限责任公司诉重庆南方君临酒店有限公司侵犯商标专用权纠纷上诉案〔重庆市高级人民法院（2009）渝高法民终字第159号民事判决书〕

（五）不正当竞争案件（10件）

34. 山东起重机厂有限公司诉山东山起重工有限公司侵犯企业名称权纠纷申请再审案〔最高人民法院（2008）民申字第758号民事裁定书〕

35. 上海避风塘美食有限公司诉上海东涌码头餐饮管理有限公司不正当竞争纠纷申诉案〔最高人民法院（2007）民三监字第21-1号民事裁定书〕

36. 嘉实多有限公司（英国）诉姚育新、美国嘉实多国际石油集团（香港）有限公司、宁波市鄞州嘉帅润滑油厂不正当竞争纠纷案〔上海市第二中级人民法院（2008）沪二中民五（知）初字第91号民事判决书〕

37. 四川江口醇酒业（集团）有限公司诉泸州佳冠酒业有限公司、林锦泉不正当竞争及侵犯商标专用权纠纷上诉案〔广东省高级人民法院（2007）粤高法民三终字第318号民事判决书〕

38. 安徽省华信生物药业股份有限公司诉江西草珊瑚药业有限公司、安徽百姓缘大药房连锁有限公司擅自使用知名商品特有名称、包装、装潢纠纷上诉案〔安徽省高级人民法院（2009）皖民三终字第0026号民事判决书〕

39. 大连瑞特建材有限公司、大连中德珍珠岩厂诉刘嘉旺不正当竞争纠纷案〔辽宁省大连市中级人民法院（2009）大民四初字第237号民事判决书〕

40. 世纪金源投资集团有限公司诉河南世纪金源置业有限公司不正当竞争纠纷案〔河南省高级人民法院（2009）豫法民三终字第12号民事调解书和郑州市中级人民法院（2007）郑民三初字第274号民事判决书〕

41. 新疆乌苏啤酒有限责任公司诉伊犁禹宫啤酒有限公司等擅自使用知名商品特有名称、包装、装潢纠纷上诉案〔新疆维吾尔自治区高级人民法院（2009）新民三终字第21号民事判决书〕

42. 重庆银翼文化传媒有限公司诉重庆交通大学、重庆方特乐园旅游有限公司虚假宣传纠纷案〔重庆市第五中级人民法院（2009）渝五中法民初字第247号民事判决书〕

43. 厦门正新橡胶工业有限公司诉天津豪文科技有限公司、正新轮胎（台湾）控股集团有限公司擅自使用他人企业名称纠纷案〔天津市第二中级人民法院（2008）二中民三初字第78号民事调解书〕

（六）知识产权合同案件（3 件）

44. 山东聚丰网络有限公司诉韩国 MGAME 公司、第三人天津风云网络技术有限公司网络游戏代理及许可合同纠纷管辖权异议上诉案〔最高人民法院（2009）民三终字第 4 号民事裁定书〕

45. 深圳市硕星交通电子设备有限公司诉玉环隆中机车零部件有限公司专利实施许可及技术服务合同纠纷申请再审案〔最高人民法院（2009）民申字第 1325 号民事裁定书〕

46. 刘法新诉济源市农业科学研究所职务技术成果完成人奖励纠纷上诉案〔河南省高级人民法院（2009）豫法民三终字第 75 号民事判决书〕

二、知识产权行政案件(3 件)

（一）专利授权确权案件（2 件）

47. 临海金利隆鞋业有限公司诉国家知识产权局专利复审委员会、第三人浙江省三门县胶带制品厂、临海市保田履带制造有限公司专利无效行政纠纷申请再审案〔最高人民法院（2006）行监字第 32-2 驳回再审申请通知书〕

48. 阿文蒂斯药物股份有限公司诉中华人民共和国国家知识产权局专利复审委员会、第三人江苏恒瑞医药股份有限公司发明专利无效行政纠纷上诉案〔北京市高级人民法院（2009）高行终字第 1148 号行政判决书〕

（二）商标授权确权案件（1 件）

49. 拜耳消费者护理有限公司诉国家工商行政管理总局商标评审委员会、第三人西南药业股份有限公司商标行政纠纷再审案〔最高人民法院（2009）行提字第 1 号行政判决书〕

三、知识产权刑事案件(1 件)

50. 上海长正物资有限公司、谭天销售假冒注册商标的商品罪案〔上海市浦东新区人民法院（2009）浦刑初字第 1824 号刑事判决书〕

宝马股份公司诉深圳市世纪宝马服饰有限公司、傅献琴、家润多商业股份有限公司侵犯注册商标专用权及不正当竞争纠纷案

——阅读提示：将与他人驰名商标相似或相同的图形、文字在不相同的商品上作为商标使用，或将相同的文字作为字号组合登记为企业名称进行商业使用能否直接认定构成侵犯商标权和不正当竞争？

【裁判要旨】

摹仿他人注册的驰名商标在不相同的商品上作为商标使用，误导公众，致使该驰名商标注册人的利益受到损害的，属于《商标法》第52条第(5)项规定的给他人注册商标专用权造成其他损害的行为，构成侵犯商标权。

将与他人驰名商标、企业名称中具有较高知名度的字号相同的文字组合登记为企业名称中的字号进行商业使用，有意误导公众，攀附他人商业信誉，非法牟利，具有明显的主观恶意，属于典型的不正当竞争行为，依法应当予以禁止。

故意为侵犯他人注册商标专用权及不正当竞争行为提供仓储、运输、邮寄、隐匿等便利条件，帮助他人实施侵权行为的人，为共同侵权人，应当承担连带民事责任。

【案号】

一审：湖南省高级人民法院（2009）湘高法民三初字第1号

【案情与裁判】

原告：宝马股份公司（BAYERISCHE MOTOREN WERKE AKTIENGESELLSCHAFT）(简称宝马公司)

被告：深圳市世纪宝马服饰有限公司(简称世纪宝马公司)

被告：傅献琴

被告：家润多商业股份有限公司（简称家润多公司）

起诉与答辩

原告宝马公司于2008年8月23日向法院提起诉讼称：原告在第12类“机动车辆、摩托车及其零件”商品上注册的“BMW”、“BMW及图”、“寶馬”商标，经过长期使用和广泛宣传已经在相关公众中具有了很高知名度，属于驰名商标。2008年3月，原告发现被告家润多公司擅自销售带有“”（蓝白造型MBWL及图）商标的服装、服饰商品。经查，上述商品均由被告世纪宝马公司生产，并以其公司员工即本案被告傅献琴的名义收取有关货款。被告世纪宝马公司还在产品上擅自使用了包含有“宝马”字样的“世纪宝马集团有限公司”和“深圳市世纪宝马服饰有限公司”企业名称。家润多公司销售上述侵权商品，傅献琴明知以上事实，却仍将以其名义设立的银行帐户供世纪宝马公司使用，为世纪宝马公司实

施商标侵权及不正当竞争行为提供了便利。因此世纪宝马公司、家润多公司、傅献琴共同侵犯了原告的商标权，并构成不正当竞争。请求判令：1、被告立即停止使用“MBWL 及图”商标。2、被告立即停止使用“蓝白构图的 MBWL 及图”标识。3、被告立即停止使用“世纪宝马集团有限公司”企业名称。4、被告立即停止使用“深圳市世纪宝马服饰有限公司”企业名称。5、上述被告共同赔偿原告经济损失 50 000 000 元。6、上述被告在全国发行的报纸、期刊上刊登声明，为原告消除影响。

被告世纪宝马公司、傅献琴口头答辩称：原告的诉讼请求和主张没有法律依据，也没有事实根据，其主张和诉讼请求均不能成立；被告没

有构成侵权，不应承担赔偿责任，请求法院驳回原告的全部诉讼请求。

被告家润多公司辩称：没有侵权，所以也不应承担赔偿责任。

一审审理查明

原告宝马公司于 1995 年 10 月 21 日、1987 年 3 月 30 日在第 12 类“机动车辆、摩托车及其零件”商品上向中华人民共和国国家工商行政管理局商标局申请的“寳馬”、“”、“BMW”商标获准注册，注册号分别为 784348、282196、282195。原告在其汽车等产品上长期使用“”（实际使用为蓝白造型）、“BMW”、“寳馬”商标，2001 年至 2006 年《财富》（中文版）连续六年刊登原告为世界 500 强企业,其 BMW（宝马）汽车行销全球，原告以及原告的 BMW（宝马）汽车广为中国相关公众所知晓。

被告世纪宝马公司成立于 2004 年 12 月。2004 年 2 月 28 日案外人

世纪宝马集团有限公司注册了第 3249546 号“”（MBWL 及图）商标，该商标核定使用商品为第 25 类“皮鞋、服装、皮带（服饰用）、领带、帽、袜、手套（服装）”，并与本案被告世纪宝马公司签订使用许可合同，许可被告世纪宝马公司使用该商标，许可使用期限自 2005 年 3 月 8 日至 2010 年 3 月 7 日。被告家润多公司阿波罗商业广场设有“世纪宝马”服饰专柜，销售带有“”（蓝白造型 MBWL 及图）商标的服饰商品。在产品的购物袋、内包装袋以及衣服上均贴有“”（蓝白造型 MBWL 及图）商标，其下标注有“MBWL Leisure”文字；衣服吊牌上印有“”（蓝白造型 MBWL 及图）商标以及“MBWL Leisure”、“世纪宝马集团有限公司”、“深圳市世纪宝马服饰有限公司”等文字。该产品还在北京、安徽、浙江、山西、辽宁、广西等省市销售。上述商品均由被告世纪宝马公司生产。2009 年 1 月 5 日被告世纪宝马公司发出《通知函》，内容为：“宿洲客户张德新于 2008 年 12 月 29 日与本公司签定加盟合同,现(限)张德新于 2009 年 1 月 6 日之前，将 10000 元加盟金汇入以下公司指定账户。户名：傅献琴，农行卡 6228480010054111116、建行卡 4367420013540151036、工行卡 9558820200016995575、交行卡 6222600910000844140。”被告世纪宝马公司还将打印有“加盟金汇入以下公司指定账户,户名傅献琴，农行卡 6228480010054111116、建行卡 4367420013540151036、工行卡 9558820200016995575、交行卡 6222600910000844140”内容的告示张贴于其办公场所。被告世纪宝马公司利用上述帐户收取加盟保证金、货款等。傅献琴系被告世纪宝马公司财务人员。

一审判理和结果

一审法院认为

（一）被告世纪宝马公司使用“”（蓝白造型 MBWL 及图）商标以及突出使用“宝马”文字是否侵犯原告宝马公司注册商标专用权。

宝马公司系全球知名的汽车生产商，为世界 500 强企业，其 2004 年、2005 年、2006 年度全球营业收入分别为 55142200000 美元、57973100000 美元、61476700000 美元，全球营业利润分别为 2763600000 美元、2782100000 美元、3598300000 美元。原告宝马公司在第 12 类“机动车辆、摩托车及其零件”商品上核准使用的“”（BMW 及图）、“BMW”、“寳馬”注册商标经过长期使用，大量宣传，已广为中国相关公众所知

晓，具有较高的知名度，并享有较高声誉。根据《商标法》第13条、第14条，《最高人民法院关于审理商标民事纠纷案件适用法律若干问题的解释》第22条，《最高人民法院关于审理涉及驰名商标保护的民事纠纷案件应用法律若干问题的解释》第1条、第2条、第4条、第5条之规定，人民法院在审理商标纠纷案件中，根据当事人的请求和案件的具体情况，可以对涉及的注册商标是否驰名依法作出认定。依据确定的事实以及权利保护的需要，原告宝马公司在第12类“机动车辆、摩托车及其零件”商品上核准使用的“ ”(BMW及图)、“BMW”、“寶馬”商标已处于事实上的驰名状态，依法认定为驰名商标。宝马公司作为上述驰名商标的权利人，其合法权利应当依法受到法律保护。

本案中，被告世纪宝马公司在其服饰产品上使用的“ ”(蓝白MBWL及图)商标与原告宝马公司第282196号“ ”(BMW及图、实际使用为“ ”蓝白BMW及图)商标进行比较，两者已构成混淆性近似，足以使相关公众对使用驰名商标和被诉商标的商品来源产生误认。(1)从外形比较，原告宝马公司第282196号BMW及图商标是由两个同心圆组成，其中的内圆被“十字”分割为四个扇形，圆内左上方扇形为黑色，圆内右下方扇形为黑色，上述黑色形成对角；圆内右上方扇形为无着色，圆内左下方扇形无着色，上述无着色部分形成对角。而被告世纪宝马公司使用的蓝白造型MBWL及图标志也由两个同心圆组成，其中的内圆也被“十字”分割为四个部分，圆内左上方扇形为蓝色，圆内右下方扇形为蓝色，上述蓝色形成对角；圆内右上方扇形为白色，圆内左下方扇形白色，上述白色部分形成对角。可见世纪宝马公司使用的蓝白造型MBWL及图商标与原告宝马公司第282196号BMW及图商标在外形上构成混淆性近似。(2)从发音方面比较，原告宝马公司的第282196号BMW及图商标被呼叫为“宝马”，而被告世纪宝马公司的蓝白造型MBWL及图被呼叫为“世纪宝马”。但对于相关公众而言，其呼叫的重点在于“宝马”而非“世纪”。因此“宝马”与“世纪宝马”从呼叫上难以辨别，容易造成混淆。(3)在隔离比对的状态下，被告世纪宝马公司使用与之近似的蓝白造型MBWL及图商标容易导致相关公众形成错误的消费判断。尽管宝马公司第282196号BMW及图商标核定使用商品为第12类“机动车辆、摩托车及零件”，而世纪宝马公司蓝白造型MBWL及图商标指示商品为“服装、服饰”。但由于第282196号BMW及图商标经过长期使用和广泛宣传，已为相关公众广为知晓。在BMW及图商标已处于驰名状态的情况下，世纪宝马公司在服装、服饰商品上使用与原告宝马公司相类似的蓝白造型MBWL及图商标，容易造成相关公众误认被告世纪宝马公司生产、销售的商品系经原告宝马公司授权，或与宝马公司具有许可使用、关联企业关系等特定联系，显而易见世纪宝马公司的行为不正当利用了宝马公司驰名商标的市场声誉牟取不法利益，从而对宝马公司利益造成损害。同时世纪宝马公司在产品上使用的“MBWL”文字，也容易与宝马公司的注册商标“BMW”产生混淆。世纪宝马公司还在公司营业场所、服饰专柜、销售发票上等突出使用“世纪宝马”文字，更容易使相关公众产生混淆。因此，根据《最高人民法院关于审理商标民事纠纷案件适用法律若干问题的解释》第1条关于“复制、摹仿、翻译他人注册的驰名商标或其主要部分在不相同或者不相类似商品上作为商标使用，误导公众，致使该驰名商标注册人的利益可能受到损害的，属于商标法第52条第(5)项规定的给他人注册商标专用权造成其他损害的行为”之规定，被告世纪宝马公司使用“ ”(蓝白造型MBWL及图)、“MBWL”、“宝马”图形及文字的行为侵害了原告宝马公司“BMW及图”、“BMW”、“宝马”注册商标专用权。

被告世纪宝马公司辩称其使用蓝白造型MBWL及图商标已获得案外人世纪宝马集团有限公司的第3249546号“ ”商标授权的许可，具有合法基础。对此，本院认为，任何人行使其自有权利均不得侵害他人在先、合法的权利。尊重并保护在先权利系《民法通则》、《商标法》等法律所确定的基本原则，权利产生有先有后，在后权利的行使应当注意避让在先的权利，以免发生法律冲突。然而本案中，被告世纪宝马公司不仅不采取适当的避让措施，按照其授权许可实际使用 商标，而且还将注册商标的黑白对比改变为蓝白对比，并调整了蓝白对角的方向，使其与原告的BMW及图注册商标角度完全一致。因此被告世纪宝马公司在明知原告注册商标已具有较高知名度和美誉度以及具有广泛影响的情况下，模仿原告宝马公司的驰名商标在产品上使用“”商标，具有明显的主观故意。故被告世纪宝马公司关于使用“蓝白构图的MBWL及图”商标有委托授权不构成侵权的抗辩理由不能成立。

（二）被告世纪宝马公司使用包含有“宝马”字样的“深圳市世纪宝马服饰有限公司”和“世纪宝马集团有限公司”企业名称是否构成对原告宝马公司的不正当竞争。

“BMW”系原告宝马公司（BAYERISCHE MOTOREN WERKE AKTIENGESELLSCHAFT）的注册商标，亦为其在先、合法的商号。原告宝马公司带有“BMW”商标的汽车自进入中华人民共和国境内以来，其“BMW”商标、字号一直与中文“宝马”文字作为商标和字号联合使用，“宝马”字号因宝马公司的长期使用和广泛宣传已产生很强的显著性，“宝马”代表了宝马公司的汽车商品所具有的优秀品质，宝马（BMW）商标、字号已经完全与宝马公司提供的汽车商品之间建立了特定的、一一对应的联系，“宝马”已成为BMW汽车品牌在中国境内的统一称呼，经过宝马公司长期经营和广泛宣传，其“宝马”字号已为业内人士及相关公众广为知悉。字号作为企业名称中的核心要素，是一个企业区别于其他企业的主要标志。本案被告2004年12月核准登记企业名称时，原告宝马公司的“宝马”字号已经享有较高的知名度，“宝马”商标亦处于驰名状态，而被告世纪宝马公司在明知宝马公司具有较高知名度的企业字号为“宝马”的情况下，仍将“宝马”文字组合登记为“深圳市世纪宝马服饰有限公司”企业名称中的字号进行商业使用，同时，还在产品上使用案外人“世纪宝马集团有限公司”企业名称，明显违背诚实信用原则和公认的商业道德。其行为的目的就是要利用原告宝马公司所享有的商业信誉从事经营活动，获取非法利益。因为将上述企业名称中的世纪宝马与宝马公司“宝马”进行比较，可以明显看出世纪宝马是由弱显著性的“世纪”来修饰“宝马”，其呼叫的重点仍在于“宝马”而非“世纪”，二者非常近似，容易使相关公众对原告与被告公司的产品及其关联性产生混淆或误认，从而达到其“搭便车”非法牟利的目的。因此被告世纪宝马公司登记并使用含有“宝马“字样的企业名称，以及使用案外人在香港登记的世纪宝马集团有限公司企业名称显然是在有意误导公众，具有明显的主观恶意，属于典型的不正当竞争行为，依法应当予以禁止。

（三）被告家润多公司、被告傅献琴的行为是否构成商标侵权和不正当竞争。

《商标法实施细则》第50条规定：“故意为侵犯他人注册商标专用权行为提供仓储、运输、邮寄、隐匿等便利条件的”，属于商标法第52条第（5）项所称的侵犯注册商标专用权的行为。《最高人民法院关于贯彻执行中华人民共和国民法通则若干问题的意见（试行）》第148条规定：“教唆、帮助他人实施侵权行为的人，为共同侵权人，应当承担连带民事责任。”本案中，被告世纪宝马公司指定全国各地加盟店、专卖店将加盟金及货款汇入以“傅献琴”名义设立的中国工商银行、中国农业银行、中国交通银行、中国建设银行的银行卡中。被告傅献琴作为世纪宝马公司财务人员，应当知道企业的货款必须通过企业的账号进行收支，但仍将自己开设的银行账号提供给被告世纪宝马公司使用，因而对世纪宝马公司利用其银行账号收取货款的事实是明知的。而宝马（BMW）商标、宝马公司在相关公众中具有非常高的知名度，被告傅献琴作为世纪宝马公司的工作人员，也应当明知世纪宝马公司所从事的经营活动存在侵犯他人合法权益的情况，却仍以自己名义设立银行账户为世纪宝马公司收取货款，因而傅献琴主观上存在过错。被告傅献琴提供银行账号供被告世纪宝马公司使用，为世纪宝马公司实施商标侵权和不正当竞争行为提供了极其重要的便利条件，使被告世纪宝马公司通过侵权行为获得的非法利益更为隐蔽。因此被告傅献琴的行为同样构成对原告宝马公司的商标侵权和不正当竞争，应当对其提供帮助侵权的行为承担停止侵权、赔偿损失的法律责任。被告家润多公司作为一家大型的商业零售企业，应当明知原告的企业名称及商标的知名度，仍然销售侵权商品，亦构成对原告宝马公司的商标侵权和不正当竞争，其侵权行为应立即停止。

（四）关于本案侵权民事责任的确定。被告世纪宝马公司、傅献琴、家润多公司的行为侵犯了原告宝马公司的注册商标专用权，并构成不正当竞争，应当承担停止侵权、赔偿损失的民事责任。本案中原告宝马公司主张被告世纪宝马公司、傅献琴共同赔偿其经济损失5000万元，但未能提供具体的损失依据，亦未能提供被告世纪宝马公司、傅献琴侵权获利的证据，因此本院根据被告世纪宝马公司侵权时间较长、侵权范围广、侵权情节严重以及原告宝马公司涉案商标为驰名商标及企业具有较高知名度等因素，酌情确定侵权损害赔偿数额。

原告宝马公司还要求上述被告在全国发行的报纸、期刊上刊登声明，为原告消除影响。《最高人民法院关于审理商标民事纠纷案件适用法律若干问题的解释》第21条规定，法院在审理侵犯注册商标专用权纠纷案件中，可以判决侵权人承担停止侵害、排除妨碍、消除危险、赔偿损失、消除影响等民事责任。本案被告的侵权行为主观故意明显，客观上造成了市场混乱，已给原告宝马公司的商誉造成严重不良影响，故对原告宝马公司要求上述被告在全国发行的报纸、期刊上刊登声明，为原告消除影响的诉讼请求予以支持。

综上所述，原告宝马公司关于被告世纪宝马公司、傅献琴、家润多公司侵犯其注册商标专用权并构成不正当竞争的诉讼请求成立。依照《民法通则》第118条，《最高人民法院关于贯彻执行中华人民共和国民法通则若干问题的意见（试行）》第148条，《商标法》第14条、第51条、第52条第（2）项、第56条第（2）款，《最高人民法院关于审理商标民事纠纷案件适用法律若干问题的解释》第1条第1款（2）项、第9条、第10条、第16条，《反不正当竞争法》第2条第1款、第20条，《最高人民法院关于审理不正当竞争民事案件应用法律若干问题的解释》第6条第1款、第7条，《最高人民法院关于审理注册商标、企业名称与在先权利冲突的民事纠纷案件若干问题的规定》第4条之规定，判决：（一）被告世纪宝马公司、家润多公司立即停止在其经营场所及生产、销售的服饰产品上使用“”（蓝白造型MBWL及图）的侵犯原告宝马股份公司注册商标专用权的行为；（二）被告傅献琴立即停止侵犯原告宝马股份公司注册商标专用权及不正当竞争的行为；（三）被告世纪宝马公司立即停止在其经营场所及生产、销售的服饰产品上使用含有“宝马”字样的“世纪宝马集团有限公司”企业名称的不正当竞争行为；（四）被告深圳市世纪宝马服饰有限公司自本判决生效之日起三十日内停止在其企业名称中使用含有“宝马”字样的不正当竞争行为；（五）被告深圳市世纪宝马服饰有限公司、傅献琴自本判决生效之日起十日内共同赔偿原告宝马股份公司经济损失人民币500 000元；（六）被告深圳市世纪宝马服饰有限公司、傅献琴、家润多商业股份有限公司自本判决生效之日起十日内在一份全国公开发行的报纸上刊登致歉声明，消除影响；（七）驳回原告宝马股份公司的其他诉讼请求。

本案一审宣判后，各方当事人均未提出上诉，已发生法律效力。

【法官评述】

近年来，商标权利人为制止将与其注册商标相同或相似的标识在不相同的商品上使用，或者将其注册商标作为企业名称中的字号使用的侵权行为，请求人民法院对其商标给予驰名商标司法认定和保护而提起的商标侵权及反不正当竞争诉讼大量增加。本案就是一起典型的因“傍名牌”、“搭便车”而引发的商标侵权及不正当竞争诉讼。在本案中，法院通过分析被告使用的标识与原告的注册商标构成近似或相同，并综合考虑原告注册商标的显著性、市场知名度，依法认定原告的注册商标为驰名商标并给予跨类保护。在原告注册商标具有较高知名度的情况下，被告在服装、服饰商品上使用与原告驰名商标相似的“MBWL及图”、“MBWL”标识甚至直接使用相同的“宝马”文字，容易使相关公众误认为被告生产、销售的商品系经原告宝马公司授权，或与原告公司具有许可使用、关联企业关系等特定联系，造成了相关公众的混淆。因此，被告的目的就是利用原告公司驰名商标的市场声誉牟取不法利益，其行为主观上具有侵权故意，客观上具有不正当性，显然构成对原告注册商标专用权的侵犯。同时，还进一步明确在明知他人企业字号具有较高知名度的情况下，仍将该文字组合登记为企业名称中的字号进行商业使用，是明显违背诚实信用原则和公认商业道德，故意误导公众，攀附他人商业信誉的典型的不正当竞争行为。对于故意为侵犯他人注册商标专用权行为提供银行账户、帮助他人实施侵权行为的自然人，法院依法对其银行账户内的款项予以冻结，并将其作为共同侵权人，判决承担连带民事责任，能够对此类侵权行为起到较好的警示作用。该判决为知名外商企业通过请求司法认定驰名商标，从而有效保护驰名商标权利的途径提供了良好范例，产生了较大的社会影响，被中国外商投资企业协会优质品牌保护委员会评为 2009~2010 年度中国知识产权保护十佳案例。

（湖南省高级人民法院知识产权审判庭 孙元清撰稿）

佛山市圣芳（联合）有限公司诉国家工商行政管理总局商标评审委员会、第三人强生公司商标撤销行政纠纷案

——阅读提示：商标确权行政纠纷案件中如何理解和适用一事不再理原则？如何理解“新的事实和理由”？2001年修改后的商标法能否溯及既往？

【裁判要旨】

最高人民法院的再审判决认为，对于在修改前的商标法适用时期已经有终局裁决的商标争议案件，如果在提出撤销申请时已经穷尽了当时可以主张的相关法律事由和法律依据，商标评审委员会在作出裁定时已经就相关事实和理由进行了实质审理，那么该裁定对商标评审委员会及商标争议当事人均有拘束力。当事人就同一商标争议再次提出申请、商标评审委员会再行受理，均违反一事不再理原则。该判决还指出，2001年修改后的商标法，不能溯及该法修改前已受终局裁定拘束的商标争议。在修改后的商标法施行前已经有终局裁定的商标争议，不属于《最高人民法院关于审理商标案件有关管辖和法律适用范围问题的解释》第五条规定的情形，不应该适用该司法解释的规定。

【案号】：

一审：北京市第一中级人民法院（2005）一中行初字第793号

二审：北京市高级人民法院（2007）高行终字第404号

再审：最高人民法院（2008）行提字第2号

【案情与裁判】

原告（二审上诉人、再审申诉人）：佛山市圣芳（联合）有限公司（简称圣芳公司）。

被告（二审被上诉人、再审被申诉人）：国家工商行政管理总局商标评审委员会（简称商评委）。

第三人：强生公司。

2002年8月20日，强生公司向商评委提出撤销圣芳公司已注册的第1214187号“采乐CAILE”商标（简称争议商标）的申请，2005年6月23日，商评委作出商评字〔2005〕第1801号《关于第1214187号“采乐CAILE”商标争议裁定书》（简称第1801号裁定），裁定撤销第1214187号注册商标。圣芳公司不服该裁定，向北京市第一中级人民法院提起行政诉讼

圣芳公司诉称

（一）商评委在已两次终局裁定维持争议商标注册的情况下，第三次受理强生公司以相同的事实和理由提出的撤销争议商标申请，作出与前两次终局裁定相反的裁定，严重违反法定程序；强生公司本次评审时提交的证据并非法律意义上的新证据。强生公司申请认定其商标至本次申请时

驰名，商评委认定引证商标在1997年以前驰名，违反了请求原则。商评委还存在对证据采取双重标准、主管领导单方会见强生公司副总裁讨论本案商标问题等程序不公正问题。圣芳公司在评审阶段请求公开评审、公开质证，对有关证据进行司法鉴定，商评委未予支持或答复，导致圣芳公司未能充分陈述意见。（二）强生公司的引证商标不构成驰名商标。强生公司以及西安杨森公司以未注册的简体采乐图文组合商标冒充注册商标非法使用，不应认定驰名商标；强生公司提交的证明引证商标驰名的证据不真实，也不足以证明引证商标驰名。（三）争议商标注册未违反商标法第十三条第二款的规定。争议商标与引证商标不相同，核定使用的商品类别不同、商品不类似，且争议商标经过长期宣传使用已被认定为驰名商标，应当予以保护；早在1987年就有国内企业在其他商品上注册了“采乐”商标，商评委认定争议商标是复制摹仿强生公司的“采樂”商标没有事实依据。

一审审理查明

强生公司1993年1月30日经商标局核准注册了第627498号手写繁体“采樂”文字商标（简称引证商标)，核定使用商品为第5类“人用局部抗菌剂”；1994年，强生公司许可案外人西安杨森制药有限公司（简称西安杨森公司）在其生产的治疗头皮脂溢性皮炎和头皮康疹的“酮康唑洗剂”药品上使用该商标。争议商标“采乐 CAILE”由南海市梦美思化妆品有限公司于1997年8月6日向商标局提出注册申请，1998年10月14日被核准注册，核定使用于第3类香皂、清洁制剂、洗发香波、护发素、洗面奶、浴液、牙膏、化妆品等商品。2002年6月20日，争议商标经商标局核准转让给圣芳公司。

1998年11月13日，强生公司向商评委提出请求撤销争议商标的申请，主要理由为：强生公司对“采樂”文字享有专用权，争议商标与引证商标构成近似，且两商标指定商品类似；引证商标具有较高知名度，争议商标与引证商标共存极易产生混淆。因此，争议商标注册违反了修改前商标法第17条、第27条、修改前商标法实施细则第24条、第25条第（2）项及巴黎公约第6条之2关于保护驰名商标的规定。1999年12月2日商评委作出终局裁定，认定引证商标所具有的知名度和所具有的独创性的局限，尚不能在非类似商品上排斥争议商标的使用和注册，强生公司所提争议理由不能成立，裁定维持争议商标注册。

2000年7月3日，强生公司再次向商评委申请撤销争议商标，主要理由为：强生公司对“采乐”文字享有专用权，争议商标与引证商标构成近似，且两商标指定商品类似；争议商标申请注册前，引证商标已为消费者熟知，争议商标是对驰名商标的恶意抄袭和仿冒。因此，争议商标注册违反了修改前商标法第17条、第27条、修改前商标法实施细则第25条第（2）项以及巴黎公约第6条之2的规定。2001年9月12日，商评委第二次作出终局裁定，认定强生公司未提供足够证据证明引证商标已为普通化妆品的消费者熟知，亦缺乏足够证据证明争议商标的注册使用已使消费者产生误认；同时，“采乐”并非强生公司独创的文字组合，缺乏足够证据证明争议商标系对强生公司商标的恶意抄袭摹仿。据此，裁定维持争议商标注册。

2002年8月20日，强生公司第三次向商评委提出撤销争议商标的申请，主要理由为：争议商标与引证商标构成近似，且指定商品类似；争议商标的注册和使用易使消费者产生误认；争议商标是对引证商标这一驰名商标的恶意抄袭摹仿。因此，争议商标注册违反了现行商标法第13条、第28条、第31条、第41条以及巴黎公约第6条之2和Trips协议第16条的规定。

强生公司在本次评审程序中提交的证明引证商标使用情况的证据，包括以下12项：

1.“采乐”洗剂产品外包装及说明书等资料复印件；

2.1994年–1999年销售“采乐”洗剂的增值税发票复印件；

3.1994年–1999年“采乐洗剂”部分销货合同单复印件；

4.“采乐”产品在全国的分销医院列表；

5.1994年11月12日《西安杨森通讯》第4

期复印件；

6. “采乐”产品部分报纸广告复印件；

7.西安康胜有限责任会计师事务所（简称西安康胜会计师事务所）出具的“采乐”洗剂1994年至1996年度的销售量及广告费的审计报告（西康胜会审字〔2004〕1-062号和1-063号审计报告）；

8.陕西省医药总公司出具的杨森公司“采乐”洗剂1994年至1996年年销量证明；

9.西安康胜会计师事务所出具的“采乐”洗剂1997年至2002年销售量及广告费的审计报告(西康胜会审字〔2003〕128号和128-1号审计报告)；

10.AC尼尔森公司出具的广告监测数据总结；

11.西安杨森公司出具的《关于AC Nielsen广告监测数据与会计师事务所广告费用审计数据差异的说明》；

12.部分电视台的广告播出证明及收费通知单复印件，载明的品牌名称或广告内容为“采乐洗发水”或“采乐洗发剂”字样。

上述证据均为西安杨森公司使用引证商标的证据，证据显示其使用的均为简体采乐商标；上述证据中，证据7-12是强生公司在前两次争议请求中未提交的证据。商评委第1801号裁定以证据2-3、5-12为依据认定引证商标为驰名商标，并认为争议商标的注册构成商标法第13条第2款规定的在不相同或不相类似的商品上复制摹仿他人的驰名商标，误导公众，致使该驰名商标注册人的利益可能受到损害的情形，据此，裁定撤销争议商标的注册。

一审判理和结果

一审法院认为，强生公司在本次申请中提供了前两次争议申请中未提交的证据，故与前两次争议申请中主张的事实不完全相同，不属于以相同的事实和理由再次提出评审申请，商评委受理本次争议申请没有违反法定程序；虽然强生公司并无使用和宣传引证商标的证据，但其实际使用的“采乐”商标与引证商标仅存在“乐”与“樂”的繁简体差异，作为纯文字商标，其主要识别特征一般不会因此产生本质区别，强生公司使用并宣传“采乐”商标的行为，可以认定为是对引证商标的使用与宣传；圣芳公司在评审程序中对强生公司相关证据的真实性并未提出异议，在诉讼程序中虽然提出了异议，但没有提供反证，也没有提出合理质疑，因此其对这些证据真实性提出的异议不能成立。商评委裁定撤销该商标注册有事实和法律依据，应予维持。一审法院于2007年5月11日作出判决，维持商评委第1801号裁定。

上诉与答辩

圣芳公司向北京市高级人民法院提起上诉称，在已有两次终局裁定的情况下，商评委第三次受理以相同事实和理由提出的评审申请并作出与以前相反的裁定，违反了一事不再理原则；一审法院将强生公司注册的手写体“采樂”商标与实际使用的商标认定为同一商标，认定事实错误；商评委和一审法院适用法律错误，本案应该适用修改前商标法的规定，新法不应溯及既往。

二审判理和结果

二审法院认为，强生公司注册的“采樂”商标与实际使用的“采乐”商标仅存在简繁体区别，但二者实际是同一商标，使用简体“采乐”商标并未改变引证商标的显著性；强生公司第三次申请依据新商标法第13条第2款的规定，并且提交了新的证据增加了新的事实、理由和请求，商评委没有违反一事不再理原则。2007年12月18日，二审法院作出判决，驳回上诉，维持一审判决。

申请再审理由与答辩

圣芳公司不服生效判决，向最高人民法院申请再审。申请再审理由为：（一）商评委对争议商标经过两次终局裁定维持注册，该商标已成为不可争议商标，商评委本次受理和裁定违反一事不再理原则。原审判决认定强生公司本次申请中主张的事实与前两次不完全相同是错误的。新证据与新事实显然是两个不同的概念，强生公司本次评审新提交的证据，其证明事项均发生在1997年8月之前，不属于法律上的新证据；这些证据是强生公司在提出本次评审申请后过了两年才提交的，商评委受理本次评审申请时没有新的事实和理由。（二）在本次评审申请提出两年以后，商评委接受强生公司改变评审请求的补充申请及新提交的证据，并以此作为主要依据作出裁定，违反评审规则，显失公正。强生公司在其申请中请求认定引证商标到2002年已成为驰名商标，在2004年10月18日之前，强生公司提交的证明引证商标驰名的证据也主要是1998年至2002年的使用证据。强生公司在2004年10月18日才提交了西安杨森公司1997年以前的产品销售量、广告费审计报告，2004年11月10日，强生公司补充提交了AC尼尔森公司出具的西安杨森公司1997年前的广告监测数据等证据，并将评审请求改变为要求认定引证商标在争议商标申请注册之前已经驰名。（三）商评委的裁定及原审判决认定事实和适用法律错误。修改后的商标法不具有溯及力，不应适用于已经有终局裁定的案件。强生公司提交的证据都不是使用引证商标的证据，违法使用的商标不能认定为驰名商标；强生公司自行委托中介机构出具的审计报告和广告监测报告的数据存在明显矛盾或不合情理之处，不具有真实性，存在重大瑕疵并有伪造数据的重大嫌疑，不应该采信。在圣芳公司已提交证据证明强生公司有伪造证据的行为的情况下，商评委仍然拒绝对本案进行公开质证和公开评审，对强生公司提交的审计报告、广告监测报告等证据不经质证直接认定，评审不公正。强生公司的引证商标不应该认定为驰名商标。商评委在裁定中称圣芳公司未对强生公司提交证据的真实性提出异议，与事实不符。（四）圣芳公司因为信赖行政机关的终局裁定，对争议商标进行了持续大规模的宣传使用，2005年6月争议商标已被司法认定为驰名商标，应受到保护。圣芳公司的洗发水产品与西安杨森公司的酮康唑洗剂药品两种商品销售渠道、消费群体完全不同，洗发水包装与药品包装外观上极易区分，不会发生混淆误认的问题。强生公司在药品上的商标利益并没有受到损害。请求撤销原审判决及商评委第1801号裁定。

商评委答辩称，强生公司前两次申请都是依据修改前的商标法第27条及其实施细则第25条的规定，第三次申请依据的是修改后商标法第13条、14条及41条的规定，并非是以相同的理由；第三次申请的证据种类、证明力上与前两次有明显区别，因此第三次受理符合法律规定。2004年强生公司提交的审计报告不是新的证据，而是对销量和广告投入的补强证据。第1801号裁定不存在适用法律错误的问题。

强生公司同意商评委的答辩意见，并认为，修改前的商标法实施细则第25条第（2）项没有驰名商标跨类保护的规定；修改后商标法第13条第2款增加了对驰名商标跨类保护的规定，而且强调只要是误导公众就可以给予跨类保护，并不以实际发生混淆为条件，降低了驰名商标跨类保护的门槛和要求，因此，第三次申请与第二次的法律依据是有区别的。强生公司在本次申请中提交的证据与前两次也不同。圣芳公司没有证据证明强生公司的有关证据为伪证。几个审计报告之间的精确度差别是因为审计深度不同，不能因此否认其科学性。

再审审理查明

最高人民法院于2008年5月30日裁定提审本案，依法组成合议庭公开开庭审理了本案。

最高人民法院再审查明，原审法院认定的强生公司三次申请的有关情况及提交证据的情况属实，予以确认。最高人民法院另查明：

西安杨森公司是强生公司控股的中外合资经营企业，该公司于1994年7月开始生产销售治疗头皮脂溢性皮炎和头皮康疹的“酮康唑洗剂”产品。强生公司提交的西安杨森公司2000年以前的报纸广告宣传证据显示，该药品的瓶贴及外包装盒上，实际使用的商标有两个，一个是英文“TRIATOP”商标，字体较大并置于明显位置，另一个是“采乐2%及图”图文组合商标，商标图案为封闭圆形图案，在实芯的圆形图案内部，上面有反白的简体“采乐”二字，下面有反白的“2%”符号，在圆形图案外的右上方有商标注册标志。国家商标局在2000年3月3日给陕西省工商局的批复中，认为西安杨森公司使用“采乐2%及图”图文组合商标的行为属于1993年商标法第30条第（1）项规定的“自行改变注册商标的文字、图形或者其组合的”违法使用行为。在西安杨森公司的广告宣传文字中，强调头皮屑是由真菌感染引起、药物去头屑更有效，强调“2%的药物浓度能更好地保证治疗的效果与安全性”，并注明“请按医生处方使用和购买”、“只在医院、药店有售”。

南海市梦美思化妆品有限公司许可圣芳公司从1998年10月至2008年10月使用“采乐CAILE”商标，使用许可合同于2000年10月在国家商标局备案；2002年6月20日，争议商标经商标局核准转让给圣芳公司。1999年起，圣芳公司开始在其洗发水、护肤品、香皂等产品上使用争议商标；2002年4月起，圣芳公司聘请香港影视明星黎明作为洗发水产品广告代言人，进行了持续的、大规模的广告宣传，其洗发水产品及争议商标已经有较高的知名度，销售量也较大。

强生公司在2002年11月6日提交的补正材料中明确指出，通过自1998年到2002年近5年的大量广告投入，依靠优异的产品质量，强生公司的采乐商标已成为驰名商标。

2003年4月28日，商评委向强生公司发出了证据交换通知书，要求其在收到通知后一个月内一次性提交证据。强生公司2003年5月30日提交了质证意见，并补充提交了网络文章、报刊文章及消费者投诉书等证据。2004年4月12日，商评委向强生公司发出补充证据通知书，强生公司于2004年5月14日补充提交了以下证据：1994年11月2日《西安杨森通讯》第4期，AC尼尔森公司出具的广告监测数据总结（1995~2004）；西安康胜会计师事务所出具的（2003）128号《审计报告》（1997-2002年销售量审计）和（2003）128-1号《审计报告》（1997-2002年广告费审计）；陕西省医药总公司出具的西安杨森公司采乐洗剂1994年-1996年销量证明。

2004年10月18日，强生公司提交了西安康胜会计师事务所出具的（2004）1-062号《审计报告》（1994-1996年销售量审计）和（2004）1-063号《审计报告》（1994-1996年广告费审计）。

2004年11月10日，强生公司提交了评审申请的补充理由，要求认定引证商标在1997年争议商标申请注册以前已经驰名，并补充提交了1994年西安杨森公司的部分销售发票、1995年部分报纸广告发票及广告样本，1994年至1995年部分地方电视台广告播出证明，以及AC尼尔森公司出具的1997年前广告监测数据等。

2004年11月19日，圣芳公司在给商评委的书面意见中指出，“申请人本次提交的审计报告、广告监测数据等均是间接证据，这些证据在未经质证之前不具有证明力”，“有关本争议所有证据的我方质证意见将会在公开评审时发表并以该质证意见为准。”2005年1月18日，圣芳公司向商评委提交了《请求司法鉴定申请书》和《请求公开质证和公开评审申请书》。2005年2月4日，圣芳公司在提交给商评委的《对证据进行质证和辩论的申请》中，除要求核对强生公司提交的证据原件之外，还请求商评委主持就证据来源和证明对象进行公开辩论。2005年3月7日，商评委组织圣芳公司和强生公司的代理人进行了部分证据复印件与原件的核对；圣芳公司的代理人对原件是否真实存在发表了意见，未对证据内容的真实性、证明力发表意见。

再审判理和结果

最高人民法院再审认为，强生公司在前两次提出评审申请时，均援引了修改前商标法第17条、第27条、商标法实施细则第25条第（2）项以及巴黎公约的有关规定，特别是有关公众熟知的商标或驰名商标的规定，以其商标具有较高知名度、争议商标是对驰名商标的恶意抄袭和仿冒，争议商标与引证商标构成近似、两商标指定商品类似，容易引起混淆等为主要理由，请求撤销争议商标。强生公司在前两次评审申请中，已经穷尽了当时可以主张的相关法律事由和法律依据；商评委在前两次评审中已经就强生公司提出的全部事实和理由进行了实质审理，并两次作出维持争议商标注册的裁定。按照当时商标法的规定，商评委的裁定是终局裁定，一经作出即发生法律效力，对商评委自身及商标争议当事人均有拘束力，并形成相应的商标法律秩序。在已有两次终局裁定之后，强生公司援引2001年修改后的商标法，仍以商标驰名为主要理由，申请撤销争议商标的注册，商评委再行受理并作出撤销争议商标的裁定，违反了一事不再理原则。

2001 年修改后的商标法，不能溯及该法修改前已受终局裁定拘束的商标争议。《最高人民法院关于审理商标案件有关管辖和法律适用范围问题的解释》（法释〔2002〕1 号）应该在这个前提下加以理解和适用。该司法解释第五条的规定，是对修改前与修改后商标法衔接时期的商标评审行政案件的法律适用问题所作的特殊规定，其中规定部分修改前商标法适用时期的事项按照修改后商标法相关规定审查，适用的前提是在修改前商标法适用时期未解决的争议，商评委在修改后的商标法施行以后作出复审决定或者裁定，当事人不服向人民法院起诉的情形。本案涉及的商标争议在修改后的商标法施行前已经有过终局裁定，不属于前述司法解释第五条规定的情形，不应该适用该司法解释的规定。由于修改前的商标法对商标评审采取行政终局制度，对于当时已经行政终局裁决的争议事项，只能尊重和维护当时的法律制度，不能再以修改后的法律有新规定为理由对已决事项重新启动程序。在行政终局制度下，终局裁定形成了秩序并产生信赖利益。圣芳公司在终局裁定后对商标进行的大规模使用和宣传以及因此建立的商业信誉，应该受到法律保护。强生公司要求根据修改后的商标法溯及既往的主张，没有法律依据，不应予以支持。商评委及原审法院以强生公司引用了修改后的商标法为由，认定其提出本次评审申请有新的理由，并以商标法第 13 条第 2 款的规定为依据认定争议商标应该撤销，适用法律错误。

即使按照修改后的商标法及商标法实施条例的规定审查，商评委对本次评审申请的受理和裁决行为也没有合法依据。商标法实施条例第 35 条规定，“商标评审委员会对商标评审申请已经作出裁定或者决定的，任何人不得以相同的事实和理由再次提出评审申请”，对已决的商标争议案件，商评委如果要受理新的评审申请，必须以有新的事实或理由为前提。新的事实应该是以新证据证明的事实，而新证据应该是在裁定或者决定之后新发现的证据，或者确实是在原行政程序中因客观原因无法取得或在规定的期限内不能提供的证据。如果将本可以在以前的行政程序中提交的证据作为新证据接受，就会使法律对启动行政程序事由的限制形同虚设，不利于形成稳定的法律秩序。强生公司在本次评审申请中提交的证明争议商标申请日之前其引证商标驰名的证据，均不属于法律意义上的新证据。行政裁定或者决定作出之后法律发生了修改，也不能作为新的理由。对比强生公司的三次申请书所列的事实和理由，本案涉及的第三次评审申请所主张的驰名商标、混淆误认并非新的事实，在前两次申请中均已提出，所提出的理由及法律依据与前两次实质上是相同的。由于强生公司提出本次评审申请并无新的事实和理由，商评委再行受理强生公司本次提出的评审申请于法无据。

就强生公司本次评审提交的证据而言，还不足以认定其引证商标在 1997 年 8 月争议商标申请日之前已经驰名，也不足以推翻前两次终局裁定认定的事实。商评委第 1801 号裁定认定强生公司引证商标驰名的关键证据是西安杨森公司采乐酮康唑洗剂 1994 年至 1997 年的销售量及广告费的审计报告和广告监测数据。强生公司提交这三份证据的时间是在其提出本次评审申请两年之后，圣芳公司对这些证据所指出的问题和疑点确实存在，而且直到本案再审时，商评委和强生公司也没有作出合理解释。从强生公司提交的证据来看，在 2000 年之前西安杨森公司实际使用的是“采乐 2%及图”图文组合商标，不是被核准注册的繁体“采樂”文字商标，也不仅仅是文字繁简体的变化。国家商标局在 2000 年的批复中已有明确意见认为这是违法使用行为，这些证据不宜作为认定引证商标驰名的证据。从再审查明的事实来看，商评委在裁定中称圣芳公司未对强生公司上述证据的真实性提出异议，与事实不符。证据材料的充分与确实是确定证据效力的重要基础，对于上述有疑点的审计报告、广告监测数据，商评委予以采信并作为主要依据认定引证商标驰名，证据采信与认定事实亦属不当。

在商评委已有两次终局裁定维持争议商标注册的情况下，商评委再裁定撤销争议商标没有充分的理由。

综上所述，最高人民法院认为，商评委第

1801号裁定及原审判决认定事实和适用法律均存在错误，应予撤销。依照《行政诉讼法》第54条第（2）项、第61条第（3）项、第63条第2款、《最高人民法院关于执行<行政诉讼法>若干问题的解释》第76条第1款、第78条之规定，2009年10月22日作出判决，撤销了一、二审判决及商评委的〔2005〕第1801号裁定。

【法官评析】

本案主要涉及两个焦点问题，一是商标确权行政纠纷案件中如何理解和适用一事不再理原则，其中又涉及到新的事实和理由的理解问题；二是2001年修改后的商标法能否溯及既往问题。

一、关于一事不再理原则的理解与适用问题

2001年修改前的商标法规定，商评委对商标评审所作的裁决为终局裁决，是具有法律效力的生效裁决，对商评委自身及评审案件的当事人均有法律约束力。在商评委就一个争议商标作出终局裁决后，任何人以相同的事实和理由提出评审请求，均属于重复请求。商评委如果再予受理并作出实体裁决，就违反了一事不再理原则。一事不再理原则本身就是一项基础性和实质正义的法律原则，它禁止就同一案件多次起诉和禁止作出矛盾裁判。该原则对于维护行政和司法行为的可预见性、维护法律和诉讼秩序的安定性具有非常重要的价值，也是现代法治国家的基本要求。行政机关和司法机关均应遵从这项原则。

对于当事人提出的事实和理由与已决案件中的事实和理由是否相同，应该进行实质审查，而不仅仅是形式审查。这里的“事实”是指与当事人引为法律依据的实体法规范直接对应的构成要件事实，或者说是当事人据以要求获得救济的概括性事实，是产生法律效果的总体事实；“理由”是指当事人据以请求支持其评审申请的实体法律依据，以及当事人结合案件事实与法律规定所提出的基本主张。“事实”是在案件审理中需要当事人证明的对象，它一般不同于证明案件事实的一个个证据或一个个证据本身反映的事实。证据是证明手段，是用来证明案件事实的，证明对象和证明手段不能混为一谈。新证据与新事实是有区别的，应该明确区分。具体到本案中，强生公司在三次申请中主张的其引证商标是已为公众熟知的商标或者驰名商标、两商标共存易产生混淆，就属于上述的“事实”；而强生公司提交的各种相关证据，是要证明该事实的。新的事实应该是以新证据证明的事实，而新证据应该是在裁定或者决定之后新发现的证据，或者确实是在原行政程序中因客观原因无法取得或在规定的期限内不能提供的证据。强生公司在本次评审程序中提交的证明引证商标在1997年之前使用情况的审计报告和监测报告形成的时间虽然是2004年，但是证明的是1997年以前的事实，在前两次评审时相关资料均存在，所以不属于法律意义上的新证据。

对比强生公司的三次申请所列的事实和理由，强生公司三次申请撤销争议商标所依据的事实和理由实质上是相同的。本案涉及的第三次评审申请所主张的混淆误认、驰名商标的事实并非新的事实，在前两次申请中均已提出，商评委也已经进行过实质审理。本次评审申请所提出的法律依据与前两次相比，虽然有商标法修改前后条文的区别，但是均有对应关系，所以，强生公司在本次评审申请中所提出的理由与前两次实质上是相同的。实际上强生公司的第一次申请，就已经穷尽了当时可以获得救济的所有法律依据及理由，因此商评委第二次的受理和裁定已属不当。商评委第三次受理以同样的事实和理由提出的撤销争议商标申请并作出撤销争议商标的裁定，违反了一事不再理原则。

只要在以前的评审中已从实质上保障了强生公司依法提交证据资料、陈述意见和进行辩论的机会，即使强生公司因为对法律的理解问题而未能充分提交证据，因此产生的不利于强生公司的裁决结果也理应由其承担，这属于正当程序保障下的自我责任原理，这一原理在现代法治国家也是共同遵循的。强生公司如果认为圣芳公司在实际使用争议商标中有不正当竞争或侵权行为，也不能再通过商标评审程序解决，而应该通过提起民事诉讼等方式获得法律救济。

二、关于修改后的商标法能否溯及既往的问题

本案涉及新旧法交替时期如何对待旧法时期

行政终局裁定及其法律效力问题。法律不溯及既往也是一项基本法律规则。我国《立法法》第 84 条规定，法律不溯及既往，但为了更好地保护公民、法人和其他组织的权利和利益而作的特别规定除外。2001 年 10 月全国人大常委会通过的关于修改商标法的决定中，明确规定该修改决定自 2001 年 12 月 1 日起施行，根据该决定修改后的商标法中并无溯及既往的特别规定，因此，修改后的商标法新增及修改的内容原则上不能溯及既往。《最高人民法院关于审理商标案件有关管辖和法律适用范围问题的解释》（法释〔2002〕1 号）第 5 条的规定，应该在这个前提下进行理解。司法解释对新商标法适用所规定的制度安排，适用的前提是旧商标法时期未解决的问题，对旧商标法施行期内时已有终局裁决的事项，不宜再以修改后的商标法有新规定为理由重启程序。旧法采取行政终局制度，当时的争议事项已经行政终局决定的，只能尊重当时的保护制度和保护水平。此外，2001 年修改后的商标法与修法前的驰名商标保护制度相比，对驰名商标的保护水平并无明显差别，只是修改后的商标法规定得更具体一些。

（最高人民法院知识产权审判庭 殷少平撰稿）

狗不理集团有限公司诉济南市大观园商场天丰园饭店侵犯商标权纠纷申请再审案

——阅读提示：在判断是否构成正当使用时要考虑的因素是什么？

【裁判要旨】

判断使用与他人注册商标相同标识的行为是否构成正当使用时，应当充分考虑和尊重相关历史因素；同时应根据公平原则，对使用行为作出必要和适当的限制。

【案号】

一审：山东省济南市中级人民法院（2006）济民三初字第229号

二审：山东省高级人民法院（2007）鲁民三终字第70号

再审审查：最高人民法院（2008）民三监字第10—1号

【案情与裁判】

原告（二审上诉人、申请再审人）：狗不理集团有限公司（简称狗不理集团公司）

被告（二审被上诉人、被申请人）：济南市大观园商场天丰园饭店（简称天丰园饭店）

起诉与答辩

2006年10月16日，狗不理集团公司向济南市中级人民法院提起诉讼称，其于1994年10月7日取得第769005号“狗不理”牌注册商标证，核定服务项目为第42类。后经批准，该商标续展十年。1999年12月29日，“狗不理”商标被认定为“中国驰名商标”。2006年4月，原告发现被告长期以来冒用“狗不理”名义从事餐饮经营活动，将原告的“狗不理”注册商标作为企业名号使用，在其经营场所外部正面墙体和楼道、楼梯内、店内价格单、宣传名片上突出使用“狗不理”服务标识。被告的前述行为构成了对原告商标权的侵害，请求法院判令：1、被告立即停止侵犯原告注册商标的侵权行为；2、被告对侵犯原告注册商标专用权的行为在全国发行的报纸上进行公开道歉、消除影响；3、被告赔偿因侵权行为而给原告造成的经济损失26.5万元；4、被告承担本案全部诉讼费用。

被告天丰园饭店辩称，被告是提供餐饮服务的国有企业，在自己的经营场所内使用“狗不理”作为服务项目灌汤包的服务标识，并且在冠以天丰园饭店的字号下使用，与原告的区别十分明显，对服务对象不会产生误认。济南的老食客都知道济南大观园的狗不理包子是济南的著名小吃，早在上世纪四十年代就存在，从来没有人认为济南的狗不理灌汤包与天津的狗不理包子有什么关系。被告在自己的经营场所内使用“狗不理”作为服务项目灌汤包的服务标识从1979年开始，已连续使用20多年，而原告的商标是在1994年注册，依我国有关商标法律，连续使用至 1993 年 7 月 1 日的服务商标，与他人在相同或类似的服务上已注册的服务商标相同或者近似的，可以继续使用，因此原告所诉商标侵权，于法无据，应予驳回。

一审审理查明

山东省济南市中级人民法院一审审理查明：1994 年 10 月 7 日，天津狗不理包子饮食（集团）公司获准注册“狗不理”文字商标，注册号为第 769005 号，核定服务项目为第 42 类，即餐馆、备办宴席、快餐馆、自动餐馆。1999 年 12 月 29 日，“狗不理”商标被国家工商行政管理局认定为驰名商标。2004 年 8 月 24 日，该商标进行了续展核准，有效期至 2014 年 10 月 6 日。2005 年 4 月 8 日，天津狗不理包子饮食（集团）公司变更为狗不理集团公司，并于 2005 年 10 月 7 日核准受让上述第 769005 号“狗不理”服务商标。狗不理集团还在第 42 类“包子”、第 30 类茶及代用品等商品上拥有文字和图形组合的“狗不理”商标。

天丰园饭店开业日期为 1973 年，为全民所有制企业，主营猪肉灌汤蒸包。济南大观园商场于 1986 年 9 月 12 日向济南市一商局提交附设旅馆申请开业的报告称，天丰园饭店经翻建后，拟将一、二楼以经营狗不理包子为主，加炒菜和包办酒席。1986 年 11 月 7 日，该商场又就天丰园饭店增加经营项目向济南市一商局进行请示，报告中称拟将一楼经营“狗不理”猪肉灌汤包、应时炒菜、便餐、米饭、水饺等。

1990 年 8 月，济南出版社出版了由山东省政协文史资料委员会、济南市政协文史资料委员会编写的《济南老字号》一书。该书涉及到“天丰园狗不理包子铺”，对于“狗不理”包子的由来、“狗不理”包子如何定居济南历下以及“狗不理”包子的制作方法以及天丰园饭店的发展进行了介绍。

天丰园饭店曾于 1999 年向济南市工商行政管理局申请企业免检，在呈报的申请中显示，该企业以经营“狗不理”猪肉灌汤包闻名，在饮食业中属老字号。2005 年 4 月，天丰园饭店经营的“狗不理猪肉灌汤包”经由济南市贸易服务局、济南市饮食业协会评比，认定为“济南名优（风味）小吃”。同年，“狗不理猪肉灌汤包”入选济南市消费者协会的《济南消费指南》。上述牌匾在其经营的二楼店堂内悬挂。天丰园饭店经营狗不理猪肉灌汤包的营业面积为 123 平方米左右。

一审期间，济南市市中区人民政府大观园街道办事处、济南市市中区商业贸易局、济南市贸易局、济南市饭店协会均在关于天丰园饭店自 40 年代初开始持续经营“狗不理”风味猪肉灌汤包以及多次被评为济南名优风味小吃的证明材料上加盖了公章，济南市饮食业协会亦出具证明称，自 80 年代至今，天丰园饭店一直持续经营“狗不理”风味猪肉灌汤包，是济南市消费者喜欢的小吃，并被评为 2005 年的名优小吃。

狗不理集团公司分别于 2006 年 4 月、9 月、11 月对天丰园饭店经营狗不理包子场所拍摄的照片显示，天丰园饭店在其二楼南侧经营狗不理包子，并在一楼楼梯口、楼梯过道、二楼门口以及二楼窗外悬挂了带有“中华老字号 狗不理包子”、“中华小吃 狗不理欢迎您光临”、“济南名吃 天丰园狗不理包子”、“天丰园狗不理包子”字样的宣传牌匾、墙体广告和指示牌，在饭店使用的名片和价格单上，也出现了“狗不理传统名吃”和“中华名吃狗不理包子”的文字。

一审判理和结果

山东省济南市中级人民法院一审认为：《中华人民共和国商标法实施条例》第五十四条明确规定：“连续使用至 1993 年 7 月 1 日的服务商标，与他人在相同或者类似的服务上已注册的服务商标相同或近似的，可以继续使用；但是，1993 年 7 月 1 日后中断使用 3 年以上的，不得继续使用。”天丰园饭店在济南这一特定地域经营“狗不理猪肉灌汤包”的历史由来已久。从有关记载看，自二十世纪 40 年代即已在济南扎根。在 1993 年 7 月开始受理服务商标注册申请以前，天丰园饭店一直持续经营猪肉灌汤包，并使用“狗不理”这一词汇，作为其猪肉灌汤包风味来源的宣传介绍。在 1993 年 7 月前乃至其后的一段时期，虽然经营效益不稳定，但一直维系着“天丰园狗不理”猪肉灌汤包这一餐饮服务项目和特色，并使用“天丰园狗不理”作为区别于天津的“狗不理”的招牌。狗不理集团公司虽拥有“狗不理”这一服务商标，承继了“狗不理”文字和图形组合商标在包子商品上的专用权，并将该商标扩展至茶、糖果、面包、豆制品、饮用品、食盐、咖啡、酱油、醋等几十种商品上，赋予了与狗不理有关的商标以新的内涵，但众所周知，“狗不理”猪肉灌汤包是源自天津的特色名吃，在其发展过程中，也集合了有关经营者共同的努力。狗不理集团公司虽然成为了有关商标的权利人，但其不能阻断以前所形成的既定事实和经营状态。从我国保护服务商标的特定背景和相关法律规定，主张天丰园饭店构成服务商标侵权成立的前提事实是，狗不理集团公司应当证明自1993年7月1日后，天丰园饭店存在中断使用3年以上的情况。尽管狗不理集团公司未从这一角度提起诉讼，但本案在查明有关事实后，这一前提必须成立，方能支持其主张。从另一角度看，天丰园饭店提交的相关证据材料，其经营的狗不理猪肉灌汤包于2005年还被评为济南的“名优（风味）小吃”以及消费者协会推荐品牌，从一个侧面也说明其经营处于一种持续的状态，并且其经营地域以及经营方式未发生改变。对于“狗不理”三个字的书写方式也与狗不理集团公司注册的“狗不理”商标不同。天丰园饭店也未以“狗不理 ”标识标记其提供的服务或包子。综上，天丰园饭店未超出原有地域和服务项目，也未使用狗不理集团公司对于“狗不理”商标的特定书写方式，因此，其使用“狗不理”介绍和宣传其以天丰园饭店名义经营的“狗不理包子”的行为，不构成侵犯“狗不理”服务商标专用权。因此，一审法院依照《中华人民共和国民事诉讼法》第六十四条第一款、《中华人民共和国商标法》第五十一条、《中华人民共和国商标法实施条例》第五十四条之规定，于2007年4月17日作出（2006）济民三初字第229号民事判决，驳回狗不理集团公司的诉讼请求。

上诉与答辩

狗不理集团公司不服一审判决，向山东省高级人民法院提起上诉称：1、一审法院对证据的认定有误，从而混淆了“商品名称”与“服务商标”两个概念。现有证据表明，1993年之前，被上诉人关于“狗不理”的使用是商品名称的使用，而不是将“狗不理”与“天丰园”联用为字号或使用“狗不理”为服务商标，一审法院对此事实的认定错误。2、由于一审法院对相关概念混淆，认定事实不清，所以一审法院引用《商标法实施条例》第五十四条的规定作为判案依据属于适用法律错误。3、一审法院未采纳上诉人关于保护商品商标的合法的新增诉讼请求，剥夺了上诉人对自身商品商标专用权请求保护的权利，属于程序违法。为此请求二审法院依法撤销一审判决，维护上诉人的合法权益。天丰园饭店口头答辩称一审判决正确，应予维持。

二审判理和结果

山东省高级人民法院查明的事实与一审法院查明的事实基本一致。山东省高级人民法院二审认为：1993年7月1日之前，天丰园饭店关于“狗不理”的使用是其提供的一种商品名称的使用。而服务商标又称为服务标志，是各种服务行业的经营者为了将自己提供的服务与他人提供的服务区别开来而使用的一种专用标志，本案中“狗不理”是天丰园饭店提供的一种菜品，一个服务项目，区别天丰园饭店与其它饭店服务的标志是“天丰园”三字，而不是“狗不理”三字。因此天丰园饭店关于“狗不理”的使用不是天丰园饭店的服务标识，而仅是其提供的一种菜品的名称。狗不理集团公司的注册商标与天丰园饭店的猪肉灌汤包商品名称客观上存在权利冲突，一种权利是商标权，另一种权利是商品名称权。但权利冲突的产生有其特定的历史背景和原因。天丰园饭店在济南这一特定地域经营“狗不理猪肉灌汤包”历史由来已久。天丰园饭店开业以来提供“狗不理猪肉灌汤包”这一食品，并非是在狗不理集团公司商标注册并驰名后为争夺市场才故意使用“狗不理”三字，并没有违背市场公认的商业道德，不存在搭他人便车利用“狗不理”服务商标声誉的主观恶意。其使用狗不理猪肉灌汤包这一商品名称是善意的，而且属于在先使用。但天丰园饭店将“狗不理”三字用于宣传牌匾、墙体广告和指示牌，并且突出使用“狗不理”三字或将“狗不理”三字与天丰园饭店割裂开来使用。考虑到“狗不理”是狗不理集团公司的驰名商标，这一商标显著性强，知名度高，已经与狗不理集团公司建立了唯一、特定的联系，普通消费者一看到“狗不理”三字就会与狗不理集团公司提供的餐饮服务联系到一起。天丰园饭店在宣传牌匾等使用“狗不理”三字，容易使消费者（不应仅局限于济南的老食客）产生天丰园饭店与狗不理集团公司存在“联营或狗不理集团公司开设分店”等某种特定联系的混淆。这种混淆不仅淡化了或有可能淡化“狗不理”这一驰名商标的显著性，而且还可能误导普通的消费者。因此，应当在充分考虑和尊重相关历史因素的前提下，根据“保护在先权利、维护公平市场竞争、遵守商业道德、诚实守信”的原则，公平合理地解决本案争议。为规范市场秩序，体现对“狗不理”驰名商标的充分保护，天丰园饭店不得在企业的宣传牌匾、墙体广告中等使用“狗不理”三字，但仍可保留狗不理猪肉灌汤包这一菜品。

知识产权民事纠纷案件中，关于损害赔偿责任的承担应以侵权人存有主观恶意，故意侵权为前提。本案事实充分表明天丰园饭店使用“狗不理”三字有其历史渊源，不存在侵权的主观恶意，因此天丰园饭店只需承担停止侵权的责任即可，不必再承担损害赔偿的民事责任。

综上，山东省高级人民法院依据《中华人民共和国民事诉讼法》第一百五十三条第三款、《中华人民共和国商标法》第五十二条第五款之规定，于 2007 年 10 月 10 日作出（2007）鲁民三终字第 70 号民事判决，撤销一审判决；判令天丰园饭店停止在宣传牌匾、墙体广告等其它形式中使用“狗不理”三字进行宣传；驳回狗不理集团公司的其他诉讼请求。

申请再审理由和答辩

狗不理集团公司申请再审称：“狗不理”是其具有百年历史的服务商标，于 1994 年才得以注册并不是其自身原因，因此作为服务商标使用在先，天丰园饭店不存在“商品名称”使用在先及合法使用；驰名商标为客观事实，不以是否经认定为前提，原审法院以“保护在先权利，诚实守信”等原则，保护天丰园饭店商品名称，适用法律错误。同时，侵权认定不应以是否具有恶意为前提。因此，狗不理集团公司请求本院撤销原审判决，判令被天丰园饭店赔偿经济损失 26.5 万元，并承担原审诉讼费用。

天丰园饭店辨称：原审法院关于其狗不理猪肉灌汤包这一商品名称的使用是善意而且使用在先的认定正确，适用法律正确，请求本院驳回狗不理集团公司的再审请求。

再审审查结果

最高人民法院审查认为：本案争议的焦点是天丰园饭店使用“狗不理”商品名称是否侵犯狗不理集团公司的“狗不理”服务商标专用权。根据原审查明的事实，天丰园饭店提供“狗不理猪肉灌汤包”食品，有历史承袭演变的过程。除《济南老字号》一书作出相关记载外，济南市市中区人民政府大观园街道办事处、济南市市中区商业贸易局、济南市贸易局、济南市饭店协会均提供了关于天丰园饭店自 40 年代初开始持续经营“狗不理”风味猪肉灌汤包以及多次被评为济南名优风味小吃的证明材料。济南市大观园商场在关于天丰园饭店附设旅馆申请开业的报告中提出“拟将一、二楼以经营狗不理包子为主，加炒菜和包办酒席”，是就商场天丰园饭店翻建后扩大经营范围所作的申请，不能仅据此否认天丰园饭店此前使用“狗不理包子”作为菜品名称的事实。原审法院结合上述事实认定天丰园饭店使用“狗不理包子”具有历史承袭演变的过程，没有违背市场公认的商业道德，不存在搭他人便车利用“狗不理”服务商标声誉的主观恶意，并无不妥。原审法院根据本案具体情况，考虑狗不理集团公司注册“狗不理”服务商标前，天丰园饭店持续使用“狗不理猪肉灌汤包”这一菜品名称的历史因素，判决天丰园饭店仍可以保留“狗不理猪肉灌汤包”菜品名称，但禁止其作其他扩张性使用，符合公平原则，适用法律并无不当。综上，最高人民法院裁定，狗不理集团公司的再审申请不符合《中华人民共和国民事诉讼法》第一百七十九条的规定，依据《中华人民共和国民事诉讼法》

第一百八十一条第一款之规定，驳回申请再审人狗不理集团有限公司的再审申请。

【法官评述】

围绕本案争议的焦点，主要有以下问题需要考虑：

一是要分析天丰园饭店对“狗不理”标识的使用情形，区分菜品名称的使用和服务商标的使用两种不同属性行为。根据查明的事实，在1993年7月1日之前，天丰园饭店一直经营狗不理猪肉灌汤包，狗不理猪肉灌汤包是天丰园饭店提供的一种风味小吃，天丰园饭店一直使用“狗不理”这一词汇作为其猪肉灌汤包的一种商品名称，以区别于其他饭店所经营的猪肉灌汤包。天丰园饭店此种情形下对“狗不理”标识的使用，并非为了表示其服务的来源，因此并非是商标意义上的使用。

二是历史性地考虑天丰园饭店使用“狗不理”标识的正当因素。天丰园饭店使用“狗不理” 作为其猪肉灌汤包的名称具有历史沿袭的过程。且至1994年10月，狗不理集团公司才取得“狗不理”服务商标。因此，天丰园饭店开业以来提供“狗不理猪肉灌汤包”这一菜品，并非是在“狗不理”商标注册并驰名后为争夺市场才故意使用，并没有违背市场公认的商业道德，不存在搭他人便车利用“狗不理”服务商标声誉的主观恶意。因此天丰园饭店关于狗不理猪肉灌汤包这一商品名称的使用是善意的。

三是“狗不理”标识的使用不能超过正当的限度。根据前面的分析，天丰园饭店可以将“狗不理” 作为其猪肉灌汤包的名称，正当使用。但在1993年后，天丰园饭店却将“狗不理”三字用于宣传牌匾、墙体广告和指示牌，并且突出使用“狗不理”三字或将“狗不理”三字与天丰园饭店割裂开来使用。此种使用，会使得相关公众将其视为服务来源的标识，已是将“狗不理”作为商标标识使用，在狗不理集团公司“狗不理”注册商标具有很高知名度的情况下，容易使消费者(不应仅局限于济南的老食客）产生天丰园饭店与狗不理集团公司存在“联营或狗不理集团公司开设分店”等某种特定联系的混淆，构成对狗不理集团公司“狗不理”注册商标的侵犯。

四是考虑历史因素，公平划定各自的权利范畴。由于本案涉及历史因素，因此，二审法院在充分考虑和尊重相关历史因素的前提下，根据“保护在先权利、维护公平市场竞争、遵守商业道德、诚实守信”的原则，为规范市场秩序，体现对“狗不理”驰名商标的充分保护，判决天丰园饭店不得在企业的宣传牌匾、墙体广告中等使用“狗不理”三字，但仍可保留狗不理猪肉灌汤包这一菜品，使该案得已公平合理地解决，并得到最高人民法院再审裁定的支持。

（最高人民法院知识产权审判庭 *夏君丽撰稿*）

辉瑞有限公司、辉瑞制药有限公司诉上海东方制药有限公司破产清算组、被告北京健康新概念大药房有限公司、广州威尔曼药业有限公司不正当竞争及侵犯未注册驰名商标权纠纷案

——阅读提示：他人所做的未反映对某一标识主张权利的人具有将该标识作为其商标使用意图的宣传行为，在该主张权利人未实际使用该标识的情况下，可否作为认定该标识为其未注册商标的证据？

【裁判要旨】

对于未注册的商标标识，可以基于使用产生的商标知名度获得一定方式的法律保护。但是，对该标识主张权利的人必须有实际使用该标识的行为并具有将该标识作为其商标的意图。在本案中，最高人民法院认为，在申请再审人明确认可其从未在中国境内使用某一标识的情况下，他人对该标识所做的相关宣传等行为，由于未反映其将该标识作为商标的真实意思，不能认定该标识构成未注册商标，更不能认定其构成未注册驰名商标。

【案号】

一审：北京市第一中级人民法院（2005）一中民初字第 11352 号

二审：北京市高级人民法院（2007）高民终字第 1684 号

再审审查：最高人民法院（2009）民申字第 313 号

【案情与裁判】

原告（二审上诉人、再审申请再审人）：辉瑞有限公司（Pfizer Inc.）（简称辉瑞公司）

原告（二审上诉人、再审申请再审人）：辉瑞制药有限公司（简称辉瑞制药公司）

被告（二审被上诉人、再审被申请人）：上海东方制药有限公司破产清算组（简称东方公司）

被告（二审被上诉人、再审被申请人）：北京健康新概念大药房有限公司（简称新概念公司）

被告（二审被上诉人、再审被申请人）：广州威尔曼药业有限公司（简称威尔曼公司）

起诉与答辩

2005 年 10 月 11 日，辉瑞公司、辉瑞制药公司以不正当竞争及侵犯未注驰名商标权为由，向北京市第一中级人民法院提起诉讼称，原告辉瑞公司是一家著名的大型跨国药品生产公司，其于 1989 年在中国设立了子公司—辉瑞制药公司。原告在其研制的专用于男性勃起障碍疾病的“枸橼酸西地那非”上使用的商标为“VIAGRA”。辉瑞公司于 1998 年 4 月即开始将该药品推向美国市场，于 2000 年 6 月正式在中国推出该药品。在使用中文的地区和国家，媒体早自 1998 年起就采用“伟哥”一词进行大篇幅的报道，并特别指向原告的“枸橼酸西地那非”药品，“VIAGRA”与“伟哥”具有对应性和一致性。经过广泛的宣传和产

品销量的增加，“伟哥”商标已经成为未在中国注册的驰名商标。被告威尔曼公司明知“伟哥”是原告的未注册驰名商标，却抢先向中华人民共和国工商行政管理总局商标局（简称商标局）提出了注册申请，其行为具有主观恶意。被告威尔曼公司不仅大肆宣传原告的未注册驰名商标“伟哥”系其商标，且将该商标许可被告东方公司使用在药品上，并通过被告新概念公司进行销售，三被告的行为构成不正当竞争和侵犯商标权。综上，原告根据《中华人民共和国民法通则》第四条、《中华人民共和国反不正当竞争法》第二条、《中华人民共和国商标法》第十三条第一款、《保护工业产权巴黎公约》第十条之二以及有关驰名商标认定的规定，请求法院判令：1、认定“伟哥”为原告辉瑞公司未在中国注册的驰名商标；2、被告新概念公司和被告东方公司立即停止侵害原告辉瑞公司的未注册驰名商标权的行为，即立即停止销售带有“伟哥”商标药品的行为；3、被告东方公司和被告威尔曼公司立即停止印刷和使用“伟哥”商标，并销毁全部“伟哥”商标标识、有关的包装、广告和促销材料以及用于印刷“伟哥”商标标识等的模具和工具；4、被告威尔曼公司立即停止对“伟哥”商标进行许可和广告宣传等不正当竞争行为；5、三被告共同赔偿原告经济损失50万元；6、三被告共同承担原告因本案支出的相关费用；7、三被告采取发布经原告同意、澄清事实的公告等有效措施消除影响，并在《中国医药报》、《法制日报》和《人民日报》（海外版）等媒体上向原告赔礼道歉。

被告新概念公司未提交书面答辩意见，其在开庭过程中辩称：一、辉瑞制药公司不是本案利害关系人，不是适格原告；二、原告对“伟哥”商标无任何正当权益，我公司不构成侵权；三、我公司经销的涉案药品有合法来源，即使构成侵权，作为经销商也只应承担停止侵权的责任，不应当承担损害赔偿的民事责任。因此，不同意原告的诉讼请求。

被告东方公司破产清算组辩称：东方公司曾受威尔曼公司的委托，为其加工甲磺酸酚妥拉明分散片，但其仅负责加工，在产品上使用“伟哥”的责任应由威尔曼公司承担，与东方公司无关。

被告威尔曼公司辩称：一、辉瑞制药公司不是本案利害关系人，不是适格原告；二、本案与原告起诉的（2005）一中民初字第11350号、第11351号和第11354号民事案件属于重复起诉，不应予以受理；三、驰名商标的认定属于事实认定，不属于诉讼请求，故原告请求认定“伟哥”为辉瑞公司在中国未注册的驰名商标的诉讼请求不能成立；四、原告不能证明其对“伟哥”享有商标专用权，也不能证明其对“伟哥”商标进行了实际的使用和宣传，不能提供“伟哥”作为驰名商标受保护的记录，故“伟哥”不具备驰名商标应当具备的要素。因此，请求驳回原告的全部诉讼请求。

一审审理查明

1999年，中华人民共和国国家药品监督管理局（简称国家药监局）曾下发文件查处假药“伟哥”，文件中载有如下内容：“国内一些省市出现了销售‘伟哥’（英文名：VIAGRA）的情况，……‘伟哥’为美国辉瑞制药有限公司生产的药品”。2000年，国家药监局明确指出“伟哥”并非是对美国辉瑞制药有限公司“西地那非”通用名或商品名的认定。在辉瑞制药公司的《律师声明》中，该公司主张药品Viagra系美国辉瑞制药公司研发，对应“Viagra”使用的中文名称是“万艾可”。2005年3月17日，中国国际贸易促进委员会专利商标事务所的代理人邱宏彦在新概念公司经公证购买了“伟哥”药品4盒。经当庭勘验，“伟哥”药品的包装盒、药品说明书、药片包衣上均标有“伟哥”字样和东方公司企业名称，药片上亦标有“伟哥”字样。该“伟哥”产品系东方公司生产，新概念公司销售。东方公司系经威尔曼公司授权使用“伟哥”商标。在地址为http://www.welman.com.cn的威尔曼国际新药开发中心集团的网站上标注有“伟哥”商标，在网页中有东方公司和威尔曼公司的企业名称。“威尔曼新闻”中名为《勇于创新造福大众》的文章载有：威尔曼制药集团下辖香港医药集团公司、广州威尔曼药业有限公司、上海东方制药有限公司等工厂、公司。1998年8月12日，辉瑞公司向商标局申请注册“伟哥”商标，被商标局驳回，辉瑞公司不服提出复审，现该商标处于复审审查阶段。2005年7月28日，辉瑞公司授权辉瑞制药公司使用其在中国申请的“伟哥”商标。威尔曼公司于1998年6月2日向商标局提出“伟哥”商标的注册申请,并于2002年6月22日获得初步审定公告，初步审定号为1911818，指定使用商品为人用药、生化药品等。2002年9月20日，辉瑞公司就威尔曼公司申请注册的“伟哥”商标向商标局提出商标异议申请，商标局尚未就此作出处理决定。2004年4月7日，商标局核准第1911818号“伟哥”商标转让注册，受让人为广州威尔曼新药开发中心有限公司（简称威尔曼新药公司）。2003年8月20日，东方公司与广东药之星医药有限公司、威尔曼公司订立《[伟哥] 药品区域总经销协议》，约定：[伟哥] 药品，指甲磺酸酚妥拉明分散片，由威尔曼公司独家研制开发并由东方公司生产；东方公司系威尔曼公司 [伟哥] 药品的授权生产单位;合同有效期至2005年9月30日止。东方公司于2005年7月19日被中华人民共和国上海市南汇区人民法院裁定宣告破产，于2005年7月20日成立破产清算组，进行破产清算。一审庭审中，辉瑞公司、辉瑞制药公司承认其在中国内地未使用过“伟哥”商标。

一审判理和结果

北京市第一中级人民法院经审理认为，台湾地区“伟哥”商标的注册人并非本案辉瑞公司，并且根据商标独立保护原则，其在中国也不能当然对“伟哥”商标享有权益；有关媒体的报道虽然多将“伟哥”与“Viagra”相对应，但辉瑞公司、辉瑞制药公司并未举证证明其是“Viagra”商标的合法权利人，且在报道中，媒体认为的“伟哥”的生产者亦并非针对本案辉瑞公司，而多指向“美国辉瑞制药公司”、“美国辉瑞药厂”，故亦不能证明辉瑞公司是“伟哥”商标的权利人；七篇报道的时间局限在1998年9月至11月，这些报道并非辉瑞公司、辉瑞制药公司对“伟哥”商标的宣传，且仅以该七篇报道亦不足以证明“伟哥”商标在中国已具有较高的知名度。综上，由于辉瑞公司、辉瑞制药公司从未实际使用“伟哥”商标，亦未举证证明其对“伟哥”商标进行了广告宣传，且不能提供“伟哥”商标在中国作为驰名商标受保护的记录以及其他可以证明“伟哥”驰名的证据，故其“伟哥”是辉瑞公司的未注册驰名商标的主张不能成立。由于辉瑞公司不能证明“伟哥”为其未注册驰名商标，故其对“伟哥”商标并不享有商标法规定的合法权益，威尔曼公司许可东方公司使用“伟哥”商标，东方公司和新概念公司生产、销售使用“伟哥”商标药品的行为，不侵犯辉瑞公司的未注册驰名商标权。此外，由于东方公司经该“伟哥”商标的合法权利人威尔曼公司许可使用“伟哥”商标，新概念公司销售东方公司经合法授权使用“伟哥”商标的商品的行为具有正当性和合理性，未违反市场竞争中应当遵循的诚实信用原则，因此，不构成不正当竞争。在地址为 http://www.welman.com.cn 的网站上显示的网站经营者为威尔曼国际新药开发中心集团，并非威尔曼公司，结合辉瑞公司对“伟哥”商标并不享有合法权益的事实认定，辉瑞公司、辉瑞制药公司对威尔曼公司的商标侵权和不正当竞争指控亦无事实和法律依据，不能成立。综上，北京市第一中级人民法院依照《中华人民共和国民法通则》第四条，《中华人民共和国反不正当竞争法》第二条，《中华人民共和国商标法》第十三条、第十四条，《最高人民法院关于审理商标民事纠纷案件适用法律若干问题的解释》第二条，《中华人民共和国民事诉讼法》第六十四条之规定，于2006年12月27日以(2005) 一中民初字第11352号民事判决，判决驳回辉瑞公司和辉瑞制药公司的全部诉讼请求。

上诉与答辩

辉瑞公司和辉瑞制药公司不服原审判决，向北京市高级人民法院提起上诉，请求撤销原审判决，判令支持上诉人向原审法院所提的全部诉讼请求。其主要理由是：一、原审判决对辉瑞公司为证明“伟哥”是其在中国的未注册驰名商标所提交的证据的认定有误。在中国公共图书馆获得的资料相互印证了“伟哥”是“Viagra”的中文称谓并已成为中国公众广泛认可的既成事实；辉瑞公司及关联公司在台湾地区及香港地区注册的繁体“伟哥”文字商标的申请日均早于威尔曼公司申请注册“伟哥”商标的申请日，辉瑞公司的“伟哥”商标在中国台湾地区及香港地区获得注册应当有助于认定其在中华人民共和国境内就“伟哥”商标享有合法权益；辉瑞产品有限公司为辉瑞公司的子公司之一，原审判决以台湾地区注册的繁体“伟哥”文字商标持有人为辉瑞产品有限公司而拒绝认定该相关证据与本案的关联性是不正确的；无论是中国市场上的销售者、还是国家药品监督机构，均认为“伟哥”是“Viagra”的对应中文商标；根据商标法第十四条第（五）项的规定，媒体报导、官方机构的通知、证人证言等应当认定为“伟哥”商标驰名的“其他因素”。二、依据中国最高人民法院《关于审理商标民事纠纷案件适用法律若干问题的解释》第二十二条的规定，原审判决关于“伟哥”商标为驰名商标的请求不属于诉讼请求的认定不正确。三、辉瑞公司的“伟哥”商标在相关公众中已有极高知名度，威尔曼公司抢注并许可他人使用“伟哥”商标，其行为构成不正当竞争。

新概念公司、东方公司破产清算组、威尔曼公司服从原审判决。

二审审理查明

北京市高级人民法院二审查明：

一、关于“伟哥”是否系辉瑞公司在中国未注册的驰名商标的证据及事实

1997年11月28日，辉瑞公司的第1130739号“VIAGRA”文字商标在中国获得注册，指定使用的商品为第5类人用药、医用制剂，有效期经续展至2017年11月27日止。2001年1月28日，该商标经核准转让予辉瑞产品有限公司（Pfizer Products Inc.）。1998年5月29日，辉瑞公司在香港地区提出“伟哥”繁体文字商标注册申请，1999年9月7日获得商标注册。2002年1月16日，辉瑞产品有限公司在台湾地区取得“伟哥”繁体文字商标注册证，注册号为00980328。辉瑞产品有限公司系辉瑞公司的子公司。

1998年9月29日，《健康报》报道伟哥（Viagra）是枸橼酸西地非尔的商品名；1998年10月8日，《南方都市报》登载的《IT大亨染指壮阳药》一文中提及“伟哥”（VIAGRA）；1998年10月22日，《浙江经济日报》登载的《诺贝尔奖与“伟哥”》一文称Viagra（伟哥）是美国辉瑞药厂制造；1998年10月26日，《南方日报》登载的《“伟哥”，想说爱你不容易》一文称“伟哥”（Viagra）原是美国辉瑞制药公司1992年开发的用于治疗心绞痛的新药；1998年11月7日，《重庆晚报》登载的《伟哥：笑傲江湖》一文称“伟哥”的英文名称VIAGRA由VIGOR（活力）与NIAGARA（尼亚加拉瀑布）两字合成；1998年11月21日，《信息时报》登载的《也谈“伟哥”》一文中提及“伟哥”（Viagra）；1998年11月25日，《中国青年报》登载的《“伟哥”是什么，怎么样?》一文称“伟哥”是英文Viagra的音译，化学名称是枸橼酸西地非尔；珠海出版社出版了名称为《伟哥报告-蓝色精灵Viagra》的出版物;1998年10月16日至2003年9月28日，《海口晚报》、《青年报》、《参考消息》、《经济日报》、《羊城晚报》、《法制日报》、《人民日报》、《南方都市报》、《北京青年报》等二十几家报刊的26份报道摘录中多将“Viagra”称为“伟哥”、称“伟哥”（VIAGRA）的生产者为辉瑞公司或辉瑞制药厂、主要内容为媒体对“Viagra”的药效、销售情况、副作用的介绍以及评论性的文章。

《新时代汉英大词典》2000年版第1601页和2002年版第1232页对“伟哥”词条的解释为：也称“威尔刚”Viagra、“万艾可”Viagra,用于治疗男性功能障碍的美国药品商标。国家药监局国药管市[1999]72号文件“关于查处假药‘伟哥’的紧急通知”（简称第72号文件），载有如下内容：“近来，国内一些省市出现了销售‘伟哥’（英文名：VIAGRA）的情况，并有不断扩大的趋势，一批未经审批的药品‘伟哥’进入了市场……‘伟哥’为美国辉瑞制药有限公司生产的药品，该药品在我国正处于临床研究阶段……目前，国内除有关医院正用于临床实验的该药品外，市场销售的‘伟哥’均为假药……”等。国家药监局药管市函[2000]19号文件“关于对请求国家药品监督管理局澄清有关药名的请示的复函”（简称第19号文件），其主要内容为：在第72号

文件中采用了以带引号的“伟哥”和英文名“VIAGRA”的标注等指当时在中国市场上出现的此种假药，以便于各地药品监督管理部门的查处，并非是对美国辉瑞制药有限公司“西地那非”通用名或商品名的认定。

辉瑞公司为支持“伟哥”系其在中国未注册的驰名商标的主张，还提交了1998年4月30日美国《世界日报》、1998年6月8日香港《天天日报》、1998年6月8日香港《东方日报》的报道摘要，上述报道中均提及“伟哥”（Viagra）、生产商为美国辉瑞药厂等。

威尔曼公司为反驳辉瑞公司的主张，提供了如下证据：反证1、辉瑞制药公司发布的《律师声明》，主要内容有：“由美国辉瑞制药公司研发生产的药品Viagra已由国家药品监督管理局批准，正式进入市场，万艾可为正式的商品名。万艾可是经国家工商行政管理局商标局批准注册的商标。辉瑞制药有限公司是万艾可商标的拥有者……”。反证2、中国药科大学、威尔曼国际新药开发中心和威尔曼公司致国家药监局“请求国家药品监督管理局澄清有关药名的请示报告”，内容为询问第72号文件中所说的“伟哥”是否指当时“西地那非”的商品名或通用名。

二、关于辉瑞公司、辉瑞制药公司指控新概念公司等三公司侵权的证据和事实

2005年3月17日，中国国际贸易促进委员会专利商标事务所的代理人邱宏彦在新概念公司经公证购买了“伟哥”药品4盒。该购买过程由长安公证处进行了证据保全公证。经当庭勘验，“伟哥”药品的包装盒、药品说明书、药片包衣上均标有“伟哥”字样和东方公司企业名称，药片上亦标有“伟哥”字样。该“伟哥”产品系东方公司生产，新概念公司销售。东方公司系经威尔曼公司授权使用“伟哥”商标。在地址为http://www.welman.com.cn的威尔曼国际新药开发中心集团的网站上标注有“伟哥”商标，在网页中有东方公司和威尔曼公司的企业名称。在“威尔曼简介”栏目中载有：威尔曼国际新药开发中心集团的国内总部设在广州，海外总部设在香港，分别在广州、上海、南京设三个研究所，下辖上市公司江苏联环药业股份有限公司、扬州制药集团、香港医药集团公司、广州威尔曼新药开发中心、上海东方制药有限公司等工厂、公司。“威尔曼新闻”中名为《勇于创新造福大众》的文章载有：威尔曼制药集团下辖香港医药集团公司、广州威尔曼药业有限公司、上海东方制药有限公司等工厂、公司。

三、新概念公司等三公司抗辩其不侵权的证据及事实

威尔曼公司于1998年6月2日向商标局提出“伟哥”商标的注册申请,并于2002年6月22日获得初步审定公告，初步审定号为1911818，指定使用商品为人用药、生化药品等。2002年9月20日，辉瑞公司就威尔曼公司申请注册的“伟哥”商标向商标局提出商标异议申请，商标局尚未就此作出审查决定。2004年4月7日，商标局核准该“伟哥”商标转让注册，受让人为广州威尔曼新药开发中心有限公司。2003年8月20日，东方公司与广东药之星医药有限公司、威尔曼公司订立《[伟哥] 药品区域总经销协议》，约定：[伟哥] 药品，指甲磺酸酚妥拉明分散片，由威尔曼公司独家研制开发并由东方公司生产；东方公司系威尔曼公司 [伟哥] 药品的授权生产单位;合同有效期至2005年9月30日止。

四、与本案有关的其他证据和事实

1998年8月12日，辉瑞公司向商标局提出“伟哥”文字商标的注册申请，该商标申请已被驳回，现在商标驳回复审阶段。2005年7月28日，辉瑞公司与辉瑞制药公司订立《商标授权协议第三次修订案》，授权辉瑞制药公司使用其在中国申请的“伟哥”商标。东方公司于2005年7月19日被中华人民共和国上海市南汇区人民法院裁定宣告破产，2005年7月20日成立破产清算组进行破产清算。辉瑞制药公司系1989年10月7日经核准登记成立的中外合资经营企业，其生产经营范围为化学药品原料药、制剂药等。

二审判理和结果

北京市高级人民法院二审认为，驰名商标是指在中国为相关公众广为知晓并享有较高声誉的商标。驰名商标的认定应当根据中国商标法第十

四条的规定，考虑以下因素：相关公众对该商标的知晓程度、该商标使用的持续时间、该商标的任何宣传工作的持续时间、程度和地理范围、该商标作为驰名商标受保护的记录以及该商标驰名的其他因素。本案中，首先，虽然辉瑞公司在香港地区申请了“伟哥”繁体文字商标注册、辉瑞公司的子公司辉瑞产品有限公司在台湾地区申请了“伟哥”文字商标的注册，但是，根据商标独立保护原则，辉瑞公司在中国内地并不对“伟哥”商标享有权益。其二，二审法院审理中，两上诉人辉瑞公司、辉瑞制药公司虽然证明了美国《世界日报》、香港《天天日报》、《东方日报》的真实性，但因两上诉人无证据证明上述出版物在中国内地发行，故上述证据缺乏与本案的关联性和证明力。其三，1998年9月29日《健康报》等七篇报道、珠海出版社出版的“伟哥报告–蓝色精灵Viagra”以及《海口晚报》等26份媒体的报道中虽然多将“伟哥”与“Viagra”相对应，但因上述报道均系媒体所为而并非两上诉人所为，辉瑞制药公司在其发布的《律师声明》中声称其研发生产的药品“Viagra”的正式商品名为“万艾可”，故媒体在宣传中将“Viagra”称为“伟哥”，亦不能确定为反映了两上诉人当时的真实意思，且媒体的报道均是对“伟哥”的药效、销售情况、副作用的一些介绍、评论性文章，因此上述媒体的报道不足以证明“伟哥”在中国有较高的知名度和声誉。其四，国家药监局的第72号文件并不能证明辉瑞公司对“伟哥”享有权益；《新时代汉英大词典》中对“伟哥”词条的解释也有称为“威尔刚”Viagra、“万艾可”的情形，故该词典的解释亦不足以证明“Viagra”即为“伟哥”。其五，辉瑞公司的“Viagra”注册商标已于2001年经核准转让于辉瑞产品公司，辉瑞公司对“Viagra”商标不再享有相关的权益。综上，由于两上诉人在中国大陆既未实际使用“伟哥”商标，也未举证证明其对“伟哥”商标进行了广告宣传，且不能提供“伟哥”商标在中国作为驰名商标受保护的记录以及其他可以证明“伟哥”驰名的证据，仅有媒体的报道尚不足以证明“伟哥”商标在中国大陆已具有较高的知名度及已具有较高声誉，故两上诉人所提“伟哥”已构成其在中国未注册的驰名商标的主张因缺乏事实和法律依据，不予支持。

根据商标法的有关规定，工商行政管理部门商标局负有认定驰名商标的职责。关于驰名商标的认定是否属于一项独立的民事诉讼请求。首先，在民事侵权纠纷案件中认定驰名商标的目的在于确定对于该商标予以保护的范围、程度和力度，因此,驰名商标的认定与否并非是案件的最终目的，而是解决纠纷的途径和手段，是案件处理的事实基础。其次，我国对驰名商标的认定采取“个案认定、被动保护”的原则，即在非必要的情况下，不予认定驰名商标。因此，确认驰名商标不属于民事诉讼请求的范畴,两上诉人所提驰名商标的认定应属于一项独立的民事诉讼请求的主张不能成立，不予支持。

商标法第十三条第一款规定，就相同或者类似商品申请注册的商标是复制、摹仿或者翻译他人未在中国注册的驰名商标，容易导致混淆的，不予注册并禁止使用。《最高人民法院关于审理商标民事纠纷案件适用法律若干问题的解释》第二条规定，根据商标法第十三条第一款的规定，复制、摹仿、翻译他人未在中国注册的驰名商标或其主要部分，在相同或者类似商品上使用，容易导致混淆的，应当承担停止侵害的民事法律责任。本案中，由于两上诉人不能证明“伟哥”为其未注册驰名商标，故其对“伟哥”商标并不享有商标法规定的合法权益，威尔曼公司许可东方公司使用“伟哥”商标，东方公司和新概念公司生产、销售使用“伟哥”商标药品的行为，并未构成上述法律所规定的应当承担停止侵害的民事法律责任的情形。

反不正当竞争法第二条第一款规定，经营者在市场交易中，应当遵循自愿、平等、公平、诚实信用的原则，遵守公认的商业道德。由于两上诉人不能证明其就“伟哥”商标享有合法的权益，因此威尔曼公司提出“伟哥”商标注册申请的行为具有正当性和合理性，两上诉人关于威尔曼公司申请“伟哥”商标的注册构成不正当竞争的主张无事实及法律依据，对此不予支持。综上，一审判决认定事实基本清楚，适用法律正确，二审法院判决驳回上诉，维持一审判决。

申请再审理由与答辩

辉瑞公司与辉瑞制药公司申请再审称，早在威尔曼公司于1998年6月2日申请注册“伟哥”商标之前，相关公众已经使用“伟哥”一词指称Viagra产品。在相关公众心目中，“伟哥”商标唯一对应Viagra产品，是Viagra的中文名称（别名）。“伟哥”在事实上成为了标识Viagra产品来源的商标，成为了申请再审人的商标，申请再审人对“伟哥”享有合法的在先权利。威尔曼公司申请注册、使用“伟哥”商标，具有明显的恶意。因为相关公众约定俗成的使用，“伟哥”同样也已经构成申请再审人的Viagra产品这一知名商品的特有名称，根据《反不正当竞争法》第五条第（二）项的规定，东方公司擅自在其生产的“甲磺酸酚妥拉明分散片”上使用“伟哥”商标，使相关公众产生混淆误认，构成不正当竞争。二审法院没有正确认定申请再审人的正当权利及被申请人的不正当竞争行为，在事实认定及法律适用上均存在错误，请求判令：1、撤销北京市高级人民法院（2007）高民终字第1684号民事判决；2、认定威尔曼公司申请注册“伟哥”商标的行为是非法抢注行为，构成不正当竞争；3、威尔曼公司立即停止对“伟哥”商标进行许可和广告宣传等不正当竞争行为；4、东方公司、新概念公司立即停止生产、销售带有“伟哥”商标药品的不正当竞争行为；5、威尔曼公司、东方公司立即停止印制和使用“伟哥”商标的不正当竞争行为，并销毁全部“伟哥”商标标识及用于印制“伟哥”商标标识的工具；6、东方公司、新概念公司、威尔曼公司共同赔偿经济损失及与本案有关的合理支出人民币50万元；7、东方公司、新概念公司、威尔曼公司发布经其同意、澄清事实的公告等有效措施消除影响，并在《中国医药报》、《法制日报》和《人民日报》（海外版）等媒体上向申请再审人赔礼道歉。

东方公司辩称，申请再审人“Viagra”产品的商品名是“万艾可”，威尔曼公司是最早申请和使用“伟哥”商标的权利人。申请再审人从未使用过“伟哥”商标，其对“伟哥”商标不享有任何权益。相关公众并未将“伟哥”商标唯一对应申请再审人的“Viagra”产品，申请再审人在媒体上发布的《律师声明》也声称“Viagra”药品的商品名是“万艾可”，中国商标法适用“注册在先”原则，威尔曼公司申请“伟哥”文字商标的行为符合法律规定，不是非法抢注。申请再审人关于“威尔曼公司申请注册‘伟哥’商标的行为是非法抢注行为，构成不正当竞争”的请求属于新的诉讼请求，已超出本案原审的审理范围。申请再审人没有任何证据证明“伟哥”构成申请再审人的知名商品的特有名称，且基于知名商品特有名称的不正当竞争指控也已超出本案原审的审理范围。

威尔曼公司辩称，其与东方公司的意见相同。新概念公司没有辩称意见。

再审审查结果

最高人民法院另查明，2008年12月17日，商标局在（2008）商标异字第10226号及10227号商标异议裁定书中认为，“VIAGRA”是辉瑞公司研制生产的一种专治男性阳痿的药品名称，并作为商标在我国进行了注册。经多年宣传使用，“伟哥”已实际成为与该药品及商标所对应的中文标识，且为社会公众所知晓。在（2008）商标异字第10226号商标异议裁定中，商标局裁定对威尔曼新药公司的第1911818号“伟哥”商标不予核准注册。

最高人民法院审查认为，由于辉瑞公司已于2001年1月28日将“VIAGRA”文字商标转让给辉瑞产品有限公司，在本案一审起诉时及整个诉讼过程中，辉瑞公司均不是“VIAGRA”文字商标的商标权人，因此辉瑞公司对“VIAGRA”文字商标以及其所主张的“VIAGRA”文字商标的中文翻译“伟哥”不享有任何权益。尽管多家媒体在相关报道中将“伟哥”与“Viagra”相对应，但上述报道均系媒体所为而并非辉瑞公司和辉瑞制药公司对自己商标的宣传，且辉瑞制药公司也明确声明“万艾可”为其正式商品名，并承认其在中国内地未使用过“伟哥”商标，因此，不能认定媒体将“Viagra”称为“伟哥”反映了辉瑞公司和辉瑞制药公司当时将“伟哥”作为商标使用的真实意思。现有证据不足以证明“伟哥”为未注册商标，也无法证明其为未注册驰名商标。于2009年6月24日裁定驳回辉瑞公司、辉瑞制药公司的再审申请。

【法官评述】

本案主要涉及以下法律问题

一、关于原告辉瑞公司及辉瑞制药公司的诉讼主体资格的问题。根据《民事诉讼法》第108条第（1）项关于“原告是与本案有直接利害关系的公民、法人和其他组织”的规定，原告应当为其赖以主张权利的权利人或利害关系人。本案中，原告辉瑞公司、辉瑞制药公司从本案一审开始直至再审过程中均主张“伟哥”商标唯一对应Viagra产品，是Viagra的中文名称，称“伟哥”在事实上成为了标识其“Viagra”产品来源的商标，其对“伟哥”享有合法的在先权利。而根据原审法院查明的事实，辉瑞公司的第1130739号“VIAGRA”文字商标已于2001年1月28日经核准转让予辉瑞产品有限公司。也就是说辉瑞产品公司从2001年1月28日起已经是“VIAGRA”文字商标的商标权人，本案辉瑞公司、辉瑞制药公司向原审法院起诉的时间是2005年10月11日，此时辉瑞公司已经不是第1130739号“VIAGRA”文字商标的商标权人，因此辉瑞公司对“VIAGRA”文字商标以及其所主张的“VIAGRA”文字商标的中文翻译“伟哥”不享有任何权益。虽然辉瑞公司于2005年7月28日与辉瑞制药公司订立《商标授权协议第二次修订案》，授权辉瑞制药公司使用其在中国申请的“伟哥”商标，由于2005年辉瑞公司已对“VIAGRA”文字商标以及其所主张的“VIAGRA”文字商标的中文翻译“伟哥”不享有任何权益，辉瑞公司的授权已没有法律效力，故辉瑞制药公司也不能依据该授权对“伟哥”主张权利。因此，本案两原告作为本案当事人在主体方面是不适格的。

二、关于“伟哥”能否认定为辉瑞公司未注册驰名商标的问题。

一般而言，商标权的取得有两种方式，一是通过向国家工商行政管理总局商标局申请注册并获核准后取得；一是通过使用而取得识别性而成为未注册的商标，当然，因我国商标法以保护注册商标为原则，未注册商标只有符合一定的法律要件后才受法律保护[1]。笔者以为，无论是以哪种方式取得商标权，均需权利人有取得权利的积极意思表示，即或主动向商标行政部门申请核准取得，或通过其在商业中对主张权利的标识进行积极的使用。本案中，辉瑞公司虽主张其“伟哥”是其未注册的驰名商标[2]，但其提供的主要证据是相关媒体对“伟哥”进行的宣传，并无证据证明辉瑞公司、辉瑞制药公司在中国境内曾在其相关产品上使用“伟哥”标识，且辉瑞公司、辉瑞制药公司在一审庭审中明确亦认可其在中国内地未使用过“伟哥”商标。此外，辉瑞制药公司曾发布声明称“万艾可”为其正式商品名。从以上事实可以认定，在当时辉瑞公司或辉瑞制药公司并无将“伟哥”当作商标使用的意思和行为。他人对该标识所做的相关宣传等行为，由于未反映其将该标识作为商标的真实意思，加之辉瑞公司无使用该标识作为商标的行为，因此不能认定该标识构成辉瑞公司的未注册商标，更不能认定其构成未注册驰名商标。

（最高人民法院知识产权审判庭　王艳芳撰稿）

1 根据现行商标的规定，对未注册商标的保护主要体现在商标法第十三条第一款、第三十一条后半段。

2 以下分析是在假设辉瑞公司仍对“VIAGRA”享有注册商标专用权的前提下进行

山东鲁锦实业有限公司诉鄄城县鲁锦工艺品有限责任公司、济宁礼之邦家纺有限公司侵犯注册商标专用权及不正当竞争纠纷案

——阅读提示：对于具有地域性特点的商品，如何认定其通用名称？在商品或服务上使用了他人注册商标中含有的本商品的通用名称，是否构成对他人注册商标专用权的侵犯？

【裁判要旨】

《商标法实施条例》第49条规定："注册商标中含有的本商品的通用名称、图形、型号、或者直接表示商品的质量、主要原料、功能、用途、重量、数量及其他特点，或者含有地名，注册商标专用权人无权禁止他人正当使用。"据此，注册商标专用权的行使应有所限制。商标的作用主要在于商品的识别性，即购买者、消费者能够通过不同的商标而区别相应的商品或者服务，防止购买者、消费者对商品及服务的来源产生混淆。因此，虽然在商品或服务上使用了他人注册商标中含有的本商品的通用名称等，属于正当使用，不构成对他人注册商标专用权的侵犯。

商品通用名称应当具有广泛性、规范性。对于具有地域性特点的商品通用名称，判断其是否具有广泛性，应以特定产区相关公众的认知程度为标准，而不应以是否在全国范围内广泛使用为标准。对于约定俗成、已为相关公众认可的名称，即使其不尽符合科学原理，亦不影响将其认定为通用名称。具体判断是否构成商品的通用名称，应当注意把握该名称是否在某一地区或领域内普遍使用并为相关公众所接受。

【案号】

一审：山东省济宁市中级人民法院（2009）济民五初字第6号

二审：山东省高级人民法院（2009）鲁民三终字第34号

【案情与裁判】

原告（二审被上诉人）：山东鲁锦实业有限公司（以下简称山东鲁锦公司）

被告（二审上诉人）：鄄城县鲁锦工艺品有限责任公司（以下简称鄄城鲁锦公司）

被告（二审上诉人）：济宁礼之邦家纺有限公司（以下简称礼之邦家纺公司）

起诉与答辩

原告山东鲁锦公司诉称，原告原是嘉祥县瑞锦民间工艺品厂，1985年起原告将生产的棉布、工艺品、服装和床上用品等产品统称为"鲁锦"。1999年原告申请注册了"鲁锦"文字商标；2001年申请注册了"图形+LUJIN (鲁锦拼音)"组合商标。2006年，原告被中国商业联合会吸收为"中华老字号"会员单位。同年，原告的"鲁锦"商标被山东省工商局认定为"山东省著名商标"。原告发现在济宁市区域内，有大量被告生产、销售的鲁锦产品。这些产品都在显著位置标明了"鲁

锦”字样，并由礼之邦鲁锦专卖店等众多专卖店进行销售。被告的产品侵犯了原告的“鲁锦”注册商标专用权。另外，被告鄄城鲁锦公司企业名称中含有原告的“鲁锦”注册商标字样，误导消费者。原告于2008年诉至济宁市中级人民法院，具体诉讼请求为：1、判令被告立即停止生产、销售带有 “鲁锦”字样的侵权产品，并销毁已生产的侵权产品和包装；2、责令被告变更企业名称，去掉其名称中的“鲁锦”字样。3、判令被告赔偿经济损失50万元。4、本案诉讼费、调查费、律师费等原告为制止被告侵权行为所支出的一切费用均由被告承担。

被告鄄城鲁锦公司在庭审中答辩称：1、原告是在2001年2月9日注册成立，在2001年原告成立之前及1999年鲁锦商标注册完成之前，“鲁锦”这两个文字已经变成了通用名称。2、“鲁锦”已经成为一种工艺技术、文化的代表，这一通用名称应该各行各业都有使用的权力。3、原告要求赔偿50万元的经济损失没有证据支持。4、请求人民法院依法驳回原告的所有诉讼请求。

被告礼之邦家纺公司未作答辩。

一审审理查明

济宁市中级人民法院一审查明，原告鲁锦公司的前身嘉祥县瑞锦民间工艺品厂经向国家工商总局商标局申请于1999年12月21日取得注册号为第1345914号的“鲁锦”文字商标，有效期为1999年12月21日至2009年12月20日，核定使用商品为第25类服装、鞋、帽类，具体为“服装、套装、汗衫、制服、茄克（服装）、背心（马甲）、童装、睡衣（含睡衣裤）、运动衫、吸汗内衣等”。2001年11月14日取得注册号为第1665032号的“L j+LUJIN”的组合商标，有效期为2001年11月14日至2011年11月13日，核定使用商品为第24类的“纺织物、棉织品、内衣用织物、纱布、纺织品、毛巾布、无纺布、浴巾、床单、纺织品家具罩等”。嘉祥县瑞锦民间工艺品厂分别于2001年2月9日、2007年6月11日经工商部门核准依法更名为嘉祥县鲁锦实业有限公司、山东鲁锦实业有限公司。

1993年4月22日，原告与日本国益久染织研究所合资成立嘉祥京鲁益久织造有限公司。原告在获得“鲁锦”注册商标专用权后授权该公司使用并在多家报社、杂志社、电视台等媒体栏目多次宣传报道其产品及注册商标。2006年3月，原告被“中华老字号”工作委员会接纳为会员单位。原告经过多年的艰苦努力及长期大量的广告宣传和市场推广，其“鲁锦”牌系列产品，特别是“鲁锦”牌服装，在国内享有一定的知名度。2006年11月16日，“鲁锦”注册商标被山东省工商行政管理局审定为山东省著名商标。

2007年3月，原告山东鲁锦公司从礼之邦鲁锦专卖店购买由被告鄄城鲁锦公司生产的同原告注册商标所核定使用的商品相同或类似的商品，该商品上的标签（吊牌）、包装盒、包装袋及门面上均带有原告注册商标“鲁锦”字样。一审法院根据原告的申请，依法对二被告进行了证据保全，发现被告处存有大量原告所诉称的同原告注册的“鲁锦”商标所核准使用的商品同类或者类似的商品，该商品上的标签（吊牌）、包装盒、包装袋及商品标价签、门面上均带有原告注册商标“鲁锦”字样。根据原告提供的证据和一审法院证据保全所拍摄的照片、录像，被控侵权商品上的标签（吊牌）、包装盒、包装袋上，已将“鲁锦”文字放大、且醒目突出的作为商品的名称或者商品装潢使用，尤其是包装袋上未标识生产商、地址即使用。

另查明，被告鄄城鲁锦公司是2003年3月3日经工商局核准登记成立的有限责任公司，其在生产销售的产品上所使用的商标是“精一坊文字+图形”组合商标，该商标已向国家工商总局商标局申请注册，但尚未核准。2007年9月，被告鄄城鲁锦公司向国家工商总局商标评审委员会申请撤销原告已注册的第1345914号“鲁锦”商标，商评委已经受理但至今未作出裁定。向原告出售商品的销售商的门面为“礼之邦鲁锦专卖”，“鲁锦”已被突出放大使用，但其出具的发票上所加盖的印章为济宁礼之邦家纺有限公司。

一审判理和结果

济宁市中级人民法院认为，本案原告的“鲁锦”文字商标和“L j+LUJIN”的组合商标，已经国家商标局核准注册并核定使用于第25类、第24类商品上，在该类商品上原告依法享有注册商标的专用权，受法律保护。被告鄄城鲁锦公司提供商评委的《注册商标争议申请受理通知书》，用于证明“鲁锦”注册商标发生争议并已受理，但未提供商评委作出的结论性裁定，受理通知书只说明商标争议、程序上已经受理，不能否认原告对“鲁锦”注册商标依法享有的专用权。被告鄄城鲁锦公司虽然于庭审中也提供了大量多家媒体、出版社出版的丛书、期刊、报纸、报道、宣传资料、专题片、获奖证书等书面、视听资料证据，但不足以说明“鲁锦”是历史文化遗产、社会公共资源；上述证据也不能证明“鲁锦”属于国家商标局制定的《类似商品和服务区分表》中的第25、24类商品的通用名称或者第25、24类商品中的某一具体商品的通用名称。被告鄄城鲁锦公司主张鲁锦是“历史文化遗产、社会公共资源、通用名称”，原告无权禁止被告在25、24类商品上使用“鲁锦”的理由无法律依据和事实根据，一审法院不予支持。

本案从原告提供的被控侵权证据和本院证据保全时所拍摄的照片、录像来看，被告鄄城鲁锦公司在与原告同一种或者类似商品上，将与原告注册商标相同或者近似的“鲁锦”作为被控侵权商品的名称或者商品装潢，在被控侵权商品的标签（吊牌）、包装盒、包装袋及门面上使用；特别是在被控侵权商品的标签（吊牌）、包装盒、包装袋上，将“鲁锦”特意放大显示、醒目突出使用，更容易使消费者在视觉上的注意力集中在“鲁锦”上，暗示自己同“鲁锦”之间存在特殊的关系，由于原告的企业字号和注册商标均是“鲁锦”且使用在先，2006年原告的鲁锦商标又被认定为山东省著名商标，原告的“鲁锦”商品在相关公众中具有较高的知名度，依法应当属于知名商品。因此，被告突出使用鲁锦的行为，客观上极易使了解“鲁锦”的相关公众对被控侵权商品的来源和原告的商品产生误认、对商品误购。被告鄄城鲁锦公司在与原告相同或近似的“鲁锦”商品上突出使用“鲁锦”标识并在济宁市范围内销售，客观上导致了相关公众对“鲁锦”商品市场主体和来源的混淆，可以认定被告鄄城鲁锦公司存在主观过错，对原告的“鲁锦”注册商标专用权造成了损害，构成对原告注册商标专用权的侵犯，属于《中华人民共和国商标法实施条例》第五十条第一款（一）项规定的侵犯注册商标专用权的行为。被告礼之邦家纺公司对其售出的商品出具发票，应当认定其客观上销售了被告鄄城鲁锦公司所生产的侵权商品，依照《中华人民共和国商标法》第五十二条第一款（二）项“销售侵犯注册商标专用权的商品的”的规定，其行为属于侵犯原告的注册商标专用权，侵权行为应当停止。原告请求被告立即停止销售被控侵权商品的诉讼请求，一审法院予以支持。

原告生产的“鲁锦”系列服装及纺织品、床上用品属知名商品。本案“鲁锦”注册商标于1999年12月经国家商标局核准注册并使用至今，该注册商标现在有效期内且系山东省著名商标，2001年2月原告经核准使用“鲁锦”作为企业字号后，原告商品的品牌和生产者名称中均含有“鲁锦”，因此原告商品上的“鲁锦”应当认定为原告知名商品特有标识；而被告鄄城鲁锦公司的企业名称得到核准的时间为2003年3月，企业名称中的字号为“鲁锦”。从商标注册同企业名称核准的时间来看，原告注册商标在先，被告核准企业名称在后。被告企业名称中的字号“鲁锦”与原告的知名商品“鲁锦”系列服装和注册商标“鲁锦”完全相同。特别是在侵权商品的包装袋上，将“鲁锦”文字放大、突出使用；包装袋上未标识生产商、地址即使用的情况下，表明被告鄄城鲁锦公司傍明牌及误导公众的主观故意明显，违反了诚实信用原则，构成不正当竞争。原告请求被告鄄城鲁锦公司停止使用“鲁锦”作为企业名称；被告礼之邦家纺公司停止在其店面的门面上使用“鲁锦”的诉讼请求，一审法院予以采纳。

原告请求被告赔偿损失50万元，但对其因被控侵权行为遭受的损失、被告因被控侵权行为获得的利益，没有提交相关证据。一审法院结合本案二被告各自侵权行为的性质、主观恶意程度、侵权时间长短及影响、生产侵权商品的数量等各方面的因素综合判定，依法酌定被告鄄城鲁锦公司赔偿原告经济损失人民币25万元；被告礼之邦家纺公司赔偿原告经济损失人民币1万元。

依照《中华人民共和国民法通则》第一百一十八条、第一百三十四条第（一）、（七），《中华人民共和国商标法》第五十二条第（二）项、第（五）项、第五十六条第一、二款，《中华人民共和国商标法实施条例》第五十条第一款（一）项及《最高人民法院关于审理商标民事纠纷案件适用法律若干问题的解释》第一条第一款（一）、第十七条，《中华人民共和国反不正当竞争法》第二条，《最高人民法院关于审理注册商标、企业名称与在先权利冲突的民事纠纷案件若干问题的规定》第四条，《中华人民共和国民事诉讼法》第一百三十条之规定，济宁中院判决如下：一、被告鄄城县鲁锦工艺品有限责任公司于本判决生效之日立即停止在其生产、销售的第25类服装类系列商品上使用“鲁锦”作为其商品的名称或者商品装潢，并于本判决生效之日起30日内，销除其现存被控侵权产品中含有的“鲁锦”字样；被告济宁礼之邦家纺有限公司立即停止销售被告鄄城县鲁锦工艺品有限责任公司生产的被控侵权商品。二、被告鄄城县鲁锦工艺品有限责任公司于本判决生效之日起十五日内赔偿原告山东鲁锦实业有限公司经济损失人民币25万元；被告济宁礼之邦家纺有限公司赔偿原告山东鲁锦实业有限公司经济损失人民币1万元。三、被告鄄城县鲁锦工艺品有限责任公司于本判决生效之日起30日内变更企业名称，变更后的企业名称中不得包含“鲁锦”文字；被告济宁礼之邦家纺有限公司于本判决生效之日立即将其位于济宁运河路商业街3号店面门面上的“鲁锦”消除。

上诉与答辩

上诉人鄄城鲁锦公司不服一审判决，向山东省高级人民法院提起上诉，请求撤销一审法院判决，依法驳回山东鲁锦公司诉讼请求。主要理由是：“鲁锦”在1999年被山东鲁锦公司将其注册为商标之前，就已变成通用名称，是社会公共财富，历史文化遗产。《商标法实施条例》第49条规定：“注册商标中含有的本商品的通用名称、图形、型号、或者直接表示商品的质量、主要原料、功能、用途、重量、数量及其他特点，或者含有地名，注册商标专用权人无权禁止他人正当使用。”上诉人的使用行为仅是表明上诉人的商品是用鲁锦面料制成的，仅是为了说明商品的面料是鲁锦的而不是其他种类的，上诉人的使用行为属于“正当使用”，不构成商标侵权，也不构成不正当竞争。

上诉人济宁礼之邦家纺公司不服一审判决，向山东省高级人民法院提起上诉。请求撤销一审法院判决，依法驳回山东鲁锦公司诉讼请求。主要理由是：“鲁锦”是鲁西南一带特有的民间纯棉手工纺织品的通用名称，不知道“鲁锦”是注册商标，接到诉状后已停止了相关行为，所以不应该承担赔偿责任。

被上诉人山东鲁锦公司庭前未提交答辩状。其在庭审中答辩称，1、“鲁锦”商标是被上诉人于1985年独自创造使用的，不是通用名称，当地人称他们所织造的织物为“土布”、“粗布”，不用“鲁锦”一词。2、“鲁锦”是被上诉人依法注册的商标，不是通用名称，上诉人一会认为“鲁锦”是鲁西南织锦的通称，一会认为“鲁锦”是鲁西南织锦技艺的通称，一会认为“鲁锦”是鲁锦服饰的通用名称，这说明上诉人所谓“鲁锦”是通用名称指代不明确，所以不能认定为通用名称。3、商品的通用名称除了要具备较强的针对性外，还必须具备名称的规范性和公众知晓的广泛性，将棉布定义为“锦”反科学，而且很多地方并不将“土布”称为鲁锦，不具有广泛性。4、“鲁锦”商标自1999年申请注册至今，被上诉人进行了广泛的使用和宣传，与被上诉人形成了唯一对应的关系，上诉人的行为构成了对被上诉人商标权的侵犯，也构成了不正当竞争行为。5、既使能够认定“鲁锦”是通用名称，上诉人的使用行为突出了“鲁锦”两字，也不属于正当使用，仍然构成侵权。请求二审法院驳回上诉，维持原判。

二审审理查明

二审法院在一审法院查明事实的基础上，又查明如下事实：

鲁西南民间织锦，是山东民间纯棉手工纺织

品，因其纹彩绚丽，灿烂似锦而得名，在鲁西南地区已有上千年的历史，是历史悠久的齐鲁文化的一部分。从二十世纪八十年代中期开始，鲁西南织锦开始被开发利用，引进现代生活。1986 年 1 月 8 日在济南举行了“鲁西南织锦与现代生活展览汇报会”。1986 年 8 月 20 日，由省经委、省妇联、省艺术学院、省二轻厅等有关单位参加筹备工作，在北京民族文化宫又举办了“鲁锦与现代生活展”，在首都北京引起强烈反响。1986 年前后，《人民日报》、《经济参考》、《农民日报》、《中国美术报》等报刊发表关于“鲁锦”的专题新闻，山东电视台 1986 年拍摄了《美在民间.鲁锦》的专题片,中央电视台也拍摄了《鲁锦与现代生活》、《鲁锦开发的探索》等专题片。自此，“鲁锦”作为山东民间手工棉纺织品通称，在各大媒体、图书上广泛使用。此后鲁锦的研究、开发和生产逐渐普及，并不断发展壮大。1987 年 11 月 15 日，为促进鲁锦文化与现代生活的进一步结合，发展农村妇女的生产，加拿大国际发展署（CIDA）与中华全国妇女联合会双边合作项目---鄄城杨屯妇女鲁锦纺织联社培训班在鄄城县扬屯村举行。

山东省及济宁、菏泽的地方史志资料中，在谈及历史、地方特产或传统工艺时，对“鲁锦”也多有记载。1998 年 3 月齐鲁书社出版的《菏泽地区志》，介绍“鲁锦，是民间棉花染织品，花色品种逾千，销往国内外。”在介绍棉纺织品时，写到“菏泽地区棉纺织业历史悠久⋯..最有代表性的产品当属家织土花布，人称“鲁锦”。中华书局出版《济宁市志》中写到：“境内早期手工业土纺土织颇为兴盛，产品多为土布和色织布等。明清时期，嘉祥、金乡一代农村妇女手工织制的土花布（今称鲁锦）尤为著名。”1990 年 6 月由山东省地方史志编纂委员会编著的《山东风物大全》中写到：“土布织锦是流行在鲁西南地区广大农村的一种以棉纱为主要原料的传统纺织产品，也是山东近几年来经济开发的主要民间美术品种之一，它的新名叫‘鲁锦’。”

在有关的工具书及出版物中，也对“鲁锦”多有介绍。1998 年 6 月山东友谊出版社出版的《齐鲁民间艺术通览》中介绍：“山东手工织花棉布又称‘鲁锦’，因其纹彩绚丽，灿烂似锦而得名”。2004 年山东友谊出版社出版的《齐鲁特色文化丛书—服饰》一书中记载：“山东民间织锦，以棉花为主要原料，手工织线，手工染色，手工织造，俗称“土布”或“手织布”。此布色彩斑谰，似锦似绣，因而把这项手织工艺称为“鲁锦”；《齐鲁特色文化丛书-工艺》一书中记载：“山东手工织花棉布又称“鲁锦”，因其纹彩绚丽，灿烂似锦而得名。当地叫“提花斗纹布”，在鲁西南极为兴盛。”

1995 年 12 月 25 日山东省文物局作出《关于建设“中国鲁锦博物馆”的批复》，同意菏泽地区文化局在鄄城县成立“中国鲁锦博物馆”。

2006 年 12 月 23 日山东省人民政府公布第一批省级非物质文化遗产，其中省文化厅、鄄城县、嘉祥县作为申报单位申报的“鲁锦民间手工技艺”被评定为非物质文化遗产。

2008 年 6 月 7 日，国务院国发（2008）19 号中，由山东省鄄城且、嘉祥县申报的“鲁锦织造技艺“被列入第二批国家级非物质文化遗产名录。

二审判理和结果

山东省高级人民法院认为，“鲁锦”在 1999 年被上诉人山东鲁锦公司将其注册为商标之前已是山东民间手工棉纺织品的通用名称，“鲁锦”织造技艺为非物质文化遗产。鄄城鲁锦公司、济宁礼之邦公司的使用销售行为不构成商标侵权，也不构成不正当竞争。理由如下：

1. 山东鲁锦公司的“鲁锦”文字商标和“Lj+LUJIN”的组合商标，已经国家商标局核准注册并核定使用于第 25 类、第 24 类商品上，此注册商标专用权应依法受法律保护。但任何权利均有限制，商标权也有其权利限制。为此《商标法实施条例》第 49 条规定：“注册商标中含有的本商品的通用名称、图形、型号、或者直接表示商品的质量、主要原料、功能、用途、重量、数量及其他特点，或者含有地名，注册商标专用权人无权禁止他人正当使用。”

2. 通过已查明的事实，可以认定，鲁西南民间织锦，是山东民间纯棉手工纺织品，纹彩绚丽，灿烂似锦，在鲁西南地区已有上千年的历史。“鲁锦”指代这种具有山东特色的手工纺织品，不仅被国家级主流媒体、各类专业报纸、山东省的新闻媒体所公认，而且在山东省及济宁、菏泽、嘉祥、鄄城的省市县三级史志资料中也均将“鲁锦”作为传统鲁西南民间织锦的“新名”。在有关美术、艺术的工具书中，也认为“鲁锦”就是一种产自山东的民间纯棉手工纺织品。由此可见，“鲁锦”这一名称不是由某一自然人或企业法人单独占有使用，而是适用于山东地区特别是山东鲁西南地区的民间纯棉手工纺织品；其次，大量证据表明，“鲁锦”织造工艺历史悠久。在提到“鲁锦”两字时，人们想到的是一种具有鲜明地方特色、传统悠久的山东民间手工棉纺织品的织造工艺，用这种工艺织造出的纺织品，具有手工织造，纯棉质地，色彩绚丽，图案古雅，绿色环保，舒适耐用等特点。经山东省嘉祥县、鄄城县共同申报，“鲁锦织造技艺”于2006年被公布为第一批山东省非物质文化遗产，2008年“鲁锦织造技艺”被公布为国家级非物质文化遗产。因此，该名称下的纯棉手工纺织品的生产工艺并非由某一自然人或企业法人发明而成，而是由山东地区特别是山东鲁西南地区的人们长期劳动实践而成；第三，该名称下的纯棉手工纺织品的生产原料亦非某一自然人或企业法人特定种植，而是山东地区不特定的广泛种植的棉花；第四，该名称下的纯棉手工纺织品的消费者并非特定群体，而是普通社会公众。自上世纪八十年代中期后，传统鲁西南民间织锦开始走入现代生活，以在北京民族文化宫举办“鲁锦与现代生活方式展”为始点，经过媒体的大量宣传，“鲁锦”一词进入公众视野，已成为以棉花为主要原料，手工织线，手工染色，手工织造的山东地区独有的民间手工纺织品的通称，且已被山东地区纺织行业领域内通用并被相关社会公众约定成俗的名称。综上，可以认定“鲁锦”是山东传统民间手工纺织品的通用名称。这种名称，是一种无形的公共资产，应为该地区生产、经营者共同享有。山东鲁锦公司认为“鲁锦”这一名称不具有广泛性，主张在全国其他地方也出产老粗布，但不叫“鲁锦”。山东省高级人民法院认为，对于具有地域性特点的商品，其广泛性的判断应以其特定产区及相关公众为标准，而不应以全国为标准。虽然在我国其他省份的手工棉纺织品不叫“鲁锦”，但不影响“鲁锦”指代山东地区独有的民间手工棉纺织品这一事实，其指代是具体的、明确的。山东鲁锦公司认为“鲁锦”这一名称不具有科学性，主张棉织品应称为“棉”、而不应称为“锦”。山东省高级人民法院认为，名称的确定与是否科学没有必然关系，对于相关公众已接受的、指代明确的、约定俗成的名称，是不必考虑其是否科学的。只要相关公众了解了这一名称，明确了这一名称所指代的具体对象，那么名称的区别作用、符号作用、指代作用即体现出来。山东鲁锦公司还认为，“鲁锦”这一名称，不具有普遍性，山东市场内有些经营者、有些老百姓称为“粗布”，“老土布”。山东省高级人民法院认为山东棉纺织业历史悠久，对于民间织锦，人们一直称呼为“粗布”，“老土布”，但正如本院所查明的事实那样，“鲁锦”这一称谓是上世纪80年代中期，为解决山东省棉花积压、解放妇女劳动力，开发鲁西南民间织锦，使其与现代生活结合这一背景下新起的“名字”，经过多年的宣传与使用，相关公众所知悉的“鲁锦”就是指代山东传统民间手工棉纺织品，亦即人们所说的“粗布”，“老土布”。综上，山东鲁锦公司的反驳主张均不能成立，“鲁锦”在1999年被上诉人山东鲁锦公司将其注册为商标之前，已是山东民间手工棉纺织品的通用名称。

3. 山东鲁锦公司于99年获“鲁锦”文字商标，核定使用商品为第25类服装、鞋、帽类等。2001年获组合商标，核定使用商品为第24类纺织物、棉织品等。鉴于商标可注册性的判断并非民事侵权案件可解决的问题，所以法院尊重其仍是有效商标的客观事实。因山东鲁锦公司商标所使用的文字与消费者所知晓的山东民间手工棉纺织品的通用名称“鲁锦”一致，故其商标所应具备的显著性区别特征趋于弱化，相应的其作为商标被保护的特性亦弱化。《商标法实施条例》第49条规定：“注册商标中含有的本商品的通用名称、图形、型号、或者直接表示商品的质量、主要原料、功能、用途、重量、数量及其他特点，或者含有地名，注册商标专用权人无权禁止他人正当使用。”“鲁锦”虽不是鲁锦服装的通用名称，但其却是山东民间手工棉纺织品的通用名称，“鲁锦”商标使用在用鲁锦面料制成的服装上，其商标所应具有的显著性区别特征降低。在山东鲁西南地区，有不少以鲁锦为面料生产床上用品、工艺品、服饰的厂家，这些厂家为了突出“手工、绿色、环保、舒适”的特点，有权在其产品上叙述性标明其面料是鲁锦的。本案鄄城鲁锦公司在其生产的涉嫌侵权产品的包装盒、包装袋上使用“鲁锦”两字，仅是为了表明其产品是鲁锦面料的，其生产技艺是符合鲁锦的生产特点的，不具有侵犯山东鲁锦公司“鲁锦”商标专用权的主观恶意。也并非作为商业标识的使用，不会造成相关消费者对商品来源的误认和混淆，属于对“鲁锦”商标的合理使用，不构成对“鲁锦”商标专用权的侵犯。礼之邦家纺公司作为鲁锦制品的专卖店，其也有权使用“鲁锦”两字，同样不构成对山东鲁锦公司“鲁锦”商标专用权的侵犯。但由于“鲁锦”毕竟是一个有效的注册商标，其商标权应得到全社会的尊重。为了规范市场竞争秩序，保护公平竞争，遵循诚实信用、公平合理的市场竞争准则，鄄城鲁锦公司在今后的市场经营中有权在标明其产品是鲁锦面料的同时，应合理避让他人对“鲁锦”商标的专用权利。故鄄城鲁锦公司在其产品的包装中应突出使用自己的商标“精一坊”，以标明其鲁锦产品来源，方便消费者识别不同鲁锦产品的生产厂家。

基于同样的理由，鄄城鲁锦公司企业名称“鄄城县鲁锦工艺品有限责任公司”的使用也是正当的，此使用行为不会构成不正当竞争行为，山东鲁锦公司无权要求鄄城鲁锦公司去掉其企业名称中的“鲁锦”两字。

综上，原审法院认定事实部分有误，判决结果欠当。上诉人上诉理由充分，依法应予支持。根据《中华人民共和国商标法实施条例》第四十九条、《中华人民共和国民事诉讼法》第一百五十三条第二款之规定，判决如下：一、撤销山东省济宁市中级人民法院（2007）济民五初字第6号民事判决；二、驳回山东鲁锦公司的诉讼请求。一审案件受理费及其它诉讼费用合计14830元，由山东鲁锦公司承担；二审案件受理费5050元，由山东鲁锦公司承担。

【法官评述】

根据上诉人的上诉请求及被上诉人的答辩，该案的争议焦点问题是：1、上诉人鄄城鲁锦公司在其生产的被控侵权商品上、上诉人礼之邦家纺公司在销售的被控侵权商品上使用“鲁锦”字样标识，是否侵犯被上诉人山东鲁锦公司的注册商标专用权；2、上诉人鄄城鲁锦公司应否变更其企业名称，去掉其企业名称中的“鲁锦”两字？解决上述两焦点问题的关键是认定：“鲁锦”是否是一种山东民间手工棉纺织品的通用名称？

二审中认定“鲁锦”是山东民间手工棉纺织品的通用名称，主要是基于二审中新认定的一些事实。商品的通用名称是指该商品的特定行业内经营者消费者约定俗成、普遍使用的名称，通常应具有广泛性与规范性的特点。一般情况下，认定商品的通用名称应从四个方面来进行判断：其一该商品名称是否由某一地区或某领域内的经营者消费者所普遍使用并广泛接受；其二该商品生产工艺是否由某一地区或某领域内人们长期劳动实践而成；其三该商品的生产原料是否由某地区不特定广泛种植；其四该商品的消费者是特定群体还是普通社会公众。本案中认定“鲁锦”是山东民间手工棉纺织品的通用名称，对于这种具有地域性特点的商品的通用名称，其广泛性的判断应以其特定产区及相关公众为标准，而不应以全国范围为标准；其规范性的判断与是否科学没有必然联系，对于相关公众已接受的、指代明确的、约定俗成的名称，尽管可能不尽科学，但如果指代是具体的、明确的，仍符合规范性的条件。

商标的作用主要体现为识别性，使消费者能够依不同的商标而对应到相应的商品及服务的提供者，对商标权的保护的目的就是防止对商品及服务的来源产生混淆。商标法赋予商标权人积极使用商标的权利，还赋予其排除他人妨害其商标权的权利，但是这种排他权利并非漫无边际，其排除妨害的范围应该仅限于禁止他人将商标用于标识商品来源的作用上，而不能禁止其他方面的使用。这就是商标的合理使用制度，这一制度设立的目的有利于防止滥用商标权，通过划定适当的界限使权利人采取更适当的方式保护自己的商标。

本案中“鲁锦”已被认定为山东民间手工棉纺织品的通用名称，国务院还曾认定“鲁锦技造技艺”是国家级非物质文化遗产。这说明原告的注册商标“鲁锦”本身其显著性是较低的。商标法虽然允许缺乏显著性特征的标志在获得“第二含义”的情况下作为商标注册，但此类注册商标的专用权应受到限制，其商标注册人不得剥夺他人在“第一含义”上善意地使用相关标志来对商品进行描述。在山东鲁西南地区，有不少以鲁锦为面料生产床上用品、工艺品、服饰的厂家，这些厂家为了突出“手工、绿色、环保、舒适”的特点，有权在其产品上叙述性标明其面料是鲁锦的。本案鄄城鲁锦公司在其生产的涉嫌侵权产品的包装盒、包装袋上使用“鲁锦”两字，仅是为了表明其产品是鲁锦面料的，其生产技艺是符合鲁锦的生产特点的，不具有侵犯山东鲁锦公司“鲁锦”商标专用权的主观恶意。也并非作为商业标识的使用，属于对“鲁锦”商标的合理使用，不构成对“鲁锦”商标专用权的侵犯。礼之邦家纺公司作为鲁锦制品的专卖店，其也有权使用“鲁锦”两字，同样不构成对山东鲁锦公司“鲁锦”商标专用权的侵犯。基于同样的理由，二审法院认定也不构成不正当竞争行为。

（山东省高级人民法院知识产权审判庭　于玉撰稿）

山东泰和世纪投资有限公司、济南红河饮料制剂经营部诉云南城投置业股份有限公司侵犯商标权纠纷案

——阅读提示：如何判断构成侵犯注册商标专用权意义上的商标近似？商标实际使用对侵权赔偿责任的确定有何影响？

【裁判要旨】

判断是否构成侵犯注册商标专用权意义上的商标近似，不仅要比较相关商标构成要素上的近似性，还要考虑其近似是否达到足以造成市场混淆的程度。要根据案件具体情况，综合考虑相关商标的显著性、实际使用情况、是否有不正当意图等因素，进行近似性判断。

在确定侵权赔偿责任时，应该考虑原告的注册商标是否有实际使用、产生了实际识别作用的情况。对于不能证明已实际使用的商标，如果原告不能证明发生了实际损害，原则上不应支持损害赔偿的请求。

【案号】

一审：广东省佛山市中级人民法院（2004）佛中法民三初字第98号

二审：广东省高级人民法院（2006）粤高法民三终字第121号

再审：最高人民法院（2008）民提字第52号

【案情与裁判】

原告（二审被上诉人、再审被申请人）：山东泰和世纪投资有限公司（简称山东泰和公司）

原告（二审被上诉人、再审被申请人）：济南红河饮料制剂经营部（简称济南红河经营部）

被告（二审上诉人、再审申请人）：云南城投置业股份有限公司（云南城投公司）

起诉与答辩

2004年3月19日，山东泰和公司、济南红河经营部向佛山市中级人民法院起诉称，云南红河光明股份有限公司（简称云南红河公司，二审判决后更名为云南城投公司）、佛山市禅城区“大家好便利店”业主郑容娟生产销售“红河红”牌啤酒，侵犯其“红河”注册商标专用权，请求法院判令：（一）云南红河公司停止侵犯“红河”注册商标专用权的行为；郑容娟停止销售“红河红”啤酒；（二）云南红河公司赔偿经济损失1000万元；（三）云南红河公司在《人民日报》、《中国证券证》上公开向原告赔礼道歉；（四）云南红河公司承担因本案所发生的调查取证费用及本案诉讼费、律师代理费。

云南红河公司辩称，其2002年2月取得了红河红啤酒瓶贴的外观设计专利权，其使用该瓶贴是依法行使自己的外观设计专利权；其于2001年7月24日向商标局申请注册在饮料、啤酒等商品上的“红河红”商标，申请号为第1956111号，商标局于2002年8月28日进行了初步审定公告，2002年11月28日公告核准该商标注册，说明其

享有“红河红”商标专用权；“红河红”商标与“红河”商标并不近似，其使用行为不构成侵权。

一审审理查明

大兴安岭北奇神保健品有限公司（简称北奇神公司）1997年6月7日被核准注册了第1022719号“红河”文字商标，核准使用商品为第32类的啤酒、饮料制剂。2000年11月28日，商标局核准该注册商标转让给济南红河经营部。2002年3月2日，济南红河经营部与山东泰和公司签订商标使用许可合同，许可山东泰和公司在全国独家使用“红河”啤酒商标，许可期限为3年。2002年8月12日，商标局对该商标使用许可合同予以备案。

云南红河公司成立于1997年4月21日，企业类型为上市公司，经营范围包括啤酒、酒、饮料、矿泉水、饲料等。2001年7月24日，该公司向商标局申请在啤酒等商品上注册“红河红”商标，2002年8月28日商标局对该商标予以初步审定公告。

2002年4月16日，山东省济南市中级人民法院（简称济南中院）干警在昆明购得云南红河公司生产的“红河红”啤酒一箱，并取得销售发票一张。2004年3月17日，山东泰和公司的法定代表人以消费者身份，在佛山市禅城区置业陶瓷批发市场的“大家好便利店”购买了云南红河公司于2004年1月生产的“红河红”啤酒十支，并取得收据一张，佛山市禅城区公证处公证人员对购物过程进行了公证。

云南红河公司生产的“滇泉”牌红河红啤酒，其瓶颈瓶贴的中央印有“滇泉”商标，左侧有“红河红”三个字，右侧有“啤酒”二字。在主瓶体瓶贴右上侧印有“滇泉”商标，中间有放大的“红河红”三个字，三个字下方有略小的“啤酒”二字。在外包装盒上，正面有放大使用的红色的“红河红”三个字，侧面有红色的“红河红”三个字及略小的黄色的“啤酒”二字，顶部有“红河红啤酒”五个大小相同的字，“红河红”三字的字体均为行楷体。

2004年2月10日，济南中院干警在昆明拍摄的云南红河公司的两幅宣传画和车体广告照片显示，两幅宣传画上均印有两种规格不同的瓶装啤酒，啤酒的瓶贴上均使用了放大的“红河红”字样，宣传画上均印有“云南红河光明股份有限公司出品”字样。其中一幅宣传画上与啤酒并列放置了一个有红色“红河红”字样的啤酒杯。另一幅宣传画有“醇美生活从红河红开始”字样，其中“红河红”字样以红色突出使用。车体广告照片显示，一辆白色小货车的车厢上有大幅车体广告，内容与前述宣传画基本相同。2004年4月2日，本案一审法院干警到云南红河公司进行送达和执行证据保全，在其销售部购得“滇泉”牌红河红啤酒一箱，并对销售部的现场环境进行了拍摄。拍摄的照片显示，云南红河公司销售部内悬挂的一条广告挂旗上印有啤酒一瓶及“红河啤酒”四个红字，其中“红河”两字是放大使用。

2005年4月15日，两原告均撤回对郑容娟的诉讼请求，一审法院裁定予以准许。此外，一审庭审时两原告明确其诉讼请求中的调查取证费为2万元，并放弃律师费的主张。

一审判理和结果

一审法院认为，云南红河公司产品上使用的“红河红”商标与济南红河经营部的“红河”商标构成近似。云南红河公司在其产品瓶贴及外包装上均将“红河红”字样放大突出使用，足以误导公众，使相关公众对“红河红”啤酒的来源产生误认。云南红河公司使用“红河红”商标侵犯了济南红河经营部的“红河”注册商标专用权。根据我国专利法第23条规定，外观设计专利不得与他人在先取得的合法权利相冲突，云南红河公司的外观设计专利的申请日是2001年8月6日，晚于“红河”商标注册的时间，云南红河公司行使自己的外观设计专利权不得与在先商标权相冲突。云南红河公司未提供“红河红”商标的注册证，不能证明其取得了商标专用权。云南红河公司在宣传画和车体广告上使用的“红河红”商标与“红河”商标文字近似；广告挂旗上的“红河”商标与“红河”商标文字相同。上述宣传行为均属于商标侵权行为。

云南红河公司在庭审中自认2002年一直使用“红河红”商标，结合2002年4月16日及2004

年4月2日购买“红河红”啤酒的发票，其侵权期间至少为两年。两原告提交了云南红河公司2002、2004年年度报告作为计算侵权期间所获利益的依据。云南红河公司作为上市公司有义务保证其公告的年度报告的真实、准确、完整，在一审法院干警进行证据保全时其拒绝提供财务资料，因此，对2002、2004年年度报告予以采信。根据云南红河公司2002、2004年年度报告计算，法院查明的侵权期间2002年4月16日至2004年4月2日，啤酒产品总毛利约为45 195 550元。云南红河公司在侵权期间曾同时生产“红河红”和“光明”两种啤酒，由于双方均不能举证证明这两种啤酒在生产的啤酒中所占的份额，故以侵权期间啤酒产品总毛利的一半作为“红河红”啤酒的毛利，约为2259万余元。两原告主张的赔偿额处于合理范围之内，因此，云南红河公司应支付损害赔偿金1000万元。对于两原告主张的调查取证费用，由于其未能提供支出单据，不予支持。

一审法院于2005年8月29日作出判决，判令云南红河公司在判决发生法律效力后停止生产、销售和宣传侵权的“红河红啤酒”，支付赔偿金1000万元，在《中国证券报》上书面赔礼道歉；驳回两原告的其他诉讼请求。案件受理费61010元，由云南红河公司负担。

上诉与答辩

云南红河公司不服一审判决，向广东省高级人民法院提起上诉称，商标局发布了“红河红”商标注册公告，其使用自己有专用权的“红河红”商标不构成侵权；“红河红”与“红河”商标不构成近似；一审判决推定其侵权获利没有科学依据。请求撤销一审判决，驳回两被上诉人的诉讼请求。

山东泰和公司与济南红河经营部答辩称，云南红河公司没有取得“红河红”商标权，国家商标局在2005年5月7日的商标更正公告中已宣布“红河红”商标的注册公告无效；“红河红”与“红河”商标构成近似，易使消费者产生误认和混淆，已构成商标侵权，一审法院认定的赔偿数额正确。

二审审理查明

二审法院经审理确认了一审法院查明的事实，另查明，2006年8月30日商标局以（2006）商标异字第02660号裁定书裁定：山东泰和公司对云南红河公司申请注册的第1956111号“红河红”商标异议成立，该商标在啤酒商品上的注册申请不予核准。

二审判理和结果

二审法院认为，云南红河公司主张其有“红河红”商标专用权，不构成侵权的理由不能成立，不予支持。二审法院于2007年10月22日作出终审判决，根据与一审基本相同的理由，判决驳回上诉，维持原判。

申请再审理由与答辩

云南城投公司（云南红河公司2007年10月24日更名）不服二审判决，向最高人民法院申请再审。申请再审的主要理由包括：（一）申请再审人使用“红河红”商标的行为没有侵犯被申请人的商标权。2002年11月28日申请再审人的“红河红”商标被商标局公告予以注册，2005年被撤销，这个期间不应该认定侵权。申请再审人原来的所在地在云南省红河州，“红河”对申请人来讲有特别含义；申请再审人在啤酒上使用“红河”商标的时间早于被申请人的“红河”商标申请注册日期；“红河红”与“红河”商标并不近似；被申请人的“红河”商标没有真实使用，在啤酒市场上没有影响和消费群，不存在消费者混淆误认的可能。申请再审人没有侵权的故意，也未给被申请人造成损失。（二）原判决认定的基本事实缺乏证据证明。申请再审人当时生产多个品牌的啤酒，被申请人并没有提供“红河红”啤酒销售数量及获利的证据，原判决认定侵权期间至少为两年，且估算侵权期间所获毛利，这些事实缺乏证据证明。被申请人向一审法院提供的主要证据均是由非本案司法人员的济南中院干警越权收集的，取证方式不符合法律规定，因而无效。（三）原判决适用法律错误。根据估算的侵权获利判决巨额赔偿，没有法律依据。即使认定侵权，对于侵权获利难以确定的，应按商标法第56条规定的法定赔偿处理。

山东泰和公司、济南红河经营部答辩称，原

判决认定事实清楚，适用法律正确；被申请人的取证方式合法有效，济南中院出具了书面证据证明该证据的合法来源；商标局没有核准申请再审人的“红河红”商标注册。在商标初审公告后的3个月异议期内我们提出了异议。申请再审人也没有合法的在先权利。

再审审理查明

最高人民法院于2008年10月21日裁定提审本案，依法组成合议庭，公开开庭审理了本案。

最高人民法院经审理查明，云南红河公司生产的红河红啤酒瓶贴及外包装上的“滇泉”图文组合商标及注册标志和“云南红河光明股份有限公司”字样均比较突出，清晰可见。产品及宣传广告上实际使用的“红河红”商标字体是行楷体的圆润偏肥的书写体，而“红河”注册商标的字体为楷体的标准印刷体。原审法院查明的关于云南红河公司生产销售“红河红”啤酒、在产品宣传时使用“红河红”及“红河”商标的其他事实基本属实，最高人民法院予以确认。

最高人民法院另查明：云南城投公司的前身是开远市国营华光工业公司，下设开远光明啤酒厂、开远市民族塑料厂等分支机构，主要生产经营啤酒及农用薄膜。开远光明啤酒厂的前身是1982年9月成立的云南省红河饮料厂，1992年5月更名为开远光明啤酒厂。1992年经云南省体制改革委员会批准，以开远市国营华光工业公司为主要发起人，以定向募集方式改制设立云南光明股份有限公司，开远市国营华光工业公司全部资产投入股份公司。股份公司于1993年1月30日在开远市工商局登记，经营范围包括啤酒、酒、饮料、矿泉水、饲料等。该公司在按照公司法的规定进行规范化后，于1997年4月21日办理了重新注册登记，登记名称为云南光明（啤酒）股份有限公司，1998年10月23日更名为云南红河光明股份有限公司。1999年9月1日该公司通过上海证券交易所公开发行股票，同年12月2日其股票在上海证券交易所挂牌交易，企业类型变更为上市公司。该公司的“滇泉”商标是云南省重点保护商标。该公司进行重大资产重组后，2007年10月24日更名为云南城投置业股份有限公司，注册地由开远市迁移至昆明市，主业变更为房地产开发。开远市为红河州所辖的县级市，红河州是云南省红河哈尼族彝族自治州的简称。

2000年11月11日，北奇神公司出具证明称，自“红河”商标注册之日起所产生的一切权益，全部归林辉及其投资的企业。同年11月14日，济南红河经营部成立，注册资金为2万元，是林辉投资的个人独资企业，登记经营范围为啤酒、饮料批发零售，啤酒花销售，啤酒饮料添加剂的开发销售。同年11月28日，商标局核准北奇神公司将其注册的“红河”商标转让给济南红河经营部。

山东泰和公司成立于2001年4月20日，注册资本500万元，经营范围为：高新技术、环境保护投资，常温保存酒水、饮料的销售等。对云南红河公司申请注册的第1956111号“红河红”商标，山东泰和公司在异议期内向商标局提出了异议，商标局于2002年11月4日通知山东泰和公司受理了其异议申请，2003年3月13日商标局书面通知云南红河公司答辩。

在本案再审审查程序中，法院要求两被申请人提交其使用“红河”商标生产、销售产品的有关证据以及能够反映其商誉的证据，但两被申请人一直没有提交任何与此有关的证据材料；在本案提审后的再审审理期间，两被申请人提交了复印自另案济南中院卷宗的下列证据：两被申请人之间2001年7月26日签订的合作协议；济南红河经营部2001年5月28日与山东华狮啤酒有限公司签订的定作承揽合同；2001年6月1日潍坊长虹彩印厂开具给济南红河经营部的销售发票，销售商品为啤酒包装箱、瓶贴，金额为2200元；济南红河经营部委托生产的红河啤酒瓶贴及红河啤酒产品照片，但没有提交销售红河啤酒产品的证据。济南红河经营部还指出，其在一审提交的证据10，可以证明两被申请人有对红河商标的合法使用行为。经查本案一审案卷材料，被申请人向一审法院提交的证据10是济南中院2003年10月10日作出的（2001）济知初字第45号民事判决书。该判决书记载，2001年10月5日，济南红河经营部向济南中院起诉称，云南红河公司生产销售“红河”啤酒侵犯其商标权，以云南红河公司 1999 年、2000 年年度报告及 2001 年中期报告披露的经营数据为依据，请求判令赔偿 499 万元。在该案中，济南红河经营部除向济南中院提交了前述委托生产红河啤酒的证据之外，还提交了 2001 年 6 月 15 日销售一箱红河啤酒的发票。在该案中云南红河公司对这些证据的真实性提出异议，指出济南红河经营部 2001 年 7 月才找到投资方，2001 年 6 月 15 日就有产品销售，前后矛盾；委托加工啤酒的合同涉及金额为 1888 万元，而济南红河经营部的注册资金仅为 2 万元；照片显示的其委托生产的红河啤酒生产于 2001 年 11 月 19 日，是起诉后生产的；济南红河经营部受让和持有“红河”商标的目的是谋取不正当利益，既没有使用该商标，也没有因商标侵权而产生经济损失。在本案再审程序中，对被申请人提交的前述证据，申请再审人质证称，从包装材料的数量来看，可生产的啤酒数量极小，是为诉讼炮制的，不是真实的使用，其他意见与济南中院判决书记载的质证意见基本相同。再审法院在开庭审理时，要求两被申请人提交能证明其商誉及实际使用“红河”商标的其他证据，但两被申请人一直没有提交。

再审判理和结果

最高人民法院再审认为：鉴于商标局已裁定云南红河公司申请注册的“红河红”商标在啤酒商品上的注册申请不予核准，申请再审人没有依法获得过在啤酒商品上的“红河红”注册商标专用权。因此，申请再审人称其在被控侵权期间拥有“红河红”商标专用权的再审理由不能成立。

商标法第 52 条第（1）项规定，未经商标注册人的许可，在同一种商品或者类似商品上使用与其注册商标相同或者近似的商标的行为，属于侵犯注册商标专用权。《最高人民法院关于审理商标民事纠纷案件适用法律若干问题的解释》第 9 条第 2 款规定，“商标法第 52 条第（1）项规定的商标近似，是指被控侵权的商标与原告的注册商标相比较，其文字的字形、读音、含义或者图形的构图及颜色，或者其各要素组合后的整体结构相似，或者其立体形状、颜色组合近似，易使相关公众对商品的来源产生误认或者认为其来源与原告注册商标的商品有特定的联系”；第 10 条规定，“人民法院依据商标法第 52 条第（1）项的规定，认定商标相同或者近似按照以下原则进行：（一）以相关公众的一般注意力为标准；（二）既要进行对商标的整体比对，又要进行对商标主要部分的比对，比对应当在比对对象隔离的状态下分别进行；（三）判断商标是否近似，应当考虑请求保护注册商标的显著性和知名度。”据此，判断是否构成侵犯注册商标专用权意义上的商标近似，不仅要比较相关商标在字形、读音、含义等构成要素上的近似性，还要考虑其近似是否达到足以造成市场混淆的程度。为此，要根据案件具体情况，综合考虑相关商标的显著性、实际使用情况、是否有不正当意图等因素，进行近似性判断。

本案被申请人的“红河”商标文字是县级以上行政区划名称和知名度较高的河流名称，作为商标其固有的显著性不强，且被申请人始终未能提交其持续使用“红河”商标的证据及能够证明该商标信誉的证据，没有证据证明该商标因实际使用取得了较强的显著性。“红河红”商标经过云南红河公司较大规模的持续性使用，已经具有一定的市场知名度，已形成识别商品的显著含义，应当认为已与“红河”商标产生整体性区别。以一般消费者的注意力标准判断，容易辨别“红河红”啤酒的来源，应认为不足以产生混淆或误认；而且，由于被申请人的商标尚未实际发挥识别作用，消费者也不会将“红河红”啤酒与被申请人相联系。此外，由于云南红河公司的住所地在云南省红河州，在其使用的商标中含有“红河”文字有一定的合理性；从云南红河公司实际使用在其产品的瓶贴及外包装上的“红河红”商标的情况来看，云南红河公司主观上不具有造成与被申请人的“红河”注册商标相混淆的不正当意图。鉴此，综合考虑本案中“红河红”商标与“红河”注册商标的字形、读音、含义以及二者的显著性程度和知名度、商标实际使用情况等相关因素，应该认定二者不构成近似商标，云南红河公司使用“红河红”商标的行为未侵犯被申请人的“红河”注册商标专用权。

云南红河公司在广告挂旗上使用“红河啤酒”字样的行为，是未经许可在同一种商品上将与注册商标相同的文字作为未注册商标使用的行为，属于商标法第52条第（1）项规定的侵犯注册商标专用权的行为。申请再审人称其在被申请人的“红河”注册商标申请注册之前在先使用了红河商标，但是证据不足，而且在其申请撤销被申请人的“红河”注册商标的行政争议程序及行政诉讼程序中，商标评审委员会的裁定及人民法院的生效判决并未支持其主张；申请再审人提出被申请人向一审法院提供的主要证据是非本案司法人员越权收集的，但是一审法院2004年4月调查取得的证据也能够证明云南红河公司使用“红河红”、“红河”商标的事实，因此，对申请再审人提出的该两项再审理由，不予支持。

对于云南红河公司在销售部的广告挂旗上使用“红河啤酒”字样的侵权行为，申请再审人应当承担停止该侵权行为的民事责任。对于不能证明已实际使用的注册商标而言，确定侵权赔偿责任要考虑该商标未使用的实际情况。被申请人没有提交证据证明其“红河”注册商标有实际使用行为，也没有举证证明其因侵权行为受到的实际损失，但是被申请人为制止侵权行为客观上会有一定的损失，综合考虑本案的情况，酌定申请再审人赔偿两被申请人损失共计2万元。本案云南红河公司在销售部的广告挂旗上使用“红河啤酒”字样的侵权行为不符合适用赔礼道歉民事责任的条件，对于两被申请人要求申请再审人公开赔礼道歉的诉讼请求，不予支持。

最高人民法院作出再审判决，撤销原一、二审判决，改判云南城投公司停止侵犯“红河”注册商标专用权的行为，向山东泰和公司、济南红河经营部支付赔偿款共计人民币2万元；驳回山东泰和公司、济南红河经营部的其他诉讼请求。一、二审案件受理费共计122020元，由山东泰和公司、济南红河经营部共同负担85000元，云南城投公司负担37020元。

【法官评析】

本案涉及的争议焦点问题在于：一是侵犯商标专用权意义上的商标近似判断问题；二是对侵犯未实际使用的注册商标专用权的侵权责任问题。

一、侵犯商标专用权意义上的商标近似判断

判断是否构成侵犯商标专用权意义上的近似，不仅要判断商标符号本身的近似性，而且要判断在实际使用时发生混淆误认和侵占商誉的可能性及其程度。两个商标的近似是一个相对模糊的概念，并非只要有近似性就可以认定侵权，而是要求近似性程度达到足以产生混淆误认或导致相关公众对商标使用人之间的特定关系产生联想，而这又取决于商标的使用情况及知名度。在侵犯商标权纠纷案件中判断商标是否近似，要考虑请求保护的注册商标的显著性和知名度，因为商标的显著性和知名度对其排斥力有直接影响，也会对认定侵权所要达到的近似性程度的要求产生直接影响。法律保护尚未使用的注册商标，但其保护程度弱于对持续使用并有一定商誉的注册商标的保护。

在商标侵权诉讼案件中对于商标是否近似的判断，与商标注册审查中商标是否近似的判断存在着重要的区别。在授权审查程序中判断是否近似，主要是对两个商标的文字、符号本身进行对比，判断发生混淆的可能性。商标侵权民事案件的司法程序中认定商标是否近似，更加注重的是根据案件事实判断是否存在混淆、误导公众的现实可能性。商标能否注册，与其能否作为未注册商标使用也是不同的概念。

二、侵犯未实际使用的注册商标专用权的侵权责任问题

在同一种商品上将与注册商标相同的文字作为未注册商标使用的行为，属于侵犯注册商标专用权的行为，应当承担停止侵权及赔偿损失的民事责任。但是对于没有实际使用的注册商标而言，他人不可能利用其商誉谋取不正当利益。如果商标权人没有证据证明其因侵权行为受到了实际损失，或者侵权行为对其商标社会评价产生了负面影响，判令侵权人承担民事赔偿责任就应当非常慎重。对于不能认定商标权人因侵权受到损失或损害的侵犯商标专用权民事案件，由于不属于确有侵权获利及被侵权所受损失但具体数额难以确

定的情形，也不能适用商标法第56条第2款关于法定赔偿的规定。对于侵犯未使用的注册商标权的案件，侵权人应该承担停止侵权行为的民事责任，一般不应该支持权利人要求侵权人赔偿经济损失的诉讼请求，但是对于权利人要求侵权人赔偿为制止侵权所支付的合理开支的诉讼请求，可以依法予以支持。

商标的基本功能是区分商品或服务的来源，并承载商标持有人的商品声誉和商业信誉。商标的价值来源于权利人对商标的持续使用。商标专用权并不是垄断使用商标文字或符号的权利，而是禁止他人利用商标权人的商业信誉牟利的权利。法律保护商标权的目的是保护商标所承载的商标权人的商业信誉，防止他人非法侵占商誉，防止混淆误认，保护消费者的合法权益。通常情况下，没有被真实持续使用的注册商标，没有实际发挥识别作用，没有承载商业信誉，他人也就不可能利用该商标信誉牟利。市场主体在申请商标注册、使用注册商标，维护自己的商标专用权等民事活动中，均应该遵守诚实信用原则。商标专用权不得滥用。申请注册、囤积没有真实使用意图的商标，通过转让或诉讼牟利，滥用注册商标专用权、通过诉讼或威胁诉讼谋取不当利益的行为，不符合商标法保护商标专用权的立法目的。

（最高人民法院知识产权审判庭 殷少平撰稿）

上海三联（集团）有限公司、上海三联（集团）有限公司吴良材眼镜公司诉苏州市吴良材眼镜有限责任公司等侵犯商标专用权及不正当竞争纠纷案

——阅读提示：老字号的权利保护范围应当如何确定？在老字号登记主管机关辖区之外登记使用与老字号相同的企业字号是否侵权？在认定被告使用的企业名称构成不正当竞争的情况下，人民法院能否直接判决被告变更企业名称？

【裁判要旨】

《企业名称登记管理规定》第6条规定："企业只准使用一个名称，在登记主管机关辖区内不得与已登记注册同行业企业名称相同或近似。"根据该条的规定，在同一登记主管机关辖区内，后登记的同行业企业的企业名称（字号）不得与在先登记的企业名称（字号）相同或近似。具有较高知名度的老字号权利人有权在其知名的地域范围内禁止他人注册使用相同的企业字号。他人作为同行业企业，在知道或者应当知道该老字号的知名度且其与该老字号不存在任何历史渊源的情况下，仍注册使用该老字号，该行为应认定为构成不正当竞争。人民法院在认定被告注册、使用企业名称之行为构成不正当竞争的情况下，可以直接判决被告变更企业名称。

【案号】

一审：江苏省苏州市中级人民法院（2007）苏中民三初字第0089号；

二审：江苏省高级人民法院（2009）苏民三终字第0181号

【案情与裁判】

原告（二审被上诉人）：上海三联（集团）有限公司（简称三联公司）

原告（二审被上诉人）：上海三联（集团）有限公司吴良材眼镜公司（简称三联吴良材公司）

被告（二审上诉人）：苏州市吴良材眼镜有限责任公司（简称苏州吴良材公司）

被告：苏州市吴良材眼镜有限责任公司观前店（简称苏州吴良材眼镜公司观前店）

被告：吴林泉，系苏州市吴良材眼镜用直店业主

被告：周彩珍，系吴江市横扇镇吴良材眼镜加盟店业主

起诉与答辩

三联公司和三联吴良材眼镜公司于2007年7月向江苏省苏州市中级人民法院起诉称：1807年，店主吴良材创立了"吴良材眼镜店"，后"吴良材"和"吴良材眼镜"一直被作为企业名称使用。1989年10月、1999年6月，吴良材眼镜店先后在第9类"眼镜"和第42类"眼镜行服务"上注册了"吴良材"商标；上述两注册商标的注册人经过数次变更，后均转让给三联集团。2004

年8月，三联集团又在第40类“光学玻璃研磨、光学镜片研磨”等服务类别上注册了“吴良材”商标。多年来，吴良材眼镜店作为百年老店屡获殊荣：1993年10月、2006年12月，先后被国内贸易部、商务部认定为“中华老字号”；2002年1月及2005年1月，“吴良材”商标被上海市工商行政管理局认定为“上海市著名商标”；2004年2月25日，使用在第42类上的“吴良材”注册商标被国家商标局认定为“驰名商标”。两原告除了经营自己的直营店外，从1992年起开始实施“吴良材”品牌的外省市连锁加盟战略，在国际、国内眼镜行业普遍知晓并有着良好声誉。

2004年，两原告发现苏州吴良材眼镜公司在企业名称中使用与其在先注册的“吴良材”商标相同的“吴良材”文字作为企业名称，且经营与注册商标核定使用的商品和服务完全相同的眼镜商品销售和眼镜服务业务。后经调查发现，苏州吴良材眼镜公司企业名称原为“苏州市宝顺眼镜有限公司”，1999年11月5日才变更为现名，其分支机构亦相应变更为吴良材眼镜公司观前店。吴林泉和周彩珍则在其经营的加盟店门牌、腰带、名片、包装袋和眼镜盒上突出使用“吴良材”和“吴良材眼镜”文字。

两原告认为，苏州吴良材眼镜公司将“吴良材”作为企业名称进行登记并在其分支机构的企业名称和加盟店名称中使用，侵害了“吴良材”驰名商标的专用权，同时也违背了公平诚信原则，构成不正当竞争。为此，诉请法院判令苏州吴良材眼镜公司等四被告：1、立即停止侵犯两原告注册商标专用权的侵权行为和不正当竞争行为；2、禁止在其网站、加盟店、企业名称所有相关服务上使用“吴良材”注册商标；3、停止使用含有“吴良材”文字的企业名称，变更后的企业名称中不得含有“吴良材”文字；4、赔偿两原告经济损失人民币50万元；5、在自己的网站和《苏州日报》显著位置上向两原告公开赔礼道歉，就其侵权行为消除影响；6、承担因本案发生的合理费用：证据保全公证费9580元、工商查档费3300元、律师费和调查取证费20000元，共计人民币32880元；7、承担本案诉讼费用。

苏州吴良材眼镜公司答辩称：三联吴良材眼镜公司不是本案适格的原告。其经注册合法取得“吴良材”字号权，经过长期对“吴良材”字号的使用，已经成为眼镜行业的知名企业，其合法的民事权利应当得到保护，两原告无权要求其停止使用“吴良材”字号。请求依法驳回两原告的诉讼请求。

苏州吴良材眼镜公司观前店辩称：其不具备独立的法人资格，且未突出使用吴良材的商标，请求法院依法驳回两原告的诉讼请求。

吴林泉、周彩珍共同辩称：其仅是加盟行为，不应当承担由此导致的侵权责任。

一审审理查明

1989年10月20日，三联吴良材眼镜公司的前身吴良材眼镜商店依法核准注册取得了第501569号“吴良材”文字商标，核定使用商品为第9类“眼镜盒、眼镜链、眼镜”等。1999年6月14日，同样是三联吴良材眼镜公司的前身上海三联商业集团吴良材眼镜公司依法核准注册取得第1284981号“吴良材”文字商标，核定服务项目为第42类“眼镜行服务”。至2004年1月，上述两个商标均转让至其上级公司三联集团。2004年11月，三联集团又将该两商标以普通许可方式无偿许可三联吴良材眼镜公司使用。2004年8月21日，三联集团依法核准注册取得第3440248号“吴良材”文字商标，核定服务项目为第40类“光学玻璃研磨；光学镜片研磨”等。2005年11月，三联集团亦将该商标以普通许可方式无偿许可三联吴良材眼镜公司使用。本案诉讼中，三联集团于2008年3月14日将上述三个商标均转让由三联集团与三联吴良材眼镜公司共有。

其中，第42类“眼镜行服务”上的吴良材商标分别于2002年1月和2005年1月被上海市工商行政管理局授予“著名商标”。2004年2月25日，国家商标局行政认定该商标为驰名商标。

苏州吴良材眼镜公司前身苏州市宝顺眼镜有限公司（以下简称宝顺公司）成立于1992年8月10日。1993年12月4日，该公司设立苏州市宝顺眼镜有限公司经营部（以下简称宝顺公司经营部）作为其分支机构，即本案苏州吴良材眼镜公司观前店之前身。1998 年 3 月 31 日，该经营部变更企业名称为“苏州市宝顺眼镜有限公司吴良材眼镜商店”。1999 年 11 月 5 日，宝顺公司及其经营部依法核准变更名称为“苏州市吴良材眼镜有限责任公司”和“苏州市吴良材眼镜有限责任公司观前店”，该两名字沿用至今。经营范围为“眼镜验配；批发零售：隐形眼镜及护理用品、钟表、照相器材”。2004 年 12 月，苏州吴良材眼镜公司在第 44 类“眼镜行”上获准注册字母 WLC 加框商标。

吴林泉和周彩珍系苏州吴良材眼镜公司的加盟店业主。其中，吴林泉系“苏州市吴良材眼镜角直店”业主，该店成立于 2004 年 6 月 4 日。周彩珍系“吴江市横扇镇吴良材眼镜加盟店”业主，该店成立于 2006 年 4 月 4 日。该两被告与苏州吴良材眼镜公司签订的加盟协议均载明“门头店招、店堂装饰的格式由甲方（苏州吴良材眼镜公司）提供统一色彩图样。

关于四被告在店招、柜台背景、公司网站及眼镜盒、眼镜布等相关产品和服务上对其字号和商标的实际使用方式，经一审法院实地勘查核实，为：1、苏州吴良材眼镜公司在其网站主页上方突出标注“WLC（注册商标） 吴良材”字样；2、苏州吴良材眼镜公司观前店在其店堂门外以黑色牌匾醒目标注“苏州吴良材”字样，店堂内置挂牌标注“苏州吴良材 WLC（注册商标） 中国驰名品牌”字样。眼镜盒上标注“WLC (注册商标) 苏州吴良材眼镜”，眼镜布上标注“苏州吴良材眼镜公司”及 WLC（注册商标）等；3、吴林泉于店堂门外悬挂“苏州吴良材眼镜角直店”招牌，收银台标注“苏州吴良材”字样；4、周彩珍于店堂门外悬挂上排依次标注“WLC（注册商标） 苏州吴良材眼镜”，收银台后方亦标注“吴良材眼镜”；5、诉讼中，苏州吴良材眼镜公司确认其在标注“苏州吴良材”的各加盟店内开展有依据客户要求研磨镜片并制作成品眼镜的服务。

关于“吴良材”在眼镜行业的历史沿革及发展情况。吴良材眼镜店由吴良材始创于 1807 年，以定配、定制眼镜为主。1926 年，该店传至吴良材第五代后人吴国城经营，取名吴良材眼镜公司。1956 年，吴国城响应国家号召，主动申请将吴良材眼镜公司公私合营，并改名为公私合营吴良材眼镜公司。“文革”期间，公司曾一度停止使用“吴良材”字号而改用他名，至 1979 年 1 月，其名称仍为“东海眼镜商店”。1979 年 2 月 9 日，上海市黄浦区革命委员会出具“关于同意恢复大光明钟表商店等店名的批复”，同意将东海眼镜店恢复为吴良材眼镜店。1987 年 5 月 11 日，上海市黄浦区人民政府出文，同意成立“上海钟表眼镜照相器材联合公司（简称三联公司)”，吴良材眼镜店为其成员单位。在九十年代，吴良材眼镜店又先后改名为上海吴良材眼镜商店、上海吴良材眼镜公司、上海三联商业集团吴良材眼镜公司，至 1998 年 10 月，改名为上海三联（集团）有限公司吴良材眼镜公司，该名称沿用至今。

在吴良材眼镜店的经营过程中，其先后于 1993 年和 2006 年被国内贸易部与商务部认定为“中华老字号”。经营模式除自体经营外，还先后于九十年代以联营、合资等方式在江苏、浙江等地开设以“吴良材”作为字号的分支机构，其中包括 1987 年 6 月设立的“上海吴良材眼镜店南通分店”、1997 年 5 月设立的“上海三联商业（集团）吴良材眼镜昆山店”、1998 年 1 月设立的“嘉兴上海吴良材眼镜有限公司”等。自 2002 年 10 月起，两原告开始在江苏省乃至全国范围内广泛开设加盟店。截至目前，两原告“吴良材”加盟店开设于江苏、浙江、安徽、河南等省市共计 260 余家。

此外，2001 年，吴良材第五代后人吴国城、第六代后人吴自生、吴自立、吴莉莲曾经以本案原告三联吴良材眼镜公司为被告，诉至法院要求其停止妨碍吴良材后人合法使用“吴良材”字号的行为。该案经过上海市第二中级人民法院一审、上海市高级人民法院终审认定三联吴良材眼镜公司对“吴良材”享有企业名称权和商标权，故对吴国城等人的诉讼请求未予支持。

一审判理和结果

一审法院认为：

一、关于三联吴良材眼镜公司是否享有诉讼主体资格三联吴良材眼镜公司在本案起诉时是涉案商标普通使用许可合同的被许可人，诉讼中，三联集团又将涉案三个商标均转让由三联集团与三联吴良材眼镜公司共有，三联吴良材眼镜公司目前已是涉案商标的共有权利人。故三联吴良材眼镜公司对涉案商标享有诉权，其可以作为本案共同原告参加诉讼。

二、关于四被告在其网站、店面招牌、眼镜盒、眼镜布等相关产品和服务上对其“吴良材”字号的使用是否侵害了“吴良材”注册商标专用权

在两原告已在江苏乃至全国市场范围内广泛开设加盟连锁店，“吴良材”注册商标在市场上享有一定知名度的情况下，四被告在网站、店面招牌、眼镜盒、眼镜布等相关产品和服务上“吴良材”字号的使用行为符合《最高人民法院关于审理商标民事纠纷案件适用法律若干问题的解释》第一条第（一）项的规定，侵害了涉案第501569号、第1284981号、第3440248号“吴良材”注册商标专用权。由于苏州吴良材眼镜公司观前店、吴林泉、周彩珍在商标侵权行为上并没有共同的故意和意思联络，因此应当依法认定苏州吴良材眼镜公司与苏州吴良材眼镜公司观前店、苏州吴良材眼镜公司与吴林泉、苏州吴良材眼镜公司与周彩珍分别构成对“吴良材”注册商标专用权的侵害，并根据各自的侵权情节分别承担相应的民事责任。

三、关于四被告将“吴良材”作为其字号登记并使用的行为是否构成不正当竞争

三联吴良材眼镜公司前身吴良材眼镜店创始于十九世纪初，具有悠久的历史。经过多年来对“吴良材”字号及商标持续广泛地使用，“吴良材”品牌在国内尤其是长三角地区眼镜行业已享有较高的知名度和盛誉。而苏州吴良材眼镜公司观前店及苏州吴良材眼镜公司至1998年及1999年始将“吴良材”登记为企业名称并使用。该两被告作为在两原告主要市场覆盖区域内经营眼镜的主体，其在与“吴良材”品牌间不具有任何历史渊源的情况下擅自将字号由“宝顺”变更为“吴良材”，主观上显然具有攀附“吴良材”强大品牌声誉的故意，客观上也会导致消费者在已将原告与“吴良材”品牌间建立起固定化且直接的指向性联系的基础上，对原被告所提供产品与服务的来源产生混淆和误认，从而损害原告正常的市场竞争利益，构成不正当竞争。

同理，吴林泉、周彩珍在两原告“吴良材”在眼镜行业已享有一定知名度和影响力的情况下，仍加盟苏州吴良材眼镜公司，登记并使用“吴良材”字号，主观上显然具有搭载“吴良材”品牌声誉的故意，客观上也会使消费者产生联想和误认，扰乱正常的市场竞争秩序，故应认定吴林泉、周彩珍亦分别与苏州吴良材眼镜公司共同构成不正当竞争，应根据各自的侵权情节承担相应的民事责任，但变更企业名称的民事责任则可由苏州吴良材眼镜公司观前店、吴林泉、周彩珍独立承担。

四、关于四被告应承担的民事责任

由于四被告分别构成对两原告“吴良材”注册商标专用权的侵害，同时构成不正当竞争，故应当根据各自的侵权情节分别承担相应的民事赔偿责任。对赔偿数额的确定，在本案中两原告因四被告的侵权行为所受到的损失和四被告因此获利均无法准确计算的情况下，依法考量眼镜行业经营模式的特殊性、侵权行为持续时间、侵权行为发生的地域和当地居民实际的消费能力以及两原告为制止侵权所支出的合理费用等因素进行酌情判定。由于被告在其网站、产品及服务上对其字号的使用方式客观上会误导相关消费者，故原告要求被告在《苏州日报》上就涉案侵权行为消除影响的诉请予以支持。而鉴于赔礼道歉行为主要适用于人身权损害或者对商誉造成严重损害的情形，而本案主要涉及对商标专用权中财产性权利的损害，故依法不再适用赔礼道歉的责任承担方式。

据此，一审法院依照《商标法》第3条第1款、第52条第（5）项、第56条第2款，《反不正当竞争法》第2条、第5条第（3）项、第20条，《最高人民法院关于审理商标民事纠纷案件适用法律若干问题的解释》第1条第（1）项、第4条、第16条第1款、第2款、第17条、第21

条，《最高人民法院关于审理不正当竞争民事案件应用法律若干问题的解释》第6条第1款、第17条第1款，《最高人民法院关于审理注册商标、企业名称与在先权利冲突的民事纠纷案件若干问题的规定》第2条之规定，判决：四被告立即停止侵犯“吴良材”注册商标专用权的行为，并限期办理企业名称变更登记手续，变更后的企业名称中不得含有“吴良材”字样；同时赔偿原告损失共计22万元，并在《苏州日报》上作出消除影响声明。

上诉与答辩

苏州吴良材眼镜公司上诉称：

一、一审诉讼程序违法。1、被上诉人在向一审法院提起本案诉讼之前，分别就相同的诉讼请求先后向无锡市中级人民法院、南京市中级人民法院等5个中级人民法院起诉。被上诉人基于同一事实，针对上诉人的同一行为在六家不同的法院先后提起诉讼，并分别提出赔偿请求，不符合“一事不再理”的诉讼原则。2、本案一审涉及两个独立的诉讼主体即三联集团和三联吴良材眼镜公司，涉及的权利有四项，分别为“吴良材”字号权，第9类、第42类、第40类的“吴良材”注册商标权。上述四项权利分属于不同的诉讼主体，且均为独立的权利，受法律保护的范围截然不同，一审法院错误地将上述应当属于四个案件的不同诉讼主体的诉求合并为一个案件，在审理时也没有对不同的权利和诉讼主体进行严格区分，扩大和混淆了两被上诉人的权利范围，导致实体审判的不公。

二、一审法院认定事实证据不足、认定事实错误、事实不清。1、企业字号的在先权利是指在一定行政区域内的在先登记的权利而不是在全国范围内的在先登记权。上诉人首先在苏州地区取得“吴良材”企业字号权，该登记行为合法有效，上诉人没有义务在登记注册企业名称的时候在全国范围内进行检索。上诉人的行为完全是善意的、正当的民事行为。2、上诉人对于企业字号的使用完全符合法律规定和行业惯例，不构成对企业字号的突出使用。3、一审法院认定上诉人在与吴良材品牌间没有任何历史渊源的情况下擅自将字号变更为吴良材，主观上显然有攀附吴良材强大品牌声誉的故意缺乏事实依据。4、一审法院认定上诉人的行为构成了对涉案3件“吴良材”注册商标的侵权，但判决书并没有明确上诉人的何种行为侵犯被上诉人何种权利，属于事实不清。

三、一审判决适用法律不当。一审判决引用《反不正当竞争法》第五条第（三）项认定上诉人构成不正当竞争错误。因上诉人使用“吴良材”字号是经过合法登记注册，不属于“擅自使用”。

四、民事权利只能在合理的期限内行使和主张。上诉人登记企业名称已经长达11年时间，被上诉人在法定期限内没有行使对上诉人字号的撤销权，已经超过诉讼时效，对其请求应当予以驳回。

综上所述，上诉人登记注册“吴良材”字号在先，“上海吴良材”取得知名度在后。“吴良材”是祖先留给后人的文化遗产和公共资源，无人可以独占使用。请求撤销一审判决，由被上诉人承担诉讼费。

三联集团与三联吴良材眼镜公司共同答辩称：一审判决程序合法，认定事实清楚，适用法律正确。请求二审法院驳回上诉，维持原判。

原审被告苏州吴良材眼镜公司观前店、吴林泉、周彩珍未作答辩。

二审审理查明

1、三联集团和三联吴良材眼镜公司先后向江苏省无锡市中级人民法院、常州市中级人民法院等江苏省境内6个中级法院，针对苏州吴良材眼镜公司在各地区的加盟商和分支机构提起商标侵权和不正当竞争诉讼。本案是其中之一。

2、苏州吴良材眼镜公司一审庭审中述称：该公司与解放前的老字号吴良材眼镜店没有联系，其之所以于1999年11月将公司字号从原来的宝顺变更为吴良材，主要是因为历史上存在吴良材这个人，在眼镜行业是著名的人物，对中国眼镜行业的发展有影响；吴良材主要成名在江浙一带，在北方没有人知道。

二审判理和结果

二审法院认为：

一、关于一审诉讼程序是否违法问题

1、一审法院受理本案并不违反一事不再理原则。就本案而言，三联集团和三联吴良材眼镜公司针对的是苏州吴良材眼镜公司许可苏州地区的分支机构及加盟商使用“吴良材”的行为提起的商标侵权和不正当竞争之诉，而其他 5 个中级人民法院受理的则是三联集团和三联吴良材眼镜公司作为原告起诉苏州吴良材眼镜公司许可当地的加盟商使用“吴良材”的行为构成商标侵权和不正当竞争之诉。尽管本案与其他 5 个案件中的原告主体及其主张的权利均为“吴良材”注册商标权及字号权，但由于被告不同及起诉所基于的侵权事实均不相同，故不属于同一纠纷，并不违反一事不再理原则。

2、一审法院将不同诉讼主体、不同诉请合并在一案中审理并不违反法律规定。本案中，由于三联集团和三联吴良材眼镜公司是涉案“吴良材”注册商标及字号的共同权利人和利害关系人，起诉针对的亦是苏州吴良材眼镜公司及其分支机构、加盟商等四个主体分别侵犯涉案“吴良材”注册商标及构成不正当竞争的行为，尽管分支机构和各加盟商实施的侵权行为是各自独立的，彼此之间主观上亦不存在共同的意思联络，不构成共同侵权，但其侵权行为均分别与苏州吴良材眼镜公司具有密切的联系，诉讼标的亦属于同一种类。因此，一审法院出于诉讼经济的考虑，将上述涉及不同主体、诉讼标的属于同一种类的诉讼合并在一案中审理，并不违反法律规定，且各方当事人一审中均未对本案合并审理提出异议。故苏州吴良材眼镜公司关于一审法院将涉及不同诉讼主体、不同权利的案件合并在一案中审理的上诉理由不能成立，不予支持。

二、关于苏州吴良材眼镜公司将吴良材登记为企业字号并使用的行为是否构成对涉案三件“吴良材”注册商标专用权的侵犯及是否构成不正当竞争问题

1、关于是否构成商标侵权。本案中，苏州吴良材眼镜公司在其网站、店面招牌、眼镜盒、眼镜布等相关产品和服务上，或者单独使用“吴良材”，或者使用“苏州吴良材”、“苏州吴良材眼镜”、“吴良材眼镜”等字样，这样的使用方式实际上仍达到了突出使用“吴良材”的效果，亦属于侵犯“吴良材”注册商标专用权的行为。

另，被上诉人涉案“吴良材”注册商标先后在第 9 类“眼镜盒、眼镜链、眼镜”等商品上、第 42 类“眼镜行服务”项目上及第 40 类“光学玻璃研磨、光学镜片研磨”服务项目上获得注册。将上诉人苏州吴良材眼镜公司使用“吴良材”的产品和服务类别与被上诉人上述三件“吴良材”注册商标核定使用的商品和服务类别相比，二者或者构成相同商品，或者构成相同服务，或者构成商品与服务类似，容易使消费者产生误认。因此，上诉人的上述使用行为均同时侵犯了被上诉人注册的第 9 类、第 42 类和第 40 类“吴良材”注册商标。

2、关于是否构成不正当竞争行为。从苏州吴良材眼镜公司一审庭审中的陈述来看，其在与“吴良材”字号或商标没有任何渊源的情况下，之所以将企业字号由“宝顺”变更为“吴良材”的原因在于其知晓“吴良材”在眼镜行业的影响。由于“吴良材”作为企业字号的长期使用，其知名度和影响力也随之不断扩大，并于 1993 年被国内贸易部认定为“中华老字号”，结合被上诉人的前身早在 1987 年 6 月和 1997 年 5 月即在江苏省境内相继设立“上海吴良材眼镜店南通分店”和“上海三联商业（集团）吴良材眼镜昆山店”，并在 1998 年 1 月在浙江省境内设立“嘉兴上海吴良材眼镜有限公司”的事实，以及上诉人一审中关于吴良材主要成名于江浙一带的陈述，可以证明在上诉人于 1998 年 3 月及 1999 年 11 月变更其经营部及企业字号之前，“吴良材”作为眼镜行业的企业字号在江浙地区已具有较高知名度。上诉人苏州吴良材眼镜公司作为“吴良材”字号影响力所覆盖区域内的同行业竞争者，其在理应知晓“吴良材”字号知名度及影响力的情况下，仍将其企业名称由“宝顺”变更为“吴良材”，主观上具有明显攀附三联吴良材眼镜公司“吴良材”字号知名度和影响力的故意。苏州吴良材眼镜公司关于被上诉人没有证据证明其在变更企业字号前“吴良材”品牌具有较高知名度，其不具有攀附故意的上诉理由不能成立，本院不予支持。

关于法律适用。由于苏州吴良材眼镜公司未经权利人三联集团和三联吴良材眼镜公司的许可，擅自将“吴良材”作为其企业字号进行注册并使用，属于《中华人民共和国反不正当竞争法》第五条第（三）项规定的“擅自使用他人的企业名称或姓名，引人误认为是他人的商品”的行为。一审法院适用该条法律规定，认定苏州吴良材眼镜公司的上述行为构成不正当竞争并无不当。苏州吴良材眼镜公司关于一审判决适用法律错误的上诉理由不能成立，本院不予支持。

关于诉讼时效。根据《最高人民法院关于审理商标民事纠纷案件适用法律若干问题的解释》第十八条规定，如果商标侵权行为在起诉时仍在持续的，则商标注册人或者利害关系人请求侵权人停止侵害的诉请不受两年诉讼时效的限制。本案中，因被上诉人一审起诉时，上诉人等实施的侵权行为仍在持续之中，故被上诉人提出本案诉讼并未超出法律规定的诉讼时效期间。上诉人苏州吴良材眼镜公司关于三联集团和三联吴良材眼镜公司提起本案诉讼已超过诉讼时效，不应予以法律保护的上诉理由缺乏法律依据，本院不予支持。

综上所述，苏州吴良材眼镜公司的上诉理由不能成立，其上诉请求本院不予支持。一审判决认定事实清楚，适用法律正确，应予维持。依照《中华人民共和国民事诉讼法》第153条第1款第(1)项之规定，判决：驳回上诉，维持原判决。

【法官评述】

本案是一起关于老字号保护及企业名称权与商标权冲突的案件，主要涉及老字号保护范围的确定以及人民法院能否直接判决企业变更企业名称问题。

一、关于老字号保护范围的确定

我国《反不正当竞争法》第5条第（3）项规定：“擅自使用他人的企业名称或者姓名，引人误认为是他人的商品”，构成不正当竞争。由于字号是企业名称中最具有识别意义的标志，也是企业名称中的核心内容，故《最高人民法院关于审理不正当竞争民事案件应用法律若干问题的解释》第6条明确规定，可以将具有一定的市场知名度、为相关公众所知悉的企业名称中的字号作为反不正当竞争法和第5条第（3）项规定的企业名称予以保护。由于我国企业名称登记采取的是分级管理体制，《企业名称登记管理规定》只是要求在同一行政区划内即同一登记主管机关辖区内不得与已登记注册的同行业企业名称相同或近似。当一个企业的名称在相关市场上具有较高知名度，而相关市场内还存在另外一个具有相同或者近似字号的企业名称，如果相关公众对两者之间的关联关系产生混淆，不仅会损害字号知名度高的企业名称所有人的合法权益，而且会误导公众，损害消费者合法权益。为了维护公平竞争的市场秩序，必须解决这种冲突。解决的基本方法就是按照知名度原则，保护在先注册使用的字号知名度高的企业名称，变更在后的企业名称。本案就属于此类情形。

本案中，原告上海吴良材眼镜公司系在上海注册登记的老字号企业，历史比较悠久，“吴良材”品牌在长三角地区眼镜行业享有较高的知名度。而被告苏州吴良材眼镜公司虽然与“吴良材”品牌间无任何历史渊源，但是其在上海吴良材未进驻苏州市场且“吴良材”尚未成为驰名商标时，其申请将“吴良材”注册为企业名称并不违反法律的禁止性规定，且事实上也被依法核准登记。随后，被告在江苏各地大力发展品牌加盟，现已有近百家加盟店。原告上海吴良材发现后，即以苏州吴良材眼镜公司及当地加盟商为被告，先后在江苏省境内提起六起关联诉讼，社会影响极大。本案一方面从保护老字号和维护公平有序的竞争秩序，制止傍名牌、搭便车行为出发，最终认定苏州吴良材眼镜公司构成商标侵权及不正当竞争，判令其变更字号。另一方面，考虑到被告之所以能够注册登记“吴良材”字号，既有其自身的原因，也与我国企业名称登记管理制度不够健全有关，且被告企业的获利也并非完全借助于“吴良材”的品牌效应，与其自身的经营努力也是分不开的，因此在确定赔偿数额没有全额支持原告的诉讼主张。此案的判决，既维护了“吴良材”这一老字号及商标的品牌利益，同时也兼顾了侵权人的正当利益，较好地诠释了利益平衡原则在知识产权审判中的运用。

二、关于人民法院能否直接判决被告变更企业名称问题

对于将他人在先注册的商标或企业字号登记为企业名称中的字号，并在同类商品或服务中使用该字号，从而导致与他人已经注册的商标专用权和企业名称权相冲突的案件中，在认定被告构成侵权后能否判决被告变更企业名称，各地法院在司法实践中存在着不同认识。一种观点认为人民法院只能判决被告停止使用企业名称或者对该企业名称的使用方式和范围作出限制，不能直接判决被告变更企业名称。理由是企业名称的登记与管理不在人民法院审判职权范围之内。第二种观点则认为人民法院有权直接判决被告变更企业名称。笔者认为，上述两种做法只是文字表述不同而已，实际上并无本质上的差别。因为判决被告停止使用企业名称的后果就是逼迫被告通过变更企业名称的方式来实现停止使用原来的企业名称。关键问题在于，判决被告变更企业名称后如何执行问题。假如被告未自动履行，没有向工商部门申请变更字号，人民法院能否强制执行？即使要执行，是找一个不同的商号强加于被告企业名称之中，还是让被告企业名称空缺字号。如为前者，则有侵害权利之嫌；如为后者，则因企业名称为企业法人成立的必要条件之一，剥夺其商号可能使之失却法人资格，这不符合法院判决之本意。针对上述问题，江苏省苏州市中级人民法院经与当地工商行政管理部门沟通，工商部门赞同人民法院直接判决被告限期变更企业名称，认为如果无此项判决，则当事人无义务变更；如果判决变更而当事人不申请变更，则工商部门可能通过不予年检来执行判决。因此不存在判决无法执行问题。由于工商部门作为企业名称登记主管机关明确表示支持人民法院直接判决被告限期变更企业名称，故苏州市中级人民法院在本案和类似案件中均直接判决被告限期办理企业名称变更手续。

（江苏省高级人民法院知识产权审判庭　吕娜撰稿）

人民检察院商标保护工作概况

(517~527)

江金佩销售非法制造的注册商标标识案

一、被告人情况

江金佩，男，1970年11月3日出生，汉族，小学文化，农民，户籍地浙江省乐清市清江镇上埠头村，居住地上海市嘉定区黄渡镇春荣路。

二、基本案情

江金佩于2006年在上海开始从事销售假冒“Canon”（佳能）、“hp”（惠普）等品牌的硒鼓包装盒、墨盒包装盒的非法行为，并于2007年间曾因涉嫌销售非法制造的假冒“Canon”（佳能）商标标识计2606件行为，而受到上海市质量技术监督局的查处。之后，江金佩仍不思悔改，于2008年7月间，又将租借的上海市嘉定区黄渡镇润渡佳苑住室作为仓库，将从广州等地购得的大量假冒“Canon”（佳能）、“hp”（惠普）等品牌的硒鼓包装盒、墨盒包装盒及防伪标识等物品存放于仓库内，并伺机加价销售。

2008年9月24日，上海市工商行政管理局嘉定分局安亭工商所接到群众举报，随后开展现场检查活动，在江金佩租借的上海市嘉定区黄渡镇润渡佳苑住室，当场查获标有“Canon”（佳能）、“hp”（惠普）注册商标的硒鼓包装盒、墨盒包装盒、防伪标签、说明书等共计60000件。经鉴定，其中57052件属假冒注册商标标识。

三、诉讼过程

2008年9月24日，上海市公安局嘉定分局对江金佩涉嫌销售非法制造的注册商标标识案进行立案侦查。同日江金佩因涉嫌销售非法制造的注册商标标识罪被刑事拘留，同年10月16日被取保候审。2009年3月2日，上海市公安局嘉定分局将江金佩涉嫌销售非法制造的注册商标标识案移送上海市嘉定区人民检察院审查起诉，经嘉定区人民检察院审查后，于同年3月12日将该案向上海市嘉定区人民法院提起公诉。

2009年3月24日，上海市嘉定区人民法院作出一审判决，认定江金佩销售、伪造、擅自制造的注册商标标识，情节严重，其行为已构成销售非法制造的注册商标标识罪（未遂），判处其有期徒刑三年，缓刑三年，处以人民币20000元的罚金。江金佩在法定期限内未提出上诉，一审判决如期生效。

四、评析

工商机关与公安、检察机关就疑似罪案中信息沟通、交流及案件材料的移送等方面实行无缝对接，不仅提高了成案率，而且提高了刑事追究的几率，最终提高了惩处犯罪的效率。上海市工商行政管理局嘉定分局发现江金佩涉嫌销售非法制造的注册商标标识的线索后，在第一时间内就与嘉定区人民检察院侦查监督部门进行了工作联系和信息沟通，经人民检察院侦查监督部门派员参与审查后认为，江金佩销售非法制造的注册商标标识的行为，已违反了国家工商行政管理法规的相关规定，其行为已触犯了《中华人民共和国刑法》第215条的规定，已达到销售伪造、擅自制造的注册商标标识在2万件以上，并已符合销售非法制造的注册商标标识犯罪的立案追诉标准。

据此认为，江金佩已涉嫌销售非法制造的注册商标标识犯罪。

根据《中华人民共和国刑事诉讼法》的有关规定，以及最高人民检察院、全国整顿和规范市场经济秩序领导小组办公室、公安部、监察部《关于在行政执法中及时移送涉嫌犯罪案件的意见》（高检会［2006］2号）文件第14条，关于“人民检察院依法对行政执法机关移送涉嫌犯罪案件情况实施监督”的规定，依据上海市《关于建立行政执法与刑事司法相衔接工作机制的办法》第24条的规定，嘉定区人民检察院及时向上海市工商管理局嘉定分局发出《建议移送涉嫌犯罪案件函》，由上海市工商管理局嘉定分局将该案移送上海市公安局嘉定分局进行立案侦查。

嘉定区人民检察院通过及时介入上海市工商行政管理局嘉定分局调查案件，在全面审核的基础上，履行职能，加强指导，及时协调，把握重点。一是参与指导、及时建议，使得行政执法机关在第一时间将犯罪线索移送公安机关，公安机关得以及时将犯罪嫌疑人江金佩及时抓获归案。二是跟踪办案、加强指导，使得行政执法机关在移送犯罪线索过程中与公安机关有效衔接，有机配合，确保了准确有力地打击侵犯知识产权犯罪。三是提前介入，引导侦查，从取证角度、证据完善、法律适用等方面提出意见，促使公安机关及时移送审查起诉，保障了案件的快速、顺利办理。嘉定区人民检察院积极履行检察机关督促行政执法机关及时向公安机关移送涉嫌犯罪案件线索的监督职能，使得犯罪嫌疑人江金佩受到法律应有的惩罚，与此同时，还在充分发挥立案监督职能方面也取得了良好的法律效果，该案的成功办理体现了行政执法与刑事司法有效衔接、有力地打击侵犯知识产权犯罪的社会效果。

该案在对于知识产权的刑事司法保护角度所取得的成效主要有以下方面。一是检察机关加强了与行政执法机关的联系和配合，畅通了案件移送的网络平台，形成了打击知识产权犯罪的合力。二是检察机关加快了培养知识产权案件的专业办案力量速度，实现了专业化的办案机制和模式。三是检察机关加大了对优质品牌保护的宣传力度，通过开展对该起典型案件的就案论法、以案释法的法制宣传活动，为创造良好的知识产权保护环境发挥出应有的作用。

上海市人民检察院　薛骏

上海市嘉定区人民检察院侦查监督科

薛刘根等人假冒注册商标案

一、被告人基本情况

薛刘根，男，1966年3月15日出生，汉族，小学毕业，无业，住河南省新蔡县河坞乡石营村。因犯假冒注册商标罪于2008年7月被河南省郑州高新技术产业开发区人民法院判处拘役二个月。

王小晶，女，1968年8月16日出生，汉族，文盲，无业，住河南省新蔡县河坞乡石营村。

梅秋焕，女，1987年1月17日出生，汉族，初中毕业，无业,住河南省新蔡县关津乡王楼村委宋老庄二组。

赵志清，男，1990年1月22日出生，汉族，高中毕业，无业，住河南省郑州市经济技术开发区明湖办事处螺蛭湖村。

二、基本案情

2008年11月，薛刘根雇佣两个工人王小晶、梅秋焕在郑州市二七区南四环与郑密路交叉口尖庄村里租了5间民房，从废品收购站购买空酒瓶，从外面购买酒盒包装和商标，开始生产假冒白酒，并让其女媳赵志清为其开车拉酒瓶，送货，销售给固定人员。薛刘根等生产的假冒白酒主要有洋河蓝色经典，五粱醇和泸州老窖，灌装原料主要是绵竹大曲和福酒。2008年12月5日，公安机关现场扣押白酒“洋河蓝色经典”390瓶、“泸州老窖特曲”217瓶、“国窖1573”40瓶、“剑南春”50瓶，以及大量制造假冒白酒使用的商标、包装和纸箱等。经鉴定，现场查扣物品均属侵犯商标专用权的物品，涉案总价值为130816元。

三、诉讼过程

2008年12月5日，郑州市公安局经济技术开发区分局经济侦查大队发现从二七区尖庄村的一家民房内开出一辆装满酒的面包车，经查，在车内发现了32箱假冒的“洋河蓝色经典”白酒及16箱“泸州老窖特曲”白酒，并抓获运输假冒白酒的赵志清。随后对该仓库进行检查，发现大量假冒的成品白酒及生产白酒使用的商标，并当场抓获参与生产假冒白酒的王小晶和梅秋焕。

郑州市高新技术产业开发区人民法院认为，薛刘根、王小晶、梅秋焕、赵志清未经注册商标所有人许可，在同一种商品上使用与其注册商标相同的商标，情节严重，其行为已构成假冒注册商标罪。薛刘根曾因犯假冒注册商标罪被判处拘役，此次又重新犯此罪，应酌情从重处罚，鉴于四被告人认罪态度较好，有悔罪表现，可对其酌情从轻处罚，依照《中华人民共和国刑法》第二百一十三条、第七十二条、第十三条、《最高人民法院、最高人民检察院关于办理侵犯知识产权刑事案件具体应用法律若干问题的解释》第一条第（二）项之规定，判决被告人薛刘根有期徒刑一年零六个月，并处罚金十万元。分别判处被告人王小晶、梅秋焕、赵志清有期徒刑一年零六个月，缓刑二年，并处罚金5000元。判后，被告人均未提起上诉，人民检察院也没有提起抗诉。

四、评析

人民检察院作为国家的法律监督机关，依法履行对侵犯知识产权刑事案件的审查逮捕、审查起诉职责，查办相关职务犯罪，并对有关刑事诉讼活动实行法律监督，在打击侵犯知识产权犯罪、保护权利人合法权益、维护社会主义市场经济秩序、促进创新型国家建设方面发挥着重要的作用。多年来，检察机关高度重视对知识产权的刑事司法保护，依法履行职责，办理了一大批侵犯知识产权的刑事案件。郑州市高新技术产业开发区人民检察院下辖三个区域，即郑州市高新技术产业开发区，郑州经济技术开发区和郑东新区。三个区域均是郑州经济社会发展的排头兵，是河南改革创新的前沿阵地。为有效打击破坏市场经济秩序尤其是侵犯知识产权犯罪行为，加强对行政机关执法过程中涉嫌犯罪包括侵犯知识产权犯罪案件移送司法机关处理的监督力度，郑州市高新技术产业开发区人民检察院就与辖区公安机关、行政执法机关共同协商，制定了《关于落实检察机关与行政执法机关加强工作联系的意见》，明确了加强联系的工作范围、成立了组织机构、规定了联系的方式及程序，建立了联席会议制度、重大案件通报制度，协作和联系制度。2009 年，郑州市高新技术产业开发区人民检察院建立和完善了联席会议制度、信息共享制度、案件移送制度、案件备案制度、个案协作制度等工作机制，从机制上解决了检察机关和行政执法机关及公安机关执法信息不畅的问题，破解了行政执法与刑事司法脱节‘难题’，促进了执法资源的合理利用。同时，规范了移交、备案等程序过程中所用的如《移交涉嫌犯罪案件意见书》等相关法律文书的格式，从操作层面上细化了行政执法与刑事司法衔接工作的具体做法。近年来，辖区行政机关移送涉嫌犯罪案件逐年呈上升态势，2007 年辖区行政执法机关移送涉嫌犯罪案件 11 案 37 人，2008 年行政执法机关移送涉嫌犯罪案件 36 案 53 人，2009 年，辖区行政执法机关移送涉嫌犯罪案件 38 案 109 人。

该案中，薛刘根等人租用民房，买来灌装设备，从废品站买来空酒瓶，用其他酒灌装，冒充“洋河蓝色经典”、“国窖 1573”和“剑南春”等多个品牌的注册商标商品，涉案金额达十三万余元。根据《中华人民共和国刑法》第二百一十三条规定，未经注册商标所有人许可，在同一种商品上使用与其注册商标相同的商标，情节严重的，处三年以下有期徒刑或者拘役，并处或者单处罚金；《最高人民法院、最高人民检察院关于办理侵犯知识产权刑事案件具体应用法律若干问题的解释》第一条规定，未经注册商标所有人许可，在同一种商品上使用与其注册商标相同的商标，具有下列情形之一的，属于刑法第二百一十三条规定的“情节严重”，应当以假冒注册商标罪判处三年以下有期徒刑或者拘役，并处或者单处罚金：（一）非法经营数额在五万元以上或者违法所得数额在三万元以上的；（二）假冒两种以上注册商标，非法经营数额在三万元以上或者违法所得数额在二万元以上的；（三）其他情节严重的情形。该司法解释第十二条规定，本解释所称“非法经营数额”，是指行为人在实施侵犯知识产权行为过程中，制造、储存、运输、销售侵权产品的价值。已销售的侵权产品的价值，按照实际销售的价格计算。制造、储存、运输和未销售的侵权产品的价值，按照标价或者已经查清的侵权产品的实际销售平均价格计算。侵权产品没有标价或者无法查清其实际销售价格的，按照被侵权产品的市场中间价格计算。多次实施侵犯知识产权行为，未经行政处理或者刑事处罚的，非法经营数额、违法所得数额或者销售金额累计计算。薛刘根等生产，销售假冒注册商标的商品无记帐记录，已销售出去的商品种类、数量、价值没有证据来证明，但其库存产品的价值已达十三万余元，足以达到追诉标准，因此，其涉嫌假冒注册商标商品罪足以认定。同时，薛刘根于同年因犯同种罪名已被判处过拘役，足以说明其主观恶性较大，应从重处罚。因此，人民法院判决定罪准确，量刑适当，体现了宽严相济的刑事司法政策。

河南省郑州市高新技术产业开发区人民检察院

刘涛 钟思文

陈时快、林初钦非法制造注册商标标识案

一、被告人基本情况

被告人陈时快,男,1982 年 11 月 19 日出生，浙江省苍南县人，汉族，初中文化，住苍南县龙港镇陈良村 14 号。

被告人林初钦,男,1978 年 02 月 25 日出生，浙江省苍南县人,汉族，小学文化，住苍南县龙港镇陈良村 9 号。

二、基本案情

从 2008 年 4 月份开始，陈时快、林初钦在苍南县龙港镇陈良村 14 号对面设立一非法加工点，专门帮助他人冲压、瓦楞假冒的“洋河”酒内衬注册商标标识、外包装箱，非法获利 3500 元。2008 年 7 月 25 日，被告人陈时快、林初钦又雇佣陈小棠等人帮忙加工，当天被苍南县工商局执法人员当场查获，现场查获已冲压的“洋河”酒内衬注册商标标识 154000 只、已瓦楞的“洋河”酒外包装箱 10385 只。

三、诉讼经过

陈时快、林初钦非法制造注册商标标识一案，由苍南县工商局于 2008 年 7 月 25 日移送至苍南县公安局，同年 8 月 15 日立案侦查。陈时快、林初钦分别于 2009 年 3 月 4 日与 3 月 28 日被抓获归案。2009 年 6 月 17 日，苍南县人民检察院提起公诉，苍南县人民法院于 2009 年 7 月 8 日以被告人陈时快、林初钦犯非法制造注册商标标识罪，情节特别严重，但系从犯予以减轻处罚，分别判处有期徒刑二年六个月，并处罚金 50000 元。宣判后，二被告人未上诉，苍南县人民检察院未抗诉，判决已生效。

四、评析

苍南县人民检察院通过行政执法和刑事司法相衔接机制，积极开展侵犯知识产权犯罪的建议移送和立案监督工作。同时定期与相关行政执法机关、公安以及法院沟通，对实践中出现的新问题和新情况进行研究，统一执法思想和执法标准，保持打击力度。因为成绩显著，2006 年 2 月，苍南县人民检察院被评为浙江省检察机关打击制假售假，侵犯知识产权犯罪专项立案监督活动先进集体。

苍南县是中国的印刷之乡，印刷业非常发达，但非法制造注册商标标识等侵犯知识产权的现象也比较突出，这类案件一经查获，涉及很多生产环节，如承印、绘图、出片、打样、晒版、印刷、盖光、压痕、复合、载切、打孔、装订、打码等，而且这些生产环节往往由不同的人员完成，因此如何判定相关加工人员主观上具有违法性认识，以及如何认定该类犯罪的情节严重往往成为争议的焦点，检察机关在履行批准逮捕和起诉职责时就要围绕上述两个方面的问题进行重点审查和引导公安机关做好取证工作。

该案在办理过程中，曾有歧义，有人认为犯罪嫌疑人陈时快、林初钦并未印刷“洋河”酒内衬注册商标标识和外包装箱，只是对已印刷完毕的商标标识予以冲压和瓦楞，不属于非法制造注册商标的重要环节，而且获利很少，不应以犯罪

论处。该案查获的注册商标标识尚未最终完成，内衬商标标识还需上胶，外包装盒还需糊盒，即使构罪也应认定系未遂。

非法制造注册商标标识罪的客观行为包括伪造和擅自制造，不管哪种行为，在实际的制造过程中，都包括一系列的生产工序，不是单指印刷注册商标标识有关图案和文字的行为。因此，只要是注册商标印制行为，根据我国商标印制管理办法的相关规定，都要审查注册商标印制行为的合法性。陈时快和林初钦出于牟利，设立非法加工点，虽然只是假冒加工程序中的一道工序，同样也要对注册商标标识印制行为的合法性负责，但其在承接“洋河”酒内衬注册商标标识、外包装箱时，并未履行审查义务，且加工费高于正常标准，主观上具有非法制造注册商标标识的犯罪故意。当然，因为两人仅对有关注册商标标识进行冲压和瓦楞，在共同犯罪中起次要和辅助作用，法院据此认定从犯，对其减轻罚是正确的。

非法制造注册商标标识行为包括一系列的生产工序，在实践中查获的绝大多数案件中行为人均未完成全部的生产工序，能否据此认定系犯罪未遂，从而予以从宽处理？从刑法第二百一十五条的规定看，非法制造注册商标标识罪属于情节犯，根据刑法理论，情节犯只有情节严重与否，没有犯罪的既未遂问题。因此，对非法制造注册商标标识罪，只要犯罪数量达到情节严重的标准，就应依法追究刑事责任，是否最终完成注册商标标识的印制，只应在量刑时酌情予以考虑，因此该案没有认定犯罪未遂是正确的。

浙江省人民检察院 高利民
浙江省苍南县人民检察院侦查监督科

蒋钦荣等人假冒注册商标案

一、被告人情况

蒋钦荣，男，37岁，户籍地广东省江门市新会区沙堆镇梅阁连安三社7巷37号。

罗业强，男，36岁，户籍地广西壮族自治区藤县金鸡镇交口村打铁咀组17号。

周庠委，男，29岁，户籍地广西壮族自治区天等县东平乡安然村安然屯。

黄耀勤，女，37岁，户籍地广西壮族自治区田东县江城乡果柳村那岭屯。

二、基本案情

2007年10月，蒋钦荣租用了广州市站西路南方钟表交易中心B180档做假手表生意的批发、零售生意，假手表品牌涉及SWATCH、CHANEL、RADO、ROLEX、CITIZEN、TISSOT等众多国内外的知名品牌，固定委托加工假手表的工厂有二个：分别是二名广西人黄福东（在逃）和罗业强开设的加工点。这两个加工点无工商营业执照及商标持有人的任何授权。每次蒋钦荣接到订单后就打电给黄福东或罗业强下订单，罗业强到蒋钦荣的档口拿取配件，根据订单类型、数量进行加工，加工成品后交还蒋钦荣销售。黄福东、黄耀勤夫妇及周庠委到蒋钦荣的档口拿取配件，然后加工成成品交还蒋钦荣销售。

2008年1月9日，公安人员依法分别对蒋钦荣经营的广州市站西路南方钟表交易中心B180档、罗业强居住的广州市瑶台村向阳大街13巷16号302房手表地下加工厂、黄福东和黄耀勤夫妇居住的广州市瑶台村前进西七巷11号501房进行搜查，从南方钟表交易中心B180档现场缴获SWATCH、ROLEX、CITIZEN、GUCCL等知名品牌的假手表共1803只；从罗业强的手表地下加工厂现场缴获CITIZEN、GUCCI的假手表成品、半成品共1297只；从黄福东、黄耀勤夫妇的手表地下加工厂现场缴获SWATCH、CHANEL、RADO、ROLEX、CITIZEN、TISSOT的假手表共计3927只。据罗业强、黄耀勤供述，从二人分别经营的手表地下加工厂现场缴获的上述假冒品牌手表都是为蒋钦荣加工的。

经北京精萃知识产权代理有限公司、广州锐正商品信息调查有限公司以及广州市贞观知识产权代理有限公司现场取样鉴定，上述缴获的品牌手表均为假冒注册商品。经统计，从犯罪嫌疑人蒋钦荣所经营档口查获的假冒手表涉案金额达7046200元；从罗业强的手表地下加工厂缴获的手表涉案金额达2683520元；从黄福东、黄耀勤夫妇手表地下加工厂现场缴获的手表涉案金额达14098780元。

三、判决结果

广州市越秀区人民法院判决：被告人蒋钦荣、黄耀勤、罗业强、周庠委犯假冒注册商标罪，被告人蒋钦荣是主犯，黄耀勤、罗业强、周庠委是从犯。被告人蒋钦荣判处有期徒刑3年6个月，并处罚金10万元；被告人黄耀勤判处有期徒刑2年6个月，并处罚金4万元；被告人罗业强判处有期徒刑2年，并处罚金3万元；被告人周庠委判处有期徒刑1年3个月，并处罚金5000元。

四、评析

广州市检察机关积极推行行政执法与刑事司法衔接机制，与广州市17个行政执法机关建立了联席会议制度，完善了案件信息通报、行政执法案件备案等具体操作规程，确保检察机关对相关行政执法机关查处侵犯知识产权违法犯罪案件情况监督到位。制定《行政执法机关移送涉嫌犯罪案件跟踪监督表》，对侵犯知识产权案件的立案、批捕、起诉等各个环节进行实时监督。强化对行政机关查处侵犯知识产权案件的移送监督，切实纠正有案不立、以罚代刑等打击不力问题。几年来，广州市检察机关通过审查行政执法机关报送的备案材料，针对行政执法机关移送的侵犯知识产权犯罪案件，以向公安机关发出《要求说明不立案理由通知书》、《建议立案函》和《通知立案书》等方式，监督公安机关立案15件18人。

广州市检察机关建立案件专门办理机制，不断提高知识产权案件办理质量，积极提前介入重大复杂案件，针对侵犯知识产权犯罪案件专业性强、涉及面广、案情复杂的特点，积极引导侦查机关全面收集、固定证据，确保办案的高质高效。整合广州市两级人民检察院检察官资源，指定具有专门知识、办案经验丰富的业务骨干组成专门办案小组，加强对基层人民检察院办理知识产权案件公诉工作的跟踪和指导，提高审查起诉案件的质量和效率。2007年至2010年6月，广州市检察机关共批准逮捕侵犯知识产权犯罪案件210件449人，提起公诉201件393人。

广州市检察机关推动建立沟通协调机制，积极维护知识产权企业权益，深入开展送法进企业服务活动，发出防范侵权行为和减少侵权损害的检察建议，增强企业守法经营、依法维权的意识和能力。办案过程中，注重加强与企业的沟通联系，及时听取企业对案件处理的意见和建议，并建立了对知识产权被侵害单位的回访制度，积极维护企业的合法权益。

广州市检察机关依托理论研究协作机制，广泛开展知识产权刑事法律保护研讨，与广州大学联合成立了专门从事检察理论研究的科研机构——广州大学检察理论研究中心，进一步拓宽检察机关与法学理论研究部门的合作领域和合作方式，构建检察机关和法学理论研究部门的经常性联系与交流机制，促进高校的理论研究资源与检察机关实践经验的优势互补。同时，建立涉知识产权案件专家咨询制度，通过对知识产权案件所涉专业问题进行理论研讨，指导办案实践，确保办案质量。

广东省人民检察院　翁毓华

谭天销售假冒注册商标商品案

一、被告人情况

谭天，男，1976年1月8日生，汉族，高中文化，上海长正物资有限公司总经理。

上海长正物资有限公司,法定代表人谭天。

二、基本案情

2008年7月，上海长正物资有限公司与上海安装工程有限公司签订了《物资供应意向书》，成为上海安装工程有限公司世博工程的供应商。2008年11月，谭天通过不正常进货渠道及明显低于市场价购进8种不通规格型号的“金洲牌”镀锌钢管后，于2008年12月至2009年3月间供货给上海安装工程有限公司，销售金额人民币44万余元，该工程公司使用上述钢管后发现有质量问题。经浙江金洲管道科技有限公司鉴定，该批8种不通规格型号的镀锌钢管属假冒其公司“金洲牌”注册商标的产品，同时经上海市建筑材料及构建质量监督检验站检验，上述假冒“金洲牌”镀锌钢管均为不合格产品。

三、诉讼经过及判决结果

谭天因涉嫌销售假冒注册商标商品一案于2009年5月6日被上海市公安局浦东分局立案并刑事拘留，同年6月11日被批准逮捕。2009年8月27日浦东新区人民检察院以谭天涉嫌销售假冒注册商标商品罪诉至浦东新区人民法院，同年10月16日浦东新区人民法院以构成销售假冒注册商标商品罪分别判处被告单位上海长正物资有限公司罚金18万元，判处被告人谭天有期徒刑2年，罚金10万元。

四、评析意见

上海市浦东新区人民检察院在贯彻落实《国家知识产权战略纲要》，打击侵犯知识产权犯罪工作中，不断探索积累了“实、专、合、细、准、服”六种方法。“实”，是指通过对重大案件的快审快结和每年在4月26日“世界知识产权日”前后进行的集中公诉等工作，将打击落到实处。其中，对涉案案值超过百万的案件，均要求依法在20天内向人民法院提起公诉。“专”，是指建立专案专审工作机制，打造专业化公诉队伍，专门成立了金融知识产权犯罪公诉处和知识产权保护检察工作室，进一步体现了专业化分类办案的要求。“合”，是指加强与相关职能部门的协调配合，形成打击犯罪合力。上海市浦东新区人民检察院充分利用参与研发的“行政执法与刑事司法相衔接信息共享平台”系统，实现与区内行政执法部门的信息共享与无缝衔接，有效加强了法律监督。“细”，是指认真细致引导侦查取证和收集证据，严把案件证据关。在办理被告人徐楚风、姜海宇侵犯著作权案过程中，该院及时提前介入，通过参与案件研讨，拟定侦查意向书，配合公安机关补强了证据，为该案的顺利获判提供了证据基础。“准”，是指对新手段新类型案件审慎定性，确保案件质量。一方面上海市浦东新区人民检察院到高校求教于名师，另一方面主动与知识产权人进行交流，了解品牌特性，还加强了对法律适用、证据规格、出庭公诉等问题的深入研究，确保了案件质量。“服”，是指加强与知识产权人的沟通，提升办案的社会效果。一方面他们充分听取被害单位的观点和意见，更加客观和透彻地把握案情；另一方面，邀请被害单位派员听庭，注重通过庭审现场来进行法制宣传，增强跨国企业对上海浦东乃至中国投资环境的信心。如微软（中国）有限公司法律及公司事务部知识产权总监在徐楚风、姜海宇侵犯著作权一案获判后表示："本案是全国第一起因篡改微软公司开放式许可协议而审理终结并获刑的案件，它充分体现了上海执法机关、司法机关对保护软件知识产权和维护软件消费者权益的高度重视和负责的态度。微软公司将一如既往地与政府各级执法机关和司法机关合作，积极推动软件的知识产权保护。"

就该案而言，对如何认定谭天主观上的明知故意产生了争议。刑法第二百一十四条规定，销售明知是假冒注册商标的商品，销售金额数额较大的，处三年以下有期徒刑或者拘役，并处或者单处罚金；销售金额数额巨大的，处三年以上七年以下有期徒刑，并处罚金。本罪侵犯的客体是他人的商标权，客观方面是实施了明知是假冒他人注册商标商品仍购进后予以销售的行为，主观上表现为故意即要求行为人明知所销售的是假冒他人注册商标的商品。司法实践中，在认定本罪客体、客观行为方面都比较简单，相关证据也比较容易固定和收集，关键在于如何准确认定被告人的主观明知故意。依据我国刑法理论及针对不同犯罪中认定"明知"的相关司法解释，明知系指明确知道或者应当知道。

该案在审理过程中，谭天对向他人购进钢管后销售给上海安装公司事实供认不讳，但始终否认明知是假冒注册商标商品，辩解在购进他人钢管时附有金州公司出具的质保书，同时又供述该批钢管系通过非正常途径并低于市场价的价格购进。同时该案中谭天购进假冒钢管的上家未到案，其手下工作人员也未到案，无法通过直接证据证实被告人谭天主观上明知是假冒钢管而销售的事实。因此，认定该案的关键在于能否认定被告人主观上明知是假冒钢管。

经过审查发现，首先，被告人谭天多次供述钢管系上家上门推销、价格明显低于市场价、系现金交易、无发票及送货单等正常供货手续；其次，涉案钢管均系被告人谭天亲自验收，且被告人谭天长期从事钢管销售业务，有多次经销正牌金州钢管的经验；第三，被告人谭天提供的所谓上家随附的质保书，相对应规格的钢管数量明显与实际钢管数量不符，有多种规格钢管数量明显大于质保书注明数量。因此，无论从进货渠道、价格、正常手续、当事人自身专业知识和认知能力、认知程度，还是从所谓"质保书"与实际钢管货物量的不相符合的客观事实，都足以认定被告人谭天明知是假冒注册商标商品仍予以销售的主观故意。

实践中，查获的售假类案件多处于待销售阶段，或者虽有实际销售但无从查证，这就给认定被告人主观明知故意带来更大困难，需要我们根据案件具体情况结合相关司法解释的规定予以准确审查认定。根据《关于办理侵犯知识产权刑事案件具体应用法律若干问题的解释》的规定，以下情形认定为明知：知道自己销售的商品上的注册商标被涂改、调换或者覆盖的；因销售假冒注册商标商品收到过行政处罚或者承担过民事责任、又销售同一种假冒注册商标的商品的；伪造、涂改商标注册人授权文件或者知道该文件被伪造、涂改的；其他知道或者应当知道是假冒注册商标商品的情形。针对第四种情况，需要根据案件具体情况予以认定，一般从以下方面予以具体分析：被告人自身知识水平、认知能力、从事相关商品经销经验、被侵权商品公知度等；购进商品渠道、价格、有否合法凭证等因素；相关随附文件、资料与购进商品关联性、一致性等因素。

五、案件办理后检察机关相关延伸工作

针对上海安装工程有限公司在本案中暴露出公司内部管理、原材料采购、验收等方面存在的漏洞，与该公司领导进行了充分的沟通，并及时制发检察建议帮助企业堵漏建制，收到了较好的社会效果。针对大量假冒钢管被使用于世博中国馆建设的情况，及时与世博局相关部门通报情况，督促相关单位及时将假冒钢管全部更换，从而将影响降到最低。通过分析假冒钢管顺利进入市场的原因，浦东新区人民检察院意识到在非正常业务往来的背后存在职务犯罪的重大嫌疑，经侦查，在上海安装工程有限公司破获吴某等3件3人受贿、贪污案，总案值达30余万元。

上海市人民检察院　薛骏

上海市浦东新区人民检察院　陈勇

邬克禄、楼正斌假冒注册商标案

一、被告人基本情况

被告人邬克禄，男，1972年12月7日出生，汉族，出生地四川省隆昌县，小学文化，农民，住四川省成都市新都区大丰镇南丰大道。

被告人楼正斌，男，1966年2月9日出生，汉族，出生地浙江省义乌市，小学文化，无业，住浙江省义乌市苏溪后山坞村。

二、基本案情

2008年4月以来，邬克禄租用四川省成都市新都区大丰镇王桥村房屋，生产和销售假冒注册商标的“邦迪”苯扎氯铵贴。楼正斌为邬克禄提供生产“邦迪”苯扎氯铵贴的机器，并进行安装、维修及生产技术，且提供部分原材料。案发后，在现场查获假冒的“邦迪”苯扎氯铵贴387件，价值345266元。

三、诉讼过程

邬克禄、楼正斌假冒注册商标一案，由群众于2008年8月7日报案至成都市公安局，同日该局立案侦查，并对邬克禄并对其刑事拘留。同年8月19日楼正斌到义乌市公安局投案自首，同日被刑事拘留。2008年9月11日邬克禄、楼正斌被成都市人民检察院以涉嫌假冒注册商标罪批准逮捕。2009年1月12日，成都市新都区人民检察院依法向成都市新都区人民法院提起公诉。同年2月17日，成都市新都区人民法院对被告人邬克禄、楼正斌作出有罪判决。被告人邬克禄犯假冒注册商标罪，判处有期徒刑一年六个月，并处罚金180000元。假冒伪劣“邦迪”苯扎氯铵贴及机器、原材料予以没收。被告人楼正斌犯假冒注册商标罪，判处有期徒刑一年，并处罚金180000元。

四、案例评析

近年来，四川省成都市新都区人民检察院依托行政执法与刑事司法衔接机制，进一步加强知识产权保护工作，通过抓办案、促实效，并结合办案工作深入重点企业开展法律咨询服务，努力实现法律效果和社会效果的统一。就该案而言,公安机关在办理此类案件时，一般以生产、销售假冒伪劣产品罪为侦查方向，容易犯思路单一的毛病，等到生产、销售假冒伪劣产品证据不足时再回头来搜集假冒注册商标或其他犯罪的证据，往往时过境迁，证据湮灭。成都市新都区人民检察院在提前介入时就向公安机关明确指出了两罪在构成要件以及证据搜集方面的异同，指导其两条路同时进行，确保案件质量。在批准逮捕本案犯罪嫌疑人的同时，针对案件证据上尚存的问题，成都市新都区人民检察院以《提供法庭证据意见书》的形式指导公安机关继续侦查，确保了案件顺利进行，取得了良好效果。

邬克禄未经注册商标所有人许可，在同一种商品上使用与其注册商标相同的商标，情节特别严重，其行为构成假冒注册商标罪。楼正斌明知邬克禄实施侵犯知识产权犯罪，而为其提供生产假冒伪劣“邦迪”苯扎氯铵贴的机器设备、原辅材料，并传授生产技术，应以侵犯知识产权犯罪的共犯论处。由于被告人邬克禄、楼正斌有揭发他人犯罪行为的立功表现，被告人楼正斌主动投案自首，法院遂分别对二被告人作出了减轻、从轻处罚。

四川省人民检察院 肖露 冯伟

公安机关商标保护工作概况

(531~540)

加强刑事执法，助推创新经济

公安部经济犯罪侦查局局长　孟庆丰

当前我国已进入经济结构调整、发展方式转变的关键阶段。新时期、新形势赋予公安机关维护自主创新经济、保障国家经济安全与发展的新的历史使命。《国家知识产权战略纲要》（以下简称《纲要》）颁布两年来，全国公安机关按照《纲要》的整体部署，充分发挥职能作用，不断加大知识产权执法力度，逐步提升执法水平，为构建创新型国家提供了强大的法治支撑。

打击刑事犯罪成果显著。打击犯罪是公安机关服务经济发展的首要任务，也是国家知识产权战略赋予公安机关的主要职责。《纲要》颁布以来，全国公安机关按照“精确打击、全程打击”的执法策略，对各类侵犯知识产权犯罪活动始终保持高压严打态势，2009 年共破获各类知识产权刑事案件 1624 起，抓获犯罪嫌疑人 2649 名，涉案总价值达 10.38 亿元，挽回经济损失 5.98 亿元。一是破获了一批危害民生的重大案件，集中力量查处了假冒“糖脂宁”胶囊、柏某等人制售假冒农药案等案件，斩断了一批制假贩假产业链条，有力保障了人民群众生命财产安全。二是查办了一批侵犯我国自主知识产权和国际知名品牌的恶性案件，公安部挂牌督办广东假冒“茅台”名酒案、浙江假冒“惠普”等商标标识案等 5 起重、特大案件，并已全部告破，得到社会积极反响。三是公安部于今年初部署各地公安机关紧密围绕上海“世博会”，以营造良好的知识产权保护环境为目标，严厉打击侵犯知识产权犯罪。截止 4 月 15 日，全国公安机关已立案 294 起，抓获犯罪嫌疑人 529 名，缴获假冒盗版产品 420 万件，涉案总价值 1.9 亿元，有力维护了我国国际形象。

协作配合机制深入推进。公安部按照《纲要》部署，不断完善配合机制，提升协作效能，拓展合作空间。一是逐步形成两法衔接新模式。在与工商、版权、知识产权、海关等行政执法部门建立“信息共享、事先介入、联合行动、优势互补”协作机制的基础上，公安机关主动会同各行政执法部门，通过开展调查研究、召开专题研讨会、协调会等形式，重点在相互提供专业意见、重大案件指导协调等方面进行有益尝试，逐步形成公安机关“主动侦查”与行政执法机关“阵地控制”相结合的协作新模式。2008 年至 2009 年两年间，各行政执法部门共向公安机关移送涉嫌侵犯知识产权犯罪案件 1086 起，占公安机关受理知识产权刑事案件总数的 23.8%，显示了协作配合新模式的优势。二是积极探索警企联系新举措。企业是国家知识产权战略实施的重要主体，其关切和意见对于公安机关进一步加强知识产权刑事保护工作有着重要意义。公安部高度重视并积极倡导各地公安机关加强与企业的沟通联系。其中，协调贵州、四川等地公安机关紧密结合本地实际，试点推行了“服务企业五项措施”、“知识产权刑事保护重点联系企业机制”等措施，切实解决了企业在创造、运用、保护知识产权中的困难，获得企业好评。三是不断拓展国际执法合作新空间。2009 年，公安部积极利用中美执法合作联合联络小组、中欧知识产权保护合作项目等双边机制，努力提高对外执法交流的常态化、组织化程度。同时，积极务实开展与各国执法部门在线索通报、调查取证、刑事司法协助等方面的合作，并会同国际刑警组织等国际组织和泰国、越南等国执法部门开展代号“风暴”的执法行动，联合打击东南亚地区制售假药犯罪活动，得到国际刑警组织总部高度评价。

执法规范化水平有效提升。公安部在强化知识产权刑事执法的同时，以解决执法实践突出问题为切入点，以增强依法履职能力为主线，不断提高执法规范化水平。2009 年以来，公安部部署全国公安机关开展知识产权刑事法律适用问题调研工作，组织基层民警座谈，上下互动，总结一线实践经验，起草了《关于办理侵犯知识产权刑事案件适用法律若干问题的意见（征求意见稿）》；组织编译了美国司法部编写的联邦检察官培训教材《美国知识产权犯罪检控》，会同有关科研院校开展了“中欧知识产权刑事保护比较研究”课题，以学习借鉴国外成功经验；举办了“全国公安机关知识产权刑事执法培训班”，为各地基层干警系统讲授知识产权刑事案件的侦查取证知识，为一线执法提供了有力支持和帮助。

公安机关的不懈努力，得到了国内外的高度认可，全球反假冒机构授予我部经济犯罪侦查局高峰副局长、王志广处长“知识产权保护杰出贡献人士奖”；国内外企业多次给各地公安机关送来感谢信、牌匾，舆称“打假尖兵”、“维权先锋”。2010 年，国家知识产权战略实施将进入更为关键的时期，公安机关知识产权刑事保护工作的责任更大，任务更重。为此，公安部将突出抓好：

——一个中心。以保护自主创新为中心，紧密结合国家发展战略和产业政策，加大对民族品牌、核心关键技术的保护力度，严厉打击侵害我国自主知识产权的犯罪活动，为我国经济进入创新驱动、内生增长的发展轨道高效履职。

——一个重点。以世博会知识产权保护为执法重点，搜集一批线索，突破一批案件，严惩一批不法分子。同时，大力开展形式多样的宣传教育活动，主动预防和减少犯罪，为举办一届成功、精彩、难忘的世博会营造良好的知识产权保护环境。

——一个突破。以推动下发《关于办理侵犯知识产权刑事案件适用法律若干问题的意见》为突破口，强化公安机关知识产权保护基础建设，实现执法规范标准化、执法过程程序化、执法行为规范化、执法效果最大化，全面提升公安机关知识产权刑事执法能力和执法公信力。

公安机关知识产权刑事保护工作情况与下步工作设想

公安部经济犯罪侦查局副巡视员　车瑶华

上午好！很高兴应国家知识产权局的邀请，参加此次会议。全国外商机构保护知识产权座谈会已经是第二次成功举办，相关国家部委、品保委和会员企业代表坐在一起，介绍各自保护知识产权的工作情况、分享经验，共同探讨下步工作措施，共筑中国知识产权保护的强大防线，这本身就是一个鲜明的信号，说明政府部门和企业之间在知识产权保护合作方面，已经向常规性、深层次的开放协作新阶段迈进。

长期以来，品保委和各会员企业对公安机关知识产权刑事保护工作给予了大力支持和配合。双方成功举办了六次知识产权刑事保护论坛，共同开展了执法培训、国际交流等多项活动，在公安机关、企业及有关国家执法机构之间搭建了有效的沟通、交流平台。公安机关知识产权刑事保护工作所取得发展、进步，与品保委和各个会员企业的支持分不开的，我们在这一合作共进的进程中建立了深厚的友谊。在此，向品保委和各会员企业表示衷心的感谢。

2008年至2009年，是中国知识产权事业的关键时期，国家知识产权战略由制定阶段转入实施阶段。按照《实施国家知识产权战略纲要任务分工》和战略实施年度推进计划的总体部署，公安机关积极开展工作，创新工作机制，积极探索解决了一些社会各界关注、企业反映强烈、执法实践中亟需破解的难题。在这里，我结合公安机关刑事执法实践，也重点针对去年外商机构对于刑事执法工作提出的问题，介绍一下公安机关的工作情况和进展，并就下步工作谈一些思考，希望取得大家的共识和支持。

先谈谈近两年我部重点抓的几项工作，其中很多也是去年座谈会大家最关注，讨论最激烈的问题。一是保持打击侵犯知识产权犯罪高压态势。2009年，全国公安机关在承担国庆60周年安保等繁重、重大工作的同时，始终没有放松知识产权刑事保护工作，继续坚持“精确打击、全程打击”的执法策略，严厉打击侵犯知识产权犯罪。据统计，截止今年9月，全国公安机关共立各类侵犯知识产权犯罪案件1468起，抓获犯罪嫌疑人1878人，涉案总价值6.95亿元。今年6月，浙江省公安机关破获廖某某非法制造假冒注册商标标识案，一举抓获主要犯罪嫌疑人7名，捣毁制假窝点15个，现场查扣制假机器58台，缴获假冒“惠普”、“佳能”、“爱普生”等品牌打印墨盒和包装1151万件，涉案金额3000余万元，是该省有史以来规模最大、缴获假冒商标标识数量最多的一起侵犯知识产权犯罪案件。

二是重点打击互联网侵权盗版犯罪。由于互联网技术的无国界性、复制性和隐蔽性等特征，已越来越多的被不法分子所利用进行侵犯知识产权犯罪活动，互联网已成为销售侵权盗版产品的主要媒介和市场。鉴于此，自2005年，公安部联合国家版权局、工业和信息化部联合开展了五次全国打击网络侵权盗版专项行动，成功破获“番茄花园”网站侵犯著作权案、传奇私服案等多起重大刑事案件，有力震慑了犯罪分子的嚣张气焰，维护了权利人的合法权益。

三是不断推进行政执法和刑事执法的协作。2008 年 6 月，公安部会同国家知识产权局，联合下发《关于建立协作配合机制共同加强知识产权保护工作的通知》，就两部门建立协调会商机制、推动两法衔接配合、加强案件线索移交和重大案件督办、共同开展调查研究和宣传教育等工作作出明确规定。这也是我部继 2006 年与国家工商总局、版权局、海关总署等部门建立协作配合机制之后的又一重要举措。为进一步细化工作措施、强化案件移送的质量和效率，今年我部又会同海关总署等部门召开了专题会议进行深入研究和探讨。公安机关与行政执法机关的协作工作持续、深入的开展，切实形成了执法合力，提高了执法效能。据统计，2006 至 2008 年三年间，行政执法部门共向公安机关移交涉嫌侵犯知识产权犯罪案件 1944 起，占公安机关立案总数的 27%，显示了协作机制的优势和作用。

四是深入开展知识产权刑事法律适用问题研究工作。针对近年来各地公安机关执法实践中面临的法律适用突出问题，公安部在长期调研的基础上，会同有关司法、执法部门、科研院校和品保委研究起草了《关于办理侵犯知识产权刑事案件适用法律若干问题的意见》（征求意见稿）。意见稿就准确掌握刑事犯罪判定标准，完善鉴定程序，提供取证指引，改进管辖体制，规范侦查措施等进行了规定，以严密执法工作各个环节的实体性和程序性规定，既保障执法的权威性和可行性，又从源头上减少和杜绝执法的随意性。

在取得成绩的同时，我们也清醒地看到，知识产权刑事保护工作依然面临着严峻的形势和众多的挑战。侵犯知识产权犯罪呈现出的国际化、网络化、有组织化等趋势，对我们的工作提出了更高的要求，我们的工作也还存在很多不适应、不完善的地方。如何在当前国际金融危机的严峻形势下，进一步加大知识产权犯罪打击力度，切实维护好企业创新成果，推动创新型国家的建立，已经成为公安机关亟待解决的重点课题。为此，公安部在下步重点工作方面有以下几点考虑，希望与大家共同交流探讨，共同加强和改进知识产权刑事执法工作：

（一）进一步加强刑事执法力度。根据当前的犯罪形势和特点，公安机关将以互联网侵权盗版犯罪、跨地区、跨国境犯罪，以及危害群众健康安全的侵犯知识产权犯罪活动作为下步刑事打击的重点，切实维护消费者和权利人的合法权益。也希望品保委和各会员企业继续发挥桥梁纽带作用，积极提供线索，为公安机关办案工作提供支持、协助，共同加大对侵犯知识产权犯罪的打击力度。

（二）继续推进协作配合机制建设。案件线索的移送、行政执法证据的采用和转换等，是实现两法有效协作的关键环节，也是在实践中出现问题较多的环节。因此，公安部将会同有关行政执法部门，重点就公安机关与各部门之间如何完善信息共享、简化证据转化程序、提高案件移送质量和效率等方面进行深入探讨，在现有协作配合机制基础上不断完善、充实，真正实现 1+1>2 的执法合力，提高整体执法效能。

（三）不断完善警企协作。我们将在总结各地"重点联系企业"试点工作经验的基础上，不断加以丰富和充实，以充分发挥权利人企业"粘合剂"的作用，在打击防范、立法研讨、执法培训、信息沟通和宣传教育等方面与企业建立稳固、长期的合作。希望品保委和会员企业能够积极参与，共同推动警企协作机制的发展和完善。

（四）切实解决制约知识产权刑事保护工作的根源性问题。为尽快解决基层部门法律适用过程中遇到的突出问题，提高公安机关执法规范化水平，我部将会同法、检和各行政执法部门，对意见稿进行进一步的研究和修正，争取于明年下发试行，以夯实知识产权刑事保护的法制基础。在这一过程中，希望各相关部门和品保委及会员企业继续给予支持，积极参与，多提宝贵意见和建议。

"众人拾柴火焰高"，相信在各部门的共同努力下，在品保委和会员企业的大力支持下，中国知识产权执法水平将会不断提升，知识产权保护工作将会不断迈向新的台阶！

2009年公安机关知识产权保护工作情况

2009年，全国公安机关立足国庆六十周年和世博安保工作大局，紧紧围绕国务院《国家知识产权战略纲要》的目标任务，积极发挥“打击、服务、参谋”职能作用，深入开展打击各类侵犯知识产权犯罪活动，建立健全基础性、长效性工作机制，取得了良好的社会效果，为维护我国市场经济秩序、促进经济社会创新发展做出了积极贡献。

一、突出重点，严厉打击侵犯知识产权犯罪

当前，侵犯知识产权犯罪案件持续高发，并呈现出产业化、有组织化等特点。其中，假冒商标犯罪案件尤为突出，据初步统计，公安机关侦办此类案件占侵犯知识产权犯罪案件立案总数的86%，大大超出了其它知识产权犯罪案件。针对这种态势，各地公安机关开展了以危害民生、侵犯我国自主知识产权和国际知名品牌犯罪案件等为打击重点，以“深挖窝点、摧毁网络、缉捕主犯”为目标导向，以“精确打击”和“全程打击”为执法策略的集中打击行动，在全国范围内掀起了打击侵犯知识产权犯罪活动的新高潮，先后破获浙江假冒“HP”等商标标识案、广东假冒“茅台”名酒案等重大案件，成功打掉了一批长期盘踞当地的造假贩假犯罪团伙和组织网络，保持了打击侵犯知识产权犯罪活动的高压严打态势。据统计，2009年，全国公安机关共立各类知识产权刑事案件2108起，破获1624起，抓获犯罪嫌疑人2649名，涉案总价值达10.38亿元，挽回经济损失5.98亿元。其中，共立假冒商标类犯罪案件1898起，破获1494起，涉案总值逾7.5亿元。

在打击各类侵犯知识产权犯罪案件的同时，上海、山东等地公安机关结合“世博”安保工作，相继开展了“鹰眼二号”等围绕世博会知识产权保护的专项行动，加强对侵犯世博会商标标识专用权和街头贩卖假冒盗版商品等犯罪活动的打击防范，成功破获假冒世博会吉祥物“海宝”雕塑案等一批大要案件，有力维护了国家形象。

二、以协作促效能，共同提升执法合力

为进一步提升打击侵犯知识产权犯罪工作力度，各地公安机关在总结经验的基础上，会同工商、海关、知识产权、版权等部门探索建立起“事先介入、联合执法、优势互补、形成合力”的两法衔接配合新机制，形成了公安机关“主动侦查”与行政执法机关“阵地控制”相结合的工作模式，提高了公安机关主动进攻能力和整体执法效能，促进了执法资源的合理利用。4月，天津市公安机关根据市烟草部门提供的发现河西区出现大量假烟的情况线索，循线追踪，一举破获涉及天津、北京、河北、河南、福建等地的“津冀3.13特大制售假烟网络案件”，抓获犯罪嫌疑人23人，收缴假烟生产器具5台(套)、假烟成品618箱(每箱50条，共计618万支)、制假用烟丝6千余公斤及大量制假用原辅材料，涉案金额达300余万元，显示了新机制的优势和作用。7月，山东公安机关与工商部门协同作战，破获特大假冒“王老吉”注册商标案，当场查获假冒“王老吉”注册商标饮料罐近30万个，罐体半成品切片35万张，罐体底盖44万枚，成为全国“王老吉”商标维权案中缴获假冒“王老吉”注册商标标识数量最多的案件。

三、深化警企协作，强化参谋服务职能

各地公安机关按照“促发展、保民生、促和谐、保稳定”的总体要求，前移服务阵地，主动深入企业单位，宣传法律知识，及时了解、解决企业在知识产权创造、运用和保护中遇到的困难，指导制定预警措施，为企业的发展保驾护航。如浙江、贵州、四川

等地公安机关试点推行了"服务企业五项措施"、"知识产权刑事保护重点联系企业机制"等措施,得到了当地党委政府的支持和企业的认可。江苏公安机关开展了"保品牌、保名牌"活动,与全省103件中国驰名商标、1859件全省著名商标拥有企业建立了知识产权保护援助机制,优化了企业知识产权保护环境。福建公安机关推出"向企业派驻民警担任经济安全员"、"向企业聘任经济安全联络员"等新举措,先后帮助170家企业建立起经济案件预警、知识产权保护、法制宣传教育等机制,发现和堵塞24家企业经营管理中存在的漏洞,侦办了98起涉企经济犯罪案件,为企业挽回经济损失近9000余万元。通过上述机制,进一步缩短了公安机关与企业间联系的距离,构筑起和谐警企合作的新平台。

四、注重基础工作,实现工作科学发展

针对当前公安机关执法实践面临诸多体制性、法律性困惑和难题的现状,各地公安机关大力加强基础工作建设,以期科学提升执法办案水平,更好地服务于我国经济社会发展。一是开展法律适用问题研究,着力破解制约执法工作的难题。今年以来,公安部组织全国公安机关开展了知识产权刑事法律适用问题的专题研究,通过座谈、书面征求意见等形式,深度挖掘和整理长期困扰执法实践的突出问题,研讨解决意见和建议。二是开展调查研究和分析总结,推动法律法规和制度措施完善。各地公安机关十分重视掌握和研判侵犯知识产权犯罪情况和趋势,先后起草了一批专题调查报告,及时提交有关部门,为完善相关政策制度、提高打击防范水平、强化行政与刑事执法衔接配合建言献策。4月,立足四川宜宾打击侵犯五粮液知识产权犯罪案件工作实际,会商高法院、高检院等部门同意,在宜宾试行假冒商标犯罪指定管辖措施,突破了当地公安机关打击此类犯罪案件的瓶颈,取得了良好的效果。三是开展业务培训教育,努力提高一线工作水平。为及时将理论研究成果转化为战斗力,提升公安机关的实战技能,公安部积极开展教育培训工作,通过编发《经济犯罪案例选编(三)——侵犯知识产权犯罪》一书,举办"全国公安机关知识产权刑事执法培训班"等形式,提升公安机关在现行法律理解与适用、假冒商标识别与认定、侵犯知识产权犯罪案件的侦查指挥等方面的知识和技能。

五、积极推进国际合作,维护我国保护知识产权的良好形象

公安部始终将加强国际执法合作和对外宣传作为知识产权刑事保护工作的重要内容,一方面,利用双边机制以及国际刑警组织等多边框架,积极开展协助调查取证、通报犯罪线索、提供司法协助等方面的交流与合作。10月,广东省公安机关立案侦办一起跨国销售假冒香烟案,即向美方通报相关线索,促使美方及时将运往美国的假冒香烟予以查扣;另一方面,通过接待、参加国外政府部门和执法机构来访、会晤,参加、组织出访活动等渠道,宣传公安机关知识产权刑事保护的巨大成就,阐述侵犯知识产权犯罪是一个国际性问题的主张,使公安机关乃至我国政府知识产权保护工作受到国际社会的理解支持和积极评价。6月,有关国际组织授予公安部经侦局有关人员国际知识产权保护"杰出贡献人士奖"。

六、开展对内教育和对外宣传,营造保护知识产权社会氛围

公安部始终坚持将宣传教育作为一项先导性、基础性工作,在组织领导、统筹规划、机制建设等方面采取有效措施,提出"让人民群众成为抵制假冒盗版主力军"的主题口号,结合公安机关打击犯罪的职能特点,积极推进全国公安机关宣传工作的深入开展。春节前后及"4.26知识产权宣传周"期间,各地公安机关组织民警走出机关大院、走入街头社区,采取集中销毁假冒盗版品、发放识假手册等形式,与普通百姓进行面对面的讲解、交流,宣传有关知识产权保护的法律、政策,揭示假冒侵权犯罪活动的巨大危害。宣传周期间,福建泉州公安机关联合市工商部门在该市垃圾焚烧场集中销毁假冒注册商标运动鞋近10万双,服饰近1.8万件,箱包2146个,卫生纸巾281箱,汽配产品近1600个,手机电池6万余块,总价值960余万元,有力地震慑了当地制假贩假犯罪活动的嚣张气焰,在当地群众中引起积极反响。

2009年打击假冒商标犯罪10个典型案例

1. 上海8.07销售假冒注册商标的商品案

2009年7月，上海浦东经侦支队接到线报，浦东新区一市场内多家商铺有售假行为。经前期排摸和侦查经营，公安机关确定售假窝点、假货仓库。2009年8月7日，根据“鹰眼二号”打击假冒注册商标犯罪的集中统一行动的要求，上海浦东公安机关对该市场开展集中打击整治行动，查获2个销售窝点和1个销售仓库，抓获涉嫌销售假冒注册商标的商品的犯罪嫌疑人5人，缴获假冒“LV”、“GUCCI”、“CHANEL”及假冒“江诗丹顿”、“伯爵”、“劳力士”、“欧米茄”等品牌箱包皮夹、手表40余种共计6000余件侵权商品，涉案金额达7000余万元。经查，犯罪嫌疑人尤某某、王某某于2009年6月起租借该市场一商铺用于对外销售各类假冒箱包、票夹等商品，并通过犯罪嫌疑人胡某某租借仓库用于堆放其低价购得的大量各类假冒品牌的箱包等商品，共计价值人民币5600余万元。另犯罪嫌疑人王某某自2007年12月起租借该市场一商铺，并在商铺内设置密室，雇用犯罪嫌疑人周某某在该商铺密室内销售大量假冒品牌的箱包、手表，共计价值人民币1505余万元。目前，上述犯罪嫌疑人均已被移送审查起诉。

2.北京钱某某销售假冒注册商标的商品案

2009年8月1日，北京市西城分局刑侦支队经侦大队接群众举报：在北京市西城区新华里小区有人销售假冒注册商标的商品。西城经侦大队立即成立专案组开展调查取证工作，通过前期摸排，锁定了犯罪嫌疑人钱某某及其犯罪网络，2009年8月26日，西城经侦大队会同相关单位将犯罪嫌疑人钱某某等四人犯罪团伙一网打尽。在抓捕犯罪嫌疑人之后，专案组加大审讯力度，扩大了战果。在该钱等人经营的西城区新华里小区 居民楼的四间地下室内，共起获假冒LV（路易威登）、GUCCI（古奇）、HEMERS（爱马仕）注册商标的各式钱包337个，提包、手袋共691个，衣、裤共33件，鞋64双，腰带45条，饰品120件，以及银联消费结算单286张，无线电通话机四部，监控器电脑主机。

3.章某某等人生产销售假烟网络案

2009年2月19日，重庆市烟草专卖稽查总队在对主城区名烟名酒店进行专项整治行动中，接到举报，称有一福建人长期在渝向主城区名烟名酒店销售假烟。3月23日，重庆市公安局经侦总队对此案进行立案侦查，并会同市烟草专卖稽查总队开展调查取证工作。因该案涉及广东、福建、浙江、重庆等地，地域广泛，涉及人员和运输公司众多，为加强对涉案办案单位的力量整合及合理调配，以市公安局经侦总队和市烟草专卖稽查总队为牵头单位，自上而下地发挥公安—烟草协作机制的强大效力，对侦破工作任务进行了科学分解，充分调动了办案各区县公安经侦支（大）队及烟草稽查支队的力量。办案各单位在牵头单位的统一指挥之下，分组行动，各组力量目标明确，任务细化、行动迅速。经查明，自2008年以来，犯罪嫌疑人章某某等人从广东、福建、浙江等地大量购进假冒卷烟销往重庆市内主城区。该章在渝主要利用名烟名酒专卖店做为据点建立假烟销售网络，涉及重庆主城区渝中区、南岸区等7区共30余家名烟名酒店，主要名烟名酒店经营者多为浙江、福建等6个省籍人员。截止目前，该案共查获在重庆地区销售的假冒卷烟11715条，涉案总金额高达3000余万元，其中实物案值949万元，帐册案值2597万元。目前，该案共刑事拘留犯罪嫌疑人21人，逮捕18人，网上追逃4人，判刑2人。

4.秦某、吴某某假冒注册商标案

2009年3月，湖北省宜昌市某粘合剂公司到该市公安局平湖公安分局报案称：2009年2月，昆明市机电市场上突然发现大量假冒该公司注册商标的粘合剂。接到报案后，分局立即成立工作组，前往昆明、武汉进行全面的调查取证。经过10多天的缜密监控、跟踪、蹲点守候，全面掌控了秦某、吴某某等人的犯罪活动规律及生产加工制假窝点、存货仓库。3月30日，专案组在武汉市公安局东西湖分局和当地派出所的配合下，同时出动警力20余人，分三路同时行动，一举抓获了秦某家族参与假冒注册商标犯罪的7名犯罪嫌疑人，并现场查扣假冒注册商标复粘合剂成品5267组，假冒注册商标纸箱??2114个，粘合剂原材料5吨，假冒注册商标粘合剂的空瓶33393个，假冒防伪标签32340枚，警示标签5632张，作案包装机械工具、制假设备四套，冻结犯罪嫌疑人的部分资金。2009年3月30日，犯罪嫌疑人该秦、吴因涉嫌注册商标罪被平湖分局刑事拘留；5月7日，经宜昌市人民检察院批准被依法执行逮捕。

5.徐某某假冒注册商标案

2009年6月29日下午，安徽省安庆市岳西县公安局接到安踏（中国）有限公司的举报信，称岳西县白帽镇“德顺步鞋厂”涉嫌生产假冒“安踏”注册商标的运动鞋。岳西县公安局立即制定方案，抽调三十名警力于6月30日对该鞋厂进行突击检查，现场查获假冒安踏鞋15036双，假361°鞋600双，涉案金额达300余万元。7月3日，犯罪嫌疑人徐某某归案。经查，该徐以生产自己申请的德顺步品牌做掩护，大肆制售假冒“安踏”等注册商标运动鞋，销往福建、湖北、四川、河南等多省十几个市县。该案特点：

（1）以“合法”掩盖“非法”，作案手段隐蔽。徐启文开办的德顺步鞋厂位于岳西县偏远乡镇，有自己申请的品牌德顺步，为生产假冒品牌运动鞋创造了有利的条件且不易被发现。

（2）犯罪组织形态简单，法律意识淡薄。德顺步鞋厂组织形态相对简单，为家族式个体企业，没有固定的管理制度，法律意识淡薄。

（3）犯罪分工明确，造假技术专业化。该徐通过购买真鞋，自行放样、设制划线板，再经过高频、帮面等车间多道程序制作，造假工艺逐步专业化，假冒产品的质量、外观、装潢等与真品肉眼很难区别。

（4）侵犯对象以知名品牌为主，仿真度高。知名品牌有较高的认知度，有较大的市场占有率，假冒产品容易混迹其中，进入流通领域。以该案来看，其仿造的“安踏”、“361度”都是国内的知名品牌。

6.“7·10”销售假冒注册商标的商品案

2009年6月11日，安徽省合肥市公安局包河分局经侦大队接到江苏某软件公司报案，称2009年3月份以来，其公司陆续接到客户电话，称他们购买的该公司软件无法升级，存在技术问题，需要公司工作人员进行修理与维护。公司指派人员到客户处维护时发现这些客户购买的软件全是盗版，根本不是该公司的正版软件，因此存在各种技术问题。公司工作人员对这些客户询问后得知，这些盗版软件是在合肥市包河区一书店内的一个年轻小伙子处购买。据该公司初步统计，2008 年 11 月份以来，嫌疑人的侵权行为造成该公司直接经济损失高达百余万元。

鉴于案情重大，大队即成立专案组，展开立案审查工作，并于 2009 年 7 月 12 日在合肥市包河区一书店将正在销售盗版软件的犯罪嫌疑人汪某、蒋某抓获，当场缴获盗版软件 100 余张、作案工具笔记本电脑一台、涉案赃款 6 万元。通过审讯，办案民警对汪某在六安舒城县汤池镇开设的电脑城进行搜查，查获其私刻的江苏某软件公司公章和业务章各一枚、销售账本 20 本、盗版软件光盘 200 余张、加密锁 55 个、操作说明 100 余份、刻录机一台、电脑一台等涉案物品。经合肥市政府新闻出版局鉴定，专案组民警搜获的软件全系假冒该软件公司注册商标的盗版软件。

经查，犯罪嫌疑人汪、蒋是夫妻关系，自 2008 年 11 月份以来，该汪利用自己所学的计算机技术，租用上海的服务器公开开设网站，谎称自己是江苏某软件公司在安徽的代理销售商，负责该软件的本地开发及销售、售后服务等工作，通过 QQ 号码的虚拟身份与客户进行联系，在安徽省范围内进行盗版软件的宣传和销售，并在合肥市宣城路 91-1 号和包河区百脑汇设置了实体销售点，提供免费送货、技术支持服务，上门销售软件的盗版加密锁从中获取高额利润。7 月 23 日，犯罪嫌疑人汪、蒋二人被批准逮捕，目前此案已移送起诉。该案的告破，极大震慑了侵犯知识产权犯罪在我市的嚣张气焰，有效遏制了侵权复制品的在市场上的流通，切实维护了被侵权单位的合法利益。

7.廖某某等人非法制造注册商标标识案

2009 年 6 月 3 日，浙江省温州市苍南县公安局经侦大队接到美国惠普公司报案，称在苍南县钱库镇有一制造“HP”注册商标标识团伙，要求予以打击。苍南县公安局经侦大队高度重视，迅速派出精干力量分组进行核查。经过两天两夜的踩点排摸，侦查人员掌握了制假团伙的整个布局情况，2009 年 6 月 5 日，将主要犯罪嫌疑人廖某某、黄某某等 6 人抓获，查获" HP" 菲林片一套 4 张，" AMP" 包装盒 76500 个，" HP" 包装盒 76200 个，其中已压痕 43200 个，" HP"、" AMP" 等各种型号注册商标标识 11360763 只。经查，自 2008 年 5、6 月份开始，犯罪嫌疑人廖某某等人非法制造" HP" 和" AMP" 注册商标标识包装盒及" HP" 注册商标标识不干胶商标标识并用于销售。

2009 年 10 月 9 日，廖某某、黄某某等 6 名犯罪嫌疑人因涉嫌非法制造注册商标标识罪被依法移送苍南县人民检察院审查起诉。

该案是浙江省有史以来缴获假冒国际著名注册商标标识数量最多的一起案件。此案的成功侦破，不仅彻底摧毁了位于温州苍南、宁波慈溪两地的生产、储存、销售窝点 15 个，抓获全部涉案犯罪嫌疑人，有力震慑了侵犯知识产权犯罪活动的气焰，为保护知识产权、维护市场秩序作出了积极贡献。

8.应某等人假冒注册商标案

2009 年 3 月 31 日，浙江省金华市公安局经侦支队根据省公安厅的部署，立案侦办假冒九阳股份有限公司注册商标案。捣毁制假、储存窝点各 2 个，抓获应某等 15 名涉案犯罪嫌疑人。经查，犯罪嫌疑人应某等人因见九阳豆浆机在市场上销售火爆，于 2008 年 11 月份合伙在永康、武义等地设厂组装假冒的九阳豆浆机，由黄岩的陈某提供上机盖等塑料件，由广东一些厂家提供电机等配件，由苍南的郑某等人提供九阳豆浆机的商标标识，将组装好的假冒九阳豆浆机销售他人。截至案发，共计销售 19402 台假冒的“九阳”牌豆浆机，与未销售的成品、半成品共同计算，涉案市场总价值约1200万余元。该案是近年来浙江省公安机关查处团伙人数最多、制假售假网络（印制商标标识、原辅材料供应、造假窝点、销售商）较为彻底的一起重大团伙网络案。

2009年9月10日，犯罪嫌疑人应某等人以涉嫌假冒注册商标罪、销售假冒注册商标的商品罪、非法制造、销售非法制造的注册商标标识罪被移送永康市人民检察院审查起诉。

9. 艾莉斯网站销售假冒注册商标的商品案

2009年4月下旬，北京集佳知识产权代理有限公司广州分公司受“OCHIRLY”公司委托到广州市公安局经侦支队报案称：互联网上有一家网站大肆销售未经“OCHIRLY”注册商标持有人授权的假冒注册商标的服装，怀疑售假人员在东莞活动。鉴于这是广州市首起利用互联网销售假冒产品的新型犯罪案件，支队领导高度重视，立即部署支队会同网监部门联合组成专案组开展立案侦查。经过近两个月的缜密侦查，犯罪嫌疑人的身份、落脚点、作案方式、人员构成等情况已基本摸清，破案时机已经成熟。2009年6月25日，专案组联合东莞市工商局采取行动，一举抓获涉嫌销售假冒服装的人员5名，查获假冒“OCHIRLY”注册商标的服装13686件，货值人民币473851元，同时查获用于进行联系和操作网络销售假冒“OCHIRLY”服装的电脑、销售单据等一批。

现查明，犯罪嫌疑人顾某于2008年4月始在广州市大朗镇租用办公场所并雇用业务人员，利用其注册的“广州艾莉斯名品服饰批发网”通过互联网联系客户，销售假冒“OCHIRLY (欧时力)”注册商标的服装。2009年3月，顾某通过互联网结识犯罪嫌疑人胡某某，后委托该胡进行假冒“OCHIRLY”服装加工，再由顾某利用其注册的网站进行销售。经计算，仅2009年3月至6月，犯罪嫌疑人顾某已销售假冒“OCHIRLY”注册商标服装合计34029件，销售金额合计1234220.24元人民币；犯罪嫌疑人胡某某加工、销售给顾假冒“OCHIRLY”服装合计12962件，价值人民币306102.6元。犯罪嫌疑人顾某现已被依法刑事拘留。

10.钟某某等人制售假冒名酒案

2009年初，广东省中山市公安局经侦支队接省厅移送案件线索，称在中山市沙朗、东升一带有嫌疑人员长期从事制售假冒名酒活动，接报后支队领导迅速组织精干力量展开调查摸底。经过一段时间的秘密监控后，掌握了犯罪嫌疑人钟某某的活动轨迹，锁定了涉嫌制售假冒名酒的四处可疑场所及相关嫌疑人员。2009年1月20日，经侦支队联合中山市经贸局酒类专卖办对藏匿于中山市沙朗、东升一带的四处假酒制售窝点同时展开突击行动。一举摧毁以犯罪嫌疑人钟海滔为首的特大制售假冒名酒犯罪团伙，行动中共捣毁窝点四处，侦查人员在四处分别用于加工、存储、销售窝点内查获了大量涉嫌假冒“轩尼诗”、“芝华士”、“人头马”、“五粮液”等国内外品牌名酒数千支，涉嫌假冒金额80多万元，现场抓获涉嫌制售假冒名酒的犯罪嫌疑人钟某某等3人。

经调查发现，该犯罪团伙通过以次充好的方式，将低档原料酒调配后灌装入“轩尼诗”、“芝华士”、“人头马”、“五粮液”等品牌名酒包装中，冒充真品酒以销售牟利。2009年1月20日该钟因涉嫌生产、销售伪劣产品罪被依法刑事拘留。2009年2月25日被依法逮捕，目前该案已由中山市第一市区人民检察院起诉至中山市人民法院。

商务部商标保护工作概况

(543~546)

企业商标海外维权

商务部条法司司长　李玲

非常高兴参加“全国工商系统商标战略暨世博会标志保护培训班”。在此，我将根据工商总局的要求，结合商务部开展知识产权海外维权工作的情况，与大家共同探讨对加强企业商标海外维权工作的看法。

一、加强商标海外维权是实施国家知识产权战略的要求，对促进对外贸易的健康发展和加快实施“走出去”战略具有重要意义。

2008 年 6 月，为提升我国知识产权创造、运用、保护和管理能力，国务院颁布了《国家知识产权战略纲要》。纲要提出的近五年目标包括“培育一批国际知名品牌”、“形成一批拥有知名品牌和核心知识产权，熟练运用知识产权制度的优势企业。”在“战略重点”部分，纲要要求“建立和完善对外贸易领域知识产权管理体制、预警应急机制、海外维权机制和争端解决机制”。因此，加强知识产权海外维权，包括商标海外维权，是实施国家知识产权战略的要求。

商标是知识产权的重要组成部分，与对外经贸的发展密切相联，二者相互促进。新中国成立 60 年来，我国对外贸易和国际经济合作持续快速健康发展。2008 年，外贸总额逾 2.56 万亿美元，跃居全球第三大贸易国。2002 年–2008 年，我国对外直接投资从 27 亿美元增至 521 亿美元，6 年猛增近 20 倍。今年上半年，我国进出口 9461.2 亿美元，其中出口 5215.3 亿美元、进口 4246 亿美元；对外承包工程新签合同额 646 亿美元，完成营业额 322 亿美元，分别同比增长 38%和 52%，保持了近年来分别同比增长 30%的良好势头，并呈加速增长态势。与此同时，我国企业通过马德里商标国际注册体系提交的国际注册申请数量，由 1990 年的 40 件发展到 2008 年的 1574 件，连续 4 年位列联盟发展中成员第一。2008 年《世界品牌 500 强》中，我国入选品牌 15 个，位居第七。2009 年《亚洲品牌 500 强》中，我国（包含港澳台）入选的品牌 182 个，占 36.40%，位居第二，其中我国大陆入榜品牌 99 个。虽然我国并没有关于自主品牌产品在出口中所占比例的具体统计，但有关调查显示，2007 年自主品牌产品在机电产品出口中的比例约为 8.5%。对外经贸的快速发展促进了我国商标的国际化进程，加强商标海外维权对促进我国对外贸易的健康发展和加快实施“走出去”战略具有重要意义。

（一）有利于提升自主品牌价值，转变我国对外贸易的增长方式。20 世纪 80 年代以来，发达国家一方面将知识产权纳入国际贸易体系，通过贸易手段保护其知识产权，另一方面又运用知识产权手段，维护其贸易利益。在国际贸易领域，含有大量驰名商标、专利技术的知识产权密集型产品在美欧等贸易强国的出口中占有重要地位，美国大企业 2/3 的价值可以追溯到商标、专利等所代表的无形财产。根据联合国工业计划署统计，世界各类名牌商品共约 8.5 万种，其中发达国家和新兴工业化经济体拥有 90%以上的名牌所有权，不足 3%的知名品牌占有 40%的市场份额。我国虽已成为贸易大国，但部分企业主要依靠数量扩张和低价竞争，很多企业做“贴牌”生意，没有形成自己有市场竞争力的品牌，在国际产业链中获得的利益非常低，抵御风险的能力也较差。在高附加值产品出口、发展跨国公司时，必须做好知识产权的海外维权工作，否则我们的知识产权和技术将难以在海外获得保护，我国对外开放水平和贸易利益也将难以获得保障和提高。通过加强商标海外维权工作，我国企业可以将自己的品牌推广到国外，从“贴牌”发展到“创牌”，在对外贸易中不断培育、提升自主品牌的价值，从而提高我国对外贸易的增长方式和质量。

（二）有利于协助企业开拓国际市场，支持企业“走出去”。世界未来的竞争就是知识产权的竞争。商标是企业的名片和形象，也是知识产权的集中体现，成为了现代企业提升核心竞争力的重要标志。企业开拓国际市场时，应将商标作为重点考虑之一，及时在境外进行申请和布局，加强管理和保护。加强企业商标海外维权，在境外保护我国企业的商标，有利于加速品牌国际化进程，支持企业“走出去”，开拓和发展国际市场。

（三）有利于协助企业妥善处理国际纠纷，维护自身的合法权益。随着改革开放的不断深入和企业“走出去”步伐的不断加快，我国部分企业和产品的国际影响力不断扩大，不少知名商标遭遇海外抢注，发生了较多的国际纠纷。在此情况下，企业进入相关市场将受到阻断，夺回商标也比较费时费力，重新塑造品牌代价更大。通过商标海外维权，可以协助企业妥善处理国际纠纷，维护自身的合法权益。

二、我国知识产权海外保护面临纠纷增多、维权意识不强、机制不健全等问题，海外知识产权保护任务艰巨。

（一）知识产权海外纠纷日益增多。随着我国企业及其产品在国际市场上竞争力的增强，部分发达国家企业不断通过知识产权，利用法律和非法律的手段削弱或侵犯我国企业利益。我国企业在海外遭遇的知识产权纠纷越来越多，形式也多种多样。例如：(1) 通过知识产权战略布局，垒砌知识产权壁垒，在相关国家提前抢注我企业的知识产权，为我企业的进入设置障碍。一个被广泛引用的数字是，根据 2005 年国家工商总局不完全统计，国内有 15%的知名商标在国外被抢注，每年商标国外抢注案件超过 100 余起。2009 年，我国 50 多个企业名称、商标在加拿大遭到抢注。王致和、海信的商标在德国也遭到了抢注。(2) 利用其享有的知识产权优势，通过提起诉讼、边境措施等手段对我企业海外发展予以打压等。(3) 通过申请注册具有歧视性的商标，丑化我产品的国际形象。

（二）企业在海外保护知识产权的意识薄弱，缺乏信息、资金与经验。有关调查显示，我国企业申请国际专利件数比例不足 22%，企业注册国外商标仅占 22%，知名企业的著名品牌在境外注册商标比率相当低。企业在国外遭受各类知识产权侵权时，由于缺乏信息、经验和足够的资金支持，往往无所适从，怕应诉，放弃依法维权，以至于只能被动挨打，影响企业的进一步发展。

（三）知识产权海外维权机制不健全，企业难以获得相关支持。目前，我国大部分企业创造、保护、运用和管理知识产权的水平还不高，没有健全的知识产权管理制度和知识产权战略，在国外取得知识产权少，知识产权“走出去”明显迟缓。同时，我们国家政府、行业商协会，还没有充分发挥在知识产权海外维权方面的指导、支持和服务作用，缺少相应的机制，面临海外侵权的企业也难以获得相关支持。

三、商务部加强知识产权海外维权的探索

作为对外经济贸易的主管部门，商务部适应我作为贸易大国的新形势，立足对外交流合作和对内服务企业两个着力点，一方面大力开展多双边知识产权交流与合作，积极参与国际规则制订，妥善处理知识产权争端，为对外经济贸易的发展营造良好的国际环境，另一方面大力加强海外维权和服务，增强企业知识产权意识和维权能力，指导企业积极应对重大涉外知识产权纠纷，为“走出去”保驾护航，维护我企业和国家利益。这两年以来，我们在以下方面进行了探索：

（一）筹备建立海外维权机制。2008 年商务部制定了知识产权海外维权援助机制实施方案，

印发了《商务部办公厅关于加强知识产权海外维权工作的通知》，推动建立以政府为主导，企业、行业中介组织、研究部门和驻外经商机构共同参加的海外知识产权保护和服务网络，通过培训、信息支持和服务、宣传等手段，提高企业的知识产权保护意识和海外维权能力。

（二）着力做好境外展会知识产权保护工作。针对近几年来我企业海外展会中知识产权纠纷增多，相关展品被查扣等情况。商务部将境外展会知识产权保护作为境外维权工作的重点，积极发挥政府的指导与服务职能。2009 年 3 月和 9 月，商务部分别在德国汉诺威国际信息及通信技术博览会（CeBIT）和柏林国际电子消费品展（IFA）上设立了“中国参展企业知识产权服务站”，聘请专家为我参展企业免费提供咨询和调解服务，并通过展前重点部署、积极与当地执法部门沟通合作、协调涉嫌侵权企业和国外权利人、召开现场工作会、散发宣传和指导材料、赴展台实地指导等各种措施开展工作，有地效地减少了境外展会上我企业因知识产权问题造成的纠纷。2009 年 4 月和 9 月，商务部还在汉诺威工业展和埃森焊接与切割展览会上聘请专家为我企业提供服务。

（三）加强对重点个案的指导与协调。对双边经贸关系中的重点涉外知识产权纠纷，如海信商标在德国遭抢注案、“普兰娜”商标在俄罗斯遭抢注案等，商务部积极配合相关知识产权部门，妥善应对处理，维护我企业合法权益，推动化解知识产权纠纷。2008 年美提起了 11 起涉及我国企业的知识产权 337 调查，2009 年提起 8 起。商务部加强对重点个案的应诉指导，协调行业组织和地方商务主管部门，动员企业应诉，提高应诉效果，连续在无汞碱性电池、三氯蔗糖、覆铜板、葡萄糖胺等案件中胜诉。

（四）积极开展公共信息服务和培训。商务部对原来的中国保护知识产权网（www.ipr.gov.cn）进行了改版，构建以对内为我企业提供知识产权服务和信息，对外宣传我知识产权保护工作为重点的知识产权海外维权网络平台，开辟了海外维权专栏。为使企业全面了解国外的环境，商务部正在组织编写知识产权海外维权年度报告，以揭示我企业海外知识产权发展现状及问题，通过具体案例等形式，指导企业做好海外维权工作。此外，商务部编印了《展会中的知识产权保护–欧洲的经验和实践》、《欧洲展会知识产权保护》等指导资料，并于 2009 年年底在北京、南京等地组织多场知识产权海外维权培训，帮助企业了解境外展会的知识产权保护规则，提高企业的知识产权意识和维权能力。

四、创建机制，大力推进我国海外知识产权保护工作，维护我国企业海外利益。

知识产权海外保护与维权对企业、国家的发展具有重要意义，但我国目前面临的形势却不容乐观。这不仅不利于保护我国知识权利人的利益，也制约了我国由“贸易大国”向“贸易强国”的跨越。当前国际金融危机的背景下，国外企业更加注重利用知识产权制度来保障其地位，维护其自身利益。我们的政府部门、企业均要采取措施，建立相应机制，大力推进我国海外知识产权保护，维护企业在海外的利益。

（一）政府机构要完善机制，发挥指导和服务职能。在社会主义市场经济条件下，政府和企业有不同的定位，不能越俎代庖，也不能缺位。政府部门要按照国家知识产权战略的要求，建立海外维权的工作机制，加强不同政府部分、行业组织和企业间的配合，并提供公共信息服务、培训服务和相关行政支持服务等。必要时，政府部门可以通过维权援助等途径，以政策、资金等形式，支持和引导企业在海外进行知识产权布局，积极维护自身权益。

（二）企业要加强知识产权意识，建立知识产权战略和管理体系。企业是技术创新的主体，也是知识产权创造、保护、运用和管理的主体。中国企业要在全球化的市场中立于不败之地，必须进一步培养独立创新精神及国际竞争意识，以知识产权为战略武器，打造企业的核心竞争力，建立和完善企业自身的知识产权战略和管理体系，灵活运用各国有关知识产权的法律制度，自觉维护自主知识产权的合法利益。正如吴仪副总理所说，“企业不仅要重视创造和依法获得自主知识产权，而且要像爱护自己的眼睛一样爱护自主知识产权，并在相关权益受到侵害时，能够主动起来维护自己的权利”。针对海外商标维权，企业要建立健全商标管理机构，对产品出口国的商标法律有一定程度的了解，运用法律武器打击海外商标抢注行为和商标侵权假冒行为，维护自己商标的合法权益。必要时，企业可以建立自己的行业组织或联盟，共同推进国际商标维权行动。我们注意到，我国企业这几年来也开始利用法律武器，在海外积极维护合法权益，取得了可贵的成绩。例如，通领科技集团公司历经 3 年多的应诉，在美国获得了专利纠纷的胜诉，具有重要意义；王致和在德国起诉欧凯公司抢注商标和不正当竞争，成功夺回了商标；“中国知名商标保护促进联盟”协调解决了联想商标在保加利亚、乌克兰的抢注纠纷和珍级酿造集团商标在韩国被抢注事宜。

（三）加强对重点领域和重点案件的指导，加大多双边合作与交流，为海外知识产权保护创造良好的环境。对国际知识产权纠纷易发的重点领域和重点案件，政府部门和行业组织要加强指导，并在必要时积极进行交涉。如商务部开展了美国 337 调查应对和境外展会知识产权保护工作，工商总局积极协调处理了 50 多件商标和企业名称在加拿大被抢注事宜。此外，我们还应积极开展知识产权的国际交流与合作，积极参与知识产权国际规则的制定，为我国海外知识产权保护创造良好的环境和氛围。通过双边知识产权对话和交流机制，增进了解和沟通，以政府间对话形式推动海外知识产权保护和维权困难问题的解决。

（四）加强海外维权的宣传和培训，增强企业海外维权的意识和能力。知识产权要获得良好保护，更需要企业和社会公众知识产权意识的全面提升。我国企业和社会公众的知识产权意识虽在逐步提高，但仍较薄弱。我们要积极开展海外知识产权宣传培训，提高企业对海外知识产权法律的了解，增强海外维权的能力，并加大对我知识产权海外宣传，为企业“走出去”营造良好的氛围。

推动包括商标在内的知识产权海外维权工作，需要我国政府各部门的密切配合，需要政府、企业和中介组织的共同努力。我相信，随着工作的不断扩展和深入，我国企业知识产权的海外保护和维权水平必将获得较大提高。

海关商标保护工作概况

海关知识产权保护状况

前言

2009年中国海关坚决贯彻落实国家应对国际金融危机的决策，着力优化海关监管和服务，出台并实施了包括加强对知识产权保护在内的“海关促进经济发展的十项措施”。在知识产权执法领域，海关除在进出口环节继续对侵犯知识产权商品予以严密监控的同时，还在侵权活动比较集中的邮递和快件领域开展了集中执法活动。海关对知识产权的保护，既有效地维护了公平竞争的进出口秩序，也促进了我国企业调整产业结构、转变增长方式、利用科技进步和自主创新增强产品的国际竞争力，从而实现我国经济复苏。

一、2009年海关知识产权执法情况综述

2009年，中国海关为实施知识产权保护，共中止放行进出口货物6.7万批，其中因涉嫌侵犯知识产权被扣留的近6.6万批。①和2008年相比，2009年海关中止放行货物的批次增长了4.1倍；扣留侵权货物②的批次增长了近5倍（见图1）。

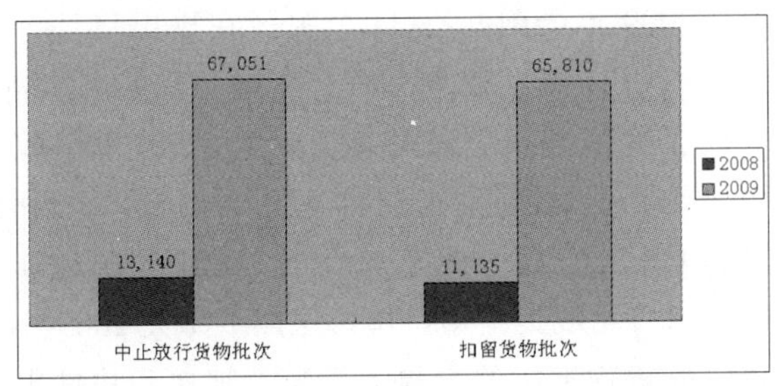

图1 2009年海关中止放行和扣留货物批次示意图

2009年中国海关共扣留侵权商品2.8亿件，商品价值达人民币4.5亿元。与2008年相比，2009年海关扣留侵权商品的数量减少了约3.6亿件，下降幅度约为57%；但商品价值增加了近1.6亿元，增长幅度约为53%（见图2）。

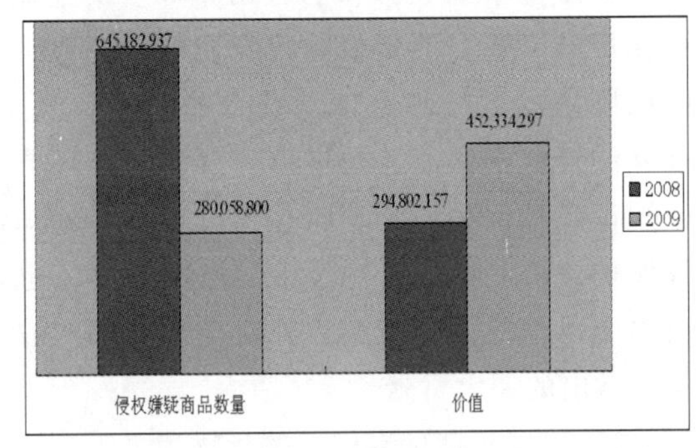

图2 2009年海关扣留侵权商品数量和价值示意图

造成2009年海关扣留侵权货物批次和商品价值均大幅上升，但扣留的侵权商品数量大幅下降的原因主要有2个：

（一）“邮递和快件渠道保护知识产权专项行动”使海关扣留侵权货物的批次大量增加。自2009年6月1日至12月31日，海关总署组织开展了为期7个月的“邮递和快件渠道保护知识产权专项行动”。各口岸海关在专项行动期间查获的侵权货物的批次商品价值，与2008年同期相比分别增长了7倍和4倍。

（二）海关扣留的侵权货物的商品结构发生变化是造成海关在2009年扣留的侵权商品扣留批次和商品价值上升但商品数量下降的主要原因。

2009 年海关扣留的侵权商品中，烟草制品的数量大为减少。由于香烟属于数量大但价值低的商品[③]，查获侵权香烟数量的减少造成了 2009 年海关扣留侵权商品数量的下降。相反，2009 年海关扣留的药品、服装、化妆护理用品、汽车配件等相对价值较高的商品的增幅较大。

二、2009 年海关扣留的侵权货物的特点

从海关查扣的侵权货物来看，2009 年侵权货物的进出口具有以下特点：

（一）出口货物仍占绝大多数

2009 年，中国海关在出口环节查获的侵权货物数量为 2.8 亿件，价值人民币 4.5 亿元，分别占全部侵权货物的 99.9%和 99%。

在出口环节积极主动地执法仍然是中国海关 2009 年知识产权保护工作的一大特色。需要指出的是，根据《与贸易有关的知识产权协议》（即 TRIPS 协议）[④]，缔约方没有在出口环节实施知识产权保护的义务，但是中国政府为了维护公平竞争的国际贸易秩序和全球消费者的健康和安全，通过立法授权中国海关在进口环节和出口环节都实施知识产权保护。主动地在出口环节实施知识产权保护，既是中国自身经济发展的需要，也是在超出应承担的国际义务之外对全球知识产权保护事业做出的一大贡献。

（二）以侵犯商标专用权的货物为主

2009 年，中国海关扣留的侵权货物涉及商标专用权、著作权和与著作权有关的权利、专利权、奥林匹克标志和世界博览会标志等多种类型的权利，但海关扣留的侵犯商标专用权的货物仍占绝大多数。在 2009 年海关扣留的侵权货物中有 6.5 万批涉及商标专用权[⑤]。海关扣留侵犯商标权的商品近 2.8 亿件，价值人民币近 4.3 亿元，分别占全部侵权商品数量的 99%和价值的 94%。

（三）香烟明显减少，其他商品大幅增加

在 2009 年中国海关扣留的侵权商品中，按照单项商品数量排在前 10 位的商品是烟草、化妆护理用品、五金机械、服装、药品、汽车和摩托车及配件、通讯设备、鞋类、箱包和手表；按照价值排在前 10 位的是存储介质、通讯设备、医疗器械、服装、珠宝首饰、烟草、五金机械、箱包及皮革制品、化妆护理用品和手表。

在 2009 年中国海关扣留的侵权货物中，药品、五金机械产品、服装、化妆及护理用品、鞋、汽车配件等商品的查获数量和金额都有显著增加。但是，2009 年扣留侵权香烟数量下降幅度较大，海关共扣留侵权香烟 1.81 亿支，比 2008 年的 5.6 亿支减少了 3.81 亿支，下降幅度约为 68%。占当年扣留的全部商品数量的比例也从 2008 年的 87%下降到 2009 年的 65%。

深圳海关 2009 年扣留的出口假冒香烟

（四）邮递和快件货物的批次比例较大，但海运商品的数量仍居首位

2009 年，中国海关在邮递和快件渠道扣留的侵权货物分别为 4.5 万批和 1.8 万批，分别占全部扣留批次的 68%和 28%，与 2008 年相比，分别增长了近 5 倍和 12 倍，但是海运渠道扣留的侵权商品数量仍然最多。2009 年海关在海运渠道扣留侵权货物 1490 批，虽然只占全部扣留批次的 2%，但扣留的商品数量却达到了 2.7 亿件，约占全部扣留商品的 98%，这些都符合邮递货物和海运货物的国际运输的特点。[⑥]

（五）进出口的口岸比较集中

2009 年全国共有 34 个关区在进出口环节查获了侵权货物，其中上海、广州、深圳、杭州、北京、哈尔滨 6 个海关共查获了 6.2 万批侵权货物，约占全国海关查获批次总和的 94%（见图 3）。上海、广州、北京和哈尔滨是中国邮递和快件进出口比较集中的口岸，这四个海关 2009 年查获侵权货物批次的大幅上升与“邮递和快件渠道保护知识产权专项行动”期间查获的邮递和快件

侵权货物次数的急剧增加有关。

从扣留的侵权商品数量看，海运货物监管业务量较大的海关仍是知识产权执法的主力军。2009年仅深圳、宁波、黄埔、杭州、上海、厦门6个海关就截获了侵权商品近2.8亿件，约占全国海关扣留侵权商品总数的99%（见图4），其中深圳海关查获的侵权商品最多，占总数的72%，其原因主要是被深圳海关查获的侵权商品中香烟的比例较大。

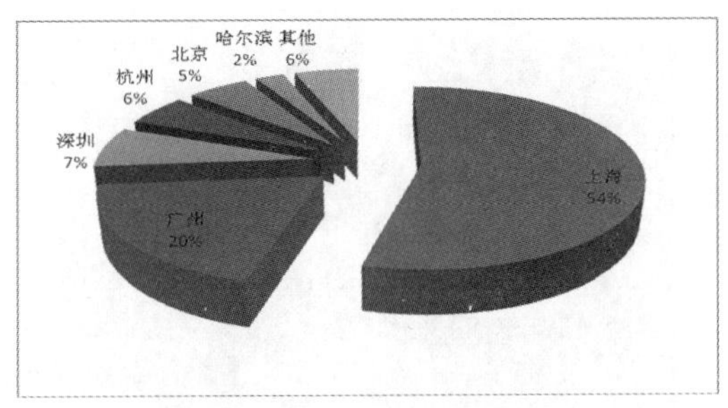

图3 2009年口岸海关扣留侵权货物的批次示意图

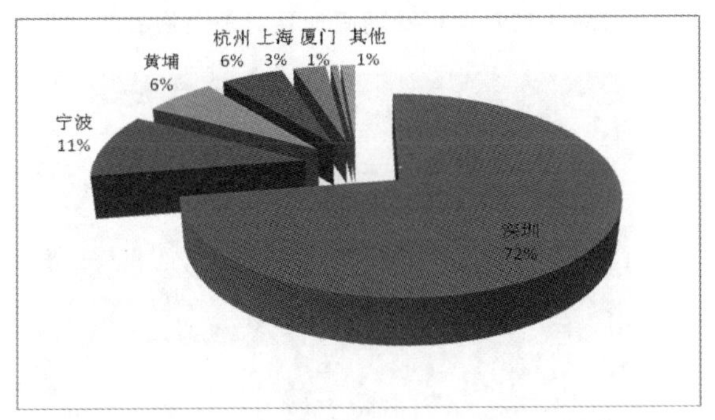

图4 2009年口岸海关扣留侵权商品的数量示意图

（六）涉及知识产权以美欧居多，但中国知识产权权利人获益也较大

2009年中国海关采取的保护涉及的知识产权权利人来自34个国家或者地区。受到海关保护知识产权共有11,462项次。[7]涉及知识产权较多的知识产权权利人分别来自美国、法国、意大利、日本、德国、芬兰、瑞士、中国[8]、卢森堡、英国和荷兰（见图7），但从涉及的知识产权的侵权商品来看，侵犯来自英国、瑞士、中国、美国和法国的知识产权的居前5位（见图8）。特别要指出的是，虽然涉及中国企业的知识产权的商品数量只占7%，排在英国和瑞士之后列第3位，但是由于2009年海关查获的侵犯英国和瑞士企业知识产权的商品集中在香烟上（其中侵犯英国企业知识产权的香烟7800万支，瑞士9900万支，分别占2009年海关扣留侵权商品总数的28%和35%），而侵犯中国自主知识产权的商品则遍及生产、生活、文具、食品、药品、车辆及配件等多个行业，所以实际上中国企业从海关的知识产权执法中获益更广。

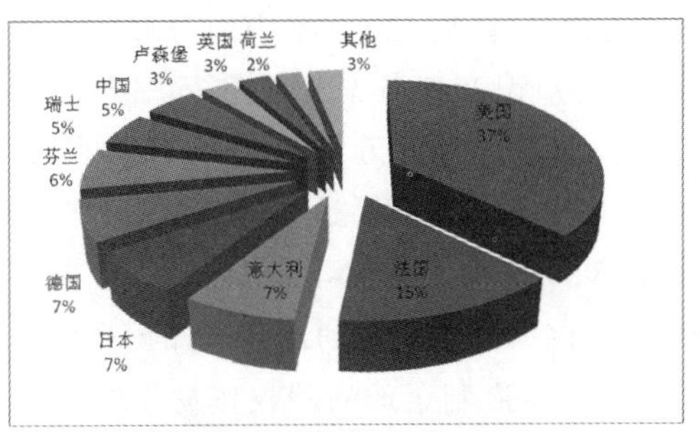

图7 受保护的知识产权的来源示意图

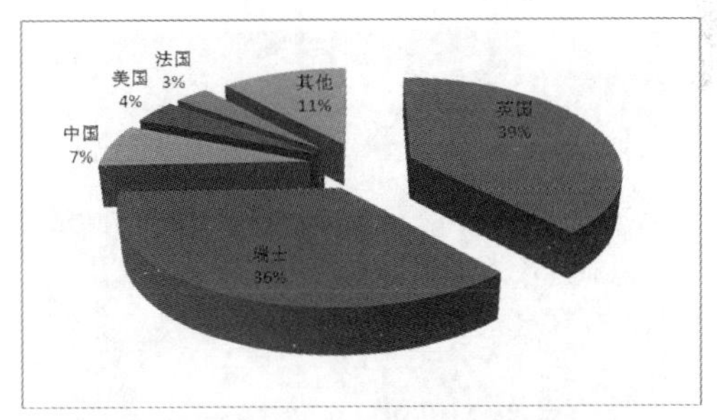

图8 涉及知识产权的商品数量示意图

三、2009年中国海关保护知识产权的措施

众所周知，海关是国家进出境的监督管理机关，通过边境执法可以有效地遏制侵权商品的国际运输，所以海关在保护知识产权方面被赋予厚望。但是，随着国际贸易的不断扩大，国际间运输的货物数量迅速增长，使各国海关的进出口监管任务日益繁重。要在保证进出口货物顺畅通关的同时，对包括侵犯知识产权货物在内的非法进出境的货物实施严密的监控和有效的查缉，是中国海关在2009年面临的一个严峻挑战。中国海关克服了执法任务重和执法资源有限的困难，取得了“便利合法贸易”和“打击侵权贸易”的双丰收。

2009年中国海关在保护知识产权方面采取了

一系列措施：

（一）充分发挥海关进出境监管职能，积极主动地查处侵权违法行为

根据TRIPS协议的规定，缔约方承担的义务只限授权其海关根据知识产权权利人的请求中止放行侵权货物进入自由流通，而没有义务必须主动依职权采取保护知识产权的措施[9]，但是中国海关依据中国法律的授权，积极主动地开展保护知识产权的执法行动。2009年中国海关依职权扣留（包括依据知识产权备案扣留和行邮渠道主动扣留）侵权货物近6.6万批，占全部扣留批次的99.8%；扣留的侵权商品达2.8亿件，占全部侵权商品的98.5%，商品价值4.3亿元，占全部价值的94.3%。中国海关积极主动地开展知识产权执法活动，对有效地遏制全球的侵权贸易发挥了十分积极的作用。

上海海关使用检查设备积极主动地查缉进出口侵权邮包

（二）组织开展了“邮递和快件渠道保护知识产权专项行动”

鉴于邮递和快件渠道已成为侵权商品跨境流通的一个重要途径，自2009年6月1日至12月31日，海关总署组织开展了一次全国性的“邮递和快件渠道保护知识产权专项行动”。在“专项行动”期间，全国各口岸海关根据海关总署的要求，集中执法资源，对进出境的邮包和快件货物实施了重点监控，适当提高查验比例，取得了辉煌的战果，共查获侵权货物3.8万批，扣留侵权商品261万件，价值人民币6200多万元。海关在“专项行动”期间查获侵权邮递和快件货物的批次、商品数量和价值较2008年同期分别增长了738%，28%和403%。

北京海关研究部署本关开展专项行动的工作

上海海关在专项行动期间加强对邮递物品的监管

广州海关在专项行动期间查获的假冒IPHONE手机

（三）继续加强对国内企业自主知识产权的保护

加强对国内企业自主知识产权的保护，是海关2009年执法工作的重点。全国海关2009年共扣留侵犯国内企业自主知识产权的货物565批，查获侵权商品2000多万件，价值人民币近4900万元。

在被侵犯的自主知识产权中，许多属于我国出口的拳头产品。例如：

广东中山榄菊日化实业有限公司是全球最大的家庭卫生杀虫制品专业生产企业，其产品在非

洲市场具有很高的占有率。然而近年来在非洲市场上侵权“榄菊”蚊香的数量是该公司总出口量的10倍以上，给该公司带来2亿多元的销售损失。为保护和扶持自主品牌，厦门海关于2009年4月主动邀请榄菊公司来海关进行鉴别侵权产品的培训，并在当年5月就截获了43万盒向非洲出口的侵权蚊香，价值人民币27万元。

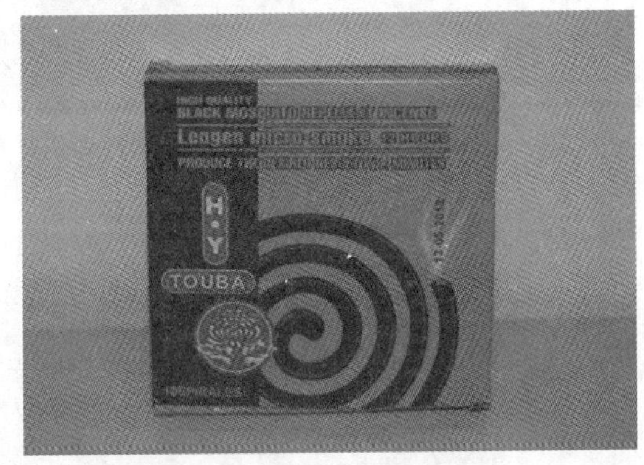

厦门海关查获的侵权蚊香

山东烟台三环锁业集团有限公司的“三环”牌挂锁在国际市场上具有较高的声誉，也是屡遭侵权的产品。为了维护“三环”商标国际知名度和形象，全国各口岸海关将“三环”作为海关保护国内自主品牌的重点之一。2009年全国海关共截获了18批，共计145万只侵犯“三环”商标的出口挂锁。

宁波海关2009年查获了140万只侵犯“三环”商标的出口挂锁

海关对自主知识产权的保护，极大地激发了国内企业参与知识产权海关保护的热情。目前在海关总署备案的19268项知识产权中，属于中国的知识产权有9,484项，占全部备案的49%。(见图9)。

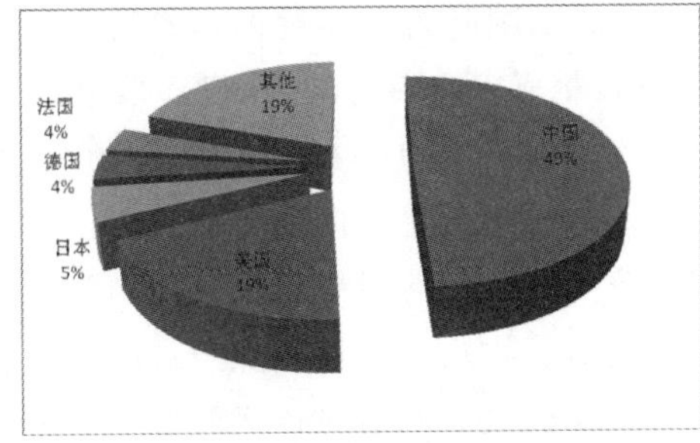

图9 备案知识产权来源示意图

(四) 大力开展与其他执法部门的合作

尽管海关的知识产权执法有力地遏制了侵权违法活动，但是打击侵权仍然重在源头。为此海关十分重视与公安机关和工商管理机关等国内执法部门的合作，通过建立紧密的执法合作机制，形成保护知识产权合力。为加强海关行政执法与公安刑事执法的衔接与配合，2009年10月海关总署与公安部联合召开了“海关和公安机关加强知识产权刑事执法协作研讨会”，对海关和公安机关在执法协作中需要解决的问题进行研究，提出了进一步改进的措施。

2009年10月海关总署和公安部举行“海关和公安机关加强知识产权刑事执法协作研讨会”

全国海关根据公安部和海关总署《关于加强知识产权执法协作的暂行规定》，积极开展和当地公安机关的合作，对在海关监管中发现的涉嫌构成知识产权犯罪的案件线索，主动向公安机关通报和移送。2009年全国海关根据《暂行规定》向公安机关移送涉嫌构成犯罪的侵犯知识产权案件线索186件。

2009年5月，宁波海关现场出口审单关员通过风险分析，连续查获一家深圳公司准备出口的

60 多万件假冒 ADIDAS、JVC、NOKIA、NIKE、CASIO、Christian Dior、GIANNI VERSACE、LV、ROLEX 等 60 个国际著名品牌的运动鞋、运动服套装、DVD 播放机、手机、耳机、收音机、手表、眼镜、内衣裤、包、衣服、丝巾、皮带、电池等商品。宁波海关迅速向地方公安部门进行了通报，向公安机关讲解了外贸报关出口流程，协助公安部门对货物进行了证据保全和收集了报关资料，使公安机关顺利地对该案开展立案侦查工作。

宁波海关查获的假冒 60 多个国际著名品牌的货物

（五）深化与知识产权权利人的合作，共建保护知识产权的战略合作伙伴关系

深化与知识产权权利人的合作也是 2009 年中国海关着力开展的一项重要工作。海关总署与在华外商投资企业和中国的一些行业协会在知识产权保护工作中一直保持着顺畅的联系和沟通渠道。海关总署 2009 年在海关立法、执法问题研究和对外海关执法合作等方面多次与知识产权权利人组织举行研讨会，听取企业对海关工作的意见。为提高海关一线关员的知识产权执法能力，各口岸海关先后 60 余次邀请知识产权权利人到海关监管现场举办鉴别侵权商品的培训。海关总署在组织开展“打击邮递和快件渠道侵权物品的专项执法行动”期间，还会同中国外商投资企业优质品牌保护委员会（QBPC）专门为海关邮递和快件监管人员举办了一期培训，对保证专项行动取得预期的成果发挥了积极的作用。

2009 年 3 月海关总署与外资企业举行知识产权保护对话会

2009 年 8 月海关总署和优质品牌保护委员会召开“海关和业界加强知识产权合作研讨会”

福州海关邀请福建泰格动力机械有限公司代表向海关关员介绍侵权产品的特征

（六）进一步拓展国际海关间的知识产权执法合作。

2009 年中国海关积极开展了知识产权执法的国际合作活动。2009 年 8 月，中日韩三国海关知识产权工作组第三次会议在北京召开，对“中日韩三国海关保护知识产权行动计划（暨零假冒计划）”的实施情况进行了回顾，对改进实施工作进行了研究。2009年1月，中欧海关签署了《中欧海关关于加强知识产权海关保护合作的行动计划》，随后，中欧海关就《行动计划》的实施工作多次进行了磋商，并形成了《行动计划》的实施路线图，成立了联合工作组和专家组，确立了合作的机制；中美海关继续按照《中美海关关于加强知识产权执法协作的备忘录》的有关规定，继续在执法经验交流、案件统计数据交换、个案信息通报等方面开展了卓有成效的合作。

2009年11月第一次中欧海关知识产权行动计划专家组第一次会议在上海举行

2009年8月中国、日本和韩国海关在北京举行“零假冒计划”第三次工作组会议

除此之外，中国海关还派代表通过参加一系列知识产权国际活动，向各国代表介绍了中国海关保护知识产权的情况并与其他国家的代表进行了广泛的交流。

（七）大力开展对进出口企业和生产企业的知识产权宣传教育活动

在2009年4·26知识产权宣传周期间，海关总署组织了一系列面向社会公众的宣传教育活动：

• 会同国家知识产权局、公安部组织了2009年“中国保护知识产权高层论坛”；

• 发布了《2008年中国海关保护知识产权状况白皮书》；

• 评选了2008年海关保护知识产权的十佳案例；

• 在中国海关互联网门户网站组织了与网民的知识产权海关保护专题对话；

• 与中央电视台合作拍摄了反映知识产权海关执法的《以案说法》系列专题片。

李克农副署长在“中国知识产权高层论坛”上发表讲话

海关总署政策法规司孟杨司长通过海关总署互联网站与网民畅谈知识产权

2009年4月“海关保护知识产权十佳案例”颁奖仪式

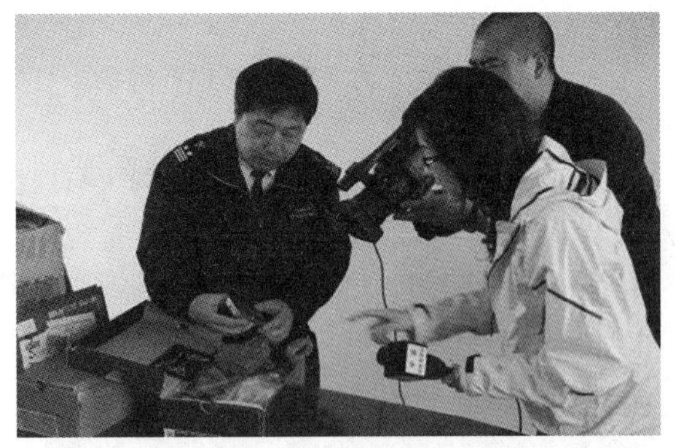

中央电视台在上海海关拍摄邮递渠道执法的专题片

各地海关也根据海关总署的要求，在加强知识产权执法的同时，也把针对社会公众的知识产权宣传教育作为海关知识产权保护工作的重要一环。海关的宣传教育大大提高了国内企业的知识产权保护意识。许多承接定牌加工的企业在收到境外客户订单后主动请海关帮助确认订单的知识产权状况，以避免因不知情造成侵权，给企业造成经济损失。一些过去曾出口侵权货物的企业，由于提高了知识产权保护意识，也转而向海关申请对其知识产权实施保护。海关开展的知识产权社会宣传活动对从源头上制止侵权发挥了十分积极的作用。

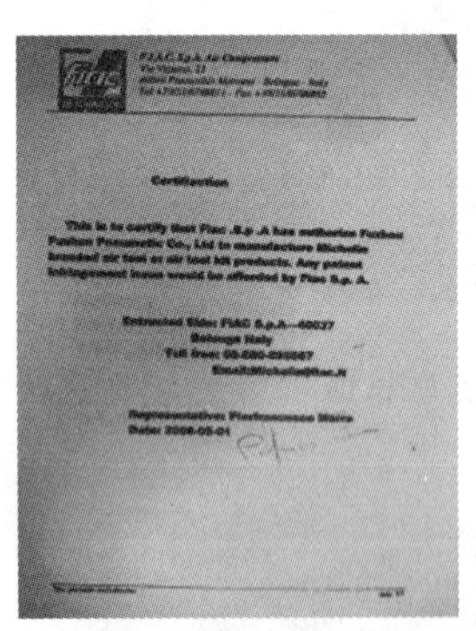

Certification

This is to certify that Fiac S.p.A has authorize Fuzhou Fushun Pneumatic Co., Ltd to manufacture Michelin branded air tool or air tool kit products. Any patent infringement issue would be afforded by Fiac S.p.A.

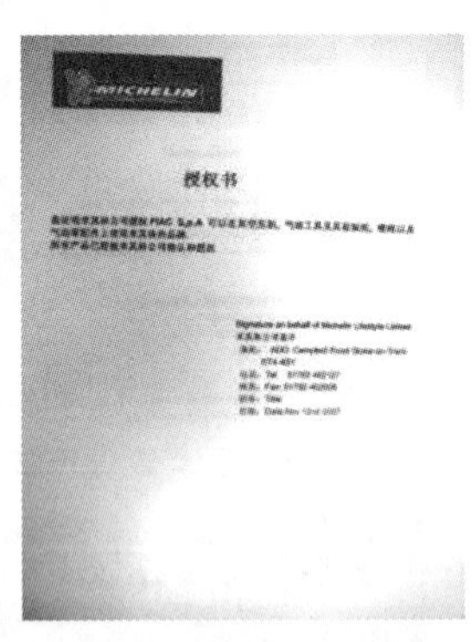

MICHELIN

授权书

（左）福州某企业请福州海关协助确认的某意大利公司委托生产一批“米其林”充气工具的订单；（右）意大利公司出具的得到米其林公司许可使用其商标的授权书（经米其林公司确认为伪造）

总之，中国海关2009年在知识产权执法方面取得成绩，是全国海关坚持“依法行政、为国把关”方针的结果。中国海关的知识产权保护工作，受到了来自社会各界的高度评价。在由180多家国际跨国公司组成的中国外商投资企业协会优质品牌保护委员会（QBPC）进行的内部调查问卷中，中国海关又一次被评为最有效率的知识产权执法部门之一。诺基亚负责全球知识产权总监Lucy Nichols女士对中国海关知识产权执法的评价是“世界各国海关中，中国海关保护知识产权方面是做得最好的。中国海关在打击侵权方面已经尽了最大的努力，现在是其他国家该行动的时候了”[⑩]。国内外许多企业也在不同场合表达了继续与中国海关开展知识产权合作的殷切期望。

（左）李宁公司向海关总署赠送的“国门卫士，维权先锋”奖牌；（右）优质品牌保护委员会向海关总署颁发的“中国知识产权保护杰出贡献机关”奖牌

三、2010年海关保护知识产权的工作重点

在2010年，中国海关将继续加强知识产权执法，保持对进出口侵犯违法活动的高压态势。海关总署将主要抓好以下几项工作：

（一）加强侵权信息收集和风险分析，提高海关查获侵权货物的效率

2010年中国海关将采取措施，进一步简化海关手续，方便合法进出口，这就要求海关在知识产权执法工作中更多地采用风险分析手段，实现海关知识产权执法的“智能化”。所以，海关总署将要求各口岸海关要广泛收集侵权货物进出境的信息，在知识产权执法中大力推行风险分析技术的应用，有针对性地对进出口侵权货物进行监控，争取在货物查验率有限的情况下，提高侵权货物的查获率。

（二）开展对世界博览会标志及有关知识产权的保护，为上海世博会的举办创造良好的外部环境

2010年5月，第41界世界博览会将在中国

的上海举行。截至2009年底，共有57项世博标志在海关总署进行了备案。随着世博会的日益临近，进出口环节侵犯世博标志专有权以及侵犯其他知识产权的违法行为也将有所增加。中国海关将按照海关总署的统一部署，加大对与世博会有关的知识产权的保护力度，严厉查处侵犯世博会知识产权的违法活动，争取为上海世博会的成功举办创造良好的知识产权环境。

（图左）在海关总署备案的世博"海宝"标志；（图右）上海海关与2009年5月扣留的5万把非法使用世博"海宝"标志的出口牙刷。这是中国海关查获的第一批侵犯世博标志专有权的货物。

（三）加大对国内企业自主知识产权的保护和扶持力度，让国内企业在知识产权海关保护中充分受益

虽然我国国内企业在知识产权保护意识和维权能力方面有了显著的提高，但客观上讲，与国际跨国企业比仍存在很大的差距。为此海关将会在知识产权保护方面加大对国内有自主知识产权的企业的宣传和扶持力度，帮助他们解决在寻求海关保护方面遇到的困难问题，为我国自主品牌走出去，扬名国际市场做出积极的贡献。

（四）加强对国内从事定牌加工企业的知识产权宣传教育，争取将更多的侵权消灭在源头

中国是全球加工制造中心，但是目前中国大部分从事加工出口的企业严重缺乏知识产权保护意识，在接到外商定牌加工订单后不能及时对涉及的知识产权情况进行审查，反而为侵权行为承担法律责任。在2009年中国海关依备案查获的1342批侵权嫌疑货物中，属于国外客商制定品牌委托国内企业生产出口的有323批，占总数的24%。为将侵权产品的出口消灭在源头，减少国内企业因承接侵权订单遭受经济损失，海关在2010年要将开展对国内从事定牌加工的知识产权宣传教育作为一项十分重要的工作。

（五）拓展和深化与其他部门的合作，形成知识产权保护工作的合力

众所周知，打击侵权重在源头，所以我们海关在新的一年里，将会在进一步完善与公安机关在打击进出口侵权刑事犯罪活动的基础上，加强与专利管理、版权管理、药品监督和烟草专卖等执法部门的合作。此外，海关还将加强和邮政部门的合作。2009年中国海关共查获通过邮递方式进出口的侵权货物4.5万批，比2008年增长了近5倍。随着互联网和电子商务的发展，"网上订购、邮递送达"逐渐成为侵权商品交易的重要模式。加强海关和邮递部门的合作将会有效遏制不法分子通过邮递渠道进出口侵权商品的势头。

（六）加强与知识产权权利人的对话和沟通，鼓励企业在打击侵权方面予以更有力的支持和配合

海关保护知识产权需要知识产权权利人的配合，特别是在向海关提供信息和协助海关认定侵权货物方面，知识产权权利人能够发挥十分重要的作用。2009年海关在货运渠道因保护知识产权而中止放行的货物中经知识产权权利人事后确认属于合法授权货物或因知识产权权利人不向海关申请扣留等原因而被海关放行的多达1322批，涉及进出口商品1.2亿件。根据《知识产权海关保护条例》的规定，知识产权权利人应当在向海关总署申请知识产权海关保护备案时，提供有关合法行使知识产权的货物的情况，并且应当在收到海关中止放行侵权嫌疑货物的书面通知后3个工作日内向海关提出扣留货物的申请。知识产权权利人的消极和懈怠在很大程度上会延误合法货物的通关。所以在2010年，海关总署将会采取有效措施，鼓励知识产权权利人更加积极主动地支持海关开展知识产权执法，以便利合法货物的进出口，维护合法进出口人的正当权益。

（七）继续开展与境外海关的执法合作，共同打击国际贸易领域的侵权活动

侵权贸易是一个全球性问题，需要各国执法部门，特别是海关之间的通力合作。2010年中国海关将在知识产权执法领域与境外海关开展以下

合作：

* 继续按照《中美海关关于加强知识产权执法协作的备忘录》与美国海关在执法经验交流、案件统计数据交换、个案信息通报等方面开展卓有成效的合作。

* 继续与欧盟海关开展案件统计信息交换和对口口岸案件信息交流工作。

* 加强与俄罗斯海关在打击侵权产品国际贸易方面的合作。

* 继续在中日韩三国知识产权合作框架内开展执法合作。

* 针对内地和香港之间侵权货物流动比较频繁的情况，将完善海关总署与中国香港特别行政区海关的知识产权执法合作机制。

参考文献：

① 根据《中华人民共和国知识产权海关保护条例》的规定，海关发现进出口货物有侵犯在海关总署备案的知识产权的嫌疑的，可以中止放行货物并书面通知知识产权权利人。知识产权权利人要求扣留侵权嫌疑货物的，应当在收到海关书面通知之日起 3 个工作日内向海关提出申请并提供担保。知识产权权利人未提出申请或未提供担保的，海关应当放行有关货物。

② “侵权货物”和“侵权商品”均指在因有侵权嫌疑而被海关扣留的货物，包括后经海关调查或者人民法院判决被认定不构成侵权、海关不能认定是否侵权或者因当事人达成和解协议而被海关解除扣留的货物。

③ 由于各国香烟的包装规格不尽相同，目前国际上对海关扣留的进出口香烟大多以“支”为单位进行统计，即“一支香烟为一件商品”。中国海关也采用此种统计方法，所以每件烟草制品的价值相对其他商品较低。

④根据 TRIPS 第五十一条的规定，缔约方只应制定使权利人能够向适当的司法部门或行政部门提交书面请求，由海关中止将进口货物放行进入自由流通的程序。对准备自其领土出口的侵权货物，缔约方也可以但并非必须制定由海关中止放行的程序。

⑤海关扣留的同一批侵权货物中可能会包含侵犯多种类型的知识产权的商品。所以侵权货物涉及不同类型的知识产权的批次之和会大于海关扣留侵权货物的批次之和。

⑥ 邮递渠道运输物品的特点是批次多，但商品数量少、价值高；而海运货物则是批次少但商品数量大，价值相对较低。

⑦这里知识产权的“项次”，指海关扣留的侵权货物所涉及的知识产权的次数。

⑧ 本文中的“中国”均不包括中国的香港、澳门和台湾地区。

⑨ 见 TRIPS 协议第 51 条

⑩ 在 2010 年 3 月 26 日“海关总署与企业知识产权对话会”上的发言

中国海关 2009 年知识产权执法统计

表 1　2009 年中止放行和扣留货物批次统计

年度	中止放行货物批次	同比	扣留货物批次	同比
2008	13,140		11,135	
2009	67,051	410.28%	65,810	491%

中止放行货物和扣留侵权货物单位：批

表 2　2009 年海关扣留侵权商品统计

年度	侵权商品数量	同比	价值	同比
2008	645,182,937		294,802,157	
2009	280,058,800	-56.59%	452,334,298	53.43%

侵权商品数量单位：件/双；价值单位：（人民币）元。

表 3　2009 年海关查获进出口侵权货物统计

进出口类型	侵权商品数量	占比	价值	占比
进口	103,558	0.1%	4,245,587	1%
出口	279,955,242	99.9%	448,088,711	99%

侵权商品数量单位：件/双；价值单位：（人民币）元。

表 4　2009 年侵权货物涉及的知识产权类型统计

知识产权类型	涉及批次	商品数量	占比	价值	占比
商标专用权	65,188	276,651,530	99%	425,371,077	94%
著作权	5,810	131,747	小于 1%	2,733,974	小于 1%
专利权	102	3,237,699	小于 1%	24,081,373	5.32%
奥标/世博标志	5	37,824	小于 1%	147,873	小于 1%

批次单位：批；商品单位：件/双；案值单位：（人民币）元。

表 5　2009 年海关扣留的侵权商品数量和价值统计

商品类别	商品数量	占比	价值	占比
烟草	181,346,116	64.75%	31,237,651	6.91%
其他	46,761,330	16.70%	25,807,920	5.71%
其他轻工产品	15,918,160	5.68%	1,959,904	0.43%
化妆、护理用品	10,996,937	3.93%	10,757,195	2.38%
五金机械	8,712,423	3.11%	30,503,080	6.74%
服装	4,986,126	1.78%	44,083,239	9.75%
药品	3,344,790	1.19%	8,555,921	1.89%
其他机电产品	1,747,306	0.62%	42,909,738	9.49%
汽车、摩托车	1,580,608	0.56%	2,893,802	0.64%
通讯设备	1,469,595	0.52%	57,628,798	12.74%
鞋类	1,184,250	0.42%	7,894,969	1.75%
箱包及皮革制品	418,746	0.15%	21,765,950	4.81%
手表	319,770	0.11%	10,226,569	2.26%
玩具游戏	313,311	0.11%	4,101,115	0.91%
帽类	282,262	0.10%	793,251	0.18%
食品饮料	212,533	0.08%	199,920	0.04%
医疗器械	198,744	0.07%	48,379,124	10.70%
运动器具	130,893	0.05%	846,142	0.19%
存储介质	95,735	0.03%	57,874,722	12.79%
珠宝首饰	39,165	0.01%	43,915,285	9.71%

商品数量单位：件/双；价值单位：人民币元。

表 6　2009 年和 2008 年海关扣留的侵权商品类别统计

	商品数量			商品价值		
商品类别	2009 年	2008 年	同比	2009 年	2008 年	同比
服装	4,986,126	1,613,877	209%	31,237,653	22,276,084	40.23%
鞋类	1,184,250	888,685	33%	25,807,920	17,145,646	50.52%
帽类	282,262	331,962	-15%	1,959,904	4,072,076	-51.87%
箱包及皮革制品	418,746	380,710	10%	10,757,195	6,100,531	76.33%
化妆、护理用品	10,996,937	5,505,752	100%	30,503,080	21,200,760	43.88%
其他轻工产品	15,918,160	27,359,492	42%	44,083,239	28,786,062	53.14%
汽车、摩托车	1,580,608	998,389	58%	8,555,921	11,737,826	-27.11%
手表	319,770	225,948	42%	42,909,738	4,867,393	781.58%
玩具游戏	313,311	374,100	-16%	2,893,802	2,243,334	29.00%
通讯设备	1,469,595	1,093,602	34%	57,628,798	22,775,068	153.03%
存储介质	95,735	456,192	-79%	7,894,969	6,832,480	15.55%
其他机电产品	1,747,306	3,800,796	-54%	21,765,950	16,398,522	32.73%
五金机械	8,712,423	1,136,291	667%	10,226,569	9,258,069	10.46%
珠宝首饰	39,165	94,165	-58%	4,101,115	1,019,940	302.09%
运动器具	130,893	148,630	-12%	793,251	1,628,809	-51.3%
医疗器械	198,744	0		199,920	0	
药品	3,344,790	230,762	1349%	48,379,124	7,247,302	567.55%
食品饮料	212,533	1,563,553	-86%	846,142	1,910,929	-55.72%
烟草	181,346,116	562,765,960	-68%	57,874,722	83,726,791	-30.88%
其他	46,761,330	36,214,071	29%	43,915,284.67	25,574,535	71.71%

商品数量单位：件/双；价值单位：人民币元。

表 7　2009 年侵权商品运输方式（按扣留批次）

运输方式	邮递	快件	海运	航空	汽车	铁路	其他
批次	44,584	18,262	1,490	316	501	149	508
占比	67.75%	27.75%	2.26%	0.48%	0.76%	0.23%	0.77%
同比	500%	1,162%	31%	−8%	171%	19%	9%

批次单位：批；“其他”：旅客携带、保税区、保税仓库等。

表 8　2009 年侵权商品运输方式（按商品数量）

运输方式	邮递	快件	海运	航空	汽车	铁路	其他
商品数量	2,690,886	1,003,927	273,783,586	137,524	2,080,851	144,366	217,660
占比	0.96%	0.36%	97.76%	0.05%	0.74%	0.05%	0.08%
同比	−2%	−28%	−57%	−68%	−69%	2%	79%

商品数量单位：件/双；“其他”：旅客携带、保税区、保税仓库等。

表 9　2009 年侵权商品运输方式（按价值）

运输方式	邮递	快件	海运	航空	汽车	铁路	其他
价值	91,292,878	16,788,386	289,517,294	36,778,820	12,608,093	2,191,014	3,157,813
占比	20.18%	3.71%	64.01%	8.13%	2.79%	0.48%	0.70%
同比	330%	246%	19%	172%	82%	−19%	33%

价值单位：（人民币）元；“其他”：旅客携带、保税区、保税仓库等。

表 10　各直属海关扣留侵权货物统计

直属海关	批次	商品数量	价值
北京海关	3,541	188,839	87,785,500
天津海关	195	507,146	3,533,341
呼和浩特海关	5	1,108	70,710
满洲里海关	3	2,040	20,371
大连海关	136	84,902	4,845,695
沈阳海关	72	18,399	206,055
长春海关	5	52,877	75,468
哈尔滨海关	1,648	13,202	1,975,472
上海海关	35,739	8,172,781	57,782,936
南京海关	156	48,867	2,739,753
杭州海关	3,655	15,735,158	36,293,624
宁波海关	301	29,771,703	36,052,220
合肥海关	3	3,170	130,758
福州海关	235	446,095	6,475,732
厦门海关	186	1,861,626	9,025,824
青岛海关	488	924,174	7,782,302
郑州海关	10	351	9,600

直属海关	批次	商品数量	价值
武汉海关	369	23,958	2,095,896
长沙海关	74	45,947	1,625,343
广州海关	12,859	423,465	7,808,199
深圳海关	4,702	203,243,082	157,421,868
拱北海关	759	315,356	9,493,030
汕头海关	9	23	2,300
黄埔海关	75	17,655,758	11,274,623
江门海关	14	41,692	617,800
湛江海关	2	28,248	1,300,422
南宁海关	70	66,837	2,266,538
海口海关	1	12	12,000
重庆海关	47	10,769	120,555
成都海关	46	353	217,900
昆明海关	130	20,516	219,396
拉萨海关	32	12,419	269,620
西安海关	182	78,525	1,233,740
乌鲁木齐海关	61	259,402	1,549,707

批次单位：批；商品单位：件/双；案值单位：（人民币）元。

表 11　2009 海关查扣侵权货物的执法模式

执法模式	批次	占比	商品数量	占比	价值	占比
依申请扣留	111	0.17%	4,119,650	1.47%	26,002,787	5.75%
依备案扣留	1,342	2.04%	271,825,399	97.06%	273,897,717	60.55%
行邮案件	64,365	97.79%	4,113,751	1.47%	152,433,793	33.70%

批次单位：批 ；商品数量单位：件/双 ；价值单位：（人民币）元。

表 12　邮递和快件渠道专项行动统计

统计项目	专项行动（2009 年 6–12 月）	2008 年 6–12 月	同比
批　次	37,914	4,523	738.25%
商品数量	2,612,891	2,044,560	27.80%
价　值	61,662,735	12,266,000	402.71%

批次单位：批；商品数量单位：件/双 ；价值单位：（人民币）元。

2009 年中国海关保护知识产权十佳案例

一、北京海关在邮递渠道查获转关出口假冒多个品牌电子产品案

（一）案件基本情况。

2009 年 6–12 月，海关总署在全国海关范围内部署了一次“邮递和快件渠道保护知识产权专项行动”。北京海关按照总署的统一部署，结合本关多年来在邮递和快件渠道开展知识产权保护执法的情况，制定了行邮渠道“9 个严查”措施，主动出击，确保专项行动取得实效。2009 年 7 月 20 日，北京海关驻邮局办事处接到一票从某内陆海关转关出口的快件，根据快件详情单，该票邮件共 75 箱，每箱重 30 公斤，目的地遍布南美、欧洲等 10 个国家，申报品名为：数字配件、零件、数字卡和电子配件等。按照“9 个严查”的规定，海关关员立即决定对该票快件进行开箱查验，发现实际货物为手机、游戏存储卡、U 盘、计算机内存条等电子类产品和各种电子类配件、商标标贴等共计 54762 件，上述涉嫌侵犯的品牌多达 12 个。经调查，北京海关认定上述物品构成侵权并依法予以处理，鉴于该案件案值较大，北京海关将案件相关信息情况通报公安机关作后续处理。

（二）推荐理由。

“邮递和快件渠道保护知识产权专项行动”是海关总署部署的一次全国范围内的行动，重点是打击通过邮递和快件渠道、采取蚂蚁搬家化整为零进出口侵权商品的违法活动，专项行动期间，全国海关共在邮递和快件查获进出侵权邮包 37000 多个，价值人民币 6000 多万元，分别比上一年增长了 7 倍和 4 倍多，有力打击了邮递和快件渠道的侵权违法活动。本案中侵权商品数量多、价值高、多种商品混杂，不法分子除了采取“蚂蚁搬家”、分散寄递和隐瞒真实姓名地址等传统方法逃避海关监管外，还试图通过转关运输、在夜间申报、采取锡纸包装规避海关 X 光机查验等手段蒙混过关，但仍没逃出北京海关总结的“9 个严查”措施的范围。本案的查获对于明确海关在邮递和快件渠道的执法重点，确保执法高效性和准确性等有很好的示范作用。

二、青岛海关查获出口假冒“FK”商标轴承座案

（一）案件基本情况。

2009 年 1 月 19 日，济宁某进出口公司（以下简称“济宁公司”）以一般贸易方式向青岛海关所属烟台海关申报出口装有滚珠轴承的轴承座 21345 个，目的国为菲律宾。海关关员在报关单监控过程中认为该批货物具有侵权货物的高风险特征，遂下达了布控指令。经查验，发现货物上标有“FK”标识，涉嫌侵犯福建省南安轴承有限责任公司（以下简称“南安公司”）在总署备案的“FK”商标专用权。海关在调查中发现，济宁公司是从另外一家拥有“FK”注册商标的公司获得授权的，但该“FK”核定使用商品范围不包括轴承，且商标正在异议复审中，双方当事人对货物是否侵权争议较大。海关在调查过程中，组织双

方进行了证据质证、多次调取相关证据、委托相关检验机构鉴定，最终依法认定出口货物侵权，作出了没收货物并处罚款的行政处罚决定。在案件办理期间，济宁公司针对烟台海关的扣留、行政处罚等具体行政行为，先后向青岛海关提起2次行政复议，向烟台市中级人民法院提起1次行政诉讼。但由于海关各项工作扎实，济宁公司的行政复议、行政赔偿诉讼案件得以圆满解决。

在该案的办理过程中，青岛海关敏锐地捕捉到了该案所反映的轴承行业性侵权趋势，结合山东口岸出口轴承情况，启动了打击侵权轴承专项行动。2009年，青岛海关在海运、空运渠道查发侵权轴承案件共15起，同比增长6.5倍，查获侵权轴承近30万套，总价值约200万元人民币，有效整治了青岛关区轴承进出口贸易秩序。

（二）推荐理由。

本案案情复杂，当事人双方对侵权事实存在较大争议，海关通过召开听证会、调取证据、委托鉴定等程序，查明事实，依法作出处理，使双方纠纷得到妥善解决，体现了较高的执法水平。在案件办理中，海关敏锐地察觉到轴承行业侵权趋势，并进行深入调查，开展针对性的执法，规范了整改行业的贸易秩序，体现了海关“查办一个案件、规范一个行业”的执法理念。

三、厦门海关查获出口假冒“菊花”商标蚊香案

（一）案件基本情况。

2009年5月12日，厦门某贸易有限公司以一般贸易方式向厦门海关申报出579780盒蚊香至非洲多哥。由于在当年4月份该关举办的自主知识产权专题培训班上，来自广东的中山榄菊日化实业有限公司（以下简称“榄菊公司”）的知识产权代表曾提供了侵权蚊香可能经由厦门口岸出口至非洲国家的信息，且货物未申报品牌、未提供相应授权文件，审单关员敏锐地发现了疑点，当即进行风险分析，并下达了布控指令。查验关员开箱后，发现其中435360盒蚊香的包装盒上虽然没有榄菊公司的中文标识，但其标有的“菊花”图形属于该公司在总署备案的知识产权；其余144420盒蚊香的包装盒则与榄菊公司的“包装盒（蚊香用）”外观设计相近。根据培训班上学到的榄菊蚊香的产品特征及真假辨别方法，查验关员判别此批蚊香具有明显侵权嫌疑，并提请法规处联系权利人进行鉴定。5月14日，榄菊公司向海关发函确认此批货物为侵权产品，并申请保护。该案查处后，关员根据掌握的生产企业、出口航线、进口商等信息，再次进行细致的风险分析，主动出击，严密布控，再次查获宁波某进出口有限公司、厦门某进出口有限公司申报出口的涉嫌侵犯榄菊公司“包装盒（蚊香用）”外观设计专利权的蚊香450000盒和149100盒。上述三个案件共计查获涉嫌侵权蚊香1178880盒，货值约人民币87万元。

（二）推荐理由。

该案是厦门海关充分发挥知识产权执法培训作用，与权利人加强合作，积极开展风险分析，主动布控查获的一起典型案例。海关关员在接受培训后一个月就查到侵权货物，充分体现了培训对知识产权执法的促进作用。在该案查处过程中，海关关员根据已查获案件掌握的信息，深入挖掘，再次查获2起涉嫌侵犯专利权的案件，体现了海关执法人员高度负责的工作态度和敬业精神。该案的成功查处有力地保护了企业的合法权益，据介绍，榄菊公司是全球最大的家庭卫生杀虫制品专业生产企业，其产品在非洲市场具有很高的占有率，然而，2008年非洲市场上侵权“榄菊”蚊香的数量是榄菊公司总出口量的10倍以上，给公司带来2亿多元的销售损失。通过上述案件的查处，2009年公司正品蚊香在非洲市场上的份额增加了15%，既维护了产品的国际声誉，也有效地挽回因侵权而失去的国际市场份额。

四、拱北海关保护自主知识产权“春天”行动查获系列侵权案

（一）案件基本情况。

2009年，在国际国内经济形势日趋严峻的背

景下，拱北海关积极贯彻中央、海关总署有关扩大内需、促进经济增长的工作决策和部署，及时制定出台了《拱北海关关于落实促进经济增长十项措施、加强关区自主知识产权保护工作的五项举措》，并从2009年1月1日起在关区范围内组织开展了一次代号为“春风”、为期5个月的保护自主知识产权专项行动。“春风”行动期间，拱北海关在广泛调查了解关区企业拥有自主知识产权状况的基础上，一方面积极引导关区自主知识产权企业向海关总署申请知识产权保护备案，借助海关行政执法力量打假维权，另一方面主动与部分自主品牌知名度较高、进出口量较大的企业建立了日常联系沟通机制，双方及时交流侵权线索和情报，共同提高打击侵权行为的针对性和准确率。同时，大力推广风险分析等技术手段在知识产权保护工作中的运用，针对本关区实际将服装、鞋帽、小家电、小五金、打印耗材等列为重点监控商品，对侵权货物出口较为集中的重点口岸和赴欧、赴美、赴日及赴中东等重点航线加强监管，重点监控和严厉查处货运、快件等渠道侵犯国内自主知识产权的违法行为，取得了较好成效。“春风行动”期间，该关共查获侵权案件176宗，案值557万余元，分别较去年同期增长117.3%和23.5%。其中2009年1月查获的中山市某商业有限公司申报出口铜球锁侵犯“MAXIM”商标专用权案，是该关2009年度查获的首宗侵犯自主知识产权案件，也是该关2009年加强国内自主知识产权保护的一个成功范例。2009年5月，根据国内权利人涂某申请，拱北海关又依法扣留了珠海某公司申报出口的涉嫌侵犯其外观设计专利权的数字电视机顶盒28,002个，货值3,667,900元人民币。该案是拱北海关近年来查获的最大宗涉嫌侵犯自主知识产权的案件，同时也是该关历史上查获的案值最大的一宗侵权案件。

在打击侵权的同时，拱北海关还注重不断拓宽和丰富知识产权海关保护工作的服务内涵，积极帮助关区自主知识产权企业做大做强自有品牌，为企业自主创新和开拓国际市场提供服务，取得了良好成效。一是召开自主知识产权企业座谈会，了解自主知识产权企业的发展现状以及在自主知识产权海关保护上存在的困难和问题，选择关区内20家重点自主知识产权企业作为重点辅导单位，在申请知识产权海关保护备案、政策指引、法律咨询、预审核服务、打击侵权行为等方面提供及时帮助和主动服务。行动期间，拱北关区共新增知识产权海关保护备案31项。二是主动为企业送法上门，先后派员前往珠海格力电器股份有限公司、TCL空调器（中山）有限公司等自主知识产权企业举办了知识产权保护专场培训，为企业合法生产、出口提供了及时的法律指引。三是为帮助关区自主知识产权企业加大维权力度，拱北海关还密切关注关区企业自主知识产权在异地关区遭受侵权情况，积极协助被侵权较为严重的企业，加强与侵权货物进出境地海关的联系和沟通，成功在异地关区查处2宗侵权案件，为关区自主知识产权企业异地维权起到了积极的示范作用。

（二）推荐理由。

在国际金融危机不断蔓延的背景下，拱北海关以开展保护自主知识产权“春风”行动为抓手，明确执法重点，拓宽执法合作形式和途径，着力打击侵犯国内自主知识产权的违法行为，为关区自主知识产权企业和地方经济发展“化危为机”提供强有力的知识产权保护支撑，充分展示了海关在国家知识产权保护体系中的重要作用。

五、上海海关查获出口侵犯“上海世界博览会吉祥物”标志专有权的牙刷案

（一）案件基本情况。

2009年6月2日，深圳市某贸易有限公司向上海海关申报出口柬埔寨牙刷一批。上海海关审单关员审核单证时，经过细致的风险分析发现几点问题：一是深圳的贸易公司跑到上海口岸来出口牙刷，存在一定的买单风险；二是牙刷，历来是上海海关查获的高发侵权商品，而该批货物申报数量较大，风险较大；三是按照以往的经验，货物流向地属于侵权风险较高的区域。综合上述因素，上海海关审单关员果断地对该批货物下达了“核品牌”的布控指令。6月3日，上海海关

对该批货物进行查验。开箱后，发现牙刷外包装除了标有“JAGA”标识外，还标有了“上海世界博览会吉祥物”标志海宝图形，根据以往的培训经验，查验关员知道该标识在海关总署备案系统中有记录，是明确列名受海关保护的世博标志，并且该批牙刷质量粗糙，经清点，集装箱内共计装有牙刷 30000 把，价值人民币 2.6 万余元。经权利人上海世博会事务协调局确认，该批牙刷构成侵权，海关依法对当事人作出了没收侵权货物并处罚款人民币 3000 元的行政处罚决定。

（二）推荐理由。

该案是全国海关系统查获的首起涉嫌侵犯“上海世界博览会吉祥物”标志专有权案件。近年来，上海海关针对世博会专有标志加强了宣传培训力度，制定了世博会知识产权海关保护运行方案，增强了执法的针对性。该案的查获对广大进出口企业及世博会参展单位、游客等将有很好的警示教育意义，对于维护世博标志专有权、净化世博环境等将起到积极的作用。

六、黄埔海关查获出口假冒多个品牌日化产品案

（一）案件基本情况。

2009 年 8 月，黄埔海关接到举报，称有一批假冒日化产品即将在黄埔老港海关出口。8 月 21 日，该关办案人员在掌握了有关假冒日化产品的确切情报后立即赶赴监管现场，锁定装有涉嫌侵权货物的 3 个集装箱，通过对货物进行彻底查验，一举查获了伪报的涉嫌侵犯“SUNSILK”、“PALMOLIVE”、“head&shoulders” 3 个品牌的洗发水共计 66010 支。该关在对侵权嫌疑货物进行清点后，一方面通知权利人协助对货物侵权事实进行确认，一方面成立专案组，部署深挖侵权源头的有关工作。经调查，黄埔海关掌握到可能还有部分侵权货物仍存于广州市白云区内的某仓库，也有部分产品将通过深圳海关出口，迅速与相关部门联系开展联动执法。在该关的协助下，广州市整规办随后查封了相关仓库，查获了约 60 万支侵权日化产品，深圳海关查获了 4 个集装箱的侵权日化产品。一个策划“分时分批出运、多点多地出口”侵权货物的阴谋被海关揭穿了。

（二）推荐理由。

本案是海关与海关之间、海关与其他执法机构之间执法协作的一次成功示范。海关根据查获的侵权案件线索，深挖侵权源头，通过各种执法合作机制，成功揭穿违法分子试图寻找执法薄弱环节出口侵权货物的阴谋。

七、广州海关查获出口假冒多个知名品牌手表案

（一）案件基本情况。

2009 年 9 月 29 日，深圳某公司向广州海关隶属佛山海关驻禅城办事处申报出口至加纳抛光砖等货物一批，现场关员对该单进行审核时认为该票货物存在侵权高风险：一是按照广州海关发布的侵权风险信息提示，在本地市场采购侵权商品通过外地贸易公司夹藏出口至非洲国家存在高风险，而该票货物申报为抛光砖，共 3 个集装箱装载，夹藏侵权商品的可能性较大；二是按照以往的经验，该批货物的贸易国别侵权风险较大；三是货物量大，且于国庆前夕进行申报，具有利用节假日闯关的嫌疑。关员遂对这该票货物下达了重点查验是否夹藏侵权商品的布控指令。在对该票货物通过大型集装箱检查设备 H986 进行扫描时发现，集装箱中前部显示为密度较高的金属物品。经卸柜全查，发现夹藏的货物为 151703 块手表及 1439 件服装和生活用品，其中标有在海关总署备案的“BALCARI”、“CASIO”、“GUCCI”、“LV”、“OMEGA”等 20 余个国际知名品牌手表 67800 块，另有标有未在总署备案的近 60 个商标手表 75223 块及无牌手表 8680 块。广州海关根据权利人申请扣留了侵犯在海关总署备案商标权的 63670 块手表、1439 件侵权服装，并会同地方工商部门对其余的手表进行了处理。

（二）推荐理由。

该案是海关运用风险管理手段有效查缉侵权

货物的典型案例，虽然企业申报商品属普通大宗货物，夹藏手法隐蔽性强，但该关通过前期风险信息的收集提示、案发现场关员敏锐的观察力和高科技检查设备的运用，成功查获该案。该案的查处，也得益于海关与公安、工商部门的执法协作，展示了各执法部门共筑保护知识产权“钢铁长城”的决心。

八、宁波海关查获出口假冒多个品牌货物系列案

（一）案件基本情况。

2009年5月下旬，宁波海关下属通关中心北仑现场出口审单关员通过分析以往布控报关单的查验反馈情况发现宁波某报关代理有限公司申报出口的货物多次被查获侵权、逃证等问题，有可能是专门申报“问题货物”的报关公司。于是，经研究，决定对该报关公司申报的货物进行重点监控。5月26日、27日，该报关公司代理申报出口的经营单位为深圳市某公司的6批货物被全部布控查验。经查验，该6批货物均发现有大量侵权货物，经过清点，共查验侵权货物近60万件，包括运动鞋、运动服套装、DVD播放机、手机、耳机、收音机、手表、眼镜、内衣裤、包、衣服、丝巾、皮带、电池等14个品种，涉及“ADIDAS、JVC、NOKIA、耐克钩（图形）、CASIO、Christian Dior、GIANNI VERSACE（图形）、LV及图型、ROLEX”等60项商标权，案值高达近200万元。经联系相关权利人鉴定，以上货物全部为假冒商品。鉴于该案货物数量、案值巨大，该关在办理该案的过程中非常重视书证、物证的收集保留、记录相关人员的信息，并迅速向地方公安部门通报了案件线索。地方公安根据海关通报的线索立即进行立案侦办，对3个犯罪嫌疑人进行了传唤并留置。目前公安机关对该案已侦办完毕。

（二）推荐理由。

此案充分体现了海关知识产权执法人员丰富的工作经验和高超的风险分析能力。执法关员经过全面分析所有报关公司历史出口记录，发现重大侵权风险，并对“问题”报关公司的出口情况予以跟踪，果断布控查验，一举抓住了“大鱼”，使那些企图申报“问题货物”获取非法利润的违法企业无处匿身。

九、杭州海关查获出口假冒“AUTOLITE”品牌火花塞案

（一）案件基本情况。

2009年10月份，义乌海关在一个月内连续查获三起侵权汽摩配件案，义务海关监控查验科和知识产权科根据三起案件的调查情况，对风险信息、布控查验情况进行全面分析，提炼风险参数，对侵权汽摩配件形成有针对性的布控建议提供给审单部门。2009年11月6日，深圳某进出口有限公司向杭州海关隶属义乌海关申报出口无牌摩托车锁、大灯、后视镜等配件，目的港为也门。该关经过风险分析，认为该批货物存在以下两个疑点：一是企业无故舍近求远，必将加大经营成本。出口商是深圳企业，而且深圳的港口条件比较优越且远洋航线较多，从企业成本角度考虑，当地企业根本不需要将货物不远千里运输到义乌出口。外地企业舍近求远到异地申报出口货物，很可能存在利用小商品出口瞒报夹藏的情况。二是经营单位、申报单位和目的国均为侵权高风险。该经营和申报企业在海关有出口侵权货物的不良记录，也门是出口侵权货物的高风险目的地。鉴于以上原因，该关判断该票货物存在很大的侵权嫌疑，遂果断下达了布控指令，要求现场查验关员认真查验核实货物的品名、数量和品牌。11月9日，该关机动查缉小分队根据布控指令对货物进行查验。开箱前，货主一反常态地主动承认该票货物存在严重申报不实，并称大部分货物为易碎品，恳求关员降低开箱比例，以减少损失。查验关员敏锐的发觉这一反常行为，严肃拒绝这一请求，并进行地毯式探底查验。在开拆了100多个纸箱后，终于在这个实际装有近40种不同货物的集装箱内发现体积不足两方的侵权火花塞。经全面清点，共计31392个。经调查，该起案件为

境外不法分子出于利益的诱惑，在明知侵权的情况下，故意瞒报品名，伪装夹藏，冒险出货。经海关调查，确认该批货物侵犯“AUTOLITE”商标权，并对当事人做出没收侵权货物并处罚款的行政处罚。

（二）推荐理由。

义乌海关是全国第一个设立知识产权科的隶属海关，自 2009 年 7 月开关以来，在不到半年的时间里，通过创新风险分析方式、组建机动查缉队伍、改良后续处理模式等手段成功查获了一系列进出口侵权货物案件，在打击义乌市场上进出口侵权货物违法活动，维护义乌市场的国际声誉等发面发挥了重要作用。该案查处后，义乌海关本着“查处一例典型，教育一个行业”的工作理念，借助电视、网络和报纸等媒体，做足做好知识产权海关保护成果宣传展示工作，扩大了社会影响。自媒体报道后，义乌海关尚未再发现有侵权汽摩配件出口，市场环境得到有力改善。

十、深圳海关查获出口假冒商标药品案

（一）案件基本情况。

2009 年 1 月 3 日，揭阳市某公司委托深圳市某货运代理有限公司，以一般贸易方式向深圳海关隶属蛇口海关申报出口电脑机箱 1026 台，申报价格 18262.8 美元，目的国埃及，承载集装箱为 20 尺集装箱。经风险分析，该关认为存在以下疑点：一是目的地是侵权行为多发区。据报关单显示，该批货物目的国为埃及。从以往经验来看，埃及是地中海航线中一个侵权高风险挂靠港，近年来该关查获的多宗侵权案件涉及的目的国就是埃及。二是货源地是侵权货物的重要生产区。经营单位揭阳市某公司是“生疏”的外地企业，其所处地区是假药违法案件高发区域。三是代理报关企业有出口侵权产品的违法记录。经调阅有关资料库，代理报关企业深圳市某货运代理有限公司，在海关曾有出口侵权货物的违法记录。四是申报和货物装载的情况有异常。电脑机箱产品出口在蛇口港虽为常见，但一般用 40 尺集装箱装载货物较多，而用 20 尺集装箱的情况较少见。综合以上分析，该关判断：该票货物存在一定侵权嫌疑，遂下达了 B 级查验指令，要求查验部门查验核实货物的品名、数量和品牌。开柜后，查验关员先是发现，该柜前端整齐堆放了电脑机箱的包装纸箱，全部挡住了柜内货物。对此，查验关员并没有被表面现象所迷惑，而是继续卸货查验，在卸下前三排电脑机箱后，开始有化妆品的出现。查验部门当机立断，将查验等级提升为 A 级，对该柜进行彻底查验。经彻底查验，最终确定：实际出口货物除少量电脑机箱和化妆品外，其余都是药品和相应的包装纸盒及说明书、标签，其中药品数量近 300 万粒，侵权对象包括辉瑞产品有限公司的“伟哥”，拜耳股份有限公司的“LEVITRA”，史密斯克兰.比彻姆公共有限公司的“PANADOL”三个世界知名品牌。经相关权利人代表到现场确认，该批药品全部是侵权假冒产品，虽然外观“精良”，但是质量低劣。查获该案后，深圳海关立即将有关情况报告海关总署。海关总署对此案高度重视，将相关线索通报公安部。目前，此案已作为公安部督办案件交由广东省公安厅进行侦办。

（二）推荐理由。

此案是海关在知识产权执法中综合运用相关信息、开展针对性风险分析取得成功的典范。该关将目的国、境内货源地、企业违法记录、运输工具等要素综合运用到风险管理工作中，从蛛丝马迹中捕捉疑点，适时调整查验方向，成功查获了数量巨大的假冒药品，充分体现了该关执法人员的职业敏感性和风险分析能力。

各省自治区直辖市商标管理工作概况

（571~685）

北京市

按照监管与服务并重的工作原则，2009年的商标工作坚持严格执法，树立了工商部门保护商标知识产权的执法威信，强化服务职能，确立了为各类经济主体商标战略服务的权威地位，实现了预期工作目标，圆满完成了维护了公平公正的市场经济秩序，促进首都经济平稳较快发展的工作任务。

一、严格执法，维护商标权利人合法权益，确保市场经济秩序稳定，树立了工商行政管理部门的良好威信。

（一）巩固奥运期间保护商标知识产权的成果，强化商标行政执法工作。

1. 商标监管系统在总结、借鉴奥运知识产权保护成功经验的基础上，进一步加大了商标专用权保护力度，畅通商标案件的投诉渠道，采取网上投诉、健全投诉机制等措施建立了商标案件的快速投诉通道服务权利人和消费者。对重点地区、场所风险点各分局还纳入了网格监控，做到了商标案件一经确认迅速查处，赢得了代理机构和权利人的好评。共立案查处商标侵权假冒案件1641件，罚没款3318.68万元。

2. 继续严厉打击侵犯国际知名商标专用权等违法行为。截至目前共查处涉外侵权假冒商标案件772件，罚没款1496.75万元，分别占本年商标案件的47%和45%。涉及美国、日本、德国、法国、韩国等国家的爱玛仕、阿迪达斯、索尼、耐克、BOSS、三星、惠普、松下等品牌。

3. 开展集中整治，保护国内知名品牌的合法权益，为企业保持竞争优势、提升品牌信誉度提供支撑。今年各级商标监管部门先后组织了以北京市著名商标“京华”、中国驰名商标“全聚德”、“茅台”、“北新”为代表的茶叶、食品、酒类和建材类涉假商标商品的整治工作，净化了市场环境，保护了权利人和消费者的合法权益。

4. 加大对商标专用权的刑事保护力度。在坚持办大案、掏窝点的同时，加强涉嫌商标犯罪案件的移送工作。目前海淀、西城、朝阳、丰台等分局共向公安机关移送案件16件，涉嫌犯罪人员48人。

5. 加强案件中认定驰名商标的推荐工作，扶植京企走出困境，做大做强。今年共向国家工商总局商标局推荐了康辉、纽曼、雍和宫、庄子等15件商标申请中国驰名商标的认定，是历年来向商标局推荐商标件数最多的一年，受到了广大企业的欢迎。

（二）以“商标授权经营制度”为基础，构建商标监管长效机制。

1. 进一步完善日常监管模式，将“商标授权经营制度”引向深入。

2009年全市已有356家有形市场实行了“商标授权经营制度”，建立商标档案37265个。为进一步推进这一工作的开展，各分局在辖区有形市场推广了“商标公示制度”和“电子授权台帐”的使用，目前实现“商标公示制度”的市场达106家，建立“电子授权台帐”的市场达127家，共建立电子档案25113件。

针对工作中遇到的新情况、新问题，工商部门不断探索，在部分辖区有形市场内搭建了以“商标授权经营制度”为基础的“145”监管体系，以构建长效监管模式。

第一、搭建一个商标授权经营动态管理平台，实现监管手段由传统向现代化转变。目前市局已经开发运行了“商标授权经营电子化监管系统”，搭建了市局、分局、市场三级的电子数据管理网络。这一系统目前已在部分辖区有形市场进行试应用。

第二、明确四方责任，确保有效施行。一是明确科、所监管责任。合理划分科所监管职责，确保有效管理；二是明确市场主办方依法经营管理的责任，树立市场主办方第一责任人意识；三是明确市场商户守法经营的责任；四是明确消费者责任，树立诚信消费意识。

第三、建立五项制度，形成长效监管。一是建立市场商标风险监管制度，实现重点监管。二是建立案件线索倒查建议制度，重点打击售假源头。三是建立风险商标商品提示制度，推进商户销售转型。四是建立入场商品商标信息、商户信用信息公示制度，接受社会监督，促进商户自律。五是建立市场品牌建设制度，提高市场主体竞争实力。

2. 继续深化“无假冒商标示范单位”争创工作，净化商业流通主渠道的经营秩序。

为进一步规范管理，2009 年市局拟定了《无假冒店和商标授权经营制度考评标准》、《无假冒商标示范商场检查办法》、《工商分局无假冒商标示范商场检查制度》及《无假冒商标示范商场（店）规范化管理工作指导书》等系列指导性文件指导分局开展对商业企业商标使用行为的监督检查，为争创工作的深入打好基础。对示范单位的日常管理中市局采取了检查与抽查相结合的方式，共对涉及 9 个区县的 18 个商场进行了检查，目前此项工作还在进行中。

3. 配合全局工作，积极落实国务院“支持中关村科技园区建设国家自主创新示范区”的有关精神，结合商标职能积极向总局建议设立中关村示范区商标注册办事机构等，推进中关村科技园区实施商标发展战略。目前总局已下发《关于支持中关村科技园区建设国家自主创新示范区的意见》，同意设立商标注册办事机构，授予北京商标监管部门支持商标无形资产资本化运作、设立商标事务处理快速通道、支持培育驰名商标等行政职能。

二、发挥商标服务职能，确立帮扶各类经济主体实施商标战略提高市场竞争力的权威地位。

（一）驰名商标、著名商标推荐认定工作取得成效。

按照《北京市十一五规划纲要报告》中“推进产业结构整和增长方式的转变，走高端产业发展之路”的要求，著名商标认定工作重点对现代服务业、高新技术产业、现代制造业等进行了品牌培育。各分局由过去单纯监管向主动服务转变，注重了解企业的实际需求和经营中存在的问题，有针对地指导企业的争创工作，企业积极性不断增强。

市局会同市农委、市质监局等部门及行业协会，经征求有关部门意见共同对全市百余件申请商标进行了审查，共认定 2008 年度北京市著名商标 117 件。其中在 64 件新申请商标中，涉及现代服务业、文化创意产业企业商标，拥有高新技术企业及本市龙头工业企业商标，涉农企业商标，其他涉及服装、家具、人用药等商标四大类，分别占新申请认定商标总数的 36%、27%、17%和 20%，符合北京经济发展的结构和特点。目前全市有效著名商标已达 377 件。

2009 年 4 月，“菜百”“漫步者”“美驰”等 10 件注册商标被国家商标局认定为中国驰名商标，使我市通过行政认定的驰名商标总数达 82 件。

在大力培育著名、驰名商标，打造拥有自主知识产权和知名品牌的优势企业方面采取了以下做法：

1. 在指导企业争创著名、驰名商标的原则上，坚持“扶持、培育、推荐相结合”，指导企业加强内部商标管理，推动企业开展科技与服务创新，提升附加值和品牌美誉度。各级商标管理部门对辖区内优势、传统产业和有竞争潜力企业进行了指导并制定培育计划。同时根据企业发展和争创的实际适时调整，区别不同行业、不同特点，有针对性地实施培育引导措施，建立争创梯队，保证了创建格局的科学、有序和完整。目前已完成了“十一五”北京市著名商标 500 件目标的 75%。

2. 在指导企业争创著名、驰名商标的布局上，发挥其在区域经济发展的核心和基础作用，把组织争创重点放在具有行业领先优势的企业上，鼓励其在产业链中发挥“领头羊”的作用，以其资金、技术和市场优势，引导中小企业为其配套，形成以著名、驰名商标企业为核心，相关中小企业分工合作的产业链，推动产业集聚，带动区域经济发展。

3. 在指导企业争创著名、驰名商标的方法上，及时总结推广企业成功经验，树立行业典型，以点带面推动整体工作的开展。工商部门采取座谈、授课、研讨、走访等多种形式宣传商标法律法规，不断提升著名、驰名商标企业的商标法律意识，使企业认识到提高产品质量和市场信誉是增强其竞争力，提升品牌含金量的关键。

（二）贯彻落实十七届三中全会精神，充分发挥商标在发展农村经济、帮扶农民致富中的助推作用。

农业、农村和农民问题，始终是各级政府关注的重点。近年来商标富农工作一直是工商部门的工作重点，利用商标战略推进社会主义新农村建设，发挥商标富农作用是工商部门服务三农的重要一环。

1. 制定涉农商标、地理标志和集体商标培育工作计划，指导涉农企业、农民群众及有关协会组织注册和规范使用，走健康持续发展的道路。

顺义、昌平、通州、大兴、燕山等分局以不同形式向辖区涉农企业、合作社、协会建议，鼓励其向商标局申请注册农产品商标，截至目前我市共注册农产品商标近5000件。

各涉农分局发挥商标职能作用，促进了农村经济的良好发展。针对平谷区民俗旅游业起步晚，业者分布散、规模小等问题。在政府“旅游富民”政策引导下，该区民俗旅游协会在工商部门的大力支持下核准注册了本市首个涉及服务、食宿等服务类别的“客居香”集体商标。并免费许可75户符合资质、内部管理、服务质量等规定的协会会员使用。对取得“客居乡”集体商标使用权的民俗户，按照《客居乡集体注册商标使用许可合同》和《客居乡集体商标的管理规则和使用办法》对其进行跟踪监督，并定期联合工商、食品、卫生、旅游等部门进行检查和考评，凡不合格的民俗户坚决予以取缔，以确保“客居乡”集体商标的信誉度。通过一年的使用，集体商标的优势越来越明显，仅2009年五一节前后使用该商标的民俗户客源大幅增加，经济收入高于同类商户30%以上。目前民俗户服务水平、规范化程度、自律意识都有了明显的提升，“客居乡”商标成为了平谷民俗旅游业响当当的品牌，给当地农民带来实实在在的利益。

密云分局在政府的支持下大力扶植地理标志“密云甘栗”的使用，带动农民增收致富。在利用“第二届国际板栗节”进行大规模宣传，提高“密云甘栗”的商标知名度的基础上指导北京栗联兴业板栗专业合作社对统一收购的板栗规范使用商标标识，同时对产品包装印制进行行政指导，避免违规。目前“密云甘栗”已实现规模种植和经营，直接从事板栗种植生产的农民达9万人，年产量11468吨，年产值8845万元，较商标注册前分别增长了66.2%和71.4%。

2. 借鉴涉农商标的成功经验，根据企业的规模和特点涉农分局深化“公司+商标+农户”的发展模式，与销售环节挂钩，指导涉农企业打造“公司+商标+农户+市场”的新模式。

海淀分局在辖区推行这一发展模式，在苏家坨镇车耳营村召开了商标富农工作现场会，邀请商业企业参与富农工作，打开了农产品的销售渠道，同时为涉农企业聘请了商标战略公益律师，避免农民由于不懂法而走弯路；延庆分局指导北京玉渡山永庆达种植有限公司实行“公司+基地+食用菌合作社+超市”的模式，走产业化发展道路。2009年发展种植户247人，涉及7个乡镇15个行政村，年产鲜菇40万公斤，销售收入480万元，农户平均收入3.84万元；怀柔分局引导北京东方颐园蜂产品公司利用“颐园”著名商标优势，带动辖区养蜂产业发展。该企业每年蜂蜜加工能力1500多吨，怀柔山区面积占70%，特殊封闭的地理环境保证了该区蜂产品质量，年产量达300吨。为此分局引导该公司与蜂蜜养殖产区蜂业协会建立联系，组建了养蜂专业合作社，为农民养蜂提供技术指导，并通过订单形式收购蜂蜜及其它蜂产品，激发了农民的养蜂积极性，解决了他们的后顾之忧，目前养蜂农户达156户，企业收购农户蜂产品价值110余万元。

3. 引导优势涉农品牌的升级，培育、扶植涉农龙头企业的进一步发展，争创北京市著名商标。

引导优势涉农品牌的提升也是2009年商标的工作重点之一，各分局从辖区涉农商标中筛选出优势品牌，指导其争创著名商标。门头沟、房山等分局还制定商标培育和地区发展战略，促进区域经济龙头企业品牌升级。在上半年认定的117件著名商标中有涉农商标26件，占总数的22%，是历年来数量较多的一年。目前我市377件著名商标中涉农商标达80件。

（三）加强政策引导，规范制度建设，服务企业不走过场。

1. 支持企业发挥品牌效应，创造性地引导企业开展商标质押工作，促进中小企业走出融资瓶颈。

工商部门积极发挥行政服务职能，特别在金融危机的背景下，充分发挥商标在推进首都经济社会全面协调可持续发展的重要作用，利用商标专用权质押贷款，帮助企业拓宽融资渠道，完成无形资产向有形价值的转化。8月21日市局在首都大酒店与北京银行、交通银行北京市分行共同举行了旨在帮助企业拓宽融资渠道，破解贷款难题，促进企业以商标专用权进行抵押贷款的“商标质押融资平台”签约启动仪式，搭建了“商标质押融资平台”。市工商局与北京银行股份有限公司、交通银行股份有限公司北京市分行就商标权质押融资分别签署协议。根据协议两家银行将在未来5年内为北京市中小企业提供300亿元的商标权质押融资意向额度。截至目前，两家银行已累计发放商标权质押贷款4.52亿元，向近40家企业提供了资金支持。

截至目前，北京银行、交通银行北京分行已经与北京市工商局怀柔、宣武、西城、海淀、崇文、平谷、朝阳、东城、丰台、顺义等分局完成对接，向近100余家北京市著名、驰名商标等企业进行了商标权质押贷款培训和推介。全市各级商标管理机关还会同北京银行、交通银行北京分行等部门积极开展对企业商标权质押融资相关工作的业务培训，共举办了37次培训班，培训著名、驰名商标及有一定实力和良好信用的企业人员1124人次；为了提高基层工商干部的业务水平，增进商标权质押融资相关知识的了解，各工商分局还对70余个工商所的197名干部进行了法律培训，提高了干部的工作水平和业务素质，为指导辖区企业相关工作的开展奠定了基础。

为了稳步推进商标权质押融资工作，各工商分局对辖区具有品牌优势的企业进行了广泛摸底、走访，了解企业的现状和贷款需求。签约仪式启动后，至目前已有海淀、昌平、宣武等区的7家企业获得银行贷款4050万元。

由于商标质押属于高风险贷款品种，企业融资需求与现状难成正比。一方面银行、评估机构、担保部门十分谨慎，另一方面由于目前贷款利息、评估费用、担保资金过高企业负担较重。对此工商部门积极争取地方政府、相关部门、金融机构的支持，先后与银行部门建立了联席会制度，定期通报工作进展情况。以座谈、走访等形式与知识产权局等有关部门沟通，力求发挥北京知识产权管理的整体优势，在降低企业费用、予以贴息等方面争取政府支持，实现突破。目前此项工作正在进行中。

2. 结合首都经济发展特点深入开展著名商标认定工作。

为进一步做好认定工作，市局结合当前经济形势和北京经济特点，指导企业争创著名商标坚持扶持、培育、推荐相结合的原则。各分局对辖区内优势、传统产业和有竞争潜力企业制定培育计划，有侧重、分步骤地加以培育。围绕十七大提出的“实施知识产权战略”和市政府《十一五规划纲要报告》中“推进产业结构调整和增长方式的转变，走高端产业发展之路”的要求，把指导、培育工作与北京知识密集型企业较集中、与涉农产品商标和服务业快速增长，与老字号企业挖潜相结合引导争创。在广泛调研的基础上，市局征求有关行业协会意见，进一步规范了评审程序，细化了工作标准，下发了《关于加强对驰名商标著名商标企业行政指导的意见》，各分局还实施了对辖区著名商标企业的回访，回访率在50%以上。通过对企业的回访和分类指导，及时掌握了辖区商标的使用情况，对企业如何正确使用著名商标、提升品牌竞争力给予意见，为企业持续发展打下好的基础。

3. 加大实施商标战略政策的引导，当好政府的参谋助手。

为了贯彻落实《国家知识产权战略纲要》和《北京市人民政府关于实施首都知识产权战略的意见》，促进商标行政监管与促进发展、服务大局、维护权益、依法行政相统一，充分发挥商标在社会主义市场经济建设中的作用，为在全国率先建成创新型城市，建设“人文北京、科技北京、绿色北京”提供有力支撑，促进首都经济又好又快发展，市局适时制定了本市商标战略的实施方案。方案确立了指导思想，制定了工作目标和工作任务，并就组织落实做出了详尽的部署，保证 2020 年完成即定商标战略目标。

4. 按照市局的工作部署，各工商分局还加大了对知名度较高、市场信誉较好的商标企业的政策引导，努力向辖区政府荐言，实施对驰名、著名商标企业的奖励政策。目前全市十三个区县已实施奖励政策。

三、加大商标工作宣传力度，为提升企业和消费者的商标意识创造良好的舆论环境。

各级商标监管部门利用“3·15”国际消费者权益保护日和“4·26”世界知识产权日，开展了形式多样的宣传活动普及商标知识等。同时加强对查处商标侵权典型案例的宣传，通过电视、报纸、网络等多种形式予以曝光。在震慑违法分子的同时，宣传了工商执法的权威，增强了全社会的商标法律意识。全年各级商标管理部门开展商标等法律法规宣传 500 余次、发放宣传材料 16 万份，举办各类培训班 200 余次，培训干部、企业人员万余人次。石景山分局还自行编印口袋书《商标知识手册》向企业发放，方便相关人员使用。东城、朝阳等分局通过发放“商标注册调查问卷”和为地区商标战略“会诊”等方式与有关部门沟通，加快地区商标战略的发展。媒体对商标监管工作进行了大量报道，涉及媒体包括：北京电视台、北京日报、中国工商报、北京晚报、法制晚报、京华时报、新京报、北京青年报、北京晨报、千龙网等；西城分局查处的销售假冒“NIKE”、“ADIDAS”、“YONEX”注册商标商品案、海淀分局查处的销售假冒美国“CISCO”注册商标商品案入选了总局评选的“2008 年涉嫌假冒注册商标犯罪案件移送典型案例”；丰台分局保护“FY”注册商标专用权案入选总局“2008 年保护国内企业注册商标专用权典型案例”。

天津市

2009年我局按照国家工商总局部署的工作任务在市委、市政府领导下，做了以下几方面的工作：

一、不间断地开展商标法宣传与培训活动

1. 组织各分局在全市范围内开展“2009商标法宣传月”活动。在全市各新闻媒体刊登宣传稿件20篇，走访企业两千余户，发放宣传材料2万份。

2. 邀请商标局地理标志处领导为我市工商系统及全市商标代理机构、涉农企业开展了地理标志培训讲座。

3. 为帮助企业应对金融危机，与中华商标协会共同组织了“中国企业走向世界商标战略经验交流会”。

4. 协助总局在津成功举办了“欧共体商标和立体商标制度巡回研讨会”。

5. 为钢铁协会、保税区企业等开展商标知识和商标战略实施培训讲座。

通过宣传推动，今年全市共提出注册商标申请1.3万余件。2009年注册商标新增8200余件；驰名商标增加23件；著名商标新增65件，延续认定著名商标91件；地理标志新增2件。全年向总局商标局报送驰名商标申请23件。

二、制定出台《天津市商标专用权质押贷款实施指导意见》。为应对全球金融危机，支持本市企业积极参与市场竞争，拓宽融资渠道，增强企业竞争能力，进一步发挥商标品牌带动作用。我局结合商标监督管理工作实际，已会同中国人民银行天津分行、中国银监会天津银监局共同制定出台了《天津市商标专用权质押贷款实施指导意见》，并在天津日报等媒体进行了宣传。经过广泛宣传与推动，我市南洋胡氏家具有限公司成为津门第一户以商标专用权质押贷款企业，天津银行为其贷款1000万元人民币。

三、调查地理标志，推动证明商标注册。上半年组织全市涉农分局对辖区地理标志产品进行摸底调查。就宁河“七里海河蟹”等地理标志在注册证明商标的过程中被恶意抢注等问题进行协调，大力宣传商标法律法规，指导当地农产品协会向国家商标局提出异议申请，以尽快使权利人通过正常途径取得商标专用权。另外还积极推动“茶淀葡萄”、“汉沽对虾”、“杨柳青年画”等证明商标的注册工作。经过努力，“茶淀葡萄”证明商标现已核准注册。

四、发布《天津市2008年商标发展报告》。在2007年商标发展状况的基础上，针对我市商标工作状况，编制了《天津市2008年商标发展报告》。报告公布了08年我市各区县、农、商及企事业单位的商标数据，调查了解了企业商标使用与发展情况，并根据这些情况对天津市商标工作的发展特点、规律和存在问题进行了全面分析，并提出了下一步工作的建议，为本市实施商标战略、促进社会经济发展提供了有力依据。

五、加强商标专用权保护工作。全市共查处商标违法案件430件，罚款168.42万元，没收、销毁商标标识65172件，没收、销毁侵权商品62918件。

六、为企业商标纠纷进行协调。应西青区政府和西青区精武镇政府的请求，就武汉市“精武”鸭脖侵犯西青区企业“精武”商标专用权案件多次向总局商标局汇报案件情况，得到商标局的支持。另外还积极协调了“津酒”、“桂发祥十八街”等商标纠纷，为企业解决了燃眉之急，得到了企业的认可。

七、积极组织本市企业参加第十届中国西部博览会和第三届中国商标节。经过推荐和评选，在第三届中国商标节上，我市“狗不理”商标被评为“最具市场竞争力的服务商标”；“沙窝”萝卜商标被评为“最具市场竞争力的农产品商标”；“小站稻”商标被评为“最具市场竞争力的地理标志”；我市静海县入选“2009商标百强县”。

八、贯彻参加国家工商总局召开的“关于贯彻《国家知识产权战略纲要》大力推进商标战略实施的工作会议”精神，推动本市商标战略实施工作。本次会议是国家工商总局恢复建局以来，规模最大、到会领导最多，会议内容最为重要的一次会议，是全国工商行政管理特别是商标工作的一个新的转折点。会上，我局高新区分局、宝坻分局等7个单位被评为全国工商行政管理系统商标工作先进集体；李继栋、吴俊清等5位同志被评为全国工商行政管理系统商标工作先进个人。为贯彻总局会议精神、充分发挥商标在促进天津经济发展中的作用，我处代市政府起草了《关于实施商标战略促进经济发展的意见》、《天津市商标发展三年规划》及《天津市推进商标战略实施工作委局际联席会议制度》三个文件，并经过市政府第38次常委会审议通过。

九、代市政府组织筹备“天津市贯彻落实《国家知识产权战略纲要》大力推进商标战略实施暨驰名商标企业表彰大会”。经过努力，做好会议的各项准备工作，市政府于12月15日在天津大礼堂召集各区县政府主管工商行政管理工作工作的负责人、政府各委办局、天津市驰名商标和申报驰名商标的企业及各工商分局干部七百多人召开本次会议。国家工商总局副局长付双建、国家工商总局商标局、商标评审委员会主要领导和中华商标协会秘书长来津出席了会议。会上付双建副局长对我市商标工作取得的成绩给予了高度评价，并对天津市实施商标战略工作提出了几点建议，对我市商标工作寄予了更大的希望。市政府崔津渡副市长夜作了重要讲话，提出了今后我市商标工作的目标和任务，对我市今后贯彻落实国务院《国家知识产权战略纲要》大力推进商标战略实施，促进我市经济快速发展起到了积极的作用。此次大会市政府表彰了09年上半年认定的11家驰名商标企业，并对驰名商标企业在推动企业实施商标战略，培育壮大自主知识产权，大力争创中国驰名商标工作中所取得的显著成绩予以100万人民币的奖励。

2010年商标工作要点

首要任务：贯彻落实施市政府办公厅《转发市工商局关于我市实施商标战略促进经济发展意见的通知》（津政办发[2009] 157号）文件精神和王海福局长在“天津市贯彻落实《国家知识产权战略纲要》大力推进商标战略实施暨驰名商标企业表彰大会”上对工商系统商标工作提出的各项要求，及时的制定相应的落实方案，对《天津市商标工作三年发展规划》中提出的6个基地、10个集群的工作目标认真分解，制定相关保障措施，组织协调天津市推进商标战略实施工作委局际联席会议各成员单位认真实施，并制定相应的配套和检查评比措施，及时有效的实施商标战略。

一、大力宣传商标知识，推动商标注册工作

（一）协助企业组建商标国际注册团，采取“走出去”的方法，推动企业积极进行商标国际注册。

（二）采取“请进来”的方法，邀请中欧知识产权项目（二期）组来我市，直接受理我市企业在“欧共体”的商标注册。

（三）在市政府行政许可中心和各区县政府行政许可中心设立商标代理机构，方便企业办理商标注册手续。

（四）推动驰、著名商标企业进行商标全方位注册保护工作，力争每个驰名商标企业注册50件防御商标、每个著名商标企业注册10件防御商标。

提升全社会商标意识，大力推动企业商标注册工作，争取全年提出商标注册申请2万件。

二、推动指导企业实施商标战略，做好驰、著名商标培育、申报和认定工作

（一）鼓励企业积极开展驰名商标争创、申请工作，力争年内向总局推荐10件驰名商标。

（二）继续做好天津市著名商标认定工作，争取年内认定60件天津市著名商标。

（三）地理标志普查与注册工作落实到乡镇一级，重新组织数据库，并通过媒体向全社会公布，提高全社会培育地理标志的认识，积极注册更多的地理标志证明商标。

（四）全面统计、普查“老字号”企业商标权利人情况，权利人相对独立的，及时有效的引导注册商标和创立驰、著名商标。

三、加大商标专用权保护力度，及时不间断的开展专项治理

（一）加强与公安、海关、知识产权等部门的协作，认真总结经验，继续健全有效打击商标侵权行为的工作机制。

（二）加强对食品、药品、涉农、涉外商标和驰、著名商标专用权的保护，及时开展专项治理，维护市场公平竞争秩序。

（三）加强对涉嫌商标犯罪案件的移送工作。

四、推动商标专用权质押贷款工作的实施

（一）加强与人民银行天津分行、天津银监局等部门的配合，协助相关企业办理商标专用权质押贷款。

（二）请国家工商总局商标局指导我市商标专用权质押登记与贷款工作，支持和促进我市经济快速发展。

五、积极组织商标法律、法规培训工作

（一）组织两次工商系统商标法律、法规培训，提高我市商标监管工作业务水平。

（二）组织两次对企业和商标代理机构的商标法律、法规培训，进一步提高全社会商标意识。

（三）配合国家工商总局及中华商标协会开展商标培训和调研等工作。

河北省

2009年，根据国家工商总局的工作部署，积极践行科学发展观，认真履行职能，并以商标工作为抓手，积极推动商标战略实施，坚持服务与监管两手抓，着力推动地方经济发展。

一、引导扶持企业积极实施商标战略

1. 以培育驰名商标为突破口，带动商标战略实施。确定了分类指导、个性服务的工作思路，继续对已经确定的规模大、市场占有率高、有较高知名度的50家争创驰名商标重点进行重点扶持，到2009年底，已经有24件商标获得了驰名商标认定。另外，我局还指导各市共确立220家争创河北省著名商标的重点扶持企业，形成培育梯次，为进一步促进我省企业做大做强自主品牌，争创更多的为全国熟知、在国际上知名的驰名商标，巩固发展后劲。驰名商标培育工作取得重大突破。2009年上半年，经国家工商总局认定驰名商标新增26件，在我省实现了“两个突破”：一个是数量上的突破，一次能有26件商标被认定为驰名商标，这在我省的历史上是前所未有的；另一个是认定渠道上的突破，以往的驰名商标都是在商标管理案件中认定的，这次在商标异议案件认定和商标争议案件认定中都结出了硕果。至此，我省经国家工商行政管理总局认定的驰名商标已经达到69件。2009年，我省已经累计上报13件商标申请认定驰名商标，同时有6家企业正在积极组织材料，准备申报认定。

2. 以积极推进农产品商标和地理标志工作为中心，推动商标战略实施。为宣传和推广各地在农产品商标和地理标志工作中成熟的经验做法，促进全省农产品商标工作迈上新台阶，2009年3月26日，省局在唐山迁西县召开了“河北省农产品商标及地理标志工作现场经验交流会”，各市工商局主管局长、商广科（处）长、部分县工商局局长和涉农企业、协会代表近百人参加了会议。通过现场参观和经验介绍，以生动活泼的形式宣传了开展农产品商标和地理标志工作的经验、成果，提高了企业实施商标战略特别是加强农产品商标和地理标志工作的积极性，我省地理标志已经累计达15件。

3. 以推行“四书两帐”为重点，指导企业实施商标战略。为适应“两费”停收后工商职能转变需要，充分发挥工商部门的职能作用，提升和规范商标监管服务水平，切实加强对企业商标工作的行政指导，我们在全系统推行“四书两帐”规范性文本，即：《商标注册建议书》、《商标管理提示书》、《争创驰名、著名商标倡议书》和《商标轻微违法告诫书》、《辖区商标注册情况登记台帐》和《辖区企业商标联络员登记台帐》。通过规范性文书的推广使用，加快提高基层工商执法人员商标工作业务水平，加大工商部门服务企业的力度，增强商标监管与服务工作的规范化、针对性、时效性。

4. 以深入开展“一所一标”工作为核心，大力实施商标战略。“一所一标”是新时期做好农产品商标工作、贯彻“商标富农”精神、推进社会主义新农村建设的创新举措。去年省局下发了《关于充分发挥工商职能作用积极做好农产品商标注册和保护工作的通知》，要求一个工商分局每年至少引导、帮助辖区内一个农产品申请注册商标，具体讲就是每个农村分局争取每年至少扶持一个农产品申请注册商标，城镇和城区分局要重点扶持一个涉农加工企业和涉农经营单位申请注册商标。今年，我们结合实施情况，对“一所一标”的内容进行了适当调整，扶持范围突破了涉农商标。目前约有半数以上的工商分局已经落实“一所一标”工作，面向农村，针对广大农民和涉农企业，从商标的“注册、使用、保护、资产管理、发展模式和争创著名、驰名商标”六个方面开展“六个指导”工作，尤其加大了对优质、特色农副产品和具备申报地理标志产品的培育、指导力度，受扶持企业超过 500 家。

5. 以河北省著名商标认定工作为基石，引导企业实施商标战略。按照省局下发的关于开展 2009 年度河北省著名商标认定工作的通知要求，各市认真组织，积极申报，今年认定著名商标认定 293 件，延续著名商标 381 件，全省著名商标总量达到 1500 件，为深入推行商标战略的实施打下坚实基础。

6. 开展驰名、著名商标企业调查，推动商标战略实施。2009 年，我局组织各市开展了驰名、著名商标企业商标战略实施情况调查活动，印发了调查文件和调查表。共有 1000 余户企业参与了调查工作，较为详细了解我省企业商标战略实施情况和效果，特别是商标被认定为驰名、著名商标后对企业发展的作用和对地方经济发展的贡献，为今后制定切实可行的政策和措施，促进全省商标工作迈上新台阶，推动全省经济又快又好发展打下了基础。

我省不断加大商标战略推进力度，商标工作成效明显。2009 年 7 月，总局在长春召开“全国工商行政管理系统贯彻落实《国家知识产权战略纲要》大力推进商标战略实施工作会议”，会上，我省石家庄市工商局、唐山市工商局、辛集市工商局、宁晋县工商局及遵化市工商行政管理局城区工商分局等 9 个工商分局共 13 个集体被评选为“全国工商行政管理系统商标工作先进集体”，9 个人被评选为“全国工商行政管理系统商标工作先进个人”，受到了大会表彰。我省“实施商标战略发展品牌农业”作为工作经验被书面印发全国工商系统。2009 年 10 月，我省商标马德里国际注册 150 件，我局被国家工商总局商标局评选为“推动马德里商标国际注册先进单位”。

二、加强注册商标专用权保护，维护公平竞争的市场经济环境。

1. 加强日常监管，打击商标侵权行为。2009 年度，全省工商系统继续严厉查处侵犯食品、药品等关系人民群众身体健康和生命安全的商品商标、涉外商标、驰名著名商标、涉农商标专用权案件和伪造、擅自制造他人注册商标标识案件，树立良好的知识产权保护形象、规范市场经济秩序。5 月间，开展了保护“蓝带”驰名商标专用权专项执法行动，有效地保护了被侵权企业和消费者的合法权益。9 月，按照总局《关于印发<保护世界博览会标志专有权行动方案>的通知》的要求，对我省开展世界博览会标志专有权工作进行了安排部署，明确了工作重点，提出了具体要求，确保专项行动取得实效。截止 2009 年底，全系统累计出动执法人员 2149 次，检查经营户 3558 户，查处商标违法案件 1825 件，案值 2682 万元，罚款 1075 万元，没收销毁侵权商品 55191 件，没收销毁侵权商标标识 114367 件,有效地维护了市场经济秩序。

2. 加强交流与合作，提高执法办案能力和水平。为促进交流，加大我省涉外商标保护工作力度，与中华商标协会中企商标发展中心、日本贸易振兴机构北京代表处合作举办了“中日加强商标保护研讨会”。会上部分日资企业进行商标、商品真假展示及真假辨别常识讲解，来自基层执法一线的 60 多名工商干部参加了会议并就商标保护进行了研讨，有效地提高了我省查办涉外商标案件的意识和水平。

3. 宣传商标知识，提高消费者的鉴别能力和保护意识。积极开展“4.26 保护知识产权宣传周”活动，在《燕赵都市报》上刊登了以“地理标志”为主题的商标专题知识、举办商标知识广场宣传咨询活动，向广大公众宣传商标知识，展示部分在执法办案中查获的假冒、侵权商品实物，为现场群众介绍如何辨识假冒、侵权商品的方法，大大提高了消费者的自我保护意识，受到了群众的热烈欢迎。下半年，与河北电视台“阳光访谈”栏目共同录制了一期“我的产品有商标”节目，宣传了商标知识，展示了企业实施商标战略的成果，取得了良好的效果。

此外，我们还成功组织部分企业先后参加了“西博会”、“2009 年商标节”、“亚太地区地理标志国际研讨会”，展示和宣传了河北的企业，提升了商标的知名度和影响力。

山西省

2009年是深入学习实践科学发展观，战胜国际金融危机严重冲击、保持经济平稳较快发展的关键一年。我们认真贯彻落实保增长、扩内需、调结构、重民生的政策措施，着眼于我省转型发展、安全发展、和谐发展，按照国家工商总局做到“四个统一”的要求，结合我省实际，创新思想观念，创新监管机制，创新工作作风，充分发挥商标监管职能，大力推进商标战略，全面推进“五增五创”工作主题，各项工作取得了新进展，为推动科学发展、促进社会和谐做出新的贡献。

一、围绕“三农”，成功举办了第三届山西品牌节。按照省局党组部署，省市县成功举办了第三届山西品牌节及“农业发展、农村增效、农民增收”论坛，省政府对被认定为驰名商标的7家企业分别给予50万元的奖励。各市县工商局通过召开座谈会、表彰会，举办文艺晚会、电视专题讲座、品牌成果展等多种形式宣传和展示了实施商标战略取得的成就。

二、开展商标帮扶，大力推进商标注册工作。按照省政府确定的十大产业发展规划和《山西省工商行政管理局关于开展进企业集中帮扶行动的指导意见》，下发了《关于深入推进商标注册工作的通知》，发挥职能作用，帮助企业和农户申请注册商标3400余件，其中农产品商标1200余件，申请“长子大青椒”等地理标志商标10件，申请“粟海”等国际商标5件。到目前，我省有效注册商标达到2.81万余件，地理标志商标11件。在15个国家有效国际注册商标40余件。大力开展“公司+商标+农户”的发展经营模式，使41000多返乡农民工在家门口有了就业岗位。9月份至11月份对全省商标注册情况进行了摸底调查。

三、全力抓好驰名商标培育推荐、著名商标认定工作

今年坚持“重在培育、规范认定、梯级推进、分级负责”的商标培育认定总体思路，明确培育目标，开展一对一帮扶活动，在全省培育驰名商标32件。4月份，我省太原钢铁（集团）有限公司的“太钢牌TG及图”商标、太原六味斋实业有限公司的“六味斋”商标、山西老陈醋集团有限公司的“东湖DONGHUBRAND及图”商标、山西焦化集团有限公司的“山焦及图”商标、山西鸿基科技股份有限公司的“图形”商标、昔阳县大寨经济开发总公司的“大寨DAZHAI及图”商标、山西华晋纺织印染有限公司的“华晋HUAJIN及图”商标被国家工商总局认定为驰名商标。使我省驰名商标总数上升到39件（行政认定29件）。目前我们又向国家工商总局推荐“同德”、“太矿”、“粟海”等8件驰名商标。山西省著名商标现有764件。今年依据《山西省著名商标认定和保护办法》，经过企业自愿申报、市县工商局把关推荐、省局形式审查、广泛征询社会意见等步骤，对申请认定山西省著名商标的472件商标进行了网上公示。

四、努力促进无形资产的合理利用。一是积极引导企业加大商标使用许可力度，提高商标的市场认知度，进一步延伸商标的使用价值。二是推广商标授权经营制度。太原、长治等市在12个大型超市、百货商场、成规模的商品批发零售市场推行商标授权经营制度，维护了商标权人和消费者的合法权益。三是支持和鼓励企业利用商标权质押融资。长治市局协调“天脊”“澳瑞特”两家驰名商标企业与金融部门达成以注册商标抵押贷款协议，目前已启动商标评估程序。

五、依法开展商标专用权保护工作。一是严厉打击商标侵权行为，切实保护了商标权人的合法权益。截止12月底，全系统共出动执法人员41823人次，检查交易市场1305个、经营户50531家，捣毁制假窝点11个，查处商标侵权案件1744起，罚款442万元，没收和销毁侵权商品67634件，没收和销毁商标标识13662件。二是

查处侵犯农产品商标和地理标志违法行为，维护了农产品企业和农民的切身利益。全省开展了“打假护农保地标”专项行动，共检查超市、商场、农产品市场3200多个，查获侵权商品1.5万件。

六、商标法律法规宣传活动丰富多彩深入人心。根据国家工商总局等24个部、委、局的统一部署，我局在全省工商系统组织开展了“2009年全国知识产权宣传周活动”，全面展示了保护知识产权取得的成果，进一步宣传了商标法及其相关的法律、法规，增强了社会各界知识产权保护意识，营造了保护商标权益，创新自主商标的良好环境和社会氛围。据统计，本次宣传周活动期间，全省工商系统共出动人员8000余人次，车辆2000余台次，悬挂条幅6000余条，发放宣传资料18万余份，接受咨询投诉4万余人次，进企业3000余户，产生了良好的社会效应。

七、加强商标代理组织机构管理。按照国家工商总局《关于进一步规范商标代理市场秩序的通知》精神，12月份召开了规范商标代理组织会议，对40余家代理机构负责人进行了培训。

八、涌现出了一批商标工作先进单位和个人。2009年7月20日国家工商总局通报表彰了一批商标工作先进单位和个人，我省运城市工商行政管理局、平遥县工商行政管理局、屯留县工商行政管理局李高工商所等21个单位和15名个人受到国家局通报表彰。为表彰先进，进一步促进全省商标工作，省局决定对3个市级工商行政管理局、20个县（市、区）工商行政管理局、30个工商所、100名个人等一批商标工作先进集体和先进个人进行表彰。

内蒙古自治区

2009年，全区商标监管工作在国家工商总局商标局的指导下，围绕全面落实科学发展观和构建社会主义和谐社会的要求，以促进经济发展为目标，坚持服务与监管并举，切实做好重点行业的商标保护工作，严厉查处各类商标侵权假冒违法行为，积极推进商标战略的实施，取得了新的成效。

一、大力开展商标宣传培训工作，积极营造良好的知识产权保护环境

认真贯彻落实国家知识产权战略纲要,普及商标法律、法规知识,努力创造全社会重视商标、保护商标专用权的社会氛围。

一是组织开展了“4·26知识产权宣传周”活动。2009年4月26日，自治区和呼和浩特市两级工商局在呼和浩特市新华广场参加了自治区知识产权办公室组织的大型“知识产权宣传日”活动，并组织呼市地区近20家驰名、著名商标企业以及“十佳”商标代理机构参加了宣传咨询活动，发放宣传资料，开展商标注册、使用、管理和保护方面的咨询活动，取得了较好的效果。各盟市也开展了不同形式的宣传咨询活动。

二是与内蒙古电视台联合开展了农产品商标和地理标志专题宣传。“4·26”知识产权宣传周期间，内蒙古电视台连续播出了呼市地区清水河小香米和武川土豆、莜麦、荞麦等农产品商标和地理标志专题宣传片，宣传我区农产品商标和地理标志的申请、注册、使用和保护方面的相关情况，重点宣传农产品商标和地理标志在促进我区农牧业经济发展和农牧民增收方面所起的积极作用。

三是举办了一期农产品商标和地理标志专题培训班。为贯彻落实党中央、国务院关于解决“三农”问题，实施商标富农战略，充分发挥职能作用，2009年4月21日至22日，我局和商标协会共同举办了农产品商标和地理标志专题培训班，特邀国家工商总局商标局专家就集体商标、证明商标以及农产品商标和地理标志等有关知识进行了专题讲座和现场答疑，参会人员为盟市工商局商广科科长、部分农牧区旗县工商局商广股股长、工商所所长、农产品商标和地理标志所有人和申请人，共计80余人。此次培训必将对推进“商标兴农”工作起到积极的作用。

四是组织全区驰、著名商标企业和广告公司参加“内蒙古品牌与广告”论坛会。该论坛会由内蒙古工商局、内蒙古商标协会、广告协会于5月8日在呼和浩特市举办，组织全区“十佳”商标代理机构负责人为呼和浩特地区的驰名、著名、知名企业相关人员就企业在商标注册、使用和培育过程中存在的普遍问题及对策进行讲解，解决实际问题。同时，也邀请了呼和浩特地区的部分广告公司积极参与互动，为企业实施商标战略，推广品牌广告宣传出谋划策。

五是组织了一期关于驰名商标的专题培训班。8月8-10日，中国知识产权研究会为主办单位、内蒙古商标协会为协办单位，在呼和浩特市举办了全国商标侵权纠纷诉讼与驰名商标保护司法解释及驰名商标认定实务专题培训班。中华商标协会副秘书长仟刚、中华商标协会专家委员会副主任郭修申、最高人民法院民三庭审判长夏君丽三位专家到会进行了精彩的讲解，各盟市工商局商广科科长、有关驰、著名商标企业负责人及部分省市工商局、企业代表共计120余人参加了培训。

六是指导《内蒙古商标》杂志的编辑和发行工作，研究商标新问题，反映基层商标工作典型经验，使杂志成为指导基层商标工作、提高商标执法人员理论素养以及与相关省市商标机构和商标协会工作沟通信息的平台。

二、严厉打击侵犯注册商标专用权违法行为，维护公平竞争的市场经济秩序

一是继续做好保护知识产权专项行动。年内

派出人员赴四川、贵州、云南、河南、天津等地为“脑白金”、“伊利”、“蒙牛”、“小肥羊”、“金元呼白王”、“泰尔力图”等驰名、著名商标企业打假维权，实施行政保护协作，取得了较好成效。截止10月底，全区共查处各类商标侵权、违法案件128件，罚没款85.72万元，案值105.31万元，其中商标侵权案件103件，罚没款70.46万元，案值88.25万元，商标一般违法案件25件，罚没款15.26万元，案值17.06万元。

二是在全区开展了“商标打假”行动，对涉及“三农”的商品和服务商标，特别针对种子、农药、兽药、化肥、地膜等农资商品的商标是否合法注册、有无商标侵权行为进行了专项检查，有效地保护了商标权利人和农民的合法权益，确保了我区农资市场正常的经营秩序。

三、努力做好商标注册引导和扶持工作，推进我区注册商标快速增长

全区各级工商机关商标工作人员深入基层，引导企业做好商标注册、变更、许可、转让等工作。在指导企业申请商标注册时，本着分类指导、重点帮扶的原则，重点引导农畜副产品及其加工品注册商标，重点支持地理标志证明商标注册，重点帮助有规模的企业全类商标注册，重点帮扶非公有企业申请注册商标。2009年，我区的“达茂草原羊”和“呼伦贝尔黑木耳”已分别被核准注册为地理标志证明商标和集体商标。我区的地理标志已增至10件。

四、大力实施商标战略，积极促进我区经济发展

一是积极扶持企业做好驰名商标培育和推荐工作。2009年，深入“大唐”药业、“奈伦”集团、“北方重工”等争创驰名商标的企业进行了调研指导，并向国家商标局递交了“金河”、“巴运情”商标为驰名商标的推荐申请。今年初，“白云鄂博”、“宇航人”、“兆君”3件商标被国家工商总局商标局认定为驰名商标。目前，我区驰名商标行政认定总数达到23件。

二是认真做好内蒙古著名商标的续展和初审认定工作。根据《内蒙古自治区著名商标认定和保护办法》的规定，完成了对2006年认定的内蒙古著名商标续展审定工作，并开展了2009年内蒙古著名商标的初审工作。目前，我区著名商标总数为226件。

2010年商标工作安排

一是创新工作方式，提高服务水平，继续推进商标战略规划实施。

认真贯彻落实《国家知识产权战略纲要》，按照科学发展观的要求大力推进商标战略实施，促进经济社会又好又快发展。对事实上已驰名的商标，组织企业向国家工商总局申报中国驰名商标。做好内蒙古著名商标的认定和续展审定工作。

二是建立健全商标富农工作机制，推进社会主义新农村建设。

坚持把推动运用农畜产品商标和地理标志、促进农牧民增收作为一项重要工作，继续加大农畜产品商标和地理标志宣传力度，鼓励更多农牧民和涉农涉牧企业注册和保护农畜产品商标和地理标志。加强涉农涉牧企业商标保护工作。

三是切实保护商标权人和消费者的合法权益，努力营造保护知识产权的良好环境。

要做到商标监管与发展、与服务、与维权、与执法的统一，进一步提高商标行政执法能力，切实保护商标权人的合法权益，努力营造公平竞争的市场环境和公众放心的消费环境。

四是继续做好商标培训工作，提高执法人员依法行政的能力。

五是做好商标监管和服务的其他日常工作。

辽宁省

2009年，围绕中心工作，认真履行商标监督职能，在省局党组的领导和关怀下，在各相关处室的配合支持下，商标处较好地完成了工作任务。

一、业务工作情况

（一）以争创驰（著）名商标为重点，大力推进商标战略实施

1. 加快实施商标战略步伐。按照国家总局的要求，成立了以铁民局长为组长的省局商标战略实施工作领导小组，制定并下发了《辽宁省工商系统商标战略实施工作意见》，明确了今后一个时期商标工作目标和任务，各市工商局也纷纷成立了商标战略实施领导小组,全省商标战略实施工作进入了一个新的历史阶段。8月份，省局在鞍山召开了全省工商系统推进商标战略实施工作会议，有效地推动了全省商标战略实施工作快速有序的开展。

在大力推进商标战略，做好商标执法服务工作的同时，加大商标战略的宣传力度，采取走进企业、走进农村、走进社区、走进商场、走进学校等形式，通过召开座谈会、研讨会、现场经济交流会等方式，利用“4.26知识产权宣传日”、“3.15保护消费者权益日”宣传商标法律法规知识，提高企业、农民、商家的商标意识。与此同时，还充分利用电视台、电台、报刊、网络等新闻载体开展了比以往信息量更大、范围更广、密度更高、针对性更强的商标法宣传活动。使全社会商标意识上了一个新的台阶。

2. 做实争创驰名商标战略梯队建设。省局从3月份开始，深入鞍山、锦州、营口、盘锦等市的商标战略梯队企业进行调研，征询意见和建议，实现工商职能与申报驰名商标企业需求的有效对接；确定了争创驰名商标战略梯队企业名单，走访了重点申报企业，对企业提出的有关驰名商标申报方面的问题做了一一解答，帮助企业整理申报材料，并随时与企业保持沟通，实行跟踪式服务，协助企业做好驰名商标的申报和认定工儿，做到争创一批、发展一批、带动一批。省局在电子政务网开辟网上业务咨询专栏，及时解答各种疑难问题；从省著名商标、驰名商标申请、商标案件投诉、商标申请、注册、转让等方面，为市局、企业提供全方位优质、便利的服务。各市局也有计划地深入企业调研，做了大量的培育工作。在各市局的共同努力下，我省驰名商标梯队企业质量不断提高。

3. 新认定驰名商标有突破。2009年4月份，我省获国家工商总局认定驰名商标15件，创历史最高，超额完成年初工作任务（计划5件）。本溪、朝阳、阜新三市实现驰名商标零的突破，这一历史性突破，宣告我省驰名商标已实现14个市全覆盖。其中，农产品商标6件，所占比重达到40%，创历史新高，显示了商标富农工程所取得的成绩。这也极大地调动了我省农户、涉农企业争创驰名商标的积极性，对我省商标富农工程的进一步深入、农村经济快速发展具有积极的促进作用。目前，全省驰名商标总数已经达到63件，居全国第9位。

4. 积极促进各级政府出台和落实争创驰（著）名商标鼓励和优惠政策。2009年，各市工商局通过主动宣传服务和维护商标专用权行动赢得了全省各级党委、政府对商标战略实施工作的高度重视，争创驰名、著名商标政策环境进一步优化。经过各级工商局的不懈努力，全省有13个市有争创驰（著）名商标的鼓励和优惠政策。在15件驰名商标认定后，我处也积极向省政府争取，使省政府的奖励政策及时落实到位。

5. 努力推动驰名商标市场价值的实现。省局为服务企业快速发展，拓宽企业融资渠道，增强企业抵御金融危机能力，大胆探索，在驰名商标价值评估的基础上，开展了“辽宁省最具综合实

力的驰名商标”、“辽宁省最具影响力的驰名商标”和“辽宁省最具发展潜力的驰名商标”评比活动。通过媒体发布公告广泛征求社会意见，评选出9件“辽宁省最具综合实力的驰名商标”，15件“辽宁省最具影响力的驰名商标”和“辽宁省最具发展潜力的驰名商标”。通过此项活动的开展，扩大了驰名商标的影响力，增强社会对驰名商标价值的认同感，为企业利用商标价值提高市场竞争力、进行投、融资提供了科学依据。同时，对鼓励全社会争创驰名商标、进一步推动企业实施商标战略具有典型示范的引领作用。这项工作属全国首创。

（二）以地理标志为代表的商标富农工程，推进了新农村建设

1. 确定涉农商标培育重点。经调研考察，确定了我省重点争创农产品驰名商标企业、重点争创农产品省著名商标企业、重点保护农产品商标企业名单和地理标志资源名单，为有针对性地做好农产品商标培育工作奠定了基础。

2. 开展品牌兴农、品牌富农工作。今年，我省工商系统把实施农产品商标战略作为学习落实科学发展观、服务新农村建设的重大举措。省、市工商局鼓励农产品商标所有人争创驰、著名商标，注册地理标志，通过宣传商标法律知识和致富典型事例来调动农民争创品牌的积极性。在认定的15件驰名商标中，农产品商标有6件，占40%的比例。各级工商行政管理机关在鼓励和支持农产品商标注册的同时，还深入农村调研，结合各地区农业资源特色优势，挖掘地理标志资源。通过分类重点指导，提高地理标志注册率。今年新注册地理标志7件（计划3件），新申请地理标志1件，新申请农产品商标注册400件；目前，我省已注册农产品商标5280件，地理标志19件。今年新注册的7件地理标志是我省在申报认定地理标志工作上取得的一次重大突破。7件地理标志不仅在数量上创历史新高，它所具有的“注册一件商标，带动一片产业、富裕一方百姓，拉动一方经济”的蝴蝶效应是普通商标所无法替代的，对促进农村经济产业化、规模化经营模式的建立和市场销售组织化程度的提高具有重要作用。7件地理标志的成功注册标志着我省商标富农工程又向前迈出了坚实的一大步，对农民增产增收，活跃地方经济，推进社会主义新农村建设，加快振兴辽宁老工业基地建设起到了重要的推进作用。目前，经过各市商标管理干部的共同努力，全省确定了“东陵红树莓”、“大连海参”、“耿庄大蒜”、“丹东板栗”、“黑山花生”、“建昌核桃”等23件地理标志重点培育目标。

（三）严厉查处商标侵权案件，切实维护消费者和商标权人的合法权益

1. 执法维权，拓宽品牌生存空间。5月份，召开了全省工商系统商标工作电视电话会议，部署保护商标专用权专项工作。各市局坚持日常巡查与专项行动相结合，普遍监管与重点查处相结合，进一步加大了巡查和专项整治力度。保持高压态势对商标侵权案件多发行业、区域以及“傍名牌”“搭便车”等行为开展专项整治，为自主品牌创造和维护良好的生存发展空间。加大对大型农贸市场和服装、轻工市场、大型百货商场、超市、连锁店、专营店的监督检查力度，严厉查处食品、药品、医疗器械、农药化肥种子、交通运输工具及其零配件案件，查处侵犯驰名商标、省（市）著名商标、涉外商标、非法印制及购买使用假包装、假标识、假商标、假冒质量标识、绿色食品标志的案件，加大世博会标志保护力度，为上海世博会的召开创造良好的知识产权保护环境。省局还深入沈阳金德管业等企业调研，帮助企业协调解决商标打假维权中存在的问题。

截至目前，全省共查处商标违法案件807件，案值854.26万元，罚没款入库额603.55万元。

2. 积极开展和完善商标监管长效机制。今年以来，积极开展商标监管关口前移工作。目前，全省已在214户大型商业企业、1647个专营店、专卖店、专修店及23个集贸市场建立了商品入市商标备案制度。

（四）探索工作创新，提高商标监管执法水平

1. 加强调研，夯实基础。今年，经调研摸底，初步建立了全省争创驰名商标梯队企业档案和数据库。省局形成《实施驰名商标战略 扶持企业做大做强》的调研报告。对调研中发现的带有普遍

性的问题以及各市创新性工作经验，利用会议、网络等及时通报全省，指导商标工作的开展。

2. 加强商标工作的“四化”建设。一是今年制定下发了《关于加强辽宁省著名商标认定工作的通知》，首次明确了评定省著名商标标准，并给予辽西北地区企业适度放宽条件的特殊政策。二是制定了《辽宁省申报认定驰名商标工作流程》、《辽宁省认定著名商标工作流程》、《辽宁省商标侵权投诉案件处理流程》，使商标申报、认定、案件受理工作更加制度化、规范化和程序化。

3. 培训模式由单一化向多元化转变，培训实效明显提高。一是通过举办案例分析研讨会、培训班，提高理论水平和执法办案的实战能力；二是实施请进来、走出去的培训方式，请国家商标局领导来进行地理标志培训，同时，根据各市局的需求，董博澜副处长先后到沈阳、朝阳、鞍山、丹东等市培训授课、指导办案，受到市局的认可和好评。三是商标处自身加强学习，由董博澜利用学习日进行业务主讲，提高商标处整体业务素质和指导能力。

（五）围绕中心工作开展的其他工作

1. 提案办理。今年商标处办理提案主办、协办各 1 件，提案人满意率 100%。

2. 完成了年初确定的培训任务；完成工商志商标资料的收集整理工作；完成统计报表和统计分析、政务信息的报送和发布；及时维护网络信息和数据；积极配合相关部门的工作。较好地完成为全运会辽宁代表团捐款任务。

二、支部建设和廉政建设情况

（一）加强思想建设。按照机关党委的要求，制定了学习计划，通过集中学习、个人自学、民主生活会的形式认真学习政治理论和党的路线、方针、政策，党员的思想素质有不同程度的提高。为做好商标工作奠定了坚实的思想基础。

同时，对系统也提出要求，要求各级商标管理部门负责人，特别是市局商标处长，要增强风险意识，防范职务风险，在抓好业务工作的同时，要带好队伍。

（二）加强组织建设。商标、广告处分设后，重新选举支部委员、明确分工。着重加强对王艳飞的培养教育和引导，为他创造更大的发展空间，通过全体党员的共同努力，小王进步很快。与机关党委联合支部的建立使支部的凝聚力、战斗力日渐增强。

（三）加强廉政建设。组织大家学习李铁民、郑红一局长在全省工商系统廉政工作会议上的讲话，组织学习关于制止奢侈浪费、专项整治收送钱财问题等文件，进一步增强党员的廉洁勤政意识和拒腐防变能力。做为支部书记，注重平时的廉政教育，时常提醒大家要廉洁自律，为全系统做出榜样。

（四）加强作风建设。提出“依法、敬业、配合、严谨”的工作理念，“务实、高效”的工作标准。支部的每位同志都能严格要求自己，具有大局意识，互相帮助配合，自觉遵守工作纪律，积极参加省局组织的扶贫帮困、红歌大赛、拓展训练等各项活动；支部内能够很好地开展批评与自我批评，形成坦诚相待、务实严谨、相互配合、和谐融洽的工作氛围。

吉林省

2009年，吉林省工商系统认真贯彻执行《国家知识知识产权战略纲要》和国家工商总局《关于贯彻落实〈国家知识产权战略纲要〉大力推进商标战略实施的意见》，落实《吉林省十一五期间培育认定驰名、著名商标工作推进方案》，深入实施品牌战略，各项工作取得了新的成绩。

一、积极进取，培育驰名著名商标工作取得突出成果。

一是为完成吉林省十一五商标发展规划奠定了坚实的基础。2009年，国家工商总局认定我省“施慧达”、“地王”、“吉恩”、“华微”、“茂祥”、“洮儿河”、“鼎丰真”7件商标为中国驰名商标，创出了我省驰名商标年认定数量的新高。全省行政认定中国驰名商标总数达29件，在全国31个省市（不含港、澳、台）中列第15位，提前一年完成了《吉林省“十一五”期间培育认定驰名著名商标工作推进方案》制订的中国驰名商标增至30件左右的规划目标。经过市（州）工商局推荐，省局依法认定170件吉林省著名商标，使全省有效著名商标总数达到413件，为2010年完成省政府制定的著名商标发展目标（500件）打下了良好的基础。截止去年末，全省知名商标总数也已达到559件，形成了以驰名、著名商标、知名商标为核心的优势品牌集群。

二是商标战略实施工作得到各级政府的高度重视。省政府批准设立吉林省实施品牌战略工作专项资金3000万元，重点对企业申请驰名、著名商标及农产品商标注册和地理标志商标注册给予资金补助，鼓励企业自主创新，运用自主品牌增强产品的市场竞争力。省工商局制订了《吉林省推进品牌战略实施方案》，上报省政府审议。2009年7月17日，以省政府名义召开的吉林省深入实施品牌战略大会在省工商局举行。省委、省政府、省人大、省政协主要领导出席会议。副省长马俊清代表省委、省政府讲话，充分肯定品牌建设工作取得的丰硕成果，明确了今后的工作思路和工作重点。省领导为新认定的7家中国驰名商标企业和获得地理标志证明商标的9家单位授牌。在省内造成了很大的舆论反响。长春市工商局撰写了《关于长春市商标发展现状的调查报告》，积极向长春市政府申请设立“长春市实施品牌战略专项资金”，建立实施品牌战略激励机制。吉林市政府十四届二十四次事务会议通过了吉林市工商局关于对驰名商标进行奖励的请示。四平市工商局代政府起草了《关于进一步落实<十一五期间培育认定驰、著、知名商标工作推进方案>的指导意见》，全方位推进品牌战略。白山市委市政府把培育驰名著名商标作为拉动地方经济发展的切入点和提升企业核心竞争力的关键点。

三是商标培育和管理基础建设得到进一步强化。省局出台了《吉林省工商局关于申报和推荐驰名商标工作程序的暂行规定》，使我省培育推荐中国驰名商标工作更加法制化、规范化、程序化；发布了《吉林省著名商标认定工作细则》，对吉林省著名商标的申请、推荐、受理、审核、评审、认定、公告和撤销的各个环节进行严格规范，建立了“一查两审”制度，增加现场考查审查和地区把关推荐两个环节，促使申请认定著名商标初审工作更加客观、严密、准确。四平市工商局建立健全了商标培育重点企业基础档案，做到随时掌握企业品牌建设的基本情况。长白山工商局积极与省局和长白山管委会协调，申请长白山景点名称的商标注册。长岭县工商局强化商标管理基础建设，建立了商标培育对象登记簿和商标战略发展梯队档案。

四是商标行政指导工作进一步深入。省局与长春市局、辽源市局深入吉林天景食品有限公司、吉林省德春米有限公司、麦达斯铝业公司等10家省著名商标企业进行实地调研，了解实际情况，现场指导商标品牌培育工作。白山市工商局召开申报吉林省著名商标企业负责人座谈会，开展对申报吉林省著名商标企业走访活动，指导企业建立商标管理制度。白城市局制定了《白城市一所一标工作实施方案》。辽源市局将培育对象精确到具体企业、具体商标，培育责任落实到具体工商分局（所）。乾安县工商局组织基层分局干部开展解放思想大讨论，为全面推进商标指导工作扫清思想障碍。

2009年7月23日，全国工商系统贯彻落实《国家知识产权战略纲要》大力推进商标战略实施工作会议在长春举行。我省实施商标战略的成功经验在大会上介绍推广。省局、白山市局、2个县局和9个基层分局（所）被评为全国工商系统商标工作先进集体，商标战线的9名同志被评为先进个人。会议筹备工作也得到了国家总局领导及各省市工商局的高度赞扬和一致好评。作为国家总局商标工作转折的一个具有重要里程碑意义的会议——“长春会议”，正式载入全国商标事业发展史册。

二、开拓创新，商标监管和服务水平进一步提升。

一是创新行政指导方式，提高管理水平。省局借鉴外省商标管理先进经验，密切结合我省实际，制订了《商标注册提示书》、《商标使用预警书》和《品牌建设指导书》（简称“三书”），召开新闻发布会，在全省系统内全面推行。这是推进商标战略实施中的一个创新举措，也是工商部门实施行政指导的一项具体措施。白城市工商局根据工作实际，总结工作经验，制定了《白城市工商局商标监督管理工作规范》。柳河县工商局采取了“走出去，现场指导；请进来，行政约见”的行政指导方式，积极帮助企业开展商标注册工作。

二是搭建融资平台，助推企业发展。省工商局与中国人民银行长春中心支行、中国银行业监督管理委员会吉林监管局联合下发了《吉林省商标专用权质押贷款工作指导意见》，畅通了以商标权为质押，申请银行贷款融资的渠道，争取到驰名、著名商标优先质押贷款的金融支持政策。为企业在通过转让、许可之外，实现知识产权的市场价值推出了一种新方式，为中小企业抵御金融危机，解决融资问题开辟了一个新途径。

三是开展调查研究，用调研报告指导工作。针对我省农业大省的省情，各级工商机关对近年来全省农产品著名商标发展情况进行了调研。省工商局汇总形成了《关于全省农产品著名商标发展现状的调查报告》，对我省农产品著名商标发展的主要特点、农产品著名商标持有人的主要组织形式、农产品著名商标对促进农村和区域经济发展的作用进行了深入细致的分析，指出了现阶段存在的主要问题，提出了加快农产品品牌发展的建议，为今后制订农产品著名商标的培育、保护、服务农业发展等方面工作措施了起到了重要的参考作用。

三、多措并举，注册商标合法权益得到有效保护。

一是开展以保护驰名、著名商标为内容的专项整治行动。延边州工商局根据当地的实际制定了《2009年保护商标专用权整治方案》。长春市工商局与30余家驰名、著名商标权利人建立了绿色维权通道。二是在流通领域实施“商标授权经营制度”。吉林市工商局在十五个大型商场推行了授权经营制度的试点工作，收到了较好的效果。三是加强了商标印制环节的管理。省局组织对定牌加工和商标印制行业进行专项调查，掌握了全省48家定牌加工企业和590家商标印制单位的基本情况。柳河县工商局定期对全县25户商标印制企业进行全面检查，举办免费培训，帮助商标印制企业建章建制，规范商标印制行为，有效的遏制了商标违法行为的发生。四是加强与外省工商部门协作，维护我省企业商标权益。四平市局协同鞍山市工商局，查处了鞍山市汉青饮品有限公司生产“宏利莱”瓶装饮用水，侵犯“宏宝莱”吉林省著名商标专用权一案。通化市工商局帮助金马药业奔赴广东汕头等地，打击假冒“金马”注册商标的“颈痛康”胶囊，为企业挽回损失近80万元。

据统计，2009 年全省共查处各种商标违法案件 329 件，案值 603 万元，罚款金额 316 万元，收缴和消除商标标识 1.1 万件。有效打击了商标违法行为，切实维护了消费者利益，依法保护了商标注册人权益，积极创建公平、有序的市场环境。

四、帮扶指导，商标富农工作稳步推进。

一是省工商局与白山市工商局共同调研，起草了《推进优势特色效益农业商标品牌建设的意见》，准备 2010 年一季度正式下发，做到用品牌引领和促进特色效益农业，做大做强主导产业和优势农产品，推动农业经济发展。二是开展了地理标志普查工作。各地区建立地理标志普查情况档案，并根据实际情况，制订指导申请注册地理标志商标规划。去年，我省的“榆树大米”、“集安边条参”等 11 件地理标志证明商标被核准注册，比 2008 年增长 1.2 倍，全省地理标志商标总数达到 16 件。三是广泛开展帮扶工作。长春市工商局建立起《农产品商标帮扶储备库》，为农民无偿提供商标使用服务。延边州工商局在敦化市召开了商标富农现场会，交流商标富农工作经验。白山市工商局抓住农产品品牌建设重点，推行“品牌村”建设，受到国家总局领导的充分肯定。梅河口市工商局指导该市 17 家大米生产企业统一使用 “梅河口大米”地理标志商标，市场扩展到京、津、沪等大城市。

五、扩大宣传，商标知识普及更具实效性。

一是精心组织开展了 4.26 宣传周活动。省局制订下发《关于开展 2009 年“保护知识产权宣传周”活动的通知》，组织全省工商系统从 4 月 20 日至 26 日集中开展了“保护知识产权宣传周”活动。全省各级工商机关组织现场宣传咨询活动 91 场次，接待群众咨询 4000 余人次，印发宣传资料及商标知识手册 10 万余份，出动宣传车 55 台，设置展板 238 块，悬挂横幅 300 多幅（块），设置大型公益广告 32 块，利用电视、广播、各类报纸播发宣传文章 100 多篇，举办各种形式的座谈会、培训班 8 次，近 200 户企业参加，产生了较强的社会效应。省工商局和吉林市工商局开展宣传周活动工作情况，在国家总局商标局主办的《商标工作动态》上刊载，向全国工商系统介绍推广。

二是利用媒体宣传了商标法律知识。省局在省电视台《消费 315》特别节目中开设了商标宣传专栏。录制播放了 6 集《消费者身边的商标故事》宣教片，以通俗易懂的可视性语言和情节生动的故事，宣传商标法律知识，培养广大消费者商标品牌意识，形成全社会知识产权文化理念。

三是借助多种平台进行了商标品牌推介。配合纪念新中国建国 60 周年，省局在吉视卫视黄金时段开设的 29 件中国驰名商标推介宣传栏目，直接对品牌及其企业文化无偿进行宣传，有效地提高了我省品牌的影响力。柳河县工商局出资 1 万元，在县城显著位置设立面积为 120 平方米的户外广告牌，宣传当地的著名、知名商标。在第八届中国长春国际农业·食品博览（交易）会上，省局举办了地理标志商标首次宣传推介活动。9 月，省局组织两户驰名商标企业参加了中国西部博览会中国驰名商标馆的展览；11 月组织茂祥药业集团公司和天景集团公司两大企业参加了第三届中国商标节展览，都收到了很好的宣传效果。

四是组织企业开展商标知识的学习与对外交流。省商标管理协会订购《中华商标》杂志 310 套，向会员单位免费赠阅，帮助企业商标管理人员了解商标领域最新信息。投入力量办好《吉林商标网》，运用网络媒介，普及商标知识、宣传商标文化、传递商标信息。先后组织会员参加了第三届商标节年会、“中国企业走向世界”商标战略经验交流会、地理标志国际研讨会，有效地提高了企业商标管理水平。

黑龙江省

一、2009 年商标工作的简要总结

按照年初国家工商总局和全省工商局长会议有关商标工作的部署和要求，我们认真分析和研究了我省商标工作中突出存在的“三个不适应”的问题，即：全省注册商标（特别是农产品商标和地理标志）总量与经济总体发展规模不相适应；国内外知名品牌数量与省委、省政府提出的又好又快、更好更快发展的战略要求不相适应；商标监管工作力度与国家保护商标专用权的工作要求不相适应。针对上述问题，明确提出要实现“三个转变”，即：在工作思路上，实现由集中抓商标执法办案向大力推进全省商标战略实施转变；在工作方式上，实现由常规性工作为主向以抓“大事”带动为重点的转变；在工作机制上，努力实现商标战略实施由部门行为向政府行为转变。截止今年 11 月底，全省申请注册商标 7000 多件，与去年同期比增长 10%以上，其中农产品商标约占 70%左右；新注册地理标志 4 件，总数达 10 件；新认定省著名商标 47 件，总数达 452 件；新被认定中国驰名商标 5 件，经国家工商总局认定的驰名商标总数达 21 件，新向国家总局推荐待认定的驰名商标 8 件，近日拟推荐驰名商标 3 件，重点培育的驰名商标 16 件；全省共查处各类商标侵权等违法案件 790 件、罚没款 445 万元，分别比去年同期增长 45%、33%。整体工作情况主要体现在以下几方面：

（一）成立省商标协会，促进全省商标事业的发展。今年 4 月省商标协会成立，构建了政府职能部门、社团组织和企业“三位一体”共谋商标发展的新格局，标志着我省商标事业步入了一个崭新的发展阶段。孙尧副省长、中华商标协会任刚副秘书长和民政厅、省知识产权局等方面的领导在百忙中与我省驰名商标、著名商标、知名企业的老总们齐聚一堂，共谋我省商标事业发展大计。刘玉华会长表示：我们决不辜负各级领导和全体会员的厚望，在省工商局党组的领导下，严格遵守《协会章程》，准确定位，认真履责，团结和依靠广大会员，能力把我省商标协会建设成为联接企业与政府的桥梁与纽带，保护商标专用权的坚强后盾，企业创品牌、提升市场竞争力的参谋助手，为企业排优解难、开展交流与合作的“会员之家”。

（二）扎实推进全省商标战略实施工作。认真贯彻落实国务院发布的《国家知识产权战略纲要》和国家工商总局出台的《关于贯彻落实〈国家知识产权战略纲要〉，大力推进商标战略实施的意见》，拟定了《黑龙江省推进商标（品牌）战略促进全省经济更好更快发展实施方案》，并筹备“全省实施商标战略暨驰（著）名商标表彰奖励大会”的相关工作。同时，我们要求各市、地工商局积极争取当地党委、政府领导对实施商标战略的高度重视，摆上重要议事日程，大力推进商标战略的实施，促进区域经济的快速发展。特别是“全国工商行政管理系统大力推进商标战略实施工作会议”刚结束，我局党组高度重视，认真研究贯彻落实意见，迅速抓好贯彻落实。哈尔滨市政府召开了“全市商标工作暨表彰奖励荣获驰名著名商标企业颁奖大会”，国家工商总局商标局局长李建昌代表国家工商总局出席会议并作了重要讲话，他对黑龙江省及哈尔滨市商标工作给予了充分肯定，并就推进商标战略工作提出了新的要求；国家工商总局商标局还专门发了简报。

（三）积极培育知名品牌，深入开展调查研究。由省局分管商标工作的局长和处长带队，有重点地深入到争创驰名商标的企业中，实地考察有关情况，现场进行具体指导，帮助企业解决遇到的实际问题，积极服务市场主体，提高企业商标注册、运用、保护和管理的能力，充分发挥强势企业的典型带动效应，促进资源的有效整合，形成区域性的品牌群体，从而提升区域经济的活

力和竞争力。

（四）切实抓好农产品商标和地理标志注册和保护工作。我们始终坚持把做好农产品商标及地理标志注册和保护工作作为重点，从我省农业大省的实际出发，充分发挥商标职能作用，积极引导农产品商标特别是地理标志申请注册，适应农村改革和发展的需要，提高农产品附加值，促进农产品加工结构升级，加快我省农产品产业化、规模化、市场化的进程。为综合分析我省符合地理标志的资源情况，全面了解掌握区域符合地理标志条件的产品，系统学习和领会地理标志申请注册和保护的有关知识，我们专门举办了一次“全省地理标志培训班”；请国家工商总局商标局地理标志处处长讲解地理标志有关知识，请省农科院专家讲解我省有关地理标志产品的状况，并进行现场咨询答疑；参加人员有各市（地）、县（市）工商局商标工作的负责人、农业部门有关负责人及有关协会等组织的负责人。通过这次地理标志培训，推进我省农产品商标及地理标志注册和保护工作上一个新的台阶。

（五）加大商标行政执法力度，建立和完善商标长效监管机制。今年，全省各级工商部门先后开展了保护“大冬会”特殊标志、涉农商标及驰（著）名商标等专项整治行动，查处商标侵权假冒案件 641 起，占查处商标违法案件总数的 81%，与上年同期比增长 46%。省局就“充分发挥工商所作用，加大商标行政执法力度”专门发文，明确要求工商所要切实履行商标行政执法职责，逐步建立商标长效监管机制，推进商标行政执法职能到位。一些市、县工商局在本地较大的商品交易场所中部分日用工业品类开始推行“商标授权经营制度”，并不断建立和完善商标长效监管机制。

2009 年全省商标工作取得了一定成绩，但也存在不容忽视的问题。一是各地推进商标战略实施工作进展的不平衡，主要是没有将此项工作由部门行为上升为政府行为。二是引导农产品商标特别是地理标志申请注册，与我省地域优势特色不适应。三是省著名商标认定和驰名商标推荐工作流程还不够规范，梯队建设和培育工作还有待于加强。四是工商所商标行政监管总体上还比较薄弱，不适应工商部门商标监管职责的需要。

二、2010 年商标工作的初步安排

认真贯彻落实全国工商系统大力推进商标战略实施工作会议精神，立足职能，服务大局，把“四个统一”贯穿商标工作全过程，全面提升我省商标注册、运用、保护和管理能力，促进全省经济更好更快发展。主要做好以下几项工作：

（一）抓住国家总局《关于贯彻落实〈国家知识产权战略纲要〉大力推进商标战略实施的意见》出台的契机，扎实推进全省商标战略的实施。制定《黑龙江省大力推进商标（品牌）战略促进经济更好更快发展实施方案》，积极筹备召开“大力推进全省实施商标战略暨驰（著）名商标表彰奖励大会”。召开一次“充分发挥工商行政管理职能，大力推进商标战略实施”新闻发布会。各市、县工商部门要结合本地区实际情况，主动争取以政府名义出台区域商标战略实施意见（规划），进一步提升全省品牌建设整体水平，推进我省由资源大省向品牌大省、强省迈进。

（二）抓住国家实施商标战略示范城市、示范企业工作的契机，分类指导和支持市场主体实施商标战略。要结合本地实际，针对区域、企业及相关组织遇到或存在的突出问题，题，有的放矢地进行引导；全面增强企业创立自主品牌意识，增强商标运用和应对竞争的能力，以商标整合企业的技术、管理、营销等优势，形成自身的核心竞争力，提高商标知名度；鼓励支持企业争创省著名商标、中国驰名商标，培育、发展一大批在国内外市场占有率高的知名品牌。要制定省著名商标认定和驰名商标推荐工作流程，进一步规范省著名商标认定和驰名商标推荐工作。

（三）抓住新时期农村改革发展的契机，深入开展“商标富农”工作。要着眼于一些地方农业生产中普遍存在的规模较小、经营分散、产品附加值低、市场竞争能力差、无法形成品牌优势的突出问题，着力引导具有地方特色的农产品申请注册商标；指导无公害、无污染农副产品申请“绿色食品”使用许可；帮助相关团体、协会申请

注册地理标志，促进具有地方特色的自然、人文资源转化为现实生产力。进一步提高农民进入市场的组织化程度，充分发挥商标在农林业现代化、产业化、规模化中的作用，各市（地）要注重收集整理，特别是采取录像形式及时总结上报典型经验和突出事例。

（四）抓住国家工商总局提出“商标授权经营”制度的契机，建立商标长效监管机制。今年先在市、县（区）选择集中较大经营场所的部分类别商品，试行“商标授权经营制度。”同时，进一步摸索总结对不同类别、不同层面、不同区域商标日常监督检查的有效方法和具体内容，推进商标行政执法工作到位。

（五）抓住商标法律、法规和规章进行修改的契机，着力加强商标执法能力建设。商标工作专业性很强，要积极争取多一些负责商标工作的干部参加国家工商总局组织的商标培训；省局要分片组织商标“典型案例分析”、“案卷抽查评议”。提倡“岗位练兵”，根据所承担的商标工作具体任务需要，深入系统学习有关知识，尽快适应新形势、新业务、新知识的要求，不断提高商标行政执法能力，严厉打击商标假冒侵权等违法行为，切实保护商标权人和消费者的合法权益。

上海市

2009年，上海商标管理工作围绕国家工商总局关于贯彻落实国家知识产权战略纲要、大力推进商标战略实施的文件精神，按照市委九届八次全会和金融危机形势下实现“四个确保”的工作要求，以迎接中国2010上海世博会的召开为契机，进一步发挥商标监管职能作用，大力实施商标战略，依法开展商标执法保护，为维护公平有序的世博市场秩序，保障上海经济平稳较快发展做出应有努力。

一、大力开展世博商标保护工作，进一步完善执法监管机制。

1. 精心组织安排，切实落实世博商标保护的各项任务。世博商标保护是2009年商标监管工作的重中之重。为深入贯彻《国家工商总局服务2010年上海世博会举办工作方案》和《国家工商总局和上海市政府共同推进2010年上海世博会举办工作合作协议》内容，切实做好世博商标保护工作，市局专门制定了《关于开展世博商标保护工作的实施意见》，进一步明确了保护工作的目标、重点和具体措施。全市各级工商部门根据市局实施意见精神和辖区实际，制定相应的执法计划，并组织执法力量，分阶段、有步骤地落实各项任务，重点开展了世博会标志保护、世博组织机构赞助企业商标保护和重点市场的商标侵权假冒行为的整治工作。全年全市共出动工商执法人员1.7万人次，检查各类市场经营主体5.7万户次；查处各类商标违法案件2773件，其中商标侵权案件2705件，处罚款2125.29万元，查获并没收各类侵权商品和标识215万件（只），移送涉嫌商标犯罪案件30件，涉及人员30人。国家世博会知识产权保护专题调研组在沪调研期间对上海工商部门的世博商标保护工作给予高度肯定。

2. 围绕重点环节，加大对侵犯世博标志专有权行为的查处力度。全市工商部门把世博会标志专有权保护工作纳入重点监管，在监管中落实各项保护举措，并根据世博标志侵权行为的不同表现形式，切实把握好查处尺度，对恶意使用世博标志、影响恶劣、后果严重的违法行为予以严厉打击，对不当使用世博标志、主观上没有恶意、未造成后果的轻微违法行为予以规范和指导，进一步体现了商标执法工作合法性与合理性的有机统一。全年全市共查处侵犯世博会标志专有权案件79件。案件类型主要包括制售假冒世博会吉祥物特许商品、擅自在商品和服务上使用世博会标志和在广告宣传中擅自使用世博会标志等。如闵行分局查处一家擅自生产加工“海宝”雕塑的企业，并对购买该“海宝”雕塑的有关政府机构、企事业单位进行了宣传教育。

3. 强化执法保护，开展流通领域商标执法保护行动。全市工商部门按照“分组划块、综合监管、落实责任、长效管理”原则，对服饰和小商品市场、主要商业街、卖场超市、交通枢纽站、涉外宾馆、F1赛区周边等易产生侵权隐患的流通领域进行集中执法；对沿路设摊售假行为、黄牛拉客售假行为和利用出租房窝点进行售假的行为进行大力整治。全年全市共查获流通领域售假案件2503件。如嘉定分局在F1汽车大奖赛期间，查获假冒F1赛事商标商品近3000余件，得到了F1赛事组委会的充分肯定。

4. 加强刑事打击，严厉查处各类制假售假行为。全市工商部门进一步加强与公安部门的协作配合，对涉嫌犯罪的商标违法案件进行及时移送。全年全市共移送公安机关商标违法案件30件，比上年增加25件；移送涉嫌犯罪人员30人，比上年增加20人。如徐汇分局联合公安部门开展对陕西南路、淮海中路一带售假窝点的打击行动，共取缔售假窝点14个，移送涉案当事人14名，收缴假冒“ROLEX（劳力士）”、“CHANEL（香奈儿）”商标商品15111件；长宁分局会同公安部门对两处售假窝点实施突击行动，共查获假冒“LV”等涉外高知名度商标商品800余件，移送案件当事人2名；浦东分局会同公安部门查处亚太新阳和亚太汇阳市场内2处售假窝点，共收缴假冒“LV”、“GUCCI（古驰）”商标商品1024件，移送案件当事人2名。

二、创新商标监管方式，进一步完善市场自律机制

1. 加强市场调研暗访，增强商标保护工作针对性和有效性。一是为进一步掌握市场上商标侵权行为的新动向，保证商标执法保护工作取得实效，市局组织开展了对浦东、闸北、虹口等区县的调研，切实了解相关分局在规范市场秩序、打击商标侵权、推行长效措施方面的工作情况，对进一步做好世博商标保护工作提出要求。市局还召开了部分重点服饰和小商品市场主办单位的座谈会，听取了市场经营情况、各项商标保护措施落实情况的介绍。市局陈学军副局长还专程带队赴北京调研秀水街等小商品市场监管工作情况，进一步学习借鉴外省市工商部门的先进经验。二是市局商标处会同检查总队开展了对七浦路、豫园、亚太新阳、亚太汇阳、淘宝城、龙华等30个重点小商品市场和徐家汇、南京路、新客站、虹桥、五角场等10个重点商圈的暗访调查工作，对暗访中发现的各类商标侵权问题进行及时通报。各分局也认真做好辖区内商标侵权行为易发风险点的调查排摸，进一步确定了重点监管的市场、路段和区域。

2. 加大市场合同示范文本的推进力度，落实市场监管的各项措施。本市工商部门在服饰和小商品市场深入推进《商品交易市场进场经营合同示范文本》，切实引导市场主办者和进场经营户签订该会同并履行商标保护方面的义务、责任条款，督促市场主办者加大对售假经营户的民事合同制裁力度。截至12月底，全市已有134家市场的25282户经营户签订该合同，288户经营户因售假受到民事违约处罚，其中133户售假经营户被解除合同清退出场。

3. 引导经营者转变经营观念，创新经营方式。全市工商部门从完善服饰和小商品市场内部经营管理机制入手，引导市场主办者和经营户通过创立自主商标、取得授权经营、引进老字号企业，改变经营商品种类等方式，转变经营模式，实现市场转型。如闸北分局开展了七浦路服饰市场创自主品牌推展活动，通过培育引导、宣传教育、树立典型等方式，鼓励市场经营户走品牌化、专业化发展道路。浦东分局引导亚太新阳、亚太汇阳市场进行转型，不仅成功引进了成衣定制、珍珠销售等新的经营业态，同时还开设了世博会特许商品零售店。

4. 编发涉外商标保护名录，加强涉外商标保护力度。为切实维护涉外高知名度商标权利人的合法权益，方便基层工商部门及时联系商标权利人对假冒商品进行鉴定，市局对《2006年涉外商标保护联系名录》进行了修订，并编发了新的《2009年涉外商标保护联系名录》。该名录共收录美国、法国、意大利、日本等16个国家的100件在上海市场上被侵权较多的涉外高知名度商标，其中服装箱包类商标44件，钟表首饰类商标24件，日用消费品类商标21件，电器产品类商标11件。

三、广泛开展商标培训活动，进一步完善宣传引导机制

1. 开展4·26知识产权宣传周活动。根据国家工商总局《关于贯彻落实2009年全国知识产权宣传周活动方案的通知》要求，本市各级工商部门及时制定了相应的实施方案，抓紧落实了各项宣传活动内容。一是召开资讯通报会。市局陈学军副局长向上海主要新闻媒体通报了上海工商部门商标保护和发展工作情况、2008年十大商标侵权案件以及下阶段世博商标保护工作安排。70余家媒体对此作了报道。二是与有关部门合作开展对外宣传活动。市局参与了“上海市4.26知识产权宣传周开幕仪式”和“2008年长三角地区知识产权发展和保护状况新闻发布会”。三是开展世博商标保护的宣传工作。各分局以《世界博览会标志保护条例》、世博会标志备案和使用、世博会特许经营和特许商品保护的相关知识为重点，开展广

泛地培训宣传活动。如机场分局举办了《上海国际机场商业企业迎世博保护知识产权倡议书》签字仪式，组织浦东、虹桥机场内200余户商业企业公开向社会作出“加强自律管理、保护世博知识产权”的承诺。静安分局向全区74个居委会发放《世博会知识产权宣传手册》，将保护世博标志的宣传工作延伸到社区。黄浦分局召开“迎世博600天行动计划”市场监管专题会议，向50余家市场主办单位的负责人宣传培训世博标志保护知识。

2. 组织开展涉外商标商品真伪鉴别培训会。为继续加大涉外商标保护力度，进一步提高商标执法干部及时发现商标假冒侵权行为、准确鉴别真伪商标商品的能力，市局组织“惠普”、“佳能”、“爱普生”等7家打印机、复印机用碳粉墨盒耗材行业主要的涉外商标权利人，对全系统100多名商标执法干部进行了真伪商标商品鉴别方法的培训，取得了良好效果。

3. 召开上海工商系统世博会标志保护工作培训会。9月10日，市局会同上海世博局在世博局新闻中心举办了上海工商系统世博会标志保护工作培训会。市局相关业务部门、检查总队的干部，各工商分局分管局长、业务科（处）和工商所（队）的负责人共计350余人参加了培训。本次培训得到了国家工商总局商标局和上海世博局的大力支持。李建昌局长出席会议并作讲话，对上海工商部门商标工作给予了高度肯定，并就下阶段做好世博商标保护工作提出要求。市政府副秘书长、上海世博局局长洪浩会见了国家工商总局商标局局长李建昌，对国家工商总局在世博标志备案、世博商标注册和保护中给予的支持表示衷心感谢。此次培训拉开了全国世博会标志保护工作的序幕，为全国工商系统世博业务培训积累了宝贵经验。

4. 举办全国工商系统商标战略暨世博会标志保护培训。11月19日至22日，由国家工商总局主办，商标局、上海市工商局和上海世博局承办的“全国工商系统商标战略暨世博会标志保护培训班”在沪举行。国家工商总局党组成员、副局长付双建，上海市政协副主席、上海世博会执委会副主任周汉民，上海世博会执委会专职副主任钟燕群，国家工商总局商标局局长李建昌，市局局长吴振国等领导出席培训班有关活动。国家工商总局有关司局的负责人，国家有关部委、最高法、最高检的有关部门负责人及专家学者，全国各省（市）、自治区工商局和部分地市级工商局负责人等共计250余人参加了本次培训活动。国际展览局秘书长专门为本次培训会发来贺信。会后，国家工商总局也专门发来感谢信，对上海工商部门在承办此次培训活动中的积极表现给予高度肯定。

5. 配合举办“创新及其价值创造–商标和声誉研讨会”。5月13日，市局承办了由国家工商总局与世界知识产权组织、法国工业产权局联合举办的“创新及其价值创造–商标和声誉研讨会”。全市各驰（著）名商标企业、商标代理组织、行业协会的代表共计150余人参加了会议。会议围绕如何选择商标、如何宣传商标和公司、如何使商标驰名三大议题展开研讨。来自国家工商总局、法国工业产权局、世界知识产权组织、中国欧盟商会和上海市工商局的代表作了精彩发言。原市局局长方惠萍代表国家工商总局致辞。本次研讨会的召开，为进一步推动本市企业培育自主商标，加强商标宣传推广和拓展海外市场提供了宝贵的建议。

四、贯彻落实国家商标战略，服务上海经济又好又快发展

2009年，全市工商部门根据国家工商总局《关于贯彻落实<国家知识产权战略纲要>，大力推进商标战略实施意见》精神，以商标为载体和抓手，积极开展培育发展工作，为促进上海经济健康发展做出贡献。市局专门成立了以吴振国局长为组长、陈学军副局长为副组长、市局相关处室和市商标协会负责人为成员的上海市工商局商标战略实施领导小组，切实加强了此项工作的组织保障。据统计，2009年，本市获核准的注册商标为35984件，是2008年的2倍。截止2009年底，本市累计有效注册商标数为150772件，提前一年完成了本市注册商标总量达到15万件的“十一

五”规划目标。

1. 组织召开商标发展工作推进大会。3月4日，市局在国际会议中心组织召开了2009年上海商标发展工作推进大会。市政府有关委、办、局，各区县政府，行业协会，重点企业，工商系统的负责人和各新闻媒体记者共计600人参加了会议。会议结合金融危机的严峻形势，围绕实施国家商标战略和市委、市政府“四个确保”的工作要求，对近年来本市商标发展工作情况进行了总结，提出了“携手渡难关、创牌谋发展”的号召，并就今后商标工作如何服务于经济发展大局提出了总体目标和任务要求。上海市副市长胡延照出席会议并作重要讲话，原市局局长方惠萍作了题为《贯彻落实国家知识产权战略纲要,努力再创商标发展工作新辉煌》的主题报告。大会还通报了2008年中国驰名商标奖励情况，公布了第十三批324件“上海市著名商标”名单。上海市经济团体联合会、闵行区政府、上海漕河泾新兴技术开发区发展总公司、复星集团、上海家化联合股份有限公司、上海清美绿色食品有限公司等六家单位的代表作了大会交流发言。本次会议的召开，进一步提升了本市企业应对金融危机的信心，体现了政府支持企业发展的良好形象，也在全市营造了重视商标、发展商标、保护商标的社会氛围。

2. 认真开展第十四批著名商标工作，加大驰名商标推荐力度。一是市局制定了《上海市著名商标申报审查工作规定》和《上海市著名商标申请企业经营规模具体标准》，召开了各分局商标管理干部培训会议，进一步指导分局做好著名商标申报材料的审查工作。同时，市局组织召开了全市300多家著名商标申报企业的培训会。二是开展著名商标申报审查工作。2009年，市局共受理审查著名商标申报材料462件，其中新申请商标290件，重新申请商标172件；经审查共退回不符合申报要求的新申请商标材料68件、重新申请商标材料1件；最终提交著名商标审定会议审议的新申请商标为222件、重新申请商标为171件。三是召开第十四批著名商标审定会议。会议共认定285件商标为上海市著名商标，其中116件商标为首次认定，另169件商标为三年期满后重新认定。至此，本市著名商标数量达793件。四是进一步加大驰名商标推荐力度，切实做好驰名商标培育发展工作。09年，本市共有28件商标申报中国驰名商标，其中天喔、上工等24件商标获国家工商总局认定。至此，本市驰名商标数量累计达85件。

3. 大力推进著名商标立法工作。3月，市人大财经委全体主任、副主任专程来市局作著名商标立法工作调研。8月和11月，市局会同市人大财经委、市政府法制办共同组成上海市著名商标立法调研小组，先后赴湖北、福建等省份进行调研考察。通过考察活动，为进一步推进上海著名商标立法进程创造了良好条件。

4. 积极推动各级政府加大商标扶持力度。市局会同市财政部门落实对2008至2009年度国家工商总局认定的16件驰名商标的资金奖励。在全市各级工商部门的积极推动下，市政府相关职能部门、各区县政府切实贯彻落实国家知识产权战略纲要，高度重视商标发展工作，不断加大商标扶持力度，目前全市18个区县政府都已出台支持商标发展的政策措施。奉贤、长宁、徐汇、卢湾等区先后召开商标发展工作推进大会，落实对辖区内驰（著）名商标企业的奖励措施；浦东、黄浦、闸北等区举办各类商标研讨会，为区域商标发展献计献策；杨浦区与复旦大学签订了《知识产权保护长期协调合作协议》，积极探索商标保护新机制；静安区发布了本市第一部区县层面的《商标发展报告》；嘉定区提出了推进实施商标战略的十二条措施，进一步支持企业商标发展。

5. 加强调研走访，支持企业商标发展。一是根据国家工商总局国际合作司有关工作要求，组织相关企业召开座谈会，调研企业商标在海外注册、维权中面临的问题和困难、典型案例及建议和要求。二是组织著名商标认定委员会委员实地走访了嘉定区凯泉泵业集团有限公司、姚记扑克股份有限公司等驰（著）名商标企业，召开了企业座谈会，了解了企业在金融危机形势下的经营情况和存在的困难，为企业送政策、送温暖、送服务，帮助企业应对危机。三是根据《关于召开全国工商系统落实十七届三种全会精神，服务农村改革发展经验交流会有关事项的通知》，认真开展本市农产品商标注册发展情况的调研，积极为推进农业品牌化发展献计献策。四是协助国家工商总局商标局开展有关商场、超市申请商标注册可行性问题的调研。在《上海市中介服务业发展有关情况的调研报告》中提出了加快中介服务业品牌建设的意见建议。

五、加强日常综合监管，提高工商干部队伍的商标监管水平

1. 整顿规范商标代理市场秩序。根据国家工商总局《关于进一步规范商标代理市场秩序的通知》精神，大力开展商标代理市场调查和整治工作。一是组织人员开展实地走访，进行调查摸底，详细了解商标代理组织存续情况和实际经营状况。二是结合走访情况，加强日常监管，建立监管平台，及时发现代理机构的注销、吊销和被处罚情况。三是按照《商标法》、《广告法》、《反不正当竞争法》、《合同法》、《商标代理管理办法》和企业登记的有关规定，加大执法力度，严厉查处代理机构违法行为，进一步整顿和规范商标代理市场秩序。四是发挥商标代理机构专业委员会作用，做好服务引导工作，为商标代理中介服务组织提供良好的发展环境。

2. 加快建设上海商标展览馆。商标展览馆是具有商标宣传、展示、服务等综合性功能的公共服务平台，是建设上海商标公共服务体系的重要基础。2009 年，市局全面启动商标展览场馆的筹建工作，组织相关单位进行展馆设计和资料收集。各分局也积极配合做好此项工作。

3. 指导商标协会开展商标工作。发挥商标协会的桥梁纽带作用，做好对会员单位和各企业的商标宣传、指导、服务工作，帮助企业解决商标问题。会同商标协会共同做好第十届中国西部国际博览会、第三届中国商标节、亚太地区地理标志国际研讨会和全国工商系统落实国家商标战略会议的相关参展、参会工作。

同时，2009 年，市局荣获了国家工商总局“推动马德里商标国际注册先进单位”称号；10 家单位和 7 位同志分获全国工商行政管理系统商标工作先进集体和个人称号。中国工商报、《中华商标》杂志在主要版面刊登了有关上海商标发展、世博商标保护的专题文章和报道 5 篇，产生了积极的社会影响。

商标管理工作虽然取得了较大成绩，但仍然存在一些问题和不足：一是市场售假的深层次问题有待进一步解决，世博商标执法保护措施有待进一步完善和落实，商标培育发展工作需要进一步深入推进。二是商标管理干部队伍的专业化监管水平尚待提高，部分分局的商标管理干部队伍不够稳定。三是各区县商标工作发展尚不平衡，一些分局的商标监管、培育工作相对薄弱，有待进一步加强。四是对基层工商部门的业务指导不够深入，对商标企业的服务、指导需不断加强。

江苏省

今年以来，全省工商行政管理机关商标监管部门在省局党组的正确领导和国家工商总局商标局的业务指导下，围绕贯彻落实省知识产权战略纲要和总局商标战略实施意见以及省工业优化升级工作部署，着力实施“1234工程”，即：实现“一个深化”，进一步深化对商标工作的认识，明确工作的指导思想；围绕“两个中心”，以实施商标战略和充分发挥商标促进经济发展的作用为工作中心；完善“三个机制”，完善商标工作的外部领导机制、内部的高效规范履职机制和商标工作保障机制；狠抓“四个重点”，围绕局党组确定的“红盾保民生护企业促发展”主题活动，充分发挥商标服务经济发展的作用，提高全社会对商标的认知水平，打造高知名品牌群体，加强商标监管保护好权利人的合法权益。进一步加大了工作创新力度，深入推进商标战略的实施，全省商标工作取得积极进展。

一、围绕中心工作、重点工作，充分发挥商标服务经济发展的作用

（一）成功举办省国际咨询会议专题报告会，构建商标服务经济发展的工作新机制。9月份，我们联合省商务厅和省政府金融办成功举办了2009江苏国际发展咨询会议专题报告会。会上，国际品牌专家作了打造江苏世界级的品牌的主题演讲，给与会的省有关部门、各市政府负责人和全省各类企业负责人传播了品牌发展的理念，省委常委、常务副省长赵克志同志作了题为《打造具有国际竞争力的品牌强省》的讲话，就加快品牌机制建设提出了明确要求，要在全省形成“政府主导、工商部门牵头、相关部门配合、企业积极实施、全社会共同参与”的品牌发展新格局，这为全省实施商标战略，发展品牌经济构建了良好的工作机制。

（二）应对金融危机，加强探索创新，商标在“保增长、促发展、调结构”中的作用得到充分发挥。根据省局党组决定开展的“红盾护企业保民生促发展行动”要求，积极谋划运用商标职能帮助企业化危为机，变挑战为机遇，发挥商标管理在促进企业发展、有效应对市场风险方面的作用，及时开展了以下工作。

1. 深入开展商标“进企业、进农村”专项活动。按照省局的统一部署，全省联动开展了“五个一百”品牌兴企活动。一是通过发放《商标知识宣传手册》等方式，结合驰、著名商标企业回访、企业注册、年检、日常巡查等工作，走进企业开展商标宣传，宣讲商标扶持政策。全省各级工商机关共出动宣讲人员5200余人次，宣讲企业98570户，及时将现行的商标发展政策宣传到广大企业。二是实行问卷调查与实地调研相结合，深度了解金融危机给企业带来的具体影响，全面掌握企业在商标注册、保护、培育等方面的现实需求。三是全方位指导企业实施商标战略，从帮助制定商标战略规划入手，鼓励企业建立商标价值评估、统计制度，完善对外合作商标管理制度，支持企业开发利用商标权的市场价值，引导企业以商标整合企业的技术、管理、营销等优势，加强创新，丰富商标内涵，增加商标附加值，创立知名品牌，提高核心竞争力。仅上半年，我省就培育了36件驰名商标，企业品牌价值大幅提升。四是深入农村，深入推进“商标富农”工程。加强对农业企业、农村专业合作社、相关行业协会等商标及商标战略知识的宣传，进一步提高商标知识的普及程度，促进农产品商标的快速增长。通过各地的宣传指导，今年地理标志申请量和注册量分别达14件和12件，均比往年大幅提升，我省地理标志总量已达37件，继续稳居全国前列。同时，加大培育力度，今年还培育了“盱眙龙虾”、“洞庭山碧螺春”两件地理标志驰名商标。

2. 强化重点企业的商标注册引导，提高企业抗风险能力。针对定牌加工企业和部分出口企业没有自主品牌，在国际产业分工体系中处于产业链的低端，难以有效抵抗金融危机带来的冲击这一严峻现实，我们要求各地有针对性地开展对这类企业培育发展自主品牌的引导帮扶力度。根据企业的实际需要，引导尚无注册商标的定牌加工和出口企业申请商标国内、国际注册，为发展自主品牌做好前期准备。对于拥有自主商标但很少使用的企业，引导其在从事贴牌加工或出口服务的同时，积极使用自主商标，因地制宜地开展自主品牌的推广创立工作。今年以来，各地国内国际商标申请量和注册量继续保持平稳增长的势头。

3. 积极开展商标专用权质押贷款工作，为企业资金融通提供支持。为充分发挥商标无形资产价值，帮助企业破解融资难题，抵御金融危机对企业的冲击，我处按照“红盾保护行动”方案要求，积极发挥商标监管职能作用，稳妥开展商标专用权质押贷款工作。采取试点先行的方式，在苏州市试点成功后，我处联合中国人民银行南京分行出台了《江苏省注册商标专用权质押贷款管理暂行办法》，各地工商部门积极会同当地人民银行及时转发，并加大宣传力度，广泛利用报纸、电视和网络等各种媒介，深入企业、深入基层开展行之有效的宣传，使社会各界开始对商标价值有了新的认识，使注册商标专用权质押贷款这一新型惠企政策广为知晓，使商标质押贷款工作迅速在全省推广。截至目前，已有 7 户企业办理了商标质押贷款业务，融资额高达 9.9 亿元，目前仍有 30 余户企业正在积极与金融机构协商办理商标质押贷款业务。商标无形资产资本化运作有效缓解了企业融资难题。

4. 加强产业集群品牌培育基地建设，以品牌优势助推企业快速发展。根据我省区域经济特征和省政府部署，我们加大工作创新力度，探索开展了产业集群品牌培育基地确认和管理工作，通过综合运用多种职能，树立区域整体品牌集群形象，提升区域企业的整体竞争力，从而在金融危机中提高抗风险能力。在无锡市先行试点后，我们通过深入调研，广泛征求意见，出台了《江苏省产业集群品牌培育基地确认和管理办法》，使产业集群品牌培育基地确认和管理这一创新型工作有据可依、有章可循、规范开展。我们组织有关人员对 33 个行业协会申请的产业集群进行了细致的考察验收，开展了认真的讨论，最终确认了 28 个首批省产业集群品牌培育基地，覆盖了全省部分地区和主要支柱产业，涉及企业 4000 余户。建设品牌培育基地，使大批企业走上打造品牌的快车道，推动我省企业品牌的集聚化发展。为确保品牌培育基地的后期管理和扶持到位，各地还制定了详细的培育和管理方案，切实将品牌培育基地建设成为品牌的孵化器。

5. 加大品牌培育力度，以高知名度品牌提升企业综合竞争力。进一步加大驰名商标的培育力度，加强对企业申报驰名商标的辅导。各地通过灵活多样的方式，对 168 户企业开展了针对性强的申报辅导，为我省驰名商标培育工作取得重大突破夯实了基础。今年有 36 件商标被国家工商总局商标局、商标评审委员会认定为驰名商标，这是自驰名商标认定和保护工作开展以来我省获得认定数量最多的一次，也是首次实现全省 13 个省辖市全部拥有了行政认定的驰名商标。截至目前，我省经工商总局认定驰名商标总数为 173 件，位居全国第二。“盱眙龙虾”、“洞庭山碧螺春”是我省首次获得驰名商标认定的地理标志证明商标。今年，我局还向总局推荐申报认定驰名商标 50 余件。

在著名商标培育方面，我们再次修订了省著名商标认定标准，积极支持高科技企业、现代农业、现代服务业、新增长点企业和列入我省产业振兴规划的重点行业企业申报省著名商标，以高知名度商标培育来提升相关行业企业综合竞争力。今年，认定江苏省著名商标 660 件，其中：再认定 378 件，新认定 282 件，省著名商标总量达 2091 件，比上年净增 232 件。

（三）上下联动，合力推动商标战略的深入实施。为更好地推动商标战略的实施，我们制定了《关于贯彻落实知识产权战略纲要加快建设商标战略实施先进省份的工作意见》，上报省政府办公厅，积极筹备召开全省实施商标战略工作会议。

同时，我们始终将推动地级市政府出台商标战略实施意见作为突破口，加强对地区实施商标战略工作的宣传和引导，无锡、苏州、宿迁等地市政府率先出台了商标战略实施意见，成立了组织，构建了工作机制，制定了详细的考核和激励政策，实行政府主导实施商标战略的新格局。常熟、睢宁两地政府也出台了商标战略实施意见，开创了我省县级人民政府实施商标战略的先河。其它一些市、县也正在积极制订之中，我省出现了省、市、县三级联动实施商标战略的可喜局面。

二、加强宣传和培训，全社会对商标的认知水平明显提高

（一）以江苏商标发展报告为依托，展示我省商标工作成果。今年4月，我处向社会公开发布了2008年度江苏商标发展报告，全面展示了2008年度全省商标工作的情况，系统总结了全省商标创立、运用、保护和管理各项工作，深入分析了全省商标事业发展存在的问题，并提出相应的工作建议。商标年度发布制度为全省各级党政机关决策施政提供了必要的情况参考，促进了政府、企业和社会公众对商标工作的了解和认知。

（二）以“4·26世界知识产权日”为契机，扎实抓好商标宣传咨询活动。全省联动开展了形式多样的商标知识和法律法规宣传，为营造有利于商标发展和保护的社会环境创造了积极条件。4月26日，省局暨南京工商局在南京举行了以“实施商标战略，促进科学发展”为主题的大型广场宣传咨询活动，全省各地也同步举行了大型广场宣传咨询活动，苏州市还举办了知识产权宣传周活动。据统计，全省共出动商标工作人员2600余人，接待咨询人员27000余人次，发放宣传资料10万余份，商标知识得到了很大程度的普及。

（三）以《江苏商标通讯》和《江苏商标管理》为载体，及时宣传商标动态。我们会同省商标协会，认真组织好《江苏商标通讯》的编印工作，扩大信息量，增加编印期数，以最快的速度，向广大企业和社会公众传递最准确的商标发展动态。在系统内创设了《江苏商标管理》电子文档，加强对总局的信息上报、加强对本系统商标工作人员的交流，及时沟通信息，将其打造为工商系统内部商标宣传的平台。

（四）以召开新闻发布会为平台，加强商标宣传。今年，我们先后召开了两次新闻发布会，分别就红盾保护行动和开展商标权质押贷款工作与新闻媒体沟通。广泛宣传了商标在品牌经济时代的五大经济功能，商标在知识产权体系中的重要地位及实施商标战略的重大意义，深化了全社会对商标的认知。

（五）以商标及商标战略知识培训为抓手，进一步提升商标认知水平。随着知识经济时代的来临，商标的作用与日俱增，商标知识的更新也在逐步加快，迫切需要加强培训，提高商标工作者的业务水平，以适应新形势下的工作要求。因此，我们通过加强对基层商标工作人员及企业商标管理人员的业务培训和对政府、企业领导的商标战略知识培训相结合的方式，分层次开展针对性强的培训，提高培训实效。省局开展了一次针对全系统商标工作人员的培训，各直属局及市（县、区）局也都结合当地实际，有声有色地开展了大规模培训，其中：对系统内部培训260余次，培训商标执法人员4500余人；对企业培训620余次，培训企业商标管理人员36000余人。通过培训，商标工作者的业务水平有了明显提升，夯实了实施商标战略的人力基础。

三、深入实施商标管理运用规范工程，提升我省商标管理和使用规范化水平

（一）开展企业商标使用和管理情况调研。通过发放问卷、上门走访、召开座谈会等形式，就企业商标使用管理现状及存在的问题和企业需求进行调研，加强指导和帮助企业商标管理的针对性。从指导企业制定商标战略规划入手，加大对企业建立商标使用管理制度的帮扶力度，切实提高了企业的商标使用管理水平。

（二）制订企业商标印制管理示范文本。在开展对商标印制企业专项管理的基础上，出台企业商标印制管理规范示范合同文本，引导企业在商标印制工作中加强自我监督、自我约束，提高商标印制使用的规范化水平，减少商标侵权情况的

发生。

（三）加强商标协会和中介机构自身建设。大力加强省商标协会的自身建设，提高协会的组织水平和服务能力。各级商标协会加大了对中介服务机构的扶持力度，注重整合中介机构的资源优势，通过开展商标法律法规宣传培训活动，举办品牌发展高层论坛，加强与高等院校、国外相关行业协会的联系与往来等形式，开展了学习交流和研讨活动，提升了中介服务行业的服务水平。

积极引导商标中介机构加强自律，通过树立龙头骨干的中介服务企业，倡导建立中介机构信用评价和失信惩戒等诚信管理制度和行业公约，有力规范了商标代理中介服务市场的经营秩序。

四、狠抓商标行政保护不放松，商标权保护环境进一步优化

（一）开展地理标志商标保护专项执法行动，切实维护涉农企业和广大农民的合法权益。为认真贯彻党的十七届三中全会精神和《国家知识产权战略纲要》，进一步落实苏州“全省地理标志工作推进会议”工作部署，4—10月，省局在全省范围内组织开展地理标志商标保护专项执法行动。在省局的统一组织下，各地紧密结合本地区的实际情况和地理标志产品生产、销售特点，认真研究制定开展本地区地理标志保护专项执法行动的工作方案，明确目标任务和工作内容，切实采取有效措施，精心组织，周密部署。对情节严重、社会反响强烈的侵犯地理标志商标权益的各种违法行为加大查处力度，切实维护商标权利人的合法权益，保证专项执法行动取得实效。全省共出动执法人员12652人次，检查各类经营户38774户，检查商品交易市场1382个，捣毁制假售假窝点5个，立案查处48起，没收侵权标识4231件，罚没款52.41万元，有力地打击了不法行为，保护了权利人合法权益。同时，各地还注意建立和完善地理标志商标保护的长效监管机制，在加强对地理标志商标监督管理的同时积极指导商标权利人认真规范地理标志商标的使用行为，帮助他们建立使用管理制度，避免出现使用混乱现象，使地理标志商标真正发挥应有的作用。

（二）扎实开展商标印制企业专项检查。开展印制企业专项检查，是从源头上防止商标侵权行为发生的重要手段，因此我们要求各地联动，明确重点，强化对商标印制企业主体资格的审查，认真督查商标印制企业“六项制度”的落实，并加大对违法行为的查处力度，切实规范商标印制行为。各地运用经济户口加强商标印制企业的规范管理，着重对商标印制企业承接商标印制件业务的审查登记手续、业务登记表制度和商标标识出入库登记台帐制度等进行了详细检查；对管理较为混乱，各种规章制度落实较差的商标印制企业，及时予以了纠正。专项检查开展以来，全省各地共出动执法人员4500余人次，检查企业3600余家，罚款207万元，商标印制市场秩序有了明显好转。

（三）加快推进商标监管协作机制建设，提高执法效能，实现区域内商标发展和保护水平的共同提高。在商标日常监管工作中，我们充分发挥“华东六省一市”商标管理协作网和“淮海经济区四省十九地市”商标保护协作网作用，加强与外省市的商标监管协作机制建设。今年4月，我局参加了长三角地区知识产权发展和保护状况新闻发布会。就商标专用权发展和保护议题进行了交流和探讨，并就如何促进长三角地区知识产权战略的实施，建立商标工作信息交流机制和维权协作机制，实现区域内商标发展和保护水平的共同提高，提出了具体的意见和措施。

（四）强化基层商标执法办案指导，做好相关大案、要案的督办、协调工作。着重强化对基层的办案指导，有力地支持了基层工作开展，维护了商标权人合法权益。针对群体性商标侵权问题，我处指导苏州市局以“圆桌调解法”成功调处了一起驰名商标侵权群体案件，通过行政调解对涉案人员进行商标法宣传和行政警示，让违法经营者充分认识并主动纠正自身侵权行为，从根本上解决商标侵权的长期性、群体性问题，受到了企业高度评价。针对企业反映强烈的商标异地维权难题，加强与外省市工商部门的联系协作，积极为我省企业开展省外维权行动。今年以来，就苏州“多威”、无锡“小天鹅”等多起商标被侵权案件分别协调山东、广东等地工商部门商请组织查处。

五、着力构建推进商标战略实施的良好机制

商标在自主知识产权创造和运用中，具有市场价值实现工具和知识财富增值载体等多种经济属性，商标工作在自主知识产权创造、管理、运用、保护工作体系中具有全景、全程的作用，商标工作的内涵正在发生深刻的变化，正从传统的单项行政监督管理工作向新时期以商标知识产权的创造、管理、运用和保护为中心环节的实施商标战略转变，正从由工商系统单一的商标部门负责的工作向商标部门主导，广告管理、注册登记、信用管理等多部门合力实施的工作转变。顺应这种变化，我们的工作思路、工作视野也在与时俱进地做出相应的调整，为此，我们着力构建了有利于商标战略实施的良好机制。

（一）外部的领导协作机制

1. 加强与政府的沟通协调。通过汇报宣传，新时期商标工作的理念得到省政府领导和社会各界的认同，省领导提出要在全省形成“政府主导、工商部门牵头、相关部门配合、企业积极实施、全社会共同参与”的品牌发展新格局，省政府办公厅初步同意转发我局制订的《关于贯彻落实知识产权战略纲要加快建设商标战略实施先进省份的工作意见》。

2. 加强与总局的沟通协调。根据商标工作的特点，积极加强向总局的汇报，年初，我们就我省近期商标工作情况及下一步推进商标战略的实施的建议具文总局，积极向总局提交推进商标战略实施的建议，并请求总局加快驰名商标案件认定工作，得到了总局的认同。最近，就国家质监总局出台加强自主品牌建设，大力推进名牌战略的意见，我们又及时与总局沟通，反复交流我们想法，并以《关于对加强自主品牌建设实施名牌战略的意见征求意见稿有关建议的报告》向总局提交书面报告，我们的有关建议被总局采纳。在今年 7 月总局召开的全国商标工作会议上，我们作了《高起点认知，深层次谋划，全方位推进商标战略》的主题发言，我局的商标工作理念和主要做法得到了总局领导及与会代表的肯定。我们还就推进商标战略实施部省合作、示范城市和示范企业推荐、商标局外设办事机构等工作，加强了与总局的联系沟通，取得了总局的理解和支持。

3. 加强与有关部门的沟通。积极与省发改委、经信委的合作沟通，在推进产业结构升级中主动承担了牵头品牌化工作的任务。加强与农林、知识产权局、中小企业局等部门的联系，就地理标志注册、实施商标战略、开展企业培训等工作开展合作；进一步加强与公安、法院等司法机关的协作，推进建立高效的商标保护机制；为推进我省体育产业的品牌化进程，我们还加强了与省体育局的协作，推进我省体育装备行业的发展。

4. 加强地区间的横向交流。加强与“华东六省一市”商标管理协作网、“淮海经济区四省十九地市”商标保护协作网作用、长三角地区商标监管合作协议等成员单位的沟通与协作，进一步完善商标保护协作机制。开展商标境外保护工作的调研，为下一步推进商标国际化打下了良好的工作基础。

（二）内部的高效规范履职机制

1. 建立本条线的上下联动机制。我们建立了季度例会制度和案件分析会制度，每季度就重大工作的开展、阶段工作的总结及下一阶段的安排、新型商标案件的分析等召开条线会议，统一步调，形成合力。

2. 建立健全日常工作规范。我们着重就我处的重点工作抓紧完善了相关制度，对著名商标认定标准和程序进行了完善，对驰名商标申报工作进行了程序规范，还制定了《江苏省产业集群品牌培育基地确认和管理办法》，规范品牌培育基地的申报和确认工作。

3. 建立对局领导的专报制度。为及时报告总局、省政府关于实施商标战略的部署以及兄弟省市商标战略实施动态和各地商标战略实施成果，我们建立了专报制度，及时向局领导报送相关信息。

（三）工作保障机制

1. 建立财政保障机制。为加大商标战略推进力度，出台商标发展扶持政策，我们反复与省有

关部门沟通协调，建议建立商标战略实施财政专项经费，保障商标战略的顺利实施。省局具文省财政厅，在商标宣传、培训、保护、国际注册和地理标志注册等方面拨付专项经费。目前，省财政厅初步认同我们关于建立商标战略经费保障制度的要求，正在履行有关的报批手续。财政保障机制的建立将显著加大商标战略的推进力度，将使我省商标战略实施提升到新水平。

2. 建立人员保障机制。随着商标战略的不断推进，商标工作人员不足的问题日益突出，我们一方面不断要求全条线干部要认真分析新时期商标战略实施工作的特点和任务，转变思想认识，不断开拓创新，同时进一步加强商标机构建设，充实商标工作力量，以机构改革为契机，及时向局领导和人事部门提交了机构改革的建议，希望保障商标工作人员，以适应新形势下实施商标战略的需要。为提升商标工作人员业务水平，我们邀请总局和法院系统专家，开展了商标业务专题培训，提高全系统商标工作人员的业务素质，并建立了长效培训机制。

3. 建立作风保障机制。为提高工作效率，确保各项工作的顺利进行，我们不断加强作风建设，组织干部积极开展自查，以岗位为基础，联系岗位职责和工作流程，查找在履行岗位职责、行使权力过程中可能会发生廉政和监管风险的部位和环节，确定风险点，认真研究制定防范措施和计划，建立廉政风险防范制度。

天津市工商行政管理局

天津市工商行政管理局2009年商标管理工作

国家工商总局副局长付双建（左一）来津视察商标工作，与主管商标工作的副市长崔津渡（右一）亲切交谈。

编制《天津市2009年商标发展报告》，公布09年天津市各方面商标数据和企业商标使用与发展情况。

制定《关于实施商标战略促进经济发展的意见》、《天津市商标发展三年（2010—2012）规划》及《天津市推进商标战略实施工作委局际联席会议制度》三个文件，并经市政府常务会议转发。

经国家工商总局商标局核准注册8264件商标，注册商标总量达到56894件。

国家工商总局为我市认定驰名商标24件；认定天津市著名商标65件，延续认定91件。

新增种植、养殖及农产品加工商标1419件，核准注册5件集体商标、2件地理标志证明商标。

国家工商总局副局长付双建（前排右二）在天津市工商局党组书记、局长王海福（前排左一）的陪同下视察空客生产线。

天津市工商局会同中国人民银行天津分行、中国银行业监督管理委员会天津监管局共同制定《天津市商标专用权质押贷款实施指导意见》。南洋胡氏家具制造有限公司及陈林洗染公司通过商标专用权质押各成功获得1000万元的贷款。

天津市共查处商标违法案件430件，罚款354.5万元；没收、销毁商标标识47.2万件，没收、销毁侵权商品9.5万件，移送涉嫌商标犯罪案件2件。

“七里海”河蟹养殖面积2.8万亩，年产量1000余吨，养殖户5000余户，“七里海”已成为天津市宁河县的一张名片。
图为“七里海”河蟹蟹苗。

国家工商总局副局长付双建（右二）、天津市副市长崔津渡（右一）、国家工商总局商标局局长李建昌（左二）与天津市工商局党组书记、局长王海福（左一）出席天津市贯彻落实“国家知识产权战略纲要”大力推进商标战略实施暨驰名商标企业表彰大会。

国家工商总局副局长付双建（左一）在天津视察商标工作期间与天津市工商局党组书记、局长王海福（右一）亲切交谈。

国家工商总局副局长付双建到天津一汽轿车生产线进行考察，图为付局长正兴致勃勃的试驾。

北京市工商行政管理局

2009年北京市工商局商标监督管理工作

按照监管与服务并重的工作原则，2009年的商标工作坚持严格执法，树立了工商部门保护商标知识产权的执法威信，强化服务职能，确立了为各类经济主体商标战略服务的权威地位，实现了预期工作目标，圆满完成了维护了公平公正的市场经济秩序，促进首都经济平稳较快发展的工作任务。

一、严格执法，维护商标权利人合法权益，确保市场经济秩序稳定，树立了工商行政管理部门的良好威信。

（一）、巩固奥运期间保护商标知识产权的成果，强化商标行政执法工作。

1、商标监管系统在总结、借鉴奥运知识产权保护成功经验的基础上，进一步加大了商标专用权保护力度，畅通商标案件的投诉渠道。对重点地区、场所风险点各分局还纳入了网格监控，做到了商标案件一经确认迅速查处，赢得了代理机构和权利人的好评。共立案查处商标侵权假冒案件1641件，罚没款3318.68万元。

张永明副局长在地理标志大会上讲话

2、继续严厉打击侵犯国际知名商标专用权等违法行为。截至目前共查处涉外侵权假冒商标案件772件，罚没款1496.75万元，分别占本年商标案件的47%和45%。涉及美国、日本、德国、法国、韩国等国家的爱玛仕、阿迪达斯、索尼、耐克、BOSS、三星、惠普、松下等品牌。

3、开展集中整治，保护国内知名品牌的合法权益。今年各级商标监管部门先后组织了以北京市著名商标“京华”、中国驰名商标“全聚德”、“茅台”、“北新”为代表的茶叶、食品、酒类和建材类涉假商标商品的整治工作，净化了市场环境，保护了权利人和消费者的合法权益。

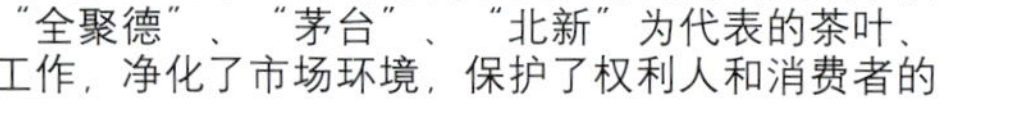

4、加大对商标专用权的刑事保护力度。在坚持办大案、掏窝点的同时，加强涉嫌商标犯罪案件的移送工作。目前海淀、西城、朝阳、丰台等分局共向公安机关移送案件16件，涉嫌犯罪人员48人。

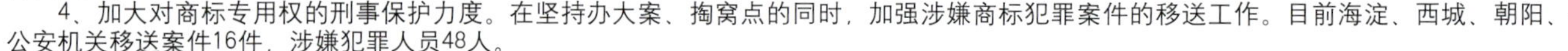

5、加强案件中认定驰名商标的推荐工作，扶植京企走出困境，做大做强。今年共向国家工商总局商标局推荐了康辉、纽曼、雍和宫、庄子等15件商标申请中国驰名商标的认定，是历年来向商标局推荐商标件数最多的一年，受到了广大企业的欢迎。

（二）以“商标授权经营制度”为基础，构建商标监管长效机制。

1、进一步完善日常监管模式，将“商标授权经营制度”引向深入。

2009年全市已有356家有形市场实行了“商标授权经营制度”，建立商标档案37265个。为进一步推进这一工作的开展，各分局在辖区有形市场推广了“商标公示制度”和“电子授权台帐”的使用，目前实现“商标公示制度”的市场达106家，建立“电子授权台帐”的市场达127家，共建立电子档案25113件。

针对工作中遇到的新情况、新问题，工商部门不断探索，在部分辖区有形市场内搭建了以“商标授权经营制度”为基础的“145”监管体系，以构建长效监管模式。

第一、搭建一个商标授权经营动态管理平台，实现监管手段由传统向现代化转变。目前市局已经开发运行了“商标授权经营电子化监管系统”，搭建了市局、分局、市场三级的电子数据管理网络。这一系统目前已在部分辖区有形市场进行试应用。

第二、明确四方责任，确保有效施行。一是明确科、所监管责任。合理划分科所监管职责，确保有效管理；二是明确市场主办方依法经营管理的责任，树立市场主办方第一责任人意识；三是明确市场商户守法经营的责任；四是明确消费者责任，树立诚信消费意识。

第三、建立五项制度，形成长效监管。一是建立市场商标风险监管制度，实现重点监管。二是建立案件线索倒查建议制度，重点打击售假源头。三是建立风险商标商品提示制度，推进商户销售转型。四是建立入场商品商标信息、商户信用信息公示制度，接受社会监督，促进商户自律。五是建立市场品牌建设制度，提高市场主体竞争实力。

2、继续深化“无假冒商标示范单位”争创工作，净化商业流通主渠道的经营秩序。

为进一步规范管理，2009年市局拟定了《无假冒店和商标授权经营制度考评标准》、《无假冒商标示范商场检查办法》、《工商分局无假冒商标示范商场检查制度》及《无假冒商标示范商场（店）规范化管理工作指导书》等系列指导性文件指导分局开展对商业企业商标使用行为的监督检查，为争创工作的深入打好基础。对示范单位的日常管理中市局采取了检查与抽查相结合的方式，共对涉及9个区县的18个商场进行了检查，目前此项工作还在进行中。

3、配合全局工作，积极落实国务院“支持中关村科技园区建设国家自主创新示范区”的有关精神，结合商标职能积极向总局建议设立中关村示范区商标注册办事机构等，推进中关村科技园区实施商标发展战略。目前总局已下发《关于支持中关村科技园区建设国家自主创新示范区的意见》，同意设立商标注册办事机构，授予北京商标监管部门支持商标无形资产资本化运作、设立商标事务处理快速通道、支持培育驰名商标等行政职能。

二、发挥商标服务职能，确立帮扶各类经济主体实施商标战略提高市场竞争力的权威地位。

（一）驰名商标、著名商标推荐认定工作取得成效。

按照《北京市十一五规划纲要报告》中“推进产业结构整和增长方式的转变，走高端产业发展之路”的要求，著名商标认定工作重点对现代服务业、高新技术产业、现代制造业等进行了品牌培育。各分局由过去单纯监管向主动服务转变，注重了解企业的实际需求和经营中存在的问题，有针对地指导企业的争创工作，企业积极性不断增强。

市局会同市农委、市质监局等部门及行业协会，经征求有关部门意见共同对全市百余件申请商标进行了审查，共认定2008年度北京市著名商标117件。其中在64件新申请商标中，涉及现代服务业、文化创意产业企业商标，拥有高新技术企业及本市龙头工业企业商标，涉农企业商标，其他涉及服装、家具、人用药等商标四大类，分别占新申请认定商标总数的36%、27%、17%和20%，符合北京经济发展的结构和特点。目前全市有效著名商标已达377件。

2009年4月，“菜百”“漫步者”“美驰”等10件注册商标被国家商标局认定为中国驰名商标，使我市通过行政认定的驰名商标总数达82件。

（二）贯彻落实十七届三中全会精神，充分发挥商标在发展农村经济、帮扶农民致富中的助推作用。

1、制定涉农商标、地理标志和集体商标培育工作计划，指导涉农企业、农民群众及有关协会组织注册和规范使用，走健康持续发展的道路。

顺义、昌平、通州、大兴、燕山等分局以不同形式向辖区涉农企业、合作社、协会建议，鼓励其向商标局申请注册农产品商标，截至目前我市共注册农产品商标近5000件。

各涉农分局发挥商标职能作用，促进了农村经济的良好发展。针对平谷区民俗旅游业起步晚，业者分布散、规模小等问题。在政府“旅游富民”政策

北京市工商行政管理局

引导下，该区民俗旅游协会在工商部门的大力支持下核准注册了本市首个涉及服务、食宿等服务类别的“客居香”集体商标。并免费许可75户符合资质、内部管理、服务质量等规定的协会会员使用。对取得“客居乡”集体商标使用权的民俗户，按照《客居乡集体注册商标使用许可合同》和《客居乡集体商标的管理规则和使用办法》对其进行跟踪监督，并定期联合工商、食品、卫生、旅游等部门进行检查和考评，凡不合格的民俗户坚决予以取缔，以确保“客居乡”集体商标的信誉度。通过一年的使用，集体商标的优势越来越明显，仅2009年五一节前后使用该商标的民俗户客源大幅增加，经济收入高于同类商户30%以上。目前民俗户服务水平、规范化程度、自律意识都有了明显的提升，“客居乡”商标成为了平谷民俗旅游业响当当的品牌，给当地农民带来实实在在的利益。

密云分局在政府的支持下大力扶植地理标志“密云甘栗”的使用，带动农民增收致富。在利用“第二届国际板栗节”进行大规模宣传，提高“密云甘栗”的商标知名度的基础上指导北京栗联兴业板栗专业合作社对统一收购的板栗规范使用商标标识，同时对产品包装印制进行行政指导，避免违规。目前“密云甘栗”已实现规模种植和经营，直接从事板栗种植生产的农民达9万人，年产量11468吨，年产值8845万元，较商标注册前分别增长了66.2%和71.4%。

2、借鉴涉农商标的成功经验，根据企业的规模和特点涉农分局深化“公司+商标+农户”的发展模式，与销售环节挂钩，指导涉农企业打造“公司+商标+农户+市场”的新模式。

海淀分局在辖区推行这一发展模式，在苏家坨镇车耳营村召开了商标富农工作现场会，邀请商业企业参与富农工作，打开了农产品的销售渠道，同时为涉农企业聘请了商标战略公益律师，避免农民由于不懂法而走弯路；延庆分局指导北京玉渡山永庆达种植有限公司实行“公司+基地+食用菌合作社+超市”的模式，走产业化发展道路。2009年发展种植户247人，涉及7个乡镇15个行政村，年产鲜菇40万公斤，销售收入480万元，农户平均收入3.84万元；怀柔分局引导北京东方颐园蜂产品公司利用“颐园”著名商标优势，带动辖区养蜂产业发展。该企业每年蜂蜜加工能力1500多吨，怀柔山区面积占70%，特殊封闭的地理环境保证了该区蜂产品质量，年产量达300吨。为此分局引导该公司与蜂蜜养殖产区蜂业协会建立联系，组建了养蜂专业合作社，为农民养蜂提供技术指导，并通过订单形式收购蜂蜜及其它蜂产品，激发了农民的养蜂积极性，解决了他们的后顾之忧，目前养蜂农户达156户，企业收购农户蜂产品价值110余万元。

3、引导优势涉农品牌的升级，培育、扶植涉农龙头企业的进一步发展，争创北京市著名商标。引导优势涉农品牌的提升也是2009年商标的工作重点之一，各分局从辖区涉农商标中筛选出优势品牌，指导其争创著名商标。门头沟、房山等分局还制定商标培育和地区发展战略，促进区域经济龙头企业品牌升级。在上半年认定的117件著名商标中有涉农商标26件，占总数的22%，是历年来数量较多的一年。目前我市377件著名商标中涉农商标达80件。

（三）加强政策引导，规范制度建设，服务企业不走过场。

1、支持企业发挥品牌效应，创造性地引导企业开展商标质押工作，促进中小企业走出融资瓶颈。

8月21日市局在首都大酒店与北京银行、交通银行北京市分行共同举行了旨在帮助企业拓宽融资渠道，破解贷款难题，促进企业以商标专用权进行抵押贷款的“商标质押融资平台”签约启动仪式，搭建了“商标质押融资平台”。市工商局与北京银行股份有限公司、交通银行股份有限公司北京市分行就商标权质押融资分别签署协议。根据协议两家银行将在未来5年内为北京市中小企业提供300亿元的商标权质押融资意向额度。截至目前，两家银行已累计发放商标权押贷款4.52亿元，向近40家企业提供了资金支持。

截至目前，北京银行、交通银行北京分行已经与北京市工商局怀柔、宣武、西城、海淀、崇文、平谷、朝阳、东城、丰台、顺义等分局完成对接，向近100余家北京市著名、驰名商标等企业进行了商标权质押贷款培训和推介。全市各级商标管理机关还会同北京银行、交通银行北京分行等部门积极开展对企业商标权质押融资相关工作的业务培训，共举办了37次培训班，培训著名、驰名商标及有一定实力和良好信用的企业人员1124人次；为了提高基层工商干部的业务水平，增进商标权质押融资相关知识的了解，各工商分局还对70余个工商所的197名干部进行了法律培训，提高了干部的工作水平和业务素质，为指导辖区企业相关工作的开展奠定了基础。

2、结合首都经济发展特点深入开展著名商标认定工作。

为进一步做好认定工作，市局结合当前经济形势和北京经济特点，指导企业争创著名商标坚持扶持、培育、推荐相结合的原则。各分局对辖区内优势、传统产业和有竞争潜力企业制定培育计划，有侧重、分步骤地加以培育。围绕十七大提出的“实施知识产权战略”和市政府《十一五规划纲要报告》中“推进产业结构调整和增长方式的转变，走高端产业发展之路”的要求，把指导、培育工作与北京知识密集型企业较集中、与涉农产品商标和服务业快速增长，与老字号企业挖潜相结合引导争创。在广泛调研的基础上，市局征求有关行业协会意见，进一步规范了评审程序，细化了工作标准，下发了《关于加强对驰名商标著名商标企业行政指导的意见》，各分局还实施了对辖区著名商标企业的回访，回访率在50%以上。

3、加大实施商标战略政策的引导，当好政府的参谋助手。

为了贯彻落实《国家知识产权战略纲要》和《北京市人民政府关于实施首都知识产权战略的意见》，促进商标行政监管与促进发展、服务大局、维护权益、依法行政相统一，充分发挥商标在社会主义市场经济建设中的作用，为在全国率先建成创新型城市，建设“人文北京、科技北京、绿色北京”提供有力支撑，促进首都经济又好又快发展，市局适时制定了本市商标战略的实施方案。方案确立了指导思想，制定了工作目标和工作任务，并就组织落实做出了详尽的部署，保证2020年完成即定商标战略目标。

4、按照市局的工作部署，各工商分局还加大了对知名度较高、市场信誉较好的商标企业的政策引导，努力向辖区政府荐言，实施对驰名、著名商标企业的奖励政策。目前全市十三个区县已实施奖励政策。

三、加大商标工作宣传力度，为提升企业和消费者的商标意识创造良好的舆论环境。

各级商标监管部门利用“3·15”国际消费者权益保护日和“4·26”世界知识产权日，开展了形式多样的宣传活动普及商标知识等。同时加强对查处商标侵权典型案例的宣传，通过电视、报纸、网络等多种形式予以曝光。在震慑违法分子的同时，宣传了工商执法的权威，增强了全社会的商标法律意识。全年各级商标管理部门开展商标等法律法规宣传500余次、发放宣传材料16万份，举办各类培训班200余次，培训干部、企业人员万余人次。石景山分局还自行编印口袋书《商标知识手册》向企业发放，方便相关人员使用。东城、朝阳等分局通过发放“商标注册调查问卷”和为地区商标战略“会诊”等方式与有关部门沟通，加快地区商标战略的发展。媒体对商标监管工作进行了大量报道，涉及媒体包括：北京电视台、北京日报、中国工商报、北京晚报、法制晚报、京华时报、新京报、北京青年报、北京晨报、千龙网等；西城分局查处的销售假冒“NIKE”、“ADIDAS”、“YONEX”注册商标商品案、海淀分局查处的销售假冒美国“CISCO”注册商标商品案入选了总局评选的“2008年涉嫌假冒注册商标犯罪案件移送典型案例”；丰台分局保护“FY”注册商标专用权案入选总局“2008年保护国内企业注册商标专用权典型案例”。

二〇一〇年九月

浙江省工商行政管理局

深入实施商标品牌战略　引领浙江经济转型升级

“2010香港·浙江周” 民营企业提升国际竞争力高峰论坛上，省工商局局长郑宇民在论坛上发表演讲。

针对浙江省农产品品牌发展现状，浙江省商标协会邀请专家结合目前形势，于2009年8月举办浙江省农产品品牌建设论坛。图为论坛现场。

2009年5月浙江省举办全省提升品牌战略促民企转型升级会议，图为国家工商总局领导和省工商局领导向2009年4月被国家工商总局新认定的37家驰名商标企业代表颁发奖牌。

2009年中国·浙江绿茶大会暨第三届中国绍兴国际茶文化节在诸暨市隆重开幕。由省工商局和省农业厅联合举办的龙井茶证明商标使用启动仪式在诸暨城市广场举行。

2009年浙江省商标工作认真贯彻全省工商行政管理工作会议精神，牢固树立“用特殊时期的特别助动、特别维护、特别监管和对队伍的特别要求来践行科学发展观”的指导思想，以品牌服务进民企、进农户为重点，深入推进全省品牌战略取得了显著成效，多项工作继续走在全国前列，赢得了广泛的社会影响和好评。

一、中国商标发展百强县浙江近三分之一。在中华商标协会公布的“2009中国商标发展百强县”榜单上，我省独占30席，其中有20个县（市）列前50强。百强县不仅在引领区域优势、做大做强集群经济上发挥着重要作用，而且通过品牌提升了区域经济的竞争力，实现了经济结构的优化。

二、地理标志证明商标突破百件大关。我省各级工商机关积极支持、鼓励传统特色农产品申报地理标志证明商标保护，大力推广应用地理标志证明商标服务“三农”工作，取得突破性进展。近五年来，我省地理标志证明商标以平均每年47%的增速大幅上升。特别是2009年，全省新增地理标志证明商标35件，实现全省地理标志证明商标突破百件大关，为全国最多。其中“舟山大黄鱼”、“舟山带鱼”、“舟山三疣梭子蟹”等成为全国首批海产品地理标志证明商标获得历史性突破。

三、行政认定驰名商标量创历年之最。2009年全省新增行政认定驰名商标37件，是我省历年来认定数量最多、分布地区最广、涉及行业最多的一次，标志着我省品牌大省建设又获新的进展。

四、商标国际注册量居全国首位。我省国际商标注册量自2006年以来平均每年以63.2%的增速大幅递增，截止2009年12月31日，我省累计国际注册商标已达3.8万件，位居全国第一；其中马德里注册商标达2.5万件，成果丰硕，2009年浙江省工商局被国家工商总局评为“推动企业马德里商标国际注册先进单位”。

五、商标专用权保护备受肯定。全省工商系统坚持省内、省外、国内、国外同等保护的理念，加强行政执法。全年我省共查处各类商标违法案件7233起，总案值17745万元，罚没款11917万元；收缴和销毁各类商标标识28万件，销毁物品58740件，移送案件34件32人次，办理商标案件数位居全国首位，营造了良好的商标发展环境。2009年浙江省工商局被国家工商总局评为“奥运标志保护先进单位”。

六、商标权质押贷款工作成效显著。为帮助企业解决融资难等问题，省工商局会同中国人民银行杭州分行，率先出台了《浙江省商标专用权质押贷款暂行规定》，实现无形资产有形化的功能。截止2009年12月底，我省共有37家企业开展商标质押贷款业务，其中32家企业正式签订了商标质押贷款协议，贷款总额达7.4亿元，商标权质押贷款作用日益显现，真正实现将商标权变成“真金白银”。

2009年是全省经济面对金融危机考验最为关键的一年，全省工商系统紧紧围绕省委省政府中心工作，立足职能、服务大局、勇于创新，在品牌建设上积极作为，主要做好以下各项工作：

一是政策引导，夯实品牌战略实施基础。2009年，省局专门出台《关于全省工商系统贯彻落实<国家知识产权战略纲要>大力推进商标战略的实施意见》、《浙江省商标专用权质押贷款暂行规定》、《关于推进我省农产品品牌建设的若干意见》及《龙井茶证明商标管理和保护暂行办法》等政策文件，进一步明确了品牌建设的发展方向。

二是悉心服务，助推企业加快转型升级。省局于2009年3月份下发《关于在全省开展品牌服务进民企活动的通知》，各地上下联动，通过授牌授证、上门走访、培训指导、政策宣传等多种形式为企业品牌建设出谋划策。据不完全统计。

三是突出重点，扎实开展品牌富农工作。省局专门出台《关于推进我省农产品品牌建设的若干意见》，并于3月份在余杭召开全省推进农产品品牌建设现场会议，认真总结了过去几年全省农产品品牌建设工作，现场学习观摩余杭局的先进经验，对今后农产品品牌建设工作进行了专题部署，明确工作思路；并评选表彰了2008年全省农业龙头企业十大创牌先锋、农民专业合作社十大创牌先锋。

四是顺应需求，大力推进品牌国际化建设。各级工商部门以“营销未动、注册先行”的口号大力呼吁企业重视商标国际注册，积极走访动员，面对面开展培训指导，推动各级财政对商标国际注册实施补助，进一步推进全省企业商标国际注册。3月份，省局下发《关于对我省企业海外维权保护进行调查的函》，对全省行政认定的驰名商标企业和省著名商标企业海外维权、保护情况进行调查。

五是因势利导，探索建立商标培育发展的长效机制。自1985年我国开展驰名商标认定和保护工作以来，我省各级工商行政管理部门以推动品牌战略实施、推进自主创新发展为已任，充分利用浙江经济正加快从低位优势向高位优势转变、企业极需积累无形资产的有利时机，积极主动，应势利导，全面建立市级知名商标、省级著名商标和中国驰名商标的梯次评定体系。

六是集聚优势，切实做好品牌资源的整合工作。不断发展和扩大商标发展百强县在品牌大省建设中的积极作用，适应浙江块状经济的特点，立足乡镇，积极发展壮大品牌基地，形成证明商标、品牌基地和品牌强镇的“三位一体”的品牌群、品牌链，打好品牌建设的组合拳。

七是积极维权，打造品牌建设的良好环境。推广慈溪工商局开展议题管理的工作经验，按照“各地对跨地区分工协作作案的手段，应加强针对性监管”的要求，全省各市县工商局始终将商标监管作为工商监管的重要内容加以落实推进，完善与商标权人合作沟通机制。　　八是强化宣传，扩大浙江品牌的影响力。积极借助报纸等媒体渠道，发挥省局门户网站、浙江商标网等网络平台，通过宣传片、发布会、新闻报道等形式，在全社会宣传我省品牌工作，扩大知名品牌的影响力，创造良好的舆论环境，提高全社会的品牌意识。

2009年面对全球性金融危机，省工商局积极为浙企资本找出路，帮助企业盘活无形资产，拓宽融资渠道，联合人民银行杭州支行公布《浙江省商标专用权质押贷款暂行规定》，缓解浙企应对金融危机的压力。

全省各级工商部门积极作为，出谋划策，引导茶农注册茶叶商标，创自有品牌，提升茶叶市场知名度和美誉度。

为做好世博标志保护工作，全省工商部门积极作为，加大对商标印制企业监管力度，从源头抓好商标监管工作。

我省企业投身品牌宣传，利用各种全国性或国际性展会，扩大品牌知名度。图为浙江省知名企业娃哈哈集团有限公司参加2009成都西博会中国驰名商标展会的精致典雅展位。

山东省工商行政管理局

2009年新认定驰名商标新闻发布会在济南隆重举行

2009年6月24日，2009年新认定驰名商标新闻发布会在济南隆重举行，省委常委、副省长王军民到会并作重要讲话。省工商局局长李华理、副局长蔡福安、各市分管局长、商标科（处）长、新认定驰名商标企业负责人以及正在申报驰名商标的企业代表出席了会议。在各市工商局设分会场，各市分管副市长、新认定驰名商标企业所在地分管县（市、区）长应邀出席会议，各市工商局长、县（市、区）工商局长、商标科长、部分企业代表参加了分会场会议。

新华社山东分社、大众日报、山东电视台等省内主要媒体予以报道。6月25日，《大众日报》专版刊载了省委常委、副省长王军民署名文章《深入实施商标战略，促进经济平稳较快发展》和省工商局《充分发挥工商职能，积极推进商标战略》文章，将全省驰、著名商标保护工作推向新的高潮。

2009年 4月，国家工商总局通过商标管理、商标异议、商标异议复审和商标争议程序，山东省40件商标被认定为驰名商标，这是全省实施商标战略服务地方经济发展的又一重大成果。全省驰名商标认定和保护工作实现了多项突破：一是突破了泰安、枣庄、莱芜、菏泽四市行政认定驰名商标零的纪录，实现了全省17个市驰名商标的全面覆盖。二是突破了地理

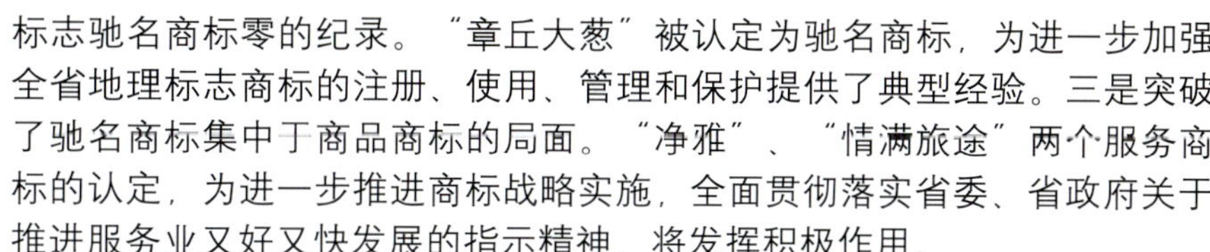

标志驰名商标零的纪录。“章丘大葱”被认定为驰名商标，为进一步加强全省地理标志商标的注册、使用、管理和保护提供了典型经验。三是突破了驰名商标集中于商品商标的局面。“净雅”、“情满旅途”两个服务商标的认定，为进一步推进商标战略实施，全面贯彻落实省委、省政府关于推进服务业又好又快发展的指示精神，将发挥积极作用。

会上，省委常委、副省长王军民充分肯定了目前全省实施商标战略所取得的阶段性成效，科学分析了全省经济社会发展形势，指出全省各级各部门要做好充分思想准备，积极抢抓机遇，开拓创新，从贯彻中央、省委、省政府一系列战略决策部署出发，全力推进我省商标战略的实施，为促进全省经济平稳较快发展做出新的更大的贡献。

山东省委常委、副省长王军民在2009年新认定驰名商标新闻发布会上作重要讲话.

2009（第三届）中国商标节在山东青岛市隆重举办

2009年11月9日至12日，2009（第三届）中国商标节在山东青岛市隆重举办。作为2009（第三届）中国商标节支持单位，山东省工商局组织106家驰、著名商标企业（包括农产品和地理标志企业21家）参加中外商标文化博览会暨驰（著）名农产品商标、地理标志展销会，并荣获2009（第三届）中国商标节组织奖，这是自第一届中国商标节以来，山东省局第三次获此殊荣。

山东省委常委、副省长王军民在开幕式上致词，并陪同有关领导巡查展馆。

山东省委常委、副省长王军民在2009（第三届）中国商标节开幕式上致词

山东省委常委、副省长王军民在2009（第三届）中国商标节陪同有关领导巡查展位

2009年8月29日，商标局地理标志处肖翠兰副处长等在山东省枣庄市山亭区考察地理标志证明商标的申报情况

2009年4月，在全省开展保护“蓝带”注册商标专用权专项行动，成效显著。图为省局商标处负责人现场部署专项行动的开展

吉林省工商行政管理局

吉林省工商局强力推进商标战略实施工作

吉林省工商局党组书记、局长臧忠生

2009年，吉林省商标监管工作以全面落实科学发展观为统领，认真贯彻执行《国家知识产权战略纲要》和国家工商总局《关于贯彻落实〈国家知识产权战略纲要〉大力推进商标战略实施的意见》，按照“四个统一”、“四个转变”的工作要求，着力提高商标在促进经济结构调整、加快发展方式转变中的功能作用，在服务吉林省经济社会又好又快发展中发挥了重要的作用。

一、政府推动，商标战略实施工作不断深入

吉林省委省政府高度重视商标战略实施工作，继制定出台《吉林省十一五期间培育认定驰名著名商标工作方案》后，于年初设立了总额为3000万元的吉林省实施品牌战略工作专项资金，重点对企业申请驰名、著名商标及农产品商标注册和地理标志商标注册给予资金支持。7月17日，省政府召开吉林省深入实施品牌战略大会，省委、省政府、省人大、省政协主要领导出席会议。为新认定的7家中国驰名商标企业和获得地理标志证明商标的9家单位授牌，在省内引起很大反响。在省委省政府的强力推动下，各市（州）政府也纷纷召开推进品牌建设大会，表彰新认定的驰名商标企业，全省形成了崇尚品牌、崇尚自主创新的良好氛围。

2009年4.26世界知识产权日宣传周期间
省工商局李彦副局长就商标战略实施工作接受记者采访

二、建章建制，完善品牌建设制度体系

一是出台了《关于申报和推荐驰名商标工作程序的暂行规定》。使我省培育推荐中国驰名商标工作更加法制化、规范化、程序化，实现了与认定中国驰名商标相关规定的科学对接。

二是发布《吉林省著名商标认定工作细则》。对吉林省著名商标的申请、推荐、受理、审核、评审、认定、公告和撤销的各个环节进行严格规范，建立了“一查两审”制度，增加现场考查审查和地区把关推荐两个环节，保证著名商标审查认定工作公正、准确。

三是制定下发了《关于指导服务企业争创驰名著名商标和注册地理标志商标的实施意见》。从我省经济结构和产业结构调整大局出发，推出13条操作性较强的具体措施，抓住重点行业，加大对科技含量高、拥有自主知识产权，规模较大，主业突出，经济效益好，市场潜力大，能够拉动地方经济增长点的大企业、大集团商标培育指导力度。

四是确立省市县三级联动商标培育认定机制。省、市、县工商部门建立重点扶持企业信息数据库、驰名著名商标储备库，并做到及时更新、补充和完善；制订培育计划，分段逐类确定培育重点；市州工商局积极开展知名商标认定工作，形成知名商标、著名商标、驰名商标的梯次培育认定体系，确保了我省商标战略建设的持续优势。

经过努力，2009年，我省有7件商标被国家工商总局认定为中国驰名商标，使我省行政认定中国驰名商标总数达到了29件。经过市（州）工商局推荐，省局依法认定170件吉林省著名商标，使全省有效著名商标总数达到413件，为2010年末完成省政府制定的驰名著名商标发展目标（分别为30件和500件）打下了坚实的基础。

三、开拓创新，服务市场主体实施商标战略

一是实行“三书”制度，提高行政指导水平。省局借鉴外省商标管理先进经验，密切结合我省实际，制订了《商标注册提示书》、《商标使用预警书》和《品牌建设指导书》（简称“三书”），下发文件，召开新闻发布会，在全省系统内全面推行三书制度。实现了各级工商部门对企业品牌创建工作的全程指导、跟踪服务。这既是推进商标战略实施中的一个创新举措，也是实施行政指导的一项具体措施。

二是搭建三大融资（商标专用权质押、动产抵押、股权质押）平台，助推企业发展。9月份，省局与中国人民银行长春中心支行、中国银行业监督管理委员会吉林监管局联合下发了《吉林省商标专用权质押贷款工作指导意见》，畅通了以商标权为质押，申请银行贷款融资的渠道，争取到驰名、著名商标优先质押贷款的金融支持政策，为企业解决融资难问题开辟了一个新的途径。

三是构建政策体系，提供政策支持。省工商局出台的服务大项目、落实富民工程、支持外商企业发展等政策性文件中，指导实施商标品牌战略都担当着重要角色。依托吉林省培育认定驰名著名商标工作推进组这一组织机构，配合政府相关部门出台了《吉林省中小企业

2009年5月26日省工商局臧忠生局长带领相关处室负责人到天景公司调研商标战略实施工作并现场办公

省工商局臧忠生局长到长春市深入基层调研实施商标战略情况

2009年9月7日-13日省工商局在第八届中国长春国际农业博览会上开展地理标志商标推介活动

在4.26世界知识产权日宣传周期间省局商标监管人员上街开展宣传工作

吉林省工商行政管理局

成长计划》、《关于推进长白山矿泉水产业发展意见》、《关于振兴人参产业的意见》等一批产业政策、行业政策，实现了与商标战略的有效衔接，商标品牌战略的实施已经贯穿于吉林经济诸多领域，发挥着重要的作用。

四是宣传重点企业，进行资金支持。配合纪念新中国建国 60 周年，在吉视卫视黄金时段开设中国驰名商标推介宣传栏目，省工商局出资 20 万元，为吉林省驰名商标企业做广告，出差在外的企业家反映说，看到这档节目很亲切、很感动。

五是开展调查研究，实施现场指导。结合培育推荐认定驰名著名商标工作，全省各级局都对重点企业进行了现场调研，指导企业建立商标管理制度，召开申报吉林省著名商标企业负责人座谈会；开展“商标进企业”、“商标进农村”以及对申报吉林省著名商标企业走访等活动，受到了企业的一致称赞，极大地提高了企业自主创新的积极性。

吉林省工商局臧忠生局长在省政府门户网站谈实施商标战略服务发展保障民生工作

四、帮扶指导，全面推进商标富农工作

一是加强商标富农制度化建设。省局与白山市局共同调研后，下发《关于推进优势特色效益农业商标品牌建设的意见》。规划未来 5 年的发展目标，要求基层工商分局（所）实施“三个一”工程，即每个工商分局（所）每年都要培育一件以上农产品注册商标；每两年要培育推荐一件以上知名商标或著名商标；每年都要联系帮扶一户以上商标企业。

二是加大地理标志商标注册指导。2009 年全省工商系统开展了地理标志普查工作，查明具有鲜明区域特色农产品地理标志 75 个。地区工商局建立健全了地理标志普查情况档案，并制订申请注册地理标志商标规划，指导成立专业协会，协助制订商标使用管理规则，努力运用《商标法》实现我省特色农产品生产地域保护，服务农业产业化发展。2009 年，我省有 11 件地理标志证明商标被核准注册，比 2008 年增长 1.2 倍，全省地理标志商标总数达到 16 件。

三是支持农产品商标品牌建设。全省工商系统在品牌培育、推荐、认定工作中，对涉农商标给予重点帮扶。目前，全省农产品驰名商标 7 件，占驰名商标总数的 18%，农产品著名商标 94 件，占著名商标总数的 22.8%。具有优势特色品牌的农产品直接创造了更高的经济价值，农民收入得到明显提高。

四是积极支持“品牌村”建设。坚持以实现“注册一件商标，树立一个品牌，带动一方产业，致富一方百姓”为目标，利用网络优势，帮助农户和农产品加工企业申请商标注册，使“品牌村”不断发展壮大。2009 年 7 月，国家总局周伯华局长深入白山市进行调研，对“品牌村”建设的做法给予充分肯定。

五、多措并举，切实保护商标专用权

全省工商系统实施重点监管、全面巡查、边规范、边整治的综合管理措施，继续落实商标侵权易发地区重点监管整治责任制，积极推行“商标授权经营制度”，集中开展节日食品市场、春耕农资市场商标专用权专项整治行动，加强对展会的监管，实施对上海世博会标志、广州亚运会标志专有权保护，收到到明显成效。2009 年，共查处商标假冒侵权案件 461 件，案值 690 万元，罚款金额 419 万元，收缴和消除商标标识 2.3 万件。在对商标一般违法行为的处理上，创新执行法规宣传、教育引导、告诫说理、行政处罚“四段式”行政执法模式，突出法律的教育功能和执法的社会功能，帮助商标注册人提高正确使用商标意识和自我保护水平。

六、拓展渠道，加大商标宣传力度

一是加大人力和物力投入。全省工商系统充分利用“4.26”宣传周活动和“吉林商标网”两大宣传平台，积极宣传商标知识，不断扩大影响和效果。“4.26”宣传周期间，各级工商局领导都要发表纪念文章或电视讲话，都要印发商标法律宣传资料，都要组织开展现场宣传咨询活动。

二是探索新的宣传途径和方式。2009 年在省电视台《消费 315》特别节目中开设商标宣传专栏，录制播放 6 集《消费者身边的商标故事》宣教片，以通俗易懂的可视性语言和情节生动的故事宣传商标法律知识。在第八届中国长春国际农业 食品博览（交易）会上，对吉林省地理标志商标进行宣传推介。开幕当天，就有 2000 人次在地理标志商标展板前驻足浏览。组织企业参加西博会和第三届商标节，加大外埠宣传，提高吉林品牌的知名度。

三是报道宣传商标领域大型会议和重大成果。发动和利用省内各大媒体，对吉林省深入实施品牌战略大会、年度新认定中国驰名商标等活动和成果大力宣传，努力营建商标品牌争创氛围。

2009 年 7 月 17 日召开吉林省深入实施品牌战略大会
省五大班子领导为获得驰名商标和地理标志商标的单位授牌颁奖

省工商局在吉林市举办企业商标权质押融资培训班

组织查处商标侵权案件

2009 年 10 月 23 日省工商局召开商标行政指导推行“三书”制度新闻发布会

江苏省工商行政管理局

总局周伯华局长到江苏视察并参观江苏工商系统服务农村改革发展成果展

江苏省工商局局长佘义和、副局长贺寿天参观全省地理标志成果展

省政府在南京举行“2009江苏发展国际咨询会议”，图为江苏省工商行政管理局佘义和局长主持“应对国际金融危机，推进江苏金融服务创新，打造江苏世界级品牌”专题报告会

服务经济发展 全面推进商标战略实施

2009年江苏省工商系统在省委、省政府的正确领导和国家工商总局的有力指导下，紧密围绕贯彻落实省知识产权战略纲要和总局长春会议及商标战略实施意见精神，进一步加大商标工作的创新力度，全省商标战略实施工作取得了积极进展。

一、紧扣发展主题，充分发挥商标服务经济发展的重要作用。一是深入开展了商标“进企业、进农村”专项活动。二是重点强化了规模企业的商标注册引导，提高企业抗风险能力。三是积极开展了商标专用权质押贷款工作，为企业资金融通提供支持。四是突出加强了产业集群品牌培育基地建设，以品牌优势助推企业快速发展。五是全面加大了品牌培育力度，以高知名度品牌提升企业综合竞争力。六是成功举办了省国际咨询会议专题报告会，构建商标服务经济发展的工作新机制。

二、狠抓宣传培训，全社会对商标战略的认知水平明显提高。一是以江苏商标发展报告为依托，展示我省商标工作成果。二是以“4·26世界知识产权日”为契机，扎实抓好商标宣传咨询活动。三是以《江苏商标通讯》和《江苏商标管理》为载体，及时宣传商标动态。四是以召开新闻发布会为平台，加强商标宣传。五是以商标及商标战略知识培训为抓手，进一步提升商标认知水平。

三、加强规范管理，提升我省商标管理和使用的规范化水平。一是开展了企业商标使用和管理情况调研。二是制订了企业商标印制管理示范文本。三是加强了商标协会和中介机构自身建设。

四、强化保护监管，商标战略实施的法治环境进一步优化。一是开展了地理标志商标保护专项执法行动，切实维护涉农企业和广大农民的合法权益。二是扎实开展了商标印制企业专项检查。三是加快推进了商标监管协作机制建设，提高执法效能，实现区域内商标发展和保护水平的共同提高。四是强化了基层商标执法办案指导，做好相关大案、要案的督办、协调工作。

五、着眼机制建设，着力构建推进商标战略实施的良好机制。一是外部的领导协作机制。二是内部的高效履职机制。三是商标战略的工作保障机制。

江苏省工商局贺寿天副局长参加全省产业集群品牌培育基地创建工作汇报会

2009年6月9日全省首笔商标质押贷款发放仪式在苏州举行

江苏省工商局开展4.26世界知识产权日大型广场宣传咨询活动

山西省工商行政管理局

2009年6月第三届山西品牌节会场

在第三届品牌节上，张建新副省长给获得著名商标的企业颁发牌匾

国家工商行政管理总局党组书记、局长周伯华在省工商局局长王虎胜的陪同下视察农产品市场

2009年1月，国家工商行政管理总局副局长付双建在省工商局局长王虎胜陪同下考察驰名商标企业

2009年是深入学习实践科学发展观，战胜国际金融危机严重冲击、保持经济平稳较快发展的关键一年。我们认真贯彻落实保增长、扩内需、调结构、重民生的政策措施，着眼于我省转型发展、安全发展、和谐发展，按照国家工商总局“四个统一”的要求，结合我省实际，创新思想观念，创新监管机制，创新工作作风，充分发挥商标监管职能，大力推进商标战略，全面推进“五增五创”工作主题，各项工作取得了新进展，为推动科学发展、促进社会和谐做出新的贡献。

一、围绕“三农”，成功举办了第三届山西品牌节。按照省局党组部署，省市县成功举办了第三届山西品牌节及“农业发展、农村增效、农民增收”论坛，省政府对被认定为驰名商标的7家企业分别给予50万元的奖励。各市县工商局通过召开座谈会、表彰会，举办文艺晚会、电视专题讲座、品牌成果展等多种形式，宣传和展示了实施商标战略取得的成就。

二、开展商标帮扶，大力推进商标注册工作。按照省政府确定的十大产业发展规划和《山西省工商行政管理局关于开展进企业集中帮扶行动的指导意见》，下发了《关于深入推进商标注册工作的通知》，充分发挥职能作用，帮助企业和农户申请注册商标3400余件，其中农产品商标1200余件，申请“长子大青椒”等地理标志商标10件，申请“粟海”等国际商标5件。至年底，我省有效注册商标达到2.81万余件，地理标志商标11件。在15个国家有效国际注册商标40余件。大力推行“公司＋商标＋农户”的发展经营模式，使41000多返乡农民工在家门口有了就业岗位。9月份至11月份对全省商标注册情况进行了摸底调查。

三、全力抓好驰名商标培育推荐、著名商标认定工作

今年坚持“重在培育、规范认定、梯级推进、分级负责”的商标培育认定总体思路，明确培育目标，开展一对一帮扶活动，在全省培育驰名商标32件。4月份，我省太原钢铁（集团）有限公司的“太钢牌TG及图”商标、太原六味斋实业有限公司的“六味斋”商标、山西老陈醋集团有限公司的“东湖DONGHUBRAND及图”商标、山西焦化集团有限公司的“山焦及图”商标、山西鸿基科技股份有限公司的“”商标、昔阳县大寨经济开发总公司的“大寨DAZHAI及图”商标、山西华晋纺织印染有限公司的“华晋HUAJIN及图”商标被国家工商总局认定为驰名商标。使我省驰名商标总数上升到39件（其中行政认定29件）。还向国家工商总局推荐“同德”、“太矿”、“粟海”等8件驰名商标。山西省著名商标现有764件。今年依据《山西省著名商标认定和保护办法》，经过企业自愿申报、市县工商局把关推荐、省局形式审查、广泛征询社会意见等步骤，对申请认定山西省著名商标的472件商标进行了网上公示。

四、努力促进无形资产的合理利用。一是积极引导企业加大商标使用许可力度，提高商标的市场认知度，进一步延伸商标的使用价值。二是推广商标授权经营制度。太原、长治等市在12个大型超市、百货商场、成规模的商品批发零售市场推行商标授权经营制度，维护了商标权人和消费者的合法权益。三是支持和鼓励企业利用商标权质押融资。长治市局协调“天脊”“澳瑞特”两家驰名商标企业与金融部门达成以注册商标抵押贷款协议，目前已启动商标评估程序。

五、依法开展商标专用权保护工作。一是严厉打击商标侵权行为，切实保护了商标权人的合法权益。截止12月底，全系统共出动执法人员 41823人次，检查交易市场1305个、经营户50531家，捣毁制假窝点11个，查处商标侵权案件1744起，罚款442万元，没收和销毁侵权商品67634件，没收和销毁侵权商标标识13662件。二是查处侵犯农产品商标和地理标志违法行为，维护了农产品企业和农民的切身利益。全省开展了“打假护农保地标”专项行动，共检查超市、商场、农产品市场3200多个，查获侵权商品1.5万件。

六、商标法律法规宣传活动丰富多彩深入人心。根据国家工商总局等24个部、委、局的统一部署，我局在全省工商系统组织开展了“2009年全国知识产权宣传周活动”，全面展示了保护知识产权取得的成果，进一步宣传了商标法及其相关的法律、法规，增强了社会各界知识产权保护意识，营造了保护商标权益，创新自主商标的良好环境和社会氛围。据统计，本次宣传周活动期间，全省工商系统共出动人员8000余人次，车辆2000余台次，悬挂条幅6000余条，发放宣传资料18万余份，接受咨询投诉4万余人次，进企业3000余户，产生了良好的社会效应。

七、加强商标代理组织机构管理。按照国家工商总局《关于进一步规范商标代理市场秩序的通知》精神，12月份召开了规范商标代理组织会议，对40余家代理机构负责人进行了培训。

八、涌现出了一批商标工作先进单位和个人。2009年7月20日国家工商总局通报表彰了一批商标工作先进单位和个人，我省运城市工商行政管理局、平遥县工商行政管理局、屯留县工商行政管理局李高工商所等21个单位和15名个人受到国家工商总局的通报表彰。为表彰先进，进一步促进全省商标工作的发展，省局决定对3个市级工商行政管理局、20个县（市、区）工商行政管理局、30个工商所、100名个人等一批商标工作先进集体和先进个人进行了表彰。

福建省工商行政管理局

福建省工商系统2009年推进商标战略实施情况

2009年，福建省工商系统加大商标培育力度，加强商标行政执法，积极服务海峡西岸经济区建设，商标监管工作取得显著成效。

一、加大商标培育力度，服务企业稳定发展

品牌创建成果丰硕。2009年4月我省30件商标被认定为驰名商标，总数达107件，提前实现了省“十一五”规划确定的目标。

商标基础日益厚实。全省新增注册商标45352件，比2008年增长121.6%，注册商标总量突破18万大关。出口自主品牌培育创建工作稳步推进。截至2009年底，全省马德里商标国际注册数达756件。商标中介服务机构进一步增加，新设立商标（知识产权）中介机构35家、投资人数46人、登记雇工人数214人，商标（知识产权）中介机构总数达207家、投资总人数344人、登记雇工总人数达1441人。

品牌效应持续显现。指导、支持31家企业办理商标专用权质押办理贷款7.5亿元，与上年同比分别增长了55%、740%。此外，全省共支持驰著名商标企业简化程序核准登记设立研发中心36户，支持设立集团35户，支持以商标权作为非货币出资予以核准登记14户，实施实行两年一次年检402户，简化分支机构设立登记24户。一系列商标品牌带动优惠政策促进了企业发展，受到企业和社会各界的充分肯定，商标价值进一步显现。

二、加强商标行政保护，维护企业商标权益

全省工商系统针对重点领域，加大执法力度，严厉打击商标侵权假冒行为，取得新成效。共查处各类商标违法案件3619件、罚款金额2918万元。其中商标侵权假冒案件3361起、罚款1465.5万元，涉外商标案件数803起、罚款482.4万元。向公安机关移送商标假冒案件14起，追究刑事责任3人。

深入开展专项整治。开展“打商标侵权 护海西品牌”专项行动和保护世博会标志专有权执法行动，查处商标违法案件779件、案值350.81万元。强化授权经营试点和会展保护。开展督察督办。省工商局向各设区市工商局移交督办涉嫌侵犯“小肥羊”、“蘑古力”、“沉缸”等驰名、涉外、著名商标专用权案件。

积极支持企业商标维权。省工商局召开驰著名商标保护工作座谈会，商标监管人员、企业、商标中介机构互动商议助企维权事宜，取得较好效果。一批驰著名商标企业的合法商标权益在辖区外得到有效维护。漳州市工商局积极支持片仔癀、港昌、双飞公司开展商标维权行动，协助港昌公司在四川查获价值30余万元的侵权商品。莆田市工商局指导雪津公司在江西、顺昌等地查获大量侵权商品。南平市工商局指导幸福来公司赴浙江打假，及时清除了淘宝网上侵犯该公司商标权的产品。

强化保护涉台商标。厦门市工商局组织集中整治“台湾商品一条街”，检查商店16家、查扣侵权高粱酒86瓶，指导厦门正新橡胶工业有限公司、金门酒厂实业股份有限公司获认定驰名商标，有力维护了台企商标权益。

三、大力实施“商标富农”，推进新农村建设

地理标志商标总量保持全国前列。新增22件地理标志证明商标或集体商标，总数达66件。“安溪铁观音”、“福鼎白茶”积极冠名首届全国中学生地理标志知识竞赛、征文大赛。

涉农驰著名商标数量创历史新高。2009年4月认定的驰名商标中，涉农商标达9件、占30%，其中包括福鼎白茶、武夷山大红袍、坦洋工夫、南靖兰花、建宁通心白莲等5件地理标志商标。全省总数地理标志驰名商标总数达11件。全省涉农驰名商标数达32件，占全省驰名商标总数的23.2%。。

“规范使用商标标识 维护企业商标权益”宣传月启动仪式

福建省驰著名商标保护工作座谈会

辽宁省工商行政管理局

辽宁省2009年商标监管工作情况

◆ 辽宁省工商行政管理局局长：李铁民

2009年，全省商标监管工作以落实科学发展观，服务经济发展为核心，大力实施品牌战略，积极扶持企业做大做强，各项工作都取得了明显成效。具体工作如下：

一、大力实施商标战略，品牌争创工作成效显著

一是我省驰名商标争创工作又有新突破。新增驰名商标15件，驰名商标总数达到63件，位列全国第九。本溪、朝阳、阜新三市实现驰名商标零的突破。据此，我省驰名商标已实现14个市全覆盖。

二是全省争创驰名商标政策环境有了新突破。目前全省已有12个市政府制定了鼓励企业争创驰名商标的政策措施，从而极大地调动了企业争创驰名商标的积极性。

三是省著名商标总量不断创新。2009年我省新认定省著名商标162件，总数达到1069件，与2003年相比，增长了近3倍。

二、加快商标富农工程，推进社会主义新农村建设

全省各级工商机关通过积极扶持农村经济组织、农民办理农产品商标注册，引导广大农户增产增收。2009年，新注册地理标志7件，地理标志总数达到19件。引导农户和农产品加工企业注册农产品商标1230件。

三、加大商标保护力度，拓展品牌生存空间

省局从多方面开展商标保护工作。一是坚持主动查处与受理投诉相结合。二是加大对大型百货商场、大型农贸市场、轻工市场、专卖店等经营主体的专项治理力度，严厉查处商标侵权行为，特别是对驰名商标和著名商标进行了重点保护。2009年，全省共计查处商标违法案件807件，罚款603.55万元，有效打击了商标违法行为，为企业营造了良好的发展环境。

◆李铁民局长在沈阳鼓风机集团有限公司调研视察

◆赵桂琴副局长在全省商标工作会议上讲话

◆葫芦岛首届知名商标商品展示会

青岛市工商行政管理局

强化服务指导 深入推进实施商标战略

市工商局李国华局长带队赴企业指导企业商标工作

2009年，青岛市工商局按照总局、省局和青岛市委市政府统一部署，认真贯彻党的十七大和十七届三中、四中全会精神，深入实践科学发展观，大力推进实施商标战略，围绕总局“四个统一”的要求，不断提升商标服务发展和监管维权的能力水平，取得了一定工作成效。

一、加快推进步伐，品牌创建工作取得重大突破

（一）驰名商标创建工作取得历史性突破

一是加强走访调研，结合“服务发展年”和“十百千大走访”活动要求，年初从全市争创培育梯队中筛选23家企业作为重点创建对象逐户进行走访。局领导带队对青岛港、汉缆等8家企业进行了走访调研，详细了解争创优势和不足，指导企业完善申报材料，收效良好。二是强化分类指导，积极开展驰名商标争创申报工作。年内召开了驰名商标争创企业恳谈会，引导企业通过商标品牌完善自身管理营销机制，提高品牌知名度、扩大市场占有率，为政府解决企业困难提供了有效支持。三是驰名商标创建实现重大突破。4月份，我市的“华东”、“情满旅途”等5件商标获得认定，成为全市被认定最多的一次，其中“情满旅途”驰名商标的认定实现了青岛服务类驰名商标“零”的突破。全市行政认定驰名商标总数达到22件，居全省之首。

（二）省著名商标阵容进一步壮大

一是积极扩大走访和培育范围。对包括市政府确定的享受大企业直通车服务企业在内的4241户企业开展商标走访，走访中共下发行政指导建议书1292份，有针对性地推进企业实施商标战略。二是进一步充实商标创建梯队。确定213件商标为培育对象。年内向省局上报166件商标，是历年来最多的一次，比去年增长15.3%。三是认定数量实现较大突破。09年全市共有91件商标被认定和续展为省著名商标，至此全市省著名商标总量达到249件，继续保持全省第一位。

（三）商标兴农工作取得全面进步

一是大力推进农产品商标和地理标志注册。对农产品商标和地理标志施行“宣传、引导、培育、注册、创建、保护”链条式管理服务模式。至2009年底，全市涉农产品商标注册量达到3592件，保持了20%以上的增长速度。二是开展了“访百家企业、走千家农户”商标调研活动，先后赴城阳、崂山等县市，对农产品企业广泛调查摸底，拟写了《省著名商标对农产品生产经营的带动作用》和《实施商标兴农战略服务社会主义新农村建设》等调查报告。三是加大农产品驰（著）名商标和地理标志的宣传力度。在商标节期间统一策划青岛展区共布展7个特装展位和15个标准展位，展示了我市农产品和地理标志优势和区域特色。

二、强化服务指导，商标管理工作效能进一步提升

（一）发挥职能优势，积极缓解企业经营困难局面

一是深入了解金融危机影响下我市经济运行存在的困难。（市）局对全市60户申报重点出口品牌企业的商标注册情况进行走访调研，初步掌握企业国内外商标注册情况。

二是支持具有商标品牌优势的企业缓解经营资金不足的问题。
着眼服务企业稳定发展，搭建企业和金融机构之间的融资平台，多次与福建省工商局、浙江省工商局沟通，充分了解当地制定商标质押工作意见的前后过程，认真吸取经验做法。5月份市政府办公厅印发了《青岛市商标专用权质押贷款暂行规定》，目前已正式实施。

三是指导中小企业走商标兴企道路。开展中小企业商标注册使用情况专题调研，大力引导中小企业，特别是贴牌生产企业和外向型服务企业注册和使用商标，通过自有商标开拓内需市场，拓展经营渠道，缓解外贸需求不足的影响。通过分（市）局对近500家企业进行调查，形成了12份针对性较强的调研报告，并搜集了大量案例用于指导企业，得到中小企业的一致好评。

（二）深入开展商标行政指导

连续第三年结合企业年检开展了企业注册商标使用情况调查，开发商标行政指导建议书自动打印功能，对476个企业的897件需变更（转让）或续展的商标实施行政指导，督促企业及时做好商标的续展和变更（转让）手续。部署系统对2009年度享受我市大企业直通车服务及青岛百强企业商标注册使用情况进行专项指导，详细掌握企业商标创建情况，为下步实施品牌培育奠定基础。

（三）进一步规范商标申报行为

为进一步规范驰著名商标申报认定工作，下发了《关于进一步规范驰（著）名商标申报认定工作的若干意见》，提出建立科学规范的培育体系、廉洁高效的申报体系、公正严明的认定体系和公开透明的监督体系，确保推荐认定工作更加科

青岛市工商行政管理局

学规范和廉洁高效。

三、夯实工作基础，规范化服务管理水平不断提高

（一）制定全市商标知识产权战略

根据市知识产权工作领导小组要求，在广泛调研基础上，认真制定全市商标知识产权战略纲要。全面贯彻《国家知识权战略纲要》和总局《关于贯彻落实<国家知识产权战略纲>要大力推进商标战略实施的意见》，紧密结合我市商标工作现状与经济发展的实际，提出我市商标知识产权战略的实施目标、工作任务和战略措施。

（二）加快商标信息化建设步伐

进一步完善商标数据库系统建设，方便基层工商所对辖区注册商标认领和管理。通过商标认领各分市局定期开展商标走访，建立健全辖区内注册商标和未注册商标台帐，积极引导各类主体及时申请商标注册、使用自主品牌，促进注册商标总量不断提升。年内全市商标注册量6850件，比去年同期增长110%，全市注册商标总量达到3.6万件。

（三）全面加强基层建设

根据“基层建设年”部署，充分发挥工商所在品牌创建中的基础作用，深入实施“一所一标”，注重对新兴领域涌现出的特色品牌的跟踪服务，对全市43家商标代理机构进行摸底调研，通过各工商所的走访详细了解辖区代理机构经营情况和对工商工作的意见建议，为开展商标代理组织监管奠定基础。

2009第三届中国商标节开幕式

四、加强宣传整治，商标维权工作迈出新步伐

（一）认真开展知识产权保护宣传活动

4月份，开展了以“文化·战略·发展”为主题的知识产权宣传周系列活动，营造了浓厚的知识产权氛围。会同市知识产权局、市中院、版权局等单位召开了知识产权工作座谈会，研究全市知识产权行政执法与司法的衔接、沟通及联合执法等方面的问题，交流了近年来全市发生的知识产权典型、疑难案件，讨论通过了《青岛市加强知识产权保护协作倡议书》。

（二）大力开展商标维权整治工作

加大对世博会标志、全运会标志等特殊标志的保护力度。十一运期间，全系统共出动执法人员3862人次，检查企业和个体户10850户，批发市场、集贸市场318个，整治重点区域95处，进行了65次有效维护特殊标志权利人合法权益的集中监管执法。年初，市局被省局评为2008年商标办案先进单位。

2009年中国商标年会

五、全力筹备，圆满完成商标节承办工作

（一）统一思想，加强组织领导

为做好2009第三届中国商标节承办工作，市局成立了专门的筹备办公室，深入对接工作细节，确保了工作有效推进。

（二）自我加压，确保各项承办工作做细做实做好

针对商标节规格高、时间紧、任务重的特点，全系统200多名人员参与接待工作。按照市领导指示高起点做好展会布展，统一策划青岛展区，动员驰（著）名农产品及地理标志企业参展。承办开幕式和晚会突出青岛元素和商标元素，得到与会领导和社会各界的好评。

（三）借势造势，实现全面展示目标

抓住商标节在我市举办的时机，以“展示商标、展示青岛、展示工商、展示企业”为目标。一是集中展示我市发展成就。二是充分展示青岛市驰（著）名商标企业品牌形象。海尔、海信、双星等28件商标分获“共和国60华诞60商标”系列荣誉称号；双星、青啤等6家企业领导人获得商标领军人物奖，全面提升我市企业知名度和影响力。三是展示工商机关良好形象。利用节会平台展示青岛工商队伍良好的整体素质，得到组委会各成员单位的一致好评，被授予“杰出贡献奖”。

商标节晚会

深圳市市场监督管理局

自主创新开创深圳商标工作新局面，机构改革撑开深圳商标事业再次腾飞的翅膀

2009年9月9日，深圳市市场监督管理局在市局大楼隆重揭牌，申庆三局长和徐友军书记为新局进行揭牌。深圳市市场监督管理局成立后，实现了专利、商标、版权、技术秘密和地理标志行政管理的统一，深圳率先实现了知识产权和技术标准行政管理的统一。

我局与腾讯网合作，市局副局长王有明带队，就商标战略实施，品牌建设，商标保护等问题，与广大网民互动交流。

2009年，我局积极申报国家商标战略实施示范城市，11月，省工商局对深圳申报工作进行考察。

二〇〇九年，是深圳市商标工作承上启下、具有里程碑意义的一年。

这一年，深圳市商标申请量为22846件，核准注册量为23663件，深圳市的注册商标总量达到94800件，深圳市的商标基础更加扎实；这一年，深圳市共有12件商标被认定为“中国驰名商标”，深圳市驰名商标总数达到42件，在全国大中城市位居前三，巩固了“品牌之都”的城市地位；这一年，深圳市局共发出商标预警通知8693件，77.1%的商标权利人采取了应对措施，商标服务已经成为深圳市局服务企业的重要手段；这一年，深圳市局共查处和审结商标违法案件141宗，罚款42.66万元，案值161.9万元，没收销毁各类侵权商品16.6万件，注册商标专用权得到了有效地保护；这一年，我局积极开展国家商标战略实施示范城市创建工作，全面推进商标战略实施；这一年，深圳市实行机构改革，商标、专利、版权、商业秘密、地理标志等知识产权全部归属深圳市市场监督管理局，实现了知识产权的统一管理、统一保护和统一服务，深圳的商标工作将在新的历史起点上起航。

深圳市局近年来商标工作的创新举措主要有：

一、创新商标工作机制，出台《深圳市商标战略纲要》，全面实施商标战略。

深圳市工商局于2007年9月促请市政府出台了《深圳市商标战略纲要（2007—2010）》。《纲要》出台后，深圳市局立即制定了贯彻落实纲要工作方案，全面推进《纲要》各项工作任务的落实，促使深圳商标工作实现良性发展。

二、创新驰著名商标推荐培育机制，积极培育驰著名商标，全力打造“品牌之都”。

2009年，深圳市有12件商标被认定为“中国驰名商标”，在全国大城市中居第一位，是深圳市历年来获得驰名商标认定数量最多的一次。至此，深圳市“中国驰名商标”增加至42件，占全国驰名商标总量的2.59%，其中商品商标37件，服务商标5件。2008年度我市又有72件商标被认定为广东省著名商标，至此深圳市的广东省著名商标增至206件，在全省名列前茅。深圳已逐步成为驰著名商标聚集的“品牌之都”。

三、创新商标公共服务形式，打造商标公共服务平台。

从2005年开始，深圳市工商局主办了深圳市商标保护预警和服务系统，作为深圳市政府提供创新服务的公共产品之一，全面提高深圳市企业的商标运用水平和自主创新能力。该系统以驰著名商标企业等为主要服务对象，通过监测商标注册及企业登记等信息，提出商标注册预警、商标变更预警、商标续展预警、商标异议预警等八大类的商标预警建议，帮助企业及时查明和化解品牌风险。截至2009年底，该系统共发出商标预警报告26691份，有74%的商标权利人采取了应对措施。

四、创新商标宣传模式，编撰《深圳市2008年度商标工作报告》。

2009年，深圳市局加强商标资讯建设，及时补充更新官网商标专栏信息，组织编撰《深圳市2008年商标工作报告》，编印商标业务指南，为市民和企业提供及时、准确的商标信息。

五、创新商标监管模式，加大商标执法力度，维护公平竞争秩序。

1、 商标执法队伍加强

2009年，深圳市进行机构改革，原市工商局、市质监局、市知识产

深圳市市场监督管理局

权局三局合一，成立新的市场监督管理局，实现了市场准入、产品质量监管、行政服务及知识产权监管的统一。原质监局在生产环节的商标执法力量、原知识产权局的专利版权执法力量与原工商局的商标执法力量，三股力量组成新的知识产权行政执法队伍，并在市局和分局分别设立专门的知识产权保护部门。商标管理及执法工作不论从组织机构还是人员配备上均得到加强。

2、商标监管网络得以加强

以“专业化、信息化”为思路，认真梳理商标监管业务，明确市局、分局、工商所在商标管理事权上的分工，明确监管所巡查人员的商标监管职责，把商标监管的内容细分到工商所的网格责任人，构建起完整的覆盖全深圳的三级商标监管网络。

3、加强日常商标监管与专向行动相结合，打击商标侵权行为。

从1982年到2009年，深圳市工商行政管理局商标管理部门共查处商标违法案件2200余宗，罚没入库3700余万元，收缴侵权商标标识3200余万件（套），没收、销毁商标侵权商品价值近亿元，有力地打击了商标侵权等商标违法行为，有效地保护了商标专用权。

2009年的机构改革，为深圳商标事业的发展带来了新的机遇，我局正在着手制定未来五年的商标战略。我局将在未来5年，在我市初步建立起科学高效的商标管理工作机制和商标公共服务平台，使商标成为我市转变经济发展方式、实现经济又好又快发展的重要因素和可靠动力，深圳市的商标事业势必在新的历史起点再次腾飞。具体目标有：

1、我市注册商标总量持续增长，境外注册商标数量显著增长。注册商标总量保持稳定增长，高新技术、金融、物流、文化等四大支柱产业以及互联网、新能源、生物技术等三大战略性新兴产业的商标注册率明显提高；出口型企业国际商标注册数量明显增加，通过马德里体系的国际商标注册实现快速增长；

2、我市知名商标大量涌现。驰名、著名商标的认定总量保持稳定增长，在我市优势行业中形成驰名商标群、著名商标群。三大战略性新兴产业涌现一批著名商标和驰名商标。扶持区域品牌发展，树立深圳产业的品牌形象；

3、企业的商标管理和运用能力明显增强。企业商标管理制度进一步完善，企业运用商标参与市场竞争的能力明显提升，商标成为更多企业的重要资产和核心竞争力。

4、商标保护体系更加完善，保护机制更加顺畅。商标保护的法律环境不断完善，商标管理和行政执法体系不断完善，商标投诉渠道畅通，行政执法与刑事追究衔接顺畅。商标权人得到充分保护，侵权人受到有效制裁。企业自我保护意识明显增强，自我保护机制初步建立；行业协会、中介组织、新闻媒体、广大市民的商标保护意识进一步提高，保护商标权的社会力量不断壮大。一个由行政保护、司法保护、社会保护和企业自我保护相结合的商标保护体系基本形成。

5、商标发展的社会环境进一步优化。商标代理行业管理逐步规范，社会组织参与商标管理的能力不断增强；商标宣传的普及面不断拓宽，市场主体和市民的商标意识不断增强，促进商标发展的政策体系和服务体系进一步完善。

深圳市市场监督管理局
2010年8月

2007年，我局就《深圳市商标发展纲要》举行专家论证。

为鼓励我市企业实施“走出去”战略，我局举办外向型企业商标国际注册培训班。

2009年初，我局组织假冒侵权商品统一销毁活动。

成都市工商行政管理局

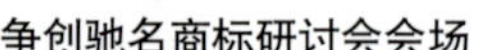
争创驰名商标研讨会会场

2009.5月企业培训

国家工商行政总局局长周伯华向富森·美家居董事长刘兵竖起大拇指

插上商标之翼　助推城市腾飞

——成都市2009年实施商标战略工作情况

2009年，成都市积极探索实践“政府推动、企业主动、行业促进、市场运作”的商标工作机制，依托“商标培育、商标申报、商标拓展、商标保护”四个关键环节，努力构建“政府推品牌、企业塑品牌、消费认品牌、执法保品牌”的工作格局，为打造富有竞争力且兼具魅力的品牌成都、为建设世界现代田园城市奠定了良好的基础。

完善机制　搭建平台　当好商标培育的“服务队”

成都市积极建立健全 “政府引导扶持、部门指导服务”的工作体系，一系列旨在鼓励企业争创品牌的激励措施和奖励政策陆续出台——加大扶持品牌企业力度，对新获中国驰名商标的企业，优先列入技术改造、技术创新贷款贴息名单；一批产品质量好、科技含量高的龙头企业及新型企业纳入了《2009—2013年名牌培育和发展规划》。建立国家级、省级、市级三级品牌梯度培育体系，建成1960家市级重点企业品牌基础档案，引导和优化三类品牌在三次产业的均衡发展。

树立品牌　讲求成效　当好商标申报的“联络员”

在广泛开展“品牌服务进企业”的基础上，立足支柱和特色产业，着力扶持拥有自主品牌的大企业大集团和有发展潜力的新兴产业，对450户重点品牌企业实行定点联系和定向服务，做到规划一批、培育一批、申报一批、成功一批。2009年，我们欣喜地看到成都品牌队伍的发展与壮大——全市注册商标新增量同比实现翻番，达11000多件，总量达68600余件；成都市著名商标新增68件，同比增长33%；四川省著名商标新增46件，同比增长17.3%，新增省（市）著名商标的年产值达270亿元；一年来，全市新增中国驰名商标9件，是10年来增量最多的时期，增幅高达45%，累计达29 件。

塑造形象　整合推广　当好商标拓展的“宣传员”

为给企业提供实在、到位和有效的扶持，成都市为弛著名商标企业无偿提供黄金展示平台，春熙路、盐市口、天座商城、永丰立交桥等地段，已建成市场价值近1000万元的品牌公益展示点位29个。积极鼓励企业参加第十届西博会、中国商标节、全国农产品交易会、亚太地区地理标志国际研讨会等国内外展会。以提升成都品牌知名度和美誉度为目标，政府搭台，开展了“成都品牌　成都骄傲”系列推广活动，通过“品牌成都·我的家”、“爱成都·购买成都造”商超联展、“十大最具成长性成都品牌企业”、“十大消费者喜爱的成都品牌”评选活动以及电视、报刊、广播、网络等多个平台，真实地展示和弘扬成都企业的创牌精神。

构建网络　维护品牌　当好商标权益的“保护神”

部门维权网络的构建、异地打假机制的完善，使企业自我保护、行政保护、司法保护“三位一体”的品牌维护体系日趋完善，公平竞争的市场环境有效彰显。快速处置了“白家”、“红玫瑰”、“地奥”等商标纠纷和被侵权事件；远赴湖北、山东、江苏、河南等地，查获假冒“郫县豆瓣”数万公斤，收缴侵权商标标识和外包装近30万套。全面开展预防和处理恶意抢注城市历史文化公共资源专项行动，让老字号、非物质文化遗产、旅游文化及民间技艺等城市历史文化公共品牌的共享性、延续性和区域性特质得到有效的传承和保护。

随着品牌战略的深入推进和实施，越来越多的品牌企业逐步成长为引领行业发展的生力军，品牌对三次产业的带动和引导作用逐渐彰显。

商标成为促进现代农业发展的“纽带”

2009年，我市新增国家地理标志类品牌5个，同比增长35.7%，累计达19个。优势农业以地理标志为纽带，促进区域农业集约化、规模化发展，催生涉农企业500余家，实现年利润近20亿元。

商标成为发展高端产业、抢占产业高端的“引擎”

我市品牌企业集聚生产要素的能力持续增强，产业龙头效应正在形成，全市驰名商标企业，实现年产值近1000亿元。科伦药业——不仅成为全省医药行业唯一超百亿的大集团，更成为全球排名第一的输液瓶袋企业，先后被国家多个部委认定为国家级技术研究中心。迈普科技——经营业绩以每年100%以上的速度递增，体现了自主知识品牌是市场竞争法宝的创业奇迹。光明光电——作为国内一流的光学玻璃制造商，已成功抢占全球光学玻璃四分之一的市场份额。成都硅宝——作为第一批登陆深交所创业版的企业，已参与11项国家和行业标准的制订与修订，成功打破美国GE在中国市场的长期垄断，成为北京奥运会场馆建设指定产品。

成都品牌 成都骄傲

2009年成都市新增9件中国驰名商标

科伦 科学求真 伦理求善

科伦药业打造中国医药行业的驰名品牌

商标成为加快现代服务业提档升级的重要“杠杆”

做大品牌、做精服务、做强实力，是加快发展现代服务业的重要途径。2009年，品牌餐饮企业在全国及海外累计开设连锁店已达800余家，年营业收入达60亿元，以皇城老妈、狮子楼、银杏、巴国布衣等为代表的驰名商标已成为“美食之都”的金字招牌。

展望未来，“世界现代田园城市”为成都打开了一扇拥抱世界的大门，实施商标战略、打造品牌成都正是迎接新的城市定位、实现追赶式、跨越式发展的有效路径，铺就品牌成都之路任重而道远，插上商标之翼，成都将在商标强市的道路上继续探索前行，为成都经济社会的发展作出新的更大的贡献。

长春市工商行政管理局

长春商标事业迎来发展的春天

长春市工商局认真履行商标管理职能，积极引导企业实施商标发展战略，大力培育驰、著、知名商标，提高长春企业的市场竞争力，使长春商标事业迎来了发展的春天。

商标，这一现代商业竞争中最有力量、最有价值、最具竞争力的武器，日益受到长春企业的普遍重视，通过创建名标，为企业插上跨越式发展的双翼。一股重视商标，争创驰名、著名、知名商标的风气正在长春市形成。

从漠视到重视，从不懂得保护商标到身体力行争相创标，长春企业对商标态度的巨大转变缘自何方？缘自于长春市政府“商标兴市”战略的实施，缘自于长春市工商局创造性地开展实施商标战略工作，卓有成效的引导企业积极创建名标，缘自于长春市工商局工作在商标战线的干部以支持企业发展为己任，切实为企业想、帮企业做的工作热情与态度。

“1”到“11” 质的飞跃

“十一五”期间，长春市工商局创新工作体制，逐步建立、完善了三级联动商标培育认定机制，通过大力实施商标战略，努力推进争创“中国驰名商标”、“吉林省著名商标”和推荐认定“长春市知名商标”工作，使全市商标注册量、驰名商标、著名商标和知名商标数量都呈现出突飞猛进的发展态势，长春市商标事业已驶入快车道。

截止2009年，长春市驰名商标的数量从1件变为11件，这变化不是数字的简单积累，而是长春市商标事业发展从量变到质变的跃升。它意味着，长春市“商标兴市”战略已经取得成效，它预示着，在商标战略的带动下，将有更多的长春品牌成为长春经济发展的新引擎。全市商标注册总量已由2006年的6500件增长到目前的14752件，增长216%；中国驰名商标数量由2005年的1件增加到2009年的11件。

开创“商标兴市”新局面

站多高，决定了看多远。长春商标事业取得的巨大成就，与长春市工商局把实施商标战略提升到促进地方经济发展的战略高度来抓密切相关。

在国务院关于加速东北老工业基地建设的历史背景下，在《长春市“十一五”期间培育驰名著名商标工作推进方案》的基础上，相继出台了《长春市知名商标认定保护暂行规定》、《长春市无假冒商标示范店（场）管理办法》等地方性规章和一系列奖励措施，使商标培育工作进入制度化、常态化。在不断摸索中建立起来以培育驰名、著名和知名商标为载体的商标发展机制，并作为振兴地方经济的重要举措，纳入各级政府工作的重要日程。

递进指导，向企业发放《注册商标维权服务函》。2009年，长春市工商局认真履行商标管理职能，强力推进商标兴市战略的实施，努力提升推进商标战略工作层次，结合争创“国家实施商标战略示范城市”、“国家实施商标战略示范企业”创建活动，将商标培育、商标宣传、商标监管、商标服务融为一体，把帮助企业渡难关、促发展作为工商部门的一项重要工作来抓，努力帮助企业提高知名度，使“商标兴市、品牌强市、商标助企”的观念成为全社会的共识。创新服务商标企业新举措，在实施商标战略中向企业推行《商标注册提示书》、《商标使用预警书》、《品牌建设指导书》的同时，向企业推出“注册商标维权服务函”服务新模式，有力地推进了“商标兴市、品牌强市、商标助企”战略的实施。

“商标兴农”新农村建设注活力

商标兴农，是我市帮助农民脱贫致富，实现以商标为带动，促进农业产业化的一条有效途径。近年来，市工商局相继采取了一些切实可行的措施，不断推动“商标兴农”工程深入开展。

“一所一标”，让涉农商标全面开花。市工商局把开发挖掘当地特色农产品的信息，帮助指导和扶持农户及涉农企业实施商标战略纳入到“一所一标”工程中。长春市工商局从“摸清底数、做好宣传、全面推进、加强交流、注重保护”二十字方针着手，全面加强农副产品的商标帮扶力度。工商局的主要领导带领相关人员深入到农家小院宣传品牌农业，引导他们树立商标意识。

我局有针对性地帮助、扶持、指导他们运用商标战略开拓市场，把开发挖掘当地特色农产品的信息，帮助指导和扶持农户及涉农企业实施商标战略纳入到“一所一标”工程中，使我市特色农产品商标注册取得了前所未有的良好发展势头。先后有一批如：红石砬小米、青山烟叶、青山口西瓜等一批农产品商标都已经申请了商标注册，我市农产品商标注册数量也由2006年的300多件增加到目前的1200多件，有力地推动了农业经济的发展。

农产品商标帮扶规划，降低农民用标门槛。制定出台了《长春市农产品商标帮扶规划》，确定未来3年至5年里，充分发挥商标协会作用，由商标协会出资每年为农户注册5件至10件特色农产品商标。2009年5月份长春市商标协会已申请注册了“布海香瓜”和“柴岗三辣”两件商标，为农民无偿提供商标使用服务。

近年来，我市先后有“饮马河大米”、“双阳梅花鹿”、“榆树大米”和“长白山人参”四件地理标志通过了证明商标注册，为我市有特色农产品走出去起到了带头作用。“皓月”、“大成”和“德大”三件农产品商标成功获认中国驰名商标。陆续涌现出“天景”、“阿满”等农产品吉林省著名商标的龙头企业，极大地提高了我市农产品的品牌效应和在外埠市场的竞争力。同时，这些龙头企业还陆续与我省50余万农户签订了玉米和大豆购销合同，还与11万余户饲养户签订了购销合同，极大地提高了农民的收入，培育出一批“百万富翁”种植、养殖户，带动了农村经济的发展，起到“以商标带动产业，富裕一方百姓”的效果。

商标保护卓有成效

近年来，长春市工商局充分发挥商标监管职能作用，坚持打击商标侵权与服务企业维权并举，重点加强了驰名商标、老商标、涉外商标的保护。并与一汽集团等一大批国际、国内知名企业及注册商标代理机构建立了绿色维权通道。先后查处了多起侵犯“解放”、“红旗”、“一汽图形”、“BOSS”、“耐克”、“TOYOTA”图等国内外注册商标专用权的典型案件，有效地维护了国内外商标持有人的权益。

2006年以来，长春市工商局共查处商标违法案件689件，收缴罚没款780万元，这些案件的查处，有效地遏制和打击了本地区的商标侵权违法行为，维护了中外商标权利人的合法利益。

长春市工商局努力从战略和全局的高度认识和发展商标事业。目前，长春市工商局正在积极筹划“十二五”期间实施商标品牌集群规划，打算在“十二五”期间做大做强产业集群，力争“十二五”期间使长春汽车零部件、轨道客车、生物制品、农产品深加工等产业品牌集群形成规模。从多个方面不同层次为企业商标的培育、发展和保护提供全方位的优质服务，促进商标战略的实施，带动长春市社会经济的快速发展。

武汉市工商行政管理局

积极履行工商职能 大力推进商标战略

在2010年6月8日召开的2009年度武汉市著名商标表彰大会上，刘顺妮副市长（左一）为受表彰企业代表颁发奖牌。

为进一步加强商标印制监管，从源头上遏制商标侵权行为的发生，2009年武汉市工商局在全市开展了商标印制行业专项整治行动，图为执法人员正在商标印制企业进行检查。

2009年度，武汉市工商系统加大了商标侵权案件的查处力度，共查处各类商标违法案件351件，罚款金额349万元，有效地维护了商标所有权人的合法权益。图为执法人员查获的一批侵犯“蒙牛”商标专用权的商品。

为了净化世博标志相关商品市场秩序，在上海世博会期间，武汉市工商系统组织开展了世博标志专有权保护行动，图为执法人员在汉正街小商品市场检查“海宝”毛绒玩具。

大力推动实施商标品牌战略，促进经济发展，是工商行政管理部门转变职能，服务地方经济发展的一项重要举措。近年来，武汉市工商局充分拓展服务职能，大力宣传国家有关商标品牌建设的法律、法规和政策，规范企业商标注册、商标使用、商标维权等行为，引导争创驰名商标和著名商标，有效地提高了企业商标品牌意识，增强了企业正确实施商标品牌战略的能力，促进了武汉经济的健康发展。我们的主要作法和体会是：

一、找准切入点，在服务经济发展的大局中主动与党委政府实现“共鸣”

紧紧围绕市委、市政府的中心工作，把职能的履行放到服务武汉经济社会发展的大局中去谋划和推动，是我们一以贯之的治局理念。我们牢牢把握商标战略提升经济发展质量的核心功能，以企业为根本，以需求定服务，先后组织开展了“企业实施商标战略问卷调查”、“涉农商标战略问卷调查”等活动，全面、客观、具体地了解武汉企业对实施商标品牌战略的认识和要求；同时邀请市政府法制办、市知识产权局、市中级法院等相关部门，赴福建、浙江等地专题考察学习外地实施商标品牌战略的经验，在比较中找不足，在学习中找原因，在差距上找方向。在此基础之上，我局主动提出了“用商标的核心竞争力衡量城市经济发展质量”的理念，提请市政府制定政策，鼓励武汉企业实施商标品牌战略，得到市领导的高度肯定和支持。2007年9月，武汉市政府正式出台了《关于实施商标品牌战略促进经济发展的若干意见》（武政[2007]64号文件），同年12月，市政府又颁布了第181号政府令，出台了《武汉市著名商标认定和保护办法》。这两个文件的相继出台，是我们主动作为、贴近服务、谋划发展的重要成果，是党委政府高度认可武汉工商服务发展工作的重要标志，也是全面推进武汉市商标品牌战略的实施的坚实基础。

二、抓住关键点，在营造商标战略浓厚氛围中与发展环境实现“共振”

商标是服务经济发展的重要载体，也是提升产品附加值的利器。随着武汉经济不断发展和企业做大做强愿望日益增长，我们趁势而为，充分运用社会的、行政的资源，实施注册商标与创造品牌一并指导、城市推介与品牌推广一道宣传、网络媒体与传统媒体一道发布，不断提高企业以及全社会的商标意识。先后编印了《企业实施商标战略指南》、《企业争创驰名商标指南》、《集体商标、证明商标及地理标志注册保护指南》、《企业商标注册建议书》等宣传资料，并通过武汉红盾信息网、武汉商标广告网进行宣传；举办了“驰名商标的认定与保护高层论坛”、“武汉城市圈首届商标品牌战略促进黄鹤楼论坛”。

2005年以来，我市新增商标注册申请量36000余件左右，新核准注册商标18500余件，增长幅度较以往有了明显提高。截至目前，我市有效注册商标约42100件，占全省有效注册商标数的52.6%。在我们的具体指导下，“鄂洪山菜苔”、“蔡甸莲藕”先后被国家工商总局商标局以证明商标形式核准注册为地理标志，实现了我市地理标志零的突破。

三、理清着力点，在推动商标战略层级化中与企业发展实现“共享”

实施商标战略的梯队发展，是我们长效服务机制的重点，也是实现商标监管服务制度化、规范化、程序化的具体体现。一是通过定期上门宣传指导，注重在实际服务中强化对政府确立的经济发展支柱产业和符合两型社会建设重点产业的引导，使我市的商标申请量逐年增加，年均增幅达15%；注册商标布局日趋合理，武汉市高科技、大型制造、轻工业、服务业等四大支柱产业的注册商标比例已占到注册商标总数的55%以上。二是通过帮扶分析，结合企业特点，有针对性的指导企业提升品牌价值。三是通过实行争创驰名商标企业联系点制度，对重点企业进行上门服务，全程指导。2010年，我市双虎图形、“周黑鸭+图形”、“武汉东湖宾馆”3件商标已向国家工商总局商标局提出了驰名商标认定。截止目前，我市已拥有12件驰名商标。

四、把握根本点，在履行工商监管职能中与净化市场环境实现“共优”

商标注册率、品牌发展率与保护商标专用权的良好社会环境有着密切的关系。我们一是积极组织开展市场商标（品牌）商品代理经营行为专项整治，对市场上部分标称知名商标品牌总代理、专卖店等形式的经营单位进行清理，对无商标授权手续或者授权手续不全、经营不规范的代理经营行为进行规范整治；对商标授权手续齐全、经营规范、市场信誉良好的商标（品牌）商标代理经营者，以适当的方式予以公示，既维护了商标所有权人的合法权益，规范了市场商标（品牌）商品代理经营行为，又引导和促进了消费。二是开展商标印制行业专项检查，督促商标印制企业建立健全各项制度，进一步加强商标印制管理，规范商标印制行为。三是不断加大查办商标侵权案件的力度，并开展了奥运标志专项保护行动，得到了北京奥组委防范市场隐性行为检查组的肯定。2009年，全市工商系统共查处各类商标违法案件515件，罚款金额462万元。

五、创新示范点，在推进商标品牌战略社会化中与社会组织实现“共赢”

商标战略的实施，归根结底取决于市场主体的意愿，政府职能部门无法包办代替。而社会组织因其广泛性、包容性和社会性等特点，在有效地提供公共服务、加强社会宣传、实现行业自律等方面的作用日益明显。有鉴于此，武汉市局党组提出了“一体两翼”的发展战略，即以工商部门为“一体”，以个私协和消协为“两翼”，其核心就是将可由社会组织承担的事项归还、转移或委托其承担，并全力支持发展，在互信、互补、互动、互进中实现自身价值的提升，谋求全面的发展。在这一理念的指导下，我们一是支持成立了武汉市商标协会，开通“武汉商标广告网（www.whsg.gov.cn）”，宣传国家有关商标广告的法律法规，普及商标广告知识，借鉴推广外地商标广告工作经验，反映本地商标广告动态，打造和展示武汉商标品牌和企业形象，促进商标企业的沟通和交流、合作。二是指导召开“武汉市商标代理专业委员会成立暨规范商标代理市场秩序动员会”，通过了“武汉市商标代理行业自律公约”、“武汉市商标事务代理格式合同”，规范商标事务代理行为，承担代理工作人员培训考核、信用监管、优秀创意商标评选、恶意代理情况通报等十项任务。三是委托个私协和消协开展著名商标初审工作，要求在企业自愿申报的基础上，由个私协和消协会同各工商分局初审进行初审，突出了企业在行业内和消费者中认可度的评判，再由市工商局公告及实质性审查，最后经过评审委员会投票审定，增强了武汉市著名商标的公信力。截止目前全市共评选出271件商标为武汉市著名商标，并由市政府拨付1335万元专款奖励获得认定的企业。

南京市工商行政管理局

南京市工商行政管理局2009年商标工作情况

2009年，南京市工商行政管理局紧紧围绕实施商标战略，助推经济发展这一工作重心，始终坚持服务与监管并举，加大商标保护和发展力度，取得了明显成效。

截止12月底，全市有效注册商标总量达到30000件，中国驰名商标15件；江苏省著名商标209件；南京市著名商标428件；地理标志证明商标3件；查处各类商标违法案件182件。

一、 加大宣传力度，营造氛围，提高社会各界商标法律意识

积极开展形式多样的商标宣传，通过开展“4.26世界知识产权日”全市联动宣传周、“商标进企业”、“商标进社区”、“商标助农”等活动，广泛宣传注册知识和商标法律法规知识，先后接受群众咨询3000余人次，发放宣传资料2000余份，制作宣传图板100块，进一步普及了商标知识，提高了社会各界商标意识。

二、 强化服务职能，实施商标战略，助推经济发展

（一）、加大驰、著名商标的培育力度，推动商标战略的实施。引导企业实施商标战略，创立驰、著名商标，提高品牌市场竞争力。2009年，新认定中国驰名商标4件；新认定省、市著名商标97件。

（二）、创建产业集群品牌培育基地，以点带面，深入实施商标战略。2009年，“南京高新区软件产业集群”和“南京江宁经济技术开发区电力自动化产业集群”被省局确认为首批江苏省产业集群品牌培育基地，大力推动了企业自主创新，创立自主品牌的积极性。

三、突出工作重点，加大商标保护力度，维护市场秩序。

2009年，先后开展了以地理标志、驰著名商标、商标印制企业以及上海世博会标志保护为重点的专项整治工作。据统计，2009年共出动检查人员2600人次，检查印制企业428家，检查经营户4800户，检查商品交易市场300余家，共查处各类商标违法案件182件，严厉打击了商标侵权假冒行为，维护了公平竞争的市场秩序。

枣庄市工商行政管理局

开创商标工作新局面，服务地方经济大发展

近年来，枣庄市工商行政管理局积极实施山东省知识产权战略纲要，紧紧围绕市委、市政府确定的品牌带动战略，立足职能，大力推进以商标为重点的品牌建设，为促进全市经济社会发展作出了重要贡献。

枣庄市工商局按照“认定一批、培育一批、储备一批”的梯次品牌创建思路，积极开展商标创建“三强化”工作，即强化组织领导，夯实商标战略的工作基础；强化分类指导，提高品牌创建效果；强化注册商标专用权保护，严厉打击假冒仿冒商标侵权行为，维护公平竞争的市场经济环境。在全市八大产业集群中以24家上市储备企业为驰名品牌培育重点，开展跟踪帮包服务。在“商标富农”工作中结合“一镇一品”活动积极推进“一所一标”工作，涉农商标快速发展。目前，全市有效注册商标总数达到4058件，同比增长30%，其中，中国驰名商标4件，地理标志证明商标3件，省著名商标43件，著名商标实现了全部区（市）的覆盖。2009年，鲁南机床、华润纸业获得中国驰名商标称号，填补了历史空白，实现了枣庄市驰名商标“零”的突破；拥有“滕州马铃薯”、“山亭火樱桃”地理标志证明商标。枣庄市工商局大力开展商标带动战略，倾心服务经济发展，先后荣获 “山东省品牌创建先进单位”，“全省服务重大项目先进单位”等荣誉称号。

浙江省

今年以来，全省商标监管部门认真贯彻全省工商行政管理工作会议精神，牢固树立“用特殊时期的特别助动、特别维护、特别监管和对队伍的特别要求来践行科学发展观”的指导思想，以品牌服务进民企为重点，深入推进全省品牌战略取得了显著成效，多项工作继续走在全国前列，赢得了广泛的社会影响和好评。省局专门出台《关于全省工商系统贯彻落实<国家知识产权战略纲要>大力推进商标战略的实施意见》、《浙江省商标专用权质押贷款暂行规定》、《关于推进我省农产品品牌建设的若干意见》、《龙井茶证明商标管理和保护暂行办法》等政策文件，助推全省企业品牌建设发展又上新水平，全年全省新增驰名商标37件创历年之最，总量达278件；马德里体系商标国际注册量继续高居全国第一，新增境外注册商标8773件，总量达37616件，省局被国家工商总局授予“推动企业马德里商标国际注册先进单位”；在“2009中国商标发展百强县”榜单上，我省独占30席，其中有22个县（市）列前50强；新增注册商标7.55万件，总量达39.2万件；新增地理标志证明商标35件，合计83件；新增省著名商标277件，合计2346件；新增品牌基地12个，合计67个；查处商标侵权案件4971件；组织培训157场，参加人员13618人次；在今年省财政下达的品牌大省奖励资金3000万元中，用于工商品牌达到了2110万元；创造了我省商标品牌建设势头不减、持续向好的良好局面。

一、全面开展品牌服务进民企，助推民企转型升级取得实效。省局于3月份下发《关于在全省开展品牌服务进民企活动的通知》（浙工商办〔2009〕17号），各地上下联动，通过授牌授证、上门走访、培训指导、政策宣传等多种形式为企业品牌建设出谋划策。据不完全统计，全省共走访企业19563家；发放各类宣传资料21万份以上；组织培训157场，参加人员13618人次。

一是授牌授证，营造民企转型升级良好氛围。5月13日，省局召开全省提升品牌战略助推民企转型升级大会，总结回顾去年年底以来为应对金融危机出台众多品牌扶持政策促进企业突围解困的工作，部署今后一个时期我省民企提升品牌战略促进转型升级的工作，并对新认定的37家驰名商标企业进行表彰授牌，通报浙江《中国商标发展百强县名单》，郑局长在会上指出：“从政府到企业，从市场主体到市场的监管主体，都形成统一的认识，加快品牌建设，提高品牌的核心竞争力，引导企业的转型升级，来实现国内的产业梯度转移，来覆盖国际的市场。要把品牌做好，把软实力做好”，受到与会代表的共鸣与好评，各大媒体均作了报道。杭州、宁波、嘉兴、金华、舟山、温岭等地将授牌授证作为品牌服务进民企活动的启动站，结合当地实际，采取送牌上门、集中授牌表彰、座谈会等方式，对企业和基地开展后续培育指导，进一步巩固提升创牌建设成果。

二是上门走访，深入指导企业品牌建设。各地领导带队，以商标线为主，以工商所为基本单位，对国家局认定的113件驰名商标、2109件省著名商标、67家专业商标品牌基地及其企业予以走访，了解企业和基地品牌建设情况，掌握企业需求，指导企业规范商标使用、鼓励商标国际注册、争创驰名商标、实施品牌战略。省局重点联系奥康、康恩贝、华东制药等企业，上门走访，听取意见，并直接帮助协调解决华东制药等4家知名企业商标纠纷案，办理省双服务小组交办事项9件。宁波市共走访企业2091家；发放各类宣传资料16700份；组织培训29场，参加人员3435人次。杭州上城、嵊州、平湖、吴兴、龙泉等地通过发放品牌服务指导建议书、聘请品牌管理员等举措，做实品牌服务。

三是开展商标权质押贷款，积极帮助企业融资解难。3月18日，省局与人民银行杭州中心支行联合下发《浙江省商标专用权质押贷款暂行规定》，并召开实务公示会，通报和解读商标专用权质押贷款政策。省局还专门编印《浙江省商标专用权质押贷款》工作指南，加大政策宣传力度。各地认真落实省局精神，积极帮助企业盘活无形资产，拓宽融资渠道。温州市工商局和人行温州市中心支行联合召开“商标专用权质押贷款推进会暨银企签约仪式”，促成该市首宗商标权质押贷款。会稽山绍兴酒有限公司以驰名商标“会稽山”的商标专用权、丽水浙江飞雁羽绒制品有限公司以省著名商标“飞雁”商标专用权为质押分别获得8200万元、1500万元的贷款，成为我省商标权质押贷款政策的先行受惠者。据统计，截止目前，全省已有37家公司成功地用自己的商标权质押贷款合计7.45亿元，将商标权变成了“真金白银”。

四是盘活闲置商标，服务企业加快获得商标权。针对企业提出的商标注册周期过长问题，各地积极搭建平台，推动闲置商标转让，为加快商标注册出实招。省局在省商标协会网站和杂志上开辟专题，设置闲置商标转让平台。桐乡市收集辖区近1500个商标，搭建“闲置商标网上交流平台”；江山市实施注册商标“清仓计划”，成功帮助50余枚闲置商标找到了新家；舟山新城分局通过逐户逐家实地调查，挖掘商标资产潜力，促进商标许可转让，深受企业好评。

二、深入实施品牌富农工程，助推农产品品牌建设上新台阶。省局于3月份在余杭召开全省推进农产品品牌建设现场会议，会议认真总结了过去几年全省农产品品牌建设工作，现场学习观摩了余杭局的先进经验，对今后农产品品牌建设工作进行了专题部署，并评选表彰了2008年全省农业龙头企业十大创牌先锋、农民专业合作社十大创牌先锋、农产品证明商标十大创牌先锋。余杭会议后，各地结合当地实际，突出重点，全面抓好农产品商标注册、应用、保护、推广工作。

一是地理标志证明商标注册应用再获丰硕成果。省、市、县三级联动，逐个指导，有力促进了地方区域名品注册地理标志证明商标。在各级工商努力下，全省新增地理标志证明商标　件，其中“舟山大黄鱼”、“舟山带鱼”、“舟山三疣梭子蟹”等成为全国首批海产品地理标志证明商标获得历史性突破。在大力推动证明商标注册的同时，各级工商部门积极会同证明商标管理机构、使用企业，从标准制定、企业门槛准入、后续管理等各方面入手，促进我省地理标志推广应用取得显著成效。舟山市专门成立了舟山海水产品地理标志证明商标保护管理委员会，并在市工商局设立办公室，形成了以政府牵头、工商为主、多部门协作的管理保护工作机制；金华火腿证明商标保护委员会办公室以商标许可运用为核心环节，相继开展金华火腿质量评比、产品特约销售点等活动，宣传推广有声有色。省局以龙井茶为重点，连续出台《龙井茶证明商标管理和保护暂行办法》、浙江绿茶品牌现状及培育发展保护工作的意见和举措；深入产区企业走访，积极了解企业需求，推动龙井茶证明商标推广应用；与此同时，专门赴江西、北京等地就龙井茶商标被侵权情况进行调查摸底，切实保护商标专用权。在各方努力下，目前，全省已有6家企业试点先行使用龙井茶商标，并有望明年3月全面推广使用。各地地理标志证明商标作用得到较好发挥，绝大部分产品销售网络遍布全国，径山茶、仙居杨梅、龙泉青瓷等产品效益明显提升，安吉白茶商标富农典型入选全国“两会”特刊，安吉白茶、楚门文旦和黄岩蜜桔在亚太地区地理标志国际研讨会进行展示和推介，受到得到中外参会人员的广泛关注和青睐。

二是“一社一标”、培训指导力推农产品品牌建设水平。省局首次举办全省农产品品牌建设论坛，邀请中国人民大学农业与农村发展学院副院长、培训中心主任张利庠教授主讲，对全省农产品品牌建设进行了一次高水平的辅导与培训，来自全省农民专业合作社、农业龙头企业与证明商标会议代表、系统工商干部700余人参加了培训，受到与会者的热评。各地切实将商标注册作为农产品品牌建设的基础工程来抓，采取多种形式，积极鼓励指导农户注册商标。台州市工商局在全市启动“一社（企）一标”商标富农工作，计划用两年时间指导帮助每家农民专业合作社、农业龙头企业和农产品协会申请注册一件农产品商标

(即“一社一标”或“一企一标”)。瑞安市局为农户免费注册百只农产品商标。全年我省新申请农产品注册商标6930件，共有农产品注册商标5.1万件，位居全国前列。

三是出台政策促进农产品品牌发展。省局专门出台《关于推进我省农产品品牌建设的若干意见》(浙工商标〔2009〕15号)。温州市局与市农办联合下发《深化我市农产品品牌建设的实施意见》的通知，明确在农业发展基金中每年安排专项资金进行奖励或补助。积极当好政府参谋，嵊州市制订了《越乡龙井品牌规划方案》，计划从2009年起每年落实专项资金2500万元，实施品质提升、品牌铸造、龙头带动三大工程；天台县政府出台了《关于加快推进天台县农特产地理标志证明商标发展的若干意见》，政府设立百万“地理标志统筹发展专项基金”助动品牌建设。积极搞好培训，吴兴分局会同区个民协会，对全区各乡镇60余位农民专业社的经纪人进行了《商标法》授课；南浔对菱湖所辖的40多家涉农企业和专业合作社进行了商标注册、商标使用等方面的培训。全省农产品品牌建设又有新的收获，全年农副产品一举获得5件驰名商标，分别是临海蜜桔、楚门文旦、淳牌鱼头、蜂之语、阮仕珍珠，接近以往所有驰名商标总和，合计12件。

三、切实加大商标国际注册和保护力度，重点助推品牌国际化有新成效。一是注册先行。各级工商部门以“营销未动、注册先行”的口号大力呼吁企业重视商标国际注册，积极上门走访动员，面对面开展培训指导，推动各级财政对商标国际注册实施补助，促进全省企业掀起商标国际注册热潮。省财政对国际注册30件以上商标企业每家补助10万元，总额达750万元；桐乡对国际注册商标5件以上的，市政府给予10万元的奖励，对于国际注册商标不足5件的，按实际注册费用全额报销；缙云对以自主品牌出口的产品，当年新获得进口国或地区注册商标的企业，给予1万元的注册费用补助。湖州向去年出口额400万美元以上的企业发出《商标国际注册建议书》，全年，全省新增国际注册商标8773件，合计37616件，继续高居全国第一。在国家工商总局召开的“中国加入马德里商标国际注册体系20周年座谈会”上，吴干冰副局长代表省局作了“充分发挥商标国际注册马德里体系优势大力推进浙江品牌国际化建设”的典型经验介绍。二是开展驰著名商标企业商标海外维权调查。3月份，省局下发《关于对我省企业海外维权保护进行调查的函》，要求各地通过书式调查和实地走访相结合，对全省行政认定的驰名商标企业和省著名商标企业海外维权、保护情况进行调查。积极帮助企业海外维权，省局直接指导新光、康奈、双鹿、梦娜实行海外商标维权。湖州市组织对全市69家驰名商标企业和146家省著名商标企业海外维权保护调查，了解掌握第一手资料。三是支持鼓励企业品牌海外收并购。不少浙江企业勇于创新，敢为人先，纷纷以在海外投资设厂、开设专卖店、品牌国际收并购等方式，加快品牌国际化步伐。吉利汽车以近3亿元，收购澳大利亚自动变速器公司。诸暨市“美邦集团”收购兼并了世界最大的无缝内衣企业--美国的“ouno”商标。

四、突出重点，大力推进商标专用权保护有新突破。推广慈溪工商局开展议题管理的工作经验，并落实局领导“各地对跨地区分工协作作案的手段，应加强针对性监管”的要求，全省各市县工商局始终将商标监管作为工商监管的重要内容加以落实推进，完善与商标权人合作沟通机制。省局组织查处侵犯“三角”商标专用权案，北仑分局查处一起侵犯“飞雁”注册商标专用权的大案，非法经营额达2700多万元。义乌市工商局以销售假冒注册商标的商品罪向检察机关移送埃及外商，产生全省首例外商因侵犯知识产权而被逮捕的案例。着手探索建立商标代理机构自律机制建设，专门成立浙江省商标协会商标代理机构专业委员会，下发《关于进一步规范商标代理市场秩序的通知》。加强对商标印制企业监管，绍兴市局组织越城工商分局开展了印制企业专项检查。继续做好奥运标志的保护工作，省局商标处被国家工商总局表彰为奥标保护先进单位。全年，全省共查处各类商标案件7233件，罚没款11917万元，移送司法机关人34起32人。

2010 年工作思路

2010 年商标监管工作将按照全省工商行政管理工作会议要求，以国家工商总局推进商标发展战略实施为契机，在品牌培育发展上，要以品牌国际化、农产品、服务业品牌建设为重点，深化品牌服务进企业活动、创造性开展品牌指导站、品牌强镇、品牌基地建设等活动；在商标监管上，要以商标印制企业、商标代理机构管理、上海世博会标志保护、专业市场商标规范管理为重点，扎实开展建档普查、日常巡查、交叉检查、品牌准入制度等工作，为全省经济社会科学发展作出积极贡献。

——以品牌国际化、农产品、服务业品牌建设为重点，深化品牌服务进企业活动、创造性开展品牌指导站、品牌强镇、品牌基地建设等活动，推进全省商标品牌建设新的发展。

三个重点：

1. 继续大力推进品牌国际化建设。要积极宣传商标境外注册的重要性，要以“营销未动、注册先行”的口号和知名商标在境外纷纷被抢注的典型事例，大力呼吁企业重视商标国际注册。要典型引路，示范引领，通过品牌收并购、在海外投资设厂、开办工业园、自主品牌出口等方式，引导企业致力打造自主国际品牌。要克服畏难情绪，鼓励企业积极应对商标国际纠纷，推进商标海外维权。

2. 继续大力推进农产品品牌建设。要按照“一社一标”、“一企一标”的目标，动员支持农产品企业商标注册。进一步挖掘资源，支持鼓励地方历史名品申报地理标志商标。要推进商标应用，指导企业规范使用商标，扩大商标宣传应用，提高品牌知名度。要引导农产品企业积极争创品牌，申报驰（著）名商标。

3. 支持服务业品牌建设。根据省政府关于加快服务业品牌建设的实施意见，抓住机遇，以老字号、物流、商务、信息、旅游、文化、家政等为重点，推动服务业商标的注册和推广运用。特别要鼓励服务业企业商标、商号的一体化发展，对服务业商标申报驰（著）名商标的，要予以扶持倾斜。

三项举措：

一、深化品牌服务进企业活动，使商标品牌培育指导深入到企业。要运用行政指导模式，通过上门走访，发放联系卡、建议书、指导书等形式，将品牌建设宣传到企业、指导到企业、落实到企业。要开展适度培训，根据企业需求分不同层次组织商标注册（国际注册）基本知识培训，驰名（著名）商标申报认定辅导，商标品牌营运提升战略研讨，有效促进企业品牌意识的提高和创牌能力的提升。要加大品牌建设后续梯队培育，做好驰（著）名商标培育推荐工作，切实把创牌意识强、产业基础好、发展前景广的企业申报上来，保障品牌梯次推进格局。要强调商标规范应用，指导企业科学运用商标战略，推进商标权质押贷款，加强对著名商标企业的跟踪管理，及时处理企业的商标维权需求。

二、创新推出品牌乡镇指导站、品牌服务站、品牌强镇等活动，使商标品牌建设延伸到乡镇。乡镇品牌建设的基础比较薄弱，需要工商所充分发挥职能作用，不断加大工作力度。去年我省湖州长兴、嘉兴王店等地结合工作实际，开展品牌指导站、服务站、品牌强镇等活动，不仅调动了乡镇政府大力推进品牌建设的积极性，而且还创造了乡镇品牌建设的有效载体，是一个很好的创新。要结合国家工商总局开展国家商标战略实施示范城市、示范企业工作的要求，创造性地把创建工作延伸到乡镇一级，在全省研究推广品牌乡镇指导站、品牌强镇活动。要通过指导站，把工商商标品牌建设的各项工作做得更细、更实。

三、加强品牌基地建设，使商标品牌建设扩大到区域。品牌基地是商标品牌工作在区域经济中的延伸和拉长，各地要积极会同基地管理机构，帮助基地内企业开展商标注册、品牌创建、打假维权等工作，帮助基地进行证明商标、集体商标注册，建立集体商标、证明商标使用规则、准入退出等机制，做大做响基地区域品牌，促进区域品牌转型提升。基地办公室要充分发挥管理机构作用，可抱团参加各类展会，集中宣传基地形象，组织开展各类活动，团结凝聚基地企业。进一步赋予品牌基地新政策，赋予基地省著名商标推荐权，省、市、县三级工商部门要对基地办推荐的省著名商标企业在同等条件下予以优先考虑。各地要积极当好地方政府参谋，相应加大基地创建后的政策扶持力度，实行一基地一政策。

——以商标印制企业、商标代理机构管理、上海世博会标志专用权保护、专业市场商标规范管理为重点，扎实开展建档普查、日常巡查、交叉检查、品牌准入等工作，推进商标监管工作的落实。

四个重点：

1. 商标印制企业监管。商标印制企业前置许可取消、《印刷业管理条例》出台后，目前各地对商标印制企业监管较为薄弱。根据三定方案，管理商标印制工作是商标监管部门的职责之一。各级工商部门务必高度重视，切实加强对商标印制企业的管理，坚持在企业中推行商标印制审核、档案保存、销毁、登记等制度，开展对商标印制企业人员的培训，提高企业自律意识。尤其是16个重点县（市、区）要率先垂范，通过有力举措，加强日常监管，保持监管常态。

2. 商标代理机构监管。目前商标代理市场鱼目混珠、无序竞争、违法欺诈等现象时有发生，社会各界对此呼声强烈。各地要按照国家和省局《关于进一步规范商标代理市场秩序通知》要求，切实把商标代理机构的监管列入议事日程，提高警觉性和敏锐度，严查一批违法乱纪机构，公示一批信用不良机构。加强代理机构行业协会建设，积极发挥协会自我管理自我服务的作用，指导开展培训交流、业务学习等活动，提升代理机构素质。

3. 世博会标志保护。浙江是世博会指定产品和旅游品的重要生产基地，又是中外参展商和旅游者购物、旅游的重要市场，世博标志保护工作任务十分繁重，责任重大。省局已在全省部署开展保护世博会标志专有权行动，各地要切实按照国家工商总局和省局《关于保护世博会标志专有权行动方案>》的要求，落实专人，抓好落实。杭州、宁波、温州、绍兴、嘉兴、湖州、台州、舟山及苍南、平阳、瑞安、海宁、义乌、温岭作为整治重点区域，要统一思想，加强部门协作，形成保护合力，确保专项行动取得成效。

4. 专业市场商标规范管理。近年来，对各类大型市场的知识产权保护一直是国内外关注的重点和热点。我省是商品交易市场发达地区，加强对市场商标规范管理是各级商标部门的职责之一。要发挥市场主办单位、经营者等积极性，开展行业自律建设，探索商标监管制度创新。

四项举措：

一、进一步完善普查建档制度，做到商标监管底数清。底数清是监管基础。前置许可审批取消后，各地要掌握底数情况较为困难。要联合文化、科技等部门，通过调查走访、工商经济户口数据库调查等形式，对辖区内商标印制企业、商标代理机构等商标户口专门建档立库，把第一手基础资料了解掌握起来。

二、进一步推行巡查、互查等制度，落实商标监管职责。各地要将商标印制企业、商标代理机构、世博会标志作为责任区巡查的重点对象加以列入，要进一步建立完善巡查内容、巡查方式、巡查结果记录等巡查制度。要加强督促检查，省市县三级要适时组织开展商标监管交叉检查。对检查中发现的违法问题，要坚决予以查处，以震慑不法分子。

三、进一步发挥知名商标品牌保护联络网作用，加大商标专用权保护。加强与权利人的联系沟通，联络网要确保每年有活动有交流。对权利人举报投诉的案件，要及时予以查处。加强对系统商标干部的培训，及时开展对商标侵权案件新情况、新问题的研究。

四、关口前移，探索开展市场品牌准入制度建设。每个市地要选择一家市场开展试点工作。试点可围绕行业自律，实施品牌进场索证，要求市场主办单位、经营者承担进场进货索证第一责任人，构筑品牌查验制度；围绕社会协同，通过对市场内经营品牌公告公示，开展品牌公告公示，构筑品牌评价制度；围绕信用监管，推行分类巡查与专项整治相结合，构筑品牌保护制度；围绕基础保障，建立品牌准入数据库，将市场经营户经营品牌的信息予以电子建档入库，构筑品牌备案制度。

安徽省

2009年，商标局在省工商局的领导下，围绕落实中央应对国际金融危机的决策部署，大力实施商标战略，把商标监管工作与发展、服务、维权、执法有机地结合，服务全省经济平稳较快发展。

一、2009年商标工作

（一）及时启动我省商标战略实施工作

7月23日至24日，国家工商总局在吉林长春举办了“全国工商行政管理系统贯彻落实《国家知识产权战略纲要》大力推进商标战略实施工作会议”（以下简称长春会议）。我省省局、2个市局、5个县（区）局、16个工商所及16名同志作为全国工商行政管理系统商标工作先进集体和先进个人受到总局的表彰。会后，我们广泛宣传、迅速行动，多次传达长春会议精神，按照总局《关于贯彻落实〈国家知识产权战略纲要〉大力推进商标战略实施的意见》的总体部署，启动了我省商标战略实施工作。目前，省局已经成立了商标战略实施领导小组；并按照总局的要求，开展了国家商标战略实施示范城市、示范企业的申报工作。

（二）围绕《安徽省著名商标认定和保护条例》完善相关规章制度建设

今年是是贯彻落实《安徽省著名商标认定和保护条例》（以下简称《条例》）的第一年。为使我省著名商标认定和保护工作更好地贯彻落实《条例》，商标局从年初开始着手研究制定一系列以《条例》为依据的配套法规政策体系。经过一年时间的努力，相继出台了《安徽省著名商标初审工作程序》、《安徽省著名商标认定工作细则》、《关于解决著名商标与企业名称冲突问题的指导意见》、《关于规范著名商标、知名商标认定称号的通知》等4份规范性文件，初步构建了以《条例》为核心的，既具有时代特点、又符合我省实际的商标法规制度体系，夯实了实施商标发展战略的基础。

（三）持续抓紧抓实商标注册工作

1. 商标申请注册量再创新高。今年，我省商标申请注册量已接近2万件，再创历史新高，其中，已申报农副产品商标达5000余件，较2008年同比增长了30%。全省有效商标注册数已接近5万件。在指导企业商标注册工作中，我们不遗余力，一方面采取培训、宣传等手段，调动企业商标注册积极性；另一方面加强对全省商标事务所的规范性管理，引导他们积极帮助企业注册商标；同时，要求各地工商部门创新载体，加强服务和帮扶，对服务商标、旅游商标等易受抢注的商标进行重点指导，取得了明显成效。如黄山、九华山风景区管委会对其所有景点都在当地工商部门的指导下，进行了商标注册。

2. 商标国际注册工作全国领先。截止目前，我省企业通过马德里商标国际注册体系注册的海外商标接近200件，企业海外直接注册、申请注册商标数接近400件（不完全统计），位列全国第七。在10月份总局召开的“中国加入《商标国际注册马德里协定》20周年纪念座谈会”上，省局荣获了“推动企业马德里商标国际注册先进单位奖”，我省的商标国际注册工作处于全国领先水平。

3. 驰名、著名商标申报、认定工作取得新进展

在国家工商总局公布最新一批驰名商标认定名单中，我省安徽丰大股份有限公司“丰大”牌面条面粉等8件商标被认定为驰名商标。这是我省多年来被认定数量最多的一次，也是我省争创驰名商标工作的一次重大突破。截至目前，我省驰名商标达30件，比2005年的15件翻了一番。

商标局积极指导、帮助安徽电缆股份有限公司“安缆”商标、安徽华菱电缆集团有限公司“欣菱”商标、安徽马鞍山钢铁股份有限公司“马钢+图形”商标、铜陵有色金属集团“铜冠”商标、雾里青茶叶有限公司“雾里青”商标、霞珍

羽绒制品有限公司“霞珍”商标等15件商标申报驰名商标。从申报材料的组织到修改，再到向国家工商总局商标局正式推荐，商标局和相关地市商标科做了大量周到而细致的工作，深受企业好评。

4. 开展安徽省著名商标认定工作

3月18日，省局正式公布“中科大”（学校、教育培训）、等267件商标为2008年安徽省著名商标；其中新认定的155件，再认定的112件。此次认定使得安徽省著名商标总数达到838件。在“2009年全省工商行政管理工作会议”上，省局领导向10家获得2008年安徽省著名商标的企业代表颁发了“安徽省著名商标”铜牌。与以往相比，此次认定的安徽省著名商标所代表的行业范围更为广泛，民营企业已占80%以上；同时，农产品商标也有很大突破，共有近100件农产品商标获“安徽省著名商标”称号；高科技产业、第三产业、新型服务业商标也成此次认定的新亮点。

目前，2009年度省著名商标初审、申报工作已经完成，共计438件商标申请认定2009年度省著名商标。商标局正在按照《条例》及其配套规章制度的相关规定，开展2009年度省著名商标的复审和审查工作。

（四）依法开展商标权利保护工作

1. 严厉查处商标侵权行为，依法保护商标专用权

截止目前，全省共查处商标被侵权案件615件，案值278.9万元，依法保护了商标专用权，维护了我省企业自身合法权益。4月中旬，商标局向社会公布“2008年全省十大商标侵权案件”，引起社会强烈反响，有效地震慑了商标违法行为。

2. 在全省范围推广商标授权经营制度

2008年，我们率先在巢湖大市场和商之都巢湖商场开展了商标授权经营试点工作，取得了很好的试点经验。今年4月在巢湖市召开的全省商标工作会议暨商标授权经营现场会将商标授权经营制度在全省范围内全面开展。

在全面开展商标授权经营制度工作中，商标局始终紧扣“三个环节”：一是抓宣传动员、促进市场经营单位的自觉意识；二是抓建章立制，促进商标授权经营的长效管理；三是抓制度落实，促进商标授权经营的规范管理；形成了推动商标授权经营制度发展的长效机制。

3. 追踪服务、协作解决若干重大商标案件

2月，根据我省著名商标企业皖酒集团的请求，商标局沟通、协调福建、广东两省工商局商标监管部门，积极指导、帮助皖酒集团在福建、广东处理商标被侵权案件，保护了商标专用权，维护了我省企业自身合法权益。我们积极争取到了总局的支持，“中烟”公司“黄山”商标被异议案得到圆满的解决，同时对“奇瑞”、“江淮”等特大型企业的商标争议案件予以全程跟踪服务，积极沟通总局，为我省自主商标品牌发展营造良好的法律保护环境。

商标局还继续高度重视解决“天堂寨”旅游商标的争议问题。就国家商标局准予湖北注册的裁定，商标局为金寨天堂寨国家森林公园管理处做了大量法律服务工作，并及时向国家工商总局汇报有关情况。在省局的指导、帮助下，天堂寨国家森林公园管理处已在法定时间内向国家商评委递交了复审申请。

（五）整顿规范商标代理市场秩序活动成效显著。

根据国家工商总局《关于进一步规范商标代理市场秩序的通知》（工商办字［2009］159号）精神及要求，省工商局集中9、10两个月时间组织对全省商标代理组织进行了认真普查和清理整顿。一是高度重视，精心组织。全省工商系统对此次专项整顿和规范工作高度重视，把此次整顿和规范商标代理行业作为落实《国家知识产权战略纲要》，大力实施商标战略的具体实践和行动，各地工商部门结合本单位实际，制订下发了具体的贯彻意见。滁州市、芜湖市、六安市工商局组织辖区商标代理组织负责人，集中传达学习文件精神，共同研讨商标代理市场健康发展的有关问题。二是突出重点，确保实效。为了确保取得实效，各地在整治工作中将申请开办业务时隐瞒真实情况，弄虚作假；伪造、变造法律文件；以欺诈手段骗取委托人钱财；不履行或不完全履行委

托义务，损害委托人利益等作为整治重点，在各市局自查的基础上，省局商标局还派出检查组对合肥、宣城、巢湖等重点市、县进行了督查。三是进一步摸清了我省商标代理组织现状，我省目前商标代理机构拥有量不大，共有商标代理机构83家，规模较小，尚处于发展起步阶段，发展也还不平衡。通过普查，基本上掌握了全省商标代理组织的现状，建立和完善了全省商标代理组织信息资料数据库。同时，加强了与注册登记部门、商标代理组织之间的联系沟通，逐步建立了工商系统内部、与商标代理机构之间上下联动、快速高效的信息交流和工作联系机制。由于整治成效显著，受到国家工商总局的肯定。

（六）大力开展商标服务工作

1. 商标专用权质押贷款工作取得实质性突破

经过广泛调研，商标局起草了《安徽省商标专用权质押贷款工作指导意见》（以下简称《指导意见》），并提请以省政府名义印发。7月9日，省政府印发了《安徽省人民政府办公厅关于印发安徽省商标专用权质押贷款工作指导意见的通知》，为我省商标专用权质押贷款工作及时提供了有力的政策支持。为进一步贯彻落实《指导意见》，我们于8月7日又印发了《商标专用权质押贷款工作实施意见》，对工作进行总体部署和分解细化。

9月28日，省局在桐城市召开了商标专用权质押贷款银企对接会。会上，桐城市农村合作银行与安徽华祥实业有限公司等5家企业签订了商标专用权质押贷款合同，签约金额达2590万元，这是《指导意见》出台以来，我省首批以商标专用权为质押获得贷款的企业。这标志着我省商标专用权质押贷款工作取得了实质性的突破。目前，此项工作在全省范围内已全面开展，全省共成功办理商标专用权质押贷款业务15件，贷款总金额达1.131亿元。

2. “一所多标”工作扎实推进、成效显著

今年，商标局继续大力推进“一所多标”工作，今年8月，我们在滁州召开全省工商系统“一所多标”工作现场会，制定相关帮扶行动计划和实施方案，建立了商标联系点制度，确定商标专管员；并将其作为全省工商系统的“一把手工程”来抓，纳入全年目标管理考评和包保责任制，使商标富农工作进一步落到了实处。

（七）积极开展商标宣传工作

省局于4月20日发出了《关于认真做好2009年“4·26”保护知识产权宣传周有关工作的通知》（工商商字〔2009〕73号），要求各市工商局积极宣传国家知识产权战略，大力宣传商标法律法规，尤其要重点宣传《条例》，并认真加强商标知识和典型案例的宣传工作。我们与省知识产权局等4家单位共同举办了“天大杯”全省知识产权知识竞赛，有力地宣传了商标法律法规。为更加切实有效地贯彻落实《条例》，商标局还将《条例》印发各市工商局，并将其列入本年度工商干部业务培训计划。

为在广大青少年中普及商标法律知识和地理标志知识，商标局配合中华商标协会组织开展“福鼎白茶杯”我身边的地理标志产品征文大赛和“安溪铁观音杯”商标离我们有多远商标知识大赛活动，取得了良好的效果。

我们还组织“洽洽”、“鸿润”、太平猴魁、宁国山核桃等品牌，积极参加第十届中国西部博览会、第三届中国商标节以及亚太地区地理标志研讨会，受到评委和与会代表的好评，有力地展示了我省商标工作的风采和成绩。

（八）加强自身效能建设

商标局在扎实开展业务工作的同时，不断加强自身效能建设。围绕着提高工作效率这个核心，制定AB岗制度以及工作责任落实制度，将全年的主要工作目标通过包保的方式确定下来，定人包责、严格考勤、狠抓督察，确保各项目标任务的完成。还和广告处一起对安庆、巢湖市工商局政风行风、效能建设、广告商标包保工作开展了督察。

认真答复、解决省人大代表提出的议案。商标局对省十一届人大第二次会议196号周勇代表“关于进一步加强商标工作的建议”、415号赵建勋代表“关于大力扶持有机肥产业的建议”进行了认真的书面答复，对人大代表的建议加以认真研究，提高工作的实际效果。

福建省

2009年，全省商标广告监管工作在省工商局党组的领导下，以科学发展观为指导，认真落实全国、全省工商工作会议部署，围绕年初工作要点，加大商标培育力度，努力促进广告业发展，加强商标广告行政执法，积极服务海峡西岸经济区建设，各项工作取得显著成效。

一、大力推进实施商标战略，商标监管再上新台阶

(一）加大商标培育力度，服务企业稳定发展

1. 组织领导不断加强。国家工商总局印发《关于贯彻落实〈国家知识产权战略纲要〉大力推进商标战略实施的意见》，再次出台支持海西建设“9条”意见，支持海西商标政策措施累计达13条。省工商局圆满完成《福建商标战略研究》制定任务，受到商标局通报表扬。各级政府更加重视推进实施商标战略，宁德市委书记、市长先后13次对商标工作作出批示，泉州市政府积极争创国家商标战略实施示范城市、支持辖区企业争创示范企业，越来越多的市、县、区政府将商标工作列入经济考核指标体系或以政府名义召开商标品牌表彰大会。

2. 品牌创建成果丰硕。2009年4月和2010年1月，我省分别有30、31件商标被认定为驰名商标，总数达139件，提前实现了省“十一五”规划确定的目标。福州市2009年以来新增7件驰名商标，超过了之前10年认定总数。省工商局认定391件商标为福建省著名商标，延续认定352件福建省著名商标，注销33件福建省著名商标，首次依据《办法》规定，对近三年发生商标侵权行为、已公示的泉州某公司申请商标不予认定为福建省著名商标。驰名著名商标企业在海西经济建设中发挥了领头作用。

3. 商标基础日益厚实。一是商标总量突破18万大关。全省新增注册商标45352件，比2008年增长121.6%，总数达184457件，注册商标数占全省内外资企业数（31万户）的59.5%，位居全国前列。泉州市平均每100户企业拥有注册商标约104件。二是出口自主品牌培育创建工作快速推进。截至2009年6月30日，全省马德里商标国际注册数达721件，占全国总数8985件的8%，居全国第3位。省工商局被评为推动马德里商标国际注册工作先进单位。泉州市注册商标数、驰名商标数和马德里商标国际注册数居全国各设区市第1名。福州市商标境外注册数同比增长超过50%。三是支持商标确权成效明显。向国家工商总局推荐28件商标申请加快注册审查、评审事宜，同比增长250%。三明市工商系统指导盘活闲置商标16件；南平市工商系统指导办理商标许可使用合同备案40件、变更22件、转让33件、续展13件，为商标申请人的发展提供了大力支持，赢得了企业的赞誉。四是商标服务机构进一步增加。新设立商标（知识产权）中介机构35家、投资人数46人、登记雇工人数214人，商标（知识产权）中介机构总数达207家、投资总人数344人、登记雇工总人数达1441人。

4. 品牌效应持续显现。指导、支持31家企业办理商标专用权质押办理贷款7.5亿元，与上年同比分别增长了55%、740%。泉州市工商局与农行泉州分行联手举办“商标专用权质押贷款行政指导协作备忘录”签约仪式，全市累计12家企业办理、获贷款5.6亿元；南平14家企业办理、获贷款1826万元；三明6家企业办理、获贷款2876万元。永春、顺昌、周宁、古田县工商局指导企业运用总局支持海西优惠政策，免于提交出质商标专用权价值评估报告获得贷款，为企业节省了大笔评估费用。此外，全省共支持驰著名商标企业简化程序核准登记设立研发中心36户，支持设立集团35户，支持以商标权作为非货币出资予以核准登记14户，实施实行两年一次年检402户，

简化分支机构设立登记 24 户。一系列商标品牌带动优惠政策促进了企业发展，受到企业和社会各界的充分肯定，商标价值进一步显现。

（二）加强商标行政保护，维护企业商标权益

全省工商系统针对重点领域，加大执法力度，严厉打击商标侵权假冒行为，取得新成效。共查处各类商标违法案件 3619 件、罚款金额 2918 万元。其中商标侵权假冒案件 3361 起、罚款 1465.5 万元，涉外商标案件数 803 起、罚款 482.4 万元。向公安机关移送商标假冒案件 14 起，追究刑事责任 3 人。泉州、漳州、福州商标案件数量列前三位，宁德跃居第四；泉州、漳州、龙岩商标案件罚款额列前三位。

1. 深入开展专项整治。一是开展“打商标侵权 护海西品牌”专项行动和保护世博会标志专有权执法行动，查处商标违法案件 779 件、案值 350.81 万元。南靖县工商局在 OA 开办世博会标志保护电子专刊，积极指导基层查办相关案件。二是强化授权经营试点和会展保护。龙岩市工商局在漳平召开现场会，推广漳平市工商局开展建材市场商标授权经营创建工作经验和做法，完善规范商标授权经营十项制度。省工商局、福州、厦门市工商局积极配合有关部门开展 5.18、6.18、9.8 期间商标监管工作，保障了会议顺利举办。三是开展督察督办。省工商局向各设区市工商局移交督办涉嫌侵犯“小肥羊”、“蘑古力”、“沉缸”等驰名、涉外、著名商标专用权案件。

2. 积极支持企业商标维权。省工商局召开驰著名商标保护工作座谈会，商标监管人员、企业、商标中介机构互动商议助企维权事宜，取得较好效果。一批驰著名商标企业的合法商标权益在辖区外得到有效维护。漳州市工商局积极支持片仔癀、港昌、双飞公司开展商标维权行动，协助港昌公司在四川查获价值 30 余万元的侵权商品。莆田市工商局指导雪津公司在江西、顺昌等地查获大量侵权商品。南平市工商局指导幸福来公司赴浙江打假，及时清除了淘宝网上侵犯该公司商标权的产品。

3. 强化保护涉台商标。查处侵犯涉台商标专用权案件 39 起、罚款额达 10.4 万元。厦门市工商局组织集中整治“台湾商品一条街”，检查商店 16 家、查扣侵权高粱酒 86 瓶，指导厦门正新橡胶工业有限公司、金门酒厂实业股份有限公司获认定驰名商标，有力维护了台企商标权益。惠安县工商局专门立项开展涉台商标行政指导工作，从创牌、用牌、护牌多方面入手，与台资企业、台商协会等单位建立联系制度，努力为台资品牌保驾护航。龙岩市工商局协助永福闽台缘高山茶产销专业合作社无偿获受让“永福”商标，受到了台商和当地群众的高度赞扬。

（三）大力实施“商标富农”，推进新农村建设

1. 地理标志商标总量保持全国第 2。新增 22 件地理标志证明商标或集体商标，总数达 66 件，约占全国总数的 10%,居全国第 2 位。宁德市经核准注册地理标志商标总数达 18 件，位居全国地级市第 1 名。2009 年地理标志商标申请量南平、三明居全省前 2 位，漳州、龙岩并列第 3。莆田市积极培育仙游古典家具、莆田工艺美术、上塘珠宝地理标志商标。武平县工商局积极指导注册地理标志商标促进当地绿茶、金线莲、富贵籽、象洞鸡、仙草产业的发展。“安溪铁观音”、“福鼎白茶”积极冠名首届全国中学生地理标志知识竞赛、征文大赛。

2. 涉农驰著名商标数量创历史新高。2009 年 4 月认定的驰名商标中，涉农商标达 9 件、占 30%；2010 年 1 月认定的驰名商标中，涉农商标达 14 件、占 45.2%，其中有福鼎白茶、武夷山大红袍、坦洋工夫、南靖兰花、建宁通心白莲等 5 件地理标志商标。全省总数地理标志驰名商标总数达 11 件。全省涉农驰名商标数达 32 件，占全省驰名商标总数的 23.2%。新认定涉农福建省著名商标 114 件，占该批认定总数的 29.1%。地理标志商标使用逐步规范，福安工商局在专项执法行动中立案调查涉嫌侵犯“坦洋工夫”地理标志证明商标专用权案件 5 起，较好地维护了证明商标注册人合法商标权益和广大茶农合法利益。

二、打扶并举标本兼顾，广告监管取得新作为

（一）狠抓落实，广告专项整治工作有新进展

全省工商系统围绕年初确定的 14 项广告监管

要点，狠抓任务落实，扎实推进广告执法，共查处虚假违法广告3415件，罚没953.52万元，责令公开更正487件，责令停止发布1488件。查处经营额在1万元以上的广告大要案件达307件。全省广告总违法率继续控制在1%以内。

1. 开展打击不良广告净化社会文化环境的专项整治。全系统查处医疗、药品、保健食品广告案件605件，罚没款380.6万元；查处不良广告712件，罚没款416.1万元。中央督查组予以充分肯定。积极配合有关部门开展清理整顿境外劳务等中介企业专项行动及预防和打击银行卡犯罪等有关专项整治工作。

2. 开展网上非法“性药品”和性病治疗广告专项整治。共检查各类网站1926户次，检查各类网站和手机广告、信息、链接5.05万条次，查处各类互联网广告151件，罚没款63.89万元，分别比增17.9%和125.8%，立案查处非法涉性广告27件，全力以赴规范互联网、手机媒体广告经营行为，净化网上广告环境。

3. 大力加强督查督办。坚持落实《福建省工商系统关于处理移送违法广告的规定》，省工商局向各设区市工商局移送广告案件338件,集中力量严厉打击一批顶风违法的广告主、广告经营者和发布者。福州市工商局接收办理案件占全省移交总数的95.26%，加大对省会城市媒体广告案件的查处力度。南平市工商局认真落实《广告案件督办检查工作制度》，通报了全市广告监管工作的督查检查情况。

4. 强化广告综合治理机制。一是落实广告联席会议制度。突出各成员单位职能优势，加大整治违法虚假广告的合力。南平市工商局邀请当地电信、移动、联通公司参加广告联席会议，为进一步整治网上非法涉性广告打下良好基础。二是强化部门联动机制。泉州市工商局根据卫生部门处罚情况，依法撤回相关医疗机构的《户外广告登记证》，进一步加强医疗广告监管。漳州市工商、卫生、药监三部门每半年开展一次联合检查，加强对曾因违法广告被查处的医疗机构的回访和指导。三明三元区工商局联合文化、公安、卫生等相关部门检查重点、重点对象，增强了震慑作用。三是强化移送通报机制。全省药监系统共移送891次违法广告至同级工商部门查处。省通信管理局通过网上向工商等部门开放了网站备案信息的查询功能，提高了互联网管理的工作效率。经过积极牵头，较好地实现了部门职能优势组合和监管信息共享，共同构筑了虚假违法广告的整治防范体系。

（三）注重实效，日常广告市场监管有新作为

1. 强化户外广告监管。各级工商局主动融入各地党委政府的中心工作，积极组织户外广告专项执法行动，共登记户外广告1.65万余个，受到当地党委、政府的肯定和好评。漳州市各级工商局积极引导户外广告发布单位使用“网上工商”申报平台，使用比率达到90%。南平市、宁德市所属各县级工商局制定出台创建“户外广告示范街”活动方案，积极开展“户外广告示范一条街”活动。

2. 拓展广告监管领域。福州市工商局继续推进车身广告登记工作，全市车身广告登记率达到71%以上。泉州市鲤城工商局积极探索楼宇广告监管举措，建立了“楼宇广告专管员、宣传教育、业务备案登记及档案管理制”四项制度。

3. 深化广告行政指导。各地都结合实际，制定广告行政指导意见。厦门市工商局将广告监测咨询中心工作人员派驻媒体，加大对五大类广告的事前发布指导；邀请国内外著名广告专家学者，为1400多名广告从业人员开设免费广告经营讲座。泉州市、龙岩市、三明市等地工商局建立了重点企业联系制度，加强座谈交流和跟踪服务。

（三）积极作为，指导广告业发展有新成效

1. 努力优化广告发展环境。省委办公厅、省政府办公厅出台《关于加快文化产业发展的意见》，把广告业列入我省重点发展的十大文化产业之一。省工商局在国家工商总局指导、福建省人民政府支持下，联合中广协主办“首届海峡西岸广告高层论坛”，取得良好成效，工商总局周伯华局长及黄小晶省长、叶双瑜副省长作出重要批示予以充分肯定。制定《福建省广告业发展2009-2012年规划》、《2009年福建省广告业发展工作计划》，加紧起草《福建省广告业2010-2012年发

展规划》待省政府办公厅批转。联合省发改委召开“福建省促进广告业发展座谈会”、全省广告业发展工作经验交流视频会议，共商推进广告业发展大计。漳州市工商局主动协调城管部门对户外广告减半收费，将户外广告一次审批时间由原来的 1 年延长至 3 年。莆田市工商局促成新出台的《莆田市户外广告管理暂行规定》将广告资质等级列入招投标资格，支持引导当地户外广告公共资源的市场化配置。省工商局会同省委宣传部、省纪委等部门组织开展“迎国庆、讲文明、树新风”、“反腐倡廉”、“诚信兴商宣传月”等公益广告评选活动，取得较好成效。

2. 广告业持续稳定发展。截止 2009 年底，全省已有广告经营单位 7382 家，广告从业人员 54752 人，广告经营额达到 81.52 亿元，分别同比增长 33.2%、32.1%和 45.3%。加大指导、推荐和认定力度，充分发挥广告品牌企业的引领带头作用，全省共有中国一级广告资质企业 16 家，中国二级广告资质企业 4 家；拥有福建一级广告资质企业 65 家，福建二级资质广告企业 53 家，福建三级资质广告企业 67 家；引导广告经营单位注册服务商标 103 件，获得福建省著名商标认定 7 件、知名商标认定 5 件，“守合同、重信用企业”认定 60 家。

三、积极夯实工作基础，提升商标广告监管水平

1. 队伍建设不断增强。各级工商局开展各类论坛、讲座、培训近 500 场（次），不断提高商广监管人员的履职能力。组织商标广告监管人员、企业、商标代理人参加中国商标节、广告节、西博会、地理标志保护国际研讨会。省工商局开展推进实施品牌带动工作竞赛评比和先进单位先进个人评选推荐活动，总结全系统推进实施品牌带动工作的先进经验，强化对品牌带动工作的鼓励与引导，63 家单位被评为全省工商系统推进实施品牌带动工作先进单位、80 人被评为先进个人。省工商局、晋江市工商局池店工商所等 17 家单位被评为全国工商系统商标工作先进集体，10 位商标监管人员被评为全国工商系统商标工作先进个人。

2. 培训宣传不断加强。省工商局举办第三期申请认定驰著名商标辅导培训班，开展“规范使用商标标识 维护企业商标权益”宣传月活动。泉州市工商局开展“给全市企业的一封信”、“百场座谈会”、“千企万标巡查走访活动”，南平市工商局开展“规范使用商标标识执法行动周”、三明市工商局开展“十大魅力商标评选活动”，取得较好成效。各级工商局在省级以上媒体发表宣传稿件约 500 篇（次），向地方党委、政府报送工作报告、呈阅件等 180 多篇（次），深入调研指导广告企业 819 家次，培训广告审查员 2250 人次，进一步增强了社会各界的商标广告意识。《省工商局提出我省广告业发展六大任务》一文被国办采用。宁德市工商局向市政府报送了《关于加强“坦洋工夫”“福鼎白茶”地理标志户外广告规范管理的调研报告》，引起高度重视。福建省商标协会举办全省“创立自主品牌商标，实现发展新跨越”国庆征文活动，召开部分企业会员、商标代理机构座谈会，推出《福建省商标事务代理委托合同》示范文本，编辑《海峡西岸商标》会刊六期、发行七千多册，协助“安溪铁观音”商标注册人解决在台湾申请注册被驳回事宜。

3. 信息化建设持续加强。配合有关部门加强商标广告软件的开发、测试、修改、运行和推广，促成数字化多媒体广告监测系统升级改造、网上工商广告管理模块投入使用，各类广告行政许可项目实现网上审批，推进违法广告处理反馈系统和网上工商广告登记软件的开发。为各设区市配备了软、硬件，实现了全省广告监测系统联网。各地初步实现了广告监测“有设备、有人员、有制度”，加强发挥广告监测在广告监管中的基础作用。

一年来，全省各级商标广告监管人员共同努力，开拓创新，成绩突出。但是，我们也要清醒地认识到当前存在的问题：部分县市监管浮于表面，部分工作人员业务学习不够、能力水平不足，企业商标意识参差不齐，广告监管工作与党和政府的期望、与人民群众的要求还有一定的差距，虚假违法广告杜而不绝，个别媒体问题比较突出，

广告监管与监测脱节比较严重，案件查处滞后明显，削减了办案的权威性和震慑力等。这些问题，有待于我们在今后的工作中认真加以解决。

2010 年工作意见

2010 年，全省工商系统商标广告监督管理工作要深入学习实践科学发展观，认真贯彻全国、全省工商工作会议部署，把握“四个只有”，着力“四高目标”，坚持发展和保护两手抓，落实商标广告监管职能到位，推进海峡西岸经济区建设。

一、积极服务企业发展，继续推进实施商标战略

（一）着力提高商标行政指导能力

1. 牢固树立服务企业发展的理念。一要抓住机遇。要抓住海西建设的历史机遇，认真贯彻落实《国务院关于支持福建省建设海峡西岸经济区的若干意见》和福建省《实施意见》，一心一意谋发展。要抓住国家实施知识产权战略的机遇，认真贯彻落实国家工商总局推进商标战略实施的意见；要抓住福建省出台《<国家知识产权战略纲要>实施意见》的机遇，大力推进实施战略、品牌带动。省工商局将根据总局的统一部署，抓紧推进国家商标战略示范工作，适时探索开展福建省商标战略实施示范城市、示范企业工作。二要选好抓手。黄小晶省长对全省工商工作会议批示指出，“只要企业日子好过了，整个社会就会向前进。”海西发展的落脚点关键在于企业发展。我们工作的抓手就是有利于区域经济发展、有利于企业发展的各种措施。近年来，全省工商系统在商标监管实践中摸索总结了“三书”、“三个一批”、“五突出”、“八项指导”等行之有效的措施。今后的工作重心就是落实措施到位，从商标注册、运用、管理、保护四个环节入手，工作做实做细，大力实施商标战略、品牌带动。

2. 推进企业自主商标拥有量增加。落实“三书”（商标注册建议书、商标策略提示书、商标法律告知书）商标行政指导制度。一是抓好面上工作，推动申请量稳定增长。加强与企业注册部门的协调，发挥登记窗口的优势，力争每设立一家企业发放一份商标注册建议书。跟踪企业发展过程，力争企业的商标注册能与企业产品种类扩张、市场营销创新同步甚至先行。力争保持我省注册商标总量水平适当领先我省经济水平的位置。二是抓好点上工作，创建出口自主品牌。大力支持我省企业实施“走出去”的战略，指导开展商标境外注册工作，推动使用自主商标的出口产品所占贸易份额逐步上升。各县（市、区）根据当地企业发展实际状况，选择 1 家出口型龙头企业作为突破点，进行重点跟踪服务，引导发挥示范效应。三是及时处理个案，支持重点企业解决商标确权问题。对发展受制于商标异议、争议等确权问题的驰名、著名、知名、涉农、涉台企业，优先予以推荐加急审理注册审查或评审事宜。积极挖掘资源盘活闲置商标，为企业牵线搭桥助推发展。

3. 开展“一县一驰名商标”工作。支持无驰名商标的 37 个县市区争创驰名商标，努力实现一县一驰名商标，服务县域经济发展。一要争取支持。要进一步争取地方党委政府的重视和支持，拓展作为空间，提升工作地位以争创驰名商标为突破口，发挥争创主体的影响力，争取成立以县（市、区）领导为组长、有关部门为成员、工商局长为办公室主任的推进实施商标战略领导小组，年内制定出台当地商标战略研究。二要坚持“五突出”和“三个一批”。每个分管局领导、科（股）长要掌握地方产业规划和政策重点，抓好产业政策、区域政策与商标战略的有效衔接，按照“三个一批”的原则梯度推进品牌创建工作，对名列“三个一批”名单的驰著名商标申报企业予以优先推荐。省工商局将统一“三个一批”工作做法，完善福建省著名商标推荐认定制度，加强对高知名度商标的认定保护。三是坚持回访制度和创牌辅导。各县（市、区）工商局必须对辖区内驰著名商标企业回访一遍，各设区市工商局至少回访驰名商标企业一次，省、设区市工商局至少各举办一起申请认定驰著名商标辅导培训班。积极引导发挥品牌效应，指导企业运用好驰著名商标质押贷款、设立企业和保护等优惠政策政策，指导符合条件的企业运用优惠措施申请免于提交商标价值评估报告，运用鲜活事例宣传商标价值。

省工商局继续对办理商标专用权质押贷款的著名商标申请件予以优先认定。

（二）着力落实商标行政保护职责

1. 突出保护重点提高执法成效。要以保护涉农商标、地理标志商标、食品商标、药品商标、涉外商标专用权为重点，继续加大商标行政执法力度，严厉打击商标侵权假冒行为。认真组织开展保护世博会标志专项行动，为世博会的召开营造良好的知识产权环境。继续开展“打商标侵权护海西品牌”专项行动。加强涉台商标行政保护工作，严厉查处侵犯涉台注册商标专用权行为。对于涉台商标问题要开辟绿色通道，及时收集、总结、上报关于涉台商标保护案例。

2. 发挥资源优势保护我省驰著名商标专用权。充分运用国家工商总局支持海西建设商标意见和泛珠三角地区、华东地区商标办案协作体系，及时商请外省工商局支持我省企业维权；对于重点培育对象遭受商标侵权的案件，适时派专人协助企业跨地区、跨省维权，必要时提请商标局根据支持海西建设意见组织区域性或全国性的商标保护行动。各级工商局要及时指导企业收集线索、整理材料，增强维权效果。建立、完善知识产权执法联席会议机制，加强与公安等部门的沟通协调，及时移送达到刑事责任追究标准的重大商标假冒案件。

3. 强化涉外商品集散地商标监管。各级工商局务必提高思想认识，对于存在较大侵权隐患的市场，要依靠当地党委政府的领导和有关部门的支持，齐抓共管，依法行使工商职能，联合开展专项行动，研究采取长效监管措施。要果断处置涉嫌侵犯国际高知名度商标专用权案件，集中执法力量适时开展区域性专项执法行动，形成法治威慑态势。要标本兼治，持续做好宣传教育工作，引导经营者守法经营。

4. 推进商标境外注册工作，支持企业海外维权。进一步发挥商标监管职能，主动应对国际竞争加剧的形势，加强商标海外维权的探索。指导支持涉案出口型企业解决商标在境外被抢注、卷入商标侵权纠纷等问题，争取总局支持加强与纠纷发生地所在国家或地区商标主管部门沟通、协调，维护企业合法的商标权益，支持企业参与国际市场竞争。

5. 整顿商标代理秩序营造实施良好发展环境。根据国家工商总局2009年第46号令《商标代理管理办法》规定，加强对商标代理组织和商标代理人的代理行为监管。适时开展整顿商标代理秩序专项行动，遏制商标代理损害委托人利益、提供虚假证据等行为，引导商标代理组织诚信经营、有序竞争。

（三）着力深化商标富农机制

1. 开展“一县一地理标志”工作。支持无地理标志商标的33个县（市）申请注册地理标志商标，努力实现一县一地理标志商标。各级工商局要做好调查摸底工作，摸清辖区内具有地理标志商标特征的产品。尚无地理标志商标的33个县（市）工商局必须于6月30日前经各设区市工商局统一上报翔实的调研报告。各设区市工商局必须建立地理标志商标创建规划，分批指导开展申请注册工作。

2. 规范已注册地理标志商标的使用管理和保护。指导地理标志商标注册人加强使用管理，如：建立商标印制、使用登记台帐；地理标志商标在包装物、广告上是否规范使用；是否已标记地理标志产品专用标志；集体商标注册人的成员发生变化、证明商标注册人准许他人使用商标的，是否根据《集体商标、证明商标注册和管理办法》第十三、十四条的规定办理了变更、备案手续等。严厉查处侵犯地理标志商标专用权案件，维护注册人合法商标权益。积极指导地理标志商标注册人申请认定福建省著名商标、驰名商标。

二、积极服务民生利益，持续加强广告专项整治

（一）深入推进广告专项整治

1. 继续以直接关系人民群众健康安全的医疗、药品、食品等广告作为整治重点，持续深入推进广告市场整治工作。从严查处在食品广告中宣传对疾病的预防和治疗作用等违法行为；从严查处在医疗、药品广告中夸大功能、保证疗效、保证治愈，使用患者、公众人物、专家名义作疗效证

明的违法行为；从严查处未经广告审查机关审查擅自发布医疗、药品、保健食品广告的违法行为；从严查处以新闻报道、专家咨询等形式变相发布广告的违法行为。

2. 开展整治互联网手机媒体不良广告专项行动。重点整治未取得《医疗机构职业许可证》在网上发布治疗性病广告及信息的；未取得《医疗广告审查证明》或擅自篡改其内容发布治疗性病广告的；未经药监部门审批，在网上发布含有性生活、性暗示等低俗内容的违法药品、保健食品广告；违法设计、制作、代理、发布网上性药品和性病治疗广告的；重点整治电视、广播等荧屏声频不良广告；重点整治校园周边不良文化广告。

3. 强化对电视购物广告的治理。重点加强对对化妆品、药品、医疗器械、消毒产品、保健用品、手机和收藏品等电视购物广告的监测和治理。对屡次制作发布虚假电视购物违法广告的电视媒体，要依法停止或取消其广告经营、发布资格，切实规范和净化电视购物广告市场。

4. 重拳打击虚假违法广告责任者。一要强化监管措施，进一步加强广告发布环节的监管。会同有关部门监督媒体单位履行广告发布第一责任人的责任，严格落实广告发布审查的各项管理制度。积极推动建立和落实媒体单位发布虚假违法及不良广告行为领导责任追究制，重点整治广告违法率居高不下的媒体。二要集中力量严厉打击一批违法广告主。严查快办典型案件，加强与卫生、药监、通信等行业主管部门的协作配合，加大通报和案件移送力度，形成立体打击。三要加大工商部门对广告经营单位的行业管理力度。对屡次发布违法广告，情节严重的媒体，广告经营者以及涉及的产品，坚决依照规定暂停其广告发布业务或暂停广告发布，不断树立广告监管执法权威。

（二）着力完善广告长效监管机制

1. 巩固完善广告综合治理机制。继续牵头落实完善广告联席会议制度，夯实工作交流平台，与各有关部门按照“谁审批、谁负责；谁主管，谁负责”的原则密切配合，相互协作。发挥各成员单位的职能优势，及时通报和沟通情况，认真研究和解决整治工作中遇到的突出问题。积极采取联合约谈、联合检查、联合通报、联合公告等部门联动工作形式，整顿与规范并举，不断增强合力和实效，共同构筑虚假违法广告的整治防范体系。

2. 不断健全广告监测机制。一要突出互联网广告监测的重点，媒体广告重点监测大中城市电视台经济生活频道、县级有线电视、广播和都市类报纸、文摘类报纸；互联网广告重点监测 IP 地址在我省境内的手机网站、音视频网站、交友网站、搜索引擎网站以及各主要门户网站、媒体自设网站、医疗机构及药品、保健品、仿真器械生产企业的自设网站。二要加强互联互通，充分发挥全省广告监测网络作用。省工商局要继续做好纳入监测范围的省属及各地重点媒体的监测工作，市局要积极主动开展对辖区媒体广告、互联网广告的日常监测。省、市局要继续按照媒体广告下管一级原则，加大对各地监测工作的抽查督查力度。三要规范监测制度。建立健全专门的数据采集、监测报告、监测档案、监测信息发布、违法广告报送等工作制度。全省加强使用《广告监测报告》、《违法广告告知书》、《广告审查提示书》、《违法广告公告》等文书。省工商局将不定期组织检查，促使广告监测工作走向规范化、制度化。四要提高广告监测的整体效能。加强对监测数据的分析研究，增强敏感度，强化预警提示作用，努力实现全省广告监测“有设备、有人员、有制度、有落实”的目标。

3. 强化广告市场巡查监管机制。充分发挥基层工商所职能作用，落实片段长责任制，按照《基层工商所巡查记录表》的要求，加大辖区户外广告、一般形式印刷品广告、固定形式印刷品广告、店堂广告等各种广告市场市场巡查力度，创新巡查方式方法，抓好建档立卷工作，切实提高辖区广告市场动态监控能力。

（三）积极指导广告业健康有序发展

1. 加强沟通协调，营造良好环境。积极协调政府相关部门各司其职，协同配合，共同推进广告业发展。主动加强摸底调研，积极出谋划策，指导企业用好用足政策。通过呈阅件、汇报件等各种形式促进政府把广告业作为当前鼓励发展的现代服务业、创意产业和文化产业的重点领域，加大支持广告业发展工作的力度。积极牵线搭桥、搭建平台。提前谋划筹办第二届“海西广告高层论坛”，开展海西广告商品展销和海峡两岸广告作品大赛活动，加强闽台工商事务的交流合作。

2. 深入企业具体指导，建立重点企业联系制度。要按照“试点引路，重点推进，典型带动”的方式，突出指导重点区域、重点企业，明确培育扶持的重点广告企业名单，支持做强做大。支持设立广告创意产业园区、广告创意设计和制作基地，发展优质广告创意产业集群。指导广告企业申报广告企业资质认定；指导广告经营主体注册服务商标，申请认定知名、著名、驰名商标；指导参评企业知名字号、“守合同、重信用”企业。努力形成“培育一批优势项目，建设一批行业基地，发展一批广告龙头企业，形成一个产业集群”的工作态势。

三、加强学习培训调研，脚踏实地提升工作水平

1. 整合资源形成合力。一是加强宣传。4 月开展“发挥商标价值 保护知识产权”专题宣传周活动。进一步普及商标广告法律法规、政策知识，增强社会各界商标意识。加强对地方党委政府的宣传工作。继续发挥新闻媒体的积极作用。省工商局和各设区市工商局每年公布商标广告典型案例各十起。二要加强对商标广告协会和中介机构的指导。发挥商标广告协会的桥梁纽带作用及在闽台商标广告事务中的特殊作用。发挥商标代理机构的作用，深化服务项目，提升代理水平，共同推进实施商标战略。

2. 加强学习提高水平。一要抓好业务培训。各级工商局要重视商标广告业务的学习、研究工作，保持商广队伍的相对稳定，定期开展业务培训。省工商局将举办全省商标广告业务培训班，积极派员支持各地开展培训。积极开展商标广告对外交流，拓宽工作视野。二要进一步优化作风。要深入研究商标广告业务，推动商标广告工作由粗放监管向精细监管转变。深入企业开展分类指导和跟踪服务。三要加强协调和督查工作。落实媒体广告下管一级的工作机制，强化广告案件的组织协调和督查督办，认真执行案件查办落实情况报告制度，严格执法纪律，规范执法行为。对因迟报、漏报造成损失或重大影响，以及推诿不办、压案不查的，要追究相关人员的责任。

3. 信息化建设务求实效。加强商标数据库建设与维护，满足各设区市以上工商局的查询需求；加强福建省工商红盾网中“福建省推进实施商标战略信息平台”建设，为企业提供信息服务。升级完善广告监管软件，重点抓好全省数字化多媒体广告监测系统、违法广告行为处理反馈系统和网上工商广告管理运用平台等软件的开发、测试、运用和推广。

4. 依法许可运作规范。规范广告登记的材料、程序、时限，认真抓好广告经营资格审批、固定形式印刷品广告登记、烟草广告登记、户外广告登记、外商投资广告企业核转等行政许可工作，力推便民举措，推广运用“网上工商广告管理软件”。在各县（市、区）全面推进“户外广告示范一条街”建设，发挥示范带动作用。严把广告内容准入关，提高登记质量和信息录入质量，建立健全户外广告登记档案。

江西省

2009年，全省各级工商行政管理机关的商标广告管理部门在省局党组的正确领导和国家工商总局有关部门的指导下，坚持以“三个代表”重要思想为指导，认真贯彻落实科学发展观，紧紧围绕中央“保增长、扩内需、调结构”的政策措施，把实施商标战略与应对国际金融危机、服务经济发展大局有机结合起来，全面落实《国家知识产权战略纲要》和全省工商局长会议精神,努力提高商标广告执法人员素质和商标广告监管水平，充分发挥履行职能作用，加大商标广告战略实施力度，进一步提高商标广告执法能力，有力地促进经济平衡较快发展，尽职尽责维护公平公正市场的市场经济秩序。

一、2009年商标广告工作总结

（一）加大商标广告法的宣传力度，营造良好的商标广告工作环境

1. 认真开展“4.26保护知识产权宣传周”活动，提高全社会知识产权保护意识。全省各级工商行政管理部门根据省工商局下发的“4.26保护知识产权宣传周”活动方案，从4月20日至26日开展了为期一周的知识产权保护宣传周活动。一是通过媒体和宣传车广泛宣传商标法律法规。如上饶市工商局于4月20日至30日在市电视台设立《商标法》宣传专题节目。抚州市工商行政管理局与电视台、抚州日报深入企业以保护知识产权的实例进行宣传报道。二是重点上门走访，面对面宣传。如吉安市工商局注重深入企业实地宣传调研活动，建立了四位一体的宣讲方式，每个县级局组织了一支3~5人的宣传小分队深入企业进行宣传，同时发放“三书一卡”，使企业遇到商标方面的问题能及时与工商部门联系。抚州市工商局走访了当地著名商标企业，大力宣传商标战略的发展作用，征求企业对工商行政管理部门在推荐著名商标认定和申报中国驰名商标认定的意见。三是各地工商行政管理部门积极组织面对面的“4·26”知识产权大型宣传活动。如南昌市工商局在市胜利路步行街、洪城大市场举行了“4·26”知识产权大型宣传活动，向广大市民、企业和经营者，宣讲商标基础知识和商标法律法规，发放宣传资料，接待群众咨询，受理投诉。上饶市各级工商行政管理部门在“4·26”宣传周期间，发放商标联系服务卡，便于工商部门与企业、群众的联系。据统计，全省各级工商行政管理机关在这次宣传周活动间参加咨询宣传人员近1000人次，接待咨询人员12000人次，发放宣传材料18160册（份），制作、悬挂宣传条幅130多条幅。

2. 在日常工作中开展普法教育。一是通过广告经营资格年度检查，宣传法律法规知识，促进媒介单位建立健全广告经营管理制度。根据国家工商总局《广告经营许可证管理办法》相关规定，3月份，对全省190余户事业单位开展广告经营资格检查工作，检查合格率达95%以上，对于检查不合格的单位，要求其整改直至符合要求，从而进一步推动媒介单位建立健全广告经营管理制度，严把广告发布关口，落实广告审查员“一票否决制”；二是两会期间，省局共收到有关商标广告方面的建议和提案共8件，在指定专人进行办理给予答复，并由局领导审核通过的基础上，安排了专门走访，与人大代表和政协委员一起探讨广告市场治标治本之策，赢得代表和委员的一致好评；三是针对因虚假违法广告而造成的消费者投诉，各级广告监管部门本着执政为民、立党为公的指导思想，热心周到、不厌其烦、尽心尽职，维护消费者合法权益，努力缓解社会矛盾，促进社会和谐。据不完全统计，全省广告监管部门今年共收到消费者来人来电来信投诉达200余件，解决170余件，为消费者挽回经济损失达40余万元；四是我局与省文明办联合下发了《关于组织

参加全国优秀公益广告评选活动的通知》，组织参加第八届全国优秀公益广告评选活动，活动得到社会各界的大力支持，共收到平面、影视和广播作品90余件，充分反映了我省人民关注公益，热忱公益的时代风采。我局与文明办经过精心筛选，共同推荐了九件作品报送国家参加评选。

3. 参加各种宣传、会展活动，提升商标品牌意识。按照总局要求，积极组织我省地理标志和中国驰名商标企业参加国家工商总局组织的有关商标展示活动，大力宣传江西商标，提升江西商标的知名度。一是组织我省已注册的地理标志商标参加《当代中国》画报社的中国地理标志管理与运用工作大型宣传报道活动，大力宣扬我省地理标志及其产品；二组织企业参加第十届中国国际西博会中国驰名商标馆展览；三是积极参加亚太地区地理标志国际研讨会，并组织南丰蜜桔、上饶白眉茶叶、太仔休闲食品参加亚太地区农产品及地理标志产品展示；四是。

（二）加大执法力度，突出重点，整顿和规范市场经济秩序

全省各级商标监管部门认真把握监管与执法的统一，认真履行职能，依法行政，严厉打击各种商标违法行为，维护正常的社会经济秩序。

1. 加强流通领域商品商标的日常监管。各级商标监管部门加大了市场巡查力度，对节假日上市商品的商标使用情况进行检查，重点查处食品、药品等关系人民生产和生活安全方面商品的商标违法行为。九江市、县（区）的城区工商分局对辖区的各大商场所销售的所有商品分类建立商标档案，以加强商品流通领域商标监管的巡查力度。

2. 落实违法广告公告制度，威慑违法当事人，提升工商部门社会形象。为广泛宣传不良广告整治动态与成果，鼓励全社会参与到广告监管工作当中来，有效威慑违法行为当事人，省局于3月份分别在江西日报和江南都市报等媒体发布了《2009年违法广告公告》，共涉及违法当事人15家，各类违法广告74条，其中网站广告60条，保健食品广告2条，医疗广告11条。上饶市工商局发布违法广告公告42条，其中涉及含有不良内容的广告8条。各地也纷纷通过各种渠道和途径公布违法广告，进一步增强工作的公开性与透明度，提高工商部门的亲和力，使社会支持和认可广告监管工作，树立工商部门良好的社会形象。

3. 开展多种广告专项整治工作，努力维护广告市场秩序。

全省广告监管部门认真履行广告监管工作职责，积极开展社会反映较多的热点广告专项整治工作。一是在进一步深入开展网上性病治疗广告及非法“性药品”广告整治，加强互联网广告的浏览与监测，取缔无照经营广告的行为，清理非经营性单位门户网站发布广告情况。全省各级广告监管部门共对全省1200余户网站广告进行了不间断监测，监测网络各类广告及相关信息30000余条。取缔非法网站9户，责令停止发布、删除、屏蔽各类不良广告60余条。二是为净化社会文化环境，促进未成年人健康成长，省局专门会同宣传、外宣办、公安、监察、纠风办等11个部门制订了《关于开展对损害未成年人身心健康的不良广告专项整治工作的通知》，并结合我省实际和社会上存在的违反主流价值观的不良现象，加强不良广告专项整治的政策指导，制定印发了《关于加强广告审查，进一步净化社会文化环境，促进未成年人健康成长的办法》，明确不良广告的认定标准，增强可操作性。经过整治，大众媒体发布不良广告现象得到有效遏制。三是为维护消费者的身体健康，与食品药品监督管理部门共同开展药品、保健食品广告专项整治，对食品广告宣传预防和治疗疾病等夸大宣传行为、食品药品广告保证或者证明疗效的行为予以坚决制止和打击。四是为维护消费者财产安全，与公安、银监部门共同开展预防和打击利用银行卡犯罪的信用卡广告专项整治，规范涉贷、房产中介广告，取缔无照经营，制止超经营范围发布涉贷广告行为。

4. 加大查办违法行为的力度，维护市场经济秩序。全省商标广告监管部门继续围绕整治重点，严厉查处各类商标违法案件、各类虚假违法广告案件。据统计，2009年全省共查处商标违法案件820件，罚款418万元，有效地遏制了各种商标侵权行为，维护了市场经济秩序，保护了商标注册人的合法权益；查处各类违法广告798件，罚

没款276万元，有效净化了广告市场环境。

（三）强化服务意识，促进经济发展

全省各级工商行政管理机关商标管理部门在依法行政的同时不断改进服务，提高行政效能，积极指导企业实施商标广告战略，大力推进地方经济发展。

1. 开展机关效能建设，提高行政效率。全省商标广告监管部门认真落实省委、省政府开展机关效能建设的要求，结合实际制订和出台了一系列措施和制度，不断提高行政效率，提升服务质量，推动地方经济又好又快发展。一是向社会承诺缩短广告行政审批时间，将六项广告行政审批时间的法定时限缩短至在5个工作日内办结，所有广告变更事项均在一日内办结，提高行政效率；二是为体现便民原则，省局将固定形式印刷品广告登记受理权委托至各设区市工商局，申请人只需在当地设区市工商局办理即可；三是按照执法与服务相统一的要求，对于初次违法或违法情节轻微的当事人，采取行政告诫和法律培训方式，以提高广告市场主体法律和诚信意识为监管目标；四是建立和完善商标广告监管工作目标绩效考核机制，对全省商标广告工作拟定了重要的工作项目积分考核细则，根据全年商标广告专项整治工作的安排，确定数个重点工作作为目标考核项目，明确考核验收办法和扣分标准，既务实且具有前瞻性，从制度上保证了商标广告监管职能的正常运转，并推动各级商标广告监管部门努力开创工作新局面。

2. 大力扶持企业创立著名商标、驰名商标，提升企业核心竞争力和产品的市场占有率。各级商标监管部门对一些商标知名度高、行业规模较大、产品质量优、市场占有率高、经常被侵权的商标分类排队，引导企业积极申报著名商标、驰名商标认定。上半年省局深化认定著名商标工作，利用认定著名商标工作，对上规模、有影响、发展潜力大的企业、商标及时提出行政建议。如对上饶市茗龙实业集团有限公司的“绿露”商标、景德镇市法蓝瓷实业有限公司的“FRANZ”等商标提出申报中国驰名商标的建议书，深受企业的好评。

3. 认真做好农产品商标与地理标志保护工作，实施商标富农。一是省局圆满完成了国家工商总局在江苏苏州召开的“充分发挥工商行政管理职能作用，促进社会主义新农村建设经验交流会”的商标富农的展示。二是对当地传统农产品中品质独特，符合地理标志的产品进行培育，及时指导“资溪白茶”、“靖安白茶”、“江西绿茶”申请地理标志保护。省局多次派人陪农业厅的同志到总局商标汇报“江西绿茶”的地理标志申请准备工作。三是认真指导各地农产品商标和地理标志管理与运用工作，大力推行“公司+商标（地理标志）+农户”的产业化经营模式，提高了农民进入市场的组织化程度，“商标富农”工作已为各级政府所重视。

4. 强化农村广告市场监管，建立农村广告监测和维权点，依法规范涉农广告内容，配合推进扩大内需的“家电下乡”活动，严厉打击坑农害农的虚假违法广告，促进农村放心消费。

5. 急企业之所急，为企业排忧解难。一是江西金虎保险设备集团有限公司多次向当地工商部门咨询，并在省政协十届二次会议上提出了相关提案。对此，省局非常重视，我处主要领导亲自上门指导江西金虎保险设备集团有限公司策划申报中国驰名商标的有关事宜。二是及时帮助我省商标中介机构到国家工商总局商标局备案。如江西通达商标事务所有限公司因公司地址变更，未及时报我局备案，造成商标申请材料需原址转送。为此，我们在收到企业申请的当天就向总局商标局备案，最大程度地保护商标申请人和商标中介机构的权益。三是充分利用商标复审加快程序，为我省企业服务。商标复审一般需三至五年，启动加快程序后，只需半年。上半年，省局为江西双飞人科技有限公司的“新再琳”申请了加快，避免了该商标因商标权属而影响产品上市。

二、2010年工作打算

1. 抓好《江西省工商行政管理局关于服务当前经济发展的若干意见》的督促检查，确保其得以贯彻落实。

2. 大力加强农产品商标和地理标志注册与保

护工作，推动农村经济发展。草拟《充分发挥工商职能作用，积极做好农产品商标注册和保护工作的通知》。拟组织开展对保护农产品商标及地理标志专有权专项行动.

4. 加强市场监管，严厉打击各类商标广告违法行为，及时发布违法广告警示和违法广告公告。

5. 加强广告发布环节的监管，督促广告发布者落实广告经营管理制度，把好广告发布关口。

6. 会同宣传、新闻出版、广播电视等部门草拟制定《媒介广告管理办法》，进一步落实虚假违法广告责任追究制度，维护广告市场秩序，推动经济发展。

7. 进一步建立完善农村涉农广告监测和维权网点，配合贯彻落实“家电下乡”政策和推进新农村建设。

8. 积极组织推荐申报中国驰名商标和认真省著名商标。

9. 开展江西省著名商标有关情况的调查。

三、工作亮点

1. 深化认定著名商标工作，利用认定著名商标工作，对上规模、有影响、发展潜力大的企业、商标及时提出行政建议。

2. 会同宣传、新闻出版、广播电视等 11 部门草拟制定《关于加强广告审查，进一步净化社会文化环境，促进未成年人健康成长的办法》，开展不良广告专项整治，明确不良广告的认定标准，增强可操作性。

3. 认真组织力量对准备申报中国驰名商标的企业（景德镇市的法蓝瓷、弋阳的富爵、德兴的异 VC 钠、万年的万年贡、抚州的康舒和银圣王、赣州的大奥和巴德士、樟树的金虎等 9 件商标）进行考察认证。

4. 大力加强农产品商标和地理标志注册与保护工作，推动农村经济发展。

5. 开展对中国驰名商标“莲花”味精专有权保护的专项行动。

四、意见建议

1. 工作重点应当相对集中，每年集中解决几件事情。

2. 减少专项整治工作项目，要更多地落实到制度式执法，避免运动式执法。

3. 加强业务指导，避免以文件落实文件。

山东省

一、2009 年工作总结

2009 年，按照国家工商总局商标局和省局的工作部署，全省商标工作以贯彻落实《国家知识产权战略纲要》为契机，以促进全省经济平稳较快增长为目标，在商标法律法规宣传培训，推进商标战略实施，加强行政执法和队伍建设等方面取得新进展。省工商　局、烟台市工商局、潍坊市工商局等 15 家单位被授予“全国工商行政管理系统商标工作先进集体”，有 9 名同志被授予“全国工商行政管理系统商标工作先进个人”荣誉称号。省工商局还被授予“促进企业马德里商标国际注册先进单位”荣誉称号。

（一）不断加大商标宣传力度，提高全社会商标意识

全省工商系统以营造“尊重知识，崇尚科学，诚信守法”的知识产权文化氛围为目标，采取日常宣传和集中宣传相结合的办法，广泛开展了各种宣传活动。

1. 组织开展 2009 年知识产权宣传周活动。4 月 20 日–26 日，按照《2009 年全省知识产权宣传周活动方案》要求，全省工商系统开展了内容丰富、形式多样、特色明显、成效显著的宣传活动。据统计，全省各级工商机关共出动 2000 余人次，发放商标法律法规、推进商标战略等各类宣传资料 10 万余份，召开各类座谈会 30 余次，制作展板、悬挂条幅 200 余块，活动成效明显。如，济南市工商局组织了“济南市出口企业商标国际注册与保护座谈会”，提高各类出口企业商标国际注册与保护的意识。青岛市工商局会同市知识产权局、市中院、版权局等单位召开了知识产权工作座谈会，讨论通过了《青岛市加强知识产权保护协作倡议书》。潍坊市工商局会同有关部门在潍坊风筝广场联合举行庆祝世界知识产权日大型宣传咨询活动等。

2. 举行 2009 年全省新认定中国驰名商标授牌仪式及宣传活动。6 月 24 日，在济南举办了 2009 年新认定中国驰名商标授牌仪式，省委常委、副省长王军民出席会议并讲话。会议对 40 家新认定的中国驰名商标企业进行隆重表彰。新华社山东分社、大众日报、山东电视台等省内主要媒体予以报道。25 日，《大众日报》专版刊载了省委常委、副省长王军民署名文章《深入实施商标战略，促进经济平稳较快发展》和省工商局《充分发挥工商职能，积极推进商标战略》的文章，将全省驰、著名商标保护工作推向新的高潮。

3. 开展“大走访”活动，广泛宣传商标法律法规。2 月，全省系统对 10 万户企业进行了大走访。通过现场调研、发放问卷、实地走访等多种方式，了解企业对商标工作的需求、意见和建议，广泛宣传商标法律法规，指导、帮助企业完善商标管理制度，提高商标战略实施能力和水平。

4. 组织驰、著名商标企业参加 2009（第三届）中国商标节。作为 2009（第三届）中国商标节支持单位，省工商局组织 106 家驰、著名商标企业（包括农产品和地理标志企业 21 家）参加中外商标文化博览会暨驰（著）名农产品商标、地理标志展销会，并荣获 2009（第三届）中国商标节组织奖，这是自第一届中国商标节以来，省工商局第三次获此殊荣。

（二）加大商标培育力度，服务地方经济发展

2009 年，全省工商系统在商标培育、推进商标战略方面取得了新突破。

1. 商标注册实现新突破。2009 年全省注册商标 4.1 万件，首次突破 4 万件大关。目前，全省累计注册商标 20.9 万件，有效注册商标 16.7 万件。

2. 驰名商标培育工作成效显著。2009 年，全省工商系统认真贯彻《国家知识产权战略纲要》，紧紧围绕服务地方经济社会发展的大局，积极做好驰名商标、著名商标的申报和认定工作。按照

“分类指导，重点突破，梯次发展，整体推进”的驰、著名商标培育思路，鼓励、指导符合条件的企业加大认定和保护力度。4 月，我省又有 40 件商标被认定为中国驰名商标。至此，全省共拥有行政认定驰名商标 134 件。

3. 著名商标认定再创新高。今年，全省共受理企业新申报材料 856 件，比去年增加了 12.8%；受理续展材料 438 件。其中，新认定省著名商标 377 件，续展省著名商标 383 件，分别占今年新申报总数和续展申报总数的 44.1%和 86.26%。截至目前，全省拥有省著名商标 1915 件。

（三）商标兴农工作取得重大进展

2009 年，为认真贯彻落实中央一号文件和十七届三中全会精神，全省工商系统不断加大商标兴农工作力度，积极支持优质农产品生产和特色农业发展，推进农产品精深加工，努力形成农业增效、农民增收的良性格局。今年以来，全省新增地理标志 19 件，同比增长 237.5%。另有已初审公告 5 件。全省地理标志总数达 39 件，在去年 20 件基础上实现 95%的大幅增长。特别是“淄博陶瓷”和“博山琉璃”的注册，突破了地理标志商标单一集中于农产品的格局，开拓了全省地理标志商标注册和保护工作新局面。在积极推进地理标志注册步伐同时，不断加强地理标志的使用管理，初步形成了如章丘大葱、胶州大白菜、沾化冬枣、苍山大蒜、高青大米等一批规模效益好、带动能力强的优势农产品商标和特色产业带，为增加农民收入、推进农业产业化、促进社会主义新农村建设做出了积极贡献。截至目前，全省已累计注册涉农商标 4.2 万件，约占全省注册商标的 21.9%。其中地理标志 39 件；涉农驰名商标 40 件，占全省驰名商标的 14.3%；涉农著名商标 484 件，占全省著名商标的 25.3%。在今年全国工商系统贯彻落实《国家知识产权战略纲要》，大力推进商标战略实施工作会议和第三届中国商标节地理标志和农产品商标高峰论坛上，省工商局先后就农产品商标和地理标志工作做了典型发言。在 11 月 30 日召开的亚太地区地理标志国际研讨会上，“胶州大白菜”作为我国地理标志代表作了大会发言，省局组织“章丘大葱”、“胶州大白菜”和“沾化冬枣”等地理标志产品参加展品展示，引起了广泛关注。

（四）商标专用权保护不断推进

全省工商系统以推进商标管理“四化”建设为目标，加大商标执法力度，提升商标执法效能，积极构建商标专用权保护长效机制。全省全年共查处各类商标违法案件 3725 件，同比增长 10.04%。其中，一般违法案件 530 件，侵权假冒案件 3195 件；收缴和消除商标标识 76.36 万件（套），罚没金额 1917.43 万元。通过集中整治，有力地打击了商标侵权行为，保护了商标注册人的合法利益，维护了良好的市场经济秩序。

1. 继续推广“商标授权经营制度”，强化成规模商品批发零售市场常态监管。青岛、潍坊等市对大型商场和专卖店建立健全知名商品商标备查制度，加大指导、督促力度，强化了对进场商品商标的查验、登记、建档工作，为筑起商标侵权假冒“防火墙”，减少流通领域的商标侵权假冒行为发挥了较好的作用。

2. 开展注册商标专用权保护专项行动。在加强常态化监管的同时，2009 年，先后开展了保护“蓝带”、“雪花”、“三角”、“多威”、“凤凰”等驰名商标专用权的专项行动。省工商局分别在青州、平原、宁津等县（市）组织开展了保护“蓝带”、“青岛”、“雪花”注册商标专用权专项行动，对涉嫌生产销售侵权商品的 5 个生产企业进行了两次突击式现场检查。查封侵犯“蓝带”商标专用权啤酒 40 余万瓶（罐），涉嫌侵权易拉罐啤酒空罐 15 万余个；查封涉嫌侵犯“雪花”、“崂山”、“青岛”等驰、著名商标专用权啤酒 10 万余瓶，罚款 40 余万元。为此，蓝贝酒业集团有限公司专程表示感谢，并送“打击假冒侵权，保护知名品牌”锦旗。青岛、烟台、潍坊、日照、德州等市工商局开展了系列专项行动。查处侵犯美国、意大利、德国、法国、新加坡和港澳台地区等外国（地区）商标注册人权益案件 300 余起，罚款金额 151.55 万元。

3. 开展第十一届全运会标志专有权集中行动取得明显成效。10 月，与第十一届全运会运组委会联合举办知识产权保护培训班，对保护十一运会标志专有权行动有关工作进行部署，在全省开展了一个月的集中整治行动。以商品流通、商标印制、广告发布等领域中带有全运会标志的纪念币、纪念章、毛绒玩具、体育用品、运动服装、休闲服装、鞋帽、文具等为重点商品，以各风景名胜旅游区旅游纪念品市场、公众所熟知的商品批发零售市场、城乡结合部、城镇小商品集散地、车站、机场及学校周边地区的小商品批发、交易市场等为重点区域，全面检查十一运会标志使用情况，严厉打击非法使用十一运会标志、销售侵犯十一运会标志商品和非法印制十一运会标志的行为。据统计，全省共巡查执法2400余次，出动执法人（次）12400多次，检查经营企业和个体户13400户，检查批发市场、集贸市场等各类市场1500多个，整治重点区域400余个，进行行政指导250余次，查处侵犯全运会标志专有权案件11起，收缴违法标志、侵权物品700余件，有力地保障了全运会标志权利人的合法权益，为全运会的顺利举办营造了良好的社会环境。

4. 加强部门和区域合作，提高商标执法效能。加强了与海关、知识产权、公安、法院等有关部门的协调配合，充分发挥综合执法的整体效能。主办了淮海经济区、华东六省一市商标办案协作网年会，总结了两年来商标办案协作网内商标协作执法情况，各协作单位交流了商标执法工作经验，就当前商标执法中有关办案考核、案件定性、法律适用、地方保护等重点、热点和难点问题进行研讨。对于推动商标执法协作机制的创新发展，加强各协作单位的办案协作，继续加大我省驰名商标、著名商标的跨区域保护具有重要意义。今年以来，全省各级工商机关移送涉嫌刑事犯罪案件2起；处理国家商标局转来案件4起；处理商标协作网内其他省市工商局移交或者投诉案件（如保护“多威”、“凤凰”、“雪花”、“白象”等商标专用权案件）10起；通过商标办案协作网协助我省“樱花五金”、“古贝春”、“九阳”、“龙心”等5家驰、著名商标企业，在其它省市开展了维权打假活动20余次，取得良好效果。

（五）加强了对商标协会和商标代理组织的指导工作

今年以来，省商标协会充分发挥桥梁、纽带作用，强化服务意识，提高服务质量。在做好协会日常工作的同时，协助省局做好会员企业申报驰名商标、著名商标的推荐、指导工作。编印发放《商标纵横》杂志4期，免费向会员发放《中华商标》12期。省商标协会驻各市的会员联络站也利用自身优势，发挥了应有的作用。加强了对商标代理组织的指导和备案管理工作，全年完成商标代理组织备案30个。

（六）加强自身建设，进一步提高干部队伍素质

1. 加强培训，提高业务素质。根据新形势、新任务的要求，结合商标监管工作实际，先后采取“走出去”、“请进来”等各种形式，积极开展商标管理调研和培训，提高商标管理人员执法水平和办案能力。9月，举办2009年度全省商标法律法规培训班，传达国家工商总局工作会议精神，邀请国家商标局有关专家以及省工商局业务骨干就商标执法办案、商标国际注册和推进商标战略实施等做了专题辅导。各市、县（市、区）工商局商标管理科（处）长和商标执法人员共210余人参加了培训。10月，与第十一届全运会组委会联合举办知识产权保护培训暨全运会标志知识产权保护工作部署会，对全运会标志保护的法律依据，执法办案中事实认定和法律适用的标准和尺度等执法实践中的重点、难点和热点问题进行详细讲解，切实提高了全省系统商标执法人员服务全运会的能力和水平。各市局也开展了形式多样的专业技能培训。潍坊市工商局开展了商标业务培训和案卷评审为内容的春训，对商标监管执法中的热点、难点问题，开展了理论探索和调查研究。济南、泰安、威海等市工商局也开展了以商标战略为内容的专题培训，提高了商标管理人员的业务素质和执法办案水平。

2. 端正行业作风，不断树立执法形象。以深入开展学习实践科学发展观活动为契机，从学习教育、制度建设、内部督查入手，不断加强政治学习和世界观、人生观的改造，牢固树立全心全意为人民服务的思想，增强廉政意识，提高拒腐防变能力；不断加强法制学习，牢固树立依法行

政理念，坚持政务公开，确保社会公众知情权和监督权的落实。

二、2010 年工作打算

2010 年，围绕省政府有关工业调整振兴规划和全省推进商标战略工作实际，按照国家工商总局《关于贯彻落实〈国家知识产权战略纲要〉大力推进商标战略实施的意见》，充分发挥商标监管和服务职能，促进全省经济社会平稳较快发展。

（一）构建和完善推进商标战略实施的有关政策体系

在结合省情、学习借鉴外省先进经验的基础上，制定完善我省推进商标战略实施的有关意见。鼓励、指导各市、各行业制定并实施推进商标战略实施意见。

（二）努力营造推进商标战略实施良好氛围

广泛深入地宣传商标法律法规和有关商标知识，宣传各地和有关企业实施商标战略的好经验、好做法、好机制，树立一批依靠品牌建设应对金融危机的典型和样板，努力提高全社会商标意识，形成政府、企业和社会各界合力推进商标战略实施的良好氛围。

（三）突出重点，加强商标专用权保护

以保护驰名商标、著名商标、涉外（台）为重点，进一步加大对生产、流通、商标印制以及对外经贸等各个领域和环节的商标执法力度。

有计划、有重点地开展商标保护专项行动，集中打击严重侵权、群体性侵权以及大规模假冒等社会影响大的商标侵权行为。

加大对农资商品、食品、药品等涉及人民群众利益和生命财产安全的商标案件查处力度，切实维护良好消费环境。

加强与公安、质监、海关、司法等部门的配合，积极开展联手打假保名牌活动。充分发挥“华东六省一市”和“淮海经济区”等区域性商标保护协作网的作用，扩大商标保护的区域范围，为企业经营创造良好市场环境。

加强商标代理组织监督和管理，进一步规范全省商标代理市场秩序。

加大对第 16 届亚运会标志、上海世博会标志等特殊标志的保护力度，维护良好市场秩序。

加强商标办案考核，提高全省商标办案质量。开展商标案卷评审等活动，提高商标执法人员办案能力和水平。

积极探索网络市场监管新方式，强化网络市场商标侵权违法行为的执法力度。

加大行政指导力度。创新行政指导措施，推广“三书一表”（商标服务提示书、商标策略建议书、责令改正通知书和维权查询表）、一所一标（著）等行政指导制度，建立和完善长效监管机制。

（四）立足职能，全力推进商标战略实施

加强商标注册指导。要以支柱产业、重点行业和高新技术产业为重点，引导广大企业特别是中小企业加强商标注册工作，走自主品牌之路；引导农民专业合作社等涉农经济组织加强农产品商标和地理标志商标注册，提高农产品附加值；引导企业加大服务商标注册力度，促进全省服务业发展。

鼓励、支持我省企业实施商标“走出去”战略。鼓励、指导出口企业和潜在出口企业搞好马德里商标国际注册和国外直接申请注册，加大自主商标使用和宣传，充分发挥商标在“走出去”战略和开展国际化经营中的作用。

引导企业实施商标战略，提高企业管理和使用商标的水平。帮助企业建立完善商标价值评估、信息检索和重大事项预警制度；科学合理地使用、宣传商标，主动维护商标权利，提高商标知名度；引导企业加强技术创新，提高产品质量和服务质量，丰富和创新商标内涵；鼓励、指导企业特别是驰、著名商标企业加强商标市场化运作，采取商标权转让、作价出资、许可、质押等方式实现商标权市场价值，提高企业应对金融危机能力和水平。

加大品牌培育力度。积极做好驰名商标、著名商标的培育、申报和认定工作；加大服务业和文化产业驰、著名商标培育工作力度，进一步改善三大产业品牌结构。

深入调研地理标志和农产品驰名、著名商标促进农民增收、农业增效情况，总结推广“公司+

商标+基地（农民专业合作社或农户）”等农业产业化典型经验；积极培育农产品著名商标和驰名商标，支持农业产业化龙头企业和农民专业合作社发展；指导农产品商标和地理标志企业完善商标管理、运用和保护机制，做大做强产业，形成区域优势品牌。

学习借鉴福建、浙江及北京等地（市）商标质押贷款先进经验，积极推动企业实现商标无形资产的资本化运作，切实帮助企业解决融资难问题。

积极推进国家级、省级商标战略试点示范工作，做好商标战略实施示范城市和示范企业的培育和推荐。充分发挥商标战略试点示范城市、企业的典型引路作用，总结推广先进经验。

开展驰、著名商标使用、管理情况调研，加强品牌向效益转化的指导，充分发挥商标在经济建设中的积极作用。

（五）加强全省商标监管业务人员培训工作

以商标工作基础理论和商标实践业务的前瞻性研究为内容，加强同法院、高校商标教研机构、商标法律服务机构、企业商标管理部门之间的工作交流，提高全省各市（县、区）商标管理人员业务能力和水平。

（六）加快全省商标监管信息化建设进程

建设高标准商标数据库和监管软件系统，搭建商标监管服务平台。支持各市、县（市、区）工商（分）局、各有关行业建设符合自身需要的商标信息库和商标管理软件，提升全省商标管理信息化水平。

河南省

2009年的商标监管工作，在省工商局党组的正确领导和决策下，我们坚持以邓小平理论和科学发展观为指导，始终不懈地贯彻“四个统一”和“立足跳出”的理念，继续深入开展“商标富农”、“商标强企”两大工程，促进我省农业发展、经济繁荣和社会稳定；同时履行监管职责，打击各种假冒商标，维护商标所有权，各项工作取得的显著成绩，现汇报如下：

一、2009 年度商标工作的几个亮点

1. 全省商标申请量达 8.7 万件，比上年增长 9%，有效注册量达 6.6 万件，比上年增长 10%，国际注册量达 853 件，其中马德里注册 50 件。

2. 中国地理标志在去年底 11 件的基础上，最近又增加 4 件，西峡的香菇、禹州的钧瓷、偃师的银条、固始的茶，年增长率 36%。

3. 驰名商标增长实现了历史性突破。从 1999 年开展认定以来，到 2006 年全省共被认定 22 件；从 2007 年到今年底增加到 45 件，三年认定是前 8 年注册 2.1 倍。特别是今年，上半年 6 件，下半年 11 件，比 2008 年的 4 件翻了两番多。

4. 河南省著名商标认定工作顺利开展，今年初步认定河南省著名商标 262 件，加之原有的总数达 1074 件，年增长率 30%。

5. 有几项工作得到了各级领导的肯定。省工商局被国家工商总局表彰为实施商标战略先进单位，商标处张娟为先进个人，全国受表彰的省、市、自治区、计划单列市工商局共有 16 个；国家工商总局政务信息、商标局《商标情况交流》，5 次刊登我省实施商标富农、培育和发展地理标志、开展打假维权行动的经验；在国家总局举办的上海全国主管局长、商标处长培训班上，我省工商局代表中部六省作了经验介绍发言，省政府领导先后两次批示、董局长七次批示，对商标工作给予肯定和表扬。省委、省政府政务信息两期、省工商局简报、信息共二十期，介绍了商标工作和经验。中国工商报三个头条刊登我省商标工作经验。

二、2009 年的几项主要工作

1. 在全省开展全面的商标普查工作，取得了初步成果。针对多年来商标各类数量情况不明、底子不清的状况，为了彻底摸清底数，掌握工作指导的主动权，我们于三月初到六月底，组织全系统对全省的申报注册商标、有效注册商标、失效和被撤销、注销商标、国际注册商标、地理标志分布和数量等，进行了全面的普查和统计，共印制表格 10 万份。基本摸清了有关商标的基本情况，通过对普查结果的初步统计分析，在省工商局外网发布了三期有关资料信息，对领导决策、工作指导和社会宣传发挥了积极作用。

2. 着力培育和申报中国地理标志，扩大农民就业和大学生就业。针对金融危机的严峻形势，党中央、国务院就安置农民工、大学生就业问题，作出了一系列决策，结合我省农业大省和商标工作的实际，我们把着力点放在了培育、发展、申报地理标志上。一是迅速部署，在全省范围内普查摸底，分类排队，弄清了我省地理标志的底数和有关资料，对全省 87 件符合地理标志条件的项目纳入培育、发展计划。二是根据董局长的指示，起草颁发《关于大力培育发展中国地理标志，积极帮助企业应对金融危机，促进农民工和大学生就业致富的意见》，从领导组织到任务分工、从扶持培育措施到维权打假保护专用权，都提出了具体要求。三是典型引路。获得中国地理标志“固始鸡”的三高集团，几年来采取公司+地理标志+农民合作社—养鸡农户的模式，共安排大学生就业 180 多人，3.2 万户 5 万多农民通过养鸡致富。在调研考察的基础上，我们于三月下旬在信阳固始召开现场会，听取信阳市工商局、固始县工商局的经验介绍，并组织各市工商局主管局长、科长及地理标志协会负责人共 150 人现场参观，反

映强烈，效果很好，使我省地理标志培育申报地沉寂多年以后，有了新的突破。

3. 深入开展“商标富农”、“商标强企”两大工程，为促进企业做强、经济发展和社会和谐服务。一是继续推广周口市工商局公司（农业经济组织）+商标+农户的模式，促进农村市场各类主体，尤其是涉农龙头企业，利用商标扩大市场，增加竞争核心力，从而促进农村土地合理流转，吸纳更多的劳动力在企业就业致富。仅今年前十个月，农村个体户、涉农企业、农村合作组织等注册涉农商标3800多件，比上年同期增长36%，目前我省6.5万件有效注册商标中，涉农商标、农产品商标有2.7万件，占41%。二是对全省区域强势企业的情况进行了初步摸底，对符合条件、竞争力强，形成区域发展优势的，我们组织人员分工包片，进行现场指导。如偃师的铁皮柜企业群体，长垣的起重机企业群体、镇平县的玉加工企业群体等。各级都有工商人员深入企业，动员和指导企业注册有效商标，合理的使用商标，并利用商标走向国内外市场，提高核心竞争力，从而促进和带动一批企业顺势而上，共同做大做强；带动一方群众通过办企业、到企业就业劳动致富。目前，已初步培育区域企业强势群企30多个，初步显示其对当地经济乃至全省龙头带头作用。

4. 加大工作力度，争创著名商标和驰名商标。一是与法制处一起，推动《河南省著名商标认定的保护》的立法进程。这个办法已于十二月十一日省政府常务会议通过，并于明年元月正式实施，填补了我省商标法制史上的空白，对我省商标事业的发展有重要的推动作用。同时，从今年四月份起，我们在全省范围内开展了年度著名商标认定工作，经过县区公安、税务、环保三个部门把关、县区局、市局、省工商局三级审查，最后共认定2009年度著名商标262件，待呈省局党组会议研究后确定。二是突出重点，对企业争创品牌进行重点帮扶。省工商局主要是对省政府公布的100家重点企业、50家高新企业进行重点指导。一年中，从省局领导到处室人员，共深入到36家企业了解情况，指导其建立健全商标管理使用制度，对符合著名、驰名商标条件的手把手指导其申报著名、驰名商标。各省辖市工商局则以省政府公布的353家涉农龙头企业为重点，从一把手到主管领导，直到商标监管人员，都分工负责，深入企业、车间、田间地头，做商标的宣传和争创品牌帮扶的工作；使我省的驰名商标在一年中有了突破性进展。三是继续推行目标责任制。继续实行“一村一品”、“一所一标”、一个县认定一件著名商标、一个市申报一件地理标志、一件驰名商标，列入年底绩效考核的内容，完成的工作出色的加分，完成差的扣分，极大的调动起全系统干部的积极性、创造性。四是在前几年工作的基础上，系统上下积极以宣传《国家知识产权发展纲要》、《河南省知识产权发展纲要》为契机，加大对各级党委、政府的汇报力度，对有关部门的协调力度，向社会宣传和展示的力度，形成了有利于商标培育、发展的良好社会环境。去年开封、商丘经济欠发达的市政府，也发文对获得著名商标、驰名商标的企业进行奖励，调动起企业实施商标战略的主动性。

5. 严格执法、职能到位，维护商标专用权。一是依法加强日常监管，对侵犯商标专用权，损害企业和消费者的违章违法行为，我们实行限时办结制，凡是工商所范围内的三日办结，县区范围内的一周办结，省辖市范围内的半月办结，全省范围内的三月办结。并实行层级督促制，县范围内的，由县区局督办；省辖市范围内的，由市工商局督办；跨市跨省的，由省工商局督办和协调办理，绝不推诿扯皮。去年全省共办理商标侵权案件3400多起，增长10%。二是对于涉及我省商标侵权的重大案件，我们在省局党组的部署下，倾尽全力，不辞劳苦，把工作做到位，依法辨争，维护企业的合法权益。如商标“好想你”和“真的好想你”之争、四川白家对我省“白象”商标侵权之争、安阳“马氏庄园”商标恶意抢注事件、“二月河”名人商标抢注现象等，我们都挺身而出，依法向国家总局、省政府和有关部门反映，做了大量的宣传、维权工作，得到了企业好评。三是开展大项专项活动。三月初，我们按照省政府“企业服务年”办公室的要求，组织新乡、安阳工商局对“飘安”商标开展了打假维权大型专项活动。八月中旬，应中国驰名商标“蒙牛”集团要求，在全省 9 个市开展打假维权活动，取得了显著效果；十月初，我们又赴江西，在六个市地开展了声势浩大的“打假维权”活动，也取得了良好的经济效益和社会效果。

三、工作中存在的问题和 2010 年的工作重点

尽管去年商标工作取得了一定成绩，但也存在一些问题。一是处里人员紧张，但工作头绪多，上边对几个部门，会议多，疲于应付，导致学习消化时间少，业务熟悉度不高，指导工作缺乏主动性；二是在强势工业企业培育品牌，相比经济发达的省市有很大的差距；三是全省商标工作发展不平衡，省辖市还有机构，有 1—2 人管商标工作，一到县区局，连一个专人人员都没有，导致上实下虚，工作落实起来难度不小。

2010 年的商标工作，我们主要抓好以下几点：

1. 以宣传贯彻《河南省著名商标认定和保护办法》为契机，进一步加大宣传工作，着力营造商标事业发展的舆论。

2. 以培育和申报地理标志位重点，深入开展“商标富农工程”，为农业发展、农村改革和农民致富服务。

3. 着力培育和开展强势企业区域品牌现场会，推动“商标强企”工程深入开展。

4. 进一步加大对著名商标、驰名商标的培育、申报和保护力度，保持我省著名、驰名商标良好发展势头。

5. 贯彻国家工商总局精神，保护好世博会标志、相关产品专用权；办好黄淮十六市商标维权协作会和中部六省商标打假工作会议，进一步拓宽商标维权的渠道，强化打假的力度和震慑力；贯彻落实国家工商总局《商标代理管理办法》，结合我省实际，采取有力手段，对商标中介组织进行整顿和规范，促使其健康发展。同时再加强日常监管的同时，在省内外要组织 2—3 个专项活动，制止对我省品牌的侵权行为，为我省经济的发展保驾护航。

6. 举办两期商标管理干部培训班，省市商标监管干部、县监管股负责商标广告的人员，共计 200 人参加。请国家商标局专家讲课，提高商标监管干部的素质，以适应形势发展的需要。

湖北省

2009年，湖北工商部门商标监管工作在省局党组的领导下，按照十七大会议精神，贯彻落实科学发展观，围绕工商职能转型和服务湖北经济、服务企业发展的要求，积极推进商标监管工作，大力发展商标事业，全省注册商标总量达到8万余件，驰名商标为48件，地理标志19件。

一、积极开展商标宣传，营造全社会重视商标发展的良好氛围。一是“保护知识产权宣传周”活动取得良好社会效果。按照国家工商总局关于开展2009年“保护知识产权宣传周”活动的通知要求，省局专门制发《关于开展2009年全国知识产权宣传周活动的通知》（鄂工商明电［2009］14号），组织开展了一系列有影响、有声势的活动，在全省营造了重视商标保护和商标发展的良好社会氛围。各市州结合辖区情况，制定相应计划，抓紧落实，开展形式多样的社会宣传活动。如神农架在其市内广场设置拱门，架设展台，发布标语，宣传保护知识产权，扩大宣传覆盖面。二是贯彻落实《国家知识产权战略纲要》取得成效。在全国工商行政管理系统贯彻落实《国家知识产权战略纲要》大力推进商标战略实施工作会上，我省重点交流了宜昌商标富农的工作经验。同时，全省共18个工商局（所）荣获“全国工商行政管理系统商标工作先进集体”称号、13名商标监管人员荣获“全国工商行政管理系统商标工作先进个人”称号。三是积极组织企业参加西博会和“第三届中国商标节”，展现30年来湖北商标工作成果，展示湖北驰名、著名商标形象，彰显商标在湖北经济社会发展中的历史地位和重要作用，进一步在全社会营造重视培育、发展、管理和保护商标的良好氛围。两项活动全省共计20余家具有行业代表性商标的企业参展，共展出中国驰名商标和湖北省著名商标100余件。四是举办保护奥林匹克标志和涉外商标培训会，进一步加强对工商干部培训。上半年会同飞利浦组织召开涉外商标商品真伪鉴别培训会。飞利浦公司代表作了识别真假商标商品的培训讲解，并对真伪商标商品进行了现场展示说明。培训内容具有较强的针对性和实用性，取得了良好的培训效果。省局相关处室、武汉市各工商分局商标科（处）、工商所和检查支队共计100余名工商执法干部参加了会议。此外，部署世博会标志保护工作，转发了国家工商总局关于《保护世博会标志专有权行动方案》重要文件，对下阶段世博会标志保护工作进行全面部署，并组织了部分市州参加了世博会标志保护知识系统培训。

二、贯彻落实国家知识产权战略纲要，发挥商标在服务经济社会发展大局中的重要作用。一是积极制订和落实商标战略。继续加强与各职能部门和研究机构的联手协作，进一步推动全省商标发展工作上新台阶。第一，发布《湖北省商标发展报告》，全面盘点我省商标发展现状，提出发展商标建议，报告经分管省长签批转全省市州县政府，有力推动了商标战略的实施。第二，按照省政府知战办统一部署，积极会同省商务厅、省高法、省公安厅、省质监局、省知识产权局等政府部门和研究机构共同开展商标战略制定工作，研究成果《湖北省商标战略》现已顺利通过专家评审。第三，在省局设立商标战略实施领导小组。第四鼓励市州政府开展商标战略制定工作。目前全省共有武汉、宜昌着手制定落实商标战略的政策措施。武汉、宜昌推出了推进商标发展工作的新举措，为支持区域经济发展做出贡献。二是开展著名商标认定工作。组织著名商标认定委员会常设办公室开展著名商标审查、核实和意见征询工作。据统计，全年共受理审查著名商标申报材料890件，为历年申请量之冠，最终认定579件商标为湖北省著名商标。三是召开商标表彰大会。9月29日，省工商局在湖北饭店隆重召开2008年驰名商标、地理标志暨地理标志表彰大会。来自政府部门、行业协会、重点企业以及工商系统的近500名代表参加会议。会议总结和回顾了一年来湖北商标发展工作情况，展望和规划了未来湖北商标发展方向和目标要求。省局局长刘源超作了主题报告。宜昌市政府从政府职能要求出发介绍了扶持区域商标发展的工作情况，枝江集团重点介绍了商标培育发展的成功经验。会议还为条例出台后首批认定的湖北省著名商标企业授牌。省政府副省长赵斌出席会议并作了重要讲话。四是加快推进以驰名商标为领头羊的商标群体的发展。省局针对30余家重点著名商标企业开展了申请认定中国驰名商标工作的培训和辅导，进一步推动驰名商标培育发展工作。据统计，2009年我省又有“采花”、“国宝”、“S及图”、“枫树”、“东贝”、“齐星”等9件商标被国家工商总局认定为中国驰名商标。目前本省拥有中国驰名商标48件。

三、以促进企业经济发展为目的，进一步加强对企业商标工作的指导和服务。一是加强对商标代理机构的监管服务。开展对商标代理机构的业务指导，进一步规范商标代理行为，提高商标代理质量和水平，促进商标代理行业健康发展；根据国家工商总局商标局对商标代理机构欠费情况监管的要求，开展对本省商标代理机构的调查，落实商标代理机构规费缴纳工作，切实维护商标申请人的合法权利；认真做好新成立商标代理机构备案工作。二是指导商标协会做好企业商标服务工作。指导商标协会发挥社团组织的中介纽带作用，做好对会员单位和有关企业的商标法律法规宣传培训工作；帮助企业解决商标问题，提高企业自主创新和商标运作能力。

四、全力开展商标执法维权工作。全年全省共查处各类商标违法案件1346件，没收、销毁侵权商品85163件，没收、销毁商标标识34368份。

湖南省

一、2009年工作总结

（一）培育驰名商标、著名商标有新突破。2009年，国家工商总局认定我省15件商标为中国驰名商标，为历年最多的一年，全省驰名商标总数达62件，数量居中西部第一、全国第九。2009年，我局共认定湖南省著名商标401件，全省著名商标总数达992件。

（二）强化商标宣传培训有新起色。4月19日，我局会同省知识产权局等8部门在湖南大学举行了2009年“4.26”世界知识产权日宣传周活动启动仪式，在全省组织了为期一周的集中宣传活动。6月23日，根据我局提议，省政府新闻办召开驰名商标新闻会，向社会发布了我省今年上半年认定的驰名商标情况，局领导代表省政府发布新闻并回答了记者提问。7月中旬，我局联合省商标协会为企业免费举办两期商标品牌创新型企业商标专干培训班，参加人员达200多人。随着企业商标意识的不断增强，我省商标注册保持快速发展势头。2009年，全省共申请注册商标15777件，核准注册16863件，比2008年分别增长53%和120%，全省有效注册商标累计达61750件。

（三）推动地理标志证明商标注册有新进展。组织对农产品商标和地理标志注册保护情况进行了调查摸底，深入常德、郴州、衡阳、岳阳、株洲、湘潭等地进行调研，鼓励、引导农民、涉农企业和有关协会主动申请注册农产品商标和地理标志证明商标。2009年，我省“安化黑茶”、“隆回龙牙百合”、“江永香柚”等13件地理标志证明商标被核准注册，比2008年增加6件，为历年最多的一年，全省地理标志证明商标总计达32件，在全国排名第七。

（四）服务企业商标工作有新提升。狠抓了对全省800家商标品牌创新型企业跟踪指导、服务工作的落实到位，进一步明确了工作任务，细化了工作内容，强化了工作责任，将指导服务商标品牌创新型企业工作纳入对市州工商局年终综合考核的重要内容。深入娄底、邵阳、永州、衡阳等地进行督查调研，指导各地工商部门建立商标品牌创新型企业商标档案，开展个性化、针对性的商标服务。积极组织企业参加第三届中国商标节取得丰硕成果，隆平高科董事长被评为中国商标创新领军人物、梦洁家纺、株洲钻石被评为中国60件最具竞争力商品商标、克明面业、明园蜂业被评为中国60件最具竞争力农产品商标、湖南卫视被评为中国60件最具竞争力服务商标、浏阳花炮被评为中国60件最具竞争力地理标志证明商标，浏阳、长沙县、宁乡3县市被授予中国商标百强县称号，成为中西部入围百强县最多的省份，有效提升了我省商标品牌形象和影响力，

（五）保护商标专用权工作有新成效。组织全省工商系统以查处侵犯驰名商标、著名商标、农产品商标、地理标志证明商标和侵犯食品、种子、农药、化肥商标以及涉外商标的假冒侵权案件作为执法重点，进一步加大了商标行政执法力度，开展了一系列专项商标执法行动。2009年，全省工商系统共查处各类商标违法案件736件，案值2522万元，没收销毁侵权商品24637件、商标标识69237件，有力维护了商标专用权人和广大消费者的合法权益。

此外，精心组织我省企业参加、参展总局举办的西博会中国驰名商标馆、亚太地区地理标志国际研讨会等一系列活动，得到了总局的充分肯定。在总局召开的全国工商系统贯彻《国家知识产权战略纲要》大力推进商标战略实施工作会议上，我局作为8个发言单位之一在会上作了发言。我局和2个市级局、5个县级局、15个工商所、15名个人作为全国工商系统商标工作先进集体、先进个人受到总局表彰。

二、2010 年工作设想

（一）进一步加大商标法律法规宣传培训力度，增强全社会商标意识，推动我省商标注册的加快发展

至 2009 年底，我省有效注册商标数在全国排名第十四，在中部六省排名第三。注册商标数量总体偏少，已成为我省商标事业发展中的一条短腿，一定程度上反映了我省企业整体商标意识相对比较薄弱。为此，要把加强商标法律法规宣传培训，增强全社会商标意识，引导企业科学合理注册商标作为今年及今后一个时期的一项重要的基础工作来抓。2010 年，在“4.26”世界知识产权日前后全省知识产权集中宣传周活动期间，组织全系统开展商标法律法规集中宣传活动；会同省商标协会举办 2–3 期商标品牌创新企业商标专干培训班；在省会主要媒体开辟专栏进行一次专题宣传；制作一期反映湖南商标战略实施成效的专题片并在相关媒体播出。同时，要将指导企业申请注册商标的数量作为一项硬指标、硬任务，作为年终考核商标工作的重要内容，明确到市州和县（市区）工商局及基层工商所。通过进一步增强全社会商标意识，强化工商部门指导企业商标注册责任措施，推动我省商标注册的加快发展，为深入推进我省商标战略实施奠定基础。

（二）进一步拓展服务领域，提升服务水平，促进全省 800 家商标品牌创新企业商标服务工作的制度化、规范化

在总结、完善对全省 800 家商标品牌创新型企业进行跟踪指导服务的基础上，制定下发《全省 800 家商标品牌创新企业商标服务工作制度》，明确服务工作目标、任务、内容、方式、责任、要求。为保证制度的落实到位，在 800 家商标品牌创新企业试行商标服务“三书两卡一档”制度，即《商标注册提示书》、《商标培育建议书》、《商标违规警示书》和《商标跟踪服务卡》、《商标维权联系卡》以及《企业商标档案》，并将上述工作的落实情况作为年终考核商标工作的重要内容，促进商标服务工作走上规范化、制度化轨道。同时，加强与有关方面的协调衔接，研究制定商标质押贷款的指导性意见，帮助企业融资，推动商标无形资产的市场化运作。

（三）进一步加大培育指导力度，打造我省驰名、著名商标集群，以商标品牌创新促进经济发展方式的转变

围绕我省产业发展重点和实施“四千工程”部署，以打造大产业、大集群、大园区、大企业、大品牌为目标，有重点地加大对我省机械、石化、有色、电子信息、农产品、文化等优势产业和产业集群、园区重点龙头企业认定驰名、著名商标的指导支持力度，在优势产业、产业集群、园区逐步形成驰名、著名商标企业集群，增强产业整体竞争力，提升湖南商标品牌形象。力争年内全省驰名商标拥有量突破 100 件，实现驰名商标数在全国排名前移、中西部保持第一目标。同时，大力指导驰名、著名商标企业实施商标品牌战略，引导企业走品牌发展之路，以商标品牌创新促进经济发展方式转变。进一步完善《湖南省著名商标认定工作操作规则》，从受理、审查、考察、审核、审定等各个环节实行全面把关，确保认定的公平公正，提高认定工作质量。组织对全省驰名、著名商标企业进行一次调查摸底，全面掌握我省著名商标企业的行业、地区分布和经营情况，为推进我省商标战略实施掌握第一手资料。

（四）进一步推动农产品和地理标志商标注册、运用和保护，充分发挥农产品和地理标志商标服务“三农”的重要作用

组织对我省特色农产品资源进行一次深入摸排，充分发现、挖掘农产品和地理标志商标可注册资源，引导、鼓励相关市场主体和行业协会积极主动注册农产品和地理标志证明商标，并将指导农产品和地理标志商标注册工作作为年终考核商标工作的重要内容；组织对我省现有地理标志证明商标的注册、运用和保护情况进行一次全面调查，研究制定进一步加强地理标志证明商标注册、运用和保护工作的指导性意见；召开一次农产品、地理标志商标注册人座谈会，发现、总结和推介运用农产品、地理标志商标促进“三农”发展的典型，通过典型引路，进一步各级政府、行业协会对农产品、地理标志商标重要性的认识，指导、帮助农产品、地理标志商标注册人合理运

用、有效保护农产品、地理标志商标，充分发挥农产品、地理标志商标在促进农业产业化、农民增收和农业发展方面的积极作用。

（五）进一步加大商标执法力度，加强驰名、著名商标和地理标志商标保护，切实维护商标专用权人和消费者的合法权益

以驰名、著名商标、食品、药品、地理标志证明商标和涉外商标为重点，加大商标行政执法力度，严肃查处商标假冒侵权行为。进一步完善查办商标案件考核办法，加大督办力度，推动全省商标执法工作的开展。4–7月，在全系统组织开展一次保护驰名、著名商标和地理标志商标的专项执法行动，做到全省联动、周密部署、重点突出、措施得力、形成声势，查办一批侵犯驰名、著名商标地理标志商标专用权的大要案件，切实维护商标专用权人和消费者的合法权益。

（六）进一步加强商标监管队伍能力建设，努力打造“三合格、三过硬”的商标监管队伍

针对商标监管专业人才相对匮乏问题，大力引导、激励商标工作人员加强商标业务学习。结合年终商标工作综合考核，组织对商标工作人员业务知识掌握情况和解决实际问题能力进行现场测试。经各市州工商局推荐，结合省局掌握情况，建立起全省商标专业人才库，集聚全系统商标业务能手，定期不定期组织对商标理论、热点问题和疑难案件进行研讨分析，促进全省商标理论和业务水平的不断提高。切实加强商标监管队伍党风廉政建设，健全廉政建设制度，强化拒腐防变意识，树立商标监管队伍的良好形象。

（七）全力以赴，精心组织，确保“湖南省贯彻《国家知识产权战略纲要》深入推进商标战略实施工作会议”的圆满召开

认真贯彻国家工商总局长春会议精神，将我省商标工作情况、长春会议精神和贯彻意见向省政府常务会议作一次专题汇报，并全力以赴做好相关准备工作，争取于四月份以省政府名义召开全省贯彻《国家知识产权战略纲要》深入推进商标战略实施工作会议，推动我省形成深入推进商标战略实施的新高潮。

广东省

2009年，我省商标管理工作围绕深入学习落实科学发展观，贯彻全国工商行政管理工作会议和《珠江三角洲地区改革发展规划纲要》，不断强化“三大理念”，加强商标专用权的保护，贯彻落实《国家知识产权战略纲要》，大力推进商标战略实施，结合全系统政风行风评议工作，努力做好职能转型、服务升级，在保护商标专用权，维护市场经济秩序，实施名牌带动战略，服务经济社会又好又快发展等方面做出了努力。

一、积极开展政风行风评议活动。

根据省局《2009年广东省工商行政管理系统民主评议政风行风工作实施方案》的部署，全省商标管理部门按照“依法行政、文明监管、优质服务、清正廉洁”的政风行风建设标准，认真开展民主评议政风行风工作，商标管理人员思想受教育，工作上水平，主动发挥职能作用。

一是省局商标处组织全处人员深入学习，充分领会民主评议政风行风活动的重要意义，并在商标处内部办公管理系统开设了政风行风评议专栏；开展自查自评，认真查摆存在问题。姜海平副局长带队走访了部分市局，征求了对商标管理工作的意见。根据基层反映的问题，边查边改，积极转变工作作风。对每一位工作人员提出了明确的要求，接待来访和电话咨询要做到耐心、细致和认真解答，不厌其烦。要充分运用我们的专业知识，尽可能提供帮助。积极落实整改。根据查摆存在问题，提出了相应的整改措施：1.与法规处联合开展执法调研，了解全省商标行政执法中存在的问题，进一步加大执法力度，完善执法程序，提高执法效能；2.制定《商标工作指南》，为基层开展商标管理工作提供明确指引；3.加强与知识产权管理部门和相关组织的合作，以促进部门之间的信息交流，完善合作方式。同时协助办公室顺利完成了“民生热线”和接待网民的工作，及时解答了当前企业和群众关心的商标热点问题。

二是各市局结合工作实际，认真开展民主评议政风行风工作，做到“两手抓，两不误”，以行评促进思想观念转变和工作作风改进，加大商标专用权保护力度，为促进地方经济社会平稳快速发展而尽职尽力。广州市局以行评促工作，创新服务模式，改进工作作风，圆满完成行评和四服务的各项工作。一是开展“百家企业商标专题座谈会”活动。4月27日至5月13日，在越秀、荔湾、天河等10区（市）工商分局组织了10场企业座谈会，160多家驰、著名商标企业分别参加了所在地辖区工商分局组织的座谈，认真听取了与会企业在商标注册、使用、管理和保护中遇到的问题。二是认真落实“工商服务进万家”工作，切实帮扶企业培育自主品牌。

二、商标宣传工作

2009年4月26日是第九个世界知识产权日，根据国家工商行政管理总局《关于贯彻落实2009年全国知识产权宣传周活动方案的通知》的有关要求，突出重点，注重实效，策划了《纪念4.26世界知识产权日宣传计划》，组织了多种形式的宣传活动，收到了良好的社会效果。今年的商标宣传工作体现出以下几个特点：

（一）领导重视，周密安排，细化方案，认真组织落实。省局高度重视知识产权宣传周活动，以内部明电的形式及时向各市转发国家总局《关于贯彻落实2009年全国知识产权宣传周活动方案的通知》，并制定了宣传方案，号召全省各市结合实际多形式、多渠道的开展各项宣传活动，确保宣传效果。

（二）形式多样，营造良好的知识产权氛围。为使宣传周活动取得良好的社会效应，全省各级工商部门努力创造条件，创新宣传方式，组织了形式多样的系列活动。

一是省局组织佛山、中山和东莞市局联合在《南方日报》上以“实施品牌战略 加快珠三角产业升级步伐”为题刊登跨版宣传，集中介绍我省工商系统实施品牌战略的各项举措和取得的成绩，并于4月23—27日连续五天在《南方日报》举办“商标知识有奖问答”，发动社会各界人士参与商标知识的学习。

二是在对全省商标代理机构前期调研和整顿的基础上，省局组织了省内20家规模大、信誉好的商标代理机构联合发起商标代理机构诚信经营的倡议，在《南方日报》、《广州日报》上刊登倡议书及发起单位名单，并于4月24日举办了隆重的倡议仪式。彭海斌副局长到会讲话。

三是拓宽渠道扩大宣传范围。4月13—14日，省局商标处协助广东商标协会和东莞市局在东莞组织了商标战略会员交流活动，取得了圆满成功。4月29日，省局商标处与中国欧盟商会举办了网络商标侵权问题研讨会。10月16日，姜海平副局长带队一行16人赴四川成都参加第十届中国西部国际博览会。此届博览会由国家发改委、商务部、工商总局等11个部门及全国12个省区市人民政府及新疆生产建设兵团共同主办。国家工商总局及四川省人民政府共同主办“中国驰名商标馆”，通过参加驰名商标展的活动，发挥驰名商标对推动商标战略实施、促进企业和社会经济发展、推动创新型国家建设起到积极的作用。我局组织了中兴通讯等4家企业参展。10月27日，协助国家工商总局和欧盟2期合作项目，在广州举办了欧盟商标注册体系的培训。11月9—12日，我处及广东商标协会组织了46家广东优秀企业代表广东品牌参加在山东青岛举办的第三届中国商标节。通过统一设计、统一布展，将展区按行业划分，形成开放式的布局，以“广东品牌”整体形象亮相商标节，使得整个展区风格独树一帜，效果突出，得到了国家工商总局领导和外省工商部门同行的好评。在商标节对公众开放期间，广东展区的参观人流量最大。

四是各市局也通过当地媒体，集中宣传商标知识和工作。中山、东莞、云浮、茂名、韶关、梅州等市局在当地电视台开辟专栏节目播放知识产权保护以及商标知识宣传短片。各市局都编制印发了商标宣传手册，累计发放各种宣传资料2万多份。在各镇、区、市的商业街等人流和车流量比较大的区域制作公益广告牌、灯箱、横幅等，在社会上努力营造出浓厚的商标宣传氛围。各地工商部门领导、商标管理人员主动走访企业、农户组织等，分析当前创品牌工作中存在的问题，共同探讨对策为企业解疑释惑。深圳市局组织编撰了《深圳市2008年度商标工作报告》，并在宣传周期间正式发布。东莞市局针对国际金融危机对企业的影响，充分利用电视台、报刊等媒体大力宣传自有品牌在企业发展战略中的意义和作用，详细介绍企业运用商标战略实现转型升级、有效抵御金融危机的做法和经验，有效提高企业抵御风险、驾驭市场的能力。

（三）继续加强普及商标知识的工作。今年，省局多次派人参加一些部门组织的有关商标知识产权讲座和培训，先后派人去惠州、云浮、广州等地区和海关、知识产权局等部门组织的知识产权培训班授课。

三、商标行政执法工作

各级工商行政管理部门依法履行职能，加大商标行政保护力度，为促进科学发展和构建和谐社会营造了良好的市场环境。

（一）组织专项行动，保护注册商标专用权。各级工商行政管理部门纷纷组织商标专用权保护专项行动，依法查处商标侵权假冒案件。韶关市局积极配合开展了“韶关市2009年‘雷雨’、‘天网’知识产权执法专项行动”，集中整治市区主要超市、批发市场中侵犯商标专用权现象，有力地保护了商标权利人的利益，净化了市场。中山市局组织各基层分局以日常巡查与专项行动相结合，主动查处与受理投诉相结合，保持高压态势对侵权案件多发行业、区域开展专项整治，并统一部署了保护“红牛”、“娃哈哈”、“联塑”商标等商标专用权的专项执法行动。9月，省局组织了保护“半月清”注册商标专用权的专项行动。2009年1—9月，全省各级工商部门共查处商标违法案件3373件（不含以其他法律法规处理的商标案件），其中涉外案件2006件，侵权假冒案件3102件，案值5599.31万元，共处罚款3607.42万元，收缴和消除商标标识211.23万件，没收、销毁侵权商品367.33万件，有8件案件6个涉嫌犯罪当事人被移送司法机关。

（二）协助亚组委做好2010年广州亚运会的保护工作。一是积极为亚运标志的保护出谋献策，提出了由国家工商总制定行政规章或规范性文件的方式在全国范围内保护亚运标志，得到了亚组委的认同。二是协助亚组委办理特殊标志和商标的注册。三是协助亚组委与国家工商总局和商标局沟通，将亚运标志保护工作列入了2009年工作重点。四是与亚组委办公室联合向省政府行文，请求省政府提请国家工商总局制定保护广州亚运会的特殊标志和注册商标的行政规章，争取全国各级工商部门都重视保护亚运会特殊标志和注册商标，为亚运会的成功举办创造良好的知识产权保护氛围。省政府已于9月15日正式提请国家工商总局制定亚运标志保护规章。广州市局为加大对亚运标志的保护力度，与亚组委建立了紧密的工作联系机制——一是派员参与亚运标志巡回宣法活动，在东莞、佛山和汕尾等分赛区，向300多百家企业代表宣讲亚运标志保护法律法规。二是邀请亚组委参与“3.15消费者权益保护日宣传咨询活动”，派发宣传小册子，向公众广泛宣传亚运会特殊标志的法律保护知识。三是对亚组委转办的侵犯亚运标志专用权案件，做好专人跟进，及时转办，严厉查处，1至10月共查处侵犯亚运标志专用权案件15宗。四是积极参与广州亚运会知识产权保护联席会议的相关工作，定期向社会公布查处亚运标志的案件情况。9月印发了《保护世界博览会和第16届亚洲运动会标志专有权行动方案》，定期开展全市性专项整治行动。

（三）加强展会知识产权保护。全省各级商标管理部门积极贯彻落实党中央、国务院和省委、省政府提出的扶持企业渡过难关、全面协调可持续发展及转型升级的总体要求，根据《展会知识产权保护办法》和我局确定的分级管理和属地管理相结合的原则，强化展会知识产权的保护。5月，深圳市市场监督管理局派人驻场第三届文博会，加强展会期间知识产权保护工作。9月，省局派员驻场第六届中小企业博览会，负责有关商标的咨询、宣传和侵权行为的举报投诉处理等工作。4月和10月，广州市局出色完成了第105届和第106届广交会驻场商标执法工作。第105届广交会期间，广州市局组织了越秀、海珠、荔湾、专业分局共17名执法骨干驻场执法，共受理商标侵权投诉185宗。从第106届广交会起，广州市局创新工作方法，改变往届由多个分局轮流驻场执法的做法，指定由专业分局和展会所在辖区的海珠分局负责，派出懂英语、精业务的执法骨干驻场开展商标执法。据统计，共受理商标侵权投诉296宗，比第105届增加了60%，其中认定构成商标侵权案件258宗，暂扣侵权商品254件，为维护广交会正常交易秩序和国内外知名商标权利人的合法权益作出了积极贡献，受到了商务部、交易会参展商和与会客商的一致好评。东莞市局根据展会的特点确立了“小展会巡查、大展会驻点”的原则，加强对展会的商标监管，在毛织、名家具、模具制造机械等重点展会上设立商标知识产权投诉点，实时监控展会上的商标使用情况，树立了保护知识产权的良好形象。

（四）探索建立和完善商标监管长效机制。近年来，为加强对大型批发市（商场）的监管，我们不断深入调研，探索建立长效监管机制。广州市局做了积极的探索，一是充实完善了驰名、著名商标“红榜”和商标侵权企业“黑榜”，将新认定的驰（著）名商标企业在红盾网上公告，同时将被查处的商标侵权企业及时上网公示，强化社会监督。二是丰富了专业批发市场商标保护“二步处理”机制内容，在商品批发零售市场档位租赁合同增加了商标知识产权保护内容的基础上，指导、帮助市场开办者和场内业户建立实施“商标授权经营”、“商标违法行为警示”、“市场商标培育”等制度。三是深化涉外知名商标商品定点经营通告制度，加大对国际品牌保护力度。四是与国外驻穗机构建立了沟通联络机制，及时通报涉外知名品牌商标权的保护情况，建立了信息互通，沟通联络的良好机制。

（五）组织开展商标代理机构市场秩序专项整顿。2009 年 2—3 月，省局组织全省工商系统对 1084 家商标代理机构开展了专项整顿行动，将其作为实施知识产权战略、推动自主品牌建设和促进广东省商标代理行业健康发展的重要举措。此次专项整顿主要有以下特点：一是研究制定了详细的实施方案。全省各级工商部门结合辖区内商标代理机构的实际情况，以掌握商标代理市场现状、及时处理各类违法违规行为、引导商标代理机构诚信规范经营、维护企业和群众利益、探索商标代理长效监管机制为目标，采取属地管理、分级负责、市局抽样检查相结合等办法，使专项行动的开展做到了有组织、有计划、目标明确、针对性强。二是高度重视此次专项行动的宣传工作。各级工商部门充分利用当地新闻媒体和网络向社会发布整顿告示，在工商局注册大厅和主要街区宣传栏张贴宣传标语，并通过投诉举报信箱和 12315 网络收集社会各界对商标代理企业违法违规行为的投诉。中山、江门等市局还公布了辖区内商标代理机构名单和工商部门投诉举报电话，广泛发动社会公众参与专项行动监督，有效地提高了专项行动的影响力和社会参与度。三是注重成效。经过全省各级工商部门的周密部署、充分准备和有力执行，为期 2 个月的专项行动取得了良好成效：1.补充完善了商标代理机构监管名册。根据各地的上报情况，目前全省实有商标代理机构 1084 家，比原来掌握的 760 家增加了 42.6%。2.在一定程度上规范了商标代理行为。专项行动期间，全省各级工商部门共出动执法人员 2300 多人次、车辆 586 车次，实地检查了 937 家商标代理机构，发现 73 家已自行停止经营、32 户拟注销或被吊销、147 家无法查实，并分别做出了相应处理。3.为建立商标代理行业监管长效机制奠定了基础。专项行动期间，全省各级工商部门在上门检查的同时，向商标代理机构发放并回收了 376 份《广东省商标代理企业调查表》。通过这种检查与调查相结合的方式，一方面摸清了辖区内商标代理市场的状况，另一方面为今后引导商标代理企业诚信经营、做好监管工作打下了良好基础。4.完善了内部监督机制。全省各级工商部门在整顿商标代理机构市场秩序的同时，认真开展内部自查自纠，注重建立规范的工作制度和监管机制，加强对商标管理人员的廉政教育，杜绝商标管理人员与商标代理机构内外勾结、非法谋利的现象，促进商标管理工作公开、公平、公正，自觉接受社会各界监督。通过此次专项行动，省局也发现在商标代理市场仍存在一些亟待解决的问题，譬如关于商标代理监管的法律法规不完善，对商标代理机构的监管缺乏有效手段，一定程度上导致了商标代理机构的服务质量参差不齐，容易形成恶性竞争，造成行业秩序混乱。又如由于广东省尚未成立商标代理机构行业管理协会，致使商标代理机构处于相对松散状态，行业培训、自律体系始终没有建立，一定程度上也造成了工商部门对监管对象的底数不清、监管困难。

（六）加强与相关部门的合作，提高执法效能。继续与海关、公安等部门加强沟通，并已初步达成了一定的共识。一是已与海关总署广东分署协商拟定了《广东省工商行政管理局海关总署广东分署关于在商标行政保护中密切合作的通知》，并征求了部分市局和省局法规处、经检处的意见，下一步将与海关总署广东分署商讨确定联合下发通知的事项。二是与公安部门合作方面，已收集了部分市局对涉嫌商标犯罪案件移送工作的意见，准备与省公安厅就案件移送的问题开展进一步讨论，并通过建立合作机制，使双方信息资源的优势得到互补。汕头市局与汕头海关签订了保护知识产权行政执法协作备忘录，建立知识产权执法协作机制，加强与汕头海关在商标专用权执法信息、品牌培育、执法队伍建设等方面的合作与交流，共同做好商标专用权保护工作，维护市场经济的公平有序。三是加强了与日本贸易振兴机构的合作。根据日本贸易振兴机构收集的日资在华注册使用的商标、商品类别、真伪鉴别方式、代理组织联系方式等信息整理成数据库，在红盾网上开辟了专栏，使全省工商系统都能及时了解日资企业在保护商标专用权方面的相关信息，得到了日本贸易振兴机构和日本企业以及其他外资企业的好评。

四、贯彻落实《国家知识产权战略纲要》，大力推进商标战略实施，服务地方经济工作

（一）驰名商标认定取得了突破性进展。2009年4月，国家工商行政管理总局商标局和商标评审委员会公布了新认定的390件驰名商标，其中广东省54件，占此次认定总数的13.85%，在全国各省市中被认定的数量为最多，也是广东省史上被认定数量最多的一次，其中肇庆、清远、韶关、茂名四市也实现了驰名商标零的突破。目前广东省拥有驰名商标总数历史性地达到192件，位居全国首位。

（二）广东省著名商标培育和认定工作稳步推进。2009年，全省各级商标管理部门重点抓好著名商标的建章立制和培育工作。省局根据《广东省著名商标认定和管理规定》的规定，制定了相关实施细则和广东省著名商标评审委员会章程，征求了省经贸委、劳动保障厅、农业厅、环境保护局、质量技术监督局、食品药品监管局以及省消费者委员会、广东商标协会和省质量检验协会的意见，经广东省著名商标评审委员会讨论通过，并报请省政府法制办审查通过后，于7月31日印发实施。各级工商行政管理部门依照新《规定》，积极引导企业做好著名商标的培育和申报工作。截至今年7月31日，我局共收到各地级以上市工商局受理报送的广东省著名商标认定申请488件，延续申请493件，合计981件，比去年增加了7.8%，并对不予受理提出异议的13件申请进行了复审。目前已完成了不予受理异议的复审审查、申请材料审查、征求行业协会或者相关管理部门的意见、现场考察，以及各方面的信息汇总，集体讨论综合评价等程序，拟提出初审意见后送著名商标评审委员会委员审阅，并提请召开著名商标评审委员会会议进行评审。

（三）加强农业品牌的培育。全省各级工商部门结合我省实施的名牌带动战略，积极开展农业品牌的培育和扶持工作，取得了一定的成效。2009年1—9月，我省新增集体商标、证明商标3件，使全省地理标志证明商标总数达15件。

江门市局将商标富农工作列为重点工作狠抓落实，大力推进。一是指导新会陈皮协会对“新会陈皮”地理标志商标进行推广、规范使用。为了更好地利用“新会陈皮”品牌,新会工商分局商标管理人员多次走访新会农学会,帮其理思路、谋发展,指导其建立健全商标使用和管理制度,以进一步促进“新会陈皮”商标广泛应用于辖区陈皮柑种植户和销售经营者，抱团作战，扩大市场份额，充分发挥“新会陈皮”地理标志商标的作用，带动新会区陈皮柑种植业的发展；二是积极培育优质农产品商标做大做强，向省著名商标迈进。积极协助企业或协会建立健全商标管理制度，指导其规范使用商标，提高知名度，拓展市场份额，为企业做大做强增加砝码。市局、分局及工商所三级商标管理人员多次深入企业，积极指导新会区沙堆镇绿自然农业服务部将“绿沙堆”商标推广使用。目前，该注册商标已许可全镇所有农户、种养专业户和涉农企业（基地）使用，初步形成了以“绿沙堆”为统一品牌的无公害蔬菜基地、水产养殖基地、灵芝基地、水稻新品种基地、鳄鱼基地、现代化鸡场等多个特色农产品生产基地，总面积达2.2万亩，解决劳动再就业5000多人，初显以品牌为核心的“公司+农户+商标”的产业模式，产品销往广州、深圳、珠海等大城市。由于“绿沙堆”品牌产品属优质的农产品，得到消费者的喜爱，在市场已有一定的知名度，保障了产品的价格；三是积极引导和扶持有一定经济实力、知名度高、符合条件的涉农企业申请省著名商标。四是认真总结商标富农工作经验。5月22日—23日，商标富农经验交流会在新会、台山两地进行。与会人员参观考察了新会鳄鱼加工场、灵芝场，台山广隆咸鱼加工场、珍香大米加工场商标使用情况，听取了新会分局及沙堆工商所、台山市局及端芬工商所商标富农工作做法，及时总结了商标富农经验做法。

（四）大力推进商标战略实施。为贯彻落实“全国工商系统贯彻落实《国家知识产权战略纲要》大力推进商标战略实施”工作会议精神，省局组织了专题调研，并召开了部分企业座谈会。通过调研，使我们认识到，实施商标战略，一是要创造适应于市场主体健康发展的良好环境，通过政策引导、市场规范，促进市场主体依法经营、有序竞争。二是要激发市场主体内在的创新动力，促使其战略性地运用商标知识产权，使其形成为核心竞争能力。实施商标战略，就是要结合我省的实际，以商标战略引领并服务珠江三角洲地区发展战略以及现代产业体系建设、促进产业劳动力双转移。在调研的基础上，根据会议的部署和要求，我们起草了向省政府的报告，并结合我省的实际，提出了贯彻意见，希望得到省政府的大力支持。我们认为，商标战略是国家知识产权战略的组成部分。实施商标战略关系到我省经济建设和可持续发展，是建设创新型广东的重要抓手。因此，实施商标战略的组织领导十分关键，必须形成全省的共识，充分发挥系统、体系的作用。同时，我们也清醒地认识到实施商标战略的长期性、艰巨性，必须作为一项系统工程来对待。

各市局也注重实施商标战略，并做了大量的工作，得到了当地党委和政府的肯定和支持。东莞市局积极争取市委、市政府对商标战略工作的重视和支持，推动出台了“成立商标（品牌）战略资金”的扶持政策，为今后实施商标战略提供了坚实的保障，商标战略实施工作取得重大突破，形成了《东莞市商标（品牌）战略资金管理办法》，有利于解决企业和公共资源在商标注册、预警保护、宣传推广以及创建区域国际品牌等方面存在的困难，提升了工商部门服务的水平和层次。近年来，云浮市政府高度重视商标战略工作，将其作为培育自主品牌，提升区域竞争力，带动产业结构优化升级，促进经济发展的一项重要工作，纳入地方经济社会发展全局工作的重要日程，不断加大支持力度，2009年度首次将商标战略工作经费纳入地方财政预算，下拨30万元给云浮市工商局作商标战略专项经费。佛山市局为寻找长效服务佛山产业优化升级的动力机制，破解当前金融风暴下企业发展遇到的难题，不断深入研究，积极向市政府献计献策。起草并向市政府提交了《关于进一步推进全市商标战略工作的实施意见》，力争在全市范围内进一步深入推进商标战略，建立驰、著名商标培育梯队，构建商标执法维权体系，全面启动区域品牌建设。11月，以市政府名义起草文件，正式通过省政府和省工商局向国家工商总局申报国家商标战略实施示范城市，力争把商标战略推向更高层次，为全国的商标战略实施探索经验。今年9月,湛江市人民政府召开了省著名商标颁证大会，为湛江市2008年获得省著名商标荣誉称号的19家企业颁发证书和牌匾，隆重表彰湛江市争创名牌的优秀企业，充分肯定湛江市工商系统实施商标战略取得的显著成效。

（五）稳步推进创建区域国际品牌的试点工作。一是东莞大朗的试点工作。2009年4月，省工商局和省经贸委的领导共同去东莞大朗镇，对创建毛织产业集群区域国际品牌的工作进行了专题研究，明确了今年的具体工作。5月份企业的发动工作和组建品牌管理机构的工作已开始启动，并邀请了国家发改委经济研究所吴晓华副所长共同对企业负责人进行了第一步培训，同时向企业宣传发动，确定了成立组织机构的发起企业。7月份确定了大朗镇成立理事会、品牌管理机构的方案，目前正在由大朗镇政府审议。二是“澄海玩具”已完成了商标设计注册，并已选择了核心企业准备成立动作机构。三是潮州枫溪陶瓷区域国际品牌的创建工作已取得了新的进展。6月份，已完成了“枫溪陶瓷”商标的设计工作。8月份，枫溪区管委会正式确定了“枫溪陶瓷”区域国际品牌的商标图样，于10月份向国家工商总局商标局申请注册并获受理。

（六）承担了省政府“十二五”规划前期研究课题。根据省政府办公厅《关于印发广东省“十二五”规划前期研究课题的通知》（粤办函〔2009〕349），省局商标处承接了“广东省区域国际品牌研究”的任务，研究探索广东产业升级的有效途径。我们围绕以探索创建区域国际品牌的方式促进产业集群升级的主题，对创建区域国际品牌策略进行了论证，探究创建区域国际品牌可预见的效果，以及开展试点工作需要解决的难点问题，提出了在现阶段应当充分发挥政府主导作用的建议。在此基础上撰写了《广东区域国际品牌研究报告》。

五、粤港知识产权领域的合作

（一）参加粤港保护知识产权合作专责小组第

八次会议。2009 年 7 月 16 日，在广州富力丽思卡尔顿酒店召开了粤港保护知识产权合作专责小组第八次会议。香港特区政府知识产权署谢肃方署长率本署、香港商务及经济发展局、香港海关的 6 名代表参会。我省参加粤港保护知识产权合作的成员单位有省知识产权局、公安厅、外经贸厅、工商局、版权局和海关总署广东分署。我局商标处吴励超处长作为专责小组的成员参加了会议，并介绍了第七次会议以来，我省工商系统开展保护商标专用权的工作情况，对下一阶段粤港商标领域的合作提出了建议。

（二）继续修改“公司注册与注册商标的关系与现况”调研报告。我局 2008 年 7 月将《公司注册与注册商标的关系与现况》调研报告发送给香港特区政府知识产权署。此文本是我局对知识产权署、公司注册处此前提出的调研报告修改意见所做的答复和修改。在今年 2 月收到知识产权署和公司注册处就该调研报告的进一步修改意见后，我局 6 月上旬完成了对港方意见的答复解释和部分内容的修改工作，并发送给知识产权署，11 月 20 日收到知识产权署的第三次修改意见。我们将尽快完成调研报告的修改工作。该联合调研活动和调研报告初稿已经引起了港方的重视，在香港《公司条例》的修订过程中，对于有关公司名称的修订条文，公司法改革常务委员会已就改革建议进行讨论，并于 2008 年中进行了公众咨询。香港当局通过过咨询把富争议性的课题加以整理，然后进行深入的讨论和辩论，最后建议公司注册处处长在新条例下，可以在收到香港法院判令确定某一公司名称是必须更改，便有权发出更改名称指示，及在该公司不在限期内依从指示更改其公司名称的情况下，有权以该公司的登记编号取代其公司名称。香港当局计划于 2009 年年底向立法会提交《2009 年公司 (修订) 条例草案》，藉此提出相关的修订法例。修订条例草案预计可于 2010 年制定成为法例。

（二）进一步协同宣传商标法律制度。根据香港知识产权署请求，我们积极联系广东省律师协会与港方联合举办香港商标法律知识讲座，并协助广东省律师协会办理了外事备案手续。

（三）交换知识产权信息。根据香港知识产权署提供的信息及请求，我们及时对广东省红盾信息网的部分商标信息进行了更新，并协助提供涉港商标案件的判决信息。

六、加强队伍建设，提高队伍素质

（一）举办培训班，提高业务水平。2009 年 4 月 7—10 日，省局在干部素质教育中心举办全省工商系统商标广告培训班并召开工作会议。全省 21 个地级以上市工商局分管商标广告工作的副局长、商标广告科（处）负责人及业务骨干近 100 人参加了此次的培训会议。姜海平副局长作了动员讲话，指出今年是建国 60 周年，也是实施《珠江三角洲地区改革发展规划纲要》的开局之年，做好今年的工商工作具有特别重大的意义，尤其是商标广告监管工作，与民生紧密相联，关系到全省经济社会的科学发展，地位突出，影响广泛。此次培训和工作会议是贯彻落实全省工商管理工作会议精神的重要举措，对做好今年的商标广告管理工作具有十分重要的意义。商标处回顾了 2008 年商标工作，并对 2009 年的工作进行了部署。此次培训针对实际工作中存在的问题和今年重点工作，采取以案说法的形式重点讲解了商标执法中出现的难点问题，并结合新出台的《广东省著名商标认定和管理规定》安排了专题讲座，还邀请了第 16 届亚运会组委会法律事务处对亚运标志保护做了详细介绍。此次培训班采取业务培训与工作会议相结合的形式，理论与实务相结合，具体工作布置紧跟业务培训和指导意见，将业务指导落到实处。

（二）加强对外交流。10 月中旬，姜海平副局长带队赴四川进行调研和学习。一是对农产品“郫县豆瓣”证明商标的推广、使用、运作和保护进行考察调研，借鉴四川的成功经验，有利于改变我省农产品品牌工作相对落后的局面。二是现场观看了富森美家居大型家具建材物流企业的运营，学习四川省工商系统的管理方式，有利于我们更好地服务企业。

（三）辛勤耕耘得到了社会各界的好评。2009 年 1 月，深圳、佛山、东莞市局以及吴励超、欧道兴、叶彩云、方芝炼、卢静娜、汤顺照分别被国家工商总局评为全国工商行政管理系统保护奥林匹克标志专有权先进集体、先进个人。7月，国家工商总局商标局在长春召开全国工商行政管理系统商标工作会议，对全国工商行政管理系统商标工作先进集体和先进个人进行了表彰，省局、佛山、东莞、中山市局等26个先进集体和梁小平等17名先进个人受到了表彰。10月，省局被国家工商总局授予“推动企业马德里商标国际注册先进单位”称号。11月9–12日，在山东青岛举办了第三届中国商标节，省局获得了组委会颁发的“第三届中国商标节组织奖”。此次商标节，组委会还组织了60华诞60商标评选活动，并针对工商系统近年撰写的商标工作方面的专业文章举办优秀论文的评选活动。在上述活动中，广东省共有8件商品商标、4件服务商标和5件农产品商标分别获得“最具影响力的商品商标”、“最具影响力的服务商标”和“最具影响力的农产品商标”奖，5位企业代表获得商标领军人物的荣誉称号。广东省工商系统分别有2篇和1篇论文荣获优秀论文二等奖、三等奖。为感谢我局对其商标专用权的保护，沈阳斯沃电器有限公司、霍尼韦尔（中国）有限公司、广州轻出集团有限公司和广州市好迪化妆品有限公司等单位专门拜访，并送上锦旗、牌匾和感谢信共5件。

2010年工作意见

一、行政执法方面

（一）加强商标行政执法的指导，践行法治行政理念。继续做好《商标管理工作指南》的编撰工作，为指导基层商标管理工作提供指南。

（二）开展商标行政执法概况调研。做好基层的业务指导，就是要及时掌握执法中存在的难点问题。针对一支队伍执法，各市的商标管理部门与执法办案部门的衔接方面存在的问题；另一方面了解信息技术应用程度，分析现有资源配置的状况，找准努力的方向。

（三）做好2010年上海世博会和广州亚运会的保护工作。2010年世博会和亚运会将分别在上海和广州举办，我们一方面要根据《世界博览会标志保护条例》和国家工商总局的部署，加强世博会标志的保护。另一方面要促请国家局制定亚运标志的保护规章或者规范性文件，并加强与亚组委的合作，及时掌握侵犯亚运标志的动态信息，积极做好亚运会特殊标志和注册商标的保护工作，为世博会和亚运会的成功举办营造良好的环境。

（四）加强涉农商标、地理标志的保护和培育。加强涉农商标、地理标志的保护和培育是扶持涉农企业创建品牌，实现农民增收的重要措施，这也是国家总局商标局的工作重点之一。但我省的小农经济格局还没有得到根本的转变，农业的产业化水平还不高，要抓好我省涉农商标的培育，必须有新思路。对此，各级工商行政管理部门应当加强对涉农商标、地理标志培育工作的研究，切实保护好农民的合法权益。

（五）加强部门之间的合作。

1.加强与公安和海关等部门的合作。继续加强与海关、公安部门的沟通与合作，拟对一些能提高我省知识产权保护水平的措施进行进一步探讨，争取从一些共识转化为合作的具体措施。同时，通过探索建立信息平台，更加有效地保护注册商标专用权，维护企业创新权益，营造促进自主创新的知识产权保护环境。

2.继续加强粤港在商标领域的合作。一是在粤港知识产权合作框架下积极探索建立跨境侵犯商标知识产权案件的协作机制，提高两地商标专用权的保护水平；二是将《粤港两地公司注册与注册商标的关系与现况》调研报告形成正式文本，根据粤港保护知识产权合作专责小组第7次会议确定的目标，向国家工商行政管理总局和香港的相关部门提交调研报告，双方共同推进有关对策建议的贯彻落实；三是继续通过知识产权宣传教育及商标讲座，鼓励两地企业到对方申请注册商标，同时积极支持或者参与粤港知识产权交流合作的一些项目。如协助配合香港知识产权署在我省开展香港商标法律讲座，同意成为“正版正货承诺”活动的合办单位，并参与相关推广活动。

二、积极推进商标战略的实施

（一）贯彻落实《国家知识产权战略纲要》，推进商标战略实施。一是要积极探索实施商标战略的路径和方式，使商标战略成为促进经济发展的动力。二是继续加强宣传培训工作，努力营造鼓励创建自主品牌、尊重、保护知识产权的社会氛围，提高商标战略组织实施工作水平。三是抓好贯彻落实。1、紧紧围绕我省当前发展的任务，结合贯彻省委十届五次全会精神，深化对商标战略及其实施工作的认识，并结合我省的实际制定推进实施商标战略的具体方案，考虑全局的统筹问题，同时要解决好政府与市场主体对实施战略的关系和分工，协调好政府部门、行业管理组织、中介机构之间的关系与配合的问题，需要解决好资源的配置问题。2、根据国家工商总局的部署和《实施意见》的具体要求，以示范城市、示范企业为抓手，做好示范城市、示范企业的选择，完善示范机制，做好示范城市的指导和经验总结。

（二）进一步规范和做好广东省著名商标认定工作。2010 年，我们将根据《广东省工商行政管理局关于广东省著名商标认定和管理的实施细则》和《广东省著名商标评审委员会章程》等规范性文件在具体实施过程中存在的问题，进一步修改完善相关规范性文件并重新提请省政府法制办进行审查。同时，将根据《规定》及其实施细则，做好广东省著名商标录入程序的修改工作。

（三）积极探索涉农商标和地理标志的培育和扶持。各级工商部门要积极探索与有关部门联系、沟通，争取涉农商标和地理标志注册与管理工作的协调有序，以发挥更大的作用。

（四）继续推进创建区域国际品牌的试点工作。开展创建区域国际品牌的试点工作是工商部门服务地方经济发展的探索实践，已被汪洋书记肯定。虽然在实践中遇到了政策不到位的问题，我们将努力创造条件，继续推进试点工作。

三、加强队伍建设

一是准备举办全省工商系统商标业务培训班并召开工作会议。部署 2010 年的工作，并针对实际工作中存在的问题和 2010 年重点工作进行培训；二是倡导全省商标管理人员在执法实践中遇到的具有普遍性或前瞻性的问题进行深入思考，鼓励发表理论探讨或执法实践探索方面的文章。三是继续创造条件加强与兄弟省市的交流与合作。适时组织我省商标管理人员去外省考察交流，借鉴外省同行的好做法、好经验，开拓商标管理人员的视野。同时通过与兄弟省市的沟通和交流，积极协助广东企业保护商标专用权。

广西壮族自治区

2009年，全区工商行政管理机关坚持以邓小平理论和“三个代表”重要思想为指导，深入学习实践科学发展观，认真贯彻党的十七大精神，根据全国、全区工商行政管理工作会议提出的任务要求和工作部署，按照做到“四个统一”、加强“四化建设”、推进“四个转变”、实现“四高目标”的要求，继续推进商标战略，加大注册商标专用权保护力度，为维护良好的市场经济秩序，促进我区社会和谐作出新的贡献。到目前为止，我区中国驰名商标16件，广西著名商标249件，地理标志证明商标12件，现将有关工作情况汇报如下：

一、持续深入开展商标法律知识和商标战略宣传。

今年我区各级工商机关以实施商标战略为中心，以商标领域的热点问题为重点，围绕消费者和企业感兴趣的问题，通过多种形式广泛深入面向社会开展商标法律知识和商标战略宣传。

一是利用节庆活动日集中宣传。全区各级工商机关以开展“2009年知识产权宣传周”活动和“3.15”消费者权益保护日活动为契机，通过电视、广播、报刊、版报、横幅、宣传车、发放宣传资料等多种方式，向社会宣传商标法律知识，宣传国家、自治区的商标战略、工商部门在商标管理方面所取得的成绩，公开曝光典型案例，提高公众的商标意识，形成全社会尊重和保护商标权、努力营造培育发展自主品牌的良好社会氛围。据不完全统计，在活动期间，全区工商机关共向社会发放宣传资料66600份，接受 咨询2300人次。南宁市工商局现场接受198家企业咨询商标问题，发放商标法律法规宣传资料1290多份，展示板报12幅，悬挂宣传条幅12条，重点加强了对农产品商标和地理标志知识的介绍。柳州市工商局派出20名工作人员接受群众咨询，并发放商标法律法规500余份。贵港市市长助理庄则荣、市工商局局长陈贵全出席宣传活动，该市工商局在活动期间共向群众派发《商标法》和《商标法实施条例》、《商标战略指南》小册子等商标知识宣传资料2000多份。百色市工商局向经营者和消费者发放商标法律知识宣传资料3万余份，同时与地方政府和著名商标企业联合开展宣传，展示所缴获的各种商标侵权商品。

二是开展送法上门活动。贵港市工商局编印了《商标战略指南》宣传小册子10000份，发至各县（市）局、分局、工商所全体公务员学习，并通过开展指送法上门活动，到企业、个体工商户等经营单位宣传注册和使用商标，培育品牌，实施商标战略，发展地方经济的相关知识。百色市工商局定期组织执法人员为企业送法，主动服务，并为企业品牌策略献言献策，引导企业把商标宣传作为企业运营的重要手段，树立“商品未动，商标先行”的意识，积极申请商标注册、争创商标品牌，并不断扩大宣传层面，增强宣传效果，提高商标的知名度和信誉度。

三是充分利用媒体开展宣传。柳州市工商局在柳州日报、柳州晚报、南国今报等媒体刊播《柳州涉农商标注册今年增长力度超10%》、《品牌打不响 酒香也怕巷子深》、等关于该市商标注册的现状、存在的问题以及如何利用品牌发展工农业生产，提高企业、农民经济效益的专题片、通讯、标语7期，收到了很好的效果，很多企业、乡镇的农业部门都要求注册自己商标。百色市工商局利用《右江日报》、百色广播电视台等媒体宣传商标法规，普及商标知识，努力营造全市重视品牌，关注品牌，争创品牌的浓厚氛围，大力宣传法人、自然人积极注册商标，规范使用商标，主动保护商标行为。并及时曝光一批侵犯商标专用权的典型案例，利用反面教材警示世人，鼓励和引导企业树立商标意识。

二、加强商标行政执法力度，维护良好的市场秩序。

今年以来，自治区工商局加大了对商标专用权的保护工作的力度，下发了《自治区工商局办公室关于印发全区工商系统商标专用权保护工作方案的通知》，各地工商机关针对本地商标侵权假冒活动的特点，商标管理工作的薄弱环节，以及群众反映强烈的商标侵权假冒问题，制定了切实可行的实施方案，精心组织，抓好落实。2009年，全区共立案查处商标违法案件649件，案值365.9万元，罚款金额195.39万元,收缴商标标识18187件，没收、销毁侵权商品55490件。在工作中，全区各级工商机关充分发挥职能作用，以保护注册商标专用权为核心，以商标品批发零售市场为重点，加大监管力度，切断商标侵权假冒商品的市场流通渠道，加大对驰名商标、著名商标、涉农商标、地理标志、食品商标、药品商标、涉外商标的保护力度；加强与泛珠三角区域及西部地区商标管理部门的合作，加强与公安、海关及其他知识产权管理职能部门的协作与信息交流，提高商标权利的保护水平和能力；在第十六届中国国际广告节期间，加大展会商标的监管力度，积极派员进场协助主办单位加强参展商品商标的法律咨询和管理。遏制商标侵权假冒行为，保障消费者和生产者的合法权益，维护了良好的市场秩序。

三、进一步实施商标战略，服务地方经济发展。

（一）认真贯彻落实今年全国工商系统商标战略实施工作会议精神，明确广西商标战略的工作思路，全面推进国家工商总局商标战略《实施意见》的贯彻落实。

根据国家工商总局《关于贯彻落实〈国家知识产权战略纲要〉大力推进国家商标战略实施的意见》要求，自治区工商局党组对广西工商系统商标战略实施工作进行了认真研究，从突出地方特色、注重阶段性、加强与国家大政方针相衔接等几个方面，进一步明确了广西商标战略的工作思路。

一是明确广西工商系统商标战略的目标。即：到2020年，全区初步建立起体系完善、运行顺畅的商标创造、管理、运用和保护工作机制，基本形成使用规范、保护得力、服务到位、社会尊重的商标发展环境，形成一批在国内和国际市场上具有较强竞争力的产品品牌。

要通过实施商标战略，进一步提高全社会的商标意识，强化商标管理能力，切实提升注册商标的生命力和竞争力，支持鼓励更多的企业走向世界，积极参与国际市场竞争，加强商标国际交流与合作。大力拓展同世界知识产权组织、与我国经贸关系密切国家的交流与合作，维护我区企业的海外商标权益。

二是明确了要立足基本职能，创新监管模式，全面提升商标管理工作三个方面能力。即：全面提升商标运用能力、商标保护能力和商标管理能力。

（二）组织开展商标战略示范城市和示范企业工作。根据国家工商总局商标战略任务规划，在各省、自治区、直辖市及副省级城市开展商标战略实施示范城市（区）、示范企业工作。我局按照"四个统一"的要求，紧紧围绕商标的注册、运用、保护和管理，以及提升商标经济内涵等为考察指标，对有条件的市、以及驰名商标企业实施商标战略的情况进行了综合考量，最后向国家工商总局推荐申报了柳州市为商标战略实施示范城市、广西中烟工业有限责任公司为示范企业。拟利用示范城市、示范企业的影响和带动作用，推动我区商标战略的实施，促进我区经济发展和和谐社会建设。

（三）继续开展广西著名商标申请认定工作。

根据《广西壮族自治区著名商标认定和保护办法》的有关规定，继续在全区范围内开展广西著名商标的认定工作。重点扶持高新制造业、外向出口、现代服务业、农业、传统地方产业等企业争创著名商标。各级工商行政管理机关采取各种有效措施，加大宣传力度，充分利用当地的电视台、报纸等有影响力的媒体进行广泛宣传，同时在调查摸底的基础上，深入企业进行指导和帮扶，引导更多经济效益较好，有发展潜力的企业申请认定广西著名商标，申请认定工作取得明显成效，全区申报认定广西著名商标共174件，目前组织认定工作正在进行中。

在培育发展广西著名商标工作中，各级工商行政管理机关积极采取措施，取得显著成效。桂林市工商局将动员企业申报认定广西著名商标作为实施商标战略的重点工作，将桂林市百强重点工业企业和农业龙头企业列为重点企业商标工作帮扶对象和名牌商标战略培育企业，由市局商广科和各县局、分局商广股组织实施，并与企业结对子，开展“一对一”全程指导申报服务工作。今年该市共有26家企业28件商标申报认定广西著名商标。

柳州市工商局把商标品牌培育工作重点放在柳州市鱼峰区，鱼峰分局成立了广西著名商标培育和申报领导小组，制定《鱼峰区十一五后期商标培育计划》等相关文件。2009年8月份，柳州市工商局鱼峰分局联合柳州市鱼峰区发展经济局、科学技术局等单位举办了以“推动二次创业，实施商标战略”为主题的《2009鱼峰区商标与发展论坛》，共有100家工业企业、100家商业企听取了“中国驰名商标”企业广西花红药业有限公司的代表受邀作的专题报告。今年全市共32家企业的37个商标申报广西著名商标。广西睡宝床垫有限公司的“睡宝”等1家广西著名商标企业申报全国驰名商标。

南宁市工商局把已具备条件、有发展潜力、知名度和美誉度高的67件注册商标作为创广西著名商标的重点培育对象，向企业发放《争创驰（著）名商标建议书》28份，目前共有31件商标申报认定广西著名商标。

（四）大力培育发展驰名商标。

为使企业注册商标得到更广泛的保护，各地根据《商标法》和《驰名商标认定和保护规定》，积极指导帮助企业完善商标管理和使用的各项制度，对产品品质好、经营规模较大、市场前景广阔的企业，指导其申报认定中国驰名商标。经过对有申报条件的几家企业进行调研，我局今年推荐了“丹泉”、“名露”、“睡宝”共3件商标申请认定中国驰名商标。另外，今年我区共有“金鸡”和“柳工”两件商标获得中国驰名商标，至此，我区经工商总局认定的驰名商标增至16件。

（五）支持企业和农民专业合作组织实施商标品牌战略。

为落实自治区党委、自治区人民政府关于促进经济平稳较快增长的决策部署以及国家工商总局相关文件精神，积极应对国际金融危机，改善投资创业环境，支持各类市场主体发展，自治区工商局今年连续出台了《自治区工商局关于应对国际金融危机促进全民创业的若干意见》、《自治区工商局关于印发2009年促进非公有制经济发展工作方案的通知》、《自治区工商局关于发挥工商行政管理职能作用引导支持服务农民专业合作社健康发展的实施意见》等文件。我区各级工商机关围绕文件精神，立足商标服务职能，积极支持企业、非公经济主体、农民专业合作社开展商标战略做了大量工作。在开展商标服务工作中，各级工商机关对辖区内企业进行常规性地走访和调查摸底，积极指导企业做好商标的使用和管理，完善管理制度。对有条件的，引导申报广西著名商标和中国驰名商标。工商干部深入企业、合作社、农村，加大农产品商标和地理标志宣传力度，积极引导农民和农产品加工企业注册农产品商标；支持农民专业合作社实施商标品牌战略。加强商标法律宣传和注册辅导，积极鼓励合作社申请注册农产品商标、集体商标、证明商标等，并根据合作社商标发展的不同阶段，实施分类指导；引导培育具有地域资源优势和特色的农产品和地理标志商标注册，优先推荐条件成熟的合作社商标申报著名、驰名商标；引导合作社正确运用广告宣传手段，提高合作社商标品牌的知名度、信誉度和市场竞争力；帮助企业规范商标的使用和管理，使商标成为展示合作社产品的有效载体；加强自我保护，依法维护合作社商标专用权。

玉林市工商局结合实际今年实施了“商标富农”工程。对辖区内涉农产品商标申请注册情况进行详细调查模底，积极走访当地相关经济部门和农业、农村合作组织等征询意见建议，特别是摸清涉农企业或农户对工商部门的需求和建议，实现工商职能与企业需求的有效对接，建立特色农副产品商标培育战略梯队，制定扶持发展规划，确定重点培育对象。全市掀起了“注册一件商标，创出一个品牌，带动一片产业，振兴一方经济”的热潮，营造了全社会了解商标、重视商标、保护商标、运用商标的良好氛围。其做法得到了市领导的高度重视，促进了“商标富农”工程的顺利实施。

百色市工商局今年深入推行商标监管服务“五书”（即《商标注册建议书》、《商标规范使用提示书》、《商标维权保护联络书》、《商标策略提示书》、《商标违法告诫书》）制度，利用建议、提示、告诫等非强制手段，对商标工作进行有效引导和服务，加强商标工作行政指导和服务，收到了好的效果。一年来，全市工商部门先后下发《商标注册建议书》88 份，《商标策略提示书》76 份，《商标规范使用提示书》42 份，《商标违法告诫书》32 份，《商标维权保护联络书》38 份。有效提高了商标注册查询率和商标注册申请率，普遍提高了企业和经营者的商标注册和保护意识。

海南省

在局党组和分管局长的正确领导下，我处全体人员团结协作，群策群力，各项工作成效显著。

一、商标工作

(一) 精心组织“共建‘商标富农’工程示范县备忘录签字仪式”

2009年4月29日，在我处的精心组织下，我局与澄迈县政府在澄迈县老城镇举办共建“商标富农”工程示范县签字仪式，准备用3年时间，按照“打造一件商标、带动一个产业、搞活一地经济、富裕一方百姓”的理念，共建海南首个“商标富农”示范县。取得成功后，将向全省推广。我处代澄迈县政府起草了《澄迈县人民政府关于实施“商标富农”工作 促进科学发展的意见》和《共建“商标富农”工程示范县的实施方案》。此项工作创全国商标工作之先例，受到了省委书记卫留成的表扬，澄迈县委书记杨思涛对仪式的组织工作给予高度评价。

(二) 精心设计实施商标战略展板

2009年7月23-24日，“全国工商系统贯彻落实《国家知识产权纲要》 大力推进商标战略实施工作会议”在吉林省长春市召开。我处精心设计商标展板，向与会代表充分展示我省工商系统近几年以“商标富农、商标兴垦、商标强企”为目标，大力实施商标战略所取得的成绩，受到总局领导的赞许。

(三) 精心组织2008年度驰名、著名商标企业座谈会

2009年7月19日，“2008年度驰名、著名商标企业座谈会”在金海岸罗顿大酒店胜利召开，有驰名、著名商标企业的主要负责人、商标工作人员和各市县工商局分管商标工作的领导、商标监管机构工作人员等，共计200多人参会。为组织好此次会议的召开，我处认真做好以下筹备工作：一是准备黄成模局长和夏文亮副局长在会上的讲话稿；二是精心布置会场，精心训练礼仪；三是组织好颁奖仪式，共有30家著名商标企业被授奖；四是做好其他会务工作。此次会议得到了局领导班子5位成员的高度赞扬，受到了与会代表的一致好评。

(四) 精心策划“琼中绿橙”、“乐东香蕉”地理标志及其产品展览

2009年11月30日，由国家工商总局和世界知识产权组织共同举办的“亚太地区地理标志国际研讨会”在重庆召开。我处精心策划的“琼中绿橙”和“乐东香蕉”地理标志及其产品展览大获成功，备受与会代表瞩目与称赞。

(五) 精心组织实施“五项工作”

1. 起草开展商标“五项”工作的通知及具体实施方案，指导市县直属局开展“五项”工作。

2. 于8月底分别在澄迈县金江镇、保亭县保城镇分片召开全省工商系统开展商标“五项”工作会议，布署“五项”工作，详细讲解实施方案。

3. 精心编印《大力推进商标战略实施服务手册》5万本，分发给各直属局。手册内容丰富，有200条问答，通俗易懂，深受读者欢迎。

4. 积极开展“商标知识大培训”。我处主要领导精心备课，亲自到各市县开展“商标知识大培训”。讲课生动活泼、图文并茂、深入浅出，深受学员称赞，每个市县的培训课都是座无虚席。

(六) 精心组织2009年度省著名商标认定工作

我处积极发挥职能作用，不断加大认定省著名商标的工作力度，认真审查申请企业提交的材料，并进行实地考查。今年认定著名商标54件，涉及48家企业，为我省企业做大做强品牌搭建了良好的平台。

(七) 精心组织“全省推进商标战略实施工作会议”

12月2日，“全省推进商标战略实施工作会议”在海口召开，为做到“政府满意、总局满意、

企业满意、局党组满意”，我处精心组织，认真做好以下准备工作：一是认真筹划全省驰(著）名商标展。本次商标展有9件驰名商标、73件省著名商标参加，几乎汇集了我省知名企业，充分展示我省商标发展现状；二是认真准备黄成模局长的发言稿和李国梁副省长讲话稿；三是认真审查商标经验交流材料并编印成册；四是认真做好会议代表的接待、会场布置、礼仪人员的培训、会程安排等各项工作。最终本次大会圆满闭幕，与会的国家工商总局副局长付双建、省人民政府副省长李国梁、黄成模局长和企业代表都对本次会议的组织工作表示非常满意。

二、广告工作

（一）精心筹划与组织省广告协会第四次会员代表大会

在我处的精心筹划与组织下，海南省广告协会于10月28日在海口召开第四次会员代表大会，成功改选了会长、副会长、理事、常务理事、秘书长和副秘书长，表决通过了新的《海南省广告协会章程》和《海南省广告协会会员费管理办法》，使停顿工作多年的广告协会得以恢复正常运转。

（二）精心组队参加第十六届“中国广告节”

10月29日，我处组织省广告协会15个会员单位共30人，由我处主要领导带队，参加在南宁举办的第十六届“中国广告节”。这是省广告协会自1993年成立以来，组队参加广告节人数最多的一次。

（三）认真开展广告监测工作

1. 广告监测中心持之以恒地开展广告监测工作，其中对广播、电视实行24小时不间断监测。到11月30日止，共监测各类广告1261649条次，其中涉嫌违法广告122987条次，违法率为9.75%。按媒体类别比较，违法率最高的是电视14.65%，违法率最低的是互联网3.48%；按媒体单位比较，违法率最高的是特区文摘87%；按广告类别比较，违法广告量最多的是医疗服务35564条次，违法率最高的是医疗器械86.15%，与人民群众健康生活密切相关的医疗服务、药品、保健食品、化妆品和美容服务五类广告违法率高达42.89%，比各类广告的平均违法率9.75%高出33.14个百分点。

2. 编印《广告监测信息》50期，送相关领导，为领导决策提供依据。同时每周编印一期《涉嫌违法广告移送单》并将违法广告刻录到光盘，送交广告监管部门，为其查处违法广告提供依据。

三、办案工作

今年，我处共办理案件29宗，其中广告案件27宗、商标案件2宗，罚没款63万多元，于9月底提前超额完成全年任务，创本处历史新高。

四、2010年工作计划

（一）商标工作

1. 深化推进商标战略实施开展“五项工作”活动

（1）全年开展商标维权打假行动。各市县工商局应在每月10日前将上月的维权打假情况上报省工商局，以便省工商局对其汇总、分析，指导各市县工商局开展对商标案件的查处。

（2）加大引导商标申请注册力度，提高商标权人对商标的运用能力。各市县工商局应在每月10日前将上月的引导商标申请注册情况和商标运用中存在的问题、经验等上报省工商局，以便省工商局对其汇总、分析，指导各市县工商局推进商标战略实施。

（3）制定推进商标战略实施规划。各市县工商局应根据省工商局推进全省商标战略实施规划和本地商标普查情况，制定符合本地实际情况的推进商标战略实施规划。

（4）开展全省工商系统商标执法培训活动。三月份前对各市县工商局商标监管机构进行一次系统全面的商标知识及监管执法培训，以上海世博会、广州亚运会专用标志以及驰名、著名、地理标志、涉农商标和商标富农、兴垦、强企为培训重点，涉及商标的注册、使用、保护等方方面面。

（5）开展中国·海南商标发展成果巡回展。在全省18个市县举办商标发展成果巡回展，展示我省驰名、著名商标、地理标志以及商标富农、兴垦、强企典型案例和工商系统开展商标富农、兴垦、强企活动剪影等，加强商标战略宣传，提高全省商标战略意识。

2. 开展“商标专用权宣传周”活动

在“3.15 消费者权益日”和“4.12 世界知识产权日”期间，开展“保护商标专用权宣传周”活动，通过参观展览、现场答疑、免费发放宣传资料等形式，提高商标注册、使用、保护意识，加强对上海世博会、广州亚运会专用标志以及驰名、著名、地理标志、涉农商标等的保护力度，并扩大商标富农、兴垦、强企的影响力。

3. 成立海南省商标协会

三月份前成立海南省商标协会。省商标协会将制定五年发展规划，并细化 2010 年度的协会的工作任务和目标。

4. 发布《2009 年度海南省商标发展报告》

四月份前发布《2009 年度海南省商标发展报告》，将对我省商标现状、存在问题、对策建议等进行详实的分析说明，以便指导各市县商标战略的实施。

5. 开展 2010 年度海南省著名商标的认定工作

四月初，启动 2010 年度海南省著名商标的认定工作，继续提高著名商标的影响力，在确保著名商标企业含金量的前提下，扩大著名商标的规模。

6. 开展驰名商标推荐申报工作

对符合驰名商标认定条件的我省企业，积极指导、推荐其申报驰名商标的认定。

7. 继续抓好共建“商标富农工程”示范县工作

共建“商标富农工程”示范县工作已全面进入第二阶段，在巩固前一阶段取得的成效的基础上，深化第二阶段的工作，确保共建方案的实施和共建目标的完成。

（二）广告工作

1. 组织全系统开展虚假违法广告专项整治工作，重点整治“三无”广告企业、户外广告、医疗、药品、保健食品、房地产广告。

2. 紧密联系广告监测工作实际，按照“四个统一”要求，开创广告监测工作发展新局面，努力建设一支业务水平高、政治素养过硬的广告监测队伍。

3. 继续完善广告监测系统建设，加强广告监测力度。努力建立网络广告监测系统，改变网络广告一直处于难以监测的“瓶颈”状态，并为我省开展整治社会文化环境工作提供技术保障。

4. 不断加强对媒体广告经营活动的行政指导，对发现的违法广告要及时对媒体进行法律教育与行政告诫；对监管中发现的带有普遍性的严重违法广告要及时通过媒体向社会发出违法广告提示。

5. 进一步落实广告案件查办制度。指导完善查办工作机制，提高查办效率。对监测检查发现、上级交办、有关部门移送、群众投诉举报的广告案件，要落实责任，认真处理，及时查办，做到件件有着落。

（三）办案工作

继续保持对虚假违法广告严厉查处的高压态势，积极开展商标维权行动，确保完成全年罚没款入库任务。

重庆市

2009 年，全市商标工作坚持以科学发展观为指导，紧紧围绕建设“西部领先、全国一流”重庆工商的总体目标和“1356”工作思路，全面贯彻实施《国家知识产权战略纲要》，大力发展商标事业，积极服务市场主体，不断推动企业商标注册、运用、保护、管理能力，充分发挥商标在助推经济社会发展中的作用，各项工作均取得了显著成效。

一是以贯彻《国家知识产权战略纲要》为抓手，商标政策体系更加完备。认真贯彻落实《国家知识产权战略纲要》，全面构建“政府主导、企业主体、部门主推”的商标工作新格局，推动市政府制定出台了《关于创建保护知识产权模范城市的意见》，为推动全市商标战略实施注入了强大动力。市工商局出台了《关于充分发挥工商行政管理职能，大力实施商标战略，努力创建知识产权保护模范城市的实施意见》，为全系统全面贯彻国务院《国家知识产权战略纲要》和重庆市政府《关于创建知识产权模范城市的意见》明确了任务和措施。全市 40 个区县政府相继出台了实施商标战略的政策意见和奖励措施，19 个区县政府将商标品牌建设纳入对乡镇的考核，18 个区县政府对商标注册实行补贴，全市支持企业商标发展的政策体系得到进一步优化。

二是以承办亚太地理标志国际研讨会为契机，地理标志工作实现历史突破。成功承办“亚太地区地理标志国际研讨会”，此次会议规模大、规格高、效果好堪称全市工商系统历史之最。借此契机，全市加快地理标志注册步伐，集中向国家工商总局商标局申报了一批地理标志商标，积极争取国家工商总局领导支持，推动 10 个区县成立了地理标志保护工作领导小组，帮助各区县成立专业协会组织，确定申请主体，参与制定标准，规范产品生产，协调相关部门，划定保护区域，查阅历史资料，挖掘历史文化，全市地理标志注册工作焕发出了前所未有的生机和活力，15 件久负盛名的特色产品成功迈入地理标志保护大门，地理标志总数达到 20 件，为增加农民收入、扩大农民就业、提高农业组织化程度发挥了重要作用。

三是以商标战略实施和商标法修改为主题，商标宣传培训工作蓬勃开展。与西南政法大学、中国法学会审判理论研究会知识产权专业委员成功联合举办了“知识产权战略实施与商标法修改国际论坛”，进一步扩大了商标工作的影响力和辐射面，多形式开展“4.26 保护知识产权宣传周”活动，成功举办了重庆商标发展与保护成果展，组织召开了“保护注册商标专用权”新闻发布会，向社会公布了 2008 年十大商标侵权典型案件，在“保护知识产权宣传周”活动获得全市优秀单位荣誉称号。全市成功召开了实施商标战略暨“中国驰名商标”、“重庆市著名商标”授牌大会，极大地鼓舞了企业实施商标战略的积极性。积极组织企业参加了 2009（第三届）中国商标节活动，与相关部门联合举办了重庆市首届品牌文化节，充分展示重庆品牌企业风采。以建国 60 周年为契机与重庆日报联合大力宣传全市商标工作。深入实施“商标免费培训计划”，全市企业商标意识明显增强，商标注册量稳步提升，全市共新增注册商标 7422 件，比 2008 年增长 21.6%，总数累计达到 41708 件。

四是以重庆市著名商标认定和中国驰名商标推荐工作为杠杆，西部品牌之都建设步伐加快。坚持以特色产业和重点产业为主导，以自然资源和巴渝文化为依托，培育和发展重庆商标品牌，全年新增著名商标 117 件，累计总数达到 472 件，新增“金科”、“长寿”、“德庄”“周君记”中国驰名商标 4 件，累计总数达到 27 件，位居西部第二。这些著名、驰名商标企业都成为行业发展的中坚力量，为促进重庆产业发展、城市品牌营销等方面产生了极大推动作用。加快著名商标认定和保护工作立法步伐，推动《重庆市著名商标认定和保护条例》列入 2010 年市人大立法计划。进一步完善“区县知名、重庆著名、中国驰名”的商标品牌梯次发展格局，全市共有 22 个区县出台了《知名商标认定管理办法》，5 个区县开展了知名商标认定工作，新认定知名商标 37 件。

五是以推动重庆城乡统筹发展为方向，商标富农战略纵深推进。开展了“一社（农民专业合作社）一标（注册商标）”、“一所（工商所）一品（著名商标品牌）”商标富农工作，广泛推行“公司（协会）+商标+农户”的经营模式，积极推动各基层工商所干部由坐等机关服务向主动上门服务转变，深入田间地头进行商标知识宣传和商标注册指导，充分调动各级政府、各有关部门、各农村经济组织、涉农村企业申请农产品商标的积极性，对已形成一定规模、具有地方特色或具有地理标志特征的农产品以及各地的农产品龙头企业，建立了重点帮扶档案，实行定点帮扶、跟踪指导、全程服务，全面推进农产品商标战略的实施。全市共新增农产品商标 1261 件，比 2008 年增长 21.5 %，总数达到 7119 件。

六是以创建知识产权保护模范城市为目标，商标保护工作成绩显著。不断健全完善商标监管工作的长效机制，在全市大中型商场实行了经销商品商标备案制度，对专卖店推行商标授权许可公示制度，对各种展会实行进场商品商标审查制度，进一步加强了公安、海关、法院等部门之间的联合执法，建立了联席会议制度，使商标行政保护和司法保护联系更加紧密。深入开展商标代理机构市场秩序整顿专项行动，规范和引导商标代理行为。与中国优质品牌保护委员会成功举办了中外加强商标保护研讨会，建立与部分品牌企业之间的维权合作机制。进一步完善“中国西部商标保护网”，建立了与西部 12 省市区的 14 个商标行政保护协作单位的商标维权合作机制。扎实开展商标专用权保护专项整治，全年查处商标违法案件 593 件，案值 920 万元。

七是以服务经济社会发展为宗旨，商标品牌效益逐步显现。积极帮助企业解决商标纠纷，先后解决了“陶然居”、“电工”、“散利痛”、“永川秀芽”等商标确权、异议和争议案件。首次向社会发布《商标发展与保护年度报告》，为企业实施商标战略和政府决策提供参考依据。为帮助企业解决融资难问题，开展了商标权质押贷款调研工作，建立了以企业和银行为主体、工商部门牵头引导、政府和相关部门协调促进的工作机制，推动全市形成了推动商标权质押贷款工作的共同合力，联合人行重庆营管部、重庆银监局联合出台了《重庆市商标专用权质押贷款工作管理办法》，建立了商标权质押贷款风险防范机制，使全市商标权质押贷款工作有章可循，目前，重庆金算盘软件公司已通过重庆农民商业银行获得全市首笔商标专用权质押贷款 500 万元。

四川省

2009年以来，全省工商各级商标管理部门在省委、省政府和国家工商总局领导下，以党的十七大精神为指导，牢固树立科学发展观，认真贯彻《四川省知识产权战略纲要》和总局《关于贯彻落实〈国家知识产权战略纲要〉，大力推进商标战略实施的意见》，紧紧围绕省委“一主、三化、三加强”的总体发展思路，认真履行商标管理职能，积极开拓创新，大力推动实施商标战略，为四川经济发展和灾后重建做出了积极的贡献，受到上级领导部门充分肯定。2009年，我局被国家工商总局分别授与“商标管理工作先进单位”和“推动企业马德里商标国际注册先进单位”称号。现将2009年商标管理工作总结如下：

一、基本情况

截止2009年底，全省新申请商标注册20436件，同比增加25%；其中涉农商标注册申请量达3861件，占全省商标注册申请量的19%；工业品商标注册申请10837件，占全省商标注册申请量的53%;服务业商标注册申请量5738件，占全省商标注册申请量的28%。

2009年新增注册商标27014件，比上年增长125%,创历史最高水平，我省有效注册商标达98891件。2009年新增注册商标中，涉农商标注册量3804件，比上年增长2%；工业品商标注册量16506件，占商标注册总量的61%；服务业商标注册量6704件，占商标注册总量的25%；地理标志证明商标累计注册48件，其中当年新注册18件（其中10件已初审公告，但尚未核发注册证)，比上年增长80%。

按照省委、省府强力推进实施品牌战略的部署，加强了驰名商标推荐申报和著名商标的认定工作。新认定驰名商标27件，同比增长141%，为2009年以前认定的驰名商标总数的57%，全省驰名商标达74件。2009年，全省有201户企业申请认定四川省著名商标，对其中171件基本符合条件的商标予以受理，认定115件；当年应复审认定74件著名商标，复审认定63件，占应复审认定数的85%。

全省查处各类商标违法案件1204件。其中，一般违法案件246件，侵权假冒案件958件，侵犯港澳台和外国商标注册人权益案件37件。罚款总额626.34万元人民币,案值1397.08万元人民币，收缴和销毁商标标识500（件）套，没收、销毁侵权商品40473（件)。

二、主要工作

（一）按照《四川省知识产权战略纲要》和总局《关于贯彻落实〈国家知识产权战略纲要〉，大力推进商标战略实施的意见》的总体要求和安排部署，制订了《四川省商标战略纲要》，从序言、指导思想、商标战略总体思路、战略重点和措施以及组织领导等七个方面，全面统筹我省商标战略实施工作。《四川省商标战略纲要》的制定，将为创新型四川建设、促进经济增长方式转变、培育和壮大优势产业、提高四川核心竞争力、扩大对外开放，发挥积极的推动作用。

（二）围绕省委“一主、三化、三加强”的发展思路，强力推动实施品牌战略。加强了对申请认定中国驰名商标和四川省著名商标的企业扶持和指导，2009年，我省有27件商标被总局认定为驰名商标，经总局认定的驰名商标已达74件；为帮助企业更好地发挥驰名商标对企业发展的拉动效应，组织新认定驰名商标的企业进行了培训。在各市州工商局把关指导的基础上，认定四川省著名商标115件，复审认定63件。

（三）服务“三农”，大力实施特色效益农业商标战略。围绕省委、省府农村经济工作安排，大力推动我省特色效益农业发展，继续深入推动“一村一品、一品一标”、“围绕三品、打造三标”和“送商标”活动的深入开展，由我局主导，与农业厅联合制发了《关于推动优势特色效益农业商标品牌建设的实施意见》，制定了推动优势特色效益农业商标品牌建设的指导思想、目标任务、措施办法和组织保障，要求各地充分运用政府部门的行政资源，形成合力推动特色效益农业发展的协调机制、信息沟通机制和品牌建设激励机制。省委副书店李崇禧为此批示："这项工作对推动农业产业化很重要。"

通过广泛发动，"送商标"活动取得初步成效，全省已向特色专业村送商标214件，支出经费37.11万元，其中工商部门29.97万元，农业部门专款4.96万元，企业赞助2.18万元。通过调研，拟送商标176件。"围绕三品、打造三标"活动取得新进展，农产品商标中，累计已有中国驰名商标7件，省著名商标208件，知名商标581件，分别占驰名、著名、知名商标的11%、30%、40%。

（四）着力支持我省特色产业发展。按照省委、省政府部署，今年重点推动茶叶和泡菜产业发展。在推动茶叶产业发展方面，一是加大力度打造茶叶产业区域品牌，开展了对"峨眉山茶"地理标志证明商标注册的可行性调研，并向省委、省政府及农业主管部门提出了商标注册的工作方案。二是强化对茶叶龙头企业的商标注册、运用、管理和保护的指导服务，如对"论道"商标权与名称权冲突、以及商标注册、管理中的商标异议案件进行了法律指导，提高了企业商标注册、管理、保护和运用能力，钟勉副省长给予了肯定性批示。在推动泡菜产业发展方面，积极参与省委、省府主持召开的"中国·四川泡菜国际论坛"筹备工作，制定了四川泡菜商标战略实施方案，牵头起草了《四川省泡菜产业品牌打造实施工作方案》，制订了《2010年四川省泡菜产业品牌打造实施工作计划》。

（五）加强地理标志的推广和宣传工作。一是组织我省地理标志所在县（区）的中学生开展"我身边的地理标志产品征文大赛"和"商标离我们有多远商标知识竞赛"活动，以寓教于乐的形式，开展商标知识进校园活动，让学生了解家乡的农业特色资源，提升商标法律意识，并由此影响和带动家长进而提升全社会的商标意识。全省12个市（州）15个县（区）积极参加了此次活动，共组织征文297份、答卷1174份，其中仅遂宁就选送了121篇优秀作文给中国中学生报。二是组织各地开展地理标志使用管理经验交流，已收到各地工商部门及地理标志注册人的经验交流材料21份，拟编撰成册供管理部门和注册人学习参考，以进一步推动地理标志注册工和使用管理工作。三是深入调查研究，挖掘特色农业资源，大力推动地理标志注册工作，新注册地理标志4件。

（六）精心组织了2009年"4.26"世界知识产权日宣传周活动。参与起草了《2009年四川省保护知识产权状况白皮书》等相关文件资料，开展了系列活动，如成都市工商局开展"企业品牌权益保护培训"，乐山市工商局开展"中国公众知识产权知识竞赛"，内江市工商局在辖区内党校开展了"商标知识上课堂"活动，遂宁、德阳开展了"驰名、著名、知名商标展示"活动等，充分展示了我省商标专用保护所做的工作和取得的成绩，普及了商标法律法规知识，宣传了保护知识产权在建设创新型四川和构建和谐社会中的积极作用，增强了全社会的商标意识。宣传周期间，全省共开展联合执法检查81次，查处知识产权违法案件44件，举办商标培训、研讨、讲座208场（次），发放宣传资料34.5万份，刊登、播出知识产权（商标）稿件773篇，活动达到预期目的。

（七）圆满承办了第十届西博会中国驰名商标展。经过数月的筹备，总局和省政府主办、总局商标局和我局承办的本届西博会中国驰名商标展，于2009年10月16日在成都新会展中心开幕、并于20日圆满落幕。展会以"贯彻落实国家知识产权战略纲要，大力推进商标战略实施"为主题，占地面积6920平方米，参展驰名商标企业共73户，其中我省参展企业17户，省外参展企业56户，涵盖了29个省、自治区、直辖市。企业展位设计装帧精美，气势恢宏，充分展示了大力实施商标战略、积极推动驰名商标认定和保护工作，对促进企业和社会经济发展的巨大作用，充分展示了驰名商标企业作为"排头兵"的地位和形象。

总局党组书记、局长周伯华，中共四川省省委书记刘奇葆、省长蒋巨峰先后视察了中国驰名商标展区，对展览给予高度肯定和评价。据西博会组委会统计，共有60余万人次参观了西博会展览，其中进入中国驰名商标展区观看展览的人数不低于30万人次。此次展览取得了巨大成功，引起了社会各界的强烈反响，得到参会代表的高度赞扬和广泛肯定。参观人士纷纷表示，此次展览主题鲜明，内容丰富，形式多样，特点鲜明，影响较大，充分展示了我国驰名商标认定和保护制度的演进历程和所取得的突出成就，反映了驰名商标为促进地方经济发展、恢复四川灾后重建以及建设创新型国家所发挥的重要作用，是目前为止全国规模最大的一次中国驰名商标集中展示，开辟了历史先河。此次展览的成功，对于工商行政管理部门贯彻落实《国家知识产权战略纲要》，大力推进商标战略具有重要意义和深远影响。

（八）强化商标办案力度，营造良好的市场环境。

按照“突出监管重点，围绕热点、难点，坚持执法为民，不断增强商标监管力度，严厉打击商标违法行为，营造良好的市场秩序和消费环境，促进内需增长”商标维权工作的总体要求，各地按照“以防为主、防打结合”的方针，通过媒介宣传、举办讲座、印制宣传资料、在办公地点开设宣传栏等形式，广泛开展商标法制宣传，继续以试行“商标授权经营制度”载体，在商标管理制度化、规范化、科学化方面深入进行探索，较好地保护了商标所有人和消费者合法权益，促进了内需的增长。

三、主要经验

（一）把大力推动实施商标战略，作为坚持贯彻落实科学发展观的具体实践一以贯之。我省各级工商部门认真学习周伯华局长在总局长春会议上的讲话精神，在认识上已牢固地形成了“坚持科学发展就要大力推动实施商标战略，大力推动实施商标战略就是坚持科学发展，就能有效地促进四川又好又快发展”的共识。在工作方法上，把推动实施商标战略作为一个系统工程来组织进行实施，制订了商标战略纲要，做到了有目标任务、有计划安排、有工作措施、有制度保障。在具体工作中，坚持“三个注重”，即注重处理好商标管理各项工作之间的关系，强调突出重点、协调平衡发展；注重工作的针对性，围绕省委、省府的工作重点和总局的安排部署，切实履行职能，有的放矢地解决工作中的突出问题；注重工作的阶段性，努力实现近期目标与长远目标的统一和单项工作与实现商标战略目标的有机结合，促进了各项工作的顺利进行。

（二）坚持夯实基础工作，推动商标战略深入实施。四川是一个内陆省份，与沿海经济发达省份相比，存在观念落后、商标意识不强的问题，主要表现是商标注册意识不强、商标保护意识不强、运用商标开拓和占领市场的能力不强。针对这一现状，我们始终把不断提升全社会的商标意识，作为推动商标战略深入实施的一个重要环节和基础性工作，开拓创新，常抓不懈。2009年，全省各级工商部门以商标（品牌）知识“三进”（进党校、进企业、进农户）活动为载体，强化商标法制宣传工作，共举办商标（品牌）知识讲座、培训、论坛等计1078场次，培训人员共41955人次，其中党政干部4521人次，企业管理人员21186人次，农村专业户9555人次，本系统干部职工6693人次。培训、宣传工作，较好地营造了尊重他人商标专用权的社会氛围，各级党政领导对商标的重视上升到了一个新的高度，各地纷纷出台对驰名商标、著名商标和知名商标的奖励政策，而这些政策措施，又有效地提升了企业商标意识，企业注册商标、保护商标、做强商标、做大品牌的主动性和积极性空前高涨。

（三）突出重点，狠抓关键。推动实施商标战略，完成各项商标管理工作，我们注重在关键环节上着力。比如，党政领导干部商标意识的增强，政策有力度，工作有措施，就能有效带动一个单位、一片地区形成重视商标、运用商标促进经济发展的良好氛围，推动实施商标战略能起到事半功倍的效果。为此，我省开展商标知识“三进”活动的第一个措施，即是商标知识进党校。又如，四川古称“天府之国”，针对四川省特殊的自然环境和特色农产品资源多的实际，在实施商标富农工程中，选定将地理标志注册和使用作为推动农村商标战略实施突破口，要求各地深入调查研究，摸清特色资源，广泛开展宣传，大力推动地理标志注册工作，并指导商标注册人管理好、用好地理标志，将特色资源转化为特色商品，做大特色产业，在带动农民致富的同时，增强社会各界的商标意识。再如，在加强商标管理、打击侵权行为方面，则坚持以商场、超市等大型商标交易场所为重点，探索实行商标授权经营制度。目前，试点工作正在进行之中。

（四）开拓创新，以形式多样、内容丰富的活动为载体，推动商标战略深入实施。在商标法宣传工作中，以全面提升全社会商标意识、营造重视商标、尊重商标权为目标，开展了商标知识“三进”为主要形式的宣传活动；在农村商标工作中，以深入实施“叫响一个商标、带动一方产业，富裕一方百姓”的商标富农工程，推动我省传统农业向效益农业转化，农业资源优势向市场优势转化为目标，开展了“贴心助农送商标，真情服务谋发展”及“一村一品，一品一标”、围绕“三品”（无公害农产品、绿色农产品、有机农产品）打造“三标”（驰名商标、著名商标、知名商标）活动。这些活动的开展，起到了树立一面旗帜、统一我省各级工商部门在推动实施商标战略阶段性工作中行动的作用，提升了工商部门的社会形象。这些活动，有的已经收到显著成效，有的已经开始显效。

2009年，我省商标管理工作取得较大成绩，但也存在我省地区间推动商标战略实施工作发展不平衡、工作不深入等问题。在新的一年中，我局将牢牢把握“四个只有”的总体要求，按照省委、省政府和总局的安排部署，以推动商标战略实施为工作主线，增强责任感和使命感，统一思想，创新工作，服务发展，为实现我省“两个加快”做出新的贡献。

贵州省

今年，在省局党组、分管局长的正确领导下，我处认真总结深入学习实践科学发展观活动的经验，贯彻全国和全省工商行政管理工作会议精神，落实“四个统一”、“四化建设”，并结合全省工商系统“五摒弃、五树立”执法理念主题实践活动，圆满完成了工作目标，现总结如下：

一、加强商标的监督和管理，推进实施商标战略

（一）继续深入贯彻落实《国家知识产权战略纲要》、《贵州省知识产权战略纲要》和《贵州省2006—2015年商标发展战略规划》及年度推进计划等文件精神，今年成立了“贵州省工商行政管理局商标战略实施领导小组”，制定下发了《贵州省工商行政管理机关实施知识产权战略任务分工的方案》，进一步加强商标监管，引导商标注册，规范商标使用，实施商标战略，履行职责，服务经济，关注“三农”，为经济发展保驾护航。

一是加大商标法律法规宣传、培训力度，提高全社会商标意识。结合“3·15”消费者权益保护日、“4·26”世界知识产权日宣传周等，积极组织和开展形式多样的商标法律法规宣传咨询活动，通过户外宣传、咨询活动和广播、电视等媒介的广泛宣传，不断提高全社会的商标法律意识。

二是深入企业和农村基层调研，积极引导企业和农户注册商标。帮助企业重视知识产权，鼓励企业培育自主商标，实施商标战略。通过检查、调研和走访座谈等方式，指导企业健全商标管理制度，熟悉商标保护规则，合理运用商标战略开拓市场。目前，全省商标累计注册数17204件，农产品商标累计注册数4241件，国际注册数14件，地理标志证明商标7件。

三是引导和帮助企业积极主张权利，争取驰名商标的保护。同时深入企业调研，摸清驰名商标和贵州省著名商标企业生产经营情况，今年贵州益佰制药股份有限公司的“KEKE克刻”商标被国家工商总局认定为驰名商标，这使我省驰名商标总数达到了20件。

（二）认真开展保护注册商标专用权行动，加强商标行政保护，有效地维护商标所有人的合法权益。今年，我处多次赴省外帮助茅台酒厂维护注册商标专用权，并就“国酒”商标的注册召开了专家讨论会，同时，向国家工商行政管理总局商标局递交了“关于请求加快审理‘赖茅’申请商标注册异议的报告”，积极为企业主张权利。截至9月，全省共查处一般商标违法案件108件，案值110万元，罚没款30万元；假冒侵权案件479件，案值339万元，罚没款158万元。

（三）认真落实《贵州省著名商标认定暂行规定》，全面开展2008年度“贵州省著名商标”的认定工作。今年我处按照局领导的要求，根据《贵州省著名商标认定暂行规定》及实施办法的规定，各级各类企业踊跃申请，全省各级工商部门扎实工作，对照条件，认真审查，共有217件商标申请认定贵州省著名商标，规模超过前3年。

（四）8月份，为贯彻落实“全国工商行政管理系统贯彻落实《国家知识产权战略纲要》大力推进商标战略实施工作会议”精神，推动省局“商标富农”政策的实施，我们与黔西南州人民政府联合举办了“商标富农与社会主义新农村建设经验交流会”，各地政府部门代表和全省工商系统超过200人参加了会议，就农产品商标、地理标志与社会主义新农村建设的经验作了广泛的交流。

二、加大监测力度，推动广告市场健康发展

从国务院将“整治虚假违法广告”确定为整顿和规范市场经济秩序的重点工作以来，我们根据国务院总体部署和国家工商总局的工作安排，结合我省实际，积极深入地开展广告市场整顿规范工作，严厉打击了虚假违法广告行为，有效的

维护了广告市场秩序。

（一）今年，我们一是继续加强对重点广告的监管，深入开展以医疗、药品、保健食品、美容、化妆品等与人民群众生活和生命财产息息相关的广告为重点的虚假违法广告的整治，进一步加大对广告的监测和通报力度及违法广告的查处力度，增强广告监管工作的主动性；二是继续加强对重点媒体的监管，主要是发行量大、收视率高、覆盖面广的报纸版面、电视画面等媒体，重点集中在《贵阳晚报》、《贵州都市报》、《贵州商报》及各市（州、地）电视台和报纸。截止到目前，共监测各类媒体广告2111410条（次），其中涉嫌违法广告26517条（次），违法率为1.26%。全省共查处虚假违法广告案件404件，罚没款94万元。三是在日常监管中不断加大对各类广告的监测和对违法广告的查处力度，适时开展了广告市场专项整治行动。继续开展治理整顿网上非法“性药品”广告和性病治疗广告的专项行动。

（二）4月份，我们还针药品违法广告的移送问题，召集省食品药品监督管理局、贵阳市食品药品监督管理局以及贵阳市工商局召开了协调会，就药品违法广告案件的移送问题达成了共识。

（三）6月份，为落实《关于促进广告业发展的指导意见》，我处到贵州电视台、贵州都市报等媒体和高速广告等广告公司进行调研，与广告发布者和经营者进行了深入交流，听取了他们的意见和建议，并向局党组提交了《关于高速路沿线户外广告登记管理问题的建议》，为支持我省广告业做大做强和健康有序发展作了努力。

（三）9月份，联合省消协和省广协召开了“医疗、药品广告及电视购物点评会”，来自工商、卫生、消协等部门的专家对当前广告中存在的各种问题进行了公开点评，提醒广大消费者关注广告、识别广告，不要上当受骗。有力地推动了广告发布的规范。

（三）加强对固定形式印刷品广告的监督管理，开展固定形式印刷品广告检查工作，对未按规定发布固定形式印刷品广告的，责令其改正，直至吊销固定形式印刷品广告登记许可证，对涉嫌利用固定形式印刷品广告从事非法出版活动的，根据《关于加强固定形式印刷品广告监督管理工作的通知》精神进行查处。

三、深入学习实践科学发展观，开展解放思想大讨论

根据开展深入学习实践科学发展观实施方案的总体部署，商广处党支部按照“党员全体参加，群众全程参与”的要求，认真研读了《科学发展观重要论述摘编》和《学习资料选编》等资料，听取了关于科学发展观的辅导报告，积极组织人员参加深入学习实践科学发展观经验交流会和演讲等活动，通过学习和结合本部门特点讨论，对科学发展观的重大意义、科学内涵、精神实质和根本要求，有了一定认识。并按照科学发展观的要求，对全省2006-2008年获得“贵州省著名商标”的企业进行调研，为进一步实施“商标富农”战略打下基础。

四、2010年工作建议

（一）商标工作方面：一要对市场占有率高、科技含量高、

出口创汇多、抵御风险能力强的企业要加大驰名商标认定保护力度，切实维护其合法权益。二要大力加强农产品商标、地理标志注册和管理工作，普查地理标志资源，积极引导农业生产者和经营者运用农产品商标和地理标志增产增收，充分发挥农产品商标在统筹城乡发展、区域发展中的推动作用，加大对农业生产资料等涉农龙头企业注册商标专用权的保护力度，促进农村经济社会发展。三要指导企业实施商标战略，提升企业的自主创新能力、市场竞争力和抵御风险能力。制定推进计划，指导帮助企业重视知识产权，运用商标战略，激发企业活力。四要加大注册商标专用权的保护力度，严厉打击商标侵权假冒行为，切实保护好商标注册人和消费者的合法权益。进一步巩固执法中行之有效的制度和做法，构建遏制商标侵权假冒行为发生的长效机制。

（二）广告监管方面：一要以直接关系人民群众身心健康和违法问题易发多发的药品、医疗、保健食品等广告为重点，继续加大整顿和规范广

告市场秩序力度，进一步强化新闻媒体广告发布的监督管理，履职尽责，严格执法。二要指导和推进工商所转变职能，拓展广告监管执法的覆盖面，严厉打击影响和危害经济社会秩序的严重虚假违法广告。三要坚持和完善广告联合监管工作制度，充分发挥广告专项整治部门联席会议的作用，不断巩固和扩大广告市场整治成果，建立长效监管机制。四要认真履行指导广告业发展的职能，积极会同有关部门、广告行业组织，贯彻落实《关于促进广告业发展的指导意见》，指导和协调解决广告业发展和改革中遇到的问题，组织落实产业政策、行业规划提出的发展目标和任务，加强宏观调控和政策引导，推动广告业又好又快发展。

云南省

2009年，全省工商系统商标监管部门在省局党组的正确领导下，认真贯彻十七大精神，全面落实科学发展观，按照国家工商总局“四个统一”和云南工商“三个到位六个好”工作目标的要求，紧紧围绕总局商标局和省局党组的安排部署，加强商标法制宣传，完善商标监管机制，提升商标服务效能，强化商标行政保护，大力推进云南商标战略实施，全年共指导商标注册申请4500多件，全省有效注册商标总数达到27000多件；新推荐申报驰名商标认定申请10件，新获准驰名商标认定5件，全省驰名商标总数达到16件；新认定云南省著名商标170件，全省著名商标总数达到773件；查处各类商标侵权违法案件982件，案值1062万元，各项工作成绩显著，商标战略全面推进。2009年，全省工商系统12个商标工作先进单位和8名先进个人受到总局表彰，省政府授予省工商局推进商标战略先进单位荣誉称号。

一、加大商标法制培训和宣传力度，努力营造全社会共同推进商标战略的良好氛围

全省各级工商机关结合本地实际，创新培训方式，拓宽宣传渠道，努力提升商标法制培训和宣传的效能，营造出全社会共同推进商标战略的良好氛围。一是举办商标战略专题讲座。4月22日，邀请国家工商总局商标局吕志华副局长到我省进行商标战略专题讲座，省局领导、省局机关副处以上干部、州（市）工商局领导及商标部门负责人共206人听取了讲授，深化了对商标战略重要意义的认识。二是召开新闻发布会宣传驰名商标争创成果。7月1日，受省政府委托，省工商局和省政府新闻办共同召开“云南省荣获中国驰名商标新闻发布会”，发布我省“昆电工”等5件商标荣获中国驰名商标的有关情况，营造政府培育驰名商标、企业争创驰名商标、市场推崇驰名商标、社会热爱驰名商标的良好氛围。三是进行实施商标战略成果集中报道和展示。省局编发《云南省推进商标战略工作简报》12期。各州、市工商局利用新闻媒体、红盾网、印刷品、展板等多种形式，集中报道或展示各地推进商标战略和商标监管工作的成果，宣传推进商标战略的新举措。“4.26”期间，各级工商机关共组织宣传咨询活动37场次，接受咨询3.5万人次；举办各种形式的座谈会、培训班15期，参会人员1500人次；发放宣传资料13万余份，张贴宣传画200余张，制作展板120块，悬挂宣传布标450幅，电视、广播、报刊播发宣传标语260余条、文章21篇，取得了较好的宣传效果。四是积极为企业搭建交流培训平台。省局两次召开重点培育企业商标战略座谈会，州、市工商局举办企业实施商标战略培训班，县级工商局走访、回访著名商标企业，宣传实施商标战略的重要意义，帮助企业解决商标工作中的困难和问题。五是利用全国性展会平台提升宣传层次。组织两家企业参加“成都西部博览会”驰名商标成就展，9家涉农企业参加“青岛第三届中国商标节”展销，全省12家地理标志证明商标产品参加“重庆亚太地区地理标志国际研讨会”展览，为我省名特优产品走出云南做出了积极努力。

二、健全工作机制，创新服务载体，着力提高商标工作服务水平

培育商标、发展商标是推进商标战略实施的基础工作。2008年以来推广的“三书一卡”工作制度和“两兴”、“两清”、“两规划”、“两本帐”工作，以及2009年组织开展的“一所一标”活动，已经成为全省工商系统培育商标、发展商标的重要手段。

（一）深入推行“三书一卡”工作制度。今年以来，全省各地继续积极推行商标法律告知书、商标注册建议书、商标策略提示书和商标管理跟

踪服务联系卡的“三书一卡”制度，坚定不移地把商标战略实施工作落到实处。基层工商部门通过市场日常巡查、企业年检等方式，向各类市场主体发放商标法律告知书、商标注册建议书、商标策略提示书和商标管理跟踪服务联系卡等“三书一卡”文件材料超过15000多份，体现了在商标监管工作中履行行政指导职责任务，取得了较好的效果。

（二）扎实推进“两兴”、“两清”、“两规划”、“两本帐”工作。各地工商部门结合实际，通过年检、走访、日常巡查等切实有效的工作，摸清辖区内的商标注册情况，建立辖区内有效注册商标登记台帐和拟培育、发展商标登记台帐，在此基础上着手制定商标培育和发展的规划任务。有的州市如临沧市还实行“一件商标一个户口一个档案”的分级分类建立电子和书式商标经济户口档案，为扎实推进商标的培育和发展奠定了良好的工作基础。

（三）组织开展“一所一标”活动。在全系统组织开展“一所一标”活动，要求每个农村工商所（分局）每年至少指导申请一件农产品注册商标；至少扶持一件当地特色农产品商标；至少指导一户涉农企业积极运用“公司+商标+农户”经营模式，开展品牌化经营，有条件的工商所（分局）开展“一所多标”活动。“一所一标”作为全系统的重点工作，省局进行了专项督察。年终考核时，所有州、市工商局都完成了省局制定的考核指标，昆明、曲靖、保山、玉溪等地超额完成了任务。通过“一所一标”活动，全省工商系统基层工商所（分局）全年共指导申请注册商标4500多件。

（四）认真落实阳光政府四项制度，努力提升服务效能。各级工商部门在贯彻落实省政府重大决策听证、重要事项公示、重点工作通报、政务信息查询“阳光政府”四项制度，打造“阳光工商”过程中，结合商标工作，创新服务载体，努力提升商标监管服务效能。一是公示云南省著名商标认定重要事项。10月13日，分别在《都市时报》、《云南经济日报》和云南工商红盾网、云南省广告协会网上，对2009年初审认定的171件新申请和187件到期重新认定的云南省著名商标进行了初审认定公示，12月10日，又在上述报纸和网站媒体上进行终审公示，进一步增强著名商标认定工作的透明度。二是公示我省商标代理组织。为了加强对商标代理市场的监管，规范商标代理市场秩序，减少商标恶意申请、恶意异议、恶意转让等行为，按照国家工商总局的要求，我省认真开展了商标代理组织的核查工作，并在云南工商红盾网和《都市时报》上，对我省38家商标代理机构进行了公示，方便了商标申请人代理选择和投诉举报。三是主动通报商标工作情况。先后召开企业评议省工商局机关座谈会和商标工作专题接待座谈会，邀请了36家企业代表参加，向企业和社会通报了近年来我省商标工作情况，以及我省推进商标战略的工作重点，获得了广大企业的好评。

三、突出工作重点，开展梯次培育，商标战略实施工作迈上新台阶

培育高知名度商标是推进商标战略的重点。全省工商系统按照商标梯次培育发展规划，认真抓好各项工作措施的落实，驰名商标培育争创工作取得新突破，云南省著名商标稳步发展，知名商标认定工作稳妥展开，推进商标战略实施工作迈上新台阶。

（一）进一步健全了商标战略实施工作组织领导机制。省局成立了由纳宗会局长任组长，赵健副局长任副组长，省局相关处室主要负责人为成员的“云南省工商行政管理局商标战略实施领导小组”，各州（市）、县工商局都成立了相应的领导小组和工作机构，全省工商系统建立起了主要领导亲自抓、分管领导具体抓、各有关职能部门共同参与的工作机制和责任机制。

（二）进一步完善了商标战略实施规划。按照总局《关于贯彻落实<国家知识产权战略纲要>，大力推进商标战略的实施意见》，并结合对《云南省政府关于推进商标战略工作的实施意见》的具体贯彻落实情况，按照突出地方特色，注重阶段性，与国家和省的大政方针相衔接的三项要求，着手研究制定实施商标战略的中长期规划，进一

步完善推进商标战略实施的具体工作意见，明确推动实施商标战略的工作思路，对各项任务分解细化，明确每一项工作的完成时限、标准要求、分管领导和责任人，力争将各项商标战略任务落到实处。

（三）驰名商标培育争创工作取得新突破。4月24日，国家工商总局商标局一次性认定昆明电缆股份有限公司“昆电工及图”、云南锡业股份有限公司“云锡 YT”、贵研铂业股份有限公司“贵研 SPM”、云南云维股份有限公司“云维及图”和宣威火腿行业协会办公室“宣威火腿 Xuanwei ham 及图”等5件商标为驰名商标，我省驰名商标总数达到了12件。2009年，指导、推荐云南下关沱茶（集团）股份有限公司“宝焰”、云南滇虹药业集团股份有限公司“康王”、云南红酒业有限公司“云南红”、云南罗平锌电股份有限公司“久隆”、云南云天化股份有限公司“金沙江”、云南玉溪水松纸厂“思源”、文山壮族苗族自治州三七特产局“文山三七”、云南绿A生物工程有限公司“绿A”、云南南天电子信息产业股份有限公司“南天”、昆明黄龙山（饲料）工贸有限公司“黄龙山”、云南大山饮品有限公司的“大山”、云南省玉溪望子隆生物制药有限公司“望子隆”、云南大山饮品有限公司“大山”、勐海茶厂的“大益”、云南省腾冲制药厂“腾药”等15件商标，申报驰名商标认定。

（四）第七届云南省著名商标认定活动顺利开展。通过开展宣传培训、受理申请、形式审查、实质审查、重点商品质量抽检、初审认定、初审异议调查审理、最终认定等一系列工作，今年第七届云南省著名商标认定活动共认定了356件云南省著名商标，其中，新认定著名商标170件，期重新认定著名商标186件，我省著名商标总数达到773件。

（五）部分州、市工商稳妥开展知名商标认定工作。红河、曲靖、昆明、玉溪等州市开展了知名商标认定活动，认定知名商标300多件。昆明市政府和曲靖市政府召开授牌大会对知名商标企业进行授牌表彰。保山、昭通、临沧等州、市出台了知名商标认定保护办法，知名商标认定即将启动。

四、严厉打击商标假冒侵权行为，切实保护商标专用权，为推进商标战略实施创造良好的市场环境

（一）深入开展商标侵权假冒行为查处工作。全省工商系统结合各地工作实际，以食品、药品、农资、服装等商品为重点，把日常巡查与专项执法相结合，广开案源，强化案件沟通指导，加大了对中国驰名商标、云南省著名商标、涉外商标的保护力度。同时，不断加强商标专用权保护的制度化、规范化、程序化、法制化建设，进一步巩固商标监管执法工作中行之有效的制度和做法，积极探索遏制商标侵权假冒行为发生的长效机制。2009年，全省共查处各类商标侵权违法案件982件，案值1062.18万元，没收、销毁侵权商品7317件，没收、销毁侵权商标标识32021件（套），罚没金额487.6万元。

（二）部署开展保护世界博览会标志专有权行动。2010年上海世博会将于2010年5月1日至10月31日在我国上海举行，为了保护世博会标志权利人的合法权益，为上海世博会的顺利举办创造良好的社会环境，国家工商总局制定了《保护世界博览会标志专有权行动方案》。为在我省开展好世博会标志专有权保护行动，切实维护权利人和消费者的合法权益，按照《方案》的要求，结合我省的实际情况，我们提出了具体贯彻实施意见，各州市按照总局的部署和省局的安排认真开展了保护世界博览会标志专有权第一阶段的行动。

（三）认真开展商标代理市场的清理整顿工作。按照国家工商总局《关于进一步规范商标代理市场秩序的通知》，要求各地要对商标代理机构进行信用分类监管，促进商标代理机构诚信经营，并加强监管。鉴于我省商标代理机构主要集中在昆明市，省局将对其进行监管的工作委托昆明市工商局负责开展。昆明市局商标处认真开展了相关工作：一是在11月初组织36家商标代理机构召开了规范商标代理市场秩序动员会议，传达有关文件精神及安排部署；二是要求各商标代理组

织填写《昆明市商标代理组织登记表》，并定期（每半年一次）报送商标代理业务情况，建立健全商标代理组织管理信息数据库；三是随后采取随机抽查的形式，上门进行摸底调查，重点对七类违法违规行为进行查处；四是在此过程中探索建立对商标代理组织长效监管的机制。

（四）抓好《云南省著名商标认定和保护办法》修订工作，完善著名商标认定保护工作。随着我省经济社会的不断发展，云南省著名商标认定工作遇到了一些新情况和新问题，《云南省著名商标认定和保护办法》的一些规定已不适应当前认定工作实际，为此，我们向省政府法制办建议修订《云南省著名商标认定和保护办法》，建议云南省著名商标的有效期从 3 年延长到 5 年，著名商标的续展修改为重新认定以及增加著名商标所有人名称变更、著名商标的转让和变更商标的规定等，省政府法制办同意修改意见，正进行相关修订程序。

西藏自治区

2009年西藏自治区工商局商标管理工作以邓小平理论和“三个代表”重要思想为指导，深入实践科学发展观，紧紧围绕自治区党委、政府和国家工商总局的有关部署，充分发挥工商行政管理职能作用，努力做好“四个统一”、加强“四化建设”、推进“四个转变”、实现“四高”目标，自觉做到“五个维护”，着力更新思想观念、创新体制机制、提高监管水平，尽职尽责维护公平竞争市场秩序，尽心尽力保护消费者合法权益，千方百计促进我区经济平稳较快发展。截止12月初，全区共查处商标侵权违法案件49件，案件总值92.8万元，罚款金额3.7万元;其中商标侵权假冒案件45件，一般违法4件；集中销毁侵权商品13大类407个品种，总价值304.90万元，同时续展认定“甘露及图形”等西藏自治区第一批著名商标10件，切实保护了商标所有人的合法权益。

一、全面开展商标行政保护工作，全力维护商标所有人合法权益

1. 统一思想，周密部署

2009年是中华人民共和国成立60周年和西藏自治区民主改革50周年，也是“十一五”的关键之年，根据全国工商行政管理工作会议精神和全区工商行政管理工作会议的安排部署，西藏自治区工商局制定印发了《2009年全区商标管理工作要点》（藏工商【2009】69）文件，全区各级工商部门以保护涉农商标、地理标志、食品商标、药品商标、驰（著）名商标、涉外商标为重点，继续加大商标行政执法力度，严厉打击商标侵权行为，坚决遏制假冒商标行为，严厉查处商标侵权违法案件。一是开展食品、药品、饮品、化妆品、服装等重点商品专项整治；二是开展侵犯弛名商标、著名商标、涉外商标案件整治行动；三是开展涉农商标、农产品商标、地理标志案件的整治；四是查处印刷企业擅自印制商标违法案件，积极探索对定牌加工企业商标使用的监管，有力地打击了商标侵权假冒行为，维护了公平竞争的市场秩序。2009年在商标专项执法行动中，共出动了执法人员1250人次，检查各类经营户6330户，检查商品交易市场1100个，查处商标侵权案件49件，案值92.8万元，罚款3.7万元。

2. 突出重点，狠抓落实

针对当前我区商标侵权假冒活动的规律和特点，不断强化措施，积极维护商标人合法权益，把保护注册商标专用权作为行政执法一项重要工作不断推向深入。一是突出重点领域和重点环节，进一步加大商标行政监管力度，以保护涉农商标、地理标志、食品商标、药品商标、驰（著）名商标、涉外商标为重点，严厉打击商标侵权行为，坚决遏制假冒商标行为，严厉查处商标侵权违法案件，切实维护商标注册人的合法权益。二是加强批发、零售市场专项整治，依法规范市场主办者和经营者的行为，开展“商标授权经营制度”试点工作，各地、市对成规模的批发、零售市场选点2至3个，开展商标规范化监管，完善制度促进形成市场主办者和进场商户尊重他人商标专用权、自觉不（进）卖假冒商标商品的良好市场环境。三是加大展会商品商标的监管力度，开展对展会商标的监管工作。深入开展傍名牌专项执法行动，切实保护经营者和消费者的合法权益，维护公平竞争的市场秩序。四是加大涉台商标保护力度，严厉查处侵犯涉台注册商标专用权行为。五是加大世博会及亚运会的标志保护力度，为上海世博会及广州亚运会的举办创造良好的知识产权保护环境。六是加大市场巡查力度，及时发现商标侵权假冒活动的苗头，坚决收缴侵权商标标识和商品，从重从快处理商标侵权案件，狠抓商标侵权大要案件的查处。七是加大对商标印制企业的监管，重点打击非法印制商标行为，规范经营者的印制行为，从源头上遏制商标侵权行为发

生。八是开展专项整治执法行动，积极落实国家工商总局交办的“长城”中国驰名商标和“奥索卡”商标侵权案件的查处工作。

二、坚定不移地实施商标战略，推进商标的培育和发展工作

西藏自治区工商局商标管理工作始终把鼓励、引导、培育商标注册使用工作放在首位，紧紧围绕“一产上水平、二产抓重点、三产大发展”的工作思路，立足西藏特点，加大对特色农牧业、民族手工业、土特产品商标的培育与发展。积极深入各大企业及旅游景点挖掘和培育商标，在培育和发展农畜、特色产品、高原绿色食（饮）品、旅游产品等商品商标、服务商标的基础上，注重挖掘和培育人文景观、自然景观、生物资源等证明商标，打造一批具有西藏特色、传统文化特点的商品品牌，促进我区经济快速发展。深入各大企业及旅游景点挖掘和培育商标，在培育和发展农畜、特色产品、高原绿色食（饮）品、旅游产品等商品商标、服务商标的基础上，注重挖掘和培育人文景观、自然景观、生物资源等证明商标。一是加大宣传力度，广泛开展商标法律知识的宣传普及活动，采取印发宣传资料，举办专题讨论、现场咨询、上门服务等多种形式，宣传《商标法》及实施条例、《集体、商标证明商标的注册和管理办法》、《驰名商标认定和保护规定》，宣传农副产品商标战略的重要意义，提高农畜产品生产、经营者的商标意识。二是进一步加大农畜产品和地理标志的培育力度，积极开展“一县一标”“一所一标”工作。即每县、每个工商所每年至少引导、帮助辖区内一个产品申请注册商标，扶持其成为当地特色商标，提高商标注册积极性。三是在实施商标富农战略中，各级工商部门为企业、个体工商户、农牧民合作组织提供商标设计、代理、制作等相关服务，积极拓宽商标注册服务领域。目前全区商标注册已达到1571件。四是根据国家工商总局关于贯彻落实《国家知识产权战略纲要》大力推进商标战略实施的意见，成立了西藏自治区工商局商标战略实施领导小组，全面负责商标战略实施的组织领导工作，进一步加强领导，强化责任，完善措施，坚持不懈地抓紧抓好，积极发挥商标战略实施在服务我区经济社会发展中的重要作用，指导和鼓励支持各类市场主体大力发展自主商标、自主品牌，不断强化对企业申报驰、著名商标的指导，提高经营者的品牌意识，积极推进全区品牌战略的实施。并结合我区实际情况，推荐西藏山南地区工商局为国家商标战略实施示范城市（区），推荐西藏自治区藏药厂为国家商标战略实施示范企业，全面提升企业创立自主品牌意识，增强商标运用和应对竞争的能力，引导企业改进竞争模式，加强技术创新，提高产品质量和服务质量，丰富商标内涵，增加商标附加值，提高商标知名度，创立知名品牌。五是为积极推进我区品牌战略实施，全面落实全区工商工作会议确定的商标发展任务，提高企业、商户和农牧民的商标注册、使用、管理与保护意识，培育和发展地方特色产品商标。六是积极开展西藏自治区第一批著名商标续展认定工作，根据《西藏自治区著名商标认定与管理暂行办法》的规定，经过了安排部署、宣传动员、组织引导、申报材料的形式审查和实质审查五个阶段，续展认定西藏自治区藏药厂“甘露及图形”等10件商标为西藏自治区著名商标，同时撤销西藏五谷酿酒有限公司的著名商标“藏乡及图形”为西藏自治区著名商标资格。七是筹办了中国驰名商标及第五批西藏自治区著名商标授牌表彰大会，评审认定西藏自治区第五批著名商标10件，通报表彰“藏缘”、“圣鹿”中国驰名商标2件。同时准备材料，制作展板，积极参与国家工商总局在长春和重庆举办“中国驰名商标企业辉煌业绩展示”博览会，积极宣传西藏企业的形象。

三、存在的主要问题

2009年我区商标管理工作在取得一定成绩的同时，也不同程度地存在着工作管理人员较少、专业人员素质较低，工作的积极性和工作主动性不高，督促不及时、不到位等问题。主要原因在于一些同志的事业心和责任感不强，工商行政管理业务知识需进一步加强学习。

四、2010 年工作思路

2010 年商标管理工作思路：以实现“四个统一”、“四化建设”、“四高目标”和“五个维护”为目标，深入学习实践科学发展观，进一步强化发展和服务意识，切实增强工作责任感和使命感，强化工作部署落实，狠抓工作督办指导，加大市场监管执法力度，创新市场监管执法机制和工作制度，努力提高履行岗位职责的能力。

1. 按照国家实施商标战略纲要的要求，积极做好全区商标战略的实施工作。

2. 加大商标行政执法力度，紧紧围绕涉及人民群众身体健康和生产生命安全的商品发生的商标侵权假冒案件，重点查处食品商标、药品商标、涉农商标、地理标志、驰名商标、著名商标、涉外商标案件，遏制商标侵权假冒行为，充分保障消费者和生产经营者的合法权益，维护良好的市场秩序。

3. 积极开展第六批西藏自治区著名商标评审认定工作，全力推进我区品牌战略的实施。

4. 进一步加大证明商标和地理标志宣传力度，鼓励更多农牧民、涉农企业注册和保护农产品商标和地理标志，积极引导他们运用农产品商标和地理标志发展农业产业化经营，促进农牧业不断增效、农村加快发展、农牧民有所增收。

5. 加大工作督办指导，深入基层调查研究，及时发现和解决工作中存在的问题，努力为领导科学决策提供依据，力所能及地帮助基层解决实际困难。

实施商标战略、保护注册商标专用权，切实关系人民群众身体健康和生命安全，是一项长期而艰巨的任务。我们继续以科学发展观为指导，充分发挥职能作用，建立和完善保护注册商标专用权的长效机制，以宣传商标、培育商标、保护商标为重点，履好职、尽好责，力争在形式上有创新、在内容上有突破、在效果上有提高，促进西藏自治区商标工作再上新台阶。

陕西省

2009年，我省商标监管工作按照国家工商行政管理总局的总体方针和全省工商行政管理工作会议的安排部署，坚持综合治理、突出重点、加强服务、促进发展的方针，以维护公平公正市场秩序、促进经济平稳较快发展为目标，以打击商标侵权假冒行为、保护企业和消费者合法权益为重点，以实施商标战略、推进企业品牌建设和社会主义新农村建设为抓手，以推进法制建设和制度创新、着力提高监管执法效能为着眼点，进一步加强职能建设，强化服务工作，加大整顿和规范市场经济秩序工作的力度，较好地完成了年度各项工作任务。我们的主要做法是：

一、加大对商标法律法规的宣传，认真开展了“4·26”保护知识产权宣传周活动

为推进我省商标战略的实施，进一步增强企业和全社会的知识产权意识，提高我省企业运用知识产权制度参与竞争的能力和水平，全省各级工商行政管理部门在省局的统一安排部署下，于今年4月20日至26日在全省范围内开展了以“文化、战略、发展”为主题的“保护知识产权宣传周”活动。在宣传周活动中，各级工商部门从“依法打击商标侵权行为，强化企业商标维权意识”入手，加强与版权、专利、公安等部门的协作，充分利用广播、电视、报刊、网络等媒介，采取户外大型宣传与现场法律咨询相结合，宣传商标法律法规与宣传我省驰、著名商标相结合，展示保护注册商标专用权成果与公布商标侵权典型案例相结合，答疑解惑与受理企业投诉举报相结合的方法，营造全社会保护知识产权的良好氛围。西安市工商局在《西安日报》开设专栏，每期安排四分之一版面宣传展示驰、著名商标企业。杨凌工商局与示范区知识产权局等单位联合举办知识产权培训会，邀请司法界专家结合案例就著作权、技术合同纠纷、商标纠纷案涉及的法律问题等三个方面对参会者进行了培训。据不完全统计，在宣传周活动中，共设置宣传点200余处，出动宣传车100余辆，悬挂宣传横幅、条幅2800余条，制作摆放普法知识展板700余块，印发各种宣传材料65000余份，受众80000余人次。通过开展普法宣传，营造了良好的社会舆论氛围。

二、加强对商标知识和商标法律法规的培训，启动了商标讲师团巡回讲座

为了深入贯彻全国工商系统“一所一标”现场会精神，更好地宣传和普及商标法律法规，提高广大商标所有人的确权、用权、维权意识，促进企业更好地制定和运用商标战略开拓市场，更好地落实“商标富农”战略，打造更加鲜亮的陕西品牌，省局组织了由商标监管干部、研究人员、商标代理机构等有关人员参加的陕西省工商局商标知识讲师团，今年先后三次在西安、安康、延安举办讲座，300余户驰名、著名商标企业、30余户商标代理机构的代表和500余名工商干部参加了讲座。讲师团的讲师从不同侧面介绍了商标的国际、国内背景和形势，系统地分析了我省企业在运用商标战略促进发展中存在的问题，强调了陕西企业商标发展的重要性和紧迫性。生动活泼的形式，专业理论与经典案例的讲述与分析，受到与会代表的热烈欢迎。此外，各市级工商局也积极组织开展培训活动，特别是西安市局今年举办各类培训班21期，培训商标执法人员、企业商标管理人员和商标代理人2000余人。

三、积极引导企业运用商标战略开拓市场，认真做好著名、驰名商标的认定和推荐工作

为推进我省商标战略的实施，提高企业的品牌意识和商标注册意识，积极引导企业正确运用商标战略开拓市场，鼓励和帮助企业争创驰、著名商标，全省工商行政管理部门一是加强商标战

略实施工作的领导，认真研究制订贯彻落实的措施。为贯彻落实《国家知识产权战略纲要》，大力推进商标战略的实施，明确各项商标战略任务，充分发挥商标促进经济社会又好又快发展的作用，我们根据国家工商总局《关于贯彻落实国家知识产权纲要促进商标战略实施的意见》和全国工商行政管理系统贯彻落实国家知识产权纲要大力推进商标战略实施工作会议的要求，成立了陕西省工商行政管理局商标战略实施领导小组，并在充分调研论证的基础上，代省政府草拟了《陕西省人民政府关于大力推进商标战略实施的意见》，12月28日已经省政府常务会议审议通过，将颁布执行。二是加强对企业商标工作的指导，认真推行《商标法律告知书》、《商标注册建议书》和《商标策略提示书》三项行政指导措施，全年共发送《商标注册建议书》和《商标策略提示书》2062件，接待企业商标注册等咨询3100余户。三是探索和建立流通领域商标使用长效监管机制，积极开展商标授权经营制度的试点工作。为认真贯彻落实国家工商总局关于在大中城市推行“商标授权经营制度”的工作要求，进一步加大商标保护力度，切实规范商标使用许可行为，从源头上防范商标侵权行为发生，提高经营者的商标保护意识，保护商标所有人和消费者的合法权益，建立流通领域商标使用秩序的长效监管机制，我们在借鉴北京、上海市工商局工作经验的基础上，结合我省实际，下发了《关于开展商标授权经营管理工作的通知》，按照学习经验、制定方案、组织试点、总结完善、逐步推开的原则，对全系统商标授权经营管理工作进行了安排和部署。目前，此项工作正在按计划开展。四是认真做好陕西省著名商标认定工作。根据年度工作安排，年初省局起草下发了《关于组织申报陕西省著名商标工作的通知》，对2006年认定的我省著名商标有效期已满需重新确认和今年继续开展著名商标认定工作进行了具体安排部署。各市局在考察、初审的基础上，向省局推荐上报了候选商标。经省局进一步审查，认定311件商标陕西省著名商标。同时，我们还根据企业投诉，经过调查核实，在商标案件行政处理中，报请国家工商行政管理总局依法认定“陕西重型汽车有限责任公司等12家企业的“陕汽及图形”、“西玛”（电机）、“汉德”（车桥）等12件商标为“中国驰名商标”。其中“陕汽及图形”、“西玛”、“汉德”今年4月份已被国家工商总局商标局认定为中国驰名商标。

四、加强商标行政保护，扎实开展了保护注册商标专用权系列专项检查

一是开展了保护“银桥”商标专用权专项检查。年初省局在接到西安银桥生物科技有限公司的投诉，反映在榆林市场上发现大量销售河南济源绿欣乳制品有限公司生产的“银娇”牌液态奶，严重侵犯“银桥”商标专用权的情况后。立即启动商标专用权省际协作机制，在第一时间和河南省工商局取得联系后，迅速派出三名干部带领企业有关人员赴河南维权，在河南省工商局的鼎立协助下，对生产厂家进行了严厉查处。行动中，共查扣侵权产品1206箱，外包装箱4100个，内包装材料360千克，罚没款3万元。之后，又部署全系统于2009年1月16日至2月16日在全省范围内开展了保护“银桥”牌系列液态奶商标专用权专项检查。共出动执法人员5398人次，车辆900余台次，检查大、小食品批发市场、商场、超市、社区奶站、城乡结合部商店、学校周边商店等各类门店17550余户，收缴、查扣假冒“银桥”牌系列液态奶440箱（7920袋）。二是开展了保护“太白”商标专用权专项检查。5月份，省局接到陕西省太白酒业有限公司的投诉，反映在渭南市区、富平县的市场上出现销售山西金太白酒业有限公司生产的“古藏太白酒”、成都市太白酒厂生产的“太白金星”、“太白情缘”系列白酒的违法行为，严重侵犯了该公司“太白”商标专用权。对此省局一方面责成渭南市工商局立即安排部署检查，同时迅速派出督查组赴渭南进行督办。在省、市局的指导下，渭南工商执法人员兵分6路，重点对“古藏太白酒”总代理赛赛商行等6家商业网点及富平县城到庄里镇沿线店铺进行拉网式检查。检查中全市工商行政管理部门共出动执法人员632人次，车辆40余台次，检查糖果、烟酒批发部、商行、城乡结合部商店等各

类门店 860 余户，收缴、查扣侵犯“太白”商标的系列白酒 103 件。三是开展了保护“康师傅”商标专用权专项检查。6 月份，省局接到西安顶益食品有限公司的投诉，反映市场上一些餐饮、食品经营户在门头上悬挂“康师傅”的文字商标和图案，侵犯了该公司的商标专用权后，省局立即部署全系统于 2009 年 6 月 24 日至 6 月 30 日，在全省范围内开展了保护“康师傅”商标专用权专项检查。共出动执法人员 5012 人次，车辆 752 台次，检查涉及“康师傅”商标专用权的餐饮、食品经营户等各类门店 6844 余户，责令拆除更换 170 户，罚没款 5400 元。特别是今年 6 月 15 日，我们根据陕西重型汽车有限公司的举报，采取省市区局联动的形式，组织西安市工商局和所属双生分局的执法人员，对港中石化（西安）有限公司未经商标权利人许可，擅自盗用“陕西重卡机油”、“陕西重卡齿轮油”注册商标销售其假冒产品的违法行为进行了突击检查，现场收缴侵权商标标识 10000 余份，并对侵权当事人港中石化（西安）有限公司做出了罚款 12 万元的行政处罚。7 月 29 日，陕西重型汽车有限公司的领导率领有关部门的同志，专程来到省局并送来一面写有“执法严明、品牌卫士”的锦旗，对省局依法行政护企维权的行为表示由衷的感谢。通过开展保护注册商标专用权专项检查，严厉打击了商标侵权行为，维护了商标注册人的合法权益。

此外，各市工商局还根据当地实际，先后开展了保护“茅台”、“花花公子”、“长城”、“华夏”“汉斯”、“联想”等商标专用权行动。截至 10 月底，据不完全统计，全省工商系统在开展保护注册商标专用权行动中共出动执法人员 11500 余人次，车辆 1650 余台次，检查商品交易市场 3200 余个，检查企业和个体工商户 8000 余户，查办商标案件 993 件，罚没款金额 440 余万元，收缴侵权商品 15400 余件，收缴商标标识 32800 余件（套）。

五、认真实施商标富农行动，“一所一标”工作不断深化开展。

今年以来，全省各级工商行政管理部门认真贯彻落实全国工商行政管理系统“一所一标”工作现场会精神，进一步解放思想，转变职能，完善工作机制，不断夯实和深化“一所一标”工作。一是建立健全目标责任体系，认真落实每个乡镇工商所每年帮助辖区内的涉农企业或农民专业合作社申请注册 1 件农产品商标的任务，并纳入年度目标考核内容，任务落实到人，形成局抓所，所对村的工作机制。汉中市局分解 2009 年“一所一标”培育商标注册任务 80 件，已有 124 件商标向国家工商总局商标局提交了注册申请。二是加强调查研究，科学制定发展规划。为确保“一所一标”工作扎实有效的开展，各级工商行政管理部门先后认真开展了对辖区未注册商标、具有地理标志特征农副产品的普查造册工作。通过普查，初步掌握了具有地理标志特征的农副产品资源的分布、类型、数量、品质特征、生产、流通、市场需求等情况，为工作开展奠定了基础。特别是汉中市、西安市工商局结合当地实际，制定了“申报一批、储备一批、培育一批”的商标三年阶梯培育规划，建立市著名、省著名、中国驰名三个梯次的商标品牌创建结构，初步形成品牌工业、品牌农业和品牌服务业相互促进的品牌经济发展格局。三是确定重点上门扶持，积极指导帮助涉农企业申请注册商标。各级工商行政管理部门在普查的基础上，对涉农未注册商标及无商标涉农企业有申请注册意向的，专门登记造册，并确定商标联络员对使用未注册商标的涉农企业和虽无商标但有申注涉农商标意向的企业及时发送“商标注册建议书”，积极指导帮助涉农企业申请注册商标。今年全省各级工商行政管理部门共帮助农户和涉农企业申报农产品商标 770 件。其中：西安市工商局 347 件；汉中市工商局 124 件；咸阳市工商局 92 件；商洛市工商局 57 件；安康市工商局 40 件；延安市工商局 33 件；渭南市工商局 27 件；宝鸡市工商局 25 件；榆林市工商局 18 件；杨凌工商局 4 件；铜川市工商局 3 件。四是大力推广“龙头企业+商标+农户的经营模式。汉中市工商局积极扶持已有注册商标的涉农龙头企业，以其商标品牌为核心，运用“龙头企业+商标+农户”的模式，组织农民进行产业化、订单化、品牌化经营，以促进农业增效、农民增收。目前已重点扶持“宁强雀舌”、“五子”、“定军名眉”等商标品牌运用该模式。

我省商标监管工作虽然取得了一定的成绩，但也存在一些问题，一是商标侵权假冒行为还没有从根本上得到杜绝，商标侵权假冒的行为还时有发生。二是一些企业对商标的使用还不够规范，特别是在利用知名商标对产品进行宣传上，还存在一些违规夸大的问题。三是商标监管工作在全省开展的还不够平衡，有的基层单位对保护注册商标专用权工作还重视不够，特别是在案件查处方面的力度还不大，专项整治工作在信息的统计、汇总和上报方面还不够及时和全面。四是企业的商标注册意识、品牌意识和保护意识还有待于进一步的提高，“一所一标”工作还有待于进一步探索、总结和深化。2010年，我们将认真总结经验教训，改进和克服薄弱环节，切实加强对系统商标监管工作的检查和督导，严格落实各项制度和措施，不断推进商标监管工作再上新台阶。

甘肃省

2009年商标监管工作坚持以科学发展观为统揽，认真贯彻国家工商总局《关于贯彻落实国家知识产权战略纲要，大力推进商标战略的实施意见》，紧紧围绕省委提出的："走出欠发达地区、西部老工业基地创新发展的新路子"的总体要求，始终坚持把服务和促进发展作为商标工作的出发点和落脚点，进一步解放思想，创新服务理念，积极推进商标战略实施，服务经济发展。在驰名商标培育、著名商标认定、扶持地理标志注册、商标专用权保护等方面取得了显著成绩。有效地带动和促进了甘肃经济社会平稳较快发展。

一、主要工作

（一）加强组织领导，积极推进商标战略，商标工作迈上了新台阶。一是成立商标战略领导小组。为加强我省商标战略工作的组织领导，省局专门成立了由局长任组长、主管局长任副组长，十六个处（室）、局及协会负责人参加的"商标战略实施领导小组"，领导小组办公室设在商标广告处，负责日常工作。各市（州）也根据省局通知要求，成立相应的领导小组或工作机构。建立了由主要领导亲自抓，分管领导具体抓，各有关职能部门共同抓的一级抓一级，层层抓落实的工作机制，推进商标战略的实施。二是明确商标战略任务。根据《国家知识产权战略纲要》以及省局各处（室）局、直属单位职责，对《实施国家知识产权战略任务分工》中由省工商局牵头或协办的38项任务提出了具体分工，明确各单位的工作职责。重点突出保护商标权人和消费者的合法权益。实现全社会的商标法律意识明显增强，注册商标拥有量明显增加，商标侵权行为明显减少，商标执法环境明显好转。三是开展商标战略专题研究。根据《甘肃省知识产权战略制定工作方案》，组成了以分管局长为组长，商标广告处长为副组长，省局商标广告处、兰州市工商局、天水市工商局、定西市工商局、金昌市工商局商标监管干部18人组成的商标战略项目研究小组，结合我省实际，将特色农产品商标、制造业商标、服务业商标、出口商品商标、传统特色产业商标的研究作为我省商标战略研究的重点内容，并进行了具体分工。相关市局按照分工要求完成了商标战略专题研究任务。商标研究报告通过了省知战办组织的专家评审验收。

（二）扎实搞好教育宣传，社会和公众商标意识进一步增强。一是利用"3·15消费者权益保护日"、"4·26世界知识产权日"等活动的有利时机，全省各级商标监管部门采取印发传单、现场咨询、媒体报道等形式，广泛深入地开展了商标法律法规的宣传活动，共发放宣传单12万余份，现场接待咨询群众3800余人（次），解答疑难问题57条，收到了良好的社会反响。二是落实商标企业考察回访制度，加强企业商标使用管理的指导，提高了企业自觉守法用法的能力。三是组织全省商标监督管理人员集中进行业务培训。9月份，组织全省300余名商标执法干部分两期进行了集中培训，系统学习了《商标法》、《国家知识产权战略纲要》、企业商标使用和管理、商标侵权案例分析等内容，从而提高了基层商标监管干部的业务理论水平和依法行政能力。

（三）深入开展著名商标认定工作，企业商标意识明显增强。今年是我省第二年集中认定甘肃省著名商标，为保证著名商标认定工作的公平与公正，提高著名商标认定质量，认真吸取著名商标认定工作中的不足，有针对性地开展工作。一是提前部署，认真准备。甘肃省著名商标认定工作从2月份向各市（州）下发了通知，并对今年著名商标认定提出了更加具体、更加明确的要求。到5月底，共收到申报材料150件，申报材料退卷和补正率明显下降。二是确保质量，突出实绩。按照《甘肃省著名商标认定和保护条例》和《甘肃省著名商标认定和保护条例实施办法》的规定，把认定的依据放在实地考查，主动排除人为干扰和影响，确保认定质量。考查中，始终做到“三个坚持”。即：坚持考查与宣传商标法律法规相结合，既充分掌握企业真实情况，又提高了全社会商标意识；坚持查企业商标实际使用情况与商标产品销售及群众认知情况相结合，做到不仅听汇报，更注重商标企业的业绩，为客观公正公平认定甘肃著名商标打好基础；坚持全面考查与重点考查相结合。今年我们对申报的166家企业都进行了实地考查，同时还对已认定为甘肃省著名商标的15家企业进行了回访，做到了全面考查，重点突出。三是严格依法，细致工作。为了使被认定的商标能真正代表甘肃品牌，在深入考查的同时，我们对每件上报的材料都进行细致核实，确保各种数据真实可靠。最终，经专家会评审和局务会研究决定，认定甘肃刘化（集团）有限责任公司“黄河牌”及图等106件商标为甘肃省著名商标，使我省著名商标的总数达到了354件。

（四）实施商标战略，驰名商标工作有了很大进步。一年来认真开展了驰名商标培育和推荐工作，有7件商标被国家工商总局商标局、商标评审委员会认定为“驰名商标”，（即：天水风动机械有限责任公司“ ”商标、天水二一三电器有限公司“ ”商标、天水锻压机床有限公司“TSD牌+ ”商标、甘肃莫高实业发展股份有限公司“莫高 MOGAO”商标、天水长城开关厂有限责任公司“长城”商标、天水铁路电缆工厂“寰通及图形”商标、天水华田微电子股份有限公司“永红及图形”），从而使我省驰名商标总数增加到14件。另外为了更进一步做好驰名商标培育梯队，从著名商标中选出40件商标作为驰名商标培育对象，培育工作有计划进行。

（五）搭建交流平台，积极为驰（著）名商标企业寻找对接商机。为了积极推进企业走出去战略的实施，帮助企业做强做大，积极组织30家驰（著）名商标企业赴青岛、成都、重庆参加“中国第三届商标节”、“西部商标保护协作会”和“亚太地区地理标志国际研讨会”等大型活动，充分展示我省商标品牌形象，让更多的人了解甘肃，了解甘肃的企业。为企业实施“走出去”战略提供了的交流平台。

（六）服务农村经济发展，农产品商标和地理标志商标发展势头强劲。

一是积极开展送法下乡活动。各市（州）工商局立足本地实际，开展了“商标进乡村”、“送法下乡”等一系列活动，大力宣传地理标志为农民增收致富的典型案例，增强农民的商标意识。开展项目推荐、科技下乡、果农培训等宣传活动，提高了农民的商标意识。

二是引导农民发展农产品商标。为帮助农民增收和引导农民群众增强商标注册意识，在宣传《商标法》的同时，各级商标管理部门积极改进作风，深入基层，强化服务意识，探索符合本地区农业生产政策的商标战略发展目标，积极引导当地农民做大做强特色品牌。实行面对面的帮助指导，按照“成熟一个，申请一个”的原则，积极帮助农民搞好农产品商标注册。为实施农产品商标战略打下了坚定的基础。今年，我省“华亭大黄”、“华亭独活”、“民勤甘草”、“秦安蜜桃”、“渭源白条党参”5件商标被国家工商总局商标局核准注册为证明商标，从而使我省证明商标数量达到18件，位居前列。

三是加强对商标富农工作的指导力度，不断把商标富农工程引向深入。全省各级商标监管部门，积极开展商标富农工作，组建商标富农工作帮扶机构，建立商标富农工作考核制度，主动向当地党委政府汇报“商标富农”工作进展情况，加强与相关部门协调配合，为涉农企业注册商标提供便利条件；广泛推行“公司+农户+商标+基地”的经营模式，将分散的农户以农产品商标为纽带、以龙头企业为通道连接市场，利用商标提高农副产品市场竞争力，扩大农产品知名度，提高农业产业化程度，促进农民增收和农村经济发展；积极推行“一乡一标”活动，深入农村、农户开展农副产品商标注册情况调查摸底，加强涉农商标管理，建立涉农注册商标数据库，建立商标注册提示制度，对已注册的农产品商标和地理标志跟踪服务，及时解决农产品商标使用中出现的问题；加大侵犯涉农商标专用权案件查处力度，进一步保护涉农商标和地理标志商标专用权。

（七）积极开展世博会标志专用权专项整治工作。根据国家工商总局商标局《关于进一步加强保护世博会标志专有权专项整治的通知》精神，结合我省实际，制定了《甘肃省保护世博会标志专用权应急预案》（草案)。成立了应急处置小组。做到组织机构健全，重点突出，分工细致，责任到人。

（八）加大侵犯商标专用权的查处力度，切实维护公平公正的市场环境。今年，各级商标监管部门加大了市场监管和行政执法力度，严厉打击商标假冒侵权等违法行为，促进了全省商标市场健康有序发展。今年共查处各类商标违法案件619 件，罚没款 189.83 万元。其中，一般违法案件 65 件，罚没款 22.37 万元；商标侵权假冒案件544 件，罚没款 165.76 万元；查处侵犯港澳台和外国商标注册人权益案件 10 件，罚款 1.7 万元；收缴和销毁商标标识 1.3 万余件，没收销毁侵权商品 3 万余件。

二、存在的问题

2009 年商标工作在省局党组的坚强领导和各级监管部门的共同努力下，圆满完成了年度工作任务，取得了一定成绩，但也反映出一些问题。一是服务意识不强，职能发挥不够。对企业商标的注册、使用和管理检查指导不够，基层商标监管人员的业务素质有待进一步提高。二是企业商标意识不够强，商标使用不规范。部分企业由于对商标知识的缺乏，在商标使用过程中出现不同程度的违法及不规范使用行为。三是企业维权意识不强。

三、下步工作

认真贯彻《国家知识产权战略纲要》，深化国家工商总局“四个只有”的认识，紧紧围绕省委、省政府“四抓三支撑”总体工作思路和“中心带动，两冀齐飞，组团发展，整体推进”的区域发展战略。进一步落实《甘肃省人民政府关于进一步加强工商行政管理工作的意见》精神，积极加大政策扶持力度，推动商标战略的实施；认真开展著名商标认定和驰名商标培育，以保护涉农商标、地理标志、食品商标、药品商标、涉外商标为重点，继续加大商标行政执法力度，严厉打击商标侵权假冒行为。在新的起点上创造新业绩、开拓新局面、推动新工作，实现高效能的监管，达到高质量的服务，为促进经济平稳较快发展作出新的贡献。

1. 为企业的发展提供政策支持。针对我省商标发展现状，代省政府草拟了《关于加快实施商标战略推动甘肃经济发展的意见》，为企业参与市场竞争提供政策支持。

2. 积极推进商标富农工作。围绕现代特色农业发展需要，积极鼓励和引导广大农民特别是农村合作经济组织、农产品加工企业户，积极申请注册地理标志证明商标和集体商标，推广运用“公司+商标+农户+基地”的生产经营模式，引导农民进市场，促进农业的产业化、市场化。

3. 继续做好 2010 年甘肃省著名商标认定工作。要认真落实《著名商标企业考察回访制度》，深入企业实地考察，加强对著名商标申报企业的指导力度，规范企业商标使用和管理行为，按照数量质量并重，重在质量的原则，坚持高标准，认真做好著名商标的推荐、初审和认定工作。

4. 加快驰名商标培育步伐。按照“培育一批、扶持一批、推荐一批、储备一批”的原则，做好驰名商标的培育工作。从著名商标中选出 70 件商标作为驰名商标培育对象，加强对培育对象的重点指导和服务，建立起实力强劲的驰名商标培育梯队。对已获得驰（著）名商标认定的企业，强化跟踪服务，共同推动企业向国际化强势商标发展。

5. 扎实推进商标战略示范工作的开展。按照国家工商总局《关于国家实施商标战略实施示范城市示范企业工作的指导意见》精神，做好全省商标战略示范城市、示范企业的推荐工作，为全省的经济发展真正起到示范带动作用。

6. 办好甘肃省首届商标节，扩大企业产品知名度。近年来，我省驰名商标和著名商标及涉农地理标志商标数量有了较大的突破，为了充分展示我省近年来积极推进商标战略实施工作取得的新成绩，展示甘肃驰（著）名商标及其产品，扩大甘肃商标在国内的知名度，提升全社会的商标意识，将在今年兰洽会期间举办甘肃省首届商标节。

7. 加强保护，优化推进商标战略的法制环境。一是加强世博会标志保护，为世博会的召开营造良好的知识产权环境。二是以保护涉农商标、地理标志、食品商标、药品商标、涉外商标为重点，主动联合相关部门坚决打击商标侵权假冒行为，维护公平竞争的市场秩序，为全省经济发展创造良好的市场环境。

青海省

2009 年，青海省商标监管工作围绕省委、省政府推进“品牌强省”的战略部署，在国家工商总局的大力指导下，开拓创新，积极进取，坚持商标培育和保护两手抓，为青海省经济实现平稳较快发展保驾护航。

一、强化措施，深入扎实地组织开展“服务千家企业、培育千件商标”主题活动

为推进商标战略实施，提高企业品牌意识，解决青海省商标注册总量不足，品牌运作水平不高的问题，全省工商系统深入开展了“服务千家企业、培育千件商标”主题活动。青海省工商系统已培育特色产业商标为重点，按照“一所一人一标”的要求，全力引导企业培育、注册商标。同时，出台免费咨询、免费设计、减免注册登记费等一系列优惠措施，深入企业、农户宣传，讲解商标注册知识，提高了企业注册商标的积极性。向企业发放商标注册建议书，商标策略提示书和商标法律告知书，将重点产业龙头企业和私营骨干企业作为培育的重点对象，逐个上门开展服务，重点帮助企业树立“商标储备意识”和“商标自我保护意识”。2009 年全省商标工作取得新成绩，全年共申请商标注册 1293 件，同比增长 10.2%；成功注册商标 698 件，同比增长 43.5%，其中包括 5 件地理标志证明商标，使全省拥有地理标志证明商标达 12 件。

二、注重质量，积极培育驰、著名商标。

一是根据《青海省著名商标认定管理暂行办法》的规定，按照程序和具体工作要求，认定了 14 件青海省著名商标，使青海省的著名商标总数达到了 40 件。二是按照“申报一批、准备一批、培育一批”的要求，深入企业调查摸底，确定符合申报条件的企业。2009 年 4 月青海省两企业的“洁神 JIESHEN 及图”商标和“金诃及图”商标分别在“藏药成药”和“垃圾车”商品上被总局在商标管理案件中认定为驰名商标，使青海省拥有总局认定驰名商标总数达到 10 件。

9 月 23 日，青海省品牌表彰大会在青海会议中心隆重举行，省委书记强卫、省长宋秀岩等省党政主要领导同志出席表彰会，并对 2009 年荣获中国驰名商标、青海省著名商标、及成功注册地理标志证明商标的 45 家企业和协会进行了表彰奖励。

三、精心组织，广泛宣传，强化社会商标意识

以 4·26 世界知识产权日为契机，开展了“商标在你我身边进企业、进农村、进牧区、进学校”宣传活动及“商标在你我身边”系列宣传咨询活动，并在活动中发放商标法律、法规知识等宣传手册 1 万多册，使广大生产者、经营者和消费者的商标意识进一步提高。青海省工商局与省委宣传部共同组织青海日报社、省电视台、省人民广播电台等多家媒体深入企业进行商标专题报道，录制了“商标在你我身边”公益广告在青海电视台黄金时段连续播出，扩大了青海品牌的影响力。

在 9 月份举办的青海省品牌表彰大会期间，举办了“庆祝中华人民共和国成立六十周年、青海省大力推进品牌战略实施”成果展，组织全省六州一地一市工商局及 10 家中国驰名商标企业全面系统地宣传、展示青海品牌建设成果。

四、创新思路，扎实有效地推进商标“走出去”战略

为提高青海企业商标在市场上的认知度，增加企业产品附加值。青海省积极推进青海企业商标实施“走出去”战略，实现“商标强省”目标。一是 2009 年 6 月，以“大美青海、特色品牌”为主题，成功在上海举办了青海品牌商品推介会，

组织了青海省65家中国驰名商标、省著名商标企业参加此次推介会。这次推介会受到上海市各界广泛关注和热烈反映，推介会期间，国内外56家主流媒体对推介会进行了全面报道，有7万多人入场参观，31家企业共签订了总金额达56亿元的产品购销合作协议。此次推介会，成为青海实施品牌战略进程中的一个亮点，对此，青海省委书记强卫同志在省工商局呈报的《关于青海品牌商品上海推介会举办情况的专报》上批示："青海品牌商品上海推介会取得圆满成功。望总结经验，今后形成惯例，多组织青海省企业走出去推介展销，既宣传扩大了青海影响，又促进了企业发展"。二是组织青海企业参加105届"广交会"。三是为进一步推进地理标志证明商标使用和管理，组织地理标志证明商标工作考察团，赴山东、四川两省就如何运用地理标志证明商标推进农村经济发展，提高农民收入进行了考察学习。

五、突出重点，继续深入扎实地开展保护商标专用权执法行动

一年来，全省工商系统针对不同季节的消费特点，相继组织开展了4次"打假冒、保品牌"专项执法月行动，9月至12月又组织开展了"端窝点、查要案、保品牌"百日执法专项行动。全省各级工商系统充分发挥职能作用，突出重点地区、重点领域和重点商品，采取多种方法，查假冒、挖窝点、打惯犯，查处一大批大案、要案，一大批隐藏在深处的制假售假窝点被铲除，企业和广大消费者的合法权益得到有效保护，市场秩序和经济环境得到了进一步好转。截止2009年底，全省工商系统共查处商标侵权案件1042起，捣毁制假售假窝点113处，案值729.5万元，罚没款189万元。

宁夏回族自治区

2009年宁夏工商局在自治区党委、政府和国家工商总局的正确领导下,全区各级工商部门主动适应发展方式转变,积极服务经济社会需要,立足职能,开拓创新,从政策法规、体制机制、指导帮扶、培育保护和宣传培训等方面采取扎实有力的措施,积极引导企业实施商标战略,推动我区商标事业得到了快速发展,取得了显著成效。在政策法规体系建设方面,2007年以来,我们报请自治区政府批转了《关于加快实施我区商标战略的意见》和《自治区2008年—2012年驰名商标、著名商标培育发展规划》。2009年4月30日《宁夏回族自治区著名商标认定和保护办法》以自治区主席第15号令发布,标志着我区的著名商标管理工作步入法制化和规范化的轨道。近期又起草上报了《宁夏回族自治区著名商标认定程序和规则》、《宁夏回族自治区商标专用权质押贷款工作指导意见》。在工商部门的积极推动下,部分市、县结合实际相继制定了商标培育发展规划,出台了支持鼓励企业争创驰、著名商标的政策措施。在商标指导帮扶方面,全区工商部门全面推行商标"指导员"制度、"四书两卡"制度、"一所一标"、"一乡一标" 制度以及"五个员五步走"的工作新模式,建立了企业商标档案。组织开展宁夏地理标志资源摸底调查, 确定了拟帮助注册的商标。组织开展"红盾助企"商标指导员帮扶企业活动,走访自治区重点骨干企业、农业产业化龙头企业、驰名著名商标企业以及拟培育驰名著名商标企业209户,从企业的商标注册、使用、管理、保护等方面进行具体的指导帮扶。通过商标指导员"保姆式"的全程跟踪服务,取得了良好的经济和社会效果。帮助企业、农户、协会申报商品商标、服务商标、集体商标和地理标志证明商标等近千余件,帮助申报了"灵武山草羊"、"沙坝头"、"回乡同心"等一批重点商标。派专人前往国家工商总局商标局帮助建设厅申报了43件"沿黄城市带(群)"、"黄河金岸"商标。帮助一批商标通过异议和驳回复审,依法获准注册,商标指导工作正在逐步向解决企业商标难点深入。在培育和争创驰(著)名商标方面,为形成宁夏企业冲击著名、驰名商标的多级梯队,我局在深入摸底调研和认真筛选的基础上,建立了中国驰名商标培育库和宁夏著名商标培育库。对于 "汇川"、"兴唐"、"御马""盐池滩羊"商标申报中国驰名商标,自治区、市、县三级工商部门高度重视,从调研筛选、指导创建,到组织申报、协调联络,做了大量深入细致的工作。特别是进入申报阶段,区、市工商局选派专人进行现场指导,帮助企业高质量的完成了申报材料的准备工作,为驰名商标的成功认定奠定了扎实基础。在商标宣传培训方面,去年4.26"世界知识产权日活动期间,我局通过自治区主要新闻媒体,以专题片和专版的形式开展了"市县领导论商标"主题宣传活动。为了表彰中国驰名商标企业,宣传我区实施商标战略的成果,大力营造全社会重视商标品牌、培育和保护商标品牌的意识和舆论氛围,我们成功举办了两届驰名商标颁奖大会暨实施商标战略论坛,国家工商总局和自治区政府领导出席会议,自治区人民政府从财政拨出近700万元专款,对荣获中国驰名商标和宁夏著名商标的企业予以隆重表彰奖励,这在我区历史上是前所未有的,极大的鼓舞和激励企业争创商标品牌的积极性和创造性。各地工商部门还面向企业开展了紧贴需求、形式多样的商标业务培训。在商标专用权保护方面,为了严厉打击商标侵权假冒行为,我们组织开展了专营专卖店专项整治行动,开展了对各商场食品、饮料、服装商标使用情况的专项检查,开展了对农资、兽药商标使用情况的专项检查,开展了查处侵犯蓝带、明太郎、汾酒、杏花村商标专用权专项整治活动。去年,全区工商部门共查处商标侵权案件109起, 没收侵权物品和侵权标识20780件,罚款23.8万元。我们积极探索建立驰名商标跨省打假新机制。2009年6月区局选派人员协助中宁县政府,前往中宁枸杞主销区成都、重庆、云南等省区,走访调查了重点批发市场。针对市场上假冒侵权中宁枸杞现象,召开了新闻发布会和座谈会,并与三省市工商局签订了驰名商标保护框架协议,使中宁枸杞驰名商标在区外得到有效保护。通过全区上下各方面的艰苦努力,目前我区已经形成了一个“政府引导、企业主动、社会共同参与”的商标工作良好局面,“商标兴企”、“商标富农”的社会效益和经济效益不断显现。

2009年是我区商标注册取得新突破、品牌建设取得新进展的一年,也是商标工作受到各级党委政府和国家工商总局高度重视和充分肯定的一年。2009年商标申请量1405件,比2008年增加了239件,增长20.5%;注册量1249件,比2008年增加了432件,增长52.8%。截至目前,全区注册商标申请量10635件,注册量6195件。全区拥有中国驰名商标12件,宁夏著名商标190件,证明商标1件,地理标志12件,集体商标10件。实现了全区注册商标申请量突破1万件、中国驰名商标突破10件的历史性“双突破”。通过实施商标战略,驰名商标、著名商标的名牌效应得到了进一步的发挥,不仅提升了我区企业形象,催生了新的经济增长点,而且促进了产业结构的调整优化,极大地增强了企业的竞争力和发展后劲,为促进我区经济跨越式发展作出了贡献。国家工商总局商标局局长李建昌在我区第二届驰名商标颁奖大会上,对宁夏实施商标战略工作取得的成绩给予了充分肯定。我们撰写完成的《宁夏商标发展报告》,对我区商标发展基本情况和商标保护情况、商标促进企业增效和经济发展情况作了详细的数据统计分析,介绍了实施商标战略工作措施和今后商标工作思路。2009年11月自治区主席王正伟在报告上做出重要批示:“建设品牌宁夏是一项长期的任务,需要做大量的工作。工商行政管理局近二年在申请注册商标方面,工作务实,成效明显,应予以充分肯定。望继续加大工作力度,提高宁夏的知名度。”中宁县、青铜峡市政府和企业代表为了感谢工商部门在地方商标品牌建设方面给与的支持和帮助,专程给自治区工商局送来感谢信、牌匾和锦旗。

下一步,全区工商部门将充分发挥职能作用,紧紧围绕保增长、保民生、保稳定的目标,以科学发展观为指导,坚持服务与监管相统一,坚持一手抓商标发展、一手抓商标保护,在自治区党委、政府和国家工商管理总局的领导下,在各级政府和有关部门的大力支持下,重点做好以下工作:

一是加快实施商标品牌战略。进一步完善我区驰名商标、著名商标培育库,在“增量、扩面、提质”上下功夫,形成我区企业冲击中国驰名、宁夏著名商标品牌的多级梯队。认真落实《宁夏著名商标认定和保护办法》,严格认定程序和条件,做好第七届宁夏著名商标认定和奖励工作。做好国家实施商标战略示范城市(区)、示范企业的推荐申报和指导监督工作。筹备召开全区“实施商标战略、建设品牌宁夏”大会,表彰奖励我区实施商标战略工作先进集体和个人,部署全区商标品牌建设工作,动员全社会大力实施商标战略,加快建设品牌宁夏。

二是大力推进商标富农工作。按照“注册一件商标、带动一个产业、富裕一方百姓”的思路,围绕自治区党委、政府提出的“三个示范区”和“13个特色优势产业带”建设要求,抓好农产品商标和地理标志证明商标的培育、申报和认定工作,提高农产品市场竞争力和附加值,推动我区农业产业结构调整,促进特色农业发展。指导支持优势农产品扩大出口,特别是通过商标国际注册,提升地理标志产品和农产品的附加值,增强国际竞争力。加大对地理标志和农产品商标,特别是驰名的地理标志(目前我区已有中宁枸杞和盐池滩羊两件)和农产品商标的保护力度,严厉打击侵犯注册商标专用权的违法行为。

三是扎实做好商标服务工作。加大企业商标培训和指导力度,继续深化商标指导员和商标“四书两卡”等制度。定期发布《商标品牌发展报告》,服务政府宏观经济决策,引导市场主体健康发展。贯彻落实《宁夏回族自治区商标专用权质押贷款办法》,今年重点做好商标权质押贷款试点工作,综合运用商标监管职能帮助企业解决融资难问题。

四是切实加强商标监管工作。健全机制,改进方式,完善商标查询信息系统,运用现代信息管理手段,加强商标查询监管和保护工作,严厉打击商标侵权行为,切实保护商标专用权。加强监管,严格执法,进一步规范商标代理行为。

新疆维吾尔自治区

2009年，全区工商行政管理商标工作认真落实总局和自治区工商行政管理工作会议的总体部署，坚持一手抓服务，积极指导企业运用商标战略做大做强；一手抓监管，严厉打击商标侵权假冒行为。大力宣传普及商标法律知识，实施商标发展战略，把商标工作与服务“三农”和社会主义新农村建设紧密结合，为促进自治区经济发展做出了应有的贡献。我局被国家工商总局授予“全国工商系统商标工作先进集体”荣誉称号。

一、突出重点，严打快查，努力维护良好的市场竞争秩序

一是为加大对注册商标的保护力度，打击商标侵权假冒违法行为，组织全系统开展了以保护驰名著名商标为重点的商标专项保护工作。为此，各地州市工商局都成立了专项保护领导工作小组，制定具体实施方案，并将专项整治工作与节日市场整治、市场巡查、商标日常监管，特别是与贯彻落实基层监管责任服务工作相结合，充分发挥基层监管服务责任区作用，整合执法资源，大大提高了商标执法效能。

二是广泛利用社会力量，加强与驰（著）名商标企业及其代理商和相关部门的协作和沟通，不断扩宽案件来源，完善我区重点商标保护网络，加大了执法力度。乌鲁木齐市和克拉玛依市工商局在“五粮液”、“茅台”、“伊力特”等驰（著）名商标企业、知识产权代理机构和代理商的配合支持下，顺利查处了一批驰名著名商标违法案件；伊犁州霍尔果斯口岸工商局积极与海关部门协作配合，查处了一批出口假冒“LG”、“三星”电视机案，没收假冒电视机229台；阿勒泰地区福海县工商局查处了案值527.19万元的“赞江”淀粉假冒注册商标案。

2009年，全系统共查处商标违法案件894件，案值1384.31万元，罚没款313.37万元，收缴和消除商标标识17593件，没收、销毁侵权商品98868件。其中查处侵犯驰名著名商标专用权案件232件，案值338.54万元，罚没款79.23万元。这些案件的查处有效的保护了注册商标人的合法权益，维护了良好的市场竞争秩序。

二、大力宣传普及商标法律知识，不断提高社会各界商标法律意识

一是以“4·26世界知识产权日”为契机，大张旗鼓的宣传普及商标法律知识。组织全系统开展了为期一个月的“4·26保护知识产权宣传月”活动。充分动员和利用社会各界力量，发挥电视、广播、报纸、网络等新闻媒体的舆论导向作用，大力宣传普及商标法律知识，曝光商标违法大要案件，展示商标执法成果。并通过举办培训班、研讨座谈会、演讲会、知识竞赛等活动，努力提高全社会的商标法律意识，营造了一个重视商标、宣传商标、发展商标、保护商标的良好社会氛围。各地积极响应，声势浩大。博州、克拉玛依市工商局会同当地党委宣传部等有关部门，利用网络平台组织开展了网上知识产权知识竞赛活动。伊犁州工商局座客伊犁人民广播电台新闻直播间，向社会公众宣讲商标法律知识，并在线解答听众在商标保护、注册、维权中遇到的具体问题。喀什、巴州、克拉玛依等地工商局在主要报刊、电台等媒体上开辟专栏，每周定期整版宣传商标法律知识，刊登商标理论文章，曝光商标违法典型案件。乌鲁木齐高新区工商分局、石河子工商局积极举办由社会各界代表参加的商标法律知识培训班，邀请专家、学者、企业家讲解商标法律知识，交流商标工作经验，传授企业运用商标战略开拓市场取得的成功经验。昌吉州、塔城、阿勒泰、哈密等地工商局将支持和鼓励企业实施商标战略、争创驰（著）名商标作为宣传重点，采取走访、座谈和实地调研的方式，深入企业、团场

和牧区讲解企业实施商标战略的成功经验，开阔了企业经营者的视野，增强了其对实施商标战略重要性的认识。

据不完全统计，在“保护知识产权宣传月”活动期间，各地共出动工作人员1600多人次，发放宣传资料近13万份，现场接待咨询1.5万人次，通过媒体发布各类公益广告和宣传口号2420多条次，出动宣传车120辆次，举办和参加各类座谈会、报告会、讲座、知识竞赛30次，制作并展出板报270块，悬挂宣传标语和横幅620多条。

二是组织召开“天业、天彩、银力、新天荣获驰名商标新闻发布会”。抓住我区四件商标被认定为驰名商标的契机，与兵团质监局共同组织召开了隆重的新闻发布会。自治区、兵团及国家工商总局商标局相关领导出席会议并做了重要讲话。自治区各级政府、相关部门、商标管理干部、企业代表和社会各界人士约300人参加了会议。四家获得驰名商标的企业介绍了实施商标战略、创立驰名商标的成功经验。还邀请了“蒙牛”、“小肥羊”等驰名商标企业代表讲授了创立驰名商标、实施商标战略所取得的成功经验，开阔了我区企业视野，增强了对商标战略重要性的认识，强化了品牌兴企的经营理念。此外，为培养和增强企业广告宣传意识，会议期间，动员企业在会场内外进行富有声势的广告宣传，突出展示了我区驰名、著名商标。会议开的隆重热烈，形式新颖，内容丰富，营造了一个宣传商标、保护商标、争创驰（著名）商标的良好氛围。

三是抓住商标节等契机，组织企业及社会各界人士学习宣传商标法律知识。积极组织企业和各级工商行政管理机关商标工作人员参加了“第三届中华商标节”、“第十届中国西部国际博览会”和“亚太地区地理标志研讨会”等活动，一方面加强了与内地发达省区的交流与学习，有效提高我区商标管理水平;另一方面集中展示了我区名优特地理标志和农副产品，这对提高我区企业商标意识，促进我区特色农副产品走出新疆，走向全国具有重要的意义。“天业”牌节水设备等7件商标被第三届商标节评选为中国最具市场竞争力奖。

通过采取多种形式宣传普及商标法律知识，不断扩大宣传效果，鼓励企业实施商标战略，提升商标知名度，使我区商标法律知识的宣传普及工作深入人心，社会各界商标法律意识有了显著提高，企业注册商标、使用商标、争创著名和驰名商标的积极性有了较大增强。截止目前，我区驰名商标总数达11件，著名商标256件，地理标志数量已达30件。

三、加强指导，强化服务，不断提高商标工作整体水平

一是深入基层调查研究，指导工作。区局先后派员深入13个地、州、市及其部分县市区工商局调研指导工作。总结、提炼基层工作的经验和闪光点，挖掘和树立商标工作的先进典型，并结合当地工作实际召开商标管理干部座谈研讨会，研究解决商标工作中的具体问题，收到了以会代训的良好效果。同时，通过深入基层，掌握和了解各地工作的情况和特点，为更好地指导、服务和评价基层工作，创新商标监管方式提供了依据。

二是探索建立商标监管长效机制，推进制度化、规范化建设。区局进一步加大对基层查办商标案件的指导力度，加强和完善了案件移交、指导督办机制，大大提高了办案效率和质量。2009年，共向基层通报、移交督办案件30件。昌吉州工商局推行《商标授权经营制度》和开展“无假冒商标示范单位”活动成效显著，实行商标授权经营制度的9个市场，近600个国内外知名品牌未发生一起商标侵权案件。米东区工商局制作了基层监管服务责任区使用的《商标巡查手册》、《商标监管工作流程》，明确商标监管工作要求、内容、方法，便于基层干部巡查操作。图木舒克工商局制定《监管服务责任区商标监管服务工作规范》，指导服务责任区干部提高监管、执法、服务水平。塔城地区工商局、阿勒泰地区工商局通过全面推行“六书”、“五书”商标行政指导制度，进一步提高市场主体对商标的重视程度，增强了商标保护意识，及时纠正了商标使用中的不规范行为，减少制假售假违法行为的发生。这些制度的建立和实施对创新商标监管工作，探索构

建有效打击和制止商标侵权行为的长效机制，推进商标工作的制度化、规范化建设都起到了积极的推动和促进作用。

三是加强交流、培训，努力提高基层商标管理干部业务素质。成功组织召开了“中国西部第七届商标行政保护协作会议暨企业商标战略论坛”，探讨和研究解决当前商标工作的新情况、新问题及商标违法行为的新动向，总结交流了商标行政管理工作和企业创立驰（著）名商标、实施商标战略所取得的成功经验，进一步加强了西部省区间商标工作的交流与协作，巩固、完善了查处和打击跨省区商标侵权假冒行为的配合协作机制，提升了西部省区商标行政管理工作和企业商标运作水平。借此机会邀请了国家工商总局商标局有关领导为我区各级工商干部及企业讲授商标注册与保护以及驰名商标认定方面的法律知识，并现场解答商标工作和商标运作中出现的各类疑难问题，使大家开阔了的眼界，拓宽了思路，进一步提高了我区工商管理干部的商标执法水平，增强了企业注册和保护商标以及创立驰名商标的思想认识。

各地工商局针对干部轮岗交流造成的商标管理人员新手多，业务不熟练等情况，采取各种有效形式强化商标培训工作。塔城地区工商局实行“全员大练兵”，通过远程教育，有计划、有重点的对基层工商所进行培训，并注重突出形式的多样性、指导的针对性和培训的实效性，有效地提高了基层办案人员的执法水平。乌鲁木齐市工商局采取基层干部到市局跟班学习的方式，由商标办案能手轮流为基层干部分析总结案情，深挖案件线索，探讨查案技巧，使广大基层干部在边学习、边实践的氛围中快速提高查办商标案件的能力。阿勒泰和哈密地区工商局利用局域网络平台，进行商标典型案例研讨，请专家点评，以案说法，取得了良好的效果。米东区、昌吉州等地工商局都举办了各种形式的商标法律培训班。

四、积极培育和鼓励企业创立驰名著名商标，加快推进企业实施商标战略，带动和促进我区经济发展

一是强化服务，履职尽责，积极推进我区企业商标战略实施。为充分发挥工商行政管理机关商标管理职能作用，支持企业发展，服务地方经济建设，培育发展一批在全国乃至在国际上有影响力的驰名著名商标，区局制定发布了《自治区工商局推进企业商标战略发展措施》，提出了我区年度和阶段性商标发展目标任务，确定了培育发展的重点产业，提出了加快推进企业商标战略实施的九项具体措施；同时制定了《自治区工商局2009年重点商标培育发展计划》，确定了42家致力于创建驰名商标的企业进行重点培育和帮扶；首次制定并公开发布了《全国及我区商标发展状况对比图》、《我区注册商标地域分布统计表》等相关数据统计信息,为有关部门和社会各界提供参考。各地结合当地经济发展水平、产业布局、企业商标战略发展的实际情况，均制定发布了本地区《推进企业商标战略发展措施》和《重点商标培育发展计划》，分解落实各项目标任务。全区工商系统形成了自治区、地州市、县工商局和工商所四级联动的工作机制，全面推进我区企业商标战略的实施。阿勒泰地区工商局向当地行署提交的《关于推进实施商标品牌战略工作意见》，经行署给予了转发，首次把商标品牌发展上升为政府行为，在社会引起广泛重视。经济技术开发区分局向开发区管委会上报了《关于商标发展战略促进经济发展的报告》，规定了激励企业争创驰（著）名商标的奖励、扶持及责任追究政策。阿克苏地区工商局制定了《阿克苏地区农产品商标注册和地理标志保护规划》。在高新技术产业开发区分局的力促下，高新区管委会出台了《乌鲁木齐高新区名牌、驰（著）名商标奖励办法》。通过各地工商部门积极努力的工作，并主动向当地党委、政府上报实施商标战略、促进经济发展的意见和建议，赢得了当地政府领导对商标工作的重视和支持。

二是发挥商标管理职能，提升企业品牌价值和市场竞争力，带动和促进我区经济发展。区局先后派员深入南北疆50多家企业调查研究指导商标工作，帮助企业解决商标注册、使用、保护中存在的问题和困难，鼓励支持企业创立驰名著名商标。一方面，加大了对驰名商标的培育和推荐力度，帮助和指导企业整理并向商标局报送了“红帆”牌医用营养品、“西尔丹”牌辣椒酱、“前海”牌棉花、“庄子开拓”牌红花醋等4件驰名商标申请材料。并多次派员前往商标局汇报和协调有关驰名商标申报事宜，经积极努力，“新天”牌葡萄酒、“天业”牌节水设备、“银力”牌棉花、“红帆”牌医用营养品和“众和”牌铝锭、铝箔等5件商标被认定为中国驰名商标，目前我区驰名商标总数达到了11件。另一方面，积极开展了第三届新疆著名商标复审和第六届著名商标认定工作，新认定62件商标为第六届新疆著名商标。各地工商局也加大了驰名著名商标的培育推荐工作，2009年共向区局推荐上报著名商标142件，其中昌吉州工商局30件，高新区工商分局15件，伊犁州工商局13件，喀什地区工商局12件，乌鲁木齐市和石河子市工商局各8件等。

三是顺利完成《新疆商标战略研究》专题，上报自治区知识产权局。为配合自治区知识产权局制定《新疆知识产权战略纲要》，在时间和人员力量尤为紧张的情况下，通过对区内各地深入细致的专题调研和在相关厅局广泛地收集资料和数据，结合我区商标发展实际，起草制定了《新疆商标战略研究》专题报告，全文近3万字，已经顺利验收通过，并受到与会专家的高度好评，近期将由自治区知识产权局装订入册后向社会公开发布。

四是按期完成我区商标示范城市和示范企业的推荐工作。根据国家工商总局《关于开展2009年国家商标战略实施示范城市（区）、示范企业工作的通知》的有关要求，着手开展了我区商标示范城市、示范企业的推荐上报工作。严格按照申报条件进行考察筛选，最后推荐上报了“乌鲁木齐市”、“新疆伊力特实业股份有限公司”为我区商标示范城市、示范企业。

尽管2009年商标工作取得了一定成绩，但由于我区商标工作基础薄、底子差，拥有注册商标特别是驰（著）名商标总量和质量与经济发达省市相比还存在较大差距，商标知名度整体水平较低，社会各界商标法律意识还有待提高，商标侵权假冒行为还没有得到完全制止，甚至在有的行业和地区还比较严重，商标工作中还有许多新情况、新问题亟待我们去研究解决，我们自身的业务知识、工作水平还不能完全适应当前形式的要求。这些问题都有待于我们在今后的工作中加以纠正和解决。

中国驰名商标名录

（689~699）

国家工商行政管理总局商标局
2009年4月在商标管理案件中认定的277件驰名商标

序号	商标	注册人/所有人	类别及使用商品/服务
1	爱特福及图	江苏爱特福药物保健品有限公司	第5类：消毒剂
2	今麦郎	今麦郎食品有限公司	第30类：方便面
3	易事特	广东易事特电源股份有限公司	第9类：稳压电源
4	富煌及图	安徽富煌钢构股份有限公司	第6类：金属建筑材料
5	毛家及图	韶山毛家饭店发展有限公司	第42类：餐馆
6	GRIFINE及图	广东能强陶瓷有限公司	第19类：瓷砖
7	威王 WEI WANG及图	广东威王集团有限公司	第11类：电饭锅
8	SEARI及图	上海电器科学研究所（集团）有限公司	第9类：计算器控制设备装置
9	宝怡	深圳市宝怡珠宝首饰有限公司	第14类：戒指（珠宝）、项链（珠宝）
10	翠绿	深圳市翠绿珠宝首饰有限公司	第14类：翡翠、装饰品（珠宝）
11	DongMing及图	河北东明实业集团有限公司	第18类：皮革
12	鹰牌及图	佛山石湾鹰牌陶瓷有限公司	第19类：彩釉砖
13	海澜之家 HEILAN HOME及图	海澜之家服饰股份有限公司	第25类：服装
14	第1078573号图形	潮州正龙电池工业有限公司	第9类：干电池
15	罡阳及图	江苏罡阳股份有限公司	第12类：摩托车发动机曲轴连杆
16	富安娜 fuanna及图	深圳市富安娜家居用品股份有限公司	第24类：床上用品
17	地王	抚松金隆木业集团有限公司	第19类：实木复合地板
18	驰动 CHIDONG及图	济南柴油机股份有限公司	第7类：柴油机、柴油机发电机组、天然气机发电机组
19	COSLIGHT及图	哈尔滨光宇集团股份有限公司	第9类：蓄电池、电池
20	GW	威海光威集团有限责任公司	第28类：钓具
21	阮仕	浙江阮仕珍珠股份有限公司	第14类：珍珠（珠宝）
22	NANSHAN及图	山东南山铝业股份有限公司	第24类：精纺呢绒、毛料布
23	RUNTU闰土及图	浙江闰土股份有限公司	第2类：染料
24	巨化 JH	巨化集团公司	第1类：烧碱
25	临海蜜桔	临海市特产技术推广总站	第31类：柑桔
26	梧桐及图	黑龙江泰丰粮油食品有限公司	第29类：大米
27	楚门文旦及图	玉环县文旦研究所	第31类：文旦（柚）
28	第1439614号图形	广厦控股创业投资有限公司	第37类：建筑
29	丹吉娅 Danjiya及图	浙江袜业有限公司	第25类：袜子
30	JH	中山建华管桩有限公司	第19类：高强混凝土管桩
31	飞捷	福建省永安轴承有限责任公司	第7类：工业轴承
32	好当家 HOMEY及图	山东好当家海洋发展股份有限公司	第29类：海参（非活）、虾（非活）
33	第3367796号图形	宣化新钟楼啤酒有限公司	第32类：啤酒

序号	商标	注册人/所有人	类别及使用商品/服务
34	樱雪 Inse 及图	中山市樱雪集团有限公司	第 11 类：燃气热水器、燃气炉
35	BEIFA	贝发集团有限公司	第 16 类：钢笔、圆珠笔
36	世友 SHIYOU 及图	浙江世友木业有限公司	第 19 类：木地板
37	第 590322 号图形	广州市华南橡胶轮胎有限公司	第 12 类：汽车轮胎、汽车内胎
38	力霸皇 LIBAHUANG 及图	浙江力霸皇工贸集团有限公司	第 12 类：自行车、电动自行车
39	五得利及图	五得利面粉集团有限公司	第 30 类：面粉
40	蒙努	海宁蒙努集团有限公司	第 25 类;皮衣
41	艾莱依	艾莱依集团有限公司	第 25 类：羽绒服装
42	征峰及图	四川省资阳市征峰鞋业有限责任公司	第 25 类：胶鞋
43	中捷 ZOJE 及图	中捷缝纫机股份有限公司	第 7 类：工业缝纫机
44	爱迪尔 IDEAL 及图	浙江爱迪尔包装集团公司	第 16 类：纸盒、包装纸
45	上峰 SALFO 及图	上峰集团有限公司	第 16 类：纸箱、瓦楞原纸
46	新亚 SHINE 及图	广东新亚光电缆实业有限公司	第 9 类：电线、电缆
47	同大 TITAN 及图	山东同大集团有限公司	第 6 类：镍网
48	农哈哈及图	河北农哈哈机械集团有限公司	第 7 类：播种机
49	KEKE 克刻	贵州益佰制药股份有限公司	第 5 类：止咳药
50	以岭及图	石家庄以岭药业股份有限公司	第 5 类：中药成药
51	净雅	净雅餐饮集团有限公司	第 43 类：餐厅
52	胡姬花	嘉里粮油（青岛）有限公司	第 29 类：食用油脂、花生油
53	京东 JINGDONG 及图	京东橡胶有限公司	第 17 类：再生胶
54	怡宝及图	华润怡宝食品饮料（深圳）有限公司	第 32 类：水（饮料）
55	第 1267058 号图形	黄石东贝机电集团有限责任公司	第 7 类：制冷压缩机
56	第 1465078 号图形	广东华兴玻璃有限公司	第 21 类：日用玻璃器皿、小玻璃瓶（容器）
57	欧派	广州欧派橱柜企业有限公司	第 20 类：餐具柜
58	美涂士	广东美涂士化工有限公司	第 2 类：涂料、油漆
59	钻之韵	深圳市钻之韵珠宝首饰有限公司	第 14 类：珠宝首饰
60	寿比山	天津力生制药股份有限公司	第 5 类：新药成药
61	得力 DELI 及图	得力集团有限公司	第 16 类：文具
62	三洋	三洋电机株式会社（日本）	第 11 类：电冰箱、空气调节器、微波炉
63	万安	浙江万安科技股份有限公司	第 12 类：汽车制动器
64	富达 Fuda	宁波富达股份有限公司	第 9 类：吸尘器、吸尘机
65	柏慧燕都及图	辽宁柏慧燕都食品有限公司	第 29 类：猪肉食品
66	王老吉	广州医药集团有限公司	第 32 类：无酒精饮料
67	雁来红及图	山东省滨州裕华（集团）实业总公司	第 31 类：冬枣
68	东昌 DONGCHANG	上海东昌企业集团有限公司	第 35 类：推销（替他人）
69	长寿 CHANGSHOU 及图	重庆长寿化工有限责任公司	第 17 类：氯丁橡胶
70	兴盛	厦门兴盛食品有限公司	第 30 类：挂面、面条
71	第 3785517 号图形	天水风动机械有限责任公司	第 7 类：凿岩机械气动工具
72	青专	重汽集团专用汽车公司	第 12 类：混凝土搅拌车、清洁车
73	尚德电力	无锡尚德太阳能电力有限公司	第 9 类：太阳能电池
74	石岛及图	山东华鹏玻璃股份有限公司	第 21 类：日用玻璃器皿
75	PEAK 及图	福建泉州匹克体育用品有限公司	第 25 类：运动鞋
76	科伦	四川科伦药业股份有限公司	第 5 类：大容量注射剂
77	郫县豆瓣	成都市郫县食品工业协会	第 30 类：豆瓣

序号	商标	注册人/所有人	类别及使用商品/服务
78	盛辉	福建省盛辉物流集团有限公司	第 39 类：汽车运输
79	ZYS	洛阳轴研科技股份有限公司	第 7 类：轴承
80	第 1560573 号图形	紫金矿业集团股份有限公司	第 14 类：金锭
81	第 910589 号图形	临沂市华太电池实业公司	第 9 类：电池
82	萃华	沈阳萃华金银珠宝制品实业有限公司	第 14 类：黄金饰品
83	圣豪 SUNHAO 及图	山东圣豪家纺有限公司	第 24 类：毛毯
84	徐福记及图	东莞徐记食品有限公司	第 30 类：糕点、糖果
85	周君记	重庆三九火锅底料厂	第 30 类：火锅调料
86	耿瓷及图	山东耿瓷集团有限公司	第 19 类：瓷质墙地砖
87	JS	石家庄光晋阀门有限公司	第 6 类：金属阀门
88	联泰 LIANTAI	广东省联泰集团有限公司	第 37 类：建筑、铺路
89	S 及图	湖北洪城通用机械股份有限公司	第 7 类：阀门
90	情满旅途	青岛交运集团公司	第 39 类：客运、货运
91	白云鄂博 RE 及图	内蒙古包钢稀土高科技股份有限公司	第 1 类：稀土族、金属土
92	金大地及图	山东金正大生态工程股份有限公司	第 1 类：复混肥
93	华东	青岛华东葡萄酿酒有限公司	第 33 类：葡萄酒
94	KELONG	厦门科华恒盛股份有限公司	第 9 类：不间断电源设备
95	天地伟业 TIANDYTECH	天津天地伟业数码科技有限公司	第 9 类：计算机外围设备、监视器（计算机硬件）
96	安妮	厦门安妮股份有限公司	第 16 类：复印纸
97	红三晶 HONG SAN JING 及图	天津大沽化工股份有限公司	第 1 类：烧碱、聚氯乙烯树脂
98	宣工及图	河北宣工机械发展有限责任公司	第 7 类：推土机
99	金诃及图	青海金诃藏药药业股份有限公司	第 5 类：藏药成药
100	千色花 FORTRESS 及图	广东千色花化工有限公司	第 2 类：涂料、油漆
101	曼都珊	河北曼都珊珠宝首饰有限公司	第 14 类：珠宝首饰
102	健将	中山市小榄镇金龙制衣厂	第 25 类：内裤
103	LEAR	邯郸力尔型材有限公司	第 19 类：非金属建筑材料
104	德众	佛山德众药业有限公司	第 5 类：中药成药
105	CNHTC 及图	中国重型汽车集团有限公司	第 12 类：汽车
106	第 1010069 号图形	福建省佳美集团公司	第 21 类：瓷陶工艺品
107	永进 Yongjin	永进电缆集团有限公司	第 9 类：电线、电缆
108	白兔湖及图	安徽华祥实业有限公司	第 7 类：内燃机配件
109	西玛	西安西玛电机（集团）股份有限公司	第 7 类：电机
110	金光及图	安徽金光机械集团股份有限公司	第 7 类：凸轮轴
111	双赢及图	福建双赢集团有限公司	第 1 类：磷肥（肥料）、化学肥料、混合肥料
112	丹玉	辽宁丹玉种业科技股份有限公司	第 31 类：种子
113	茂祥	通化茂祥制药有限公司	第 5 类：中成药
114	施慧达	吉林省天风制药有限责任公司	第 5 类：降压药
115	新大陆 Newland 及图	福建新大陆科技集团有限公司	第 9 类：计算机外围设备
116	吉恩	吉林吉恩镍业股份有限公司	第 1 类：硫酸镍
117	陕汽及图形	陕西重型汽车有限公司	第 12 类：汽车
118	第 673644 号图形	吉林华微电子股份有限公司	第 9 类：晶体管

序号	商标	注册人/所有人	类别及使用商品/服务
119	新天 suntime	新天国际葡萄酒业有限公司	第 33 类：葡萄酒
120	第 298037 号图形	广东生益科技股份有限公司	第 9 类：敷铜板
121	天业及图	新疆天业（集团）有限公司	第 11 类：自动浇水装置
122	TORIN 及图	江苏通润机电集团有限公司	第 7 类：千斤顶
123	连城红心地瓜干	连城红心地瓜干协会	第 29 类：地瓜干
124	XCC	浙江五洲新春集团有限公司	第 7 类：轴承
125	三房巷 SANFANGXIANG 及图	江苏三房巷集团有限公司	第 22 类：纤维纺织原料
126	地神 DISHEN 及图	河南黄泛区地神种业有限公司	第 31 类：植物种籽
127	金丹及图	河南金丹乳酸有限公司	第 1 类：乳酸
128	CTG 及图	泰山玻璃纤维有限公司	第 21 类：非纺织用玻璃纤维线、非绝缘非纺织用玻璃纤维
129	安利 ANLI 及图	安徽安利合成革股份有限公司	第 18 类：革
130	东岳 DONGYUE 及图	山东东岳橡胶制品有限公司	第 12 类：自行车内外胎、力车内外胎
131	第 289173 号图形	金杯汽车股份有限公司	第 12 类：汽车
132	双叶	七台河市双叶家具有限责任公司	第 20 类：家具
133	HanDe 及图形	陕西汉德车桥有限公司	第 12 类：汽车车桥
134	T	山东鲁南机床有限公司	第 7 类：车床、钻铣加工机器
135	洲克	泉州克拉克体育用品有限公司	第 25 类：紧身衣裤
136	华晋 HUAJIN 及图	山西华晋纺织印染有限公司	第 24 类：印花棉布（灯芯绒）
137	双燕及图	天津药业集团有限公司	第 5 类：西药、中药成药
138	爱普及图	上海爱普香料有限公司	第 3 类：香料、香精油
139	TAIFENG 及图	泰丰纺织集团有限公司	第 24 类：布、床上用品
140	金地 GOLDFIELD	金地（集团）股份有限公司	第 36 类：不动产管理、商品房销售
141	第 1556716 号图形	枣庄华润纸业有限公司	第 19 类：石膏板护面纸
142	晨光 CHEN GUANG 及图	中昊晨光化工研究院	第 17 类:橡胶
143	琴岛及图	青岛市琴岛电器有限公司	第 11 类：电热毯、电热垫
144	TIANLI 天力	天津国际联合轮胎橡胶有限公司	第 12 类：轮胎
145	瑞贝卡 Rebecca	河南瑞贝卡发制品股份有限公司	第 26 类：假发
146	鲁丽及图	鲁丽集团有限公司	第 19 类：胶合板
147	上峰及图	浙江上峰水泥集团有限公司	第 19 类：水泥
148	昆电工及图	昆明电缆股份有限公司	第 9 类：电缆、电线
149	HEC	乳源瑶族自治县东阳光化成箔有限公司	第 6 类：铝箔
150	金鸡及图	广西灵峰药业有限公司	第 5 类：中药
151	中强 ZHONGQIANG 及图	株洲兴隆化工实业有限公司	第 1 类：白炭黑
152	金杯 GOLD CUP 及图	湖南金杯电缆有限公司	第 9 类：电线、电缆
153	龙舟及图	湖南中天龙舟农机有限公司	第 7 类：收割机
154	远征及图	河北远征药业有限公司	第 5 类：兽药
155	三立及图	湖南三立集团股份有限公司	第 6 类：电解金属锌锭、金属镉
156	金凤及图	湖南华菱线缆股份有限公司	第 9 类：电线、电缆
157	君山 JUN SHAN 及图	湖南省君山银针茶业有限公司	第 30 类：茶叶
158	小站稻 xiaozhandao 及图	天津市津南区农业技术推广服务中心	第 30 类：稻米、米
159	中意及图	津市市中意糖果有限公司	第 30 类：糖果

序号	商标	注册人/所有人	类别及使用商品/服务
160	小龙王 xiao long wang 及图	小龙王食品有限公司	第 29 类：加工过的槟榔
161	第 1913046 号图形	株洲南方阀门股份有限公司	第 7 类：液压阀、压力阀
162	第 1123485 号图形	长沙金龙铸造实业有限公司	第 6 类：污水井盖
163	兴盛	江苏兴盛刷业有限公司	第 21 类：牙刷
164	环日及图	山东环日集团有限公司	第 6 类：液化气钢瓶
165	强人 QIANGREN 及图	际华三五一五皮革皮鞋有限公司	第 25 类: 皮鞋
166	奔马及图	河南奔马股份有限公司	第 12 类：摩托三轮车
167	新华及图	山东新华医疗器械股份有限公司	第 10 类：消毒器械
168	得尔乐	江西春源绿色食品有限公司	第 29 类：食用油
169	威特 VEECTORY	江苏威特集团有限公司	第 12 类：陆地车辆用离合器
170	金康达及图	淮安市康达饲料有限公司	第 31 类：饲料
171	鼎湖及图	安徽省宁国中鼎股份有限公司	第 17 类：橡胶密封件
172	东宏实业 DONGHONGSHIYE 及图	曲阜市东宏实业有限公司	第 19 类：非金属管道、非金属建筑材料
173	山焦及图	山西焦化集团有限公司	第 4 类：焦炭
174	新日 XIN RI 及图	江苏新日电动车股份有限公司	第 12 类：电动自行车
175	金斗山及图	山东光明起重机械集团有限公司	第 7 类：起重机
176	海达 HD 及图	江阴海达彩涂有限公司	第 6 类：金属板条、金属片、金属板
177	天喔	上海天喔食品（集团）有限公司	第 29 类：蜜饯、加工过的坚果
178	航嘉 Huntkey	深圳市驰源实业有限公司	第 9 类：稳压电源
179	采花及图	湖北采花茶业有限公司	第 30 类：茶叶
180	GOLDEN FIELD 及图	东莞市金河田实业有限公司	第 9 类：计算机机箱、电脑开关电源
181	QQ	腾讯科技（深圳）有限公司	第 38 类：信息传递、计算机终端通讯、提供与全球计算机网络的电讯联接服务
182	福田	北汽福田汽车股份有限公司	第 12 类：汽车
183	雄塑及图	广东雄塑科技实业有限公司	第 17 类：塑料管
184	星湖及图	广东肇庆星湖生物科技股份有限公司	第 1 类：呈味核苷酸二钠、肌苷酸二钠
185	富友及图	辽宁东亚种业有限公司	第 31 类：玉米种子
186	Kinwai	江门健威家具装饰有限公司	第 20 类：家具
187	拜富 BAIFU 及图	江苏拜富色釉料有限公司	第 2 类：陶瓷釉
188	华成 HCH 及图	淄博水环真空泵厂有限公司	第 7 类：真空泵
189	东圣 DonGSHEnG 及图	湖北东圣化工集团有限公司	第 1 类：磷酸一铵
190	二一三及图	天水二一三电器有限公司	第 9 类：继电器、接触器
191	索佳 SUOJIA	深圳市爱索佳实业有限公司	第 9 类：影碟机、扩音机
192	五粮醇	四川省宜宾五粮液集团有限公司	第 33 类：白酒
193	赛博及图	河北金赛博板业有限公司	第 19 类：贴面板、木屑板
194	康弘 KANGHONG 及图	成都康弘药业集团股份有限公司	第 5 类：中药成药、生化药品、医药制剂
195	足友	福建省足友体育用品有限公司	第 25 类：童鞋
196	盛虹 SHENGHONG 及图	盛虹集团有限公司	第 24 类：布、织物
197	双环及图	仪征双环活塞环有限公司	第 7 类：活塞环
198	HUAPENG 及图	华鹏集团公司	第 6 类：桥架、空中架线用母线槽
199	第 1328664 号图形	大连第一互感器有限责任公司	第 9 类：互感器
200	淳	杭州千岛湖发展有限公司	第 31 类：活鱼
201	AFDG 及图	安徽丰大股份有限公司	第 30 类：面条、面粉制品

序号	商标	注册人/所有人	类别及使用商品/服务
202	大莊	杭州大庄地板有限公司	第 19 类：地板、半成品木材
203	FH	广东风华高新科技股份有限公司	第 9 类：电容器、电阻器
204	第 3004307 号图形	山西鸿基科技股份有限公司	第 7 类：纺织机、精纺机
205	绿色芳山 LSFS 及图	辽宁绿色芳山有机食品有限公司	第 29 类：加工过的花生、熟制豆
206	Winner	稳健实业（深圳）有限公司	第 5 类：医用敷料、消毒棉
207	鸢都 KITING METROPOLIS 及图	山东海化股份有限公司	第 1 类：纯碱、氯化钙
208	银杏 GINGKO 及图	成都银杏金阁餐饮股份有限公司	第 42 类：餐馆
209	菜百 BAI 及图	北京菜市口百货股份有限公司	第 14 类：贵重金属首饰、珠宝首饰
210	骆驼 LUO TUO 及图	唐人神集团股份有限公司	第 31 类：饲料
211	冠丰 GUANFENG 及图	山东冠丰种业科技有限公司	第 31 类：种子
212	云锡 YT	云南锡业股份有限公司	第 6 类：锡
213	贵研 SPM 及图	贵研铂业股份有限公司	第 14 类：未加工或半加工贵重金属、贵重金属合金、铂
214	雅丽泰 LUTILE 及图	江西泓泰企业集团有限公司	第 6 类：铝塑复合板
215	东湖 DONGHUBRAND 及图	山西老陈醋集团有限公司	第 30 类：醋
216	银力及图	新疆西部银力棉业（集团）有限责任公司	第 22 类：皮棉
217	洁神 JIESHEN 及图	青海洁神装备制造集团有限公司	第 12 类：垃圾车
218	兆君 zhaojun 及图	呼和浩特兆羊绒制品有限公司	第 25 类：羊绒衫
219	拜耳 BAYER	拜耳股份有限公司（德国）	第 5 类：医用药物、医用营养物品、消灭害虫制剂、杀菌剂、除莠剂、杀虫剂
220	宇航人及图	内蒙古宇航人高技术产业有限责任公司	第 5 类：医用营养品
221	光辉 GUANGHUI 及图	亚邦化工集团有限公司	第 2 类：油漆、耐酸漆
222	龙星 LX 及图	龙星化工股份有限公司	第 1 类：炭黑
223	CASDELAY 卡思·迪莱	江苏卡思迪莱服饰有限公司	第 25 类：制服、帽
224	大寨 DAZHAI 及图	昔阳县大寨经济开发总公司	第 32 类：核桃露
225	ITG 及图	厦门国贸集团股份有限公司	第 35 类：进出口代理
226	固城湖 GUCHENGHU 及图	高淳县集体资产经营有限公司、南京固城湖水产实业有限公司（共有商标）	第 31 类：螃蟹
227	TSD 及图	天水锻压机床有限公司	第 10 类：折弯机、剪板机
228	第 1273835 号图形	常熟开关制造有限公司	第 9 类：断路器
229	味之家	安徽新锦丰企业投资集团有限公司	第 30 类：方便面、 饼干
230	心实及图	江苏心实肥业集团有限公司	第 1 类：肥料
231	九阳	九阳股份有限公司	第 7 类；豆浆机、家用电动榨水果机
232	盱眙龙虾 XUYILONGXIA 及图	江苏省盱眙龙虾协会	第 31 类：龙虾（活）
233	金科 JIN KE 及图	重庆市金科实业（集团）有限公司	第 36 类：不动产管理、商品房销售
234	HYT	深圳市好易通科技有限公司	第 9 类：通讯导航设备
235	光 GDYG 及图	广东远光电缆实业有限公司	第 9 类：电线、电缆
236	兰亚	兰西县兰亚亚麻制品有限公司	第 20 类：汽车坐垫、垫枕
237	春合 CHUN HE 及图	天津市春合体育用品厂	第 28 类：健身器材、体育活动器械
238	七宝及图	江苏七宝光电集团有限公司	第 9 类：电线、电缆

序号	商标	注册人/所有人	类别及使用商品/服务
239	RENLE	上海雷诺尔电气有限公司	第9类：起动器
240	罗欣及图	山东罗欣药业股份有限公司	第5类：医用制剂
241	武夷 WU YI 及图	福建省建阳武夷味精有限公司	第30类：味精、鸡精
242	欧宝 OUBAO 及图	山东欧宝板业有限公司	第19类：地板（木制）
243	工大及图	石家庄工大化工设备有限公司	第11类：干燥设备、干燥器
244	国宝 Gb	湖北国宝桥米有限公司	第30类：大米
245	赛克 SYKEE 及图	天津科林自行车有限公司	第12类：自行车
246	天工 TIANGONG 及图	天津渤天化工有限责任公司	第1类：烧碱、聚氯乙烯、环氧氯丙烷
247	力神 LiShen 及图	天津力神电池股份有限公司	第9类：锂离子蓄电池
248	3502 及图	际华三五零二职业装有限公司	第25类：服装
249	Edifier 漫步者	北京爱德发科技有限公司	第9类：扬声器音箱
250	美驰	北京美驰建筑材料有限责任公司	第19类：非金属门、非金属窗
251	CRSBG 及图	中铁山桥集团有限公司	第6类：金属建筑结构、铁路道岔
252	QTX	青铜峡铝业股份有限公司	第6类：铝锭、稀土铝合金锭
253	中宁枸杞 THE LYCIUM CHINENSE OF ZHONGNING	中宁县枸杞生产管理站	第5类：枸杞
254	嘉士利	开平市嘉士利食品有限公司	第30类：饼干、糕点
255	章丘大葱及图	章丘市大葱产业协会	第31类：大葱
256	集发及图	秦皇岛市北戴河集发农业综合开发股份有限公司	第31类：新鲜蔬菜、鲜水果
257	SDLG 及图	山东临工工程机械有限公司	第7类：挖掘机、装卸设备
258	大自然	大自然投资控股有限公司（中国澳门）	第19类：地板
259	中澳 ZHONG AO 及图	山东中澳农工商集团有限公司	第29类：肉
260	福挖及图	抚顺挖掘机制造有限责任公司	第7类：起重机、挖掘机
261	大化 DAHUA DH 及图	大化集团有限责任公司	第1类：纯碱、碳酸氢铵
262	第4037605号图形	唐山大通金属制品有限公司	第11类：暖气装置、暖气片、中心暖气散热器
263	石门 SHIMEN	石家庄四药有限公司	第5类：大容量注射剂
264	华润漆 Huarun 及图	广东华润涂料有限公司	第2类：涂料、油漆
265	中容及图	句容市电磁线公司	第9类：绝缘铜线、磁线、漆包线
266	上工及图	上海工具厂有限公司	第7类：金属切削工具
267	胖太太 p.t.t	河北胖太太服饰有限公司	第25类：服装
268	亚	上海亚明灯泡厂有限公司	第11类：灯具
269	第1649600号图形	上海南亚覆铜箔板有限公司	第6类：覆铜箔板
270	ZTE 中兴	中兴通讯股份有限公司	第9类：程控电话交换设备、成套无线电话
271	晶牛 CRYSTALBULL 及图	晶牛微晶集团股份有限公司	第19类：建筑玻璃、非金属材料（微晶材料）
272	云维及图	云南云维股份有限公司	第1类：聚乙烯醇、醋酸乙烯
273	富岛及图	中海石油化学股份有限公司	第1类：肥料
274	宣威火腿 Xuanwei ham 及图	宣威火腿行业协会办公室	第29类：火腿
275	海马	海马投资集团有限公司	第12类：汽车
276	KANGMEI 及图	广东康美药业股份有限公司	第5类：中药成药
277	洞庭山碧螺春及图	苏州市吴中区洞庭（山）碧螺春茶业协会	第30类：茶叶

国家工商行政管理总局商标局
2009 年 4 月在商标异议案件中认定的 22 件驰名商标

序号	商　标	注册人/所有人	类别及使用商品/服务
1	霸狮腾	广州霸狮腾纺织品有限公司	第 25 类：衣服
2	乔丹	乔丹（中国）有限公司	第 25 类：足球鞋、爬山鞋等
3	欧意	石药集团欧意药业有限公司	第 5 类：医用制剂、医用化学制剂
4	松花江 SONGHUAJIANG	哈尔滨哈飞汽车工业集团有限公司	第 12 类：微型载货车、微型系列轿车、改装专用车
5	志高	广东志高空调有限公司	第 11 类：冷冻设备、空气调节装置
6	威猛先生、MR.MUSCLE	S.C.庄臣父子公司	第 3 类：清洁制剂
7	高仪、GROHE 及图	高仪股份公司	第 11 类：淋浴装置、水龙头、浴缸
8	柳工	广西柳工集团有限公司	第 7 类：装载机、挖掘机
9	CAV	广东汉洋丽声音响有限公司	第 9 类：组合音响
10	太太乐	雀巢产品有限公司	第 30 类：鸡精（调味品）
11	Google	谷歌爱尔兰控股有限公司	第 42 类：提供用于全球计算机网络中进行查询和获得数据的网址
12	好迪	广州市好迪化妆品有限公司	第 3 类：洗面奶、摩丝
13	太平鸟 peace bird 及图	太平鸟集团有限公司	第 25 类：服装
14	开尔 KAIER 及图	浙江开尔制衣有限公司	第 25 类：衬衫
15	博士倫	博士伦有限公司	第 9 类：隐形眼镜
16	MINOLTA、美能达	柯尼卡美能达控股株式会社	第 9 类：照像器械和仪器、复印机和器械
17	華鋼 HUAGANG 及图	华迪钢业集团有限公司	第 6 类：钢管
18	蜂之语	浙江蜂之语蜂业集团有限公司	第 30 类：非医用蜂王浆、食用蜂胶（蜂胶）
19	芝华士、CHIVAS、CHIVAS REGAL	芝华士兄弟（美洲）有限公司	第 33 类：含酒精饮料（啤酒除外）
20	玉兰 FRAGRANT ORCHID 及图	广东玉兰装饰材料有限公司	第 27 类：墙纸
21	资生堂、SHISEIDO	株式会社资生堂	第 3 类：化妆品
22	齐星 INGMADE IN QIXING 及图	湖北省齐星汽车车身股份有限公司	第 12 类：汽车车身

国家工商总局商标评审委员会 2009年4月在商标异议复审、争议案件中认定的91件驰名商标

序号	商标	注册人/所有人	类别	使用商品/服务
1	奔腾	英特尔公司	9	电脑硬件等
2	吉百利	吉百利有限公司	30	巧克力、糖果等
3	依视路	依视路国际有限公司（法国）	9	眼镜片等
4	JVC　JVC	日本胜利株式会社	9	摄像机、电视机
5	中宇及图	中宇建材集团有限公司	11	水龙头等
6	忘不了及图	山东禹王制药有限公司	30	非医用营养胶丸
7	日产　NISSAN及图	日产自动车株式会社	12	汽车
8	三门SANMEN及图	三变科技股份有限公司	9	变压器
9	华鸿HUA HONG及图	福建华泰集团有限公司	9	建筑砖瓦
10	苏派SUPAI	江苏苏派服装集团有限公司	25	服装等商品
11	钱潮及图	杭州钱江电气集团股份有限公司	9	变压器
12	德莊MORALS VILLAGE及图	重庆德庄实业（集团）有限公司	43	餐厅等
13	洲艳　Zhou Yan图形	江苏省常熟市洲艳服饰有限公司	25	服装等
14	川及图	湖北省赵李茶桥茶厂	30	砖茶、青砖茶
15	爱家及图	江苏同大股份有限公司	5	空气清新剂、杀害虫剂等
16	瑞嘉	中国出国人员服务总公司	19	铺地木材、地板等
17	夏普　SHARP	夏普株式会社	9	电视接收机　电视机
18	朝阳	广东朝阳卫浴有限公司	11	水管龙头等
19	三源SANYUAN	佛山市盛发电器有限公司	11	电热开水瓶、电饭锅等
20	太湖及图	江苏太湖锅炉股份有限公司	11	锅炉（非机器零件）等
21	三元SANYUAN及图	北京三元食品股份有限公司	29	消毒牛奶、酸牛奶
22	柏高PACO	粤海装饰材料（中山）有限公司	19	木地板、纤维板、胶合板等
23	安心	北京达瑞兴钉业有限公司	6	钢钉
24	太钢牌TG及图	太原钢铁（集团）有限公司	6	钢材
25	晨辉CHENHUI及图	浙江晨辉照明有限公司	11	日光灯管、照明灯等
26	巨龙及图	天津市雍阳减水剂厂	1	混凝土减水剂
27	西泠印社	西泠印社社务委员会	40	刻印服务
28	汉山及图	广东电白汉山锁业有限公司	6	弹子顶胆锁
29	亚星及图	江苏亚星锚链有限公司	12	锚链
30	亚星	潍坊亚星化学股份有限公司	1	氯化聚乙烯、聚氯乙烯树脂

序号	商标	注册人/所有人	类别	使用商品/服务
31	纽崔莱	美国安利有限公司	5	医用饮料等
32	莫高 MOGAO	甘肃莫高实业发展股份有限公司	33	葡萄酒
33	道光	辽宁道光廿五集团满族酿酒有限责任公司	33	烧酒等
34	强力	北京强力家具有限公司	20	家具、弹簧床垫等
35	三环牌及图	湖南三环颜料有限公司	2	氧化铁粉
36	百得	中山市百得燃气用具有限公司	11	民用燃气灶具、燃气沸水器
37	港洋及图	江苏港洋实业股份有限公司	24	精纺呢绒
38	盛洲 SHENGZHOU 及图	厦门中盛粮油企业有限公司	29	食用油
39	棒棒娃 BANGBANGWA 及图	成都市棒棒娃实业有限公司	29	肉干、猪肉食品等
40	南翔及图	南翔集团有限公司	6	普通金属线
41	富通 FUTONG 及图 富通及图	富通集团有限公司	9	电缆等
42	Teloon 及图	浙江天龙集团有限公司	28	网球
43	苍松及图	辽宁好护士药业 (集团) 有限责任公司	5	中药
44	龙宝 longbao	本溪龙宝（集团）参茸有限公司	5	人参
45	國聖及图	福建省红太阳精品有限公司	29	酱菜、蔬菜罐头、牛奶制品
46	华伦及图	华伦集团有限公司	9	电缆、电源材料（电线、电缆）
47	五女山及图	辽宁省五女山绿色食品开发有限公司	33	人参酒、五女山窖酒等
48	大雪 DAXUE 及图	大连大雪啤酒股份有限公司	32	啤酒
49	铁鎯及图	铁鎯电动工具有限公司	7	电动园锯等
50	红叶 Hong Ye 及图	浙江红叶制伞有限公司	18	女用阳伞、遮阳伞等
51	乐家老铺	南京同仁堂药业有限责任公司	5	中成药品
52	Nikon 尼康	株式会社尼康	9	摄影机、录像器等
53	雪竹 XUEZHU 及图	无锡市雪竹针织有限公司	25	服装等商品
54	金牛角及图	武汉金牛经济发展有限公司	17	塑料管等
55	立邦	立邦涂料（中国）有限公司	2	油漆等
56	三沟及图	辽宁三沟酒业有限责任公司	33	白酒
57	神舟 shenzhou	中国空间技术研究院	12	航空运输机等
58	光阳及图	福清市阳光食品有限公司	29	皮蛋、蛋品
59	新兴 XINXING 及图	新兴铸管股份有限公司	6	金属铁管、铸铁管管件
60	威胜及图	长沙威胜电子有限公司	9	电度表等
61	天府 TF 及图	四川轮胎橡胶（集团）股份有限公司	12	轮胎
62	第 1149836 号图形	南京栖霞建设股份有限公司	36	不动产出租；不动产管理
63	豪进 HAOJIN	增城市海利摩托车有限公司	12	摩托车
64	徐家木业	江苏徐家木业有限公司	19	地板
65	洮儿河牌及图	吉林省洮儿河酒业有限公司	33	酒
66	CASIO 卡西欧 卡西欧 CASIO 卡西欧 CASIO	日商·樫尾计算机株式会社	9 14 15	计算器 手表 电子音乐仪器等

序号	商标	注册人/所有人	类别	使用商品/服务
67	林及图	东莞市远梦家用纺织品有限公司	24	毛巾被等
68	鼎丰真	长春市鼎丰真食品有限责任公司	30	糕点
69	汤沟及图	江苏汤沟两相和酒业有限公司	33	酒
70	圣农 SUNNER 及图	福建圣农发展股份有限公司	29	肉冻等
71	金浩 JINHAO 及图	湖南金浩茶油股份有限公司	29	食用油
72	六味斋	太原六味斋实业有限公司	29	酱肉、火腿等
73	虎头牌 TIGER HEAD 及图	广州市电筒工业公司	11	电筒
74	栗源及图	遵化栗源食品有限公司	29	精制坚果仁、糖炒栗子
75	海堤 SEA DYKE 及图	厦门茶叶进出口有限公司	30	茶
76	erke 及图　鸿星尔克	福建鸿星尔克体育用品有限公司	25	服装、鞋等
77	DEC 及图 DEC 及图　东方	中国东方电气集团有限公司	7	电站设备、汽轮机塔等
78	海正　HISUN 及 第 1226147 号图形	浙江海正药业股份有限公司	5	医用药物等
79	曼佳美	利胜电光源（厦门）有限公司	11	照明器、灯泡
80	成工 CG 及图	四川成都成工工程机械股份有限公司	7	装载机
81	银麦	山东新银麦啤酒有限公司	32	啤酒等
82	YANAN	福建福安闽东亚南电机有限公司	7	发电机、电动机
83	天府牌 TIANFUPAI 及图	川化股份有限公司	1	尿素
84	百联	福建百联实业有限公司	29	加工过的瓜子
85	金路及图	四川金路集团股份有限公司	1	聚氯乙烯树脂等
86	光芒及图	江苏光芒集团有限公司	11	热水器、煤气灶
87	宏達	厦门宏达洋伞工业有限公司	18	伞环、雨伞或阳伞骨等
88	枫树 FENGSHU 及图	湖北枫树线业有限公司	23	棉线、纺织线、丝线等
89	便宜坊	北京便宜坊烤鸭集团有限公司	43	餐馆
90	大吉 Daji 及图	福建大吉刀剪五金有限公司	8	剪刀、修剪剪刀等
91	豪享来	厦门豪享来餐饮娱乐有限公司	42	餐馆、自助餐馆等

中国已注册和初步审定地理标志名录

(703~722)

截至2009年底我国已注册和初步审定的771件地理标志名录

近年来，国家工商总局商标局认真贯彻落实党中央、国务院关于解决“三农”问题的重大决策，充分发挥职能作用，以地理标志和农产品商标富农作为服务“三农”的切入点，积极指导地理标志注册申请，坚持地理标志注册申请单独排队、加快审查的“绿色通道”，缩短审查周期，使地理标志注册量和初步审查量大幅增长。近两年的注册和初步审查量达到470件，是过去14年的1.56倍，对促进农业增效、农民增收、农村发展发挥了积极作用，取得了较好的社会效益和经济效益，得到各级人民政府和地理标志注册人的肯定。

现将截至2009年底我国已注册和初步审定的771件地理标志名录予以发布。

国家工商总局商标局

二〇一〇年一月十三日

中国已注册地理标志名录

（截止2009.12.31）

序号	国家省份	商标名称	注册人	注册号	商品
1	北京	门头沟京白梨	北京市门头沟区科技开发实验基地	3631861	鲜梨
2	北京	门头沟京西白蜜	北京市门头沟区养蜂协会	6383583	蜂蜜
3	北京	平谷鲜桃	平谷县农产品产销服务中心	2024532	桃子
4	北京	房山磨盘柿	北京市房山区果树发展中心	3305838	鲜柿子
5	北京	大兴西瓜	北京市大兴区西甜瓜产销协会	3490256	西瓜
6	北京	密云甘栗	密云县农业产业协会	4498983	新鲜栗子
7	北京	怀柔板栗	北京市怀柔区农业发展促进会	4758557	新鲜栗子
8	天津	沙窝萝卜	天津市西青区辛口镇沙窝萝卜产销协会	4196306	新鲜萝卜
9	天津	小站稻	天津市津南区农业技术推广服务中心	1299949	米
10	天津	茶淀葡萄	天津市汉沽区葡萄种植业协会	6316732	鲜葡萄
11	河北	赞皇大枣	赞皇县大枣协会	6980362	干枣
12	河北	宣化牛奶葡萄	张家口市宣化葡萄研究所	5092879	新鲜牛奶葡萄
13	河北	玉田包尖白菜	玉田县农业技术推广中心	4461022	新鲜白菜
14	河北	迁西板栗	迁西县林学会	2016454	新鲜栗子
15	河北	沧县金丝小枣	沧县枣业发展中心	3160926	干枣
16	河北	黄骅冬枣	黄骅市冬枣技术服务中心	3667385	鲜枣
17	河北	沧州金丝小枣	沧州市红枣产业协会	6842419	干枣
18	河北	泊头鸭梨	泊头天和隆林果专业合作社	6915178	梨

序号	国家省份	商标名称	注册人	注册号	商品
19	河北	白洋淀鸭蛋	安新县白洋淀鸭蛋制品行业协会	5915346	鸭蛋
20	河北	阜平大枣	阜平县果品发展研究中心	5175586	鲜枣
21	河北	南宫大枣	南宫市大枣发展行业协会	6325243	枣
22	山西	清徐葡萄	清徐县葡萄产业促进会	4609016	鲜葡萄
23	山西	清徐陈醋	清徐县农业产业化协会	2016506	陈醋
24	山西	清徐老陈醋	清徐县农业产业化协会	2016507	老陈醋
25	山西	大同黄花	大同县黄花菜合作协会	4151901	黄花菜
26	山西	稷山板枣	山西省稷山县红枣协会	4051378	干枣
27	山西	稷山板枣	山西省稷山县红枣协会	4051379	鲜枣
28	山西	平遥牛肉	平遥牛肉行业商会	4413461	牛肉
29	山西	祁县酥梨	祁县酥梨协会	6870253	梨
30	内蒙古	武川土豆	武川县优势农作物技术开发协会	4398637	鲜土豆
31	内蒙古	武川荞麦	武川县优势农作物技术开发协会	4398638	荞麦
32	内蒙古	武川荞麦	武川县优势农作物技术开发协会	4398636	莜麦
33	内蒙古	达茂草原羊	包头市达茂联合旗肉食品行业协会	5487519	羊肉
34	内蒙古	库伦荞麦	库伦旗农业技术推广中心	3354361	荞麦（未加工的）
35	内蒙古	磴口华莱士瓜	内蒙古磴口县华莱士瓜研究所	5007538	甜瓜
36	内蒙古	巴彦淖尔小麦	巴彦淖尔市农业科学院	5005619	小麦
37	内蒙古	锡林郭勒羊肉	锡林郭勒盟肉类食品商会	4032002	羊肉；羊肉片
38	内蒙古	呼伦贝尔黑木耳	呼伦贝尔市黑木耳产业协会	6990994	木耳
39	辽宁	庄河大骨鸡	庄河市畜牧技术推广站	3593190	鸡
40	辽宁	金州大樱桃	大连市金州区果树管理服务中心	4991886	樱桃
41	辽宁	金州黄桃	大连市金州区果树技术推广中心	6644299	黄桃
42	辽宁	长海海参	长海商会	4904656	海参（活的）
43	辽宁	长海海参	长海商会	4904657	海参（非活）
44	辽宁	旅顺海带	大连市旅顺口区藻类协会	6455336	海带
45	辽宁	瓦房店小国光苹果	瓦房店市苹果协会	6892968	苹果
46	辽宁	海城南果梨	海城市南果梨协会	3777671	南果梨
47	辽宁	鞍山南果梨	鞍山市南果梨协会	5719800	南果梨
48	辽宁	岫岩玉雕	鞍山市宝玉石协会	6816114	玉雕工艺品
49	辽宁	南票大枣	葫芦岛市南票区林业开发协会	5053641	鲜枣
50	辽宁	绥中白梨	绥中县果业协会	6589251	梨
51	辽宁	盘锦大米	盘锦市大米协会	3514579	大米
52	辽宁	东港草莓	东港市草莓研究所	3441365	新鲜草莓
53	辽宁	东港大米	东港市粮食行业协会	4027443	米
54	辽宁	东港大米	东港市粮食行业协会	4027442	米
55	辽宁	铁岭花生	铁岭市个体劳动者协会农副产品分会	5417997	花生(未加工的)
56	辽宁	铁岭大米	铁岭市个体劳动者协会农副产品分会	5394644	大米
57	辽宁	铁岭榛子	铁岭市农副产品协会	6810245	加工过的榛子
58	辽宁	营口大米	营口市农业中心	7041576	大米
59	吉林	长白山人参	吉林省参业协会	7331857	人参
60	吉林	榆树大米	榆树市稻米产业协会	6399113	大米
61	吉林	九台饮马河大米	九台市饮马河绿色水稻经济合作协会	5851244	米

序号	国家省份	商标名称	注册人	注册号	商品
62	吉林	双阳梅花鹿	长春市双阳区鹿业协会	6229408	梅花鹿
63	吉林	洮南黑水西瓜	洮南市黑水镇西瓜产业协会	6205633	西瓜
64	吉林	洮南万宝粉丝	洮南市万宝粉业协会	6851985	马铃薯粉丝（条）
65	吉林	前郭尔罗斯大米	前郭尔罗斯蒙古族自治县农村合作经济组	6022436	大米
66	吉林	扶余老醋	松原市江宁区调味品行业协会	4865168	醋
67	吉林	乾安黄小米	乾安县谷物种植协会	6851984	黄小米
68	吉林	梅河口大米	梅河口市大米协会	5568387	大米
69	吉林	集安边条参	吉林省集安边条参协会	6533520	边条参
70	吉林	集安贡米	吉林省集安大米协会	6533030	大米
71	吉林	集安板栗	吉林省集安绿色食品产业协会	7426677	新鲜栗子
72	吉林	集安山葡萄	吉林省集安山葡萄协会	6893733	山葡萄
73	吉林	舒兰大米	舒兰市大米协会	6488037	大米
74	吉林	东丰梅花鹿	东丰县鹿业协会	6893734	梅花鹿
75	黑龙江	五常大米	五常市大米协会	1607996	大米
76	黑龙江	五常大米	五常市大米协会	5789043	大米
77	黑龙江	方正大米	方正县米业协会	5701255	大米
78	黑龙江	巴彦大豆	巴彦县农产品质量安全协会	5889731	大豆
79	黑龙江	兰西亚麻	黑龙江省兰西县亚麻行业协会	4051105	生亚麻（亚麻纤维）等
80	黑龙江	庆安大米	庆安县米业协会	3311189	米
81	上海	崇明香酥芋	上海市崇明农产品加工与出口协会	5495601	香酥芋
82	上海	崇明白扁豆	上海市崇明农产品加工与出口协会	5495602	白扁豆
83	上海	崇明金瓜	上海市崇明农产品加工与出口协会	5495603	金瓜
84	上海	崇明水仙	上海市崇明林业协会	5495546	水仙花
85	上海	崇明白山羊	上海市崇明农产品加工与出口协会	5495545	白山羊
86	上海	崇明老毛蟹	上海市崇明县河蟹协会	6450301	蟹（活）
87	上海	嘉定竹刻	上海市嘉定区竹刻协会	6072153	竹刻笔筒；竹刻镇纸；竹刻笔架；竹刻笔搁
88	上海	嘉定竹刻	上海市嘉定区竹刻协会	6072154	竹刻工艺品等
89	江苏	南京云锦	南京市云锦研究所	3327697	织物；装饰织品
90	江苏	南京云锦	南京市云锦研究所	5324522	床单；枕套等
91	江苏	南京云锦	南京市云锦研究所	5324523	服装；帽；鞋等
92	江苏	邳州大蒜	邳州市大蒜协会	3586359	新鲜蒜
93	江苏	东台西瓜	东台市西瓜产销协会	3729507	西瓜
94	江苏	射阳大米	射阳县大米协会	3265993	米
95	江苏	阜宁大米	阜宁县粮食行业协会	4734429	米
96	江苏	滨海白首乌	江苏省白首乌产业协会	6162877	白首乌片（中药材）等
97	江苏	建湖大米	建湖县粮食行业协会	6151600	米
98	江苏	建湖烟花	建湖县花炮商会	4500324	焰火；烟花；爆竹等
99	江苏	盱眙龙虾	江苏省盱眙龙虾协会	3739968	龙虾（活）
100	江苏	淮安大米	淮安市优质稻米开发协会	4970201	未加工的稻

序号	国家省份	商标名称	注册人	注册号	商品
101	江苏	淮安大米	淮安市优质稻米开发协会	4970200	米
102	江苏	高邮鸭蛋	高邮鸭蛋行业协会	3721793	鸭蛋
103	江苏	宝应荷藕	宝应县荷藕行业协会	7462073	藕（新鲜的）
104	江苏	泰兴白果	泰兴市银杏协会	2016468	白果
105	江苏	兴化大米	兴化市大米行业协会	6020916	米
106	江苏	兴化大青虾	兴化市大青虾行业协会	6020920	虾（活）
107	江苏	兴化大闸蟹	兴化市大闸蟹行业协会	6020921	大闸蟹（活）
108	江苏	兴化面粉	兴化市面粉行业协会	6020917	食用面粉
109	江苏	兴化香葱	兴化市香葱协会	6020918	脱水葱
110	江苏	镇江香醋	镇江市醋业协会	4488806	醋
111	江苏	镇江陈醋	镇江市醋业协会	4488787	醋
112	江苏	镇江陈醋	镇江市醋业协会	6771159	醋
113	江苏	阳山	无锡市惠山区阳山水蜜桃桃农协会	2016462	桃子
114	江苏	宜兴紫砂	宜兴市陶瓷行业协会	3790774	陶器；日用陶器等
115	江苏	宜兴百合	宜兴市百合协会	4512393	新鲜百合
116	江苏	甘露	无锡市锡山区鹅湖水产协会	3821788	青鱼（活）
117	江苏	江阴河豚	江阴市农林协会	6551592	河豚
118	江苏	洞庭山	吴县市标准化协会	1163958	茶叶
119	江苏	巴城阳澄湖	昆山市巴城镇阳澄湖蟹业协会	5067165	蟹（活）
120	江苏	金坛雀舌	金坛市茶叶协会	5508967	茶叶
121	江苏	溧阳白芹	溧阳市绿色食品办公室	3736142	白芹
122	江苏	焦溪舜溪猪肉	常州市焦溪二花脸母猪合作社	5698120	猪肉
123	江苏	焦溪舜山 二花脸母猪	常州市焦溪二花脸母猪合作社	4855036	母猪
124	江苏	阳湖水蜜桃	常州市武进区果品协会	5922155	水蜜桃
125	浙江	龙井茶	浙江省农业厅经济作物管理局	5612284	茶
126	浙江	径山茶	杭州市余杭区径山茶业管理协会	2016451	茶
127	浙江	天目笋干	临安市竹产业协会	6277986	笋干
128	浙江	临安山核桃	临安市山核桃产业协会	6277987	加工过的山核桃
129	浙江	桐庐雪水云绿茶	桐庐县雪水云绿茶产业协会	6193691	茶
130	浙江	塘栖枇杷	杭州市余杭区塘栖镇农业技术推广站	5621689	枇杷
131	浙江	天目雷笋	临安市竹产业协会	6277989	鲜竹笋
132	浙江	天目青顶	临安市茶叶产业协会	7254181	茶
133	浙江	建德草莓	建德市草莓产业协会	7387821	新鲜草莓
134	浙江	余姚瀑布仙茗	余姚市余姚瀑布仙茗协会	1794582	茶
135	浙江	余姚杨梅	余姚市林业特产技术推广总站	5786399	杨梅
136	浙江	余姚榨菜	余姚市榨菜协会	5132808	榨菜
137	浙江	奉化水蜜桃	奉化市水蜜桃研究所	6085045	水蜜桃
138	浙江	宁海梅林鸡	宁海县土鸡产业协会	7340348	活鸡
139	浙江	宁海梅林鸡	宁海县土鸡产业协会	7340349	白条鸡
140	浙江	象山大黄鱼	象山县水产养殖技术推广站	7581260	大黄鱼（活）
141	浙江	象山梭子蟹	象山县水产养殖技术推广站	7581261	梭子蟹（活）
142	浙江	象山紫菜	象山县水产养殖技术推广站	7581262	紫菜（新鲜）

序号	国家省份	商标名称	注册人	注册号	商品
143	浙江	象山白鹅	象山县畜牧兽医总站	7581263	活鹅
144	浙江	象山白鹅	象山县畜牧兽医总站	7581264	加工过的鹅
145	浙江	慈溪杨梅	慈溪市林特技术推广中心	7227241	杨梅
146	浙江	鄞州雪菜	宁波市鄞州区雪菜协会	6992492	腌制雪菜
147	浙江	黄岩本地早	台州市黄岩区果品产销协会	1388989	蜜桔
148	浙江	黄岩慢桔	台州市黄岩区果品产销协会	1388990	慢桔
149	浙江	黄岩蜜桔	台州市黄岩区果品产销协会	6112594	蜜桔
150	浙江	临海蟠毫	临海市特产技术推广总站	1739891	茶
151	浙江	临海蜜桔	临海市特产技术推广总站	1739893	柑桔
152	浙江	温岭高橙	温岭市特产技术推广站	1739892	高橙
153	浙江	楚门文旦	玉环县文旦特产局	1299948	文旦（柚）
154	浙江	临海杨梅	临海市特产技术推广总站	4930297	杨梅
155	浙江	仙居杨梅	仙居县果品产销协会	4770370	杨梅
156	浙江	三门青蟹	三门县水产技术推广站	3897098	青蟹（活）
157	浙江	天台乌药	天台县天台乌药养生研究协会	6400083	乌药
158	浙江	安吉白茶	安吉县农业局茶叶站	1511897	茶
159	浙江	莫干黄芽	德清县莫干山镇农业综合服务中心	6740365	茶
160	浙江	桐乡杭白菊	杭白菊原产地域产品保护办公室	3729657	菊花茶(茶叶代用品)
161	浙江	嘉善黄酒	嘉善县汾湖黄酒研究所	4461564	黄酒
162	浙江	嘉善老酒	嘉善县汾湖黄酒研究所	4461563	黄酒
163	浙江	嘉善杨庙雪菜	嘉善杨庙雪菜产业管理协会	5223655	腌制雪菜
164	浙江	凤桥水蜜桃	嘉兴市南湖区凤桥镇农业技术服务中心	6241939	桃
165	浙江	金塘李	舟山市定海区金塘农业服务中心	4068505	李子
166	浙江	普陀水仙	舟山市普陀区农学会	4828147	花球茎
167	浙江	普陀佛茶	舟山市普陀区茶业协会	4828148	茶
168	浙江	舟山大黄鱼	舟山市水产流通与加工协会	5020378	大黄鱼（非活的）
169	浙江	舟山大黄鱼	舟山市水产流通与加工协会	5020379	大黄鱼（活的）
170	浙江	舟山三疣梭子蟹	舟山市水产流通与加工协会	5020380	三疣梭子蟹（非活）
171	浙江	舟山带鱼	舟山市水产流通与加工协会	5020381	带鱼（非活的）
172	浙江	舟山带鱼	舟山市水产流通与加工协会	5020382	活带鱼
173	浙江	舟山三疣梭子蟹	舟山市水产流通与加工协会	5020383	三疣梭子蟹（活的）
174	浙江	嵊泗贻贝	嵊泗县贻贝养殖行业协会	3390902	贻贝（非活）等
175	浙江	登步黄金瓜	舟山市普陀区登步黄金瓜种植协会	6911748	黄金瓜
176	浙江	舟山大黄鱼	舟山市水产流通与加工行业协会	7481930	大黄鱼（非活的）
177	浙江	舟山带鱼	舟山市水产流通与加工行业协会	7481931	带鱼（非活的）
178	浙江	舟山三疣梭子蟹	舟山市水产流通与加工行业协会	7481932	三疣梭子蟹（非活）
179	浙江	舟山晚稻杨梅	舟山市农学会	7184033	杨梅
180	浙江	绍兴黄酒	绍兴市黄酒行业协会	1388983	黄酒
181	浙江	绍兴老酒	绍兴市黄酒行业协会	1388984	黄酒
182	浙江	绍兴黄酒	绍兴市黄酒行业协会	7475908	黄酒
183	浙江	大佛茶	新昌县名茶协会	3293273	茶
184	浙江	新昌小京生	新昌县小京生花生协会	1388986	花生（果品）
185	浙江	新昌小京生	新昌县小京生花生协会	1388987	加工过的花生

序号	国家省份	商标名称	注册人	注册号	商品
186	浙江	金华市金华火腿	金华火腿证明商标保护委员会办公室	3779376	火腿
187	浙江	金华市金华火腿	金华火腿证明商标保护委员会办公室	3779377	火腿
188	浙江	金华市金华火腿	金华火腿证明商标保护委员会办公室	3779378	火腿
189	浙江	金华市金华火腿	金华火腿证明商标保护委员会办公室	3779379	火腿
190	浙江	金华佛手	金华市林业局生产经营管理站	3088313	佛手
191	浙江	东阳香榧	东阳市香榧产业协会	5666192	加工过的香榧
192	浙江	东阳木雕	东阳市工艺美术行业协会	5584027	木雕工艺品；木雕家具
193	浙江	磐安白术	浙江磐安中药协会	3593189	白术
194	浙江	磐安浙贝母	浙江磐安中药协会	3603849	浙贝母（中药材）
195	浙江	磐安杭白芍	浙江磐安中药协会	3854802	杭白芍
196	浙江	磐安玄参	浙江磐安中药协会	3854801	玄参
197	浙江	磐安元胡	浙江磐安中药协会	3854800	元胡（中药材）
198	浙江	磐安香菇	磐安县食用菌协会	3771396	新鲜蘑菇
199	浙江	磐安云峰	浙江省磐安县茶业协会	5592502	茶
200	浙江	文成粉丝	文成县浙南薯业产销专业合作社	5496634	番薯粉丝
201	浙江	苍南四季柚	苍南县农学会	5528373	柚子
202	浙江	苍南槟榔芋	苍南县农学会	5528374	芋头
203	浙江	苍南翠龙茶	苍南县农学会	5528372	茶
204	浙江	乐清泥蚶	乐清市水产技术推广站	5050110	活泥蚶
205	浙江	遂昌菊米	遂昌县菊米产业协会	4428161	菊米（茶叶代用品）
206	浙江	庆元香菇	庆元县食用菌办公室	3240536	新鲜蘑菇
207	浙江	庆元香菇	庆元县食用菌办公室	2016459	香菇
208	浙江	庆元香菇	庆元县食用菌办公室	3561698	香菇
209	浙江	松阳晒红烟	松阳县晒红烟协会	1739897	烟草；烟丝
210	浙江	青田石雕	浙江省青田县石雕行业管理办公室	2016490	石头雕刻工艺品
211	浙江	龙泉青瓷	龙泉市青瓷行业协会	3267703	瓷艺术品
212	浙江	处州白莲	丽水市莲都区农业技术推广中心	6942857	莲子
213	浙江	处州白莲	丽水市莲都区农业技术推广中心	6942858	莲子
214	浙江	江山绿牡丹茶	江山市经济特产技术推广站	1739896	茶
215	浙江	衢县椪柑	浙江省衢县椪柑技术开发中心	1511899	椪柑
216	浙江	开化龙顶	开化县特产局（茶叶局）	6626390	茶
217	浙江	龙游小辣椒	龙游小辣椒产业协会	1388993	加工过的小辣椒(腌制的)
218	浙江	常山胡柚	常山县农业局特产站	1219974	胡柚
219	安徽	皖南土鸡	安徽省家禽业协会	5785682	活鸡
220	安徽	长丰草莓	长丰县草莓协会	5495691	新鲜草莓
221	安徽	南陵大米	南陵县稻米产业协会	4911244	米
222	安徽	六安瓜片	六安市裕安区茶叶产业协会	2016443	茶叶
223	安徽	六安瓜片	六安市裕安区茶叶产业协会	3288308	茶叶
224	安徽	霍山黄芽	霍山县茶叶产业协会	2016488	茶
225	安徽	皖西	六安市皖西白鹅产业协会	3055259	活鹅
226	安徽	舒城小兰花	舒城县茶叶产业协会	6087682	茶

序号	国家省份	商标名称	注册人	注册号	商品
227	安徽	桐城水芹	桐城市蔬菜副食品产销办公室	3173278	水芹
228	安徽	岳西翠兰	岳西县茶业协会	5578268	茶叶
229	安徽	太平猴魁	黄山区茶业协会	4908398	茶
230	安徽	祁门红茶	祁门县祁门红茶协会	4292071	茶
231	安徽	怀远石榴	怀远县石榴产业研究会	4370056	石榴
232	安徽	明光绿豆	明光市明光绿豆协会	4376042	绿豆
233	安徽	砀山酥梨	安徽省砀山酥梨协会	1163951	鲜梨
234	安徽	东至云尖	东至县茶业协会	3246363	茶
235	安徽	宁国山核桃	宁国市山核桃产业协会	6488103	加工过的山核桃
236	福建	永泰芙蓉李	永泰县生产力促进中心	3899569	李子（鲜水果）
237	福建	福州茉莉花茶	福州市园艺学会	4939090	茶
238	福建	永泰柿饼	永泰县生产力促进中心	6160169	柿饼
239	福建	安溪铁观音	安溪县茶业总公司	1388991	茶叶
240	福建	安溪黄金桂	安溪县茶业总公司	1388992	茶叶
241	福建	永春芦柑	永春县柑桔同业公会	6655467	柑桔
242	福建	永春佛手	永春县茶叶同业公会	6655468	茶
243	福建	德化陶瓷	德化县陶瓷同业公会	4523004	瓷器；陶器等
244	福建	德化瓷雕	德化县陶瓷同业公会	4523005	瓷器；陶器等
245	福建	德化戴云黑鸡	德化县养殖技术推广中心	3636696	鸡（活的）
246	福建	永春闽南水仙	永春县茶叶同业公会	6655469	茶
247	福建	武夷山大红袍	武夷山茶叶科学研究所	1687896	茶
248	福建	政和工夫	政和县茶叶技术推广总站	6495869	茶
249	福建	政和白茶	政和县茶叶技术推广总站	6228806	茶
250	福建	松溪绿茶	松溪县茶叶管理总站	6534378	茶
251	福建	邵武碎铜茶	邵武市进士茶树良种推广专业合作社	6914478	茶
252	福建	柘荣太子参	柘荣县太子参协会	1608000	太子参
253	福建	古田银耳	古田县食用菌办公室	1607999	银耳
254	福建	古田油奈	古田县经济作物站	2016457	油柰（水果）
255	福建	黄田马蹄笋	古田县黄田镇企业管理站	4914014	新鲜马蹄笋
256	福建	黄田马蹄笋	古田县黄田镇企业管理站	4914013	马蹄笋干等
257	福建	福鼎四季柚	福鼎市四季柚协会	2016482	柚
258	福建	福鼎芋	福鼎市福鼎芋协会	2016481	芋
259	福建	福鼎槟榔芋	福鼎市福鼎芋协会	3453951	芋
260	福建	福鼎大白茶	福鼎市茶业协会	4350700	茶
261	福建	福鼎白毫银针	福鼎市茶业协会	4350696	茶
262	福建	福鼎白琳工夫	福鼎市茶业协会	4350701	茶
263	福建	福鼎白茶	福鼎市茶业协会	6595730	茶
264	福建	坦洋工夫	福安市茶业协会	5379787	茶
265	福建	坦洋工夫	福安市茶业协会	6190797	茶
266	福建	蕉城晚熟龙眼	宁德市蕉城区晚熟龙眼产业协会	4957601	龙眼
267	福建	霞浦海带	霞浦县农副产品产业协会	7127315	海带
268	福建	霞浦紫菜	霞浦县农副产品产业协会	7127316	紫菜
269	福建	天山绿茶	宁德市蕉城区茶业协会	6888311	茶

序号	国家省份	商标名称	注册人	注册号	商品
270	福建	连城红心地瓜干	连城红心地瓜干协会	3571139	地瓜干 (熟)
271	福建	连城兰花	连城县朋口镇兰花协会	5393515	兰花
272	福建	漳平水仙茶	漳平市茶叶协会	5011405	茶饼
273	福建	龙岩咸酥花生	龙岩市新罗区花生产业协会	5130282	加工过的花生
274	福建	武平绿茶	福建省武平县茶叶协会	6524922	茶
275	福建	连城白鸭	连城县白鸭研究所	6965123	鸭 (活的)
276	福建	连城白鸭	连城县白鸭研究所	7023724	鸭 (非活)
277	福建	漳州芦柑	漳州市果品发展中心	1388994	芦柑
278	福建	ZHANG ZHOU orange	漳州市果品发展中心	1388995	芦柑
279	福建	图形	漳州市果品发展中心	1388996	芦柑
280	福建	漳州香蕉	漳州市果业发展中心	2024522	新鲜香蕉
281	福建	ZHANGZHOU NARCISSUS	漳州市花卉协会	2016475	水仙花
282	福建	漳州水仙花	漳州市花卉协会	2016476	水仙花
283	福建	漳州水仙花	漳州市花卉协会	2016477	水仙花
284	福建	南靖兰花	南靖县兰花协会	5819164	兰花
285	福建	平和琯溪蜜柚	福建省平和琯溪蜜柚发展中心	1388988	蜜柚
286	福建	诏安红星	诏安县红星乡青梅技术研究会	2016463	新鲜青梅
287	福建	度尾	仙游县度尾镇文旦柚协会	1388985	文旦柚
288	福建	莆田枇杷	莆田市枇杷协会	3984456	枇杷
289	福建	莆田兴化桂元	莆田市兴化桂圆协会	3895434	干桂元
290	福建	南日鲍	南日鲍协会	6595645	鲍鱼 (活)
291	福建	建宁通心白莲	福建省建宁县供销合作社联合社	1607998	莲子
292	福建	尤溪绿笋	尤溪县竹业协会	3984436	绿笋 (新鲜)
293	福建	明溪肉脯干	明溪县肉脯干行业协会	5713312	肉脯干
294	福建	永安黄椒	永安市农学会	6862869	辣椒 (新鲜蔬菜)
295	江西	景德镇	景德镇陶瓷协会	1299950	瓷器等
296	江西	浮梁茶	浮梁县茶叶协会	4839222	茶
297	江西	南丰蜜桔	南丰县柑橘技术推广中心	1219973	蜜桔
298	江西	广昌白莲	广昌县白莲协会	2016455	莲子
299	江西	崇仁麻鸡	崇仁县麻鸡行业协会	4903959	麻鸡 (活家禽)
300	江西	安福	安福县火腿协会	1607995	火腿
301	江西	泰和乌鸡	江西泰和鸡协会	1687900	乌鸡
302	江西	永丰	永丰县蔬菜专业协会	3760435	辣椒 (新鲜蔬菜)
303	江西	万安玻璃红鲤鱼	万安玻璃红鲤鱼产业协会	5631236	红鲤鱼 (活鱼)
304	江西	遂川金桔	遂川县金柑产业协会	4372602	金桔
305	江西	永丰茶油	永丰县油茶产业协会	6559961	茶油
306	江西	弋阳多穗石栎	江西省弋阳县农副产品流通协会	5245926	茶
307	江西	婺源绿茶	婺源县茶叶协会	4864293	茶
308	江西	弋阳年糕	弋阳县弋阳年糕研究所	3150959	年糕
309	江西	瑞昌山药	瑞昌市山药产业协会	5502585	山药
310	江西	庐山云雾茶	九江市庐山区茶叶协会	3723943	茶

序号	国家省份	商标名称	注册人	注册号	商品
311	江西	西港化红	修水县西港化红专业合作社	6982153	橙（鲜水果）
312	江西	宁都黄鸡	宁都县畜牧兽医技术服务中心	3537982	黄鸡
313	江西	信丰脐橙	信丰县果业协会	4316669	脐橙
314	江西	赣南脐橙	赣州市赣南脐橙协会	6437839	柑橘
315	江西	南康甜柚	南康市果业协会	7104089	柚子
316	江西	寻乌蜜桔	寻乌县果业协会	7104090	蜜桔
317	江西	万载百合	万载县百合产业协会	6955196	鲜百合
318	江西	上栗花炮	上栗县花炮商会	5670673	烟花；爆竹；鞭炮
319	山东	章丘大葱	章丘市大葱科学研究会	1299947	大葱
320	山东	胶州大白菜	胶州市大白菜协会	4428350	白菜
321	山东	崂山茶	青岛崂山茶协会	5143935	茶
322	山东	大泽山葡萄	平度市大泽山葡萄协会	5136763	鲜葡萄
323	山东	崂山茶	青岛崂山茶协会	5626863	茶
324	山东	莱阳梨	莱阳市果树技术指导站	1219975	梨
325	山东	烟台大樱桃	烟台市大樱桃协会	6765230	樱桃
326	山东	烟台苹果	烟台市苹果协会	6049534	苹果
327	山东	莱州梭子蟹	莱州市渔业协会	5567422	梭子蟹（活的）
328	山东	海阳白黄瓜	海阳市蔬菜协会	6137068	白黄瓜
329	山东	长岛鲍鱼	长岛县渔业协会	7366847	鲍鱼 (活的)
330	山东	长岛海参	长岛县渔业协会	7366848	海参 (活的)
331	山东	长岛海参	长岛县渔业协会	7366849	海参 (非活)
332	山东	栖霞苹果	栖霞市苹果产业信息与技术协会	4532563	苹果
333	山东	莱州大粒盐	莱州市诚源盐化研发中心	7315010	原盐；工业用盐
334	山东	荣成海带	荣成市渔业协会	4229043	海带
335	山东	荣成大花生	荣成市花生协会	4229044	加工过的花生
336	山东	乳山牡蛎	乳山市水产养殖协会	5567446	牡蛎 (非活)
337	山东	威海刺参	威海市海参产业协会	6283638	海参 (非活)
338	山东	威海无花果	威海经济技术开发区泊于果树技术推广站	5970640	无花果 (鲜水果)
339	山东	阳信鸭梨	山东阳信鸭梨研究所	3233659	鸭梨
340	山东	沾化冬枣	沾化县冬枣研究所	3297888	鲜枣
341	山东	肥城	山东省肥城桃开发总公司	1687897	桃
342	山东	峄城石榴	峄城区石榴产销协会	5764306	石榴
343	山东	山亭火樱桃	枣庄市山亭区绿色农资推广应用协会	6150665	樱桃
344	山东	滕州马铃薯	滕州市有机农业发展协会	6022426	鲜土豆
345	山东	日照绿茶	日照市东港区茶叶技术协会	2016491	茶
346	山东	金乡大蒜	金乡县大蒜协会	1607993	大蒜
347	山东	汶上芦花鸡	汶上县畜牧协会	6646832	活芦花鸡
348	山东	鱼台大米	鱼台大米产业协会	7423722	大米
349	山东	苍山大蒜	苍山县蔬菜发展管理局	3129811	大蒜
350	山东	郯城银杏	郯城县银杏产业发展中心	6788735	新鲜银杏
351	山东	平邑金银花	平邑县金银花标准化种植协会	7128692	金银花
352	山东	莱芜生姜	莱芜市莱城区三辣一麻商会	5713863	新鲜生姜
353	山东	莱芜黑猪	莱芜市畜牧兽医协会	6720728	活猪

序号	国家省份	商标名称	注册人	注册号	商品
354	山东	乐陵小枣	乐陵市金丝小枣管理中心	3172968	鲜枣
355	山东	德州西瓜	德州西瓜产业协会	7491060	西瓜
356	山东	高青大米	高青县绿色农产品协会	6483073	大米
357	山东	淄博陶瓷	山东陶瓷工业协会	7292364	瓷器等
358	山东	博山琉璃	博山琉璃商会	7395041	琉璃艺术品等
359	山东	池上桔梗	博山区池上桔梗协会	7395042	新鲜桔梗菜
360	山东	张庄香椿	淄博市农业综合开发有机食品协会	7309590	香椿（新鲜蔬菜）
361	山东	青州银瓜	青州市农村合作经济组织联合会	6855393	甜瓜
362	山东	昌邑大对虾	昌邑市水产养殖协会	7478605	虾（活的）
363	山东	昌邑大对虾	昌邑市水产养殖协会	7478606	虾（非活的）
364	山东	安丘大姜	安丘市瓜菜协会	6886205	姜
365	山东	莘县香瓜	莘县绿色蔬菜发展协会	6951437	香瓜
366	山东	莘县蘑菇	莘县绿色蔬菜发展协会	6951438	鲜食用菌；新鲜蘑菇
367	河南	新郑小枣	新郑红枣管理协会	2024520	干枣
368	河南	新郑大枣	新郑红枣管理协会	2024521	干枣
369	河南	新郑鸡心枣	新郑红枣管理协会	2024523	干枣
370	河南	新郑灰枣	新郑红枣管理协会	2024527	干枣
371	河南	信阳毛尖	信阳市茶叶学会	3047772	茶
372	河南	固始鸡	固始县固始鸡研究所	2016479	活鸡
373	河南	固始云雾	固始县茶叶协会	5124386	茶
374	河南	原阳大米	原阳大米协会	2016469	大米
375	河南	焦作怀牛膝	焦作市怀药行业协会	5922657	牛膝（中药药材）
376	河南	焦作怀地黄	焦作市怀药行业协会	5922658	地黄（中药药材）
377	河南	焦作怀菊花	焦作市怀药行业协会	5922659	菊花（中药药材）
378	河南	焦作怀山药	焦作市怀药行业协会	5922660	山药（中药药材）
379	河南	禹州钧瓷	禹州市陶瓷协会	5508839	钧瓷
380	河南	西峡香菇	西峡县香菇标准化出口基地联合会	5615359	干食用菌
381	湖北	鄂洪山菜苔	武汉市洪山区洪山菜苔产业协会	3958379	新鲜蔬菜（菜苔）
382	湖北	蔡甸莲藕	武汉市蔡甸区莲藕产业协会	5601503	莲藕
383	湖北	宜都蜜柑	宜都市柑桔协会	4663222	蜜柑
384	湖北	宜都天然富锌茶	宜都市潘家湾土家族乡无公害天然富锌茶叶协会	4686327	茶
385	湖北	秭归脐橙	秭归县柑桔协会	3471533	脐橙
386	湖北	宜昌蜜桔	宜昌市柑桔产业协会	5441878	蜜桔
387	湖北	兴山薄壳核桃	兴山县林业科学研究所	6825032	核桃
388	湖北	孝感米酒	孝感市麻糖米酒行业协会	1607994	米酒
389	湖北	大悟绿茶	大悟县茶叶产业协会	4237408	茶叶
390	湖北	恩施富硒茶	恩施市茶业协会	4150055	茶
391	湖北	鄂州武昌鱼	鄂州武昌鱼协会	4788118	武昌鱼（活的）
392	湖北	鄂州武昌鱼	鄂州武昌鱼协会	4788117	武昌鱼（活的）
393	湖北	鄂州武昌鱼	鄂州武昌鱼协会	4788116	武昌鱼（非活的）
394	湖北	鄂州武昌鱼	鄂州武昌鱼协会	4788115	武昌鱼（非活的）
395	湖北	京山桥米	京山县粮食行业协会	5251319	米

序号	国家省份	商标名称	注册人	注册号	商品
396	湖北	京山米	京山县粮食行业协会	5251320	米
397	湖北	房县黑木耳	房县经济作物技术推广站	6340780	木耳
398	湖北	房县香菇	房县经济作物技术推广站	6340779	蘑菇（干品）
399	湖北	麻城福白菊	麻城市福白菊产业协会	6256443	菊花茶（茶叶代用品）
400	湖南	浏阳花炮	浏阳市烟花爆竹总会	3443942	烟花；爆竹
401	湖南	浏阳鞭炮	浏阳市烟花爆竹总会	5038611	鞭炮；爆竹
402	湖南	浏阳烟花	浏阳市烟花爆竹总会	5038610	烟花
403	湖南	张家界椪柑	张家界市名特优水果协会	5488500	椪柑（鲜水果）
404	湖南	安化茶	安化县茶叶协会	4378207	绿茶
405	湖南	安化黑茶	安化县茶业协会	6006528	茶
406	湖南	安化千两茶	安化县茶业协会	6006529	茶
407	湖南	沅江苎麻	沅江苎麻产业协会	4938266	苎麻纤维
408	湖南	岳阳银针	岳阳市茶叶协会	4784387	茶
409	湖南	石门银峰	石门县茶叶产业协会	4717767	茶
410	湖南	石门柑橘	石门县柑橘协会	5038954	柑橘
411	湖南	桃源大叶茶	桃源县茶叶产业协会	6230496	茶叶
412	湖南	古丈毛尖	古丈茶叶发展研究中心	1607997	茶叶
413	湖南	泸溪椪柑	湖南省泸溪县柑桔协会	5662872	椪柑
414	湖南	龙山百合	龙山县百合产业协会	6488163	百合干
415	湖南	龙山百合	龙山县百合产业协会	6488183	鲜百合
416	湖南	东安鸡	湖南省东安县东安鸡开发研究中心	3023777	活鸡
417	湖南	麻阳柑桔	麻阳苗族自治县柑桔协会	2016493	柑桔
418	湖南	芷江鸭	芷江侗族自治县芷江鸭研究会	5084394	活鸭
419	湖南	永兴冰糖橙	永兴冰糖橙种植业协会	3208113	冰糖橙
420	湖南	宜章脐橙	宜章县果业协会	5309178	柑橘（脐橙）
421	湖南	桂阳烟叶	桂阳县烟草协会	6174371	烟草；烟丝；烟末
422	湖南	隆回龙牙百合	隆回县农业产业化协会	6576018	百合干
423	湖南	隆回金银花	隆回县农业产业化协会	6576019	金银花
424	湖南	武冈卤菜	武冈市特色产业开发办公室	6053558	卤豆腐；卤铜鹅；卤猪肉
425	湖南	武冈铜鹅	武冈市特色产业开发办公室	6053574	活铜鹅
426	湖南	武冈铜鹅	武冈市特色产业开发办公室	6053575	铜鹅肉
427	湖南	湘莲	湘潭县湘莲协会	6117149	莲子
428	广东	郁南无核黄皮	郁南县无核黄皮协会	4813314	黄皮（鲜水果）
429	广东	新兴香荔	新兴县水果生产协会	4520816	荔枝
430	广东	四会沙糖桔	四会市沙糖桔协会	5101208	沙糖桔（桔）
431	广东	四会贡柑	四会市沙糖桔协会	5101207	贡柑（柑橘）
432	广东	德庆贡柑	德庆县农业技术推广中心	5009909	柑橘
433	广东	德庆沙糖桔	德庆县农业技术推广中心	5009908	柑橘
434	广东	封开杏花鸡	封开县杏花鸡繁育中心	5596282	活鸡
435	广东	新会陈皮	江门市新会区农学会	2024528	陈皮
436	广东	三水黑皮冬瓜	佛山市三水区农业技术推广中心	4843870	黑皮冬瓜

序号	国家省份	商标名称	注册人	注册号	商品
437	广东	合水粉葛	佛山市粉葛种植协会	6179017	粉葛（新鲜蔬菜）
438	广东	合水粉葛	佛山市粉葛种植协会	6179018	粉葛（新鲜蔬菜）
439	广东	石湾公仔	佛山市陶瓷行业协会	7134888	瓷器艺术品；陶器艺术品等
440	广东	乐平雪梨瓜	佛山市三水区乐平镇农业服务中心	6310720	雪梨瓜
441	广东	清远鸡	清远市清远鸡研究开发中心	2016498	活鸡
442	广东	清远麻鸡	清远市清远鸡研究开发中心	2016501	活鸡
443	广东	信宜怀乡鸡	信宜市畜牧水产学会	3761179	鸡（活）
444	广东	惠州梅菜	惠州市梅菜产销协会	4263575	腌制梅菜；梅菜罐头
445	广东	潮州柑	潮州市果树研究所	5188939	柑橘
446	广东	翁源三华李	翁源县三华李研究发展中心	3130826	三华李（水果）
447	广西	田阳香芒	田阳县市场开发服务中心	2016464	芒果
448	广西	田阳香芒	田阳县市场开发服务中心	3139423	芒果
449	广西	融安金桔	融安县水果生产技术指导站	4409718	金桔（鲜水果）
450	广西	恭城月柿	恭城瑶族自治县名特优果品协会	4231597	柿子（鲜水果）
451	广西	恭城月柿	恭城瑶族自治县名特优果品协会	4231598	柿饼
452	广西	阳朔金桔	阳朔县农业技术推广中心	5863260	金桔
453	广西	荔浦芋	荔浦县名特优农产品协会	1388981	芋头
454	广西	永福罗汉果	永福县名特优农产品协会	6104817	罗汉果
455	广西	恭城椪柑	恭城瑶族自治县生态农业开发建设管理中心	6516849	椪柑
456	广西	横县茉莉花茶	广西横县茉莉花产业管理局	4100770	茉莉花茶
457	广西	巴马香猪	巴马瑶族自治县巴马香猪生产经营管理协会	3813606	猪
458	广西	南丹瑶鸡	南丹瑶鸡开发研究协会	4942767	活鸡
459	广西	南丹瑶山红梨	南丹县水果研究会	5806840	梨
460	广西	南丹椪柑	南丹县车河镇八步村椪柑协会	5806841	柑橘
461	广西	南丹巴平米	南丹县农业技术推广中心	5806842	大米
462	广西	东兰板栗	东兰县板栗开发服务部	6215334	鲜板栗
463	广西	富川脐橙	富川瑶族自治县水果生产办公室	7235377	脐橙
464	海南	琼中绿橙	琼中黎族苗族自治县水果技术服务中心	4167051	绿橙
465	海南	临高乳猪	临高县畜牧兽医技术服务中心	4031602	活猪；种猪
466	海南	临高乳猪	临高县畜牧兽医技术服务中心	4031603	猪肉
467	海南	屯昌黑猪	屯昌县养猪协会	4521008	活猪
468	海南	文昌鸡	文昌市畜牧兽医局	4437015	活鸡
469	海南	乐东香蕉	乐东黎族自治县农业技术推广服务中心	6368443	香蕉
470	重庆	奉节脐橙	奉节县华源脐橙协会	4019199	脐橙
471	重庆	涪陵榨菜	重庆市涪陵区榨菜管理办公室	1389000	榨菜
472	重庆	FULING ZHACAI	重庆市涪陵区榨菜管理办公室	3620284	榨菜
473	重庆	城口老腊肉	城口县老腊肉行业协会	4971987	腌腊肉
474	重庆	大足黑山羊	大足县畜牧生产技术指导站	5027575	黑山羊
475	重庆	石柱黄连	石柱土家族自治县黄水黄连专业经济协会	5257645	黄连
476	重庆	长寿沙田柚	重庆市长寿区沙田柚行业协会	5679298	柚子
477	重庆	酉阳青蒿	酉阳青蒿管理办公室	5455692	青蒿（医用药草）

序号	国家省份	商标名称	注册人	注册号	商品
478	四川	郫县豆瓣	成都市郫县食品工业协会	1388982	豆瓣
479	四川	郫县豆瓣	成都市郫县食品工业协会	1687893	豆瓣
480	四川	郫县豆瓣	成都市郫县食品工业协会	1687894	豆瓣
481	四川	郫县豆瓣	成都市郫县食品工业协会	1687895	豆瓣
482	四川	郫县豆瓣	成都市郫县食品工业协会	4470834	豆瓣
483	四川	龙泉驿	成都市龙泉驿区果品协会	2016509	水蜜桃
484	四川	新都	成都市新都县农学会	2016495	柚子
485	四川	苍溪雪梨	苍溪县雪梨协会	3349084	雪梨
486	四川	紫云猕猴桃	广元市元坝区紫云猕猴桃协会	7051048	猕猴桃
487	四川	青川黑木耳	青川县黑木耳技术协会	6960364	木耳
488	四川	遂宁矮晚柚	遂宁市名优果树研究所	4845614	矮晚柚
489	四川	遂宁川白芷	四川省遂宁白芷协会	4834771	白芷
490	四川	会理石榴	会理县果品市场管理中心	2016497	石榴
491	四川	金阳青花椒	金阳县花椒生产办公室	5009092	青花椒
492	四川	海棠	甘洛县农业局科教站	5000502	大白芸豆
493	四川	安岳柠檬	安岳县柠檬开发办公室	3177068	柠檬
494	四川	筠连苦丁茶	筠连县苦丁茶开发办公室	3339332	苦丁茶
495	四川	宜宾芽菜	四川省宜宾市食品工业协会	3572668	芽菜（腌制）
496	四川	图形	四川省宜宾市食品工业协会	3572667	芽菜（腌制）
497	四川	屏山炒青	屏山县茶叶协会	4704412	茶
498	四川	南溪豆腐干	南溪县食品饮料工业办公室	3772206	豆腐制品
499	四川	南江金银花	南江县特产协会	3197889	金银花(茶叶代用品)
500	四川	通江银耳	通江银耳协会	1687898	银耳
501	四川	南江大叶茶	南江县茶叶产业发展中心	7051049	茶
502	四川	南江黄羊	南江县南江黄羊科学研究所	7461537	黄羊
503	四川	南江核桃	南江县核桃产业发展中心	7461538	核桃
504	四川	涪城麦冬	三台县花园镇麦冬专业技术协会	3029295	麦冬
505	四川	北川茶叶	北川羌族自治县茶叶产业协会	4313676	茶
506	四川	平武绿茶	平武县农业技术推广中心	6490002	茶
507	四川	营山黑山羊	营山县黑山羊养殖协会	4406794	黑山羊
508	四川	万源旧院黑鸡	万源市畜禽品种改良站	4242807	活鸡
509	四川	万源旧院黑鸡蛋	万源市畜禽品种改良站	4242808	鸡蛋
510	四川	达州橄榄油	达州市油橄榄协会	5603894	橄榄油
511	四川	万源板角山羊	万源市畜禽品种改良站	6960662	活羊
512	四川	渠县黄花	渠县黄花协会	5567208	黄花菜
513	四川	隆昌素兰花	隆昌县兰花协会	5202820	素兰花
514	四川	马边绿茶	马边彝族自治县茶叶行业协会	4756250	茶
515	四川	中江挂面	中江手工挂面协会	4446117	挂面
516	四川	中江白芍	中江县中药材协会	5755503	白芍
517	四川	中江丹参	中江县中药材协会	5755504	丹参
518	四川	合江荔枝	合江县农学会	3817609	荔枝（新鲜的）
519	四川	金川雪梨	金川县果蔬合作社	4409650	梨
520	四川	理县大白菜	理县果蔬协会	6159589	大白菜

序号	国家省份	商标名称	注册人	注册号	商品
521	四川	若尔盖藏系绵羊肉	若尔盖县牦牛草地型藏系绵羊养殖协会	7045727	绵羊肉
522	四川	若尔盖牦牛肉	若尔盖县牦牛草地型藏系绵羊养殖协会	7045747	牦牛肉
523	四川	蒙顶山茶	名山县茶叶协会	3283044	茶
524	四川	雅鱼	雅安市雨城区鱼种站	3293481	活鱼
525	四川	汉源花椒	汉源县花椒协会	6223608	花椒
526	四川	青神椪柑	青神县椪柑专业合作社	5549174	椪柑
527	贵州	都匀毛尖	贵州都匀毛尖茶集团有限公司	3214853	茶
528	贵州	湄潭翠芽	贵州省湄潭县茶业协会	4928703	茶
529	贵州	遵义朝天椒	遵义县辣椒产业办公室	6147200	朝天椒（腌制、干制蔬菜)
530	贵州	遵义朝天椒	遵义县辣椒产业办公室	6147201	朝天椒（新鲜蔬菜)
531	贵州	玉屏箫笛	玉屏侗族自治县箫笛行业协会	6296476	箫；笛
532	贵州	平坝灰鹅	平坝县畜禽改良站	7047406	鹅
533	贵州	从江椪柑	从江县柑桔协会	3338391	椪柑
534	贵州	威宁洋芋	威宁县马铃薯协会	6965083	鲜土豆
535	云南	呈贡宝珠梨	呈贡县茶桑果站	3877578	宝珠梨
536	云南	蒙自石榴	蒙自县石榴研究所	5188218	新鲜石榴
537	云南	蒙自过桥米线	蒙自县过桥米线协会	7374667	米线
538	云南	普洱茶	云南省普洱茶协会	2016494	茶
539	云南	墨江紫米	墨江哈尼族自治县农业技术推广中心	6005638	紫米
540	云南	文山三七	文山壮族苗族自治州三七特产局	3838009	三七
541	云南	昭通天麻	昭通市天麻协会	5188220	天麻
542	云南	昭通天麻	昭通市天麻协会	5188219	天麻
543	云南	宣威火腿	宣威火腿行业协会办公室	4444181	火腿
544	云南	宣威土豆	宣威市种子管理站	5063267	鲜土豆
545	云南	富源魔芋	富源县魔芋协会	4873002	新鲜魔芋
546	云南	富源大河乌猪	富源县大河乌猪产业发展协会	4873003	活猪
547	云南	罗平小黄姜	罗平县生姜技术推广站	3634075	姜
548	云南	大姚核桃	大姚核桃协会	6401647	新鲜核桃
549	西藏	波密天麻	波密县农业技术推广站	5289459	天麻
550	陕西	临潼石榴	西安市临潼区石榴产业协会	6290254	石榴
551	陕西	紫阳富硒茶	紫阳县茶业协会	2016456	茶
552	陕西	韩城大红袍花椒	韩城市花椒销售协会	1794577	花椒（调味品）
553	陕西	凤县大红袍花椒	凤县花椒产业发展局	5998183	花椒（调味品）
554	陕西	洛川苹果	洛川县苹果产业协会	6702744	苹果
555	陕西	延川红枣	延川县枣业协会	6507728	干枣
556	陕西	米脂小米	米脂县金颗粒小米专业合作社	6484821	小米
557	陕西	宁强雀舌	宁强县茶叶产业开发中心	4036404	茶
558	陕西	午子仙毫	西乡县茶叶协会	5790091	茶
559	甘肃	兰州百合	兰州市七里河区百合质量监督管理站	1687899	新鲜百合
560	甘肃	苦水玫瑰	永登县玫瑰产业管理办公室	3991212	自然玫瑰花等
561	甘肃	平凉金果	平凉市果业开发办公室	4242078	苹果
562	甘肃	平凉红牛	平凉市牛产业开发办公室	4881217	肉（牛)；肉冻（牛)；肉片（牛)

序号	国家省份	商标名称	注册人	注册号	商品
563	甘肃	平凉红牛	平凉市牛产业开发办公室	4881216	活动物（牛）
564	甘肃	华亭独活	华亭县中药材产业发展局	6403465	独活(药用植物根)
565	甘肃	华亭大黄	华亭县中药材产业发展局	6403466	药用大黄根
566	甘肃	华亭核桃	华亭县核桃产业协会	5577891	核桃
567	甘肃	秦安蜜桃	秦安县农产品经纪人协会	6277145	桃
568	甘肃	临泽小枣	临泽县沙河镇红枣协会	4104938	干枣
569	甘肃	岷县当归	岷县中药材生产技术指导站	3352037	当归
570	甘肃	定西马铃薯	定西市安定区马铃薯经销协会	4721240	马铃薯
571	甘肃	陇西白条党参	甘肃省陇西县中药材产业发展局	4891422	党参
572	甘肃	陇西黄芪	陇西县中药材产业发展局	4891421	黄芪
573	甘肃	临洮马铃薯	临洮县农产品产销协会	5395435	马铃薯
574	甘肃	渭源白条党参	渭源县中药材产业办公室	7099672	党参
575	甘肃	靖远羊羔肉	靖远县羊羔肉开发协会	2016505	肉；肉片
576	甘肃	东乡手抓羊肉	东乡族自治县东乡手抓羊肉品牌管理协会	4183288	手抓羊肉
577	甘肃	刘家峡红枣	永靖县无公害农产品产销协会	5891941	鲜枣
578	甘肃	刘家峡西红柿	永靖县无公害农产品产销协会	5891942	西红柿(新鲜蔬菜)
579	甘肃	和政啤特果	和政县啤特果协会	7103511	啤特果(梨)
580	甘肃	康县黑木耳	康县食用菌开发中心	5615415	木耳
581	甘肃	武都橄榄油	陇南市武都区将军石油橄榄科技示范园	5772095	食用橄榄油
582	甘肃	民勤甘草	民勤县甘草产业协会	6036349	甘草
583	青海	湟源陈醋	湟源县陈醋行业协会	4815956	醋
584	青海	湟源马牙	青海省西宁市湟源县蚕豆种植营销协会	5134953	蚕豆(未加工的)
585	青海	大通马铃薯	大通县农技推广协会	6954063	鲜土豆
586	青海	循化线辣椒	循化撒拉族自治县线辣椒协会	5924412	线辣椒
587	青海	循化薄皮核桃	循化撒拉族自治县薄皮核桃协会	6483438	坚果(薄皮核桃)
588	青海	互助马铃薯	互助县马铃薯协会	4900207	鲜土豆
589	青海	互助八眉猪	互助县八眉猪养殖协会	5320936	猪（活的）
590	青海	乐都紫皮大蒜	乐都县蔬菜专业协会	6109709	青蒜(紫皮大蒜)
591	青海	祁连黄蘑菇	祁连县黄蘑菇产业化协会	5687813	干食用菌
592	青海	门源菜籽油	门源县油菜籽专业协会	6217406	食用油(菜籽油)
593	青海	贵德辣椒	贵德县蔬菜协会	6177186	辣椒(新鲜蔬菜)
594	青海	玉树虫草	玉树州虫草协会	4680233	冬虫夏草
595	宁夏	灵武长枣	灵武长枣协会	6325269	鲜枣
596	宁夏	中宁枸杞	中宁县枸杞生产管理站	1511898	枸杞
597	宁夏	中宁圆枣	中宁县林业技术推广服务中心	6325270	鲜枣
598	宁夏	盐池滩羊	盐池县滩羊肉产品质量监督检验站	3334050	滩羊肉
599	宁夏	盐池滩羊	盐池县滩羊肉产品质量监督检验站	3798194	活羊
600	宁夏	盐池甘草	盐池县中药材技术服务站	6248191	医药用甘草;甘草
601	宁夏	同心圆枣	同心县圆枣协会	6479110	枣
602	宁夏	太西煤	宁夏太西煤产品质量检测中心	2016480	煤
603	宁夏	固原红鸡	彭阳县养鸡专业合作社	6278041	活鸡
604	宁夏	固原红鸡	彭阳县养鸡专业合作社	6278042	鸡肉
605	宁夏	西吉马铃薯	西吉县马铃薯生产研究所	5338160	鲜土豆

序号	国家省份	商标名称	注册人	注册号	商品
606	新疆	库尔勒香梨	新疆巴音郭楞蒙古自治州香梨协会	892019	香梨
607	新疆	焉耆小茴香	焉耆回族自治县小茴香协会	2016448	小茴香（调料）
608	新疆	焉耆大白瓜籽	焉耆回族自治县大白瓜籽协会	2024529	大白瓜籽
609	新疆	焉耆大白菜	焉耆回族自治县大白菜协会	2024531	新鲜大白菜
610	新疆	焉耆红辣椒	焉耆回族自治县辣椒协会	2024530	新鲜红辣椒
611	新疆	若羌红枣	若羌县供销合作社联合社若羌红枣管理协会	3590206	鲜枣
612	新疆	若羌红枣	若羌县供销合作社联合社若羌红枣管理协会	3590207	干枣
613	新疆	轮台白杏	新疆轮台县杏子协会	4137411	杏
614	新疆	吐鲁番葡萄干	吐鲁番地区葡萄产业协会	2016460	葡萄干
615	新疆	吐鲁番葡萄	吐鲁番地区葡萄产业协会	2016461	鲜葡萄
616	新疆	阿图什木纳格葡萄	阿图什果业协会	5967827	鲜食葡萄
617	新疆	哈密瓜	新疆维吾尔自治区哈密吐鲁番哈密瓜协会	3400509	甜瓜
618	新疆	哈密大枣	哈密地区大枣协会	1388999	大枣
619	新疆	库车酸梅	库车县林业管理站	4651525	酸梅（新鲜的）
620	新疆	库车酸梅	库车县林业管理站	4650470	酸梅（加工过的）
621	新疆	库车白杏	库车县乌恰镇杏子协会	4650471	杏干
622	新疆	库车白杏	库车县乌恰镇杏子协会	4650472	杏子
623	新疆	库车阿克沙依瓦葡萄	库车县牙哈镇阿合布亚葡萄协会	4650473	鲜葡萄
624	新疆	库车药桑	库车县园艺办公室	4650474	药桑（中药材）
625	新疆	阿克苏红枣	阿克苏地区红枣产业协会	5098712	鲜枣
626	新疆	阿克苏红枣	阿克苏地区红枣产业协会	5015105	干枣
627	新疆	阿克苏核桃	阿克苏地区核桃产业协会	5666222	加工过的核桃
628	新疆	阿克苏鲜核桃	阿克苏地区核桃产业协会	5666221	鲜核桃
629	新疆	阿克苏苹果	阿克苏地区苹果协会	5918994	苹果
630	新疆	阿瓦提慕萨莱思	新疆阿瓦提县慕萨莱思协会	5717692	慕萨莱思
631	新疆	新和葡萄	新和县林果园艺协会	5790327	鲜葡萄
632	新疆	精河枸杞	新疆精河县枸杞协会	1739894	枸杞
633	新疆	裕民无刺红花	裕民县红花协会	5349586	红花
634	新疆	吉木萨尔大蒜	吉木萨尔县大蒜产业协会	6918814	大蒜
635	新疆	吉木萨尔红花	吉木萨尔县红花产业协会	6918815	红花
636	德国	SOLINGEN	乌帕塔尔－索林根－雷姆沙伊德地区工商会	3510402	磨刀器具；剃须刀；刀等
637	美国	A PRODUCT OF THE FLORIDA SUNSHINE TREE	佛罗里达州柑橘部	1163955	柑橘制成的罐头、蜜饯、果冻等
638	美国	A PRODUCT OF THE FLORIDA SUNSHINE TREE	佛罗里达州柑橘部	1163956	由柑橘类水果制成的果汁饮料（冰）；加柑橘类果汁的冰水（冰块）
639	美国	A PRODUCT OF THE FLORIDA SUNSHINE TREE	佛罗里达州柑橘部	1163957	柑橘类水果

序号	国家省份	商标名称	注册人	注册号	商品
640	美国	GROWN IN IDAHO	爱达荷马铃薯委员会	3362714	马铃薯罐头；罐装马铃薯
641	美国	GROWN IN IDAHO	爱达荷马铃薯委员会	3362715	新鲜马铃薯
642	美国	IDAHO POTATOES	爱达荷马铃薯委员会	3362716	马铃薯罐头；罐装马铃薯
643	美国	IDAHO POTATOES	爱达荷马铃薯委员会	3362717	新鲜马铃薯
644	墨西哥	特其拉	特其拉管理委员会	4280596	龙舌兰酒；含龙舌兰的酒精饮料；酒精饮料（啤酒除外）
645	墨西哥	TEQUILA	特其拉管理委员会	4280597	龙舌兰酒；含龙舌兰的酒精饮料；酒精饮料（啤酒除外）
646	泰国	泰国香米	泰国商业部外贸厅	3852658	米；米（半磨过的）
647	泰国	CLASSIC THAI SILK	泰国总理府常务秘书处	4345578	丝绸（布料）
648	泰国	THAI SILK BLEND	泰国总理府常务秘书处	4345579	丝绸（布料）
649	泰国	ROYAL THAI SILK	泰国总理府常务秘书处	4345580	丝绸（布料）
650	泰国	THAI SILK	泰国总理府常务秘书处	4345581	丝绸（布料）
651	牙买加	JAMAICA BLUE MOUNTAIN	咖啡标识有限公司	3216012	咖啡；咖啡豆
652	牙买加	JAMAICA BLUE MOUNTAIN	咖啡标识有限公司	3216011	咖啡；咖啡豆
653	意大利	阿斯蒂	阿斯蒂保护协会	3391605	葡萄酒;起泡葡萄酒
654	意大利	GRANA PADANO D.O.C.	格拉那帕达那奶酪保护协会	3422685	奶酪
655	意大利	GRANA PADANO	格拉那帕达那奶酪保护协会	3422684	奶酪
656	意大利	TRENTINO D.O.C.	格拉那帕达那奶酪保护协会	3422683	奶酪
657	意大利	PARMIGIANO REGGIANO	帕尔马雷焦奶酪协会	2016432	奶酪
658	意大利	PROSCIUTTO DI PARMA	普罗修托-帕尔马公司	3267114	火腿
659	意大利	PARMA	普罗修托-帕尔马公司	3267115	火腿
660	意大利	PARMA HAM	帕尔玛意大利熏火腿康采恩公司	3861671	火腿
661	意大利	帕尔玛火腿	帕尔玛意大利熏火腿康采恩公司	5739998	火腿
662	意大利	帕尔玛火腿	帕尔玛意大利熏火腿康采恩公司	6231835	火腿
663	意大利	波河奶酪	格拉那帕达那奶酪保护协会	5445753	奶酪
664	英国	STILTON	斯蒂尔顿奶酪制作者协会	3955657	奶酪
665	英国	苏格兰威士忌	苏格兰威士忌协会	5915032	威士忌酒
666	英国	SCOTCH WHISKY	苏格兰威士忌协会	5915031	威士忌酒

中国初步审定地理标志名录

(截止 2009.12.31)

序号	国家省份	商标名称	注册人	注册号	商品
1	天津	七里海河蟹	天津市宁河县七里海河蟹养殖协会	7735723	河蟹(活的)
2	河北	赵县雪花梨	赵县梨果产业协会	7073766	鲜雪花梨
3	河北	平山绵核桃	平山县林业技术推广站	7517578	核桃
4	河北	宽城板栗	宽城满族自治县果品行业协会	7613334	加工过的板栗
5	河北	宽城板栗	宽城满族自治县果品行业协会	7613335	未加工过的板栗
6	山西	山西老陈醋	山西省酿醋行业协会	6173333	醋
7	山西	山西陈醋	山西省酿醋行业协会	6173334	醋
8	山西	柳林红枣	柳林县红枣产销协会	7572091	干枣
9	山西	应县紫皮大蒜	山西省应县农民经纪人协会	7494444	大蒜
10	内蒙古	托县辣椒	托克托县辣椒协会	7108428	辣椒
11	内蒙古	扎鲁特葵花籽	扎鲁特旗香山农场葵花协会	5785978	葵花籽
12	辽宁	庄河杂色蛤	大连滩涂贝类技术研究所	7100616	杂色蛤(活的)
13	辽宁	盖州苹果	盖州市农业技术推广中心	7764494	苹果
14	吉林	白城绿豆	白城市绿豆产业协会	7099556	绿豆
15	吉林	扶余四粒红花生	扶余县特产园艺协会	7572005	花生
16	吉林	柳河山葡萄	吉林柳河山葡萄种植协会	7200190	鲜葡萄
17	吉林	延边苹果梨	延边苹果梨产业协会	7602084	苹果梨
18	吉林	抚松人参	抚松县人参协会	7694369	人参
19	黑龙江	尚志红树莓	尚志市浆果产业协会	6576541	鲜红树莓
20	黑龙江	桦川大米	桦川县米业协会	7016682	大米
21	黑龙江	穆棱晒烟	穆棱市晒烟协会	7569771	晒烟
22	江苏	东台蚕茧	东台市蚕业协会	7710654	蚕茧
23	江苏	洪泽湖螃蟹	洪泽县洪泽湖大闸蟹协会	7026934	螃蟹(活的)
24	江苏	金湖大米	金湖县米业协会	6748052	米
25	江苏	淮安红椒	淮安市蔬菜流通协会	7267333	辣椒(新鲜蔬菜)
26	江苏	斗山太湖翠竹	无锡市锡山区锡北镇茶业协会	5558672	茶叶
27	江苏	镇湖苏绣	苏州高新区镇湖刺绣协会	7147057	绣花饰品等
28	江苏	凤凰水蜜桃	张家港市凤凰镇农技推广服务中心	7653981	桃
29	浙江	萧山萝卜干	杭州市萧山区食品工业协会	1997651	萝卜干
30	浙江	千岛玉叶	淳安县茶叶行业协会	7503765	茶
31	浙江	慈溪葡萄	慈溪市葡萄协会	7239347	鲜葡萄
32	浙江	长兴吊瓜子	长兴县栝楼协会	5163542	吊瓜子

序号	国家省份	商标名称	注册人	注册号	商品
33	浙江	善琏湖笔	湖州市南浔区善琏湖笔行业协会	5813788	毛笔
34	浙江	临海西兰花	临海市农产品营销行业协会	7354049	西兰花
35	浙江	黄岩东魁杨梅	台州市黄岩区果树技术推广总站	7530360	杨梅
36	浙江	志棠白莲	龙游县志棠莲籽协会	7774713	莲子
37	安徽	太和香椿	太和县香椿产业协会	7261209	加工过的香椿
38	福建	福州橄榄	福州市橄榄行业协会	4880151	橄榄蜜饯;冰橄榄
39	福建	正山小种	武夷山市茶叶科学研究所	7430842	茶
40	福建	政和工夫	政和县茶叶技术推广总站	7667931	茶
41	福建	政和白茶	政和县茶叶技术推广总站	7667932	茶
42	福建	建瓯锥栗	建瓯市锥栗协会	7569724	锥栗
43	福建	武平金线莲	福建省武平县梁野山中草药协会	7304623	金线莲(中草药)
44	福建	尤溪绿茶	尤溪县茶叶协会	7741538	茶
45	江西	景德镇玲珑	景德镇陶瓷协会	7541881	瓷器等
46	江西	景德镇粉彩	景德镇陶瓷协会	7541882	瓷器等
47	江西	景德镇青花	景德镇陶瓷协会	7541883	瓷器等
48	江西	景德镇色釉	景德镇陶瓷协会	7541884	瓷器等
49	江西	靖安白茶	靖安县白茶协会	6455266	茶
50	山东	平阴玫瑰	平阴县玫瑰产业协会	7675712	玫瑰
51	山东	仁风西瓜	济阳县仁风镇西瓜协会	7657102	西瓜
52	山东	莱州月季	莱州市花卉协会	7261778	月季花;月季苗木
53	山东	长岛扇贝	长岛县渔业协会	7602741	扇贝(活的)
54	山东	长岛海带	长岛县渔业协会	7602742	海带
55	山东	长岛海胆	长岛县渔业协会	7602743	海胆(活的)
56	山东	乳山大姜	乳山市大姜生产技术协会	6650121	生姜
57	山东	武城西瓜	武城县蔬圃瓜菜种植专业合作社	7557912	西瓜
58	山东	沂源苹果	沂源县生态农业与农产品质量管理办公室	7103701	苹果
59	山东	青州蜜桃	青州市蜜桃协会	7538715	桃
60	河南	桐柏桔梗	桐柏县中药材发展贸易协会	6781897	桔梗(中药材)
61	河南	吴坝大蒜	台前县吴坝乡大蒜协会	6616466	大蒜
62	河南	偃师银条	偃师市农产品行业协会	4882794	银苗菜
63	湖北	仙桃香米	仙桃市米业协会	7033624	大米
64	湖北	百里洲砂梨	枝江市百里洲农业服务中心	7836112	砂梨
65	湖北	庙头黄花	汉川市庙头黄花协会	3624412	黄花菜
66	湖北	恩施玉露	恩施玉露茶产业协会	6761802	茶
67	湖北	英山云雾茶	英山云雾茶产业协会	5593543	茶
68	湖北	蕲春珍米	蕲春县粮食行业协会	5309240	米
69	湖南	江永香柚	湖南省江永香柚行业协会	6875418	柚子
70	湖南	江永香芋	江永县蔬菜产销行业协会	6910340	芋头(新鲜蔬菜)
71	湖南	常宁无渣生姜	常宁市无渣生姜协会	6926964	生姜
72	湖南	攸县麻鸭	攸县养鸭协会	7685861	麻鸭(活家禽)
73	广东	凤凰单丛	潮安县凤凰茶叶专业协会	5365101	茶
74	广东	阳东双肩玉荷包荔枝	阳东县农业技术推广中心	4634450	荔枝
75	广东	南山荔枝	深圳市南山区农业技术推广站	7104300	荔枝

序号	国家省份	商标名称	注册人	注册号	商品
76	重庆	涪陵青菜头	重庆市涪陵区榨菜管理办公室	7728025	青菜头
77	重庆	丰都龙眼	丰都县龙眼协会	7602430	龙眼
78	重庆	丰都肉牛	丰都县肉牛协会	7602431	肉牛
79	重庆	梁平柚	梁平县经济作物站	7689572	柚子
80	重庆	万县红桔	重庆市万州区果树技术推广站	7707313	桔
81	重庆	荣昌猪	中国重庆畜牧科技城建设委员会办公室	7727778	猪(活的)
82	重庆	秀山金银花	秀山县金银花专业经济协会	7482051	金银花
83	重庆	合川桃片	重庆市合川区桃片管理协会	7711726	桃片
84	重庆	永川秀芽	永川市茶叶行业协会	5040064	茶
85	重庆	武隆高山萝卜	武隆县蔬菜产业发展办公室	7739481	萝卜
86	重庆	武隆高山白菜	武隆县蔬菜产业发展办公室	7739482	白菜
87	重庆	开县龙珠茶	开县龙珠茶叶协会	7761280	茶
88	四川	盐源苹果	盐源县苹果研究所	7364042	苹果
89	四川	巴州川明参	巴中市巴州区经作站	7530363	川明参
90	四川	南江翡翠米	南江县粮食局	7584442	大米
91	四川	仁寿枇杷	仁寿县文宫枇杷协会产销服务中心	6294098	枇杷
92	贵州	三穗鸭	三穗县养鸭协会	6495050	鸭(活的)
93	贵州	望谟黑山羊	望谟县黑山羊养殖行业协会	7697232	黑山羊
94	云南	罗平菜油	罗平县油脂行业协会	7749427	食用菜籽油
95	云南	云龙绿茶	云龙县农村合作经济经营管理站	7450594	茶
96	陕西	甘泉豆腐干	甘泉县豆制品行业协会	6895249	豆腐干
97	陕西	佳县油枣	佳县红枣销售协会	6542060	干枣
98	陕西	佳县油枣	佳县红枣销售协会	6542061	鲜枣
99	陕西	城固柑桔	城固县果业技术指导站	6573408	柑桔
100	陕西	城固蜜桔	城固县果业技术指导站	6573409	蜜桔
101	陕西	略阳乌鸡	略阳县乌鸡产业开发协会	6694368	乌鸡
102	新疆	阿瓦提慕萨莱思	新疆阿瓦提县慕萨莱思协会	5717691	慕萨莱思
103	新疆	和田玉枣	和田玉枣产业协会	7711765	干枣
104	中国台湾	池上米	台东县池上乡公所	7181967	米
105	美国	NAPA VALLEY NV	纳帕河谷酿酒人协会	4502959	产自美国葡萄种植区纳帕河谷的葡萄酒

全国工商行政管理系统贯彻落实《国家知识产权战略纲要》大力推进商标战略实施工作会议专栏

(725~864)

大力实施北京市商标战略
促进首都经济又好又快发展

北京市工商行政管理局

实施商标战略不但是深入贯彻落实科学发展观、引导企业提高自主创新能力、增强企业市场竞争力的重要手段，而且是进一步落实中央保增长扩内需调结构的政策精神、推进创新型经济建设、提高发展质量和效益、解决世界金融危机对中国经济影响的重要举措。近年来，北京市工商局在国家工商总局的正确领导下，不断强化职能作用，充分完善服务体系，积极拓展工作领域，大力推进商标战略实施，充分发挥商标对区域经济发展的带动作用，构建商标发展的长效机制，提升区域品牌的知名度和竞争力，切实促进首都经济又好又快发展。

一、打击商标奥标侵权行为，营造良好商标战略保护氛围

作为29届奥运会的主办城市，北京市奥运知识产权保护状况一直是西方各国媒体关注的焦点问题，也是北京市工商局监管的重点。奥运会之前，王岐山副总理曾亲自到北京调研知识产权保护问题。根据市委市政府“平安奥运”工作方案和工商总局奥运工作的总体部署，紧紧围绕“平安奥运”这个中心任务，北京市工商局按照“严整、严防、严控”三个阶段的安排，全方位组织开展了保护奥运知识产权各项行动，在营造良好的市场环境方面取得了积极的成效。

总体上，北京奥运知识产权保障工作做到了“三个满意一个转变”：一是IOC（国际奥委会）满意，有官员表示，这是奥运史上遏制隐性市场侵权行为做得最好的一次；二是北京奥组委满意，对北京市查处侵犯奥林匹克标志案件情况给予了高度的赞扬；三是奥运会合作伙伴、赞助商满意，认为奥运期间北京的知识产权工作卓有成效。媒体方面也出现了一个可喜的转变：国际报道趋向于正面信息，特别是称赞秀水、红桥等市场成为以经营民族品牌为主的特色市场。

北京奥运会已平安、顺利、圆满地闭幕了，今年北京市工商局将进一步加大商标执法力度，巩固后奥运时期保护商标知识产权的成果，在大力推进商标战略的过程中，严格维护和执行《商标法》、《奥林匹克标志保护条例》等法律法规，依法打击侵权行为，保护企业知识产权，使其核心竞争能力和权益不受侵害2008年全系统商标监管部门共查处商标侵权假冒案件2292件，罚没款2650万元，均达到了商标监管历史的最高水平。

二、以商标授权经营制度为基础，构建商标战略长效监管机制

近年来，在推行商标授权经营制度中，北京市工商局针对暴露出的新问题，结合总局周伯华局长提出的“四个转变”要求，不断探索应对机制，逐步构建长效监管模式。目前，北京市工商局在部分辖区有形市场内搭建了以商标授权经营

制度为基础的“145”监管体系。

（一）搭建一个商标授权经营动态管理平台，实现监管手段由传统向现代化转变。

“1”是运用科技手段实现长效监管，搭建一个商标授权经营动态管理平台，实现监管手段由传统向现代化转变。目前北京市工商局已经开发运行了商标授权经营电子化监管系统，搭建了市局、分局、市场三级的电子数据管理网络，在部分辖区有形市场进行试应用。

（二）明确四方责任，确保有效施行

“4”是明确四方责任。一是明确科、所监管责任，合理划分科所监管职责，确保有效管理。二是明确市场主办方依法经营管理的责任，树立市场主办方第一责任人意识。三是明确市场商户守法经营的责任。四是明确消费者责任，树立诚信消费意识。

（三）建立五项制度，形成长效监管

“5”是建立五项制度形成长效监管。一是建立市场商标风险监管制度，实现重点监管。二是建立案件线索倒查建议制度，重点打击售假源头。三是建立风险商标商品提示制度，推进商户销售转型。四是建立入场商品商标信息、商户信用信息公示制度，接受社会监督，促进商户自律。五是建立市场品牌建设制度，提高市场主体竞争实力。

三、加强对农副产品商标的帮扶，落实商标富农战略

农业、农村和农民问题，始终是党中央、国务院关注的重点。北京市虽然不以农业为主，但要建设好全国首善之区，必须抓好农业发展、农村建设和农民致富这个事关全局的大事。在学习贯彻科学发展观和党的十七届三中全会精神，推进社会主义新农村建设的过程中，加强涉农商标建设，发挥商标富农作用是重要的一环。

近年来，北京市工商局以农产品商标和地理标志注册和规范管理为重点，有目的地开展农产品品牌建设。一是制定农产品商标、地理标志和集体商标培育工作计划，鼓励指导涉农企业、农民群众及有关协会组织注册和规范使用涉农商标。二是借鉴涉农商标的成功经验，根据企业的规模和特点，重点打造“公司+商标+农户+商场”模式的企业。三是引导优势农产品品牌的提升，从已有的品牌中筛选出优势品牌，指导其培育著名商标或注册集体商标和证明商标，培育区域经济龙头。四是通过提高农民商标意识，促进农村经济结构调整和经济发展方式转变，充分发挥商标在集聚要素、整合资源，增加产品附加值，提升企业自主创新能力等方面的重要作用，实现农村经济结构的调整。

四、发挥行政指导，支持企业利用商标战略参与市场竞争

随着我国市场经济的不断深化，北京经济近年来发展态势良好，特别是市政府《十一五规划纲要报告》中“推进产业结构调整和增长方式的转变，走高端产业发展之路”的方针为首都经济的发展指明了方向。北京市工商局在指导企业进行商标注册、支持企业利用商标战略参与市场竞争方面做了大量工作。经过近年来的努力，北京的商标事业有了长足的发展：截至 2009 年 5 月，全市已有注册商标 16.5 万件。驰名商标和北京市著名商标 458 件（其中著名商标 377 件，驰名商标 81 件），驰著名商标与各类经济主体总量的比值为 1：2900。2008 年全市驰著名商标企业销售总额近 15000 亿元，带动就业 78.5 万人，其中北京籍雇员 33 万人，共纳税（含国税、地税）624 亿元，占全市国税、地税总额的 11%。

北京市工商局通过大力培育驰著名商标，打造拥有自主知识产权和知名品牌的优势企业，采取了以下做法：

一是在指导企业培育驰著名商标的原则上，坚持“扶持、培育、推荐相结合”，指导企业加强内部商标管理，推动企业开展科技与服务创新，提升附加值和品牌美誉度。各级商标管理部门对辖区内优势、传统产业和有竞争潜力企业进行了指导并制定培育计划。同时根据企业发展和争创的实际适时调整，区别不同行业、不同特点，有针对性地实施培育引导措施，建立培育梯队，保证了创建格局的科学、有序和完整。目前已完成

了“十一五”北京市著名商标500件工作目标的75%。

二是在指导企业培育驰著名商标的布局上，发挥其在区域经济发展的核心和基础作用，把组织培育重点放在具有行业领先优势的企业上，鼓励其在产业链中发挥“领头羊”的作用，以其资金、技术和市场优势，引导中小企业为其配套，形成以驰著名商标企业为核心、相关中小企业分工合作的产业链，推动产业集聚，带动区域经济发展。

三是在指导企业培育驰著名商标的方法上，及时总结推广企业成功经验，树立行业典型，以点带面推动整体工作的开展。工商部门采取座谈、授课、研讨、走访等多种形式宣传商标法律法规，不断提升驰著名商标企业的商标法律意识，使企业认识到提高产品质量和市场信誉是增强其竞争力、提升品牌含金量的关键。

四是发挥驰著名商标企业的引领作用，支持企业发挥品牌效益，拓宽融资渠道。面对新的经济形式，为了进一步缓解企业资金短缺困难,北京市工商局启动了中小企业商标质押贷款工作，进一步盘活商标无形资产，支持具有品牌优势的企业拓宽融资渠道。针对辖区商标注册数量和驰著名商标企业情况，进行分析走访，主动与相关银行协调有关的操作规程；积极协调相关政府部门了解有关惠企政策；采取多种形式的宣传，积极鼓励企业实现商标无形资产向有形价值的转化，为企业解决融资问题开辟新途径，近年来实现商标权质押3.7亿元、授信企业29家，其中今年上半年商标权质押贷款1.03亿元、授信企业6家。

综上所诉，商标工作作为服务企业和地方经济发展的有力抓手，作为企业和社会各界关注的重点，在工商部门切实贯彻落实科学发展观，促进地区经济可持续发展、实现自我发展与提升的进程中占有重要地位，发挥着独特的作用。为此，北京市工商局将继续通过大力实施商标战略，使工商部门的作为空间不断拓展，职能定位更加清晰，监管理念更加科学，为首都现代化建设和经济社会又好又快发展做出应有的贡献。

主动进位　精心培育
努力构建驰名商标培育发展体系

天津市工商行政管理局

按照天津市委实施“科教兴市”、建设创新型城市的战略部署和总局实现“四个统一”的目标要求，天津市工商局紧密结合区域经济社会发展实际，始终把培育驰名商标作为促进提升城市综合竞争力和企业核心竞争力的重要抓手，充分发挥驰名商标的带动效应，着力完善实施商标战略的各项措施，构建驰名商标宣传、培育和保护体系，取得了可喜成绩，受到市委、市政府的充分肯定和企业的广泛好评。

今年国家工商总局认定我市 11 件驰名商标，占我市驰名商标总数的 31%。对此，天津市委常委、副市长崔津渡在我局报送的专报信息上作出批示：“我市 11 件商标被认定为驰名商标，是一次认定数量最多的，表明了企业争创驰名商标的意识能力增强，市工商局组织推动服务工作力度加大，国家工商总局和商标局对天津支持加强。请市工商局进一步做好工作，争创更多的驰名商标。”我们的主要做法是：

一、坚持政策引导与工商主导相结合，完善驰名商标宣传教育体系

为增强全社会重视、支持、发展驰名商标的意识，建设尊重知识、崇尚创造、鼓励创新的文化环境，天津工商部门充分发挥职能作用，紧紧抓住政府、公众和企业三个层面，广泛宣传驰名商标，普及商标法律知识，有效营造了政府重视驰名商标、企业争创驰名商标的良好氛围。

一是积极争取党委政府重视支持。自 1997 年“灯塔”商标被国家商标局认定为我市第一件驰名商标以来，工商部门深入调研，主动进位，多次向市政府专题汇报商标管理工作的现状与问题，宣传商标在促进经济发展、提升城市形象中的特殊作用，促成市政府于 2006 年专题制发《关于加强商标和域名工作的意见》，明确提出“为贯彻实施建设创新型城市的战略，创立更多的天津市著名商标和中国驰名商标”，“自 2007 年至 2010 年，对被认定为驰名商标的本市商标权主体，市人民政府给予 100 万元一次性奖励”。2008 年至今，我们以市政府名义召开全市驰名商标企业表彰大会，兑现奖励政策，对获得驰名商标的 20 家企业各奖励 100 万元，有力地带动了区县推动商标战略的积极性。

二是动员社会公众和媒体广泛参与。先后多次以市政府名义召开驰名商标新闻发布会，对被认定的驰名商标在媒体上刊登公告，发动各大媒体联动宣传，扩大驰名商标影响；联合《天津日报》、《今晚报》多次开展面向社会公众的商标法律法规知识竞赛活动，提高全社会商标意识；举办各类商标业务研讨会、培训班近百期，普及商标法律知识，培训企业商标管理人员，全方位营造培育驰名商标的良好社会氛围。广泛的宣传工作使全市驰（著）名商标的申报数量逐年大幅增

加，今年以来又有85件商标申报驰（著）名商标，正在认定过程中。

三是深入重点企业走访宣传。各级工商部门结合驰（著）名商标培育、申报和认定工作，有针对性地深入企业宣讲政策，并通过发放《商标注册提示书》、《商标续展提示书》等形式，指导企业加强商标管理，促进商标培育工作规范化、制度化。去年下半年以来，先后在市局机关及力神公司、金耀集团公司召集20多家申报驰名商标企业进行现场指导和讲解，使企业对创立驰名商标作用有了更为明确和深刻的认识，有效推进了商标战略的实施。

二、坚持分类指导与突出重点相结合，完善驰名商标培育发展体系

驰名商标培育是一项政策性强、涉及面广的工作，既要立足企业实际，突出培育重点，发挥带动效应；又要针对发展现状，坚持分类指导，挖掘发展后劲。

一是开展资源普查，建立动态数据库。通过开展全市商标资源普查，全面掌握各类经济主体的商标注册底数、类别、地域分布及驰名商标情况。在此基础上，我局自去年以来相继建立了天津市注册商标数据库、驰著名商标数据库及驰著名商标重点培育数据库，并不断对这些数据库进行动态数据的补充完善，确保及时准确地掌握商标注册及驰著名商标培育发展情况。

二是制定发展规划，完善条块结合工作机制。按照我市的产业布局、企业规模和产品（服务）市场占有率、覆盖率，研究制定驰名商标培育、申报规划，有计划、有重点、分步骤、有选择的培育驰名商标。优先扶持高新技术、物资流通、电子商务及地理标志等支柱产业，对其中具有潜力的品牌进行重点培育。天津天地伟业数码科技有限公司是安防行业视频监控领域内的首家中国驰名商标单位，产品先后应用于北京天安门、奥运会鸟巢、上海世博会、青岛奥运会赛场、首都机场等国家大型工程项目中。2007年，在天津市场出现贴有“天地伟业”商标的变压器产品，并大量进行销售，严重侵害了天地伟业的商标信誉，经立案调查，并请示国家工商总局，“天地伟业”商标被认定为驰名商标。

为大力推进我市新农村建设，2008年11月，我局与市农委联合下发了《关于贯彻落实市委九届四次全会精神促进我市农村改革发展的若干意见》，指出了要“根据辖区自然条件与人文历史的特点，有针对性地宣传推动地理标志的注册，把集体、证明商标的注册作为农村商标工作的重点”。根据文件精神，各涉农工商分局注重发挥行业主管部门、行业协会的积极性，主动与区县政府沟通，积极开展天津市地理标志资源普查，大力发展以集体商标、证明商标为载体的地理标志，使“公司（合作社）+农户+商标”成为促进农民增收的新模式。被国务院列为重点保护区域的“古湿地七里海”坐落在我市宁河县境内，素以盛产河蟹而久负盛誉。因商标知识的匮乏，而被一自然人在“活生物”商品上抢注了“七里海”商标，给当地的经济发展带来了极大的损失。我局获知此事后立即指导其提出异议申请，并致函总局请求加快审理此案，维护农民合法权益及社会经济秩序。

三是突出重点区域，发挥商标集聚效应。天津滨海新区开发开放纳入国家发展战略后，针对国内外500强在滨海新区设立的企业及优势支柱产业、大型企业集团，建立了商标服务制度，深入了解企业商标发展需求，对具备条件的企业根据其申请及时认定“天津市著名商标”，培育申报中国驰名商标。两年来已创立驰名商标7件、天津市著名商标31件。据统计，今年我市新认定的11家驰名商标企业仅占全市经济主体总量的十万分之三，产值则占全市GDP的3%。2008年高新区管委会发布了《天津高新区鼓励企业争创驰名、著名商标的奖励办法》，提出了“企业每申请一件注册商标给予1000元一次性奖励”，实现了“企业注册商标，费用由政府买单”。

四是延伸服务功能，挖掘商标经济与社会效益。今年，我局联合中国人民银行天津分行、天津银监局共同制定了《天津市商标专用权质押贷款实施指导意见》，有效拓宽了企业融资投资渠道。该《指导意见》实施以来，已有6家企业依

据该《指导意见》融资人民币近两亿元，有效地增强了企业抵御金融风险、参与市场竞争的实力。

三、坚持打击违法和保护权益相结合，完善驰名商标培育保护体系

一是严厉查处商标侵权行为，加大驰（著）名商标保护力度。自06年以来，天津各级工商机关共查处商标违法案件996件，案值1095万元，罚款620.2万元，没收、销毁侵权商品50万件，收缴、销毁商标标识70.2万件，收缴、销毁专门用于制造侵权商品和伪造注册商标标识的工具121件。

二是强化执法联动与外部协作。一方面，结合网格化监管体系建设，建立了全市商标管理企业联系点210户、商标管理市场监测点42户及工商所联系点42个，有效预防、及时查处侵犯驰（著）名商标专用权的违法案件。今年以来就对侵犯“澳柯玛”、“桂发祥十八街”、“友发”、“王老吉”、“茅台”、“五粮液”等驰、著名商标行为进行专项整治，涉案金额达数百万元。另一方面，与相关部门密切协作，形成维护驰（著）名商标专用权的合力。两年来，共向司法及其他行政管理部门移送、转办案件数十件，有力的打击了侵害他人注册商标专用权的犯罪行为。

三是深入企业帮困解难。在今年天津工商系统组织开展的“五百领导干部下基层、三级工商行政管理机关解难题”活动，仅市局就深入90户内外贸企业走访，宣传商标法律法规，为企业出谋划策，得到企业广泛赞誉。

近年来，天津各级工商部门牢固树立“服务发展是第一要务，监管维权是第一责任”的基本理念，着力培育驰名商标，不断加大商标行政保护力度，营造了良好的知识产权环境，有力地促进了天津经济社会的科学发展率先发展。

实施商标战略　发展品牌农业

河北省工商行政管理局

河北省是一个农业大省，多样的地貌类型和气候条件造就了丰富的物种资源，特殊的自然环境孕育了多种特色农产品。随着农产品市场竞争从由产品经营性竞争上升为品牌竞争，商标对农业发展的作用越来越重要。近年来，全省工商系统高度重视农产品商标和地理标志工作，充分发挥职能作用，积极推动实施农产品商标战略，以商标工作服务“三农”、带动社会主义新农村建设，收到了良好的效果。我们的主要做法是：

一、加强宣传引导，商标申请量和注册量不断增加。实施农产品商标战略，广大农民、涉农企业和协会是主体。农民和涉农企业的品牌意识不提高，商标富农工作就会成为“无源之水”、“无本之木”。全省各级工商部门以增强品牌意识、宣传品牌效应、营造品牌氛围为目标，大力开展农产品商标宣传工作，提升农民和涉农企业的商标意识。充分利用电视、报纸、广播等农民和企业常听、常看的媒体渠道，充分发挥工商联络员和农村经纪人的作用，采取通俗易懂的形式，广泛宣传农产品商标与地理标志注册、使用、管理与保护的法律法规及相关知识，增强农民和涉农企业的法律观念和重视品牌、培育品牌、利用品牌创造价值和保护品牌的意识。2007 年 1 月 29 日，我局以省政府名义召开了“河北省商标战略工作会议”，掀起我省商标工作前所未有的新高潮。随着企业和社会公众商标意识逐步提高，全省商标申请量和注册量也有了显著的增长。经过三十年发展，我省的商标申请量由 1979 年刚刚恢复商标注册时几十件，增长到 2008 年的 1.5 万多件，注册商标总量也由 789 件增加到 7.25 万件，其中农产品注册商标 7000 余件，已注册地理标志证明商标 10 件，分别是迁西板栗、黄骅冬枣、沧县金丝小枣、玉田包尖白菜、宣化牛奶葡萄、白洋淀鸭蛋、阜平大枣、沧州金丝小枣、南宫大枣、泊头鸭梨。

二、典型指路,引导实施商标战略。“注册一件商标、带动一项产业、拉动一地经济、富裕一方百姓”，在全省工商系统的指导和带动下，广大农民和涉农企业积极实施农产品商标战略,用实践证明了商标在农村经济发展中的作用，促进了我省由农业大省向农业强省的转变。“迁西板栗”2002 年 10 月注册，是我省首例地理标志证明商标，从注册至今，迁西县林学会充分利用证明商标规范当地板栗行业的发展，既创了品牌又增加了收入。到 2008 年底，迁西板栗年产量达 2.6 万吨，创产值 4.6 亿元，直接带动农民增收 5000 万元，全县农民年人均纯收入中有 1000 多元直接来自于板栗业。“黄骅冬枣”通过推广使用证明商标，促进了冬枣从育苗、栽培、管理到储藏、加工、销售的一体化规模经营，形成了产业优势，使得当地农民人均增收近千元。河北灵洁食用菌有限公司通过“公司+商标+农户”的经营模式，发展会员 2930 人，年经销食用菌产品占全县食用菌总产量的 31%，年产值 1.5 亿元。针对农产品商标工作对象的特点，2009 年 3 月 26 日，我局在唐山市迁西县召开了“河北省农产品商标及地理标志工作现场经验交流会”，以生动活泼的形式宣传和推广各地在农产品商标和地理标志工作中成熟的经验做法，并将部分市工商局和包括上述企业在内的 9 个单位的经验材料汇编成册，下发各级工商部门和有关涉农企业，用“看得见、摸得着”的典型事例，引导涉农企业实施商标战略，收到了良好的示范效果。

三、积极出台政策，农产品商标发展环境得到优化。2003 年，省局下发了《关于实施农副产品商标战略，推动农村经济发展的意见》，2005 年转发了国家工商总局和农业部的《关于加强农产品地理标志保护与商标注册工作的通知》，2007 年省局又下发了《关于进一步加强农产品商标和地理标志工作的通知》，2008 年下发了《关于充分发挥工商职能作用积极做好农产品商标注册和保护工作的通知》,对不同阶段全省农产品商标工作提出了具体的目标任务和安排部署。2009 年，省局在 08 年推行“一所一标”基础上，又下发了《关于推行“四书两帐”商标行政指导文书的通知》，在全系统推行《商标注册建议书》、《商标管理提示书》、《争创驰名、著名商标倡议书》和《商标轻微违法告诫书》、《辖区商标注册情况登记台帐》和《辖区企业商标联络员登记台帐》规范性指导文书。在开展著名商标认定时，省局还将农产品注册商标申请著名商标的时限由原来的三年降为两年，知名度较高的农副产品注册商标申请时限降为一年，农副产品集体商标、证明商标、地理标志申报著名商标不受时间限制，大大提升了全省争创“农”字号著名商标的积极性，为农产品商标的发展壮大创造了宽松的环境。去年，全省新认定著名商标 261 件，其中涉农的有 88 件，占 33.7%，较以往有很大提高。目前，全省共有著名商标 1265 件，其中涉农著名商标 400 件，农产品著名商标 88 件，分别占总数的 31.6% 和 7%。

四、开展调研,做好农产品商标工作规划。按照省局的工作部署，各市先后对当地农产品商标和地理标志资源的普查，了解掌握当地农产品和地理标志资源状况、数量情况、类型分布、品质特性、生产、加工、流通、市场占有率等情况。在此基础上，各市根据调查的实际情况，因地制宜，制定了本地区农产品商标和地理标志的发展规划及推进措施，同时根据调研获得的数据资料，积极向当地政府汇报农产品商标和地理标志资源状况、工作的成效、存在问题和对策建议，争取当地政府对这项工作的重视和支持，促进各地将农产品商标工作统一纳入政府经济发展规划之中，部分市政府转发了工商部门关于实施农产品商标战略的工作意见。

五、“一所一标”,促进社会主义新农村建设。2008 年总局陕西汉中会议之后，我局及时下发了《关于充分发挥工商职能作用积极做好农产品商标注册和保护工作的通知》，在全省推行“一所一标”，要求一个工商所每年至少引导、帮助辖区内一个农产品申请注册商标，具体讲就是每个农村所争取每年至少扶持一个农产品申请注册商标，城镇所和城区所要重点扶持一个涉农加工企业和涉农经营单位申请注册商标。同时根据基层工商所直接接触广大农民和涉农企业优势，要求各工商所积极开展“六个指导”：一是指导农民和涉农企业开展商标注册工作，帮助选择寓意鲜明、易懂易记的标志作为商标，帮助组织商标注册材料，争取早日取得商标注册。对出口创汇农产品，引导外向型农业企业进行商标的国际注册；二是指导企业合法、规范使用注册商标；三是指导企业依法保护注册商标，对已有注册商标并有一定知名度和较好市场信誉的农产品，引导商标注册人及时进行必要的商标防御性注册，以防止他人恶意抢注；四是指导企业加强商标资产的运作，实现商标无形资产在转让和资产重组过程中的保值、增值；五是指导企业积极推广“公司+商标+农户”的商标运作模式，提高农业生产经营的产业化程度、农民进入市场的组织化程度和农村经济发展的市场化程度；六是指导企业培育著名商标和驰名商标。同时，我局在全系统推行“四书两帐”规范性商标行政指导文书，既规范了商标行政指导工作，又加大服务农村经济发展的广度和力度。

六、严格执法，保护农民和涉农企业的合法权益。多年来，全省工商行政管理机关充分发挥商标监管职能作用，严格执法，严厉查处侵犯注册商标专用权行为,切实保护了注册商标所有人和消费者的合法权益,有效维护了市场经济秩序。一是遍布全省的1000多个基层工商分局（原工商所），按照属地监管的原则，立足工商职能，开展商标的日常监管工作。二是通过“12315”消费者申诉、投诉热线和“一会两站”（即依托乡镇政府和工商所的消费者协会分会、依托村委会的消费者投诉站和12315联络站），扩大和畅通了商标侵权特别是涉农商标侵权案件发现渠道，确保了商标注册人和消费者的合法权益得到及时的保护。三是集中时间、集中力量，开展专项行动，重拳出击，依法严厉打击侵犯注册商标专用权行为。自2005年以来，全省坚持开展保护注册商标专用权专项行动，把打击侵犯涉农注册商标专用权违法行为作为重中之重来抓。各地还积极开展“红盾护农”行动，加大对涉农的种子、农药、化肥、农机具等商品的监管力度,严厉打击不法商贩坑农害农的商标侵权行为，净化农资市场，有效地维护了广大农民和涉农企业的合法权益。2005年至今,全省共查处商标侵权违法案件5000多件,其中涉农商标案件有300余件。

立足工商职能　服务地方经济
全力推进商标战略实施

山西省工商行政管理局

2003 年以来，山西省工商局按照国家工商总局监管与发展、服务、维权、执法“四个统一”的要求，大力实施商标战略，努力培育驰名商标、省著名商标取得明显成效。我们的主要做法是：

一、科学决策，全力推进商标战略的组织与实施

实施商标战略是是促进地方经济发展的必然选择，几年来我们坚持以科学发展观为指导，科学决策，采取有效措施，认真加以推进。

（一）制定规划，确立实施商标战略目标。2003 年，省局党组经过反复研究，率先科学制定了《山西省农副产品商标发展战略实施方案》，并及时成立了由一把手任组长的商标战略领导组，加强对这项工作的组织领导。同时把 2004 年确定为“商标注册推进年”，又将 2005 年、2006 年确定为“商标战略推进年”，明确了“增加商标注册总量，扶优扶强、培育驰名商标和省著名商标”的工作重点。2005 年我局会同省发改委制订了《山西省十一五商标发展规划》，把商标发展列入全省经济社会发展五年规划，围绕八大地方特色品牌，提出了推进“三大商标方阵”的目标：一是培育中国驰名商标方阵，由省工商局主抓，到 2010 年突破 30 件；二是争创山西省著名商标方阵，由各市主抓，到 2010 年突破 1000 件；三是推进商标注册方阵，由各县主抓，到 2010 年达到 4 万件。

（二）采取措施，全力推进商标战略实施。为实现上述目标，我们采取“两深入”、“三到位”、“四集中”的措施加以推进。“两深入”，就是深入广大企业，对企业选择、使用、管理、运作及自我保护商标等给予指导和帮助，提高企业实施商标战略的能力；深入万家农户，宣传农副产品商标知识，推动“三农”“走品牌之路，扬富民之帆”，“打造品牌农业，促进农民增收”。“三到位”就是商标法律法规宣传到位、商标注册服务到位、保护商标专用权执法到位。“四集中”就是集中注册一批商标、集中培育认定一批著名商标、集中推荐一批驰名商标、集中保护一批被侵权严重的著名商标。这些措施有力地推进了商标注册和驰名商标、著名商标的培育工作。

（三）搭建平台，在全国率先设立“品牌节”。在我局积极倡导下，2007 年省政府把每年的 6 月 6 日设立为“山西品牌节”，并每年围绕一个主题举办高层次的品牌论坛，使之成为展示商标战略成果、企业品牌形象的重要平台，增强全社会特别是广大企业实施商标战略的意识和能力。2007 年 6 月，我们成功举办了首届山西品牌节暨“信用·品牌与山西科学发展”高层论坛，8 位全国著名专家学者和我省 3 位企业家发表精彩演讲；14 家驰名商标、126 家著名商标企业参展，2.2 万名群众参观展览；人民日报、新华社、凤凰卫视等

40多家新闻媒体进行了全方位的宣传报道，有效提高了全社会的商标战略意识，营造了良好的舆论氛围。

（四）保驾护航，为企业全面实施商标战略扫清障碍。2003年以来，我局连续6年深入开展“打商标侵权，保知识产权”执法行动，全省共立案查处商标侵权案件26693件。其中2004年共立案查处7406件，占到当年全国同类案件总量的近八分之一，国家工商总局在我省召开全国查处商标侵权案件现场会，推广了我省的经验。2008年，我们深入开展以汾酒系列产品为重点的酒类市场专项整治，捣毁制假售假窝点28个，查处包括侵犯汾酒商标专用权在内的酒类违法案件440件，有效维护了汾酒集团等企业的商标权益。汾酒集团有限责任公司专门向省委学习实践活动领导小组送去表扬信，称赞工商部门是“市场打假的先锋队、企业维权的保护神，无愧于红盾的光荣称号”。

二、创新品牌，彰显商标战略取得的阶段性成效

经过几年来的艰苦努力，全省实施商标战略工作取得明显成效，一批驰名商标、省著名商标的品牌效应日益显现。

一是初步形成了具有我省特色的品牌群体。2003年，我省的驰名商标是“两瓶子”、“两袋子”：“两瓶子”是“杏花村”汾酒和“水塔”老陈醋；“两袋子”是“奇强”洗衣粉和“天脊”化肥。现在发展到39件驰名商标。《语文报》是我省文化产业的第一件驰名商标，标志着我省文化产业进入新的历史发展阶段。“皇城相府”是继“北京故宫博物院”之后在被国家工商总局认定的旅游类驰名商标，有效带动了当地旅游业的发展，全村60%的农户兴办了家庭旅社，为全市增加1000多个就业岗位和两亿多元的营业收入。“杏花村”“竹叶青”使汾酒集团成为全省唯一的拥有两件驰名商标的企业，有效带动了当地酿酒业、酒文化旅游业的发展，杏花村镇被誉为“中华名酒第一村”。

二是促进了产业结构和经济发展转变。驰名商标、省著名商标的认定，有效地改变了我省产品进入市场后“一流品质、二流待遇、三流价格”的被动局面。特别是一批农副产品商标的崛起，提升了产品附加值，带动了高效农业发展。沁州黄小米以“沁州”驰名商标为纽带，以沁州黄小米集团公司为龙头，形成了“公司+商标+农户”的产业化经营模式，发展种植农户3.5万户，年产标准化优质沁州黄谷子2000万公斤。平遥牛肉证明商标成功注册，商标拥有者平遥牛肉商会，对45户企业进行严格考核，按照统一工艺和质量标准进行生产销售，从而使平遥牛肉生产销售一举扭转了被动局面，赢得了市场普遍认同，年加工量400多吨，产值达1.8亿元。

三是增强了自主创新能力和市场竞争力。企业在打造品牌的过程中，赢得了声誉，赢得了市场，也赢得了发展。山西澳瑞特健康产业股份有限公司获得驰名商标后，在区域经济发展中发挥龙头作用，以品牌无形资产为纽带，先后整合长治长丰工业公司等五家企业的有效资源，成为长治市新型工业化战略的示范点和经济增长点。山西水塔老陈醋股份有限公司“水塔”商标自2002年被认定为驰名商标后，立志打造中国酿醋业航母，企业规模迅速扩大，去年年销售额4亿元，利润总额4000万元，国内经济市场占有率3.6%，分别比2002年增长94%、90%、140%。

三、领导重视，推动了企业实施商标战略的积极性

实施商标战略，加强领导是关键，部门联动是保障，企业行动是基础。

（一）加强领导，是实施商标战略的关键。山西省委、省政府领导高度重视实施商标战略工作，省委书记张宝顺在省工商局调研时指出：“要加强商标注册和保护工作，强化商标意识，统筹谋划，加强对企业的领导。”副省长张建欣多次就实施商标战略问题到基层工商局进行调研。全省各级党委、政府领导也高度重视商标战略实施工作，相继成立了由有关部门组成的实施商标战略领导组，把工商局的部门行为上升到政府行为。2005年，省政府出台了对获得驰名商标认定的企业奖

励 100 万元的政策措施，这对实施商标战略起到了巨大推动作用。全省 11 个市政府也出台鼓励政策，有力地激发了企业实施商标战略的积极性。如长治市政府对认定为山西省著名商标的企业奖励 10 万元；对认定为驰名商标的企业奖励 30 万元。

（二）部门联动，是实施商标战略的保障。几年来我省商标战略之所以取得好的成绩，一是部门联动，立足各自职责，相互配合行动，形成合力，保障了商标战略的顺利实施。二是全系统工商干部努力工作、积极推动的结果。事实表明，哪里的工商干部对实施商标战略的重要意义认识高，工作力度大，哪里的商标战略工作成果就显著。如太原工商局举系统之力真抓实干，在全省 346 件农产品著名商标中就拥有 56 件，占到全省总量的六分之一。

（三）企业行动，是实施商标战略的基础。企业是市场竞争的主体，更是培育发展商标的主体，培育驰名商标、省著名商标关键也在于企业。经过几年的实践，我们深深感到实施商标战略，首先必须提高企业和农户的商标意识，他们的商标意识增强了，商标注册的积极性就高，实施商标战略的成效就明显。反之则自生自灭，黯然退出市场。其次是企业主动，全力打造具有市场竞争能力的强势商标，才能赢得市场、赢得实施商标战略的主动权。

实施农畜产品商标战略
促进内蒙古农牧业发展

内蒙古自治区工商行政管理局

近年来,内蒙古工商局大力推进实施商标战略，突出培育扶持农畜产品商标,引导农牧民不断提升商标意识，农畜产品商标在促进自治区产业化发展，带动农牧民致富达小康方面发挥着愈来愈积极的促进作用。

一、主要做法

(一)明确重点，梯次发展。内蒙古工商局在2004年就下发了《关于大力发展农畜产品集体商标、证明商标注册的通知》，将引导地理标志和农畜产品商标注册列入对各盟市工商部门的考核内容，提出了具体实施要求。2006年，又制定了《内蒙古“十一五”时期商标发展战略规划》，报送自治区人民政府备案。强调“十一五”时期，内蒙古自治区第一产业突出培育和发展乳品、肉食、绒毛、皮革、粮油、瓜菜、饲草料、中药材等优势行业商标；第二产业突出培育和发展以农牧畜副产品深加工为主的消费品商标；第三产业突出培育和发展具有民族特色的旅游、餐饮、服务、中介、文化等领域的商标，形成注册商标总量增大、驰名商标引领经济、著名商标活跃产业、知名商标为后续梯队的商标三大方阵发展格局。全区工商部门据此进一步推进实施了“商标三级梯队”建设：即旗县区工商局梯队重点培育知名商标、盟市工商局梯队重点培育著名商标、自治区工商局梯队重点培育驰名商标；在驰名商标推荐保护和内蒙古著名商标认定中，重点选定农牧业产业化龙头企业产品商标作为提高农牧民进入市场组织化程度、扶持农牧业社会服务体系完善、促进产业规模经营的工作重点，常抓不懈。

(二)点线面结合，强势引导。长期以来，由于受传统生产和经营方式的影响，内蒙古存在着农牧民商标意识薄弱、一些知名农畜产品企业对实施商标战略认识不够的客观事实。针对这种情况，内蒙古各级工商行政管理机关主动采取措施。首先充分发挥广播、电视、报纸等媒体的作用，加强宣传教育，为实施农畜产品商标战略创造良好的舆论氛围，在“面”上普遍引导。在每年“4·26”知识产权宣传周期间，在内蒙古电视台连续播出宣传农产品商标和地理标志专题片。其次，采取举办培训班、商标巡展、专题讲座等形式，扩大在“线”的宣传。一些地区局还特邀北京、上海等地商标专家就集体商标、证明商标以及农畜产品商标等相关知识进行现场答疑和专题讲座。第三，工商部门通过建立商标指导点，强化了在“点”的具体指导。此外，有的地方还通过以地方党政领导的名义撰写商标方面的文章公开发表等形式，增强了地方党政领导对商标在经济发展中“商标富农”、“商标兴农”作用的认识。

(三)深入调查，重点扶持。为更好地实施农畜产品商标战略，自治区工商局要求各盟市、旗县工商局普遍开展了农牧业资源情况及农畜产品商标注册调查。对使用的农畜产品商标进行逐一筛选，把那些已形成规模、要求在特定地理环境和人文因素条件下生产的农畜产品，分类作为指导和扶持的重点，并加强同农业科研机构和行业

协会的沟通、协调，帮助他们注册地理标志证明商标或集体商标，形成规模化经营模式

（四）所镇联动，区域发展。2008 年开始，内蒙古工商局通过实行工商所“一所多标”的考核手段实施乡镇商标发展战略。基层工商所与乡镇（苏木）共同协作、共同策划，因地制宜，制定长期农畜产品商标培育计划，推广运用“公司+农户+商标”的经营模式，以高知名度的农畜产品商标企业为龙头，对农户产品实行定向收购，形成了“一镇（乡、苏木）一业”、“一村一品”或“多镇（乡、苏木）一业”、“多村一品”的区域性产品商标专业化生产格局。增强了农畜产品的市场竞争力，有效地提高了农民收益，达到了“品牌兴农”、“品牌富农”目的。

（五）强化监管，维权护航。近年来内蒙古工商部门始终坚持对农牧业产业化龙头企业、农畜产品驰名、著名、知名商标专有权实行重点保护的政策措施，坚决维护商标所有人的合法权益，保护其经济利益得到最大限度的实现，有力调动了市场主体注册商标、培育驰名、著名和知名商标的积极性和主动性。同时，内蒙古全区各地还针对重点商标不定期地进行集中专项整治。如“磴口华莱士瓜”地理标志一度使用相当混乱，巴彦淖尔市周边旗县种植的香瓜都贴上“磴口华莱士瓜”的标识，极大地影响了“磴口华莱士瓜”的市场销售及产品声誉。为此，巴彦淖尔市工商局抽调精干工商人员重点开展了专项整治，清理了市场环境，确保了商标所有人合法权益，取得了良好效果。

二、取得的成效

（一）涌现出了一批在农牧业产业化中有较强带动作用的农畜产品驰名商标。呼和浩特市的“伊利”、“蒙牛”为呼和浩特市摘回了中国“乳都”的桂冠，仅伊利一家带动了 500 万奶农致富。鄂尔多斯集团的羊绒制品产销能力已占全国的 40%和世界的 30%以上，出口创汇连居全国绒纺行业第一名。据统计，在内蒙古拥有的 23 件行政认定的驰名商标中，涉农涉牧商标即达 19 件。呼包鄂三市农牧业产业化企业即拥有 13 个驰名商标这些重点龙头企业已为带动农民致富增收和拉动新农村建设的重要力量。

（二）培育了一批带动农牧民致富达小康的农畜产品商标。截止目前，全区注册商标总量为 2.5 万件，其中农畜产品注册商标 7700 多件，占注册商标总量的 30.8%；内蒙古著名商标 235 件，其中涉农涉牧商标 165 件，占著名商标总量的 70.2%；全区已有“库仑荞麦”、“锡林郭勒羊”、“巴彦淖尔小麦”、“磴口华莱士瓜”、“武川土豆”、“武川莜面”、“武川荞面”、“达茂马铃薯”、“达茂草原羊”和“呼伦贝尔黑木耳”10 件地理标志证明商标和集体商标。

（三）农牧民商标意识逐渐提高，农产品商标注册兴起热潮。内蒙古的农畜产品商标战略已深入人心，不少的农牧民都意识到，给自家的产品注册个商标，就像给自家的娃儿起个名，是必须的。1979 年，内蒙古自治区商标注册仅为 284 件；截至 2008 年底，内蒙古农牧畜副产品商标注册量就达到 7000 件。经过十多年品牌推进战略的实施，目前内蒙古已形成以羊绒业、乳业、酒业、炭业、草原绿色食品等资源为依托的一大批著名农畜产品品牌企业。

（四）确立了在区内、国内、国际本行业的领先优势。目前，内蒙古农畜产品商标企业在生产上完成了从简单生产加工到现代化大生产的转化过程，在市场营销上完成了从简单产品销售到现代品牌销售理念的转化过程。依托资源优势，依托农畜产品商标发展战略，内蒙古走出了一条资源转换快速发展的路子，在中国经济发展史上创造了经济发展增速在连续七年位居全国第一的“内蒙古现象”。

内蒙古实施农畜产品商标战略工作虽呈现了一定成绩，但仍存在一些问题：目前全区农畜产品商标总量还不多，地区发展不平衡，注册商标使用、管理还不够规范；一些边远地区农业经济组织的商标意识仍很薄弱，有些地理标志虽然取得注册证书，但使用情况不好。今后在深入学习落实实践科学发展观的过程中，相信会有新的进步。

积极引导农产品商标注册
促进农村经济可持续增长

辽宁省工商行政管理局

辽宁省是农业资源丰富、农作物品种较为齐全的省份。但长期以来，由于农业产业结构单一，农产品市场化程度较低，由此带来了农业增产不增收的问题，制约和影响了辽宁省农村经济发展和农民脱贫致富。党的十七大后，省委、省政府高度重视“三农”问题，把推进农产品市场化作为加快发展农村经济的重点。全省工商行政管理机关立足商标管理职能，大力宣传商标在经济生活中的作用，努力提高农村和农民商标意识，积极引导和帮助农村、农民办理农产品商标注册。经过不断努力，商标在促进农产品市场化过程中的作用已得到政府、农村经济组织和广大农民的广泛认可，农产品商标注册数量显著增多。2009年一般农产品商标注册4470多件，注册地理标志总数达到10件。全省工商行政管理机关主要做了以下几方面工作：

一、加大《商标法》和商标战略的宣传力度，提高农民商标意识

随着农业结构调整及农产品市场化速度不断加快,具有地域性品质和特色的农产品数量逐步增多，但由于受传统农业经营观念的影响，农产品商标注册工作落后，许多质量好、安全性高的农产品因没有商标而出现无名无姓、包装简陋、不易识别等问题，极大影响了这些农产品的市场知名度和竞争力，降低了农产品经济效益。近年来，我省工商系统始终把实施农副产品商标战略作为落实科学发展观，服务农村经济发展的重大举措，以提高农副产品市场竞争力，优化农业经济结构为核心，努力实现提高农副产品附加值，增加农民收入。针对我省农村商标意识淡薄，农产品商标数量少的实际，全省工商系统通过省、市媒体舆论宣传、深入企业调研、召开研讨会等形式，广泛宣传商标法律知识、商标在经济生活中的作用。大连、抚顺、辽阳、丹东、锦州、阜新、铁岭、朝阳、盘锦、葫芦岛市根据农民自身特点，采取典型引路的方式，选择一些运用商标实现增产增收的实例，到农产品较集中的地区进行宣传、讲解，使广大农民能够切身体会到办理农产品商标注册的好处，有力提高了社会商标意识,从而调动了农村办理农产品商标注册的积极性。各级工商机关组织人员，深入到乡、村、农户，鼓励引导具有地域特色的农产品进行商标注册，帮助办理证明商标、集体商标，鼓励发展特色农业产业经济。目前，我省农产品商标申请量和注册量明显增加,2008年，一般农产品商标注册申请达816件，地理标志申请7件，核准注册地理标志4件。

二、深入农村调查，确定工作重点，加强分类指导

为全面掌握我省农业资源情况，更好地实施农产品商标战略，各市、县工商机关普遍开展了

农产品商标注册调查工作。通过深入农村各专业乡镇、村屯调查摸底，对各类农副土特产品进行分门别类、登记造册。根据调查摸底情况，对未申请注册的农副产品进行梳理、筛选，把那些已形成规模生产的特色农副产品、特定地理环境和人文因素条件下生产出来的农副产品分成三类，作为商标注册指导和扶持的重点对象。一类是基本符合地理标志注册条件的农产品；二类是目前条件下比较适合注册集体商标的农产品；三类是适用注册普通商标的农产品。在具体指导商标注册工作中，对第一类农产品，工商机关主要是加强同农业科研机构进行沟通、协调，讲解办理地理标志注册的意义及办理的程序，协助这些地区做好商标注册申请的具体事宜；对第二类农产品，工商机关主要是加强同当地的农业科研所、行业协会等经济组织的联系，鼓励这些具有监督、管理能力的基层组织办理农产品集体商标注册；对第三类农产品，主要是做好一些种植、养殖公司及大户的工作，鼓励公司或个人办理农产品商标注册，并主动承担商标注册查询等服务工作。通过实施分类重点指导，提高了商标注册工作的针对性与主动性。各市分别确定了申请地理标志注册的农产品，沈阳的“关东梁山西瓜”、“新民地瓜”；大连市的“庄河大骨鸡”、“金州大樱桃”；鞍山市的“海城南果梨”；营口市的“营口大米”、“盖州苹果”；铁岭市的“铁岭花生”、“铁岭大米”；葫芦岛市的“绥中白梨”等。在国家商标局的大力支持下，2008 年，我省又有“营口大米”、“绥中白梨”、“铁岭花生”、“铁岭大米”被国家商标局核准注册为地理标志。目前我省共有“盘锦大米”、“东港草莓”、“东港大米”、“庄河大骨鸡”、“金州大樱桃”、“南票大枣”、“营口大米”、“绥中白梨”、“铁岭花生”、“铁岭大米”等 10 件地理标志。

三、加强政策引导，积极扶持农村经济组织、农民办理农产品商标注册

为加快推进我省农产品商标注册工作，我省主要农业地区的工商机关在争取当地政府支持的同时，纷纷制定了工商机关扶持农产品商标注册的具体政策措施，如铁岭市工商局提出了商标扶农的鼓励政策。阜新市工商局、盘锦市工商局也相继制定了鼓励和扶持农民、农村基层经济组织办理商标注册的具体措施。省工商局还将引导农产品商标注册工作作为年全省工商管理工作目标考核内容，提出了具体的工作目标要求。各市工商管理机关在分解目标任务的同时，还建立了奖惩制度。随着各项鼓励措施和目标责任制度的建立和完善，有力推动了全省农产品商标注册与保护工作。

四、加强培育知名商标工作，实现品牌兴农、品牌富农。

引导农产品商标注册，是实施农产品商标战略的基础。我省农产品创立品牌起步晚、起点低。由于农产品商标的使用对象是农村经济组织和农民，多属分散经营，培育和提高农产品知名商标难度较大。省、市工商局在加大引导农产品商标注册的同时，积极鼓励农产品商标所有人培育省、市著名商标，提高商标知名度，扩大市场占有率。大连“金州大樱桃”注册为地理标志后，大连市政府、金州区政府十分重视，举办了以“品金州樱桃，游和谐乡村”为主题的“中国大连樱桃节”，吸引了大批海内外游客。在国家工商总局商标局的大力支持下，“金州大樱桃”被选为 2007 年世界地理标志大会参展产品，金州区政府组织 10 多个部门共 40 多人的观摩团，参加了世界地理标志大会。会议期间，“金州大樱桃”凭借良好的口感和外观，赢得了参会人员的称赞，也极大提高了“金州大樱桃”的知名度和美誉度。目前，金州区 10 个乡镇都种植了大樱桃，种植面积近 10 万亩，产量达 8000 多吨，大樱桃市场价格提高到每斤 40 元左右，5 万多农户受益，人均增加收入 4000 多元。初步形成了以樱桃为主导的农业观光旅游产业链。葫芦岛“南票大枣”被核准为地理标志后，极大提高了广大农户种植大枣的信心和积极性，新增枣树 150 万株。现在全区 4500 多农户种植枣树 1200 多万株，年产量达 3000 多吨，销售额达 1000 多万元。鞍山市台安县工商局指导农户注册“台绿”蔬菜商标后，由

农户使用在网纹瓜上，从而使200多户农民的收入比商标注册前增加了20%，而且该产品还被国际奥委会指定为专用产品，进入人民大会堂专供商品行列。辽阳市工商局指导农户注册了“林氏鳌田”大米商标后，大米由原来的每斤1.5元提高到2.3元，给农户带来了百万元的经济效益。锦州凌海市工商局指导大业乡养殖基地在鸡蛋产品上注册了“桂鸟”商标，经过品牌包装和市场推广，使鸡蛋价格由注册前不到2元一斤，增加到4元多一斤，每斤增收近一倍。盘锦大米协会利用独特的环境资源优势，取得“盘锦大米”的地理标志认定，进而获得驰名商标认定，使我省的大米畅销全国14个省（市、区），远销日本、韩国、俄罗斯等国家，推动了我省优质粮食基地建设。大连獐子岛渔业合理开发利用海洋资源，成为集海洋水产业、海珍品育苗业、海水增养殖业、水产品加工业、国内外贸易、海上运输业于一体的上市公司，促进了“海上辽宁”建设。沈阳辉山乳业不断推进农产品转化增值，注重开发产品多样化，奶牛养殖规模从8千头增加至8万头，使农民从事养牛收入达到1.2亿元，同时带动周边种植业、饲料加工业的发展，农业产业化链条初步形成，成为全国优质乳产品加工基地之一。铁岭北绿公司以绿色蔬菜、水果为主导产品，采取“公司+基地+农户”的产业经营模式，认定驰名商标两年来，产品供不应求，种植面积扩展1倍达到2万亩，直接签约农户增加了5千户达到3万户，累计增加农民收入1500万元，实现规模扩张的自身效益和农民增收的社会效益双丰收，推进当地农村走上生产发展、生活富裕、生态良好的道路。2009年4月，在国家工商总局商标局的大力支持下，我省辽宁柏慧燕都食品有限公司的“柏慧燕都及图”商标、辽宁丹玉种业科技股份有限公司的“丹玉”商标、辽宁东亚种业有限公司的“富友及图”商标、辽宁绿色芳山有机食品有限公司的“绿色芳山LSFS及图”商标被认定为驰名商标，极大推动了我省农业品牌建设工作，必将进一步加快推进辽宁商标富农工程。

通过实施农产品商标战略，我省农村商标意识显著增强，注册农产品商标的积极性明显提高，商标在促进农村经济发展，实现农产品增收等方面，发挥着越来越重要的作用。在如何加快引导农产品商标注册，进一步加强农产品商标保护等方面，对各级工商机关也提出了更高的要求。今后，我省各级工商管理机关将进一步加大工作力度，积极引导、鼓励、扶持农产品商标注册，采取切实措施，培育和保护农产品商标专用权，努力实现商标富农、商标护农的工作目标。

坚持不懈推进商标发展战略 促进培育驰(著)名商标工作实现历史性跨跃

沈阳市工商行政管理局

近年来，沈阳市工商局按照总局的部署，高度重视并大力推进商标发展战略。特别是《国家知识产权战略纲要》颁布实施以后，牢牢把握历史机遇，强化商标调查研究，大力推动政府建立鼓励商标发展机制，建议政府加大驰（著）名商标奖励力度，引导企业积极培育驰（著）名商标，使沈阳培育驰（著）名商标工作在今年实现了历史性跨跃。3月16日，《沈阳市知识产权战略纲要》颁布实施，这是沈阳第一次把培育驰（著）名商标工作纳入政府规划；6月5日，市政府召开了培育驰（著）名商标工作会议，这是改革开放以来沈阳第一次召开的关于商标发展的专题会议；6月10日，《沈阳市人民政府关于鼓励企业培育驰（著）名商标的实施意见》出台，这是沈阳第一次建立了鼓励驰（著）名商标发展的长效机制，沈阳商标事业发展的春天已经到来。

一、加强商标战略研究，推进培育驰(著)名商标工作纳入政府发展规划

推进商标发展战略，促进沈阳老工业基地全面振兴，是市工商局近年来的一项重要工作任务。没有奖励驰（著）名商标的政策措施，已经成为制约沈阳商标发展战略有效实施的一个瓶颈，而当时国内许多大中城市由于奖励力度大，驰（著）名商标快速发展。为此，从2004年以来，市工商局连续多年向政府打报告，请求给予培育驰（著）名商标工作扶持政策，但收效甚微。2006年，利用市政府开展知识产权战略研究的机会，市工商局组织了商标发展战略课题组，考察学习发达城市先进经验，深入企业实地调研，撰写了《关于沈阳市商标发展战略研究》的调查报告，顺利通过了市政府专家组的验收，而且其研究成果被《沈阳市知识产权战略纲要》采纳。该《纲要》明确要求，今后五年内，沈阳市著名商标要达到400件，辽宁省著名商标要达到200件，争取10%的辽宁省著名商标成为驰名商标，并形成一批在国际市场有较大影响力的（驰）著名商标。在课题研究的基础上，结合国际金融危机下各级政府保增长的强烈愿望，市工商局组织撰写了《关于沈阳市培育驰（著）名商标工作情况的调查报告》，得到了祁鸣副市长的高度关注，并促成了全市培育驰（著）名商标工作会议的胜利召开。此外，由于市工商局坚持不懈的努力以及形势的发展变化，市政府先后出台了一些鼓励企业培育驰名商标的政策措施，特别是今年2月市政府出台的《沈阳市支持企业发展促进经济增长若干政策措施（30条）》中规定“对新创中国驰名商标的企业给予300万元奖励”。

二、筹备召开全市性专题会议，开创培育驰(著)名商标工作新局面

历史经验表明，任何危机来临之时，必然催

生新的机遇。在应对这场罕见的国际金融危机的同时，沈阳的商标事业无疑遇到了千载难逢的历史机遇。在市政府决定召开全市争创驰（著）名商标工作会议之初，市工商局以时不我待的意念迅速开展会议筹备工作：一是加强与市政府领导沟通协调。市局程云伟局长就会议日程安排、参加人员、奖励资金落实、出台政策措施等事宜，多次主动向市政府主要领导和主管领导进行汇报，争取市政府领导支持，保障了会议安排的有序推进。二是快速组织起草会议各种重要文稿。市局主管商标工作领导王伟民组织精干力量，在一个多月的时间里，完成了市政府争创驰（著）名商标工作报告、市领导讲话、鼓励企业争创驰（著）名商标实施意见、市政府奖励驰（著）名商标企业通报、获得驰名商标企业代表经验介绍、争创驰名商标企业代表和区、县政府代表发言以及市局主要领导答记者问等重要文稿，并就会议其它具体事宜积极与市政府、新闻单位进行了沟通协调，为会议的顺利召开奠定了重要基础。三是协调新闻媒体做好采访准备工作。为在全社会营造关注商标发展、关心商标发展、支持商标发展的良好氛围，市工商局会前邀请新闻媒体召开了吹风会，并组织他们对一些获得驰名商标认定的企业进行了系列专访，形成了良好的宣传态势。经过精心筹备，全市争创驰（著）名商标工作会议于6月5日胜利召开，规格之高前所未有，这是改革开放以来第一次以市政府名义召开的工商工作专题会议；奖励力度之大前所未有，沈阳第一次同时对新获得驰名商标认定的金杯汽车公司等三家企业分别重奖300万元；宣传效果之好前所未有，国家、省、市多家主流媒体纷纷进行了及时跟踪报道，社会各界反响强烈。这次会议，在沈阳商标事业发展史上具有里程碑意义，开创了沈阳培育驰（著）名商标工作的新局面。

三、推进政策扶持长效机制建设，促进培育驰（著）名商标工作可持续发展

制度建设具有根本性，能够保障事物沿着预定的轨道发展。沈阳培育驰（著）名商标的扶持政策措施，从无到有，从局部到全面，从单纯资金奖励到全方位政策扶持，十分不易。《沈阳市人民政府关于鼓励企业争创驰（著）名商标的实施意见》是由市工商局起草，经过反复推敲、与政府相关职能部门反复协商、多次请示市领导审定才得以颁布实施的。这项政策措施的出台，是市工商局近年来坚持不懈努力的结果，也是保障全市争创驰（著）名商标工作可持续发展的长效机制，其主要有四个特点：一是奖励持续性强。年初市政府制定的对新获得驰名商标认定的企业给予300万元奖励政策仅限于本年度内，而《实施意见》则延续到2012年，这意味着到2012年市财政每年为此要多支出至少1000万元以上，也充分表明市委、市政府大力发展商标知识产权的信心和决心。二是受益企业广。2006年以来，市政府对获得驰名商标认定的企业的奖励仅限于农产品深加工企业，这次奖励范围惠及所有行业的所有新获得驰名商标认定的企业。而且，《实施意见》还规定，对新获得省、市著名商标认定的企业，各区（县）政府可给予适当奖励，这也是前所未有的。三是政策综合配套齐全。《实施意见》除了资金奖励之外，还综合运用了财政、金融等手段鼓励和支持驰（著）名商标发展，如规定支持企业以驰（著）名商标专用权质押贷款、鼓励国内担保公司为驰（著）名商标企业融资提供担保等。四是组织保障有力。《实施意见》规定，专门成立了沈阳市培育驰（著）名商标工作协调小组，组长由主管工商工作的副市长担任，成员由市发改委、工商局、财政局、知识产权局等十几个部门负责人组成，规格高、阵容强，便于协调处理培育驰（著）名商标工作的各种问题。同时，还把培育驰（著）名商标工作纳入了各级政府工作目标绩效考核范围，保障培育驰（著）名商标工作有目标、有组织、有落实。

四、突出企业主体，大力组织开展培育驰（著）名商标工作

培育驰（著）名商标关键在企业。市工商局积极引导企业制定商标发展战略，以商标为依托，以培育驰（著）名商标为动力，促进企业全面发展。一是建立和完善培育驰名商标战略梯队。按

照“申报一批、准备一批、培育一批”的原则，制定驰名商标战略梯队三年规划，筛选一批管理水平高、产品质量好、市场占有率高、经济效益好的省、市著名商标企业，作为我市培育驰名商标战略梯队。二是开展商标行政指导。全面推行“商标注册建议书”、“商标使用提示书”、“商标违章告知书”等商标行政指导制度，指导各类市场主体注册新颖、独特、显著性强的商标，加大对培育驰（著）名商标的投入，加强产品质量管理，提高培育驰（著）名商标工作的质量。三是加强商标知识宣传。采取组织召开企业座谈会、编印《企业争创驰（著）名商标指南》小册子等方式，普及商标知识，提高了广大企业实施商标发展战略的能力和水平。目前，全市共有驰名商标 14 件、省著名商标 169 件、市著名商标 245 件，分别比 2005 年前的 6 件、71 件、109 件增长 133.3%、138%、124.8%。

依靠政府支持　发挥区域优势
充分运用商标战略服务经济发展大局

大连市工商行政管理局

近年来，大连市工商局在国家工商总局和辽宁省工商局的正确领导下，在大连市委、市政府的支持下，坚持以科学发展观为指导，认真贯彻落实《国家知识产权战略纲要》，大力实施商标战略，取得了一定成绩。

一、实施商标战略取得的成果

截止2009年6月，大连市约有各类注册商标32000件，行政认定的驰著名商标417件，其中国家工商总局认定的中国驰名商标19件，辽宁省著名商标252件，大连市著名商标146件；农产品商标800余件，农产品地理标志商标6件。2008年，大连市驰著名商标企业总销售收入超过1000亿元，当地农户通过农产品商标实现增收约1.5亿元，商标战略在地方经济发展中发挥着巨大作用。

（一）驰著名商标成为现代农业的重要标志

近几年，大连市工商局积极会同有关涉农部门、行业协会以推行商标战略、实行“商标+公司+农户”模式的订单农业为目标，在基层工商所开展“一所一品”、“一所多品”、“商标入户”以及“走进千家企业，培育商标品牌”等活动。庄河大骨鸡等地理标志商标得到很好运用，由驰著名商标企业领军的大连海参、大连鲍鱼等特色海产品在市场竞争中占据了绝对优势，以金州大樱桃为代表的观光农业、绿色农业快速发展。全市农民借助商标战略稳步增收，年均1.5亿元左右。商标战略有效促进了农村繁荣、农业发展和农民增收，驰著名商标成为农业现代化的重要标志之一。

（二）现代装备制造业和石化行业发展得到有力推动

实施商标战略使装备制造业企业和石油化工企业在经济规模、市场占有率等方面大幅增长，近几年增长率持续保持在大约20%至40%左右，IS9000系列和ISO14000系列等国际质量、环境、管理体系，成为这些行业驰著名商标企业比较普遍的管理标准，企业创新应用及新产品开发能力和市场竞争力显著增强。瓦房店轴承集团在获得驰名商标认定以后，在产品提价的情况下订单增长了一倍，新投资的占地面积27.5万平方米精密技术与制造工业园已部分投产，产品工艺和装备达到国际先进水平，已发展成为国内轴承第一品牌。

（三）驰名商标企业成为行业发展的排头兵

由于驰名商标巨大的市场效应，我市驰名商标企业迅速发展成为各自行业的排头兵，成为城市经济的核心。大连冰山集团是大连市第一家驰名商标企业，目前年销售收入突破130亿元，在全国工业制冷行业中多年来一直处于排头兵地位。大连驰名商标中的两家互感器企业也都是全国行业的前三甲，地位至关重要。獐子岛渔业集团、棒槌岛海产集团均列行业前茅，引领发展方向。其他驰名商标企业均在各自行业中地位显赫，贡献突出。2008年，大连市驰著名商标企业的生产总值超过千亿，约占整个城市GDP的25%，在大连经济发展中起着领军作用。

（四）实施商标战略使社会各界的商标意识迅速提高

经过大连市各级工商行政管理部门的不懈努力，大连社会商标意识空前强化，多家新闻媒体常年开办商标专栏，工商部门和高等院校、社会中介服务组织举办的商标知识讲座、培训班、知识竞赛等得到市民的关注和参与。工商部门深入田间地头、车间厂矿的商标战略指导受到服务对象的欢迎。企业商标管理水平明显提高，商标注册量逐年递增，近几年每年以10%左右的速度增长，利用驰著名商标的商标权投资、融资已经成为企业平常的经营手段，全社会商标专用权保护意识明显增强。

二、实施商标战略的几点做法和体会

（一）依靠政府支持，强化推进力度

大连地处东北最南端，是我国老工业基地之一，在计划经济年代为国家装备制造业、石油化工产业发展做出了巨大贡献。改革开放以来，传统思维方式成为实施商标战略的桎梏。上世纪末，当青岛市的“海尔”、“海信”等驰名商标五朵金花在市场上争奇斗艳时，大连市却长期只有“冰山”一件驰名商标。根据当时的实际情况，大连市工商局向市政府主要领导作了多次汇报，终于引起了市政府的关注和重视。2002年，市政府先后成立大连市品牌兴市领导小组，开展大连市著名商标认定工作，鼓励企业培育驰名商标和辽宁省著名商标，对被认定为驰名商标和著名商标的企业，分别重奖300万元和30万元，并提出了明确的培育重点和创建目标。这些有力措施迅速引起了社会关注和企业的兴趣，大连市推行商标战略工作逐渐打开了局面。此后多年，市政府陆续出台多项政策，将被认定为驰著名商标的企业产品优先列入政府采购对象，准许企业以商标专有权质押融资，调整领导小组为推进商标战略局际联席会议等等，从组织保障和政策环境等多方面支持推进商标战略工作的开展。2008年，大连市人大常委会又听取审议了市政府商标战略实施情况，再次增强了推进力度。可以说，如果没有大连市各级政府的高度重视和支持，大连市工商局推进商标战略的工作难有作为。

（二）调动多方资源，形成推进合力

为了更好地推进商标战略，大连市工商局在不断强化自身素质建设、培养专业干部队伍的同时，发挥作为市政府实施商标战略局际联席会议召集人的牵头作用，协调各有关部门和社会各界共同推进，有效利用各种社会资源。几年来，先后在《大连日报》、《大连晚报》、《新商报》上开办商标专栏，在部分县级电视台举办电视讲座、专题等栏目宣传商标战略知识，报道典型案例，扩大商标战略宣传影响。与大连海事大学、东北财经大学等院校的知识产权学者共同研讨商标战略理论，组织企业座谈，举办专题演讲，提升商标战略工作的理论水平。鼓励企业为宣传和支持商标战略的社会公益活动做贡献，承办或参与举办一些商标知识竞赛、商标社会知名度公信调查等活动。通过采取上述措施，有效缓解了推进商标战略中的资源不足。

（三）发挥产业优势，突出推进重点

大连市工商局在推进商标战略过程中，认真贯彻落实辽宁省“五点一线”建设规划和大连市政府“一个中心、四个基地”和“两区一带”建设的战略规划，发挥大连港口区位优势和产业优势，抓住符合国家发展目标的新型装备制造业、石油化工工业、计算机软件行业、高新技术行业、港口物流和新兴商贸服务业、优势海产品养殖加工等地方优势产业，突出重点，大力推进，同时兼顾与市民生活息息相关的其它产业如农产品加工业等。2002年以来培育的18件驰名商标中，属于地方优势产业的约占70%，与市民生活关系密切的其它产业约占30%，较好地处理了服务国家经济发展大局和满足市民生活的关系，同时更加赢得了大连市各级政府的支持和人民群众的拥护，树立了良好的工商形象。

（四）胸怀奉献精神，扎实推进服务

推进商标战略需要有一种胸怀——乐于奉献的胸怀。因为推进商标战略工作是一个水滴石穿、循序渐进的慢功夫，也是需要工商部门不断投入、持续奋斗的宏大事业。多年以来，大连市工商局在推进商标战略工作上投入了巨大的人力、物力，取得了一定成果，得到了上级的认可和社会的肯定，但是在实际利益上，我们得到的和付出的却不成比例，尤其是市政府的奖励政策只奖励企业而不奖励为企业培育驰著名商标付出辛勤和汗水的工商部门和工商干部，有些干部心里感觉不平衡，个别同志也曾发过牢骚。针对这些问题，大连市工商局党组以高度的责任感和无私奉献的胸怀，教育广大干部树立服务发展大局、为大家舍小家的思想观念，以对事业负责、对经济发展负责的精神投入到商标战略工作中去。多年来，尽管经费不足、人才短缺，但我们一直舍得投入，选派得力干部从事商标工作，无论是召开全市企业代表会议还是举办讲座培训，无论是基层工商所开展的“一所一品”、“一所多品”活动，还是全市各级工商机关参加的“走近千家企业，培育商标品牌”等活动，无论是深入企业和田间地头进行商标战略指导，还是帮助企业开展调研课题，推进商标战略工作从不向企业收一分钱，从未向政府要一分奖励，全市工商系统商标管理干部在各自岗位上兢兢业业，奋发努力，通过商标战略促进了地方经济的发展，做出了应有的贡献。

大连市工商局在实施商标战略工作中虽然取得了一定成绩，但还有很多差距。我们决心借这次会议的东风，在更高的层次上认识商标战略，在更广的领域实施商标战略，为推助大连市经济发展做出新贡献。

精心谋划　强力推进
充分发挥商标战略在吉林发展中的重要作用

吉林省工商行政管理局

在国家工商总局的有力指导、大力支持下，在吉林省委、省政府的高度重视、精心组织领导下，近几年，吉林省商标战略取得了显著的成果，在吉林经济发展中发挥了重要的作用。

一、强化政策措施，不断加大商标战略推进的力度

吉林省实施商标战略起步较晚，但起步后的领导、组织、推进工作始终保持了很大的力度。一是建立了强有力的政府推进机构。2005 年底，省政府把实施商标战略列为全省“十一五”经济社会发展的重点工作之一，成立了由 13 个部门组成的省培育认定驰名、著名商标工作推进组（以下简称“推进组”），分管省长挂帅任组长，省政府副秘书长、省工商局长任副组长。制定印发了《吉林省“十一五”期间培育认定驰名著名商标工作推进方案》，明确了培育的目标、措施、任务及各部门的分工和责任。各市（州）政府也同步成立了推进组。省政府连续几年把培育认定驰名著名商标工作写入政府工作报告，每年召开工作会议，总结工作，协调分工，部署任务，形成了推进工作的合力。经过充实调整，目前省推进组的成员已经增加到 18 个部门。二是制定出台了力度较大的推进政策。对驰名商标企业，省、市两级政府分别给予 100 万元的奖励，对省著名商标企业，市、县政府给予 5 万元的奖励，对地理标志商标单位，省政府给予 5 万元的奖励，县（市）政府给予 3 万元的奖励；对注册农产品商标的企业和个体工商户，省政府给予 30-50%的补助，县（市）政府给予不少于 2 万元的奖励。在财政紧张的情况下，省政府每年划拨专款 3000 万元，设立了“培育商标品牌专项资金”。在政策方面，对以驰名商标、著名商标作价出资组建股份有限公司的，不受出资比例限制；对驰名、著名商标企业实行年检免审制度、进出口经营权优先申报制度，同时，将驰名著名商标和地理标志商标商品列入政府采购目录，在同等条件下优先采购。三是组织开展高层推进活动。举办了“争创驰名商标，振兴吉林经济”、“消费者身边的商标故事”等多次大型电视文艺晚会，组织《品牌吉林》等高层访谈电视专题节目。省委、省人大、省政府、省政协的领导同志及“两会”代表共同出席了 2006 年“争创驰名商标，振兴吉林经济”大型电视文艺晚会，成为省内规格最高的晚会。每年都组织对新认定驰名商标企业的颁奖授牌大会，省委、省人大、省政府、省政协领导，特别是省委、省政府主要领导连续 4 年亲自为驰名商标企业颁奖授牌。四是强化商标法律保护工作。将《吉林省著名商标认定和保护办法》及时上升为《吉林省著名商标认定和保护条例》，进一步明确了认定著名商标的条件，减少了限制性规定，简化了认定程序，强调了认定机关的责任，是全国对著名商

标实现法律认定保护的第4个省份。五是大力营造商标社会氛围。4·26知识产权日、每年商标节，都精心组织丰富多彩的宣传纪念活动，在《吉林日报》开辟“实施商标战略，振兴吉林经济”专栏，开通了“吉林商标网”。省局有关领导同志几年来先后为省直机关、乡镇干部宣讲《商标法》60多场，参加听课的有8000多人，被评为全国“四五”普法先进个人。我们还先后在延边和长春举办了闲置商标转让洽谈会，为全国20个省市约1500件闲置商标搭建了转让的平台。经过几年来的努力，全省已形成政府组织引导、各相关部门积极扶持，企业主动运作，全社会广泛参与的工作格局。

二、加强监管保护，为商标战略发展营造良好的市场环境

以保护驰名、著名商标为重点，严厉查处各种商标侵权案件。近几年，全省集中组织大规模的保护“通化”、“长白山”“洮儿河”、“斯达舒”等驰名、著名商标专用权统一行动，仅在保护“通化”商标行动中，就检查了省内100多家葡萄酒生产经营企业，收缴了一批假冒商品和标识。针对我省人参、矿泉水、棉袜、酒类商品商标侵权现象比较普遍的问题，组织开展上述商品商标行政保护专项行动，遏制了侵权的势头。组织赴广东、浙江等省，与当地工商部门联合查处侵犯我省“新开河”、“感康”等商标行为，扣缴了大批侵权商品和标识。组织开展保护涉外商标行动，集中查处侵犯“阿迪达斯”、“耐克”、“皮尔卡丹”等国际知名品牌案件，树立了我国大力保护知识产权的形象。北京奥运会期间，重点对奥林匹克标志及商品进行全面清查，规范了北京奥运会倒计时设施，查处了一批侵犯奥林匹克标志专有权案件，保证了奥林匹克标志的合法使用。加强对委托加工企业、商品展销会、连锁经营、物流配送的超市、卖场、购物中心的日常商标监管，评出“吉林省九城百户无商标侵权商品店（场）”59个。开展了对涉外知名商标、驰名、著名商标商品统一进专卖店、品牌超市、连锁店经营的调研工作。大力推行侵权易发地区重点监管责任制，全省划定重点监管对象91家，指定第一责任人59人，签订责任书54份，促进了商标监管责任的落实。同时，加强与公安、法院等部门协作，进一步强化了商标行政保护与司法保护的衔接。

三、注重培育提升，充分发挥驰名著名商标企业在全省经济发展中的引领作用

在实施商标战略中，我们注重企业主体、市场运作、政府推动相结合，以引导企业提高产品质量、科技含量及市场竞争力为核心，以转变发展方式、促进经济结构优化升级为重点，支持驰名、著名商标企业通过收购、兼并、控股等多种途径进行品牌重组，促进生产要素向强势品牌企业聚集；通过支持授权经营、连锁经营等方式，促进商标品牌的快速扩张；通过支持强强联合，加快把商标品牌做大、做强、做优；通过支持创新研发，提高企业自主创新品牌的科技含量，避免商标品牌同质化竞争，增强商标品牌的活力和持久生命力，推动商标品牌从数量到质量的整体升位，在全省经济结构调整和综合竞争力提高中发挥了重要作用。一汽集团已列世界最大500家公司的第303位，世界机械500强的第49位。“皓月”驰名商标企业长春皓月清真肉业股份有限公司，产品出口连续4年占全国的二分之一，带动近10万农户、50余万农民从事养牛业，使农民通过养牛实现增收5亿元以上。“成及图”驰名商标企业长春大成实业集团，年产值210亿元，实现利税15.8亿元，出口创汇16.5亿元，赖氨酸产品销售额达38亿元，占据了全国70%的市场份额。我们积极推进“品牌村”建设，充分发挥农产品商标和地理标志商标在促进农民增收、农业增效、农村发展中的作用。“双阳梅花鹿”被认定地理标志商标后，产品价格增加了20%，从业人员增长了14%，人均收入增长了32%，产品出口年增加收入4000万元。白山市576个村屯中，有88个村屯形成了自有特色的品牌，如人参种植村、人参加工村、林蛙养殖村、西瓜村、葡萄村等，村民参与率占90%以上，成为全省“品牌村”的密集地区。经过近几年推进工作实践，我省企

业重视商标、创造商标、运用商标、保护商标的热情高涨，申请商标注册数量每年以两位数递增，申报驰名、著名商标数量明显增加。

截止目前，我省共有驰名商标 29 件，其中，在 2006 年之前累计被认定 8 件，平均每年不到 1 件，2006 年以后被认定 21 件，平均每年 5.5 件，驰名商标与注册商标的数量比率为万分之四点三，高于全国平均水平。去年我省实现了地理标志商标零的突破，今年达到 9 件。全省核准注册商标 5 万多件，其中境外注册商标近千件。应当说成绩是初步的。目前存在的问题主要是，驰名商标、地理标志商标的基数总量不大，支柱和优势产业商标品牌不强，尚未形成规模竞争力，拥有自主知识产权、核心技术的创新品牌不多，具有国际竞争力的品牌更少，同兄弟省市相比有明显的差距。

我们要以《国家知识产权战略纲要》实施为契机，以总局这次会议为动力，按照“四个统一”、“四个转变”的要求，进一步增强责任感和紧迫感，以更宽广的视野、更开放的姿态、更务实的举措，深入实施吉林省商标战略，为吉林经济的平稳较快发展和今后长远发展作出不懈的努力！最后，对国家工商总局、总局商标局多年来对吉林省实施商标战略以及各方面工作给予的有力指导和大力支持表示衷心的感谢！对各省区同仁对我们吉林省工作的支持和帮助表示衷心的感谢！

完善培育认定机制　实施商标兴市战略 全面促进商标事业健康快速发展

长春市工商行政管理局

近年来，按照国家总局和省局工作部署，长春市工商局认真贯彻落实《国家知识产权战略纲要》，在商标监管工作中不断加大对内对外协调、配合，成功地将部门业务提升到全局高度，转化为政府行为。在加强保护注册商标专用权的同时，通过大力实施商标战略，使长春市的商标注册量及驰名、著名、知名商标数量都呈现出突飞猛进的发展态势。长春市的商标事业实现了平稳较快发展。截至目前，全市商标注册总量已由2006年的6500件增长到目前的14175件，增长218%。

一、把握时机，找准切入点，把实施商标战略提升到促进区域社会经济发展的战略高度来抓

在国务院加速东北老工业基地的历史背景下，长春市工商局积极抢抓机遇，多次就商标工作在区域经济发展中的重要战略意义，主动向政府献言献策。使实施商标战略，以商标带动社会经济增长，成为社会共识。2006年初，长春市政府成立了长春市驰名著名商标推进工作领导小组，制定出台了《长春市“十一五”期间培育驰名著名商标工作推进方案》，明确了全市“十一五”期间商标事业发展目标规划和一系列奖励措施，陆续制定了《长春市知名商标认定保护暂行规定》和《长春市无假冒商标示范店（场）管理办法》等地方性规章，使实施商标战略成为各级政府振兴当地经济的重要举措。市委、市政府领导先后多次到长春市工商局及相关企业听取商标情况汇报，开展专题调研，亲自参与研究安排商标工作。市委、市政府连续三年召开了高规格的新闻发布会，对被认定为驰名商标的企业进行表彰奖励和宣传，极大地激发了企业培育驰名著名商标的积极性，两年来，长春市政府对获认驰名、著名商标的企业，共发放奖金1170余万元。

二、创新思维，优化举措，全面加大驰名著名知名商标培育工作力度

为落实长春市培育驰名著名商标工作，长春市工商局多措并举，充分发挥指导、服务和协调作用，促进全市商标工作实现跨越式发展。

一是建立和完善三级联动商标培育认定机制。全市各级工商部门，建立了商标监管档案和各类商标储备库，在实现库存资料及时更新、补充和完善的基础上，分段逐类确定培育重点，使商标培育、认定工作逐步走上规范化、科学化的运行轨道。

二是形成梯次培育体系。为认真细致做好企业普查、造册工作，长春市工商局以工商所为单位，建立健全商标监管档案和各类商标储备库，及时掌握和摸清责任区内各类商标发展的底数和基本发展状况，通过走访企业，将企业划分为不同的梯次，实行成熟一个推荐认定一个的工作机

制，确保商标培育认定工作的有序开展。

三是实行商标联络员管理制度。在系统内为每个企业确定一名商标工作联络员，通过开展“一对一”辅导，指导企业正确实施商标战略，促进企业的发展。

四是对企业实行“定身服务”。对申请认定驰名商标、著名商标和知名商标的企业实行全程跟踪和上门服务，帮助企业解决可能遇到或已经出现的各种困难和问题。

2006 年以来，长春市工商局共向国家商标局推荐驰名商标 14 件，获认 10 件；向省局推荐著名商标 165 件，获认 115 件；培育认定长春市知名商标 120 件。这些企业不仅提高了自身的无形资产价值，增强了市场竞争力，同时也为全市经济发展起到了积极的促进作用。

三、立足本地实际，大力实施“商标兴农”工程，促进农业发展、农民增收

长春市是个农业大市，但在 2006 年以前还没有一件农产品地理标志注册商标，更没有几个能在全国范围内叫得响、信誉好的农产品商标，“商标兴农”的战略意识还不高，对农产品地理标志及商标的投入、支持和保护力度不够。为此，长春市工商局在不断提高认识的基础上，相继采取了一系列切实可行的措施，有力推动了“商标兴农”工程的深入开展。

一是加强定向指导,推动“一所一标”工程的深入开展。长春市工商局深入基层进行调研，积极拓展“一所一标”的内涵，把开发挖掘当地特色农产品的信息，帮助指导和扶持特色农户及涉农企业实施商标战略纳入到“一所一标”工程中，使长春市特色农产品商标注册取得了前所未有的良好发展势头，“红石砬小米”、“青山烟叶”、“青山口西瓜”等一批特色农产品都已经申请了商标注册，农产品商标注册数量也由 2006 年的 300 多件增加到 1200 多件，有力地推动了长春市农业经济的发展。

二是建立农产品商标帮扶规划。为顺利实施“商标富农”工程，长春市工商局在深入开展专题调研的基础上，出台了《长春市农产品商标帮扶规划》。积极鼓励商标协会等社团组织适时注册一些适合长春市农民使用的农产品商标。并确定未来 3 至 5 年里，由商标协会出资每年为农户注册 5-10 件特色农产品商标。今年 5 月份长春市商标协会已申请注册了“布海香瓜”和“柴岗三辣”2 件商标。年底前，还将在调研收集整理的基础上，争取注册 3~5 件农产品商标，为农民无偿提供商标使用。

三是建立农产品商标帮扶基金。今年长春市工商局已向市政府，建议出台推进市农产品商标发展的扶持政策，由财政拨付专门经费。采取直接帮助农户注册商标或农民每注册一件商标给予 500-1000 元补贴的办法，激发农户和涉农企业参与创牌工作的积极性。

四是下力气培育一批拥有驰名著名商标的农产品加工龙头企业。引导和鼓励这些龙头企业形成“公司（协会）+农户+商标”的产业化经营模式，以商标作为联系企业（协会）与农户的纽带，提高农民进入市场的组织化程度，促进农民增收，带动农村经济发展。

通过工商机关、相关部门及企业自身的积极努力，长春市先后有“饮马河大米”、“双阳梅花鹿”和“榆树大米”三件地理标志通过了证明商标注册，并陆续涌现出“皓月”、“德大”“天景”等拥有驰名著名商标的农产品龙头企业，极大地提高了农产品的品牌效应和市场竞争力。同时，这些龙头企业还陆续与吉林省 50 余万农户签订了玉米和大豆购销合同，与 11 万余户饲养牛羊户签订了购销合同，极大地提高了农民收入，培育出一批“百万富翁”种植、养殖户，带动了农村经济的发展，起到“以商标带动产业，富裕一方百姓”的效果。

四、发挥职能作用，加大监管执法工作力度，努力维护注册商标权利人合法权益

近年来，长春市工商局充分发挥商标监管职能作用，坚持打击商标侵权与服务企业维权并举，本着维护商标市场秩序、提升企业商标战略意识及促进东北老工业基地发展的原则，在切实履行保护商标专用权职责的基础上，重点加强了对驰

名商标、老商标、涉外商标的保护。先后查处了多起侵犯“一汽”、“奇声”“半球”、“BOSS”、“耐克”、“TOYOTA”等国内外注册商标专用权的典型案件。有效地维护了国内外商标持有人的权益。长春市工商局还与一汽集团等一大批知名企业及注册商标维权代理机构建立了绿色维权通道，使注册商标专用权在法律方面得到最大限度的保护。2006年以来，长春市工商局共查处商标违法案件389件，收缴罚没款442.5万元，有效地遏制和打击了本地区的商标侵权违法行为，维护了中外商标权利人的合法利益。

上述举措充分反映了长春市工商局近年来努力从战略和全局的高度认识和发展商标事业，不仅仅依靠单一的行政处罚来保护注册商标专用权，还在深层次上理解如何去保护注册商标专用权，从多个方面不同层次为企业商标的培育、发展和保护提供全方位的优质服务，促进商标战略的实施，从而带动全市社会经济的快速发展。

以“四率”为抓手 大力推进全省商标战略实施

黑龙江省工商行政管理局

近年来，黑龙江省工商局在实施商标战略工作中，以提高“四率”为抓手，服务大局，促进发展，取得了明显成效。

一、着眼实际，确立“四率”工作目标

实施商标战略是一项系统工程，确定工作目标和具体措施，既要体现国家总体要求，又必须从本省实际出发。

黑龙江省地处祖国东北边陲，是农业大省，也是国家能源原材料基地、装备工业基地和石油化工基地。黑龙江省虽然资源丰富、产品众多，但商标工作同市场发展要求相比，存在三个不相适应：一是全省注册商标总量与经济总体发展规模不相适应。2005年前有效注册商标只有近两万件，不到全省企业总数不足的10%。二是国内外知名品牌数量与省委、省政府提出的又好又快、更好更快发展的战略要求不相适应，在一定程度上影响着产业结构的调整，影响着企业核心竞争力的提升。2005年前省著名商标只有199件，不到企业总数的千分之一，中国驰名商标只有3件。三是商标监管工作力度与国家保护商标专用权的工作要求不相适应，存在商标检查多，查处侵权案件少的问题。上述情况充分说明，我省工商管理机关和企业的商标意识有待提高，企业注册、管理和运用商标的能力亟待加强。

为尽快适应新形势发展的需要，充分发挥商标职能作用，2007年，黑龙江省工商局对商标工作提出了“四率”工作目标，即引导申请注册商标特别是农产品地理标志商标的增长率、推荐认定省著名商标增长率、培育推荐驰名商标增长率、保护商标专用权办案增长率。省局明确要求各地要把提高“四率”作为实施商标战略的近期目标和促进经济发展的切入点，通过“四率”量化考核落实商标工作目标责任制，尽快增加注册商标总量和知名品牌数量，并以此带动全社会商标意识和市场主体注册、运用、保护和管理商标能力的增强。

二、强化措施，狠抓“四率”目标落实

（一）实行目标管理，落实责任制。2007年初，黑龙江省工商局把当年商标工作“四率”均定为增长10%，同时将“四率”完成情况作为商标工作年度考核的主要依据，通过统计数据比增长看发展，通过年终比位次看实绩。各市（地）工商局从辖区实际出发，将“四率”目标分解细化为若干小项，对县（区）局及工商所分别提出具体要求，既便于落实，又便于检查，一级抓一级，层层抓落实，确保目标实现。

（二）跟踪问效，加大落实情况的检查力度。黑龙江省工商局坚持年初确定目标，半年专项检查，年终考核评比。2008年，省局统一组织成立3个检查组，深入全省14个市（地）的16个县（区）工商局、19个基层工商所、27户企业，重点检查了全省商标工作“四率”目标的落实情况，并对检查情况进行了通报。同时，认真总结典型经验，适时召开了全省工商系统“服务经济发展，创新商标监管方式”经验交流会议，有力地推动了年度工作目标的实现。

（三）利用多种有效形式，推进“四率”目标的实现。一是加大宣传力度，引导商标特别是农

产品和地理标志商标的申请注册。通过举办“商标法律知识高层讲座”、举办“商标之星”大型电视文艺晚会、编辑《黑龙江省实施商标发展战略实录》画册和召开“全省工商系统实施商标战略，支持服务‘三农’工作（绥化）现场经验交流会”等多种形式宣传注册、运用、保护、管理商标的重要性，增强企业和工商管理人员的商标意识，调动企业主动申请注册商标的积极性。二是切实做好省著名商标的培育和认定工作。围绕省委提出的“八大经济区建设”和“十项重点工程”，制定区域商标战略实施意见，针对地区发展特点，突出优势产业，培育省著名商标。同时，适当放宽认定标准，对注册商标未满三年但企业具有区域优势特色、发展潜力大、省外有被侵权诉求、产品出口创汇等突出特点的，可以认定为省著名商标。三是鼓励支持企业培育中国驰名商标。要求各级工商局严格掌握标准，分层次、有步骤、有计划地培育驰名商标并形成梯队，使驰名商标培育工作规范有序。

（四）强化商标行政执法办案工作。针对大部分基层工商所不愿办、不会办商标案件的实际，及时召开了“全省工商所商标监管工作佳木斯汤原现场会”，研究制定了“工商所商标监管工作规范”，编辑了《工商所商标监管工作经验选编》。为了尽快提高全省工商系统商标执法人员的办案能力，开展了“商标行政执法能手竞赛”活动，有效地推动了全省商标行政执法能力的提高。

三、注重实效，商标工作整体水平大幅提升

几年来，黑龙江省工商局在实施商标战略工作中，坚持开拓创新，求真务实，取得了明显效果，实现了“三个转变”、取得了“五个突破”。

“实现三个转变”：一是在工作思路上，实现由集中抓商标执法办案向大力推进全省商标战略实施转变；二是在工作方式上，实现由常规性工作为主向以抓“大事”带动为重点转变；三是在工作机制上，努力实现商标战略实施由部门行为向政府行为转变，很多市、地都以政府名义召开会议，成立品牌办公室，省政府制定了对驰名商标奖励一百万的鼓励政策，一些市、地政府制定了对著名商标和创品牌的奖励政策，有力地调动了企业运用商标、培育知名品牌的积极性，推进了全省商标战略的实施。

“取得五个突破”：一是驰名商标数量增长取得了突破。截止今年6月，黑龙江省经国家工商总局商标局认定的驰名商标总数已达21件，是2005年的7倍，实现了历史性突破。二是著名商标认定工作取得了突破。截止今年6月，省有效著名商标达到了405件，是2005年的2倍。修改发布了《黑龙江省著名商标认定和保护办法》，使省著名商标认定工作更加规范。为强化对省著名商标的动态管理，建立了著名商标电子档案，极大地方便了公众对省著名商标信息的了解，走出了著名商标档案管理信息化建设可喜的一步。三是在为经济发展大局服务的方式上取得突破。省工商局抓住中国哈尔滨国际经济贸易洽谈会的有利契机，成功举办“中国知名品牌馆”，为省知名品牌产品的展示和企业间的交流学习搭建平台，对促进贸易洽谈、投资合作起到了积极作用。四是“商标富农”工作取得突破。由于在实施商标战略工作中，加大了商标宣传教育力度，积极引导商标特别是具有经济潜力的涉农商标及地理标志产品及时进行商标注册，近几年，涉农商标注册大幅增加，“庆安大米”、“方正大米”、“东宁黑木耳”、“巴彦大豆”等一批特色农副产品申请注册了地理标志商标。目前，全省有效注册商标近五万件，其中涉农商标近两万件；2008年新申请注册农产品商标1600多件，新申请地理标志18件，注册9件。五是商标专用权保护工作取得了突破。认真开展了保护商标专用权专项行动，加大了对著名商标、驰名商标和绿色食品标志的保护力度，特别是在北京奥运会和在哈尔滨“大冬会”期间开展的重点保护特殊标志工作，得到北京奥组委和大冬会组委会的好评。近年来，全省工商行政管理部门查处商标侵权等违法案件数量年均突破1000件，并实现了个别县（区）及较大的工商所商标办案零的突破。

全力推进商标发展战略 积极争创中国驰名商标

哈尔滨市工商行政管理局

近年来，我们认真贯彻落实上级工商局的部署和要求，以促进我市经济发展为己任，深入实施商标发展战略，将培育驰名商标贯穿于工商工作的全过程，不断提升我市品牌建设的整体水平，努力实现市场监管执法和服务经济发展双到位。截至目前，我市拥有国家工商总局认定的驰名商标9件。我们的主要做法是：

一、高度重视，加强领导

由于我们宣传工作不到位，企业维权意识淡泊，致使国家工商总局商标局自上世纪90年代以来多次认定的驰名商标中，我市一直榜上无名。这与我市作为副省级城市、全省发展的龙头地位极不相称，也制约了全市经济和企业的进一步发展。近年来，随着全市发展步伐的加快，思想认识也不断深化，作为政府监管商标工作的职能部门，感到压力很大，我局领导班子通过认真调研和深入思考，决定把这项工作作为发挥工商职能作用，促进区域经济发展的一件大事、实事来抓，在全局上下统一了思想认识，加大了工作力度，形成了全局动员、齐抓共管的良好态势。

（一）科学统筹，把争创驰名商标工作提上重要日程。我们多次向市委、市政府就开展争创驰名商标工作进行汇报，取得了市委、市政府的重视和支持。市委、市政府主要领导多次在有关信息材料上做出批示，务求突破。市政府两次以正式文件形式致函国家工商总局，请求上级对哈尔滨市企业给予支持。人大代表和政协委员对此始终给予高度关注和关心，每次会议都有这方面的提案建议。市人大在视察工商部门贯彻实施《商标法》情况时，把实施名牌商标战略作为重要内容。市委、市政府出台促进民营经济发展的政策中，明确规定凡是获得驰名商标的企业，市政府奖励50万元人民币，获得省著名商标的企业，奖励1万元人民币。为了推进商标发展战略的实施，我们在充分调查研究的基础上，向市政府呈报了关于《哈尔滨市著名商标认定和保护办法》应上升到市政府规范性文件的意见，得到了市政府批准，近期将以市政府文件正式出台，政府的重视和社会的关注，为争创驰名商标奠定了坚实的基础。

（二）亲历亲为，政府领导亲自抓落实。市政府主管工商工作的副市长，多次过问并亲自抓。主管副市长亲自带领工商局的主要领导和有关部门同志到一些大型骨干企业，就实施商标战略，鼓励支持企业依法维护自己的正当权益，商标维权现状进行调研，及时提出全面、完整、准确的维权诉求，及时通过行政的或司法的途径，解决困扰企业的驰名商标权益受到损害的问题。2004年4月，哈药集团三精制药有限公司被认定为中国驰名商标，实现了我市企业驰名商标零的突破，市政府及时兑现奖励政策，奖励企业100万元，并向全市发出表彰通报，主管副市长亲自带人到企业举行表彰奖励仪式。2006年5月，“哈药”被认定为驰名商标后，市政府又召开了隆重的表彰奖励大会，兑现奖金100万元，市里五大班子领导出席会议，主管副市长作了重要讲话，会上向全市企业发出了《争创驰名商标，促进经济发展》倡议书，进行争创工作再动员，在社会上产生积极反响，一方面促进驰名商标企业做强做大，另一方面对争创企业起到了示范作用。2006年以来，争创驰名商标工作得到了突破性进展，2007年全年争创驰名商标4件，2008年达到5件，呈现了快速的增长态势。2009年4月，市政府再次对2006年以来获得国家工商总局商标局认定的“飞云”防盗门等5家中国驰名商标企业和“红光”锅炉等55家省著名商标企业表彰奖励305万元，形成了全社会创品牌、争创驰名商标的良好氛围。

（三）创新机制，全力推进争创驰、著名商标工作。我们每年都把争创驰名商标工作作为重点工程一把手亲自抓，明确工作时限，工作措施，落实分工。做到有部署、有检查、有总结、有奖励。成立了以主管局长为组长的推进工作领导小组，形成了由我市25家骨干企业组成的争创工作梯队，确定了企业商标维权工作部门和责任人，我局商标监管部门与企业及时沟通信息，找准切入点，对企业争创驰名商标工作负责具体帮助和指导。在实现驰名商标零的突破后，市工商局向全系统发文，对商标处进行通报表彰，奖励人民币8000元，有效激发了干部工作积极性。

二、强化宣传，增强意识

（一）多层次进行动员。2006年以来，先后举办商标执法培训班6次，召开企业座谈会10次。邀请大学教授、省局商标工作专家，深入讲解《商标法》及国家工商总局《驰名商标认定和保护规定》，使大家进一步明确驰名商标的概念、内涵、作用及争创工作的意义。全面了解和掌握争创驰名商标的法律依据、基本条件、主要程序及方法步骤，为争创工作夯实法律基础，从而增强争创工作的主动性、针对性和可操作性，避免争创工作走弯路。

（二）多渠道进行宣传。利用每年“3.15”消费者权益日和“4.26”世界知识产权宣传周活动，多角度、多层面宣传驰名商标对促进经济发展的作用。每逢《商标法》实施周年纪念日时，主管市长发表电视讲话。在《哈尔滨日报》开辟专版，局长发表纪念文章，宣传我市商标事业发展状况和所取得的成绩，提出发展我市商标事业及争创驰名商标的对策和措施。

（三）多角度深入企业。近三年来，各级商标监管部门深入企业300多人次，走访争创驰名商标企业100多家，与企业共同分析争创驰名商标工作的形势，研究提出做好争创工作的意见和建议。并帮助出主意、想办法，解决争创工作中的细节问题，在关节点上取得突破。

三、协调运作，跟踪问效

争创驰名商标不仅意义重大，而且工作涉及企业、上级局等各方面，时间跨度长、相关工作非常繁杂。为此，在工作中，我们坚持从大处着眼，小处入手，突出关键环节，加大推进力度，扎实细致地做好每一个环节的工作，确保争创工作稳步推进，取得实效。

（一）分类指导，重点突破。对全市争创驰名商标的企业进行分类，将具备条件且又有争创驰名商标意愿的企业，按照条件成熟程度，分类排队，分层次进行培育、指导和帮助，既保证争创重点，又形成层次分明、结构合理的争创梯队。按照法律规定，启动驰名商标认定程序，很多企业对此缺乏了解，感到困惑，如哈尔滨量具刃具集团有限公司发现被侵权后，不知如何索取相关证据，我们工商部门主动上门，帮助指导企业搜集整理符合法定要求的申报佐证材料，当企业提交材料齐全后，我们及时向省工商局报送认定请求，使申报工作少走弯路，提高了效率。

（二）全程服务，跟踪问效。我们及时向省工商局和国家商标局有关部门汇报和沟通，让上级部门深入了解企业的基本情况和申报维权诉求，同时，对已上报材料的企业我们还及时掌握有关工作信息，及时进行反馈，有针对性的开展工作，直到争创成功。

（三）做好维权，强化保护。商标被侵权的对象往往是具有高知名度的商标，我们始终将保护驰名、著名商标作为工作重点。我局先后参加了东北三省四市、北方十一省、市著名商标协作保护网，严厉打击侵犯驰名商标专用权行为。2007年以来，先后开展“红盾维权行动”和“红盾亮剑十大行动”“红盾护航行动”，把商标专用权的保护作为一项主要任务，三年间，针对商标侵权案件共出动执法人员1000余人次，检查各类市场业户1500余户，全系统共立案查处各类商标违法案件910件，罚没款867万元。

我们的争创驰名商标工作取得了一定成效。但是我们也看到，与全国经济发达地区及其他兄弟城市比还存在很大差距，我们相信在上级局和市委、市政府的领导下，我们一定能够创建更加辉煌的业绩，为促进经济社会又好又快发展再建新功。

大力实施商标战略　推动上海经济发展

上海市工商行政管理局

多年来，上海工商部门始终坚持在商标工作中做到两手抓，一手抓商标监管，不断加大商标保护力度，建立健全商标长效管理机制，努力维护公平有序的市场秩序；一手抓商标发展，大力实施商标战略，引导企业做大做强自主商标，切实为促进上海经济又好又快发展作出应有贡献。

一、广泛开展商标宣传活动，营造重视商标发展的社会环境

多年来，我们组织报纸、电视、移动电视、网站等各类媒介，以及通过建立著名商标展示街等方式不断加强商标社会宣传，累计为上海商标无偿提供了价值超过亿元的宣传费用。在加强社会宣传的同时，我们根据党和政府各阶段的中心工作，针对各行业存在的商标突出问题，举办了系列大型商标推展活动，进一步营造了重视商标发展的良好社会环境。

2003年，我们举办了以“商标与城市经济”为主题的国际研讨会，率先提出了商标与城市经济发展的紧密关系，有力推动了上海企业商标意识的提升。2004年，针对上海房地产行业商标意识淡薄的问题，我们开展房地产商标推展活动，有效推动了100多家房地产企业制定实施商标发展战略。2005年，我们举办老商标重塑辉煌活动，推出“老商标见证城市经济发展历史回顾展”，提出振兴老商标举措，进一步推动了大批老商标企业获得新发展。2006年，我们紧密结合优先发展现代服务业的产业政策，召开“服务商标与上海现代服务业”研讨会，极大地提高了服务类企业的商标发展意识，服务商标注册申请量在活动当年猛增了52%。2006年起，我们从建设新农村和保障食品安全的高度出发，连续三年先后开展了“农产品商标与上海新郊区新农村建设”研讨会、“重点农产品商标企业现场推进会”等活动，进一步推动了农产品注册商标快速增长到1.3万件，并实现了农产品地理标志零的突破。2008年，我们举办了占地约3000平方米的“上海商标展”，以展现30年来上海的商标工作成果和商标的重要作用。全市108家行业代表性商标企业参展，共吸引国内外参观人员10万余人次，在社会上引起了很大反响。2007-2009年我们连续三年组织召开全市商标发展工作推进大会，每次会议规模都达500人左右。会议的召开进一步推动全社会形成重视商标、发展商标和保护商标的浓厚氛围。

二、以著名商标工作为抓手，营造推动商标发展的经济环境

上海市著名商标认定工作始于1996年，通过13批上海市著名商标的认定，大大增强了上海企业的商标意识，提升了企业的商标竞争力，推动了上海经济的蓬勃发展。据不完全统计，全市现

有的686件著名商标所属企业共计注册资本1936亿元，2008年度实现销售收入8234亿元，上交税金598亿元。平均每家企业为当地带来税收8700万元，为社会创造了大量的就业岗位。以2008年重新认定的126件商标为例，销售收入、利润、上交税金分别达到1293亿元、300亿元和316亿元，比三年前新认定时分别增长了53%、59%和62%，高出同期本市国民生产总值增加值7个百分点，对上海的经济发展作出了积极贡献。通过著名商标认定工作，我们在商标发展方面实现了三个突破。

(一)实现了商标数量的突破。著名商标工作的开展,极大地提高了企业的商标意识,增强了企业商标注册的积极性。据统计,上海的注册商标申请量以每年16%的速度快速递增；商标数量从1979年的2700多件增至2008年底的13.29万件。尤其近5年新增的注册商标达7万件，相当于前25年所有新增注册商标的总和。上海市著名商标也由1996年的首批34件,增加至目前的686件。

（二）实现了商标质量的突破。我们在著名商标认定中注重引导支持企业依靠自主创新，加快技术改革，提升产品和服务品质，提高管理能力，进一步丰富商标的内涵和外延，培育一批具有自主创新能力和核心竞争力的强势商标。现在上海市著名商标涵盖了传统消费品、生产资料、高新技术产品、农产品、房地产、航空运输、教育文化等诸多行业领域。在新认定的第十三批上海市著名商标中，高新技术商标占总量的32%，同比增长50%。

（三）实现了商标规模的突破。在著名商标的培育中，我们从原先的抓企业，进一步发展到抓行业、抓区域。充分发挥商标的群聚优势，使著名商标成为推动地区经济发展的重要力量，从而促进区域内企业发展、提升区域内经济水平，形成商标发展的规模效应。如嘉定区的泵业已发展为全国的龙头老大。

三、积极研究制订商标发展政策,营造支持商标发展的政策环境

近年来，我们充分发挥工商职能，积极推动、参与制定相关商标发展政策，为上海的商标发展营造良好的政策环境。目前，上海已经制定了《上海知识产权战略纲要》、《上海中长期科学和技术发展规划纲要（2006-2020年）若干配套政策》、上海商标发展“十一五”规划；出台了《加快自主品牌建设专项资金管理暂行办法》，明确规定对驰名商标和上海市著名商标企业分别由市级财政和区（县）财政给予奖励，对支持商标发展的公共服务项目和企业海外注册维权项目予以无偿资助。同时，我们出台了《浦东新区商标专用权出资试行办法》，为扩大企业融资渠道，实现商标无形资产价值进行了有益的尝试。

除了在市级层面推动商标发展政策的制定外，我们还推动支持各区县政府为当地商标发展创造条件。目前，全市19个区县政府都出台了支持商标发展的政策，召开了区域性商标发展工作推进大会，落实了对在商标培育发展中有突出成绩的企业和企业家的奖励政策。同时，静安区还发布了本市首个区域性商标发展报告，嘉定区、南汇区先后制定了扶持农产品商标发展的扶持措施，有力地推动区域商标做大做强。

四、不断强化商标监管工作,营造有利商标发展的市场环境

我们在抓商标培育发展的同时，坚持不懈地开展商标保护工作，建立了“政府监管、企业自律、社团参与”的商标长效监管体系，为商标发展营造了一个健康有序的市场环境。

（一）建立覆盖全市的商标行政执法体系。我们按照“分组划块、综合监管、落实责任、长效管理”原则，充分调动全市160个工商所的力量，加强商标日常监管。同时利用市场暗访、路段巡查、受理咨询、发告知书等途径，发挥“12315”消费者投诉中心、“12312”知识产权投诉中心和5000多个“消费者权益保护联络点”作用，广泛收集商标侵权假冒线索。

（二）建立商业企业防范经销假冒侵权商品的自律机制。为从源头上遏制大中型商业企业和主要商业街中商标侵权行为的发生，我们于1999年会同有关政府部门联合颁布了《上海市商业企业

经销商品商标管理办法》（以下简称《办法》）；2002年，我们又投入25万元专项经费，设计开发了与《办法》配套的、对经销商品商标具有审核管理功能的《上海市商业企业经销商品商标管理软件系统》（以下简称《软件》），提供给商业企业免费使用。

同时针对商业企业的不同经营规模、模式和特点，我们着力推广实施三种商标管理模式：一是台帐管理模式。对于一些经销商品商标单一、管理条件有限的小型零售企业，我们指导他们通过建立企业商标管理台帐的方式严把进货关，防止售假行为的发生。二是软件管理模式。对于经销商品商标较多的中型商业企业，我们要求他们在建立商标管理制度的基础上，进一步使用《软件》对全部经销商品商标统一进行审核管理。三是综合管理模式。对于一些拥有独立计算机管理系统的大型商业企业，我们指导他们将《办法》的内容和要求融入其计算机系统内，不断规范和完善企业商标管理系统。目前，全市2312户大中商业企业实施《办法》并使用《软件》，南京路、徐家汇等主要商业街还创建了100家达标示范企业。

（三）建立规范小商品市场销售行为的管理制度。上海现有各类核准登记的商品市场1450个，其中服饰和小商品市场近300个。因进入门槛低、进场商户流动性强、人员构成复杂、市场主办者疏于管理等原因，一些服饰和小商品市场售假情况成为突出的问题。为此，我们积极引导市场加强自律，探索建立标本兼治的市场监管模式。一是配合关闭襄阳市场。2006年6月30日，上海市政府正式关闭因售假情况严重而受国内外高度关注的襄阳市场。为防止售假行为随着襄阳市场的关闭而蔓延，上海工商部门采取有力措施，加强对其他各重点市场的整治和监管，保证市场的可控稳定，防止集群式售假市场的形成。二是推行防范售假、加强自律的进场经营合同示范文本。我们对《上海市商品交易市场进场经营合同示范文本》进行修订，增加了关于市场主办者和进场商户在商标保护方面履行义务、责任的条款，明确了经营户售假违约的行政制裁和民事制裁措施。据统计，2007年以来，本市140多个市场的2万多家经营户使用该合同，247家经营户因售假承担违约责任，其中125户经营户被解除合同清退出场。三是开展市场禁售工作。为保护涉外高知名度商标权利，我们于2004年和2007年发布中英文版第一号和第二号禁售《通告》，禁止在本市服饰和小商品市场内销售“LV”等60件涉外高知名度商标商品。至今，工商部门张贴禁售《通告》3万余份。禁售工作的开展，进一步有效规范了市场经营行为。四是加强对旅行社的宣传和管理。为规范旅行社经营行为，上海工商部门先后于2005年8月和2008年奥运会前夕向各旅行社发出了“关于组织游客在购物活动中配合做好制止假冒侵权商品工作的告知书”，要求旅行社不组织游客到涉嫌销售侵权商品的市场购物，配合工商部门做好商标保护工作。

（四）建立跨地区商标保护网络。2004年，华东六省一市商标管理协作会议在上海举行，华东六省一市工商局共同签署商标保护协作办法，并建立商标侵权案件网上移送信息系统。2007年8月，华东六省一市工商部门统一开展了“保护华东六省一市重点商标”专项执法行动。2008年，苏、浙、沪三地工商局签署《苏浙沪工商行政管理局商标监管合作协议》，进一步加强长三角地区的商标监管协作。

商标工作是工商部门一项长期而重要的任务。在总局的大力关心、指导和支持下，我们将以实际行动全面落实国家知识产权战略，大力推进商标战略实施，营造和谐有序的世博大环境，使上海商标工作在新的起点上取得新发展！

紧扣经济发展大局　全方位推进商标战略

江苏省工商行政管理局

近年来，江苏工商系统以总局“四个统一”为指导，以全方位推进商标战略、建设品牌强省为目标，大力推进商标战略与经济工作的深度融合，着力构建“政府主导，工商牵头，部门联动，企业主体，社会参与”的商标工作格局，全面提升商标战略实施工作的组织化水平，取得了显著的进展。

一、高起点认知，深刻把握商标在全省科学发展大局中的重要作用

改革开放以来，乡镇企业的“异军突起”和外向型经济的迅猛发展，奠定了江苏经济在全国领先的基础，同时也对“入世”后江苏加快经济发展方式转变、特别是培育发展自主知识产权提出了迫切要求。在学习贯彻科学发展观的过程中，我局党组深刻剖析了商标在全球化时代经济发展中的全局性影响，把实施商标战略作为新时期工商系统服务全省经济发展大局的主要抓手摆上重要议事日程。在深入调研省内外商标工作现状的基础上，我局于2005年底向省委、省政府提出了建议，建议各级政府把全面实施以商标为核心的品牌战略作为企业开展品牌经营、政府推动品牌经济发展的大事来抓，得到了省领导的高度肯定。省政府于2005年召开了全省商标工作会议，第一次把商标放在全省经济发展的重要位置突出强调。我们迅速组织人员，就商标战略的理论与实践进行专题研讨。2006年初，会同有关部门出台了全省商标发展“十一五”规划。以此为起点，商标开始成为全省经济工作的重要组成部分，成为实现我省经济发展方式转变、推动科学发展的重要抓手，也成为江苏工商系统践行“四个统一”要求、服务地方经济发展的关键着力点。

二、深层次谋划，着力推进商标战略与经济社会发展的深度融合

我们始终坚持“谋”字当头，注重整体推进，在谋划中深化认知，在谋划中把握特色，在谋划中组织落实，推进商标与经济工作的全方位融合。

（一）坚持政府主导商标发展。江苏传统产业基础较好，制造加工能力较强，但企业自主知识产权意识相对滞后，商标意识相对淡漠。我们在推进商标战略实施中，始终把争取各级党政领导的重视摆在首位，坚持以政府工作的主导性调动企业实施商标战略的积极性，使广大企业在实践中认知、在认知中重视、在重视中提高实施商标战略的主动性和创造性。

（二）合理把握商标发展阶段。顺应江苏商标发展的趋势，以2005年为界，把全省商标工作由前期的“自由发展、重视数量”转换到“扩量提质、重点突破”的新阶段。在继续推进商标注册普及率、注册商标总量以及驰著名商标数量增长的同时，重点关注注册商标使用率、地理标志申

报率、产业品牌集聚度以及驰著名商标企业行业贡献率。目前，全省已有总局认定的驰名商标139件、省著名商标1859件，涌现出一批具有较强竞争力的高知名度、高美誉度商标群体。仅2008年，全省驰名商标企业就实现销售收入4596.15亿元、利润284.17亿元、税收190.57亿元。

（三）充分利用商标发展的有利契机。我们注意结合国家及省的重大工作部署，抢抓推进商标战略的机遇，乘势而为，顺势而上。一是积极服务社会主义新农村建设，鲜明倡导“品牌兴农”。2006年，我们召开了全省工商系统“品牌兴农”工作会议，2008年年底，又召开了全省地理标志工作推进会。提出了“借助一件商标、带动一个产业、富裕一方百姓”的目标，积极推广“公司+商标+农户”的新型农业发展模式。2009年3月，国家工商总局在苏州召开了全国工商系统落实十七届三中全会精神、服务农村改革发展经验交流会，江苏工商系统服务新农村建设、大力发展品牌农业的做法获得与会领导和代表的一致肯定。二是主动参与“创新型省份”建设，着力倡导“自主品牌”。利用制订我省知识产权战略纲要及任务分工的时机，明确商标在建设创新型省份中的地位和作用，提出打造“自主品牌”方案，指导企业实施商标发展战略。三是大力倡导“品牌强省”，开展“实施品牌战略，促进全省经济发展方式转变”专题调查研究，召开“实施品牌战略、促进科学发展”工作会议，总局周伯华局长和付双建副局长对我局报送的《关于全面实施品牌战略，加快推进我省经济发展方式转变的报告》作出了重要批示。在我局的积极建议下，省人民政府在部署加快推进工业结构调整和产业优化升级中，明确提出要大力推进产业品牌化。目前，我们正结合全省产业集群的发展，部署开展产业集群品牌培育基地的确认和服务管理工作。四是认真落实《国家知识产权战略纲要》和省战略纲要，及时提出“全方位实施商标战略”。《纲要》出台后，研究制定了《关于实施品牌战略促进科学发展的意见》，明确要求全省工商系统要以《纲要》的出台为契机，围绕商标战略在全省的全方位实施，重点推进实施品牌战略的十项重点工作。在省政府明确的全省知识产权战略89项任务分工中，我局牵头和参与的共49项。我们还积极参与国家工商总局商标局商标战略实施意见的研讨和意见征集，从基层的角度就全方位实施商标战略建言献策。

三、全方位推进，加快构建政府、企业和工商部门多层商标战略工作格局

围绕政府和企业实施商标战略，我们努力在构建上做文章，在互动上下功夫，在格局上谋长远，不断提高全省商标战略实施的组织化水平。

（一）政府商标战略层面。一是摆上重要位置。全省各级工商部门都积极向地方党委政府建议实施商标战略，引起了党委政府的高度重视，纷纷把实施商标战略作为地方经济发展的大事摆上重要位置。在我局指导下，无锡市人民政府在全省率先出台了《关于深入推进商标战略、加快培育自主品牌的实施意见》，为全省地级市人民政府作出了示范。二是出台扶持政策。全省13个省辖市相继出台了实施商标战略的意见，明确工作目标和措施，制定保障和激励机制。不少地区还把实施商标战略列入地方政府的年度考核指标体系。三是形成部门合力。在地方政府领导下，各部门群策群力、齐抓共管的商标发展联动机制得到初步确立，在项目融资、科技开发、质量管理、对外贸易、知识产权保护等方面共同为商标战略实施和知名品牌企业发展提供重点扶持，实行政策倾斜。

（二）企业商标战略层面。一是商标意识觉醒。特别是农产品加工、定牌加工、日用消费品和出口型企业，自主品牌的意识更加强烈。全省近年来商标注册申请量和注册商标总数始终保持两位数增长。二是商标有效运用。全省驰著知名商标企业基本完善了企业内部的商标管理机制，设立了商标组织机构，配备了专兼职的商标管理人员，建立了商标管理规范制度。三是主动打假维权。不少企业都成立了专门维权机构，加强与工商等部门的沟通，积极开展联合或域外打假维权行动，合理运用法律武器维护自身商标权益。

近年来，我们组织开展省内外商标专项保护行动达30多起。

（三）工商部门商标战略层面。一是构建平台。我局与江苏卫视合办了《品牌之窗》，与省商标协会合办了《江苏商标通讯》。以省商标协会为依托，着力构建了商标信息共享、中外交流的平台。着手实施"品牌培育基地"，构建了全省特色产业、主导产业品牌集群发展的平台。二是完善网络。在省政府知识产权联席会议框架内，强化部门保护协作网络建设，积极营造政府推动、企业主动和行政主管部门联动的商标管理工作新格局。积极协调参与"长三角地区"等区域商标保护协作网建设，开展跨区域商标维权。三是营造氛围。加快建立了政府主导、新闻媒体支撑、社会公众广泛参与的商标战略宣传工作体系。出台年度《江苏商标发展报告》，全省联动开展"4·26世界知识产权日"咨询活动。四是打造机制。先后建立完善了涉外商标快速查处机制、服务企业的三书五联动工作机制、省产业集群品牌培育基地管理办法、商标权质押贷款办法、省著名商标认定标准等一系列规范性文件。有效整合系统内部广告、注册、合同等职能部门，建立内部商标战略实施联动机制，显著提升了商标发展和保护的工作效率。

这次会议对于推动全国范围商标战略的深入实施具有重要的里程碑意义。我们将认真学习周伯华局长的重要讲话和付双建副局长的重要讲话，全面落实总局的实施意见，学习借鉴兄弟省市的先进经验，进一步狠抓落实，使总局《关于贯彻落实<国家知识产权战略纲要》大力推进商标战略实施的意见》在江苏结出更加丰硕的成果！

实施农产品商标战略
积极推进新农村建设

南京市工商行政管理局

创建农产品品牌，推进“品牌兴农”工程，实施农产品商标战略是建设新农村的必然选择。近年来，南京市工商局充分发挥商标管理工作职能，结合南京市农产品商标的实际情况，重视农产品商标的创建和服务工作，注重发挥农产品商标的品牌效应，帮助农民增收致富。目前，全市共拥有农产品注册商标和涉农商标1200余件，涉及大米、水产品、蔬菜、食用菌等六大类30多个特色农产品。涌现出“固城湖”螃蟹、“云溪”香鹅、“一字街”豆腐干、“八卦洲”芦蒿、“傅家边”茶叶、草莓、“江心雨露”葡萄等一批在市场上叫得响，卖得俏的农产品品牌，提高了农产品市场竞争力，为农民带来了可观的经济效益，正在逐步实现“品牌富农”的目标。

一、加大宣传力度，培育商标意识

南京市工商局在工作实践中，一是充分发挥各类新闻媒体的宣传作用。多次在南京市电台、电视台和《南京日报》、《东方卫报》等报刊上以及省局组织的《品牌之窗》栏目中宣传报道“商标兴农”“商标富农”的作用和典型事例，着力提高农村经济组织和涉农企业生产经营的规模化程度，进入市场的组织化程度，农村经济发展产业化程度；二是加大了对农产品商标和地理标志工作的宣传力度。通过发放宣传品，举办培训班等形式，引导农村经济组织和涉农企业增强品牌意识和自觉运用商标开拓市场意识，共发放商标宣传图册2700多份，举办商标培训班18期，参加培训人员达680多人次；三是深入农村和涉农企业广泛开展咨询服务活动，送法上门，引导企业和经营者利用各种形式扩大对自身商标的宣传，提高其知名度，扩大影响力，通过广泛深入的宣传，进一步增强了农村经济组织和涉农企业实施商标战略的自觉性和积极性。

二、加大指导力度，引导商标注册

近年来，在郊区、县政府大力发展生态农业、绿色环保农业和特色农业优惠政策的背景下，南京市工商局立足于商标服务职能，通过指导、培训、特别是采取“典型引路”的方法，用商标兴农、富农的成功事例教育、帮助、指导农村经济组织和涉农企业注册农产品商标，围绕四个方面推进农产品商标注册工作。一是围绕招商引资、项目推进和农村经济组织的发展，积极引导农村经济组织和涉农企业申请商标注册，抢抓注册主动权；二是引导已具备一定生产规模，市场潜力大，具有地方特色的农副产品及时注册商标，用品牌带动发展；三是围绕农业产业化的推进和提高农产品竞争力、积极扶持、培育具有地方特色的农产品商标申请认定驰名商标、省著名商标，促进农业增效、农民增收。例如南京顺祥冷冻制品有限公司在企业投产的同时，派人到当地工商局咨询申报注册农产品商标的事宜，并在当地工商局的帮助下，企业迅速办妥了申报“淳溪”鱼肉干、腌制品注册商标的相关手续。用企业老板的话说，注册商标要抢抓先机，早培植品牌，早抢占市场。南京金星粮油有限公司生产的大米、面条虽然已被市场认可，但由于未注册商标，几年来企业发展不快。得知这一情况后，南京市工商局多次前往该企业“把脉”，动员、鼓励企业为其生产的大米、面粉申报注册商标，运用品牌抢占市场，并为农产品注册商标提供法律咨询，为其商标标识设计献计谋划，在南京市工商局的帮助下，该企业接连申报注册了“苏锦”、“武韵”两件农产品商标。

三、加大服务力度，重点扶优创牌

近年来，南京市工商局把实施品牌兴农，创建驰名、著名商标作为工商部门促进地方经济发展的重要工作来抓，把工作重点放在引导涉农企业走品牌发展之路，“扶优创牌”上，着重指导农村经济组织和涉农企业运用商标战略，创建农产品品牌，提高农产品知名度，利用品牌效应开拓占领市场。将市场销路好、发展后劲强、经济效益好的商品商标，列入重点扶持培育计划，鼓励企业培育农产品省、市著名商标乃至驰名商标。例如螃蟹养殖在高淳县有悠久的历史，境内有固城湖、石臼湖两大湖泊，水面可供养殖面积达30.3 万亩，且水质清新无污染，饵料资源丰富，水乡养殖条件得天独厚，但初始养殖面积规模小，螃蟹产量 2800 吨。在加上没有自己的品牌，市场占有率低，消费者认知度低.农民增产不增收。几年来，南京市和高淳县工商局多次上门指导，对“固城湖”螃蟹商标注册和品牌发展给予了倾力服务。自“固城湖”螃蟹商标被认定为江苏省著名商标之后，螃蟹销路畅，螃蟹价高一筹，农民得到了实惠，也充分调动了农民养蟹的积极性，随着螃蟹养殖面积规模的不断扩大，2008 年，“固城湖”螃蟹实现了“111”的产业目标，即总产量超过 1000 万斤、销售收入达到 10 亿元、帮助全县农民人均增收 1000 元。全县从事螃蟹养殖人员已达 2.5 万余人。占全县劳动力的 15%。“固城湖”螃蟹不仅在南京地区，而且在上海、深圳等国内大中城市以及香港、澳门等周边部分国家和地区产生一定影响，螃蟹经济成为高淳农民受益最大、回报最高的现代农业产业。养殖业成为高淳县农民的支柱产业，更可喜的是“固城湖”螃蟹商标在 2009 年被国家工商总局认定为驰名商标。

四、加大保护力度，维护商标权益

实施农产品商标战略，既离不开创精品品牌，更离不开扶持保护品牌。加大农产品商标保护力度是实施商标战略，促进农业产业化的有力保证。在实际工作中，南京市工商局认真履行商标监管职能，加大对农产品商标尤其是市场知名度较高的农产品商标的保护力度，为创建农产品品牌保驾护航。

一是采取专项整治方式，加大对品牌的保护。先后开展了“涉农商标专项整治”、“驰著名商标专项整治”等专项活动，重点查处假冒侵权农产品商标的违法行为，对农产品驰、著名商标企业定期进行回访，了解情况，有针对性地和企业共同制订保护计划，一旦发现假冒侵权行为，及时进行严厉查处，维护商标权利人的合法权益，保护农产品商标。

二是规范商标正确使用。商标知识和法律法规业务性较强，很多涉农商标的权利人不知如何规范使用商标，针对这种情况，会同郊区、县工商部门下乡村进行指导，普及商标知识，增强农户们和涉农企业懂商标，重商标，规范使用商标的意识，赢得了广泛好评。

经过工商部门坚持不懈的努力，目前，“商标兴农”、“商标富农”已成为南京市郊区、县农业增效，农民增收、农村经济发展的助推器，农产品商标战略正在发挥着越来越巨大的作用。

结合浙江实际　发挥商标职能
大力推进品牌国际化建设

浙江省工商行政管理局

近年来，受省内资源市场要素制约，不少浙江企业积极实施走出去战略，全省经济外向型比重达到了52%以上。从2005开始，我局适应浙江企业走出去的需要，将品牌国际化作为鼓励企业实施商标战略的重点，围绕企业商标国际注册、商标国际保护和自主品牌国际化三个关键环节，综合运用培育指导、宣传引导、政策调动等手段，大力推进我省企业自主国际品牌建设并取得显著成效。

一、注册先行，夯实品牌国际化基础

商标国际注册是进入全球市场的第一步。在国际贸易中，要想以自主品牌出口，必须要有商标已在该国注册，否则只能以贴牌加工、为他人做嫁衣的方式给人打工，赚取的只是产业链低端值。近年来，我省各级工商部门以“营销未动、注册先行”的口号大力呼吁企业重视商标国际注册。省工商局专门编印《商标国际注册指南》予以宣传引导，省工商局领导每到企业考察必问国际注册开展情况。各地工商部门积极到企业走访动员，面对面开展培育指导，举办各种培训讲座，推动全省企业掀起商标国际注册热潮，商标注册量连年翻番，近4年增长4倍多。目前全省境外商标注册量达3.2万件，县级以上外向型出口企业基本上已全部开展商标境外注册，其中浙江雅莹服装有限公司、浙江医药股份有限公司分别成为07年度、08年度马德里体系中国申请最多的企业，分列世界第12强、第8强。商标注册遍及42大类商品和服务，涉及全球200多个国家和地区，很多出口企业做到了“产品出口到哪里，商标先注册到那里”，“国际贸易，品牌先行”的理念日益得到认同和推广。

二、分类指导，提升品牌国际化营运水平

品牌国际化是一项艰巨而长远的任务，不少企业从上世纪90年代初就开始尝试，至今仍在摸索阶段。自主品牌建设走什么道路是企业在实践中遇到的难题之一。对此，省工商局深入企业广泛调研，总结了主要三种模式并结合实际引导企业积极推进。一是双轨并行。针对以贴牌加工为主导的经济模式，我们积极指导企业采用定牌加工与自主品牌出口并行的策略，即同样的产品在发达国家OEM，在不发达国家做自主品牌，学会两条腿走路，先易后难，逐步增加自主品牌出口比例。目前，我省平湖童车、天台橡胶、永嘉拉链、义乌小商品、温州低压电器等块状经济出口企业均纷纷采取先以自主品牌打入俄罗斯、非洲等二线市场再进军欧美市场的方法，自主品牌出口率稳步增长。二是海外品牌收并购。近年来，中国企业进行海外并购的案例每年都在递增，并购规模也在逐步扩大，然而成功的案例并不多。对此，我们及时提出“品牌海外收并购是捷径，

但要避免消化不良、防止陷井”的主张，得到企业的积极响应与好评。现在，我省不少企业不仅注重品牌收并购，更注重后期品牌运作管理。三是积极鼓励引导海外投资设厂。对有海外投资设厂意向的企业，我们指导他们认识到，这样做既避开贸易壁垒，又加快海外本土化步伐。据统计，2008 年我省共有 427 家企业到海外投资设厂，投资总额达 8.6 亿美元，与 2007 相比增长 30.3%，走出去步伐明显加快。

三、积极主动，加大品牌国际化保护力度

近年来，我国不少知名商标遭遇海外抢注，我省更是受害大户，企业要求工商部门帮助指导的呼声较为强烈。针对这种情况，我们主要开展了三方面工作：一是培训指导。省局主要对系统工商干部、驰名商标企业进行培训；地方各级工商局负责对辖区内大中型企业的培训。据不完全统计，2005 年至今，全省共举办品牌注册和保护专题培训 100 多场，其中省工商局专门组织了 3 场，参加人员达 1 万余人。二是开展海外维权调查。为破解海外商标纠纷“看不见、听不到、摸不着”的难题，今年以来，全省采取书式调查和实地走访相结合的方式，对驰名商标和省著名商标企业开展了海外维权保护情况调查。通过调查不仅进一步摸清了情况，了解掌握了我省一些企业商标在海外维权、保护的典型案例，为下一步工作开展提供了第一手资料，而且调查活动受到了企业的普遍欢迎。三是协调帮助。全省探索开展了工商部门、中介机构、企业三方沟通协调机制。今年，根据国家工商总局商标局提供的信息，我局主动联系新光、康奈、双鹿、梦娜等企业，鼓励企业敢于应诉，舍得花钱，争取主动。目前企业主动异议、积极提起诉讼的情况同前几年相比数量明显增加。

四、创新举措，创造品牌国际化有利环境

每年，我局以品牌国际化为主题策划活动，搭建平台，创造条件，积极营造良好环境。2005 年，组织开展了企业境外商标注册调查，将境外注册数据情况纳入商标统计范畴，明确商标国际注册是今后商标工作的重点之一。2006 年，省商标协会与国际商标协会在杭州签订了建立长期交流合作机制的协议，并联合举办了企业品牌实务国际论坛，为我省与国际商标协会之间的信息交换、工作沟通和维权协作等开辟了一条重要的民间性国际通道；同时，我局与省政府新闻办联合召开推进品牌建设与品牌国际化新闻发布会，在全社会宣传扩大品牌国际化影响。2007 年，我局专题召开加快推进品牌国际化战略工作会议，系统上下就推进品牌国际化的重要性和紧迫性进一步统一了思想，形成了共识。2008 年，省局出台了《关于进一步推进品牌国际化建设的若干意见》，在认真总结前几年工作经验的基础上，提出了今后 3–5 年的目标任务，明确了商标国际注册、商标国际保护、自主品牌国际化、品牌国际化知识普及、品牌国际合作交流等 8 项工作举措。今年，我局又积极协调省有关部门，推动省财政对商标国际注册 30 件以上企业实施每件 10 万元补助，补助总额达 750 万元。各地按照省局要求，大胆创新，上下联动，在国际注册财政补助奖励、培育引导保护、社会化宣传造势等方面做了大量工作。

当前，品牌国际化已成为浙江工商实施商标战略的重要内容和主要工作成效之一。在推进这项工作过程中，我们主要有以下几点认识和体会：

一是得益于浙江民营经济发达、企业对品牌需求旺。如果说这几年浙江抓品牌国际化取得了一些成就，我们认为这些成就的取得主要归功于企业主体。浙江民营经济发达。近年来，在省委打造品牌大省战略决策指引下，全省品牌建设风起云涌，浙商品牌蜚声海内外，浙商品牌能人、浙商品牌企业不断涌现。目前，我省驰（著）名商标企业中 70%以上是民营企业，不少企业连续数年申报，品牌需求十分旺盛。正因为浙江企业有商标国际注册的自觉性和较好的品牌意识基础，我们推进这项工作才事半功倍。

二是必须要有立足职能、真心实意为企业服务的精神状态。实施商标战略，企业是主体，工商部门的主要任务是搭建平台，搞好服务。首先，这种服务只有真心实意才能得到企业的支持。省

局每年开展的培训和召开的会议，都是免费叫企业来听，不叫企业掏钱。我们去企业调研和指导工作，以不给企业增加负担为前提。其次，这种服务只有立足职能才有意义。在服务过程中不能大包大揽，商标国际注册、品牌运作和保护都是工商实施商标战略职能的体现，我们做起来有据可依，理直气壮。

三是只有在实践中大胆创新、不断探索才能一抓到底。无论对企业还是对工商部门来讲，品牌国际化难度高，工作压力大。因此，这几年我们的工作都是在创新中不断摸索进行的。在工作方法上，我们每年确定一个重点，力争一年干一件大事，一步一个脚印走。在重点目标推进上，前几年我们主抓了商标国际注册问题，接下来将把重点放在品牌运作和保护上，以典型引路的方法加以引导推进。在借力助力上，我们积极汇报沟通，争取经贸委、财政厅等部门的支持，争取到了一系列有利于品牌国际化的政策，今年我省品牌大省奖励资金共3000万元，用于工商部门品牌工作的达到了2110万元。

四是在品牌国际保护问题上仍有待我们花大力气加以研究推进。我们在调查中发现，品牌国际化保护已成为当前企业亟需政府部门帮助的内容之一。在这方面，工商部门有着较大的职能优势和专业优势。下一步，我局将把这块工作作为重点，开展海外维权典型案例选编，重点明确海外维权的路径、方法、条件等，明明白白告诉企业海外维权如何做；抓大放小，突出重点企业，经常开展回访调查，以点带面指导全省。同时，希望国家工商总局商标局加强对我省商标工作的业务指导，加强联系沟通，使我们在原有工作的基础上实现新的突破。

大力推进商标战略实施
提升农产品品牌附加值

杭州市工商行政管理局

近年来杭州工商局大力实施农产品品牌战略，以提高农产品质量和竞争力为核心，提升农产品品牌的附加值，实现农业增效，农民增收。工商部门在实施农产品品牌战略工作中，引导农民规范使用农产品商标，加大对农产品商标和地理标志的保护力度，为建设社会主义新农村提供品牌保障。

一、研究特色农产品品牌现状，推进农产品商标实施战略

杭州市地处杭嘉湖平原，又处浙西山脉，地理位置优越，物产丰富，农产品种繁多，种植、养殖业发达。茶叶、丝绸、山核桃、竹笋、千岛湖鱼、甲鱼等农副产品加工业具有一定规模。杭州市工商局调查了解辖区农产品品牌建设及涉农商标使用现状，着重从四个问题出发并将其作为推进农产品商标实施战略的突破口：

1. 农产品商标使用率不高，许可使用手续不规范。农民、涉农组织和企业的农产品品牌意识虽有明显增强，新增注册商标较多，但商标注册后如何经营成为品牌农产品缺乏思路，以至于较多的商标在注册后基本没有发挥作用。以行业协会名义注册的商标，如袁浦水产商会注册的“袁浦”水产商标，均无偿许可给农户使用，没有签订商标使用许可合同，也没有报工商部门备案。

2. 同类产品注册商标多而杂，有牌无名合力不强。如西湖区茶叶产业有近 20 件注册商标，除杭州龙坞茶叶总公司“御”牌商标有知名度外，其余企业大多规模较小且各自为战，加上农户分散经营，难以形成品牌效应。

3. 产品质量不够稳定，产业水平化较低。农业种植基地规模普遍偏小，产业化水平低，科技含量不高；分散种植、加工，产品质量标准不统一；被认定著名商标的，在生产过程中虽有生产和加工标准，但多数农产品是从单个农户家中收购来的，产品质量不稳定，缺乏市场认知度。

4. 品牌共享意识不强，商标使用问题突出。农产品种类繁多的特点，决定了杭州市农产品品牌建设没有必要镇镇、乡乡、村村创牌。由于利益机制的原因，政府和企业难以共享品牌。如周浦乡的“九曲红梅”红茶商标，仅局限于本企业使用，没有发挥品牌应有的规模效益。富阳“东坞山豆腐皮”、“半山鲜桃”等地方特色农产品，被自然人注册商标，需要政府协调个人、集体等各方利益，通过商标转让、入股专业合作等措施，破解传统特色产业发展瓶颈。

二、积极宣传培育农产品商标和地理标志，推进商标战略实施

近年来，杭州市把块状经济优势农产品、农业龙头企业、农民专业合作组织纳入省、市著名商标、地理标志培育库；制定农产品商标和地理

标志发展规划；积极引导注册农产品商标，申报驰、著名商标。目前，杭州市有驰、著名商标1009件，其中农产品商标126件，占全市驰、著名商标总数的13%；农产品注册商标19585件，与去年同期相比增长3%。到2010年，实现农产品块状区域发展的商标品牌基地8家、地理标志6件。其中在全国、省、市有影响力的著名区域品牌4件，专业市场2个，品牌产业布局趋向合理。

1. 加强农产品注册商标宣传，增强农民品牌竞争意识。增强商标意识是实施农产品品牌战略的基础。近年来，杭州市工商局走访企业3600余家，举办商标知识辅导班16次、座谈会26次，发放商标知识资料15000余册。在每年的“4·26”世界知识产权日，以图片、黑板报、广播、报纸、电视等多种形式宣传农产品商标注册的重要性，让更多农户知道“注册一件商标、创建一个品牌、带动一个产业、活跃一方经济”的理念，增强农民的商标和品牌意识。

2. 加大培育地理标志的力度，发挥地理标志产品作用。地理标志产品的生产者主要是农民。工商部门在培育农产品商标工作中，加强与农业等涉农部门信息的沟通，开展优势特色，农产品品牌建设，引导特色农产品申请地理标志保护，根据不同地域不同物产，制定重点培育计划。将富阳“东坞山豆腐皮”，临安“临安山核桃”、“天目笋干”、“天目云雾茶”、“天目青顶”，桐庐“雪水云绿”，建德“建德草莓”，淳安“千岛玉叶”，萧山区“萧山萝卜干”，西湖区“九曲红梅”，余杭区“家纺”等地方特色农产品作为培育对象。

3. 政府重视扶持企业，部门合力推进品牌战略。杭州市政府重视农业品牌建设，先后下发《杭州市人民政府办公厅关于加快培育企业自主品牌的实施意见》和《杭州市人民政府关于进一步培育大企业大集团的若干意见》等文件。市工商局会同市财政局、质监局制订《杭州市品牌奖励实施办法》，由杭州市政府每年安排一定数量的资金，对获得省著名商标和名牌产品的企业奖励10万元；对被认定为驰名商标的奖励50万元；获得注册地理标志证明商标的奖励10万元。

三、发挥工商职能，提升农产品品牌商标的附加值

品牌建设，既离不开市场的有效配置，也离不开政府的有力推动，更离不开工商部门的指导和服务。充分发挥工商部门的职能是提升农产品品牌商标附加值的重要保证。为此，杭州市工商局主要做了以下工作：

1. 加强政府部门配合协调，形成品牌建设的合力。在各级政府的领导下，为了推动品牌战略的实施，在县（市）区，乡、镇、街道建立品牌指导站125个。立足当地的实际，成立专门的协调机构，研究制定扶持发展品牌农业的政策，给予优惠、扶持和奖励，充分调动企业和生产经营者创建农产品品牌的积极性和主动性。同时，加强品牌管理和保护工作，营造农业品牌再发展的良好氛围。把农业品牌创建列入对农业企业的日常服务和管理当中，注重相互沟通协调，主动地参与农业品牌的创建活动，指导帮助企业做好商标注册、商标使用管理及著名商标的申报工作，走进基层，提供优质服务，形成整体推进合力。

2. 整合资源优势，实现品牌规模效应。针对各县市区农产品种养殖规模偏小、零散的实际，制定品牌发展规划，切实抓好区域农产品的商标资源整合，把有限的资源盘活，显示地方特色，形成群体优势，进而提升品牌效益。余杭区政府几年来对“径山茶”地理标志证明商标的使用就是一个很好的佐证，他们发挥农业龙头企业与农民专业合作社的积极性，引导企业申请注册地理标志，实施农产品品牌战略推进和保护工作，对打响区域品牌起到了积极的作用。2005年前“径山茶”总产量703吨，每公斤150元，总销售额1亿元。获准注册使用“径山茶”证明商标后，品牌附加值明显提升。2009年总产量达9181吨，平均每公斤345元，总销售额达3.17亿元，与去年相比增长29%，全区茶叶销量增加。

3. 培育新型市场主体，推进农业产业化经营。

围绕特色、优势、主导产业，发展由农业龙头企业、农技推广部门以及农业经纪人牵头组建

的各类专业合作社。积极探索农业专业合作经济组织自主经营、自我服务、民主管理、自谋发展和产权明晰、管理科学、运转高效、利益联结的机制，实行统一供种、统一生产技术、统一商标、统一销售、统一服务的管理模式，使专业合作社成为造就农业品牌的重要主体。如临安山核桃、竹笋两大产业，产量大，商标多，品牌的影响力不够。工商部门及时向当地政府建议，成立了临安市山核桃协会、临安市竹产业协会，成功注册了“临安山核桃”、“天目笋干”两个证明商标，提升了当地农产品品牌的使用效益。商标有专业人员管理，商标许可使用有具体制度和规定，商标使用中的问题大大减少。

持之以恒　不断跃升

宁波市工商行政管理局

多年来，宁波市工商局紧紧围绕国家工商总局的部署，在推进商标战略实施保护知识产权工作中坚持科学发展理念，围绕重点工作和区域特色工作，积极做好监管和服务两篇文章，取得了卓有成效的成果。今年至6月底，全市累计拥有注册商标48917件，其中涉外商标5832件；2006年至2009年上半年共查处各类商标违法案件3645起，其中商标假冒侵权案件3194起、涉外商标案件1683起，罚没款10412万元，移送司法机关追究刑事责任案件43起45人。

宁波市工商局在具体工作中找准立足点，突出闪光点，体现实效性和创新性。其中比较有特色的工作有：

一、立足长效机制建设，建立立体式商标管理保护体系，维护公平有序的市场秩序

（一）建立打击商标假冒侵权预警机制。利用“12315”消费者申诉举报热线、在社区建立“消费者保护联络点”，广泛发动群众举报，进一步扩大案件线索来源。建立经营者防范制假售假的自律机制，积极引导经营者加强自律，通过《商标法》培训和宣传，做好商标的培育、发展和保护工作，提高经营者的商标保护意识，增强全社会的商标法制观念，营造知识产权保护氛围；与企业负责人签署保护知识产权承诺书；在流通领域，推行商品、商标准入制度，指导经营者建立商品进货登记备案台帐，帮助经营者把好商品进货和销售环节两个关口，开展诚信经营活动，树立不制假、不售假的市场良好形象。

（二）建立联手打假工作机制。一是建立工商行政管理机关与企业联手的打假维权网络，形成互通信息、优势互补、快速高效的打假维权体系。该体系作为加大打假力度的重要载体和有效手段，提高了工商部门执法办案的效率和打假维权的效果。其中，宁波市工商行政管理机关与“得力”、“三A”、“NGK”、“LV”等国内外知名品牌企业的联手打假活动，都取得了明显成效，保护了商标所有权人的合法权益。二是与知识产权代理机构以及欧盟商会、日本贸易振兴机构建立联手打假制度，这些机构定期和工商部门沟通，提供有关线索，工商部门则及时查处商标侵权行为，形成互动，提高维权效率。

（三）建立商标专用权立体保护体系。针对区域性商标假冒侵权案件危害大、影响坏的情况，宁波市工商局积极探索提炼区域性商标专用权专项整治经验，在试点成熟的基础上，推广应用“议题管理模式”。该模式通过整体规划设计，深挖工商信息资源数据并予以综合利用，提高监管执法的精确度，加强对市场秩序的控制度，牢牢把握市场监管执法的“话语权”，构筑起较为完善的商标专用权立体保护网络。今年，全市重点地区已分别确立了鞋服、网络配件、制笔、洗衣机、

饮水机等商标专用权保护“议题”，实现了事先防范、有效锁定危机、防患于未然的目的，区域性制假售假事件明显减少。“议题化管理模式”被中国外商独资企业协会优质品牌保护委员会评为“2007-2008 年度全国知识产权保护最佳案例奖”。

二、立足服务地方经济发展，落实科学发展观，加强商标指导和品牌服务工作

（一）加强调研，提出推动经济平稳增长建议。根据当前形势和发展要求，全市工商系统积极发挥职能优势，推进品牌战略的实施，着力在农产品商标和地理标志注册方面提出指导性意见。

一是开展农产品商标品牌建设调研。市局从促进农产品品牌建设出发，开展农副产品商标注册、使用、创牌情况调研工作。针对调研中发现的情况，在提出农产品品牌建设的意义、分析品牌发展现状和不足之后，从促进农业增效、农民增收的高度提出四项对策，即做好“参谋长”，确立农产品品牌长远发展思路；做好“操作工”，落实农产品品牌发展指导工作；做好“培育者”，加大农产品品牌发展后劲；做好“管理员”，加强农产品品牌管理和保护。调研文章已上报上级部门和领导，供决策时参考。部分县（市、区）政府已据此调研情况，出台了《实施品牌战略促进农业发展工作思路和建议》等文件。

二是开展地理标志注册调研。市局从加强地理标志注册指导、促进地方特色企业跨越发展的目的出发，邀请国家商标局地理标志处领导和专家到象山、宁海等地，会同当地政府就开展地理标志注册工作进行调研，通过听取意见和建议，指导企业、行业组织和行业协会对业已形成一定产业基础的象山白鹅、宁海梅林鸡、宁海岔路黑猪等商品注册地理标志商标，以提升产品的对外知名度和市场占有率，形成品牌效应，促进当地经济发展。通过现场查看和分别讲解，相关部门和企业对通过实施品牌战略提高发展后劲有了更深的认识，同时也为宁波市在地理标志注册取得新突破做好了储备。目前，象山、宁海等地工商分局正在积极协助做好申报准备工作。

（二）完善品牌认定体系，提高宁波品牌质量。在今年的品牌建设工作中，宁波市局确立以质的提升为关键的意识，提高“宁波制造”的品牌含金量，重点是健全和完善“市知名商标、省著名商标、驰名商标”三级认定体系，通过宣传、走访、培训等方式，实行个性化指导和服务，形成培育市知名商标、省著名商标、驰名商标的梯队发展格局。选择已具备一定条件、有发展潜力的企业作为实施品牌战略的重点，实现动态管理，对已符合条件的及时启动和推荐。通过修改、完善市知名商标认定办法，根据市产业发展特点和趋势，从倾向支柱型产业、突出阶段性扶持发展重点入手，积极支持、引导和鼓励企业创牌。同时，在认定知名商标时对企业的社会责任提出新的要求，出台《宁波市知名商标跟踪管理办法》，从事前、事中、事后对品牌的健康良性发展做好工作。今年 4 月，经国家工商总局商标局、商标评审委员会认定，宁波市的“BEIFA”、“得力”、“富达”和“太平鸟”4 件商标被认定为驰名商标，使宁波市经行政认定的驰名商标达到 16 件，另外，宁波市拥有浙江省著名商标 293 件、宁波市知名商标 733 件，品牌建设形成了良性健康发展的局面。

三、立足贴近企业发展需求，完善跃进式工作方式，强化商标法律知识宣传和品牌建设引导

（一）创新品牌发展与保护指导手段。对每年的知识产权宣传和品牌指导活动，宁波市工商局都确定主题，早作部署，并强调形式和内容要不断更新和提升。如 2007 年为贯彻实施宁波市委、市政府提出的创建“创新型城市”的目标，实施品牌发展战略，实现商标与城市品牌经济的良性互动和跨越发展，编辑发布了全省首创的《宁波市商标发展报告》。2008 年举办“品牌论坛”，并举办首届商标交易会，搭建起市级商标交易平台。2009 年举办商标（商品）真假鉴别会，为来自欧盟商会、日本贸易振兴机构的阿迪达斯、博世、飞利浦、佳能、丰田等 12 家企业提供平台，与各地工商部门形成打假维权互动交流格局，受到欧盟商会、日本贸易振兴机构的高度称赞，并在此

基础上形成长期联系和日常沟通工作机制。

（二）重点突出开展“品牌服务进民企”活动。宁波市工商系统确定“以科学发展观为指导，充分发挥工商部门的职能作用，通过上门走访、分类指导、宣传培训、打假保护等方式，帮助企业争创品牌、维护品牌、用好品牌，为民营企业突破困境、健康发展提供实实在在的服务”的工作指导思想，从今年3月下旬开始，主要开展了三项活动。一是上门向省著名商标企业授牌并进行后续培育指导，走访辖区内驰（著）名商标企业，实行“一企一策”，指导企业规范商标使用、鼓励商标国际注册、实施品牌战略。部分分局还修订完善了对辖区民企商标品牌服务的联系人制度和分类指导制度。二是上下联动开展商标法规培训及《浙江省商标专用权质押贷款暂行规定》等政策宣传，引导企业提高品牌商标意识，提升发展后劲。三是开展企业商标海外维权保护调查活动。对全市拥有的驰名商标、省著名商标及市知名商标企业进行走访，针对商标在境外被抢注的情况，各地工商部门安排人员进行上门指导，提出解决方案和措施，并积极为企业奔走服务。市局则根据调查情况，向上级部门提出加强宣传和知识培训，切实提高企业商标意识；加强政府部门及企业的联动，提高海外维权的能力；加大打击侵权行为力度，为企业维权提供各种便利等三条建议，受到高度重视。

几年来，宁波市工商行政管理局为发展品牌经济，保护注册商标专用权付出了艰辛的努力，为宁波经济稳定、持续、健康发展做出了积极的贡献。但是，全社会的商标品牌意识亟待进一步提高，品牌的带动效应尚未充分体现，品牌国际化进程与宁波市对外贸易发展的增长态势还不适应，商标专用权保护还面临全球经济一体化步伐加快的严峻挑战。为此，宁波市工商行政管理局将以科学发展观为统领，坚持监管与服务并举，采取更为有效的措施，为促进宁波经济又快又好发展做出新的更大的贡献。

建立健全四项机制
扎实推进商标发展战略实施

安徽省工商行政管理局

近年来，安徽省委、省政府提出“推动跨越发展，加速安徽崛起”的经济社会发展战略。我们抢抓机遇，围绕中心，紧扣打造安徽自主品牌这一主线，建立健全促进商标维权和发展的“四项机制”，全面推进商标战略的实施。

一、建立健全商标发展激励机制，为实施商标发展战略注入动力

2006年，我局针对商标发展现状，在全省开展了商标注册与经济发展关联度调研和统计工作，在此基础上向省政府积极建言献策，促成省政府出台了《安徽省人民政府关于进一步加强商标工作的意见》（以下简称《意见》）。我省17个市结合实际，制定了具体实施办法，在全省形成了一整套较为完善的商标发展政策激励、奖金激励等机制。例如，2006年，芜湖市政府对获得驰名商标的奇瑞汽车股份有限公司重奖100万元，发改委、经委、科技厅等部门落实相关扶持政策，在企业界形成了良好的示范效应。池州市政府出台了《推进商标兴市战略实施意见》，对政府各部门分解商标发展任务，为企业发展商标提供政策支持。

《意见》的出台和激励机制的建立极大地推动了我省商标事业的发展。2008年，全省新拥有商标6709件、被认定驰名商标累计30件、认定省著名商标累计837件、地理标志证明商标累计13件，比《意见》出台前分别增长了73.4%、87.5%、52.2%和140%。

二、建立健全商标维权保护机制，切实保护商标专用权

一是构建了以《安徽省著名商标认定和保护条例》为核心的地方商标法规制度体系。2008年，通过我局积极调研和争取，安徽省人大常委会公布了《安徽省著名商标认定和保护条例》（以下简称《条例》），我省成为通过地方立法规范省著名商标认定和保护工作的较早省份之一。

《条例》实现了三大创新：一是给予著名商标主动保护和被动保护相结合的保护体制；二是给予著名商标保护与管理相结合的体制；三是在自愿申请的前提下，采取科学合理的机制认定著名商标。《条例》明确了救济程序：申请人对初审意见有异议的，可以向省工商局申请复审；建立健全了著名商标使用回访制度；设立了著名商标评审专家库，实现了评审委员的完全动态化。

以《条例》为依据，我们相继出台了《安徽省著名商标初审工作程序》等一系列与《条例》相配套的法规制度，构建了以《条例》为核心的我省商标法规制度体系，夯实了实施商标发展战略的基础。

同时，我局在商标保护工作中加强与兄弟省市的协作力度，积极参与淮海经济区商标保护协

作网和华东六省一市商标管理协作网等，跨省联合打击商标违法案件。近几年，查处了“皖酒”、“蒙牛”、“太子奶”等跨省商标侵权大案，罚没款10余万元，为企业挽回经济损失近百万元。

二是以商标授权经营制度为抓手，积极构建遏制商标侵权假冒行为的长效监管机制。2008年，我们起草印发了《关于在全省进行商标授权经营制度的通知》，去年试点成功，今年已在全省全面开展。在此项工作中，我们始终紧扣“三个环节”：抓宣传动员，营造保护商标专用权的商业氛围；抓建章立制，要求市场开办单位与市场内的经营者签订商标授权经营协议，明确责任；抓制度落实，工商所对辖区市场经营单位主体资格和商品商标产地、进货渠道等进行登记备案。例如，我省的巢湖大市场入住商贸经营户300余家，经营11000余种商品，年交易额达5亿元。实行商标授权经营制度以来，没有发生一起商标假冒侵权案件。

三、建立健全商标发展服务机制，促进品牌兴企和农民致富

启动商标专用权质押贷款工作，破解企业融资瓶颈。为帮助我省企业应对国际金融危机的不利影响，解决融资难问题，我们牵头会同省政府金融办、人行合肥中心支行、安徽银监局多次召开研讨会，摸底我省企业生产经营的实际需求，起草了《安徽省商标专用权质押贷款工作指导意见》。今年7月，省政府印发了《安徽省人民政府办公厅关于印发安徽省商标专用权质押贷款工作指导意见的通知》，必将进一步推动银企对接，为企业拓宽融资渠道，也为银行扩展客户群体。

将“一所一标”工作进行拓展和深化。我们在工作中做到“两个坚持”：一是坚持横向拓展。我们将农产品生产较为集中的地区从“一所一标”发展为“一所多标”。芜湖市政府把商标品牌工作纳入目标考核，全市52个基层工商所（21个农村所）2008年共指导注册农产品商标67件；指导企业培育、申报省著名商标和芜湖市知名商标15件；指导帮扶培育特色农产品生产养殖户8户，有力地促进了新农村建设。二是坚持纵向深化。省局去年在滁州市召开了“一所一标”工作现场会，创新了“三位一体”工作模式，在全省推广。全椒县在“一所一标”工作中将工商局、工商所、企业“三位一体”，即工作思路在局体现、工作轨迹在所检验、工作实效在企业显现。

截至2008年底，我省有效注册的农产品商标已达1万余件，占全省有效注册商标数的四分之一强。今年上半年，全省已申报农副产品商标达2000余件，较2008年同比增长了30%。“一所一标”工作成效明显。

四、建立健全商标工作宣传机制，营造商标保护和发展的良好氛围

我们始终高度重视商标宣传工作，形成了将开展大型活动与日常宣传工作有机结合、互为补充的机制。一是组织丰富多彩的活动，普及商标法律知识。2006年，我们举办了安徽省暨合肥市商标知识竞赛。此项活动历时4个月，共有98家企事业单位、82支代表队、共260多人参加。2007年，我们承办了总局商标局“农产品出口企业商标及地理标志国际注册培训班”，总局商标局领导和来自中部6省的有关领导和代表300多人参加了此次培训班活动，效果显著。二是建立了一套商标新闻发布和讲座机制。我们争取省政府每年都安排召开驰著名商标认定新闻发布会暨授牌奖励大会，及时兑现奖励政策，激励企业发展。省局领导及各级商标管理人员还定期为企业界和人大代表、政协委员举办商标知识讲座。去年10月，黄家华副局长为省人大常委及代表作了一场生动的商标知识报告，既是一次工作汇报，又是一次很好的宣传。三是筛选典型案例，以案说法。每年公布“十大商标侵权案件”，有效震慑商标侵权的不法行为。四是开展“三书五进”活动。每年免费发放“三书”（商标注册建议书、商标策略提示书、商标法律告知书），进企业、进商场、进社区、进农户、进个体经营户，增强全民商标意识。

五、几点体会

通过建立健全商标发展激励机制、保护机制、

服务机制和宣传机制，我省实施商标发展战略取得了新突破，我们的体会是：

一是实施商标发展战略，必须立足职能，服务区域经济发展的大局。我们紧扣省委、省政府的决策部署，把工作重点适时地调整到以“科大讯飞”为代表的科技创新型企业、以“丰乐种业”为代表的涉农企业、以“江淮”和“奇瑞”为代表的制造业等我省重点扶持发展的产业上来，在商标专用权保护和品牌建设上予以政策倾斜和支持。在2008年认定的267件省著名商标中，民营企业已占80%以上，其中相当一部分是获得省科技创新奖和承担国家861计划项目的高科技企业。

二是实施商标发展战略，必须把服务“三农”摆在突出位置。安徽是一个农业大省，我们始终把服务“三农”作为全部工作的重中之重。2008年，有近100件农产品商标被认定为“安徽省著名商标”，占该年度认定省著名商标总数的40%。“六安瓜片”地理标志证明商标获得注册后，带动了整条茶叶产业链的发展。通过实施“企业+农户+地理标志+专营店”的产业化模式，茶叶价格从当初的每公斤14元至40元，提升到每公斤480元至500元。全市授权企业生产“六安瓜片”2500吨，产值12亿元；主产区茶农人均年收入增加1000到2000元，达2至3万元。“太平猴魁”获得地理标志证明商标注册后，产品供不应求，价格也翻了几番，茶农得到了实实在在的利益。

三是实施商标发展战略，必须抓紧抓实基础性工作。商标注册始终是商标工作的基石。前些年，我省有多件旅游商标被外省企业抢注，我们在指导、帮助、请求总局商标局依法解决这些问题的同时，狠抓商标注册。一方面采取培训、宣传等手段，调动企业商标注册积极性；另一方面加强对全省商标事务所的规范性管理，引导他们积极帮助企业注册商标；同时，要求各地工商部门创新载体，加强服务和帮扶，取得了明显成效。如黄山、九华山风景区管委会对其所有景点都进行了商标注册。通过努力，不仅商标抢注等遗留问题得到解决，而且新注册商标也有了量的突破。仅2008年，我省商标申请注册量就超过了1万件，有效注册总数达4万余件。

四是实施商标发展战略，必须大力塑造良好的社会外部环境。通过设计各种载体、开展各种活动，我们的商标宣传工作既引起了各级政府的高度重视，又激发了企业注册商标、培育品牌的积极性，提高了全社会的商标品牌意识，形成了政府、企业、社会合力维护商标、发展商标的机制。

我们将以此次会议为契机，认真学习兄弟省市推进商标战略好的经验和做法，把这些先进经验带回去，学以致用，使我省商标工作再上一个新台阶。

推进“商标富农” 实施品牌带动

福建省工商行政管理局

近年来，福建省工商系统认真贯彻落实国家工商总局关于推进实施商标战略和福建省委、省政府关于实施品牌带动的部署，按照做到“四个统一”、加强“四化建设”、推进“四个转变”、实现“四高目标”的要求，积极推进“商标富农”工作，努力发挥商标在海峡西岸经济区新农村建设中的作用，取得了一定成效。

一、推动“商标富农”取得的成效

截至2008年底，福建省共有注册商标139243件，其中涉农商标3万多件，约占全省注册商标总量的21%，约占全国农产品商标总量的5%；经国家工商总局认定的涉农驰名商标19件，占我省驰名商标总数的17.8%；涉农著名商标320件，占我省著名商标总数的21.9%。

实践证明，大力推进“商标富农”工作，有效促进了地方经济社会发展。一是产品附加值上升。如地理标志“南靖兰花”种植户人均收入由9万多元提高到10万多元，营销户户均收入由6万元提高到10万元；“福鼎白琳工夫”在注册前一年单价为每公斤72元，注册后一年升值为每公斤156元，提高了117%。福建永安林业集团股份有限公司“永林蓝豹”商标被认定为驰名商标后，产品单价上涨了15%。二是产品市场空间拓展。如“古田银耳”地理标志证明商标注册后，经过几年发展，销售区域由此前的三个集中区扩大到全国31个省会城市和50多个地级市，并远销东南亚、大洋洲、日本等海外市场。三是农民实现增收。“安溪铁观音”地理标志证明商标被认定为福建省著名商标后，人均收入增长40.79%；被认定为驰名商标后，人均收入增长19.61%。四是县域经济进一步发展。如“福鼎槟榔芋”地理标志证明商标获准注册后，受益人口占全县人口的比例逐步从9%上升到22%。五是企业商标意识增强。以全省商标申请量、核准注册量为例，2005年至2008年，申请量分别达36084、39890、33770、31417件，核准注册量分别达12415、12420、12714件、20469件，企业使用商标、通过商标注册获得保护的意识明显增强。六是企业商标管理制度更加健全。企业日益重视完善商标内部管理制度，如福建森宝食品集团股份有限公司建立了由280份文件构成的商标管理体系。

总结我省开展“商标富农”工作以来的实践，我们深刻体会到，做好“商标富农”工作具有“五个有利于”的作用：一是有利于推进农业产业化；二是有利于推进农业品牌战略实施工作；三是有利于推进旅游业的发展；四是有利于推进农业经济可持续发展；五是有利于推进涉农商标的依法保护。

二、推进“商标富农”的几点做法

在国家工商总局和福建省委、省政府的领导

下，在社会各界的支持下，我们主要从五个方面推进“商标富农”工作。

（一）以政府大力支持为动力。一是列入政府规划。2006 年 1 月，福建省“十一五”规划明确提出了“大力推行商标品牌战略”、“指导特色农副产品注册证明商标、集体商标”的要求。二是省政府转发工作意见。2006 年 7 月，省政府办公厅转发了省工商局《关于推进实施商标品牌战略工作意见》，要求各级政府大力推进“商标富农”工作。全省 95 个市、县、区政府全部制订出台了贯彻落实意见。三是争取国家工商总局支持。国家工商总局出台了《关于支持海峡西岸经济区建设的意见》，大力指导和支持福建省开展“商标富农”工作。四是完善地方法规建设。2007 年 4 月，省政府颁布《福建省著名商标认定管理和保护办法》，为开展“商标富农”工作提供了有力保障。五是融入地方发展战略。2008 年 4 月，福建省委、省政府出台了《关于实施品牌带动的若干意见》，一系列扶持商标工作的措施被写入《意见》，为“商标富农”工作提供了重要的政策支撑。六是引导发挥商标价值。2008 年 9 月，省工商局联合有关部门出台商标权质押贷款工作指导意见。截至今年 5 月底共有 37 家企业运用驰名著名知名商标专用权质押办理贷款达 36742 万元。

（二）以坚持“五突出”为指导。全省工商系统以省、市政府社会经济发展规划为依据，积极服务经济发展方式转变、服务经济结构调整、服务出口自主品牌建设，实行“五突出”，即：突出全省三大主导产业（电子、机械、石化）、突出传统优势产业、突出区域经济支柱产业、突出茶叶等特色产业、突出现代服务业。如我省三明市地处山区，林业资源丰富，是全国林权改革的试点单位。我们重点支持该地区竹业、木业、笋制品加工业等地方特色产业的发展，商标工作在国家林权改革中展示了作为空间。

（三）以地理标志商标工作为切入点。全省工商系统始终将地理标志商标工作作为工商部门服务“三农”的突破口，注重开展地理标志商标注册、运用、保护和管理工作。截至 2008 年底，福建省拥有地理标志注册商标 41 件，居全国第二位，驰名商标地理标志 6 件，居全国第一位。我省地理标志商标涉及产业的受益人口达 557.1 万人，切实促进了一方百姓致富。

（四）以加强指导宣传为重要手段。全省工商系统通过做好商标注册、使用、管理工作的宣传和引导，帮助权利人和使用人依法规范使用涉农商标，充分发挥涉农商标的优势。一是发放“三书”开展行政指导。向涉农企业、行业协会、农户发放《商标注册建议书》、《商标品牌策略提示书》、《商标法律告知书》等宣传资料。二是开展商标知识培训交流。2007 年以来各级工商局培训企业人员达 23000 余人。2008 年召开“闽台地理标志保护研讨会”、“‘商标富农’工作经验交流会”。三是开展调查摸底，积极建言献策。2008 年以来，要求实施“一县一地理标志”注册工作，对符合申请地理标志商标条件的，积极向当地政府建言献策，指导相关主体申请注册地理标志商标。运用“工商所办公平台商标监管系统”采集全省商标基础信息。四是加强管理。2008 年，开展了 1200 多家驰名商标、著名商标企业及农业产业化龙头企业回访活动，对企业进行面对面的指导，取得良好效果。今年开展了为期一个月的“规范使用商标标识、维护企业商标权益”活动，大力推广地理标志产品专用标志的使用，指导注册人、使用人正确开展商标许可使用工作，加强标识使用管理。五是指导企业开展商标境外注册。针对企业出口情况，指导企业在相关国家（地区）申请商标国际注册，防止商标在产品出口国被他人抢注。

（五）以加强商标行政执法为保障。全省工商系统严厉打击侵犯农产品商标和地理标志商标专用权的行为，为“商标富农”工作保驾护航。我们着重加强“一线二网”的商标执法网络建设（“一线”即“12315”消费者投诉举报热线，“二网”即由工商所和检查总队、支队、大队构成的商标侵权查处网络），拓展完善监管网络；开发使用“案件管理平台”，完善商标执法系统；加强对商标印制企业的巡查监管；加强对包装袋经营户的检查监管；建立与企业的联手打假维权协作机制。

我们在“商标富农”工作中虽然取得了一定成效，但与工商总局的要求和兄弟省市的经验相比还存在差距。下阶段，我们将重点做好以下工作：一是深入学习贯彻本次会议精神。认真学习领会总局周伯华局长的讲话精神，学习借鉴兄弟省市的先进经验，积极贯彻落实，全面推进工作。二是争取各级政府加大商标知识产权的推动力度。尽快出台“福建商标战略研究”、“福建省贯彻落实《国家工商总局关于贯彻落实〈国家知识产权战略纲要〉大力推进商标战略实施的意见》、推进实施商标品牌战略的工作意见”。三是深入企业、深入基层，加强指导。指导企业制定商标战略，努力推进农副产品品牌化、商标品牌国际化。四是进一步发挥品牌带动效应。认真落实工商总局和省委、省政府的工作部署，重点培育商标品牌，指导当地重点企业通过培育驰著名商标做强做大，指导驰著名商标企业通过运用商标品牌战略做强做大，积极服务社会经济发展，推进海峡西岸经济区建设。

多管齐下　积极构建良好商标权保护环境

厦门市工商行政管理局

2008年6月5日，国务院颁布了《国家知识产权战略纲要》，将包括商标战略在内的知识产权战略提高到与科教兴国战略、人才强国战略同等的地位，提出到2020年把我国建设成为知识产权创造、运用、保护和管理水平较高的国家的战略目标。作为传统三大知识产权之一的商标，正日益受到各级政府及广大企业的重视，厦门市委、市政府审时度势，提出实施品牌带动工作意见，将发展品牌经济作为践行科学发展观、又好又快推进新一轮跨越式发展、建设海峡西岸“两个先行区”的重要举措之一。做好商标权保护，是实施商标战略的关键所在。近年来，厦门市工商局将商标权保护作为商标监管中心工作，从宣传、指导、规范、打击入手，创新监管执法理念与手段，加强商标行政保护，有力地维护了企业的商标权益。

一、加大宣传力度，提高社会各界商标权保护意识

一是开展商标宣传教育活动。2006年11月，厦门市工商局与商标品牌协会共同承办了首届“海峡两岸商标品牌论坛”，总局领导亲临会议并发表主题演讲，台湾方面由海峡两岸商务协调会会长张平沼先生率领。两岸专家学者就两岸商标权保护、品牌拓展等问题进行了深入的交流探讨，加深了两岸知识产权界的沟通互信。同年，市工商局率先建立了商标品牌展示馆，成为宣传普及商标知识的窗口。2007年初，市工商局与媒体合作开展的厦门市“消费者喜爱的十大品牌”及“十大创意商标”评选活动，采取了海选的方式，动员了30多万人次的市民参与评选，在厦门市掀起了社会各界关注商标品牌的热潮。在北京奥运会召开之前，部分媒体未经授权使用奥运标志进行商业广告宣传的违法行为不断出现，甚至还以“奥运商机”为主题，对某些商业侵权行为作了正面报道，客观上支持了侵犯奥运标志的行为，对此市工商局召集主要媒体的广告部门负责人进行座谈，除了学习奥标知识产权保护、《奥林匹克标志广告宣传规范》外，逐一指出各媒体在奥运标志使用中存在的问题并要求各媒体认真进行整改，同时也对各媒体提出的相关问题给予热情的解答，使各主要媒体都能遵守奥运标志管理规定，自觉保护奥运标志专有权。

二是拟定并向社会公布《厦门市商标品牌发展报告》，宣传工商行政管理机关商标权保护成就。结合学习实践科学发展观活动，市工商局开展了对改革开放30年来厦门市商标品牌发展情况的调研活动，形成了一份高质量的《厦门市商标品牌发展报告》。报告从改革开放30年来商标品牌发展及保护状况、存在的问题及未来几年的发展思路三个方面进行阐述，通过全面的事实及详实的数据，向社会展示了工商机关在保护商标权

等方面做出的努力及取得的成就。厦门市工商局将每年形成一份年度商标发展报告，向社会进行公布或提交政府作为决策参考。

三是评选并公布年度“商标权保护十大案件”。为展示工商部门打击商标侵权违法行为、创造良好知识产权保护环境的决心，进一步宣传工商部门保护商标权工作成果、树立工商部门良好的社会形象，自2007年开始，从各级工商部门办理的商标权保护案件中，根据案件案值、罚款额、社会影响等因素，每年推选出十个案件为厦门市工商系统年度“商标权保护十大案件”，并于“4·26世界知识产权宣传周”期间向社会公布，有力地震慑了商标侵权者，收到很好的社会效果。

二、加大行政指导力度，提升企业商标保护水平

一是建立定期发布注册商标到期提示制度。针对大量到期商标未及时办理续展、全市注册商标续展率只有30%的情况，市工商局定期在厦门工商红盾网及时发布相关信息，提醒商标所有人及时办理商标续展手续，避免因未办理商标续展手续而造成注册商标过期失效的现象发生，现已发布两期提示通告，共提醒1578件进入续展或宽展期商标的企业及时办理商标续展，有效避免了企业商标权的流失。

二是召开外商投资企业知识产权保护座谈会。结合“4·26”知识产权宣传周的活动开展，市工商局每年都联合市外商投资协会举办一场外资企业知识产权保护座谈会，与会厦门外商投资企业代表就商标权创造、运用、管理与保护方面的热点难点问题与工商人员进行座谈，工商人员对企业提出的问题当场予以解答。通过座谈会的召开，工商部门了解了外资企业在商标保护等方面存在的问题，也进一步与企业建立起良好的沟通管道。

三是开展辖区重点商标企业走访服务活动。各区局、各工商所按照要求对辖区注册商标企业开展上门走访服务活动，重点走访驰著名商标企业、涉台商标企业，了解企业存在的问题及困难，并予以力所能及的帮助。如集美区局针对地处杏林、集美两大台商投资区和台资企业多的实际，由区局洪跃进副局长带领商广科工作人员深入台资企业走访，重点指导台资企业增加商标注册及培育驰著名商标活动。

四是指导企业开展培育驰著名商标活动。在坚持“培育一批、扶持一批、推荐一批”的原则下，不断充实、调整商标品牌发展数据库。市区两级商标管理机关实地了解重点商标企业发展现状，对照相关法律法规的规定，认真贯彻省局关于规范、简化驰著名商标推荐、认定工作意见的精神，从申请材料的规格、形式、手续、证据等各个方面严格把关，认真做好驰著名商标受理、转报、推荐工作。重点加大对支柱产业、重点企业、特色农产品商标品牌的推荐力度，特别是影响大、涉及人数多、范围广的农产品商标、市政府重点扶持产业商标、出口创汇大户商标、科技自主创新企业商标。在制定驰著名商标申请人创牌前期辅导制度后，市局两次组织驰名著名商标认定企业负责人共25名参加省局组织的培训。上半年共有9件商标被国家工商总局认定为驰名商标，共有104件商标申报福建省著名商标认定，申报数量创历年新高。

三、运用高科技手段，提升商标行政执法水平

按照总局周伯华局长“运用高科技的手段不断提升监管服务水平”的指示精神，厦门市工商局成功开发了商标管理系统软件，该系统由注册商标管理、驰著名商标管理、商标巡查监管、商标印制管理等模块组成，具有商标数据准确翔实、信息资源互通共享等特点，初步解决了基层商标行政执法中商标权利状况不明、查询难、统计难、工作效率低下等问题。借助商标管理系统的开通，今年首次将商标工作纳入基层工商所考评内容，并要求工商所结合日常巡查开展对辖区注册商标的监管与帮扶。商标管理系统的开发运用，基层商标执法人员就有了锐利的武器，也为实现基层商标监管职能到位提供了坚实的基础。

四、认真开展打击商标侵权假冒行为，维护商标所有权人的合法权益

近年来厦门市各级工商行政管理机关充分发挥执法网络健全、程序简便、快捷高效的优势，以保护注册商标专用权为核心，以保护驰著名商标、涉外商标为重点，通过日常监管和专项整治相结合的方式，积极履行行政执法职责，查处了大量商标侵权假冒案件和一般商标违法案件。从2000年至2008年，全市各级工商行政管理机关共查处商标侵权假冒案件696件，其中涉外商标案件303件、国内商标案件393件，收缴和消除侵权假冒商标标识2146620件/套，收缴直接用于商标侵权的模具印板等作案工具262件/套，罚款总额5419279元，移送司法机关追究刑事责任8件9人，其中厦门源广泉鞋业有限公司商标侵权案被国家工商总局评为2007年全国工商部门移送公安机关十大案件，厦门市育新工贸有限公司侵犯李宁商标权案今年又被总局评为2008全国十大商标侵权典型案件。有效地保护国内外注册商标专用权，切实维护了消费者的合法权益，营造公平竞争、尊重创新的知识产权保护环境。

以农产品商标战略为主线 开创商标监管工作新局面

江西省工商行政管理局

改革开放以来，特别是近几年，江西省工商行政管理部门在省委、省政府和国家工商行政管理总局的正确领导下，按照总局“四个统一”的要求,充分履行工商行政管理部门职能，大力推进全省商标战略实施，重点扶持农产品商标和地理标志取得了显著成绩。据统计，近年来我省商标注册申请量大幅上升，每年都以20%以上的速度递增。2006年全省商标注册申请量首次突破1万件，是历年之最。按目前注册商标总量超过4万余件计算，是20年前的30多倍。其中农产品商标3000余件，地理标志15件。拥有江西省著名商标615件，国家工商总局认定的驰名商标24件，取得了我省商标发展上突破性的成果。党委、政府对工商部门在实施商标战略工作中所取得的成效给予了充分肯定。全省有南康等35个县（市）政府将培育驰名商标和省著名商标工作写进了政府工作报告。其中樟树等12个县（市）的市委、市政府给县（市）工商局颁发了“2008年度商标品牌创建突出贡献奖”。

一、各级党组高度重视商标工作，宣传商标战略纳入工作目标考评

江西省局从2007年起在全省范围内开展了一系列的商标战略调研，分析了全国的形势，研究了华东、中部地区的现状，在此基础上确定了江西商标战略的方向与定位。针对本省企业与公众商标意识尚较为淡薄的局面，狠抓对商标战略的宣传。近两年，江西省工商局在目标考评中把“宣传商标战略”摆在业务考评项目的前列，全省11个设区市、92个县（市）局，也都把宣传商标战略列入了工商行政管理工作目标考评。

二、开展农产品商标和地理标志调研，确立农产品商标战略为工作重点

目前，江西农产品商标仅3000余件，地理标志15件，作为农业大省，还有很大的发展空间。江西拥有许多具有地域性特征的自然资源，给自身的发展蕴藏着不少机遇。目前已形成一批农产品的产品群，比如水稻、油料、蔬菜、生猪、蜜桔、淡水鱼、禽类等农产品，这在全国均占有重要地位。针对这种形势，我们从前年下半年起，在全省范围内开展了一次农产品商标和地理标志专题调研，历时半年多，在掌握大量数据资料基础上，形成了一个向省政府提交的《实施农产品商标战略加速农业产业化进程》参谋决策报告。围绕贯彻落实中央“三农”政策和省政府提出的“一村一品”发展要求，我们确立了“运用商标战略促进农业产业结构调整和农产品规模化经营，大力引导企业和广大农民做好农产品商标注册和地理标志的保护工作，繁荣农村经济，增加农民收入”作为倡导实施商标战略工作的重点。

三、深入学习实践科学发展观，服务当前经济社会又好又快发展

农业产业化作为市场经济条件下的一种农业经营形式，它的主要特征就是以市场为导向。近几年来，我省的农业产业化水平有了很大的提高，各地在发展农村经济中，推介和宣传过不少“公司十基地十农户”、“协会十农户”、“产供销一条龙”等农业产业化做得好、做得成功的典型。为深入学习实践科学发展观，加强我省农产品商标战略宣传，落实中央应对国际金融危机、保增长扩内需调结构的政策措施，江西省工商局局长邝小平同志亲自到吉安、赣州等地市党校县级以上干部培训班上巡回宣讲《运用农产品地理标志商标促进农村经济发展》等有关农产品商标战略，取得了社会各界的高度评价和积极反响。同时，江西省工商局为了进一步提高学习实践科学发展观的效果，结合贯彻江西省委、省政府开展机关效能年活动的要求，按照服务当前经济发展的思路，下发了《江西省工商行政管理局关于服务当前经济发展的若干意见》“二十五条”，其中5条是以商标富农为目标，提出“运用商标战略促进农村经济发展。大力推广“公司+农户+商标”的经营模式,积极扶持农副产品商标培育知名商标、著名商标和驰名商标。对具有地方特定品质、传统文化特色的农产品商标，及时指导其申报地理标志证明商标或集体商标注册，做大做强地方特色农产品”。通过以上举措，见到了实际成效。如我省的南丰蜜桔，在各级工商部门，特别是国家工商总局的关心支持下，实现注册地理标志，尤其是认定为驰名商标后，经济效益获得很大的提升。由此，南丰蜜桔“公司+农户”所加入的农户总数达到25万户之多，融纳消化农业劳动力人口120余万人，带动了果业生产、加工、销售、旅游、出口等13个相关产业的大发展。去年，南丰蜜桔的产值，占全县农业总产值的51%，形成为农业的半壁天下。农民人均蜜桔收入由原来的300元增加到近2000元，是认定驰名商标前效益的6倍，蜜桔收入占农民纯收入的40%。目前，南丰蜜桔产品出口到欧洲，还成为欧洲人的圣诞礼物。

四、按照总局“四个统一”要求，积极搞好商标企业的品牌服务工作

为了把贯彻总局“四个统一”、积极服务企业的工作落在实处，我们把深化江西省著名商标的认定工作，作为宣传、服务、引导和鼓励企业培育驰名商标的路径。今年，我们在认定江西省著名商标的过程中一改过去就认定而认定的做法，对新认定和延续认定的434件商标进行了分门别类的分析，并提出相应的商标服务指导意见，对11家基本符合驰名商标条件的发出《争创驰名商标行政提示书》，对89家个别条件尚达不到的发出《争创驰名商标行政建议书》，并抄送相关工商局，以便在今后工作中进行相应的重点培育和跟踪服务。另外，今年我们在认定省著名商标工作的全过程中，首次邀请纪检、监察的同志对省著名商标审查工作进行全方面监督，确保认定工作更加公平、公正。这些做法，得到了企业的广泛赞许。许多企业在认定了著名商标之后，纷纷要求专程来省局听取具体如何进一步申报驰名商标问题，这为我们今后发现、培育和推荐驰名商标，实现知名、著名、驰名商标的梯队发展奠定了一个扎实的基础。在此基础上，我们又通过全面推行商标“三书一卡”（商标注册建议书、商标策略提示书、商标法律宣传书和企业商标联系服务卡）制度来广泛服务商标企业，并按区域、分重点地服务扶持省著名商标企业100家，驰名商标企业10家，其中又重点扶持农业产业化龙头企业26家。这些企业已带动当地10个以上产业的发展，并解决农民工再就业63万人，取得良好社会反响。

五、充分发挥老区特色商标优势，努力打造江西红色品牌建设新局面

据省旅游局提供资料，江西省92个县（市），有31个县（市）拥有丰富的红色旅游资源。丰富的红色旅游资源，是老区开发红色商标品牌不绝的财富。按照各地政府提出的红色老区要“生态立县、工业强县、商标富农、统筹发展”的工作思路，我省各级工商部门主动出谋划策，提出

“通过打造红色商标品牌，把红色人文景观和绿色自然资源结合起来，把革命传统教育与促进旅游产业发展结合起来，把红色品牌建设与推进老区经济开发结合起来”，实现江西经济社会的平稳较快发展。按照这一工作思路，近三年左右，我省各级工商部门充分发挥职能作用，大力宣传和支持老区红色商标品牌建设，共计引导182家各类企业，特别是农产品企业，申请注册了老区特色的商标，其中注册“红都”、“红井”、“红歌会”、“瑞金”、“井冈山”等典型的红色商标达687件。同时，我们在培育和提升商标美誉度的工作方面，对老区特色商标实行重点帮扶。目前，已经认定27件红色商标为江西省著名商标。同时，对其中几家商标意识很强、产业规模较大、发展潜力深远的红色商标企业，我们正在从品牌建设上加强对其重点引导，准备在今后培育驰名商标工作中给予更多的扶持。

大力推进商标兴农工作 积极促进农村经济发展

山东省工商行政管理局

近年来，全省工商系统认真贯彻落实国家工商总局和省委、省政府关于发挥职能作用、推进社会主义新农村建设的指示要求和工作部署，以培育发展农产品商标和地理标志为切入点，大力推进商标兴农工作，努力促进农村经济发展。截至目前，全省已累计拥有地理标志 27 件、农产品注册商标 39420 件，约占全省注册商标的 21.9%。农产品商标和地理标志在促进地方经济发展方面的品牌效应逐步显现。

一、加强领导，推动商标兴农工作

近年来，我省各级工商机关认真贯彻落实中央 1 号文件精神，高度重视商标兴农战略，将商标兴农工作作为服务“三农”的民心工程来抓。为推动商标兴农工作健康有序开展，先后召开了推进社会主义新农村建设经验交流会、实施农产品商标战略工作会议、全省商标兴农工作会议、地理标志工作座谈会和全省地理标志工作会议等，对全省商标兴农工作进行总结并作出部署。2006 年 11 月，召开了由 91 个市、县政府分管领导参加的全省商标兴农工作会议，总结推广了“企业+商标+基地（农户）”的农产品生产经营模式。2007 年 12 月，在全省工商行政管理工作会议上，省委常委、副省长王军民同志再次强调了商标战略的重要意义，并对农产品商标、地理标志的注册、运用和保护提出了具体要求。各市、县工商部门积极主动地向党委、政府进行汇报，成立领导小组，召开动员大会，把商标兴农工作作为落实“三农”工作、服务地方经济发展的重要举措。据统计，全省 17 个地市中已有 16 个出台了加强商标工作的政策、意见和措施，有的县市对农产品商标和地理标志注册给予奖励和财政支持，充分反映出各级党委、政府对这项工作的高度重视。

二、加强宣传培训，强化商标兴农意识

针对农民商标意识淡薄，农产品商标基础薄弱等现实情况，近年来，以农产品商标和地理标志注册、使用、管理和保护工作为重点，不断加大商标法律法规宣传和相关知识培训力度，提高全社会商标法律意识。一是充分利用 4·26 世界知识产权日和 3·15 国际消费者权益日等重大节日，加强与电视、广播、报刊等新闻媒体合作，采取召开座谈会、举办专题讲座、上门服务、现场咨询等形式，广泛宣传商标法律法规和农产品商标战略的重要意义。通过引导、培育和宣传先进典型，发挥示范带动作用，不断提高广大涉农市场主体注册和使用农产品商标的积极性、主动性和自觉性。二是充分利用驰名商标、著名商标新闻发布会和全省地理标志工作会议，对全省驰著名商标培育、地理标志和农产品商标的注册、使用和管理等工作进行全面总结和再动员、再部署。三是加强商标兴农培训，先后组织驰著名商标企

业，培育驰著名商标企业，地理标志注册、使用单位以及相关申报单位进行商标法律法规培训。省局先后对全省各县（市、区）局局长、分管局长和工商所长进行了系统的商标法律法规培训，各市也采用不同形式分别开展了商标法律知识培训，全面提高全系统商标管理人员服务经济发展大局的能力和水平。

三、加强调研，引导农产品商标和地理标志的注册

一是加强农产品商标调研。近年来，全省工商系统坚持每年利用一个月左右的时间，深入农产品生产基地、农业产业化龙头企业，对全省农产品资源状况、数量、类型、分布、品质特征、生产、加工、流通、管理和规范化运作等进行全面普查和重点调研，形成了《山东省农产品商标和地理标志调研报告》、《全省地理标志产业化问题探究》、《山东省地理标志工作现状分析对策研究》、《关于全省实施商标战略情况的报告》和《全省农产品著名商标发展现状》等调研报告。

二是加快农产品商标和地理标志申请步伐，形成扶持一批、申请一批、争取核准一批的品牌培育梯队。对正在申请注册的地理标志，加大协调力度，完善申请材料，争取早日实现核准注册。据统计，自2006年以来，全省各类市场主体注册农产品商标和地理标志的积极性空前高涨，共申请注册地理标志30多件，实现核准注册19件。特别是今年以来，全省新增“郯城银杏”、“青州银瓜”等地理标志7件。截至目前，全省共有已核准注册的地理标志商标27件，另有已初审公告的3件，全省地理标志总数有望突破30件。对符合地理标志条件准备申请注册的，我们积极上门服务，加强指导，帮助整理申请材料，规范把关。目前，全省已具备条件拟申请注册的地理标志有10多件。

三是加大扶持力度，形成一批优势农产品商标。近年来，通过构建、完善科学合理的驰名商标、著名商标梯次培育计划，全省工商系统以规模大、效益好的地理标志和农产品商标为重点，加大挖掘培育、指导服务力度，积极引导地理标志单位和龙头企业培育驰名商标和山东省著名商标。先后认定“章丘大葱”、“日照绿茶”等农产品商标和地理标志为省著名商标，鼓励、支持一批产业化、品牌化运作较好的农产品商标和地理标志积极申报驰名商标。今年上半年，全省新增“冠丰（种业）”、“好当家”等4件农产品驰名商标，并实现地理标志驰名商标零的突破。目前，全省已有涉农驰名商标40件、涉农著名商标412件。涉农驰著名商标基本涵盖了农、林、牧、副、渔各类产品，一大批具有山东特色、在国内外市场享有盛誉的农产品商标和地理标志不断涌现，为提高全省农产品竞争力和农业综合效益做出了积极贡献。

四、积极推广“公司+商标+基地（农户）”模式，推进农业产业化进程

全省农产品和地理标志注册步伐明显加快，为进一步促进全省优质农产品生产和特色农业发展，推进农业产业化进程，形成农民增收、农业增效良性互动格局打下了良好基础。近年来，全省工商系统在“沾化冬枣”、“沂源果蔬”等规模优势、资源优势俱佳的农产品主产区内，积极推广“公司+商标+基地（农户或农民专业合作社）”的新型农业产业化模式，通过发挥龙头企业的带动作用和地理标志的资源整合作用，把产区内80%以上从事同种或者相关特色农产品生产的农户和企业组织起来集中管理、规模生产和市场营销，有效地提高了经营主体的市场组织化程度。同时通过发挥品牌辐射效应，促进劳务、销售、运输、包装、餐饮、旅游等相关产业蓬勃发展，扩大农民就业，增加农民收入，促进农业社会化服务体系形成。经过9年的使用、管理、培育和发展，“章丘大葱”基本实现了基地标准化、营销多元化、管理规范化的现代农业目标，年产量达到6亿公斤，产值7亿多元。围绕大葱种植、销售、运输等环节，每年的从业人员达到10万人以上，初步实现了“注册一件商标，带动一个产业，富裕一方百姓”的目标。

五、加大执法力度，维护农产品商标和地理标志相关权利人合法权益

全省各级工商行政管理机关高度重视农产品商标和地理标志保护工作。自2004年保护注册商标专用权专项行动以来，先后开展了3次大规模的查处侵犯涉农商标案件的集中整治行动，查处侵犯涉农产品商标、地理标志案件500余起，有力地维护了地理标志注册人和广大农民及涉农企业的合法权益。如2007年3月，在全省开展了以保护“神农丹”注册商标专用权为重点的打假护农专项行动，查获侵犯“神农丹”商标专用权商品1109箱，案值260多万元。日照市工商局每年联合有关部门对“日照绿茶”侵权违法行为进行至少一次集中整治，维护了“日照绿茶”良好形象。青岛市工商局坚持依法查处和行政指导相结合，在“大泽山葡萄”核准注册之际，及时开展侵犯“大泽山葡萄”地理标志证明商标专用权专项整治，规范商标印制和使用，有力地保护了地理标志证明商标使用人的合法权益。胶州市工商局建立“胶州大白菜”政企联手打假、部门协作打假和定期专项打假制度，定期开展拉网式专项检查，共查处有关商标案件6起，有力保护了胶州大白菜商标权利人的合法权益。

我们将以此次会议为契机，认真学习借鉴其他先进省市的经验，进一步加大农产品商标和地理标志培育力度，强化地理标志使用管理和规范运作，加大农产品商标和地理标志保护工作力度，为加快社会主义新农村建设做出新的贡献。

抓好四项工作　实现“四个统一”
扎实开展推进商标战略工作

济南市工商行政管理局

近年来，济南市工商局在市委、市政府和国家工商总局、省局的领导下，认真贯彻科学发展观，强化对商标所有人的服务指导，在大力推进商标战略、提高城市创新能力、打造品牌济南的过程中，积极发挥职能作用，努力探索监管与发展、服务、维权、执法的关系。截止今年6月份，全市拥有注册商标3.55万件、驰名商标23件、山东省著名商标153件、济南市著名商标107件，推进商标战略工作取得阶段性成果。

一、多措并举，不断推进商标战略的实施

为了服务地方经济发展，2004年3月我市成立了由市工商局牵头，市政府政策调研室、市经委等部门组成的商标战略应用课题调研组，就我市如何实施商标战略、推动全市经济发展进行了深入调研。课题研究成果上报后得到了市政府领导的肯定和重视，主要领导对课题给予较高评价，批示有关部门和大型企业学习贯彻。2005年6月，我局会同济南市经委等部门联合召开了《济南市实施品牌战略工作会议》，出台了《济南市实施品牌工作意见》，市政府把实施商标战略作为加快发展的措施纳入全市发展规划。2006年，为了推进全市商标战略工作进一步深入，我局于“4·26”世界知识产权日发出了“十一五”期间《全市工商系统推进商标战略纲要》，做为全市工商系统将商标工作贴进服务经济发展的行动依据。经多方争取，2006年5月，市政府发出了《关于印发济南市建设创新型城市若干政策的通知》，决定对被认定驰名商标的企业一次性奖励100万元、被认定省著名商标的企业一次性奖励20万元。2006年至2008年三年间，共向6件驰名商标企业和110个省著名商标企业颁发了2320万元奖励，极大调动了广大企业推进商标战略的积极性。

二、强化指导，认真做好驰、著名商标培育工作

一是强化培训力度。面对新形势，我局把加大对基层、企业的培训作为做好商标工作的出发点。培训工作得到了商标局和省工商局的大力支持和帮助，近几年来，上级领导和专家有十余人次到我局授课。仅今年上半年针对基层分局、工商所举办各类培训十几起；以举行2008年度省著名商标颁牌仪式为契机，邀请省局领导对培育驰名商标企业进行培训；4月份，对培育省著名商标的企业举行了“济南市申报省著名商标培训班”；针对我市外向型经济的实际，组织有进出口业务的企业进行了商标国外注册培训。通过培训，提高了社会各界的商标保护意识，加大了维权力度，受到了企业的广泛赞扬，使推进商标战略、服务地方经济发展成为自觉行动。

二是高标准建设电子商标数据库和监管软件系统。为了适应职能转变的需要，我局建设了电

子商标数据库和监管软件系统，目前已经过了研发、培训和部分分局试运行阶段，试运行的分局和工商所普遍反映该系统科学实用，商标服务与监管工作从此走向了科学、规范的现代化管理轨道，上升了一个新的监管服务水平。

三是建立全市知名商标培育库。我局按不同类别把有实力、有潜力、使用规范的注册商标，纳入全市知名商标培育库，对重点商标加强指导，适时推荐为驰名商标和山东省著名商标，先后有23件商标被认定为驰名商标。在山东省著名商标推荐中，我们及时在济南日报、济南时报发布《关于申报著名商标的通告》，印发文件和宣传册广泛宣传，由各分管局长带队，组织人员深入企业、走访业户，上门宣传，邀请省局商标处领导为申报单位作专题辅导。通过不懈努力，截止目前我市被认定省著名商标达153件。为了全面推进我市商标战略的持续开展，我局于2006年6月份制定出台了《济南市著名商标认定和保护办法》。济南市政府专门成立了以分管市长为主任，市政府秘书长、市经委主任、市工商局长为副主任，市直11个部门分管领导为成员的"济南市著名商标认定委员会"。目前已认定两届共107件，第三届认定工作也基本结束。济南市著名商标的认定工作，使济南市商标布局形成了从使用商标到注册商标、市著名商标、省著名商标、驰名商标梯次格局，为培育驰名商标打下了坚实的基础。

四是加大培育力度。在践行科学发展观活动中，认真落实整改措施，把服务企业推进商标战略作为重中之重。仅今年上半年就走访了我市十几家大型企业。通过走访，受理了国内钢铁行业最大的中厚钢板企业——济钢集团有限公司和国内特种电缆领军企业——山东华凌电缆有限公司的申请，查处了不正当竞争案件，指导企业培育驰名商标并上报国家商标局；帮助济南第二机床有限公司、山东蓝翔技工学院、章丘鼓风机厂等完善申报材料，受到企业的欢迎和好评。

三、商标兴农，大力促进社会主义新农村建设

为服务三农，大力实施品牌兴农战略，引导涉农企业、行业协会和农民注册农副产品商标，提高农产品知名度，增加农产品附加值，促进农民增收，市局下发了《关于实施"商标兴农"工程的通知》，围绕落实中央、国家工商总局和省局精神，明确了全市工商系统实施"商标兴农"工程的具体任务。一大批有特色、有规模的农副产品在"品牌+农户+基地+公司（协会）"的模式下，得到了积极开发，不少地方形成了"一村一品、一镇一品"的现代农业格局。2006年11月，全省商标兴农工作会议在章丘大葱的原产地召开，章丘市政府介绍了在工商部门指导下积极注册农产品商标，实现商标富农的经验，与会代表实地参观了地理证明商标带动农业的典型——章丘大葱产业。省工商局李华理局长和副省长李玉妹也在讲话中高度称赞章丘大葱证明商标兴农的成功经验。2006年10月31日《济南日报》以《商标让济南农字号产品身价倍增》为题，在头版头条报导了济南市工商系统商标兴农工作纪实。2007年6月，章丘大葱注册人又作为中国唯一的地理标志代表在世界地理标志大会上作了发言。今年4月份，章丘大葱证明商标被认定为驰名商标。随着福牌阿胶、仁风西瓜、稍门大米等农产品商标相继跨入省著名商标的行列，商标兴农工程已经结出硕果。我局实施商标兴农工程到了商标局的肯定，在商标局总结的2006年中国商标领域十大事件第七项中专门提到了济南市局的做法。今年，我局进一步确定了平阴玫瑰、太平西瓜、唐王大白菜、龙山黑陶等做为重点培育的对象，已着手组织材料准备申请地理标志证明商标。

四、加强协调，认真查办商标侵权案件

按照国家总局和省局关于加强商标专用权保护的要求，市局、分局及基层工商所相互配合，查处了多起商标侵权案件。市局商标广告处坚持在不同时期研究分析本地商标侵权假冒行为的发案特点和动向，及时指导各分局查办商标侵权案件，多次组织市局、分局商标办案部门和相关工商所参加的打击商标侵权行为的"三级联动"专项行动。去年以来先后拉网式查处了多起侵犯驰（著）名商标专用权的案件，没收侵权标识4万余

个，捣毁造假窝点近50余处，罚没款80余万元，不仅打击了商标侵权行为，更保护了商标持有人和消费者的合法权益。为扩大影响、巩固成果，济南主要媒体集中报道了我局保护商标专用权专项行动的新闻。今年“4.26世界知识产权日”期间，国家工商总局商标局公布了工商部门查处的十大商标侵权案件，济南市工商局历城分局查处的假冒“济钢”钢板的案件位列其中。

回顾过去，我们在商标监管工作中取得了一点成绩，但距上级的要求还存在一定差距。我们要借这次“全国工商行政管理系统贯彻落实《国家知识产权战略纲要》大力推进商标战略实施工作会议”的东风，全面落实科学发展观，努力实现总局提出的“四个统一”，进一步发挥工商系统商标主管机关的作用，不断探索和完善商标监管的新思路、新办法，使我市的商标监管工作更好地服务经济社会发展的大局。

认真履行监管职责
切实营造奥运知识产权保护良好环境

青岛市工商行政管理局

为进一步加强奥林匹克标志专有权保护，树立奥运伙伴城市良好形象，根据总局、省局的部署，青岛市工商局将奥标保护作为近年来的工作重点常抓不懈。全系统不断强化政治意识、大局意识、责任意识和纪律意识，利用完善有效的奥林匹克标志执法网络，强化市场监管力度，为奥帆赛、残奥帆赛的成功举办发挥了积极作用，被总局评为奥标保护先进单位。

一、加强宣传，不断浓厚奥标保护社会氛围

宣传《奥林匹克标志保护条例》，提高全社会奥标保护意识，是做好奥标保护工作的前提和基础。为此，青岛市工商局局采取多种形式，不断加强奥标保护的宣传力度。

（一）通过媒体广泛宣传。积极协调驻青新闻媒体，大张旗鼓地宣传有关奥林匹克标志使用和保护的法律法规。结合《奥林匹克标志保护条例》颁布和实施纪念日，采取各种形式，积极宣传奥林匹克标志保护重要意义，在奥标集中整治期间通过曝光奥标侵权典型案例，教育广大经营者增强奥标保护意识，震慑违法行为。08 年 4 月，市局会同市保知办、青岛奥帆委组织召开了全市奥林匹克标志保护工作宣传会议，组织海尔集团等全市 12 家驰名商标企业和岛城主要媒体、广告公司共同发起保护奥标的倡议，把奥标保护变成企业和社会的自觉行为。

（二）举办执法培训班。借助总局 2002 年和 2007 年先后两次在青岛举办奥林匹克标志保护座谈会及培训班的有利时机，市局全方位地组织开展了各类奥标保护知识培训，不断提高执法者、经营者的奥标保护意识，受到社会的普遍关注，取得较好的效果。

（三）实施举报奖励。为更好地维护奥标权利人的合法权益，08 年 6 月份，市局会同青岛奥帆委、北京奥组委法律事务部联合制发了《青岛市举报侵犯奥林匹克标志违法案件人员奖励办法》，决定对举报人员实施奖励，以动员社会力量参与奥标保护工作，进一步推动全社会形成保护奥标的浓厚氛围。

二、加强沟通，不断提升奥标保护工作层次

奥林匹克标志保护工作事关重大。因此，市工商局不断加强与政府各部门的沟通与协作，变部门行为为政府行为，提升了奥标保护工作的层次。

（一）把奥标保护列入政府工作目标。2005 年以来，市政府每年将奥标保护工作列入奥帆赛城市运行计划，明确由市工商局牵头，会同奥帆委、宣传部、经贸委、公安等部门，合力做好奥标保护工作。市局通过制定奥标保护工作计划和工作措施，每年突出一个主题，集中开展保护奥

林匹克标志专有权专项行动，有效保障了全市奥标保护工作的扎实推进。

（二）加强与政府部门的沟通。随着奥运会的临近，社会掀起营造奥运氛围的热潮。针对氛围营造中存在的问题，市局会同市委宣传部、青岛奥帆委先后制定下发了《关于依法规范使用奥林匹克标志的通知》和《关于规范设置和管理北京奥运会倒计时设施的通知》等文件，进一步规范奥标的使用行为，把奥标保护从部门行为上升为政府的自觉行为。

（三）加强执法协作。一是加强与北京奥组委的沟通与协作，充分发挥北京奥组委在案件线索、商品真伪鉴定等方面的积极作用，据统计截止残奥帆赛结束，我局共向奥组委制发询证函100余件。二是加强与公安、海关等有关部门的沟通与协作，建立联席会议制度，做好奥标保护及商标侵权案件线索的移交以及行政处罚与追究刑事责任的衔接。三是加强系统内商标、广告、公平交易、消保、市场等部门协调配合，形成整治合力。

三、突出重点，不断加大奥标保护整治力度

根据总局、省局《保护奥林匹克标志专有权行动方案》的要求，市局结合青岛实际，突出执法重点，加大整治力度，积极查处侵犯奥林匹克标志知识产权违法行为。

（一）适时开展奥标保护专项整治行动。在奥运会倒计时一周年、青岛国际帆船赛期间和啤酒节等重大节庆活动、重要体育赛事以及时装周、住交会等大型商业活动期间，集中展开整治行动。08年全系统组织开展了奥运会倒计时200天、100天纪念日所在月、奥运会火炬接力活动期间的奥标保护集中整治行动，加强对重点地区、重点区域、重点环节和重点商品的清理整顿，有效维护了奥林匹克标志权利人的合法权益。

（二）加强日常监管。针对奥标保护的现实状况，2008年4月份起，市局确定了奥帆中心、涉外宾馆饭店等11个“点”，从机场、车站、高速路等进入奥帆中心的11条“线”，坚持“点、线、面”相结合，突出重点、沿线展开、整体推进，确保不出问题。在此基础上，,各分（市）局甚至各个工商所，结合实际，明确各自的“点”和“线”，切实增强整治工作的针对性，加强日常巡查监管，同时通过建议、劝诫、警告和教育等形式及时阻止或消除隐性市场行为，重点检查那些与奥运会赞助企业有竞争关系的非赞助企业的宣传使用行为。4月以来，全系统共下发行政指导建议书185份，法律告知书48份，既及时消除隐性市场行为，同时又受到企业的好评。

（三）强化奥运期间执法力度。奥运会及残奥会期间，全市工商系统把服务保障奥帆赛作为工商工作的重中之重。工作中坚持做到组织领导到位、协作配合到位、应急管理到位和责任落实到位，确保赛事期间奥标执法工作不出问题。各工商所进一步建立完善属地化监管责任制，全系统发扬无私奉献、吃苦耐劳的精神，主动放弃周末休息时间，认真落实“横到边、纵到底、全覆盖、无缝隙”巡查要求，对旅游景区、车站码头、城乡结合部、繁华街道和交通枢纽以及奥帆赛场及周边地区实行全天侯巡查监管。据统计，奥帆赛、残奥帆赛期间全市工商系统累计出动奥标监管执法人员6219人次，检查辖区内经营企业和个体户19723户，批发市场、集贸市场等各类市场967个，重点整治区域728处，截至赛事结束，共查处侵犯奥林匹克标志专用权案件数29起，罚没款20余万元，有效打击了奥标侵权现象，树立了奥运伙伴城市良好形象。

四、强化措施，不断完善奥标保护长效监管机制

在加大奥标保护整治力度的同时，市工商局还注重加强制度建设，坚持标本兼治，努力实现奥标保护长效监管。

（一）加强制度建设。一是层层落实监管责任制。将奥标保护工作纳入全年目标绩效考核，同时市局、分（市）局、工商所、直至“网格”监管员层层签订责任状，细划工作职责，强化责任追究。二是建立监管台帐。针对奥林匹克标志特许商及授权单位不断增加的特点，市局及时将奥标备案信息、奥标侵权鉴定函件下发各分（市）

局和基层工商所，要求建立属地监管台帐，有针对性地开展执法监管工作。三是建立信息报告制度。在整治活动期间实行月报制度，对整治工作中重大问题和突发事件以及大、要案的查办要求随时上报。08 年 7 月起实行日报告制度，要求各分（市）局和基层工商所每天逐级报告奥标保护工作进展情况、存在的问题以及整治效果，及时掌握全市整治情况。

（二）坚持标本兼治。一是坚持“关口”前移。全面规范商标印制行为，加强商标印制企业管理。部署各分（市）局对全市 378 家从事商标印制业务的企业进行拉网检查，指导企业建立健全商标印制制度，规范企业印制行为，严厉打击非法印制和使用奥林匹克标志行为。二是建立应急预警机制。为预防、减少和控制突发奥标侵权事件的风险与危害，最大限度保护奥林匹克标志权利人和消费者合法权益，根据总局要求，市局建立和实施了奥标保护预警和应急预案。实行重大和一般突发侵犯奥林匹克标志事件两级应急响应机制，市局、分（市）局分别成立了突发侵犯奥林匹克标志事件应急指挥部，明确各级应急响应机构和各自职责分工，确保奥帆赛期间不发生有重大社会影响的奥标侵权事件。

北京奥运会、残奥会虽已圆满落幕，但奥林匹克标志保护工作仍需长抓不懈，我们将以此次会议为契机，学习和借鉴兄弟省市在奥标保护方面的好经验、好做法，不断把奥标保护工作推向深入，同时为进一步做好 2010 年世博会和广州亚运会等大型活动的知识产权保护工作积累经验。

全面实施商标富农工程 积极推动河南社会主义新农村建设

河南省工商行政管理局

近年来，在河南省委、省政府和国家工商总局的正确领导下，河南省工商局以学习实践科学发展观为指导，坚决贯彻落实党的十七大、十七届三中全会精神，以认真学习贯彻《国家知识产权战略纲要》、《河南省知识产权战略纲要》为契机，全面、深入地开展商标富农工程，尽心尽力为农村发展、涉农企业和广大农民服务和维权，为促进我省社会主义新农村建设作出了积极的贡献。

一、统一思想，凝集力量，齐心协力把商标富农工程抓出成效

2007年以来，河南省工商局贯彻总局周伯华局长提出的“四个统一”理念，提出了“立足工商抓工商，跳出工商抓工商”的工作思路，在抓好市场主体准入、搞好市场监管的同时，组织全系统实施“兴企强省”、“兴农富民”两大工程，服务经济发展大局，促进河南从农业大省到经济、文化强省跨越。河南省工商局结合商标管理工作和目前河南省是农业大省，农村从事商品生产的农民、涉农企业多，但商标意识落后，商标注册、使用和争创品牌工作落后的现状，提出了实施商标富农工程，把“兴农富民”落实到具体工作。一是省工商局成立商标富农领导小组。主管局长任组长，商标和市场、公交、注册、消保、经检总队等处室责任同志为成员，办公室设在商标处，负责日常商标富农工作具体工作。二是制定优惠政策。为农村商标主体的注册、使用和维权开辟绿色通道。河南省工商局围绕“兴企强省、兴农富民”出台十五项优惠政策后，围绕商标富农工程，又制定出台了八项优惠政策、22条措施，给涉农企业、农民经济组织创造一个宽松的生存发展环境。三是全面推广陕西汉中工商局的经验。在基层工商所实施“一村一品”、“一所一标”，列入考核工商所政绩的一个重要方面，调动农村基层工商所实施商标富农的积极性。经过一年多的努力，我省农村商标申请、注册量明显增长，去年全省每个工商所帮扶注册农产品、涉农商标2件以上。仅今年上半年，个体工商户、涉农企业、农村合作组织申请注册商标2000多件，比上年同期增长32%，目前在河南申请、注册的8万余件商标中，涉农商标有18000多件，占23%。

二、大力培育和发展“公司（农村合作组织）+商标+农户”的模式，培育和注册农产品商标和地理标志，推动农村繁荣、农业发展和农民致富

在贯彻落实党的十七届三中全会《决定》的过程中，省局领导带队，先后到三个省辖市七个县区调研，寻求如何通过实施商标战略，把《决定》精神落到实处，并找准工作的着力点和支持点，就是通过培育和发展“公司+商标+农民”、

“农民合作组织+商标+农户”模式，使企业、农民合作组织用商标扩大市场知名度和竞争力，形成市场主体做大做强，商标知名度增多、农民增收的三赢格局。调研中，河南省工商局在周口市的商水、项城市和沈丘县发现了三个突出典型：一个是商水县维康果业公司的“涉农企业+美人指商标+农户”模式；一个是项城市甜蜜柿业合作社的“农业合作社+甜柿商标+农户”模式；一个是沈丘县的山药大王赵明修的“个人商标+农业合作社+农户”模式。去年10月，河南省工商局在周口市召开现场会，由三个县工商局、工商所介绍扶植和服务的经验，并组织了现场参观学习，使大家深受启发和鼓舞。在省工商局进行动员和部署后，各单位行动迅速，围绕培育三种模式做了大量的工作，成效明显。据统计，今年以来，全省登记注册农民合作社5551家，培育和发展“公司（农民合作社）+商标+农户”模式816家。

河南农业资源丰富，具备中国地理标志条件的农副产品。但过去由于地方和企业重视不够。针对这种情况，河南省工商局在实施商标富农工程中，突出做好培育、申报地理标志工作。一是组织全省对符合地理标志条件的农产品和涉农产品总量、区域分布和行业分布、目前培育、申报状况等，集中三个月时间进行全面彻底的普查，弄清底数，掌握扶持和申报工作的主动权。二是制定颁发了《关于大力培育发展中国地理标志，积极帮助企业应对金融危机，促进农民工和大学生就业致富的工作意见》，从思想上认识到扶持措施，从帮助申报到申报成功后开发使用等，提出了明确的要求。三是典型引路。信阳市固始县三高集团，2000年获得“固始鸡”地理标志后，采取“企业+地理标志+农民合作社+农民养殖户”的模式，企业规模遂步扩大，市场产品份额不断增加，呈现了一个地理标志拉动一个产业，一个企业致富安排一批农民工和大学生的大好局面。今年三月份，省工商局在固始召开了发展和培育地理标志现场会总结推广典型经验。去年10月，国家商标局又认定我省4件地理标志，使河南省的地理标志达到11件。

三、增强品牌意识，培育著名、驰名商标

在实施商标富农工程的过程中，围绕培育驰名、著名商标，河南省工商局从三方面加大了工作力度。一是加大了宣传、汇报和协调力度。除了利用世界知识产权日和重大节日活动，河南省工商局组织力量向企业、向群众和社会宣传商标法律、法规，增强其商标意识外，主要精力用在向各级党委、政府汇报，与有关部门协调方面，当好政府的参谋和助手，使商标发展、商标富农形成合力。由于汇报、宣传到位，河南省各级政府对商标发展战略实施重视程度明显提高，去年初，河南省政府以豫政〔2008〕5号文件下发，明确规定凡获得中国驰名商标的企业，省政府一次性奖励50万元。到今年6月底，在全省18个省辖市中，有14个市级政府发文，对获得中国驰名商标的企业，给予15-50万元的奖励。全省162个县区政府中，有68个发文对获得中国驰名商标、河南省著名商标的企业，给予10-50万元的奖励，有的市县政府还奖励工商局5-10万元。二是在重点企业上加大力度。省工商局重点对省政府公布的100个重点企业和50家高新技术企业进行帮扶，仅今年上半年，局长董光峰、副局长杜新增同志到各地指导工作时，先后到13家企业进行调研，了解争创品牌情况。省工商局商标处组织力量，先后到21家企业，深入第一线进行帮扶。各省辖市工商局重点对省政府公布的343家涉农龙头企业进行分工包干，责任到人，逐家进行帮扶。如周口市工商局党组6人分工，每个领导包2家，局长陈晓峰对分包的两家企业，仅今年上半年就分别去了三次。三是加大目标管理的奖惩力度。除了工商所实行“一村一品”、“一所一标”外，河南省工商局对县工商局提出争创商标品牌的目标是，每年认定一个著名商标，培育一件地理标志，对省辖市工商局要求是，每年申报一件地理标志、一件驰名商标。省工商局对省辖市的绩效考核方案中，商标工作在百分制计分中占3分，而获得一件著名商标奖1分，获得1件驰名商标奖5分，份量很重，各级领导和干部对此重视程度也大大提高，工作积极性增强。2006年底，全省有驰名商标21件，到今年上半

年达34件。四月份国家商标局认定的一批驰名商标中，我省有6个，数量上创了历史上最高水平。在34件驰名商标中，农产品、涉农产品21件，占61%。同时，在被省工商局认定的820件著名商标中，农产品、涉农商标有486件，占59%。

四、保护商标专用权，维护企业和消费者的合法权益

在抓好商标、地理标志培育、注册和使用的同时，切实履行监管职责，对侵犯企业、农村合作组织商标、地理标志专用权的违法违纪行为，坚决予以查处。一是建立快速反应机制。河南省工商局要求，凡是对农民、涉农企业、农民经济组织和地理标志协会提出的违法违纪事件的投诉，从工商所到县区、市工商局，3–7天必须受理，到现场办案查处，不得拖延。二是完善层级协调督查机制。在县区、市范围内的商标侵权案件，两级督查协调；凡是跨市、跨省的，由省工商局商案发地工商局一起查办，县、市局配合。三是日常监管与专项整治行动相结合。仅去年以来，省工商局就在省内外组织保护驰名、著名商标专用权活动8次。去年10月，河南省工商局赴黑龙江组织了跨省保护“莲花”驰名商标专用权行动。今年6月，河南省工商局根据中国驰名商标企业“蒙牛”集团公司投诉和内蒙古工商局的保护请求，及时在我省九个省辖市同步组织开展了保护“蒙牛”驰名商标专用权的大型整治行动。

为现代农业插上腾飞的翅膀

湖北省工商行政管理局

近年来，宜昌市工商局把实施商标富农战略作为服务“三农”工作的重要抓手，围绕特色产业，培育和发展了一大批农产品商标。截止2008年底，全市注册农产品商标1088件，集体商标3件，地理标志4件；涉农驰名商标达5件，涉农著名商标达30件，形成了具有宜昌特色的优势商标群体，有效地实现了农业生产方式的转变和农业综合效益的提高，有力地促进了农民增收致富和农村的全面繁荣。商标，为现代农业的腾飞插上了翅膀。

一、宜昌市发展农产品商标的主要做法

（一）坚持“三个面向”，切实增强全社会商标意识

1. 面向党委、政府，激活决策层的商标理念。商标富农战略能否顺利推进，领导是关键。宜昌市工商局采取商标战略研讨、专题讲座等多种形式，向各级领导宣传农产品商标在现代农业中的重要地位和作用。如组织开展了“商标战略与宜昌经济发展”研讨会，对推动全市商标发展产生了重要作用。

2. 面向市场主体，唤醒企业的商标意识。针对过去工商企业普遍存在的重产品、轻商标的观念，成立了宜昌市商标协会，建立了宜昌商标网；同时通过开展大型论坛和有针对性的宣传活动，形成了“商标没有知名度，产品就没有竞争力”的共识。

3. 面向广大农村，普及农民群众的商标知识。“让商标知识进村入户，让注册商标上山下乡”，经常深入乡镇和村组举办培训班，把商标法律知识列为必讲内容。

（二）实施“三个一”工程，大力培育优势农产品商标群体

1. 所谓“一品一标”，就是要求进入市场的农产品都要有商标，以此推进产品商品化，在商标数量上实现突破。为了实现这一目标，市工商部门推行了“一分析、二提示、三推介、四主动”的工作方式：对全市的商标发展现状进行分析，提出建议供领导决策参考；建立商标注册提示制度和商标策略提示制度；以行政建议书的形式，对具备申请注册地理标志条件的农副产品向当地政府推介，对已经闲置的注册商标向社会推介，将先进管理模式向商标所有人推介；主动向政府汇报、主动与部门协调、主动向社会宣传、主动为企业搭桥。从2005年开始，宜昌市涉农注册商标以年均70%的速度递增，到去年底，农产品商标占注册商标总数的28%。

2. 所谓“一类一标”，就是在“一品一标”基础上要求每一个农产品种类至少培育一件优势商标，以此促进经营集约化，在商标质量上实现突破。如作为茶叶主产区的五峰土家族自治县，在2004年以前有大小茶叶加工企业130多家、194

个茶叶品牌,年干茶产量仅27.7吨，产值仅58万元，农民种植茶叶收入人均平不足300元。从2005年起，以“采花毛尖”为龙头，先后将18家骨干茶叶加工企业整合为湖北采花茶业有限公司，企业统一使用“采花毛尖”注册商标，基地面积由10万亩增加到15.7万亩，茶叶产值由1亿元增加到6个多亿；茶产品由过去简单的初茶加工向罐装茶水、保健茶、速溶茶、奶茶、红茶等系列产品发展，带动了茶文化旅游、茶叶批发市场、茶叶包装、茶叶食品及交通运输业的发展其系列优质产品热销全国20多个省市和港澳欧美日市场；4000多户茶农与公司签订了鲜叶订单合同，农民种植茶叶人均平纯收入由2004年的300元增加到2008年的833元。2009年4月“采花”商标被商标局认定为驰名商标。

3. 所谓“一业一标”，就是要求县市区农业的每个核心产业都要有一件中国驰名商标或地理标志，以此推进农业产业化，在商标价值上实现突破。这是把农民有效集合在品牌农业的旗帜下，实现“一类一标”之后的更高目标。为了抓好“一业一标”，市工商部门探索了“一主三化五统一”工作方式：培育壮大商标主体，使其充分发挥商标效应，成为本产业的龙头企业，为培育中国驰名商标或地理标志创造条件；在基地内引导农民“种植规模化”、“生产标准化”、“销售商品化”；对基地内的农民“统一技术培训”、“统一农资配送”、“统一生产指导”、“统一检测包装”和“统一广告宣传”。

（三）建立“三项机制”，不断加大商标富农的工作力度

一是建立工作运行机制，整合资源，不断拓展商标发展空间。一方面，大力开展商标普查，充分挖掘可用的商标资源。市工商部门在全市开展了知名地名、历史人文、知名景观资源普查，建立了商标综合数据库，并开展了“影响宜昌市民生活100品牌推荐活动”和“解说宜昌品牌”活动，从而大大增强了社会各界的商标价值意识。另一方面，积极打造有效平台，建立了闲置商标档案，并通过宜昌市商标协会信息网搭建了闲置商标交易平台。2005年以来，共清理了因企业改革改制、破产、停产等原因造成停止使用了的注册商标1555件，收集整理后优先向涉农企业、农民专业合作社和农业专业协会转让。到目前共有79件商标成功交易，其中包括15件涉农商标。

二是建立激励机制，营造培育发展商标的良好环境。全市各级党委政府高度重视农产品商标发展工作，把发展农产品商标纳入重要议事日程，建立了相应的协调机制和政策支持体系。市委市政府在全省率先将商标工作纳入重点工作目标进行考核。研究下发了《宜昌市关于进一步加强商标工作的意见》、《宜昌市知名商标认定和促进办法》，制定和完善了《宜昌市企业创名牌奖励办法》，明确了发展目标，完善了激励、保护、促进政策，使政府、部门、企业目标一致，加快了商标战略进程，为商标战略的实施提供了有力保证。

三是建立保护机制，打击侵权商标，维护农民利益。严厉打击和查处农副产品注册商标侵权假冒行为，是维护农民利益的具体体现，也是工商部门义不容辞的职责。坚持整顿和规范并重、打击与保护并重，多管齐下，切实做好农副产品注册商标维权工作。始终把驰名、著名和证明商标作为商标专用权保护工作的重点，把蔬菜批发市场、大型超市作为市场巡查的重点，组织有针对性的专项清理和整顿，引导业户依法执业、诚信执业。

二、商标富农战略取得初步成效

近年来，大力实施商标富农战略，培育发展涉农注册商标，产生了明显的成效：

一是形成了农产品的品牌效应。宜昌自然条件的多样性孕育了品类丰富的特色农产品，过去囿于单户农民分散种养的传统生产方式，这些农产品始终走不出“烂在田里嫌多，贩到市上嫌少”的怪圈。2005年以来，随着一大批农产品商标、集体商标的成功注册，农产品的品质和市场竞争力显著增强，品牌效应逐步显现。宜都市注册“宜都天然富锌茶”和“宜都蜜柑”两件地理标志集体商标后，打造了优势明显的特色农产品品牌，在2008年秋季因受到四川“蛆柑”事件影响而导致国内柑桔市场低迷的情况下，“宜都蜜柑”销

量和售价不降反升，同期销售实现了 25 万公斤，平均销售价格达 6 元/公斤（普通柑桔平均销售价格仅 0.6 元/公斤）。

二是促进了农民增收和农业增效。一大批农产品商标的发展壮大，推进了农业生产方式的转变，促进了农业的组织化、规模化、标准化生产，实现了农民增收和农业增效。如 2003 年以前，当阳市两河镇农民种植大蒜平均每亩纯收入只有 1000 多元。2003 年以来，在工商部门的组织引导下，“长坂坡”成为湖北省注册的第一件农产品集体商标，种植地域从两河镇辐射到周边多个乡镇，形成了“农民专业合作社+商标+基地+农户”的经营模式，全镇大蒜种植面积达到 3.7 万亩，农民人均平因蒜增收 2500 元，大蒜种植收入已占农民总收入的 70%以上。

三是增强了市场主体的核心竞争力。通过重点发展、培育、保护拥有自主知识产权的驰名、著名和农产品知名商标，增强了企业的创新能力和市场竞争力。如“安琪”干酵母成为中国驰名商标后，在国内市场占有率超过 40%，酵母抽提物在国内市场占有率超过 35%，产品出口 70 多个国家和地区，已进入世界五大酵母公司行列。

四是产生了强劲的产业带动效应。通过创优势品牌，壮大了优强企业，带动了相关产业的快速发展，从而有力地促进了一方经济发展。如借助中国驰名商标“稻花香”，湖北稻花香集团近年来实现了超常规发展，成为产值 35.3 亿元、利税 3.5 亿元的优强企业，并带动了生态农业、食品饮料、包装制品、彩色印刷、金塑陶瓷等 21 个相关产业的发展。

积极履行工商职能　大力推进商标战略

武汉市工商行政管理局

大力推进实施商标品牌战略、促进经济发展，是工商行政管理部门转变职能、服务地方经济发展的一项重要举措。近年来，武汉市工商局紧紧围绕贯彻落实《国家知识产权战略纲要》、《武汉市知识产权战略纲要》，积极发挥主观能动性，充分拓展服务职能，大力宣传国家有关商标品牌建设的法律、法规和政策，规范企业商标注册、商标使用、商标维权等行为，引导企业培育驰名商标和著名商标，有效地提高了企业的商标品牌意识，增强了企业正确实施商标品牌战略的能力，有力地推进了武汉市商标品牌战略的实施，促进了武汉经济的健康发展。我们的主要做法和体会是：

一、开展调研，找准问题，推动政府出台鼓励实施商标战略的政策，是实施商标战略的基础

为全面了解武汉市商标工作的现状、存在的问题，积极推动政府出台鼓励实施商标战略的政策，2006 年，我们先后组织开展了“企业实施商标战略问卷调查”、“涉农商标战略问卷调查”等活动。通过调查，客观、具体地了解了企业对商标的认识以及实施商标品牌战略中存在的问题。2007 年，武汉市工商局邀请了市政府法制办、市知识产权局、市中级法院等相关部门，组成实施商标战略考察团，赴福建、浙江等地专题考察学习外地实施商标品牌战略的经验，找到了武汉与外地在实施商标品牌战略上的差距和原因。在此基础之上，我局有针对性地向市政府提出了制定和出台相关政策鼓励武汉企业实施商标品牌战略的建议，得到市有关领导的肯定和支持。2007 年 9 月，武汉市政府正式出台了《关于实施商标品牌战略促进经济发展的若干意见》（武政〔2007〕64 号文件）；同年 12 月，市政府又颁布了第 181 号政府令，出台了《武汉市著名商标认定和保护办法》。这两个文件的相继出台，为全面推进武汉市商标品牌战略的实施奠定了坚实的基础。

二、加强宣传，注重引导，提高企业的商标意识是实施商标战略的关键环节

近几年来，武汉市工商局积极采取多种办法，大力开展宣传引导工作，不断提高企业以及全社会的商标意识。先后编印了《企业实施商标战略指南》、《企业争创驰名商标指南》、《集体商标、证明商标及地理标志注册保护指南》、《企业商标注册建议书》等宣传资料，并通过武汉红盾信息网、武汉商标广告网进行宣传；举办了“驰名商标的认定与保护高层论坛”、“武汉城市圈首届商标品牌战略促进黄鹤楼论坛”；在 2007 年长沙中国商标节上举办了武汉商标品牌推介会；2009 年举办了首届武汉市著名商标颁奖表彰电视晚会，利用武汉迎宾大道上的户外广告资源，开辟了

“武汉市著名商标形象展示”长廊并编印了“武汉市著名商标展示”画册等。通过各种形式的宣传，我市企业商标品牌意识和正确实施商标品牌战略的能力有了明显提高，一个全社会共同关注、企业积极参与的全方位推进实施商标战略的良好氛围正逐步形成。

三、分类指导，定向培育，构建商标战略层级化发展格局，是实施商标战略的重要步骤

（一）积极引导企业注册商标。近几年来，我们引导企业注册商标的重点，放在政府确立的经济发展支柱产业和符合两型社会建设的重点产业方面。2005 年以来，我市年新增商标注册申请量 6000 件左右，年商标注册核准数 3000 件左右，增长幅度较以往有了明显提高。截至目前，我市有效注册商标约 37000 件，占全省有效注册商标数的 60%。其中，高新科技、环保、节能、现代服务、涉农等产业商标所占比例有明显提高。在工商部门的具体指导下，2008 年 4 月，“鄂洪山菜苔”正式被国家工商总局商标局以证明商标形式核准注册为地理标志，实现了我市地理标志零的突破。

（二）指导企业如何实施商标战略。全市各级商标管理工作人员，经常性地深入企业，对企业如何使用商标、通过实施商标战略提升品牌价值提出专业性的指导意见，以提高我市企业实施商标战略的能力和水平。如对“华工科技”等大型集团公司，指导其如何将旗下各商标进行整合，打造集团的整体品牌形象；对“江通动画”等有衍生品的公司，建议其在相关类别进行商标注册，避免知识产权受到侵犯；对“邓丰”玉米、“双柳”蔬菜等农产品商标，指导如何进行商标的宣传推介，更好发挥其特色农产品商标的市场潜力。在工商部门的积极扶持下，“邓丰”玉米已成功地进入了武汉市民的“菜篮子”，“坛山”牲猪商标注册后价格提高了近 60%，“柳仙”泡菜实现年收入 1000 多万元，商标富农取得了明显成效。

（三）开展著名商标认定工作。根据《武汉市著名商标认定和保护办法》，2008 年，我局开展了武汉市首届市著名认定工作。经过宣传发动及培训、企业申报及各工商分局初审、市工商局公告及实质性审查，最后经过评审委员会评审投票，评选出 191 件商标为首届武汉市著名商标。根据市政府出台的有关政策，市财政已拨付 560 多万元专款用于奖励获得认定的企业。2008 年，在湖北省工商局组织开展的第 6 届湖北省著名商标认定中，武汉市共有 155 件商标获得湖北省著名商标称号，获得认定的省著名商标数量比上届增长了 128%。

（四）支持和引导企业培育驰名商标。2007 年以来，我们实行了培育驰名商标企业联系点制度。即经企业要求、分局推荐和市工商局择优筛选，每年都确定一批培育驰名商标联系点企业，我们对这些企业进行上门服务，全程指导。仅 2008 年，武汉市就有“猫人”、“九州通”、“红人”、“国创”、“中华”、“双虎”等 6 件商标向国家工商总局提出了驰名商标认定申请，创驰名商标认定申请数量新记录。截止目前，我市已拥有 12 件驰名商标。

四、规范市场，打击侵权，营造良好市场秩序，是推动商标战略实施的有力保证

（一）组织开展市场商标（品牌）商品代理经营行为专项整治。2007 年，我局在全市范围内组织开展了市场商标（品牌）商品代理经营行为专项整治，对市场上一些自称知名商标品牌总代理、专卖店等形式的经营单位进行了清理，对无商标授权手续或者授权手续不全、经营不规范的代理经营行为进行相应的规范整治，在此基础上，对商标授权手续齐全、经营规范、市场信誉良好的商标（品牌）商标代理经营者，以适当的方式予以公示。既维护了商标所有权人的合法权益，规范了市场商标（品牌）商品代理经营行为，又引导和促进了消费，可谓一举三得。

（二）开展奥运标志专项保护行动。一方面是建立长效监管机制，加强日常监管巡查；另一方面组织涉奥标志保护专项行动，如：奥运藏品广告专项清理整治、涉奥隐性市场行为专项整治等。此项工作得到了北京奥组委防范市场隐性行为检查组的肯定。

（三）积极查办商标侵权案件，维护商标专用权。2008 年，全市工商系统共查处各类商标违法案件 388 件，案值 747.55 万元，罚款金额 395.32 万元，查处的商标侵权案件涉及“五粮液”、“茅台”酒、“友发”钢管、“花花公子”服装、“福耀”玻璃、“长城”润滑油、“轻骑”摩托车等一大批国际、国内著名商标品牌，有效地维护了商标所有权人的合法权益。

五、成立协会，开辟网站，推进商标品牌战略社会化，是全面实施商标战略的必由之路

2008 年 10 月，在我局的大力支持下，武汉市商标协会正式挂牌成立。协会成立后，积极组织开展企业商标知识的培训，着手建立市商标协会商标代理机构专业委员会，规范商标事务代理行为，为进一步促进我市商标战略的实施发挥了积极作用。2009 年 4 月，武汉市商标协会与武汉市广告协会共同主办并开通了“武汉商标广告网(www.whsg.gov.cn)”，为更好地宣传国家有关商标广告的法律法规，普及商标广告知识，借鉴推广外地商标广告工作经验，反映本地商标广告动态，打造和展示武汉商标品牌和企业形象，促进商标协会和广告协会会员之间的沟通、交流、合作，提供了一个更加便捷有效的服务平台。

推动商标战略实施　促进湖南经济发展

湖南省工商行政管理局

在省委、省政府和国家工商总局的正确领导下，近年来，我省各级工商行政管理机关以商标工作为抓手，大力推动商标战略实施，为促进湖南经济发展作出了积极贡献。目前，全省上下重视、运用、保护商标的社会氛围已逐步形成，培育驰名著名商标、走品牌发展之路已成为全省各级党委、政府和广大企业的共识。商标工作在我省经济发展中的地位越来越重要，作用越来越明显。

一、党委、政府高度重视，把实施商标战略作为促进经济社会发展的大事来抓

实践证明，充分发挥党委、政府在商标战略实施中的主导作用，真正把实施商标战略纳入经济社会发展的总体规划、作为事关经济社会发展全局的战略问题来抓，是顺利推进商标战略的重要保证。我省各级工商行政管理机关全力当好党委、政府的参谋，争取党委、政府的重视和支持，使商标战略的实施始终在党委、政府的引领下不断推进。

一是主动汇报，争取省委、省政府领导的重视和支持。为推动商标战略的实施，我局多次主动就商标工作向省委、省政府领导作专题汇报，省委、省政府领导也多次就商标工作作出重要批示和专门部署。2001 年，省政府以 138 号省长令颁布《湖南省著名商标认定与保护办法》后，我省著名商标的认定与保护以及商标战略的全面实施开始迈上规范化、制度化、法制化轨道。此后每年国家工商总局认定我省商标为驰名商标后，我局都在第一时间专题向省委、省政府主要领导报告。省委书记张春贤曾在我局的报告上批示：“要重视商标的申报及认定工作，商标也是财富，也是品牌”。省长周强批示：“在国家工商总局的大力支持下，我省驰名商标工作成绩突出，驰名商标总数居中西部第一，值得充分肯定”。时任省长、现任国家工商总局局长周伯华也曾批示：“积极创建和申报驰名商标，是提升我省国民经济发展水平的重大战略。有了驰名品牌，就有竞争力、就有市场、就有效益、就有企业的生命力”。每年我局召开的驰名商标通报和著名商标授牌大会，都有省委、省政府以及省人大、省政协的领导出席并作重要讲话。

二是积极参与，制定商标战略实施规划。在我局的大力参与下，2006 年，我省编制完成了《湖南省“十一五”知识产权发展规划纲要》，并第一次将其纳入全省国民经济和社会发展的总体规划和统计公报。与此同时，我局专门制定并向省政府呈报了《湖南省“十一五”商标发展规划》。2009 年 2 月，为贯彻《国家知识产权战略纲要》，我局积极配合知识产权局等有关部门，研究制定了《湖南省知识产权战略实施纲要》并以省政府名义下发，进一步明确了实施商标战略的

具体目标、重点任务和工作措施。

三是因势利导，召开全省商标工作大会。为顺应商标工作发展的新形势，进一步调动广大企业培育驰名著名商标的积极性，通过我局提议并积极筹备，2006年6月，省政府专门召开了全省商标工作大会。会议以省政府办公厅名义转发了我局制定的《关于进一步加强商标工作的意见》，明确了我省商标战略实施的指导思想、目标任务、政策措施和工作要求。大会以省政府名义对全省50名商标工作成绩突出的同志给予了表彰奖励，其中3名同志被授予“湖南省商标工作先进个人”荣誉称号，享受省级劳模待遇，10名同志被记一等功。这次大会在全社会引起强烈反响，在我省商标发展史上具有里程碑意义。

二、加强法律法规宣传，营造商标战略实施的良好氛围

加强商标法律法规和商标知识的宣传和培训，在全社会营造高度重视商标、主动注册商标、科学使用商标、自觉保护商标的良好氛围，是推进商标战略实施的一项十分重要的基础工作，也是我省各级工商行政管理机关多年来常抓不懈的重点之一。

一是定期不定期召开新闻通报会或新闻发布会，提高宣传的权威性。近些年来，我局除参加每年“4·26”召开的知识产权新闻发布会外，还在每年年底召开一次新闻通报会，或以省政府新闻办名义召开新闻发布会，形成了商标工作情况新闻通报和发布制度，不仅有效扩大了宣传面，而且提升了宣传的权威性和影响力。

二是突出抓好企业商标专干的培训，增强宣传的针对性。企业商标专干是企业商标注册、运用和保护工作的具体执行者。企业决策层商标意识如何和工作成效好坏，在很大程度上与企业商标专干的业务素质、工作水平密切相关。有针对性地引导和帮助企业建设一支有较高专业水准的商标专干队伍并适时抓好培训，是提升企业整体商标意识和商标工作水平的重要一环。据不完全统计，近3年来，我省各级工商机关共举办企业商标专干培训班52期，参训人员达6000多人次，受到了企业的广泛好评。

三是注重宣传形式的多样性，增强宣传工作的覆盖面。每年“4·26”和“3·15”期间，我局都围绕活动主题组织全省工商系统开展声势浩大的宣传活动,由局领导发表电视讲话或专题文章，在《湖南日报》等媒体开辟专栏或专版，曝光典型案例，组织驰名著名商标企业进行形象展示，大张旗鼓地宣传商标法律法规和推进商标战略实施工作情况。据统计，仅去年以来，全省工商部门共出动宣传人员8000多人次，印发各种商标宣传资料12万多份，利用报纸、电视进行专题宣传150多次。

全社会商标意识的不断增强，推动了我省商标事业的快速发展。2008年，全省共申请商标注册10293件，获得核准7636件，比2007年增长24%，有效注册商标累计达63801件。至目前为止，全省经国家工商总局认定的驰名商标达62件，全省著名商标798件，地理标志证明商标19件。

三、充分发挥工商职能作用，扎实推进商标战略的实施

为推进商标战略的顺利实施，我省各级工商行政管理机关坚持在当好参谋、做好服务、严格执法上做文章，取得了明显成效。

一是当好各级党委、政府实施商标战略的参谋。为全面掌握我省商标工作现状，找准商标工作中存在的问题和薄弱环节，研究提出推动我省商标事业发展的政策措施，促进我省商标事业的健康快速发展。2005年初，我局成立了由局领导任组长的湖南省商标发展战略研究课题组。经过近一年深入调研形成的《湖南省商标发展战略研究》报告获得了专家组的高度评价，并受到了省领导的高度重视和充分肯定。该课题研究成果在省政府制定的知识产权发展规划纲要和商标发展战略及政策性文件中基本得到采纳。近几年由省政府相继出台的涉及支持商标事业发展的政策措施达40多条，我省商标事业也由此走上了快速发展的轨道。

二是尽心尽力为企业商标工作服好务。提升

企业商标运作水平是顺利实施商标战略的客观要求。我局在前几年不断探索服务方式、提高服务水平的基础上，2008 年在全系统建立了工商联络员制度，确定了 5000 多家企业作为联系企业，并将指导、服务企业商标工作作为联络员的重要工作职责。随后又下发了《推进商标品牌发展战略，指导服务企业争创驰名著名商标和地理标志商标实施意见》，再次在全省确定了 800 家工业企业和农业产业化企业作为商标品牌创新型企业予以跟踪指导和服务。2009 年 2 月，省政府转发我局关于促进经济平稳较快发展“二十条”措施，将支持企业品牌创新、支持推进商标富农工程、支持企业以商标专用权质押融资等作为重要内容。几年来，由于指导思想明确、政策措施得力，我省商标战略实施取得了明显成效，大大促进了我省经济社会又好又快发展。据不完全统计，目前，全省驰名、著名商标企业所创造的税收占全省税收总量的 60%以上。著名商标企业从结构上也发生了明显变化，一大批高新技术企业、民营企业、涉农龙头企业的品牌占据了我省著名商标的近半壁江山。

三是切实维护好企业商标专用权。加强商标行政执法，维护企业商标专用权，是商标战略顺利实施的重要保障。我省各级工商行政管理机关结合不同时期商标领域的假冒侵权情况，将侵犯驰名商标、著名商标、食品商标、药品商标、涉外商标、农产品商标和地理标志证明商标的行为作为查处重点，适时公布《湖南省重点保护商标名录》。对我省驰名商标、著名商标企业采取登门专访、发函等形式调查了解商标有无被侵权假冒的情况。配合食品安全专项整治和“红盾护农行动”的开展，重点加强了对食品和种子、化肥、农药商标的监督检查，在全省大型超市开展了上市食品商标登记查备的试点工作，并结合经济户口管理，把农资商标纳入了经济户口登记范围和工商所市场巡查的重要内容。针对我省在服装、皮具、鞋类等商品上假冒国外知名商标问题相对突出情况，我局专门下发了《关于开展保护知名商标专用权集中行动的通知》，开展了全省范围内的集中行动，查处了一大批侵犯“梦特娇”、“鳄鱼”等涉外知名商标的违法案件。据统计，2008 年，全省共查处各类商标违法案件 1429 件，查处侵犯奥林匹克标志案件 35 件，罚款 1165 万元，收缴和消除商标标识 42 万件。

虽然我省实施商标战略取得了较好成绩，但和国家工商总局的要求还有很大差距。我们将以此次会议为契机，认真贯彻落实好会议精神，进一步把推动商标战略实施的各项工作抓好、抓实、抓出成效，为促进我省经济平稳较快发展作出新的贡献。

加强合作 提升商标保护和管理水平

广东省工商行政管理局

2008年，广东省工商行政管理系统（以下简称“工商部门”）查处各类商标案件4414宗，数量居全国第二，比2007年增长44%；其中，商标侵权假冒案件3964宗，比2007年增长40.32%；侵犯港澳台和外国商标注册人权益案件2455宗，比2007年增长34.48%。这是我省工商部门学习实践科学发展观、贯彻国家工商总局“四个统一”要求的结果。近年来，我省工商系统按照法治行政、效能服务、科学管理的理念，积极探索加强部门之间的合作，建立合作机制，努力提高商标专用权的保护水平，创建良好的法治环境，更好地服务我省经济社会发展大局。

一、与知识产权保护部门合作的基本情况

建立合作机制，形成保护合力。为加强商标专用权的保护，我局高度重视系统集成、资源整合、信息共享，积极与相关部门沟通，探索建立跨部门、跨境保护机制。

一是建立了与海关的协作机制。2001年，为加强对我省驰名商标和著名商标的保护，我局与海关广东分署联合发出了《关于加强对出口商品商标专用权保护的通知》。为建立工商部门与海关的协作机制，双方于2005年联合下发了《关于在保护商标专用权行政执法中进一步加强协作的通知》，使海关边境保护和工商部门的监管职能有机结合起来。目前，针对新形势和在合作中出现的新问题，双方正在研究改进协作的方式。

二是密切与公安部门的合作。商标侵权行为刑事制裁是打击商标侵权行为的重要手段，为加强行政与司法保护的衔接，我局商标处与省公安厅经侦局就商标犯罪案件移送工作进行了深入探讨，达成了一些共识，并准备就此问题进一步开展合作。部分市工商局与当地公安部门签署了建立协作机制的工作备忘录，加强了涉嫌商标侵权犯罪案件的移送工作。

三是在粤港知识产权合作框架下，我局与香港方面开展了多项合作。2005年，由我局发起与香港特区政府知识产权署、公司注册处联合开展了“公司注册与注册商标的关系与现况”调研工作。针对粤港两地跨境商标侵权行为，我局积极建议与香港有关知识产权保护部门探索建立商标保护跨境协作机制。同时，与香港知识产权署等部门协同宣传、交流两地商标法律制度。

四是与省农业厅合作研究了扶持我省农业品牌建设的对策。我局发挥职能优势，结合我省实施的名牌带动战略和农业品牌培育工作，于2006年联合我省农业厅，发起广东省农业品牌发展状况调研，撰写了《广东省农业品牌发展状况的初步调查报告》，重点对广东农业发展的基本情况、特色农产品的地理分布、农业品牌的运用状况和产业化的发展等情况进行了调研分析，并在此基础上提出我省发展农业品牌的建议。

五是在省信息产业厅统筹规划下，建立了共享数据库。由广东省政府主办、省信息产业厅承办的“广东省企业信用信息网”已经开通，向社会提供我省企业注册、信用、监管等信息。我局积极参与，提供了较全面的企业登记信息。

二、合作取得的成效

一是提高了商标专用权的区域保护水平。通过合作，整合了监管信息资源，扩大了案件线索来源。我省查处的各类商标违法案件数量、涉外商标案件数量、罚款金额连续两年居全国前列，办案数量呈上升趋势。2005 年以来，我局协助海关认定商标侵权、核查企业情况以及根据转来的调查线索协助调查共 30 余件，使双方资源优势得到互补，较好地维护了商标权利人和消费者的权益，取得了良好的社会效果。海关总署高度评价了我局与海关广东分署的合作模式，认为《关于在保护商标专用权行政执法中进一步加强协作的通知》的一些规定，在全国海关都是首创，值得各地学习借鉴。此外，我省与香港知识产权主管部门的合作已经成为内地与香港知识产权合作的先行探索，并为两地未来合作保护商标专用权奠定了基础。

二是合作开展调研，关注前沿问题。我们与香港知识产权署联合开展的《关于公司注册与注册商标的关系与现况》调研，促成香港财经事务及库务局与公司注册处 2008 年就《公司注册条例》的部分修改建议开始咨询公众意见，准备赋予公司注册处更多的权限，调整不适宜的企业名称。据我们了解，《公司注册条例》预计将于 2010 年内完成修订并开始实施。

我们与省农业厅联合开展的调研成果已转化成为一项扶持全省农业产业化发展的具体政策。联合调研使我们进一步认识到，农业产业化经营与党委、政府及各部门的扶持密不可分。推进农业产业化离不开农业、工商、质监等部门间互相配合、运转协调的工作机制，及各部门因地制宜出台的扶持政策体系。服务“三农”工作仅靠我们工商部门所掌握的商标法律知识，是不能很好地解决现实农业问题的。引导农业组织商标注册，仅仅是涉农知识产权的创建过程，后续的商标运用和管理、引导农业产业化发展、形成规模经营、实现经济效益、还需要漫长的进化过程。这项工作涉及的不仅是法律问题，还必须遵循不同发展阶段的经济规律，涉及到多门学科，是一门系统工程。应当通过工商部门的工作，将服务地方经济的理念转化为政府的引导性政策，推动整合资源形成合力，促进农业发展。

三是通过合作促进了各部门之间的资源共享。在粤港澳知识产权合作框架下，广东红盾信息网与港澳知识产权资料库实现了对接，提供的信息服务受到三地企业和公众的积极评价。

随着粤港两地经济的融合，我们积极协助香港知识产权署在我省 9 个市，与当地工商行政管理局联合举办了香港商标法律讲座，介绍了香港商标注册和保护、商标注册与公司注册的区别和网上注册计划等。根据香港知识产权署的请求，我局将知识产权署印发的香港知识产权宣传册分发给广东部分商标代理组织、广东商标协会会员单位和各地级市商标行政管理部门。

三、商标领域合作的主要做法

（一）与海关合作。我们在工作实践中不断健全联络机制，编制交换联络员名单及驰名商标、广东省著名商标名单，不定期召开联络员会议，相互参与培训交流和研讨，不断完善执法办案的合作机制和程序。工商部门应海关的请求，积极协助提供商标近似认定的参考意见、商标和企业注册信息等；同时根据在海关边境知识产权保护及与境外海关合作中获取的信息，及时对一些涉嫌商标侵权的企业进行调查。

（二）与公安部门合作。我局商标处多年来一直与省公安厅经侦部门保持密切联系，积极会商加强衔接配合的措施，通报情报信息，相互提供认定参考意见，促进涉嫌商标犯罪案件移送工作。我局还向公安部门提供了广东省企业注册信息，便于公安部门快速了解企业登记注册情况，提高办案效率。

（三）与香港知识产权主管部门合作。2003 年我省知识产权保护部门与香港特区政府知识产权保护部门成立了“粤港保护知识产权合作专责小组”。一是建立了定期会晤制度，双方提出合作意向，并商定合作方式；二是在日常工作中，根据各自开展的工作，提出由对方协助配合的需求；三是根据粤港知识产权合作计划，双方互派人员跟班学习、交流。我局先后3次派人参加了在香港、澳门举行的粤港知识产权培训交流计划。

在粤港保护知识产权合作专责小组第七次会议上，我局正式成为“正版正货”承诺活动支持单位。

经过几年来在商标领域的合作实践，我们深刻认识到，知识产权部门间的合作是贯彻实施国家、省知识产权战略纲要，服务创新型广东建设的迫切需要，是贯彻落实科学发展观的必然要求，是建设服务型政府和实现科学监管的有效途径。通过知识产权保护部门间对疑难问题的会商和交流，对正确把握法律适用条件、依法行政、提高执法效能，起到了积极的作用。

当前，受国际金融危机、企业经营困难的影响，商标侵权更加隐蔽、复杂，跨境分工的趋势更加明显。这也是我们实现科学监管所面临的难题。我们深刻地认识到，部门、区域间的合作，是提升商标专用权保护水平的有效途径。今后，我们将继续围绕国家工商总局提出的“四高目标”、“四化建设”要求，积极推进合作的新措施，努力维护健康规范的市场环境，提供公平、公正的法治环境，促进我省经济社会科学发展。

打防结合构建高效便捷的商标保护机制

广州市工商行政管理局

近年来，广州市工商局认真贯彻国务院《国家知识产权战略纲要》和广州市人民政府《关于加强知识产权工作的意见》精神，充分发挥职能作用，切实履行商标管理职责，“打”、“防”结合，在对商标侵权违法行为保持高压态势的同时，着力建设商标监管长效机制，商标保护及法制环境有了明显改善，得到了政府、商标权利人、代理组织和消费者的充分肯定，我们的主要做法是：

一、上下联动，左右协作，依法严厉打击商标侵权违法行为

广州是华南的政治、经济、文化中心，面向海外，毗邻港澳，现有注册商标12万件左右，是一个商标大市，同时也是商标侵权案件的多发地区，商标侵权案件占全省的三分之一多。这一特性，使广州成为外国政府和权利人关注的焦点之一。依法严厉打击广州地区的商标侵权假冒违法行为，建立和维护广州良好市场秩序，树立广州商标保护良好形象，广州市工商机关责无旁贷，同时也离不开政府其他职能部门的配合支持。

（一）市局、分局、工商所三级联动，商标、经检、法制三部门紧密配合，快捷高效查处商标侵权案件。

自2005年起，我局推行综合执法体制，商标侵权案件由经检部门（经检大队）和工商所负责查处。商标管理部门负责制定全市性商标保护专项行动方案，协调、指导办案机构查办商标侵权案件，经检部门统一调配分局及工商所执法力量，法制部门负责案件核审，从而形成了市局、分局、工商所三级联动，商标、经检、法制三部门紧密配合，上下畅通；左右协作的商标案件处理机制，并充分显示了快速反应的威力。2006年，全局共查处商标侵权案件964宗，案值1776万元；2007年是1419宗，案值2168万元；2008年增至1773宗，案值2954万元，案件数及案值逐年增长，打击力度逐年加大，查处的案件中70%左右为我局组织的主动查处，而且从未发生过因为案件查处不及时或定性错误被权利人或代理组织投诉的情况。

广州是开放程度很高的城市，很多国家在我市设有领事馆，领事官员对本国商标权利人的投诉案件能否得到有效保护和及时处理十分关注。从我局近年查处的商标侵权案件看，90%是侵犯美、法、德、意、日、英等国商标权利人的案件。能否快速高效地处理涉外商标侵权投诉，不仅仅涉及商标权利人的民事权益，更是国与国之间的政治问题。为此，我局将保护涉外商标专用权、查处侵犯涉外商标案件列为工作重点，在个案查处中加强协调指导。今年3月，日本经济产业省下属日本贸易振兴机构广州办事处联同日本汽车行业协会工作小组向我局反映，不少汽车零配件销售商未经权利人许可，擅自在店面制作销售

"丰田"、"本田"、"日产"、"铃木"、"五十铃"等汽车零配件宣传广告。为此，商标管理处专门召开了广告管理处及汽配市场较多的越秀工商分局、专业市场管理分局协调会议，依法查处了侵犯日本汽车商标权店铺65家，取缔了相关广告。我局的快速反应得到了日本官方及商标权利人的一致好评，日本贸易振兴机构广州代表处专门送来了感谢信和锦旗以示感谢。

（二）工商、公安、海关等职能部门紧密协作，建立打击商标侵权执法网络

依法从重从快打击商标侵权假冒行为，有效压制商标侵权及商标犯罪分子的嚣张气焰，光靠工商部门一家的力量还是不够的。为此，我局一方面积极向市政府知识产权工作领导小组建议整合执法资源，建立工商、公安、海关等多个部门组成的快速、有效的保护商标权执法网络；另一方面，主动与公安、海关等部门协调，紧密配合，加大打击商标违法犯罪行为。自2006年起我局与市公安局经侦部门建立了联席会议制度，定期通报有关案件信息，协调处理案件查处、移送中遇到的问题；先后同广州海关、黄埔海关订立了《加强出口商品商标专用权保护工作联系制度》、《关于在查处商标侵权案件中加强联系配合决定》，建立合作打击商标违法行为机制。2006年至2008年三年间，我市各级工商部门在查处商标侵权违法行为过程中，共移送涉嫌商标犯罪案件20宗、人数8人，其中3人被法院判决有期徒刑并处罚金100万元，有力打击了商标违犯犯罪行为。

二、民事与行政手段相结合，建立有效的商标侵权预防机制

广州地区商标侵权案件呈逐年上升趋势，主要是没有建立预防商标侵权行为发生的有效机制，未能从源头上遏制侵权行为发生。从我局每年查处的近2000宗商标侵权案件看，商品批发零售市场是侵权假冒商品的主要源头和流通渠道。为此，从2006年上半年起，我局借鉴北京、上海等地的先进经验，结合广州实际情况，从专业批发零售市场入手，着力构建商标监管长效机制。

（一）充分发挥商标行政管理职能，建立商品批发零售市场商标监管系列制度。

一是推行涉外知名品牌商标商品定点经营通告制度。自2006年8月起，我局在广州工商红盾网和各主要商品批发市场公布张贴《通告》，凡在《通告》所列店铺外经销《通告》所列涉外知名品牌的，视同侵犯通告所列商标专用权，发布《通告》的第一年只有35件涉外商标参加，但2007年就增加到57件，去年则有20个权利人的65件涉外高知名度商标加入了定点经营通告行列。二是开发并推广使用商标网上监管系统，运用互联网手段，提升我市商标管理工作效能。2006年，我局研发并投入使用了广州市商标监管软件系统，功能涵盖企业商标使用监管、驰名著名商标管理、典型案例、法律法规库等，同时开辟商标侵权企业"公示榜"，定期公布侵权企业名单，强化社会监督。三是在专业批发市场试点推行商标授权经营制度。2007年以来，我局选择广州白马服装市场等在全国有一定知名度的专业市场为试点，要求场内经营业户建立经营商品进货台帐，将厂家授权经营的商品商标注册证报市场开办方及辖区工商所备案，市场开办方加强监督，辖区工商所加强巡查，对照备案商标进行检查，发现业户有销售侵权商品行为的及时反映，工商部门依法查处。

（二）充分运用民事手段，强化市场开办者和经营业户的商标保护责任。

一是在专业集贸市场中推行商标保护"二步处理"制度，要求市场开办者和经营业户在市场铺位租赁合同中增加商标保护条款，双方明确约定：场内经营业户第一次被发现商标侵权的，出租方有权予以停业整顿；第二次被发现商标侵权的，出租方有权解除合同，收回铺位，同时也明确约定了市场开办方对场内经销商标侵权商品应负的民事责任。自2007年我局在主要集贸市场推广这一制度以来，已收到了较为明显的效果。试点市场之一的广州白马服装市场商标侵权行为逐年递减，从之前的每年发现并查处25宗商标侵权案件，到去年不足10宗，今年上半年则还未发现有因销售侵权商品而被处罚的业户。二是充分发挥商标代理机构作用，加强对专业集贸市场商标

侵权行为的监督。我局在构建市场商标侵权防御体系中，十分注意调动代理组织的积极性，对他们提供的有关侵权信息、线索及时调查处理，收到了很好的整治效果。2008 年 1 月，有关代理组织向我们反映，我市白云区梓元岗地区多个皮具市场、越秀区“老鼠街”市场、以及流花地区服装部分市场，假冒世界知名品牌皮具、服装的行为有所抬头，对此，我局专门下发了《关于开展保护涉外知名品牌商标专用权专项行动的通知》，组织白云和越秀工商分局有关市场进行了拉网式检查，现场查处了一批侵犯“LV”、“古希古驰”、“阿迪达斯”商标权的店铺，不仅保护了权利人和消费者合法权益，还恢复了地区正常市场秩序。

我局一手抓严厉打击商标侵权违法行为，一手抓构建御防商标侵权体系建设、“打”“防”并举，“事后救济”与“事前预防”相结合，综合治理保护注册商标专用权的做法，经过几年实践收到了一定成效，取得了一定成绩，得到了欧、美、日、韩等国家领事的肯定和商标权利人的认可，树立了广州商标保护的良好形象，为维护广州市场秩序，建设广州市良好的投资软环境，促进广州经济又好又快发展做出了广州工商部门应有的贡献。

深入实施商标战略　服务品牌经济发展

东莞市工商行政管理局

近年来，在国家工商总局和省工商局的领导下，我们坚持把实施商标战略作为践行“四个统一”、服务地方经济发展的重要方面，通过政策驱动、宣传发动、服务带动、执法促动，实现了商标管理工作的跨越式发展。2006年以来，全系统查处各类商标违法行为1204件，营造了保护知名品牌的良好环境。全市有驰名商标16件、广东省著名商标164件，实现了品牌建设的新突破。

一、政策驱动，优化商标战略实施环境

改革开放以来，东莞从发展加工贸易经济起步，创造了举世瞩目的“东莞奇迹”。但是，由于对涉外商标过分依赖，自有品牌缺失，可持续发展和抗风险能力较弱，出现了产业空心化的隐忧。针对这种情况，我们提出“实施商标战略，推动品牌立市”的战略构想，建议市政府将培育驰名著名商标作为提升城市竞争力、推动经济结构升级转型的重大工程来抓，得到了市政府的高度重视和大力支持。2004年，市政府出台了《关于培育发展自有品牌自主技术企业的意见》，将自有品牌建设提升到重要议事日程。从当年起，连续6年举行大规模、高规格的驰名著名商标表彰大会，对驰名商标企业给予100万元、对著名商标企业给予30万元的重奖。各镇街也纷纷仿效市里的做法，对驰名著名商标企业给予物质奖励。工商部门每年召开的驰名著名商标企业座谈会，分管市领导都亲自到场动员部署。尤其是今年初，在金融危机的背景下，市领导亲自带队走访部分驰名著名商标企业，为企业鼓劲打气，进一步增强了企业走自有品牌之路的信心和决心。此外，市政府还采纳工商部门的意见，筹备成立了商标战略专项资金，主要用于资助商标注册、成立驰名著名商标企业战略发展中心、创建区域国际品牌及建立商标预警保护体系，为加快推进商标战略提供了有力保障。得益于地方政府的重视和支持，我市的商标工作从部门层面上升至政府层次，踏入了良性发展轨道。

二、宣传发动，营造良好社会氛围

近年来，东莞市场主体保持了每年20%的增长速度，呈现出良好的发展势头。但是，由于不少企业从贴牌加工起家，品牌意识薄弱，商标注册量少、影响力有限。为此，我们以“争创驰名著名商标，共铸东莞辉煌”为指导思想，每年结合实际策划不同的年主题，在全市范围内开展了全方位、多层次的商标宣传。一是优化宣传平台。每年制作多条公益宣传片，在电视台黄金时段滚动播放；策划报纸专刊，在《南方日报》、《东莞日报》等主流媒体上发布，全方位介绍商标战略推进情况。二是丰富宣传载体。争取政府和广告公司支持，在全市高速公路、交通要道、镇街商业中心区等醒目位置发布大型户外广告，展示驰

名、著名商标企业风采，累计发布3万余平方米，形成铺天盖地的宣传攻势。每年编辑出版《驰名著名商标东莞企业风采录》10000册，现已累计出版6万册，影响力不断扩大。三是延伸宣传触角，抓住4.26世界知识产权日等有利时机，开展各种户外宣传活动，现场接受群众咨询，派发《商标法》等宣传资料，尤其是今年和东莞日报合作举办“集商标认企业”读者互动活动，取得了良好的社会效果。经过坚持不懈的努力，在社会上形成了“宣传品牌、保护品牌、发展品牌”的良好氛围，仅今年就有120多家企业向市工商局申报著名商标。自有品牌成为城市发展的亮丽名片，影响力不断扩大。

三、服务带动，培育发展自有品牌

以创新为动力，大力发展“两自”企业，实现“东莞制造”向“东莞创造”的转变，是市委、市政府推动经济社会双转型的重要内容。我们将品牌培育作为有力抓手，不断拓展商标服务领域，深化商标服务层次，为地方经济转型发展贡献力量。一是推动企业创新发展。我们积极鼓励市场主体在国内外注册商标，引导合资企业开拓和扩大国内市场，通过注册商标扎根本土发展，培育“东莞原创”的外资品牌。此外，积极引导“美宜佳”等本地食品企业通过品牌输出、商标使用许可等形式，把零星食品经营户纳入统一品牌、统一管理、统一进货等规范化模式经营，提高流通领域的食品安全水平。二是推动企业培育驰名著名商标。我们经常组织全市规模的商标战略讲座，邀请国家、省知识产权专家授课，向政府部门、企业代表普及商标法律知识。同时，建立重点企业联系点制度，每年逐一走访100多家重点企业，指导企业增强品牌意识，规范使用商标，形成培育驰名、著名商标的企业梯队。三是推动产业集群升级发展。我们充分利用东莞的产业集群优势，一方面在省工商局的领导下，积极协助大朗镇政府做好“大朗毛织”区域国际品牌试点创建工作，目前已顺利完成了“机构筹建培训”和“品牌创建和价值提升”等两个阶段工作；另一方面充分发挥协调作用，协助常平、厚街等镇街对辖区内有公众影响力的公共资源进行保护性商标注册，协助厚街、道滘镇政府收回了已被他人注册的商标，为进一步创建区域品牌排除了障碍。在政府及工商部门的悉心培育下，我市自有品牌呈现出快速增长态势，2007年以来，全市新增驰名商标10件、广东省著名商标65件。“大朗毛织”产业集群成为广东省创建区域国际品牌三个试点的唯一先行点，受到了省领导的充分肯定。

四、执法促动，维护合法商标权益

公平、健康的市场环境有利于自有品牌企业茁壮成长。我们充分发挥市局机关、工商分局的优势，做到上下联动，形成合力，严厉打击各类商标侵权行为。一是加强对商标印制业的监管。我市有商标印制企业6700多家，容易出现侵权行为。我们将商标印制业作为监管重点，建立健全商标印制业基础数据库，对商标印制业企业每年开展一次以上的检查，通过强化对商标印制企业的日常监管，从源头上防止商标侵权行为的发生。二是健全展会商标知识产权投诉点制度。作为“会展业之城”，东莞每年举办各类大小展会90多场，客商云集，享誉中外。我们按照“小展会巡查、大展会驻点”的原则，在电子、服装、家具、毛织、机械、五金、模具等特色展会上开辟商标知识产权投诉点，采取现场咨询、定点服务和流动巡查的方式，实时监控展会中的商标使用情况，接受商标咨询和侵权投诉，树立我市保护知识产权的良好形象。三是针对东莞外向型经济发达、涉外商标侵权有所蔓延的情况，加强与日本贸易振兴机构等国外机构的沟通交流，不断拓展国际合作空间，近年来，先后查处了侵犯“耐克”、“佳能”、“三星”、“花花公子”等涉外商标专用权案件300多宗，有效维护了商标权利人的合法权益。

当前，东莞正处于社会经济双转型、提升产业结构的关键时期，大力实施商标战略可谓适逢其时、任重道远。我们将继续依靠上级工商部门的强力领导，落实“四个统一”、推进“四化”建设，推动商标事业再上新台阶。

创新商标监管模式　建设国家创新型城市

深圳市工商行政管理局

近年来，深圳市工商局贯彻落实科学发展观，按照国家工商总局和广东省局的工作思路和总体部署，全面实施商标战略纲要，不断创新商标监管模式，严厉打击商标侵权行为，大力优化商标服务，积极培育自主品牌，竭力使商标工作服务于建设国家创新型城市和全国经济中心城市这一宏伟目标，为深圳的经济发展做出了应有的贡献。深圳市局近年来商标工作的创新举措主要有：

一、创新商标工作机制，出台《深圳市商标战略纲要》，全面实施商标战略

为了贯彻落实自主创新战略，建设效益深圳和国家创新型城市，提升深圳市商标在国内外市场的知名度和竞争力，推动深圳市经济社会全面协调可持续发展，深圳市工商局从2005年开始着手起草《深圳市商标战略纲要》，并于2007年9月正式出台。《纲要》绘制了深圳商标事业发展的蓝图，标志着深圳市的商标工作进入一个新的历史阶段。

《纲要》出台后，深圳市局立即制定了《市局贯彻落实纲要工作方案（2007-2008）》，全面推进《纲要》各项工作任务的落实。2007年11月召开《纲要》新闻发布会，在深圳商报开辟《纲要》宣传专版，还举办了“2007中国（深圳）驰名商标高层论坛”，向广大市民详尽解读《纲要》的主要内容，扩大《纲要》的影响范围。

2008年、2009年，深圳市局继续以推进《纲要》规定的各项工作任务作为工作重点，扎实推进商标监管和商标服务，截至2009年上半年，全市共拥有注册商标近9万件、驰名商标42件、广东省著名商标206件，提前完成了《纲要》规定的商标注册量、驰著名商标数量等工作任务。

二、创新驰著名商标推荐培育机制，积极培育驰著名商标，全力打造“品牌之都”

今年4月份，深圳市有12件商标被认定为“中国驰名商标”，在全国大城市中居第一位，是深圳市历年来获得驰名商标认定数量最多的一次。至此，深圳市“中国驰名商标”增加至42件，占全国驰名商标总量的2.59%，其中商品商标37件、服务商标5件。2008年度，我市又有72件商标被认定为广东省著名商标，至此，深圳市的广东省著名商标增至206件，在全省名列前茅。深圳已逐步成为驰著名商标聚集的“品牌之都”。

多年来，深圳市工商局创新商标培育推荐机制，“横广纵深”全方位扶持我市品牌培育驰著名商标，促进了深圳市驰著名商标的快速增长，加快了深圳市“品牌之都”的进程。

（一）横。加强与各行业协会及政府相关职能部门的横向联系，扩展驰著名商标工作平台，及时收集和研究行业协会和企业的品牌发展需求，有针对性地开展品牌促进工作；充分发挥行业协

会的桥梁与纽带作用，通过各行业协会动员和辅导企业递交驰著名商标申报材料，调动了行业协会参与驰著名商标工作的积极性，也增强了市工商局向上级推荐驰著名商标的客观性和公正性。

（二）广。坚持普及性与专业性相结合原则，开展多层次、多形式的商标宣传活动，通过开辟媒体专栏专版，举办企业座谈会、研讨会、培训班，开展网络互动交流，举办知识产权开放日活动、免费派发宣传资料等形式，不断增大商标宣传的广度，明显增强了企业走品牌发展之路的信心和决心。

（三）纵。一是将商标服务纵向拓展到企业个体层面，对有潜力、商标信誉好的企业进行重点联系、跟踪管理，提前介入驰著名商标受理推荐工作，有针对性地举办培训，并指定专人对重点企业面对面、一对一服务。二是将驰著名商标服务延伸到商标基础性服务，通过辅导企业申报广东省著名商标，指导企业培育自主商标，规范使用注册商标、合理保护注册商标、健全商标管理机构、完善商标管理制度，将驰著名商标申请与商标教育宣传有机结合起来。

（四）深。建立驰著名商标数据库，与企业名称查重系统并行使用，当他人将与驰著名商标相同或者近似的文字申请注册为企业字号时，该系统会发出警告，阻止不适宜的字号申请；为企业特别是驰著名商标企业保护商标专用权打造商标保护预警服务系统，采取以“预防为主、维权结合”的原则，通过快速掌握全市企业商标的法律保护状态，防止驰著名商标被抢注，及时提出维权建议，通知企业采取相应的法律行动，使企业避免不必要的损失。

三、创新商标公共服务形式，打造商标公共服务平台

从2005年开始，深圳市工商局主办了深圳市商标保护预警和服务系统，作为深圳市政府提供创新服务的公共产品之一，全面提高深圳市企业的商标运用水平和自主创新能力。该系统以享驰著名商标企业等为主要服务对象，通过监测商标注册及企业登记等信息，提出商标注册预警、商标变更预警、商标续展预警、商标异议预警等八大类的商标预警建议，帮助企业及时查明和化解品牌风险。截至2008年底，该系统共发出商标预警报告17998份，有73%的商标权利人采取了应对措施。

四、创新商标宣传模式，编撰《深圳市2008年度商标工作报告》

一直以来，深圳市局通过新闻媒体、行业指导、专题辅导等多种形式，广泛宣传商标法律法规，大大提高了市场主体和市民的商标意识。深圳市局还主办或承办了一些大型商标宣传活动，如2003年的商标高层论坛、2004年的商标知识电视大赛、2005年的“首届中国商标节”等，更是在社会上产生了强烈的反响，企业的商标注册意识和商标战略意识不断增强。

2009年，深圳市局在以传统方式加大商标宣传力度的基础上，创新商标宣传模式，着手组织编撰了《深圳市2008年度商标工作报告》，全面客观地反映了我市2008年度的商标保护成果及商标发展状况，已经于今年4月26日“世界知识产权日”正式发布，作为对外宣传、交流和内部培训的资料使用，并为领导决策提供参考。

五、创新商标监管模式，加大商标执法力度，维护公平竞争秩序

（一）推进商标监管工作的工商所网格化监管

结合我局正在开展的“专业化、信息化”建设，认真梳理商标监管业务，明确市局、分局、工商所在商标管理事权上的分工，明确工商所巡查人员的商标监管职责，把商标监管的内容细分到工商所的网格责任人，构建起完整的覆盖全深圳的三级商标监管网络。

（二）加强日常商标监管，打击商标侵权行为

从1982年到2009年上半年，深圳市工商行政管理局商标管理部门共查处商标违法案件2184宗，罚没入库3547万元，收缴侵权商标标识3160万件（套），移送司法机关处理93宗，没收、销毁商标侵权商品价值近亿元，有力地打击了商标侵权等商标违法行为，有效地保护了商标

专用权，为维护公平竞争的市场经济秩序做出了应有的贡献。

（三）开展各项专项整治，规范市场经营秩序

近年来，深圳市局通过开展各种内容的专项整治行动，有效地净化了市场环境，维护了商标权利人的利益，彰显了我国政府保护知识产权的决心。

2004 年下半年开始到 2005 年底结束的保护注册商标专用权行动，共查处各类案件 240 宗，罚没 409 万元，销毁商标标识 231 万件，有力地保护了注册商标所有人尤其是驰著名商标、涉外商标所有人的合法权益。

从 2006 年 3 月初开始，以中外公众所关注的罗湖商业城、华强北市场、东门步行街等大型零售市场为重点，对全市的批发零售市场开展了为期 50 天的大规模专项整治行动。在这次专项整治行动中，累计出动 4100 人次，检查各类市场 390 个，检查门店 4400 间次，共查获涉嫌侵权物品 15091 件，案值约 215 万元，其中部分物品涉及 LV、GUCCI、NIKE 等国际知名品牌。

2007 年 8 月开始到 2008 年底结束的奥标保护专项整治工作，检查批发市场、集贸市场等各类市场 3365 个次，整治重点区域 812 处，共责令 155 家企业（个体户）整改，责令整改和拆除侵权广告 132 块（幅）。深圳市局的奥标保护工作受到奥标权利人和国家工商总局的肯定，深圳市工商局被总局评为保护奥林匹克标志先进集体，福田分局欧道兴同志被评为先进个人。

我们的商标工作取得了一些成绩，但是离上级的要求还有不小的距离，今后我局将继续秉承创新精神，多向兄弟省市局请教学习，在国家商标局、省工商局的领导下再创商标工作佳绩。

积极实施商标战略　促进农村经济发展

广西壮族自治区工商行政管理局

实施商标战略、加强商标监管、维护农民权益、促进农民增收和农村经济发展是工商机关的重要职责，是服务“三农”的重要举措。全区各级工商机关充分发挥职能作用，以市场为导向，以提高农产品质量和市场竞争力为重点，全力以赴促进农业增效、农民增收和农村经济发展。

一、以品牌富农为导向，加强商标宣传，为推动商标战略创造良好社会氛围

全区各级工商机关着力提高涉农企业和农户的商标意识，使涉农企业和农户通过商标的使用增加收入。一是广泛宣传发动，增强打造农业品牌意识。利用“3·15”消费者权益保护日和“4·26”世界知识产权日，广泛宣传商标知识，使广大涉农企业和农村经营户，增强打造农业品牌意识。二是创新工作机制，引导涉农企业和农户实施商标战略。一方面建立商标户口——各级工商行政管理机关对辖区内的农副产品加工企业及商标注册使用情况进行调查摸底，建立注册商标和未注册商标档案，有针对性地予以管理；另一方面制定推行“四书”制度——制定和推行“商标注册建议书”、“商标保护意见书”、“商标使用提示书”、商标违法告诫书”制度，全程指导帮助企业创立品牌、运用品牌开拓市场。到目前为止，全区引导和帮助涉农企业和农户申请注册了“喷施宝”、“巨东”、“古典”等一批涉农商标；指导和帮助“荔浦芋”等10个农产品、12件地理标志证明商标获得注册。另有“博白空心菜”、“恭城柿子”等地理标志证明商标正在申请注册。

二、以品牌富农为重点，大力培育高知名度商标，提高农产品市场竞争力

全区各级工商机关选取了一批具有比较优势和地方特色的农产品进行区域布局，在优势产区集中生产名优产品，创建知名品牌，使之形成较大的市场规模。一是利用注册商标提高农副产品市场竞争力，为农业发展和农民增收服务。选择消费者认可、市场信誉好、市场竞争力强的优势农副产品企业作为重点培育对象，积极帮助指导这些企业将商标运用与产品开发、市场开拓结合起来，建立商标管理制度，制定品牌计划，在企业名片、产品包装、广告宣传等每一个环节都使用商标，确保产品质量，改进售后服务，全面提高农副产品商标品牌的知名度。二是加大扶持力度，积极引导、帮助地方政府和农村企业开展农产品商标和地理标志保护、注册工作。积极会同农业部门做好当地农产品资源调查和商标注册指导工作，因地制宜制定促进农产品商标和地理标志注册发展规划，采取有效措施，扎实推进农产品品牌战略实施。三是实施“商标富农”战略，引导涉农企业和农户运用商标提升农产品知名度，有效提高农副产品附加值。近年来，在各县工商

局和乡镇工商所设立农产品商标注册工作联系点，指定有关工作人员为联络员，指导农户注册商标。同时联合有关部门定期现场办理商标注册申请手续，联系商标代理组织定期向广大农户解答商标注册事宜等措施，为农产品商标注册开辟了一条快捷通道。同时，还重点抓好科技型、环保型农产品的商标注册引导工作，对科技含量高、市场潜力大、发展前景好的农产品，积极争取有关部门的重视和扶持，加快注册商标进程；鼓励涉农企业和农村经营户树立“以品牌促销售，以品牌促增收，以品牌促发展”的品牌富农意识，成功推广了“公司+农户+商标”经营模式，使农业产业化链条向农户有效延伸，加速了农副产品的商品化进程，有效提高了农副产品附加值。成功培育了“恭城月柿”、“荔浦芋”、“巴马香猪”、“融安柑桔”等一批具有地方特色的农产品地理标志证明商标，实现了“借助一件商标、带动一个产业、富裕一方百姓”的目标。

三、以扶持涉农龙头企业为重点，大力实施商标品牌战略，培育农业优势产业和拳头产品

全区各级工商机关以扶持一批涉农龙头企业为重点，实施商标品牌战略，积极引导涉农企业申请商标注册和培育驰名著名商标。梧州岑溪市工商局积极引导三黄鸡产品注册“古典”牌商标，使当地三黄鸡养殖业迅速发展起来，有近2万名农民通过养殖三黄鸡致富。北海市工商局积极帮助“喷施宝”化肥商标培育驰名商标并获得认定，成为自治区农村经济发展的龙头企业，对促进地方经济发展起了积极的示范作用。

四、进一步加大农产品商标和地理标志的保护力度，切实保护涉农产品商标专用权

为有效保护商标专用权，维护公平竞争的市场秩序，全区各级工商机关采取有效措施，强化行政执法。一是利用12315等行政执法、知识产权执法网络监管平台，强化农产品商标日常监管；二是扩大商标监管领域，把主要对流通领域的商标监管，扩大到对各类重点批发市场、展览会、展销会的农产品商标监管，重点查处侵犯农产品商标、集体商标和证明商标专用权案件；三是根据侵权行为发生的特点，适时开展专项整治行动，切实保护涉农企业和农民的合法利益，为实施“商标兴农”工程创造良好的市场环境。全区各级工商行政管理机关先后查处了“田七”、“漓泉”、“桂花”等涉农产品商标以及其它各类商标违法案件共654件，案值399万元,罚款198万元，有效地保护了注册商标所有人的合法权益，进一步维护了良好的市场经济秩序。

服务新农村建设
在农产品品牌、农民增收上做文章

海南省工商行政管理局

近年来，海南工商系统认真贯彻落实国家工商总局推进商标战略实施工作的部署和省委书记卫留成同志关于“工商部门要下工夫在农产品品牌、农民增收上做文章”的批示精神，坚持以科学发展观统领工作全局，积极实施农产品商标战略，提高了农产品竞争力，促进了农业增效、农民增收，有力地推进了社会主义新农村建设。我们的做法主要有以下几点：

一、着力打造农产品特色品牌，推动市县经济的健康发展

我局结合本地资源优势，不断加大农业结构调整力度，突出发展琼中绿橙、临高乳猪、文昌鸡等特色产业。为保护、发展好这些特色产业，我们通过以打造农产品品牌为抓手，努力提升农产品质量。“琼中绿橙”是我省的优质农产品，但在没有注册为地理标志前，产品质量无法统一管理，知名度低，只能在岛内销售，每公斤售价不到1元，种植面积不到1万亩，年销售额只有80万左右。2006年，在工商部门的引导和帮助下，“琼中绿橙”被国家工商总局商标局核准注册，成为我省第一个获得地理标志的农产品。之后，琼中县政府推广“公司+农户+商标”的新型产业化经营模式，当年每公斤售价涨到6元，产品远销北京、上海、深圳、港澳等地。“琼中绿橙”带动了产业发展，2008年种植面积达4万多亩，销售额达1亿多元，是注册前的一百多倍，实现利润6000多万元，使许多当地农民因此而脱贫致富。

我局十分重视农业特色品牌的培育，以反季节瓜菜、海产品、茶叶、热带水果等为重点，突出其生态特点，不断增加其绿色品质、环保内涵，选择农垦、涉农企业中产业化发展势头好、后劲强、效益好的商标重点扶持。借助“琼中绿橙”品牌打造的成功经验，沿着“注册一个，带动一群，发展一片”的商标工作思路，扎实开展农产品商标及地理标志注册、打造工作，促进了市县经济的健康发展。到目前为止，全省注册农产品商标从2006年的202件增加到482件，地理标志证明商标从2005年的0件增加到3件。在商标品牌的推动下，各市县还适时创办了一批绿色无公害和有机产品基地，农产品的品质和质量得到进一步提高。

二、创新工作机制，打造“商标富农”工程示范县

“商标富农”是工商行政管理机关服务社会主义新农村建设的切入点，为使此项工作更具针对性和可操作性，我局积极探索与市、县政府合作的路子。今年4月29日，我局与澄迈县人民政府签订了“共建‘商标富农’工程示范县”合作备忘录，联合成立了“商标富农”工程示范县工作

领导小组，并由澄迈县人民政府出台了实施意见和方案。

“商标富农”工程示范县建设的指导思想是：以科学发展观为指导，深入贯彻中央加强“三农”工作精神，以市场为导向，以发展农产品品牌为重点，以提高农产品质量和市场竞争力为目标，加大农产品商标和地理标志注册、培育、运用与保护力度，扎实促进农业增效、农民增收，推进社会主义新农村建设。总体目标是：积极帮助和引导农民、涉农企业、农产品行业协会、农村专业合作组织等申请注册农产品商标和地理标志，使其商标意识进一步增强，农产品商标申请量、注册量持续增长；加大农产品著名、驰名商标的争创力度；扩大驰名、著名商标农产品生产规模和能力，提高驰名、著名商标对经济的贡献率；加大对涉农商标侵权案件的查处力度，净化农产品的发展环境。共建工作的时间从2009年4月到2012年4月，共三年时间，分三个阶段进行：一是准备工作阶段，分为成立领导机构、全面发动、建立工作制度三个环节；二是全面发动阶段，重点做好开展农产品和地理标志资源的普查、制定发展规划、出台“商标富农”政策、具体组织实施四个方面的工作；三是考核总结阶段，有检查考核和总结提高两方面的内容。

目前，实施方案第一阶段的准备工作已圆满结束，增强了当地政府部门、单位、农民、涉农企业等的“商标富农”意识，在澄迈县形成了“商标富农”的浓厚氛围，农、林、牧、畜、渔业等得到了前所未有的发展势头；第二阶段的组织实施正在有条不紊的开展中，对当地农产品和地理标志资源的普查取得了初步成效。

省委书记卫留成同志对此项工作高度重视，于2009年5月5日作出了“省工商局在农产品商标和地理标志证明商标方面工作卓有成效，在‘商标富农’方面走出重要一步，值得表扬”的重要批示。

三、开展专项整治行动，强化农产品商标及地理标志专用权保护

近年来，随着农产品特色品牌的发展规模越来越大，品牌越来越响，知名度越来越高，在岛内外市场上出现了很多假冒、仿冒我省知名农产品的违法行为，严重影响了我省农产品的销售和品牌声誉。为了解决这些问题，维护我省农产品品牌声誉，我局主要采取以下措施加大打击力度：一是积极开展保护农产品商标及地理标志的商标专用权专项行动，严厉打击假冒、仿冒我省知名农产品行为，特别是对一些侵权现象严重的产品和地区，及时进行重点的集中整治。全省工商系统多次开展“琼中绿橙”地理标志的专项行动，仅去年10月份，就查获假冒“琼中绿橙”成品包装箱5689个、半成品14563件等一大批印刷品，捣毁一个地下印刷厂；另外，我局去年共查处了涉农案件445宗，没收不合格化肥412吨，为农民挽回经济损失293万元，这些都有效维护了我省知名农产品的良好市场声誉和农民群众的利益。二是加强商标使用管理。指导农产品商标及地理标志注册人管好用好注册商标，建立健全商标管理机构和制度，督促商标注册人严格按注册商标图样印制，加强内部管理，严格商标标识入库、出库手续。三是实行预警提示制度，指导农产品商标及地理标志所有权人做好商标维权工作。通过整合12315指挥中心、广告监测中心、食品监测中心等信息资源，对可能导致农产品商标专用权遭受侵害的各类情况，及时向商标权人进行预先通报提示；对农产品商标及地理标志的使用情况进行监控，不定期对商标的使用情况进行检查，并建立检查记录台帐，发现问题及时处理。四是组织打假队伍。对侵权现象严重的产品和地区组织专员进行打假，切实维护好我省农产品品牌声誉和消费者的合法权益。

大力实施商标品牌战略 积极创建知识产权保护模范城市 努力开创商标工作新局面

重庆市工商行政管理局

近年来，重庆市工商局以全面贯彻落实《国家知识产权战略纲要》为契机，立足于重庆特殊的市情、特殊的区位和特殊的环境，大力实施商标品牌战略，积极创建知识产权保护模范城市，走出了一条符合重庆实际的商标发展和保护之路。

一、充分调动全社会的力量，不断优化商标发展环境，形成了“政府推动、工商牵头、社会参与”的商标发展格局

（一）积极争取各级政府的政策支持。近年来，重庆市委、市政府对商标品牌建设高度重视、空前关注，按照“品牌企业—品牌城市—品牌经济”的思路，在全国率先将商标品牌建设作为经济发展的重要指标纳入对全市40个区县的目标考核，出台了《关于创建知识产权保护模范城市的意见》，提出用5年时间，将重庆打造成为“创新活力强劲、运用成效显著、保护水平一流、管理体系高效”的知识产权保护模范城市。这些政策措施为加快推进全市商标战略的实施，注入了新鲜活力，提供了强大动力。全市40个区县政府相继出台了实施商标战略的政策意见和奖励措施，19个区县政府将商标品牌建设纳入对乡镇的考核，18个区县党委、政府列出财政专项资金对企业注册商标予以适当补贴。

（二）充分发挥工商部门的主导作用。按照市委、市政府和国家工商总局的安排部署，重庆市工商局出台了《关于充分发挥工商行政管理职能，大力实施商标战略，努力创建知识产权保护模范城市的实施意见》，提出到2012年全市注册商标要达到5万件以上、重庆市著名商标达到500件以上、中国驰名商标达到50件以上的发展目标。积极推动商标立法立规工作，争取市政府出台了《重庆市著名商标认定和保护办法》，并积极协调市人大将《重庆市著名商标认定和保护条例》列入立法计划，进一步推动了商标工作的法制化、规范化建设。不断健全完善商标行政执法与司法的联系会议制度以及部门工作沟通机制，形成了“工商主导、部门联动、齐抓共管”的商标工作新机制。

（三）全面调动社会各界的共同参与。近年来，重庆市工商局每年都要召开一次“保护注册商标专用权”新闻发布会，公布十大商标侵权典型案件，不断提高社会公众对商标工作的关注度、知晓度。2008年，联合市国资委、工商联分别召开了国有企业、私营企业商标品牌建设座谈会，以市政府名义召开荣获中国驰名商标、重庆市著名商标表彰大会，极大地鼓舞了企业实施商标战略的积极性。此外，通过联合高校举办了国际论坛、发布商标分析报告等方式，进一步扩大商标工作的影响力和辐射面，“人人关注商标工作、人人尊重知识产权”的良好社会氛围逐渐形成。

二、充分运用高科技手段，大力加强信息平台建设，不断提升商标管理水平

（一）开发运用商标监管系统，实现了对商标的高效能管理。重庆市工商局开发运用了“商标分类监管信息网络系统”，主要包括“工作提示、信息查询、案件管理、统计报表”等功能模块，并将商标信息与经济户口进行了无缝链接。目前，该系统已成为连通市局、区县局、工商所三级机构，衔接商标注册、监管、保护三级步骤的工作平台，实现了日常商标工作的流程化管理，为商标监管服务工作提供了全面、准确、高效的数据信息服务和辅助决策手段，极大的提高了工作效率，增强了对商标的监管和引导能力。

（二）开发运用商标协作系统，实现了对商标的跨区域合作。受西部商标协作组织的委托，根据商标行政保护工作的合作协议，重庆市工商局开发建立了“西部商标网”，设立了协作机构、商标信息、案件协查、商标代理、品牌宣传等15个子系统，正逐渐向西部其他省（市、自治区）工商局开放。该系统建成开通后，将实现西部14个商标协作成员组织单位之间商标信息交流、案件协查、商标保护、共创品牌的互联互通。同时努力把该系统打造成西部商标的研发平台、宣传平台、交易平台和合作平台，为西部商标的发展和保护提供更加迅捷便利的信息服务。

（三）开发运用商标发展名录，实现了对商标的梯度性培育。重庆市工商局紧密结合重庆产业结构特点，开发建立了“重庆市商标重点发展名录”。一是围绕汽车摩托车、装备制造、石油天然气化工、新材料、电子信息、食品加工、纺织及服装业等重点产业，重点储存发展一批以“中国汽摩之都”为核心的制造业商标群；二是围绕“一小时经济圈”现代商贸流通、都市旅游、高新技术产业发展，储存发展一批“直辖都市风情”为核心的服务业商标群；三是围绕“长江三峡国际黄金旅游带”、大足石刻世界文化遗产、仙女山世界自然遗产和渝东南民俗生态旅游带建设，储存发展一批以“巴渝生态魅力”为核心的现代农业商标群。名录实行梯次管理，已成为全市品牌创建的“后备库”。

三、积极转变工作作风，大力改革工作模式，不断提高商标工作服务发展的效能

（一）加强商标指导帮扶，为企业品牌建设提供优质服务。从2008年以来，重庆市工商局在全市全面实施商标免费培训计划，截至上半年，全市已办各种商标免费培训班200余期，培训各类企业和个体工商户2万户，受到企业的一致好评。充分发挥职能作用，积极帮助企业解决商标纠纷和争议案件，先后解决了“陶然居”、“电工”、“散利痛”、“永川秀芽”等商标的确权、异议和争议案件。对具有一定条件优势企业，积极指导和帮助其培育中国驰名商标、重庆市著名商标，并支持和鼓励其运用商标战略开拓市场，扩大品牌知名度，壮大企业规模。目前，全市共有重庆市著名商标407件，中国驰名商标27件，驰名商标数量位居西部第二位。为帮助企业应对金融危机，今年还开展了商标权质押贷款调研工作，拟于近期与相关部门联合出台《商标质押贷款管理办法》，进一步帮助企业盘活商标无形资产，拓宽融资渠道。

（二）加强商标富农工作，为推进城乡统筹发展作出努力。在农村地区大力推行“公司（协会）+商标+农户”的经营模式，引导树立“商标兴农、商标富农”的经营理念。2009年在全市开展了“一社（农民专业合作社）一标（注册商标）”、“一所（工商所）一品（著名商标品牌）”商标富农工作，积极推动各基层工商所干部主动上门服务，深入田间地头进行商标知识宣传和商标注册指导，对已形成一定规模、具有地方特色或具有地理标志特征的农产品以及各地的农产品龙头企业，建立了重点帮扶档案，实行定点帮扶、跟踪指导、全程服务。目前全市农产品商标已有6418件，地理标志7件，这些农产品商标和地理标志在促进农民增收、农业增效、农村经济发展方面发挥着十分重要的作用。

（三）加强商标执法工作，为经济发展营造良好竞争环境。近年来，重庆市工商局不断加大商标行政执法力度，严厉打击商标侵权假冒行为，在全市范围内广泛深入地开展了保护注册商标专用权

专项整治行动，重点加强了对著名商标、驰名商标、涉外品牌的保护，先后查处了侵犯“格力”、“茅台”、“蒙牛”等驰名商标及“耐克”、“飞利浦”、“福特”等国外高知名度商标案件。同时，不断探索商标监管的长效机制，建立了行政执法部门与品牌企业间的维权合作机制。在各大中型商场全面推行“商标经营授权管理制度”和“进场商品商标备案制度”，帮助企业逐步完善商标自律监管机制，减少和遏制商标侵权假冒行为。据统计，从 2007 年至今年上半年，全市共查处各类商标违法案件 1505 件，罚款 1025 万元，收缴违法商标标识 20 万件，有效地保护了商标权利人的合法权益，维护了公平竞争的市场环境，为推动重庆市创建知识产权保护模范城市作出了积极贡献。

天府之国的商标富农之路

四川省工商行政管理局

四川是农业大省，农业自然资源和物产较为丰富，是全国粮油、果蔬、畜禽主产区之一。近年来，全省各级工商部门积极实施农产品商标战略，对推动传统农业向现代农业转化发挥了重要作用，促进了农业增效、农民增收。截止 2008 年底，农产品商标累计注册数量达 17705 件，占全省注册商标总量的 16%。目前全省地理标志累计注册量 34 件，位居全国第三。

一、强化农产品商标战略在农业产业化经营发展政策中的作用

大力发展农业产业化经营是农业和农村经济工作中具有全局性、方向性的重要工作。在发展思路上，我们把农产品商标战略的实施立足于促进现代农业的发展，特别重视商标对农户、基地、农村专业合作社的带动作用和对农业产业化经营的推动作用,以商标助力龙头企业的强劲扩张，以商标为载体提高农业生产能力，以商标为纽带促进农业产业化发展中利益联结方式的进一步完善。

2003 年，我们与四川省农业厅联合举办了“商标与农业产业化论坛”。此次论坛对我省“商标+农户+基地+龙头企业”的产业化发展模式进行了广泛宣传和推广，进一步发挥了商标在农业产业化中的作用。龙头企业是农业产业化的关键主体，其发展水平是农业产业化的重要标志。龙头企业的商标品牌是农产品提高商品化率的关键，也是龙头企业增强竞争力的核心要素。每年我们都举办培训班对全省新认定的国家级和省级农业产业化重点龙头企业进行商标法律法规方面的培训；对市级、省级和国家级产业化龙头企业加强商标注册、使用、管理和保护指导；在著名商标和驰名商标认定工作中给予优先培育、推荐和认定。通过市州知名商标、省著名商标和中国驰名商标的培育和保护制度，提高了企业商标运用水平，增强了龙头企业商标带动作用，提高了产品市场占有率。2006 年，国家工商总局在成都召开了“运用工商职能促进社会主义新农村建设经验交流会”，商标助农成为会议的一大亮点，从而更坚定了我们做好这项工作的决心。

近年来，我们以强化商标在农业经济政策中的作用、大力推进农产品商标政策体系的建立为工作方向，增强了农产品商标战略在农业发展各项政策中的影响力。从前年开始，我省农业部门在全省优质农产品评选认定管理办法中规定，“优质农产品”必须有注册商标，并对地理标志证明商标、省著名商标、驰名商标在评比认定中给予重点加分和倾斜。2007 年 1 月，四川省委、省政府转发的《省委农办关于加快发展农业产业化经营的意见》，将农产品商标品牌建设作为四川“十一五”时期发展农业产业化经营的主要目标之一，将推进商标战略实施作为发展农业产业化经营的“八大行动”之一。同年 4 月，在《四川省

委农村工作领导小组办公室关于加快发展一村一品的指导意见》中，将商标品牌建设作为重点工作之一。2008 年 5 月，四川省委《关于统筹城乡发展，开创农村改革发展新局面的决定》和四川省委农村工作领导小组《加快农业产业化经营工作方案》，将农产品商标战略作为推动农业产业化经营、加快现代农业建设的具体措施并提出目标和要求。几年来，通过工商部门不懈的宣传、引导和推动，强化了农产品商标战略在全省农业发展各项政策中的作用。

在“商标+农户+基地+龙头企业”的发展模式下，商标战略有效地推进了农业产业化发展，带动了龙头企业的强劲扩张。目前，全省 588 件四川省著名商标中，农产品商标占 30%；全省 366 家农业产业化经营省级重点龙头企业中，近 26%拥有四川省著名商标；36 户国家级农业产业化经营重点龙头企业中，72%拥有四川省著名商标，近 42%拥有驰名商标。四川省“十一五”期间重点发展和重点培育的农产品加工类百亿企业中，75%拥有驰名商标。同时，形成了以驰名商标带动的食品加工百亿产业集群。商标战略与农业产业化的有益结合增强了我省农产品的市场竞争力和美誉度。

二、整合行政资源将农产品商标战略向纵深推进

“5·12”汶川特大地震给四川农业造成了严重损失，全省共有 19 个市州出现不同程度的农业灾害损失,农作物受灾面积达 50 万亩，农村经济损失达 2700 亿元，其破坏程度需多年才能恢复；受国际金融危机影响，一批企业倒闭或开工不足，外出农民工返乡人数急剧增多，给我省促进农民就业、增加农民收入、确保农村和谐带来了新的困难和挑战。面对特大自然灾害和金融危机的双重影响，在省委、省政府的坚强领导下，四川省各地一方面全力以赴抗击特大地震等自然灾害，奋力抓好灾区农村恢复重建；一方面加快农村经济社会发展，特别是积极应对国际金融危机的影响，积极发展特色效益农业，大力提升农业产业化经营水平，加快发展现代农业。因此，如何通过实施商标战略推动灾后恢复重建是全省各级工商部门的工作重心和努力方向。去年，在总局对灾后恢复重建各项政策的支持推动下，商标局加快了对灾区恢复生产有极大促进作用的农产品商标和地理标志的注册审查工作，地理标志注册量较上年增长 67%，有力地促进了灾区特色农业资源的保护和利用。同时，省工商局出台了《关于发挥商标管理职能、支持灾后重建的意见》，明确了全省商标管理工作的方向和措施。

今年，省工商局立足省委、省政府以“十大优势特色种植业”产业发展为突破口、推动四川现代农业上台阶的思路，在对特色果蔬、食用菌、中药材、茶叶等十大四川特色效益农产品商标注册、使用和保护展开调研的基础上，对农业部门特色效益农业发展规划进行分析，对产业发展政策加以研究，充分发挥并整合两个部门的资源优势、政策优势、职能优势，和省农业厅联合出台了《关于推进优势特色效益农业商标品牌建设的实施意见》，指导全省各级农业部门、工商部门在此项工作中进一步强化农产品商标战略的实施。

《意见》强调了“优势特色效益农业品牌建设坚持以科学发展观为统领，以特色效益农业资源为依托，以市场为导向，运用商标知识产权法律制度，以加快优势特色农产品商标注册、使用、保护为手段，以提高优势特色农产品质量和市场竞争力为目标，实施商标战略，促进农业增效、农民增收，提高我省农业经济效益和市场竞争力”的指导思想。在措施上，制定了围绕优势特色效益农业发展规划，制定商标发展计划；围绕“一村一品”，实施“一品一标”工程；围绕“三品”，打造“三标”等五项措施办法。制定了农业和工商部门合力推进的四项工作机制和加强组织领导、加大资金扶持力度、强化指导服务、注重宣传引导等四条具体保障措施。要求各地工商和农业部门从推进新农村建设的高度加强联系和协作，建立有效协调机制、信息沟通机制和品牌建设激励机制，合力推动商标品牌建设。各级工商部门会同农业部门继续开展“贴心助农送商标，真情服务谋发展”活动，发挥商标代理组织的积极性和主动性，积极参与“商标注册代理惠农活动”。目前，全省农业、工商、商标代理组织联合开展的“送商标”活动已初见成效。各地农业部门将商标品牌建设作为促进优势特色效益农业发展的重要措施，纳入规划，研究品牌建设的资金扶持政策，并对商标注册给予资金支持，力争五年使我省优势特色农产品商标注册量有大幅度提高。

党的十七届三中全会通过的《关于推进农村改革发展若干重大问题的决定》强调：“发展农业产业化经营，促进农产品加工业结构升级，扶持壮大龙头企业，培育知名品牌”。今年中央1号文件再次明确提出：“扶持农业产业化经营，鼓励发展农产品加工，让农民更多分享加工流通增值收入”。四川省的目标是到2012年更多地培育一批亿元龙头企业及百亿元企业，培育一批农业产业化龙头企业集群，农业产业化经营带动农户面达到60%，主要农产品加工转化率达到50%，建成西部重要的农产品精深加工基地。我们将围绕省委、省政府“加快建设西部经济发展高地、加快建设灾后美好新家园”的总体要求，按照国家工商总局的工作部署，认真贯彻落实《国家知识产权战略纲要》，大力推动实施农产品商标战略，促进四川经济社会又好又快发展。

深入践行科学发展观
大力推进实施商标战略

成都市工商行政管理局

随着全球经济一体化进程的加快，知识产权已成为企业乃至国家竞争的一个焦点。2008 年 6 月 5 日颁布实施的《国家知识产权战略纲要》，标志着知识产权战略被提升到国家战略的高度。商标作为一种重要的知识产权，是参与竞争的重要手段，是一个国家、地区和企业经济实力、科技水平、核心竞争力的重要标志。近年来，成都市工商局认真按照国家工商总局和省工商局的工作部署，紧密结合成都实际，围绕“保增长、扩内需、调结构”，抓住灾后重建、扩大内需、试验区建设“三个机遇”，全方位推进商标战略，有力地促进了经济社会平稳较快发展。

一、成都推进商标战略的基础及初步成效

成都拥有西南地区科技、商贸、金融中心和交通、通信枢纽的重要地位，是全国统筹城乡综合配套改革试验区，有 120 余家世界 500 强企业和上百家全球研发中心在成都落户。这些得天独厚的条件，为推进商标战略实施奠定了良好基础。近年来，成都市工商局高度重视商标品牌战略，坚持以科学发展观为统领，以“四个统一”为指导，更新思想观念，创新服务机制，提升监管水平，积极引导和鼓励企业实施商标战略。经过努力，全市商标数量快速增多，产业覆盖渐趋均衡，企业品牌意识逐步增强，商标战略成效初显。

一是全市注册商标快速增长。2009 年上半年，成都新增注册商标 6897 件，是 2008 年同期的 2 倍，注册商标总量达 63000 余件。

二是驰（著）名商标创建实现重点突破。2009 年成都 8 家企业 9 件商标被国家工商总局新认定为驰名商标，是我市历年增量最多的一年，增幅高达 45%，占四川省新增数的 69.2%。全市驰名商标累计达 29 件，占四川省总量的 47.5%。新增驰名商标在产业分布上较为均衡，同时覆盖三次产业，其中第一产业 2 件、第二产业 6 件、第三产业 1 件，特别是地理标志驰名商标实现“零突破”，郫县豆瓣成为四川省唯一被认定为驰名商标的地理标志。

二、实施商标战略工作的探索与实践

成都市工商局围绕“品牌培育、品牌申报、品牌拓展、品牌保护”四个重点环节，就如何建立推进商标战略实施的长效政策体系和服务体系作了有益的探索与实践。

（一）以政府为主导、企业为主体、行业为促进，形成了统筹推进合力。一是健全工作机制，搭建帮促平台。我市建立了由市工商局牵头，市委宣传部、市法院、市农委、市经委、市商务局、市公安局、市质监局、市食品药品监管局、市科技局（市知识产权局）、市统计局、市城管局及各区（市）县政府为成员单位的推进品牌战略联席会议制度，制定了品牌战略实施意见，搭建起三

次产业品牌建设平台，明确了部门职能职责，规范了工作流程，全市品牌战略工作有序推进。二是明确工作思路，制定发展规划。借助高校及专业机构力量，深入企业进行课题调研，详细掌握重点企业或产业的基础情况、优势及潜力、品牌发展需求。在此基础上明确了以驰（著）名商标为核心，以品牌培育、品牌申报、品牌拓展、品牌保护为重要环节的工作思路。按行业、分层次制定了品牌战略三年发展规划和年度目标。三是引导企业积极主动参与。引导企业以品牌整合技术、管理、营销等优势，形成自主品牌核心竞争力；制定和完善相关政策，支持企业以商标权许可、质押等方式开展经营活动，充分体现商标这一无形资产的市场价值。四是发挥行业协会促进作用。主动吸纳行业协会参与商标战略，通过专题交流研讨和专业培训，引导行业协会发挥好培育和推荐服务职能。在制定工作规划、行业推荐评比、培育创建品牌、宣传拓展品牌等方面，听取和采纳其意见建议，共同促进商标战略实施，提升行业品牌价值。

（二）全面摸底建档，加强服务指导和重点培育，夯实了工作基础。一是完善品牌企业档案。工商、质监、商务等部门深入调查摸底，收集汇总大量数据，掌握了我市品牌企业的基本情况和主要指标，形成了1297家现有品牌企业及重点培育企业的基础档案。二是实施梯度培育规划。按照市级品牌、省级品牌、国家级品牌三个层级，制定梯度培育体系，确定了663家重点培育扶持企业名单。三是深入开展“商标服务进企业”活动。今年上半年走访企业800余家，有针对性地提出品牌发展建议2000余条；多层次、多形式组织举办品牌企业座谈、专家教授课题辅导等活动，服务企业争创品牌，促进企业增强品牌意识；组织2000余家企业开展自我教育，共有100家驰（著）名商标企业围绕商标战略得失等主题，交流了品牌发展之道。四是加强定向申报服务。优先培育、推荐优势产业、重点企业争创品牌，对培育成熟的企业，及时申报，并全程实施“一对一”跟踪服务。对申报未成功的，帮助企业找准问题，完善措施，创造条件继续申报。

（三）多渠道、多形式实施商标战略宣传，提升成都品牌影响力和拓展能力。

建立了政府主导、新闻媒体支持、行业协会参与的宣传工作体系，广泛宣传实施商标战略对提升企业品牌价值、扩大市场占有率、提高经济效益的促进作用。一是用好市政资源，实施驰（著）名商标公益展示。积极争取市政府无偿提供黄金口岸的市政公共设施，精心策划实施“成都品牌，成都骄傲”驰（著）名商标公益展示活动。目前，我市驰名商标公益展示已在春熙路等繁华商业区实施，展示效果良好，商标战略影响力逐步显现。二是利用传媒资源优势，提升成都品牌影响力。在《成都商报》、成都电视台、《四川经济日报》等媒体宣传品牌企业，对公众形成了较大的社会影响力，对企业形成了较强的吸引力，逐步营造出实施商标战略的良好社会氛围。邀请中央电视台、人民日报、新华社和经济日报等4家中央主要媒体莅蓉对成都城乡统筹、商标富农、“郫县豆瓣”地理标志证明商标带动产业发展的情况进行了深度报道；精心制作的展示我市地理标志产品的高品质宣传片，已于近期陆续在中央电视台展播。三是积极整合部门职能优势，增强企业品牌拓展能力和走出去能力。相关政府部门和行业协会有计划地组织我市优势品牌企业走出成都，进行全国范围的品牌推广及营销，提升成都品牌在国内的知名度和影响力。成功组织我市食品、农产品等优势产业的52家工业企业免费参加“深圳-成都拉动内需经贸洽谈会”，帮助企业积极应对金融危机；努力开展“农超对接”工作，部分特色农产品已成功进入伊藤洋华堂、家乐福、欧尚、人人乐等大卖场，开拓了消费市场。

（四）创新品牌维护机制，促进品牌健康发展。一是健全和完善维权协作机制，帮助企业做好异地维权。巩固并扩大维权协作网络，加强部门、地区间的沟通协作。成都市与全国24城市工商部门建立了打假维权协作机制，开通驰（著）名商标维权绿色通道，增强维权工作的及时性和有效性。二是加强教育引导，提升企业品牌管理及维护能力。通过培训教育和深入企业现场检查，指导企业纠正在商标管理、运作中的不规范、不合法行为，消除侵权风险，增强自我防范能力。上半年举办了两期企业品牌合法权益保护培训会，对130余家企业近300名负责人及品牌管理专员进行系统培训，增强了企业品牌管理和保护的实战能力；会同知识产权部门开展了“欧盟知识产权实务培训”，指导企业在对外贸易中创建和保护自主知识产权，提示企业有效防范侵权风险。三是搭建有效的维权信息联络平台。联合政府职能部门、知识产权专业组织、行业协会及企业自身力量，搭建品牌维权信息沟通平台，构建企业自我保护、行政保护和司法保护“三位一体”维权体系，为品牌企业提供全方位、多层次的维权服务。

面对当前大力实施商标战略这一难得的历史机遇，成都市工商局将继续深入贯彻落实国家工商总局和省工商局的决策部署，以帮助企业爬坡上行为己任，以提升商标价值和效益为抓手，以促进经济止滑提速为目标，充分发挥职能作用，更加有为地推进商标战略，鼓励和引导企业利用商标做大做强，为推动经济社会平稳较快发展作出更大贡献。

实施商标战略规划　促进贵州经济发展

贵州省工商行政管理局

改革开放前，贵州商标几乎没有被人所重视，处于可有可无的状态，到1979年底，全省仅有注册商标158件，自1979年4月，省工商行政管理局恢复以来，全省工商行政管理机关在商标管理上，逐步实现了从单纯审核到增强全社会商标意识的转变，主要是采取建立监管商标的办事机构，配备专职人员，组织工商行政管理人员和企业经营管理人员深入学习商标法律、法规，帮助企业建立和健全商标的各项管理制度，整顿商标印刷行业，工商行政管理部门建立商标实物档案等形式，推动了全省企业商标管理工作的开展。截至1998年底，全省累计拥有注册商标5620件，比1979年增长65倍。我国实行市场经济体制后，商标的作用日益显现，商标在市场经济的竞争中越来越重要，我局省时度势，与时俱进，商标监督管理工作始终以保护注册商标专用权为中心，以服务企业为已任，以打击各种商标侵权行为为手段，围绕三条主线，制定各项规章制度，加快实施我省商标发展战略的步伐，我省商标工作取得了成效。截止2009年6月30日，我省共拥有注册商标17036件，其中农产品商标3835件，地理标志4件，驰名商标20件，著名商标390件。

一、制度与宣传并重，大力推动商标申请与注册，夯实推进实施商标战略工作的基础

（一）采取各种形式，利用种种渠道，不断加大商标法律法规宣传力度，提升全社会商标法律意识。尤其是在2005年、2007年，我们免费为企业举办商标法律法规培训，取得了预期的成效。全社会商标法律意识增强，商标注册咨询络绎不绝，商标注册申请数年年攀升，2005年商标申请量仅为2510件，2006年、2007年、2008年商标申请量都达到了3600余件，尤其是地理标志商标的申请，实现了质的飞跃。截止2009年6月30日，我省共申报地理标志商标10件。

（二）为了有计划、有目的、有步骤、有重点地推进我省商标的注册与发展。于2006年出台了《贵州省2006—2015年商标发展战略规划》及年度推进计划。随着《贵州省2006——2015年商标发展战略规划》的出台，贵州省各级工商行政管理部门加大了商标工作的力度，取得了可喜可贺的成绩。如铜仁地委、行署根据工商部门的建议提出了以“梵净山”品牌打造铜仁的构想，并组织实施品牌战略工程；黔西南州工商局积极向政府建言献策，提出“以工业的思路考虑农业，用品牌的理念经营农业”的新观念，推动当地政府下发了《黔西南州推动农特产品地理标志保护与商标注册实施方案》，使商标发展战略规则得以顺利实施。截至到2009年6月30日，全省注册商标已达17036件。

（三）《贵州省2006——2015年商标发展战略规划》与贯彻“三农”政策相结合。促进贵州

省特色产业逐渐步入品牌化的轨道，促进了农产品的规模化生产，扩大了农产品出口，使“商标富农”政策真正成为增加农民收入的有效途径。截止 2009 年 6 月 30 日，全省农产品商标已达 3835 件，占商标注册总量的 22.51%。如在省局商标处和县局工作人员的帮助指导下，龙里运输饭店逐渐改变传统经营理念，在招牌菜“龙里辣子鸡”申报了“龙鲤邓氏”商标注册申请，并加强产品研发，实行包装销售，进一步打开了销路，提高了知名度，经营额由 5 万元增加到 16 万元。

羊场镇是龙里县的主要粮食产区，由于地理位置、气候、土壤等得天独厚的天然条件，该镇所产大米口感糯香、品质优良在周边县、市具有一定的知名度。今年，县工商局引导该镇成立了“羊场镇新营村水稻种植销售协会”。在工商部门的正确引导下，此商标迅速增值。8 月 14 日，羊场镇镇长左光宏向工商干部介绍说：“‘龙鲤羊场’大米商标注册申请得到国家商标局受理的消息在当地传开后，已经先后有 4 个具有一定经营能力的大米经销商与镇政府联系，希望取得该商标的使用权，个别经销商甚至提出出资 5 万元买下该商标。别说 5 万，就是 10 万、15 万，我们也不卖。”

二、加大商标监管工作“四化”建设，打造驰著名商标，形成驰、著名商标集聚效应，促进贵州经济又好又快发展

（一）积极推动制度化、规范化、程序化、法治化建设，确保商标监管工作有法可依，有章可循。贵州省局先后制定了《贵州省著名商标认定暂行办法》、《贵州省著名商标标识试用管理暂行办法》等办法，启动了贵州省著名商标认定工作，为培育驰著名商标奠定了基础。改革开放初期，我省无一件驰名商标和著名商标，到 1992 年，我省也仅有“贵州茅台”一件驰名商标，也没有著名商标，从 1992 年到 2002 年这十年间，贵州省驰名商标数也仅增加 1 件，总数为 2 件。2002 年以来，贵州省各级工商行政管理部门高度重视，积极对本地的优势产业、传统产业和有竞争潜力的企业，进行梳理排队，按照“培育一批、扶持一批、推荐一批”的原则，建立我省创建中国驰名商标的品牌梯队，加大帮扶力度，积极培育、扶持和引导符合条件的企业申报驰名商标，实现了驰名商标数量和质量的历史性突破。截止目前，贵州省驰名商标总数达到了 20 件，2002 年以来的这 6 年时间，驰名商标增加了 18 件，比 2002 年增长了 9 倍，著名商标实现了从无到有、零的突破，达到了 390 件。

（二）加强对驰著名商标的保护力度和跟踪管理，确保驰著名商标的所有权人的合法权益，提高驰著名商标的公信力和权威性。我省已将驰名商标纳入企业名称注册保护范围，下一步将把著名商标也纳入企业名称预先审核保护范围，同时还将出台《贵州省驰著名商标跟踪管理办法》，将驰著名商标纳入重点监管。

（三）驰著名商标提升了企业的知名度，提高了产品的市场竞争力，为企业的发展拓宽了市场。不仅给企业带来了可观的经济效益，同时也给企业带来了不可估量的社会效益，极大地推动了企业的向前发展，促进了贵州经济实现又快又好地发展。如南明区老干妈风味食品有限公司，1996 年注册“陶华碧老干妈”商标，2006 年被认定为贵州省著名商标，品牌为其带来效益，产品畅销全国，出口三十多个国家和地区，成为目前国内生产及销售量最大的辣椒制品生产企业，2007 年实现产值 13.5 亿元，上缴税收 1.8 亿元。再如贵州茅台酒厂（集团）习酒有限公司的“习酒”认定为著名商标后，2008 年产量、产值、销售收入、税收、利润与 2005 年同期相比，分别增加了 10%、77%、116%、123%、212%。销售范围从原来的省内及周边地区，扩大到东北、华东、中南、西北及沿海地区。再如晴隆县柑桔场“晴珍”商标于 2006 年获贵州省著名商标，从此，“晴珍”牌脐橙、夏橙从地摊销售走向品牌销售，从品牌走向著名商标品牌，产品也从大山的布依山寨走向贵州的兴义、安顺、贵阳，云南的曲靖，广西的桂林等各大市场。截至 2007 年底，全县种植柑桔面积 2.16 万亩，投产面积 8000 亩，柑桔年产量 540 万元，年产值 900 多万元。受益农户 3610 户，受益人口 16200 人，人均增加收入 360 元，种植

柑桔年收入 2000 元以上的农户有 1230 户，年收入 4000 元以上的农户 120 户，年收入 8000 元以上的农户 32 户，高的达到 4 万元。

三、加大注册商标专用权保护力度，维护商标权人的合法权益

开展专项整治行动，加大案件查处力度，有效地保护商标权人的合法权益，同时，按照国家工商行政管理总局的部署，还开展了保护奥林匹克标志专有权的专项行动。据统计，从 2004 年以来，截止 2009 年 6 月 30 日，全省共查处商标违法案件 4116 起，案值 6768.38 万元，其中移送司法机关 20 起。

在跨部门跨地区保护商标专有权方面，我们加强部门间、地区间区域协合，构建良性的协作机制。2007 年我省成功举办了 2007 年度西部商标行政协作保护年会，与西部十四省（市）工商行政管理机关建立了西部地区商标行政保护协作会议制度，共同签署了《西部地区商标行政保护协作协议》，与广东、福建等九省（区）工商行政管理机关签署了《泛珠三角区域工商行政管理合作协议》，并共同协商制定了《关于商标行政保护合作的合作方案》，为形成职责清晰、渠道畅通、信息共享、快捷高效的商标保护机制作为了努力。

加强培育工作　推进商标战略

云南省工商行政管理局

培育发展商标，推进商标战略，对于充分发挥云南自然资源和民族文化优势、优化产业结构、提升经济竞争整体实力、促进边疆民族地区经济发展，具有十分重要的意义。近年来，全省工商系统在国家工商总局和省委政府的领导下，按照科学发展观的要求，紧紧围绕省委省政府推进商标战略工作，狠抓商标培育工作，着力在增量、提质、提效（增加注册商标数量、提升注册商标质量、提高商标工作效率）上狠下功夫，商标工作取得了显著成绩。商标注册申请数量从1981年的300多件，快速增长到近年的8000件左右；有效注册商标从1979年的421件，快速增长到目前的近3万件，注册商标实现了量的飞越。2005年，“文山三七”地理标志证明商标注册申请被核准，地理标志注册量实现“零”突破，现有地理标志商标11件；2003年，启动首届著名商标认定工作，著名商标实现“零”突破，现已连续开展六届，共认定著名商标636件；1997年，“红塔山”被总局商标局认定为驰名商标，驰名商标实现“零”突破，到今年共有驰名商标12件，推进商标战略工作取得了新的进展。

一、坚持“三个反复”，共同推进商标战略

推进商标战略是一个系统工程，需要不断整合政府、企业、协会和社会各界的力量。云南省工商局坚持“三个反复”的工作原则，努力构建政府主导、工商推进、部门协作、企业争创、社会参与的工作机制，积极营造政府培育商标、企业争创商标、市场推崇商标、社会热爱商标的良好氛围，汇聚人心、凝聚力量，共同推进云南商标战略。

一是反复向党委和政府汇报，争取更大支持。加强向各级党委政府请示汇报，把商标战略纳入各级政府的中心工作来统筹谋划，是推进商标战略的根本保证。云南省工商局始终把推进商标战略作为工商部门履行职责、促进经济社会又好又快发展的重要抓手。省局纳宗会局长多次向国家工商总局领导、省委省政府领导汇报商标工作，各级工商局也积极向当地党委政府汇报。经过多次请示汇报和精心筹备，2008年7月1日，省政府召开了“云南省推进商标战略工作会议”，省委常委、副省长李江同志亲自作报告，对推进云南商标战略作出了全面的安排部署。2008年8月29日，省政府制定了《云南省人民政府关于推进商标战略工作的实施意见》，进一步明确了推进商标战略的指导思想、总体目标、工作重点和保障措施等，提出到2012年，力争全省有效注册商标总数达5万件、云南著名商标达1000件、中国驰名商标达40件，驰名商标总数位居西部省区前列。省政府推进商标战略工作会议的召开，把商标战略上升到各级党委政府的重要工作议事日程。各州（市）党委政府积极行动，狠抓落实，形成了

争先恐后推进商标战略的良好局面。

二是反复向企业和农户宣传，增强商标意识。企业和农户是注册商标和使用商标的主体，是推进商标战略的原动力。开展商标法制宣传，增强企业和农户的商标意识，提升企业和农户的商标运作水平，是推进商标战略的关键。云南省工商局在抓好每年“3.15”和“4·26”活动集中宣传的基础上，注意和相关部门、行业协会协作，创新宣传培训方式。去年，省工商局和省国际商会、普洱茶协会共同举办注册商标海外维权和地理标志证明商标注册申请与保护维权培训班，受到产品出口企业和茶厂、茶商的广泛好评。《云南工商管理》杂志增发推进商标战略特刊，免费赠送有关企业，深受企业欢迎。基层工商干部和新农村建设指导员走村串寨、进村入户，宣传商标知识，指导注册涉农商标、民间传统特色产品商标，“商标富农”工作已见成效。

三是反复向干部职工灌输，提高思想认识。推进商标战略是省委省政府下达给工商部门的光荣任务，工商干部思想认识和工作能力的高低，直接关系到商标战略的成败。在深入学习实践科学发展观活动中，云南省工商局开展了推进商标战略专题学习讨论活动，对曲靖等州（市）工商局抓商标战略的好经验、好做法进行总结推广，并组织专门人员对“斗南花卉”产业发展商标战问题进行调研，撰写出了高质量的专题调研报告，既提高了云南省工商局对推进商标战略促进科学发展的理性认识，又对我省花卉产业发展提出了很好的建议。去年“4·26”期间，云南省工商局邀请云南财经大学知名教授作了“品牌战略与企业竞争力”专题讲座，今年“4·26”期间，云南省工商局邀请总局商标局吕志华副局长作了“工商行政管理时代前沿知识—商标战略”专题讲座，大家深受教育、深受启发。今年，省局党组把推进商标战略列入全省工商系统六项重点工作，作为工商部门应对国际金融危机，保增长、保民生、保稳定的措施之一，并对培育驰名商标和开展“一所一标”活动进行指标分解和层层考核，不断强化对推进商标战略重要性、紧迫性的认识，力促克服“条件差”、“无能为力”的消极思想，变“要我做”为“我要做”，全系统共抓商标工作、齐推商标战略的工作格局初步形成。

二、推广“两清”、“两本帐”和“两兴”、“两规划”，着力增加注册商标数量

推进商标战略，增加注册商标数量是基础。根据云南省商标发展实际，云南省工商局认真总结基层首创经验，在全系统推广了“两清”、“两本帐”和“两兴”、“两规划”工作方法。“两清”就是各级工商局摸清辖区商标注册情况、摸清辖区商标侵权状况，做到底数清、情况明。“两本帐”就是在县级工商局和基层工商所建立有效注册商标登记台帐、拟培育发展商标台帐，做到心中有数、重点突出。“两兴”就是紧紧围绕政府中心工作，全面开展“品牌兴农”、“品牌兴企”活动。“两规划”就是县级工商局和基层工商所两级分别制定商标培育发展五年规划。通过推广“两清”、“两本帐”和“两兴”、“两规划”工作方法和工作制度，云南省商标注册申请数量逐年增加，2008年，全省申请注册商标7708件，核准注册3448件，不断夯实了商标战略的基石。

三、开展梯次培育，全力提升注册商标质量

推进商标战略，培育高知名度的注册商标是重点。云南省工商局按照注册商标的知名程度，分别制订了州（市）知名商标、云南著名商标、中国驰名商标的梯次发展规划，初步建立了高知名度商标的梯队培育模式。

一是积极帮扶企业争创驰名商标。按照“培育一批、扶持一批、推荐一批”的原则，重点针对云南经济发展中优势产业的龙头企业注册商标，认真进行梳理排队，充分征求和尊重企业意见，制定了推荐、扶持、培育三个层次的工作计划。对列入推荐计划的，指导企业提高经营管理水平和产品质量，帮助建立健全企业商标管理制度和发展规划，帮助企业完善商标使用证据、经济指标证据、产品质量证据、用户情况反馈和宣传资料的收集整理，指导企业做好培育驰名商标的基础性工作。

二是不断完善著名商标认定工作。在加强对企业申报资料审查的基础上，开展实地调查和市场调研，走访行业主管部门和相关行业协会，多方征求意见，确保认定的著名商标具有相应的公众知晓度和市场信誉度，特别是严密注意质量安全隐患问题，以免给著名商标认定工作带来负面影响。各州（市）工商局在当地政府的领导下，开展知名商标认定保护工作，为培育著名商标、争创驰名商标奠定了良好的基础。

三是加强对地理标志证明商标申请注册和使用的指导。从云南实际出发，要求各级工商部门摸清各地农业产业发展规划和地理标志资源状况，积极向当地党委政府请示汇报，引导申请注册地理标志证明商标，指导已注册地理标志证明商标的使用管理，充分发挥其应有的作用。

四、创新服务，努力提高商标工作服务效率

一是广泛推行“三书一卡”工作制度。各级工商部门积极推行商标法律告知书、商标注册建议书、商标策略提示书和商标管理跟踪服务联系卡“三书一卡”工作制度，使商标工作落到了实处。今年 1-5 月份，全省工商系统共走访企业 7220 户，发放各类商标书卡 3959 份。

二是组织开展“一所一标”创建活动。针对“两费”停征和工商工作转型实际，为充分调动基层工商所商标工作的主动性和积极性，组织开展了“一所一标”、“一所多标”活动，部分地方还开展了“一乡一标”、“一社一标”（农民专业合作社）活动，目前进展顺利、成效明显。

三是主动登门做好宣传指导服务工作。根据企业发展情况，省局领导和部分州（市）工商局领导主动登门宣传商标法律法规，指导企业完善制度、加强管理、提高质量，帮助企业做好商标工作。

四是探索建立遏制商标侵权行为的长效机制。突出重点领域和重点环节，以保护驰名商标、著名商标、知名商标为重点，按照“四化建设”的要求，巩固和完善商标监管执法工作中行之有效的工作机制和工作制度，建立监管长效机制，实现高效能监管。

履行职责　加大力度
促进商标培育和保护工作再上新台阶

西藏自治区工商行政管理局

近年来，西藏自治区工商局以服务和促进地方经济发展、推动社会主义新农村建设为目标，紧紧围绕自治区党委、政府和国家工商总局的总体部署，立足职能到位，坚持商标培育和行政保护并重，大力加强商标培育工作，切实加大商标行政保护力度，商标培育保护各项工作深入开展并取得了明显成效，为促进西藏经济跨越式发展做出了积极贡献。

一、高度重视，统一思想，充分认识商标在促进经济社会发展方面的重要地位与作用

在市场经济条件下，商标因其具有的宣传产品、反映品质和引导消费的特殊功能，使其成为企业参与市场竞争的锐利武器和重要的无形资产，在经济社会生活中发挥着越来越大、越来越重要的作用，为政府重视、企业运用和社会公众认可。为加快实现我区经济跨越式发展的目标，西藏工商部门始终高度重视和充分发挥商标的作用，特别是近年来，进一步充分认识商标在促进经济社会发展方面的重要地位与作用，把培育和保护商标作为工商部门服务地方经济发展和新农村建设的一项极端重要工作，加强领导，强化责任，完善措施，坚持不懈抓好落实，极大地促进了我区商标事业的发展，为我区经济发展注入了源源不断的新的活力。

二、强化责任，完善措施，全力促进我区商标协调发展

（一）强化政策引导扶持，努力夯实商标发展的基础。近年来，西藏工商部门按照自治区党委、政府实施品牌发展战略的要求，把政策扶持作为实施品牌战略的重要工作，积极研究出台促进商标发展保护的政策措施，引导、帮助企业申请商标注册，努力打造西藏品牌。2008 年底，自治区工商局出台了《关于加快实施商标发展战略的意见》，2009 年又下发了《全区商标管理工作要点》，对全区商标培育工作任务进行量化，提出指标要求和指导意见，极大地提高了企业的商标意识和申请注册商标的积极性，我区注册商标量逐年增加。截止 2009 年 4 月底，全区已累计注册商标 1360 余件，年均增长 11%以上；其中地理标志证明商标 2 件，中国驰名商标 4 件、西藏自治区著名商标 45 件，我区商标事业的发展迎来了一个比较好的时期。

（二）加强商标法律法规宣传教育，提高企业和全社会的商标意识。西藏工商部门把加强商标法律法规宣传教育作为提高企业商标意识的基础工作，积极拓宽宣传渠道，加大宣传力度，强化宣传的针对性，提高企业注册商标、使用商标、保护商标的意识。一是紧密结合国家工商总局《中国商标战略年度发展报告》，充分发挥电视、报纸、广播等媒体的作用，加大商标战略的宣传

力度，努力营造浓厚的舆论氛围。二是在每年“3.15”和“4.26”，都把宣传商标法律知识作为重点宣传内容，采取印发宣传资料、举办专题讨论、现场咨询、上门服务等多种形式，开展广泛深入的宣传普及活动。仅2008年元月至今，开展宣传20余次，受理解答群众咨询10000余人次，散发宣传材料50000余份，并通过广播、电视、报纸等媒介刊登、刊播相关稿件3篇。

（三）加强商标培育工作，促进我区经济快速发展。根据新形式、新任务的要求，西藏各级工商部门创新方式，扎实工作，进一步推进商标品牌战略实施。一是始终把鼓励、引导、培育商标注册工作放在首位，紧紧围绕“一产上水平，二产上重点，三产大发展”的自治区经济发展战略，立足高原特点，加大对特色农牧业、加工业、土特产品商标和地理标志的培育。二是深入各大企业及旅游景点挖掘和培育商标，注重挖掘和培育人文景观、自然景观、生物资源等证明商标，力争打造一批具有鲜明西藏特色的商品品牌。三是对辖区企业及其产品、各种优势地理资源和自然人文景观等进行系统梳理，制定符合实际、切实可行的商标注册和著（驰）名商标发展规划。四是在实施商标富农战略中，积极为企业、个体工商户、农牧民合作组织提供商标咨询、设计、代理、制作等相关服务，尽量满足商标注册申请人的要求，积极拓宽商标注册服务领域。五是深入基层调查研究，加强与企业的沟通，发现和解决企业在实施商标战略工作中遇到的新情况、新问题，切实做到积极支持、热情服务、强化引导。

（四）鼓励和指导企业争创著名、驰名商标，努力服务地方经济发展。一是制定地方性规章，强化自治区著名商标认定工作。自治区人民政府于2000年11月转发自治区工商局《西藏自治区著名商标认定与管理暂行办法》，全面规范自治区著名商标认定工作。自该件出台以来，已评审认定自治区著名商标5批45件，续展认定自治区著名商标21件，涌现出一批具有鲜明地方资源特色和民族文化底蕴的商标，进一步扩大了其社会影响，促进了企业乃至当地经济特别是农牧区经济的发展。二是积极引导企业申报认定驰名商标。2004年以来，把培育驰名商标列入重要议事日程，在案件查处中认真做好驰名商标立案、审查、申报等相关工作，积极引导企业申报认定中国驰名商标。目前已有“拉萨及图”、“甘露及图”、“祥云图形”、“圣鹿及图”4件商标被国家工商总局认定为驰名商标。三是继续鼓励支持各类市场主体发展自主商标、自主品牌，不断强化对企业申报驰（著）名商标的指导和帮助。四是将品牌战略的触角延伸到农村，指导鼓励涉农商标争创驰（著）名、商标。

三、加大商标行政保护力度，有效保护商标专用权，积极营造商标发展良好环境

近年来，西藏工商部门在强化商标培育的同时，把保护注册商标专用权作为行政执法的一项重要工作，采取措施，从严执法，积极维护商标注册人合法权益。

（一）深入开展商标行政保护工作。充分发挥职能作用，积极开展保护注册商标专用权行动，不断加大市场监管执法力度，切实保护消费者、生产者和经营者的合法权益。2008年，共检查各类经营户7333户、商品交易市场1204个，查处商标侵权案件146件，案值187.13万元，罚没款13.5万元，没收侵权商标标识50万张，移交司法机关1件3人。

（二）保护奥林匹克标志工作圆满成功。2008年北京奥运会前后，我们以商品流通领域和商标印刷环节中使用奥林匹克标志情况作为整治工作的重点，对旅游景点（区）纪念品市场、各类商品批发零售市场、城乡结合部、城镇小商品集散地等易发生侵权行为的“风险点”进行全面清理整治。共检查企业和个体工商户46500户、检查各类市场225个，整治重点区域1423处，查处侵犯奥林匹克标志专用权案件1078件，案值5.7万余元。

（三）建立和完善保护注册商标专用权的长效机制。一是开展专项整治，确定重点市场、重点商品和重点侵权行为，集中力量，全面反复开展了拉网式清查，坚决收缴侵权商标标识和商品，从重从快处理商标侵权假冒案件。二是开通了打

假维权“绿色通道”。重点是主动与企业联手打假，切实保护商标权利人的合法权益。三是加强对著名、驰名商标企业跟踪维权，增强商标维权工作的及时性和有效性。四是重点查处侵犯著名商标、驰名商标、证明商标和集体商标专用权案件，有计划、有目标地对我区商标品牌进行全面保护。五是主动加强与知识产权主管部门以及政府其他有关职能部门的联系、沟通和协作，建立有效的协调机制。六是加强督促指导，严格落实责任追究制，确保各项措施的落实。

多年来，尽管我区在实施商标保护和战略方面取得了一定成绩，但与内地省、区、市相比还存在不少薄弱环节。我们决心以这次会议为契机，认真学习和借鉴兄弟省市的先进经验和做法，进一步强化措施大力发展我区商标事业，推动我区商标事业再上一个新台阶。

深化“一所一标”工作
推进商标富农战略

陕西省工商行政管理局

陕西省工商系统开展的“一所一标”工作，是为了认真贯彻国家工商总局提出的“商标富农”战略而采取的一项措施。这项工作从2007年初开始部署以来，始终得到国家工商总局的关怀和支持。经过探索、实践和努力，在过去工作的基础上，取得了一些成绩。2008年4月，为了进一步深化“商标富农”工作，在全国范围内推广“一所一标”工作的先进经验，国家工商总局在陕西省汉中市召开了“一所一标”现场会。

一、“一所一标”工作的背景和思路

2006年，国家工商总局提出了“商标富农”的安排部署。省工商局对如何理解商标富农工作的重要意义，进一步把这项工作落到实处、抓出成效进行了认真的调研、分析和思考，在思想上达成了共识——这项工作很重要，在推动区域经济发展方面特别是西部落后地区以及建设社会主义新农村方面有着巨大的作用，并在这一思想指导下，提出了基本的工作思路——必须发挥工商系统整体合力功能，发挥工商所主力军作用，各级局和工商所各司其职，以商标监管部门为主，其它部门为辅，分工协作，统一安排，把宏观目标和具体任务相结合，以量化考核的形式部署工作。

二、“一所一标”工作的部署和措施

为了做好这项工作，省工商局向全省工商系统发出了《关于充分发挥工商所职能作用积极做好辖区农产品商标注册保护工作的通知》，要求全省各级工商行政管理部门在积极开展商标富农行动中，充分发挥工商所职能作用，切实做好辖区内农产品商标的注册和保护工作。首先充分认识农产品商标注册和保护工作的重要性，扎实推进社会主义新农村建设。以支持农产品走品牌战略之路为重点，指导农民、涉农企业申请注册农产品商标和地理标志证明商标，帮助农民运用商标整合特色优势农副产品资源，提高农产品知名度和市场竞争力，提升农产品的附加值，实现“打造一个商标，带动一个产业，搞活一地经济，富裕一方农民”的目标。作为工商行政管理部门最前沿的工商所，更应充分认识开展商标富农、做好农产品商标注册保护工作的重要意义，采取切实有效措施，精心组织，把农产品商标注册保护工作推向深入。其次是加大宣传力度，不断提高农民、涉农企业的商标注册保护意识。虽然陕西省属农业大省，特色农产品种类和数量都很多，但由于经济欠发达，一些企业、农民的品牌意识和商标意识不强。很多在当地颇具特色和影响力的农副产品没有及时注册商标，有的甚至被他人抢注，给企业和农民造成巨大的损失，直接影响到陕西省特色农产品的规模化、产业化发展。作为直接面对群众的基层工商所，要把农产品商标注册和保护工作作为一项长期工作来抓，采取通俗易懂的形式和生动活泼的实例，提高农村、农民的商标意识，引导鼓励农民、涉农企业及有关协会组织注册和使用农产品商标，推广“公司+农户+商标”经营模式，使广大农民和涉农企业真正懂得农产品商标注册的重要性，自觉主动地通过注册农产品商标来适应市场经济的新形势，促进农村经济的全面、协调、可持续发展。三是要求建立和完善商标富农机制，把农产品商标注册保护工作落到实处。一个工商所每年至少引导、帮助辖区内一个农产品申请注册商标；每年确定至少一个已注册的农产品商标，扶持其进一步做大做强，培育著名商标和驰名商标。提高当地农产品商标注册积极性，带动品牌经济的发展，推动地方经济的发展。四是各级联动，摸清底子，理清思路，点面结合，扎实推进，准确掌握农产品资源基本情况。以工商所为单位，对辖区内农副产品商标拥有和使用情况进行深入的调研，对有一定历史传统、地域特色和较高知名度但未注册商标的农副产品，进行调查摸底，报县级局汇总整合，再报市级局，确定扶持重点，最后上报省局。省局确定“商标富农”重点品种，邀请有关专家，共同商讨申请注册和保护方案。五是重点扶持特色农副产品企业。按照“立足一个资源优势，围绕一个产业链条，抓好一件注册商标，带动一批特色品牌”的工作思路，进一步引导鼓励以农业资源为依托的特色农副产品加工企业树立品牌意识，利用商标提高农副产品市场竞争力，扩大农产品知名度，使“公司+农户+商标”真正成为利用知识产权促进农民增收和农业产业化发展的新模式。

三、“一所一标”工作的进展和成果

“一所一标”和“一村一品”相配套，但是侧重不同：“一村一品”面对生产；“一所一标”对接的是市场，可以使农产品迅速转化为商品并增大溢价空间，在促进社会主义新农村建设方面发挥了积极的作用。通过全省工商系统的努力，“一所一标”工作已取得了初步的成效，主要表现在四个方面：（一）农产品商标申请注册量大幅度提升。仅2007年，就有375件农副产品商标申请注册，相当于过去农副产品商标注册申请总和(1859件）的五分之一。2008年，农产品商标注册申请达到754件，比2007年翻了一番。（二）以商标富农为策略促进农业经济发展的观念和意识深入人心。各级党委和政府更加重视商标乃至工商行政管理工作。农民和涉农企业的商标注册主动性和积极性空前高涨。（三）基层工商干部商标知识有较大提升。许多干部成为了宣传商标战略的行家里手。（四）农民得到了实实在在的利益。仅“午子仙毫”茶叶公司等41户龙头企业就与农民签约达4亿元，使200万农民受益。由于这项工作取得一定成绩，2008年4月，总局在陕西省汉中市召开了“一所一标”现场会。总局领导同志要求在全国各地推广这一做法并用三句话对一所一标的工作做的概括——首先找到了一个路径，就是把国家局提出的监管与发展、与服务、与维权、与执法和基层工商所的商标监管工作统一起来了；第二指出找到了一个结合点，就是把落实科学发展观和帮助农民致富结合起来；第三在农业生产方式转变上创造了一个新模式。

四、“一所一标”工作存在的问题和进一步深化的措施

“一所一标”工作开展以来，尽管取得了一定的成绩，但还存在一些亟待解决的问题：一是发展不够平衡，有的地方已初见成效，有的地方还比较滞后。究其原因，有当地经济发展的因素，更有思想认识和工作态度、工作水平的问题。二是工作还不够深入，一些地方在帮助指导农民把商标做大做强上用力不足，对这项工作的理解表面化、片面化。究其原因，更多的是工作作风不够深入的问题。三是基层干部商标知识储备不足，难以向农民和涉农企业进行深入的宣传，指导乏力等。针对这些问题，下一步计划首先从提高基层干部的商标知识抓起，组织由商标监管干部、商标研究学者、商标代理人组成的“商标工作讲师团”，赴全省各地巡回辅导，下大气力提高基层干部的商标知识，使他们真正成为内行、专家，更好地承担起指导、帮扶的责任。其次，进行量化考核，激发基层干部的积极性和创造性，鼓励

各市、县、所之间加强交流，推广先进经验，树立典型。2008 年考核结果已下发全省工商系统，下一步还将出台《“一所一标”工作考核办法》。其三，动员社会力量积极参与。为解决农民注册资金短缺等问题，商标代理机构提出每年免除一部分农产品商标的代理费，为农副产品注册商标提供优质服务。

加强对市场主体的指导和服务工作，是工商部门职责所系。陕西省工商局将进一步加大服务指导和监管执法力度，加强检查督导，克服薄弱环节，总结经验教训，进一步深化“一所一标”工作，努力实现监管与发展、监管与服务、监管与维权、监管与执法的“四个统一”。

充分发挥商标监管执法服务职能作用 促进地方经济又好又快发展

西安市工商行政管理局

近年来，西安市工商局认真践行科学发展观，按照《国家知识产权战略纲要》和“四个统一”的要求，大力实施商标战略，充分发挥商标监管执法服务职能作用，为促进地方经济又好又快发展做出了积极贡献。

一、建立“三方联动”工作机制，打牢商标事业发展基础

按照总局领导提出的商标事业发展要坚持“一个依靠、四个借助”的指导方针，结合西安经济社会发展的实际，西安市工商局在实践中逐步形成了以企业为主体、以工商部门为主导、商标代理机构参与服务的商标发展“三方联动”工作机制。

一是实行申请商标注册目标任务责任制。落实“十一五”期间西安市商标事业发展规划，明确每年申请商标注册不少于3000件，并分解落实到各分县局，同时在72个乡镇工商所推行“一所一标”制度，与其他工商工作一同部署、一同检查、一同考核。

二是开展“商标代理诚信单位”评选活动。2007年底，组织在全市27家商标代理机构中首次评选出了4家商标代理诚信单位，并在社会上公开表彰宣传，充分发挥其在商标事业发展中的中介服务、工商助手和联系企业桥梁等作用。

三是推行《商标注册建议书》制度。从2007年开始，通过登记注册窗口或委托商标代理诚信单位向企业经营户免费发送《商标注册建议书》，宣传商标法律法规，引导企业积极申请商标注册。三年来，累计发送1万多份建议书。

四是加强信息交流、实现资源共享。各商标代理机构每季度向市局报送《商标注册申请情况季度统计表》，以便于工商部门及时、准确掌握商标注册申请情况，各工商机关同时向商标代理机构通报企业经营户登记注册信息，实现资源共享。

五是实行商标注册补助奖励制度。积极协调高新技术和经济技术两个开发区管委会安排专项经费，实行商标国际、国内注册补助奖励政策，激励企业积极创立、注册、运用、保护自主商标品牌。

三方联动工作机制运行3年来，已取得了明显成效：全市新申请注册商标13877件，超额完成规划任务的30%以上，是前27年商标注册申请总量的1.3倍；农产品商标注册申请量每年在250件以上，是目标任务的3倍。截至2008年底，全市共拥有注册商标24635件，其中农产品商标3854件。

二、强化教育培训和宣传推广，着力提高全社会的商标意识和商标监管执法服务能力

一是开展基层执法干部全员培训。适应“两费”停收后基层工商所面临的新形势，今年上半

年，由市局统一组织，对全系统基层监管执法人员进行了商标执法业务知识全员培训。共举办培训班 16 期，培训商标执法人员 1500 多人。

二是创新培训形式。依托“远程培训系统”，借助互联网平台，构建“网上商标监管培训学校”，设有商标法律法规查询、问题解答、外埠信息、案例分析等 8 个栏目，方便基层执法人员自主学习。每半年组织一次网上商标典型案例分析研讨，编印《商标监管执法工作手册》，发给全体商标监管执法人员，作为工具书使用。

三是积极开展多种形式的社会宣传活动。利用每年的“3·15”、“4·26”活动，组织开展商标维权法律咨询宣传；在《三秦都市报》举办《商标法》知识竞赛，在大雁塔北广场地下通道设立西安市驰著名商标展示长廊；协调市财政拨付专项经费 50 万元，在《西安日报》开设了“西安市著名商标企业展示专栏”，截止目前，已经刊登 55 期。

四是强化企业的商标法律培训。2006 年以来，共免费举办商标国际注册、培育驰著名商标、商标规范使用和管理等专门知识培训班 80 多期，培训企业商标管理人员 5000 多人次；开办农产品及地理标志商标注册培训班 15 期，培训 590 多人次。

三、落实“四个统一”要求，推行商标监管行政指导工作

按照国家工商总局的统一部署，落实“四个统一”要求，在认真总结实践经验的基础上，今年 5 月，西安市工商局研究提出了在履行商标监管执法职能中推行行政指导工作的 10 种主要形式：

（一）发送《商标注册建议书》；

（二）推行“一所一标”制度。即 72 个乡镇工商所每年帮助辖区内的农民、涉农企业或农民专业合作社申请注册一件商标，推广“公司+商标+农户”的经营模式，落实商标富农工作；

（三）与商标代理机构交流共享信息资源；

（四）发送《注册商标规范使用指南》；

（五）发送《申报认定驰（著）名商标意见书》；

（六）告诫提示，发送《商标法律告知书》；

（七）预警提醒，避免不必要的商标权益损害；

（八）纠纷调解，柔性服务；

（九）发送《商标策略提示书》，挖掘商标潜在价值；

（十）劝导企业开展商标品牌广告宣传工作。

目前，行政指导工作正在全系统推广落实。

四、积极培育商标品牌，加大商标专用权行政保护力度

一是建立驰著名商标培育计划梯队。制定了驰著名商标培育计划，建立了培育梯队，实行动态发展机制。各分县局按照市局下达的培训计划，健全培育制度，落实工作责任，并列入年度目标任务，纳入目标考评。出台了实施商标品牌战略支持企业科学发展的意见，对驰著名商标企业实行免检制度；建设名称字号与驰著名商标共享数据库，避免名称登记与驰著名商标的冲突；对侵犯驰著名商标专用权的行为，全市各级工商机关做到随时申诉举报、随时受理、随时发现、随时查处。2006 年以来，新认定西安市著名商标 230 件、累计拥有西安市著名商标 419 件；获认定陕西省著名商标 210 件、累计拥有陕西省著名商标 305 件，认定中国驰名商标 10 件、累积拥有中国驰名商标 16 件。

二是发挥工商所的主力军作用。“两费”停收后，西安市工商局及时研究制定了《关于加强商标执法办案工作强化商标知识产权保护的意见》，确定了以市局为指导、分县局为骨干、工商所为主力的三级商标执法办案体制。要求各工商所把保护商标知识产权作为履行职能的主要内容之一，安排商标监管执法专职人员，增强执法办案力量，担当商标监管执法的主力军。建立并落实工商所、市场开办单位、经营户“三位一体”的商标日常监管新机制，把商标监管列为市场巡查的重要内容，加强日常监管，落实行业自律，充分发挥市场开办单位和经营户的行业自律作用，建立注册商标有效使用、依法保护、规范管理的

长效运行制度。实行商标执法办案年度目标任务管理制度，将商标执法办案、任务下达到各分县局、分解落实到工商所，切实把商标知识产权行政保护的责任落到实处。

三是与知名商标企业开展联手打假维权。将驰著名商标、出口品牌、涉外商标、涉台商标、涉农商标、地理标志商标等作为注册商标保护的重点对象，制定了与知名商标企业开展联手打假维权的工作制度。在全市各级工商机关和339户知名商标企业设置打假维权联络员，并发布在红盾网上，建立联手打假维权工作机制。知名商标企业如遇注册商标被侵权假冒，可及时向工商部门投诉举报，提供线索，并协助工商部门鉴别侵权产品、查处侵权行为，提高打假维权的准确性和有效性。对于知名商标企业提出的打假维权投诉举报，工商部门优先受理、快速出击、及时查处；涉及跨地域的侵权假冒行为，则发挥全国工商系统各地区商标行政保护协作网的作用，派人或发函请求外地工商部门协查，帮助知名商标企业跨市、跨省、跨境开展商标打假维权；各分县局定期向企业提供打假维权政策法律和其他信息咨询服务，帮助企业收集、分析侵权假冒信息，建立健全工作制度，提高依法维权的意识。

经过全系统商标监管执法人员的艰辛努力，2006年以来，西安市工商局共查办各类商标违法案件2885件，罚款885万元，其中商标假冒侵权案件1663件、一般商标违法案603件、涉外商标案件552件、驰（著）名商标案件428件。

加强引导　热情服务 力促“一所一标”工作见成效

汉中市城固县工商行政管理局桔园工商所

桔园工商所位于陕西省汉中市城固县县城以北，共有干部职工 17 人，管辖 8 个乡镇，面积 1100 平方公里，辖区的桔园、原公两镇是城固县柑桔主产区。近年来，我所以“一所一标”工作为突破口，摸索总结出了“学、访、争、帮、管”五字工作法，将商标富农工作开展得有声有色，促进了地方经济的稳步发展。特别是去年四月份全国“一所一标”工作会议在汉中召开后，我们借着这股强劲东风，积极开展工作，取得了阶段性成效。目前，辖区已有 5 件涉农商标被国家工商总局商标局正式受理,还有 3 件正在准备申请。

一、深入学习，提高对商标富农战略的认识

城固是农业大县，主导产业是柑桔，但农民商标意识淡漠，干部职工对商标富农战略的认识模糊。因此，加强党的富农政策宣讲和干部服务意识教育就显得尤为重要。我们要求干部职工达到“三知三会”：即知“一所一标”任务目标，会主动开展工作；知商标法律法规，会指导企业正确申请商标注册；知辖区经济状况，会提出商标策略意见建议。通过学习，大家形成了一个共识：开展“一所一标”具体到桔园工商所，就是加强柑桔商标培育及地理标志保护，为全县柑桔产业发展服好务，使其成为城固的一张名片。这不仅是落实科学发展观、发挥工商行政管理职能、实现“四个统一”的要求，也是工商部门服务地方经济、支持新农村建设的具体举措。为此，我们成立了实施“一所一标”商标富农领导小组，以目标责任书的形式明确每年至少培育一件涉农商标，把任务落实到领导和工作人员头上，定期检查，年终考核，促使全体人员认识到位、责任到位、措施到位。

二、热情服务，促进企业和桔农增收

过去，城固柑桔产业一直处于“千家万户抓生产，千军万马搞销售”的无序状态，“卖桔难”成了制约发展的瓶颈。面对这种现状，我们一是加大商标宣传力度，利用企业年检会、个私协工作会、回访企业个体户等机会，宣讲中央一号文件、《商标法》等法规政策。对市场前景好、有一定经营规模和效益、有申请商标意向的企业和桔农送达“商标注册建议书”，增强商标意识。积极开展消费维权进农村知识讲座，重点向桔农宣传讲解消费维权、农产品商标及城固柑桔地理标志保护等知识，增强桔农对商标知识的认识。二是加大行政指导力度，提高“农字号”商标知名度。“一所一标”工作开展以前，我所辖区共有“升仙”、“泛亚”、“张骞”、“原公”、“庆山”、“龙头”等 10 多件柑橘商标，这些商标分别属于不同的企业和自然人，缺乏协调沟通，各自为战，甚至一些外地桔柑也冒用城固桔柑进行销售，缺

乏有效保护，致使市场秩序混乱。针对这一情况，我们工商所和县局一道，主动向县政府主要领导和分管领导汇报，建议县政府注册“城固柑桔”、“城固蜜桔”证明商标，以加强对城固柑桔地理标志的保护。政府采纳这一建议后，我们又积极协同县果业局开展注册申请工作，从法律政策咨询、商标图形及文字的设计、查询、商标事务所联系等方面提供全程服务，协助解决遇到的困难。2008年4月，该地理标志证明商标注册申请已被国家工商总局商标局受理。三是争取政府出台奖励政策。我们建议县政府建立涉农商标注册奖励机制，推动有效保护农产品知识产权。此建议被县政府采纳，规定每注册一件涉农产品商标，县政府给予一定奖励；对被认定为市著名商标的企业，奖励1万元；对被认定为省著名商标的企业，奖励5万元。在此政策鼓舞下，又有两户企业、一户柑橘专业合作社拟注册农产品商标。四是巧打合作社特色牌。引导桔农组建柑桔合作社，把单打独斗的桔农组织起来，在“城固柑桔”、“城固蜜桔”地理标志的引导下闯市场。至今年6月底，辖区内已注册柑桔专业合作社20户。这些合作社在去年柑桔市场不景气的情况下，发挥了积极的促销作用。五是引导农企合作实现共赢。2006年，我们推荐泛亚公司参与哈尔滨柑桔推介会，当年，城固柑桔每公斤收购价高出全国平均价0.6至0.8元，销售达12万吨，桔农增收近4000万元。此后，我们根据柑桔产业的发展态势，积极建议城固县柑桔龙头企业——汉中泛亚公司牵头组建了城固县柑桔协会，走“企业+商标+合作社+农户”的路子，发展订单农业。去年，泛亚公司同桔农签订订单1万多吨，今年签订订单1.5万吨。2008年，仅刘家营村柑桔专业合作社就依托泛亚公司外销俄罗斯柑桔1000吨。现在“泛亚”牌柑桔已远销日本、韩国、俄罗斯和西亚等国，每年出口创汇达6000万元以上。我们还积极扶持经纪人组织，成立柑桔经纪人协会，发展柑桔经纪人40名，进一步完善了柑桔销售网络。

三、强化监管，提升城固柑桔品牌形象

为了确保城固柑桔畅销国内、走出国门，我们首先加大商标保护力度。从检查柑桔商标印制入手，建立柑桔商标印制、使用台帐，对冒用柑桔注册商标及其包装进行生产销售的行为严查重处。向消费者介绍城固柑桔特点及辨别方法，增强消费者认知城固柑桔的能力，保证城固柑桔的品质形象。其次加强市场巡查。对商标使用过程中的轻微违法行为，及时送达“商标法律告知书”，警戒其改正。对商标使用即将到期的单位，及时送达“商标续展提示书”并协助其续展。同时，加强对化肥、农药等农资市场的监管，引导桔农采用有机种植、无公害种植，防止污染损坏柑桔和坑农害农事件的发生。第三，加强柑桔交易监管。每年柑桔交易期间，我们全所17名干部主动放弃节假日休息，一心扑在监管上，全力维护市场秩序，保护城固柑桔品牌形象。外地客商感慨地说：“城固不光柑桔好，市场环境也好”。

商标虽小，商机无限。实施商标富农战略以来，城固县柑桔产业一路飙升，种植面积已由2001年的7.78万亩扩展到2008年底的16万亩，产量由5.6万吨提高到20万吨，产值由6720万元提高到2.8亿元，桔农人均纯收入提高了3000多元，高出全县平均纯收入30%以上。桔农家家住上了小洋楼，彩电、冰箱、电脑甚至小汽车陆续进入农家。由此带动了苗木繁育、包装、运输、储藏、加工、服务等行业，特别是旅游业也迅速崛起。去年柑桔节和桔花节期间，前来桔园景区观光的游客达35万多人次，旅游收入逾5000万元。如今桔农们自豪地说：“金蛋蛋，银蛋蛋，不如自家树上的桔蛋蛋”。

这次会议后，我们将认真学习借鉴兄弟单位的好经验、好做法，围绕汉中市委、市政府发展60万亩优质生态观光柑桔产业的构思，进一步深化商标富农战略，加强引导、热情服务，大力拓展柑桔产业链，全力打造汉中柑桔之乡新形象，为地方经济、社会全面协调发展再做新的贡献。

实施商标战略　服务经济发展

甘肃省工商行政管理局

近年来，甘肃省工商系统坚持以科学发展观为指导，认真贯彻国家工商总局《关于贯彻落实国家知识产权战略纲要，大力推进商标战略的实施意见》，紧紧围绕省委提出的“走出欠发达地区、西部老工业基地创新发展的新路子”的总体要求，高举服务经济发展这面旗帜，充分发挥工商行政管理职能作用，坚持把服务和促进发展作为商标工作的出发点和落脚点，在认定著名商标、培育驰名商标、扶持地理标志、商标专用权保护方面迈出了新的步伐，有力地助推了甘肃经济平稳较快发展。据统计，全省累计注册商标 1.4 万余件，其中，驰名商标 11 件，甘肃省著名商标 238 件，证明商标 16 件。

一、积极推进著名商标立法,规范著名商标认定,提升了企业抗风险能力。坚持把著名商标立法工作作为服务经济发展的头等大事来抓,积极推进著名商标立法进程,完善相关配套制度,规范著名商标认定程序,为公平、公正地开展著名商标认定工作打下了坚实的基础。

（一）加强调研，夯实甘肃省著名商标立法工作基础。为加强我省著名商标的法律认定和保护，鼓励企业争创著名商标，提升我省商标在国内外市场竞争力，推进商标战略的实施，根据省政府 2005 年度立法计划，成立了《甘肃省著名商标认定和保护条例》（简称《条例》）起草、调研、论证小组，并邀请省人大常委会财经委和省政府法制办提前介入，分别对兰州市等 14 个市、州工商部门，61 户企业进行了广泛调研，反复论证，数易其稿，形成了《条例》（送审稿），于 2007 年 6 月 29 日经省政府第 103 次常委会议审议通过，形成了《条例（草案）》，报省人大常委会审议。根据省人大常委会第三十次会议提出的意见，修改小组再次深入佛慈、黄河等知名企业进行调研，并召开专家论证会，进行集中论证，就《条例（草案）》涉及的重点、难点问题赴山东、江苏、浙江省调研，在调研的基础上进一步修改，于 9 月 27 日经省人大常委会审议通过。为贯彻《条例》实施，省工商局先后制定了《甘肃省著名商标认定和保护条例实施办法》（简称《办法》）、《甘肃省著名商标认定工作规则》、《甘肃省著名商标认定廉政工作守则》、《甘肃省著名商标考查回访制度》。并针对我省商标发展现状，代政府草拟了《关于加快实施商标战略推动甘肃经济发展的意见》，该《意见》为企业参与市场竞争提供政策支持。

（二）积极开展著名商标认定工作。《条例》颁布实施后，省工商局分两期举办由 250 多家企业商标负责人、市、州工商局商标管理负责人参加的著名商标认定工作培训班，重点对《条例》、《办法》进行了集中培训。2008 年分两期进行了甘肃省著名商标认定工作，在认定过程中，严格落实《甘肃省著名商标考查回访制度》，从申请认定著名商标的申请材料中选出有代表性的60家企业，按照著名商标应当具备的条件，深入企业，采取听汇报、查资料、看车间、看商标实际使用等办法进行实地考察。经两次专家会和局务会研究，共认定“读者”等238件商标为甘肃省著名商标。

（三）著名商标认定提升了企业的品牌效应，提高了企业的竞争力。著名商标认定后，各级工商部门在加强对企业商标使用和管理进行跟踪服务的同时，重点对获得著名商标企业2007年、2008年的经济指标进行了调查，发现企业在获得著名商标认定后，进一步创新发展理念，更加注重产品质量和售后服务水平，产品的知名度和美誉度进一步提高，大部分企业都表现出了相当的抗风险能力，在逆境中发展迅速，效益增长较快。一是企业的经济效益明显提高，参与市场竞争力增强。比如：莫高实业发展股份有限公司“莫高”商标于2008年获得甘肃省著名商标后，公司明确提出葡萄酒发展思路，即确立追赶战略，瞄准全国“三甲”；选择经营突破，加速扩张；谋划全国市场布局，市场销售快速增长，渠道资源达到最优配置。“莫高”葡萄酒营业收入由2007年的3.58亿元上升到2008年的4.22亿元,年增长17.87%；利润总额由2007年的2895万元上升到2008年的5476万元,年增长89.13%；实现“莫高”葡萄酒在全国的行业地位由2007年的第六位跃升到2008年的第五位；销售区域已由主要集中在西北地区延伸到除台湾以外的全国销售网点，葡萄酒销售呈现量价齐增，产销两旺的高速发展态势。今年“莫高”商标又被国家工商总局商标评审委员会认定为驰名商标。二是著名商标不仅是一种智力成果，而且还是企业形象的代表。商标知名度越高，其含金量愈高。在市场竞争日益激烈的今天，著名商标所起的作用与日俱增。对消费者而言，著名商标意味着商品品质和企业信誉。对著名商标所有人而言，著名商标是宝贵财富，意味着广泛的市场占有率和创业能力。因此，在科技日益发达的今天，商标本身蕴藏着巨大的无形资产，是企业不可或缺的宝贵财富。兰州市武都路千聖火锅店的“千聖”商标是全省肥牛行业唯一获得著名商标”认定的企业，该商标获得著名商标认定后，在行业中名声大振，要求加盟的就有6家之多，其经济效益也有明显的增长。三是著名商标除享有普通注册商标的专用权外，还享有普通商标所不具有的企业名称登记方面的特殊保护。著名商标认定为解决企业商标专用权与企业名称权冲突提供了法律依据。如兰州市经营者陆海军于2003年开办了“兰州市城关区火吧餐饮部”，主要从事“烧烤、火锅、饮料、酒的零售”经营。于2006年核准注册“火吧”商标（注册类别为43类），核定服务项目为咖啡馆、餐厅、饭店等十个服务项目。因为其经营模式很受市场欢迎，多家餐饮店注册登记“火吧”企业名称并在门店突出使用，使商标所有人蒙受经济损失，合法权益得不到有效保护。《条例》的出台，明确规定“他人不得将与著名商标相同或近似文字作为企业名称、字号使用”，避免了以后类似情况的发生，商标所有人的合法权益将得到保护。

二、努力打造地域品牌，指导企业积极争创驰名商标。驰名商标是《商标法》对商标权延伸保护的特殊措施，是国家及相关公众对企业产品质量、内部管理、市场营销、经济效益乃至社会信誉的认可，集中体现了企业的现实生产力、综合竞争力和前瞻发展力。为推进商标战略实施，提升了我省商标在国内外市场的知名度、美誉度和市场竞争力，各级工商部门履职尽责，动员、指导企业积极参与驰名商标认定，帮助企业整理申报材料，对符合驰名商标认定条件的商标积极向国家工商行政管理总局商标局推荐。2008年以来，“海林”、“TSD牌”、“莫高MOGAO”等商标先后被国家工商总局商标局、商标评审委员会认定为驰名商标。使我省驰名商标的数量由2007年底的3件猛增到目前的11件。为做好驰名商标培育工作，2009年省工商局从238件著名商标中选出40件商标作为驰名商标培育对象，各级工商机关分工负责，以标定人，加大宣传，积极引导企业坚持质量为本，以品牌优势打造品牌形象。坚持自主研发，以新优特扩展品牌价值，以企业文化丰富商标内涵，精心培育驰名商标。

三、指导农产品商标和地理标志注册，促进农民增收、农业增效和农村繁荣。各级工商部门按照“注册一件商标，富裕一方百姓”的工作思路，加强了对农产品商标和地理标志注册工作的指导，使我省的地理标志注册数量由2007年底的6件猛增到目前的16件，名列全国第八位。让农民真正得到了实惠，为农民增收、农业增效、农村发展创造了有利的条件。如“平凉金果”地理标志证明商标注册后，又被认定为甘肃省著名商标，使“平凉金果”的身价从注册前的1.1元/公斤上升到注册后的2.1元/公斤，增长91%；农民人均收入由注册前的558元上升到注册后的730元，增长30.8%，占农民总收入的30.2%；年销量53万吨（其中出口6000吨），销售额11亿元；占当地农业产值的39.5%；从业人员25万，占总人口总数的12.63%。再如定西马铃薯地理标志证明商标去年注册后，为当地农民发展马铃薯特色产业闯出了一条新路子，价格从注册前的0.12元/公斤上升到注册后的0.24元/公斤，增长100%；农民人均收入由注册前的1100元上升到注册后的1700元，增长55%，占农民总收入的80%；年销量60万吨（其中出口4.5万吨）；从业人员7万，占总人口总数的70%。

四、依法行政，重拳打击商标侵权行为。2008年以来，各级工商部门坚持以日常监管为重点，加强工作指导与协调，认真开展了以保护食品、药品商标、驰（著）名商标、涉农、涉外商标为重点的专项行动，严厉打击商标侵权行为。共查处商标违法案件844件，罚没款180余万元。查处的大要案件有：兰州西北商城万山鞋行某个体户销售侵犯浙江省某有限公司商标权案，被处以罚款5万元；兰州兰新电器综合市场某个体户销售侵犯广东佛山市顺德区某有限公司商标权案，被处以罚款5万元。

总之，在我省各级工商部门的共同努力下，服务企业发展和依法保护商标所有人合法权益方面取得了一定的成绩，但也清醒地看到我省商标注册量、驰名商标拥有量远不及发达省市；我们将以此次贯彻落实《国家知识产权战略纲要》大力推进商标战略实施工作会议为契机，认真学习兄弟省市商标工作的先进经验和做法，积极推进我省商标战略实施，不断提高商标运用、保护和管理水平，为促进甘肃经济发展做出应有的贡献。

全面践行“四个统一”
实施商标战略助推经济腾飞

张掖市工商行政管理局甘州分局

张掖市甘州区地处祁连山中麓，位于甘肃省河西走廊中部、全国第二大内陆河黑河中上游，土地面积4240平方公里，耕地面积68.59万亩，属典型的灌溉农业区。近年来，我们以科学发展观为统领，按照省市工商局实施“红盾助推工程”的具体要求，紧紧围绕甘州区区域特色优势，积极实施了“商标兴业、品牌活区”的商标带动战略，大力培育地方特色品牌，引导企业打造“金”字招牌，在促进全区经济又好又快发展过程中起到了积极作用。

一、坚持监管与发展相统一，融商标战略于甘州经济发展大局中

立足产业优势，科学谋划商标带动战略，围绕全区“做大养牛业、做强制种业、做优果蔬业、做精轻工原料业、做好劳务业，做活物流业”的产业化发展思路，分局理清了实施商标带动战略的具体思路：一是在实施“一所一标”工程的基础上，逐步实现“一所多标”。二是紧紧围绕“农”字做文章，结合总局服务三农“七项机制”，在“商标富农”上下功夫，实行“公司+商标+农户”的运作模式，形成有特色的产业链。三是按照“培育一批、扶持一批、推荐一批”的原则，做好企业商标的储备和扶持引导工作。四是发挥品牌企业的辐射带动作用，全面提升区域经济竞争力。

采取主动进位，将商标带动战略纳入服务发展大格局。开展“商标兴业、品牌活区”调研活动，及时出台了《关于实施商标带动战略推动全区经济又好又快发展的实施意见》，得到了区委、区政府的充分肯定。区政府配套出台了《甘州区创建名牌奖励办法》，明确部门职责，并对创牌商标给予5-10万元的奖励，使商标培育工作呈现出“政府主导，工商牵头，部门协作，企业参与”的新格局。

注重普法宣传，营造“商标兴业、品牌活区”的良好氛围。针对农民专业合作社蒸蒸日上的发展势头和打牌子找销路的现实需要，分局分别举办了农民专业合作社培训班、商标代理组织和经纪人培训班12期，培训1500多人次，切实提高经营者注册商标和保护品牌的意识。通过开展送法进企业、进村社等活动，深入宣传《商标法》等法律法规，引导市场主体树立了“有牌子才能闯市场，闯市场才能赚到钱”的观念，在全社会营造了重商标、创品牌的浓厚氛围。

二、坚持监管与服务相统一，深入推进“商标兴业、品牌活区”战略

一是以“四摸清、两制定、一建立”为抓手，做到心中有数。在培育商标和打造优势品牌过程中，做到摸清本地产品优势、摸清注册商标底数、摸清农产品商标潜力、摸清企业需求；制定商标

注册计划、制定延伸工商“服务链”具体措施；建立商标培育储备数据库，逐步形成由未注册商标向注册商标、地方知名商标向省著名商标和驰名商标发展的梯次商标储备库。今年，分局确定了培育3件省著名商标、1件驰名商标的创牌目标。

二是以“一员四定五帮”为手段，积极落实目标任务。积极实施“一所多标”工程，实行红盾联络员全程代理服务制；通过定人、定责、定量、定奖惩，严格落实商标培育任务；在工作中采取帮学法、帮查询、帮策划、帮设计、帮代理等措施，开展一条龙服务。同时制定《服务商标带动战略考核评价办法》，由分局服务办和效能监察办定期对各单位和红盾联络员进行考核，确保各项任务落到实处。截至目前，共帮扶商标培育联系点368户，解决商标培育过程中的实际困难128件，接受商标信息咨询1200多人次。“甘州区杰灵养殖专业合作社”生产的鸡蛋，没有注册商标以前售价低、销路不畅。去年3月，红盾联络员在回访过程中发现该合作社的鸡由农户分散饲养，鸡在田间地头和广阔的草场上自由觅食，所产的蛋比一般圈养鸡产的蛋味道鲜美，工作人员敏感地意识到这种鸡蛋有很好的商业价值和升值空间，在局所两级的帮助下“紫家寨”牌鸡蛋成功推出，在分局“农超对接工程”的嫁接下，品牌鸡蛋陆续进入全区8家大型超市和2家集贸市场“绿色通道”和直销区销售。目前“紫家寨”牌鸡蛋每公斤要比同类鸡蛋高出近1元钱，产品在远销新疆、宁夏、内蒙古等多个省份的同时，还带动了甘州区南部沿山地区贫困乡镇的856户农民脱贫致富。

三是延伸工商服务链，围绕商标培育搞好服务工作。按照更新“四个理念”要求，着力转变商标培育服务理念，由过去等着企业上门咨询商标注册事项变为提前介入、主动服务、上门服务。按照省工商局《立足工商职能延伸服务链的实施意见》，出台了《围绕“产业链”延伸“服务链”操作规程》，形成由辖区联系点领导、服务办、效能监察办、工商所、红盾联络员“五位一体”的服务体系，围绕商标服务和监管工作延伸服务链，为企业提供事前、事中、事后全程服务，共发放商标注册建议书86份、商标策略提示书335份、商标法律告知书15份。同时，积极联系《甘肃日报》、《中国工商报》和地方主流媒体为4家农民专业合作社和15家企业进行了宣传报道。

四是搭建服务平台，健全社会服务体系，增强扶持发展的合力。在政府主导和工商部门牵头协调下，各部门形成了齐抓共管、上下联动的整体合力。甘州分局先后牵头组织了甘州区“地方知名商标评选”活动和“立足科学发展，推动品牌建设”高峰论坛，并以此为契机培育商标代理机构，切实健全社会服务体系，发挥中介机构和经纪组织的桥梁纽带作用，为市场主体提供快捷、优质的商标注册、咨询、代理服务。

五是全力抓好商标注册和创牌工作，推动地方产业的整体发展。按照巩固已有注册商标、开发新产品商标、提升注册商标档次的思路，集中培育了一批科技含量和产品附加值高、市场销售空间和辐射带动能力大的名牌产品、名牌企业和名牌产业，拉动全区经济增长。以打好“农”字号品牌为抓手，促进农民增收、企业增效、产业发展。如省著名商标“有年”牌马铃薯全粉和系列商标“薯一薯”，带动周边15000户农户种植马铃薯4万多亩，每年为农户增收3300多万元，公司年销售收入达4200万元，上缴税金147万元，实现利润460万元。以打好地域商标牌为抓手，扶持培育了一批享誉周边地域的农产品商标。如“梁家墩”牌果蔬商标，是由梁家墩镇依托“公司+农户+商标+协会”的运作模式而形成的带有地域特色的商标,该地出产的各类陆地蔬菜和大棚蔬菜声名鹊起,每公斤蔬菜的价格与同类产品相比提高了0.4元左右。依据地名而注册的“酥油河畔拾花女”等劳务商标，也享誉甘肃、新疆等地，为张掖劳动力资源的输出发挥了较好的宣传效应。以打好优势产业商标牌为抓手，打造知名品牌聚集的洼地。甘州区制种产业总产值5.7亿元，其中玉米制种40.5万亩,生产的玉米种子占到全国用种量的17%以上。立足这一产业优势，当地形成了“金象”、“金凯”、“金张掖”、“天脊”等数个农作物种子品牌，同时全国10大知名制种企业有8户落户甘州，从事玉米制种，使甘州成了知名种子品牌聚集的洼地。

截至目前，甘州区共有注册商标335件，其中涉农商标113件、储备商标121件；2009年1至5月份注册商标14件，其中涉农商标8件。打造了“丝路春”、“昆仑雪”等7件甘肃省著名商标。今年以来，分局还重点扶持了“三立”、“新乐”、“孙记”3件商标申报甘肃省著名商标并通过了初审认定，积极帮助“金象”商标申报了驰名商标。

三、坚持监管与执法维权相统一，切实保护注册商标所有人的合法权益

在做好商标培育服务工作的同时，我们坚持服务与监管并重，高举亮剑打击各类侵犯注册商标专用权的违法行为。一是完善商标举报投诉处理机制，依托12315举报投诉平台和“E6”监管平台，健全商标维权网络。二是与质监、文化等部门积极配合，全面建立联合打假机制，形成职责明确、查处有力的商标专用权保护机制。三是建立政企联手、跨地联合打假维权机制。与“五粮液”、“紫金花”等知名企业和“丝路春”、“金象”等地方企业签订打假维权协议书，形成资源共享、信息畅通、反应及时的打假维权网络。四是深入开展保护注册商标专用权行动，重点查处侵犯驰名著名商标专用权案件。五是加强舆论监督，加大商标侵权案件曝光力度，营造“打假冒，保名优，树诚信”等保护注册商标专用权的良好氛围。两年来开展“保品牌、打假冒”专项行动12次，与国内23个知名厂家建立常年打假维权联络机制，依法立案查处商标侵权案件66起，捣毁制假售假窝点8个。

立足全区产业发展，实施商标品牌带动战略，促进区域经济又好又快发展，甘州分局做出了一些有益探索。服务发展的历史使命时不我待，甘州分局将在科学发展观的引领下，以实施省局“红盾助推工程”和围绕产业链延伸服务链为载体和抓手，大力推进商标服务与监管工作，不断创新商标带动产业发展和品牌助推经济腾飞的新路子。

依靠政府支持、坚持改革创新 大力推进欠发达地区商标工作

青海省工商行政管理局

近年来，在国家工商总局、中共青海省委、省政府的正确领导下，青海省工商行政管理系统结合欠发达地区实际，依托优势资源和特色产业，以打造注册商标、青海省著名商标和中国驰名商标“三大方阵”为核心，进一步解放思想，开拓创新，大力推进商标战略，商标事业呈现蓬勃发展的态势。我们的经验和体会主要有两点：

一、各级党委、政府的重视和支持是推进商标战略的重要保证

青海省推进商标战略，除了国家工商总局对青海给予的政策倾斜外，一个很重要的经验就是在工商部门的努力下，各级领导高度重视商标工作，各级政府将商标战略列入重要议事日程。2005年以来，经省工商局草拟，省政府先后印发了《关于青海省实施商标战略工作的若干意见》、《关于青海省农畜产品商标注册和地理标志保护实施方案》、《青海省进一步推进品牌战略实施意见》等一系列重要文件。特别是2008年，省政府组织召开了全省历史上规格最高、规模最大的推进品牌战略工作大会，各州（地、市）县党政主要领导参加了会议，省长宋秀岩和国家工商总局副局长付双建亲临会议作了重要讲话，并由省政府主管省长亲自主持，举办了两场“青海推进品牌战略”高峰论坛，在全省引起较大反响。经省工商局积极请示，从2009年起，省政府设立“青海省品牌建设发展资金”，决定每年拨出专款1000万，对获得驰名商标、青海省著名商标荣誉称号及注册成功的地理标志证明商标和农畜产品商标给予奖励，并对企业开展品牌宣传的进行补助。2009年6月底，根据省政府的安排，省工商局在上海市展览中心承办了主题为“大美青海、特色品牌”的青海品牌商品推介会，这也是青海省迄今为止在省外举办的首次品牌推介会。在上海市工商局的鼎力支持下，这次推介会受到省内外相关媒体及上海市各界的关注，反映热烈，富有成效，成为青海实施品牌战略中的闪光点。

在省委、省政府的领导下，各州（地、市）县级推进商标战略的力度更大，纷纷出台优惠政策，积极推进商标战略。如玉树州是青海的一个纯藏族州，位处三江源地区，境内旅游景点众多，为保护这些商标资源，通过商标战略，拉动旅游开发，州政府拨出专款，一次性申报了101件商标。海南州政府下发《关于加快推进海南州商标战略实施意见》，决定从2009年起州、县两级政府每年从财政预算中拿出80万元专项资金支持商标品牌发展。海东地区行署及六个县已开始设立商标战略发展资金，对品牌战略给予大力扶持。各级政府的大力支持，为全省商标工作创造了良好的条件和氛围。

由于各级党委、政府高度重视、支持商标品牌建设，开创了全社会关注品牌、共同培育品牌的良好局面。近年来，商标品牌成为省内新闻的热点，广播、电视、报纸开辟专栏作了大量报道。如今年4月份，省委宣传部首次就商标宣传工作，专门组织省内各新闻媒体召开了一次新闻协调会，下发了《关于“商标在你我身边”主题宣传月活动的宣传报道方案》，确定省内各主要媒体开设以“打造商标品牌，坚定发展信心”为主题的宣传专栏进行专题报道，并落实了参与宣传报道的记者，仅2009年4月份省内各媒体宣传报道商标品牌达142篇（次），录制并刊播商标品牌公益广告3条。

二、工商行政管理部门坚持求真务实、改革创新是推进商标战略的关键

商标总量小，门类单一，著名、驰名商标数量少，企业商标经营能力普遍较弱，品牌对地方经济发展的支撑带动作用不强是困扰青海实施商标战略的突出问题。为此，我们从四个方面开展了工作：

一是以提高全社会商标法律意识为目标，积极营造全社会支持商标工作的局面。自2005年以来，我们一年确定一个主题，先后组织开展了“培育保护知名品牌、规范扶持中小企业”、“商标是企业腾飞的翅膀”、“服务千家企业、培育千件商标”等主题活动，将4月份确定为商标品牌知识宣传月，全省各地因地制宜地开展了送商标知识进企业、进农牧区、进学校活动，通过召开座谈会、举办学习班、免费为省内的驰名商标和著名商标做大型户外广告宣传等多种形式，大力宣传《商标法》及商标知识。几年来，共组织开展集中宣传活动193次，在省级媒体播出品牌系列宣传110多期（次），印发宣传材料13万余份。通过大力宣传商标法律，积极普及商标知识，主动注册商标，精心培育商标，自觉保护商标，实施商标战略打造核心竞争力，已逐渐成为青海各界的共识。

二是以“三定四帮”为手段，注册商标总量和申请量大幅上升。为了扩充商标总量，按照“一所一人一标”的要求，通过定人员、定任务、定奖罚，要求人人参与服务企业培育商标工作，各州（地、市）局及各直属分局，从一般干部到领导干部，都落实了商标培育任务，制定了年度奖惩办法。采取帮学法、帮策划、帮查询、等措施，开展一条龙服务。从坐等上门到主动上门开展工作，深入企业、农户宣传，讲解商标注册知识，提高了商标注册的积极性。同时，全省工商系统强化商标行政指导工作，如2008年青海湖景区工商管理分局重点从保护青海湖的无形资产入手，就青海湖景区无形资产的形成、保护和将来的利用等重大问题，将三份商标注册建议书上报给了景区管理公司。为了便于决策，统筹轻重缓急、注册费用、使用价值等多方面的因素，拿出四套备选方案，指导青海湖景区管理公司向总局商标局一次性提出270件商标的注册申请。特别是2008年以来，我们将全省百强企业和私营骨干企业作为培育的重点对象，逐个上门开展服务。重点帮助企业树立“商标自我保护意识”和“商标储备意识”，商标培育步伐明显加快，初见成效。2008年，商标申请量首次突破千件大关，达到1746件，较2007年增长120%，相当于前三十年注册商标总量的50%。截止目前，全省累计注册商标总数达3610件。较三十年前增长了51.6倍。

三是以“三个一批”为重点，开创了农畜产品商标新局面。2005年以来，全省系统通过鼓励和支持农业生产企业和农业加工企业注册一批农副产品的商标，夯实实施农产品商标战略的基础。截至目前，累计注册农畜产品商标达474件，占注册商标总数的13%。通过与农业、畜牧等部门积极协调，组建了40多家行业协会，在优势产业中寻找突破口，培育一批特色品牌，作到了农产品商标民间管理、民间受益。先后有29件地理标志证明商标向国家工商总局商标局提交了注册申请，申请量从无到有不断增加，发展势头强劲。

截止目前，全省共有互助“马铃薯”、“玉树虫草”、“湟源马牙蚕豆”、“循化线辣椒”、“乐都紫皮大蒜”、“祁连黄蘑菇”等9件地理标志证明商标。通过培育一批农产品著名商标，在农业龙头企业、特色产业和传统农业中率先实施商标战略。通过工商部门大力推动，企业坚持不懈创牌，我省农畜产品商标中，培育出了4件驰名商标、13件青海省著名商标，分别占全省驰名、著名商标总数的40%和33%，提高了我省农畜产品知名度，增强农畜产品竞争力。

四是以服务经济发展为中心，培育驰名商标实现了飞跃。通过自上而下坚持不懈地开展培育驰名商标、青海省著名商标、州地市知名商标和县域好商标活动，激发了企业创品牌的热情，使青海拥有的驰名商标总数达到了10件，位列西北五省区第二。据统计，2008年，“盐桥”钾肥、“藏羊”地毯、“雪舟”牛绒衫、“互助”青稞酒、“晶珠”、“金诃”藏药、“三江源”虫草、“金溢”铝型材、“布哈拉”民族服饰、“洁神”环卫设备等10家驰名商标企业共实现工业生产总值88.98亿元，为全省GDP总量贡献9.25%，税收贡献10.1%，出口贡献10.22%。10件极具青海产业特色的驰名商标，已逐渐成为青海品牌崛起的主要商业标志，提高了青海产品市场竞争力。

大力实施商标战略 加快实现宁夏经济跨越式发展

宁夏回族自治区工商行政管理局

去年以来，宁夏工商局在自治区党委、政府和国家工商总局的领导下，认真贯彻落实《国家知识产权战略纲要》及自治区《关于加快实施商标战略的意见》，充分履行职能，大力实施商标战略，加大商标培育和市场监管力度，全区商标事业得到了快速发展。

一、主要做法

一是确立战略目标，明确工作任务。结合宁夏实际情况，制定并报请自治区政府批转了《关于加快实施我区商标战略的意见》、《自治区2008年—2012年驰名商标、著名商标培育发展规划》。确定实施商标战略现阶段的目标是：到2012年，力争全区商标申请注册数量达到15000件以上，注册商标总量达到8000件以上，力争培育驰名商标10件以上，“宁夏著名商标”260件以上，力争培育农产品证明商标、集体商标12件以上，在全国具有较大影响力的商标5件以上，驰名商标、宁夏著名商标生产企业的总产值实现翻一番。通过实施商标战略，实现以商标品牌建设品牌企业，以品牌企业推动地方特色优势品牌产业发展，以品牌产业带动品牌经济发展，以品牌经济促进地方发展，走出一条品牌产品—品牌产业—品牌经济—品牌市县—品牌自治区的创新发展之路。

二是创新战略举措，推动工作落实。不断创新工作举措，先后在全系统推行了“商标指导员”、“四书两卡”、“一所一标”、“一乡一标”和企业商标备案等制度，建立了驰名商标和宁夏著名商标培育库，形成了宁夏企业冲击著名、驰名商标的多级梯队。开展了宁夏地理标志资源摸底调查和“红盾助企”商标指导员帮扶企业活动，走访自治区重点骨干企业、自治区农业产业化龙头企业、驰名商标、著名商标企业和重点培育企业，从企业商标注册、使用、管理、保护等方面开展具体的帮扶和指导。深入开展“商标富农”工作，实行“商标指导员”“保姆式”的全程服务，引导帮助农户和农村经济合作组织积极申请注册农产品商标、地理标志证明商标，着力推广“商标+农户+合作社（公司)”生产经营模式，增加农产品附加值。先后帮助申报了“盐池甘草”、“灵武长枣”、“千堆雪”等一批重点商标，43件“沿黄城市带”、“沿黄城市群”、“塞上明珠”、“黄河金岸”商标，帮助企业、农户、协会申报商品商标、服务商标、集体商标和证明商标千余件。协助自治区政府注册了“两节一会”商标，提升了宁夏“两节一会”（中国宁夏国际清真食品、穆斯林用品节暨宁夏投资贸易洽谈会）的知名度，扩大了对外影响，使穆斯林文化得到了广泛传承。

2008年4月，自治区政府主席王正伟喜闻“夏进及图”商标被认定为驰名商标，立即批示：“感谢国家工商总局的支持。品牌，是创新的结品，是质量的凝聚，是企业的金字招牌，是走向国内外市场的‘通行证’。抓品牌的培育和发展，就是落实科学发展观。自治区工商局把培育发展品牌作为一个战略重点和抓手，大力推进，取得了明显成效。要进一步制定我区品牌培育战略计划，明确责任，采取措施，已经是宁夏名牌的要向中国名牌迈进，是中国名牌的向世界名牌迈进。让宁夏制造走向全国，走向世界。”

2008 年 10 月，宁夏工商局配合自治区政府成功举办了“第六届宁夏著名商标认定表彰大会暨实施商标战略论坛”，自治区政府拿出 570 万元重奖获得驰名商标和宁夏著名商标企业，这在宁夏尚属首次。

2009 年 4 月 30 日《宁夏回族自治区著名商标认定和保护办法》以自治区主席第 15 号令发布，这标志着宁夏的著名商标管理已步入法制化和规范化的轨道。

三是扩大战略宣传，营造良好氛围。积极开展全方位的商标宣传工作，在《银川晚报》开辟了“商标与财富”专栏，与地方政府和宁夏电视台合作，拍摄了题为“一枚证明商标、激活一方经济——自治区工商局商标富农纪实报道”的电视系列片，专题报道“中宁枸杞”、“盐池滩羊”、“香山硒砂”农产品商标、地理标志证明商标注册、使用富裕农民的显著成效，在全区引起了较好的反响。开展了以“实施商标战略，打造品牌经济，促进跨越发展——市县领导论商标”为主题的系列宣传活动。在宁夏电视台制作播出了“市县领导论商标”系列报道，在《宁夏日报》、《新消息报》开辟了“市县领导论商标”专版，集中展示各市县实施商标战略，促进地方经济发展取得的成果。各级地方领导通过学习研究《商标法》、撰写理论文章，接受访谈，进一步增强了加快实施商标战略，推进地方经济社会发展的决心和信心。根据当地实际，相继出台了给予驰（著）名商标奖励的政策性文件，灵武市、青铜峡市政府还拨专款在工商局设立专项商标培育基金。目前，政府引导、企业主动、社会共同支持商标工作的良好氛围已经形成。今年全区申请商标注册量达 405 件，比去年同期增长 33.6%，其中已核准注册 375 件，比去年同期增长 50%。

四是开展打假维权活动，净化商标发展环境。建立了区局、市（县、分）局、工商所三级商标行政执法体系，上下联动，形成合力，有计划、有重点地开展了查处非法印制和买卖商标标识行为、保护奥林匹克标志专有权、打击“傍名牌”等多项整治行动。充分发挥现代网络科技的作用，利用联络员等沟通渠道，主动与企业联手打假，重点查处了一批侵犯驰名商标、著名商标、证明商标和集体商标专用权案件，捣毁制假售假商标窝点 11 个，查处侵犯食品商标专用权案件 7 件，侵犯驰名商标专用权案件 2 件，查处伪造、擅自制造及销售他人注册商标标识案件 2 件，其他案件 5 件，没收侵权商标标识 89200 件，没收、销毁侵权商品 1194 件，罚没款 21.35 万元，切实保护了商标权利人的合法权益，净化了商标发展环境。

二、基本成效

一是商标意识明显增强。全区商标申请数量快速增加，每年增幅达 25%以上，社会各界对商标工作的认可度不断提高，培育驰名、著名商标的社会环境进一步优化。

二是商标数量规模不断扩大。1978 年我国恢复商标注册以来，宁夏商标注册数量从 121 件，提高到现在的 8900 件，注册量 5400 件，增长了 44 倍。目前，拥有驰名商标 7 件，宁夏著名商标 190 件，地理标志证明商标 9 件，集体商标 7 件，已形成了工业以“QTX”、“NXZ”为代表的中国驰名商标、农业以“中宁枸杞”证明商标为核心的驰名商标、特色产品以“香山硒砂瓜”“西吉马铃薯”等为核心的高知名度农产品商标，旅游产业以沙坡头、沙湖为核心的服务商标，这些商标群已成为促进宁夏经济跨越式发展的“助推器”。

三是农产品商标和地理标志商标工作取得初步成效。目前，宁夏已申请注册了中宁枸杞”、“盐池滩羊”等一批地理标志证明商标、集体商标和知名度较高的农产品商标，这些优势特色农产品商标的申请注册和使用，有力地带动和促进了当地农业产业化发展，成为农村经济新的增长点。

四是实施商标战略工作体制和机制初步建立。2008年自治区政府成立了实施商标战略工作领导小组，办公室设在自治区工商局，部分市县也成立了相应机构。目前自治区实施商标战略的领导体制、工作体系和工作机制已经初步建立，一个“政府推动、企业为主、市场引导、社会组织服务”的实施商标战略的工作格局正在形成。

三、下一步工作

在推进实施商标战略工作中,我们深刻地体会到，地方党委、政府制定相关的政策和建立相应的激励机制，是对实施商标战略最大的支持和最有力的促进;工商部门积极主动地开展商标工作，是实施商标品牌战略有力的助推器;企业的商标品牌意识、商标维权意识，是实施商标品牌战略的原动力。在今后的工作中，宁夏工商局将从三个方面进一步推进商标战略的实施。一是充分发挥企业在实施商标战略中的主体作用，强化商标管理和经营。将商标纳入企业产权管理的范畴，对商标的设计、申请、注册、印制、保管、发放、使用、变更、转让、许可等一系列工作加以规范，使商标无形资产不断升值。二是切实加强领导，保障商标战略的实施。认真研究制定全区商标发展规划、扶持政策，指导、协调、督促商标战略实施工作。三是努力提高实施商标战略的服务水平。充分发挥服务职能，帮助企业解决在实施商标战略中遇到的困难和问题，努力培育商标中介机构体系，规范服务行为，提高服务质量。加强商标专用权的保护力度，为加快实施商标战略营造良好的社会环境。

发挥商标管理工作职能作用 促进新疆经济又好又快发展

新疆维吾尔自治区工商行政管理局

新疆自然资源富庶，地缘优势突出，是我国重要的能源、资源战略基地，也是向西开放的重要门户，其在全国发展稳定大局中具有重要的战略地位，随着对外开放水平的迅速提高，新疆已成为全国经济增长的重要支点。为此加快推进实施商标战略既是促进新疆资源优势向产品优势和经济优势转化、优化产业结构、转变经济增长方式、增强发展后劲的客观要求，更是提升新疆经济地位和形象的内在动力。近年来新疆工商系统不断加强商标工作，支持企业发展，服务经济建设，大力宣传普及商标法律知识，培育和支持企业培育著名驰名商标，为加快推进实施商标战略，促进新疆经济又好又快发展做出了积极地努力。

一、抓住契机，营造氛围，不断提高社会各界商标法律意识

一是以“4·26 世界知识产权日”为契机，大张旗鼓地宣传普及商标法律知识。通过与有关部门共同召开保护知识产权新闻发布会，公布商标侵权大要案件，宣传展示商标工作成果，举办商标法律知识竞赛，开展商标法律知识走进社区街头、厂矿企业、商场超市、院校课堂、党政事业机关、农牧团场的“六进”等宣传咨询活动，努力使宣传工作覆盖到社会各个层面。同时为扩大社会影响力，加大舆论宣传力度，在报纸、电台、电视台等媒体上开辟商标宣传专栏，制作板报，发布公益广告，悬挂标语，出动宣传车等多种形式，使宣传活动深入人心，收到了良好的社会效果。为此新疆工商局被评为 2005 年全国保护知识产权宣传周活动先进单位。二是抓住著名、驰名商标认定契机，营造学习宣传普及商标法律知识的氛围。以近年来新疆 8 件商标被认定为驰名商标以及新疆著名商标认定工作为契机，先后组织召开了 8 期由社会各界近 300 人参加的驰名著名商标新闻发布会。邀请区内外专家学者以及蒙牛、波司登、飞利浦、美国强生等中外驰名商标企业代表参加新疆工商局举办的全区及全国性商标培训研讨、战略论坛、企业联谊会等活动 20 多期。每期都具有组织严密、形式新颖、内容丰富、规模大层次高、社会反响大的特点。为培养和增强企业广告宣传意识，每次都动员企业在会场内外进行富有气势的广告宣传，突出展示企业商标，营造学习和宣传普及商标法律知识的氛围。在工商系统和社会各界的共同努力下，新疆商标注册申请量大幅增长。1999 年注册商标申请量首度突破了 1000 件，2000 年达到 2840 件，2006 年达到 7407 件，分别是 96、97、98 年的 12.2、14.5 和 9.5 倍，特别是地理标志实现了很大的突破，达到 26 件。

二、制定规划，加快步伐，推进新疆商标战略的实施

为贯彻落实《国家知识产权战略纲要》年初

新疆工商局制定并公开发布了《自治区工商局推进企业商标战略发展措施》，提出了阶段性商标发展目标任务，确定了以特色林果业、石油化工、能源等五大产业为著名驰名商标培育发展重点，并从宣传保护、培育发展等方面提出了加快推进企业商标战略实施的九项具体措施。同时按照整体推进、分类指导、重点突破的原则，制定了《自治区工商局2009年重点商标培育发展计划》，确定了42件优势企业商标进行重点培育和帮扶。为分解落实各项目标任务，各地工商局结合当地实际，也相继制定发布了本地区《推进企业商标战略发展措施》和《重点商标培育发展计划》。同时为使各界了解掌握全国及新疆商标发展状况，为对比分析经济主体经营状况提供有效数据，新疆工商局首次制定并公开发布了“全国与我区商标发展状况对比图”、“我区与内地省区注册商标对比表”、“我区注册商标地域和行业分布统计表”和“我区地理标志及驰名商标目录”。这些工作的开展对全面推进新疆商标战略的实施具有重要的战略意义。

三、发挥职能，强化服务，力促新疆经济又好又快发展

一是深入企业调查研究，帮助指导企业培育著名驰名商标。近年来，新疆工商局先后组织认定了6届著名商标，受理申请材料700多件，累计认定著名商标197件。为全面掌握企业商标工作情况，确保认定质量，先后派员深入天山南北400多家企业进行实地考察。与此同时加大了支持企业培育驰名商标工作力度。“伊力”、“美克·美家”等9件驰名商标的培育中，从培育到指导，从推荐上报到上下协调都做了大量的工作，不仅多次派员深入企业调研指导，帮助建立和完善商标管理制度，收集整理案件诉求材料，而且新疆工商局领导也多次向总局领导汇报企业商标工作情况，从而加快了企业培育著名驰名商标的进程。二是发挥商标管理职能作用，为促进地方经济发展建言献策，赢得当地党委、政府对商标工作的重视和支持。2007年新疆工商局党组书记王新怀在《新疆日报》发表了题为《加快实施商标战略，促进我区经济发展》一文，阐述了在新疆培育一批在国内外具有影响力和竞争力的著名、驰名商标对带动和促进新疆经济发展的重要意义，并提出了加快实施商标战略、促进新疆经济发展的意见和措施，引起了社会各界的广泛关注。在工商系统的努力下，各地人民政府相继出台了一批关于支持企业实施商标发展战略规划，制定了对获得驰名著名商标企业给予奖励的规定，极大的激发了企业培育著名驰名商标的积极性。如阿克苏地区工商局主动向当地党委、政府汇报了加快实施商标战略对促进当地经济发展的重要性，并积极帮助指导企业培育著名驰名商标，把一批地理标志和特色农副产品商标作为培育和支持的重点，制定下发了《阿克苏地区名牌战略推进工作实施意见》，在当地领导的重视和总局商标局的支持下，阿克苏苹果、红枣、核桃等6件特色农产品在不到1年内成功取得了地理标志注册。巴州工商局制定了《引导企业实施商标战略帮扶计划》，其工作受到了州党委政府的高度重视，政府牵头成立了由常务副州长任组长的培育著名驰名商标领导小组，具体工作由工商部门负责，州财政先后拨款40多万元作为“库尔勒香梨”打假维权和培育驰名商标的专项经费。这不仅对巴州商标工作是一个极大的推动和促进，而且为各地起到示范带动作用。三是把商标工作与服务“三农”和推进社会主义新农村建设紧密结合，积极探索创新商标富农工作机制。近年来，新疆各级工商局不断把商标工作向农村延伸，加大对地理标志和农产品商标支持工作力度，深入农牧团场宣传普及商标法律，鼓励、指导农业生产经营者注册使用地理标志和农产品商标，开展“一所一标”、“一局一品”的帮扶工作，推广“公司+商标+农户”的经营模式，促进农业生产的规模化和品牌化。针对南疆地区干旱少雨、昼长夜短温差大的特殊气候和地理环境，工商系统积极引导和支持农民种植红枣、香梨，葡萄、蕃茄、甜瓜、辣椒、啤酒花等特色农林产品。通过“库尔勒香梨”、“吐鲁番葡萄”、“若羌红枣”、“阿克苏苹果”等一批地理标志的注册使用，新疆特色农林产品的知名度和市场份额不断提高和扩大，不仅产生了

良好经济效益，增加了农民收入，而且有效治理了土地沙化，改善了恶劣的气候和生态环境。

随着新疆企业运用商标参与市场竞争的能力不断增强，涌现出的一批具有一定影响力的驰名著名和地理标志商标，已成为新疆经济社会发展中最具活力的无形资产。“伊力”白酒、“新特”变压器、“美克·美家”家具等驰名商标为依托发展起来的一批具有较强竞争实力的大型企业集团已成为带动和促进新疆经济发展的中坚力量。“库尔勒香梨”、“若羌红枣”、“赛湖”高白鲑鱼、“北疆”红提葡萄等一批地理标志和农产品商标，不仅走向了全国而且打入了国际市场。如随着地理标志“若羌红枣”知名度的提高，红枣种植业成为若羌县经济发展的支柱产业，全县农民人均收入超过万元，几乎是新疆农牧民人均收入的4倍，往日的贫困县一跃成为巴州“首富”，充分显现了“一件商标、带动一个产业、搞活一地经济、富裕一方农民”商标富农工作机制的成效。

成绩属于过去，未来任重道远。随着社会的空前变革，商标工作也将面临着新的机遇和挑战。新疆工商局将抓住机遇、迎接挑战、破解难题，为加快推进新疆商标战略的实施、促进新疆社会经济又好又快发展做出新的贡献。

全国工商行政管理系统商标工作先进集体和先进个人名单

(867~882)

关于表彰全国工商行政管理系统商标工作先进集体和先进个人的通报

工商标字〔2009〕144号

各省、自治区、直辖市及计划单列市、副省级市工商行政管理局：

近年来，全国工商行政管理系统以邓小平理论和“三个代表”重要思想为指导，深入贯彻落实科学发展观，充分发挥工商行政管理职能作用，按照做到“四个统一”、加强“四化建设”、推进“四个转变”、努力实现“四高目标”的要求，认真贯彻落实《国家知识产权战略纲要》，大力推进商标战略实施，加大商标行政执法力度，严厉打击商标侵权行为，突出做好涉外商标、农产品商标、地理标志、驰名商标和奥林匹克标志的注册、认定和保护工作，积极探索遏制商标侵权假冒行为的长效监管机制，切实维护商标权利人和广大消费者的合法权益，维护了良好的市场经济秩序，为应对国际金融危机，建设创新型国家，促进经济社会又好又快发展做出了重要贡献，涌现出了一大批先进集体和先进个人。

为表彰先进，促进工作，努力建设政治上过硬、业务上过硬、作风上过硬的高素质干部队伍，国家工商行政管理总局决定，对北京市工商局等447个“全国工商行政管理系统商标工作先进集体”和许冬等300名“全国工商行政管理系统商标工作先进个人”予以通报表彰。希望受表彰的单位和个人珍惜荣誉，发扬成绩，再接再厉，在今后的工作中取得更大的成绩。

各级工商行政管理机关和广大工商干部要以受表彰的先进集体和先进个人为榜样，紧密团结在以胡锦涛同志为总书记的党中央周围，坚决贯彻党中央、国务院的决策部署和要求，服务经济发展大局，把商标战略实施工作与应对国际金融危机、保持经济平稳较快发展结合起来，统筹兼顾，突出重点，为促进经济又好又快发展、构建和谐社会做出新的更大的贡献。

附件：

1. 全国工商行政管理系统商标工作先进集体名单

2.全国工商行政管理系统商标工作先进个人名单

国家工商行政管理总局

二〇〇九年七月二十日

附件 1：

全国工商行政管理系统商标工作先进集体名单(447 个)

北京市

北京市工商行政管理局
北京市工商行政管理局海淀分局
北京市工商行政管理局朝阳分局
北京市工商行政管理局顺义分局
北京市工商行政管理局朝阳分局北京商务中心区工商所
北京市工商行政管理局丰台分局大红门工商所
北京市工商行政管理局东城分局王府井工商所
北京市工商行政管理局崇文分局天坛工商所
北京市工商行政管理局大兴分局西红门工商所
北京市工商行政管理局平谷分局大华山工商所
北京市工商行政管理局怀柔分局怀北工商所
北京市工商行政管理局延庆分局永宁工商所

天津市

天津市工商行政管理局天津滨海高新技术产业开发区分局
天津市工商行政管理局宝坻分局
天津市工商行政管理局河西分局大营门工商所
天津市工商行政管理局和平分局专业市场管理三所
天津市工商行政管理局南开分局华苑工商所
天津市工商行政管理局津南分局咸水沽工商所
天津市工商行政管理局大港分局胜利工商所

河北省

石家庄市工商行政管理局
唐山市工商行政管理局
辛集市工商行政管理局
宁晋县工商行政管理局
曲周县工商行政管理局河东工商分局
武强县工商行政管理局街关工商分局
抚宁县工商行政管理局留守营工商分局
平泉县工商行政管理局城关工商分局
廊坊市广阳区工商行政管理局九州工商分局
张家口市宣化区工商行政管理局东大院工商分局
任丘市工商行政管理局吕公堡工商分局
涿州市工商行政管理局松林店工商分局
遵化市工商行政管理局城区工商分局

山西省

运城市工商行政管理局
清徐县工商行政管理局
大同市工商行政管理局南郊分局
忻州市工商行政管理局忻府区分局
潞城市工商行政管理局
平遥县工商行政管理局
太原市工商行政管理局迎泽分局并州工商所
太原市工商行政管理局小店分局北营工商所
广灵县工商行政管理局壶泉工商所
应县工商行政管理局南河种工商所
河曲县工商行政管理局城镇工商所
泽州县工商行政管理局巴公工商所
文水县工商行政管理局南庄工商所
汾阳市工商行政管理局杏花工商所
祁县工商行政管理局西六支工商所
昔阳县工商行政管理局大寨工商所
屯留县工商行政管理局李高工商所
平定县工商行政管理局锁簧工商所
临汾市工商行政管理局尧都分局城区工商所
洪洞县工商行政管理局城区工商所
稷山县工商行政管理局稷峰工商所

内蒙古自治区

呼和浩特市工商行政管理局
通辽市工商行政管理局
巴彦淖尔市工商行政管理局

辽宁省

大连市工商行政管理局
鞍山市工商行政管理局
沈阳市工商行政管理局沈河分局
大连市工商行政管理局金州分局
沈阳市工商行政管理局东陵分局中国鞋城管理所
大连市工商行政管理局甘井子分局大连湾工商所
瓦房店市工商行政管理局岗店工商所
海城市工商行政管理局西柳工商分局
鞍山市工商行政管理局沙河工商所

大洼县工商行政管理局西安工商所
宽甸县工商行政管理局城南工商所
开原市工商行政管理局铁西工商所
盖州市工商行政管理局西海工商所

吉林省

吉林省工商行政管理局
白山市工商行政管理局
柳河县工商行政管理局
长岭县工商行政管理局
吉林市工商行政管理局昌邑分局站前工商所
榆树市工商行政管理局五棵树分局
敦化市工商行政管理局黄泥河分局
四平市工商行政管理局铁东分局平东工商所
伊通满族自治县工商行政管理局环城分局
梅河口市工商行政管理局山城分局
洮南市工商行政管理局商标广告合同监督管理所
辽源市工商行政管理局龙山分局北寿工商所
乾安县工商行政管理局安字分局

黑龙江省

哈尔滨市工商行政管理局
齐齐哈尔市工商行政管理局
哈尔滨市工商行政管理局道里分局
海林市工商行政管理局
桦川县工商行政管理局
哈尔滨市工商行政管理局阿城分局城南工商所
讷河市工商行政管理局拉哈分局
绥芬河市工商行政管理局新华工商所
大庆市工商行政管理局龙凤分局龙凤工商所
铁力市工商行政管理局站前工商所
鹤岗市工商行政管理局工农分局育才工商所
北安市工商行政管理局兆麟工商所
虎林市工商行政管理局城郊工商所
漠河县工商行政管理局西林吉分局

上海市

上海市工商行政管理局浦东新区分局
上海市工商行政管理局静安分局
上海市工商行政管理局嘉定分局
上海市工商行政管理局黄浦分局豫园工商所
上海市工商行政管理局徐汇分局湖南(天平)工商所
上海市工商行政管理局长宁分局华阳工商所
上海市工商行政管理局虹口分局四川北(乍浦)工商所
上海市工商行政管理局闸北分局北站工商所
上海市工商行政管理局闵行分局七宝工商所
上海市工商行政管理局崇明分局向化工商所

江苏省

江苏省工商行政管理局
无锡市工商行政管理局
苏州市工商行政管理局
常州市工商行政管理局新北分局
淮安市盱眙工商行政管理局
扬州市邗江工商行政管理局
南京市工商行政管理局栖霞分局迈皋桥工商所
高淳县工商行政管理局天河分局
徐州市铜山工商行政管理局经济开发区分局
南通市海门工商行政管理局包场分局
连云港市东海工商行政管理局驼峰分局
盐城市建湖工商行政管理局近湖分局
镇江市丹阳工商行政管理局新区分局
泰州市姜堰工商行政管理局华港分局
宿迁市工商行政管理局宿城分局洋河工商所
江苏省苏州工业园区工商行政管理局二分局

浙江省

浙江省工商行政管理局
绍兴市工商行政管理局
台州市工商行政管理局
舟山市工商行政管理局
杭州市工商行政管理局余杭分局
宁波市工商行政管理局慈溪分局
乐清市工商行政管理局
海宁市工商行政管理局
长兴县工商行政管理局
义乌市工商行政管理局
杭州市工商行政管理局上城分局新声路综合市场工商所
杭州市工商行政管理局萧山分局经济技术开发区工商所
宁波市工商行政管理局鄞州分局直属工商所
宁波市工商行政管理局余姚分局江北工商所
永嘉县工商行政管理局瓯北分局
温州市工商行政管理局龙湾分局状元工商所
上虞市工商行政管理局经济开发区工商分局
诸暨市工商行政管理局店口工商所
嘉兴市工商行政管理局秀洲分局王店工商所
安吉县工商行政管理局梅溪工商所
永康市工商行政管理局东城工商所

兰溪市工商行政管理局城西工商所
江山市工商行政管理局城南工商所
温岭市工商行政管理局泽国工商所
台州市工商行政管理局台桥分局新桥工商所
青田县工商行政管理局温溪工商所
舟山市工商行政管理局定海白泉分局

安徽省

安徽省工商行政管理局
滁州市工商行政管理局
池州市工商行政管理局
长丰县工商行政管理局
巢湖市居巢区工商行政管理局
宁国市工商行政管理局
桐城市工商行政管理局
黄山市工商行政管理局风景区分局
合肥市工商行政管理局方庙工商所
淮北市工商行政管理局相南工商所
亳州市谯城区工商行政管理局十九里工商所
宿州市埇桥区工商行政管理局符离工商所
怀远县工商行政管理局古城工商所
颖上县工商行政管理局罗桥工商所
淮南市工商行政管理局淮舜工商所
全椒县工商行政管理局二郎口工商所
天长市工商行政管理局秦栏工商所
六安市裕安区工商行政管理局独山工商所
当涂县工商行政管理局博望工商所
繁昌县工商行政管理局黄浒工商所
铜陵市工商行政管理局长江路工商所
池州市工商行政管理局马衙工商所
岳西县工商行政管理局主簿工商所
休宁县工商行政管理局五城工商所

福建省

福建省工商行政管理局
泉州市工商行政管理局
福州市工商行政管理局
晋江市工商行政管理局
安溪县工商行政管理局
福安市工商行政管理局
南靖县工商行政管理局
福清市工商行政管理局宏路工商所
厦门市集美区工商行政管理局集北工商所
漳州市芗城区工商行政管理局新桥工商所
晋江市工商行政管理局池店工商所
惠安县工商行政管理局黄塘工商所
明溪县工商行政管理局城关工商所
莆田市荔城区工商行政管理局黄石工商所
武夷山市工商行政管理局景区工商所
漳平市工商行政管理局永福工商所
柘荣县工商行政管理局柳城工商所

江西省

吉安市工商行政管理局
樟树市工商行政管理局
玉山县工商行政管理局
黎川县工商行政管理局
乐平市工商行政管理局涌山工商分局
高安市工商行政管理局建山分局
信丰县工商行政管理局新田工商所
新干县工商行政管理局城南分局
婺源县工商行政管理局城郊分局
芦溪县工商行政管理局上埠分局
南昌市洪城大市场工商行政管理局青云分局
九江市庐山区工商行政管理局荷花垅分局
新余市渝水区工商行政管理局解放分局

山东省

山东省工商行政管理局
烟台市工商行政管理局
潍坊市工商行政管理局
济南市工商行政管理局章丘分局
青岛市工商行政管理局城阳分局
淄博市工商行政管理局张店分局
济南市工商行政管理局历下分局解放路工商所
平度市工商行政管理局城关工商所
淄博市工商行政管理局周村分局东城工商所
滕州市工商行政管理局城郊工商所
广饶县工商行政管理局稻庄工商所
临沂市工商行政管理局批发城分局鞋帽文体市场管理所
寿光市工商行政管理局台头工商所
武城县工商行政管理局城区工商所
菏泽市工商行政管理局开发区分局丹阳工商所

河南省

河南省工商行政管理局
周口市工商行政管理局
信阳市工商行政管理局

新郑市工商行政管理局
偃师市工商行政管理局
长垣县工商行政管理局
长葛市工商行政管理局
项城市工商行政管理局
固始县工商行政管理局
郑州市工商行政管理局金水区工商分局丰产路工商所
开封市工商行政管理局鼓楼分局“五一”工商所
新安县工商行政管理局西沃工商所
叶县工商行政管理局仙台工商所
新乡县工商行政管理局小翼工商所
沁阳市工商行政管理局西向工商所
滑县工商行政管理局道口工商所
浚县工商行政管理局城关工商所
范县工商行政管理局濮城中心工商所
灵宝市工商行政管理局豫灵分局
禹州市工商行政管理局神垕分局
漯河市工商行政管理局召陵分局
镇平县工商行政管理局城郊工商所
虞城县工商行政管理局城关工商所
驻马店市工商行政管理局驿城分局东风工商所
罗山县工商行政管理局楠杆工商所
济源市工商行政管理局沁园工商所

湖北省

武汉市工商行政管理局
宜昌市工商行政管理局
武汉市工商行政管理局江汉分局
汉川市工商行政管理局
枣阳市工商行政管理局
仙桃市工商行政管理局
武汉市工商行政管理局江岸分局岱山工商所
武汉市工商行政管理局蔡甸分局新农工商所
十堰市工商行政管理局十堰经济开发区分局
随州市曾都区工商行政管理局北郊分局
监利县工商行政管理局新沟分局
京山县工商行政管理局城区分局
大冶市工商行政管理局罗家桥工商所
武穴市工商行政管理局大法寺分局
利川市工商行政管理局东城分局
潜江市工商行政管理局熊口分局
天门市工商行政管理局岳口分局
鄂州市工商行政管理局城东分局古楼工商所
嘉鱼县工商行政管理局潘家湾分局

湖南省

湖南省工商行政管理局
长沙市工商行政管理局
株洲市工商行政管理局
衡阳县工商行政管理局
湘阴县工商行政管理局
石门县工商行政管理局
安化县工商行政管理局
新化县工商行政管理局
长沙市工商行政管理局雨花分局高桥工商所
浏阳市工商行政管理局淮川工商所
衡东县工商行政管理局大浦工商所
株洲市工商行政管理局芦淞分局建设工商所
湘潭市工商行政管理局岳塘分局岳塘工商所
邵东县工商行政管理局仙槎桥工商所
岳阳市工商行政管理局云溪分局云溪工商所
桃源县工商行政管理局陬市工商所
慈利县工商行政管理局观音桥工商所
沅江市工商行政管理局城西工商所
永兴县工商行政管理局湘阴渡工商所
永州市工商行政管理局零陵分局徐家井工商所
怀化市工商行政管理局鹤城分局城中工商所
冷水江市工商行政管理局矿山工商所
花垣县工商行政管理局城关工商所

广东省

广东省工商行政管理局
佛山市工商行政管理局
东莞市工商行政管理局
中山市工商行政管理局
广州市工商行政管理局花都分局
深圳市工商行政管理局福田分局
汕头市澄海区工商行政管理局
佛山市顺德区工商行政管理局
开平市工商行政管理局
深圳市工商行政管理局宝安分局黄田工商所
珠海市工商行政管理局拱北分局拱北工商所
汕头市潮南区工商行政管理局峡山工商所
佛山市南海区工商行政管理局大沥分局
韶关市曲江区工商行政管理局大塘工商所
紫金县工商行政管理局城南工商所
博罗县工商行政管理局园洲工商所
海丰县工商行政管理局公平工商所

中山市工商行政管理局小榄分局
鹤山市工商行政管理局共和工商所
阳东县工商行政管理局东城工商所
吴川市工商行政管理局长寿工商所
肇庆市工商行政管理局端州分局黄岗工商所
清新县工商行政管理局太和工商所
潮安县工商行政管理局城东工商所
揭东县工商行政管理局经济开发区工商所
罗定市工商行政管理局新城工商所

广西壮族自治区

玉林市工商行政管理局
融安县工商行政管理局
荔浦县工商行政管理局
横县工商行政管理局城中工商所
柳州市工商行政管理局鱼峰分局前进工商所
岑溪市工商行政管理局城西工商所
灵山县工商行政管理局灵城工商所
来宾市工商行政管理局兴宾分局来宾工商所
天等县工商行政管理局天等工商所
南丹县工商行政管理局城关工商所
平果县工商行政管理局马头工商所

海南省

海口市工商行政管理局
琼中县工商行政管理局
澄迈县工商行政管理局
海口市工商行政管理局永兴工商所
三亚市工商行政管理局海棠湾工商所
琼中县工商行政管理局乌石工商所
澄迈县工商行政管理局福山工商所
文昌市工商行政管理局清澜工商所

重庆市

重庆市工商行政管理局九龙坡区工商分局
重庆市工商行政管理局渝中区工商分局
重庆市工商行政管理局江北区工商分局
重庆市工商行政管理局万州区工商分局龙都工商所
重庆市工商行政管理局涪陵区工商分局敦仁工商所
重庆市工商行政管理局沙坪坝区工商分局双巷子工商所
重庆市工商行政管理局南岸区工商分局茶园工商所
重庆市工商行政管理局北碚区工商分局缙云工商所
重庆市工商行政管理局巴南区工商分局花溪工商所
重庆市工商行政管理局永川区工商分局胜利工商所
璧山县工商行政管理局璧城工商一所
石柱县工商行政管理局黄水工商所

四川省

四川省工商行政管理局
内江市工商行政管理局
宜宾市工商行政管理局
资阳市工商行政管理局
平昌县工商行政管理局
峨眉山市工商行政管理局
自贡市贡井区工商行政管理局
阆中县工商行政管理局
射洪县工商行政管理局
仁寿县工商行政管理局
成都市武侯区工商行政管理局簇桥工商所
遂宁市工商行政管理局直属分局城南工商所
雅安市雨城区工商行政管理局草坝工商所
营山县工商行政管理局城南工商所
武胜县工商行政管理局城南工商所
九寨沟县工商行政管理局九寨沟工商所
西昌市工商行政管理局西城工商所
泸州市江阳区工商行政管理局蓝田工商所
南江县工商行政管理局乐坝工商所
夹江县工商行政管理局瓷都工商所
苍溪县工商行政管理局城郊工商所
富顺县工商行政管理局邓井关工商所
威远县工商行政管理局严陵工商所
安县工商行政管理局花荄工商所

贵州省

遵义市工商行政管理局
龙里县工商行政管理局
贞丰县工商行政管理局
贵阳市工商行政管理局云岩区分局市西工商所
贵州省六枝特区工商行政管理局郎岱工商所
铜仁市工商行政管理局市中工商所
赫章县工商行政管理局城关工商所
镇远县工商行政管理局青溪工商分局
安顺市工商行政管理局西秀区分局旧州工商所

云南省

昆明市工商行政管理局
石林县工商行政管理局
宣威市工商行政管理局

潞西市工商行政管理局
昆明市五华区工商行政管理局科技园分局
昭通市昭阳区工商行政管理局太平分局
富源县工商行政管理局中安分局
澄江县工商行政管理局凤麓分局
蒙自县工商行政管理局开发区分局
文山县工商行政管理局平坝分局
大理州工商行政管理局经济开发区分局
龙陵县工商行政管理局镇安分局

西藏自治区

山南地区工商行政管理局
乃东县工商行政管理局
曲水县工商行政管理局
乃东县工商行政管理局乃东路工商所
聂拉木县工商行政管理局樟木工商所

陕西省

西安市工商行政管理局
汉中市工商行政管理局
西安市工商行政管理局高新分局
渭南市工商行政管理局临渭分局
宝鸡市工商行政管理局渭滨分局
西安市工商行政管理局新城分局长乐西路工商所
蒲城县工商行政管理局城关工商所
铜川市印台区工商行政管理局红土工商所
凤翔县工商行政管理局城区工商所
洛南县工商行政管理局石门工商所
城固县工商行政管理局桔园工商所
岚皋县工商行政管理局城关工商所
定边县工商行政管理局白泥井工商所
宜川县工商行政管理局城关工商所

甘肃省

天水市工商行政管理局
兰州市工商行政管理局城关分局
张掖市工商行政管理局甘州分局
民勤县工商行政管理局东坝工商所
康县工商行政管理局城关工商所
临泽县工商行政管理局沙河工商所
白银市工商行政管理局白银分局东山路工商所
平凉市工商行政管理局崆峒分局中街工商所
酒泉市工商行政管理局肃州分局市郊工商所

青海省

西宁市工商行政管理局
格尔木市工商行政管理局
西宁市工商行政管理局城东分局
祁连县工商行政管理局八宝工商所
乐都县工商行政管理局城北工商所
贵德县工商行政管理局城关工商所
黄南州工商行政管理局李家峡康杨工商所
格尔木市工商行政管理局金峰路工商所
西宁市工商行政管理局城中分局西门口工商所

宁夏回族自治区

吴忠市工商行政管理局
灵武市工商行政管理局
中宁县工商行政管理局
银川市工商行政管理局兴庆一分局唐槐工商所
平罗县工商行政管理局城郊工商所
青铜峡市工商行政管理局曲靖工商所
彭阳县工商行政管理局城关工商所
中卫市工商行政管理局文昌工商所

新疆维吾尔自治区

新疆维吾尔自治区工商行政管理局
乌鲁木齐市工商行政管理局
焉耆回族自治县工商行政管理局
霍城县工商行政管理局
昌吉市工商行政管理局
吉木萨尔县工商行政管理局城镇工商所
哈密市工商行政管理局东河区工商所
石河子工商行政管理局开发区分局
喀什市工商行政管理局解放南路工商所
福海县工商行政管理局城镇工商所
和田市工商行政管理局古江巴格工商所
米东新区工商行政管理局长山子工商所
温宿县工商行政管理局城镇工商所
新疆维吾尔自治区工商行政管理局乌鲁木齐高新技术产业开发区工商分局园区工商所

附件 2:

全国工商行政管理系统商标工作先进个人名单(300 名)

北京市

许　冬　北京市工商行政管理局商标处主任科员
杨　静　北京市工商行政管理局海淀分局商标科科长
常晓宇　北京市工商行政管理局西城分局商标科科长
孙文成　北京市工商行政管理局宣武分局商标广告科科长
成丽华　北京市工商行政管理局石景山分局商标广告科科长
张志贤　北京市工商行政管理局密云分局商标广告科科长
赵劲淞　北京市工商行政管理局房山分局商标广告科科长
谷德全　北京市工商行政管理局昌平分局商标广告科科长

天津市

李继栋　天津市工商行政管理局商标处副处长
吴俊清　天津市工商行政管理局汉沽分局商标科科长
周连起　天津市工商行政管理局北辰分局商标科科长
李联民　天津市工商行政管理局武清分局商标科科长
李文彤　天津市工商行政管理局西青分局商标科科长

河北省

张建敏　河北省工商行政管理局商标广告处主任科员
门佩瑞　邯郸市工商行政管理局商标广告处科员
杨雅杰　承德市工商行政管理局商标广告科科长
冯　蕾　廊坊市工商行政管理局商标广告科副主任科员
张　华　张家口市工商行政管理局商标广告科科长
刘学臣　石家庄市工商行政管理局商标广告处科员
张宝民　沧州市工商行政管理局商标广告科科员
刘献国　邢台市工商行政管理局商标广告科科长
崔金明　高阳县工商行政管理局副局长

山西省

李秀峰　山西省工商行政管理局商标处副处长
王　杰　山西省工商行政管理局商标处副调研员
张万斌　山西省工商行政管理局商标处副处级干部
张广太　山西省工商行政管理局商标处主任科员
崔淑琴　太原市工商行政管理局商标处副主任科员
李生茂　阳高县工商行政管理局局长
荆志忠　阳泉市工商行政管理局商标科科长
黄显庭　长治市工商行政管理局商标科科长
王建国　晋城市工商行政管理局商标科科长

武元厚　　朔州市工商行政管理局商标科科员
裴昀惠　　忻州市工商行政管理局副局长
刘淑英　　晋中市工商行政管理局商标科科长
贾明礼　　临汾市工商行政管理局商标科科员
冯　英　　运城市工商行政管理局商标科科长
刘军迎　　吕梁市工商行政管理局商标科副科长

内蒙古自治区

白国良　　包头市工商行政管理局副局长
苏文革　　鄂尔多斯市工商行政管理局商标科科长
高志峰　　赤峰市工商行政管理局商标科科长
张　杰　　乌海市工商行政管理局商标科科长
阎永军　　清水河县工商行政管理局商标股股长
冯祥恩　　乌兰察布市察右后旗工商行政管理局商标股股长

辽宁省

董博澜　　辽宁省工商行政管理局商标监督管理处副处长
王立功　　沈阳市工商行政管理局东陵分局企业综合管理科科长
吴成杰　　沈阳市工商行政管理局沈北分局企业综合管理科科长
衣　冰　　沈阳市工商行政管理局大东分局商标合同管理科副科长
陈立斌　　大连市工商行政管理局商标广告监督管理处副处长
邵魁峰　　普兰店市工商行政管理局纪委书记
于　玲　　鞍山市工商行政管理局副局长
高明辉　　鞍山市工商行政管理局商标广告监督管理处副处长
潘新雁　　锦州市工商行政管理局商标广告监督管理处处长

吉林省

李　彦　　吉林省工商行政管理局副局长
曲春林　　吉林省工商行政管理局商标监督管理局副局长
艾荣丰　　长春市工商行政管理局商标监督管理分局综合科科长
吴铁成　　吉林市工商行政管理局商标监督管理处处长
刘茂志　　延边朝鲜族自治州工商行政管理局商标监督管理分局局长
许德峰　　白城市工商行政管理局商标广告监督管理科科长
杜维平　　辽源市工商行政管理局商标广告监督管理科科长
陶立春　　白山市工商行政管理局副局长
朱延春　　长白山工商行政管理局市场规范科科长

黑龙江省

陈百新　　哈尔滨市工商行政管理局商标处调研员
王雪峰　　齐齐哈尔市工商行政管理局商标科科长
崔铁萍　　牡丹江市工商行政管理局商标科科长
李铁夫　　佳木斯市工商行政管理局商标科科长
王　颖　　大庆市工商行政管理局商标科科长
丁　敏　　黑河市工商行政管理局商标科科长

张丽芬　伊春市工商行政管理局商标科科长
迟立涛　绥化市工商行政管理局商标科科员
王　鑫　黑龙江省垦区工商行政管理局商标广告科科长

上海市

沈文萍　上海市工商行政管理局商标监督管理处主任科员
陈雪雄　上海市工商行政管理局检查总队副处长
王小良　上海市工商行政管理局卢湾分局商标广告科科长
季　诚　上海市工商行政管理局普陀分局商标广告科科长
吴育衡　上海市工商行政管理局奉贤分局商标广告科科长
曹　勤　上海市工商行政管理局金山分局商标广告科科长
李　年　上海市工商行政管理局机场分局商标广告科科长

江苏省

张传博　江苏省工商行政管理局商标处主任科员
蒋岩坚　南京市工商行政管理局商标处副处长
王津华　徐州市工商行政管理局商标广告处处长
华英杰　无锡市工商行政管理局商标广告处处长
钱晓星　吴江市工商行政管理局副局长
纪世杨　南通市工商行政管理局商标广告处科员
晏步亮　盐城市工商行政管理局副局长
杨　浩　扬州市宝应工商行政管理局副局长
孙　喜　镇江市工商行政管理局商标广告处副主任科员
张培工　宿迁市工商行政管理局商标广告处处长

浙江省

朱理国　浙江省工商行政管理局商标监督管理处副处长
郑惠斌　浙江省工商行政管理局商标监督管理处主任科员
穆克洋　杭州市工商行政管理局商标广告处主任科员
朱志洁　杭州市工商行政管理局上城分局市场规范科科长
卢　清　宁波市工商行政管理局商标广告处副处长
时建国　宁波市工商行政管理局余姚分局副局长
谢作票　苍南县工商行政管理局商标广告科科长
周哲跃　永嘉县工商行政管理局市场规范科科长
方维远　诸暨市工商行政管理局局长
袁　刚　嘉善县工商行政管理局商标广告科科长
蔡丽琴　湖州市工商行政管理局商标广告处副主任科员
潘政扬　武义县工商行政管理局武阳工商所所长
杨云中　东阳市工商行政管理局副局长
俞晓虹　衢州市工商行政管理局商标广告处副主任科员
施俏琼　台州市工商行政管理局商标广告处副主任科员
马国健　丽水市工商行政管理局商标广告处副处长
吴央国　舟山市工商行政管理局副局长

安徽省

李丹玲　安徽省工商行政管理局商标管理局副局长
方　芳　合肥市工商行政管理局商标管理处科员
汪金萍　淮北市工商行政管理局商标管理科科长
金　雷　亳州市工商行政管理局商标管理科科长
朱孝峰　萧县工商行政管理局商标管理股股长
吴　太　蚌埠市工商行政管理局商标管理科科员
王春蕾　阜阳市工商行政管理局副局长
黄维强　凤台县工商行政管理局商标管理股股长
吴本玲　舒城县工商行政管理局商标管理股股长
李叶芳　马鞍山市工商行政管理局商标管理科副主任科员
洪　梅　和县工商行政管理局商标管理股股长
陈杰毅　芜湖市工商行政管理局副局长
黄银凤　宣城市工商行政管理局商标管理科主任科员
董　超　铜陵市工商行政管理局商标管理科科长
周永芳　安庆市工商行政管理局商标管理科科长
宋　皓　黄山市工商行政管理局商标管理科科长

福建省

杨　辉　福建省工商行政管理局商标广告处副主任科员
付爱军　福州市工商行政管理局商标广告处处长
陈良志　厦门市工商行政管理局商标处副主任科员
赖俊杰　平和县工商行政管理局商标广告股副主任科员
王培忠　泉州市工商行政管理局商标广告科副科长
郭子民　三明市工商行政管理局商标广告科科员
郑志阳　莆田市工商行政管理局商标广告科科长
张　红　南平市工商行政管理局商标广告科副科长
林长旺　连城县工商行政管理局商标广告股股长
黄　庆　宁德市工商行政管理局商标广告科副主任科员

江西省

曹德学　吉安市工商行政管理局商标广告科科长
程昌群　上饶市工商行政管理局商标广告科科长
葛谓华　景德镇市工商行政管理局商标广告科科长
幸　鹭　九江市工商行政管理局商标广告科科长
褚锡钜　鹰潭市工商行政管理局商标广告科科长
张秀茂　赣州市工商行政管理局商标广告科科长
曾晓峰　萍乡市工商行政管理局商标广告科科长
李维维　抚州市工商行政管理局商标广告科科长
熊　萍　南昌市工商行政管理局商标广告处副处长

山东省

刘富东　山东省工商行政管理局商标处处长
张才成　烟台市工商行政管理局商标广告科科长

叶树杞　济宁市工商行政管理局商标广告科副科长
刘光志　泰安市工商行政管理局商标广告科科长
张国昌　威海市工商行政管理局商标广告科主任科员
梁作习　日照市工商行政管理局东港分局商标广告科科长
亓增华　莱芜市工商行政管理局商标广告科科长
李跃云　聊城市工商行政管理局商标广告科科长
马和亭　滨州市工商行政管理局商标广告科科长

河南省

张　娟　河南省工商行政管理局商标处主任科员
王　敬　郑州市工商行政管理局商标广告科科长
徐　华　开封市工商行政管理局商标广告科科员
刘素美　洛阳市工商行政管理局商标广告科副科长
刘秋菊　平顶山市工商行政管理局商标广告科副科长
阮　涛　新乡市工商行政管理局商标广告科副科长
和党政　孟州市工商行政管理局监管科科长
任书云　安阳市工商行政管理局商标广告科副科长
马德明　鹤壁市工商行政管理局商标广告科科长
武海军　濮阳市工商行政管理局商标广告科科员
王二印　三门峡市工商行政管理局商标广告科副科长
周　辉　许昌市工商行政管理局商标广告科副科长
王永红　漯河市工商行政管理局商标广告科副科长
王建中　南阳市工商行政管理局商标广告科副科长
许玉旻　商丘市工商行政管理局商标广告科科长
周红磊　周口市工商行政管理局商标广告科副科长
刘　健　驻马店市工商行政管理局商标广告科副科长

湖北省

邓从锐　湖北省工商行政管理局商标广告处副处长
柳　青　武汉市工商行政管理局商标广告处主任科员
王军利　武汉市工商行政管理局汉阳分局商标广告科科长
童孔林　宜昌市工商行政管理局商标广告科科长
苏永杰　襄樊市工商行政管理局商标广告科科长
邬学君　孝感市工商行政管理局商标广告科科长
许　峰　十堰市工商行政管理局商标广告科科长
李　明　石首市工商行政管理局商标广告科科长
唐革新　天门市工商行政管理局商标广告科科长
杨生友　潜江市工商行政管理局商标广告科科长
曾家富　咸宁市工商行政管理局商标广告科科长
廖学兵　鄂州市工商行政管理局商标广告科科长
鲍　旋　随州市工商行政管理局商标广告科科长

湖南省

周　卫　湖南省工商行政管理局商标广告处副处长

陈友树　长沙县工商行政管理局商标广告科科长
蒋志刚　耒阳市工商行政管理局商标广告股股长
王伟珍　株洲市工商行政管理局商标广告科副科长
廖　英　湘潭市工商行政管理局商标广告科科长
谢东初　邵阳市工商行政管理局副局长
李新生　岳阳市工商行政管理局商标广告科科长
文惠群　常德市工商行政管理局商标广告科主任科员
甄如孝　桑植县工商行政管理局商标广告股股长
许　佳　桃江县工商行政管理局商标广告股副股长
刘　恒　郴州市工商行政管理局商标广告科副科长
蒋爱君　祁阳县工商行政管理局商标广告股股长
吴富金　怀化市工商行政管理局副局长
唐建华　娄底市工商行政管理局商标广告科科长
刘红兵　湘西自治州工商行政管理局商标广告科科长

广东省

梁小平　广州市工商行政管理局商标管理处副处长
周家贵　深圳市工商行政管理局商标管理处副处长
叶彩云　珠海市工商行政管理局商标广告管理科副主任科员
李楚南　汕头市工商行政管理局商标广告管理科科长
张红海　佛山市工商行政管理局商标广告管理科科长
陈俊模　韶关市工商行政管理局商标广告管理科科长
陈亚平　梅州市工商行政管理局商标广告管理科科长
杨永长　汕尾市工商行政管理局商标广告管理科科长
王立勤　东莞市工商行政管理局厚街分局市场股副股长
郑嘉宁　中山市工商行政管理局商标广告管理科科长
苏健梅　徐闻县工商行政管理局商标广告股股长
韦　湛　阳江市工商行政管理局商标广告管理科科员
李家漂　信宜市工商行政管理局商标广告管理股股长
郑惠红　清远市工商行政管理局商标广告管理科副科长
陈湘平　饶平县工商行政管理局局长
林少卿　揭阳市工商行政管理局商标广告管理科科长
吴　琚　郁南县工商行政管理局商标广告股科员

广西壮族自治区

庞兰华　广西壮族自治区工商行政管理局商标广告处副调研员
王国志　南宁市工商行政管理局副局长
覃光豪　宾阳县工商行政管理局公平商标广告消保股副股长
苏江炎　桂林市工商行政管理局商标广告科副科长
钟世富　北海市工商行政管理局商标广告科科长
曾世文　玉林市工商行政管理局商标广告科科长
谢秀英　贵港市工商行政管理局商标广告科科长
蒋　铨　河池市工商行政管理局商标广告科科长

海南省

冯马龙　海南省工商行政管理局商标广告处副处长
何运杰　海口市工商行政管理局局长
廖若凡　琼中县工商行政管理局局长
段树文　澄迈县工商行政管理局局长
庞昌兴　三亚市工商行政管理局商标广告科科长

重庆市

齐　琦　重庆市工商行政管理局商标处处长
廖红静　重庆市工商行政管理局商标处主任科员
陈文珍　重庆市工商行政管理局高新区分局调研员
刘德章　重庆市工商行政管理局南川区分局局长
韩　钢　重庆市工商行政管理局渝北区分局副局长
张师琼　重庆市工商行政管理局江津区分局商标广告科科长
唐湘勇　重庆市工商行政管理局合川区分局商标广告科科长
刘跃川　荣昌县工商行政管理局商标广告科科长
魏久军　开县工商行政管理局商标广告科科长

四川省

蔡　军　四川省工商行政管理局商标分局副局长
王安平　遂宁市工商行政管理局副局长
匡世联　成都市工商行政管理局商标处副处长
曹　兵　内江市工商行政管理局商标广告科科长
叶　丽　德阳市工商行政管理局商标广告科科长
李　念　泸州市工商行政管理局商标广告科副主任科员
康　晖　雅安市工商行政管理局商标广告科科长
周光明　宁南县工商行政管理局纪检组长
熊爱明　攀枝花市西区工商行政管理局综合科科长
王琼英　绵阳市游仙区工商行政管理局综合股副主任科员
余建清　青川县工商行政管理局商标广告股股长
温　浩　宜宾市工商行政管理局商标广告科科长
唐成远　眉山市工商行政管理局局长
付小明　广安市工商行政管理局商标广告科科长

贵州省

程秀丽　贵州省工商行政管理局商标广告处主任科员
梁衍军　贵州省工商行政管理局商标广告处主任科员
龙兴铭　黔东南州工商行政管理局商标广告科科长
刘　宁　毕节地区工商行政管理局商标广告科科长
崔健雄　沿河县工商行政管理局执法股股长
孔维正　六盘水市工商行政管理局红果分局红果工商所所长

云南省

赵　健　云南省工商行政管理局副局长

唐思虎　楚雄州工商行政管理局副局长
王启文　普洱市工商行政管理局商标广告科科长
郭　忠　西双版纳州工商行政管理局商标广告科科长
熊永发　丽江市工商行政管理局商标广告科科长
董云汉　怒江州工商行政管理局商标广告科科长
杨永祥　迪庆州工商行政管理局局长
常　江　临沧市工商行政管理局商标广告科科长

西藏自治区

蒋　云　拉萨市工商行政管理局公平交易科副科长
扎西多吉　日喀则市工商行政管理局局长
尼玛曲吉　林芝地区工商行政管理局公平交易科科员
陈国平　昌都地区工商行政管理局公平交易科科员
次仁央宗　那曲地区工商行政管理局公平交易科科员

陕西省

张同武　陕西省工商行政管理局商标广告处副处长
宇文红　咸阳市工商行政管理局商标广告科科长
靳都信　铜川市工商行政管理局印台分局商标广告科科长
李建强　汉中市工商行政管理局副局长
程楚林　安康市工商行政管理局商标广告科副主任科员
王　焱　延安市工商行政管理局商标广告科科长
陈晓莉　榆林市工商行政管理局商标广告科副主任科员
凤长安　商洛市工商行政管理局商标广告科科长
屈亚妹　杨凌示范区工商行政管理局商标广告科科员

甘肃省

张初林　甘肃省工商行政管理局商标广告处处长
李彦平　兰州市工商行政管理局商标广告处处长
董孝礼　天水市工商行政管理局商标广告科科长
康建华　庆阳市工商行政管理局商标广告科科长
李淑君　酒泉市工商行政管理局商标广告科科长
武汉江　定西市工商行政管理局安定分局局长

青海省

常建武　青海省工商行政管理局生物园工商分局副局长
李宗芳　西宁市工商行政管理局商标广告处主任科员
艾　霖　互助县工商行政管理局商标广告科科长
田　鸿　海西州工商行政管理局商标广告科科长
赵文萍　果洛州工商行政管理局商标广告科科长
秦建伦　玉树州工商行政管理局商标广告科科员

宁夏回族自治区

赵　红　固原市工商行政管理局经济开发区分局副局长

吴　江　　石嘴山市工商行政管理局惠农分局商标广告科科长
黄　毅　　吴忠市工商行政管理局利通一分局副局长
王　龙　　银川市工商行政管理局西夏分局商标广告监管科科长
王秀丽　　中卫市工商行政管理局商标广告科副科长

新疆维吾尔自治区

郑忠文　　库尔勒市工商行政管理局商标广告监督管理科科长
李鹏飚　　博尔塔拉蒙古自治州工商行政管理局商标广告监督管理科科长
贺　薇　　塔城地区工商行政管理局商标广告监督管理科科长
马弘晟　　克拉玛依市工商行政管理局商标广告监督管理科科长
魏　芳　　新源县工商行政管理局商标广告监督管理科科长
董　洁　　吐鲁番地区工商行政管理局商标广告监督管理科副科长
任小龙　　克孜勒苏柯尔克孜自治州工商行政管理局商标广告监督管理科科长
刁春林　　阿克苏地区工商行政管理局副局长
玛依努尔·艾则孜　　巴音郭楞蒙古自治州工商行政管理局商标广告监督管理科副科长

商标信息

（885~925）

【国家知识产权战略实施工作部际联席联络员会议举行】

1月12日，国家知识产权战略实施工作部际联席会议第一次联络员全体会议在北京举行。国家知识产权局副局长张勤出席会议并讲话。国务院办公厅相关负责同志和28个部际联席会议成员单位联络员及工作联系人参加会议。会议总结了2008年贯彻实施《国家知识产权战略纲要》工作情况，并重点讨论了2009年国家知识产权战略实施工作计划草案。

会上，各成员单位的联络员及联系人介绍了各自部门战略实施工作的相关情况，并在“行政执法与刑事司法的衔接”“重大项目知识产权审查机制”“知识产权对外宣传”“行业知识产权战略研究”“企业知识产权战略推进”等多个方面提出了许多有价值的意见和建议。（杨甲、杨申）

【工商总局：我国服务业企业知识产权出资比例可达7成】

为贯彻落实《国务院办公厅关于搞活流通扩大消费的意见》，国家工商行政管理总局日前出台五项措施，支持流通企业健康发展。国家工商总局支持投资人以知识产权等非货币财产出资设立服务业企业，非货币财产出资比例最高可达企业注册资本70%。

国家工商行政管理总局出台五项措施包括：

重视和加强对知名流通企业、全国性和地方性商业老字号的商标权保护，进一步完善驰名商标认定制度，加大驰名商标保护力度，加强展会的商标监管工作，加大对侵权行为的打击力度。在全国大中城市推广“商标授权经营制度”，对规模化商品批发零售市场进行规范化商标监管。

对法律、行政法规和国务院决定未设定，一些部门和地方自行设定的服务业企业登记前置许可项目，各级工商行政管理机关一律停止执行。对一般性服务业企业降低注册资本最低限额，除法律、行政法规另有规定的外，一律降低到3万元。支持投资人以知识产权等非货币财产出资设立服务业企业，非货币财产出资比例最高可达企业注册资本70%。

积极培育大型流通企业集团，在企业登记中开辟“绿色通道”，对兼并登记申请实行专人专件办理，对符合条件、手续齐全的当场办理注册登记；当场不能办理的，要一次告知需补办的手续，跟踪服务。

除有特殊规定外，流通服务业企业设立连锁经营门店，可持总部的连锁经营相关文件和登记资料，直接到门店所在地工商行政管理机关申请办理登记手续。在有条件的地方，积极开展企业名称远程核准和企业远程核准登记试点，试行企业登记材料网上预审，推进电子登记和网上年检工作进程。

简化程序、放宽准入，大力扶持和促进中小商贸企业发展。充分发挥股权出质登记在解决企业特别是中小企业融资难问题上的积极作用。积极办理股权出质登记，认真做好动产抵押登记工作，为企业特别是中小商贸企业的融资扩宽渠道。

【工商总局：开展商标富农工作促进农业发展农民增收】

日前，国家工商总局发出通知，要求各级工商行政管理机关要把促进农业稳定发展、农民持续增收作为当前工作的重中之重，积极开展商标富农工作，充分发挥农产品商标和地理标志在促进农民增收中的作用。

通知指出，各地要加大农产品商标和地理标志宣传力度，积极引导农民和农产品生产、销售、加工企业注册农产品商标。充分利用地理标志产品优良品质和良好市场信誉的优势，促进提高农产品的市场竞争力。充分发挥农产品商标和地理标志在转变外贸增长方式中的积极作用，促进农产品出口。积极指导有关地方和组织注册地理标志，着力培育一批具有国际竞争力的农产品商标、地理标志和农产品优势企业。

通知强调，要积极引导涉农企业以注册商标进行质押融资，开辟绿色通道，缩短办理登记时间，及时向申请人发放《商标专用权质押登记证》。要依法保护农产品注册商标，加大对农产品商标和地理标志，特别是涉农驰名商标的保护力度，严厉打击侵犯农产品注册商标和地理标志专用权的违法行为。

【工商总局英知识产权局签署商标战略合作谅解备忘录】

1 月 22 日，国家工商总局副局长付双建代表国家工商总局与英国知识产权局局长伊恩.弗莱彻签署了商标战略合作谅解备忘录。这标志着中英商标战略双边合作总体框架的建立，双方将在所有商标事务上持续合作。

根据该合作谅解备忘录，双方将在所有商标事务上持续合作。双方将继续讨论商标领域的常规问题、现实问题和相关问题，包括商标审查程序、异议和争议、地理标志以及其他类似问题；交流相关信息，共享相关最佳实践，包括对商标法律、法规、执行程序、规则和程序性文件的共同考虑;寻求在上述商标领域，包括相关法律制度领域，互相提供培训和发展机会；共享所有商标程序管理和办公自动化的最佳实践，包括人工审查、计算机信息处理和利用网络优化并改善程序等在内的实践；对双方关注的国际商标问题联合开展活动，包括通过商标体系保护地理标志，以及其他国际商标实践的发展等；开展合作，在各自国家充分告知商标权人有关商标保护包括执法程序运用等问题的相关信息；促进并鼓励与商标相关的知识产权体系的运用和理解，尤其要关注中小企业，并协助它们保护及最大限度地利用自己的商标资产。

该合作谅解备忘录还明确了磋商、修订、立法和国际协议等有关条款。（孙延峰）

【2009 年全国保护知识产权宣传周活动组委会正式成立】

近日，由国家知识产权局、中宣部、国家工商总局、国家版权局、国务院新闻办等 24 个部门组成的全国知识产权宣传周活动组委会正式成立。国家知识产权局局长田力普担任活动组委会主任，副主任为中宣部副部长李东生、工商总局副局长付双建、版权局副局长阎晓宏、新闻办副主任王国庆。组委会下设办公室，具体负责宣传周各项工作。

目前，组委会已制定了《2009 年全国知识产权宣传周活动方案》，2009 年全国知识产权宣传周各项活动的组织筹备工作已正式启动并顺利推进。（刘河）

【2009 年中央一号文件发布　要强化农业知识产权保护】

2 月 1 日，新华社受权发布《中共中央国务院关于 2009 年促进农业稳定发展农民持续增收的若干意见》的 2009 年中央一号文件。文件明确指出，要强化农业知识产权保护。依法开展专利权、商标专用权等权利质押贷款。

文件强调，要强化现代农业物质支撑和服务体系，加快农业科技创新步伐。加大农业科技投入，多渠道筹集资金，建立农业科技创新基金，重点支持关键领域、重要产品、核心技术的科学研究。加快推进转基因生物新品种培育科技重大专项，整合科研资源，加大研发力度，尽快培育一批抗病虫、抗逆、高产、优质、高效的转基因新品种，并促进产业化。实施主要农作物强杂交优势技术研发重大项目。强化农业知识产权保护。支持龙头企业承担国家科技计划项目。加强和完善现代农业产业技术体系。要增强农村金融服务能力，积极扩大农村消费信贷市场，依法开展专利权、商标专用权等权利质押贷款。

【王岐山：加大知识产权保护力度促服务外包产业发展】

日前，中共中央政治局委员、国务院副总理王岐山在江苏省南京、扬州两市调研服务外包产业发展。他指出，要不断完善政策措施，加快商业信息数据保密立法，加大知识产权保护力度，促进服务外包产业由星星之火发展成燎原之势。

调研中，王岐山来到江苏润和软件股份有限公司、文思创新软件技术有限公司等企业，仔细询问承接订单、员工结构、生产经营等情况。当了解到企业招聘实用型技能人才面临困难时，王岐山要求有关部门和企业创新人才培养模式，增加投入，加快培训服务外包人才。他说，在当前起步阶段，要不断完善政策措施，加快商业信息数据保密立法，加大知识产权保护力度，帮助企业开拓市场，促进服务外包产业由星星之火发展成燎原之势。

【国务院：要加大对世博会参展者的知识产权保护力度】

2月11日，国务院总理温家宝主持召开国务院常务会议，听取了2010年上海世界博览会筹办情况汇报。会议指出，要加大对参展者、组织者等的知识产权保护力度，加快推进世博科技各项工作。

会议指出，今年是上海世博会筹办的关键之年，必须坚持科学办博、勤俭办博、廉洁办博、安全办博，举全国之力，集世界智慧，做深、做细、做实每项工作，为世博会会期运营做好充分准备。要加快推进世博科技各项工作，加强最新科技成果在世博会建设、运营和展览展示中的应用，加大对参展者、组织者等的知识产权保护力度。

【九部门联合发通知　加强企业境外参展知识产权工作】

为加强企业境外参展知识产权管理工作，维护我国企业合法权益，树立我国企业保护知识产权的良好形象，积极应对国际金融危机，2月10日，国家知识产权局、外交部、工业和信息化部等9部门联合印发《关于加强企业境外参展知识产权工作的通知》（以下简称通知），经国务院同意印发实施。

通知从预防、援助和协助企业自我维权3个方面提出10项应对措施。通知指出，要引导企业加强境外参展知识产权管理，督促企业加强境外参展产品知识产权自我审核。加强与境外展会主办方的沟通和协调，深入了解展会主办国知识产权法律法规和展会执法情况，及时反映我国参展企业的要求。加大对知识产权滥用的对外交涉力度，研究制定符合我国实际的知识产权海外维权机制和争端解决机制。鼓励企业申请、注册和购买境外知识产权，从源头上减少或避免知识产权纠纷。

通知要求，要引导企业建立知识产权合作机制，集中行业力量共同应对知识产权纠纷，降低风险，分摊成本。加大对企业知识产权管理能力的培训，积极宣传我国知识产权保护成就，树立我国企业良好形象。

通知还要求，各部门要明确职责，积极主动为企业服务。加强对境外参展知识产权有关工作的统筹协调，建立部门间信息通报和合作机制。

（付明星）

【商务部近日发布指导意见　要强化知识产权评价指标】

日前，商务部发布《关于建立招商选资综合评价体系的指导意见》。意见指出，各地招商选资工作要在投资环境和社会责任方面加强对知识产权保护等的评价，强化对企业创新能力的评价，推动各地由招商引资向招商选资转变。

意见提出，在投资环境评价方面，在对经济发展、社会文化、基础设施、资源环境等基础指标评价的基础上，加强对发展产业配套、提高政务水平、完善地方法规和配套政策、推进人居环境建设、优化人力资源结构、知识产权保护等方面的评价。在社会责任评价上。要积极倡导外商投资企业履行社会责任。注重对企业在诚信经营、合法公平竞争、知识产权保护等方面的评价与引导。

【娄勤俭：要鼓励两岸共建自主知识产权和品牌】

工业和信息化部副部长娄勤俭日前在重庆举行的第五届海峡两岸信息产业技术标准论坛上表示，欢迎台湾企业到大陆建立研发中心，加强同大陆产学研各方面的合作；支持两岸产业园区间加强合作，促进技术转移和合作开发；鼓励双方共同建立自主知识产权和品牌，共同开拓国际市场。

娄勤俭是在发表专题演讲时作上述表示的。他还提出，我们愿意和台湾方面就如何发挥风险投资对产业技术创新和成果转化方面的作用共同开展研究。

娄勤俭指出，当前两岸均处于产业转型升级的重要时期，也同时面临国际金融危机的挑战。两岸产业界应携起手来，加强合作，共同应对挑战，提高两岸产业的竞争力和发展水平，为两岸经济健康发展和中华民族的伟大复兴做出积极贡献。

（张琴、陈键兴）

【报刊商标申请有新规　商标局发出相关《通知》】

报刊商标申请有新规 商标局发出《关于在第16类“报纸、期刊、杂志（期刊）、新闻刊物”四种商品上申请注册商标注意事项的通知》

国家工商总局商标局2月17日发出通知，对商标申请人在第16类“报纸、期刊、杂志（期刊）、新闻刊物”四种商品上申请注册商标时应注意的事项作出说明，并对提交的材料提出了相应要求。

通知指出，《商标法》第十条对不得作为商标使用的标志作出了明确规定。但在第16类“报纸、期刊、杂志（期刊）、新闻刊物”四种商品上申请注册的商标，其整体是国家出版行政部门批准的报纸、期刊、杂志名称的，可以初步审定。因此，商标申请人在第16类“报纸、期刊、杂志（期刊）、新闻刊物”四种商品上申请注册商标的，除按照商标注册申请的有关规定提交材料外，还应注意以下事项。

申请注册的商标属于以下三种情形之一的，商标申请人应当向商标局提交国家出版行政部门核发的报纸、期刊出版许可证（复印件）：一是同我国的国家名称相同或者近似的，以及同中央国家机关所在地特定地点的名称或者标志性建筑物的名称相同的；二是由县级以上行政区划的地名构成，或者含有县级以上行政区划的地名的；三是属于《商标法》第十条规定的其他情形，商标局需核对国家出版行政部门核发的报纸、期刊出版许可证的。

【全国各级法院2008年共审结知识产权案件达到27876件】

2009年3月10日下午3时，第十一届全国人民代表大会第二次会议在人民大会堂举行第三次全体会议，听取最高人民法院院长王胜俊作最高人民法院工作报告；听取最高人民检察院检察长曹建明作最高人民检察院工作报告。

王胜俊在报告中指出努力为自主创新提供司法保障。认真贯彻《国家知识产权战略纲要》，扎实开展以“司法护权、激励创新”为主题的知识产权保护活动，展示了我国重视知识产权司法保护的良好形象。

完善涉及驰名商标案件的管辖制度，规范注册商标、企业名称纠纷案件的受理条件，依法惩治侵犯知识产权的犯罪行为，进一步拓展知识产权司法保护范围，加大保护力度。完善知识产权审判机制，充实审判力量，将管辖知识产权案件的中级、基层法院从109个增加到133个，并积极探索建立综合保护知识产权的新模式。一年来，全国各级法院审结知识产权案件27876件，同比上升32.58%。

【中国企业2008年国际商标注册申请再创新高首入前十】

世界知识产权组织（WIPO）日前发布《商标国际注册马德里体系2008年年度报告》。报告显示，2008年全球国际商标注册（商标国际注册马德里体系）申请量又创新高，达42075件。中国连续第四年成为国际商标注册申请中被指定最多的国家，中国企业首次进入国际商标申请排行前十位。

报告显示，2008年国际商标注册申请中，德国最多，提交了6214件申请，占总数的14.8%，其次是法国和美国。中国以1585件申请位居第八，较2007年增长9.8%。在去年国际商标申请量排名靠前的企业中，德国利得公司排名首位，中国的浙江医药股份有限公司排名第八，成为首个进入前十名的中国公司。

在提交国际商标注册申请时，申请人必须指定其要求对商标加以保护的成员国。WIPO报告显示，2008年中国以17829件连续第四年成为国际商标注册申请中被指定最多的国家，较2007年增长6.9%。

WIPO总干事弗朗西斯.加利表示，国际商标体系使用量的持续增长，反映了商标在商业中的核心意义，特别是在充满挑战的商业时期的重要性。“商标在培养消费者信心方面具有重要作用，这对面临目前经济减缓局面的企业是一个重要因素。”商标让企业能够在市场中建立并维持声誉，为商业活动增加价值。“即使在经济困难时期，企业仍然认识到商标是一项在企业声誉和长期可持续性上的明智投资。” （杨甲）

【温家宝：现代经济的竞争归根到底是知识产权的竞争】

3月20日至22日，中共中央政治局常委、国务院总理温家宝在辽宁就企业生产经营情况进行调研。调研期间，温家宝反复强调自主创新和知识产权的重要性。他指出，现代经济的竞争归根到底是知识产权的竞争。

两天时间里，温家宝马不停蹄，从早到晚奔波于车间、码头，考察了北方重工集团有限公司、三一重型装备有限公司、沈阳远大企业集团公司等多家企业。调研期间，他指出，企业要把技术创新放在突出位置，继续加大研发力度，做大自主品牌。政府要为企业自主创新创造良好条件，使科技创新与扩内需、促增长、调结构、上水平紧密结合起来。

20日晚和21日晚，温家宝在沈阳和大连分别召开座谈会，用了6小时听取15家企业负责人的意见，并和他们一起讨论企业发展问题。他说，必须从内部和外部两个方面解决企业目前面临的困难。企业要变压力为动力，把力量用在结构调整、技术改造和提高企业竞争力上。积极调整产品结构，提高产品质量和企业效益，特别要开发新产品，培育自主知识产权。政府要减轻企业负担，清理有碍于企业发展的政策，给企业发展创造一个宽松的环境，降低企业生产成本，提高企业竞争力。

【人民法院司法改革将探索设置统一的知识产权审判庭】

3月25日，最高人民法院发布了《人民法院第三个五年改革纲要（2009——2013）》（以下简称《三五改革纲要》）。《三五改革纲要》提出，要在直辖市和知识产权案件较多的大中城市，探索设置统一受理知识产权案件的综合审判庭。

《三五改革纲要》在“优化人民法院职权配置”部分提出，要改革和完善民事、行政审判制度。建立健全符合知识产权案件特点的审判体制和工作机制，在直辖市和知识产权案件较多的大中城市，探索设置统一受理知识产权案件的综合审判庭。推进行政诉讼法的修改进程，促进行政诉讼审判体制和管辖制度的改革和完善。完善民事、行政诉讼简易程序，明确适用简易程序的案件范围，制定简易程序审理规则。建立新型、疑难、群体性、敏感性民事案件审判信息沟通协调机制，保证裁判标准统一。

【最高人民法院：全面部署贯彻实施国家知识产权战略】

最高人民法院3月29日发布《最高人民法院关于贯彻实施国家知识产权战略若干问题的意见》(以下简称《意见》)，对人民法院贯彻实施国家知识产权战略作出全面部署和要求。

记者从最高人民法院知识产权审判庭获悉，出台《意见》的基本背景是为了贯彻落实党的十七大明确提出“实施知识产权战略”的要求和国务院于2008年6月发布的《国家知识产权战略纲要》。《意见》分为6大部分，共计36条具体意见。

《意见》强调，各级法院要充分认识实施国家知识产权战略的重大意义，切实增强人民法院知识产权司法保护的责任感和使命感。人民法院要充分发挥司法保护知识产权的主导作用，从充分发挥各项知识产权审判的职能作用、综合运用知识产权司法救济手段、及时明晰知识产权法律适用标准、努力加强人民法院与其他司法机关和知识产权行政执法机关之间的协作配合四个方面明确了工作着力点。

《意见》明确了审理好各类知识产权案件中需要注意的司法原则和政策，以体现切实加大知识产权司法保护力度的精神。《意见》要求必须统筹兼顾执行法律与服务大局、保护私权与维护公共利益、依法保护与适度保护、保护权利与防止滥用等各种重大关系。

同时，《意见》并分别就专利案件、商标案件、著作权案件、商业秘密案件、植物新品种案件、特定领域知识产权案件、不正当竞争案件、垄断案件、知识产权合同案件、知识产权诉前临时措施案件、知识产权授权确权案件、知识产权行政案件、知识产权刑事案件、知识产权审判监督案件、知识产权执行案件、知识产权涉外案件等16类知识产权案件的审判实践中的重点和难点问题，提出了一系列指导性意见。

《意见》提出有关完善知识产权审判体制和工作机制、优化审判资源配置的要求，提出一系列具体落实措施。要求加强知识产权司法解释工作，完善知识产权诉讼制度。要加强知识产权审判队伍建设，提高知识产权司法保护能力。（杨维汉）

【人民法院将加重恶意侵犯知识产权等赔偿责任】

最高人民法院29日发布的《最高人民法院关于贯彻实施国家知识产权战略若干问题的意见》(以下简称《意见》)中提出，综合运用知识产权司法救济手段，不断增强知识产权司法保护的有效性。

《意见》特别提出，要突出发挥损害赔偿在制裁侵权和救济权利中的作用，坚持全面赔偿原则，依法加大赔偿力度，加重恶意侵权、重复侵权、规模化侵权等严重侵权行为的赔偿责任，努力确保权利人获得足够的充分的损害赔偿，切实保障当事人合法权益的实现。

《意见》要求各级法院依法确定当事人应当承担的各种法律责任，积极采取各种救济手段，对知识产权进行全方位的有效保护。通过判决赔偿经济损失和责令停止侵权、消除影响和赔礼道歉等，对权利人予以物质的与精神的、金钱的与非金钱的综合救济；通过终审判决和诉前或诉中临时措施裁定等，对权利人予以现实的和临时的司法救济；通过判处罚金、没收财产和采取民事制裁措施等，剥夺侵权人再侵权的能力和消除再侵权危险。

【世界知识产权组织跨区域知识产权高级论坛在京开幕】

3月30日，由世界知识产权组织和中国国家知识产权局、国家工商行政管理总局、国家版权局等单位主办的“世界知识产权组织跨区域知识产权高级论坛”在北京开幕。

国务院副总理王岐山、世界知识产权组织总干事弗朗西斯.高锐出席开幕式并致辞。

王岐山说，改革开放以来，中国知识产权发展取得了巨大成就。为了深入贯彻落实科学发展观和建设创新型国家，中国政府将继续全面实施知识产权战略，完善知识产权法律法规和各项制度，加大执法力度，营造保护知识产权的法制、市场和文化环境。中国保护知识产权的立场是坚定不移的。这不仅是对国际社会的承诺，更是提高自主创新能力、加快转变发展方式的自身需要。

王岐山指出，大力提升知识产权创造、运用、保护和管理能力，推动建立平衡有效的知识产权制度，已成为世界各国共同关注的重大课题。为此，应当深化对知识产权制度的理解，把激励创新、推动发展作为制度建设的目的；尊重各国国情，兼顾各方特别是发展中国家的利益；在平等互利的基础上加强对话与合作，增进共识，共同营造有利于激励创新、促进技术合作与贸易的环境。

王岐山表示，中国作为发展中大国和世界知识产权组织的一员，愿继续与各国一道，推动建立平衡有效的知识产权制度，促进全球共同发展和人类文明不断进步。

来自27个国家和6个国际组织的代表以及国务院有关部门负责同志参加论坛。

【我国商标注册年申请量已经连续七年位居世界第一位】

国家工商行政管理总局副局长付双建30日在北京召开的“世界知识产权组织跨区域知识产权高级论坛”上表示，2008年我国商标注册申请量达到近70万件，已连续7年居世界第一位。

付双建说，自1979年我国恢复全国商标统一注册以来,商标的年注册申请量从1980年的2.6万件增加到2008年的近70万件。与此同时,商标注册和商标评审工作的质量和效率大幅提高。2008年,国家工商行政管理总局共审查商标注册申请75万件,比2007年增长85.27%,这是自2000年以来,商标注册审查量首次超过当年商标注册申请量。

此外，国家工商行政管理总局2008年共办理马德里商标国际注册领土延伸申请1.7万余件，比上年增长4.9%，连续4年排名世界第一位，累计已达13万余件。

付双建表示，通过积极开展与世界各国商标主管机构的合作，我国有效地加强了商标的国际保护。1979年前来我国注册的国家和地区仅为20个，到2008年底已经增加至130多个，累计注册商标53万余件，是30年前的100多倍。

他指出，近年来，我国建立了既适合我国国情，又符合国际规则的商标法律体系。为解决商标领域面临的新问题，商标法的第三次修订已经提上日程。我国还先后加入了6个有关商标的国际公约或条约，使我国商标保护的国际化水平日益提高。

“可以说，我国已经基本形成了以商标法为基础，内容比较完备、体系比较健全的商标法律法规体系。商标法律和商标知识的宣传普及工作效果显著，全社会的商标意识不断增强，尊重和保护商标的社会氛围已经形成。”付双建说。

（崔静、常璐）

【工商总局：地理标志农产品价格较注册前平均提高3倍】

近日，国家工商总局对22个种植类地理标志农产品样本的调查统计显示，地理标志农产品价格比注册前也有了较大幅度的提高，平均增长306%，最高涨幅为2900%。地理标志直接推动了农村社会效益和经济效益的提高。

调查显示，地理标志农产品直接给农民创造了更高的经济价值，增加了农民的收入。带有地理标志的农产品价格普遍比同类产品价格高出20%至90%；地理标志农产品，扩大了农民就业，促进了农业社会化服务体系的发展，并带动了其他行业发展。从22个样本来看，直接解决了22个地理标志所在地总人口27.5%的农民就业。此外，地理标志农产品还对引领农业产业结构调整，推进农业产业化发展，提高农业组织化程度，促进农产品出口发挥着积极作用。

【国务院总理温家宝在京会见世界知识产权组织总干事】

温家宝总理4月1日在中南海紫光阁分别会见了世界知识产权组织总干事弗朗西斯·高锐。

温家宝在会见高锐时说，中国政府将继续加强知识产权保护工作，实施知识产权战略，以适应生产力发展水平。高锐表示世界知识产权组织愿与中国一道为推动全球知识产权保护做出贡献。

【国家工商总局局长会见世界知识产权组织总干事一行】

3月31日下午，国家工商总局局长周伯华会见了世界知识产权组织总干事弗朗西斯·高锐一行。周伯华指出，国家工商总局将一如既往地支持世界知识产权组织的各项工作，积极拓宽合作领域，共同致力于世界知识产权事业，为促进世界经济和社会发展作出新的更大的贡献。

此行是弗朗西斯·高锐就任世界知识产权组织总干事以来首次访华。周伯华首先向他介绍了国家工商总局的主要职能。周伯华说，作为负责市场监管和行政执法有关工作的国务院直属机构，国家工商总局主要承担市场主体准入、维护公平竞争市场秩序、消费者权益保护、商标注册和商标专用权保护及广告监管、打击传销和规范直销等5个方面职能，依法为经济社会发展营造公平公正、规范有序、和谐诚信的市场环境。遍布全国的执法网络和日益完善的执法机制，为保护商标知识产权提供了有力保障。

【中越建立商标侵权行为、反垄断等领域信息交换机制】

国家工商总局副局长付双建与越南工贸部副部长阮锦秀日前在北京签署了《中华人民共和国国家工商行政管理总局和越南社会主义共和国工贸部市场监管领域合作谅解备忘录》（以下简称备忘录），双方将在查处商标领域侵权行为、反垄断、反不正当竞争等领域建立信息交换机制。

备忘录指出，国家工商总局和越南工贸部将相互交换、查处制售假冒伪劣商品知识产权侵权行为、食品安全整治流程、最佳做法和相关案件实务的信息，反垄断、反不正当竞争及保护消费者权益领域的政策、法律法规和相关信息。此外，双方还探讨共同查处在任意一方境内或边境发现

的对方组织、个人的限制竞争、不正当竞争和损害消费者权益等违法行为。（杨冬）

【《国家人权行动计划》：要加大知识产权的保护力度】

经国务院授权，国务院新闻办公室13日发布《国家人权行动计划（2009-2010年）》。行动计划明确，将加大知识产权保护力度。依法惩处各种侵权行为，维护知识产权人的合法权益。初步建成服务公众的专利检索与服务平台。

这是我国第一次制定的以人权为主题的国家规划，行动计划明确了未来两年中国政府在促进和保护人权方面的工作目标和具体措施。国家人权行动计划全文约2.2万字，分为导言，经济、社会和文化权利保障，公民权利与政治权利保障，少数民族、妇女、儿童、老年人和残疾人的权利保障，人权教育和国际人权义务的履行及国际人权领域交流与合作等六部分。

行动计划表示，从2009年到2010年，国家将采取积极有效的措施，努力克服国际金融危机带来的消极影响，切实保障全体社会成员的经济、社会和文化权利。行动计划强调，将加大知识产权保护力度。依法惩处各种侵权行为，维护知识产权人的合法权益。初步建成服务公众的专利检索与服务平台。

【09年国家知识产权局实施知识产权战略计划近日印发】

为贯彻落实国家知识产权战略实施工作部际联席会议印发的《2009年国家知识产权战略实施推进计划》，根据国家知识产权局实施《国家知识产权战略纲要》领导小组工作安排，领导小组办公室组织有关部门和单位共同制定了《2009年国家知识产权局实施知识产权战略计划》（简称《2009年计划》）。4月15日，该计划正式印发实施。

《2009年计划》根据国务院办公厅对知识产权局承担战略实施任务分工，紧密结合《国家知识产权战略纲要》提出的战略措施，对知识产权局今年战略实施工作进行了具体部署。《2009年计划》分别从提升知识产权创造能力、鼓励知识产权转化运用、加快知识产权法制建设、提升知识产权执法水平、加强知识产权行政管理、发展知识产权中介服务、加强知识产权人才队伍建设、推进知识产权文化建设、扩大知识产权对外交流合作九个方面提出了84条具体措施。这些措施既紧密结合了知识产权局今年工作要点，又突出了实施战略的总体要求。为保证这些措施的切实落实，每项措施均明确了具体负责部门和单位。

（郭全清、刘洋）

【2009年全国“知识产权宣传周”活动于20日在京开幕】

2009年全国知识产权宣传周4月20日上午在北京奥林匹克公园庆典广场隆重开幕。宣传周组委会主任、国家知识产权局局长田力普致辞，世界知识产权组织总干事弗朗西斯·高锐通过视频致贺。

田力普在致辞中说，中国在每年4·26世界知识产权日期间举行庆祝和宣传活动是知识产权领域的一大盛事，也是我们籍以增强国人知识产权意识的良好契机。

由于党和政府的高度重视、各相关部门的努力工作和全社会的积极响应，这一活动的规模逐年扩大、影响与日俱增，充分展现出知识产权在中国良好的发展态势与光明前景。

今年的宣传周是由国家知识产权局、中共中央宣传部等24个部门联合主办的。在4月20日至4月26日宣传周期间，全国将开展一系列形式多样，内容丰富的宣传活动。（李德金）

【全国66基层法院可审知识产权案　加大司法保护力度】

今年4月26日是第9个世界知识产权日。为贯彻实施国家知识产权战略，加大知识产权司法保护力度，最高人民法院副院长奚晓明在召开的新闻发布会上宣布，正式启动全国法院开展知识产权审判“优化自主创新司法环境”年度主题活动。最高人民法院2009年“知识产权宣传周”活动同步启动，时间自4月20日起至4月26日。

据介绍，近年来，最高人民法院认真贯彻《国家知识产权战略纲要》，进一步拓展知识产权司法保护范围,加大保护力度,努力为自主创新提供司法保障。去年,最高法院批准了26个可以审理知识产权的基层法院和3个中级法院。截至目前,全国具有专利案件管辖权的法院已经达到了27个,可以审理知识产权案件的基层法院达到66个。

奚晓明指出，国内外经济环境的重大变化，对于人民法院知识产权审判工作提出了新的需求和期待，也使知识产权审判工作面临着严峻的挑战和考验。开展知识产权审判“优化自主创新司法环境”年度主题活动，是当前经济形势下人民法院知识产权审判工作服务大局的重要方面。

奚晓明要求，各级法院在年度主题活动中，要通过采取科学合理的司法政策，加强知识产权司法保护，维护公平竞争的市场秩序，为克服金融危机和“保增长、保民生、保稳定”的工作大局提供有力的司法保障。

奚晓明强调，各级法院要通过公正高效的审判工作，不断提高知识产权司法保护水平，努力增强知识产权司法保护能力，切实加大知识产权司法保护力度，进一步打造有利于激励自主创新的司法环境，激发科技创新和自主品牌对催生新兴产业、创造社会需求、培养新的经济增长点的引领和推动作用。（徐伟）

【国新办举行2008年中国保护知识产权状况新闻发布会】

4月21日上午，国务院新闻办公室就2008年中国知识产权保护状况举行新闻发布会。国家知识产权局局长田力普介绍了2008年中国知识产权保护和中国国家知识产权战略制定实施等方面的情况，并同国家工商行政管理总局商标局局长李建昌、国家版权局版权管理司司长王自强回答了中外记者的提问。（杨甲、张子弘、刘甜甜）

【世界知识产权组织总干事高锐：中国的成就鼓舞世界】

“中国在这么短的时间，在知识产权领域所取得的成就，使全世界都备受鼓舞。”第九个世界知识产权日即将到来之际，世界知识产权组织总干事弗朗西斯.高锐特别为中国举办的全国知识产权宣传周发来视频祝贺。

20日10时，2009年全国知识产权宣传周在奥林匹克公园庆典广场启动。通过大屏幕，高锐对中国公众说：“我们注意到，中国的发展比其他国家要快得多，这是令人瞩目的。中国的快速发展，改变了世界创新的版图，也极大地影响了其他国家。”

在这段贺词背后，是中国过去30年来在推动知识产权保护领域所做出的努力。中国在过去不到30年的时间内已形成了行政执法与刑事司法双轨并行，权利人维权、行业自律、中介服务和社会监督融为一体的知识产权管理和执法体系。

（吴晶）

【我国知识产权立法执法进展显著】

国家知识产权局局长田力普在21日由国新办举行的新闻发布会上表示，2008年，中国国家知识产权战略的实施，充分表明了中国政府保护知识产权的态度和决心。无论在立法还是执法方面，中国的知识产权建设在过去一年里进展显著。

田力普介绍，去年，我国顺利完成专利法第三次修改，将于今年10月1日起施行，专利法实施条例的修改正在抓紧进行；商标法和反不正当竞争法的修订也在加快，商标代理条例的立法进程在推动中；国家版权局现已完成著作权法第二次修改的调研工作，《民间文学艺术著作权保护条例》正加快起草。

就知识产权行政执法，2008年，中国政府以打击盗版、规范市场秩序为重点，严厉打击了各种侵犯知识产权的违法犯罪行为。截至2008年年底，国家知识产权局成立知识产权维权援助中心44个；各地方知识产权局共受理专利纠纷案件1126件，查处假冒他人专利和冒充专利案件660件；各级工商行政管理机关共查处各类商标违法案件56634件，罚款46740万元；2008年年底，国家版权局又将7600家企业列入使用正版软件的工作目标。

田力普特别强调，2008年奥运知识产权的保护成绩显著，得到了国际奥委会主席雅克·罗格的充分肯定，赢得了国际社会的广泛赞誉。

与此同时，我国的知识产权司法保护主导作用进一步增强，权利人和公众利益得到有效维护。2008 年，检察机关共批准逮捕涉及侵犯知识产权犯罪案件 1210 件 2107 人，起诉 1432 件 2697 人；全国地方法院共新收知识产权民事案件近 2.9 万多件，审结民事案件 2.8 万余件以及刑事案件 3326 件；公安机关全年共破获侵犯知识产权犯罪案件 1455 起，涉案总金额近 16.5 亿元人民币。

2008 年，我国知识产权申请与授权持续保持快速增长。全年共受理专利申请 82.8 万件，受理商标注册申请 69.8 万件，软件登记总量达 4.9 万件，版权合同登记量 1.2 万件；作品自愿登记量 104 万件。此外，植物新品种权的申请和授权也有大幅提高。 （李立）

【全国法院去年受理知识产权民事一审案件达 2.4 万余件】

近年来，知识产权案件的数量逐年激增。来自最高人民法院的数据显示：2008 年，全国各地法院共受理知识产权民事一审案件 24406 件，审结 23518 件；新收和审结知识产权二审案件 4759 件、4699 件，比上年增长 66.11%和 63.73%。

截至目前，全国具有专利案件管辖权的中级法院已经达到了 71 个，可以审理知识产权案件的基层法院达到 66 个。

“面对激增的案件和按照人民法院第三个五年改革纲要的要求，最高人民法院将在直辖市和知识产权案件较多的大中城市，探索设置统一受理知识产权案件的综合审判庭。”孔祥俊透露说，最高人民法院将于今年 6 月召开专门的座谈会，研究如何完善知识产权审判机制和优化审判资源配置问题，并拟在年内出台《关于人民法院设置统一受理知识产权民事、行政和刑事案件的专门知识产权法庭的实施意见》。

【傍名牌从有形商品延伸网络】

“近年来，‘傍名牌’这种侵犯知识产权的现象有蔓延的趋势，逐渐从有形的商品和服务领域延伸到了网络文化产业。”孔祥俊说，最高人民法院公布的十大案件中，杭州都快网络传媒有限公司诉王林阳侵犯计算机网络域名纠纷上诉案就是典型的一例。

某报社在 2001 年 4 月 23 日注册了 19floor.net 域名，经过几年的经营和管理，该网站及其论坛在网民中具有较高的知名度及认可度。19floor.net 域名的相关权益后转入杭州都快网络传媒有限公司。19floor.com 域名于 2005 年注册备案，由王林阳开办和实际经营。

19floor.com 网站采用了与 19floor.net 网站相同的论坛程序；在论坛栏目的设置上也基本相同；在基本色彩上都是绿色。这导致网民对两个论坛产生了误认。一审法院认定王林阳构成不正当竞争，判令其注销 19floor.com 域名并赔偿原告经济损失及制止侵权的合理费用人民币 6 万元。二审法院维持了原判。

“随着互联网应用的不断普及，域名的商业价值逐渐引起人们的重视。这个案子是在互联网环境下傍知名域名的新类型案件，是国内文化品牌维权的一个典型案例。”孔祥俊说，审理法院依据《关于审理涉及计算机网络域名民事纠纷案件适用法律若干问题的解释》，认定王某在涉案域名的使用上具有恶意，并在客观上造成了相关公众的误认，适用不正当竞争法对其行为进行了规制。

【“中国公众知识产权文化素养”调查结果在北京揭晓】

受国家知识产权局委托，由知识产权新闻宣传中心与清华大学媒介调查实验室共同完成的首次“中国公众知识产权文化素养”调查结果 4 月 22 日在京公布。调查结果显示，我国公众总体知识产权文化素养指数中等偏低，广东、北京名列前茅。

本次调查历时 4 个月，调查范围覆盖了全国除香港、台湾、澳门之外的 31 个省、市、自治区，共回收 15373 份有效问卷，调查置信度达到了 98.6%。本次调查内容主要包括公众获取和理解基本的知识产权信息和服务，运用这些信息和服务做出正确的判断，具有知识产权创造、运用、保护和管理的意识和能力。

本次调查数据显示，我国公众总体的知识产

权文化素养指数为42.1，绝对值属于中等偏低。不同地区间的差异较大，广东和北京列居前两位，指数值分别为51.0和49.6。客观反映了我国知识产权制度建设随着经济社会发展所取得的显著成就以及并不均衡的现状。

在全国范围内开展“中国社会公众知识产权文化素养大型调查”，是国家知识产权局为认真履行国务院赋予的“统筹协调全国知识产权工作”的神圣职责、确保《国家知识产权战略纲要》的顺利实施所做的基础性工作。目的是准确了解社会公众的知识产权文化素养水平，把握我国知识产权事业发展现状，从而做出具有针对性的工作调整，为推进知识产权文化建设、增强我国国民和企业创造、运用、保护和管理知识产权能力提供系统、准确的量化依据和科学的评价尺度。这也是国家知识产权局贯彻落实科学发展观的具体体现以及投身于社会主义核心价值体系的积极探索。

本次调查结果取得的大量多方面数据，比较客观而全面地展现出了社会各阶层对知识产权的认知程度、态度和需求情况。例如公众对知识产权内容包括专利权、著作权、商标权、商业秘密、植物新品种权、集成电路布图设计权、地理标志、反不正当竞争、科学发现权与外观设计权的认知，全部回答正确的比例为0.8%。而在所有被认知的知识产权内容中，又以专利的认知率最高，比例为85.9%，其次为著作权与商标权，比例分别为75.7%与70.0%；地理标志与反不正当竞争的选择率则仅为9.3%与9.0%；再比如有48.2%的公众了解知识产权是财产权；35.2%的网民对在互联网上使用他人享有著作权作品行为有正确的认知；61.4%公众坚决反对盗版等等。

更多的相关数据、例如不同地区和人群的差异情况；性别、年龄、经济收入和受教育程度等因素对知识产权文化素养水平的影响等等，则在一定程度上反映出了当前我国社会经济、文化、教育的特点，非常值得有关部门和专家、学者认真研究，从而做出政策上的调整。

据了解，此次调查结果经过了相关部门组织的专家评审。专家们一致认为：“中国公众知识产权文化素养调查”是一项意义深远的基础性工作，调查结果具有难以估量的价值。

（高源、杨甲）

【我国海关今年重点打击邮递渠道侵犯知识产权行为】

记者近日从海关总署获悉，我国海关今年知识产权保护的重点是加强在重点地区、重点领域的执法，特别是针对邮递渠道的侵权问题在邮递渠道开展打击侵权商品出口的专项行动。

海关总署表示，今年将加大对国内企业自主知识产权的海关保护力度，积极主动地了解企业在保护自主知识产权方面遇到的困难和问题，为企业培育知名品牌提供服务，促进我国自主品牌企业发展。

同时，海关还将继续开展与知识产权权利人的联合培训活动，提高现场关员查获侵权货物的能力，有针对性地开展对办案人员的培训和指导工作，提高海关办案人员对疑难案件的调查能力。

在开展知识产权保护的执法合作方面，我国海关将着重加强与国内知识产权行政、刑事执法机关和司法机关的合作，研究解决执法中存在的疑难问题，形成执法合力。此外，按照现有的知识产权海关保护国际合作框架，大力开展国际海关间的知识产权执法合作；进一步拓宽与业界的合作领域，提高知识产权权利人参与海关执法的深度和广度。（周英峰）

【最高人民法院于22日首次发布知识产权案件年度报告】

4月22日，最高人民法院首次发布知识产权案件年度报告。该年度报告集中公开了最高人民法院知识产权庭2008年度审结的23件知识产权典型案件的判理摘要。最高人民法院希望通过年度报告的形式，将年度内有典型意义的裁判意见集中发布，充分发挥这些案例在规范裁量权行使、统一法律适用标准中的作用，努力统一司法裁判标准。

最高人民法院知识产权审判庭在其2008年度审结的184件案件中，选取了23件典型案件的判理摘要，形成《最高人民法院知识产权案件年度报告（2008）》，向全社会公开发布。报告包括序言、16 件知识产权民事案件和 7 件知识产权行政案件。报告选取的案件涵盖各类型知识产权纠纷，包括专利案件、著作权案件、商标案件、不正当竞争案件、技术合同案件和专利商标授权确权案件；既涉及实体标准问题，也涉及管辖等程序问题。

报告涉及的法律问题多是目前司法实践中的热点和难点问题，主要包括：侵犯专利权纠纷中公知技术抗辩的适用问题；专利与技术标准关系问题；使用他人已经合法录制为录音制品的音乐作品的法定许可问题；网络公证证据的审查和采信问题；戏剧演出的表演者认定问题；约定俗成的游戏名称的正当使用问题；字号和商标相冲突问题；禁止专利重复授权原则的理解和适用问题；企业标准备案是否当然构成专利法意义上的公开的问题；专利确权行政案件中能否行使司法变更权的问题；通用名称的认定问题；商标法规定的“以欺骗或者其他不正当手段取得注册”的理解和适用问题；申请撤销注册商标的期限的起算点问题以及诉讼主体和管辖确定的先后顺序、发明专利临时保护期使用费纠纷的管辖确定问题等。

知识产权审判庭有关负责人介绍，报告中，有些是通过具体案件，对法律原则性的规定予以阐释，明确了适用的具体条件；有些是因为实践中认识和做法不尽一致，通过案件裁判，予以规范和统一；有些是通过案件审理，解决了法律未作规定的新类型问题，完善知识产权法治。最高人民法院知识产权审判庭将努力把案件年度报告制度化。

【中欧知识产权对话第五次会议于 16 日在布鲁塞尔举行】

2009 年 4 月 16 日–17 日，中欧知识产权对话第五次会议在布鲁塞尔举行。我方代表团由商务部条法司牵头，最高人民法院、工信部、海关总署、工商总局、版权局、知识产权局和商务部有关司局同志参加。欧方主席由欧委会贸易总司埃娃.斯诺维奇（Ewa Synowiec）司长担任，贸易总司、内部市场总司、企业总司、关税与海关总司、司法自由安全总司等部门的代表参加了会议。

中欧双方围绕知识产权政策、商标、版权、专利、地理标志、执法、技术援助等领域的 20 多个议题进行了讨论，交流了信息，增进了理解。

【最高法：妥善处理注册商标冲突制止“傍名牌”行为】

最高人民法院日前印发《关于当前经济形势下知识产权审判服务大局若干问题的意见》的通知，通知就当前经济形势下人民法院做好知识产权审判工作的若干问题提出意见，通知要求，各级法院要妥善处理注册商标、企业名称与在先权利的冲突，依法制止“傍名牌”等不正当竞争行为。

通知要求，除注册商标之间的权利冲突民事纠纷外，对于涉及注册商标、企业名称与在先权利冲突的民事纠纷，包括被告实际使用中改变了注册商标或者超出核定使用的商品范围使用注册商标的纠纷，只要属于民事权益争议并符合民事诉讼法规定的受理条件，人民法院应予受理。凡被诉侵权商标在人民法院受理案件时尚未获得注册的，均不妨碍人民法院依法受理和审理；被诉侵权商标虽为注册商标，但被诉侵权行为是复制、摹仿、翻译在先驰名商标的案件，人民法院应当依法受理。

通知要求，各级法院按照诚实信用、维护公平竞争和保护在先权利等原则，依法审理该类权利冲突案件。有工商登记等的合法形式，但实体上构成商标侵权或者不正当竞争的，依法认定构成商标侵权或者不正当竞争，既不需要以行政处理为前置条件，也不应因行政处理而中止诉讼。

在中国境外取得的企业名称等商业标识，即便其取得程序符合境外的法律规定，但在中国境内的使用行为违反我国法律和扰乱我国市场经济秩序的，按照知识产权的独立性和地域性原则，依照我国法律认定其使用行为构成商标侵权或者不正当竞争。企业名称因突出使用而侵犯在先注册商标专用权的，依法按照商标侵权行为处理；企业名称未突出使用但其使用足以产生市场混淆、违反公平竞争的，依法按照不正当竞争处理。

对于因历史原因造成的注册商标与企业名称的权利冲突，当事人不具有恶意的，应当视案件具体情况，在考虑历史因素和使用现状的基础上，公平合理地解决冲突，不宜简单地认定构成商标侵权或者不正当竞争；对于权属已经清晰的老字号等商业标识纠纷，要尊重历史和维护已形成的法律秩序。对于具有一定市场知名度、为相关公众所熟知、已实际具有商号作用的企业名称中的字号、企业或者企业名称的简称，视为企业名称并给予制止不正当竞争的保护。

因使用企业名称而构成侵犯商标权的，可以根据案件具体情况判令停止使用，或者对该企业名称的使用方式、使用范围作出限制。因企业名称不正当使用他人具有较高知名度的注册商标，不论是否突出使用均难以避免产生市场混淆的，应当根据当事人的请求判决停止使用或者变更该企业名称。判决停止使用而当事人拒不执行的，要加大强制执行和相应的损害赔偿救济力度。

【最高人民法院 26 日出台司法解释　强化驰名商标保护】

为了进一步总结审判经验，完善人民法院对驰名商标的司法保护制度，增强司法保护的权威性和公信力，维护公平竞争的市场经济秩序，积极服务国家经济发展大局。最高人民法院 26 日对外发布了《关于审理涉及驰名商标保护的民事纠纷案件应用法律若干问题的解释》。该司法解释自 2009 年 5 月 1 日起施行。

最高人民法院知识产权审判庭负责人表示，司法解释严格遵守法律规定，根据商标法、反不正当竞争法等法律的规定及其精神，从国情和实际出发，“既对于符合法定条件的驰名商标依法给予强化保护，又防止经营者不正当地将驰名商标认定当作单纯追逐荣誉称号等的消极现象，针对司法实践中反映出来的突出问题，依法进行了规范”。

据了解，这个司法解释共 14 条，主要涉及驰名商标的概念、适用范围、认定因素、举证责任、保护要求五个方面的内容。对于人民法院在审理涉及驰名商标保护的民事纠纷案件中，进一步明确标准，严格适用条件和范围，统一司法尺度，加强对驰名商标的司法保护提供了法律依据。

最高人民法院一直非常重视驰名商标的司法保护，分别在一些司法解释和司法实践中，对认定和保护驰名商标问题作出了一些规定，并逐步建立了驰名商标个案认定、因需认定、事实认定等基本制度。通过采取一系列司法政策，明确了认定的条件、适用范围、认定标准等，不断加强对下级法院司法认定和保护驰名商标的指导和监督，如建立了驰名商标生效法律文书的备案制度等。去年，最高人民法院起草了这个司法解释，并于 2008 年 11 月 11 日至 12 月 11 日通过互联网向社会公开征求意见，受到广泛关注，收到很多修改意见和建议。同时该司法解释的起草也多次征求了立法机关、有关行政主管机关和专家学者的意见，酝酿而成。

关于驰名商标的司法解释的公布实施，是最高人民法院贯彻落实国家知识产权战略的一个具体举措，也是最高人民法院今年在全国法院开展知识产权审判“优化自主创新司法环境”年度主题活动的一项重要内容。

【公安机关 2008 年破获侵犯知识产权案件 1455 起】

4 月 24 日，国家知识产权局发布的《2008 年中国保护知识产权状况白皮书》中指出，我国公安机关去年全年共破获侵犯知识产权犯罪案件 1455 起，涉及总金额近 16.5 亿元人民币。与此同时，公安部门共破获侵权盗版等类非法出版物案件 5119 起，收缴侵权盗版等类非法出版物 1391.7 万余件。

白皮书指出，2008 年，我国检察机关共批准逮捕涉及侵犯知识产权犯罪案件 1210 件 2107 人，起诉 1432 件 2697 人；全国地方法院共新收和审结知识产权民事一审案件 24406 件和 23518 件，新收和审结知识产权民事二审案件 4759 件和 4699 件；审结涉及知识产权侵权的刑事案件 3326 件，新收知识产权行政一审案件 1074 件，审结 1032 件。

白皮书指出，我国于去年建立了国家知识产权战略实施工作部际联席会议制度，由国家知识产权局牵头，外交部、国家发改委等 28 家政府部门协调配合，加强知识产权保护，防止知识产权滥用，统筹推进了知识产权战略实施工作。

【《国家工商总局驰名商标认定工作细则》于日前出台】

为贯彻落实《国家知识产权战略纲要》，大力推进商标战略的实施，规范驰名商标的认定工作，促进驰名商标认定工作进一步制度化、规范化、程序化、法治化，切实维护商标权利人的合法权益，国家工商总局日前出台了《国家工商总局驰名商标认定工作细则》。

《细则》分总则，驰名商标认定申请的审查、审定，复审与核审，监督与法律责任，附则等五章，共三十三条。

《细则》规定，驰名商标认定工作的目的是加大商标权保护力度，引导企业实施商标战略，使用自主商标，丰富商标内涵，重视商标知识产权创新和保护，提高商标知名度，形成一批拥有自主知识产权和知名品牌、国际竞争力较强的优势企业，促进企业和社会经济发展，推动创新型国家建设。商标局、商标评审委员会应严格、准确、依法开展驰名商标认定工作，正确引导舆论宣传，促进驰名商标认定和保护的健康发展，支持、帮助企业合理实施商标战略。

《细则》对驰名商标认定应考虑的因素、证据材料，商标管理程序中的审查，商标异议程序中的审查，商标异议复审、商标争议程序中的审查、审定，复审与核审及监督与法律责任均作出详细规定。《细则》规定，认定驰名商标应当考虑下列因素，但并不以该商标必须满足下列全部因素为前提：相关公众对该商标的知晓程度，该商标使用的持续时间，该商标的任何宣传工作的持续时间、程度和地理范围，该商标作为驰名商标受保护的记录，该商标驰名的其他因素。

【中欧经贸高层对话在知识产权保护等领域达成诸共识】

第二次中欧经贸高层对话5月8日在布鲁塞尔欧盟总部闭幕。中欧双方在加强高新技术贸易、知识产权保护、产品质量和食品安全、海关、交通等领域的合作方面达成广泛共识，对话取得积极成果。

中国国务院副总理王岐山和欧盟委员会负责贸易事务的委员凯瑟琳.阿什顿共同主持了对话。王岐山说，成功举办此次中欧经贸高层对话对于应对国际金融危机挑战、促进中欧之间的合作具有重要意义，并为即将举行的第十一次中欧领导人会晤做了良好铺垫。阿什顿表示，此次对话卓有成效，欧中之间相互依存，利益交融，通过战略性的对话，为双方今后合作奠定了良好基础，将双边关系推向新阶段。

通过此次对话，中欧双方达成以下重要共识：一、面对当前国际金融危机的严峻形势，中欧应加强合作，积极落实二十国集团伦敦金融峰会共识，促进世界经济尽快复苏。二、反对贸易和投资保护主义，锁定世界贸易组织多哈回合谈判已取得的成果，推动谈判早日取得成功。共同推进贸易和投资便利化、自由化，维护开放的贸易和投资环境。三、加强双方投资合作，鼓励双方企业在彼此现行法律允许的领域，在平等和非歧视的基础上，参与彼此的经济振兴计划。四、共同支持中小企业发展。今年9月在中国广州举行第二次中欧中小企业政策对话。五、在能源和环境领域开展合作，共同应对全球气候变化，推动可持续发展。同时，加强双方在高新技术贸易、知识产权保护、产品质量和食品安全、海关、交通等领域的合作。

【工商总局应对海外抢注　有望将商标审查缩短为一年】

6月2日，国家工商总局制定的中长期商标战略实施意见正式出台，将建立海外商标维权投诉协调机制，应对种种海外抢注行为。

工商总局表示，要分3个阶段对商标战略进行中长期规划，“到2020年，把我国建设成商标注册、运用、保护和管理水平达到国际先进水平的国家”。

对于国内知名商标在海外屡被抢注的现象，工商总局透露，正在考虑“建立企业海外商标维权投诉协调机制”，鼓励企业应对海外商标纠纷，运用当地法律和国际规则来制止海外商标抢注行为和商标侵权假冒行为。利用商标合作、商标主管机关商洽等形式，畅通海外维权投诉和救助渠道，保护我国企业在国外的合法商标权益。

另外，《商标法》也在加紧修改，缩短商标注册审查周期，从以前36个月将控制在12个月内，防范恶意申请和滥用，并对商标代理组织、代理人建立信用记录、信用等级评价。

（廖爱玲）

【全国各部门积极贯彻落实《国家知识产权战略纲要》】

自2008年6月5日《国家知识产权战略纲要》颁布实施，一年来，各有关部门高度重视，积极学习贯彻《纲要》，按照《实施〈国家知识产权战略纲要〉任务分工》和《2009年国家知识产权战略实施推进计划》要求，积极落实配套政策，有力推动战略实施。

知识产权局、工业信息化部、司法部、总装备部等多个部门成立了贯彻实施《纲要》专门领导机构，统筹协调部门知识产权战略工作开展；知识产权局、公安部、司法部、农业部、商务部、卫生部、国资委、工商总局、质检总局、广电总局、版权局、林业局、总装备部、高法院等十余个部门出台了落实《纲要》的实施意见和具体工作方案，全面部署部门知识产权战略实施。

（刘洋、梁心新）

【中日签署知识产权保护交流合作备忘录将设工作组】

6月7日，由中国国务院副总理王岐山和日本外务大臣中曾根弘文共同主持的第二次中日经济高层对话在东京举行。双方签署了《关于知识产权保护交流与合作的备忘录》，将成立中日知识产权工作组，加强知识产权立法和执法经验交流，开展人才交流与培训及技术援助等合作。

此次经济高层对话中，中日双方签署了《关于知识产权保护交流与合作的备忘录》、《中日农业合作会谈纪要》、《关于加强地震领域科学技术合作的备忘录》等8个文件。我国相关部门负责人表示，即将成立的中日知识产权工作组将重点围绕知识产权立法和执法经验交流，以及人才培训等开展工作。

该负责人表示，总的来讲，我们认为日本是一个经济管理比较先进的发达国家，早在上世纪90年代初就确立了“知识产权”立国的政策，在这方面有不少值得我们学习的地方。中国已经初步建立起一套比较完整的知识产权保护制度，我们还是一个发展中国家，在执行中还会遇到不少问题，但我们不回避问题。中日两国之间的经济贸易互补性很强，潜在的市场也很大，随着双边贸易投资的进一步发展，如果在双方之间出现一些涉及到知识产权保护的问题，我们也会通过这一工作机制来具体磋商解决。

【国家工商总局要进一步加大商标产权确权与保护力度】

国家工商总局日前发布了根据《国家知识产权战略纲要》大力推进商标战略实施意见。工商总局表示要通过实施商标战略，建立归属清晰、流转顺畅、保护有力的商标确权与保护体制与机制，使商标产权成为不容侵犯的民事财产权利，加快完善现代产权制度，完善公有制为主体、多种所有制经济共同发展的基本经济制。

2008年6月5日，国务院发布了《国家知识产权战略纲要》，决定实施国家知识产权战略。而其中商标、专利、版权是传统三大知识产权，商标战略则是国家知识产权战略的重要组成部分。此次发布的《实施意见》是全国工商系统贯彻落实《纲要》，实施商标战略的纲领性文件。

下一步，工商总局的工作包括，一是全面完善商标法律法规。二是大力推进全方位商标政策体系构建，强化商标在经济、文化和社会政策中的导向作用，加强产业政策、区域政策、科技政策、贸易政策与商标政策的协调衔接。三是加强对商标注册与管理工作的统一领导。要大力创新和完善商标行政管理工作，加强全国商标行政执法体系建设，健全商标执法管理体制，努力推动各级政府树立商标意识，加强商标保护，营造良好的市场监管执法环境，加快统一、开放、竞争、有序的全国大市场的形成。四是规范发展社会中介服务体系。五是加快商标管理与公共服务信息化建设。六是扩大商标国际交流与合作。七是以提高企业商标注册、运用、保护、管理能力为目标，分类指导和支持市场主体实施商标战略。

《实施意见》还指出，商标战略在战略分期上，按照国民经济和社会发展五年规划时段，将战略实施总体上分为三期，2009 至 2010 年为第一阶段、2011-2015 年为第二阶段、2016-2020 年为第三阶段，分别对各期重点任务和措施进行了部署。（王婷）

【工商总局：我国将建立和完善企业海外商标维权机制】

国家工商总局商标局副局长王守义 8 日在北京顺义品牌经济论坛上说，我国将建立和完善企业海外商标维权机制，有效利用国际法则和机制维护合法权益、参与国际竞争，抵御中国品牌在国内市场和海外市场的扩张风险。

王守义认为，商标作为传统的三大知识产权之一，是知识产权中生命力最持久、单位附加值最高、与人民生产生活最直接相关的知识产权。在经济全球化不断深化的条件下，我国市场主体知识产权意识明显增强，精心培育打造自主品牌已蔚然成风，但在进一步加强商标保护推动企业实施商标战略、通过创新提高核心竞争力等方面仍然面临着很多挑战。

一是我国自主商标的发展仍很薄弱，与我国在世界经济和国际贸易中的地位很不相称。我国是商标大国，但还不是商标强国，表现为知名商标数量少、影响力小，尤其是缺乏国际知名商标、品牌生命周期短、附加值少、对经济的贡献率低。

二是一些企业实施走出去战略尚有差距。一些企业的商标意识不强，缺乏保护意识，商标管理尚未成为企业管理的重要内容。在实施走出去战略的过程中，我国企业在国外的商标注册和保护状况不尽如人意，我国知名商标和老字号商标在海外屡遭恶意抢注。

三是国内假冒侵权现象仍然存在。由于信息技术的发展，侵权行为更加隐蔽，侵权产品成本更低，扩散更快更广，生产销售侵权产品现象在部分地区比较突出。

王守义表示，工商部门将大力实施商标战略，进一步加快商标法的修改步伐，继续加快商标审查和评审的步伐，继续加大商标战略的宣传力度，进一步加强商标使用许可工作。同时，支持企业以商标为资产纽带进行重组，优化产品结构、产业结构，促进经济结构调整和经济发展形式转变，鼓励企业争创驰名、著名商标，为企业在更大范围、更广领域、更深程度上参与国际、国内经济技术合作和市场竞争创造更加有利的知识产权优势。

此外，工商部门将进一步强化对商标专用权的保护，以保护涉农商标、地理标志、食品药品商标、驰名商标、涉台商标、涉外商标为重点，继续保持高压态势，扼制商标侵权假冒行为，并在全国大中城市推广商标授权经营制度，对成规模商品批发零售市场进行规范化商标监管。（刘浦泉）

【知识产权战略纲要颁布一年　中国海关交出满意答卷】

6 月 5 日是《国家知识产权战略纲要》（简称《纲要》）颁布一周年，海关已交出满意答卷。截至 2009 年 5 月，全国海关共扣留进出口侵权货物超过两万批，涉及侵权货物数量 5 亿多件，环比增长均超过 100%。知识产权海关保护已成国家知识产权保护体系中一支强而有力的“生力军”。

近年来，知识产权在经济社会发展中的作用日益突出，在国际市场上，高知名度与大市场份额有着不可分割的紧密联系。越来越多的企业认识到了知识产权保护的重要性，并将它纳入企业隐形资产范畴。随着知识产权拥有量快速增长，知识产权领域的国际交往也日益增多。如何加强知识产权边境保护，提高我国出口商品的声誉成了海关亟待思考和解决的问题。

为提升我国知识产权创造、运用、保护和管理能力，鼓励自主创新、促进我国自主品牌企业发展，2008 年 6 月 5 日，国务院印发《国家知识产权战略纲要》，引导全国海关加大对国内企业自主知识产权的保护。据统计，《纲要》实施一年以来，全国海关共扣留侵犯国内企业自主知识产权货物案件 443 批次，涉及侵权货物数量 1700 多万件，有效维护了我国出口商品的声誉。

在口岸进出口环节加大知识产权保护力度的同时，全国海关还加大海关知识产权保护的政策宣传，鼓励和引导我国名牌产品进行知识产权保护备案，协助企业解决维权中存在的困难，帮助企业提高维权能力，为企业自主创新提供服务。2008 年 11 月，海关总署与中国摩托车商会联合举办了“保护知识产权，培育自主知名品牌”研讨会，探讨加强自主知识产权保护与培育的途径，并向全社会发出了“保护知识产权，培育自主知名品牌”倡议，呼吁全社会共同行动，以加强对国内企业自主知识产权的保护。

此外，中国海关还充分利用海关执法国际合作机制，打击跨境知识产权违法犯罪行为，发挥海关在国际知识产权保护事务中的影响力。积极参与世界海关组织、亚太经济合作组织、上海合作组织、国际刑警组织等有关国际组织的知识产权事务，与其他国家和地区海关在知识产权执法的情报交换、执法培训、执法经验和人员交流等方面的合作也在不断深化，中国海关在国际知识产权保护事务中的影响力得到了发挥。《中美海关关于加强知识产权边境执法合作的备忘录》、《中、日、韩海关保护知识产权行动计划》的实施取得实质性成果，加强了与有关国家海关在侵权数据交换、案件协查等方面的知识产权保护执法互动。2009 年 1 月，中国海关与欧盟海关签订了知识产权保护合作行动计划，为中欧海关联手打击侵权货物的跨境流通搭建了合作平台。

全力以赴的工作获得了国内外知识产权权利人的肯定，连续 5 年中国外商投资企业协会优质品牌保护委员会（QBPC）评选最具执法效率政府机关，海关系统皆榜上有名。据了解，海关总署新修订的《〈知识产权海关保护条例〉的实施办法》将于 2009 年 7 月 1 日起施行。新《实施办法》将不仅增加海关执法的透明度，简化部分执法环节，提高海关执法效率，而且将进一步明确启动边境保护措施的条件，防止权利人滥用权利，并对有关制度进行了立法技术性的完善和处理。

【“2009 年两岸商标研讨会”在台北举办】

“2009 年两岸商标研讨会”于 6 月 15 日在台北举办。中华商标协会顾问、国家工商行政管理总局副局长付双建率代表团出席。

14 日晚间，付双建抵达台北后，首先将公告期满三个月的“台湾啤酒”注册证亲手交予台湾烟酒公司董事长；这项新成果在 15 日研讨会中备受台湾产官学界人士称赞。

伴随两岸经贸频繁往来，知识产权尤其是商标所衍生的驰名商标认定等问题引起重视；中华商标协会和海峡两岸商务协调会 2006 年 5 月签订协议，确定每年在两岸轮流举办研讨会，协商保护企业商标合法权益相关问题。

15 日，双方第四次举办研讨会，议题分别为：商标注册保护与仿冒查缉、商标的识别性及使用证据的认定和采信、驰名商标（著名商标）的认定与保护。

目前大陆注册商标年申请量为七十万件，台湾地区在大陆的年申请量是七千到一万件。付双建表示，国家工商总局、国台办等方面重视并积极办理台湾企业有关申诉案件及反映的问题。

台湾“智慧财产局”局长王美花表示，因大陆扩大内需市场的关系，现在台商更加关注大陆，无论制造业还是服务业都需要品牌来带路。她说，两岸合作解决“台湾啤酒”注册问题，显示两岸在制度面、实务面多交流会有帮助，希望两岸专业领域互相学习。（刘舒凌、董会峰）

【《2009 年中国保护知识产权行动计划》英文版公布】

为了展示和宣传我国保护知识产权工作的成就，在国际上扩大我国保护知识产权工作的影响，更好地开展国际交流与合作，日前，《2009 年中国保护知识产权行动计划》英文版公布。

《2009 年中国保护知识产权行动计划》是由国家知识产权战略实施工作部际联席会议成员单位共同制定，于 4 月 21 日正式印发实施。该计划分为 9 个方面的内容，170 项具体措施，包括：立法方面，修订、制定 23 个涉及商标、版权、专利以及海关知识产权保护等方面的法律、法规、规章和管理办法，起草制定 3 个司法解释；执法方面，针对知识产权侵权假冒等行为在全国开展

9 个专项整治行动，采取 12 项措施加强日常执法；审判工作方面，采取 7 项措施，有效解决工作中存在的突出问题，进一步加大司法保护力度；机制建设方面，采取 23 项措施，推动部门协作和区域互动的工作机制建设、加强部门知识产权管理；宣传方面，采取 24 项措施，通过开展大型宣传活动、召开新闻发布会、举办论坛等多种形式，营造全社会知识产权保护氛围；培训教育方面，通过举办各类培训班和讲座等 19 项措施，对执法司法人员、企事业单位人员、法律工作者和中小学生进行知识产权培训教育；国际交流与合作方面，采取 18 项措施，通过合作建设、论坛、研讨会等形式加强交流，扩大合作；推进企业知识产权保护方面，采取 7 项措施，引导企业完善知识产权制度，增强运用知识产权制度参与竞争的能力；为权利人服务方面，采取 25 项措施，提高知识产权公共服务水平，发展知识产权中介服务。

自 2006 年以来，我国已连续 3 年发布《中国保护知识产权行动计划》。国家知识产权战略实施工作部际联席会议制度建立以来首次由联席会议成员单位共同制定并发布《2009 年中国保护知识产权行动计划》。

（郝兴辉）

【商务部：国际交流合作推动中国知识产权制度的发展】

近年来，中国商务部一直致力于知识产权的国际对话与合作，先后建立了中国与美国、欧盟、瑞士、俄罗斯以及日本的双边知识产权对话机制，通过国际交流与合作推动中国知识产权制度发展。

商务部部长助理崇泉近日在宁夏回族自治区首府银川市召开的“中欧网络版权保护研讨会”做出如上表示。

崇泉说，中国知识产权经历了一个从无到有的发展过程。商务部作为知识产权对外谈判的牵头协调部门，一直与国家版权局等知识产权主管部门密切合作。通过建立对话机制，中国与相关国家和地区就知识产权议题进行了深入探讨和交流。

从 2004 年至今，中美知识产权工作组共进行了 4 次副部级会议、4 次司局级会议。中欧举办了 5 次知识产权对话、5 次知识产权工作组会议。中俄、中瑞知识产权工作组也分别召开了 2 次会议。

在上述对话和会议中，中国与相关国家和地区围绕商标、版权专利、地理标志、技术援助等领域的多个议题进行了讨论并达成了一定的共识。

（艾福梅）

【贾庆林：形成一批拥有自主知识产权和较强竞争力的骨干企业群】

6 月 22 日，中共中央政治局常委、全国政协主席贾庆林在北京就新能源汽车发展进行专题调研。他强调，要把增强自主创新能力作为贯穿企业各项工作的主线，努力形成一批拥有自主知识产权、自主品牌和较强市场竞争力的关键零部件和整车骨干企业群。

在北汽福田汽车股份有限公司的混合动力汽车总装车间、节能减排重点试验室和北京福田康明斯发动机生产线，贾庆林仔细询问企业自主创新情况。他强调，要把增强自主创新能力作为贯穿企业各项工作的主线，作为把握产业发展主动权的核心，大力开展原始创新、集成创新和引进消化吸收再创新，着力攻克新能源汽车的共性关键技术和系统集成，提升总体研发水平。要促进产学研结合，发展新能源汽车技术联盟，形成一批拥有自主知识产权、自主品牌和较强市场竞争力的关键零部件和整车骨干企业群。要抓好技术创新队伍建设，重点引进和培养发展新能源汽车需要的各类人才特别是高级人才，为我国新能源汽车长远发展提供强有力的人才支撑。

【最高法:4 类知识产权行政案件　7 月起由知产庭审理】

“专利、商标、集成电路布图设计和植物新品种案件 4 种授权确权类知识产权行政案件，7 月 1 日起将统一由知识产权审判庭审理。”这是最高人民法院今天发布的《关于专利、商标等授权确权类知识产权行政案件审理分工的规定》中的明确规定，该规定将于 7 月 1 日起正式实施。《最高人民法院关于专利法、商标法修改后专利、商标相关案件分工问题的批复》同时废止。

规定明确，根据有关法律关于案件管辖的规

定，根据被告所在地的不同，北京市第一、第二中级人民法院知识产权审判庭分别作为此类案件的一审法院，北京市高级人民法院知识产权审判庭作为此类案件的二审法院。

规定还明确了专利、商标等授权确权类知识产权行政案件再审分工，即当事人对于人民法院就此类案件所作出的生效判决或者裁定不服，向上级人民法院申请再审的案件，由上级人民法院知识产权审判庭负责再审审查和审理。（袁定波）

【中韩建立商标与知识产权等领域的双边合作基本框架】

中国国家工商行政管理总局副局长付双建日前与韩国特许厅长官高廷植签署了《中华人民共和国国家工商行政管理总局和韩国特许厅战略合作谅解备忘录》。

这标志着中韩在商标及与知识产权有关的反不正当竞争领域双边战略合作基本框架正式建立。

根据该合作谅解备忘录，双方将继续讨论商标权保护的现实问题及与知识产权有关的反不正当竞争问题，交流法律、法规等相关信息，组织开展相关培训活动，联合开展国际知识产权活动，开展商标权人教育活动等。

双方表示，在合作谅解备忘录的框架下，将进行更深入、更广泛的合作，共同加强对商标权人的有效保护，促进两国经济的发展。

下一步，双方将把合作内容进一步具体化，并定期对合作成果进行评估。

【去年全国各地共审理知识产权侵权刑事案件3300多件】

近日，由最高人民法院刑事审判第二庭主办的知识产权刑事司法研讨会在浙江嘉兴市嘉善召开。来自全国13个省市部分法院的知识产权刑事审判法官和最高人民检察院、公安部经侦局、国家版权局、知识产权局、工商总局商标局等单位以及来自中国外商投资企业协会优质品牌保护委员会的多家跨国公司的代表共80余人参加了研讨会。

据统计，2008年，全国各级人民法院共审理涉及知识产权侵权的刑事案件3300余件，其中以侵犯知识产权罪为罪名定罪的近1000件。与会代表围绕商标权专利权、商业秘密和著作权的刑事司法保护三个专题，就有关法律适用问题、中外司法保护比较和我国相关法律修改完善等进行了研讨。（袁爽，钱骏）

【温家宝：谁自主知识产权多谁就能在竞争中占有优势】

7月4日至5日，中共中央政治局常委、国务院总理温家宝在山西就经济社会发展等问题进行调查研究。在考察中，他强调，谁在科技上占领制高点、谁掌握了关键技术、谁具有自主的知识产权、谁的高端产品多，谁就能在竞争中长期占有优势。

温家宝先后来到太原、大同，他进工厂、下矿井，就经济社会发展和群众生活问题进行调查研究。在考察中，温家宝多次强调，谁在科技上占领制高点、谁掌握了关键技术、谁具有自主的知识产权、谁的高端产品多，谁就能在竞争中长期占有优势。当前，尤其要重视依靠科技发展新能源、新材料、生物制药、节能环保等新兴产业，培育新的经济增长点。只有这样，才能在市场竞争中站得住脚，保持领先地位和持续竞争力。同时，要适应市场需求，防止一哄而起，造成新的产能过剩。

【付双建：普及商标法及地理标志是商标战略重要措施】

由国家工商总局发起、中华商标协会主办、中国中学生报社承办、福建省工商局等单位协办的首届全国中学生商标知识竞赛、地理标志征文系列活动历时半年，日前圆满结束。7月2日，有关单位在北京人民大会堂召开颁奖大会。国家工商总局副局长付双建在颁奖大会上指出，普及商标法律及地理标志知识是商标战略实施的重要措施。

付双建说，衡量一个国家的经济发达程度和法律发展水平，知识产权意识和保护水平是一个重要指标，而商标意识和保护水平更是一个重要内容。我国改革开放以来，国家工商总局坚持不懈地宣传、普及商标法律和地理标志知识，指导企业正确运用商标知识产权维护自身利益，推动和保障商品经济的发展，使全社会的商标意识有了很大增强，地理标志知识开始为生产者、消费者所了解和掌握。

据介绍，截至2008年年底，我国注册商标达344万多件，商标注册申请量连续7年在60万件以上，连续7年居世界第一位。地理标志注册和初步审定达560多件。在社会各界的关心支持下，经过国家工商总局商标局全体干部的努力拼搏，2008年商标审查量首次大于申请量，2009年商标审查量将达到130万件。到2010年年底，国家工商总局商标局将解决多年来形成的商标注册申请积压问题，实现商标注册申请12个月内予以审查的目标。

付双建表示，此次活动参加人数多、持续时间长、影响面大，商标法律和地理标志意识已深入全国中学生心中，势必为他们今后的学习和工作提供很好的帮助。他希望全国中学生多学习、多了解、多宣传、多运用商标法律和地理标志知识，为建设家乡、建设祖国贡献自己的智慧与力量。

据了解，全国20多个省（自治区、直辖市）的上百万名中学生参加了此次活动。首届全国中学生商标知识竞赛、地理标志征文系列活动组委会共收到征文23万篇，评出特等奖3个、一等奖6个、二等奖10个、三等奖20个、优胜奖200个、优秀奖2000个。

【国务院反垄断委员会：界定相关市场需考虑知识产权等因素的影响】

国务院反垄断委员会7月7日正式公布关于相关市场界定的指南，为相关市场界定提供指导。《国务院反垄断委员会关于相关市场界定的指南》明确，在多种情形下，界定相关市场应充分考虑知识产权等因素的影响。

相关市场是指经营者在一定时期内就特定商品或者服务(以下统称商品)进行竞争的商品范围和地域范围。在反垄断执法实践中，通常需要界定相关商品市场和相关地域市场。

指南强调，当生产周期、使用期限、季节性、流行时尚性或知识产权保护期限等已构成商品不可忽视的特征时，界定相关市场还应考虑时间性。在技术贸易、许可协议等涉及知识产权的反垄断执法工作中，可能还需要界定相关技术市场，考虑知识产权、创新等因素的影响。

根据该指南，界定相关市场的方法不是惟一的。在反垄断执法实践中，根据实际情况，可能使用不同的方法。界定相关市场时，可以基于商品的特征、用途、价格等因素进行需求替代分析，必要时进行供给替代分析。在经营者竞争的市场范围不够清晰或不易确定时，可以按照“假定垄断者测试”的分析思路来界定相关市场。

指南称，假定垄断者测试是界定相关市场的一种分析思路，可以帮助解决相关市场界定中可能出现的不确定性，目前为各国和地区制定反垄断指南时普遍采用。依据这种思路，人们可以借助经济学工具分析所获取的相关数据，确定假定垄断者可以将价格维持在高于竞争价格水平的最小商品集合和地域范围，从而界定相关市场。

【工商总局与法国国家反仿冒委员会签合作谅解备忘录】

7月7日，国家工商总局局长周伯华会见了法国国家反仿冒委员会代表，预算、公共财务和公职部部长埃里克?沃斯一行，并签署了《中华人民共和国国家工商行政管理总局和法兰西共和国国家反仿冒委员会合作谅解备忘录》。

会谈中，周伯华向埃里克.沃斯介绍了国家工商总局的主要职能及在相关领域的工作情况。近年来，国家工商总局依据职能加强监管，在规范市场主体准入、维护公平竞争、加强消费者权益保护、加大商标专用权保护力度及加快商标注册等方面取得进展。埃里克?沃斯对国家工商总局取得的工作成效表示祝贺。双方还就其他感兴趣的问题坦诚交换了意见。双方共同认为，《合作谅解备忘录》的签署，标志着国家工商总局与法国国家反仿冒委员会建立了制度性合作关系。这一关系的建立，将推动国家工商总局与法国国家反仿冒委员会的众多成员在多项业务领域展开深入广泛的合作。

根据《合作谅解备忘录》，双方成立中国国家工商总局-法国国家反仿冒委员会竞争、反仿冒、消费者保护、商标注册与管理及反网络假冒工作组，协调并促进双方及其所属各有关部门的业务合作。工作组日常工作由国家工商总局国际合作司和法国国家工业产权局双边事务与国际合作司负责协调。

【贾庆林：加强知识产权保护为两岸文化发展营造环境】

7月11日上午，第五届两岸经贸文化论坛在长沙开幕。中共中央政治局常委、全国政协主席贾庆林出席开幕式并发表演讲。他指出，要共同研究制订两岸文化产业标准，健全文化市场，加强知识产权保护，为两岸文化产业发展营造良好的环境。

贾庆林提出，要推进两岸文化产业合作，提升中华文化的国际影响力。发展两岸文化产业，不仅有利于中华文化的创新和发展，而且有助于实现两岸互利双赢、增进中华民族整体利益。两岸文化产业各具特色，合作潜力巨大。要抓住机遇，迎难而上，推动文化产业合作实现优势互补，共同做强做大中华民族文化产业，大力提升在国际上的影响力和竞争力。要深入发掘中华传统文化资源，共同打造一批具有中华民族特色、风格、气派和原创性的知名文化品牌。要积极整合两岸文化产业资源，优化资源配置和布局结构，共同打造产业链，形成产业群。要转变发展方式，大力推进两岸文化业态创新，加强文化与科技结合，发展新兴文化产业，建设现代文化产业体系。要加紧培养两岸文化产业人才。要共同研究制订两岸文化产业标准，健全文化市场，加强知识产权保护，为两岸文化产业发展营造良好的环境。

与会各界人士经过两天的研讨，提出以下共同建议：深入发掘中华传统文化资源，共同打造具有民族特色、风格、气派和原创性的知名品牌；共同推动制定两岸文化产业标准，加强保护知识产权，建立沟通合作平台，优化两岸文化产业发展条件；建立两岸出版交流机制，积极扩大出版物贸易与版权贸易，加强出版合作，并共同开拓海外华文出版市场。

【我国着手对商标法进行第三次修订简化商标申请手续】

国家工商行政管理总局目前正在对颁布实施27年的商标法进行第三次修订，以简化商标申请程序和申请手续。

工商总局局长周伯华23日表示，此举旨在为中外商标申请人提供更好服务，努力使商标法达到国际水平。“将争取尽快上报国务院审议”。

1982年8月，中国颁布了商标法，这也是改革开放后中国颁布实施的第一部知识产权法律。“尽管已经过两次修改，但随着形势的变化，商标法的一些内容已经不能适应中国市场经济发展的需要，加快修订商标法显得十分迫切和必要。”周伯华说。

工商总局从2003年开始商标法第三次修订工作，除开展调研、论证外，还向有关部门、专家、企业征求了意见，目前已形成修订稿，正在第二次征求国内外有关单位意见。

记者从在长春召开的全国工商系统推进商标战略实施工作会议上了解到，修订后的商标法有望简化商标申请程序和申请手续，采用一标多类申请和分案申请；同时，进一步拓宽各类商标申请渠道，适时接受电子方式提交的各类商标申请。

目前中国商标确权制度实行“工商总局商标局、商标评审委员会行政两审”，以及“司法两审”的“四审终审制”，程序设计复杂。修订后的商标法有望将行政确权程序简化为一级。

此外，修订后的商标法还有望加大对商标专用权和地理标志保护力度，明确商标侵权行为形式，增加对定牌加工行为的管理，规范商标权利人投诉案件的基本程序和证据要求，提高行政罚款额度和法定民事赔偿额等。

另据周伯华介绍，《商标法实施条例》《商标代理管理条例》等配套法规规章的修改、制定工作也正在进行之中。（张晓松）

【工商总局将要确定一批商标战略实施示范城市和企业】

今年，国家工商行政管理总局将在各省、自治区、直辖市确定一个城市和一家企业作为国家商标战略实施示范城市和示范企业，通过发挥其先进典型的指导和示范作用，促进国家商标战略的广泛实施。这是记者从24日在长春举行的全国工商系统推进商标战略实施工作会议上了解到的。

开展国家商标战略实施示范城市和示范企业工作的相关办法正在制定当中，目前已进入征求意见阶段。

根据这个办法，工商总局将给予国家商标战略实施示范城市和示范企业一定的扶持政策，如为其提供有关商标注册信息统计服务、提供商标咨询服务、加大对其商标的注册和保护力度、帮助和支持其解决商标在境外被抢注问题等。

国家商标战略实施示范城市和示范企业的示范期初步定为三年，期满后可申请继续示范。工商总局将每年对其进行考核和不定期抽查，对不符合条件的城市、企业责令整改，整改后仍未能达标的取消其示范资格。

【两部委发布通知老字号技改最高可获50万元财政补贴】

中华老字号进行商标保护和技术改造等费用，最高可获得50万元财政补贴。7月27日，财政部、商务部发布了“关于2009年度中小商贸企业发展专项资金使用管理有关问题的通知”，对2009年度中小商贸企业发展专项资金使用管理问题进行了明确规范。

通知规定，2009年专项资金重点用于支持中小商贸企业融资担保费用补助、国内贸易信用险费用补助，支持符合条件的中小商贸企业参展、品牌培育等。通知对上述项目的支持内容和标准都做了明确规定。（胡笑红，关瑞玲）

【中俄知识产权工作组第三次会议于近日在莫斯科举行】

2009年7月22日，中俄知识产权工作组第三次会议在莫斯科举行。中方代表团包括商务部、公安部、海关总署、国家工商总局、国家版权局和国家知识产权局，俄方包括专利商标署、联邦海关、内务部、教育和科学部和经济发展部。中方商务部条法司李玲司长和俄方专利商标署法列耶夫司长共同主持了会议。

7月23日，中方代表团赴圣彼得堡与当地中资企业就知识产权问题进行了座谈。

【开展商标质押融资　工商总局六措施促私营经济发展】

记者从国家工商总局获悉：受国际金融危机冲击，今年以来个体私营企业发展受到较大影响。各地通过多种帮扶活动，全力支持个体私营企业实现稳定发展。

上半年，新登记私营企业62.32万户、个体工商户360.94万户。截至6月底，全国实有私营企业692.35万户，注册资本12.81万亿元，从业人员8212万人，分别比去年底增长5.31%、9.11%和3.9%；实有个体工商户3063.63万户，资金数额9851.30亿元，从业人员6099.60万人，分别比去年底增长5.01%、9.39%和5.59%；全国实有农民专业合作社17.91万户，出资总额1620.47亿元，分别比去年底增长61.5%和84.11%，个体私营经济保持了企稳向好的发展趋势。

工商总局个体私营经济监督管理司有关负责人表示，下半年，将主要从6个方面进一步促进个体私营经济发展，巩固经济企稳回升的势头。

一是鼓励私营企业做大、做强、做活。除国家明令禁止的外，凡允许国有和外资企业进入的投资领域，一律对个体私营企业开放。按照“增加总量、扩大规模、鼓励先进、淘汰落后”的要求，重点支持符合国家产业政策、具有竞争优势的私营企业，通过兼并、重组等方式，组建跨行业、跨地区经营的大型企业集团。

二是切实帮助个体私营企业解决融资难问题。积极开展动产抵押、股权质押和注册商标专用权质押登记，指导个体私营企业利用抵押、质押担保进行融资；允许股权出资，探索债权转股权，为个体私营企业进一步拓宽融资渠道。

三是研究对中小企业标准进行科学界定和细分。结合修订《城乡个体工商户管理暂行条例》，根据不同行业、不同规模个体私营企业的特点，研究制订针对“微型企业”的扶持措施。

四是大力推进“以创业带动就业”。严格按照

《就业促进法》规定，对符合政策规定的创业人员 3 年内免收登记类和证照类等有关行政事业性收费。

五是加大对个体私营企业的字号名称、注册商标和商业秘密的保护力度，维护个体私营企业的合法权益。

六是依法规范行政管理，坚决制止“三乱”现象。充分发挥行政执法“预防、警示、教育”的功能，慎用处罚。

【知识产权战略实施部际联席会第二次联络员会议举行】

8 月 11 日，国家知识产权战略实施工作部际联席会议第二次联络员全体会议在京举行。部际联席会议成员、国家知识产权局副局长甘绍宁出席会议并讲话。国务院办公厅相关负责同志和 28 个部际联席会议成员单位联络员及工作联系人参加会议。

会议总结了 2009 年上半年知识产权战略实施工作情况，研究部署下半年工作安排，并重点讨论了知识产权战略实施工作相关情况报告。

甘绍宁指出，2009 年是实施国家知识产权战略的开局之年。半年来，联席会议成员单位各尽其责，协力配合，联席会议办公室积极服务，努力发挥统筹协调作用，《2009 年国家知识产权战略实施推进计划》正在开展和已经完成任务 212 项，战略实施工作呈现出全面推进的良好局面。

会上，国资委、工商总局、最高人民法院分别作战略实施工作经验介绍。部分成员单位代表分别就工作情况报告和战略推进等方面问题提出了意见和建议。

【最高人民法院：我国为知识产权提供全方位司法保护】

最高人民法院知识产权庭法官秦元明 14 日在北京召开的知识产权执法经验交流会上表示，我国已基本建立了能够适应国家发展需要、履行国际条约义务、体系比较完整的具有中国特色的知识产权司法保护制度，人民法院正在通过行使民事、行政和刑事三种审判职能，对知识产权提供全方位的司法保护。

据介绍，改革开放以来，人民法院依法受理和审结了大量知识产权民事案件，充分发挥了民事审判在保护知识产权和激励自主创新中的主导作用。从 2007 年至今年 6 月底，全国法院共受理和审结知识产权民事一审案件 53592 件和 47681 件。其中，受理专利民事案件 10191 件，商标民事案件 13478 件，著作权民事案件 25039 件，技术合同案件 1702 件，其他知识产权民事案件3182 件。

今年上半年，全国法院共受理和审结知识产权民事一审案件 13698 件和 9208 件，比上年同期分别增长 23.11%和 20.95%。

在行政审判方面，我国法院认真履行对涉及专利、商标等授权确权案件和知识产权行政执法案件的司法复审职能，依法有效地监督和促进了知识产权行政机关的依法行政。从 2007 年至今年 6 月底，全国法院共受理和审结知识产权行政一审案件 7608 件和 7020 件。

在刑事审判方面，近年来，人民法院受理和审结的涉及知识产权侵权的刑事案件明显增加。2008 年全国地方法院共审结涉及知识产权侵权的刑事案件 3326 件，判决发生法律效力 6439 人。

秦元明表示，在当前和今后一个时期，人民法院将继续全面加强知识产权审判工作，切实加强司法保护体系建设，充分发挥司法保护知识产权的主导作用，使权利人获得充分的法律救济。同时，人民法院将加大司法惩处力度，使权利人受到的损害获得足够的赔偿，彻底剥夺侵权行为人因侵权而获得的利益，切实提高侵权代价。

（崔静）

【王岐山会见美众院外委会主席就知识产权等交换意见】

国务院副总理王岐山 19 日在中南海会见了美国国会众议院外委会主席霍华德.伯曼一行，双方就转变经济发展方式、知识产权保护等问题交换了意见。

王岐山表示，中美建交 30 年来所取得的成就来之不易。不久前举行的中美战略与经济对话取得圆满成功，有力推动了 21 世纪积极合作全面的中美关系。

王岐山强调，当前世界经济形势仍存在很多不稳定不确定因素，中方愿与美方一道，携手合作，加强在重大经济金融问题上的沟通与协调，共同应对国际金融危机，促进中美乃至全球经济尽快恢复增长。

伯曼说，美国国会众议院外委会十分重视美中关系发展，对中国近年来所取得的成就表示钦佩，希望两国在各领域的交流与合作更加密切。

【中日签署知识产权保护备忘录】

中国国家工商行政管理总局局长周伯华和日本经济产业省大臣二阶俊博近期分别在北京和东京就知识产权保护等签署了合作谅解备忘录，并于日前在北京交换了备忘录文本。根据这一合作谅解备忘录，中日双方将围绕商标注册、审查、异议、复审及管理、反仿冒、与知识产权相关的反不正当竞争、与网络有关的知识产权保护以及增强消费者及商标使用人知识产权意识等业务开展合作。

【发改委：把自主创新作为转变方式的中心环节】

国家发改委主任张平在十一届全国人大常委会第十次会议上表示，必须把自主创新作为结构调整、转变发展方式的中心环节。受国务院委托，张平向全国人大常委会报告了近年来转变发展方式、调整经济结构的进展情况。

张平表示，近几年来，我国加快实施国家中长期科学和技术发展规划纲要，国家科技创新体系稳步推进。一是相关法律法规和政策体系逐步完善。新修订的科学技术进步法正式实施，发布了自主创新基础能力建设以及生物、数字电视、信息等高技术产业规划和促进自主创新成果产业化政策，在应对金融危机中发挥了科技创新的作用。二是科技投入较快增长。2008 年，全国研发经费支出达 4570 亿元，是 2005 年的 1.87 倍。企业已成为投入和研发的主体，大中型工业企业投入研发经费占全国的一半以上。三是基础能力建设得到加强。国家实验室、国家工程中心和国家工程实验室等建设稳步推进，12 项重大科技基础设施、知识创新工程和技术创新工程建设加快实施。同时，科技在一些领域取得了重大突破，取得了具有国际影响的重大成果。

他表示，要完善和落实中长期科技发展规划纲要配套政策，加快实施重大科技专项，进一步调整科技经费投入结构，确保重大科技专项资金及时足额到位；发挥行业骨干企业的带头作用，强化产学研结合，带动更多的中小科技企业参与重大专项实施；围绕节能减排、环境保护、技术改造和产业升级、改善民生等重点领域，集中要素资源，着力突破一批支撑经济社会发展的核心关键技术，提升企业核心竞争力；加强基础研究和前沿技术研究，建设一批开放共享的科技基础设施和条件平台，加强人才队伍建设，提升科技持续创新能力；继续支持科技成果产业化和规模化应用，推动高技术产业集聚和特色产业基地发展；发展创新文化，加大知识产权保护力度，形成全社会共同推进自主创新的良好环境。

（陈瑜）

【温家宝：企业要转变发展方式形成自主知识产权产品】

8 月 22 日至 24 日，中共中央政治局常委、国务院总理温家宝在浙江就经济运行尤其是中小企业生产经营情况进行调研。调研中，他强调，企业要着力转变发展方式，加大研发投入，加强技术改造，加快自主创新，努力形成自己的品牌和具有自主知识产权的产品。

两天多时间里，温家宝考察了丽水、温州等地的 11 家企业。每到一家企业，温家宝都要询问有什么困难，有什么建议。他多次强调，中小企业的发展，既需要政府的引导和支持，更要依靠自身的努力奋斗和开拓创新。企业要着力转变发展方式，加大研发投入，加强技术改造，加快自主创新，努力形成自己的品牌和具有自主知识产权的产品。

【中越在商标及其相关领域正式建立双边战略合作框架】

8 月 25 日，国家工商总局副局长付双建代表国家工商总局与越南国家知识产权局局长陈越雄签署了《中华人民共和国国家工商行政管理总局和越南社会主义共和国国家知识产权局商标及商标相关领域合作谅解备忘录》。这标志着中越在商标及相关领域正式建立了双边战略合作框架。

该合作谅解备忘录是国家工商总局与境外相关机构签署的第十个双边合作谅解备忘录。根据该合作谅解备忘录，双方将讨论商标及其他与知识产权相关的热点问题，如企业名称、地理标志和反不正当竞争；交流相关信息，包括知识产权法律、法规、规章和规范性文件；开展商标管理和审查、异议、争议领域的人员交流，分享完善法律体系和审查实践的经验；交流有关知识产权机构管理和办公自动化，以及知识产权数据库开发的信息和实践经验；就在各自国家开展商标权人教育进行合作，包括商标权保护的方法和利用行政执法体系保护商标权；合作开展能力建设活动，包括组织有关商标审查、商标管理以及其他相关问题的培训、座谈会、研讨会和学习访问等。

该合作谅解备忘录还明确了协商、争议解决等有关条款。

【国家知识产权战略实施部际联席会议调研座谈会召开】

8月25日，由国家知识产权局、九三学社中央、全国政协提案委员会办公室、国家发改委、科技部、工商总局等组成的联合调研组，在广州召开了国家知识产权战略实施部际联席会议联合调研座谈会。

此次联合调研旨在通过广泛听取意见、制定完善政策、营造良好环境，更好地推动国家知识产权战略的实施和知识产权工作的发展。国家知识产权局相关部门负责人、全国政协提案委员会及九三学社中央科技委员会相关专家等组成的14人调研组就珠三角地区经济现状、知识产权工作情况及地方知识产权战略实施情况等内容，听取了广东省各有关单位的工作情况汇报。

【贾庆林：努力形成拥有自主知识产权的核心技术】

8月31日，中共中央政治局常委、全国政协主席贾庆林出席北京数字电视产业园开工奠基仪式。他希望相关企业要积极开发高新技术产品，努力形成拥有自主知识产权的核心技术和知名品牌。

贾庆林听取了有关方面的汇报，详细了解京东方8代线项目的筹备情况和发展前景，对北京数字电视产业园的开工建设表示热烈的祝贺。他希望京东方科技集团股份有限公司以改革创新的时代精神，进一步加强自主创新，积极开发高新技术产品，努力形成拥有自主知识产权的核心技术和知名品牌，在市场竞争中保持领先地位，为转变企业发展方式、推动企业产品结构优化升级提供有力支撑，为我国经济社会发展作出更大的贡献。

据了解，京东方8代线项目总投资280亿元，是我国依靠自主力量建设的首条能够供应40英寸以上液晶电视面板的TFT-LCD生产线。

【知识产权战略实施工作研讨培训班在贵阳开班】

9月9日，国家知识产权战略实施工作研讨培训班在贵阳市开班。本次培训班由国家知识产权战略实施工作部际联席会议办公室（国家知识产权局）举办，来自国家知识产权局、科技部、工信部、农业部、工商总局等16个成员单位的有关负责人以及司法界、学术界专家学者等60余人参加了研讨培训。

培训班上，有关专家、学者和知识产权管理部门负责人围绕国家知识产权战略实施情况、知识产权理论与实践、地方实施知识产权战略探索等主题开展培训，并进行了深入的交流和研讨。

本次培训班，旨在进一步推进国家知识产权战略实施，落实《国家知识产权战略实施工作部际联席会议第二次联络员全体会议会议纪要》。通过培训加强了部门之间、部门和企业之间、部门和专家学者之间的沟通与交流，对知识产权战略实施工作起到良好的推动作用。

（梁心新、涂先明、文浪）

【吴邦国：加强知识产权保护推动中美贸易和投资便利化】

正在美国进行正式友好访问的中国全国人大常委会委员长吴邦国8日在出席中美经贸合作论坛开幕式时指出，希望中美两国政府及有关方面把企业合作作为加强和改善中美经贸合作的优先方向，加强知识产权保护，努力改善政策和法制环境，推动双边贸易和投资便利化。

吴邦国委员长在开幕式上发表演讲说，经贸合作是中美关系的物质基础，也是两国关系持续充满活力的重要保障。要克服当前困难，把双方加强和改善经贸合作的愿望转化为现实，很重要的一条是充分发挥企业在经贸合作中的主体作用。

他说，希望双方企业发挥各自优势，积极探索合作的新途径，通过开展联合研究、建设示范工程、共同开发技术、扩大相互投资等形式，共同开拓合作的新领域。希望两国政府及有关方面把企业合作作为加强和改善中美经贸合作的优先方向，积极为企业合作牵线搭桥，加强知识产权保护，努力改善政策和法制环境，推动双边贸易和投资便利化。

【2009年知识产权司法保护国际研讨会举行】

9月10日,由最高人民法院知识产权庭主办的2009年知识产权司法保护国际研讨会在成都召开。据悉,这是系列知识产权司法保护国际研讨会的第三次,前两次会议在国内外均产生了较大影响。最高人民法院副院长万鄂湘出席会议并讲话,四川省高级人民法院院长刘玉顺、欧盟派驻中国和蒙古的公使衔参赞Michael Pulch博士等到会致辞。

万鄂湘指出，当前和今后一个时期，中国知识产权司法保护要着重在四个方面争取新的进展。一是全面贯彻落实国家知识产权战略，根据《最高人民法院关于贯彻实施国家知识产权战略若干问题的意见》的部署和安排，积极采取各项措施，营造良好的知识产权司法保护环境。二是继续加大知识产权司法保护力度，严厉打击假冒、盗版等严重侵权行为，大力降低维权成本，大幅提高侵权代价，有效遏制侵权行为。三是探索完善知识产权审判体制，深入开展设置统一受理知识产权民事、行政和刑事案件的专门知识产权法庭的试点和探索；研究建立知识产权上诉法院的可行性和必要性，实现知识产权确权程序与侵权诉讼程序的有效衔接；积极推动专利和商标确权、授权程序的简化，研究专利无效审理和商标评审机构向准司法机构转变的问题。四是继续加强知识产权司法解释工作。当前，最高人民法院正在进行专利侵权判定标准和反垄断民事诉讼问题的司法解释起草工作。

未来几年，最高人民法院还将进一步建立和完善有关知识产权司法鉴定、专家证人、技术调查、诉前临时措施等诉讼制度。（张娜、聂敏宁）

【温家宝：我们将继续全面实施国家知识产权战略】

9月10日，世界经济论坛第三届新领军者年会（2009年大连夏季达沃斯年会）在大连世界博览广场开幕，国务院总理温家宝出席开幕式并致辞。他强调，中国保护知识产权的立场是坚定不移的，我们将继续全面实施国家知识产权战略，大力营造保护知识产权的法制、市场和文化氛围，让一切创新成果得到尊重和回报，促进各种发明创造转化为现实生产力。

温家宝在致辞最后指出，世界经济正在经历深刻变革和转型，各国的前途和命运从未像今天这样紧密相连。我们要把眼光放得更长远一点，把胸怀放得更宽广一些。为推动世界的和谐与繁荣，温家宝提出了四点倡议：世界各国应共同应对全球气候变化，反对贸易和投资保护主义，促进全球经济的可持续复苏，保护知识产权。

温家宝强调，保护知识产权是激励创新、推动发展的必然要求。保护知识产权，就是保护创新的原动力。国际社会要共同提升知识产权创造、运用、保护和管理能力，尊重各国国情、兼顾各方特别是发展中国家的利益，在平等互利基础上开展对话和合作，推动建立平衡有效的知识产权保护制度。中国保护知识产权的立场是坚定不移的，我们将继续全面实施国家知识产权战略，大力营造保护知识产权的法制、市场和文化氛围，让一切创新成果得到尊重和回报，促进各种发明创造转化为现实生产力。

【09年商标注册突破百万件　我国商标“三量”均居世界第一】

截止到9月15日下午5时，我国2009年商标注册申请审查量突破百万大关，达 100.5 万件。至此，我国商标的注册申请量、审查量、有效注册商标量均位居世界第一，成为世界第一商标大国。

据介绍，2008 年，美国的商标年审查量近 40 万件；欧盟为 8 万多件；日本为 11.9 万件；法国为 7.4 万件。国家工商总局商标局 2009 年用 8 个半月的时间，完成了过去 3 年零 3 个月的商标审查工作量，同比增长 153%，审查质量抽检合格率达 98%以上。

"这是我国商标史的一个重要里程碑，是为新中国 60 华诞献上的一份厚礼。"商标局局长李建昌解释说，商标注册申请年审查量突破百万，标志着我们的商标审查能力成倍提高，能够适应经济社会发展对商标注册的需要。为明年达到商标注册审查周期缩短到 12 个月奠定了坚实的基础。

李建昌说，商标是知识产权的重要组成部分，又是其他知识产权的载体和标志，同生产者、经营者、消费者密切相关。自 1979 年恢复商标全国统一注册以来，随着改革开放的深入和我国经济的快速发展，商标注册年申请量由 1980 年的 2.6 万件增长到 2006 年的 76.6 万件。随着商标注册申请量大幅增长，由于审查人员明显不足，导致商标注册申请严重积压，商标审查周期大大延长，到 2007 年底积压 180 多万件，申请商标注册要等待超过 3 年甚至更长的审查期，申请人的注册申请不能及时审查通过，影响了企业的经营和发展，以致一些外国使馆向商标局发照会，每年"两会"上都有代表和委员提提案、议案，国内外企业反应更为激烈。

2007 年 3 月 2 日，国家工商总局将加快商标审查和评审列为八项重点工作之首。提出了"更新观念，创新机制，依法办事，加强廉政，提高效率"的总体改革思路，明确了"三年解决积压、五年达到国际水平"的"三五目标"即：2008 年商标审查周期由 36 个月缩短到 30 个月;2009 年由 30 个月缩短到 19 个月；2010 年由 19 个月缩短到 12 个月。

国家工商总局采取了增加商标局审查处室、招聘 300 名商标审查辅助人员、完善激励机制、加强绩效管理等一系列重大措施。商标局向总局签订了责任书，以确保实现 3 年解决积压的工作目标。

国家工商总局副局长付双建在商标局局长李建昌立"军令状"的大会上曾表示："在国家机关立'军令状'的实为罕见。在古代，完不成任务是要杀头的。现在不会杀头，但'军令状'的分量是不言而喻的。"

国家商标局在立下"军令状"后，解决商标审查积压问题取得突破性进展。2008 年，在确保质量的前提下，完成商标审查 75 万件，比 2007 年翻了一番，实现了自 2000 年以来第一次商标注册审查量超过当年申请量的历史性转变。今年以 8 个半月完成加快审查之前 3 年零 3 个月的工作量。（姚芃）

【我国气象系统注册政务和公益专用中文域名进展顺利】

记者日前从政务和公益机构域名注册管理中心了解到，全国气象系统集中注册"政务"、"公益"专用中文域名工作进展顺利。目前，已有 400 多家单位注册了 1000 多个"政务"或"公益"专用中文域名。

政务和公益专用中文域名是 2008 年 3 月国家调整互联网域名体系后设立的，政务和公益专用中文域名是由政务和公益机构域名注册管理中心负责管理，该管理中心采用"前置审核、申请者主体资格审核、持续性审核"等严格而完善的审核制度，确保了"政务"、"公益"专用中文域名的权威性和可信度。

据悉，中央编办 5 月 14 日召开了"中央和国家机关网上名称规范管理工作会议"，专门就中央和国家机关各部门、各人民团体及其他相关单位的政务和公益专用中文域名的应用普及进行了工作部署。中国气象局非常重视政务和公益专用中文域名的注册工作，专门邀请政务和公益机构域名注册管理中心的负责同志就"政务"和"公益"专用中文域名的相关内容进行面对面的解答。域名注册管理中心的负责同志现场就气象系统专用中文域名的应用与推广工作提出了建议。

【第六次中欧知识产权工作组会议在京举行】

2009 年 9 月 16 日，中欧知识产权工作组第六次会议在北京举行。中方由商务部条法司牵头，最高人民法院、最高人民检察院、公安部、农业部、工商总局、质检总局和商务部有关司局人员参加。欧方代表团由欧委会贸易总司负责知识产权事务的吕克.德威涅（Luc Devigne）处长带队，欧盟驻华代表团、中欧知识产权合作项目（二期）办公室、欧盟商会知识产权工作组和来自奥迪、飞利浦、巴斯夫等公司的代表参加了会议。商务部条法司李成钢副司长出席并致开幕词。

中欧双方围绕商标、地理标志、相关领域的执法及技术合作等议题展开了深入讨论，内容涉及中国《商标法》修改中的商标的申请、审查、管理以及驰名商标保护等问题；中国的地理标志保护，地理标志的定义和特点，登记程序，以及地理标志保护的效果，以及中国-欧盟地理标志协议的前景；执法方面零售和批发市场假冒问题，互联网上假冒产品的销售，刑事执法以及商标和地理标志的执法实践；中欧知识产权合作项目（二期）下的技术合作等。通过讨论，双方交流了信息，增进了理解。

【国务院发布意见多项知识产权措施促中小企业发展】

国务院 22 日公布《关于进一步促进中小企业发展的若干意见》（以下简称《意见》）。《意见》提出了采取知识产权质押等方式缓解中小企业贷款抵质押不足的矛盾、加快中小企业技术进步和结构调整、加强知识产权保护、推进重点行业品牌建设等多项措施，为中小企业迎战金融危机提振信心。

《意见》指出，受国际金融危机冲击，去年下半年以来，我国中小企业生产经营困难。中央及时出台相关政策措施，加大财税、信贷等扶持力度，改善中小企业经营环境，中小企业生产经营出现了积极变化，但发展形势依然严峻。主要表现在：融资难、担保难问题依然突出，部分扶持政策尚未落实到位，企业负担重，市场需求不足，产能过剩，经济效益大幅下降，亏损加大等。必须采取更加积极有效的政策措施，帮助中小企业克服困难，转变发展方式，实现又好又快发展。

《意见》强调，要加强和改善对中小企业的金融服务。提高贷款审批效率，创新金融产品和服务方式。完善财产抵押制度和贷款抵押物认定办法，采取动产、应收账款、仓单、股权和知识产权质押等方式，缓解中小企业贷款抵质押不足的矛盾。

《意见》明确，要加快中小企业技术进步和结构调整，支持中小企业提高技术创新能力和产品质量。支持中小企业加大研发投入，开发先进适用的技术、工艺和设备，研制适销对路的新产品，提高产品质量。加强产学研联合和资源整合，加强知识产权保护，重点在轻工、纺织、电子等行业推进品牌建设，引导和支持中小企业创建自主品牌。支持中华老字号等传统优势中小企业申请商标注册，保护商标专用权，鼓励挖掘、保护、改造民间特色传统工艺，提升特色产业。

【最高法院将设置综合审判庭受理知识产权案件】

最高人民法院副院长奚晓明 20 日表示，最高人民法院年内将在直辖市和知识产权案件较多的大中城市，探索设置统一受理知识产权案件的综合审判庭。

奚晓明表示，最高人民法院拟在近期再选定一些条件较好的高、中级法院和基层法院开展相关试点和探索，计划于今年 6 月召开专门的座谈会，研究如何完善知识产权审判机制和优化审判资源配置问题，并拟在年内出台《关于人民法院设置统一受理知识产权民事、行政和刑事案件的专门知识产权法庭的实施意见》。

奚晓明说，最高人民法院将在近期统一专利和商标授权确权案件的审理分工，明确有关案件统一由北京市高级人民法院和北京市第一中级人民法院知识产权审判庭审理，以确保有关案件执法标准的统一和有利于审判经验的积累。

奚晓明强调，各级法院要积极探索专利等技术性案件审判中的专业技术调查方式，通过人民陪审员、专家证人、专家咨询、技术鉴定等手段，认真解决专业技术事实认定问题。鼓励有关法院与国家知识产权局专利复审委员会等有关专业部门之间开展人员交流。同时，要积极探索健全知

识产权多元纠纷解决机制，努力提高诉讼调解率、和解撤诉率。（孙闻）

【习近平：加强政府监管保护知识产权为企业发展提供良好环境】

正在比利时进行正式访问的国家副主席习近平10月9日出席了“中国-比利时经贸论坛”开幕式并发表讲话。他指出，中比两国应在保护知识产权、规范市场秩序方面加强政府部门的监督管理，为企业发展提供良好环境。

习近平指出，为促进两国企业建立长期稳定的合作关系，应该充分发挥中比经贸混委会、中比投资基金等合作机制的作用，努力消除贸易和投资壁垒，在长期商务签证和工作许可等方面为两国企业提供便利，提高中比投资基金的效率。同时，在保护知识产权、规范市场秩序方面加强政府部门的监督管理，为企业发展提供良好环境。

【《中国奥委会标志使用管理办法》将于近期公布】

记者从13日在北京召开的奥林匹克知识产权保护工作座谈会上了解到，为了进一步规范中国奥委会在北京奥运会成功举办后相关知识产权的使用和管理，《中国奥委会标志使用管理办法》将于近期公布。

据中国奥委会市场开发委员会副主任刘军介绍，北京奥组委在解散前按照相关规定与国际奥委会签署了知识产权转移文件，国家工商行政管理总局商标局也印发了文件，将北京奥组委奥林匹克标志备案转为国际奥委会备案。

《奥林匹克标志保护条例》所称的奥林匹克标志权利人因此由原先的三个减少到目前的两个，即国际奥委会和中国奥委会。国际奥委会此前明确提出，希望奥林匹克知识产权继续得到有效保护，并委托中国奥委会负责辖区内奥林匹克知识产权的日常管理工作。

根据奥林匹克宪章的规定，保护奥林匹克知识产权是每个国家奥委会应当承担的义务，并不由于是否举办奥运会而有不同。通过北京奥运会的实践，我国已初步形成了以《奥林匹克标志保护条例》为核心的全方位、多层次的奥林匹克知识产权法律保护制度，既充分表明了我国政府致力于奥林匹克知识产权保护的明确态度，也成为我国知识产权法律保护体系的一个有机组成部分。

有关部门指出，使用奥林匹克知识产权特别是商业使用，应当按照法律程序取得权利人的许可。北京奥运会的赞助企业对相关标志的使用期限已经截止，不应再利用奥林匹克标志进行商业宣传和营销。

【李克强强调：坚定不移地实施知识产权战略】

近日，中共中央政治局常委、国务院副总理李克强出席庆祝中华人民共和国成立60周年外国专家招待会并致辞。他强调，中国政府将深化改革开放，坚定不移地实施人才强国战略和知识产权战略。

李克强指出，当前中国应对国际金融危机的一揽子计划已经取得明显成效，但世界经济复苏可能是一个缓慢曲折的过程，国内经济回升基础还不稳固。我们将保持宏观经济政策的连续性和稳定性，立足于扩大内需，加大结构调整力度，着力保障和改善民生，推动经济转型和创新发展模式，促进经济长期平稳较快发展和社会全面进步。

李克强强调，中国政府将深化改革开放，坚定不移地实施人才强国战略和知识产权战略，继续积极引进国外智力，在更大范围、更广领域、更高层次上开展国际交流与合作，为中国现代化建设与世界和平发展提供支持。

【我国受理商标国际注册领土延伸申请达13.99万件】

国家工商总局副局长付双建在18日召开的“中国加入马德里商标国际注册体系20周年座谈会”上透露，截至2009年9月30日，中国受理商标国际注册领土延伸申请累计13.99万件（一标多类），年受理延伸申请量连续4年在马德里商标国际注册联盟成员中位居第一。

1989年7月4日，中国政府向世界知识产权组织递交了加入《商标国际注册马德里协定》的通知书。1989 年 10 月 4 日，该协定正式对中国生效。该协定具有“使用一种语言、提交一次申请、缴纳一次费用”的特点。申请人只需通过本国商标注册机关向世界知识产权组织国际局提出商标注册申请和缴费，就能够在规定的时间（十二个月）内在其他缔约方取得商标专用权。

付双建表示，20 年来，我国已经基本建立了比较成熟的马德里商标国际注册机制，基本建立了一支业务熟练、本领过硬的马德里商标国际注册队伍，马德里商标国际注册的知识得到了一定程度的普及，中国的马德里商标国际注册事业取得了举世瞩目的成绩。

他表示，国家工商总局将积极推进商标战略实施，高效利用马德里体系，有效加强商标国际保护，打造中国的国际知名商标，努力争取早日实现从商标大国到商标强国的转变，促进我国经济社会更好更快发展。（徐博、张晓松）

【工商总局：商标海外维权机制近期将建立】

针对国内知名商标在国外频频被抢注的现象，国家工商总局在昨天召开的“中国加入马德里商标国际注册体系 20 周年座谈会”上透露，近期将下发建立商标海外维权机制的指导意见，逐步建立商标国际注册和维权数据库。

工商总局副局长付双建介绍，一些知名企业和老字号商标在海外被抢注的案件屡有发生。如全聚德公司曾以 10 倍价钱从抢注者手中买回在香港被抢注的“全聚德”商标；“狗不理”在日本被抢注一案至今未解决，失去了在日本的市场。

付双建透露，近期国家工商总局将下发《关于加强马德里商标国际注册工作建立商标海外维权机制的指导意见》，重点是建立企业商标海外保护机制，建立商标国际注册和维权数据库，为企业海外维权提供全面的信息服务。

【工商总局发布通知要求加强“12315”官方标志保护】

10 月 15 日，国家工商总局发出《关于加强“12315”官方标志保护的通知》，要求加强对“12315”官方标志的保护。

通知要求，各级工商机关要严格按照国家工商总局的有关规定，在 12315 工作机构办公场所、办公设备、执法车辆、网站域名、宣传品及 12315 联络站等方面规范使用“12315”官方标志，切实维护“12315”官方标志的严肃性和权威性。各级工商机关要加强对“12315”官方标志的保护，对将该标志作为商标申请注册的，国家工商总局商标局将依法予以驳回。对未经国家工商总局授权，擅自使用“12315”官方标志的违法行为，各级工商机关应当依据《商标法》的有关规定进行查处。各级工商机关要进一步加强 12315 行政执法体系“四个平台”的建设，密切与新闻单位的协作配合，大力宣传 12315 消费维权的工作成效，进一步树立 12315 执法为民的良好形象，努力营造良好的社会氛围，为保护消费者合法权益，维护社会和谐稳定，促进经济平稳较快发展作出新的贡献。

据了解，“12315”是工业和信息化部（原信息产业部）正式核准国家工商总局使用的全国统一的消费者申诉举报服务专用电话号码和短消息类服务业务接入代码，也是工商机关开展消费维权工作和服务社会公众的重要平台。为了维护“12315”的严肃性、权威性和专用性，2009 年 9 月 8 日，国家工商总局商标局依据《商标法》的有关规定，将“12315”标志确定为官方标志。

【李长春：努力创造更多具有自主知识产权的知名品牌】

目前，中共中央政治局常委李长春在安徽深入企业、农村、科研和宣传文化单位，就提高自主创新能力、深化文化体制改革等进行调研。考察中，他指出，提高自主创新能力是国家发展战略的核心，要努力创造更多具有核心技术和自主知识产权的知名品牌，为经济社会发展注入强大生机活力。

在奇瑞汽车股份有限公司、海螺集团有限责任公司、合肥京东方光电科技有限公司等企业，他走进车间和研发中心，了解生产流程和自主研发情况。李长春对奇瑞通过自主创新，在掌握核心技术和开发新能源汽车方面取得的进展给予高度评价。他说，提高自主创新能力是国家发展战略的核心，是调整经济结构、转变发展方式的中心环节，是实现科学发展的根本途径。要进一步加快自主创新步伐，弘扬创新精神，努力创造更多具有核心技术和自主知识产权的知名品牌，培育一批具有国际竞争力的优势企业和企业集团，为经济社会发展注入强大生机活力。

【李克强：希望企业培育更多具有自主知识产权产品】

目前，中共中央政治局常委、国务院副总理李克强在贵州考察时指出，希望企业加快技术创新，培育更多具有自主知识产权、高附加值和市场竞争优势的产品。

在贵阳，李克强先后来到即将建成投运的220千伏万松变电站、中铝贵州分公司，深入繁忙的施工现场和生产车间，考察西电东送、资源开发利用和产业发展情况。他说，发展是解决民生问题的根本途径，要抓住世界经济结构调整和沿海地区产业转移的时机，做大做强特色经济，提高自我发展能力。发挥资源优势，高水平、成规模、集约式地推进资源开发，把资源优势转化为经济优势，这也有利于优化生产力布局。在考察航天科工驻贵企业时，李克强希望企业加快技术创新，培育更多具有自主知识产权、高附加值和市场竞争优势的产品，在实现自身更大发展的同时，增强对地区经济的带动能力。

【中国有效注册商标总量居世界第一】

中国国家工商总局商标局局长李建昌日前透露，截至目前，中国共有注册商标398万余件,其中有效注册商标316万余件，两项指标均居世界第一。

在银川举行的宁夏第二届实施商标战略论坛上，李建昌说，1949年以来，中国商标注册申请量累计达到701万余件，其中今年商标注册申请量有望突破年申请量76万余件的历史最高水平。同时,国家工商总局商标局审查申请注册商标的量也达到国际领先水平，仅1月至9月，商标局审查申请注册商标量就突破100万件大关。

“中国已经成为世界商标大国。”李建昌说，但中国还不能称作世界商标强国，目前中国有1000多万个企业、2000多万个个体户，而有效注册商标只有316万余件，注册商标量仍然偏少。

李建昌说，截至2008年，通过马德里商标国际注册体系到中国申请注册的海外商标总量已达13万多件，而中国企业通过该体系到外国申请注册的商标总数还不到1万件。（张钦）

【欧共体商标和立体商标制度巡回研讨会召开】

欧盟企业如何注册商标，怎样利用知识产权保护自己的合法商用权？10月26日，由国家工商行政管理总局主办，中国——欧盟知识产权保护项目承办，陕西省工商行政管理局协办的“欧共体商标和立体商标制度巡回研讨会”在古城进行首场研讨，对相关问题进行了详细解读，为我省企业了解国际市场打开了一扇窗。（赵蕾）

【工商总局出台商标权质权登记程序规定】

国家工商行政管理总局日前出台了关于注册商标专用权质权登记程序的规定，并将自今年11月1日起正式施行。届时，原《商标专用权质押登记程序》废止。

根据这一规定，自然人、法人或者其他组织以其注册商标专用权出质的，出质人与质权人应当订立书面合同，并向国家工商行政管理总局商标局（以下简称商标局）办理质权登记。质权登记申请应由质权人和出质人共同提出。质权人和出质人可以直接向商标局申请，也可以委托商标代理机构代理。在中国没有经常居所或者营业场所的外国人或者外国企业应当委托代理机构办理。该规定同时明确，办理注册商标专用权质权登记，出质人应当将在相同或者类似商品或服务上注册的相同或者近似商标一并办理质权登记。

此外，规定还明确了负责办理注册商标专用权质权登记的机关、申请注册商标专用权质权登记应提交的文件、注册商标专用权质权合同应包括的内容，以及质权登记的撤销、变更、延期、注销等。

（车文秋）

【工商总局为中关村设商标事务处理快速通道】

为积极推进中关村国家自主创新示范区实施商标发展战略，国家工商行政管理总局商标局5日在中关村示范区专门设立了一家办事处，并为示范区开设了商标事务处理快速通道。

该办事处将依法受理中关村示范区自然人、法人和其他组织的商标注册申请，承担对示范区内市场主体的商标注册、变更、转让、续展、补正、注销及特殊标志登记、官方标志备案等申请文件进行形式审查和受理工作。

中关村示范区内具有自主创新、自主知识产权的高新技术企业申请注册商标以及注册商标争议的案件，经北京市工商局签署意见后，符合提前审查和审理条件的，可获得加快办理的优惠政策。

为落实《国务院关于同意支持中关村科技园区建设国家自主创新示范区的批复》精神，不久前，工商总局出台一系列措施支持中关村创建国家自主创新示范区，积极推进示范区实施商标发展战略是其中一项重要内容。

【李长春：形成一批具有自主知识产权的知名动漫品牌】

11月5日，中共中央政治局常委李长春在中国美术馆参观了首届中国动漫艺术大展。他指出，要增强创新意识，立足中华民族丰厚的文化资源，大力推动优秀原创动漫作品的创作生产，形成一批具有自主知识产权的知名动漫品牌。

李长春在中国美术馆饶有兴致地欣赏我国动漫名家创作的经典作品，详细了解近年来我国动漫创作与产业发展情况，现场观看漫画流水线创作演示，并亲自动手体验三维动画制作的基本技术和流程。

李长春指出，当前，我国动漫产业正处于发展壮大的关键时期，要认真贯彻《文化产业振兴规划》提出的要求，加大工作力度，不断改革创新，推动动漫产业大发展大繁荣。要增强创新意识，立足中华民族5000年丰厚文化资源，大力推动优秀原创动漫作品的创作生产，创造更多富有民族特色、体现时代特征、深受群众欢迎的动漫精品，形成一批具有自主知识产权的知名动漫品牌。要进一步完善有利于动漫产业发展的体制机制，加大扶持力度，培育一批有活力、有竞争力的动漫企业，加快形成以企业为主体、产学研相结合、创作生产销售环环相扣的动漫产业链，不断壮大我国动漫产业的实力。

首届中国动漫艺术大展由文化部、财政部、教育部、科技部、工业和信息化部、商务部、税务总局、工商总局、广电总局、新闻出版总署等单位共同主办，旨在通过动漫作品展览、电视动画展播、动画电影展映、动漫舞台剧展演等系列活动，系统回顾了新中国动漫艺术的发展历程，全面展示了我国动漫产业发展取得的丰硕成果。

【中国商品外观设计在欧洲注册率不足1%】

欧盟内部市场协调局外观部门负责人保罗.梅尔在7日举行的第七届中国无锡国际工业设计博览会中欧外观设计研讨会上表示，中国大陆申请人自2003年至今在该局注册的外观设计仅占总量的0.82%。

中国是欧盟第一大进口来源国，去年中欧双边贸易额近4300亿美元，比2007年增长近两成，而商品外观设计创新有助于销售利润增长。

保罗.梅尔在会上提供了一组数据，2008年中国大陆申请人在欧盟内部市场协调局共提交外观设计申请千余件，同期中国受理的外观设计申请量逾30万件。这表明中国企业对于在国内申请外观设计专利的需求强烈，而大相径庭的是向欧盟申请外观设计专利少得可怜。

国家知识产权局局长田力普称，中国商品欧洲市场注册率极低的主要原因是中国企业对欧共体外观设计制度认识尚浅，导致注册数量匮乏。他指出，随中欧贸易的不断扩大，中国商品外观设计在欧洲需得到更多的法律保护。

（洪晓红、王慧村）

【贾庆林：形成一批有自主知识产权的关键技术和产品】

第三届全国非公有制经济人士优秀中国特色社会主义事业建设者表彰大会6日在北京举行。

中共中央政治局常委、全国政协主席贾庆林出席大会并讲话。他指出，广大非公有制企业要把自主创新作为强筋壮骨、赢得优势的根本途径，形成一批具有自主知识产权的关键技术和产品，增强非公有制经济整体素质和发展后劲。

贾庆林指出，在党和国家方针政策的指引下，我国非公有制经济在改革开放的时代大潮中异军突起，为坚持和发展中国特色社会主义发挥了重要作用，为提高我国自主创新能力作出了重要贡献。他说，广大非公有制企业努力增强科学发展理念，加强自主创新，大力开发具有自主知识产权的产品和技术，积极培育和发展知名品牌，成为提高自主创新能力、建设创新型国家的生力军。目前，我国65%的专利、75%以上的技术创新、80%以上的新产品开发，都是由非公有制经济完成的。

贾庆林指出，当前，我国正处在改革发展的关键阶段，非公有制经济发展已经站在新的历史起点上。要着力加强自主创新，提升非公有制经济的核心竞争力。经过改革开放30多年的发展，我国大多数非公有制企业创新意识明显增强，技术不断进步，适应市场变化的能力和竞争能力也有很大提高。从应对这次国际金融危机来看，掌握核心技术、拥有自主品牌的企业，往往受国际市场波动的影响较小，保持长期持续发展的动力较强。广大非公有制企业要把自主创新作为强筋壮骨、赢得优势的根本途径，大力加强技术研发，深化产学研结合，推进原始创新、集成创新和引进消化吸收再创新，着力解决制约经济发展的一些重大科技问题，形成一批具有自主知识产权的关键技术和产品，增强非公有制经济整体素质和发展后劲。

贾庆林提出，要着力实施“走出去”战略，提升非公有制经济的发展层次。国际金融危机使发达国家和地区经济发展速度放缓，不少企业面临困难，资产大幅贬值缩水，这对于国内有实力的非公有制企业来说，是“走出去”进行国际合作的难得机遇。有条件的企业要积极在国外投资办厂，设立国外研发中心，着重推进我国急需的稀缺资源和关键技术领域的对外合作，并购拥有先进技术、知名品牌和营销网络的境外企业，培育国际知名品牌，提升非公有制企业国际竞争力和国际化经营水平。要注重研究有关国家的政治、经济、法律、文化，适应复杂多变的国际市场，加强对海外投资风险的跟踪评估、监测预警，防范国际经济风险，努力形成经济全球化条件下参与国际经济合作和竞争的新优势。

据悉，表彰大会由中央统战部、工业和信息化部、人力资源和社会保障部、国家工商总局和全国工商联共同举办。100名非公有制经济人士和其他新的社会阶层人士获得“优秀建设者”荣誉称号。

【中国应立法保护传统知识与遗传资源的知识产权】

国务院法制办公室有关负责人9日在青岛举行的2009中国商标年会上表示，中国在传统知识、遗传资源等领域知识产权立法滞后，应尽早考虑通过立法先行实施保护。

据了解，传统知识和遗传资源的知识产权保护是知识产权国际协调中的热点，传统知识和遗传资源相对贫乏但现代科技发达的工业化国家与传统知识和遗传资源相对丰富但现代科技比较落后的发展中国家意见分歧很大。在国际协调遥遥无期的情况下，一些发展中国家如印度、秘鲁、巴西等，已经通过国内立法对其传统知识和遗传资源进行了保护。

国务院法制办公室教科文卫司副司长刘晓霞9日说，中国历史悠久，地理环境复杂多样，传统知识和遗传资源等是中国的优势领域。如果建立起有效的保护制度，对增强中国在知识产权领域的竞争意义重大。

刘晓霞介绍，目前，中国传统的知识产权尚处于讨论之中，还没有立法；遗传资源的保护则仅限于新修订的专利法中非法获取、使用遗传资源构成不授予专利权条件的规定，使用许可和惠益分享等制度还未建立。

国务院于2008年6月颁布《国家知识产权战略纲要》，使我国成为亚洲第二个颁布国家知识产权战略的国家。《国家知识产权战略纲要》在战略重点中明确提出，要“适时做好遗产资源、传统知识、民间文艺和地理标志等方面的立法工作”。

“中国拥有丰富的地理标志资源，商标法规定其可以作为商标注册，但有关部门规章有各自的注册、保护规定，也尚未形成合理、统一、操作性强的保护规则。”刘晓霞说。

刘晓霞表示，对于传统知识和遗传资源等，发达国家和发展中国家的态度截然对立，如果等待国际协调有了结局再立法恐怕为时已晚，应尽早考虑通过立法先行实施保护。同时，国内立法的经验对加快国际协调也具有示范和推动作用，早些在这些领域建立相应的制度，不仅有利于对传统知识、遗传资源和地理标志的保护，也有利于在国际协调中赢得先机和更多的发言权。

【张德江：在保护知识产权基础上推动国际人才智力合作】

11 月 7 日，中共中央政治局委员、国务院副总理张德江出席 2009 中国国际人才交流大会暨“深圳论坛”开幕式并致辞。他指出，应秉承和平、发展、合作、共赢的理念，在坚持保护知识产权的基础上，进一步推动国际人才智力的交流与合作。

张德江指出，在当前形势下，加强国际人才和智力的开放合作、互利共赢，有利于应对和战胜国际金融危机、推动世界经济复苏和促进人类社会进步。他强调，应更加重视交流合作的质量建设，人才智力领域的国际交流合作，对促进科技创新、经济发展和文明进步具有重要的作用。应秉承和平、发展、合作、共赢的理念，在坚持保护知识产权的基础上，进一步加强人才智力的国际交流合作，加大对发展中国家的人才和智力支持力度，不断丰富合作内涵，拓宽合作领域，创新合作方式，增强合作实效。

【中国将进行第三次商标法修改　力求达到国际水平】

中国将进行第三次商标法修改，目前已形成基本需求和修改准则。这是记者今日从此间召开的第三届中国商标节上得到的消息。

近年来，中国商标申请量和审查量迅猛增长，截至今年 9 月 30 日，中国商标注册累计申请量为七百零一点一万件，累计注册量为三百九十五点六万件，均位居世界第一。

国家工商行政管理总局商标局副局长赵刚今日在此间表示，中国自 1982 年就制定了《商标法》，目前已建立了相对完备的商标法律法规体系，但是随着经济的迅速发展，商标法也有待进一步完善，虽然已经历经 1993 年、2001 年两次修改，但是目前，中国所面临的国际国内形势有了很大变化，商标法的一些条款已不再适应新形势的发展需要。

他说，目前中国的商标法主要存在四个问题：商标注册的确权程序过于复杂；在维护诚实信用方面还有待加强；对商标侵权行为的惩罚力度与现在的经济发展形势不一致；在提高当事人方便程度上还有提升的空间。

赵刚透露，第三次商标法修改将着力解决以上问题。从 2004 年商标法修改启动以来，经过长期的社会调研，并举行多次专家研讨会，目前已经确定了商标法修改的基本需求和修改准则，将从简化、完善商标注册确权程序；方便当事人；加强地理标志的保护；加强对商标代理行为的监管；加强驰名商标的规范和管理等六个方面进行，力求商标保护法律体系达到国际水平。

（修建华、李进梅）

【国家工商总局：我国将建立驰名商标退出机制】

国家工商行政管理总局副局长付双建在此间举行的第三届中国商标节上透露，中国将抓紧修改完善《驰名商标认定和保护规定》，并研究驰名商标的退出机制，建立驰名商标动态管理模式。

据介绍，目前，通过行政认定和司法认定的中国驰名商标已达上千枚，并呈逐年上升趋势。但近年来，驰名商标认定弄虚作假、驰名商标默默无闻、名牌产品出问题等现象时有发生，正本清源，恢复中国驰名商标认定制度本来面目，规范中国驰名商标认定及使用制度势在必行。

付双建表示，中国将继续加大驰名、著名商标的保护力度，充分发挥商标行政执法网络健全、程序简便、快捷高效的优势，通过驰名、著名商标制度，培育自主国际知名品牌，进一步提升企业知识产权创造能力。

【我国60年最具市场竞争力商标公布】

第三届中国商标节11日晚在青岛闭幕，240个商标被评为共和国60年四类最具市场竞争力的商标。

经过评选，海尔、特步等60个商标获得“最具市场竞争力的商品商标”；中国电信、东方航空等60个商标获得“最具市场竞争力的服务商标”；湛江国联水产、福建亲亲等60个商标获得“最具市场竞争力的农产品商标”；胶州大白菜、安溪茶叶等60个商标获得“最具市场竞争力的地理标志商标”。

据介绍，新中国成立60年来，中国商标法制建设逐步完善，全社会商标意识逐步增强，企业拥有一批较高知名度的自主商标。为回顾和总结我国商标事业发展的历程，推动《国家知识产权战略纲要》的实施，第三届中国商标节特推出“共和国60华诞.商标60盛典”活动。

中华商标协会秘书长刘燕说，本次评选活动为推广企业运用商标的典型经验，引导企业实施商标战略，提高全社会商标意识，激励企业有效运用商标创造财富的热情将起到积极作用。

刘燕表示，第三届中国商标节期间，与会代表通过1个主论坛、6个分论坛的形式，对当前社会热点问题进行探讨，并通过对国内外典型案例的分析，直观地展示商标的魅力，对我国推动商标战略有重要意义。

【李长春：催生更多具有自主知识产权的骨干企业】

11月12日至16日，中共中央政治局常委李长春在河南洛阳、郑州、开封、新乡、安阳等地，深入企业、农村、社区和基层文化单位，就保持经济平稳较快发展、加强和改进宣传思想工作等进行调研。调研中，他指出，河南要催生更多具有自主知识产权、自有知名品牌和核心竞争力的骨干企业，实现从经济大省向经济强省的跨越。

在中信重工机械股份有限公司、海马（郑州）汽车有限公司、华兰生物工程股份有限公司等企业，李长春深入生产车间，了解企业生产经营情况，对企业坚持自主创新、打造自有知名品牌的做法给予充分肯定。他希望河南加快构建以企业为主体、市场为导向、产学研相结合的技术创新体系，引导和支持全社会创新要素向企业集聚，并建立企业创新强有力的社会支撑体系，催生更多具有自主知识产权、自有知名品牌和核心竞争力的骨干企业，实现从经济大省向经济强省的跨越。

【工商总局：商标代理不得接受同一案件的双方委托】

根据国家工商行政管理总局17日发布的《商标代理管理办法》，商标代理组织不得接受同一商标案件中双方当事人的委托，否则将被处以最高三万元的罚款。

商标代理组织是指接受委托人的委托，以委托人的名义办理商标注册申请或者其他商标事宜的法律服务机构。商标代理组织可以接受委托人委托，指定商标代理人代理商标注册申请、变更、续展、转让、异议、撤销、评审、侵权投诉等有关事项。

根据《商标代理管理办法》，申请设立商标代理组织的，申请人要向所在地县级以上工商行政管理部门申请登记，领取《企业法人营业执照》或者《营业执照》。

商标代理组织不得委托其他单位和个人从事商标代办活动，并不得为从事上述活动提供任何便利；不得接受同一商标案件中双方当事人的委托；不得与第三方串通，损害委托人合法权益；不得损害国家和社会公共利益或者其他代理组织合法权益。

如违反上述规定，商标代理组织所在地或者行为地县级以上工商行政管理部门可对其予以警告或者处以一万元以下罚款；有违法所得的，处以违法所得额三倍以下，但最高不超过三万元罚款。

【付双建：推进商标战略　做好世博会标志保护工作】

11 月 19 日上午，为期 4 天的全国工商系统商标战略暨世博会标志保护培训班在上海中国浦东干部学院举办。国家工商总局副局长付双建出席开班式并发表重要讲话。全国政协常委、上海市政协副主席、2010 年上海世博会执行委员会副主任周汉民出席开班式并致辞。国际展览局秘书长文森特·冈萨雷斯·洛赛泰斯向国家工商总局局长周伯华发来了贺信。

文森特.冈萨雷斯.洛赛泰斯在贺信中表示："中国政府十分重视世博会相关知识产权的保护工作。作为负责世博会标志保护的政府机构，国家工商总局和地方各级工商机关在打击世博会标志侵权行为方面作出了不懈努力，工作卓有成效，对此，我表示由衷赞赏。"他坚信："中国各级工商机关协调步伐，统一行动，世博会的知识产权保护工作一定会取得圆满成功。"他同时强调本次培训班"对所有参与者而言不仅是一次专业的培训，更将成为一次极为有力的动员"。

付双建在讲话中强调，党和国家高度重视知识产权工作，2008 年 6 月 5 日，国务院发布了《国家知识产权战略纲要》。作为商标注册和管理机关、实施商标战略的重要职能部门，国家工商总局经反复调研，多方征求意见，于 2009 年 6 月 2 日发布了《关于贯彻〈国家知识产权战略纲要〉大力推进商标战略实施的意见》，对从现在至 2020 年商标战略的指导思想、战略目标和战略任务作了规划，提出了具体任务。商标战略是国家知识产权战略的重要组成部分，是对我国当前和今后相当长一段时期内商标工作的总体谋划，是以提升商标注册、运用、保护和管理能力为目标的国家战略，对于促进经济社会发展有着重要的意义。

在谈到上海世博会标志保护工作时，付双建指出，举办上海世博会不仅具有极强的经济意义，更有深刻的政治意义。上海世博会是我国首次举办的注册类（即综合类）世界博览会，是继北京奥运会之后在我国举办的又一次世界盛会。截至今年 9 月底，已有 242 个国家和国际组织确认参加上海世博会，是参展者最多的一届世博会。办好上海世博会，对应对国际金融危机冲击、促进世界经济复苏将发挥积极作用。他强调，世博会标志，是世博会的象征和精神载体，切实保护世博会标志是中国政府的郑重承诺。

据介绍，国务院于 2004 年 10 月 20 日公布《世界博览会标志保护条例》，规定由工商机关负责世博会标志的备案和保护工作。为做好世博会标志备案工作，国家工商总局制定了《世界博览会标志备案办法》，迄今已备案了 61 件世博会标志。在 45 个类别商品（服务）上要求注册的 229 件商标已全部审查完毕。国家工商总局为切实加强世博会市场秩序维护，加强标志的保护工作，下发了《国家工商行政管理总局服务 2010 年上海世博会举办工作方案》和《保护世界博览会标志专有权行动方案》，周伯华局长、刘玉亭副局长代表工商总局与上海市政府签署了《关于共同推进中国 2010 年上海世博会举办工作的合作协议》，切实维护好世博会的市场秩序，严厉打击各种侵犯世博会标志的行为。

【工商总局已备案 61 件世博会标志】

日前从国家工商行政管理总局了解到，为做好中国 2010 年上海世界博览会标志保护工作，工商总局已备案 61 件世博会标志，在 45 个类别商品或服务上要求注册的 229 件商标全部审查完毕。

国务院公布的《世界博览会标志保护条例》规定，工商机关负责上海世博会标志备案和保护工作。

为此，工商总局专门制定了《世界博览会标志备案办法》和《保护世界博览会标志专有权行动方案》。近期，工商机关还将开展专项行动，严厉打击各种侵犯世博会标志专有权行为。

据不完全统计，2008 年至 2009 年第三季度，全国工商机关共查处侵犯世博会标志案件 55 件，案值 16.8 万元。

【WIPO 指标报告：中国知识产权世界影响日益扩大】

世界知识产权组织近日发布的一份权威报告

表明，中国知识产权事业在全球的影响正日益扩大。这份《世界知识产权指标报告（2009）》这样描述中国的知识产权状况：1995年至2007年，中国国家知识产权局受理的发明专利申请年均增长23.9%，远高于欧洲和美国；2008年来自中国的高科技公司华为首次登上全球PCT专利申请排行榜首位；2007年世界范围内20.6%的商标申请是向中国提交的；全球外观设计专利申请高速增长，主要是中国申请量激增的结果。

这份报告是在世界知识产权组织于2006年创设的《世界专利报告》基础上扩展而来的，涵盖发明专利、实用新型专利、商标和外观设计专利共4类知识产权的相关发展情况。其数据主要来自世界知识产权组织统计数据库、各国知识产权管理部门年报、世界银行、联合国教科文组织、三边统计报告等。

报告显示，在发明专利方面，在全球申请总量持续增长但速度逐渐放缓的趋势下，中国的申请量逆势增长，与日本和美国的差距逐渐缩小。

在商标方面，2007年，全球共提交约330万件商标申请，相比2006年增长了1.6%。但目前可获得的2008年的数据显示出商标申请总量趋向于负增长。2007年，世界范围内20.6%的商标申请是向中国提交的，9.2%的商标申请是向美国提交的。中国居民和美国居民获得的商标注册量最大，分别占2007年所有注册量的11%。

同时，报告也显示了我国在生物技术、药物、运输等主要技术领域的研发实力与发达国家相比仍存在一定的差距。（汪玮玮）

【温家宝：知识产权是现代企业竞争的核心】

11月28日至29日，中共中央政治局常委、国务院总理温家宝到上海、江苏考察工作，走访了多家高新技术企业和科研院所，就加快转变经济发展方式、产业结构调整和升级等进行调研。他强调，知识产权是现代企业竞争的核心。

温家宝在调研中指出，转变经济发展方式，是当前和今后我国面临的重大战略任务，必须加快推动我国经济增长由主要依靠投资、出口拉动向依靠消费、投资和出口协调拉动转变，由主要依靠第二产业带动向依靠第一、二、三产业协同带动转变，由主要依靠增加物资消耗向依靠科技进步、提高劳动者素质和管理创新转变。

29日上午，温家宝来到江苏南京考察。中国电子科技集团公司第十四研究所是中国雷达工业的发源地，在电子信息装备的研发、设计、制造、服务等方面具有领先的核心技术和国际竞争力。考察中，温家宝详细了解雷达技术在经济建设中的应用，询问芯片技术的开发进展情况。他说，我们在芯片这一最关键技术研发上还有差距，没有自主知识产权。在芯片研发方面，我们有一定的技术条件和能力，关键是要把科研人员组织起来，集中力量攻克难关。总理对研究所的年轻科技人员说，知识产权是现代企业竞争的核心。希望你们发扬吃苦精神、钻研精神和奋斗精神，努力攻关，多出人才、多出成果、多做贡献。

（饶爱民）

【中欧领导人会晤联合声明：就知识产权保护加强合作】

11月30日，第十二次中欧领导人会晤在江苏省南京市举行。会晤后，双方发表了《第十二次中国-欧盟领导人会晤联合声明》。联合声明指出，双方领导人认为需要建立一个积极、执法有效和运作良好的知识产权保护体系，推动经济持续发展，并致力于就知识产权保护加强合作。

国务院总理温家宝与欧盟轮值主席国瑞典首相赖因费尔特和欧盟委员会主席巴罗佐共同主持会晤。

联合声明表示，双方认为，发达国家大幅提高对发展中国家的资金支持，并就向发展中国家转让技术做出安排，将是哥本哈根会议的重要成果。

双方领导人认为需要建立一个积极、执法有效和运作良好的知识产权保护体系，推动经济持续发展。双方领导人致力于就知识产权保护加强合作，欢迎启动中欧地理标识双边合作协定的谈判。

双方同意，在当前经济危机和国际贸易放缓的形势下加强合作，促进和便利双方贸易，争取在实施海关知识产权保护合作行动计划方面取得稳步进展。

【我国工商机关将加大地理标志的注册和保护力度】

工商机关将加大地理标志的注册和保护力度，对符合地理标志条件的农副产品积极引导进行申请注册，并把保护地理标志专用权列为日常监管的一项重要内容。这是记者从30日在重庆召开的亚太地区地理标志国际研讨会上了解到的。

国家工商行政管理总局商标局局长李建昌做大会主题发言时表示，为进一步开展商标富农，促进农业发展、农民增收工作，工商总局商标局及各级工商行政管理机关进一步加大对地理标志的注册和保护力度。

在注册方面，工商机关将认真调查地理标志产品的资源与保护现状，对符合地理标志条件的农副产品要积极引导进行申请注册；继续坚持地理标志注册申请单独排队、提前审查的“绿色通道”；进一步缩短相关审查周期，争取当年申请当年审查，及时做出审查结论。

在保护方面，工商机关将把保护地理标志专用权列为日常监管的一项重要内容，把保护工作的重点从城市向农村延伸，严厉打击不法商贩坑农害农的商标侵权行为，加大对农产品商标和地理标志的保护力度。

地理标志是一种标示某商品来源于某地区，并且该商品的特定质量、信誉或者其他特征主要由该地区的自然因素或者人文因素所决定的标志。我国自上世纪90年代开始实施地理标志注册与保护制度，到目前已累计受理地理标志注册申请1200余件，核准注册735件。

此次亚太地区地理标志国际研讨会由世界知识产权组织和中国国家工商行政管理总局共同举办，旨在加强地理标志国际合作与交流，共同探讨农产品商标及地理标志法律制度、农产品商标及地理标志注册、运用、保护以及促进农村经济社会发展的成功经验。

【中国过去5年依法查处侵犯世博会标志专有权案175起】

记者12月1日从此间举行的上海世博会知识产权保护展中了解到，《世界博览会标志保护条例》实施5年来，中国工商、版权、海关、城管协同上海世博会组织者，共查处侵犯世博会标志专有权案件175起。

据介绍，仅2008年至2009年第三季度，全国工商机关查处侵犯世博会标志专有权案件55件，案值16.8万元人民币。

上海世博会事务协调局副局长黄健之说，《世界博览会标志保护条例》作为迄今为止中国第一部、也是唯一一部为推进上海世博会筹办工作所制定的专门立法，不仅充分表明了中国政府履行国际承诺、保护世博会知识产权的坚强决心，也使世博会标志真正成为上海世博会主题和理念的载体。在遏制侵权行为、维护世博会组织机构的知识产权、保证世博会市场开发计划顺利进行、规范世博会宣传推介开展等方面，发挥了非常重要的保障作用。

据介绍，在过去的5年里，上海世博局依据《世界博览会标志保护条例》，先后向国家工商行政管理总局备案了61项世博会标志，其中文字标志52项，020年远期目标；结合国防知识产权工作以及国防科技和武器装备建设的现实需求，提出了19项专项任务；并提出到2011年底完成各专项任务实施方案论证，2012年开始转入全面实施阶段，分别实现近期和远期战略目标。（陈磊）

【工商总局：地理标志在服务“三农”中发挥巨大作用】

在刚刚结束的亚太地区地理标志国际研讨会上，了解到，截至目前，我国已核准注册农产品商标71.4万件，地理标志735件，有24件地理标志商标被国家工商总局认定为驰名商标。

国家工商总局商标局李建昌局长告诉：“地理标志在服务‘三农’、促进社会主义新农村建设方面发挥了巨大作用。”通过22个种植类农产品地理标志样本的调查统计，记者注意到，2008年地理标志农产品价格比注册保护前增长3倍，比同类产品价格高20%~90%，农民收入比地理标志注册保护前增长15%~485%，解决了当地总人口27.5%的人就业。

【商务部主办企业海外知识产权维权培训】

商务部条法司与商务部驻南京特办于12月3日至4日在南京共同主办了“企业海外知识产权维权培训”。

随着我国“走出去”战略的实施，我国企业在对外经贸活动中遭遇的知识产权问题日益凸显。为了加大对我国企业海外知识产权维权的帮助力度，配合商务部正在实施的“海外知识产权维权援助”工作，商务部条法司主办了一系列企业知识产权培训，本次南京的培训便是其中之一。

培训中，来自商务部、国家知识产权局、工商总局商标局、贸促会、中国保护知识产权网、汉诺威米兰展览（上海）有限公司等单位的领导、专家与企业代表就商务部正在开展的知识产权海外维权工作、如何应对美国337调查、海外展会中的知识产权保护等问题进行了讲解，指出我国企业目前存在的普遍问题，并分享了各自在工作中积累的实际经验。来自江苏及邻近省市的100余家企业的代表参加了本次培训。

【商务部等鼓励技术出口　支持知识产权质押贷款】

记者15日获悉，商务部与科技部近日发布了《关于鼓励技术出口的若干意见》，将研究制订符合需要的信贷产品和保险险种，支持企业开展知识产权质押贷款，同时还将鼓励科技型企业并购境外高新技术企业。

此前，记者从商务部获悉，《服务贸易中长期发展规划纲要》有望年底出台。服务贸易被认为是我国外贸发展方向的新着力点，将获大力扶持。

在金融保险支持方面，《意见》提出，将研究制订符合技术出口企业特点和实际需要的信贷产品和保险险种，拓宽企业融资渠道；支持技术出口企业开展知识产权质押贷款业务，建立知识产权质押融资服务机制，解决企业尤其是科技型中小企业融资困难，利用质押贷款贴息专项资金，降低企业融资成本；鼓励保险公司为技术出口特别是附带成套设备的技术出口提供收汇保障、商账追收服务和保险项下的贸易融资便利。（秦菲菲）

【工商总局商标局副局长：互联网商标权保护工作的现状分析】

12月19日，“2009首届中国互联网创新与知识产权保护高峰论坛”在“中国电子商务之都”杭州拉开帷幕。论坛以“创新、保护、发展——金融危机下中国互联网面临的挑战与机遇”为主题。

国家工商总局商标局副局长赵刚在“互联网创新与知识产权保护主论坛”上表示,近几年来，根据国务院和国家工商总局的有关部署，全国各级工商行政管理机关，充分发挥职能作用，认真总结商标行政保护工作经验，针对互联网商标侵权的特点，研究新问题，查找薄弱环节，不断提高监管水平和执法交通，突出重点，真抓实干，坚持整顿与规范并重、打击与建设并重，继续保持并加大打击商标侵权行为的力度，依法从严、从重、从快的查处网络商标侵权案件。

赵刚举例说,在2006年引起中外关注的“上海襄阳路服饰市场”一案中，上海市工商局会同兄弟省局及服务器所在地的电信管理部门，迅速关闭了涉嫌从事网络销售假冒侵权商品的“上海襄阳路服饰市场”，获得社会各界的广泛赞誉和一致好评。

总体来看，在各级工商行政管理部门依法严厉打击下，虽然网络侵权案件时有发生，但一般涉案金额小、销售规模不大，而且影响面也很有限，除“上海襄阳路服饰市场”外，并未再发生过重大的网络商标侵权案件。赵刚相信，随着互联网经济的不断发展，相关配套的法制措施会不断完善，行政监管会更加有力，互联网经济环境会不断净化，互联网对国民经济发展的拉动会更加有力。（梓琴图、章佳寅）

【我国知识产权维权援助中心超过60家】

记者从在杭州召开的第三届中国知识产权执法论坛上获悉，目前，国家知识产权局已批准设立61家知识产权维权援助中心，并开通了全国知识产权维权援助公益服务专用电话12330。知识产权维权援助中心主要为单位和个人提供知识产权维权咨询、知识产权分析论证、知识产权预警等智力支持，并为因经济困难不能支付知识产权纠纷处理和诉讼费用的知识产权当事人提供智力援助或资金支持。据了解，宁波已于去年设立了知识产权维权援助中心，并同时开通了宁波市专利预警服务平台。

【全国域名注册管理专项整治行动启动】

日前，工信部在北京召开全国域名注册管理暨落实依法打击手机淫秽色情专项行动工作会议，重点对网站域名变换工作进行了全面部署。工信部、公安部相关负责人以及全国各域名注册管理机构、服务机构主要负责人参加了会议。中国互联网络信息中心、政务和公益机构域名注册管理中心表示，将强化管理，切实履行社会责任，把好注册审查第一关。

会上，工信部电管局副局长刘杰对开展域名注册服务管理规范整治行动进行了全面部署。他要求，各域名注册管理机构、服务机构要提高对专项治理工作的重要性、必要性和紧迫性的认识，切实将各项管理政策落到实处，坚决遏制和杜绝淫秽色情网站采用域名变换方式反复接入，强力治理网站变换域名、逃避监管的行为。在治理手机淫秽色情专项行动方面，工信部提出3项具体措施：一是建立完善域名持有者黑名单机制；二是严格审核域名申请者真实身份信息；三是对网站未备案域名不予解析和跳转；四是配合相关部门对涉嫌违规网站域名进行调查；五是重点解决域名注册管理和服务机构在业务推广、渠道合作等环节中存在的问题。

【我国将加强跨地区协作保护知识产权】

我国已初步形成全国知识产权局系统跨地区执法协作机制，提高了办案效率，节约权利人维权成本，并有效杜绝了地方保护主义对知识产权执法的干扰。这是记者从正在杭州举行的全国知识产权局执法工作会议上了解到的。

国家知识产权局副局长甘绍宁说，要进一步完善跨地区执法协作机制，在案件受理立案、调查取证、案件移交、处理决定方面开展全方位、深层次的执法协议。

根据国家知识产权局要求，各地方知识产权局在调查取证、案件移送、提供当事人信息、统一采取执法手段等环节，必须相互支持协作，不得无故延误，并要建立健全重大案件通报制度、案件协查制度、定期会商制度。对具有重大影响、地方之间难以协作完成的案件，应报请国家知识产权局组织、督导执法协作。

据介绍，截至目前，泛珠三角、长三角、环渤海、西部、东北等地区已建立了多个跨区域专利执法协作机制。各地还根据实际需要，建立专门的协作机制。如在广东省，参与亚运会筹办的广州、佛山、汕尾、东莞4个城市的知识产权部门建立起了联合执法协作机制；天津与河北签署了两地执法协作协议。

为保证跨地区侵犯知识产权案件的有效查处，河南等省份建立了公安驻知识产权局联络室制度。四川绵阳则在公安等部门的支持下建立起知识产权执法协作绿色通道。（余靖静）

【我国商标评审案件积压问题明显缓解】

记者从12月24日在北京召开的全国工商行政管理工作会议上了解到，今年以来，我国商标评审工作取得重大进展，审理商标评审案件3.3万件，商标评审案件积压问题明显缓解。

近年来，我国商标申请量以每年近10万件速度快速增长，而商标审查能力的提高却相对滞后，一度造成商标注册审查周期过长，申请大量积压，社会各界十分关注。

从2008年起，工商总局商标局采取一系列措施着力提高商标审查能力，已使审查周期从过去的3年左右逐步缩短到1年多，明年可望进一步缩短到1年以内。

截至11月底，工商机关共审查商标注册申请130.06万件、同比增长109.29%，裁定商标异议案件2.27万件、同比增长128.37%；我国累计注册商标总量415.99万件，商标申请量、审查量、有效商标注册量均位居世界第一。

与此同时，我国商标专用权保护工作成效显著。各地加强了对专卖店、商场超市、商品集散地、商标印制企业等的执法检查，强化了商标专用权行政保护力度，全国工商系统共查处各类商标违法案件3.76万件。驰名商标认定和保护工作力度加大，截至目前共认定驰名商标1624件。

【第二届中学生商标知识竞赛及地理标志征文活动启动】

由国家工商总局发起，中华商标协会主办，中国中学生报承办，得力集团有限公司、湖北恩施市人民政府协办的第二届全国中学生商标知识竞赛、地理标志征文系列活动12月29日上午在北京正式启动。国家工商总局的部分领导及共青团中国少年儿童出版总社领导、中国中学生报领导出席了启动仪式。

本次全国中学生商标知识竞赛、地理标志征文系列活动由“得力杯”知识大赛、“恩施玉露杯”地理标志征文大赛组成，活动从即日起启动，明年3月底截止。活动设各种奖项2000多个。

业内人士介绍，在当今世界，知识产权日益成为国家发展的战略性资源和国际竞争力的核心要素，对维护国家利益和经济安全起着重要作用。实施国家知识产权战略，是提高国家核心竞争力的关键举措。商标和地理标志，是知识产权的重要组成部分，宣传、普及商标法律知识和地理标志，是落实国家知识产权战略纲要的重要步骤，对国家经济发展、公民素质的提高，具有深远的战略意义。

处于成长阶段的中学生，每天都会与商标打交道，地理标志离中学生也并不远。了解商标法律知识，能更加自觉地关注国家知识产权保护状况；学习地理标志常识，会对我国悠远的历史、自然地理、人文文化和地方经济资源有更直观的认识。作为国家未来的建设者和主人，中学生更应该积极了解包括商标和地理标志在内的知识产权。因此，在广大中学生中宣传和普及商标法律知识、地理标志常识具有重要意义，不仅能激发中学生的爱国热情、培养合格的建设者，而且对提高全社会的商标法律意识、促进我国知识产权文化建设具有重大意义。

据了解，去年年底启动的首届全国中学生商标知识竞赛及地理标志征文系列活，是我国有关部门第一次在全国中学生中开展与商标知识和国家地理标志产品有关的大型宣传竞赛活动，受到了广大中学生的热烈欢迎，产生了巨大的社会反响，有近百万中学生积极参与。

【2009第五届中国IP china知识产权峰会召开】

2009年12月18-19日，由工业和信息化部软件与集成电路促进中心主办的主题为“知识产权战略、促进智慧创新”的2009第五届中国IP China知识产权峰会在南京隆重召开。峰会就知识产权创新、管理、保护、运用等问题展开深入讨论，以期促进IT产业发展，推动中国企业知识产权保护进程。

IP China知识产权峰会首次在京外举办，是落实“部省合作”战略新举措的具体体现，以此为契机，部省资源将更好地融合，共同致力于国家知识产权战略的推进，为产业和企业创新提供高质量的知识产权服务。

【侵权责任法获通过多种形式救济保护知识产权被侵权人】

12月26日，中华人民共和国第十一届全国人民代表大会常务委员会第十二次会议审议并通过了《中华人民共和国侵权责任法》。其中规定，著作权、专利权、商标专用权等作为民事权益的组成部分被列入民事主体合法权益的保护范围内。在此次出台的侵权责任法中，明确规定了承担侵权责任的方式主要有：停止侵害、排除妨碍、消除危险、返还财产、恢复原状、赔偿损失、赔礼道歉和消除影响、恢复名誉。全国人大法工委副主任王胜明在接受中国知识产权报记者采访时表示，侵权责任法是对知识产权相关法律的补充和完善，一旦知识产权侵权行为发生，优先适用知识产权相关法律，侵权责任法可作为补充参考。

（崔静思）

09 新闻

(929~939)

【泉州启动商标权质押贷款】

近日，农业银行泉州分行与泉州市工商局联合举办商标专用权质押贷款协作备忘录暨商标专用权质押贷款签约仪式。仪式上，共有13家泉州著名商标企业通过商标权质押获得农业银行数亿元的信贷支持，其中，南安的申鹭达企业通过质押“申鹭达”商标，现场即获得1.68亿元信贷支持。泉州曾于去年试水这一新的融资方式。2008年9月永春老醋公司用知名商标“桃溪”作质押，取得100万元贷款，解决了流动资金紧张的燃眉之急。

【“兰贵人”茶叶商标被判撤销】

海南一家茶场把“兰贵人”注册成自己的商标，遭到茶业协会的强烈反对，原来在广大南方地区，“兰贵人”是一种添香加味乌龙茶的通用名称。北京市一中院近日做出判决，撤销茶产品上注册的“兰贵人”商标。

北京市一中院审理认为，“兰贵人”这种茶品虽然在全国尚未完全普及，但在福建、广东、广西、云南、海南等五省区已经获得广泛认可达八九年，属于添香加味乌龙茶这一拼配茶品的通用称谓。原告海南澄迈万昌苦丁茶场在使用“兰贵人”商标时，起名为“椰仙兰贵人”，以区别于其他厂家生产的“兰贵人”茶，显然也是把“兰贵人”作为茶的品名使用，说明这确实是通用名称。

法院判决撤销“兰贵人”商标在茶、茶叶代用品、冰茶、茶饮料商品上的注册，在其余商品上的注册予以维持。

【龙井成功注册地理标志证明商标】

从1997年的开始考虑申请，到2006年8月的正式启动，中国十大名茶之首龙井茶十年磨一剑，终于成功注册地理标志证明商标。今后，只有在西湖、钱塘、越州三个浙江主产区的18个市县培植生产的龙井茶才能以此冠名。

【水族文化标识申请商标保护】

全国唯一的水族自治县贵州三都县，将对水族文字、图形、节日等民族文化标识，申请注册商标和地理标志等，用现代知识产权制度保护传统文化。

目前，三都县已发布了国内首个县级“传统知识知识产权保护方案”，将对水族传统节日、马尾绣等传统技艺和九阡酒、甜茶等传统文化产品采取综合保护措施。

【“谷歌中国”告赢“北京谷歌”】

日前，北京市海淀法院审结了原告谷歌信息技术（中国）有限公司诉被告北京谷歌科技有限公司侵犯商标权及不正当竞争纠纷一案。法院判令“北京谷歌”停止使用企业名称、变更企业名称，不得包含“谷歌”字样；判令“北京谷歌”赔偿“谷歌中国”经济损失及诉讼合理支出共计10万元。

本案原告谷歌中国在起诉中仅对被告的注册行为提出侵权主张，并认为被告北京谷歌的行为构成侵犯商标权和不正当竞争。法院认为，被告使用谷歌是在企业名称中规范使用，并非属于不规范的突出使用行为，依据我国商标法及相关司法解释，该行为即使违法亦不属于侵犯商标权的行为，而应属于不正当竞争的行为。

【娃哈哈商标大战打到瑞典】

中国大陆最大食品饮料厂娃哈哈集团，与全球第一大乳酸饮料法国达能集团，双方商标争夺战延烧到瑞典。瑞典斯德哥尔摩商会仲裁庭将举行一场听证会，裁决最终谁拥有价值24亿美元的“娃哈哈”商标权。

【“3G门户”网申请商标未果 状告商评委】

在我国发放3G牌照并步入3G时代后，与3G相关的纠纷案件也随之出现。运营近5年的3G门户网，两次申请“3G门户”为商标未果，一怒之下把国家工商总局商标评审委员会告上了法庭。近日，北京市第一中级人民法院受理了该案。

3G门户网的运营者，即久邦计算机技术（广州）有限公司认为“3G门户”商标经过该公司常年使用，已经形成了独具一格的网站标识，具有了相当高的知名度和广泛的影响力，应当核准加以保护。而被告方商标评审委员会则认为，“3G门户”商标由“3G”和“门户”组成，“3G”为第三代无线技术的缩写，属于通用技术词汇，“门户”也是通用名词。“3G门户”在本案指定使用服务上不具显著特征，因此不予批准，请求法院维持被诉裁定。

【爱马仕在我国注册立体商标遭拒】

被誉为世界上最贵的皮包爱马仕 Birkin 商标权案有了一审结果。北京市一中院对世界著名奢侈品牌公司爱马仕不服商评委商标纠纷案作出一审判决，爱马仕公司败诉。

意大利爱马仕公司针对其指定使用在第 18 类“皮革及人造皮革皮具、包”等商品上的“Birkin 包”和“Kely 包”立体商标向我国提出领土延伸保护申请。商标局作出商标申请驳回决定。爱马仕不服，向商评委申请复审。商评委再次驳回了爱马仕的申请。

爱马仕公司遂向北京市一中院提起行政诉讼，一中院认为，两立体商标缺乏商标应有的显著性，不足以使相关公众区分商品来源。此外，爱马仕并未提交充足证据证明两立体商标在中国境内经过长期使用已经取得了显著特征。

【教育部发出“更名令”交大取消 20 多家冠名权】

教育部近日召开会议，就高校企业冠名发出“更名令”，叫停高校校企冠名，并给出了明确的时间表：要求凡学校企业冠用学校名称全称的，除教育部文件规定的几种特殊例外情况外，今年年底前必须全部依法取消冠名。有消息称，清华大学的校办企业“清华紫光”、“清华同方”已分别变更为“紫光股份”和“同方股份”，北京大学的校办企业“北大方正”已更名为“方正科技”。

教育部表示，取消校企冠名是为了对高校产业规范化建设，加快建立新型的产业管理体制，加强企业风险内控制度建设，建立风险预警和防控体系。教育部文件规定了不必取消学校冠名的几种特殊例外情况,包括：高校资产公司、大学科技园以及出版社等。

【浙江衢州法院与行政部门建立知识产权保护联动机制】

近日，浙江衢州中院与衢州市工商局、科技局、文广局、海关等部门建立了知识产权保护联动机制。

浙江衢州中院与相关行政执法部门的知识产权保护联动机制的具体内容主要有三项：一是联席会议制度。二是资料共享制度。三是工作配合制度。加强工作联络，密切行政处理和司法制裁的关系，畅通报案受理、案件移送、证据收集、处理反馈、信息通报等环节，促进各自工作开展，共同推进知识产权保护体系的完善。

【重庆首次发布商标预警公告】

近日，重庆市商标代理机构首次在中国商标网上成批发布商标预警公告。

据了解，西南商标事务所首次在中国商标网上，成批发布了重庆商标主要是汽摩类的 28 个商标。预警公告上分别标注了商标名称、商品项目、涉嫌抢注企业、商标保护建议等内容。西南商标事务所负责人介绍说，最近发现摩托车品牌如力帆、宗申、建设、嘉陵等在国外开始有人抢注，同时国内也非常普遍，所以才决定在网上进行商标预警公告。

【戴姆勒申请“北京奔驰”商标遭拒】

在北京合资企业生产的奔驰轿车，车后部均有“北京奔驰”4 个显著的大字，而这 4 个字，现在申请注册“北京奔驰”商标遭拒。

2005 年 8 月 8 日，北京汽车工业控股有限责任公司与戴姆勒股份公司、戴姆勒东北亚投资有限公司组建的合资企业北京奔驰-戴姆勒-克莱斯勒汽车有限公司（简称 BBDC）正式成立。早在合资公司成立 8 个月前，戴姆勒公司就申请注册“北京奔驰”商标，申请类别是第 12 类汽车、汽车底盘等。国家工商总局商标局于 2007 年 5 月驳回“北京奔驰”商标的注册申请。随后，戴姆勒公司向商评委申请复审，去年 9 月，商评委作出复审决定，驳回了戴姆勒公司的复审请求。

据商评委代理人介绍，“北京奔驰”之所以不能作为商标注册，是因为该商标不符合法律规定。戴姆勒公司和北京汽车工业控股有限责任公司组建的合资企业名称为“北京奔驰-戴姆勒-克莱斯勒汽车有限公司”，即使“北京奔驰”是合资企业名称的简称，也应属于合资公司所有，戴姆勒公司无权把合资公司的简称作为自己的商标申请注册。由于戴姆勒公司注册地并非在北京，如果注册“北京奔驰”商标，容易让消费者对商品来源产生误认。此外，北京是我国首都，属县级以上行政区划名称，根据《商标法》，县级以上行政区划名称不能作为商标注册使用。

【大陆赴台申请商标案件逾5300件】

据台湾《联合晚报》报道，根据台当局“经济部”智慧财产局的统计，截至今年元月底止，大陆赴台申请商标的案件累计有5315件。智慧财产局表示，该局公告核准大陆来台申请商标的案件，累计有4293件，公告驳回累计356件，公告注册累计4319件。

【普利司通在华商标侵权诉讼案件和解告终】

近日，普利司通就其在中国的商标侵权诉讼案件结果发布如下：

关于针对山东三泰橡胶有限公司（以下简称“山东三泰”）生产、销售的轮胎使用近似本公司商标的“ROCKSTONE”之商标侵权行为诉讼一案，2008年12月在上海市高级人民法院二审期间达成和解，山东三泰承诺停止生产和销售该样式的“ROCKSTONE”商标的轮胎。

此前，为防止该商品流向世界各地，普利司通公司对山东三泰位于荷兰的销售代理店Heuver Banden Groothandel BV提起诉讼的商标侵权起诉于2008年11月亦达成了和解。

此外，针对杭州普利斯帝橡胶有限公司使用酷似本公司商标的“BRIDGESTEEL”进行传送带的生产、销售等行为造成对本公司的商标侵权事宜，普利司通于2007年9月向中国杭州市中级人民法院提起了商标侵权诉讼。去年年底做出的判决认可了该公司的主张，并下达了停止使用“BRIDGESTEEL”及“普利斯帝”商标、销毁模具、停止使用“普利斯帝”作为公司名称等命令。

【上海将建商标品牌运作中心】

近日，从上海市工商局召开的“上海商标发展工作推进大会”上透露，到2012年，上海市国内有效注册商标要达到20万件，每百万人拥有注册商标的数量要达到1万件。

据了解，近年来上海商标发展迅速，上海注册商标总量从1979年的2700多件，发展到2008年底的13.29万件。同时上海注册商标的申请量也以每年16%的速度快速递增，到2008年申请量超过3.4万件。

相关负责人指出：以迎接2010年世博会为契机，上海市将加强部市、部门和省市合作，推动上海市著名商标认定和保护的地方立法。并以上海建成“全国（商标）品牌运作中心”为目标，立足上海、面向长三角、服务全国，推进商标公共服务平台的建立。

【三鹿资产二拍 商标遭撤拍】

4月8日，三鹿集团第二批破产财产在河北省嘉海拍卖有限公司进行了拍卖，包括“三鹿”牌及相关保护性商标169个和专利技术12项，因技术性原因遭到暂时撤拍。

【冒用“飞利浦”文字及广告语 被判赔偿40万元】

因商标被仿冒，皇家飞利浦电子股份有限公司将仿冒者告上法庭。上海市第一中级人民法院对这起商标侵权案作出一审判决，认定上海菲浦公司和浙江飞迪亚斯公司构成商标侵权和不正当竞争，应立即停止侵权和不正当竞争行为，并共同赔偿40万元人民币。

2007年，飞利浦公司以PHILIPS商标所有权人的身份，向法院提起诉讼，称上海菲浦公司和浙江飞迪亚斯公司在其出品的浴霸、换气扇、吸顶灯等多项产品上，使用了“香港飞利浦”商标和“拥有飞利浦，生活更幸福”的广告用语，构成商标侵权和不正当竞争，要求两被告停止上述行为并赔偿经济损失。

法院查明，上海菲浦公司、浙江飞迪亚斯公司与一家名为“香港飞利浦”的公司（于2006年9月在香港注册，唯一董事兼法定代表人为温州人林某）签订联营合同，约定三方共同制造开关、插座、浴霸、换气扇、灯具等产品，由香港飞利浦公司提供内外包装，产品主要部件由飞迪亚斯公司承担，并由菲浦公司和飞迪亚斯公司共同承担组装和包装。

法院审理后认为，两被告在其产品和包装上使用“飞利浦”文字，还在其生产、销售的换气扇产品的使用说明书上标注“拥有飞利浦，生活更幸福”等用语，明显导致消费者混淆，侵犯了原告的注册商标专用权。据此作出上述一审判决。

【兰州拟授权使用“兰州牛肉拉面”商标】

六年前，兰州官方开始实施牛肉拉面馆的分等定级，旨为引导商家确保安全卫生、改善就餐环境、提高兰州牛肉拉面在海内外的美誉度。日前，官方为此再出举措，拟授权使用统一的“兰州牛肉拉面”商标，以示其为符合标准的面馆。

从2007年7月开始，兰州市面对海内外征集标识。后从近五百余幅作品中选定一幅作为了兰州牛肉拉面的统一标识，并已申请注册成商标。其图案以绿为主色调，图形似牛头却又展现拉面动作。“统一标识后的首块商标授给了位于北京市的燕兰酒店。”兰州市商务局表示，今年，这项商标授权工作将全面展开。

【互联网协会可调解互联网著作权、商标权等】

近日，从朝阳法院了解到，今后朝阳法院受理的涉及网络纠纷的知识产权案，经当事人同意，可委托中国互联网协会调解中心进行调解。

《协议书》约定，互联网纠纷委托调解坚持当事人自愿的原则，可调解涉及互联网著作权、商标权、不正当竞争及技术合同等纠纷。

【浙江农产品品牌地理标志证明商标数稳居全国第一】

近日，从浙江省推进农产品品牌建设现场会上获悉，浙江省农产品地理标志证明商标达到68件，总量占全国五分之一强，一枝独秀。

目前，该省90%以上的市、县实施对农产品商标、证明商标注册进行补助奖励。全省农产品注册商标由2003年的2.3万件猛增到目前的6.3万件；农产品著名商标认定数由5年前50件不到激增到目前的324件，5年增长5倍多；累计农产品地理标志证明商标注册总量达到68件，继续稳居全国第一。

【三鹿商标730万成交】

5月12日，原石家庄三鹿集团股份有限公司的部分破产财产在河北省石家庄市中级人民法院审判庭被拍卖。最受关注的“三鹿”商标及相关保护性商标以整体打包的方式售出，成交价为730万元人民币。

“三鹿”商标曾集驰名商标、免检产品、中国名牌等众多荣誉于一身，在三鹿集团鼎盛时期，曾被国内某评估机构估价超过100亿元。三鹿牌婴幼儿奶粉三聚氰胺事件发生后，“三鹿”品牌遭受沉重打击。但业内人士分析认为，“三鹿”商标仍具较大市场价值，一是当前我国商标数量非常多，为避免重复，像“三鹿”这种仅有两字的商标已属稀缺资源；二是“三鹿”市场知名度仍在。不过竞买“三鹿”商标也存在一定风险，关键还是要看品牌与资本相结合进行的具体运作效果。

【青岛商标质押贷款规定出台】

日前，从青岛市政府办公厅获悉，自今年6月6日起，拥有商标专用权的借款人将可以以注册商标专用权为质押，从银行业金融机构获得贷款。

根据近日青岛市政府办公厅印发的《青岛市商标专用权质抵押贷款暂行规定》，从银行业金融机构获得贷款的商标专用权借款人必须是质押商标的合法所有人，一件商标有两个以上共同所有人的，借款人则为该商标的全体共有人。

根据《规定》要求，对工

商行政管理部门认定的驰（著）名商标的专用权作为质押的，银行金融机构可以优先予以办理，青岛市工商行政管理部门、人民银行青岛市中心支行将建立健全信息交流沟通机制，以及时通报驰（著）名商标认定情况和借款人的违约情况。

【黑龙江省商标协会成立】

4月28日，黑龙江省商标协会第一届会员代表大会暨商标协会成立大会在哈尔滨召开。副省长孙尧出席成立大会并为黑龙江省商标协会揭牌。

据了解，截至日前，黑龙江省累计注册商标4.5万余件，先后培育了完达山、红星、三精、飞鹤、哈药、北大荒等20件中国驰名商标，加上司法认定的13件驰名商标，黑龙江省的中国驰名商标总数已经达到了33件，黑龙江省著名商标发展到405件，地理标志证明商标9件。

据介绍，黑龙江省商标协会是一个由全省享有较高知名度的商标注册人和商标专家自愿组成的全省性、专业性、非营利性的社会团体，担负着推进实施商标战略，宣传培育驰、著名商标，维护会员权益，促进交流合作的重要任务。目前已发展会员303个。

【“索爱”商标判归索爱数码】

近日，索尼爱立信移动通信产品（中国）有限公司在中国的商标官司再次败诉。

2009年3月12日，北京市高级人民法院判决：一：撤消北京市第一中级人民法院(2008)一中行初字第196号行政判决二：维持国家工商行政管理总局商标评审委员会商评字2007第11295号《关于第3492439号“索爱”商标争议裁定书》。三：本判决为终审判决。“索爱”商标最终判归广州市索爱数码科技有限公司。至此，这场历时长达4年时间的索爱数码与国际巨头索尼爱立信之间关于“索爱”商标之争终于尘埃落定。

【厦门鼓浪屿家庭旅馆将申请注册集体商标】

近日，福建省厦门鼓浪屿家庭旅馆商家协会和厦门合道联合知识产权事务有限公司签定了商标注册申请委托合同，鼓浪屿家庭旅馆集体商标注册申请程序正式启动。据悉，此次将先注册一个图形商标。

相关人士指出，鼓浪屿家庭旅馆是政府大力扶持的新产业。一旦集体商标注册成功，就能从整体的定位、特色上规范鼓浪屿家庭旅馆，提升整个家庭旅馆的档次。同时也能避免家庭旅馆之间的无序竞争，增强商家的自律意识。

当地工商人员表示，鼓浪屿采用的是“双商标”策略，目前鼓浪屿岛上有20家家庭旅馆取得了工商营业执照，还有2家基本具备了办照的条件。在具有合法资质的家庭旅馆中，有19家有注册个体商标的意愿，其中4家更是已经申请了个体商标。

【抢注商标 北京一公司给剑桥“下绊”】

据悉,最近国内知名番茄红素健康产品厂家北京安格德科技发展有限责任公司在国内率先抢注国际十大学府之一的“剑桥大学（University of Cambridge)”的商标，要给剑桥大学番茄红素进入中国市场设门槛。经证实，该商标申请今日已被国家商标局受理。

北京这家安格德公司委托商标代理机构提供的注册申请书上显示，安格德在第30大类的“非医用营养胶囊、营养液、营养膏、营养粉”等商品上申请注册了“剑桥大学”商标。

据悉，中文“剑桥大学”目前在国内没有注册，就连家喻户晓的“剑桥少儿英语”也刚刚进入申请审查阶段。

【谷歌中国诉山寨谷歌商标侵权案将开庭】

6月9日，谷歌中国与上海谷歌的商标专用权纠纷案在时隔仅两年后，将于6月15日开庭审理。

据悉，在即将开庭的纠纷案中，原告为谷歌公司（Google Ine)，谷歌爱尔兰控股公司(Google Ireland Holdings)，被告为上海谷歌网络科技有限公司。

这一案件实际上可以追溯到三年以前。2006年4月，Google正式宣布其中文名为“谷歌”。但很快，2006年7月，又悄然出现一家名为“上海谷歌”的公司，该名字很容易让人误解成Google中国（谷歌）在上海开办的分公司。

这家山寨“谷歌”注册资本仅有50万元。该公司成立后，就在全国召集代理商、开展虚拟主机、网站推广等互联网业务，其还注册了googlesh.cn的域名。此外还收购了“谷歌.公司”、“谷歌.网络”两个域名。

Google中国（谷歌）新闻发言人随后对外强调，他们与“上海谷歌”毫无瓜葛，并表示不会与这样的公司合作。经过沟通无效后，谷歌中国决定以商标侵权的名义正式将山寨版“谷歌”告上法庭。

【5000万 商标质押贷款创新高】

近日,从福建晋江市工商局获悉，晋江鑫威有限公司以省著名商标“飞克”办理商标专用权质押贷款5000万元，成为该市企业以商标专用权质押获得的最大一笔贷款。

据了解，在晋江工商部门无偿代理服务的帮助下，自去年成功推动商标专用权信贷实践以来，运用挂钩跟踪、全程帮办、无偿代理、行政指导等系列帮扶措施，通过专人、专程、无偿陪同企业到国家工商总局商标局办理商标专用权质押登记手续，消除企业畏难情绪。

截至目前，晋江共有5家企业在无偿代理服务下，以商标专用权质押贷款6800万元。

【浙江义乌加大知识产权保护力度】

近日，义乌首次公开发布《知识产权保护状况白皮书》，向外界彰显当地保护知识产权的动作与决心。

据介绍，目前，义乌拥有中国县级市唯一的保护知识产权举报投诉服务中心，面向社会受理各类知识产权案件的举报和投诉。并且建立了国内首个以保护企业自主知识产权为目的的义乌市保护名牌产品联合会，这个联合会已发展会员单位200多家，成为国际化的知识产权保护协作机构。

据了解，义乌市检察院也牵头建立了知识产权执法信息网交流与共享、案件移送、取证标准和案件定性等方面的综合协调查处平台，形成保护知识产权合力。

【国内首个商会商标在武汉诞生】

7月2日，国内首个以商会组织命名的商标——“湖北省广东商会”正式注册成功。

该商标指定的保护范围是广告、商业区信息、组织商业和广告交易、中介等服务项目。年内在武汉汉口开业的广东在鄂商人聚会场所——广东会馆，以及该商会所承办的商务、展销等活动，也将用到该商标。

2006年初，国内曾发生过“温州商会”被私人抢注事件，这在全国各商会掀起了一场商会商标保护风潮。同年3月，湖北省广东商会率先提出注册申请。此次成功注册，标志着该商会开始进入品牌化、规范化运作的轨道。

【重庆知识产权将走进联交所】

近日，重庆人民政府出台了《关于创建知识产权保护模范城市的意见》，明确规定了重庆市政府将力争用5年时间建立促进发展的知识产权保护新体系，使重庆成为创新活力强劲、运用成效显著、保护水平一流、管理体系高效的知识产权保护模范城市。

重庆市政府将知识产权纳入重庆联合产权交易所交易范围，支持国家专利技术（重庆）展示交易中心等专业化知识产权交易机构举办专利技术展示交易，鼓励知识产权通过交易机构进行转移和转化，积极发展网上知识产权展示交易。完善专利、商标、著作权质押、登记和转让合同备案等知识产权市场化制度，引导企业实现知识产权市场价值。加强技术创新，丰富商标内涵，增加商标附加值，提高商标知名度，打造知名品牌。拓宽版权利用方式，降低版权交易成本和风险，确保版权交易通畅、便利，促进版权资源共享。

【麦当劳状告商评委被驳】

认为四川一家酒厂抄袭大M商标，麦当劳向国家工商局商标评审委员会提出异议，但被商评委驳回。为此麦当劳将商评委诉至北京市第一中级人民法院。日前，从北京市第一中级人民法院获悉，该院一审驳回了麦当劳公司的诉讼请求，维持了商评委的裁定。

四川省邛崃市金龙酒厂申请在酒类商品上注册五绵及图商标，该商标由正反两个大M组成。

麦当劳公司认为，金龙酒厂申请注册的五绵及图商标与大M商标在拱形的弧度、线条和设计风格上具有高度的近似性，是对大M商标的复制和摹仿。

法院经审理认为，判断两商标是否相同或者近似，应立足于商标本身的形、音、义和整体表现形式等方面，以相关公众的一般注意力为标准，并采取整体观察与比对主要部分的方法。此案中，麦当劳的大M商标为纯M艺术化图形，而金龙酒厂的商标由汉字和字母组成。图形部分系汉字五与绵的汉语拼音首字母，汉字五与绵分别位于拼音图形的左右两侧。二者在文字构成、图形组合等方面视觉效果差别明显，并不构成近似商标。而且麦当劳的大M商标在第33类酒商品上不享有在先商标注册权。据此法院认定商评委的裁定正确应予维持。

【“3G门户”被禁用为商标】

“3G门户网”是由久邦计算机技术（广州）有限公司运营的一家无线互联网站，从2004年3月开通至今一直使用这一名称，在业内颇有名气。2004年11月，该公司向商评委申请注册“3G门户”为商标，类别为计算机用户间交换数据提供连接服务等。去年10月，商评委作出复审决定驳回了这一申请。久邦公司向北京市一中院提起诉讼，认为“3G门户网”已经成为无线互联网行业的典型代表，而且已经形成了别具一格的网站标识，具有较高知名度和影响力，商评委应当核准加以保护。

法院在判决中认定，申请商标“3G门户”可拆分为两个相对独立的部分“3G”和“门户”，其中“3G”概念早在久邦公司2004年提出商标注册申请之前就已经提出，一般消费者都知晓这代表了一种移动通信技术。作为第三代移动通信技术的简称，“3G”已经在计算机领域有所应用，属于通用词汇。而“门户”是用户接触网络的入口，在互联网行业中也属于通用名称。由于在本案中，久邦公司没有提交相反的证据证明“3G”有除第三代移动通信技术之外的含义，因此“3G”和“门户”均为行业内的通用词汇，不符合商标法的规定，不得作为商标注册。

【普陀佛茶地理标志证明商标成功注册】

“普陀佛茶”日前正式被国家工商总局商标局核准为地理标志证明商标。根据核准，“普陀佛茶”证明商标的权利主体为舟山市普陀区茶业行业协会，受地理标志证明保护的生产地域则涵盖了普陀区行政区域范围内的诸海岛。“普陀佛茶”始栽于1000多年前的唐代，海岛独特的自然环境使得茶叶色泽翠绿，香气馥郁，甘醇爽口，享誉海内外。

【中华老字号最高可获50万元财政补贴】

近日，财政部、商务部发布了“关于2009年度中小商贸企业发展专项资金使用管理有关问题的通知”，对2009年度中小商贸企业发展专项资金使用管理问题进行了明确规范。

通知指出，对于中华老字号商标保护和技术改造等费用，采取财政补助方式予以支持。2009年先在北京、天津、上海、江苏、浙江、山东、青岛、广东、四川等9个老字号比较集中的地区试点，重点支持一批文化底蕴深厚、生产加工技艺独特的中华老字号企业，在国内及有关国家和地区进行老字号商标的保护性注册、开展技术改造和工艺创新等。对老字号企业开展上述活动所产生的费用，按50%予以补助。其中，企业国内商标保护性通类注册补贴资金不超过3万元，马德里商标国际注册补贴资金不超过4万元，企业技术改造和工艺创新补贴资金不超过50万元。

【恶抢商标拟被禁“炒标族”或将消失】

日前，国家工商总局对外

披露最新版的《〈商标法〉草案征求意见稿》（以下简称《征求意见稿》），其中明确提出，明知他人商标存在而抢注的，将不予审批，今后“炒标一族”可能会消失。

针对现行《商标法》对商标抢注等不正当竞争行为处理乏力的现象，《征求意见稿》专门列有“制止违背诚信原则的注册行为”一条，明确规定：申请商标在相同或者类似商品上与他人在中国在先使用的商标相同或者近似，申请人因与该他人间具有合同、业务往来、地域关系或者其他关系而明知该他人商标存在的，不予注册；申请注册的商标是抄袭他人在不相同或者不类似商品上有较强显著性且具有一定影响的注册商标，容易误导公众的，不予注册。

【2010 年上海世博商标会保护将全国联动】

最近，国家工商总局和上海市人民政府签署了《关于共同推进中国 2010 年上海世博会举办工作的合作协议》，双方建立部市合作机制，确保上海世博会期间良好的市场秩序。

根据部市合作协议，双方将在政策研究、市场准入登记、竞争执法、直销监管和禁止传播、商标注册以及世博会标志备案和保护、广告监督、消费者权益保护、食品流通安全监管等方面开展紧密合作。双方将共同构建以上海为重点、全国联动的世博会及与世博会相关的商标保护工作格局。世博会期间，全国工商行政管理系统还将延长 12315 热线受理时间，及时受理和处理对涉及世博会相关的消费投诉，切实保护国内外消费者合法权益。

【上海市工商局查处一批世博商标和标志专有权侵权案件】

近日，上海市工商局在对售假问题较突出的七浦路服饰市场、科技馆地下商圈等重点区域进行暗访调查的基础上，深入开展世博商标保护专项执法行动。8 月份以来共检查各类市场经营主体 5823 户，查处世博商标侵权案件 100 件、侵犯世博标志专有权案件 6 件，查获各类假冒侵权商品 25372 件。

【商标未注册 “香港荣华”告赢“顺德荣华”】

继今年五月广东省高院判决认定“荣华月饼”为香港荣华公司的知名商品特有名称后，东莞中院日前再下判决书，佛山市顺德区苏氏荣华食品有限公司向原告荣华饼家赔偿因商标侵权造成的损失 10 万元。

据了解，当初进入内地市场时，香港荣华公司并未注册商标，从此，“荣华之争”不断。目前在市面上用荣华商标的月饼有澳门、中山、顺德多个“荣华”。双方近年来均大打官司，直至今年 5 月，广东省高院给出二审判决，应认定“荣华月饼”为香港荣华公司的知名商品特有名称。随后，东莞中院在今年 8 月中下旬也作出判决，佛山市顺德区苏氏荣华食品有限公司再次败诉。

【铲除商标注册“拦路虎” 陕西省工商局出招】

针对商标数量少、市县发展不平衡等问题，近日，陕西省工商局出台系列措施，为企业商标注册引路。

此次，陕西省工商局出台的措施分别有：即日起，围绕煤炭、焦化、冶金、电力、装备制造、煤化工、新型材料、食品等八大产业，加强商标法律法规宣传，推进商标注册；深入推进农产品商标和地理标志注册，支持具有经济潜力的农产品商标及地理标志产品及时进行商标注册；深入推进防御商标注册，积极支持和指导驰名商标、著名商标企业采取防御商标注册的策略对商标进行保护；深入推进服务商标注册，支持鼓励企业注册商标；深入推进商标国际注册，以全省转型发展、产业结构调整为契机，引导企业在国际贸易中使用自主商标，积极进行商标国际注册，提高自主商标商品的出口比例，为企业发展奠定基础。

【武汉市企事业单位争相将单位名称注册商标】

近日，从武汉市知识产权局获悉，华中师范大学在今年 4 月底申报“华中师范大学”的商标，目前已受理待审。据悉，武汉市多家企事业单位用单位名称申请商标注册均已被核准。2005年，武汉外商投资服务中心等单位将其单位名称申请商标注册被核准，商标注册证近日已下发。此外，首件以社会团体申报的“湖北省广东商会”也于上月被核准并下发了商标注册证。“武汉理工大学”、“同济医科大学”、“江陵中学”、“武汉市东湖风景区管理局”等事业单位也都注册了商标。

【内蒙古停止注册含“银联”字号企业名称】

内蒙古自治区工商局日前下发通知，要求各地停止注册使用含有“银联”字号的企业名称，并对2005年6月后登记注册的含有“银联”字号的企业名称于2009年年底前进行纠正、变更。内蒙古自治区工商局认为，“银联”商标不仅是普通法律意义上的中国驰名商标和金融机构发行的银行卡标志，还是国内唯一的银行卡受理网络标志，如被冒用，将直接威胁到银行卡交易的安全。因此，对“银联”商标的有效保护，对于保障国家金融交易安全和个人支付体系安全有着至关重要的意义。

【外国人在华无经常居所须委托办理商标质权登记】

根据中国国家工商行政管理总局日前出台的关于注册商标专用权质权登记程序的规定，在中国没有经常居所或者营业场所的外国人或者外国企业应当委托代理机构办理。

注册商标专用权质权登记是指自然人、法人或者其他组织以其注册商标专用权出质，并在工商总局商标局办理登记的行为。出质人与质权人办理质权登记应当订立书面合同，并共同向工商总局商标局提出申请，在中国没有经常居所或者营业场所的外国人或者外国企业必须委托代理机构办理。

【贵州注册农产品商标逾四千件】

截至目前，贵州省已拥有“老干妈”等4241件农产品商标、“湄潭翠芽”等7件地理标志证明商标，这些商标正带动全省名、优、新、特农产品向标准化、产业化、规模化方向发展，惠及上千万农户。

近年来，贵州省工商系统积极实施“商标富农”工程，大力推广“公司+农户+商标”经营模式，积极培育农产品商标品牌，提高农业和农产品的市场竞争力。

统计显示，2003年以前，贵州省仅有农产品商标2045件，而地理标志证明商标一件都没有。从2003年至2009年近6年时间，贵州省就注册农产品商标2196件，地理标志证明商标7件。农产品商标中，一件获得“中国驰名商标”，117件获“贵州省著名商标”。

【中国首例动态商标获批准】

由广东肇庆市委党校副教授任志强设计的我国第一个动态商标已获得商标局批准。该商标由文字“诞生”及小鸡从蛋壳中出来的十几帧画面组成。

在我国，因为商标局只接受书面商标注册申请，这就限制了人们的思维，认为动态商标不可能在我国获得申请注册，然而，谙熟法律的律师、法学副教授任志强在认真研究法律之后，提出在现行的法律框架下，动态商标可以获得我国商标局的注册申请，即将动画中不重复的每一帧都提出书面申请，被商标局批准后，就可以以动画的形式使用了，这就是动态商标。

【九成多厦门企业尚未注册商标】

近日，《厦门市商标品牌发展报告》出炉。这是厦门市首次针对商标品牌发布的一份发展报告。据统计，截至2008年12月31日，厦门市共有各类有效企业69510户（不含个体工商户），而拥有有效注册商标的仅有4250户，比例仅为6.11%，即93.89%的企业未注册商标。

【维基百科创始人获赠中文商标】

据消息人士透露，维基百科创始人吉米·威尔士于近日访华，并接受“维基百科”中文商标及图片商标的捐赠。

据知情人士透露，“维基百科”中文商标和图片商标现属中国维基公司互动百科所有，该公司从2007年注册以来尚未将其投入商业活动。互动百科公司已经决定在9月15日将其无偿捐赠给美国维基百科，作为中国站点搭建之用。

【上海知识产权交易中心揭牌】

10月11日，上海知识产权交易中心在“2009科技金融创新论坛”上正式揭牌。据了解，由上海联合产权交易所实际运作的上海知识产权交易中心，将为知识产权质押融资提供质押物评估、流转等功能平台体系。

据透露，2008年至今年9月，上海联交所知识产权交易成交金额达100.54亿元。如今，上海产权市场已形成了科技型中小企业投融资服务链，主要包括股权质押、融资担保、并购贷款、投资基金、为中小企业改制重组上市提供政策性、权益性和债务性融资服务等八大环节。

【百万冒牌牙刷换来两年徒刑】

因销售假冒注册商标的牙刷，被告人邱某近日被江苏省无锡市滨湖区法院判处两年有期徒刑，并被处罚金人民币10万元。该案是无锡市法院系统自实行知识产权民事、刑事、行政“三审合一”制度以来，审结的首例涉及知识产权的刑事案件。

2007年11月，无锡某外贸公司业务员邱某，在接到智利客户样生产注册商标为“REACH”（强生公司商标）和“Ora—B”（宝洁公司商标）牙刷的要求后，即于2007年12月以公司名义与智利客户签定了牙刷出口销售合同，并最终确定销售总计1080000支，价值74100美元（折合人民币529852.05元）。在国内下单采购后，与去年2月27日在上海海关申报出口时被查获。

【淘宝亿元打假 呼吁建最大维权平台】

最近，淘宝网宣布将拿出1亿元来支持打假行动和建设网购保障，开展一轮全民打假行动，这也是继此前重拳打击外部炒作信用黑色产业链后，淘宝在新商业文明建设上的又一重大举措。

此前阿迪达斯、资生堂、飞利浦等企业的打假行为，淘宝都给予了配合，并获得这些企业的认可与赞扬。

同时，在此番“车轮战”式的打假运动中，淘宝网也向1.45亿淘宝用户发出呼吁，发起一场全民打假的战争，从自身做起，要对假冒伪劣商品的生产、销售发挥强大的监督力量，及时向淘宝网和有关机构组织举报，为自身创造一个放心满意的消费环境、健康诚信的市场环境。

【天津要求各级政府高度重视商标工作】

11月16日上午，天津市委副书记、市长黄兴国主持召开天津市政府第38次常务会议，专题审议通过了天津市工商局起草的《关于实施商标战略促进经济发展的意见》、《天津市商标发展三年规划》和《天津市推进商标战略实施工作委局际联席会议制度》等3个文件。黄兴国市长在会议上强调，天津各级政府都要高度重视商标工作。

据悉，近年来，天津各级政府、各相关部门高度重视商标战略，结合各单位情况设立相应的组织协调和办事机构，把工作责任分解到人，计划将三年规划完成情况纳入经济社会发展目标考核体系。各级政府、各相关部门要广泛宣传，在全社会形成创建品牌文化的良好氛围。新闻媒体要积极报道品牌建设的好事例，揭露侵权假冒的坏典型，对那些不重视商标注册而遭抢注的典型案例，也要及时报道警示他人。到2012年，天津将要初步建成泰达生物工程品牌培育基地、海泰高新技术产业品牌培育基地等6个市级品牌培育基地，逐步形成电子信息、生物医药、新材料、新能源、汽车等十大强势品牌产业集群，跨入全国商标战略实施先进省市行列。

【武汉成立委员会　专管“商标代理”】

18日，武汉市工商局召开了“武汉市商标代理专业委员会成立暨规范商标代理市场秩序动员会”，会议选举了委员会主任、副主任单位，讨论通过了“武汉市商标代理行业自律公约”、“武汉市商标事务代理格式合同”。据介绍，委员会成立后，将逐步开展代理工作人员培训考核、信用监管、优秀创意商标评选、恶意代理情况通报等十项工作。

【首个知识产权法庭在珠海设立】

全国第一个知识产权法庭8日在广东省珠海市高新区挂牌成立。

近年来，珠海市专利申报量、授权量保持18%的年增长率，并已初步形成以电子信息、生物医药、医疗器械和新材料等产业为主体的高新技术产业群。高新区知识产权法庭的设立，使云集珠海的高新技术企业知识产权从此有了贴身保护。

珠海市在全国率先设立知识产权法庭后将试点“三合一”审判模式，统一受理知识产权刑事、民事和行政案件。该知识产权法庭目前已调配了一批具有专业审判能力的专家型法官，配备了先进的具有多媒体辅助功能、远程取证功能、全息记录存储功能的数字法庭系统。

【中国人民大学知识产权学院宣告成立】

11月26日，经中国教育部批准，中国人民大学知识产权学院日前在京正式成立。来自世界知识产权组织、全国人大法工委、国家知识产权局、国家新闻出版总署、国家工商管理总局、最高人民法院、清华大学、北京大学等数十家政府机构、行业协会、企事业机关、高校代表等近百人参加了中国人民大学知识产权学院揭牌仪式。

据悉，中国人民大学知识产权学院的前身是成立于1986年的人大知识产权教学与研究中心。作为中国最早的知识产权教学和研究机构，该中心已经成为中国知识产权高等教育中影响最大、层次与结构最为完整的教学与研究基地。截至2008年，该中心共有470多人分别获得博士或硕士学位。

【二月河名字被注册商标】

近日，河南省知识产权保护协会召开新闻发布会，向媒体通报了中国著名作家二月河姓名商标再次遭抢注的相关事宜，二月河亦在此间表示，将会依法为自己维权。

在此之前，“二月河”商标曾被河南新乡一市民注册用于啤酒、果汁、矿泉水、豆奶、乳酸饮料等内容，后来该市民自愿撤回了该商标。

今年11月底，二月河再次陷入“商标门”：“二月河及ERYUEHE”、“二月河开凌解放”被河南省平顶山市两市民注册成商标，用于旅馆、咖啡馆、茶馆、饭店、快餐店、酒吧、养老院等服务业。目前，该商标已通过国家工商总局商标局的初步审定。

谈及“二月河”商标再遭抢注，二月河非常气愤，“拿我的名字去抢注商标，不仅是对我个人的一种伤害，同时也是对读者的一种伤害。”他表示目前他已委托河南省知识产权保护协会向国家工商管理总局提起异议，以期保护自己的姓名权不受侵害。

【苏州首例农产品商标权质押签约】

12月9日，苏州东山茶厂以“碧螺”商标权质押登记的方式，成功获得了银行的500万贷款授信，这是苏州市首例获得银行贷款授信的涉农商标。

苏州吴中区是一个传统农业大区，近年来，初步形成了八大基地和十大市场的高效农业发展格局，“碧螺春”茶更加是吴中区的特色行业，全区有1.7万多户农（茶）民从事碧螺春茶种植，茶园面积达数万亩。2008年，吴中区茶叶总产达288.7吨，产值1.7亿元。其中碧螺春产量为143.7吨，产值1.26亿元。

截至目前，苏州吴中区农产品注册商标总量达279件，其中江苏省著名商标5件，苏州市知名商标10件，“洞庭山碧螺春”商标被评为中国驰名商标。

国外资讯

(943~966)

◘ 菲律宾海关组建常设性知识产权机构

该部门下设三个职能单位，分别负责“行政管理”、“业务”及“法律”。“行政管理”部门主要负责知识产权风险评估、数据收集、边境执法以及知识产权相关数据管理；“业务”部门主要负责实施菲律宾《知识产权法典》中有关执法的相关规定、对向可疑船运发布警告提出建议、为审查可疑进口货物作证、协调与海关总署其他执法机构在打击知识产权侵权方面的行动；“法律”部门主要负责调查海关边境的知识产权侵权行为、为下发查封和拘留证提出建议、代表菲律宾政府进行有关知识产权侵权产品的查封和没收、为海关总署内部的知识产权事务提供法律咨询以及应对法律辩护等。

在各类政府机构中设立常设性知识产权部门是菲律宾政府强化知识产权制度的五大策略之一。其他四项策略包括：激励司法机构，加快知识产权案件的审判；加快立法进程，完善知识产权法律和政策环境；成立知识产权研究和培训机构，为相关人士提供培训。

作为国家知识产权委员会的成员之一，菲律宾海关总署自2005年1月1日至2008年11月共开展108次执法行动，查获的违法商品超过300万件，盗版商品总值超过28亿菲律宾比索（约合人民币4.03亿元）。(何艳霞)

◘ 韩国启动知识产权人才网络信息整合系统

韩国知识产权局（KIPO）近日宣布，自2009年1月12日起启动知识产权人才网络信息整合系统IPhuman（网址为www.iphuman.or.kr）。

IPhuman提供有关企业知识产权工作人员和知识产权服务人员的各种统计数据，以及招聘信息、职业教育和专利代理人的信息。掌握知识产权从业人员的详细信息可使企业的知识产权管理和培训工作更加系统和高效。知识产权从业人员还可通过IPhuman，在专利申请文件的翻译、撰写和现有技术检索等方面寻求帮助。今后IPhuman还将刊载KIPO及其下属机构的招聘信息。

KIPO希望通过IPhuman加快招聘信息的传播、提升教育质量，方便用户获取专利服务和代理人帮助。此外，KIPO还计划在2009年上半年建立专利代理人数据库，整合教育信息，并与私营招聘门户网站进行招聘信息方面的合作。（何艳霞）

◘ 阿联酋迪拜金融特区知识产权法草案公布

阿拉伯联合酋长国迪拜国际金融中心于2009年1月20日公布了《知识产权法草案》，公开向民众征求意见。草案涉及著作权、专利、商业秘密、商标和相关知识产权权利。

迪拜国际金融中心是阿拉伯联合酋长国于2004年设立的“金融法律特区”，根据其《联邦宪法修正案》，拥有独立的立法、司法及行政权。

该金融中心主席和阿拉伯联合酋长国中央银行副行长Omar Bin Sulaiman认为，知识产权是金融服务业的重要财产，通过建立有力的法律框架保护知识产权，提升金融中心的服务平台。新《知识产权法》将为产品和服务创新建立理想的法律环境，从而促进产业增长。这一法律将继续秉承金融中心一贯主张的信誉、透明度和效率。

公众可以在2009年2月20日前向金融中心立法委员会的首席法律官员/主席Dean A. Ferris提交建立。（李丽娜）

◘ 日下调中小企业和风险企业国有专利使用费

据日本《每日新闻》报道，由于受当前金融危机和经济不景气的影响，日本中小企业和风险企业筹措研发投资资金较以往更加艰难。为此，日本经济产业省近日决定大幅下调中小企业和风险企业的国有专利使用费，以降低其应用专利技术的费用负担，使其可有效使用国有专利，创造新的商业模式，开发新产品。

目前，日本政府部门拥有的专利约3,000件，独立行政法人（如日本理化学研究所、日本总务省下属的信息通信研究机构）的专利则达3万多件。但是，至2006年末政府部门实际应用的专利仅为其全部专利的13%。

民间企业以往使用国有专

利须向政府支付专利技术产品售价的2%至4%。新费用制下，中小企业和风险企业使用曾经被应用但一段时间以来未再被利用的专利，仅须支付原价的一半，而从未被利用的专利则可几乎无偿使用。

◘ 多米尼克新《商标法》生效

多米尼克新《商标法》于2009年2月1日正式生效。该法废除了原有的本地直接申请和基于英国商标申请的双重申请制度。

多米尼克原商标注册制度采用双轨制，即允许商标注册申请人基于已在英国获注册的商标申请，也可直接申请多米尼克商标注册。

新《商标法》中的过渡性条款规定，英国商标权人或商标注册申请人，在新法生效12个月内，仍可根据新法就相同商标向多米尼克提交注册申请。已注册英国商标能在多米尼克申请商标注册的最终期限截至于2010年2月1日。

新法生效后，原有的《商标法》即终止。但是，已注册的商标将在其原有的商标有效期内保持效力，并可根据新法规定续展。

根据新《商标法》，原有的国内直接申请的商标须重新分类。在多米尼克原有的双重申请制度中，基于英国商标注册申请可按照国际分类，直接申请则采用1938年英国旧分类表。

新《商标法》还规定：商标有效期从14年减少为10年，从申请日开始计算。续展期限为10年；可根据《巴黎公约》主张优先权；《商品和服务国际分类（第九版）》已获采纳，可以提交多类申请；连续3年未使用的商标可因未使用而撤销；商标许可协议须予以登记才可对抗第三方；可以注册集体商标，集体商标使用管理规则的副本须与申请一同提交；集体商标的注册和申请不能作为许可协议的标的。

多米尼克知识产权官员和注册处建议所有根据原《商标法》提交的英国和非英国申请，在2009年2月1日以后公告或注册的商标被认定为根据新法授权，商标有效期为10年。

（李丽娜）

◘ 菲律宾警察部门08年查获假冒盗版商品超2亿比索

2008年，菲国家警察局知识产权部门共开展执法行动118次，查获假冒和盗版商品125,691件，总值超过2亿菲律宾比索（约合2,940万元人民币）。

近日，菲律宾知识产权局局长艾德里安·克里斯托伯称赞菲律宾国家警察局为保护知识产权发挥了积极的作用。

克里斯托伯认为，政府机构设立知识产权部门有助于菲律宾知识产权局打击知识产权侵权，有益于知识产权资产的积累和壮大。

◘ 韩国局建立地区性反假冒分局打击假冒

据韩国知识产权局（KIPO）网站报道，KIPO计划对打击假冒商品实行分散式管理模式。KIPO通过建立三个地区性反假冒分局以及制定有针对性的地区性管理规章，管控并消除违法商品的流通。

首家分局已于2009年2月3日在首尔挂牌成立，其他两个分局也将于本月在Youngnam和Jungbu两地区陆续成立。各分局将设立四支常设性管理队伍，配合当地行政管理、监察和警察机构开执法行动。

随着分散式管理模式的建立，打击违法商品行动将更为频繁。KIPO将向司法部寻求协助，加大对假冒商品流通的管控。

据悉，2008年KIPO共参与18次常规性以及20次专项打击假冒商品执法行动。

◘ 英官方研究表明英企业知识产权保护意识缺乏

英国知识产权局（UKIPO）打击知识产权犯罪小组最近出炉的一项调查结果显示，英国众多企业未采取任何措施保护其知识产权，缺乏保护知识产权的意识和举措。

调查显示，被调查企业中，四成未采取任何保护知识产权的实际行动，如商标注册或对雇员进行相关培训；三分之一的企业不清楚在其营业场所出售的商品是否合法；在知道其雇员出售DVD的受访企业中，近五分之一的企业知道所售

DVD为盗版，但仍然允许这种非法活动的发生；超过四分之一的企业并未提示其雇员不得在工作时间下载非法网络信息。

调查还显示，企业管理者在保护知识产权责任意识方面的表现同样令人担忧：近30%的受访者表示不会阻止其雇员或同事购买假冒商品，也不对这种行为采取任何措施，因为这不在其职责范围内。

英国警长协会打击知识产权犯罪部和UKIPO打击知识产权犯罪小组负责人贾尔斯·约克认为，这项调查凸显了英国诸多企业的管理人员根本不知道侵犯知识产权的行为会对其公司以及个人造成损害。

UKIPO版权和知识产权执法处主管埃德·奎尔特认为，知识产权对推动英国经济发展至关重要，因此各类企业都不能忽视知识产权的价值，必须采取行之有效的措施阻止在工作场所侵犯知识产权的不法行为。

◘ 美咨询公司：中国知识产权侵权赔偿金额呈增长趋势

美国诺恒（NERA）经济咨询公司最近公布一份题为《中国知识产权保护：诉讼和经济赔偿趋势》的调查报告，报告认为：尽管中国的知识产权侵权损害赔偿金额目前依然很低，但增长趋势已显现；在中国对簿公堂时，外国企业所获得的赔偿额往往高于中方企业。

调查显示：在涉案双方均为中方的情况下，原告方获得的损害赔偿额往往低于原告方为国外人员时所获赔偿；逾90%的知识产权侵权案件的损害赔偿低于10万美元；知识产权侵权案中近50%的原告方为总部设在美、法、日和德国的企业，而其作为被告的比例不足5%；与其他类案件相比，知识产权侵权案索赔额和赔偿额较低；2004-2008年知识产权侵权案件年度最高赔偿金额（以美元计算）分别为：5万、110万、21万、4,430万和278万。NERA数据库中记载的专利、版权和商标侵权的赔偿金中位数分别为34,722、18,109和18,488美元。

该项报告是通过中国近年来受理知识产权案件的相关数据，对中国知识产权侵权赔偿和知识产权执法的变化进行分析。

报告序言中写道：国家经济的增长、经济模式由生产型向知识型的转变、法律制度的完善以及对执法的更多关注，导致中国法院或经由其他行政程序处理的知识产权侵权案件量增加。

允许知识产权持有人获得侵权赔偿是知识产权保护的一个重要组成部分。合理的损害赔偿可作为阻止知识产权侵权行为的有效威慑，并能激励创新。随着研发在经济中的作用日显重要，在知识产权侵权经济赔偿方面取得进展，这符合中国的利益。

◘ 2008年度欧盟共同体商标申请量下滑

据欧盟内部市场协调局（OHIM）日前公布的统计报告显示，2008年OHIM受理87,327件共同体商标申请（CTM），较上年（88,339件）有所下降，其中第4季度降幅尤为明显。这亦是自2002年以来，共同体商标年申请量首次出现下降。

据分析，致使申请量下滑的主要原因是全球经济不景气，2008年后3个月全球大部分企业都受此影响。2008年上半年，共同体商标申请量仍呈增长趋势，但从7月至12月，申请量就从2007年的45,160件降至42,797件，仅第4季度，申请量就比上一年同期下降7%。

在申请来源中，美英两国企业的申请量降幅明显。2008年第4季度，作为共同体商标第二大申请国的美国的申请量较上年同期减少21%，全年降幅8.2%，英国则分别下降17%和7.6%。与此同时，尽管德国在第4季度的申请量亦下降2%，但全年申请量却较上年略增0.3%，法国和意大利也出现了小幅增长。

据了解，根据欧盟成员国2008年9月达成的一份协议，共同体商标申请费有望最早于2009年7月下调40%，但相关细节问题目前仍在讨论当中。

◘ 韩国国家工程院设立知识产权委员会

近日，韩国国家工程院设立知识产权委员会，旨在为韩国企业提供知识产权战略咨询服务。委员会成员包括韩国工业和教育界的19位高层人士，韩国知识产权局（KIPO）局长高正植（Jung-Sik Koh）担任委员会主席。

该委员会将更关注韩国知识产权的整体状况以及知识产权发展战略，并将协助韩国企业保护知识产权财产、培训知识产权高级人才、制定创新激励制度以及对知识产权法律制度提出修改建议。

高正植表示，21世纪是知识产权博弈的时代，知识产权是韩国企业生死存亡的关键。作为委员会的成员，KIPO将努力倾听韩国企业界的意见，制定科学的发展前景和战略规划。

韩国国家工程院是为韩国优秀工程师设立的一个组织。主要职责是为政府提供政策建议，并为韩国政府和社会各界之间架设沟通桥梁。目前共有来自企业和技术管理领域的287名成员。

◘ 日媒：金融危机严重影响日企研发投资

《日本Marke Zine新闻》讯，日本三菱综合研究所和GOOGLE日本运营商NTT Resonant公司近日进行了一次以GOOGLE Business Monitor软件使用者中的研发或新企业负责人为对象、题为“金融危机下的研发方向”的问卷调查，共获得276份有效答卷。调查结果显示经济不景气已严重影响日本研发资金的投入。

关于“已有的研发投资预算是否冻结”，32.6%的受访者表示“已部分冻结”；27.9%“正在对预算作全面的重新考虑”；“预算冻结”或“正作重新考虑”两者相加共达60.5%。关于“未来的研发投资预算”，近70%称“将部分削减，明确优先顺序再作投资”；仅12.3%“未来将继续积极投资”。

在“研发投资结构和研发项目优先顺序的确定”一栏，仅23.6%表示“已确定研发投资结构”，而占最多数的59.4%“未计划确定投资结构”。关于“机构/公司的研究开发或技术开发方针——‘技术路线图’的确定”，最多数的46.7%称“已确定‘技术路线图’”。

35.9%的受访者“有兴趣将自己公司研发工作中非核心研究课题或研究力量出售或向其他公司转让”。在“有的企业存有一半以上的实施率低的‘休眠专利’，贵机构/公司的专利情况”一栏，仅15.9%“正在切实应用其专利”，39.1%表示“有很多‘处于休眠状态的专利’”，44.9%“尚有若干‘休眠专利’”。

◘ 日本政府即将推出支持内容产业新举措

据日本媒体报道，日本政府近日决定，将推出电影、动画等在海外具高度竞争力的日本内容产业（欧盟“Info2000计划”中把内容产业的主体定义为“那些制造、开发、包装和销售信息产品及其服务的产业。”——编者注）支持措施——在驻欧美和亚洲约10个国家的使馆和领事馆设立旨在推介日本企业的“日本品牌支持中心”。

“日本品牌支持中心”支持内容制作企业和个人开拓海外市场，构筑官民合作支持内容产业发展的体制；提高国际竞争力，应对当前的经济不景气。“日本品牌支持中心”将与驻在国的电影供片公司等开展活动，并在未来市场将快速扩大的中国、印度等亚洲国家开展日本品牌推广活动。

此外，日本知识财产战略本部于2009年3推出全面支持内容产业政策——“日本品牌战略”框架，并于3月末提交首相。在“对中小企业的经营支持”方面，将在“内容产业部分”新设特殊框架；“战略”包括支持地区内容企业间的合作以及先进的音像技术开发。知识财产战略本部希望藉此改变以往中小企业因对政府支持认识不足致使未能利用相关政策的局面。

多年来，日本政府大力支持国内内容产业的发展。然而，由于政府部门各自为政，效果并不显著。在2009年度奥斯卡奖颁奖典礼上，日本影片《送行者：礼仪师的乐章》和动画片《积木小屋》（在日本文化厅举办的电影节获得大奖）分别首次荣获最佳外语片和最佳动画短片，影片制作公司或放映影院却未必能获得相应收益。

目前，日本内容企业有能力生产高质量的产品，但是其规模往往不大，且基础脆弱，已成为继续发展的瓶颈。日本内容产业市场份额高达13万亿日元（约合9,190亿元人民币），在全球屈指可数，但是少子老龄化趋势的加剧已导致日本市场有停滞增长的倾向。

由于韩国和欧洲等国家和地区政府的积极支持，近年全球内容产品市场持续以5%的增长率增长。然而，如何获得更多的市场份额则是日本内容产业进一步发展的新课题。

（夏佩娟）

欧盟年内有望下调共同体商标申请费

日前，欧盟各成员国代表已就共同体商标申请和注册费用下调40%的建议达成共识。欧盟内部市场协调局（OHIM）机构事务和对外关系负责人Andrea Di Carlo称，费用调整的相关规定拟定于2009年7月正式实施，但具体时间和过渡期的相关规定仍未最终敲定。

据欧盟各委员会构成的综合事务委员会（Comitology Committee）证实，削减后的共同体商标申请和注册费用合计1,050欧元（电子申请为900欧元）。

此举亦是欧盟各方对解决OHIM预算盈余达成的折衷方案。根据协议，在新的费用标准生效后，50%的商标续展费将归各成员国商标行政管理机构所有。各成员国还明确表示，通过《马德里议定书》提交共同体商标申请的企业将享有和直接申请类似的费用优惠。

上述修改仍须得到欧盟委员会的正式批准方可生效。

（任晓玲）

英国局网站推出"知识产权健康测试"在线服务

英国知识产权局（UKIPO）于2009年2月底在其官方网站上推出了一项名为“知识产权健康测试(IP Healthcheck)”的免费在线服务，为公众提供知识产权确权、保护及商业化利用等方面的建议。该在线工具网址为：http://www.ipo.gov.uk/whyuse/business/iphealthcheck.htm。

该服务以循序渐进的方式引导用户完成一份在线问卷，即时根据企业的反馈为其量身制定一份保密报告，帮助发明人及企业主更好地了解知识产权，为其提供知识产权确权、保护及商业化利用等方面的建议，并指导企业如何将这些建议付诸实践，为企业在专利、版权、商标和商业秘密等领域提供支持，从而帮助企业牢牢把握开发自身知识产权的良好时机，实现企业价值最大化。

英国负责知识产权事务的大臣戴维·拉米认为创新和企业是英国经济的核心，希望雇主和雇员都能了解知识产权的价值以及它在工作中发挥的作用。在他看来，英国未来经济发展是否能够取得成功在很大程度上倚赖国民的创新力以及企业制造新产品的创造力，因此他强调支持企业发展至关重要。

UKIPO商业及教育部负责人劳伦斯·史密斯·希金斯认为，企业主须充分意识到知识产权不仅是企业最宝贵的财富之一，它可衡量企业的技术创新与创造力，还能提升企业的竞争力，这在当前环境下尤为重要。因此UKIPO适时发布的这一在线工具将帮助企业主及发明人懂得如何在创新过程中保护自己的创意，并将其转化为有形的商业资产。

（李蓓）

韩国局开始为澳大利亚局提供PCT国际初审服务

近日韩国知识产权局（KIPO）宣布，根据2008年与澳大利亚知识产权局（IP Australia）签订的一份协议，KIPO自2009年3月1日起为IP Australia提供PCT国际初审服务。

自1999年起，KIPO陆续成为新加坡、新西兰和美国等国家的PCT国际初审服务单位，澳大利亚成为接受此项服务的第10个国家。KIPO希望进一步扩大PCT国际初审服务的国家范围，为此，KIPO计划与韩国行政安全部等机构商讨扩充审查员队伍。

近年，微软、3M和惠普等全球知名企业指定KIPO进行初审的PCT国际初审量迅速增长，这也从一个侧面说明KIPO的专利审查质量和审查周期已达用户满意水平。

（何艳霞）

欧专局开通异议在线申请服务

2009年3月5日，欧洲专

利局（EPO）利用新的 EP 异议（Oppo）插件，受理了第一件以电子形式提交的异议申请，这是 EPO 在线申请服务的一个新里程碑。该申请由慕尼黑 TBK 专利律师事务所律师 Aurel Vollnhals 提交。

在线提交的优点在于安全、保密、可靠、高效和方便用户使用。随着 EP 异议插件的启用，包括异议方、介入诉讼人、专利权人和第三方在内的当事方均可以高效和标准化的程序完成异议程序所需步骤。

目前，该系统的后续提交文本插件业已基本完成，用户可提交申诉程序相关文件，包括向扩大申诉委员会提出的复审诉求。EPO 的在线提交系统允许用户以电子方式向 EPO 或成员国专利局提交欧洲专利、欧洲-PCT、PCT 和国家专利申请。上述申请可通过软件或软件的专利管理系统（PMS）界面提交。

EPO 办公和对外自动化系统负责人表示，安装异议插件使 EPO 朝着实现专利系统全电子化服务迈进了重要一步。EPO 局长日前称，此次在线提交软件系统升级，意味着今后有关欧洲专利所有程序的文件均可以电子形式提交。（任晓玲）

◘ 欧盟今年 5 月起下调申请商标保护费用 至少降 40%

欧盟委员会 3 月 31 日决定，从今年 5 月 1 日起取消欧盟商标注册费，只保留商标申请费。这意味着企业和个人申请获得欧盟范围内商标保护的费用将比目前降低至少 40%。

欧盟委员会当天发表声明说，新规定生效后，申请欧盟商标权的企业将只需交纳 1050 欧元商标申请费，比目前的 1750 欧元申请和注册合计费用降低 40%。

企业如果通过因特网申请商标注册，则只需交纳 900 欧元，比目前的 1600 欧元减少 44%。申请欧盟商标权的个人需交纳 870 欧元，比目前的 1450 欧元减少 40%。由于取消了注册费，申请商标的手续简化，整个申请审批时间也将明显缩短。

欧盟委员会负责内部市场和服务业的委员查利麦克里维表示，简化商标申请手续、降低收费将促进企业行为和经济活动，特别是使中小企业受益，这对于缓解当前经济危机将起到积极作用。（刘黎）

◘ WIPO 专家委员会通过简化 IPC 体系结构决议

世界知识产权组织（WIPO）于 2009 年 3 月 16 日-20 日在日内瓦召开的常设专家委员会会议达成了一项简化 IPC 体系结构的决议。WIPO 希望通过这次 IPC 改革确保更为一致的专利文献检索结果，并使检索结果被各国专利局更为广泛地使用。

WIPO 总干事弗朗西斯·高锐表示，IPC 作为专利信息国际检索工具，简化结构的改革将有助于各国专利机构更加广泛地共享储存在专利数据库中的技术知识，这也是 WIPO 的主要目标。

负责 IPC 体系结构改革的专家委员会将于 2009 年 9 月向 IPC 联盟大会报告修订结果，希望届时能够通过。

现行第 8 版 IPC 分类表，自 2006 年 1 月 1 日开始生效使用，分为基本版和高级版。最近的一系列改革已产生下列重要变化：自 2010 年 1 月起将取消基本版和高级版之间的区别，从而简化 IPC 体系结构；定于每年 1 月 1 日出版修订后的 IPC 版本，以备在大量修订之后再次出版；为建立更加统一、完整的国际专利分类系统，专家们将会在修订过程中注重 IPC 与各国分类体系，如美国专利分类、ECLA 和 FI-Fterm 的一致，进而加快 IPC 体系的发展；今后的工作流程将增多对电子论坛的使用，专家们藉此可进行以高质高效的修订工作为目标的技术协商。（李蓓）

◘ 调查显示新加坡民众知识产权保护意识增强

最新调查结果显示，通过宣传，新加坡民众知识产权保护意识正在增强。约 66%的受访者表示要购买正版货，比 2006 年首次调查时的 48%增加了近两成。

据新加坡《联合早报》15 日报道，从去年底至今年初，新加坡知识产权局对 1011 名 15 岁及以上的新加坡人进行调查。结果显示，大约 90%的新加坡民众知道知识产权的重要性，与2006年首次调查结果相比，多了一成。

此外，近60%的受访者认为购买盗版货和非法下载属于偷窃行为，近60%的人认为盗版货质量不如正版。

新加坡知识产权局表示将继续加强宣传工作，通过与媒体、学校等机构合作，让民众认识知识产权保护的重要性和侵犯的后果，培养人们对知识产权的尊重。（张永兴）

◆ 新西兰商标法2008修正案通过议会“一读”

为打击假冒商品的进口和销售，增强对权利人的国际保护，新西兰政府于2008年9月向议会提交了《商标法（国际条约及执法）2008修正案》，今年4月7日，该修正案通过新议会“一读”，目前已提交议会外交、国防和贸易委员会进行审议。

本次修改以新西兰2002年商标法为基础，主要分为两个部分。首先该法案将使新西兰加入有关商标国际保护的三个国际条约，即由世界知识产权组织（WIPO）管理的《马德里议定书》、《商标法新加坡条约》、《商标注册用商品和服务国际分类尼斯协定》，政府希望通过修改法律，扩大企业有关商标的国际保护途径，降低有关费用。其次，修改将加强对假冒商品和盗版制品犯罪的执法力度，赋予经济发展部调查和处置非法商品加工、分销和销售等犯罪行为的权力，扩大海关在查处非法商品进口时有关商标和版权执法的职能。

新西兰商务部长西蒙·鲍尔指出，销售假冒产品已成为当前的突出问题，对企业的生产、生存以及民众的健康构成巨大威胁。本次修改将向外传达明确的信息，即新政府绝不容忍任何形式的侵犯知识产权的犯罪。通过本次修改，经济发展部和海关的执法行动将作为警方调查行动的重要补充，尤其是扩展了目前边境执法措施。

（池冰）

◆ 韩国制定知识产权核心技术培育战略规划

日前，韩国知识产权局（KIPO）局长高正植（Jung-Sik Koh）在由李明博总统主持召开的第30届韩国国家科学技术委员会大会上宣布，已完成《知识产权核心技术培育战略规划》制定工作。

该《战略规划》以2008年8月KIPO发布的新一代半导体、显示器等4大技术领域示范工程项目成果为基础，将研发活动的最终目标确定为获取“具有竞争力及货币价值的专利”，并建议采取国家研发、民用和商业化研发、购买专利以及与第三方发展技术伙伴关系等策略，构建强大的专利组合以引领未来市场。

此外，《战略规划》提出将有关绿色发展（green growth）的三大推进计划作为核心战略，计划到2012年使650家企业的知识产权保护水准得到提升（至少拥有1项优质商品或服务，在全球相关市场排名中居前5位）并进一步促进技术贸易平衡。该战略规划中的三大推进计划如下：

首先，为企业获取关键性知识产权提供支持。具体体现在汇集企业和专家意见，在太阳能电池、环保汽车和发光二极管等绿色发展领域构建强有力的知识产权组合和技术防护。另外，对企业、高校和公共研究实验室开展防护技术以及知识产权培训，以提高这些机构的自我保护能力。

其次，对知识产权研发活动以及高科技设备和材料等方面提供支持。向中小企业的研发场所派遣知识产权专家，为企业的每一个研发阶段提供建议，帮助企业提升知识产权水平。

再者，对被确定为国际标准的技术专利提供支持。此项支持主要面向标准化工作中一贯非常重要的IT领域。

◆ 韩国积极完善知识产权案件审理体系

为了提高知识产权案件审理质量，提升韩国知识产权裁判所（KIPT）的专业技能，韩国知识产权局（KIPO）在2009年3月对KIPT复合技术审理部实行专利案件审理资源共享制度基础上，继续对其知识产权案件审理体系进行完善。自2009年5月1日起，设立专门的外观设计和实用新型案件审理部。

此前，外观设计案件由商标审案人员负责审理，实用新型案件由专利审案人员审理，案件审理效率较低。设立专门的外观设计和实用新型案件审理部后，对于外观设计和实用新型案件将分别设置 4 名审案人员。这不仅可提升案件审理效率，还可促进外观设计和实用新型案件审理工作的发展。

KIPT 所长 Jae-Ho Pyo 表示，将继续完善知识产权案件审理体系，最大化满足客户需求，提升韩国解决知识产权纠纷的能力。

韩国进一步细化知识产权相关罚金标准

日前，韩国知识产权局（KIPO）局长高正植宣布，自 2009 年下半年起，韩国将依照新修订的《反不正当竞争及商业秘密保护法实施条例》，实行更加具体的罚金标准，对妨碍公务人员查处假冒商品生产以及流通工作的行为予以处罚。

修订后的条例将于 2009 年 7 月 1 日起生效。此前，韩国仅规定对妨碍查处假冒商品工作的行为最多判处 2,000 万韩元（约合 11 万元人民币）的罚款。修订后的条例将根据危害程度以及后果对违法行为进行分级，并根据其类型和频率划分不同等级的罚款金额。此举将有助于确保行政处罚行为的透明，防止罚金判处决定的随意性。

（何艳霞）

韩国将对外观设计保护制度进行改革

受经济危机影响，近期韩国发明专利和商标注册申请量较上年度同期均有所下降。多数企业积极转向实行“外观设计管理”，导致外观设计申请量大幅增长。为更好地向韩国企业的外观设计管理以及韩国整体外观设计产业发展提供支持，韩国知识产权局（KIPO）计划自 2009 年起全面推进“创造强有力的外观设计权政策”。该政策将通过采取简化外观设计申请要求、加大外观设计保护力度、降低外观设计专利申请费用以及方便用户获取海外权利等措施，进一步完善外观设计保护制度。

鉴于有用户反映韩国外观设计申请程序以及申请要求过于严格，KIPO 计划简化申请程序，降低申请要求，如允许申请人提交外观设计草图，且即使草图存在比例错误，只要不影响审查，也视为有效。允许审查员对明显的印刷错误进行更正。

新政策将引入重新审查制度，以利于用户节省费用，实现快速获权。重新审查即在外观设计注册申请被驳回后，申请人如希望审查员再次进行审查，可在修改外观设计草图后直接提出重新审查请求，而不需通过申诉程序。

另外，目前外观设计权的保护范围过窄，对现有外观设计稍作修改即可作为一种新设计提出申请。为保护设计人的权利，KIPO 计划逐步扩大外观设计权的保护范围，将外观设计审查的检索范围由原来的相同设计扩展到相似设计。通过防止相似的外观设计申请获得注册，提升对外观设计权的保护效力。

此外，为提高韩国企业外观设计的国际竞争力，KIPO 计划于 2012 年引入外观设计国际注册体系，以促进韩国企业方便廉价地获取海外权利。为顺利加入该体系，KIPO 计划在 2011 年前陆续加入《外观设计国际分类洛迦诺协定》等一系列国际条约。商标与外观设计审查部部长 Jong-Gyun Woo 表示，KIPO 将进一步推行强有力的外观设计政策，使韩国尽早成为外观设计强国。

美白宫官员表示 7 年数据保护期足以保护生物技术药品

据路透社报道，6 月 25 日，白宫管理和预算办公室主任 Peter Orszag 和医疗改革办公室主任 Nancy-Ann Deparle 联名致信众议院能源和商业委员会主席 Henry Waxman，其领导的委员会正在就生物仿制（biosimilar）立法进行讨论。白宫官员在信中表示，7 年的数据保护期是一个合适的时间段，可以令创新和竞争之间达到适当平衡。适当的竞争是创新的动力，政府的这一政策将刺激竞争。

仿制药联盟（GPhA）对这一意见表示赞同，认为数据保护期过长可能损害病人的权益，如逐渐减少创新和延长获取可负担药品的时间。而代表品牌药公司的生物技术行业组织（BIO）则表示，7年的数据保护期不利于鼓励生物技术行业投资研发新药。Waxman在一份声明中称，这封信已明确表示总统不支持制药行业所期盼的长时间垄断期，大家共同希望的是通过一个法案，能够带来真正的竞争，同时不会不适当地延长生物技术药品的垄断期。

（李丽娜）

◘ 韩拟修订商标法律体系促经济复苏

为满足用户需求，方便申请人并减轻其经济负担，进一步完善韩国商标体系，近期韩国知识产权局（KIPO）计划对商标法律进行大幅修订。

此次修订主要涉及简化商标续展程序等方面。此前，商标注册申请人在获得商标注册后，如需续展权利，须缴纳费用并再次进入商标审查程序。修改后，用户仅需缴纳续展费即可维持其商标权，不需再次审查。

减少未使用商标数量。以往，针对未使用商标提出撤销商标权请求仅限于该商标的利益相关方，此次修改将请求人范围扩至任何人，即对于超过三年未使用的商标，任何人均可提出撤销其商标权的请求。KIPO希望此举能够减少未使用商标的数量，将商标权赋予真正需要的用户。

减轻用户缴纳商标注册费负担。根据目前的相关规定，商标注册申请人在获得注册后的两个月内需缴纳注册费，为减轻用户负担，此次修改将允许申请人分两次缴费。此外，目前KIPO对于在商标注册后一个月内取消或放弃商标权的申请人，仅返还商标注册费，而修改后还将返还商标注册申请费。

KIPO商标与外观设计审查部部长Jong-Kyun Woo表示，KIPO希望通过完善商标体系，帮助申请人克服经济困难。据悉，修改草案已提交韩国国会，讨论通过后有望于2010年生效。

（何艳霞）

◘ 韩国加强与俄罗斯等国的知识产权合作

近日，韩国知识产权局（KIPO）局长高廷植分别访问俄罗斯联邦知识产权专利和商标局（ROSPATENT）、欧亚专利局和中国国家工商行政管理总局，同各局积极开展知识产权领域合作。

2009年6月23日，高廷植与ROSPATENT局长Boris Simonov在莫斯科举行会晤。两局决定自2009年11月2日起试行“专利审查高速公路（PPH）”项目。此举将提高两局的专利审查效率并节省申请人的时间和费用。两局局长还就有关支持绿色发展产业的措施进行广泛讨论，并就以下问题交换了意见：建立知识产权保护合作机制；知识产权领域的人才培养；专利信息交换；知识产权法律与制度合作研究。俄罗斯是韩国第七大专利合作伙伴，2007年，韩国申请人共向ROSPATENT提交595件专利申请。2008年，两国贸易总值达180亿美元。高廷植表示，此次合作将促进韩国与俄罗斯以及独联体国家之间的专利合作，提升各国的知识产权保护力度。

同日，高廷植还与欧亚专利局局长举行首届局长级会议。两局签署一份谅解备忘录，确定在知识产权人才发展、知识产权保护、专利信息交换等方面开展广泛合作。

2009年6月26日，高廷植与中国国家工商行政管理总局副局长付双建签署合作谅解备忘录，双方将在商标保护、防止非法盗版商品流通、办公自动化以及知识产权培训等方面开展合作。中国是韩国最大的贸易伙伴以及韩国企业的首选投资目的地。高廷植表示，加强知识产权保护等领域的双边合作将改善双方的商贸环境，实现贸易和投资的良性循环。

◘ 欧盟海关扣押假冒货物量再创新高

据英国《知识产权管理》杂志网站报道，欧盟委员会最新统计数据显示，2008年，欧盟海关参与执行的扣押假冒货物案件为4.9万起，较上年增长13%，再创历史新高，连续6年持续增长。

从数量上看，扣押货物量由上一年的7,900万件猛增至1.78亿件，增幅达126%。从类别上看，扣押货物 44%（0.79 亿）为光盘，香烟 23%、服装和饰品 10%。有可能危及欧洲消费者健康和安全（包括食品、饮料、个人卫生用品、药品和玩具）的假冒货物约为 2,000 万件，占总量的 11%。

从增幅上看，假冒玩具、电子设备和药物较上一年的增幅最大，分别为 136%、58%和 47%。从来源国看，扣押货物多数来自亚洲国家，其中印度尼西亚为假冒食品和饮料的主要来源国，假冒香烟和药品则主要来自阿拉伯联合酋长国和印度。

此外，企业提交的海关行动申请从 2007 年的 1 万件增至近 1.3 万件，海关部门 80%的执法行动得益于企业举报。

◘ 《2009 年全球知识产权界 50 位最具影响人物名录》公布

英国《知识产权管理》杂志日前刊出其评比的《2009 年全球知识产权界 50 位最具影响人物名录》（下简称《名录》）。中国国家知识产权局（SIPO）局长田力普第四次入选该《名录》。这已是该杂志连续第七年进行此类评选。

中国共有五人入选本年度《名录》，除田力普局长外，其它四位分别是最高人民法院知识产权庭副庭长孔祥俊、上海市知识产权局副局长吕国强、中南财经政法大学校长吴汉东和华为技术有限公司副总裁、首席法务官宋柳平。除此之外，世界知识产权组织（WIPO）总干事弗朗西斯·高锐、世界卫生组织总干事陈冯富珍、欧洲专利局（EPO）局长艾莉森·布莱梅露、美国商务部部长骆家辉、法国工业产权局局长伯努瓦·巴迪斯戴利和距正式当选仅一步之遥的美国专利商标局（USPTO）新任局长人选大卫·卡波斯等知识产权界知名人士也榜上有名。以下是《名录》中对五位中国人士的介绍节选：

——国家知识产权局局长田力普：世界上没有无可挑剔的专利局，但 SIPO 在应对工作量剧增方面展现出的效率和能力却获得了外界的一致好评。随着奥巴马确定 USPTO 新任局长人选以及 EPO 即将进行下任局长的选拔，在今后几年中，田力普将成为五局（EPO、USPTO、JPO、SIPO 和 KIPO）领导中最富经验的一位。因此，在促进五局间合作，共同应对国际知识产权制度中存在已久的问题方面，田力普定将起到重要作用。

——最高人民法院知识产权庭副庭长孔祥俊：尽管《最高人民法院关于当前经济形势下知识产权审判服务大局若干问题的意见》的发布让诸多知识产权从业者不禁担忧，在当前不稳定的经济环境下，法院有可能减弱对知识产权的保护。但孔祥俊强调，最高人民法院一直坚持法律面前人人平等的原则，并以 2008 年最高院审理的意大利巧克力生产商费列罗公司起诉中国蒙特莎公司且最终胜诉一案为例，再次重申外国企业可利用海外证据来证明其商品的知名度。

——上海市知识产权局副局长吕国强：大多数的中国知识产权持有人都认为上海是中国知识产权保护制度实施最好的地区之一，拥有全国最好的法院。这与吕国强的努力和推动是密不可分的。在他的力谏下，上海市高级人民法院知识产权审判庭于 1994 年建立；中国首家知识产权仲裁院于 2008 年在上海成立，负责处理涉及知识产权合同纠纷的仲裁案件。

——中南财经政法大学校长吴汉东：吴汉东曾为商务部、SIPO、国家版权局及其他政府机关的官员们做过近百场知识产权讲座。在中国知识产权制度的发展历程中产生了重要的影响。通用电气亚洲公司资深知识产权顾问、优质品牌保护委员会主席杰克·张称，吴汉东真正推动了中国知识产权进程，是中国知识产权研究的先行者。

——华为技术有限公司副总裁、首席法务官宋柳平：在宋柳平的管理下，华为公司的知识产权部迅速壮大，目前已拥有 240 人。通过下列一组数据可以看到华为在知识产权保护方面所付出的努力：PCT 专利申请量居 WIPO 最新公布的 2008 年全球 PCT 专利申请量排行榜首；2008 年 PCT 专利申请公布量为 1,737 件；研发投入占年销售收入的 10%；共有 37,000 名员工从事研发工作，占员工总数的 43%；在 3GPP

基础专利中，华为占7%，居全球第五；有35,773件专利申请授权或在审查期，其中26,005件为国内申请；拥有20%的LTE基础专利；目前已加入91家国际标准组织；2008年向国际标准组织提交4,100份标准化提案。

（任晓玲）

◘ 法国立法严惩网络侵权

日前，法国国会两院联席委员会以258票赞成、131票反对，表决通过打击互联网侵权行为的反网络盗版法案。该法案对网络侵权犯罪的处罚除了可以剥夺侵权用户登陆互联网的“联机权”，同时还将根据侵权程度处以最高30万欧元的罚款。虽然新法案仍必须经过总统签署等程序后才可实施，但距正式生效已为期不远。届时，法国将成为全球发达国家中，对互联网管制最严厉的国家之一。此举在以法律手段惩罚网络侵权方面，将给包括中国在内的世界其他国家带来启示。

◘网络侵权呼唤法制

如今，互联网为人们的生活带来了极大便利的同时，也为人们带来了许多烦恼，特别是为世界各国关注的网络侵权。世界知识产权组织（WIPO）副总干事迈克尔·凯普林格指出，网络侵权的严重程度已经上升到了挑战版权产业持续发展的高度。

近年来，网络数字文件的下载服务日益增多，在这一领域对著作权及其邻接权的侵权行为也呈扩大趋势。据法国反音像盗版协会公布的相关数据表明，至今，法国有94%的网络用户在使用宽带互联网服务。自2007年11月至2008年6月，法国民众通过互联网点对点（P2P）对新电影的非法下载多达每天45万次，已经逼近法国影院的日上座人次。在过去5年多的时间里，法国音像制品销量萎缩了逾50%。去年，通过网络非法下载音乐、影视和图书产品的行为给法国造成直接经济损失超过11亿欧元。

面对网络盗版的日益猖獗和各界的呼吁，2008年6月18日，法国文化部正式提交了反网络盗版法案。

◘ 日本开发图形商标自动分类系统

据日本《富士产经新闻》报道，日本理光电器公司和日本专利信息机构（JAPIO）于近日宣布，双方已合作开发用于快速分类和检索企业标志和产品商标等图形商标的自动分类系统。该系统试运行后，将于2010年3月正式启用。

目前，图形商标被付与了含动物和人脸等图案的达2,500个“维也纳图形分类”细分类号，以检索已注册的类似商标时使用。细分类号的付与和检索依赖人工进行。此次开发的自动分类系统，对于即使含复杂图形的人和动物脸面部或文字等，亦能自动分解，瞬时给予分类号；且将提高图形商标的检索速度和检索的准确性。

（夏佩娟）

◘ 菲律宾拟建立专门知识产权法庭

据英国《知识产权管理》杂志网站报道，菲律宾知识产权局日前向菲最高法院提交有关知识产权诉讼的法规草案，提出建立专门的知识产权法庭以及缩短知识产权案件审理时间，从而改进和完善菲律宾的知识产权执法体制。

据菲律宾知识产权局透露，该草案是菲律宾知识产权局、知识产权律师、海关和相关执法部门官员、法官及知识产权持有人在历经一个多月的磋商和讨论后，汇总各方意见撰写而成，适用于专利、商标、著作权和不正当竞争案件。草案建议将目前位于菲律宾首都马尼拉的5个负责审理知识产权纠纷和商业案件的法庭改为具有全国管辖权的专门知识产权法庭。相关人员称，向上述法庭赋予全国管辖权有助于提高法官审理水平，确保审判的公正，避免带有地方主义保护色彩的判决。

业内人士称，加快知识产权案件司法审理程序是该草案的一个核心问题。在现有审理体制下，即使在搜索令获批后，一起知识产权案件往往还要在法庭上耗费2至3年的时间，一件案件从一审诉至最高法院有可能耗用10年的时间。鉴此，草案规定法院应自受理案件之日起60天之内举行听证，并禁止被告方通过延期审判申请或驳回申请等若干辩护手段拖延审判。

相关人士透露，根据该草案，一件商标案的审理时间有可能缩至9个月。商标持有人可在案件审理期间，提出销毁假冒货物的请求。在法院作出侵权判决后，应当立即执行判决，从而简化销毁假冒产品的程序。最高法院的15名法官将对该草案进行充分讨论，最快有望于2010年初获最高法批准。 （任晓玲）

◘ 意大利法院裁决认为不构成外观专利侵权未必不构成商标侵权

近日，戴姆勒克莱斯勒公司（DaimlerChrysler）在意大利经历了一起商标侵权与外观专利侵权双重诉求的诉讼。在这起诉讼中，意大利法院裁决认为，商品的形状既可以作为外观设计得到保护，也可以作为商标得到保护。即使不构成外观设计侵权，也不意味着不构成商标侵权。

本案中，原告戴姆勒克莱斯勒公司对其Smart车的外形同时拥有共同体商标注册和外观设计国际注册，其商标权和外观设计专利权在意大利均为有效。原告认为一家中国汽车生产商准备进口到意大利的两款车型对其Smart车造成侵权，于是，以商标侵权和外观设计侵权为由将被告诉至都灵法院，要求被告停止对这两款车的进口、宣传和市场推广行为。法院经初步审查，应原告请求颁布了禁令。但是对于是否构成商标侵权和外观设计侵权的问题，法院指定专家进行判断。专家分析认为，进口的两款车型都对原告商标权构成侵犯，但只有一款对原告的外观设计构成侵权。对此，被告抗辩指出，专家意见自相矛盾，既然不构成外观设计侵权，就不可能构成商标侵权。法院经审查认为：外观专利侵权和商标侵权的判断标准不同。外观设计侵权是以“有一定认知”的使用者的认识为标准，外观设计要求能使有一定认知的使用者能够产生完全不同的印象。而商标侵权是以一般消费者的认知为判断标准，如果一般的消费者会产生混淆，则属商标近似，进而构成商标侵权。在这里，“有一定认知”的使用者对于商品会施以更多的注意，认知程度高于一般消费者，产生混淆的可能性也会小于注意程度较低的一般消费者。这样一来，即使在有一定认知的使用者当中不会造成混淆，也不能排除一般消费者混淆误认的可能。这就是说，即使不构成外观设计侵权，也不意味着不构成商标侵权。

◘ 欧共体法院作出初裁认为赠品上使用商标不能判定为该商标的真实使用

近日，欧共体法院在Silberquelle诉Maselli公司商标撤销纠纷一案的初裁中，对赠品上使用商标是否构成该商标的真实使用的问题做出了阐释。

本案中，Maselli公司从事服装生意，它在奥地利享有文字商标“WELLNESS”的专用权，这个商标注册在包括第25类和32类在内的几个类别的商品上。向消费者出售服装时，Maselli公司还免费赠送带有“WELLNESS”商标标志的饮料。但Maselli公司并没有单独出售过这种饮料。主营饮料销售的Silberquelle公司对Maselli公司注册在第32类商品的“WELLNESS”商标以不使用为由提起撤销。奥地利专利局支持了该项异议，撤销了Maselli公司的商标。Maselli公司不服，向奥地利最高专利商标法院提起诉讼。法院在审理时，就在赠品上使用商标能否认定为该商标的真实使用的问题提请欧共体商标法院作出答复：欧共体协调成员国商标立法第一号指令（下简称一号指令，目前已经被2008/95/EC指令取代）第10条（1）和第12条（1）是否可以解释为，商标权利人将印有其商标的一种商品，免费赠送给购买其另外一种商品的消费者，也即在赠品上使用的商标，可以视为真实使用。

对此，欧共体法院2009年1月15日作出第C-495/07号初裁指出，这种情况不能视为商标的真实使用。一号指令中提到的商标的真实使用，是指商标能发挥“标明商品来源”的本质作用的“使用”。虽然使用商标标志的形式很多，但只有能够起到标明商品来源，区分此商品与彼商品的不同来源的使用，才是商标法意义上的

"真实使用"。本案中，Maselli公司销售服装时免费赠送带有商标标识的饮料，不是饮料本身进入市场流通，即使上面标有商标标志，也不是为了区分商品的来源，因此，不属于商标的真实使用。

◘ 美国专利商标局认为与在先权利冲突的个人姓名不能注册为商标

美国专利商标局上诉委员会不久前未准予申请人将"SAM EDELMAN"商标注册在行李箱、手提包、钱包等商品上，理由是该商标与在先注册的"EDELMAN"（同样使用在第18类的钱包、手提袋、旅行包等商品上）构成近似，易使消费者产生混淆误认。申请人辩解道，两者根本不可能造成混淆，有关政策明确允许自然人将自己的姓名注册为商标。但是专商局没有找到申请人提到的"政策"，并且认为SAM EDELMAN虽然是自然人的姓名，但这并不是说姓名可以不受约束地注册为商标，如果它会与在先注册的商标构成近似，仍然不能获准注册。而本案中，"SAM EDELMAN"与在先商标EDELMAN使用的商品有好几种完全相同；而且两个商标标志的主要部分非常近似。虽然申请人还指出，其公司的首脑SAM EDELMAN在时尚界非常知名。但是，专商局认为，申请人提交的证据不足以证明SAM EDELMAN本人的知名度，而且，申请人也没有说明SAM EDELMAN本人的知名度与本案中的商标近似的判断有什么必然的联系。即使申请人之前已经在第25类商品上注册了商标，专利商标局并没有因此而核准其在第18类商品上的注册。

◘ 加拿大商标局认为使用注册商标标记不是强制规定

加拿大商标局异议处近日对Stikeman Elliott公司与Boulangerie Au Pain Doré Ltée公司商标撤销案作出裁决，认为使用注册商标标记或者TM不是强制规定。

Stikeman Elliott公司根据加拿大商标法第45条，对Boulangerie Au Pain Doré Ltée公司的"AU PAIN DORE"商标(使用在餐饮服务等服务上)，以不使用为由提起撤销。根据加拿大商标法第45条，商标权利人在颁发商标注册证后三年内必须使用。Boulangerie提交了一些证据，证明其在法定期间内对该商标进行了使用。但是Stikeman Elliott公司认为，Boulangerie公司在使用商标的时候没有使用注册商标标记或者TM符号，消费者根本无法辨明这究竟是企业名称还是商标。但是，商标局异议处没有支持撤销申请人的理由。异议处指出，注册商标标记或者TM标记不是使用商标时必须标注的。

◘ 日本有望修改法律允许声音、颜色和运动图像注册为商标

2009年1月9日，日本产业结构理事会的一个工作小组提交了一份报告草案，草案指出，声音、颜色和运动的图像都应当被允许注册为商标。日本知识产权局日前表示，希望国会最早能在2010年的常务会议中，根据这个报告草案相应地修改商标立法。如果这样的修法能够成功，就意味着，出现在电视或电脑屏幕上移动的图形，三维全息图，以及与公司名称或商品名称有关的声音，或者可以标明产品的位置的图标均可以注册为商标。

◘ 意大利拟修改法律加强知识产权执法力度

据悉，为了促进本国企业发展、推进企业的国际化进程，意大利众议院在2008年11月4日通过了第1441号法案，着力加强知识产权的执法力度。目前，该法案已经交付意大利参议院进行最后的核准，顺利的话将在2009年夏季之前生效。

法案增设了一些反假冒、反盗版的刑事条款，着力加强知识产权的刑事救济。此外，法案设立专门的反假冒理事会，旨在协调各地区行政机关的知识产权执法活动，具体来讲，理事会的职能主要是：定期检查侵权的状况；研究新的反假冒方面的救济方式；鼓励和帮助意大利企业进行国内外的知识产权注册，了解国内外关于知识产权方面的法律规定；制定反假冒的年度战略，以及和其他各国的对口机构进行合作交流等等。

◘ 欧共体法院指出当事人之间处理纠纷的协议不能影响海关做出处罚

2009 年 2 月 12 日，欧共体法院针对拉脱维亚法院就 C-93/08 号案件做出的请示回复指出，当事人之间处理纠纷的约定不妨碍海关处罚权的行使。

本案中，海关经纪 Shenker 公司根据合同约定，以自己的名义代理收货人 Rovens 公司发出了一批贴有“Nokia”标志的货物在拉脱维亚自由流通。2005 年 2 月 16 日，里加海关根据《关于海关就涉嫌侵犯和侵犯知识产权的产品采取行动和措施的第（EC）1383/2003 号理事会条例》（下简称《1383/2003 号条例》）第 9 条之规定扣留了这批货物，并通知 Nokia 公司，Nokia 公司接到通知后，通过取样了解到这批货物确实属于假冒的 Nokia 商品。经过协商，Rovens 公司和 Nokia 公司根据《1383/2003 号条例》第 11 条，也即简易程序条款，达成协议，由 Rovens 公司负担费用，对侵权货物进行销毁。随后，海关又认定，在本案中，Shenker 公司履行报关责任时违反了有关海关处罚的规定，应当被处罚款 500 拉特（拉脱维亚货币符号）。对此，Shenker 公司向有关的政府部门反映，认为海关无权作出这样的处罚决定，一是 Rovens 公司和 Nokia 公司达成协议由 Rovens 公司销毁货物，并承担销毁费用的行为本身就有惩罚的性质，二是海关无权介入当事人之间在法律允许的范围内作出的纠纷解决协议。但是 Shenker 的投诉并没有得到令其满意的解决，于是上诉到拉脱维亚最高法院行政庭。行政庭在审理过程中就有关的法律问题请示了欧共体法院，核心就是，在知识产权权利人和进口人，根据《1383/2003 号条例》第 11 条的规定达成了协议，启动简易程序来解决彼此的纠纷，在这种情况下海关是否还能够根据条例第 18 条的规定对进口人（或其代理人）采取罚款等制裁措施。对此，欧共体法院答复指出，《条例》第 11 条规定的简易程序，旨在简化海关对侵权案件的处理的程序，以及知识产权权利人对自己的权利进行救济程序，它与海关根据《条例》第 18 条对侵权和违法行为进行处罚的权力并不冲突，当事人之间约定的处罚与国家权力机关根据第 18 条作出的处罚不是同一性质的处罚。

◘ 欧共体商标注册费用削减

在 2009 年 3 月 2 日的召开的布鲁塞尔会议上，欧共体商标局费用委员会通过了理事会关于削减商标注册费用的修改建议案，根据建议案，获得欧共体商标注册的整体费用将削减 40%左右。建议案通过之后，理事会将在未来的几周之内通过书面程序在官方文件上发布费用调整的规定，新规定预计 2009 年 5 月 1 日生效。这次调整的主要内容是，对于欧共体商标申请，不再收取注册费。通过传真或纸件进行的申请只收取 1050 欧元的申请费，电子方式提交的申请仅需交纳 900 欧元的申请费。根据马德里议定书的后期指定在欧共体使用的费用调整为 870 欧元。目前，所有的成员国均表示同意，对于在该规定生效前已经提交的未决申请，费用均按照新的标准交纳。

◘ 德国法院请示欧共体法院对搜索引擎关键词中使用他人商标的行为是否构成商标侵权作出解释

对于在搜索引擎关键词中使用他人的商标或商号是否构成商标侵权的问题，德国法院一直没有统一的认定。虽然在之前的案例中，德国法院曾经指出，将他人的商标作为元标记使用构成商标侵权。但对于在搜索引擎关键词使用他人的商标或商号的情况，各法院有不同的看法，有的认为这与在元标记中的使用没有什么区别，都可以认定为商标侵权，但是有的则认为不能做这种当然的认定。

最近，德国联邦最高法院就受理了一起这样的案件。原告享有商标“bananabay”的专用权。被告却将“bananabay”使用为网络搜索关键词。这个关键词本身对一般的搜索结果有没有什么影响，但搜索页中右侧会出现一个独立栏目，栏目里是一个赞助商链接。不过，这个链接并没有指向商标所有人（也即原告），而是指向了与该标志没有什么关系的被告。被告通过购买这种关键词服务，吸引网络用户去浏览它的产品或服务。鉴于原、被告都经营成人用品，涉及的商标和商品都相同，本案的核心问题就是被告在关键词中使用原告的商标标志的行为是否构成商标侵权。就此，德国法院请示欧共体法院作出解释。虽然目前欧共体法院尚未予以回复，但是，其回复将对今后德国法院处理该类案件起到非常重要的指引作用。

◘ 欧共体初审法院裁决认为在异议或上诉程序中未予回应不能视为申请人撤回商标申请

近日，欧共体初审法院在T-171/06号Laytoncrest公司诉内部市场协调局等商标纠纷一案中指出，不能仅仅因为商标申请人未在异议或上诉程序中未予回应，就认为申请人撤回商标申请。

本案中，Laytoncrest公司2001年3月申请注册共同体文字商标TRENTON，使用于第7、9、11类的商品上，该申请于2002年6月公告。2002年9月，Erico国际对该商标提起异议，理由是其已经在先于第6类和第7类的商品上注册了共同体商标“LENTON”。异议处通知Laytoncrest公司进行答辩，但是，Laytoncrest公司没有任何回应。2004年，异议处以申请商标与引证商标不构成近似为由，驳回了异议。随后，Erico国际向协调局上诉委员会提起上诉，在上诉阶段，Laytoncrest公司也未作出任何回应。2006年4月26日，上诉委员会作出裁定认为，因为申请人在异议和上诉阶段均未作出任何回应，可以视为其已经撤回了自己在第7类商品上的商标申请。虽然根据《欧共体商标条例》第44条第（1）项，商标撤回一般由申请人明示做出，但是也不排除在个别情况下，撤回商标的意思表示由申请人默示作出，既然申请已经撤回，那么该案就可以完结，申请人应当按照欧共体商标条例第81条第（3）项支付对方当事人的有关诉讼费用和开支。Laytoncrest公司不服，上诉到欧共体初审法院，初审法院经审理指出，内部市场协调局不能仅仅因为申请人在异议和上诉程序中未予回应，就判定其撤回商标申请。根据《欧共体商标条例实施细则》第20条第（3）项，如果申请人在异议阶段未提交答辩书，协调局应根据现有的证据作出异议裁定。而根据该细则第50条第（1）项，“除非有相反规定，作出引起上诉的裁定的部门使用的程序的相关条款应比照适用于上诉程序”，也就是说，在没有相反规定的情况下，上诉委员会的上诉程序可以比照异议程序。而有关立法当中并没有这方面的“相反规定”。所以，不管是异议程序，还是上诉程序，协调局都不能因为申请人未予回应就认为其“撤回商标申请”，而应当根据Laytoncrest公司之前提交的证据材料进行审理。

◘ 欧共体初审法院裁决认为某香肠形立体商标缺乏显著性

2005年3月，Thomas Rotter先生申请注册共同体立体商标，该商标系五节连在一起的香肠形状（图略），使用于第29类，第30类商品以及第43类“提供食品或饮料的服务和临时住宿服务”等。审查员核准了商标在第43类上的注册，但以缺乏显著性为由驳回了其在第29、30类的注册。申请人不服，向上诉委员会提起上诉，也未获得支持。2007年12月3日，申请人向初审法院提起诉讼，同日，还向协调局提交申请，把该商标注册的商品和服务限定为第43类的服务和第29类的“猪肉食品”。2008年5月5日，初审法院裁决指出：对于立体商标是否具有显著性的判断标准和文字、图形的商标没有什么不同，也是要看它是否能够起到区分商品或服务来源的作用。初审法院认同上诉委员会的意见，认为本案商标使用的商品是“猪肉食品”，是欧盟消费者的日常消费品。日常消费品的价格通常不高，消费者在购买时给予的注意力相应也比较低。综合本案的情形，消费者不会根据这个形状来判断商品的出处，他们更倾向于把这个看成是把香肠捆绑在一起储藏和销售的一种方式。因此，不能认定其具有商标注册所需的显著性。

◘ 欧共体理事会通过2009-2012年海关打击知识产权侵权行动计划

2009年3月16日，欧共体理事会通过2009-2012年度欧共体海关打击知识产权侵权行动计划的决议。假冒对人们的健康、安全和环境造成了越来越大的危害。欧共体此次通过的这个行动计划主要就是为了加强各国执法部门以及海关等的相互合作，共同对抗日益猖獗的假冒活动。欧共体各国达成共识，要继续加强有关立法、增强国际合作，提高知识产权保护意识。此外，海关还将特别关注那些有可能产生危险的假货，着力瓦解有组织的网络售假犯罪活动。

◘ 欧共体初审法院裁决认为某种商品的零售服务与该种商品构成类似

最近，欧共体初审法院在Venticinque公司与欧共体内部市场协调局（下简称协调局）等商标纠纷一案作出T-116/06号判决，指出某商品的零售服务与该种商品构成类似。

本案中，Oakley公司是美国知名的太阳镜生产商，它注册了共同体商标“O STORE”，使用于网上零售服务，零售的商品包括眼镜、珠宝、手表、服装、鞋、头饰等，都属于第35类。一家叫做“Venticinque”的法国公司申请撤销该商标，理由是其已经在法国注册了“THE O STORE”商标，使用于第18类和25类的包、钱包、服装、鞋等商品。它认为Oakley公司注册的共同体商标“O STORE”与其在先商标构成近似，应当予以撤销。协调局撤销处及上诉委员会先后审查此案，均认为Oakley公司商标“O STORE”与Venticinque公司的“THE O STORE”商标在第18和25类上构成近似商标。

Oakley公司不服，向欧共体初审法院提起上诉，认为零售服务是一种独立的服务，与该种服务涉及的商品本身相比，有着完全不同的性质。初审法院经过审理，作出T-116/06号判决指出，零售服务本身复杂的内在性质及其存在的目的与单纯的商品是有很大区别的，不管这种商品是不是零售服务所涉及的商品。但是，零售服务与所零售商品之间还存在着某种互补性。零售服务是人们得到某种商品不可或缺的途径。而且，向消费者提供零售服务，与向其提供零售的商品往往就是同一个过程，两者有着非常密切的联系。考虑到上述因素，零售服务和其涉及的商品应当认定为类似。但是对于18类和25类之外的商品，则不能认定为近似商标。

◘ 澳大利亚法院认为不由权利人控制入境的商品上使用的商标不能视为该商标在该国境内的使用

近日，澳大利亚联邦法院在一起商标侵权案件的判决中，认定不由权利人控制入境的商品上使用的商标不能视为该商标在该国境内的使用。

本案中，Gallo公司是一家葡萄酒生产商，主要的生产和销售区域是美国，该公司的“Barefoot”商标于1999年在澳大利亚获准注册，使用的商品是葡萄酒。2008年1月，Lion Nathan公司在澳大利亚使用“Barefoot Radler”商标推出了一款新的啤酒。于是，Gallo公司以商标侵权为由将后者诉至联邦法院。但是，Lion Nathan公司抗辩指出，Gallo公司的商标已经连续三年未使用，应当予以撤销。Gallo公司举证指出，在过去的三年中，曾有一批“Barefoot”葡萄酒入境澳大利亚销售。但经查，这些“Barefoot”葡萄酒是从美国销至欧洲后，从欧洲入境澳大利亚，而且这些产品入境澳大利亚并未经过Gallo公司的许可，也未通过任何Gallo公司的经销协议。也就是说，这批葡萄酒的入境不受Gallo公司的控制。该案一审判决认为，两商标不近似，使用的商品不类似，且这批不受Gallo公司控制入境的商品上的商标不能视为原告商标在澳大利亚的使用，因此，驳回了Gallo公司的诉讼请求。Gallo公司提起了上诉，二审合议庭经审理，在是否构成近似商标的问题上做出了与一审不同的判断，它认为两商标构成近似，使用的商品也类似，但是，二审合议庭依旧认为非由Gallo公司控制的进口，不能视为Gallo公司的商标使用行为，因此，也不能作为Gallo公司主张他人侵权的权利基础。

◘ 欧共体法院认为商标被许可方有损商标声誉的行为可以认定为商标侵权

近日，欧共体法院在Dior公司诉SIL公司商标侵权案中指出，商标被许可方有损商标声誉的行为可以认定为商标侵权。

该案中，SIL公司被Dior公司授权经销其豪华紧身衣。双方在许可合同中约定，SIL公司不能用几种特定的方式进行销售，其中包括批发、团购、在折扣店销售或上门推销等等。但是，SIL公司不顾Dior公司的反对，将一些产品投放到折扣店中销售。Dior公司以商标侵权为由将其诉上法庭。SIL公司抗辩说，对于这些产品，Dior公司的商标权已经用尽，不能再以商标侵权为由追究其责任。欧共体法院2009年4月23日作出第C-59/08号判决，没有支持SIL公司的抗辩。根据《协调成员国商标立法1988年12月21日欧洲共同体商标理事会第一号指令》第8条，被许可人只能因特定的事由，援引该商标赋予的权利对抗被许可人，这几种情况包括“就许可合同的期限，商标按注册可以被使用的形式，许可涉及的商品或服务的性质，可以贴附商标的区域，以及被许可人生产的商品或提供的服务的质量违反许可合同的条款”。法院认为，SIL公司将紧身衣发往折扣店销售的行为，有损Dior公司奢侈品牌的声誉，影响了消费者对Dior公司产品质量的判断，属于上述可以“援引该商标赋予的权利对抗被许可人”的最后一种情形，因此，可以认定为商标侵权。

◘ 美国法院认定经销商对商品做了实质改变后则不能以权利用尽为由进行抗辩

近日，美国联邦第十巡回上诉法院在一起商标侵权诉讼中指出，如果经销商对商品进行了实质改变，则不能再以权利用尽为由进行侵权抗辩。

本案原告美国贝尔公司从2003年起就使用Beltronics商标生产汽车电子配件，并授权一些经销商出售它的产品。但是，个别经销商违反协议，将一批贝尔雷达探测器卖给Midwest公司。Midwest公司把这些探测器作为“新”品在Ebay网进行销售，为了防止贝尔公司觉察，经销商以及Midwest公司用假标签替代了产品上原有的序号标记，或者干脆去掉了原来的序列号标签，并特别声明：对在Ebay网上出售的产品，生产厂家不进行保修。贝尔公司接连收到购买Midwest公司售出的雷达探测器的消费者发来质保请求书。但贝尔公司有规定，只有标注着真实产品序列号的的产品才享受质保和产品升级等售后服务。于是，贝尔公司以商标侵权及不正当竞争为由将Midwest公司等诉上法庭。

堪萨斯州的区法院支持了贝尔公司的诉前禁令申请。Midwest公司于是上诉至联邦第十巡回上诉法院，认为它的行为不应构成侵权，因为它卖的探测器是真品。而且，根据权利用尽原则，贝尔公司的产品已经售出，商标权利人不再享有商标权，无权禁止他人在市场上再次销售该产品。法院经审理，参考了在先判例，指出权利用尽之所以能作为侵权抗辩事由，其实质在于经销商只是在不侵犯商标权利人商标专用权的情况下“储藏、展示、或再次销售”商品，这种行为尊重了他人的商标专用权，不会造成混淆误认。但如果经销商对产品进行了“实质性改变”，那么商品本身就不再是原来的“真品”，如果造成消费者对商品来源的混淆，不能援引权利用尽原则进行抗辩。本案中，Midwest公司虽然没有对产品本身的物理性特征进行重大改变，但是，它所标明的“不予质保”以及“不予售后服务”的声明，也属于商品的实质性改变。购买Midwest公司商品的消费者把质保要求书发给贝尔公司处，已经证明Midwest公司行为误导了这些消费者，且会对真品的声誉造成损害。Midwest公司以权利用尽作为抗辩理由不能被接受，其行为应认定为商标侵权。

◘ 欧共体法院指出判断商标通过使用获得显著性应以申请日为准

Imagination公司2001年10月1日申请注册共同体商标“PURE DIGITAL”，使用在第9

类和第 38 类的商品和服务上。2003 年 12 月 12 日，审查员以缺乏显著性为由驳回了该项申请。2004 年 1 月 29 日，Imagination 公司提起上诉，被驳回。2004 年 12 月，Imagination 公司继续上诉到欧共体初审法院，提出几条抗辩，其中之一就是其商标在申请后，注册程序中获得了显著性。初审法院驳回了 Imagination 公司的所有抗辩，并特别指出，判断商标通过使用获得显著性应以申请日为准，申请日后的状态变化不纳入考虑之列。近日，Imagination 公司进而上诉到欧共体法院。法院经审理指出，根据欧共体商标条例有关条文中的描述及其含义，第 7 条（3）中提到的通过使用获得显著性的商标，应当是指在申请注册前就已经通过使用获得显著性的商标。这是商标条例的立法本意。做这种理解，不仅是为了与其他相关条文保持一致，还可以避免一些不利状况的发生：即如果考虑注册程序中获得显著性的情形，势必会导致一些申请人不当利用申请后审查阶段的时间，来“获得显著性”，从而使商标审查工作变得更加复杂而难以操作。因此，欧共体法院最终驳回了 Imagination 公司的上诉。

◘ 欧共体法院对不当利用他人商标声誉行为的判断标准问题作出初裁

近日，欧共体法院在针对 L’Oreal 公司等诉 Malaika 公司等商标侵权纠纷案的初裁中，对如何理“不当利用他人商标声誉”的问题作出阐释。

L’Oreal 公司等三原告均为 L’Oreal 集团名下的公司，他们在英国享有 Trésor、Miracle 等几个文字和图形商标的专用权，使用在香水和其他芳香类产品上。这些商标在英国均具有相当的知名度。被告 Malaika 公司和 Starion 公司销售由另一被告生产“Creation Lamis”、“Dorall”等几个系列的芳香产品。这些产品有的与原告上述几个知名品牌的香水在包装上存在不同程度的相似，有的并不相似。即使相似，也不足以在专业人士和公众中造成混淆。但被告销售时宣称其香水是对原告知名品牌香水的模仿。于是，原告以商标侵权为由将三被告诉至英格兰威尔士高等法院。一审判决后，双方均不服，上诉至英格兰威尔士上诉法院，上诉法院就案件中涉及的某些法律问题提请欧共体法院作出解释，其中包括“如果使用与商标权利人商标近似的标志，但不会造成混淆，是否构成一号指令第 5 条（2）的情形。对此，欧共体法院作出第 C-487/07 号初裁指出，一号指令第 5 条（2）所指的第三人“不当利用他人商标声誉”并不要求一定要产生混淆，或一定要对他人的商标构成损害。只要第三人可以从这种“搭便车”行为中获取利益，且并未因此给予商标权利人任何经济补偿即可。

◘ 欧共体国际注册商标规费发生调整

根据世界知识产权组织 7 月 13 日发布的 2009 年第 15 号通知，欧共体商标国际注册的规费将于今年 8 月 12 日进行调整。根据新的收费标准，原属局 2009 年 8 月 12 日以后收到或视为收到的，指定欧共体的商标国际注册申请，以及缔约方主管局 2009 年 8 月 12 日以后收到的，或 2009 年 8 月 12 日以后直接向国际局提交的，后期指定欧共体的国际商标注册申请，每三个类别的商品/服务收费 1311 瑞郎，每增加一个类别加收 226 瑞郎；对于集体商标，每三个类别的商品/服务收费 2441 瑞郎，每增加一个类别加收 452 瑞郎。对于 2009 年8 月 12 日后针对指定欧共体的国际注册商标的续展，费用调整为：每三个类别的商品/服务1808 瑞郎，每增加一个类别费用加收 603 瑞郎；对于集体商标，每三个类别的商品/服务收费 4068 瑞郎，每增加一个类别加收 1205 瑞郎。

◘ 韩国宪法法院认定其商标法第 7 条(3)内容违宪

2009 年 4 月 30 日，韩国宪法法院作出判决，认为韩国商标法第 7 条（3）规定的内容违宪。该判决生效后，韩国商标法的这项规定将失去法律效力。

本案中，甲于 1987 年获准注册了 X 商标。1998 年，乙申请注册了 XI 商标，和甲的 X 商标构成近似。2001 年，甲又申请了另一个商标 XII，这个商标是对其在先的X商标做了一些变化而成。在发现乙注册了XI商标后，甲申请宣告XI商标无效，2004年，韩国知识产权局裁定支持了甲的无效申请，并且，这项裁定已经生效。在XI商标未被撤销前，利益相关的第三方丙引证乙的XI商标，申请撤销甲2001年注册的XII商标。2006年，韩国知识产权局支持了丙的申请，尽管2004年丙引证的XI商标就已经被撤销了。于是，甲不服，在对该案提起上诉的同时，也起诉到宪法法院，要求确认知识产权局撤销其XII商标的裁定侵犯了其宪法权利。

宪法法院经过审理认为，虽然根据韩国商标法第7条(3)，曾经获准注册但已失效的商标，仍然可以对抗对其生效期间第三人申请注册的，与之构成相同或近似的商标。但是，这条规定有悖商标法的立法本意。商标的本质作用在于区分不同商品和服务的来源，避免消费者产生混淆。根据商标法第71条(3)项，“商标被撤销，视为自始不存在”。既然“自始不存在”，那么“混淆”则无从谈起。一个“从未存在”的商标不能作为撤销他人商标的依据。因此，宪法法院判决，知识产权局的裁定侵犯了A宪法赋予的财产权利和经营自由；其所依据的商标法第7条(3)内容违宪。

◘ 欧共体法院对商标与地理标志共存问题作出初裁

近日，欧共体法院对意大利都灵法院提请的“商标与地理标志并存问题”作出第C-343/07号初裁，明确了两者在一定条件下是可以共存的。

本案中，Bayerischer Brauerbund（下简称BB）是一个1917年即开始运营的，旨在保护巴伐利亚啤酒商权益的协会，它1968年即获准注册了Bayrisch Bier和Bayerisches Bier集体商标，且Bayerisches Bier标志在德国与意大利、希腊等国家关于地理标志、原产地标志保护的双边协议中获得保护。1993年，BB还根据欧共体2081/92条例申请将Bayerisches Bier注册为可保护的地理标志，并于2000年获准注册。本案的另一方当事人Bavaria则是一家面向国际市场的荷兰啤酒商，它1925年就开始使用“Bavaria”标志，并从上世纪40年代起就先后注册了很多含有“BAVARIA”的文字或图文组合商标。

BB要求撤销Bavaria及其意大利分公司含有“BAVARIA”的商标，理由是这些商标与其注册地理标志冲突，并且，Bavaria及其意大利分公司的啤酒实际产地是荷兰，所以，这些商标中含有的BAVARIA字样还会误导消费者。意大利都灵法院对此案进行了审理，部分支持了BB的请求，于是Bavaria及其意大利分公司上诉到都灵上诉法院。上诉法院在审理中，就一些法律问题提请欧共体法院作出答复，即商标与第1347/2001号欧共体理事会条例所保护的地理标志的是否可以共存的问题。对此，欧共体法院答复指出：如果地理标志侵犯了在先商标，误导了消费者，那它根本不能根据第1347/2001号条例获得注册。即使获准注册的地理标志，也不能禁止他人在该地理标志申请注册前，就已经善意申请并获得注册的有关商标的注册和使用，除非该商标具有协调成员国商标立法1988年12月21日欧共体理事会一号指令第3条（1）（c）中驳回或无效的理由，或第12条（2）（b）丧失权利的理由。

◘ 意欧共体法院初裁认为指定欧共体的国际注册商标在欧盟可以享受与欧共体商标相同的海关保护

近日，欧共体法院对德国法院提请的“关于指定欧共体的国际注册商标在欧共体是否应当享有与欧共体商标相同的海关保护的问题”作出第CΘ302/08号初裁，给予了肯定的答复。

该案中，商标权利人Davidoff公司依据欧盟理事会第1383/2003号《关于海关就商品涉嫌侵权采取行动和措施的规定》（下简称“第1383/2003号规定”）第5条第（4）项，向德国海关申请，要求对其根据马德里议定书进行的12个指定欧盟的国际注册商标采取海关保护措施，但遭到了拒绝。海关的理由是，Davidoff公司提出申请所依据的这项规定保护的只是“欧共体商标”。Davidoff公司不服，诉至德国商业法院，商业法院就有关问题提请欧共体法院作出解释：既然欧共体加入了马德里议定书，那么第1383/2003号规定第5条第（4）项，尽管条文提到的仅仅是“欧共体商标”的字眼，是否可以理解为也包括指定欧盟的国际注册商标？对此，欧共体法院对此给出了非常直接的回复：既然欧盟已经加入了马德里议定书，欧共体商标条例第146条也明确了国际注册指定欧盟的商标应当得到与欧共体商标同等的保护，那么第1383/2003号条例第5条第（4）项就应当理解为，国际注册指定欧盟的商标，在欧盟可以享受与欧共体商标同等的海关保护。

◘ 英国高等法院对过境商品商标侵权的判定问题作出阐释

2009年7月27日，英格兰及威尔士高等法院大法庭在对NOKIA公司诉英国税务海关总署（下简称英国海关）一案的判决中，特别针对过境货物的商标侵权判定问题作出了阐释。

2008年7月，英国海关在伦敦希思罗机场暂扣了一批从香港运往哥伦比亚的涉嫌侵权NOKIA手机及配件，并将提取的样本交由NOKIA公司进行鉴定。NOKIA公司经过鉴定，认为该批货物系假冒，请求海关将货物扣留。但是，2008年8月，海关认为NOKIA公司没有证据证明这些货物会进入欧盟市场，没有，也不会对英国境内或欧盟境内的注册商标造成损害，因此，不能以假冒为由扣留这批过境货物。一番努力未果后，NOKIA公司于2008年10月请求英格兰及威尔士高等法院对英国海关不予扣押假冒NOKIA货物的行为进行司法审查，该申请2009年5月得到批准。英国高等法院大法庭经审理，认为本案的焦点就是，仅仅过境欧盟，由一个非欧盟成员国的地区运往另一个非欧盟成员国的地区“假冒货物”能否被认定为假冒。对此，法院认为：判断商标侵权，要求货物已经确实投放市场，仅仅在运输途中的，或是在海关暂作停留的货物不符合要求，除非有证据证明这些运输中的货物会必然地投放到当地的市场。根据第1383/2003号规定，所谓的假冒货物，一定要是确实地对货物所在地的商标权造成实际损害。因此，仅仅运输过境的货物不能认定为侵权，NOKIA公司的请求不能得到支持。

◘ 德国法院判定商标要获得保护必须有明确的书面表达

2009年2月19日，德国联邦最高法院作出第I ZR 195/06号判决，对是否对原告因使用获得第二含义的颜色组合商标予以保护的问题发表了意见，称颜色组合商标必须要用书面方式表达出来才可以获得保护。

德国联邦最高法院审理后认为，虽然原告一直在行业内处于领先地位，在销售量和市场占有率上都十分突出，但是，根据德国商标法第8条（1）项，不管哪种类型的商标，要获得保护，都应该用书面的方式明确表达出来。原告要求保护的颜色组合被仅仅描述成为“黄色与黑色，黄色的部分多过黑色的部分”，这种描述并没有明确地表达出这些颜色颜色究竟以何种方式和比例被组合在一起，人们很难从这中描述中想象出这种商标究竟是什么样态。因此，原告的商标不能得到保护。

◘ 欧共体初审法院对使用在企业名称中的标志能否认定为商标的真实使用作出阐释

2009年5月13日，欧共体初审法院对Leder & Schuh公司诉欧共体内部市场协调局（下简称协调局）等商标纠纷案作出第T-183/08号判决，对于使用在企业名称中的标志能否认定为商标的真实使用的问题作出了阐释。

本案中，Leder & Schuh公司申请注册文字商标“JELLO SCHUHPARK”，使用在第18、21、25、26等类别的商品上。Schuhpark公司提起异议，并引证了它在德国已经在先注册了SCHUHPARK商标，该商标用于第25类的鞋类商品。异议得到协调局异议处的支持，Leder & Schuh公司的商标除了第26类的发夹上的注册得以维持之外，其他均被驳回。Leder & Schuh公司提起上诉，上诉委员会推翻了异议处的裁定，认为根据《欧共体商标条例》第43条之规定，异议引证的在先商标的所有人应当举证证明其商标在被异议商标注册公告之前五年间，其商标已被真实使用，而Schuhpark公司的证据不能证明其引证商标满足要求。Schuhpark公司不服，上诉到欧共体初审法院。法院也没有支持Schuhpark公司关于其使用在企业名称中的标志SCHUHPARK系其商标的真实使用的主张，并特别指出：一个标志的使用是否可以被认定为商标的真实使用，关键要看该标记的使用能否使消费者将其与特定的商品或服务建立起联系，而Schuhpark公司使用在企业名称中的标志SCHUHPARK不能建立起这种特定的联系。此外，Schuhpark公司提交的小册子以及报纸上的广告，也不能使消费者建立起与特定商品或服务的联系，均不能认定为商标的真实使用。最终，法院维持了上诉委员会的认定，驳回了Schuhpark公司的上诉。

◘ 欧共体法院对通过使用获得显著性的商标的显著性判断问题作出解释

欧共体初审法院在一起商标纠纷案的判决中，对通过使用获得显著性的商标的显著性判断问题做出了阐释。

本案中，Euro-Information公司申请注册一系列带有“CYBER”共同体商标，均被审查员以缺乏显著性为由驳回，其中包括CYBERGESTION。Euro-Information公司向上诉委员会上诉未果，又上诉到欧共体初审法院。对于这几个相关联“CYBER”商标案件，初审法院进行了合并审理，并于2009年5月19日作出裁决，没有支持上诉人的主张。其中，对于CYBERGESTION商标（案号T-213/06），因为Euro-Information公司主张该商标申请日前已经通过使用获得了显著性，应当获准注册，法院就专门对此发表了观点，认为通过使用获得显著性的商标，应当被该商标的相关公众所认同，也就是那些原本认为该商标没有显著性的相关公众，是否因为该商标的使用，建立起该商标与特定商品之间的联系。显著性的判断要考虑市场分布因素、地理因素、使用时间因素，以及广告花费之类的因素等等。而在本案中，CYBERGESTION所涉及的相关公众是法语区，并不局限于法国，还应包括比利时、卢森堡等国家，而Euro-Information公司提交的证据却仅限于法国，因此，上诉委员会认定“使用获得显著性”的主张证据不足，并无错误，应予维持。

◘ 欧共体法院对如何认定在后商标是否不当利用在先商标的知名度的问题作出解释

近日，欧共体法院对Antartica公司诉协调局商标纠纷一案作出判决，针对如何认定在后注册的商标是否不当利用了在先商标的知名度的问题作出解释。

本案中，Antartica公司申请注册共同体商标如图：，使用在服装和体育器械等商品上。Nasdaq股票市场公司提起异议，引证其享有在先权利的使用于金融服务等商品和服务上的NASDAQ商标（该商标在欧盟也享有一定的声誉），指出Antartica公司无正当理由，不当利用了NASDAQ商标知名度。异议处驳回了异议，但上诉委员会随后却支持了Nasdaq公司。Antartica公司上诉到欧共体初审法院，被驳回后，继续上诉至欧共体法院。2009年3月12日，欧共体法院作出C-320/07 P号判决，维持了初审法院的认定，指出初审法院对《欧共体商标条例》第8条（5）的适用没有错误，根据该项规定，申请商标与在先商标相同或近似，尽管所使用的商品和服务不类似，但是Nasdaq公司的标志影响非常广泛，并不限于其所注册的金融服务方面，它作为一个商标，对消费者的影响力已经延伸到其他的商品和服务上。申请商标的所涉及的商品的相关公众也对Nasdaq公司的标志也有深刻印象，此种情况下，Antartica公司申请注册，属于不当利用他人商标的知名度，是一种搭乘便车的行为，不得予以注册。

◘ 美国规范商标转让备案行为

近日，美国专利与商标局发布通告，强调注册商标专用权的受让方必须符合法定的条件。并且，如果受让方是美国的合伙企业或合资企业，那么所有合伙人或主要成员的名称、法人类型及州籍等都应当进行登记，否则，将不予备案。

◘ 美国联邦巡回法院判决认为在描述性词汇后加.com 不能使其获得显著性

近日。美国联邦巡回法院在一起商标纠纷案件的判决中指出，在描述性词汇后加.com并不能使其获得商标注册所需的显著性。

本案中，申请人申请注册“HOTELS.COM”商标，使用在“为临时住宿提供信息，以及旅行代理”服务上。审查员以该商标对其注册的服务有描述性，且申请人的证据也不足以证明商标通过使用获得了显著性为由，驳回了注册申请。申请人提起上诉，但并未获得专利商标局商标审判上诉委员会的支持，继而诉至美国联邦巡回法院。法院经过审理，作出第08-1429号判决，支持了专利商标局的认定。法院认为：首先，判断一个词语是不是通用名称，是事实问题，专利商标局负有对该事实问题进行审查的责任。其次，一个词语是否是通用名称，要以相关的消费群体的认知为标准。本案申请商标“HOTELS.COM”，可以使用在各种域名中，比如 www.all-hotels.com 或者 www.web-hotels.com，以及其他提供宾馆信息或预定服务方面的网站域名中。证据表明，“.com”只是表明其与电子商务有关，而并不能使“hotels”本身获得显著性，相关公众会把“HOTELS.COM”与提供宾馆服务联系起来。

◘ 德联邦最高法院对描述性商标的保护范围作出阐释

近日，德联邦最高法院对于描述性商标的保护问题，在判决中进行了明确。本案原告HEITEC公司，拥有在德国注册的商标 HEITEC，使用在电子信息处理方面的商品和服务。被告 HAITEC 公司在以电子信息处理的产品和有关服务为基础而开发生产的电脑上使用 HAITEC 标志。原告认为被告的标志与其标志近似，发音相同，使用的商品和服务也相同，有产生混淆的可能。对此，上诉法院的意见是，原被告的标志在视觉、发音和含义上都近似，都会让人与“high tech”（高科技）联系起来。但正因为原告的标志与“high tech”有这种特殊的关系，它的保护范围应受到限制，不能以此禁止被告使用同样与“high tech”有密切关系的 HAITEC。原告不服，上诉到德联邦最高法院，最高法院经过审理，作出第 ZR 162/05 号判决，对于描述性的商标的保护问题专门发表意见，指出上诉法院认为描述性商标的保护范围应当受到限制，这一点是正确的。但是，这种限制只是防止描述性商标的所有人垄断这一描述性词汇的使用，而并不意味着它不能对抗与之构成近似，并有可能导致相关公众混淆误认的商标。因此，上诉法院就此问题的认定有失偏颇。

◘ 德联邦最高法院对非商标所有人或被许可人使用®符号的问题作出解释

近日，德联邦最高法院在一起商标纠纷案件的判决中，对于非商标所有人或被许可人使用注册商标符号®的问题作出阐释。

本案原告在广告中将 ThermorollR 标记使用在卷帘商品上，但它实际获得许可使用的是注册商标 Termorol（使用在窗帘、卷帘等商品上，获得许可的时间是 2006 年 2 月 16 日），而非 Thermoroll®。被告在广告宣传材料中使用了 Thermoroll 标志，但 Thermoroll 标志本身属于案外的第三方。原告起诉要求被告停止使用行为。但是，在案件审理中，原告使用 Thermoroll®标记的行为是否合法成为当事人争议的焦点之一。对此，上诉法院的观点是，尽管原告并非 Thermoroll®标记的所有人或被许可人，它对 Thermoroll®的使用系误导行为，但该行为与竞争无关，也不至于使相关公众对产品的来源产生混淆，充其量会使消费者认为原告广告使用的标记与其被许可使用的标记不同。案件最后诉至联邦最高法院，最高法院认为，非商标所有人或被许可人使用®标记的行为是应予禁止的误导性的商业行为，除非有德国商标法第26条（3）的情形，即虽然实际使用的商标与其被许可使用的商标有区别，但是该区别不改变商标的显著性，可视为对被许可的商标的使用。原告在对Thermoroll并不享有权利的情况下，使用Thermoroll®，将会使相关公众把它的商品与真正的权利人的产品建立联系，且该案也不存在第26条（3）的情形，Thermoroll®的使用不能视为Termorol的使用，因此，原告的行为应予禁止。

◘ 欧共体法院在初裁中明确声誉商标的判断标准

Pago国际主要从事果汁生产和销售，并于2001年获准注册共同体绿色立体瓶形商标。因Tirolmilch公司销售的果味乳使用了与之相似的瓶子，Pago国际将其诉至维也纳商业法庭。经审理，法院支持了Pago国际的请求。但对方上诉，地区高等法院又判决驳回了Pago国际的诉讼请求。于是，Pago国际向奥地利最高法院寻求救济，指出其立体商标应作为欧共体商标条例第9条（1）（c）的声誉商标获得保护。但是，最高法院在审理中，发现Pago国际的商标仅在奥地利一国享有声誉，于是请求欧共体法院，针对仅在一个成员国享有声誉的商标，是否可依第9条（1）（c）获得保护的问题作出初裁。2009年，欧共体法院经审查，作出第C-301/07号初裁，指出：要根据欧共体商标条例第9条（1）（c）获得扩大保护的共同体商标，其“声誉”应当为欧共体主要地区使用该商标的商品或服务的大部分的相关公众所知悉。就本案而言，Pago立体商标在奥地利享有声誉的事实，可以满足这一要求。也就是说，仅在一国享有声誉的商标，也有可能成为欧共体商标条例第9条（1）（c）所保护的声誉商标。

◘ 美国法院判决认为擅自篡改或去除商品代码的行为构成商标侵权

近日，美国第二巡回上诉法院作出判决，指出销售篡改或去除商品代码的商品的行为应当认定为商标侵权。

本案原告Zino Davidoff公司是一家经营奢侈品的公司，其COOL WATER香水只面向一些高端的零售商，但是，CVS的药品连锁店却销售假冒的COOL WATER香水。原告于是以商标侵权、淡化，以及不正当竞争为由申请区法院扣留CVS公司的涉案货物。法院批准了原告的申请，并允许原告查验货物。验货时，原告发现被告不仅销售假冒的COOL WATER香水，还有些货物来源于平行进口，但货物上的商品代码却在销售前被去除了。商品代码是原告进行质量控制和反假冒的一个主要的方法，代码能够显示出生产地以及产品的序列号，申请一个代码非常昂贵。于是，原告变更诉讼请求，对这一部分商品也提起了诉讼。虽然被告抗辩说，对这一部分商品他仅仅是去除了商品代码，货物本身还是应当认定为真货，不属于商标侵权，但是，区法院认为应当认定为商标侵权，不管最初是否被授权，被告销售的货物已经干扰了原告对于产品的质量控制，并且它们与真货确有差别。被告不服，提起上诉，第二巡回上诉法院维持了一审法院的认定，认为《兰哈姆法案》给予商标权利人最重要和最有价值的保护，就是保证其对使用其商标的生产和销售的商品进行质量控制。本案中被告去除代码的行为，侵害了原告的权利，应该认定为商标侵权。

◘ 国际商标协会明确提出应将恶意作为商标异议和撤销的理由

在2009年9月29日华盛顿召开的会议上，国际商标协会董事会通过决议申明，有必要赋予商标权利人足够的权利以对抗假冒和其他不正当使用商标的行为，没有将恶意确定为商标异议或撤销程序的理由的国家应尽快完善相关部分的立法。

异议和撤销标准及程序分会针对已经将恶意作为商标异议和撤销理由的国家和地区进行了调查，结果表明，这些国家的立法一般也没有给恶意一个确切的定义，但是他们还是存在某种共性，即都要求商标申请人或注册人对他人的在先权利有明知。国际商标协会审查了异议和撤销标准及程序分会的报告后，明确了在认定“恶意”时应考虑：一、申请人或注册人知道，或是可以推定其知道其商标与第三人的在先商标相同或大部分相同；二、申请人或注册人的申请或注册行为有违诚实信用的商业惯例。此外，国际商标协会不穷尽地列举了可认定为“有违诚实信用的商业惯例”的行为，其中包括将其他国家的驰名商标申请注册，或者申请或注册是为破坏他人的生产经营的；或是准备向在先权利人的竞争对手出售、许可或转让其申请或注册的侵犯在先权利的商标的；或是申请或注册时是否使用了虚假的陈述等等。

◘ 国际商标协会提出解决商标与商业标识冲突的原则

国际商标协会董事会 2009 年 9 月 29 日通过了执行委员会下属的企业名称分会的提案，对于解决商标和商业标识的冲突问题提出了一系列解决原则：

一、商业标识的使用，包括用在店铺名称中，网站名称中，商品标签或包装上，以及广告中等各种形式，要判断该使用是侵犯了他人的在先商业标识还是商标，应当看它是用来识别不同的企业，或不同企业的经营活动，还是用来区分不同企业的商品或服务；二、对于已经注册的商标，或已经在先使用的商标和商业标识，在他们在先注册或使用的范围内，如果满足下列条件，商标权利人或商业标识的所有人应视为拥有“有执行力”的在先权利：1、在后商业标识开始使用时，在先商标已经注册；2、在先商标或是商业标识已经通过使用获得一定知名度，消费者能够建立起与其所有人良好声誉的联系；3、在后商业标识的申请或注册有恶意。三、故意的侵权行为应受严惩，尤其是那些协助侵权的行为；四、如果商业标识因侵权被法院判令去除或更改，其注册人应当履行判决，即使该标识的注册有其他的法律依据。

文章选编

(969~1028)

单一颜色商标注册问题研究

——以美国法为中心的比较分析

杜 颖

我国商标法第 8 条规定，任何能够将自然人、法人或者其他组织的商品与他人的商品区别开的可视性标志，包括文字、图形、字母、数字、三维标志和颜色组合，以及上述要素的组合，均可以作为商标申请注册。从该条规定看，只有颜色组合商标才能在我国获得注册。但是， 2005 年 12 月，国家工商总局商标局发布了《商标审查标准》，它在第二部分之五对商标法第 11 条第 1 款第 3 项“其他缺乏显著特征的”规定进行了解释，规定了 10 项缺乏显著特征的标志，其中第 6 项为单一颜色。由此看来，《商标审查标准》实际上已经修改了商标法的规定，将商标构成要素从颜色组合商标扩大到单纯由颜色组成的商标，并规定单一颜色只有通过使用获得显著性，才可以在我国注册为商标。商标法第三次修改的修订稿在第 6 条规定了新的“商标概念”，其第 2 款规定，“商标可以由文字、图形、字母、数字、三维标志和颜色等要素，以及这些要素的组合构成”。如此一来，单一颜色的商标地位将被商标单行法予以确认，我们将会直接面对单一颜色商标注册与保护的问题。但是，无论从研究还是从应用的角度来看，我们对颜色商标的注册和保护问题缺乏充分的关注，在单一颜色商标方面尤为突出。为此，我们有必要借鉴西方发达国家已经积累起来的相关研究和应用成果，从理论与实践的角度对单一颜色商标做全面认识，以应对行政执法和司法实践中可能会遇到的各种相关问题。

一、单一颜色商标意义的比较考察

单色能否通过使用获得显著性而注册为商标，各国法律规定态度不一。从法国知识产权法典第 711—1 的规定 [1] 来看，法国知识产权法典把颜色作为图形商标规定，单色在法国不能获得商标注册，只有颜色的排列、组合、色差才可以。德国商标法在第 3 条规定了可以作为商标保护的标志，其中在第 1 款规定中包括了颜色和颜色组合，单色在德国可以注册为商标。新西兰和澳大利亚的商标法都规定了颜色可以注册为商标，而不要求颜色必须以组合形式出现才能注册为商标。英国石油公司在澳大利亚已经注册了颜色商标。[2] 西班牙原来的商标法不允许对单色商标进行注册，但是，根据现行商标法，单色如果获得了显著性则可以注册为商标。[3]

美国巡回法院对颜色商标的可注册性态度不一。早在 1949 年，美国第三巡回法院就在 Campbell Soup Co. V. Armour & Co. 一案中提出，颜色不能注册为商标，而拒绝了 Campbell Soup 公司就食品包装标签上的红、白颜色提出的商标注册申请。[4] 但联邦巡回上诉法院在 1985 年 In re Owens-Corning Fiberglas Corp. 一案的判决中却允许将粉色注册到玻璃纤维绝缘材料上，认为粉红色能够表明上诉人商品的来源。[5] 1994 年，第九巡回法院在 Qualitex Co. v. Jacobson Products Co., Inc. 一案中认为，《兰哈姆法》不允许注册“纯粹的颜色”商标。[6] 1995 年，美国联邦最高法院推翻了第九巡回法院在该案中得出的结论，认为《兰哈姆法》并不绝对禁止注册单纯由颜色组成的商标。颜色组成的商标只要符合商标构成的一般要求，就可以注册为商标。[7] Qualitex 案以最高法院判决的形式确立了单一颜色的商标地位。这种潮流和趋势与商标法律制度对商标标识的构成越来越宽容的大背景相契合。制度的宽容和技术的进步为越来越多的标识提供了成为商标的可能，正因为如此，今天，我们才看到了音响商标、气味商标、商业外观，商标逐渐从平面走向立体、从无声到有声、从视觉感知到其他感觉感知，我们的生活也随着商标的丰富而显得多姿多彩了。

二、单一颜色商标的可注册性论证——以美国法为中心

颜色或颜色组合能否作为商标使用，争议存在已久，单一颜色作为商标使用的争议性更大。从美国法的发展演变历程中，我们可以看出个中原由。在美国最高法院确立单纯由颜色组成的商标能够获得注册之前，美国法对颜色商标的注册采纯色原则（the mere - color rule），即由纯粹的颜色组成的商标不能获得注册的原则，[8] 这个原则也被称为颜色本身原则（the color per se rule）。该原则曾以绝对优势主宰着美国商标法律制度，有人甚至认为，在美国商标法的历史上，没有一个原则象禁止商标保护颜色本身这个原则那样黑白分明。[9] 反对将颜色作为商标进行注册的最主要的论据有两个——颜色耗尽（color dep letion）或颜色匮乏（color scarcity）理论以及色差混淆（shade confusion）理论。

颜色耗尽理论的逻辑是，我们肉眼所见的光谱范围内的颜色数量是有限的，如果允许某生产者在他的商品上占有某颜色，其他人效仿，则后来的生产者可以使用的颜色就很少，甚至没有了。[10] 色差混淆理论认为，尽管由于颜色存在不同程度的色差，这使颜色不会出现耗尽，但区分相近的不同色差会带来不必要的难题。根据色差混淆理论，确定两个颜色商标是否有混淆的可能会变异为色差混淆问题，法院和作为商标注册机构的商标审理和上诉委员会都不太会处理这个问题。[11] 困难就在于，色差混淆问题比其他混淆问题都难以解决。因为消费者对颜色的感觉会受法院无法正确把握的许多外界因素的影响。例如，光线会影响人们对受保护颜色的感觉，如黄昏和朝阳下光线对颜色的感觉就有影响。在决定将相似颜色用于相似产品上是否会带来消费者混淆，并进而侵犯商标权时，竞争者和法院会因为色差混淆问题而痛苦不堪。

美国最高法院在 1995 年的 Qualitex 一案中对以上两个观点做了一一驳斥，涉案商标是生产干洗产品的原告 Qualitex 的金绿色商标。[12] 在该案中，美国最高法院指出，允许将颜色注册为商标并不会引起颜色耗尽的问题，这只是用偶然一现的问题去证明对颜色作出一揽子禁止注册的正当性。通常，将某个颜色注册为商标，其他人都能够选择其他颜色作为商标进行注册。而且，即使出现了所谓“颜色耗尽”或“颜色匮乏”问题，商标注册中还有功能（functionality）原则的限制，该原则的适用能够防止反竞争结果的出现，从而将颜色耗尽理论在现实中的影响最小化。[13] 我们将在下文详细论述颜色商标的功能性问题。

其实，几乎在每一个商标纠纷中都会涉及到判定两个商标之间的区别问题，不论商标的实体构成是文字、符号、颜色还是其他。确定色差能否产生混淆的可能，与判断文字商标之间是否存在混淆的可能一样困难和微妙。美国最高法院在 Qualitex 案中也否认在判断混淆时颜色具有特殊性，认为在判断是否近似、是否会带来混淆问题上，颜色不是特例。对于很相似的词语和符号，法院也同样得根据具体情况作出艰难的判断。法院可以再现颜色商标产品销售时的光线条件来解决这个问题。[14] 更有人从光度学、色度学的角度分析指出，担心人们无法精确分辨出不同色差的颜色是多余的。因为人类颜色视觉是通过人眼视网膜上三种不同的圆锥细胞实现的。当光线进入人们的视网膜，这三种细胞就开始工作。一个颜色视觉正常的人具有三视觉，称为三色视觉者，可以用三种原色光的相加混合匹配出光谱上的各种颜色。色视觉正常人的三色视觉功能保证了人们对颜色的感觉差异非常小，对颜色进行分辨的精确度极高。[15]

笔者认为，在商标能否获得注册问题上，法律应尽量保持一种中立之态。商标法滥觞于反不正当竞争法，对某类标识的保护不能违背自由竞

争之根本。而商标除承担商品来源功能、品质保证功能、广告宣传功能外，还有一定的文化功能，[16] 在判断标识可否获得商标地位时还要有公序良俗方面的考量。因此，只要不违背自由竞争和公序良俗，商标能否获得注册仅需要从技术上进行考虑，即商标是否具有显著性、[17] 商标是否直接体现为商品之功能。这也就决定了，某类标识用于商品之上，如果不违背自由竞争和公序良俗，则法律没有理由将其作为一类全部拒之于外。单一颜色商标也是如此。对于单一颜色商标在注册中遇到的现实问题，我们只能通过提高技术服务手段来处理，这是商标注册实践中的技术操作问题，不能因此而否定单一颜色的商标地位。

三、赋予单一颜色以商标意义在适用中的问题

赋予单一颜色以商标意义，并不意味着单一颜色都能够获得商标注册。法律只是认可其成为商标的可能，但颜色能否注册为商标还必须受商标显著性以及商标功能性原则的制约，只有那些通过使用获得显著性且本身不具有功能性的单一颜色才能获得商标注册。

（一）单一颜色商标的商标显著性问题

商标的显著性可以通过两种途径获得:一为商标固有的显著性;二为商标通过使用获得显著性。使用获得的显著性产生了标识的第二含义。第二含义是指相对于标记所使用的商品来说，标记本身不具有内在显著性，但是通过标记的商业使用，公众已经将其作为商品的符号与商品的提供者联系在一起，此时标记获得了不同于其本义的另外一种含义，该含义即为第二含义。从序列上说，标记的最初含义是它的本义，即第一含义。[18] 从该定义中我们可以得出，作为商标含义的“第二含义”不是标记本来包括的含义，而是该标记本义之外的一种含义。标记除了它的本义以外，已经特指某个商品，作为该商品的商标的意义就是“第二含义”。正如美国学者所说，第二含义是商标意义的同义词。[19]

尽管有观点认为，根据 Qualitex 案的要旨，兰哈姆法仅仅在颜色已经确定了第二含义后才对单一颜色提供商标保护，[20] 但商标审理和上诉委员会 [21] 及大多数学者 [22] 都认为，Qualitex 并没有处理第二含义的问题，因为 Qualitex 并没有提出金绿色内在具有显著性，因此，最高法院在该案中回避了第二含义的问题。[23] 这使最高法院在统一了一个问题后，又在各法院造成了就另外一个问题认识上的分歧。最高法院没有明确提出单一颜色必须通过使用获得显著性才可以受到商标权保护，这使得法院和学者莫衷一是。如果从 Qualitex 一案法官判决的字里行间追究最高法院的意思，可以说判决暗示了单纯由颜色组成的商标必须通过使用获得第二含义。因为在该判决中，法院指出颜色不属于臆造商标、任意商标或暗示商标;而且，判决还认为，从理论上说，没有理由反对将已经获得第二含义的颜色作为商标注册使用。[24] 这就意味着，颜色永远都是叙述性的，因此只有证明了第二含义后才可以获得保护。[25] 第二巡回法院和两个联邦地区法院 [26] 也持此观点，认为颜色已经获得了和叙述性词汇同样的商标地位，标记出现时获得第二含义后就能满足商标制定法上的定义。[27]

笔者认为，单一颜色作为商标需要证明第二含义的存在。如果我们细细考察在哪些情况下商家使用颜色作为商标就会明白其中的道理。大多数情况下，经营者选用颜色做商标是因为颜色直接描绘了商品的某个或某些特性，这实际上是在叙述性意义上使用颜色，因此，必须在证明颜色已经确定了商标意义后才能获得商标保护。当然，也的确存在颜色和商品风牛马不相及的情况，但此时单一颜色又过于简单，很难说它本身具有识别性。此种情况下，我们同样需要第二含义的确定。

从现实角度分析，以颜色为商标的商品生产者要采取多种措施，让消费者尽快将颜色作为识别产品来源的依据。首先，商标使用者都应该尽可能选择与商品或商品特征没有任何联系的颜色。其次，可以将生产者的名字放在产品或产品包装上的颜色商标出现的地方或离其很近的地方，强化消费者意识中商标和商品生产者之间的联系。

最后，生产者也可以在其广告宣传材料中结合商号使用颜色商标。甚至生产者就直接了当地做广告说自己就特定的颜色享有商标权利。[28]

（二）单一颜色商标的功能性问题

颜色作为商标使用最主要的是要克服功能性障碍，如果颜色和商品发挥的功能直接相关，则不能注册为商标。对于商品来说，如果标记是其功能性特征，对该特征只能通过专利法来保护，专利法提供的保护时间有限。[29] 在1982年的In ReMorton – Norwich Products， Inc商标申请案中，美国法院区分了两种功能性，一为事实上的（de facto）功能性;一为法律上的（de jure）功能性。前者是在日常意义上使用的，后者是在法律意义上使用的。如果某设计有实用效能，则法院必须看这种效能是事实上的还是法律上的。如果设计特征有实用效能，但并非是一种更优越的设计，因为有很多其他设计供竞争者选用，或者标记并没有给产品的生产或者使用带来经济上的优势，则该设计具有的就是事实上的功能性，并不妨碍法律上认为其可以作为一种识别来源的标志。在该案中，商标申请人就家居用的除油剂、除污剂等清洁用品申请注册其外包装的外形商标——压缩式喷壶。法院认为，功能性是一种“实用性（utility）”，一种“设计的优越性（superiority of design）”，但该申请标识的外包装的三个组成部分都有其他很多替代设计形式，而它的设计本身并不具有优越性。由此认定，该申请标识不具有功能性。[30] 商标法不保护具有法律意义上的功能性的标识，即使标记本身已经获得了商标意义上的显著性。而具有事实上的功能性的标识则可以通过获得显著性或者因为其具有固有显著性而获得保护。实用（utilitarian）意义上的功能性是法律意义上的功能性，而不是事实上的功能性。

除了实用功能性之外，美国法院还创造了美学（aesthetics）意义上的功能性概念。结合单一颜色商标的注册问题，笔者分别对其实用功能性和美学意义上的功能性进行分析。

第一，颜色的实用功能

美国经典案例 Inwood Laboratories， Inc. v. Ives Laboratories 对实用功能做出了很好诠释。如果商品特征事关商品的使用和用途，或者影响它的成本或质量，则不能用该商品特征作为商标，因为这样会将竞争者置于非常不利的境地。[31] 那么，如果我们对实用功能做一个具体分析的话，颜色在以下几种情况下事关商品的功能。

1. 颜色有助于商品的使用。如果颜色的统一方便消费者对某商品的认识和使用，则该颜色具有功能性，任何人不能就该颜色获得商标保护。在上述 Inwood 案中，原告 Ives 分别以蓝色和蓝红色生产和销售环扁桃酯药品的200毫克胶囊和400毫克胶囊，它就该药品申请了专利并注册了商标。当专利保护期满后，包括被告在内的一些药商销售和 Ives 生产、销售的胶囊颜色相同的环扁桃酯药品。Ives 诉被告侵犯商标权。尽管第二巡回法院推翻了地区法院的判决，美国最高法院却同意地区法院的观点，认为从几个方面来分析，胶囊的颜色都具有功能性:如果将惯用药品的颜色改变，则容易引起患者的不安与混淆;胶囊颜色能够帮助患者识别并选出正确的药品;标准颜色能够帮助医生确定哪些药物过量。[32]

2. 颜色提高商品的效能或影响商品的质量。如果颜色影响商品的质量或者效能的发挥，则该颜色不能为某生产者独占，因为这会在法律上确定该生产者在商品质量等方面上的经济优势，其他竞争者要么选择生产质量稍逊、效能差的商品，要么增加成本寻找其他保持同质量水平、发挥同样效能的商品生产或保存方法。在 California Crushed Fruit Corp. v. TaylorBeverage & Candy Co. 一案中，法院指出，黑色用于饮料瓶装具有功能性，因为黑色可以完全避光，由此来保持瓶子里的东西新鲜;同时黑色使消费者肉眼看不见瓶子里的饮料中果汁和果肉之间的分离，而消费者一旦看到这种分离状态会倒胃口，就不再想购买饮料了。这都是黑色在该商品包装上所发挥的功能，因此，原告不能禁止包括被告在内的其他竞争者使用黑色。[33]

3. 颜色影响商品的成本。有些产品本身的自然颜色会影响其成本，因为如果对产品的自然颜色进行商标保护，则其他竞争者都需要多增加费用为产品涂抹其他颜色。美国第三巡回法院曾拒绝在药品上注册白色商标，因为药片的自然颜色就是白色。[34] 因此，产品的自然颜色是功能性的，不能获得商标保护。

4. 颜色本身具有一定的功能。以上所列颜色所具有的功能性都是颜色和商品结合后商品发挥某种功能或者商品更好地发挥其本身的效能，这里笔者所要探讨的是颜色本身具有的功能，尽管颜色仍然与商品结合实现功能，但这时主要是颜色本身在发挥某种功能，而不完全依附于商品功能的发挥，采取什么颜色也并不影响商品所要达到的技术目的或者产品采某颜色不单纯是为了获得某种技术效果。例如，亮橙色、黄色等就经常被用于安全物品上，因为相对明亮的颜色其更容易被看见。[35] 再如，橘黄色的袋子通常用于装生物危害物质，因为它会提醒使用袋子中的危险物质的人，让他们谨慎处理危险物质。在这里橘黄色就具有功能性。[36] 在 B runswick Corp. v. British SeagullL td. 一案中，黑色没有使商品产生某种实用功能，因为它不会使引擎功能更完善，引擎的目的是驱动船，舷外马达外观采用黑色并不影响引擎技术效果的发挥。但是，黑色可以和各种颜色兼容，因此可以将黑色的舷外马达用于各种颜色的船上，颜色都能匹配;而且，黑色具有视觉上的收缩效果，使舷外马达看起来比实际尺寸要小。因为消费者期待黑色带来的这种效果，而在舷外马达上使用其他颜色又不能获得这种效果，法院确定，黑色在这里具有功能性，不能作为商标获得独占保护，否则会将其他竞争者置于非常不利的境地。[37] 美国商标审理与上诉委员会也曾拒绝在投币电话上注册亮黄色，因为这种颜色很醒目，易引起过往司机的注意，即使在天气恶劣时，司机仍然会注意到。[38]

第二，颜色的美学功能。

关于美学功能的规定最早见于 1938 年美国侵权法重述（第二次），“如果消费者购买商品很大程度上是因为商品所具有的美学功能，那么这些美学特征就具有功能性，因为它们促成了美学价值的产生，有助于商品所要达到的目标的实现。确定这些特征是否具有功能性要看禁止他人模仿是否剥夺了他人什么并进而实质上阻碍了他们进行自由竞争。”[39] 最早适用美学功能原则的司法判决是美国第九巡回法院于 1952 年就 Pagliero v. Wallace China Co. 一案作出的。该案中，被告模仿了原告的四个花样设计生产了宾馆用餐具。第九巡回法院运用“重要因素（important ingredient）”标准认为，如果特定的特征是商品获得商业成功的重要因素，为了维护自由竞争之利益，若该特征没有申请专利、不受著作权保护，则允许对其进行模仿。法院发现，花样设计具有功能性，因为花样设计的吸引力和视觉愉悦是最重要的卖点。[40] 美国反不正当竞争法重述（第三次）则对侵权法重述和第九巡回法院设定的美学功能的标准进行了限制，认为单纯美学意义上的愉悦不构成功能性，只有它能够带来一种实质利益（significant benefit），而这种利益又不能通过替代设计来获得的情况下，设计才具有功能性。因为估价某特定设计在美学上的优越性很困难，因此，只有在有客观证据证明缺少足够的替代设计时，美学功能才成立。通常情况下，如果设计特征本身或者设计在美学上产生的感官愉悦限制了替代设计的范围，则这种客观证据就成立。和实用功能性一样，衡量美学功能性的最终标准是:认可商标权利会否严重阻碍竞争。[41]

可以说，在颜色和商标的关系中，如果颜色并不影响商品自身发挥的功能，但某种颜色会带来消费者感官等审美角度上的愉悦，为消费者所诉求，其他任何颜色都无法达到这种效果，则该颜色就影响到商品的销售，具有功能性。在 Deere & Co. v. Farmland， Inc. 一案中，绿色就具有这种功能性。该案中，原告是美国最大的农业机械生产商，它在一种挂在农用拖拉机上的装货机械上使用了一种绿色——John Deere green，该机械的主要功能是铲挖和搬运肥料、积雪。被告也在同类装货机械上使用相似的绿色，原告要求被告停止在该类机械上使用类似的绿色。法院认为，因为农用拖拉机的颜色是绿色的，而很多时候农民会把装货机械挂在拖拉机上，他们非常希望装货机械的颜色和拖拉机的颜色一致，这样该颜色就具有美学功能，绿色不能为原告独占，其他竞争者仍然可以使用绿颜色作为商标。[42] 这里，绿色成为消费者购买装货机械的重要原因，如果允许原告在装货机械上独占使用绿色，则无异于确定了原告生产该商品的垄断地位，这就是严重妨碍竞争。因此，绿色不能获得保护。

大多数国家的商标法对只对立体商标的功能性问题作了明确规定，如英国商标法第 3 条第 2 款的规定，德国商标法第 3 条第 2 款的规定，日本商标法第 4 条第 1 款第 18 项的规定以及我国商标法第 12 条的规定。只有美国商标法对功能性标识的规定没有限定于立体标志。其实，美国专利和商标局以及美国法院一直认为，功能性标识不能作为商标获得注册和保护，但该规定的立法化却是在 1998 年修改《兰哈姆法》时实现的。当时，国会增加了一项 15 U. S. C. §1052 (e)(5)，规定“任何由总体上具有功能性的东西构成的商标”不能注册在主登记簿上。该项规定不但没有具体限定功能性的分析适用于哪些商标构成要素，还通过“任何”一词将功能性规定的范围无限扩大，这把包括立体标志在内的一切标识都囊括进来，其中当然包括颜色。

从普遍意义上说，各国立法对立体标志以外标识的功能性认识不足，其原因在于法律对于生活有一个逐渐发现的过程。其次，标识作为商标在生活中被广泛使用以后其功能性方能显现，各国立法对商标所能使用的标识类型作了严格限定，对于商品具有功能性的标识如果被排除在商标构成要素之外，就不可能获得商标地位，人们也就无法认识到标识对于商品所具有的功能性特征。从上文的论述来看，颜色作为商标获得注册和保护的历史并不长，而且颜色往往作为商标的组成部分和其他构成要素一起出现，颜色作为商标的意义常常被掩盖在其他构成要素中。随着颜色在现实生活中的广泛使用，它对于商品的功能性意义会逐渐地被认识，被重视，被进行细致深入的分析。

四、我国商标法律制度关于颜色商标注册规定之评介

前文已述，我国商标法律制度已经从立法上逐渐接受了单一颜色的商标地位，但是，从商标局和法院的态度来看，单一颜色商标在我国的发展前景堪忧，因为即使是颜色组合商标，在我国获得商标注册也是有相当难度的。2005 年 12 月 17 日，北京市第一中级人民法院对我国首例颜色组合商标案宣判，瑞典凯普曼有限公司败诉了，它在手工具零件上申请的由橘黄色和蓝色组成的商标没有获得注册。法院认为，颜色组合可以作为商标的一种形式，但其应当与其他标志一样具有显著性，才有可能获得注册。原告的申请商标系由橘黄色和蓝色组合构成，该颜色组合本身过于简单，不能起到指示商品或服务来源的作用。同时，原告提交的证据不能认定该申请商标已经获得后天显著性和享有相当高的知名度。[43] 其实，颜色组合商标一般具有内在显著性，是不需要通过使用获得后天显著性的，而该判决不仅仅明确要求颜色组合商标需要通过使用获得显著性，还要求其已经享有相当高的知名度，这无异于把已经敞开的颜色组合商标的注册之门关闭了。

与此相对，我国《商标审查标准》第五部分颜色组合商标的审查之四（一）却又极其宽容地把商品的天然颜色列为经过使用可以获得显著性的商标。我们在上文已经阐述，商品的天然颜色是具有功能性的，功能性标识是不能获得注册的，即使它具有商标的显著性。这样，我们就不能把商品的天然颜色放在不具有内在显著性、但通过使用可以获得显著性的标识里面。这对单一颜色和颜色组合商标同样适用。

从立法的角度进行分析，笔者就修改并完善我国商标法律法规有关颜色商标的规定提出如下建议:

第一，修改商标法第 8 条的规定，把“颜色组合”改为“颜色或颜色组合”，条文如下:“任何能够将自然人、法人或者其他组织的商品与他人的商品区别开的可视性标志，包括文字、图形、字母、数字、三维标志、颜色或颜色组合，以及上述要素的组合，均可以作为商标申请注册。”

第二，在商标注册条件中增加商标功能性规定，与商标法第 12 条关于三维标志的功能性规定进行整合，条文如下:“商标是由商品的功能性标

识组成的，不能获得注册;其中，以三维标志申请注册商标的，仅由商品自身的性质产生的形状、为获得技术效果而需有的商品形状或者使商品具有实质性价值的形状，不得注册。”

第三，保留《商标审查标准》第二部分五(六)关于单一颜色缺乏显著特征的规定，单一颜色只有通过使用获得显著性才能注册为商标。

第四，修改《商标审查标准》四（一）颜色组合商标显著特征的审查，删除“商品的天然颜色”可以通过使用获得显著性的规定，仅保留“颜色组合商标仅有指定使用商品本身或者包装物以及服务场所通用或者常用的颜色，以及申请人仅对颜色组合做文字说明而未提交彩色图样的，判定为缺乏显著特征。”

参考文献：

[1] 该条款的具体规定，请参见《法国知识产权法典》，黄晖译、郑成思校，商务印书馆 1999 年版，第 134 页。

[2] 参见李长宝:《单一颜色商标的可注册性》，载《中华商标》2005 年第 10 期。

[3] 参见流云:《立体商标颜色商标欧洲考察实录二》，载《中华商标》2003 年第 2 期。

[4] 175 F. 2d 795 （C. A. 3 1949）.

[5] 774 F. 2d 1116， 1128. 我国学者对该案的评述见于李明德:《美国对颜色商标和立体商标的保护》，载《中华商标》2002 年第 4 期。

[6] 13 F. 3d 1297 （9 th Cir 1994）.

[7] 514 U. S. 159 （1995）.

[8] ThomasA. Schmidt， Creating Protectible Color Trademarks， 81 Trademark Reporter 285， 285 （1991）.

[9] JeffreyM. Samuels &L inda B. Samuels， Color Trademarks: Shades of Confusion， 83 Trademark Reporter 554， 554 – 555 （1993）.

[10] Brian R. Henry， Right Hat， Wrong Peg: In re Owens – Corning Fiberglas Corporation and the Demise of the Mere ColorRule， 76 Trademark Reporter 389， 391 （1986）.

[11] JeffreyM. Samuels & L inda B. Samuels， Color Trademarks: Shades of Confusion， 83 Trademark Reporter 554， 555 （1993）.

[12] Qualitex Co. v. Jacobson Products Co. ， Inc. 13 F. 3d 1297 （C. A. 9 （Cal. ） 1994）.

[13] 514 U. S. 159， 169 （1995）.

[14] 514 U. S. 159， 167 – 168 （1995）. 但是，有学者反驳说，通过再现光线条件来做出一个有力的判断，这会给下级法院出难题，因为光线条件因商店的类型、一天中所处的时间以及销售区域而有所不同。Elizabeth A. Overcamp， Recent Developments: The QualitexMonster: The Color Trademark Disaster， 2 Journal of Intellectual Property Law 595， 616 – 617 （1995）.

[15] See Lawrence B. Ebert， Trademark Protection in Color: Do It by the Numbers! ， 84 The Trademark Reporter 379， 403 – 404 （1994）.

[16] 关于商标功能的演变与发展，请参见杜颖:《商标淡化理论及其应用》，载《法学研究》2007 年第 6 期。

[17] 关于商标显著性的论述，请参见杜颖:《通用名称的商标权问题研究》，载《法学家》2006 年第 3 期。

[18] VincentN. Palladino， SecondaryMeaning Surveys in L ight of Lund， 91 The Trademark Reporter 573， 574 （2001）.

[19] Vincent Palladino， Assessing Trademark Significance: Genericness， SecondaryMeaning and Surveys， 92 The Trademark Reporter 857， 857 （2002）.

[20] Fabrication Enters. ， Inc. v. Hygenic Corp. ， 64 F. 3d 53， 58 n. 3， 35 U. S. P. Q. 2d （BNA） 1753， 1756 n. 3 （ 2d Cir.1995）.

[21] See In re Hudson News Co. ， 39 U. S. P. Q. 2d （BNA） 1915， 1923 n. 17 （ T. T. A. B. 1996）.

[22] James L. Vana， Color Trademarks， 7 Texas Intellectual Property Law Journal 387， 391 – 393 （ Spring， 1999）.

[23] See Karin S. Schwartz， It Had to be Hue: TheMeaning of Color " Pure and Simp le， " 6 Fordham Intellectual Property， Media & Entertainment Law Journal 59， 93 （ 1995 ） ; Jonathan Hudis， Removing the Boundaries of Color， 86 Trademark Reporter 1， 2 （1996）; Laura R. Visintine， Note， The Registrability of Color Per Se as a Trademark afterQualitex Co. v. Jacobson Products Co.， 40 Saint Louis University Law Journal 611， 642 （1996）.

[24] Qualitex Co. v. Jacobson Products Co., Inc., 514 U. S. 159, 162 - 164 (1995).

[25] KevinM. Jordan &LynnM. Jordan, Qualitex Co. v. Jacobson Products Co. , The Unanswered Question - Can Color Ever beInherently Distinctive?, 85 The Trademark Reporter 371, 395 (1995).

[26] See Sazerac Co. v. Skyy Sp irits, Inc. , 37 U. S. P. Q. 2d (BNA) 1731, 1733 (E. D. La. 1995); Carillon ImportersL td. v.Frank Pesce Group, Inc. , 913 F. Supp. 1559, 1563, 38 U. S. P. Q. 2d (BNA) 1118, 1121 - 1122 (S. D. Fla. 1996).

[27] SeeMana Prods. , Inc. v. Columbia CosmeticsMfg. , Inc. , 65 F. 3d 1063, 1071, 36 U. S. P. Q. 2d (BNA) 1176, 1181 (2d Cir. 1995).

[28] See PaulMorico, Protecting color Per se in the wake ofQualitex v. Jacobson, 77 Journal of the Patent and Trademark OfficeSociety 571, 581 (July, 1995).

[29] See Jay Dratler, J r. , Trademark Protection for IndustrialDesigns, 1988 University of IllinoisLaw Review 887, 938 (1988).

[30] See In ReMorton - Norwich Products, Inc 671 F. 2d 1332, 1338 (C. C. P. A. 1982).

[31] See Inwood Laboratories, Inc. v. Ives Laboratories, Inc. 456 U. S. 844, 851 (1982); see also Sears, Roebuck & Co. v.Stiffel Co. , 376 U. S. 225, 232, 84 S. Ct. 784, 789, 11 L. Ed. 2d 661 (1964) & Kellogg Co. v. National Biscuit Co. , 305 U. S.111, 122, 59 S. Ct. 109, 115, 83 L. Ed. 73 (1938).

[32] Inwood Laboratories, Inc. v. Ives Laboratories, 456 U. S. 844, 862 (1982).

[33] See California Crushed Fruit Corp. v. Taylor Beverage & Candy Co. , 38 F. 2d 885, 885 (D. Wis. 1930).

[34] Smith, Kline & French Laboratories v. Clark & Clark, 157 F. 2d 725, 730 (3d Cir.), cert. denied, 329 U. S. 796 (1946).

[35] See, e. g. , In re Orange Communications, Inc. , 41 U. S. P. Q. 2d (BNA) 1036, 1041 (T. T. A. B. 1996).

[36] See American Hosp. Supp ly Corp. v. Fischer Scientific Co. , No. 84 C 8634, 1988 U. S. Dist. LEXIS 11000, 32 (N. D.Ill. 1988).

[37] Brunswick Corp. v. British Seagull L td. 35 F. 3d 1527, 1530 - 1531 (Fed. Cir. 1994).

[38] See In re Orange Communications Inc. , 41 U. S. P. Q. 2d 1036 (T. T. A. B. 1996).

[39] Restatement (Second) of Torts §742, comment a (1938).

[40] Pagliero v. Wallace China Co. , 198 F. 2d 339, 343 (CA 9, 1952).

[41] The Restatement (Third) of The Law ofUnfair Competition §17, comment c at 175 - 176 (American Law Institute 1995).

[42] See Deere & Co. v. Farmland, Inc. , 560 F. Supp. 85, 98 (S. D. Iowa), aff' d, 721 F. 2d 253 (C. A. 8 1983).

[43] 该案具体情况请参见郭京霞:《我国首例颜色组合商标案宣判———因形式过于简单被法院驳回》,载《人民法院报》2005 年 12 月 17 日第 4 版。

作者系华中科技大学法学院教授,法学博士。

(原载《法学评论》·双月刊 2009 年第 1 期)

论动态商标的法律保护

何炼红

随着互联网等各种媒体的广泛普及与电子商务的迅猛发展，商标开始呈现出从静态向动态扩张的趋势。使用动态商标可以强化区分不同企业的产品和服务，为企业树立良好的形象，因此越来越受到国内外企业的重视。在许多国家和地区，动态商标也已经获得承认并允许注册。然而，在我国由于现有的商标注册理论和规则都是建立在传统的、静态的平面商标之基础上，且没有与动态商标相关的具体规定，因而，在实践中此类商标并不允许被注册。时值我国《商标法》正在进行第三次修订，笔者认为有必要关注动态商标的扩展给我国带来的影响，积极考虑恰当的法律措施以应对我们所面临的挑战。

一、动态商标的含义、特征及分类

动态商标（motion marks），即将视频文件展现的一系列特定的动作或运动状态作为识别商品或服务来源的标记。动态商标是与静态商标相对应的一个概念，属于广义非传统商标[1]的一个子范畴。与其他商标相比，动态商标具有以下特征：第一，这些标志由运动元素组成或包含有动态要素。需要保护的对象通常是可用视觉感知的一系列动作或运动状态本身。而常规的视觉商标需要保护的通常是各种静态形式的文字、符号等。第二，它们通常需要借助电子视频的方式予以表达。动态商标的出现与现代科技的迅猛发展密不可分，它是随着电视、网络的普及而衍生出来的新型商标，因此，必须用视频文件在一定的时间内进行播放的形式展现，其形式生动活泼。而传统的商标仅用静态的平面图像形式表达，形式呆板，缺乏视觉冲击力。目前，常见的动态商标可以分为以下三种类型。

一是手势商标（gesture mark），即通过特定人物的一系列连续的手势动作或肢体动作来指示产品或服务的来源。手势商标在一些国家已经获得认可，例如 Mars B.V.公司在荷比卢商标注册局注册了“两只手指作出相剪的动作”的手势商标，使用于咖啡、巧克力、糖果等商品。Derbyshire Building Society 公司在英国注册了一个用于投资、抵押贷款等服务的手势商标，该商标描述为“一个人将手指轻触其鼻侧的动作”。

二是活动影像商标（moving image mark），即运用文字、图片、录像、声音等综合要素呈现的动感片段来区别不同的产品或服务。这种商标通过画面的运动能使人在接触画面的瞬间对其产生注意和发生视觉兴趣，适合电影、电视和网络公司用来指明他们的产品和服务。例如，美国哥伦比亚电影公司将各部电影所播放的自由女神像的片头剪辑作为商标注册，使用于电影制片、电影发行等服务。Bradford & Bingley plc 公司在英国注册的动画商标是“透过八张连续播放的图像，反复呈现两个人以手脱帽再戴回帽子的动作”，该商标使用于金融及保险资讯服务上。

三是产品运动商标，即以产品本身的移动状态或者基于产品产生的一系列特定的动作来识别不同的产品或服务。例如，美国亚马哈快艇在行驶过程中从后背喷射的三维喷雾、兰博基尼汽车向上移动的车门就是这样的标记。这种商标的独特性往往会使其产品具有极大的竞争优势，但是也可能会因为其本身具有功能性而不容易通过商标审查。

二、国外动态商标保护的立法与实践

（一）国外动态商标保护概览

按照 TRIPS 协议第 15 条第 1 款规定："任何能够将一企业的商品或服务与其他企业的商品或服务区分开的标记或标记组合，均应能够构成商标。这类标记，尤其是文字（包括人名）、字母、数字、图形要素、色彩的组合，以及上述内容的任何组合，均应能够作为商标获得注册。"据此规定，能区别商品或服务的几乎任何标志都可以被视作商标，动作商标自然应当在商标注册范围之内，只是，TRIPS 协议并没有明确规定动作商标是一种可注册的商标。

2006 年 WIPO 新加坡外交会议通过的《商标法新加坡条约》首次明确承认了非传统商标的保护。《新加坡条约实施细则》细则 3 第 5 条更是具体提到了动态商标这种新型商标。[2] 虽然在条约及其细则中没有明确规定动态商标申请注册的标准方式，只是含糊地规定按缔约方有关法律规定办理，给予各成员国对于非传统商标保护最大的灵活性，但可以预计，将来世界知识产权组织将会产生关于非传统商标的协议。[3] 毋庸置疑，动态商标的保护将在知识产权国际保护的框架下，逐渐走上一体化、国际化的道路。

在美国，第一个注册的动态商标产生于 1957 年 2 月 19 日，该标记是"一枚硬币在坚固的表面上旋转时产生的声音和视觉表现"，它被使用于电视广告中。[4] 不过，美国联邦政府行政法规汇编关于商标法案例的操作规则中，并没有涉及动态商标的事例，直到 1999 年修正商标法时才对此予以规定，而"动态商标"这个术语更是直到 2003 年修正商标法时才有规定。目前，美国大约有 20 个动态商标被注册登记。在欧盟，欧共体内部市场商标一体化管理局（OHIM）已经核准注册了几种动态标记作为欧盟商标，其成员国如英国、德国、比利时的商标主管机构则已经广泛地对动态标记予以注册。亚洲地区对动态商标的关注也越来越多。在日本，动态商标是可注册的。韩国 2007 年修改的商标法第 2 条第 1 款第 1 项，从原来的只有记号、文字、图形或者立体形象或者与其结合色彩才可被规定为商标的规定，扩大到色彩商标、全息图商标、动态商标及可用视觉认知的各种形式。可见，动态商标的保护已呈现出不断扩展的态势。

（二）国外动态商标注册的相关规定

1.动态商标注册的实质性要件

（1）具备显著性

从各国商标法到国际公约，都无一例外地将动态商标的显著特征规定为动态商标注册的积极条件。当然，一些国家并没有对动态商标显著性进行特别规定，而是将其参照传统商标的显著性要件进行规范。也有一些国家对动态商标的显著性有特别的规定，例如，英国商标审查手册规定，判断动态商标显著性的标准是，普通消费者是否能基于该运动图像的意义排他地认识到该产品或服务与某一企业的产品相联系，其他经营者是否在商业活动中没有动机使用与其相同或相似的图样。

在实践中，判断动态商标是否具有显著性时，往往必须排除该标识所具有的功能性内容。

欧盟的兰博基尼"剪刀式车门"动态商标注册案就是一个比较具有代表性，同时也颇具争议性的案例。[5] 1999 年 11 月 26 日，意大利兰博基尼汽车有限公司就一个动态标记向欧共体内部市场商标一体化管理局（[6] OHIM）申请了欧盟商标的注册。在申请说明中指出，这个商标指一个典型的独特的车门的安排，门绕着一个可转动的轴向上旋转，与其他车门的水平的横向旋转不同。[7] 兰博基尼汽车公司同时还提交了描绘车门动作的四张图样。商标审查员基于两个理由拒绝了该件申请：第一，标志缺少显著性特征；第二，标志是由一个单一的产品形状组成，这必然会导致一种技术效果。因为，审查者发现，其他汽车公司的汽车也用向上移动的车门，因此兰博基尼的门不具有显著性特征，不能作为识别产品来源的一个指示，更确切地说它只是跑车的一个特定特征。此外，审查者发现这个标志由三维形状组成，汽车车门并不是无限可生产的，从产品技术功能的角度而言，这个形状是必须的。

兰博基尼公司在 2001 年 1 月 17 日提出申诉，主张其标志具有显著性，并且阐明注册申请的内容限于：兰博基尼车门的移动与汽车车体平行，而其他汽车向上运动的门与车体垂直。尽管奔驰公司也生产了一款车门平行移动的车，但兰博基尼主张其使用在先，因为公众看到的奔驰公司的车是在该申请日之后。兰博基尼也否认这是其车门运动的一个必要技术特征，

强调兰博基尼设计的目的是“创造一个有特定识别价值的全新的车门构造，展现一个准确识别兰博基尼的标志。”在申诉中，兰博基尼公司认为 OHIM 使用法律错误，不能选择《欧洲商标条例》第 7 条（1）（e）（ii）款作为拒绝的理由，因为该条款适用于产品的形状，而这个申请涉及的标记是产品运动本身，并不是产品形状。令人遗憾的是，2003 年 9 月 23 日，OHIM 第一申诉委员会还是正式拒绝了兰博基尼汽车有限公司的“剪刀式车门”作为欧盟的动作商标注册。第一申诉委员会作出决定的根据是：兰博基尼对动作和形状的区别不足以令人相信。因为，该标记的运动涉及产品的形状或者技术安排。该标记本质上必须是三维的，如果不能建立在特定的形状基础上，只不过是有一种特色的机械运动，这等于是车门的一个技术功能。所以，兰博基尼的“剪刀式车门”不能作为区别商标或货物来源的独特运动。

从这个案例我们不难发现，商标的申请者如何使用准确的语言来表述动态商标的显著性特征，显然具有重要的意义。兰博基尼汽车公司在最初申请时，由于语言表达不够精确，只是强调车门是一种技术安排和典型地向上运动，难免造成 OHIM 审查者对于产品动作和形状的混淆，以致该申请遭到了拒绝。不过，笔者认为，在该案申诉过程中，兰博基尼汽车公司的阐述应当是比较清晰的，因为，已经阐明了车门的精确动作以及这个车门动作与其他制造商的车显著不同之处是：兰博基尼车门的移动与汽车车体平行，而其他汽车向上运动的门与车体垂直。该动作明显是该商标定义的显著特征，应当有注册的合法依据。OHIM 第一申诉委员会最后的裁决结果对兰博基尼汽车公司显然是不公正的。

（2）获得动作原创者的许可

由于有些动作商标的动作可能不是申请人所创造的，所以动作商标注册时须征得动作原创者的许可。如果没有征得动作人的许可，则可能在审查时被驳回或构成侵权。例如 2007 年 5 月，日本特许厅驳回了朝日啤酒公司把著名花样滑冰选手荒川静香的招牌动作注册成商标的申请，[8] 理由是此举没有得到动作原创者的同意，有可能招致日本公众的反感。日本其他公司提出的另外十个类似的申请也都被驳回。再比如，澳大利亚运动员休伊特将自己的标志性握拳庆祝动作“VIGHT”注册了商标，作为自己服装品牌的名称，只要提起在比赛中喊着“C’mon”握拳庆祝的动作，每个人都会想到休伊特，然而这个动作是由瑞典球员克鲁恩在上个世纪七十年代与自己的哥哥一起玩骰子时开始使用的。休伊特因为没有经过动作原创者克鲁恩的许可而将被告上法庭。[9]

2.动态商标注册的程序性要求

《商标法新加坡条约实施细则》要求每个成员国必须规定提交关于这种商标申请的说明，其细则 3 第 5 款规定：“提交该商标的一份或多份图样，以及有关该商标的细节。”然而，该条约没有对于要求说明的数量和形式作出统一规定，而是留给成员国自由决定关于标志说明的形式和其他细节。

在美国，根据商标审查程序手册要求，动态商标注册的必备条件是：提交一份关于商标的详细描述，既可以是一张图像表现单一的动作，也可以是一连串的图像表现一系列的动作。动态商标的审查程序类似于商业外观，如果它的构成具有显著性，如果全部图像有时间限制，那么这个商标是可保护的。可见，在美国注册动态商标，除了图像和描述的要求外，并没有特别制定的其他规则，或为动态商标注册提供指南。[10] 在欧盟，一件在欧盟主要成员国被使用、具备显著性要件的动态商标只要能用图像表现就可以被注

册[11]。动态商标的申请是通过多种结构的图像来表现商标是怎样依次运动的。[12] 不过，英国商标审查手册对动态商标注册有特别的规定：动态商标说明必须和其他注册说明一样清晰，[13] 动态商标必须清晰、精确、全面、易于检索、便于理解、耐久与客观。

对于动态商标图样的数量，各国要求不一，有的要求提供 5 到 10 张图样，有的规定 10 到 20 张图样。对于商标图样的大小规定也不一，有的规定最大不得超过 10 厘米×10 厘米，有的规定 7.5 厘米×7.5 厘米，不过，最小一般不能小于 3 厘米×3 厘米。对于动态商标的说明方法，目前各个国家主要有两种方式：一种是提交申请时必须同时提交一份主管局指定或接受的数字数据载体用以完全表现一系列静态影像；另外一种是附加提交一份短的、完整的多媒体标志样本，典型情况下使用 CD 或 DVD。

三、我国动态商标立法保护的必要性

任何一种法律制度，不是立法者随意的创制，而是社会现实和社会需要在法律上的反映，动作商标的立法保护也是如此。笔者认为，我国有必要通过商标法对动态商标予以保护。

（一）在商标法中保护动态商标是适应科学技术发展与商标保护国际化的需要随着网络的普及和技术的进步，对动态商标予以保护的呼声越来越多。事实上，长期以来标志以静态模式的表现形态出现，从某种层面上说，是有着相当的历史原因、社会原因的，是当时标志出现的宏观环境所至——在一个以静态的，纸质媒体在视觉生活中占统治地位的时代，在与视觉生活各方相关技术相对落后的时代，静态的标志形态无疑具有它存在的合理性与客观性。然而随着科技的发展并导致媒体相应发展，从而最终将改变我们传统的视觉生活的时候，静态的标志形态似乎已经失去了它在视觉生活中占据统治地位的部分合理性与客观性。[14] 动态商标的保护逐渐受到了国际社会的广泛关注，各国通过参加国际经济组织，缔结或加入国际公约，接受或承认国际惯例的方式来整合和修正国内动态商标立法，使之从原来的模糊性规定逐渐转变为一种确定的商标权利受到保护，以适应全球化的发展趋势。

国际商标立法的发展，尤其是《新加坡商标法条约》的通过对我国商标立法提出了新的要求。为了使我国商标法律制度与国际条约接轨，引导和支持我国企业有效地利用国际规则走向国际市场，便利我国企业在其他国家申请商标注册，我国在修改《商标法》及其实施条例的过程中，有必要考虑对于动态商标的注册和保护作出明确的法律规定。

（二）在商标法中保护动态商标反映了我国商标立法的内在精神

早在 2000 年，郑成思教授就关注到了动态商标这种商标形态，曾提出：“我国商标法将可受保护的标识界定为‘文字、图案或其组合’，它只能是‘静态的’，而目前已出现把某一动态（如小鸡从蛋中破壳而出）作为商标，而且有在网上发展为“时髦”的趋势”。[15] 我国现行商标法对于动态商标并没有明确界定，《商标法》第 8 条规定：“任何能够将自然人、法人或者其他组织的商品与他人的商品区别开的可视性标志，包括文字、图形、字母、数字、三维标志和颜色组合，以及上述要素的组合，均可以作为商标申请注册。”从该条文的措辞来看，既有概括定义，也有具体列举，而列举显然只是示范性的，因此理论上可以认为，我国立法对没有列举的视觉可视性标记，包括动作商标都是法律允许注册的。动作商标在我们国家应受到法律保护。然而，由于我国现有的商标注册性理论和规则仍是建立在传统平面商标基础之上，面对动态商标如何注册、如何审查等问题，缺乏具体规定，以致于在实践中不具有可操作性。目前国内关于动态商标的申请和注册尚存在空白，与这个原因是密不可分的。笔者认为，既然我国商标法容纳了动态商标的存在，如何使该类商标的注册具备可操作性是我们必须解决的一个问题。

（三）在商标法中保护动态商标是提升本国企业市场竞争力的需要

在商品经济社会，商标扮演着极为重要的角

色。“在当今一些主要资本主义国家，商标已经不再单纯是为了商品的交换，也不再仅仅是区别不同生产者与经营者的一种手段，而是变成了跨国公司、企业集团争夺市场，打击竞争对手、垄断某种商品和攫取高额利润的工具。”[16] 对于企业来说，一个强有力的商标是使其市场形象突出，并且获得经济效益的最重要的手段之一。从经济学的视角而言，企业花费更多的财力开发和提升自己的商标，则商标的作用将更强大，消费者的搜寻成本因此将更低，公司也将赚取更多的钱。[17]

在传统商标日趋同质化的今天，许多商品和服务的提供者已经深刻意识到，面对市场中众多的同类商品和服务，传统的文字、图形等静态标志不够形象生动，单一的视觉表现方式已经不能够更好地诠释商标，且容易造成消费者视觉的混淆和审美疲劳，无法适应现代数字化的视觉环境。而科技革命、网络等媒体的发展无疑为动作商标的出现提供了坚实的舞台。动态商标与其他非传统商标相比的不同在于：其拥有更大的信息含量，更多元的视觉元素，可以更为准确生动地展示企业的品牌形象特色，给消费者带来全新的强烈感受。动态商标与其它非传统商标相比也更能让普通人所容易接受，例如，气味商标难免存在个人嗅觉的差异性、接触途径无法实现网络化等弊端，声音标志则必须证明具有“第二含义”。因此，动态商标对于彰显企业品牌、实现商业利益最大化具有独特而巨大的优势。在注册申请时，动态商标也能够图解，避免了当前气味、味觉和声音商标在这一方面所面临的困惑。因此，动态商标的保护是我国企业适应日趋激烈的市场竞争的需要。

四、我国动态商标法律保护的对策

新型商标伴随着企业不断变幻的营销与广告策略演化，商标法也正在经历一个动态演变的过程。为了顺应国际潮流，促进我国经济的发展，便利当事人申请注册，笔者认为，我国现行商标法应从以下几个方面进行修改，以实现对动态商标的保护。

第一，具体列举动态标记为商标的构成要素。由于电视、网络在人们生活中越来越普及，用某种动作或运动标记作为商标已屡见不鲜。我国立法应借鉴国际上的做法，增加对动态商标的具体规定。笔者注意到，正在讨论的我国《商标法第三次修改草稿》第 4 条对于商标的法定构成要素作了如下规定，即“商标应足以表示商品或者服务来源并与他人商品或者服务相区别。商标可以由文字、图形、字母、数字、三维标志和颜色以及上述要素的组合构成。”显然，上述规定扩充了注册商标的类型，取消了商标应为可视性标志的规定，为动态商标、声音商标、气味商标等非传统商标预留了法律空间。然而，笔者认为，上述规定并不能让公众对我国商标法保护的构成要素有较为直观、清晰的认识和了解，完全有必要把“动态标记”这一要素进一步予以明确列举，规定“商标可以由文字、图形、字母、数字、三维标志、颜色、动态标记以及上述要素的组合构成”。

第二，特别规定动态商标注册的显著性要件。动态商标注册的实质要件在于该标志是否具有显著性。尽管我国《商标法》第 9 条、第 10 条、第 11 条从正反两方面规定了传统商标的显著性条件，然而笔者认为，动态商标最大的特点在于“动感性”，除了参照传统商标的一般性规定外，还应增加关于动态商标显著性的特别规定。如大众的动作不具有显著性、允许通过使用获得显著性、排除功能性动作的注册等。

由于对动态商标显著性的判断具有较大的主观性，因此在商标注册申请实务中，哪些动作或运动是特有的将至关重要，如果相关动态要素具有功能性，或者已经成为了大众的动作，就很难判定它具有显著性。在申请时如何使用精确的文字来说明动态商标的具体特征要求从而突出它的显著性往往有很重要的意义，上文中提到的兰博基尼动态商标申请案，便充分说明了这一问题。申请者应该力求精确地描述该动态标记的主旨、运动方向、运动时间等内容，阐明与其他产品的显著不同之处，详细说明保护的是什么、不保护的是什么，使普通人通过说明足以将该动态标记形象化。例如，在瑞士有一个已注册的动态商标(注册号：495047)，其商标注册就伴有以下说明："颜色从左下方向右上方连续逐次由红色变为绿色，用时 8 秒。"该说明就相当精确、形象。此外，有些动态商标必须具有"第二含义"才能认定具有显著性。例如某些手势商标，我们很难通过手势动作本身来判断它是否具备显著性特征，但是，如果当这个动作被独家、长期地使用于某种商品之上而广为人知，能使人产生一种商品来源的联想时，它就会具有显著性。尽管在动态商标的审查时，审查者往往会采取十分谨慎的态度，但是笔者认为，只要申请时所表现的动态标记清晰、精确、全面、易于检索、便于理解、耐久与客观，审查者是不会拒绝接受的，因为它意味着对创新的保护和激励。

第三，明确规定动态商标注册的程序要件。对动态商标注册的程序性要件作出更具体、更精确的规定，无疑将能更好地保护商标持有者的权利，使消费者正确地认购他们喜爱的产品或服务。我国《商标法》实施细则除了对三维标志和颜色组合标志的申请作了特别规定外，对于一般的商标注册只要求提交商标注册申请书一份、商标图样五份。显然，上述规定排斥了电子申请方式。而动态商标在注册时将遇到的最大障碍就是申请者如何用图像来表现某种运动的状态。因此，笔者认为，对动态商标如果仅仅采用静态图样的说明方法显然并不充分。

其一，采用静态图样的说明方法不能完全体现作者要表达的意图。以动画标志为例，如果一个动画商标综合文字、符号、色彩、声音等各种元素，那么，图样表现法怎么完全体现作者所要表达的那个动作是特定的要求保护的呢？而手势商标如果没有第二含义，则根本是不能被理解的，因为不同的国家和地区基于不同的意识形态和文化背景，往往会有不同的手势语言。

而且，在一个动态商标里，完全可能包含不止一个静态标志，如果不加以说明，就也可能因为与他人申请的静态标志具有相似性而作为被拒绝的理由。

其二，采用静态图样的说明方法使图样表现具有机械性。动态标志最大的特征就是富有动感，因此这些标志通过静态图样往往无法生动地再现原来的场景，甚至给消费者和其他人对商标的理解带来更大的模糊性。随着网络的普及化、政务电子化，视频文件的下载收看完全可以付诸实施，因此动态标志申请时，也完全可以附加具有动态画面的视频文件。

其三，采用静态图样的说明方法使图样的数量无法限定。如果提交足以完全表现某种运动状态的一系列静态影像，那么这些影像的数量如何统一也是个问题，比如规定限交 5 份、10 份还是 20 份？不同的标志需要表达的数量往往会不一致，有时会造成在规定的数量范围内根本不足以表现其标志的显著性的情形出现，或者由于太多的数量而造成表达的模糊性。

总之，对于动态商标的申请仅采用静态图样的说明方法是不可取的。从法律的确定性出发，对于动态商标的申请，有必要象三维标志和颜色组合标志一样，另做一个特别的规定。即规定申请人在提交动态商标申请时，要求提交足以表现动态标记显著性特征的视频文件样本，并同时提交一份对其动态效果予以简要、精确说明的文件。

参考文献：

[1] 非传统商标主要包括颜色商标、动态商标、雷射商标、位置商标、声音商标、气味商标、触觉商标、味觉商标等，因为这些商标不同于传统的静态的文字、图形及其组合商标，故被称之为非传统商标。

[2] 《新加坡条约实施细则》细则 3 第 5 条规定：全息图商标、动态商标、颜色商标、位置商标任何缔约方均可以要求，申请书中声明商标为全息图商标、动态商标、颜色商标或位置商标的，须按其法律规定提交该商标的一份或多份图样，以及有关该商标的细节。

[3] Samay Gheewala, Legative update:Singapore sling: WIPO passes the buck on meaningful reform of internationaltrademark law （2007）.

[4] See Thomas P. Arden, Protection of Nontraditional Marks: Trademark Rights in Sounds, Scents, Colors, Motions and Product Designs in the U.S. （2000）, p15.

[5] Lesley Matty: rock,paper,scissors,trademark? A comparaive analysis of motion as a feature of trademarks in the United States and Europe （2006）, pp577－580.

[6] 欧共体内部市场商标一体化管理局（OHIM）成立于1996年，是欧洲市场商标注册权威机构。

[7] See CTM Application No. 001400092.

[8] “伊娜·鲍尔”是花样滑冰大一字步的一种变体，以创造者前联邦德国运动员的名字命名，动作是滑行时两脚尖向外，一腿弯曲向前，一腿伸直向后，冰刀两刃在两条平行线上。荒川静香在这个动作的基础上添加了向后深度下腰的动作。

[9] http://sports.sina.com.cn, 2007年12月23日访问。

[10] Lesley Matty: rock,paper,scissors,trademark? A comparaive analysis of motion as a feature of trademarks in the United States and Europe （2006）, p571.

[11] See Case C -273/00, Ralf Sieckmann v. Deutsches Patent-und Markenamt., 2003 E.T.M.R. 37.

[12] See Katrine A. Levin, Registration of Nontraditional Trademarks in the U.S. and E.U., 11 Intell. Prop. Strategist 3（Aug. 2005）.

[13] UK Trade Marks Works Manual 6.5.1.

[14] 陈勇军：《动态标志在现代视觉系统中的运用》，《设计杂志》2007年第9期。

[15] 郑成思：《对21世纪知识产权研究的展望（代前言）》，载郑成思主编：《知识产权文丛》（第三卷），中国政法大学出版社2000年版。

[16] 王吉法：《企业知识产权保护研究》，山东大学出版社1997年版，第131页。

[17] See William M. Landes & Richard A. Posner, The Economics of Trademark Law, 78 Trademark Rep. 267, 277（1988）.

作者系中南大学法学院教授，法学博士。

（原载《政治与法律》2009年第4期）

商标权概念的反思与重构

刘期家

在商标法理论中，商标权可谓是最核心的概念。商标法最基本的任务就是授予并保护商标权。但究竟何谓商标权，学者们并未完全达成一致意见。最有代表性的观点主要有以下四种：第一种观点认为商标权是商标注册人对其注册商标所享有的权利；[1] 第二种观点认为商标权是法律赋予商标所有人对其注册商标进行支配的权利；[2] 第三种观点认为商标权是商标注册人依法支配其注册商标并禁止他人侵害的权利；[3] 第四种观点认为商标权是商标权所有人依法对其商标所享有的专有使用权。[4] 上述几种观点虽然在表述上存在差异，但它们之间有一个共同点，即都将商标权与注册商标联系在一起，认为商标权的客体是注册商标。具体而言，第一种观点未能指出商标注册人对注册商标究竟享有何种性质的权利，故从权利性质角度而言不具有继续讨论的价值。第二、第三种观点从权利性质的角度指出商标权是对注册商标的支配权。第四种观点强调商标权是对注册商标的专有使用权。其中，第四种观点目前在学界居于统治地位，对我国的立法和司法产生了极为深刻的影响。我国《商标法》第 52 条规定，未经注册商标所有人许可，在相同或类似商品上使用与其注册商标相同或者近似的商标的，属于侵犯注册商标专用权的行为。这一规定明显打上了“商标权即注册商标专用权”的烙印。此外，《商标法》第 53 条、54 条、56 条、57 条也都使用了“注册商标专用权”这一术语。在我国司法实践中，一些法院也持有相同的观点，即认为侵犯商标权就是侵犯注册商标专用权。[5] 由此看来，“商标权即注册商标专用权”的主张已为学界以及立法和司法部门广为接受。“商标权”真的就是“注册商标专用权”吗？“商标权”真的就是“对注册商标的支配权”吗？带着这些疑问，笔者对传统商标权概念进行了反思，并试图在此基础上对商标权概念进行重构。

一、对传统商标权概念的反思

（一）“商标权”就是“注册商标专用权”吗？

“商标权即注册商标专用权”这一命题至少有以下四个方面的缺失：其一，它混淆了商标权与商标专用权之间的关系；其二，它混淆了注册商标权与未注册商标权之间的关系；其三，它混淆了商标专用权与商标禁用权之间的关系；其四，它对商标权客体的把握存在偏差。以下分述之。

1. 商标权不等于商标专用权

无可争议的是，商标权的内容至少包括商标专有使用权、商标许可使用权、商标转让权、商标投资权、商标融资权、商标续展权和商标禁用权。其中商标专有使用权又称为商标专用权，是商标权中最基本的核心权利。没有商标专有使用权，商标权就失去了其存在的意义。[6] 从商标权的内容范围来看，商标权不仅包括商标专有使用权，还包括其他一些权利。虽然商标专有使用权是商标权中最核心的权利，但并不能因此就认为商标专有权等同于商标权。正如有的学者所指出的那样，“事实上，商标权与商标专用权不可简单地等同。商标权是注册商标所有人对其注册商标享有的所有权，即独占性的支配权。也就是说，商标所有人对自己的注册商标可以独占使用，也可以许可他人使用，可以将其转让、放弃，也可以禁止他人使用。而‘商标专用权’这一表达未能揭示出商标权作为无形财产权的精髓，它只是商标权中最基本的内容，不能涵盖商标权的全部内容。”[7] 法律概念是进行法律推理的工具，因此，法律概念的科学性是构建科学的法学理论的前提和基础。而法律概念的科学性首先必然要求其概念内容的周延性，否则就会因以偏概全而在进行法律推理时犯法律逻辑上的错误。商标权概念是商标法中的一个核心概念，商标法归根结底是为了保护商标权。就此而言，对商标权作出科学的界定就显得尤为重要。而根据以上分析，传统上的商标权概念显然存在内容上的不周延性，存在以偏概全的问题，因而是不科学的，这对于商标法理论体系的构建显然十分不利。

2. 注册商标权不同于未注册商标权

商标权的原始取得方式主要有三种：一是商标权通过商标使用而取得，以商标使用的先后确定商标权的归属；二是商标权通过注册取得，以商标申请注册的先后确定商标权的归属;三是混合取得，即注册取得和使用取得并行，商标注册后受法律保护，获得商标权，但在一定期限内，先使用人可以主张权利，申请撤销与自己商标相同或近似的注册商标。一般认为，我国商标权的取得采用注册原则。[8] 如果这种看法是正确的，那么在我国自然就不存在未注册商标权的问题。有学者认为，在我国，未注册商标的“使用权”是不完整的，在未注册商标中，使用只是一种自然的事实，而不是权利。[9] 这种观点是片面的。事实上，在我国，除了注册商标可以取得商标权之外，未注册商标也可以取得商标权。比较典型的是非注册的驰名商标和非注册的有一定影响的商标。我国 2001 年修正的《商标法》，参照《保护工业产权巴黎公约》和《与贸易有关的知识产权协议》的规定，对未在中国注册的驰名商标也给予法律保护，这实际上确认了未注册商标可以通过使用取得商标权。此外，我国《商标法》第 31 条就有一定影响的未注册商标的保护作出了规定：“申请注册商标不得损害他人现有的在先权利，也不得以不正当手段抢先注册他人已经使用并有一定影响的商标。”至于普通未注册商标，目前我国并未给予商标法上的保护。也就是说，普通未注册商标的所有人不享有对抗他人的专有使用权。由此可见，我国商标法采取的是以注册取得原则为主，以使用取得为辅的立法例。[10] 我国的未注册商标实际上分为三个不同层次，即驰名商标、有一定影响的商标和普通商标，对不同层次的商标保护的内容和力度存在明显差别。在我国，未注册的驰名商标和有一定影响的商标都受到商标法的保护，是一种法定的权利而不是自然的事实。比较而言，我国的注册商标与未注册商标具有不同的法律地位，主要表现在：商标注册人享有对抗他人的专有使用权，即排除他人在同一种商品或类似商品上注册或使用相同或近似商标的权利，而普通未注册商标所有人不享有这种排他权，但有一定影响的未注册商标和未注册的驰名商标仍然享有一定的专有使用权，具有排他效力。通过上述分析，可以得出结论，我国的商标权分为两种，即注册商标权和未注册商标权。仅从我国的情况来看，就不能得出商标权就是注册商标权的结论。如果继续考察外国的情况，特别是考察采用商标权混合取得制度的国家的情况，[11] 也完全可以得出同样的结论。而传统商标权概念认为商标权即是注册商标的专有使用权，实际上是不承认未注册商标权的存在，这与国际国内的情况均不相符。

3. 商标专用权不能涵盖商标禁用权

商标权包括使用权和禁用权两个方面的内容。如果按照一般的法律逻辑，商标专用就意味着商标所有人以外的其他人不能使用，除非得到商标所有人的许可。正因如此，一些学者认为，商标权就其本质属性来说就是一种专有使用权，所谓专有使用权就是一种排他权，因此没有必要将商标权抽象为两方面的权能。[12] 也就是说，如果商标所有人享有商标专用权，就意味着他同时享有商标禁用权。但问题并没有这么简单。只要分析一下商标专用权和商标禁用权的效力范围就可以得出正确结论。商标专用权涉及的是商标所有人使用商标的问题，禁用权涉及的是对抗他人非法使用商标所有人的商标的问题。现以注册商标为例展开说明。根据我国《商标法》的规定，商标注册人的专有使用权以核准注册的商标和核定使用的商品为限。也就是说，商标注册人在行使专有使用权时，受到两方面的限制:一是只限于商标主管机关核定使用的商品，而不能用于其他类似商品;二是限于商标主管机关核准注册的商标，而不能使用其他近似的商标。但商标禁用权的范围则不同，商标注册人对他人未经许可在同一种商品或类似商品上使用与其注册商标相同或近似的商标，均享有禁止权。对于注册的驰名商标的保护则更能够说明问题，驰名商标虽然可以受到跨类保护，但驰名商标权人却不能跨类使用其注册的商标。易言之，注册商标所有人除了在核定使用的商品上使用核准注册的商标之外，他人不能从事的下列行为商标所有人本人也无权行使:在同种商品上使用近似商标;在类似商品上使用相同商标、在类似商品上使用近似商标。对此，有学者一针见血地指出:“注册商标人虽有权禁止他人使用‘近似’标识，但自己却无权使用或许可他人使用该‘近似’标识，否则会违反《商标法》第 30 条，从而会因‘自行改变注册商标的文字、图形或者其组合’，被行政机关处罚。他的这项专有权的‘禁’与‘行’是不一致的。”[13] 由此可见，商标专用权与商标禁用权不仅仅是一个商标权的积极权能和消极权能的问题，不能仅仅视为一枚硬币的正反两面。应当注意到，虽然商标专用权与商标禁用权存在交叉重叠的部分，但商标专用权的范围不能涵盖商标禁用权的范围，商标禁用权的范围要大于商标权专用权的范围。而商标禁用权是商标权的一个重要组成部分，说商标权就是商标专用权，无疑抹煞了商标专用权与商标禁用权在效力范围上的区别。根据传统的商标权概念和一般的法律逻辑，可以合理解释商标所有人在行使商标专用权的范围内，可以禁止他人行使这种权利，但却根本不能解释商标所有人本人不能行使的权利，为何可以禁止他人行使这一法律现象。

4. 商标权的客体未必是注册商标

所谓商标权的客体，亦即商标权所指向的对象。上述传统商标权理论认为，商标权的客体是注册商标。有学者对此提出质疑，认为将商标权的客体确定为“注册商标”，商标权也就变成了“注册商标权”，这显然是不适当的。因为如果只有注册商标才享有商标权，那就等于排除了对未注册商标享有属于商标法上的权利的可能性;在只承认商标权使用产生制的国家以及同时承认使用和注册都产生商标权的国家里，那些通过使用而产生的商标权的客体显然不是注册商标。[14] 可见，商标权的客体除了注册商标外，还包括未注册商标，传统商标权理论关于商标权客体的论述是不全面的，因而是不可取的。

（二）“商标权”就是“对注册商标的支配权”吗?

主张商标权是对注册商标的支配权，可贵之处在于它指出了商标权的支配权性质。从权利的性质来讲，用“支配权”比用“专用权”更为合理，因为商标权的内容除了商标专用权外，还包括许可使用权、转让权、禁止权等。不足之处在于，它仍然认为商标权的客体是注册商标。而通过上文分析，我们已经知道商标权的客体除了注册商标外，还有未注册商标。仅就此而言，这一主张就是站不住脚的。

根据上述分析，可以得出结论:有关“商标权是注册商标专用权”或“商标权是对注册商标的支配权”的传统商标权概念都是不科学的，因此，有必要对商标权的概念进行重构。

二、商标权概念的重构

要科学建构商标权的概念，首先有必要对商标权的客体、商标权的性质进行全面分析。

（一）关于商标权的客体

关于何为商标权的客体，学界存在争论。目前主要有两种学说，即商标说和商誉说。商标说认为，商标权的客体为商标，包括注册商标和未注册商标。商誉说认为，商标权的客体不是商标，而是商标所承载的商誉。[15] 究竟哪种观点更为可取呢? 在回答这个问题前，需要对商标的本质进行分析。

关于商标的本质，学界有不同认识，主要有下列学说:智力成果说、符号说、信息说、联系说。

智力成果说认为商标是智力成果，其智力性表现为设计、选取商标时的智力性，经营过程中的智力性等。[16] 该说意在论证商标权属于知识产权的合理性，因为传统知识产权理论认为知识产权保护的对象是智力创作活动所产生的权利。然而，商标作为财产，其价值来源则取决于它的识别性，取决于市场对于它所标记的商品或服务的评价，与它自身的设计水平没有关系，与它自身是否具有独创性以及独创性程度的高低没有关系，与它自身的设计成本没有关系。[17] 因此，强调商标的本质为智力成果是不合适的。

符号说认为，知识产权的对象应解释为符号的组合，符号是人为创设的、具有指代功能的信号。[18] 该说有助于说明商标的显著性的含义，可以对商标专用权、禁止权和商标侵权等问题作出合理化解释，[19] 不足之处在于容易误导人们将商标等同于符号，将商标权理解为符号产权，并可能助长“符号圈地”行为。

联系说认为，符号与商标之间的联系才是商标的本质，一旦割裂了特定商品与特定符号之间的联系，商标将不复存在。该说看到了商标不能脱离商品或服务而孤立存在，揭示了商标与商品或服务之间存在的内在关联，直击商标的本质。但“联系”之用语过于抽象，弹性太大，包容面太宽。因万事万物之间均有这样或那样的联系，商标与商品或服务之间究竟是何种性质的联系呢？不易把握。信息说认为，商标的实质是商品和服务提供者的结构性信息或者说是商品和服务提供者的综合品质，这种结构性信息以各种被固定地使用在商品或服务上的“标记或标记组合”为载体。[20] 该说不仅指出了商标是商品或服务上的“标记或标记组合”，还揭示了商标是商品和服务提供者的综合品质信息的载体，注意到了商标与商品或服务提供者之间的关系。但不足之处在于，该说未能强调商标和商品信息或服务信息之间的关系，因为消费者最看重的是商品或服务的质量，而不太在意提供商品和服务的主体的具体信息。

笔者认为，商标的本质是特定符号与特定商品信息或服务信息之间的对应关系。一方面，商标符号不能脱离商品或服务而孤立存在；另一方面，商标反映或承载了商品或服务信息，包括商品或服务的来源信息（提供者信息）、商品或服务的种类信息、商品或服务的品质信息（质量信息）、消费者对商品或服务的评价信息（商誉信息）、商品或服务的宣传信息（广告信息）等方方面面的内容。

分析了商标的本质之后，就可以讨论商标权的客体究竟为何物了。商标权的客体究竟是商标，还是商誉？结论显然是商标。因为商誉信息仅仅是商品或服务信息中的一种，是商标所承载的信息的一部分。除了商誉信息之外，商标还承载了其他方面的信息。由于商誉说仅将商标视为一种孤立的符号，因而看不到商标作为商标权客体的合理性和科学性，转而求助于商标上承载的商誉来解释商标法现象。虽然该说试图探究商标符号背后存在的机理的研究进路值得肯定，但毕竟因缺乏对商标本质的全面认识而不可能得出科学的研究结论。

（二）关于商标权的性质

商标权是一种知识产权，是一种私权，这已经为学界所公认。但从商标所有人与商标之间的作用关系来看，商标权又是一种什么样的权利呢？一些学者将商标权定性为商标专用权，但由于商标专用权无法涵盖商标权的所有权能，因而存在明显瑕疵。另一些学者则将商标权定性为商标支配权。支配权说显然比专用权说更为合理，因为从字面意思看，“支配”一词具有更大的包容性，含有“占有”、“使用”、“收益”和“处分”之意。商标权的积极权能至少包括商标专用权、商标许可使用权、商标转让权、商标投资权、商标融资权、商标续展权等，而这些权能可以抽象为商标支配权。商标权是直接支配商标的权利，即商标所有人无须借助于他人的意思或者行为就能实现对商标的支配，包括对商标的使用、收益和处分。由于商标有形无体，商标所有人无法对商标实施占有，只能依靠法律赋予的权利对商标进行控制。因此，从这个意义上说，商标所有人对商标的支配是一种有限的支配。商标所有人直接支配特定的商标，就该商标享受利益，乃权利本身应有之意，因此，商标权是一种就特定商标享受利益的权利，商标所产生的利益包括利用商标的使用价值和交换价值产生的收益。[21] 商标所有人对于商标的处分，主要表现为对商标的转让和对商标注册的续展。商标权的消极权能是商标禁用权。商标支配权是否包括商标禁用权呢？一种观点认为，商标权与物权一样，是一种绝对权，排他性是支配的应有之义，是商标权属于绝对权的必然属性。商标权在保护上具有绝对性，即商标权对任何人都有法律效力，可以排斥他人的干涉。任何人未经商标所有人的许可，不得侵害或妨害商标权。[22] 因此，支配权包括禁用权。另一种观点认为，支配权是从正面说明商标所有人与商标之间的关系，而禁止权则是从反面说明商标所有人以外的人不经许可不得使用商标所有人的商标，前者是一种积极权能，后者是一种消极权能。因此，支配权不包括禁用权。一个具有说服力的例子是，物权的定义中除了直接支配外，还有排他性这一限定。[23] 笔者认为，商标支配权不包括商标禁用权在内，因为权利有其边界，商标所有人只能在他享有的权利范围内行使禁止权，商标所有人本人不享有的权利当然无权禁止他人行使。根据这一原理，享有支配权的商标所有人只能禁止他人在相同商品上使用相同商标，却无权禁止他人在类似商品上使用相同商标或近似商标，或者在相同商品上使用近似商标。但事实正好相反，商标所有人享有这种禁止权。可见，商标所有人的禁止权范围超过了支配权范围，商标支配权不能涵盖商标禁止权。综上所述，商标权不仅是一种支配权，还是一种禁止权。

那么，商标权的这种禁止方面的权能到底源自何处呢？我们知道，商标权的禁止权能由两部分组成:一部分是商标所有人享有的对他人侵害商标专用权的禁止权;另一部分是商标所有人在商标专用权范围之外行使的禁止权。前者侵害了商标所有人的商标专用权，商标所有人有权禁止，在法理上不存在任何问题，因为商标权是一种支配权，排除他人侵害是题中应有之义。但法律为何允许商标所有人在其专用权范围之外行使禁止权呢？学者们创设了混淆理论、淡化理论、联想理论对商标侵权行为进行解释，但这些理论都无助于从源头上寻找这种禁止权产生的合理根据。仔细研究就可以发现，这种合理根据来源于对消费者利益的保护。商标法的任务不仅要保护商标所有人的利益，也要保护消费者的利益，要维护一种公平竞争的市场秩序。法律之所以设置一个“禁区”，就是为了将不同商品和服务的来源区分开来，以督促不同的商品生产者和服务提供者保证商品和服务的质量，进而保护消费者的合法权益。而对消费者而言，他们对不同的商品和服务享有选择权，那些质量高、信誉好的商品和服务当然是他们的首选对象。为了避免消费者对不同来源的商品或服务发生误认或联想，以及由此导致的消费者的误购，防止消费者遭受欺诈，法律就在不同商标所有人之间划定了一个“禁区”。由此看来，这种禁止权来自于对公共利益的保护。当然，这种禁止权的赋予客观上也加强了对商标所有人利益的保护。从这个角度看，商标权不是一种纯粹的私权，它还注入了公共利益的因素。“商标权的保护消费者利益和促进有效竞争的社会公共利益功能也使这种私权具有很强的社会性和公共性，从而具有了一定程度的公权属性。”[24] 这也是知识产权的共同特征。

（三）商标权概念的重新界定

通过上述分析，我们对商标权的性质和商标权的客体有了清晰的把握。在此基础上，可以对商标权作如下界定：商标权是指商标所有人在一定地域范围内，依法直接支配特定商标，并排除他人非法干涉的知识产权。这一定义说明：

1. 商标权是一种有限的支配权，商标所有人不能对有形无体的商标实施占有，只能通过法律手段对商标加以支配。

2. 商标权本质上是商标所有人对特定符号与特定商品或服务信息之间的对应关系的支配权，而不是对商标符号的支配权。商标权具体包括商标专用权、商标许可使用权、商标投资权、商标融资权、商标转让权、商标注册续展权等方面的内容。商标法保护的是特定符号与特定商品或服务信息之间的对应关系，而不是商标符号本身。

3. 商标权同时是一种扩张的禁止权。商标所有人除了享有商标支配权本身包含的禁止权，还在商标支配权之外的“禁区”享有禁止权，具有“禁”与“行”不一致的特点。他人违反诚信原则，未经许可利用商标所有人的特定符号与特定商品或服务信息之间的对应关系进行营利的行为(在相同商品上使用相同商标)，以及通过干扰(在相同商品上使用类似商标、在类似商品上使用相同或近似商标)、割裂（反向假冒)、淡化（跨类使用商标使用人的驰名商标）商标所有人的特定符号与特定商品或服务信息之间的对应关系的手段进行营利的行为，均构成商标侵权。对于他人侵害商标权的行为，商标所有人有权加以禁止。

4. 商标权是一种特殊的民事权利，是一种具有一定公权属性的知识产权。法律赋予商标所有人以商标权，一方面是为了保护商标所有人的私权，另一方面也是为了保护消费者的合法权益。

5. 商标权既包括注册商标权，也包括未注册商标权。在不同国家，商标权的取得方式存在差异，因此，商标权的客体也存在差异。商标权的客体不是商标符号本身，而是特定符号与特定商品或服务信息之间的对应关系。

6. 商标权具有地域性，商标所有人只在一定地域范围内才享有商标权，超越这个地域范围就没有商标权可言。随着知识产权国际保护制度的建立，商标权的地域范围有进一步扩大的趋势。

三、商标权新概念的理论和实践价值

商标权新概念的价值表现在构建商标法理论和指导商标法立法、司法实践两个方面。

(一) 对于构建商标法理论的价值

商标权新概念的构建，对于商标法基础理论的建设具有重要意义。长期以来，我国商标法理论在商标权概念问题上众说纷纭，莫衷一是。各种商标权概念的表述都存在这样或那样的缺陷，迄今未有一种学说能够圆满解释商标法实践中的各种法律现象。注册商标支配权说和注册商标专用权说均不能合理解释商标权的客体问题，也不能合理解释商标禁用权存在的合理性问题。注册商标专用权说甚至还不能解释为何商标权的内容还包括商标转让等方面的权能。而本文给商标权所作的界定，比较全面地阐述了商标权的客体、商标权的性质和商标权的内容，特别是对商标的本质进行了有益的探讨，从而克服了传统商标权概念在上述方面不足。法律概念是法律推理的工具，是解释法律现象的手段，法律概念的科学性在法学理论的构建中显得至关重要。法律概念的不周延，是法律概念不具有科学性的重要表现。用不周延的法律概念进行推理，势必造成法律逻辑上的混乱，并进而得出错误的法律结论。商标权概念是商标法理论的核心概念，处于商标法理论的基石地位，能否对其进行科学界定，事关商标法基础理论的生命。基于这一原因，本文对商标权概念尝试进行重构。重构的商标权概念对于商标法基础理论建设的意义主要表现在以下几个方面：其一，有助于对商标权的客体进行分类研究，分析实践中存在的注册商标和未注册商标具有不同法律地位是否具有合理性，有利于克服长期以来形成的未注册商标不受法律保护的错误观念；其二，有助于深化对商标权性质的研究，从而合理划定商标权的范围和内容；其三，对商标本质的深入探索，有助于从理论上对商标侵权行为作类型化分析，从而进一步认清各类商标侵权行为的特点和本质之所在；其四，有助于商标法理论的体系化和科学化建设，也有助于强化商标法理论对各种商标法现象的解释能力和对商标法实践的指导能力。

(二) 对于指导立法和司法实践的价值

首先，商标法新概念的构建，对丁指导立法实践具有一定的现实意义。商标法的一个重要使命就是保护商标权，因此，商标权的科学界定有助于立法机关正确和科学立法。由于理论准备不足，我国现行《商标法》在使用“注册商标专用权”这一术语时出现了一些失误，如该法第52条将未经注册商标所有人许可，在相同或类似商品上使用与其注册商标相同或者近似的商标的行为，一律视为侵犯“注册商标专用权”。此外，《商标法》第53条、54条、56条、57条也都使用了“注册商标专用权”这一术语。实际上，上述侵权行为并非都是侵犯“注册商标专用权”的行为，这一点在前文中已经论及。因此，在修正《商标法》时，可以根据商标权的最新研究成果，对“注册商标专用权”这一术语作适当修改。现行《商标法》由于未能正确把握“注册商标专用权”与“商标权”之间的区别，在法律规定中犯了逻辑上的错误。如该法第 51 条规定，“注册商标的专用权，以核准注册的商标和核定使用的商品为限。”这没有问题，但遗憾的是，该法第 52 条第 1 项又规定：“未经商标注册人的许可，在同一种商品或者类似商品上使用与其注册商标相同或者近似的商标的”行为，属于侵犯注册商标专用权。第 52 条第 1 项规定的行为可以分解为以下四种行为：第一，未经商标注册人的许可，在同一种商品使用与其注册商标相同的商标；第二，未经商标注册人的许可，在类似商品上使用与其注册商标相同的商标；第三，未经商标注册人的许可，在同一种商品使用与其注册商标近似的商标；第四，未经商标注册人的许可，在类似商品上使用与其注册商标近似的商标。其中第一种行为(假冒行为）的确属于侵犯“注册商标专用权”的行为，但其他三种行为（仿冒行为）并非侵犯“注册商标专用权”的行为，因为第 51 条规定得非常明确，“注册商标的专用权，以核准注册的商标和核定使用的商品为限。”所以第 52 条与第 51 条之间存在逻辑上的冲突。更为严重的是，第 52 条还犯了法理上的错误。一个公认的法理是，任何人不能授予他人自己没有的权利。而后三种行为即便是商标注册人自己也无权行使，岂有资格将这些权利授予他人行使？所以后三种行为违法的根据不是“未经商标注册人的许可”，而是侵犯了法律为维护竞争秩序和消费者利益而赋予商标所有人的禁止权。由此看来，正确理解商标权的概念和内涵还有助于避免立法上的逻辑错误。

其次，商标权新概念的构建，对于司法机关处理商标侵权案件具有重要指导意义。目前，司法机关对商标侵权的表述存在不规范现象。如在原告商标构成驰名商标并且被告构成侵权的情况下，人民法院在判决书中的说理部分和主文部分对被告侵权的性质表述存在差异，有的表述为“被告侵犯了原告依法享有的驰名商标专用权”，有的表述为“被告侵犯了原告的驰名商标禁用权”，有的表述为“被告侵犯了原告的商标专用权”，还有的表述为“被告侵犯了原告的商标权”。[25] 出现这种情况的根源在于，现行《商标法》的相关规定因存在明显缺漏而难以适用，各地法院只好根据自己的理解进行表述，但不同法院对商标权的概念没有统一的认识。可见，正确把握商标权的含义，有助于司法机关准确理解和表述商标权侵权行为的性质。商标权新概念的构建，还有助于司法机关利用商标权概念进行法律推理和判断，准确认定侵权行为，避免出现逻辑上的问题。商标权新概念的另一个意义在于，它有助于司法机关通过类型化分析方法，正确把握各类商标侵权案件的特点和规律，从而不断提高办案效率和水平。

参考文献：

[1] 张序九主编:《商标法教程》，法律出版社 1997 年第 3 版，第 47 页。

[2] 刘春田主编:《知识产权法》，中国人民大学出版社 2000 年第 2 版，第 291 页。

[3] 张玉敏主编:《知识产权法学》，中国检察出版社 2002 年版，第 258 页。

[4] 吴汉东主编:《知识产权法》，北京大学出版社 2007 年版，第 253 页。

[5] 参见北京市第一中级人民法院课题组:《驰名商标司法保护中存在的问题及解决对策》，载《中华商标》2007 年第 11 期，第 33 页。

[6] 冯晓青主编:《知识产权法》，中国政法大学出版社 2008 年版，第 314 页。

[7] 冯晓青主编:《知识产权法》，中国政法大学出版社 2008 年版，第 314 页。

[8] 吴汉东主编:《知识产权法》，北京大学出版社 2007 年版，第 257 页。

[9] 吴汉东主编:《知识产权法》，北京大学出版社 2007 年版，第 254 页。

[10] 刘剑文主编:《TR IPS 视野下的中国知识产权制度研究》，人民出版社 2003 年版，第 130 页。

[11] 适用商标权混合取得制度的有英国、美国、新西兰等国家。

[12] 吴汉东主编:《知识产权法》，北京大学出版社 2007 年版，第 254 页。

[13] 郑成思:《知识产权论》，法律出版社 2007 年

第 3 版，第 219 页。

[14] 吴汉东：《知识产权基本问题研究》，中国人民大学出版社 2005 年版，第 568 页。

[15] 杨叶璇：《商标权的客体应当是商标所承载的商誉———对未注册驰名商标的保护》，载《中国发明与专利》2007 年第 3 期第 56 页。

[16] 郑成思：《知识产权法》，法律出版社 2003 年第 2 版，第 1 页。

[17] 刘春田主编：《知识产权法》，高等教育出版社、北京大学出版社 2007 年第 3 版，第 4 页。

[18] 李琛：《论知识产权法的体系化》，北京大学出版社 2005 年版，第 124 – 139 页。

[19] 彭学龙：《商标法基本范畴的符号学分析》，载《法学研究》2007 年第 1 期，第 17 – 31 页。

[20] 朱谢群：《商标、商誉与知识产权———兼谈反不正当竞争法之归类》，载《当代法学》2003 年第 5 期，第 7 页。

[21] 汪泽：《商标权与物权之比较》，载《中国工商管理研究》2003 年第 4 期，第 54 页。

[22] 汪泽：《商标权与物权之比较》，载《中国工商管理研究》2003 年第 4 期，第 54 页。

[23] 《中华人民共和国物权法》第 2 条规定："本法所称物权，是指权利人依法对特定的物享有直接支配和排他的权利，包括所有权、用益物权和担保物权。"

[24] 冯晓青、刘淑华：《试论知识产权的私权属性及其公权化趋向》，载《中国法学》2004 年第 1 期，第 63 页。

[25] 参见北京市第一中级人民法院知识产权庭课题组：《驰名商标司法保护中存在的问题及解决对策》，载《中华商标》2007 年第 11 期，第 33 页。

作者系中国政法大学民商法博士生，新疆维吾尔自治区高级人民法院法官。

（原载《知识产权》2009 年第 7 期）

我国商标法上地名商标的其他含义

——以“红河”商标争议案为切入点

董炳和

地名作为商标的法律资格，在许多国家受到限制，我国也不例外。自 1993 年起，商标法就禁止将县级以上行政区划的地名或者公众知晓的外国地名作为商标，同时将/地名具有其他含义作为例外之一。[1] 在我国目前的商标实践中，将地名作为商标使用或申请注册，还是一种比较常见的现象。地名是否具有其他含义，对于这些商标的合法性或有效性，其重要性是不言而喻的。本文以“红河”商标案为基本线索，结合近年来商标审查、评审以及相应司法审判的实际情况，对地名商标的其他含义进行初步讨论。为了讨论的方便，本文仅以我国县级以上行政区划的地名为研究对象。

一、“红河”商标案简介

云南省有一个红河哈尼族彝族自治州，该州有一个红河县。指定使用于啤酒、饮料制剂商品上的第 1022719 号“红河”商标于 1997 年 6 月 7 日获准注册，并于 2000 年 11 月 16 日经商标局核准转让给济南红河饮料制剂经营部（以下称“红河经营部”）。2001 年 8 月 13 日，云南红河光明股份有限公司（红河公司）以该商标属于县级以上行政区划的地名等为由，[2] 向商标评审委员会提出撤销申请。

红河公司认为，“红河”分别是云南省红河哈尼族彝族自治州和红河县这两个县级以上行政区划的地名，不存在其他含义。[3] 红河经营部则辩称，“红河”二字明显具有第二含义，是中国与越南边界的界河，在人们的习惯理解中也会被自然地解释为红色的河流。[4]

商标评审委员会经审理认为，“红河”虽为县级以上行政区划的地名，但具有县级以上行政区划地名以外的其他含义，[5] 于 2002 年 9 月 12 日作出裁定申请人所提撤销理由不成立，该注册商标予以维持。

红河公司对商标评审委员会的裁决不服，向北京市第一中级人民法院（以下简称北京市一中院）提起诉讼。北京市一中院经审理认为，被告提交的《辞海》、《中国地图册》和《世界地图册》均为我国权威的公开出版物，可以证明在越南境内存在名为“红河”的河流，故“红河”具有地名以外的其他含义，[6] 遂于 2003 年 2 月 12 日判决，维持商标评审委员会的裁定。

红河公司不服上述判决，向北京市高级人民法院（以下简称北京市高院）提起上诉。北京市高院经审理认为，我国的公开出版物记载“红河”

除作为我国县级以上行政区划地名以外，还是越南境内的一条河流的名称，故能证明“红河”具有地名以外的明确、公知的含义。同时，中文里“红河”还具有“红色的河流”的常见含义，更易于为公众所接受。“红河”具有有别于地名的其他含义，能够起到商标的标识性作用，具有了商标法所要求的县级以上行政区划地名以外的其他含义。[7] 北京市高院于 2003 年 7 月 8 日终审判决，驳回上诉，维持原判。

二、地名商标其他含义的解释

对于什么是地名的“其他含义”，人们的认识并不一致。根据笔者所掌握的资料，主要有三种观点：一种观点认为，地名具有其他含义，是指作为商标的该地名具有了“第二含义”，也就是某一生产者通过使用达到驰名程度，使消费者把该地名与该生产者自然地联系起来。[8] 另一种观点认为，地名具有其他含义，是指地名除了地域名称的含义以外，还可以理解为其他含义，如“长春”是我国吉林省的地名，同时在汉语中又有长寿、健康等含义，在后一种含义的“长春”可以作为商标使用。[9] 还有一种观点认为，所谓其他含义，有两重意思：一是有的词有多种含义，而地名的含义并不突出，如凤凰、长寿、仙桃、和平等。二是有的词已经多年作为商标使用，消费者已经公认是商标的。[10]

在“红河”案中，一审法院和二审法院对此问题的认识也不完全一致。北京市一中法院认为，这里所说的其他含义应理解为除作为地名使用外，“红河”还具有明确、公知的其他含义或是已在公众中约定俗成的其他用语。[11] 而北京市高院则强调要结合地名一般不得作为商标注册使用的原因来理解，认为地名具有其他含义应理解为，该地名具有明显有别于地名的、明确的、易于为公众所接受的含义，从而足以使该地名起到商标所应具有的标识性作用。[12]

笔者认为，在商标法上，地名作为一种标志，是以文字（包括字母）的形式体现出来的，商标法第10条第2款所使用的/地名具有其他含义这一表述，完全可以转换为下面的表述：“作为地名的文字具有其他含义”。很显然，这里的“其他”一词所针对的是“地名”，“其他含义”也就是地名之外的含义。因此，一个地名如果具有了其他含义，那么这个作为地名的文字便至少具有两种含义：一是作为商标法第10条第2款规定“不得作为商标”的县级以上行政区划的地名或者公众知晓的外国地名；[13] 二是前述地名之外的含义。例如，在“红河”案中，“红河”一词实际上就有三种含义：一是作为“红河哈尼族彝族自治州”的地名；二是作为该自治州的“红河县”的地名；三是作为越南境内一条河流的名称。在这三种含义中，前两种都是县级以上行政区划的地名，只有第三种才是“其他含义”。根据商标法第10条第2款的规定，一个原本“不得作为商标”的地名，由于其具有其他含义,因而不再受此限制。不过，这些具有其他含义的地名作为商标，就必须符合商标法对商标所使用的标志的要求。这意味着，商标法第10条第2款之下“其他含义”必须是商标法规定可以作为商标的“含义”。尤其是这些“其他含义”不能是商标法第10条第1款、第11条以及第16条禁止作为商标使用或注册的标志。例如，“仙桃”是湖北省一个县级市的地名，但“仙桃”又常被用来指称那些神话或传说中供神仙（尤其是王母娘娘）食用的桃子。[14] 在此意义上，“仙桃”便具有地名之外的其他含义。但是，如果将“仙桃”作为桃子或以桃子为原料的产品上，就属于商标法第11条第1款第（2）项规定的/直接表示商品的质量、主要原料、功能、用途、重量、数量及其他特点的标志,是不得作为商标注册的。

在“红河”案中，“红河”作为地名的“其他含义”是作为越南境内一条河流的名称。在此含义上的“红河”是否可以作商标注册，就要看它是否违反商标禁用标志的规定。但从商标评审委员会的裁定书、北京市一中院和北京市高院的行政判决书的内容来看，这一问题实际上并未得到讨论，[15] 似乎是有一定的遗漏。不过，就该案的情况来看，“红河”作为一条河流的名称，使用在啤酒、饮料制剂商品上，似乎不存在商标法规定的禁用的情形。

在讨论地名的其他含义时，笔者认为，有一个问题是需要进一步说明的，这就是地名的其他含义与“第二含义”的关系。所谓“第二含义”，即英文的“secondary meaning”，是在讨论商标的可注册性或显著特征时经常使用的一个概念，是指经过使用而取得的显著性，亦即“获得显著性”。[16] 对于那些原本缺乏显著特征、无法起到识别作用的标志，尤其是商品的通用名称，根据商标法第11条第1款的规定，是不能作为商标注册的。如果经过使用，消费者能够将该标志与特定的商品生产者或服务提供者联系在一起，该标志也就能够起到识别作用，因而具有显著特征，可以作为商标注册。

在“红河”案中，北京市高院把地名的其他含义与商标的识别作用联系在一起，强调这个地名的其他含义“足以使该地名起到商标所应具有的标识性作用”，究竟是指地名的其他含义本身应具有显著特征以便于识别，还是指地名本身由于具有其他含义才具有显著特征，并不是很清楚。如果是后者，那似乎就是将地名的其他含义理解为第二含义。最高人民法院在2005年的一份涉及到注册商标中含有地名使用问题的答复函（已转发各省、自治区、直辖市高级人民法院“参照执行”）中直接在“其他含义”后面标注“（即第二含义）”，并且在“其他含义”前以“使相关公众与注册商标的商品来源必然联系起来的”作为限定，[17] 似乎只能理解为“其他含义”指的就是第二含义。

如果仅从字面上看，既然一个商标有了“第二含义”，自然就应该有一个与“第二含义”对应的“第一含义”，这也就意味着该商标具有两种或两种以上的“含义”。一个似乎顺理成章的结论便是，如果说地名商标的地名含义是“第一含义”，那么其他含义便是其“第二含义”。其实，这完全是对“第二含义”概念的误解。“第二含义”这一概念所表达的既不是含义的数量（一种、两种或更多）及其中的次序（第一或第二），也不是含义的重要性（首要或次要），按照美国著名商标法学者McCarthy的说法，是因为它的产生时间处于第二位，并不是因为它在消费者心目中的重要性或含义上居于第二位。[18] 也就是说，一个具有“第二含义”的标志，最初只是作为描述性标志，不具有识别商品来源的作用，不能作为商标注册，这是它的“第一含义”；该标志后来经过使用，与特定的生产者联系在一起，能够起到识别商品来源的作用，可以作为商标注册，这便是“第二含义”。因此，第二含义总是与特定类别的商品或服务联系在一起的，而且，一个标志一旦具有了第二含义，对于特定类别的商品来说，它就只有一种含义即“第二含义”，而其“第一含义”即该类商品的描述性标志，却不复存在。因此，那些具有第二含义的商标，其实只有一种含义。而且，这里所谓的含义，也根本不是作为商标标志本身所具有的含义或意思，而只是消费者对使用该标志的商品与特定生产者之间的联系的明确认知。

将地名的“其他含义”理解为“第二含义”，或将其与商标的显著特征、识别性联系在一起，在我国现行商标法之下，将会得出自相矛盾的结论。根据《商标法》第10条第2款的规定，县级以上行政区划的地名或者公众知晓的外国地名，除非具有其他含义或者作为集体商标、证明商标的组成部分，不得作为商标。所谓“不得作为商标”，意指既不得作为商标注册，也不得作为商标使用。而商标法第11条第1款所述三种情形，只是“不得作为商标注册”，但可以作为商标使用。只有经过使用，这些“不得作为商标注册”的标志才可以作为商标注册，亦即获得了“第二含义”。既然不具有其他含义的地名本身“不得作为商标”，也就不得作为商标使用，[19] 又如何能够经过使用获得“第二含义”呢？[20] 正如有论者指出的那样：“由于第二含义本身就是需要通过使用获得的，因此，县级以上行政区划地名和公众知晓的外国地名。第二含义的取得必然要建立在违法使用的基础上，也就是说地名的可注册性需要通过违法使用来获得，显然这于法于理都是说不过去的。”[21]

三、地名商标其他含义的判定

作为判定地名是否具有其他含义的逻辑前提，一个商标所使用或包含的文字应具有指示出县级以上行政区划的作用。如果缺少这种指示作用，即使一个商标所使用或包含的文字是地名，也不应适用商标法第10条的规定，当然也就不需要判定该地名是否具有其他含义。[22] 一旦确定了这个前提，接下来的就是要对商标所使用或包含的地名是否具有其他含义进行判定。

一个地名究竟是否具有其他含义，从我国商标审查、审理和审判的实践来看，大致可以从两个方面来考察：一是作为地名的文字是否指向一个特定的事物，或作为某一特定事物的名称；二是地名的字面含义或构词习惯。作为地名的文字同时又是某一事物的名称,这种情况在我国并不少见。例如，“红河”案中的“红河”，商标评审委员会、北京市一中院和北京市高院都认定，“红河”是越南境内一条河流的名称。再比如,“黄山”既是安徽省黄山市及该市所辖黄山区的名称，同时也是著名旅游风景地黄山的名称。[23]很显然，在此情况下，作为地名的文字具有了地名之外的含义。这种含义是真实存在的，它所指向的对象既可以是客观存在的具体事物，如河流、湖泊、海洋、山脉、建筑物、动物以及人物等；也可以是抽象的事物或概念，如“红旗”、“前进”等；还可以是虚构的或想象中的人或物,如中国传统文化中的“凤凰”等。而且，正如北京市一中院在“红河”案中所说的那样，地名作为其他事物的名称并一定是正式名称。

根据地名的字面含义或构词习惯来确定其是否具有其他含义，在我国商标实务中似乎也是一种比较常用的方法。在“红河”案中，商标评审委员会和北京市高院就把“红河”的字面含义作为判定其具有其他含义的依据。而且，根据商标评审委员会裁决的表述，“红河”的字面含义是其判定“红河”具有其他含义的首要依据。依据地名的字面含义或构词法来判定地名具有或不具有其他含义，在商标审查、评审实务中不乏其例。例如，第3209645号“福安FUAN”商标中的“福安”是福建省福安市的名称，其字面含义被解释为“幸福、平安”，因而获得初步审定；第3599903号“海珠”商标中的“海珠”是广州市一个区的名称,因其有“海之珠”含义而获得初步审定；第3935148号“福海”商标中的“福海”是新疆福海县的名称，但因汉语中有“福如东海”的词组以及“幸福的海洋”的用法，商标局认为具有其他含义而予以初步审定；而在第3723036号“长海”商标申请驳回案中，商标局就以汉语中没有以“长”修饰“海”的用法为由判定“长海”没有其他含义，予以驳回。[24]

应当承认，以地名的字面含义或构词法为依据来判定地名是否具有其他含义，具有一定的合理性。但是，由于汉字本身属于表意文字，加之许多地名都有其特定的历史来源或命名原因，如果仅从字面含义或构词法来解释，许多地名都可能有多种含义，不具有其他含义的地名反倒是少数了。因此，笔者认为，在以地名的字面含义或构词法为依据判定地名具有其他含义时，应附加一些必要的条件或限制。一方面，字面含义或根据构词法解释的含义应当是确实存在的含义，至少是可以为日常生活经验可以接受的含义，而不应当仅仅是可能的含义、想象的含义或不符合逻辑的含义。例如，“泉港”在字面上可解释为“泉水之港”，[25]但无论将其解释为“由泉水形成的港口”还是“有泉水的港口”，似乎都不符合人们的日常生活经验。

另一方面，地名的字面含义应以公众的理解为基本出发点，而不应仅以语言学、词汇学等专业解释为基准。在“红河”商标案中，北京市高院强调其他含义应“易于为公众接受”，这实际上也就是强调了公众的认知和理解在判定地名其他含义方面的基础作用。举一个与本文主题无关的例子，如“黄河”，在字面上有“黄色的河流”之意，而且黄河之所以被称为“黄河”，确与“黄色”有关。但是普通的公众在看到“黄河”一词时，更容易将其与那条被称为中华民族母亲河的“黄河”联系在一起。

地名使用的文字，如果还是某一事物的名称，或具有不同于地名的文字含义，是否就可以判定该地名具有其他含义呢?商标法第10条第2款对此没有任何规定，但商标审查标准明确要求“该含义强于作为地名的含义”，[26]相关法院在具体案件中也明确提出了相同或类似要求。北京市一中院在WASH INGTON商标案中指出，其他含义“应理解为其不仅要求该地名具有地名之外的其他含义，亦要求该其他含义强于地名含义。”[27]北京市高院进一步指出，“构成商标的某一词语可能具有多重含义，但相关公众对商标含义的理解应以其首要的、最常见的含义为准。”[28]在实践中可能遇到的问题是，如何判断其他含义和地名含义的强弱？应当承认，其他含义和地名含义的强弱的判断在实践中是一件比较难以处理的事情。尤其在商标审查过程中，商标审查人员受商标审查程序本身的制约，自由心证或自由裁量的空间较大。

为了防止过于主观化，笔者认为，在判断其他含义是否强于地名含义时，应注意考察以下两个方面的因素：一是正式出版物尤其是影响较大的字典或词典的解释，据介绍，《辞海》的解释对主管机关认定其他含义有很大影响；[29] 二是公众对相关含义的认知程度，尤其是地名所指向的行政区划在公众中的影响或知名度，公众对地名含义的认知程度越高，其他含义“强于”地名含义的可能性就越小，反之亦然。[30] 不过，需要指出的是，从商标法第 10 条第 2 款的表述来看，“不得作为商标”的县级以上行政区划的地名并没有“公众知晓”的限定，因而只要该地名不具有其他含义，就完全不需要考察公众对其含义的认知程度。

四、简要结论

地名的其他含义及其判定是商标审查、评审及司法审判中的一个比较难以处理的问题。从对其他含义的理解，到判定是否具有其他含义的标准和方法，在实践中都存在着不同的认识和做法。在我国现行商标法上，地名的其他含义是指作为地名的文字本身所具有的或被公众认为所具有的、除地名以外的一种或多种含义。原则上，县级以上行政区划的地名以及公众知晓的外国地名既不得作为商标注册，也不得作为商标使用。因此,地名的其他含义与地名的显著特征或识别性并无必然的联系，也与通过使用而获得显著特征的“第二含义”完全无关。判定一个地名是否具有其他含义，应以公众的认知和理解为中心，应避免机械地按照字面或构词法来解释。在通常情况下，除非商标申请人能够证明其商标中包含或使用的地名具有其他含义，否则不得将该地名作为集体商标和证明商标之外的普通商标使用或获得注册。

参考文献：

[1] 现行商标法（2001 年修正）第 10 条第 2 款，1993 年修改的商标法第 8 条第 2 款。

[2] 红河公司请求商标评审委员会撤销/ 红河 0 商标的理由，除/红河 0 系县级以上行政区划的地名外，还涉及恶意注册、连续 3 年不使用等。在商标评审及后来的诉讼中，这些理由均未被采纳。

[3] 国家工商行政管理总局商标评审委员会关于第 1022719 号/ 红河 0 商标争议裁定书，商评字 [2002] 第 17 号。

[4] 同前注。

[5] 同前注。

[6] 北京市第一中级人民法院行政判决书，（2006）一中行初字第 129 号。

[7] 北京市高级人民法院行政判决书（2003）高行终字第 65 号。

[8] 参见张序九主编：5 商标法教程 6 （第三版），法律出版社 1997 年 2 月，第 68 页。

[9] 参见徐玉麟主编：5 中华人民共和国商标法释义 6，中国法制出版社 2002 年 2 月，第 28 页。

[10] 参见唐德华、孙秀君主编：5 商标法及配套规定新释新解 6，人民法院出版社 200 3 年 1 月，第 156 页；沈关生主编：5 中华人民共和国商标法诠释 6，人民法院出版社 1995 年 9 月出版，第 40 页；赵惜兵主编：5 新商标法释解 6，人民法院出版社 2 002 年 1 月，第 61 页。

[11] 北京市第一中级人民法院行政判决书，（2006）一中行初字第 129 号。

[12] 北京市高级人民法院行政判决书（2003）高行终字第 65 号。

[13] 这意味着，适用商标法第 10 条第 2 款的标志，首先必须具有地名的含义，即作为县级以上行政区划的地名或者公众知晓的外国地名。如果一个商标虽然使用或包含了作为地名的文字，但商标在整体上并不具有地名的含义，也就不受商标法第 10 条的限制，自然也无认定其他含义的必要。在伊川杜康实业有限公司诉国家工商行政管理总局商标评审委员会案中，北京市一中院就认为，争议商标由文字“杜康”、“汝阳”和圆环图案等设计要素组成，虽然该商标包含“汝阳”字样，但争议商标整体上有别于“汝阳”地名，具有显著性，能够起到标明商品来源的作用，并且不会对消费者造成混淆或者误导。参见北京市第一中级人民法院行政判决书，（2006）一中行初字第 129 号。

[14] 有趣的是，根据仙桃市政府官方网站的介绍，/ 仙桃 0 之名的来源就与仙女向王母娘娘奉献的仙桃的传说有关，at h ttp: / /www. x ian2tao. gov. cn /x tgk / lsyg /，2008 年 6 月 13 日访问。

[15] 在“红河”案中，红河公司以“红河”易使

消费者发生产源误认为由主张“红河”商标注册不当，显然是指“红河”作为县级以上行政区划地名的含义，而不是作为一条河流名称的“其他含义”。

[16] 参见黄晖著：《驰名商标和著名商标的法律保护》，法律出版社 2001 年 5 月，第 14 页。

[17] 最高人民法院对辽宁省高级人民法院《关于大连金州酒业有限公司与大连市金州区白酒厂商标侵权一案的请示》答复，（2005）民三他字第 6 号。

[18] McCarthy on T rademarks andU nfair Comp et it ion (4th ed.), k 15: 6.

[19] 值得提及的是，商标法第 10 条第 1 款规定“下列标志不得作为商标使用”，而第 11 条第 1 款规定“下列标志不得作为商标注册”，在用语上的不同是显而易见的。

[20] 有不少人认为商标法第 10 条第 2 款禁止将地名作为商标的一种考虑是地名作为商标的显著特征或识别性方面存在着某些缺陷。但从商标法第 10 条的内在结构以及该条第 2 款的文字表述来看，这种理解恐怕是不准确的。正如有论者所指出的那样，“这是一项绝对禁令，理论上不适用第 11 条第 2 款经过使用可以取得显著性的规定。”黄晖著：《商标法》，法律出版社 2004 年 9 月，第 51 页。在“华盛顿及图”商标案中，商标评审委员会针对“WASH INGTON”是否具有地名以外的其他含义，辩称：“原告所称的申请商标具有显著性、享有高知名度及不会导致产源误认等情形，不是第 10 条第 2 款规定的应予考虑的因素。”北京市一中院更进一步指出：/根据商标法第 10 条第 2 款的规定可知，除非原告能够证明申请商标已具有其他含义，否则不得作为商标注册并使用，无论其是否已经使用获得显著性，亦不考虑其使用是否会导致产源误认。参见《北京市第一中级人民法院行政判决书（2006）一中行初字第 1160 号》。

[21] 刘国栋：《从地名的其他含义说开去》，载《中国工商管理研究》 2005 年第 11 期。

[22] 2005 年版《商标审查标准》第一部分第 11 条列出了五种不判定为与我国县级以上行政区划的地名相同的情形：（1）地名具有其他含义且该含义强于地名含义的；（2）商标由地名和其他文字构成而在整体上具有显著特征，不会使公众发生商品产地误认的；（3）申请人名称含有地名，申请人以其全称作为商标申请注册的；（4）商标由两个或者两个以上行政区划的地名的简称组成，不会使公众发生商品产地等特点误认的；（5）商标由省、自治区、直辖市、省会城市、计划单列市、著名的旅游城市以外的地名的拼音形式构成，且不会使公众发生商品产地误认的。笔者认为，在后四种情形下完全不需要讨论地名的其他含义。

[23] 在商标审查标准中，“黄山”就被作为地名具有其他含义的例子之一。

[24] 参见汪泽：《含有国名、地名商标的审查》，载《中国专利与商标》 2008 年第 1 期。

[25] 参见董葆霖著：《商标法律详解》，中国工商出版社 2004 年 1 月，第 52 页。

[26] 商标审查标准第十一部分。

[27] 中华人民共和国北京市第一中级人民法院行政判决书，（2006）一中行初字第 1160 号。

[28] 中华人民共和国北京市高级人民法院行政判决书，（2007）高行终字第 108 号。

[29] 参见汪泽：《含有国名、地名商标的审查》，载《中国专利与商标》 2008 年第 1 期。

[30] 在前述 WASH INGTON 商标案中，商标评审委员会、北京市一中院和北京市高院都认为，虽然 WASH INGTON 是美国人的姓氏，但其作为美国首都的名称的含义更强，因而都判定 WASH INGTON 不具有其他含义，不适用第 10 条第 2 款的“但书”。

作者系苏州大学王健法学院教授。

（原载《知识产权》2009 年第 3 期）

判定侵犯注册商标专用权的正确思路

——米其林商标侵权纠纷案引发的思考

祝建军

一、问题的提出：判定侵犯注册商标专用权的标准是什么？

最近，湖南省长沙市中级人民法院判决了一起特殊商标侵权纠纷案，[1] 该案的判决说理过程及裁判结果颇耐人寻味，引起了大家的热议，具体案情如下：

原告米其林集团总公司是一家在法国注册成立的公司，其以生产汽车轮胎著称于世。该公司在中国注册并生产销售“轮胎人（图形）+MICH2 EL IN （文字）”商标（下称米其林商标）的轮胎产品。上述米其林商标核准注册的有效期限自 2002 年 10 月至 2012 年 10 月。2008 年 4 月，原告米其林公司发现被告在长沙销售标注米其林商标的轮胎，遂通过公证的方式进行了取证。我国行政机关对汽车轮胎实行 3C 强制性认证管理，被告销售的轮胎没有 3C 认证标志。[2] 庭审中查明，被告销售的米其林轮胎是由原告在日本制造并标注了米其林商标（产品本身上亦标注了产地为日本字样），被告举证证明该产品购自广州市天河区港达轮胎销售中心。原告米其林公司认为，被告销售的米其林轮胎是非法进口的产品，被告未经许可在中国市场上销售这些产品，侵犯了其注册商标专用权。被告认为，其销售的米其林轮胎是原告在日本生产的正品，且被告销售的产品有合法来源，故没有侵犯原告的米其林注册商标专用权。

长沙中院认为，商标是区分商品不同来源的标志，具有保证商品质量和表明商品提供者商誉的作用，对上述功能的损害即构成商标侵权。尽管被告销售的轮胎是原告在日本制造并标注了米其林商标，但该产品没有中国 3C 认证标志，是非法进口的产品，其在质量上存在安全隐患，由此引发的交通事故等否定性评价均会通过米其林商标指向原告，从而导致原告商业信誉受损，故被告的行为侵犯了原告的注册商标专用权。被告作为汽车轮胎的销售商，在明知其销售的轮胎产品不具有 3C 认证标志的情况下，仍购进并销售该产品，其行为不具有合法性，在主观上有过错，故不符合法定免除赔偿责任的条件，根据《商标法》第五十二条第（二）项、第（五）项、第五十六条的规定，判决被告停止侵犯原告注册商标专用权的行为，并赔偿原告经济损失 5000 元。一审宣判后，原、被告双方均未提出上诉，一审判决发生法律效力。

通过对该案查明的事实和法院裁判的结果，我们可以推出案件的裁判论证逻辑是：被告销售的米其林轮胎是原告在日本制造并标注了米其林商标，故被告不存在假冒原告注册商标的行为，但由于被告销售的米其林轮胎没有中国 3C 强制性认证标志，推定其为非法进口的轮胎产品且存在质量安全隐患，由此导致的交通事故等后果会使原告商誉降低，商标具有保证商品提供者商誉的作用，由于被告该销售行为未经原告许可，故侵犯了原告的注册商标专用权。

众所周知，判定侵犯注册商标专用权的标准一般为混淆标准，在对驰名商标进行跨类保护时还可能采用反淡化标准，而本案显然并未采用混淆标准和反淡化标准，而是另辟蹊径采用了所谓“商誉受损”标准，因此，该案的判决不禁让人产生一个疑问：判定侵犯注册商标专用权的标准到底是什么?

二、判断侵犯注册商标专用权的思路

要分析米其林案判定商标侵权的“商誉受损”标准是否正确，必须得从理论上理顺判定商标侵权标准的思路。[3]

(一) 判定一般商标侵权案件采用混淆标准

传统商标法理论认为，商标是指能够将一个企业的商品或服务与其他企业的商品或服务区别开的标记或标记的组合。由于商标真实地指示了商品的来源，代表了一定的质量水平和经营者的商誉，因而对消费者具有吸引力，此即意味着商标最初始的功能是标示商品或服务的来源，即识别（区分）的功能。基于维护商标识别（区分）功能的需要，传统商标侵权理论是以商标混淆理论为基础来构建的，目的是保护商品或服务提供者凝聚在商标中的商誉免受不公平利用的损害，以及保护消费者不受误导。而最初的商标混淆是指直接混淆，即由于在后商标的存在，具有一般谨慎程度的普通消费者乃至社会公众，极有可能误认为其所附着的商品或服务来源于在先商标所有人。后来的商标法又发展出了间接混淆制度，即消费者不会对在后商标与在先商标所标识的商品或服务之来源产生混淆，但可能误认为在后商标与在先商标的经营者之间存在某种经济上的联系，比如存在联营、赞助或许可等关系。传统商标法的混淆理论，旨在防止侵权者通过使用他人的商标而将自己的商品伪装成他人的商品，或使人误认为其与商标权人存在某种经营上的联系，从而欺骗消费者以侵占商标权人的商誉。[4]

根据侵犯商标权的混淆理论，凡未经商标权人许可且不存在“合理使用”等法定免责事由的情况下，在相同或近似商品或服务上，使用与他人相同或相近似的商标，导致消费者产生混淆的行为，即构成侵犯他人的商标专用权。反之，即使在相同或近似商品或服务上，使用与他人相同或相近似的商标，但未导致消费者产生混淆的行为，就不会构成商标侵权。基于此，有关商标方面的国际条约及大多数国家的商标法均规定，对于注册商标人而言，商标权不仅包括“在核定使用的商品或服务上使用核准注册的商标”，还有权禁止他人以导致相关公众混淆的方式使用注册商标，亦即商标权保护范围的确定，是以制止混淆为标准来构建的。

(二) 判定驰名商标保护案件还可能采用反淡化标准[5]

随着市场经济的深入发展和注意力经济的兴起，经营者基于推行品牌战略的考虑，开始广泛利用商标进行商品的广告宣传，商标从原来的识别（区分）商品或服务的功能，又拓宽并具有了品质保证功能和广告宣传功能。[6]

正是因为商标广告功能的产生与发展，使得新的商标保护理论——反淡化理论得以产生。[7]

人们认识到，对于驰名商标而言，其不仅仅是用来表明商品或服务的出处，更重要的是其还代表了商标品牌的价值和企业的形象。当他人在不同类别的商品或服务上使用了与驰名商标相同或近似的标识时，尽管消费者不会对二者提供的商品或服务之来源产生混淆，但可能会消耗该驰名商标的独特性，削弱该驰名商标与商标权人或其商品的唯一联系性，逐步使该商标丧失消费力和吸引力，即驰名商标的显著性被淡化，此即为商标淡化理论。商标淡化包括弱化和丑化两种类型。驰名商标反淡化保护旨在防止利用驰名商标的声誉而获得不当利益，保护驰名商标的显著性不会因为弱化或丑化行为而受到侵蚀。[8]

(三) 处理商标平行进口问题适用国家的法律政策标准

当标注商标的商品跨越国边境而构成商标平行进口时，判定商标平行进口行为合法与否，传统商标法的混淆理论和保护驰名商标的反淡化理论已无用武之地，此时，只能依据一国的商标法律政策和贸易政策标准。

商标平行进口，是指在国际贸易中，进口商未经本国商标所有人或商标使用权人许可，从境外进口经合法授权生产的标有相同商标的同类商品的行为。商标平行进口行为包括如下构成要件：1. 平行进口的商品为正品，不是假冒伪劣商品；2. 平行进口的商品是合法购得的，不是通过非法渠道(如走私）获得的；3. 进口商品上标注的商标与本国商标权人的商标来源于同一商标权人；4. 进口商的行为未得到本国商标权人的许可。商标平行进口产生的原因主要是不同国家或地区科技发展水平、生产资料成本、劳动力成本等的差异，使得同类商品在不同国家存在着价格差，进口人基于逐利的动机，将商品从低价位的国家进口到高价位的国家进行销售，从而获取差价。各国对于商标平行进口是否合法在立法及司法实践中存有不同观点，TRIPS 协议对此持回避的态度，其第 6 条明确规定，“不得利用本协议的任何条款处理知识产权穷竭问题”。[9] 因此，一个国家对商标平行进口采取何种政策，既与该国的知识产权保护政策有关，也与该国的对外贸易政策有关。[10]

在商标平行进口条件下，商标进口人的该商品进口行为仍有可能被判定为商标侵权，但此时判定被告侵权的标准既不是混淆标准，亦不是驰名商标保护的反淡化标准，而是基于一个国家的商标法律政策及对外贸易政策之考量。比如，当商标平行进口人实施商标平行进口的行为，有可能对国内商标权人的市场利益造成冲击、损害国家的经济政策或消费者利益时，基于平衡商标权人、商标平行进口人及社会公共利益的需要，由国家通过商标立法或商标侵权诉讼的个案，依据国家的法律政策，来认定商标平行进口行为构成商标侵权。当然，一个国家基于法律政策及贸易政策的考量，也可以认定平行进口行为不构成商标侵权。一个国家根据本国经济形势的变化，可以在此时认定商标平行进口行为构成商标侵权，而在彼时认定商标平行进口行为不构成商标侵权。但有一点可以肯定，认定商标平行进口行为构成商标侵权与否，完全取决于一个国家的法律政策及对外贸易政策。

通过前述分析可见，判断侵犯注册商标专用权一般可遵循如下思路：一般的商标侵权纠纷案件，混淆是判定侵犯注册商标专用权的基准;在对

驰名商标进行跨类保护时还可能采用反淡化标准;判定商标平行进口行为是否合法，取决于该国的商标法律政策及对外贸易政策，此时，传统商标混淆与反淡化标准无用武之地。[11]

三、从判定侵犯注册商标专用权的思路看米其林商标侵权纠纷案

判定商标侵权标准的思路理顺后，接下来我们要按该思路来分析米其林商标侵权纠纷案。

（一）从混淆标准看米其林商标侵权纠纷案

米其林案中，原告的注册商标为米其林“文字加图形”商标，核定使用的商品为轮胎等商品，原告已在中国生产销售米其林轮胎商品。由此，依据商标法的规定，原告有权禁止他人在相同或相近似商品上，使用与其相同或相近似的商标，以避免消费者对有关商品的来源或商品经营者之间的关系产生混淆。有意思的是，本案中原告指控被告侵权的商品，是原告公司自己在日本生产并贴上了米其林商标，被告不存在销售假冒原告注册商标专用权商品的行为，如此一来，判定被告构成商标直接混淆或间接混淆侵权的基准显然不存在了。

值得注意的是，本案中被告销售的米其林轮胎上标注了产地为日本的字样，假设购买了该轮胎的相关公众，在施以普通的注意力后，可能未注意到该产品来源国的标注，如此一来，相关公众会产生这样的认知：把原告在日本制造的米其林轮胎与原告在中国制造的米其林轮胎相混淆，这种商品来源国混淆属于商标法意义上的混淆吗?答案是否定的。理由是，如果把上述意义上的商品来源国混淆认定为商标法意义上的混淆，则会推导出如下结论，商标平行进口行为肯定属于商标侵权行为，因为在商标平行进口条件下，相关消费者存在把本国商品与进口到本国的他国商品混淆的可能。如果是这样，许多国家理论界与司法界长期艰苦探讨的商标平行进口行为是否构成商标侵权就显得多余了。通过反证可以明确，上述商品来源国意义上的混淆，不是传统商标法意义上的混淆。

综上，通过判定商标侵权的混淆标准来考量，本案被告的行为不构成商标侵权。

（二）从驰名商标反淡化标准看米其林商标侵权纠纷案

驰名商标在本质上是商标所呈现的一种事实

状态，即该商标在中国境内为相关公众广为知晓的事实状态，同时，依据商标法的规定，运用商标混淆制度已无法制止理性的商标侵权人时，为了防止或救济已被侵害的商标权益，防止商标的显著性被稀释，维护正常的市场竞争秩序，保护消费者的合法权益，而在个案中为实现对商品或服务的跨类别保护而动态地认定该商标为驰名商标。

就米其林商标侵权纠纷案来说，因被告销售的商品为轮胎，这与原告注册商标核定使用的商品类别相同，在不存在商品跨类别保护的情况下，本案无适用司法认定驰名商标保护的前提。

（三）从商标平行进口看米其林商标侵权纠纷案

从米其林商标案来说，被告销售的米其林轮胎没有我国3C强制性认证标志，被告也没有提供证据证明其销售的米其林轮胎是通过中国海关合法进口的，该案不符合商标平行进口的构成要件，所以该案不属于商标平行进口问题，判断被告的行为合法与否，亦不能采用考量商标平行进口合法与否的因素。

四、以“商誉受损”标准判定商标侵权的谬误性

（一）米其林案无法认定被告的行为给原告造成了商誉损害

商标是区分商品或服务的标记，其彰显了商品经营者的商业信誉，能对消费者起到认牌购物的作用。从米其林案来看，被告销售的米其林轮胎是原告在日本生产并贴上了米其林商标标识，原告作为世界著名的轮胎生产商，通过上述轮胎生产及商标标注行为，向轮胎销售者和消费者做出了承诺，其销售的米其林轮胎有品质保证。虽然中国和日本生产的轮胎采用不同的质量认证标准，但轮胎作为车辆配件的重要组成部分，直接涉及交通安全和社会公共利益，因此，不言而喻，各国对轮胎产品的认证都会采用较高的标准，仅因为涉案米其林轮胎在日本生产，在中国没有3C认证标志，就推断其可能存在质量安全隐患和其他民事纠纷，并进而推断会破坏原告的商业信誉，该论证值得商榷。理由如下：

如要认定在中国生产的米其林轮胎与在日本生产的米其林轮胎二者存在实质性的质量差异，必须得判断两国在车辆轮胎认证方面存在着实质性质量认证差异，也就是说，依据日本轮胎认证标准生产的商品质量劣于根据中国轮胎认证标准生产的商品质量，或通过鉴定认定被告销售的轮胎质量与中国轮胎3C认证存在实质性质量差异，即通过鉴定得出被告销售的轮胎质量劣于中国轮胎3C认证标准，否则，仅以没有3C认证标志，就判断被告销售的米其林轮胎存在质量安全隐患，显得武断。事实上，中国每年从国外进口原装车，该原装车是按照该外国的质量标准生产的，进口到中国时，只需检测该车符合中国的安全运行标准即可，不需要按照中国的质量标准来生产。

随着中国改革开放的深入，中国许多海关关口允许外国挂两地牌（该国和中国）的车辆进出两国，[12] 要求进入中国境内的外国车辆的轮胎专门按中国的3C认证标准生产是不实现的，对于跨越中国国边境的车辆，只要经过检测符合中国车辆运行的安全标准即可。

（二）以“商誉受损”标准判定商标侵权的谬误性

商标是商品上所标注的符号，商标的根是商品，商标与商品之间的关系是标和本的关系。商标法所保护的是商标与商品之间的功能关系，商标权所保护的客体是商标所承载的商誉。[13] 商标法对于商标的保护，并不意味着在著作权法、专利法之外，对相关的图案、文字和设计提供一种单独的保护，其强调保护商标所承载的商业信誉。[14] 因此，在认定被告的行为是否构成商标侵权时，还应考虑被告是否存在故意借助原告注册商标所体现的商业信誉，来获取不正当利益的目的。

商标法的立法目的在于防止消费者对不同商品或服务的来源或经营者之间的关系产生混淆，故对一般的商标侵权纠纷案件来说，混淆是判定侵犯注册商标专用权的基准。从该论证可知，判定商标混淆侵权的论证逻辑是：侵权人在相同或

近似商品或服务上，使用与商标权人相同或相近似的商标，导致相关公众对侵权人提供的商品或服务与商标权人提供的商品或服务之来源，或侵权人与商标权人之间的经营关系产生混淆。判定商标混淆侵权之所以采用该论证逻辑的原因是：侵权人之所以实施上述假冒他人商标行为的目的是，欲借助商标权人已经或将要建立的商业信誉来推销自己的商品或服务。同样的道理，判定驰名商标淡化行为构成商标侵权，亦是为了保护商标权人的商誉。如此一来，我们可以把判定商标侵权的混淆或反淡化标准，与保护商标权人的商誉之间的关系概括为：判定商标侵权的混淆或反淡化标准，是商标法所规定的判断某行为是否构成商标侵权的法定条件，而保护商标权人的商誉， 是商标法禁止商标侵权的目地之所在。

除了商标法以外，许多民事法律制度设置的目的之一是为了保护经营者的商业信誉，比如，我国《反不正当竞争法》规制假冒行为、商业诋毁行为和虚假宣传行为的目的，是为了保护经营者的商业信誉;我国《民法通则》规定法人享有名誉权的主要目的之一，亦是为了保护经营者的商誉。尽管上述民事法律制度都有保护经营者商誉的目的，但要判定某行为是否构成反不正当竞争法所禁止的行为，或构成侵犯法人名誉权的行为，判定的标准必须要符合我国《反不正当竞争法》或《民法通则》所规定的法定条件。

通过上述论证，笔者以为可以得出如下结论， 判定商标侵权必须要依法定的标准来判断，尽管商标法禁止商标侵权的目的是为了保护经营者的商誉，但保护经营者的商誉是包括商标法在内的许多民事法律制度设置的目的，所以，我们在判定商标侵权时不能反过来推论，即如果被告的行为造成原告商誉受损，则被告侵犯了原告的注册商标权。就米其林商标侵权纠纷案来看，其就属于上述反推理的方式来论证被告构成商标侵权，其混淆了判定商标侵权的法定标准与商标法保护商誉目的之间的关系，值得研讨。

五、从反不正当竞争法的视角看米其林案

从行政法（公法）的视角看，米其林案中被告销售的米其林轮胎无我国 3C 强制性认证标准，此属于违反我国行政法强制性规定的行为，被告依法将承担相应的行政法律责任。

从民事的角度看，原告在中国注册并生产销售米其林轮胎产品，而被告亦在销售标有米其林商标的轮胎产品，这说明二者存在同业竞争关系。从被告的行为给消费者带来的影响来看，因被告销售的米其林轮胎上标有产地为日本字样，消费者基于自身利益的考虑，可以做出是购买中国产的米其林轮胎还是日本产的米其林轮胎的决定，从而增加了选择购买商品的机会，因此，被告的行为很难说给消费者的利益造成了损害。从被告的行为给原告带来的影响来看，被告作为销售汽车轮胎的专业销售商，其知道或应当知道其销售的米其林轮胎没有中国 3C 强制性认证标志，其将依法被禁止在中国市场上销售该轮胎，但被告在逐利动机的驱使下仍在销售该商品，进而非法挤占了原告的米其林轮胎销售市场，造成原告遭受经济损失的不利后果，此属于不正当竞争行为。从被告的行为给国家经济秩序带来的影响来看，其在无我国 3C 强制性认证标准的情况下销售米其林轮胎，扰乱了我国正常的市场经济管理秩序，损害了国家利益。

综上，笔者以为，被告未经许可销售米其林轮胎的行为，属于非法挤占原告米其林轮胎销售市场的行为，这造成了原告竞争利益受损，构成不正当竞争，原告可依据我国《反不正当竞争法》一般条款的规定， [15] 来追究被告的不正当竞争侵权责任。

六、小结

无论对于商标侵权纠纷案件的当事人还是判案法官来说，判断侵犯注册商标专用权的思路是： 先依据判定侵犯注册商标专用权的混淆标准，考量被控方是否存在假冒原告的注册商标，并可能导致相关公众对商品的来源或经营者之关系产生混淆的行为，以此判定被控方的行为性质;在存在商品或服务跨类别保护的情形下，还可能依据注册驰名商标保护的反淡化标准，来判定被控方的行为是否构成商标侵权;当商品跨越国边境

而构成商标平行进口时，应依据国家的商标法律政策和对外贸易政策来判定被控方的行为是否合法。上述判定商标侵权的思路可以概括为：混淆标准→反淡化标准→平行进口时的政策标准。米其林案的“商誉受损”标准违反了商标法判定商标侵权的法定标准，值得研讨。米其林案的原告本可尝试采用反不正当竞争法来维护自己的合法权益。

参考文献：

[1] 具体案情参见湖南省长沙市中级人民法院(2009) 长中民三初字第0073号民事判决书，可通过中国知识产权裁判文书网查找。对本案的评析仅代表作者本人的观点。

[2] 我国国家监督检验检疫总局和国家认证认可监督管理委员会于2001年12月3日共同对外发布了《强制性产品认证管理规定》（即3C认证），对收入目录的19类132种产品实行“统一目录、统一标准与评定程序和统一收费”的强制性认证管理。涉案汽车轮胎属于应当进行3C认证的目录产品。

[3] 本文所论述的侵犯注册商标专用权是指商标直接侵权，不包括间接侵犯注册商标专用权的情形。

[4] 邓宏光：“我国商标反淡化的理想与现实”，载《电子知识产权》2007年第5期。

[5] 我国对判定注册驰名商标的侵权标准是采用混淆标准还是反淡化标准，在理论界和司法实践中一直存有争议。参见李明德：“中日驰名商标的法律保护”，载《环球法律评论》2007年第5期，该文的作者认为我国《商标法》第13条第2款规定了注册驰名商标的反淡化保护标准。王迁著：《知识产权法教程》，中国人民大学出版社2007年9月第1版，第535页，该书的作者认为我国《商标法》第13条

第2款规定的是注册驰名商标的混淆保护。但根据最高人民法院刚刚颁布的《关于审理涉及驰名商标保护的民事纠纷案件应用法律

若干问题的解释》第九条第二款的规定，该司法解释实际上已引入了西方国家关于驰名商标保护的反淡化标准。

[6] 刘春田主编：《知识产权法》，中国人民大学出版社2000年版，第232页。

[7] 杜颖：“商标淡化理论及其应用”，载《法学研究》2007年第6期。

[8] 彭学龙著：《商标法的符号学分析》，法律出版社2007年5月第1版，第278－283页。

[9] 谢新竹：“商标产品平行进口问题浅析”，载《人民法院报》2002年1月6日第3版（理论与实践版）。

[10] 严桂珍著：《平行进口法律规制研究》，法律出版社2009年5月第1版，前言第1页。

[11] 许多学者从商标权保护的地域性规则和商标权用尽的国际或国内标准来论证商标平行进口合法与否。笔者以为，判定商标平行进口合法与否取决于一个国家的法律政策和对外贸易政策，商标权保护的地域性和商标权用尽国际、国内标准是商标平行进口难以判断合法与否的原因。

[12] 比如，我国内蒙古的满洲里海关关口，俄罗斯挂中俄两地车牌的车辆就可以进出两国边境。中国香港地区的车辆挂粤港两地车牌可以进出深圳、香港海关。

[13] 杨叶璇：“商标权的客体是商标所承载的商誉——兼谈对未注册驰名商标的保护”，载《中华商标》2007年第2期，第7页。

[14] 李明德：“中日驰名商标保护比较研究”，载《环球法律评论》2007年第5期，第79页。

[15] 我国《反不正当竞争法》第2条第1款规定，“经营者在市场交易中，应当遵循自愿、平等、公平、诚实信用的原则，遵守公认的商业道德”。此属于我国反不正当竞争法的一般条款。

作者系华东政法大学知识产权法学博士后研究人员，广东省深圳市中级人民法院知识产权庭法官

（原载《知识产权》2009年11月）

论我国商标权质押制度的完善

尚清锋

由于我国现行商标权质押制度规定的不足，再加之商标权的价值具有不稳定性的特点，商标权质押未得广泛接受，其功能的发挥受到了较大的阻碍。因此，完善我国商标权质押制度，将对商标权质押的实践有所裨益。

一、我国商标权质押制度的立法演进

商标权质押是指商标权人以商标权作为出质的标的，用于担保债务履行的法律行为[1]。根据1995年颁布的《担保法》第75条和第79条的规定，以依法可以转让的商标专用权质押的，出质人和质权人应当签订书面合同，并向其管理部门办理出质登记，质押合同自登记之日起生效。对于商标权质押设立的效力，根据《担保法》第80条规定，以商标专用权出质后，出质人不得转让或者许可他人使用，但经出质人与质权人协商同意的可以转让或者许可他人使用。出质人所得的转让费、许可费应当向质权人提前清偿所担保的债权或者向与质权人约定的第三人提存。同时依该法第81条规定，商标权质押其他方面的效力，除适用于“权利质押”这一节的规定外，还适用于动产质押的有关规定。这样，《担保法》就商标权质押构建了一个制度轮廓。2000年出台的《最高人民法院关于适用〈中华人民共和国担保法〉若干问题的解释》(以下简称《担保法解释》)第105条规定，商标专用权质押后，出质人未经质权人同意而转让或者许可他人使用已出质商标权的，应当认定为无效。因此给质权人或者第三人造成损失的，由出质人承担民事责任。这弥补了《担保法》第80条未规定商标专用权质押后、出质人未经质权人同意而转让或者许可他人使用已出质商标权行为的性质和法律后果的不足，这对于规范商标权质押出质人的行为，保障其担保融资价值的实现具有重要作用。同时，《担保法解释》第106条规定：“质权人向出质人、出质债权的债务人行使质权时，出质人、出质债权的债务人拒绝的，质权人可以起诉出质人和出质债权的债务人，也可以单独起诉出质债权的债务人。”这为商标权质权的实现提供了强有力的司法保障。

为规范商标权质押登记行为，促使商标权质押登记的程序化、规范化，国家商标局制订了《商标专用权质押登记程序》，对商标权质押登记的程序作了相应规定。明确了商标权质押的登记主管机关是国家商标局。

商标权质押制度被2007年颁布的《物权法》再次肯定。《物权法》第223条肯定了“债务人或者第三人有权处分的可以转让的注册商标专用权中的财产权”可以出质，不同于《担保法》第75条规定的“依法可以转让的商标专用权中的财产权”，其所规定的可以出质的商标权的范围要窄于《担保法》的规定，未能包括享有商标专用权的未注册的驰名商标专用权。

当事人设立商标权质押的，应当签订书面合同。依据《物权法》第227条之规定，商标权质押合同自成立时生效，但质权自有关主管部门办理出质登记时设立，遵循了物权变动的区分原则。按照《担保法》第79条的规定，质押合同自登记之日起生效，如未登记则质押合同将不生效，对当事人双方都将不产生法律效力。相比较而言，

《物权法》的规定更能使债权人在因出质人的过错而不能办理出质登记时，也能依据生效的质押合同追究其违约责任，这更有利于保护债权人的利益，以保障动态的交易安全，更具制度的优越性。关于商标权质押的效力，《物权法》第 227 条第 2 款和第 229 条完全继承了《担保法》的规定是一致的，未作任何改动。

应该说，《物权法》关于商标权质押合同生效的规定显示了立法的进步，但是其他方面未根本改变《担保法》的规定，更多的是对已有立法的重复罢了。

二、对我国现行商标权质押制度的检讨

商标专用权满足了质押标的必须具备的具有财产权性、适质性和可让与性三大要件 [2]，且具有一般动产质押所不具有的优势，所以该制度在经济发达国家和地区被广为推崇。但商标权质押的适用在我国却未成为一种普遍选择的融资方式，其关键原因是我国现行制度存在的缺陷构成了实践中适用的障碍。

（一）商标权质押制度设计的个性化缺失

商标作为一种商业标志，其受法律保护的内在根源是信誉 [3]，那么，以商标权为标的设立的质押担保也就不同于以其他权利为标的设立的质押，更不同于一般的动产质押 [4]。第一，标的物不同：一般质押的标的物是动产和权利凭证，而商标权质押的标的为可让与的商标中的财产权，是一种商业标识性的知识产权；第二，交付方式不同：一般质押的生效要件“采用移交占有生效说”，即将动产移交给债权人实际占有或交付权利凭证。而商标权质押，采用双方当事人签订质押合同并向管理部门予以质押登记，商标权质押生效；第三，质物价值的稳定性和固定性不同：一般质押以动产或其他权利为标的，其价值具有相对固定性和稳定性，而作为商标权，由于受续展时间和地域性的限制，且附随该商标上的商品或服务质量的影响，其价值具有不稳定性。对于这些诸多不同，商标权质押制度的设计就应该作出具体化的回应。反观我国现行的商标权质押制度，《物权法》和《担保法》只规定了可以质押的商标权的范围、商标权质押设立的方式和生效的时间，以及其效力的部分内容，且两法的规定还有所冲突，其他方面则以“权利质押除适用本节规定外，适用本章第一节动产质押的规定” 而了之。这样的规定不利于立法的具体适用。例如，商标权作为无形财产权其财产变现方法必然有不同于有形财产在拍卖、变卖等财产的实现方式之处，这决定了不能照搬动产质押的实现方式，但我国现行制度还缺乏专门解决商标权质押的处置和实现问题的专门法律规定 [5]，这必然构成对商标权质押担保融资的限制。

而且，商标权质押作为商标权使用的形式之一，理应由商标基本法作出规定，但我国《商标法》及其实施条例对此是空白的，这造成了立法之间的衔接困难，不利于商标权价值的充分利用。

（二）现行商标权质押制度内容的模糊

正是由于我国商标权质押制度设计的个性化缺失造成了在制度上过多地依赖于动产质押，不足以为企业商标权质押制度的实施提供具体明确的操作准则。

对于商标权质押的客体范围，各国都有明确的规定，如根据德国商标法第 29 条第 1 款第 1 项规定“通过商标的注册、使用或驰名获得的权利，可以作为担保或作为其他物权的标的”，法国明确规定证明商标不能质押。我国现行法律的规定是“注册商标专用权”，那么该“注册商标专用权”的外延是否包括防卫商标、证明商标、集体商标？未注册的驰名商标可否设置质押？现行立法仅将“注册商标专有权”作为商标权的质押客体而排斥未注册驰名商标的质押资格，显然对于该驰名商标持有者来说失去了一个重要的担保融资手段，也不利于彰显驰名商标的财产价值。可见，立法需要合理的明确商标权质押的客体。

法律也未明确商标权质押的出质人的范围，除了商标所有权人外，商标被许可人可否作为出质人以其受许可使用的商标权质押担保？是否所有的被许可人都有资格？法律未作出明确规定。对于出质人与质权人的权利义务，如是否重复出质等事关当事人权益的事项，立法也未明确。这必然徒增当事人之间的争议，影响商标权质押融

资的实施。

（三）商标权质押配套制度的不足

依据《物权法》第227条第1款之规定，质权自有关主管部门办理出质登记时设立，即商标权质押采取了登记生效主义。而在商标权质押较为发达的国家，如日本等国，商标权质押一般实行登记对抗主义，登记主要起到公示的作用，这与商标权质押不需要转移商标权凭证是一致的。我国的做法人为地增加了质押设立的成本，不符合效率原则。再有，我国不同类型的知识产权质押有不同的登记机构，这给企业以所拥有的注册商标专用权、著作权和专利权等知识产权打包质押的登记造成了麻烦，需要设立统一的知识产权登记机构和登记程序，方便质押登记。

《物权法》第227条第2款规定了注册商标专用权出质后，出质人转让或者许可他人使用出质的知识产权中的财产权所得的价款，应当向质权人提前清偿债务或者提存。但我国尚缺乏法定的提存机关、提存的程序等规定，这必然会影响到商标权质押中提存的使用。

商标权价值的评估是商标权质押设立和实现的重要环节。但我国商标权评估机构的整体专业水平、职业道德都不尽如人意，为收取更高的评估费用极易高估商标价值。再加上商标权价值评估机制的不完善，商标权价值的评估从开始就出现一定的潜在风险，最终出现担保融资市场中拒绝商标权质押的使用这一状况。所以，完善商标权价值的评估制度和体系是促进商标权质押制度有效实施的重要内容。

根据现行质押立法的规定，商标权质权实现的方式是协议折价、拍卖、变卖质押商标权所得的价款优先受偿。但我国商标法要求商标权的受让主体只能是与受登记的商品范围属于同一行业或者相关行业的生产者和经营者。而且，当质权人为金融机构时，实现商标权质押只能采用拍卖、变卖方式，而不能采取折价方式，因为金融机构受让质押的商标没有意义，也不符合商标法的相关规定[6]。因此，修改立法拓宽商标权质押实现的方式显得尤为必要。

三、完善我国商标权质押制度的构想

（一）完善商标权质押的个性化立法

笔者认为，我国立法在遵循商标权质押与动产质押和其他权利质押制度的共性的同时，应对其个性的部分作出回应，以更好地发挥其自身的独特价值和功能。

第一，拓宽注册商标的使用形式。由于《担保法》、《物权法》、《公司法》等法律确认了商标专用权的质押担保、出资等使用形式，因此，未来的《商标法》除应规定注册商标的许可、转让之外，还应该在其“注册商标的使用”这一部分规定注册商标专用权的质押、出质等其他使用形式，以保持法律之间的衔接，减少法律适用中的冲突。

第二，规范商标权质押制度的内容。基于物权法刚出台而不易修改的现实，可通过司法解释的形式明确商标权质押的客体包括注册商标专用权和驰名商标中的财产权。针对防御商标和联合商标的功能以及其出质的现实需要，防御商标和联合商标必须和核心商标一同质押，不得单独出质，这样可更好地发挥商标集合的价值。明确商标权质押的出质人，基于商标专用权无形财产的特征，商标权质押的出质人包括商标专用权人和被许可人，但后者要事先得到前者同意，并在被许可使用的范围内。基于商标权质押的特性，在关注与动产质押和其他权利质押的共性同时，详细规定商标质押中出质人和质权人间的特殊性的权利义务内容，以求当事人间的利益平衡。

第三，改登记生效主义为登记对抗主义。对于商标权质押登记的效力，笔者认为由于商标专用权的无形财产性，采纳登记对抗主义更为合理。其一，有利于提高商标质押设立的效率，降低质押行为成本；其二，质权人基于质押担保的安全考虑，完全可以要求出质人对质押商标权进行登记，以求对抗第三人的效力，符合私法之意思自治原则。基于此，我国可改商标权质押登记生效主义为登记对抗主义：设立商标权质押当事人，应当订立书面合同，质押自合同生效时设立，但非经登记不得对抗善意第三人。

第四，我国虽制订了《商标专用权质押登记

程序》，但是该程序的规定仍不够具体，操作性较差。因此，有必要对商标权质押的程序作出更加

详细具体的规定，如对商标权质押合同的订立、登记的申请、审查、公告等都作出明确的规定，以便于商标权质押担保的设立。

（二）完善商标权质押担保的配套制度建设

第一，从国外商标权质押的实践来看，商标权与其他类型的财产集合质押更有利于发挥商标权的价值，可降低单独商标权质押的风险性。针对我国不同类型的知识产权以及其他有形财产的登记归属不同部门主管而致集合质押登记不便之弊端，建立统一的知识产权登记制度，统一登记机构、登记程序，规范收费，以便于商标专用权与其他财产权的集合质押，提高质押登记的效率，促进质押的设立，维护当事人的债权安全[7]。同时，为保持与商标权质押登记对抗主义相一致，可充分利用互联网技术，建设一个全国统一的商标权质押公示系统，以便于公众查阅和知悉。

第二，完善评估制度。美国评估基金会自1994年修订出版的《美国专业评估惯例的统一标准》第9条准则和第10条规则是该国无形资产评

估应该遵循的准则，为无形资产评估行业建立了自律性的评估准则[8]。针对我国商标专用权评估实践中存在的问题，可借鉴国外的做法，制定无形财产评估的专门法律和准则，强化行业自律。统一商标专用权等无形财产的评估方法和标准，建立责任追究和损害救济制度，以构建良性的商标权价值评估机制，为商标权质押的设立和实现服务。

第三，我国现行立法对商标权质押实现方式的规定限制了质权人对出质商标专用权的变现途径，关键是缺乏商标权等无形财产的交易市场。为此，应建立商标权等无形财产的交易市场，方便商标权质押的实现，同时，构建合理的提存制度，为质权人的质权保全提供物质保障。

参考文献：

[1] 胡开忠. 商标法学教程 [M] . 北京：人民出版社，2008：134.

[2] 史尚宽.物权法论 [M] .北京：中国政法大学出版社，2000：390–392.

[3] 张耕. 商业标志法 [M] . 厦门：厦门大学出版社，2006：12.

[4] 邵珠鹏. 论商标权质押制度 [D] . 济南：山东大学，2008：8–9.

[5] 张韶华. 商标权质押融资的风险及评估 [J] . 中华商标，2007 (1)：14 – 16.

[6] 王春. 商标权质押若干问题 [J] .中华商标，2006 (2)：55 – 57.

[7] 胡开忠.权利质权制度研究 [M] .北京：中国政法大学出版社，2004：353.

[8] 卢平，等. 对我国无形资产评估立法问题的思考 [J] .法商研究，1996 (3)：10–19.

作者单位：江苏大学法学院

（原载《江苏大学学报》2009年第6期）

驰名商标法律保护的限制规则

郑 辉　刘丹冰

随着市场经济的发展及全球经济一体化进程的加快，商标，尤其是驰名商标日益凸显出其在竞争中的重要作用，成为市场竞争的利器。我国自 2001 年修改《商标法》和加入 WTO 以来，遵循 TRIPS 协议等国际公约以及国外有益经验，在立法、执法等各个方面加大了对驰名商标的保护力度，这对驰名商标的保护以及促进我国自主品牌的发展起到了重要作用。但是，随着驰名商标的特殊价值在社会各个方面的日益彰显，也使得一些目的不纯的人利用驰名商标这块金字招牌采取不法手段，损害了其他商标权利人的正当利益，并对包括公共利益在内的多种权利造成损害，从而使得对驰名商标进行特殊保护的立法初衷背离了利益平衡的准则，笔者认为对驰名商标权利人进行必要的限制是维护利益平衡的有效措施。

一、对驰名商标进行限制的必要性

第一，从表面上看，驰名商标应当获得比一般商标更广范围的保护是由于该商标的创立往往需要经过厂家长期不断地改进商品质量，扩大广告宣传才有可能实现，根据投入产出平衡原理，相应地该权利人应该获得更多的回报。但是，从世界范围看，商标权的产生主要依据的是注册原则和使用原则，无论是注册原则还是使用原则，商标权都界定给了在先者，即在先注册人或在先使用人，即人们认为，商标权赋予在先者应当是促成社会福利最大化的选择。[1] 我国也不例外地将商标权赋予了最先取得商标注册的人（以在先使用为补充），如果由于对驰名商标的扩大保护而损害了其他在先商标权人的利益，那无疑是对整个商标取得和确权机制的颠覆。

第二，驰名商标的广告化。目前，驰名商标的认定已经被许多企业作为一种荣誉称号，驰名商标所有人经常在其产品包装或广告上标注/ 驰名商标的字样，无形中这也逐渐演变成为一种商业中的惯例。一旦商标被认定为驰名就可以/打遍天下，要求所有相同或不同行业的经营者禁用，这种滥用驰名商标/ 特权的现象异化了驰名商标认定制度的本意。

第三，有了这样的利益驱动，一些商标所有人想方设法申请认定驰名商标，甚至有些商家通过不正当的运作完成/驰名的认定，包括一些地方政府也对/争创驰名商标十分热心，并将之作为政绩考核的指标。

因此，为了保护其他商标权人的利益，维护正常的竞争秩序，笔者认为应当加强对驰名商标的必要限制。

二、驰名商标认定的限制

驰名商标的认定与特殊保护密切相关，认定是实施保护的前提。如果认定主体过多，认定的范围过滥，认定的标准过于宽泛，认定的方式过于主动，就会造成驰名商标满天飞的现象，不仅对我国整套商标保护制度不利，而且对那些真正具有较高商誉和雄厚实力的驰名品牌的保护也不利。

（一）认定主体的限制

从我国现行法律、法规的规定来看，我国对驰名商标的认定机关是商标局、商标评审委员会以及设立知识产权庭的中级人民法院。首先是行政认定，从我国《驰名商标认定和保护规定》可以看出，我国对驰名商标进行认定的行政机关是商标局和商标评审委员会；[2] 其次是司法认定，《最高人民法院关于审理商标民事纠纷案件适用法律若干问题的解释》第22条不仅确认了人民法院可以依照法律对驰名商标进行认定，而且确立了人民法院对行政机关所作出的驰名商标的认定进行司法审查的地位，这不仅确保了驰名商标认定的统一性，而且符合国际惯例对驰名商标进行认定的基本模式。

(二) 驰名商标认定标准的限制

驰名商标的认定标准应当从两个角度理解:一是驰名商标的积极认定标准；二是驰名商标的消极认定标准。

积极认定标准也就是认定驰名商标的具体条件，这一标准决定着一国对驰名商标的保护范围，对此各国的规定不尽相同。在TRIPS协议中对于如何认定驰名商标作了原则性的规定: /在确定一商标是否驰名时，各成员应考虑相关部门公众对该商标的了解程度，包括该成员中因促销该商标而获得的了解程度。[3] 我国2001年修订的商标法第14条专门规定了认定驰名商标的条件。认定驰名商标应当考虑下列因素: (一) 相关公众对商标的知晓程度；(二) 该商标使用的持续时间；(三) 该商标的任何宣传工作的持续时间、程度和地理范围；(四) 该商标作驰名商标受保护的记录；(五) 该商标驰名的其他因素。[4] 从利益平衡原则出发，在理解以上认定条件的时候应遵循严格认定条件，在特殊的情况下应对相关条件作严格解释。

驰名商标的消极认定标准即不得不认定标准，是指在具体案件中该商标不被认定为驰名商标就无法维护商标权人的利益，也有人称之为案情需要原则。[5] 《审理商标民事纠纷案件适用法律若干问题的解释》第22条规定: 人民法院在审理商标纠纷案件中，根据当事人的请求和案件的具体情况，可以对涉及的注册商标是否驰名依法作出认定。其中具体情况主要包括以下几点: 1. 我国《商标法》第13条第1款规定的对未注册的驰名商标实行的是非跨类的相对保护；2. 我国《商标法》第13条第1款规定的对驰名商标进行跨类别的绝对保护；3. 必须作为驰名商标才能排除域名冲突的情况；4. 必须作为驰名商标才能排除企业字号冲突的情况。[6] 这种消极的认定标准说明，要严格限制驰名商标的认定，只有在一般的商标专用权不足以保护时才作出驰名商标的认定，这不仅符合驰名商标认定的目的，也符合驰名商标享有特殊保护的本意。

(三) 认定方式的限制

综观世界各国对驰名商标的认定方式一般有两种模式: 主动认定和被动认定。主动认定方式是在未发生实际权利纠纷的情况下，由有关部门应当事人的请求就商标是否驰名作出认定的方式，主动认定重点着眼于预防可能发生的纠纷。例如，韩国、泰国的商标注册部门就掌握着一份自己主动认定的驰名商标的名单（对外不公开，主要是防止此类认定会演变成为企业之间的变相评比活动而偏离了认定驰名商标的本意)，以备日后审查时参考。被动认定是指在发生实际的商标侵权纠纷之后由商标权利人向有关部门主张对商标是否驰名而进行的一种认定方式，如果当事人没有主动要求，即视为其主动放弃该项民事权利，认定机关不得主动进行驰名商标的认定。根据我国现行商标法律、法规及司法解释的规定，我国对驰名商标的认定采取了/被动保护，个案处理的国际通行惯例，被动认定的方式不仅具有很强的针对性，而且能有效地限制驰名商标的泛滥。[7]

(四) 认定效力的限制

对驰名商标的认定，应当坚持/个案有效的原则，即在商标确权或侵权的案件中，当事人提出商标驰名的证据，商标行政主管机关或司法机关根据证据，依照标准，对其进行驰名商标的保护，这种保护仅仅对于个案有效，既没有溯及力、也不对任何第三者直接发生效力。其认定的效力主要体现在以下三个方面: 一是对驰名商标的认定不具有持续性。如果再次遇到商标是否驰名的判断问题时，可以作为曾受驰名商标保护的记录，但只能作为下一个案件的参考依据，不能直接作为驰名商标来对抗其他权利人，除非其他权利人对该驰名商标的事实没有异议；二是对驰名商标的认定不具有追溯力。即驰名商标认定的效力仅对该个案有效，而不具有追溯到被认定之前的效力；三是对驰名商标的认定不具有对抗该案件之外的任何第三人的效力。之所以采取个案有效的原则，其原因有三：一是提高行政效率及与世贸规则接轨的需要；二是因为商标驰名因素的不确定性，即商标是否驰名与商标所有人的经营和市场竞争密切相关，属于动态的事实，而不是一成不变的。在商标确权和侵权纠纷案件的处理中，如仅以大批量认定的驰名商标为依据，将可能使丧失驰名条件的商标受到特殊保护，而那些已具备驰名条件的商标则得不到特殊保护；三是一个商标成为驰名商标，它不可能同时在世界任何地方或者在一个国家所有地区都驰名。

三、对驰名商标权利人的限制

驰名商标的扩大保护不是授予驰名商标权，因为驰名商标不是商标法上的一种特殊商标，而是法律为所有商标提供的一种可能的特殊保护。[8]因此根据利益平衡的原则，不仅在驰名商标的认定中要限定多种条件，而且对已经认定为驰名商标的权利人同样要进行限制。

（一）跨类保护的限制

对驰名商标的特殊保护之一就是跨类保护的规定，该特殊保护的主要法律理论是混淆理论，意指消费者无法区别两个事实上产自不同企业的商品或认为两个企业之间有某种特殊的关联关系。而如果与驰名商标相同或相似的商标不会引起消费者的混淆，也就失去了跨类保护的意义，因此，驰名商标的跨类保护应当受到以下几点限制：第一，条件要求。对驰名商标的跨类保护的前提是/误导公众，致使该驰名商标注册人的利益可能受到损害的，[9]这就要求提出跨类保护的权利人不仅须举证侵权人主观上有侵权的故意，还要举证侵权人对该商标的使用引起了不同行业消费者的混淆并具有利益受损的可能性。在完全不同和不类似的商品或服务上使用与他人驰名商标相同或者近似的商标，不存在/误导公众，致使该驰名商标注册人的利益可能受到损害的可能性的，不应当认定为侵犯驰名商标权利；第二，显著性的要求。对于一些选择性商标或第二含义商标，由于其商标显著性不高，或作为大家广泛知晓的其他含义词汇已经被多方应用，则其保护范围应受到其他相同或类似商标权利人商标保护范围的限制，即原则上不能跨类保护；第三，保护时间的限制。由于驰名商标的认定采取的是/个案有效的原则，所以，原则上说，驰名商标扩大到不相同也不相类似的商品或服务的保护应当从被认定为驰名商标之日起计算，而不具有被追溯到被认定之前的效力。[10]

（二）在先使用权人利益的保护

我国对商标的保护实行自愿注册为主的原则，因此在实践中存在许多未注册的商标，这些商标或在一定范围内已经拥有了相当的知名度，或由于一定的原因未获得注册，而其他权利人获得注册后又被认定为驰名商标，于是权利便产生了冲突。笔者认为，应当给与善意在先商标使用人一定的权利空间，使其在原有范围或原有消费领域内继续使用。因为，出于利益平衡的考量，虽然商标权获得的商标专用权效力及于全国，但是也不能因此而剥夺他人已经形成的市场先行利益和市场信用，否则对这些先行利益者就过于苛刻，也有损消费者利益。[11]当然，为了防止引起混淆，驰名商标权利人有权请求在先权利人在相关的商品上附加混同防止标示的权利。

（三）在先已注册商标的保护

在注册时间上早于驰名商标认定，甚至早于驰名商标注册的商标，在一定时间内存在后，原则上应当认定该商标具有了一定的独立性，特别是在完全不同的商标类别中，此类善意在先注册商标应当具有独立于驰名商标的合法使用权。例如，某甲拥有在纺织品上的“双欧”商标，某乙在不同类产品上注册了同一商标，后来某乙的商标被认定为驰名商标，某乙要求扩大保护其商标，则甲的“双欧”商标不仅会面临侵权的境地，而且会引起消费者的反向混淆。因为当在后的商标是驰名商标时，人们在心理上和情感上关心的只是知名度不够的在先商标是否对驰名商标构成混淆或其他侵害，而决不会想到在后的驰名商标对在先的不够驰名的相同商标的淹没，使在先的商标权人失去了独立发展的空间和机会。

反向混淆是指虽然在后的商标使用人（驰名商标权利人）在相同或类似的商品上使用了与在先的注册商标权人相同或近似的商标，但消费者误认为在先的商标注册权人提供的商品来源于在后商标使用人。[12] 例如2005年，浙江蓝野酒业有限公司诉上海百事可乐一案就充分说明：由于驰名商标权利人的经济实力以及知名度都高于在先注册商标权利人，而驰名商标权利人如果在自己的相同或类似产品上使用与在先注册商标权利人相同或类似的商标都会引起消费者的混淆或误认，如果法律不禁止反向混淆，大公司就可以肆意使用、甚至抢夺小公司的已注册商标，市场经济的公平竞争无从保护。[13] 因此，基于上述分析，建议在商标法中增加禁止反向混淆的规定，以平等地保护市场经济主体，实现商标法维护公平竞争的立法宗旨。

（四）驰名商标权利人自我淡化行为的限制

前文已经论述过，驰名商标的淡化行为是指减少、削弱驰名商标的显著性和识别性，损害、玷污其商誉的行为，我们要严厉打击。然而，现实生活中，驰名商标所有人自己将其所拥有的驰名商标不经任何法定程序任意使用于自己生产的其他商品之上的现象非常严重，其主要表现有两种：一是种类超越使用范围，用在洗衣粉、肥皂上的商标被认定为驰名商标后，在其生产的牙膏上也标注/中国驰名商标；用在冰箱上的商标被认定为驰名商标后，才开发不久的加湿器也被注明为驰名商标；二是主体超越范围，如擅自改变驰名商标主体，子公司用集团公司获得的驰名商标去开发市场等等。这种搭自家驰名商标便车，利用驰名商标名义抢占市场的行为，实际上已经构成不正当竞争，扰乱了市场秩序，不仅使其驰名商标淡化，而且损害了消费者利益。

（五）驰名商标许可使用和转让的限制

我国商标法明确规定了商标的许可使用和转让制度，同时也规定了受让人和被许可使用人对该商标的质量保证义务：商标注册人可以转让注册商标，受让人应当保证使用该注册商标的商品质量；商标注册人可以许可他人使用其注册商标，许可人应当监督被许可人使用其注册商标的商品质量，被许可人应当保证使用该注册商标的商品质量。但是由于驰名商标的特殊性以及消费者对驰名商标的信赖程度，法律应当对驰名商标的转让和许可使用规定更为严格的质量要求。因为，与普通商标相比，驰名商标的商品质量一般较高，知名度和信誉也高于普通商标，如果驰名商标被许可他人使用，有可能出现同一个驰名商标，而商品质量高低不同的现象；如果驰名商标被转让给他人，还可能出现该驰名商标的商品质量降低的情况。而被许可使用人或受让人未经过任何认定程序，就轻而易举地使其产品享受驰名商标待遇，受到特殊保护，显然不符合市场平等竞争法则。因此法律应作出规定，严格限制驰名商标的转让和许可使用，只有受让人或被许可人的产品质量达到与驰名商标商品相当的程度，转让合同或许可使用合同才有效，否则，应确认为无效；同时对驰名商标使用许可合同的备案和转让合同的核准手续，也应做出更严格的规定。

（六）合理使用的限制

由于我国商标法不禁止一些公共词汇或地理名称作为商标注册，而且这些弱显著性或第二含义的商标在使用中可能成为驰名商标，因此法律应当规定此类驰名商标权利人的商标专用权受到其他商标权利人善意使用的限制。例如，柳州两面针股份有限公司善意注册了/两面针商标，但是它无权禁止其他牙膏厂在其产品成分中标注/两面针，也无权禁止其他生产牙膏的企业在广告或其他宣传中带有/两面针中草药的描述性使用。商标权不是变相的霸权，即使是驰名商标也不能对抗善意的合理使用。

综上所述，法律在对占据较高起点的驰名商标提供高于普通商标的特殊保护，并使驰名商标的/特权能够有效行使的同时，必须同样关注其他商标权利人法定权利的保护，在平衡驰名商标权人与其他商标权人利益关系的基础上，把限制驰名商标权利的认定和滥用的相关规定写入即将修订的商标法中。

参考文献：

[1] 张爱国：《商标/反向混淆初探》，《电子知识产权》2007年第8期。

[2] 《驰名商标认定和保护规定》第四条。

[3] TR IPS 协议第16条第2款。

[4] 我国《驰名商标认定和保护规定》第3条。

[5] 蔡敢超：《从一起案件谈驰名商标司法认定的原则》，《电子知识产权》2007年第4期。

[6] 《最高人民法院关于审理商标民事纠纷案件适用法律若干问题的解释》第1条。

[7] 《驰名商标认定和保护规定》第4条、《审理商标民事纠纷案件适用法律若干问题的解释》第22条。

[8] 唐广良、董炳和：《知识产权的国际保护》，知识产权出版社2003年版，第359页。

[9] 《中华人民共和国商标法》13条。

[10] 刘继祥：《涉及驰名商标侵权纠纷司法审理的几个重要问题探讨》，《电子知识产权》2007年第12期。

[11] 李扬：《商标法中在先权利的知识产权法解释》，中国民商法网。

[12] 张爱国：《商标/反向混淆初探》，《电子知识产权》2007年第8期。

[13] 2005年5月，百事中国有限公司在全国范围内开展了以/蓝色风暴命名的夏季促销及宣传活动。百事可乐公司在促销及宣传活动中，不仅将“蓝色风暴”标识使用在宣传海报、货架价签、商品堆头等宣传品上，也将蓝色风暴标识直接使用在其生产、销售的可乐等产品的外包装和瓶盖上。该“蓝色风暴”是浙江蓝野酒业有限公司在同类产品上的已注册商标。浙江蓝野酒业有限公司于2005年起诉，要求百事中国有限公司承担商标侵权责任，案件经过两审，最终认定被告侵权。

第一作者系西北大学法学院副教授。第二作者系西北大学法学院教授。

（原载《知识产权》2009年第5期）

OEM 商标侵权纠纷处理的态度选择

——遵循"从结果出发"的思维方式

易健雄

OEM 是"Original Equipment Manufacture"缩写，直译为"原始设备制造"，在我国被称为"贴牌加工"、"贴牌生产"、"定牌加工"、"定牌生产"等。虽然称谓各异，其含义均指加工方根据约定，为定作方加工贴附特定商标的商品并将该商品交付给定作方，定作方根据约定向加工方支付加工费的贸易方式。[1] OEM 是社会化大生产、大协作的必然趋势，也是资源合理化的有效途径之一。1978 年，中国首批来料加工厂在广州、东莞、深圳等地建立，"三来一补"等 OEM 性质的生产贸易在我国迅速发展。20 世纪 90 年代后，OEM 在我国的发展更是迅猛。在国内的广东、江浙、福建等地区，已形成了以 OEM 为核心内容的比较鲜明的产业集群。我国的家电、消费性电子产品、服装、玩具、照明、五金等多种产业的众多企业都在为世界诸多品牌做 OEM，其中 90%的家电企业、70%的玩具企业都是做 OEM。[2] 中国现已成为世界上最大的 OEM 基地。资料显示，自 1996 年以来，以 OEM 为主的加工贸易一直占据着中国对外贸易的"半壁江山"，成为贸易顺差最重要的贡献力量。[3] 对我国企业来说，其可通过 OEM 快速学习国外先进的管理方法和生产制造技术、熟悉国际市场环境、了解国际市场需求、掌握国际竞争规则，提升国际竞争能力。如格兰仕、TCL 和长城等公司，通过多年为国外厂家做 OEM 生产，迅速提高了技术和管理水平，从而发展壮大成为著名企业。根据海关 2007 年的统计，我国的 OEM 主要集中在劳动密集型行业，以生产加工劳动密集型产品为主。[4] 不可否认，即使我国目前正大力推进自主创新、自创品牌，OEM 对于我国经济增长、企业发展、社会就业等仍有着重要意义。

一、OEM 商标侵权纠纷现状

OEM 在我国迅猛发展的同时，因 OEM 而产生的大量知识产权侵权争议也已成为一个不容忽视的现实问题。根据海关总署发布的《2007 年中国海关知识产权保护备忘录》，知识产权侵权案件查获量大幅增长，其中以出口环节为主。2007 年，中国海关在进口环节查获侵权商品 557 920 件，在出口环节查获侵权商品 332 940 329 件。出口环节查获的侵权商品数量占全部侵权货物数量的 99. 8%，案值占全部侵权商品案值的 99. 3%(见表 1)。

就查获侵权商品权利类型而言，涉及商标权的比例高达 99%，案值占全部侵权商品案值的 97% (见表 2)。

结合前两项数据，可以看出，中国海关查处的侵犯知识产权案件中，绝大部分都是 OEM 商标侵权案件，这一点已经引起了中国海关的重视。海关总署在《2007 年中国海关知识产权保护备忘

	侵权商品数量（件）	比例	案值（元）	比例
进口	557，920	0.2%	3，132，238	0.7%
出口	332，940，329	99.8%	435，723，328	99.3%

表 2　2007 年查获侵权商品权利类型统计表

权利类别	侵权商品数量（件）	比例	案值（元）	比例
商标专用权	329，800，223	99%	425，655，813	97%
专利权	3，621，340	小于 1%	11，782，064	2%
著作权	36，431	小于 1%	644，705	小于 1%
奥林匹克标志	40，255	小于 1%	772，984	小于 1%

资料来源：《2007 年中国海关知识产权保护备忘录》

录》中特别指出，有许多定牌加工企业对国际贸牌加工合同时易相关知识产权问题尚缺乏深入了解，在签订定，没有审查委托人是否拥有所委托使用的知识产权，往往造成无意识侵权。在实践中，尤以商标侵权为甚。[5]

司法实践中也出现了不少 OEM 商标侵权纠纷案件，引起了广泛的关注与讨论，有些案件甚至影响了中国 OEM 产业的发展。典型案件如：美国耐克公司与浙江省嘉兴市银兴制衣厂等侵犯商标权纠纷案、[6] 佛山市泓信公司不服广州海关行政处罚案、[7] 慈溪市永胜轴承有限公司与宁波瑞宝国际贸易有限公司侵犯商标纠纷案、[8] 金城集团有限公司与重庆蔚然科技发展有限公司侵犯商标权纠纷案。[9] 从这些案件看，无论是海关、工商行政管理局，还是法院，都认定 OEM 行为侵犯了国内商标权。但在义乌市聚宝日化有限公司不服义乌市工商行政管理局行政处罚案[10] 中，义乌市法院表达了不同的看法。该法院认为，聚宝公司制造标注“De La Ritz”商标产品的行为仅限于生产领域，并未进入国内市场，不会造成相关公众的混淆和误认，生产该产品本身不构成对查尔斯有限公司的商标侵权。北京市高级人民法院也曾表达过同样的看法，该院于 2004 年 2 月 18 日公布的《关于审理商标民事纠纷案件若干问题的解答》（京高法发［2004］48 号）第 13 条在解答“受境外商标权人委托定牌加工的商品仅用于出口，其商标与权利人的注册商标相同或者近似的，其行为是否构成侵权”这一问题时，认为：造成相关公众的混淆、误认是构成侵犯注册商标专用权的前提。定牌加工是基于有权使用商标的人的明确委托，并且受委托定牌加工的商品不在中国境内销售，不可能造成相关公众的混淆、误认，不应当认定构成侵权。但北京市高级法院于 2006 年 3 月 7 日重新颁布的《关于审理商标民事纠纷案件若干问题的解答》却删除了该条的规定，并声明京高法发［2004］48 号解答废止，只是再次重申了承揽加工带有他人注册商标的商品的，承揽人应当对定作人是否享有注册商标专用权进行审查。未尽到注意义务加工侵犯注册商标专用权的商品的，承揽人与定作人构成共同侵权，应当与定作人共同承担损害赔偿等责任。承揽人不知道是侵犯注册商标专用权的商品，并能够提供定作人及其商标权利证明的，不承担损害赔偿责任。”至今，最高人民法院对此未作明确的表态。

二、执法机关目前处理 O EM 商标侵权纠纷的态度

从目前的 OEM 商标侵权纠纷处理现状来看，海关与工商行政管理局等行政执法机关普遍认定 OEM 行为侵犯了国内商标权:只要未经国内商标注册人许可，在同一种或者类似商品上标注了与注册商标相同或者近似的商标，就侵犯了国内商标权，至于加工商品是否在中国销售则无关紧要，国外定作方在销售国有无加工商品贴附商标的商标权、OEM 企[12] 有地方法院则表示，对《商标法》第 52 条规定的“使用”含义，《商标法实施条例》第 3 条有明确的规定：“商标法和本条例所称商标的使用，包括将商标用于商品、商品包装或者容器以及商品交易文书上，或者将商标用于广告宣传、展览以及其他商业活动中。”涉外贴牌行为明显属于《商标法实施条例》第 3 条规定的使用范围。[13] 从总体上看，很多地方法院还是倾向于认定 OEM 行为侵犯了国内商标权。

海关、工商行政管理局等行政执法机关与法院在查处、判决 OEM 商标侵权案件的同时，呼吁 OEM 企业提高知识产权意识，以避免侵犯他人商标权。然而，数据反映出此类案件绝非少数。出现如此之多的 OEM 商标侵权案件，仅仅是因为 OEM 企业知识产权意识不强，未尽到注意义务

吗？执法机关在处理此类案件时，是否应该检讨自己的态度与适用法律的方法？

三、OEM 商标侵权纠纷处理态度的选择

如何适用法律源于对法律的认识。执法机关基于其特殊地位，其对法律的认识直接影响到法律的适用乃至社会、经济的发展。古罗马大法学家塞尔苏斯（Celsus）告诫我们："认识法律不意味抠法律字眼，而是把握法律的意义和效果。"[14] 当前法院系统也强调审判工作要坚持法律效果与社会效果的统一。如何在审理 OEM 侵权纠纷案件中"避免抠法律字眼，而是把握法律的意义和效果"？本文以为，要做到这一点，应在适用具体法律条文之前，首先把握商标法乃至法律的目的。当简单套用法律条文导致侵权案件大量发生，尤其是"无意识侵权"案件大量发生，甚至可能影响到一个产业的发展时，执法机关必须自省:自己在适用法律时是否出错了？自己对法律的适用是否符合法律的目的？

法律的目的在于通过调节人们的行为，维持社会共同体的生存并促进共同体的正常发展。如前所述，OEM 对于我国经济增长、企业发展、社会就业等方面具有不可忽视的重要意义。在此背景之下，我国执法机关在处理至少是不阻碍我国 OEM 产业的正 OEM 商标侵权纠纷案件时，应促进、至少是不阻碍我国 OEM 产业的正常发展。目前执关对法机件时，应促进、无意识侵权" OEM 侵权纠纷的处理导致大量"事件的发生，意味着这使很多 OEM 企业处于"违法而不自知"的状态。很多 OEM 企业对此感到很困惑:国外定作方的商标权在其本国真实合法，自己也尽到了相应的审慎义务，双方签订的 OEM 协议真实有效，如果被认定侵权，作为 OEM 企业同时还将承担违约的责任。那今后的 OEM 业务该怎么办呢？对外贸易如何开展呢？[15] 有人甚至认为目前的案例"给那些在中国大量存在的以接受外贸订单、从事定牌加工业务的企业展现了十分阴暗的前景。对从事定牌加工业务的企业造成的不利影响将不可估量。"[16] 这种状态必定不利于我国 OEM 产业的正常发展。这一事实本身表明执法机关应反思、调整目前的执法效果与适用法律的思路。

商标法的目的又是如何？商标法系从反不正当竞争领域发展而来，传统上被视为反不正当竞争法的一部分。[17] 维护公平竞争、保护消费者利益，以免其对商品来源发生混淆、误认乃商标法的根本目的。从一定程度上来说，保护商标权人利益也是为了保护消费者利益。美国商标法、我国"台湾地区商标法"等均将保护消费者利益作为商标法的终极目的。[18] 我国现行《商标法》第一条规定："为了加强商标管理，保护商标专用权，促使生产、经营者保证商品和服务质量，维护商标信誉，以保障消费者和生产、经营者的利益，促进社会主义市场经济的发展，特制定本法。"剔除其中的行政管理彩色，可以看到，维护公平竞争、维护商标权人利益与保障消费者利益均是我国商标法的目的。[19] 在处理 OEM 商标侵权纠纷案件时，不能将商标权人的利益置于 OEM 企业与消费者的利益之上，应在综合考量商标法的各级目的及相关产业发展的基础上，决定案件的处理原则。

一旦遵循这一思路，则需从"结果出发"来选择处理案件的态度。在处理 OEM 商标侵权纠纷案件时，不外乎两种可能的处理结果：第一种结果是裁决 OEM 企业侵犯了国内商标权，进而裁决 OEM 企业停止侵权、赔偿损失或销毁侵权产品与标识、罚款等；第二种结果便是裁决 OEM 企业不侵犯国内商标权。

如果选择第一种结果，会产生怎样的社会后果呢？1. 对 OEM 企业的影响。OEM 企业将因此而陷入两难境地：加工贴牌商品则侵犯国内商标权人的商标权，不加工贴牌商品则违反与国外定作人的合同约定。若已进入执法程序或诉讼程序，OEM 企业处境将更加艰难，其往往因加工商品被国内商标权人申请扣押和卷入漫长的商标侵权诉讼而延误了交货期，不仅丧失了对外贸易的机会，甚至还需同时支持巨额的合同违约赔偿金与侵权损害赔偿金。为避免陷入这种艰难境地，OEM 企业只好在以后不签订此类 OEM 合同，或如执法机关所提醒的，提前查询相关商标在国内的注册状

况。但是，正如国内 OEM 企业所担心的，“商标注册量那么大，对于一个非驰名商标，我们这些对外贸易经营者该如何准确查询 OEM 商标在中国的注册和海关备案情况，尤其是那些带有图案的 OEM 商标在中国的注册情况呢?”“要 100%保证准确及时查询到受委托的商标在中国的注册情况是不可能的。万一漏查了怎么办?接受定单时没有查到，而出口报关时才有最新的注册备案又怎么办?”[20] 有报道反映，国内相关 OEM 商标侵权案件判决后，很多 OEM 企业对客商的审查更加严格了，有的企业为了降低风险，干脆就在国内交货，报关等程序都要求对方来做。[21] 问题是，就算在国内交货，能避开海关的检，但依目前的实践做法，仍然构成侵权。要想继续从事 OEM，又不侵犯国内商标权，OEM 企业在与国外定作方签订 OEM 合同前，除了严格审查其是否为合法的商标权利人、定作方在产品销售国是否拥有商标权以及授权加工的品牌与其获准注册的品牌是否完全一致外，还要查找国内有无类似商标。如何确定商标类似?这在司法实践中也是个难题，从安全角度出发，OEM 企业只好从宽认定。但这必将影响到一些合同的签订。可以预见，第一种裁决结果将课以 OEM 企业沉重的注意义务，其即使更加谨慎地审查，仍有可能被控侵权。为了安全，OEM 企业必将放弃一些交易，这又将影响到整个 OEM 产业的发展。2. 对国内商标权人的影响。商标法的目的在于保护消费者利益、商标权人利益和维护公平竞争。这三者当中，维护公平竞争是核心，因为商标权的保护以符合公平竞争的要求为边界，商标法所能够给予商标权人的保护，也只能是通过打击侵权行为和不正当竞争行为，营造公平竞争的市场秩序。[22] 因加工的商品全部都销往国外，并未投放国内市场，OEM 企业其实并未与国内商标权人在商标法的法域内形成市场竞争关系。既然并未形成竞争关系，维护公平竞争就无从谈起。换言之，OEM 行为对国内商标权人其实并无负面影响，不会损及其国内市场地位。但是若裁决 OEM 企业侵犯了国内商标权，则国内商标权人能获得“额外利益”。国内商标权人除了在市场地位未受影响的情况下获得侵权赔偿以外，还有可能通过行政执法或诉讼等方式人为地制造“被侵权”的新闻，借助新闻媒体对所谓“侵权事件”的曝光，将吸引更多潜在消费群体的眼球，从而产生免费广告的效应，扩大自身品牌的影响力。商标权人获得这种利益与商标法所追求的公平竞争目的无关，却以 OEM 企业承受严重损失、国家 OEM 产业发展受影响为代价。长此以往，国内商标权人将乐此不疲，而这反过来又将使 OEM 企业承受更大的压力。显然，国内商标权人若受第一种裁决结果的刺激，不断提起此类“商标侵权”诉讼，则已超越了商标权行使的正当界限，有违诚实信用原则，当属滥用知识产权。3. 对消费者的影响。保护消费者利益乃商标法的终极目的。这一目的是通过防止消费者被误导、混淆和欺诈来实现的。正因为如此，商标侵权主要是以消费者是否发生混淆作为判断标准的。而消费者对商品来源发生混淆的前提是其可以接触到商品本身。在 OEM 商标侵权纠纷中，OEM 商品全部销往国外，国内消费者根本就没有接触的机会。既无接触之机会，何来混淆之可能?可见 OEM 商品对消费者并无影响。换句话说，裁决 OEM 企业侵犯国内商标权与否，与消费者无关。综上，可以说，裁决 OEM 企业侵犯了国内商标权人的商标权，对消费者无任何影响，对国内商标权人也无正当补偿作用，但会给其带来“额外利益”并刺激其追求“额外利益”，还将课以 OEM 企业过重的注意义务，并最终影响我国 OEM 产业的发展。从结果看，第一种裁决结果偏离了利益平衡原则，将鼓励不诚信行为，并损及 OEM 产业的发展，实不可取。

如果选择第二种结果，又会产生怎样的社会后果呢?1. 对 OEM 企业的影响。OEM 企业将因此“轻松”很多，其不再需要查询所用商标是否与国内注册商标类似，只需审查定作方在商品销售国是否拥有商标权以及授权加工的品牌与其获准注册的品牌是否相同即可。OEM 企业不再需要担心因侵犯国内商标权而陷入两难境地。这对企业从事 OEM 有鼓励作用，也将促进我国 OEM 产业的发展。2. 对国内商标权人的影响。如前所述，因 OEM 商品不在国内销售，OEM 企业与国内商标权人并无市场竞争关系，裁决 OEM 企业不侵犯国内商标权，对国内商标权人并无不利影响。其丧失的最多也只是“额外利益”:与市场竞争地位无关的赔偿与“免费广告效应”。而这本身就是其不该得的。有论者认为，OEM 商品出口会对国内品牌企业形成冲击，当一新产品在境外市场得到认可的同时，势必引起国内众多厂商的仿冒，经过多年的艰辛打开的市场、创立的品牌将毁于一旦。[23] 这一论点似乎认为我国商标法可以保护我国商标在国外不被人侵犯。然而，法律的地域性决定了我国商标法只在我国境内才有效。国内企业想要在国外获得保护，必须在该外国取得商标权，我国商标法保护则是“鞭长莫及”。而且，因为定作人已在销售国取得商标权，国内商标权人不可能再在该国取得商标权，也就谈不上会侵犯其商标权。至于说产品销往第三国，国内商标权人也不可能凭借我国商标法认定他人侵犯了其在第三国的商标权。其要想扩大自己的影响，必须提高竞争意识，获得在该第三国的商标权，若被人捷足先登，也不能归责于 OEM 企业。故可以说，OEM 行为不存在损害国内商标权人在国际市场上的合法利益的问题。3. 对消费者的影响。前已述及，因消费者并无接触 OEM 商品的可能，裁决 OEM 企业侵犯国内商标权与否，与消费者无关。综上，可以说，裁决 OEM 企业不侵犯国内商标权，对消费者并无影响，也不会害及国内商标权人的合法利益，还能给 OEM 企业一个相对宽松的发展环境，从而有利于国家 OEM 产业的发展。从结果看，这一裁决可取。

比较两种裁决结果，裁决 OEM 企业不侵犯国内商标权更具有妥当性。遵循从“结果出发”的思维方式，应裁决: 在定作人拥有销售国的商标权、OEM 企业生产的商品全部销往该国的 OEM 侵权纠纷案件中，OEM 企业并不侵犯国内商标权。[24]

从结果出发得到裁决纠纷所应采取的立场后，还需要运用正当化手段，看能否正当化这一立场。若能够正当化，则说明该立场是合法的，若无法正当化，则必须修正前一立场。所谓正当化，便是看能否通过法律解释，适用现有法律作出符合这一立场的裁决。这一工作早已有学者、法官做过，并被证明是可行的。[25] 对此，本文不再赘述。“从结果出发”确定的立场，能够通过正当化检验，应该成为处理 OEM 商标侵权纠纷的原则。

参考文献：

[1] 本文主要讨论由加工方报关出口、定作方拥有销售国的商标权并将加工商品全部销往该国的情形。

[2] 周正祥、赖可可:《浅析中国 OEM 的发展》，http: //www. chinavalue. net/Article/Archive/2008/4/18/110276. html，2009 年 4 月 2 日访问;谢静、何晓琳:《中国 OEM 发展浅析》，《现代商业》2007 年第 18 期。

[3] 李辉:《企业防范定牌加工的商标侵权问题研究》，《经济与管理》2007 年第 1 期

[4] 钱江:《涉外贴牌生产（OEM）与商标权侵权》，《浙江工业大学学报（社会科学版）》2008 年第 4 期。

[5] 海关总署政法司:“2007 年中国海关知识产权保护备忘录”，《中国海关》2008 年第 5 期。

[6] 参见广东省深圳市中级人民法院（2001）深中法知产初字第 55 号民事判决书。

[7] 广东首个外商定牌加工侵权案宣判，http: //news. qq. com/a/20060519/000062. htm，2009 年 4 月 2 日访问。

[8] 参见浙江省高级人民法院（2005）浙民三终字第 284 号民事判决书。

[9] 参见重庆市高级人民法院（2008）渝高法民终字第 167 号民事判决书。

[10] 参见浙江省义乌市人民法院（2007）义行初字第 84 号行政判决书。

[11] 各地法官发表的相关论文也反映了这一点。如，林鸿娇:“国际定牌加工与商标权的地域性”，《中华商标》2005 年第 6 期;张泽吾:《OEM 的知识产权归责》，《中华商标》2005 年第 10 期;朱玲:《涉外定牌加工中的商标侵权认定———以法律解释学为视角》，《福建政法管理干部学院学报》2008 年第 1 期;浙江省高级人民法院课题组:《贴牌生产中商标俱权问题研究》，《法律适用》2008 年第 4 期;吴成功陈立伟:《对涉外贴牌加工中使用商标行为性质的再认识》，《审判研究》2009 年第 1 期;等等。

[12] 例如，张玉敏:《涉外‘定牌加工’商标侵权纠纷的法律适用》，《知识产权》2008 年第 4 期;林鸿娇:

"国际贴牌加工与商标权的地域性",《中华商标》2005年第6期;等等。

[13] 浙江省高级人民法院课题组:《贴牌生产中商标侵权问题研究》,《法律适用》2008年第4期。

[14] [德]卡尔·恩吉施:《法律思维导论》,郑永流译,北京:法律出版社2004年版,第1页。

[15] 广东首个外商定牌加工侵权案宣判,http://news.qq.com/a/20060519/000062.htm.,2009年4月2日访问。

[16] 周季钢:"谁在帮耐克狙击中国?",http://www.cs.com.cn/cjsh/200412/t20041202_535581.htm,2009年4月2日访问。

[17] R. Miller&MichaelH. Davis, Intellectual Property: Patents, Trademarks, and Copyright (3rd Edition), ThomsonWest, 2007, p. 159.

[18] 曾陈明汝:《商标法原理》,北京:中国人民大学出版社2003年版,第21页。

[19] 西南政法大学知识产权法研究中心在提交给商标局的《商标法修改意见》中,建议将第一条修改为"为保护消费者和商标权人的利益,维护公平竞争,以促进社会主义市场经济的发展,特制定本法。"并作了相关论述。见张玉敏:"维护公平竞争是商标法的根本宗旨——以《商标法》修改为视角",《法学论坛》2008年第2期;邓宏光:《商标法的理论基础—以商标显著性为中心》,北京:法律出版社2008年版,第320-333页。

[20] OEM企业定牌加工随时可能踩到地雷,http://news.qq.com/a/20060519/000062.htm2009年4月2日访问。

[21] OEM企业定牌加工随时可能踩到地雷,http://news.qq.com/a/20060519/000062.htm2009年4月2日访问。

[22] 张玉敏:《维护公平竞争是商标法的根本宗旨—— 以《商标法》修改为视角》,《法学论坛》2008年第2期。

[23] 陈静:《OEM商标侵权给海关知识产权保护带来新挑战》,《上海海关高等专科学校学报》2007年第2期。

[24] 有人担心"侵权OEM商品出口对国家形象不利",认为"商标侵权势必对中国的国际声誉造成影响,使国家外交和对外经济交往受到困扰"(参见陈静:"OEM商标侵权给海关知识产权保护带来新挑战",《上海海关高等专科学校学报》2007年第2期)。这一理由对定作人在销售国享有商标权而加工商品又全部销往该国的情形并不适用。外国判断商标侵权是以该国的商标法为依据,而不是中国的商标法。所比对的商标也必然是在该国享有商标权的商标,与中国商标并无必然联系。因定作人在销售国享有商标权,加工商品在销售国几乎不存在商标侵权的问题。还有人认为裁决OEM企业不侵犯国内商标权将与《海关知识产权保护条例》的规定不协调。笔者以为这是一种不必要的担心。其实不论海关对侵权商品的查处,还是法院的判决,都涉及一个对法律的理解与适用问题。只要二者在理解上达成一致,就不会产生不协调的问题。有法官建议,为避免司法实践中对涉外定牌加工行为的性质产生认识上的偏差,可由最高人民法院以司法解释的形式将商标法中的"使用"限定在"应用于商品流通交换领域、已经或者可能造成相关消费者的混淆与误认、并已经或者可能导致国内商标权人的利益受损"的范畴内,进而将涉外定牌加工环节中的商标标注行为排除在商标侵权行为之外。这样一来,既无需对现行的《知识产权海关保护条例》进行修改,可保持现有法律框架的稳定性,也有利于减轻中国对出口货物承担的实施商标权海关保护措施的义务,同时,还可以使商标权的垄断性利益与实现社会资源合理配置、促进国家经济发展的公共利益得到适度的平衡。(参见朱玲:"涉外定牌加工中的商标侵权认定—— 以法律解释学为视角",(《福建政法管理干部学院学报》2008年第1期)这一建议有其合理性,也能够解决所谓与《海关知识产权保护条例》的协调问题。

25 可参见张玉敏:《涉外'定牌加工'商标侵权纠纷的法律适用》,《知识产权》2008年第4期;张泽吾:《OEM的知识产权归责》,《中华商标》2005年第10期;吴成功陈立伟:《对涉外贴牌加工中使用商标行为性质的再认识》,《审判研究》2009年第1期;等等。

作者系西南政法大学讲师、重庆市高级人民法院法官,法学博士。

(原载《知识产权》2009年第5期)

中国商标法律现代化的困境与出路

——“知识产权战略实施与商标法修改”国际论坛综述

邓宏光

东风洒雨露，会人天地春。2009年4月18日至19日，由西南政法大学、中国法学会审判理论研究会知识产权专业委员会与重庆市工商管理局联合主办的“知识产权战略实施与商标法修改”国际论坛在重庆隆重召开。本次论坛是一次高规格的专题研讨会，是我国立法机关、司法系统以及企业、学术界在商标法修改过程中的一次思想碰撞与观点交锋的盛会，国家工商总局（商标法）修法小组成员、国务院法制办教科文卫司、最高人民法院知识产权庭、地方工商局和地方法院知识产权庭、国内外知识产权知名专家以及企业界人士等两百余名代表齐聚一堂，对我国商标权保护和（商标法）第三次修改中的热点和难点问题作了深入研讨。与会代表就论坛八个专题的内容进行了热烈而富有成效的讨论，本文就会议讨论专题和参会论文主要观点作简要介绍。

一、商标法基本理论与修法思路

（商标法）修法小组的领导介绍了（商标法）第三次修改的整体思路，指出我国在2001年只是对（商标法）作了部分修改，随着经济的发展，我国（商标法）暴露出越来越多的问题，突出表现在：商标审查积压情况较为严重，商标注册周期较长；对商标侵权行为的处罚力度与社会经济发展的水平已不相适应；商标代理服务市场较为混乱，亟需规范。因此，在第三次修改（商标法）过程中，应当简化和完善商标确权程序，缩短注册周期；应进一步加强对商标权的保护力度；应加强对商标代理组织和代理行为的管理。杨叶璇女士指出，我国现行《商标法）已经很难适应我国社会经济发展的需要，亟待修改和完善，尤其是在<商标法）的规定与实施过程中出现的违背诚实信用原则进行不正当竞争的问题，以及商标确权程序冗繁复杂等问题，不利于公平的实现和效率的提高。她提出，应当加强对正当使用商标的保护，简化商标注册程序，防止程序滥用，改革传统修法模式，加快修法进程。

吴汉东教授提出，（商标法）的修改应具有国际视野和时代胸怀，应以促进本国经济和社会发展为考量因素，因此应当以以下三点作为本次<商标法）修改的指导思想。其一，国际视野，中国立场。知识产权保护已经成为当今经贸领域的国际规则，区域化、趋同化和国际化是知识产权发展的整体趋势。我国（商标法）修改应当立足本土，顺应国际发展趋势，在实体规范上遵守国际公约关于最低保护标准的基本规定，在程序上借鉴国外立法先进经验，注重本土化与国际化的协调。其二，时代步伐，中国现实。我国（商标法）的修改应当考虑网络技术发展带来的冲击，另外也应当高度关注商标权的合理限制和程序的优化以提高效率等问题。其三，战略发展，中国目标。（商标法）修改应当围绕（国家知识产权战略纲要）进一步完善知识产权法律法规的政策目标，发挥基础支撑作用。吴教授认为（商标法）修改的重点内容包括三个方面。其一，优化程序。应当简化审查程序，考虑是否继续保留相对理由的审查；简化确权程序，降低确权成本；建立简

单高效的司法确权机制。其二，协调冲突。注重协调商标权与相关权利和利益的冲突。其三，加强对商标权的保护。改革行政保护程序，完善司法保护程序，注重两个程序之间的协调，突出以司法保护为主导。刘春田教授指出，（商标法）的研究和修改不要重蹈历史的覆辙，使包括（商标法）在内的知识产权法继续游离于民法和传统法律理论之外，而应当使其回归民法，实现“野马回厩”。唐广良研究员对商标、商标法、商标权、商标注册、商标局、驰名商标和商标侵权等基本概念提出了自己的观点。他说：未在商业活动中使用的上述符号均不能被视为商标，商标的价值及其可保护性并不在于符号本身，而在于符号背后的商誉；商标法是一个由多部法律规范构成的法律体系，并非仅指被称为（商标法）的法律规范，反不正当竞争、反假冒等法律应当成为商标法的重要组成部分；（商标法）首先应当是消费者权益保护法，保护商标权人的权利是服务于保护消费者利益这一目的的手段；商标权应来源于商标的使用而非注册，注册标记的使用范围不能等同于商标权；所谓的商标权，主要是指商标所有人得以对抗他人的权利，商标权人能否利用商标权对抗其他人，并不取决于其自己权利的大小，而取决于对方行为的不正当程度；注册不应当是产生商标权的前提条件，商标注册的作用应仅限于备案与公示；商标局应当是一个公共服务机构，而不是行政管理机构，相关的行政管理职能应交由工商行政管理局或知识产权局执行，复议机构（商标评审委员会）应仅对商标注册“过程”是否合规进行复审，商标的可注册性及可保护性问题应由法院通过审判来确定。王太平副教授提出消费者在商标法中处于中心和基础的位置，消费者的认知是商标功能发挥的心理基础，消费者保护成为（商标法）的重要立法目的。王莲峰教授就（商标法）第 52 条部分条款、第 13 条驰名商标条款、关于商标合理使用条款的修正、关于注册商标与商号的规定、关于<商标法）名称修正等方面提出了自己的建议。杨巧教授对商标权的限制、商标产品的平行进口、商标侵权归责原则等问题进行了分析。

二、商标注册实质要件与程序改革

在商标注册实质要件方面，邓宏光副教授指出，我国现行规定存在三方面的不足。其一，在语言表述上，相关的法律条文表述不精炼、不准确。其二，在体系化方面，商标注册实质要件内部不协调，存在相互冲突和矛盾之处，商标注册实质要件与商标异议和争议制度不协调。其三，在价值诉求上，现行商标注册实质条件不符合商标构成要件的要求，没有体现保护商标权的精神内核，与商标法保护消费者利益、维护商标权人利益和维持市场公平竞争的价值追求有所背离。邓宏光副教授就此提出改进思路：商标注册的实质要件应当增加商标使用的要求，商标权取得模式最好采取美国“使用+注册”的模式；商标注册实质条件的立法表述借鉴欧盟经验，从驳回商标注册的角度规定注册实质条件，根据驳回商标注册涉及社会公共利益还是个人利益将驳回事由分为绝对理由和相对理由；应当强调对社会公共利益的维护，完善驳回商标注册的绝对理由。黄晖博士提出，应当进一步明确在先权利的范围，包括对抗的地域范围，确定将申请日作为衡量权利在先与否的基准时间点，并探讨解决权利冲突的法律渠道，最终明确共存之后权利行使的边界，确保在先权利不因商标权的存在和行使而受到损害。芮松艳法官提出，应当将我国（商标法）第 10 条第 2 款对地名商标的规定，纳入到（商标法）第 11 条第 l 款描述性商标的规定中，并将常用形状和包装作为缺乏显著性的情形看待。何炼红教授对声音商标注册的必要性、可行性和制度构想作了分析。

在确权程序方面，张玉敏教授指出，优化程序是提高我国商标确权效率的根本出路。为了解决注册申请大量积压的问题，应当采取两项解决措施：一是完善注册申请程序，要求申请人在申请商标注册时声明使用意图，并声明“就其所知其申请不侵犯他人的在先权利，如有虚假或欺骗，愿承担赔偿受害人因此所受损失的法律责任”；二是要求注册人在商标初始注册满五年后的一年内，向商标主管机关提交注册商标已经被用于商业用途的声明和相关证据，如果商标尚未被商业使用，则应说明未使用的正当理由，如果注册人既未提交商业使用的证据也无未使用的正当理由，期限届满时注册商标将被注销。中国外商投资企业协会优质品牌保护委员会（以下简称“品保委”）主席张为安先生从企业的角度出发，提出商标局应当审查相对理由。他认为，如果不审查相对理由，将会助长申请与他人相同或者近似商标之风，将促成异议案件大幅增加，造成人力资源本就匮乏的商标评审委员会更加不堪负荷，从而导致审理更加迟延，这不符合国家知识产权战略纲要“降低维权成本”的要求。确权程序中即使异议改由商标评审委员会审理，也不应剥夺异议人寻求司法救济的权利。欧盟商标局工业产权政策部主任VincentO’Rcilly介绍了欧盟在商标注册中遇到的挑战及其应对措施。欧盟与我国一样，面临大量的商标注册申请，他们采取了三项措施：改革评审程序，调整文件的流转过程，简化评审程序，剔除不必要的程序；最大程度地实行自动化，将人工参与常规作业的程度降到最低，自动提供审查员资源，把工作转给用户；提高员工适应性，培训员工以适应更广范围的活动，减少专业间的界限，采取“一份文件，一名审查员”的做法。O'RciUy还介绍了欧盟处理已注册但未使用的商标的经验。在商标申请程序中，欧盟商标局不主动对在先权利进行调查，在先商标提出异议时，商标持有人须证明其商标已经使用，并且是真正的使用而非形式上的使用。在商标侵权诉讼中，法院可以直接撤销未使用的商标，在第三方提出申请时，欧盟商标局可以撤销未使用的商标，商标持有人有责任证明商标的真正使用情况。英国的Mark Jefferiss介绍了英国对驳回商标注册相对理由的审查中的搜索并通知的制度，该制度保留并改进了传统的商标全面审查制度，要求商标申请人通过完整的商标搜索归纳出在先商标，申请人通知在先商标持有人并递交给知识产权局，在先商标持有人提出商标异议时应当举证证明自己使用该商标。为了解决异议较多的问题，英国缩短了2个月的异议期，变更了冷却期，增加了异议和延长时间的费用。西班牙知识产权局的Ignacio Gil Osés介绍了西班牙商标程序的改革和驳回商标注册绝对理由和相对理由的变化。

对于商标争议制度，商标评审委员会的史新章先生指出，现行（商标法）的规定存在以下问题：未明确区分商标宣告无效与商标撤销制度；商标异议与异议复审制度的关系定位模糊，异议案件四级审级的制度设计过于繁琐。他建议：区分宣告无效与撤销制度；完善商标撤销事由；限制异议申请人资格和异议理由，简化程序，可取消异议复审环节，由商标评审委员会承担异议审理的职责；针对商标抢注行为，建立商标强制移转制度；强调商标争议程序与司法程序的衔接。张耕教授提出，现行商标无效制度与商标侵权诉讼严重脱节，导致诉讼程序繁琐冗长、行政资源和其他社会资源被不合理地耗费等弊端，建议借鉴其他国家和我国港澳台地区的做法，直接由司法机关裁决商标是否无效。

在商标争议制度中，对于《商标法）第41条第1款规定的“以欺骗手段或者其他不正当手段取得注册”的理解，存在三种完全不同的观点。杨叶璇女士通过对该条款演变历史的回顾，得出该规定应当是指除（商标法）第13、15、31条之外的不正当抢注他人商标的相对事由。芮松艳法官则认为，该条款是一种兜底性条款，既包括了驳回商标注册的绝对理由也包括了相对理由。该条款作为一种相对理由只有在其他具体条款无法适用的情况下才能适用，其适用的规则应当与该条第2款的规定相同；作为绝对理由指向的是对公共利益造成损害的各种行为，如向商标行政主管机关虚构或隐瞒事实真相、提交伪造的申请书件或其他证明文件，以骗取商标注册的行为。钟鸣法官则认为，（商标法）第41条第1款只能适用于绝对禁止注册的情况，“以欺骗手段或者其他不正当手段取得注册”也只能理解为欺骗商标行政主管机关以及除此之外的其他违反绝对禁止注册理由的其他不正当手段，对于其他需要保护的情形，应当通过对（商标法）第31条等条文的扩大解释或对争议期限的解释来解决，不能再适用（商标法）第41条第1款来解决相对禁止注册的问题。

三、商标权侵权的认定

对于商标侵权判断标准，周云川法官指出，现行法律不是以是否混淆、而是从商品类似和商标近似这二维角度来评判，导致因果关系倒置。孙海龙、姚建军法官认为，商标保护的主要目的是保护商标的识别功能，使其免遭混淆，因此是否构成混淆是判定是否侵犯商标权的积极要件。邓宏光副教授指出，我国商标侵权判断标准存在三个缺陷。其一，在实践操作中有三宗罪：导致个案处理结果不公平，对注册“垃圾商标”之风起着推波助澜的作用，迫使司法机关出台与商标法不符的司法解释。其二，在理论上不符合商标的结构、商标功能的定位和商标法立法宗旨。其三，与商标立法的国际化趋势背道而驰，也没有达到 TRIPs 协议的基本要求。他建议，我国在第三次修改《商标法》时应当顺应时代发展的需要，采取国际通行的商标侵权判断标准，以商标混淆理论为基础，以消费者发生混淆的可能性作为商标侵权的判断标准，并对相关条款做出修改。彭学龙教授指出，“混淆的可能性”是侵权认定的主要标准，又是商标审查的重要尺度，我国《商标法》避开了“混淆”的概念，削弱了“混淆可能性”的基准性地位，误导商标执法和司法活动，我国修改《商标法》时应遵循商标法制的运行机理，以“混淆可能性”为基准重构商标侵权规范和审查规则。魏森教授指出，《商标法》修改草案中引用《欧共体商标条例》中有关淡化问题的条文，是一项失败的规定，不足为取。因为反淡化保护是对商标权保护范围的一次重大扩张，不仅已突破现行《商标法》的保护范围，打破了既有的利益平衡，也超过了 TRIPs 协议的既有要求，因此我国对淡化的规定不能不慎重。

在商标侵权案件中，网络商标侵权和定牌加工（OEM）中商标侵权是讨论的热点问题。黄武双副教授以“百度竞价排名”商标侵权案为例分析了搜索引擎商的审查义务。谭颖法官提出应当引入初始兴趣混淆理论解决网络商标侵权。廖斌和王洪友分析了网络环境下商标权的扩张与限制，认为网络环境下商标权应当受到必要限制。孟祥娟从市场影响理论、初始兴趣混淆理论以及合理使用规则等角度剖析了网络商标侵权，并对当前网络商标侵权新模式进行了分析。对于行政执法机关和部分法院倾向认定构成商标侵权的定牌加工问题，出席论坛的法官和学者普遍认为，不应当认定为商标侵权，应当在《商标法》中做出相应的调整。褚红军和陆超法官以“耐克滑雪夹克商标侵权案”为视角，从 OEM 行为的法律性质、商品混淆的可能性、损害后果是否真实存在等方面，分析了国内企业 OEM 加工行为的合法性，指出我国商标法律制度在解决 OEM 商标侵权纠纷方面的立法缺陷。易健雄博士指出，因 OEM 而产生的大量商标侵权纠纷也已成为一个不容忽视的现实问题，认定 OEM 企业侵犯了国内商标权，这给国内商标权人带来了“额外利益”，而对 OEM 企业施加过重的注意义务，也窒息了 OEM 产业的发展。遵循“从结果出发”的思维方式，可以得出认定 OEM 企业不侵犯国内商标权这一更为可取的结论。沈强法官从商标侵权的实质要件与商标使用两方面分析了 OEM 加工行为的合法性，并提出工商和海关等部门的行政查处应当与司法衔接起来，利用《商标法》修改机会统一执法。蔡伟法官也分析了在金融危机形势下我国涉外定牌加工的合法性问题，并对企业规避商标侵权风险提出了四项建议。张为安先生从企业实践的角度出发，认为 OEM 的行为不被认定为商标侵权，可能导致大量企业在一些小国家注册商标后再到中国进行贴牌加工生产，将导致我国出口更多假冒商品，有损于国家形象的同时也严重损害商标人利益。

四、商标权的保护

孔祥俊法官在论坛上就商标权保护问题发表了自己的观点。其一，在商标权的边界问题上，应当以混淆的可能性作为界定商标权边界的标准，确定注册商标的权利范围，以实现尽量避免商标之间发生混淆的政策目标。如果在相同商品上使用相同的商标，除了一些合理理由外，一般不考虑混淆因素，可直接认定构成侵权。在认定混淆时，应引入市场混淆因素，合理界定类似商品和近似商标。在认定混淆时，应注意到混淆的概念在扩张，混淆的类型从传统的商品来源混淆，向反向混淆、售前混淆和售后混淆等方向发展的趋势。其二，商标的显著性问题是确定商标权保护范围的重要因素。商标的显著性应考虑客观上的区别性，知名度越高，则显著性越高，辐射范围越大，保护力度也越强。其三，商标使用与商标权保护问题。商标法应当促进商标的使用程度，防止利用注册商标进行投机的行为。对于未使用的注册商标，在商标侵权诉讼中可以不判定损害。其四，驰名商标问题。最高人民法院正在起草相关的司法解释。应当限制认定驰名商标的范围，遵从按需认定的原则，细化认定的考量因素，明确举证责任，严格限制门槛，未注册驰名商标可以对抗复制、翻译该驰名商标的注册商标，适当引进淡化理论，将驰名商标的管辖法院缩小到省会所在地的市、计划单列市、直辖市内的中级法院。其五，商标确权案件。合理协调保护商标与维护市场秩序之间的关系，一般商标不能随意跨类保护，区分撤销注册商标的公权自由和私权自由，完善在先权利的认定和保护程序。

驰名商标是商标权保护的重要议题。陶鑫良教授用“驰名商标不驰名，弄虚作假求认定。不实广告满天飞，政绩工程放卫星”来描述我国驰名商标现状。他认为，我国驰名商标呈现泛化趋势，除驰名商标外，还有各省市地方认定的著名商标、知名商标、中国名牌产品、中国世界名牌产品、各省市地方名牌产品等。据保守估计，我国驰名商标数以千计，著名商标或知名商标数以万件。驰名商标制度异化的根源，在于企业将驰名商标的认定歪曲为不正当广告的“强势资源”，在于地方政府将驰名商标认定数量尊崇为泡沫化政绩工程“亮点指标”的病态追求，一些中介组织也投其所好，推波助澜，与之伴随共生的权力寻租和权利滥用现象也已经屡见不鲜，而且愈演愈烈。诸多因素促成了我国驰名商标的怪现象。只有坚持·被动认定、个案认定、需要认定、事实认定、动态认定”和“一案一认定、认定一案用、他案作参考、限制作广告”的基本原则，取消颁发任何驰名商标牌匾、证书及类似文件，禁止企业在任何广告中单独使用“中国驰名商标”或者“驰名商标”字样，明确规定不再将驰名商标以及著名商标认定的数量作为各级政府的政绩数据甚至考核指标，才可能让驰名商标的行政与司法认定共同回归理性。曹新明教授指出我国现行（商标法）关于驰名商标的规定还不够完善，例如，(商标法）没有关于驰名商标的定义性规定，没有关于侵犯驰名商标注册人或者使用人权利的明确规定，也没有关于能否以驰名商标做广告宣传的规定等，｛商标法）修改时应予以足够的重视。康添雄博士指出驰名商标在本质上是一种私权，应当由市场作为主导，尽量避免公权力的介入和干预，至少应当取消各地政府利用纳税人的钱奖励驰名商标的做法。周俊强博士认为，驰名商标是当事人为保护其利益而请求认定的法律事实，应当遵循按需审查、个案认定和国内驰名的原则。徐清霜法官提出了建立判前审核制度、实地考察制度和对侵权行为真实性重点审查制度的构想。何育玲法官认为驰名商标司法认定的级别管辖相差较大、门槛过低和认定标准不统一，是导致驰名商标认定制度被滥用和异化的原因。邓永杰法官提出，为了消除驰名商标认定范围不断扩大，驰名商标效力绝对化和民事责任过于严厉等问题，法院今后不再认定驰名商标，而应以混淆侵权标准整合驰名商标保护和普通商标保护。孙立凡法官指出，我国未注册驰名商标的救济手段仅仅限于停止侵害，没有包括赔偿损失等其他救济方式，违背了法律的公平正义价值，应当增加包括赔偿损失等其他民事法律责任，甚至刑事法律责任。湖北省高级人民法院审判庭认为，我国驰名商标司法认定主要存在侵权事实认定不清、认定标准把握过宽以及没有严格遵照商标立法的相应规定等三方面的问题，应当建立有中国特色的驰名商标保护体系。无锡市中级人民法院知识产权庭课题组提出，驰名商标的认定仅仅是作为审理案件查明的事实，只是个案中对原告商标实施状态的确认，对社会不具有普遍的效力，不适用于第三人，其效力甚至对被告也不能必然推及另案。驰名商标司法认定应当遵循被动认定、个案有效、域内驰名、案件需要、严格审查的原则。驰名商标扩大保护应当是相对保护，而非绝对保护，必须根据个案综合情况确定保护范围和程度。

对于商标的刑事保护，刘平副教授认为司法机关在适用假冒注册商标罪时，不应简单地依据司法解释所规定的数额标准“对号入座”，而必须充分考虑影响假冒注册商标行为的社会危害性等各种因素。对注册后未使用的商标，原则上应排除在刑法的保护范围之外。品保委法律委员会副主席姚红军先生从假冒商标行为的范围、认定假冒商标行为的标准、罪刑化范围和处罚措施等方面，以美国、日本、菲律宾、我国台湾地区与中国大陆为例，对假冒商标行为犯罪化进行了比较研究。品保委执法委员会主席陈小东先生对商标权保护行政执法与刑事司法的衔接问题提出了一些观点。他认为，相同商标的判定坚持一般公众注意力原则，商标“件”（套）的判定要适应客观实际的发展需要，“非法经营额”计算应基于被侵权产品的“市场中间价”，应当采用联合执法、现场移送的方式，坚持行政处罚与刑事处罚可以并罚，依法严厉追究出口代理商、定牌加工“幕后黑手”及房东等共犯的刑事责任。

作者系西南政法大学民商法学院副教授，法学博士。

（原载《华东政法大学报》2009 年第 3 期）

从“鳄鱼”商标之争看如何计算商标国际注册的争议期

——从“鳄鱼”商标行政争议案谈起

黄　晖　黄义彪

案件介绍

1990年3月26日，法国拉科斯特公司依照《商标国际注册马德里协定》向国际局就第3、9、18、24、25和28类的相关商品提出“鳄鱼”商标的国际注册申请。国际局于1990年6月19日在国际商标公告中对上述商标国际注册进行了公告，国际注册号为552436。经中国商标局审查，对上述第3、9、18类国际注册中部分商品在中国的领土延伸予以驳回，对第3、9、18指定保护的其余商品及第24类、25类、28类上全部指定商品的领土延伸予以核准。

1993年1月5日，宜宾鳄鱼公司以上述指定保护在第25类的国际注册第552436号“鳄鱼”文字注册商标（以下称“争议商标”）与其在1985年9月30日取得注册的第233201号“鳄鱼”组合商标（以下称“引证商标”）构成近似为由，向商标评审委员会提出撤销申请，2004年4月，林维尔公司受让引证商标参加撤销评审程序。

2004年9月，商评委作出裁定，认为：争议商标于1990年6月19日在中国取得注册，申请人在1993年1月5日提出撤销申请时争议商标注册已满一年，因此，该申请已经超过原商标法第27第2款规定的法定期限，以商评字（2004）第5210号裁定驳回撤销申请，维持拉科斯特公司的“鳄鱼”文字商标。

本案经北京第一中级法院审理后认为：按照《商标国际注册马德里协定》的规定，国际局就商标的国际注册进行国际商标公告，而不是刊登注册公告，故无法以国际局的公告日起算商标的争议期限，修改前的商标法及其实施细则关于商标争议期自商标刊登注册公告之日的起算时间规定不能直接适用于国际商标注册。虽然《商标国际注册马德里协定》没有要求成员国对国际注册另行作出公告，但中国商标局于1990年自行承诺在《商标公告》中开辟《国际商标公告》专栏，对经其核准的马德里联盟成员国在中国申请领域延伸的国际商标及有关事宜实行一次公告，并明确可以依商标法对公告的国际注册商标提出异议、争议。因此对于国际注册商标的一年争议期应当以中国的商标公告的日期为起算时间。而由于本案争议商标恰巧一直没有在中国进行公告，致申请人无法得知该商标已经注册，故对争议商标提出撤销的期限应当自申请人实际得知争议商标注册之日起计算，鉴于申请人陈述1992年12月得知注册的时间无相反证据推翻，该日期据其提出撤销申请的1993年1月未超过一年，符合原商标法关于提出撤销商标的期限规定。据此作出（2005）一中行初字第112号判决，撤销了商评委的裁定。

在随后的二审中，北京市高级法院则认为：国际注册商标一旦注册，其注册日就是申请日。根据我国参加的《商标国际注册马德里协定》的规定，领土延伸至各成员国的注册申请，其商标主管当局必须在12个月作出是否给予保护的决定，并通知国际局，争议商标在该期间没有收到驳回，已经进入不得拒绝保护的状态，亦我国原《商标法》第27条第2款所指的“经核准注册”状态。国际局的公告为国际商标注册的充分有效公告，中国商标局在一段时期曾经进行的《国际商标公告》不具有法律意义，不能作为计算国际注册商标争议期的根据。故，撤销本案的一审判决并维持商评委关于驳回撤销申请的裁定。作为终审判决，该判决已经发生法律效力（案号：2005高行终字第341号）。

案件评析

本案争议商标即国际注册552436号“鳄鱼”文字商标，于1990年3月26日在法国注册取得，并于1990年6月19日依据《商标国际注册马德里协定》在国际局登记指定中国领土延伸。在1993年1月5日提起本案争议时，1993年2月22日通过修改的商标法尚未生效，因此，本案商标争议应适用《商标国际注册马德里协定》及1982年《商标法》，而不应是有关裁判认为的1993年商标法。

本案的特殊之处在于，我国商标法对提出撤销注册商标申请的时限是从争议商标的核准注册日开始计算的，但《国际商标注册马德里协定》中对于国际注册商标并没有明确的核准注册日概念，而在我国加入《马德里协定》初期，为方便有关人员了解国际注册的信息，曾经实行过一段国际注册商标的国内二次公告并告知可以据此对国注册商标提出异议、争议。再加上本案中的争议商标注册时间正好在国内二次公告实行期间，却又偏偏被遗漏了公告，因此如何认定国际注册商标的“核准注册日”和“国际注册商标的国内二次公告”之法律效力就成了决定本案结果的关键问题。

一、如无驳回发生，对国际注册商标提起争议的起算点应为国际局通知领土延伸后一年的驳回期满日，该日期即是国际注册商标在中国的实际“核准注册日”

1. 国际注册商标在中国的“核准期”

依据《商标国际注册马德里协定》第三条之三第（二）项，通过国际注册程序在指定国取得领土延伸的生效时间为国际注册登记、公告的日期，在本案中该日期为1990年6月19日。自该日起一年之内，中国的商标注册主管机关可以依据中国法律规定进行核准并有权提出驳回注册，此期间即国际注册在中国的核准（驳回）期。

商标国际注册不同于国内注册的一个特点在于，国际注册的商标只存在领土延伸国当局与国际局之间的驳回程序和国内法规定的争议期内的争议程序，而不存在国内注册程序中的初审公告和与之对应的异议程序，但国际注册的驳回程序和国内注册的异议程序在实质上都属于国际商标注册机关的核准程序。

2. 国际注册商标在中国的“争议期”

如上所述，自1990年6月19日国际局登记公告之日起，本案争议商标的国际注册已经延伸到中国。至此一年后的1991年6月19日，驳回本案争议商标国际注册的期限已经届满。自此，该商标进入争议期，而依据当时有效的1982年商标法（与1993年商标法的规定相同），本案争议商标的争议期间为一年，截至到1992年6月19日。

根据1982年商标法第27条的规定，对已经注册的商标有争议的，可以自该商标经核准注册之日起一年内，向商标评审委员会申请裁定。因此，确定国际注册商标的“经核准注册之日”是认定本案的关键，对此，可通过对比国内注册和国际注册的相关程序得出结论。

根据我国《商标法》，申请注册的商标，需要经过形式审查和实质审查，商标局对于通过上述审查的商标给予初步审定，并予以公告，三个月内无异议或异议不成立的，核准注册并发布注册公告。

而根据《马德里协定》，申请商标国际注册，国际局对符合条件的商标应立即注册，并将注册通知指定的领土延伸国注册当局，同时在国际局定期刊物上公告，此公告为商标国际注册所必须的和充分条件，除此之外无需其他公告。在上述通知和公告后的一年内，指定领土延伸国的注册当局有权通知国际局驳回该商标的领土延伸，否则，即无权否定该商标的注册效力，这也是我国应当遵守的条约义务。

通过对比国内和国际注册程序可知，国内注册与国际注册的相同之处在于均需经过核准才能正式注册，而提出争议的起始时间也都是“核准注册之日”，其不同点主要在于国内注册的核准期内称之为异议程序，国际注册核准则称之为驳回程序。国际注册商标虽然没有直接规定“核准注册之日”，但鉴于主管机关至迟必须在一年的驳回期内发出不予注册的驳回通知，驳回期满没有收到驳回则自动进入注册保护状态，故该日当然成为我国商标局对国际注册的实际核准注册之日。

《商标国际注册马德里协定》虽然规定国际注册日为指定领土延伸商标的生效日，但根据该协定第五条，我国商标注册机关有权的该登记日后的一年内作出是否驳回注册的通知。因此，在无驳回的情况下，对于国际注册商标提起争议的起算时间也当然应在国际注册一年的驳回期届满后开始。毫无疑问，我国商标法所指的“核准注册日”对于国际注册商标而言，在无驳回的情况下，就是国际公告之日后一年驳回期满之日。本案申请人提出的由于争议起算日理论上应该依据而实际上无法依据国际注册日的悖论其实并不存在。

3. 关于“核准注册日”和“刊登注册公告日”的关系问题

在国内商标注册程序中，没有经过异议的商标之核准注册之日一般与初审公告后三个月所刊登注册公告之日是同一天，因此1988年商标法实施细则中便是将“刊登注册公告之日”作为“核准注册之日”的同义语来使用；但对于经过异议的商标，即使三个月异议期满时注册公告已经刊登出去，真正的核准注册之日也必须是异议程序终结之日。2002年商标法实施条例对此作出了明确的说明，但显然不能认为在此之前的商标争议期只能机械地按照三个月异议期满来计算，这是一个正确理解经核准注册的问题，而不是效力追溯的问题。

争议商标作为国际注册指定在中国领土延伸的商标，其申请和核准注册的惟一法律根据是《马德里协定》，根据该协定第三条之三第（二）项和第五条第（二）、（五）项的规定，在国际局实际注册国际商标之日起的一年内没有收到驳回的商标，即在指定国进入确定的注册状态。同时，根据当时有效的1982年《商标法》第27条的规定，对经核准注册的商标提出争议的时限为该商标核准注册日之后的一年内，此后则属于不可争议的商标。

552436号“鳄鱼”文字商标（以下称“争议商标”）由拉科斯特公司于1990年3月26日申请取得国际注册；于1990年6月19日依据《马德里协定》由国际局实际注册指定中国的领土延伸；在此以后截止到1991年6月18日的一年内，没有收到中国商标局就该商标现有状态的任何驳回；直至1992年6月18日的一年内也没有任何人提起争议。因此，本案在1993年1月5日对该商标提出争议请求已经超出争议期限。

二、国家商标局刊登《国际商标公告》的日期不能视为商标的核准注册日，更不能成为商标争议的起算点。

本案中，各方对《商标国际注册马德里协定》和我国《商标法》中关于争议期起算点虽存有不同的理解，但都一致承认，依据法律规定本案争议的商标已过争议期，只是中国商标局作出的《国际商标公告》能否“影响”本案争议期的计算或者说使“争议期”的规定无效。

首先，无论中国商标局的《国际商标公告》以何种形式公开以及内容如何，均无权变更《商标国际注册马德里协议》和我国《商标法》的明文规定。具体到本案即为国际注册商标在我国的争议期起算标准。

毫无疑问，商标公告的法律效力必须由法律明文规定所产生。不论是依《商标法》在国内申请注册商标，还是依《商标国际注册马德里协定》取得国际注册商标，相关公告的法律效力都是直接来源于法律的明确规定。商标局二次作出的《国际商标公告》说明部分也清楚地阐明：“有关人士可以依我国现有《商标法》提出异议、争议、注册不当等申请。”显然，该公告并没有赋予有关人士直接以依据公告内容提起争议的权利。

显然，申请人提出撤销争议商标应当依据我国《商标法》和国际条约提出，而不应依赖于《国际商标公告》。而如果坚持以《国际商标公告》作为提起争议的依据，在争议商标一直到目前还没有作出公告的情况下申请人提出本案争议的请求也没有根据。无论各方当事人对本案争议期问题存有何种理解，商标的争议期始终是一个确定的日期，而不是想什么时候提就可以什么时候提，如果将《国际商标公告》的日期作为争议起算点来否定一年驳回期满为核准注册日的标准，那么，将会导致本案争议商标没有作出《国际商标公告》甚至后来商标局取消《国际商标公告》的根本无法提出争议的局面。

事实上，商标局的《国际商标公告》仅仅是我国在加入《马德里协定》初期为方便公众查询而阶段性实施的一个提示工具，其道理如同目前北京法院为方便公众查询而公布全部知识产权判决一样，当然任何人均不可能因为其中遗漏了某个判决而主张延长与其有关判决的上诉期。

由于对国际注册商标采取国内二次公告的做法在实践中存在诸多问题，商标局在试行不久后就停止进行了。目前，国际注册的商标在我国就已不再进行任何多余的公告，但对争议程序并没有任何影响。因此，所谓的没有《国际商标公告》就无法得知国际注册情况的说法是不能成立的。国家商标局对于注册商标一直提供相关的查询手段，即使没有《国际商标公告》，相关人士也并非没有途径得知商标的注册情况。另一面也应当承认，曾经刊登的《国际商标公告》可能会使一些企业将其作为了解商标国际注册的依赖，国家商标局的这一举措也未必在客观上没有正面效果。但我们认为，行政执法的妥当性和本案商标争议期的起算点是两个完全不同的问题，即使国家商标局在执法中有何不妥也不能因此动摇已经注册多年的“争议商标”，被提出撤销的国际注册商标权利人并没有任何不适当的行为，其依法注册的商标理应得到法律保护，而不能因为一份至今尚没有作出的《国际商标公告》而导致被撤销。

总之，无论是依我国《商标法》在国内申请注册的商标，还是依《商标国际注册马德里协定》通过国际注册的商标，相关商标公告的法律效力只能由《商标法》或者《商标国际注册马德里协定》的规定产生。即使成员国愿意对已经核准的商标进行二次公告，该公告也不能晚于一年驳回期，国际注册人至多可以早一点知道商标已被核准（这种情况下，争议期也会相应地更早开始计算），但其它人也不可能因此获得比一年驳回期更晚的异议期，争议期起算点再晚也不能晚于一年驳回期期满日。未经驳回的国际注册商标，按照马德里协定，在驳回期满后即进入确定的注册状态，争议期应立即开始计算，无论是否存在《国际商标公告》，都不能在驳回期满一年后提出争议，否则就会产生国际注册驳回期满却又不算注册的荒谬后果，明显违反了《商标国际注册马德里协定》。

第一作者系：北京市万慧达律师事务所律师
中国社会科学院知识产权中心客座研究员

第二作者单位：北京市万慧达律师事务所

（原载知识产权出版社《专利法、商标法修改专题研究》一书，2009 年 6 月）

附　录

（1031~1043）

关于施行《商标网上申请试用办法》及商标网上申请有关规定的公告

《商标网上申请试用办法》及《商标注册网上申请流程》、《商标注册网上申请填写要求》、《商标数字证书申请流程》等涉及商标网上申请的有关规定已经国家工商行政管理总局商标局批准，现予公布，自2009年1月20日起施行。

附件：1.商标网上申请试用办法

2.商标注册网上申请流程

3.商标注册网上申请填写要求

4.商标数字证书申请流程

国家工商行政管理总局商标局

二〇〇九年一月七日

商标网上申请试用办法

第一章　总 则

第一条　为了规范通过互联网以电子文件形式提出商标申请（以下简称商标网上申请）的有关程序和要求，根据《商标法》及其实施条例的有关规定，制定本办法。

第二条　提交商标网上申请的，应当遵守本办法和国家工商行政管理总局商标局（以下简称“商标局”）制定的商标网上申请流程及其他相关规定。

第三条　提交商标网上申请的，应当通过中国商标网（http://www.ctmo.gov.cn）以商标局规定的文件格式、数据标准、操作规范和传输方式提交申请文件。

第四条　提交商标网上申请的，应当真实、完整、准确地填写申请信息。

第五条　提交商标网上申请的，申请信息以商标局的数据库记录为准。

第六条　商标申请人可以直接提交商标网上申请，也可以委托商标代理组织办理。通过商标代理组织提交商标网上申请的，视为商标申请人与商标代理组织存在委托代理关系。

第七条　直接提交商标网上申请的申请人，应当符合《商标法》第四条的规定，不违反《商标法》第十八条的规定，并具备在线支付商标申请费的技术条件。

代理商标网上申请的商标代理组织，应经企业登记机关依法登记并在商标局备案。

第二章　商标网上申请

第八条　由于技术原因，商标申请人或商标代理组织不得提交下列情形的网上申请：

（一）商标局公布的《自然人办理商标注册申请注意事项》所规范的商标注册申请；

（二）有优先权诉求的商标注册申请；

（三）人物肖像的商标注册申请；

（四）集体商标、证明商标的商标注册申请；

（五）指定使用的商品或服务项目没有列入《类似商品和服务区分表》的商标注册申请；

（六）外国人或外国企业作为商标申请人或共同申请人，未委托商标代理组织提交的商标注册申请。我国香港、澳门特别行政区和台湾地区的商标申请人参照本项规定办理。

（七）其它暂不宜采用网上申请的商标注册申请。

第九条 商标申请人直接提交商标网上申请的，应当在提交商标网上申请时，使用本人或其委托的付款人的银行卡立即在线足额支付商标规费；商标代理组织代理商标网上申请的，应当足额预付商标规费。

商标局对付款方式另有规定的，从其规定。

第十条 商标申请人直接提交商标网上申请的，商标局收到符合要求的电子申请书数据和足额缴纳商标申请费的信息视为该申请提交成功；商标代理组织代理商标网上申请的，商标局收到符合要求的电子申请书数据视为该申请提交成功。

不符合前款规定的，视为申请人或受其委托的商标代理组织未提交商标网上申请。商标申请人或商标代理组织可以登录中国商标网对其提交的商标申请进行查询。

第十一条 提交商标网上申请的，商标申请日期以商标局收到提交成功的电子申请书数据的日期为准。

第十二条 提交商标网上申请后，除商标网上申请是在试用过渡期内提交的或商标局规定应当递交相关书面申请材料的外，商标申请人或受其委托的商标代理组织无需再就同一件商标申请向商标局递交书面申请书和其他书面申请材料，否则，视为另一件商标申请。

提交商标网上申请后，商标网上申请是在试用过渡期内提交的或商标局规定应当递交相关书面申请材料的，商标申请人或受其委托的商标代理组织应当按商标网上申请流程的要求办理。《商标法》及其实施条例对递交期限有规定的，从其规定；《商标法》及其实施条例对递交期限没有规定的，商标申请人或受其委托的商标代理组织应当按商标网上申请流程的要求办理。

第十三条 代理商标网上申请的商标代理组织，应当妥善保存委托人的营业执照、身份证等主体资格证明文件的复印件和委托书原件，有关书件应当经委托人签章。商标注册与管理工作需要时，商标代理组织应当自接到商标局通知之日起 15 日内递交。

第十四条 商标网上申请的接收时间为法定工作日的 8：00 至 16：30。但因故临时调整的，将在中国商标网予以公告，并以公告中标明的时间为准。

商标网上申请的接收时间以外提交的申请，不予受理。

第三章 法律责任

第十五条 提交商标网上申请的，因所提交的申请信息不真实、不完整或不准确所造成的后果由其自行承担。

第十六条 严禁向商标局的商标网上申请系统发送计算机病毒或以任何手段进行网络攻击。因发送计算机病毒、网络攻击造成后果的，由其承担相应的法律责任，并赔偿商标局因此所遭受的损失。

第十七条 具有下列情形的，商标局将暂停其使用商标网上申请系统：

（一）违反本办法第四、六、七、九、十三、十四条规定的；

（二）违反本办法第十二条第二款的规定，未按期向商标局递交相关纸质申请材料或者递交的纸质申请材料与商标局的要求不一致的；

（三）提交的商标网上申请属于本办法第八条所列情形的；

（四）自本办法实施之日起，因拖欠商标申请费用导致商标申请被不予受理的；

（五）具有不诚信行为或其他违法行为的；

（六）违反本办法其它规定且情节严重的。

上述暂停使用商标网上申请系统的情形妥善解决后，当事人可以申请恢复使用。但是，暂停期不少于五个工作日。

第十八条 具有下列情形的，商标局将停止其使用商标网上申请系统：

（一）连续 2 年内被暂停使用商标网上申请系统三次（含）以上的；

（二）具有本办法第十六条规定情形的。

第四章　附 则

第十九条　商标网上申请系统受理的业务类型和商标申请人直接提交网上申请的具体事宜由商标局另行公告。

第二十条　在商标网上申请试用期间，商标局采用对试用单位日申请量适度限制的做法，并根据实际运行情况逐步放开限制。具体事宜另行公告。

第二十一条　本办法由商标局负责解释。

第二十二条　本办法自2009年1月20日起施行。

商标注册网上申请流程

办理商标注册网上申请的，应当按以下流程办理：

一、申请“商标数字证书”

仅商标代理组织需要进行本步骤的操作。

商标代理组织应当先申请“商标数字证书”，然后才能代理商标网上申请。

详情请点击“商标数字证书申请指南”，查阅“商标数字证书申请流程”。

二、下载并安装数字证书驱动程序和安全应用控件

仅商标代理组织需要进行本步骤的操作。

商标代理组织应当登录商标网上申请系统首页，下载数字证书驱动程序（USB-KEY驱动）和安全应用控件软件，并按照“商标数字证书（USB-KEY）安装指南”的要求进行安装。

详情请查阅“商标数字证书安装指南”和“商标数字证书使用注意事项”。

三、登录网上申请系统，选择书式，提交商标网上申请

1、登录：商标代理组织选择“商标代理组织登录”，插入数字证书，输入PIN码，点击“登录”进入商标网上申请系统。

2、填写申请信息：登录系统后，选择申请书式，按要求填写申请内容。

详情请查阅“商标注册网上申请填写要求”、“商标注册网上申请用户手册”。

提示：

1）请认真阅读网上申请系统提供的指南和填写要求，并按要求办理。

2）在本系统当日接收时间的范围内，可以通过“申请查询”功能，查看本商标代理组织或商标申请人当日提交的申请信息。

3）对于商标代理组织，在提交申请前，可以将申请信息“页面另存”，离线校对。在本系统当日接收时间的范围内，可以通过“申请查询”功能修改申请信息。

四、缴纳商标规费

商标代理组织应当在提交申请前向商标局足额预付商标规费。

详情请查阅“商标网上申请缴费须知”。

五、确认网上申请是否提交成功。成功提交商标网上申请后，商标局要求递交相关纸质申请材料的，应当按规定办理。

（一）确认是否提交成功

1、提交商标注册网上申请的，应当于网上申请的下一个工作日，登录本系统，通过“申请查询”功能检索出上一个工作日的申请，查看提交状态：1）标识为“下载”状态的，表示该申请提交成功。2）标识为“更新”状态的，表示待确认该申请是否提交成功。造成网上申请下一个工作日仍然是“更新”状态的原因有二：一是该申请的某些数据格式（如商标图样的数据格式）不符

合要求；二是商标局网上申请系统故障。如果是因为网上申请系统故障，商标局将在本系统的首页发布滚动公告，申请人或受其委托的商标代理组织应当在商标局发布故障排除的公告后再确认是否提交成功。如果是该申请的某些数据格式（如商标图样的数据格式）不符合要求，申请人或受其委托的商标代理组织应当及时与系统管理员联系（系统管理员的联系方式：efiling@saic.gov.cn）。经确认为数据格式不符合要求的，视为该申请没有提交成功，申请日期不予保留，该网上申请将被删除，但申请人或受其委托的商标代理组织可以另外提交书面申请。3）查询不到的，表示该申请没有提交成功。

重要提示：网上申请下一个工作日仍然是"更新"状态的，应当首先查看商标网上申请系统首页的滚动公告是否有系统管理员发布的相关信息；如果没有，应当立即与系统管理员联系。

（二）成功提交商标注册网上申请后，按下列规定办理：

1、目前的过渡期内，成功提交商标注册网上申请后，需要按下文的要求提交纸质申请书。过渡期结束后，不再需要提交纸质申请书。过渡期的结束日期及过渡期结束后的有关规定，商标局将另行公告。

2、目前的过渡期内，递交纸质申请书的具体操作方法：

步骤一，下载电子申请书：网上申请的下一个工作日，登录本系统，通过"申请查询"功能，下载前一个工作日提交的商标注册网上申请的电子申请书（PDF 格式）。该电子申请书与前一个工作日提交的网上申请信息一致，申请人或受其委托的商标代理组织不能作任何修改。

步骤二，备齐相关纸质申请材料：打印步骤一下载的 PDF 格式的电子申请书（应正反面打印；彩色图样的，应彩色打印），再加盖公章。制备商标注册网上申请清单。

步骤三，递交商标局：于且必须于自提交网上申请之日（不含）起的 15 个工作日内，将步骤二备齐的纸质申请材料和清单递交商标局收文部门。前述期限按《商标法实施条例》第十条的规定计算。

由于网上申请和非网上申请在商标局内部的处理流程不同，因此，要求商标代理组织或申请人应当将上述网上申请的"纸质申请材料"与不是采用网上申请的"商标申请书及其相关申请材料"分别提交到商标局收文部门。

违反上述要求的，按《商标网上申请试用办法》有关规定办理。

3、提交的纸质申请书与商标局收到的电子申请书不一致的，以商标局收到的电子申请书为准。

商标局收文部门地址：北京西城区三里河东路 8 号国家工商总局商标局收文科，邮编：100820。

商标注册网上申请填写要求

目　录

13. 商标说明。

14. 优先权初次申请国、申请日期、申请号(仅限书式二)。

15. 类别。

16. 商品/服务项目。

17. 商标图样。

重要要求：

国内申请人（不含我国香港、澳门特别行政区和台湾地区的申请人）选择书式一，国外申请人选择书式二。我国香港、澳门特别行政区和台湾地区的申请人可以选择书式一或者书式二。

外国人或外国企业办理商标网上申请，应当委托商标代理组织代理；我国香港、澳门特别行政区和台湾地区的申请人参照办理。

填写申请表格应当使用简体中文、英文或阿拉伯数字，不得使用其他任何文字或字符，否则，承担由此产生的后果。英文或阿拉伯数字应当采用半角输入法。

申请信息含有自造字或生僻字的，不得提交网上申请，否则，承担由此产生的后果。

注有红色“*”的字段是必须填写的。

书式一和书式二中，申请人栏应填写非共同申请注册商标的申请人或共同申请注册商标的代表人。

应当遵守《商标网上申请试用办法》关于不得提交网上申请的有关规定。

本填写要求如果发生变动，申请人应按商标局要求办理。

以下是商标注册网上申请书的填写要求：

1. 代理文号

本字段不是必填项。如果填写，应当采用英文字母、数字或二者的组合，字符之间不能有空格，最多不超过 40 个字符。商标代理组织代理的，可以填写商标代理组织对该商标申请的编号。商标申请人直接提交的，不用填写。

2. 申请人类型

请根据申请人（或共同申请的代表人）的有效身份证件的类型进行恰当的选择。

3. 申请人名称

书式一：申请人（或共同申请的代表人）的名称应当与能够证明其身份的有效证件中的名称一致。如：国内企业的名称应与其《营业执照》或《企业法人营业执照》上记载的名称一致；国内自然人的名称应与其有效身份证明文件上的名称一致。

书式二：填写申请人（或共同申请的代表人）名称、地址应按要求分别使用中文、英文两种文字，不得使用其它文字。关于申请人名称（中文)，申请人（或共同申请的代表人）能够证明其身份的有效证件中有中文描述的，申请人中文名称应与该证件中的中文名称一致；申请人能够证明其身份的有效证件中没有中文描述的，申请人中文名称应采用通用中文译名，译名应当真实、准确。关于申请人名称（英文)，申请人（或共同申请的代表人）能够证明其身份的有效证件中有英文描述的，申请人英文名称应与该证件中的英文名称一致；申请人能够证明其身份的有效证件中没有英文描述的，申请人英文名称应采用通用英文译名，译名应当真实、准确。

已经提交过商标注册申请的，建议申请人通过“中国商标网”的“商标查询”栏目查询申请人名称、地址，最好保持申请人名称、地址前后一致，如字符、字母大小写等一致。

4. 主体资格登记证类型

根据申请人（或共同申请的代表人）能够证明其身份的有效证件的名称如实选择，即能够证明其身份的有效证件的名称应当与下拉菜单的选项一致；没有如实选择的，承担由此造成的后果。下拉菜单中没有与申请人（或共同申请的代表人）能够证明其身份的有效证件名称一致的选项的，不得提交网上申请。

商标申请人（含所有共同申请人）应当具备申请商标注册的主体资格。

5. 登记证号

与主体资格登记证类型的选择对应，填写相应的能够证明申请人（或共同申请的代表人）身份的有效证件的登记号。如：营业执照的注册号。

6. 申请人地址

书式一：本系统默认申请人（或共同申请的

代表人）地址是由申请人选择的省、市/县和在后面的地址栏输入的详细地址组合而成的。例如：申请人（或共同申请的代表人）地址是“四川省成都市青羊区玉沙路1000号”，应先在下拉菜单分别选择“四川”和“成都市”，然后在后面的地址栏输入“青羊区玉沙路1000号”，这样，申请人（或共同申请的代表人）地址将被组合成“四川省成都市青羊区玉沙路1000号”。

重点要求，申请人（或共同申请的代表人）的地址应与其有效身份证件上记载的地址一致，但如果该证件中的地址未冠有申请人所在地的省、市、县名称的，申请人必须按上述规则在其地址前加上省（自治区、直辖市）、市、县名称。

书式二：申请人（或共同申请的代表人）地址应真实、准确，应包括申请人所在的国家或地区。与书式一不同的是，“国家/地区”选项不参与合成申请人的地址，请在中英文地址栏输入包含国家/地区名称的详细的完整的地址。

7. 国家或地区

书式一：对于书式一，默认申请人国籍是中国，因此仅限具有中国国籍的申请人使用书式一。

书式二：申请人应真实、准确地选择申请人所在的国家或地区。

8. 是否共同申请

本系统默认是“否”，表示没有共同申请人。如果申请人选择“是”，应按提示在“共同申请人”栏输入除代表人外的其他共同申请人名称。请注意，共同申请的代表人信息应输入申请书的申请人名称、地址、联系人、电话（含地区号）、传真（含地区号）、邮政编码等字段。

9. 联系人、电话（含地区号）、传真（含地区号）、邮政编码（仅限书式一）

要求在这四个字段中分别输入商标申请人（或共同申请的代表人）的相应信息，申请人应真实、准确地填写。

10. 商标种类

根据申请商标的类型，申请人应真实、准确地选择。

11. 是否立体商标

立体商标，是指由三维标志或者含有其他标识的三维标志构成的商标。本系统默认“否”，表示申请商标不是三维标志。如果选择“是”，表示申请商标是三维标志。

以三维标志（立体商标）申请注册商标的，应当选择“是”，并提交能够确定三维形状的图样，即提供该标志的整体效果图。图样中画面的数量可以根据立体标志的形状而定。可以是该立体图形的主视图，也可以包含其六视图中的全部或几个视图，但其必须制作在一张纸上，并且满足《商标法实施条例》对商标图样大小的要求。

12. 指定颜色/颜色商标

本系统以“颜色商标”字样表示申请商标是颜色商标，以“指定颜色”字样表示申请商标是非黑白的指定颜色的彩色商标。申请人应当注意“指定颜色的商标”与“颜色商标”的区别。

本系统默认申请商标是普通黑白图样的商标，即：既不是“指定颜色的商标”，也不是“颜色商标”。

请注意：申请人提交的商标图样的色彩应与“指定颜色/颜色商标”的选项一致，否则，由其承担后果。

13. 商标说明

填写商标图样中的外文的含义、特殊字体的文字表述、立体商标的说明等。商标是外文或包含外文的，应当在本栏加以说明。外文无含义的，应说明其无含义。外文有含义的，应说明中文含义；外文有多个中文含义的，应说明其常用含义。

商标附带有类似广告用语的或说明性文字的，申请人应在商标说明中应一并说明。

申请商标包含中文、外文的非规范书写方式的，应当说明该文字的规范写法，并提供该写法的来源。

注意：只能使用简体中文、英文或阿拉伯数字，不得使用其他任何文字或字符，否则，承担由此产生的后果。

14. 优先权初次申请国、申请日期、申请号（仅限书式二）

根据优先权证明材料，如实填写。

15. 类别

申请人可以按《类似商品和服务区分表》选

择申请商标指定的商品或服务项目的类别。

16. 商品/服务项目

点击“添加商品/服务项目”，选择该商标的指定商品或服务。一个商品或服务项目可能出现多个类似群，这是正常的，本系统仅视为一个商品或服务项目。

17. 商标图样

强烈建议申请人点击“浏览”选择商标图样文件的路径。

商标图样文件格式应为jpg，图形应清晰，图样文件大小应小于200KB且图形像素介于“400×400”–“1500×1500”之间。如果通过扫描获得商标图样的，应按24位彩色、RGB格式、300dpi分辨率扫描符合《商标法》及其实施条例规定的图形（图形清晰，大于5×5厘米且小于10×10厘米）。申请人（或代理人）应确保扫描后的图形与原图形的色彩深浅（或灰度）一致，否则，可能影响《商标注册证》上图形的清晰度。

注意：1、商标图样文件（JPG格式）必须能用IE6.0以上版本打开，否则可能导致不能成功提交。如遇障碍，建议先用“画图”（Microsoft paint）软件打开并另存。2、设计或截取商标图样时，图样四周应当有不低于3毫米的空白，目的是防止在出版商标公告或打印商标注册证时商标图样缺损。

商标数字证书申请流程

商标代理组织要成为商标局商标网上申请系统用户的，应当申请“商标数字证书”，即：应当先申请国家工商行政管理总局经济信息中心颁发的“商标数字证书”。

申请“商标数字证书”的，视为同意遵守《工商总局数字证书申请责任书》及其他有关规定，视为承认该“商标数字证书”电子签名的法律效力。

数字证书持有人应当妥善保管数字证书载体。否则，承担由此产生的一切后果。

商标代理组织持“商标数字证书”登录网上申请系统。

商标代理组织申请“商标数字证书”流程如下：

一、在线填写商标数字证书申请表

1. 登录中国商标网，点击“网上申请”，进入“商标网上申请系统”。点击“商标网上申请指南”，再点击“商标数字证书申请指南”，然后再点击“商标数字证书申请流程”，仔细阅读该文档。点击文档后的“商标数字证书申请表”，按页面提示如实填写，检查无误后提交申请表。

2. 提交成功后，系统将自动随机产生激活码，证书申请人务必牢记并切勿外泄该激活码。首次登录本系统提交商标网上申请时，必须使用激活码激活数字证书。

3. 下载PDF格式的《商标数字证书业务办理表》、《工商总局数字证书申请责任书》。《商标数字证书业务办理表》是根据申请人所填写的信息生成的，申请人应立即下载该《商标数字证书业务办理表》，同时还应下载《工商总局数字证书申请责任书》。

二、准备数字证书申请材料一式四份

申请商标数字证书的，应递交一式四份申请材料。

（一）每份申请材料包括以下书件：

1. 《商标数字证书业务办理表》

2. 工商总局数字证书申请责任书

3. 营业执照（或主体资格证明文件）复印件

4. 持证人（保管数字证书载体的人）的身份

证复印件。

注意：1. 第 1 至第 2 的书件均是在步骤一下载后打印的。2. 上述材料都应加盖数字证书申请人（商标代理组织）公章。

（二）数字证书申请材料的填写要求：

1. 商标数字证书业务办理表（注：此处系申请表）内容必须与数字证书申请人在网上申请系统填写的数字证书电子申请表的内容完全一致（注意：下载 PDF 格式的商标数字证书业务办理表后，应正反面打印）。

2. 所有书件都用 A4 纸打印或复印。

3. 数字证书申请人应如实填写。否则，承担相应后果。

4. 申请材料都应签章。

三、商标数字证书申请材料的递交方式

可以邮寄或直接递交。

1、邮寄地址：北京西城区三里河东路 8 号国家工商总局商标局计算机处。邮编：100820。收信人：商标数字证书负责人。

2、直接递交地址：工商总局商标局计算机处 903 办公室。

四、"商标数字证书"的领取方式

"商标数字证书"制作完成后，将在商标网上申请系统刊登数字证书领取通知，数字证书申请人应当到商标局直接领取"商标数字证书"。直接领取数字证书，应当持介绍信、营业执照复印件、经办人身份证复印件到商标局计算机处领取；领取时，应当出示经办人身份证（原件）。前述介绍信、营业执照复印件、经办人身份证复印件都应当加盖商标数字证书申请人公章。

收到"商标数字证书"后，务必牢记"证书唯一信任号"，因为办理数字证书后续业务需要该号。

广东省亚运标志保护办法

(2009 年 10 月 27 日)

第一条 为了加强对亚运标志的保护，维护亚运标志权利人的合法权益，制定本办法。

第二条 在本省行政区域内发生的与亚运标志相关的一切行为，均适用本办法。

第三条 县级以上工商行政管理部门依据本办法的规定，负责本行政区域内的亚运标志的保护工作。

县级以上新闻出版、知识产权、公安等部门按照各自的职责，依法做好本行政区域内的亚运标志的保护工作。

进出口货物涉嫌侵犯亚运标志的，由海关依法查处。

第四条 本办法所称亚运标志是指：

(一) 亚洲奥林匹克理事会的名称（包括全称、简称、译名和缩写，下同)、会徽、会旗、会歌、格言等；

(二) 第 16 届亚运会申办机构的名称、标识、口号和其他标志；

(三) 第 16 届亚运会组织机构的名称、徽记和其他标志；

(四) 第 16 届亚运会的名称、会徽、吉祥物、口号、会歌、会旗和其他标志；

(五) 《亚奥理事会章程和规则》和《第 16 届亚运会主办城市合同》中规定的其他与第 16 届亚运会有关的标志。

第 16 届亚运会组织机构应当定期向社会公布亚运标志，并向省工商行政管理部门备案。

第五条 本办法所称亚运标志权利人，是指亚洲奥林匹克理事会和第 16 届亚运会组织机构。

亚洲奥林匹克理事会与第 16 届亚运会组织机构关于亚运标志的权利划分，依照《亚奥理事会章程和规则》和《第 16 届亚运会主办城市合同》确定。

第六条 亚运标志权利人依照本办法对亚运标志享有专有权。

第七条 任何组织和个人不得侵犯亚运标志专有权。

侵犯亚运标志专有权是指未经亚运标志权利人许可，为商业目的（含潜在商业目的，下同）擅自使用亚运标志。

本办法所称为商业目的使用，是指以营利为目的，以下列方式使用亚运标志：

(一) 将亚运标志用于商品、商品包装或者容器以及商品交易文书上的；

(二) 将亚运标志用于服务项目中的；

(三) 将亚运标志用于广告宣传、商业展览、营业性演出以及其他商业活动中的；

(四) 销售、进口、出口含有亚运标志商品的；

(五) 制造或者销售亚运标志的；

(六) 可能使人认为行为人与亚运标志权利人之间有赞助或者其他支持关系而使用亚运标志的

其他行为。

以营利为目的，以前款所列方式使用与亚运标志相近似的标志的，视为为商业目的使用亚运标志。

第八条 非为商业目的使用亚运标志，应当遵守亚运标志权利人关于亚运标志规范使用的相关规定。

对于未能遵守亚运标志权利人关于亚运标志规范使用相关规定的，亚运标志权利人有权要求其改正或者停止使用。

第九条 任何组织和个人对于侵犯亚运标志专有权的行为均可向工商行政管理部门或者有关行政管理部门举报。

第十条 侵犯亚运标志专有权，引起纠纷的，由双方当事人协商解决；不愿意协商或者协商不成的，亚运标志权利人或者利害关系人可以依法向人民法院起诉，也可以请求工商行政管理部门依法处理。

应当事人的请求，工商行政管理部门可以就侵犯亚运标志专有权的赔偿数额进行调解；调解不成的，当事人可以依法向人民法院起诉。

第十一条 侵犯亚运标志专有权的赔偿数额，按照权利人因被侵权所受到的损失或者侵权人因侵权所获得的利益确定，包括为制止侵权行为所支付的合理开支；被侵权人的损失或者侵权人获得的利益难以确定的，参照该亚运标志许可使用费合理确定。

销售不知道是侵犯亚运标志专有权的商品，能证明该商品是自己合法取得并说明提供者的，不承担赔偿责任。

第十二条 对侵犯亚运标志专有权的行为，工商行政管理部门有权依法查处。

工商行政管理部门根据已经取得的违法嫌疑证据或者举报查处涉嫌侵犯亚运标志专有权的行为时，可以依法行使下列职权：

（一）询问有关当事人，调查与侵犯亚运标志专有权有关的情况；

（二）查阅、复制与侵权活动有关的合同、发票、账簿以及其他有关资料；

（三）对当事人涉嫌侵犯亚运标志专有权活动的场所实施现场检查；

（四）检查与侵权活动有关的物品；对有证据证明侵犯亚运标志专有权的物品，予以查封或者扣押。

工商行政管理部门依法行使前款规定的职权时，当事人应当予以协助、配合，不得拒绝、阻挠。

第十三条 违反本办法，侵犯亚运标志专有权的，由工商行政管理部门责令其停止侵权；对于非生产经营行为可以并处1000元以下罚款；对于生产经营行为可以并处10000元以下罚款，有违法所得的，可以并处30000元以下罚款。

利用亚运标志进行诈骗等活动，构成犯罪的，依法追究刑事责任。

第十四条 亚运标志除依照本办法受到保护外，还可以依照《中华人民共和国著作权法》、《中华人民共和国商标法》、《中华人民共和国专利法》、《中华人民共和国反不正当竞争法》、《特殊标志管理条例》等法律、行政法规的规定获得保护。

第十五条 本办法自2010年1月1日起施行。

广州市亚洲运动会知识产权保护规定

第一条 为加强对第16届亚洲运动会（下称亚运会）知识产权的保护，维护亚运会知识产权权利人和相关权利人的合法权益，保障和促进亚洲奥林匹克运动的持续、健康发展，根据国家有关法律、法规，制定本规定。

第二条 本市行政区域内与亚运会知识产权相关的管理、保护和其他活动，适用本规定。

第三条 本规定所称亚运会知识产权是指亚洲奥林匹克理事会（下称亚奥理事会）、第16届亚运会组委会（下称广州亚组委）所享有的与亚运会有关的商标、特殊标志、专利、商业秘密、作品和其他创作成果等专有权利。

第四条 本规定所称与亚运会有关的商标、特殊标志、专利、商业秘密、作品和其他创作成果等包括：

（一）亚奥理事会的名称、会徽、会旗、会歌、格言等；

（二）第16届亚运会申办机构的名称、申办标识、申办口号和其他标志；

（三）广州亚组委的名称、徽记、域名和其他标志；

（四）第16届亚运会的名称、会徽、吉祥物、口号、会歌、会旗、火炬、奖牌、纪念章、纪念品等；

（五）广州亚组委自行或者委托他人举办的艺术表演、拍摄的影视宣传片、策划的开幕式和闭幕式创意方案、开发的计算机软件和创作的其他形式作品、宣传品等；

（六）其他与亚运会有关的知识产权客体。

以上各项所称的名称包括全称、简称、译名和缩写。

第五条 本规定所称亚运会知识产权权利人是指亚奥理事会和广州亚组委。

本规定所称亚运会知识产权相关权利人是指经亚奥理事会或者广州亚组委授权使用亚运会知识产权的被许可人。

第六条 亚运会知识产权保护应当遵循维护亚洲奥林匹克运动尊严、专有权利不受侵犯、依法保护、合法使用的原则。

任何组织和个人不得侵犯亚运会知识产权。

第七条 亚运会知识产权的使用应当有助于亚洲奥林匹克运动的发展。

使用本规定第四条第（一）项亚运会知识产权的，应当经亚奥理事会授权，法律、法规另有规定的除外。

使用本规定第四条第（二）、（三）、（四）、（五）项亚运会知识产权的，应当经广州亚组委授权，法律、法规另有规定的除外。

使用本规定第四条第（六）项亚运会知识产权的，应当经亚奥理事会或者广州亚组委授权，法律、法规另有规定的除外。

第八条 广州亚组委可以采取以下措施保护亚运会知识产权：

（一）申请商标注册；

（二）申请特殊标志登记；

（三）申请专利；

（四）版权登记；

（五）对商业秘密采取保密措施；

（六）申请知识产权海关备案；

（七）域名注册；

（八）在场馆建设、设备采购等合同中约定知识产权保护责任条款；

（九）法律、法规、规章规定的其他保护措施。

第九条 任何组织和个人不得冒用或者盗用亚奥理事会和广州亚组委的名义，从事募捐、征集赞助、制作发布广告、组织宣传等活动。

第十条 禁止下列侵犯亚运会知识产权的行为：

（一）未经授权，在生产、经营、广告、宣传、表演、展览和其他活动中使用与亚运会知识产权相同或者近似的商标、特殊标志、作品和其他创作成果；

（二）伪造、擅自制造与亚运会知识产权相同或者近似的商标标识、特殊标志或者销售伪造、擅自制造与亚运会知识产权相同或者近似的商标标识、特殊标志；

（三）变相利用与亚运会知识产权相同或者近似的商标、特殊标志、作品和其他创作成果；

（四）未经授权，在企业、事业单位、社会团体、商户等名称中或者在网站、域名、地名、建筑物、构筑物、场所等名称中使用与亚运会知识产权相同或者近似的商标、特殊标志、作品和其他创作成果；

（五）未经授权，以生产经营为目的实施亚运会专利；

（六）未经授权，在产品、产品包装、广告或者其他宣传材料上标注涉及亚运会的专利标记或者专利号；

（七）故意为侵犯亚运会知识产权行为提供场所、仓储、运输、邮寄、隐匿等便利条件；

（八）其他侵犯亚运会知识产权的行为。

第十一条 广告的设计、制作、代理和发布活动涉及亚运会知识产权的，广告主应当具有或者提供有效证明文件，广告经营者、广告发布者应当依据法律、法规查验权利有效证明文件。

第十二条 广州市知识产权局负责亚运会知识产权保护的统筹规划和综合协调等工作。

侵犯亚运会商标权、特殊标志专有权、商业秘密的违法行为及违反广告法律、法规和规章规定的行为，由工商行政管理部门依法查处；侵犯亚运会专利权的违法行为，由专利行政管理部门依法查处；侵犯亚运会版权的违法行为，由版权行政管理部门依法查处。

前款规定的负责知识产权行政管理的部门应当与广州亚组委建立信息通报及联系制度。文化、公安、城管等行政管理部门，应当按照各自职责做好亚运会知识产权的保护工作。

各行政管理部门之间应当建立联动机制，做好案件通报、移送、接收的衔接工作，涉及两个以上部门主管的案件，由首先受理案件或者第一个发现违法行为的部门负责组织查处。

第十三条 进出口货物涉嫌侵犯亚运会知识产权的，由海关依法查处。

第十四条 任何单位或者个人发现侵犯亚运会知识产权的行为均可向负责知识产权行政管理的部门举报；对举报查证属实的，应当给予奖励。

第十五条 负责知识产权行政管理的部门在查处侵犯亚运会知识产权违法行为时，根据有关法律、法规和规章的规定，可以行使以下职权：

（一）询问当事人、利害关系人和证人；

（二）进行现场勘验，可以采用拍照、摄录、测量等方式进行检查，可以先行登记保存与违法行为有关的物品；

（三）查阅、复制与案件有关的合同、图纸、账册和其他资料；

（四）调查与案件有关的其他情况；

（五）法律、法规和规章规定的其他职权。

工商行政管理部门、专利行政管理部门在查处侵犯亚运会知识产权违法行为时，除行使前款所列职权外，对有证据证明是侵犯亚运会商标权、专利权的物品，可以依法查封或者扣押。

第十六条 负责知识产权行政管理的部门对于侵犯亚运会知识产权的违法行为，根据有关法律、法规和规章的规定，可以采取以下措施：

（一）责令停止侵权行为并限期改正，消除影响；

（二）没收、销毁侵权产品以及直接用于侵权的模具、印版和其他工具；

（三）责令消除相关物品上违法的标识或者标记，违法标识或者标记与物品难以分离的，责令并监督销毁物品；

（四）没收违法所得；

（五）予以罚款。

第十七条 侵犯亚运会知识产权，引起纠纷的，由当事人协商解决；当事人不愿协商或者协商不成的，亚运会知识产权权利人或者相关权利人可以向人民法院起诉，也可以请求负责知识产权行政管理的部门处理。

第十八条 侵犯亚运会知识产权，属违反有关法律、法规、规章的，由负责知识产权行政管理的部门依法处理；违反本规定，侵犯亚运会知识产权，有关法律、法规、规章没有规定处罚措施的，对于非生产经营行为的法人或者其他组织可以处1000元以下罚款；对于生产经营行为的法人或者其他组织可以处10000元以下罚款，有违法所得的，可以处30000元以下罚款；对于法人或者其他组织的责任人可以处500元以下罚款。

第十九条 负责知识产权行政管理的部门的工作人员以及其他有关国家机关工作人员玩忽职守、滥用职权、徇私舞弊，构成犯罪的，依法追究刑事责任；尚不构成犯罪的，依法给予行政处分。

第二十条 本规定自2009年1月11日起施行。

· 成功代理〞吉列 GILLETTE〞驰名商标认定申请，该商标是《驰名商标认定和保护规定》施行后第一批被认定驰名的商标中仅有的两个国外商标之一；
· 成功代理 PAS 商标申请展览会优先权案件，是国内第一例要求展览会优先权的商标申请；
· 成功代理〞金霸王〞电池颜色组合商标的复审案，该商标是我国核准注册的第一例颜色组合商标；
· 代理蒙牛集团通过诉讼使其〞酸酸乳〞商标被认定为驰名，此为我国第一例在司法程序中认定的未注册驰名商标；
· 代理伊士曼柯达公司诉苏州科达液压电梯有限公司商标侵权案获得胜诉，并使原告的〞Kodak〞商标获司法驰名认定，该案被收入《最高人民法院公报》；
· 代理米其林在长沙商标侵权民事诉讼中获得一审胜诉，该判决系中国法院对商标平行进口问题作出的第一例侵权判决；
·〞万慧达知识产权〞文字商标被认定为〞北京市著名商标〞，我们是北京市知识产权代理行业中第一家被认定为著名商标的企业。

· 派员代表中华商标协会参与国家知识产权战略商标战略的研究；
· 与中华商标协会、法国制造商联合会共同主办“立体商标及颜色组合商标注册与保护培训班”，这是 2001 年商标法施行后我国举办的首次非传统商标的培训；
· 与最高人民法院知识产权庭、北京外国语大学法学院共同主办“北外－万慧达杯”知识产权模拟法庭竞赛，该赛事是国内唯一严格按照国际模拟法庭比赛的通用规则，全程使用英文的国际性知识产权法专题模拟法庭竞赛；
· 被北京市教委确定为北京外国语大学校外人才培养基地。

万慧达知识产权

专业创造可能®

Expertise makes it possible®

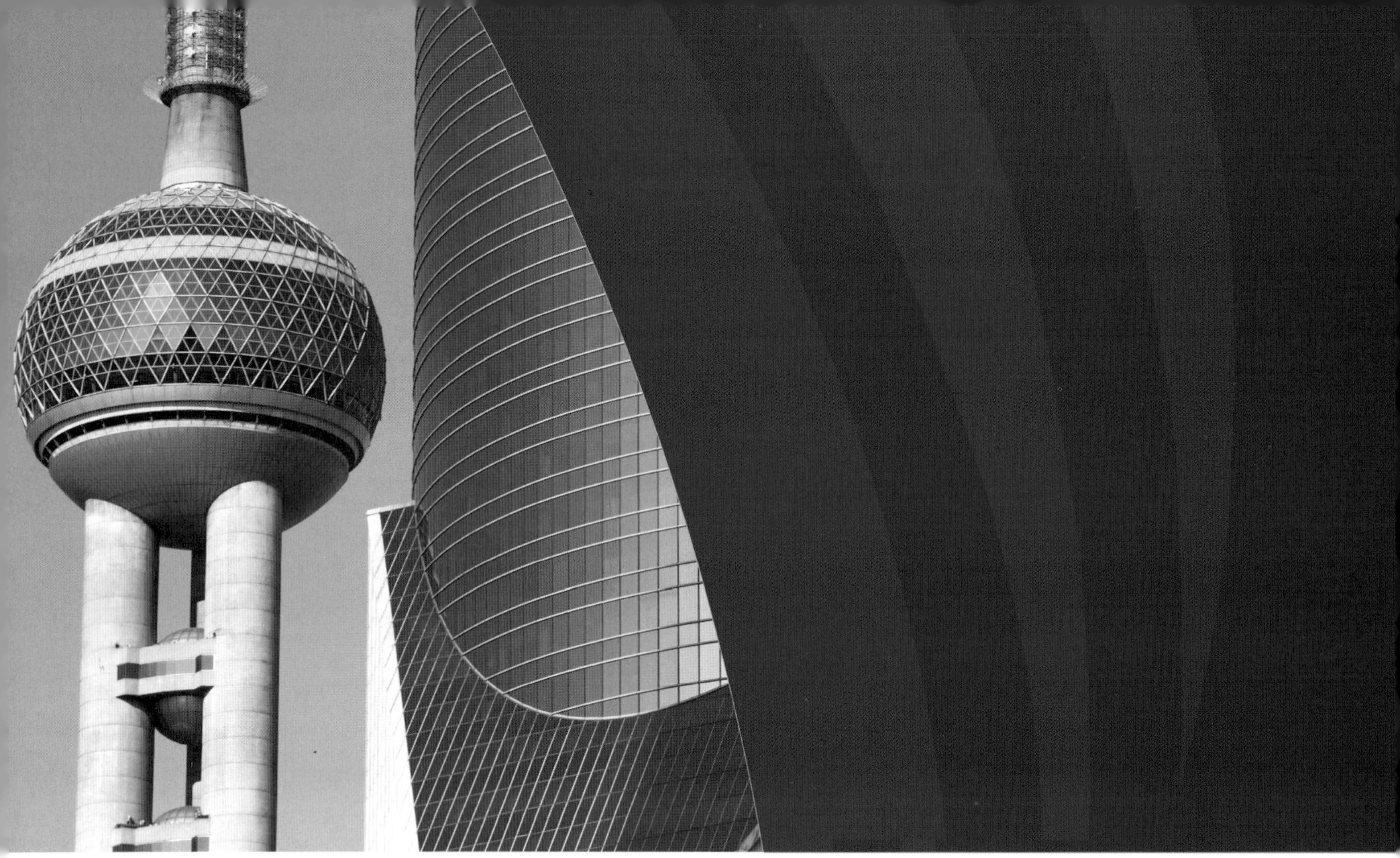

上海专利商标事务所有限公司
SHANGHAI PATENT & TRADEMARK LAW OFFICE, LLC

上海专利商标事务所有限公司成立于1984年，是中国历史较悠久和规模较大的综合性国际知识产权代理机构之一，为客户提供全方位的知识产权代理服务。公司总部位于上海，在北京、香港和美国首都华盛顿均设有分部。

上海专利商标事务所有限公司现有员工200多人，其中，专利、商标代理人、律师100多名，他们都具有大学以上理工科或法学专业背景，接受过系统的知识产权法律的专门培训，并且掌握英语、日语、韩语、德语、法语等多种外语；专业面覆盖了包括机械、电子、物理、冶金、化学、生物、医药、计算机、通讯等各种技术领域。相当一批代理人和律师具有在国外知识产权律师事务所学习和实践的经历。

公司业务范围：

专利代理

中国、外国的专利申请(包括PCT国际专利申请)；专利申请复审、专利权无效等。

商标代理

中国、外国商标注册申请（包括马德里商标国际注册申请）；注册商标转让、变更、续展，许可合同备案；商标异议、复审；商标争议；商标注销、撤销；补发商标注册证、代办商标广告；商标查询和有关商标事宜的咨询等。

著作权代理

著作权登记、计算机软件登记。

因特网域名登记

知识产权海关备案

法律事务代理

知识产权侵权司法诉讼、行政调处；知识产权侵权调查、企业工商调查、商标使用情况调查；起草各类法律文书；知识产权合同纠纷；企业常年法律顾问及其他法律事务和法律咨询。

专利文献检索咨询服务

中国专利信息检索，包括专利申请前查新、专利有效性查询；美国、欧洲、PCT专利信息检索；专利定期、定向跟踪检索；代译专利文献。

代缴专利年费和提醒时限

利用完善的计算机管理系统，提供代缴专利年费、提醒专利缴费时限等代理服务。

上海专利商标事务所有限公司一贯坚持“高效率、高质量、快节奏、有信誉”的服务宗旨，为国内外客户提供高效优质的知识产权代理服务，已经与世界上70多个国家上千家客户建立了业务关系。随着业务的发展，为满足不同客户的不同要求，公司还提供个性化专业服务，并利用电子化管理提升规范可靠的服务质量。公司定期或不定期的为国内外客户提供专业咨讯。与此同时，公司还一直积极参与各类国际知识产权组织的活动，包括INTA，AIPPI，AIPLA，LES等。

上海专利商标事务所有限公司至今已连续八届被上海市人民政府命名为“上海市文明单位”，是可以信赖的知识产权代理机构。

国际商标协会
与中国商标界共谋发展

国际商标协会成立于1878年，其总部设在美国纽约，至今已有 133 年的历史。国际商标协会是历史最悠久、规模最大、全球影响最广的国际商标组织，其会员来自于全球 196 个国家的超过5900家世界跨国公司（包括了大部分世界五百强企业）、国际知名商贸集团、国际著名金融企业、财务咨询、研究机构，顶级专业律师事务所等。

为了促进中国国内、国际商贸及知识产权的有效发展，应中国相关政府的邀请，国际商标协会自1998年至今，在中国各大城市成功地举办了相关的会议及论坛，获得了中国相关政府的好评，并受到了中国企业的广泛欢迎。

国际商标协会与国家工商行政管理总局及下属中国商标局和商评委、国家知识产权局、中国海关、中国最高人民法院及相关各级法院建立了长期对话及合作关系。2010年 5 月国际商标协会和国家工商行政管理总局正式签署了《关于进一步加强双方合作会谈纪要》，为双方长期合作奠定了坚实的基础。

鉴于国际商标协会国际影响力和声望，许多中国著名企业和知识产权机构已经成为国际商标协会的会员。

根据国际商标协会的宗旨，国际商标协会愿意与中国共同发展，并愿意将其 133 年的历史沉淀和积累的相关经验供中国企业参考并运用。国际商标协会愿意为中国企业的国际商业贸易活动的发展提供更为有利的支持。

隆天国际知识产权代理有限公司

隆天国际知识产权代理有限公司是中国早期成立的涉外知识产权代理事务所之一。公司现有专利和商标代理人、律师及其他专业技术人员150多人，为海内外客户提供全方位的知识产权法律服务。其中商标业务包括为国内外企业提供了申请、异议、争议、侵权诉讼、行政查处等服务。

自1994年成立以来，隆天公司为国内客户代理了大量商标海外申请，遍布全球近200个国家和地区，在积累了丰富海外商标法律知识及代理经验的同时，与国际同行建立了长久稳定的合作关系。与此同时，也代理了多家中国知名企业在国外遭遇商标抢注的维权案件，如正泰集团商标在韩国及土耳其被抢注、南方航空商标在加拿大被抢注、神威药业在越南被抢注等，从而有效地维护了国内客户的权益。

董事长：郑泰强

真诚共协作，凝聚同创新

温州兴业商标事务所有限公司

温州兴业商标事务所有限公司(原温州市商标事务所)成立于1992年，至今已18周年。 是经国家工商行政管理总局核准的全功能、全方位的国内外商标法律事务代理机构，是温州地区历史最早、功能最全的商标代理单位。

我们拥有一套完整的商标史料及一批具有多年商标代理、商标法律工作经验和专业知识，与美国、香港、台湾、欧洲、非洲、东南亚、中东等国家和地区的代理机构缔结为友好协作单位。2003年11月当选为中国《中华商标协会》常务理事单位。十八年来我所代理各类商标申请十四万余件，申请量名列全国前茅。并帮助企业在国内外打赢了商标侵权纠纷案件维护商标专用权等近万起，夺回了一大批被抢注的商标，制止和处理了一批侵权商标，保护了商标专用权，而且拥有“美特斯邦威”、“法派”、“报喜鸟”、“纳爱斯”、“蜘蛛王”、“庄吉”、“东艺”、“吉尔达”等一批驰名、著名商标企业客户。我所秉承“诚实信用、优质高效”的服务宗旨和以人为本的市场经营管理模式，不断开拓创新，希望成为国内外广大客户在商标注册、保护方面真挚、可靠的朋友和助手。

地址：温州市小南路巴黎大厦十二楼　所长室：0577-88261378　国内注册：0577-88248080 88248333
国际注册：0577-88257507 0577-88259701 法律事务：0577-88248111 88248088 综合部：0577-88248123

陕西领航商标事务所有限公司

中国商标维权网 www.lhtm.com.cn

西安市中小企业
特约服务机构
西安市经济委员会
二OO九年七月

陕西领航商标事务所有限公司成立于2003年9月，是专业从事商标代理及知识产权代理服务机构。商标备案号为0434，公司成立以来秉承诚信、热情服务为理念，以客观、周到服务客户为宗旨，广泛传播知识产权的市场影响力，促进企业树立市场品牌及维权意识。近几年已向社会上万家客户提供商标咨询与代理服务。拥有中国第一门户“中国商标维权网”。2009年7月已被西安市政府经济发展委员会认定为 “西安市中小企业特约服务机构”。

法人代表赵成群民革党员、高级策划师，系民革西安经济建设与社会发展委员会委员，长期以来专业从事中小企业管理咨询工作。

向程，法学硕士研究生，毕业于西北政法大学。全面负责知识产权代理及维权工作。

联系电话：029-87802444 87818509 传真：029-87896023 QQ:1239688070

牧童集团

● 通过ISO9001:2000质量管理体系认证
● 中国驰名商标
● 浙江省著名商标
● 浙江省名牌产品

牧童集团位于浙江省中部浦江县，浦江地处金华市的北缘，南连义乌、兰溪、北接桐庐，西靠建德，东傍诸暨，交通运输十分发达。

浦江有“文化之邦”、“书画之乡”之称。历史文化源远流长，人杰地灵，境内山川秀丽，名胜古迹众多，拥有国家4A级风景旅游区仙华山和白石湾、神丽峡等丰富的旅游资源。

牧童集团有限公司总部设址浦江县经济开发区牧童路1号，占地面积100亩，建筑面积50000多平方米。主要经营牧童童鞋、集童鞋设计、生产、销售为一体的综合性公司。

自2008年开始，牧童集团在福建晋江投下巨资设立了儿童运动产品研发部和休闲运动童鞋生产厂，继而在浙江温州设下生产线，扩大完善了童鞋开发生产规模。

致力经营自主品牌，民族品牌的牧童人，在2010年初，取得了品牌战略的初步胜利，被国家工商总局评为首枚集运动童鞋、童皮鞋、儿童休闲鞋开发、生产、销售与一体的中国驰名商标。为牧童进一步实施品牌战略打下了坚实基础。

1994年开始，公司分别在常熟、武汉、杭州、北京、株洲、成都、广州、郑州等地设立办事处，到目前为止，发展代理商、经销商达500多家，销售网络覆盖全国30个省、直辖市。2008年开始发展专卖店，目前已经共设有270多家专卖店、商场专厅、商场专柜，主要分布在全国170多个一、二级城市的中心商业区和高档商场，建立起了以公司总部为核心，各省级办事处为枢纽，遍布全国的市场销售。

“牧童”作为中国童鞋高端品牌之一，定位于童鞋行业中高档市场，已在消费者中树立了良好的口碑，高品质和多款式为品牌的塑造夯实了基础。“牧童”作为中高档品牌，为追求舒适和时尚生活品位的儿童服务，致力于为他们提供健康、时尚、可爱的童鞋产品，是父母放心，孩子喜爱的童鞋产品。“父母心，牧童情”将永远是牧童品牌的核心价值。

为保证品牌的独特竞争力，公司设立专业的研发部，聘请优秀设计师，设计更多的优良产品。具有十几年的研发经验的工艺师，在实践中总结出一套专业的童鞋生产经验，使产品能够满足中国大部分儿童足部的生理需求。

在公司发展过程中，利用现有能够满足“小批量、多品种”定单的生产优势，不断细化、完善销售网络，加大品牌加盟支持力度，扩大市场份额，使我们品牌发展更上一个新台阶！

品牌的成长，离不开消费者的支持，牧童的成长同样也不例外。正因为有众多忠实的品牌拥护者，才有我们品牌的今天。在此，我们衷心感谢广大消费者多年来对我公司品牌、产品的支持和厚爱！牧童人将致力打造出更多的优秀产品，为消费者提供更多的选择机会和舒适的购物环境！继续增设高档商场专柜，临街专卖店等销售渠道，以更亲切更贴心的售前售后服务回馈广大消费者。也让牧童的销售业绩继续稳占国内童鞋市场翘楚地位，实现中国童鞋第一品牌！

牧童集团——以品质为第一核心，以顾客满意为宗旨，以打造中国童鞋第一品牌为目标，永续经营，不断创新，不断改善为企业发展的原则！

地址：浙江省浦江县经济开发区牧童路1号　　邮编：322200
电话：0579-84518888　　传真：0579-84178567

中国驰名商标
China Well-known Trademark

四川校园援建

物资发放

骨髓捐赠

贵州住房援建

台湾慈济基金会于1966年由证严法师所创立，从事慈善、医疗、教育、人文、国际赈灾、骨髓捐赠、小区志工、环保等志业。至2009年底，慈济已在47个国家设有372个据点。

Taiwan Tzu Chi Foundation was founded in 1966 by Dharma Master Cheng Yen. Tzu Chi works on the missions of Charity, Medicine, Education, Culture, International Relief, Bone Marrow Donation, Environmental Protection, and Community Volunteerism. At the end of 2009, the Foundation had 372 offices in 47 countries.

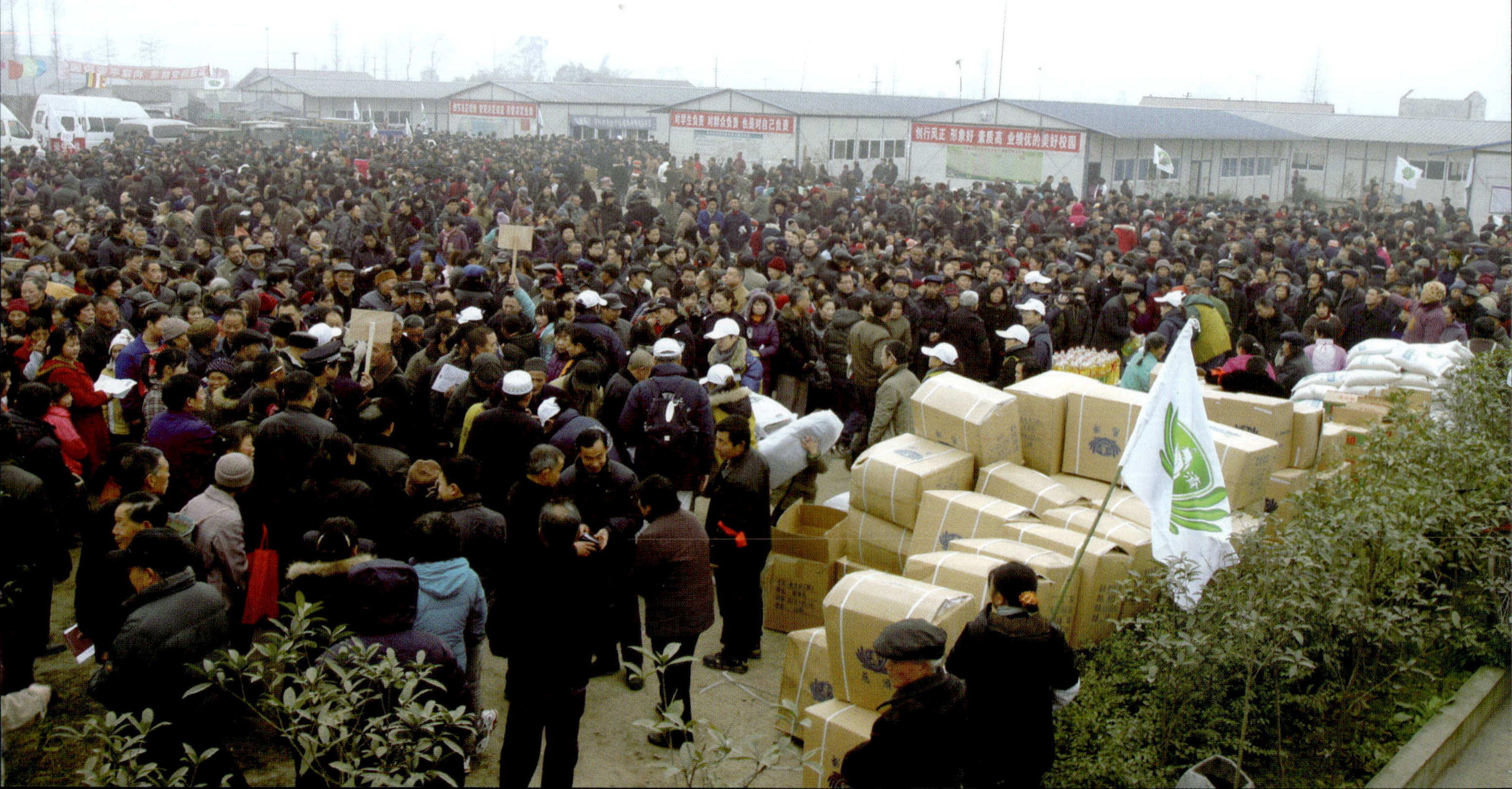

湖南李文食品有限公司

三湘大地，物华天宝，人杰地灵。地处湘西南雪峰下，资江河畔的邵阳市是周恩来总理命名的“雪峰密桔”的主产区，全市柑桔种植面积70多万亩，年产量达30万吨。属国家规划的“湘南桂北柑桔优势产业带”。湖南李文食品有限公司就位于这一山清水秀、风景绚丽的柑桔之乡。

李文公司是一家以加工出口柑桔罐头为主导产品的全国农业品加工业示范企业和全国新农村建设百强示范企业。现有果的食品（湖南）有限公司、陇西城食品罐头有限责任公司、彩印包装分公司和李文果业四家子公司。总占地面积12.5万m2，总资产14226.6万元。员工3200名。公司于1996年创办以来，坚持立足邵阳农业资源优势，努力推进区域优势产业升级，先后开发生产出糖水桔片、甜酸荞头、辣油椒酱、清水冬笋、鲜磨菇、马蹄、芒果、果冻等8个系列26个品种。其中桔片罐头在生产传统罐型基础上，研发了具有国际领先水平的塑料杯产品，直接进入了欧美等国终端市场；甜酸荞头系列产品经中国绿色食品发展中心认证，2000年经省出入境检验检疫局认定为出口免检产品，全部由日本、韩国各商包销海外。2006年，公司实现果蔬加工量16000吨，实现销售收入14407万元，出口创汇1600万美元。

李文食品已经成为湖南省规模大、带动能力强、科技水平高的果蔬加工龙头企业。

公司加工生产的三大主导产品

糖水桔片、甜酸荞头、辣油椒酱享誉国内外。

领导关怀

原湖南省委书记张春贤

湖南省委书记周强

国家工商行政总局局长

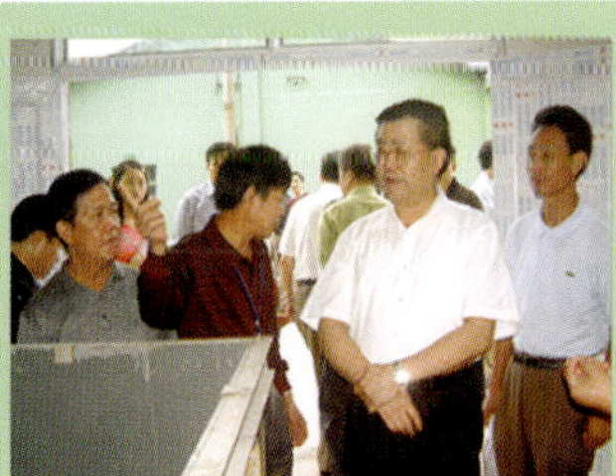
湖南政协主席胡彪

中国白酒
百强企业

山東景陽岡酒業有限公司

景阳冈酒业董事长
山东省劳动模范 徐怀谦

景陽岡酒都賦

徐怀谦

千秋陽谷，東夷之都。太昊伏羲，在此觀陽播谷而得其名，蚩尤登九淖伐窮桑恵及屬民。上古先賢，觀天象而定時令，興農耕而避災邪；帝女儀狄，率能工釀美酒堪爲鼻祖；龍山文化舜都遺存驗證歷史厚重。中華大地實爲酒之故鄉，華夏瓊漿正是由此策源。酒禮之悠遠，可溯三皇五帝；酒道之淵源，蓋因祭天祭神。風雲際會，鬥轉星移，高臺會盟友，煮酒論英雄。竹林結賢，南山咏菊，觀不盡的鴻門之宴，敘不完的慶典禮儀。酒之道隨天地而遠行，酒之禮隨時代而興隆。及至唐宋，幸有水滸英雄武鬆，岡下痛飲透瓶香，景陽岡雙拳致猛虎斃命，于是英雄酒名揚天下，《水滸》、《金瓶梅》以警世妙筆，“三碗不過岡”傾倒多少英雄豪杰！四海慕景陽，味勝瓊漿瑞露；千年英雄酒，造成玉液流霞。景陽岡英雄酒，爲降服強暴壯膽，替攻堅克難助威；景陽岡英雄酒，賦與人們奮進的膽識，增添勇士必勝的信念。景陽岡人，淳樸睿智；景陽岡酒，濃鬱甘純。匯古今釀酒之絕技，溶歷代俊杰之智謀。高擎酒文化旌旗，弘揚華夏道德禮儀，于是景陽岡英雄酒，風靡大江南北，遠播四海五洲。千秋陽谷，又借千年孔廟之聖靈，興館布陣，將歷代人文盡收館內；英雄酒廠，憑借雄厚文化積累，大興酒道，館中集古匯今構想精妙，把英雄酒魂淋灕演繹。景陽岡英雄酒，躋身全國十大白酒行列，歷代品酒大師贊不絕口。千秋陽谷千秋景陽岡，英雄酒誕生英雄地。陽谷景陽岡，當之無愧，中華英雄酒之都。

中国驰名商标　中国十大名酒

景陽岡酒　英雄的酒

董事长徐怀谦向一贯关心和支持景阳冈酒业发展的各级领导和各界朋友致谢！

地址：山东省阳谷县城紫石街17号　电话：0635-6383115　网址：www.jingyanggang.com　Email：06356819@163.com

嘉士利®
中国驰名商标·中国名牌产品
BREAKFAST BISCUITS
早餐饼干
甜薄脆饼干
Sweet Crackerss
芝麻口味
民族好饼干
品味好生活!
味e品
乐一乐
来一爆
EXPLOSIVE
桃酥王
TAO SU WANG
燕麦酥
YAN MAI SU

中国驰名商标20

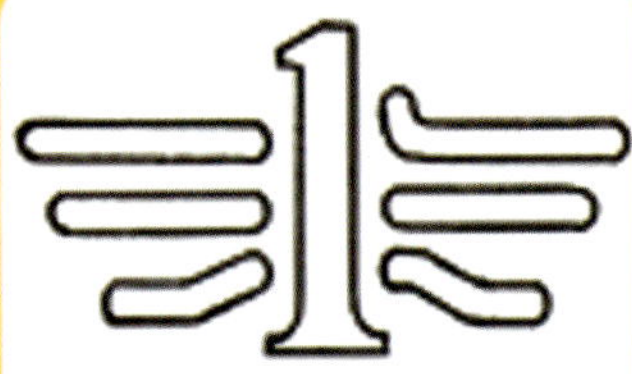

商标名称:一汽
认定日期：1999-1-6
商标注册人：中国第一汽车集团公司

商标名称:新开河
认定日期：1999-12-29
商标注册人：集安市新开河有限责任公司

商标名称:敖东
认定日期：1999-12-29
商标注册人：吉林敖东药业（集团）股份有限股份公司

商标名称:福源馆
认定日期：2004-11-13
商标注册人：吉林市福源馆食品有限责任公司

斯达舒®

商标名称:斯达舒
认定日期：2005-6-22
商标注册人：吉林修正药业集团股份有限公司

商标名称:喜丰
认定日期：2006-1-5
商标注册人：白山市喜丰塑业有限公司

商标名称:德大
认定日期：2007-8-20
商标注册人：吉林德大有限公司

感 康

商标名称:感康
认定日期：2007-8-20
商标注册人：吉林省北方医药有限责任公司

商标名称:温馨鸟
认定日期：2007-8-20
商标注册人：吉林省温馨鸟集团有限公司

商标名称:成
认定日期：2008-3-5
商标注册人：长春大成实业集团有限公司

一正®

商标名称:一正
认定日期：2008-3-5
商标注册人：吉林一正药业集团有限公司

商标名称:铸诚
认定日期：2008-3-19
商标注册人：长春铸诚集团有限责任公司

地王

商标名称:地王
认定日期：2009-4-26
商标注册人：抚松金隆木业集团有限公司

商标名称：鼎丰真
认定日期：2009-4-26
商标注册人：长春市鼎丰真食品有限责任公司

商标名称:吉恩
认定日期：2009-4-26
商标注册人：吉林吉恩镍业股份有限公司

09年吉林榜 29家

商标名称:白山
认定日期: 2002-2-8
商标注册人: 吉林化纤集团有限公司

商标名称:东宝
认定日期: 2002-2-8
商标注册人: 通化东宝药业股份有限公司

商标名称:通化
认定日期: 2004-2-25
商标注册人: 通化葡萄酒股份有限公司

商标名称:皓月
认定日期: 2006-6-1
商标注册人: 吉林省长春皓月清真肉业股份有限公司

商标名称:修正
认定日期: 2006-6-1
商标注册人: 修正药业集团股份有限公司

商标名称:长白山
认定日期: 2006-10-16
商标注册人: 延吉卷烟厂

商标名称:长白山
认定日期: 2007-8-20
商标注册人: 长白山酒业集团有限公司

商标名称:解放
认定日期: 2008-3-5
商标注册人: 中国第一汽车集团公司

商标名称:鼎鹿
认定日期: 2008-3-5
商标注册人: 吉林亚泰水泥有限公司

商标名称:红旗
认定日期: 2008-4-9
商标注册人: 中国第一汽车集团公司

商标名称:洮儿河
认定日期: 2009-4-26
商标注册人: 吉林省洮儿河酒业有限公司

商标名称:施慧达
认定日期: 2009-4-26
商标注册人: 吉林省天风制药有限责任公司

商标名称:华微
认定日期: 2009-4-26
商标注册人: 吉林华微电子股份有限公司

商标名称:茂祥
认定日期: 2009-4-26
商标注册人: 通化茂祥制药有限公司

波司登
BSD
BOSIDENG
世界名牌
世界因你而美丽

TOYOTA

严正声明

日本丰田汽车公司（以下称“丰田”）是世界十大汽车生产厂家之一，是日本最大的汽车生产厂家。自成立以来、一直以“通过汽车，创造富裕社会”为基本方针、向世界提供高质量的产品。在汽车生产领域，丰田在中国各地设立了合资公司，生产及销售多种品牌的汽车，以其优异的产品质量、漂亮的外观设计以及商标，深受中国广大用户的喜爱。

丰田十分注重企业知识产权的保护，其拥有的商标、外观设计以及发明专利等，已在中国取得注册，依法享有专用权。但是，中国市场上仍有大量非法使用丰田商标的假冒品以及仿冒品在流通。

这些假冒品、仿冒品极有可能给消费者的身体及财产造成重大损失，为保护广大消费者、丰田将对所有假冒品、仿冒品的制造及销售进行严厉打击。

任何未经丰田许可，生产、销售涉及丰田商标、外观设计、以及发明专利产品的行为均构成侵权，为了保护消费者的安全和利益以及丰田在中国的合法权益，我们将采取所有可能的法律手段或行政手段，坚决打击所有的侵权者。

驰名商标

TOYOTA

注册号：135095 号

丰田

驰名商标

驰名商标

丰田公司由衷的感谢为打假做出贡献的相关执法部门！

声明人：丰田汽车公司

地　址：日本爱知县丰田市丰田町 1 番地

联络人：丰田汽车（中国）投资有限公司 知识产权部

地　址：中国北京市朝阳区呼家楼京广中心 38 层

邮　编：100020

TEL：0086-10-6597-8728

MAIL：ip@ttcc.com.cn

TOYOTA

申请人：丰田汽车公司(原申请人／原异议人：丰田自动车株式会社)

被申请人(原被异议人)：株洲县湘氯化工厂

原申请人丰田自动车株式会社因第1596048号“冠花及图”商标(以下称被异议商标)异议一案，不服商标局(2005)商标异字第00740号裁定，于2005年5月25日向商标评审委员会（以下简称商评委）申请复审。商评委依法受理后，依据《商标评审规则》第二十四条的规定，组成合议组依法进行了审理，现已审理终结。

商评委经审理查明：

1、被异议商标由被申请人于2000年6月12日申请注册，指定使用在第1类氯酸钾商品上，商标局予以初步审定并予公告后，本案原申请人在公告期内提出商标异议申请。

2、原申请人于1989年5月16日申请注册第514114号图形商标，1990年3月10日获准注册，核定使用在第12类汽车及其部件、车辆轮胎商品上，现为有效注册商标，注册人名义已变更为丰田汽车公司(即本案申请人)。

原申请人1997年7月31日在第12类机动车辆等商品上申请注册“花冠”商标，1998年10月14日获准注册，现为有效注册商标，注册人名义已变更为本案申请人。

3、被异议商标申请日(即2000年6月12日）前出版的《大连日报》、《新华日报》、《昆明日报》、《北京日报》和《深圳特区报》刊登有丰田汽车的广告。广告中，图形商标与“丰口汽车TOYOTA”的文字标志联合使用，并且，广告图片所显示的轿车车头正中位置亦标有图形商标。其中，1997年10月21日的《北京日报》上刊登了“全新一代丰田COROLLA‘花冠’”轿车的广告，广告称丰田花冠车系已面世三十年。

美国《商业周刊》与花旗集团、国际品牌公司联合进行了2001年全球最佳品牌排名，其中“丰田Toyota”排名第14位，其2000年品牌价值为188亿美元。

美国J．D．Power & Associates市场调研公司2001年公布了全球汽车市场调查报告，人民网(http：／／www.people.com．cn)对该调查报告进行了相关报道。根据该报告，丰田的凌忘汽车连续第二年被评为年度售货最满意品牌，并连续五年获得经销商售后服务客户满意度第一名，丰田公司的汽车质量总体领先于其他制造商，丰田花冠获小型轿车类汽车质量评比第一名，此外另有几款丰田及凌志车分获其他类别的汽车质量评比第一名。

商标局1999年4月编制的《全国重点商标保护名录》收录了丰田自动车株式会杜使用在汽车及零配件商品上的“丰田Toyota”商标。

商评委认为：被申请人申请注册被异议商标的行为是否违反了《商标法》第十三条第二款的规定。根据上述查明的第三项事实，申请人的图形商标在被异议商标申请日前即己获准注册并使用在汽车商品上，通过与“丰田TOYOTA”联合使用以及标注在丰田汽车车头正中位置的使用方式，图形商标与申请人、与“丰田TOYOTA”商标均建立起了紧密的对应关系。申请人的“丰田TOYOTA”商标在被异议商标申请日前已经在包括中国在内的世界范围内享有较高知名度，丰田“花冠”车型也享有一定知名度，其图形商标也已为中国大陆的相关公众广为知晓，成为《商标法》第十四条所指的驰名商标。

申请人的图形商标设计独特，内在显著性强，被异议商标图形部分与之高度相似，复制、摹仿申请人驰名商标的意图明显，其文字部分又与申请人有一定知名度且己在先注册为商标的车型名称“花冠”近似，虽然被异议商标指定使用的氯酸钾商品与汽车商品存在较大的行业差距，但鉴于以上因素并考虑到申请人图形商标的高知名度，被异议商标在实际使用中易被误认为与申请人存在经营上的联系，从而误导公众，并可能对申请人的利益造成损害。被申请人申请注册被异议商标的行为已构成《商标法》第十三条第二款所指的在不相同或不相类似商品上复制、摹仿他人已注册驰名商标的情形，被异议商标应不予核准注册。

依据《商标法》第十三条第二款、第三十三条、第三十四条的规定，商评委裁定如下：

被异议商标不予核准注册。

天津科林简介

天津科林建业于1994年，是一家专业从事自行车和电动车研发设计与生产销售的综合性企业。企业下属：天津科林自行车有限公司、天津赛克电动车有限公司、无锡新科林电动车有限公司、天津诚晖自行车有限公司。产品的研发和制造严格执行ISO9001国际质量体系和SG安检标准并获得国家免检产品，09年自行车出口日本遥遥领先 销量跃居前列。科林集团现已被纳入天津市高新技术企业荣誉称号，并且“赛克”品牌，09年荣获中国驰名商标；并获得CCTV.com2009年度电动车评选，值得消费者信赖的电动车品牌、轻工业联合会电动车自行车行业十强企业，科林集团愿与您共同携手，互惠互利，共创辉煌。

地址：天津市大港区津岐公路133号
电话：022-63231272　传真：022-63224479
网址：www.sykee.com.cn　邮编：300270

中国驰名商标

展我大家风采——东北制药厂

1946年，东北制药总厂诞生在沈阳这边热土上。60多年来，东药一直致力于民族医疗事业的发展。通过消化创新、集成创新、企业改制、营销变革等系列举措，目前已发展成为我国最大的以化学合成为主、兼有生物发酵和制剂产品的综合性制药工业企业之一，也是中国医药产品重要的生产和出口基地，结束了中国化学合成药依赖进口的历史，为中国的医药事业做出了突出的贡献。

东药的前身是东北化学制药厂，1949年由军管改为地方政府管辖，当时企业的管理层多为在职军人，因此商标的设计明显带有当时的历史色彩及时代特征。“东北”牌商标是东药集团1952年自行设计并开始使用的，至今连续使用了近60年。设计元素之一：外形是一个五角星，源自东药人对五角星的特殊感情。设计元素之二：“东北”两个字象征着当时的企业，也是东北化学制剂厂的名号。设计元素之三：中间的六边形是由化学式中的苯环延伸而来的，表示东药以生产化学药品为主。

从葡萄糖、活性炭“一黑一白”两个产品起家，到如今拥有800多种原料和制剂产品，东药集团已经是中国药品重要的生产和出口基地，每年自营出口创汇近2亿美元，是国家商务部重点支持的出口名牌企业。

2000年，“东北”牌商标被认定为中国驰名商标，它已经成为“东北制药”的标志性符号，浓重的历史标记表达了产品的可靠性，也体现了企业对员工、股东和社会的责任。近年在各级工商部门对驰名商标的全方位保护下，东北牌驰名商标在市场上的美誉度不断提升，东北牌产品以高标准的产品质量和品牌信誉得到经销商的高度认可和消费者的追捧。驰名商标幻化成巨大的市场营销力。

2006年到2009年，是东北制药发展史上重大的变革之年和突破之年。我们以科学发展观为指引，坚持“确保翻番，加快搬迁，突出创新，促进和谐”的工作方针，对外把握趋势与时偕行，有效克服了国际金融危机蔓延、政策监管趋紧、市场竞争加剧的困难；对内管理创新实现了股份公司做实、质量体系变革、实施全面预算管理、制剂营销中心和制剂生产中心同步搭建、搬迁工程机构调整、薪酬激励体系调整、生产系统规范化……多领域的改革闯关行动齐头并进，硕果累累。

2009年，东北制药初步实现了将沈阳第一制药厂、东北制药总厂制剂公司和沈阳施德药业有限公司整合，组建成为一个新的制剂厂的战略布局。新制剂厂一期工程投入8亿元，建设8个制剂生产车间，设有粉针剂、大容量注射剂、小容量注射剂、片剂、丸剂、胶囊剂、口服溶液等近40条生产线，可生产15种剂型，近400个品种，年设计生产能力超过100亿支（片、瓶、粒、丸）。新制剂厂的建立和投入使用，拉开了东药集团产品结构变革的序幕,也创造了东药集团历史上前所未有的生产经营良性运行态势。

与此同时，一个全新的“东北制药集团销售有限公司”承载着新的内涵，承载着艰巨的使命就此诞生了，新销售公司通过整合产品资源、队伍资源、渠道资源和市场资源，实施组织变革与管理改进，全新打造营销组织体系、营销管理体系和人力资源体系，东药集团历史上最大的一次营销变革尘埃落定。

经过一系列的变革，东药集团逐渐形成了由“一个战略财务管理中心、两个生产中心（制剂和原料药）、两个营销中心（制剂和原料药）、一个研发技术中心和一个医药商业中心”的“12211”全新架构。打通了从研发到生产、从营销到销售的大产业链，原本各自为战的散乱局面彻底成为历史，携手同行，走入共建、共享、共赢的新时代。

从变革以来，东北制药的经营规模每年以30%以上增长速度；2009年利税达到5.8亿元。荣获“2009中国上市公司市值管理奖”、“2009中国最具竞争力上市公司20强”、“2008年中国大企业集团竞争力500强”，总厂荣获“辽宁省质量管理奖”、“全国实施卓越绩效模式先进企业”、“中国IT应用卓越创新奖”。股票市场上，东北制药凭借稳健的增长态势和在中国经济发展中勇于承担社会责任的良好形象，连续两年获得证券年会颁发的特殊荣誉“金凤凰奖”和“金鹰奖”。

从非典时期为黑山县抗击禽流感捐献100万元提高免疫力的药品，到东药捐资10万元，全力支持“为500名先心病患儿做手术”慈善募捐活动；从借奥运会召开之际，举办“‘东药•强力’杯2008沈阳乒乓球大赛”到以产品珍稀渭为载体，开展“杜绝过期药品危害，保障群众用药安全”为主题的过期药品回收箱进社区活动。

“5.12”汶川地震发生后，东药董事长刘震、总经理汲涌立即组织召开班子会，做出向四川灾区捐赠150万元药品（主要为抗感染类和维生素类）的决定，以支援抗震救灾工作，药品通过市红十字会迅速发往地震灾区。

2009年，为支持辽宁体育事业的发展，东药赞助十一届全运会260万元……一份份献出的爱心和伸出的援手，东药都用自己的行动说明了一个扎根在黑土地上的企业具有的品质和风范。

创新是东药持续发展的精髓，多个第一和首家证明了我们的过去，翻过辉煌的一页，我们立足当前在多个领域进行了不断的突破和创新。从2007年我们不断推进系统的结构调整和管理提升。到目前为止，我们的IT系统是全国医药行业最先进的信息系统；在产品的研发上，我们把两个厂区的研究院合并成立了独立的科技开发公司，为新产品研发提供了新的组织保证。未来我们在市场开拓上也要不断创新，在练好企业内功的同时，还要借助外脑，合力打造东北制药的品牌，让整肠生、珍稀渭、维生素C等产品成为让东药人骄傲；让沈阳人骄傲；让更多消费者收益的大品牌。

中国驰名商标

实施“大品牌东药”战略 打造大“东北”品牌

荣誉展示

产品研发荣誉：首家成功生产益智类药物——脑复康；首家研制出头孢噻肟钠，成功上市，并获国家科技进步奖和国家、省级名牌产品称号；首家开发一类新药——卡孕栓，为国家计划生育工作做出卓越贡献；首家研制并生产了具有自主知识产权的产品——全合成黄连素，彻底摆脱了依靠天然资源的状态，对植被保护起了重要作用；首家研制成功中性磷霉素钠，并首先在全国上市；首家生产抗艾滋病药物——齐多夫定（克度），结束了我国抗艾滋病药物依靠进口的历史，继而抗艾滋病药物层出不穷，司他夫定（沙之）、去羟肌苷（哈特）、茚地那韦等产品的成功上市使东药成为我国抗艾滋病药物生产基地。 企业品牌荣誉： “东北”牌被商务部认定为2005～2006年度重点培育和发展的出口品牌。“2009中国上市公司市值管理奖”、“2009中国最具竞争力上市公司20强”、第五届中国证券市场年会“金鹰奖”、“2008中国大企业集团竞争力500强”、国家级“连续20年守合同重信用企业”、辽宁省“高新技术企业”、外贸出口特殊贡献奖特等奖、优秀纳税企业、“辽宁省质量管理奖”、“全国实施卓越绩效模式先进企业”、“中国IT应用卓越创新奖”、“亚洲十大最具创新品牌奖”、“亚洲500最具价值品牌奖”2010年，国家工商总局授予东北制药“首批国家商标战略实施示范企业”称号。胡锦涛、江泽民、吴邦国、朱镕基等党和国家领导人曾先后到东北制药视察，对其巨大发展实力和创新精神给予充分肯定。

核心商标的成长简介

1952年开始自行设计使用“东北”牌商标。2000年，“东北”牌商标被认定为中国驰名商标，它已经成为“东北制药”标志性符号，浓重的历史标记表达了产品的可靠性，也体现了企业对员工、股东和社会的责任。在省市工商局对驰名商标的保护下，东北牌驰名商标在市场上的美誉度不断提升，东北牌产品以高标准的产品质量和品牌信誉得到经销商的高度认可和消费者的追捧。驰名商标幻化成为巨大的市场营销力。2006到2009年，是东北制药的发展和变革之年。三年来，东北制药的经营规模翻了一番，年增长速度达到30%以上；2009年利税达到5.8亿元。企业获得了多项荣誉，“东北”牌商标，为企业发展做出了贡献，也在企业品牌壮大的同时，增加了自身的价值。2009年，东北制药初步实现了将沈阳第一制药厂、东北制药总厂制剂公司和沈阳施德药业有限公司整合，组建成为第一个新的制剂厂的战略布局。新制剂厂一期工程投入8亿元，建设8个制剂生产车间，近40条生产线，400个品种。新制剂厂的建立和投入使用，拉开了东药集团产品结构变革的序幕，也创造了东药历史上前所未有的生产经营良性运行态势。

大力推进商标战略，打造大“东北”品牌

企业深深认识到：大品牌能产生大产品，没有大产品，企业再大也是小企业；有了大产品，企业再小也是大企业；因此我们提出了“大品牌东药”战略：借集团整合之机，将所有制剂产品全部统一到“东北”商标旗下，实施“大品牌东药” 战略，打造大“东北”品牌。品牌统一大“东北”，“东北”商标于2000年就获得中国驰名商标，品牌价值28亿元，从品牌本身讲，“东北”极具地域特色，既表示中国的东北，又可表示世界的东方，大气、霸气兼乡土气，能够成功注册这是我们的福气；“东北”又和我们企业名称“东北制药集团股份有限公司”相统一，有利于企业品牌的打造；作为中国驰名商标，产品在政府招标采购等方面还有许多优惠政策，经过论证最后大家统一认识，达成共识，将“东北”作为东北制药的主品牌，将所有制剂产品全部划归其品牌旗下，发挥“东北”驰名商标的资源优势；节省资源，聚焦传播，这样使“东北”的品牌价值大增，为我们打造大“东北”品牌奠定了基础。新的品牌形象设计原来的“东北”商标是一个红五星，东北两字在星内，当商标图案略小时，东北两字就不太清晰，尤其是在产品包装上使用时就更模糊了，为了使“东北”品牌形象更清晰，我们邀请上海华与华公司为我们进行了商标设计，新设计的商标简单、大方，突出了行业特点，醒目、别致，既有对所属行业的联想又有对企业名称的联想，新商标通过试用，效果很好。打造企业大品牌，产品品牌伞下开花东北制药十分重视知识产权保护，在消费者心目中树立了良好的品牌形象，东北制药以打造“国际化东药、创新型东药、大品牌东药、和谐型东药”为发展目标，在持续打造大“东北”这个具有悠久历史、具有深厚文化、具有创新精神、具有发展后劲的企业品牌外，还加大投入力度，打造产品品牌，如“复美欣”、“卡孕”、“整肠生”等一系列大品牌。在国家工商行政管理总局商标局先后申请注册“复美欣”等文字商标108件。

原商标　　东北 新商标

展望明天

创新是东药持续发展的精髓，多个第一和首家证明了我们的过去，翻过辉煌的一页，我们立足当前在多个领域进行了不断的突破和创新。从2007年我们不断推进系统的结构调整和管理提升。到目前为止，我们的IT系统是全国医药行业最先进的信息系统；在产品的研发上，我们把两个厂区的研究院合并成立了独立的科技开发公司，为新产品研发提供了新的组织保证。未来我们在市场开拓上也要不断创新，在练好企业内功的同时，还要借助外脑，合力打造东北制药的品牌，让整肠生、珍稀渭、维生素C等产品成为让东药人骄傲，让药界行业人称道，让更多消费者收益的大品牌。计划到2015年，集团要打造出2个超10亿元的产品；2个超5亿元的产品；10个超亿元的产品，制剂销售总收入达100 亿元。集团将着重在整肠生、磷霉素钠、卡孕栓、德维喜等产品群上下功夫，加大品牌宣传投入，使上述品牌陆续成为全国百姓信赖的、放心的大品牌，为企业实现200亿元的十二五发展目标奠定基础，更好地为人类健康服务。

中国驰名商标

中国五矿化工商会锑及锑制品分会副理事长单位
中国黄金协会常务理事单位
中国钨业协会会员单位
全国矿产资源合理开发利用先进矿山企业
国家级“守合同重信用”企业
湖南省纳税信用“A级”单位
湖南省银行业协会“守信用企业”
上海黄金交易所可提供标准金条、标准金锭企业
国内同时拥有锑品和钨品出口供货资格企业
湖南省高新技术企业

公司简介

湖南辰州矿业股份有限公司是集黄金及有色金属矿山勘探、开采、选矿、冶炼、精炼、机械加工、汽车运输、科研为一体的省属国有控股大型矿业公司。矿山源于1875年，2000年12月25日，经湖南省人民政府批准改制为湖南辰州矿业有限责任公司；2006年6月1日，变更为湖南辰州矿业股份有限公司；2007年8月16日，公司在深圳证券交易所挂牌上市，股票简称“辰州矿业”，股票代码“002155”。

公司坚持“矿业为主、规模经营、深度延伸”的发展战略，规模越做越大，产品越做越强，市场越做越广。2009年，公司总资产、净资产、销售收入比2006年公司上市前分别增长了1.61倍、2.31 倍、0.32倍；净利润同比增长46.73%。2004年至今，公司一直名列湖南省“百强企业”。

公司于1979年开始使用“辰州”商标，1993年9月“辰州”商标核准注册。数十年来，公司生产的“辰州”牌产品主要为黄金、精锑、氧化锑和仲钨酸铵。其中黄金产量位居湖南省第一；精锑及氧化锑产量位居全国第二；仲钨酸铵产量位居湖南省前列。2000年以来，“辰州”商标连续三次认定为“湖南省著名商标”。“辰州”锑制品曾多次荣获“湖南名牌”产品称号。“辰州”系列产品凭借一流品质和良好的市场信誉，远销欧美及东南亚等地，享誉海内外。

公司具有覆盖所有生产经营活动的完善的管理制度和执行、监督体系；具有优良的生产经营全过程监控、把握和自我完善能力；尤其是对产品质量的控制和预警、监测，手段完善、体系健全。2001年首次通过ISO9001:2000质量管理体系认证以后，每年均顺利通过了“质量管理体系运行”审核。目前，公司拥有国家级的“质量检测管理中心”。

公司对知识产权工作高度重视，成立了知识产权工作领导小组，建立了专门的知识产权管理机构，配备了专职管理人员，制定了知识产权管理办法和相关制度。公司拥有具有自主知识产权的、国际领先的金、锑、钨选冶精细分离核心技术，现有国家发明专利3项，实用新型专利10余项。

公司目前有子公司28家。其中，全资子公司20家，控股子公司8家。全资子公司—常德辰州锑品有限责任公司改制于2001年11月，主要经营氧化锑系列产品，形成了火法氧化锑、无尘氧化锑、纳米氧化锑、高纯氧化锑四大系列17个品级氧化锑的生产体系，具有30000吨/年氧化锑生产能力。控股子公司—湖南中南锑钨工业贸易有限公司，主要经营锑及锑制品、钨及钨制品的出口和矿产品（原料）的进口业务。

公司十分重视安全生产、节能减排和环保治理工作，先后投入资金上亿元，重点对污染源进行治理，高标准通过了ISO14001：2004环境管理体系认证，实现了湖南省环境保护厅对污染源的在线监控。公司是湖南省怀化市循环经济与清洁化生产试点企业，先后获得“十五”环境污染治理先进企业和国家“绿色矿山”称号。

公司已制定“十二五”发展规划，描绘了美好发展蓝图。“十二五”规划的实施，将进一步促进企业持续、稳定、健康发展，使公司朝着运作规范、资产优良、成长迅速，具有影响力和竞争力的国内一流矿业公司目标迈进。

公司坚持发展不动摇，以经济效益为中心，深化改革、创新发展，实施资源扩张战略，攻艰克难，克服了国际金融危机带来的不利影响，使辰州矿业率先向好，取得了新的发展。2010年，公司“十一五”目标圆满完成，“十二五”目标的宏伟蓝图已经制定，公司的前景将更加灿烂辉煌。

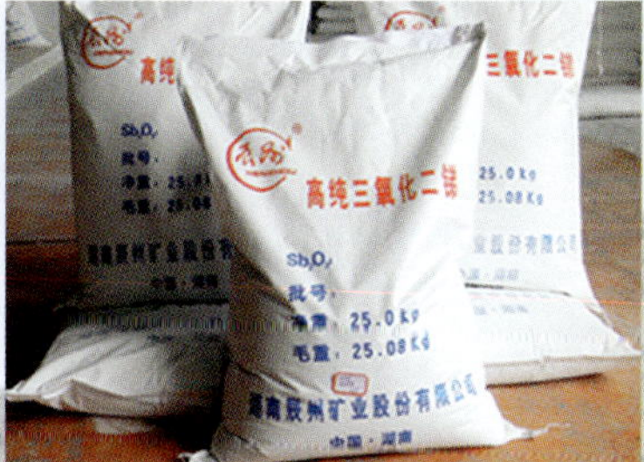

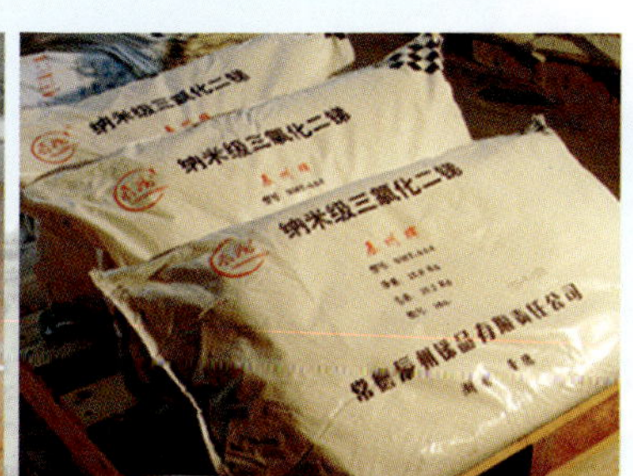

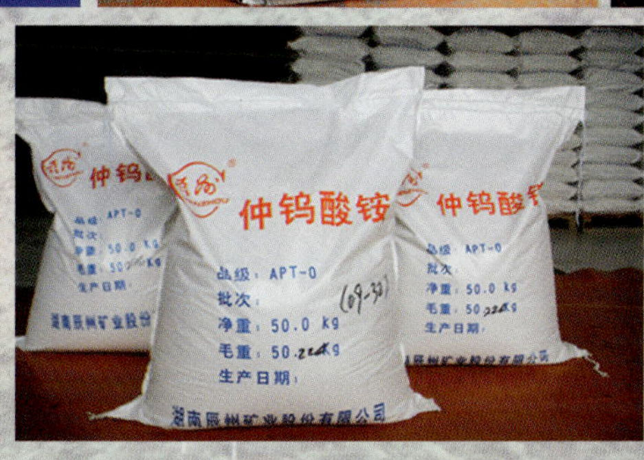

公司是全球第二大开发锑品企业、国内第六大黄金上市公司、国内重要产钨公司，产品畅销国内外。

公司在发展壮大的过程中，形成了独特的企业文化。在“企业为家、艰苦创业、放眼世界、不懈进取”的企业精神指引下，“千锤百炼、辰州金典”、“持续、稳定、健康发展”等一批企业文化语录深入人心。在企业员工中，长期形成了一种纯朴而厚实、凝重而向上、积极而健康、奋发而图强的企业文化氛围，也正是几十年企业文化的培育、形成、承载、发展，极大地推动了公司生产经营建设，珠联璧合，彰显异彩。

湖南辰州矿业股份有限公司

网址：WWW.hncmi.com　地址：湖南省沅陵县官庄镇　邮编：419607　电话：（0745）4643501-2251

邮箱：flswb@hncmi.com　联系单位：审计法律事务部

沈阳五爱集团

集团简介

沈阳五爱集团成立于2000年，是负责五爱市场开发、规划、建设、经营和管理的的大型知名国有企业集团。集团拥有7家子公司和1个培训中心，43万平方米商业地产，1000多名员工，资产总额20多亿元，商誉价值超过50亿元。

五爱集团的成立，标志着五爱市场进入了一个传承历史、面向未来、飞速发展的新时代。集团从2000年开始，以“品尚五爱、诚信五爱、生态五爱、科技五爱、创新五爱”的发展思路，分三期对五爱市场进行大规模的升级改造，先后投入10多亿元，建成五爱国际商贸城一、二、三期市场以及五爱国际商贸大厦和沈阳希尔顿•逸林饭店，使五爱市场的形象、环境、配套功能等方面得到了极大的提升，更使五爱市场完成了由传统向现代，由商贸向商务的转变。2009年，五爱市场成为我国北方流通领域中首家“国家AAAA级旅游景区”。2010年，“五爱”品牌成为我国市场行业中最早的“中国驰名商标”。

同时，五爱集团以“国际化、信息化、品牌化”为向导，加强集团内部建设，提高五爱市场的管理、服务水平。五爱集团旗下的沈阳五爱物业管理有限公司通过了GB/T19001-2008/ISO9001:2008质量管理体系标准认证。

五爱集团依托五爱市场优越的商业环境和卓越的品牌效应，实行多元化发展战略，涉足市场运营、商业地产、物业管理、国际贸易、现代物流、广告信息、餐饮、培训、酒店、金融等十大板块，取得了良好的社会效益和经济效益。

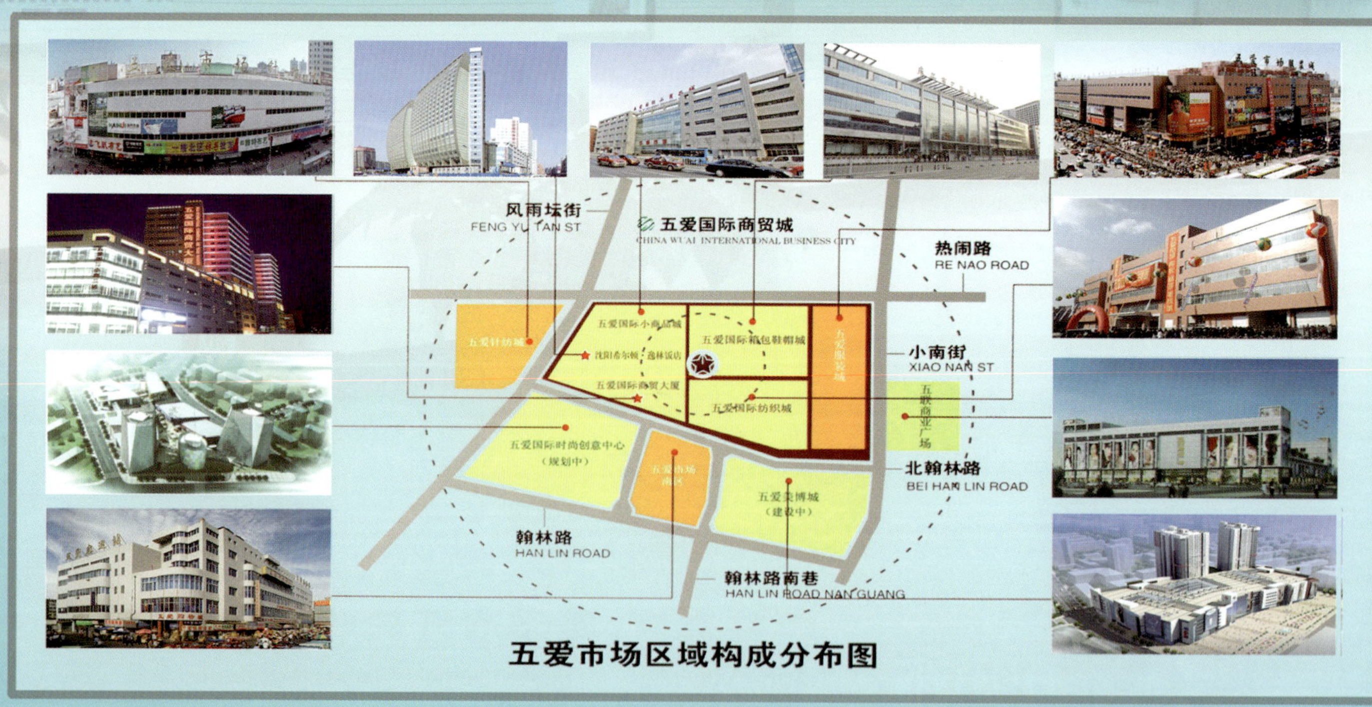

五爱市场区域构成分布图

寿光市世纪三元现代农业开发有限公司坐落在驰名中外的"中国蔬菜之乡"——山东寿光，公司经营涉及高科技蔬菜示范园基地建设、绿色、有机蔬菜种植、超市配送、农资销售、外贸出口、农业科技引进推广、农业科技人员培训等多项涉农产业，是寿光市最大的蔬菜产品出口、内销龙头企业之一，潍坊市农业产业化龙头企业。公司占地60000平方米，拥有高科技蔬菜示范基地、大型育苗工厂、外贸加工出口车间、生资配送中心及专业的农业技术人员队伍。公司下设蔬菜配送中心，常年为机关、院校、超市提供蔬菜配送业务。

公司生产的"乐义"牌蔬菜，是以中国冬暖式蔬菜大棚创始人王乐义书记的名字注册的商标。公司对生产中的每一个环节，都严把质量关，建立起了完善的质量监控体系。2008年公司首家与中国移动合作，建立手机二维码质量安全追溯体系，实现了蔬菜生产从田间到餐桌的全流程监控，为我国蔬菜安全生产开创了典范。公司有二十类蔬菜获绿色食品认证，十二类蔬菜获各种有机食品认证。2002年"乐义"牌蔬菜荣获中国蔬菜博览会金奖，2007年荣获山东省著名商标，2008年"乐义"牌黄瓜荣获中国名牌农产品称号，2010年"乐义"牌蔬菜荣获中国驰名商标。公司产品销往北京、天津、上海、深圳、沈阳、大连、济南等国内大中城市，在沃尔玛、家乐福、乐购、银座、大润发等各大超市均设有营销专柜。2008年"乐义"牌蔬菜被确定为奥运会供京、供青蔬菜生产基地。

乐义蔬菜——中国驰名商标

中国驰名商标

品牌制胜　彰显企业实力

永高股份有限公司“ERA公元”商标

荣膺“中国驰名商标”

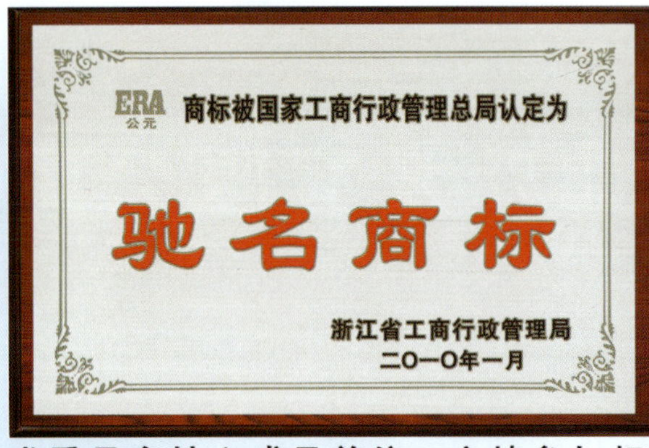

2010年1月15日，公元集团永高股份有限公司“ERA公元”商标被国家工商行政管理总局认定为“驰名商标”。

永高公司成立于1993年，系公元集团核心子公司，是中国塑料加工工业协会副理事长单位和全国塑料制品标准化技术委员会塑料管道及阀门分技术委员会核心成员单位、主持参与起草十三项国家标准，是目前国内最大的塑料管道生产基地之一。

“ERA公元”商标即寄寓于“承载历史，面向未来”的含意和立志打造百年企业的决心。“公元”商标自1993年8月28日第一次向国家工商总局商标局在第九类商品上注册，94年被授予黄岩首届消费者满意商标，2000年获“台州市著名商标”，01年获“浙江省著名商标”。为进一步保护“公元”商标专用权，至今已在国内1、2、3、4、5、6、7、8、9、10、11等42类商品上注册，在国外“公元”商标已在美国、沙特阿拉伯、西班牙、巴西、印度等41个国家和马德里协定国、马德里纯协定书成员国、非洲知识产权组织注册登记。

公司成立十八年来，始终不渝地实施科技进步和品牌战略，不断创新技术，创新产品，以强劲的创新能力，构筑卓越的品牌价值。面对全球后金融危机和国家宏观经济走向，企业基于对市场的深度把握，对发展趋势准确的判断，坚持在制造业领域精耕细作，秉承其一贯稳健踏实的行事风格，简约、高效、互利互赢的销售构架和以人为本、和谐共处的理念，保持了企业持续发展。

成绩属于过去，发展永无止境。公司以此次“ERA公元”商标被国家工商总局认定为“驰名商标”为契机，在创业创新道路上一往直前。

企业文化

"全力打造充满生命活力，独具个性魅力的现代知名企业"，一直以来是公司对企业文化建设的不懈追求。优秀的企业文化是：企业的灵魂，是企业发展壮大的精神支柱和动力源泉。

2010年9月30日晚，黄岩体育馆内，3000公元人相聚于此，举办"公元人、家园情、爱国心"大型文艺晚会，共同唱响爱国爱家情怀，翻开了公元文化建设崭新的篇章。

社会责任

"宅第卧听萧萧竹， 疑似民间疾苦声"、"致富思源，致富思报，救助贫困人群，回报社会"这是一个企业家责无旁贷的职责。张建均董事长长期以来致力于慈善事业，在黄岩慈善总会设立2500万元冠名基金，与黄岩慈善总会共同建立"慈善总会门诊部"，捐资助学，资助西部山区等一系列慈善公益活动。

生产设备

在公司新建的年产10万吨塑料管道建设项目中，采用多项专利技术，再造工业流程，将"循环水冷却系统，输变电动力系统，自动加料系统和产成品传送系统"集成到地下通道，自动化程度达到70%以上。

高新企业

以高新技术改造传统产业，形成全新的生产规模，永高公司秉承技术创新精神，在塑料管道领域精耕细作，颇有建树。目前公司拥有专利31项，其中发明专利3项，实用新型专利12项，外观设计专利16项，已受理专利30项。

始于1952的鳄鱼恤有限公司，在1971年起在香港证券交易所上市，以优质的恤衫驰名。过去57年公司致力提供最优质及时尚的服装给顾客，因此成为香港著名的服装品牌，并于香港，澳门及中国市场专门从事生产、出口、零售及批发。

鳄鱼恤在主席兼行政总裁林建名先生的出色领导下，发展迅速，业绩理想。除香港业务外，林先生更在中国地区成功推动了一系列重要发展项目，为公司业务确立根基。现在，鳄鱼恤除了拥有自己的品牌包括男装「CROCODILE」、女装「CROCOLADIES」、运动服「CROCOSPORT」及童装「CROCOKIDS」外，于1980年取得法国「LACOSTE」产品香港独家代理，使「LACOSTE」成功打入木地市场。鳄鱼恤务求做到一应俱全推出款式应有尽有，我们积极改变产品质量及增加新产品，以拓展业务。看准近年香港结婚数字及出生率持续上升，于2007年春夏推出婴儿服装系列<MY FIRST CROCO>体贴新婚家庭的需求。此外，还成功地加入太阳眼镜系列、袖口钮、襟针、手表及香薰蜡烛等新产品。

为了更能巩固香港市场地位及将品牌建立独特性，让品牌不只局限于一个时装品牌，更代表着一种独特的个性及生活态度。于2007年我们为品牌进行一连串的全新改革，并邀请国际著名设计师陈幼坚先生，从品牌的识别设计、产品设计、店铺室内设计、包装设计及广告设计等，为品牌设计出独特的风格，希望大众将鳄鱼恤给人脱胎换骨的感觉。

踏入2009年，鳄鱼恤专卖店已超过800多间，连同皮鞋、皮具及文具连锁店更逾1,600间，遍布全国100多个主要省市。与此同时，还会积极寻求更多合作伙伴，更会不断扩阔产品种类，并以独特的设计、剪裁及用料使产品更不同凡响，誓要打造品牌为时装界巨鳄。

凭借优质及时尚的产品和完善的售后服务，很快便于国内建立驰名的商标形象，销售据点与日俱增，更在中港澳三地囊括多个荣誉奖项，足以证明鳄鱼恤在香港及国内服装界之领导地位备受肯定。

www.crocodile.com.hk

中国驰名商标

中国驰名商标

“互助”牌青稞酒有“中国青稞酒之源”之称，在400多年前的明清时期互助就有青稞酿酒的记载。至解放时，互助拥有实力雄厚的“天佑德”、“世义德”、“永庆和”等八大作坊，1952年，青海省政府在“天佑德”作坊的坊址上整合八大作坊，成立了互助青稞酒厂，结合400年来的传统工艺和先进的现代工艺，酿造出了清醇甘美、绵甜爽净的“互助”牌青稞酒。2004年10月，“互助”牌青稞酒荣获中国驰名商标。

2005年，青海互助青稞酒有限公司以股份制企业的新面貌，焕发出了无穷的活力，“互助”、“天佑德”、“八大作坊”、“永庆和”四大系列40多个产品畅销全国各地。

2010年1月，继“互助”中国驰名商标之后，“天佑德”再获中国驰名商标，成为了青海又一颗璀璨的高原明珠。

中国驰名商标

山东伯仲真空设备有限公司成立于2002年3月，主要产品有2BV 、2BE型水（液）环真空泵、ZJ型罗茨真空泵、LG系列螺杆真空泵，2BW型真空泵闭环系统和JZJ型罗茨真空机组;其中LG系列螺杆真空泵获得了国家实用新型专利证书。

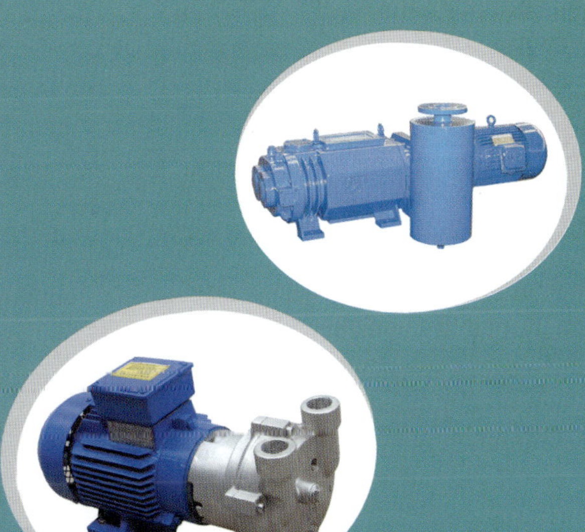

2002年12月，公司通过了ISO9001:2000QMS认证。获得了2005年度、2006年度和2007年度由淄博市工商局授予的“年度企业年检免检企业”、“市级守合同重信用企业”和“文明诚信双百佳”等光荣称号；2007年1月，被张店区工会评为“淄博市张店区劳动关系和谐企业”；6月，成为张店区首家“市级安全标准化企业”。2007年7月，公司有9种规格的“伯仲牌”真空泵获得了国家矿用产品安全标志办公室颁发的“矿用产品安全标志证书”。8月，“伯仲及图”商标成为“山东省著名商标”。2008年，伯仲公司被山东省工商局评为“省级守合同重信用企业”，并被淄博市诚信企业信用评价委员会评为“2007年度和2008年度诚信企业先进单位”。同年，公司扩展了经营范围，申请了对外经营权。2009年公司与公司工会分别被淄博市总工会评为“淄博市级劳动关系和谐企业”和“全市信得过基层工会”。2009年底，“伯仲及图”商标被司法认定为“中国驰名商标”。

目前，“伯仲”牌真空产品遍及全国包括台湾省在内的32个省、市、自治区，在英国、澳大利亚、泰国、印度、以色列等国家都有固定的国际采购商。随着“伯仲”美誉度的提高和市场份额的扩大，我们要再接再厉，产品质量再上新台阶，服务质量再创新水

地 址：山东省淄博市张店区马尚镇　邮 编：255090　电 话：0533-2802841　2801790
传真：0533-2802770　邮 箱：bz@zbbz.com　网 址：www.zbbz.com

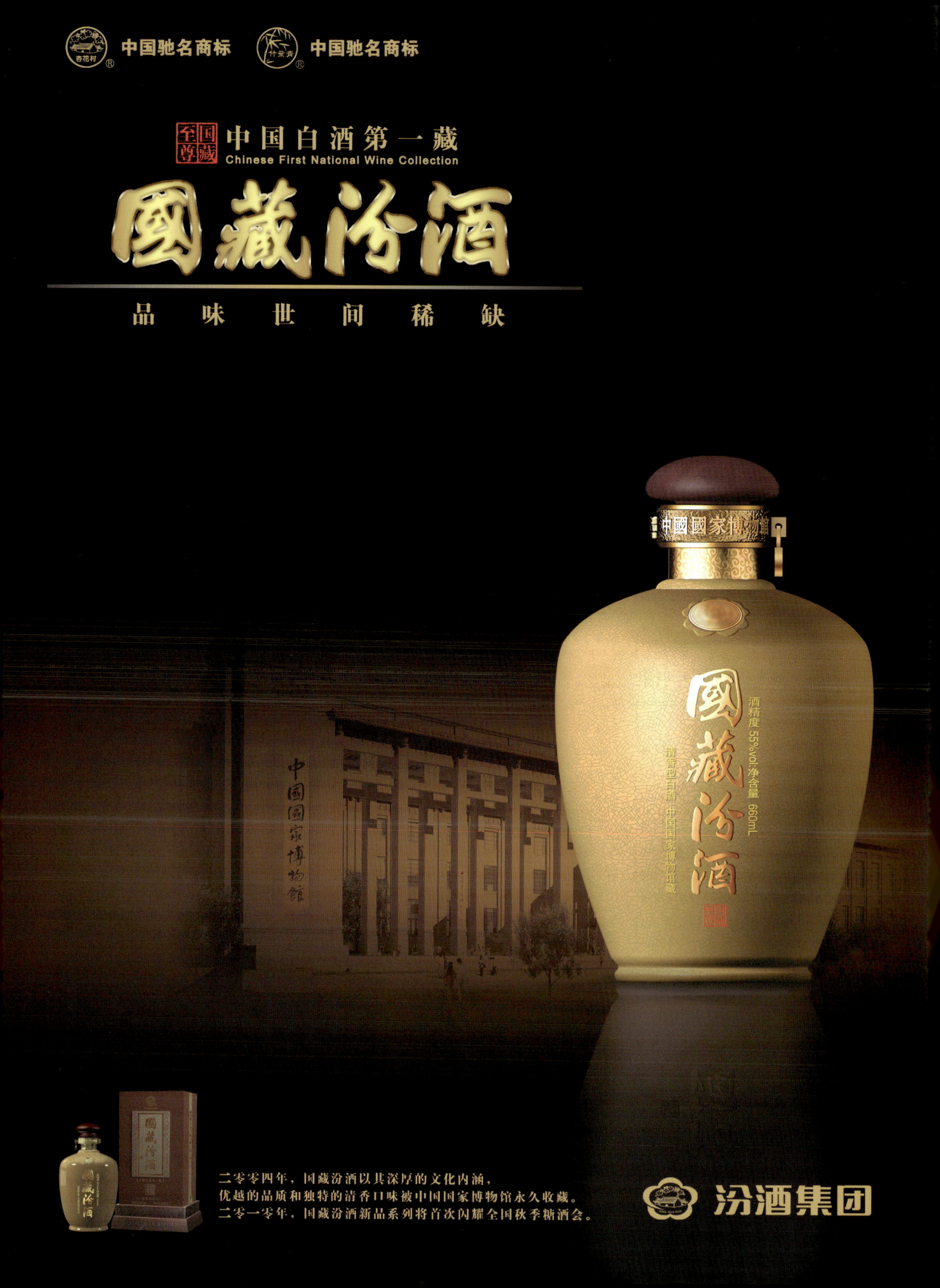
中国驰名商标
中国驰名商标
国藏至尊
中国白酒第一藏
Chinese First National Wine Collection
國藏汾酒
品 味 世 间 稀 缺
中國國家博物館
中國國家博物館
國藏汾酒
酒精度 55%vol 净含量 660mL
清香型白酒 中国国家博物馆藏
二零零四年，国藏汾酒以其深厚的文化内涵，
优越的品质和独特的清香口味被中国国家博物馆永久收藏。
二零一零年，国藏汾酒新品系列将首次闪耀全国秋季糖酒会。
汾酒集团

韶山毛家饭店

汤瑞仁女士，“中国驰名商标”毛家饭店董事长，生于1930年3月。1984年6月，汤瑞仁以一块七毛钱起家卖稀饭及做纪念品生意，历时三年后于1987年3月8日，以接待好毛主席的客人，宣传毛主席的丰功伟绩、“为人民服务”为初衷，而创办了韶山毛家饭店。在毛家饭店保存至今的几十本留言簿上，清晰地记载着人们对韶山、对毛家饭店、对她数不清的赞美，抒发着个人的感激、希冀与留恋。她开办的毛家饭店也取得了良好的社会效益和经济效益，但她更爱国敬业、诚实文明、乐于奉献。她常挂在嘴边的一句话就是：我们的钱是叫人民币，是人民积攒起来的，我们要把它存在红旗上，放在人民心中！她以扶危济困、助人为乐为己任，热心资助贫困家庭，鼎立资助希望工程光彩基金。她总是教育儿女：没有共产党就没有新中国，没有毛主席就没有她的今天 ！她的思想、言语与行动，让所有熟知她的人们说了不起！

“毛主席领导我们翻了身，邓小平领导我们致了富”她以自己的亲身经历，宣扬两位伟人的丰功佳绩和改革开放的成果。作为我国改革开放二十年的先进典型，非公有制经济精神文明的一面旗帜，她的高尚情操、动人事迹和中华民族传统美德博得了全社会的赞扬，数百次得到各级党和政府的表彰。毛家饭店被评为“全国绿色企业”、“中国餐饮百强企业”、“中华餐饮名店”、“中国连锁百强企业”。她个人被评为“全国巾帼创业女杰”、“全国先进个体劳动者”、“2000年度全国光彩之星”、“全国职业道德先进个人”、“全国巾帼创业明星”，“中华杰出创业女性”、“全国金星奖”、“全国职工道德建设双十佳”、“2006年度中国最具影响力餐饮女企业家”、 “全国文明诚信个体工商户”及全国“爱国拥军模范”等一百多个光荣称号。

为了让来韶山游客充分了解主席的革命之家与饮食文化，在2008年，汤瑞仁授权其女儿在韶山建成毛家食品有限公司，生产与销售具有韶山特色的特产，让其所有的产品成为宣传毛泽东思想与介绍韶山文化内涵的代表！并一次性通过了国家食品行业“QS”认证，2009年10月毛家系列食品在第四届中国（长沙）国际食品博览会评奖活动中荣获“金奖” 、11月获2009中国十大绿色放心环保名牌、2009中国十大自主创新民族品牌企业。

汤瑞仁的事迹被中央电视台、人民日报社、新华社等许多新闻媒体进行宣传报道，并被拍成电视专题片《风采依旧》广为传播。

中国驰名商标

全国餐饮百强企业

全国餐饮AAA级信用企业

中国特许经营连锁百强企业

韶山毛家饭店发展有限公司 电话：0731-88663300 传真：0731-88688543

MARTELL
COGNAC
灵感塑造世界
马爹利XO
MARTELL
XO
40%vol
70cl
饮酒后勿驾车 未成年勿饮酒

中国·王力集团

中国王力集团地处山清水秀、交通发达、汇集世界五金名品中国五金之都(中国门都)—浙江•永康。“我们经营的不仅是品牌，而是领先的技术！”这是王力集团自1996年组建以来，一直坚信的企业经营信念。中国王力集团2002年1月经国家工商行政管理总局核准变更注册，注册资金2.5亿元。经过十多年的努力，王力集团发展成为集科研、设计、制造、销售、服务于一体的大型集团公司。集团旗下现有产业防盗门、室内门、进出口、机械制造、防盗锁、电动自行车、DANFER(丹弗)润滑油、散热器、厨具、房地产、建筑、咨询、物流、酒店等十多个产业。

“用户永远是上帝，员工永远是财富，人才永远是动力，科技永远是灵魂，质量永远是生命，诚信永远是保证，守法永远是自律，奉献永远是义务，发展永远是追求，更好永远是目标”的企业理念铸就王力集团今天的辉煌。2009年6月16日，由全球权威品牌评估机构“世界品牌实验室”组织举办的第六届“世界品牌大会暨中国500最具价值品牌发布会”在首都隆重举行。揭晓了2009年“中国500最具价值品牌”排行榜，“王力品牌”荣登第249位，品牌价值达34.51亿元，在全国门业名列前茅；正如中国消费力里行防盗安全门行业专题市场调研报告所说“以质量创品牌的王力防盗门已经成为国内市场的消费首选。同时，中国•王力集团有限公司的科技创新精神对整个防盗门行业起到了一种典范带动作用，净化了陷入低价竞争怪圈的市场环境，不愧为‘中国防盗门行业的王者品牌’”。

“质量就是生命、品牌就是价值”！ 2001年起，凭借着过硬的产品质量和研发水平荣获200多项国家专利并获国家专利示范企业殊荣。集团现为中国安全防范产品行业协会副理事长单位（全国同行业仅有三家），负责参与制定及修改国家防盗门和防盗锁的相关执行标准，并在公司整体运营管理中有效的实施ISO9001质量体系认证和ISO14001环境管理体系并获得认证，2005年9月王力牌防盗安全门被国家质量监督检验检疫总局授予“中国名牌产品”，2006年11月王力防盗安全门和机械防盗锁被认定为国家免检产品（全国同行业率先门锁双免检），2007年王力商标被司法认定中国驰名商标，2008年王力商标又被国家工商行政管理总局认定为中国驰名商标，至此王力是全国同行业内荣获工商、司法双认定中国驰名商标的荣誉；同年3月王力钢木室内门、木质门荣获中国环境标志认证，2009年集团旗下产业被浙江省高新技术企业认定机构认定为高新技术企业，成为行业内首家获此殊荣的企业。

王力集团将一如既往地以市场为导向、创新为动力、质量为生命、用户为上帝，构建科学管理制度、建立强势品牌，加快科技创新、市场营销整合的步伐，提高质量品牌、服务的核心竞争力；多方面、多渠道拓展国内、国际市场，用开放、务实、稳健的态度、勇于开拓创新的精神，把王力集团建成有较强经济实力、多元化经营、行业领先的现代化大型集团公司。

双鹤

2007年荣誉榜

- ☆ 入选“2007年中国制造企业500强”
- ☆ 荣获“2007年度化学制剂制造行业效益十佳企业”
- ☆ 双鹤系列产品被评为“2007年度最受百姓信赖的健康品牌”
- ☆ 荣获“北京国企十大创新名企”、“北京国企十大自主创新名牌”称号
- ☆ 荣获中关村科技园区“百家创新型试点企业”
- ☆ 全国实施用户满意工程活动被评为“用户满意企业”
- ☆ 荣获“第十届（2007年度）中国上市公司金牛奖成长性百强”
- ☆ 被中国保护消费者基金会推介为“中国维权、放心、诚信单位”
- ☆ 荣获“北京市第二十二届管理现代化创新成果二等奖”

2008年荣誉榜

- ☆ 再次被评为“高新技术企业”
- ☆ 入选“2008年中国制造业企业500强”
- ☆ 入选“2008年北京企业100强”
- ☆ 被评为“企业信用评价AAA级信用企业”
- ☆ 荣获制药工业十佳品牌评选“十佳医药贡献奖”
- ☆ “双鹤”牌奥复星、新药成药、胶丸、胶囊、原料药荣获“北京市著名商标”
- ☆ 被评为“2008年度首都文明单位”
- ☆ 荣获“北京市和谐劳动关系单位”称号
- ☆ 荣获“北京市绿化美化先进集体”称号
- ☆ 向雨雪冰冻灾区捐款、捐药累计人民币210万
- ☆ 向四川汶川地震灾区捐款、捐药累计900万元

2009年荣誉榜

- ☆ 荣获“全国五一劳动奖状”
- ☆ 荣获“中国驰名商标”称号
- ☆ 荣获“中关村科技园区20周年突出贡献奖”
- ☆ 荣获中关村国家自主创新型示范区“创新型企业”称号
- ☆ 复方利血平氨苯蝶啶片（0号）、匹伐他汀钙及其片剂（冠爽）、乙基淀粉（盈源）、牛肺表面活性提取物（珂立苏）被评为“北京市自主创新产品”
- ☆ 0号荣获“健康中国 2009中国药品品牌榜”上榜品牌称号
- ☆ 被评为2005-2009年度“全国医药行业思想文化建设先进单位”
- ☆ 荣获“北京质量管理贡献奖——优秀企业”
- ☆ 向中国医药卫生事业发展基金会捐赠人民币100万元

北京双鹤药业股份有限公司是经北京市人民政府和中国证监会批准，以北京制药厂为主要发起人，联合其他5家法人单位，通过注入北京制药厂优质资产以募集方式设立的股份有限公司，公司于1997年5月22日在上交所挂牌上市。

经营范围为：加工、制造原料药、注射剂（水针、粉针、输液）、片剂、胶囊剂、颗粒剂、软胶囊、制药机械设备；销售公司自产产品、机械电器设备、保健食品；技术开发、技术转让、技术服务（未经专项审批项目除外）；自营和代理各类商品及技术的进出口业务，但国家限定公司经营或禁止进出口的商品及技术除外；经营进料加工和“三来一补”业务；经营对销贸易和转口贸易。

公司注册资本为5.72亿元，资产总额约为47.17亿元。

公司严格依照国家药品生产GMP质量标准从事生产，各条药品生产线均已通过认证并获得《中国药品GMP认证证书》。

在国内，公司已在35个类别上进行了注册商标的申请，目前拥有注册商标143项，基本涵盖了公司的主要产品；公司还十分重视自有商标的国际保护，已在包括欧盟、加拿大、香港、澳门等7个国家和地区成功申请注册商标8项，并在包括32个马德里协定成员国进行了国际注册。

北京双鹤药业股份有限公司的前身——北京制药厂，其前身始建于1939年，是由八路军前总卫生部制药所和一二九师卫生部制药厂合并而成的十八集团军野战卫生部卫生材料厂，对外称利华药厂。在抗日战争极其恶劣的条件下，利用土法试制出玻璃安瓿，首创了我国中药西制的柴胡注射液。编写了《太行山药物学》、《制剂学》等著作，并培育了一批制药技术人员和专家。1949年3月23日，利华药厂迁入北京，接管北平卫生材料厂，建立北京化学制药总厂，1964年更名为北京制药厂。北京制药厂在产品开发和技术革新取得丰硕成果，共开发新产品344个，填补了首都制药生产的多项空白。产品品种也由建国初期的100余种，发展到400余种，建成了具备生产各种制剂和化学原料药能力的综合性、大型骨干制药企业，上缴利税近10亿元。1995年，北京制药厂被列为国务院1000户和北京市100户现代企业试点单位。1997年5月，北京制药厂成功进行了股份制改造，成立北京双鹤药业股份有限公司并于当月成功上市。作为首都医药界第一家上市公司，申请人成为国有大中型企业建立现代企业制度的典型范例。

双鹤药业充分利用资本市场，在全国范围内通过整合重组医药研发、生产、营销资源，已发展成为拥有18家控股公司和7家参股公司的大型医药集团公司。在近几年医药类上市公司主营业务收入与净利润的排名中，申请人也名列前茅。

上市十多年来，双鹤药业的各项经济指标持续大幅增长，产品组合从单一产品发展到以大输液、心脑血管、内分泌类、抗感染类和消化类药物为主的强大阵容；形成了以北京为主体的分布在华东、中南、西北、华北等地的制造基地，高素质的临床推广、OTC销售队伍和完善的销售及分销网络遍布全国各地。

2009年，顺应市场需求变化，加强集团化管理，调整业务结构，进一步强化和聚焦品牌建设，实现了经营业绩稳定、持续增长。主营业务收入达到49.87亿元，净利润4.51亿元，经营性净现金流为5.9亿元，净资产收益率为13%，资产负债率为25.06%。

专注专业 历史悠久

天津银龙预应力钢材集团

银龙由谢铁桥先生为首的谢氏四兄弟于1978年创立，专注从事钢铁线材拉拔研发，热处理技术研发和全系列预应力混凝土钢材生产30余年历史，是中国民营企业的优秀典型，在中国及全球业内以“专业专注”和“历史长久”而广为知名。

全系品种 规模宏大

在市场的强劲需求下，银龙不断扩充产能，现拥有18条预应力钢丝生产线、6条预应力钢棒生产线、8条预应力钢绞线生产线，4条无粘结钢棒、钢绞线生产线，预应力钢材定尺、切断、搓丝深加工设备20余套。以100多种光面、PCCP、刻痕、螺旋肋预应力混凝土钢丝，光面、螺旋肋预应力钢棒，2、3、7丝光面、刻痕、螺旋肋、无粘结、镀锌预应力混凝土钢材和40万吨年产能居全球品种较全和规模较大之地位。

立足中国 走向世界

三十余年来，银龙立足中国，依靠中国丰富而优异的原料、设备、文化、市场四大优势，奋发拼搏，致力创新，为中国铁路、公路、航空交通建设，为高压输水管道、电力通讯电线杆，为民用、商用建筑屋面板及预应力后张拉工程做出卓越贡献，获得优异业绩。银龙自1996年首次出口孟加拉，经过十几年市场扩张，现向全球63个国家供应产品，持续保持中国出口量最大之地位，2008年，以10.04万吨数量跃居全球同行业出口量名列前茅的企业。

研发创新 标准制定

研发创新是银龙生存发展主线和最突出优势，包括各种新型预应力钢材、硬质合金拉拔模具、拉拔设备、热处理设备研发，以及上游行业低、中、高碳合金盘条和下游行业预应力混凝土轨枕、PCCP管道、电线杆、空心楼板等制品研发，并且参与和主导多项行业、国家、国际预应力钢材标准、盘条标准和预应力混凝土制品的标准制定。

满怀激情 真诚服务

银龙人对事业，对客户，对国家，对国际和平发展无限热爱，满怀激情，无比忠诚，无论在研发、生产、销售、服务各个环节处处体现“忠诚、奋进、创新，持续为客户创造价值”核心理念，致力“技艺领先，追求更好”质量方针，肩负“代表中国，走向世界”光荣使命，持续保持“深受尊敬、行业龙头”美好愿景。

重庆陪都药业股份有限公司

陪都
Pei du
中国驰名商标

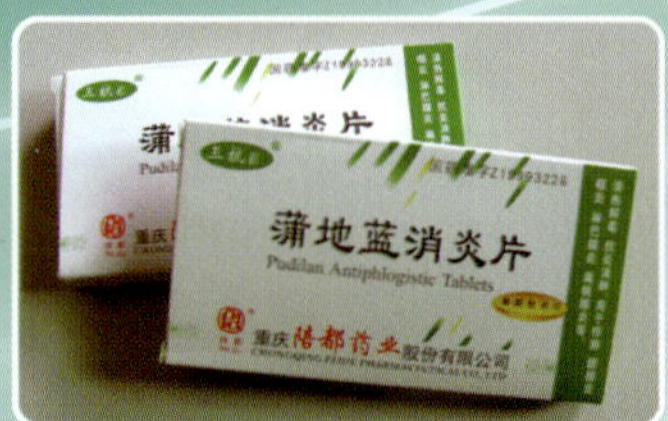

重庆陪都药业股份有限公司是全国工商联医药业商会常务理事单位，重庆市总商会医药商会会长单位。主要经营：透皮制剂、中西成药、医疗器械、保健食品，集产品开发、生产销售和技术服务于一体，是中国优秀民营科技企业、重庆市高新技术企业。

2000年“陪都”图文注册商标被认定为重庆市著名商标；2010年被国家工商总局商标局认定为“中国驰名商标”；2003年，公司生产的颗粒剂、胶囊剂、片剂、橡胶膏剂和透皮贴剂一次性顺利通过了国家药品生产企业GMP认证；2004年又顺利通过了保健食品GMP认证。

公司以光大中华医药为己任，健康普天大众为目标，继承发扬传统中医药，不断采用先进技术，改进新工艺，开发新产品，走中药现代化道路。

经过多年的发展，公司在中药透皮制剂研发生产方面取得重大成果，研发生产的剂型品种齐全、生产设备全国较先进、产销量居前列、市场占有率高，被行业内誉为“膏药专家”。主导产品中药透皮制剂（如壮骨麝香止痛膏等）、中药抗生素（如三抗素蒲地蓝消炎片等）、心脑血管药（如保心宁胶囊等）和“亚健康”类药物（如舒肝益脾颗粒等）已成为国内知名产品，远销东南亚、欧盟及港澳地区。

陪都药业

陪都
Pei du
重庆陪都药业股份有限公司
CHONGQING PEIDU PHARMACEUTICAL CO., LTD

中国·青海可可西里肉食品有限公司

China·Qinghai Ke Ke Xi Li Meat Foods Products Co., Ltd.

2009青洽会上省委书记强卫在海南州州长娄仲义的陪同下，亲切询问总经理邵磊企业生产经营情况

青海可可西里实业开发集团有限公司，始创于1996年5月。经过多年的改革发展，现已成为拥有青海可可西里肉食品有限公司、青海可可西里食品有限公司、海南兄弟煤炭有限公司、海南百佳民族贸易有限公司、海南州百佳宾馆有限公司五个子公司和一个农业部定点批发市场的现代化企业集团。

董事长邵勇先生在2009青海品牌商品上海推介会上演讲，介绍可可西里食品公司的发展情况

可可西里食品有限公司充分利用青海丰富的藏牦牛资源，开发生产具有浓郁高原特色的农畜精深加工产品，有国内先进的藏牦牛肉精深食品加工生产线3条。年加工生产能力达1200吨，年销售额可达9800余万元。公司创建伊始就把产品质量作为企业发展的生命来抓，通过积极努力，先后通过了ISO9001：2000国际质量体系认证、ISO22000：2005食品安全管理体系等认证。并荣获“名牌农畜加工产产品”奖、“畅销产品奖”、“第八届中国国际农产品交易会金奖”“中国驰名商标”“省级农牧产业化重点龙头企业”、“青海省产业化扶贫龙头企业”、“青海省模范集体”称号等多项荣誉。

产地：青海省海南藏族自治州恰卜恰镇绿洲南路76号　　网址：www.qhkkxl.com
电话：0971-7118999　0974-7510999　　传真：0971-8185997　0974-8515658

品牌

Brand

品牌是我们的承诺　品牌是我们的生命

诚信铸就品牌
合作谋求发展

青岛龙世印刷包装有限公司

总经理：李俭世

青岛龙世印刷包装有限公司成立于1999年7月，是青岛即发集团与香港利运图发品制造有限公司合资兴办的印刷包装制品生产企业。主要生产各种包装彩盒、彩箱、吊卡、彩色标签、工艺礼品盒、服装及玩具用印标及织标、包装纸箱等。拥有商品条码印刷资格证书，2005年至今我公司通过了美国沃尔玛公司历次的验厂，成为沃尔玛指定的包装供应商；2002年通过ISO9000质量体系认证，2007年又通过了ISO9000、ISO14000质量、环境二合一的体系认证。

公司坚持高起点、严要求的发展战略，投资引进了具有世界先进水平的德国曼.罗兰R700四色胶印机、海德堡CD-74四色胶印机、日本琳得科LPM-300GT五色不干胶标签印刷机以及布标印刷机；与此同时，公司引进了一系列印后加工设备，如裱纸机、全自动覆膜机、烫金机、模切机、糊盒机、自动上光机、程控机刀、布标折切机、标签分切机、装订机、瓦楞纸箱生产设备、工艺礼品盒成套生产设备等，保证了客户的产品完全由我公司生产，不需外出加工，减少了不确定因素对产品的影响，从而在质量和交货期方面有了可靠保证。

龙世公司自成立以来，一直以精益求精、诚信服务为宗旨，获得了客户的信任和赞赏，与十几家信誉良好的客户建立了长期合作关系。我们借鉴海尔和蒙牛的管理和营销理念，建立学习型组织，把质量和服务作为我们的核心理念，以客户需求为中心，不断创新，得到了长足的发展。

龙世公司一直以来都很注重企业文化的建设，坚持以人为本，先后荣获全国企业文化建设先进示范单位、世界华商企业文化建设特别贡献奖、全国用户信赖品牌、山东省印刷百强企业、质量“3+1”AAA级企业诚信单位、全国重点中小型质量信誉信用AAA等级、全国市场质量诚信建设优秀示范单位、全国市场诚信商贸联盟单位、中国用户满意品牌、中国企业诚信经营示范单位、中国印刷包装行业品质信誉用户满意十佳首先品牌等荣誉称号。现为中国印刷技术协会、中国包装技术协会、全国标准化技术委员会、中国质量技术监督理事会会员单位。

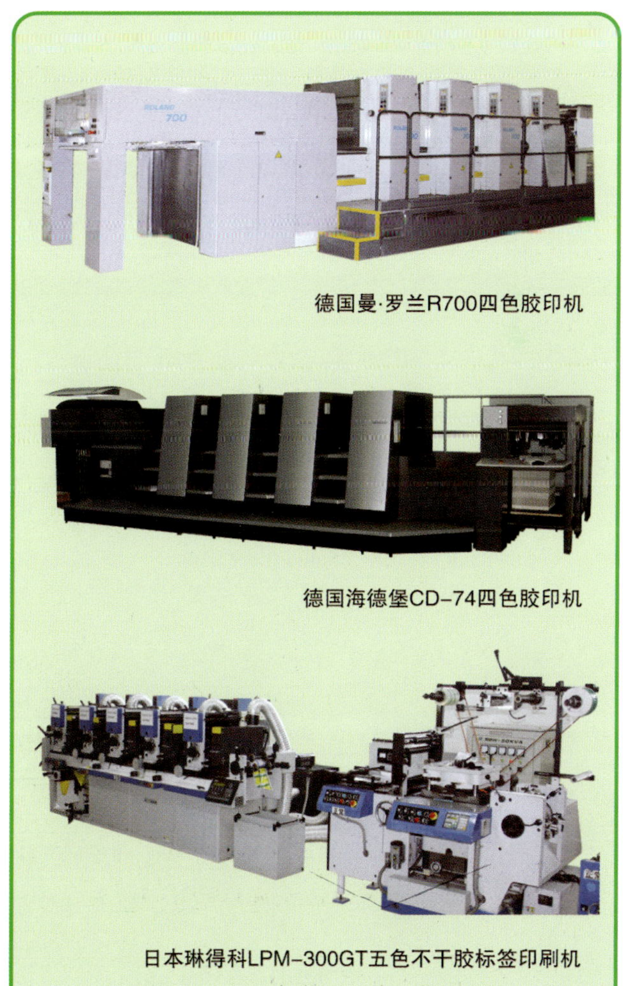

德国曼·罗兰R700四色胶印机

德国海德堡CD-74四色胶印机

日本琳得科LPM-300GT五色不干胶标签印刷机

中国驰名商标

温州新城钮扣饰品有限公司创建于1989年，地处“中国东方钮扣城”、“中国钮扣之都”浙江永嘉桥头镇，属中外合资企业。公司注册资金USD98万元，资产总额达7500余万元，拥有自营出口权，产品执行QB/T3637-1999标准并于2002年较早导入了ISO9001国际质量管理体系及OeKo-Tex Standard 100 认证，且全程组织、参与钮扣行业多项标准的起草工作。

公司专业生产钮扣已有二十多年历史，自创办以来就非常重视硬件设施建设和高新技术的引进、开发，拥有国际先进的意大利钮扣生产设备：制钮机52台、镭射机16台、镭射打边机3台、棒花机3台、片材机10台、电脑仿形制刀机3台及配套生产设备。主要生产各种高、中档聚脂扣、天然材料扣、金属扣、塑料镀金扣及服装饰品。产品质量好、款式新、品种齐，曾获中国第三届小商品博览会推荐产品，获第二届中国适用新技术、新产品（越南）展览会金奖。产品远销东南亚、中东、欧美等地。

多年来公司始终以国家的法律、法规为依据，树立了正确的经营理念，建立了科学的管理制度。生产、工作秩序井然，产值、利润逐年上升，并逐步在发展过程中塑造了品牌，沉淀了文化。公司上下始终处在文明、和谐而又紧张有序的氛围中。

公司坚持“以人为本，诚信立业”的宗旨，始终将新技术应用和新产品开发作为企业发展的重中之重，视人才为企业宝贵财富。几年来，通过外聘、内培相结合，塑造了一支勤奋务实、开拓创新的技术人员队伍，在产品设计、款式开发、工艺更新、环境保护等方面都取得了显著成效。

公司不断深化内部管理，增强服务意识，努力提高产品质量。建立健全了各项规章制度，在劳动纪律、岗位职责、质量保证、薪酬分配等方面做到了奖罚分明，极大调动了全体员工的工作积极性和创造性。2008年9月顺利将ISO9001质量管理体系标准从2000版升级为2008版，企业的各项管理工作进一步迈向规范化、科学化轨道。同时，随着“星辰”品牌美誉度的提高，国内外营销网络更加健全，服务体系更加完善，靠一流的品质和一流的服务，赢得了国内外客户的赞誉和信赖。

公司企业文化建设方兴未艾。近几年来，公司从改善员工生活条件和工作环境入手，以各种文体活动为载体，在文化技术培训、标牌标语设计、环境卫生绿化等方面投入了大量的人力物力。先后投资几百万元，建造了乒乓球室、多功能厅等文化活动场所；并在员工宿舍全部安装空调、电话；每年重金奖励先进员工，给先进员工家属赠送礼品，形成互动。并坚定落实着“五一有比赛、中秋有聚餐、国庆有旅游、春节有联欢”的活动机制，做到了环境舒适、活动丰富、工作努力、思想文明。从而增强了员工对企业的凝聚力和向心力，培养了员工的团队精神。

公司近年来投入巨资用于品牌建设及技术改造，先后荣获了“温州市轻工百强企业”称号，被国家水政部确定为“水政监察制式服钮扣定点生产厂家”。生产的星辰牌系列钮扣于2007年荣获“中国钮扣十强企业”称号；2007年荣获“诚信民营企业”称号；2002年至2009年均被评为企业资信等级AAA级企业；2007年至2009年被评为“浙江省著名商标”和“浙江省名牌产品”；2009年司法认定为“中国驰名商标”称号；2002年至2009年被永嘉县人民政府连续八年授予“明星企业”称号；2009年至2010年连续两届被评为“活力和谐企业”。

新城人始终相信，在社会各界和新老客户一如既往的关怀、支持下，通过公司全体员工的奋发图强，新城钮扣如同湛蓝夜空中的“星辰”，将更加耀眼夺目、光芒四射！

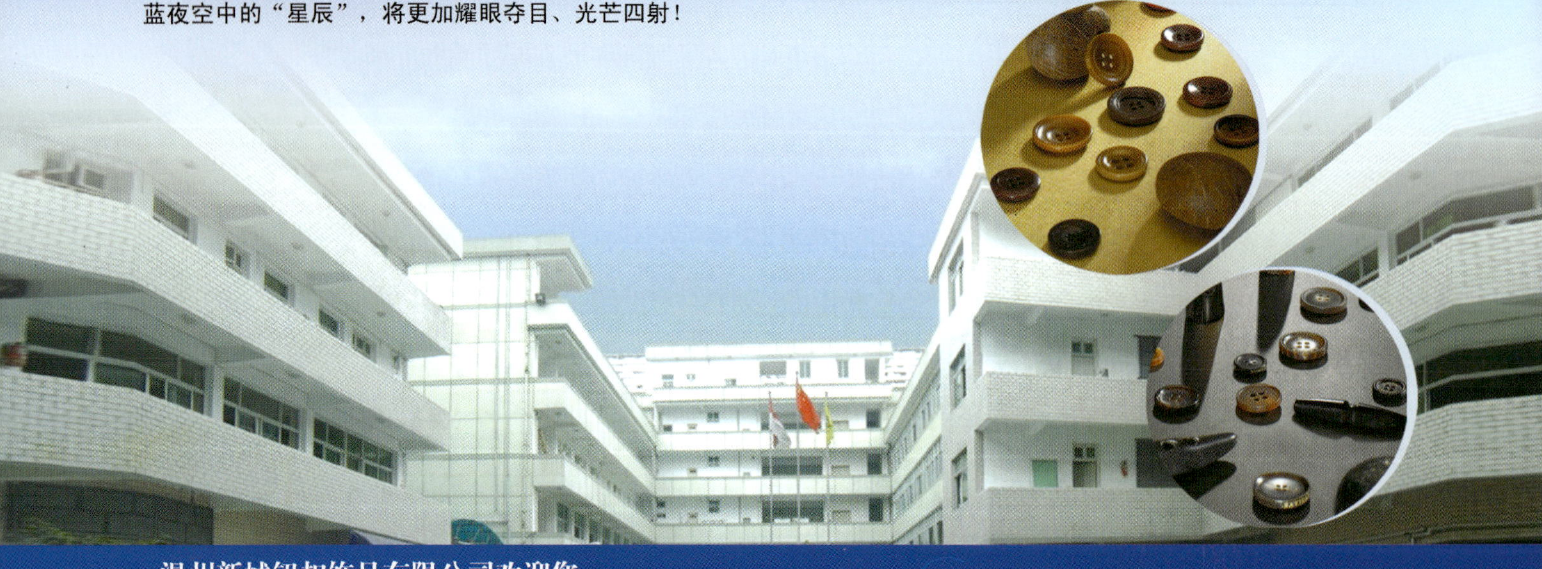

温州新城钮扣饰品有限公司欢迎您

电 话：0577-67455828 67455555 传 真：0577-67457888 67109608 网 址：www.xingchengroup.com
邮 箱：xingchenbutton@126.com 地 址：浙江省温州市永嘉县桥头镇新城路8号 邮 编：325107

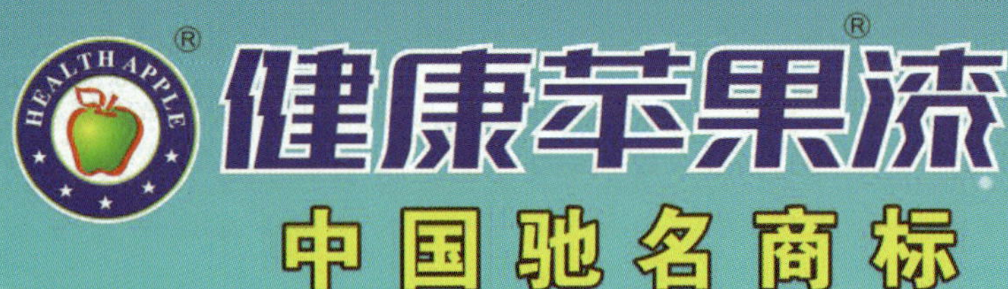

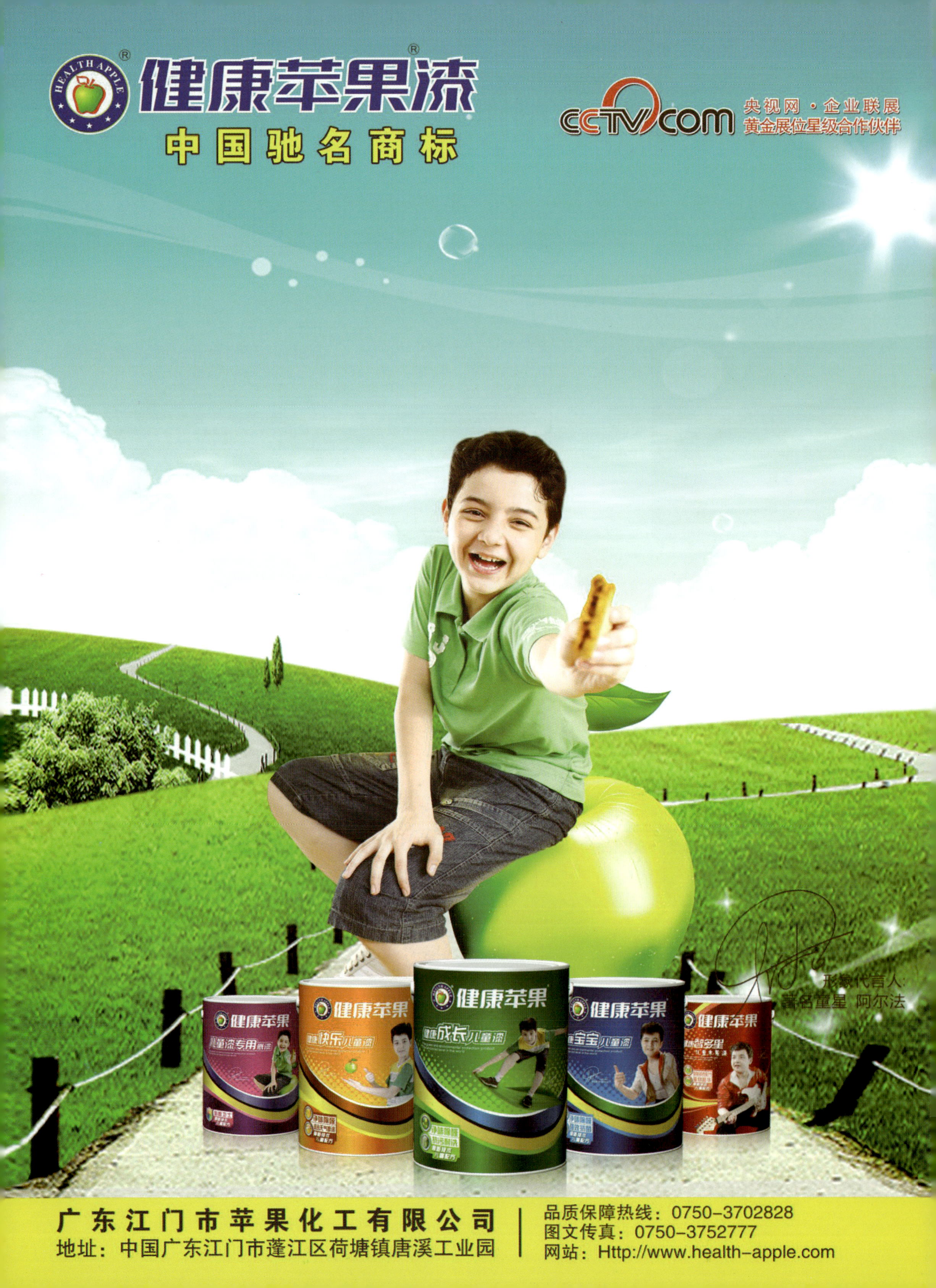
HEALTH APPLE
健康苹果漆
中国驰名商标
CCTV.com
央视网·企业联展
黄金展位星级合作伙伴
健康苹果
形象代言人
著名童星 阿尔法
广东江门市苹果化工有限公司
地址：中国广东江门市蓬江区荷塘镇唐溪工业园
品质保障热线：0750-3702828
图文传真：0750-3752777
网站：Http://www.health-apple.com

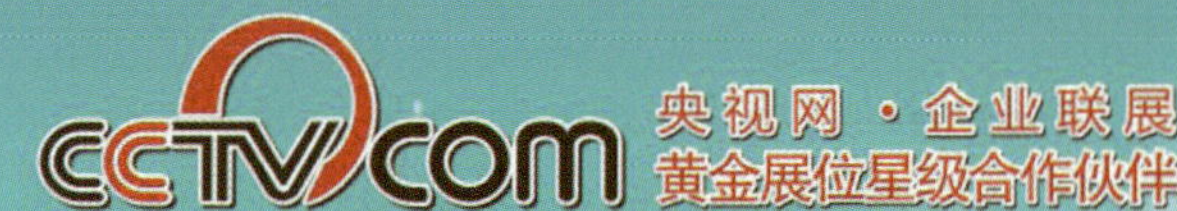

金乡县常年种植大蒜60万亩，大蒜年均产量70余万吨。目前，金乡大蒜已出口150个国家和地区，出口大蒜加工量占全国出口总量的70%，单项农产品出口创汇居全国前列，出口创汇居全国县市区前茅，大蒜产业已成为兴农富民强县的主导产业，“世界大蒜看中国　中国大蒜看金乡”已成为共识。

多年来，金乡县委、县政府把大蒜作为一项重点产业来发展，坚持用发展工业的理念经营农业，不断推进金乡大蒜的市场化、标准化、产业化和国际化进程，依靠大蒜产业带动农村经济全面发展和农民收入持续增长，近几年金乡农民人均纯收入的80%以上来自大蒜产业，农民人均收入居全市第一。目前全县恒温库已发展到2300余门，冷贮能力达126万吨。全县以大蒜为主的农副产品贮藏加工企业已发展到600余家，加工能力超过60万吨，其中拥有自营进口权的企业发展到140家。研制开发出蒜油、蒜粉、蒜素等深加工产品40多种，被命名为全国农副产品加工示范基地。在国际市场上，连续8年出口量居全国县市区前列，年出口大蒜30万吨。

金乡大蒜屡获殊荣：1992年金乡大蒜获首届农业博览会白皮蒜类最高奖——银质奖；1996年获得国家“A级绿色食品”证书，并被命名为“中国大蒜之乡”；2001年“金乡大蒜”商标被国家商标局正式核准生效；2002年，以种植面积最大县获吉尼斯世界之最；2003年获准使用“无公害农产品标志”，获得国家质检总局认证的“金乡大蒜”原产地证明标记；2005年“金乡大蒜”获农业部有机认证中心有机产品证书，同年，被国家环保部门列为国家级生态示范区；2006年，省政府把金乡大蒜产业列为山东省十大重点发展农业产业之一；2007年6月，通过农业部绿色食品发展中心有关专家的验收，我县被评为30万亩全国绿色食品原料（大蒜）标准化生产基地；2007年11月，金乡大蒜产业被评为山东省十大产业集群；2008年5月28日，国家标准委员会专家组通过了《地理标志产品　金乡大蒜》的审核；2009年先后被授予“欧盟地理标识”、“中国驰名商标”。

世界大蒜看中国　中国大蒜看金乡

金乡大蒜
中国驰名商标
国家工商行政管理总局商标局
二〇一〇年一月

金乡大蒜

中国地理标志证明商标 **舟山带鱼**

使用“舟山带鱼”地理标志证明商标的产品的生产地域范围为舟山渔场特定生长区域，具体分布在北纬29° 30′ –31° ，东经125° 以西。

舟山渔场是世界四大渔场之一，海水产品质优味美，闻名国内外。为保护舟山海水产品品质和信誉，舟山市工商机关认真贯彻《国家知识产权战略纲要》，充分发挥舟山市独特的地理资源优势和丰富的海洋资源优势，在国家工商总局的大力支持下，地理标志商标注册和保护工作取得显著成效。目前，舟山市已经拥有地理标志商标15件，其中“舟山带鱼”、“舟山大黄鱼”、“舟山三疣梭子蟹”地理标志证明商标的注册，开创了我国海水产品地理标志商标注册的先河。地理标志商标使用后，舟山海水产品的影响力和美誉度进一步提升，市场价格上扬20%左右，渔民增收、渔业增效作用明显。

（舟山海水产品地理标志证明商标管理保护委员会）

2010年5月13日，舟山市人民政府举行了舟山海水产品地理标志证明商标启用仪式，国家商标局李建昌局长向舟山市副市长刘宏明授予舟山海水产品地理标志证明商标证书和牌匾。

舟山带鱼生产地域范围为舟山渔场特定生长区域，因而舟山带鱼肉质细腻，口感鲜嫩，其脂肪酸组成较为特殊，二十二碳六烯酸（DHA）含量较高。DHA对脑细胞的形成生长发育及脑细胞突起的延伸、生长都起着重要作用，是人类大脑形成和智商开发的必需物质；同时，DHA属于人体必需脂肪酸之一，对细胞质各种组织的功能必不可少。舟山带鱼具有独特的滋味和营养价值。

舟山带鱼

重庆长江涂装机械厂

重庆长江涂装机械厂位于长江三峡库区腹地重庆市万州区，隶属于中国船舶重工集团公司，始建于1968年。是中国规模较大、市场占有率较高的专业涂装设备生产基地和主要供货商。从七十年代在我国首先开创了无气喷涂机的研制和生产，经过近四十年的艰苦奋斗，在技术上目前拥有国家专利21项；在产品品种上，“长江”涂装设备目前已发展到三大系列100多个品种。

1998年受机械工业部委托起草了行业标准JB/T8695—1998《无气喷涂机》（该标准正申请成为国家标准，标准草案已经提交全国标准专业技术委员会）。目前重庆长江涂装机械厂正在参与国家标准《涂装作业安全规程　》的起草和制定。

重庆长江涂装机械厂的发展受到各级政府和上级公司的重视，时任国务院副总理邹家华、时任重庆市委书记黄镇东、重庆市委常委、万州区委书记，现任重庆市委、副市长马正其、中央候补委员、中船重工集团公司党委书记、总经理李长印等领导先后莅临我厂指导工作。

QPT6528、QPT3256等产品多次被评为“重庆名牌产品”荣誉称号，“长江”牌商标多次被重庆市和万州区人民政府评为“重庆市著名商标”、“万州区知名商标”等荣誉称号。本企业也多次被评为重庆市高新技术企业、重庆市质量效益型企业、质量管理小组活动优秀组织奖等荣誉称号。2010年“长江”商标被国家工商总局认定为中国驰名商标。

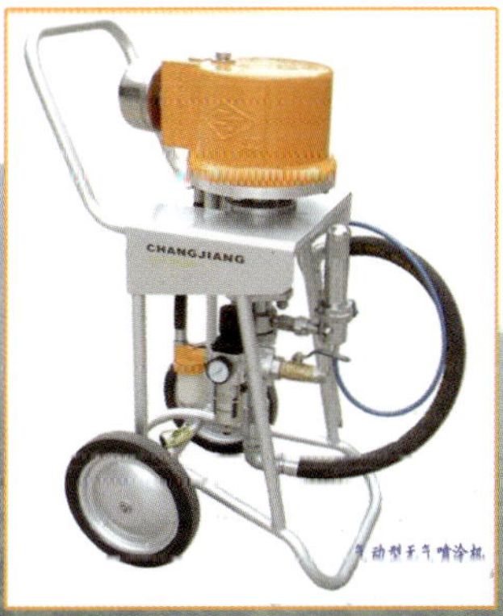

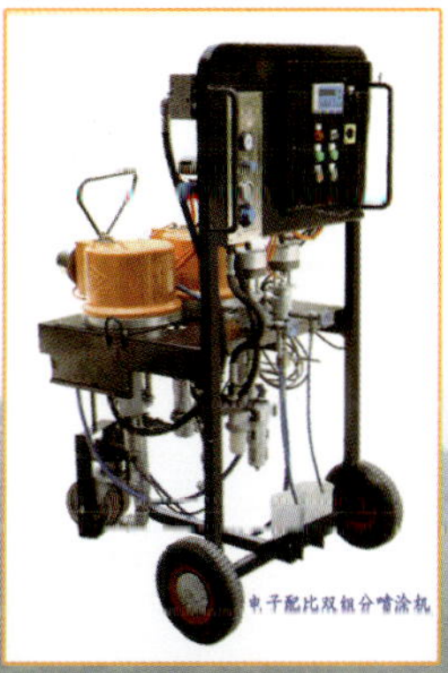

中国名牌 生态纤维制品 坦博尔 羽绒服 老百姓的实惠

坦博尔®

Tanboer

中国驰名商标

青州市坦博尔服饰有限公司是一家集设计、生产、销售于一体的现代化羽绒服装企业。创业伊始，就确立了“以创新求发展，以质量创品牌”的企业理念和“做老百姓穿得起的时尚羽绒服”的经营宗旨。坦博尔人视质量为生命，一流的人才、先进的设施、设备，保证了企业强劲的研发、生产能力和完善的质量管理标准，推动企业稳健、持续的发展。2005年9月，坦博尔羽绒服被国家质检总局评为“中国名牌产品”，公司品牌战略取得阶段性显著成果。

一直以来，坦博尔人以“体现个性、领先潮流”为设计理念，在潜心研究国内外服装流行趋势的前提下，把握时尚、勇于创新，每年设计研发出100多个新款，部分产品还拥有多项国家专利。同时，斥资投放全国各地卫视、央视等具有影响力的媒体，不断致力于提升品牌竞争力和美誉度，大力推进商标升级战略，得到了广大消费者和业内人士的信赖和喜爱。目前，市场销售区域不断扩大，单品牌市场综合占有率居行业前列。

2010年10月8日，坦博尔被国家工商总局行政认定为“中国驰名商标”，成为企业发展历程中重要的里程碑，也标志着坦博尔将会在更广阔的平台上，塑造更加卓越的品牌和企业形象。

重庆百货大楼股份有限公司

CBEST CHONGQING DEPARTMENT STORE CO., LTD.

重百是重庆百货大楼股份有限公司的简称，始建于1950年，是重庆市较早的国有商业企业和较早的商业上市公司。60年来通过几代重百人不懈的艰苦奋斗、改革创新，重百已发展成为以百货、超市、电器三大业态为主业，涉足食品、电子器材、劳保用品等经营领域的一家大型区域性商业零售连锁企业。截止目前，公司已在重庆27个区市县、四川省泸州市、乐山市、广安市以及贵州省遵义市等地开办商场、门店129家，营业面积达76.56万平方米，总资产达26.76亿元。2009年公司实现销售83.43亿元、利润1.82亿元。

公司位居“全国零售100强”、“中国连锁30强”前列，并先后荣获“全国五一劳动奖状”、“全国百城万店无假货示范店先进单位”、“企业信用评价AAA级信用企业”、“中国商业服务业改革开放30年功勋企业”、“全国品牌文化建设十强”等殊荣。2010年10月8日，公司拥有的“重百”商标被国家工商行政管理总局商标局认定为“中国驰名商标”。

面对新的机遇和挑战，重百公司将继续沿着“内涵强壮、外延扩张”的质量效益型连锁发展道路，积极推进公司发展方式的转变，在公司重大资产重组成功的新平台上，实现公司跨越式发展，争创“西部一流、全国领先”的战略目标。

安徽文王釀酒股份有限公司

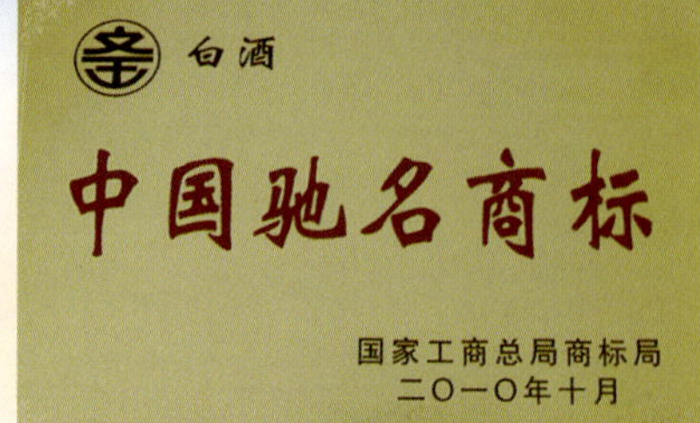

安徽文王酿酒股份有限公司位于号称"天下粮仓"之一的淮北平原，古时周文王第十子聃季载的封地沈子国，现安徽省阜阳市临泉县。公司的前身创建于1958年，现已发展成为拥有资产上亿元，占地600多亩，年创利税9000多万元的省白酒重点骨干企业。2001年，公司位阜阳纳税前五强，中国白酒企业百强行列，2003年，迈入安徽省民营企业十强，2010年文王商标被认定为中国驰名商标。

公司规模宏大，设备先进，技术力量雄厚，有4千名员工，数千多条发酵池，近几百亩的生产酿造基地和几十条现代化瓶酒灌装生产线，并有自己的高科技实验室和具有精密设备的化验室。年生产白酒3万多吨。公司秉承传统工艺，以现代科技为指导，用自家独有的酿造方法生产的浓香型白酒，具有入口绵甜，窖香突出、回味悠长、饮后不上头等特点 。

公司于1999年通过ISO9002认证，2003年通过ISO9001:2000版换版认证，获得了走向国际市场的通行证。自1990年以来单位连续被授予省质量最佳企业称号，产品连续蝉联省消费者最喜爱的白酒、省名牌产品以及省质量免检产品和“全国质量稳定合格产品”荣誉称号，2002年荣获第十届中国专利新技术新产品博览会金奖。公司被评为全国守合同重信用企业、省企业管理先进单位和安徽省“先进集体”。2003年以质取胜的文王贡酒（跨世纪）在上海市首届优质酒评比中，经过市场调研和国家级评酒师的精评细选，在畅销品牌、金樽佳酿品牌、经典佳酿品牌优秀品牌4个奖项中，（跨世纪）文王贡酒获得“经典佳酿”奖。

公司奉行“质量如同生命、诚信重于泰山、服务胜似广告、人品打造酒品”的经营理念，与客户真诚合作，关爱广大消费者，走共同发展之路，走可持续发展之路，走和谐发展之路。

临海

浙江省临海市特产技术推广总站

临海市地处浙江省东部沿海，是国家级历史文化名城，全国卫生城市，全国优秀旅游城市，国家园林城市，中国无核蜜桔之乡，中国杨梅之乡，中国名茶之乡。临海市特产技术推广总站经临海市人民政府授权，注册有“临海蜜桔”、“临海杨梅”、“临海蟠毫”三个证明商标。

“临海蜜桔”：临海市是中国无核蜜桔之乡，全国无公害柑桔生产示范基地县。柑桔生产历史悠久，现有种植面积20万亩，年产量30万吨，年产值10亿元。临海蜜桔以“果形端庄、色泽艳丽、果皮细薄、肉质细嫩、汁多化渣、风味浓郁、品质极优。”著称，在历次参加的各级评比中屡屡获奖，是农业部优质农产品，中国国际农业博览会名牌产品，浙江省著名商标，浙江省十大名牌柑桔，连续七年获浙省农业博览会金奖。2008年被农业部认定为中国名牌农产品，2009年被国家工商总局认定为驰名商标。

“临海杨梅”：临海市是中国杨梅之乡，全市杨梅种植面积12万亩，年产量5万多吨，年产值3亿多元。临海杨梅果大、色艳、汁多、味甜，是浙江省十大精品杨梅，被认定为浙江省著名商标、浙江省名牌农产品。

“临海蟠毫”茶：临海市是中国名茶之乡，茶叶种植历史悠久，临海蟠毫独具特色，全市现有茶叶种植面积6万亩，年产临海蟠毫茶1600吨，产值1.35亿元。1986年被商业部评定为全国名茶，获浙江省著名商标认定。

• 临海蜜桔®

• 临海杨梅®

• 临海蟠毫®

江西绿茶

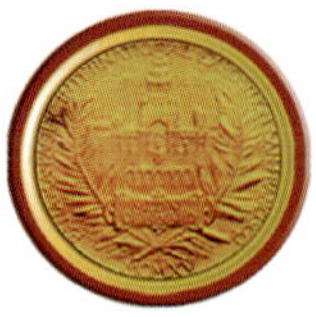

1915年荣获巴拿马
万国和平博览会金奖

浮梁茶

江西浮梁，茶瓷同辉，不仅孕育了千年窑火不熄的世界瓷都景德镇，而且茶文化底蕴深厚。浮梁产茶，始于汉晋，风盛于唐，千百年来浮梁人民“摘叶为茗，伐木为纸，坯土为器”。唐·王敷《茶酒论》载“浮梁歙州，万国来求”，唐代诗人白居易《琵琶行》记述“商人重利轻别离，前月浮梁买茶去”，《元和郡县图志》载，唐元和八年（公元813年），浮梁“每岁出茶七百万驮，税十五余万贯”，占全国茶叶税八分之三。浮梁当时已成为繁盛的茶叶贸易之都。1915年浮梁茶以其“形美、色翠、香郁、味醇”四绝与国酒茅台同获“巴拿马万国和平博览会”金奖。从此，浮梁茶香飘九州，器行天下。

浮梁茶品质特征的形成得益于浮梁独特的地理环境，地处黄山及怀玉山脉向鄱阳湖过渡的山区丘陵地带，森林覆盖率达79.2%，2007年被评为江西省首批“十佳绿色生态县”，是皖、浙、赣茶叶生产的“金三角”。近几年，以“浮梁茶”为核心品牌进行整合，不仅形成了系列产品，而且赢得了广泛赞誉：2007年浮梁茶获“江西省名牌农产品”称号，08年获“中国地理标志产品年度金奖”，同年又获“中国（南昌）绿色食品博览会金奖”，09年获“江西省著名商标”，09年获“华东十大名茶”。其品质特征为：外形以紧、细、圆、直而著称；色泽以干显翠绿、湿显金黄形同玛瑙色而特别；香气以板栗、兰花香而独有；滋味以醇爽、润喉、回甘而珍贵；做工以精细独特而闻名。

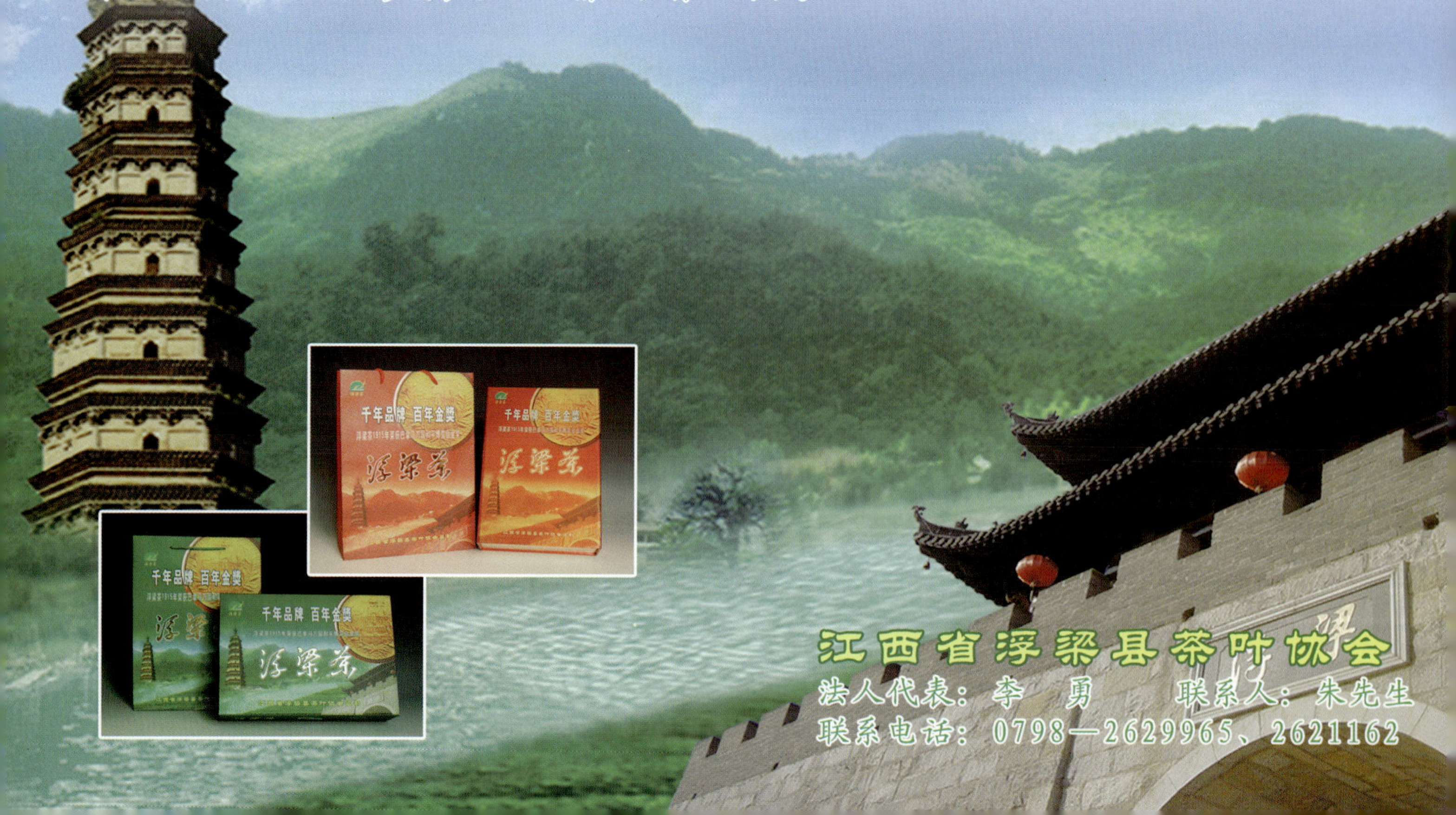

成都市新筑路桥机械股份有限公司

成都市新筑路桥机械股份有限公司成立于2001年，主要从事公路、铁路桥梁功能部件及工程机械等产品的研发、生产、销售和服务。经过多年发展，公司已成为国内公路、铁路桥梁功能部件行业的排头兵，是轨道交通噪声治理的专家，也是国内摊铺机、搅拌站等建筑施工机械的重要供应商。

成都市新筑路桥机械股份有限公司是国家高新技术企业、四川省重大装备企业，同时也是成都市重点培育的58家大企业大集团之一；公司于2010年9月正式在深交所挂牌上市；公司“新筑牌”商标被国家工商总局认定为“中国驰名商标”，公司产品被四川省人民政府评为“四川省名牌产品”；“新筑”注册商标被四川省工商行政管理局评为“四川省著名商标”公司被京沪高速铁路和杭州湾大桥业主评为“优秀供应商”，在国内行业拥有较高的市场声誉。

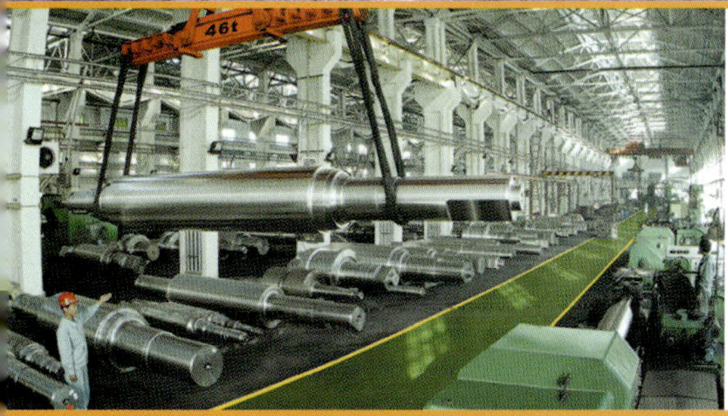

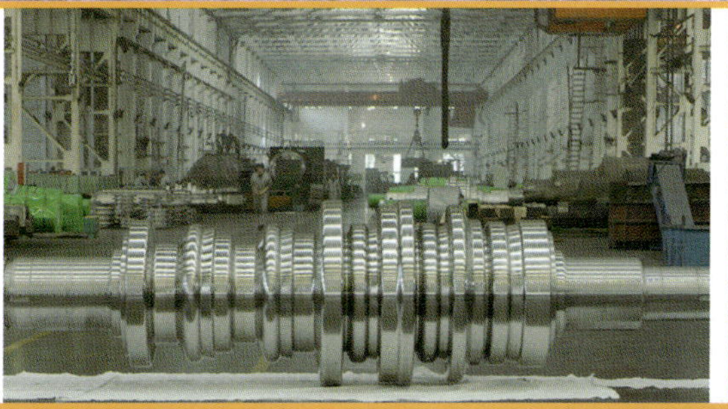

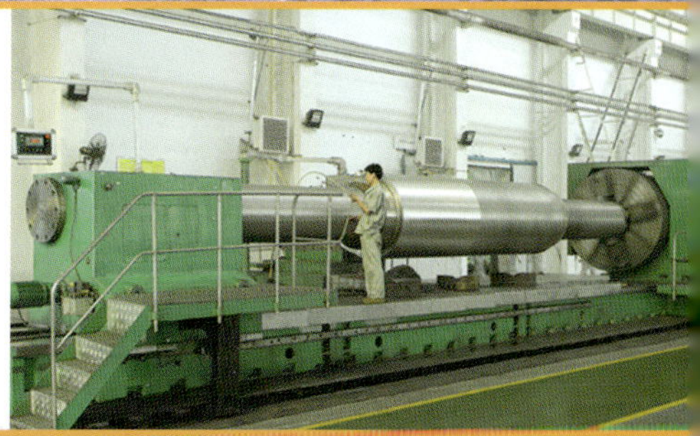

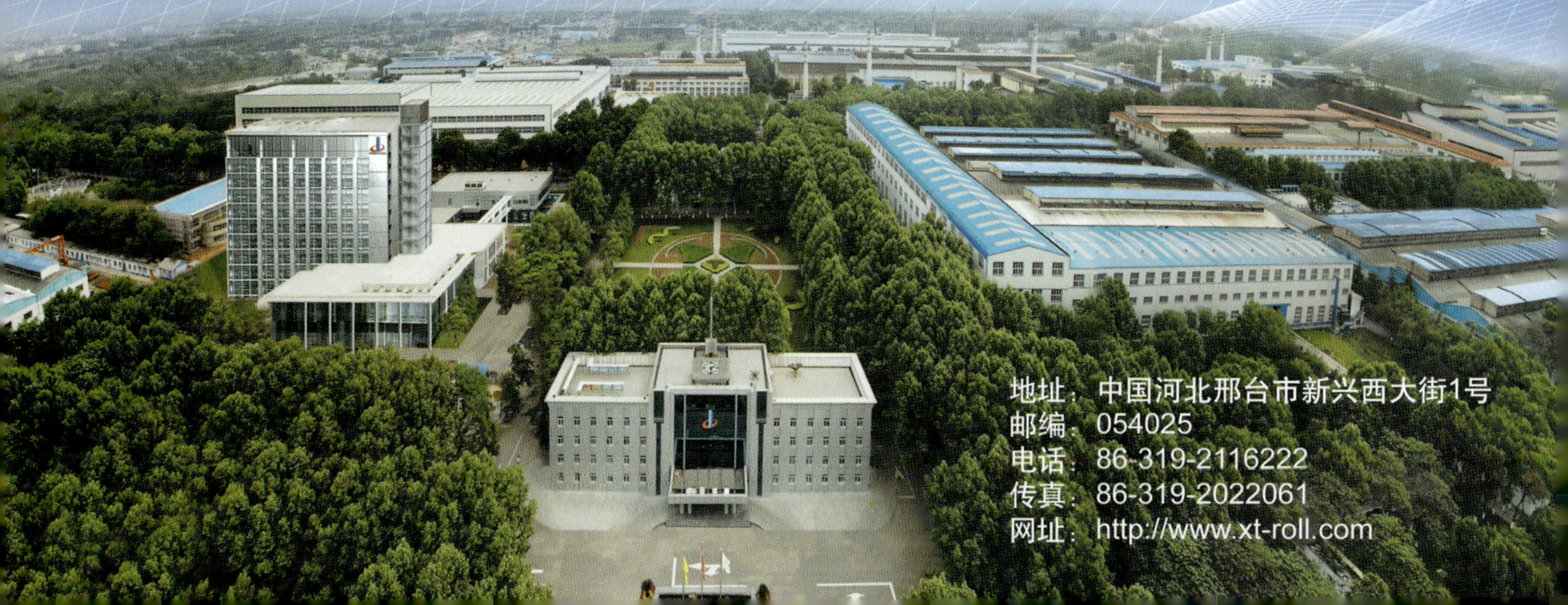

真龍游天
真龙·中国驰名商标

严正申明

德克斯户外用品公司(以下称“德克斯”公司)位于美国加利福尼亚州戈利塔市，致力于其著名品牌UGG®和TEVA®涵括鞋类、服装、手袋及其它制品的设计、开发、生产与营销，旗下UGG®纯天然羊毛雪地靴及TEVA®沙滩鞋尤为流行。UGG®及TEVA®产品绝大多数由中国制造并出口，畅销全球市场。德克斯已在全球，包括中国在内大多数国家和地区注册UGG®及TEVA®相关的多个商标。

目前我们发现许多厂商未经德克斯授权擅自在中国生产、销售使用“UGG®”及TEVA®注册商标，该行为不仅侵犯了德克斯的知识产权，也严重损害了广大消费者的合法权益。德克斯长期以来积极进行品牌保护工作。例如，最近在上海地区，经有关执行机关的大力支持配合下，在多宗涉嫌侵犯UGG®商标专用权的案件中，多名侵权人被追究了相应的行政及刑事责任。

在中国已注册及已提交申请的商标资料：

UGG	UGG	UGG australia	Teva	
注册号：880518 第25类：鞋 注册号：G860445 第18类：手袋	申请号：8044748 第18类：手袋 申请号：8044747 第25类：鞋	申请号：6535509 第25类：鞋	注册号：879295 第25类：鞋	注册号：2019336 第25类：鞋

UGG® 雪地靴及TEVA®沙滩鞋图样：

了解UGG®及TEVA®正品详情，请登陆：www.uggaustralia.com 及 www.teva.com

打假资讯：

- UGG®品牌产品在中国被大量假冒。
- 在中国仅有少数几家专业工厂被授权生产UGG®品牌产品，分别位于广东、湖南耒阳、河南孟州及河北辛集等地区。
- UGG®品牌正品鞋在中国的零售分销网络非常有限，目前仅在北京、沈阳及上海授权UGG®概念店零售。
- UGG®品牌雪地靴正品采用高档皮毛一体之纯天然羊皮制成，不使用任何人造皮革内衬。
- 了解德克斯在中国详尽打假资讯，请联系广州得克信息咨询有限公司法务部。

Tel: 020-3922 5690 Fax: 020-3922 5689 Email: counterfeit@deckers.com

- UGG®品牌雪地靴正品采用高档皮毛一体之纯天然羊皮制成，从不使用任何人造皮革内衬。
- 了解德克斯在中国详尽打假资讯，请联系广州得克信息咨询有限公司法务部。

Tel: 020-3922 5690 Fax: 020-3922 5689 Email: brian.chu@deckers.com

SKF公司声明

斯凯孚集团（以下简称SKF公司）是全球领先的滚动轴承、密封件、机电一体化、服务和润滑系统产品、解决方案和服务的供应商，产品遍布全球各行各业，“SKF”商标在行业内享有极高的市场知名度。SKF在中国已经注册的部分主要商标如下：

作为一家瑞典企业，早在1912年，SKF公司就在上海设立了首家代理商。时至今日，SKF公司在中国已有十多家制造工厂和多家服务单位。通过遍布全国的销售团队以及150多处经销点，SKF公司得以更好地贴近客户，提供我们的产品和服务。

然而，正是由于SKF公司及其品牌在用户心目中较高的地位和影响，侵犯SKF商标权益的违法行为时有发生。且随着假冒水平的提高，这些仿冒品也更难以被识别。

为了维护广大用户长期以来对SKF品牌及其产品的信任和支持，保护用户的利益，SKF公司中国品牌保护部长期以来一直致力于打击违法侵权行为。通过对客户的宣传，以及配合司法机关和执法部门对侵权行为的严厉打击，斯凯孚中国品牌保护部已帮助了许多用户，避免其受到假冒产品的侵害。

在此，我们建议广大用户从SKF授权经销商处购买SKF品牌产品。查询具体经销商信息，请登陆 www.skf.com.cn，点击经销商网页右下角的“SKF在中国的经销网点”，按“邮政编码”或“区域城市”进行搜索。

越来越猖獗的假冒SKF产品不仅侵犯了SKF公司的利益，而且可能会给企业用户带来极大的经济损失及安全隐患。因此，SKF公司恳请各级执法、司法机关对此保持高度关注。SKF公司将高度配合各级执法、司法机关的行动，并将通过一切可能的法律手段来打击侵权行为，同时保护广大用户的合法权益。如有发现线索，请尽快与SKF品牌保护部取得联系！

声明人：斯凯孚（中国）有限公司　地点：上海市

网 站：www.skf.com（集团）　网站：www.skf.com.cn（中国）

联络人：斯凯孚（中国）有限公司 品牌保护部

地 址：上海北京东路689号东银大厦28楼

邮 编：200001

电 话：021-2321 2530

南通市海门工商行政管理局三星分局 &江苏省叠石桥家纺产业集群培育基地

叠石桥家纺作为海门一个富有地方特色的优势产业和较强竞争力的产业集群，已成为江苏省首批品牌培育基地之一。近几年来，海门工商局在海门市委、市政府和海门工业园区领导的支持、关心下，不断加大对家纺企业的品牌建设力度，企业和产品的知名度、影响力不断提升，2009年叠石桥家纺市场销售额达340亿元，实现税收21亿元，形成了以叠石桥家纺市场为中心，向周边三个县市（区），20多个镇、30多万的从业人员辐射的集纺织、刺绣、加工、研发、设计、机械设备制造加工、包装、营销为一体的家用纺织品产业链。叠石桥市场及家纺产业集群品牌培育基地得到了各级领导的关心和支持，2009年8月8日温家宝总理亲临市场视察、江苏省委书记梁保华、国家工商总局付双建副局长、省工商局余义和局长等领导多次亲临市场视察，南通工商局领导经常下基层指导品牌基层培育发展工作，进一步增强了我们的工作信心、激励了我们工作热情。目前，海门工业园区及其周边地区1000多户家纺企业、7000多户家纺制造业个体工商户中，共有家纺类注册商标1630件，申报中国驰名商标2件，江苏省著名商标7件，南通市知名商标22件，许可使用高知名度商标38件，规模以上家纺企业达到342家，年销售超亿元企业25家，叠石桥家纺市场先后被评为全国家纺市场“中华之最”、全国文明市场、中国家纺流行趋势推广基地、江苏省特色产业园、首批江苏省产业集群品牌培育基地。

为引导家纺企业走品牌兴企、品牌强企之路，我们以商标注册为基础，以培育三名商标为抓手，以“商标战略进万家”活动为载体，积极实施品牌战略，倾力打假维权，促进了家纺产业跨越式发展，极大地推进了叠石桥家纺产业集群品牌培育基地的建设。

我们在叠石桥家纺产业集群品牌建设推进中，依托工商职能，充分发挥了“叠石桥家纺产业集群品牌培育基地管理办公室”的作用，重点加强了以下几方面工作：一是广泛开展宣传，引导商标注册。利用日常巡查、企业年检、个体验照等各种机会，向企业和个体户发放商标注册指导意见书，大力宣传商标法律法规、增强了企业的商标意识，为有商标注册意向的业主提供查询、设计、申报全方位服务。二是开展品牌强企工程，服务企业争创三名商标。积极为创牌企业提供前期创牌培育、中期创牌辅导、后期创牌宣传。提高创牌的成功率，受到政府和企业好评。三是积极履职，切实维护商标专用权。近两年来，工商机关共查处涉及家纺产品的商标侵权案件近100件，罚款130万元，有力地维护了商标持有人的合法权益。四是建立了实施商标战略行政指导制度。对新办企业及时发出《申请商标注册告知书》；对重点培育企业及时发出《争创三名商标建议书》；对商标使用单位及时发出《商标使用和管理行政指导书》。行政指导制度的实施，拉近了工商部门与企业的距离，实现了服务与监管双赢。

加强产业集群品牌培育基地建设，助推地方经济转型、增长方式转变方面，我们开展了一些实践探索。叠石桥作为中国的家纺之都，叠石桥家纺产业作为江苏省首批品牌培育基地，我们深知管理和服务的责任重大。我们将不负各级领导的重托，依托叠石桥家纺产业集群品牌培育基地管理办公室这个平台，坚持服务产业发展，服务商标战略，服务品牌培育三大宗旨，为叠石桥家纺产业集群品牌培育基地的建设做出不懈努力！

莲花味精

河南莲花味精股份有限公司（以下简称莲花股份）于1998年8月在上海证券交易所挂牌上市，股票名称：莲花味精，上市代码600186。

莲花股份年产销味精30万吨，是中国重要的味精生产和出口基地。“莲花”牌味精长期占据中国市场主导地位，被商务部评为味精行业最具市场竞争力品牌，是最受消费者欢迎的品牌之一。2010年莲花品牌价值为17.85亿元，入选“中国最有价值品牌”。国家工商行政管理总局认定莲花商标为“中国驰名商标”，并确定莲花股份为味精行业的国家商标战略实施示范企业。

莲花股份非常重视企业商标维权工作，近三年来，莲花股份在河南省、周口市、项城市三级工商部门配合下，积极与省外工商部门沟通协调，联合开展“莲花”驰名商标维护行动，查处侵权假冒案件的案值达228万元，罚款25万元，销毁侵权商标5个，移送司法机关6起，不但有效地保护了“莲花”驰名商标，还严厉地打击了侵犯商标权益的各种违法行为。

永进®
Yongjin

永进电缆集团有限公司

永进电缆集团有限公司始建于1982年，主要生产110-500KV超高压交联电缆、35KV及以下交联电缆、塑力电缆、矿用、橡套电缆和钢芯铝线；产品销往全国26个省、市、自治区及美国等区域，分别在越南和新疆独资设立了子公司，属我国规模最大的电缆厂家之一。

三十年来，企业一直秉承“创品牌 产业报国、出精品 造福人类、铸诚信 服务社会、讲创新 走向世界”的经营理念，紧紧围绕品牌兴企、质量第一的思路，不断加大品牌建设投入；企业先后被评为“全国诚信守法企业（农业部）”、“河北省守合同重信用企业”、“河北消费者信得过产品”、“河北省名牌产品”、“河北省著名商标”等40项荣誉称号。

2009年4月25日，“永进”商标被国家工商行政管理总局商标局认定为“中国驰名商标”，这是中国商标领域的最高荣誉。通过此次认定，将进一步提升“永进”商标的无形资产价值，提高“永进”品牌在国内外市场的竞争力、知名度和美誉度。

珍贝羊绒　中国驰名商标 中国名牌产品

可机洗羊绒衫并不是一个新名词，在此之前国内外就已经有“机可洗”羊绒衫这种产品。但是，以往市场上的“机可洗”羊绒衫都是通过化学助剂进行防缩处理从而达到机可洗的目的，但这样会破坏山羊绒的纤维组织，从而降低山羊绒富有弹性、手感柔软、透气性强等优越性。2002年初，珍贝公司基于技术创新、品牌创新的理念，同时针对消费者对生活质量的不断追求，在公司董事长邱金元先生的亲自带领下，从选用最优质的羊绒开始，对可机洗羊绒衫的工艺技术进行了科研攻关。经过2年的反复研究，珍贝公司通过改变羊绒纱的物理特性、改进织物的生产工艺技术等方法，成功开发了保持山羊绒优越性的珍贝牌可机洗羊绒衫并申报了该项技术的专利；2004年公司成功取得粗疏可机洗羊绒衫制作工艺的发明专利证书，专利号为ZL 02 1 17221.8，国际专利主分类号为D04B 1/24。该专利不仅在国内，在国际上也处于十分领先的地位。几年来，公司不断吸收高级专业人才，引进英国、德国、意大利等国的先进设备，借鉴其先进的管理经验，形成了从洗绒、分梳、染色、纺纱、针织、成衣到质量监测完整的生产体系。这样一项发明将载入羊绒衫发展史册，创造出羊绒衫史上的一个美丽神话，将众多家庭主妇从手洗羊绒衫的繁琐工作中解放出来，生活从此变得简单快捷。

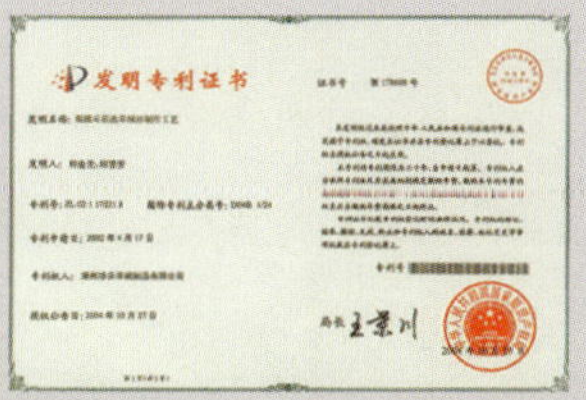

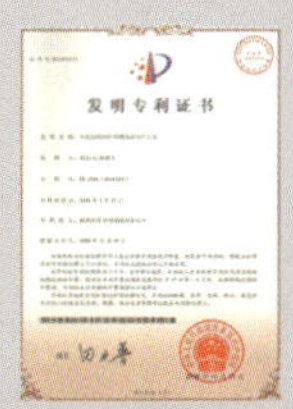

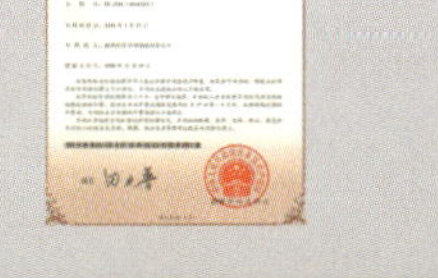

电话：0572-3925388　传真：0572-3927888　http://www.zhenbei.com/

中国驰名商标

苏州市一品木业有限公司是一家专业制造各类地板产品的大型企业。公司始建于2003年，是行业最早一批地板供应商，产品包括实木地板、实木复合地板、强化地板、仿古地板、生态地板、拼花地板六大品类系列。现拥有3大生产基地，1个科研中心，一个设施齐全、检验手段完善的现代化检测和品质控制中心，1个最齐全的木地板文化展厅。厂房面积达10万平方米，年产量可达500万平方米。凭借完善的品牌战略和良好的产品质量，公司“德品”品牌先后获得中国驰名商标、中国品牌500强、全国3.15重点保护品牌。德品地板在在国内浙江、上海、云南、东北分别建立了四个原材料供应基地，在全球拥有南美洲、北美洲、俄罗斯、非洲、东南亚等五大原材料采购基地和数10个联营工厂；自2003年以来，德品地板产品销量每年以30%的增长率持续强劲增长，产品市场占有率在同行业中名列前茅，已成为全国最大的木地板骨干企业之一。

地址：江苏省苏州市吴江开发区八都工业园太湖大道　电话：0512-63873222　传真：0512-63876069

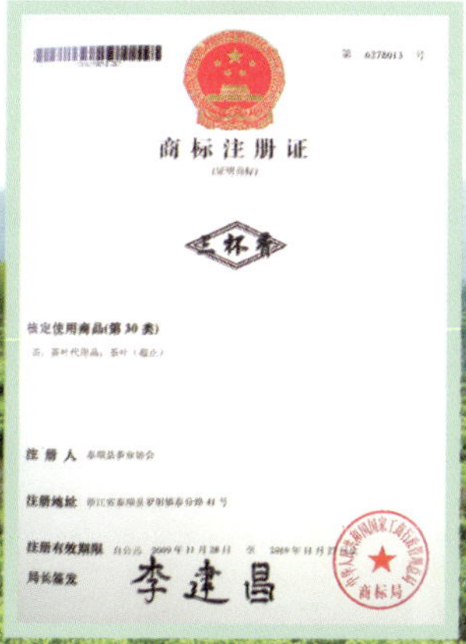